TUDO em UM

4ª EDIÇÃO 2021

COORDENADORES
WANDER GARCIA
ANA PAULA GARCIA
RENAN FLUMIAN

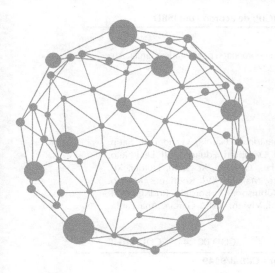

PARA CONCURSOS DE
DELEGADO
FEDERAL E ESTADUAL

EDITORA FOCO

2021 © Editora Foco

Coordenadores: Wander Garcia, Ana Paula Dompieri Garcia e Renan Flumian
Autores: Alice Satin, André Barros, Arthur Trigueiros, Bruna Vieira, Eduardo Dompieri, Fernando Leal Neto, Flávia Barros, Gabriela Rodrigues, Gustavo Nicolau, Helder Satin, Henrique Subi, Luciana Russo, Luiz Dellore, Magally Dato, Márcio Rodrigues, Renan Flumian, Roberta Densa, Robinson Barreirinhas, Rodrigo Bordalo, Rodrigo Santamaria Saber, Savio Chalita, Vivian Calderoni e Wander Garcia
Editor: Roberta Densa
Direitor Acadêmico: Leornardo Pereira
Equipe Editorial: Georgia Dias e Ladislau Lima
Capa: Leonardo Hermano
Projeto Gráfico: Ladislau Lima
Impressão miolo e acabamento: Gráfica FORMA CERTA

Dados Internacionais de Catalogação na Publicação (CIP) de acordo com ISBD

R696t

Tudo em um para concursos de Delegado / Wander Garcia ... [et al.] ; coordenado por Wander Garcia, Ana Paula Garcia, Renan Flumian. - 4. ed. - Indaiatuba, SP : Editora Foco, 2021.

704 p. ; 21cm x 28cm.

Inclui índice.

ISBN: 978-65-5515-300-2

1. Metodologia de estudo. 2. Concursos Públicos. 3. Delegado. I. Garcia, Wander. II. Satin, Alice. III. Barros, André. IV. Trigueiros, Arthur. V. Vieira, Bruna. VI. Dompieri, Eduardo. VII. Leal Neto, Fernando. VIII. Barros, Flávia. IX. Rodrigues, Gabriela. X. Nicolau, Gustavo. XI. Satin, Helder. XII. Subi, Henrique. XIII. Russo, Luciana. XIV. Dellore, Luiz. XV. Dato, Magally. XVI. Rodrigues, Márcio. XVII. Flumian, Renan. XVIII. Densa, Roberta. XIX. Barreirinhas, Robinson. XX. Bordalo, Rodrigo. XXI. Saber, Rodrigo Santamaria. XXII. Chalita, Savio. XXIII. Calderoni, Vivian. XXIV. Garcia, Ana Paula. XXV. Título.

2021-1565   CDD 001.4   CDU 001.8

Elaborado por Odilio Hilario Moreira Junior - CRB-8/9949
Índices para Catálogo Sistemático:
1. Metodologia de estudo 001.4   2. Metodologia de estudo 001.8

DIREITOS AUTORAIS: É proibida a reprodução parcial ou total desta publicação, por qualquer forma ou meio, sem a prévia autorização da Editora FOCO, com exceção do teor das questões de concursos públicos que, por serem atos oficiais, não são protegidas como Direitos Autorais, na forma do Artigo 8º, IV, da Lei 9.610/1998. Referida vedação se estende às características gráficas da obra e sua editoração. A punição para a violação dos Direitos Autorais é crime previsto no Artigo 184 do Código Penal e as sanções civis às violações dos Direitos Autorais estão previstas nos Artigos 101 a 110 da Lei 9.610/1998. Os comentários das questões são de responsabilidade dos autores.

NOTAS DA EDITORA:

Atualizações e erratas: A presente obra é vendida como está, atualizada até a data do seu fechamento, informação que consta na página II do livro. Havendo a publicação de legislação de suma relevância, a editora, de forma discricionária, se empenhará em disponibilizar atualização futura.

Bônus ou Capítulo On-line: Excepcionalmente, algumas obras da editora trazem conteúdo no *on-line*, que é parte integrante do livro, cujo acesso será disponibilizado durante a vigência da edição da obra.

Erratas: A Editora se compromete a disponibilizar no site www.editorafoco.com.br, na seção Atualizações, eventuais erratas por razões de erros técnicos ou de conteúdo. Solicitamos, outrossim, que o leitor faça a gentileza de colaborar com a perfeição da obra, comunicando eventual erro encontrado por meio de mensagem para contato@editorafoco.com.br. O acesso será disponibilizado durante a vigência da edição da obra.

Impresso no Brasil (04.2021) – Data de Fechamento (04.2021)

2021
Todos os direitos reservados à
Editora Foco Jurídico Ltda.
Avenida Itororó, 348 – Sala 05 – Cidade Nova
CEP 13334-050 – Indaiatuba – SP

E-mail: contato@editorafoco.com.br
www.editorafoco.com.br

Acesse JÁ os conteúdos ON-LINE

 SHORT VIDEOS
Vídeos de curta duração com dicas de
DISCIPLINAS SELECIONADAS

Acesse o link:
www.editorafoco.com.br/short-videos

  ATUALIZAÇÃO em PDF e VÍDEO
para complementar seus estudos*

Acesse o link:
www.editorafoco.com.br/atualizacao

 **CAPÍTULOS ON-LINE**

Acesse o link:
www.editorafoco.com.br/atualizacao

* As atualizações em PDF e Vídeo serão disponibilizadas sempre que houver necessidade, em caso de nova lei ou decisão jurisprudencial relevante, durante o ano da edição do livro.
* Acesso disponível durante a vigência desta edição.

Coordenadores e Autores

SOBRE OS COORDENADORES

Wander Garcia – @wander_garcia

É Doutor, Mestre e Graduado em Direito pela PUC/SP. É professor universitário e de cursos preparatórios para Concursos e Exame de Ordem, tendo atuado nos cursos LFG e DAMASIO. Neste foi Diretor Geral de todos os cursos preparatórios e da Faculdade de Direito. Foi diretor da Escola Superior de Direito Público Municipal de São Paulo. É um dos fundadores da Editora Foco, especializada em livros jurídicos e para concursos e exames. É autor best seller com mais de 50 livros publicados na qualidade de autor, coautor ou organizador, nas áreas jurídica e de preparação para concursos e exame de ordem. Já vendeu mais de 1,5 milhão de livros, dentre os quais se destacam "Como Passar na OAB", "Como Passar em Concursos Jurídicos", "Exame de Ordem Mapamentalizado" e "Concursos: O Guia Definitivo". É também advogado desde o ano de 2000 e foi procurador do município de São Paulo por mais de 15 anos. É Coach Certificado, com sólida formação em Coaching pelo IBC e pela International Association of Coaching.

Ana Paula Garcia

Procuradora do Estado de São Paulo, Pós-graduada em Direito, Professora do IEDI, Escrevente do Tribunal de Justiça por mais de 10 anos e Assistente Jurídico do Tribunal de Justiça. Autora de diversos livros para OAB e concursos

Renan Flumian – @renanflumian

Professor e Coordenador Acadêmico do IEDI. Mestre em Filosofia do Direito pela *Universidad de Alicante*, cursou a *Session Annuelle D'enseignement* do *Institut International des Droits de L'Homme*, a Escola de Governo da USP e a Escola de Formação da Sociedade Brasileira de Direito Público. Autor e coordenador de diversas obras de preparação para Concursos Públicos e o Exame de Ordem. Advogado.(Twitter: @RenanFlumian)

SOBRE OS AUTORES

Alice Satin Calareso

Advogada. Mestre em Direitos Difusos pela PUC/SP. Especialista em Direito Processual Civil pela PUC/SP. Palestrante e Professora Assistente na Graduação e Pós-Graduação em Direito da PUC/SP.

André Barros – @ProfAndreBarros

Mestre em Direito Civil Comparado pela PUC/SP. Professor de Direito Civil e de Direito do Consumidor exclusivo da Rede LFG. Advogado. Membro do IBDFAM.

Arthur Trigueiros – @proftrigueiros

Procurador do Estado de São Paulo. Professor da Rede LFG, do IEDI e do PROORDEM. Autor de diversas obras de preparação para Concursos Públicos e Exame de Ordem. Pós-graduado em Direito.

Bruna Vieira – @profa_bruna

Advogada. Professora do IEDI, PROORDEM, LEGALE, ROBORTELLA e ÊXITO. Palestrante e professora de Pós-Graduação em Instituições de Ensino Superior. Autora de diversas obras de preparação para Concursos Públicos e Exame de Ordem. Pós-graduada em Direito.

Eduardo Dompieri – @eduardodompieri

Professor do IEDI. Autor de diversas obras de preparação para Concursos Públicos e Exame de Ordem. Pós-graduado em Direito.

Fernando Leal Neto – @fclneto

Advogado. Mestrando em Segurança Pública, Justiça e Cidadania pela Universidade Federal da Bahia (UFBA). Coordenador de Extensão da Faculdade Baiana de Direito e Gestão (Salvador - BA).

Flávia Barros

Procuradora do Município de São Paulo. Doutora em Direito do Estado pela Universidade de São Paulo. Mestre em Direito Administrativo pela PUC-SP. Especialista em Direito Administrativo pela PUC-SP/COGEAE. Especialista em Direitos Difusos e Coletivos pela ESMPSP. Coach de Alta Performance pela FEBRACIS. Practioneer e Master em Programação Neurolinguística - PNL. Analista de Perfil Comportamental - DISC Assessment. Professora de Direito Administrativo

Gabriela Rodrigues

Pós-Graduada em Direito Civil e Processual Civil pela Escola Paulista de Direito. Professora Universitária e do IEDI Cursos On-line e preparatórios para concursos púb icos exame de ordem. Autora de diversas obras jurídicas para concursos públicos e exame de ordem. Advogada.

Gustavo Nicolau – @gustavo_nicolau

Advogado. Mestre e Doutor pela Faculdade de Direito da USP. Professor de Direito Civil da Rede LFG/Praetorium.

Helder Satin

Desenvolvedor de sistemas Web e Gerente de projetos. Professor do IEDI. Professor de Cursos de Pós-Graduação. Graduado em Ciências da Computação, com MBA em Gestão de TI.

Henrique Romanini Subi – @henriquesubi

Advogado. Procurador do Município de Campinas. Mestre em Direito Político e Econômico pela Universidade Presbiteriana Mackenzie. Especialista em Direito Empresarial pela Fundação Getúlio Vargas – FGV. Especialista em Direito Tributário pela UNISUL. Professor universitário e de diversos cursos preparatórios para OAB e concursos públicos. Autor do livro "Cerceamento da propriedade intelectual", e de diversas obras voltadas à preparação para exames e concursos, todas pela Editora Foco.

Luciana Russo

Procuradora do Município de São Paulo. Mestre em Direito Processual pela USP. Bacharel em Direito e História pela mesma instituição. Vasta experiência como professora dos maiores cursos preparatórios para o exame de ordem, no Brasil; Autora de obras jurídicas em coleções preparatórias para o exame de ordem e concursos públicos.

Luiz Dellore – @dellore

Doutor e Mestre em Direito Processual Civil pela USP. Mestre em Direito Constitucional pela PUC/SP. Professor do Mackenzie, EPD, IEDI, IOB/Marcato e outras instituições. Advogado concursado da Caixa Econômica Federal. Ex-assessor de Ministro do STJ. Membro da Comissão de Processo Civil da OAB/SP, do IBDP (Instituto Brasileiro de Direito Processual), do IPDP (Instituto Panamericano de DerechoProcesal) e diretor do CEAPRO (Centro de Estudos Avançados de Processo). Colunista do portal jota.info.

Twitter: @dellore

Facebook: Luiz Dellore II

LinkedIn: Luiz Dellore

Instagram: @luizdellore

Site: http://www.dellore.com

Magally Dato

Agente de Fiscalização do Tribunal de Contas do Município de São Paulo e Professora de Língua Portuguesa.

Márcio Rodrigues Pereira – @marciofrpereira

Advogado. Mestre pela UFBA. Professor Assistente da Universidade Federal do Ceará (UFC), foi Professor de Processo Penal da UCSAL (BA), da Faculdade 2 Julho (BA), do IEDI e da Rede LFG. Ex-Professor do Curso JusPodivm. Autor de livro por outra editora.

Roberta Densa

Doutora em Direitos Difusos e Coletivos. Professora universitária e em cursos preparatórios para concursos públicos e OAB. Autora da obra "Direito do Consumidor", 9ª edição publicada pela Editora Atlas.

Robinson Sakiyama Barreirinhas – robinson.barreirinhas@gmail.com

Procurador do Município de São Paulo. Professor do IEDI. Ex-Assessor de Ministro do STJ. Autor e coautor de mais de 20 obras de preparação para concursos e OAB.

Rodrigo Bordalo

Doutor e Mestre em Direito do Estado pela Pontifícia Universidade Católica de São Paulo (PUC-SP). Professor de Direito Público da Universidade Presbiteriana Mackenzie (pós-graduação). Professor de Direito Administrativo e Ambiental do Centro Preparatório Jurídico (CPJUR) e da Escola Brasileira de Direito (EBRADI), entre outros. Procurador do Município de São Paulo, atualmente lotado na Coordenadoria Geral do Consultivo da Procuradoria Geral do Município. Advogado. Palestrante.

Rodrigo Santamaria Saber

Defensor Público do Estado de Santa Catarina. Professor de Cursos Preparatórios para Concursos Públicos. Graduado em Direito pela PUC de São Paulo e Especialista em Direito Processual Civil pela UNESP de Franca. Aprovado nos Concursos para Defensor Público do Estado de Santa Catarina e do Distrito Federal.Coautor de livros publicados pela Editora Foco.

Savio Chalita

Advogado. Mestre em Direitos Sociais, Difusos e Coletivos. Professor do CPJUR (Centro Preparatório Jurídico), Autor de obras para Exame de Ordem e Concursos Públicos. Professor Universitário. Editor do blog www.comopassarnaoab.com.

Vivian Calderoni

Mestre em Direito Penal e Criminologia pela USP. Autora de artigos e livros. Palestrante e professora de cursos preparatórios para concursos jurídicos. Atualmente, trabalha como advogada na ONG "Conectas Direitos Humanos", onde atua em temas relacionados ao sistema prisional e ao sistema de justiça.

Como Usar o Livro

Para que você consiga um ótimo aproveitamento deste livro, atente para as seguintes orientações:

1º Tenha em mãos um *vade mecum* ou **um computador** no qual você possa acessar os textos de lei citados.

2º Se você estiver estudando a teoria (fazendo um curso preparatório ou lendo resumos, livros ou apostilas), faça as questões correspondentes deste livro na medida em que for avançando no estudo da parte teórica.

3º Se você já avançou bem no estudo da teoria, leia cada capítulo deste livro até o final, e só passe para o novo capítulo quando acabar o anterior; vai mais uma dica: alterne capítulos de acordo com suas preferências; leia um capítulo de uma disciplina que você gosta e, depois, de uma que você não gosta ou não sabe muito, e assim sucessivamente.

4º Iniciada a resolução das questões, tome o cuidado de ler cada uma delas **sem olhar para o gabarito e para os comentários**; se a curiosidade for muito grande e você não conseguir controlar os olhos, tampe os comentários e os gabaritos com uma régua ou um papel; na primeira tentativa, é fundamental que resolva a questão sozinho; só assim você vai identificar suas deficiências e "pegar o jeito" de resolver as questões; marque com um lápis a resposta que entender correta, e só depois olhe o gabarito e os comentários.

5º **Leia com muita atenção o enunciado das questões.** Ele deve ser lido, no mínimo, duas vezes. Da segunda leitura em diante, começam a aparecer os detalhes, os pontos que não percebemos na primeira leitura.

6º **Grife as palavras-chave, as afirmações e a pergunta formulada.** Ao grifar as palavras importantes e as afirmações você fixará mais os pontos-chave e não se perderá no enunciado como um todo. Tenha atenção especial com as palavras "correto", "incorreto", "certo", "errado", "prescindível" e "imprescindível".

7º Leia os comentários e **leia também cada dispositivo legal** neles mencionados; não tenha preguiça; abra o *Vade Mecum* e leia os textos de leis citados, tanto os que explicam as alternativas corretas, como os que explicam o porquê de ser incorreta dada alternativa; você tem que conhecer bem a letra da lei, já que mais de 90% das respostas estão nela; mesmo que você já tenha entendido determinada questão, reforce sua memória e leia o texto legal indicado nos comentários.

8º Leia também os **textos legais que estão em volta** do dispositivo; por exemplo, se aparecer, em Direito Penal, uma questão cujo comentário remeta ao dispositivo que trata da falsidade ideológica, aproveite para ler também os dispositivos que tratam dos outros crimes de falsidade; outro exemplo: se aparecer uma questão, em Direito Constitucional, que trate da composição do Conselho Nacional de Justiça, leia também as outras regras que regulamentam esse conselho.

9º Depois de resolver sozinho a questão e de ler cada comentário, você deve fazer uma **anotação ao lado da questão**, deixando claro o motivo de eventual erro que você tenha cometido; conheça os motivos mais comuns de erros na resolução das questões:

DL – "desconhecimento da lei"; quando a questão puder ser resolvida apenas com o conhecimento do texto de lei;

DD – "desconhecimento da doutrina"; quando a questão só puder ser resolvida com o conhecimento da doutrina;

DJ – "desconhecimento da jurisprudência"; quando a questão só puder ser resolvida com o conhecimento da jurisprudência;

FA – "falta de atenção"; quando você tiver errado a questão por não ter lido com cuidado o enunciado e as alternativas;

NUT – "não uso das técnicas"; quando você tiver se esquecido de usar as técnicas de resolução de questões objetivas, tais como as da **repetição de elementos** ("quanto mais elementos repetidos existirem, maior a chance de a alternativa ser correta"), das **afirmações generalizantes** ("afirmações generalizantes tendem a ser incorretas" – reconhece-se afirmações generalizantes pelas palavras *sempre, nunca, qualquer, absolutamente, apenas, só, somente exclusivamente* etc.), dos **conceitos compridos** ("os conceitos de maior extensão tendem a ser corretos"), entre outras.

10º Confie no **bom-senso**. Normalmente, a resposta correta é a que tem mais a ver com o bom-senso e com a ética. Não ache que todas as perguntas contêm uma pegadinha. Se aparecer um instituto que você não conhece, repare bem no seu nome e tente imaginar o seu significado.

11º Faça um levantamento do **percentual de acertos de cada disciplina** e dos **principais motivos que levaram aos erros cometidos**; de posse da primeira informação, verifique quais disciplinas merecem um reforço no estudo; e de posse da segunda informação, fique atento aos erros que você mais comete, para que eles não se repitam.

12º Uma semana antes da prova, faça uma **leitura dinâmica** de todas as anotações que você fez e leia de novo os dispositivos legais (e seu entorno) das questões em que você marcar "DL", ou seja, desconhecimento da lei.

13º Para que você consiga ler o livro inteiro, faça um bom **planejamento**. Por exemplo, se você tiver 90 dias para ler a obra, divida o número de páginas do livro pelo número de dias que você tem, e cumpra, diariamente, o número de páginas necessárias para chegar até o fim. Se tiver sono ou preguiça, levante um pouco, beba água, masque chiclete ou leia em voz alta por algum tempo.

14º Desejo a você, também, muita **energia, disposição, foco, organização, disciplina, perseverança, amor e ética**!

Wander Garcia

APRESENTAÇÃO

A experiência diz que aquele que quer ser aprovado em concursos de ponta precisa **ENTENDER A TEORIA** e **TREINAR MUITO**.

A presente obra traz solução completa nesse sentido.

Na primeira parte do livro você vai **ENTENDER A TEORIA** a partir de uma **SUPER-REVISÃO** com 1.268 páginas de resumos (impressa e no *on-line*), altamente sistematizados e atualizados com a doutrina e a jurisprudência do momento.

Na segunda parte da obra você vai **TREINAR MUITO**, resolvendo mais de 2.400 questões comentadas (impressa e no *on-line*), alternativa por alternativa, inclusive com a indicação de dispositivos legais e jurisprudenciais a serem compreendidos sempre que necessários.

O livro traz a revisão e o treinamento das principais disciplinas que caem nos concursos de Delegado da Polícia Federal e da Polícia Civil.

Mesmo sendo um obra de revisão, num volume apenas, buscou-se a todo tempo apresentar o conteúdo mais forte possível, com jurisprudência atualizada e altíssima sistematização, tornando o livro um material com excelentes conteúdo e qualidade.

A obra nasceu da experiência prática dos Coordenadores da Coleção, que, por muitos anos como Professores ou Coordenadores dos maiores Cursos Preparatórios do País, perceberam que os examinandos, com a aproximação das prova de concursos (em qualquer das fases: objetiva, discursiva ou oral), precisavam de um material que pudesse condensar as principais informações para o exame, em texto sistematizado e passível de ser lido em sua completude em tempo hábil para uma sólida preparação.

Esta obra traz, ainda, duas novidades aos nossos leitores: 1) os *SHORT VIDEOS*, que são diversos vídeos de curta duração com dicas de **DISCIPLINAS SELECIONADAS** e 2**) ATUALIZAÇÃO** em **PDF** e **VÍDEO** para complementar os estudos.

É por isso que podemos dizer que, agora, você tem em suas mãos a **REVISÃO** e o **TREINAMENTO DOS SONHOS** para fazer Concursos de Delegado da Polícia Federal e da Polícia Civil. Revisão e treinamento esses que certamente serão decisivos para a sua **APROVAÇÃO**!

Wander Garcia, Ana Paula Dompieri Garcia e Renan Flumian

Coordenadores

SUMÁRIO

COORDENADORES E AUTORES	V
COMO USAR O LIVRO	VII
APRESENTAÇÃO	IX
PREFÁCIO	XI
POLÍCIA JUDICIÁRIA E DELEGADO DE POLÍCIA	XI

DOUTRINA

1. DIREITO PENAL 3

PARTE GERAL **3**

1. CONSIDERAÇÕES INICIAIS SOBRE O DIREITO PENAL 3
2. DIREITO PENAL E SUA CLASSIFICAÇÃO. PRINCÍPIOS 7
3. FONTES DO DIREITO PENAL 9
4. INTERPRETAÇÃO DO DIREITO PENAL 10
5. APLICAÇÃO DA LEI PENAL 11
6. TEORIA GERAL DO CRIME 17
7. DAS PENAS 33
8. CONCURSO DE CRIMES 42
9. SUSPENSÃO CONDICIONAL DA PENA (*SURSIS*) 43
10. LIVRAMENTO CONDICIONAL 45
11. EFEITOS DA CONDENAÇÃO E REABILITAÇÃO 45
12. MEDIDAS DE SEGURANÇA 47
13. PUNIBILIDADE E SUAS CAUSAS EXTINTIVAS 48

PARTE ESPECIAL **52**

1. CLASSIFICAÇÃO DOUTRINÁRIA DOS CRIMES. INTRODUÇÃO À PARTE ESPECIAL DO CP 52
2. CRIMES CONTRA A VIDA 54
3. LESÃO CORPORAL 62
4. CRIMES DE PERIGO INDIVIDUAL 66
5. CRIMES CONTRA A HONRA 71
6. CRIMES CONTRA A LIBERDADE PESSOAL 76
7. CRIMES CONTRA O PATRIMÔNIO 81
8. CRIMES CONTRA A DIGNIDADE SEXUAL 96
9. CRIMES CONTRA A ORGANIZAÇÃO DO TRABALHO 101
10. CRIMES CONTRA A FÉ PÚBLICA 103
11. CRIMES CONTRA A ADMINISTRAÇÃO PÚBLICA (ARTS. 312 A 327, DO CP) 105

TUDO EM UM PARA CONCURSOS DE DELEGADO • 4ª EDIÇÃO

LEGISLAÇÃO PENAL ESPECIAL **115**

1. CRIMES HEDIONDOS (LEI 8.072/1990) 115
2. LEI DE TORTURA (LEI 9.455/1997) 117
3. LEI DE DROGAS (LEI 11.343/2006) 119
4. ESTATUTO DO DESARMAMENTO (LEI 10.826/2003) 125
5. CRIMES DE TRÂNSITO – LEI 9.503/1997 – PRINCIPAIS ASPECTOS 128
6. CRIMES CONTRA O CONSUMIDOR – LEI 8.078/1990 136
7. CRIMES FALIMENTARES – LEI 11.101/2005 141
8. CRIMES AMBIENTAIS – LEI 9.605/1998 145

2. PROCESSO PENAL — 155

1. LINHAS INTRODUTÓRIAS 155
2. FONTES DO DIREITO PROCESSUAL PENAL 155
3. INTERPRETAÇÃO DA LEI PROCESSUAL 156
4. LEI PROCESSUAL NO ESPAÇO, NO TEMPO E EM RELAÇÃO ÀS PESSOAS 157
5. SISTEMAS (OU TIPOS) PROCESSUAIS PENAIS 159
6. PRINCÍPIOS CONSTITUCIONAIS E PROCESSUAIS PENAIS 160
7. JUIZ DAS GARANTIAS 165
8. INQUÉRITO POLICIAL (IP) 168
9. AÇÃO PENAL 182
10. AÇÃO CIVIL *EX DELICTO* *193*
11. JURISDIÇÃO E COMPETÊNCIA 195
12. QUESTÕES E PROCESSOS INCIDENTES 208
13. PROVA 213
14. SUJEITOS PROCESSUAIS 232
15. PRISÃO, MEDIDAS CAUTELARES E LIBERDADE PROVISÓRIA 237
16. CITAÇÕES E INTIMAÇÕES 256
17. SENTENÇA PENAL 259
18. PROCEDIMENTOS PENAIS 262
19. NULIDADES 271
20. RECURSOS 274
21. AÇÕES AUTÔNOMAS DE IMPUGNAÇÃO 290
REFERÊNCIAS 295

3. CRIMINOLOGIA — 297

1. CONCEITO 297
2. MÉTODO 297
3. FUNÇÕES 297
4. OBJETO: CRIME, CRIMINOSO, VÍTIMA E CONTROLE SOCIAL 298
5. CRIMINOLOGIA *VS.* DIREITO PENAL 301
6. NASCIMENTO DA CRIMINOLOGIA: ESCOLAS CLÁSSICA E POSITIVISTA 301
7. ESCOLA SOCIOLÓGICA DO CONSENSO *VS.* ESCOLA SOCIOLÓGICA DO CONFLITO 304
8. ESCOLA DE CHICAGO (ECOLÓGICA, ARQUITETURA CRIMINAL, DESORGANIZAÇÃO SOCIAL) ... 304
9. TEORIA DA ASSOCIAÇÃO DIFERENCIAL 306
10. TEORIA DA ANOMIA 308

SUMÁRIO XIII

11. TEORIA DA SUBCULTURA DELINQUENTE...310

12. TEORIA DO *LABELLING APPROACH* (REAÇÃO SOCIAL, ETIQUETAMENTO, ROTULAÇÃO SOCIAL, INTERACIONISMO SIMBÓLICO)........311

13. TEORIA CRÍTICA (RADICAL, NOVA CRIMINOLOGIA)...314

14. VITIMOLOGIA 317

15. CRIMINOLOGIA E POLÍTICA CRIMINAL 318

16. PREVENÇÃO DA INFRAÇÃO PENAL (PREVENÇÃO CRIMINAL OU PREVENÇÃO DA INFRAÇÃO DELITIVA) 318

17. MODELOS DE REAÇÃO AO CRIME 319

4. MEDICINA LEGAL — 321

1. INTRODUÇÃO 321

2. POLÍCIA CIENTÍFICA EM SÃO PAULO...322

3. DOCUMENTOS MÉDICO-LEGAIS 322

4. ANTROPOLOGIA FORENSE...323

5. TRAUMATOLOGIA FORENSE 325

6. PSICOPATOLOGIA FORENSE 329

7. TOXICOLOGIA FORENSE 330

8. TANATOLOGIA 331

9. BALÍSTICA 332

10. SEXOLOGIA 333

QUESTÕES

1. DIREITO PENAL — 337

1. CONCEITO, FONTES E PRINCÍPIOS...337

2. APLICAÇÃO DA LEI NO TEMPO 340

3. APLICAÇÃO DA LEI NO ESPAÇO..342

4. CONCEITO E CLASSIFICAÇÃO DOS CRIMES 343

5. FATO TÍPICO E TIPO PENAL 345

6. CRIMES DOLOSOS, CULPOSOS E PRETERDOLOSOS...347

7. ERRO DE TIPO, DE PROIBIÇÃO E DEMAIS ERROS 349

8. TENTATIVA, CONSUMAÇÃO, DESISTÊNCIA, ARREPENDIMENTO E CRIME IMPOSSÍVEL 351

9. ANTIJURIDICIDADE E CAUSAS EXCLUDENTES 354

10. CONCURSO DE PESSOAS..356

11. CULPABILIDADE E CAUSAS EXCLUDENTES 359

12. PENAS, CONCURSO DE CRIMES E EFEITOS DA CONDENAÇÃO..361

13. APLICAÇÃO DA PENA 367

14. *SURSIS*, LIVRAMENTO CONDICIONAL, REABILITAÇÃO E MEDIDAS DE SEGURANÇA...368

15. AÇÃO PENAL 369

16. EXTINÇÃO DA PUNIBILIDADE EM GERAL 369

17. PRESCRIÇÃO..370

18. CRIMES CONTRA A PESSOA 372

19. CRIMES CONTRA O PATRIMÔNIO..378

20. CRIMES CONTRA A DIGNIDADE SEXUAL...386

21. CRIMES CONTRA A FÉ PÚBLICA 388

22. CRIMES CONTRA A ADMINISTRAÇÃO PÚBLICA 389

23. OUTROS CRIMES DO CÓDIGO PENAL 395

24. OUTROS TEMAS E TEMAS COMBINADOS DE DIREITO PENAL...396

XIV   TUDO EM UM PARA CONCURSOS DE DELEGADO • 4ª EDIÇÃO

2. LEGISLAÇÃO PENAL ESPECIAL — 407

1. CRIMES DA LEI DE DROGAS — 407
2. CRIMES DE TRÂNSITO — 411
3. CRIMES DO ESTATUTO DA CRIANÇA E DO ADOLESCENTE — 414
4. ORGANIZAÇÃO CRIMINOSA — 415
5. CRIMES HEDIONDOS — 416
6. CRIMES CONTRA O SISTEMA FINANCEIRO — 417
7. CRIMES CONTRA A ORDEM TRIBUTÁRIA — 418
8. CRIMES DE DISCRIMINAÇÃO RACIAL — 418
9. CONTRAVENÇÕES PENAIS — 418
10. CRIMES DE TORTURA — 419
11. ESTATUTO DO IDOSO — 419
12. LAVAGEM DE DINHEIRO — 419
13. LEI MARIA DA PENHA — 420
14. CRIMES CONTRA O MEIO AMBIENTE — 422
15. EXECUÇÃO PENAL — 423
16. TEMAS COMBINADOS E OUTROS TEMAS DA LEGISLAÇÃO EXTRAVAGANTE — 424

3. DIREITO PROCESSUAL PENAL — 433

1. FONTES, PRINCÍPIOS GERAIS, EFICÁCIA DA LEI PROCESSUAL PENAL NO TEMPO E NO ESPAÇO — 433
2. INQUÉRITO POLICIAL E OUTRAS FORMAS DE INVESTIGAÇÃO CRIMINAL — 437
3. AÇÃO PENAL — 451
4. AÇÃO CIVIL — 456
5. JURISDIÇÃO E COMPETÊNCIA; CONEXÃO E CONTINÊNCIA — 456
6. QUESTÕES E PROCESSOS INCIDENTES — 460
7. PRERROGATIVAS DO ACUSADO — 462
8. PROVAS — 462
9. SUJEITOS PROCESSUAIS — 471
10. CITAÇÃO, INTIMAÇÃO E PRAZOS — 472
11. PRISÃO, MEDIDAS CAUTELARES E LIBERDADE PROVISÓRIA — 473
12. PROCESSO E PROCEDIMENTOS — 485
13. PROCESSO DE COMPETÊNCIA DO JÚRI — 488
14. JUIZADOS ESPECIAIS — 489
15. SENTENÇA, PRECLUSÃO E COISA JULGADA — 492
16. NULIDADES — 493
17. RECURSOS — 494
18. *HABEAS CORPUS*, MANDADO DE SEGURANÇA E REVISÃO CRIMINAL — 495
19. EXECUÇÃO PENAL — 495
20. LEGISLAÇÃO EXTRAVAGANTE — 497
21. TEMAS COMBINADOS E OUTROS TEMAS — 503

4. DIREITO CONSTITUCIONAL — 505

1. TEORIA DA CONSTITUIÇÃO — 505
2. CONTROLE DE CONSTITUCIONALIDADE — 511
3. DIREITOS FUNDAMENTAIS — 518
4. ORGANIZAÇÃO DO ESTADO — 525
5. ORGANIZAÇÃO DOS PODERES — 528

SUMÁRIO   XV

6. DEFESA DO ESTADO...540
7. TRIBUTAÇÃO E ORÇAMENTO...543
8. ORDEM ECONÔMICA E FINANCEIRA..543
9. ORDEM SOCIAL...544
10. TEMAS COMBINADOS...545

5. DIREITOS HUMANOS — 547

1. TEORIA, GERAÇÕES, CARACTERÍSTICAS E CLASSIFICAÇÃO DOS DIREITOS HUMANOS...............547
2. SISTEMA GLOBAL DE PROTEÇÃO GERAL DOS DIREITOS HUMANOS...549
3. SISTEMA GLOBAL DE PROTEÇÃO ESPECÍFICA DOS DIREITOS HUMANOS....................................554
4. SISTEMA AMERICANO DE PROTEÇÃO DOS DIREITOS HUMANOS..556
5. SISTEMA AMERICANO DE PROTEÇÃO ESPECÍFICA DOS DIREITOS HUMANOS..............................557
6. DIREITOS HUMANOS NO BRASIL..558
7. COMBINADAS E OUTROS TEMAS DE DIREITOS HUMANOS...564

6. DIREITO ADMINISTRATIVO — 567

1. PRINCÍPIOS ADMINISTRATIVOS E REGIME JURÍDICO ADMINISTRATIVO...567
2. PODERES ADMINISTRATIVOS..570
3. ATO ADMINISTRATIVO..575
4. ORGANIZAÇÃO DA ADMINISTRAÇÃO PÚBLICA...580
5. SERVIDORES PÚBLICOS..586
6. IMPROBIDADE ADMINISTRATIVA...592
7. INTERVENÇÃO NA PROPRIEDADE E NO DOMÍNIO ECONÔMICO..595
8. BENS PÚBLICOS...596
9. RESPONSABILIDADE DO ESTADO...597
10. LICITAÇÕES E CONTRATOS...598
11. SERVIÇO PÚBLICO, CONCESSÃO E PPP..604
12. CONTROLE DA ADMINISTRAÇÃO..607
13. PROCESSO ADMINISTRATIVO...609
14. LEI DE ACESSO À INFORMAÇÃO...611

7. DIREITO TRIBUTÁRIO — 613

1. TRIBUTOS – DEFINIÇÃO E ESPÉCIES...613
2. PRINCÍPIOS...613
3. COMPETÊNCIA E IMUNIDADE..614
4. LEGISLAÇÃO TRIBUTÁRIA...615
5. VIGÊNCIA, APLICAÇÃO INTERPRETAÇÃO E INTEGRAÇÃO DA LEGISLAÇÃO TRIBUTÁRIA............615
6. OBRIGAÇÃO, FATO GERADOR, CRÉDITO, LANÇAMENTO..615
7. SUJEIÇÃO PASSIVA E CAPACIDADE TRIBUTÁRIA PASSIVA...616
8. SUSPENSÃO, EXTINÇÃO E EXCLUSÃO DO CRÉDITO...616
9. IMPOSTOS E CONTRIBUIÇÕES EM ESPÉCIE..617
10. CRIMES...618
11. OUTRAS MATÉRIAS E COMBINADAS..618

8. DIREITO CIVIL — 621

1. LEI DE INTRODUÇÃO ÀS NORMAS DO DIREITO BRASILEIRO..621
2. PARTE GERAL...622
3. OBRIGAÇÕES..628

TUDO EM UM PARA CONCURSOS DE DELEGADO • 4ª EDIÇÃO

4. CONTRATOS 630

5. RESPONSABILIDADE CIVIL 631

6. COISAS 632

7. FAMÍLIA 635

8. SUCESSÕES 636

9. DIREITO PROCESSUAL CIVIL — 639

1. JURISDIÇÃO E COMPETÊNCIA 639

2. FORMAÇÃO, SUSPENSÃO E EXTINÇÃO DO PROCESSO 639

3. TUTELA PROVISÓRIA 639

4. TEMAS COMBINADOS DE PARTE GERAL E PROCESSO DE CONHECIMENTO 640

5. RECURSOS 640

6. PROCEDIMENTOS ESPECIAIS 641

10. DIREITO EMPRESARIAL — 643

1. TEORIA GERAL, EMPRESÁRIOS, PRINCÍPIOS 643

2. SOCIEDADES 643

3. TÍTULOS DE CRÉDITO 644

4. OUTRAS MATÉRIAS E COMBINADAS 645

11. FILOSOFIA E ÉTICA — 647

12. DIREITO AMBIENTAL, CRIMINOLOGIA — 649

1. AMBIENTAL 649

2. CRIMINOLOGIA 652

13. LÍNGUA PORTUGUESA — 661

1. INTERPRETAÇÃO DE TEXTO 661

2. COORDENAÇÃO E SUBORDINAÇÃO 663

3. ANÁLISE SINTÁTICA 664

4. PONTUAÇÃO 665

5. USO DA CRASE 667

6. PRONOME E COLOCAÇÃO PRONOMINAL 667

7. SEMÂNTICA 669

8. REDAÇÃO 671

9. CONCORDÂNCIA VERBAL E NOMINAL 673

10. CONJUNÇÃO 675

11. REGÊNCIA 675

14. INFORMÁTICA — 677

1. SISTEMAS OPERACIONAIS 677

2. *HARDWARE* 678

3. REDE E INTERNET 678

4. CORREIO ELETRÔNICO 679

5. OFFICE-EXCEL 680

6. OFFICE-WORD 680

7. BROFFICCE 681

8. SEGURANÇA 682

CAPÍTULOS ON-LINE

DOUTRINA

5. DIREITO CONSTITUCIONAL — 3

1. INTRODUÇÃO 3
2. HISTÓRICO DAS CONSTITUIÇÕES BRASILEIRAS 3
3. CONSIDERAÇÕES PRELIMINARES 5
4. ELEMENTOS DA CONSTITUIÇÃO 9
5. CLASSIFICAÇÃO DAS CONSTITUIÇÕES 10
6. FENÔMENOS QUE OCORREM COM A ENTRADA EM VIGOR DE UMA NOVA CONSTITUIÇÃO 11
7. EFICÁCIA JURÍDICA DAS NORMAS CONSTITUCIONAIS E HERMENÊUTICA CONSTITUCIONAL 13
8. PODER CONSTITUINTE 15
9. DIREITOS E GARANTIAS FUNDAMENTAIS – ASPECTOS GERAIS 16
10. CONTROLE DE CONSTITUCIONALIDADE 46
11. ORGANIZAÇÃO DO ESTADO 54
12. ORGANIZAÇÃO DOS PODERES 60
13. FUNÇÕES ESSENCIAIS À JUSTIÇA 83
14. ESTADOS DE EXCEÇÃO 87
15. ORDEM ECONÔMICA 88
16. ORDEM SOCIAL 90
17. SISTEMA TRIBUTÁRIO NACIONAL 93
18. DISPOSIÇÕES CONSTITUCIONAIS GERAIS 96
19. REFLEXOS DO NOVO CÓDIGO DE PROCESSO CIVIL 96

6. DIREITO ADMINISTRATIVO — 99

1. REGIME JURÍDICO-ADMINISTRATIVO 99
2. PRINCÍPIOS DO DIREITO ADMINISTRATIVO 101
3. PODERES DA ADMINISTRAÇÃO PÚBLICA 109
4. ATOS ADMINISTRATIVOS 113
5. ORGANIZAÇÃO DA ADMINISTRAÇÃO PÚBLICA 126
6. AGENTES PÚBLICOS 139
7. IMPROBIDADE ADMINISTRATIVA 159
8. BENS PÚBLICOS 166
9. INTERVENÇÃO DO ESTADO NA ORDEM ECONÔMICA E NO DIREITO DE PROPRIEDADE 170
10. RESPONSABILIDADE CIVIL DO ESTADO 180
11. LICITAÇÃO PÚBLICA 187
12. CONTRATOS ADMINISTRATIVOS 210
13. SERVIÇO PÚBLICO 216
14. CONCESSÕES DE SERVIÇO PÚBLICO 217
15. PROCESSO ADMINISTRATIVO 224
16. CONTROLE DA ADMINISTRAÇÃO 235

7. DIREITOS HUMANOS — 239

1. INTRODUÇÃO 239
2. PRINCIPAIS DOCUMENTOS NORMATIVOS DO MARCO ANTIGO DOS DIREITOS HUMANOS 241
3. DIREITOS HUMANOS SOB A ÓTICA GERACIONAL 243

XVIII TUDO EM UM PARA CONCURSOS DE DELEGADO • 4ª EDIÇÃO

4. CARACTERÍSTICAS DOS DIREITOS HUMANOS 244
5. CLASSIFICAÇÃO 246
6. RESPONSABILIDADE INTERNACIONAL E MITIGAÇÃO DA SOBERANIA.. 247
7. DIREITO HUMANITÁRIO.. 249
8. DIREITO DOS REFUGIADOS 251
9. SISTEMA GLOBAL DE PROTEÇÃO... 253
10. SISTEMA GLOBAL DE PROTEÇÃO ESPECÍFICA... 260
11. SISTEMA REGIONAL DE PROTEÇÃO... 265
12. SISTEMA AMERICANO DE PROTEÇÃO ESPECÍFICA.. 300
13. INTERPRETAÇÃO E APLICAÇÃO.. 305
14. DIREITOS HUMANOS NO BRASIL 307

8. DIREITO CIVIL — 315

1. PRINCÍPIOS DO DIREITO CIVIL E LEI DE INTRODUÇÃO ÀS NORMAS DO DIREITO BRASILEIRO – LINDB.... 315
2. PARTE GERAL 323
3. DIREITO DAS OBRIGAÇÕES 356
4. DIREITO DOS CONTRATOS 367
5. RESPONSABILIDADE CIVIL... 396
6. DIREITO DAS COISAS.. 403
7. DIREITO DE FAMÍLIA... 423
8. DIREITO DAS SUCESSÕES... 448

ANEXO ÚNICO MARCO CIVIL DA INTERNET BRASILEIRA **457**

1. ANTECEDENTES DO MARCO CIVIL DA INTERNET BRASILEIRA (LEI 12.965/2014) 457
2. FUNDAMENTOS DA LEI 12.965/2014.. 457
3. PRINCÍPIOS DO USO DA INTERNET... 458
4. OBJETIVOS DA LEI 12.695/2014... 459
5. CONCEITOS LEGAIS BÁSICOS... 459
6. DIREITOS E GARANTIAS DOS USUÁRIOS.. 459
7. PROVISÃO DE CONEXÃO E APLICAÇÕES DE INTERNET... 460
8. ATUAÇÃO DO PODER PÚBLICO.. 465
9. DISPOSIÇÕES FINAIS... 465

QUESTÕES

15. DIREITO PREVIDENCIÁRIO — 469

1. PRINCÍPIOS E NORMAS GERAIS... 469
2. CUSTEIO.. 469
3. BENEFÍCIOS, SEGURADOS 470
4. CONTRIBUIÇÕES SOCIAIS.. 470
5. CRIMES CONTRA A PREVIDÊNCIA SOCIAL... 471

16. DIREITO ELEITORAL — 473

DOUTRINA

1. DIREITO PENAL

Arthur Trigueiros

PARTE GERAL

1. CONSIDERAÇÕES INICIAIS SOBRE O DIREITO PENAL

1.1. Introdução ao Direito Penal

1.1.1. Considerações iniciais

Desde os primórdios da vida em sociedade, o homem passou a encontrar dificuldades de relacionamento, seja entre dois indivíduos, seja entre um indivíduo e um grupo, seja entre grupos distintos.

Por esse motivo, a criação do direito tornou-se um imperativo de sobrevivência harmônica, sem o qual o respeito ao próximo e as limitações dos direitos individuais constituiriam barreira intransponível ao regular desenvolvimento do corpo social.

Os conflitos, é certo, sempre existiram, em maior ou menor intensidade. Sem sombra de dúvida, a forma de litígio mais grave sempre foi aquela que envolveu bens jurídicos protegidos pelo **Direito Penal**. Em outras palavras, das formas de ilícito, **o mais grave deles é o penal**, já que ofende os direitos mais caros à sociedade, tais como: a vida, a honra, a liberdade, o patrimônio etc.

Daí o motivo de surgir o Direito Penal: para a proteção da sociedade contra os ilícitos de índole criminal.

1.1.2. Denominação

Inúmeras denominações surgiram para designar o ramo do direito responsável pelo estudo criminal, a saber: Direito Criminal, Direito Repressivo, Direito Punitivo, Direito Sancionador, Direito Protetor dos Criminosos, dentre outros.

Todavia, é de reconhecimento comum que o designativo mais aceito pelos doutrinadores é o Direito Penal. Tanto é assim que temos um Código Penal, um Código de Processo Penal, as Leis Penais Especiais...

Porém, na prática forense, deparamo-nos com as Varas Criminais, com as Varas de Execuções Criminais (VECs), destoando, portanto, da designação amplamente acolhida pelos juristas.

1.1.3. Definição/conceito

O *conceito* de Direito Penal é trazido, de maneira peculiar, por cada doutrinador que almeja traduzir da melhor forma esse ramo do direito.

Assim, Basileu Garcia já o definiu como o "conjunto de normas jurídicas que o Estado estabelece para combater o crime, através das penas e das medidas de segurança" (Instituições de Direito Penal).

Segundo Edgard Magalhães Noronha, "direito penal é o conjunto de normas jurídicas que regulam o poder punitivo do Estado, tendo em vista os fatos de natureza criminal e as medidas aplicáveis a quem os pratica" (**Direito Penal**, vol. 1).

Por fim, a magistral lição de José Frederico Marques, para quem o Direito Penal é o "conjunto de normas que ligam ao crime, como fato, a pena como consequência, e disciplinam também as relações jurídicas daí derivadas, para estabelecer a aplicabilidade das medidas de segurança e a tutela do direito e liberdade em face do poder de punir do Estado" (**Curso de Direito Penal**, vol. 1).

Em suma, o Direito Penal é o ramo do *direito público* cujo objeto corresponde às *infrações penais* e às *respectivas sanções*, aplicáveis aos infratores da lei penal.

1.1.4. Objetos de estudo do Direito Penal

Como já dissemos, são dois:

a) infrações penais; e

b) sanções penais.

Em matéria de infrações penais, o Brasil adotou o *critério dicotômico*, dividindo-as em *crimes ou delitos e contravenções penais*, definidos no art. 1º da Lei de Introdução ao Código Penal (LICP).

Em breves e singelas distinções, o crime (ou delito) é espécie de infração penal mais grave do que a contravenção penal (denominada, por tal motivo, de crime-anão por Nelson Hungria), punida pelo Estado, portanto, com menor rigor.

Não há, no Brasil, diferença entre os termos "crime" e "delito", considerados como sinônimos, o que não ocorria na antiguidade.

No tocante ao segundo objeto do Direito Penal, temos que as sanções penais são gênero do qual são espécies:

a) penas;

b) medidas de segurança.

No momento oportuno, estudaremos cada uma das espécies referidas. Por ora, é suficiente saber que as medidas de segurança somente são aplicadas àquelas pessoas que possuem algum problema mental, ao passo que as penas são exclusivas das pessoas dotadas de discernimento (total ou parcial), desde que maiores de 18 anos.

Aos menores de 18 anos (denominados pela lei de *inimputáveis*), não se pode aplicar pena, mas sim as regras específicas do Estatuto da Criança e do Adolescente (ECA – Lei 8.069/1990).

1.1.5. Diplomas normativos aplicáveis ao Direito Penal

Ao Direito Penal aplicam-se inúmeros diplomas normativos, a saber:

a) a Constituição Federal (especialmente a parte dos direitos e garantias fundamentais);

b) o Código de Processo Penal (ex.: regras aplicáveis à ação penal);

c) o Código Civil (ex.: conceitos como casamento e morte);

d) a Legislação de Direito Comercial (ex.: títulos de crédito, falência...);

e) a Legislação de Direito Tributário (ex.: crimes contra a ordem tributária);

f) as regras de Direito Internacional (tratados que versam sobre Direito Penal);

g) a Lei de Execuções Penais (especialmente no tocante às formas de cumprimento de pena) etc.

É importante registrar que o Direito Penal não se esgota num Código Penal, mas se serve de inúmeros outros diplomas normativos que o completam.

1.1.6. Ciências correlatas ao Direito Penal

Iremos mencionar apenas algumas ciências auxiliares ao Direito Penal:

a) medicina legal: conhecimentos médicos aplicáveis à solução e demonstração da ocorrência de crimes e suas causas (ex.: exames de corpo de delito);

b) psiquiatria forense: tem por objetivo aferir se o criminoso (agente), no momento do crime, tinha capacidade de entender o que estava fazendo;

c) polícia técnica ou científica: reunindo conhecimento de várias ciências, contribui para a descoberta de crimes e seus autores (ex.: engenharia química, genética...);

d) sociologia: analisa o crime como fenômeno social;

e) criminologia: busca estudar os processos de gênese da criminalidade e do criminoso.

1.1.7. Estrutura do Código Penal

O diploma legal básico do Direito Penal é exatamente o Código Penal.

Fundamentalmente, vem estruturado em 2 partes: a) **Parte Geral (arts. 1º a 120);** e b) **Parte Especial (arts. 121 a 361).**

A Parte Geral do Código Penal, como o nome diz, contém as *regras* sobre Direito Penal, aplicáveis de modo geral a todo crime (salvo se houver regra expressa em outras leis). Não existem, na parte geral do CP, *crimes.*

Já a Parte Especial do Código Penal contém, basicamente, *artigos que definem crimes e cominam penas.* Todavia, nem todo artigo desta parte específica diz respeito a crimes (existem, portanto, normas de índole não criminal, denominadas não incriminadoras).

1.1.8. O Direito Penal e as Leis Especiais

Com a evolução social e o surgimento de novos problemas e conflitos, torna-se impossível que um só diploma normativo regule todos os temas de interesse penal.

É verdade que o Código Penal é a "lei básica" do Direito Penal, mas podemos assegurar que se trata de uma pequena parte desse ramo do direito, já que existem centenas de leis que tratam do mesmo assunto, definindo crimes e cominando penas.

Apenas para exemplificar, podemos encontrar regras de Direito Penal nas seguintes leis:

a) Decreto-Lei 3.688/1941 – Lei das Contravenções Penais;

b) Lei 8.072/1990 – Lei dos Crimes Hediondos;

c) Lei 8.069/1990 – Estatuto da Criança e do Adolescente;

d) Lei 8.078/1990 – Código de Defesa do Consumidor;

e) Lei 9.503/1997 – Código de Trânsito Brasileiro;

f) Lei 9.605/1998 – Lei dos Crimes Ambientais;

g) Lei 8.137/1990 – Crimes tributários e contra as relações de consumo;

h) Lei 13.869/2019 – Lei do Abuso de Autoridade;

i) Lei 11.343/2006 – Lei de Drogas etc.

Embora existam, como já dissemos, centenas de leis de índole penal, o Código Penal aplica-se aos casos em que não houver disposição expressa em contrário (art. 12 do CP).

1.1.9. As escolas penais

Para os fins da presente obra, traremos algumas breves considerações sobre as Escolas Penais. Vamos aos estudos!

1.1.9.1. Escola Clássica

Nasceu no final do século XVIII, em reação ao totalitarismo do Estado Absolutista, durante o período do Iluminismo.

A Escola Clássica pautou-se nos estudos de *Beccaria,* sendo um de seus principais expoentes *Francesco Carrara.*

Utilizava-se o método racionalista e dedutivo (lógico).

Em regra, os pensadores desta escola eram jusnaturalistas.

Os pontos marcantes são: a) crime era visto como sendo um conceito meramente jurídico; b) predominava o livre-arbítrio; c) a função da pena era retributiva.

"Foi sob a influência dos pensamentos de Kant e Hegel que a concepção retribucionista do Direito Penal se desenvolveu. Ou seja, a única finalidade da pena consistia na aplicação de um mal ao infrator da lei penal. A sanção penal era, na verdade, um castigo necessário para o restabelecimento do Direito e da Justiça. (...) Em decorrência do ideal iluminista, prevaleceu a tendência de eliminar as penas corporais e os suplícios (...)" (MASSON, Cleber. *Direito Penal Esquematizado* – Parte Geral. Ed. Método, 2ª edição).

1.1.9.2. Escola Positiva

Surge o denominado Positivismo Criminológico.

Um dos principais expoentes da Escola Positiva, juntamente com Enrico Ferri e Rafael Garafalo, foi *Cesare Lombroso,* "por sua construção do 'criminoso nato', indivíduo essencialmente voltado à delinquência e passível de identificação anatômica" (CUNHA, Rogério Sanches. **Manual de Direito Penal.** Parte Geral. Editora JusPodivm).

Inicia-se a fase antropológica, com a aplicação do método experimental no estudo da criminalidade.

Para *Lombroso*, o homem não era livre em sua vontade, já que sua conduta era predeterminada por forças inatas e por características antropológicas. Inicia-se, assim, a fase antropológica, com a aplicação do método experimental no estudo da criminalidade.

Não há livre-arbítrio, já que o criminoso é um ser anormal, sob as óticas biológica e psicológica.

Por sua vez, na fase sociológica, *Ferri* passou a levar em conta fatores físicos, naturais e sociais, juntamente com características antropológicas do criminoso.

Por fim, na fase jurídica da Escola Positiva, *Garofalo* utilizou a expressão "Criminologia", conferindo aspectos estritamente jurídicos.

1.1.9.3. Correcionalismo penal

Para a Escola Correcionalista, preconizada por *Karl David August Röeder*, o crime não é um fato natural, mas uma criação da sociedade, onde o criminoso possui uma vontade reprovável.

A pena busca a ressocialização do criminoso, pois é instrumento de correção de sua vontade.

Desse modo, a sanção penal deve ser indeterminada, até que cesse a sua necessidade.

A finalidade da pena é a prevenção especial, já que se busca corrigir o criminoso.

"A Escola Correcionalista sustenta que o direito de reprimir os delitos deve ser utilizado pela sociedade com fim terapêutico, isto é, reprimir curando. Não se deve pretender castigar, punir, infligir o mal, mas apenas regenerar o criminoso". (...) "Modernamente, pode-se dizer que o correcionalismo idealizado por Röeder, transfundido e divulgado nas obras de Dorado Montero e Concépcion Arenal, teve em Luis Jiménez de Asúa seu maior entusiasta e o mais eficiente dos expositores, ao defender a ressocialização como finalidade precípua da sanção penal" (MASSON, Cleber. *Direito Penal Esquematizado* – Parte Geral. Ed. Método, 2ª edição).

1.1.9.4. Tecnicismo jurídico-penal

Aproxima-se da Escola Clássica.

Utilizou-se o método positivo, pois o Direito Penal estava restrito às leis vigentes, com conteúdo dogmático, sem qualquer caráter antropológico ou filosófico.

O Tecnicismo jurídico-penal caracterizava-se por se utilizar da exegese (para buscar o alcance e a vontade da lei), da dogmática (para a integração do Direito Penal, por meio da sistematização dos princípios) e da crítica (para propostas de reforma, como ocorre na política criminal).

1.1.9.5. A defesa social

Para a Escola da Nova Defesa Social, o crime desestabiliza a ordem social, motivo pelo qual o criminoso precisa cumprir uma pena, a fim de que seja adaptado socialmente.

Tal doutrina busca proteger a sociedade contra o crime.

Tem caráter humanista.

"O Estado não deve punir, pois sua função é melhorar o indivíduo. A causa da antissocialidade está na organização social. Contra ela o Estado deve operar preventivamente e não somente pela repressão. Os cárceres são inúteis e prejudiciais, devendo ser abolidos. As penas devem ser substituídas por medidas educativas e curativas. O violador da lei não perigoso pode ser perdoado, não necessitando sanção. A pena, como medida de defesa social, deve ser fixa ou dosada, não na base do dano, mas segundo a personalidade do agente" (MASSON, Cleber. *Direito Penal Esquematizado* – Parte Geral. Ed. Método, 2ª edição).

1.2. A EVOLUÇÃO HISTÓRICA DO DIREITO PENAL

1.2.1. Povos primitivos. Vingança divina

Na sociedade primitiva, a conduta do homem regulava-se pelo temor religioso ou mágico. Baseava-se no *totens*, divindades que influenciavam o comportamento das pessoas, em razão da crença da premiação ou do castigo, assumindo variadas formas (animal, vegetal ou fenômeno natural). Tais sociedades eram chamadas de totêmicas.

"Pelo fato de que para esses povos a lei tinha origem divina e, como tal, sua violação consistia numa ofensa aos deuses, punia-se o infrator para desagravar a divindade, bem como para purgar o seu grupo das impurezas trazidas pelo crime. Uma das reações contra o criminoso era a expulsão do grupo (desterro), medida que se destinava, além de eliminar aquele que se tornara um inimigo da comunidade e dos seus deuses e forças mágicas, a evitar que a classe social fosse contagiada pela mácula que impregnava o agente, bem como as reações vingativas dos seres sobrenaturais a que o grupo estava submetido" (MASSON, Cleber. *Direito Penal Esquematizado* – Parte Geral. Ed. Método, 2ª edição).

1.2.2. Vingança privada

A infração era vista como uma ofensa ao próprio grupo ao qual o ofensor pertencia. Assim, o ofendido ou qualquer pessoa do grupo – e não mais a divindade – voltava-se contra o ofensor, fazendo "justiça pelas próprias mãos", disseminando o ódio e provocando guerras, inexistindo qualquer proporção entre o delito praticado e a pena imposta.

Neste contexto, surge a Lei do Talião, adotado pelo Código de Hamurabi (Babilônia), pelo Êxodo (hebreus) e pela Lei das XII Tábuas (romanos).

1.2.3. Vingança pública

Nessa fase há um fortalecimento do Estado, tendo em vista que as autoridades competentes passam a ter legitimidade para intervir nos conflitos sociais. A pena assume um caráter público, tendo por finalidade a proteção do Estado Soberano. Um dos principais crimes era o da lesa-majestade, bem como aqueles que atingissem a ordem pública e os bens religiosos.

"Cabia a uma terceira pessoa, no caso o Estado – representante da coletividade e em tese sem interesse no conflito existente –, decidir impessoalmente a questão posta à sua análise, ainda que de maneira arbitrária. Nessa época, as penas ainda eram largamente intimidatórias e cruéis, destacando-se o esquartejamento, a roda, a fogueira, a decapitação, a forca, os castigos corporais e amputações, entre outras" (MASSON, Cleber. *Direito Penal Esquematizado – Parte Geral. Ed. Método, 2ª edição).*

1.2.4. Idade Antiga

1.2.4.1. Direito Penal grego

Conforme explicitado por Rogério Sanches Cunha, "na Grécia não existem escritos a propiciar análise aprofundada da legislação penal então existente, senão algumas passagens em obras filosóficas. Por meio dessas obras, pôde-se notar que o direito penal grego evoluiu da vingança privada, da vingança religiosa para um período político, assentado sobre uma base moral e civil" (**Manual de Direito Penal**. Parte Geral. Editora JusPodivm). Assim, passou-se a discutir o fundamento do direito de punir e a finalidade da pena.

1.2.4.2. Direito Penal romano

O Direito Penal era exclusivo do cidadão romano, excluindo-se as mulheres, os escravos e os estrangeiros. As decisões passaram a ser fundamentadas, gerando maior segurança jurídica, muito embora não existisse o princípio da reserva legal.

Passou-se a dividir os delitos em públicos – aqueles que envolviam a traição ou a conspiração política contra o Estado e o assassinato – e em privados – os demais. "O julgamento dos crimes públicos era atribuição do Estado, por meio de um magistrado, e realizado por tribunais especiais. A sanção aplicada era a pena capital. Já o julgamento dos crimes privados era confiado ao particular ofendido, interferindo o Estado apenas para regular o seu exercício" (MASSON, Cleber. *Direito Penal Esquematizado* – Parte Geral. Ed. Método, 2ª edição).

1.2.5. Idade Média

1.2.5.1. Direito Penal germânico

Neste período não havia leis escritas, sendo que o Direito Penal se pautava no direito consuetudinário. Posteriormente, adotou-se a Lei do Talião e o sistema da composição pecuniária, em que predominava a responsabilidade penal objetiva.

Isso porque, "o delinquente, quando sua infração ofendia os interesses da comunidade, perdia seu direito fundamental a vida, podendo qualquer cidadão matá-lo. Quando a infração atingia apenas uma pessoa ou família, o direito penal germânico fomentava o restabelecimento da paz social por via da reparação, admitindo também a vingança de sangue" (CUNHA, Rogério Sanches. **Manual de Direito Penal**. Parte Geral. Editora JusPodivm).

Adotou-se, ainda, o sistema de prova das ordálias ou juízos de deus, cuja prova da inocência se baseava em superstições e atos cruéis (ex.: caminhar sofre o fogo ou mergulhar em água fervente sem suportar ferimentos para que fosse provada a inocência do réu), o que gerava punições injustas.

1.2.5.2. Direito Penal canônico

É o Ordenamento Jurídico da Igreja Católica Apostólica Romana. Aplicava-se a religiosos e leigos, desde que os fatos tivessem conotação religiosa.

Importante ressaltar que o Direito Penal Canônico serviu para o procedimento de inquisição, no qual filósofos, cientistas e pensadores que divergissem do pensamento católico eram condenados a sanções cruéis.

A pena se destinava à cura do delinquente, buscando o seu arrependimento perante a divindade. "O cárcere, como instrumento espiritual de castigo, foi desenvolvido pelo Direito Canônico, uma vez que, pelo sofrimento e pela solidão, a alma do homem se depura e purga o pecado. A penitência visava aproximar o criminoso de Deus" (MASSON, Cleber. *Direito Penal Esquematizado* – Parte Geral. Ed. Método, 2ª edição).

1.2.6. Idade Moderna

Desenvolveu-se o período humanitário, durante o Iluminismo, no século XVIII, tendo como principal expoente o marquês de Beccaria, o qual escreveu a clássica obra "Dos delitos e das penas". Pugnava pela abolição da pena de morte, antecipando as ideias consagradas na Declaração Universal dos Direitos do Homem e do Cidadão.

Baseia seu pensamento no "contrato social" de Rousseau, sendo o criminoso reputado como violador do pacto social.

Preconiza que a pena deve ser legalmente prevista, já que o indivíduo tem o livre-arbítrio de praticar ou não um crime, estando consciente de seus atos e suas consequências.

Ainda, a pena deve ser proporcional, sendo as leis certas, claras e precisas.

"Finalmente, para que cada pena não seja uma violência de um ou de muitos contra um cidadão privado, deve ser essencialmente pública, rápida, necessária, a mínima possível nas circunstâncias dadas, proporcional aos delitos e ditadas pelas leis" (MASSON, Cleber. *Direito Penal Esquematizado* – Parte Geral. Ed. Método, 2ª edição).

Após o período Iluminista, surgiram as Escolas Penais.

1.3. Histórico do Direito penal brasileiro

Com o descobrimento do Brasil, a partir de 1500, passou a vigorar o Direito Lusitano.

Inicialmente, vigoravam as Ordenações Afonsinas (promulgadas em 1446 por D. Afonso V), as quais foram revogadas pelas Ordenações Manuelinas (promulgadas em 1514 por D. Manuel). Em ambas predominava a arbitrariedade do juiz, já que tais ordenações não definiam a quantidade da pena. Assim, esse período foi marcado pela crueldade das penas, bem como pela ausência dos princípios da legalidade e da ampla defesa.

Posteriormente surgiu o Código Sebastiânico, em razão da compilação de leis esparsas realizada por D. Duarte Nunes Leão.

Em substituição, surgiram as Ordenações Filipinas (promulgadas em 1603 pelo Rei Filipe II), as quais eram fundadas em preceitos religiosos, sendo que as penas continuavam a ser cruéis e desumanas, com arbitrariedade do juiz e ausência dos princípios da legalidade e da ampla defesa.

Com a Proclamação da Independência e com a Constituição de 1824, surgiu o Código Criminal do Império de 1830, de cunho penal protetivo e humanitário, com a primeira manifestação do princípio da personalidade da pena no Brasil.

Com a Proclamação da República, surgiu o Código Criminal da República de 1890.

Em 1934, com o escopo de compilar leis penais extravagantes, surge a Consolidação das Leis Penais – Consolidação de Piragibe (Dec. 22.213/1932).

Por fim, em 1942, surge o atual Código Penal (Decreto-lei 2.848/1940), o qual passou por uma reforma em sua parte geral, com o advento da Lei 7.209/1984.

2. DIREITO PENAL E SUA CLASSIFICAÇÃO. PRINCÍPIOS

2.1. Classificação do Direito Penal

2.1.1. Direito Penal objetivo e Direito Penal subjetivo

Segundo Guilherme de Souza Nucci (*Manual de Direito Penal*, 3ª ed., Ed. RT, p. 53-54), *direito penal objetivo* "é o corpo de normas jurídicas destinado ao combate à criminalidade, garantindo a defesa da sociedade".

Já *direito penal subjetivo* corresponde ao "direito de punir" do Estado, ante a violação do direito penal objetivo. Em outras palavras, praticada uma infração penal, surgiria o *jus puniendi* (direito de punir) estatal.

Essa segunda classificação é criticada por Aníbal Bruno, para quem a denominação de "direito penal subjetivo" desnatura a ideia de poder soberano do Estado em punir. Na realidade, não se trata de um simples "direito" de punir, mas sim *poder-dever* de punir, eis que é sua função coibir a criminalidade.

2.2. Princípios do Direito Penal

A palavra "princípio" é designativa de "origem", "fonte", "causa".

Assim, em matéria penal, temos que os princípios são regras explícitas ou implícitas inspiradoras da criação de regras jurídicas positivas e da aplicação do Direito Penal ao caso concreto.

Alguns princípios estão expressamente previstos na CF e em legislação infraconstitucional, ao passo que outros são implícitos, decorrem do sistema jurídico como um todo.

Vejamos alguns dos mais importantes:

a) Princípio da legalidade: previsto no art. 5º, inc. XXXIX, da CF, traduz a regra segundo a qual nenhum crime ou pena podem ser criados senão em virtude de lei. Vem repetido no art. 1º do CP, sob a rubrica "anterioridade penal";

b) Princípio da anterioridade: corolário do princípio da legalidade, expressa a garantia de que o cidadão não poderá ser criminalmente responsabilizado se a sua conduta não estiver expressa em lei anterior à prática do fato (não há crime sem *lei anterior* que o defina – art. 5º, XXXIX, da CF);

c) Princípio da retroatividade penal benéfica: em regra aplicam-se ao fato as leis vigentes à época de sua ocorrência (*tempus regit actum*). Ocorre que, em matéria penal, é possível que o agente seja beneficiado por leis anteriores ou posteriores ao fato criminoso que tenha praticado (art. 5º, XL, da CF). Impõe-se, aqui, o estudo da atividade da lei penal, que será posteriormente por nós analisada;

d) Princípio da personalidade ou da responsabilidade pessoal: previsto no art. 5º, XLV, da CF, expressa que a punição criminal jamais poderá passar da pessoa do condenado, afetando, por exemplo, seus parentes. Isso não significa que terceiros que não o próprio criminoso não devam arcar com a responsabilidade *civil* decorrente do ilícito;

e) Princípio da individualização da pena: não se pode criar uma "tabela fixa" de punição às pessoas que tenham praticado a mesma conduta criminosa. Deve-se garantir que cada um responda na exata medida de sua culpabilidade, conforme preconiza o art. 5º, XLVI, da CF. Foi com base nesse princípio que o STF, no julgamento do HC 82.959-SP, declarou inconstitucional o art. 2º, § 1º, da Lei 8.072/1990 (Lei dos Crimes Hediondos), que previa o regime integralmente fechado de cumprimento de pena;

f) Princípio da humanidade: embora criminosos, os agentes delitivos devem ser tratados de maneira digna, e não como seres inanimados (coisas). Embora tenham errado e devam responder por seus atos, devem ser tratados com um mínimo de humanidade. Daí porque a CF, em seu art. 5º, XLVII, veda as penas de morte (salvo em caso de guerra declarada), de caráter perpétuo, de trabalhos forçados, de banimento e as cruéis (castigos físicos, por exemplo);

g) Princípio da intervenção mínima: o Direito Penal deve intervir minimamente na esfera do indivíduo, já que a CF garante o direito à liberdade como uma regra a ser observada. Em maior ou menor grau, o Direito Penal é sinônimo de violência, embora institucionalizada. Daí porque esse ramo do direito deve ser encarado como de *ultima ratio*, e não de *prima ratio*. Em outras palavras, o legislador somente deve criar leis de índole penal quando não houver solução mais branda para proteger direitos. Se outros ramos do direito forem suficientes para coibir a violação às regras da sociedade, o direito penal não deverá intervir;

h) Princípio da fragmentariedade: como consequência da intervenção mínima, a fragmentariedade do Direito Penal significa que esse ramo do direito é apenas uma parcela, um fragmento do ordenamento jurídico, que somente deve se ocupar das situações mais graves que aflijam a sociedade. Em razão da força negativa que o Direito Penal pode tomar para aqueles que a ele se submeterem, deverá intervir minimamente. É o caso das infrações de trânsito, que não precisam ser sempre punidas pelo Direito Penal, sendo suficiente para disciplinar a conduta dos motoristas o Direito Administrativo (ex.: multas);

i) Princípio da insignificância ou bagatela: se o Direito Penal somente deve intervir em casos importantes/relevantes, não é admitido que atue diante de fatos insignificantes, de somenos importância. Se a conduta do agente lesar ou expuser a perigo de lesão infimamente bens jurídicos de terceiros, não deverá o Direito Penal ser aplicado ao caso concreto, sob pena de transformá-lo em conjunto de regras de *prima ratio*, e não de *ultima ratio*. Temos como exemplo o furto de um botão de camisa, ou de uma moeda de cinquenta centavos, ou de um arranhão no braço de um adulto. Se as lesões forem muito pequenas, não chegando, de fato, a atingir o bem jurídico protegido pela norma penal, não poderá o juiz condenar o agente, mas sim absolvê-lo. De acordo com a doutrina e jurisprudência majoritárias, o princípio da insignificância atua como causa de exclusão da tipicidade penal (material). Para o STF, a aplicação do princípio em comento exige a conjugação dos seguintes *vetores: a) mínima ofensividade da conduta; b) nenhuma periculosidade social da ação; c) reduzido grau de reprovabilidade do comportamento; e d) inexpressividade da lesão jurídica provocada* (STF, HC 98.152-MG, 2ª T., rel. Min. Celso de Mello, 19.05.2009). Questão interessante para concursos públicos é aquela que diz respeito à possibilidade – ou não – de aplicação da insignificância penal para réus reincidentes. Confiram-se os excertos a seguir:

Contrabando: princípio da insignificância e reincidência

"A 1ª Turma denegou *habeas corpus* em que se requeria a incidência do princípio da insignificância. Na situação dos autos, a paciente, supostamente, internalizara maços de cigarro sem comprovar sua regular importação. De início, assinalou-se que não se aplicaria o aludido princípio quando se tratasse de parte reincidente, porquanto não haveria que se falar em reduzido grau de reprovabilidade do comportamento lesivo. Enfatizou-se que estariam em curso 4 processos-crime por delitos de mesma natureza, tendo sido condenada em outra ação penal por fatos análogos. Acrescentou-se que houvera lesão, além de ao erário e à atividade arrecadatória do Estado, a outros interesses públicos, como à saúde e à atividade industrial interna. Em seguida, asseverou-se que a conduta configuraria contrabando e que, conquanto houvesse sonegação de tributos com o ingresso de cigarros, tratar-se-ia de mercadoria sob a qual incidiria proibição relativa, presentes as restrições de órgão de saúde nacional. Por fim, reputou-se que não se aplicaria, à hipótese, o postulado da insignificância – em razão do valor do tributo sonegado ser inferior a R$ 10.000,00 – por não se cuidar de delito puramente fiscal. O Min. Marco Aurélio apontou que, no tocante ao débito fiscal, o legislador teria sinalizado que estampa a insignificância, ao revelar que executivos de valor até R$ 100,00 seriam extintos." HC 100367/RS, rel. Min. Luiz Fux, 09.08.2011. (HC-100367) (Inform. STF 635)

Reincidência e princípio da insignificância

"Ante o empate na votação, a 2ª Turma deferiu *habeas corpus* impetrado em favor de condenado à pena de 10 meses de reclusão, em regime semiaberto, pela prática do crime de furto tentado de bem avaliado em R$ 70,00. Reputou-se, ante a ausência de tipicidade material, que a conduta realizada pelo paciente não configuraria crime. Aduziu-se que, muito embora ele já tivesse sido condenado pela prática de delitos congêneres, tal fato não poderia afastar a aplicabilidade do referido postulado, inclusive porque estaria pendente de análise, pelo Plenário, a própria constitucionalidade do princípio da reincidência, tendo em vista a possibilidade de configurar dupla punição ao agente. Vencidos os Ministros Joaquim Barbosa, relator, e Ayres Britto, que indeferiam o *writ*, mas concediam a ordem, de ofício, a

fim de alterar, para o aberto, o regime de cumprimento de pena." HC 106510/MG, rel. orig. Min. Joaquim Barbosa, red. p/o acórdão Min. Celso de Mello, 22.03.2011. (HC-106510) (Inform. STF 620).

Outra questão relevante diz respeito à possibilidade – ou não – de aplicação do princípio da insignificância quando se está diante de crime perpetrado em detrimento da Administração Pública. Confira-se:

PRINCÍPIO. INSIGNIFICÂNCIA. ADMINISTRAÇÃO PÚBLICA.

"Na impetração, foi requerida a alteração da capitulação legal atribuída na denúncia, o que é inviável no *habeas corpus*, uma vez que exige o revolvimento do conjunto fático-probatório. No caso, a acusação descreve fato criminoso com todas as circunstâncias, satisfazendo os requisitos do art. 77 do CPPM. De acordo com a peça acusatória, os fatos revelam indícios suficientes para justificar apuração mais aprofundada do caso. Mesmo que a capitulação esteja equivocada, como alegam os impetrantes, o que somente será verificado na instrução criminal, a defesa deve combater os fatos indicados na denúncia e não a estrita capitulação legal, não havendo, assim, qualquer prejuízo ao exercício da ampla defesa e do contraditório. Quanto ao princípio da insignificância, a Turma entendeu não ser possível sua aplicação aos crimes praticados contra a Administração, pois se deve resguardar a moral administrativa. Embora o crime seja militar, em última análise, foi praticado contra a Administração Pública." Precedentes citados: HC 154.433-MG, *DJe* 20.09.2010, e HC 167.915-MT, *DJe* 13.09.2010. HC 147.542-GO, Rel. Min. Gilson Dipp, julgado em 17.05.2011. (Inform. STJ 473).

O STJ, em sua **Súmula 599**, assentou o entendimento de que o **princípio da insignificância é inaplicável aos crimes contra a Administração Pública**.

Ainda, releva trazer à baila entendimento do STF acerca da inaplicabilidade do princípio da insignificância para o crime de moeda falsa, tendo em vista o bem jurídico tutelado (fé pública). Vale a transcrição da ementa veiculada no Informativo 622 de referida Corte:

Princípio da insignificância e moeda falsa

"A 2ª Turma indeferiu *habeas corpus* no qual pretendida a aplicação do princípio da insignificância em favor de condenado por introduzir duas notas falsas de R$ 10,00 em circulação (CP, art. 289, § 1º). Na espécie, a defesa sustentava atipicidade da conduta em virtude do reduzido grau de reprovabilidade da ação, bem como da inexpressiva lesão jurídica provocada. Afastou-se, inicialmente, a hipótese de falsificação grosseira e considerou-se que as referidas cédulas seriam capazes de induzir a erro o homem médio. Aduziu-se, em seguida, que o valor nominal derivado da falsificação de moeda não seria critério de análise de relevância da conduta, porque o objeto de proteção da norma seria supraindividual, a englobar a credibilidade do sistema monetário e a expressão da própria soberania nacional." HC 97220/MG, rel. Min. Ayres Britto, 05.04.2011. (HC-97220) (Inform. STF 622).

Especificamente para concursos de Defensoria Pública, muito interessante o entendimento do STJ acerca da inexistência de um critério quantitativo fixo para o reconhecimento da insignificância penal:

INSIGNIFICÂNCIA. VALOR MÁXIMO. AFASTAMENTO.

"A Turma afastou o critério adotado pela jurisprudência que considerava o valor de R$ 100,00 como limite para a aplicação do princípio da insignificância e deu provimento ao recurso especial para absolver o réu condenado pela tentativa de furto de duas garrafas de bebida alcoólica (avaliadas em R$ 108,00) em um supermercado. Segundo o Min. Relator, a simples adoção de um critério objetivo para fins de incidência do referido princípio pode levar a conclusões iníquas quando dissociada da análise do contexto fático em que o delito foi praticado – importância do objeto subtraído, condição econômica da vítima, circunstâncias e resultado do crime – e das características pessoais do agente. No caso, ressaltou não ter ocorrido repercussão social ou econômica com a tentativa de subtração, tendo em vista a importância reduzida do bem e a sua devolução à vítima (pessoa jurídica)." Precedentes citados: REsp 778.795-RS, *DJ* 05.06.2006; HC 170.260-SP, *DJe* 20.09.2010, e HC 153.673-MG, *DJe* 08.03.2010. REsp 1.218.765-MG, Rel. Min. Gilson Dipp, julgado em 01.03.2011. (Inform. STJ 465)

Por fim, importante trazer à baila o entendimento do STF (RHC 133043/MT, julgado pela 2ª Turma, *DJe* de 20.05.2016) e do STJ (HC 333.195/MS, 5ª Turma, *DJe* de 26.04.2016) acerca da inaplicabilidade do princípio da insignificância no tocante às infrações penais praticadas em contexto de violência doméstica e familiar contra a mulher. A questão, agora, está pacificada com o advento da **Súmula 589 do STJ**: *É inaplicável o princípio da insignificância nos crimes ou contravenções penais praticados contra a mulher no âmbito das relações domésticas.*

j) Princípio da culpabilidade ou da responsabilidade subjetiva: não é possível que alguém seja punido se não houver atuado com dolo ou culpa. Em outras palavras, não se admite, como regra, em Direito Penal, a responsabilidade objetiva;

l) Princípio da taxatividade: não se admite, em Direito Penal, que as leis que criem crimes sejam muito genéricas (pouco detalhadas). Deve o legislador editar leis que veiculem crimes bem definidos, sem que se possam gerar dúvidas quanto à sua aplicação e alcance. Em suma: as leis penais devem ser claras e precisas. Trata-se de princípio dirigido especificamente ao legislador. É uma decorrência lógica do princípio da legalidade. Afinal, cabe à lei definir os crimes. Definir indica pormenorizar, detalhar;

m) Princípio da proporcionalidade: a sanção penal deve ser proporcional ao gravame causado pelo agente. Assim, deve existir uma proporcionalidade entre a conduta do agente e a resposta estatal que lhe será imposta. Para um crime de furto simples, atentaria contra a proporcionalidade a condenação de 15 anos de reclusão. O mesmo ocorreria se, para um estupro, o legislador fixasse pena de 2 meses de detenção, ou multa;

n) Princípio da vedação da dupla punição (*ne bis in idem*): constituiria abuso por parte do Estado se pudesse punir alguém, pelo mesmo fato, duas ou mais vezes. Assim, veda-se que alguém seja duplamente apenado (ou processado) pela mesma infração penal. Se "A" foi absolvido de um estupro, não poderá ser novamente processado caso sejam descobertas novas provas que o incriminam.

3. FONTES DO DIREITO PENAL

3.1. Fontes do Direito Penal

A origem de um ramo do direito, ou de normas jurídicas, corresponde ao conceito de *fonte*, que vem do latim *fons, fontanus* e *fontis*. Significa, portanto, etimologicamente, nascente, nascedouro ou manancial.

As fontes podem ser analisadas sob dois aspectos ou enfoques: a) origem legislativa das normas; b) conteúdos ou formas de manifestação das normas jurídicas.

Esses dois aspectos dão margem à criação da classificação das fontes em espécies:

a) fontes materiais, substanciais ou de produção; e

b) fontes formais, de cognição ou de revelação.

3.2. Espécies de fontes

3.2.1. *Fontes materiais, de produção ou substanciais*

Para essa espécie de fonte, leva-se em conta a *entidade criadora das normas jurídicas penais*. Assim, compete à *União* legislar sobre Direito Penal (art. 22, I, da Constituição Federal). Todavia, o parágrafo único do referido dispositivo constitucional permite que a União, mediante lei complementar, autorize os Estados a legislar em qualquer matéria nele prevista, inclusive direito penal. Porém, não se tem notícia de situação como esta.

Assim, as normas penais decorrem da atividade legislativa federal (União), em regra pela edição de leis ordinárias, que devem ser aprovadas pela Câmara dos Deputados e Senado Federal.

3.2.2. *Fontes formais, de cognição ou de revelação*

Para essa espécie de fonte, levam-se em conta os *meios de exteriorização das normas jurídicas*, ou seja, a forma pela qual surgem no ordenamento jurídico.

As fontes formais podem ser subdivididas em:

✓ **A) fonte formal direta ou imediata** = é a *lei* (aqui entendida em sua forma mais ampla, ou seja, como atividade legislativa do Poder Público). Temos como exemplos de fontes formais diretas do direito penal: a) Código Penal; b) Leis extravagantes em matéria penal (são as denominadas Leis Penais Especiais, tais como a Lei de Drogas, a Lei dos Crimes Hediondos, a Lei dos Crimes Ambientais etc.; c) Constituição Federal.

✓ **B) fonte formal indireta ou mediata** = *a) costumes; b) princípios gerais de direito; e c) atos administrativos.*

Os *costumes* constituem um conjunto de normas comportamentais, obedecidas pelas pessoas como se fossem obrigatórias. Podem influenciar diretamente o direito penal, como, por exemplo: conceito de *repouso noturno* como majorante no crime de furto.

Os *princípios gerais de direito* são regras éticas que inspiram a criação das normas e sua aplicação ao caso concreto. Esses princípios, evidentemente, não estão expressos no ordenamento jurídico.

Segundo Guilherme de Souza Nucci, um princípio geral de direito é o de que *ninguém pode beneficiar-se da própria torpeza ou má-fé*. Assim, se o juiz verificar que o réu está arrolando testemunhas em outros Estados apenas para que atinja a prescrição do crime, poderá fixar um prazo para o retorno de seus depoimentos (cartas precatórias). Se não retornarem, poderá julgar o acusado ainda assim, se perceber que sua finalidade era apenas aquela (arrolar testemunhas fora da comarca para que, em razão da demora, fosse reconhecida a prescrição).

Também compete à União (Presidente da República) celebrar *tratados e convenções internacionais* que eventualmente poderão dispor sobre Direito Penal. Temos como exemplo a Convenção Americana dos Direitos Humanos (Pacto de São José da Costa Rica – Decreto 678/1992), que, após referendado pelo Congresso Nacional, criou algumas garantias em matéria processual penal, dentre elas: a) direito de julgamento do réu por um juiz ou tribunal imparcial; b) vedação de mais de um processo pelo mesmo fato (*ne bis in idem*). O próprio Código de Processo Penal, em seu art. 1º, I, admite a aplicação de regras processuais oriundas de tratados e convenções internacionais.

Os tratados internacionais, após ingressarem no ordenamento jurídico, ganham *status* de lei ordinária, segundo entendimento do STF. Logo, também são fontes formais do processo penal, embora secundárias (**Curso de processo penal**, *Ed. Saraiva* – Edilson Mougenot Bonfim).

Por fim, os *atos administrativos* constituem, no mais das vezes, o complemento das chamadas *normas penais em branco*, assim denominadas aquelas cujos preceitos primários são incompletos. É o caso do art. 33 da Lei 11.343/2006 (Lei de Drogas), que traz o tipo penal de tráfico de drogas, sem, contudo, explicitar o que vem a ser "droga". Esta expressão, por não constar na lei, exige que o intérprete-aplicador do direito se socorra da Portaria 344/1998 da SVS/MS, que é, em suma, um ato administrativo.

3.2.3. A súmula vinculante e o Direito Penal

A Constituição Federal, em seu art. 103-A (inserido pela EC 45/2004), prevê a denominada *súmula vinculante*.

O STF poderá "de ofício ou por provocação, mediante decisão de dois terços de seus membros, após reiteradas decisões sobre matéria constitucional, aprovar súmula que, a partir de sua publicação na imprensa oficial, terá efeito vinculante em relação aos demais órgãos do Poder Judiciário e à administração pública direta e indireta, nas esferas federal, estadual e municipal".

A súmula vinculante veio a ser regulamentada pela Lei 11.417, de 19.12.2006.

Assim, poderá o STF, de acordo com o texto constitucional, editar súmulas em matéria penal com o intuito de uniformizar o entendimento sobre certos temas, dando maior celeridade à prestação jurisdicional. São elas, sem sombra de dúvida, fontes formais do Direito Penal.

4. INTERPRETAÇÃO DO DIREITO PENAL

4.1. Interpretação. Conceito

Segundo Mirabete, a interpretação "é o processo lógico que procura estabelecer a vontade da lei, que não é, necessariamente, a vontade do legislador".

Prossegue dizendo que "na interpretação da lei, deve-se atender aos fins sociais a que ela se dirige e às exigências do bem comum", nos termos do art. 5º da LINDB. Compreende-se nos imperativos do bem comum a tutela da liberdade individual. Deve-se lembrar que o art. 1º da LEP preconiza que o fim da pena é promover a integração social do condenado.

A ciência que se ocupa da interpretação da lei chama-se *hermenêutica*.

Em suma, interpretar é *buscar a finalidade e o alcance das leis*. Antecede, portanto, à aplicação da norma jurídica. Afinal, sem interpretá-la, impossível aplicá-la.

O brocardo latino *in claris cessat interpretatio* não tem razão, uma vez que, por mais simples que possa parecer uma norma jurídica, ela será objeto de interpretação.

4.2. Finalidades da interpretação

Segundo Edílson Mougenot Bonfim (*Curso de Processo Penal* – editora Saraiva), dois são os aspectos que conduzem o estudo da finalidade da interpretação. São eles:

a) Teoria subjetivista ou da vontade: para os que adotam essa teoria, o intérprete deverá buscar o conteúdo da vontade do *legislador*. Em outras palavras, ao interpretar a norma jurídica, deve-se tentar buscar a vontade do legislador, reconstruindo suas intenções (é a chamada *mens legislatoris*);
b) Teoria objetivista: deve o intérprete buscar não a vontade do legislador, mas a *vontade da própria norma*. Em razão do dinamismo social, por vezes a vontade do legislador, ao criar a lei, afasta-se de seu conteúdo com o passar do tempo. Em suma, a lei ganha "vida própria" com o decurso do tempo. Deve-se buscar, portanto, a *mens legis* (vontade da lei).

4.3. Espécies de interpretação

4.3.1. Sujeito

Quanto ao **sujeito** que realiza a interpretação, ela pode ser:

a) autêntica;
b) jurisprudencial;
c) doutrinária.

Considera-se *interpretação autêntica* aquela cuja origem é a mesma da norma interpretada (lei), portanto tem força vinculante. Afinal, se a interpretação (busca do alcance da lei) decorre da mesma fonte, obviamente deverá ser observada. Temos como exemplo o conceito de "casa", previsto no art. 150, § 4º, do Código Penal.

Considera-se *interpretação jurisprudencial* (ou judicial) aquela que decorre do entendimento dos tribunais acerca do alcance e finalidade de determinadas normas jurídicas. Lembre-se que jurisprudência corresponde a decisões reiteradas dos tribunais acerca de determinado tema, pacificando o entendimento. Deve-se ressaltar que tal forma interpretativa *não tem força vinculante*, ou seja, os juízes e tribunais não são obrigados a julgar de acordo com a jurisprudência. Porém, em se tratando de *súmula vinculante*, já dissemos que, como fonte do direito, será obrigatoriamente observada (*vide* art. 103-A da Constituição Federal e a EC 45/2004).

Considera-se *interpretação doutrinária* aquela proveniente do entendimento conferido por juristas às normas jurídicas. É a denominada *communis opinio doctorum*. Obviamente não tem força vinculante.

4.3.2. Meio empregado

Quanto ao **meio empregado**, a interpretação pode ser:
a) gramatical (literal);
b) teleológica.

Considera-se *interpretação gramatical* aquela decorrente da análise da "letra da lei", ou seja, de seu sentido no léxico. Em outras palavras, a lei é interpretada tal como decorre do vernáculo (conjunto de palavras componentes de uma língua). É o caso do termo "autoridade", previsto no art. 10, §§ 1º, 2º e 3º, do Código de Processo Penal, que indica para "autoridade policial". Igualmente, o termo "queixa", previsto no art. 41 do Código de Processo Penal, deve ser interpretado não em seu sentido literal, mas como petição inicial nos crimes de ação penal privada.

Considera-se *interpretação teleológica* aquela que se vale da lógica para que se busque o alcance e finalidade das leis. Assim, deve-se buscar não apenas a literalidade da norma, mas sua *finalidade*.

4.3.3. Resultados

Quanto aos **resultados** decorrentes da interpretação, temos:
a) declarativa;
b) restritiva;
c) extensiva.

Considera-se *interpretação declarativa* aquela que não exige do intérprete ir além ou aquém do texto legal fornecido. É o caso de interpretar a expressão "*casa habitada*", no art. 248 do Código de Processo Penal, entendendo-se como tal todo compartimento em que viva uma ou mais pessoas.

Considera-se *interpretação restritiva* aquela que exigirá do intérprete uma restrição ou redução ao alcance da lei, buscando sua real vontade.

Considera-se *interpretação extensiva* aquela em que o intérprete deve ampliar o alcance da norma jurídica, que disse menos do que deveria ter dito. É o caso, por exemplo, da interpretação a ser conferida ao delito de bigamia – art. 235 do CP (que, por óbvio, também pune o agente por poligamia) ou mesmo ao delito de outras fraudes – art. 176 do CP (que pune, também, a conduta daquela pessoa que toma refeição sem dispor de recursos para efetuar o pagamento não apenas em restaurantes, conforme enuncia a lei, mas em pensões, bares, boates...).

4.3.4. Outras classificações

Temos, ainda, a *interpretação progressiva*, que se verifica em razão da evolução da sociedade e do próprio Direito. Assim, algumas expressões constantes na lei devem ser interpretadas de acordo com a atualidade, como é o caso do chamado "Tribunal de Apelação", que hoje é o Tribunal de Justiça, ou o "Chefe de Polícia", atualmente interpretado como Secretário de Segurança Pública.

Fala-se, também, em *interpretação analógica*, que se verifica quando a lei, após uma enumeração casuística, fornece uma cláusula genérica, que, por similitude às anteriores, será extraída por analogia. É o caso do art. 6º, inciso IX, do Código de Processo Penal.

Por fim, Edílson Mougenot Bonfim (obra citada) trata da *interpretação conforme* (à Constituição). Trata-se da regra básica de que o texto constitucional é hierarquicamente superior às demais espécies normativas, razão pela qual estas devem ser interpretadas em harmonia (conforme, portanto) com a Carta Magna. Segundo Canotilho, jurista português, trata-se do *princípio da conformidade,* que determina ao intérprete que, ao ler um dispositivo legal, se forem possíveis duas ou mais interpretações, deverá adotar aquela que guarde compatibilidade com a Constituição Federal.

4.4. Analogia

Não se pode dizer que a analogia é uma forma de interpretação da lei penal, mas sim de autointegração do sistema. Em outras palavras, não havendo norma específica para regular um caso concreto, aplica-se uma norma incidente a outro caso, porém semelhante (análogo).

Consiste a analogia, portanto, em "criar uma norma penal onde, originalmente, não existe" (Guilherme de Souza Nucci – *Manual de Direito Penal* – Ed. RT, p. 82).

A doutrina majoritária defende a impossibilidade de se adotar a analogia em prejuízo do réu (denominada de analogia *in malam partem*), mas apenas para beneficiá-lo. Ademais, não se pode olvidar que o direito penal é fortemente regido pelo princípio da legalidade (*não há crime sem lei que o defina*), motivo pelo qual não se pode utilizar da analogia para criar situações não previstas em lei, de modo a prejudicar o agente delitivo.

Já o emprego da analogia em benefício do réu é largamente aceito pela doutrina e jurisprudência, mas apenas em casos excepcionais, também por força do princípio da legalidade. Nesse caso, denomina-se de analogia *in bonam partem* a situação em que é possível a criação de norma não prevista expressamente, com o escopo de beneficiar e até mesmo absolver o réu.

5. APLICAÇÃO DA LEI PENAL

5.1. Aplicação da lei penal

5.1.1. Considerações iniciais

Para o estudo da aplicação da lei penal, impõe-se o conhecimento de um princípio basilar do Direito Penal: o princípio da *legalidade*.

Expresso pelo brocardo latino *nullum crimen nulla poena sine praevia lege*, da lavra de Feurbach, a doutrina mais moderna costuma dividi-lo em dois subprincípios, a saber: **a) reserva legal**; **b) anterioridade**.

Antes de ingressarmos na análise do princípio da legalidade e seus desdobramentos, é importante ressaltar que referido princípio vem definido *no art. 5º, XXXIX, da Constituição Federal*, com a seguinte redação: "não há crime sem lei anterior que o defina, nem pena sem prévia cominação legal".

O *Código Penal*, em seu *art. 1º*, basicamente repete, *ipsis literis*, a redação do dispositivo constitucional mencionado, sob a rubrica "Anterioridade da lei".

Discordamos do *nomen juris* conferido ao disposto no art. 1º, do aludido diploma legal, na medida em que reflete apenas uma parcela do princípio da legalidade.

Com efeito, reza a Constituição Federal que "nenhum crime ou pena podem ser criados sem a existência de lei anterior que os defina e comine". Em outras palavras, a criação de crimes (infrações penais) e penas (espécie de sanção penal) depende da existência de *lei*. É aqui que encontramos o *princípio da reserva legal*: não há crime nem cominação de pena sem *lei*.

Todavia, não basta a existência de *lei* criando um crime e cominando uma pena. É indispensável que essa *lei* seja *anterior* ao fato praticado pelo agente. Aqui estudamos o princípio da anterioridade da lei penal: *crime somente é a conduta descrita em lei anterior ao seu cometimento*.

5.1.1.1. Lei penal x Norma penal

Lei penal e norma penal não se confundem.

a) Lei penal = é um enunciado legislativo;

b) Norma penal = é um comando normativo implícito na lei penal; é o que está "atrás" da lei penal.

Ex.: Lei penal – art. 155, CP – subtrair, para si ou para outrem, coisa alheia móvel; Norma penal – não furtarás.

5.1.1.2. Características da lei penal

a) **Generalidade** = incide sobre todas as pessoas, generalizadamente;

b) **Imperatividade** = a lei penal se impõe a todos (*erga omnes*), independentemente da vontade do destinatário;

c) **Exclusividade** = somente à lei se impõe a tarefa de definir crimes/contravenções;

d) **Impessoalidade** = a lei penal se projeta a fatos futuros, não se identificando pessoas determinadas. A doutrina menciona duas exceções: *abolitio criminis* e anistia.

5.1.1.3. Espécies de lei penal

a) **Incriminadora**: corresponde a todos os dispositivos normativos que descrevem condutas criminosas e cominam as respectivas penas. A lei penal incriminadora é dotada de **dois preceitos**, um primário e outro secundário.

No **preceito primário**, podemos identificar **dois tipos de comandos ou imperativos**: de **proibição** (não fazer algo) ou **mandamentais** (fazer algo).

b) **Não incriminadora:** são aquelas que não definem crimes e respectivas penas. Subdividem-se em:

b.1) **explicativas ou complementares** – fornecem dados ou parâmetros para a aplicação de outras normas (ex.: art. 327, CP);

b.2) **permissivas** – tornem lícitos determinados comportamentos típicos (ex.: art. 25, CP)

b.3) **exculpantes** – afastam a possibilidade de punição do agente (ex.: art. 27, CP)

5.1.1.4. Lei penal em branco

a) Definição: também chamada de lei cega ou aberta, é aquela cujo preceito primário é **incompleto**, mas com preceito secundário determinado. Referidas leis exigem um **complemento**, que pode ser da mesma natureza e hierarquia ou de natureza e hierarquia diversas.

b) Classificação: as leis penais em branco classificam-se em:

b.1) Em sentido lato ou homogêneas, ou impróprias = são aquelas cujo complemento provém de uma **fonte com a mesma hierarquia**, ou seja, a lei penal é complementada por outra lei. Ex.: art. 237 do CP (contrair casamento, conhecendo a existência de impedimento que lhe cause nulidade absoluta). Os impedimentos matrimoniais vêm descritos no Código Civil.

Comportam uma **subdivisão**:

b.1.) homovitelinas – o complemento provém da mesma instância legislativa (ex.: o art. 312, CP – crime de peculato – é praticado por funcionário público, cujo conceito é previsto no art. 327, CP)

b.1.2.) heterovitelinas – o complemento provém de instância legislativa diversa, ou seja, lei penal em branco e complemento não se encontram na mesma estrutura normativa. É o caso do art. 237 do CP.

b.2) Em sentido estrito ou heterogêneas ou próprias = são aquelas cujo complemento provém de fonte normativa diversa à lei. Ex.: art. 33 da Lei de Drogas (complemento é a Portaria 344/1998).

b.3) Ao revés, ao inverso ou invertida = são aquelas cujo preceito primário é completo, mas o preceito secundário é incompleto, fazendo remissão a outra lei. É o caso do genocídio (Lei 2.889/1956).

5.1.2. Características específicas da lei penal decorrentes do princípio da legalidade

O princípio da legalidade preleciona que o *crime* deve ser *definido* por lei. A palavra "definição" revela muito mais do que um simples "conjunto de palavras" previstas em uma lei.

Definir, no sentido ora estudado, significa delinear os contornos da conduta criminosa, pormenorizando-a ou, ao menos, conferindo todas as circunstâncias essenciais à caracterização do crime. Daí resultam algumas características peculiares da lei penal, a saber: a) a lei penal deve ser *certa*; b) a lei penal deve ser *minuciosa*.

Diz-se que a lei penal deve ser certa para que não crie situações em que seja difícil constatar o que quis dizer o legislador, tornando insegura a aplicação do diploma legal.

5.1.3. O tipo penal

Chama-se de *tipo penal* o "modelo legal de conduta" descrita em lei como proibida (imperativos de proibição) ou como necessária (imperativos de comando).

Assim, todos os crimes previstos, por exemplo, no Código Penal (arts. 121 e seguintes), vêm definidos em **tipos penais** (ex.: art. 121: "matar alguém"; art. 155: "subtrair, para si ou para outrem, coisa alheia móvel"; art. 317: "solicitar ou receber, para si ou para outrem, direta ou indiretamente, ainda que fora da função, ou antes de assumi-la, mas em razão dela, vantagem indevida, ou aceitar promessa de tal vantagem").

5.1.4. O que se entende por "lei"?

Dissemos que é o princípio da legalidade que rege o Direito Penal, sendo que a criação de crimes e cominação de penas depende da existência de lei.

Deve-se, aqui, entender por lei a *atividade que decorre do Poder Legislativo Federal* (afinal, a fonte material do Direito Penal é a União – art. 22, I, Constituição Federal).

Assim, podem criar crimes e cominar penas as seguintes espécies normativas:

a) Lei Complementar;

b) Lei Ordinária.

Lei Delegada, Medida Provisória, Decreto-legislativo e Resoluções *não podem criar crimes e cominar penas!*

5.1.5. O princípio da retroatividade benéfica (ou irretroatividade prejudicial)

5.1.5.1. Lei penal no tempo e sua aplicação

Considera-se **atividade** o fenômeno segundo o qual uma lei se aplica aos **fatos praticados durante o seu período de vigência.** Já **extra-atividade** é o fenômeno pelo qual uma lei será aplicada **fora do seu período de vigência**, incidindo sobre fatos praticados mesmo antes de sua entrada em vigor (**retroatividade**), ou mesmo após sua revogação (**ultra-atividade**).

Em regra, as leis penais são **ativas**, ou seja, somente serão aplicadas aos fatos praticados durante sua vigência (*tempus regit actum*). A **extra-atividade**, em matéria penal, somente é admitida em **situações excepcionais.**

O **art. 5º, XL, da CF,** prevê que a lei penal não retroagirá, **salvo para beneficiar o réu.** A partir daqui se estabelece o chamado **princípio da retroatividade benéfica** (ou irretroatividade prejudicial), que será o princípio-mestre para a solução do **conflito de leis penais no tempo.**

Como se viu, a CF manda que a lei benéfica retroaja em benefício do réu. Nesse compasso, é possível a ocorrência do chamado *conflito intertemporal de leis*, ou *conflito de leis penais no tempo.* Verifica-se quando duas ou mais leis penais, que tratam do mesmo assunto, mas de forma distinta, sucedem-se temporalmente. Pressupõe, portanto, uma **sucessão de leis penais.**

Assim, poderá o juiz deparar-se com situações em que a lei vigente à época do crime fosse uma, e, no momento de sentenciar, outra estivesse em vigor. Que lei deverá aplicar? Para tal questionamento, estuda-se o já mencionado *conflito de leis penais no tempo*, existindo quatro regras que o resolverão.

Quatro são as hipóteses, portanto, de conflitos:

a) *abolitio criminis:* também chamada *de lei posterior supressiva de incriminação* ou *lei abolicionista*. Pressupõe a edição de lei posterior que deixa de considerar o fato como crime (art. 2º do CP), por isso *retroagirá* em favor do réu, seja na fase de processo (ação penal) ou da execução penal, e mesmo após o trânsito em julgado;

b) *novatio legis in mellius:* é a *lei posterior mais benéfica (lex mitior)*, mantendo-se, no entanto, a incriminação. Poderá *retroagir* em benefício do réu em qualquer fase, mesmo após o trânsito em julgado (parágrafo único, art. 2º do CP);

c) *novatio legis in pejus:* é a lei posterior que, embora mantenha a incriminação, é *prejudicial* ao réu (*lex gravior*). Por isso, é *irretroativa*, aplicando-se a lei anterior mais benéfica, que terá a característica da *ultratividade.*

**d) *novatio legis incriminadora: é* a lei que passa a considerar um fato criminoso. Por óbvio, não retroagirá, até porque a prática do fato, até então, não tem amparo legal.

CUIDADO – as leis processuais, conforme art. 2º do CPP, aplicam-se desde logo, ficando preservados os atos processuais praticados até então. Pouco importa se são benéficas ou prejudiciais ao réu. Em relação a elas, vigora o *tempus regit actum*. Situação diversa ocorre no Direito Penal. Lembre-se que se uma lei penal posterior ao fato for benéfica ao réu, haverá retroatividade dela; caso contrário, será irretroativa.

Relevante a questão acerca da **combinação de leis penais.** Esta pode se verificar quando o operador do direito constatar que, em sucessão de leis penais, há partes benéficas e prejudiciais, combinando, assim, as regras mais brandas de todas elas. Prevalece o entendimento de que tal procedimento não é admissível, sob pena de o juiz criar uma *lex tertia*, violando a tripartição de poderes. Nesse sentido, a **Súmula 501 do STJ.** Vigora a **teoria da ponderação unitária ou global** (ou se aplica a integralidade da lei, ou nada). O **STF** já enfrentou o assunto no **RE 596.152**, tendo havido empate, o que beneficiou o réu.

Sobre a **competência**, caberá ao juízo da fase de conhecimento aplicar a lei penal benéfica, ou, após o trânsito em julgado, ao juízo da execução penal (art. 66, I, LEP e Súmula 611, STF).

5.1.6. Leis excepcionais e temporárias

São leis com *vigência temporária*, também chamadas de leis intermitentes. São autorrevogáveis, sem necessidade de que lei posterior as revogue. Vêm descritas no artigo 3º do CP.

A *lei excepcional* é aquela que *vigora durante um período de exceção*, como, por exemplo, em período de guerra, calamidades etc. Quando cessar o período de exceção, as leis excepcionais serão revogadas automaticamente.

A *lei temporária* é aquela que contém, em seu próprio texto, o *período de vigência*. São leis "marcadas para morrer", com contagem regressiva de "vida" (vigência). Atingindo o termo final, cessará sua vigência. Claro exemplo de materialização de referida espécie de lei se verificou com a edição da Lei 12.663, de 5 de junho de 2012, denominada de "Lei Geral da Copa" (em razão da Copa do Mundo de 2014, realizada no Brasil). Os tipos penais previstos em referido diploma legal, nos termos do seu art. 36, terão vigência até o dia 31 de dezembro de 2014.

Em ambas as leis (excepcionais e temporárias), aplica-se a ultratividade, ou seja, ainda que revogadas, atingirão os agentes delitivos em momento ulterior à revogação (art. 3º do CP).

5.2. Conflito aparente de leis penais (ou conflito aparente de normas)

É possível que, apenas no *plano da aparência*, duas ou mais leis penais incidam sobre um mesmo fato. Na realidade, apenas uma delas deverá reger o ato praticado pelo agente. É o que se denomina *conflito aparente de leis ou conflito aparente de normas.*

Para a resolução desse conflito, quatro princípios serão utilizados:

a) princípio da especialidade: a lei especial prevalece sobre a geral. Será especial a lei que contiver todos os elementos da geral e mais alguns denominados especializantes. Ex.: homicídio (lei geral) e infanticídio (lei especial);

b) princípio da subsidiariedade: a lei primária prevalece sobre a subsidiária. Lei subsidiária é aquela que descreve um grau menor de violação de um mesmo bem jurídico integrante da descrição típica de outro delito mais grave. Ex.: lesão corporal (lei primária) e periclitação da vida ou saúde de outrem (lei subsidiária);

c) princípio da consunção ou absorção: o crime mais grave absorve outro menos grave quando este integrar a descrição típica daquele (quando for meio de execução de outro mais grave). É verificado em 3 hipóteses:

c.1) crime progressivo: dá-se quando o agente pretende, desde o início, produzir resultado mais grave, praticando sucessivas violações ao mesmo bem jurídico. Ex.: querendo matar, o agente dá golpes de taco de beisebol em todo o corpo da vítima até matá-la. Pratica, portanto, lesões corporais até chegar ao resultado morte;

c.2) crime complexo: é aquele composto de vários tipos penais autônomos. Prevalece o fato complexo sobre os autônomos. Ex.: para roubar, o agente furta o bem e emprega violência ou grave ameaça. Não responderá por furto, lesões corporais e/ou ameaça, mas só pelo roubo;

c.3) progressão criminosa: o agente, de início, pretende produzir resultado menos grave. Contudo, no decorrer da conduta, decide por produzir resultado mais grave, alterando, portanto, o dolo. Ex.: primeiro o agente pretendia lesionar e conseguiu seu intento. Contudo, após a prática das lesões corporais, decide matar a vítima, o que efetivamente faz. Nesse caso, o resultado final (mais grave) absorve o resultado inicial (menos grave).

c.4) fatos impuníveis: há os fatos anteriores (*ante factum*) impuníveis, quando funcionarem como meio de execução de crime mais grave, bem como os fatos posteriores (*post factum*) impuníveis, que se caracterizam por nova ofensa ao mesmo bem jurídico, após praticada a conduta pelo agente.

Atenta a doutrina, ainda, para o *princípio da alternatividade*, que, em verdade, não soluciona conflito aparente de normas, mas um *conflito interno* de normas. É o que ocorre nos *crimes de ação múltipla, de tipo alternativo misto ou*

de conteúdo variado, que são aqueles formados por várias condutas típicas possíveis (vários verbos), tais como o art. 33 da Nova Lei de Drogas (tráfico de drogas), ou o art. 180, do CP (receptação). Se o agente praticar dois ou mais verbos do mesmo tipo penal, responderá por um único crime (ex.: Se "A" importar dez quilos de cocaína e vendê-los a "B", não responderá por dois tráficos de drogas, mas por um só crime de tráfico).

5.3. Aplicação da lei penal no tempo

O estudo da aplicação da lei penal no tempo responde às seguintes indagações: *Qual o momento do crime? Quando é que se considera praticado um crime?*

O art. 4º do Código Penal trata exatamente da aplicação da lei penal no tempo, ao prescrever: "Considera-se praticado o crime no **momento** da ação ou omissão, ainda que outro seja o **momento** do resultado".

Grifamos a palavra "momento" para demonstrar que referido dispositivo legal trata da aplicação da lei penal no *tempo.*

Acerca disso, a doutrina nos traz três teorias, a saber:

a) teoria da atividade: considera-se praticado o crime no momento da ação ou da omissão, pouco importando o momento do resultado;

b) teoria do resultado: considera-se praticado o crime no momento em que se verifica o resultado, independentemente do momento da ação ou omissão;

c) teoria mista ou da ubiquidade: considera-se praticado o crime tanto no momento da ação ou omissão, quanto no momento do resultado.

O Código Penal, em seu art. 4º, adotou a **teoria da atividade**, querendo o legislador, com isso, definir que o **tempo do crime** é o da *atividade do agente* (ação ou omissão), independentemente do momento em que o resultado ilícito se verificar.

Temos como exemplo o seguinte: "*A, em 10.03.2015, efetuou três disparos de arma de fogo contra B, que faleceu apenas em 17.03.2015, após uma semana na UTI*".

No exemplo citado, verificam-se dois momentos distintos: o dos disparos (*atividade*) e o da morte (*resultado*). Considera-se, de acordo com o art. 4º do Código Penal, praticado o homicídio (art. 121) **no momento dos disparos** (10.03.2015 – ação), e não no momento da morte da vítima (17.03.2015 – resultado).

A análise do tempo do crime é relevante para a aferição da **imputabilidade penal** (capacidade pessoal do agente para entender o caráter ilícito do fato – ex.: menoridade penal), bem como para a análise de **qual lei é mais ou menos benéfica para o agente** (princípio da irretroatividade prejudicial).

5.3.1. Relevância do art. 4º do CP

Analisar o tempo do crime terá relevância em diversos pontos. Confira-se:

A) Lei penal aplicável: a teoria da atividade vai influenciar, em caso de sucessão de leis penais, qual delas deverá ser aplicada.

B) Delimitação da responsabilidade penal: adotada a teoria da atividade, é possível definir exatamente a partir de qual momento o agente poderá ser responsabilizado criminalmente por seu comportamento. À luz do art. 27 do CP, que considera inimputável o menor de 18 anos, se determinada conduta criminosa for praticada (ação ou omissão) a partir do primeiro instante do dia em que completa 18 anos, o tempo do crime indicará a responsabilidade penal do agente.

B.1) Responsabilidade penal e crime permanente: em se tratando de crimes permanentes, ainda que a ação tenha se iniciado antes de o agente ter completado 18 anos, caso a consumação se protraia no tempo após o atingimento da maioridade penal, haverá responsabilização criminal.

B.2) Responsabilidade penal e crime continuado: em se tratando de crime continuado, entende-se que os fatos cometidos antes da maioridade penal seguirão o regramento do ECA. Somente as condutas posteriores à maioridade serão regradas pelo CP.

B.3) Circunstâncias do crime: determinados aspectos que influenciam na pena do agente serão influenciados pelo art. 4º do CP. É o caso, por exemplo, do art. 121, § 4º, parte final, do CP, que prevê a majoração da pena do homicídio caso a vítima seja menor de 14 anos ou maior de 60 anos. A idade da vítima deverá ser verificada ao TEMPO DO CRIME, e não ao tempo da CONSUMAÇÃO.

B.4) Influência do tempo do crime no prazo prescricional: o art. 115 do CP prevê redução do prazo prescricional pela metade se o agente, ao tempo do crime, for menor de 21 anos.

5.4. Aplicação da lei penal no espaço

5.4.1. Considerações iniciais

O estudo da **aplicação da lei penal no espaço** é relevante para que seja possível a **resolução de conflitos de soberania** entre dois ou mais países, especialmente quando um crime violar interesses deles, seja porque a conduta criminosa teve início no nosso território nacional e o resultado ocorreu em outro país, seja pelo fato de o início da execução do crime ter ocorrido no exterior e o resultado em nosso território nacional.

5.4.2. Princípios relacionados com a aplicação da lei penal no espaço

A doutrina nos traz cinco princípios relativos à aplicação da lei penal no espaço, apresentando, assim, a solução para possíveis conflitos entre dois ou mais países em matéria criminal. São eles:

a) princípio da territorialidade: versa que a lei nacional será aplicada aos fatos (crimes ou contravenções penais) praticados em território nacional (art. 5º do Código Penal);

b) princípio da nacionalidade: também denominado de princípio da personalidade, define que a lei penal de um país será aplicada ao seu cidadão, ainda que fora do território nacional;

c) princípio da defesa: também conhecido como princípio real ou princípio da proteção, dita que será aplicada a lei do país do bem jurídico lesado ou ameaçado de lesão, independentemente da nacionalidade do agente ou do local da infração penal;

d) princípio da justiça penal universal: também denominado de princípio universal, princípio da universalidade da justiça, ou princípio da justiça cosmopolita, designa que o sujeito que tenha praticado uma infração penal deverá ser punido pela justiça do local onde se encontre, ainda que tenha outra nacionalidade ou o interesse do bem jurídico lesionado seja de outro território;

e) princípio da representação: também conhecido como princípio da bandeira (lei da bandeira) ou do pavilhão, reza que o agente deverá ser punido por infração praticada no estrangeiro pelo país de origem de embarcações e aeronaves privadas, quando praticadas em seu interior, e desde que não tenha sido punido no país em que tenha praticado a infração penal.

O Brasil adotou, como regra, o **princípio da territorialidade**, ao prescrever: "Aplica-se a lei brasileira, sem prejuízo de convenções, tratados e regras de direito internacional, ao crime cometido no território nacional". Porém, também albergou os demais princípios, de maneira excepcional, no art. 7º do CP, que trata da extraterritorialidade da lei penal (aplicação da lei penal brasileira a crimes praticados no estrangeiro).

5.4.3. A territorialidade temperada e o art. 5º do CP

Como já dissemos anteriormente, o CP adotou, em seu art. 5º, o princípio da territorialidade, segundo o qual a lei brasileira será aplicada aos crimes cometidos em território nacional. Todavia, referido dispositivo legal não traduz uma territorialidade absoluta, mas relativa, ou *temperada*, como enuncia a doutrina. Quer-se dizer que, como regra, aos crimes praticados em território nacional, aplicar-se-á a lei local, ressalvadas as **convenções, tratados e regras de direito internacional**.

Importa ao leitor não confundir territorialidade com **intraterritorialidade**. Esta trata da aplicação da **lei estrangeira** a **crimes ocorridos no Brasil** (oposto da extraterritorialidade).

5.4.4. Conceito de território

O art. 5º do CP faz menção ao "território" nacional. E o que vem a ser **território**? Tal deve ser entendido em seu **sentido jurídico** como todo o *espaço terrestre, marítimo, aéreo e fluvial*, no qual a **soberania nacional** será amplamente exercida (salvo nos casos de tratados, convenções e regras de direito internacional!). Para fins didáticos, podemos distinguir o território nacional da seguinte forma:

a) limites compreendidos pelas fronteiras nacionais

b) mar territorial brasileiro: corresponde à faixa de 12 milhas contadas da faixa litorânea média (art. 1º, Lei 8.617/1993);

c) espaço aéreo subjacente ao território físico e mar territorial: vigora, aqui, o princípio da absoluta soberania do país subjacente (Código Brasileiro de Aeronáutica, art. 11; Lei 8.617/1993, art. 2º);

d) aeronaves e embarcações (território ficto, por equiparação, por extensão ou flutuante): analisaremos no item a seguir.

No tocante às **embaixadas,** estas não são consideradas extensão do território que representam. De acordo com a Convenção de Viena, as embaixadas gozam de inviolabilidade. Porém, crimes nelas praticados estarão sujeitos à lei brasileira, eis que situadas em território nacional (salvo em caso de intraterritorialidade).

Importante estudarmos, ainda, o chamado **direito de passagem inocente.** Questiona-se: aplica-se a lei brasileira a um crime praticado a bordo de uma embarcação estrangeira privada que esteja somente de passagem por mar territorial brasileiro? De acordo com a **Lei 8.617/93,** em seu art. 3º, reconhece-se o **direito de passagem inocente** aos navios de todas as nacionalidades, desde que utilizem nosso mar territorial somente como caminho (passagem) para seu destino. Assim, se um crime for praticado a bordo dessa embarcação, embora tenha ocorrido em território nacional, não será aplicada a lei brasileira, desde que **não seja prejudicial à paz, boa ordem ou à segurança do Brasil.**

5.4.5. Conceito de território por equiparação (ou território ficto)

Os §§ 1º e 2º, ambos do art. 5º do CP, ampliando o conceito de território, prescrevem que, para efeitos penais, consideram-se como **extensão** do território nacional as **embarcações** e **aeronaves brasileiras**, de natureza **pública** ou a **serviço do governo brasileiro** onde quer que se encontrem, bem como as **aeronaves** e as **embarcações brasileiras, mercantes** ou de **propriedade privada,** que se achem, respectivamente, no **espaço aéreo correspondente** ou em **alto-mar.**

Ainda, as **aeronaves** ou **embarcações estrangeiras de propriedade privada,** mas que se achem aquelas em **pouso no território nacional** ou em **voo** no **espaço aéreo correspondente,** e estas em **porto** ou **mar territorial** brasileiros, serão consideradas, para efeitos penais, *território nacional.*

Em suma:

a) brasileiras públicas ou a serviço do governo brasileiro, onde quer que se encontrem;

b) brasileiras privadas, onde quer que se encontrem, salvo se em mar territorial estrangeiro ou sobrevoando território estrangeiro;

c) estrangeiras privadas, desde que em mar territorial brasileiro ou espaço aéreo correspondente.

5.4.6. Lugar do crime (art. 6º do CP)

Estudado o conceito de território nacional, o art. 6º do CP define o "lugar do crime", vale dizer, **onde** foi praticada a infração penal.

Impõe-se o alerta de que referido dispositivo não cuida de definir o **foro competente** para o julgamento do agente delitivo, questão tratada no estudo da **competência no processo penal** (arts. 69 e seguintes do CPP). Aqui, estudamos o **território** ou o **país** com soberania para aplicar sua legislação penal.

Assim, o art. 6º do CP somente é aplicado na hipótese de uma infração penal **ter início em nosso território nacional,** e o **resultado ocorrer em outro** (exterior), ou vice-versa. Tal situação é denominada pela doutrina como **crime à distância** ou de **espaço máximo,** que é aquele cuja execução se inicia em um país, mas o resultado é verificado em outro.

Voltando ao lugar do crime, a legislação pátria o definiu com base na **teoria mista** ou da **ubiquidade,** segundo a qual se considera como lugar do crime tanto o da ação ou omissão quanto o daquele em que se verificar o resultado. Ex.: "A" ministra veneno na xícara de café que "B" ingeriu em um trem, que partiu do Brasil rumo à Bolívia. Se "B" morrer na Bolívia, ainda assim o Brasil poderá aplicar a lei penal a "A". Se o contrário ocorresse ("A" tivesse envenenado "B" na Bolívia e o resultado morte se verificasse no Brasil), ainda assim nossa legislação poderia ser aplicada.

5.4.7. Extraterritorialidade (art. 7º do CP)

Por vezes, ainda que uma infração penal seja praticada fora do território nacional, a lei penal brasileira poderá ser aplicada ao agente que a tiver realizado, por força da denominada **extraterritorialidade.**

O art. 7º do CP distingue duas formas de extraterritorialidade: a incondicionada e a condicionada.

O **inciso I,** de referido dispositivo legal, cristaliza a **extraterritorialidade incondicionada,** segundo a qual a mera prática do delito em outro país que não o Brasil já é suficiente para provocar a aplicação da lei penal brasileira, independentemente de qualquer requisito. Assim, será o caso de ser aplicada a lei nacional, embora o crime tenha sido praticado no estrangeiro, ainda que o agente seja absolvido ou condenado no estrangeiro, aos crimes contra:

a) a vida ou a liberdade do Presidente da República;

b) o patrimônio ou a fé pública da União, do DF, de Estado, Território, Município, de empresa pública, sociedade de economia mista, autarquia ou fundação instituída pelo Poder Público;

c) a administração pública, por quem está a seu serviço;

d) de genocídio, quando o agente for brasileiro ou domiciliado no Brasil.

Já o inciso II do mesmo artigo traz-nos as hipóteses de **extraterritorialidade condicionada,** que, como o próprio nome diz, somente admitirá a aplicação da lei penal brasileira se satisfeitas algumas condições (definidas no § 2º). São os seguintes casos:

a) crimes que, por tratado ou convenção, o Brasil se obrigou a reprimir;

b) crimes praticados por brasileiro;

c) crimes praticados em aeronaves ou embarcações brasileiras, mercantes ou de propriedade privada, quando em território estrangeiro e aí não sejam julgados.

As **condições** para a aplicação da lei penal nos casos acima mencionados são:

a) entrar o agente no território nacional;

b) ser o fato punível também no país em que foi praticado;

c) estar o crime incluído entre aqueles pelos quais a lei brasileira autoriza a extradição;

d) não ter sido o agente absolvido no estrangeiro ou não ter aí cumprido a pena;

e) não ter sido o agente perdoado no estrangeiro ou, por outro motivo, não estar extinta a punibilidade, segundo a lei mais favorável.

Por fim, o § 3º, complementando o rol de condições para a aplicação da lei penal se o crime foi praticado fora do Brasil, determina que **nossa lei seja aplicada ao estrangeiro que tenha praticado crime contra brasileiro** no exterior, se:

a) não foi pedida ou negada a extradição;

b) houve requisição do Ministro da Justiça.

Trata o precitado art. 7º, § 3º, do CP, da denominada **extraterritorialidade hipercondicionada**.

5.5. Aplicação da lei penal com relação às pessoas (imunidades)

Em decorrência do disposto nos arts. 5º e 7º do CP, combinados com o art. 1º do CPP, em princípio, todas as regras de processo penal deverão ser aplicadas a qualquer pessoa que deva se submeter à jurisdição brasileira. Entretanto, a Constituição Federal e o art. 1º, I e II, do CPP arrolam as pessoas que, excepcionalmente, terão regras próprias para a verificação da sua culpabilidade. Tais regras são denominadas imunidades.

A imunidade é uma prerrogativa conferida a certas pessoas em virtude das atividades por elas desempenhadas como forma de garantir, assim, o livre exercício de suas funções. A imunidade pode ser *diplomática* ou *parlamentar*.

5.5.1. Imunidade diplomática

A imunidade diplomática é aplicada a qualquer delito praticado por agente diplomático (embaixador, secretários da embaixada, pessoal técnico e administrativo das representações), estendendo-se à sua família, a funcionários de organismos internacionais em serviço (exemplos: ONU, OEA) e quando em visita oficial. Trata-se de uma imunidade irrenunciável. Os chefes de Estados estrangeiros e os membros de sua comitiva também estão acobertados pela imunidade diplomática.

O agente diplomático não é obrigado a prestar depoimento como testemunha, salvo se o depoimento estiver relacionado com o exercício de suas funções.

5.5.2. Imunidade parlamentar

Essa espécie de imunidade garante ao parlamentar (deputado federal e senador) a ampla liberdade de palavra no exercício de suas funções (denominada imunidade material – art. 53, *caput*, da CF), bem como a garantia de que não possam ser presos, exceto em flagrante por delito inafiançável (art. 53, § 2º, 1ª parte, da Constituição Federal – é a denominada imunidade formal). Por decorrerem da função exercida e não da figura (pessoa) do parlamentar, não se admite a sua renúncia (é, portanto, irrenunciável).

Estende-se também (a imunidade material) aos vereadores se o crime foi praticado no exercício do mandato e na circunscrição do Município. Porém, referidos membros do Poder Legislativo não gozam de imunidade formal (também denominada processual ou relativa).

Resumindo:

√ **Imunidade parlamentar (gênero)**:

a) *imunidade material* (absoluta) = deputados (federais e estaduais), senadores e vereadores (só nos limites do município);

b) *imunidade formal* (relativa ou processual) = deputados (federais e estaduais) e senadores (vereadores não a têm).

6. TEORIA GERAL DO CRIME

6.1. Teoria do Crime

6.1.1. Considerações iniciais

O estudo da denominada **Teoria do Crime** tem por objetivo destacar os aspectos jurídicos acerca deste fenômeno social que, infelizmente, assola a sociedade.

Para tanto, iniciaremos com as seguintes noções, a partir de agora enfrentadas.

6.1.2. Critério dicotômico

O Brasil, em matéria de **infração penal**, adotou o critério denominado pela doutrina de **dicotômico,** eis que aquela é gênero que comporta **duas espécies**, a saber:

a) crimes (ou delitos – são sinônimos); e

b) contravenções penais.

Em um primeiro momento, basta saber que, intrinsecamente, crimes e contravenções penais não guardam diferenças entre si. Não é demais lembrar que ambas as espécies de infrações penais dependem de **lei** para sua criação (princípio da legalidade – art. 5º, XXXIX, da Constituição Federal).

Aqui, o legislador, ao criar uma infração penal, deverá sopesar os bens jurídicos protegidos por ela e escolher se prefere criar um crime ou uma contravenção penal. De qualquer forma, importa destacar que esta é mais branda do que aquele, vale dizer, a resposta estatal pela prática do primeiro é mais rígida do que pela segunda.

Imperioso anotarmos alguns **pontos de diferenciação** entre crimes e contravenções:

a) as contravenções são apenadas com uma única espécie de pena privativa de liberdade, qual seja, a prisão simples, podendo, também, ser apenada, exclusivamente, com multa, enquanto que os crimes são punidos com outras espécies de penas privativas de liberdade (reclusão ou detenção);

b) a ação penal, nas contravenções, sempre é pública incondicionada, enquanto que os crimes podem ser de ação pública condicionada e ação privada;

c) a tentativa de contravenção não é punível;

d) as contravenções penais admitem erro de direito;

e) não se fala em extraterritorialidade da lei penal brasileira com relação às contravenções.

6.1.3. Conceitos de crime

Melhor ingressando no estudo da teoria do crime, faz-se necessária a colação de três conceitos ou concepções de crime definidas pela doutrina. São elas:

a) conceito material: crime é todo comportamento humano que **lesa** ou **expõe a perigo de lesão** bens jurídicos tutelados pelo Direito Penal. Trata-se de conceito que busca traduzir a essência de crime, ou seja, busca responder à seguinte indagação: o que é um crime?

b) conceito formal: crime corresponde à **violação da lei penal**. Em outras palavras, corresponde à relação de subsunção ou de concreção entre o fato e a norma penal incriminadora (ex.: Se "A" matar "B", terá violado a norma penal inserida no art. 121 do Código Penal);

c) conceito analítico: se se adotar a **concepção bipartida** (defendida por Damásio de Jesus, Julio Mirabete e Fernando Capez, por exemplo), crime é **fato típico e antijurídico.** Já se for adotada a concepção tripartida (defendida pela doutrina majoritária), **crime é fato típico, antijurídico e culpável.**

Partindo-se do pressuposto que crime é fato típico e antijurídico, a culpabilidade será elemento estranho à sua caracterização, sendo imprescindível sua análise apenas para que seja possível, verificada a reprovação da conduta praticada pelo agente, a aplicação de sanção penal ao infrator.

6.1.3.1. Teorias Tripartida e Bipartida

Influenciada fortemente pela Teoria Clássica, a **Teoria Tripartida** (ou Tripartite) sustenta que crime é a soma de **três elementos**, quais sejam, o fato típico, a antijuridicidade e a culpabilidade. Esta última, para a Teoria Clássica, era fundamental para definir que determinado comportamento seria considerado criminoso, pois somente na culpabilidade se analisava o dolo e a culpa.

Já a **Teoria Bipartida** (ou Bipartite), influenciada pela Teoria Finalista, sustenta que crime é a soma de **dois elementos**, quais sejam, o fato típico e a antijuridicidade. Como, para a Teoria Finalista, dolo e culpa migraram da culpabilidade para o fato típico, aquela deixou de ser um requisito constitutivo do crime, mas, sim, um pressuposto de aplicação da pena, tratando-se de um juízo de censurabilidade acerca do comportamento praticado pelo agente.

Somente no Brasil se cogita de uma Teoria Bipartida, como será melhor visto quando do estudo da CONDUTA.

6.2. Fato típico

O fato típico é o primeiro requisito do crime. Portanto, podemos afirmar que não existe crime se não houver um **fato típico**. E o que vem a ser isso?

Pode-se afirmar que fato típico é o **fato material** descrito em lei como **crime**.

A **estrutura** do fato típico é a seguinte:

a) conduta;

b) resultado;

c) nexo causal (ou de causalidade, ou, ainda, relação de causalidade);

d) tipicidade.

Conduta, resultado, nexo causal e tipicidade são os **elementos** do fato típico. Os três primeiros correspondem ao que denominamos de **fato material.** Já o último será o responsável pela **descrição** deste fato material em **lei**.

Em verdade, estudar o fato típico nada mais é do que estudar seus elementos constitutivos. Vamos a eles.

6.2.1. Teorias da Conduta

Antes de ingressarmos no estudo da conduta, como elemento do fato típico, relevante traçarmos um panorama acerca das diversas teorias que a explicam. Vamos a elas!

A) Teoria Clássica, Naturalista ou Causal: tem origem no tratado de Von Liszt. Defendida, no Brasil, por Nelson Hungria, Magalhães Noronha, Frederico Marques, Aníbal Bruno.

Essa teoria perdurou até meados do século XX, sob a influência das ciências físicas e naturais, bem como do positivismo jurídico.

Para essa teoria, a conduta nada mais é do que a exteriorização do movimento corporal ou a abstenção de um movimento, independentemente de qualquer finalidade. Assim, para que se impute um resultado, basta que o agente, com seu comportamento (ação ou omissão) dê CAUSA a ele. Daí falar-se em TEORIA CAUSALISTA.

Não se analisa, no momento em que praticada a conduta, o elemento volitivo (dolo ou culpa). Basta que a conduta perpetrada pelo agente provoque um resultado descrito em um tipo penal, que é puramente objetivo.

Para a Teoria Clássica, dolo ou culpa são analisados apenas na CULPABILIDADE, sendo seus elementos. Daí, para essa teoria, o crime ter como um de seus requisitos a culpabilidade (concepção tripartida).

Para os causalistas, pratica homicídio aquele que, embora dirigindo diligentemente, atropela pessoa que se joga na frente do automóvel, querendo esta se matar. Para essa teoria, o resultado é imputável ao agente pois por ele foi causado. Porém, somente não receberá sanção penal em razão de não ter agido com dolo ou culpa.

Em resumo, para a Teoria Clássica, é possível CONDUTA SEM DOLO OU CULPA.

B) Teoria neoclássica ou neokantista: são seus expoentes MAYER, FRANK e MEZGER. Para os neokantistas, diferentemente dos causalistas, que enxergavam que a conduta descrita no tipo penal era NEUTRA (objetiva), o tipo penal descreve uma conduta valorada negativamente. Assim, embora o tipo penal continuasse a trazer elementos objetivos, trazia uma carga valorativa (matar alguém não é neutro, mas algo valorativo negativo (LUIZ FLAVIO GOMES).

C) Teoria Finalista: seu maior expoente foi HANS WELZEL, conhecido como o "pai do finalismo". Para ele, toda conduta humana necessariamente é dirigida a uma finalidade. Assim, dolo e culpa saíram da culpabilidade e migraram para o fato típico (conduta). WELZEL não trouxe novos elementos para o crime, mas apenas os reorganizou. Para a Teoria Finalista, buscar conhecer se a conduta do agente é dolosa ou culposa é decisivo até para a própria tipificação penal. Falava-se que a Teoria Causalista era cega, enquanto que a Finalista era vidente. A grande contribuição da Teoria Finalista foi eliminar os elementos subjetivos da culpabilidade, tornando-a puramente valorativa. Para WELZEL, mesmo que o dolo e a culpa tenham migrado para o fato típico, o crime continuava a depender da conjugação de três elementos. Manteve, pois, a culpabilidade como elemento do crime (concepção tripartida). A crítica da teoria finalista diz respeito aos crimes culposos, em que o resultado não é desejado pelo agente. Mesmo assim, a finalidade continua a existir, mas ela não coincide com o resultado.

D) Teoria Social da Ação: baseada, também, na Teoria Finalista da Ação, a Teoria Social da Ação agrega um elemento novo, anotando que conduta somente assim será considerada se for "socialmente relevante", dominada ou dominável pela vontade. Assim, para os adeptos dessa teoria, ainda que um fato seja objetiva e subjetivamente típico, se o comportamento perpetrado pelo agente não atingir o senso de justiça, de normalidade ou de adequação social, não será considerado relevante para o Direito penal.

E) Teoria Funcionalista: leva em conta as FUNÇÕES do Direito Penal. Há duas vertentes:

* FUNCIONALISMO RACIONAL-TELEOLÓGICO (ou funcionalismo moderado)= preconizado por CLAUS ROXIN, para quem o Direito Penal teria por função precípua a proteção dos bens jurídicos. Assim, não basta a prática de um comportamento formalmente típico para a imputação de um resultado ao agente, sendo indispensável que atinja ao bem jurídico.

* FUNCIONALISMO SISTÊMICO (ou radical) = defendido por Gunther Jakobs, a função do Direito Penal não é a proteção dos bens jurídicos, mas assegurar a vigência da norma, mantendo a confiança dos cidadãos no "sistema". O Direito penal objetiva proteger a "firmeza das expectativas normativas diante de sua frustração". Para Jakobs, haverá crime com a infringência da norma. Se esta foi violada, o crime foi praticado.

6.2.2. A conduta como elemento do fato típico

Tem como clássica definição ser **todo comportamento humano, positivo ou negativo, consciente e voluntário, dirigido a uma finalidade específica** (se adotada a Teoria Finalista da Ação).

Evidentemente, não é possível imaginarmos crime sem conduta (*nullum crimen sine conducta*). É ela a responsável pelo "atuar" do homem, causador de uma lesão ou perigo de lesão ao bem jurídico tutelado pela norma penal incriminadora.

Diz-se que a conduta é um **comportamento humano** na medida em que somente o homem, ser racional que é, pode agir ou deixar de agir, causando com isso uma lesão ou ameaça de lesão ao bem da vida que o legislador tencionou proteger.

O que muito se discute é a possibilidade da prática de **crimes por pessoas jurídicas**, que são entes fictícios criados pela lei com o objetivo maior de separar o patrimônio dos sócios que as compõem com os da sociedade. Discussões à parte, a doutrina majoritária entende que pessoa jurídica somente pode praticar crimes ambientais, por força do art.

225, § 3º, da Constituição Federal, regulamentado pela Lei 9.605/1998 (Lei dos Crimes Ambientais).

Retornando ao conceito de conduta, a par de ser um comportamento humano, é certo que sua expressão no mundo fenomênico poderá decorrer de uma **ação** (daí o comportamento ser positivo, gerador dos **crimes comissivos**) ou de uma **omissão** (comportamento negativo, gerador dos crimes **omissivos**). Boa parte dos crimes é praticada mediante ação (que corresponde a um fazer, a um atuar positivamente). Excepcionalmente, quando o legislador expressamente previr, será possível que um crime seja praticado por uma inação, uma conduta negativa, uma omissão (ex.: omissão de socorro – art. 135 do Código Penal). Isso porque, como regra, uma inação, um não fazer, não gera qualquer efeito ("do nada, nada vem").

No tocante à **omissão**, esta pode ser de **duas espécies**:

a) omissão própria (*crimes omissivos próprios ou puros*) – vem descrita na lei. O dever de agir deriva da própria norma. Frise-se que os crimes omissivos próprios não admitem tentativa, visto que basta a omissão para o crime se consumar. Ex.: omissão de socorro (art. 135 do CP);

b) omissão imprópria (*crimes omissivos impróprios, impuros, espúrios ou comissivos por omissão*) – o agente tem o dever jurídico de agir para evitar um resultado. Não o fazendo, responderá por sua omissão (art. 13, § 2º, do CP). O agente somente responderá por crime omissivo impróprio se tiver o **dever de agir e puder** agir. Na *omissão imprópria*, o **dever jurídico de agir** do agente decorrerá de uma das seguintes situações:

i. quando tenha por **lei** obrigação de cuidado, proteção ou vigilância (ex.: dever dos pais de zelar pela integridade dos filhos, decorrente do poder familiar, expresso no Código Civil);

ii. quando, de **outra forma**, assumiu a responsabilidade de impedir o resultado, assumindo a posição de *garante* ou *garantidor* (ex.: enfermeira contratada para cuidar de pessoa idosa, tendo por incumbência ministrar-lhe medicamentos);

iii. quando, com o seu **comportamento anterior**, criou o risco da ocorrência do resultado. Trata-se do que a doutrina denomina de *dever de agir por ingerência na norma* (ex.: veteranos arremessam calouro em piscina, não sabendo este nadar. Terão o dever de salvá-lo, sob pena de responderem pelo resultado que não evitaram).

Em prosseguimento aos elementos da conduta, esta deve corresponder a um comportamento humano **consciente e voluntário**, ou seja, o indivíduo deve saber o que está fazendo, bem como ter liberdade locomotora para agir (ou deixar de agir). Portanto, excluirá a conduta (e, via de consequência, inexistirá fato típico) as seguintes situações mencionadas pela doutrina:

a) atos reflexos;

b) sonambulismo e hipnose;

c) coação física irresistível;

d) caso fortuito; e

e) força maior.

Por fim, à luz da teoria finalista da ação, adotada por boa parte da doutrina, ***não há conduta que não tenha uma*** *finalidade*. O agir humano é sempre voltado à realização de algo, lícito ou ilícito.

6.2.3. Resultado

A consequência ou decorrência natural da conduta humana é o **resultado**. A doutrina costuma classificá-lo de duas formas: a) resultado naturalístico e; b) resultado normativo (ou jurídico).

Segundo Damásio E. de Jesus, **resultado naturalístico** é a modificação do mundo exterior provocada pela conduta. Em outras palavras, é a percepção dos efeitos do crime pelos sentidos humanos (ex.: morte, redução patrimonial, destruição de coisa alheia etc.). Todavia, nem todo crime acarreta um resultado naturalístico, como é o caso da violação de domicílio ou do ato obsceno, que não geram qualquer resultado perceptível pelos sentidos humanos. Daí a doutrina, considerando-se o resultado naturalístico, distinguir os crimes em três espécies:

a) crimes materiais (ou de resultado) – são os que exigem resultado (ex.: homicídio, furto, roubo);

b) crimes formais (ou de consumação antecipada) – são os que, embora possam ter um resultado, restarão caracterizados mesmo sem sua verificação (ex.: extorsão mediante sequestro – basta o arrebatamento da vítima para a consumação do crime, ainda que o resgate não seja pago pelos familiares);

c) crimes de mera conduta (ou de simples atividade) – como o próprio nome diz, são aqueles que não têm resultado naturalístico, que é impossível de acontecer (ex.: violação de domicílio e ato obsceno).

6.2.4. Nexo de causalidade

O nexo causal (ou de causalidade) corresponde ao terceiro elemento do fato típico.

Nada mais é do que o **elo entre a conduta praticada pelo indivíduo e o resultado dela decorrente**.

O art. 13, primeira parte, do Código Penal determina que "o resultado de que depende a existência do crime somente é imputável a quem lhe deu causa". Em outras palavras, somente é possível imputar (atribuir) a uma pessoa um resultado se este for **causado** por ela.

Considerando o conceito de **resultado naturalístico** (e o art. 13 do Código Penal somente pode ser aplicável aos crimes materiais!), este somente pode ser atribuído a alguém se for o seu causador.

6.2.4.1. Causas

Para o Direito Penal, não existe diferença entre causa ou condição. Enfim, tudo o que concorrer para a existência de um resultado será considerado causa. Daí a segunda parte do referido dispositivo legal salientar: "considera-se causa toda ação ou omissão sem a qual o resultado não se produziria".

Em matéria de nexo causal, o Código Penal adotou a chamada teoria da *conditio sine qua non*, ou **teoria da equivalência dos antecedentes**.

Todavia, embora tudo o que concorrer para o crime possa, em princípio, ser considerado causa, se esta for **superveniente** (à conduta do agente) e, **por si só, produzir o resultado**, este não poderá ser atribuído ao indivíduo, posto que a situação estará fora da linha de desdobramento normal da conduta. É caso de "A" que, querendo matar "B", atira em sua direção produzindo-lhe lesões corporais graves. Este é socorrido por uma ambulância que, em alta velocidade, colide com um caminhão, o que foi o efetivo motivo da morte de "B". Portanto, embora "B" tenha morrido somente pelo fato de estar em uma ambulância que o socorreu por força de disparo de arma de fogo desferido por "A", o que configuraria a causa de sua morte, o fato é que este evento acidental não pode ser atribuído ao atirador. Portanto, a solução dada pelo Código Penal é a de que o sujeito responderá apenas pelos atos até então praticados (tentativa de homicídio, no caso).

No caso de verificação de causa superveniente (art. 13, § 1º, do Código Penal), a doutrina aponta que o Código Penal adotou a **teoria da causalidade adequada**, e não da equivalência dos antecedentes.

Apenas para reforçar, nos crimes formais e de mera conduta, nos quais não se exige a ocorrência de resultado (naturalístico), não haverá que se falar em nexo causal, já que este é o elo entre a conduta e o **resultado.** Se referidos tipos de crimes não exigem resultado, evidentemente não existirá nexo causal.

Em resumo:

I. Causas dependentes: São aquelas que decorrem (dependem) diretamente da *conduta* do agente. Ex.: "A" atira em "B", que morre em razão da perfuração. A causa do resultado dependeu da conduta do agente;

II. Causas independentes: São aquelas que produzem o resultado, guardando alguma ou nenhuma relação com a *conduta* do agente. Subdividem-se em:

a) Absolutas (ou absolutamente independentes) = são aquelas que por si sós produzem o resultado, independentemente da conduta do agente. A consequência é que o agente não responderá pelo resultado. Ex.: "A" quer matar "B" envenenado. Para tanto, coloca veneno em sua comida. No entanto, antes de "B" comer, morre por ataque cardíaco. O agente, no máximo, responderá por tentativa de homicídio, desde que tenha iniciado a execução do crime;

b) Relativas (ou relativamente independentes) = são aquelas que por si só não produzem o resultado, sendo a conduta do agente decisiva para a sua produção. A consequência é que o agente responderá, em regra, pelo resultado. Ex.: "A", sabendo que "B" é portador de hemofilia (concausa), neste provoca uma lesão corporal, da qual advém a morte em razão de uma hemorragia. "A" responderá por homicídio, visto que sua conduta (lesão corporal), aliada à concausa (hemofilia), foi decisiva para o resultado naturalístico.

Exceção: **causas supervenientes relativamente independentes** que por si só produzem o resultado. O agente *não responderá pelo resultado*, mas, apenas, pelo que efetivamente causou (art. 13, § 1º, CP). Ex.: "A" atira em "B", querendo matá-lo. No entanto, "B", socorrido por uma ambulância, morre em virtude da explosão desta, envolvida em um acidente automobilístico. Se o acidente tiver sido a causa efetiva da morte de "B", este resultado não será imputado a "A", que somente responderá por tentativa de homicídio. Não se aplica, aqui, a teoria da *conditio sine qua non*, mas, sim, a **teoria da causalidade adequada,** segundo a qual causa é tudo aquilo apto e suficiente à produção de um resultado.

6.2.4.2. A teoria da imputação objetiva e o estudo do nexo de causalidade

A **teoria da imputação objetiva** surgiu como um corretivo ou uma limitação à relação de causalidade, somando-se a esta outros requisitos para que a imputação do resultado, mais do que um procedimento puramente lógico, baseado na teoria da *conditio sine qua non*, se afigure justo.

Coube a **Claus Roxin** trazer a teoria da imputação objetiva para o Direito Penal.

Sua **denominação** (teoria da imputação objetiva) pode causar alguma dúvida nos operadores do Direito. Em verdade, a teoria da imputação objetiva é uma **teoria da não imputação**, deixando mais rigorosa a relação de causalidade, em complementação à *conditio sine qua non*.

De acordo com Flavio Augusto Monteiro de Barros, há alguns **filtros limitadores** da teoria da *conditio sine qua non*, quais sejam, a causalidade física, a causalidade psíquica e a **imputação objetiva**.

Para a teoria em estudo, um resultado somente pode ser atribuído ao agente se este o houver provocado, ou seja, se tiver dado causa a ele (1º filtro), tendo agido com dolo ou culpa (2º filtro) e desde que, com seu comportamento, tenha criado um risco além do permitido (ou seja, um risco proibido).

Ou seja, ainda que o agente tenha criado um risco, dolosa ou culposamente, daí advindo um resultado, este só poderá ser a ele imputado se não for **socialmente tolerado**.

A teoria da imputação objetiva preconiza os seguintes **requisitos**:

1. não há imputação do resultado se a conduta do agente cria um **risco permitido ou socialmente tolerado** -- ex.: lesões sofridas em animais durante rodeio; pequenas lesões corporais durante atos sexuais consentidos;

2. não há imputação do resultado se o risco criado pelo agente não tiver sido a **efetiva causa do resultado;**

3. não há imputação do resultado quando este não estiver **abrangido pelo tipo penal**: o tipo penal não abrange as seguintes situações: autocolocação em risco (ex.: disputa em racha); heterocolocação consentida em perigo (ex.: terceiro pede carona a motorista nitidamente bêbado); conduta praticada por quem tem o dever específico de evitar o resultado (responsabilidade de terceiros).

Embora bastante interessante a teoria da imputação objetiva, é certo que no Brasil não conta, especialmente na jurisprudência, com grande acolhida, predominando a aplicação da teoria da *conditio sine qua non*.

6.2.5. Tipicidade

Finalmente, o último elemento do fato típico é a **tipicidade**. Antes de trazermos seu conceito, relevante traçar-mos, ainda que em breves palavras, as chamadas **Fases da Tipicidade**:

a) Fase da independência: inspirada em Beling (1906), a tipicidade funcionava como um instrumento puramente descritivo, absolutamente independente da ilicitude e culpabilidade. Para essa fase, o tipo penal contemplava apenas elementos objetivos, razão por que era neutro;

b) Fase do caráter indiciário da ilicitude (ratio cognoscendi): protagonizada por Mayer (1915), referida fase deixa de representar apenas a neutralidade do tipo penal, que era puramente descritivo, passando este a ser um indício de ilicitude. Ou seja, praticado um fato típico, presume-se também ser ilícito, salvo se presente alguma causa excludente da antijuridicidade. A partir desta fase, o tipo penal passa a admitir elementos outros que não apenas objetivos, mas, também, normativos e subjetivos.

c) Fase da *ratio essendi*: para Mezger (1931), o tipo penal tinha função constitutiva da ilicitude. Em outras palavras, para se afirmar que determinado fato é típico, necessário analisar, previamente, sua ilicitude.

Prevalece o entendimento de que a tipicidade é um indício de antijuridicidade (fase da *ratio cognoscendi*).

Entende-se por **tipicidade** a relação de subsunção (adequação ou concreção) entre o fato concreto e a norma penal incriminadora. Em outras palavras, haverá **tipicidade penal** quando a ação ou omissão praticada pelo indivíduo tiver **previsão legal** (ex.: Se "A" mata "B", realizou o fato descrito no art. 121 do Código Penal; se "A" subtrair (furtar) o carro de "B", terá realizado o fato descrito no art. 155 do Código Penal).

Fala-se, também, em **tipicidade conglobante**. Criada por Eugenio Raul Zaffaroni, consiste na análise, para o juízo de tipicidade penal, do ordenamento jurídico de forma global (conglobada). Ou seja, um fato que seja formalmente típico, mas que não seja considerado ilícito, ou cujo comportamento seja permitido ou incentivado por outra norma jurídica, não entrará na esfera da tipicidade penal. É o caso, por exemplo, do médico que pratica uma intervenção cirúrgica, cortando pele e tecidos do paciente, comete um fato formalmente típico (lesão corporal), mas que obviamente não é antijurídico em razão do exercício regular de um direito (medicina). Importa registrar que a tipicidade na forma preconizada por Zaffaroni não encontra muitos adeptos no Brasil.

Em retomada, quando houver a descrição de uma conduta proibida em lei, estaremos diante do chamado **tipo penal,** que é um **modelo legal e abstrato** daquela conduta que deve ou não ser realizada pelo agente.

É importante salientar que toda conduta realizada pelo homem deverá ser preenchida por um elemento subjetivo, qual seja o **dolo** ou a **culpa**.

Portanto, se um crime for doloso, significa que a conduta praticada pelo agente terá sido dolosa. Já se o crime for culposo, a conduta terá sido culposa.

Passaremos, mais adiante, ao estudo do dolo e da culpa. Porém, antes disso, é mister trazermos algumas explicações sobre as espécies de tipos penais e seus elementos.

6.2.5.1. Categorias de tipos penais

Os tipos penais são divididos em duas grandes categorias:

a) Tipos penais incriminadores (ou legais) = são aqueles que descrevem a figura criminosa ou contravencional, cominando as respectivas penas;

b) Tipos penais permissivos (ou justificadores, ou justificantes) = são aqueles que descrevem a forma pela qual a conduta humana será considerada lícita. Traduzem-se nas causas excludentes da ilicitude ou antijuridicidade (ex.: legítima defesa – art. 25, CP; estado de necessidade – art. 24, CP).

6.2.5.2. Elementos dos tipos penais incriminadores

Os tipos penais incriminadores ou legais podem conter os seguintes elementos:

a) Objetivos = também chamados de descritivos, são aqueles que traduzem as circunstâncias em que a conduta criminosa ou contravencional é praticada. São elementos que podem ser compreendidos de forma bastante simples, sem que se necessite de qualquer juízo de valor. Ex.: no homicídio, temos o verbo "matar", seguido da expressão "alguém". Esta é considerada elemento objetivo do tipo, visto que de fácil assimilação e compreensão;

b) Subjetivos = são aqueles que dizem respeito à intenção do agente. Nem todo tipo penal contém elementos subjetivos. Ainda que impropriamente, a doutrina diz que o elemento subjetivo do tipo é o "dolo específico", ou, ainda, o "especial fim de agir do agente". Ex.: no crime de furto, não basta ao agente agir com dolo na subtração da coisa alheia móvel, sendo imprescindível que atue com *animus rem sibi habendi*, ou seja, com a intenção de assenhorear-se definitivamente da coisa furtada;

c) Normativos = são aqueles que não conseguirão ser compreendidos sem a emissão de um juízo de valor. Os elementos normativos podem exigir uma compreensão puramente *jurídica* (**elementos normativos jurídicos**), traduzindo-se em expressão que são explicadas pelo direito (ex.: conceito de documento para fins de caracterização do crime de falsificação de documento), ou, ainda, extrajurídica (moral, cultural), redundando nos **elementos normativos extrajurídicos**. É o que ocorre, por exemplo, com o crime de ato obsceno. A expressão "obsceno" exige, para sua compreensão, um juízo de valor moral (extrajurídico).

Os tipos penais que somente contiverem elementos objetivos serão denominados de **tipos normais**. Já aqueles que contiverem elementos subjetivos e/ou normativos são chamados de **tipos anormais**.

6.2.5.3. Crime doloso

O conceito de dolo é bastante simples: corresponde à **vontade livre e consciente do sujeito ativo (agente) em realizar os elementos do tipo.**

O CP, art. 18, I, adotou, quanto ao dolo, a **teoria da vontade** e a **teoria do assentimento**. Diz-se o crime doloso quando o agente **quis** produzir o resultado (dolo direto) ou **assumiu o risco** de produzi-lo (dolo eventual).

Apenas para frisar, o dolo pode ser **direto**, quando o agente tem a vontade livre e consciente de produzir o resultado, ou **indireto**, que se subdivide em **eventual** (o agente assume o risco de produzir o resultado, não se importando que ele ocorra) e **alternativo** (o agente não se importa em produzir um ou outro resultado). O CP não tratou do dolo alternativo, mas, apenas, do eventual.

Quanto ao dolo direto, a doutrina nos traz a seguinte subdivisão:

a) dolo direto de 1º grau= verifica-se quando o agente quer diretamente produzir determinado resultado;

b) dolo direto de 2º grau= também chamado de dolo de **consequências necessárias**, verifica-se quando o agente, almejando alcançar determinado resultado (dolo direto de 1º grau), sabe, de antemão, que efeitos colaterais advirão de seu comportamento, produzindo outros resultados não queridos diretamente. Ex.: agente que, para matar seu desafeto com uma bomba, instalada no interior de seu veículo, sabe que o motorista irá, igualmente, morrer.

6.2.5.4. Crime culposo

O CP, art. 18, II, considera culposo o crime quando o agente dá causa ao resultado por **imprudência, negligência ou imperícia**. Essas são as **modalidades** de culpa.

Assim, um crime será considerado culposo quando o agente, *mediante uma conduta inicial voluntária, produzir um resultado ilícito involuntário, previsto ou não, decorrente da violação de um dever objetivo de cuidado.*

A **imprudência,** primeira modalidade de culpa, corresponde a um **agir perigosamente** (portanto, uma ação). A **negligência**, que corresponde à segunda modalidade de culpa, estará verificada quando o sujeito **deixar de fazer algo que deveria ter feito** (portanto, uma omissão). Por fim, a **imperícia** somente se verifica quando o sujeito realiza algo **sem aptidão técnica para tanto**. É a denominada **culpa profissional**.

O crime culposo apresenta os seguintes **elementos**:

a) conduta inicial voluntária (o agente age sem ser forçado);

b) quebra do dever objetivo de cuidado (o agente rompe o dever de cuidado ao agir com imprudência, negligência ou imperícia);

c) resultado involuntário (sobrevém da quebra do dever objetivo de cuidado em relação a um resultado não querido pelo agente);

d) nexo de causalidade (entre a conduta voluntária e o resultado involuntário deve existir relação de causalidade);

e) tipicidade (a forma culposa do delito deve estar expressamente prevista em lei – art. 18, parágrafo único, CP);

f) previsibilidade objetiva (terceira pessoa, que não o agente, dotada de prudência e discernimento medianos, conseguiria prever o resultado);

g) ausência de previsão (apenas na culpa inconsciente).

Ainda quanto à culpa, destacamos duas **espécies** ou **tipos**:

a) culpa consciente: é aquela em que o agente acredita sinceramente que o resultado não se produzirá, embora o preveja. É a exceção. Difere do **dolo eventual**, visto que neste o agente não só prevê o resultado, mas *pouco se importa com sua produção*, ou seja, consente com o resultado. Já na culpa consciente, ainda que o agente preveja o resultado, *acredita sinceramente que este não ocorrerá*;

b) culpa inconsciente: é aquela em que o agente não prevê o resultado, embora seja previsível. É a regra.

Por fim, no Direito Penal não existe **compensação de culpas**, critério que se verifica no Direito Civil. É possível, todavia, a **concorrência de culpas**, ou seja, duas ou mais pessoas concorrerem culposamente para a produção de um resultado naturalístico. Neste caso, todos responderão na medida de suas culpabilidades.

Impõe referir que os **crimes culposos não admitem tentativa**, visto que esta somente é compatível com os crimes dolosos. Afinal, nestes, o resultado decorre da vontade livre e consciente do agente, que o quer ou assume o risco de produzi-lo, o que não se verifica nos crimes culposos.

6.2.5.5. Crime preterdoloso (ou preterintencional)

É um misto de dolo e culpa. Há dolo na **conduta antecedente** e culpa no **resultado consequente**. Trata-se de uma das espécies de crimes qualificados pelo resultado (art. 19 do CP).

O crime preterdoloso também é chamado de **preterintencional**.

Pelo fato de o **crime preterdoloso** ser formado por um resultado culposo agravador (culpa no consequente), é **inadmissível a tentativa**. Se esta não é cabível para os crimes culposos, pela mesma razão é incompatível com os crimes preterdolosos, que necessariamente são materiais (exige-se o resultado naturalístico para sua produção).

6.3. Iter criminis

Todo crime passa (ou pode passar) por pelo menos **quatro fases**. Em latim, diz-se que o caminho percorrido pelo crime é o *iter criminis*, composto das seguintes etapas:

a) cogitação (fase interna);

b) preparação (fase externa);

c) execução (fase externa);

d) consumação (fase externa).

A **cogitação**, por ter relação direta com o aspecto volitivo (vontade) do agente, é impunível, correspondendo à **fase interna** do *iter criminis*. Em outras palavras, não se pode punir o simples **pensamento**, ainda que corresponda a um crime (ex.: "A" cogita matar "B", seu desafeto).

A **preparação**, primeira etapa da **fase externa** do *iter criminis*, corresponde, como o nome diz, à tomada de providências pelo agente para ser possível a realização do crime. Portanto, prepara todas as circunstâncias que antecedem à prática criminosa. Em regra, a mera preparação de um crime é impunível, na medida em que a infração penal toma corpo a partir do momento em que se inicia sua execução, saindo os atos da esfera do agente e ingressando na esfera da vítima. Por vezes o Código Penal, aparentemente, incrimina típicos atos preparatórios, como o crime de quadrilha ou bando

(art. 288), cuja denominação, a partir do advento da "Nova Lei do Crime Organizado" (Lei 12.850/2013), passou a ser o de *associação criminosa*. É o que a doutrina denomina de **crimes obstáculos**, pois constituem verdadeiros obstáculos ao cometimento de outras infrações penais. Há uma antecipação da tutela penal para que se evite o cometimento de outros delitos.

A **execução** se verifica quando da prática do **primeiro ato idôneo e inequívoco**, hábil a consumar o crime. Trata-se, evidentemente, de **fase externa** do delito.

Por fim, a **consumação** é a última etapa do *iter criminis*, verificando-se de acordo com cada crime (material, formal, mera conduta...). Também pertence à **fase externa** do ilícito penal.

E como saber a diferenciação entre atos preparatórios e executórios?

Pois bem. O *iter criminis* somente passa a ter relevância penal quando o agente sai da etapa preparatória e inicia a executória. Mas quando é que se inicia a execução do crime? Três são os critérios trazidos pela doutrina:

a) critério material: quando iniciada a lesão ou perigo ao bem jurídico;

b) critério formal: quando iniciada a execução do verbo (ação nuclear) do tipo. É o que prevalece;

c) critério objetivo-individual: atos imediatamente anteriores à execução da conduta típica, mas voltados à realização do plano criminoso do agente.

6.3.1. Crime consumado

Nos termos do art. 14, I, CP, diz-se que o crime foi consumado quando **nele se reunirem todos os elementos de sua definição legal (tipo penal)**.

Porém, nem todos os crimes apresentam o mesmo momento consumativo. Confira-se:

a) **crimes materiais, culposos e omissivos impróprios** = consumam-se apenas com a produção do resultado naturalístico;

b) **crimes formais** = nestes, como o resultado é dispensável, a consumação irá ocorrer com a realização da conduta nuclear, sendo o resultado descrito no tipo mero exaurimento.

c) **crimes de mera conduta** = como não se fala em resultado naturalístico, a consumação será alcançada com a simples atividade descrita no tipo penal.

d) **crimes permanentes** = são aquelas cuja consumação se protrai no tempo. A consumação se verifica a cada instante, enquanto não cessada a conduta típica.

e) **crimes qualificados pelo resultado** = somente atingem a consumação com a produção do resultado agravador.

f) **crimes omissivos próprios** = por serem crimes de mera conduta, consumam-se com a simples inação prevista no tipo penal.

6.3.2. Crime tentado (conatus)

Nos termos do art. 14, II, CP, diz-se que o crime é tentado quando, iniciada sua execução, não se consumar por **circunstâncias alheias à vontade do agente**. Portanto, embora o sujeito ativo do crime a este dê início, revelando sua intenção (dolo), não conseguirá prosseguir em seu intento por circunstâncias estranhas à sua vontade (ex.: a vítima foge; a polícia impede a consumação do crime; populares não permitem o prosseguimento da infração penal).

O agente será punido com a mesma pena do crime consumado, mas reduzida de 1/3 a 2/3, adotando-se como critério para o *quantum* de diminuição a "*proximidade da consumação*" (quanto mais próximo o crime tiver chegado da consumação, menor será a redução).

Ainda, acolheu o Código Penal, em matéria de tentativa, a denominada **teoria objetiva,** segundo a qual não se pode punir o agente com o mesmo rigor (pena) em caso de consumação da infração. Contrapõe-se à **teoria subjetiva**, que preconizava que a punição pela tentativa deveria ser a mesma correspondente à do crime consumado.

Excepcionalmente, o crime tentado será punido com o mesmo rigor do consumado, tal como ocorre no art. 352 do CP (evasão de preso). É o que se denomina de *crime de atentado.*

Quanto ao *iter criminis* percorrido, a doutrina divide a tentativa nas seguintes espécies:

a) tentativa imperfeita (ou inacabada): é aquela em que o agente é interrompido na execução do crime enquanto ainda o praticava, por circunstâncias alheias a sua vontade, não conseguindo esgotar todo o seu potencial ofensivo;

b) tentativa perfeita (ou acabada, ou crime falho): é aquela em que o agente esgota toda sua potencialidade ofensiva, indo até o fim com os atos executórios. Contudo, o crime não se consuma por circunstâncias alheias à vontade do agente.

Quanto ao grau de lesividade, a tentativa subdivide-se em:

c) tentativa branca (ou incruenta): é aquela em que o objeto material (pessoa ou coisa sobre a qual recai a conduta) não é atingido;

d) tentativa vermelha (ou cruenta): é aquela em que o objeto material é atingido, mas mesmo assim o crime não se consuma.

Algumas infrações penais **não admitem tentativa**:

a) crimes culposos;

b) crimes preterdolosos;

c) contravenções penais (art. 4º da LCP);

d) crimes omissivos próprios;

e) crimes unissubsistentes;

f) crimes habituais;

g) crimes condicionados, em que a lei exige a ocorrência de um resultado (ex.: art. 122, CP);

h) crimes de atentado ou de empreendimento, cuja figura tentada recebe a mesma pena do crime consumado (ex.: art. 352, CP).

6.3.3. Desistência voluntária e arrependimento eficaz

São espécies da chamada **tentativa abandonada**. Vêm previstos no artigo 15 do CP. Constituem o que Franz von Liszt denominava de "**pontes de ouro**", eis que ao agente se projeta uma verdadeira "ponte" por meio da qual, se retornar,

será beneficiado, não sendo punido sequer pela tentativa do crime inicialmente executado.

Aquele que, **voluntariamente**, desiste de prosseguir na execução do crime só responderá pelos atos **anteriormente praticados**. É a denominada **desistência voluntária**. O agente inicia a execução do crime, mas não o leva à consumação porque desiste voluntariamente de prosseguir no intento criminoso. Nesse caso, só são puníveis os atos até então praticados, sendo **atípica a tentativa do crime inicialmente visado**.

Já o agente que, **esgotando os atos executórios**, toma atitude e **impede** a consumação do crime, não responde pela tentativa do crime inicialmente visado, mas apenas pelos atos já praticados. Aqui há o **arrependimento eficaz, também chamado de resipiscência**. Caso o agente se arrependa, tentando impedir o resultado decorrente de sua conduta, mas este é verificado, o arrependimento terá sido **ineficaz**. A consequência é a mesma da desistência voluntária: a tentativa do crime inicialmente visado pelo agente é atípica, remanescendo apenas os atos que efetivamente haja praticado.

Em resumo:

I. Desistência voluntária:

a) início de execução do crime;

b) não consumação do crime;

c) ato voluntário do agente que abandona a execução

I.I. Consequência: não responde pela tentativa do crime inicialmente executado, mas, apenas, pelos **atos efetivamente praticados** (Ex.: "A", querendo matar "B", inicia a execução de um homicídio. Tendo efetuado um disparo, podendo efetuar outros, desiste de prosseguir em seu intento criminoso, abandonando o local. Se "B" não morrer, "A" responderá apenas por lesões corporais);

II. Arrependimento eficaz:

a) início de execução do crime;

b) não consumação do crime;

c) ato voluntário do agente que impede a consumação;

II.I. Consequência: não responde pela tentativa do crime inicialmente executado, mas, apenas, pelos **atos efetivamente praticados** (Ex.: "A", querendo matar "B", inicia a execução de um homicídio. Tendo efetuado todos os disparos, arrepende-se e socorre a vítima, levando-a ao hospital. Se "B" não morrer, "A" responderá apenas por lesões corporais).

6.3.3.1. Diferença entre desistência voluntária e arrependimento eficaz

Na **desistência voluntária**, o agente **não esgota todos os atos executórios** tendentes à consumação do crime. Já no **arrependimento eficaz**, o agente **pratica todos os atos executórios** aptos à consumação. No entanto, arrependido, pratica conduta suficiente a impedir a consumação.

Seja na desistência voluntária ou no arrependimento eficaz, caso a consumação ocorra, o agente responderá pelo crime em sua forma consumada. Nesse caso, de nada teria adiantado a desistência ou o arrependimento. Ambos devem ser **eficazes**.

6.3.4. Arrependimento posterior

Vem previsto no art. 16 do CP. Trata-se de uma "**ponte de prata**", eis que, embora não afastando a tipificação do comportamento do agente, ensejará a redução da pena. Pressupõe os seguintes **requisitos:**

a) crime cometido sem violência ou grave ameaça à pessoa;

b) reparação integral do dano ou restituição da coisa;

c) conduta voluntária – não se exige espontaneidade;

d) reparação do dano ou restituição da coisa até o recebimento da denúncia ou queixa – se for feito posteriormente, incidirá uma atenuante genérica, prevista no art. 65, III, do CP.

Trata-se de causa genérica de **diminuição de pena**. A intenção do legislador foi "premiar" o agente que, embora tenha cometido um crime, arrepende-se e procure minorar os efeitos do ilícito praticado.

Todavia, não se admite a incidência do instituto em comento em qualquer crime, mas apenas naqueles cometidos **sem violência ou grave ameaça à pessoa** (ex.: roubo, extorsão, extorsão mediante sequestro).

Aponta a doutrina, ainda, que a **reparação do dano** não pode ser parcial, mas sim **integral**. Se "A" causou um prejuízo de mil reais a "B", deve restituí-lo integralmente das perdas. Pode-se, em determinadas hipóteses, restituir-se a própria coisa (ex.: no furto de um DVD, por exemplo, pode-se devolvê-lo *in specie* ao seu dono). Neste caso, não poderá estar danificado, sob pena de o agente não ver sua pena reduzida.

Por fim, tencionou o legislador "premiar" o sujeito que repara o dano até determinado lapso temporal expressamente definido no art. 16 do Código Penal: até o **recebimento da denúncia ou queixa**. Se a reparação for **posterior** ao referido ato processual, o agente, quando da fixação de sua pena, terá direito apenas à incidência de uma **circunstância atenuante**, certamente **inferior à diminuição** prevista para o **arrependimento posterior** (se é que poderá incidir, já que, se a pena-base for fixada no piso legal, aponta a jurisprudência majoritária, bem como a doutrina, pela sua não aplicação, o que conduziria a pena aquém do mínimo legal).

Em determinados crimes, a reparação do dano poderá gerar efeitos outros que não a mera redução de pena. É o caso do peculato culposo (art. 312, § 3º, 1ª parte do CP), no qual a reparação do dano **antes da sentença irrecorrível** é **causa extintiva da punibilidade** e, **após referido ato decisório**, é causa de **diminuição da pena**, à base de 1/2 (art. 312, § 3º, 2ª parte, do CP).

6.3.5. Crime impossível

Vem previsto no art. 17 do CP. É também chamado de **tentativa impossível, tentativa inidônea, tentativa inadequada ou quase crime.**

É verificado quando a consumação do crime tornar-se impossível em virtude da **absoluta ineficácia do meio empregado** ou pela **impropriedade absoluta do objeto material do crime.**

Trata-se, segundo aponta a doutrina, de hipótese de **atipicidade da tentativa do crime inicialmente visado pelo agente**.

Como definiu o legislador, somente haverá crime impossível por força de duas circunstâncias:

a) ineficácia absoluta do meio: quando o agente valer-se de meio para a prática do crime que jamais poderia levar à sua consumação, estar-se-á diante de meio absolutamente ineficaz. É o caso de ser ministrada água, em um copo de suco, para matar a vítima, ou dose absolutamente inócua de substância apontada como veneno, que jamais causaria sua morte;

b) impropriedade absoluta do objeto: quando a ação criminosa recair sobre objeto que absolutamente não poderá sofrer lesão em face da conduta praticada pelo agente, estar-se-á diante de objeto absolutamente impróprio. É o caso de "A" que atira em "B", morto há duas horas, ou de uma mulher que pratica manobras abortivas (ex.: toma medicamento abortivo) não estando grávida.

Ressalva a doutrina, contudo, que, se a impropriedade for **relativa**, o agente responderá pela tentativa do crime que tiver iniciado, não havendo que se falar em crime impossível. É o caso de "A" que, querendo matar "B", coloca em sua comida quantidade de veneno insuficiente para a morte, mas cuja substância seria apta a provocá-la. Embora o meio para o homicídio tenha sido ineficaz, certo é que não o foi absoluta, mas sim relativamente impróprio, não se podendo afastar a tentativa (inocorrência da consumação por circunstâncias alheias à vontade do agente).

Como dito, somente a ineficácia **absoluta** do meio, ou a impropriedade **absoluta** do objeto, conduzirão ao reconhecimento do crime impossível. Nesse particular, o CP adotou a **teoria objetiva temperada**. Porém, para fins de concurso, importante que o candidato conheça todas as teorias acerca do instituto em comento. Analisemos cada uma delas:

a) **sintomática** = pelo fato de a conduta do agente demonstrar sua periculosidade, deverá lhe ser imposta uma medida de segurança (era a teoria adotada pelo CP antes da Reforma da Parte Geral em 1984);

b) **subjetiva** = há uma equiparação do crime impossível ao crime tentado, pelo fato de o agente haver demonstrado a intenção de praticar o crime e produzir determinado resultado, ainda que este não fosse passível de ser consumado;

c) **objetiva**= pelo fato de inexistir ofensa ao bem jurídico, o agente não merece punição. Subdivide-se em **objetiva pura**, quando não se punirá a tentativa quando o meio ou o objeto forem ineficazes (absoluta ou relativamente), e **objetiva temperada**, que considera como crime impossível apenas a ineficácia absoluta do meio e a impropriedade absoluta do objeto (é a adotada pelo CP).

6.3.5.1. Crime impossível por obra do agente provocador

Também conhecido por **delito putativo por obra do agente provocador**, ou **delito de ensaio** ou de **experiência**, verifica-se quando alguém induz ou instiga o agente à prática de uma infração penal, mas que, paralelamente, atua para tornar impossível a consumação. É o caso do **flagrante**

preparado, ao qual se aplica a Súmula 145 do STF: "Não há crime, quando a preparação do flagrante pela polícia torna impossível a sua consumação".

6.4. Erro de tipo (art. 20 do CP)

Considera-se **erro** uma **falsa percepção da realidade**, um equívoco em que incorre o agente. Quando essa falsa percepção da realidade recair sobre uma **elementar** ou **circunstância do crime**, estaremos diante de **erro de tipo**; já quando o equívoco recair sobre a **ilicitude do comportamento**, haverá **erro de proibição**.

6.4.1. Espécies de erro de tipo

O erro de tipo pode ser de <u>duas espécies</u>:

a) **erro de tipo incriminador** = é aquele que recai sobre elementares ou circunstâncias do crime;

b) **erro de tipo permissivo** = é aquele que recai sobre os pressupostos fáticos de uma causa excludente da ilicitude (**descriminante putativa**).

6.4.1.1. Erro de tipo incriminador

No **erro de tipo incriminador**, como dito, o agente, por uma falsa percepção da realidade, se equivoca quanto a uma **elementar** típica, ou quanto a uma **circunstância** do crime. Considera-se **elementar** todo dado <u>fundamental</u> à caracterização do crime. Sua ausência acarreta a atipicidade total (eliminação da figura criminosa) ou parcial (transformação de um crime em outro). Já a **circunstância** é todo dado objetivo ou subjetivo de <u>natureza acessória</u>, ou seja, <u>secundário</u>, incapaz de influenciar na existência, em si, do crime, refletindo, porém, na pena (ex.: agravantes, qualificadoras, causas de aumento e diminuição).

O **erro de tipo incriminador** pode ser:

a) **essencial** = é aquele que recai sobre <u>elementares</u> ou <u>circunstâncias</u> do crime. No primeiro caso, o agente comete crime sem saber que assim age. No segundo, o agente desconhece que está incidindo em figura qualificada ou agravada do crime.

O **erro de tipo essencial** pode ser de <u>duas formas</u>:

invencível (inevitável, escusável ou desculpável) = o agente, embora tivesse empregado todas as cautelas, incidiria no erro, ou seja, não teria como evitá-lo. Nesse caso, haverá **exclusão do DOLO e da CULPA**. Se o erro invencível recair sobre elementar, não haverá crime (ausência de dolo ou culpa); se o erro invencível recair sobre circunstância (qualificadora, causa de aumento, agravante etc.), esta estará excluída.

vencível (evitável, inescusável ou indesculpável) = o agente poderia ter evitado o erro caso tivesse empregado maior cuidado no caso concreto, ou seja, seria possível evitá-lo. Haverá exclusão do dolo, mas caberá a punição do agente por culpa, se prevista esta forma para o crime.

b) **acidental** = é aquele que recai sobre dados acessórios do crime, não afastando a responsabilização do agente. Aqui, ele sabe que está praticando o crime. Essa modalidade de erro se materializa por uma das seguintes hipóteses:

- **Erro sobre o objeto** = o equívoco do agente recai sobre o objeto do crime. Pretende atingir determinado objeto, mas, por falsa percepção da realidade, atinge outro. Ex: "A" pretende furtar um colar de ouro, mas subtrai um colar de bronze.

- **Erro sobre a pessoa** = o equívoco do agente recai sobre a pessoa contra a qual pretende cometer o crime. Há uma confusão por parte do agente, que acaba lesionando pessoa diversa (vítima efetiva) da inicialmente visada (vítima virtual). Ex.: "A" pretende matar um artista famoso, mas, por erro, acaba matando seu sósia. De acordo com o art. 20, § 3º, CP, levar-se-ão em consideração as características da vítima visada, e não da vítima efetiva.

- **Erro na execução (aberratio ictus)** = o equívoco do agente recai na execução do fato pelo agente, geralmente por sua <u>inabilidade</u> ou pela ocorrência de alguma <u>circunstância inesperada, atingindo pessoa diversa da pretendida</u>. Daí também ser chamada de **desvio na execução** ou **erro no golpe**. Nesse caso, o agente responderá normalmente pelo crime, embora atinja pessoa diversa da pretendida, seguindo-se as mesmas regras do art. 20, § 3º, CP (art. 73, CP).

Há **duas espécies** de *aberratio ictus*:

a) **Com unidade simples ou resultado único** = nesse caso, o agente, por erro na execução, lesiona pessoa diversa da pretendida. Esta não é atingida, não sofre qualquer lesão;

b) **Com unidade complexa ou resultado duplo** = nesse caso, o agente, por erro na execução, atinge a vítima visada e, também, pessoa diversa da pretendida (terceiro). Nesse caso, o agente responderá pelos dois crimes, em concurso formal.

- **Resultado diverso do pretendido (aberratio criminis ou delicti)** = o agente, por acidente ou por erro na execução, <u>atinge bem jurídico diverso do pretendido</u>, vale dizer, comete, na prática, um crime diverso do que almejava. Não se confunde com a *aberratio ictus*, em que o agente atinge pessoa diversa da pretendida em razão de acidente ou erro nos meios de execução.

De acordo com o art. 74 do CP, o agente **responderá pelo resultado (diverso do pretendido) produzido**, que lhe será imputado a **título de culpa**, desde que tal forma esteja prevista em lei. Ex.: "A", querendo danificar a vitrine de uma loja, arremessa uma pedra, que, porém, atinge um pedestre, causando-lhe lesões corporais. Responderá por lesões corporais CULPOSAS, e não por tentativa de dano.

E se o resultado produzido não ensejar o reconhecimento de crime culposo? Ex: "A", pretendendo matar um pedestre, efetua um disparo em sua direção, mas erra o alvo, atingindo a vitrine da loja. Nesse caso, houve *aberratio criminis*. Porém, inexiste a forma culposa de dano (art. 163, CP), razão por que será ignorada a regra do art. 74 do CP, respondendo o agente por tentativa de homicídio. Assim não fosse, haveria impunidade.

- **Erro sobre o nexo causal (aberratio causae)** = dá-se quando o agente pretende alcançar um resultado mediante <u>determinada relação de causalidade</u>, mas, por erro, alcança sua finalidade mediante <u>curso causal diverso do esperado</u>, porém igualmente por ele produzido, razão pela qual responderá normalmente pelo crime. Ex.: "A", querendo matar "B" por afogamento, golpeia-o na cabeça quando este passava por uma ponte sobre um rio, arremessando-o para a água. Assim, a pretensão era a de que "B" morresse por asfixia (homicídio qualificado). Contudo, durante a queda, a vítima colide com os pilares da ponte, causando-lhe morte imediata por traumatismo craniano. "A", decerto, responderá por homicídio doloso, porém, a qualificadora da asfixia não incidirá, pois outra foi a causa da morte.

6.4.1.2. Erro de tipo permissivo

O **erro de tipo permissivo (art. 20, § 1º, CP)** corresponde às chamadas **descriminantes putativas**. Verificam-se quando o agente, por **erro, supõe presentes os pressupostos de fato de causas de exclusão da ilicitude**. A partir de então, fala-se em legítima defesa putativa, estado de necessidade putativo, estrito cumprimento de dever legal putativo e exercício regular de direito putativo.

Se o erro for **inevitável**, haverá <u>afastamento do dolo e da culpa</u>. Porém, se **evitável**, permanece o afastamento do dolo, mas o agente responderá por <u>crime culposo</u> (se previsto em lei). Fala-se, aqui, em culpa imprópria (assim chamada pois, em verdade, a conduta é dolosa, mas, em razão do erro, pune-se o agente a título de culpa). Admite <u>tentativa</u>.

Se o erro recair sobre a **existência** ou os sobre os **limites** de uma causa de justificação, estaremos diante de **descriminantes putativas por erro de proibição**, que afastará a culpabilidade. Fala-se, aqui, em **erro de proibição indireto ou erro de permissão**.

6.5. Antijuridicidade

6.5.1. Conceito

Corresponde a ilicitude a relação de **contradição entre a conduta praticada pelo agente e o ordenamento jurídico**. Assim, ilicitude (ou antijuridicidade) é a contrariedade entre o comportamento praticado pelo agente e aquilo que o ordenamento jurídico prescreve (proíbe ou fomenta).

É importante recordar que, pela concepção bipartida, crime é **fato típico e antijurídico**. Portanto, ausente a antijuridicidade, não há que se falar em crime.

6.5.2. Caráter indiciário da ilicitude

Diz a doutrina que a tipicidade é um indício de antijuridicidade. Em outras palavras, em princípio, todo fato típico é antijurídico (contrário ao direito). A isso se dá o nome de **caráter indiciário da ilicitude**.

Podemos dizer, portanto, que todo fato típico é, em regra, antijurídico. Somente não o será se estiver presente uma das causas excludentes da antijuridicidade, previstas no art. 23 do Código Penal.

Estudar a antijuridicidade é, portanto, estudar as causas que a excluem. Verificada qualquer delas, embora possa existir fato típico, não se cogitará da ocorrência de crime, que exige a presença de referido elemento.

6.5.3. Causas excludentes da antijuridicidade (ou ilicitude)

O art. 23 do Código Penal é bastante claro ao definir que "não há crime" se o fato for praticado em estado de necessidade, legítima defesa, estrito cumprimento de dever legal ou em exercício regular de um direito.

Portanto, inegavelmente a antijuridicidade é requisito indispensável à caracterização do crime. Tanto é verdade que, presente uma causa que a exclua, o próprio legislador apontou a inexistência de crime ("não há crime..." – art. 23, Código Penal).

Conforme já referimos, são causas de exclusão da ilicitude as hipóteses previstas em referido dispositivo legal, também chamadas de **causas justificantes ou excludentes da criminalidade**:

a) legítima defesa;

b) estado de necessidade;

c) estrito cumprimento do dever legal;

d) exercício regular de um direito.

6.5.3.1. Estado de necessidade (EN)

Traduz a ideia de um conflito de interesses penalmente protegidos. Contudo, diante de uma **situação de perigo**, permite-se o sacrifício de um bem jurídico para a proteção de outro, desde que haja **razoabilidade**.

Não sendo razoável exigir-se o sacrifício do bem efetivamente lesado (bem ameaçado é de valor inferior ao bem lesado), não se pode falar em **estado de necessidade**. Contudo, o **art. 24, § 2º**, do CP, prevê a possibilidade de **redução de pena** de **1/3 a 2/3**.

Assim, para que se possa validamente invocar o EN, são necessários os seguintes requisitos:

a) subjetivo: o agente que invoca o EN deve saber que sua conduta é voltada à proteção de um bem jurídico próprio ou alheio;

b) objetivos: são aqueles previstos no art. 24 do CP

(i) perigo atual (parte da doutrina também entende que o perigo **iminente** pode ensejar o EN). Este perigo pode derivar de conduta humana, ato animal ou eventos da natureza;

(ii) existência de ameaça a bem jurídico próprio (EN próprio) ou de **terceiro** (EN de terceiro);

(iii) perigo não causado pela vontade de quem invoca o EN – a doutrina admite que o perigo culposamente provocado por alguém não afasta a possibilidade de invocar o EN;

(iv) inexigibilidade de sacrifício do direito ameaçado – o bem jurídico que se pretende salvar do perigo deve ser de igual ou maior relevância do que aquele que será sacrificado;

(v) inexistência do dever legal de enfrentar o perigo – não pode invocar o EN aquela pessoa que, por força de lei, tiver o dever de enfrentar a situação de perigo (ex.: bombeiros e policiais).

6.5.3.1.1. EN próprio e de terceiro; EN real e putativo; EN defensivo e agressivo

Fala-se em **EN próprio** quando quem invocar a excludente da ilicitude em tela agir para salvaguardar direito próprio. Já se a excludente for invocada por pessoa que atuar para a salvaguarda de direito alheio, estaremos diante do **EN de terceiro**.

Diz-se que o **EN é real** quando os requisitos objetivos da causa excludente estão presentes no caso concreto. No entanto, será **putativo** se quem o invocar acreditar que se encontra amparado pela excludente (art. 20, § 1º, CP).

Finalmente, o **EN defensivo** dá-se quando o bem jurídico lesado pertence ao causador da situação de perigo. Será **agressivo** quando o bem jurídico lesado pertencer à pessoa diversa da causadora da situação de perigo.

6.5.3.1.2. Excesso no EN

Havendo excesso na excludente analisada, o agente responderá pelo resultado a título de dolo ou culpa.

6.5.3.2. Legítima defesa (LD)

A ideia da legítima defesa é vinculada à de *agressão injusta*. Assim, a pessoa que a invocar, para fazer cessar a agressão injusta, ataca bem jurídico alheio, repelindo o ataque a bem jurídico próprio ou de terceiro.

Contudo, primordial é que a pessoa que invocar a legítima defesa utilize moderadamente dos meios necessários, suficiente à cessação da agressão injusta a direito próprio ou de terceiro.

São necessárias duas ordens de requisitos:

a) subjetivo: ciência da situação de agressão injusta e a atuação voltada a repelir tal situação;

b) objetivos: são aqueles descritos no art. 25 do CP, a saber:

(i) agressão injusta atual ou iminente – a agressão sempre deriva de conduta humana, jamais de animal ou evento natural;

(ii) direito próprio ou alheio agredido ou próximo de sê-lo – admite-se a legítima defesa própria ou de terceiro;

(iii) uso dos meios necessários – para repelir a agressão injusta, atual ou iminente, a pessoa deverá valer-se dos meios indispensáveis à cessação da agressão;

(iv) moderação no uso dos meios necessários – ao escolher o meio (havendo mais de um deve-se optar pelo menos lesivo), a pessoa que invocar a legítima defesa deve ser moderada na sua utilização, atuando com razoabilidade.

6.5.3.2.1. LD própria ou de terceiro; LD real ou putativa; LD recíproca; LD sucessiva

Chama-se de **LD própria** aquela em que a pessoa que a invoca repele agressão injusta a direito ou bem jurídico próprio, ao passo que a **LD de terceiro** pressupõe que haja agressão a bem jurídico alheio e a pessoa rechace a agressão, defendendo, pois, um terceiro. Com a aprovação do *Pacote Anticrime* (Lei.13.964/2019), acrescentou-se ao art. 25 do CP um parágrafo único, que dispôs expressamente sobre a aplicabilidade da legítima defesa aos agentes de segurança pública que repelirem agressão ou risco de agressão a vítima mantida refém durante a prática de crimes. Fala-se, aqui, em *legítima defesa funcional*, que, a bem da verdade, não passa de uma legítima defesa de terceiro.

A **LD será real** quando, de fato, estiverem presentes os requisitos do art. 25 do CP, ao passo que será **putativa** se o agente, pelas circunstâncias de fato, acreditar que se encontra amparado pela legítima defesa (**art. 20, § 1º, CP**).

Quanto à **LD recíproca**, tal é **inviável em nosso ordenamento**, tendo em vista que é impossível que, ao mesmo tempo, uma pessoa esteja agredindo a outra injustamente e vice-versa. Ou uma está sendo agredida, e poderá invocar a LD, ou a outra estará sofrendo agressão, quando, então, poderá agir amparada pela excludente em apreço.

Finalmente, **LD sucessiva**, perfeitamente admissível, ocorre em caso de **excesso**. Assim, inicialmente, alguém é vítima de agressão injusta. Para tanto, passa a atacar o agressor. No entanto, utiliza-se imoderadamente dos meios necessários, excedendo-se no revide, deixando de ser agredido e passando a ser agressor.

6.5.3.3. Estrito cumprimento de um dever legal (ECDL) e exercício regular de direito (ERD)

As causas excludentes acima referidas não estão detalhadas no Código Penal. A explicação sobre seus conteúdos decorre de ensinamentos da doutrina e jurisprudência.

No tocante ao ECDL, geralmente esta é causa excludente da ilicitude invocada por **agentes públicos**, cujas condutas, muitas vezes, estão pautadas (e determinadas) por lei. É o caso, por exemplo, do policial, que tem o dever de prender quem se encontre em flagrante delito (art. 301 do CPP). Em caso de resistência, o uso da força poderá ocorrer, desde que nos limites do razoável. Nesse caso, terá atuado em ECDL para que efetive a prisão.

Já quanto ao ERD, temos a regra de que **podemos fazer tudo o que a lei permite ou não proíbe**. Assim, se agirmos de forma regular no exercício de um direito, ainda que isto seja tipificado em lei (fato típico), não será contrário ao direito (antijurídico).

É o caso, por exemplo, das **intervenções cirúrgicas** e das **práticas desportivas**.

6.5.4. Descriminantes putativas

É possível que alguém, pela análise das circunstâncias concretas, acredite que se encontre amparado por alguma das causas excludentes da ilicitude já vistas. Se, supondo sua existência por uma falsa percepção da realidade (erro), o agente viole bem jurídico alheio, ainda assim não responderá criminalmente pelo fato, desde que o erro seja plenamente justificado.

É o que vem previsto no art. 20, § 1º, do Código Penal.

Temos como clássico exemplo a **legítima defesa putativa** verificada por "A", inimigo de "B", quando este, prometendo-lhe a morte, enfiou, de repente, a mão em sua blusa, fazendo crer que iria sacar um revólver. Ato seguinte, "A", acreditando estar diante de uma agressão injusta iminente, saca uma arma e atira em "B", que, em verdade, iria tirar do bolso uma carta com pedido de desculpas.

Se o erro em que incorreu "A" for plenamente justificável pelas circunstâncias, terá incidido em erro de tipo permissivo (no caso, legítima defesa putativa), respondendo apenas por **homicídio culposo**.

Embora discutível a **natureza jurídica das descriminantes putativas**, prevalece o seguinte entendimento:

a) se o erro recair sobre os pressupostos fáticos de uma causa excludente da ilicitude, estaremos diante de um **erro de tipo** (permissivo). É o caso do agente que, acreditando piamente ser vítima de uma agressão injusta atual ou iminente, mata seu suposto agressor. Nesse caso, terá incidido em um erro de tipo permissivo, que irá recair sobre o pressuposto fático da excludente (no caso, a agressão injusta, indispensável ao reconhecimento da legítima defesa);

b) se o erro recair sobre a existência de uma causa excludente da ilicitude, configurar-se-á o **erro de proibição**. É o que se verifica quando o agente, crendo que sua conduta é permitida pelo direito (portanto, uma conduta que não seja antijurídica), pratica um fato típico. Nesse caso, faltará ao agente a potencial consciência da ilicitude, pelo que será afastada a culpabilidade; e

c) se o erro recair sobre os limites de uma causa excludente da ilicitude, igualmente restará configurado o **erro de proibição**. Ocorrerá nos casos em que o agente incidir em excesso (por exemplo, na legítima defesa, quando, após cessada a agressão injusta, o agente prosseguir no contra-ataque ao agressor original acreditando que ainda está agindo em LD).

As conclusões acima decorrem da adoção, pelo Código Penal, da teoria limitada da culpabilidade.

6.6. Culpabilidade

Trata-se de **pressuposto de aplicação da pena**. Se adotada a **concepção bipartida** (crime enquanto fato típico e antijurídico), não integra o conceito de crime, estando **fora de sua estrutura básica**.

Contudo, não sendo o agente culpável, é absolutamente inviável a inflição de pena. No entanto, mesmo ao **inculpável**, admissível será a aplicação de **medida de segurança** (ex.: ao inimputável por doença mental não se aplica pena, mas medida de segurança).

6.6.1. Culpabilidade e os sistemas ou teorias clássica, neoclássica e finalista

Importante situarmos a culpabilidade de acordo com as teorias da conduta. Afinal, estamos diante de institutos absolutamente correlacionados. Confira-se:

a) Teoria clássica (Liszt-Beling-Radbruch): não era possível falar em crime sem culpabilidade, eis que esta continha o dolo e a culpa. Rechaçando a responsabilidade penal objetiva, a Teoria Clássica exigia a **vinculação psicológica** do agente com o fato por ele praticado, por meio do **dolo** e da **culpa**. Daqui extrai-se a denominada **teoria psicológica da culpabilidade**.

b) Teoria neoclássica (Reinhard Frank): acrescentou à culpabilidade a ideia de **reprovabilidade**, que tinha como pressuposto o fato de o agente ser **imputável**, que tivesse agido com **dolo** ou **culpa** e que dele fosse **exigível comportamento diverso** do praticado. Aqui, extrai-se a **teoria psicológico-normativa** ou **normativa da culpabilidade**.

c) Teoria finalista (Welzel): mantendo a mesma ideia da teoria neoclássica, qual seja, a de que a culpabilidade encerra um **juízo de reprovabilidade** do fato perpetrado pelo agente, **eliminou** dela o seu **aspecto psicológico**, eis que dolo e culpa migraram para o fato típico (conduta). Assim, a culpabilidade passa a ser **estritamente normativa**, composta de imputabilidade, potencial consciência da ilicitude e exigibilidade de conduta diversa. Fala-se, então, em uma **teoria normativa pura da culpabilidade**.

A teoria normativa pura se subdivide em **teoria limitada** e **teoria extremada** da culpabilidade. Ambas são idênticas, exceto com relação à natureza jurídica das discriminantes putativas.

Para a **teoria limitada da culpabilidade**, adotada pelo CP (item 17 da Exposição de Motivos da Parte Geral do CP), as **descriminantes putativas** podem se caracterizar como **erro de tipo** ou **erro de proibição**, ao passo que para a **teoria extremada**, as descriminantes putativas **sempre constituem erro de proibição**.

6.6.2. Elementos/requisitos que integram a culpabilidade

A culpabilidade é formada pelos seguintes elementos/requisitos:

a) imputabilidade;

b) potencial consciência da ilicitude;

c) exigibilidade de conduta diversa.

Os elementos acima são **cumulativos**. Em outras palavras, se algum deles "falhar" (leia-se: estiver ausente), ao agente não se poderá impor pena.

As situações em que os elementos da culpabilidade serão afetados (causas excludentes da culpabilidade) estão logo a seguir.

6.6.2.1. Causas excludentes da imputabilidade (primeiro elemento da culpabilidade)

São as seguintes:

a) inimputabilidade por doença mental ou desenvolvimento mental incompleto ou retardado – art. 26 do CP. Adotou-se o **critério biopsicológico**. Não basta a doença mental (**critério biológico**), sendo indispensável que, em razão dela, o agente no momento da ação ou omissão, seja inteiramente incapaz de **entender** o caráter ilícito do fato ou de **determinar-se de acordo com esse entendimento (critério psicológico)**;

b) menoridade – o menor de 18 anos é penalmente inimputável. Trata-se de presunção absoluta. Aqui, o legislador adotou o **critério biológico** (não se leva em conta se o adolescente entendia o caráter ilícito do fato). O adolescente que praticar crime ou contravenção terá cometido ato infracional, de acordo com o art. 103 do ECA, apurado pela Vara da Infância e Juventude;

c) embriaguez completa, decorrente de caso fortuito ou força maior – art. 28, § 1º, CP. Apenas a embriaguez involuntária e completa retira a capacidade do agente de querer e entender, tornando-o inimputável. Se a embriaguez for incompleta, o agente será penalmente responsabilizado, porém, com possibilidade de pena reduzida. Acerca da embriaguez, o CP adotou a teoria da *actio libera in causa*. Se o agente deliberadamente (voluntariamente) ingeriu álcool ou substância com efeitos análogos, ainda que no momento da prática da infração não tenha capacidade de entendimento e autodeterminação, ainda assim será responsabilizado (art. 28, II, CP). Apenas se a embriaguez for involuntária, e desde que completa, ficará o agente isento de pena.

Pela relevância do item "b" acima, sem nos olvidarmos à finalidade precípua da presente obra, que é a de trabalharmos com os principais aspectos dos editais dos concursos, faremos algumas breves considerações acerca do ato infracional.

Primeiramente, o **ato infracional** corresponde à conduta prevista como **crime** ou **contravenção**, praticada por criança ou adolescente, nos termos do art. 103 do ECA. Caso o ato infracional seja praticado por **criança**, ser-lhe-á aplicada **medida de proteção**, pouco importando a gravidade da infração. Por outro lado, caso o ato infracional seja praticado por **adolescente**, a ele serão aplicadas **medidas socioeducativas**.

São **pressupostos** da aplicação da medida socioeducativa:

i) existência do fato;

ii) certeza da autoria;

iii) inescusabilidade da conduta.

Ainda, alguns **princípios** devem ser analisados pelo juiz para aplicação das medidas socioeducativas, a saber:

i) estrita legalidade

ii) princípio da proporcionalidade (art. 112, § 1º, do ECA)

iii) princípio da impossibilidade das medidas infamantes (art. 112, § 2º, do ECA)

iv) critério da cumulatividade (art. 113 do ECA)

v) princípio da substitutividade (art. 113 do ECA)

vi) Prescrição

As medidas socioeducativas podem ser:

a) de meio aberto; e

b) restritiva da liberdade.

Vejamos.

a) Medidas socioeducativas de meio aberto:

i) *prestação de serviços à comunidade* – nos termos do art. 117 do ECA, a prestação de serviços à comunidade consiste na realização de tarefas gratuitas de interesse geral, por período não excedente a seis meses, junto a entidades assistenciais, hospitais, escolas e outros estabelecimentos congêneres, bem como em programas comunitários ou governamentais. Importante ressaltar que as tarefas serão atribuídas conforme as aptidões do adolescente, devendo ser cumpridas durante jornada máxima de oito horas semanais, aos sábados, domingos e feriados ou em dias úteis, de modo a não prejudicar a frequência à escola ou à jornada normal de trabalho.

ii) *liberdade assistida* – a liberdade assistida pauta-se fundamentalmente na figura do orientador, cujo papel é o de promover o adolescente socialmente, conduzindo-o para a prática de boas condutas pessoais. A liberdade assistida não tem prazo determinado, mas deve ser aplicada por no mínimo 06 meses.

iii) *obrigação de reparar o dano* – a obrigação de reparar o dano tem como finalidade o ressarcimento da vítima ou, em não sendo possível, a compensação do dano.

b) Medidas socioeducativas restritivas de liberdade:

i) *regime de semiliberdade* – o regime de semiliberdade insere o adolescente em entidade que desenvolva o programa, com permissão para sua saída apenas nas hipóteses de trabalho ou estudo. A medida de semiliberdade pode ser aplicada desde o início ou como forma de transição para medidas socioeducativas em meio aberto.

ii) *internação* – internação significa a "reclusão" do adolescente em estabelecimento adequado e que desenvolva o programa. Há cerceamento total de sua liberdade de ir e vir. Nos termos do art. 227, § 3º, V, da CF os princípios que regem a medida socioeducativa de internação são: brevidade, excepcionalidade e respeito à condição peculiar.

6.6.2.2. Causa excludente da potencial consciência da ilicitude (segundo elemento da culpabilidade)

Apenas o **erro de proibição** (art. 21 do CP) é causa excludente da potencial consciência da ilicitude.

Um agente somente poderá sofrer pena se puder saber que sua conduta é profana, contrária ao direito, ainda que não saiba que se trata de crime ou contravenção penal. Afinal, ninguém pode escusar-se de cumprir a lei alegando ignorância (art. 3º da LINDB).

Assim, a depender das condições socioculturais do agente, poderá ele, de fato, desconhecer que sua conduta é errada, profana, contrária às regras usuais da sociedade. Nesse caso, se faltar potencial consciência da ilicitude, o agente ficará isento de pena.

Temos duas clássicas modalidades de erro de proibição:

a) invencível, inevitável ou escusável: aqui, é impossível que o agente pudesse superar o erro sobre a ilicitude do fato. Neste caso, ficará **isento de pena;**

b) vencível, evitável ou inescusável: nesse caso, se o agente tivesse sido um pouco mais diligente, poderia superar o erro. Responderá criminalmente, porém, com **pena reduzida de 1/6 a 1/3.**

Fala-se, ainda, nas seguintes espécies de erro de proibição:

c) direto = é aquele em que a falsa percepção da realidade em que incorre o agente recai diretamente sobre a proibição contida em um tipo incriminador (ex.: "A" acha na rua uma carteira, que pertence a "B", havendo, inclusive, um documento de identificação. Contudo, agindo de boa-fé, acredita que o que é "achado" não é "roubado"). Se o erro for inevitável, isentará de pena; se evitável, reduzirá de um sexto a um terço;

d) indireto = também chamado de **erro de permissão**, verifica-se quando a falsa percepção da realidade recai sobre um tipo penal permissivo (causa excludente da ilicitude). O agente tem conhecimento que sua conduta é errada, mas, no caso concreto, acredita agir amparado por causa de justificação. Estamos diante de descriminante putativa. Ex.: "A" agride a esposa que o traiu, crendo que, nesse caso, age no exercício regular de um direito. Se o erro for inevitável, isenta de pena; se evitável, reduz a pena.

e) mandamental= refere-se a <u>comportamento omissivo</u>. Os tipos omissivos traduzem imperativos de comando, ou seja, um mandamento, determinando a prática de determinada ação, sob pena de, quem não agir, responder criminalmente. Se o agente deixar de agir num determinado caso concreto, na **crença de que não deveria ou precisaria agir**, incidirá em erro de proibição mandamental. Ex.: "A" vê uma pessoa cair no chão e se machucar seriamente, mas acredita que não precisa socorrê-la, por não a conhecer ou ter qualquer relação de parentesco.

6.6.2.3. Causas excludentes da exigibilidade de conduta diversa (terceiro elemento da culpabilidade)

Somente será culpável a pessoa da qual se puder exigir uma conduta diversa da praticada, vale dizer, seu comportamento poderia ter sido de acordo com o direito, mas não foi. A **exigibilidade de conduta diversa**, inserida na culpabilidade por **Reinhard Frank**, funda-se no livre-arbítrio, ou seja, só será censurável o comportamento da pessoa que, tendo opção pelo "caminho da licitude", opta pelo "caminho da criminalidade". Por outro lado, se o agente não tiver outra escolha – se deixar de agir de determinada forma, sofrerá um mal ainda mais grave –, e praticar um injusto (fato típico e ilícito), não lhe sendo exigível outro comportamento que não o criminoso, não será passível de punição.

Todavia, há duas situações em que é *inexigível conduta diversa* da praticada pelo agente, a saber:

a) coação moral irresistível – art. 22 do CP – aqui, o agente (ou familiares ou pessoas muito próximas) é vítima de coação irresistível (não física, que afastaria a conduta, mas moral), não lhe sendo exigível conduta diversa da praticada. É o caso do gerente de banco cujos familiares são sequestrados. A libertação apenas ocorrerá se subtrair dinheiro do cofre do banco em que trabalha. Sabendo da senha, subtrai o montante e entrega aos sequestradores. Nesse caso, o gerente de banco ficará isento de pena, respondendo pelo crime os coatores (sequestradores);

b) obediência hierárquica a ordem não manifestamente ilegal – art. 22 do CP – nesse caso, será imprescindível a existência de uma relação de direito público entre superior hierárquico e subordinado. Este, por força da hierarquia, tem o dever de cumprir as ordens de seus superiores, sob pena de incorrer em falta disciplinar. Assim, se o subordinado receber ordem do superior hierárquico e cumpri-la, ficará isento de pena caso sua execução redunde na prática de um crime. Contudo, somente se a ordem não for *manifestamente ilegal* é que poderá socorrer-se da causa excludente da culpabilidade. Caso contrário, se cumprir ordem ilegal, responderá por sua ação ou omissão.

6.6.2.4. Emoção e paixão

De acordo com o art. 28, I, CP, a emoção e a paixão não excluem a culpabilidade. Entende-se por **emoção** uma forte e passageira perturbação da afetividade, enquanto que a **paixão** corresponde a um sentimento forte e duradouro.

Ambas **não excluem a culpabilidade**, mas podem atuar como circunstâncias do crime, influenciadoras da pena (ex.: homicídio privilegiado – art. 121, § 1º, CP).

6.7. Concurso de pessoas

6.7.1. Conceito

Concurso de pessoas, ou concurso de agentes, codelinquência ou concurso de delinquentes, consiste na *reunião consciente e voluntária, de duas ou mais pessoas, para a prática de infrações penais.*

Tem como requisitos (**PRIL**):

a) Pluralidade de agentes (cada pessoa tem comportamento próprio);

b) Relevância causal de cada uma das ações;

c) Identidade de fato (ou identidade de crime); e

d) Liame subjetivo ou vínculo psicológico entre os agentes (todos devem visar a um mesmo objetivo, um aderindo à conduta dos outros – não se exige, contudo, o ajuste prévio, ou seja, o acordo de vontades anterior à prática do crime).

A *falta do liame subjetivo* acarreta o que a doutrina chama de *autoria colateral*. Nesta, duas ou mais pessoas, desconhecendo a existência da(s) outra(s), praticam atos executórios com o mesmo objetivo. Nesse caso, não haverá concurso de agentes, sendo que cada um responderá pelos atos que cometeu. Havendo dúvida acerca de qual dos agentes deu causa ao resultado, mas sendo constatada a prática de atos executórios, cada qual responderá pela tentativa (ex.: homicídio). É a denominada *autoria incerta*.

6.7.2. Classificação dos crimes quanto ao concurso de pessoas

De acordo com o número de pessoas que concorram de qualquer modo para o crime, este pode receber os seguintes rótulos:

a) crimes unissubjetivos (ou monossubjetivos, ou de concurso eventual): são aqueles que podem ser perpetrados por um ou mais agentes, não fazendo o tipo penal qualquer distinção. Ex.: roubo, furto, estelionato, homicídio;

b) crimes plurissubjetivos (ou crimes coletivos, ou de concurso necessário): são aqueles que, para sua própria tipificação, exigem a presença de dois ou mais agentes delitivos. Ex.: associação criminosa (denominado de quadrilha ou bando antes do advento da Lei 12.850/2013), que exige, pelo menos, três pessoas (art. 288 do CP); rixa, que também exige um mínimo de três pessoas (art. 137 do CP); associação para o tráfico, a exigir, pelo menos, duas pessoas (art. 35 da Lei 11.343/2006).

6.7.3. Autoria

Existem três teorias acerca da autoria, a saber:

a) teoria material-objetiva (ou extensiva): autor é aquele que concorre com qualquer causa para o implemento de um resultado, e não só o que realiza o verbo-núcleo do tipo penal incriminador. Assim, não há distinção entre autor, coautor e partícipe;

b) teoria formal-objetiva (ou restritiva): autor é somente aquela pessoa que pratica a conduta típica descrita em lei (matar, subtrair, constranger...), executando o verbo-núcleo do tipo. Toda ação que não for propriamente a correspondente ao verbo do tipo será acessória. Contudo, se, de qualquer modo, concorrer para a prática do crime, a pessoa será considerada partícipe. **Esta é a teoria adotada pelo CP, mas com algumas críticas, por não abranger a autoria mediata;**

c) teoria normativa-objetiva (ou do domínio do fato): autor é aquele que tem o controle final do fato, ou seja, domina finalisticamente a empreitada criminosa. Enfim, é o "chefe", que determina cada passo do crime. Será partícipe aquele que colaborar com o autor, mas sem ter o domínio final do fato.

A teoria do domínio do fato consegue explicar a autoria mediata, motivo pelo qual deve ser agregada à teoria restritiva.

6.7.3.1. Autoria mediata

De acordo com a teoria do domínio do fato, **autor mediato** (ou indireto) *é aquele que "usa" alguém, por exemplo, desprovido de imputabilidade ou que atue sem dolo, para a execução de determinado comportamento criminoso. Em outras palavras, o autor mediato se vale de um executor material (autor imediato) como* **instrumento para o cometimento do ilícito penal**. Nesse caso, o executor material do crime não responderá por nada.

Exemplo: uma pessoa, querendo matar outra, pede a um louco que a esfaqueie, o que é por este cumprido. O louco (executor material) não responderá pelo homicídio, mas apenas seu mandante.

A autoria mediata pode resultar das seguintes hipóteses:

a) *ausência de capacidade mental* da pessoa utilizada como instrumento (inimputável);

b) *coação moral irresistível;*

c) *provocação de erro de tipo escusável* (ex.: médico que quer matar paciente e determina que a enfermeira aplique uma injeção de "medicamento", mas que, na realidade, é veneno);

d) *obediência hierárquica* a ordem não manifestamente ilegal.

Em qualquer caso, responderá pelo crime não o executor deste (autor imediato ou direto), mas, sim, o autor mediato (ou indireto).

6.7.4. Formas do concurso de agentes

A participação, em sentido amplo, é assim dividida:

a) coautoria: será coautor aquele que, juntamente com o autor do crime, com ele colaborar diretamente, de forma consciente e voluntária, para a realização do verbo-núcleo do tipo. A coautoria pode ser *parcial*, quando cada um dos agentes realizar atos executórios diversos, mas que, somados, redundem na consumação do crime (ex.: enquanto "A" segura a vítima, com uma faca em sua barriga, "B" subtrai seus pertences. Ambos respondem por roubo, em coautoria), ou a coautoria pode ser *direta*, quando todos os agentes praticarem a mesma conduta típica (ex.: "A" e "B", cada um com um revólver, atiram na vítima "C". Serão coautores no homicídio);

b) participação: será partícipe aquele que não realizar o verbo-núcleo do tipo, mas, de qualquer modo, concorrer para o crime. A participação pode ser:

(i) moral: corresponde ao induzimento ou instigação do autor à prática de um crime;

(ii) material: corresponde ao auxílio.

Quanto à participação, adotou-se a **teoria da acessoriedade limitada**. Só será partícipe aquele que realizar conduta acessória (não realização do verbo-núcleo do tipo) a do autor e desde que esse pratique conduta típica e ilícita.

6.7.5. Teorias acerca do concurso de pessoas

São três:

a) teoria unitária (monista ou monística): ainda que duas ou mais pessoas realizem condutas diversas e autônomas, considera-se praticado um só crime (o mesmo, para todas). Contudo, o art. 29, § 1º, do CP, prevê a figura da *participação de menor importância*, que acarreta na diminuição da pena do agente. Já o art. 29, § 2º, também do CP, traz a figura da *cooperação dolosamente distinta*, segundo a qual o agente que se desviar do "plano original" e praticar crime diverso, por este responderá, enquanto que o coautor ou partícipe responderá pelo crime "originalmente combinado", sendo que sua pena poderá ser aumentada de metade caso o resultado mais grave fosse previsível. Pela relevância do tema, confira-se:

> **Concurso de Pessoas: Teoria Monista e Fixação de Reprimenda mais Grave a um dos Corréus**
>
> "Por reputar não observada a teoria monista adotada pelo ordenamento pátrio (CP, art. 29) – segundo a qual, havendo pluralidade de agentes e convergência de vontades para a prática da mesma infração penal, todos aqueles que contribuem para o crime incidem nas penas a ele cominadas, ressalvadas as exceções legais –, a Turma deferiu *habeas corpus* cassar decisão do STJ que condenara o paciente pela prática de roubo consumado. No caso, tanto a sentença condenatória quanto o acórdão proferido pelo tribunal local condenaram o paciente e o corréu por roubo em sua forma tentada (CP, art. 157, § 2º, I e II, c/c o art. 14, II). Contra esta decisão, o Ministério Público interpusera recurso especial, apenas contra o paciente, tendo transitado em julgado o acórdão da Corte estadual relativamente ao corréu. Assentou-se que o acórdão impugnado, ao prover o recurso especial, para reconhecer que o paciente cometera o crime de roubo consumado, provocara a inadmissível situação consistente no fato de se condenar, em modalidades delitivas distintas quanto à consumação, os corréus que perpetraram a mesma infração penal. Destarte, considerando que os corréus atuaram em acordo de vontades, com unidade de desígnios e suas condutas possuíram relevância causal para a produção do resultado decorrente da prática do delito perpetrado, observou-se ser imperioso o reconhecimento uniforme da forma do delito cometido. Assim, restabeleceu-se a reprimenda anteriormente fixada para o paciente pelo tribunal local." **HC 97652/RS, rel. Min. Joaquim Barbosa, 4.8.2009.** (HC-97652) (**Inform. STF** 554).

b) teoria pluralística: para esta teoria, cada agente responde por um crime, independentemente do outro. Excepcionalmente, o Código Penal adota exceções pluralísticas ao princípio monístico. É o caso do binômio corrupção ativa/

corrupção passiva e aborto com o consentimento da gestante e o terceiro que o provocou;

c) teoria dualística: para esta teoria, há um crime para os autores e outro crime para os partícipes. Não foi adotada pelo CP.

Apenas para não haver dúvidas, o CP adotou a *teoria unitária* ou *monista*.

6.7.6. Comunicabilidade e incomunicabilidade de elementares e circunstâncias

Considerando que o CP adotou, como regra, a **teoria unitária** de concurso de pessoas, nada mais "justo" do que todos os agentes que concorrerem para o mesmo fato respondam pela mesma infração penal.

No entanto, em algumas situações, a imputação de um mesmo crime a duas ou mais pessoas pode soar estranho. É o caso de "A", em estado puerperal, durante o parto, auxiliada por "B", matar o próprio filho. Não há dúvidas de que "A" deverá responder por infanticídio (art. 123 do CP). E quanto a "B", responderá por qual delito? Também por infanticídio!

O mesmo ocorre quando "A", funcionário público, valendo-se dessa condição, apropria-se de um computador do Estado, por ele utilizado em seu dia a dia na repartição pública em que trabalha, cometendo, assim, o crime de peculato (art. 312 do CP). Se "B", particular (leia-se: não funcionário), auxiliar "A" em seu intento criminoso, responderá por qual delito? Também por peculato!

Assim, a regra do art. 30 do CP é a de que as **condições de caráter pessoal, somente quando elementares do tipo** (leia-se: dados essenciais à caracterização do crime), **comunicam-se aos coautores ou partícipes.**

Temos, pois, **três regras**, extraídas, ainda que implicitamente, do já citado dispositivo legal:

a) as elementares comunicam-se aos demais agentes (coautores ou partícipes), desde que conhecidas por estes;

b) as circunstâncias objetivas (reais ou materiais) comunicam-se aos demais agentes (coautores ou partícipes);

c) as circunstâncias subjetivas (de caráter pessoal) jamais se comunicam aos demais agentes (coautores ou partícipes) quando não forem elementares.

7. DAS PENAS

7.1. Penas

7.1.1. Conceito

Pena é a *consequência jurídica do crime*. A prática de qualquer ato ilícito, em nosso ordenamento jurídico, deve gerar uma sanção, sob pena de nenhuma pessoa ser desestimulada a delinquir. Na seara penal, não poderia ser diferente.

Importa lembrar que **pena** é *espécie de sanção penal*, ao lado das **medidas de segurança.**

7.1.2. Finalidades das penas

São três:

a) retributiva: é a retribuição do mal pelo mal;

b) preventiva: a cominação abstrata de uma pena impõe à coletividade um temor (prevenção geral) e sua efetiva aplicação ao agente delitivo tem por escopo impedir que venha a praticar novos delitos (prevenção especial);

c) ressocializadora: a imposição de pena tem por escopo a readaptação do criminoso à vida em sociedade.

7.1.3. Classificação ou espécies de penas

De acordo com o art. 32 do CP, as penas podem ser:

a) privativas de liberdade (PPL): restringem a plena liberdade de locomoção do condenado. São de 3 espécies: *reclusão, detenção e prisão simples*;

b) restritivas de direitos (PRD): são sanções *autônomas* que substituem as penas privativas de liberdade. Não são, como regra, cominadas abstratamente em um tipo penal incriminador;

c) multa: consiste no pagamento ao FUNPEN de quantia fixada na sentença e calculada em dias-multa (art. 49 do CP).

7.2. As penas privativas de liberdade (PPLs)

As PPLs se subdividem em:

a) reclusão (apenas para os crimes);

b) detenção (apenas para os crimes);

c) prisão simples (apenas para as contravenções penais).

Quem comete crime punido com **reclusão** poderá iniciar o cumprimento da pena em **regime fechado, semiaberto** ou, desde logo, **aberto**. Assim, não pode o candidato se equivocar e imaginar que o agente que comete crime punido com reclusão iniciará o cumprimento da pena, obrigatoriamente, em regime fechado. Trata-se de uma falsa impressão decorrente do próprio nome da PPL: reclusão. Ao falarmos em reclusão, vem à nossa mente a ideia do regime fechado. No entanto, reafirma-se, um delito punido com reclusão pode impor que o condenado inicie, desde logo, o cumprimento da pena em regime semiaberto ou até aberto.

Já para os crimes punidos com **detenção**, os regimes iniciais de cumprimento de pena podem ser o **semiaberto** ou o **aberto**. Assim, não se pode impor ao condenado por crime punido com detenção o regime inicial fechado.

Por fim, a **prisão simples**, espécie de PPL cabível **apenas** para as **contravenções penais**, será cumprida em regime **semiaberto** ou **aberto**, sem rigor penitenciário (art. 6º, *caput*, e § 1º, da LCP). Não há, pois, regime fechado para essa espécie de pena.

Em suma:

a) Reclusão = regime *fechado, semiaberto ou aberto;*

b) Detenção = regime *semiaberto ou aberto;*

c) Prisão Simples = regime *semiaberto ou aberto* (apenas para as contravenções penais).

Para a melhor compreensão das diferenças entre as espécies de PPLs, mister que se compreenda, primeiramente, que cada uma delas traz regras próprias quanto aos regimes penitenciários, o que já se viu no presente item. No entanto, para um aprofundamento do assunto, precisamos passar ao estudo dos regimes de cumprimento de pena, bem assim dos estabelecimentos penais em que eles serão cumpridos.

7.2.1. Regimes de cumprimento de pena (ou regimes penitenciários)

São três, a saber:

a) Fechado: somente pode ser o regime inicial fixado quando a pena privativa de liberdade cominada for de **reclusão**. Contudo, ainda que se trate de detenção, será possível o regime fechado a título de regressão de regime (o que será visto mais à frente). Será o regime inicial fechado indicado ao agente condenado a **pena superior a 8 (oito anos)**, *reincidente ou não*. Também será este o regime quando a pena aplicada for de reclusão, **superior a 4 (quatro) e inferior a 8 (oito anos) anos**, mas sendo o condenado *reincidente* (art. 33, § 2º, "b", CP). O regime fechado deve ser cumprido em **estabelecimentos penais de segurança máxima ou média** (art. 33, § 1º, "a", CP). De acordo com o art. 2º, § 1º, da Lei 8.072/1990 (Lei dos Crimes Hediondos), será o regime inicial fechado obrigatório a todos aqueles que cometerem crimes hediondos ou equiparados. Contudo, o STF, no julgamento do **HC 111.840**, em 2012, **declarou incidentalmente a inconstitucionalidade** do referido dispositivo legal, reconhecendo que até mesmo o regime inicialmente fechado não pode ser obrigatório, sob pena de ofensa ao princípio da individualização da pena (art. 5º, XLVI, CF). Em suma, até aos condenados por crimes hediondos ou equiparados admitir-se-ão os regimes semiaberto e aberto, desde que satisfeitos os requisitos legais;

b) Semiaberto: é o regime inicial mais gravoso dos crimes punidos com **detenção**. Também poderá ser imposto, desde logo, aos condenados punidos com delito apenado com **reclusão**. Será também escolhido quando a pena aplicada ao condenado for **superior a 4 (quatro) e inferior a 8 (oito) anos**, desde que *não seja reincidente* (art. 33, § 2º, "b", CP). Será cumprido em **colônia penal agrícola, industrial ou estabelecimento similar** (art. 33, § 1º, "b", CP);

c) Aberto: poderá ser imposto esse regime, desde logo, aos agentes condenados por crimes punidos com **reclusão** ou **detenção**, desde que a pena seja **igual ou inferior a 4 (quatro) anos** e que o condenado *não seja reincidente* (art. 33, § 2º, "c", CP). Será cumprido em Casa do Albergado ou estabelecimento adequado (art. 33, § 1º, "c", CP).

Perceba você que a **reincidência**, *independentemente da quantidade de pena*, imporá ao condenado, em princípio, o cumprimento da pena em regime inicial mais gravoso.

Em resumo:

I. Regime Fechado

a) cumprido em estabelecimento penal de segurança máxima ou média;

b) regime penitenciário mais gravoso para os crimes punidos com reclusão;

c) regime inicial obrigatório para os condenados por crimes hediondos ou equiparados (lembre-se, porém, do HC 111.840, julgado pelo STF em 2012, reconhecendo-se a inconstitucionalidade do regime inicialmente fechado obrigatório!);

d) será imposto quando a PPL for superior a 8 (oito) anos;

II. Regime Semiaberto

a) cumprido em colônia agrícola, industrial ou estabelecimento similar;

b) regime penitenciário mais gravoso para os crimes punidos com detenção (exceto se cometido por organizações criminosas, caso em que o regime inicial será fechado);

c) será imposto quando a PPL for superior a 4 (quatro) e não exceder a 8 (oito), desde que o condenado não seja reincidente;

III. Regime Aberto

a) cumprido em Casa do Albergado ou estabelecimento adequado;

b) regime penitenciário mais benigno, cabível desde logo tanto para os crimes punidos com reclusão ou detenção;

c) somente será fixado se o condenado tiver sido punido com PPL igual ou inferior a quatro anos e desde que não seja reincidente.

As regras acima devem ser adotadas como um **padrão**. No entanto, algumas circunstâncias poderão intervir no momento da fixação do regime inicial de cumprimento de pena, quais sejam:

a) Análise do art. 59 do CP (circunstâncias judiciais) = independentemente da quantidade de pena imposta, respeitadas, porém, as espécies de PPL (reclusão, detenção ou prisão simples), a culpabilidade, os antecedentes, a conduta social e a personalidade do agente, bem como os motivos, circunstâncias e consequências do crime e o comportamento da vítima, poderão ser levados em consideração pelo magistrado para a escolha do regime inicial de cumprimento de pena. A título de exemplo, ainda que "A" tenha praticado o crime de roubo com emprego de arma de fogo, que, em tese, poderia redundar em uma pena de reclusão de 5 (cinco) anos e 4 (quatro) meses, a depender do grau de reprovabilidade da conduta, o juiz poderá impor-lhe regime inicial fechado, ainda que, em princípio, a PPL superior a 4 (quatro) e inferior a 8 (oito) anos devesse gerar a imposição de regime semiaberto. Confira-se, por oportuno, o entendimento jurisprudencial:

> **FIXAÇÃO. PENA-BASE. SUPERIOR. MÍNIMO. CABIMENTO.**
> "A Turma reiterou o entendimento de que, conforme o grau de reprovabilidade da conduta e a existência de circunstâncias desfavoráveis, é cabível a fixação de regime mais severo aos condenados à pena inferior a oito anos desde que devidamente fundamentada a decisão. E considera-se devidamente fundamentada a sentença que estabeleceu regime fechado para o cumprimento de pena com base no nível de organização do bando criminoso, na quantidade de drogas e armamentos apreendidos, na nítida desproporção entre uma tentativa de homicídio realizada por meios de explosivos em estabelecimento jornalístico e sua motivação (veiculação de reportagem cujo conteúdo desagradou a um dos membros do grupo criminoso), no *modus operandi* do delito e na especial reprovação da vingança privada devido à tentativa de cerceamento da imprensa. Com esse entendimento, a Turma denegou a ordem." HC 196.485-SP, Rel. Min. Gilson Dipp, julgado em 01.09.2011. (Inform. STJ 482)

b) Súmulas 269 e 440 do STJ

✓ Súm. 269: "é admissível a adoção do regime prisional semiaberto aos reincidentes condenados a pena igual ou inferior a quatro anos se favoráveis as circunstâncias judiciais".

✓ Súm. 440: "fixada a pena-base no mínimo legal, é vedado o estabelecimento de regime prisional mais gravoso do que o cabível em razão da sanção imposta, com base apenas na gravidade abstrata do delito".

c) Súmulas 718 e 719 do STF

✓ Súm. 718: "a opinião do julgador sobre a gravidade em abstrato do crime não constitui motivação idônea para a imposição de regime mais severo do que o permitido segundo a pena aplicada".

✓ Súm. 719: "a imposição do regime de cumprimento mais severo do que a pena aplicada permitir exige motivação idônea".

Confira-se o excerto abaixo:

CIRCUNSTÂNCIAS JUDICIAIS DESFAVORÁVEIS. REGIME FECHADO.

"A Turma denegou a ordem de *habeas corpus* e reafirmou que as circunstâncias judiciais desfavoráveis – *in casu*, culpabilidade, circunstâncias do crime e maus antecedentes (duas condenações transitadas em julgado) – autorizam a adoção do regime inicial fechado para o cumprimento da reprimenda, ainda que o paciente tenha sido condenado à pena de cinco anos e oito meses de reclusão (homicídio tentado). Precedente citado: HC 126.311-SP, *DJe* 15.06.2009. HC 193.146-MG, Rel. Min. Napoleão Nunes Maia Filho, julgado em 24.05.2011". (Inform. STJ 474)

Por fim, cabe trazermos algumas regras sobre cada um dos regimes penitenciários:

a) Regras específicas do regime fechado

Conforme reza o artigo 34 do Código Penal, o condenado a cumprir pena em regime fechado será submetido inicialmente a exame criminológico a fim de que seja possível a classificação e individualização da pena.

Um dos deveres do preso no regime fechado é o trabalho durante o dia, recolhendo-se à noite a cela individual. Portanto, a ideia do legislador foi a de submeter o preso a um isolamento mais rigoroso.

Contudo, durante o dia trabalhará com os demais detentos em lugar comum. É admissível o trabalho externo do preso durante o cumprimento da pena em regime fechado em serviços ou obras públicas;

b) Regras do regime semiaberto

São semelhantes às regras do regime fechado, submetendo-se o condenado a trabalho em comum durante o dia em colônias penais agrícolas, industriais ou similares. É admissível o trabalho externo e também que os condenados frequentem cursos profissionalizantes. Durante a noite os condenados serão recolhidos às celas coletivas;

c) Regras do regime aberto

A ideia central deste regime é a de testar a autodisciplina do condenado e seu senso de responsabilidade. Será dever do condenado exercer trabalho, frequentar curso ou outras atividades autorizadas durante o dia, recolhendo-se à noite e nos dias de folga às casas do albergado.

7.2.2. Progressão de regime penitenciário

A legislação penal brasileira adota, atualmente, o **sistema progressivo** de penas (ou inglês, com algumas peculiaridades), materializado no art. 112 da LEP e art. 33, § 2º, do CP. Assim, a pessoa condenada a cumprir sua pena em determinado regime, desde que preenchidos alguns requisitos, poderá migrar para o mais benigno, até que, com o cumprimento total da pena, esta restará extinta.

Para que se admita a progressão de regime penitenciário, é necessária a satisfação de dois requisitos:

a) Objetivo = cumprimento de parte da pena privativa de liberdade;

b) Subjetivo = mérito do condenado.

O **requisito objetivo**, a depender da natureza do crime praticado, dos meios executórios, das condições pessoais do agente, poderá variar. Antes da aprovação do "Pacote Anticrime" (Lei 13.964/2019), havia as seguintes situações:

i) para os **crimes "comuns"**, o condenado deveria cumprir **1/6 (um sexto)** da pena para que pudesse migrar para o regime mais benigno;

ii) para os **crimes hediondos** (assim definidos no art. 1º da Lei 8.072/1990) e **equiparados** (tráfico de drogas, tortura e terrorismo), o condenado deveria cumprir **2/5 (dois quintos)** da pena, se **primário**, ou **3/5 (três) quintos** da pena, se **reincidente**.

Com o advento da precitada Lei 13.964/2019, que alterou substancialmente inúmeros dispositivos do Código Penal, Código de Processo Penal e Legislação Extravagante, a matéria relativa à progressão de regime sofreu substancial alteração.

Destarte, a partir do início de vigência da sobredita lei, que se deu em **23 de janeiro de 2020**, a progressão de regime prisional dependerá de o condenado ter cumprido:

I – 16% (dezesseis por cento) da pena, se o apenado for primário e o crime tiver sido cometido sem violência à pessoa ou grave ameaça;

II – 20% (vinte por cento) da pena, se o apenado for reincidente em crime cometido sem violência à pessoa ou grave ameaça;

III – 25% (vinte e cinco por cento) da pena, se o apenado for primário e o crime tiver sido cometido com violência à pessoa ou grave ameaça;

IV – 30% (trinta por cento) da pena, se o apenado for reincidente em crime cometido com violência à pessoa ou grave ameaça;

V – 40% (quarenta por cento) da pena, se o apenado for condenado pela prática de crime hediondo ou equiparado, se for primário;

VI – 50% (cinquenta por cento) da pena, se o apenado for:

a) condenado pela prática de crime hediondo ou equiparado, com resultado morte, se for primário, vedado o livramento condicional;

b) condenado por exercer o comando, individual ou coletivo, de organização criminosa estruturada para a prática de crime hediondo ou equiparado; ou

c) condenado pela prática do crime de constituição de milícia privada;

VII – 60% (sessenta por cento) da pena, se o apenado for reincidente na prática de crime hediondo ou equiparado;

VIII – 70% (setenta por cento) da pena, se o apenado for reincidente em crime hediondo ou equiparado com resultado morte, vedado o livramento condicional.

Doravante, inúmeros fatores contribuem para a quantidade de pena a ser cumprida pelo condenado para que se admita sua progressão ao regime mais benigno, a saber: (i) se o crime foi cometido com violência ou grave ameaça à pessoa; (ii) se o agente é primário ou reincidente, interessando saber, inclusive, se se trata de reincidência em crime perpetrado com ou sem violência ou grave ameaça à pessoa; (iii) se o crime é hediondo ou equiparado e, nestes casos, se o agente é primário ou reincidente em crimes dessa natureza, bem como se adveio o resultado morte etc.

Além das oito hipóteses de progressão de regime listadas detalhadamente nos incisos do art. 112 da LEP, a **Lei 13.769**, de 19 de dezembro de 2018, acrescentou ao referido dispositivo legal os §§ 3º e 4º, que tratam da denominada ***progressão especial***. Trata-se, em verdade, do benefício da progressão de regime penitenciário, mas com previsão de requisitos específicos e destinatários certos, a saber: *mulher gestante ou que for mãe ou responsável por crianças ou pessoas com deficiência*. Assim, será deferida a progressão a referidas pessoas se satisfeitos, cumulativamente, os seguintes requisitos:

I – não ter cometido crime com violência ou grave ameaça a pessoa;

II – não ter cometido o crime contra seu filho ou dependente;

III – ter cumprido ao menos 1/8 (um oitavo) da pena no regime anterior;

IV – ser primária e ter bom comportamento carcerário, comprovado pelo diretor do estabelecimento;

V – não ter integrado organização criminosa.

Repise: às mulheres gestantes ou que forem mães ou responsáveis por crianças ou pessoas com deficiência, a progressão de regime, desde que satisfeitos os requisitos enunciados no art. 112, §3º, I, II, IV e V, da LEP, será deferida após o cumprimento de **1/8 (um oitavo)** da pena no regime anterior.

Importante registrar que a progressão especial será **revogada** caso haja cometimento de novo crime doloso ou falta grave (art. 112, §4º, da LEP).

Além dos requisitos objetivos já estudados, é indispensável que o condenado satisfaça o **requisito subjetivo**, qual seja, a **boa conduta carcerária**, assim comprovada em atestado emitido pela autoridade administrativa competente (diretor do estabelecimento penal), conforme enuncia o art. 112, §1º, da LEP. Perceba que em caso de progressão especial, não bastará à mulher gestante ou mãe ou responsável por criança ou pessoa com deficiência ter tido bom comportamento carcerário, exigindo a LEP, ainda, que seja *primária* e *não tenha integrado organização criminosa*.

Ainda acerca das alterações promovidas pelo *Pacote Anticrime* (Lei 13.964/2019), o art. 112, §2º, da LEP, passou a dispor expressamente que a decisão do juiz que determinar a progressão de regime será sempre motivada e precedida de manifestação do Ministério Público e do defensor, procedimento que também será adotado na concessão de livramento condicional, indulto e comutação de penas, respeitados os prazos previstos nas normas vigentes.

Ainda, relevante anotar que o § 6º do art. 112 da LEP dispõe que o cometimento de **falta grave** durante a execução da pena privativa de liberdade **interrompe** o prazo para a obtenção da progressão no regime de cumprimento da pena, caso em que o reinício da contagem do requisito objetivo terá como base a pena remanescente.

Outro ponto relevante que se coloca, ainda acerca dos requisitos para a progressão de regime, é o seguinte: *exige-se que o condenado obtenha parecer favorável em exame criminológico?*

Desde a edição da Lei 10.792/2003, o exame criminológico, mencionado no art. 112 da LEP, deixou de ser requisito indispensável à progressão de regime. Assim, em uma leitura mais apressada do dispositivo legal, poder-se-ia concluir que jamais se poderia exigir aludido exame (perícia multidisciplinar) para a admissão do benefício.

Contudo, o STF, após editar a **Súmula vinculante 26**, passou a admitir a exigência de exame criminológico àqueles condenados por crimes hediondos, desde que as peculiaridades do caso indiquem que a medida é necessária. O mesmo se deu no âmbito do STJ, que editou a **Súmula 439**, que, em suma, prevê ser admissível o exame criminológico, desde que as peculiaridades do caso indiquem que seja necessário e desde que haja decisão motivada nesse sentido.

Portanto, podemos assim concluir: **como regra, não se exigirá o exame criminológico** como condição para a progressão de regime, **salvo se as peculiaridades do caso indicarem que sua realização seja necessária**, desde que haja **motivação idônea em decisão judicial**.

Com relação aos **crimes cometidos contra a administração pública** (ex.: peculato, art. 312 do CP), a progressão de regime, consoante determina o art. 33, § 4º, do CP, somente será admissível após o condenado haver **reparado o dano causado** ao erário ou devolvido o produto do ilícito cometido, com os devidos acréscimos legais.

No tocante aos **crimes hediondos e equiparados**, após o advento da Lei 11.464/2007, inspirada no julgamento, pelo STF, do HC 82.959-SP, no qual se declarou incidentalmente a inconstitucionalidade do regime integralmente fechado previsto, àquela ocasião, no art. 2º, § 1º, da Lei 8.072/1990, não mais se pode falar em vedação à progressão de regime. Apenas se imporá ao condenado o **regime inicialmente fechado**, admitindo-se a progressão após o cumprimento de 40% a 70% da pena, conforme art. 112, incisos V a VIII, da LEP,. Ressalte-se, porém, que o STF, ao julgar, em 2012, o **HC 111.840**, impetrado pela Defensoria Pública do Espírito Santo em favor de paciente condenado por tráfico de drogas, declarou, incidentalmente, a **inconstitucionalidade do regime inicial fechado obrigatório** aos condenados por crimes hediondos ou equiparados. Assim, a despeito da existência de norma impositiva do regime inicialmente fechado obrigatório (art. 2º, § 1º, da Lei 8.072/1990 – Lei dos Crimes Hediondos), pode-se sustentar, como visto, sua inconstitucionalidade, motivo pelo qual se poderá admitir regime inicial semiaberto ou até aberto aos condenados por crimes hediondos e equiparados.

A doutrina majoritária, bem assim a jurisprudência, objetam a ideia de uma **"progressão por salto"**, vale dizer, o condenado que cumpre pena no regime fechado migrar, diretamente, para o regime aberto, sem passar pelo semiaberto. É o que restou estampado, inclusive, na **Súmula 491 do STJ**: "é inadmissível a chamada progressão *per saltum* de regime prisional".

No entanto, em situações excepcionais, poderá ser admitido, na prática, o "salto" ao regime mais brando. É o que ocorre, por exemplo, com um condenado em regime fechado que já tenha satisfeito os requisitos para a progressão ao semiaberto e neste não haja vagas. A ineficiência estatal não pode ser um óbice à progressão de regime. Destarte, o condenado será transferido do regime fechado ao aberto, até que surja uma vaga no semiaberto, oportunidade em que será "realocado" à condição juridicamente correta.

A esse respeito, o STF editou a **Súmula vinculante 56**: "A falta de estabelecimento penal adequado não autoriza a manutenção do condenado em regime prisional mais gravoso, devendo-se observar, nessa hipótese, os parâmetros fixados no RE 641.320/RS" (STF. Plenário. Aprovada em 29/06/2016), Em resumo, podemos aduzir o seguinte[1]:

a) A falta de estabelecimento penal adequado não autoriza a manutenção do condenado em regime prisional mais gravoso;

b) Os juízes da execução penal podem avaliar os estabelecimentos destinados aos regimes semiaberto e aberto, para qualificação como adequados a tais regimes. São aceitáveis estabelecimentos que não se qualifiquem como "colônia agrícola, industrial" (regime semiaberto) ou "casa de albergado ou estabelecimento adequado" (regime aberto) (art. 33, § 1º, "b" e "c", do CP). No entanto, não deverá haver alojamento conjunto de presos dos regimes semiaberto e aberto com presos do regime fechado.

c) Havendo déficit de vagas, deverá determinar-se: (i) a saída antecipada de sentenciado no regime com falta de vagas; (ii) a liberdade eletronicamente monitorada ao sentenciado que sai antecipadamente ou é posto em prisão domiciliar por falta de vagas; (iii) o cumprimento de penas restritivas de direito e/ou estudo ao sentenciado que progride ao regime aberto.

d) Até que sejam estruturadas as medidas alternativas propostas, poderá ser deferida a prisão domiciliar ao sentenciado. STF. Plenário. RE 641320/RS, Rel. Min. Gilmar Mendes, julgado em 11.05.2016 (repercussão geral) (Info 825).

Importa registrar que o STJ, em sua **Súmula 534**, editada em 2015, consolidou o entendimento de que: "A prática de falta grave interrompe a contagem do prazo para a progressão de regime de cumprimento de pena, o qual se reinicia a partir do cometimento dessa infração" (**REsp 1364192**).

Por fim, de acordo com a **Súmula 493, também do STJ**, é inadmissível a fixação de pena substitutiva (art. 44, CP) como condição especial ao regime aberto, medida muito utilizada por juízes da execução penal. Ora, não se pode admitir que um condenado, para progredir de regime prisional, seja submetido a mais uma pena, ainda que alternativa à prisão!

7.2.3. *Regressão de regime penitenciário, remição e detração*

A **regressão** de regime penitenciário é o oposto da **progressão**. Nosso sistema penitenciário é o progressivo. Contudo, o condenado poderá ser transferido de regime mais benigno para outro mais gravoso quando (art. 118 da LEP):

a) cometer crime doloso ou falta grave. Importante anotar o teor das **Súmulas 526 e 533 do STJ**, ambas editadas em 2015, respectivamente: "O reconhecimento de falta grave decorrente do cometimento de fato definido como crime doloso no cumprimento da pena prescinde do trânsito em julgado de sentença penal condenatória no processo penal instaurado para apuração do fato" e "Para o reconhecimento da prática de falta disciplinar no âmbito da execução penal, é imprescindível a instauração de procedimento administrativo pelo diretor do estabelecimento prisional, assegurado o direito de defesa, a ser realizado por advogado constituído ou defensor público nomeado" (**REsp 1.378.557**);

b) sofrer condenação por crime anterior, cuja pena, somada àquela que está sendo executada, supere o teto permitido para aquele regime em que estiver o condenado;

c) o condenado frustrar os fins da execução ou não pagar, podendo, a multa cumulativamente imposta;

d) o condenado submetido à vigilância indireta eletrônica (monitoração eletrônica) deixar de adotar os cuidados necessários com o equipamento, bem como não observar os deveres que lhe são inerentes (art. 146-C da LEP).

Admite-se a regressão do regime aberto, por exemplo, para o fechado, diretamente, o que não ocorre na progressão de regime, que não pode ser "por salto". Em outras palavras, admite-se a "regressão por salto", o que, como regra, não se pode admitir na progressão.

Ressalte-se que o condenado que esteja cumprindo pena por crime punido com **detenção**, muito embora esta espécie de PPL não admita, como regra, a imposição de regime inicial fechado, poderá regredir a este regime. Assim não fosse, quem cumprisse pena de detenção, caso cometesse, por exemplo, falta grave em regime semiaberto, não sofreria qualquer penalidade, o que serviria até de estímulo ao cometimento de transgressões disciplinares.

A **remição** é benefício a que o condenado faz jus, desde que esteja cumprindo a pena em *regime fechado* ou *semiaberto*, reduzindo-se sua pena em razão do trabalho ou do estudo. De acordo com o art. 126, § 1º, da LEP, alterado pela Lei 12.433, de 29.06.2011, com vigência a partir de sua publicação no dia seguinte, a contagem do prazo, para fins de remição, será feito da seguinte maneira:

a) 1 (um) dia de pena a cada 12 (doze) horas de frequência escolar – atividade de ensino fundamental, médio, inclusive profissionalizante, ou superior, ou ainda de requalificação profissional – divididas, no mínimo, em 3 (três) dias;

b) 1 (um) dia de pena a cada 3 (três) dias de trabalho.

---

1. Resumo extraído do sítio eletrônico ***Dizer o Direito*** (https://dizerodireitodotnet.files.wordpress.com/2016/08/sv-56.pdf).

O estudo, nos termos do art. 126, § 2º, da LEP, já com as alterações promovidas pelo diploma legal acima referido, poderá ser desenvolvido de forma presencial ou por metodologia de ensino a distância, sendo de rigor a certificação pelas autoridades educacionais competentes dos cursos frequentados.

Será perfeitamente possível a cumulação do trabalho e do estudo do preso para fins de remição (ex.: trabalho na parte da manhã e estudo à noite). Nesse caso, a cada 3 dias de estudo e trabalho, será recompensado com o abatimento de dois dias de pena.

Ainda, deve-se registrar que o preso impossibilitado, por acidente, de prosseguir no trabalho ou nos estudos, continuará a beneficiar-se com a remição (art. 126, § 4º, LEP).

Ao preso que, durante o cumprimento da pena, concluir o ensino fundamental, médio ou superior, desde que haja certificado expedido pelo órgão competente, terá acrescido 1/3 (um terço) às horas de estudo que serão utilizadas para a remição (art. 126, § 5º, LEP).

Em caso de falta grave, o juiz poderá revogar até 1/3 (um terço) do tempo remido, recomeçando a contagem a partir da data da infração disciplinar (art. 127, LEP). Assim, a Súmula Vinculante 9 do STF, que afirmava que o condenado perderia, em razão da falta grave, todos os dias remidos, está tacitamente revogada pela Lei 12.433/2011, que alterou a redação do art. 127 da LEP.

Por oportuno, e tratando-se de inovação, deve-se destacar que a remição, até o advento da já citada Lei 12.433/2011, somente era admissível aos condenados que cumprissem pena em regime fechado ou semiaberto, visto que o trabalho era requisito indispensável à progressão ao regime aberto. No entanto, acrescentado o estudo do preso como fator de remição, mesmo ao condenado que cumpra pena em regime aberto ou semiaberto, bem assim ao que usufrui do livramento condicional, poderá beneficiar-se da remição pela frequência a curso de ensino regular ou de educação profissional (a cada 12 horas de estudo, divididas em no mínimo três dias, verá descontado 1 dia de sua pena, ou, ainda, 1 dia do período de prova do livramento condicional).

Para que se implementem os novos comandos da LEP, a Lei 12.245/2010 determinou a **instalação de salas de aula** nos estabelecimentos penais, destinadas a **cursos do ensino básico e profissionalizante**.

Por fim, vale destacar o teor da **Súmula 562 do STJ**: "*É possível a remição de parte do tempo de execução da pena quando o condenado, em regime fechado ou semiaberto, desempenha atividade laborativa, ainda que extramuros*".

A **detração, por sua vez**, é o cômputo (ou desconto, ou abatimento), na pena privativa de liberdade ou na medida de segurança, do tempo de prisão provisória ou de internação, cumprida no Brasil ou no estrangeiro (art. 42, CP). Assim, aquele tempo em que o agente ficou preso ou internado cautelarmente será descontado, abatido do tempo definitivo de pena privativa de liberdade ou, no caso de medida de segurança, em seu tempo mínimo de duração. Importante registrar que, nos termos do art. 387, § 2º, do CPP, o tempo de prisão provisória será computado para fins de fixação do regime inicial de cumprimento de pena.

Questão bastante relevante para concursos públicos diz respeito à possibilidade – ou não – de uma prisão cautelar decretada ou mantida em determinado processo-crime ser utilizada como "abatimento" em outro processo-crime. Confira-se a posição consolidada da doutrina e jurisprudência estampada nos excertos a seguir:

DETRAÇÃO. CUSTÓDIA CAUTELAR.

"A Turma denegou a ordem de *habeas corpus* e reafirmou ser inviável aplicar o instituto da detração penal nos processos relativos a crimes cometidos após a custódia cautelar". Precedentes citados do STF: HC 93.979-RS, *DJe* 19.06.2008; do STJ: REsp 1.180.018-RS, *DJe* 04.10.2010; HC 157.913-RS, *DJe* 18.10.2010, e REsp 650.405-RS, *DJ* 29.08.2005. HC 178.129-RS, Rel. Min. Og Fernandes, julgado em 07.06.2011. (**Inform. STJ** 476)

DETRAÇÃO PENAL. CRIME POSTERIOR. PRISÃO CAUTELAR.

"A Turma denegou a ordem de *habeas corpus*, reafirmando a jurisprudência deste Superior Tribunal de ser inviável a aplicação da detração penal em relação aos crimes cometidos posteriormente à custódia cautelar. No *writ*, a Defensoria sustentava constrangimento ilegal na decisão de não concessão da detração ao paciente que permaneceu preso cautelarmente em outro feito criminal no período de 27.09.2006 a 07.09.2007 e buscava a detração da pena pela prática de crime perpetrado em 27.11.2007". Precedentes citados do STF: HC 93.979-RS, *DJe* 19.06.2008; do STJ: REsp 650.405-RS, *DJ* 29.08.2005; HC 157.913-RS, *DJe* 18.10.2010, e REsp 1.180.018-RS, *DJe* 04.10.2010. HC 197.112-RS, Rel. Min. Og Fernandes, julgado em 19.05.2011. (Inform. STJ 473)

7.2.4. Fixação das PPLs (dosimetria da pena)

Nosso CP, em seu art. 68, consagrou o denominado sistema trifásico de fixação de pena, idealizado pelo grande mestre penalista Nelson Hungria.

Como o próprio nome sugere, o magistrado, no momento em que for aplicar a pena ao agente, deverá fazê-lo em três etapas:

a) Primeira fase: análise das **circunstâncias judiciais** do art. 59 do CP. Aqui, o juiz irá verificar a *culpabilidade, os antecedentes, a conduta social, a personalidade do agente, os motivos, as circunstâncias e as consequências do crime*, bem como o *comportamento da vítima*, a fim de que se fixe a **pena-base**. Quanto aos maus antecedentes, é mister ressaltar que o STJ, ao editar a **Súmula 444**, assentou ser **vedada a utilização de inquéritos policiais e ações penais em curso para agravar a pena-base**. Isso, é certo, decorre do princípio constitucional da presunção de inocência (ou de não culpabilidade);

b) Segunda fase: análise das **circunstâncias atenuantes e agravantes genéricas** (previstas na Parte Geral do CP), que vêm indicadas, respectivamente, nos arts. 65, 66, 61 e 62, todos do CP.

As **circunstâncias atenuantes** previstas no art. 65 do CP são as seguintes:

I – ser o agente menor de 21 (vinte e um), na data do fato, ou maior de 70 (setenta) anos, na data da sentença;

II – o desconhecimento da lei;

III – ter o agente:

a) cometido o crime por motivo de relevante valor social ou moral;

b) procurado, por sua espontânea vontade e com eficiência, logo após o crime, evitar-lhe ou minorar-lhe as consequências, ou ter, antes do julgamento, reparado o dano;

c) cometido o crime sob coação a que podia resistir, ou em cumprimento de ordem de autoridade superior, ou sob a influência de violenta emoção, provocada por ato injusto da vítima;

d) confessado espontaneamente, perante a autoridade, a autoria do crime;

e) cometido o crime sob a influência de multidão em tumulto, se não o provocou.

O **art. 66 do CP** trata das atenuantes inominadas:

A pena poderá ser ainda atenuada em razão de circunstância relevante, anterior ou posterior ao crime, embora não prevista expressamente em lei.

As **circunstâncias agravantes** do art. 61 do CP são:

I – a reincidência;

II – ter o agente cometido o crime:

a) por motivo fútil ou torpe;

b) para facilitar ou assegurar a execução, a ocultação, a impunidade ou vantagem de outro crime;

c) à traição, de emboscada, ou mediante dissimulação, ou outro recurso que dificultou ou tornou impossível a defesa do ofendido;

d) com emprego de veneno, fogo, explosivo, tortura ou outro meio insidioso ou cruel, ou de que podia resultar perigo comum;

e) contra ascendente, descendente, irmão ou cônjuge;

f) com abuso de autoridade ou prevalecendo-se de relações domésticas, de coabitação ou de hospitalidade, ou com violência contra a mulher na forma da lei específica;

g) com abuso de poder ou violação de dever inerente a cargo, ofício, ministério ou profissão;

h) contra criança, maior de 60 (sessenta) anos, enfermo ou mulher grávida;

i) quando o ofendido estava sob a imediata proteção da autoridade;

j) em ocasião de incêndio, naufrágio, inundação ou qualquer calamidade pública, ou de desgraça particular do ofendido;

l) em estado de embriaguez preordenada.

O art. 62 do CP trata de **circunstâncias agravantes** que somente se aplicam em caso de concurso de pessoas. Vejamos:

I – promove, ou organiza a cooperação no crime ou dirige a atividade dos demais agentes;

II – coage ou induz outrem à execução material do crime;

III – instiga ou determina a cometer o crime alguém sujeito à sua autoridade ou não punível em virtude de condição ou qualidade pessoal;

IV – executa o crime, ou nele participa, mediante paga ou promessa de recompensa.

Havendo o concurso de circunstâncias atenuantes e agravantes, caberá ao juiz impor a pena que se aproxime do limite indicado pelas **circunstâncias preponderantes**, entendendo-se como tais as que resultam dos motivos determinantes do crime, da personalidade do agente e da reincidência (art. 67, CP). Há precedentes do STJ no sentido de que a **menoridade relativa** (agente maior de dezoito anos, mas menor de vinte e um) prevalece sobre as demais, inclusive sobre a reincidência. Na mesma Corte, também está pacificado o entendimento de que a confissão espontânea do réu compensa-se com a reincidência (REsp 1.341.370-MT, Terceira Seção, *DJe* 17.04.2013).

Finalmente, de acordo com a **Súmula 231 do STJ**, a incidência de circunstância atenuante não pode conduzir à redução da pena abaixo do mínimo legal. Por evidente, o mesmo se aplica às agravantes, que não podem conduzir ao aumento da pena acima do máximo legal.

c) Terceira fase: análise das causas de diminuição (minorantes) e aumento (majorantes) de pena. Podem ser genéricas, quando previstas na Parte Geral do CP, ou específicas, quando na Parte Especial ou legislação extravagante. São representadas por *frações ou índices multiplicadores* (1/6, 1/3, 1/2, 2/3; dobro; triplo. etc.).

Diversamente do que ocorre com as atenuantes e agravantes, as causas de diminuição e aumento de pena podem, respectivamente, conduzir à fixação de reprimenda **abaixo do mínimo ou acima do máximo** previsto em lei.

7.3. As penas restritivas de direitos (PRDs)

7.3.1. Características

Também conhecidas como *penas alternativas*, visto que são uma alternativa à pena de prisão, as PRDs são **autônomas**, eis que têm regras e princípios próprios, não podendo coexistir com as PPLs, bem como **substitutivas**, ou seja, substituem as PPLs impostas em sentença.

Cabe mencionar que o crime de porte de drogas para consumo pessoal, tipificado no art. 28 da Lei de Drogas (Lei 11.343/2006), prevê, já abstratamente, penas alternativas à prisão (advertência, prestação de serviços à comunidade e comparecimento a programa ou curso educativo), tratando-se de uma exceção à regra que dita que as PRDs têm caráter substitutivo.

7.3.2. Requisitos para a substituição da PPL por PRD

A PRD somente poderá substituir uma PPL imposta em sentença se preenchidos os seguintes **requisitos**, de **forma cumulativa**, previstos no art. 44, I a III, do CP:

A) **Requisitos objetivos:**

(i) crime cometido sem violência ou grave ameaça à pessoa;

(ii) que a PPL a ser substituída seja de até 4 (quatro) anos, e, quanto aos crimes culposos, qualquer que seja a quantidade de pena imposta;

B) Requisitos subjetivos:

(i) réu não reincidente em crime doloso (não se tratando de **reincidência específica**, ou seja, não tendo o agente sido condenado em virtude da prática do mesmo crime, até **será possível a substituição** da PPL por PRD, desde que a **medida seja socialmente recomendável** – art. 44, § 3º, CP);

(ii) a culpabilidade, os antecedentes, a conduta social, a personalidade do agente, bem como os motivos e as circunstâncias do crime indiquem que a substituição é suficiente. É o que se convencionou chamar de **princípio da suficiência**.

7.3.3. Espécies de PRDs

As PRDs estão previstas, em rol taxativo, no **art. 43 do CP**, a saber:

I – Prestação pecuniária (art. 45, § 1º, CP);

II – Perda de bens e valores (art. 45, § 3º, CP);

III – Prestação de serviços à comunidade ou a entidades públicas (art. 46, CP);

IV – Interdição temporária de direitos (art. 47, CP); e

V – Limitação de fim de semana (art. 48).

7.3.3.1. Prestação pecuniária

Consiste no **pagamento em dinheiro** à *vítima, a seus dependentes ou a entidade pública ou privada com destinação social*, de importância fixada pelo juiz, não inferior a **1 (um) salário mínimo**, nem superior a **360 (trezentos e sessenta) salários mínimos**. O valor será deduzido do montante de eventual ação de reparação civil, desde que coincidentes os beneficiários. A prestação pecuniária poderá ser substituída por prestação de outra natureza desde que haja aceitação, nesse sentido, do beneficiário (art. 45, § 2º, CP).

Diversamente do que ocorre com a pena de multa, que é considerada dívida de valor (art. 51 do CP), se o condenado não cumprir a prestação pecuniária imposta, esta será convertida em PPL, conforme se depreende da regra geral imposta no art. 44, § 4º, do CP.

7.3.3.2. Perda de bens e valores

Consiste no "confisco" (retirada compulsória) de bens e valores que componham o **patrimônio lícito** do condenado, em favor do FUNPEN (Fundo Penitenciário Nacional), ressalvada a legislação especial. Será correspondente, ao que for maior, ao **montante do prejuízo** causado ou ao **proveito** obtido pelo agente com a **prática do crime** (art. 45, § 3º, CP).

7.3.3.3. Prestação de serviços à comunidade ou a entidades públicas

Trata-se de PRD que impõe ao condenado o cumprimento de **tarefas gratuitas** em *entidades assistenciais, hospitais, escolas, orfanatos e outros estabelecimentos congêneres, em programas comunitários e estatais* (art. 46, *caput*, e §§ 1º e 2º, CP).

Somente é aplicável essa espécie de pena restritiva às **condenações que superarem 6 (seis) meses de PPL**.

As tarefas não poderão atrapalhar a jornada de trabalho normal do condenado, motivo pelo qual corresponderão a **1**

(uma) hora de tarefa por dia de condenação (art. 46, § 3º, CP). Em caso de a PPL substituída **superar 1 (um) ano**, o condenado poderá cumprir a prestação de serviços à comunidade ou entidades públicas em **tempo menor**, respeitado, é bom que se diga, período jamais **inferior à metade** da pena privativa de liberdade substituída (art. 46, § 4º, CP).

7.3.3.4. Interdição temporária de direitos

Esta espécie de PRD somente será imposta quando o crime **violar deveres inerentes a cargo, atividade, ofício ou função pública**.

São elas:

I. proibição para o exercício de cargo, função ou atividade pública, bem como mandato eletivo;

II. proibição do exercício de profissão, atividade ou ofício que dependam de habilitação especial, de licença ou autorização do poder público;

III. suspensão de CNH (somente para os crimes culposos de trânsito);

IV. proibição de frequentar determinados lugares (art. 47, CP); e

V. proibição de inscrever-se em concurso, avaliação ou exames públicos (inovação trazida pela Lei 12.550/2011).

7.3.3.5. Limitação de fim de semana

Consiste na obrigação de o condenado permanecer, por **5 (cinco) horas diárias**, aos **sábados e domingos**, em Casa do Albergado, para que ouça palestras ou realize atividades educativas e participe de cursos (art. 48, parágrafo único, CP).

7.3.4. Descumprimento das PRDs

Conforme enuncia o art. 44, § 4º, do CP, a pena restritiva de direitos **converte-se** em privativa de liberdade quando ocorrer o **descumprimento injustificado** da restrição imposta. Trata-se da conversão ou reconversão da PRD pela PPL.

É claro que antes da decretação da conversão/reconversão é mister a prévia oitiva do condenado, em respeito ao contraditório e ampla defesa.

Em caso de condenação a PPL por outro crime, o juiz da execução penal decidirá sobre a conversão, podendo deixar de aplicá-la se for possível ao condenado cumprir a pena substitutiva anterior. Trata-se de **conversão ou reconversão facultativa**, visto que, se for possível ao condenado prosseguir no cumprimento da PRD anterior e cumprir, concomitantemente, a nova PRD imposta pela prática de outro crime, não haverá razões para a conversão da primeira.

7.4. A pena de multa

A pena de multa é de cunho eminentemente **pecuniário**. Consiste no **pagamento de um certo montante** ao Fundo Penitenciário Nacional (FUNPEN), fixado em sentença e calculado em **dias-multa**.

7.4.1. Sistema de aplicação da multa

Conforme a doutrina nos ensina, a multa segue um **sistema bifásico**, visto que, primeiramente, será estabelecido o **número de dias-multa**, seguindo-se ao cálculo de seu **valor unitário**.

Assim, na primeira fase, o juiz fixará a quantidade da multa entre **10 (dez)** e **360 (trezentos e sessenta) dias-multa.** Em ato seguinte, fixará o valor de cada dia-multa, que não poderá ser inferior a **1/30 (um trigésimo)** do salário mínimo, nem superior a **5 (cinco)** vezes esse valor, levando-se em conta a **capacidade econômica do réu** (arts. 49 e 60, ambos do CP).

Se o magistrado entender que o poder econômico do réu poderá revelar **ineficácia** da sanção penal, o valor da multa poderá ser elevado até o **triplo** (art. 60, § 1º, CP).

7.4.2. Natureza jurídica e execução da multa

Conforme preconizava o art. 51 do CP, transitada em julgado a sentença condenatória, a **multa** seria considerada **dívida de valor**, aplicando-se-lhe as normas da legislação relativa à **dívida ativa da Fazenda Pública**, inclusive no que concerne às causas interruptivas e suspensivas da prescrição.

Referido dispositivo legal sofreu alteração redacional pelo Pacote Anticrime (Lei 13.964/2019), passando a dispor que transitada em julgado a sentença condenatória, a **multa** será **executada perante o juiz da execução penal** e será considerada **dívida de valor**, aplicáveis as normas relativas à dívida ativa da Fazenda Pública, inclusive no que concerne às causas interruptivas e suspensivas da prescrição.

Em essência, foi mantida a natureza da multa como uma **dívida de valor**, o que vale dizer, em outras palavras, que caso o condenado não a pague, esta não poderá ser convertida em PPL, visto que o CP a considera, repise-se, mera dívida de valor.

Prevalecia, antes do Pacote Anticrime, o entendimento doutrinário e jurisprudencial de que **a execução da pena de multa**, caso não ocorresse o pagamento voluntário no prazo de 10 (dez) dias após o trânsito em julgado da sentença condenatória (art. 50, CP), deveria ser promovida pela Procuradoria da **Fazenda Pública** federal ou estadual, a depender da competência jurisdicional (crimes federais ou estaduais), nas **Varas das Execuções Fiscais**. Nesse sentido, a *Súmula 521* do STJ: *"A legitimidade para execução fiscal de multa pendente de pagamento imposta em sentença condenatória é exclusiva da Procuradoria da Fazenda Pública".* O STF, no julgamento da **ADI 3150**, inclusive havia firmado entendimento, por maioria de votos, de que a legitimidade ativa para executar multa penal seria do **Ministério Público, ficando, pois, superada, a referida Súmula**. Confira-se notícia extraída diretamente do sítio eletrônico de referida Corte[2]:

> *"Por maioria de votos, o Plenário do Supremo Tribunal Federal (STF) definiu que o Ministério Público é o principal legitimado para executar a cobrança das multas pecuniárias fixadas em sentenças penais condenatórias. Na sessão desta quinta-feira*

(13), os ministros entenderam que, por ter natureza de sanção penal, a competência da Fazenda Pública para executar essas multas se limita aos casos de inércia do MP.

O tema foi debatido conjuntamente na Ação Direta de Inconstitucionalidade (ADI) 3150, de relatoria do ministro Marco Aurélio, e na 12ª Questão de Ordem apresentada na Ação Penal (AP) 470, de relatoria do ministro Luís Roberto Barroso. A controvérsia diz respeito ao artigo 51 do Código Penal, que estabelece a conversão da multa pecuniária em dívida de valor após o trânsito em julgado da sentença condenatória, e determina que a cobrança se dê conforme as normas da legislação relativa à dívida ativa. A Procuradoria-Geral da República ajuizou a ADI 3150 pedindo que o texto seja interpretado de forma a conferir legitimidade exclusiva ao MP para executar essas dívidas. A União, por sua vez, argumentou que a competência seria da Fazenda Pública.

O julgamento foi retomado com o voto do ministro Roberto Barroso, que reafirmou o entendimento apresentado na 12ª Questão de Ordem na AP 470 no sentido da procedência parcial da ADI 3150. Segundo ele, o fato de a nova redação do artigo 51 do Código Penal transformar a multa em dívida de valor não retira a competência do MP para efetuar sua cobrança. Ele lembrou que a multa pecuniária é uma sanção penal prevista na Constituição Federal (artigo 5º, inciso XLVI, alínea "c"), o que torna impossível alterar sua natureza jurídica por meio de lei. Ressaltou, também, que a Lei de Execuções Penais (LEP), em dispositivo expresso, reconhece a atribuição do MP para executar a dívida.

Segundo Barroso, o fato de o MP cobrar a dívida, ou seja, executar a condenação, não significa que ele estaria substituindo a Fazenda Pública. O ministro destacou que a condenação criminal é um título executivo judicial, sendo incongruente sua inscrição em dívida ativa, que é um título executivo extrajudicial. Reafirmando seu voto na 12ªQuestão de Ordem na AP 470, o ministro salientou que, caso o MP não proponha a execução da multa no prazo de 90 dias após o trânsito em julgado da sentença, o juízo da vara criminal comunicará ao órgão competente da Fazenda Pública para efetuar a cobrança na vara de execução fiscal. "Mas a prioridade é do Ministério Público, pois, antes de ser uma dívida, é uma sanção criminal", reiterou.

Seguiram essa corrente os ministros Alexandre de Moraes, Rosa Weber, Luiz Fux, Cármen Lúcia, Ricardo Lewandowski e Dias Toffoli (presidente). Ficaram vencidos os ministros Marco Aurélio e Edson Fachin, que votaram pela improcedência da ADI por entendem ser competência da Fazenda Pública a cobrança da multa pecuniária.

A ADI 3150 foi julgada parcialmente procedente para dar interpretação conforme a Constituição ao artigo 51 do Código Penal, explicitando que, ao estabelecer que a cobrança da multa pecuniária ocorra segundo as normas de execução da dívida pública, não exclui a legitimidade prioritária do Ministério Público para a cobrança da multa na vara de execução penal. A questão de ordem foi resolvida no sentido de assentar a legitimidade do MP para propor a cobrança de multa com a possibilidade de cobrança subsidiária pela Fazenda Pública."

Com a novel redação que a Lei 13.964/2019 deu ao art. 51 do CP, parece não mais haver dúvida acerca da legitimidade ativa do Ministério Público para promover a execução da pena de multa, tendo como juízo competente a Vara das Execuções Criminais, o que nos faz levar a crer que mesmo em caso de inércia ministerial, será impossível que a Procuradoria da Fazenda Pública promova a cobrança judicial, ficando superado, pois, o entendimento firmado pelo STF na

---

2. http://www.stf.jus.br/portal/cms/verNoticiaDetalhe. asp?idConteudo=398607. Acesso em 07 de janeiro de 2019.

precitada ADI 3150. Nesse sentido leciona Rogério Sanches, para quem "(...) *a Lei 13.964/2019 (Pacote Anticrime) alterou a redação do art. 51 do CP, que passou a prever expressamente a competência do juízo da execução penal, no qual, evidentemente, deve atuar o Ministério Público. Aboliu-se a legitimidade subsidiária da procuradoria da Fazenda Pública*" (Manual de Direito Penal, Parte Geral, p. 595, 8ª edição, Ed. Juspodivm).

Caso sobrevenha ao condenado doença mental, suspende-se a execução da pena de multa, conforme determina o art. 52 do CP.

8. CONCURSO DE CRIMES

8.1. Conceito

Concurso de crimes ocorre quando o(s) agente(s), mediante a prática de **uma ou várias condutas**, pratica(m) **dois ou mais crimes**. Pressupõe, portanto, **pluralidade de fatos**.

8.2. Espécies de concurso de crimes

Os arts. 69, 70 e 71 do CP trazem, respectivamente, o **concurso material**, o **concurso formal** e o **crime continuado**.

8.2.1. Concurso material (ou real)

Previsto no art. 69 do CP, resta caracterizado quando o agente, mediante **mais de uma ação ou omissão**, pratica **dois ou mais crimes, idênticos ou não**. Como consequência, serão aplicadas, cumulativamente, as penas privativas de liberdade em que haja incorrido.

Assim, são **requisitos do concurso material**: *pluralidade de condutas e pluralidade de crimes*.

Reconhecida essa espécie de concurso, o juiz, na sentença, fixará as penas de cada uma das infrações penais separadamente para, somente então, somá-las. Isso é importante para fins de análise de prazo prescricional, que corre separadamente para cada crime (art. 119 CP).

Aplica-se no concurso material o **sistema do cúmulo material** (soma das penas).

Caso o agente tenha praticado diversos crimes em concurso material ou real, e havendo penas privativas de liberdade distintas (reclusão e detenção, por exemplo), a execução ocorrerá primeiramente da mais grave (reclusão, *in casu*).

8.2.2. Concurso formal (ou ideal)

Previsto no art. 70 do CP, resta caracterizado quando o agente, mediante **uma só ação ou omissão**, pratica **dois ou mais crimes, idênticos ou não**, aplicando-se a pena mais grave, se distintas, ou, se idênticas, qualquer uma delas, mas, em qualquer caso, aumentada de 1/6 (um sexto) até 1/2 (metade).

São **requisitos**, portanto, **do concurso formal**: *unidade de conduta e pluralidade de crimes*.

A depender dos crimes cometidos, existem 2 (duas) espécies de concurso formal:

a) concurso formal homogêneo: verifica-se quando os crimes cometidos forem **idênticos** (ex.: dois homicídios culposos de trânsito, praticados mediante uma só ação imprudente do condutor do veículo automotor);

b) concurso formal heterogêneo: verifica-se na hipótese de o agente, mediante uma só ação ou omissão, praticar dois ou mais **crimes distintos** (ex.: dirigindo imprudentemente, o condutor do veículo mata um pedestre e provoca lesões corporais em outro).

Ainda, quanto ao desígnio do agente para o cometimento dos crimes, classifica-se o concurso formal em:

a) concurso formal perfeito (ou próprio – é a regra): dá-se quando o agente, mediante uma só ação ou omissão, pratica dois ou mais crimes, idênticos ou não, mas com **unidade de desígnio**. É o caso do atropelamento culposo de 3 (três) pessoas;

b) concurso formal imperfeito (ou impróprio): dá-se quando o agente, mediante uma só ação ou omissão, pratica dois ou mais crimes, mas com **pluralidade de desígnios** (mais de uma vontade). É o caso do homem que efetua um só disparo, matando cinco pessoas enfileiradas.

No primeiro caso (concurso formal perfeito), a pena será acrescida de 1/6 a 1/2, aplicando-se o chamado **critério ou sistema da exasperação**. O critério que se adotará para o *quantum* de aumento de pena é o do **número de crimes** cometidos pelo agente, e da seguinte forma: (i) dois crimes = +1/6; (ii) três crimes = +1/5; (iii) quatro crimes = +1/4; (iv) cinco crimes = +1/3. (v) seis ou mais crimes = +1/2.

Já em caso de concurso formal imperfeito, dada a pluralidade de desígnios, as penas serão somadas, aplicando-se o critério ou sistema do **cúmulo material**.

Se da **exasperação da pena** (1/6 a 1/2) decorrer pena **superior** àquela que seria verificada com a soma das penas, aplicar-se-á a regra do **cúmulo material benéfico**, ou seja, as penas serão somadas (art. 70, parágrafo único, CP). Afinal, a regra do concurso formal objetivo, em última análise, beneficia o réu: em vez de sofrer condenação por cada um dos crimes, responderá, na prática, pela pena de um deles, acrescida de 1/6 a 1/2. No entanto, se referida regra se afigurar prejudicial, as penas dos crimes serão somadas.

8.2.3. Crime continuado (ou continuidade delitiva)

Previsto no art. 71 do CP, resta configurado quando o agente, mediante **mais de uma ação ou omissão**, pratica **dois ou mais crimes da mesma espécie,** em que, pelas *circunstâncias de tempo, lugar, maneira de execução e outras semelhantes, devem os subsequentes ser havidos como continuação do primeiro*, hipótese em que será aplicada a pena de um só dos crimes, se idênticas, ou a mais grave, se diversas, aumentadas, em qualquer caso, de 1/6 (um sexto) a 2/3 (dois terços). Aplica-se, aqui, o **critério ou sistema da exasperação**.

O *quantum* de aumento de pena, à semelhança do concurso formal perfeito, variará de acordo com o número de crimes cometidos, a saber: (i) dois crimes = +1/6; (ii) três crimes = +1/5; (iii) quatro crimes = +1/4; (iv) cinco crimes = +1/3. (v) seis crimes = +1/2; (vi) sete ou mais crimes = +2/3.

O art. 71, parágrafo único, do CP traz a regra do **crime continuado qualificado ou específico**, pela qual o juiz poderá aumentar a pena até o **triplo** na hipótese de terem sido cometidos **crimes dolosos com violência ou grave ameaça à pessoa, contra vítimas diferentes**. Todavia, deve-se observar, em qualquer caso, o cúmulo material benéfico (se a exasperação revelar-se prejudicial, as penas deverão ser somadas).

Como se vê da redação do art. 71, *caput*, do CP, a continuidade delitiva depende do reconhecimento de uma **tríplice semelhança** entre os crimes praticados, qual seja:

a) circunstâncias de tempo semelhantes: de acordo com a doutrina e jurisprudência majoritárias, entre um crime e outro não pode transcorrer lapso superior a 30 (trinta) dias;

b) circunstâncias de lugar semelhantes: os crimes devem ser perpetrados na mesma cidade ou cidades vizinhas (contíguas); e

c) modo de execução semelhante: os crimes devem ser praticados com um mesmo padrão (*modus operandi*).

Se não houver o preenchimento das três condicionantes acima, todas de **caráter objetivo**, não será possível o reconhecimento da continuidade delitiva.

Além disso, a jurisprudência do STJ está consolidada no sentido de que a configuração do crime continuado exige um **requisito subjetivo**, qual seja, um nexo de continuidade entre os delitos (*unidade de desígnios*). Confira-se a ementa a seguir:

Habeas corpus. *Penal. Pleito de unificação de penas aplicadas em crimes de roubo e de unificação de penas pela prática de crimes de estupro indeferido pelas instâncias ordinárias. Reconhecimento de reiteração criminosa em ambas as condutas delituosas. Inexistência dos requisitos necessários para o reconhecimento da continuidade delitiva. Decisão fundamentada do juízo das execuções e do tribunal de origem. Impropriedade da via eleita para reexame de provas. Precedentes. Ordem de habeas corpus denegada. 1. Para o reconhecimento da continuidade delitiva, exige-se, além da comprovação dos requisitos objetivos, a unidade de desígnios, ou seja, o liame volitivo entre os delitos, a demonstrar que os atos criminosos se apresentam entrelaçados. Ou seja, a conduta posterior deve constituir um desdobramento da anterior. 2. Se as instâncias ordinárias reconheceram que existe, de fato, a reiteração de delitos e a habitualidade na prática criminosa, mostra-se irrepreensível a conclusão de refutar a aplicação do art. 71 do Código Penal. Entender diversamente, outrossim, implicaria acurada avaliação probatória, o que, na angusta via do habeas corpus, não se admite. 3. Habeas Corpus denegado (HC 245.029/SP, Rel. Ministra Laurita Vaz, 5ª Turma, DJe 25.04.2013).*

8.3. Pena de multa em caso de concurso de crimes

De acordo com o art. 72 do CP, no concurso de crimes (material, formal ou continuado), as penas de multa serão aplicadas distinta e integralmente. Em outras palavras, independentemente do critério a ser adotado (exasperação ou cúmulo material), a pena de multa eventualmente fixada subsistirá para cada um dos crimes de forma integral.

8.4. Limite das penas (art. 75 do CP)

Nos termos do art. 5º, XLVII, "b", da CF, nenhuma pena terá caráter perpétuo, submetendo-se ao lapso temporal máximo de **40 (quarenta) anos, conforme nova redação dada ao art. 75 do CP pelo** *Pacote Anticrime* **(Lei 13.964/2019)**.

No entanto, na sentença condenatória, em virtude do concurso de crimes, o juiz poderá condenar o réu a uma pena superior aos referidos 40 (quarenta) anos. Imaginemos um *serial killer* condenado por 10 (dez) homicídios dolosos qualificados em concurso material. Ainda que tenha sido condenado à pena mínima (doze anos de reclusão) por cada um deles, a soma delas resultará em 120 (cento e vinte) anos de reclusão.

A condenação é perfeitamente possível no caso acima relatado. Contudo, em sede de execução penal, a pena deverá ser **unificada**, a fim de que se respeite o lapso temporal máximo de 40 (quarenta) anos, consoante determina o art. 75, *caput* e § 1º, CP.

Nas contravenções penais, o tempo máximo de prisão simples é de **5 (cinco) anos** (art. 10 da LCP).

Para evitar impunidade, o STF editou a Súmula 715, que determina que para a concessão de benefícios legais (livramento condicional e progressão de regimes), será levada em conta não a pena unificada na execução, mas a pena aplicada na decisão condenatória. Apenas para ilustrar: se o já mencionado *serial killer* foi condenado a cento e vinte anos, somente poderá obter a progressão de regime após o cumprimento de um percentual da pena total imposta. Não se levará em conta a pena unificada para atingir o limite máximo de execução (40 anos), mas sim a pena aplicada (120 anos).

9. SUSPENSÃO CONDICIONAL DA PENA (*SURSIS*)

9.1. Conceito de *sursis*

Sursis, do francês *surseoir*, consiste na suspensão da execução da pena privativa de liberdade imposta ao condenado mediante o cumprimento de certas **condições**. Daí ser chamado de **suspensão condicional da pena**.

9.2. Sistemas

São dois os sistemas de *sursis* mais conhecidos no mundo:

a) *probation system* **(sistema anglo-americano)**: o juiz reconhece a culpabilidade do réu, mas não profere sentença condenatória, suspendendo o processo;

b) *franco-belga* **(ou belga-francês, ou europeu continental)**: o juiz não só reconhece a culpabilidade como condena o réu. Todavia, preenchidas as condições impostas por lei, suspende a execução da pena. **É o sistema adotado pelo nosso CP.**

9.3. Concessão e audiência admonitória

O *sursis* é concedido pelo juiz na própria sentença. Haverá a condenação do réu a uma PPL, mas o juiz, no mesmo ato, desde que presentes os requisitos legais, concede a suspensão condicional da pena ao réu. Para tanto, será de rigor que, na hipótese, **não seja cabível a substituição da PPL por PRD ou por multa** (art. 77, III, do CP).

Transitada em julgado a sentença que impôs o *sursis*, o condenado será intimado a comparecer a uma audiência de advertência (também chamada de **admonitória**), oportunidade em que será avisado das condições impostas e alertado das consequências de seu descumprimento. Se o condenado não comparecer à audiência admonitória, o *sursis* será **cassado**, impondo-lhe, portanto, o cumprimento da PPL que lhe fora imposta.

9.4. Requisitos para o *sursis* (art. 77 CP)

São de duas ordens:

a) objetivos:

✓ (i) condenação a PPL não superior a 2 (dois) anos (em regra);

✓ (ii) impossibilidade de substituição da PPL por PRD.

b) subjetivos:

✓ (i) não ser reincidente em crime doloso (exceto se a condenação anterior foi exclusivamente à pena de multa – art. 77, § 1º, CP e Súmula 499 do STF);

✓ (ii) circunstâncias judiciais favoráveis (culpabilidade, antecedentes, conduta social e personalidade do agente, assim como os motivos e as circunstâncias do crime autorizarem a concessão do *sursis*).

9.5. Espécies de *sursis*

São 4 (quatro):

a) *sursis* simples ou comum (art. 77, CP): aplicável aos condenados, não reincidentes, a PPL não superior a 2 (dois) anos. Será cabível quando o condenado não houver reparado o dano, salvo se tiver comprovado a impossibilidade de fazê-lo e/ou as circunstâncias judiciais previstas no art. 59 do CP não lhe forem completamente favoráveis. É a regra. O período de prova, que será explicado mais à frente, será de 2 (dois) a 4 (quatro) anos;

b) *sursis* especial (art. 78, § 2º, CP): aplicável aos condenados, não reincidentes, a PPL não superior a 2 (dois) anos, desde que as circunstâncias judiciais do art. 59 do CP lhe sejam completamente favoráveis, bem como se houver reparado o dano, salvo impossibilidade justificada. Seus requisitos são mais rígidos do que para o *sursis* simples, mas as condições são mais brandas. O período de prova será de 2 (dois) a 4 (quatro) anos;

c) *sursis* etário (art. 77, § 2º, CP): aplicável aos condenados que contarem com mais de **70 (setenta) anos** de idade na data da sentença, cuja PPL imposta não seja superior a 4 (quatro) anos. Contudo, o período de prova será de 4 (quatro) a 6 (seis) anos;

d) *sursis* humanitário (art. 77, § 2º, CP): aplicável aos condenados a PPL não superior a 4 (quatro) anos, desde que o estado de saúde justifique a suspensão da pena (pacientes terminais). O período de prova será de 4 (quatro) a 6 (seis) anos.

9.5.1. Condições para o sursis

Para o *sursis* **simples**, impõem-se as seguintes **condições**:

(i) prestação de serviços à comunidade <u>ou</u> limitação de fim de semana (primeiro ano do período de prova – art. 78, § 1º, CP).

Para o *sursis* **especial**, impõem-se as seguintes **condições**, cumulativamente:

(i) proibição de frequentar determinados lugares;

(ii) proibição de se ausentar da comarca sem a autorização do juiz; e

(iii) comparecimento pessoal mensalmente para justificar as atividades exercidas.

Essas são as chamadas **condições legais**, ou seja, impostas pela lei. Há, ainda, as **condições judiciais**, nos termos do art. 79 do CP, que poderão ser impostas pelo juiz, além daquelas que a lei determinar.

Por fim, há as **condições legais indiretas**, que são aquelas causas ensejadoras da revogação do *sursis* (art. 81, CP), conforme veremos mais à frente.

9.5.2. Período de prova

É o lapso temporal dentro do qual o condenado beneficiado pelo *sursis* deverá **cumprir as condições impostas**, bem como demonstrar **bom comportamento**. É também denominado de **período depurador**.

Como já foi dito, o período de prova será de **2 (dois) a 4 (quatro) anos** nos *sursis* simples e especial, e de **4 (quatro) a 6 (seis) anos** nos *sursis* etário e humanitário.

9.5.3. Revogação do sursis

Poderá ser obrigatória (art. 81, I a III, CP) ou facultativa (art. 81, § 1º, CP).

Será **obrigatória a revogação** do *sursis* se:

(i) o beneficiário vier a ser condenado irrecorrivelmente por crime doloso;

(ii) não reparar o dano, salvo motivo justificado;

(iii) descumprir as condições do *sursis* simples.

Será **facultativa a revogação** do *sursis* se:

(i) o beneficiário vier a ser condenado irrecorrivelmente por contravenção ou crime culposo, salvo se imposta pena de multa;

(ii) descumprir as condições do *sursis* especial;

(iii) descumprir as condições judiciais.

9.5.4. Prorrogação do período de prova

Conforme reza o art. 81, § 2º, do CP, se o beneficiário estiver sendo processado por outro crime ou contravenção, considerar-se-á prorrogado o prazo da suspensão até o julgamento definitivo.

Ainda, o § 3º do precitado dispositivo legal aduz que, quando facultativa a revogação, o juiz pode, em vez de decretá-la, prorrogar o período de prova até o máximo, se este não foi o fixado.

9.5.5. Extinção da punibilidade

Com a expiração do prazo (período de prova) sem que tenha havido revogação, considerar-se-á extinta a pena privativa de liberdade suspensa (art. 82, CP).

10. LIVRAMENTO CONDICIONAL

10.1. Conceito

É a **libertação antecipada do condenado**, mediante o cumprimento de certas condições, pelo prazo restante da pena que deveria cumprir. Trata-se, segundo a doutrina, de **direito público subjetivo do condenado,** ou seja, não pode ser negado por mera discricionariedade do magistrado. Preenchidos os requisitos, deverá ser concedido.

A competência para a concessão do livramento condicional (LC), ao contrário do *sursis* (em regra), é do **juiz da execução penal**.

10.2. Requisitos para a concessão do LC

São de 2 ordens:

1) Objetivos:

✓ - condenação a PPL igual ou superior a 2 (dois) anos (art. 83 CP);

✓ - reparação do dano, salvo impossibilidade de fazê-lo (art. 83, IV, CP);

✓ - cumprimento de parte da pena (art. 83, I, II e V, CP):
a) mais de 1/3, para condenado de bons antecedentes e primário;
b) mais de 1/2, se o condenado for reincidente em crime doloso;
c) entre 1/3 e 1/2, se o condenado não for reincidente em crime doloso, mas tiver maus antecedentes;
d) mais de 2/3, nos casos de condenação por crime hediondo, prática de tortura, tráfico ilícito de entorpecentes e drogas afins, tráfico de pessoas e terrorismo, se o apenado não for reincidente específico em crimes dessa natureza.

2) Subjetivos:

✓ - bom comportamento durante a execução da pena, conforme enuncia a nova redação do art. 83, III, "a", do CP, alterado pelo *Pacote Anticrime*;

✓ - b) não cometimento de falta grave nos últimos 12 (doze) meses (art. 83, III, "b", CP, introduzido pela Lei 13.964/2019);

✓ - bom desempenho no trabalho que lhe foi atribuído (art. 83, III, "c", do CP);

✓ - aptidão para prover a própria subsistência mediante trabalho honesto (art. 83, III, "d", do CP);

✓ - prova da cessação de periculosidade para os condenados por crime doloso cometido com violência ou grave ameaça (*art. 83, parágrafo único, do CP*)

10.2.1. Condições para o LC

Podem ser:

a) Obrigatórias

✓ (i) obter o condenado ocupação lícita;

✓ (ii) comunicar periodicamente ao juiz sua ocupação;

✓ (iii) não mudar da comarca da execução sem prévia autorização;

b) Facultativas (ou Judiciais)

✓ (i) não mudar de residência sem comunicar o juízo;

✓ (ii) recolher-se à habitação em hora fixada;

✓ (iii) não frequentar determinados lugares;

c) Legais indiretas – ausências das causas geradoras de revogação do benefício.

10.2.2. Revogação do LC

Pode ser:

a) Obrigatória: condenação irrecorrível a PPL pela prática de crime havido **antes** ou **durante o benefício** (art. 86, I e II, CP);

b) Facultativa: condenação irrecorrível, por crime ou contravenção, à pena não privativa de liberdade ou se houver descumprimento das condições impostas (art. 87, CP).

10.2.3. Período de prova no LC

É o período em que o condenado observará as condições impostas, pelo prazo restante da PPL que havia para cumprir. Findo este período **sem revogação** do LC, o juiz **julgará extinta a punibilidade** do agente (art. 90, CP).

10.2.4. Prorrogação do período de prova

Se durante o período de prova o liberado (condenado) responder a ação penal por **crime** (e não contravenção penal!) **havido durante a vigência** do livramento condicional, deverá o juiz da execução penal prorrogar o período de prova até o trânsito em julgado, não podendo declarar extinta a punibilidade enquanto isso (art. 89, CP).

A prorrogação ora tratada **não é automática**, consoante doutrina e jurisprudência majoritárias, exigindo-se, pois, **decisão judicial** nesse sentido.

A ausência de *suspensão* ou *revogação* do livramento condicional *antes do término do período de prova* enseja a **extinção da punibilidade pelo integral cumprimento da pena**, consoante dispõe a **Súmula 617 do STJ**.

11. EFEITOS DA CONDENAÇÃO E REABILITAÇÃO

11.1. Conceito

Diz-se que são efeitos da condenação todas as consequências advindas de uma sentença penal condenatória transitada em julgado.

11.1.1. Efeitos da condenação

De forma bastante didática, a doutrina divide os efeitos da condenação em dois grandes grupos, a saber: **efeitos principais** e **efeitos secundários**.

11.1.2. Efeitos principais

Decorrem, como dito, de sentença penal condenatória transitada em julgado, resumindo-se à **imposição das penas**, sejam elas privativas de liberdade, restritivas de direitos ou multa.

Mister mencionar que os efeitos ora tratados são impostos aos **imputáveis** e **semi-imputáveis** que revelarem periculosidade, os quais serão condenados a uma pena reduzida (art. 26, parágrafo único, do CP), substituída por medida de segurança. Aos inimputáveis (art. 26, *caput*, do CP), aplicam-se as medidas de segurança, fruto de **sentença absolutória imprópria**.

Em suma, apenas a sentença condenatória gera, evidentemente, os efeitos da condenação, os quais não ocorrem na sentença absolutória.

11.1.3. Efeitos secundários

Os efeitos secundários podem ser de **natureza penal** ou **extrapenal**.

a) Efeitos secundários de natureza penal:

✓ (i) reincidência;

✓ (ii) impede a concessão do *sursis*;

✓ revoga o *sursis* se o crime for doloso;

✓ revoga o LC se o crime redundar em PPL;

✓ (v) aumenta o prazo da prescrição da pretensão executória etc.;

b) Efeitos secundários de natureza extrapenal:

b1. Genéricos – são automáticos, sem necessidade de constar da sentença (art. 91, CP):

i. torna certa a obrigação de reparar o dano, sendo que a sentença penal condenatória trânsita é título executivo no cível;

ii. confisco, pela União, dos instrumentos ilícitos e produtos do crime;

iii. suspensão dos direitos políticos (art. 15, III, CF);

b2. Específicos – não automáticos, devendo constar da sentença (art. 92, CP):

i. perda do cargo, função pública ou mandato eletivo em virtude da prática de crimes funcionais (pena igual ou superior a 1 ano) ou em crimes de qualquer natureza se a pena for superior a 4 anos;

ii. incapacidade para o exercício do poder familiar, da tutela ou da curatela nos crimes dolosos sujeitos à pena de reclusão cometidos contra outrem igualmente titular do mesmo poder familiar, contra filho, filha ou outro descendente ou contra tutelado ou curatelado, conforme nova redação dada ao inc. II do art. 92 do CP pela Lei 13.715/2018;

iii. inabilitação para dirigir veículo desde que o crime seja doloso e que o veículo tenha sido usado como instrumento do crime (difere da suspensão de CNH, nos delitos culposos de trânsito).

Com a aprovação do *Pacote Anticrime* (Lei 13.964/2019), incluiu-se ao CP o **art. 91-A**, que nos trouxe uma espécie de confisco do acréscimo patrimonial cuja origem não seja comprovadamente lícita, correspondente à diferença entre o valor do patrimônio do condenado e aquele que seria compatível com o seu rendimento lícito. Vejamos:

Art. 91-A. Na hipótese de condenação por infrações às quais a lei comine pena máxima superior a 6 (seis) anos de reclusão, poderá ser decretada a perda, como produto ou proveito do crime, dos bens correspondentes à diferença entre o valor do patrimônio do condenado e aquele que seja compatível com o seu rendimento lícito.

*§ 1º Para efeito da perda prevista no **caput** deste artigo, entende-se por patrimônio do condenado todos os bens:*

I – de sua titularidade, ou em relação aos quais ele tenha o domínio e o benefício direto ou indireto, na data da infração penal ou recebidos posteriormente; e

II – transferidos a terceiros a título gratuito ou mediante contraprestação irrisória, a partir do início da atividade criminal.

§ 2º O condenado poderá demonstrar a inexistência da incompatibilidade ou a procedência lícita do patrimônio.

§ 3º A perda prevista neste artigo deverá ser requerida expressamente pelo Ministério Público, por ocasião do oferecimento da denúncia, com indicação da diferença apurada.

§ 4º Na sentença condenatória, o juiz deve declarar o valor da diferença apurada e especificar os bens cuja perda for decretada.

§ 5º Os instrumentos utilizados para a prática de crimes por organizações criminosas e milícias deverão ser declarados perdidos em favor da União ou do Estado, dependendo da Justiça onde tramita a ação penal, ainda que não ponham em perigo a segurança das pessoas, a moral ou a ordem pública, nem ofereçam sério risco de ser utilizados para o cometimento de novos crimes.

Dada a exigência de provocação do Ministério Público para que o confisco em comento seja decretado (art. 91-A, §3º), bem como a necessidade de o juiz declarar o valor da diferença apurada e especificar os bens cuja perda tenha decretado (art. 91-A, §4º), temos para nós que se trata de efeito específico da condenação, vale dizer, não automático.

11.2. Reabilitação

É o instituto pelo qual o condenado terá **restabelecida parte dos direitos atingidos pela condenação**, assegurando **sigilo dos registros** sobre seu processo (arts. 93 a 95, CP).

Especificamente quanto ao sigilo, é verdade que o art. 202 da LEP (Lei 7.210/1984) assegura, de forma automática, o sigilo quanto à "folha de antecedentes" do condenado. Contudo, trata-se de efeito mais amplo, visto que qualquer autoridade judiciária, membro do Ministério Público ou autoridade policial terá acesso àquele antecedente. Já com a reabilitação, o sigilo será mais restrito, somente podendo ser "quebrado" por juiz criminal, mediante requisição.

11.2.1. Requisitos para a reabilitação

São **quatro** os requisitos para que o condenado obtenha sua reabilitação:

a) Decurso de dois anos do dia em que tiver sido extinta, de qualquer modo, a pena ou terminar sua execução;

b) Ter tido domicílio no país no prazo acima mencionado;

c) Demonstrar efetivamente constante bom comportamento público e privado; e

d) Ter ressarcido o dano, ou demonstrado a impossibilidade de fazê-lo, até o dia do pedido, ou que exiba documento comprobatório de que a vítima renunciou ao direito de ser indenizada ou que tenha havido novação da dívida.

11.2.2. Juízo competente para conceder a reabilitação

Compete ao juízo de 1º grau, e não ao da execução penal, como se poderia imaginar, a apreciação do pedido de reabilitação.

11.2.3. Revogação da reabilitação

A reabilitação poderá ser revogada se o reabilitado vier a ser condenado irrecorrivelmente, como reincidente, a pena que não seja de multa (art. 95, CP).

11.2.4. Possibilidade de novo pedido de reabilitação

Conforme preleciona o art. 94, parágrafo único, do CP, negada a reabilitação, poderá ela ser requerida novamente, a qualquer tempo, desde que o pedido seja instruído com novos elementos dos requisitos necessários.

Significa dizer que o indeferimento de um pedido de reabilitação não faz coisa julgada material, admitindo-se a renovação do pedido, desde que, desta feita, seja instruído com as provas necessárias à sua concessão.

12. MEDIDAS DE SEGURANÇA

12.1. Conceito

É **espécie de sanção penal** imposta pelo Estado a um **inimputável** ou **semi-imputável** com reconhecida periculosidade, desde que se tenha praticado um fato típico e antijurídico.

12.2. Natureza jurídica e objetivo

Como se viu no item anterior, a medida de segurança é **espécie do gênero sanção penal**. Não se trata de pena, que também é modalidade de sanção penal, visto que aquela pressupõe culpabilidade; já esta pressupõe periculosidade (prognóstico de que a pessoa portadora de um déficit mental poderá voltar a delinquir).

Diversamente das penas, que apresentam forte caráter retributivo, as medidas de segurança objetivam a **cura** do inimputável ou semi-imputável. Trata-se aqui de forte **aspecto preventivo.**

12.3. Sistema vicariante

Após a reforma da Parte geral do CP, que ocorreu com o advento da Lei 7.209/1984, adotou-se o **sistema vicariante,** pelo qual se aplica aos semi-imputáveis **pena reduzida** *ou* **medida de segurança**, desde que, neste último caso, verifique-se a periculosidade real mediante perícia. Antes de referida legislação, admitia-se a imposição de pena e medida de segurança àquelas pessoas que revelassem periculosidade. Era o **sistema do duplo binário**, substituído pelo vicariante.

Nada obstante seja inadmissível, sob pena de ofensa ao *ne bis in idem*, que o agente, por um mesmo fato, cumpra, conjuntamente, pena e medida de segurança, poderá ser submetido a ambas as espécies de sanções penais, desde que se trate de fatos distintos. Confira-se:

"Durante o cumprimento de pena privativa de liberdade, o fato de ter sido imposta ao réu, em outra ação penal, medida de segurança referente a fato diverso não impõe a conversão da pena privativa de liberdade que estava sendo executada em medida de segurança. Inicialmente, convém apontar que o sistema vicariante afastou a imposição cumulativa ou sucessiva de pena e medida de segurança, uma vez que a aplicação conjunta ofenderia o princípio do ne bis in idem, já que o mesmo indivíduo suportaria duas consequências em razão do mesmo fato. No caso em análise, evidencia-se que cada reprimenda imposta corresponde a um fato distinto. Portanto, não há que se falar em ofensa ao sistema vicariante, porquanto a medida de segurança refere-se a um fato específico e a aplicação da pena privativa de liberdade correlaciona-se a outro fato e delito. Decisão monocrática citada: HC 137.547-RJ, Rel. Min. Jorge Mussi, *DJe* 01.02.2013" (HC 275.635/SP, Rel. Min. Nefi Cordeiro, *DJe* 15.03.2016.

12.4. Natureza jurídica da sentença que impõe medida de segurança

A sentença que impõe medida de segurança, com fundamento no art. 26, *caput*, do CP, é denominada pela doutrina de **absolutória imprópria** (art. 386, VI, CPP). É **absolutória,** pois a inimputabilidade é **causa que isenta o réu de pena; imprópria,** pois a sentença, embora absolva o réu, impõe-lhe **sanção penal** (medida de segurança).

Já se estivermos falando de réu **semi-imputável** (art. 26, parágrafo único, do CP), o juiz proferirá **sentença condenatória**, seja para aplicar-lhe pena reduzida de um a dois terços, seja para substituí-la por medida de segurança.

12.5. Espécies de medidas de segurança

São duas:

a) **detentiva**: será imposta em caso de o crime cometido ser apenado com **reclusão** (crimes mais graves). Consiste na **internação** do inimputável ou semi-imputável em **hospital de custódia e tratamento psiquiátrico** ou em outro estabelecimento adequado;

b) **restritiva**: será imposta em caso de o crime cometido ser apenado com detenção, consistindo na sujeição do inimputável ou semi-imputável a **tratamento ambulatorial**. Todavia, adverte a doutrina que, no caso de pena de detenção, a escolha entre as medidas de segurança detentiva e restritiva deve ser guiada pelo grau de periculosidade do réu (MASSON, 2009).

12.5.1. Prazo de duração da medida de segurança

As medidas de segurança apresentam dois prazos de duração:

a) **mínimo**: variável de **1 (um) a 3 (três) anos**, conforme art. 97, § 1º, parte final, do CP. Ao término desse prazo, que deverá expressamente constar na sentença, o agente deverá ser submetido a exame de cessação de periculosidade;

b) **máximo**: pelo texto legal (art. 97, § 1º, CP), a medida de segurança poderia ser eterna, visto que seu prazo seria **indeterminado**. No entanto, o STF, à luz da regra constitucional que veda as **penas de caráter perpétuo**, convencionou que o prazo máximo de duração é de **30 (trinta) anos**. Já o STJ decidiu, com base no princípio da proporcionalidade e isonomia, que a duração da medida de segurança **não pode superar o limite máximo de PPL** cominada à infração penal. Tal posicionamento foi cristalizado na **Súmula 527** de referida Corte: "O tempo de duração da medida de segurança não deve ultrapassar o limite máximo da pena abstratamente cominada ao delito praticado." Trata-se de **posição mais garantista**, interessante para ser sustentada em **concursos de Defensoria Pública**.

A fim de complementarmos o tema em discussão, confira-se:

Medida de segurança e hospital psiquiátrico

"A 1ª Turma deferiu parcialmente *habeas corpus* em favor de denunciado por homicídio qualificado, perpetrado contra o seu próprio pai em 1985. No caso, após a realização de incidente de insanidade mental, constatara-se que o paciente sofria de esquizofrenia paranoide, o que o impedira de entender o caráter ilícito de sua conduta, motivo pelo qual fora internado em manicômio judicial. Inicialmente, afastou--se a alegada prescrição e a consequente extinção da punibilidade. Reafirmou-se a jurisprudência desta Corte no sentido de que o prazo máximo de duração de medida de segurança é de 30 anos, nos termos do art. 75 do CP. Ressaltou-se que o referido prazo não fora alcançado por haver interrupção do lapso prescricional em face de sua internação, que perdura há 26 anos. No entanto, com base em posterior laudo que atestara a periculosidade do paciente, agora em grau atenuado, concedeu-se a ordem a fim de determinar sua internação em hospital psiquiátrico próprio para tratamento ambulatorial". HC 107432/RS, rel. Min. Ricardo Lewandowski, 24.05.2011. (HC-107432) (Inform. STF 628)

MEDIDA. SEGURANÇA. DURAÇÃO.

"A Turma concedeu a ordem de *habeas corpus* para limitar a duração da medida de segurança à pena máxima abstratamente cominada ao delito praticado pelo paciente, independentemente da cessação da periculosidade, não podendo ainda ser superior a 30 anos, conforme o art. 75 do CP". Precedentes citados: HC 135.504-RS, *DJe* 25.10.2010; HC 113.993-RS, *DJe* 04.10.2010; REsp 1.103.071-RS, *DJe* 29.03.2010, e HC 121.877-RS, *DJe* 08.09.2009. HC 147.343-MG, Rel. Min. Laurita Vaz, julgado em 05.04.2011. (Inform. STJ 468)

12.5.2. Cessação de periculosidade

Ao término do prazo mínimo de duração da medida de segurança, deverá ser aferida a **cessação da periculosidade** do agente. Em outras palavras, deverá ser submetido a um **exame** a fim de que se constate se houve sua cessação. Em caso positivo, o juiz deverá determinar a **suspensão da execução da medida de segurança e** a desinternação (medida de segurança detentiva) ou liberação (medida de segurança restritiva) do indivíduo. Em caso negativo, a medida de segurança persistirá. Após essa primeira, anualmente novas perícias (exames de cessação de periculosidade) deverão ser realizadas.

Importa ressaltar que as referidas desinternação e liberação são **condicionais**, tal como ocorre com o livramento condicional, devendo o agente atentar às mesmas condições daquele benefício, nos termos do art. 178 da LEP.

12.5.3. Revogação da desinternação ou liberação

Considerando que a desinternação ou a liberação do agente serão condicionadas, é certo que, se antes do decurso de **1 (um) ano ele praticar fato indicativo de que a periculosidade persiste**, deverá retornar ao *status quo ante*, ou seja, a medida de segurança será **restabelecida**.

12.5.4. Desinternação progressiva

Embora não exista expressa previsão legal, a **desinternação progressiva** vem sendo admitida pela doutrina mais moderna e pela jurisprudência. Em síntese, consiste na **transferência** do agente do regime de internação em hospital de custódia e tratamento psiquiátrico para o **tratamento ambulatorial**, especialmente quando aquela espécie de medida de segurança se revelar desnecessária.

Assemelha-se a desinternação progressiva à progressão de regime penitenciário.

12.5.5. Possibilidade de conversão de PPL em medida de segurança

Se durante a execução da PPL sobrevier ao condenado **doença ou perturbação mental permanente**, o art. 183 da LEP determina que o juiz da execução penal, de ofício ou a requerimento do Ministério Público, da Defensoria Pública ou autoridade administrativa, **substitua a pena por medida de segurança,** persistindo pelo restante da pena que deveria ser cumprida.

Se estivermos diante de **doença ou perturbação mental transitória ou temporária**, aplicar-se-á o art. 41 do CP, que determina que seja o condenado recolhido a hospital de custódia e tratamento psiquiátrico ou estabelecimento adequado pelo prazo máximo de 30 (trinta) anos (posição do STF) ou pelo máximo da PPL cominada (posição do STJ), ou, ainda, por prazo indeterminado (art. 97, § 1º, parte final, CP).

13. PUNIBILIDADE E SUAS CAUSAS EXTINTIVAS

13.1. Conceito de punibilidade

É a possibilidade jurídica de se impor a um agente culpável uma pena. Não integra a punibilidade o conceito de crime, que, analiticamente, é fato típico e antijurídico (concepção bipartida). Importa ressaltar que, para a maioria dos doutrinadores, a punibilidade é mera consequência jurídica da prática de uma infração penal (crimes e contravenções penais).

13.2. Surgimento da punibilidade

A punibilidade existe em estado latente, ou seja, abstratamente, até que um agente pratique um crime ou uma contravenção penal. A partir deste momento, a punibilidade se transmuda para um direito de punir concreto (*jus puniendi* estatal), tendo por objetivo a imposição da pena.

13.3. Causas extintivas da punibilidade

Nem sempre após a prática de um fato típico e antijurídico, verificada a culpabilidade, o Estado poderá, automaticamente, impor a respectiva pena ao agente delitivo. Por vezes, ainda que o direito de punir em concreto surja, falecerá ao Estado a possibilidade de imposição ou de execução da pena.

É nesse momento que o exercício do direito de punir sofre restrições, dentre elas as causas extintivas da punibilidade, previstas, exemplificativamente, no art. 107 do CP.

13.3.1. Estudo das causas extintivas da punibilidade em espécie

Conforme dito alhures, as causas extintivas da punibilidade não se esgotam no art. 107 do CP, embora seja este dispositivo legal aquele que agrega as mais importantes delas. Vamos estudá-las!

13.3.1.1. Morte do agente (art. 107, I, CP)

Por evidente, com a morte do acusado no processo penal, a ação penal perderá seu objeto, qual seja, a pessoa do agente. Se todo o processo tem por escopo a aplicação de uma pena ao agente delitivo, com a morte deste, a persecução penal resta prejudicada.

Ademais, reza o art. 5º, XLV, da CF, que nenhuma pena passará da pessoa do condenado. Quer isso dizer que, diferentemente do processo civil, em que, proposta uma ação, se seu autor falecer, poderão os parentes sucedê-lo, salvo se se tratar de lide personalíssima, no processo penal isso não será possível. Em outras palavras, morto o acusado, não poderão seus parentes sofrer os efeitos de uma pena criminal. Todavia, a obrigação de reparar o dano e o perdimento de bens poderão se estender aos sucessores nos limites das forças da herança.

Assim, a morte do agente faz ser extinta a punibilidade. A prova da morte faz-se por certidão de óbito a ser juntada nos autos.

13.3.1.2. Anistia, graça ou indulto (art. 107, II, CP)

A **anistia** consiste na edição, pelo Congresso Nacional, de uma lei, de âmbito federal, capaz de promover a exclusão do crime imputado ao agente delitivo, atingindo todos os efeitos penais da condenação, subsistindo, contudo, os extrapenais (genéricos e específicos – arts. 91 e 92 do CP).

A anistia pode atingir crimes políticos (denominada *anistia especial*) ou crimes não políticos (*anistia comum*). Outrossim, poderá ser concedida antes (*anistia própria*) ou após o trânsito em julgado da sentença condenatória (*anistia imprópria*). Pode, por fim, ser *condicionada* (quando a lei anistiadora impuser algum encargo ao agente) ou *incondicionada* (quando nada exigir do criminoso para produzir efeitos).

A **graça** (denominada pela LEP de indulto individual) consiste no benefício por meio do qual o agente terá excluído o efeito principal da condenação, qual seja, a pena, remanescendo os efeitos penais e extrapenais (lembre-se de que, na anistia, subsistem apenas os extrapenais). Dependerá a graça de pedido do condenado, do MP, Conselho Penitenciário ou da autoridade administrativa (art. 187 da LEP) e será concedida mediante despacho do Presidente da República, que poderá delegar tal mister a Ministros de Estado (geralmente Ministro da Justiça), Procurador-Geral da República (PGR) e Advogado-Geral da União (AGU).

O **indulto**, diferentemente da graça, tem caráter coletivo, sendo concedido mediante decreto presidencial. Atingirá, também, os efeitos principais da condenação (penas), subsistindo os efeitos secundários de natureza penal e extrapenal. Nesse sentido, confira-se a **Súmula 631 do STJ**: "O indulto extingue os efeitos primários da condenação (pretensão executória), mas não atinge os efeitos secundários, penais ou extrapenais".

Graça e indulto devem ser concedidos somente após o trânsito em julgado da sentença condenatória, diferentemente da anistia, que poderá ser concedida antes ou após tal marco processual.

Insta registrar, por fim, o teor da **Súmula 535 do STJ**, editada em 2015: "A prática de falta grave não interrompe o prazo para fim de comutação de pena ou indulto" (**REsp 1364192**).

13.3.1.3. Abolitio criminis (art. 107, III, CP)

É a **lei posterior ao fato que deixa de considerá-lo como criminoso**. É também denominada de **lei supressiva de incriminação**, gerando, por ser **benéfica**, efeitos retroativos (*ex tunc*).

Com a *abolitio criminis*, que pode ocorrer durante a ação penal ou mesmo no curso da execução, será declarada extinta a punibilidade do agente, fazendo desaparecer todos os efeitos penais da condenação (inclusive a pena – efeito principal), remanescendo apenas os efeitos civis (ex.: obrigação de reparar o dano).

Ainda é mister ressaltar que somente haverá *abolitio criminis* se houver uma dupla revogação do crime: a) revogação do tipo penal (revogação formal); e b) revogação da figura típica (revogação material). Não basta, portanto, a simples revogação do tipo penal, sendo imprescindível que a figura criminosa tenha "desaparecido" do mundo jurídico. Tal não ocorreu, por exemplo, com o crime de atentado violento ao pudor. Embora a Lei 12.015/2009 tenha revogado o art. 214 do CP, a figura criminosa "constranger alguém, mediante violência ou grave ameaça, a praticar ou permitir que com ele se pratiquem atos libidinosos diversos de conjunção carnal" migrou para o art. 213 do CP (crime de estupro). Não houve, portanto, *abolitio criminis* no caso relatado, mas, sim, continuidade normativo-típica.

13.3.1.4. Decadência, perempção e prescrição (art. 107, IV, CP)

A **decadência** consiste na perda do direito de intentar a queixa ou oferecer a representação pelo decurso do prazo. Em regra, esse lapso temporal é de **6 (seis) meses**, contados do **conhecimento da autoria delitiva** pelo ofendido, seu representante legal, ou CADI (cônjuge, ascendente, descendente ou irmão – art. 38, CPP e 103, CP).

A decadência é, portanto, instituto que se verifica somente nos crimes de ação penal privada ou pública condicionada à representação.

Importa ressaltar que o **prazo decadencial** tem **natureza penal**, vale dizer, é contado nos termos do art. 10 do CP (inclui-se o dia do começo e exclui-se o dia do vencimento). Trata-se, ainda, de prazo fatal, ou seja, é improrrogável, não se suspende ou se interrompe.

A **perempção** é a perda do direito de prosseguir com a ação penal em virtude de negligência ou desídia processual. Somente será cabível na ação penal privada propriamente dita (ou exclusivamente privada), já que, na ação privada subsidiária da pública, a perempção não acarretará a extinção da punibilidade em favor do querelado, mas a retomada da titularidade da ação pelo Ministério Público.

As causas de perempção vêm previstas no art. 60 do CPP, a saber:

i) abandono processual (mais de 30 dias sem andamento da ação pelo querelante);

ii) inocorrência de sucessão processual (no caso de falecimento do querelante, ou sobrevindo sua incapacidade, não se habilitarem no processo, em 60 dias, o CADI – cônjuge, ascendente, descendente ou irmão);

iii) falta de comparecimento injustificado a qualquer ato do processo em que a presença do querelante seja necessária;

iv) inexistência de pedido de condenação em alegações finais (a falta de apresentação delas também redunda em perempção); e

v) sendo o querelante pessoa jurídica, esta se extinguir sem deixar sucessor.

Com relação à **prescrição**, temos que esta consiste na **perda do direito de punir** (*jus puniendi*) ou **de executar a pena** (*jus punitionis*) do Estado **pelo decurso de determinado lapso de tempo previsto em lei**.

A prescrição, portanto, deve ser contada, salvo disposição especial em contrário, de acordo com a "tabela" do art. 109 do CP, que fixa o prazo prescricional mínimo de **3 (três) anos**, consoante nova redação dada ao inciso VI pela Lei 12.234/2010, e máximo de **20 (vinte anos) anos**, de acordo com a pena prevista para o crime. Insta ressaltar que o prazo prescricional tem **natureza penal**, motivo pelo qual conta-se nos termos do art. 10 do CP (inclui o dia do começo e exclui o do vencimento).

A prescrição comporta duas grandes espécies, quais sejam: **prescrição da pretensão punitiva (PPP)** e **prescrição da pretensão executória (PPE)**.

Com relação à PPP, temos três possibilidades:

a) Prescrição da pretensão punitiva propriamente dita (ou pura) = rege-se nos termos do precitado art. 109 do CP. É calculada levando-se em conta o máximo da pena privativa de liberdade abstratamente cominada ao crime. Ex.: para o homicídio simples, cuja pena é de 6 a 20 anos, calcular-se-á a prescrição tomando por base a pena máxima cominada ao delito, qual seja, 20 anos. Comparando aquela quantidade de pena (20 anos) com a "tabela" do art. 109 do CP, verifica-se que a prescrição ocorrerá em 20 anos. É importante frisar que a prescrição pura deverá ser verificada enquanto não houver pena aplicada, ou seja, até momento anterior à sentença penal condenatória;

b) Prescrição da pretensão punitiva intercorrente (ou superveniente) = ocorre somente após a publicação da sentença penal condenatória, em que haverá uma pena fixada (pena em concreto, e não mais em abstrato, como na prescrição pura). Assim, se entre a publicação da sentença condenatória e o trânsito em julgado para a acusação decorrer lapso de tempo superior ao previsto no art. 109 do CP (aqui, frise-se, levamos em conta a pena aplicada!), ocorrerá a prescrição superveniente, rescindindo os efeitos da condenação. A previsão legal da prescrição intercorrente (ou superveniente) consta do art. 110, § 1º, do CP;

c) Prescrição da pretensão punitiva retroativa = pressupõe, sempre, a fixação de uma pena em concreto (sentença penal condenatória), tendo por pressuposto o trânsito em julgado para a acusação. Também aqui temos como parâmetro a tabela do art. 109 do CP. Importa ressaltar que, ao contrário da prescrição intercorrente, que se verifica após a sentença condenatória, a prescrição retroativa deve ser verificada em momento **anterior** à publicação da sentença, mas analisada, no máximo, até a denúncia ou queixa, consoante nova redação dada ao art. 110, § 1º, do CP. Daí ser chamada de **retroativa**. Frise-se que o STJ, ao editar a **Súmula 438**, pacificou o entendimento segundo o qual não se admite a extinção da punibilidade pela prescrição da pretensão punitiva com fundamento em pena hipotética, independentemente da existência ou sorte do processo penal. O que tratou, aqui, aludida Corte, foi de objetar a denominada "prescrição virtual", que levava em consideração uma condenação eventual do réu, com base em pena hipotética.

Temos, ainda, a **prescrição da pretensão executória (PPE)**, segunda espécie de prescrição, que não se confunde com a prescrição da pretensão punitiva. Enquanto esta é verificada *antes do trânsito em julgado* da condenação (conhecida por prescrição da ação), aquela somente pode ocorrer *após o trânsito em julgado*. Daí ser chamada de prescrição da pena.

Também na prescrição executória leva-se em conta a tabela do art. 109 do CP e a pena aplicada em concreto. Contudo, começará a fluir não do trânsito em julgado para ambas as partes processuais (acusação e defesa), mas a partir do trânsito em julgado para a acusação. Este é seu marco inicial. Se do trânsito em julgado para a parte acusatória e o efetivo trânsito em julgado para ambas as partes (defesa, portanto) transcorrer lapso de tempo superior ao correspondente à pena aplicada, opera-se a prescrição executória, não podendo mais o Estado executar a pena imposta ao agente delitivo na sentença.

Impõe ressaltar que o prazo prescricional admite situações em que será **interrompido**, ou seja, recomeçará sua contagem (art. 117, CP), bem como circunstâncias em que ficará **suspenso** (art. 116, CP).

No tocante às **causas interruptivas da prescrição**, vale citar quais são as hipóteses legais: I – pelo recebimento da denúncia ou da queixa; II – pela pronúncia; III – pela decisão confirmatória da pronúncia; IV – pela publicação da sentença ou acórdão condenatórios recorríveis; V – pelo início ou continuação do cumprimento da pena; VI – pela reincidência.

Interessante anotar a posição jurisprudencial (STF) acerca da interrupção da prescrição pelo recebimento da denúncia, ainda que o despacho que tenha recebido a prefacial acusatória tenha sido exarado por autoridade judiciária incompetente. Confira-se:

Prescrição: recebimento da denúncia e autoridade incompetente

"O recebimento da denúncia por magistrado absolutamente incompetente não interrompe a prescrição penal (CP, art. 117, I). Esse o entendimento da 2ª Turma ao denegar *habeas corpus* no qual a defesa alegava a consumação do lapso prescricional intercorrente, que teria acontecido entre o recebimento da denúncia, ainda que por juiz incompetente, e o decreto de condenação do réu. Na espécie, reputou-se que a prescrição em virtude do interregno entre os aludidos marcos interruptivos não teria ocorrido, porquanto apenas o posterior acolhimento da peça acusatória pelo órgão judiciário competente deteria o condão de interrompê-la". HC 104907/PE, rel. Min. Celso de Mello, 10.05.2011. (HC-104907) (Inform. STF 626)

No tocante às **causas suspensivas**, o art. 116 do CP, já com a redação que lhe foi dada pelo *Pacote Anticrime* (Lei 13.964/2019), dispõe que a prescrição não correrá: I – enquanto não resolvida, em outro processo, questão de que dependa o reconhecimento da existência do crime (são as causas prejudiciais); II – enquanto o agente cumpre pena no exterior; III – na pendência de embargos de declaração ou de recursos aos Tribunais Superiores (são os recursos excepcionais, de estrito direito, como os especial e extraordinário), quando inadmissíveis; e IV – enquanto não cumprido ou não rescindido o acordo de não persecução penal (vide art. 28-A, CPP). Importante anotar que, depois de passada em julgado a sentença condenatória, a prescrição não corre durante o tempo em que o condenado está preso por outro motivo.

Há, também, as situações previstas no art. 111, CP, que dizem respeito ao **termo inicial de contagem** da prescrição da pretensão punitiva, a saber: I – do dia em que o crime se consumou; II – no caso de tentativa, do dia em que cessou a atividade criminosa; III – nos crimes permanentes, do dia em que cessou a permanência; IV – nos de bigamia e nos de falsificação ou alteração de assentamento do registro civil, da data em que o fato se tornou conhecido; V – nos crimes contra a dignidade sexual de crianças e adolescentes, previstos no Código Penal ou em legislação especial, da data em que a vítima completar 18 (dezoito) anos, salvo se a esse tempo já houver sido proposta a ação penal.

O inciso V do art. 111 foi inserido pela Lei 12.650/2012, que inovou nosso ordenamento jurídico ao prever que não começará a correr a prescrição nos crimes contra a dignidade sexual de crianças e adolescentes antes de a vítima completar a maioridade penal, salvo se a ação penal há houver sido proposta. Assim, como exemplo, se uma criança de seis anos for estuprada, a prescrição somente começará a fluir a partir do dia em que completar dezoito anos (salvo, repita-se, se a ação penal já houver sido proposta antes disso, caso em que a prescrição começará a fluir, segundo entendemos, a partir do recebimento da denúncia).

Finalmente, importa destacar que o art. 115 do CP trata de situações em que o prazo prescricional será **reduzido pela metade**:

a) se o agente, à época do fato, contar com mais de dezoito anos, porém, menos de vinte e um anos;

b) se o agente, à época da sentença, for maior de setenta anos.

Pela relevância do tema, confira-se:

Prescrição e art. 115 do CP

"A causa de redução do prazo prescricional constante do art. 115 do CP (*"São reduzidos de metade os prazos de prescrição quando o criminoso era, ao tempo do crime, menor de vinte e um anos, ou, na data da sentença, maior de setenta anos"*) deve ser aferida no momento da sentença penal condenatória. Com base nesse entendimento, a 2ª Turma indeferiu *habeas corpus* em que se pleiteava o reconhecimento da prescrição da pretensão punitiva em favor de condenado que completara 70 anos entre a data da prolação da sentença penal condenatória e a do acórdão que a confirmara em sede de apelação". HC 107398/RJ, rel. Min. Gilmar Mendes, 10.05.2011. (HC-107398) (Inform. STF 626)

13.3.1.5. Renúncia do direito de queixa e perdão aceito (art. 107, V, CP)

Dá-se a **renúncia do direito de queixa** quando o ofendido, em **crime de ação penal privada**, toma determinada atitude incompatível com a vontade de ver o agente delitivo processado.

A renúncia poderá decorrer de **ato expresso** (ex.: mediante petição escrita e assinada) ou **tácito** (ex.: o ofendido passa a andar diariamente com seu ofensor).

É importante ressaltar que se a renúncia é o **ato unilateral** pelo qual o ofendido (ou seu representante legal, ou procurador com poderes especiais) dispõe do direito de oferecer a queixa-crime, tal só poderá ocorrer **antes do oferecimento da ação**. No curso desta terá vez o perdão do ofendido, que, frise-se, é ato bilateral.

No JECRIM (Juizado Especial Criminal), o recebimento de indenização (composição civil) em crimes de menor potencial ofensivo, de ação penal privada, importa em **renúncia tácita ao direito de queixa**, conforme art. 74 da Lei 9.099/1995, situação que já não se verifica com relação aos crimes "comuns" (leia-se: os que não são considerados infrações de menor potencial ofensivo), consoante prescreve o art. 104, parágrafo único, parte final, CP.

A renúncia ao direito de queixa quanto a um dos autores do crime, a todos os demais (se existirem) se estenderá, vendo todos eles extintas suas punibilidades (art. 49, CPP). Portanto, pode-se dizer ser a renúncia **indivisível**.

O **perdão do ofendido**, que somente pode ser admitido nos crimes de ação penal privada, diversamente da renúncia, é **ato bilateral**, visto que somente produz efeitos se for aceito. Será possível apenas após o início da ação penal, mas desde que antes do trânsito em julgado (art. 106, § 2º, CP). Consoante prevê o art. 51 do CPP, o perdão concedido a um dos querelados irá estender-se aos demais. Contudo, somente produzirá efeitos (leia-se: extinguirá a punibilidade) com relação àqueles que o aceitarem.

O perdão deve ser aceito pelo querelado no prazo de 3 (três) dias após ser cientificado (art. 58, *caput*, CPP). Se ficar silente no tríduo legal, a inércia implicará aceitação. Findo o prazo sem manifestação, ou tendo havido a aceitação do perdão, o juiz decretará extinta a punibilidade (art. 58, parágrafo único, CPP).

13.3.1.6. Retratação do agente nos casos em que a lei admite (art. 107, VI, CP)

Retratar-se é o mesmo que **desdizer**, ou, pedindo escusas pelo pleonasmo, **"voltar atrás"**. Assim, em determinados crimes, a retratação do agente irá causar a extinção de sua punibilidade. É o que ocorre, por exemplo, com os crimes de calúnia e difamação (art. 143, CP), bem como com o falso testemunho (art. 342, § 2º, CP).

Indispensável que haja **expressa previsão legal** da admissibilidade da retratação.

13.3.1.7. Perdão judicial nos casos previstos em lei

O perdão judicial é causa extintiva da punibilidade aplicável apenas por magistrados (daí o nome perdão judicial). No entanto, não se trata de medida discricionária da autoridade judiciária, exigindo **expressa previsão legal** para sua aplicabilidade.

Em geral, identificamos o perdão judicial pela previsão, em lei, da seguinte expressão: "**o juiz poderá deixar de aplicar a pena**". É o que se vê, por exemplo, no art. 121, § 5º, do CP, que admite o perdão judicial em caso de homicídio culposo, situação em que o juiz poderá deixar de aplicar a pena se as consequências do crime atingirem o agente de forma tão grave que a imposição daquela se afigure desnecessária.

Conforme o entendimento do STJ, consagrado na Súmula 18, a sentença concessiva do perdão judicial tem natureza **declaratória** de extinção da punibilidade. Tanto é verdade que o art. 120 do CP prevê que o perdão judicial não será considerado para efeitos de reincidência.

PARTE ESPECIAL

1. CLASSIFICAÇÃO DOUTRINÁRIA DOS CRIMES. INTRODUÇÃO À PARTE ESPECIAL DO CP

1.1. Introdução aos crimes em espécie

Antes de ingressarmos no estudo propriamente dito dos crimes (Parte Especial do CP), entendemos ser necessário trazer à baila algumas classificações doutrinárias, bem como fazermos o resgate de alguns conceitos analisados no início do presente trabalho.

1.2. Classificação geral dos crimes

1.2.1. Com relação ao sujeito ativo

a) crime comum: é aquele que pode ser praticado por qualquer pessoa, não se exigindo nenhuma qualidade especial do agente delitivo (sujeito ativo). Ex.: homicídio (art. 121, CP);

b) crime próprio: é aquele que não pode ser praticado por qualquer pessoa, mas somente por aquelas que apresentem algumas qualidades específicas determinadas pela lei. O crime próprio admite coautoria e participação, desde que o terceiro tenha conhecimento da condição especial do agente (ex.: funcionário público). Ex.: peculato (art. 312, CP);

c) crime de mão própria: é aquele que, além de exigir qualidades especiais do sujeito ativo, demandam uma atuação pessoal, sendo incabível a coautoria. Trata-se de crime de atuação personalíssima, não podendo o agente ser substituído por terceiro. No entanto, é admissível a participação. Ex.: autoaborto (art. 124, CP).

1.2.2. Com relação aos vestígios do crime

a) crime transeunte: é aquele que, uma vez praticado, não deixa vestígios materiais. Ex.: injúria praticada verbalmente (art. 140, CP);

b) crime não transeunte: é aquele cuja prática deixa vestígios materiais. Ex.: homicídio praticado mediante disparo de arma de fogo (art. 121, CP).

1.2.3. Com relação ao momento consumativo

a) crime instantâneo: é aquele em que a consumação ocorre em um determinado momento, sem continuidade no tempo. Ex.: injúria verbal (art. 140, CP);

b) crime permanente: é aquele cuja consumação se prolonga no tempo por vontade do agente delitivo. Ex.: extorsão mediante sequestro (art. 159, CP);

c) crime instantâneo de efeitos permanentes: é aquele que se consuma num dado instante, mas seus resultados são irreversíveis. Ex.: homicídio (art. 121, CP).

1.2.4. Com relação à quantidade de atos

a) crime unissubsistente: é aquele cuja conduta dá-se por um só ato. Ex.: injúria verbal (art. 140, CP);

b) crime plurissubsistente: é aquele cuja conduta dá-se por dois ou mais atos executórios. Ex.: homicídio em que a vítima é diversas vezes esfaqueada (art. 121, CP).

1.2.5. Com relação à exposição de lesão ao bem jurídico

a) crime de dano: é aquele que, para atingir a consumação, exige um dano efetivo ao bem jurídico. Ex.: homicídio (art. 121, CP);

b) crime de perigo: é aquele que, para ser consumado, exige a mera probabilidade da ocorrência de dano. Pode ser crime de **perigo concreto** (presunção relativa), que exige a **demonstração efetiva** do perigo de lesão, ou **crime de perigo abstrato** (presunção absoluta), que não exige a demonstração da situação de perigo, que é presumida. Ex.: periclitação da vida ou saúde (art. 132, CP).

1.2.6. Com relação ao tipo de conduta

a) crime comissivo: é aquele praticado mediante um comportamento positivo, vale dizer, por ação. Ex.: roubo (art. 157, CP);

b) crime omissivo: é aquele praticado mediante um comportamento negativo, vale dizer, por omissão. Pode ser **omissivo**

próprio, quando a própria lei previr o comportamento negativo (ex.: omissão de socorro – art. 135, CP), ou **omissivo impróprio**, quando o crime for cometido por alguém que tenha o dever jurídico de agir para impedir o resultado (art. 13, § 2º, CP). Ex.: a mãe que deixa de amamentar o filho recém-nascido responderá por homicídio – art. 121, c.c. art. 13, § 2º, "a", CP.

1.2.7. Outras classificações

a) crime vago: é aquele cujo sujeito passivo é um ente desprovido de personalidade jurídica. Ex.: tráfico de drogas (art. 33, Lei 11.343/2006);

b) crime habitual: é aquele que exige uma reiteração de atos que, reunidos, traduzem um modo de vida do sujeito ativo. Ex.: manter casa de prostituição (art. 229, CP);

c) crime material: também chamado de *crime causal*, é aquele que se caracteriza pela exigência de um resultado naturalístico (modificação do mundo exterior provocada pela conduta do agente) para a sua consumação. Assim, por exemplo, o homicídio (art. 121 do CP) somente se consuma com a morte da vítima; a sonegação fiscal prevista no art. 1º da Lei dos Crimes contra a Ordem Tributária (Lei 8.137/1990) somente se consumam quando o agente, empregando fraude, suprimir ou reduzir tributo ou contribuição social;

d) crime formal: também chamado de crime de consumação antecipada, é aquele que, para a sua caracterização (e consumação), não exige a ocorrência de um resultado naturalístico, ainda que este seja possível. É o que se verifica, por exemplo, com o crime de concussão (art. 316 do CP), que se consumará no momento em que o funcionário público exigir da vítima, em razão de sua função, uma vantagem indevida;

e) crime de mera conduta: também chamado de crime de simples atividade, se consumará, como o próprio nome sugere, com a prática do comportamento ilícito descrito no tipo penal, sendo impossível a ocorrência de um resultado naturalístico. É o que se verifica, por exemplo, com o crime de violação de domicílio (art. 150 do CP), bastando, para sua caracterização, que o agente delitivo ingresse ou permaneça em casa alheia sem o consentimento do morador.

1.3. Introdução à Parte Especial do Código Penal

O CP é dividido em dois Livros. O Livro I trata da Parte Geral, enquanto o Livro II traz a Parte Especial.

Na Parte Especial, a maior parte das normas tem natureza *incriminadora*, vale dizer, encerram descrições de **condutas típicas e as respectivas penas**. Todavia existem também, na mesma Parte Especial, *normas penais permissivas*, que são aquelas que autorizam alguém a realizar uma conduta típica, mas sem incriminá-lo posteriormente. É o caso do art. 128 do CP (aborto legal).

Por fim, a Parte Especial traz, ainda, *normas penais explicativas*, que são aquelas que **esclarecem outras normas ou limitam o âmbito de sua aplicação**. É o caso do art. 327 do CP, que encerra o conceito de funcionário público para fins de tipificação dos delitos previstos nos arts. 312 a 326.

Por essas considerações, verificamos que a Parte Especial não traz apenas crimes, mas também contém outras espécies de normas penais.

1.3.1. Normas penais incriminadoras

As normas penais incriminadoras são dotadas de duas partes, denominadas **preceitos**. O **preceito primário** da norma penal incriminadora diz respeito à *conduta descrita pelo legislador como criminosa* (ex.: art. 121: *matar alguém*). Já o **preceito secundário** traz a respectiva *pena cominada abstratamente ao delito* (ex.: Pena – *reclusão, de 6 a 20 anos*).

O preceito primário, quando for incompleto e depender de outra norma para ser completado, trará à cena a *norma penal em branco*. Já o preceito secundário jamais poderá ser incompleto. Afinal, não há crime sem pena!

1.3.2. Conceitos básicos para o estudo dos crimes

É importante para o estudo da Parte Especial o conhecimento de alguns conceitos básicos, a saber:

a) Objetos do crime

Dois podem ser os objetos de um crime:

✓ **objeto material** = *é a pessoa ou coisa sobre a qual recai a conduta típica*. Ex.: no furto (art. 155 do CP), é o bem subtraído; no homicídio (art. 121 do CP), é a vítima, a pessoa;

✓ **(ii) objeto jurídico** = *é o bem jurídico tutelado pela lei penal*. Ex.: no furto (art. 155 do CP), é o patrimônio móvel alheio; no homicídio (art. 121 do CP), é a vida humana extrauterina;

b) Sujeitos do crime

✓ **(i) sujeito ativo** = *é aquele que direta ou indiretamente pratica a conduta típica ou concorre para sua prática*. Ex.: "A" desfere um tiro em "B", praticando, pois, a conduta típica prevista no art. 121 do CP (matar alguém). Logo, "A" foi sujeito ativo do crime de homicídio, já que ele realizou a conduta descrita no tipo penal;

✓ **(ii) sujeito passivo** = *é aquele titular do bem jurídico lesado ou exposto a perigo de lesão*. Ex.: no exemplo acima, enquanto "A" foi sujeito ativo, "B" é o sujeito passivo do homicídio, já que é o titular do bem jurídico lesado, qual seja, a própria vida.

Quando o tipo penal incriminador não exigir nenhuma qualidade especial do sujeito ativo do crime, estaremos diante de um **crime comum**, ou seja, *aquele que pode ser praticado por qualquer pessoa*. Já se o tipo penal trouxer alguma qualidade específica do sujeito ativo do crime, sem a qual a conduta será atípica, estaremos diante de um **crime próprio** ou de **mão própria**. Essas duas classificações não se confundem. Enquanto o crime próprio pode ser praticado por duas ou mais pessoas ao mesmo tempo, em coautoria ou participação (ex.: peculato doloso – art. 312 do CP), o crime de mão própria admite apenas a participação, jamais a coautoria, já que se trata de crime de atuação pessoal (ex.: falso testemunho – art. 342 do CP);

c) Tipo objetivo

O tipo objetivo corresponde à descrição dos **elementos objetivos do tipo;**

d) Tipo subjetivo

Corresponde à descrição do **elemento subjetivo do crime**, qual seja, o dolo (crimes dolosos) ou a culpa (crimes culposos). O tipo subjetivo não se confunde com o **elemento subjetivo do tipo**, ou, como dizem alguns, "dolo específico". Nem todo tipo penal tem elemento subjetivo, visto ser este um "especial fim de agir do agente", tal como ocorre com o crime de furto (não basta o dolo na subtração da coisa alheia móvel, sendo necessário, ainda, um "especial fim de agir do agente", qual seja, o de subtrair a coisa "para si ou para outrem");

e) Consumação e tentativa

A consumação de um crime nem sempre é igual em todos os casos. Se o **crime for material**, *a consumação somente restará configurada com a ocorrência do resultado naturalístico.* Já se o **crime for formal** ou de **mera conduta**, *bastará a conduta do agente delitivo* (prática da ação ou omissão prevista em lei) para que se atinja o momento consumativo.

De outra borda, veremos mais à frente que nem todo crime admite tentativa, especialmente os culposos e os preterdolosos, ou, ainda, aqueles que somente se consumarem após a verificação de determinado resultado.

2. CRIMES CONTRA A VIDA

2.1. Homicídio (art. 121, do CP)

2.1.1. Considerações iniciais

Trata-se do mais grave crime previsto no Código Penal, não necessariamente na pena que lhe é cominada, mas no bem jurídico atacado pelo agente: **a vida humana.**

Corresponde, portanto, à conduta do agente de exterminar a vida humana extrauterina, agindo com vontade livre e consciente (no caso do homicídio doloso) de eliminá-la, embora seja possível a prática de tal delito por negligência, imprudência ou imperícia, situações configuradoras do homicídio culposo.

Vem o homicídio previsto no art. 121 do Código Penal, embora, especificamente em matéria de trânsito, o homicídio também venha previsto no Código de Trânsito Brasileiro (Lei 9.503/1997), desde que praticado culposamente. Isso porque a morte de alguém causada pelo agente, na condução de veículo automotor, querendo tal resultado, não configura delito de trânsito, aplicando-se, pois, o Código Penal.

2.1.2. Espécies de homicídio

O CP prevê seis **hipóteses/espécies de homicídio**, a saber:

a) homicídio doloso simples (previsto no *caput* do art. 121 do CP);

b) homicídio doloso privilegiado (previsto no § 1º);

c) homicídio doloso qualificado (previsto no § 2º);

d) homicídio culposo (previsto no § 3º);

e) homicídio culposo majorado (previsto no § 4º, 1ª parte);

f) homicídio doloso majorado (previsto no § 4º, 2ª parte e §§ 6º e 7º).

2.1.2.1. Homicídio doloso simples (art. 121, caput, CP)

Corresponde à forma básica do crime, vale dizer, ao tipo fundamental. É punido o agente que o praticar com a pena de 6 a 20 anos de reclusão.

O **sujeito ativo** do crime pode ser qualquer pessoa. Trata-se, portanto, de **crime comum** (pode, frise-se, ser praticado por qualquer pessoa).

Já o **sujeito passivo** do homicídio é o ser humano vivo, com **vida extrauterina**. Inicia-se a vida extrauterina quando tem início o parto, ou seja, com a ruptura do saco amniótico em que se encontrava o feto.

O **tipo objetivo**, ou seja, a **conduta típica**, consiste no verbo "matar", que significa eliminar, exterminar a vida humana da vítima cujo parto já teve início. Pouco importa se teria horas ou minutos de sobrevida. Caracteriza-se como homicídio a simples aceleração ou antecipação de uma morte futura, ainda que iminente.

Se a tentativa de eliminação recair sobre um cadáver, ocorrerá exemplo típico de **crime impossível**, dada a absoluta impropriedade do objeto, nos termos do art. 17 do CP.

A morte da vítima pode ser realizada por qualquer maneira, seja mediante uma ação (ex.: disparos de arma de fogo) ou omissão (ex.: mãe que deixa de alimentar o filho recém-nascido). Trata-se, portanto, de **crime de ação livre**. Dependendo da forma utilizada pelo agente para a prática do delito em tela, poderemos verificar hipóteses da modalidade qualificada (ex.: homicídio por meio de veneno, fogo, explosivo...). É possível matar até por meio de violência psíquica, como palavras de terror, susto etc.

O **tipo subjetivo** é o dolo, ou seja, o agente age, de forma livre e consciente, querendo a morte do agente (é denominado *animus necandi*).

Consuma-se o crime com a morte do agente, pelo que o homicídio é doutrinariamente reconhecido como **material** (exige-se o resultado, portanto).

A **tentativa** é plenamente possível, já que o *iter criminis* é fracionável, tratando-se, pois, de delito plurissubsistente.

Frise-se que será considerado **hediondo** o homicídio doloso simples, desde que **praticado em atividade típica de grupo de extermínio**, ainda que por uma só pessoa (art. 1º, I, da Lei 8.072/1990 – Lei dos Crimes Hediondos). Trata-se do denominado **homicídio condicionado** (na modalidade simples, somente será considerado hediondo se preenchida a condição citada, qual seja, ter sido praticado em atividade típica de grupo de extermínio).

2.1.2.2. Homicídio doloso privilegiado (art. 121, § 1º do CP)

Previsto no § 1º, do art. 121, do CP, trata-se de crime cuja pena será reduzida de 1/6 a 1/3, por situações ligadas à motivação do crime.

Assim, considera-se **privilegiado** o homicídio quando o agente praticá-lo **impelido** (ou seja, tomado, dominado) por:

a) motivo de relevante valor social – é o motivo relacionado com os interesses de uma coletividade (daí ser mencionado o "valor social");

b) motivo de relevante valor moral – é o motivo relacionado com os interesses individuais do criminoso, tais como o ódio, misericórdia, compaixão. É o caso da eutanásia, que é punida no Brasil;

c) domínio de violenta emoção, logo em seguida a injusta provocação da vítima – trata-se de homicídio praticado pelo agente que se encontra com estado anímico bastante abalado (a emoção deve ser violenta, e não simplesmente passageira). No caso de violenta emoção, o agente atua em verdadeiro "choque emocional". O CP exige que a reação seja imediata à provocação da vítima, vale dizer, sem um interstício longo. Assim não fosse, o Direito Penal estaria privilegiando a vingança (a reação efetivada muito tempo após a provocação da vítima configura vingança, pensada e planejada).

Destaque-se que não bastará, para o reconhecimento do homicídio privilegiado, que o agente mate a vítima simplesmente por **motivo de relevante valor social ou moral**, sendo indispensável que aja **impelido**, ou seja, tomado, dominado por referidas motivações. O mesmo se pode dizer quando o homicídio for praticado por agente que estiver sob a **influência** (e não sob o *domínio*) **de violenta emoção**. Nesses casos, incidirão meras circunstâncias atenuantes genéricas, nos termos do art. 65, III, alíneas "a" e "c", do CP.

No caso de concurso de agentes, as "privilegiadoras" previstas no dispositivo legal analisado são incomunicáveis aos coautores e partícipes por se tratarem de circunstâncias de caráter pessoal não elementares do crime de homicídio.

Por fim, a natureza jurídica do privilégio é de causa especial/específica de diminuição de pena, incidente na terceira fase do esquema trifásico de sua aplicação.

2.1.2.3. *Homicídio qualificado (art. 121, § 2º, do CP)*

Vem previsto no art. 121, § 2º, do CP, sendo punido o agente com pena que varia entre 12 e 30 anos de reclusão. Cumpre ressaltar, desde logo, que todas as qualificadoras do homicídio o tornam crime hediondo (art. 1º, I, da Lei 8.072/1990).

São 7 as hipóteses de homicídio qualificado, a saber:

I. *mediante paga ou promessa de recompensa, ou por outro motivo torpe* – trata-se de qualificadora considerada de **caráter subjetivo**, já que ligada à motivação do agente para a prática do crime. Enquanto a "paga" pressupõe o prévio acertamento do agente com o executor da morte (ex.: entrega de dinheiro, bens suscetíveis de apreciação econômica ou mesmo vantagens econômicas, como promoções no emprego), a promessa de recompensa traduz a ideia de pagamento futuro, ainda que não se verifique de fato. Em matéria de concurso de agentes, fica evidente que a qualificadora em comento exige a intervenção de duas pessoas, pelo que configurada a situação de concurso necessário (delito plurissubjetivo, portanto): um mandante e um executor. Pela doutrina majoritária, ambos responderão com a mesma pena, ou seja, na forma qualificada (inclusive o mandante, que não executa a morte), por força do art. 30 do CP. Essa é a posição, por exemplo, já adotada pelo STJ: "*A qualificadora do homicídio mediante paga é elementar do tipo penal, estendendo-se também ao mandante do delito. Assim, não há falar em existência de constrangimento ilegal na comunicação*

ao paciente, autor intelectual do crime, da qualificadora prevista no inciso I, do § 2º do art. 121 do Código Penal – CP" (HC 291604/ PI, Rel. Min. Ericson Maranho (desembargador convocado do TJ/ SP), *DJe* 22.10.2015). Porém, há corrente em sentido contrário, sustentando que a "paga ou promessa de recompensa" não são elementares do tipo penal, portanto, incomunicáveis, razão por que apenas o executor material do homicídio responderia pela forma qualificada. Tal posicionamento é interessante para ser defendido em provas de Defensoria Pública. Por fim, o motivo torpe significa um motivo vil, abjeto, repugnante, revelador da personalidade distorcida do agente. Tem-se, como exemplo, o caso de um homicídio praticado para recebimento de herança;

II. *por motivo fútil* – trata-se, também, de qualificadora de **caráter subjetivo**, já que vinculada à motivação do delito. É a morte provocada por um motivo de somenos importância, ínfimo, desproporcional, desarrazoado. É necessário que se demonstre a existência de um motivo "pequeno" para a morte, sob pena de, não sendo encontrado qualquer motivo para o crime, não restar configurada a qualificadora em comento. É exemplo de motivo fútil aquele causado por uma brincadeira da vítima, por um "tapinha nas costas", por uma refeição ruim servida ao agente;

III. *com emprego de veneno, fogo, explosivo, asfixia, tortura ou outro meio insidioso ou cruel, ou de que possa resultar perigo comum* – trata-se de qualificadora considerada de **caráter objetivo**, uma vez que não está vinculada à motivação do crime, mas sim ao modo/meio de execução de que se vale o agente para a sua prática. Considera-se "meio insidioso" aquele disfarçado, utilizado pelo criminoso "às escondidas", camuflando o futuro fato (ex.: remoção das pastilhas dos freios de um veículo);

IV. *à traição, de emboscada, ou mediante dissimulação ou outro recurso que dificulte ou torne impossível a defesa do ofendido* – trata-se de qualificadora de caráter objetivo, já que, igualmente ao inciso anterior, não está ligada aos motivos do crime, mas à forma como será praticado. Nas circunstâncias previstas nessa qualificadora, o agente se prevalece de situações que dificultam a defesa da vítima, como no caso da traição (o agente e a vítima já guardam alguma relação de confiança, o que possibilita a ação daquele – ex.: matar a namorada enquanto dorme). Já na emboscada, o agente age sem que a vítima o perceba, eis que se encontra escondido (tocaia). Por fim, a dissimulação consiste em ser utilizado algum recurso pelo agente que engane a vítima (ex.: uso de uma fantasia/disfarce; agenciador de modelos – foi o caso do "maníaco do parque");

V. *para assegurar a execução, a ocultação, a impunidade ou vantagem de outro crime* – trata-se de qualificadora de **caráter subjetivo**, uma vez que também está relacionada com a motivação do crime. *In casu*, o agente pratica o homicídio como forma de assegurar a **execução** de outro crime (conexão teleológica – ex.: para estuprar uma mulher famosa, o agente mata, antes de ingressar em seu quarto, o segurança da residência), ou ainda para a garantia da **ocultação, impunidade ou vantagem** de outro crime. Nesses três casos (ocultação, impunidade e vantagem), existe a denominada conexão consequencial, já que o agente primeiramente pratica outro crime para, somente então, cometer o homicídio. É hipótese de ocultação de crime antecedente a situação do funcionário público corrupto que, após receber vantagem indevida em razão da função pública que ocupa, mata o cinegrafista que filmou o momento do "suborno". Terá o agente matado alguém para ocultar delito antecedente. Verifica-se a situação da impunidade quando o agente não quer ocultar o crime, mas garantir que fique impune, como no caso de matar uma mulher após estuprá-la. Por fim, configura homicídio qualificado quando o agente pratica um homicídio como forma de assegurar a vantagem (os proveitos) de outro crime, como no caso de um roubador matar o comparsa para ficar com todo o produto do dinheiro subtraído de um banco;

VI. *contra a mulher por razões da condição de sexo feminino* – trata-se da nova modalidade qualificada de homicídio, denominada de *feminicídio,* incluída no CP pela Lei 13.104/2015. Estamos diante, importante registrar, de qualificadora de **caráter subjetivo**, nada obstante exista **divergência jurisprudencial a esse respeito**, havendo precedentes do STJ no sentido de se tratar de **qualificadora de caráter objetivo,** sendo compatível sua coexistência com a qualificadora do motivo torpe, de natureza subjetiva (HC 430.222/MG, julgado em 15/03/2018; REsp 1.707.113/MG, de Relatoria do Ministro Felix Fischer, publicado no dia 07.12.2017). Nos termos do novel § 2º-A do art. 121, considera-se que *há razões de condição de sexo feminino* quando o crime envolve *violência doméstica e familiar* ou *menosprezo ou discriminação à condição de mulher.* Trata-se de qualificadora que, para sua configuração, exige uma violência baseada no gênero, ou seja, a violência perpetrada contra a vítima deverá ter por motivação a *opressão à mulher.* Importante registrar que o feminicídio também integra o rol dos crimes hediondos, ao lado das demais modalidades qualificadas de homicídio e modalidade simples (desde que praticada em atividade típica de grupo de extermínio, ainda que por uma só pessoa);

VII. *contra autoridade ou agente descrito nos arts. 142 e 144 da Constituição Federal, integrantes do sistema prisional e da Força Nacional de Segurança Pública, no exercício da função ou em decorrência dela, ou contra seu cônjuge, companheiro ou parente consanguíneo até terceiro grau, em razão dessa condição* – trata-se de mais uma qualificadora do homicídio, inserida no CP pela Lei 13.142/2015. Podemos denominar a novel situação de "**homicídio funcional**", visto que a circunstância em comento, para sua incidência, exigirá que o agente delitivo esteja ciente da condição especial da vítima ou de seus parentes, cônjuges ou companheiros. Estamos, aqui, diante de um crime próprio quanto ao sujeito passivo. Trata-se de qualificadora de natureza subjetiva, vinculada, portanto, à motivação delitiva. Tencionou o legislador punir mais gravemente o agente que elimina a vida de pessoas que, de forma geral, se dedicam ao combate à criminalidade.

Cabe consignar, ainda, que é possível a prática de **homicídio qualificado privilegiado (ou** *homicídio híbrido***),** situação compatível apenas com as **qualificadoras de caráter objetivo** (ex.: eutanásia praticada com emprego de veneno).

Não se admitiria, até pela absoluta incompatibilidade, a coexistência de uma das "privilegiadoras", todas de caráter subjetivo, com as qualificadoras de igual roupagem (ex.: homicídio praticado por relevante valor moral qualificado pelo motivo fútil). Registre-se que o homicídio híbrido não será considerado hediondo.

Interessante, por fim, anotar a posição do então Min. Joaquim Barbosa (STF) acerca da incompatibilidade do dolo eventual com as qualificadoras relativas ao modo de execução do homicídio. Segue a notícia:

HC N. 95.136-PR – RELATOR: MIN. JOAQUIM BARBOSA
"Habeas Corpus. Homicídio qualificado pelo modo de execução e dolo eventual. Incompatibilidade. Ordem concedida.

O dolo eventual não se compatibiliza com a qualificadora do art. 121, § 2º, IV, do CP ("traição, emboscada, ou mediante dissimulação ou outro recurso que dificulte ou torne impossível a defesa do ofendido"). Precedentes. Ordem concedida". (Inform. STF 621) – noticiado no Informativo 618.

Dolo eventual e qualificadora: incompatibilidade

"São incompatíveis o dolo eventual e a qualificadora prevista no inc. IV do § 2º do art. 121 do CP ("§ 2º Se o homicídio é cometido: ... IV – à traição, de emboscada ou mediante dissimulação ou outro recurso que dificulte ou torne impossível a defesa do ofendido"). Com base nesse entendimento, a 2ª Turma deferiu *habeas corpus* impetrado em favor de condenado à pena de reclusão em regime integralmente fechado pela prática de homicídio qualificado descrito no artigo referido. Na espécie, o paciente fora pronunciado por dirigir veículo, em alta velocidade, e, ao avançar sobre a calçada, atropelara casal de transeuntes, evadindo-se sem prestar socorro às vítimas. Concluiu-se pela ausência do dolo específico, imprescindível à configuração da citada qualificadora e, em consequência, determinou-se sua exclusão da sentença condenatória". Precedente citado: HC 86163/SP (*DJU* de 03.02.2006). HC 95136/PR, rel. Min. Joaquim Barbosa, 01.03.2011. (HC-95136) (Inform. STF 618)

2.1.2.4. *Homicídio culposo (art. 121, § 3º, do CP)*

Previsto no art. 121, § 3º, do CP, é punido com detenção de 1 a 3 anos. Será verificado quando o agente não querendo ou não assumindo o risco, produzir a morte de alguém **por imprudência, negligência ou imperícia**.

2.1.2.5. *Homicídio majorado (culposo – art. 121, § 4º, do CP)*

Vem prevista no art. 121, § 4º, do CP, em sua 1ª parte, a situação de, no **homicídio culposo,** o *agente não observar regra técnica de profissão, arte ou ofício,* ou se o agente *deixa de prestar imediato socorro à vítima, não procura diminuir as consequências do seu ato, ou foge para evitar prisão em flagrante.*

Nesses casos, sua **pena será aumentada** em **1/3**. Verifique que a situação acima transcrita somente incidirá se o homicídio for *culposo.*

Ex.: "A", limpando um revólver, não verificou se estava municiado, ocasião em que, acionando o gatilho por engano, efetuou um disparo e acertou pessoa que passava próximo ao local. Em vez de socorrê-la imediatamente, foge do local temendo sua prisão.

2.1.2.6. Homicídio majorado (doloso – art. 121, §§ 4º, 6º e 7º, do CP)

No mesmo § 4º do art. 121 do CP, vem prevista a situação de o **homicídio doloso** ser praticado contra *pessoa menor de 14 ou maior de 60 anos.*

Nesses casos, a pena será aumentada também em 1/3, seja o homicídio simples, privilegiado ou qualificado.

Porém, **deverá o agente saber que a vítima conta com menos de 14 ou mais de 60 anos**, sob pena de ser punido objetivamente, vale dizer, sem a exata consciência da condição do sujeito passivo.

Ainda, o § 6º do art. 121 do CP, inserido pela Lei 12.720/2012, passou a prever aumento de pena de 1/3 até a 1/2 se o homicídio for praticado por milícia privada, sob o pretexto de prestação de serviço de segurança, ou por grupo de extermínio. Entende-se por "**milícia privada**" o grupo de pessoas que se instala, geralmente, em comunidades carentes, com o suposto objetivo de restaurar a "paz" e a "tranquilidade" no local, criando, com isso, verdadeiro "grupo paralelo de segurança pública". Já por "**grupo de extermínio**" entende-se a reunião de pessoas popularmente chamadas de "justiceiros", cujo objetivo é a eliminação de pessoas identificadas supostamente como "perigosas" ao corpo social.

Finalmente, no tocante ao **feminicídio** (art. 121, § 2º, VI, CP), a pena será aumentada de um 1/3 até a 1/2, conforme determina o art. 121, § 7º, do CP, com as alterações promovidas pela Lei 13.771, de 19 de dezembro de 2018, nos seguintes casos:

I – durante a gestação ou nos 3 (três) meses posteriores ao parto;

II – contra pessoa menor de 14 (catorze) anos, maior de 60 (sessenta) anos, com deficiência ou portadora de doenças degenerativas que acarretem condição limitante ou de vulnerabilidade física ou mental;

III – na presença física ou virtual de descendente ou de ascendente da vítima;

IV – em descumprimento das medidas protetivas de urgência previstas nos <u>incisos I</u>, <u>II</u> e <u>III do caput do art. 22 da Lei nº 11.340, de 7 de agosto de 2006.</u>

2.1.3. Perdão judicial

Trata-se de **causa extintiva da punibilidade**, conforme art. 107, IX, do CP.

Irá incidir quando as **consequências da infração atingirem o próprio agente de forma tão grave que a sanção penal se torne desnecessária.**

Assim verificando, o **juiz poderá (deverá) deixar de aplicar a pena.**

É o caso de um pai atingir o próprio filho por um disparo acidental de arma de fogo. As consequências para ele são tão gravosas que a maior pena é a perda do ente querido. O mesmo se diga se um pai, por imprudência, atropela o próprio filho, ao sair de sua garagem.

A **Súmula 18 do STJ**, tratando do perdão judicial, prescreve que "a sentença concessiva do perdão judicial tem natureza declaratória da extinção da punibilidade, não subsistindo qualquer efeito condenatório". Assim, a sentença do juiz, em caso de perdão judicial, **não tem natureza condenatória**, mas **declaratória**, pelo que não pode remanescer qualquer dos efeitos da condenação (ex.: obrigação de reparar o dano, reincidência, lançamento do nome do réu no rol dos culpados etc.).

2.2. Induzimento, instigação ou auxílio a suicídio ou a automutilação (art. 122 do CP)

2.2.1. Considerações iniciais

O Direito Penal não pune aquela pessoa que quer dar cabo de sua própria vida, mas sim o agente que induz, instiga ou auxilia alguém a praticar suicídio (também denominado de autocídio ou autoquíria). Em outras palavras, a atividade do suicida é atípica, já que, em regra, não se pode punir a destruição de um bem próprio, somente alheio (princípio da alteridade). Daí explicar-se que a autolesão é impunível, já que o agente pode fazer o que bem quiser de seu corpo (desde que não o faça para recebimento de seguro contra acidentes pessoais, o que configuraria fraude).

Embora o *nomen juris* do crime ora analisado seja de "induzimento, instigação ou auxílio" a suicídio (art. 122 do CP), não se trata de situação semelhante à participação, espécie de concurso de pessoas. Isso porque o partícipe é aquele que tem conduta acessória para a prática de um crime realizado por um executor do verbo do tipo (autor).

No caso em tela, **a participação do agente consiste na atuação principal**, e não acessória, como no caso do concurso de pessoas. Quem induzir, instigar ou auxiliar alguém a tirar sua própria vida será **autor** do crime e **não partícipe**.

Trata-se de crime contra a vida.

Com o advento da **Lei 13.968/2019**, passou-se a incriminar não somente a conduta daquele que induz, instiga ou auxílio alguém ao suicídio, mas, também, à **automutilação,** vale dizer, a autolesão intencional. Não nos parece, nesse caso, que se trata de crime contra a vida, mas, sim, contra a integridade corporal da vítima, à semelhança da lesão corporal.

2.2.2. Tipo objetivo

O CP prevê, em seu art. 122, o delito de "induzimento, instigação ou auxílio a suicídio ou a automutilação", com a seguinte redação:

> "Induzir ou instigar alguém a suicidar-se ou a praticar automutilação ou prestar-lhe auxílio material para que o faça". .
>
> Pena – reclusão, de 6 (seis) meses a 2 (dois) anos.
>
> *§ 1º Se da automutilação ou da tentativa de suicídio resulta lesão corporal de natureza grave ou gravíssima, nos termos dos §§ 1º e 2º do art. 129 deste Código:*
>
> *Pena – reclusão, de 1 (um) a 3 (três) anos*
>
> *§ 2º Se o suicídio se consuma ou se da automutilação resulta morte:*
>
> *Pena – reclusão, de 2 (dois) a 6 (seis) anos.*
>
> *§ 3º A pena é duplicada:*

I – se o crime é praticado por motivo egoístico, torpe ou fútil;

II – se a vítima é menor ou tem diminuída, por qualquer causa, a capacidade de resistência.

§ 4º A pena é aumentada até o dobro se a conduta é realizada por meio da rede de computadores, de rede social ou transmitida em tempo real.

§ 5º Aumenta-se a pena em metade se o agente é líder ou coordenador de grupo ou de rede virtual.

§ 6º Se o crime de que trata o § 1º deste artigo resulta em lesão corporal de natureza gravíssima e é cometido contra menor de 14 (quatorze) anos ou contra quem, por enfermidade ou deficiência mental, não tem o necessário discernimento para a prática do ato, ou que, por qualquer outra causa, não pode oferecer resistência, responde o agente pelo crime descrito no § 2º do art. 129 deste Código.

§ 7º Se o crime de que trata o § 2º deste artigo é cometido contra menor de 14 (quatorze) anos ou contra quem não tem o necessário discernimento para a prática do ato, ou que, por qualquer outra causa, não pode oferecer resistência, responde o agente pelo crime de homicídio, nos termos do art. 121 deste Código.

Verifica-se, portanto, que o crime em tela pode ser cometido por três maneiras, que correspondem às condutas típicas (verbos do tipo):

a) induzir – nesse caso, o agente faz nascer na mente da vítima a ideia de praticar suicídio ou automutilação;

b) instigar – aqui, o agente apenas reforça a ideia, que já existia no espírito da vítima, de realizar o suicídio ou a automutilação;

c) auxiliar – trata-se da ajuda material para a concretização do suicídio ou da automutilação pela vítima. É o caso de fornecimento dos instrumentos para que ela ceife sua própria vida ou se autolesione (ex.: faca, revólver). Esse "auxílio" deve ter uma **relação acessória** com o suicídio ou automutilação e não positiva nos atos de execução, sob pena de o agente responder por homicídio ou lesão corporal (ex.: "A" empresta a "B" um revólver, e a seu pedido o "auxilia", apertando o gatilho. Terá, então, matado "B", situação configuradora do crime de homicídio).

O crime poderá ser praticado por ação ou mesmo por omissão (neste último caso, desde que o sujeito ativo tenha o dever jurídico de agir para evitar o resultado, o que configura a omissão imprópria).

2.2.3. Tipo subjetivo

É o dolo, ou seja, a vontade livre e consciente do agente em induzir, instigar ou auxiliar alguém a suicidar-se ou a automutilar-se.

Admite-se, inclusive, a forma eventual (dolo eventual), ou seja, o agente pode praticar o crime em tela, embora não querendo que a vítima se suicide ou se autolesione, assumindo o risco de que o faça. É o caso do pai que, sabendo das tendências suicidas da filha, a expulsa de casa, fazendo com que ela, desamparada, dê cabo de sua própria vida.

2.2.4. Sujeito passivo

É considerada vítima do crime a pessoa com um mínimo de discernimento e poder de resistência. Assim não sendo,

estaremos diante de homicídio (ex.: o pai induz o filho de 4 anos de idade a pular da janela, eis que, com a capa do Super-Homem, conseguirá voar) ou de lesão corporal gravíssima. Em outras palavras, quanto à automutilação, a pessoa induzida ou instigada a praticá-la deverá ter um mínimo de discernimento para compreender a conduta do agente. Com efeito, preveem os §§ 6º e 7º do art. 122, incluídos pela Lei 13.968/2019, que se a vítima da figura descrita no §1º for menor de 14 anos, ou for portadora de enfermidade ou deficiência mental, ou, ainda, que não tenha o necessário discernimento para a prática do ato (vítima vulnerável), responderá o agente não pelo crime do art. 122, mas, sim, por lesão corporal gravíssima (art. 129, §2º). Ainda, se se tratar de vítima vulnerável induzida, instigada ou auxiliada ao suicídio ou automutilação, advindo o resultado morte, responderá o agente, conforme prevê o art. 122, §7º, pelo crime de homicídio.

2.2.5. Consumação e tentativa

Antes do advento da Lei 13.968/2019, que alterou radicalmente o crime em estudo, parte da doutrina dizia que não se admitia a tentativa, o que se extraía do preceito secundário do tipo: se o suicídio efetivamente ocorresse, a pena do sujeito ativo seria de 2 a 6 anos de reclusão; já se resultasse lesão corporal grave, seria de 1 a 3 anos de reclusão. Em outras palavras, o crime estaria consumado com a efetiva morte da vítima ou com a ocorrência de lesão corporal de natureza grave.

Já outros doutrinadores, como Cezar Bittencourt, admitiam a punição do crime a título de tentativa, que já havia sido prevista no próprio tipo penal (pena de 1 a 3 anos de reclusão). Tratava-se, segundo ele, de uma "tentativa qualificada", já que o agente do crime deveria ser punido com menor rigor quando a vítima não conseguisse tirar sua própria vida, mas sofresse, em decorrência da tentativa, lesões corporais de natureza grave.

De qualquer forma, se a vítima tentasse se matar, mas sofresse apenas lesões leves, o fato seria atípico.

Com a nova redação do art. 122 do CP, promovida pela já referida Lei 13.968/2019, alterou-se o panorama do momento consumativo, bem assim da configuração da tentativa.

Doravante, a consumação do induzimento, instigação ou auxílio ao suicídio ou a automutilação não mais está vinculada à ocorrência de um resultado material. Em outras palavras, estará consumado o crime com o simples induzimento, instigação ou auxílio prestado pelo agente à vítima, ainda que esta não elimine, efetivamente, a própria vida, ou não se autolesione. Trata-se, assim, em nosso entendimento, de crime formal.

Haverá tentativa se, por circunstâncias alheias à vontade do agente, a vítima, induzida, instigada ou auxiliada materialmente, não praticar qualquer comportamento atentatório à própria vida ou integridade corporal.

2.2.6. Causas de aumento de pena e qualificadoras

O § 3º prevê que a pena será duplicada (majorante) se o crime é praticado por motivo egoístico, torpe ou fútil (inciso I) ou se a vítima for menor, ou tiver diminuída, por qualquer causa, a capacidade de resistência (inciso II). Já o §4º impõe majorante que poderá resultar pena de até o dobro da cominada no caput se a conduta for praticada por determinados meios de comunicação (no caso, internet), ou em rede social ou em tempo real. Se o agente for líder ou coordenador de grupo ou rede virtual, sua pena será majorada de metade (§ 5º).As formas qualificadas vêm previstas nos §§ 1º e 2º. Vejamos as hipóteses: (i) se da automutilação ou da tentativa de suicídio resultar lesão corporal grave ou gravíssima; (ii) se o suicídio se consumar ou se a automutilação resultar morte. Parece-nos que as formas ora indicadas são preterdolosas, inexistindo, por parte do agente, dolo de produzir os resultados agravadores.

2.2.7. Competência jurisdicional

Com a mudança redacional do art. 122 do CP, notadamente pela inclusão da figura da automutilação, o crime em testilha deverá ser "cindido" para fins de delimitação da competência jurisdicional.

Assim, se o agente houver induzido, instigado ou auxiliado a vítima ao suicídio, estaremos diante de inegável crime contra a vida, de competência do Tribunal do Júri. Porém, se o comportamento do influenciador for voltado à automutilação, o bem jurídico tutelado não é a vida, mas a integridade física, razão por que sustentamos a competência do juízo singular (Vara Criminal comum).

2.3. Infanticídio (art. 123 do CP)

2.3.1. Considerações iniciais

Trata-se de crime doloso contra a vida.

Corresponde à eliminação, pela própria mãe, durante ou logo após o parto, do próprio filho, estando ela sob influência do estado puerperal.

Intrinsecamente, não há diferença entre o infanticídio e o homicídio. Afinal, ocorre a morte de alguém. Porém, esse "alguém" não é qualquer pessoa, mas o próprio filho da genitora, que é quem realiza os elementos do tipo penal.

2.3.2. Tipo objetivo

A conduta nuclear (verbo do tipo) é a mesma do homicídio, qual seja, **matar.** Ocorre, portanto, a eliminação da vida humana extrauterina. Indispensável é, portanto, que o nascente esteja vivo no momento da ação ou omissão da genitora.

Difere o infanticídio do homicídio por uma situação anímica em que se encontra o agente, vale dizer, a mãe: o estado puerperal.

Segundo Guilherme de Souza Nucci, "estado puerperal é aquele que envolve a parturiente durante a expulsão da criança do ventre materno. Há profundas alterações psíquicas e físicas, que chegam a transformar a mãe, deixando-a sem plenas condições de entender o que está fazendo. (...) O puerpério é o período que se estende do início do parto até a volta da mulher às condições de pré-gravidez" (*Manual de Direito Penal* – 3ª edição – editora RT – p. 621).

O tipo penal exige que a mãe esteja sob "influência" do estado puerperal. Que toda mãe passa pelo puerpério, isto é fato incontroverso. Porém, deve-se demonstrar que tal estado anímico tirou-lhe a plena capacidade de entendimento, levando-a a cometer o homicídio do próprio filho.

Ademais, o elemento cronológico do tipo ("durante o parto ou logo após") é algo a ser analisado, revelando que o legislador impõe reprimenda mais branda à mãe que matar o próprio filho quase que numa "imediatidade" ao parto (simultaneamente a este, ou logo após). Todavia, é possível que a acusação comprove que, mesmo transcorrido um lapso considerável de tempo, a mãe estivesse, ainda, sob influência do estado puerperal, o que não descaracterizaria o delito.

Porém, quanto mais tempo passar do parto, menor é a chance de que a mãe sofra com as alterações que o puerpério lhe acomete. Daí haver uma "inversão" do ônus da prova, no sentido de que caberá à defesa demonstrar, transcorrido tempo razoável do parto, que a mãe ainda se encontrava influenciada pela alteração anímica.

2.3.3. Tipo subjetivo

É o dolo, não sendo punida a modalidade culposa do infanticídio. Se tal situação ocorrer, poderá ser verificado o homicídio culposo, ainda que a mãe esteja sob influência do estado puerperal (é o posicionamento de Cezar Roberto Bittencourt).

Já Damásio de Jesus entende que a mulher, influenciada pelo estado puerperal, não tem a diligência normal que a todos se impõe, razão pela qual sequer por homicídio culposo poderia responder, caso viesse a matar o próprio filho por imprudência ou negligência. É que, explica o doutrinador, nesse caso, seria inviável a demonstração da ausência de prudência normal na mulher que, pelo momento peculiar de sua vida, padece de certo desequilíbrio psíquico.

2.3.4. Sujeitos do crime

O **sujeito ativo** do crime é a mãe (parturiente), que, influenciada pelo estado puerperal, mata o próprio filho. Trata-se, pois, de **crime próprio**.

Já o **sujeito passivo** é o recém-nascido (neonato) ou aquele que ainda está nascendo (nascente). Isso é extraído do próprio tipo penal: "durante o parto (nascente) ou logo após (neonato)".

Embora o estado puerperal seja algo típico da mulher que está em trabalho de parto ou que há pouco tempo a ele se submeteu, tal situação configura uma **circunstância pessoal**, que, por ser elementar, comunica-se aos coautores ou partícipes, nos termos do art. 30 do CP.

Se a mãe, por engano, influenciada pelo estado puerperal, dirige-se até o berçário do hospital e mata um bebê que não o seu filho, ainda assim responderá por infanticídio, já que presente um erro de tipo acidental (erro quanto à pessoa – art. 20, § 3º, do CP).

2.3.5. Consumação e tentativa

O crime de infanticídio exige, para sua consumação, a morte do neonato ou do nascente (crime material). Caso isso não ocorra, estaremos diante da tentativa.

2.4. Aborto (arts. 124 a 128 do CP)

2.4.1. Considerações iniciais

Por primeiro, cabe ressaltar que o termo "aborto" não corresponde à ação de se eliminar a vida de um feto, mas sim o resultado da ação criminosa. A lei trocou, conforme explica Rogério Sanches Cunha, *a ação pelo seu produto* (*Direito Penal* – Parte Especial – Ed. RT, p. 52). Melhor seria falar-se em "abortamento".

Assim, o "aborto" corresponde à eliminação do produto da concepção, tutelando a lei a **vida humana intrauterina**.

A lei trata de **5 (cinco) espécies** de aborto:

a) autoaborto (art. 124, 1ª parte, do CP);

b) aborto consentido (art. 124, 2ª parte, do CP);

c) aborto provocado por terceiro com o consentimento da gestante (art. 126 do CP);

d) aborto provocado por terceiro sem o consentimento da gestante (art. 125 do CP);

e) aborto qualificado (art. 127 do CP).

2.4.2. Autoaborto

Vem definido no art. 124, 1ª parte, do CP: "provocar aborto em si mesma...".

Trata-se de **crime de mão própria** (segundo Cezar Roberto Bittencourt, por exemplo), já que é a própria mãe quem irá realizar o abortamento, efetivando ela própria as manobras abortivas (ex.: ingestão de medicamentos abortivos; inserção, no útero, de agulhas ou curetas etc.). Admite--se, portanto, apenas a **participação** (conduta acessória), jamais a coautoria.

Se terceiro realiza manobras abortivas junto com a gestante, ela responderá por autoaborto e ele pelo crime do art. 126 do CP (aborto provocado por terceiro com o consentimento da gestante).

O **sujeito passivo** do crime é o feto (produto da concepção), ainda que, para a lei civil, não tenha personalidade jurídica (que se adquire com o nascimento com vida). Por esse motivo, alguns doutrinadores chegam a declarar que a vítima é a sociedade, já que o feto não é considerado "pessoa".

Consuma-se o crime com a morte do feto ou a destruição do produto da concepção, ainda que não seja expelido pelo corpo da mulher. Mesmo que o feto nasça com vida após as manobras abortivas, mas venha a morrer em decorrência de uma "aceleração do parto", a mãe responderá por autoaborto.

Admite-se a **tentativa**, já que se trata de crime material e plurissubsistente (vários atos).

2.4.3. Aborto consentido

Corresponde à 2ª parte do art. 124, do CP: "... ou consentir que outrem lho provoque".

Trata-se de conduta omissiva (a gestante permite que terceira pessoa pratique manobras abortivas, provocando a morte do feto ou do produto da concepção).

Também, aqui, o crime é de mão própria, cujo sujeito ativo é apenas a gestante. O terceiro responderá pelo crime do art. 126 do CP.

2.4.4. Aborto provocado por terceiro sem o consentimento da gestante (art. 125 do CP)

O crime, descrito no art. 125 do CP, consiste na ação de "provocar aborto" (tipo objetivo), havendo **dissenso real** (violência física) ou **presumido** (quando a gestante não é maior de 14 anos, ou é alienada ou débil mental, ou se o consentimento é obtido mediante fraude, grave ameaça ou violência – art. 126, parágrafo único, do CP).

Trata-se da forma mais grave de aborto, punida com 3 a 10 anos de reclusão.

O **sujeito ativo** pode ser qualquer pessoa (crime comum). Já o **sujeito passivo** é o feto ou produto da concepção e a gestante (dupla subjetividade passiva).

O crime é **material**, consumando-se com a morte do feto ou produto da concepção.

2.4.5. Aborto provocado por terceiro com o consentimento da gestante (art. 126 do CP)

O crime em tela vem descrito no art. 126 do CP, configurando nítida **exceção pluralística à teoria unitária**, eis que o agente responderá por crime diverso da gestante que consentiu com o aborto (art. 124, 2ª parte, do CP).

Em outras palavras, o provocador do aborto responderá pelo crime do art. 126, ao passo que a gestante que consentiu com tal ação responderá por aborto consentido (art. 124, 2ª parte, do CP).

Trata-se de **crime comum**, ou seja, pode ser praticado por qualquer pessoa.

O crime em tela somente estará configurado se houver **consentimento válido** da gestante, ou seja, se ausente qualquer das hipóteses do **parágrafo único do art. 126 do CP**. Se assim não ocorrer, responderá o agente pelo crime do art. 125 do CP (aborto sem consentimento da gestante), enquanto que a gestante ficará isenta de pena (se alienada ou débil mental, ou não maior de 14 anos, presumindo-se a invalidade de seu consentimento nesses casos).

Consuma-se o crime com a morte do feto/produto da concepção (crime material), admitindo-se a **tentativa**.

2.4.6. Aborto qualificado (art. 127 do CP)

A pena será aumentada em 1/3 caso a gestante sofra lesão corporal de natureza grave, resultando dos meios empregados para o aborto ou como sua consequência.

No caso de morte da gestante, as penas serão duplicadas.

O art. 127 do CP somente pode ser aplicado aos crimes previstos nos arts. 125 e 126, já que o art. 124 é próprio da gestante, não podendo ela ser mais gravemente punida se sofrer lesão corporal grave (a lei não pune a autolesão) ou morte (hipótese em que haverá extinção da punibilidade – art. 107, I, do CP).

A ocorrência de lesão corporal leve não acarreta a exacerbação da pena, eis que implicitamente vem prevista no tipo penal. Afinal, abortamento sem um mínimo de lesão é quase impossível.

Em qualquer hipótese (lesão corporal grave ou morte da gestante), o delito será preterdoloso, ou seja, o resultado agravador terá sido praticado pelo agente a título de culpa. Por se tratar de delito preterdoloso, não se admite tentativa, respondendo o agente, segundo Fernando Capez, pela forma consumada do crime, ainda que não ocorra o aborto, mas a gestante morra ou sofra lesão corporal grave.

Se quiser a morte ou lesão corporal grave na gestante, além do aborto, responderá o agente em concurso de crimes.

2.4.7. Aborto legal (art. 128 do CP)

O CP admite, em duas situações, a prática do aborto:

a) se a gravidez gerar risco de vida à gestante;

b) se a gravidez resultou de estupro, desde que a gestante consinta com o abortamento, ou, se incapaz, haja autorização do representante legal.

A primeira hipótese é denominada **aborto terapêutico ou necessário**, já que praticado para que não se sacrifique a vida da gestante, em risco por conta da gravidez.

Já a segunda hipótese é chamada de **aborto humanitário, sentimental ou ético,** eis que a lei admite que a mulher estuprada não leve a cabo uma gravidez cujo produto resulta de ato violento contra sua liberdade sexual.

Em qualquer caso, somente poderá realizar o abortamento o *médico*, conforme reza o art. 128, *caput*, do CP ("não se pune o aborto praticado por médico").

Se terceira pessoa, que não médico, realizar o aborto na primeira hipótese, poderá ser excluído o crime se a gestante correr perigo de vida atual, caracterizador do **estado de necessidade**.

No caso do **aborto humanitário**, é imprescindível que haja **autorização da gestante para sua prática, ou de seu representante legal**, caso incapaz. A lei não exige que o estuprador tenha sido irrecorrivelmente condenado, nem mesmo autorização judicial para que seja efetivado.

Todavia, na prática, é bom que o médico se cerque de alguns cuidados, como a exigência de boletim de ocorrência, declarações de testemunhas etc.

2.4.8. O aborto eugênico (feto anencefálico)

Não vem definida no CP a possibilidade de realizar o aborto se o feto possuir má formação ou mesmo anencefalia (ausência de tronco cerebral).

O STF, na ADPF 54 (Arguição de Descumprimento de Preceito Fundamental), decidiu pela possibilidade de realização do aborto do feto anencéfalo, desde que haja laudo médico dando conta da situação do feto. Entendeu-se que a vedação ao aborto, nesse caso, atentaria contra a dignidade humana, impondo à gestante um sofrimento desnecessário e cruel, visto que a anencefalia culminará, necessariamente, com a morte do feto. Pode-se, aqui, argumentar, que a vida se encerra com a cessação da atividade encefálica, nos termos do art. 3º da Lei 9.434/1997, razão pela qual o fato (aborto de feto anencefálico) é atípico.

Interessante anotar que a ANADEP – Associação Nacional dos Defensores Públicos levou ao STF, por meio de ADI e ADPF propostas perante o STF, postulou a possibilidade de interrupção de gravidez em caso de feto acometido por microcefalia, haja vista a verdadeira epidemia de casos supostamente decorrentes da contaminação da gestante pelo vírus *zika*. A questão é tormentosa, havendo quem sustente ser inadmissível o aborto nesse caso, eis que não se trata de feto com vida inviável (a despeito das inúmeras complicações de saúde que poderão atingi-lo). Porém, importante registrar, a posição adotada pelo MPF foi no sentido da possibilidade da interrupção da gravidez, em contraposição ao parecer da AGU, que entende que o aborto, em caso de microcefalia, afronta o direito à vida.

Até o fechamento dessa edição não havia decisão do STF. Aguardemos!

2.4.9. A (des)criminalização do aborto até o terceiro mês de gestação

A 1ª Turma do STF, em polêmica decisão tomada no julgamento do HC 124306, em 29 de novembro de 2016, no qual se analisava a questão da prisão cautelar (preventiva) decretada em desfavor dos dois pacientes, denunciados pela prática dos crimes de aborto com o consentimento da gestante e associação criminosa (arts. 126 e 288 do CP), decidiu pela revogação do encarceramento dos acusados ante a ausência dos requisitos autorizadores da medida processual restritiva da liberdade, bem como em razão de a *criminalização do aborto ser incompatível com diversos direitos fundamentais, entre eles os direitos sexuais e reprodutivos e a autonomia da mulher, a integridade física e psíquica da gestante e o princípio da igualdade.*

Em voto-vista, o Min. Luís Roberto Barroso, seguido pela Min. Rosa Weber e Edson Fachin, sustentou: "*No caso aqui analisado, está em discussão a tipificação penal do crime de aborto voluntário nos artigos 124 e 126 do Código Penal, que punem tanto o aborto provocado pela gestante quanto por terceiros com o consentimento da gestante*". E prosseguiu dizendo que se deve dar interpretação conforme à Constituição aos arts. 124 e 126 do Código Penal para o fim de afastar a interrupção voluntária da gestação até o fim do primeiro trimestre de gravidez. Em verdade, por se tratar de norma anterior à CF, concluiu o Ministro que, "*como consequência, em razão da não incidência do tipo penal imputado aos pacientes e corréus à interrupção voluntária da gestação realizada nos três primeiros meses, há dúvida fundada sobre a própria existência do crime, o que afasta a presença de pressuposto indispensável à decretação da prisão preventiva*".

Os principais fundamentos invocados pela maioria da 1ª Turma do STF foram: (i) a criminalização do aborto antes de concluído o primeiro trimestre de gestação viola diversos direitos fundamentais da mulher (autonomia, o direito à integridade física e psíquica, os direitos sexuais e reprodutivos e a igualdade de gênero); (ii) a criminalização do aborto não observa, de forma suficiente, o princípio da proporcionalidade; (iii) a criminalização do aborto acarreta discriminação social e impacto desproporcional, especialmente às mulheres pobres.

Sustentou o Min. Barroso, ainda, que "*o aborto é uma prática que se deve procurar evitar, pelas complexidades físicas, psíquicas e morais que envolve. Por isso mesmo, é papel do Estado e da sociedade atuar nesse sentido, mediante oferta de educação sexual, distribuição de meios contraceptivos e amparo à mulher que deseje ter o filho e se encontre em circunstâncias adversas".*

Importante frisar que não se trata de decisão com efeitos vinculantes, até porque tomada em controle difuso de constitucionalidade. Também não reflete, necessariamente, o pensamento de toda a Corte, eis que tomada por órgão fracionário (1ª Turma). Porém, relevante nosso leitor ter conhecimento desse importante – e, repita-se, polêmico – precedente de nossa Excelsa Corte.

Tramita, também, perante o STF, a ADPF 442, movida pelo Partido Socialismo e Liberdade (PSOL), na qual "sustenta que a criminalização do aborto compromete a dignidade da pessoa humana e a cidadania das mulheres e afeta desproporcionalmente mulheres negras e indígenas, pobres, de baixa escolaridade e que vivem distante de centros urbanos, onde os métodos para a realização de um aborto são mais inseguros do que aqueles utilizados por mulheres com maior acesso à informação e poder econômico, afrontando também o princípio da não discriminação. Outro aspecto apontado como violado é o direito à saúde, à integridade física e psicológica das mulheres, e ainda o direito à vida e à segurança, "por relegar mulheres à clandestinidade de procedimentos ilegais e inseguros" que causam mortes evitáveis e danos à saúde física e mental. A legenda entende que o questionamento apresentado na ADPF deve ser analisado no contexto de um processo "cumulativo, consistente e coerente" do STF no enfrentamento da questão do aborto como matéria de direitos fundamentais. E cita, para demonstrar esse processo, a Ação Direta de Inconstitucionalidade (ADI) 3510, julgada em 2008, na qual a Corte liberou pesquisas com células-tronco embrionárias; a ADPF 54, em 2012, que garantiu às gestantes de fetos anencefálicos o direito à interrupção da gestação; e o Habeas Corpus (HC) 124306, em 2016, em que a Primeira Turma afastou a prisão preventiva de acusados da prática de aborto."[3]

3. LESÃO CORPORAL

3.1. Lesão corporal (art. 129 do CP)

3.1.1. *Considerações iniciais*

Embora o crime de lesões corporais atente contra a pessoa, não se trata de infração que ofenda a vida, mas a integridade física ou a saúde corporal.

Para que se verifique o crime em tela, é imprescindível que a vítima sofra uma efetiva alteração de seu corpo ou saúde, de modo a causar-lhe um dano. É importante mencionar que a causação de dor, por si só, é insuficiente à configuração de lesões corporais. É possível, inclusive, praticar este crime sem que se cause dor no ofendido (ex.: corte, contra a vontade da vítima, de seus cabelos).

3.1.2. *Espécies de lesão corporal*

A lesão corporal, vale frisar de início, pode ser praticada nas formas dolosa ou culposa, podendo ser classificada da seguinte forma:

a) leve (*caput*)

b) grave (§ 1º);

c) gravíssima (§ 2º);

d) seguida de morte (§ 3º);

e) privilegiada (§ 4º)

f) culposa (§ 6º)

g) majorada (§§ 7º, 10, 11 e 12)

h) qualificada pela violência doméstica (§ 9º)

3.1.3. *Tipo objetivo*

O CP prevê, em seu art. 129, o delito de "lesão corporal", com a seguinte redação: "ofender a integridade corporal ou a saúde de outrem".

Verifica-se, portanto, que o verbo do tipo (conduta típica) é *ofender*, que pressupõe causação de dano ao corpo (integridade corporal) ou à saúde (segundo Bento de Faria, "dano à saúde é a desordem causada às atividades psíquicas ou ao funcionamento regular do organismo" – *Código Penal Brasileiro Comentado* – Parte Especial – vol. 4, p. 67-68).

Embora um dano à integridade física ou à saúde alheia venha, de regra, acompanhado de dor, tal circunstância não consta como elementar do tipo penal em estudo, pelo que se torna dispensável no caso concreto.

Como já dissemos, a depender da intenção do agente, é possível que o corte de cabelo da vítima configure lesão corporal, o que, por certo, não causa dor.

A pluralidade de ofensas à integridade física ou à saúde de terceiro caracteriza *crime único* e não vários crimes (ex.: 1 ou 10 facadas na vítima, com a intenção de lesionar, caracteriza o mesmo delito – lesões corporais – e não dez crimes idênticos). Todavia, o magistrado, ao fixar a pena do agente, irá levar em conta a pluralidade de lesões provocadas na vítima (o art. 59 do CP, que trata da fixação da pena-base, determina ao magistrado, dentre outras circunstâncias, que analise a personalidade do agente, bem como as consequências do crime).

A ofensa à integridade corporal é de fácil entendimento: provocação de hematomas, equimoses, perfurações, quebradura de ossos etc.

Um pouco mais difícil de se avaliar é a ofensa à saúde, que, conforme já mencionamos, consiste no conjunto de atividades psíquicas ou o funcionamento regular dos órgãos. Assim, configurada estará uma lesão corporal se o agente provocar falta de ar na vítima (ex.: deitar-se em seu tórax; atirar um gás que cause irritação nasal) ou mesmo se redundar em vômitos (regular funcionamento do sistema digestivo – ex.: dar comida estragada ao ofendido).

Questão que se coloca na doutrina é a respeito do grau de disponibilidade do bem jurídico protegido pelo crime de lesão corporal: a integridade física ou a saúde. Seria ele disponível ou indisponível?

---

3. Trecho extraído de notícia divulgada no sítio eletrônico do STF, datada de 08 de março de 2017. Confira-se em [http://www.stf.jus.br/portal/cms/verNoticiaDetalhe.asp?idConteudo=337860]

Para um entendimento mais ultrapassado, a integridade física e a saúde são indisponíveis, não cabendo qualquer consentimento da vítima como forma de exclusão do crime. Já para o entendimento mais moderno, encampado, inclusive, por Cezar Roberto Bittencourt (*Tratado de Direito Penal* – vol. 2, Ed. Saraiva), trata-se de bem relativamente disponível, vale dizer, o consentimento da vítima na produção de lesões é válida, desde que não contrarie os bons costumes e não se caracterize como algo extremamente grave.

Em outras palavras, a provocação de pequenas lesões, desde que contem com o consentimento do ofendido, não caracteriza crime de lesão corporal. É o caso de colocação de brincos e *piercings*. Quem o faz não comete crime!

E o médico que pratica cirurgia plástica, quebrando cartilagens (nariz, por exemplo), ou retirando ossos e tecidos, comete lesão corporal? Entende-se que não, visto que não tem o dolo de causar um *dano* à vítima, mas, ao contrário, de melhorar seu corpo ou saúde.

3.1.4. *Tipo subjetivo*

A lesão corporal pode ser punida por três formas: dolo, culpa e preterdolo.

A lesão corporal culposa vem prevista no art. 129, § 6º, do CP, ao passo que a preterdolosa típica é a lesão corporal seguida de morte (art. 129, § 3º, do CP), mas também admitida tal modalidade nas formas grave e gravíssima, conforme veremos a seguir.

De qualquer forma, na lesão dolosa, o agente tem a intenção (dolo direto) ou assume o risco de produzir um dano à integridade física ou à saúde de outrem. Age, portanto, com o chamado *animus laedendi*.

Se "A" atinge "B" com uma pedra, com a intenção de matá-lo (*animus necandi*), mas a morte não se verifica, responderá por tentativa de homicídio e não por lesão corporal dolosa consumada. Afinal, deve-se verificar a intenção do agente.

3.1.5. *Sujeitos do crime*

O sujeito ativo da lesão corporal pode ser qualquer pessoa (salvo no caso de violência doméstica, o que veremos mais à frente). Trata-se, em regra, de crime comum.

Adverte Rogério Sanches Cunha (*Direito Penal* – Parte Especial – Ed. RT) que, se o agressor for policial militar, caberá à Justiça Militar processá-lo pelas lesões corporais, sem prejuízo do delito de abuso de autoridade, que será de competência da Justiça Comum.

O Direito Penal não pune a autolesão, ou seja, se o agente ofender sua própria integridade física ou saúde, não poderá referido ramo do Direito intervir para puni-lo.

Porém, se alguém se vale de um inimputável (menor de idade), ou de alguém que tenha a capacidade de discernimento reduzida ou suprimida (doente mental, ébrio), determinando-lhe a causar em si próprio uma lesão, haverá situação de autoria mediata. Assim, quem induzir ou instigar a pessoa a praticar autolesão responderá pelas ofensas que se verificarem na vítima (ex.: "A" induz "B", embriagado, a cravar uma faca na própria mão, o que é feito. "A" é autor mediato da lesão corporal provocada por "B" em si mesmo).

Por fim, em algumas situações, o sujeito passivo do crime em estudo será especial, como é o caso da lesão corporal que causa aceleração do parto (lesão grave) ou aborto (lesão gravíssima), tendo por vítima a mulher grávida. O mesmo se pode dizer com relação ao § 7º do art. 129 do CP, que prevê causa de aumento de pena quando a vítima for menor de 14 ou maior de 60 anos.

3.1.6. *Consumação e tentativa*

A lesão corporal é crime material, vale dizer, somente se consuma com a efetiva ofensa à integridade corporal ou à saúde de outrem. Logo, é perfeitamente possível a tentativa quando se tratar de lesões dolosas, embora seja de difícil comprovação na prática (como condenar alguém por tentativa de lesões corporais graves ou gravíssimas?).

3.1.7. *Lesão corporal dolosa leve*

Vem prevista no art. 129, *caput*, do CP.

Estará caracterizada quando não se verificar qualquer das outras espécies de lesão corporal (grave, gravíssima, seguida de morte).

A pena é de detenção de 3 meses a 1 ano.

O art. 88 da Lei 9.099/1995, determina que a vítima represente (condição de procedibilidade da ação penal) quando se tratar de lesão corporal leve, sob pena de decadência, o que implicará a impossibilidade de o Ministério Público oferecer denúncia e a consequente extinção da punibilidade em favor do agente (art. 107, IV, do CP). Frise-se que se se tratar de lesão corporal praticada contra mulher, em **violência doméstica e familiar**, a teor do art. 41 da Lei 11.340/2006, a jurisprudência pacificou o entendimento de que não será aplicado o referido art. 88 da Lei do JECRIM, tratando-se, pois, de crime de **ação penal pública incondicionada**. Nessa esteira, o STJ, em junho de 2015, editou a **Súmula 536**, segundo a qual "a suspensão condicional do processo e a transação penal não se aplicam na hipótese de delitos sujeitos ao rito da Lei Maria da Penha".

O caráter residual da lesão corporal leve (tudo o que não configurar lesão grave, gravíssima ou seguida de morte) não comporta reconhecimento de adequação típica quando a ofensa à integridade corporal for levíssima (ex.: um microfuro provocado por "A" em "B", por meio de uma agulha; um arranhão de unha produzido por "A" em "B"). Aqui, é de ser aplicado o princípio da insignificância penal.

3.1.8. *Lesão corporal grave*

A pena para as situações previstas no § 1º do art. 129, do CP, varia de 1 a 5 anos de reclusão.

Será verificada tal espécie de lesão corporal quando:

a) resultar incapacidade para as ocupações habituais, por mais de 30 (trinta) dias: aqui, tal incapacidade pode ser física ou mental. Pressupõe que a vítima, em razão da ofensa à sua integridade corporal ou à sua saúde, não consiga, por lapso superior a 30 dias, realizar as tarefas do dia a dia, não necessariamente relacionadas com o trabalho (ex.: tomar banho, vestir-se sozinha, erguer peso, andar normalmente).

Deve-se ressaltar que a vergonha da vítima em realizar as suas ocupações habituais, em razão das lesões, não configura a qualificadora em análise. É o que ensina Damásio E. de Jesus. Exemplifica a situação da vítima que, ferida no rosto, tem vergonha de realizar suas ocupações habituais (trabalho) por mais de 30 dias.

Por fim, a comprovação da qualificadora em comento depende de um exame pericial complementar, a ser realizado no trigésimo dia subsequente ao dia do crime (art. 168, § 2º, do CPP):

b) resultar perigo de vida: tal qualificadora exige que, em razão da lesão causada à vítima, experimente ela um efetivo perigo de morte, com probabilidade concreta de ocorrência. Tal situação deve ser constatada em exame de corpo de delito, devendo o médico legista apontar qual foi o perigo causado ao ofendido, não bastando mencionar que as lesões causaram perigo de morte. Trata-se de qualificadora atribuída ao agente a título de preterdolo, eis que, quisesse ele o risco de morte da vítima, deveria responder por tentativa de homicídio;

c) resultar debilidade permanente de membro, sentido ou função: entende-se por membro todos os apêndices ligados ao corpo humano (braços, pernas, mãos, pés), responsável pelos movimentos. Já o sentido pode ser definido como tudo o quanto permita ao homem ter sensações (visão, audição, paladar, tato e olfato). Por fim, função é todo o complexo de órgãos responsáveis por atividades específicas em nosso organismo (sistema respiratório, circulatório, digestivo, reprodutivo).

A qualificadora estará presente se das lesões sofridas pela vida resultar a diminuição ou o enfraquecimento de membros, sentidos ou funções. Entende-se por debilidade não uma situação que se perdura para sempre, mas que seja de difícil ou incerta recuperação.

Pergunta-se: um soco na boca da vítima, do qual resulte a perda de 3 dentes, pode ser considerada lesão corporal grave? Resposta: depende do laudo pericial. A função mastigatória pode ser seriamente abalada pela perda de determinados dentes, mas de outros, não (ex.: queda do último dente molar);

d) se resultar aceleração de parto: se em decorrência das lesões, o agente provoca, em mulher grávida, a aceleração do parto (nascimento adiantado do feto), sem que disso haja a morte da criança, configurada estará a qualificadora em tela.

Indispensável que o agente, no momento de praticar as lesões na mulher, saiba do seu estado gravídico, sob pena de ser verificada responsabilidade objetiva, vedada no Direito Penal. Caso desconheça a gravidez da vítima, responderá por lesões corporais leves (desde que não se configure qualquer outra qualificadora).

3.1.9. Lesão corporal gravíssima

Vem prevista no § 2º, do art. 129, do CP, cuja pena varia de 2 a 8 anos de reclusão.

Temos as seguintes qualificadoras caracterizadoras dessa espécie de lesão corporal:

a) incapacidade permanente para o trabalho: diferentemente da lesão corporal grave da qual resulta incapacidade para as ocupações habituais por mais de trinta dias, aqui a vítima, em razão das lesões, ficará incapacitada (recuperação impossível ou sem previsão de cessação) para o trabalho.

A doutrina majoritária defende que a incapacidade deve ser para qualquer tipo de trabalho e não necessariamente para o desempenhado pela vítima antes de sofrer as lesões. Já para a doutrina minoritária, basta a incapacidade para o trabalho até então desempenhado para que se configure a qualificadora em comento;

b) enfermidade incurável: verifica-se essa qualificadora quando a vítima, em razão das lesões à sua saúde, adquire doença para a qual não exista cura. A transmissão da patologia, nesse caso, deve ser intencional (o agente deve querer que a vítima adquira enfermidade incurável).

Não importa se, anos após a transmissão da doença, a medicina tenha a cura. O que importa é que, no momento do crime, não havia tratamento para a enfermidade.

A doutrina entende, ainda, que a enfermidade que somente possa ser extirpada por intervenção cirúrgica configura a qualificadora, já que não se pode obrigar a vítima a se submeter a tais procedimentos difíceis ou a tratamentos incertos, ainda não implantados e testados exaustivamente pela medicina;

c) perda ou inutilização de membro, sentido ou função: perda de membro, sentido ou função pressupõe a amputação ou mutilação de um deles, ao passo que a inutilização corresponde à perda da sua capacidade, ainda que ligado ao corpo.

Assim, furar os 2 olhos da vítima configura a inutilização de um sentido (visão). Arrancar uma perna do ofendido, amputando-a, também configura a perda de um membro. Também configura a qualificadora em análise a amputação total ou parcial do pênis do homem (perda da função reprodutora).

No tocante aos órgãos duplos (olhos, rins, orelhas, pulmões), a supressão ou inutilização de apenas um deles acarreta debilidade permanente de membro, sentido ou função, que configura lesão corporal grave e não gravíssima (perda ou inutilização de membro, sentido, ou função);

d) deformidade permanente: trata-se de qualificadora ligada ao dano estético permanente, provocado pelas lesões corporais causadas pelo agente à vítima. Não é qualquer dano, ainda que perene, que se enquadrará na circunstância em análise. Deve ser um dano sério, capaz de gerar constrangimento à vítima e a quem a cerca.

Há quem sustente que a deformidade permanente deva ser analisada no caso concreto, diferenciando-se vítima a vítima (ex.: uma marca permanente no rosto de uma jovem Miss Universo ou no rosto de um indigente idoso desprovido de beleza);

e) aborto: se as lesões corporais provocarem a morte do feto, a título de preterdolo, configurada estará a qualificadora. Exige-se, por evidente, que o agente tenha conhecimento do estado gravídico da vítima e que não queria ou assumiu o risco de provocar-lhe o abortamento. Assim não sendo, responderá por aborto (art. 125 do CP).

Nos termos da Lei 13.142/2015, se qualquer das hipóteses de lesão corporal gravíssima forem cometidas contra autoridade ou agente descrito nos arts. 142 e 144 da Constituição Federal, integrantes do sistema prisional e da Força Nacional de Segurança Pública, no exercício da função ou em decorrência dela, ou contra seu cônjuge, companheiro ou parente consanguíneo até terceiro grau, em razão dessa condição, estaremos diante de **crime hediondo** (art. 1º, I-A, da Lei 8.072/1990).

3.1.10. Lesão corporal seguida de morte

Prevista no § 3º do art. 129, do CP, pressupõe que o agente atue com dolo na causação das lesões corporais e com culpa na produção do resultado agravador (morte).

O próprio tipo penal já exclui tal crime se o agente atuar querendo a morte da vítima ou assumindo o risco de produzi-la. Trata-se, portanto, de típico exemplo de crime preterdoloso.

Se o evento antecedente à morte não for lesão corporal, mas qualquer outra conduta (ex.: ameaça, vias de fato), não se verificará a lesão corporal seguida de morte, mas sim o homicídio culposo.

Impossível a modalidade tentada do crime em tela, eis que o resultado agravador, produzido a título de culpa, impede tal figura (afinal, a culpa é incompatível com a tentativa).

Nos termos da Lei 13.142/2015, se a lesão corporal seguida de morte for praticada contra autoridade ou agente descrito nos arts. 142 e 144 da Constituição Federal, integrantes do sistema prisional e da Força Nacional de Segurança Pública, no exercício da função ou em decorrência dela, ou contra seu cônjuge, companheiro ou parente consanguíneo até terceiro grau, em razão dessa condição, estaremos diante de **crime hediondo** (art. 1º, I-A, da Lei 8.072/1990).

3.1.11. Lesão corporal privilegiada

Nos mesmos termos já estudados no tocante ao homicídio, se o agente age por motivo de relevante valor moral ou social, ou sob o domínio de violenta emoção, logo em seguida a injusta provocação da vítima, o magistrado poderá reduzir a pena de um sexto a um terço.

3.1.12. Substituição da pena

Nos casos de lesão corporal privilegiada, poderá o juiz, não sendo grave, substituir a pena de detenção pela de multa. Também poderá fazê-lo quando houver lesões recíprocas.

3.1.13. Lesão corporal culposa

O art. 129, § 6º, do CP trata da lesão corporal culposa, punida com 2 meses a 1 ano de detenção.

Qualquer situação em que o agente atue com imprudência, negligência ou imperícia, causando ofensa à integridade corporal ou à saúde de outrem, será caracterizadora do crime em tela.

Por se tratar de crime culposo, inadmissível a tentativa.

Se a lesão corporal culposa for praticada na direção de veículo automotor, não será aplicado o CP, mas sim o CTB (Lei 9.503/1997, art. 303).

3.1.14. Lesão corporal majorada e perdão judicial

O art. 129, § 7º, do CP, bem assim o § 8º, recebem a mesma disciplina do homicídio culposo e doloso majorados e perdão judicial.

No tocante à majoração da pena em 1/3 (um terço) do crime em estudo, remetemos o leitor aos itens 2.1.2.5 e 2.1.2.6, *supra*.

3.1.15. Lesão corporal e violência doméstica

A Lei 10.886/2004 introduziu ao art. 129 o §§ 9º e 10, que receberam o nome de "violência doméstica".

Ocorre que a Lei 11.340/2006 (Lei Maria da Penha) alterou a pena da lesão corporal quando praticada com violência doméstica, que passou a ser de 3 meses a 3 anos de detenção (e não mais 6 meses a 1 ano de detenção!).

Assim, quando a lesão corporal for praticada contra ascendente (pais, avós), descendente (filhos, netos, bisnetos), irmão (colateral em segundo grau), cônjuge (pressupõe casamento), companheiro (união estável), ou com quem o agente conviva ou tenha convivido, ou prevalecendo-se ele das relações domésticas, de coabitação ou de hospitalidade, responderá pelo crime denominado "violência doméstica".

Saliente-se, por oportuno, que a figura típica ora analisada incidirá não apenas se a vítima for mulher, mas também para os homens. Afinal, os §§ 9º e 10 do art. 129 não fizeram distinção de gênero, tal como se tem na Lei Maria da Penha.

Nos termos da **Súmula 588 do STJ**, a prática de crime ou contravenção penal contra mulher com violência ou grave ameaça no ambiente doméstico impossibilita a substituição da pena privativa de liberdade por restritiva de direitos.

Também é importante anotar a inaplicabilidade do princípio da insignificância com relação às infrações praticadas contra a mulher no ambiente doméstico, conforme dispõe a **Súmula 589 do STJ**: "É inaplicável o princípio da insignificância nos crimes ou contravenções penais praticados contra a mulher no âmbito das relações domésticas".

3.1.16. Causa de aumento de pena

A Lei Maria da Penha inseriu mais um parágrafo ao art. 129, o de número 11, prevendo aumento da pena em um terço se, no caso de violência doméstica (§ 9º), for a vítima deficiente (física ou mental). Também, aqui, pouco importa se a vítima for homem ou mulher!

3.1.17. Lesão corporal praticada contra autoridade ou agente de segurança pública

A Lei 13.142/2015 acrescentou o § 12 ao art. 129 do CP, que passou a dispor que a pena da lesão corporal (dolosa, nas modalidades leve, grave, gravíssima ou seguida de morte) será majorada de um a dois terços quanto praticada contra autoridade ou agente descrito nos arts. 142 e 144 da Constituição Federal, integrantes do sistema prisional e da Força Nacional de Segurança Pública, no exercício da função ou em decorrência dela, ou contra seu cônjuge, companheiro ou parente consanguíneo até terceiro grau, em razão dessa condição.

Repise-se que se a lesão corporal de natureza gravíssima (art. 129, § 2º, CP) e a seguida de morte (art. 129, § 3º, CP) forem perpetradas contra as pessoas acima referidas, estaremos diante de crimes hediondos (art. 1º, I-A, da Lei 8.072/1990). Trata-se da denominada **lesão corporal funcional**.

4. CRIMES DE PERIGO INDIVIDUAL

4.1. Crimes de perigo. Considerações iniciais

O Código Penal, a partir do art. 130, passa a tratar dos denominados "crimes de perigo", nos quais o agente atua não com a intenção de causar um efetivo dano ao bem jurídico protegido pela norma penal incriminadora, mas apenas com **"dolo de perigo"**, vale dizer, pratica a conduta querendo causar um risco ao objeto jurídico do crime.

Dentre os chamados "crimes de perigo", a doutrina distingue os de:

a) **perigo abstrato**: a lei presume, de maneira absoluta, o perigo provocado pela conduta do agente, não se exigindo demonstração efetiva do risco causado pela conduta típica;

b) **perigo concreto**: a lei exige que se comprove, concretamente, o perigo provocado pela conduta do agente, sem o que o fato será atípico.

A doutrina penal mais comprometida com os postulados constitucionais chega a defender a inadmissibilidade dos crimes de perigo abstrato, na medida em que todo crime deve provocar uma lesão ou probabilidade efetiva de lesão ao bem jurídico protegido pelo tipo incriminador. Sustenta-se o adágio *nullum crimen sine injuria*, ou seja, não há crime sem lesão. Todavia, a jurisprudência dos tribunais superiores tem admitido os precitados crimes de perigo abstrato, tais como o porte ilegal de drogas e de armas.

4.2. Perigo para a vida ou saúde de outrem (art. 132 do CP)

4.2.1. Considerações iniciais

O art. 132 do CP pune a conduta do agente que simplesmente expõe a perigo direto e iminente a vida ou a saúde de outrem, tratando-se, pois de **crime de perigo concreto**.

Tenciona o legislador, portanto, proteger a vida ou saúde alheia não contra um risco efetivo, mas meramente potencial.

4.2.2. Tipo objetivo

A conduta típica corresponde ao verbo "expor", vale dizer, deve o agente, para praticar o crime em comento, colocar em risco/perigo efetivo, direto, a vida ou a saúde de outrem. Entende a doutrina que se deve colocar em perigo a vida ou saúde de pessoa ou pessoas **certas e determinadas**, não de uma coletividade.

Admite-se, inclusive, a prática do crime por conduta omissiva (ex.: o patrão que, explorando uma atividade de risco, não fornece aos empregados equipamentos para o trabalho, ficando os obreiros expostos a perigo de vida ou saúde direto e iminente).

Pelo fato de o tipo penal constar expressamente em seu preceito secundário que a pena é de 3 meses a 1 ano de detenção, se o fato não constitui crime mais grave, a doutrina denomina o crime em análise de **subsidiário**. Ou seja, somente restará configurado o crime de perigo para a vida ou saúde de outrem se não constituir meio de execução de infração mais gravosa (ex.: tentativa de homicídio; tentativa de lesão corporal).

Por esse motivo, ensina a doutrina que é **inadmissível o concurso de crimes** (ao menos entre o crime principal e o subsidiário – ex.: art. 132 e art. 121 c.c. art. 14, II, todos do CP), salvo se várias forem as vítimas do crime de perigo em tela (mediante mais de uma ação, o agente expõe a vida de várias pessoas determinadas a risco direto e iminente – *vide* art. 70 do CP).

4.2.3. Tipo subjetivo

O crime do art. 132 do CP é doloso. Lembre-se que, *in casu*, o dolo é de perigo, já que o agente não quer causar uma lesão efetiva à vida ou saúde de outrem, mas apenas colocá-las em risco direto e iminente (dolo de perigo e não dolo de dano!).

Não se admite a modalidade culposa do crime em estudo.

4.2.4. Sujeitos do crime

Qualquer pessoa pode ser autora do crime de perigo para a vida ou saúde de outrem, o mesmo valendo para a vítima.

Porém, ensina a doutrina que o sujeito passivo do delito deve ser pessoa certa e determinada e não uma coletividade (sob pena de restar configurado crime de perigo comum, previsto entre os arts. 250 a 259 do CP).

4.2.5. Consumação e tentativa

O crime atinge a consumação quando, com a conduta do agente, a vida ou a saúde da vítima é efetivamente posta em perigo direto e iminente.

Somente se admite a tentativa na forma comissiva do crime (ex.: "A", quando esticava o braço para atirar uma pedra na direção de "B", querendo apenas provocar um perigo à integridade corporal deste, é impedido por um transeunte).

Na modalidade omissiva, é inadmissível a tentativa.

4.2.6. Crime majorado

Nos termos do parágrafo único do art. 132 do CP, a pena é aumentada de 1/6 a 1/3 se a exposição da vida ou da saúde de outrem a perigo decorre do transporte de pessoas para a prestação de serviços em estabelecimentos de qualquer natureza, em desacordo com as normas legais.

Segundo Julio F. Mirabete, o espírito da lei foi o de proteger os boias-frias, que transitam em transportes sem o mínimo de segurança, em direta violação ao Código de Trânsito Brasileiro (arts. 26 a 67 e 96 a 113 – Lei 9.503/1997).

Todavia, não basta a mera violação de regras de segurança no transporte, sendo imprescindível que, em razão disso, os passageiros corram um risco efetivo de vida ou à saúde.

4.3. Abandono de incapaz (art. 133 do CP)

4.3.1. Considerações iniciais

Pretendeu o legislador, na edição do art. 133 do CP, proteger a integridade física e psíquica de determinadas pessoas, que, conforme o próprio *nomen juris* demonstra, são incapazes de, sozinhas, manterem íntegras a própria vida ou saúde.

4.3.2. Tipo objetivo

O verbo do tipo é "abandonar", ou seja, deixar ao desamparo, sem assistência. Assim, pratica o crime em tela o agente que abandona determinadas pessoas, incapazes de defender-se dos riscos resultantes de tal ato.

O crime pode ser praticado de maneira comissiva (mediante ação, portanto) ou omissiva (obviamente por omissão).

A questão que se coloca é o "tempo" do abandono. Por qual espaço de tempo o agente deve abandonar a vítima para que o crime esteja caracterizado? Responde a doutrina que deve ser por período "juridicamente relevante", ou seja, pelo tempo suficiente para que o sujeito passivo da conduta corra um risco efetivo de sua integridade física ou psíquica.

Por se tratar de crime de perigo concreto, deve-se comprovar o risco efetivo à vítima abandonada. Daí porque não configura o crime de abandono de incapaz a conduta daquela pessoa que abandona, por exemplo, a vítima, sendo que o local é rodeado de pessoas que podem prestar-lhe assistência (ex.: o filho abandona o pai, idoso e doente, ao lado de um hospital movimentado). Também não configura o crime se o agente abandona a vítima e aguarda que seja socorrida por terceiros.

4.3.3. Tipo subjetivo

O crime em tela é doloso, agindo o agente com a intenção de colocar a vítima em perigo, abandonando-a (dolo de perigo).

Se tiver o autor do delito a intenção de, mediante o abandono, provocar efetivo dano à integridade física ou à saúde da vítima, poderá responder por tentativa de homicídio, de lesão corporal, de infanticídio etc.

4.3.4. Sujeitos do crime

O *caput* do art. 133 do CP revela que o sujeito ativo do crime não pode ser qualquer pessoa, mas sim aquela que guardar alguma relação com a vítima: a) cuidado; b) guarda; c) vigilância; e d) autoridade.

Verifica-se que essas "qualidades" do sujeito ativo denotam uma obrigação que ele tem para com a vítima (deve dela cuidar, ser guardião, vigiar ou estar em posição de autoridade). Trata-se de verdadeiro "garantidor" do sujeito passivo, sendo o crime denominado **próprio.**

Já a vítima deve ser a pessoa que está sob os cuidados, a guarda, a vigilância ou a autoridade do sujeito ativo, de tal modo que dependa dela. Se do abandono sofrer riscos para a saúde ou integridade física, caracterizado estará o crime em comento.

4.3.5. Consumação e tentativa

O delito se consuma com o abandono da pessoa que deve estar sob o resguardo do sujeito ativo, independentemente de resultado naturalístico. Adverte-se que, se do abandono não advier um perigo concreto à vida ou saúde do sujeito passivo, não se configura o crime.

Admissível a tentativa se o crime for praticado por ação.

4.3.6. Formas qualificadas

O § 1º do art. 133 do CP traduz a forma qualificada do crime, punido com reclusão de 1 a 5 anos se, em razão do abandono, a vítima sofrer lesão corporal de natureza grave. O resultado agravador, nesse caso, é atribuído ao agente a título de culpa (trata-se de crime preterdoloso). Impossível que iniciasse o agente um crime com dolo de perigo e o encerrasse com dolo de dano (querendo as lesões corporais).

Se, em razão do abandono, a vítima morrer, a pena do agente será de 4 a 12 anos. Aqui, igualmente, o resultado agravador não pode ser imputado ao autor do crime a título de dolo, mas sim de culpa (crime preterdoloso).

4.3.7. Formas majoradas

As penas serão aumentadas em 1/3 se:

a) o abandono ocorre em lugar ermo: se o lugar em que o agente abandonar a vítima for pouco frequentado ou desabitado no momento do abandono, aumenta-se a pena, eis que a chance de o perigo se concretizar é mais elevado. Todavia, se o lugar for absolutamente inóspito (ex.: lugar com forte nevasca ou deserto), muito provavelmente a intenção do agente será de causar risco efetivo (e não meramente potencial) à vida ou saúde de pessoa sob seu resguardo;

b) se o agente é ascendente ou descendente, cônjuge, irmão, tutor ou curador da vítima: trata-se de pessoas que têm um maior dever de vigilância para com as vítimas (pai em relação ao filho, filho em relação ao pai, marido e mulher, irmãos, tutor para com o tutelado e o curador para com o curatelado). Não se admite analogia (ex.: agente que abandona mulher doente, vivendo com ela em união estável);

c) se a vítima é maior de 60 anos (majorante acrescentada pelo *Estatuto do Idoso – Lei 10.741/2003*): tal majorante tem plena razão para existir, eis que as pessoas com idade mais avançada têm maior dificuldade na sua própria defesa se abandonadas.

4.4. Omissão de socorro (art. 135 do CP)

4.4.1. Considerações iniciais

No delito que será objeto de comentário a partir de agora, tencionou o legislador punir a conduta daquela pessoa que demonstra insensibilidade perante terceiros que se vejam em situação de perigo, desde que possam agir sem risco à própria vida ou integridade corporal.

A todos existe um dever geral de solidariedade humana, conforme as palavras de Magalhães Noronha. Não se trata de conduta que a lei proíbe (em regra, os crimes se traduzem em condutas proibidas – ex.: matar, furtar, estuprar, roubar), mas que impõe um "fazer" (imperativo de comando).

Não se incrimina apenas a conduta daquela pessoa que, podendo agir, deixa de prestar assistência a determinadas pessoas, mas também aquela que, não podendo fazê-lo sem risco pessoal, deixa de pedir o necessário socorro à autoridade pública.

4.4.2. Sujeitos do crime

No tocante ao sujeito ativo, o crime é considerado **comum**, eis que qualquer pessoa pode praticar a conduta descrita no *caput* do art. 135 do CP.

Já as pessoas que deveriam ser assistidas pelo sujeito ativo, mas que não o foram, são:

a) criança abandonada ou extraviada;

b) pessoa inválida ou o ferido desamparado;

c) pessoa que se encontre em grave e iminente perigo.

Considera-se *criança abandonada*, segundo Rogério Sanches Cunha (*Direito Penal – Crimes contra a pessoa –* Ed. RT, p. 115), a que foi deixada sem os cuidados de que necessitava para a sua subsistência. Já *criança extraviada* é a que se perdeu, sem saber retornar à sua residência.

Pessoa inválida, ao desamparo, é aquela, segundo o mesmo autor, sem vigor físico, ou adoentada. Por fim, *pessoa que se encontre em grave e iminente perigo* é aquela que se vê diante de algum mal sério, de grandes proporções, prestes a se verificar.

4.4.3. Tipo objetivo

O crime em tela se verifica quando o agente "deixar de prestar assistência". Trata-se de *crime omissivo puro*, ou seja, o sujeito ativo responde por "nada fazer", sendo que a lei, como já dissemos anteriormente, impõe a todos um dever de solidariedade diante daquelas pessoas descritas no tipo penal (criança abandonada ou extraviada; pessoa inválida ou ferida ao desamparo; pessoa que se encontre em grave e iminente perigo).

A omissão caracterizadora do crime em comento pode ser praticada de duas formas:

1ª – o agente, podendo auxiliar as pessoas descritas no *caput* do art. 135 do CP, não o faz;

2ª – o agente, não podendo ajudá-las sem que sofra um risco pessoal, não solicita socorro à autoridade pública.

4.4.4. Tipo subjetivo

Trata-se de crime doloso, ou seja, o agente, agindo de forma livre e consciente, deixa de prestar socorro a determinadas pessoas em situações periclitantes, ou, não podendo fazê-lo, deixa de solicitar socorro à autoridade pública competente.

Segundo a doutrina, o dolo pode ser **direto** ou **eventual**.

Inexiste a modalidade culposa da omissão de socorro, situação que, se verificada no caso concreto, tornaria a conduta atípica (princípio da excepcionalidade do crime culposo).

4.4.5. Consumação e tentativa

Consuma-se o delito, esgotando-se o *iter criminis*, quando o agente efetivamente deixa de prestar assistência a quem a precisa ou não comunicar a autoridade pública competente. Enfim, *consuma-se o crime com a omissão do sujeito ativo*.

Por se tratar de crime omissivo próprio (ou puro), *inadmissível a tentativa*, por se tratar de *crime unissubsistente* (o *iter criminis* não é fracionável).

4.4.6. Forma majorada de omissão de socorro

O parágrafo único do art. 135 do CP pune mais gravosamente o agente que, em razão da omissão, provocar **lesão corporal de natureza grave** na vítima (aumenta-se de **metade** a reprimenda).

Já se resultar a **morte** do ofendido, a pena é **triplicada**.

Em ambas as hipóteses, o crime será **preterdoloso** (dolo na omissão e culpa no tocante ao resultado agravador – lesão corporal grave ou morte).

4.5. Condicionamento de atendimento médico hospitalar emergencial (art. 135-A do CP)

4.5.1. Considerações iniciais

Trata-se de nova figura típica inserida no CP pela Lei 12.653/2012, muito semelhante, em verdade, ao crime estudado anteriormente. Estamos, na prática, diante de uma nova modalidade de omissão de socorro, mas com elementares e características próprias. Vamos aos estudos!

4.5.2. Sujeitos do crime

O crime em tela, embora não haja expressa previsão na redação típica, será cometido por administradores ou funcionários do hospital, visto que a conduta será a de *"exigir* cheque-caução, nota promissória ou qualquer garantia, bem como o preenchimento prévio de formulários administrativos, como condição para o atendimento médico hospitalar emergencial".

Ora, emerge nítido que a exigência de "burocracias" e/ou de garantia antecipada de pagamento dos serviços hospitalares somente poderá ser feita por funcionários ou administradores do hospital, motivo pelo qual entendemos que se trata de um crime próprio, visto ser necessária uma qualidade especial do agente (ser funcionário ou administrador da entidade hospitalar).

4.5.3. Tipo objetivo

O crime em comento restará caracterizado quando o agente delitivo *condicionar* o atendimento médico hospitalar emergencial ao próprio paciente ou seus familiares, em caso de impossibilidade daquele, exigindo:

√ *(i) cheque-caução* – trata-se de um título de crédito (ordem de pagamento à vista) emitido como garantia do pagamento dos serviços médicos e hospitalares prestados;

√ *(ii) nota promissória* – trata-se, também, de um título de crédito (promessa futura de pagamento), dado como garantia do pagamento dos serviços médicos e hospitalares prestados;

√ *(iii) qualquer garantia* – aqui, o legislador, em exercício de interpretação analógica, após enumeração casuística (cheque-caução e nota promissória), inseriu uma "cláusula genérica", a fim de garantir que haverá tipicidade penal se, por exemplo, o agente delitivo exigir, como condição do atendimento ao paciente, qualquer outra garantia, tais como endosso de uma duplicata ou letra de câmbio (Rogério Sanches Cunha – *Curso de Direito Penal*, vol. 2 – p. 156 – Ed. JusPodivm).

Repare que a "omissão de socorro" por parte do agente delitivo fica nítida: caso a exigência não seja atendida (cheque-caução, nota promissória ou qualquer outra garantia), não haverá a prestação do serviço médico hospitalar de emergência!

Frise-se que a simples exigência de garantia do pagamento dos serviços hospitalares e médicos de emergência será fato atípico quando não houver o condicionamento prévio ao atendimento do paciente.

4.5.4. Tipo subjetivo

O crime em comento é doloso, vale dizer, impõe que o agente delitivo, de forma livre e consciente, condicione ao paciente ou aos familiares deste o atendimento médico hospitalar emergencial à emissão de um cheque-caução, ou a assinatura de uma nota promissória ou qualquer outra garantia.

4.5.5. Consumação e tentativa

Haverá consumação do crime ora estudado no exato momento em que o agente fizer ao paciente, ou aos seus familiares, a exigência, condicionando o atendimento emergencial à entrega de um cheque-caução, ou à assinatura de uma nota promissória ou qualquer outra forma de garantia do pagamento dos serviços médicos hospitalares de emergência.

4.5.6. Formas majoradas

A pena, que é de 3 meses a 1 ano, e multa, será aumentada até o dobro se, em razão da omissão (negativa de atendimento médico hospitalar de emergência), resultar **lesão corporal grave** à vítima-paciente. Porém, se da negativa advier a **morte** do ofendido, a pena será aumentada até o triplo. Estamos, aqui, diante de figuras preterdolosas (dolo na negativa de atendimento e culpa na lesão corporal grave ou morte).

4.6. Maus-tratos (art. 136 do CP)

4.6.1. Considerações iniciais

Trata-se de crime que atenta contra a incolumidade física de determinadas pessoas descritas no tipo penal. Apenas a título de curiosidade, foi o Código de Menores, de 1927, que pela primeira vez tratou do delito de maus-tratos contra menores de 18 anos.

4.6.2. Sujeitos do crime

Conforme enuncia o tipo penal, o crime de maus-tratos não pode ser praticado por qualquer pessoa, mas apenas por aquelas que tenham alguma relação (de subordinação, diga-se de passagem) com a vítima.

Logo, pode-se afirmar que se trata de **crime próprio**, já que será praticado:

a) por quem exercer autoridade sobre alguém;
b) pelo guardião de alguém;
c) por quem exercer vigilância sobre alguém.

Ressalte-se que a relação existente entre sujeito ativo e passivo pode ser de direito público ou privado (ex.: o diretor do presídio e o detento; a mãe em relação ao filho).

Salienta-se que o crime é biprópio, já que tanto do autor quanto da vítima são exigidas qualidades especiais (a vítima deve estar sob a autoridade, guarda ou vigilância de alguém).

4.6.3. Tipo objetivo

A conduta típica é a de "expor a perigo a vida ou a saúde" de determinadas pessoas (pessoa que esteja sob a guarda, autoridade ou vigilância do sujeito ativo do crime).

Portanto, exige-se que o agente inflija maus-tratos à vítima, mediante os seguintes meios executórios (o que transforma a figura ora estudada em crime de ação vinculada):

a) privação de alimentação (conduta omissiva);
b) privação de cuidados indispensáveis (conduta omissiva);
c) sujeição a trabalho excessivo (conduta comissiva);
d) sujeição a trabalho inadequado (conduta comissiva);
e) abuso dos meios de correção (conduta comissiva);
f) abuso dos meios de disciplina (conduta comissiva).

Enfim, o agente exporá a risco a vida ou a saúde da vítima, realizando umas das ações acima mencionadas, seja por omissão (letras "a" e "b"), seja por ação (letras "c" a "f").

Especialmente quanto ao abuso dos meios de correção e disciplina, adverte-se que o "guardião" (pai, mãe e família substituta) tem o direito de corrigir e impor disciplina ao que está sob sua guarda. O que pune a lei é o excesso nos meios de correção e disciplina, expondo, em razão disso, a vida ou a saúde da vítima a perigo de dano.

Importante registrar que o ECA (Lei 8.069/1990), alterado pela denominada "Lei da Palmada", recebeu, dentre outros, novo dispositivo (art. 18-A), assim redigido:

> **"Art. 18-A.** A criança e o adolescente têm o direito de ser educados e cuidados sem o uso de castigo físico ou de tratamento cruel ou degradante, como formas de correção, disciplina, educação ou qualquer outro pretexto, pelos pais, pelos integrantes da família ampliada, pelos responsáveis, pelos agentes públicos executores de medidas socioeducativas ou por qualquer pessoa encarregada de cuidar deles, tratá-los, educá-los ou protegê-los. (Incluído pela Lei 13.010/2014)
>
> **Parágrafo único.** Para os fins desta Lei, considera-se:

I – castigo físico: ação de natureza disciplinar ou punitiva aplicada com o uso da força física sobre a criança ou o adolescente que resulte em:

a) sofrimento físico; ou

b) lesão;

II – tratamento cruel ou degradante: conduta ou forma cruel de tratamento em relação à criança ou ao adolescente que:

a) humilhe; ou

b) ameace gravemente; ou

c) ridicularize."

O dispositivo acima transcrito, cremos, ainda causará muita discussão acerca dos limites do poder familiar e da condução da educação das crianças e adolescentes. Nada obstante, trata-se de uma boa "fonte" para que os operadores do Direito busquem aquilo que poderá ser considerado excessivo na disciplina e correção de menores de dezoito anos.

Atua o agente, no crime em comento (art. 136 do CP), não com dolo de dano, mas com dolo de perigo ao abusar desses meios.

Frise-se que, quando os maus-tratos se devem à correção, por exemplo, do próprio filho, excedendo-se os pais em tal situação, não responderão por lesões corporais se tiverem agido com *animus corrigendi*. Todavia, se a intenção for a de lesionar, responderão pelo referido delito.

Por fim, o abuso nos meios de correção deve ser apto a causar um perigo de dano à vida ou saúde da vítima, não restando configurado se causar apenas simples "vergonha" (ex.: a mãe, querendo "emendar" a filha, raspa-lhe os cabelos, em razão de ser "menina fácil").

4.6.4. Tipo subjetivo

O crime é doloso, exigindo-se do agente que atue com a consciência de que sua conduta expõe a risco a vida ou saúde da vítima, excedendo-se da normalidade.

Não se pune a forma culposa do crime.

4.6.5. Consumação e tentativa

Consuma-se o crime quando a vítima efetivamente sofrer um risco à sua integridade física (vida ou saúde).

As modalidades comissivas admitem tentativa, ao passo que as omissivas, não.

4.6.6. Formas qualificadas e majorada

Os §§ 1º e 2º do art. 136 do CP punem mais gravosamente o agente que, em razão dos maus-tratos, causa na vítima lesão corporal de natureza grave (1 a 4 anos de reclusão) ou morte (4 a 12 anos de reclusão).

Evidentemente que qualquer das qualificadoras aponta para a ocorrência de crime preterdoloso, atribuindo-se o resultado agravador (lesão corporal grave ou morte) ao agente a título de culpa. Assim não fosse, responderia por lesão corporal consumada ou homicídio.

Por fim, o § 3º do precitado artigo determina o aumento da pena em 1/3 se o crime for praticado contra menor de 14 anos (dispositivo acrescentado pelo ECA).

Se o crime for praticado contra idoso (mais de 60 anos), o crime não é o de maus-tratos do CP, mas o do Estatuto do Idoso (art. 99 da Lei 10.741/2003).

4.7. Rixa (art. 137 do CP)

4.7.1. Considerações iniciais

Considera-se rixa a briga ou a contenda travada entre mais de duas pessoas (no mínimo, portanto, três!), **sem que se possa identificar, de maneira individualizada, agressor e agredido**.

Embora possa parecer contraditório, na rixa o **sujeito ativo e o sujeito passivo se confundem** (agressor pode ser agredido e vice-versa).

Trata-se de crime que protege, a um só tempo, a **incolumidade física** dos próprios contendores, bem assim a **incolumidade pública**, que pode ser posta em xeque em uma briga generalizada.

4.7.2. Sujeitos do crime

Qualquer pessoa pode ser sujeito ativo do delito em questão.

Pela particularidade de exigir, no mínimo, três pessoas para que a conduta seja típica, temos um crime de **concurso necessário** (ou **plurissubjetivo**).

O sujeito passivo do crime pode ser o próprio participante da rixa, bem como terceiras pessoas que venham a se ferir com o tumulto.

4.7.3. Tipo objetivo

O crime de rixa, previsto no art. 137 do CP, prevê como conduta típica "participar da rixa", ou seja, **tomar parte** na contenda travada entre, pelo menos, três pessoas.

Pune-se o delito, em sua forma simples, com detenção de 2 meses a 1 ano, ou multa (trata-se de **infração penal de menor potencial ofensivo – Lei 9.099/1995**).

O delito que ora se comenta somente restará caracterizado se houver um tumulto generalizado, sem que se possa identificar/individualizar agressores e agredidos. Se houver tal possibilidade (constatação individual de cada contendor e agredido), tratar-se-á de lesões corporais recíprocas, não rixa.

Pode-se tomar parte na rixa diretamente (ou seja, sendo um dos rixosos), ou mediante participação moral (partícipe da rixa – art. 29 do CP), induzindo ou instigando os contendores a tomarem parte na briga generalizada.

A doutrina faz menção a dois tipos de rixa:

a) *ex proposito* – é a rixa preordenada, na qual dois ou mais grupos de contendores, de maneira prévia, ajustam a "briga" generalizada. Nesse caso, sendo possível a identificação de cada um, não se poderia falar em crime de rixa, mas de lesões corporais qualificadas;

b) *ex improviso* – é a rixa que ocorre sem um prévio ajuste, de inopino, subitamente. Para alguns doutrinadores, essa é a típica rixa.

4.7.4. Tipo subjetivo

O delito de rixa é doloso, mas não agem os rixosos com dolo de lesionar (dolo de dano), mas sim de causar perigo à integridade física de terceiros (**dolo de perigo**).

Trata-se, portanto, de mais um **crime de perigo**, segundo a doutrina, abstrato (presume-se o perigo, não se exigindo sua comprovação em concreto).

O terceiro que apenas ingressa na contenda para "separar" os rixosos, por falta de dolo, não responderá pelo crime, exceto se, durante sua intervenção, passar a agredir os partícipes do tumulto.

4.7.5. Consumação e tentativa

Consuma-se o crime com a efetiva participação do agente na contenda generalizada, trocando agressões com os demais partícipes do evento.

Segundo a doutrina majoritária, inadmissível a tentativa, já que o delito se consuma com o ingresso do contendor no tumulto, exaurindo-se a infração simultaneamente com o início da execução (delito unissubsistente e instantâneo).

Para outros, admite-se a tentativa apenas na rixa *ex proposito* (preordenada).

Ademais, se o tumulto sequer tivesse início, não ocorreria a forma tentada do delito, mas sim meros atos preparatórios.

4.7.6. Rixa qualificada

Conforme o parágrafo único do art. 137 do CP, se ocorrer morte ou lesão corporal de natureza grave, a pena será de 6 meses a 2 anos de detenção.

Trata-se de dispositivo que pune objetivamente (independentemente de comprovação de dolo ou culpa) o participante da rixa se do tumulto decorrer resultado mais grave do que simples vias de fato ou lesões corporais leves.

Em suma, ainda que o rixoso não tenha diretamente provocado a lesão corporal grave ou a morte de outro contendor, o só fato de participar do tumulto já será suficiente para receber reprimenda mais gravosa. Aqui, identifica-se um resquício da responsabilização penal objetiva.

Se um dos contendores for o que sofrer a lesão corporal grave, ele próprio responderá por rixa qualificada.

5. CRIMES CONTRA A HONRA

5.1. Crimes contra a honra (arts. 138 a 145, do CP). Considerações iniciais

A honra é bem jurídico constitucionalmente protegido, conforme se infere do art. 5º, X, da CF: "são invioláveis a intimidade, a vida privada, a honra e a imagem das pessoas, assegurado o direito a indenização pelo dano material e moral decorrente de sua violação".

A doutrina costuma dividir a honra sob dois aspectos: um objetivo e outro subjetivo.

Sob o enfoque objetivo, que dá ensejo à denominada **honra objetiva**, diz-se que se trata daquilo que terceiros pensam do sujeito. Em outras palavras, a honra objetiva condiz com o conceito que a pessoa goza de seu meio social (reputação).

Já no tocante ao aspecto subjetivo, do qual se origina a **honra subjetiva**, diz-se que se trata daquilo que a pessoa pensa de si própria, um sentimento sobre a própria dignidade.

Embora a doutrina costume diferenciar honra objetiva de subjetiva, é certo que não se pode tratá-las de forma estanque, eis que, por vezes, segundo adverte Rogério Greco, "uma palavra que pode ofender a honra subjetiva do agente também pode atingi-lo perante a sociedade da qual faz parte. Chamar alguém de mau-caráter, por exemplo, além de atingir a dignidade do agente, macula sua imagem no meio social" (*Curso de Direito Penal* – vol. 2 – Parte Especial – Ed. Impetus).

A distinção a que ora fazemos referência guarda importância apenas para a distinção dos três tipos penais incriminadores que serão doravante estudados (bem como os momentos consumativos): a **injúria** (que ofende a *honra subjetiva* da vítima), a **calúnia** e a **difamação** (ambas ofendendo a *honra objetiva* do sujeito passivo das condutas ilícitas).

5.2. Calúnia (art. 138 do CP)

5.2.1. Considerações iniciais

O art. 138 do CP prevê o crime de calúnia, que, como já dito anteriormente, ofende a **honra objetiva** da vítima, vale dizer, sua reputação e fama perante terceiros.

5.2.2. Tipo objetivo

A conduta típica é *caluniar*, ou seja, fazer uma falsa acusação, tendo o agente, com tal conduta, a intenção de afetar a reputação da vítima perante a sociedade.

O tipo penal em comento enuncia: "caluniar alguém, imputando-lhe falsamente fato definido como crime".

Guilherme de Souza Nucci (*Manual de Direito Penal* – Parte Geral e Parte Especial – 3ª ed., Ed. RT, p. 657), criticando a redação do art. 138 do CP, faz a seguinte ressalva: "portanto, a redação feita no art. 138 foi propositadamente repetitiva (fala duas vezes em *'atribuir'*: caluniar significa *atribuir* e imputar também significa *atribuir*). Melhor seria ter nomeado o crime como sendo 'calúnia', descrevendo o modelo legal de conduta da seguinte forma: *'Atribuir a alguém, falsamente, fato definido como crime'*. Isto é caluniar".

Em suma, o crime de calúnia fica caracterizado quando o agente atribui, imputa a alguém, *falsamente*, fato definido como crime.

Deve o agente delitivo, portanto, imputar um **fato determinado**, e não genérico, sob pena de restar descaracterizada a calúnia, tipificando, eventualmente, a conduta prevista no art. 140 do CP (injúria). Exemplo de fato determinado: "João foi quem ingressou no Banco Real, na semana passada, e comandou o roubo à agência". Nesse caso, verifica-se a atribuição de um fato determinado (no espaço e no tempo), que somente configura o crime em comento se for falso.

Considera-se falso o fato atribuído à vítima se ele sequer ocorreu ou, tendo ocorrido, não teve como autor, coautor ou partícipe, o ofendido.

Se o agente atribuir à vítima fato definido como contravenção penal (ex.: "João é o dono da banca do jogo do bicho do bairro "X", tendo recebido, somente na semana passada, mais de 300 apostas em sua banca"), não se configura o crime de calúnia, que pressupõe a falsa imputação de fato *criminoso*. No exemplo dado, poderíamos estar diante de uma difamação (art. 139 do CP).

5.2.3. Tipo subjetivo

O elemento subjetivo da conduta é o dolo, ou seja, a vontade livre e consciente do agente de atribuir a alguém, sabendo ser falso, um fato definido como crime.

Exige-se, ainda, o elemento subjetivo do tipo específico (dolo específico), qual seja, o *animus diffamandi*, a intenção de ofender a honra da vítima.

5.2.4. Sujeitos do crime

O **sujeito ativo** do crime pode ser qualquer pessoa, razão pela qual a calúnia é doutrinariamente qualificada como **crime comum**.

O **sujeito passivo** também pode ser **qualquer pessoa**.

Diverge a doutrina acerca da possibilidade de **pessoa jurídica** ser vítima de calúnia. Entende-se que sim, apenas em se tratando de **crimes ambientais**, nos quais a pessoa jurídica pode ser autora da conduta típica (*vide* Lei 9.605/1998).

Se a vítima for o Presidente da República e o crime tiver conotação política o fato será regulado pela Lei de Segurança Nacional (Lei 7.170/1983).

Antes do julgamento, pelo STF, da ADPF 130, no mês de abril de 2009, se o meio de dispersão da calúnia à sociedade fosse a imprensa (escrita ou falada), o delito seria aquele previsto na Lei de Imprensa (Lei 5.250/1967). Frise-se que referido diploma legal foi declarado não recepcionado pela nova ordem constitucional. Nesse sentido, confira-se parte da ementa do julgado:

> Arguição de descumprimento de preceito fundamental (ADPF). Lei de imprensa. Adequação da ação. Regime constitucional da "liberdade de informação jornalística", expressão sinônima de liberdade de imprensa. A "plena" liberdade de imprensa como categoria jurídica proibitiva de qualquer tipo de censura prévia.
> (...)
> 10. Não recepção em bloco da Lei 5.250 pela nova ordem constitucional.
> (...)
> 12. Procedência da ação. Total procedência da ADPF, para o efeito de declarar como não recepcionado pela Constituição de 1988 todo o conjunto de dispositivos da Lei Federal 5.250, de 09.02.1967.

Atualmente (leia-se: desde o julgamento da já citada ADPF 130), se o crime de calúnia for perpetrado por meio da imprensa, aplicar-se-ão as regras "comuns" do Código Penal.

5.2.5. Consumação e tentativa

Consuma-se o crime de calúnia no momento em que a falsa atribuição de fato criminoso **chegar ao conhecimento de terceiros** (ainda que a só uma pessoa), independentemente de a circunstância macular a honra da vítima.

Assim, ainda que, de fato, a reputação do ofendido não seja abalada, entende-se consumado o delito (trata-se, pois, de **crime formal**).

É **possível a tentativa** se, por exemplo, os atos executórios ocorrerem por escrito e os papéis caluniadores não chegarem ao conhecimento de terceiros.

5.2.6. Propalar ou divulgar a calúnia

O § 1º do art. 138 do CP também pune a conduta daquele que simplesmente propala ou divulga a falsa imputação de fato definido como crime, desde que saiba ser falsa.

Nesse caso, aquele que simplesmente repassar a calúnia estará, por óbvio, caluniando a vítima, eis que a ele estará atribuindo fato definido como crime, sabendo-o falso.

5.2.7. Calúnia contra os mortos

O § 2º do art. 138 do CP também pune a **calúnia contra os mortos**. Nesse caso, como as pessoas já morreram, as vítimas não serão propriamente elas, que já sequer contam com personalidade jurídica (que se encerra, para as pessoas naturais, com a morte), mas seus **familiares**.

5.2.8. Calúnia contra inimputáveis. É possível?

Aos adeptos da teoria tripartida de crime (**fato típico, antijurídico e culpável**), o inimputável por doença mental, desenvolvimento mental incompleto ou desenvolvimento mental retardado (art. 26 do CP), embora pratique os dois primeiros elementos do crime, é isento de pena, pelo que a culpabilidade estaria afastada. Em outras palavras, o "louco" não praticaria *crime*.

O mesmo se pode dizer com relação aos inimputáveis por idade (menores de dezoito anos), que não se submetem ao Código Penal, mas apenas à legislação específica (ECA).

Entende a maioria, entretanto, que contra os inimputáveis é possível a prática de calúnia, embora não possam *praticar crime*.

É que o legislador utilizou os termos "fato definido como crime", e não "prática de crime". Dessa forma, é possível que se atribua a um "louco", ou a um menor de idade, um *fato* definido em lei como crime (ex.: homicídio, aborto, roubo, furto etc.).

Concluindo, percebe-se que é possível, portanto, que inimputáveis, embora não pratiquem crime (em seu sentido técnico-jurídico), possam ser vítimas de calúnia.

5.2.9. Exceção da verdade

O § 3º do art. 138 do CP prevê o instituto da "exceção da verdade". Trata-se de um incidente processual, que deve ser obrigatoriamente enfrentado pelo magistrado antes da sentença final, visto que pode conduzir à absolvição do suposto agente delitivo.

A lei penal admite que a pessoa que atribui a terceiro fato definido como crime comprove a *veracidade* da imputação. Logo, se o crime de calúnia pressupõe a atribuição falsa de um fato definido como crime, a exceção (defesa) da verdade pode tornar a conduta atípica.

Assim, pode o autor da suposta calúnia provar que a pretensa vítima realmente praticou o fato definido como crime, razão pela qual a imputação seria verdadeira e não falsa.

Todavia, a lei previu algumas situações em que **a exceção da verdade é vedada:**

a) inciso I – se, constituindo o fato imputado crime de ação privada, o ofendido não foi condenado por sentença irrecorrível: aqui, se o crime for de ação privada e a vítima sequer intentou a competente queixa-crime, torna-se impossível que um terceiro, que não a própria vítima, queira provar a ocorrência de um crime que o diretamente interessado não teve interesse de demonstrar. Outra situação ocorre se o autor da calúnia atribui a alguém um fato definido como crime de ação privada e ainda não houve a condenação definitiva (irrecorrível);

b) inciso II – se o fato é imputado a qualquer das pessoas indicadas no n. I do art. 141: referido dispositivo faz alusão ao Presidente da República e a chefe de governo estrangeiro. Nesse caso, ainda que referidas pessoas houvessem praticado crime, o CP não admite sua comprovação. Há quem sustente que essa vedação à exceção da verdade viola o princípio constitucional da ampla defesa, entendimento que também comungamos;

c) inciso III – se do crime imputado, embora de ação pública, o ofendido foi absolvido por sentença irrecorrível: no caso em tela, se a Justiça já absolveu, de maneira irrecorrível, a vítima do crime de calúnia, não poderá o agente querer provar algo sobre o qual não mais cabe discussão (coisa julgada).

5.3. Difamação (art. 139 do CP)

5.3.1. Considerações iniciais

Trata-se de crime que atenta contra a **honra objetiva** da vítima, vale dizer, sua reputação e fama no meio social. É esse, portanto, o **objeto jurídico** do crime em comento.

5.3.2. Tipo objetivo

A conduta típica corresponde ao verbo do tipo **difamar**, que significa desacreditar uma pessoa, maculando sua reputação no meio social. Parecida com a calúnia, a difamação pressupõe que haja imputação de um **fato** (não definido como crime, mas que tenha a possibilidade de ofender a reputação da vítima).

O tipo penal, segundo Guilherme de Souza Nucci (op. cit., p. 659), também foi repetitivo, já que difamar significa exatamente imputar um fato "desairoso", silenciando a respeito da veracidade ou falsidade dele.

Em suma, difamar a vítima significa imputar-lhe fatos maculadores de sua fama (honra objetiva), ainda que verídicos (ex.: "João, todas as sextas-feiras, é visto defronte a um bordel, consumindo drogas e bebida alcoólica, na esquina da Rua 'X'").

5.3.3. Tipo subjetivo

É o dolo, ou seja, a vontade livre e consciente do agente em atribuir a alguém (ainda que verdadeiramente) fato ofensivo à reputação. Além disso, exige-se o elemento subjetivo do tipo (dolo específico), qual seja, o *animus diffamandi*.

5.3.4. Sujeitos do crime

A difamação pode ser praticada por qualquer pessoa, tratando-se, pois, de crime comum. A vítima também pode ser qualquer pessoa.

Antes do julgamento, pelo STF, da ADPF 130, no mês de abril de 2009, se o meio de dispersão da difamação à sociedade fosse a imprensa (escrita ou falada), o delito seria aquele previsto na Lei de Imprensa (Lei 5.250/1967). Frise-se que referido diploma legal foi declarado não recepcionado pela nova ordem constitucional. Nesse sentido, confira-se parte da ementa do julgado:

> Arguição de Descumprimento de Preceito Fundamental (ADPF). Lei de Imprensa. Adequação da ação. Regime constitucional da "liberdade de informação jornalística", expressão sinônima de liberdade de imprensa. A "plena" liberdade de imprensa como categoria jurídica proibitiva de qualquer tipo de censura prévia.
>
> (...)
>
> 10. Não recepção em bloco da Lei 5.250 pela nova ordem constitucional.
>
> (...)
>
> 12. Procedência da ação. Total procedência da ADPF, para o efeito de declarar como não recepcionado pela Constituição de 1988 todo o conjunto de dispositivos da Lei federal 5.250, de 09.02.1967.

Atualmente (leia-se: desde o julgamento da já citada ADPF 130), se o crime de difamação for perpetrado por meio da imprensa, aplicar-se-ão as regras "comuns" do Código Penal.

Questiona-se se a **pessoa jurídica pode ser vítima de difamação**. Entende-se, majoritariamente, que **sim**, eis que as empresas gozam de reputação no mercado. Em suma, as pessoas jurídicas têm uma imagem a ser preservada, pelo que sua "honra objetiva" pode ser maculada (ex.: "a empresa 'Y' trata muito grosseiramente seus empregados, especialmente o Joaquim, que foi escorraçado de seu posto de trabalho na semana passada").

Interessante para os concursos públicos que se conheça a posição do STF acerca de difamação perpetrada por advogado, que, de acordo com o art. 7º, § 2º, do Estatuto da OAB (Lei 8.906/1994) é imune por suas manifestações em juízo ou fora dele, desde que no exercício da profissão, a referido crime.

Confira-se:

Difamação e imunidade profissional de advogado

"A 1ª Turma, por maioria, denegou *habeas corpus* em que se pleiteava o trancamento da ação penal. Na espécie, a paciente – condenada pelo crime de difamação – teria ofendido a reputação de magistrada, desmerecendo a sua capacitação funcional, diante dos serventuários e demais pessoas presentes no cartório da vara judicial. De início, aduziu-se que as alegações de atipicidade da conduta e de inexistência de dolo não poderiam ser apreciadas nesta via, uma vez que, para chegar a conclusão contrária à adotada pelas instâncias ordinárias, seria necessário o reexame do conjunto fático-probatório, não admissível nesta sede. Em seguida, ponderou-se estar diante de fato, em tese, típico, ilícito e culpável, revestido de considerável grau de reprovabilidade. Ressaltou-se que o comportamento da paciente amoldar-se-ia, em princípio, perfeitamente à descrição legal da conduta que a norma visaria coibir (CP, art. 139). Desse modo, afirmou-se que não haveria falar em atipicidade da conduta. Ante as circunstâncias dos autos, reputou-se, também, que não se poderia reconhecer, de plano, a ausência do *animus difamandi*, identificado na sentença condenatória e no acórdão que a confirmara. No tocante à alegação de que teria agido acobertada pela imunidade conferida aos advogados, asseverou-se que seria inaplicável à espécie a excludente de crime (CP, art. 142), haja vista que a ofensa não teria sido irrogada em juízo, na discussão da causa. Acrescentou-se que a mencionada excludente não abrangeria o magistrado, que não poderia ser considerado parte na relação processual, para os fins da norma. Frisou-se, também, que a jurisprudência e a doutrina seriam pacíficas nesse sentido, na hipótese de ofensa a magistrado. O Min. Luiz Fux enfatizou que a frase proferida pela advogada encerraria uma lesão penal bifronte. Vencidos os Ministros Marco Aurélio, relator, e Dias Toffoli, que concediam a ordem. Aquele, para assentar a atipicidade da conduta da paciente sob o ângulo penal; este, porquanto afirmava que a difamação estaria expressamente imunizada pelo § 2º do art. 7º do Estatuto da Advocacia". HC 104385/SP, rel. orig. Min. Marco Aurélio, red. p/ o acórdão Min. Ricardo Lewandowski, 28.06.2011. (HC-104385) (Inform. STF 633).

5.3.5. Consumação e tentativa

Consuma-se o crime de difamação quando a ofensa à reputação da vítima chega ao conhecimento de terceiros (ainda que a uma só pessoa), independentemente de haver um resultado lesivo à sua fama. Trata-se, portanto, de crime formal, que independe de resultado naturalístico.

Admissível a tentativa, por exemplo, se a difamação for feita por escrito e não chegar ao conhecimento de terceiros por extravio dos papéis.

5.3.6. Exceção da verdade (parágrafo único)

Somente é admitida a exceção (defesa) da verdade se o agente tentar comprovar que o fato ofensivo à reputação de funcionário público foi efetivamente praticado se tiver relação direta com o exercício de suas funções.

Diz-se que a Administração Pública admite a exceção da verdade nesses casos pelo fato de que tem entre seus princípios informadores o da moralidade e o da eficiência.

Imagine que "A" imputa a "B", juiz de direito, o seguinte fato: "o Dr. 'B', juiz da vara criminal da cidade 'X', ao invés de presidir a audiência do dia 20.03.2015, na qual eu era advogado do autor, ficou bebendo no bar da esquina".

Se o juiz ingressasse com queixa-crime contra o advogado, dizendo-se vítima de difamação, poderia ele demonstrar a verdade do fato atribuído ao magistrado. Como dissemos, a lei tem o interesse de provar um fato desonroso atribuído a um funcionário público que o tenha praticado no exercício de suas funções. Quer-se, com isso, proteger a própria imagem da Administração Pública, que pode ser maculada por um funcionário que aja de maneira vexatória, já que sua imagem, querendo ou não, acaba sendo vinculada ao Poder Público.

5.4. Injúria (art. 140 do CP)

5.4.1. Considerações iniciais

Trata-se de crime que ofende a **honra subjetiva** da vítima, vale dizer, sua dignidade ou seu decoro ("autoimagem da pessoa, isto é, a avaliação que cada um tem de si mesmo" – Guilherme de Souza Nucci – op. cit., p. 661).

Portanto, o objeto jurídico do crime em estudo é a honra subjetiva, e não a objetiva, protegida pelos delitos de calúnia e difamação.

5.4.2. Tipo objetivo

Enquanto nos delitos de calúnia e difamação o agente imputa um fato (definido como crime, na primeira, ou ofensivo à reputação, na segunda), na injúria este não se verifica.

No crime previsto no art. 140 do CP, o agente ofende a vítima atribuindo-lhe uma **qualidade negativa**, infamante àquilo que ela pensa de si mesma, ofendendo sua autoestima.

5.4.3. Tipo subjetivo

Além do dolo (vontade livre e consciente de ofender a honra subjetiva da vítima), exige-se o elemento subjetivo do tipo, ou seja, o *animus injuriandi*, a intenção de, com sua fala, gesto ou escrito, lesar a autoestima do ofendido.

5.4.4. Sujeitos do crime

O sujeito ativo da injúria pode ser qualquer pessoa, tratando-se, pois, de crime comum.

Em tese, o sujeito passivo também pode ser qualquer pessoa. Dizemos "em tese" pelo fato de o crime em análise depender da ofensa à dignidade ou decoro da vítima. Em algumas circunstâncias, torna-se impossível que o ofendido entenda que sua autoestima foi ferida (ex.: crianças de tenra idade; doentes mentais sem capacidade de discernimento).

Lembremos que o crime pressupõe que a vítima se veja (e entenda) lesada em sua autoimagem, o que nem sempre é possível.

Não se admite crime de injúria contra pessoa jurídica, já que a honra subjetiva é própria de pessoas naturais e não de uma ficção legal.

Até mesmo aos "desonrados" é possível a configuração de injúria. Diz-se que sempre há uma gota de dignidade ou decoro a se resguardar, por mais "desonrada" seja a pessoa (ex.: pode-se injuriar uma prostituta, ainda que se tente ofender sua autoimagem no que tange à atividade sexual).

5.4.5. Consumação e tentativa

Consuma-se o crime no momento em que a imputação de qualidades negativas **chega ao conhecimento da própria vítima**, e não de terceiros, como na calúnia e difamação.

1. DIREITO PENAL

Não se exige que a pessoa se sinta, de fato, ofendida, bastando a potencialidade lesiva da conduta, chamando-se o delito em estudo de **formal** (ex.: chamar alguém de verme fétido e imundo tem potencialidade de causar um dano à autoestima, ainda que, no caso concreto, não se verifique).

Admite-se a forma **tentada**, por exemplo, se a injúria for **por escrito** e o papel não chegar às mãos da vítima por extravio.

5.4.6. Exceção da verdade

Obviamente não é admitida. Seria absurdo, por exemplo, imaginar-se a prova de que a vítima é, de fato, um verme fétido e imundo.

Como no crime de injúria não se atribuem fatos, mas qualidades, torna-se impossível querer prová-las verdadeiras, diferentemente da calúnia e difamação (nelas se atribuem fatos, os quais podem não ter ocorrido).

5.4.7. Perdão judicial

Poderá o juiz deixar de aplicar a pena (perdão judicial – causa extintiva da punibilidade – v. art. 107, IX, do CP) nas seguintes hipóteses, previstas no § 1º do art. 140:
a) quando o ofendido, de forma reprovável, provocou diretamente a injúria (inc. I);
b) quando houver retorsão imediata, que consista em outra injúria (inc. II).

No primeiro caso, a vítima, dadas as provocações, cria no espírito do agente a raiva, combustível para que o injurie.

Na segunda hipótese, embora o agente injurie a vítima, esta revida imediatamente (logo após a injúria), de tal forma que também atribua ao seu "agressor inicial" um fato ofensivo à dignidade ou decoro. Com a devida vênia, aqui se aplica perfeitamente a famosa frase: "chumbo trocado não dói". Nesse caso, ninguém responderá por injúria, dada a incidência do perdão judicial, causa extintiva da punibilidade.

5.4.8. Injúria qualificada

5.4.8.1. Injúria real

Vem prevista no § 2º do art. 140 do CP. Ocorre quando o agente, valendo-se de lesões corporais ou vias de fato, tenciona não diretamente atingir a integridade corporal ou a saúde da vítima, mas atingir-lhe a dignidade ou o decoro.

Opta o agente, em vez de injuriar a vítima com palavras ou escritos, produzir-lhe um insulto de maneira mais agressiva (ex.: tapa no rosto; cusparada na face; empurrão diante de várias pessoas). Contudo, de tal situação, deve-se vislumbrar que a intenção do agente foi a de ofender a autoestima da vítima. Daí a palavra "aviltante" prevista na qualificadora ora analisada.

De qualquer modo, o legislador irá punir o agente pela violência de maneira autônoma (ex.: se do tapa, a boca da vítima fica machucada e sangra, além da injúria qualificada, irá responder o agente por lesão corporal leve). No tocante às vias de fato, a doutrina defende que serão absorvidas pelo crime contra a honra.

5.4.8.2. Injúria qualificada pelo preconceito de raça ou cor (ou injúria racial)

Prevista na primeira parte do § 3º do art. 140 do CP, restará configurada quando o agente, para injuriar a vítima, utilizar-se de elementos referentes à **raça**, **cor**, **etnia**, **religião** ou **origem.**

Assim, estaremos diante da qualificadora em comento se o agente, por exemplo, injuriar um judeu dizendo que "todo judeu é corrupto e mão de vaca", ou um negro dizendo que "todo negro é ladrão e desonesto".

Não se confunde a **injúria racial** com o crime de **racismo**, previsto na **Lei 7.716/1989**. Neste, a sujeição passiva é toda uma coletividade ou determinado grupo, ao passo que naquela há vítima certa, determinada.

Importante registrar que o STF, no julgamento dos embargos de declaração de decisão proferida em sede de Agravo Regimental no Recurso Extraordinário 983.531, do Distrito Federal, por meio de sua 1ª Turma, reconheceu a equiparação dos crimes de injúria racial e racismo e, em consequência, a **imprescritibilidade** e **inafiançabilidade** de referidos delitos.

5.4.8.3. Injúria qualificada contra idoso ou deficiente

Quando, para cometer a injúria, o agente ofender a vítima em razão de ser **pessoa idosa ou portadora de deficiência,** a pena será de 1 a 3 anos de reclusão, a mesma prevista para a injúria racial.

Tal proteção no CP foi inserida pelo Estatuto do Idoso.

Guilherme Nucci cita, como exemplo de injúria qualificada contra idoso ou deficiente, as seguintes situações: "não atendemos múmias neste estabelecimento" ou "aleijado só dá trabalho" (op. cit., p. 663).

5.5. Disposições gerais dos crimes contra a honra (arts. 141 a 145 do CP)

5.5.1. Formas majoradas

As penas são aumentadas de 1/3 se os crimes já estudados (calúnia, difamação ou injúria) forem praticados:
a) contra Presidente da República ou chefe de governo estrangeiro (inc. I, art. 141);
b) contra funcionário público, em razão de suas funções (inc. II, art. 141);
c) na presença de várias pessoas, ou por meio que facilite a divulgação da calúnia, da difamação ou da injúria (inc. III, art. 141);
d) contra pessoa maior de 60 (sessenta) anos ou portadora de deficiência, exceto no caso de injúria (inc. IV, art. 141).

Na última hipótese *supra*, excetuou-se a injúria pelo fato de o art. 140, § 3º, do CP, punir mais gravosamente a injúria contra pessoa idosa ou deficiente. Assim não fosse, estaríamos diante de inegável *bis in idem*. Prevalece, contudo, para os crimes de calúnia e difamação.

Por fim, o parágrafo único do art. 141 do CP menciona a aplicação de pena em dobro se o crime é cometido mediante paga ou promessa de recompensa. Trata-se de situação mais duramente punida pela lei, tendo em vista a torpeza do crime, demonstrada no fato de que o agente, por dinheiro ou sua mera expectativa, ofende a honra de terceiros.

5.5.2. Exclusão do crime

O art. 142 do CP traz algumas causas específicas de exclusão do crime (excludentes de ilicitude), apenas no tocante à **difamação e à injúria**, a saber:

a) a ofensa irrogada (atribuída, praticada) em juízo, na discussão da causa (limite material da excludente), pela parte ou por seu procurador (advogado);

b) a opinião desfavorável da crítica literária, artística ou científica, salvo quando inequívoca a intenção de injuriar ou difamar;

c) o conceito desfavorável emitido por funcionário público, em apreciação ou informação que preste no cumprimento do dever de ofício (ex.: certidão assinada por um escrivão, dando conta da existência dos maus antecedentes do réu).

Nos casos das letras "a" e "c", pune-se o terceiro que dá publicidade aos fatos ocorridos (parágrafo único do art. 142 do CP).

5.5.3. Retratação (art. 143 do CP)

Extingue-se a punibilidade daquela pessoa que atribuiu a alguém um falso fato definido como crime (calúnia) ou desonroso (difamação) se, até a sentença de 1º grau, retratar-se do que fez, vale dizer, "voltar atrás", desmentir-se.

Se o faz até a prestação jurisdicional ser efetivada em 1ª instância, o querelado (réu na ação penal privada) ficará isento de pena. Tal instituto tem por objetivo restabelecer a **honra objetiva** da vítima, que se vê, com a atitude do réu, "livre" da má reputação conferida pelo agente.

Antes do julgamento, pelo STF, da ADPF 130, no mês de abril de 2009, se o meio de dispersão da injúria à sociedade fosse a imprensa (escrita ou falada), o delito seria aquele previsto na Lei de Imprensa (Lei 5.250/1967). Frise-se que referido diploma legal foi declarado não recepcionado pela nova ordem constitucional. Nesse sentido, confira-se parte da ementa do julgado:

> Arguição de Descumprimento de Preceito Fundamental (ADPF). Lei de imprensa. Adequação da ação. Regime constitucional da "liberdade de informação jornalística", expressão sinônima de liberdade de imprensa. A "plena" liberdade de imprensa como categoria jurídica proibitiva de qualquer tipo de censura prévia.
>
> (...)
>
> 10. Não recepção em bloco da Lei 5.250 pela nova ordem constitucional
>
> (...)
>
> 12. Procedência da ação. Total procedência da ADPF, para o efeito de declarar como não recepcionado pela Constituição de 1988 todo o conjunto de dispositivos da Lei federal 5.250, de 09.02.1967.

Atualmente (leia-se: desde o julgamento da já citada ADPF 130), se o crime de injúria for perpetrado por meio da imprensa, aplicar-se-ão as regras "comuns" do Código Penal.

Logo, não mais se pode admitir que a injúria praticada pela imprensa admita a retratação, o que era possível pelo art. 26 da Lei 5.250/1967, a qual, como se sabe, foi declarada não recepcionada pelo STF.

5.5.4. Pedido de explicações (art. 144 do CP)

Não havendo certeza da intenção do agente ao proferir impropérios contra alguém, poderá o suposto ofendido pedir explicações em juízo ao suposto ofensor, a fim de que se tenha certeza ou probabilidade de que tenha havido injúria, calúnia ou difamação.

Se o suposto ofensor não comparecer em juízo para prestar esclarecimentos, ou, a critério do juiz, não der as explicações de maneira satisfatória, poderá vir a ser criminalmente processado.

Exemplo seria dizer a uma mulher "extravagante", em uma roda de pessoas: "Fulana, você é uma mulher cara". Ora, essa frase poderia tanto significar que a mulher "cobra caro" em seus serviços, ou é uma pessoa dileta, querida. Havendo dúvidas, poderá a mulher formular pedido de explicações ao suposto agressor de sua honra.

5.5.5. Ação penal

Em regra, os crimes contra a honra (calúnia, difamação e injúria) exigem atuação da vítima, que deverá, no prazo legal, oferecer a competente queixa-crime. Trata-se, portanto, de crimes de **ação penal privada**.

Todavia, poderá a **ação ser pública** no caso de injúria real (praticada com violência ou vias de fato).

Já se o crime for praticado contra o Presidente da República ou chefe de governo estrangeiro, a ação será **pública condicionada à requisição do Ministro da Justiça**.

Em se tratando de crime contra a honra de funcionário público em razão de suas funções, a ação será **pública condicionada à representação**. Todavia, o STF, ao editar a Súmula 714, permite a legitimidade concorrente do ofendido, mediante queixa, e do Ministério Público, mediante denúncia, desde que haja representação, quando o crime for contra a honra de servidor público em razão do exercício de suas funções. Trata-se de entendimento jurisprudencial consolidado na mais alta corte de nosso país, embora seja nitidamente *contra legem*.

Por fim, a **injúria racial** (art. 140, § 3º, CP), igualmente, é crime de **ação penal pública condicionada à representação**.

6. CRIMES CONTRA A LIBERDADE PESSOAL

6.1. Constrangimento ilegal (art. 146 do CP)

6.1.1. Considerações iniciais

O art. 146 do Código Penal vem inserido no capítulo dos **crimes contra a liberdade pessoal**.

Segundo Rogério Sanches Cunha, "liberdade significa, em síntese, **ausência de coação**. Com esse conceito amplo, protege-se, neste capítulo, **a faculdade do homem de agir ou não agir, querer ou não querer, fazer ou não fazer**

1. DIREITO PENAL

aquilo que decidir, sem constrangimento, prevalecendo a sua autodeterminação" (*Direito Penal* – Parte Especial – Ed. RT, p. 167).

No tocante ao crime de constrangimento ilegal, tencionou o legislador proteger o **livre arbítrio** do ser humano, que não pode ser compelido a fazer ou deixar de fazer alguma coisa senão em virtude de lei (v. art. 5º, II, da Constituição Federal).

6.1.2. Objeto jurídico

O art. 146 do Código Penal protege a liberdade individual da pessoa, que, como já dissemos, não pode ser obrigada a fazer ou deixar de fazer algo senão de acordo com sua própria vontade ou quando a lei dispuser em tal ou qual sentido.

6.1.3. Sujeitos do crime

O constrangimento ilegal é crime que pode ser praticado por qualquer pessoa. Logo, trata-se de **crime comum**.

Com relação ao **sujeito passivo**, diz-se que deve ser pessoa que possua capacidade de autodeterminação, ou seja, com capacidade de "decidir sobre os seus atos" (Rogério Sanches Cunha, op. cit., pág. 169).

Assim, não podem ser vítimas as pessoas de pouca idade, os loucos, os embriagados, já que não têm capacidade de "vontade natural".

6.1.4. Tipo objetivo

Estará configurado o crime de constrangimento ilegal quando o sujeito ativo "constranger" a vítima a fazer algo ou a não fazer algo, mediante violência, grave ameaça ou qualquer outro meio que reduza a capacidade de resistência.

Portanto, a conduta típica é "constranger", vale dizer, *obrigar, forçar, coagir*.

O legislador trouxe três hipóteses (meios executórios) de o crime em estudo ser praticado:

a) mediante violência: lesões corporais, vias de fato (é a denominada *vis corporalis* ou *vis absoluta*);

b) mediante grave ameaça: corresponde à violência moral (*vis compulsiva*), ou seja, à promessa de um mal injusto e grave;

c) mediante qualquer outro meio que reduza a capacidade de resistência da vítima: é o que se denomina de *violência imprópria*. Trata-se de meio executório subsidiário, que importe em uma redução da capacidade de autodeterminação ou resistência do ofendido. Exemplo disso é o uso da hipnose, de álcool ou substância de efeitos análogos, situações estas que excluiriam a maior chance de a vítima resistir à vontade do agente.

Salienta a doutrina que, se o constrangimento tiver por objetivo uma **pretensão legítima** do sujeito ativo, não se poderá falar em constrangimento ilegal, mas sim em **exercício arbitrário das próprias razões**, nos termos do art. 345 do Código Penal (ex.: "A", empregado de "B", demitido sem justa causa, ao ver que seu patrão não iria pagar seus direitos trabalhistas, mediante emprego de socos e pontapés,

obriga-o a assinar um cheque com o exato valor das verbas rescisórias).

O sujeito ativo irá constranger, portanto, a vítima, mediante violência, grave ameaça ou qualquer outro meio que reduza sua resistência a:

a) fazer algo: pressupõe uma atuação não querida pelo ofendido, que é levado a realizar alguma coisa contra sua vontade. Ex.: viagem, dirigir veículo, escrever uma carta;

b) não fazer algo: pressupõe que o agente constranja a vítima a não fazer alguma coisa, ou a tolerar que o próprio sujeito ativo faça algo.

6.1.5. Tipo subjetivo

O elemento subjetivo da conduta é o dolo. Em outras palavras, o crime de constrangimento ilegal é doloso, não admitindo a modalidade culposa.

Age o agente sabendo que aquilo que constrange a vítima a fazer ou deixar de fazer é ilegítimo.

6.1.6. Consumação e tentativa

Consuma-se o crime em análise no instante em que a vítima faz ou deixa de fazer algo, atuando, portanto, contra a sua vontade, em observância ao imposto pelo agente.

Admissível a tentativa se a vítima, coagida a fazer ou deixar de fazer algo, desatende à determinação do sujeito ativo.

6.1.7. Constrangimento ilegal e concurso com outros crimes

Se o sujeito ativo coage a vítima, mediante violência ou grave ameaça, a fazer algo considerado pela lei como crime, responderá pelo crime de constrangimento ilegal (art. 146 do Código Penal) em concurso com o outro delito praticado por aquela.

A depender da violência ou ameaça impingidas à vítima, poderá ficar caracterizada a **tortura**, prevista no art. 1º, I, "b", da Lei 9.455/1997.

Já se a coação à vítima for para que ela pratique contravenção penal, estaremos diante de concurso material entre o delito de constrangimento ilegal e a infração penal por ela praticada.

6.1.8. Aumento de pena

O § 1º do art. 146 do Código Penal prevê duas situações em que a pena será aplicada cumulativamente e em dobro:

a) se para a execução do crime se reúnem mais de três pessoas: nesse caso, se pelo menos quatro pessoas se reúnem para o cometimento do crime de constrangimento ilegal, dificultando ainda mais a possibilidade de resistência da vítima, o legislador entendeu por bem exacerbar a resposta penal, o que fez com acerto;

b) se para a execução do crime há emprego de armas: parte da doutrina exige que haja o efetivo emprego (uso) da arma para o cometimento do crime, não bastando o mero porte da arma. Deve-se entender por "arma" todo artefato, bélico ou não, com potencialidade lesiva (ex.: armas de fogo, facas, foices, machado, canivete etc.). Não se pode considerar como "arma" o simulacro de arma de fogo, ou seja, a réplica de brinquedo do artefato bélico, mormente com o cancelamento da Súmula 174 do STJ.

No caso do § 2º do art. 146 do Código Penal, diz-se que, além da pena do constrangimento ilegal, **serão aplicadas as correspondentes à violência** (leia-se: lesões corporais). Assim, será o caso de concurso material entre o art. 146 e o art. 129, ambos do Código Penal, somando-se, pois, as penas.

6.1.9. Causas de exclusão do crime

O § 3º do art. 146 do Código Penal traz duas situações em que não ficará configurado o crime de constrangimento ilegal. Entende-se majoritariamente que são duas as causas excludentes da antijuridicidade, a saber:

a) intervenção médica ou cirúrgica, sem o consentimento do paciente ou de seu representante legal, se justificada por iminente perigo de vida;

b) se a coação é exercida para impedir suicídio.

6.2. Ameaça (art. 147 do Código Penal)

6.2.1. Considerações iniciais

O crime de ameaça ofende, assim como o constrangimento ilegal, a liberdade pessoal da vítima, que, *in casu*, vê-se abalada com o prenúncio de um mal injusto e grave que lhe foi atribuído pelo sujeito ativo.

Pretendeu o legislador, portanto, punir a conduta que perturba a tranquilidade e a sensação de segurança da vítima, que deixa de ter sua autodeterminação (ir e vir, fazer ou não fazer) intocada.

6.2.2. Sujeitos do crime

Pode ser autor do delito em tela qualquer pessoa, tratando-se, pois, de **crime comum**.

Já a vítima deve ser pessoa certa e determinada com a capacidade de atinar para o mal injusto e grave que lhe tenha sido prometido. Quer-se dizer que somente pode ser sujeito passivo de ameaça a pessoa que possa reconhecer o caráter intimidatório do mal injusto e grave prenunciado pelo agente.

Não se admite, portanto, que se considere vítima de ameaça uma criança de tenra idade, sem a menor possibilidade de compreender a violência moral, bem como os doentes mentais, os ébrios ou pessoas indeterminadas. Ressalte-se que a lei prescreve "ameaçar *alguém*", do que se infere que somente pode ser pessoa certa e determinada.

6.2.3. Tipo objetivo

O verbo do tipo é "ameaçar", que significa intimidar, prometer um malefício.

O art. 147 do Código Penal descreve, como meios executórios do mal prometido, os seguintes:

a) palavra: pode-se ameaçar alguém por meio de palavras, faladas ou escritas;

b) escrito: são palavras graficamente materializadas;

c) gesto: são sinais feitos com movimentos corporais ou com o emprego de objetos;

d) qualquer outro meio simbólico: trata-se de hipótese residual, não abarcada pelas três situações anteriores.

Vê-se, portanto, que o crime em análise pode ser praticado por diversas formas, desde que aptas a amedrontar a vítima. Trata-se, pois, de crime de **ação livre**.

O mal prometido à vítima, segundo exige a lei, deve ser *injusto e grave*.

Não basta, portanto, a injustiça do malefício prometido, devendo ser grave. Também, não basta a gravidade do mal prometido, devendo ser injusto (ex.: prometer ao furtador de sua carteira que irá requerer instauração de inquérito policial).

A doutrina ensina, ainda, que o mal prometido deve ser iminente (prestes a ocorrer) e verossímil (crível). Não configuraria o crime de ameaça, por exemplo, prometer que irá pedir ao *diabo* que mate a vítima, ou que irá despejar toda a água dos oceanos em sua casa, para que morra afogada.

Deve a promessa de mal injusto e grave ser, repita-se, crível e apta a intimidar, ainda que a vítima, de fato, não se sinta intimidada. Nesse particular, estamos diante de **crime formal**.

6.2.4. Tipo subjetivo

É o dolo, ou seja, a vontade livre e consciente do agente em ameaçar a vítima, prometendo-lhe, mediante palavra, escrito, gesto ou qualquer outro meio, mal injusto e grave.

Ainda que o sujeito profira a ameaça, sabendo que não irá cumpri-la, caracterizado estará o crime em análise.

Inadmissível a modalidade culposa de ameaça.

Alerta a doutrina que o crime de ameaça exige seriedade de quem a profere, não se coadunando em momentos de cólera, raiva, ódio, enfim, desequilíbrio emocional.

Há quem sustente que a embriaguez do sujeito ativo retira a plena seriedade do mal injusto e grave prometido. Todavia, o art. 28, II, do Código Penal, prescreve que não exclui a imputabilidade a embriaguez. Portanto, o crime remanesceria, mesmo que o agente esteja embriagado.

6.2.5. Consumação e tentativa

A ameaça é crime que se consuma quando a vítima toma conhecimento do mal injusto e grave prometido pelo agente, ainda que com ele não se intimide. Trata-se, pois, de **crime formal**.

É possível a forma **tentada** do crime se praticado por **meio escrito**. Por palavras ou gestos, o delito é unissubsistente, não admitindo fracionamento no *iter criminis*.

6.2.6. Ação penal

O parágrafo único do art. 147 do Código Penal exige a representação da vítima para a instauração da *persecutio criminis in judicio*. Assim, sem a manifestação de vontade da vítima, no sentido de ver o agente processado, não poderá o Ministério Público dar início à ação penal.

Trata-se, portanto, de crime de **ação penal pública condicionada**.

6.3. Sequestro e cárcere privado (art. 148 do CP)

6.3.1. Considerações iniciais

Tutela o art. 148 do Código Penal a **liberdade de locomoção** do ser humano, vale dizer, seu livre-arbítrio, sua vontade de ir, vir ou permanecer onde bem entender, sem intromissão de quem quer que seja. Daí o crime em análise estar inserido no capítulo dos crimes contra a liberdade pessoal.

6.3.2. Sujeitos do crime

Pode ser **sujeito ativo** do crime **qualquer pessoa** (crime comum).

Já o sujeito passivo, segundo parte da doutrina, somente pode ser aquela pessoa que tenha a capacidade de ir e vir livremente, não se incluindo, em tese, os paralíticos, os portadores de doenças graves, ou aqueles que não tenham a compreensão do que vem a ser a privação de sua liberdade.

Todavia, Magalhães Noronha já advertiu que "a liberdade de movimento não deixa de existir quando se exerce à custa de aparelhos ou com o auxílio de outrem. Por outro lado, não é menos certo que o incapaz, na vida em sociedade, goza dessa liberdade corpórea, tutelada pela lei incondicional e objetivamente" (citação feita por Rogério Sanches Cunha, op. cit., p. 178).

Se o sujeito ativo do crime for **funcionário público**, no exercício de suas funções, poderá praticar **abuso de autoridade**, não sequestro (v. Lei 4.898/1965).

6.3.3. Tipo objetivo

A conduta típica corresponde ao verbo "**privar**", ou seja, reduzir à total ou parcial impossibilidade a liberdade de locomoção da vítima, que se vê, em maior ou menor grau, impedida de seu direito de ir e vir, não conseguindo se "desvencilhar do sequestrador sem que corra perigo pessoal" (Fernando Capez. *Curso de Direito Penal*, vol. 3, p. 305, ed. Saraiva).

A privação da liberdade da vítima, segundo o art. 148 do Código Penal, far-se-á mediante **sequestro** ou **cárcere privado**.

Na prática, sequestro e cárcere privado não ostentam diferenças relevantes, já que o agente responderá pelo crime em análise. Todavia, a doutrina cuidou de diferenciar ambas as formas de privação da liberdade da vítima.

Entende-se por **sequestro** a privação de liberdade que **não implica confinamento** da vítima (ex.: manter a pessoa em um apartamento, em uma casa, em uma chácara, sem que consiga se desvencilhar normalmente do sequestrador).

Já **cárcere privado** traduz a ideia de privação da liberdade da vítima em local fechado, havendo, portanto, **confinamento** (ex.: manter a vítima em um quarto, em uma solitária, em uma cela, em um buraco).

Podemos dizer, seja no tocante ao sequestro ou ao cárcere privado, que ambas as formas de privação da liberdade de locomoção da vítima implicam a existência de violência. A só privação da liberdade já configura forma de **violência**.

O **tempo de privação da liberdade** da vítima não vem previsto em lei como elementar do tipo. Porém, doutrina e jurisprudência divergem a respeito, entendendo-se que a curta privação já é suficiente à caracterização do crime, ou que, nesse caso, não se pode falar no tipo penal em comento.

6.3.4. Tipo subjetivo

Trata-se de crime doloso. Se a finalidade do agente na privação da vítima for o recebimento de alguma vantagem (dinheiro, por exemplo), estaremos diante do crime de extorsão mediante sequestro (art. 159 do Código Penal).

6.3.5. Consumação e tentativa

Consuma-se o crime no momento em que a vítima é privada de sua liberdade de locomoção, total ou parcialmente.

Trata-se de **crime permanente**, ou seja, somente tem fim quando cessar a privação da liberdade. Logo, admite-se a prisão em flagrante do sequestrador enquanto mantiver a vítima sequestrada ou em cárcere privado.

Admite-se a **tentativa**, já que o *iter criminis* é fracionável.

No caso de sobrevir **legislação mais rígida** a respeito do sequestro ou cárcere privado, impondo, por exemplo, pena mais gravosa ao agente que o cometer, será aplicada mesmo em prejuízo do réu. Isso porque estamos diante, como já dissemos, de **crime permanente**, que se protrai no tempo pela vontade do próprio agente.

Tal é o entendimento da Súmula 711 do STF: "a lei penal mais grave aplica-se ao crime continuado ou ao crime permanente, se a sua vigência é anterior à cessação da continuidade ou da permanência".

Pelo fato de o sequestro ou cárcere privado ser considerado **crime permanente** (repita-se: aquele cuja consumação se protrai no tempo por vontade do agente), nada mais justo do que o agente ser mais gravosamente punido por legislação superveniente ao momento em que a vítima foi arrebatada, se, ainda assim, a mantiver com sua liberdade restringida.

6.3.6. Formas qualificadas

O § 1º do art. 148 do Código Penal traz formas qualificadas do crime de sequestro ou cárcere privado, nas seguintes hipóteses:

a) se a vítima é ascendente, descendente, cônjuge do agente ou maior de 60 anos;

b) se o crime é praticado mediante internação da vítima em casa de saúde ou hospital;

c) se a privação da liberdade dura mais de 15 dias;

d) se o crime é praticado contra menor de 18 anos;

e) se o crime é praticado com fins libidinosos (inovação da Lei 11.106/2005).

Nos cinco casos acima, a pena será de 2 a 5 anos de reclusão.

Já na situação prevista no § 2º do mesmo artigo, a pena variará de 2 a 8 anos de reclusão se, em razão dos maus-tratos ou da natureza da detenção, a vítima experimentar **grave sofrimento físico ou moral**. A depender da intenção do agente, poderá ficar configurado o crime de tortura (Lei 9.455/1997).

6.4. Violação de domicílio (art. 150 do CP)

6.4.1. Considerações iniciais

Tencionou o legislador proteger a **inviolabilidade do domicílio**, constitucionalmente garantido no art. 5º, XI, da Carta Magna. A objetividade jurídica do crime em tela não é a proteção da posse ou da propriedade, mas da tranquilidade e da liberdade doméstica, punindo-se aquele que a perturbar.

6.4.2. Sujeitos do crime

O **sujeito ativo** do crime pode ser qualquer pessoa. Alerta a doutrina que o proprietário do bem imóvel também pode ser autor do crime de violação de domicílio se ingressar na casa habitada pelo inquilino sem o seu consentimento (protege-se, portanto, a tranquilidade doméstica e não a propriedade).

Sujeito passivo é o **morador**, a pessoa que ocupa o bem imóvel, não necessariamente o proprietário.

No caso de habitações coletivas, prevalece a vontade de quem proibiu o ingresso ou permanência de determinada pessoa no local (ex.: república de estudantes).

No caso de residências familiares, prevalece a vontade do dono (*dominus*) do imóvel. Em relação aos demais moradores, suas vontades valem nos limites de seus aposentos.

6.4.3. Tipo objetivo

Duas são as condutas típicas (verbos) caracterizadoras do crime de violação de domicílio:

a) entrar; ou
b) permanecer.

No **primeiro caso** (letra "a"), o agente **invade**, ingressa em casa alheia, seja em sua totalidade, seja em determinadas dependências. Já no **segundo caso** (letra "b"), o agente já se encontrava em casa alheia, mas, cessada a autorização para lá estar, **permanece contra a vontade da vítima**, deixando de se deslocar para fora do imóvel.

A entrada ou permanência do agente em casa alheia deve dar-se:

a) clandestinamente: o agente ingressa na casa da vítima sem que ela saiba ou perceba sua presença;

b) astuciosamente: o agente emprega alguma fraude (ex.: o agente ingressa ou permanece em casa alheia disfarçado de funcionário dos correios ou de companhia telefônica);

c) contra a vontade expressa de quem de direito: manifestação induvidosa, clara, do morador, que dissente com a entrada ou permanência do agente em sua casa;

d) contra a vontade tácita de quem de direito: manifestação implícita do morador de dissentir o ingresso ou permanência do agente em sua casa, o que se pode deduzir das circunstâncias.

Proíbe a lei, portanto, a perturbação doméstica, que pode se dar pelo ingresso ou permanência de alguém em casa alheia ou em suas dependências.

6.4.4. Tipo subjetivo

O crime que ora se estuda é doloso, não admitindo, portanto, a modalidade culposa.

6.4.5. Consumação e tentativa

A violação de domicílio é considerada pela doutrina como **crime de mera conduta**, do qual não se pode extrair um resultado naturalístico (modificação do mundo exterior provocada pelo ato). **Consuma-se**, portanto, no momento em que o agente entra completamente (e não apenas com parte do corpo) em casa alheia ou nela permanece contra a vontade de quem de direito. Nesse último caso, estaremos diante de um **crime permanente**.

Por se tratar de crime de mera conduta, inadmissível a tentativa, até mesmo pelo fato de o delito não permitir a ocorrência de resultado: ou se entra ou permanece em casa alheia ou, assim não sendo, não se pode falar em crime, sequer tentado.

6.4.6. Caráter subsidiário do crime de violação de domicílio

Se a violação de domicílio for meio de execução para a prática de crime mais grave, por este ficará absorvida (ex.: violação de domicílio para o furto de bens que guarnecem o imóvel).

6.4.7. Formas qualificadas

A violação de domicílio será punida de 6 meses a 2 anos de detenção, sem prejuízo da pena correspondente à violência, quando:

I. for praticada durante a noite: a palavra "noite" designa a inexistência de luz solar. Assim, pune-se com maior rigor o agente nessa hipótese, eis que a probabilidade de se consumar seu intento criminoso será maior, dada a menor vigilância sobre a casa nesse período;

II. for praticada em lugar ermo: se a violação de domicílio ocorre em local despovoado, a pena será maior, eis que a probabilidade de lesão ao bem jurídico é incrementada pelo fato de o local contar com poucos habitantes;

III. se houver emprego de violência: aqui, tanto física (empregada contra pessoa) quanto contra a própria coisa;

IV. se houver o emprego de arma: entende-se por "arma" tanto aquela previamente construída para o ataque (revólver, por exemplo) quanto o artefato que ostente potencialidade lesiva (faca, machado, facão, por exemplo);

V. se o crime for praticado por duas ou mais pessoas.

6.4.8. Causa de aumento de pena

O § 2º do art. 150 do Código Penal traz que a pena será aumentada em um terço se o crime for praticado por funcionário público, fora dos casos previstos em lei, ou com abuso de poder.

Fernando Capez entende que tal circunstância foi revogada pela Lei de Abuso de Autoridade (Lei 4.898/1965), por força do princípio da especialidade.

6.4.9. Exclusão do crime

Não se configura a violação de domicílio nas hipóteses previstas no § 3º do art. 150 do Código Penal, excluindo-se, portanto, a ilicitude da conduta praticada pelo agente.

São as hipóteses:

I. durante o dia, com observância das formalidades legais, para efetuar prisão ou outra diligência;

II. a qualquer hora do dia ou da noite, quando algum crime está sendo ali praticado, ou na iminência de o ser.

Além dessas hipóteses, **outras podem ser invocadas como forma de exclusão do crime em tela**: a legítima defesa, o estado de necessidade, o estrito cumprimento do dever legal, o exercício regular de direito (todas previstas no **art. 23 do Código Penal**), em caso de desastre ou para prestar socorro (estas duas últimas hipóteses vêm consagradas na Constituição Federal – **art. 5º, XI**).

6.4.10. Conceito de casa

Os §§ 4º e 5º do art. 150 do Código Penal, em típico exemplo de normas penais não incriminadoras explicativas, definem o conceito (positivo e negativo) de "casa" para fins de caracterização do crime de violação de domicílio.

7. CRIMES CONTRA O PATRIMÔNIO

7.1. Crime de furto (art. 155, do CP). Considerações iniciais

O crime de **furto**, previsto no art. 155 do CP, é a primeira figura inserida no Capítulo dos **crimes contra o patrimônio**, que se encerra com o art. 184 do mesmo diploma legal.

Trata-se de infração penal cuja **objetividade jurídica** é a **proteção do patrimônio alheio**, mais especificamente dos bens móveis alheios.

7.1.1. Tipo objetivo

O verbo do tipo (conduta típica) é **"subtrair"**, que corresponde à ação do agente de tirar alguma coisa da vítima, desapossá-la, apoderando-se dos bens a ela pertencentes.

A subtração exige, portanto, a **inexistência de consentimento da vítima**, já que o patrimônio é **bem jurídico disponível**, podendo ser suprimido por sua própria vontade.

Ainda, ressalta a doutrina que a subtração tem implícita em si a intenção do agente em se apoderar dos bens, seja para si, seja para outrem, de modo **definitivo**.

Atentam os doutrinadores, também, que a **subtração** abarca não só a retirada do bem da vítima sem o seu consentimento, mas a situação em que é entregue ao agente pelo ofendido, espontaneamente, e ele, sem permissão, retira-o da **esfera de vigilância** da vítima (ex.: "A", em uma loja, solicita um produto para manuseio, o que é feito por "B", vendedora. No entanto, sem o consentimento dela, "A" foge do local em poder do produto).

Ademais, não se exige, para a caracterização do furto, que a vítima esteja presente no momento da subtração. Em outras palavras, presenciando ou não a subtração, haverá o crime de furto.

Também configura elementar do tipo que a **coisa** subtraída seja **alheia** e **móvel**. Entende-se por "coisa" todos os bens suscetíveis de **apreciação econômica** (afinal, o furto protege o **patrimônio** alheio).

Outrossim, não basta que o agente subtraia um bem, devendo este pertencer, obviamente, a **terceira pessoa** (não se poderia cogitar de furto de coisa própria!).

Por fim, somente **bens móveis** podem ser objeto do crime em estudo, conforme determina a lei penal. Ainda que assim não estivesse previsto, se o furto pressupõe a retirada do bem da esfera de vigilância da vítima, somente os passíveis de mobilização é que podem ser literalmente "removidos", "retirados" de um local para outro. **Impossível, portanto, furto de bem imóvel**.

Se eventualmente a lei civil considera, por ficção, um bem móvel como imóvel, ainda assim poderão ser objeto material do crime em comento. Basta que possam ser transportados de um lugar a outro.

Até mesmo os animais (semoventes) podem ser objeto de furto, desde que tenham um proprietário (ex.: gados, cachorros etc.). Especificamente quanto ao furto de gado e outros semoventes, a doutrina o denomina de **abigeato, previsto, atualmente, como modalidade qualificada do crime em comento (art. 155, §6º, do CP)**.

Coisas de uso comum não podem ser objeto de furto (ex.: água de rios, mares, ar), salvo se destacados de seu meio natural e exploradas por alguém (ex.: água encanada; gás).

Também não podem ser furtadas as **coisas que não têm ou nunca tiveram dono** (é a chamada *res nullius*). Igualmente ocorre com as **coisas abandonadas** (*res derelicta*), que nos termos da lei civil serão de propriedade de quem as encontrar (ex.: embora com alto valor econômico, se um cachorro *pit bull* for abandonado, não poderá ser objeto de furto se alguém o encontrar e o levar para sua casa).

O § 3º do art. 155 do CP **equipara** a **"coisa alheia"** a energia elétrica, bem assim outras formas de energia, o que veremos mais a frente.

E o cadáver, pode ser objeto de furto? Segundo aponta a doutrina, se ele pertencer a uma universidade, ou a um laboratório, por exemplo, terá apreciação econômica, podendo ser considerado objeto material do crime em análise. Em qualquer outra hipótese, a subtração de cadáver configurará o crime previsto no art. 211 do CP.

A **subtração de órgão humanos**, para fins de transplante, configura crime específico definido na **Lei 9.434/1997** (Lei de remoção de órgãos e tecidos).

7.1.2. Tipo subjetivo

Além do **dolo** (vontade livre e consciente do agente em subtrair coisa alheia móvel), exige-se o **elemento subjetivo do tipo (dolo específico)**, vale dizer, o sujeito ativo deve ter a intenção de apoderar-se definitivamente do bem subtraído, ou de fazê-lo para que terceira pessoa dele se apodere em caráter definitivo.

O elemento subjetivo do tipo, no crime de furto, é denominado *de animus rem sibi habendi*. Em outras palavras, o agente deve subtrair o bem com o fim de **assenhoreamento definitivo**.

A exigência do "dolo específico" pode vir a desnaturar o crime de furto se o agente **subtrai o bem temporariamente, sem a intenção de ficar com ele indefinidamente**.

Assim, se o furtador subtrai um carro, por exemplo, com a simples intenção de utilizá-lo e posteriormente restituí-lo ao seu legítimo proprietário, estaremos diante de fato atípico, dada a inexistência do *animus rem sibi habendi*. Tal figura é denominada pela doutrina de **furto de uso**.

Para a configuração do furto de uso, há a necessidade de existirem dois requisitos:

a) subjetivo: intenção, *ab initio*, de utilizar temporariamente o bem subtraído, sem a intenção, portanto, de permanecer indefinidamente com ele;

b) objetivo: deve-se restituir a coisa subtraída com um interstício de tempo não muito longo (cláusula aberta), bem como em sua integralidade e sem danos.

Se a subtração de uma coisa alheia ocorrer para a superação de uma **situação de perigo**, nem mesmo podemos aventar furto de uso, mas sim de estado de necessidade, que afasta a criminalidade da conduta (**causa excludente da antijuridicidade**). É o caso, por exemplo, do *furto famélico*, que se caracteriza pela subtração de alimentos por uma pessoa para saciar a fome de seus filhos, em atual ou iminente estado de desnutrição.

7.1.3. Sujeitos do crime

O **sujeito ativo** do crime de furto pode ser qualquer pessoa, desde que não seja o proprietário ou possuidor da coisa subtraída (o tipo penal exige que a coisa subtraída seja **alheia**).

Se se tratar o furtador de **funcionário público**, no exercício das funções ou em razão delas, poderá praticar o crime de peculato (art. 312 do CP).

Já o **sujeito passivo** do crime de furto é o proprietário, possuidor ou detentor do bem subtraído. Poderá ser pessoa natural ou pessoa jurídica.

7.1.4. Consumação e tentativa

Predomina na jurisprudência, quanto ao momento consumativo do furto, a denominada **teoria da *amotio* (*apprehensio*)**. Assim, para referida teoria, a consumação exige, além do contato, a apreensão da coisa alheia, independentemente do seu deslocamento, desde que a vítima não possa mais exercer o poder de livre disposição da coisa.

Segundo parte da doutrina, consuma-se o furto com a **inversão da posse do bem subtraído**. Não basta, portanto, a mera subtração da coisa alheia móvel, exigindo-se que o objeto seja, de fato, retirado da esfera de vigilância (ou de disponibilidade) da vítima, ainda que por breve espaço de tempo. Não se exige a posse mansa e pacífica da coisa furtada. É a posição, inclusive, do STJ e STF.

Logo, ocorrerá **tentativa** se o bem for subtraído da vítima e esta iniciar perseguição ao furtador, conseguindo reaver seu bem. A **inexistência de retirada do bem da esfera de disponibilidade da vítima** enseja o reconhecimento, pois, da tentativa de furto.

Doutrinariamente, o furto é denominado crime material já que para sua consumação é exigido o resultado naturalístico (retirada do bem da vítima e consequente redução patrimonial).

7.1.5. Crime impossível

Se a vítima não carregar nenhum objeto de valor consigo e o agente der início à execução do crime, abrindo, por exemplo, sua bolsa, sem nada encontrar, estaremos diante de **crime impossível (art. 17 do CP)**. Essa é a concepção de Celso Delmanto e Damásio de Jesus.

Já para Nelson Hungria e Heleno Fragoso, a inexistência de objeto material no momento do furto é questão *acidental* (circunstâncias alheias à vontade do agente), configurando-se a **tentativa**.

Importante anotarmos o teor da **Súmula 567 do STJ**: "*Sistema de vigilância realizado por monitoramento eletrônico ou por existência de segurança no interior de estabelecimento comercial, por si só, não torna impossível a configuração do crime de furto*". Portanto, não se pode falar, *a priori*, em crime impossível quando, por exemplo, o agente for monitorado por circuito interno de televisão durante a execução do furto.

7.1.6. Forma majorada (repouso noturno)

O § 1º do art. 155 do CP pune mais gravosamente o furto praticado durante o **repouso noturno**.

Segundo a doutrina majoritária, somente se aplica a causa de aumento de pena em comento ao furto simples (*caput*), não incidindo nas demais modalidades.

Entende-se por repouso noturno o período de descanso das pessoas, o que deve ser interpretado de região a região. Há quem entenda que o período noturno vai das 18hs às 6hs, o que não deve ser o melhor conceito, eis que o conceito de "noite" melhor coaduna com ausência de luz solar.

Todavia, tencionou o legislador punir mais gravosamente o furto cometido durante o período de descanso/repouso das pessoas. Tal situação deve ser interpretada no caso concreto, levando em conta as peculiaridades de cada região do Brasil (ex.: no meio rural, certamente o repouso noturno é bem mais cedo do que no meio urbano).

Não se deve confundir **repouso noturno** com **noite**, eis que, como já se disse, o crime deve ser cometido durante o *repouso* noturno, ou seja, nos momentos de menor vigília por parte das pessoas.

Na jurisprudência, bem assim para boa parte da doutrina, prevalece o entendimento de que a causa de aumento de pena em análise incide não somente se o furto for praticado em **casa ou suas dependências, mas, também, estabelecimentos comerciais ou mesmo em locais desabitados**. O que importa para a incidência da majorante é o **período** em que o delito é praticado e não as condições do local (se habitado, desabitado, se residencial ou comercial).

7.1.7. Forma privilegiada (furto privilegiado)

O § 2º do art. 155 do CP, cuja natureza jurídica é de **causa especial de diminuição de pena**, é denominado pela doutrina de **furto privilegiado**.

Incidirá quando o agente for **primário** (ausência de reincidência – art. 64, I, CP – **aspecto subjetivo**) e a coisa furtada for de pequeno valor (**aspecto objetivo**). Entende a doutrina e jurisprudência majoritárias como de **pequeno valor** o bem que não ultrapasse **um salário mínimo** no momento do crime.

Verificados os dois requisitos (primariedade e pequeno valor da coisa), o juiz poderá (em realidade, *deverá* – trata-se de direito subjetivo do acusado) **substituir a pena de reclusão pela de detenção, diminuí-la de um a dois terços ou aplicar somente a pena de multa**.

Dentre as opções grifadas, sem dúvida **a mais benéfica é a aplicação da** *pena de multa*, eis que o seu descumprimento não poderá ensejar a restrição da liberdade do agente, mas ser cobrada como dívida de valor (*vide* art. 51 do CP).

Se o bem subtraído for de *ínfimo valor* (e não apenas de pequeno valor), pode-se sustentar a **insignificância penal**, por ausência de lesividade ao bem jurídico protegido pelo crime (ex.: furto de um botão de camisa ou de uma agulha em uma loja).

Frise-se que há diversas decisões dos Tribunais Superiores admitindo a incidência do privilégio mesmo para o furto qualificado, conforme será melhor visto no item a seguir.

7.1.8. Formas qualificadas

O § 4º do art. 155 do CP pune o crime de furto de 2 a 8 anos de reclusão nas seguintes hipóteses:

a) inciso I – se o furto for cometido com **destruição ou rompimento de obstáculo** à subtração da coisa (também chamado de furto por **efração**): deve haver, nessa hipótese, efetiva destruição daquilo que pode ser considerado como obstáculo à subtração do bem efetivamente visado (ex.: a janela de um carro; as portas de uma residência). Não configura a qualificadora em comento se a destruição ou o rompimento ocorre na própria coisa para a sua subtração (ex.: quebrar o vidro do carro para, posteriormente, subtraí-lo). Acerca da imprescindibilidade de perícia para a configuração da qualificadora em comento, confira o entendimento do STJ:

FURTO. ROMPIMENTO. OBSTÁCULO. PERÍCIA.

"A Turma reiterou que, tratando-se de furto qualificado pelo rompimento de obstáculo, de delito que deixa vestígio, torna-se indispensável a realização de perícia para a sua comprovação, a qual somente pode ser suprida por prova testemunhal quando desaparecerem os vestígios de seu cometimento ou esses não puderem ser constatados pelos peritos (arts. 158 e 167 do CPP). No caso, cuidou-se de furto qualificado pelo arrombamento de porta e janela da residência, porém, como o rompimento de obstáculo não foi comprovado por perícia técnica, consignou-se pela exclusão do acréscimo da referida majorante". Precedentes citados: HC 136.455-MS, *DJe* 22.02.2010; HC 104.672-MG, *DJe* 06.04.2009; HC 85.901-MS, *DJ* 29.10.2007, e HC 126.107-MG, *DJe* 03.11.2009. HC 207.588-DF, Rel. Min. Og Fernandes, julgado em 23.08.2011. (Inform. STJ 481);

b) inciso II – se o furto for cometido com **abuso de confiança**, ou mediante **fraude, escalada ou destreza**: no primeiro caso (abuso de confiança), a vítima deve ter uma ligação com o agente delitivo (amizade, parentesco, relações profissionais), sob pena de não ficar caracterizada a qualificadora. O mero vínculo empregatício não a configura, exigindo-se do empregado *confiança* para o desempenho de determinada função, diminuindo, consequentemente, a vigilância do bem por parte do patrão.

O furto mediante fraude (segunda hipótese) exige que o agente se valha de um meio enganoso, de um artifício, capaz de reduzir a vigilância da vítima sobre o bem, o que permitirá sua subtração com menores dificuldades (o bem é subtraído da vítima sem que ela perceba). É o caso do falso funcionário de concessionárias de energia elétrica ou de empresa telefônica, que, sob o argumento de serem funcionários das citadas empresas, ingressam em casa alheia e subtraem bens que as guarneçam.

Por fim, a terceira hipótese é a do furto mediante escalada (utilização de via anormal para o ingresso em determinado lugar, exigindo um esforço incomum do agente – ex.: escalar muro de 5m e ingressar em casa alheia, subtraindo bens de seu interior) ou mediante destreza (é a habilidade que permite ao agente subtrair bens sem que a vítima perceba – ex.: punguista);

c) inciso III – se o furto for cometido com **emprego de chave falsa**. Entende-se como "chave falsa" a imitação da verdadeira (cópia executada sem autorização de seu dono) ou qualquer instrumento que faça as vezes da chave, mas que não seja ela, capaz de abrir fechaduras sem arrombamento (ex.: chave "mixa"). Se for utilizada a chave verdadeira, anteriormente subtraída do dono, não estaremos diante dessa qualificadora, mas, eventualmente, daquela em que se emprega fraude;

d) inciso IV – se o furto for cometido em **concurso de duas ou mais pessoas**. Nessa situação, basta que duas ou mais pessoas (ainda que uma ou mais sejam inimputáveis – ex.: doença mental ou menoridade) concorram para a subtração. O STJ já chegou a entender que, se um maior de dezoito anos e um menor de idade, juntos, cometerem um furto, não se configura a qualificadora, em razão da inimputabilidade deste último. Não concordamos, pois a lei exige a concorrência de *pessoas* e não de *imputáveis*. Importante anotar que se um imputável (maior de idade) cometer o furto em concurso com um menor (inimputável, portanto), responderá, também, pelo crime de corrupção de menores (art. 244-B, ECA). Por fim, ainda quanto à qualificadora em exame, decidiu o STJ ser inaplicável a majorante do roubo (aumento até a metade quando praticado em concurso de agentes) ao furto, caso em que a mesma circunstância (concurso de pessoas) tem o condão de dobrar a pena. A despeito da desproporcionalidade de tratamento, referido Tribunal Superior assim decidiu: ***Súmula nº 442.*** *É inadmissível aplicar, no furto qualificado, pelo concurso de agentes, a majorante do roubo.*

Questão interessante diz respeito à possibilidade – ou não – da conjugação do furto qualificado (art. 155, § 4º, CP) com a figura do privilégio (art. 155, § 2º, CP), também chamado de **furto híbrido**. A despeito da disposição topográfica (para parte da doutrina, seria inviável o furto ser, concomitantemente, qualificado e privilegiado, visto que referido privilégio vem previsto no § 2º do art. 155, ao passo que as qualificadoras vêm dispostas mais "abaixo", vale dizer, no § 4º), a jurisprudência dos Tribunais Superiores admite a conjugação dos dispositivos em comento. Confira-se:

FURTO QUALIFICADO. PRIVILÉGIO. PRIMARIEDADE. PEQUENO VALOR. RES FURTIVA.

"A Seção, pacificando o tema, julgou procedente os embargos de divergência, adotando orientação de que o privilégio estatuído no § 2º do art. 155 do CP mostra-se compatível com as qualificadoras do delito de furto, desde que as qualificadoras sejam de ordem objetiva e que o fato delituoso não seja de maior gravidade. Sendo o recorrido primário e de pequeno valor a *res furtiva*, verificando-se que a qualificadora do delito é de natureza objetiva – concurso de agentes – e que o fato criminoso não se revestiu de maior gravidade, torna-se devida a incidência do benefício legal do furto privilegiado, pois presente a excepcionalidade devida para o seu reconhecimento na espécie". Precedentes citados do STF: HC 96.843-MS, *DJe* 23.04.2009; HC 100.307-MG, *DJe* 03.06.2011; do STJ: AgRg no HC 170.722-MG, *DJe* 17.12.2010; HC 171.035-MG, *DJe* 01.08.2011, e HC 157.684-SP, *DJe* 04.04.2011. EREsp 842.425-RS, Rel. Min. Og Fernandes, julgados em 24.08.2011. (Inform. STJ 481)

Importa anotar o teor da **Súmula 511 do STJ**, aprovada pela Corte em junho de 2014: "É possível o reconhecimento do privilégio previsto no § 2º do art. 155 do CP nos casos de crime de furto qualificado, se estiverem presentes a primariedade do agente, o pequeno valor da coisa e a qualificadora for de ordem objetiva".

O § **5º** do art. 155 do CP comina pena de 3 a 8 anos se a subtração for de **veículo automotor que venha a ser transportado para outro Estado ou para o exterior**. Trata-se de qualificadora que leva em conta não o meio de execução do crime (como as definidas no § 4º), mas sim o resultado obtido com o furto.

Com o advento da Lei 13.330/2016, incluiu-se ao precitado art. 155 do CP mais uma qualificadora, qual seja, a do § 6º, que cuida do **abigeato**. Com efeito, será punido com reclusão de 2 a 5 anos o agente que subtrair **semovente domesticável de produção** (ex.: gado, porcos, galinhas, carneiros, ovelhas), ainda que abatido ou dividido em partes no local da subtração. Tencionou o legislador reprimir com mais severidade essa espécie de crime patrimonial, bastante comum em municípios onde predominam as práticas rurais.

Para a melhor compreensão dessa nova qualificadora, reputam-se bens semoventes aqueles que possuem movimento próprio, tais como os animais. Estes, por sua vez, serão domesticáveis de produção quando forem utilizados como rebanho e/ou produção, gerando algum retorno de índole econômica ao criador. Logo, não serão considerados objetos materiais do abigeato que ora tratamos os animais selvagens (ex.: ursos, leopardos, macacos etc.) e os animais domésticos não voltados à produção (ex.: o cachorro ou o gato de determinada pessoa).

7.1.8.1. Novas qualificadoras do furto (art. 155, §§ 4º-A e 7º, CP)

Cuidou o legislador, com a edição da Lei 13.654, de 23 de abril de 2018, de incluir ao CP, mais precisamente no seu art. 155, novas *formas qualificadas* de furto, a saber:

> § **4º-A A pena é de reclusão de 4 (quatro) a 10 (dez) anos e multa, se houver emprego de explosivo ou de artefato análogo que cause perigo comum.**

Nesse caso, a pena será a mesma cominada ao roubo simples (art. 157, *caput*, do CP) se o agente, para furtar coisa alheia móvel, *empregar explosivo ou qualquer outro artefato semelhante* que cause perigo comum (ou seja, a uma coletividade). É o que se vê, usualmente, com furto de dinheiro em caixas eletrônicos, nos quais os criminosos se utilizam de explosivos (dinamites, por exemplo) para que consigam romper seus cofres e, então, subtrair as quantias lá existentes. Tal tipo de comportamento, além de causar alarma, coloca em risco não somente o patrimônio de instituições financeiras, mas, também, de proprietários ou possuidores de prédios vizinhos, bem como a incolumidade física das pessoas que se encontrem nas imediações no momento da explosão.

Interessante registrar que *antes* do advento dessa nova qualificadora, era possível a imputação de *dois crimes* aos agentes que praticassem comportamentos como os descritos acima, quais sejam, *furto qualificado pelo rompimento de obstáculo* (art. 155, § 4º, I, do CP) e *explosão* (art. 251, § 2º, do CP), ambos em concurso formal impróprio. Porém, com a alteração legislativa e a inclusão da qualificadora em comento, inviável se torna a imputação de dois crimes, aplicando-se uma única figura qualificada (no caso, art. 155, § 4º-A, do CP).

Imprescindível anotar que o **Pacote Anticrime** (Lei 13.964/2019) tornou **crime hediondo** o furto qualificado pelo emprego de explosivo ou artefato análogo, conforme dispõe o novel inciso IX, do art. 1º, da Lei 8.072/1990. Por se tratar de inovação prejudicial, é irretroativa.

Houve, também, a inclusão de mais uma qualificadora ao furto, que se deu com o novel § 7º do art. 155 do CP. Confira-se:

> § **7º A pena é de reclusão de 4 (quatro) a 10 (dez) anos e multa, se a subtração for de substâncias explosivas ou de acessórios que, conjunta ou isoladamente, possibilitem sua fabricação, montagem ou emprego.**

Trata-se, aqui, da subtração do próprio explosivo ou de acessórios que possibilitem a fabricação, montagem ou emprego de engenhos explosivos, pouco importando sua efetiva utilização para outros fins.

Referidos comportamentos merecem forte repressão estatal, eis que, por evidente, alimentam o comércio clandestino de explosivos, viabilizando a prática de outros crimes, especialmente aquele descrito no precitado § 4º-A, do art. 155 do CP.

7.1.9. Equiparação de coisa alheia móvel

O § 3º do art. 155 do CP equipara a coisa alheia móvel, para fins de caracterização do crime de furto, a energia elétrica ou qualquer outra que tenha valor econômico.

Assim, a energia elétrica, ainda que impalpável, imaterial, é considerada "coisa alheia móvel", podendo, pois, ser objeto material do crime de furto. O mesmo se pode dizer com relação à energia solar, radioativa, genética (de animais reprodutores) etc., desde que tenham valor econômico.

Interessante o entendimento do STF acerca do "furto" de sinal de TV a cabo. Veja-se:

Furto e ligação clandestina de TV a cabo

"A 2ª Turma concedeu *habeas corpus* para declarar a atipicidade da conduta de condenado pela prática do crime descrito no art. 155, § 3º, do CP (*"Art. 155 – Subtrair, para si ou para outrem, coisa alheia móvel: ... § 3º – Equipara-se à coisa móvel a energia elétrica ou qualquer outra que tenha valor econômico."*), por efetuar ligação clandestina de sinal de TV a cabo. Reputou-se que o objeto do aludido crime não seria "energia" e ressaltou-se a inadmissibilidade da analogia *in malam partem* em Direito Penal, razão pela qual a conduta não poderia ser considerada penalmente típica". HC 97261/RS, rel. Min. Joaquim Barbosa, 12.04.2011. (HC-97261) (**Inform. STF** 623)

7.2. Roubo (art. 157, do CP). Considerações iniciais

O crime de **roubo**, previsto no art. 157 do CP, é um dos mais violentos ilícitos contra o patrimônio, já que, conforme veremos mais à frente, tem como elementares a violência ou a grave ameaça contra a vítima, que se vê acuada diante do roubador.

Trata-se de infração penal cuja **objetividade jurídica imediata** é a **proteção do patrimônio alheio**, mais especificamente dos bens móveis alheios. Todavia, também tutela, a um só tempo, a **liberdade individual** e a **integridade corporal**.

Por proteger, portanto, dois bens jurídicos (patrimônio e liberdade individual/integridade pessoal), a doutrina denomina o roubo de **crime pluriofensivo** (ofende mais de um bem).

A doutrina também aponta o roubo como um **crime complexo**, já que sua conformação típica pressupõe a existência de duas figuras que, isoladas, configuram crimes autônomos: **furto + violência** (vias de fato – contravenção penal; lesões corporais – crime) ou **furto + ameaça**.

7.2.1. Tipo objetivo

O verbo do tipo (conduta típica) é o mesmo do furto, qual seja, "subtrair", que corresponde à ação do agente de tirar alguma coisa da vítima, desapossá-la, apoderando-se dos bens a ela pertencentes.

A subtração exige, portanto, a **inexistência de consentimento da vítima**, já que o patrimônio é **bem jurídico disponível**, podendo ser suprimido pela sua própria vontade.

Ainda ressalta a doutrina que a subtração tem implícita em si a intenção do agente em se apoderar dos bens, seja para si, seja para outrem, de modo **definitivo**.

Três podem ser os meios de execução do roubo, tendentes à **subtração** de coisa alheia móvel:

a) grave ameaça – corresponde à **violência moral**, ou seja, a promessa, à vítima, de um mal injusto e grave;

b) violência – corresponde ao emprego de **força física** contra a vítima, seja por meio de vias de fato, seja mediante lesões corporais (leves, graves ou gravíssimas). A jurisprudência admite que mesmo fortes empurrões, efetuados com a finalidade de subtrair bens da vítima, são aptos a caracterizar o

roubo. Porém, as "trombadas" leves, que somente objetivam um desvio de atenção da vítima, caracterizariam, se tanto, o delito de furto;

c) qualquer meio que reduza ou impossibilite a resistência da vítima – trata-se do emprego da **interpretação analógica** no tipo incriminador, cuja intenção é a de conferir maior proteção à vítima, **ampliando o espectro de incidência da norma penal**. São exemplos típicos o emprego de **narcóticos** ou **anestésicos** contra a vítima, tornando-a "presa fácil", já que, sob o efeito de referidas substâncias, sua capacidade de resistência à ação alheia fica bastante diminuída (ou até mesmo eliminada). Aqui, tem-se a denominada **violência imprópria**.

Também configura elementar do tipo que a **coisa** subtraída seja **alheia** e **móvel**. Entende-se por "coisa" todos os bens suscetíveis de **apreciação econômica** (afinal, o roubo, assim como o furto, protege o **patrimônio** alheio).

Outrossim, não basta que o agente subtraia um bem, devendo este pertencer, obviamente, a **terceira pessoa** (não se poderia cogitar de roubo de coisa própria!).

Por fim, somente **bens móveis** podem ser objeto do crime em estudo, conforme determina a lei penal. Ainda que assim não estivesse previsto, se o roubo pressupõe a retirada do bem da esfera de disponibilidade da vítima, somente os passíveis de mobilização é que podem ser literalmente "removidos", "retirados" de um local para outro. **Impossível, portanto, roubo de bem imóvel**.

Se eventualmente a lei civil considera, por ficção, um bem móvel como imóvel (ex.: navios e aeronaves), ainda assim poderão ser objeto material do crime em comento. Basta que possam ser transportados de um lugar a outro.

Até mesmo os animais (semoventes) podem ser objeto de roubo, desde que tenham um proprietário (ex.: gados, cachorros etc.).

7.2.2. Tipo subjetivo

Além do **dolo** (vontade livre e consciente do agente em subtrair coisa alheia móvel), exige-se o **elemento subjetivo do tipo** (**dolo específico**), vale dizer, o sujeito ativo deve ter a intenção de apoderar-se definitivamente do bem subtraído, ou de fazê-lo para que terceira pessoa dele se apodere em caráter definitivo.

O elemento subjetivo do tipo, no crime de roubo, é denominado de *animus rem sibi habendi*. Em outras palavras, o agente deve subtrair o bem com o fim de **assenhoreamento definitivo**.

A exigência do "dolo específico" pode vir a desnaturar o crime de roubo se o agente **subtrai o bem temporariamente, sem a intenção de ficar com ele indefinidamente**.

Assim, se o roubador subtrai um carro, por exemplo, com a simples intenção de utilizá-lo e posteriormente restituí-lo ao seu legítimo proprietário, estaremos diante de fato atípico, dada a inexistência do *animus rem sibi habendi*. Tal figura é denominada pela doutrina de **roubo de uso**, à semelhança do furto de uso. Contudo, trata-se de entendimento minoritário, seja na doutrina, seja na jurisprudência, pelo fato de se tratar de crime complexo, que ofende a integridade física ou a liberdade individual da vítima.

Se a subtração de uma coisa alheia ocorrer para a superação de uma **situação de perigo**, podemos invocar o estado de necessidade, que afasta a criminalidade da conduta (**causa excludente da antijuridicidade**), ainda que contra a vítima seja empregada violência ou grave ameaça. Nessa situação, embora típica, a conduta não será antijurídica. É o caso, por exemplo, de um agente que subtrai, mediante grave ameaça, o veículo da vítima, com o fim de levar o filho, à beira da morte, atingido por disparo de arma, ao hospital, já que, acionada a ambulância, esta não compareceu para a prestação de socorro.

7.2.3. Sujeitos do crime

O **sujeito ativo** do crime de roubo pode ser qualquer pessoa, desde que não seja o proprietário ou possuidor da coisa subtraída (o tipo penal exige que a coisa subtraída seja **alheia**).

Já o **sujeito passivo** do crime em tela é o proprietário, possuidor ou detentor do bem subtraído. Poderá ser pessoa natural ou pessoa jurídica. Admite-se, ainda, que **existam duas ou mais vítimas e a ocorrência de um só roubo**, na hipótese em que terceiros sejam atingidos pela violência ou grave ameaça, ainda que não sejam os donos do bem subtraído. Ex.: João aluga seu veículo a José, que, em determinado semáforo da cidade, é abordado e, mediante grave ameaça e violência física, vê o veículo ser subtraído pelos roubadores. No caso, João foi vítima do crime em razão do desfalque patrimonial sofrido e José por ter suportado a ação delituosa (meios executórios).

7.2.4. Consumação e tentativa

Apontam a doutrina e jurisprudência, basicamente, **duas** situações caracterizadoras da **consumação do roubo (próprio)**:

a) retirada do bem da esfera de vigilância da vítima, existindo a inversão da posse da *res*, à semelhança do que ocorre com o furto, obtendo o agente a posse mansa e pacífica da coisa subtraída;

b) com o apoderamento do bem subtraído, logo após empregar a violência ou a grave ameaça para consegui-lo. Nesse caso, não se exige a posse tranquila, havendo a consumação ainda que a polícia chegue ao local em seguida ao apoderamento da *res*. Trata-se da posição adotada pelo STF.

O STJ editou a **Súmula 582**, pacificando a adoção da segunda corrente, que, em suma, retrata a **teoria da *amotio*** ou da *apprehensio*. Confira-se: "Consuma-se o crime de roubo com a inversão da posse do bem mediante emprego de violência ou grave ameaça, ainda que por breve tempo e em seguida à perseguição imediata ao agente e recuperação da coisa roubada, sendo prescindível a posse mansa e pacífica ou desvigiada."

Admissível, evidentemente, a **tentativa** do crime de roubo, seja pelo fato de o agente não ter obtido a posse tranquila do bem (primeira corrente – minoritária), seja porque não conseguiu apoderar-se do bem da vítima, ainda que haja

empregado violência ou grave ameaça (segunda corrente, adotada pelo STJ e STF).

Para concursos de Defensorias Públicas, muito interessante a posição do STF que segue abaixo (diz respeito ao acompanhamento da ação delituosa por policiais, caracterizando-se a tentativa):

Roubo e momento consumativo

"A 1ª Turma, por maioria, deferiu *habeas corpus* para desclassificar o crime de roubo na modalidade consumada para a tentada. Na espécie, os pacientes, mediante violência física, subtraíram da vítima quantia de R$ 20,00. Ato contínuo, foram perseguidos e presos em flagrante por policiais que estavam no local do ato delituoso. Inicialmente, aludiu-se à pacífica jurisprudência da Corte no sentido da desnecessidade de inversão de posse mansa e pacífica do bem para haver a consumação do crime em comento. Entretanto, consignou-se que essa tese seria inaplicável às hipóteses em que a conduta fosse, o tempo todo, monitorada por policiais que se encontrassem no cenário do crime. Isso porque, no caso, ao obstar a possibilidade de fuga dos imputados, a ação da polícia teria frustrado a consumação do delito por circunstâncias alheias à vontade dos agentes (*"Art. 14. Diz-se o crime: ... II – tentado, quando, iniciada a execução, não se consuma por circunstâncias alheias à vontade do agente"*). Vencida a Min. Cármen Lúcia, por reputar que, de toda sorte, os réus teriam obtido a posse do bem, o que seria suficiente para consumação do crime". Precedente citado: HC 88259/SP (*DJU* de 26.05.2006). HC 104593/MG, rel. Min. Luiz Fux, 08.11.2011. (HC-104593) (Inform. STF 647).

Doutrinariamente, é bom que se diga, o roubo é denominado crime material, já que para sua consumação é exigido o resultado naturalístico (retirada do bem da vítima e consequente redução patrimonial).

Quanto ao momento consumativo do roubo impróprio, veremos no item próprio mais à frente.

7.2.5. Espécies de roubo

A doutrina aponta duas espécies ou tipos de roubo:

a) roubo próprio – é o previsto no art. 157, *caput*, do Código Penal;

b) roubo impróprio (ou **roubo por aproximação**) – é o estabelecido no § 1º do mesmo dispositivo legal. Trata-se de crime que, inicialmente, assemelha-se ao furto (subtração de coisa alheia móvel). Todavia, para a consumação, visando o agente a **assegurar a impunidade ou a garantia da subtração** da coisa, **emprega violência ou grave ameaça contra a vítima**.

No caso de roubo impróprio, há o entendimento de que se **consuma** com o efetivo **emprego da violência ou grave ameaça, não se admitindo a tentativa (Damásio de Jesus, por exemplo)**. Porém, há quem sustente ser admissível, sim, a tentativa de roubo impróprio, desde que o agente, após o apoderamento da coisa, não consiga, por circunstâncias alheias à sua vontade, empregar a grave ameaça ou a violência física. No mais, todas as características do roubo próprio são aplicáveis ao impróprio (sujeitos do crime, objeto jurídico, tipo objetivo, tipo subjetivo). Frise-se, porém, que, para o cometimento do roubo impróprio, é inadmissível o emprego de violência imprópria, admitida apenas no *caput* do art. 157 do CP, mas não em seu § 1º.

7.2.6. Formas majoradas (causas de aumento de pena – art. 157, § 2º, do CP)

O § 2º do art. 157 do CP pune mais gravosamente (exacerbação de **um terço à metade da pena**) o roubo nas hipóteses previstas em seus cinco incisos, a saber:

a) inciso I – se a violência ou ameaça é exercida com emprego de arma: neste caso, pune mais severamente o legislador o agente que se vale do emprego de um artefato que garanta maior facilidade para a subtração, reduzindo-se ainda mais as chances de a vítima resistir à agressão ao seu patrimônio. Deve-se entender por arma tanto os artefatos previamente confeccionados para o ataque ou defesa (**arma própria** – ex.: revólver, espingarda, pistola, metralhadora etc.) quanto qualquer objeto que tenha potencialidade lesiva (**arma imprópria** – ex.: faca, machado, cutelo, foice, punhal etc.). No caso do emprego de arma de brinquedo, embora tenha esta chance de causar maior temor à vítima, não resultará em reconhecimento da circunstância ora estudada. Tanto é verdade que o STJ cancelou a antiga Súmula 174, pacificando-se o entendimento de que quis o legislador agravar a reprimenda do agente que se vale de uma *arma*, com **maior potencialidade ofensiva à vítima** (**aspecto objetivo**), pouco importando o aspecto intimidativo (**aspecto subjetivo**). A exibição de arma de brinquedo em um roubo caracterizará, tão somente, a modalidade simples (art. 157, *caput*, do CP), já que sua exibição perfaz a elementar "grave ameaça". Acerca da (des)necessidade de apreensão da arma para a configuração da majorante em comento, confira-se a posição do STF e, na sequência, a do STJ:

HC N. 105.263-MG – RELATOR: MIN. DIAS TOFFOLI

***Habeas corpus*. Penal. Sentença penal condenatória. Crime do art. 157, § 2º, inciso I, do CP. Incidência da majorante em razão do emprego da arma. Precedentes.**

1. Firmado nesta Corte Suprema o entendimento de que a incidência da majorante do inciso I do § 2º do art. 157 do Código Penal prescinde da apreensão da arma, se comprovado, por outros meios, o seu emprego. 2. *Habeas corpus* denegado. (**Inform. STF** 619);

ARMA. FOGO. INIDONEIDADE. PERÍCIA. OUTROS MEIOS. PROVA.

"A Turma, entre outras questões, reiterou o entendimento adotado pela Terceira Seção, com ressalva da Min. Relatora, de que é prescindível a apreensão e perícia de arma de fogo para a aplicação da causa de aumento de pena prevista no art. 157, § 2º, I, do CP, impondo-se a verificação, caso a caso, da existência de outras provas que atestem a utilização do mencionado instrumento. No caso, o magistrado de primeiro grau e a corte estadual assentaram a existência de prova pericial suficiente a demonstrar a inidoneidade da arma de fogo utilizada pelo réu, dada sua ineficácia para a realização dos disparos. Assim, a Turma concedeu a ordem a fim de afastar a causa de aumento prevista no art. 157, § 2º, I, do CP e reduziu a pena para cinco anos e quatros meses de reclusão a ser cumprida inicialmente no regime semiaberto, mais 13 dias-multa". HC 199.570-SP, Rel. Min. Maria Thereza de Assis Moura, julgado em 21.06.2011. (**Inform. STJ** 478);

Importante registrar que a Lei 13.654/2018, que também alterou o crime de furto, a ele incluindo novas qualificadoras, promoveu a revogação da causa de aumento de pena em análise, ou seja, desde então, se o agente, para roubar, empregasse uma arma imprópria ou arma branca(ex.: faca, martelo, machado, enxada etc.), não mais responderia por roubo majorado (art. 157, § 2º, I, CP), mas, sim, por roubo simples (art. 157, *caput*, CP). Tal modificação, evidentemente, foi benéfica ao réu, razão pela qual operou efeitos retroativos, atingindo roubos praticados antes do início da vigência de referida lei.

Somente o roubo com emprego de arma de fogo (arma própria), desde a precitada Lei 13.654/2018, teria a pena aumentada em 2/3 (dois terços), conforme art. 157, § 2º-A, do CP, que será melhor estudado adiante.

Ocorre que o *Pacote Anticrime* (Lei 13.964/2018) "devolveu" o emprego de arma branca ao rol das causas de aumento de pena do roubo, incluindo-a no art. 157, § 2º, VII. Portanto, desde o dia 23 de janeiro de 2020, data em que entrou em vigor referida alteração, praticar roubo com emprego de arma branca tornou-se crime majorado. Por se tratar de alteração prejudicial, não alcançará os fatos anteriores ao início de sua vigência.

b) inciso II – se há o concurso de duas ou mais pessoas: andou bem o legislador ao punir com maior rigor o roubo praticado por duas ou mais pessoas em concurso. Isto porque a vítima, diante de uma pluralidade de pessoas, terá menores chances de resistir à ação criminosa, ficando mais desprotegida. Pouco importa se, no "grupo", existirem pessoas maiores (imputáveis) ou menores de idade (inimputáveis). Tratou a lei de prever o concurso de duas ou mais **pessoas e não dois ou mais imputáveis.** Todavia, o STJ já proferiu entendimento no sentido de que o concurso de um maior de idade e um adolescente desnatura a causa de aumento de pena em estudo, eis que o Código Penal é um diploma normativo aplicado apenas aos imputáveis. Trata-se de posição isolada. Ainda, viável o reconhecimento da majorante em comento em concurso com o delito autônomo de associação criminosa (art. 288 do CP), haja vista que tutelam bens jurídicos distintos, não se aventando de *bis in idem* no caso;

c) inciso III – se a vítima está em serviço de transporte de valores e o agente conhece tal circunstância: trata-se de causa de aumento de pena que nitidamente visa a proteger as pessoas que se dedicam ao transporte de valores (bancos e joalherias, p. ex.). Exige-se, *in casu*, que o agente saiba que a vítima labora na área de transporte de valores (dolo direto), não se admitindo o dolo eventual (assunção do risco);

d) inciso IV – se a subtração for de veículo automotor que venha a ser transportado para outro Estado ou para o exterior: neste caso, é imprescindível que o veículo, de fato, saia dos limites de um Estado e ingresse em outro, ou saia do país e ingresse no exterior, transpondo as fronteiras;

e) inciso V – se o agente mantém a vítima em seu poder, restringindo sua liberdade: inserido pela Lei 9.426/1996, colocou-se um fim à celeuma que envolvia o roubo e a restrição de liberdade da vítima. Prevalece, hoje, o entendimento de que incide causa de aumento de pena ora analisada se o agente, para a subtração dos bens, mantém a vítima privada de sua liberdade pelo espaço de tempo suficiente à consumação do roubo ou para evitar a ação policial. Todavia, se desnecessária a privação de liberdade do sujeito passivo, já tendo se consumado o roubo, é possível o concurso entre o roubo e o sequestro ou cárcere privado (art. 148 do Código Penal). Importante frisar que o *Pacote Anticrime* (Lei 13.964/2019) incluiu a majorante em comento no rol dos **crimes hediondos** (art. 1º, II, "a", da Lei 8.072/1990). Trata-se de inovação prejudicial, portanto, irretroativa.

7.2.6.1. Novas formas majoradas (causas de aumento de pena – art. 157, § 2º-A e §2º-B, do CP)

A **Lei 13.654/2018**, além das alterações promovidas no crime de furto (inclusão dos §§ 4º-A e 7º, no art. 155 do CP) e roubo (revogação do inciso I, do § 2º, do art. 157 do CP), acrescentou a este último mais um parágrafo. Vale a pena a transcrição:

> § 2º-A A pena aumenta-se de 2/3 (dois terços):
>
> I – se a violência ou ameaça é exercida com emprego de arma de fogo;
>
> II – se há destruição ou rompimento de obstáculo mediante o emprego de explosivo ou de artefato análogo que cause perigo comum.

No tocante ao inciso I, tal como já alertamos no item 7.2.6. *supra*, desde o advento da já citada Lei 13.654/2018, o roubo só teria a pena aumentada se praticado com emprego de arma própria, ou seja, **arma de fogo**. Haveria, aqui, majoração da pena em 2/3 (dois terços), tratando-se de alteração prejudicial se comparado ao cenário anterior à aludida lei alteradora. É que, antes da revogação do art. 157, § 2º, I, do CP, se o agente empregasse, para o roubo, qualquer tipo de arma (própria ou imprópria), sua pena seria aumentada de **1/3 (um terço)** a **1/2 (metade)**. Com o acréscimo ao art. 157 do § 2º-A ora estudado, o emprego de arma de fogo, como visto, ensejou o aumento da pena em **2/3 (dois terços)**, motivo pelo qual a modificação ora comentada é irretroativa, não alcançando fatos praticados antes de sua vigência.

Porém, importante registrar que ao juiz caberá, em caso de roubo com emprego de **arma imprópria** praticado antes das alterações promovidas pela Lei 13.654/2018, aplicar retroativamente o novel dispositivo legal, desclassificando a figura majorada (roubo com emprego de arma) para a forma **simples** (art. 157, *caput*, CP).

Como já anotamos anteriormente, o *Pacote Anticrime* (Lei 13.964/2019) restituiu ao art. 157, §2º, do CP, em seu novo inciso VII, o emprego de **arma branca** como causa de aumento de pena (de 1/3 a 1/2). Portanto, o emprego de arma, doravante, exigirá do aplicador do Direito a constatação da natureza da arma: (i) se **própria**, incidirá o aumento de pena do § 2º-A (**arma de fogo** – acréscimo de **2/3** à pena); (ii) se **imprópria**, incidirá a majorante do § 2º, VII (**arma branca** – acréscimo de **1/3 a 1/2**).

Outro ponto importante, no tocante ao emprego de arma de fogo, é enquadrá-la como de **uso restrito ou proibido**. É que o Pacote Anticrime (Lei 13.964/2019) incluiu nova majorante ao roubo, qual seja, o **§ 2º-B**, que definiu que a pena será aplicada em **dobro** àquela cominada para o roubo

simples quando o agente, para a violência ou grave ameaça, empregar arma de fogo de uso **restrito** ou **proibido**.

Questão que certamente voltará à tona é a (des)necessidade de apreensão da arma de fogo para a configuração da causa de aumento. Como já trouxemos no item 7.2.6 supra, inclusive com transcrição de precedentes do STJ e STF, prevalece a tese da prescindibilidade da apreensão do artefato bélico, sendo suficientes outros meios de prova para a demonstração de seu emprego pelo roubador. Porém, a novel majorante exige que a arma de fogo seja de uso restrito ou proibido. Como saber a espécie de arma empregada sem sua apreensão? Assim, parece-nos que vozes surgirão no sentido da indispensabilidade da apreensão da arma de fogo para a majoração da pena na forma estabelecida pelo art. 157, § 2º-B, do CP.

Finalmente, também como resultado do *Pacote Anticrime* (Lei 13.964/2019), as figuras majoradas do roubo pelo emprego de arma de fogo (art. 157, §2º-A, I), bem como se a arma utilizada for de uso restrito ou proibido (art. 157, §2º-B), foram incluídas expressamente ao rol dos **crimes hediondos** (Lei 8.072/1990, art. 1º, II, "b"). A alteração é prejudicial, eis que o roubo majorado não era considerado crime hediondo, razão pela qual é irretroativa, somente alcançando os fatos praticados a partir de 23 de janeiro de 2020.

Quanto ao inciso II, tal como analisado no tocante à nova qualificadora do furto (art. 155, § 4º-A, CP), tencionou o legislador punir mais gravosamente o agente que, para roubar, promover a destruição ou rompimento de obstáculo mediante o emprego de **explosivo** ou **artefato análogo** que cause perigo comum. Assim, por exemplo, se para conseguir subtrair dinheiro do interior de um caixa eletrônico, o agente render o segurança da instituição financeira e utilizar uma dinamite para a explosão do equipamento, terá sua pena aumentada de 2/3 (dois terços).

7.2.7. Formas qualificadas (roubo qualificado)

O § 3º do art. 157 do CP elenca situações cuja natureza jurídica não é de **causas especiais de aumento de pena**, mas sim de **qualificadoras**.

Verificamos, pois, as seguintes hipóteses:

a) Se da violência resulta lesão corporal de natureza grave (art. 157, § 3º, I) – pena de reclusão de 7 a 15 anos, além da multa: neste caso, pune o legislador com maior rigor a intensificação, por parte do agente, de sofrimento físico à vítima da subtração, que suporta lesões corporais graves para ser despojada de seus bens. As **lesões corporais leves** serão absorvidas pelo roubo simples (art. 157, *caput*, do Código Penal), não configurando a qualificadora em comento. As lesões corporais graves poderão ser causadas a vítima a título de dolo ou culpa (neste último caso, a figura será preterdolosa). Com o advento da Lei 13.964/2018 (*Pacote Anticrime*), o roubo qualificado pela lesão corporal grave foi incluído ao rol dos **crimes hediondos** (art. 1º, II, "c", da Lei 8.072/1990). Até então, apenas o roubo qualificado pela morte (latrocínio) era hediondo. Trata-se de inovação prejudicial, portanto, irretroativa;

b) Se resulta morte (art. 157, §3º, II) – reclusão de 20 a 30 anos, sem prejuízo da multa: trata-se do denominado latrocínio, considerado **crime hediondo** pela Lei 8.072/1990 (art. 1º, II, "c"), daí advindo efeitos penais mais severos ao agente (insusceptibilidade de anistia, graça, indulto, progressão de regime mais demorada, livramento condicional mais demorado). A **morte da vítima** poderá ser **dolosa** ou **culposa** (neste caso, o resultado agravador configurará hipótese preterdolosa de latrocínio). No tocante à **tentativa de latrocínio**, podemos verificar **quatro situações**: 1ª) roubo e morte consumados – evidentemente haverá latrocínio consumado; 2ª) roubo e morte tentados – latrocínio tentado; 3ª) roubo tentado e morte consumada – latrocínio consumado (**Súmula 610 do STF**); 4ª) roubo consumado e morte tentada – latrocínio tentado (entendimento do STF). Se o agente, por erro na execução (*aberratio ictus*), mata o comparsa no roubo, tendo mirado a vítima, responderá por latrocínio. Por fim, ainda que a morte causada à vítima seja dolosa, o crime de latrocínio **não será julgado pelo Tribunal do Júri**, mas sim por juízo criminal comum, exatamente por se tratar de crime contra o patrimônio e **não contra a vida**. Por fim, confira-se a posição do STJ acerca da imputação a coautor de roubo seguido de morte da vítima, ainda que não tenha efetuado os disparos:

> **ROUBO ARMADO. DISPAROS. COAUTORIA.**
>
> "A Turma entendeu, entre outras questões, que o paciente condenado por roubo armado seguido de morte responde como coautor, ainda que não tenha sido o responsável pelos disparos que resultaram no óbito da vítima. Na espécie, ficou demonstrado que houve prévio ajuste entre o paciente e os outros agentes, assumindo aquele o risco do evento morte". Precedentes citados: REsp 622.741-RO, *DJ* 18.10.2004; REsp 418.183-DF, *DJ* 04.08.2003, e REsp 2.395-SP, *DJ* 21.05.1990. HC 185.167-SP, Rel. Min. Og Fernandes, julgado em 15.03.2011. (**Inform. STJ** 466)

7.3. Extorsão (art. 158, do CP)

7.3.1. Considerações iniciais

O crime de **extorsão**, previsto no art. 158 do CP, consiste em **constranger alguém**, mediante **violência** ou **grave ameaça**, e com o **intuito de obter** para si ou para outrem **indevida vantagem econômica**, a fazer, deixar de fazer ou tolerar que se faça algo.

Trata-se de infração penal cuja **objetividade jurídica imediata** é a **proteção do patrimônio alheio**, mais especificamente dos bens móveis alheios. Todavia, também tutela, a um só tempo, a **liberdade individual** e a **integridade corporal**.

Por proteger, portanto, dois bens jurídicos (patrimônio e liberdade individual/integridade pessoal), a doutrina denomina a extorsão de **crime pluriofensivo** (ofende mais de um bem jurídico), assim como ocorre com o roubo.

A doutrina também aponta a extorsão como um **crime complexo,** já que sua conformação típica pressupõe a existência de duas figuras que, isoladas, configuram crimes autônomos: **constrangimento ilegal + violência** (vias de fato – contravenção penal; ou lesões corporais – crime) ou **constrangimento ilegal + grave ameaça**.

7.3.2. Tipo objetivo

O verbo do tipo (conduta típica) é o mesmo do constrangimento ilegal, qual seja, "constranger", **coagir, obrigar** a vítima a fazer, deixar de fazer ou tolerar que se faça algo mediante violência ou grave ameaça. Todavia, enquanto no constrangimento ilegal busca-se a restrição da liberdade, na extorsão a finalidade é o locupletamento ilícito.

O constrangimento exige, portanto, a **inexistência de consentimento da vítima,** a qual é obrigada a fazer alguma coisa (ex.: entregar dinheiro, efetuar depósito bancário etc.), deixar de fazer algo (ex.: devedor que ameaça o credor para que ele não promova a execução) ou tolerar que se faça algo (ex.: tolerar o uso de um imóvel que lhe pertence sem cobrar aluguel).

Assim, a vítima pode ter uma conduta **comissiva** (fazer) ou **omissiva** (deixar de fazer ou tolerar), enquanto que o autor do crime de extorsão sempre realiza uma **ação** (constranger, mediante violência ou grave ameaça).

Dois podem ser os meios de execução da extorsão, para obtenção da indevida vantagem econômica, após o constrangimento da vítima:

a) grave ameaça – corresponde à **violência moral**, ou seja, a promessa, à vítima, de um mal injusto e grave;

b) violência – corresponde ao emprego de **força física** contra a vítima, seja por meio de vias de fato, seja mediante lesões corporais (leves, graves ou gravíssimas).

É oportuno frisar que, se a indevida vantagem econômica for obtida mediante **fraude, artifício ou ardil,** poderá restar configurado o crime de estelionato.

Também configura elementar do tipo que a obtenção da **indevida vantagem econômica** seja para **si** ou para **outrem**. Entende-se por "indevida vantagem econômica" toda vantagem suscetível de **apreciação econômica** (afinal, a extorsão, assim como o furto e o roubo, protege o **patrimônio** alheio).

7.3.3. Tipo subjetivo

Além do **dolo** (vontade livre e consciente do agente em constranger a vítima), exige-se o **elemento subjetivo do tipo (dolo específico)**, vale dizer, o sujeito ativo deve ter a intenção de obter para si ou para outrem **indevida vantagem econômica**.

A exigência do "dolo específico" (**especial fim de agir**) pode vir a desnaturar o crime de extorsão. Se a intenção for a de obter vantagem econômica devida, o crime será o exercício arbitrário das próprias razões. Por outro lado, se a vantagem não for econômica, mas moral, o crime será o constrangimento ilegal; se sexual, poderá caracterizar crime contra a liberdade sexual (estupro, por exemplo).

7.3.4. Sujeitos do crime

O **sujeito ativo** do crime de extorsão pode ser qualquer pessoa, não se exigindo nenhuma qualidade especial (crime comum). Já o **sujeito passivo** do crime em tela é aquele que suporta diretamente a violência ou a grave ameaça, bem como o titular do patrimônio visado.

7.3.5. Consumação e tentativa

O crime de extorsão **consuma-se** no momento em que a **vítima faz, deixa de fazer ou tolera** que se faça algo. Ou seja, não basta o mero constrangimento da vítima, sendo imprescindível que haja uma ação ou omissão.

Entretanto, para a consumação do delito se dispensa a obtenção da indevida vantagem econômica (**Súmula 96, STJ**). A obtenção do enriquecimento ilícito constitui **exaurimento do crime**. Portanto, doutrinariamente, a extorsão é denominada **crime formal (ou de consumação antecipada)**, já que para sua consumação não é exigido o resultado naturalístico (obtenção da indevida vantagem econômica).

Há **tentativa** do crime de extorsão quando, apesar da exigência realizada pelo autor do delito, mediante o emprego de violência ou grave ameaça, a vítima não realiza a conduta que lhe fora exigida, por circunstâncias alheias à sua vontade.

Em suma, quando houver mera exigência, o crime será tentado. Mas se a vítima realizar o que lhe fora exigido, haverá crime consumado. E, por fim, se o agente obtiver a indevida vantagem econômica, haverá exaurimento do crime.

7.3.6. Espécies de extorsão

A extorsão pode ser:

a) simples: art. 158, *caput*, CP;

b) majorada: quando presente uma das causas de aumento de pena – art. 158, § 1º, do CP;

c) qualificada: art. 158, §§ 2º e 3º, do CP.

7.3.7. Formas majoradas (causas de aumento de pena – art. 158, § 1º, do CP)

O § 1º do art. 158 do CP pune mais gravosamente (exacerbação de **um terço à metade da pena**) a extorsão:

a) se cometida por duas ou mais pessoas: aplica-se aqui o que já fora explicitado no crime de roubo;

b) se cometida mediante o emprego de arma: de igual modo aplica-se o que já fora explicitado no crime de roubo, quanto ao conceito de arma.

7.3.8. Extorsão qualificada (art. 158, § 2º, do CP)

Há duas espécies de extorsão qualificada previstas no artigo 158, § 2º do Código Penal:

a) extorsão qualificada pela lesão corporal de natureza grave;

b) extorsão qualificada pelo resultado morte.

Tudo o que foi dito a respeito do roubo qualificado pela lesão grave ou morte (art. 157, § 3º, CP) aplica-se ao crime de extorsão qualificada. Frisa-se que as formas qualificadas de extorsão configuram **crimes preterdolosos**.

Como se verá mais adiante, há, ainda, outras formas qualificadas de extorsão, previstas no § 3º também do art. 158 do CP, que prevê que a pena será de reclusão de 6 a 12 anos, além da multa, se o crime é cometido com restrição da liberdade da vítima e essa condição é necessária para a obtenção da vantagem econômica (sequestro-relâmpago). Se resultar, porém, lesão corporal grave ou morte, as penas serão aquelas cominadas aos §§ 2º e 3º, respectivamente, do art. 159 do CP.

7.3.9. Diferença entre extorsão e roubo

Para a doutrina amplamente majoritária, a diferença havida entre os crimes acima referidos é que no roubo **o bem é retirado da vítima** enquanto que na extorsão ela própria é quem o **entrega ao agente**.

Assim, a principal distinção entre o crime de extorsão e o de roubo se faz pela colaboração da vítima. Se for **imprescindível a colaboração** para o agente obter a vantagem econômica, tem-se o **crime de extorsão**. No entanto, se for **dispensável a colaboração** da vítima, ou seja, mesmo que a vítima não entregue o bem o agente iria subtraí-lo, aí há o **crime de roubo**.

Há crime de roubo, portanto, quando o próprio agente subtraiu o bem ou quando o agente poderia ter subtraído, mas determinou que a vítima lhe entregasse o bem após empregar violência ou grave ameaça.

7.3.10. "Sequestro relâmpago" (art. 158, § 3º, do CP)

Essa distinção entre extorsão e roubo tinha relevância na doutrina quando se discutia sobre o denominado "sequestro relâmpago". Mas, com a Lei 11.923/2009, o legislador colocou fim à discussão, com a tipificação do art. 158, § 3º, CP.

Em verdade, o "sequestro relâmpago" é uma modalidade de crime de extorsão cometido mediante a **restrição da liberdade** da vítima (e não a privação total), necessária para a obtenção da vantagem econômica.

A **colaboração** da vítima se torna **imprescindível** para que ocorra a vantagem, como, por exemplo, no caso típico em que o agente aborda a vítima, restringindo-lhe a liberdade e a conduzindo até um caixa eletrônico para que efetue o saque de dinheiro, que somente será realizado com a utilização da senha do cartão bancário. A colaboração da vítima é indispensável, pois o agente não poderia adivinhar a senha do cartão, sem a qual não seria possível a realização do saque.

Outrossim, cumpre ressaltar que antes do advento do Pacote Anticrime (Lei 13.964/2019), havia discussão a respeito de ser ou não crime hediondo o "sequestro relâmpago" qualificado pela lesão corporal grave ou morte. Para uma corrente, não havia que se falar em hediondez, na medida em que o critério adotado pelo legislador foi o legal e, no caso, não se incluía a extorsão qualificada (art. 158, § 3º, CP) no rol taxativo do art. 1º da Lei 8.072/1990. Todavia, para outra corrente seria possível sustentar o tratamento mais rigoroso dos crimes hediondos, eis que o § 3º do art. 158, CP faz alusão ao art. 159, §§ 2º e 3º, do CP, o qual foi expressamente previsto na Lei dos Crimes Hediondos.

Porém, como dito, a **Lei 13.964/2019** promoveu diversas alterações na Lei dos Crimes Hediondos, tornando delito dessa natureza o sequestro-relâmpago, seja em sua forma básica (art. 158, §3º, 1ª parte), seja quando existentes resultados agravadores (art. 158, §3º, 2ª parte). Nesse sentido dispõe o art. 1º, III, da Lei 8.072/1990). Portanto, sequestro-relâmpago, doravante, sempre será crime hediondo.

7.4. Extorsão mediante sequestro (art. 159, do CP)

7.4.1. Considerações iniciais

Trata-se de crime previsto no art. 159, CP, modalidade de extorsão, qualificada, porém, pelo sequestro, consistente na **privação da liberdade** da vítima para o **fim de obter, para si ou para outrem, qualquer vantagem, como condição ou preço do resgate**.

Trata-se de **crime pluriofensivo**, em que são tutelados vários bens jurídicos: liberdade de locomoção, integridade física e patrimônio.

7.4.2. Tipo objetivo

O núcleo do tipo é **sequestrar**, o que significa privar a liberdade de **alguém** por tempo juridicamente relevante.

Muito embora o tipo penal faça alusão a "qualquer vantagem", prevalece o entendimento doutrinário no sentido de que a vantagem deve ser **econômica**, haja vista se tratar de crime contra o patrimônio. Caso a natureza da vantagem seja outra, poderá restar caracterizado o crime de sequestro (art. 148, CP).

Ainda, a jurisprudência exige que a vantagem, além de econômica, deve ser **indevida**, apesar da omissão do legislador. Isso porque, se a vantagem visada pelo sequestrador for devida, poderá configurar o exercício arbitrário das próprias razões (art. 345, CP), em concurso formal com o crime de sequestro (art. 148, CP).

7.4.3. Tipo subjetivo

Além do **dolo** (vontade livre e consciente de sequestrar a vítima), exige-se o **elemento subjetivo do tipo** (**dolo específico**), vale dizer, o sujeito ativo deve ter a intenção de obter para si ou para outrem **indevida vantagem econômica**, como condição ou preço do resgate.

7.4.4. Sujeitos do crime

O **sujeito ativo** pode ser qualquer pessoa (**crime comum**). De igual modo, o sujeito passivo pode ser qualquer pessoa, mas necessariamente deve ser **pessoa**. Ou seja, se houver o sequestro de um animal para o fim de se exigir resgate, não se caracterizará o crime de extorsão mediante sequestro, mas simplesmente o crime de extorsão (art. 158, CP). Será **sujeito passivo** tanto a pessoa que teve a sua liberdade de locomoção tolhida como aquela que sofreu a lesão patrimonial.

7.4.5. Consumação e tentativa

O crime se **consuma** com a **privação da liberdade**, ou seja, no momento em que há a captura da vítima, sendo que o **pagamento do resgate** (obtenção da indevida vantagem econômica) é mero **exaurimento** do crime. Daí dizer-se que se trata de **crime formal** (ou de consumação antecipada).

Ainda, trata-se de **crime permanente**, visto que, enquanto a vítima é privada de sua liberdade, a infração se consuma a cada instante, motivo pelo qual é admitida a **prisão em flagrante** a qualquer tempo.

A **tentativa** é **admissível**, desde que o agente já tenha iniciado os atos executórios do crime (privação da liberdade

da vítima), o qual somente não se consumou por circunstâncias alheias à sua vontade.

7.4.6. Espécies de extorsão mediante sequestro

São **espécies** de extorsão mediante sequestro:

a) simples: art. 159, *caput*, CP;

b) qualificada:

b.1) art. 159, § 1º, CP:

b.1.1) se o sequestro dura mais de 24 horas;

b.1.2) se o sequestrado é menor de 18 anos ou maior de 60 anos;

b.1.3) se o crime é cometido por associação criminosa;

b.2) art. 159, § 2º, CP: se do fato resulta **lesão corporal de natureza grave**, dolosa ou culposa;

b.3) art. 159, § 3º, CP: se resulta **morte**, dolosa ou culposa.

Quanto às qualificadoras relativas à lesão corporal grave e à morte, cumpre salientar que somente serão aplicadas quando tais resultados ocorrerem na própria pessoa sequestrada. Se outra pessoa for atingida, haverá crime autônomo.

Como o legislador não restringiu, tais qualificadoras ocorrem tanto no caso de lesão corporal/morte dolosa como culposa, assim como ocorre com o latrocínio.

Ainda, se no caso concreto a conduta dos sequestradores se enquadrar em todos os parágrafos das qualificadoras mencionadas acima, a subsunção será feita no § 3º, cuja pena é maior e mais grave, sendo que as demais qualificadoras serão consideradas como circunstâncias judiciais, quando da fixação da pena-base pelo juiz.

Todas as espécies de extorsão mediante sequestro são consideradas **hediondas** (simples ou qualificadas).

7.4.7. Delação premiada na extorsão mediante sequestro

Se o crime é cometido em **concurso**, o concorrente que o **denunciar** à autoridade, **facilitando a liberação da vítima**, terá sua pena diminuída de **1/3 a 2/3** – art. 159, § 4º, CP. Portanto, trata-se de **causa especial de diminuição da pena**, sendo que o critério para a redução é a colaboração para a soltura da vítima, ou seja, a pena será diminuída proporcionalmente ao auxílio prestado pelo delator.

7.4.8. Diferença entre sequestro relâmpago e extorsão mediante sequestro

O "sequestro relâmpago", como já mencionado, é uma modalidade de crime de extorsão cometido mediante a **restrição da liberdade** da vítima (e não a privação total), necessária para a obtenção da indevida vantagem econômica.

Isso não se confunde com a também restrição da liberdade, que pode ser causa de aumento de pena do crime de **roubo** (art. 157, § 2º, V, CP), mas desde que realizada pelo tempo necessário para a abordagem da vítima e para que esta não delate o agente (e não como condição necessária para a obtenção da vantagem almejada pelo roubador).

Por sua vez, há que se distinguir da **extorsão mediante sequestro**, a qual se caracteriza pela **privação total da liberdade de locomoção** da vítima, a qual é capturada pelo agente, com o fim de obter, para si ou para outrem, qualquer vantagem (econômica e indevida) como condição ou preço do resgate.

7.5. Apropriação indébita (art. 168 do CP). Considerações iniciais

O crime de **apropriação indébita**, previsto no art. 168 do Código Penal, evidentemente é crime contra o patrimônio, já que inserido exatamente neste título do referido diploma legal.

Portanto, o **bem jurídico** tutelado pelo crime em comento é o direito de propriedade (patrimônio).

7.5.1. Tipo objetivo

O verbo do tipo (conduta típica) é "apropriar", indicando que o agente irá apoderar-se, assenhorear-se, fazer sua a coisa de outrem. Enfim, o sujeito ativo passa a portar-se como se fosse dono da coisa.

Diz-se que a **apropriação indébita** é crime que se aperfeiçoa por conta da quebra ou violação de uma **confiança**, já que a vítima entrega a coisa ao agente por livre e espontânea vontade. Ocorre que, em momento posterior ao recebimento da coisa, o agente **inverte seu ânimo sobre o bem**, passando a comportar-se com *animus domini*.

Assim, são requisitos para a configuração da apropriação indébita:

1º) entrega livre do bem pela vítima ao agente;

2º) a posse ou detenção do bem deve ser desvigiada;

3º) ao entrar na posse ou detenção do bem, o agente não deve, desde logo, querer dele apoderar-se ou deixar de restituí-lo ao dono.

Vê-se, pois, que na apropriação indébita a primeira atitude do agente não é banhada de má-fé, eis que recebe o bem sem a intenção inicial de tê-lo para si. Porém, ato seguinte à posse ou detenção, modifica seu ânimo sobre a coisa, passando a comportar-se como se dono fosse.

A doutrina aponta duas formas de execução da apropriação indébita:

a) comportamento do agente como se dono fosse: ato seguinte ao recebimento da coisa, o agente passa a ter atitude típica de dono, dispondo da coisa ou dela se utilizando como se lhe pertencesse. Trata-se da denominada **apropriação indébita propriamente dita**;

b) negativa ou recusa na restituição da coisa: quando o legítimo proprietário da coisa a pede de volta, o agente nega-se a restituí-la, caracterizando a chamada **negativa de restituição**.

7.5.2. Tipo subjetivo

Trata-se do dolo, ou seja, a vontade livre e consciente do sujeito de apoderar-se de bem (coisa) alheio, passando a comportar-se como se fosse dono.

Diz-se que o **dolo** somente deve ser **posterior** ao recebimento da coisa. Assim não sendo, estaremos diante de possível estelionato (ex.: "A" recebe dinheiro de "B" querendo, desde logo, obter o montante para si). A doutrina,

neste caso, denomina *dolo subsequens*, ou seja, a intenção de apropriar-se da coisa deve ser subsequente/posterior ao seu recebimento.

Exige-se, ainda, o *animus rem sibi habendi*, configurador do elemento subjetivo do tipo (especial fim de agir do agente).

7.5.3. Sujeitos do crime

Quanto ao **sujeito ativo**, poderá sê-lo **qualquer pessoa** que tenha a posse ou a detenção do bem, recebido de maneira **lícita** (entregue voluntariamente pela vítima).

Já o **sujeito passivo** é quem sofre a **perda patrimonial** (proprietário, possuidor etc.).

7.5.4. Consumação e tentativa

Consuma-se a apropriação indébita com a **efetiva inversão do ânimo do agente sobre a coisa** entregue pela vítima. Trata-se de aspecto de difícil aferição por se tratar de intenção. Porém, estará consumada a infração, no caso de apropriação propriamente dita, quando o agente começar a portar-se como se dono da coisa fosse (ex.: venda do bem, locação, utilização etc.). Já na negativa de restituição, estará caracterizado o momento consumativo exatamente quando o agente negar-se a devolver o bem da vítima.

Admissível a **tentativa** na apropriação indébita **propriamente dita**, não sendo possível na **negativa de restituição**.

7.5.5. Causas majoradas

A pena será aumentada em 1/3 (um terço) quando:

a) o agente receber a coisa em depósito;

b) o agente receber a coisa na qualidade de tutor, curador, síndico, liquidatário, inventariante, testamenteiro ou depositário judicial;

c) o agente receber a coisa em razão de ofício, emprego ou profissão.

7.6. Estelionato (art. 171 do Código Penal). Considerações iniciais

Trata-se de crime contra o **patrimônio**, cuja objetividade jurídica é a proteção do patrimônio alheio.

Caracteriza-se o estelionato pela existência de uma **fraude**, pela qual o agente, valendo-se de artimanhas, ludibria o ofendido a entregar-lhe uma coisa, daí obtendo vantagem ilícita.

7.6.1. Tipo objetivo

No estelionato, o agente **obtém uma vantagem.** Assim, com o emprego de **fraude**, o sujeito ativo consegue alcançar uma vantagem **ilícita**.

O *caput* do art. 171 do Código Penal descreve em que pode consistir referida fraude. Poderá, portanto, o agente, para obter vantagem ilícita para si ou para outrem empregar:

a) artifício: é o uso, pelo agente, de objetos aptos a enganar a vítima (ex.: documentos falsos, roupas ou disfarces);

b) ardil: corresponde ao "bom de papo". É a conversa enganosa;

c) qualquer outro meio fraudulento: tudo o quanto puder ludibriar a vítima. Utilizou-se o legislador da interpretação analógica a fim de que outras condutas não escapem da tipicidade penal.

O agente, valendo-se do artifício, ardil ou qualquer outro meio fraudulento, induzirá a vítima ou irá mantê-la em erro, obtendo, com isso, vantagem ilícita.

Não haverá, aqui, **subtração** da coisa. Ao contrário, será ela entregue pela vítima ao agente mediante algum expediente fraudulento (artifício, ardil ou outra fraude), tendo ele, desde logo, a intenção de locupletar-se à custa alheia. Esta é a diferença maior entre o estelionato e a apropriação indébita.

Diz a doutrina que o estelionato é **crime material**, exigindo, portanto, que o agente obtenha vantagem ilícita, provocando um prejuízo material à vítima.

Apontam os juristas, ainda, que não se exige que o engodo seja crível pelo **homem médio**. Assim não fosse, as pessoas mais simples estariam desassistidas pela lei penal. Basta, portanto, que o artifício ou o ardil tenham sido suficientes a enganar a vítima.

7.6.2. Tipo subjetivo

É o **dolo**. Atua o agente, portanto, com a intenção, desde logo, de locupletar-se à custa da vítima, induzindo-a ou mantendo-a em erro.

7.6.3. Sujeitos do crime

O **sujeito ativo** é tanto o que emprega a fraude quanto o que aufere a vantagem ilícita.

Sujeito passivo será a pessoa que sofrer o prejuízo, ou ainda aquela que for enganada.

A vítima deve ser pessoa determinada. No caso de a conduta visar a vítimas indeterminadas, poderemos estar diante de crime contra a economia popular, definido na Lei 1.521/1951 (ex.: correntes, pirâmides, adulteração de combustíveis, de balanças etc.).

Se o sujeito passivo do estelionato for **pessoa idosa**, a pena será aumentada, consoante dispõe o art. 171, §4º, do CP, incluído pela Lei 13.228/2015.

7.6.4. Consumação e tentativa

Como já afirmado, o crime de estelionato é **material**, exigindo-se a verificação do resultado (obtenção da vantagem ilícita e prejuízo patrimonial à vítima).

Admissível a **tentativa** se a vítima não é enganada, de fato, pelo agente, ou, ainda que enganada, não sofre prejuízo patrimonial.

Diz-se que se o meio utilizado pelo agente for absolutamente inidôneo, não se pode cogitar de tentativa, mas sim **crime impossível** pela **ineficácia absoluta do meio**.

7.6.5. Concurso de crimes

Se o sujeito ativo, para empregar a fraude, falsifica títulos de crédito ou documentos, visando à obtenção de vantagem ilícita, poderá ser responsabilizado da seguinte maneira:

a) estelionato e falsificação, por violarem bens jurídicos distintos (patrimônio e fé pública), terão suas penas somadas (concurso material);

b) estelionato e falsificação serão atribuídos ao agente a título de concurso formal (mediante uma só ação, o sujeito praticou dois crimes);

c) a falsificação de documento, por ser crime mais grave, absorve o estelionato, de menor pena;

d) o estelionato, por ser crime-fim, absorve a falsificação (crime-meio), por conta do princípio da consunção. Este é o posicionamento do STJ, ao editar a Súmula 17: "quando o falso se exaure no estelionato, sem mais potencialidade lesiva, é por este absorvido".

7.6.6. Estelionato privilegiado

Previsto no § 1º do art. 171, terá o mesmo tratamento do furto privilegiado (pequeno valor e primariedade).

7.6.7. Formas assemelhadas

O § 2º do mesmo dispositivo legal traz outras seis hipóteses de estelionato, porém, com algumas especificidades:

a) quem vende, permuta, dá em pagamento, em locação ou em garantia coisa alheia como própria;

b) quem vende, permuta, dá em pagamento ou em garantia coisa própria inalienável, gravada de ônus ou litigiosa, ou imóvel que prometeu vender a terceiro, mediante pagamento em prestações, silenciando sobre qualquer dessas circunstâncias;

c) quem defrauda, mediante alienação não consentida pelo credor ou por outro modo, a garantia pignoratícia, quando tem a posse do objeto empenhado;

d) quem defrauda substância, qualidade ou quantidade de coisa que deve entregar a alguém;

e) quem destrói, total ou parcialmente, ou oculta coisa própria, ou lesa o próprio corpo ou saúde, ou agrava as consequências da lesão ou doença, com o intuito de haver indenização ou valor de seguro;

f) quem emite cheque sem suficiente provisão de fundos em poder do sacado ou lhe frustra o pagamento (ver Súm. 554 do STF).

7.6.8. Formas majoradas

Prevista no § 3º do art. 171 do Código Penal, a pena será aumentada de 1/3 (um terço) se o crime é cometido em detrimento de entidade de direito público (ex.: INSS) ou de instituto de economia popular, assistência social ou beneficência.

A pena será duplicada se o crime for perpetrado contra **pessoa idosa**, consoante dispõe o novel § 4º do art. 171 do CP, incluído pela Lei 13.228/2015.

7.6.9. Ação Penal

O *Pacote Anticrime* (Lei 13.964/2019) passou a dispor da ação penal no crime de estelionato. Até então, dado o silêncio da lei, a ação seria pública incondicionada. Contudo, a partir de 23 de janeiro de 2020, data da entrada em vigor das alterações promovidas por referido diploma legal, o estelionato tornou-se crime de ação penal pública *condicionada à representação*.

A despeito de estarmos diante de uma aparente mudança processual penal, a alteração se afigura benéfica para o réu, eis que se facilitou a extinção da punibilidade em razão, por exemplo, da decadência do direito de representação. Pode-se considerar, pois, a *natureza híbrida* da alteração (penal e processual). Assim, por se tratar de norma benéfica, deverá retroagir para alcançar fatos anteriores, exigindo-se a manifestação de vontade para que se viabilize a propositura da ação penal, caso ainda não intentada. Se já iniciado o processo-crime, a representação transformar-se-á em condição de prosseguibilidade, exigindo-se a intimação da vítima para que manifeste seu desejo de que a demanda prossiga.

Importante destacar, porém, que o **posicionamento acima indicado não é pacífico**. Com efeito, o Superior Tribunal de Justiça, no julgamento do **HC 573.093-SC** (em 09/06/2020) pela sua **5ª Turma**, entendeu que a retroatividade da representação no crime de estelionato não alcança aqueles processos cuja denúncia já tenha sido oferecida, tratando-se, aqui, de ato jurídico perfeito. Já a **6ª Turma** reconheceu a possibilidade de aplicação retroativa do Pacote Anticrime, inclusive aos processos em curso, aplicando-se analogicamente o art. 91 da Lei 9.099/95 para o fim de a vítima ser intimada a manifestar interesse no prosseguimento da persecução penal, sob pena de decadência (**HC 583.837**).

Excepcionalmente, a ação penal no crime de estelionato será **pública incondicionada**, conforme dispõem os incisos I a IV, do novel §5º do art. 171 do CP:

§ 5º Somente se procede mediante representação, salvo se a vítima for:

I – a Administração Pública, direta ou indireta;

II – criança ou adolescente;

III – pessoa com deficiência mental; ou

IV – maior de 70 (setenta) anos de idade ou incapaz.

7.7. Receptação (art. 180, do CP)

7.7.1. Tipo objetivo

O tipo previsto no art. 180 do CP é dividido em receptação própria (1ª parte) e imprópria (2ª parte).

Na receptação própria, o verbo do tipo (conduta típica) é "**adquirir, receber, transportar, conduzir ou ocultar**" em proveito próprio ou alheio, coisa que **sabe ser produto de crime**.

Já na receptação imprópria, o verbo do tipo (conduta típica) é "**influir**" para que terceiro, de boa-fé adquira, receba ou oculte coisa que sabe ser produto de crime. Assim, é possível dizer que o agente não é o receptador, mas o intermediário da atividade criminosa.

Caso o agente influa para que terceiro de boa-fé transporte ou conduza coisa que seja produto de crime, o fato será atípico, diante da omissão legislativa.

Tanto na receptação própria como na imprópria deve existir um crime antecedente, cujo objeto material coincidirá com o produto receptado.

Oportuno ressaltar que a receptação é punível, ainda que desconhecido ou isento de pena o autor do crime de que proveio a coisa, nos termos do art. 180, § 4º, do CP.

Interessante trazer à baila a posição do STJ acerca da receptação de folhas de cheque. Confira-se:

FOLHAS DE CHEQUE E OBJETO MATERIAL DO CRIME.
"A Turma, ao reconhecer a atipicidade da conduta praticada pelo paciente, concedeu a ordem para absolvê-lo do crime de receptação qualificada de folhas de cheque. Reafirmou-se a jurisprudência do Superior Tribunal de Justiça no sentido de que o talonário de cheque não possui valor econômico intrínseco, logo, não pode ser objeto material do crime de receptação". HC 154.336-DF, Rel. Min. Laurita Vaz, julgado em 20.10.2011. (Inform. STJ 485)

7.7.2. Tipo subjetivo

Trata-se do dolo direto, ou seja, a vontade livre e consciente do sujeito de "adquirir, receber, transportar, conduzir ou ocultar", em proveito próprio ou alheio (elemento subjetivo do tipo), coisa que sabe ser produto de crime, ou "influir" para que terceiro, de boa-fé, adquira, receba ou oculte.

Caso o agente não soubesse ser a coisa produto de crime, muito embora pudesse saber ou tivesse dúvida a respeito, poderá configurar o crime previsto no art. 180, § 3º, do CP (receptação culposa).

7.7.3. Sujeitos do crime

Quanto ao **sujeito ativo**, poderá sê-lo qualquer pessoa, exceto o coautor ou partícipe do crime antecedente. Trata-se, portanto, de **crime comum**.

Já o **sujeito passivo** é o mesmo do delito antecedente.

7.7.4. Consumação e tentativa

O delito se consuma no momento em que a coisa sai da esfera de disponibilidade da vítima (crime material) ou quando o agente influi para que terceiro de boa-fé adquira, receba ou oculte coisa produto de crime (crime formal).

É admissível a **tentativa**.

7.7.5. Receptação qualificada

§ 1º – Adquirir, receber, transportar, conduzir, ocultar, ter em depósito, desmontar, montar, remontar, vender, expor à venda, ou de qualquer forma utilizar, em proveito próprio ou alheio, no exercício de atividade comercial ou industrial, coisa que deve saber ser produto de crime: (Redação dada pela Lei 9.426/1996)

Pena – reclusão, de três a oito anos, e multa. (Redação dada pela Lei 9.426/1996)

§ 2º – Equipara-se à atividade comercial, para efeito do parágrafo anterior, qualquer forma de comércio irregular ou clandestino, inclusive o exercício em residência. (Redação dada pela Lei 9.426/1996)

Tal modalidade de receptação configura espécie de crime próprio, já que somente poderá ser praticado por aquele que exerce atividade comercial, inclusive clandestina.

Importante ressaltar que a forma qualificada traz outras condutas típicas distintas do *caput,* tais como ter em depósito, desmontar, montar, remontar, vender, expor à venda, ou de qualquer forma utilizar, em proveito próprio ou alheio.

Ainda, o § 1º do art. 180 do CP utiliza a expressão "deve saber", ao invés de "sabe", o que gerou grande discussão doutrinária e jurisprudencial.

Para alguns, somente abarcaria o dolo eventual, razão pela qual o agente que atua com dolo direto deve responder por crime menos grave (art. 180, *caput*, CP).

Em contrapartida, para outros, tal solução seria incongruente, motivo pelo qual o § 1º englobaria tanto o dolo direto como o eventual.

7.7.6. Receptação culposa

§ 3º – Adquirir ou receber coisa que, por sua natureza ou pela desproporção entre o valor e o preço, ou pela condição de quem a oferece, deve presumir-se obtida por meio criminoso: (Redação dada pela Lei 9.426/1996).

Pena – detenção, de um mês a um ano, ou multa, ou ambas as penas. (Redação dada pela Lei 9.426/1996).

São requisitos configuradores da receptação culposa: a) adquirir ou receber coisa; b) que por sua natureza ou pela manifesta desproporção entre o valor e o preço ou pela condição de quem a oferece; c) deva presumir ser obtida por meio criminoso.

7.7.7. Perdão judicial e privilégio

§ 5º – Na hipótese do § 3º, se o criminoso é primário, pode o juiz, tendo em consideração as circunstâncias, deixar de aplicar a pena. Na receptação dolosa aplica-se o disposto no § 2º do art. 155. (Incluído pela Lei 9.426/1996).

O perdão judicial é aplicável somente no caso de receptação culposa. Já no caso do privilégio, aplica-se o mesmo instituto previsto para o delito de furto, mas somente à receptação dolosa.

O § 2º do art. 155 do CP, cuja natureza jurídica é de **causa especial de diminuição de pena**, é denominado pela doutrina de **furto privilegiado**.

Incidirá quando o agente for **primário** (ausência de reincidência – art. 64, I, CP – **aspecto subjetivo**) e a coisa for de pequeno valor (**aspecto objetivo**). Entende a doutrina e jurisprudência majoritárias como de **pequeno valor** o bem que não ultrapasse **um salário mínimo** no momento do crime.

Verificados os dois requisitos (primariedade e pequeno valor da coisa), o juiz poderá (em realidade, DEVERÁ – trata-se de direito subjetivo do acusado) **substituir a pena de reclusão pela de detenção, diminuí-la de um a dois terços ou aplicar somente a pena de multa**.

Dentre as opções grifadas, sem dúvida **a mais benéfica é a aplicação da PENA DE MULTA**, eis que o seu descumprimento não poderá ensejar a restrição da liberdade do agente, mas ser cobrada como dívida de valor (*vide* art. 51 do CP).

Se o bem receptado for de **ÍNFIMO VALOR** (e não apenas de pequeno valor), pode-se sustentar a **insignificância penal**, por ausência de lesividade ao bem jurídico protegido pelo crime.

7.7.8. Causas de aumento de pena

§ 6º – Tratando-se de bens e instalações do patrimônio da União, Estado, Município, empresa concessionária de serviços públicos ou sociedade de economia mista, a pena prevista no *caput* deste artigo aplica-se em dobro. (Incluído pela Lei 9.426/1996).

Importante frisar que a causa de aumento de pena especial prevista no art. 180, § 6º, do CP faz alusão tão somente ao crime de receptação em sua forma fundamental, excluindo-se a sua aplicação quando se tratar de receptação qualificada ou culposa.

7.7.9. Ação penal

A ação penal é pública incondicionada, em regra.

7.7.10. Receptação de semovente domesticável de produção

Com o advento da Lei 13.330/2016, que incluiu ao art. 155 do CP mais uma qualificadora (§ 6º), optou o legislador por dispor, em tipo penal autônomo, acerca do crime de **receptação de semovente domesticável de produção** (art. 180-A, CP).

Assim, responderá pelo crime em comento aquele que adquirir, receber, transportar, conduzir, ocultar, tiver em depósito ou vender, com a finalidade de produção ou de comercialização, semovente domesticável de produção, ainda que abatido ou dividido em partes, que deve saber ser produto de crime.

Trata-se, evidentemente, de crime doloso. Diante da redação prevista no tipo penal ("... *que deve saber ser produto de crime*"), conclui-se que o agente poderá agir com dolo direto ou eventual.

A pena para essa modalidade de receptação é a mesma prevista para o furto de semovente domesticável de produção, qual seja, de 2 a 5 anos de reclusão.

7.8. Escusas absolutórias (arts. 181 a 183, do CP)

7.8.1. Conceito

As escusas absolutórias previstas nos arts. 181 e 182, CP são **imunidades penais** instituídas por razões **de política criminal**. A fim de que o Estado não interfira sobremaneira nas relações familiares, prevê o CP, em alguns casos, a **isenção de pena** àqueles que cometerem certos crimes contra o patrimônio (arts. 155 a 180, CP) em face de determinadas pessoas próximas.

Vejamos.

7.8.2. Imunidades penais absolutas (art. 181, do CP)

Haverá a **isenção** de pena do agente nos seguintes casos:

a) Crime cometido em prejuízo de **cônjuge**, na **constância da sociedade conjugal** (estende-se ao companheiro, por isonomia e analogia *in bonam partem*);

b) Crime cometido contra **ascendente** ou **descendente**, qualquer que seja o grau.

7.8.3. Imunidades penais relativas (art. 182, do CP)

As imunidades penais relativas, ou processuais, **não isentam de pena** o agente. Contudo, será de rigor a necessidade de **representação do ofendido** nos seguintes casos:

a) Crime cometido em prejuízo de **ex-cônjuge**;

b) Crime praticado entre irmãos; e

c) Crime cometido contra tio ou sobrinho, desde que exista coabitação.

7.8.4. Exceção às imunidades penais (art. 183, CP)

Não haverá incidência dos arts. 181 e 182, CP (imunidades penais absoluta e relativas) nos seguintes casos:

a) Se o crime for cometido com violência ou grave ameaça à pessoa;

b) Com relação ao terceiro que participa/concorre para o crime;

c) Se a vítima for idosa (idade igual ou superior a sessenta anos).

8. CRIMES CONTRA A DIGNIDADE SEXUAL

8.1. Nova nomenclatura (Lei 12.015/2009)

Com o advento da Lei 12.015/2009, o crime contra os costumes passou a se denominar **crime contra a dignidade sexual**.

Antes se falava em crime **contra os costumes**, pois era o comportamento sexual da sociedade que preocupava, ou seja, dizia respeito a uma ética sexual (comportamento mediano esperado pela sociedade quanto à atividade sexual). Com a alteração, passou-se a tutelar a **dignidade sexual** como um reflexo da pessoa humana e não somente da mulher. Isso porque a **dignidade humana** também gera um reflexo sexual.

8.2. Estupro (art. 213 do CP)

8.2.1. Considerações iniciais

Trata-se de crime que atenta contra a **liberdade sexual**. Desse modo, o bem jurídico tutelado é o direito fundamental de todo ser humano (e não apenas a mulher) de **escolher** o seu parceiro sexual e o **momento** em que com ele vai praticar a relação sexual.

8.2.2. Tipo objetivo

O verbo do tipo (conduta típica) é "constranger", que transmite a ideia de forçar ou compelir (fazer algo contra a sua vontade). É, em verdade, um constrangimento ilegal com uma finalidade específica, qual seja, a prática de um ato sexual.

Após a Lei 12.015/2009, o agente constrange alguém, mediante violência ou grave ameaça, a ter conjunção carnal ou a praticar ou a permitir que com ele se pratique outro ato libidinoso.

Assim, o agente constrange a vítima (homem ou mulher) à prática de **conjunção carnal**. Entende-se esta como a relação sexual "natural" entre homem e mulher. Diz-se, portanto, que o estupro exige, para sua configuração, que o homem introduza seu pênis na cavidade vaginal da mulher, total ou parcialmente.

Também será crime de estupro o **constrangimento** de alguém à prática de **ato libidinoso diverso da conjunção carnal**, ou ainda, que haja o constrangimento da vítima a consentir que com ela seja praticada referida espécie de ato (antigo crime de atentado violento ao pudor).

Diz-se que o **ato libidinoso** é todo aquele que decorre da **concupiscência humana**. O ato diverso **da conjunção carnal** é, por exemplo, o coito anal, sexo oral, masturbação etc.

Todo estupro pressupõe o **dissenso da vítima**, ou seja, sua não concordância com o ato sexual.

A discordância decorre da prática de **violência (emprego de força física contra vítima) ou grave ameaça (promessa de um mal injusto e grave, passível de realização)** pelo agente. São estes os dois **meios executórios** do estupro.

Após a alteração, não há mais a violência presumida, antes prevista no art. 224, CP, o qual foi revogado expressamente pela Lei 12.015/2009. De igual modo foi revogado tacitamente o art. 9º da Lei dos Crimes Hediondos, o qual fazia alusão ao art. 224, CP.

Segundo parte da doutrina, o **uso de instrumentos mecânicos ou artificiais**, desde que acoplados ao pênis do estuprador, não desnaturam o delito em comento.

8.2.3. Tipo subjetivo

Trata-se do **dolo**, ou seja, a vontade livre e consciente do sujeito de constranger alguém a manter relacionamento sexual contra sua vontade.

A lei não exige o elemento subjetivo específico de satisfação da própria lascívia. Assim, também restaria configurado o crime de estupro por qualquer outro motivo (ex.: por vingança, para humilhar etc.).

8.2.4. Sujeitos do crime

Quanto ao **sujeito ativo**, antes da alteração somente era o homem, visto que exigia a conjunção carnal, que pressupõe a introdução total ou parcial do pênis (órgão sexual masculino) na vagina (órgão sexual feminino).

Já o **sujeito passivo, por consequência,** somente poderia ser a **mulher**. Era absolutamente errada a afirmação de que homem poderia ser estuprado.

Agora, o sujeito ativo e passivo pode ser qualquer pessoa, tanto o homem quanto a mulher (crime bicomum e não mais bipróprio).

8.2.5. Consumação e tentativa

Consuma-se o estupro com a introdução ou penetração (ainda que parcial) do pênis na cavidade vaginal da vítima. Ainda, em relação a outros atos diversos da conjunção carnal, consumam-se quando da sua realização.

Desse modo, classifica-se o estupro como sendo um crime material, cujo tipo penal prevê uma conduta (constranger alguém, mediante violência ou grave ameaça) e um resultado naturalístico (prática de conjunção carnal ou outro ato libidinoso diverso).

Admissível a **tentativa** se o agente não conseguir introduzir o membro viril na genitália feminina ou não consegue realizar qualquer outro ato sexual, por circunstâncias alheias à sua vontade.

8.2.6. Espécies de estupro

Há três espécies de estupro:

a) simples: art. 213, *caput*, CP;

b) qualificado:

b.1) art. 213, § 1º, CP:

b.1.1) se da conduta resulta lesão corporal de natureza grave (culposa);

b.1.2) se a vítima é menor de 18 anos ou maior de 14 anos;

b.2) art. 213, § 2º, CP: se da conduta resulta morte (culposa).

No caso das qualificadoras relativas à lesão corporal grave e morte, ambas são figuras **preterdolosas,** de acordo com entendimento majoritário na doutrina e jurisprudência. O estupro é doloso, mas o resultado agravador é culposo. Corrente minoritária entende que pode haver dolo ou culpa no resultado agravador;

c) majorado: arts. 226 e art. 234-A, do CP, tratam das causas de aumento de pena para o estupro, já com as alterações promovidas pela Lei 13.718/2018:

c.1) aumenta-se de 1/3 a 2/3, quando o crime é cometido mediante concurso de duas ou mais pessoas. Fala-se, aqui em **estupro coletivo**, cuja majorante foi acrescentada pela precitada Lei 13.718/2018 (art. 226, IV, "a", do CP);

c.2) aumenta-se de 1/3 a 2/3 se o crime for praticado para controlar o comportamento social ou sexual da vítima. Trata-se de nova majorante, prevista no art. 226, IV, "b", do CP, denominada de **estupro corretivo**. Tenciona o agente, ao estuprar a vítima, "corrigir" seu comportamento sexual ou social supostamente "incorreto" (ex.: "A" estupra "B", lésbica, para demonstrar-lhe que o correto é a relação heterossexual);

c.2) aumenta-se de 1/2, se o agente é ascendente, padrasto ou madrasta, tio, irmão, cônjuge, companheiro, tutor, curador, preceptor ou empregador da vítima ou por qualquer outro título tiver autoridade sobre ela (art. 226, II, do CP, com redação que lhe foi dada pela Lei 13.718/2018);

c.3) aumenta-se de 1/2 a 2/3, se do crime resulta gravidez (majorante ampliada pela Lei 13.718/2018). Trata-se de majorante prevista no art. 234-A, III, CP;

c.4) aumenta-se de 1/3 a 2/3, se o agente transmite à vítima doença sexualmente transmissível de que sabe ou deveria saber ser portador, ou se a vítima é idosa ou pessoa com deficiência (majorante ampliada pela Lei 13.718/2018). A causa de aumento em tela vem prevista no art. 234-A, IV, do CP. Exige-se, aqui, a efetiva transmissão da doença sexualmente transmissível.

8.2.7. Do antigo atentado violento ao pudor (art. 214 do CP)

O artigo 214, CP, foi formalmente revogado, tendo a sua conduta sido absorvida pelo art. 213, CP.

Como já ressaltado acima, o novo art. 213 é uma soma do antigo estupro ao revogado crime de atentado violento ao pudor. Assim, não há falar em *abolitio criminis* da conduta prevista no revogado crime sexual, na medida em que somente houve a revogação formal do tipo penal, mas não material, continuando o fato a ser típico, porém em outro tipo penal, qual seja, o de estupro, previsto no art. 213, CP

(princípio da continuidade típico-normativa). Esse é o entendimento do STJ: *"Em respeito ao princípio da continuidade normativa, não há que se falar em abolitio criminis em relação ao delito do art. 214 do Código Penal, após a edição da Lei n. 12.015/2009. Os crimes de estupro e de atentado violento ao pudor foram reunidos em um único dispositivo"* (HC 225.658/DF, Rel. Min. Rogério Schietti Cruz, *DJe* 02.03.2016).

8.3. Estupro de vulnerável (art. 217-A do CP)

8.3.1. Tipo objetivo

Aplica-se aqui tudo o que já fora explicitado ao delito de estupro.

8.3.2. Tipo subjetivo

De igual modo, aplica-se o que já fora explicitado ao delito de estupro.

8.3.3. Sujeitos do crime

Há importante ressalva a ser feita quanto ao sujeito passivo, qual seja, a de que somente as pessoas vulneráveis podem ser vítimas do crime de estupro de vulnerável. Entende-se por pessoa vulnerável: a pessoa menor de 14 anos (art. 217-A, *caput*, CP), enferma ou doente mental que não tenha o necessário discernimento para o ato sexual ou que, por qualquer outra causa, não possa oferecer resistência (art. 217-A, § 1º, CP).

Quanto à vítima menor de 14 (quatorze) anos, o **STJ**, por meio da **Súmula 593**, pacificou o entendimento segundo o qual o consentimento do ofendido para a prática do ato sexual é absolutamente indiferente para a caracterização do crime em comento, bem como a prévia experiência sexual. Confira-se: *"O crime de estupro de vulnerável configura com a conjunção carnal ou prática de ato libidinoso com menor de 14 anos, sendo irrelevante o eventual consentimento da vítima para a prática do ato, experiência sexual anterior ou existência de relacionamento amoroso com o agente."*

Registre-se, por oportuno, que a Lei 13.718/2018 acrescentou ao art. 217-A o § 5º, assim redigido: "As penas previstas no **caput** e nos §§ 1º, 3º e 4º deste artigo aplicam-se independentemente do consentimento da vítima ou do fato de ela ter mantido relações sexuais anteriormente ao crime."

No tocante à vulnerabilidade decorrente da idade, o STJ, conforme já mencionado anteriormente, sumulou o entendimento de que o eventual consentimento do ofendido não afasta o crime, bem como a existência de relacionamento amoro ou prévia experiência sexual.

Já com relação às demais hipóteses de vulnerabilidade, quais sejam, aquelas referentes aos portadores de enfermidade ou deficiência mental e àqueles que, por qualquer outra causa, não possam oferecer resistência, parece-nos que o legislador se equivocou.

No tocante às pessoas com deficiência mental, tal aspecto, de índole biológica, não poderá, por si só, atribuir-lhes a pecha de vulneráveis sexuais. É que o art. 6º, II, do Estatuto da Pessoa com Deficiência (Lei 13.146/2015), expressamente prevê que a deficiência não afeta a plena capacidade civil da pessoa, inclusive para **exercer direitos sexuais e reprodutivos**.

Assim, fazendo-se uma interpretação sistemática, e não meramente estanque do art. 217-A, § 5º, do CP, chegamos à conclusão de que os deficientes mentais somente serão considerados vulneráveis, do ponto de vista sexual, e, portanto, vítimas de estupro de vulnerável, quando, em razão da deficiência, não tiverem o necessário discernimento para a prática do ato sexual. Caso contrário, estar-se-á retirando dos deficientes mentais a liberdade sexual, ínsita à dignidade da pessoa humana, transformando seus eventuais parceiros em "estupradores de vulneráveis".

8.3.4. Consumação e tentativa

Aplica-se o que já foi dito ao estupro.

8.3.5. Espécies de estupro de vulnerável

Há três espécies de estupro de vulnerável:

a) simples: art. 217-A, *caput*, CP;

b) qualificado:

b.1) art. 217-A, § 3º, CP: se da conduta resulta lesão corporal de natureza grave (culposa);

b.2) art. 217-A, § 4º, CP: se da conduta resulta morte (culposa).

No caso das qualificadoras relativas à lesão corporal grave e morte, ambas são figuras **preterdolosas,** de acordo com entendimento majoritário na doutrina e jurisprudência. O estupro é doloso, mas o resultado agravador é culposo. Corrente minoritária entende que pode haver dolo ou culpa no resultado agravador;

c) majorado: arts. 226 e art. 234-A, do CP, tratam das causas de aumento de pena para o estupro, já com as alterações promovidas pela Lei 13.718/2018:

c.1) aumenta-se de 1/3 a 2/3, quando o crime é cometido mediante concurso de duas ou mais pessoas. Fala-se, aqui em **estupro coletivo,** cuja majorante foi acrescentada pela precitada Lei 13.718/2018 (art. 226, IV, "a", do CP);

c.2) aumenta-se de 1/3 a 2/3 se o crime for praticado para controlar o comportamento social ou sexual da vítima. Trata-se de nova majorante, prevista no art. 226, IV, "b", do CP, denominada de **estupro corretivo**. Tenciona o agente, ao estuprar a vítima, "corrigir" seu comportamento sexual ou social supostamente "incorreto" (ex.: "A" estupra "B", lésbica, para demonstrar-lhe que o correto é a relação heterossexual);

c.2) aumenta-se de 1/2, se o agente é ascendente, padrasto ou madrasta, tio, irmão, cônjuge, companheiro, tutor, curador, preceptor ou empregador da vítima ou por qualquer outro título tiver autoridade sobre ela (art. 226, II, do CP, com redação que lhe foi dada pela Lei 13.718/2018);

c.3) aumenta-se de 1/2 a 2/3, se do crime resulta gravidez (majorante ampliada pela Lei 13.718/2018). Trata-se de majorante prevista no art. 234-A, III, CP;

c.4) aumenta-se de 1/3 a 2/3, se o agente transmite à vítima doença sexualmente transmissível de que sabe ou deveria saber ser portador, ou se a vítima é idosa ou pessoa com deficiência (majorante ampliada pela Lei 13.718/2018). A causa de aumento em tela vem prevista no art. 234-A, IV,

do CP. Exige-se, aqui, a efetiva transmissão da doença sexualmente transmissível.

Outrossim, cumpre ressaltar que o estupro, em todas as suas modalidades, é **hediondo** (simples, qualificado e de vulnerável).

8.3.6. Questões polêmicas

8.3.6.1. Concurso de crimes

Um dos grandes reflexos da alteração pela Lei 12.015/2009 nos crimes sexuais foi a caracterização do concurso de crimes.

Era pacífico na doutrina que, em havendo um ato de conjunção carnal e outro ato libidinoso diverso de conjunção carnal, no mesmo contexto fático, haveria concurso material entre as infrações.

Segundo o STF, pelo fato de o estupro e de o atentado violento ao pudor não pertencerem ao mesmo tipo penal, não eram considerados crimes da mesma espécie e, por conseguinte, não restaria caracterizada a continuidade delitiva entre eles, mas o concurso material de crimes. No mesmo sentido era o entendimento da 5ª Turma do STJ.

Outro era o entendimento da 6ª Turma do STJ, no sentido de que estupro e atentado violento ao pudor eram crimes da mesma espécie, pois ofendiam ao mesmo bem jurídico (liberdade sexual), o que ensejava a caracterização do crime continuado.

Todavia, com a junção das condutas em um tipo penal não seria mais cabível, em tese, sustentar a aplicação do concurso material, quando houvesse vários atos libidinosos em um mesmo contexto fático. Afastou também a discussão de ser impossível a continuidade delitiva.

Daí ter surgido outra discussão: se o art. 213, CP, é um tipo misto alternativo ou cumulativo.

Vem-se defendendo, tanto na doutrina quanto na jurisprudência, que se trata de um tipo misto alternativo. Consequentemente, aquele que constranger alguém a conjunção carnal e também a outro ato diverso da conjunção carnal, no mesmo contexto fático, responderá por um crime apenas. Somente haverá concurso material no caso de haver vítimas diversas ou contextos fáticos diversos, desde que não preenchidos os requisitos da continuidade delitiva.

Por outro lado, há quem sustente que se trata se um tipo misto cumulativo, ou seja, se houve atos libidinosos diversos, será aplicável o concurso material. Esse entendimento é corroborado pela 5ª Turma do STJ.

Tal discussão ainda não está pacificada na jurisprudência.

8.3.6.2. Aniversário de 14 anos

Outra questão polêmica que surgiu com o advento da Lei 12.015/2009 foi o enquadramento típico quando a vítima for estuprada no dia do seu aniversário de 14 anos.

Isso porque, segundo o art. 213, § 1º, CP, o crime de estupro será qualificado se a vítima for menor de 18 anos ou *maior* de 14 anos.

Já o art. 217-A, CP, preleciona que será estupro de vulnerável o fato de ter conjunção carnal ou praticar outro ato libidinoso com *menor* de 14 anos.

Pela mera interpretação literal, se a vítima for estuprada no dia do seu 14º aniversário, seria estupro simples.

Assim, a melhor interpretação, para se evitar injustiças por falha do legislador, é afastar a hipótese de estupro simples, pois no dia seguinte ao 14º aniversário já seria estupro qualificado, crime mais grave, gerando um contrassenso.

Portanto, deve-se considerar como sendo estupro qualificado ou estupro de vulnerável. Como se trata de analogia, a melhor opção é a primeira, cuja pena é menor e mais benéfica ao réu.

8.3.6.3. Ação penal

Até o advento da Lei 12.015/2009, consoante se depreendia da redação original do art. 225, *caput*, do CP, a ação penal era, em regra, **privada**. Dependia, porém, de **representação**, quando a vítima ou seus pais não pudessem prover às despesas do processo sem que isso causasse prejuízo à manutenção própria ou familiar, caso em que se exigia a representação como condição de procedibilidade (antigo art. 225, § 1º, I e § 2º, CP). Finalmente, a ação era pública **incondicionada** nos casos de abuso do poder familiar (antigo pátrio poder), ou da qualidade de padrasto, tutor ou curador.

Porém, quando das alterações promovidas pela precitada Lei 12.015/2009, a regra passou a ser a de que a ação penal nos crimes contra a dignidade sexual seria **pública condicionada à representação**. Excepcionalmente, a ação penal seria **pública incondicionada**, quando a *vítima fosse menor de 18 anos ou quando a pessoa fosse vulnerável, conforme o então art. 225, parágrafo único, do CP*. Porém, a **Lei 13.718/2018** alterou completamente o panorama. Doravante, a ação penal nos crimes contra a dignidade sexual tratados nos Capítulos I e II, do Título VI, da Parte Especial do CP, será **pública incondicionada**. Com esta alteração, não há mais a exigência de manifestação de vontade da vítima, cabendo à autoridade policial, ciente da prática de crime sexual, instaurar o inquérito policial de ofício, bem como ao Ministério Público oferecer a denúncia.

Com a modificação da natureza da ação penal, perde completamente o sentido anterior discussão doutrinária e jurisprudencial acerca do estupro qualificado pela lesão corporal grave e pela morte, que, pelo regime anterior, também, a rigor, dependeriam de representação da vítima. Em razão disso, o então Procurador-Geral da República ajuizou uma ADI (de n.º 4301) contra o art. 225, CP, para reconhecer a ofensa ao princípio da proporcionalidade, pela proteção insuficiente ao bem jurídico. Ou seja, a ação penal pública condicionada no crime sexual de estupro qualificado protegeria o bem jurídico de forma insuficiente e, em muitos casos, gerando até a impunidade (risco de extinção da punibilidade pela decadência do direito de representação). Com as alterações promovidas pela Lei 13.718/2018, a referida ADI perdeu seu sentido.

Também não há mais sentido em sustentar-se a aplicabilidade da **Súmula 608 do STF**, segundo a qual no estupro praticado com violência real, a ação penal é pública incondicionada. Referida Súmula, diga-se de passagem, é anterior até mesmo à CF/88, tendo sido editada quando a regra geral para os crimes sexuais (antigos crimes contra os costumes) era a ação penal ser privada. Agora, sendo os crimes contra a liberdade sexual e os crimes sexuais contra vulnerável de ação penal pública incondicionada, está superada a discussão acerca da incidência da aludida Súmula 608.

8.3.7. Novos crimes contra a dignidade sexual incluídos ao CP pelas Leis 13.718/2018 e 13.772/2018

A **Lei 13.718/2018**, além de promover algumas relevantes alterações no Título VI da Parte Especial do CP, como já analisamos nos itens antecedentes, cuidou de incluir duas novas figuras criminosas aos Capítulos I e II, quais sejam, a importunação sexual (art. 215-A) e a divulgação de cena de estupro ou de cena de estupro de vulnerável, de cena de sexo ou pornografia (art. 218-C).

Analisemos, brevemente, cada uma das infrações penais referidas.

8.3.7.1. Importunação sexual (art. 215-A do CP)

O novel dispositivo legal, introduzido ao CP pela Lei 13.718/2018 assim dispõe:

> *Art. 215-A. Praticar contra alguém e sem a sua anuência ato libidinoso com o objetivo de satisfazer a própria lascívia ou a de terceiro:*
>
> *Pena – reclusão, de 1 (um) a 5 (cinco) anos, se o ato não constitui crime mais grave.*

Veremos, adiante, os principais aspectos do tipo penal em comento.

a) **sujeitos do crime**: tanto autor como vítima poderão ser homem ou mulher. Basta analisar a expressão "alguém" contida no art. 215-A, denotando, pois, ausência de condição especial de agente e vítima. Estamos, portanto, diante de crime comum.

b) **conduta nuclear**: é praticar ato libidinoso. Assim, configura-se o crime quando o agente praticar atos com conotação sexual contra a vítima, sem o seu consentimento, com a finalidade de satisfazer a própria lascívia ou a de terceiro. É o caso, por exemplo, de homem que se masturba no interior de transporte coletivo, ejaculando em alguém. Houve, com o advento do art. 215-A do CP, a revogação do art. 61 da Lei das Contravenções Penais, que tipificava a contravenção de importunação ofensiva ao pudor. Doravante, aquilo que constituía mera contravenção, agora passa a ser crime. Não se trata, aqui, de abolitio criminis, mas de nítida continuidade normativo-típica.

c) **consumação e tentativa**: consuma-se a importunação sexual quando o agente, efetivamente, praticar o ato libidinoso contra a vítima, afrontando, assim, sua dignidade sexual. Será admissível a tentativa, por se tratar de infração plurissubsistente.

d) **subsidiariedade expressa**: o crime em comento é subsidiário, ou seja, somente se caracterizará quando a importunação sexual não constituir crime mais grave. É o que se vê no preceito secundário do art. 215-A: "reclusão, de 1 (um) a 5 (cinco) anos, se o ato não constitui crime ais grave". Portanto, se o agente praticar atos libidinosos contra a vítima, sem sua anuência, empregando grave ameaça ou violência, cometerá estupro (art. 213), ou, se se tratar de vítima vulnerável, ainda que com seu consentimento, estupro de vulnerável (art. 217-A).

8.3.7.2. Divulgação de cena de estupro ou de cena de estupro de vulnerável, de cena de sexo ou de pornografia (art. 218-C do CP)

Trata-se de nova figura criminosa prevista no art. 218-C do CP, introduzido pela Lei 13.718/2018. Confira-se:

> Art. 218-C. Oferecer, trocar, disponibilizar, transmitir, vender ou expor à venda, distribuir, publicar ou divulgar, por qualquer meio – inclusive por meio de comunicação de massa ou sistema de informática ou telemática -, fotografia, vídeo ou outro registro audiovisual que contenha cena de estupro ou de estupro de vulnerável ou que faça apologia ou induza a sua prática, ou, sem o consentimento da vítima, cena de sexo, nudez ou pornografia: (Incluído pela Lei 13.718, de 2018).
>
> Pena – reclusão, de 1 (um) a 5 (cinco) anos, se o fato não constitui crime mais grave.

Analisemos, a seguir, os principais aspectos do crime em testilha.

a) **sujeitos do crime**: poderá ser sujeito ativo qualquer pessoa, ou seja, homem ou mulher (crime comum). Igualmente, a vítima poderá ser qualquer pessoa (homem ou mulher). Importante registrar que se se tratar de pessoa que mantenha ou tenha mantido relação íntima de afeto com a vítima, a pena será majorada (art. 218-C, §1º, CP).

b) **condutas típicas**: o art. 218-C, caput, do CP, contém nove verbos (oferecer, trocar, disponibilizar, transmitir, vender, expor à venda, distribuir, publicar ou divulgar), tratando-se, pois, de **crime de ação múltipla** (tipo misto alternativo). Assim, caso o agente realize mais de um verbo no mesmo contexto fático, terá cometido crime único, porém, com possibilidade de majoração da pena-base pelo juiz.

c) **meios de execução**: o sujeito ativo poderá praticar qualquer dos verbos do tipo por **qualquer meio**, vale dizer, inclusive por meio de comunicação de massa ou sistema de informática ou telemática, como redes sociais, Whatsapp, Telegram, Messenger etc.

d) **objetos materiais**: a conduta do agente terá em mira **fotografias**, **vídeos** ou **outros registros audiovisuais** que contenham cena de estupro (art. 213 do CP) ou de estupro de vulnerável (art. 217-A do CP). Importante registrar que a divulgação de cenas de estupro de crianças e adolescentes menores de quatorze anos (que também são vulneráveis, de acordo com o art. 217-A, caput) configurará crime especial (arts. 241 ou 241-A do ECA). Portanto, somente a divulgação de cena de estupro de pessoas enfermas ou deficientes mentais que não tenham o necessário discernimento para a prática do ato, ou que por qualquer outra causa não possam oferecer resistência, constituirá crime do art. 218-C do CP. Também configura o crime em comento a dispersão de material que faça apologia ou induza a prática de estupro,

como, por exemplo, vídeos em que alguém incite a prática de referido crime sexual. Finalmente, também praticará o crime aquele que divulgar cenas de sexo, nudez ou pornografia sem o consentimento da vítima. Aqui, não se fala em cenas de violência sexual (estupro ou estupro de vulnerável), mas, simplesmente, de cenas não autorizadas pela pessoa fotografada ou gravada. Assim, praticará crime o homem que, durante relação sexual com determinada mulher, gravá-la e posteriormente compartilhá-la em grupos ou redes sociais, sem a anuência da vítima.

e) **consumação e tentativa**: haverá consumação no momento da prática de qualquer um dos verbos do tipo. Alguns deles constituem crimes permanentes, como, por exemplo, nas modalidades "expor à venda", "disponibilizar" e "divulgar". Assim, enquanto as cenas estiverem disponíveis para acesso, o crime estará se consumando. Admissível a tentativa, exceto com relação à conduta de "oferecer". Uma vez ofertada a cena de estupro ou de nudez, o crime já estará consumado.

f) **formas majoradas**: a pena será aumentada de um a dois terços, conforme dispõe o art. 218-C, § 1º, se o *crime é praticado por agente que mantém ou tenha mantido relação íntima de afeto com a vítima ou com o fim de vingança ou humilhação*. Na primeira parte, pune-se com maior rigor o agente que tenha cometido o crime contra pessoa com a qual tenha mantido, ou ainda mantenha, relação íntima de afeto, como a decorrente de casamento, noivado, namoro prolongado. Na segunda parte, a punição será mais rigorosa quando o agente, independentemente de relação íntima pretérita com a vítima, tenha praticado o crime com finalidade específica (vingança ou humilhação). É o que se denomina de *revenge porn*, ou pornografia de vingança, que ocorre, geralmente, após o término de um relacionamento amoroso, quando uma das pessoas, por raiva pelo fim da relação, divulga cenas de nudez ou de sexo com a outra.

g) **exclusão da ilicitude**: nos termos do art. 218-C, § 2º, do CP, não há crime quando o agente pratica as condutas descritas no **caput** deste artigo em publicação de natureza jornalística, científica, cultural ou acadêmica com a adoção de recurso que impossibilite a identificação da vítima, ressalvada sua prévia autorização, caso seja maior de 18 (dezoito) anos.

8.3.7.3. Registro não autorizado da intimidade sexual (art. 216-B do CP)

A Lei 13.772, de 19 de dezembro de 2018, promoveu a inclusão de mais um crime contra a dignidade sexual, cujo *nomem juris* escolhido pelo legislador foi o de **registro não autorizado da intimidade sexual,** inserido no Capítulo I-A do Título VI da Parte Especial do Código Penal, denominado "Da exposição da intimidade sexual". Confira-se o novel tipo penal:

> Art. 216-B. Produzir, fotografar, filmar ou registrar, por qualquer meio, conteúdo com cena de nudez ou ato sexual ou libidinoso de caráter íntimo e privado sem autorização dos participantes:
>
> Pena – detenção, de 6 (seis) meses a 1 (um) ano, e multa.
>
> Parágrafo único. Na mesma pena incorre quem realiza montagem em fotografia, vídeo, áudio ou qualquer outro registro

com o fim de incluir pessoa em cena de nudez ou ato sexual ou libidinoso de caráter íntimo.

Analisemos a seguir os principais aspectos do crime em comento:

a) **sujeitos do crime**: poderá ser sujeito ativo qualquer pessoa, ou seja, homem ou mulher (crime comum). Igualmente, a vítima poderá ser qualquer pessoa (homem ou mulher). Trata-se, portanto, de um crime bicomum.

b) **condutas típicas**: o art. 216-B, caput, do CP, contém quatro verbos (produzir, fotografar, filmar ou registrar), tratando-se, pois, de **crime de ação múltipla** (tipo misto alternativo). Assim, caso o agente realize mais de um verbo no mesmo contexto fático, terá cometido crime único, porém, com possibilidade de majoração da pena-base pelo juiz. Perceba que, diferentemente do crime do art. 218-C, que pune, notadamente, a divulgação de cenas de sexo, o tipo em análise criminaliza a conduta do agente que, de maneira geral, capta indevidamente as cenas de nudez ou de atos sexuais ou libidinosos de caráter íntimo e privado. É certo que o anterior registro de cenas de nudez, não autorizadas pelos participantes, e posterior disponibilização delas em meios de comunicação (ex.: internet), acarretará, até porque perpetradas em contextos fáticos distintos, o reconhecimento de concurso material de crimes (arts. 216-B e 218-C, ambos do CP). Consideram-se cenas de nudez ou atos sexuais ou libidinosos de *caráter íntimo e privado* aquelas que ocorrem em locais onde a intimidade dos participantes se mantenha resguardada. A contrario sensu, caso uma relação sexual ocorra em um local público ou acessível ao público (ex.: praias, estacionamentos de shopping centers etc), a filmagem das cenas não configurará, ainda que sem autorização dos participantes, o crime sob enfoque, eis que a intimidade sexual não estará sendo efetivamente violada. Tencionou o legislador, obviamente, tutelar a intimidade sexual em ambientes privados.

c) **meios de execução**: o sujeito ativo poderá praticar qualquer dos verbos do tipo por **qualquer meio**. Em regra, os registros de imagens ocorrem por equipamentos eletrônicos, tais como câmeras fotográficas, filmadoras, ou, mais modernamente, até por *smartphones*.

d) **objetos materiais**: a conduta do agente terá em mira **cena de nudez** ou **ato sexual** ou **libidinoso** de **caráter íntimo e privado**. Não estamos, aqui, diferentemente do crime do art. 218-C do CP, diante e cenas de estupro ou estupro de vulnerável, mas de cenas de nudez ou de atos com conotação sexual praticados no âmbito íntimo e privado.

e) **consumação e tentativa**: haverá consumação no momento da prática de qualquer um dos verbos do tipo. Perfeitamente admissível a tentativa se, por circunstâncias alheias à vontade do agente, não conseguir fotografar, filmar, registrar ou produzir as cenas de nudez ou de atos sexuais ou libidinosos de terceiros.

8.3.8. Sigilo processual

O art. 234-B, CP prevê expressamente que deverá haver segredo de justiça em todos os processos relativos aos crimes sexuais.

9. CRIMES CONTRA A ORGANIZAÇÃO DO TRABALHO

9.1. Crimes contra a organização do trabalho (arts. 197 a 207, do CP). Objeto jurídico

O CP, implementando e materializando a proteção aos direitos sociais (especialmente os previstos nos arts. 6º a 8º da CF/1988), criminalizou condutas atentatórias à organização e normal desenvolvimento das atividades laborativas do trabalhador. Aqui reside o bem jurídico (ou objetividade jurídica) dos crimes que passaremos a analisar.

9.2. Competência para julgamento dos crimes contra a organização do trabalho

De acordo com a jurisprudência do STJ e STF, caberá à Justiça Estadual o conhecimento e julgamento das ações penais que identifiquem a lesão a interesse individual do trabalhador, ao passo que será da Justiça Federal a competência para analisar processos criminais que envolvam lesões a interesses coletivos dos obreiros.

9.3. Análise dos principais crimes contra a organização do trabalho

9.3.1. Atentado contra a liberdade de contrato de trabalho e boicotagem violenta (art. 198, do CP)

9.3.1.1. Considerações iniciais

Trata-se de crime que objetiva proteger a liberdade do trabalhador na escolha do trabalho que pretender executar, bem como a de manter a normalidade nas relações laborais. Temos, em verdade, duas situações (fatos típicos) distintas: **a)** atentado contra a liberdade de contrato de trabalho; e **b)** boicotagem violenta.

9.3.1.2. Conduta típica

Consiste em *constranger* alguém, mediante *violência* ou *grave ameaça*, a *celebrar contrato de trabalho*. Aqui estamos diante do *atentado contra a liberdade de contrato de trabalho*.

Ainda, estaremos diante da *boicotagem violenta* quando o agente constranger alguém, mediante violência ou grave ameaça, a não fornecer a outrem ou não adquirir de outrem matéria-prima ou produto industrial ou agrícola.

9.3.1.3. Elemento subjetivo do crime

É o dolo.

9.3.1.4. Consumação e tentativa

No caso da primeira figura (*atentado contra a liberdade de contrato*), estará consumada a infração quando ocorrer a **celebração do contrato** (seja de forma escrita ou oral).

Em se tratando de *boicotagem violenta*, haverá consumação no momento em que a **vítima deixar de fornecer ou adquirir o produto ou matéria-prima** da pessoa boicotada.

Cabível a tentativa nas duas figuras típicas.

9.3.2. Atentado contra a liberdade de associação (art. 199, do CP)

9.3.2.1. Considerações iniciais

Trata-se de crime que objetiva proteger a liberdade do trabalhador em *associar-se ou sindicalizar-se* (arts. 5º, XVII, e 8º, V, ambos da CF/1988).

9.3.2.2. Conduta típica

Consiste em *constranger alguém, mediante violência ou grave ameaça, a participar ou deixar de participar de determinado sindicato ou associação profissional.*

Assim, a vítima será compelida, mediante desforço físico ou grave ameaça, a associar-se ou deixar de associar-se a determinada associação profissional, ou, ainda, a participar, ou não, de determinado sindicato.

9.3.2.3. Elemento subjetivo do crime

É o dolo.

9.3.2.4. Consumação e tentativa

O crime em tela estará consumado no momento em que a vítima for impedida de participar de associação profissional ou de sindicato, ou, ainda, quando ela aderir a uma das duas entidades, filiando-se.

Cabível a tentativa.

9.3.3. Paralisação de trabalho, seguida de violência ou perturbação da ordem (art. 200, do CP)

9.3.3.1. Considerações iniciais

O crime que ora se analisa protege a liberdade de trabalho, que se vê violada em caso de suspensão do trabalho (*lockout*) ou abandono coletivo (greve ou parede).

Importante frisar que o art. 9º da CF dispõe ser "assegurado o direito de greve, competindo aos trabalhadores decidir sobre a oportunidade de exercê-lo e sobre os interesses que devam por meio dele defender".

Assim, a greve configura um exercício regular de direito. Contudo, a lei penal não permite que o exercício desse direito se faça de forma violenta contra pessoas ou coisas. Aqui haverá crime.

9.3.3.2. Conduta típica

Consiste em *participar de suspensão ou abandono coletivo de trabalho, praticando violência contra a pessoa ou contra coisa.*

Aqui, temos duas situações distintas:

✓ **participar de suspensão**, praticando violência contra a pessoa ou contra coisa: o sujeito ativo é o empregador, que é quem determina o *lockout;*

✓ **participar de abandono coletivo de trabalho**, praticando violência contra a pessoa ou contra coisa: o sujeito ativo é o trabalhador, que participa de movimento grevista e, para tanto, pratica violência. Nesse caso, exige-se que pelo menos 3 empregados estejam reunidos. Estamos diante de um crime *plurissubjetivo* (parágrafo único, art. 200).

Seja a greve legítima ou não, haverá crime (o legislador não diferenciou).

O legislador previu como único meio executório para o crime a prática de violência contra pessoa ou coisa. Se o agente delitivo valer-se da *grave ameaça, não estaremos diante do crime em tela, mas sim do art. 147 do CP.*

9.3.3.3. Elemento subjetivo do crime

É o dolo.

9.3.3.4. Consumação e tentativa

O crime em tela estará consumado no momento em que houver o emprego de violência durante o *lockout* ou a greve. Cabível a tentativa.

9.3.4. Paralisação de trabalho de interesse coletivo (art. 201, do CP)

9.3.4.1. Considerações iniciais

Trata-se de crime que não protege propriamente a organização do trabalho, mas sim o interesse coletivo voltado às obras públicas ou serviços públicos.

Há quem considere ter sido o crime do art. 201 do CP revogado pela Lei 7.783/1989, conhecida como "Lei de Greve", já que esta permite a greve mesmo de trabalhadores que atuem na prestação de serviços essenciais. Além disso, a CF, em seu art. 9º, não excepcionou o exercício do direito de greve nessas situações.

Todavia, para outra parte da doutrina, o crime permanece íntegro. Contudo, somente restará configurado quando a obra ou serviço de interesse público sejam essenciais para a preservação do interesse público.

9.3.4.2. Conduta típica

Consiste em *participar de suspensão ou abandono coletivo de trabalho, provocando a interrupção de obra pública ou serviço de interesse coletivo.*

Aqui, temos duas situações distintas:

✓ **participar de suspensão (***lockout***)**, provocando, com isso, a interrupção de obra pública ou serviço de interesse coletivo;

✓ **participar de abandono coletivo de trabalho (greve)**, provocando, igualmente, a interrupção de obra pública ou serviço de interesse coletivo.

9.3.4.3. Elemento subjetivo do crime

É o dolo.

9.3.4.4. Consumação e tentativa

O crime em tela estará consumado quando houver a efetiva interrupção da obra ou serviço de interesse público. Cabível a tentativa.

9.3.5. Frustração de lei sobre nacionalização do trabalho (art. 204, do CP)

9.3.5.1. Breves considerações

A doutrina mais abalizada entende que o art. 204 do CP *não foi recepcionado pela CF/1988*, na medida em que esta não faz diferenciação/discriminação entre brasileiros e estrangeiros para fim de preenchimento de postos de trabalho.

Todavia, à época em que o CP foi editado (1940), vigorava a CF/1937, que previa regra que *vedava a contratação de mais estrangeiros do que brasileiros nas empresas nacionais, o que foi repetido pela EC 1/1969*.

Porém, com a CF/1988, consagrou-se a *liberdade do exercício profissional* (art. 5º, XIII, CF). Assim, é inviável qualquer forma de discriminação, salvo quando a Lei Maior admitir.

Muito embora a CLT, em seus arts. 352 a 370, traga regras no sentido de ser garantido percentual de vagas para brasileiros, entende-se que não foram recepcionados pela Ordem Constitucional vigente.

9.3.6. Aliciamento para o fim de emigração (art. 206, do CP)

9.3.6.1. Considerações iniciais

Trata-se de crime cujo bem jurídico tutelado é o interesse do Estado em que permaneça no Brasil mão de obra, que, se levada para fora, poderá trazer danos à economia nacional.

9.3.6.2. Conduta típica

Consiste em *recrutar trabalhadores, mediante fraude, com o fim de levá-los para território estrangeiro*. Trata-se, pois, de conduta do agente que visa a atrair trabalhadores, com emprego de *fraude* (engodo/meios ardilosos), objetivando levá-los para fora do país.

Questões interessantes que se colocam são as seguintes:

1ª) quantos trabalhadores devem ser aliciados para que o crime reste configurado? R.: para Mirabete são exigidos pelo menos 3 trabalhadores. Já para Celso Delmanto, bastam 2 trabalhadores, tendo em vista que o tipo penal fala em "trabalhadores", no plural.

2ª) qual o sentido da expressão "trabalhadores"? R.: entende José Henrique Pierangelli que a expressão abrange não só os empregados, mas todos aqueles que desenvolvem *trabalhos lícitos*. Assim, se houver aliciamento de trabalhadores avulsos ou autônomos, estará configurado o crime.

9.3.6.3. Elemento subjetivo do crime

É o dolo. No entanto, exige-se um especial fim de agir, decorrente da expressão "com o fim de levá-los para território estrangeiro". Portanto, o crime estará configurado quando o agente agir com essa específica intenção. Caso contrário, o fato será atípico, por falta do elemento subjetivo do injusto ("dolo específico").

9.3.6.4. Consumação e tentativa

O crime em tela estará consumado quando houver o recrutamento fraudulento dos trabalhadores, ainda que, de fato, não saiam do território nacional. Estamos diante de um crime formal (não se exige o resultado).

Cabível a tentativa.

10. CRIMES CONTRA A FÉ PÚBLICA

10.1. Considerações gerais

O Capítulo III do Título X da Parte Especial do CP prevê os delitos de falsidade documental como espécies dos crimes contra a fé pública.

São chamados de *crimes de falso*, divididos em 2 categorias:

a) Falso material;

b) Falso moral (ou falsidade ideológica).

Em qualquer caso, o que se tutela é a fé pública, ou seja, a crença das pessoas na legitimidade dos documentos (públicos ou particulares).

10.2. Principais crimes contra a fé pública

10.2.1. Falsificação de documento público (art. 297, do CP)

10.2.1.1. Conduta típica

Consiste em *falsificar, no todo ou em parte, documento público, ou alterar documento público verdadeiro*.

Aqui, o legislador tutela a crença das pessoas quanto à legitimidade dos documentos públicos.

Duas são as condutas típicas possíveis:

a) falsificar, no todo ou em parte, documento público (contrafação);

b) alterar documento público verdadeiro (no todo ou em parte).

A primeira conduta típica pressupõe a formação total ou parcial de um documento público (contrafação). Assim, ou o agente cria um documento por inteiro, ou acresce dizeres, letras, símbolos ou números ao documento verdadeiro.

A segunda conduta típica pressupõe a existência prévia de um documento público verdadeiro, emanado de funcionário público competente. Contudo, o agente altera, modifica o conteúdo desse documento verdadeiro.

A título de exemplo:

i) (falsificar = contrafação): Gaio adquire uma máquina de xerox colorido de alta definição e passa a falsificar (criar, reproduzir enganosamente) carteiras de identidade (RG). Nesse caso, o RG é um documento público e a confecção deste configura o crime de falsificação de documento público, na modalidade "falsificar";

ii) (alterar = modificar): Gaio retira a fotografia de Tício de uma cédula de identidade (RG) e insere a sua. Nesse caso, ele modificou um documento público verdadeiro preexistente à sua conduta.

10.2.1.2. Conceito de documento público

Segundo a doutrina, *documento é toda peça escrita que condensa graficamente o pensamento de alguém, podendo provar um fato ou a realização de algum ato dotado de significação ou relevância jurídica.*

Para ser considerado "público", este documento deverá ser elaborado por um *funcionário público*.

Para configurar o crime de falsificação de documento público, a contrafação ou alteração deverá ser apta a iludir o homem médio. Se for grosseira, não há crime.

Se documento é uma "peça escrita", não configuram documento: escritos a lápis, pichação em muro, escritos em porta de ônibus, quadros ou pinturas, fotocópia não autenticada. É possível que uma tela seja documento, desde que haja algo escrito em vernáculo.

Os escritos apócrifos (anônimos) não são considerados documentos, por inexistir autoria certa.

10.2.1.3. Consumação e tentativa

Para que se atinja a consumação do crime em estudo, basta a mera falsificação ou alteração do documento público. Pouco importa se o documento falsificado ou alterado vem a ser utilizado.

Trata-se, pois, de *crime de perigo abstrato e formal*.

É possível a tentativa, tal como se vê, por exemplo, no caso de o agente ser surpreendido no momento em que começava a impressão de cédulas de identidade.

10.2.1.4. Materialidade delitiva

A comprovação do crime de falsificação de documento público, por deixar vestígios, exige a realização de exame de corpo de delito (art. 158 do CPP). Chama-se **exame documentoscópico.**

10.2.1.5. Tipo subjetivo

É o dolo.

10.2.2. Falsificação de documento particular (art. 298, do CP)

10.2.2.1. Conduta típica

Consiste em *falsificar, no todo ou em parte, documento particular ou alterar documento particular verdadeiro.*

Em que difere documento público do particular? R.: o documento particular é aquele que não é público ou equiparado a público. Em síntese, diferem um do outro pelo fato de o público emanar de funcionário público, enquanto que o particular, não.

São exemplos de documentos particulares: contrato de compra e venda por instrumento particular, nota fiscal, recibo de prestação de serviços etc.

Por desnecessidade de repetição, ficam reiteradas as demais considerações feitas no tocante ao crime anterior, com a diferença de o objeto material do presente delito ser, como dito, documento particular.

Lembre-se de que a falsificação, se grosseira, desnatura o crime, que pressupõe aptidão ilusória. Afinal, trata-se de crime contra a fé pública, que somente será posta em xeque se o documento falsificado for apto a enganar terceiros.

10.2.2.2. Consumação e tentativa

Idem quanto à falsificação de documento público.

10.2.2.3. Materialidade delitiva

Idem quanto à falsificação de documento público.

10.2.2.4. Tipo subjetivo

É o dolo.

10.2.3. Falsidade ideológica (art. 299, do CP)

10.2.3.1. Conduta típica

Consiste em *omitir, em documento público ou particular, declaração que dele devia constar, ou nele inserir ou fazer inserir declaração falsa ou diversa da que devia ser escrita, com o fim de prejudicar direito, criar obrigação ou alterar a verdade sobre fato juridicamente relevante.*

Na falsidade ideológica, como se vê acima, o documento (público ou particular) é materialmente verdadeiro, mas seu conteúdo é falso. Daí ser chamado de falsidade intelectual, falsidade moral ou ideal.

Quais são as condutas típicas?

a) *Omitir declaração que devia constar*: aqui, a conduta é omissiva. O agente deixa de inserir informação que devia constar no documento;

b) *Inserir declaração falsa ou diversa da que devia constar*: aqui, a conduta é comissiva;

c) *Fazer inserir declaração falsa ou diversa da que devia constar*: aqui, o agente vale-se de 3ª pessoa para incluir no documento informação falsa ou diversa da que devia constar.

Em qualquer caso, a falsidade deve ser idônea, capaz de enganar.

10.2.3.2. Tipo subjetivo

O crime é doloso. Contudo, o legislador disse: "... com o fim de prejudicar direito, criar obrigação ou alterar a verdade sobre fato juridicamente relevante". Trata-se de elemento subjetivo do tipo (dolo específico). Assim, não bastará o dolo, sendo indispensável a verificação do especial fim de agir do agente.

10.2.3.3. Consumação e tentativa

Consuma-se o crime com a simples omissão ou inserção direta (inserir) ou indireta (fazer inserir) da declaração falsa ou diversa da que devia constar, seja em documento público, seja em particular.

É possível tentativa nas modalidades inserir ou fazer inserir, visto que, na modalidade omitir, estaremos diante de crime omissivo próprio.

10.2.4. Uso de documento falso (art. 304, do CP)

10.2.4.1. Conduta típica

Consiste em *fazer uso de qualquer dos papéis falsificados ou alterados, a que se referem os arts. 297 a 302.* Aqui, o verbo-núcleo do tipo é "*fazer uso*", que significa usar, empregar, utilizar, aplicar.

Será objeto material do crime em análise qualquer dos papéis falsificados ou alterados previstos nos arts. 297 a 302 do CP.

São exemplos de prática do crime em comento:

a) uso de CNH falsa (documento público – art. 297);

b) uso de um instrumento particular de compra e venda falso (documento particular – art. 298);

c) uso de uma escritura pública que contenha uma declaração falsa (documento público com falsidade ideológica – art. 299);

d) uso de um atestado médico falso (falsidade de atestado médico – art. 302).

O tipo penal previsto no art. 304 do CP é chamado de *tipo remetido*. Isso porque o preceito primário da norma penal incriminadora será compreendido pela análise de outros tipos penais (... fazer uso de qualquer dos papéis dos *arts. 297 a 302* ...).

O crime de uso de documento falso é comum, ou seja, qualquer pessoa pode praticá-lo.

10.2.4.2. Tipo subjetivo

É o dolo.

10.2.4.3. Consumação e tentativa

Estará consumado no momento do efetivo uso. Há quem admita que o *iter criminis* possa ser fracionado, pelo que seria possível a tentativa.

Ressalte-se que o crime é formal, ou seja, basta a realização da conduta típica, independentemente da produção de um resultado naturalístico (prejuízo para o Estado ou para terceiros).

10.2.4.4. Uso de documento falso e autodefesa

Questão muito discutida diz respeito à possibilidade – ou não – de o agente valer-se de um documento falso para ocultar seu passado criminoso, ou, então, para tentar "despistar" autoridades policiais acerca de mandados de prisão. Parcela da doutrina e jurisprudência argumenta que referido expediente usado por agentes delitivos é fato atípico, visto que tal conduta estaria circunscrita à autodefesa (não se poderia compelir o agente a exibir o documento verdadeiro e ser preso).

Porém, essa não é a posição mais atual da jurisprudência. Confira:

USO. DOCUMENTO FALSO. AUTODEFESA. IMPOSSIBILIDADE.
"A Turma, após recente modificação de seu entendimento, reiterou que a apresentação de documento de identidade falso no momento da prisão em flagrante caracteriza a conduta descrita no art. 304 do CP (uso de documento falso) e não constitui um mero exercício do direito de autodefesa". Precedentes citados STF: HC 103.314-MS, *DJe* 08.06.2011; HC 92.763-MS, *DJe* 25.04.2008; do STJ: HC 205.666-SP, *DJe* 08.09.2011. REsp 1.091.510-RS, Rel. Min. Maria Thereza de Assis Moura, julgado em 08.11.2011. (Inform. STJ 487)

Mutatis mutandis, aplicável a Súmula 522 do STJ: "A conduta de atribuir-se falsa identidade perante autoridade policial é típica, ainda que em situação de alegada autodefesa".

11. CRIMES CONTRA A ADMINISTRAÇÃO PÚBLICA (ARTS. 312 A 327, DO CP)

11.1. Considerações iniciais

O Capítulo I do Título XI da Parte Especial do CP regula os crimes praticados por funcionário público contra a administração em geral. Assim, será sujeito ativo de qualquer dos crimes previstos nos arts. 312 a 326 do CP o *funcionário público*.

Importante anotar que a doutrina cuidou de classificá-los em dois grupos:

a) crimes funcionais próprios (ou puros, ou propriamente ditos) – são aqueles em que, eliminada a condição de funcionário público do agente delitivo, inexistirá crime (atipicidade penal absoluta). É o que se verifica, por exemplo, com o crime de prevaricação (art. 319 do CP);

b) crimes funcionais impróprios (ou impuros, ou impropriamente ditos) – são aqueles que, eliminada a condição de funcionário público do agente delitivo, este responderá por outro crime (atipicidade penal relativa). É o que ocorre, por exemplo, com o crime de peculato (art. 312 do CP). Se o agente não for funcionário público e se apropriar de coisa alheia móvel particular que estiver em sua posse, responderá por apropriação indébita (art. 168 do CP) e, não, peculato (art. 312 do CP).

11.2. Conceito de funcionário público (art. 327, do CP)

De acordo com o art. 327 do CP, "considera-se funcionário público, para efeitos penais, quem, embora transitoriamente ou sem remuneração, exerce cargo, emprego ou função pública".

Assim, de acordo com o *caput* do precitado dispositivo legal, é funcionário público aquele que exerce, embora transitoriamente ou sem remuneração:

a) Cargo público: é aquele criado por lei, em número determinado, com especificação certa, pago pelos cofres públicos (ex.: juiz, promotor, oficial de justiça, delegado de polícia ...);

b) Emprego público: pressupõe vínculo celetista (CLT) com a Administração Pública (ex.: guarda patrimonial de repartições públicas);

c) Função pública: conjunto de atribuições que a Administração Pública confere a cada categoria profissional (ex.: jurados, mesários eleitorais ...).

11.2.1. Conceito de funcionário público por equiparação

Preconiza o art. 327, § 1º, do CP: "equipara-se a funcionário público quem exerce cargo, emprego ou função em entidade paraestatal, e quem trabalha para empresa prestadora de serviço contratada ou conveniada para a execução de atividade típica da Administração Pública".

Equipara-se, pois, a funcionário público:

a) Quem exerce cargo, emprego ou função em **entidade paraestatal** (empresas públicas, sociedades de economia mista, fundações e os serviços autônomos – pessoas jurídicas de direito privado);

b) Quem trabalha para empresa **prestadora de serviço contratada ou conveniada** para a execução de **atividade**

típica da Administração Pública (ex.: empresas de telefonia, transporte público, saúde, iluminação pública ...).

Será que médico conveniado pelo SUS, ainda que em hospital particular, é considerado funcionário público? Confira-se:

Médico conveniado pelo SUS e equiparação a funcionário público

"Considera-se funcionário público, para fins penais, o médico particular em atendimento pelo Sistema Único de Saúde – SUS, antes mesmo da alteração normativa que explicitamente fizera tal equiparação por exercer atividade típica da Administração Pública (CP, art. 327, § 1º, introduzido pela Lei 9.983/2000). Essa a orientação da 2ª Turma ao, por maioria, negar provimento a recurso ordinário em *habeas corpus* interposto por profissional de saúde condenado pela prática do delito de concussão (CP, art. 316). Na espécie, o recorrente, em período anterior à vigência da Lei 9.983/2000, exigira, para si, vantagem pessoal a fim de que a vítima não aguardasse procedimento de urgência na fila do SUS. A defesa postulava a atipicidade da conduta. Prevaleceu o voto do Min. Ayres Britto, relator, que propusera novo equacionamento para solução do caso, não só a partir do conceito de funcionário público constante do art. 327, *caput*, do CP, como também do entendimento de que os serviços de saúde, conquanto prestados pela iniciativa privada, consubstanciar-se-iam em atividade de relevância pública (CF, artigos 6º, 197 e 198). Asseverou que o hospital ou profissional particular que, mediante convênio, realizasse atendimento pelo SUS, equiparar-se-ia a funcionário público, cujo conceito, para fins penais, seria alargado. Reputou, dessa forma, não importar a época do crime em comento. Vencido o Min. Celso de Mello, que provia o recurso, ao fundamento da irretroatividade da *lex gravior*, porquanto a tipificação do mencionado crime, para aqueles em exercício de função delegada da Administração, somente teria ocorrido a partir da Lei 9.983/2000." RHC 90523/ES, rel. Min. Ayres Britto, 19.04.2011. (RHC-90523) (Inform. STF 624)

11.3. Dos crimes em espécie contra a Administração Pública

11.3.1. Peculato (art. 312, do CP)

11.3.1.1. Conduta típica

Consiste em *apropriar-se o funcionário público de dinheiro, valor ou qualquer outro bem móvel, público ou particular, de que tem a posse em razão do cargo, ou desviá-lo, em proveito próprio ou alheio.*

11.3.1.2. Espécies de peculato (art. 312, caput e §§ 1º e 2º, do CP)

a) Peculato-apropriação: "*apropriar-se* o funcionário público...";

b) Peculato-desvio: "... ou *desviá-lo*, em proveito próprio ou alheio ...";

c) Peculato-furto: "subtrair ou concorrer para que terceiro subtraia ...";

d) Peculato culposo: "se o funcionário concorre culposamente para o crime de outrem".

As duas primeiras espécies são denominadas de **peculato próprio**. Já o peculato-furto é chamado de **peculato impróprio**.

Apropriar-se significa "fazer sua a coisa de outra pessoa", invertendo o ânimo sobre o objeto. Nessa espécie de peculato próprio, o funcionário público tem a **posse** (ou mera detenção) do bem. Porém, passa a agir como se a coisa fosse sua (*animus domini*). Trata-se de verdadeira apropriação indébita, porém cometida por um funcionário público.

A referida posse deve ser em **razão do cargo**, obtida de forma lícita. Ex.: *apreensão de produtos objeto de contrabando. O policial condutor das mercadorias tem a detenção lícita destas, já que as apreendeu legalmente. Se, em dado momento, apropriar-se de um rádio, por exemplo, invertendo o ânimo sobre a coisa, pratica o crime de peculato-apropriação.*

Desviar significa empregar a coisa de forma diversa à sua destinação original. Assim, o funcionário, embora sem o ânimo de ter a coisa como sua (*animus domini*), emprega-a em destino diverso àquele que se propõe.

O art. 312, § 1º, CP, que trata do denominado **peculato-furto**, também denominado de **peculato impróprio,** assim prevê: "aplica-se a mesma pena, se o funcionário público, embora não tendo a posse do dinheiro, valor ou bem, o subtrai, ou concorre para que seja subtraído, em proveito próprio ou alheio, valendo-se de facilidade que lhe proporciona a qualidade de funcionário".

Aqui, o funcionário não tem sequer a posse ou detenção do dinheiro, valor ou bem móvel público ou particular. Deverá, porém, valer-se de alguma facilidade em virtude do cargo.

Duas são as condutas típicas com relação ao peculato-furto:

a) subtrair; ou

b) concorrer para que terceiro subtraia. Nesse caso, exige-se um *concurso necessário de pessoas.*

Por fim, no tocante ao peculato culposo, previsto no art. 312, § 2º, do CP, temos o seguinte: "se o funcionário concorre culposamente para o crime de outrem".

Assim, pressupõe o crime em questão:

a) Conduta culposa do funcionário público (imprudência, negligência ou imperícia);

b) Que terceiro pratique um crime doloso aproveitando-se da facilidade culposamente provocada pelo funcionário público.

11.3.1.3. Objeto material das espécies de peculato doloso (art. 312, caput e § 1º, do CP)

a) dinheiro: é o papel-moeda ou a moeda metálica de curso legal no país;

b) valor: é o título representativo de dinheiro ou mercadoria (ações, letras ...);

c) ou qualquer outro bem móvel, público ou particular: nesse caso, a lei tutela não só os bens móveis públicos, mas também aqueles pertencentes aos particulares, mas que estejam sob a custódia da Administração (ex.: veículo furtado apreendido em uma Delegacia de Polícia).

11.3.1.4. Reparação do dano no peculato culposo (art. 312, § 3º, do CP)

No caso do peculato culposo, a reparação do dano, se **precede à sentença irrecorrível, extingue a punibilidade**; se lhe é **posterior, reduz de metade a pena** imposta.

Haverá, portanto, reparação do dano quando o agente que praticou peculato culposo devolver o bem ou ressarcir integralmente o prejuízo suportado pela Administração Pública.

Inaplicável essa benesse a qualquer das espécies de peculato doloso (apropriação, desvio ou furto). No entanto, cabível será o arrependimento posterior, desde que preenchidos os requisitos do art. 16 do CP.

11.4. Peculato mediante erro de outrem (art. 313 do CP)

11.4.1. Conduta típica

Também chamado de **peculato-estelionato**, o crime em questão resta configurado quando o agente, no exercício de suas atividades, recebe dinheiro ou qualquer outra utilidade que lhe é entregue por **erro da vítima**, apropriando-se, ato seguinte, do numerário ou bem.

Trata-se de crime bastante semelhante ao estelionato, na medida em que o funcionário público, percebendo o erro espontâneo em que incidiu a vítima, aproveita-se de tal circunstância para, após receber dinheiro ou outra utilidade, deste apropriar-se.

Importa registrar que referido erro não pode ter sido provocado pelo agente, devendo, como dito, ser espontâneo, sob pena de restar caracterizado o crime de estelionato (art. 171 do CP).

11.4.2. Tipo subjetivo

É o **dolo**, ou seja, a vontade livre e consciente do agente de apropriar-se de dinheiro ou qualquer outra utilidade recebida da vítima, por erro desta.

11.4.3. Objeto jurídico

O bem jurídico tutelado pelo crime em comento é a moralidade da Administração Pública e, indiretamente, o patrimônio público ou particular.

11.4.4. Sujeitos do crime

Por evidente, o sujeito ativo do crime é o **funcionário público**, tratando-se, pois, de **crime próprio**.

Já o sujeito passivo pode ser o próprio **Estado** ou a **pessoa diretamente lesada** pela conduta praticada pelo agente.

11.4.5. Consumação e tentativa

Considerando a conduta nuclear (apropriar-se), o momento consumativo corresponde àquele em que o agente passar a comportar-se como se **dono** fosse do dinheiro ou utilidade recebida da vítima (*animus rem sibi habendi*), à semelhança da apropriação indébita.

É admissível a tentativa, visto tratar-se de crime plurissubsistente.

11.5. Inserção de dados falsos em sistema de informações (art. 313-A do CP)

11.5.1. Conduta típica

O crime em comento restará caracterizado quando o agente:

a) Inserir ou facilitar a inserção de dados falsos nos sistemas informatizados ou bancos de dados da Administração Pública;

b) Alterar ou excluir indevidamente dados corretos nos sistemas informatizados ou bancos de dados da Administração Pública.

No primeiro caso, o próprio agente fará a **inserção** dos dados falsos no sistema informatizado ou banco de dados da Administração, ou facilitará que terceira pessoa o faça. Portanto, a inserção poderá ser direta (pelo próprio agente) ou indireta (mediante a facilitação para que terceiro proceda à inserção).

No segundo caso, diferentemente do primeiro, inexistirá inclusão de dados falsos, mas, sim, a **alteração** ou **exclusão indevida** de dados corretos constantes dos sistemas informatizados ou bancos de dados da Administração.

Considerando que as condutas típicas recaem sobre dados em sistemas informatizados ou bancos de dados, convencionou-se denominar o crime em tela de **peculato eletrônico**.

11.5.2. Sujeitos do crime

O sujeito ativo deve ser o funcionário público autorizado a manejar os sistemas informatizados ou bancos de dados da Administração Pública. Estamos, aqui, diante de **crime próprio**.

Por evidente, o sujeito passivo do crime é o Estado, bem assim as pessoas diretamente lesadas com a inserção de dados falsos ou a indevida alteração ou exclusão de dados verdadeiros.

11.5.3. Tipo subjetivo

É o **dolo**, ou seja, a vontade livre e consciente do agente em realizar uma das ações nucleares (verbos do tipo). Porém, além do dolo, exige-se uma **finalidade específica** por parte do sujeito ativo, qual seja, a de obter, para si ou para outrem, vantagem indevida, ou causar dano.

Considerando-se a necessidade de um especial fim de agir do agente, deverá restar demonstrado o elemento subjetivo do tipo (ou elemento subjetivo do injusto), sob pena de atipicidade da conduta.

11.5.4. Consumação e tentativa

Tratando-se de crime **formal**, bastará que o agente pratique a conduta típica, a despeito de não se verificar a obtenção de vantagem indevida ou causação de dano a terceiro.

Entende-se ser admissível a tentativa.

11.6. Modificação ou alteração não autorizada de sistema de informações (art. 313-B do CP)

11.6.1. Conduta típica

Diferentemente do crime anteriormente estudado, cuja tutela recai sobre os **dados** em sistemas informatizados ou bancos de dados da Administração, o crime do art. 313-B do CP, procura resguardar o próprio **sistema informatizado** ou o **programa de informática**.

Restará caracterizado o delito em questão quando o agente:

a) Modificar; ou

b) Alterar o sistema de informações ou programa de informática.

Destarte, o agente modificará, como dito anteriormente, o próprio *software* e não os dados nele inseridos.

11.6.2. Objeto jurídico

O crime em análise tem por objetividade jurídica a proteção e a segurança dos sistemas de informações e programas de informática da Administração Pública.

11.6.3. Sujeitos do crime

O sujeito ativo é o funcionário público, assim considerada a definição prevista no art. 327, *caput* e § 1º, do CP. Diferentemente do crime anterior (art. 313-A), não se exige que o agente seja o funcionário autorizado a operar o sistema informatizado e o banco de dados. Logo, poderá cometer o crime em testilha **qualquer funcionário público**, autorizado ou não a ter acesso aos *softwares* da Administração. Trata-se, é bom que se diga, de **crime próprio**.

O sujeito passivo direto ou imediato é a Administração Pública, podendo, mediatamente, o particular ser vítima, desde que a modificação ou alteração do sistema ou programa de informática lhe acarrete algum prejuízo.

11.6.4. Tipo subjetivo

É o **dolo**, ou seja, a vontade livre e consciente do agente em modificar ou alterar o sistema de informações ou o programa de informática, desde que não tenha autorização para tanto.

Diferentemente do crime anterior (art. 313-A), que exige um especial fim de agir (finalidade de obtenção de vantagem indevida ou causação de dano), aqui bastará o dolo, **inexistindo**, pois, elemento subjetivo do tipo.

11.6.5. Consumação e tentativa

Atinge-se a **consumação** do crime em comento quando o agente logra êxito em modificar ou alterar o sistema de informações ou programa de informática. Cabível a **tentativa** se, iniciada a alteração ou modificação, o agente não atingir seu intento por circunstâncias alheias à sua vontade.

11.7. Extravio, sonegação ou inutilização de livro ou documento (art. 314 do CP)

11.7.1. Conduta típica

O tipo objetivo se traduz pela prática de um ou mais dos seguintes verbos:

a) Extraviar;,

b) Sonegar; ou

c) Inutilizar.

Destarte, restará caracterizado o crime quando o agente **extraviar** (fizer desaparecer), **sonegar** (deixar de apresentar) ou **inutilizar** (tornar inútil, imprestável) um livro oficial ou qualquer documento que esteja sob a guarda da Administração Pública.

11.7.2. Tipo subjetivo

É o **dolo**, ou seja, a vontade livre e consciente do agente em extraviar, sonegar ou inutilizar livro ou documento que esteja sob sua guarda em razão do cargo.

A falta de zelo do agente com livros oficiais ou documentos sob a guarda da Administração Pública poderá caracterizar infração funcional, mas, não, crime. Afinal, **inadmissível** a **forma culposa**.

11.7.3. Sujeitos do crime

O sujeito ativo é o funcionário público responsável pela **guarda** do livro oficial ou documento.

O sujeito passivo direto ou imediato é o Estado e, indiretamente, o particular cujo documento estivesse sob a guarda da Administração Pública.

11.7.4. Consumação e tentativa

Nas modalidades "extraviar" e "inutilizar", o crime, considerado permanente, consuma-se com o efetivo extravio ou inutilização do livro oficial ou documento. Tratam-se de formas **comissivas**.

Já na modalidade "sonegar", considerada **omissiva**, visto que o agente deixa de apresentar o livro oficial ou documento quando lhe for requisitado ou solicitado, o crime se consuma quando o agente, intencionalmente, deixa de fazer a entrega ou exibição do objeto material.

Admissível a **tentativa** apenas nas **formas comissivas** (lembre-se que os crimes omissivos próprios ou puros não admitem tentativa!).

11.8. Emprego irregular de verbas ou rendas públicas (art. 315, do CP)

11.8.1. Conduta típica

Consiste em *dar às verbas ou rendas públicas aplicação diversa da estabelecida em lei*. Trata-se, portanto, de norma penal em branco (em sentido homogêneo), visto que, para a tipificação do delito, é indispensável que se verifique o conteúdo da lei (orçamentária ou especial). Assim, basta o emprego irregular das verbas ou rendas públicas, o que implica a alteração do destino preestabelecido na lei orçamentária ou qualquer outra lei especial.

O **objeto material** do crime em comento poderá ser:

a) Verba pública: fundos com destinação específica detalhada em lei orçamentária para atendimento de obras e/ou serviços públicos ou de utilidade pública;

b) Renda pública: receitas obtidas pela Fazenda Pública, independentemente da sua origem.

11.8.2. Tipo subjetivo

Aqui, é suficiente o *dolo*, ou seja, a vontade livre e consciente do agente (funcionário público) de dar destino diverso do prescrito em lei às verbas ou rendas públicas.

11.8.3. Consumação e tentativa

Consuma-se o crime no momento em que as verbas ou rendas públicas receberem destinação diversa daquela estabelecida em lei. Admissível, em tese, a tentativa, caso o agente não consiga empregá-las de forma diversa da determinada em lei.

11.9. Concussão (art. 316, do CP)

11.9.1. Conduta típica

Consiste em *exigir, para si ou para outrem, direta ou indiretamente, ainda que fora da função ou antes de assumi-la, mas em razão dela, vantagem indevida*.

Assim, a conduta nuclear é *exigir*, que significa ordenar, impor como obrigação. O funcionário público *ordena, para si ou para outrem*, de maneira *direta* (sem rodeios, face a face) ou *indireta* (disfarçadamente ou por interposta pessoa), que lhe seja entregue *vantagem indevida* (qualquer lucro, ganho, privilégio contrário ao direito).

Ao que se vê da descrição típica, essa vantagem pode ser exigida **fora da função**, ou mesmo **antes de assumi-la**, mas, sempre, **em razão dela** (o funcionário se prevalece da função).

A exigência não precisa, necessariamente, ser feita mediante ameaça. Basta que o sujeito passivo sinta-se atemorizado em virtude da própria função pública exercida pela autoridade (sujeito ativo), temendo represálias. É o que a doutrina chama de *metus publicae potestatis* (medo do poder exercido pelo funcionário público).

A mera insinuação do funcionário público em obter a vantagem indevida pode descaracterizar o crime, desde que a exigência não se faça de forma implícita.

Ainda, de acordo com a redação do *caput* do art. 316, a exigência pelo sujeito ativo poderá ocorrer mesmo que não esteja no exercício da função (ex.: férias, licença-prêmio, afastamento ...). Porém, é imprescindível que a exigência seja feita em razão da função exercida pela autoridade.

O *Pacote Anticrime* (Lei 13.964/2019) majorou a pena da concussão, até então punida com reclusão, de 2 a 8 anos. Aumentou-se a pena máxima cominada para 12 anos, nivelando-a com a corrupção passiva, que tinha pena variável entre 2 e 12 anos. Corrigiu-se, pois, uma distorção existente, eis que, inegavelmente, o comportamento do agente que comete concussão é mais gravoso, do ponto de vista da vítima, do que na corrupção passiva. Nesta, há solicitação da vantagem indevida; naquela, exigência.

11.9.2. Tipo subjetivo

É o dolo.

11.9.3. Consumação e tentativa

O crime de concussão estará consumado no momento em que a **exigência é feita**. É certo que a vítima deverá tomar conhecimento da exigência, seja por escrito, oralmente ou qualquer meio de comunicação. Se por escrito, caberá tentativa, caso ela não chegue ao destinatário por circunstâncias alheias à vontade do agente (se unissubsistente, será impossível o *conatus*).

Com isso, não é necessário que a vantagem exigida seja efetivamente recebida pelo funcionário público. Porém, se ocorrer, ter-se-á exaurido a concussão.

Trata-se, portanto, de **crime formal** ou de consumação antecipada

11.10. Excesso de exação (art. 316, § 1º, do CP)

11.10.1. Conduta típica

Verificar-se-á quando *o funcionário público exigir tributo ou contribuição social que sabe ou deveria saber indevido, ou, quando devido, empregar na cobrança meio vexatório ou gravoso, que a lei não autoriza*.

A conduta nuclear é a mesma da concussão: *exigir*. Todavia, aqui, a lei pune o funcionário que se **exceder na cobrança de uma exação** (dívida ou imposto). A norma penal fala em "tributo", abarcando os impostos, taxas e contribuição de melhoria, bem como a contribuição social e os empréstimos compulsórios (arts. 148 e 149 da CF).

Duas são as formas de cometimento do crime em questão:

a) Exigir tributo ou contribuição indevida – nesse caso, o sujeito passivo não está obrigado a recolhê-los, seja porque já pagou, ou porque a lei não exige, ou o valor cobrado é superior ao devido;

b) Emprego de meio vexatório ou gravoso na cobrança de tributo ou contribuição – nesse caso, o tributo ou contribuição são devidos. Contudo, o funcionário se vale de meios humilhantes ou muito onerosos para a cobrança da exação. É o que se chama de **exação fiscal vexatória**.

Importante anotar que se o agente for funcionário público da administração fazendária (ligada ao Fisco), restará caracterizado crime da lei especial (art. 3º da Lei 8.137/1990).

11.10.2. Tipo subjetivo

Em qualquer caso, exige-se o **dolo** (direto ou eventual), decorrente da expressão "que sabe ou deveria saber indevido ...".

11.10.3. Consumação e tentativa

Idem à concussão.

11.11 Corrupção passiva (art. 317, do CP)

11.11.1. Conduta típica

Consiste em *solicitar ou receber, para si ou para outrem, direta ou indiretamente, ainda que fora da função ou antes de assumi-la, mas em razão dela, vantagem indevida, ou aceitar promessa de tal vantagem*.

Três são, portanto, as ações nucleares:

a) *solicitar* = pedir, explícita ou implicitamente, requerer;

b) *receber* = obter, aceitar em pagamento;

c) *aceitar* = anuir, consentir em receber dádiva futura.

O **objeto material** da corrupção passiva é a **vantagem indevida** ou a **promessa** de *vantagem indevida*, que corresponde ao elemento normativo do tipo. Assim, o agente (funcionário público) *solicita, recebe* ou *aceita a promessa* de uma *vantagem indevida*, que pode ter *natureza econômica, patrimonial* ou até *moral*, desde que seja, repita-se, indevida, vale dizer, contrária ao direito ou mesmo aos bons costumes.

O funcionário público corrupto irá solicitar, receber ou aceitar a promessa de vantagem indevida para **praticar, deixar de praticar ou retardar um ato de ofício** contrariamente à lei. Literalmente, irá "vender" sua atuação, seja esta devida ou indevida.

Quando do julgamento da AP 470 pelo STF, conhecida como "**ação penal do mensalão**", referida Corte decidiu que o Ministério Público não precisará demonstrar ou identificar exatamente qual o "**ato de ofício**" (*assim considerado aquele que é de competência ou atribuição do funcionário público*) que seria omitido, retardado ou praticado irregularmente pelo acusado, bastando a demonstração de que, valendo-se da condição de funcionário, solicitou, recebeu ou aceitou promessa de vantagem indevida.

Só se fala em corrupção passiva se o funcionário público supostamente corrupto puder realizar determinado ato que seja de sua **competência**. Assim, a título de exemplo, se o diretor de presídio solicita dinheiro a um detento para conceder-lhe graça (indulto individual), ou anistia, e efetivamente recebe o montante, pratica corrupção? R.: não, visto que a concessão da graça é de competência do Presidente da República e a anistia depende da edição de lei federal. O diretor, no caso, não responderia por corrupção passiva, mas, certamente, por improbidade administrativa (Lei 8.429/1992).

Nada obstante o quanto sustentado acima, é de se trazer ao conhecimento do leitor que o **STJ**, no julgamento do **REsp 1745410**, interposto pelo Ministério Público Federal, reconheceu que não é indispensável, para a configuração de corrupção passiva, que a vantagem indevida solicitada, recebida ou cuja promessa tenha sido aceita tenha, como contrapartida, um ato que tenha relação direta com a competência funcional ou atribuição do agente. Basta, para tanto, que a função pública exercida pelo agente facilite a prática da conduta almejada, seja esta lícita ou ilícita.

Dependendo do momento em que a vantagem for entregue ao funcionário público, a corrupção passiva será considerada **antecedente** ou **subsequente**. Assim, se o funcionário público *receber a vantagem antes da ação ou omissão funcional*, teremos a *corrupção antecedente*. Já se o *recebimento da vantagem for após o ato funcional*, haverá a *corrupção subsequente*.

11.11.2. Tipo subjetivo

É o dolo.

11.11.3. Consumação e tentativa

O crime em estudo é **formal**, consumando-se quando a solicitação chega ao conhecimento de terceira pessoa ou quando há o recebimento ou a aceitação de promessa de uma vantagem indevida.

Destarte, não se exige que o agente, de fato, pratique, deixe de praticar ou retarde a prática de ato de ofício, sendo bastante, por exemplo, a mera solicitação da vantagem, já restando consumado o ilícito.

11.11.4. Corrupção passiva agravada (art. 317, § 1º, do CP)

A pena é aumentada de **um terço** se, em consequência da vantagem ou promessa, o funcionário retarda ou deixa de praticar qualquer ato de ofício ou o pratica infringindo dever funcional.

Em se tratando de crime formal, pouco importa, a princípio, que o agente, após receber a vantagem indevida ou a promessa de seu recebimento, pratique ou deixe de praticar ato funcional concernente a suas funções. Contudo, o legislador, aqui, pune mais severamente o *exaurimento da corrupção*.

11.11.5. Corrupção passiva privilegiada (art. 317, § 2º, do CP)

Restará configurada se o funcionário praticar, deixar de praticar ou retardar ato de ofício, com infração de dever funcional, **cedendo a pedido ou influência de outrem**.

Aqui, o agente não "vende" um ato funcional, não recebendo vantagem indevida. Na verdade, simplesmente atende a pedido de terceira pessoa.

11.12. Facilitação de contrabando ou descaminho (art. 318 do CP)

11.12.1. Conduta típica

O crime em comento restará caracterizado quando o agente **facilitar**, com a infração de dever funcional, a prática do contrabando ou descaminho.

A **facilitação** poderá decorrer de **ato comissivo** (ex.: o funcionário indica ao contrabandista uma rota sem fiscalização por autoridades alfandegárias) ou **omissivo** do funcionário (ex.: sabedor da existência de produtos contrabandeados na mala de um passageiro, o funcionário da Receita Federal o libera).

Importante registrar que com o advento da Lei 13.008, de 26.06.2014, alterou-se a redação original do art. 334 do CP, que tratava, simultaneamente, dos crimes de contrabando e descaminho, tipificando-os, adequadamente, em dois tipos penais autônomos.

Destarte, o delito de descaminho vem tratado no art. 334 do referido diploma legal, caracterizado pelo fato de o agente iludir, no todo ou em parte, o pagamento de direito ou imposto devido pela entrada, pela saída ou pelo consumo de mercadoria (trata-se de inegável crime contra a ordem tributária). Já o art. 334-A, também do Código Penal, tratando do crime de contrabando, enuncia que será responsabilizado aquele que importar ou exportar mercadoria proibida.

Perceba o candidato que não se confunde a facilitação de contrabando ou descaminho (art. 318 do CP), ora estudada, com os crimes de contrabando (art. 334-A do CP) e descaminho (art. 334 do CP). Naquele, o funcionário público incumbido de reprimir a prática do contrabando ou descaminho, facilita o seu cometimento, tratando-se de crime funcional (ou seja, praticado por funcionário público contra a Administração Pública); já nestes últimos, os agentes praticarão as condutas previstas nos já citados arts. 334 e 334-A, tratando-se de crimes cometidos por particulares contra a Administração Pública.

11.12.2. Objeto jurídico

Tutela-se a Administração Pública, seja para reprimir o contrabando ou o descaminho.

11.12.3. Tipo subjetivo

É o dolo, ou seja, a vontade livre e consciente do agente em facilitar, de forma positiva ou negativa, o contrabando ou descaminho.

11.12.4. Diferença entre contrabando e descaminho

Primeiramente, importa registrar que não são palavras sinônimas, como muitos poderiam pensar. Considera-se **contrabando** a importação ou exportação de produtos ou mercadorias proibidas, ao passo que o **descaminho** diz respeito a qualquer fraude capaz de iludir, total ou parcialmente, o Fisco, que deve arrecadar impostos de importação, exportação e consumo.

11.12.5. Sujeitos do crime

O sujeito ativo é o funcionário público incumbido de reprimir a prática do contrabando ou descaminho. É o caso, por exemplo, de funcionários da alfândega e da Polícia Federal em zonas de fronteira e aeroportos.

O sujeito passivo é o Estado.

11.12.6. Consumação e tentativa

O crime restará consumado quando o agente, efetivamente, facilitar, com infração a seu dever funcional, o contrabando ou descaminho.

Trata-se de **crime formal**, vale dizer, pouco importa para a consumação se o contrabando ou descaminho se efetivaram de fato.

Admissível a **tentativa** apenas se a facilitação se der por forma **comissiva**.

11.13. Prevaricação (art. 319, do CP)

11.13.1. Conduta típica

Consiste em *retardar ou deixar de praticar, indevidamente, ato de ofício, ou praticá-lo contra disposição expressa de lei, para satisfazer interesse ou sentimento pessoal*.

Assim, as condutas típicas possíveis são:

a) retardar: o funcionário não realiza o ato inerente a sua função no prazo legalmente estabelecido, ou deixa fluir prazo relevante para fazê-lo;

b) deixar de praticar: é a inércia do funcionário em praticar ato de ofício;

c) praticar ato de ofício contra disposição expressa de lei: aqui o agente pratica ato de ofício, porém, em sentido contrário àquilo que a lei prescreve.

O retardamento ou a não prática do ato funcional deverão ser **indevidos**, ou seja, não permitidos por lei. O crime em tela também poderá ocorrer quando o agente, embora não retarde e não deixe de praticar ato de ofício, faça-o *contra disposição expressa de lei*. Ou seja, o funcionário praticará um ato contrário aos seus deveres funcionais, em discordância com a lei.

11.13.2. Tipo subjetivo

O tipo exige, além do dolo, o elemento subjetivo do tipo (ou do injusto), qual seja, "para satisfazer interesse ou sentimento pessoal". Em qualquer das ações nucleares, o agente atua não para auferir uma vantagem indevida, mas por razões íntimas. É a chamada *autocorrupção*.

11.13.3. Consumação e tentativa

O crime se consuma no momento em que o funcionário público retardar, deixar de praticar ou praticar o ato de ofício contra disposição expressa da lei. Pouco importa se o agente alcança o que pretende, vale dizer, a satisfação de seu interesse ou sentimento pessoal.

Admissível a tentativa na forma comissiva (ação) do crime, correspondente à conduta de praticar ato de ofício contra disposição expressa da lei. Nas demais modalidades (retardar e deixar de praticar), que se traduzem em omissão, impossível o *conatus*.

11.13.4. Distinção com a corrupção passiva privilegiada

Embora a prevaricação (art. 319, CP) seja bastante semelhante à corrupção passiva privilegiada (art. 317, § 2º, CP), ambas não se confundem. Naquela, o agente pretende alcançar um interesse ou um sentimento pessoal (ex.: por amizade, o funcionário público deixa de praticar um ato de ofício); nesta, o agente simplesmente cede a influência ou pedido de outrem (ex: um Delegado de Polícia deixa de lavrar auto de prisão em flagrante contra o filho de um Promotor de Justiça após receber telefonema deste, que lhe pede que não prenda o rapaz, que ainda tem "futuro" pela frente. De fato, são situações (tipos penais) semelhantes, mas, frise-se, na prevaricação, o agente pratica, deixa de praticar ou retarda a prática de um ato de ofício em razão de amizade, raiva ou pena, por exemplo, ao passo que na corrupção passiva privilegiada, independentemente de qualquer interesse ou sentimento pessoal, simplesmente cede a influência ou pedido de outrem, demonstrando ser um "fraco" (além de corrupto, claro!).

11.13.5. Causa de aumento de pena

Para os crimes contra a Administração Pública praticados por funcionários públicos, a pena será aumentada da **terça parte** quando os autores forem ocupantes de **cargos em comissão** ou de função de **direção ou assessoramento** de órgão da administração direta, sociedade de economia mista, empresa pública ou fundação instituída pelo poder público (art. 327, § 2º, CP).

11.14. Prevaricação imprópria (art. 319-A do CP)

11.14.1. Conduta típica

Inserida no CP pela Lei 11.466/2007, a figura típica constante no art. 319-A do CP, vem sendo denominada pela doutrina de *prevaricação imprópria*, muito embora não tenha recebido *nomen juris*.

Restará caracterizada quando o agente (Diretor de Penitenciária e/ou agente público) **deixar** de cumprir seu dever de **vedar** ao preso o acesso:

a) a aparelho telefônico;

b) rádio; ou

c) similar.

Referidos equipamentos devem ser capazes de permitir a comunicação do preso com outros presos ou com o ambiente externo.

A título de observação, estamos diante de crime de **menor potencial ofensivo**, considerando que a pena varia de 3 (três) meses a 1 (um) ano de detenção.

11.14.2. Tipo subjetivo

É o **dolo,** inexistindo qualquer especial fim de agir por parte do agente. Porém, caso o agente deixe de vedar ao preso o acesso a aparelho de comunicação, recebendo, para tanto, vantagem indevida, responderá, por especialidade, pelo crime de corrupção passiva.

11.14.3. Sujeitos do crime

O sujeito ativo é o Diretor do estabelecimento penal ou qualquer outro agente que tenha o **dever de impedir** o acesso dos detentos a aparelhos de comunicação.

O sujeito passivo é o Estado.

11.14.4. Consumação e tentativa

Trata-se de **crime omissivo próprio ou puro**, consumando-se quando o agente, tendo o dever de impedir o acesso, pelo preso, a aparelhos de comunicação, rádio ou similar, não o faz.

Por se tratar de crime omisso próprio, **inadmissível a tentativa**.

Caso o agente (sujeito ativo) introduza o aparelho no sistema carcerário, responderá pelo crime do art. 349-A do CP.

11.15. Condescendência criminosa (art. 320 do CP)

11.15.1. Conduta típica

O crime em questão restará caracterizado de duas formas:

a) se o funcionário, por indulgência, **deixar de responsabilizar** subordinado que tenha cometido infração no exercício do cargo; ou

b) se o superior hierárquico, não tendo competência para punir o subordinado faltoso, **deixar de levar o fato ao conhecimento da autoridade competente**.

Perceba que o sujeito ativo deverá deixar de responsabilizar o subordinado, ou de levar o fato ao conhecimento da autoridade competente, por **indulgência**, vale dizer, por clemência ou tolerância indevida. Em suma, o superior hierárquico será condescendente com a infração cometida pelo subordinado. Daí o *nomem juris* do crime em estudo.

11.15.2. Tipo subjetivo

É o **dolo**, ou seja, a vontade livre e consciente do agente em deixar de responsabilizar o subordinado pela infração cometida no exercício do cargo, ou, faltando-lhe competência para tanto, deixar de comunicar o fato à autoridade competente.

Inadmissível a forma culposa.

Se a indulgência do superior hierárquico tiver algum **motivo específico**, como, por exemplo, a intensa amizade com o subordinado, poderá caracterizar-se o crime de prevaricação (art. 319 do CP), ou se o fizer em razão do recebimento de vantagem indevida, caracterizar-se-á corrupção passiva.

11.15.3. Sujeitos do crime

O sujeito ativo é o **funcionário público hierarquicamente superior** àquele que haja praticado a infração no exercício do cargo.

O sujeito passivo, por evidente, é o Estado.

11.15.4. Qual o tipo de infração penal deve ter sido cometida pelo subordinado?

Considerando que o tipo penal não fez qualquer distinção, limitando-se a falar em "infração", restam abrangidas as infrações administrativas ou penais cometidas pelo subordinado.

11.15.5. Consumação e tentativa

Tratando-se de **crime omissivo próprio ou puro**, o crime atingirá seu momento consumativo quando o superior hierárquico, depois de tomar conhecimento da infração cometida pelo subordinado, deixar de responsabilizá-lo ou de comunicar a autoridade competente para fazê-lo. Sustenta-se que a comunicação deve ser feita imediatamente.

Por estarmos diante de crime omissivo, **inadmissível a tentativa**.

11.16. Advocacia administrativa (art. 321 do CP)

11.16.1. Conduta típica

Caracteriza-se o crime em comento quando o agente **patrocinar**, direta ou indiretamente, **interesse privado** perante a Administração Pública, **valendo-se da qualidade de funcionário**.

Deve-se entender por "patrocinar" a conduta do agente de defender, postular ou advogar (aqui, não no sentido de "advocacia") interesses particulares (leia-se: interesses alheios) perante a Administração, valendo-se, para tanto, de sua qualidade de funcionário.

Assim, o agente, em razão de sua qualidade, utilizará da amizade ou de seu prestígio perante companheiros de trabalho ou outros funcionários para defender interesses alheios privados, sejam estes **legítimos ou ilegítimos**.

Perceba que o tipo penal é claro ao falar em "interesse privado", que não se confunde com *interesse particular*, vale dizer, do próprio funcionário público. Neste caso, não se configurará o crime em tela.

O patrocínio pelo funcionário público será de forma **direta** ou **indireta**, ou seja, pessoalmente ou por meio de terceira pessoa (interposta pessoa).

Importante anotar que se o agente for funcionário público da administração fazendária (ligada ao Fisco), restará caracterizado crime da lei especial (art. 3º da Lei 8.137/1990).

11.16.2. Tipo subjetivo

É o **dolo**, ou seja, a vontade livre e consciente do agente de patrocinar, direta ou indiretamente, interesse privado perante a Administração Pública, desde que se valha da condição de funcionário.

Não se exige qualquer finalidade específica (elemento subjetivo do tipo). Em outras palavras, a defesa de interesses privados pelo sujeito ativo não objetiva qualquer vantagem pessoal ou econômica.

11.16.3. Sujeitos do crime

O sujeito ativo é o funcionário público, tratando-se de **crime próprio**. Admissível, diga-se de passagem, o concurso de particular, nos termos do art. 30 do CP, desde que tenha ciência da qualidade de funcionário do agente.

Poder-se-ia imaginar que o sujeito ativo deva ser um "advogado", tendo em vista o *nomem juris* do crime (advocacia administrativa). Porém, como já se viu, o verbo "patrocinar" traduz o sentido de auxiliar, advogar ou defender algo.

O sujeito passivo é o Estado.

11.16.4. Consumação e tentativa

Consuma-se o crime em questão quando o agente praticar, efetivamente, qualquer ato que configure o patrocínio de interesse privado perante a Administração, independentemente da obtenção daquilo que for postulado. Trata-se, portanto, de **crime formal**.

Admite-se a **tentativa**.

11.16.5. Forma qualificada (art. 321, parágrafo único, do CP)

Se o interesse patrocinado pelo funcionário público for ilegítimo, a pena, ao invés de ser de 1 (um) a 3 (três) meses de detenção, passará a ser de 3 (três) meses a 1 (um) ano.

Em qualquer caso, estamos diante de **crime de menor potencial ofensivo**.

11.17. Violência arbitrária (art. 322 do CP)

11.17.1. Considerações iniciais

O crime de violência arbitrária, tipificado no art. 322 do CP, segundo sustenta a doutrina majoritária, foi tacitamente revogado pela Lei 4.898/1965 (Lei de Abuso de Autoridade), que tratou integralmente dos delitos praticados por autoridades públicas com abuso de poder.

No entanto, este não é o posicionamento, por exemplo, do STJ, que reconhece a perfeita vigência do dispositivo no CP. Nesse sentido: HC 48.083/MG, 5ª Turma, rel. Min. Laurita Vaz, j. 20.11.2007, *DJe* 07.04.2008.

Por essa razão, seguem, abaixo, os comentários acerca do crime em testilha.

11.17.2. Conduta típica

O delito em comento restará caracterizado se um funcionário público, no exercício da função ou a pretexto de exercê-la, **praticar violência**.

Destarte, como o próprio *nomen juris* sugere, o crime pressupõe uma violência arbitrária, vale dizer, desarrazoada, demonstradora de truculência do agente público.

11.17.3. Tipo subjetivo

É o **dolo**, ou seja, a vontade livre e consciente do agente em praticar violência arbitrariamente, seja no exercício da função, seja a pretexto de exercê-la.

11.17.4. Sujeitos do crime

O sujeito ativo, por evidente, é o **funcionário público**, seja o típico (art. 327, *caput*, do CP), seja o atípico ou por equiparação (art. 327, § 1º, do CP).

O sujeito passivo é o Estado e, mediatamente, o particular prejudicado com a conduta do agente.

11.17.5. Consumação e tentativa

A consumação ocorrerá quando o agente, efetivamente, empregar a violência. No preceito secundário do tipo penal há expressa menção de que a pena, de 6 (seis) meses a 3 (três) anos de detenção, será aplicada sem prejuízo daquela correspondente à violência.

Destarte, se da conduta do agente a vítima suportar lesões corporais ou mesmo morrer, haverá a soma das penas, até pelo fato de os bens jurídicos tutelados serem absolutamente distintos.

A tentativa é admissível.

11.18. Abandono de função (art. 323 do CP)

11.18.1. Conduta típica

O crime restará configurado se o agente **abandonar cargo público**, fora dos casos permitidos em lei.

O abandono pressupõe que se deixe o cargo por **prazo juridicamente relevante**, vale dizer, capaz de causar algum prejuízo à Administração Pública. Afinal, tutela-se o regular andamento da máquina administrativa.

Ainda, cabe ressaltar que o abandono deve ser de **cargo público**, muito embora o *nomem juris* do delito revele o abandono de **função**. Não se pode fazer interpretação ampliativa do tipo penal para alcançar o abandono de empregos públicos ou funções públicas. Afinal, o tipo penal é expresso ao prescrever o abandono de cargo!

11.18.2. Tipo subjetivo

É o **dolo**, ou seja, a vontade livre e consciente do agente em abandonar o cargo que ocupa na Administração, gerando, com isso, possibilidade de prejuízo à própria Administração e aos administrados.

Inadmissível a forma culposa por ausência de previsão legal.

11.18.3. Sujeitos do crime

O sujeito ativo é o funcionário público detentor de **cargo público**, não se podendo aplicar o art. 327 do CP, em sua inteireza.

O sujeito passivo é a Administração Pública.

11.18.4. Consumação e tentativa

O crime atingirá seu momento consumativo após o agente deixar seu cargo "ao léu", vale dizer, quando for verificada a **ausência injustificada** de seu posto na Administração Pública, desde que por **tempo juridicamente relevante** (assim considerado aquele suficiente a causar uma probabilidade concreta de dano).

Importante mencionar que **não se exige a causação de dano** à Administração, bastando que o abandono seja apto a provocá-lo. No entanto, caso ocorra **efetivo prejuízo**, estaremos diante do **tipo penal qualificado** (art. 323, § 1º, do CP). Ainda, se o abandono ocorrer em **faixa de fronteira** (até 150 quilômetros de largura ao longo das fronteiras terrestres), igualmente restará caracterizada a **forma qualificada** (art. 323, § 2º, do CP).

Inadmissível a tentativa, uma vez que o abandono é conduta omissiva. Ou seja, o agente deixa de fazer algo (*in casu*, de se manter no cargo e prestar o serviço que lhe é incumbido).

11.19. Exercício funcional ilegalmente antecipado ou prolongado (art. 324 do CP)

11.19.1. Conduta típica

O crime em questão configura-se nas seguintes hipóteses:

a) entrar o agente público **em exercício** de função pública **antes de satisfeitas as exigências legais**; ou
b) continuar o agente público a **exercê-la**, **sem autorização**, depois de saber oficialmente que foi **exonerado, removido, substituído ou suspenso**.

No primeiro caso, pune-se o *exercício funcional ilegalmente antecipado*, caracterizado quando o agente começa a praticar atos típicos de um funcionário público antes mesmo de satisfazer as exigências legais (ex.: posse, realização de exame médico de aptidão etc.).

Já no segundo caso estamos diante do *exercício funcional ilegalmente prolongado*, que se verifica quando o agente, mesmo após ter sido oficialmente comunicado de sua exoneração, remoção, substituição ou suspensão, prossegue no exercício de suas funções.

De acordo com a doutrina majoritária, o exercício ilegalmente prolongado pressupõe que o agente público tenha sido **pessoalmente comunicado** da cessação de suas atividades por um dos motivos previstos no tipo penal (exoneração, remoção, substituição ou suspensão), sob pena de não se caracterizar o crime.

11.19.2. Tipo subjetivo

É o **dolo**, vale dizer, a vontade livre e consciente do agente de ingressar no exercício funcional antes de satisfeitas as exigências legais, ou, após ter sido comunicado de sua exoneração, remoção, substituição ou suspensão, continuar a exercer suas anteriores funções, sem autorização para tanto.

Inadmissível a forma culposa por ausência de previsão legal.

11.19.3. Sujeitos do crime

É o funcionário público o sujeito ativo do crime em testilha, desde que se antecipe no exercício das funções ou a prolongue indevidamente. Se se tratar de particular que pratique atos típicos de funcionários públicos, o crime será o de usurpação de função pública (art. 328 do CP).

O sujeito passivo é o Estado.

11.19.4. Consumação e tentativa

Consuma-se o crime quando o agente pratica qualquer ato inerente à função que não poderia desempenhar, seja por falta dos requisitos legais para iniciá-la (exercício funcional ilegalmente antecipado), seja por prosseguir no exercício dela sem autorização (exercício funcional ilegalmente prolongado).

A tentativa é, em tese, admissível.

11.20. Violação de sigilo funcional (art. 325 do CP)

11.20.1. Conduta típica

O crime poderá ser praticado de duas maneiras:

a) se o agente **revelar fato** de que tem ciência **em razão do cargo**, e que deva permanecer em segredo;
b) se o agente **facilitar a revelação de fato** de que tem ciência **em razão do cargo**, e que deva permanecer em segredo.

No primeiro caso, o agente fará chegar ao conhecimento de terceiros, seja de forma escrita ou verbal, o fato de que tem ciência em razão do cargo, mas que deveria permanecer em segredo. Ainda, poderá caracterizar-se o crime quando o agente, de forma indireta, facilita a revelação do fato, adotando postura apta a gerar a disseminação do fato a terceiros.

Imprescindível para o reconhecimento do crime em comento que o agente público **tenha conhecimento do fato em razão do exercício do cargo**, sob pena de atipicidade, ainda que relativa (art. 154 do CP).

A violação de sigilo funcional é típico **crime subsidiário**, visto que somente restará caracterizado se a conduta não constituir crime mais grave. É o que emerge da parte final do preceito secundário do tipo penal. Assim, a título de exemplo, se o fato revelado puder ofender a segurança nacional, estaremos diante do crime previsto no arts. 13, 14 e 21 da Lei de Segurança Nacional (Lei 7.170/1983).

11.20.2. Tipo subjetivo

O crime é **doloso**, ou seja, deverá o agente agir de forma livre e consciente no sentido de revelar ou facilitar a revelação de fato que tenha ciência em razão do cargo, mas que esteja abarcado pelo segredo.

11.20.3. Sujeitos do crime

O sujeito ativo é o funcionário público que tenha conhecimento do fato que deve ser mantido em segredo, desde que a ciência se dê em razão do cargo.

O sujeito passivo é o Estado e, mediatamente, o particular prejudicado com a eventual revelação do fato.

11.20.4. Consumação e tentativa

O crime atingirá a consumação quando o fato chegar ao conhecimento de terceiro não autorizado a dele ter ciência. Não se faz necessária a ocorrência de prejuízo à Administração Pública ou a particular diretamente relacionado com o fato, tratando-se, aqui, de **crime formal**.

Entende-se ser admissível a **tentativa** apenas se a revelação do fato ou a facilitação de sua revelação ocorrer pela **via escrita**.

11.20.5. Formas equiparadas e qualificada

Também responderá pela violação de sigilo funcional o agente que (formas equiparadas):

a) permitir ou facilitar, mediante atribuição, fornecimento e empréstimo de senha ou qualquer outra forma, o **acesso de pessoas não autorizadas** a **sistemas de informações** ou **banco de dados da Administração Pública**;

b) se **utilizar**, indevidamente, de **acesso restrito**.

Ainda, em caso de a violação de sigilo funcional **acarretar dano** à Administração Pública ou a terceiro, restará caracterizada a **forma qualificada** do crime (art. 325, § 2º, do CP).

11.21. Violação do sigilo de proposta de concorrência (art. 326 do CP)

O crime definido no art. 326 do CP foi tacitamente revogado pela Lei Geral das Licitações (Lei 8.666/1993), que, em seu art. 94, cuida da conduta de devassar o sigilo de proposta apresentada em procedimento licitatório, ou proporcionar a terceiro o ensejo de devassá-la.

11.22. Princípio da insignificância nos crimes contra a Administração Pública

De acordo com a **Súmula 599 do STJ**, "o princípio da insignificância é inaplicável aos crimes contra a Administração Pública".

Tal entendimento repousa nas seguintes razões: os referidos crimes objetivam resguardar não apenas o patrimônio público, mas, também, a moralidade administrativa, cuja ofensa é imensurável.

Importa registrar, porém, que o STF tem precedentes em que admitiu a aplicação da insignificância penal em crimes funcionais. Nesse sentido: HC 107370, Rel. Min. Gilmar Mendes, julgado em 26.04.2011 e HC 112388, Rel. p/ Acórdão Min. Cezar Peluso, julgado em 21.08.2012.

LEGISLAÇÃO PENAL ESPECIAL

1. CRIMES HEDIONDOS (LEI 8.072/1990)

1.1. Questões constitucionais

Conforme enuncia o art. 5º, XLIII, da CF, "a lei considerará crimes inafiançáveis e insuscetíveis de graça ou anistia a prática da tortura, o tráfico ilícito de entorpecentes e drogas afins (Lei 11.343/2006), o terrorismo (Lei 13.260/2016) e os definidos como crimes hediondos (Lei 8.072/1990), por eles respondendo os mandantes, os executores e os que, podendo evitá-los, se omitirem".

Trata-se de verdadeiro **mandado de criminalização**, visto que o legislador constituinte determinou a edição de uma lei penal, qual seja, a Lei dos Crimes Hediondos, até então inexistente.

Conforme se extrai do texto constitucional, aos crimes hediondos incidem as seguintes **vedações**:

a) Fiança;

b) Anistia; e

c) Graça.

1.2. Critério adotado sobre crimes hediondos

Existem, basicamente, dois critérios sobre crimes hediondos: **legal** ou **judicial**.

✓ **Critério legal**: os crimes são enumerados na lei.

✓ **Critério judicial**: caberia ao juiz, no caso concreto, afirmar se o crime é ou não hediondo.

O Brasil adotou o critério legal para crimes hediondos, porque o legislador incumbiu-se de dizer quais são esses crimes.

Temos, pois, uma Lei dos Crimes Hediondos (Lei 8.072/1990).

1.3. Crimes hediondos em espécie

O **rol taxativo** dos crimes considerados hediondos consta no **art. 1º da Lei 8.072/1990**, já com as alterações promovidas pelo *Pacote Anticrime* (Lei 13.964/2019), a saber:

I – homicídio (art. 121), quando praticado em atividade típica de grupo de extermínio, ainda que cometido por um só agente, e homicídio qualificado (art. 121, § 2º, I, II, III, IV, V, VI, VII e VIII);

I-A – lesão corporal dolosa de natureza gravíssima (art. 129, § 2º) e lesão corporal seguida de morte (art. 129, § 3º), quando praticadas contra autoridade ou agente descrito nos arts. 142 e 144 da Constituição Federal, integrantes do sistema prisional e da Força Nacional de Segurança Pública, no exercício da função ou em decorrência dela, ou contra seu cônjuge, companheiro ou parente consanguíneo até terceiro grau, em razão dessa condição (incluído pela Lei 13.142/2015)

II – roubo:

a) circunstanciado pela restrição de liberdade da vítima (art. 157, § 2º, inciso V);

b) circunstanciado pelo emprego de arma de fogo (art. 157, § 2º-A, inciso I) ou pelo emprego de arma de fogo de uso proibido ou restrito (art. 157, § 2º-B);

c) qualificado pelo resultado lesão corporal grave ou morte (art. 157, § 3º);

III – extorsão qualificada pela restrição da liberdade da vítima, ocorrência de lesão corporal ou morte (art. 158, § 3º);

IV– extorsão mediante sequestro e na forma qualificada (art. 159, caput, e §§ 1º, 2º e 3º);

V– estupro (art. 213, caput, e §§ 1º e 2º);

VI – estupro de vulnerável (art. 217-A, caput, e §§ 1º, 2º, 3º e 4º);

VII – epidemia com resultado morte (art. 267, § 1º);

VII-B – falsificação, corrupção, adulteração ou alteração de produto destinado a fins terapêuticos ou medicinais (art. 273, caput, e § 1º, § 1º-A e § 1º-B, com a redação dada pela Lei 9.677, de 02.07.1998);

VIII – favorecimento da prostituição ou de outra forma de exploração sexual de criança ou adolescente ou de vulnerável (art. 218-B, caput, e §§ 1º e 2º);

IX – furto qualificado pelo emprego de explosivo ou de artefato análogo que cause perigo comum (art. 155, § 4º-A).

Ainda, de acordo com o parágrafo único, do precitado art. 1º da Lei, também com a redação alterada pela Lei 13.964/2019, consideram-se também hediondos, tentados ou consumados:

I – o crime de genocídio, previsto nos arts. 1º, 2º e 3º da Lei nº 2.889, de 1º de outubro de 1956;

II – o crime de posse ou porte ilegal de arma de fogo de uso proibido, previsto no art. 16 da Lei nº 10.826, de 22 de dezembro de 2003;

III – o crime de comércio ilegal de armas de fogo, previsto no art. 17 da Lei nº 10.826, de 22 de dezembro de 2003;

IV – o crime de tráfico internacional de arma de fogo, acessório ou munição, previsto no art. 18 da Lei nº 10.826, de 22 de dezembro de 2003;

V – o crime de organização criminosa, quando direcionado à prática de crime hediondo ou equiparado.

1.4. Vedações penais e processuais aos crimes hediondos e outras particularidades

Art. 5º, XLIII, CF e art. 2º, da Lei 8.072/1990: são inafiançáveis e insuscetíveis de graça e anistia os crimes hediondos e os crimes equiparados a hediondos (tráfico de drogas, tortura e terrorismo – TTT). De acordo com a doutrina, embora não haja expressa previsão na CF, o indulto também é incabível;

Art. 2º, § 1º, da Lei 8.072/1990: os crimes hediondos e equiparados submetem-se, obrigatoriamente, à imposição de regime inicial fechado. No entanto, o STF, em 2012, reconheceu, incidentalmente, a inconstitucionalidade de referido dispositivo legal, no julgamento do HC 111.840. Logo, de acordo com referida decisão, o regime inicial fechado não pode ser o único cabível aos condenados por crimes hediondos ou equiparados. Assim, por exemplo, se alguém for condenado por tráfico de drogas (art. 33, caput, da Lei 11.343/2006) à pena mínima de 5 anos de reclusão, desde que primário, poderá iniciar o cumprimento da pena em regime semiaberto;

Art. 2º, § 2º, da Lei 8.072/1990: os crimes hediondos admitem progressão de regime, o que era vedado antes da edição da Lei 11.464/2007 e julgamento do HC 82.959-SP pelo STF. Assim, atualmente, a progressão de regime a esses crimes será admissível após o cumprimento dos percentuais previstos no art. 112 da LEP, com as alterações promovidas pelo Pacote Anticrime (Lei 13.964/2019). Aos condenados por crimes hediondos e equiparados em data anterior à Lei 11.464/2007, a progressão de regime deverá ser alcançada após o cumprimento de 1/6 da pena, nos termos da redação original do precitado art. 112 da LEP. Importante registrar que, com o advento da **Lei 13769/2018**, que instituiu a progressão especial às mulheres gestantes e mães ou responsáveis por crianças ou pessoas com deficiência, o benefício em questão será concedido após o cumprimento de 1/8 da pena, atendidos os demais requisitos listados no art. 112, §3º, da LEP;

Art. 83, CP – Livramento condicional: para os crimes hediondos e equiparados, admite-se a concessão de livramento condicional desde que o condenado tenha cumprido mais de 2/3 da pena e desde que não seja reincidente específico (condenação irrecorrível por crime hediondo ou equiparado e, posteriormente, prática de outro crime hediondo ou equiparado. É importante frisar que os crimes não precisam ser idênticos);

Prisão temporária – Lei 7.960/1989: prazo diferenciado para crime hediondo ou equiparado, qual seja, de 30 (trinta) dias, podendo ser prorrogado por mais 30 dias, em caso de comprovada e extrema necessidade.

Crimes equiparados a hediondos: Tráfico de drogas, Tortura e Terrorismo ("TTT"). São chamados de equiparados ou assemelhados, pois possuem o mesmo status constitucional, sendo todos tratados no art. 5º, XLIII, CF.

1.5. Estabelecimento penal para crimes hediondos ou equiparados

O art. 3º da Lei 8.072/1990 diz que caberá à **União** manter estabelecimentos penais de **segurança máxima**, destinada aos condenados com alta periculosidade, quando incorrer em risco à ordem pública a permanência deles em estabelecimentos comuns.

1.6. Crime de associação criminosa especial (art. 8º da Lei 8.072/1990)

Não se trata de crime hediondo, embora estabelecido nesta lei, e a prova disso é o rol taxativo do art. 1º da Lei 8.072/1990. O art. 8º faz alusão ao antigo crime de quadrilha (cujo *nomen juris* passou a ser o de *associação criminosa* com o advento da Lei 12.850/2013) previsto no art. 288, CP. É um crime contra a paz pública. No entanto, diversamente do CP, a Lei dos Crimes Hediondos prevê pena mais elevada se a associação for formada para a prática de crimes dessa natureza (hediondos ou equiparados).

Em suma:

Associação criminosa especial art. 8º, Lei 8.072/1990	Associação criminosa art. 288, CP
Pena de 3 a 6 anos	Pena de 1 a 3 anos
Não cabe substituição por pena restritiva de direitos se a pena privativa de liberdade superar 4 anos	Cabe substituição de pena privativa de liberdade por restritiva de direito, desde que preenchidos os requisitos legais
Não cabe *sursis processual*	Cabe *sursis processual*

1.6.1. Delação premiada ou traição benéfica no crime de associação criminosa especial

O parágrafo único art. 8º da Lei dos Crimes Hediondos consagra uma causa especial de diminuição de pena que será concedida ao condenado que delatar os demais comparsas (membros da associação) à autoridade pública. A pena será reduzida, pois, de um terço a dois terços se preenchidos os seguintes requisitos:

a) Delação de um ou mais dos componentes da associação para a autoridade pública (Delegado, Juiz, Ministério Público);

b) A delação deverá ser voluntária (o sujeito não poderá ser forçado a delatar), mas não precisa ser espontânea;

c) É necessária, em virtude da delação, a apuração da autoria dos demais integrantes e o desmantelamento da associação. Portanto, a delação deverá ser eficaz.

A redução da pena incide quanto ao *crime de associação* em comento (art. 8º da Lei 8.072/1990) e não com relação aos *crimes cometidos pela associação*.

1.7. Causas de aumento de pena quando houver violência presumida

O art. 9º da Lei 8.072/1990 previa que, se a vítima se encontrasse em situação de **violência presumida** (art. 224, CP – revogado), a pena seria aumentada da **metade** nos seguintes casos:

a) latrocínio (art. 157, § 3º, final, CP);

b) extorsão com morte (art. 158, § 2º, CP);

c) extorsão mediante sequestro (art. 159, CP);

d) estupro (art. 213, CP); e

d) atentado violento ao pudor (art. 214, CP – foi revogado).

Tendo em vista o **art. 224, CP** (violência presumida) ter sido **revogado** pela Lei 12.015/2009 (Lei dos Crimes contra a Dignidade Sexual), tacitamente está revogado o art. 9º da Lei 8.072/1990.

O que antes se chamava de violência presumida hoje equivale à vulnerabilidade do art. 217-A, *caput* e parágrafos, CP. A doutrina majoritária e o STJ entendem que o art. 9º está **revogado tacitamente** pela já citada Lei 12.015/2009.

2. LEI DE TORTURA (LEI 9.455/1997)

2.1. Aspectos constitucionais

O art. 5º, XLIII, da CF, ao fazer menção à tortura, crime que sequer era tipificado em lei, materializou-se em verdadeiro **mandado da criminalização**, visto que, repita-se, não havia regulamentação no Brasil, em 1988, de aludido crime.

Em suma, a CF diz que a lei considerará inafiançáveis e insuscetíveis de graça ou de anistia a prática de **tortura**, tráfico de drogas, terrorismo e os crimes hediondos.

O crime de tortura é considerado **equiparado** ou **assemelhado** a **hediondo**.

2.2. Previsão legal

A tipificação penal da tortura foi criada no Brasil com a edição da **Lei 9.455/1997**. No entanto, já tínhamos a previsão da tortura como crime no art. 233, ECA, que cuidava apenas da prática de referida conduta contra crianças e adolescentes. Contudo, referido dispositivo foi revogado expressamente pela precitada Lei 9.455/1997, que passou a regulamentar por completo o tema.

2.3. Espécies de tortura

Vêm previstas no art. 1º da Lei 9.455/1997, a saber:

a) Tortura-prova: também chamada de persecutória;

b) Tortura-crime;

c) Tortura-racismo: também chamada de discriminatória;

d) Tortura-maus-tratos: também chamada de *tortura corrigendi*;

e) Tortura do preso ou de pessoa sujeita a medida de segurança;

f) Tortura imprópria;

g) Tortura qualificada;

h) Tortura majorada.

2.3.1. Regra

De forma geral, todas as espécies de tortura irão gravitar em torno de duas ideias: **sofrimento físico ou mental**.

A tortura pressupõe o núcleo do tipo *constranger*, o que será feito com o emprego de violência ou grave ameaça, causando sofrimento físico ou mental.

2.3.1.1. Tortura – prova

Também chamada de persecutória, vem prevista no art. 1º, I, "a", da Lei 9.455/1997. Neste caso, o torturador constrangerá a vítima, com emprego de violência ou grave ameaça, causando-lhe sofrimento físico ou mental, para o fim de que ela lhe preste **informação, declaração** ou **confissão**.

O **sujeito ativo** será qualquer pessoa, tratando-se de crime comum.

Dá-se a **consumação** com o sofrimento físico ou mental suportado pela vítima.

A tentativa é possível teoricamente, por ser a tortura um crime plurissubsistente, vale dizer, praticado mediante vários atos.

2.3.1.2. Tortura – crime

Vem prevista no art. 1º, I, "b", da Lei 9.455/1997. Neste caso, o torturador constrangerá a vítima, com emprego de violência ou grave ameaça, causando-lhe sofrimento físico ou mental, para que ela **pratique ação ou omissão de natureza criminosa**.

Vê-se, à evidência, que o crime praticado pela vítima somente o foi por **coação moral irresistível**. Neste caso, a vítima torturada ficará isenta de pena pelo crime praticado, respondendo o torturador (autor mediato) pelo crime por ela cometido (art. 22, CP). Assim, o agente (torturador) responderá pela tortura-crime, além do crime cometido pela vítima, em concurso material (art. 69, CP).

O **sujeito ativo** poderá ser qualquer pessoa, tratando-se, pois, de crime comum.

Alcança-se a **consumação** com o sofrimento físico ou mental suportado pela vítima.

2.3.1.3. Tortura – racismo

Também chamada de **tortura discriminatória**, vem prevista no art. 1º, I, "c", da Lei 9.455/1997. Aqui, o torturador constrangerá a vítima, com emprego de violência ou grave ameaça, causando-lhe sofrimento físico ou mental, **em razão de discriminação racial ou religiosa**.

Assim, duas são as hipóteses de discriminação tratadas no tipo penal: racial ou religiosa. Não se confunde essa espécie de tortura com os crimes de racismo previstos na Lei 7.716/1989. Confira-se:

Racismo – Lei 7.716/1989	Tortura racismo – Lei 9.455/1997
Praticado em razão de raça, cor, etnia, religião ou procedência nacional.	Praticada somente em razão de raça ou religião.
A vítima é privada de alguns direitos básicos em razão de raça, cor, etnia, religião ou procedência nacional.	A vítima é constrangida pelo torturador, sofrendo física ou mentalmente, em razão de discriminação racial ou religiosa.

Não se enquadra na tortura racismo o preconceito com relação à orientação sexual, visto que o tipo penal somente fala em "raça" ou "religião".

O **sujeito ativo** pode ser qualquer pessoa, tratando-se de crime comum.

Dá-se a **consumação** quando a vítima suporta o sofrimento físico ou mental.

2.3.1.4. Tortura – maus-tratos ou tortura corrigendi

Vem definida no art. 1º, II, da Lei 9.455/1997, consistindo em submeter alguém sob sua **guarda, poder ou autoridade**, com emprego de violência ou grave ameaça, a intenso sofrimento físico ou mental, como forma de aplicar **castigo pessoal** ou **medida de caráter preventivo**.

O sujeito passivo, nesse caso, será obrigatoriamente alguém que esteja sob a guarda, poder ou autoridade do torturador. Assim, estamos diante de crime próprio, visto que se exige uma qualidade especial do agente, qual seja, a de alguma "ascendência" sobre a vítima (guarda, poder ou autoridade).

Nessa modalidade de tortura, o objetivo do torturador é o de aplicar um **castigo pessoal** ou **medida de caráter preventivo**.

A **consumação** dá-se quando a vítima sofrer intensamente em seu aspecto físico ou mental. Trata-se de crime de dano, visto que deve haver efetiva lesão ao bem jurídico.

Difere essa espécie de tortura do crime de **maus-tratos**, previsto no art. 136, CP, visto ser este um crime de perigo, bastando a mera exposição a risco do bem jurídico. Já na tortura maus-tratos ocorre efetiva lesão ao bem jurídico (integridade física/psíquica da vítima).

2.3.1.5. Tortura do preso ou de pessoa sujeita a medida de segurança

Vem prevista no art. 1º, § 1º, da Lei 9.455/1997. Consiste em **submeter pessoa presa ou sujeita a medida de segurança** a um sofrimento físico ou mental, por meio da **prática de ato não previsto** ou **não autorizado por lei**. Assim, os atos praticados pelo torturador devem estar em *desacordo* com a lei.

O **sujeito ativo**, segundo predomina, deve ser agente público que tenha contato com o preso ou com a pessoa que está cumprindo medida de segurança, tratando-se, pois, de **crime próprio**.

O **sujeito passivo** será:

✓ **Preso**: provisório ou definitivo;

✓ **Pessoa submetida à medida de segurança**: inimputáveis ou semi-imputáveis com periculosidade.

2.3.1.6. Tortura imprópria

Vem prevista no art. 1º, § 2º, da Lei 9.455/1997. Consiste no ato daquele que se **omite** em face destas condutas (todas as espécies de tortura descritas), desde que tenha o **dever de evitá-las** ou de **apurá-las**.

O agente, tecnicamente, não praticou uma conduta típica de tortura, apenas se omitiu diante de seu dever de apurar ou de evitar referido crime, tendo este sido praticada por outrem.

Diversamente das demais espécies de tortura, a ora estudada é punida com detenção de um a quatro anos, motivo pelo qual sequer o regime inicial fechado será imposto ao agente. Por essa razão, entende-se, também, que o crime em questão **não é equiparado a hediondo**.

O **sujeito ativo** é aquele que tiver o **dever de evitar** ou o **dever de apurar** a tortura. Assim, será, em regra, o **funcionário público**.

Como estamos diante de um **crime omissivo,** não se admite tentativa.

2.3.1.7. Tortura qualificada

Vem prevista no art. 1º, § 3º, da Lei 9.455/1997.

A tortura será **qualificada**:

a) pela lesão corporal grave/gravíssima (art. 129, § 1º e § 2º, CP); ou

b) pela morte.

Em ambas as situações, estaremos diante de um **crime preterdoloso** (dolo na prática da tortura e culpa quanto ao resultado agravador – lesão corporal grave, gravíssima ou morte).

Não se confunde a tortura qualificada pela morte com o homicídio qualificado pela tortura, sendo esta um meio de execução utilizado para matar a vítima. Vejamos:

Homicídio qualificado pela tortura	Tortura qualificada pela morte
Pena de 12 a 30 anos	Pena de 8 a 16 anos.
Dolo de matar, ou seja, ânimo homicida.	Dolo de torturar, ou seja, causar sofrimento físico ou mental.
Resultado morte decorre de dolo.	Resultado morte decorre de culpa.
Tortura é um meio de execução.	A tortura é um fim em si mesma.
_____	Se o agente tortura e mata com dolo, ele responderá pelos dois crimes.
Julgado pelo Tribunal do Júri.	Julgado pela Justiça Comum.

2.3.1.8. Tortura majorada

Vem prevista no art. 1º, § 4º, da Lei 9.455/1997. Trata-se de causa obrigatória de aumento de pena (1/6 a 1/3), incidente nas seguintes situações:

a) Se o torturador for agente público;

b) Se a vítima for criança, adolescente, idoso, gestante ou deficiente físico/mental;

c) Se a tortura for praticada mediante sequestro. O sequestro não será crime autônomo, ele será enquadrado como majorante da pena.

2.3.2. Efeitos da condenação

Conforme reza o art. 1º, § 5º, da Lei 9.455/1997, a condenação pelo crime de tortura imporá ao agente a perda do cargo, função ou emprego público, bem como a interdição para seu exercício pelo dobro do prazo da pena aplicada.

Trata-se, é bom que se diga, de efeito obrigatório da condenação, que se subdivide em:

a) Direto: perda do cargo, emprego ou função;

b) Indireto: interdição de direitos, ou seja, a impossibilidade de ocupação de cargo, emprego, função, pelo dobro do prazo da pena aplicada.

Este efeito é automático, também chamado pela doutrina de não específico, não exigindo, pois, fundamentação específica em sentença.

2.3.3. Aspectos penais e processuais penais

De acordo com o art. 1º, § 6º, da Lei 9.455/1997, são inadmissíveis para os crimes de tortura a concessão de **fiança**, **graça** e **anistia**. Trata-se de mera repetição do quanto consta no art. 5º, XLIII, CF.

Muito embora a lei não vede o **indulto**, a concessão deste não é permitida de acordo com a jurisprudência majoritária.

Embora não se admita a concessão de liberdade provisória com fiança (crimes inafiançáveis), admissível pensar-se em deferimento de **liberdade provisória sem fiança**, desde que ausentes os requisitos autorizadores da prisão preventiva. Afinal, não se pode admitir prisão cautelar obrigatória no Brasil, sob pena de ofensa ao princípio constitucional da presunção de inocência (ou não culpabilidade).

Quanto ao **regime inicial de cumprimento de pena**, este será o fechado, exceto para a tortura imprópria. Admite-se, pois, progressão de regime penitenciário, desde que preenchidos os requisitos legais, seguindo-se, para tanto, as mesmas regras aplicáveis aos crimes hediondos (lembre-se: a tortura é crime equiparado a hediondo!).

Considerando que a tortura é crime equiparado a hediondo, entendemos, de todo, aplicável a decisão do STF acerca da **inconstitucionalidade do regime inicial fechado obrigatório (HC 111.840)**. Logo, mesmo para um torturador, será cabível, desde que preenchidos os requisitos legais, regime inicial semiaberto ou até aberto, a depender da quantidade de pena imposta.

No tocante ao **livramento condicional**, seguiremos o mesmo regramento para os crimes hediondos, vale dizer, admite-se a concessão do benefício em comento, desde que cumpridos mais de 2/3 da pena e desde que o réu não seja reincidente específico.

3. LEI DE DROGAS (LEI 11.343/2006)

3.1. Previsão legal

Os crimes envolvendo drogas vêm previstos na Lei 11.343/2006, que revogou expressamente a antiga "Lei de Tóxicos" (Lei 6.368/1976).

3.2. Questão terminológica

Embora a expressão possa parecer "chula", o adequado é que se fale em _droga_, e não mais _substâncias entorpecentes_, tal como previsto na legislação revogada.

3.2.1. Conceito de drogas

Droga é toda **substância capaz de causar dependência**, assim reconhecida em **lei ou listas atualizadas** pelo Executivo Federal (art. 1º, parágrafo único, Lei 11.343/2006).

Hoje, para buscarmos quais são as substâncias consideradas "drogas", devemos analisar o quanto se contém na **Portaria 344/1998 da SVS/MS** (Superintendência de Vigilância Sanitária do Ministério da Saúde). Esta portaria traz uma lista de substâncias entorpecentes, o que equivale às drogas. Trata-se de um ato infralegal, motivo pelo qual, toda vez que a lei mencionar a expressão "drogas", estaremos diante de uma **norma penal em branco em sentido estrito ou heterogêneo**, visto que o ato complementar (portaria) é de hierarquia diversa da norma complementada (lei ordinária federal).

3.3. Principais crimes da Lei de Drogas

3.3.1. Art. 28 – posse ilegal de droga para consumo pessoal

Primeiramente, é bom que se diga que o **uso** de droga é **fato atípico**, visto que o art. 28 não contempla a conduta de "usar ou fazer uso". Ainda que assim não fosse, a não criminalização do uso de drogas decorre do **princípio da alteridade**, segundo o qual o direito penal somente pode proteger condutas direcionadas à lesão de direitos alheios, no caso, à saúde pública (o crime em estudo viola a **saúde pública**).

Destarte, quem usa droga, trazendo-a consigo, não responderá propriamente pelo uso, mas sim pelo **porte**.

3.3.1.1. Condutas típicas

São as seguintes:

a) adquirir;
b) guardar;
c) ter em depósito;
d) transportar; ou
e) trazer consigo.

Estamos diante de um **tipo misto alternativo** ou, ainda, um **crime de ação múltipla**.

3.3.1.2. Objeto material do crime

É a **droga**, assim considerada com base na **Portaria 344/1998** da SVS/MS.

3.3.1.3. Penas

Diversamente do que acontece com todos os demais crimes, o delito de porte de drogas para consumo pessoal, fugindo à regra, estabelece **penas não privativas de liberdade**, já de forma abstrata, motivo pelo qual, em um primeiro momento, chegou-se a discutir sobre a eventual descriminalização das condutas típicas estudadas.

Temos, portanto, as **seguintes penas** cominadas ao art. 28:

a) Advertência sobre os efeitos da droga;
b) Prestação de serviços à comunidade; e

c) Medida educativa de comparecimento a programa ou curso educativo.

As penas poderão ser **alternativa** ou **cumulativamente** impostas. Poderá, pois, o juiz, aplicar as três penalidades cumulativamente, de acordo com o caso concreto.

Pacificou-se na jurisprudência o entendimento de que o crime em questão sofreu apenas uma **despenalização** ou **descarcerização** (redução da resposta penal diante da prática da infração). Não há que se falar, portanto, em descriminalização.

3.3.1.4. Tipo subjetivo

É o **dolo**, sem prejuízo do **especial fim de agir do agente** ("dolo específico"), qual seja, praticar uma das condutas típicas "para consumo pessoal".

3.3.1.5. Figura equiparada (art. 28, § 1º)

Equipara-se ao art. 28, *caput*, submetendo-se às mesmas penas, aquela pessoa que **semear**, **cultivar** ou **colher** plantas destinadas ao preparo de **pequena quantidade de drogas** para consumo pessoal.

A expressão "pequena quantidade de drogas" é o **elemento normativo** do tipo, exigindo-se uma valoração diante do caso concreto.

3.3.1.6. Prazo de duração das medidas coercitivas

No caso de imposição de pena alternativa de prestação de serviços à comunidade ou determinação de comparecimento a programas educativos, o período máximo de duração será de **até 5 meses**.

Impõe salientar que **não caberá privação de liberdade** pelo descumprimento das penas restritivas de direitos impostas pelo juiz na sentença. Em caso de descumprimento, duas são as medidas coercitivas:

a) Admoestação verbal;
b) Multa destinada ao Fundo Nacional Antidrogas.

Se o agente não comparecer em juízo para se submeter à admoestação verbal, será aplicada a multa, sucessivamente.

3.3.1.7. Reincidência no art. 28

Em caso de o réu ser reincidente específico (condenações pelo crime de porte de drogas para consumo pessoal), as penas restritivas de direitos poderão ser impostas pelo prazo de **até 10 meses** (art. 28, § 4º).

3.3.1.8. Prisão em flagrante

Não se imporá a prisão em flagrante do usuário para o crime do art. 28, consoante determina o art. 48, § 2º, da Lei 11.343/2006. A Lei de Drogas veda a chamada **prisão-lavratura**, que é a materialização de uma prisão em flagrante no respectivo auto. No entanto, a denominada prisão-captura é perfeitamente cabível, a fim de que o agente delitivo seja conduzido coercitivamente à Delegacia de Polícia, fazendo, com isso, cessar a atividade criminosa.

Aplicar-se-á ao art. 28 da Lei de Drogas o disposto na Lei 9.099/1995 (Lei dos Juizados Especiais Criminais), motivo pelo qual o crime em questão é considerado de **menor potencial ofensivo**.

3.3.1.9. Prescrição do crime do art. 28

Consoante reza o art. 30 da Lei 11.343/2006, o Estado perderá o direito de punir ou de executar a pena após o decurso de **2 (dois) anos**. Trata-se de regra especial, que prevalece sobre o art. 109 do CP (tabela do prazo prescricional).

3.3.2. Art. 33 – Tráfico de drogas

3.3.2.1. Condutas típicas

O art. 33, *caput*, da Lei 11.343/2006, consubstancia-se em tipo misto alternativo ou crime de ação múltipla, visto que formado por 18 (dezoito) verbos, a saber: *importar, exportar, remeter, preparar, produzir, fabricar, adquirir, vender, expor à venda, oferecer, ter em depósito, transportar, trazer consigo, guardar, prescrever, ministrar, entregar a consumo ou fornecer.*

Para concursos da área federal, importante anotar o teor da **Súmula 528 do STJ**, editada em 2015: "Compete ao juiz federal do local da apreensão da droga remetida do exterior pela via postal processar e julgar o crime de tráfico internacional".

3.3.2.2. Objeto material do crime

O objeto material é a droga, assim definida pela Portaria 344/1998 da SVS/MS.

Será que a quantidade de droga apreendida influencia na dosimetria da pena? Confira-se a posição do STF:

> **Dosimetria e quantidade de droga apreendida**
>
> "A 2ª Turma, em julgamento conjunto de *habeas corpus* e recurso ordinário em *habeas corpus*, reafirmou orientação no sentido de que a quantidade de substância ilegal entorpecente apreendida deve ser sopesada na primeira fase de individualização da pena, nos termos do art. 42 da Lei 11.343/2006, sendo impróprio invocá-la por ocasião da escolha do fator de redução previsto no § 4º do art. 33 da mesma lei, sob pena de *bis in idem*. Com base nesse entendimento, determinou-se a devolução dos autos para que as instâncias de origem procedam a nova individualização da pena, atentando-se para a adequada motivação do fator reducional oriundo da causa especial de diminuição". HC 108513/RS, rel. Min. Gilmar Mendes, 23.08.2011. (HC-108513)
>
> RHC 107857/DF, rel. Min. Gilmar Mendes, 23.8.2011. (RHC-107857) **(Inform. STF** 637)

3.3.2.3. Tipo subjetivo

É o **dolo**. Contudo, é necessário que a intenção do traficante seja a de **"entregar" a droga a consumo de terceiros**, diversamente do que ocorre com o art. 28 da Lei 11.343/2006, em que a intenção do agente é a de consumir a droga.

3.3.2.4. Consumação e tentativa

Pelo fato de o art. 33 trazer dezoito verbos no tipo, alguns deles são considerados **crimes instantâneos**, consumando-se com a só prática da conduta (ex.: importar, exportar, adquirir...). Já outras modalidades de tráfico são consideradas **permanentes**,

motivo pelo qual a consumação se protrairá no tempo (ex.: expor à venda, ter em depósito, trazer consigo, guardar...).

Em tese, é admissível a **tentativa**, embora esta seja difícil, visto que, pelo fato de o crime ser de ação múltipla, provavelmente a infração já estará consumada.

3.3.2.5. Art. 33, § 3º – Cedente eventual

A doutrina vem chamando de **cedente eventual** a pessoa que oferecer droga eventualmente, sem objetivo de lucro, a pessoa de seu relacionamento, para juntos a consumirem. Trata-se de um tráfico privilegiado, visto que a pena é bastante menor do que a cominada para o tráfico previsto no *caput* do art. 33.

São **requisitos** para configuração do crime em questão:

✓ oferecer droga;

✓ caráter eventual;

✓ sem objetivo de lucro;

✓ a pessoa de seu relacionamento;

✓ para juntos a consumirem.

Neste caso, a pena será de 6 (seis) meses a 1 (um) ano de detenção, sem prejuízo das penas do art. 28.

Por ser punido com detenção, o crime é afiançável.

Trata-se, finalmente, de crime de **menor potencial ofensivo**. Em virtude de a pena máxima ser de (um) 1 ano, aplica-se a Lei 9.099/1995.

3.3.2.6. Art. 33, § 4º – Causa de diminuição de pena

Se preenchidos os requisitos abaixo, de forma cumulativa, o agente terá a pena reduzida de 1/6 (um sexto) a 2/3 (dois terços):

✓ ser o agente primário;

✓ de bons antecedentes;

✓ que não integre facção criminosa; e

✓ que não se dedique a atividades criminosas.

Trata-se do "traficante de primeira viagem".

A causa de diminuição de pena em comento não era prevista na antiga Lei de Tóxicos. Daí ser considerada *lex mitior* ou *novatio legis in mellius* – lei nova benéfica.

Por ser benéfica, deve ter **efeitos retroativos**. Assim, se o sujeito já estiver cumprindo pena, advindo lei nova benéfica, deverá esta retroagir para beneficiá-lo.

A **questão** que se coloca, contudo, é a seguinte:

✓ **(i) Lei antiga**: a pena do tráfico de drogas variava de 3 (três) a 15 (quinze) anos. Não havia causa de diminuição de pena;

✓ **(ii) Lei nova**: a pena do tráfico varia de 5 (cinco) a 15 (quinze) anos. Há causa de diminuição de pena (art. 33, § 4º);

Questão: esta causa de diminuição de pena (1/6 a 2/3) deverá retroagir e incidir sobre qual pena, caso o agente tenha praticado tráfico de drogas sob a égide da lei anterior? De 3 a 15 anos (pena antiga) ou de 5 a 15 anos (pena nova)?

Existem **dois posicionamentos**. São eles:

a) Primeira posição: a diminuição deverá incidir sobre a pena antiga, já que o traficante respondeu sob a égide da lei anterior. Esta posição adota aquilo que o STF, historicamente, sempre repudiou, qual seja, a combinação de leis penais no tempo;

b) Segunda posição: a diminuição incidirá sobre a pena nova. De acordo com esta posição, não é possível combinação de leis penais, pois violaria a tripartição de Poderes (o Judiciário estaria legislando).

Tanto o STF, quanto o STJ, proferiram decisões nos dois sentidos.

Em notícia extraída do sítio eletrônico desta última Corte, vê-se que a sua 3ª Seção pôs fim à celeuma instaurada desde a edição da Lei 11.343/2006 no que tange à possibilidade – ou não – de combinação de leis no tempo. Confira-se:

> "No STJ, a Sexta Turma entendia ser possível a combinação de leis a fim de beneficiar o réu, como ocorreu no julgamento do HC 102.544. Ao unificar o entendimento das duas Turmas penais, entretanto, prevaleceu na Terceira Seção o juízo de que não podem ser mesclados dispositivos mais favoráveis da lei nova com os da lei antiga, pois ao fazer isso o julgador estaria formando uma terceira norma.
>
> A tese consolidada é de que a lei pode retroagir, mas apenas se puder ser aplicada na íntegra. Dessa forma, explicou o Ministro Napoleão Nunes Maia Filho no HC 86.797, caberá ao "magistrado singular, ao juiz da vara de execuções criminais ou ao tribunal estadual decidir, diante do caso concreto, aquilo que for melhor ao acusado ou sentenciado, sem a possibilidade, todavia, de combinação de normas".

O projeto de súmula foi encaminhado pela Min. Laurita Vaz e a redação oficial do dispositivo ficou com o seguinte teor: "É cabível a aplicação retroativa da Lei 11.343, desde que o resultado da incidência das suas disposições, na íntegra, seja mais favorável ao réu do que o advindo da aplicação da Lei 6.368, sendo vedada a combinação de leis". (http://www.stj.jus.br/portal_stj/publicacao/engine.wsp?tmp.area=398&tmp.texto=111943 – acesso em 06.11.2013).

Destarte, com a edição da **Súmula 501 do STJ**, consolidou-se o entendimento segundo o qual é inadmissível a combinação de leis penais no tempo: *"É cabível a aplicação retroativa da Lei 11.343, desde que o resultado da incidência das suas disposições, na íntegra, seja mais favorável ao réu do que o advindo da aplicação da Lei 6.368, sendo vedada a combinação de leis".*

Nada obstante, pela relevância do tema, vale a pena a transcrição dos excertos abaixo, extraídos de Informativo do STF. Para quem se prepara para concursos públicos, nada melhor do que conhecer a posição da mais alta Corte (STF), muito embora, repita-se uma vez mais, o STJ tenha editado a precitada Súmula 501.

Tráfico de drogas e combinação de leis – 1

"O Plenário iniciou julgamento de recurso extraordinário em que se discute a aplicabilidade, ou não, da causa de diminuição de pena prevista no art. 33, § 4º, da Lei 11.343/2006 sobre condenações fixadas com base no art. 12, *caput*, da Lei 6.368/1976, diploma normativo este vigente à época da prática do delito. Na espécie, o Ministério Público Federal alega afronta ao art. 5º, XL, da CF (*"a lei penal não retroagirá, salvo para beneficiar o réu;"*) ao argumento de que a combinação de regras mais benignas de dois sistemas

legislativos diversos formaria uma terceira lei. O Min. Ricardo Lewandowski, relator, proveu o recurso para determinar que o juízo da Vara de Execuções Penais aplique, em sua integralidade, a legislação mais benéfica ao recorrido, no que foi acompanhado pelos Mins. Cármen Lúcia e Joaquim Barbosa. Inicialmente, ressaltou que a doutrina sempre esteve dividida quanto ao tema. Em sequência, entendeu não ser possível a conjugação de partes mais benéficas de diferentes normas para se criar uma terceira lei, sob penal de ofensa aos princípios da legalidade e da separação de poderes". **RE 596152/SP, rel. Min. Ricardo Lewandowski, 02.12.2010.** (RE-596152)

Tráfico de drogas e combinação de leis – 2

"Afirmou que a Constituição permitiria a retroatividade da lei penal para favorecer o réu, mas não mencionaria sua aplicação em partes. Consignou que a Lei 6.368/1976 estabelecia para o delito de tráfico de drogas uma pena em abstrato de 3 a15 anos de reclusão e fora revogada pela Lei 11.343/2006, que cominou, para o mesmo crime, pena de 5 a 15 anos de reclusão. Enfatizou, assim, que a novel lei teria imposto reprimenda mais severa para aquele tipo penal e que o legislador se preocupara em diferenciar o traficante organizado do pequeno traficante. Acrescentou haver correlação entre o aumento da pena-base mínima prevista no *caput* do art. 33 da Lei 11.343/2006 e a inserção da causa de diminuição disposta em seu § 4º. Explicitou que, ao ser permitida a combinação das leis referidas para se extrair um terceiro gênero, os magistrados estariam atuando como legislador positivo. Ademais, ponderou que, dessa forma, poder-se-ia chegar à situação em que o delito de tráfico viesse a ser punido com pena semelhante às das infrações de menor potencial ofensivo. Concluiu que, se na dúvida quanto à legislação mais benéfica em determinada situação, dever-se-ia examinar o caso concreto e verificar a lei, que aplicada em sua totalidade, seria mais favorável". **RE 596152/SP, rel. Min. Ricardo Lewandowski, 02.12.2010.** (RE-596152)

Tráfico de drogas e combinação de leis – 3

"Em divergência, o Min. Cezar Peluso, Presidente, proveu o recurso, no que foi seguido pelo Min. Dias Toffoli. Reiterou o teor do voto proferido no julgamento do HC 95435/RS (*DJe* de 07.11.2008), no sentido de entender que aplicar a causa de diminuição não significaria baralhar e confundir normas, uma vez que o juiz, ao assim proceder, não criaria lei nova, mas apenas se movimentaria dentro dos quadros legais para uma tarefa de integração perfeitamente possível. Além disso, asseverou que se deveria observar a finalidade e a *ratio* do princípio, para que fosse dada correta resposta ao tema, não havendo como se repudiar a aplicação da causa de diminuição também a situações anteriores. Nesse diapasão, realçou, também, que a vedação de junção de dispositivos de leis diversas seria apenas produto de interpretação da doutrina e da jurisprudência, sem apoio direto em texto constitucional. Após, pediu vista o Min. Ayres Britto". **RE 596152/SP, rel. Min. Ricardo Lewandowski, 02.12.2010.** (RE-596152) (Inform. STF 611)

Tráfico de drogas e combinação de leis – 4

"O Plenário retomou julgamento de recurso extraordinário em que se discute a aplicabilidade, ou não, da causa de diminuição de pena prevista no art. 33, § 4º, da Lei 11.343/2006 sobre condenações fixadas com base no art. 12, *caput*, da Lei 6.368/1976, diploma normativo este vigente à época da prática do delito – v. Informativo 611. Em voto-vista, o Min.

Ayres Britto acompanhou a divergência iniciada pelo Min. Cezar Peluso, Presidente, e desproveu o recurso. Aduziu que a expressão "lei" contida no princípio insculpido no art. 5º, XL, da CF ("a lei penal não retroagirá, salvo para beneficiar o réu") referir-se-ia à norma penal, considerada como dispositivo isolado inserido em determinado diploma de lei. No ponto, destacou que a discussão estaria na combinação de normas penais que se friccionassem no tempo, e não na mesclagem de leis. Afirmou, ademais, que a Constituição vedaria a mistura de normas penais que, ao dispor sobre o mesmo instituto legal, contrapusessem-se temporalmente. Nesse sentido, reputou que o fato de a Lei 11.343/2006 ter criado a figura do pequeno traficante, a merecer tratamento diferenciado – não contemplada na legislação anterior —, não implicaria conflito de normas, visto que a minorante seria inédita, sem contraposição a qualquer regra anterior. Após, pediu vista o Min. Luiz Fux". RE 596152/SP, rel. Min. Ricardo Lewandowski, 26.05.2011. (RE-596152) (Inform. STF 628)

Tráfico de drogas e combinação de leis – 5

"Em conclusão de julgamento, o Plenário, ante empate na votação, desproveu recurso extraordinário em que se discutia a aplicabilidade, ou não, da causa de diminuição de pena prevista no art. 33, § 4º, da Lei 11.343/2006 sobre condenações fixadas com base no art. 12, caput, da Lei 6.368/1976, diploma normativo este vigente à época da prática do delito – v. Informativos 611 e 628. Além disso, assentou-se a manutenção da ordem de habeas corpus, concedida no STJ em favor do ora recorrido, que originara o recurso. Na espécie, o recorrente, Ministério Público Federal, alegava afronta ao art. 5º, XL, da CF ("a lei penal não retroagirá, salvo para beneficiar o réu"), ao argumento de que a combinação de regras mais benignas de 2 sistemas legislativos diversos formaria uma terceira lei. Aduziu-se que a expressão "lei" contida no princípio insculpido no mencionado inciso referir-se-ia à norma penal, considerada como dispositivo isolado inserido em determinado diploma de lei. No ponto, destacou-se que a discussão estaria na combinação de normas penais que se friccionassem no tempo. Afirmou-se, ademais, que a Constituição vedaria a mistura de normas penais que, ao dispor sobre o mesmo instituto legal, contrapusessem-se temporalmente. Nesse sentido, reputou-se que o fato de a Lei 11.343/2006 ter criado a figura do pequeno traficante, a merecer tratamento diferenciado – não contemplada na legislação anterior – não implicaria conflito de normas, tampouco mescla, visto que a minorante seria inédita, sem contraposição a qualquer regra pretérita. Por se tratar de pedido de writ na origem e em vista de todos os atuais Ministros do STF terem votado, resolveu-se aplicar ao caso concreto o presente resultado por ser mais favorável ao paciente com fundamento no art. 146, parágrafo único, do RISTF ("Parágrafo único. No julgamento de habeas corpus e de recursos de habeas corpus proclamar-se-á, na hipótese de empate, a decisão mais favorável ao paciente"). Nesse tocante, advertiu-se que, apesar de a repercussão geral ter sido reconhecida, em decorrência da peculiaridade da situação, a temática constitucional em apreço não fora consolidada". RE 596152/SP, rel. orig. Min. Ricardo Lewandowski, red. p/ o acórdão Min. Ayres Britto, 13.10.2011. (RE 596152)

Tráfico de drogas e combinação de leis – 6

"O Min. Cezar Peluso, Presidente, frisou o teor do voto proferido pela 2ª Turma no julgamento do HC 95435/RS (DJe de 07.11.2008), no sentido de entender que aplicar a causa de diminuição não significaria baralhar e confundir normas, uma vez que o juiz, ao assim proceder, não criaria lei nova, apenas se movimentaria dentro dos quadros legais para uma tarefa de integração perfeitamente possível. Além disso, consignou que se deveria cumprir a finalidade e a ratio do princípio, para que fosse dada correta resposta ao tema, não havendo como se repudiar a aplicação da causa de diminuição também a situações anteriores. Realçou, ainda, que a vedação de convergência de dispositivos de leis diversas seria apenas produto de interpretação da doutrina e da jurisprudência, sem apoio direto em texto constitucional. O Min. Celso de Mello, a seu turno, enfatizou que o citado pronunciamento fora ratificado em momento subsequente, no julgamento de outro habeas corpus. Acresceu que não se cuidaria, na espécie, da denominada "criação indireta da lei". Ato contínuo, assinalou que, mesmo se fosse criação indireta, seria preciso observar que esse tema haveria de ser necessariamente examinado à luz do princípio constitucional da aplicabilidade da lei penal mais benéfica". RE 596152/SP, rel. orig. Min. Ricardo Lewandowski, red. p/ o acórdão Min. Ayres Britto, 13.10.2011. (RE-596152)

Tráfico de drogas e combinação de leis – 7

"De outro lado, o Min. Ricardo Lewandowski, relator, dava provimento ao recurso do parquet para determinar que o juízo da Vara de Execuções Penais aplicasse, em sua integralidade, a legislação mais benéfica ao recorrido, no que fora acompanhado pelos Mins. Cármen Lúcia, Joaquim Barbosa, Luiz Fux e Marco Aurélio. Ressaltava a divisão da doutrina acerca do tema. Entendia não ser possível a conjugação de partes mais benéficas de diferentes normas para se criar uma terceira lei, sob pena de ofensa aos princípios da legalidade e da separação de poderes. Afirmava que a Constituição permitiria a retroatividade da lei penal para favorecer o réu, mas não mencionaria sua aplicação em partes. Registrava que a Lei 6.368/1976 estabelecia para o delito de tráfico de drogas uma pena em abstrato de 3 a 15 anos de reclusão e fora revogada pela Lei 11.343/2006, que cominara, para o mesmo crime, pena de 5 a 15 anos de reclusão. Evidenciava, dessa maneira, que a novel lei teria imposto reprimenda mais severa para aquele tipo penal e que o legislador se preocupara em diferenciar o traficante organizado do pequeno traficante. Acrescentava haver correlação entre o aumento da pena-base mínima prevista no caput do art. 33 da Lei 11.343/2006 e a inserção da causa de diminuição disposta em seu § 4º. Explicitava que, ao ser permitida a combinação das leis referidas para se extrair um terceiro gênero, os magistrados atuariam como legisladores positivos. Por fim, ponderava que se poderia chegar à situação em que o delito de tráfico fosse punido com pena semelhante às das infrações de menor potencial ofensivo. Concluía que, na dúvida quanto à legislação mais benéfica em determinada situação, dever-se-ia examinar o caso concreto e verificar a lei que, aplicada em sua totalidade, fosse mais favorável". RE 596152/SP, rel. orig. Min. Ricardo Lewandowski, red. p/ o acórdão Min. Ayres Britto, 13.10.2011. (RE-596152)

Tráfico de drogas e combinação de leis – 8

"O Min. Luiz Fux aponta afronta ao princípio da isonomia (CF, art. 5º, caput), pois a lex tertia, aplicada pelo STJ, conceberia paradoxo decorrente da retroação da lei para conferir aos fatos passados situação jurídica mais favorável do que àqueles praticados durante a sua vigência. Dessumia que a aplicação da retroatividade da lei "em tiras" consistiria em velada deturpação da nova percepção que o legislador, responsável por expressar os anseios sociais, manifestara sobre a mesma conduta. Indicava, ademais, violação a outros fundamentos da Constituição: o princípio da legalidade e a democracia. Criar-se-ia, com a tese por ele refutada, regra não prevista na lei antiga nem na lei nova, que não experimentaria do batismo democrático atribuído à lei formal. Destacava que a questão reclamaria, portanto, o que se denominara como "sistema da apreciação *in concreto*" em conjunto com o princípio da alternatividade, para resolver pela aplicação da lei antiga ou da lei nova, uma ou outra, integralmente. O Min. Marco Aurélio, por sua vez, aduzia que, com a Lei 11.343/2006, houvera, também, a exacerbação das penas relativas à multa. Assegurava que, naquele contexto, cuidara-se, para situações peculiares, de uma causa de diminuição da reprimenda, ao inseri-la no artigo. No aspecto, salientava que o parágrafo seria interpretado segundo o artigo. A razão de ser do preceito seria mitigar a elevação do piso em termos de pena restritiva da liberdade de 3 para 5 anos. Por esse motivo, entendia haver mesclagem de sistemas, ao se manter a pena da Lei 6.368/1976 adotando-se, contudo, a causa de diminuição que estaria jungida à cabeça do art. 33 da outra norma. Asseverava que, ao se proceder dessa maneira, colocar-se-ia em segundo plano o princípio unitário e criar-se-ia novo diploma para reger a matéria". RE 596152/SP, rel. orig. Min. Ricardo Lewandowski, red. p/ o acórdão Min. Ayres Britto, 13.10.2011. (RE-596152) (Inform. STF 644)

Por fim, importantíssimo registrar que a 3ª Seção do STJ, acompanhando a posição do STF, para o qual o tráfico privilegiado não pode ser considerado hediondo, sob pena de ofensa à proporcionalidade (HC 118.533/MS, Rel. Min. Cármen Lúcia, j. 23.06.2016), revisou seu anterior entendimento e **cancelou a Súmula 512**, aprovada em junho de 2014, que trazia a seguinte redação: "A aplicação da causa de diminuição de pena prevista no art. 33, § 4º, da Lei 11.343/2006 não afasta a hediondez do crime de tráfico de drogas".

Para reforçar a tese acima, o *Pacote Anticrime* (Lei 13.964/2019), ao promover alterações ao art. 112 da LEP, expressamente dispôs em seu novel §5º que, para fins de progressão de regime, não se considera hediondo ou equiparado o crime de tráfico de drogas previsto no § 4º do art. 33 da Lei nº 11.343, de 23 de agosto de 2006.

3.3.2.7. Vedações penais e processuais ao tráfico

De acordo com o art. 44 da Lei 11.343/2006, os crimes previstos nos arts. 33, *caput* e § 1º, 34 a 37, são:

a) Inafiançáveis;

b) Insuscetíveis de *sursis*, graça, indulto e anistia;

c) Insuscetível de liberdade provisória;

d) Impassíveis de conversão das penas privativas de liberdade por restritivas de direitos.

Tanto com relação à liberdade provisória, quanto com relação à impossibilidade de conversão de PPL por PRD para tráfico de drogas, o STF, em controle difuso (HC 97.256), reconheceu a inconstitucionalidade das vedações

Acerca da vedação à conversão de pena privativa de liberdade em restritiva de direitos, confira-se abaixo a posição da Suprema Corte:

Tráfico de drogas: "sursis" e substituição de pena por restritiva de direitos

"A 1ª Turma julgou prejudicado *habeas corpus* em que condenado à reprimenda de 1 ano e 8 meses de reclusão em regime fechado e 166 dias-multa, pela prática do crime de tráfico ilícito de entorpecentes (Lei 11.343/2006, art. 33), pleiteava a suspensão condicional da pena nos termos em que concedida pelo Tribunal de Justiça estadual. Em seguida, deferiu, de ofício, a ordem para reconhecer a possibilidade de o juiz competente substituir a pena privativa de liberdade por restritiva de direitos, desde que preenchidos os requisitos objetivos e subjetivos previstos na lei. A impetração questionava acórdão que, em 09.03.2010, ao dar provimento a recurso especial do *parquet*, não admitira o *sursis*, em virtude de expressa vedação legal. Consignou-se que, ao julgar o HC 97256/RS (*DJe* de 16.12.2010), o Supremo concluíra, em 01.09.2010, pela inconstitucionalidade dos arts. 33, § 4º; e 44, *caput*, da Lei 11.343/2006, ambos na parte em que vedavam a substituição da pena privativa de liberdade por restritiva de direitos em condenação pelo delito em apreço. Asseverou-se, portanto, estar superado este impedimento. Salientou-se que a convolação da reprimenda por restritiva de direitos seria mais favorável ao paciente. Ademais, observou-se que o art. 77, III, do CP estabelece a aplicabilidade de suspensão condicional da pena quando não indicada ou cabível a sua substituição por restritiva de direitos (CP, art. 44)". HC 104361/RJ, rel. Min. Cármen Lúcia, 03.05.2011. (HC-104361) (Inform. STF 625).

Quanto à vedação de *sursis*, contraditoriamente, a 1ª Turma do STF, que, como visto acima, reconheceu a inconstitucionalidade da vedação abstrata à conversão de pena privativa de liberdade por restritivas de direitos, negou a possibilidade, por maioria de votos, de concessão de referido benefício. Veja a seguir:

Tráfico ilícito de entorpecentes e suspensão condicional da pena

"A 1ª Turma iniciou julgamento de *habeas corpus* em que se pleiteia a suspensão condicional da pena a condenado pela prática do crime de tráfico ilícito de entorpecentes (Lei 11.343/2006, art. 33). O Min. Marco Aurélio, relator, denegou a ordem. Reputou não se poder cogitar do benefício devido à vedação expressa contida no art. 44 do referido diploma (*"Os crimes previstos nos arts. 33, caput e § 1º, e 34 a 37 desta Lei são inafiançáveis e insuscetíveis de sursis, graça, indulto, anistia e liberdade provisória, vedada a conversão de suas penas em restritivas de direitos"*), que estaria em harmonia com a Lei 8.072/1990 e com a Constituição, em seu art. 5º, XLIII (*"a lei considerará crimes inafiançáveis e insuscetíveis de graça ou anistia a prática da tortura, o tráfico ilícito de entorpecentes e drogas afins, o terrorismo e os definidos como crimes hediondos, por eles respondendo os mandantes, os executores e os que, podendo evitá-los, se omitirem"*). Após, pediu vista o Min. Dias Toffoli". HC 101919/MG, rel. Min. Marco Aurélio, 26.04.2011. (HC-101919) (Inform. STF 624)

Tráfico ilícito de entorpecentes e suspensão condicional da pena – 2

"Em conclusão de julgamento, a 1ª Turma denegou, por maioria, *habeas corpus* em que se pleiteava a suspensão condicional da pena a condenado pela prática do crime de tráfico ilícito de entorpecentes (Lei 11.343/2006, art. 33) – v. Informativo 624. Reputou-se não se poder cogitar do benefício devido à vedação expressa contida no art. 44 do referido diploma (*"Os crimes previstos nos arts. 33, caput e § 1º, e 34 a 37 desta Lei são inafiançáveis e insuscetíveis de sursis, graça, indulto, anistia e liberdade provisória, vedada a conversão de suas penas em restritivas de direitos"*), que estaria em harmonia com a Lei 8.072/1990 e com a Constituição, em seu art. 5º, XLIII ("*a lei considerará crimes inafiançáveis e insuscetíveis de graça ou anistia a prática da tortura, o tráfico ilícito de entorpecentes e drogas afins, o terrorismo e os definidos como crimes hediondos, por eles respondendo os mandantes, os executores e os que, podendo evitá-los, se omitirem*"). Vencido o Min. Dias Toffoli, que deferia a ordem ao aplicar o mesmo entendimento fixado pelo Plenário, que declarara incidentalmente a inconstitucionalidade do óbice da substituição da pena privativa de liberdade por restritiva de direito em crime de tráfico ilícito de droga". HC 101919/MG, rel. Min. Marco Aurélio, 06.09.2011. (HC-101919) (Inform. STF 639)

4. ESTATUTO DO DESARMAMENTO (LEI 10.826/2003)

4.1. Evolução legislativa

Inicialmente, o porte ilegal de arma era considerado contravenção penal, prevista no art. 19 da Lei de Contravenções Penais (Decreto-lei 3.688/1941). Com o tempo, o porte ilegal de arma passou a ser considerado crime, após a edição da Lei 9.437/1997. Hoje, o porte ilegal de armas continua sendo crime, regido, porém, pelo Estatuto do Desarmamento (Lei 10.826/2003).

4.2. Objetos materiais do Estatuto do Desarmamento

Os tipos penais previstos no Estatuto do Desarmamento (arts. 12 a 18) trazem, basicamente, os seguintes objetos materiais:

a) arma de fogo;

b) munição; e

c) acessórios.

Para os fins do presente trabalho, precisamos saber o quanto segue:

a) Armas de fogo, munições ou acessórios de **uso permitido**: são controlados pelo **SINARM (Sistema Nacional de Armas)**, gerido pela Polícia Federal;

b) Armas de fogo, munições e acessórios de uso **restrito**: são controlados pelo **Comando do Exército.**

4.3. Crimes em espécie (arts. 12 a 18)

✓ Art. 12 – posse irregular de arma de fogo, munição e acessório de uso permitido;

✓ Art. 13 – omissão de cautela;

✓ Art. 14 – porte ilegal de arma de fogo, munição e acessório de uso permitido;

✓ Art. 15 – disparo de arma de fogo;

✓ Art. 16 – posse ou porte ilegal de arma de fogo, munição e acessório de uso restrito;

✓ Art. 17 – comércio ilegal de arma de fogo, munição e acessório;

✓ Art. 18 – tráfico internacional de arma de fogo, munição e acessório.

4.3.1. *Art. 12: posse irregular de arma de fogo, munição e acessório de uso permitido*

✓ **Conduta típica:** *possuir* ou *manter* sob sua guarda;

✓ **Objetos materiais**: arma de fogo, munição e acessório de uso permitido;

✓ **Elemento normativo do tipo**: *sem autorização ou em desacordo com determinação legal ou regulamentar*;

✓ **Elementos modais**: *interior da residência ou dependências ou no local do trabalho*;

✓ **Sujeito ativo**: se a arma de fogo, munição e acessório for encontrado na **residência**, o sujeito ativo será o legítimo possuidor ou proprietário. Se a arma de fogo, munição e acessório for localizado no **local de trabalho**, é necessário que o sujeito ativo seja o responsável legal ou titular do estabelecimento. Estranhos que estejam na residência ou no local do trabalho responderão por crime mais grave, e não pelo art. 12. O Estatuto do Desarmamento autoriza que pessoas possuam armas de **uso permitido** ou em sua residência ou em seu local de trabalho, desde que preenchidos alguns requisitos (art. 4º).

No tocante a alguém poder possuir a arma de fogo, munição ou acessório de uso permitido no local de trabalho, somente poderá ter autorização o responsável legal ou titular da empresa.

O certificado do registro permite a posse e não o porte da arma de fogo, munição e acessório.

A posse se torna ilegal quando estiver dentro da casa ou local do trabalho arma de fogo, munição e acessório sem autorização.

Importante registrar a posição jurisprudencial acerca da posse de munição de uso permitido e de uso proibido em um mesmo contexto fático (STJ):

> **CRIME ÚNICO. GUARDA. MUNIÇÃO.**
>
> "O crime de manter sob a guarda munição de uso permitido e de uso proibido caracteriza-se como crime único, quando houver unicidade de contexto, porque há uma única ação, com lesão de um único bem jurídico, a segurança coletiva, e não concurso formal, como entendeu o tribunal estadual". Precedente citado: HC 106.233-SP, *DJe* 03.08/2009. HC 148.349-SP, Rel. Min. Maria Thereza de Assis Moura, julgado em 22.11.2011. (Inform. STJ 488)

Entendemos que, no caso acima, deverá o agente ser condenado pela posse de munição de uso restrito, considerado crime mais grave.

4.3.2. *Art. 13 – omissão de cautela*

✓ **Conduta típica**: deixar de observar as cautelas necessárias para impedir que menores de dezoito anos ou pessoas portadoras de deficiência mental se apoderem de arma de fogo;

✓ **Crime omissivo próprio**: trata-se de crime omissivo, que se aperfeiçoa pela prática de uma conduta negativa (deixar de observar...). Não se admite tentativa;

✓ **Crime culposo**: de acordo com a doutrina, trata-se de crime culposo, visto que a expressão "deixar de observar as **cautelas necessárias**" denota negligência, que é modalidade de culpa. Inadmissível a tentativa por estarmos diante de crime culposo;

✓ **Consumação**: no momento que houver o efetivo apoderamento da arma de fogo;

✓ **Objeto material:** somente arma de fogo. O tipo penal não menciona os acessórios e as munições. Qualquer que seja a arma de fogo o crime estará configurado, tendo em vista a omissão do legislador em dizer se a arma seria de uso permitido, restrito ou proibido.

4.3.2.1. Figura equiparada à omissão de cautela – art. 13, parágrafo único

Caso o dono ou responsável legal por empresa de segurança de transporte de valores tome conhecimento da perda, furto, roubo ou, de maneira geral, extravio de arma de fogo, munição e acessório, deverá registrar a ocorrência e comunicar à Polícia Federal.

Se aludidas providências não forem tomadas no prazo de 24 horas, o dono ou responsável legal por empresa de segurança e transporte de valores responderá pelas mesmas penas do *caput* do art. 13.

Em suma:

✓ **Sujeito ativo**: dono ou responsável legal por empresa de segurança e transporte de valores. Trata-se de crime próprio;

✓ **Crime omissivo próprio**: a conduta típica decorre de uma omissão do agente em comunicar o fato à Polícia Federal e registrar a ocorrência;

✓ **Objeto material**: arma de fogo, munição e acessório de uso permitido, restrito ou proibido;

✓ **Consumação**: após 24 horas da ciência do fato pelo dono ou responsável legal por empresa de segurança e transporte de valores. É doutrinariamente chamado de crime a prazo.

4.3.3. Art. 14 – porte ilegal de arma de fogo, munição e acessório de uso permitido

✓ **Condutas típicas**: portar, deter, adquirir, fornecer, receber, ter em depósito, transportar, ceder, ainda que gratuitamente, emprestar, remeter, empregar, manter sob guarda ou ocultar arma de fogo, acessório ou munição, de uso permitido, sem autorização e em desacordo com determinação legal ou regulamentar. Trata-se de crime de ação múltipla ou tipo misto alternativo.

✓ Não se confunde com o crime do art. 12 do Estatuto do Desarmamento, pois naquele caso o agente possui ou mantém em sua residência ou local de trabalho (intramuros), irregularmente, arma de fogo, acessório ou munição de uso permitido. No crime ora estudado, referidos objetos encontram-se fora da residência ou local de trabalho (extramuros);

✓ **Objetos materiais**: arma de fogo, acessório ou munição, todos de uso permitido;

✓ **Sujeito ativo**: é crime comum, qualquer pessoa pode cometer;

✓ **Sujeito passivo**: é a coletividade, a Segurança Pública.

Acerca da discussão se o porte de arma desmuniciada constitui ou não o crime em comento, predomina no STF o posicionamento de que estamos diante de **crime de mera conduta** e de **perigo abstrato**, pouco importando se arma está sem munição. Esta deve ser a posição para os concursos de Ministério Público.

No entanto, para concurso de ingresso à Defensoria Pública, trazemos abaixo a posição que poderá ser adotada, nada obstante seja francamente minoritária:

ARMA DESMUNICIADA. USO PERMITDO. ATIPICIDADE.
"Conforme o juízo de primeiro grau, a paciente foi presa em flagrante quando trazia consigo uma arma de fogo calibre 22 desmuniciada que, periciada, demonstrou estar apta a realizar disparos. Assim, a Turma, ao prosseguir o julgamento, por maioria, concedeu a ordem com base no art. 386, III, do CPP e absolveu a paciente em relação à acusação que lhe é dirigida por porte ilegal de arma de fogo de uso permitido, por entender que o fato de a arma de fogo estar desmuniciada afasta a tipicidade da conduta, conforme reiterada jurisprudência da Sexta Turma". Precedentes citados do STF: RHC 81.057-SP, *DJ* 29.04.2005; HC 99.449-MG, *DJe* 11.02.2010; do STJ: HC 76.998-MS, *DJe* 22.02.2010, e HC 70.544-RJ, *DJe* 03.08.2009. HC 124.907-MG, Rel. Min. Og Fernandes, julgado em 06.09.2011. (Inform. STJ 482)

4.3.3.1. Art. 14, parágrafo único – inafiançabilidade

De acordo com o dispositivo legal em comento, o crime previsto no *caput* é **inafiançável**, salvo se a arma estiver registrada em nome do agente. Todavia, no julgamento da ADI 3.112, o STF declarou a inconstitucionalidade do dispositivo. Portanto, o crime em questão **admite a concessão de fiança**.

4.3.4. Art. 15 – disparo de arma de fogo

✓ **Condutas típicas**: *disparar* arma de fogo ou *acionar* munição (não necessita da arma de fogo);

✓ **Objeto material**: não se faz distinção se a arma ou munição são de uso permitido, restrito e proibido;

✓ **Locais do disparo ou acionamento da munição**: lugar habitado ou em suas adjacências, em via pública ou em direção a ela. São chamados de *elementos modais do tipo* estes locais.

Assim, se o disparo ocorrer em local ermo, não se configura o crime do art. 15;

✓ **Crime subsidiário expresso**: somente se configura este crime se o disparo ou acionamento da munição não forem efetuados com a finalidade da prática de outro crime;

✓ **Concurso de crimes**: vários disparos no mesmo contexto = crime único, com a diferença de que a pena poderá ser aumentada. Vários disparos em contextos distintos haverá concurso de crimes.

4.3.4.1. Art. 15, parágrafo único – inafiançabilidade

De acordo com o dispositivo legal em comento, o crime previsto no *caput* é inafiançável. Todavia, no julgamento da ADI 3.112, o STF declarou a inconstitucionalidade do dispositivo. Portanto, o crime em questão **admite a concessão de fiança**.

4.3.5. Art. 16 – posse ou porte ilegal de arma de fogo, munição e acessório de uso restrito

✓ **Condutas típicas**: possuir, deter, portar, adquirir, fornecer, receber, ter em depósito, transportar, ceder, ainda que gratuitamente, emprestar, remeter, empregar, manter sob sua guarda ou ocultar arma de fogo, acessório ou munição de uso restrito, sem autorização e em desacordo com determinação legal ou regulamentar;

✓ **Objetos materiais**: arma de fogo, munição e acessórios de uso restrito;

✓ **Elementos normativos**: as condutas devem ser praticadas *sem autorização e em desacordo com determinação legal ou regulamentar* (registro/porte);

✓ **Quem controla as armas de uso restrito e proibido?** R.: é o Comando do Exército.

4.3.5.1. Figuras equiparadas – art. 16, §1º

O §1º do art. 16, com as alterações promovidas pelo *Pacote Anticrime* (Lei 13.964/2019), assim dispõe:

Nas mesmas penas incorre quem:

I – suprimir ou alterar marca, numeração ou qualquer sinal de identificação de arma de fogo ou artefato;

II – modificar as características de arma de fogo, de forma a torná-la equivalente a arma de fogo de uso proibido ou restrito ou para fins de dificultar ou de qualquer modo induzir a erro autoridade policial, perito ou juiz;

III – possuir, deter, fabricar ou empregar artefato explosivo ou incendiário, sem autorização ou em desacordo com determinação legal ou regulamentar;

IV – portar, possuir, adquirir, transportar ou fornecer arma de fogo com numeração, marca ou qualquer outro sinal de identificação raspado, suprimido ou adulterado;

V – vender, entregar ou fornecer, ainda que gratuitamente, arma de fogo, acessório, munição ou explosivo a criança ou adolescente; e

VI – produzir, recarregar ou reciclar, sem autorização legal, ou adulterar, de qualquer forma, munição ou explosivo.

Notadamente com relação ao inciso IV, usualmente cobrado nos concursos públicos, seguem algumas ponderações. Vejamos:

Condutas típicas: portar, possuir, adquirir, transportar ou fornecer arma de fogo com *numeração, marca ou qualquer outro sinal de identificação raspado, suprimido ou adulterado;*

✓ **Questões polêmicas a respeito deste crime:**
1. Arma de uso permitido obliterada (adulterada), estando *no interior de residência ou local de trabalho*, configura o crime do art. 16, §1º, IV. Importa saber apenas que a arma está obliterada;
2. Portar arma de uso permitido obliterada configura o crime do art. 16. Não importa se a arma for de uso permitido, o que prevalece é a obliteração.

Importante ressaltar, a respeito do crime em comento, entendimento jurisprudencial do STJ que se consolidou acerca da data para considerar como crime a posse de arma de uso permitido com identificação raspada. Com efeito, quando da edição do Estatuto de Desarmamento, fixou-se o prazo de 180 dias, a partir da publicação da lei, para registro dessas armas "irregulares". Porém, os prazos foram prorrogados diversas vezes por leis posteriores. Assim, a 3ª Seção do STJ, após muita discussão em referida Corte, e nos Tribunais Estaduais, estabeleceu qual o prazo final da abolição criminal temporária (*abolitio criminis temporalis*) para o crime de posse de armas sem identificação e sem registro.

Em julgamento de recurso especial repetitivo, a referida Seção decidiu que é crime a posse de arma de fogo de uso permitido com numeração, marca ou qualquer outro sinal de identificação raspado, suprimido ou adulterado, praticada **após 23.10.2005**. Segundo a decisão, foi nesta data que a *abolitio criminis* temporária cessou, pois foi exatamente o termo final (*dies ad quem*) da prorrogação dos prazos previstos na redação original dos artigos 30 e 32 da Lei 10.826/2003.

O entendimento sob análise recebeu o seguinte enunciado: "**Súmula 513**: A *abolitio criminis* temporária prevista na Lei 10.826/2003 aplica-se ao crime de posse de arma de fogo de uso permitido com numeração, marca ou qualquer outro sinal de identificação raspado, suprimido ou adulterado, praticado somente até 23.10.2005".

4.3.5.2. Forma qualificada

O *Pacote Anticrime* (Lei 13.964/2019) incluiu uma qualificadora ao crime em comento, qual seja, aquela prevista no **§2º do art. 16** do Estatuto do Desarmamento. Assim, se o objeto material de uma ou mais condutas descritas no *caput* for **arma de fogo de uso proibido**, a pena será de reclusão de 4 a 12 anos.

4.3.5.3. Crime hediondo

A posse ou o porte ilegal de arma de fogo de uso restrito, com o advento da Lei 13.497/2017, foi incluída ao rol dos **crimes hediondos**, mais especificamente no art. 1º, parágrafo único, II, da Lei 8.072/1990 (com as alterações redacionais promovidas pelo *Pacote Anticrime*).

4.3.6. Art. 17 – comércio ilegal de arma de fogo, munição e acessório

✓ **Condutas típicas**: adquirir, alugar, receber, transportar, conduzir, ocultar, ter em depósito, desmontar, montar, remontar, adulterar, vender, expor à venda, ou de qualquer forma utilizar, em proveito próprio ou alheio, no exercício de atividade comercial ou industrial, arma de fogo, acessório ou munição, sem autorização ou em desacordo com determinação legal ou regulamentar. Trata-se de crime de ação múltipla ou tipo misto alternativo. A prática de mais de 1 verbo configura crime único;

✓ **Objetos materiais**: arma de fogo, munição e acessório de qualquer tipo, seja de uso permitido, restrito ou proibido;

✓ **Sujeito ativo**: pessoa que exerce atividade comercial ou industrial (envolvendo arma de fogo, munição e acessório).

Pena: com o *Pacote Anticrime* (Lei 13.964/2019), a pena, que era de reclusão, de 4 a 8 anos, foi majorada para 6 a 12 anos, além da multa.

✓ Trata-se, é bom dizer, de crime hediondo (art. 1º, parágrafo único, III, da Lei 8.072/1990), assim considerado após o advento da **Lei 13.964/2019**.

4.3.6.1. Equiparação a atividade comercial – art. 17, §1º

Equipara-se a atividade comercial *qualquer forma de prestação de serviços, inclusive o serviço exercido dentro de residência*. É uma norma de extensão.

128 ARTHUR TRIGUEIROS

✓ **Sujeito ativo**: qualquer pessoa pode praticar este crime se prestar o serviço de forma profissional ou não tão profissional.

4.3.6.2. Equiparação a comércio ilegal de arma de fogo – art. 17, §2º

O *Pacote Anticrime* incluiu ao art. 17 do Estatuto do Desarmamento uma figura equiparada ao comércio ilegal de arma de fogo (§2º). Assim, responderá pelo crime em estudo aquele que vender ou entregar arma de fogo, acessório ou munição, sem autorização ou em desacordo com a determinação legal ou regulamentar, a **agente policial disfarçado**, quando presentes elementos probatórios razoáveis de conduta criminal preexistente.

4.3.7. Art. 18 – tráfico internacional de arma de fogo, munição e acessório

✓ **Condutas típicas**: importar, exportar, favorecer a entrada ou saída do território nacional, a qualquer título, de arma de fogo, acessório ou munição, sem autorização da autoridade competente;

✓ **Objeto material**: arma de fogo, acessório ou munição (de uso permitido, restrito ou proibido, eis que a lei não fez qualquer distinção);

✓ **Elementos normativos do tipo**: sem autorização ou em desacordo com determinação legal ou regulamentar;

✓ **Competência de julgamento**: é da Justiça Federal, pois envolve fronteiras.;

✓ **Pena: antes do Pacote Anticrime (Lei 13.964/2019), era de reclusão, de 4 a 8 anos. Doravante, será de 8 a 16 anos, além de multa.**

✓ **Sujeito ativo**: nas modalidades importar e exportar, este crime pode ser cometido por qualquer pessoa, pois é crime comum. Nas modalidades favorecer a entrada ou saída, é crime próprio de funcionários públicos que tenham o dever de fiscalização em aduana.

✓ **Crime hediondo:** o Pacote Anticrime (Lei 13.964/2019) tornou o tráfico internacional de arma de fogo crime hediondo (art. 1º, parágrafo único, IV, da Lei 8.072/1990).

4.3.8. Art. 21 – vedação de liberdade provisória

Os crimes de porte ou posse ilegal, comércio ilegal e tráfico internacional de arma de fogo, munição e acessórios (art. 16, 17 e 18 do Estatuto) são **inafiançáveis e insuscetíveis de liberdade provisória**, consoante prevê o art. 21 do Estatuto do Desarmamento.

Todavia, a ADI 3.112, julgada pelo STF, reconheceu a **inconstitucionalidade** do precitado dispositivo legal. Portanto, desde que preenchidos os requisitos exigidos pelo CPP, admitir-se-á, em tese, a concessão de liberdade provisória aos crimes acima mencionados.

5. CRIMES DE TRÂNSITO – LEI 9.503/1997 – PRINCIPAIS ASPECTOS

5.1. Abrangência da Lei 9.503/1997

O Código de Trânsito Brasileiro (CTB) cuidou de tratar não apenas das infrações administrativas relativas às regras de circulação, mas, também, da parte criminal, que, doravante, será tratada em seus principais aspectos (arts. 291 a 312).

5.2. Aplicação subsidiária do Código Penal, Código de Processo Penal e Lei 9.099/1995

Confira-se a redação do art. 291 do CTB:

> **Art. 291.** Aos crimes cometidos na direção de veículos automotores, previstos neste Código, aplicam-se as normas gerais do Código Penal e do Código de Processo Penal, se este Capítulo não dispuser de modo diverso, bem como a Lei 9.099, de 26.09.1995, no que couber.
>
> § 1º Aplica-se aos crimes de trânsito de lesão corporal culposa o disposto nos arts. 74, 76 e 88 da Lei 9.099, de 26.09.1995, exceto se o agente estiver:
>
> I – sob a influência de álcool ou qualquer outra substância psicoativa que determine dependência;
>
> II – participando, em via pública, de corrida, disputa ou competição automobilística, de exibição ou demonstração de perícia em manobra de veículo automotor, não autorizada pela autoridade competente;
>
> III – transitando em velocidade superior à máxima permitida para a via em 50 km/h (cinquenta quilômetros por hora).
>
> § 2º Nas hipóteses previstas no § 1º deste artigo, deverá ser instaurado inquérito policial para a investigação da infração penal.

Vê-se que o legislador determinou a aplicação subsidiária dos Códigos Penal e Processo Penal aos crimes de trânsito sempre que o CTB não dispuser de modo diverso. Trata-se, evidentemente, da materialização do princípio da especialidade, vale dizer, aplicar-se-á a legislação "geral" (CP, CPP e Lei 9.099/1995) se nada for estipulado de modo diverso na legislação "especial" (*in casu*, a Lei 9.503/1997).

Especificamente no tocante ao crime de lesão corporal culposa na direção de veículo automotor (art. 303 do CTB), que é considerado de *menor potencial ofensivo* quando praticada pelo agente a conduta descrita no tipo básico ou fundamental, determinou-se a incidência dos institutos despenalizadores da Lei 9.099/1995 (arts. 74, 76 e 88 – composição civil, transação penal e necessidade de representação), exceto se presentes algumas das situações previstas no art. 291, § 1º, do CTB, quais sejam:

a) se o agente estiver sob a influência de álcool ou qualquer outra substância psicoativa que determine dependência;

b) se o agente estiver participando, em via pública, de corrida, disputa ou competição automobilística ("racha"), de exibição ou demonstração de perícia em manobra de veículo automotor, não autorizada pela autoridade competente; e

c) se o agente estiver transitando em velocidade superior à máxima permitida para a via em 50 km/h (cinquenta quilômetros por hora).

Destarte, nas situações adrede destacadas, a despeito de o agente haver praticado crime de menor potencial ofensivo (art. 303, *caput*, do CTB), não lhe será dado beneficiar-se dos institutos despenalizadores da Lei 9.099/1995, sendo o caso, inclusive, de instauração de inquérito policial, conforme determina o art. 291, § 2º, da lei em comento.

5.3. A medida cautelar do art. 294 do CTB

Reza o dispositivo que:

Art. 294. Em qualquer fase da investigação ou da ação penal, havendo necessidade para a garantia da ordem pública, poderá o juiz, como medida cautelar, de ofício, ou a requerimento do Ministério Público ou ainda mediante representação da autoridade policial, decretar, em decisão motivada, a suspensão da permissão ou da habilitação para dirigir veículo automotor, ou a proibição de sua obtenção.

Parágrafo único. Da decisão que decretar a suspensão ou a medida cautelar, ou da que indeferir o requerimento do Ministério Público, caberá recurso em sentido estrito, sem efeito suspensivo.

Trata-se de medica cautelar de suspensão ou proibição da permissão ou da habilitação para a condução de veículo automotor, que, por óbvio, exigirá o binômio *fumus boni iuris* e *periculum in mora*.

Nas palavras de Cláudia Barros Portocarrero, que endossamos, "entendemos que a aplicação da medida cautelar em estudo somente é possível nas hipóteses em que o legislador comina a suspensão ou proibição como pena, ou seja, nas hipóteses de estar o agente respondendo pelos crimes descritos nos arts. 302, 303 e 308" (*Leis Penais Especiais para Concursos* – 2010, Ed. Impetus, p. 243).

Frise-se que da decisão que houver decretado a medida em questão será cabível o manejo de recurso em sentido escrito (art. 581 do CPP), mas sem efeito suspensivo. Se for gritante o desacerto na decretação da medida cautelar, que é gravosa, visto que trará consequências gravosas aos condutores de veículos automotores, cremos viável a impetração de mandado de segurança para a atribuição de efeito suspensivo ao recurso.

Uma vez decretada a suspensão para dirigir veículo automotor ou a proibição de se obter a permissão ou a habilitação, deverá ser comunicada pela autoridade judiciária ao CONTRAN e ao órgão de trânsito estadual em que o indiciado ou réu for domiciliado ou residente (art. 295 do CTB). Trata-se de providência necessária à garantia da eficácia da medida, que seria inócua caso não houvesse a formal comunicação dos órgãos de trânsito.

5.4. Inadmissibilidade de prisão em flagrante e exigência de fiança

Nos termos do art. 301 do CTB, ao condutor de veículo, nos casos de acidentes de trânsito de que resulte vítima, não se imporá a prisão em flagrante, nem se exigirá fiança, se prestar pronto e integral socorro àquela.

Trata-se de regra extremamente salutar, visto que estimula a prestação de socorro às vítimas de acidentes automobilísticos, trazendo ao agente delitivo certa "tranquilidade" em permanecer no local do crime (ex.: lesão corporal culposa) prestando socorro. Porém, caso não o faça, impor-se-á, em tese, a prisão em flagrante.

5.5. Os principais crimes do CTB

Para os fins a que se destina esta obra, que garante ao candidato-leitor uma "super-revisão" dos tópicos dos editais de concursos, traremos comentários aos principais – e mais relevantes – crimes previstos no Código de Trânsito Brasileiro.

Vamos a eles!

5.5.1. Homicídio culposo (art. 302 do CTB)

Art. 302. Praticar homicídio culposo na direção de veículo automotor:

Penas – detenção, de dois a quatro anos, e suspensão ou proibição de se obter a permissão ou a habilitação para dirigir veículo automotor.

5.5.1.1. Diferença com o homicídio culposo previsto no art. 121, § 3º, do CP

O art. 302 em comento trata do homicídio culposo, figura que muito se assemelha àquela descrita no art. 121, § 3º, do CP. No entanto, embora ambos os tipos penais tratem de "homicídio culposo", não se confundem, a despeito de o evento "morte" estar presente nos dois casos.

É que na legislação especial – *in casu*, no CTB –, o agente mata a vítima "na direção de veículo automotor", ou seja, em situação especial se comparada ao Código Penal. Neste, o agente, por imprudência, negligência ou imperícia, mata alguém. Naquele, também por imprudência, negligência ou imperícia, o agente mata alguém, mas, como dito, "na direção de veículo automotor" (elemento especializante).

Embora tal diferenciação pareça inútil, visto que, em ambos os casos, o agente responderá por homicídio culposo, o fato é que o crime definido no CTB é punido com maior rigor (detenção, de *dois a quatro anos*, e suspensão ou proibição de se obter a permissão ou a habilitação para dirigir veículo automotor) do que aquele previsto no CP (detenção, de *um a três anos*).

Em síntese: a) se o agente matar alguém na condução de veículo automotor, responderá por homicídio culposo de trânsito (art. 302 do CTB); b) se a morte culposamente provocada pelo agente ocorrer em outras situações – que não na direção de veículo automotor –, aplicar-se-á o art. 121, § 3º, do CP.

5.5.1.2. Desnecessidade de a morte ocorrer em via pública

A despeito de o crime do art. 302 do CTB ser conhecido como "homicídio culposo de trânsito", transmitindo a ideia de que a conduta culposa perpetrada pelo agente deva ocorrer em via pública, o fato é que o tipo penal em testilha não exige tal condição.

Assim, exemplificando, responderá pelo crime em análise o agente que, imprudentemente, imprimindo velocidade excessiva em garagem de um prédio, atropelar e matar uma criança em referido local. Perceba que o comportamento delituoso não foi praticado em via pública, elementar inexistente no art. 302 do CTB. Contudo, a conduta foi perpetrada enquanto o agente se encontrava "na direção de veículo automotor".

Frise-se, ainda, que se um atropelamento ocorrer em via pública, mas estando o agente a conduzir um veículo de tração animal (ex: charrete), responderá pelo crime de homicídio culposo "comum", ou seja, aquele tipificado no art. 121, § 3º, do CP. Isto porque o comportamento ilícito não teria ocorrido "na direção de veículo automotor".

Em suma: pouco importa o local em que o crime de homicídio culposo tenha sido praticado. Imprescindível, para a incidência do CTB, é que a morte tenha sido provocada por imprudência, negligência ou imperícia do agente – modalidades de culpa – *na direção de veículo automotor.*

5.5.1.3. Tipo penal aberto

O crime de homicídio culposo (art. 302 do CTB) é aberto, ou seja, não há expressa previsão do comportamento do agente, bastando que pratique o crime *culposamente* na direção de veículo automotor.

Assim, caberá ao intérprete-aplicador do Direito, na análise do caso concreto, verificar se a conduta perpetrada pelo condutor do veículo violou o dever objetivo de cuidado (elemento do crime culposo), seja por imprudência, negligência ou imperícia.

5.5.1.4. A culpa consciente e o dolo eventual no homicídio praticado no trânsito

Questão tormentosa é aquela que diz respeito à tipificação do homicídio praticado no trânsito como doloso ou culposo. E, aqui, a diferenciação não é apenas relevante do ponto de vista teórico, mas, é claro, decisiva para uma adequada imputação criminal. Se se tratar de dolo – direto ou eventual –, o crime será grave e julgado pelo Tribunal do Júri. Já se culposo, a competência será do juízo singular, com consequências jurídico-penais muito mais reduzidas.

Não há dúvida de que se o agente se valer de um veículo automotor como instrumento para a prática de homicídio, responderá pela forma dolosa, aplicando-se o Código Penal. No entanto, a questão deixa de ser simples quando o homicídio praticado no trânsito ocorre quando o agente conduz o veículo automotor com excesso de velocidade. E, aqui, surge a questão: homicídio doloso ou culposo?

É sabido e ressabido que *dolo eventual* e *culpa consciente* têm um ponto de contato: em ambos, o resultado é previsível e previsto pelo agente. Porém, no primeiro caso, o agente não apenas prevê o resultado, mas, mais do que isso, assume o risco de produzi-lo, pouco se importando com sua ocorrência. Já no segundo caso, a despeito de o resultado ilícito ser previsível e previsto pelo agente, este, talvez por excesso de confiança, acredita sinceramente em sua inocorrência, não o aceitando. Aqui reside a distinção!

Especificamente no tocante ao homicídio praticado na direção de veículo automotor quando o motorista estiver embriagado, o STJ, por sua 6ª Turma, desclassificou para crime culposo a conduta de uma motorista que foi mandada ao Tribunal do Júri após acidente de trânsito que resultou morte. Segundo a Corte, no caso analisado, o ministro relator Rogério Schietti destacou que, apesar de a primeira instância e o TJSC apontarem, em tese, para o dolo eventual, devido ao possível estado de embriaguez da recorrente, não é admissível a presunção – quando não existem outros elementos delineados nos autos – de que ela estivesse dirigindo de forma

a assumir o risco de provocar acidente sem se importar com eventual resultado fatal de seu comportamento.

Segundo o relator, as instâncias ordinárias partiram da premissa de que a embriaguez ao volante, por si só, já justificaria considerar a existência de dolo eventual. "Equivale isso a admitir que todo e qualquer indivíduo que venha a conduzir veículo automotor em via pública com a capacidade psicomotora alterada em razão da influência de álcool responderá por homicídio doloso ao causar, por violação a regra de trânsito, a morte de alguém", disse o ministro. Ainda, afirmou que "é possível identificar hipóteses em que as circunstâncias do caso analisado permitem concluir pela ocorrência de dolo eventual em delitos viários. Entretanto, não se há de aceitar a matematização do direito penal, sugerindo a presença de excepcional elemento subjetivo do tipo pela simples verificação de um fato isolado, qual seja, a embriaguez do agente causador do resultado." Tal entendimento foi materializado no julgamento do REsp 1689173.

5.5.1.5. Sujeitos do crime

O crime em comento poderá ser praticado por qualquer pessoa, tratando-se, pois, de crime comum ou geral.

O sujeito passivo direto será a vítima da conduta culposa perpetrada pelo agente. Já o sujeito passivo indireto será a coletividade, posta em risco em razão do comportamento perigoso do agente.

5.5.1.6. Objeto jurídico

Ora, tratando-se de homicídio culposo, o bem jurídico tutelado pelo legislador é a vida humana.

5.5.1.7. Consumação e tentativa

O crime em comento atingirá a consumação com a morte da vítima. Trata-se, pois, de crime material ou de resultado.

Considerando que o elemento subjetivo da conduta é a culpa, inviável o reconhecimento da tentativa.

5.5.1.8. Causas de aumento de pena e qualificadora

Nos termos do art. 302, § 1º, do CTB, a pena será majorada de um terço à metade nas seguintes situações:

I. *se o agente não possuir Permissão para Dirigir ou Carteira de Habilitação*: aqui, tencionou o legislador punir mais gravosamente aquele que não possui sequer a habilitação para a condução do veículo automotor. Entende-se caracterizada a causa de aumento, também, quando o condutor, embora habilitado para determinado tipo de veículo (ex.: veículo de passeio), esteja a conduzir outro (ex.: motocicleta), ocasião em que pratica o homicídio culposo;

II. *praticá-lo em faixa de pedestres ou na calçada*: haverá aumento da reprimenda apenas se for possível identificar o início e o fim da faixa de pedestres ou da calçada. É que, muitas vezes, em razão de omissão dos órgãos competentes, a faixa de pedestres, simplesmente, "deixa de existir", ficando absolutamente "apagada". O mesmo se pode dizer no tocante às calçadas, que, pela falta de manutenção, podem, na prática, simplesmente "desaparecer", dando a impressão de que se trata de "via pública". Ademais, não incidirá a majorante em comento se, em razão de acidente automobilístico, o veículo, por força de colisão, houver sido projetado para a calçada e, ali, ocorrer atropelamento fatal;

III. *deixar de prestar socorro, quando possível fazê-lo sem risco pessoal, à vítima do acidente*: aqui, a majorante somente incidirá se o condutor, em razão de seu comportamento imprudente, negligente ou imperito, der causa ao acidente, deixando de prestar socorro, caso possa fazê-lo, à vítima. No entanto, se se tratar de condutor que se envolver em acidente automobilístico, mas desde que não tenha sido o causador, responderá por crime autônomo (art. 304 do CTB), e não pelo homicídio majorado. Por fim, caso seja possível constatar que houver morte instantânea da vítima (ex.: em razão do atropelamento, a cabeça da vítima foi totalmente decepada do corpo), entendemos que a majorante não poderá incidir, pois o objetivo da lei – e do legislador – não poderia ser alcançado, qual seja, o de tentar preservar a vida da vítima;

IV. *no exercício de sua profissão ou atividade, estiver conduzindo veículo de transporte de passageiros*: repare que a majorante incidirá apenas se o agente for "condutor profissional", ou seja, que no momento do acidente esteja no desempenho de sua profissão ou atividade, e desde que se trate de veículo de transporte de passageiros. Assim, por exemplo, o motorista "familiar" (empregado doméstico), que, por excesso de velocidade, perde o controle da condução do veículo e colide com um poste, matando os passageiros (seus empregadores), não responderá por homicídio culposo majorado. Afinal, não estava conduzindo "veículo de transporte de passageiros", tal como exigido pela lei.

Também, criou-se com o advento da precitada Lei 12.971/2014, **forma qualificada** de homicídio culposo de trânsito (art. 302, § 2º, do CTB). Confira-se: "*§ 2º Se o agente conduz veículo automotor com capacidade psicomotora alterada em razão da influência de álcool ou de outra substância psicoativa que determine dependência ou participa, em via, de corrida, disputa ou competição automobilística ou ainda de exibição ou demonstração de perícia em manobra de veículo automotor, não autorizada pela autoridade competente: Penas – reclusão, de 2 (dois) a 4 (quatro) anos, e suspensão ou proibição de se obter a permissão ou a habilitação para dirigir veículo automotor.*"

Importante registrar, de início, que, em razão de *vacatio legis* expressamente prevista na lei citada, apenas a partir de 01.11.2014 a novel disposição gravosa poderia incidir diante de caso concreto.

Ainda, o dispositivo em comento difere do *caput* não no tocante à quantidade de pena, mas, sim, na espécie de pena privativa de liberdade. Isto porque o homicídio culposo simples (art. 302, *caput*, do CTB) é punido com **detenção** de 2 a 4 anos, ao passo que a forma qualificada em estudo é punida com **reclusão** de 2 a 4 anos.

Se incidente a qualificadora em testilha, inviável que o agente responda, concomitantemente, por homicídio culposo (art. 302, § 2º) e embriaguez ao volante (art. 306), sob pena de inegável *bis in idem*.

Ocorre que com o advento da Lei 13.281/2016, com início de vigência em novembro de 2016, operou-se a expressa revogação do § 2º do art. 302 em comento, razão por que extraímos duas consequências: (i) se o agente estiver na condução de veículo automotor sob efeito de álcool ou outra substância psicoativa que cause dependência, daí advindo alteração em sua capacidade psicomotora, e, nessa condição, praticar homicídio culposo de trânsito, responderá, em concurso, com o crime do art. 306 do CTB; (ii) se o agente estiver participando de "racha" e causar a morte de alguém, responderá pelo crime do art. 308, §2º, do CTB.

Em razão de toda a polêmica causada pela revogação do precitado § 2º do art. 302, o legislador entendeu por bem reincluir a "antiga qualificadora", mas nos seguintes termos: *§3º Se o agente conduz veículo automotor sob a influência de álcool ou de qualquer outra substância psicoativa que determine dependência: Penas – reclusão, de cinco a oito anos, e suspensão ou proibição do direito de se obter a permissão ou a habilitação para dirigir veículo automotor.*

Referido dispositivo foi incluído ao CTB pela Lei 13.546, de 19 de dezembro de 2017, com *vacatio legis* de 120 (cento e vinte) dias.

Perceba o leitor que com a novel qualificadora, não mais se cogita de concurso de crimes (homicídio culposo de trânsito e embriaguez ao volante).

5.5.1.9. Perdão judicial no homicídio culposo de trânsito

Considerando que o art. 291 do CTB autoriza a aplicação subsidiária do Código Penal aos crimes que define, será perfeitamente possível a aplicação do art. 121, § 5º, deste último *Codex*, caso, por exemplo, um pai, sem atentar aos espelhos retrovisores, atropele e mate o próprio filho, que brincava atrás do veículo.

Tratando-se de perdão judicial, a punibilidade será extinta, nos moldes do art. 107, IX, do CP.

5.5.1.10. Constitucionalidade da pena de suspensão da CNH

O STF decidiu ser constitucional a pena de suspensão de CNH ao motorista profissional que tenha cometido homicídio culposo na direção de veículo automotor, não havendo violação à liberdade de trabalho.

Por unanimidade, foi dado provimento ao RE 607107 na sessão de julgamento ocorrida em 12/02/2020 para restabelecer a condenação de primeira instância, eis que o TJMG, em recurso de apelação, havia excluído referida pena da sentença condenatória. A tese de repercussão geral fixada (Tema 486) foi a seguinte: "*É constitucional a imposição da pena de suspensão de habilitação para dirigir veículo automotor ao motorista profissional condenado por homicídio culposo no trânsito*".

5.6. Lesão corporal culposa (art. 303 do CTB)

Art. 303. Praticar lesão corporal culposa na direção de veículo automotor:

Penas – detenção, de seis meses a dois anos e suspensão ou proibição de se obter a permissão ou a habilitação para dirigir veículo automotor.

Parágrafo único. Aumenta-se a pena de um terço à metade, se ocorrer qualquer das hipóteses do § 1º do art. 302.

5.6.1. Diferença com o crime de lesão corporal culposa previsto no art. 129, § 6º, do CP

Tal como visto com relação ao homicídio culposo, a diferença da lesão corporal culposa definida no art. 303 do CTB e aquela tipificada pelo art. 129, § 6º, do CP é a de que, neste caso, o agente, por imprudência, negligência ou imperícia, produz lesões na vítima. Porém, caso o faça "na direção de veículo automotor", responderá de acordo com a legislação especial (*in casu*, o CTB).

Frise-se, também, que é desnecessário que o fato ocorra "em via pública", já que se trata de elementar não prevista no tipo penal em comento. Bastará, repita-se, que o agente provoque lesões corporais na vítima estando na condução de veículo automotor.

O crime tipificado no CTB é punido com detenção, de *seis meses a dois anos*, sem prejuízo da *suspensão ou proibição de se obter a permissão ou a habilitação para dirigir veículo automotor*, ao passo que a lesão culposa prevista no CP tem cominada a pena de detenção, de *dois meses a um ano*.

5.6.2. Tipo penal aberto

Igualmente ao homicídio culposo de trânsito, o crime de lesão corporal culposa (art. 303 do CTB) expressa-se por meio de tipo penal aberto, ou seja, não há expressa previsão do comportamento do agente, bastando que pratique o crime *culposamente* na direção de veículo automotor.

Assim, caberá ao intérprete-aplicador do Direito, na análise do caso concreto, verificar se a conduta perpetrada pelo condutor do veículo violou o dever objetivo de cuidado (elemento do crime culposo), seja por imprudência, negligência ou imperícia, daí produzindo lesões corporais à vítima.

5.6.3. A intensidade das lesões corporais: consequências jurídico-penais

Tratando-se de crime culposo, pouco importa se a conduta perpetrada pelo agente provocar à vítima lesões corporais de natureza leve, grave ou gravíssima. Não haverá, aqui, alteração na tipificação, tal como ocorreria se se tratasse de lesões corporais dolosas.

No entanto, com o advento da Lei 13.546, de 19 de dezembro de 2017, com *vacatio legis* de 120 (cento e vinte) dias, inseriu-se figura qualificada à lesão corporal culposa de trânsito, que se configurará no seguinte caso (art. 303, § 2º): A pena privativa de liberdade é de reclusão de dois a cinco anos, sem prejuízo das outras penas previstas neste artigo, *se o agente conduz o veículo com capacidade psicomotora alterada em razão da influência de álcool ou de outra substância psicoativa que determine dependência, e se do crime resultar lesão corporal de natureza grave ou gravíssima.*

Não se pode deslembrar que, por se tratar de crime culposo, desde que preenchidos os requisitos legais, será cabível a substituição da pena privativa de liberdade por restritiva de direitos (art. 44 do CP).

5.6.4. Causas de aumento de pena

Nos termos do art. 303, parágrafo único, do CTB, as majorantes incidentes sobre o homicídio culposo (art. 302, § 1º) são aplicáveis à lesão corporal culposa. Assim, remetemos o leitor aos comentários feitos no item 5.5.1.8 *supra*.

5.6.5. Consumação e tentativa

Tal como o homicídio culposo de trânsito, a lesão corporal culposa (art. 303 do CTB), por ser crime material ou de resultado, somente atingirá o momento consumativo quando a vítima, efetivamente, suportar os efeitos do comportamento do agente, vale dizer, quando da produção das lesões (resultado naturalístico).

Por se tratar de crime culposo, inadmissível o *conatus* (tentativa).

5.7. Omissão de socorro (art. 304 do CTB)

Art. 304. Deixar o condutor do veículo, na ocasião do acidente, de prestar imediato socorro à vítima, ou, não podendo fazê-lo diretamente, por justa causa, deixar de solicitar auxílio da autoridade pública:

Penas – detenção, de seis meses a um ano, ou multa, se o fato não constituir elemento de crime mais grave.

Parágrafo único. *Incide nas penas previstas neste artigo o condutor do veículo, ainda que a sua omissão seja suprida por terceiros ou que se trate de vítima com morte instantânea ou com ferimentos leves.*

5.7.1. Crime omissivo próprio

Semelhante ao crime de omissão de socorro tipificado no CP (art. 135), o CTB nos trouxe um crime omissivo próprio ou puro, tendo o legislador expressamente previsto um comportamento negativo do agente (*deixar de prestar imediato socorro à vítima*).

5.7.2. Possibilidade de agir: elementar típica

Da simples leitura do tipo penal, percebe-se que o crime em comento somente restará caracterizado se o agente, na ocasião do acidente, deixar de prestar imediato socorro à vítima, desde que possa fazê-lo. Em outras palavras, não haverá tipicidade penal na conduta do agente que, envolvido em acidente automobilístico, deixar de prestar imediato socorro à vítima por ter, também, ficado ferido em razão do infortúnio.

Perceba que a "possibilidade de agir" é essencial à caracterização do crime de omissão de socorro (art. 304 do CTB). E tal (im)possibilidade de atuação poderá ser verificada em dois casos:

a) se o agente envolvido no acidente deixar de prestar, *diretamente*, o socorro à vítima; ou

b) se o agente envolvido no acidente, embora não preste socorro imediato, *deixe de solicitar auxílio à autoridade pública*.

Logo, percebe-se que a prestação de socorro poderá ser imediata (atuação direta do agente, que socorrerá "pessoalmente" a vítima) ou mediata (atuação indireta do agente, que solicitará ajuda da autoridade pública para socorrer o ofendido).

5.7.3. Elemento subjetivo da conduta

O crime em tela é doloso, inexistindo possibilidade de punição a título de culpa em razão da ausência de expressa previsão legal.

5.7.4. Sujeitos do crime

A omissão de socorro é crime que tem como sujeito passivo a vítima do acidente de trânsito.

Já o sujeito ativo será o condutor que, envolvido em acidente automobilístico, não tiver sido o responsável pela sua ocorrência. Em outras palavras, autor do delito em tela é aquele que se envolveu diretamente com o acidente de trânsito, mas sem que o tenha provocado. Caso contrário, ou seja, se tiver sido o agente causador do acidente, responderá, em caso de morte, pelo crime do art. 302 do CTB, com a pena majorada pela omissão de socorro (art. 302, § 1º, III), ou, em caso de lesões corporais, pelo crime do art. 303, parágrafo único (aumento da reprimenda pela omissão na prestação do socorro).

Por fim, se uma pessoa que não tiver se envolvido no acidente deixar de prestar socorro às vítimas, responderá pelo crime do art. 135 do CP.

5.7.5. Se terceiros prestarem socorro à vítima?

Caso a omissão do agente na prestação de socorro à vítima seja suprida por terceiros, ainda assim restará caracterizado o crime ora analisado, consoante dispõe o art. 304, parágrafo único, do CTB.

5.7.6. Consumação e tentativa

A omissão de socorro restará consumada no instante em que o agente, podendo agir (prestar socorro mediato ou imediato), deixar de fazê-lo deliberadamente.

Por se tratar de crime omissivo próprio ou puro, inadmissível o reconhecimento da tentativa.

5.7.7. Caracterização do crime em caso de morte instantânea

Nos termos do art. 304, parágrafo único, do CTB, a omissão de socorro restará configurada ainda que se trate de vítima com morte instantânea.

Para concurso de Defensoria Pública, pode-se sustentar que se trata de verdadeiro crime impossível (absoluta impropriedade do objeto material). De quê adiantaria socorrer um cadáver?

Todavia, importante registrar que há entendimento jurisprudencial, inclusive do STF, no sentido da criminalidade do comportamento daquele que deixa de prestar socorro, mesmo em caso de morte instantânea. A explicação para tanto é a de que deve existir um "dever de solidariedade" no trânsito, desrespeitado em caso de omissão de socorro.

5.8. Embriaguez ao volante (art. 306 do CTB)

Art. 306. Conduzir veículo automotor com capacidade psicomotora alterada em razão da influência de álcool ou de outra substância psicoativa que determine dependência: (Redação dada pela Lei 12.760/2012)

Penas – detenção, de seis meses a três anos, multa e suspensão ou proibição de se obter a permissão ou a habilitação para dirigir veículo automotor.

5.8.1. Redação anterior e caracterização da embriaguez

Antes do advento da Lei 12.760/2012, a redação do art. 306 do CTB era a seguinte:

Conduzir veículo automotor, na via pública, estando com concentração de álcool por litro de sangue igual ou superior a 6 (seis) decigramas, ou sob a influência de qualquer outra substância psicoativa que determine dependência.

Tal redação permitia a conclusão – correta, diga-se de passagem – de que, em razão de elemento "numérico" do tipo, qual seja, *seis decigramas* de álcool por litro de sangue, a tipificação da conduta dependeria de prova pericial capaz de atestar a embriaguez.

O parágrafo único do art. 306 do CTB preconizava que o Poder Executivo federal estipularia a equivalência entre distintos testes de alcoolemia, para efeito de caracterização do crime em comento. E tal ocorreu com o advento do Decreto 6.488/2008, que, em seu art. 2º, admitia como teste de alcoolemia aquele elaborado em aparelho de ar alveolar pulmonar (etilômetro, ou, vulgarmente, bafômetro), considerando como equivalente ao "elemento numérico do tipo" a concentração de álcool igual ou superior a *três décimos de miligrama por litro de ar expelido dos pulmões*.

Ora, se a embriaguez decorria da condução de veículo automotor com concentração de álcool por litro de sangue igual ou superior a seis decigramas, ou três décimos de miligrama por litro de ar alveolar, a única forma de o crime restar caracterizado seria a prova pericial, sem possibilidade de substituição. Afinal, frise-se, era elementar típica a concentração de álcool por litro de sangue do condutor do veículo automotor ou teste equivalente em etilômetro.

Como é sabido, ninguém poderá ser compelido a produzir prova contra si mesmo (*nemo tenetur se detegere*). Sob tal dogma, decorrente implicitamente das garantias fundamentais previstas no texto constitucional, a embriaguez ao volante tornou-se "crime natimorto".

5.8.2. Redação atual e caracterização da embriaguez ao volante

Com a redação dada ao art. 306 do CTB pela Lei 12.760/2012, aparentemente, a configuração do crime deixou de exigir a constatação de quantidade predeterminada de álcool por litro de sangue, tal como se verificava na redação anterior do tipo penal.

Atualmente, haverá crime, ao menos por uma análise apressada do tipo incriminador, sempre que o agente estiver conduzindo o veículo automotor, em via pública, com a capacidade psicomotora alterada em razão da influência de álcool ou outra substância psicoativa que determine dependência.

Confira, porém, os parágrafos acrescentados ao precitado dispositivo legal:

§ 1º As condutas previstas no *caput* serão constatadas por: (Incluído pela Lei 12.760/2012)

I – concentração igual ou superior a 6 decigramas de álcool por litro de sangue ou igual ou superior a 0,3 miligrama de álcool por litro de ar alveolar; ou (Incluído pela Lei 12.760/2012)

II – sinais que indiquem, na forma disciplinada pelo Contran, alteração da capacidade psicomotora. (Incluído pela Lei 12.760/2012)

§ 2º A verificação do disposto neste artigo poderá ser obtida mediante teste de alcoolemia ou toxicológico, exame clínico, perícia, vídeo, prova testemunhal ou outros meios de prova em direito admitidos, observado o direito à contraprova (Redação dada pela Lei 12.971/2014)

§ 3º O Contran disporá sobre a equivalência entre os distintos testes de alcoolemia ou toxicológicos para efeito de caracterização do crime tipificado neste artigo (Redação dada pela Lei 12.971/2014).

§ 4º Poderá ser empregado qualquer aparelho homologado pelo Instituto Nacional de Metrologia, Qualidade e Tecnologia – INMETRO – para se determinar o previsto no **caput**. (Incluído pela Lei 13.840, de 2019)

Assim, da análise do art. 306, § 1º, do CTB, verifica-se que a embriaguez ao volante restará configurada nas seguintes situações:

a) se o agente conduzir veículo automotor, em via pública, com concentração igual ou superior a seis decigramas de álcool por litro de sangue ou igual ou superior a três décimos de miligrama de álcool por litro de ar alveolar. Nesta primeira hipótese, entendemos que o teste de alcoolemia será imprescindível para que se afirme a ocorrência do crime, tendo em vista que as "elementares numéricas" persistem no tipo penal; ou

b) se o agente dirigir veículo automotor, em via pública, com alteração de sua capacidade psicomotora. Assim, estando o agente sob o efeito de drogas, por exemplo, responderá por embriaguez ao volante.

5.8.3. Regulamentação pelo CONTRAN

De acordo com a Resolução 432/2013 do CONTRAN, o crime de embriaguez ao volante poderá ser demonstrado nos seguintes casos, conforme dispõe seu art. 7º:

O crime previsto no artigo 306 do CTB será caracterizado por qualquer um dos procedimentos abaixo:

I – exame de sangue que apresente resultado igual ou superior a 6 (seis) decigramas de álcool por litro de sangue (6 dg/L);

II – teste de etilômetro com medição realizada igual ou superior a 0,34 miligrama de álcool por litro de ar alveolar expirado (0,34 mg/L), descontado o erro máximo admissível nos termos da "Tabela de Valores Referenciais para Etilômetro" constante no Anexo I;

III – exames realizados por laboratórios especializados, indicados pelo órgão ou entidade de trânsito competente ou pela Polícia Judiciária, em caso de consumo de outras substâncias psicoativas que determinem dependência;

IV – sinais de alteração da capacidade psicomotora obtido na forma do artigo 5º.

§ 1º A ocorrência do crime de que trata o caput não elide a aplicação do disposto no artigo 165 do CTB.

§ 2º Configurado o crime de que trata este artigo, o condutor e testemunhas, se houver, serão encaminhados à Polícia Judiciária, devendo ser acompanhados dos elementos probatórios.

Verifica-se, pois, que o crime em comento ficará caracterizado se a concentração de álcool por litro de sangue do condutor for igual ou superior a seis decigramas, ou igual ou superior a trinta e quatro decigramas por litro de ar alveolar, donde se conclui que, sem os testes de alcoolemia (exame de sangue ou etilômetro), inviável a aferição da embriaguez.

No entanto, tal como permite o art. 306, § 1º, II, do CTB, também haverá crime se o agente conduzir veículo automotor, em via pública, sob a influência de qualquer outra substância psicoativa que cause dependência, desde que presentes sinais de alteração da capacidade psicomotora.

Para este caso, dispõe o art. 5º da Resolução 432/2013 do CONTRAN:

Os sinais de alteração da capacidade psicomotora poderão ser verificados por:

I – exame clínico com laudo conclusivo e firmado por médico perito; ou

II – constatação, pelo agente da Autoridade de Trânsito, dos sinais de alteração da capacidade psicomotora nos termos do Anexo II.

§ 1º Para confirmação da alteração da capacidade psicomotora pelo agente da Autoridade de Trânsito, deverá ser considerado não somente um sinal, mas um conjunto de sinais que comprovem a situação do condutor.

§ 2º Os sinais de alteração da capacidade psicomotora de que trata o inciso II deverão ser descritos no auto de infração ou em termo específico que contenha as informações mínimas indicadas no Anexo II, o qual deverá acompanhar o auto de infração.

5.8.4. Uma análise crítica do art. 306 do CTB

Para concurso de Defensoria Pública, podemos – e devemos – sustentar que a embriaguez ao volante é crime de perigo abstrato de perigosidade real, nas palavras de Luiz Flávio Gomes (http://www.conjur.com.br/2013-fev-01/luiz-flavio-gomes-lei-seca-nao-sendo-interpretada-literalmente), não podendo ser interpretado com as amarras dos "elementos numéricos" ou "matemáticos" do tipo.

Parece-nos adequado sustentar que somente haverá crime, a despeito da quantidade de álcool por litro de sangue ser igual ou superior a seis decigramas, ou trinta e quatro decigramas por litro de ar alveolar, se o agente conduzir o veículo de maneira anormal, causando perigo à incolumidade pública.

O próprio tipo penal (art. 306, caput, do CTB) exige que, em razão do álcool ou substâncias psicoativas que causem dependência, o agente esteja com sua capacidade psicomotora alterada. Assim, caso esteja conduzindo o veículo, por exemplo, com concentração de álcool por litro de ar alveolar correspondente a quarenta decigramas, mas a direção esteja "normal", sem produzir qualquer perigo, não nos parece adequado concluir pela criminalidade do comportamento.

E, novamente, nos socorrendo dos ensinamentos de Luiz Flávio Gomes, destacamos: "Os operadores jurídicos, destacando-se os advogados, não podem se conformar com a interpretação automática e midiática do novo artigo 306. Se o legislador mudou de critério, modificando a redação da lei, não se pode interpretar o novo com os mesmos critérios procustianos da lei antiga. O poder punitivo estatal, aliado à propaganda midiática, está ignorando a nova redação da lei. Para ele, mudou-se a lei para ficar tudo como era antes dela, para que ela fique como era. Trata-se de uma postura malandra do poder punitivo estatal e da criminologia midiática (Zaffaroni: 2012a, p. 10 e ss.), que os intérpretes e operadores jurídicos não podem aceitar." (http://www.conjur.com.br/2013-fev-01/luiz-flavio-gomes-lei-seca-nao-sendo-interpretada-literalmente).

5.8.5. Consumação e tentativa

O crime em comento se consuma no momento em que o agente, em via pública, conduz veículo automotor na forma descrita no art. 306, *caput*, e § 1º, do CTB.

Tratando-se de crime plurissubsistente, a tentativa é admissível (ex.: o agente, após entrar totalmente embriagado em seu veículo, é impedido de sair do local por terceiros, que lhe tomam as chaves em razão da nítida alteração da capacidade psicomotora).

5.8.6. Concurso de crimes

Se o agente, dirigindo embriagado o veículo, praticar homicídio culposo, responderá apenas por este último crime, que, por ser de dano, e mais grave, absorverá o de perigo (embriaguez ao volante), menos grave.

Já se estivermos diante das lesões corporais culposas (art. 303 do CTB), por se tratar de crime menos grave, com pena menor do que a cominada para a embriaguez ao volante (art. 306), não haverá absorção, respondendo o agente pelo crime mais grave.

5.9. Participação em competição não autorizada. "Racha" (art. 308 do CTB)

> **Art. 308.** Participar, na direção de veículo automotor, em via pública, de corrida, disputa ou competição automobilística não autorizada pela autoridade competente, gerando situação de risco à incolumidade pública ou privada: (Redação dada pela Lei 12.971/2014)
>
> Penas – detenção, de seis meses a três anos, multa e suspensão ou proibição de se obter a permissão ou a habilitação para dirigir veículo automotor. (Redação dada pela Lei 12.971/2014)

5.9.1. Tipo objetivo

Estamos, aqui, diante de crime amplamente conhecido como "racha". O agente participará de competições automobilísticas, corridas ou disputas, sem autorização da autoridade competente, em via pública, gerando, com isso, situação de risco à incolumidade pública ou privada. Na redação anterior às mudanças implementadas ao CTB pela Lei 12.971/2014, o tipo penal mencionava "*dano potencial à incolumidade pública ou privada*". Com as alterações promovidas por aludido diploma legal, a intenção do legislador foi a de tornar evidente que o crime em tela é de **perigo abstrato**.

Percebe-se que o crime em comento somente restará caracterizado se ocorrer em "via pública". Assim, caso o "pega" ou o "racha" ocorra em lugares fechados, ou em propriedades privadas ou estradas particulares (ex.: estrada de terra que ligue a porteira da fazenda até a casa-sede), ausente estará a elementar típica. Ainda, com o advento da Lei 13.546, de 19 de dezembro de 2017, mais uma situação, até então configuradora de infração administrativa (art. 174 do CTB), foi inserida ao tipo penal em comento, qual seja, a de o agente **exibir ou demonstrar perícia em manobra de veículo automotor**, quando não autorizado pela autoridade competente, gerando situação de risco à incolumidade pública ou privada. Assim, cometerá o crime o motorista que der os denominados "cavalos-de-pau", ou, no caso de motocicletas, "empinando-as" e trafegando com uma só roda, desde que, repita-se, o façam em via pública e, desse comportamento, gerem situação de risco à incolumidade pública ou privada.

5.9.2. Crime de perigo concreto x crime de perigo abstrato

Extraía-se da redação típica original que o crime em testilha era de perigo concreto, visto ser necessária, até então, a efetiva demonstração de que a conduta perpetrada pelo agente expunha pessoas a situação de perigo.

Tal conclusão, como dito, decorria da própria leitura do tipo penal (art. 308 do CTB), que, em sua parte final, enunciava: "desde que resulte dano potencial à incolumidade pública ou privada".

Todavia, como dito no item antecedente, a alteração da redação do tipo penal pela Lei 12.971/2014 demonstrou a franca e clara intenção do legislador de "endurecer" o ordenamento jurídico-penal, reforçando a tutela criminal em matéria de trânsito. Destarte, pode-se sustentar, doravante, que a participação em "racha" é crime de **perigo abstrato**, bastando que a conduta praticada pelo agente seja capaz de gerar situação de risco à incolumidade pública ou privada (e não mais a causação de dano potencial).

5.9.3. Crime de médio potencial ofensivo

Antes da Lei 12.971/2014, considerando que a pena cominada variava de seis meses a dois anos de detenção, aplicáveis eram os ditames da Lei 9.099/1995, inclusive a transação penal (instituto despenalizador previsto no art. 76 de referido diploma legal).

Porém, com o advento de referido diploma legal alterador do CTB, aumentou-se a pena máxima cominada ao crime em testilha, tornando-o de **médio potencial ofensivo**.

5.9.4. Formas qualificadas

Com o advento da Lei 12.971/2014, dois parágrafos foram acrescentados ao art. 308 do CTB, *in verbis*:

> § 1º Se da prática do crime previsto no *caput* resultar lesão corporal de natureza grave, e as circunstâncias demonstrarem que o agente não quis o resultado nem assumiu o risco de produzi-lo, a pena privativa de liberdade é de reclusão, de 3 (três) a 6 (seis) anos, sem prejuízo das outras penas previstas neste artigo.

§ 2º Se da prática do crime previsto no caput resultar morte, e as circunstâncias demonstrarem que o agente não quis o resultado nem assumiu o risco de produzi-lo, a pena privativa de liberdade é de reclusão de 5 (cinco) a 10 (dez) anos, sem prejuízo das outras penas previstas neste artigo.

Em virtude da redação de referidos dispositivos, percebe-se claramente que o legislador previu formas preterdolosas do crime, ou seja, os resultados agravadores (lesão corporal grave – §1º e morte – §2º) decorrem de culpa do agente.

5.9.5. Penas restritivas de direitos e crimes do CTB

A Lei 13.281/2016 inseriu ao Código de Trânsito Brasileiro o art. 312-A, que dispõe sobre as penas restritivas de direitos aplicadas aos condenados por crimes tipificados em referido diploma legal. Confira-se:

> **Art. 312-A.** Para os crimes relacionados nos arts. 302 a 312 deste Código, nas situações em que o juiz aplicar a substituição de pena privativa de liberdade por pena restritiva de direitos, esta deverá ser de prestação de serviço à comunidade ou a entidades públicas, em uma das seguintes atividades:
>
> I – trabalho, aos fins de semana, em equipes de resgate dos corpos de bombeiros e em outras unidades móveis especializadas no atendimento a vítimas de trânsito;
>
> II – trabalho em unidades de pronto-socorro de hospitais da rede pública que recebem vítimas de acidente de trânsito e politraumatizados;
>
> III – trabalho em clínicas ou instituições especializadas na recuperação de acidentados de trânsito;
>
> IV – outras atividades relacionadas ao resgate, atendimento e recuperação de vítimas de acidentes de trânsito.

Pela redação do *caput* do dispositivo legal em comento, infere-se que, preenchidos os requisitos do art. 44 do CP, ao juiz somente será dado substituir a pena privativa de liberdade por restritiva de direitos consistente em prestação de serviços à comunidade ou a entidades públicas, mas nas atividades expressamente delineadas nos incisos acima transcritos.

6. CRIMES CONTRA O CONSUMIDOR – LEI 8.078/1990

6.1. Crimes contra as relações de consumo

6.1.1. Breves considerações. Relação entre o CDC e a CF

O CDC, Lei 8.078/1990, constitui importante diploma legal criado para a defesa/proteção do consumidor, encontrando fundamento constitucional para sua existência: o art. 5º, XXXII ("O Estado promoverá, na forma da lei, a defesa do consumidor") e art. 170, V, ambos da CF ("A ordem econômica, fundada na valorização do trabalho humano e na livre-iniciativa, tem por fim assegurar existência digna, observados os seguintes princípios: (...) V – defesa do consumidor").

Destarte, cuidou o legislador infraconstitucional de implementar os ditames constitucionais, criando mecanismos legais para a facilitação da defesa do consumidor, não se podendo olvidar da característica de hipossuficiência que o torna digno de todo um sistema protetivo.

6.1.2. Conceitos básicos para a compreensão do Direito Penal do Consumidor

Para que se compreenda na integralidade o sistema penal protetivo do consumidor, mister que se conheça alguns conceitos e aspectos basilares a respeito do tema, a saber:

✓ Consumidor: é toda pessoa física ou jurídica que adquire e utiliza produto ou serviço como destinatário final. Também é possível equiparar-se a consumidor a coletividade de pessoas, ainda que indetermináveis, que haja intervindo nas relações de consumo (art. 2º e parágrafo único do CDC);

✓ Fornecedor: é toda pessoa física ou jurídica, pública ou privada, nacional ou estrangeira, bem como os entes despersonalizados, que desenvolvem atividades de produção, montagem, criação, construção, transformação, importação, exportação, distribuição ou comercialização de produtos ou prestação de serviços (art. 3º do CDC).

No tocante ao fornecedor, importa registrar que somente assim será considerado se desempenhar atividade mercantil ou civil de forma <u>habitual</u>, sob pena de restar descaracterizada a figura em apreço. Assim, a pessoa física ou jurídica que ocasionalmente fornece produto ou serviço, não fazendo desta atividade sua fonte de renda, não se insere no conceito de fornecedor, afastando-se, pois, a relação de consumo.

✓ Produto: é qualquer bem, móvel ou imóvel, material ou imaterial (art. 3º, § 1º, do CDC);

✓ Serviço: é qualquer atividade fornecida no mercado de consumo, mediante remuneração, inclusive as de natureza bancária, financeira, de crédito e securitária, salvo as decorrentes das relações de caráter trabalhista (art. 3º, § 2º, do CDC).

6.1.3. Características gerais dos crimes contra o consumidor definidos no CDC

Como regra, as infrações penais definidas no CDC trazem características comuns, quais sejam:

a) *sujeito ativo*: fornecedor;

b) *sujeito passivo*: a coletividade (sujeito passivo principal) e o consumidor (sujeito passivo secundário);

c) *objeto material*: produto ou serviço;

d) *objeto jurídico*: as relações de consumo (conotação coletiva);

e) *elemento subjetivo da conduta*: dolo (regra) ou culpa (poucos casos).

Importa destacar que os crimes contra as relações de consumo não se esgotam no CDC, podendo ser encontrados em outros diplomas normativos, como a Lei 8.137/1990 (Lei dos crimes contra a ordem tributária, econômica e relações de consumo). Isso, por vezes, gera conflito aparente de normas, geralmente resolvido pela aplicação do princípio da especialidade.

No momento, analisaremos os crimes contra as relações de consumo definidos especificamente no CDC.

6.2. Crimes no CDC

Ao todo, o Código de Defesa do Consumidor nos traz 12 (doze) tipos penais incriminadores, sem esgotar, é verdade, a proteção jurídico-penal, presente em outros diplomas legais (CP, Lei dos crimes contra a economia popular, Lei de Sonegação Fiscal etc.).

Prova disso é o que dispõe o art. 61 do CDC: "Constituem crimes contra as relações de consumo previstas neste Código, sem prejuízo do disposto no Código Penal e leis especiais, as condutas tipificadas nos artigos seguintes".

6.3. Crimes em espécie

6.3.1. Substância avariada (art. 62)

Embora esta figura típica originalmente viesse no art. 62 do CDC, foi este vetado pelo Presidente da República. Todavia, o que nele estava disposto foi basicamente repetido no art. 7º, IX, da Lei 8.137/1990, *verbis*: "Vender, ter em depósito para vender ou expor à venda ou, de qualquer forma, entregar matéria-prima ou mercadoria, em condições impróprias ao consumo".

O CDC, em seu art. 18, § 6º, define o que se entende por produtos impróprios para o consumo: I – os produtos cujos prazos de validade estejam vencidos; II – os produtos deteriorados, alterados, adulterados, avariados, falsificados, corrompidos, fraudados, nocivos à vida ou à saúde, perigosos ou, ainda, aqueles em desacordo com as normas regulamentares de fabricação, distribuição ou apresentação; III – os produtos que, por qualquer motivo, se revelem inadequados ao fim a que se destinam.

Passemos, pois, à análise do tipo penal em comento:

a) Sujeito ativo: fornecedor.

b) Sujeito passivo: coletividade (sujeito passivo imediato ou principal) e o próprio consumidor (sujeito passivo mediato ou secundário), caso o crime afete pessoa certa e determinada.

c) Condutas típicas: vender, ter em depósito para vender, expor à venda ou, de qualquer forma, entregar.

d) Objeto material: matéria-prima ou mercadoria em condições impróprias ao consumo. Aqui, trata-se de norma penal em branco, já que o conceito de "produtos impróprios para o consumo" vem previsto no art. 18, § 6º, do CDC, anteriormente reproduzido.

e) Elemento subjetivo da conduta: dolo e culpa (admite-se a modalidade culposa, de acordo com o art. 7º, parágrafo único, da Lei 8.137/1990, que pune o agente com pena reduzida de 1/3 ou de multa, igualmente reduzida, à quinta parte).

f) Classificação doutrinária: crime de mera conduta.

g) Consumação e tentativa: consuma-se o crime com a mera atividade, pouco importando a ocorrência de resultado lesivo. Logo, inadmissível a tentativa, por ser esta modalidade incompatível com os crimes de mera conduta.

Peculiaridade do crime: a doutrina dispensa a realização de perícia nos produtos apreendidos e ditos como impróprios para o consumo, pois se trata de crime de perigo abstrato, presumindo-se, pois, a ofensa ao bem jurídico tutelado (relações de consumo). Há precedentes do STJ (RESP 221.561/PR; RESP 472.038/PR) e STF (RT 781/516).

6.3.2. Omissão de dizeres ou sinais ostensivos sobre a nocividade ou periculosidade de produtos (art. 63)

Reza o *caput* do art. 63 do CDC: "Omitir dizeres ou sinais ostensivos sobre a nocividade ou periculosidade de produtos, nas embalagens, invólucros, recipientes ou publicidade". A pena é de detenção, de *6 meses a 2 anos e multa*.

Referido dispositivo decorre de regra inserida no CDC acerca da proteção à saúde e segurança dos consumidores, prevista especificamente no art. 9º: "O fornecedor de produtos e serviços potencialmente nocivos à saúde ou segurança deverá informar, de maneira ostensiva e adequada, a respeito de sua nocividade ou periculosidade, sem prejuízo da adoção de outras medidas cabíveis em cada caso concreto".

Vejamos cada item atinente ao tipo penal incriminador em comento:

a) Sujeito ativo: fornecedor.

b) Sujeito passivo: coletividade (sujeito passivo imediato ou principal) e o consumidor (sujeito passivo mediato ou secundário).

c) Conduta típica: omitir (clara sinalização de que o crime é OMISSIVO, mais precisamente, omissivo próprio ou puro).

d) Elementos normativos do tipo: nocividade e periculosidade. Trata-se de conceitos que devem ser valorados pelo magistrado, a fim de que afira se há adequação típica. Considera-se nocivo o produto que possa causar algum malefício ao consumidor, ao passo que a periculosidade do produto indica um conjunto de circunstâncias que se traduzem em um mal ou dano provável para alguém ou alguma coisa.

e) Elemento subjetivo: dolo (regra) e culpa (§ 2º – pena de 1 a 6 meses de detenção ou multa).

f) Consumação e tentativa: por se tratar de crime omissivo, bastará, é claro, a inatividade do agente para que se repute consumado. Por ser o crime em tela omissivo próprio, inadmissível a tentativa, por absoluta incompatibilidade.

6.3.3. Omissão na comunicação de nocividade ou periculosidade de produtos (art. 64)

Prescreve o art. 64 do CDC: "Deixar de comunicar à autoridade competente e aos consumidores a nocividade ou periculosidade de produtos cujo conhecimento seja posterior à sua colocação no mercado". A pena é de *detenção de 6 meses a 2 anos e multa*.

O art. 10 do CDC, bem assim seus parágrafos, tratam da vedação ao fornecedor de "colocar no mercado de consumo produto ou serviço que sabe ou deveria saber apresentar alto grau de nocividade ou periculosidade à saúde ou segurança". Tão logo tenha conhecimento da periculosidade que apresentem, "o fornecedor de produtos e serviços que, posteriormente à sua introdução no mercado de consumo" dela souber, "deverá comunicar o fato imediatamente às autoridades competentes e aos consumidores, mediante anúncios publicitários".

Vejamos o tipo penal em comento:

a) Sujeito ativo: fornecedor.

b) Sujeito passivo: coletividade (sujeito passivo imediato ou principal) e o consumidor (sujeito passivo mediato ou secundário).

c) Conduta típica: deixar de comunicar. Trata-se, é evidente, de crime omissivo próprio, dada a inatividade do sujeito ativo frente às autoridades competentes e consumidores acerca da informação de periculosidade e nocividade de produtos inseridos no mercado de consumo.

d) Elementos normativos do tipo: nocividade e periculosidade.

e) Elemento subjetivo da conduta: dolo (não há modalidade culposa).

f) Consumação e tentativa: por se tratar de crime omissivo próprio, bastará a mera inatividade do agente para restar caracterizado. Pelo fato de se tratar de conduta omissiva ("deixar de..."), impossível a tentativa.

6.3.4. Execução de serviço de alto grau de periculosidade (art. 65)

Preconiza o art. 65 do CDC: "Executar serviço de alto grau de periculosidade, contrariando determinação de autoridade competente". A pena é de *detenção de 6 meses a 2 anos e multa*.

Relevante é saber o que se entende por serviço de "alta periculosidade". Parte da doutrina entende que se trata de norma penal em branco, tendo em vista que não cuidou o tipo penal de especificar o que é serviço de alta periculosidade. Assim, aqueles assim reconhecidos por autoridades competentes (as sanitárias, via de regra), se executados em contrariedade ao disposto por referidas autoridades, configurarão o crime em tela. É o caso, por exemplo, de dedetização, que envolve o uso de produtos tóxicos. Tal tarefa é possível, desde que se observem as prescrições legais a respeito, tais como as previstas no Código Sanitário dos estados.

Vejamos o tipo penal incriminador de modo fracionado:

a) Sujeito ativo: fornecedor.

b) Sujeito passivo: coletividade (sujeito passivo imediato ou principal) e o consumidor (sujeito passivo mediato ou secundário).

c) Conduta típica: executar. Pela análise do verbo, é possível que se conclua que se trata de crime comissivo, vale dizer, deve o agente realizar uma ação, com as características descritas no tipo.

d) Elemento subjetivo da conduta: é o dolo (não há previsão de modalidade culposa).

e) Consumação e tentativa: não se exige, para sua configuração, resultado lesivo. Portanto, pode ser classificado como crime de mera conduta, sendo absolutamente desnecessário (quiçá impossível) o implemento de resultado naturalístico. Por ser crime comissivo, é, em tese, cabível a tentativa, muito embora seja de improvável verificação.

6.3.5. Afirmação falsa ou enganosa (art. 66)

O *caput* do art. 66 do CDC assim prescreve: "Fazer afirmação falsa ou enganosa, ou omitir informação relevante sobre a natureza, característica, qualidade, quantidade, segurança, desempenho, durabilidade, preço ou garantia de produtos ou serviços". A pena é de *detenção de 3 meses a 1 ano e multa*.

O crime em tela tenciona proteger as corretas informações que devem ser prestadas ao consumidor, nos moldes preconizados pelo art. 31 do CDC: "A oferta e apresentação de produtos ou serviços devem assegurar informações corre-

tas, claras, precisas, ostensivas e em língua portuguesa sobre suas características, qualidades, quantidade, composição, preço, garantia, prazos de validade e origem, entre outros dados, bem como sobre os riscos que apresentam à saúde e segurança dos consumidores".

Ademais, o art. 6º, do mesmo diploma legal, que traz um rol dos direitos basilares do consumidor, afirma, em seu inciso III, que cabe ao fornecedor "a informação adequada e clara sobre os diferentes produtos e serviços, com especificação correta de quantidade, características, composição, qualidade, tributos incidentes e preço, bem como sobre os riscos que apresentem".

Vejamos o tipo penal em tela:

a) Sujeito ativo: fornecedor (*caput*) ou o patrocinador (§ 1º).

b) Sujeito passivo: coletividade (sujeito passivo imediato ou principal) e o consumidor (sujeito passivo mediato ou secundário).

c) Condutas típicas: fazer afirmação falsa ou enganosa ou omitir informação relevante. Na primeira conduta, verifica-se seu caráter comissivo, ao passo que, na segunda figura, identifica-se o caráter omissivo do crime em análise. Assim, seja por ação, fazendo afirmação falsa ou enganosa sobre produtos ou serviços, seja por omissão de informação relevante sobre estes, o agente incorrerá na figura penal estudada. Nas mesmas penas do *caput* incorrerá quem *patrocinar* a oferta.

d) Elemento subjetivo da conduta: dolo (*caput* e § 1º) ou culpa (§. 2º). Neste último caso, a pena será de detenção de *1 a 6 meses ou multa*.

e) Consumação e tentativa: na modalidade comissiva, admissível a tentativa, enquanto que na omissiva, por óbvio, não se a admite.

Peculiaridades do crime: a infração penal ora analisada, embora muito se assemelhe ao crime de estelionato, definido no art. 171 do CP, com este não se confunde. É que, para a configuração deste último, exige-se resultado lesivo ao patrimônio da vítima, enquanto que no código consumerista, basta a informação falsa ou enganosa, ou a mera omissão de informações relevantes sobre o produto ou serviço. Entende-se que, em caso de propaganda falsa ou enganosa, se a vítima experimentar prejuízo, haverá concurso material com estelionato, nos moldes do art. 69 do CP. Todavia, possível entender que a propaganda enganosa pode ser o meio empregado pelo agente para perpetrar o delito patrimonial, ficando por este absorvido, por força do princípio da consunção.

6.3.6. Publicidade enganosa (art. 67)

O art. 67 do CDC assim dispõe: "Fazer ou promover publicidade que sabe ou deveria saber ser enganosa ou abusiva". A pena é de *detenção de 3 meses a 1 ano e multa*.

Inegavelmente, o crime em tela protege o direito básico do consumidor de não receber ou ter acesso a "publicidade enganosa e abusiva, métodos comerciais coercitivos ou desleais, bem como práticas e cláusulas abusivas ou impostas no fornecimento de produtos e serviços", de acordo com o prescrito no art. 6º, IV, do CDC.

Analisemos o tipo penal incriminador em comento:

a) Sujeito ativo: é o publicitário, profissional cuja atividade é regida pela Lei 4.680/1965 e Decreto 57.690/1966.

b) Sujeito passivo: coletividade (sujeito passivo imediato ou principal) e o consumidor (sujeito passivo secundário ou mediato).

c) Condutas típicas: fazer ou promover. Ambas são formas comissivas de se perpetrar o crime, que pressupõe, portanto, uma ação no sentido de criar ou executar publicidade enganosa ou abusiva. Considera-se <u>enganosa</u>, nos termos do art. 37, § 1º, do CDC, "qualquer modalidade de informação ou comunicação de caráter publicitário, inteira ou parcialmente falsa, ou, por qualquer outro modo, mesmo por omissão, capaz de induzir em erro o consumidor a respeito da natureza, características, qualidade, quantidade, propriedades, origem, preço e quaisquer outros dados sobre produtos e serviços". Diz-se, ainda, abusiva, "a publicidade discriminatória de qualquer natureza, a que incite à violência, explore o medo ou a superstição, se aproveite da deficiência de julgamento e experiência da criança, desrespeita valores ambientais, ou que seja capaz de induzir o consumidor a se comportar de forma prejudicial ou perigosa à sua saúde ou segurança" (art. 37, § 2º).

d) Elemento subjetivo da conduta: é o dolo, tanto na forma direta (fazer ou promover publicidade que <u>sabe</u>), quanto na eventual (<u>ou deveria saber</u>). Não se admite, por falta de previsão legal, a modalidade culposa. Não se pode, ainda, interpretar que o "deveria saber" se enquadra em qualquer modalidade de culpa (imprudência, negligência ou imperícia), já que seria absurdo o legislador punir a conduta dolosa ou culposa com a mesma intensidade, já que ao *caput* aplica-se a pena de 3 meses a 1 ano de detenção, e multa.

e) Consumação e tentativa: doutrinariamente, diz-se que o crime em comento é formal, razão pela qual se reputará consumado com a mera publicidade enganosa, pouco importando a ocorrência de resultado lesivo. A tentativa é possível, já que se trata de crime comissivo (as condutas "fazer" ou "promover" são realizadas por ação do agente).

6.3.7. Publicidade capaz de induzir o consumidor (art. 68)

Reza o art. 68: "Fazer ou promover publicidade que sabe ou deveria saber ser capaz de induzir o consumidor a se comportar de forma prejudicial ou perigosa a sua saúde ou segurança". A pena cominada varia de *6 meses a 2 anos de detenção e multa*.

Trata-se de norma penal em branco, já que a tipicidade dependerá da análise do art. 37, § 2º, do CDC, que trata da publicidade abusiva (... *capaz de induzir o consumidor a se comportar de forma prejudicial ou perigosa à sua saúde ou segurança*).

O tipo penal em estudo tem a seguinte estrutura:

a) Sujeito ativo: é o profissional ligado à publicidade, que a promove de maneira enganosa ou abusiva. Trata-se, pois, de crime próprio.

b) Sujeito passivo: coletividade (sujeito passivo imediato ou principal) e o consumidor (sujeito passivo secundário ou mediato).

c) Condutas típicas: fazer ou promover (publicidade apta a induzir o consumidor a portar-se de forma prejudicial à saúde ou segurança).

d) Elemento normativo do tipo: publicidade apta a determinar que o consumidor passe a se portar de maneira perigosa à saúde ou segurança.

e) Elemento subjetivo da conduta: é o dolo, tanto na forma direta (sabe) quanto eventual (ou deveria saber).

f) Consumação e tentativa: consuma-se o crime em tela com a veiculação da publicidade enganosa ou abusiva que possa redundar em comportamento do consumidor perigoso à saúde ou segurança. A tentativa é admissível por ser tratar de crime plurissubsistente (composto de vários atos).

6.3.8. Omissão na organização de dados que dão base à publicidade (art. 69)

O art. 69 do CDC assim preleciona: "Deixar de organizar dados fáticos, técnicos e científicos que dão base à publicidade". A pena é de *detenção de 1 a 6 meses ou multa*.

Trata-se de crime que tutela a veracidade das informações que se destinam aos consumidores.

Assim, temos que:

a) Sujeito ativo: fornecedor ou publicitário.

b) Sujeito passivo: consumidor (diretamente/indiretamente) e a coletividade (direta/indiretamente).

c) Conduta típica: deixar de organizar. Trata-se de crime omissivo próprio.

d) Elemento subjetivo da conduta: é o dolo.

e) Consumação e tentativa: consuma-se o crime com a simples omissão (crime instantâneo). Impossível a tentativa, tendo em vista que os crimes omissivos não a admitem.

6.3.9. Emprego de peças ou componentes de reposição usados (art. 70)

O art. 70 do CDC prescreve: "Empregar, na reparação de produtos, peças ou componentes de reposição usados, sem autorização do consumidor". A pena é de *detenção de 3 meses a 1 ano e multa*.

Trata-se de infração penal que tutela o direito do consumidor de ver seus pertences reparados com peças originais e novas, salvo se anuir que assim não sejam, de acordo com o art. 21 do CDC.

Destarte, verifiquemos os seguintes itens:

a) Sujeito ativo: fornecedor.

b) Sujeito passivo: consumidor e coletividade.

c) Conduta típica: empregar, ou seja, usar, utilizar, aplicar. O fato será atípico se o consumidor autorizar que peças ou componentes usados sejam utilizados na reparação de produtos danificados. Portanto, o consentimento do ofendido, na espécie, torna atípica a conduta. Entende-se que a anuência provoca a exclusão da antijuridicidade, por se tratar de causa supralegal que torna lícita a conduta.

d) Elemento subjetivo da conduta: é o dolo. Não se admite a forma culposa. Portanto, se o fornecedor, por descuido (negligência), empregar no conserto de produto peças usadas, não praticará o crime em tela.

e) Consumação e tentativa: há quem sustente que o crime é de mera atividade, vale dizer, não se exige que o consumidor experimente prejuízo. Há quem diga que o crime em comento é de perigo abstrato, cujo prejuízo é presumido. Todavia, possível entender-se que o crime exige prejuízo ao consumidor, sob pena de estarmos diante de mero ilícito civil. Se se entender que o crime é material, admite-se a tentativa.

6.3.10. Cobrança vexatória (art. 71)

O art. 71 do CDC assim prevê: "Utilizar, na cobrança de dívidas, de ameaça, coação, constrangimento físico ou moral, afirmações falsas, incorretas ou enganosas ou de qualquer outro procedimento que exponha o consumidor, injustificadamente, a ridículo ou interfira com seu trabalho, descanso ou lazer". A pena cominada varia de *3 meses a 1 ano de detenção e multa*.

Trata-se de crime que vem a reforçar o direito do consumidor de não ser exposto a ridículo, nem submetido a qualquer tipo de constrangimento ou ameaça, *ex vi* do art. 42 do CDC.

Vejamos os elementos do tipo e sujeitos do crime:

a) Sujeito ativo: é o fornecedor (credor) ou quem, a seu mando, efetue a cobrança ao consumidor.

b) Sujeito passivo: coletividade e consumidor (devedor).

c) Conduta típica: utilizar (empregar, usar). Assim, verifica--se o crime quando o credor ou terceira pessoa, a seu mando, emprega meios vexatórios para a cobrança de dívida, tais como: ameaça, coação, constrangimento físico ou moral. Referidos meios são meramente exemplificativos, tendo em vista que o tipo penal admite uso da interpretação analógica (ou qualquer outro procedimento que exponha o consumidor a ridículo, ou interfira em seu trabalho, descanso ou lazer).

d) Elemento normativo do tipo: o meio utilizado para a cobrança deve ser indevido ou injustificado.

e) Elemento subjetivo da conduta: é o dolo. Não se admite a modalidade culposa, por ausência de previsão legal.

f) Consumação e tentativa: consuma-se o crime com a cobrança vexatória da dívida, de maneira injustificada. Diz-se que o crime é de mera conduta. Admissível a tentativa (ex.: cobrança por escrito, mas extraviada).

6.3.11. Impedimento de acesso às informações do consumidor (art. 72)

Reza o art. 72 do CDC: "Impedir ou dificultar o acesso do consumidor às informações que sobre ele constem em cadastros, banco de dados, fichas e registros". A pena é de *detenção de 6 meses a 1 ano ou multa*.

Trata-se de crime que vem a inserir no campo penal o disposto no art. 43 do mesmo código, que assim dispõe: "O consumidor, sem prejuízo do disposto no art. 86, terá acesso às informações existentes em cadastros, fichas, registros e dados pessoais e de consumo arquivados sobre ele, bem como sobre as suas respectivas fontes".

Vejamos o tipo penal em detalhes:

a) Sujeito ativo: qualquer pessoa responsável pelo controle das informações sobre o consumidor.

b) Sujeito passivo: coletividade e consumidor.

c) Condutas típicas: impedir (oferecer obstáculo) ou dificultar (estorvar, complicar).

d) Elemento subjetivo da conduta: é o dolo. Não se admite a modalidade culposa, por ausência de previsão legal.

e) Consumação e tentativa: consuma-se o crime com o impedimento ou dificuldade criada pelo agente ao acesso, pelo consumidor, de informações suas que constem em cadastros, bancos de dados, fichas e registros. Não se pode admitir a tentativa tendo em vista que a conduta "dificultar", por si só, basta à consumação do delito.

6.3.12. Omissão na correção de informações com inexatidões (art. 73)

O crime em tela vem previsto no art. 73 do CDC, *in verbis*: "Deixar de corrigir imediatamente informação sobre consumidor, constante de cadastro, banco de dados, fichas ou registros que sabe ou deveria saber ser inexata". A pena varia de *1 a 6 meses de detenção ou multa*.

A infração em comento tutela, a um só tempo, a honra e o crédito do consumidor, nos termos do art. 43, § 3º, do CDC: "O consumidor, sempre que encontrar inexatidão nos seus dados e cadastros, poderá exigir sua imediata correção, devendo o arquivista, no prazo de 5 dias úteis, comunicar a alteração aos eventuais destinatários das informações incorretas".

Vejamos os elementos do tipo e sujeitos:

a) Sujeito ativo: pessoa que deixa de corrigir a informação, desde que responsável para tanto.

b) Sujeito passivo: consumidor cuja informação deixou de ser corrigida.

c) Conduta típica: deixar de corrigir. Trata-se, por evidente, de crime omissivo próprio.

d) Elemento subjetivo da conduta: dolo direto ("sabe") ou eventual ("deveria saber").

e) Elemento normativo do tipo: a expressão imediatamente, prevista no tipo em tela, deve ser interpretada como passível de realização em até 5 dias.

f) Consumação e tentativa: com a mera omissão o crime estará consumado. Por se tratar de crime omissivo, inadmissível a tentativa.

6.3.13. Omissão na entrega de termo de garantia (art. 74)

O art. 74 do CDC assim prescreve: "Deixar de entregar ao consumidor o termo de garantia adequadamente preenchido e com especificação clara de seu conteúdo". A pena varia de *1 a 6 meses de detenção ou multa*.

O crime em comento protege a relação contratual havida entre consumidor e fornecedor, nos termos do art. 50, *caput*, e parágrafo único, do CDC: "A garantia contratual é complementar à legal e será conferida mediante termo escrito. Parágrafo único: O termo de garantia ou equivalente deve ser padronizado e esclarecer, de maneira adequada, em que consiste a mesma garantia, bem como a forma, o prazo e o lugar em que pode ser exercitada e os ônus a cargo do consumidor, devendo-lhe ser entregue, devidamente preenchido

1. DIREITO PENAL — 141

pelo fornecedor, no ato do fornecimento, acompanhado de manual de instrução, de instalação e uso de produto em linguagem didática, com ilustrações".

Vejamos os sujeitos do crime e elementos do tipo:

a) Sujeito ativo: fornecedor.

b) Sujeito passivo: consumidor e coletividade.

c) Conduta típica: deixar de entregar. Trata-se de crime omissivo próprio, que se configura pela falta de entrega ao consumidor do termo de garantia (contratual) devidamente preenchido e com especificações claras de seu conteúdo.

d) Elemento subjetivo da conduta: é o dolo. Não há modalidade culposa prevista.

e) Consumação e tentativa: o delito em questão se consuma com a omissão na entrega do termo de garantia. Por ser crime omissivo, impossível a tentativa.

6.4. Concurso de pessoas (art. 75)

O art. 75 do CDC, de acordo com a doutrina, encontra-se revogado pelo art. 11 da Lei 8.137/1990 (crimes contra a ordem tributária, econômica e relações de consumo).

De qualquer forma, o dispositivo é absolutamente dispensável, posto que seu conteúdo é semelhante ao art. 29 do CP.

6.5. Circunstâncias agravantes (art. 76)

A aplicação das circunstâncias alteradoras da repri-menda não impede que aquelas definidas no CP sejam aplicadas, desde que não configurem *bis in idem*.

6.6. Pena de multa (art. 77)

Por ser regra especial, aplica-se o CDC e não as prescri-ções acerca da pena de multa prevista no CP.

Por força do art. 77, "a pena pecuniária prevista nesta Seção será fixada em dias-multa, correspondente ao mínimo e ao máximo de dias de duração da pena privativa da liber-dade cominada ao crime. Na individualização desta multa, o juiz observará o disposto no art. 60, § 1º, do Código Penal".

Referido dispositivo do CP permite ao juiz elevar a pena de multa até o triplo, se a capacidade econômica do réu for suficientemente boa a tal ponto de tornar ineficaz a pena pecuniária legalmente prevista.

6.7. Penas restritivas de direitos (art. 78)

Diferentemente do CP, as penas restritivas de direitos previstas no CDC não têm caráter substitutivo à privativa de liberdade, mas cumulativo (ou alternativo também).

Dado o princípio da especialidade, são penas restritivas de direitos aplicáveis aos crimes contra as relações de con-sumo: I – interdição temporária de direitos; II – publicação em órgãos de comunicação de grande circulação ou audi-ência, às expensas do condenado, de notícia sobre os fatos e a condenação; III – a prestação de serviços à comunidade.

Por ausência de previsão legal, as demais penas alterna-tivas previstas no CP não se aplicam aos agentes que tenham praticado crimes previstos no CDC.

6.8. Fiança (art. 79)

De acordo com o art. 79 do CDC, o valor da fiança variará entre 100 a 200 mil vezes o valor do BTN. Porém, como este índice foi extinto em 01.02.1991, com valor então de CR$ 126,86, será utilizado como parâmetro, após atuali-zado, para pagamento da contracautela.

6.9. Assistente de acusação e ação penal subsidiária (art. 80)

Admite-se que intervenham como assistentes de acusa-ção, nos crimes contra as relações de consumo, sem prejuízo das próprias vítimas diretas (consumidores), os legitimados previstos no art. 82, III e IV, do CDC, a saber:

> III – entidades e órgãos da administração pública, direta ou indireta, ainda que sem personalidade jurídica, espe-cificamente destinados à defesa dos interesses e direitos protegidos pelo CDC;
>
> IV – as associações legalmente constituídas há pelo menos 1 ano e que incluam entre seus fins institucionais a defesa do consumidor.

Ademais, referidos legitimados também o serão para a propositura de ação penal privada subsidiária da pública, desde que haja inércia ministerial, nos termos do art. 5º, LIX, da CF, e art. 29 do CPP.

7. CRIMES FALIMENTARES – LEI 11.101/2005

7.1. Previsão legal e considerações iniciais

A Lei 11.101, de 09.02.2005, com *vacatio legis* de 120 dias, substituiu, integralmente, a antiga "Lei de Falências" (Decreto 7.661/1945). Com a nova lei, não há mais falar-se apenas em falência, mas, também, em recuperação judicial e extrajudicial, deixando de existir a "antiga" concordata.

Acerca da origem histórica da falência, fala-se que dizia respeito ao adimplemento das dívidas e seus instrumentos de garantia. Antigamente, garantia-se o pagamento de dívidas com castigos físicos, apreensão de bens do devedor pelo próprio credor, que os alienava e "quitava" a dívida.

Com o desenvolvimento da economia e das relações comerciais, tornou-se imprescindível a criação de mecanis-mos de proteção do crédito e das relações cliente-mercado, do que se extraiu a edição da Lei dos Crimes Falimentares. Na atualidade, torna-se um pouco equivocada a menção a "Crimes Falimentares", visto que crimes há que dependem não da sentença que declara a falência, mas daquela que con-cede recuperação judicial ou que homologa a recuperação extrajudicial. Todavia, por tradição, prossegue-se dizendo "Crime Falimentar".

7.2. Direito intertemporal e a problemática do conflito de leis penais no tempo

A antiga Lei de Falências (Decreto 7.661/1945), em diversos pontos, frente à nova lei, é considerada mais benéfica (*lex mitior*), especialmente no tocante às penas. Portanto, em alguns casos, configurar-se-á a *novatio legis in pejus* (nova lei prejudicial), razão pela qual, nesse ponto, será irretroativa.

Todavia, houve situações em que a nova lei (Lei 11.101/2005) operou a descriminalização de certas condutas, extirpadas do cenário jurídico. Nesse caso, havendo *abolitio criminis*, certamente a lei nova é benéfica, operando efeitos imediatamente (extinção da punibilidade – art. 107, III, CP).

Ainda, a Lei 11.101/2005 introduziu no ordenamento jurídico penal novas figuras típicas, até então inexistentes. Logo, por se tratar, nesse ponto, de *novatio legis* incriminadora, somente poderá gerar efeitos a partir de sua edição. Assim não fosse, estar-se-ia violando, a um só tempo, o princípio da reserva legal e da anterioridade.

Assim, concluímos o seguinte:

a) para crimes falimentares praticados sob a égide do Decreto 7.661/1945, mas que a persecução penal não tenha sido iniciada, ou, se iniciada, não havia se encerrado, deve-se analisar se a "nova lei" (Lei 11.101/2005) foi mais benéfica – caso em que irá operar-se a retroatividade – ou prejudicial – caso em que haverá a ultratividade da lei revogada;

b) para figuras criminosas inexistentes à época da vigência do Decreto 7.661/1945, evidentemente a tipicidade penal somente existirá a partir da edição da Lei 11.101/2005.

7.3. Crimes de dano e de perigo na Lei de Falências

Em sua maioria, os crimes falimentares serão considerados "crimes de perigo", tendo em vista que a conduta praticada pelo agente não precisará, de fato, causar lesão a um bem ou interesse, bastando que os ameacem de lesão.

Todavia, certos crimes exigirão efetivo dano ao bem jurídico protegido, sem o que não estará configurada a infração penal, ou estar-se-á diante da tentativa.

7.4. Classificação dos crimes falimentares quanto ao sujeito ativo

Alguns dos crimes falimentares são considerados *próprios*, levando-se em conta certa característica ostentada pelo sujeito ativo. São os chamados *crimes falimentares próprios* (arts. 168, 171, 172, 176 e 178 – o sujeito ativo será o devedor; art. 177 – sujeitos ativos: juiz, promotor, administrador judicial, perito, avaliador, escrivão, oficial de justiça ou leiloeiro).

Em outros casos, os crimes falimentares serão *impróprios ou comuns*, tendo em vista que qualquer pessoa poderá ser sujeito ativo. É o caso dos arts. 169, 170, 173, 174 e 175.

7.5. Classificação dos crimes falimentares levando-se em consideração o momento de realização dos atos executórios

a) *Crimes antefalimentares* (ou *pré-falimentares*): são aqueles cuja consumação ocorre em momento anterior (prévio) à declaração judicial da falência (sentença declaratória da falência). Também são assim denominados, após a entrada em vigor da Lei de Falências (Lei 11.101/2005), os crimes cometidos antes da sentença concessiva de recuperação judicial e da que homologa o plano de recuperação extrajudicial. São crimes antefalimentares os descritos nos arts. 168, 169, 172 e 178 da lei em comento.

b) *Crimes pós-falimentares*: são aqueles cuja consumação é verificada após a decretação da falência, da recuperação judicial ou extrajudicial. São assim considerados os crimes previstos nos arts. 168, 170, 171, 172, 173, 174, 175, 176, 177 e 178 da lei em análise.

7.6. Crimes concursais e condição objetiva de punibilidade

Os crimes falimentares são definidos como *crimes concursais*, visto que, para sua configuração, dependem do concurso de alguma causa estranha ao próprio Direito Penal. Assim, somente se pode cogitar de crime falimentar se concorrer uma outra causa (fato/ato jurídico).

Com efeito, o art. 180 da Lei de Falências assim dispõe: "A sentença que decreta a falência, concede recuperação judicial ou concede a recuperação extrajudicial de que trata o art. 163 desta Lei é condição objetiva de punibilidade das infrações penais descritas nesta Lei".

Logo, todos os crimes falimentares dependem da existência de uma condição exterior à conceituação legal (tipicidade penal), sob pena de não se cogitar de sua prática. Daí dizer-se que o crime falimentar é concursal, já que depende do concurso de uma causa externa, estranha ao Direito Penal, que é a sentença que decreta a quebra, ou que concede a recuperação judicial ou extrajudicial.

7.7. Unidade ou universalidade

Segundo Manoel de Pedro Pimentel (*Legislação penal especial*, Ed. RT, 1972), "unidade ou universalidade é o que caracteriza o crime falimentar. Cada crime falimentar é, em si mesmo, uma ação delituosa e basta a existência de um só para justificar a punição". Ainda, o mesmo mestre ensinou que "se várias forem as ações delituosas, passarão a ser consideradas como atos e a unidade complexa se transforma em uma universalidade, punindo-se o todo e não as partes, com uma só pena".

Portanto, prevalece o entendimento doutrinário (e jurisprudencial), que, concorrendo diversos fatos descritos como delitos falimentares, dá-se uma só ação punível, e não pluralidade de ações, visto tratar-se de crime de estrutura complexa, em que o comportamento dos falidos (ou em recuperação judicial ou extrajudicial) deve ser unificado. Enfim, a "pluralidade de crimes" será considerado de maneira universal, como se se tratasse de um só crime, composto de uma pluralidade de atos.

7.8. Investigação criminal na Lei de Falências

De acordo com o Decreto 7.661/1945, a investigação pela prática de crime falimentar era realizada pelo juízo universal da falência, vale dizer, pelo magistrado responsável pela decretação da quebra do empresário ou empresa.

Todavia, a doutrina criticava a disposição legal que previa tal procedimento, na medida em que o art. 144 da CF atribui à Polícia Judiciária a tarefa de investigar e apurar as infrações penais no âmbito dos Estados.

Com a nova Lei de Falências (Lei 11.101/2005), pôs-se um fim a esse absurdo. Hoje, a investigação de crimes falimentares é feita pela Polícia Judiciária, conforme se infere da leitura dos arts. 187 e 188, respeitando-se, assim, a CF/1988 e a indispensável separação entre o órgão julgador e aquele que apura a infração penal.

7.9. Ação penal nos crimes falimentares

De acordo com o art. 184 da Lei 11.101/2005, os crimes falimentares são de ação penal pública incondicionada. Ainda, em seu parágrafo único, que entendemos desnecessário, tendo em vista o disposto no art. 5º, LIX, da CF e art. 29 do CPP, há previsão de cabimento de ação penal privada subsidiária da pública, caso o Ministério Público não ofereça denúncia no prazo legal.

7.10. Crimes em espécie

Os crimes falimentares estão definidos nos arts. 168 a 178 da Lei 11.101/2005. Para os fins da presente obra, traremos, de forma objetiva, os principais aspectos de cada um deles.

7.10.1. Fraude a credores (art. 168)

> **Art. 168.** Praticar, antes ou depois da sentença que decretar a falência, conceder a recuperação judicial ou homologar a recuperação extrajudicial, ato fraudulento de que resulte ou possa resultar prejuízo aos credores, com o fim de obter ou assegurar vantagem indevida para si ou para outrem.
>
> Pena – reclusão, de 3 a 6 anos, e multa.

Este crime corresponde à antiga "falência fraudulenta" prevista no Decreto 7.661/1945.

a) Sujeito ativo: empresário, sócios, gerentes, administradores e conselheiros das sociedades empresárias.

b) Sujeito passivo: os credores.

c) Condutas típicas: corresponde à prática de ato fraudulento, cometido antes ou depois da falência, da recuperação judicial ou extrajudicial (trata-se, portanto, de crime antefalimentar e pós-falimentar). Assim, o autor do crime irá praticar qualquer ato contrário à lei (com fraude), visando, com sua conduta, lesionar os credores. O dano patrimonial, mesmo que não ocorra, não descaracteriza o crime.

d) Elemento subjetivo da conduta e do tipo: o crime é doloso. Exige-se um "especial fim de agir" (elemento subjetivo do tipo), decorrente da expressão "com o fim de...". Assim, o agente atua com a intenção de obter ou assegurar alguma vantagem indevida para si ou para terceira pessoa.

e) Causas de aumento de pena: nos termos do art. 168, § 1º, a pena aumenta-se de 1/6 (um sexto) a 1/3 (um terço), se o agente: I – elabora escrituração contábil ou balanço com dados inexatos; II – omite, na escrituração contábil ou no balanço, lançamento que deles deveria constar, ou altera escrituração ou balanço verdadeiros; III – destrói, apaga ou corrompe dados contábeis ou negociais armazenados em computador ou sistema informatizado; IV – simula a composição do capital social; V – destrói, oculta ou inutiliza, total ou parcialmente, os documentos de escrituração contábil obrigatórios. A pena será majorada de 1/3 (um terço) até metade em caso de "contabilidade paralela", ou seja, se o devedor manteve ou movimentou recursos ou valores paralelamente à contabilidade exigida pela legislação.

f) Concurso de pessoas: nos termos do art. 168, § 3º nas mesmas penas incidem os contadores, técnicos contábeis, auditores e outros profissionais que, de qualquer modo, concorrerem para as condutas criminosas descritas neste artigo, na medida de sua culpabilidade.

g) Causa de diminuição ou de substituição de pena: tratando-se de falência de microempresa ou de empresa de pequeno porte, e não se constatando prática habitual de condutas fraudulentas por parte do falido, poderá o juiz reduzir a pena de reclusão de 1/3 (um terço) a 2/3 (dois terços) ou substituí-la pelas penas restritivas de direitos, pelas de perda de bens e valores ou pelas de prestação de serviços à comunidade ou a entidades públicas (art. 168, § 4º).

7.10.2. Violação de sigilo empresarial (art. 169)

> **Art. 169.** Violar, explorar ou divulgar, sem justa causa, sigilo empresarial ou dados confidenciais sobre operações ou serviços, contribuindo para a condução do devedor a estado de inviabilidade econômica ou financeira.
>
> Pena – reclusão, de 2 a 4 anos, e multa.

Trata-se de *novatio legis* incriminadora. Ou seja, a figura típica em análise inexistia no Decreto 7.661/1945.

a) Sujeito ativo: qualquer pessoa (crime comum).

b) Sujeito passivo: o empresário (devedor).

c) Condutas típicas: Decorre da prática de um dos verbos – violar, explorar ou divulgar. Assim, comete o crime aquela pessoa que viola, explora ou divulga sigilo empresarial ou dados confidenciais referentes a operações e serviços. Com isso, o agente, se contribuir para a bancarrota do devedor, terá cometido o crime.

d) Elemento subjetivo da conduta: o crime é doloso.

7.10.3. Divulgação de informações falsas (art. 170)

> **Art. 170.** Divulgar ou propalar, por qualquer meio, informação falsa sobre devedor em recuperação judicial, com o fim de levá-lo à falência ou de obter vantagem.
>
> *Pena – reclusão, de 2 a 4 anos, e multa.*

Trata-se de *novatio legis* incriminadora, ou seja, a figura típica ora analisada inexistia na antiga legislação falimentar (Decreto 7.661/1945).

a) Sujeito ativo: qualquer pessoa (crime comum).

b) Sujeito passivo: o empresário (devedor) em recuperação judicial.

c) Condutas típicas: Decorre da prática de um dos verbos – divulgar ou propalar. Assim, comete o crime aquela pessoa que divulga ou retransmite informações inverídicas (falsas) sobre o empresário que esteja em recuperação concedida judicialmente. Com isso, o agente tenciona obter alguma vantagem ou levar o devedor à falência.

d) Elemento subjetivo da conduta: o crime é doloso. Exige-se, ainda, dolo específico (elemento subjetivo do tipo), consistente no especial fim do agente de levar o sujeito passivo à falência.

7.10.4. Induzimento a erro (art. 171)

Art. 171. Sonegar ou omitir informações ou prestar informações falsas no processo de falência, de recuperação judicial ou de recuperação extrajudicial, com o fim de induzir a erro o juiz, o Ministério Público, os credores, a assembleia geral de credores, o Comitê ou o administrador judicial.

Pena – reclusão, de 2 a 4 anos, e multa.

Trata-se de *crime de mera conduta*.

a) Sujeito ativo: qualquer pessoa (crime comum).

b) Sujeito passivo: o empresário (devedor) em recuperação judicial, extrajudicial ou o falido.

c) Condutas típicas: Decorre da prática de um dos verbos – sonegar ou omitir; prestar informações. Trata-se, portanto, de crime omissivo nas condutas sonegar ou omitir, e comissivo, na conduta de prestar informações falsas. Assim, comete o crime aquela pessoa que sonega (esconde) ou omite informações, bem como a que prestar falsas informações, no curso de um processo falimentar, tencionando induzir a erro o juiz, especialmente no tocante às informações relativas à "saúde financeira" do réu da ação.

d) Elemento subjetivo da conduta: o crime é doloso. Exige-se, ainda, dolo específico (elemento subjetivo do tipo), consistente no especial fim do agente de levar o juiz, o membro do Ministério Público, os credores, a Assembleia geral de credores, o comitê e o administrador judicial a erro.

7.10.5. Favorecimento de credores (art. 172)

Art. 172. Praticar, antes ou depois da sentença que decretar a falência, conceder a recuperação judicial ou homologar o plano de recuperação extrajudicial, ato de disposição ou oneração patrimonial ou gerador de obrigação, destinado a favorecer um ou mais credores em prejuízo dos demais.

Pena – reclusão, de 2 a 5 anos, e multa.

Trata-se de *crime pré-falimentar ou pós-falimentar*.

a) Sujeito ativo: o devedor (crime próprio). Porém, nos termos do art. 172, parágrafo único, da lei ora analisada, nas mesmas penas incorrerá o credor que, em conluio, possa beneficiar-se de ato previsto no *caput* do mesmo artigo.

b) Sujeito passivo: os credores.

c) Conduta típica: Decorre da prática de um ato de disposição ou oneração patrimonial. Trata-se, portanto, de crime pelo qual o agente (devedor), em detrimento da universalidade dos credores (*par conditio*), desvia bens que integrem a massa falida diretamente a certos credores, violando a ordem de recebimento. O que faz o devedor é privilegiar um ou mais credores, em detrimento dos outros.

d) Elemento subjetivo da conduta: o crime é doloso.

7.10.6. Desvio, recebimento ou uso ilegal de bens (art. 173)

Art. 173. Apropriar-se, desviar ou ocultar bens pertencentes ao devedor sob recuperação judicial ou à massa falida, inclusive por meio de aquisição por interposta pessoa.

Pena – reclusão, de 2 a 4 anos, e multa.

a) Sujeito ativo: qualquer pessoa (crime comum), inclusive o devedor ou mesmo um credor.

b) Sujeito passivo: os credores lesados pela conduta.

c) Conduta típica: Decorre da prática de um dos verbos – apropriar, desviar ou ocultar. Assim, o agente que se apropriar (tomar para si), desviar (dar destinação diversa) ou ocultar (esconder) bens da massa falida, cometerá o crime em tela. Com uma das condutas, o agente irá causar prejuízo aos demais credores, por retirar do devedor ou da massa falida bens que eventualmente seriam reduzidos a dinheiro e distribuídos aos credores, de acordo com a classificação de seus créditos.

d) Elemento subjetivo da conduta: o crime é doloso.

7.10.7. Aquisição, recebimento ou uso ilegal de bens

Art. 174. Adquirir, receber, usar, ilicitamente, bem que sabe pertencer à massa falida ou influir para que terceiro, de boa-fé, o adquira, receba ou use.

Pena – reclusão, de 2 a 4 anos, e multa.

Trata-se de figura penal muito semelhante à receptação (art. 180 do CP). Alguns denominam o crime em tela de "receptação falimentar".

a) Sujeito ativo: qualquer pessoa (crime comum), inclusive o devedor ou mesmo um credor.

b) Sujeito passivo: os credores.

c) Conduta típica: Decorre da prática de um dos verbos – adquirir, receber, usar ou influir. Assim, o agente que praticar uma das condutas típicas cometerá o crime, já que o fez em desconformidade com as regras legais. A aquisição, recebimento e uso de bens pertencentes a uma massa falida exigem autorização judicial. Ainda, se o autor do crime influir terceiro de boa-fé a adquirir, receber ou usar bem da massa falida, também cometerá a infração em testilha.

d) Elemento subjetivo da conduta: o crime é doloso. Ou seja, exige-se que o agente tenha conhecimento da origem do bem (pertencente a uma massa falida).

7.10.8. Habilitação ilegal de crédito (art. 175)

Art. 175. Apresentar, em falência, recuperação judicial ou recuperação extrajudicial, relação de créditos, habilitação de créditos ou reclamação falsas, ou juntar a elas título falso ou simulado.

Pena – reclusão, de 2 a 4 anos, e multa.

Trata-se de figura penal que se assemelha a uma falsidade ideológica ou material (documental).

a) Sujeito ativo: qualquer pessoa (crime comum).

b) Sujeito passivo: os credores, o devedor e a administração pública.

c) Conduta típica: Decorre da apresentação de créditos ou habilitações falsas.

d) Elemento subjetivo da conduta: o crime é doloso. Consuma-se o crime mesmo se não houver prejuízo a qualquer pessoa. Trata-se, pois, de crime formal.

7.10.9. Exercício ilegal de atividade (art. 176)

Art. 176. Exercer atividade para a qual foi inabilitado ou incapacitado por decisão judicial, nos termos da Lei.

Pena – reclusão, de 1 a 4 anos, e multa.

Trata-se de figura penal que se assemelha a uma desobediência.

a) Sujeito ativo: devedor (crime próprio). É efeito da condenação por crime falimentar a inabilitação para o exercício de atividade empresarial, ou para cargos ou funções no conselho de administração, diretoria ou gerência de sociedades empresárias. Por isso, apenas o réu na ação falimentar que haja decretado a quebra é que poderá cometer o crime em tela.

b) Sujeito passivo: a coletividade (em especial a Administração Pública, já que sua decisão – inabilitação para ser empresário ou exercer certos cargos – está sendo desrespeitada).

c) Conduta típica: Decorre do exercício de atividade para o qual o agente foi inabilitado ou incapacitado por decisão judicial. Daí tratar-se de verdadeira desobediência à decisão judicial.

d) Elemento subjetivo da conduta: o crime é doloso.

7.10.10. *Violação de impedimento (art. 177)*

> **Art. 177.** Adquirir o juiz, o representante do Ministério Público, o administrador judicial, o gestor judicial, o perito, o avaliador, o escrivão, o oficial de justiça ou o leiloeiro, por si ou interposta pessoa, bens da massa falida ou de devedor em recuperação judicial, ou, em relação a estes, entrar em alguma especulação de lucro, quando tenham atuado nos respectivos processos.
>
> Pena – reclusão, de 2 a 4 anos, e multa.

a) Sujeito ativo: cometerá o crime em comento o juiz, o representante do Ministério Público, o administrador judicial, o gestor judicial, o perito, o avaliador, o escrivão, o oficial de justiça ou o leiloeiro. Trata-se, portanto, de crime próprio.

b) Sujeito passivo: a coletividade (Estado).

c) Conduta típica: Decorre da aquisição de bens da massa falida ou de devedor em recuperação judicial, por qualquer das pessoas previstas no tipo penal, desde que, é claro, tenham exercido alguma função ou múnus público no processo. Assim, inexistirá crime, por exemplo, de um juiz federal da Justiça do Trabalho que tenha adquirido um bem da massa falida apurada em processo falimentar em trâmite na Justiça Estadual comum.

d) Elemento subjetivo da conduta: o crime é doloso.

7.10.11. *Omissão dos documentos contábeis obrigatórios (art. 178)*

> **Art. 178.** Deixar de elaborar, escriturar ou autenticar, antes ou depois da sentença que decretar a falência, conceder a recuperação judicial ou homologar o plano de recuperação extrajudicial, os documentos de escrituração contábil obrigatórios.
>
> Pena – detenção, de 1 a 2 anos, e multa, se o fato não constitui crime mais grave.

a) Sujeito ativo: é o devedor.

b) Sujeito passivo: será o credor (sujeito passivo imediato) e a coletividade (sujeito passivo mediato).

c) Conduta típica: consiste no fato de o agente deixar de elaborar, escriturar ou autenticar, antes (crime pré-falimentar) ou depois da sentença que decretar a falência, conceder a

recuperação judicial ou homologar plano de recuperação extrajudicial (crime pós-falimentar) os documentos de escrituração contábil obrigatórios. Trata-se, por evidente, de conduta omissiva. Logo, estamos diante de crime omissivo próprio ou puro, razão pela qual a tentativa é inadmissível.

d) Elemento subjetivo: é o dolo.

7.11. Efeitos da condenação por crimes falimentares

Nos termos do art. 181 da Lei 11.101/2005, temos que são efeitos da condenação:

> I – a inabilitação para o exercício de atividade empresarial;
>
> II – o impedimento para o exercício de cargo ou função em conselho de administração, diretoria ou gerência das sociedades sujeitas a esta Lei;
>
> III – a impossibilidade de gerir empresa por mandato ou por gestão de negócio.

Referidos efeitos da condenação não são automáticos (portanto, estamos diante de *efeitos específicos*), devendo ser motivadamente declarados na sentença, e perdurarão até 5 (cinco) anos após a extinção da punibilidade, podendo, contudo, cessar antes pela reabilitação penal (art. 181, § 1º).

Nos termos do art. 181, § 2º, transitada em julgado a sentença penal condenatória, será notificado o Registro Público de Empresas para que tome as medidas necessárias para impedir novo registro em nome dos inabilitados.

7.12. Prescrição dos crimes falimentares

Nos termos do art. 182 da Lei 11.101/2005, a prescrição dos crimes falimentares reger-se-á pelas disposições do <u>Decreto-Lei 2.848, de 07.12.1940</u> – Código Penal, começando a correr do dia da decretação da falência, da concessão da recuperação judicial ou da homologação do plano de recuperação extrajudicial. Portanto, o termo inicial do prazo prescricional é o implemento da condição objetiva de punibilidade, qual seja, a decretação da falência, da recuperação judicial ou extrajudicial.

Frise-se que a decretação da falência do devedor interrompe a prescrição cuja contagem tenha iniciado com a concessão da recuperação judicial ou com a homologação do plano de recuperação extrajudicial (art. 182, parágrafo único).

8. CRIMES AMBIENTAIS – LEI 9.605/1998

8.1. Aspectos constitucionais e legais

De início, cabe a transcrição do art. 225, *caput*, da CF:

> Todos têm direito ao meio ambiente ecologicamente equilibrado, bem de uso comum do povo e essencial à sadia qualidade de vida, impondo-se ao Poder Público e à coletividade o dever de defendê-lo e preservá-lo para as presentes e futuras gerações.

No § 3º do sobredito dispositivo constitucional, lê-se que "as condutas e atividades consideradas lesivas ao meio ambiente sujeitarão os infratores, pessoas físicas ou jurídicas, a sanções penais e administrativas, independentemente da obrigação de reparar os danos causados".

Destarte, identifica-se na Lei Maior verdadeiro mandamento de criminalização. Ou seja, o legislador constituinte, em verdadeira "ordem" ao infraconstitucional, determinou que as condutas lesivas à qualidade ambiental sujeitarão os infratores a um tríplice sistema sancionatório: administrativo, civil e criminal.

Anos mais tarde, com o advento da Lei 9.605/1998, foram tipificadas condutas lesivas ao meio ambiente, dando-lhes conotação – e proteção – penal.

8.2. Breves linhas acerca das discussões doutrinárias sobre a responsabilidade penal das pessoas jurídicas por crimes ambientais

Considerando que o objetivo da presente obra é trazer ao leitor um "resumo" sobre os principais pontos dos editais de concursos públicos, traremos, brevemente, os pontos fulcrais acerca da responsabilização penal das pessoas jurídicas por danos causados ao meio ambiente.

Pois bem. As divergências doutrinárias cingem-se, basicamente, a duas linhas:

a) admissibilidade da responsabilidade penal da pessoa jurídica; e

b) inadmissibilidade da responsabilidade penal da pessoa jurídica.

O principal argumento para a *primeira corrente* é o de que a própria CF, em seu art. 225, § 3º, previu expressamente a responsabilidade penal da pessoa jurídica.

Já para a *segunda corrente*, as bases fundamentais da sistemática penal (responsabilidade subjetiva – condutas dolosas ou culposas; imposição de penas privativas de liberdade; vedação da responsabilidade objetiva; princípio da culpabilidade e personalização das penas) impossibilitam o reconhecimento de condutas criminosas perpetradas por pessoas jurídicas.

A tendência moderna é a da *aceitação* da responsabilização penal das pessoas jurídicas por crimes ambientais, afirmando-se que a moderna criminalidade exige mecanismos eficientes – e atualizados – de combate aos comportamentos lesivos aos direitos transindividuais, sendo necessário que o intérprete-aplicador do Direito se distancie de alguns "dogmas" criados na seara criminal, especialmente o de que apenas o "ser humano" pode cometer infrações penais. Ainda, sustenta-se que a pessoa jurídica deve, sim, responder por seus atos, sendo necessária uma adaptação da culpabilidade às suas características.

Nada obstante, doutrinadores de renome defendem a irresponsabilidade penal das pessoas jurídicas pela prática de crimes, dentre eles Luiz Regis Prado, Miguel Reale Junior, José Henrique Pierangelli e Claus Roxin (Alemanha). Sustenta-se que desde o Direito Romano já se afirmava que a sociedade não pode delinquir (*societas delinquere non potest*), bem como que a pessoa jurídica não tem "vontade", motivo pelo qual não pode ter um "comportamento delituoso". Também se afirma que a pessoa jurídica não tem a indispensável consciência, elemento constitutivo da conduta penalmente

relevante, bem como que não é possível que se lhe impute um fato ilícito em razão de sua ausência de capacidade de entendimento e autodeterminação (imputabilidade). Por fim, diz-se que é inviável a imposição de penas privativas de liberdade às pessoas jurídicas. Para a corrente que admite a responsabilização criminal, afirma-se que o Direito Penal não se resume à aplicação de penas de prisão, sendo perfeitamente possível que se imponham aos entes morais penas restritivas de direitos e pecuniárias.

Assim, seguindo a corrente que reconhece a possibilidade de punição das pessoas jurídicas por crimes ambientais, foi editada a Lei 9.605/1998, que, em seu art. 3º, *caput*, e parágrafo único, prescreve que as pessoas jurídicas serão responsabilizadas administrativa, civil e penalmente conforme o disposto nesta Lei, nos casos em que a infração seja cometida por decisão de seu representante legal ou contratual, ou de seu órgão colegiado, no interesse ou benefício da sua entidade. Determina, ainda, que a responsabilidade das pessoas jurídicas não exclui a das pessoas físicas, autoras, coautoras ou partícipes do mesmo fato.

Para o STJ, "admite-se a responsabilidade penal da pessoa jurídica em crimes ambientais desde que haja a imputação simultânea do ente moral e da pessoa física que atua em seu nome ou em seu benefício, uma vez que não se pode compreender a responsabilização do ente moral dissociada da atuação de uma pessoa física, que age com elemento subjetivo próprio" (REsp 889.528/SC, rel. Min. Felix Fischer, j. 17.04.2007).

O entendimento acima sedimentava o **sistema paralelo de imputação**, também conhecido como **teoria da dupla imputação**. Para que o Ministério Público ofereça denúncia contra pessoa jurídica pela prática de crime ambiental, será indispensável que haja, também, a imputação de conduta a uma pessoa física que atue em seu nome ou em seu benefício.

Nada obstante, a 1ª Turma do STF, em análise de Agravo Regimental interposto pelo Ministério Público Federal nos autos do Recurso Extraordinário 548.181/PR, por maioria de votos, reconheceu a **desnecessidade da dupla imputação** para o reconhecimento da responsabilidade penal das pessoas jurídicas por crimes ambientais. Confira-se a ementa:

"*Agravo regimental em recurso extraordinário. Direito penal. Crime ambiental. Responsabilidade penal da pessoa jurídica. Condicionamento à identificação e à persecução da pessoa física.* Tese do condicionamento da responsabilização penal da pessoa jurídica à simultânea identificação e persecução penal da pessoa física responsável, que envolve, à luz do art. 225, § 3º, da Carta Política, questão constitucional merecedora de exame por esta Suprema Corte. Agravo regimental conhecido e provido."

Embora não se trate de decisão tomada pelo Plenário da Excelsa Corte, trata-se de posicionamento que poderá influenciar a jurisprudência pátria, alterando-se o entendimento até então pacificado acerca do sistema da dupla imputação. Tanto é verdade que o próprio STJ tem precedente admitindo a desnecessidade da dupla imputação (RMS 39173/BA, 5ª Turma, Min. Reynaldo Soares da Fonseca, *DJe* de 13.08.2015).

8.3. Considerações gerais sobre os crimes ambientais

Para os fins da presente obra, iremos nos ater aos mais importantes aspectos dos principais crimes definidos na Lei 9.605/1998, que estão distribuídos da seguinte forma:

a) Crimes contra a fauna (arts. 29 a 37);

b) Crimes contra a flora (arts. 38 a 53);

c) Crimes de poluição e outros crimes ambientais (arts. 54 a 61);

d) Crimes contra o ordenamento urbano e o patrimônio cultural (arts. 62 a 65);

e) Crimes contra a administração ambiental (arts. 66 a 69-A).

Como dito, não esgotaremos todos os crimes ambientais. Porém, iremos abordar os principais e mais cobrados nos concursos públicos.

8.3.1. Dos crimes contra a fauna (arts. 29 a 37)

Todos os crimes previstos neste capítulo têm por objetividade jurídica a *fauna*, vale dizer, o conjunto de animais de qualquer espécie que viva naturalmente fora do cativeiro.

8.3.1.1. Crime do art. 29

Art. 29. Matar, perseguir, caçar, apanhar, utilizar espécime de fauna silvestre, nativos ou em rota migratória, sem a devida permissão, licença ou autorização da autoridade competente, ou em desacordo com a obtida.

Pena – detenção, de 6 meses a 1 ano, e multa.

a) Conduta típica: são os verbos-núcleos do tipo *matar, perseguir, caçar, apanhar* ou *utilizar*.

b) Objeto material: espécimes de fauna silvestre, nativos ou em rota migratória.

Entende-se por fauna o conjunto de animais próprios de uma região ou de um período geológico. *Espécimes nativas* são aquelas nascidas naturalmente em uma região. Já as *espécimes migratórias* são aquelas que mudam periodicamente de região (ex.: aves).

c) Elementos normativos do tipo: sem a devida permissão, licença ou autorização da autoridade competente, ou em desacordo com a obtida.

d) Consumação e tentativa: este crime estará *consumado* com a morte, perseguição, atos de caça, a captura ou a utilização dos espécimes, de forma indevida. É admissível a *tentativa* nas condutas de *matar e apanhar*, que exigem resultado (material). Já nos verbos *perseguir e caçar*, o crime será de mera conduta, não sendo possível a tentativa. Por fim, o verbo *utilizar* pressupõe a perseguição ou o ato de apanhar as espécimes, também não admitindo tentativa.

Será admissível o perdão judicial, que é causa extintiva da punibilidade (art. 107, IX, do CP), caso presente a hipótese descrita no art. 29, § 2º, da lei em comento. Assim, tratando-se de guarda doméstica da espécie silvestre, desde que não ameaçada de extinção (nos termos de ato normativo específico editado pela autoridade competente), a punibilidade do agente poderá ser extinta.

O art. 29, § 4º, I a VI, e § 5º, retrata causas de aumento de pena quando o crime for cometido: § 4º: I – contra espécie rara ou considerada ameaçada de extinção, ainda que somente no local da infração; II – em período proibido à caça; III – durante a noite; IV – com abuso de licença; V – em unidade de conservação; VI – com emprego de métodos ou instrumentos capazes de provocar destruição em massa; § 5º: se o crime decorre do exercício de caça profissional.

8.3.1.2. Crime do art. 30

Art. 30. Exportar para o exterior peles e couros de anfíbios e répteis em bruto, sem a autorização da autoridade ambiental competente.

Pena – reclusão, de 1 a 3 anos, e multa.

a) Conduta típica: tem base no verbo-núcleo do tipo, qual seja, *exportar*, que significa remeter para fora do país.

b) Objeto material: o objeto material do crime pode ser: *pele* (é o tecido menos espesso, que constitui o revestimento externo do corpo de animais) e *couro* (é a pele mais espessa, que reveste exteriormente o corpo de animais – ex.: couro de jacaré).

A pele ou o couro devem ser de anfíbios (vivem na terra e na água – ex.: rã, salamandras etc.) ou répteis (que se arrastam ao andar – ex.: cobras e crocodilos).

c) Consumação e tentativa: Para o crime em comento restar consumado, basta a remessa para o exterior das peles ou couros. Todavia, em razão de o *iter criminis* ser fracionável, admite-se a tentativa.

d) Competência: Tratando-se de delito transnacional (exportação para o exterior), a competência será da Justiça Federal.

8.3.1.3. Crime do art. 31

Art. 31. Introduzir espécime animal no País, sem parecer técnico oficial favorável e licença expedida por autoridade competente.

Pena – detenção, de 3 meses a 1 ano, e multa.

a) Conduta típica: introduzir, que significa fazer entrar ou penetrar.

b) Objeto material: o objeto material deste crime é animal "exótico", no sentido de estrangeiro, não nativo, proveniente ou oriundo de outro país.

c) Elemento subjetivo: o crime é doloso, pressupondo a vontade livre e consciente do agente em introduzir no Brasil espécime animal estrangeiro sem parecer técnico oficial e licença expedida por autoridade competente.

d) Consumação e tentativa: consuma-se com a introdução da espécime animal no país, desde que sem parecer técnico oficial favorável e licença expedida por autoridade competente. Admite-se a tentativa, desde que o último ato de execução seja praticado no estrangeiro, uma vez que, entrando em nossas fronteiras, o crime estará consumado.

8.3.1.4. Crime do art. 32

Art. 32. Praticar ato de abuso, maus-tratos, ferir ou mutilar animais silvestres, domésticos ou domesticados, nativos ou exóticos.

Pena – detenção, de 3 meses a 1 ano, e multa.

a) Condutas típicas: praticar (realizar, efetuar); abuso (uso errado, excessivo); maus-tratos (tratar com violência); ferir (provocar ferimentos); mutilar (cortar, decepar membros ou partes do corpo).

b) Objeto material: este crime pode ser praticado contra: animais silvestres (pertencentes à fauna silvestre); animais domésticos (vivem ou são criados em casa – ambiente humano); animais domesticados (animal silvestre que foi amansado – ex.: cavalos, gado etc.).

O crime em análise também pode ser praticado pelo agente que realizar *experiência dolorosa ou cruel em animal vivo, ainda que para fins didáticos ou científicos, quando existirem recursos alternativos* (art. 32, § 1º). Neste caso, não basta o dolo, mas o tipo exige um fim especial de agir, qual seja, para "fins didáticos ou científicos". O tipo, neste caso, somente se perfaz quando não existirem outros *"recursos alternativos"* (elemento normativo do tipo).

E com relação aos animais criados para abate: há crime? Entendemos que não, desde que o processo de morte seja indolor (ex.: gado de corte, galinhas, frangos, perus etc.). Nesse caso, a morte dos animais é socialmente aceita, sendo atípica.

O crime em tela será de dano nas modalidades *ferir e mutilar*, sendo de perigo nas modalidades *abuso e maus-tratos*.

8.3.1.5. Crime do art. 33

> **Art. 33.** Provocar, pela emissão de efluentes ou carreamento de materiais, o perecimento de espécimes da fauna aquática existentes em rios, lagos, açudes, lagoas, baías ou águas jurisdicionais brasileiras.
>
> Pena – detenção, de 1 a 3 anos, ou multa, ou ambas cumulativamente.

a) Conduta típica: *provocar*, que significa *causar, ocasionar, produzir*. Assim, o agente produz, pela emissão de efluentes (líquidos ou fluidos que emanam de um corpo, processo, dispositivo, equipamento ou instalação), o perecimento (morte) de espécimes aquáticas (ex.: peixes, crustáceos, moluscos, algas etc.).

O parágrafo único, do art. 33, traz, ainda, os seguintes crimes:

1) Causar degradação em viveiros, açudes ou estações de aquicultura de domínio público;

2) Exploração de campos naturais de invertebrados aquáticos e algas, sem licença, permissão ou autorização da autoridade competente;

3) Fundear (ancorar) embarcações ou lançar detritos de qualquer natureza sobre bancos de moluscos ou corais.

8.3.1.6. Crime do art. 34

> **Art. 34.** Pescar em período no qual a pesca seja proibida ou em lugares interditados por órgão competente.
>
> Pena – detenção, de 1 a 3 anos, ou multa, ou ambas cumulativamente.

a) Conduta típica: *pescar*, que significa retirar peixes da água. Porém, para efeitos da Lei dos Crimes Ambientais, *considera-se pesca todo ato tendente a retirar, extrair, coletar,*

apanhar, apreender ou capturar espécimes dos grupos dos peixes, crustáceos, moluscos e vegetais hidróbios, suscetíveis ou não de aproveitamento econômico, ressalvadas as espécies ameaçadas de extinção, constantes nas listas oficiais da fauna e da flora (art. 36).

A pesca comercial, desportiva ou científica é, como regra, permitida (Dec.-lei 221/1967). O que é vedado é a pesca em período ou local proibidos por autoridade competente, ou, ainda, em certas quantidades ou por métodos considerados muito lesivos ao meio ambiente (IBAMA).

8.3.1.7. Crime do art. 35

> **Art. 35.** Pescar mediante a utilização de:
>
> I – explosivos ou substâncias que, em contato com a água, produzam efeito semelhante;
>
> II – substâncias tóxicas, ou outro meio proibido pela autoridade competente:
>
> Pena – reclusão, de 1 a 5 anos.

a) Conduta típica: *pescar*, aqui se entendendo a acepção constante do art. 36 da Lei 9.605/1998. Porém, a pesca será considerada criminosa se:

I. forem utilizados explosivos ou substâncias que produzam efeitos análogos aos de uma explosão;

II. substâncias tóxicas (são aquelas capazes de provocar envenenamento ou intoxicação – ex.: venenos e agrotóxicos).

8.3.1.8. Causas especiais de exclusão da ilicitude (art. 37)

> **Art. 37.** Não é crime o abate de animal, quando realizado:
>
> I – em estado de necessidade, para saciar a fome do agente ou de sua família;
>
> II – para proteger lavouras, pomares e rebanhos da ação predatória ou destruidora de animais, desde que legal e expressamente autorizado pela autoridade competente;
>
> III – Vetado;
>
> IV – por ser nocivo o animal, desde que assim caracterizado pelo órgão competente.

Esse dispositivo nos traz causas específicas de exclusão da antijuridicidade. Portanto, o abate de animal, quando realizado na forma prevista no tipo penal permissivo em análise, não caracterizará crime ambiental.

8.3.2. Dos crimes contra a flora (arts. 38 a 53)

Doravante, passaremos a tratar dos principais crimes contra a flora.

8.3.2.1. Crime do art. 38

> **Art. 38.** Destruir ou danificar floresta considerada de preservação permanente, mesmo que em formação, ou utilizá-la com infringência das normas de proteção:
>
> Pena – detenção, de 1 a 3 anos, ou multa, ou ambas as penas cumulativamente.

a) Conduta típica: se evidencia por três verbos nucleares do tipo, a saber: *destruir* (significa eliminar, por completo, devastar, desintegrar, arruinar totalmente); *danificar* (causar dano ou estrago parcial); *utilizar* (empregar, fazer uso) com infringência das normas de proteção. Aqui, o agente faz uso de floresta de preservação permanente com infração a normas de preservação. Trata-se de norma penal em branco, pois exige complemento, qual seja, exatamente as normas de preservação.

b) Objeto material: "floresta de preservação permanente", ainda que em formação. Entende-se por *floresta* uma formação vegetal geralmente densa, em que predominam as árvores ou espécies lenhosas de grande porte. À época em que editada a Lei 9.605/1998, eram consideradas "florestas" (atualmente denominadas de áreas) de *preservação permanente* todas as florestas e demais formas de vegetação natural relacionadas nos arts. 2º e 3º do "antigo" Código Florestal (Lei 4.771/1965), revogado pela Lei 12.651/2012, que tratou das áreas de preservação permanente (APP's) nos arts. 4º e 6º.

c) Elemento subjetivo: o crime em tela é doloso. Todavia, nos termos do art. 38, parágrafo único, da lei em testilha, previu-se a possibilidade de o crime ser praticado culposamente, hipótese em que a pena será reduzida pela metade.

8.3.2.2. Crime do art. 39

> **Art. 39.** Cortar árvores em floresta considerada de preservação permanente, sem permissão da autoridade competente:
> Pena – detenção, de 1 a 3 anos, ou multa, ou ambas as penas cumulativamente.

a) Conduta típica: *cortar*, ou seja, derrubar pelo corte. Embora o tipo penal fale em cortar árvores (no plural), basta o corte de uma só, em floresta (leia-se: área) considerada de preservação permanente, para o crime em tela estar consumado.

b) Objeto material: corresponde às árvores em florestas consideradas de preservação permanente (em verdade, áreas de preservação permanente, assim definidas, atualmente, nos arts. 4º e 6º do "novo" Código Florestal – Lei 12.651/2012).

Árvore é toda planta lenhosa, cujo caule ou tronco, fixado no solo com raízes, é despido na base e carregado de galhos e folhas na parte superior. Para a botânica, somente se considera árvore se a planta tiver altura superior a sete metros. Abaixo disto, estaremos diante de arbustos.

c) Elemento normativo do tipo: consubstanciado na expressão "sem permissão da autoridade competente". Portanto, somente haverá crime se o corte de árvores em APP ocorrer sem permissão da autoridade competente.

8.3.2.3. Crime do art. 41

> **Art. 41.** Provocar incêndio em mata ou floresta:
> Pena – reclusão, de 2 a 4 anos, e multa.

a) Conduta típica: corresponde ao fato de o agente *provocar incêndio*, ou seja, causar, ocasionar fogo de grandes proporções. Entende-se, aqui, que o fogo deve atingir um grande número de árvores, mas não se exige que o incêndio queime toda a mata ou floresta; deverá atingir proporção relevante (análise do caso concreto – perícia).

b) Objeto material: pode ser a *mata* (formação vegetal constituída por árvores de pequeno e médio portes) ou a *floresta* (formação vegetal geralmente densa, em que predominam as árvores ou espécies lenhosas de grande porte).

c) Elemento subjetivo: o crime em tela é doloso. Todavia, admite-se a modalidade culposa (art. 41, parágrafo único – pena de detenção de seis meses a um ano, e multa), caso em que a tentativa será inadmissível.

8.3.2.4. Crime do art. 42

> **Art. 42.** Fabricar, vender, transportar ou soltar balões que possam provocar incêndios nas florestas e demais formas de vegetação, em áreas urbanas ou qualquer tipo de assentamento humano:
> Pena – detenção, de 1 a 3 anos, ou multa, ou ambas as penas cumulativamente.

a) Condutas típicas: são quatro: *fabricar* (manufaturar, produzir em fábrica); *vender* (alienar onerosamente); *transportar* (levar de um para outro lugar); *soltar* (deixar sair vagueando pelos ares).

Assim, *fabrica-se*, *vende-se*, *transporta-se* ou *solta-se balão* (invólucro de papel que, aquecido, sobe por força da expansão do ar, tendo fogo em sua base), provocando, com isso, risco potencial de incêndio em florestas e demais formas de vegetação, pouco importando se se trata de área urbana ou rural.

b) Objeto material: florestas e demais formas de vegetação integrantes da flora brasileira.

c) Elemento subjetivo: esse crime apresenta *dolo de perigo*, ou seja, o agente age de forma livre e consciente, não com a finalidade de causar efetivo resultado, mas apenas de colocar em perigo o bem jurídico tutelado pela norma penal incriminadora. Porém, exige-se a provocação de um *perigo concreto*, não bastando que o agente solte um balão. Deve-se demonstrar que, com referida conduta, alguma floresta ou outra forma de vegetação foi exposta a risco de incêndio. Trata-se, pois, de *crime de perigo concreto*.

8.3.2.5. Crime do art. 44

> **Art. 44.** Extrair de florestas de domínio público ou consideradas de preservação permanente, sem prévia autorização, pedra, areia, cal ou qualquer espécie de minerais:
> Pena – detenção, de 6 meses a 1 ano, e multa.

a) Conduta típica: corresponde à realização do verbo *extrair*, que significa tirar, retirar, sem prévia autorização (elemento normativo do tipo).

b) Objeto material: florestas de domínio público (são aquelas componentes do patrimônio de um dos entes federativos – União, Estados, Municípios e DF); florestas consideradas de preservação permanente (em verdade, aqui, o objeto material será qualquer área de preservação permanente – APP, assim identificada nos termos dos arts. 4º e 6º do Código Florestal – Lei 12.651/2012); pedra, areia e cal, ou qualquer espécie de minerais (interpretação analógica).

c) Consumação e tentativa: consuma-se o crime com a prática do verbo-núcleo do tipo, vale dizer, no momento em que o agente extrair pedra, areia, cal ou qualquer espécie de minerais, de florestas de domínio público ou de preservação permanente, sem prévia autorização. Por ser crime material, admite-se a tentativa.

8.3.2.6. Crime do art. 49

Art. 49. Destruir, danificar, lesar ou maltratar, por qualquer modo ou meio, plantas de ornamentação de logradouros públicos ou em propriedade privada alheia:

Pena – detenção, de 3 meses a 1 ano, ou multa, ou ambas as penas cumulativamente.

a) Condutas típicas: as ações nucleares, adiante analisadas, devem ser perpetradas em *logradouros públicos* (são os bens públicos de uso comum do povo, como, por exemplo, as ruas, praças, jardins) ou mesmo em *propriedades privadas alheias* (são os bens imóveis pertencentes a terceiras pessoas que não o próprio agente delitivo).

As *condutas típicas* são *destruir* (eliminar por completo), *danificar* (causar estrago parcial), *lesar* (mutilar) ou *maltratar* (tratar de maneira inadequada). Assim, cometerá o crime o agente que mutilar uma orquídea!

Neste crime, a conduta típica pode dar-se por *ação ou omissão dolosas*.

b) Objeto material: corresponde às *plantas de ornamentação*, assim consideradas aquelas usadas em áreas internas ou externas, para a simples decoração (ex.: samambaias, azaleias, crisântemos etc.).

c) Elemento subjetivo: o crime sob análise é doloso. Porém, nos termos do art. 49, parágrafo único, admissível a modalidade culposa. Destarte, a destruição, dano, lesão ou "maus-tratos" podem decorrer de imprudência, negligência ou imperícia por parte do agente delitivo. Entende-se que, nesse caso, a culpa deve derivar não de uma conduta comissiva (ação), mas sim de uma omissão. Exemplifiquemos: "A", jardineiro, por negligência, deixa de aguar plantas ornamentais de um jardim público, causando a morte das mesmas.

8.3.2.7. Crime do art. 51

Art. 51. Comercializar motosserra ou utilizá-la em florestas e nas demais formas de vegetação, sem licença ou registro da autoridade competente.

Pena – detenção, de 3 meses a 1 ano, e multa.

a) Conduta típica: *comercializar* (colocar no mercado), não sendo necessária a venda – crime de perigo; *utilizar* (fazer uso de), exigindo-se a efetiva utilização – crime de dano.

Assim, o agente comercializa ou utiliza motosserra, que é a serra dotada de motor elétrico ou a explosão, servindo para cortar ou serrar madeira. Somente haverá crime se a comercialização ou utilização ocorrer "sem licença ou registro da autoridade competente" (elemento normativo do tipo).

b) Objeto material: floresta e demais formas de vegetação.

Perceba que o legislador não exigiu que se tratem de "florestas de preservação permanente" (APP).

c) Consumação e tentativa: consuma-se o crime com a comercialização de motosserra ou sua simples utilização, sem licença ou registro da autoridade competente. Entende-se admissível a tentativa.

8.3.2.8. Crime do art. 52

Art. 52. Penetrar em Unidades de Conservação conduzindo substâncias ou instrumentos próprios para a caça ou para exploração de produtos ou subprodutos florestais, sem licença da autoridade competente.

Pena – detenção, de 6 meses a 1 ano, e multa.

a) Conduta típica: o tipo objetivo perfaz-se com as seguintes condutas: *penetrar* (entrar, adentrar) e *conduzir* (carregar, transportar).

Assim, o agente entra ou transporta, em unidades de conservação, substâncias químicas ou carrega instrumentos adequados para a caça de animais silvestres, ou para a exploração de produto florestal (é todo bem que uma floresta produz) ou subproduto florestal (ex.: lenha), *sem licença da autoridade competente* (trata-se de elemento normativo do tipo).

b) Objeto material: será qualquer Unidade de Conservação (UC), assim consideradas aquelas previstas nos arts. 40, § 1º, e 40-A, § 1º, ambos da Lei 9.605/1998. Portanto, o tipo penal em comento abarca qualquer espécie de UC, vale dizer, as de proteção integral e as de uso sustentável, na forma estabelecida na Lei 9.985/2000 (Lei do SNUC).

8.3.3. Dos crimes contra o ordenamento urbano e o patrimônio cultural (arts. 62 a 65)

Doravante, trataremos de alguns crimes contra o ordenamento urbano e o patrimônio cultural, destacando suas principais características.

8.3.3.1. Crime do art. 62

Art. 62. Destruir, inutilizar ou deteriorar:

I – bem especialmente protegido por lei, ato administrativo ou decisão judicial;

II – arquivo, registro, museu, biblioteca, pinacoteca, instalação científica ou similar protegido por lei, ato administrativo ou decisão judicial;

Pena – reclusão, de 1 a 3 anos, e multa.

a) Sujeito ativo: pode ser qualquer pessoa (crime comum), inclusive o proprietário do bem especialmente protegido.

b) Conduta típica: *destruir* (eliminar, arruinar por inteiro, totalmente); *inutilizar* (tornar algo inútil, inadequado aos fins a que se destina); *deteriorar* (é o mesmo que causar danos parciais).

c) Objeto material: são os seguintes:

1. *Bem especialmente protegido por lei, ato administrativo ou decisão judicial*: trata-se de qualquer objeto palpável, corpóreo, que conte com especial proteção legal, infralegal ou mesmo judicial (aqui, não se exige o trânsito em julgado, já que a lei nada disse) – inc. I;

2. *Arquivo*: é o conjunto de documentos;

3. *Registro*: é o livro ou repartição em que se faz o assentamento oficial de certos atos ou dados;

4. *Museu*: é o lugar que tem por escopo "eternizar" obras de arte, bens culturais, históricos, científicos ou técnicos;

5. *Biblioteca*: coleção de livros;

6. *Pinacoteca*: coleção de pinturas;

7. *Instalação científica*: local destinado ao estudo e desenvolvimento de determinada área da ciência;

8. *ou similar protegido por lei, ato administrativo ou decisão judicial*: aqui, o legislador valeu-se da interpretação analógica. Portanto, também configurará crime qualquer conduta lesiva ao patrimônio cultural brasileiro.

d) Objeto jurídico: é a *preservação do meio ambiente cultural* (patrimônio cultural brasileiro). Dispõe o art. 216 da CF que "*constituem o patrimônio cultural brasileiro os bens de natureza material e imaterial, tomados individualmente ou em seu conjunto, portadores de referência à identidade, à ação, à memória dos diferentes grupos formadores da sociedade brasileira, nos quais se incluem (...)*". No § 4º, do referido dispositivo, lê-se que "*os danos e ameaças ao patrimônio cultural serão punidos, na forma da lei*".

e) Elemento normativo: o tipo penal em testilha traz alguns *elementos normativos*, quais sejam, "especialmente protegido por lei, ato administrativo ou decisão judicial" e "ou similar protegido por lei, ato administrativo ou decisão judicial". Assim, haverá crime apenas se o agente destruir, deteriorar ou inutilizar, por exemplo, bens ou arquivos protegidos por lei, ato administrativo ou decisão judicial.

f) Elemento subjetivo: de regra, o crime em análise é doloso. Porém, admite-se a modalidade *culposa*, nos termos do art. 62, parágrafo único, da Lei 9.605/1998.

8.3.3.2. Crime do art. 63

Art. 63. Alterar o aspecto ou estrutura de edificação ou local especialmente protegido por lei, ato administrativo ou decisão judicial, em razão de seu valor paisagístico, ecológico, turístico, artístico, histórico, cultural, religioso, arqueológico, etnográfico ou monumental, sem autorização da autoridade competente ou em desacordo com a concedida:

Pena – reclusão, de 1 a 3 anos, e multa.

a) Conduta típica: consiste no fato de o agente *alterar*, ou seja, mudar, modificar, dar outra forma ao *aspecto ou estrutura de edificação ou local* protegido por lei, ato administrativo ou decisão judicial, sem autorização da autoridade competente, ou em desacordo com a obtida (elementos normativos do tipo).

Entende-se por *edificação* qualquer construção ou edifício e por *local* um determinado ponto ou lugar, desde que especialmente protegido por lei, ato administrativo ou decisão judicial. Todavia, não bastará isso para que se caracterize o crime em comento. Para a completa tipificação do crime, impõe-se que o edifício ou local alterado pelo agente tenha *valor paisagístico* (refere-se a uma vista, uma beleza natural), *ecológico* (refere-se ao meio ambiente), *turístico* (refere-se ao turismo e a atividade dos turistas de visitarem locais que despertem o interesse), *artístico* (refere-se às belas artes), *histórico* (refere-se a todo objeto de interesse da História), *cultural* (refere-se à cultura, a tudo aquilo que a criatividade humana produz), *arqueológico* (refere-se às antigas civilizações), *etnográfico* (refere-se às atividades de grupos humanos – etnografia) e *monumental* (refere-se a monumentos – obras grandiosas).

Os valores acima referidos são taxativos, não se admitindo interpretação analógica.

8.3.3.3. Crime do art. 64

Art. 64. Promover construção em solo não edificável, ou no seu entorno, assim considerado em razão de seu valor paisagístico, ecológico, artístico, turístico, histórico, cultural, religioso, arqueológico, etnográfico ou monumental, sem autorização da autoridade competente ou em desacordo com a concedida:

Pena – detenção, de 6 meses a 1 ano, e multa.

a) Conduta típica: é *promover*, ou seja, por em prática, executar. Assim, cometerá crime o agente que promover *construção* (toda obra ou elemento material que tenha por objeto a edificação de uma casa, um prédio etc.), pouco importando se a obra for ou não finalizada. Basta a construção dos alicerces para o crime estar consumado. Lembre-se que somente haverá crime se referida construção for empreendida em solo não edificável ou no seu entorno, desde que tenha valor paisagístico, ecológico, artístico, turístico, histórico, cultural, religioso, arqueológico, etnográfico ou monumental, e desde que se o faça "*sem autorização da autoridade competente ou em desacordo com a concedida*" (elementos normativos do tipo).

b) Objeto material: é o *solo não edificável*, vale dizer, a porção de terra em que é vedada qualquer edificação (construção, edifício), bem como em seu *entorno* (região que cerca o solo não edificável).

8.3.3.4. Crime do art. 65

Art. 65. Pichar ou por outro meio conspurcar edificação ou monumento urbano:

Pena – detenção, de 3 (três) meses a 1 (um) ano, e multa.

a) Condutas típicas: são expressas pelos seguintes verbos: *pichar* (é o mesmo que escrever palavras ou desenhos com tinta ou spray em paredes, muros ou monumentos urbanos); ou *conspurcar* (é o mesmo que sujar, manchar, por qualquer outro meio – ex.: atirar óleo enegrecido em paredes ou monumentos).

b) Objeto material: *edificação* (toda obra ou atividade de uma construção, ainda que inacabada); *monumento urbano* (uma obra grandiosa, que tenha por finalidade imortalizar a memória de uma pessoa ou fato relevante, em uma cidade).

Incorrerá na forma qualificada do crime em tela o agente que praticar qualquer das condutas típicas em monumento ou coisa tombada em virtude do seu valor artístico, arqueológico ou histórico, cominando-se a pena é de 6 (seis) meses a 1 (um) ano de detenção e multa (art. 65, § 1º).

Nos termos do § 2º do tipo penal em comento, não constitui crime a prática de grafite realizada com o objetivo de valorizar o patrimônio público ou privado mediante manifestação artística, desde que consentida pelo proprietário e, quando couber, pelo locatário ou arrendatário do bem privado e, no caso de bem público, com a autorização do órgão competente e a observância das posturas municipais e das normas editadas pelos órgãos governamentais responsáveis pela preservação e conservação do patrimônio histórico e artístico nacional.

Portanto, as "grafitagens", que são tão comuns nos centros urbanos, constituirão crime ambiental se inexistir consentimento do proprietário, locatário ou arrendatário, quando se tratar de bem privado, ou da autoridade competente, em se tratando de patrimônio público.

8.4. Da aplicação da pena nos crimes ambientais

O art. 6º da Lei dos Crimes Ambientais preconiza que, para imposição e gradação da penalidade, a autoridade competente observará:

I. a gravidade do fato, tendo em vista os motivos da infração e suas consequências para a saúde pública e para o meio ambiente;

II. os antecedentes do infrator quanto ao cumprimento da legislação de interesse ambiental;

III. a situação econômica do infrator, no caso de multa.

8.5. Penas restritivas de direitos

Conforme determina o art. 7º da Lei 9.605/1998, as penas restritivas de direitos são autônomas e substituem as privativas de liberdade quando:

I. tratar-se de crime culposo ou for aplicada a pena privativa de liberdade inferior a quatro anos;

II. a culpabilidade, os antecedentes, a conduta social e a personalidade do condenado, bem como os motivos e as circunstâncias do crime indicarem que a substituição seja suficiente para efeitos de reprovação e prevenção do crime.

Adverte o parágrafo único, do precitado dispositivo legal, que as penas restritivas de direitos a que se refere este artigo terão a mesma duração da pena privativa de liberdade substituída.

8.5.1. Espécies de penas restritivas de direitos

A Lei dos Crimes Ambientais prevê cinco espécies de penas restritivas de direitos, a saber (art. 8º):

I. *prestação de serviços à comunidade*: nos termos do art. 9º, consistirá na atribuição ao condenado de tarefas gratuitas junto a parques e jardins públicos e unidades de conservação, e, no caso de dano da coisa particular, pública ou tombada, na restauração desta, se possível.

II. *interdição temporária de direitos*: conforme determina o art. 10, são a proibição de o condenado contratar com o Poder Público, de receber incentivos fiscais ou quaisquer outros benefícios, bem como de participar de licitações, pelo prazo de cinco anos, no caso de crimes dolosos, e de três anos, no de crimes culposos.

III. *suspensão parcial ou total de atividades*: somente será aplicada quando estas não estiverem obedecendo às prescrições legais (art. 11);

IV. *prestação pecuniária*: consiste no pagamento em dinheiro à vítima ou à entidade pública ou privada com fim social, de importância, fixada pelo juiz, não inferior a um salário mínimo nem superior a trezentos e sessenta salários mínimos. O valor pago será deduzido do montante de eventual reparação civil a que for condenado o infrator (art. 12);

V. *recolhimento domiciliar*: baseia-se na autodisciplina e senso de responsabilidade do condenado, que deverá, sem vigilância, trabalhar, frequentar curso ou exercer atividade autorizada, permanecendo recolhido nos dias e horários de folga em residência ou em qualquer local destinado a sua moradia habitual, conforme estabelecido na sentença condenatória (art. 13).

8.5.2. Penas aplicáveis às pessoas jurídicas

Nos termos do art. 21 da Lei 9.605/1998, as penas aplicáveis isolada, cumulativa ou alternativamente às pessoas jurídicas, de acordo com o disposto no art. 3º, são:

I. multa;

II. restritivas de direitos;

III. prestação de serviços à comunidade.

Nos termos do art. 18 da lei sob análise, a *multa* será calculada segundo os critérios do Código Penal; se revelar-se ineficaz, ainda que aplicada no valor máximo, poderá ser aumentada até três vezes, tendo em vista o valor da vantagem econômica auferida.

Se admitida a responsabilização penal das pessoas jurídicas por crimes ambientais, aceita majoritariamente pela jurisprudência atual, impor-se-ão as seguintes *penas restritivas de direitos* (art. 22):

I. *suspensão parcial ou total de atividades*: art. 22, § 1º – será aplicada quando estas não estiverem obedecendo às disposições legais ou regulamentares, relativas à proteção do meio ambiente.

II. *interdição temporária de estabelecimento, obra ou atividade*: art. 22, § 2º – será aplicada quando o estabelecimento, obra ou atividade estiver funcionando sem a devida autorização, ou em desacordo com a concedida, ou com violação de disposição legal ou regulamentar;

III. proibição de contratar com o Poder Público, bem como dele obter subsídios, subvenções ou doações: art. 22, § 3º – não poderá exceder o prazo de dez anos.

A prestação de serviços à comunidade imposta às pessoas jurídicas consistirá em (art. 23):

I. custeio de programas e de projetos ambientais;

II. execução de obras de recuperação de áreas degradadas;

III. manutenção de espaços públicos;

IV. contribuições a entidades ambientais ou culturais públicas.

Finalmente, se a pessoa jurídica constituída ou utilizada, preponderantemente, com o fim de permitir, facilitar ou ocultar a prática de crime definido nesta Lei terá decretada sua liquidação forçada, seu patrimônio será considerado instrumento do crime e como tal perdido em favor do Fundo Penitenciário Nacional (art. 24).

8.5.3. Circunstâncias atenuantes e agravantes dos crimes ambientais (arts. 14 e 15)

Nos termos do art. 14 da Lei 9.605/1998, são circunstâncias que atenuam a pena:

I. baixo grau de instrução ou escolaridade do agente;

II. arrependimento do infrator, manifestado pela espontânea reparação do dano, ou limitação significativa da degradação ambiental causada;

III. comunicação prévia pelo agente do perigo iminente de degradação ambiental;

IV. colaboração com os agentes encarregados da vigilância e do controle ambiental.

Já o art. 15, do mesmo diploma legal, elenca as circunstâncias que agravam a pena, quando não constituem ou qualificam o crime:

I. reincidência nos crimes de natureza ambiental;

II. ter o agente cometido a infração:

a) para obter vantagem pecuniária;

b) coagindo outrem para a execução material da infração;

c) afetando ou expondo a perigo, de maneira grave, a saúde pública ou o meio ambiente;

d) concorrendo para danos à propriedade alheia;

e) atingindo áreas de unidades de conservação ou áreas sujeitas, por ato do Poder Público, a regime especial de uso;

f) atingindo áreas urbanas ou quaisquer assentamentos humanos;

g) em período de defeso à fauna;

h) em domingos ou feriados;

i) à noite;

j) em épocas de seca ou inundações;

l) no interior do espaço territorial especialmente protegido;

m) com o emprego de métodos cruéis para abate ou captura de animais;

n) mediante fraude ou abuso de confiança;

o) mediante abuso do direito de licença, permissão ou autorização ambiental;

p) no interesse de pessoa jurídica mantida, total ou parcialmente, por verbas públicas ou beneficiada por incentivos fiscais;

q) atingindo espécies ameaçadas, listadas em relatórios oficiais das autoridades competentes;

r) facilitada por funcionário público no exercício de suas funções.

8.5.4. O sursis na Lei dos Crimes Ambientais

A suspensão condicional da pena (*sursis*) recebeu tratamento com algumas peculiaridades na Lei 9.605/1998. Confira-se:

Art. 16. Nos crimes previstos nesta Lei, a suspensão condicional da pena pode ser aplicada nos casos de condenação a pena privativa de liberdade não superior a três anos.

Lembre-se que no CP, o *sursis*, como regra, será cabível quando a pena privativa de liberdade for não superior a 2 (dois) anos, nos termos de seu art. 77, *caput*.

A verificação da reparação a que se refere o § 2º do art. 78 do Código Penal (condição para o *sursis* especial) será feita mediante *laudo de reparação do dano ambiental*, e as condições a serem impostas pelo juiz deverão relacionar-se com a proteção ao meio ambiente (art. 17 da Lei 9.605/1998).

8.5.5. Da ação e do processo penal na Lei dos Crimes Ambientais (arts. 26 a 28)

Nos termos do art. 26 da Lei 9.605/1998, todos os crimes ambientais são de *ação penal pública incondicionada*.

Nos crimes ambientais de menor potencial ofensivo, a proposta de aplicação imediata de pena restritiva de direitos ou multa, prevista no art. 76 da Lei 9.099, de 26.09.1995 (transação penal), somente poderá ser formulada desde que tenha havido a prévia composição do dano ambiental, de que trata o art. 74 da mesma lei, salvo em caso de comprovada impossibilidade (art. 27).

Finalmente, de acordo com o art. 28, as disposições do art. 89 da Lei 9.099, de 26.09.1995, aplicam-se aos crimes de menor potencial ofensivo definidos nesta Lei (leia-se: na Lei dos Crimes Ambientais), com as seguintes modificações:

I. a declaração de extinção de punibilidade, de que trata o § 5º do artigo referido no *caput*, dependerá de laudo de constatação de reparação do dano ambiental, ressalvada a impossibilidade prevista no inciso I do § 1º do mesmo artigo;

II. na hipótese de o laudo de constatação comprovar não ter sido completa a reparação, o prazo de suspensão do processo será prorrogado, até o período máximo previsto no artigo referido no *caput*, acrescido de mais um ano, com suspensão do prazo da prescrição;

III. no período de prorrogação, não se aplicarão as condições dos incisos II, III e IV do § 1º do artigo mencionado no *caput*;

IV. findo o prazo de prorrogação, proceder-se-á à lavratura de novo laudo de constatação de reparação do dano ambiental, podendo, conforme seu resultado, ser novamente prorrogado o período de suspensão, até o máximo previsto no inciso II deste artigo, observado o disposto no inciso III;

V. esgotado o prazo máximo de prorrogação, a declaração de extinção de punibilidade dependerá de laudo de constatação que comprove ter o acusado tomado as providências necessárias à reparação integral do dano.

2. Processo Penal

Márcio Rodrigues e Fernando Leal Neto

1. LINHAS INTRODUTÓRIAS[1]

Em termos jurídicos, a expressão Processo Penal apresenta, basicamente, dois significados: Processo Penal *como instrumento legitimador do direito de punir do Estado*; e Processo Penal (ou Direito Processual Penal) *como ramo da ciência jurídica*. Investiguemos melhor esses dois sentidos.

1.1. Processo Penal como instrumento legitimador do direito de punir do Estado

Praticada uma infração penal, surge para o Estado o direito de punir (*jus puniendi*) o infrator. Esse direito, no entanto, *não* se efetiva de maneira imediata, pois o Estado, para aplicar uma pena ao indivíduo, deve, *necessariamente*, valer-se de um *processo* disciplinado por princípios, garantias e normas previamente estabelecidas. O Processo Penal configura-se, assim, um instrumento legitimador do direito de punir do Estado, um instrumento que funciona como verdadeira garantia a todo acusado/investigado frente ao poder estatal.

1.2. Processo Penal como ramo da ciência jurídica

Como ramo da ciência do direito, pode-se fornecer, com Marques (2003, p. 16), o seguinte conceito de **Direito Processual Penal**: "*conjunto de princípios e normas que regulam a aplicação jurisdicional do direito penal, bem como as atividades persecutórias da Polícia Judiciária, e a estruturação dos órgãos da função jurisdicional e respectivos auxiliares*".

2. FONTES DO DIREITO PROCESSUAL PENAL

Por fontes do direito, entenda-se *tudo aquilo que contribui para o surgimento das normas jurídicas*. São tradicionalmente classificadas em:

2.1. Fontes materiais (substanciais ou de produção)

Trata-se aqui de verificar quem tem competência para produzir a norma jurídica. No caso do Direito Processual Penal, compete principalmente à *União* a produção das normas jurídicas. Porém, essa competência *não é* exclusiva, pois, em certos casos específicos, os *Estados Federados* e o *Distrito Federal* também poderão elaborar normas relacionadas ao Direito Processual Penal (*vide* arts. 22, I, e parágrafo único; e 24, XI, CF).

2.2. Fontes formais (de cognição ou de revelação)

São aquelas que *revelam a norma criada*. Classificam-se em:

a) Fontes formais imediatas, diretas ou primárias: compreendem as *leis* (CF, leis ordinárias, tratados e convenções etc.);

b) Fontes formais mediatas, indiretas, secundárias ou supletivas: compreendem *os princípios gerais do direito, a doutrina, o direito comparado, os costumes, a jurisprudência e a analogia*. Analisemos cada uma dessas fontes formais mediatas.

b1) Princípios gerais do direito (art. 3º, CPP): *são postulados éticos que, embora não venham escritos no bojo do ordenamento jurídico, inspiram-no*. Ex.: "a ninguém é lícito alegar a sua própria torpeza";

b2) Doutrina: *compreende a opinião dos doutos sobre os mais variados temas*. Tem significativa influência no processo legislativo, no ato de julgamento e no processo de *revelação* da norma;

b3) Direito comparado: as *normas e os princípios jurídicos de outros países* podem, por vezes, fornecer subsídios importantes para a revelação da norma nacional também. Basta lembrar a influência que tem, por exemplo, o Direito europeu-continental em nosso Direito;

b4) Costumes (art. 4º, LINDB): são *condutas praticadas de forma reiterada, em relação às quais se adere uma consciência de obrigatoriedade*. Fala-se em costume *secundum legem* (de acordo com a lei), *praeter legem* (supre lacunas legais) e *contra legem* (contrário à lei). Esta última espécie de costume é, em regra, *proibida* pelo Direito;

b5) Jurisprudência: trata-se do *entendimento judicial reiterado sobre determinado assunto*. É uma importante fonte de *revelação* do direito. *Questão polêmica* é saber se as *súmulas vinculantes* (*vide* art. 103-A, CF, e Lei 11.417/2006) seriam fontes formais *imediatas* (equiparadas às *leis*, portanto) ou se seriam fontes formais apenas *mediatas* (equiparadas à doutrina, por exemplo). *Predomina* esta última posição (fonte formal mediata), sob o principal argumento de que a súmula vinculante não emana do Poder Legislativo, não podendo, portanto, ser equiparada à lei;

b6) Analogia (art. 4º, LINDB): "*é uma forma de autointegração da lei*" (MIRABETE, 2002, p. 54). **Consiste** em *utilizar determinada norma (aplicável a um caso previsto pelo legislador) a uma outra situação semelhante que não foi prevista pelo legislador*. É a aplicação do brocardo "onde existe a mesma razão, deve-se aplicar o mesmo direito" (*ubi eadem ratio, ubi idem ius*). É admitida no Processo Penal (ver art. 3º, CPP), onde é possível, inclusive, *in malam partem* (em desfavor do réu). Cuidado para não confundir com o que

---

1. O novo Código traz diversas inovações ao sistema processual brasileiro, que também produzirão impactos (seja por previsão expressa, seja por aplicação subsidiária) no âmbito do Processo Penal. Realizamos alguns comentários a respeito dos principais reflexos do NCPC no Processo Penal.

ocorre no **Direito Penal** em sede de analogia. Lá (no Direito Penal), por conta do *princípio da reserva legal*, é *impossível* a analogia para prejudicar o réu;

c) Atenção para não confundir:

c1) Analogia e interpretação extensiva: na **analogia**, *não há* norma reguladora do caso concreto, sendo, portanto, aplicada uma norma que rege caso semelhante. Ex.: ao oferecer a denúncia, caso o MP não formule a proposta de suspensão condicional do processo (art. 89, Lei 9.099/1995), pode o juiz, por analogia, invocar o art. 28, CPP (remessa ao Procurador-Geral de Justiça – PGJ). Na **interpretação extensiva**, *existe*, de fato, uma norma regulando o caso, porém, o alcance dessa norma é *limitado*, sendo necessária, portanto, a sua *extensão*. Ex.: cabe recurso em sentido estrito (RESE) da decisão que não recebe a denúncia (art. 581, I, CPP) e, por interpretação extensiva, também cabe RESE da decisão que não recebe o aditamento (acréscimo) à denúncia;

c2) Analogia e interpretação analógica: como dissemos, na **analogia** não há norma reguladora do caso concreto, sendo, portanto, aplicada uma norma que rege caso semelhante. Na **interpretação analógica**, *existe sim* norma reguladora do caso concreto. O que ocorre aqui é que a lei, após realizar uma enumeração *casuística* de situações, parte para uma formulação *genérica*, no desejo de que outras hipóteses similares sejam abrangidas. Ex.: art. 121, § 2º, IV, CP – "à traição, de emboscada, ou mediante dissimulação [enumeração casuística] *ou outro recurso que dificulte ou torne impossível a defesa do ofendido* [fórmula genérica]". (Incluímos e destacamos);

c3) Interpretação analógica e aplicação analógica: aquela, conforme vimos, é forma de *interpretação* da lei e ocorre quando esta, após realizar uma enumeração *casuística* de situações, parte para uma formulação *genérica*, no desejo de que outras hipóteses similares sejam abrangidas. Por outro lado, a **aplicação analógica** consiste no emprego da analogia (conforme conceituada anteriormente) e é forma de *autointegração* da lei.

3. INTERPRETAÇÃO DA LEI PROCESSUAL

Tradicionalmente, diz-se que a interpretação da lei consiste na *atividade de determinar o sentido e o alcance daquela* (*vide* arts. 5º, LINDB, e 3º, CPP). Porém, devemos nos afastar da ideia de que interpretar a lei é ato "mecânico", meramente formal ou neutro. Ao contrário, trata-se de atividade complexa, influenciada por uma sofisticada gama de fatores, cuja análise escaparia ao objetivo deste trabalho. Seja como for, pode-se adiantar que um dos aspectos que, sem dúvida, deve assumir proeminência na atividade interpretativa é a máxima efetividade dos direitos fundamentais, sobretudo no que tange à dignidade da pessoa humana.

Por outro lado, vale recordar com Mirabete (2001, p. 70), que a analogia, os costumes e os princípios gerais do direito *não se constituem* em interpretação (hermenêutica) da lei, mas, consoante vimos, em *fontes* desta. Em seguida, apresentaremos as espécies de interpretação da lei processual penal, conforme tradicionalmente trabalhada pela doutrina.

3.1. Quanto ao sujeito (ou a origem) que realiza a interpretação

3.1.1. Autêntica ou legislativa

É aquela *efetuada pelo próprio legislador*. Esta interpretação pode ser:

a) Contextual: quando *consta do próprio texto a ser interpretado*. Ex. n. 1: o próprio legislador do CP, após tratar dos crimes funcionais praticados por funcionário público (art. 312 a 326), fornece-nos, *no mesmo contexto*, o conceito de *funcionário público (art. 327 do CP)*. Ex. n. 2: o próprio legislador do CPP nos fornece o conceito de prisão em flagrante (art. 302);

b) Posterior à vigência da lei: quando a interpretação *também é realizada pelo legislador, mas em momento posterior à entrada da lei*. Ex.: a Lei 5.249/1967 conceituou, *posteriormente*, o significado da palavra representação contida na Lei 4.898/1965, que é anterior àquela.

Atenção: a **exposição de motivos** de um Código *não é considerada texto de lei*. Portanto, *não* se pode falar em interpretação *autêntica nesse caso*. Trata-se, assim, de interpretação *doutrinária* ou *científica* (veja o item logo abaixo).

3.1.2. Doutrinária ou científica

Trata-se de interpretação *dos dispositivos legais efetuada pelos estudiosos do Direito*.

3.1.3. Jurisprudencial ou judicial

É a interpretação que *juízes ou tribunais dão à norma*. Esse tipo de interpretação ganhou significativa importância com o advento das *súmulas vinculantes* (art. 103-A, CF).

3.2. Quanto aos meios (ou métodos) empregados na atividade de interpretação

3.2.1. Gramatical, literal ou sintática

Método interpretativo que *leva em conta o sentido literal das palavras contidas na lei* ("letra fria da lei"; interpretação "seca" da lei). Considerado um dos métodos mais *pobres/simples* de interpretação.

3.2.2. Teleológica

Busca-se a *finalidade, o "telos" da norma*.

3.2.3. Lógica

Quando o intérprete *se utiliza das regras gerais de raciocínio buscando compreender o "espírito" da lei e a intenção do legislador*.

3.2.4. Sistemática

A norma *não deve ser interpretada de forma isolada*. Ao revés, deve ser interpretada como *parte de um sistema jurídico* (BOBBIO, 1997, p. 19). A interpretação sistemática leva em conta, portanto, as relações entre a norma interpretada com o todo (*i. e.* com restante do ordenamento jurídico).

3.2.5. Histórica

Leva em conta o *contexto em que a norma foi elaborada*: os debates travados na época, as eventuais propostas de emenda, o projeto de lei etc.

3.3. Quanto aos resultados obtidos com a interpretação

3.3.1. Declarativa ou declaratória

Ocorre *"quando se conclui que a lei não pretendeu dizer nada além ou aquém do que está escrito"* (NICOLITT, 2010, p. 5). Nesse caso, o hermeneuta *apenas declara* o significado do texto.

3.3.2. Restritiva

Ocorre quando *a lei disse mais do que desejava*, devendo o intérprete *restringir* o seu alcance, a fim de conseguir atingir o seu real sentido.

3.3.3. Extensiva ou ampliativa

Aqui *a lei disse menos do que desejava*, devendo o intérprete *ampliar* o seu alcance (*vide* art. 3º, CPP).

3.3.4. Progressiva, adaptativa ou evolutiva

É aquela que, no decurso do tempo, *vai se adaptando aos novos contextos sociais, políticos, científicos, jurídicos e morais*, como forma de proporcionar uma maior *efetividade* aos dizeres do legislador.

4. LEI PROCESSUAL NO ESPAÇO, NO TEMPO E EM RELAÇÃO ÀS PESSOAS

4.1. Lei processual penal no espaço

Em regra, aplica-se a lei processual penal brasileira (CPP e legislação processual extravagante) às infrações penais praticadas em *território nacional* [2] *(locus regit actum)*. A isso se dá o nome de princípio da territorialidade da lei *processual penal* (art. 1º, CPP). *Porém*, há casos em que, mesmo que a infração tenha sido cometida *fora* do território nacional, se for hipótese de submissão à lei *penal* brasileira (*vide* art. 7º, CP), também, por via de consequência, será aplicada a lei *processual* penal pátria (MIRABETE, 2001, p. 59).

Por outro lado, o princípio da territorialidade *não é absoluto*, visto que, conforme revelam os próprios incisos do art. 1º, CPP, há situações em que a lei processual penal brasileira *não será* aplicada. Seguem casos *em que o CPP brasileiro não será aplicado*:

I – tratados, convenções e regras de direito internacional: a subscrição pelo Brasil de tratados, convenções e regras de direito internacional, com normas processuais próprias (específicas), afasta a jurisdição brasileira. Ex.: diplomata a serviço de seu país de origem que pratica crime no Brasil. Em razão de o Brasil ser signatário da Convenção de Viena sobre Relações Diplomáticas (*vide* Decreto 56.435/1965), não será aplicada ao caso a nossa legislação (material e processual);

II – prerrogativas constitucionais do Presidente da República, dos ministros de Estado, nos crimes conexos com os do Presidente da República, e dos ministros do Supremo Tribunal Federal, nos crimes de responsabilidade[3] **(Constituição, arts. 86, 89, § 2º, e 100**[4]**)**: trata-se aqui da chamada **jurisdição política**, *i.e.*, *certas condutas praticadas por determinadas autoridades públicas (Presidente, Ministros etc.) não são apreciadas pelo Judiciário, mas pelo Legislativo*, seguindo-se, *não* o rito previsto no CPP, mas o disposto na Lei 1.079/1950, na CF, e no regimento interno do Senado (conferir o art. 52, I e II, CF);

III – os processos da competência da Justiça Militar: nesse caso, também *não se* aplica o CPP, mas o Código de Processo Penal *Militar* (DL 1.002/1969);

IV – os processos da competência do tribunal especial (Constituição, art. 122, n. 17): esse inciso encontra-se prejudicado, pois faz menção à Constituição de 1937, sendo que não há norma similar na CF/1988;

V – os processos por crimes de imprensa: também prejudicado este inciso, por dois motivos: a) a Lei de Imprensa (Lei 5.250/1967, art. 48) prevê a aplicação do *CPP*; b) o STF, em 2009 (ADPF 130-7 DF), declarou *não recepcionada* pela CF/1988 a Lei de Imprensa. Diante dessa decisão, aplica-se, atualmente, *o CP e o CPP* aos eventuais crimes contra a honra cometidos por meio da imprensa (e não mais a antiga Lei de Imprensa).

Há, ainda, conforme Nucci (2008, p. 130), outra exceção. Trata-se do Tribunal Penal Internacional (art. 5º, § 4º, CF). É que, embora cometido o crime no Brasil, havendo interesse do Tribunal Penal Internacional, o agente poderá ser entregue à *jurisdição estrangeira* (aplicando-se, também, a legislação processual penal estrangeira ao caso). Vale destacar que a jurisdição do TPI é subsidiária. Sendo assim, o "interesse" do TPI acontecerá quando o país não fizer valer a aplicação da lei penal interna, notadamente nos casos de crimes de guerra e contra a humanidade.

4.2. Lei processual penal no tempo

Para as *normas puramente processuais penais* (que *são aquelas que regulam aspectos ligados ao procedimento ou à forma dos atos processuais*, ex.: formas de intimação), aplica-se o princípio da aplicação imediata (*tempus regit actum* – art. 2º, CPP), *conservando-se*, no entanto, os atos processuais praticados sob a vigência da lei anterior. Em suma: aplica-se a norma imediatamente (inclusive aos processos em andamento), respeitando-se, porém, os atos que foram praticados sob a égide da lei anterior.

---

2. Considera-se praticada em território nacional a infração cuja ação ou omissão, ou resultado, no todo ou em parte, ocorreu em território pátrio (art. 6º, CP). Adota-se aqui a chamada teoria da ubiquidade ou mista.

3. Não se deve confundir a expressão "crimes de responsabilidade" com a noção comum que temos de crime. Isto porque os crimes de responsabilidade são, na verdade, *infrações político-administrativas* cujas penalidades costumam ser a perda do cargo ou a inabilitação temporária para o exercício de cargo ou função. Desse modo, não há penalidade de prisão ou multa nesses casos.

4. Estes dispositivos referem-se à Constituição brasileira de 1937.

Agora, *que fazer* quando determinada lei – dita "processual" – possui aspectos processuais *e penais* (chamadas de leis processuais penais materiais, mistas ou híbridas)?

Neste caso, conforme entendimento de *majoritário* setor da comunidade jurídica,[5] *prevalece* o comando do art. 5º, XL, CF, sobre o princípio da aplicação imediata. Assim, o que determinará a aplicação imediata da lei híbrida é o seu conteúdo de direito material/substancial. Se o aspecto *penal* da lei híbrida for *benigno, retroagirá integralmente a lei*; já se for *maligno, não retroagirá*. Nos termos da Súmula 501, STJ, não é cabível a combinação das leis, fracionando as normas de natureza material e processual. Vamos a um exemplo. Determinada lei, além de tratar de novas formas de intimação das partes (aspecto processual – aplicação imediata, portanto), também criou, em seu bojo, uma nova causa de perempção da ação penal (art. 60, CPP). Ora, é inegável que este último ponto (perempção) possui *natureza penal*, uma vez que tem o condão de extinguir a punibilidade do acusado. Conclusão: nessa situação, devemos aplicar a regra do art. 5º, XL, CF, que prevê a retroatividade da lei mais benigna. Caso contrário, se o dispositivo penal fosse prejudicial ao acusado, nenhum aspecto da nova lei seria aplicável.

4.3. Lei processual penal em relação às pessoas

Em princípio, *a lei processual penal deverá ser aplicada a qualquer pessoa que venha a praticar uma infração em território nacional*. *Porém*, certas pessoas, em razão do *cargo* que ocupam, gozam, em determinadas situações, de imunidade penal e, por via de consequência, *processual penal também*. Vejamos.

4.3.1. Imunidades diplomáticas em sentido amplo

Chefes de Estado, representantes de governo estrangeiro, agentes diplomáticos[6] (embaixadores, secretários da embaixada, pessoal técnico e administrativo das respectivas representações, seus familiares e funcionários de organismos internacionais quando em serviço – ONU, OEA etc.)[7] estão, *em caráter absoluto, excluídos* da jurisdição penal dos países em que desempenham suas funções (*vide* Convenção de Viena sobre Relações Diplomáticas). Essas pessoas possuem, portanto, imunidade absoluta em relação à jurisdição penal, devendo ser processadas e julgadas pelo Estado que representam. Ademais, as *sedes diplomáticas* são *invioláveis*, não podendo "ser objeto de busca e apreensão, penhora e qualquer medida constritiva".[8]

Por outro lado, os *agentes consulares* (pessoas que não representam propriamente o Estado ao qual pertencem, mas atuam no âmbito dos interesses privados de seus compatriotas) possuem imunidade *apenas relativa* em relação à jurisdição criminal. É dizer: só *não* serão submetidos às autoridades brasileiras em relação aos atos praticados *no exercício das funções consulares*. Portanto, atos *estranhos* a esta função são, sim, apreciados pela jurisdição penal nacional (*vide* art. 43 da Convenção de Viena sobre Relações Consulares – Promulgada pelo Decreto 61.078/1967).

4.3.2. Imunidades parlamentares

Dividem-se em:

a) Imunidade material (*penal, absoluta ou, simplesmente, inviolabilidade*): abrange questões de *direito material* (penal e civil). Vem representada pelo art. 53, *caput*, da CF, que diz: "os Deputados e Senadores são invioláveis, civil e penalmente, por quaisquer de suas opiniões, palavras e votos"; Importante destacar que a configuração da imunidade material necessita que o ato praticado pelo parlamentar tenha relação *in officio* (com o exercício do mandato) ou *propter officium* (em razão do mandato). Nesse sentido, ver STF AP 1021/DF (Info. 17 1 21.08.2020);

b) Imunidade formal (*processual ou relativa*): abrange questões de ordem *processual penal*. São as seguintes as *imunidades formais* dos parlamentares federais:

b1) Prisão provisória: "desde a expedição do diploma, os membros do Congresso Nacional *não poderão ser presos, salvo* em flagrante de crime *inafiançável*. Nesse caso, os autos serão remetidos dentro de vinte e quatro horas à Casa respectiva, para que, pelo voto da maioria de seus membros, resolva sobre a prisão" (art. 53, § 2º, CF – destacou-se). Logo, o congressista *não pode* ser preso preventiva ou temporariamente. Só poderá ser preso em caso de flagrante por crime *inafiançável* ou por conta de sentença penal *transitada em julgado*;

b2) Possibilidade de sustação de processo criminal: "*recebida a denúncia* contra o Senador ou Deputado, por crime ocorrido após a diplomação, o Supremo Tribunal Federal dará ciência à *Casa respectiva*, que, por iniciativa de *partido político* nela representado e pelo *voto da maioria* de seus membros, poderá, até a decisão final, *sustar* o andamento da ação" (art. 53, § 3º, CF – destacou-se). Conferir também os §§ 4º e 5º deste mesmo artigo;

b3) Desobrigação de testemunhar: os parlamentares federais *não estão obrigados* a testemunhar sobre "informações recebidas ou prestadas em razão do exercício do mandato, nem sobre as pessoas que lhes confiaram ou deles receberam informações" (art. 53, § 6º, CF);

b4) Prerrogativa de foro: também chamada de **foro privilegiado**, significa que os parlamentares federais estão submetidos a *foro especial* (no caso, o STF – art. 53, § 1º, CF), em razão do cargo que exercem. Cabe ressaltar que o STF, em sede de medida cautelar na Rcl. 13286/2012, *DJ* 29.02.2012, aduziu não serem dotadas de natureza criminal as sanções tipificadas na LC 135/2010 e na LC 64/1990, deste modo, sendo descabida a prerrogativa de foro para parlamentares em tais casos. Seguindo a mesma lógica, em julgado recente, o Supremo consolidou o entendimento de que o foro por prerrogativa de função também não seria aplicável nos casos de ação de improbidade administrativa (Lei n. 8.429/92), devido à natureza civil da demanda (STF, Pet 3240/DF, Dje

---

5. Vide STJ, Ag Int no REsp 1378862/SC, 5ª Turma, *DJ* 01/08/2016 e AgRg nos EDcl no AREsp 775.827/RJ, 6ª Turma, *DJ* 21.06.2016.

6. Em sentido estrito, diplomatas são "funcionários encarregados de tratar das relações entre o seu Estado e os países estrangeiros ou organismos internacionais" (AVENA, 2010, p. 74).

7. Op. cit. (2010, p. 76).

8. Op. cit. (2010, p. 76).

22.08.2018). Ademais, entendeu a 1ª Turma do STF na AP 606 MG, *DJ* 18.09.2014, que a renúncia parlamentar, quando realizada após o final da instrução, não acarreta a perda de competência da referida Corte. No entanto, ocorrendo a renúncia anteriormente ao final da instrução, declina-se da competência para o juízo de primeiro grau[9]. A despeito de tal entendimento jurisprudencial da 1ª Turma do STF, na hipótese de não reeleição do parlamentar, não se afigura ser o caso de aplicação do mesmo posicionamento, devendo ocorrer o declínio da competência para o juízo de primeiro grau, vide Inq. 3734/SP, 1ª Turma, *DJ* 10.02.2015.

Ainda acerca do "foro privilegiado", relevante apontar a recente decisão do STF que consolidou a aplicação de interpretação restritiva quanto às normas constitucionais que estabelecem as hipóteses de foro por prerrogativa de função. No julgamento da Questão de Ordem na Ação Penal 937, julgada em 03 de maio de 2018, o STF entendeu que o foro privilegiado somente poderia ser aplicado aos crimes cometidos durante o exercício do cargo, desde que relacionados às funções desempenhadas. Isto é, passou-se a exigir dois requisitos cumulativos para a aplicação da norma, quais sejam: ser a infração penal praticada após a diplomação; a infração penal ter relação com o exercício das funções. Desse modo, não havendo a presença concomitante de ambas as condições, a competência do julgamento será da 1º instância.

Ademais, ainda no bojo da referida decisão, o Supremo fixou o momento em que a sua competência se tornaria definitiva, sendo este o fim da instrução processual.[10] Nesse sentido, após o despacho de intimação para apresentação das alegações finais (marco final da instrução), a competência do STF não mais será afetada em razão de o agente público vir a ocupar outro cargo ou deixar o cargo que ocupava, qualquer que seja o motivo (Informativo 900/STF, de 30 de abril a 4 de maio de 2018).[11]

Observações finais: as imunidades *materiais e formais* vistas aplicam-se *inteiramente* aos deputados estaduais (art. 27, § 1º, CF). Por outro lado, aos vereadores são aplicáveis *apenas* as imunidades *materiais* (penal e civil – *vide* art. 29, VIII), mas *não* as formais (processuais). É importante destacar, contudo, que a imunidade parlamentar não se estende ao corréu sem essa prerrogativa (Súmula 245, STF). O STF, em recente decisão, pontuou que, diferentemente das imunidades diplomáticas, as imunidades parlamentares não se estendem aos locais em que os parlamentares exercem suas funções. Desse modo, seria possível a um juiz da 1ª instância determinar a busca e apreensão nas dependências do Congresso Nacional, desde que o investigado não seja congressista (Informativo 945/STF, de 24 a 28 de junho de 2019).

5. SISTEMAS (OU TIPOS) PROCESSUAIS PENAIS

Ao longo da história, o Estado, para impor o seu direito de punir, utilizou-se de diferentes sistemas processuais penais, *que continham ora mais ora menos garantias em prol do indivíduo*. Nesse sentido, costuma-se apontar três espécies de sistemas (tipos históricos/ideais) processuais penais: acusatório, inquisitivo e misto.

5.1. Sistema acusatório

Tem como uma de suas principais características o fato de as *funções de acusar, julgar e defender estarem acometidas* a *órgãos distintos*. Além disso, essa espécie de sistema processual *contempla a ampla defesa, o contraditório, a presunção de inocência, a oralidade e a publicidade dos atos processuais, o tratamento isonômico das partes, a imparcialidade do julgador e a incumbência do ônus da prova às partes (e não ao juiz)*. Ademais, no *tipo de processo penal acusatório*, o sistema de *apreciação das provas* é o do *livre convencimento motivado* (ou *persuasão racional do juiz*), *i. e.*, o magistrado é *livre* para julgar a causa, mas deverá fazê-lo de forma *fundamentada (art. 93, IX, da CF)*. Há, por fim, *liberdade de prova*, ou seja, em regra, admitem-se todos os meios de prova, inexistindo um valor previamente fixado para cada uma delas. Inexiste, assim, hierarquia, *a priori*, entre as provas – todas têm, a princípio, o mesmo valor; sendo todas potencialmente capazes de influenciar, de igual modo, o convencimento do magistrado.

5.2. Sistema inquisitivo (ou inquisitório)

De forma antitética ao acusatório, uma das características mais marcantes do sistema inquisitivo é a de *concentrar num mesmo órgão as funções de acusar, julgar e defender*. Ou seja, o órgão que acusa será o mesmo que, posteriormente, defenderá e julgará o indivíduo. Além disso, é *marcado por um processo escrito e sigiloso, pela inexistência de contraditório e ampla defesa, pela produção probatória realizada pelo próprio juiz-inquisidor* (e não pelas partes). Nesse sistema, o réu, na realidade, não é tratado como um *sujeito de direitos*, mas como um verdadeiro *objeto* da persecução penal. No que tange ao sistema de *apreciação das provas*, vigora a *íntima convicção* do julgador (leia-se: a fundamentação da decisão é desnecessária). Assim, o magistrado decide pautado num convencimento íntimo, sem oferecer quaisquer porquês, quaisquer razões para tanto. Por fim, no sistema inquisitivo, cada prova tem *valor previamente fixado* (chamado de *sistema da prova tarifada ou legal*), sendo que a *confissão* do acusado costuma ser considerada a *rainha das provas* (*i. e.*, prova máxima da culpabilidade do réu). Há, portanto, hierarquia entre as provas – cada uma delas possui seu valor previamente fixado pelo legislador.

5.3. Sistema misto (ou acusatório formal)

(Configura uma tentativa de *reunião dos dois sistemas anteriores*. Marcado por uma *instrução preliminar* (sigilosa,

---

9. Nesse sentido: STF, AP 962/DF, j. 16.10.2018

10. O referido entendimento aplica-se, inclusive, nos casos de julgamento de crimes não relacionados ao cargo ou função desempenhada (Informativo 920/STF, de 15 a 19 de outubro de 2018).

11. Embora o posicionamento do STF tenha sido firmado na análise de crime praticado por parlamentar federal, o entendimento deve ser aplicado às demais hipóteses de competência de foro por prerrogativa de função. Nesse sentido: STF, Inq 4703 QO/DF, Dje 01.10.2018; STJ, Apn 857/DF e 866/DF, julgados em 20.06.2018. No entanto, no julgamento da Questão de Ordem na Apn 703/GO, em 01.08.2018, o STJ prorrogou a sua competência para julgar infração penal estranha ao exercício da função praticada por Desembargador diante da iminente prescrição do crime (Informativo 3630/STJ, de 31 de agosto de 2018).

escrita e conduzida por um juiz que produz provas) e por uma *fase judicial* em que se assegura o contraditório, a ampla defesa, a publicidade etc.

Qual o sistema processual penal brasileiro? Apesar da polêmica que o tema encerra, *predomina* no âmbito da doutrina e jurisprudência (STF, ADI 5104MC/DF, *DJe* 30.10.2014, *v. g.*) que, tendo em vista os seguintes dispositivos constitucionais – arts. 129, I, 93, IX, 5º, XXXVII, LIII, LIV, LV, LVII – o Brasil teria adotado o **sistema acusatório**. Diversos informativos jurisprudenciais do STJ acolhem tal posicionamento, vide: Inf. 0577, 5ª e 6ª Turmas, do período de 20.02.2016 a 02.03.2016, Inf. 0565, da Corte Especial, do período de 01.07.2015 a 07.08.2015 e Inf. 0558, de 19.03.2015 a 06.04.2016, da Corte Especial. Vale lembrar que, no Brasil, as funções de acusar, defender e julgar são desempenhadas por órgãos distintos e independentes entre si (Ministério Público; Defensoria; e Magistratura), haja vista que o sistema ora em comento impõe a separação orgânica das funções concernentes à persecução penal, vide entendimento esposado pela 2ª Turma do STF no HC 115015/SP, *DJ* 12.09.2013. Porém, como diz Rangel (2008, p. 54), o sistema acusatório brasileiro *não é "puro" (vide também* STJ, HC 196421/SP, *DJe* 26.02.2014). Isto porque há diversas passagens em nosso ordenamento jurídico que representam verdadeiros *resquícios* de *sistema inquisitivo*, como, por exemplo, as que tratam da produção probatória *de ofício* pelo magistrado (art. 156, CPP, *v. g.*). Por outro lado, a criação do juiz das garantias pelo chamado "Pacote Anticrime" (L. 13.964/2019) trouxe um reforço ao sistema acusatório brasileiro. Isso porque a criação desse juiz busca, dentre outras, evitar a contaminação do juiz da instrução pela fase investigativa (fase esta que costuma produzir material sem o crivo do contraditório e da ampla defesa). É esse o sentido da seguinte passagem: "Os autos que compõem as matérias de competência do juiz das garantias ficarão acautelados na secretaria desse juízo, à disposição do Ministério Público e da defesa, e não serão apensados aos autos do processo enviados ao juiz da instrução e julgamento, ressalvados os documentos relativos às provas irrepetíveis, medidas de obtenção de provas ou de antecipação de provas, que deverão ser remetidos para apensamento em apartado." (§ 3º, art. 3-C, CPP). Voltaremos a tratar do juiz das garantias mais adiante.

6. PRINCÍPIOS CONSTITUCIONAIS E PROCESSUAIS PENAIS

6.1. Devido processo legal

Oriundo do direito anglo-americano (*due process of law*), o princípio do devido processo legal vem expressamente previsto no art. 5º, LIV, CF com os seguintes dizeres: *"ninguém será privado da liberdade ou de seus bens sem o devido processo legal"*. Perceba, desde já, leitor, que esse princípio deve ser encarado como uma espécie de fonte a partir da qual emanam diversas garantias e princípios processuais fundamentais. Assim, dizer que *ninguém será privado da liberdade ou de seus bens sem o devido processo legal* significa, em última análise, afirmar a necessidade de um processo prévio, informado pelo contraditório; ampla defesa; juiz natural; motivação das decisões; publicidade; presunção de inocência; direito de audiência; direito de presença do réu; e duração razoável do processo (BADARÓ, 2008, p. 36). Assim, pode-se afirmar que o Estado, para poder fazer valer o seu *jus puniendi*, deve rigorosamente respeitar *as regras do jogo* – compreendendo-se por esta expressão não apenas o respeito a aspectos procedimentais, mas também a todas as garantias e direitos expostos anteriormente. Por fim, é necessário notar que, em suma, busca-se com o *due process of law* assegurar ao acusado um processo penal efetivamente justo e equilibrado.

6.2. Presunção de inocência (estado de inocência ou não culpabilidade)

Expressamente previsto no art. 5º, LVII, CF, que diz: *"ninguém será considerado culpado até o trânsito em julgado de sentença penal condenatória¹²"*, esse princípio estabelece uma presunção de inocência (*jurídica* e *relativa*) do acusado que só cede diante de um decreto condenatório definitivo.

Mas não é só, pois o princípio do estado de inocência tem grande impacto em, pelo menos, mais dois campos: no **ônus da prova** e na **prisão provisória** (cautelar ou processual). Vejamos.

No campo do **ônus da prova**, o referido princípio faz recair sobre a acusação o ônus de provar a culpa *lato sensu* do acusado. Trata-se, inclusive, de comando presente no CPP (*vide* art. 156, primeira parte). Desse modo, não cabe ao réu demonstrar a sua inocência (até porque goza do direito de permanecer calado – art. 5º, LXIII, CF), mas sim à acusação comprovar a culpa daquele. Caso a acusação não se desincumba desse ônus, *i.e.*, não logre êxito em provar cabalmente a culpa do réu, deverá ser aplicada a regra pragmática de julgamento do *in dubio pro reo*, absolvendo-se, por conseguinte, o acusado.

Ainda sobre o assunto, note o leitor que *prevalece* na comunidade jurídica o entendimento de que o ônus da prova se *reparte* entre a acusação e a defesa. À primeira (a acusação) incumbe provar a existência do fato e sua respectiva autoria, a tipicidade da conduta, o elemento subjetivo da infração (dolo ou culpa), bem como eventuais agravantes, causas de aumento e/ou qualificadoras alegadas. A defesa, por sua vez, tem o ônus de provar eventuais alegações que faça sobre excludentes de tipicidade, ilicitude e/ou culpabilidade, circunstâncias atenuantes e/ou causas de diminuição da pena.[13]

No campo da **prisão provisória**, o princípio do estado de inocência também desempenha um papel decisivo. Desde

---

12. Sobre esta questão, o STF mudou, mais uma vez, a orientação jurisprudencial, declarando a constitucionalidade do art. 283, CPP, e fazendo prevalecer também a própria literalidade da CF/1988 (art. 5º, LVII). Por maioria, os Ministros entenderam pelo não cabimento da execução provisória da pena. Assim, a execução penal terá início após o trânsito em julgado de sentença penal condenatória. Nesse sentido, ver ADC's 43, 44 e 54. Informativo 958/STF, de 28 de outubro a 8 de novembro de 2019.

13. O pensamento, com a devida licença, é deveras equivocado. Sendo o crime um todo indivisível (fato típico, ilícito e culpável) é imperioso que a acusação prove cabalmente esse todo indivisível para que possa, assim, ver atendida a sua pretensão punitiva. Pensando dessa maneira estão, por exemplo: Afrânio Silva Jardim, Luiz Flávio Gomes, dentre outros.

logo, advirta-se que o instituto da prisão provisória *não é incompatível* com o princípio do estado de inocência. Posto de outra forma: o princípio em questão não é absoluto. Atente-se que a própria Constituição previu a possibilidade de prisão provisória, por exemplo, no art. 5º, LXI – além do que, há na Magna Carta o princípio da segurança pública, que também torna possível falar em prisão decretada *antes do trânsito em julgado*.

Se não são incompatíveis, então como harmonizar esses institutos aparentemente antagônicos (prisão provisória e estado de inocência)? Na realidade, o princípio da presunção de inocência força-nos a assumir uma posição *contrária à banalização* da prisão provisória. Explica-se melhor. O referido princípio, ao propor que *"ninguém será considerado culpado até o trânsito em julgado de sentença penal condenatória"*, força-nos a encarar a prisão provisória como medida *extrema, excepcional*. É dizer: só se prende alguém antes do trânsito em julgado se for absolutamente necessário. Esse princípio institui entre nós a **regra da liberdade**, leia-se: *em regra, o indivíduo deve ser conservado em liberdade, apenas se "abusar" desta (da liberdade) poderá vir a ser encarcerado*. Essa ideia foi reforçada pela Lei 12.403/2011 que, em diversas passagens, estabelece a prisão provisória como *ultima ratio* – *entendimento também firmado pelo* STF, no **HC 127186/ PR, Info 783,** bem como no Inq. 3842, Ag. Reg. no segundo Ag. Reg. no Inquérito, *DJ*, 17.03.2015. Ademais, não é outro o entendimento do STJ, vide HC 353.167/SP, 6ª Turma, *DJ* 21.06.2016 e HC 330.283/PR, 5ª Turma, *DJ* 10.12.2015. Veremos o tema de forma mais detalhada oportunamente.

Nessa senda, uma pergunta pode aflorar na mente do leitor. Dissemos anteriormente que *só se prende alguém antes do trânsito em julgado se for absolutamente necessário. Mas, como saberei quando é necessária a prisão de alguém?* A resposta está na **prisão preventiva**. Colocado de outra forma: a comunidade jurídica elegeu a *prisão preventiva* (arts. 311 e ss., CPP) como *pedra de toque* para a demonstração de *necessidade* de prisão provisória (TOURINHO FILHO, 2010). A escolha não se deu ao acaso, pois é a preventiva que possui, dentre as demais modalidades de prisão, os requisitos mais *rígidos* para a sua decretação. Assim, para que alguém seja (ou permaneça) preso durante a persecução penal, é fundamental que os requisitos da preventiva estejam presentes, sob pena de ilegalidade da medida e, concomitantemente, de violação ao estado de inocência.

Diante do que foi dito no parágrafo anterior, pode-se afirmar que não há no Brasil qualquer modalidade de *prisão automática*. Ou seja: a) inexiste prisão (automática) decorrente de sentença condenatória recorrível ou decorrente de decisão de pronúncia; b) não se pode condicionar a interposição de recurso defensivo à prisão do réu (nem mesmo em sede de RE e RESP); c) não vale a "regra" de que aquele que ficou preso durante a instrução deverá ser conservado nesta condição no momento da sentença condenatória recorrível (consoante § 1º, art. 387, CPP e STJ, 5ª Turma, HC 271757/SP, *DJ* 25.06.2015). Em suma: ou os requisitos da preventiva se mostram concretamente presentes (devendo o juiz expô-los *fundamentadamente* em uma decisão) ou, do contrário, o réu, por imperativo constitucional (estado de inocência), deverá

ser conservado em liberdade (regra da liberdade), ainda que esta liberdade se dê com algumas restrições (medidas cautelares pessoais substitutivas da prisão – conforme dispõem as Leis 12.403/2011 e 13.964/2019, a serem examinadas em ocasião oportuna).

Uma consideração derradeira: na fixação da pena-base e do regime prisional, os tribunais superiores[14] entendem que há ofensa ao estado de inocência considerar *maus antecedentes* os eventuais registros criminais do acusado (processos em andamento, por exemplo)[15]. Tais registros não podem, pois, ser valorados para aumentar a pena-base ou para exasperar o regime de cumprimento da pena. Ademais, aduziu o STJ a possibilidade de desconsideração das condenações anteriores para fins de maus antecedentes em hipóteses específicas da Lei 11.343/2006 (Lei de Drogas), vide Informativo nº 580, 02 a 13/04/2016, 6ª Turma. Ver também: Súmula 444 do STJ. Entretanto, há de se pontuar o entendimento do STJ no que se refere à possibilidade de utilização de inquéritos policiais e ações penais em curso para afastar o benefício do tráfico privilegiado previsto no art. 33, § 4º da Lei 11.343/2006 (STJ, EREsp 1431091/SP, DJ 14.12.2016), por possibilitar a formação da convicção de que o réu se dedica a atividades criminosas.

Por fim, consulte-se a recente Súmula 636/STJ, que enuncia que "a folha de antecedentes criminais é documento suficiente a comprovar os maus antecedentes e a reincidência".

Atenção: O STF, no julgamento dos HC's 94620 e 94680, indicou possível mudança de orientação. A sessão do Pleno gerou confusão quanto ao resultado, motivo pelo qual a Suprema Corte apreciará o tema novamente, em breve.[16]

6.3. Inexigibilidade de autoincriminação e direito ao silêncio

No Processo Penal, o indivíduo goza do *direito de não se autoincriminar*. O reconhecimento deste direito decorre de uma *interpretação extensiva* dada pela comunidade jurídica brasileira à primeira parte do inciso LXIII, do art. 5º, CF, que diz: "*o preso será informado de seus direitos, entre os quais o de permanecer calado*". Tal dispositivo consagra entre nós o *direito ao silêncio*, que significa que *toda a vez que a fala do indivíduo (preso ou solto) puder incriminá-lo, este poderá conservar-se em silêncio, sem que se possa extrair qualquer consequência jurídica negativa dessa conduta*. Isto é assim porque, sendo o silêncio um *direito* do indivíduo, aquele

---

14. STF, Pleno, Julgamento do mérito da repercussão geral no RE 591054, DJ 26.02.2015 e HC 104266/RJ, DJ 26.05.2015 e STJ, HC 234.438/PR, 5ª Turma, DJ, 24.08.2016, HC 335.937/AC, 6ª Turma, DJ 29.06.2016 e HC 289895/SP, DJe 01.06.2015.

15. Necessário se faz ressaltar que o princípio da presunção de inocência não possui caráter absoluto, havendo hipóteses, aceitas pela jurisprudência, de abrandamento do referido princípio, a exemplo do posicionamento do STJ no sentido de que inquéritos e ações penais em curso poderiam demonstrar o risco de reiteração da conduta, de modo a fundamentar a decretação de prisão preventiva para garantia da ordem pública (STJ, RHC70698/MG, *DJe* 01.08.2016).

16. Disponível em: [http://jota.info/stf-muda-e-decide-que-inqueritos-em-curso-podem-ser-considerados-maus-antecedentes].

que o exercita, sob pena de total contrassenso, não poderá sofrer qualquer tipo de prejuízo jurídico.

Nesse sentido, o STJ firmou entendimento de que a informação do direito de permanecer calado, uma vez fornecido de forma irregular, será causa de nulidade relativa, desde que haja a comprovação de prejuízo (STJ, RHC 67.730/PE, DJe 04.05.2016).

Dois momentos bastante comuns de incidência do direito ao silêncio são o ato do interrogatório do acusado (art. 185 e ss., CPP) e a oitiva do indiciado pelo delegado de polícia (art. 6º, V, CPP) – embora, note-se bem, o direito ao silêncio não se limite a esses dois momentos. Costuma-se afirmar que o direito ao silêncio incide em sua plenitude durante o chamado "interrogatório de mérito" (momento em que o juiz indaga o réu sobre a veracidade da acusação que recai sobre a sua pessoa. Confira-se o art. 187, *caput*, e seu § 1º, CPP). Com efeito, a doutrina majoritária costuma rechaçar a existência do direito ao silêncio no ato de qualificação do acusado, ato que precede o chamado "interrogatório de mérito". Assim, de acordo com a majoritária doutrina, quando indagado sobre a sua qualificação (nome, estado civil, endereço etc.) não pode o réu permanecer em silêncio. Não haveria aqui um "direito ao silêncio". Segundo os autores, caso permaneça em silêncio durante a sua qualificação, o réu poderá vir a responder pela contravenção penal prevista no art. 68 da Lei das Contravenções Penais (DL 3.688/1941), que diz: "Recusar à autoridade, quando por esta, justificadamente solicitados ou exigidos, dados ou indicações concernentes à própria identidade, estado, profissão, domicílio e residência". Ver também: decisões do STF nos ARE 870572 AgR, 1ª Turma, *DJ* 06.08.2015 e RE 640139 RG/DF, *DJe* 14.10.2011.

Por outro lado, vale notar a comunidade jurídica não parou por aí (direito ao silêncio), pois, partindo do art. 5º, LXIII, CF, reconheceu que, na realidade, o direito ao silêncio seria apenas um aspecto (uma das facetas) de um direito muito mais abrangente: o da não autoincriminação. Por este direito (não autoincriminação), assegura-se ao sujeito o poder de negar-se a *colaborar* com qualquer tipo de produção probatória que dele dependa, sem que qualquer prejuízo possa ser extraído dessa inércia (*nemo tenetur se detegere*). Consequentemente, o indivíduo pode se negar a participar da reprodução simulada do crime (reconstituição do delito), como também se recusar a realizar qualquer exame cuja realização dependa do seu próprio corpo (bafômetro, grafotécnico, DNA, sangue etc. – as chamadas provas *invasivas*)[17].

O STF, em recente julgado, declarou a nulidade de "entrevista" realizada pela autoridade policial com o investigado, durante a busca e apreensão em sua residência, sem que tenha sido oportunizada a consulta prévia ao seu advogado e sem que tenha sido comunicado sobre o seu direito de permanecer em silêncio e não produzir provas contra si mesmo. Na opinião dos ministros, tratou-se de um "interrogatório travestido de entrevista", com violação do direito ao silêncio e não autoincriminação (Informativo 944/STF, de 10 a 14 de junho de 2019).

Assim, pelo que vimos, numa eventual sentença, o juiz jamais poderá valorar negativamente a inércia do acusado, usando fórmulas como: "quem cala consente", "quem não deve, não teme" etc.

6.4. Contraditório (bilateralidade da audiência ou bilateralidade dos atos processuais)

Expresso na CF (art. 5º, LV), consiste esse princípio no binômio: *ciência + participação*, ou seja, trata-se do *direito que possuem as partes de serem cientificadas sobre os atos processuais (ciência), como também do direito que possuem de se manifestar, de interagir (participação) sobre esses mesmos atos*. Um exemplo: finda a instrução processual, o juiz profere sentença sobre o caso. Nesta hipótese, as partes serão cientificadas (intimadas) dessa decisão (ciência), bem como poderão participar recorrendo do *decisium* (participação).[18] Com efeito, entende-se que essa dialética das partes torna o julgamento do acusado mais justo.

Contraditório diferido, retardado ou postergado: em certos casos, diante do *perigo de perecimento* de determinada prova considerada relevante, deve-se produzi-la de plano, *relegando-se o contraditório para um momento posterior* (daí o nome *postergado*). Exemplo: perícia sobre lesão corporal. Não fosse o exame realizado imediatamente, os vestígios, a depender da lesão, poderiam terminar desaparecendo e comprometer a materialidade delitiva (art. 158, CPP). Nesse caso, realiza-se o exame e, em momento posterior (no curso do processo), assegura-se o contraditório às partes, podendo estas se manifestar sobre a perícia anteriormente realizada.

Por outro lado, há casos em que o contraditório pode ser antecipado. Isto ocorre também por conta da possibilidade de *perecimento da prova*. Ex.: testemunha em estado terminal de saúde que presenciou o crime. Procede-se então à *produção antecipada de prova* (art. 225, CPP), assegurando-se, *antecipadamente*, o contraditório às "partes".[19] Sobre este ponto consultar a parte final do art. 155, CPP.

6.5. Ampla defesa

Assim como o contraditório, a ampla defesa está igualmente prevista no art. 5º, LV, CF. Significa *que o réu tem o direito de defender-se de uma acusação da forma mais ampla possível, podendo empregar todos os recursos cabíveis para o cumprimento desta finalidade*. No processo penal, a defesa só é ampla quando presentes os seus dois aspectos: autodefesa e defesa técnica.

A **autodefesa** *é facultativa*, realizando-a, portanto, o acusado se assim entender conveniente. Isto é assim – facultatividade da autodefesa – por conta do *direito ao silêncio* que possui o réu. Como este tem o direito de permanecer calado, por óbvio, só exerce a sua própria defesa se assim o desejar.[20]

---

17. STF, HC 111567 AgR, 2ª Turma, *DJ* 30.10.2014 e HC 99289/RS, *DJ* 04.08.2011.STJ, AgRg no REsp 1497542/PB, 1ª Turma, *DJ* 24.02.2016.

18. Outro exemplo: art. 409, CPP.

19. Note o leitor que, como não há processo, não há que se falar propriamente em partes.

20. O direito à autodefesa, no entanto, não retira a tipicidade da conduta do agente que atribui falsa identidade perante autoridade

A sua manifestação dar-se-á sob formas diversas, como o direito de audiência, o direito de presença ou o direito de postular pessoalmente. Exemplo do direito de audiência, momento dos mais marcantes, ocorre durante o interrogatório (art. 185, CPP). O direito de presença está materializado na possibilidade de comparecimento do acusado a todos os atos instrutórios. Por óbvio, não estamos falando em direito absoluto, uma vez que a presença do réu pode ser evitada em determinadas hipóteses, voluntariamente ou por ordem judicial, realizando o ato por videoconferência ou determinando a sua retirada. Por fim, o reconhecimento da capacidade postulatória do réu acontece de forma ampla, como a possibilidade de interposição de recursos (art. 577, *caput*, CPP), a impetração de *habeas corpus* (art. 654, *caput*, CPP) ou a propositura de ação de revisão criminal (art. 623, *caput*, CPP).

Já a **defesa técnica** *é absolutamente indispensável*. O réu deve, obrigatoriamente, contar com profissional habilitado atuando em juízo na defesa de seus interesses (seja ele defensor dativo, público ou constituído) – *vide* art. 261, CPP. Note o leitor que, se o acusado for **membro do Ministério Público**, não poderá promover a sua própria defesa técnica, pois esta é privativa do advogado regularmente inscrito na OAB (art. 28, II, Lei 8.906/1994). Vide ainda o HC 76671/RJ, *DJ* 10.08.2000 (STF).

Consulte-se, por fim, a Súmula 523, STF, que diz: "no processo penal, a falta da defesa constitui nulidade absoluta, mas a sua deficiência só o anulará se houver prova de prejuízo para o réu".[21]

6.6. Verdade real (material ou substancial)

Tradicionalmente, diz-se que o citado princípio impõe *certa postura* do juiz diante do processo penal. É que, conforme sustentam alguns, dada a indisponibilidade do bem jurídico tratado pelo processo penal (liberdade ambulatorial), o magistrado deve se esforçar ao máximo em desvendar o que realmente ocorreu – e não apenas se contentar com as provas eventualmente colacionadas pelas partes. Desse modo, diante de eventual inércia das partes, deve o juiz produzir provas a fim de esclarecer a verdade dos fatos.

Ademais, *ainda dentro dessa visão tradicional*, é bastante comum opor o princípio da verdade real ao da "verdade formal". Tal oposição tem por base os diferentes bens jurídicos em jogo nos processos penal e civil. Argumenta-se que, como no processo civil os bens jurídicos são geralmente disponíveis, não há que se falar em verdade real, mas sim em verdade formal (ou ficta), querendo isto significar que o juiz cível deve se contentar com as provas trazidas pelas partes.

Essa visão tradicional do princípio da verdade real encontra respaldo no CPP (vide arts. 156 e 209, § 1º); na atual jurisprudência dos tribunais superiores (STF, ARE 666424 AgR, 1ª Turma, DJ 01.04.2013 e STJ, REsp 1440165/DF, DJe 29.05.2015, e HC 282322/RS, DJe 01.07.2014 e REsp 1658481/SP, DJ 29.06.2017). Outrossim, há recente contemporização ao princípio da verdade real, conforme atualizações oriundas da prática do STJ: Inf. 0577, 6ª Turma, 20.02 a 02.03.2016 e Inf. 0569, 6ª Turma, 17.09 a 30.09.2015. Porém, é preciso destacar que essa orientação "tradicional" do princípio da verdade real vem, cada vez mais, sendo criticada por significativo setor da doutrina.

Uma das principais críticas à verdade real é que, ao estimular o ativismo probatório por parte do juiz, termina-se violando a imparcialidade deste (deturpação da atividade judicante) e, no limite, afrontando o sistema acusatório pretendido pelo Constituinte de 1988.

Diante disso, melhor seria falar em *verdade processual (verdade apenas no processo)*, *verdade jurídica*, ou, como quer Pacelli (2015, p. 333), numa "certeza" exclusivamente jurídica, representada pela tentativa de reconstrução histórica dos fatos por meio de parâmetros estabelecidos pela lei.

6.7. Juiz natural

Decorre do art. 5º, LIII, CF, que diz: "*ninguém será processado nem sentenciado senão pela autoridade competente*". Em suma, significa que *o indivíduo só pode ser privado de seus bens ou liberdade se processado por autoridade judicial imparcial e previamente conhecida por meio de regras objetivas de competência fixadas por lei anteriormente à prática da infração*. Exemplo de violação ao juiz natural: o sujeito pratica um crime da competência da justiça estadual e termina sendo julgado pela justiça federal. O juiz federal, neste caso, não é o natural para a causa em questão.

Decorre desse princípio o fato de *não ser possível a criação de juízo ou tribunal de exceção, i. e., não pode haver designação casuística de magistrado para julgar este ou aquele caso* (art. 5º, XXXVII, CF).

Ademais, no âmbito processual penal, não é possível às partes acordarem para subtrair ao juízo natural o conhecimento de determinada causa.

Note bem: *não configura violação ao princípio do juiz natural*: a) a convocação de juiz de 1ª instância para compor órgão julgador de 2ª instância (STJ HC 332.511/ES, 5ª, Turma, *DJ* 24.02.2016); b) a redistribuição da causa decorrente da criação de nova Vara – com a finalidade de igualar os acervos dos Juízos (STJ HC 322.632/BA, 6ª Turma, *DJ* 22.09.2015 e HC 283173/CE, *DJe* 09.04.2015); c) a atração por continência do processo do corréu ao foro especial do outro denunciado – ex.: prefeito e cidadão comum praticam furto em concurso (Súmula 704, STF). Nesta situação, ambos serão julgados pelo TJ sem que se possa falar em violação ao juiz natural – art. 78, III, CPP; e d) a fundamentação *per relationem*, que ocorre quando o magistrado utiliza como motivação da sentença ou acórdão as alegações de uma das partes ou texto de algum precedente ou decisão anterior do mesmo processo (STJ HC 353.742/RS, 6ª Turma, *DJ* 16.05.2016).

É a motivação por meio da qual se faz remissão ou referência às alegações de uma das partes, a precedente ou a decisão anterior nos autos do mesmo processo.

---

policial com o objetivo de ocultar maus antecedentes. Nesse sentido, Súmula 522/STJ: "A conduta de atribuir-se falsa identidade perante autoridade policial é típica, ainda que em situação de alegada autodefesa".

21. Importante destacar também a Súmula 708, STF: "É nulo o julgamento da apelação se, após a manifestação nos autos da renúncia do único defensor, o réu não foi previamente intimado para constituir outro."

6.8. Identidade física do juiz

Significado: *o magistrado que acompanhar a instrução probatória – logo, que tiver tido contato direto com as provas produzidas ao longo do processo – deverá ser o mesmo a proferir sentença.*

Antes de 2008, tal princípio existia apenas no Processo Civil (art. 132, CPC/1973), mas não no Processo Penal. Entretanto, hoje, após a reforma promovida pela Lei 11.719/2008, passou a ser expressamente adotado pelo Direito Processual Penal. Segue o teor do novo § 2º do art. 399, CPP: *"o juiz que presidiu a instrução deverá proferir a sentença".*

O princípio da identidade física do juiz não é, porém, absoluto. Há exceções. Desse modo, não viola o referido princípio: a) o interrogatório do réu por meio de carta precatória (STJ RHC 47.729/SC, DJ 01.08.2016); b) casos de convocação, licença, afastamento, promoção ou aposentadoria do juiz que presidiu a instrução de provas (STJ HC 306.560/PR, DJe 01.09.2015, AgInt no AREsp 852.964/AL, DJ 23.08.2016 e Informativo nº 494); c) o julgamento de embargos de declaração por outro juiz (STJ, HC 46408/SP, DJe 03.11.2009); e d) casos relacionados ao Estatuto da Criança e do Adolescente (STJ AgRg no AREsp 465.508/DF, DJ 26.02.2015 e HC 164369/DF, DJ 09.11.2011).

Ademais, conforme jurisprudência do STJ, se faz necessária a comprovação de prejuízo à parte, sobretudo no que tange aos princípios da ampla defesa e do contraditório, para que haja a nulidade do *decisum* prolatado por juiz diverso daquele que presidiu a instrução do feito (STJ, AgRg no AREsp306388/SC, *Dje* 01.06.2015).

6.9. Duplo grau de jurisdição

Significa que *as decisões judiciais são, em regra, passíveis de revisão por instâncias superiores através da interposição de recursos.* Além disso, o princípio estabelece a *impossibilidade de supressão de instância* (GRINOVER *et. al.*, 2001), ou seja, em caso de anulação da decisão recorrida, não pode o tribunal ingressar no mérito da causa, se este não foi apreciado pelo juízo *a quo* (pela instância inferior).

Tal princípio não vem expressamente previsto no texto da CF. Porém, trata-se de *garantia materialmente constitucional.* Isto porque a Convenção Americana de Direitos Humanos (CADH – Pacto de San José da Costa Rica) – ratificada pelo Brasil por meio do Decreto 678/1992 – prevê em seu texto o referido princípio (art. 8º, 2, "h"). Note-se que para a melhor doutrina os direitos e garantias contidos nesse Pacto possuem *status* normativo de *norma materialmente constitucional* (PIOVESAN, 2011). É que, segundo essa autora, por força do art. 5º, § 2º, CF, todos os tratados de direitos humanos, independentemente do *quorum* de sua aprovação, são normas materialmente constitucionais. O STF, por outro lado, entende atualmente (ADI 5240 / SP, Julgamento 20.08.2015) que tratados e convenções internacionais com conteúdo de direitos humanos (como é o caso do Pacto de San José), uma vez ratificados, possuem caráter supralegal. Supralegal significa neste contexto: inferior à Constituição Federal, mas superior à legislação interna. Assim, os atos estatais infraconstitucionais que estiverem em dissonância com a norma supralegal devem ser suprimidos.

Por outro lado, o duplo grau não é um princípio absoluto. *Dentre outras*, segue uma exceção: competência originária do STF (*vide* art. 102, I, CF).

Ademais, por óbvio, a garantia do duplo grau não afasta a necessidade da parte observar corretamente os pressupostos recursais (ex.: prazo), sob pena de o recurso não ser conhecido.

6.10. Publicidade

Vem expresso na CF nas seguintes passagens: arts. 5º, LX; e 93, IX. Trata-se do *dever que tem o Judiciário de dar transparência aos seus atos.* A publicidade dos atos processuais é a *regra.* Porém, a própria CF autoriza a restrição da publicidade quando se mostrar necessária a *preservação da intimidade ou do interesse social. Exemplos de* restrição à publicidade: a) CF: arts. 93, IX, parte final, e art. 5º, LX; b) CPP: arts. 201, § 6º; 485, § 2º; 792, § 1º; c) CP: 234-B; e d) Lei 9.296/1996: art. 1º.

Um ponto relevante a ser tratado diz respeito ao posicionamento do STF quanto à aplicação da norma protetiva prevista no art. 234-B, CP, acima indicado, ao entender que o agente do fato delituoso não se constitui como destinatário da norma, mas somente a vítima. (STF, ARE1074786/RJ, *Dje* 26.10.2017).

6.11. Iniciativa das partes, demanda ou ação *(ne procedat judex ex officio)*

Significa que *cabe à parte interessada o exercício do direito de ação, uma vez que a jurisdição é inerte.* A propositura da ação penal incumbe, assim, ao MP (no caso de ação penal pública) ou à vítima (no caso de ação penal privada), sendo vedado ao juiz proceder de ofício nessa seara.

Notemos que tal princípio tem total ligação com o *sistema acusatório* (pretendido pelo Constituinte de 1988 – art. 129, I), que tem por uma de suas principais características a separação das funções de acusar e julgar.

Desse modo, *não foi recepcionado* pela CF o art. 26, CPP, o qual prevê que, no caso de contravenção penal, a ação penal será iniciada por portaria expedida pelo delegado ou pelo juiz (chamado de procedimento *judicialiforme*).

Não se deve confundir o princípio da *iniciativa das partes* com o do *impulso oficial.* Enquanto o primeiro determina que o exercício do direito de ação incumbe à parte interessada, o segundo (impulso oficial) estabelece que cabe ao juiz, de ofício, impulsionar o regular desenvolvimento do processo "até que a instância se finde" (MIRABETE, 2001, p. 49) – *vide* art. 251, CPP.

6.12. Igualdade processual (igualdade das partes ou paridade de armas)

As partes devem contar com tratamento igualitário e com oportunidades iguais. Decorre tal princípio do art. 5º, *caput*, CF (princípio da isonomia). Em certos casos, porém, quando justificável, admite-se o tratamento diferenciado da parte, a fim de ser promovida uma igualdade mais *substancial*. Trata-se aqui da antiga máxima: "tratar desigualmente os desiguais na medida de suas desigualdades". Seguem exemplos desse tratamento "desigual" à parte que objetivam uma igualdade mais *substancial* no âmbito do processo penal: *favor rei* (princípio segundo o qual os interesses da defesa prevalecem sobre os da acusação – art. 386, VII, CPP); a revisão criminal é ação exclusiva da defesa; a Defensoria Pública possui prazos mais longos, contados em dobro, por força do art. 128, I, LC 80/1994, e do art. 5º, § 5º, Lei 1.060/1950 (Ver STF, ADI 2144, Tribunal Pleno, *DJ* 14.06.2016 e HC 81.019/MG, Info. 247); admite-se a prova ilícita *pro reo*, mas não a *pro societate* etc.

6.13. Imparcialidade do juiz

O juiz deve ser pessoa neutra, estranha à causa e às partes. O magistrado eventualmente interessado no feito – suspeito (art. 254, CPP) ou impedido (art. 252, CPP) – deve ser afastado.

6.14. Duração razoável do processo

Expressamente previsto no art. 5º, LXXVIII, CF, que diz: "*a todos, no âmbito judicial e administrativo, são assegurados a razoável duração do processo e os meios que garantam a celeridade de sua tramitação*" e na CADH, art. 8º, 1, consiste no *direito que as partes possuem de exigir do Estado que preste a jurisdição em tempo razoável*. Assim, as dilações indevidas devem ser banidas.

Representa, na atualidade, um dos maiores problemas/desafios do Judiciário mundial (inclua-se aí o brasileiro): assegurar uma prestação jurisdicional célere e de qualidade sem atropelar direitos e garantias fundamentais das partes.

É por conta desse princípio que os tribunais superiores, em diversas oportunidades, têm reconhecido a *ilegalidade da prisão provisória do acusado quando o processo apresenta demora injustificada* (v. g.: STF, HC140.312/PR, *Dje* 04.05.2017, STJ, HC 359.508/PE, DJ 01.09.2016 e HC 281741/SP, DJe 24.06.2015).

A crítica que significativo setor da comunidade costuma fazer é que a falta de um prazo claro e determinado para o fim do processo, aliada à ausência de sanção em caso de expiração desse mesmo prazo, tem o poder de reduzir significativamente a efetividade do referido princípio.

Inspirado por esse princípio, o legislador ordinário criou os seguintes parâmetros de prazo, cujo desrespeito, como dissemos antes, não produz nenhuma sanção jurídica automática: a) no rito ordinário, a instrução deverá ser concluída em 60 dias (art. 400, CPP); b) no júri, 90 dias (art. 412, CPP); c) no caso de processo que apure crime cometido por organização criminosa (art. 22, parágrafo único, Lei 12.850/2013), 120 dias (se o réu estiver preso), "prorrogáveis em até igual período, por decisão fundamentada, devidamente motivada pela complexidade da causa ou por fato procrastinatório atribuível ao réu"; dentre outros.

Entretanto, há que se pontuar que os tribunais superiores, a exemplo do STF, posicionam-se no sentido de que o princípio em exame não poderia ser analisado de *maneira isolada e descontextualizada das peculiaridades do caso*

concreto, de modo que seria também necessário considerar a sobrecarga de processos em trâmite nos tribunais (STF, HC 143726/SP, *DJe* 22.05.2017; HC 158414/SE AgR, *Dje* 25.09.2018).

6.15. Obrigatoriedade de motivação das decisões judiciais

Expressamente previsto na CF (art. 93, IX), trata-se de um dos pilares das democracias contemporâneas. Significa que *toda decisão judicial necessita ser fundamentada, sob pena de nulidade*. A exigência de fundamentação possibilita um controle das partes e de toda a sociedade das razões de decidir do magistrado. Assim, se, por exemplo, um juiz decretar a preventiva do acusado sem fundamentar (*i. e.*: sem explicar concretamente os porquês da prisão), será possível impetrar HC por conta da nulidade da decisão.

Nesta seara, o STF possui jurisprudência consolidada no sentido de admitir a denominada fundamentação *per relationem*, já definida anteriormente. Assim como o STJ, a Suprema Corte entende que tal prática não ofende o disposto no art. 93, IX, CF (RHC 120351 AgR/ES, *DJe*18.05.2015).

Atenção: Não confundir fundamentação *per relationem* com a mera indicação de parecer ministerial ou de decisão anterior no processo. Nessa hipótese será nula a decisão, haja vista a carência de motivação (STF HC 214049/SP, *DJe* 10.03.2015).

7. JUIZ DAS GARANTIAS

7.1. Notas introdutórias

Das inovações mais importantes trazidas pelo chamado pelo "Pacote Anticrime" (L. 13.964/2019), o juiz das (ou de) garantias é, em linhas gerais, um instituto que visa a submeter a fase investigativa a um maior controle pelo Poder Judiciário e, consequentemente, fiscalizar mais efetivamente os direitos e garantias de suspeitos, indiciados e conduzidos. Somado a isso (e como veremos), o instituto procura aprofundar entre nós o sistema acusatório (sistema que, como vimos, prevê a separação entre as funções de acusar, julgar e defender) e, por tabela, reforçar a imparcialidade do juiz da instrução. Neste tópico, examinaremos sinteticamente as principais inovações trazidas por esse instituto, devendo porém o leitor estar atento ao fato de que até o fechamento desta edição a aplicação do instituto encontra-se suspensa por decisão monocrática do ministro Fux do STF (vide ADIs 6298 e 6299 MC/DF, 01/2020).

7.2. Conceito de juiz das garantias

Trata-se de um magistrado de carreira (concursado), como outro qualquer, cuja função principal é controlar a legalidade dos atos praticados no curso da investigação preliminar, zelando pelos direitos e garantias do suspeito, indiciado e conduzido (art. 3º-B, CPP). Tal juiz tem competência para atuar no âmbito das investigações preliminares (excetuados os casos de competência do JECRIM). A competência do juiz das garantias vai até o recebimento da denúncia, momento em que a competência do caso passará ao juiz da instrução (art. 3º-C, CPP).

7.3. Juiz das garantias e sistema acusatório

A lei que introduziu o juiz das garantias no CPP buscou impulsionar a estrutura acusatória do processo penal brasileiro. Conforme diz o art. 3º-A, CPP, "o processo penal terá estrutura acusatória, vedadas a iniciativa do juiz na fase de investigação e a substituição da atuação probatória do órgão de acusação". Assim, é clara a intenção do legislador de reforçar a separação entre funções de acusar, julgar e defender; e, mais especificamente, de separar as funções de investigação e julgamento. Ao menos dois dispositivos confirmam tal ideia. Primeiro, o art. 3º-D, caput, CPP, diz que o "juiz que, na fase de investigação, praticar qualquer ato incluído nas competências dos arts. 4º e 5º deste Código ficará impedido de funcionar no processo." E o § 3º, art. 3º-C, CPP, afirma que "os autos que compõem as matérias de competência do juiz das garantias ficarão acautelados na secretaria desse juízo, à disposição do Ministério Público e da defesa, e *não serão apensados aos autos do processo enviados ao juiz da instrução e julgamento*, ressalvados os documentos relativos às provas irrepetíveis, medidas de obtenção de provas ou de antecipação de provas, que deverão ser remetidos para apensamento em apartado" (destaques nossos). Tanto o primeiro dispositivo (art. 3º-D, caput, CPP), como a regra deste último artigo (de vedação de acesso aos elementos de investigação pelo juiz da instrução) visam a salvaguardar o contraditório, a ampla defesa, a imparcialidade do juiz da instrução e, de forma mais ampla, o sistema acusatório. Isso porque, como veremos mais adiante, os elementos produzidos no curso de uma investigação (ex.: depoimento de uma testemunha), embora possam servir para embasar uma ação penal, são imprestáveis para fundamentar uma sentença, uma vez que tais elementos não costumam se submeter ao crivo do contraditório e ampla defesa.

7.4. Competências do juiz das garantias

O art. 3º-B, CPP, estabelece uma lista (não exaustiva) de competências do juiz das garantias, a ser apresentada a seguir.

I – receber a comunicação imediata da prisão, nos termos do inciso LXII do caput do art. 5º da Constituição Federal.

Comentário: Segundo o art. 5, LXII, CF, "a prisão de qualquer pessoa e o local onde se encontre serão comunicados imediatamente ao juiz competente e à família do preso ou à pessoa por ele indicada". O magistrado competente para receber tal comunicação passa a ser o juiz das garantias. Este ficará responsável pelo controle da legalidade da prisão.

II – receber o auto da prisão em flagrante para o controle da legalidade da prisão, observado o disposto no art. 310 deste Código.

Comentário: de acordo com o art. 310, CPP, ocorrida a prisão em flagrante de alguém, os autos deverão, em 24h, ser encaminhados ao juiz das garantias que, por sua vez, deverá promover audiência de custódia com a presença do acusado, seu advogado constituído ou membro da Defensoria Pública e o membro do Ministério Público. Nesta audiência,

o juiz das garantias decidirá de forma fundamentada pelo: (a) relaxamento da prisão (no caso de a prisão ser ilegal); (b) conversão do flagrante em prisão preventiva (quando presentes os requisitos da prisão preventiva estabelecidos pelo art. 312, CPP); ou (c) conceder liberdade provisória (no caso de o flagrante ser legal, mas de a sua conversão em preventiva se mostrar descabida).

III – zelar pela observância dos direitos do preso, podendo determinar que este seja conduzido à sua presença, a qualquer tempo.

Comentário: a CF e a legislação infraconstitucional estabelecem direitos para os presos (ex.: o direito ao silêncio). Nesse sentido, cabe ao juiz das garantias zelar por tais direitos, podendo determinar a condução do preso à sua presença a qualquer tempo a fim de verificar o fiel cumprimento àqueles direitos.

IV – ser informado sobre a instauração de qualquer investigação criminal.

Comentário: A informação obrigatória ao juiz das garantias sobre a instauração de investigação criminal permite àquele, ao mesmo tempo, controlar a legalidade dos atos de investigação e zelar pelos direitos e garantias dos suspeitos, indiciados e conduzidos.

V – decidir sobre o requerimento de prisão provisória ou outra medida cautelar, observado o disposto no § 1º deste artigo.

Comentário: notar que o § 1º ao qual se refere este inciso foi vetado.

VI – prorrogar a prisão provisória ou outra medida cautelar, bem como substituí-las ou revogá-las, assegurado, no primeiro caso, o exercício do contraditório em audiência pública e oral, na forma do disposto neste Código ou em legislação especial pertinente.

Comentário: notar que, como diz o dispositivo, no caso de prorrogação de prisão provisória ou de outra medida cautelar, tal decisão deverá passar pelo crivo do contraditório em audiência pública e oral.

VII – decidir sobre o requerimento de produção antecipada de provas consideradas urgentes e não repetíveis, assegurados o contraditório e a ampla defesa em audiência pública e oral.

Comentário: há casos específicos em que a produção de prova não pode aguardar a fase instrutória e precisa ser realizada o quanto antes já na fase de investigação preliminar. É o que ocorre com uma perícia em caso de estupro. Caso esse tipo de prova não seja produzida com brevidade, é bastante provável que os vestígios do crime desapareçam. Tal prova é chamada de não repetível e, sendo necessária a sua produção, será o juiz das garantias que irá decidir a respeito assegurando em qualquer caso o contraditório e a ampla defesa em audiência pública e oral. Notar ainda que esse tipo específico de prova, conforme diz o § 3º, art. 3º-C, CPP, será excepcionalmente remetida ao juiz da instrução.

VIII – prorrogar o prazo de duração do inquérito, estando o investigado preso, em vista das razões apresentadas pela autoridade policial e observado o disposto no § 2º deste artigo.

Comentário: o prazo de duração do inquérito, estando o indiciado preso, pode ser prorrogado uma única vez pelo juiz das garantias por até 15 dias, após o que, se ainda assim a investigação não tiver sido concluída, a prisão será imediatamente relaxada. Conforme estabelece o § 2º do art. 3º-B, CPP, a prorrogação depende de representação do delegado e de prévia ouvida do MP.

IX – determinar o trancamento do inquérito policial quando não houver fundamento razoável para sua instauração ou prosseguimento.

Comentário: quando uma investigação preliminar não tem o mínimo de elementos para existir, ela deve ser trancada (leia-se arquivada). Percebendo o juiz das garantias que esse é o caso, deverá determinar de ofício o trancamento (arquivamento) da investigação.

X – requisitar documentos, laudos e informações ao delegado de polícia sobre o andamento da investigação.

Comentário: Como fiscal da legalidade que é, o juiz das garantias poderá requisitar documentos, laudos e informações ao delegado a respeito do andamento da investigação.

XI – decidir sobre os requerimentos de:

a) interceptação telefônica, do fluxo de comunicações em sistemas de informática e telemática ou de outras formas de comunicação;

b) afastamento dos sigilos fiscal, bancário, de dados e telefônico;

c) busca e apreensão domiciliar;

d) acesso a informações sigilosas;

e) outros meios de obtenção da prova que restrinjam direitos fundamentais do investigado;

Comentário: o inciso em questão elenca uma série de requerimentos que podem ser realizados no curso da investigação. No passado, a apreciação de alguns destes requerimentos na fase investigativa (ex.: interceptação telefônica) tornava o juiz prevento (isto é, tornava o juiz competente para a instrução e julgamento). Com o advento do juiz das garantias, não mais. Conforme vimos enfatizando, o instituto do juiz das garantias veio para, dentre outras coisas, reforçar a divisão de papeis entre o magistrado que controla a legalidade da investigação e aquele que julga o caso. Essa divisão tem como um dos objetivos principais fomentar a imparcialidade do juiz de julgamento, evitando que se deixe influenciar pelos elementos de investigação (notoriamente inquisitivos e unilaterais).

XII – julgar o habeas corpus impetrado antes do oferecimento da denúncia.

Comentário: como afirmado antes, uma das funções principais do juiz das garantias é zelar pelos direitos e garantias do suspeito, indiciado ou conduzido. Caso haja violação desses direitos, poderá o interessado manejar o HC, sendo o juiz das garantias a figura competente para apreciá-lo.

XIII – determinar a instauração de incidente de insanidade mental.

Comentário: notando que o indiciado não está na plenitude de suas faculdades mentais, deve o juiz das garantias,

de ofício ou a pedido, determinar a instauração do incidente de insanidade mental, na forma dos arts. 149 a 154, CPP.

XIV – decidir sobre o recebimento da denúncia ou queixa, nos termos do art. 399 deste Código.

Comentário: o juiz das garantias é competente para receber a denúncia ou queixa e determinar a citação do acusado, nos termos do art. 399, CPP. Superada esta fase, o juiz das garantias deverá remeter os autos ao juiz da instrução, valendo notar o seguinte: (a) como dissemos antes, em regra, os elementos da investigação preliminar não serão disponibilizados ao juiz da instrução. Eles ficarão acautelados na secretaria do juízo das garantias. Apenas em casos específicos, como na hipótese de provas não repetíveis (§ 3º, art. 3º-C, CPP), os elementos de investigação serão disponibilizados ao juiz da instrução; (b) por outro lado, as partes terão assegurado o amplo acesso aos autos acautelados na secretaria do juízo das garantias (§ 4º, art. 3º-C); e (c) as decisões tomadas pelo juiz das garantias não vinculam o juiz da instrução e julgamento. Este, após o recebimento da denúncia ou queixa pelo juiz das garantias, deverá reexaminar a necessidade das medidas cautelares em curso (ex.: prisão preventiva) no prazo máximo de 10 dias (§ 2º, art. 3º-C, CPP).

XV – assegurar prontamente, quando se fizer necessário, o direito outorgado ao investigado e ao seu defensor de acesso a todos os elementos informativos e provas produzidos no âmbito da investigação criminal, salvo no que concerne, estritamente, às diligências em andamento.

Comentário: como mencionado antes, o investigado e seu defensor terão amplo acesso aos elementos produzidos no âmbito da investigação preliminar. Exceção a essas regras são as diligências em andamento, como ocorre no caso de interceptação telefônica.

XVI – deferir pedido de admissão de assistente técnico para acompanhar a produção da perícia.

Comentário: o assistente técnico trata-se de especialista contratado pelo interessado (indiciado, vítima, MP, etc.), tendo a função de emitir parecer crítico sobre o exame elaborado pelo perito oficial. Quando o pedido para a admissão de assistente técnico ocorrer durante a investigação preliminar, será o juiz das garantias que decidirá a respeito.

XVII – decidir sobre a homologação de acordo de não persecução penal ou os de colaboração premiada, quando formalizados durante a investigação.

Comentário: Quando o acordo de delação premiada ou de não persecução penal ocorrer durante a investigação preliminar, a sua homologação será da competência do juiz das Garantias.

XVIII – outras matérias inerentes às atribuições definidas no caput deste artigo.

Comentário: como dito acima, trata-se de rol não taxativo. Assim, o juiz das garantias poderá decidir sobre outras matérias relacionadas à sua atuação.

Finalmente, segundo o art. 3º-F, caput, CPP, "o juiz das garantias deverá assegurar o cumprimento das regras para o tratamento dos presos, impedindo o acordo ou ajuste de qualquer autoridade com órgãos da imprensa para explorar a imagem da pessoa submetida à prisão, sob pena de responsabilidade civil, administrativa e penal". E o parágrafo único do mesmo dispositivo continua: "por meio de regulamento, as autoridades deverão disciplinar, em 180 dias, o modo pelo qual as informações sobre a realização da prisão e a identidade do preso serão, de modo padronizado e respeitada a programação normativa aludida no caput deste artigo, transmitidas à imprensa, assegurados a efetividade da persecução penal, o direito à informação e a dignidade da pessoa submetida à prisão".

Comentário: cabe ao juiz das garantias fiscalizar o cumprimento de regras que proíbem negociações entre autoridades e imprensa para explorar a imagem de presos. Trata-se de medida que, dentre outras coisas, busca preservar a imagem e dignidade da pessoa submetida à prisão, evitando assim usos sensacionalistas e degradantes.

7.5. Implementação do juiz das garantias

Há muitas questões sendo discutidas sobre a implementação do juiz das garantias, questões essas que fugiriam ao escopo deste trabalho. A seguir, indicamos apenas algumas normas gerais referentes à implementação do juiz das garantias.

Segundo o parágrafo único do art. 3º-C, CPP, "nas comarcas em que funcionar apenas um juiz, os tribunais criarão um sistema de rodízio de magistrados, a fim de atender às disposições" do instituto do juiz das garantias. Este dispositivo busca oferecer uma solução para as comarcas que só possuírem um único magistrado. Nestes casos, deve ser criado um sistema de rodízio para que um magistrado funcione como juiz das garantias enquanto o outro como juiz da instrução e julgamento.

Finalmente, o art. 3º-E, CPP, diz que "o juiz das garantias será designado conforme as normas de organização judiciária da União, dos Estados e do Distrito Federal, observando critérios objetivos a serem periodicamente divulgados pelo respectivo tribunal."

8. INQUÉRITO POLICIAL (IP)

8.1. Notas introdutórias

Para que a ação penal possa ser oferecida é indispensável que esteja previamente embasada em um mínimo de provas (aquilo que a doutrina costuma chamar de *justa causa* para a ação penal ou *suporte probatório mínimo*). Sem esses elementos mínimos, a inicial penal não deve ser oferecida e, se for, deverá ser rejeitada por parte do magistrado (art. 395, III, CPP).[22] Isso é assim porque se concebe o *processo penal* como algo notoriamente estigmatizante à pessoa. Dessa forma, os responsáveis pela acusação (MP e querelante)[23] devem necessariamente pautar suas ações penais em um mínimo de provas, procedendo com cautela nesse campo, evitando, assim, a formulação de acusações temerárias, infundadas.

Nesse contexto, o inquérito policial (IP) é uma das investigações preliminares (das mais famosas, diga-se de passagem) que podem fornecer subsídios à acusação para o oferecimento de ação penal. Entretanto, embora o IP seja uma das peças investigativas mais conhecidas, não é a única, uma vez que a ação penal também pode se fundamentar em: CPI (art. 58, § 3º, CF); investigação direta pelo MP;[24] investigação efetuada pelo próprio particular; investigação levada a cabo por tribunais (em caso de foro por prerrogativa de função do indiciado[25]); inquérito policial militar (IPM – art. 8º, CPPM); dentre outras. Estes exemplos são chamados de **inquéritos extrapoliciais ou não policiais.** Há, ainda, a possibilidade de outros procedimentos de investigação criminal serem conduzidos pela autoridade policial, nos termos da Lei 12.830/2013, § 1º do art. 2º.

Com efeito, nas próximas linhas examinaremos uma das investigações preliminares mais conhecidas: o *inquérito policial*. Porém, antes, cabe um esclarecimento: a expressão **persecução penal** (ou *persecutio criminis*) significa a soma das atividades de perseguição ao crime (investigação preliminar + ação penal).

8.2. Polícia administrativa (preventiva, ostensiva ou de segurança) e polícia judiciária (repressiva ou investigativa) – arts. 4º, CPP, e 144, CF

A polícia administrativa visa a *impedir* a prática de infrações penais. Exemplos: polícia militar, polícia rodoviária federal e polícia federal.

A judiciária, atuando *após* a prática delituosa, visa a *apurar* as infrações penais e suas respectivas autorias, assim como tem o papel de *auxiliar o Poder Judiciário* (cumprindo mandados de prisão, por exemplo) no desenrolar da persecução penal. Exemplos: polícia civil e polícia federal.[26]

O art. 2º da Lei 12.830/2013 considera que: "as funções de polícia judiciária e a apuração de infrações penais exercidas pelo delegado de polícia são de natureza jurídica, essenciais e exclusivas de Estado".

8.3. Conceito de inquérito policial

Conjunto de diligências realizadas pela autoridade policial (delegado) que tem por finalidade a apuração de uma infração penal e sua respectiva autoria, de modo a fornecer subsídios ao titular da ação penal (MP ou querelante) – art. 4º, caput, CPP.

8.4. Natureza jurídica

O IP tem natureza de **procedimento administrativo** e não de processo. Assim, não se trata de ato de jurisdição, mas de procedimento administrativo que *visa a tão somente informar (caráter informativo) o titular da ação penal (MP*

---

22. Ou, ainda, combatida por HC trancativo (art. 648, I, CPP).

23. Querelante é o nome que se dá à vítima (ou seu representante legal) quando promove a ação penal privada.

24. Conforme STJ, REsp 1525437/PR, 6ª Turma, *DJ* 10.03.2016 e **Informativo** 463, STJ (14 a 18 de fevereiro de 2011).

25. *Vide* STF: Inq 3983, Tribunal Pleno, *DJ* 12.05.2016 e Rcl 24138 AgR, Segunda Turma, *DJ* 14.09.2016, e **Informativo** 483, STF (8 a 11.10.2007).

26. Note o leitor que a polícia federal tanto pode desempenhar o papel de polícia administrativa (evitando a prática de crimes) como de judiciária (auxiliando a justiça federal).

e querelante), fornecendo-lhe elementos para formar a sua opinião a respeito da infração penal e respectiva autoria.

8.5. "Competência" (art. 4º, parágrafo único, CPP)

A "competência" (tecnicamente, atribuição, já que competência é termo relacionado à jurisdição) para presidir o IP é do *delegado de carreira* (bacharel em direito aprovado em concurso público – art. 3º, Lei 12.830/2013). Em regra, o delegado que preside o IP é aquele que atua no *local* (**circunscrição**[27]) onde o crime se consumou (**critério territorial** – *ratione loci*). Porém, caso exista uma *delegacia especializada* na Comarca (delegacia de homicídios, por exemplo), prevalecerá o **critério material** (*ratione materiae*) sobre o critério territorial. Nenhum problema nisso. Na última década também vêm sendo implementadas delegacias especializadas pelo **critério pessoal** (*ratione personae*), em razão da pessoa ofendida, a exemplo das delegacias do idoso e da mulher.

Ademais, conforme diz o art. 22, CPP, nas comarcas onde houver mais de uma circunscrição policial, o delegado com exercício em uma delas (em uma das circunscrições) poderá diligenciar nas demais, *independentemente de precatórias ou requisições.* Dentro de sua comarca de atuação, o delegado tem, portanto, "livre trânsito" para diligenciar nas várias circunscrições policiais.

A Lei 12.830/2013 (cuja leitura recomendamos) reforçou a ideia de que o delegado é o presidente do IP, trazendo ainda outras disposições importantes, dentre elas a questão da possibilidade de avocação do IP (ou de outra modalidade de investigação criminal conduzida pelo delegado): "o inquérito policial ou outro procedimento previsto em lei em curso somente poderá ser avocado ou redistribuído por superior hierárquico, mediante despacho fundamentado, por motivo de interesse público ou nas hipóteses de inobservância dos procedimentos previstos em regulamento da corporação que prejudique a eficácia da investigação" (art. 2º, § 4º).

8.6. Características do IP

8.6.1. Inquisitivo

Tradicional setor da comunidade jurídica costuma justificar que o caráter inquisitivo do IP é fundamental para o "sucesso" desse tipo de procedimento. Segundo dizem, o caráter inquisitivo confere ao IP o dinamismo que este tipo de procedimento requer. Pensamos, pelo contrário, que a manutenção desse tipo de discurso (e, pior, de práticas inquisitivas) em sede de procedimento investigativo tem sido um dos grandes responsáveis pela substancial erosão de legitimidade e confiabilidade no IP. Vale dizer, a insistência em um modelo predominantemente inquisitivo de investigação contribui para uma injustificável fratura entre o IP e o sistema de direitos e garantias da CF.

Diz-se que o inquérito policial é inquisitivo em razão, principalmente, dos seguintes motivos: (1) não há clara separação de funções (acusação, defesa e julgamento) no IP. Pelo contrário, o delegado acumula, em grande medida,

as funções de "acusação" e "julgamento" (exacerbada discricionariedade), não sendo sequer possível arguir suspeição contra ele (*vide* art. 107, CPP). (2) Não há contraditório e ampla defesa em sede inquérito policial. Sobre esta segunda afirmação é preciso fazer alguns comentários importantes.

Primeiro, há procedimentos investigativos *que, em razão de lei, possuem previsão expressa de contraditório e ampla defesa.* Exemplos: inquérito para a decretação da expulsão de estrangeiro e inquérito que apura falta disciplinar de servidor público.[28]

Segundo, a nova redação do art. 7º da Lei 8.906/1994 (EOAB), alterada pela Lei 13.245/2016, trouxe uma inovação importante nesse campo. De acordo com o inc. XXI desse artigo, é direito do advogado: "assistir a seus clientes investigados durante a apuração de infrações, sob pena de nulidade absoluta do respectivo interrogatório ou depoimento e, subsequentemente, de todos os elementos investigatórios e probatórios dele decorrentes ou derivados, direta ou indiretamente, podendo, inclusive, no curso da respectiva apuração: a) apresentar razões e quesitos". O dispositivo em questão passou prever que, sob pena de nulidade absoluta, o advogado tem direito de participar dos atos que investiguem seu cliente (interrogatório, depoimento, p. ex.), devendo também ser garantidos nessa situação o contraditório e a ampla defesa (formulação de quesitos pelo advogado, p. ex.).

O novo inc. XXI do art. 7 do EOAB (examinado acima) minimiza (mas não elimina) o forte caráter inquisitivo do IP (e das demais modalidades de investigação criminal). Dentre outras, uma questão que pode ser levantada aqui é se essa inovação do EOAB teria tornado obrigatórios, em todos os procedimentos investigativos (inquérito policial, inclusive): a presença de defensor (advogado ou defensor público); e a incidência dos princípios do contraditório e ampla defesa. Numa leitura literal (e pobre) do dispositivo, responderíamos que não, ou seja, o artigo não teria tornado obrigatórios, no âmbito de todos procedimentos investigativos, a presença de defensor e nem a incidência dos princípios do contraditório e ampla defesa. Esta, porém, como dissemos, seria uma interpretação pobre. Pensamos, pelo contrário, que o novo dispositivo torna obrigatórios, em todos os procedimentos investigativos: a presença de defensor (advogado ou defensor público); e a incidência de contraditório e ampla defesa. Acreditamos que esta última interpretação é a que mais se alinha com o sistema de direitos e garantias da CF. De todo modo, diante da divergência dos processualistas penais sobre esse tema, ainda não é possível marcar aqui uma posição dominante da doutrina sobre o assunto. O STF, porém, em recente análise sobre o tema, reforçou a natureza inquisitiva do inquérito policial, firmando o entendimento de que as alterações do art. 7º do EOAB reforçaram as prerrogativas da defesa técnica, sem, contudo, conferir ao advogado o direito subjetivo de intimação prévia e tempestiva do calendário de inquirições a ser definido pela autoridade policial (Informativo 933/STF, de 11 a 15 de março de 2019).

---

27. Circunscrição é o espaço territorial em que o delegado exerce suas atividades. Uma comarca pode estar dividida em várias circunscrições policiais.

28. A antiga Lei de Falências (DL 7.661/1945), que previa inquérito em contraditório e presidido por autoridade *judicial* (chamado de inquérito judicial), foi revogada pela Lei 11.101/2005. Hoje, não há mais contraditório em IP que investiga crime falimentar.

Similarmente, a L. 13.964/2019 estabeleceu que os "servidores vinculados às instituições dispostas no art. 144, CF, figurarem como investigados em inquéritos policiais, inquéritos policiais militares e demais procedimentos extra-judiciais, cujo objeto for a investigação de fatos relacionados ao uso da força letal praticados no exercício profissional, de forma consumada ou tentada, incluindo as situações dispostas no art. 23, CP, o indiciado poderá constituir defensor" (art. 14-A, caput, CPP). Segundo o § 1º deste mesmo artigo: "para os casos previstos no caput deste artigo, o investigado deverá ser citado da instauração do procedimento investigatório, podendo constituir defensor no prazo de até 48h a contar do recebimento da citação." E complementa o § 2º "esgotado o prazo disposto no § 1º deste artigo com ausência de nomeação de defensor pelo investigado, a autoridade responsável pela investigação deverá intimar a instituição a que estava vinculado o investigado à época da ocorrência dos fatos, para que essa, no prazo de 48h, indique defensor para a representação do investigado." Finalmente, o § 6º deste artigo afirma que: as disposições constantes deste artigo se aplicam aos servidores militares vinculados às instituições dispostas no art. 142, CF, desde que os fatos investigados digam respeito a missões para a Garantia da Lei e da Ordem."

Vale acrescentar ainda o seguinte. Embora o IP continue sendo um procedimento inquisitivo, isto não significa que o investigado, sob nenhum pretexto, possa ser tratado como uma espécie de objeto da investigação policial. O investigado, como qualquer outra pessoa, mantém sua condição de sujeito de direitos. Há direitos/garantias irrecusáveis ao investigado, como, p. ex., direito ao silêncio, possibilidade de impetrar de *habeas corpus* e mandado de segurança, etc.

Com o advento do juiz das garantias (anteriormente examinado), o controle sobre a legalidade da investigação preliminar e a observância dos direitos e garantias de suspeitos, indiciados e conduzidos o caráter inquisitivo do IP e ampla discricionariedade com que o delegado conduz esta investigação deverão sofrer uma redução. Isso porque um dos principais papéis do juiz das garantias é precisamente controlar a legalidade da investigação criminal, bem como zelar pelos direitos e garantias do indiciado (art. 3º-B, CPP).

8.6.2. Dispensável (arts. 27 e 46, § 1º, CPP)

Significa que *o IP não é um caminho necessário para o oferecimento da ação penal*. Segundo vimos anteriormente, esta (a ação) poderá se fundamentar em diversas outras investigações preliminares (CPI; investigação produzida por particular; peças de informação[29] etc.), que não o IP.

8.6.3. Sigiloso

Diferentemente do que ocorre no processo, no IP, consoante estabelece o art. 20, CPP, *não vige o princípio da publicidade*. Assim, *os atos do inquérito não são públicos* (não pode, por exemplo, uma pessoa do povo assistir à oitiva do indiciado na delegacia).

Esse sigilo, porém, *não alcança o MP, o juiz, o defensor público e o advogado do indiciado.*

No que tange ao defensor público, segundo a LC 80/1994, são prerrogativas dos membros da Defensoria Pública: "examinar, em qualquer repartição pública, autos de flagrantes, inquéritos e processos, assegurada a obtenção de cópias e podendo tomar apontamentos" (arts. 44, VIII; 89, VIII; e 128, VIII). Além disso, é uma das funções institucionais da Defensoria Pública: "acompanhar inquérito policial, inclusive com a comunicação imediata da prisão em flagrante pela autoridade policial, quando o preso não constituir advogado" (art. 4º, XIV).

No que tange ao advogado do investigado, estabelece o art. 7º, XIV, EOAB, alterado pela Lei 13.245/2016, que, dentre outros, é direito do patrono: "examinar, em qualquer instituição responsável por conduzir investigação, mesmo sem procuração, autos de flagrante e de investigações de qualquer natureza, findos ou em andamento, ainda que conclusos à autoridade, podendo copiar peças e tomar apontamentos, em meio físico ou digital". Este dispositivo, de forma bastante positiva, expandiu significativamente o direito de acesso do advogado aos autos de investigação, valendo notar os seguintes aspectos: (1) o dispositivo garantiu expressamente ao advogado o direito de acessar todo e qualquer procedimento investigativo (ex: procedimento investigativo realizado diretamente pelo MP, CPI etc.); e não apenas acesso ao IP. (2) Em regra, a apresentação de procuração por parte do advogado é desnecessária. Apenas nos procedimentos em que for decretado o sigilo (segredo de justiça), o acesso do advogado aos autos do procedimento investigativo dependerá de procuração emitida pelo investigado (*vide* art. 7º, XIV, § 10, EOAB). (3) Pode o advogado tomar apontamentos em meio físico ou digital, ou seja, agora é possível a utilização de recursos tecnológicos para efeito de registro do conteúdo das peças produzidas no procedimento investigativo, tais como telefone celular, scanner manual, etc.

Acrescente-se que o desrespeito ao direito de acesso do advogado aos autos de investigação (art. 7º, XIV, EOAB), assim como "o fornecimento incompleto de autos ou o fornecimento de autos em que houve a retirada de peças já incluídas no caderno investigativo, implicará responsabilização criminal e funcional por abuso de autoridade do responsável que impedir o acesso do advogado com o intuito de prejudicar o exercício da defesa, sem prejuízo do direito subjetivo do advogado de requerer acesso aos autos ao juiz competente" (vide § 12 do mesmo artigo).

Com efeito, cabe a pergunta: o acesso do defensor público ou do advogado do indiciado ao IP é ilimitado? A resposta está na Súmula vinculante 14, STF: "é direito do defensor, no interesse do representado, ter acesso amplo aos elementos de prova que, já documentados em procedimento investigatório realizado por órgão com competência de polícia judiciária, digam respeito ao exercício do direito de defesa". Nessa mesma linha, o art. 7º, § 11, EOAB, diz: "a autoridade competente poderá delimitar o acesso do advogado aos elementos de prova relacionados a diligências em andamento e ainda não documentados nos autos, quando houver risco de comprometimento da eficiência, da eficácia ou da finalidade das diligências."

---

29. As peças de informação podem ser definidas como *qualquer outra peça que não o IP que seja capaz de subsidiar elementos para o titular da ação penal.*

Note, portanto, que o acesso do defensor público ou advogado abrange aqueles elementos de prova (atos de investigação) já produzidos, já documentados – não abrangendo, portanto, aqueles elementos sigilosos pendentes de produção. Explica-se com um exemplo. Decretada a interceptação telefônica do indiciado no curso do IP, por óbvio, o defensor daquele não será intimado dessa decisão e, muito menos, poderá participar da produção da prova, sob pena de total inutilidade da diligência. Entretanto, concluída a produção dessa prova (*i.e.*, efetuada a transcrição da conversa telefônica), terá o defensor amplo acesso às informações eventualmente obtidas contra o indiciado.

Essas ideias também foram reproduzidas na Lei que trata do crime organizado (Lei 12.850/2013). Ao prever a ação controlada da polícia (consistente em retardar a prisão em flagrante relativa à ação praticada por organização criminosa para que o flagrante se concretize no momento mais eficaz à formação de provas e obtenção de informações), dispõe que: "até o encerramento da diligência, o acesso aos autos será restrito ao juiz, ao Ministério Público e ao delegado de polícia, como forma de garantir o êxito das investigações" (§ 3º do art. 8º).

Ainda sobre o sigilo do IP, vale mencionar o novo parágrafo único, do art. 20, CPP, alterado pela Lei 12.681/2012, que diz: "nos atestados de antecedentes que lhe forem solicitados, a autoridade policial não poderá mencionar quaisquer anotações referentes à instauração de inquérito contra os requerentes". Ou seja, o sigilo aqui visa a proteger a pessoa do indiciado.

8.6.4. Indisponível

Ao delegado não é dado arquivar o IP (art. 17, CPP). Mesmo que a autoridade policial esteja convencida de que, por exemplo, o fato é atípico, deve, *necessariamente*, remeter os autos do IP ao titular da ação penal para que este possa decidir o que fazer com a investigação preliminar.

8.6.5. Discricionário

No âmbito do IP, *não há um procedimento rígido a ser seguido pela autoridade policial* (consoante se observa no processo). Ao contrário, o delegado, visando ao sucesso da investigação, tem *discricionariedade* para adotar as medidas e diligências que entender adequadas (*vide* arts. 6º e 7º, CPP; e o art. 2º, § 2º, Lei 12.830/2013). Prova dessa discricionariedade é o art. 14, CPP, que diz que o delegado pode ou não atender aos requerimentos de diligência solicitados pela vítima[30] e pelo indiciado. *Discricionariedade não significa, entretanto, arbitrariedade.* O delegado, obviamente, não é livre para agir como quiser. Trata-se, portanto, de uma discricionariedade dentro da legalidade (há que se respeitar as garantias e direitos fundamentais do indiciado e o ordenamento jurídico como um todo).

Ademais, embora não haja hierarquia entre magistrados, membros do MP e delegados, é oportuno recordar que as "solicitações" de diligências dos dois primeiros (juiz e MP) ao delegado, chamadas tecnicamente de requisição, têm, segundo a doutrina, conotação de *ordem*. Assim, não há aqui discricionariedade para o delegado, devendo, portanto, acatá-las (art. 13, II, CPP).

8.6.6. Escrito

O art. 9º, CPP, estabelece que todas as peças do IP serão reduzidas a escrito e rubricadas pela autoridade policial. Os atos realizados oralmente (oitiva do indiciado, por exemplo) deverão, igualmente, ser reduzidos a termo. Tudo isso visa a fornecer subsídios ao titular da ação penal. Embora consagrada a forma escrita do IP, lembre-se que a reforma de 2008 estabeleceu que, sempre que possível, deve-se lançar mão de outros mecanismos de apreensão das informações (audiovisual, por exemplo), como forma de conferir maior fidedignidade a esses atos (art. 405, § 1º, CPP).

8.6.7. Oficialidade[31]

O IP é presidido e conduzido por órgão *oficial* do Estado (polícia judiciária) – *vide* art. 144, § 4º, CF.

8.6.8. Oficiosidade

Em caso de crime de ação penal pública incondicionada, deve o delegado agir de ofício, instaurando o IP (art. 5º, I, CPP). Ou seja, deve a autoridade policial atuar independentemente de provocação de quem quer que seja. Por outro lado, nos crimes de ação penal privada e condicionada à representação, não pode o delegado agir (instaurar o IP) sem ser provocado pela vítima (ou seu representante legal) – art. 5º, §§ 4º e 5º, CPP.

8.7. Instauração ou início do IP (art. 5º, CPP)

8.7.1. Se o crime for de ação penal pública incondicionada (ex.: roubo – art. 157, CP)

O IP será instaurado:

a) De ofício pelo delegado (art. 5º, I): tomando conhecimento da prática de crime de ação penal pública *incondicionada* por meio de suas atividades rotineiras, deve o delegado *agir de ofício*, instaurando o IP[32]. O nome da peça inaugural do IP nesse caso é **portaria**.[33] A doutrina costuma denominar essa hipótese de instauração do IP de *notitia criminis*[34] (notícia do crime) **espontânea** (*de cognição direta*

---

30. Conforme doutrina, a *única* diligência que o delegado está obrigado a acatar é o exame de corpo de delito (art. 158, CPP). Deixando vestígio a infração e solicitando a vítima o respectivo exame, deve a autoridade policial acatar esse requerimento.

---

31. A Lei 13.432/2017 tratou da atividade do detetive particular e trouxe, de forma expressa, a possibilidade desse profissional colaborar com a investigação policial, desde que expressamente autorizado pelo Delegado.

32. Segundo o STJ, "é possível a deflagração de investigação criminal com base em matéria jornalística." (Informativo 652/STJ, de 16 de agosto de 2019).

33. "*Peça singela, na qual a autoridade policial consigna haver tido ciência da prática do crime de ação penal pública incondicionada, declinando, se possível, o dia, lugar e hora em que foi cometido, o prenome e o nome do pretenso autor e o prenome e nome da vítima (...)*" (MIRABETE, 2001, p. 84).

34. *Notitia criminis* é o conhecimento por parte do delegado, espontâneo ou provocado, de um fato aparentemente delituoso.

ou imediata) exatamente por conta da descoberta do crime se dar *espontaneamente* pelo delegado;

b) Por requisição de membro do MP ou da magistratura (art. 5º, II, primeira parte): igualmente, em se tratando de crime que se procede por meio de ação penal pública *incondicionada*, o IP poderá ser instaurado por meio de *requisição* de membro do MP ou da magistratura. Vale recordar que a *requisição* nesse contexto, conforme visto anteriormente, tem caráter de ordem para que o delegado instaure o IP. A doutrina costuma apelidar essa instauração do IP de *notitia criminis* **provocada** (*de cognição indireta ou mediata*). Isto porque o delegado toma conhecimento do crime por meio de *provocação* de membro do MP ou da magistratura. Nesse caso, a *peça inaugural* do IP será a própria requisição (MIRABETE, 2001, p. 84). Notar ainda que, entre os autores, há quem critique (com razão, segundo pensamos) a requisição de magistrado para instaurar o IP por vislumbrar burla ao sistema acusatório. O juiz não deve se envolver em atividade de persecução penal.

c) Por requerimento do ofendido (art. 5º, II, segunda parte):[35] a vítima de crime de ação penal pública *incondicionada* também poderá provocar a autoridade policial para fins de instauração de IP. Os autores também denominam essa hipótese de *notitia criminis* **provocada** (*de cognição indireta ou mediata*), visto que o delegado toma conhecimento do crime por meio de provocação do ofendido. Nessa situação, a peça inaugural do IP será o próprio *requerimento* (*op. cit.*, 2001, p. 84). No caso de *indeferimento* desse requerimento do ofendido, cabe *recurso administrativo* ao Chefe de Polícia (art. 5º, § 2º), que, hoje, é representado ou pelo Delegado--Geral de Polícia ou pelo Secretário de Segurança Pública, conforme a legislação de cada Estado Federado;

d) Por provocação de qualquer um do povo (art. 5º, § 3º): em caso de delito que se processe por via de ação penal pública *incondicionada, qualquer pessoa* pode provocar a autoridade policial para que instaure o IP. A doutrina nomeia essa hipótese de *delatio criminis* (delação do crime) **simples**. Nessa situação, a peça inaugural do IP será a *portaria* (*op. cit.*, 2001, p. 84);

e) Pela prisão em flagrante do agente: ocorrendo a prisão em flagrante do indivíduo que cometeu crime de ação penal pública incondicionada, instaura-se o IP, tendo este como peça inaugural o *auto de prisão em flagrante* (APF). Os autores costumam denominar essa hipótese de instauração do IP de *notitia criminis* **de cognição coercitiva**.

8.7.2. Se o crime for de ação penal pública condicionada à representação (ex.: ameaça – art. 147, CP) ou à requisição do Ministro da Justiça (ex.: crime contra a honra do Presidente da República – art. 145, parágrafo único, do CP)

O IP será instaurado por meio, respectivamente, da **representação** da vítima e da **requisição**[36] do Min. da Justiça.

Sem as referidas autorizações (representação e requisição) não poderá o delegado instaurar o IP. A doutrina costuma apelidar essa situação de instauração do IP de *delatio criminis* **postulatória**.

8.7.3. Se o crime for de ação penal privada (ex. injúria simples – art. 140, caput, CP)

O IP só poderá ser instaurado por meio de **requerimento** da vítima (ou seu representante legal).

Observação final: no Brasil, a **denúncia anônima** (delação apócrifa ou *notitia criminis* inqualificada) é imprestável para, *isoladamente,* provocar a instauração de inquérito policial. A delação apócrifa (ex.: disque-denúncia) somente é admitida se for usada para *movimentar* os órgãos responsáveis pela persecução penal (apenas isto). Neste caso, tais órgãos deverão proceder com a máxima cautela (averiguações preliminares) e só instaurar inquérito policial caso descubram outros elementos de prova idôneos. Consultar os seguintes julgados do STF: HC 106152, Primeira Turma, *DJ* 24.05.2016 e HC 109598 AgR, Segunda Turma, *DJ* 27.04.2016 e HC 180709/SP, Segunda Turma, (Info. 976, 04 a 08.05.2020).

8.8. Vícios no IP

Tendo em vista que o IP possui natureza de procedimento *administrativo informativo* (e não de processo), alguns autores costumam dizer que *eventuais vícios que ocorram durante a investigação não têm o condão de contaminar a futura ação penal*[37]. Possíveis vícios do IP têm, normalmente, força apenas para produzir a *ineficácia do próprio ato inquinado (viciado)*. Exemplo: se, no curso do IP, o delegado prende ilegalmente o indiciado, a ação penal, ainda assim, poderá ser oferecida por seu titular. A prisão, entretanto, deverá ser declarada ilegal pelo Judiciário (ineficácia do ato prisional, no caso).

Entretanto, embora seja verdade que os eventuais vícios do IP não contaminam a ação penal, é também correto que a inicial acusatória *não pode estar amparada tão somente em elementos viciados*. Ocorrendo isto (ação penal só fundamentada em elementos viciados), é de se reconhecer a falta de justa causa (suporte probatório mínimo) para o oferecimento da inicial (art. 395, III, CPP).

8.9. Incomunicabilidade do indiciado preso

O art. 21, CPP, prevê que, a pedido do delegado ou do MP, o juiz poderá decretar a *incomunicabilidade* do indiciado preso.

Ficar incomunicável, nesse contexto, consiste na *limitação de comunicação do detido com outros presos e com o mundo exterior (familiares, por exemplo), podendo, tão somente, comunicar-se com o seu advogado, o magistrado, o MP, o delegado e demais funcionários responsáveis pela sua custódia*.

Com essa medida, busca-se, *v. g.*, evitar que o preso possa instruir terceiros a destruir material probatório.

Entretanto, segundo pensa a *majoritária* doutrina, o dispositivo em questão *não foi recepcionado pela CF*. Segue o porquê desse entendimento.

---

35. Tecnicamente, não se deve usar a expressão "dar uma queixa na delegacia". Isto porque "queixa", para o Processo Penal, é sinônimo de queixa-crime (ação penal privada). Assim, em sentido técnico, deve-se falar em "noticiar a prática de um crime" (notícia do crime).

36. Atenção: a requisição aqui *não tem* conotação de ordem, mas de mera autorização para o MP agir.

37. Nesse sentido, *vide* também STF, ARE 868516 AgR/DF, *DJe* 23.06.2015 e Informativo/824, de 2 a 6 de maio de 2016.

A Lei Maior, ao tratar do Estado de Defesa (situação em que diversas garantias individuais poderão ser suprimidas), estabelece expressamente que *o preso não poderá ficar incomunicável* (art. 136, § 3º, IV, CF). Ora, se é vedada a incomunicabilidade do preso num estado *alterado, anormal* (Estado de Defesa), com muito mais razão, também se deve vedá-la (a incomunicabilidade) num estado de absoluta normalidade (que é o tratado pelo art. 21, CPP).

8.10. Valor probatório do IP

Consoante vimos anteriormente, as provas produzidas no âmbito do IP objetivam, em regra, dar suporte à ação penal (caráter informativo do IP). Porém, cabe a pergunta: *pode o IP dar suporte também à sentença condenatória?* Em outros termos: *pode o juiz fundamentar um decreto condenatório em provas obtidas no IP?* Vejamos.

Conforme posicionamento firme da comunidade jurídica, as provas obtidas em sede de IP *não podem, de modo exclusivo*, fundamentar uma sentença penal condenatória.[38] Isso porque, como no IP não há contraditório, ampla defesa, bem como diversas outras garantias, uma condenação proferida nesses moldes (pautada *exclusivamente* em provas[39] obtidas na fase policial), configuraria violação frontal às garantias mais elementares do acusado. Aliás, não é o outro o comando da primeira parte do art. 155, CPP.

Nesse mesmo sentido, o STJ, em recente julgamento, entendeu que a decisão que pronuncia o acusado não poderá basear-se exclusivamente em elementos informativos colhidos no inquérito policial (Informativo 638/STJ, de 19 de dezembro de 2018).

Com efeito, embora o IP não possa funcionar como suporte *único* de um decreto condenatório, majoritário setor da doutrina e jurisprudência admitem que a peça investigativa possa ser valorada em caráter *supletivo* (*subsidiariamente*). Segundo dizem, quando as provas produzidas na fase policial forem renovadas ou confirmadas em juízo (em contraditório judicial, portanto) será sim possível valorar o IP para dar mais robustez à condenação.[40] Exemplo: o depoimento de uma testemunha prestado durante o IP e, posteriormente, renovado em juízo, atestando a autoria do acusado. Neste caso, poderá o magistrado, na sentença condenatória, valorar, além do testemunho prestado em juízo, o efetuado na polícia. Por conta disso, costuma-se dizer que o valor probatório do IP é *relativo* (depende de renovação/confirmação em juízo). Entretanto, tudo indica que, com o advento do juiz das garantias (art. 3º-A

e seguintes, CPP), essa orientação tradicional irá mudar. É que, como vimos, tal instituto busca dentre outras coisas evitar que o juiz de instrução e julgamento tenha acesso aos elementos produzidos no curso da investigação criminal. Privilegia-se assim a imparcialidade do juiz da instrução e, por tabela, os princípios do contraditório, ampla defesa e o próprio sistema acusatório. Nesse sentido, recordemos o que diz o § 3º, art. 3º-C, CPP, que afirma que "os autos que compõem as matérias de competência do juiz das garantias ficarão acautelados na secretaria desse juízo, à disposição do Ministério Público e da defesa, e *não serão apensados aos autos do processo enviados ao juiz da instrução e julgamento*, ressalvados os documentos relativos às provas irrepetíveis, medidas de obtenção de provas ou de antecipação de provas, que deverão ser remetidos para apensamento em apartado" (destaques nossos). Em suma, a tendência é que, com o advento do juiz das garantias, a tradicional prática de valorar subsidiariamente os elementos do IP será vedada.

Mas não é só. Há certas provas que, mesmo sendo produzidas no curso do IP, dadas as suas peculiaridades, podem ser valoradas pelo juiz num decreto condenatório. Mirabete (2001, p. 79) afirma que tais provas possuem valor idêntico àquelas produzidas em juízo. São as chamadas **provas cautelares, não repetíveis e antecipadas**[41] (*vide* parte final do *caput* art. 155, CPP).

Prova cautelar *é aquela que necessita ser produzida em caráter de urgência para evitar o seu desaparecimento.* Exemplos: busca e apreensão e interceptação telefônica. Admite-se a valoração dessa prova em sentença condenatória, pois se entende que ela se submete ao chamado **contraditório diferido, retardado ou postergado**. Significa isto que, *apesar de produzida no curso do inquérito, a prova, ao integrar o processo, poderá ser combatida pelas partes.*

Prova não repetível *é aquela em que a renovação em juízo revela-se, praticamente, impossível.* Ex.: perícia sobre um crime de estupro. Caso esse exame não seja realizado de plano na fase policial, é quase certo que o vestígio da infração penal desaparecerá. Também vige aqui o chamado contraditório diferido.

Prova antecipada *é aquela que, por conta da ação do tempo, apresenta alta probabilidade de não poder ser mais realizada em juízo.* Ex.: o testemunho de uma pessoa bastante idosa. Nesse caso, conforme sustentam, deve-se fazer uso do instituto da produção antecipada de prova (art. 225 do CPP) a fim de assegurar às futuras partes a garantia do contraditório. Procedida à produção antecipada de prova, torna-se possível valorá-la em uma eventual sentença penal condenatória.

8.11. Providências que podem ser tomadas no curso do IP

No curso do IP, uma série de diligências podem ser tomadas pelo delegado com a finalidade de elucidar a even-

---

38. Ver STF: RHC 122493 AgR, Segunda Turma, *DJ* 09.09.2015 e HC 119315/PE, *DJe* 13.11.2014.

39. Na realidade, alguns autores mencionam que, tecnicamente, sequer poderíamos dizer que, em sede de inquérito policial, há "provas". É que, faltando o contraditório, a ampla defesa, bem como um controle judicial sobre os elementos produzidos, não poderíamos falar em "provas", mas apenas em "atos de investigação", "atos de inquérito" ou "informações". Nesse sentido: Lopes Jr. (2003, p. 190).

40. Entretanto, há duras críticas a essa postura. Sobre o tema, consultar o nosso livro *Questões Polêmicas de Processo Penal*, Bauru: Edipro, 2011, tópico 2.4, oportunidade em que fizemos uma pesquisa minuciosa do assunto.

41. Os conceitos de prova cautelar, antecipada e não repetível, não são claros na doutrina, nem na lei (art. 155, CPP). Por isso, não se assuste o leitor se perceber certa inexatidão neles. O importante aqui é apreender os exemplos de cada um dos conceitos e entender quando o contraditório se antecipa e quando se posterga.

tual prática de uma infração penal e sua respectiva autoria (art. 2º, § 2º, Lei 12.830/2013). Tais providências constam dos arts. 6º e 7º, CPP, que, note-se bem, não são dispositivos taxativos, mas meramente exemplificativos. Abaixo, examinaremos algumas dessas principais medidas.[42]

8.11.1. Oitiva do indiciado (art. 6º, V, CPP)

Ao longo do IP, o delegado deverá ouvir o indiciado observando, no que for aplicável, as regras do interrogatório judicial (art. 185 e ss., CPP). Note o leitor que não serão aplicadas *todas* as regras do interrogatório judicial à oitiva do indiciado efetuada na polícia, mas apenas aquelas que não colidirem com a natureza inquisitorial do IP. Desse modo, a presença de defensor no momento da ouvida do indiciado (exigida no interrogatório judicial – art. 185, § 5º) é considerada dispensável na fase policial. É dizer, com ou sem a presença de defensor, que a oitiva do indiciado será realizada pelo delegado. Por outro lado, o direito ao silêncio deve ser totalmente assegurado nessa etapa pela autoridade policial. Seja como for, com o advento do juiz das garantias (art. 3-A e seguintes, CPP) há um reforço no que tange à observância dos direitos e garantias do indiciado.

Observações finais: a) o art. 15, CPP, encontra-se revogado pelo atual Código Civil. Ou seja, dispensa-se o curador para o chamado indiciado "menor" (que possui entre 18 e 21 anos). É que o vigente CC tornou os maiores de 18 anos plenamente capazes para os atos da vida civil (nova maioridade civil), sendo que ser ouvido na condição de indiciado não deixa de ser um ato da vida civil; b)O STF, em recente julgado, entendeu como inconstitucional a condução coercitiva do acusado para o interrogatório, de modo que a conduta que contrarie esse entendimento poderá ensejar a responsabilização disciplinar, civil e penal da autoridade e agente, bem como a responsabilidade civil do Estado. O Supremo modulou os efeitos da decisão, de forma que os interrogatórios anteriormente realizados não serão desconstituídos (Informativo 906/STF, de 11 a 15 de junho de 2018).

8.11.2. Realização do exame de corpo de delito (art. 6º, VII, CPP)

Quando a infração deixar vestígios (ex.: estupro, homicídio etc.), o delegado *não poderá* se negar a realizar o exame de corpo de delito, por ser este indispensável nessa situação (art. 158, CPP).[43]

8.11.3. Identificação do indiciado pelo processo datiloscópico (art. 6º, VIII, primeira parte, CPP)

A CF, em seu art. 5º, LVIII, garante que "o civilmente identificado não será submetido à identificação criminal, salvo nas hipóteses previstas em lei".

Identificar-se civilmente é apresentar qualquer documento capaz de precisar a sua identidade (carteira de motorista, RG, carteira funcional etc. – *vide* o art. 1º, Lei 12.037/2009), quando solicitado a fazê-lo pelos órgãos responsáveis pela perseguição penal.

Assim, via de regra, de acordo com a CF, basta o fornecimento de identificação civil para satisfazer a eventual necessidade de esclarecimento da identidade de alguém.

Excepcionalmente, porém, será necessária a realização de identificação criminal. Identificar alguém criminalmente significa submeter o indivíduo à coleta de material datiloscópico, fotográfico, dentre outros.

Dessa forma, o art. 6º, VIII, primeira parte, CPP, que trata da "identificação do indiciado pelo processo datiloscópico", como uma das providências possíveis a serem tomadas pelo delegado no curso do IP, precisa ser lido à luz da CF. O delegado não pode, de modo automático, realizar a identificação do indiciado pelo processo datiloscópico (identificação criminal) – segundo se poderia pensar a partir de uma leitura simplista do art. 6º, VIII, CPP. Ao contrário, somente deve proceder à identificação criminal do indiciado se ocorrer alguma das hipóteses excepcionais previstas no art. 3º, Lei 12.037/2009. Vejamos quais essas hipóteses:

> **"Art. 3º** Embora apresentado documento de identificação, poderá ocorrer identificação criminal quando:
>
> I – o documento apresentar rasura ou tiver indício de falsificação;
>
> II – o documento apresentado for insuficiente para identificar cabalmente o indiciado;
>
> III – o indiciado portar documentos de identidade distintos, com informações conflitantes entre si;
>
> IV – a identificação criminal for essencial às investigações policiais, segundo despacho da autoridade judiciária competente, que decidirá de ofício ou mediante representação da autoridade policial, do Ministério Público ou da defesa;
>
> V – constar de registros policiais o uso de outros nomes ou diferentes qualificações;
>
> VI – o estado de conservação ou a distância temporal ou da localidade da expedição do documento apresentado impossibilite a completa identificação dos caracteres essenciais."

Vale notar que a Lei 12.654/2012, alterando a Lei de Identificação Criminal, estabeleceu que, em relação ao inciso IV, destacado antes, será possível, para fins de identificação criminal, coletar material biológico do indivíduo para a obtenção do perfil genético (DNA) deste (parágrafo único do art. 5º da Lei de Identificação Criminal).

Sobre o tema, destaque-se o seguinte.

Na hipótese de a coleta de material biológico ser autorizada pelo juiz, as informações do perfil genético serão armazenadas em banco de dados próprio ("Biobanco"), **sigiloso**, a ser gerenciado por uma unidade oficial de perícia criminal (Ex: IML ou instituto de criminalística) – art. 5º-A, seu § 2º e art. 7º-B.

As informações genéticas **não** poderão revelar traços somáticos ou comportamentais, admitindo-se uma **exceção,** que é a determinação de gênero – art. 5º-A, § 1º. A medida

---

42. Para as provas de concurso, recomendamos a leitura *integral* desses dispositivos e não apenas os tratados aqui. Selecionamos neste tópico apenas as diligências mais relevantes.

43. A Lei 13.721/2018 elencou alguns crimes em que a realização do exame de corpo de delito deverá ser prioridade, sendo eles aqueles que envolvam: violência doméstica e familiar contra a mulher; violência contra criança, adolescente, idoso ou pessoa com deficiência. Quanto ao assunto, ver tópico 12.2.1.

visa a evitar que se façam futuras relações entre práticas criminosas e a estrutura genética de indivíduos, dando margem a possíveis estudos discriminatórios (da área da neurocriminologia, p. ex.) que relacionem o crime a determinada etnia, faixa etária etc.

Ademais, destaque-se que o perfil genético do indivíduo permanecerá no banco de dados até a absolvição do acusado ou, em caso de condenação, até 20 (vinte) anos após o cumprimento da pena e mediante requerimento do interessado na exclusão – art. 7º-A.

Cabe, finalmente, destacar que o tema "coleta de material biológico para a obtenção de perfil genético" tem sido objeto de polêmica na doutrina. Dentre as diversas implicações de fundo ético que esse tipo de prática apresenta, um dos pontos criticados diz respeito à ofensa ao direito a não autoincriminação do indivíduo. Explica-se. Embora o material coletado tenha, *a priori*, a finalidade de promover a identificação criminal do indivíduo, é possível que esse material venha, futuramente, a ser utilizado contra o indivíduo como meio de prova. Os "Biobancos" passariam a servir como meios de prova, ultrapassando, portanto, a sua finalidade de mecanismo de identificação criminal. É por isso que vários autores afirmam que pode o acusado se negar a fornecer esse tipo de material, fazendo então valer o seu direito a não autoincriminação. O assunto ainda deverá ser bastante debatido, sendo que, certamente, chegará aos tribunais superiores. Esperemos.

Além do "Biobanco", o novo art. 7º-C, da Lei 12.037/2009, institui Banco Nacional Multibiométrico e de Impressões Digitais, vinculado ao Ministério da Justiça e Segurança Pública. O seu funcionamento dependerá de regulamentação posterior, mas o Banco destina-se ao armazenamento dos "registros biométricos, de impressões digitais e, quando possível, de íris, face e voz, para subsidiar investigações criminais federais, estaduais ou distritais" (§ 2º, art. 7º-C). Vale ressaltar que é expressamente vedada a sua utilização para fins diversos dos previstos na referida Lei (§§ 8º e 10º, art. 7º-C). Por fim, para que tenham acesso aos dados do Banco, a autoridade policial e o MP deverão requerer ao juiz competente e demonstrar a finalidade em favor de investigação criminal ou ação penal (§ 11, art. 7º-C).

8.11.4. Vida pregressa do indiciado (Art. 6º, IX, CPP)

São elementos que podem influir na fixação da pena em caso de condenação futura. Assim, poderão ser identificadas qualificadoras, causas de isenção de pena, privilégio ou circunstâncias por meio desta providência.

8.11.5. Informação sobre a existência de filhos (Art. 6º, X, CPP)

Trata-se de alteração introduzida pela Lei 13.257/2016, dentro das políticas públicas para crianças da primeira infância, que são aquelas até os 6 anos de idade (art. 2º, Lei 13.257/2016). Não obstante, as informações também dizem respeito a crianças de outras idades, adolescentes e dos filhos que possuam alguma necessidade especial.

Aqui é importante lembrar que há necessidade de uma rede integrada de acolhimento, com participação dos Conselhos Tutelares, MP, Polícia, Judiciário, Defensoria, etc.

8.11.6. Reprodução simulada ou reconstituição do crime (art. 7º, CPP)

Busca verificar a possibilidade de o crime ter sido praticado de certo modo. Não pode contrariar a moralidade, nem a ordem pública (é ofensiva a reconstituição de um estupro, por exemplo). Destaque-se que o indiciado *não está* obrigado a colaborar com essa diligência, uma vez que goza do direito a não autoincriminação. Porém, segundo defende significativa parcela da doutrina, mesmo que não colabore com a diligência, tem o indiciado, ainda assim, o dever de comparecimento (*vide* art. 260, CPP).

8.11.7. Indiciamento

Outra medida que pode ser tomada pelo delegado no curso do IP é o indiciamento do investigado. Indiciar significa que há nos autos do IP elementos sérios, razoáveis de que determinada pessoa (ou pessoas) cometeu, aparentemente, uma infração penal (ou várias infrações).

Perceba-se que o delegado deve agir com cautela aqui, vez que o indiciamento já produz um estigma naquele sobre quem esse ato recai. Logo, não pode ser um ato temerário, é preciso que existam, de fato, elementos no IP (atos de investigação) que apontem para a autoria e materialidade delitiva.

Foi promulgada uma lei (Lei 12.830/2013) que, dentre outras coisas, trata do indiciamento. Vejamos uma passagem sobre o assunto: "art. 2º, (...) § 6º O indiciamento, privativo do delegado de polícia, dar-se-á por ato fundamentado, mediante análise técnico-jurídica do fato, que deverá indicar a autoria, materialidade e suas circunstâncias[44]".

Note-se que há autoridades com prerrogativa de função que não podem ser indiciadas pelo delegado, p. ex: magistrados (art. 33, parágrafo único, LC 35/1979); membros do MP (arts. 18, parágrafo único, LC 75/1993, e 41, parágrafo único, Lei 8.625/1993); parlamentares federais. No que tange aos parlamentares federais, oportuno destacar que o STF entende ser possível o seu indiciamento, desde que haja prévia autorização do Ministro Relator do IP, responsável pela supervisão do inquérito (a respeito, confira-se os seguintes julgados do STF AP 933 QO, 2ª Turma, DJ 03.02.2016 e Pet 3825 QO, DJ 04.04.2008). Além do Informativo 825 STF, de 9 a 13 de maio de 2016.

8.12. Prazo de conclusão do IP

8.12.1. Regra

Conforme o art. 10, CPP: se o indiciado estiver **preso,** 10 dias; se **solto,** 30 dias. Tanto o prazo do indiciado preso como o solto podem ser prorrogados. No primeiro caso, segundo diz o art. 3-B, § 2º, "se o investigado estiver preso,

---

44. Ver: STJ, Informativo 0552, período de 17.12.2014, 5ª Turma. O magistrado não pode requisitar o indiciamento em investigação criminal. Isso porque o indiciamento constitui atribuição exclusiva da autoridade policial.

o juiz das garantias poderá, mediante representação da autoridade policial e ouvido o Ministério Público, prorrogar, uma única vez, a duração do inquérito por até 15 dias, após o que, se ainda assim a investigação não for concluída, a prisão será imediatamente relaxada." No caso de indiciado solto o prazo pode ser prorrogado desde que o caso seja de difícil elucidação e que haja pedido do delegado ao juiz nesse sentido, fixando este último o prazo de prorrogação (§ 3º do art. 10, CPP).

8.12.2. Prazos especiais de conclusão do IP

a) IP a cargo da polícia federal (art. 66, Lei 5.010/1966): se o indiciado estiver **preso**, 15 dias. Este prazo é prorrogável por mais 15 dias, desde que o delegado formule pedido fundamentado ao juiz, este o defira e que o preso seja apresentado ao magistrado. Se o indiciado estiver **solto**, 30 dias (também prorrogável na forma do § 3º do art. 10, CPP);

b) Lei de drogas (art. 51, Lei 11.343/2006): **preso**, 30 dias; **solto**, 90 dias. Ambos os prazos são duplicáveis por decisão judicial. Para que isso ocorra, é preciso que o delegado formule pedido fundamentado ao juiz e que o MP seja ouvido (art. 51, parágrafo único);

c) Crimes contra a economia popular (art. 10, § 1º, Lei 1.521/1951): indiciado **preso ou solto**, 10 dias. Prazo improrrogável em qualquer caso;

d) Inquérito militar (art. 20, *caput* e § 1º, CPPM): **preso**, 20 dias; **solto**, 40 dias. Este último podendo ser prorrogado por mais 20 dias pela autoridade militar superior.

8.13. Contagem do prazo de conclusão do IP

Embora não haja consenso na doutrina sobre o tema, *em relação aos inquéritos de investigado preso, prevalece* o entendimento de que o prazo de conclusão do IP possui *natureza processual*, devendo, portanto, ser contado na forma do art. 798, § 1º, CPP (exclui-se o dia do começo e inclui-se o dia final).[45] Exemplo: Fulano foi preso em flagrante no dia 06.04.2011 (quarta-feira). Como se trata de indiciado preso, pela regra do art. 10, CPP, o IP deverá ser concluído em 10 dias. Assim, seguindo a fórmula do art. 798, § 1º (prazo processual), a contagem dos 10 dias se iniciará no dia útil seguinte à prisão em flagrante (no caso, 7 de abril, quinta--feira). Por outro lado, o último dia do prazo *seria* 16 de abril (sábado). Como não há expediente forense no sábado, nem no domingo (e como o prazo é processual), haverá a prorrogação para o dia útil imediato (ou seja, 18 de abril, segunda-feira, se não for feriado). Conclusão: o último dia do prazo (*i. e.*, o último dia para que o delegado conclua o IP e o envie ao MP) será o dia 18 de abril (segunda-feira)[46].

8.14. Encerramento do IP

Ao encerrar o IP, a autoridade policial deverá elaborar minucioso relatório do que tiver sido apurado (arts. 10, §§ 1º e 2º, e 11, CPP).[47] Nesse contexto, vejamos algumas distinções entre o encerramento de um IP que teve por objeto um crime de ação pública e o que teve por objeto um crime de ação privada.

8.14.1. Crime de ação penal pública

Em se tratando de crime de ação penal pública, concluído o IP, a depender das normas estaduais aplicáveis à Comarca, deverá ser encaminhado a juízo (oportunidade em que ficará à disposição do MP) ou deverá ser encaminhado diretamente ao MP. De um jeito ou de outro, este órgão (o MP), ao receber os autos do inquérito, deverá tomar uma das 4 medidas seguintes: a) oferecer denúncia; b) requisitar novas diligências; c) arquivar a investigação; ou d) propor acordo de não persecução penal. Examinemos estas opções.

a) Oferecimento de denúncia: neste caso, significa que *o MP está satisfeito com a investigação realizada*. Ou seja, há suporte probatório mínimo (indício de autoria e de materialidade do crime) para o oferecimento da ação penal;

b) Requisição de novas diligências (art. 16, CPP): significa que *o MP não está satisfeito com o resultado da investigação, necessitando de ulteriores diligências*. Não é demais lembrar que a requisição do MP ao delegado tem caráter de ordem;

c) Arquivamento (art. 28, CPP): inicialmente, vale lembrar que a autoridade policial não pode arquivar o IP (art. 17, CPP). Por outro lado, o arquivamento do IP ou de elementos informativos similares passou por uma significativa mudança após a L. 13.964/2019. Entretanto, deve o leitor estar atento ao fato de que até o fechamento desta edição a aplicação do novo art. 28, CPP, encontra-se suspensa por decisão monocrática do ministro Fux do STF (ADIs 6298, 6299 MC/DF, de 01/2020). Seja como for, examinemos a mudança trazida pela L. 13.964/2019 nesse tocante.

Antes da L. 13.964/2019, o arquivamento se dava por meio de dupla manifestação: pedido do MP + homologação do juiz. Mais especificamente, a coisa se passava assim. Caso o MP não vislumbrasse suporte probatório mínimo para o oferecimento da denúncia, deveria requerer ao juiz o arquivamento da investigação criminal ou peças de informação. Este (o juiz), por sua vez, poderia homologar o arquivamento ou, discordando do pedido, enviá-lo à cúpula do MP para (re)análise. Esta cúpula, ao seu turno, poderia: ou insistir no arquivamento do IP (hipótese em que o juiz estaria obrigado a acolhê-lo); ou requisitar novas diligências; ou oferecer denúncia (ele mesmo ou por meio de outro membro do MP). Após a L. 13.964/2019, essa dinâmica mudou substancialmente. Agora, não há mais o controle judicial sobre o arquivamento da investigação. O controle do arquivamento passa a ser realizado no próprio âmbito do MP, por instância com atribuição para tal. Assim, decidindo pelo arquivamento da investigação criminal, o MP deverá fundamentar tal orien-

---

45. Contudo, como dissemos, o assunto é polêmico. Há respeitáveis autores que defendem a natureza penal desse prazo (contando-o, portanto, na forma do art. 10, CP).

46. Em sentido contrário: Távora e Alencar (2016, p. 152); e Lima (2015, p. 150). Para os autores mencionados, em se tratando de investigado preso, conta-se o prazo nos termos do art. 10, CP, e não há que se falar em prorrogação do prazo para o primeiro dia útil, pois as delegacias funcionam de forma ininterrupta, em regime de plantão.

47. Em regra, não é necessário ao delegado tipificar a conduta do indiciado no relatório. Porém, na Lei de Drogas, o art. 52, I, exige que o delegado tipifique a conduta do agente no relatório.

tação em peça própria, encaminhando esta à instância com atribuição para tal do próprio MP. Esta instância, por sua vez, irá exercer o controle sobre o arquivamento, concordando ou não com este. No caso de concordância, o arquivamento será homologado, a investigação arquivada e o juiz das garantias comunicado para respectiva baixa do controle (art. 3º-B, IV, CPP). No caso de a instância do MP discordar da proposta de arquivamento, poderá: (a) ela mesma, por meio de um de seus membros, oferecer a denúncia; (b) designar um novo membro do MP para o exercício da ação penal;[48] ou (c) requisitar novas diligências.

Uma outra novidade trazida pela L. 13.964/2019 a ser notada é que, ao optar pelo arquivamento, o MP deverá comunicar tal fato à vítima, ao investigado e à autoridade policial (art. 28, caput, CPP). Com efeito, "se a vítima, ou seu representante legal, não concordar com o arquivamento do inquérito policial, poderá, no prazo de 30 dias do recebimento da comunicação, submeter a matéria à revisão da instância competente do órgão ministerial, conforme dispuser a respectiva lei orgânica" (§ 1º do mesmo artigo). E o § 2º do mesmo dispositivo arremata: "nas ações penais relativas a crimes praticados em detrimento da União, Estados e Municípios, a revisão do arquivamento do inquérito policial poderá ser provocada pela chefia do órgão a quem couber a sua representação judicial."

A opção do MP pelo arquivamento pode amparar-se em diversos motivos. Exemplos: atipicidade da conduta do indiciado; desconhecimento da autoria do crime; inexistência de elementos mínimos de prova para denunciar o indiciado; ausência de representação (nos crimes que a exigem – *v.g.* ameaça, art. 147, CP); e mais recentemente o que o STF denomina ausência de base empírica idônea e de indicação plausível do fato delituoso a ser apurado (Inq 3847AgR/GO, *DJe* 08.06.2015). Trata-se da delação anônima sem qualquer elemento indiciário ou fático complementar ou uma notícia de internet sem que haja a devida descrição de um fato concreto.

Quanto ao tema, importante destacar a recente decisão do STF que determinou, de ofício, o arquivamento de inquérito diante do longo prazo de pendência da investigação sem que se reunisse indícios mínimos de autoria ou materialidade. No caso concreto, a PGR requereu a remessa dos autos do inquérito à 1ª instância, diante do fim do foro por prerrogativa de função do investigado. No entanto, o STF negou o pedido e determinou, de ofício, o arquivamento das investigações, já que as inúmeras diligências tentadas não obtiveram sucesso, de modo que o declínio para a 1ª instância seria fadada ao insucesso (Informativo 912/STF, de 20 a 24 de agosto de 2018).

Ainda a respeito das hipóteses de arquivamento do IP, note o leitor que o CPP não tratou expressamente do tema. Entretanto, esse Código, em seu art. 395, apresenta situações em que a denúncia será *rejeitada* pelo juiz. Ora, podemos concluir disso o seguinte: as hipóteses em que a denúncia deverá ser rejeitada pelo juiz (estabelecidas no art. 395) são exatamente os casos em que o MP não deverá oferecer denúncia, propondo, ao invés, o arquivamento do IP. Trata-se de interpretação *a contrario sensu* do art. 395.

Ademais, diante da mudança na dinâmica de arquivamento (em que não há mais controle judicial da manifestação do MP), pensamos que os dispositivos que previam recurso de ofício da decisão que arquiva o IP em casos de crime contra a economia popular e contra a saúde pública (art. 7º, Lei 1.521/1951) e recurso em sentido estrito da decisão que arquiva o IP em casos de contravenção de jogo do bicho e de aposta de corrida de cavalos fora do hipódromo (art. 6º, Lei 1.508/1951 c/c arts. 58 e 60, DL 6.259/1944) estão ambos prejudicados. Não há mais que se falar de controle judicial da manifestação de arquivamento.

Ressalte-se que, arquivado o IP, nada impede que o delegado proceda a *novas diligências*, visando a encontrar elementos mais contundentes acerca da autoria e/ou materialidade do delito. Agora, para que o MP possa oferecer a denúncia (depois de consumado o arquivamento do IP), é imprescindível a existência de *provas substancialmente novas*. Em resumo, temos então o seguinte: em regra, arquivado o IP, nada impede que o delegado proceda a novas diligências. Porém, para que haja a deflagração de ação penal, é preciso que o MP possua *provas substancialmente novas*. É assim que devem ser lidos o art. 18, CPP, e a Súmula 524, STF.

A regra, portanto, é: arquivado o IP, pode o delegado realizar novas diligências (art. 18, CPP) e o MP oferecer denúncia (se conseguir provas substancialmente novas – Súmula 524, STF)[49]. Porém, há casos em que a decisão de arquivamento faz **coisa julgada material**, impedindo, portanto, a reabertura do caso. *Já decidiram os tribunais superiores que não pode haver reabertura do caso na seguinte situação* (coisa julgada material): **arquivamento que tenha por base a atipicidade ou a extinção da punibilidade** –*vide* STF, **HC 100161 AgR/RJ,** *DJe* **16.09.2011**. Além disso, destaque-se o seguinte julgado do STF, no qual o arquivamento de inquérito, a pedido do MP, em virtude da prática de conduta acobertada pela excludente de ilicitude do estrito cumprimento do dever legal (CPM, art. 42, III) não obstaria o desarquivamento diante de novas provas, deste modo, não haveria configuração de coisa julgada material (HC 125101, 2ª Turma, *DJ* 11.09.2015; HC 87395/PR, j. 23/03/2017)[50].

Vale registrar a divergência de entendimentos entre os tribunais superiores, uma vez que, o STJ, em decisão proferida no ano de 2014, entendeu que o arquivamento pela prática de ato acobertado por excludente de ilicitude

---

48. Há antiga polêmica na doutrina se o membro do MP designado pelo PGJ estaria ou não obrigado a oferecer denúncia. *Prevalece* o entendimento de que sim, *i. e.,* que o membro designado do MP atuaria como *longa manus* do PGJ, logo estaria obrigado a denunciar. Neste contexto, cabe enunciar o recente julgado do STF no qual restou consignado que "Cabe ao Procurador-Geral da República a apreciação de conflitos de atribuição entre órgãos do ministério público" (STF. Plenário. ACO 1567 QO/SP, rel. Min. Dias Toffoli, 17.8.2016).

---

49. Por novas provas o STJ entende "aquelas já existentes, mas não trazidas à investigação ao tempo em que realizada, ou aquelas franqueadas ao investigador ou ao Ministério Público após o desfecho do inquérito policial". RHC 27449/SP, *DJe* 16.03.2012. Ver também o HC 239899/MG, *DJe* 13.05.2014.

50. Ver Informativo 858, STF, de 20 a 24 de março de 2017.

formaria coisa julgada material impedindo o posterior desarquivamento (STJ, 6ª Turma, REsp791471, *DJe* 16.12.2014).

Ainda em relação ao tema arquivamento, há construções da doutrina e da jurisprudência que buscam conferir a natureza de arquivamento a certas situações práticas que veremos a seguir.

I – arquivamento implícito ou tácito: caracteriza-se quando o MP (ações penais públicas, portanto) "deixa de incluir na denúncia algum fato investigado ou algum dos indiciados, sem expressa manifestação ou justificação deste procedimento" e o juiz deixa de se manifestar em relação àquilo que foi omitido (JARDIM, 2001, p. 170). Pressupõe, portanto, a dúplice omissão: do MP, que oferece a denúncia sem incluir algum dos fatos (objetivo) ou dos indiciados (subjetivo) sem justificar o porquê;[51] e do juiz que dá seguimento ao trâmite, recebendo a denúncia. Ex.: imagine o leitor que 6 indivíduos são investigados acerca do delito de roubo. Concluído o inquérito e remetido ao MP, esse oferece a denúncia em face de 5 dos investigados sem fazer qualquer menção ao 6º deles. O juiz, ao analisar a denúncia, decide pelo seu recebimento. Nesse caso, haveria de se reconhecer o arquivamento implícito em relação ao último indiciado. Destaque-se, porém, que tal modalidade não tem sido acolhida pela jurisprudência[52] e pela maior parte da doutrina, especialmente pela ausência de previsão legal e por considerar que o pedido de arquivamento deverá ser explícito, por força do princípio da obrigatoriedade da ação penal pública.

Com o advento da L. 13.964/2019, a figura do arquivamento implícito (tal como a descrevemos acima) deverá perder a razão de ser. É que, como dissemos, o arquivamento não irá mais passar pelo controle judicial; ficando com o próprio MP o controle sobre tal manifestação.

II – arquivamento indireto: trata-se de construção do STF[53] para resolver o conflito entre o juiz e o MP quando esse último recusa atribuição para o feito. O MP (ao invés de oferecer a denúncia, requerer o arquivamento ou requisitar novas diligências), recusa a própria atribuição por entender que o juízo perante o qual oficia é incompetente para processar e julgar a causa. O juiz, discordando, deve interpretar a situação como uma manifestação indireta de arquivamento e remeter os autos ao órgão revisor do MP (PGJ ou Câmara de Coordenação e Revisão). Ex.: promotor, ao receber os autos do IP, entende que o crime praticado ofendeu interesse da União e, portanto, a ação penal é atribuição do MPF (cujo membro é o Procurador da República). Nesse caso, requer ao juiz perante o qual oficia a remessa dos autos ao órgão competente. Se o juiz discordar, entenderá a manifestação como pedido indireto de arquivamento e remeterá os autos para o PGJ. Perceba, portanto, que a questão gira em torno da divergência entre MP e juiz quanto à atribuição do órgão acusatório.

Assim como dissemos no caso do arquivamento implícito, pensamos que, com o advento da L. 13.964/2019, a figura do arquivamento indireto deverá perder a razão de ser. É que, como dissemos, o arquivamento não irá mais passar pelo controle judicial; ficando com o próprio MP (dentro da mesma instituição) o controle sobre tal manifestação.

d) Acordo de não persecução penal (ANPP), art. 28-A, CPP: aqui temos uma outra opção que se abre ao MP quando este órgão estiver diante de uma investigação criminal. O ANPP trata-se de mais uma novidade trazida pela L. 13.964/2019, configurando-se em um outro instrumento de justiça penal consensual, ao lado dos já utilizados: suspensão condicional do processo nos crimes cuja pena mínima seja igual ou inferior a um ano (art. 89, L. 9.099/1995) e transação penal nos crimes de menor potencial ofensivo (art. 76, L. 9.099/1995). Tal novidade vem na esteira da polêmica resolução 181/2017, alterada pela resolução 183/2018, do Conselho Nacional do Ministério Público (CNMP), que também previu a possibilidade de acordo de não persecução penal. Tal resolução foi polêmica, pois previu por meio de resolução, e não de lei (como seria o correto), a realização de acordo entre o MP e o investigado. Ademais, vale notar que, ao contrário do juiz de garantias e de outros aspectos do chamado "pacote anticrime" que foram suspensos por decisão monocrática do ministro Fux, o ANPP encontra-se em vigor. Eis o texto do art. 28-A, CPP, seguido de comentários nossos quando necessário.

Art. 28-A: "Não sendo caso de arquivamento e tendo o investigado confessado formal e circunstancialmente a prática de infração penal sem violência ou grave ameaça e com pena mínima inferior a 4 (quatro) anos, o Ministério Público poderá propor acordo de não persecução penal, desde que necessário e suficiente para reprovação e prevenção do crime, mediante as seguintes condições ajustadas cumulativa e alternativamente:"

Comentário: de acordo com o dispositivo, são requisitos para a realização do ANPP: (a) não ser hipótese de arquivamento; (b) ter o investigado confessado formal e circunstancialmente a prática de infração penal; (c) infração cometida sem violência ou grave ameaça; (d) pena mínima da infração inferior a 4 (quatro) anos; e (e) o MP considerar o ANPP medida necessária e suficiente à reprovação e prevenção do crime.

Primeiro ponto a ser notado é que tais requisitos são cumulativos e não alternativos. Outro ponto: o requisito (b) "ter o investigado confessado formal e circunstancialmente a prática de infração penal" é um dos sensíveis do ANPP. Tal ponto vem sendo debatido por alguns autores, sobretudo no que diz respeito à ofensa ao princípio do estado jurídico de inocência. Porém, até o fechamento desta edição, não há uma orientação dominante a esse respeito.

No caso de recusa do MP em oferecer o ANPP, o investigado poderá requerer a remessa dos autos à instância superior do MP. Esta, por sua vez, poderá: insistir na ação penal (negando, portanto, a realização do acordo); ou optar pelo ANPP, ocasião em que a própria instância superior

---

51. Ver nossas anotações sobre obrigatoriedade e indivisibilidade da ação penal pública no próximo Capítulo.

52. STF, HC 127011 AgR/RJ, DJe 21.05.2015 e STJ, Info. 0569, período 17/09 a 30/09/2015, 5ª Turma e Info. 0540, período 28.05.2014, 6ª Turma e HC 197886/RS, DJ 25.04.2012.

53. STF, HC 88877, 1ª Turma, DJ 27/06/2008 e Pet 3528/BA, DJ 03.03.2006. Ver também, no STJ, o AgRg nos EDcl no REsp 1550432/SP, 6ª TURMA, DJ 29/02/2016 e o CAt 222/MG, DJ 16.05.2011.

elaborará o acordo ou então designará um outro membro do MP para fazê-lo. Nesse sentido, diz o § 14 do art. 28-A, CPP: "No caso de recusa, por parte do Ministério Público, em propor o acordo de não persecução penal, o investigado poderá requerer a remessa dos autos a órgão superior, na forma do art. 28 deste Código."

Por outro lado, os incisos do art. 28-A, CPP, estabelecem as condições às quais o investigado poderá ser submetido. Tais condições podem ser cumuladas ou aplicadas de forma isolada. Sublinhe-se que, na elaboração do acordo, essas condições deverão ser bem ponderadas pelo MP, haja vista que eventuais excessos ou faltas poderão vir a ser confrontadas pelo juiz quando da homologação do acordo (vide § 5º deste mesmo dispositivo). Vamos às condições às quais o investigado poderá ser submetido:

I – reparar o dano ou restituir a coisa à vítima, exceto na impossibilidade de fazê-lo;

II – renunciar voluntariamente a bens e direitos indicados pelo Ministério Público como instrumentos, produto ou proveito do crime;

III – prestar serviço à comunidade ou a entidades públicas por período correspondente à pena mínima cominada ao delito diminuída de um a dois terços, em local a ser indicado pelo juízo da execução, na forma do art. 46, CP.

IV – pagar prestação pecuniária, a ser estipulada nos termos do art. 45, CP, a entidade pública ou de interesse social, a ser indicada pelo juízo da execução, que tenha, preferencialmente, como função proteger bens jurídicos iguais ou semelhantes aos aparentemente lesados pelo delito; ou

V – cumprir, por prazo determinado, outra condição indicada pelo Ministério Público, desde que proporcional e compatível com a infração penal imputada.

Por outro lado, o § 1º deste mesmo artigo afirma que "para aferição da pena mínima cominada ao delito a que se refere o caput deste artigo, serão consideradas as causas de aumento e diminuição aplicáveis ao caso concreto."

Já o § 2º estabelece hipóteses em que o ANPP **não** se aplica. São elas:

I – se for cabível transação penal de competência dos Juizados Especiais Criminais, nos termos da lei;

II – se o investigado for reincidente ou se houver elementos probatórios que indiquem conduta criminal habitual, reiterada ou profissional, exceto se insignificantes as infrações penais pretéritas;

III – ter sido o agente beneficiado nos 5 (cinco) anos anteriores ao cometimento da infração, em acordo de não persecução penal, transação penal ou suspensão condicional do processo. Vale notar que o descumprimento do ANPP, dentre outras coisas, também poderá obstar a proposta de suspensão condicional do processo (art. 89, L. 9.099/1995). Nesse sentido, o § 11 diz que "o descumprimento do acordo de não persecução penal pelo investigado também poderá ser utilizado pelo Ministério Público como justificativa para o eventual não oferecimento de suspensão condicional do processo".

IV – o ANPP também não se aplica aos crimes praticados no âmbito de violência doméstica ou familiar, ou praticados contra a mulher por razões da condição de sexo feminino, em favor do agressor.

Ademais, o § 3º estabelece que "o acordo de não persecução penal será formalizado por escrito e será firmado pelo membro do Ministério Público, pelo investigado e por seu defensor."

O § 4º, por sua vez, diz que "para a homologação do acordo de não persecução penal, será realizada audiência na qual o juiz deverá verificar a sua voluntariedade, por meio da oitiva do investigado na presença do seu defensor, e sua legalidade". Em regra, será o juiz das garantias o competente para conduzir essa audiência (vide art. 3º-B, XVII, CPP).

O juiz fará o controle da adequação e pertinência do ANPP, podendo inclusive se recusar a homologar o acordo quando notar neste alguma inconsistência. Nesse sentido, o § 5º afirma: "se o juiz considerar inadequadas, insuficientes ou abusivas as condições dispostas no acordo de não persecução penal, devolverá os autos ao Ministério Público para que seja reformulada a proposta de acordo, com concordância do investigado e seu defensor"; e o § 7º complementa: "o juiz poderá recusar homologação à proposta que não atender aos requisitos legais ou quando não for realizada a adequação a que se refere o § 5º deste artigo". Por outro lado, percebendo o juiz se tratar de caso de denúncia (exercendo função anômala e criticada pelos autores), deve remeter os autos ao MP para complementação das investigações ou o oferecimento da denúncia. É o que diz o § 8º: "recusada a homologação, o juiz devolverá os autos ao Ministério Público para a análise da necessidade de complementação das investigações ou o oferecimento da denúncia".

Uma vez homologado judicialmente o ANPP, o § 6º diz que "juiz devolverá os autos ao Ministério Público para que inicie sua execução perante o juízo de execução penal".

Por outro lado, conforme o § 9º, "a vítima será intimada da homologação do acordo de não persecução penal e de seu descumprimento".

No caso de descumprimento do ANPP, o § 10 determina que o MP "deverá comunicar ao juízo, para fins de sua rescisão e posterior oferecimento de denúncia".

Cumprido o ANPP, ele não figurará como antecedentes criminais, salvo para fins de avaliação de concessão do mesmo benefício (ANPP), para avaliação do cabimento de transação penal ou para avaliação do cabimento de suspensão condicional do processo. Nesse sentido o § 12, diz "a celebração e o cumprimento do acordo de não persecução penal não constarão de certidão de antecedentes criminais, exceto para os fins previstos no inciso III do § 2º deste artigo."

Similarmente, o § 13 estabelece que "cumprido integralmente o acordo de não persecução penal, o juízo competente decretará a extinção de punibilidade."

8.14.2. *Crime de ação penal privada*

Em se tratando de crime de ação penal privada, concluído o IP, deverá este ser encaminhado a juízo, oportunidade em que ficará à disposição da vítima – art. 19, CPP.

Esta, tomando ciência da conclusão do IP, poderá adotar as seguintes medidas: a) oferecer a queixa-crime; b) requerer novas diligências; c) renunciar ao direito de ação; e d) permanecer inerte, deixando escoar o seu prazo de 6 meses para o oferecimento de queixa. Analisemos tais opções.

a) Oferecimento de queixa: significa que *a vítima deu-se por satisfeita com a investigação realizada, vislumbrando suporte probatório mínimo para o oferecimento de ação penal;*

b) Requerimento de novas diligências: ao contrário, *a vítima não se deu por satisfeita, necessitando de ulteriores diligências.* Note que incide aqui a *discricionariedade* do delegado, ou seja, pode este atender ou não as diligências solicitadas pela vítima (art. 14, CPP);

c) Renúncia ao direito de ação: o ofendido poderá renunciar ao seu direito de queixa, dando causa à extinção da punibilidade do agente (art. 107, V, CP). Note que se trata de ato unilateral da vítima (não depende da aceitação do indiciado para que possa concretizar seus efeitos);

d) Inércia: nesta situação, o ofendido deixa simplesmente escoar o seu prazo decadencial de 6 meses para o oferecimento de queixa (art. 38, CPP), resultando também na extinção da punibilidade do agente (art. 107, IV, CP).

Observação final: perceba o leitor que, tecnicamente, *não há* a figura do pedido de arquivamento em sede de ação penal privada (conforme vimos na ação penal pública). O ofendido não precisa requerer ao juiz o arquivamento do IP. Basta renunciar ao seu direito de ação ou mesmo deixar escoar o prazo de 6 meses para a queixa. De todo o modo, caso a vítima elabore um "pedido de arquivamento" ao magistrado, esse pedido será compreendido como renúncia expressa ao direito de ação.

8.15. Inquéritos extrapoliciais, não policiais ou investigações administrativas

Não obstante o disposto no art. 144, CF, que confere à polícia civil e à polícia federal a atribuição para investigar as infrações penais, a Carta Magna não o faz de modo a estabelecer exclusividade da função investigativa.

Desse modo, há autoridades não policiais que também possuem a prerrogativa de realizar investigação. Algumas dessas modalidades veremos a seguir.

8.15.1. Inquéritos parlamentares (art. 58, § 3º, CF)

As Comissões Parlamentares de Inquérito (CPI's) são criadas para *apuração de fato determinado e por prazo certo, sendo suas conclusões, se for o caso, encaminhadas ao Ministério Público para que promova a responsabilidade civil ou criminal dos infratores.*

Os parlamentares buscarão, por meio de sua atuação na CPI, colher elementos que permitam elucidar o fato determinado. Sendo assim, terão amplo espectro de atuação visando à coleta de documentos e dos depoimentos dos investigados e das testemunhas.

As CPIs possuem poderes inerentes às autoridades judiciais. Em razão disso, as pessoas convocadas a depor não podem, por exemplo, recusar o comparecimento e podem ser conduzidas coercitivamente.

As testemunhas deverão prestar o compromisso legal de dizer a verdade,[54] mas não estarão obrigadas a falar sobre fatos que a incriminem (direito ao silêncio – *nemo tenetur se detegere*).

Aos investigados, apesar da obrigatoriedade de comparecimento, são assegurados todos os direitos inerentes àqueles que são alvo de investigação. Alguns exemplos são o direito ao silêncio (evitando a autoincriminação); à assistência por advogado, com possibilidade de comunicação durante a inquirição; e a dispensa do compromisso legal de dizer a verdade. Para um aprofundamento em relação ao pensamento jurisprudencial sobre o tema, consultar o HC 119941/DF, *DJe* 29.04.2014 e MC HC 135286/DF, *DJe* 30.06.2016, ambos do STF.

Ao final do procedimento investigativo, os parlamentares deverão elaborar um relatório das investigações e, caso haja indícios dos fatos ilícitos, devem proceder à remessa ao MP, para que o *parquet* adote as providências cabíveis.

Exemplo do resultado de investigação realizada por CPI é a AP 470, STF, que julga diversos réus acusados de peculato, corrupção ativa, passiva, formação de quadrilha, entre outros, em fato divulgado pela mídia como "mensalão". As investigações foram realizadas pelos parlamentares e posteriormente remetidas ao MPF, que ofereceu a denúncia por meio do PGR.[55]

Por fim, vale ressaltar que o relatório da CPI, uma vez recebido, terá prioridade de trâmite sobre os demais atos, exceto em relação aos pedidos de *habeas corpus*, *habeas data* e mandado de segurança (art. 3º, Lei 10.001/2000).

8.15.2. Inquéritos por crimes praticados por magistrados ou membros do MP

Nos casos em que o investigado é magistrado ou membro do MP, a investigação será conduzida pelos órgãos da mais elevada hierarquia das respectivas carreiras.

Assim, quanto aos magistrados, a investigação caberá ao órgão especial competente para o julgamento (art. 33, parágrafo único, LC 35/1979 – LOMAN[56]).

Aqui, oportuna a crítica feita por Denilson Feitoza Pacheco (2009, p. 217) quanto à investigação realizada por órgão jurisdicional. Apesar de **não acolhida pela jurisprudência e também por respeitável parte da doutrina**, a tese defendida pelo autor é de que tal permissão revela-se incompatível com a separação dos poderes e o sistema acusatório.

Lembremos que a natureza do procedimento investigativo é administrativa e está dissociada da função jurisdicional, adstrita ao Poder Judiciário. Tal dissociação é característica da separação dos poderes, que divide as funções estatais entre os poderes da República: a) administrativa, para o Poder Executivo; b) legislativa, para o Poder Legislativo; e c) jurisdicional, para o Poder Judiciário. Portanto, a concentração de função inerente às autoridades policiais

---

54. Veremos de forma detalhada quando tratarmos da prova testemunhal, mais à frente.

55. Procurador-Geral da República.

56. Lei Orgânica Nacional da Magistratura.

(investigação), de natureza administrativa, com a função jurisdicional ofenderia o princípio da separação de poderes.

De igual modo, reconhece a ofensa ao sistema acusatório em razão da investigação ser presidida pelo próprio órgão que a julgará.

Em relação aos crimes cometidos por membro do MP, estadual ou federal, também caberá à cúpula dos respectivos órgãos a presidência da investigação,[57] mas como não são titulares da função jurisdicional, e sim da administrativa, as críticas acima não são aplicáveis.

8.15.3. Inquérito por crimes praticados por autoridades com foro por prerrogativa de função

Diante da prática de crime por autoridade com foro por prerrogativa de função, não pode o delegado instaurar inquérito ou realizar o seu indiciamento, devendo remeter a investigação ao tribunal perante o qual a autoridade goza de foro privilegiado.

Ex.: deputado federal que é flagrado na prática de crime inafiançável pode ser preso em flagrante, mas a partir daí o STF deve ser comunicado, pois presidirá a investigação.

Caso o procedimento acima não seja observado, certamente será nulo o indiciamento ou o próprio inquérito. Ver STF, HC 117338 ED, 1ª Turma, *DJ* 21.06.2016 e Inq. 2411 QO, *DJe* 25.04.2008.

8.15.4. Investigação direta pelo MP (inquérito ministerial)

Falar em investigação direta pelo MP não significa dizer que o *parquet* presidirá o inquérito policial, pois estaria usurpando atribuição constitucional da polícia (art. 144, § 4º, CF).

Em verdade, os defensores dessa modalidade de investigação entendem que o MP pode realizar a colheita de provas reputadas essenciais para a deflagração da futura ação penal pública, da qual é titular exclusivo.

A investigação direta, portanto, *consiste na instauração de procedimento administrativo investigatório com o escopo de coletar elementos probatórios imprescindíveis para embasar uma eventual ação penal.* Trata-se de atividade complementar à da polícia.

Ex: uma testemunha procura o MP, diretamente, para revelar a sua versão acerca de determinado fato. Nesse caso, pode o MP instaurar o procedimento investigatório para colher o depoimento.

Em relação à sua admissibilidade, ainda há muita controvérsia.

Aqueles que defendem a possibilidade de investigação direta utilizam como principais argumentos:

a) À luz da teoria dos poderes implícitos,[58] se o MP detém o poder de promover exclusivamente a ação penal pública e de requisitar, em caráter irrecusável, a realização de diligências investigatórias ou a instauração de IP (art. 129, I e VIII, CF), não assiste razão à recusa de atribuição para atos investigativos. Em linguagem direta, significa dizer que "quem pode o mais, pode o menos";

b) O art. 144, CF, não estabeleceu exclusividade ou monopólio das investigações à polícia;

c) No direito comparado, a discussão atual diz respeito à titularidade da condução das investigações, se do promotor ou do juiz-instrutor, e não mais da exclusividade da polícia (BASTOS, Apud NICOLITT, 2010, p. 74);

d) Normas infraconstitucionais conduzem à possibilidade de atuação direta do MP, a exemplo do art. 26, Lei 8.625/1993.

Como síntese dos fundamentos acima, recomendamos a leitura do HC 195901/DF, *DJe* 17.09.2012, STJ.

No campo oposto, os fundamentos são os seguintes:

a) Ao MP cabe o controle externo da atividade policial e não a realização de investigação, que deve ser um poder/atribuição expresso no texto constitucional;

b) Ausência de previsão legal expressa;

c) A investigação sem previsão legal poderia acarretar arbitrariedades, a atuação direta na fase investigatória mitigaria a impessoalidade e afetaria o juízo crítico em relação ao oferecimento da denúncia.[59]

No âmbito jurisprudencial, o STJ possui posicionamento consolidado no sentido de reconhecer tal atribuição ao MP. Ver REsp 998249/RS, *DJ* 30.05.2012 e AgRg no REsp 1319736/MG, *DJe* 17.03.2015. O STF não possui posicionamento definitivo acerca do tema, pois o Plenário ainda não se manifestou. Entretanto, pelas decisões mais recentes da 1ª e 2ª turmas, o indicativo é também no sentido do reconhecimento do poder investigativo. Recomendamos a leitura dos seguintes julgados: **RHC 97926/GO, Info. 757 e AP 611/MG, *DJe* 10.12.2014.**

8.16. Infiltração de agentes (arts. 10 a 14, Lei 12.850/2013)

Trata-se da possibilidade de infiltração de agentes policiais (Polícia Civil ou Federal) em atividades de investigação relacionadas às organizações criminosas.

8.16.1. Autorização

Dependerá de autorização judicial (circunstanciada, motivada e sigilosa), mediante: a) prévia representação realizada pelo delegado de polícia, ouvido o MP, obrigatoriamente; ou b) requerimento formulado pelo MP, após manifestação técnica do delegado de polícia, quando solicitada no curso de inquérito policial – art. 10, *caput* e § 1º.

Tanto o requerimento do MP, quanto a representação do delegado para a infiltração de agentes conterá a demonstração da necessidade da medida, o alcance das tarefas dos agentes e, quando possível, os nomes ou apelidos das pessoas investigadas e o local da infiltração.

---

57. Art. 41, parágrafo único, Lei 8.625/1993 (MP estadual); e 18, parágrafo único, LC 75/1993 (MPF).

58. "A outorga de competência expressa a determinado órgão estatal importa em deferimento implícito, a esse mesmo órgão, dos meios necessários à integral realização dos fins que lhe foram atribuídos". Voto do Min. Celso de Mello na ADI 2797/DF, *DJ* 19.02.2006, STF.

---

59. Refutando tal concepção, a Súmula 234, STJ: "a participação de membro do Ministério Público na fase investigatória criminal não acarreta o seu impedimento ou suspeição para o oferecimento da denúncia.".

8.16.2. Cabimento

Admite-se a infiltração se houver indícios de atividades próprias de organização criminosa e se a prova não puder ser produzida por outros meios disponíveis. Verifica-se, portanto, a presença de 2 requisitos cumulativos: indício de atividade própria de organização criminosa e que NÃO haja outro meio para comprovar tal atuação – § 2º, art. 10.

8.16.3. Prazo

Nos termos do § 3º, art. 10, "a infiltração será autorizada pelo prazo de até seis meses, sem prejuízo de eventuais renovações, desde que comprovada sua necessidade". Verificamos, pela redação do dispositivo, que não há um limite de prazo para a infiltração, mas esta renovação ficará submetida à efetiva demonstração da sua necessidade.

8.16.4. Procedimento

O pedido de infiltração será distribuído ao juiz competente, mas de forma sigilosa, com o escopo de evitar qualquer informação acerca da operação ou da identificação do agente a infiltrar – art. 12, *caput*.

Recebido o pedido, o juiz "decidirá no prazo de 24 (vinte e quatro) horas, após manifestação do Ministério Público na hipótese de representação do delegado de polícia, devendo-se adotar as medidas necessárias para o êxito das investigações e a segurança do agente infiltrado" – § 1º, art. 12.

Findada a diligência, o resultado da infiltração será um relatório circunstanciado elaborado pelo agente e que acompanhará a denúncia do MP, se for o caso. A partir desse momento será permitido o acesso pleno à defesa, preservada, contudo, a identidade do agente – § 2º, art. 12.

Se houver indícios concretos de que a integridade do agente infiltrado corre risco, a ação será imediatamente sustada pelo MP ou pelo delegado, que deverá dar ciência ao MP e ao juiz que autorizou o ato – § 3º, art. 12.

8.16.5. Atuação do agente

A atuação do agente durante o período de infiltração é uma questão que desperta polêmica. Há um limite tênue com relação aos seus direitos e à prática de atos ilícitos, criminosos, para assegurar a sua inserção na organização criminosa.

Assim, dispõe o art. 13 que: "o agente que não guardar, em sua atuação, a devida proporcionalidade com a finalidade da investigação, responderá pelos excessos praticados". Ademais, em se tratando da prática de crime no âmbito da infiltração, será apurada a inexigibilidade de conduta diversa, ou seja, não será punido o agente se não havia alternativa a não ser praticar determinado delito em razão da infiltração – parágrafo único.

Já o art. 14 estatui os direitos específicos do agente, todos no sentido de preservar a sua integridade física e moral. São eles:

I – recusar ou fazer cessar a atuação infiltrada;

II – ter sua identidade alterada, aplicando-se, no que couber, o disposto no art. 9º da Lei 9.807, de 13.07.1999, bem como usufruir das medidas de proteção a testemunhas;

III – ter seu nome, sua qualificação, sua imagem, sua voz e demais informações pessoais preservadas durante a investigação e o processo criminal, salvo se houver decisão judicial em contrário;

IV – não ter sua identidade revelada, nem ser fotografado ou filmado pelos meios de comunicação, sem sua prévia autorização por escrito.

9. AÇÃO PENAL

9.1. Conceito

Direito público subjetivo de pedir ao Estado-juiz a aplicação do Direito Penal objetivo a um caso concreto.

Com efeito, para que o indivíduo possa exercer regularmente o seu direito de ação, é preciso que observe (preencha) certas condições. E são exatamente essas condições que estudaremos na sequência.

9.2. Condições genéricas da ação

Conforme dito, a presença de tais condições visa a proporcionar o regular exercício do direito de ação. Assim, tais condições funcionam como requisitos para que, legitimamente, seja possível exigir o provimento jurisdicional do Estado.

Segundo LIMA (2015, p. 193), a teoria eclética aduz a existência do direito independe da existência do direito material, dependendo, de outro lado, do preenchimento de requisitos formais – que são as condições da ação. Tais condições, por sua vez, são aferidas à luz da relação jurídica material discutida no processo, não se confundindo com o mérito. Em verdade, são analisadas em caráter preliminar e, quando ausentes, culminam em sentença terminativa de carência da ação (CPC/1973, art. 267, VI e art. 485, VI, CPC/2015). No entanto, neste caso não há a formação de coisa julgada material, o que permite, pelo menos em tese, a renovação futura da demanda, desde que haja a correção do vício que ensejou a sentença sem resolução de mérito (CPC/1973, at. 268 e art. 486, § 1º, CPC/2015).

A despeito das enunciações da citada teoria, LIMA (2015, p. 193) chama a atenção para o surgimento de nova teoria na doutrina processual civil que acaba refletindo no processo penal, a saber, a teoria da asserção, segundo a qual a presença das condições da ação deve ser analisada judicialmente com base em elementos fornecidos pelo próprio autor em sede de petição inicial, os quais devem ser tomados como verdadeiro, sem nenhum desenvolvimento cognitivo.

Ademais, ressalte-se que a presença dessas condições deve ser examinada pelo juiz no momento do recebimento da inicial acusatória. Caso uma (ou várias delas) esteja ausente, será hipótese de rejeição da inicial penal (*vide* art. 395, CPP). Neste contexto, explana LIMA (2015, p. 194) que, em não havendo tal análise das condições da ação no momento da admissibilidade da inicial acusatória, há possibilidade do reconhecimento de nulidade absoluta do processo, em qualquer instância, com fundamento no art. 564, II, CPP – sendo que o dispositivo apenas se refere à ilegitimidade de parte, mas, analogicamente, também pode ser aplicado às demais condições da ação penal. Ainda há quem entenda, diante de tal situação, a possibilidade de extinção do processo sem julgamento de mérito, aplicando analogicamente o art. 267, VI, CPC/1973/ art. 485, VI, CPC/2015 c/c art. 485, § 3º, CPC/2015.

Examinemos, finalmente, as condições da ação penal.

9.2.1. Possibilidade jurídica do pedido

Primeiramente, é imprescindível que aquilo que está sendo pedido seja admitido pelo direito objetivo, ou seja, o pedido deve ter amparo na lei. Diante disso, podemos inferir que, se o fato narrado na inicial acusatória for notoriamente atípico, *i. e.*, não previsto na lei como infração penal, não será possível instaurar a ação penal por impossibilidade jurídica do pedido.

Cabe ressaltar, todavia, que a nova sistemática do novo diploma processual civil, que não mais referência a possibilidade jurídica do pedido como hipótese que gera decisão de inadmissibilidade do processo. Deste modo, vem se consolidando o entendimento praticamente majoritário até então de que o reconhecimento da impossibilidade jurídica do pedido opera como decisão de mérito, e não de inadmissibilidade. (LIMA, 2015, p. 195).

Há quem entenda, contudo, que de acordo com o CPC/2015, a despeito da extinção da possibilidade jurídica do pedido, não fez desaparecer as condições da ação. No entanto, tal categoria foi eliminada do nosso ordenamento jurídico, pois há apenas as possibilidades de serem as questões de mérito ou de admissibilidade, como informa LIMA (2015, p. 195).

9.2.2. Interesse de agir

Esse requisito implica verificação de que a pretensão formulada seja suficiente para satisfazer o interesse contido no direito subjetivo do titular (MIRABETE, 2006, p. 88). Esse interesse deve ser analisado sob 3 aspectos: necessidade; adequação; e utilidade.

a) **Interesse-necessidade:** tem por objetivo identificar se a lide pode ser solucionada extrajudicialmente, ou seja, se de fato é necessário o uso da via judicial para resolver o conflito. Na esfera penal, o interesse-necessidade é presumido, pois há vedação da solução extrajudicial dos conflitos penais (diferentemente do que ocorre no processo civil, por exemplo);

b) **Interesse-adequação:** aqui, deve-se fazer uma checagem se há adequação entre o pedido formulado e a proteção jurisdicional que se pretende alcançar. Será adequado o pedido quando, narrada uma conduta típica, o acusador requerer a condenação do réu, de acordo com os parâmetros do tipo incriminador, que estabelece a punição objetivamente adequada para cada delito (BONFIM, 2010, p. 181). Porém, advirta-se que o *interesse-adequação* não possui capital importância no âmbito do processo penal, uma vez que o juiz pode se valer da *emendatio libelli* (art. 383, CPP) para corrigir eventual falha da acusação no tocante à classificação do crime e da pena a ser aplicada ao réu (PACELLI, 2015, p. 107-8);

c) **Interesse-utilidade:** só haverá utilidade quando for possível a realização do *jus puniendi* estatal (*i. e.*, quando for viável

a aplicação da sanção penal). Se não é possível a punição, a ação será inútil. Ex.: ação penal por fato prescrito. De nada adiantará o exercício da ação penal se já estiver extinta a punibilidade do agente.

9.2.3. Legitimidade (ou legitimatio ad causam)

Diz respeito à pertinência subjetiva da ação. Os sujeitos devem ser legitimados para figurar na causa. Assim, a ação deve ser proposta somente pelo sujeito ativo pertinente e apenas contra aquele legitimado para figurar no polo passivo da causa.

No polo ativo da ação figura, em regra, o MP (art. 129, I, CF), já que a maioria das infrações penais tem a sua persecução por meio de ações penais públicas.

Nas ações privadas, o autor é o ofendido (a vítima), denominado querelante, que é pessoa física ou jurídica titular de um interesse.

Do lado oposto, no polo passivo, figura o réu (ações penais públicas) ou querelado (ações penais privadas).

Saliente-se que a CF prevê a possibilidade de responsabilização criminal da pessoa jurídica nas infrações penais praticadas em detrimento da economia popular, da ordem econômica e financeira (art. 173, § 5º, CF) e nas condutas lesivas ao meio ambiente (art. 225, § 3º, CF).

Importante dizer que a previsão no texto constitucional não conduz à automática inserção da pessoa jurídica no polo passivo, pois os dispositivos condicionam à previsão específica em lei ordinária. Nesse caso, o nosso ordenamento prevê a responsabilidade penal da pessoa jurídica apenas por danos ambientais (art. 3º, Lei 9.605/1998).

Ademais, nos tribunais superiores vinha sendo aplicada a teoria da dupla imputação, segundo a qual é imprescindível a imputação simultânea do ente moral (empresa) e da pessoa física responsável pela sua administração (STJ, RMS 37293/SP, *DJe* 09.05.2013). Sucede que há uma mudança no entendimento do STF, pois a Primeira Turma decidiu que "o art. 225, § 3º, CF não condiciona a responsabilização penal da pessoa jurídica por crimes ambientais à simultânea persecução penal da pessoa física em tese responsável no âmbito da empresa"[60]. Outrossim, também vem o STJ se afastando da tese da dupla imputação, vide AgRg no RMS 48.085/PA, 5ª Turma, *DJ* 20.11.2015 e AgRg no RMS 48.379/ SP, 5ª, Turma, *DJe* 12.11.2015. Conclui, portanto, que inexiste imposição constitucional da dupla imputação (RE 548181/ PR, *DJe* 06.08.2013).

9.2.4. Justa causa

Para o exercício da ação penal, não basta que o pedido seja juridicamente possível, que a ação seja necessária, adequada e útil, e proposta pelo legítimo titular em face do legítimo ofensor. A presença de todos esses requisitos será insuficiente se não existir lastro probatório mínimo quanto à autoria e prova da materialidade do fato. É o que estatui o art. 395, III, CPP.

---

60. Ver também o Informativo nº 714, STF, de 5 a 9 de agosto de 2013.

A justa causa nada mais é do que o *fumus comissi delicti*, ou seja, *a identificação de que há elementos probatórios concretos acerca da materialidade do fato delituoso*[61] *e indícios razoáveis de autoria.* É essencial a presença desses elementos para justificar a instauração da ação penal e a movimentação do aparato estatal.

Reflexos do Novo Código de Processo Civil

O NCPC suprimiu a expressão "condições da ação" para determinar a extinção do processo, sem resolução do mérito e tampouco faz referência à possibilidade jurídica do pedido. Art. 485, IV, NCPC.

Para Távora e Alencar (2015, p. 214), a supressão da expressão "condição da ação" não repercute na seara do Processo Penal porque o CPP prevê condições específicas para o exercício da ação penal, que torna os institutos distintos. Noutro sentido, a subtração da possibilidade jurídica do pedido terá reflexos na esfera processual penal. Vale ressaltar que, mesmo antes do NCPC, a delimitação da possibilidade jurídica do pedido no âmbito das ações penais já era controverso.

Ainda de acordo com a doutrina, no entendimento de Lima (2015, p. 197), a impossibilidade jurídica do pedido passará a ser considerada no exame do mérito e não mais no juízo de admissibilidade da ação. Para o referido Autor, apenas a legitimidade e o interesse de agir serão considerados como condições da ação penal.

9.3. Condições específicas da ação penal

Para além das condições genéricas anteriormente analisadas (comuns a todas as modalidades de ação penal), certas ações penais exigem também condições específicas para que sejam propostas ou tenham efeito.

Condições de procedibilidade: estas condicionam o exercício da ação penal. Possuem caráter essencialmente processual e dizem respeito à admissibilidade da persecução penal. A representação da vítima na ação penal pública condicionada à representação (crime de ameaça, *v. g.*), é uma condição de procedibilidade (condição específica desta ação penal). Sem ela, sequer é possível instaurar a ação penal.

Condições objetivas de punibilidade: *são aquelas condições estabelecidas em lei para que o fato seja concretamente punível* (GOMES, 2005, p. 87).

Podemos aqui citar dois exemplos de condições objetivas de punibilidade.

O primeiro é a sentença anulatória do casamento, que condiciona o exercício da ação penal no crime de induzimento a erro no matrimônio (art. 236, parágrafo único, CP).

Outro é a sentença que decreta a falência, a recuperação judicial ou extrajudicial nos crimes falimentares (art. 180, Lei 11.101/2005). Sem a decretação da falência ou da recuperação não será possível processar alguém por crime falimentar.

Importante destacar que o momento processual adequado para o juiz verificar o preenchimento de todas as condições da ação, genéricas ou específicas, é a fase de recebimento da denúncia ou da queixa (art. 395, II e III, CPP). Consiste o ato em um juízo sumário de admissibilidade da ação penal.

Atenção para não confundir as espécies anteriores com as **condições de prosseguibilidade**. Essas últimas, ao contrário, pressupõem a ação penal já instaurada, criando óbice à sua continuidade.

Exemplo ocorre nos casos em que o réu/querelado manifesta insanidade mental superveniente. Impõe-se a necessidade do agente recobrar a sanidade mental para que a ação penal tenha a sua regular continuidade. Enquanto não retomar a sanidade (condição de prosseguibilidade), o processo ficará paralisado e a prescrição correrá normalmente (art. 152, CPP).

9.4. Classificação da ação penal

A comunidade jurídica costuma classificar a ação penal tomando por base a legitimação ativa. Assim, a ação penal será pública quando a legitimação ativa pertencer ao MP e será privada quando a legitimação ativa pertencer à vítima. Façamos abaixo uma breve exposição sobre o tema para, na sequência, esmiuçarmos cada espécie de ação penal de per si.

a) Ação penal pública: é a encabeçada pelo MP. Pode ser:

I. **Incondicionada**: quando inexiste necessidade de autorização para que o MP possa agir (deflagrar a ação);

II. **Condicionada**: quando há necessidade de autorização (preenchimento de condição). Esta condição pode ser a representação da vítima (ex.: crime de ameaça) ou a requisição do Ministro da Justiça (ex.: calúnia contra o Presidente da República). Somente após o preenchimento da condição é que o MP estará autorizado a agir;

b) Ação penal privada: é a encabeçada pela própria vítima. Pode ser:

I – **Exclusivamente privada**: a característica fundamental aqui é que, no caso de incapacidade, morte ou ausência da vítima, o representante legal desta ou o CCADI,[62] conforme o caso, poderá ingressar com a ação penal. Ou seja, é possível que, em casos específicos, alguém, em lugar da vítima, ingresse com a ação penal. Ex.: imagine-se que uma vítima de injúria vem a falecer. Havendo prazo hábil, é possível que o CCADI venha a ingressar com a ação penal privada;

II – **Personalíssima:** a característica fundamental aqui é que, no caso de incapacidade, morte ou ausência da vítima, ninguém poderá ingressar/continuar com a ação penal. Assim, somente a vítima pode ingressar com a ação (personalíssima). Ex.: imagine-se que a vítima do crime previsto no art. 236, CP, vem a falecer. Nesse caso, ninguém poderá ingressar/prosseguir com a ação penal;

---

61. A título de exemplo, ver decisão do STJ determinando o trancamento de ação penal, ante a manifesta atipicidade do fato, no HC RHC 70.596/MS, 5ª Turma, *DJ* 09.09.2016 e HC 326.959/SP, 5ª Turma, *DJ* 06.09.2016.

62. Sigla para os seguintes legitimados, estatuídos pelo art. 31, CPP: Cônjuge/companheiro(a); ascendentes; descendentes; e irmãos. Vale ressaltar que a ordem de indicação deve ser observada no momento da atuação. É, pois, preferencial.

III – **Subsidiária da pública**: em caso de ação pública, quando o MP permanecer inerte nos prazos do art. 46, CPP, pode, excepcionalmente, a própria vítima do crime, ingressar com a ação penal. Ex.: num crime de roubo, pense-se que, nos prazos do art. 46, o MP permaneceu inerte. Diante dessa situação, pode a vítima do roubo ingressar com a ação penal privada subsidiária da pública.

Após essa sucinta apresentação das espécies de ação penal, aprofundemos cada uma delas, a começar pela ação penal pública, mais especificamente, pelos princípios que a regem.

9.5. Princípios que regem a ação penal pública

9.5.1. Obrigatoriedade ou legalidade processual

Significa que, *presentes os requisitos legais, as condições da ação, o Ministério Público está obrigado a patrocinar a persecução criminal, oferecendo a denúncia.* Não cabe ao órgão ministerial qualquer juízo de conveniência ou oportunidade quanto ao oferecimento da denúncia. Só pode o MP requerer (promover) o arquivamento se ocorrer uma das hipóteses dos arts. 395 e 397, CPP. Do contrário, será caso de denúncia.

Por outro lado, a doutrina costuma apontar que, no âmbito do JECRIM,[63] o princípio da obrigatoriedade sofre *mitigação (abrandamento)* – ou exceção, conforme preferem uns. É que, em se tratando de IMPO,[64] presentes os requisitos estabelecidos no art. 76, Lei 9.099/1995, deve o MP, em *vez de denunciar* (como normalmente faria), propor transação penal ao autor do fato. Assim, dizem os autores que, em relação às IMPO's, vigora o princípio da obrigatoriedade mitigada ou discricionariedade regrada.

Outras exceções mais recentes ao princípio da obrigatoriedade são a colaboração premiada, que veremos mais detalhadamente adiante e o acordo de leniência (também denominado de acordo de brandura ou de doçura).

Está previsto nos arts. 86 e 87, Lei 12.529/2011, e consiste no acordo celebrado entre o Conselho Administrativo de Defesa Econômica (CADE) e pessoas físicas ou jurídicas visando à efetiva colaboração nas investigações nos crimes contra a ordem econômica (Lei 8.137/1990), nos demais crimes diretamente relacionados à prática de cartel (Lei 8.666/1993), além daqueles previstos no art. 288, CP.

Sucede que esta colaboração precisa ser efetiva, ou seja, é imprescindível que dela resultem frutos para a persecução penal. Nesse sentido, os incisos I e II do art. 86, Lei 12.529/2011 impõem os seguintes resultados: I – identificação dos demais envolvidos na infração; II – obtenção de informações e documentos que comprovem a infração noticiada ou sob investigação.

A celebração do acordo enseja a suspensão do curso do prazo prescricional e o impede o oferecimento da denúncia com relação ao agente beneficiário da leniência (art. 87, Lei 12.529/2011). Ademais, o parágrafo único do referido dispositivo prevê a automática extinção da punibilidade pelo cumprimento do acordo pelo agente.

9.5.2. Indisponibilidade

Decorre do princípio da obrigatoriedade, mas não se confunde com esta, já que pressupõe a ação em andamento. Desse modo, uma vez proposta a ação penal, não pode o Ministério Público dela dispor (art. 42, CPP), ou seja, é vedada a desistência, não podendo, inclusive, dispor de eventual recurso interposto (art. 576, CPP).

Entretanto, o fato de o MP não poder desistir da ação penal não implica necessário pedido de condenação em qualquer hipótese. Na realidade, é possível que o órgão de acusação peça a absolvição na fase de memoriais/alegações finais orais, impetre *habeas corpus* em favor do réu e, até mesmo, recorra em favor deste.

Segundo a doutrina, o princípio da indisponibilidade também sofre mitigação (exceção). Nas infrações que possuem pena mínima de até 1 ano, preenchidos os demais requisitos legais (art. 89, Lei 9.099/1995), deve o MP, juntamente com a denúncia, propor a suspensão condicional do processo. Aceita esta proposta pelo autor do fato e havendo homologação pelo magistrado, o processo ficará suspenso por um período de 2 a 4 anos. Aponta, portanto, a doutrina que essa situação configura caso de mitigação do princípio da indisponibilidade.

9.5.3. Oficialidade

A persecução penal em juízo está a cargo de um órgão oficial, que é o MP.

9.5.4. Intranscendência ou pessoalidade

A ação só pode ser proposta em face de quem se imputa a prática do delito, ou seja, só pode figurar no polo passivo da ação penal quem supostamente cometeu a infração penal (e não os pais, parentes etc. do suposto autor do fato).

9.5.5. Indivisibilidade

Atenção: os Tribunais Superiores *não reconhecem a* **indivisibilidade** *como princípio reitor da ação penal pública, mas apenas da privada (STJ, RHC 67.253/PE, 6ª Turma, DJ 18.04.2016, APn 613/SP, Corte Especial, DJ 28.10.2015 e Info. 0562, período de 18 a 28.05.2015, 5ª Turma e STF, Inq 2915 ED, Tribunal Pleno, DJ 11.12.2013, HC 117589, DJe 25.11.2013 e RHC 111211, 1ª Turma, DJ 20.11.2012).*

Antes de aprofundarmos o assunto, cabe alertar que **indivisibilidade** significa que, em caso de concurso de pessoas, *a acusação não pode fracionar (dividir) o polo passivo da ação penal, escolhendo quem irá processar.*

Porém, como dito, por mais estranho que possa soar, o STF entende que tal princípio não é aplicável à ação pública. Motivos que levam a Corte Suprema a assumir essa posição:

I – O art. 48, CPP, ao tratar da indivisibilidade, só se referiu à ação privada e não à pública;

II – O MP pode deixar de denunciar alguns indivíduos a fim de recolher mais elementos contra estes ao longo do processo e, assim, aditar a denúncia.

O argumento do STF parece partir de uma errônea compreensão do princípio em tela. Crê o STF que, como

---

63. Juizado Especial Criminal – Lei 9.099/1995.

64. Infração de menor potencial ofensivo – art. 61, Lei 9.099/1995.

pode ocorrer aditamento posterior à denúncia, é possível sim dividir a ação penal pública, logo, não haveria que se falar em indivisibilidade.

Porém, esse conceito de indivisibilidade não é preciso. Indivisibilidade não significa impossibilidade de aditamento posterior (como sugere o STF). Não é este o ponto. Indivisibilidade significa que a acusação não pode excluir arbitrariamente agentes do polo passivo da ação (apenas isto). É lógico que, em caso de inexistência de elementos suficientes para o oferecimento da denúncia em relação a algum agente, o MP deverá promover o arquivamento (explícito) em relação a este, sendo certo que, surgindo elementos ao longo do processo da participação de mais algum agente na infração penal, deverá promover o aditamento à denúncia.

Na realidade, a indivisibilidade da ação penal decorre do próprio princípio da obrigatoriedade. Preenchidos os requisitos legais todos os agentes deverão ser denunciados.

Apesar de nossos argumentos, não se esqueça da posição do STF assinalada anteriormente: incabível a *indivisibilidade na ação penal pública*.

9.6. Ação penal pública incondicionada

9.6.1. Conceito

Modalidade de ação penal que dispensa qualquer condicionamento para o seu exercício. É a regra em nosso ordenamento jurídico.

9.6.2. Titularidade

A CF/1988 estabeleceu o MP como o legitimado privativo para a acusação nas ações penais públicas (art. 129, I, CF). Diante disso, é importante lembrar a incompatibilidade do art. 26, CPP, com o referido dispositivo constitucional, que implica a não recepção do processo judicialiforme, também denominado ação penal *ex officio*, pelo nosso ordenamento constitucional.

Atenção: A recente Lei 13.718/2018 tornou todos os crimes contra a dignidade sexual processáveis mediante ação penal pública incondicionada.

9.7. Ação penal pública condicionada

9.7.1. Conceito

Modalidade de ação penal que exige certas condições para o seu exercício por parte do MP. Trata-se de opção de política criminal do Estado que, levando em conta a natureza do bem jurídico violado, deixa a cargo da vítima (ou do Min. da Justiça, conforme o caso) a autorização para que a ação penal possa ser instaurada pelo MP. Sem a autorização da vítima ou do Min. da Justiça, conforme o caso, o MP não pode deflagrar a ação penal.

Analisemos alguns importantes institutos da ação penal pública condicionada: representação da vítima e requisição do Ministro da Justiça.

9.7.2. Representação da vítima

Trata-se de autorização (anuência) dada pelo ofendido para que o MP possa deflagrar a ação penal. Conforme diz a doutrina, a representação configura uma *condição de procedibilidade* para instauração da persecução penal.

a) Características da representação

I – **Quem pode representar (legitimidade)?** Vítima (pessoalmente ou por procurador com poderes especiais) ou representante legal (caso a vítima seja menor de 18 ou doente mental – arts. 24 e 39, CPP). Acrescente-se ainda que o civilmente emancipado também necessita de representante legal no campo processual penal;

II – Havendo **discordância** entre a vítima menor de 18 (ou doente mental) e seu representante legal, haverá nomeação de curador especial –art. 33, CPP. Curador especial é qualquer pessoa maior de 18 anos e mentalmente sã que, analisando o caso concreto, decidirá livremente pela representação ou pela não representação. É, pois, quem dará o "voto de Minerva" em caso de celeuma entre a vítima e seu representante legal;

III – Vítima menor ou doente mental que **não possui representante legal**: também nessa situação entrará em cena a figura do curador especial que decidirá livremente pela representação ou pela não representação;

IV – No caso de **morte ou declaração de ausência da vítima,** poderão oferecer representação em lugar do ofendido, nesta ordem, o cônjuge (ou companheiro), o ascendente, o descendente e o irmão (CCADI) – art. 24, § 1º. Conforme a doutrina, trata-se de *substituição processual*, em que a pessoa (CCADI) atua em nome próprio, mas em defesa de interesse alheio (o do falecido ou ausente);

V – Em se tratando de **pessoa jurídica**, a representação deve ser feita por aquele que estiver designado no contrato ou estatuto social da empresa. Diante da inércia destes, os diretores ou sócios-gerentes também poderão representar (art. 37, CPP).

VI – **Prazo para a representação:** prazo decadencial de 6 meses *contados a partir do conhecimento da autoria da infração* (art. 38, CPP). Dizer que um prazo é decadencial significa que não se suspende, interrompe ou prorroga. A contagem desse prazo segue os parâmetros do art. 10, CP: inclui-se o dia do conhecimento da autoria e exclui-se o último dia.

Atenção que a contagem desse prazo se inicia a partir do conhecimento da autoria do crime (a partir do momento em que a vítima descobre quem é o autor do delito) e não da consumação da infração. Normalmente, o conhecimento da autoria se dá no mesmo instante da consumação do delito. Mas isto pode não ocorrer, já que, embora consumado hoje o crime, posso vir a descobrir apenas meses mais tarde quem foi o seu autor. Será, pois, a partir desta última data que se contará o prazo de 6 meses. Ex.: em 10.02.2010, Fulano foi vítima de ameaça (data da consumação do crime). Porém, Fulano teve conhecimento da autoria do crime que sofrera apenas em **02.02.2011**. Assim, Fulano terá até o dia **01.08.2011** para ingressar com a representação;

VII – **Ausência de rigor formal** (art. 39, CPP): não há formalismos no ato de representação. Esta pode ser realizada por escrito ou oralmente perante o delegado, o MP ou o juiz. Exemplo da informalidade que estamos tratando aqui: considera a jurisprudência que há representação no simples ato da vítima de comparecimento a uma delegacia para relatar a prática de um crime contra si.

Ademais, basta a vítima oferecer a representação uma única vez. Explica-se com um exemplo: após ter representado perante o delegado, não precisa a vítima, novamente, representar perante o MP para que esse possa agir;

VIII – **Destinatários:** delegado, MP ou juiz – art. 39, CPP.

IX – **Retratação:** é possível ao ofendido retratar-se ("voltar atrás") da representação ofertada anteriormente até o oferecimento da denúncia (*i. e.*, até o protocolo da denúncia em juízo) – art. 25, CPP, c/c o art. 102, CP. Após este prazo, não haverá mais como a vítima impedir a atuação do MP. No caso da Lei Maria da Penha (art. 16), é possível a retratação até o recebimento da denúncia[65];

X – **Eficácia objetiva da representação:** efetuada a representação contra um só agente, caso o MP vislumbre que outros indivíduos também contribuíram para a empreitada criminosa, poderá incluí-los na denúncia. É que a vítima, ao representar, está autorizando o MP a agir não só contra o agente objeto da representação, mas contra todos os outros possíveis participantes da prática delituosa. A representação incide sobre os fatos narrados pelo ofendido e não sobre os seus autores;

XI – **Inexistência de vinculação do MP:** a representação não vincula a *opinio delicti* do MP. Mesmo que a vítima represente (*i. e.*, autorize o MP a agir), o órgão acusador pode discordar do ofendido (oferecendo denúncia por crime diverso do contido na representação, por exemplo), ou, ainda, requerer o arquivamento da representação por não vislumbrar elementos acerca da materialidade e/ou da autoria delitiva no caso concreto;

XII – **Alguns exemplos de crime que se procede por meio de ação penal pública condicionada à representação:** ameaça (art. 147, CP); violação de correspondência comercial (art.152, CP); furto de coisa comum (art. 156, CP).

9.7.3. Requisição do Ministro da Justiça (MJ)

Para que o MP possa agir, certos crimes exigem a necessidade de autorização por parte do MJ. A requisição nada mais é do que um *ato de conveniência política a respeito da persecução penal*. Nessa hipótese, a possibilidade de intervenção punitiva está submetida inicialmente à discricionariedade do MJ.

a) Características da requisição do MJ

I – **Atenção:** a palavra requisição nesse contexto não tem conotação de "ordem" (como ocorre no caso de requisição de diligência do MP ao delegado). Ao contrário, como visto, trata-se de mera autorização do MJ para que o MP possa atuar. Logo, a requisição do MJ não vincula o entendimento do MP. Este poderá discordar do MJ (oferecendo denúncia por crime diverso do contido na requisição, p. ex), ou, ainda, requerer o arquivamento da requisição por não vislumbrar

elementos acerca da materialidade e/ou da autoria delitiva no caso concreto;

II – **Quem pode requisitar (legitimidade)?** Ministro da Justiça;

III – **Destinatário da requisição:** MP (é dirigida ao chefe da instituição);

IV – **Prazo:** não há previsão legal. A requisição é possível enquanto o crime não estiver prescrito;

V – **Retratação:** não há previsão legal. Predomina na doutrina a impossibilidade de retratação da requisição.

VI – **Eficácia objetiva:** idem à representação;

VII – **Exemplo de crime que se procede por meio de ação penal pública condicionada à requisição:** crime contra a honra do Presidente da República (art. 145, parágrafo único, CP).

9.8. Ação penal privada

9.8.1. Conceito

É aquela modalidade de ação penal em que o legislador, por questão de política criminal, atribuiu a titularidade à vítima (querelante). Entendeu por bem o legislador atribuir a titularidade da ação penal à vítima nesses casos por entender que a violação à esfera de intimidade da vítima é superior ao interesse público em jogo. Assim, *grosso modo*, cabe à vítima optar por ingressar com a ação penal, expondo a sua intimidade em juízo, ou permanecer inerte.

9.8.2. Princípios que regem a ação penal privada

a) Oportunidade ou conveniência: fica à conveniência da vítima ingressar ou não com a ação penal (questão de foro íntimo). Inexiste obrigatoriedade aqui. Vale lembrar que a vítima não tem o dever de peticionar pela renúncia do direito de ação. Caso não queira processar o agente, basta deixar escoar o seu prazo decadencial de 6 meses. Não há, portanto, necessidade de pedido de arquivamento do IP;

b) Disponibilidade: o querelante dispõe do conteúdo material do processo. Assim, poderá desistir da ação penal intentada. Pode dar causa, por exemplo, à perempção (consultar o art. 60, CPP);

c) Indivisibilidade (arts. 48 e 49, CPP): em caso de concurso de agentes, o querelante está obrigado a oferecer a ação penal contra todos aqueles que praticaram o fato delituoso contra si. Busca-se com isso evitar que a ação seja usada como mecanismo de vingança privada (processando-se uns e outros não)[66].

O Ministério Público desempenha fundamental papel de fiscalização da indivisibilidade da ação privada (art. 48, CPP). Em caso de exclusão indevida de agente(s) por parte do querelante, conforme sustenta a doutrina, não deve o MP aditar (ele próprio) a queixa.[67] Deve, no prazo previsto pelo § 2º do art. 46 do CPP, provocar a vítima para que promova

---

65. AgRg no AREsp 828.197/SC, 6ª Turma, *DJ* 30.06.2016 e PET no RHC 44.798/RJ, 6ª Turma, *DJ* 16.11.2015.

66. Ver Informativo 813, STF, de 1º a 5 de fevereiro de 2016 e STF, Inq 3526/DF, j. 02.02.2016.

67. Na ação privada, o MP só pode aditar se for para correções formais (indicação do procedimento adequado, dia, hora e local do crime etc.).

o aditamento. Caso a vítima insista na exclusão dos agentes, deve o MP requerer ao magistrado a extinção da punibilidade de todos os acusados (em razão da ocorrência de renúncia tácita nessa situação);

d) Intranscendência ou pessoalidade: a ação penal só pode ser intentada contra quem é imputada a prática da infração penal, ou seja, somente aquele que supostamente a praticou pode figurar como querelado.

9.8.3. Características da ação penal privada (mutatis mutandis, iguais as da representação)

I – Quem pode ingressar com a ação penal privada (legitimidade)? Em regra (art. 30), a vítima (pessoalmente ou por procurador com poderes especiais) ou o seu representante legal (no caso de vítima menor de 18 ou doente mental)[68]. Nota: o art. 34 está revogado pelo atual CC. Completados 18 anos (e estando na plenitude de suas faculdades mentais), apenas a vítima pode ingressar com a ação penal.

Ademais, a pessoa jurídica também pode ingressar com a ação penal privada. É o que diz o art. 37, CPP: "as fundações, associações ou sociedades legalmente constituídas poderão exercer a ação penal, devendo ser representadas por quem os respectivos contratos ou estatutos designarem ou, no silêncio destes, pelos seus diretores ou sócios-gerentes";

II – Havendo discordância entre a vítima menor de 18 (ou doente mental) e seu representante legal: haverá nomeação de curador especial – art. 33, CPP;

III – Vítima menor ou doente mental que não possui representante legal: também nessa situação entrará em cena a figura do curador especial que decidirá livremente pelo processo ou não processo;

IV – No caso de morte ou declaração de ausência da vítima: como já mencionado anteriormente, poderão suceder, nesta ordem, o cônjuge (ou companheiro), o ascendente, o descendente e o irmão (CCADI) – art. 31, CPP;

V – Prazo: 6 meses contados a partir do conhecimento da autoria da infração (art. 38, CPP).

9.8.4. Espécies de ação penal privada

O tema já foi apresentado anteriormente, porém agora iremos detalhá-lo um pouco mais.

a) Exclusivamente privada: é aquela em que a propositura/continuação da ação pode ser efetuada pela vítima ou, na impossibilidade desta (por morte, ausência ou doença mental), pelo representante legal/CCADI. Em suma, a ação penal exclusivamente privada admite o instituto da substituição processual (a pessoa atua em nome próprio, mas em defesa de interesse alheio), admite, pois, que, quando a vítima se

encontrar impossibilitada de agir/prosseguir com a ação, outras pessoas especificadas por lei a substituam. Representa a esmagadora maioria dos crimes de ação penal privada. É, pois, a ação penal privada por excelência. Ex.: imagine-se que uma vítima de injúria vem a falecer. Havendo prazo hábil, é possível que o CCADI venha a ingressar com a ação penal privada;

b) Personalíssima: somente a vítima pode ingressar com a ação. Ninguém, em seu lugar, pode agir. Logo, descabe a substituição processual. Há um único exemplo em nosso ordenamento jurídico: induzimento a erro essencial e ocultação de impedimento ao casamento (art. 236, CP). No caso deste crime, se a vítima, por exemplo, vier a falecer, não poderá o CCADI atuar em seu lugar. Haverá a extinção da punibilidade do querelado;

c) Subsidiária da pública (*queixa subsidiária*) – art. 29, CPP: em caso de ação pública, quando o MP permanecer inerte nos prazos do art. 46, CPP, pode, excepcionalmente, a própria vítima do crime ingressar com a ação penal. Ex.: num crime de roubo, pense-se que, nos prazos do art. 46, o MP permaneceu inerte. Diante desta situação, pode a vítima do roubo ingressar com a ação penal privada subsidiária da pública (ou simplesmente queixa subsidiária). A finalidade principal dessa ação é fiscalizar a atuação do Ministério Público, buscando, assim, evitar a desídia do Estado-acusação.

Note que "permanecer inerte" significa que o MP não fez absolutamente nada, *i. e.*, nos prazos do art. 46, CPP, não ingressou com a denúncia, não requisitou diligências e nem requereu o arquivamento. Não é possível ingressar com a queixa subsidiária quando o MP pediu o arquivamento ou quando requisitou diligências. Repita-se: só cabe a queixa subsidiária em caso de inércia total do MP (**STF, ARE 859251 ED-segundos, Tribunal Pleno, *DJ* 09.11.2015**).

Prazo da queixa subsidiária: 6 meses contados a partir da consumação da inércia do MP. Atenção: são 6 meses a partir da consumação da inércia e não do conhecimento da autoria do crime.

Ademais, é oportuno frisar que a ação penal, apesar de assumida excepcionalmente pela vítima nesse caso, *não perde a sua* natureza pública. Isto significa que a ação penal permanece regida pelo princípio da indisponibilidade, motivo pelo qual o ofendido não poderá desistir da ação, dar causa à perempção (art. 60, CPP) ou mesmo perdoar o réu. Insista-se: apesar da mudança ocorrida no polo ativo da ação, esta permanece sob forte interesse público. Assim, a qualquer sinal de desídia/desistência por parte da vítima, retomará o MP a ação como parte principal. Aprofundemos o assunto a respeito dos poderes do MP na queixa subsidiária.

Na ação penal privada subsidiária da pública, o MP é verdadeiro interveniente adesivo obrigatório, pois será chamado a se manifestar em todos os termos do processo, sob pena de nulidade.

As suas **atribuições** estão enumeradas no art. 29, CPP, podendo o MP:

I – Aditar a queixa, acrescentando-lhe novos fatos/agentes;

---

68. A Primeira Turma do STF, reconheceu a legitimidade ativa *ad causam* da mulher de deputado federal para formalizar queixa-crime com imputação do crime de injúria, prevista no art. 140 do Código Penal, em tese perpetrada por senador contra a honra de seu marido. A querelante se diz ofendida com a declaração do querelado, no Twitter, na qual insinua que seu marido mantém relação homossexual extraconjugal com outro parlamentar. O Supremo reconheceu a legitimidade ativa em face da apontada traição. (Informativo 919, de 8 a 12 de outubro de 2018).

II – Repudiar a queixa e oferecer denúncia substitutiva. Não pode o MP repudiar a queixa de forma arbitrária. Deve fundamentar porque o faz;

III – Intervir em todos os termos do processo;

IV – Fornecer elementos de prova;

V – Interpor recursos;

VI – A todo tempo, no caso de negligência do querelante, retomar a ação como parte principal.

9.8.5. *Institutos da ação penal privada: renúncia, perdão e perempção*

a) Renúncia ao direito de ação: é a *manifestação de vontade do querelante no sentido de não promover a ação penal.*

A renúncia somente é possível antes do ingresso da queixa. Trata-se de ato unilateral (não necessita da anuência do agente).

Pode se dar de forma expressa ou tácita (ex.: convívio íntimo entre vítima e seu ofensor).

É, ainda, ato irretratável e indivisível (no caso de existir pluralidade de querelados, por força do princípio da indivisibilidade, a renúncia em favor de um aproveitará os demais).

Gera a extinção da punibilidade do agente.

Por fim, admite-se qualquer meio de prova para atestá-la.

Consultar os arts. 49, 50 e 57, CPP;

b) Perdão do ofendido: somente possível após o ingresso da queixa, porém, antes do trânsito em julgado.

Trata-se de ato bilateral (para que produza efeitos depende da aceitação do querelado). É ato bilateral porque o querelado tem o direito de buscar a comprovação da sua inocência, objetivando a sentença absolutória e não a extintiva de punibilidade.

É importante dizer que o silêncio do querelado importa em anuência. Para ilustrar melhor a situação, há o exemplo de quando o querelante oferece o perdão nos autos e o querelado é notificado para dizer se concorda, no prazo de 03 dias. Decorrido o lapso temporal, o silêncio implicará concordância.

O perdão pode se dar de forma expressa ou tácita (idem à renúncia).

É irretratável e indivisível (no caso de existir pluralidade de querelados, por força do princípio da indivisibilidade, o perdão em favor de um aproveitará os demais).

Gera a extinção da punibilidade do agente.

Admite-se também qualquer meio de prova para atestá-la.

Consultar os arts. 51, 53 e 55 a 59, CPP;

c) Perempção: significa a desídia do querelante após a instauração do processo. O efeito desse desinteresse é a extinção da punibilidade, consoante estatuído pelo art. 107, IV, CP. Vejamos quando ela ocorre (análise do art. 60, CPP):

"Art. 60. Nos casos em que somente se procede mediante queixa, considerar-se-á perempta a ação penal:

I – quando, iniciada esta, o querelante deixar de promover o andamento do processo durante 30 dias seguidos;[69]

II – quando, falecendo o querelante, ou sobrevindo sua incapacidade, não comparecer em juízo, para prosseguir no processo, dentro do prazo de 60 (sessenta) dias, qualquer das pessoas a quem couber fazê-lo, ressalvado o disposto no art. 36;

III – quando o querelante deixar de comparecer, sem motivo justificado, a qualquer ato do processo a que deva estar presente, ou deixar de formular o pedido de condenação nas alegações finais;

IV – quando, sendo o querelante pessoa jurídica, esta se extinguir sem deixar sucessor."

9.8.6. *Custas processuais e honorários advocatícios (art. 806, CPP)*

Em primeiro lugar, é importante dizer que a discussão diz respeito apenas às ações penais privadas propriamente ditas (exclusiva e personalíssima), excluindo, portanto, a subsidiária da pública (que mantém a natureza de ação penal pública).

Em regra, a parte que requer a diligência (querelante ou querelado) deverá recolher previamente o valor correspondente às custas processuais, sob pena de ser tida como renunciada a diligência requerida.

Por óbvio, há substanciais exceções, quais sejam: querelantes ou querelados comprovadamente pobres (art. 32, CPP); e Estados que não estabelecem custas processuais em processos de natureza criminal. Ver STJ, AgRg no REsp 1595611/RS, 6ª Turma, *DJ* 14.06.2016.

Nos casos de preparo do recurso em ação penal pública, o STF possui entendimento consolidado de que o pagamento só é exigível após o trânsito em julgado da sentença condenatória. Não será negado seguimento ao recurso, sob pena de ofensa à presunção de inocência e à ampla defesa (HC 95128/RJ, *DJe* 05.03.2010).

9.9. Temas especiais em ação penal

Para além da classificação convencional das ações penais, que acabamos de trabalhar nos itens anteriores, há uma série de peculiaridades legais e de construções doutrinárias e jurisprudenciais que devem ser aqui abordadas pela sua crescente presença em provas de concursos, em especial nas fases subjetiva e oral.

9.9.1. *Ação de prevenção penal*

Trata-se de ação penal destinada a aplicar medida de segurança ao acusado. Explica-se: toda ação penal requer a imposição de sanção penal, seja pena (aos réus imputáveis) ou medida de segurança (aos inimputáveis), mas essa modalidade é destinada **apenas** à aplicação de medida de segurança aos absolutamente incapazes.[70]

---

69. Em recente julgado, o STF reconheceu a ocorrência de perempção em razão da inércia do querelante no fornecimento do endereço de um dos querelados, o que culminou na extinção da punibilidade de todos os acusados. Nesse sentido, ver STF, Pet5230/AP, *Dje* 12.09.2017.

70. Assim compreendidos nos termos do art. 26, CP: "o agente que,

A denúncia, portanto, é oferecida visando à aplicação de medida de segurança por tratar-se de acusado inimputável.

9.9.2. Ação penal pública subsidiária da pública

Tal denominação é oriunda de construção doutrinária e decorre do art. 2º, § 2º, Dec.-lei 201/1967 (crimes praticados por prefeitos e vereadores). O dispositivo prevê a atuação do PGR nos casos em que a autoridade policial ou o MP estadual não atendam às providências para instauração de inquérito policial ou ação penal.

Em outras palavras, da inércia do MP estadual ou da autoridade policial civil surge a atribuição do PGR, chefe do Ministério Público Federal (MPF), para atuar no polo ativo da persecução.

A crítica pertinente a essa modalidade é que tal dispositivo não está em harmonia com a CF, que estabelece a independência funcional do MP estadual. O *parquet* estadual possui autonomia e deve ser visto como um órgão independente. Não há qualquer relação hierárquica entre os MP's estaduais e o MPF. Desse modo, a ação aqui estudada não foi recepcionada pela CF/1988.

9.9.3. Ação penal popular

Construção doutrinária a partir do art. 14, Lei 1.079/1950,[71] que define os crimes de responsabilidade praticados pelo Presidente da República (PR), Ministros de Estado, do STF, PGR, Governadores e Secretários estaduais.

Para a fração minoritária da doutrina que a admite, a pessoa que denunciar o PR assume o polo ativo da ação, que depende de autorização da Câmara dos Deputados e tramitará perante o Senado Federal, configurando, assim, uma terceira modalidade de ação penal.

Sucede que a doutrina majoritária entende que o referido dispositivo legal diz respeito tão somente à *delatio criminis* feita por qualquer do povo à Câmara dos Deputados, ou seja, ciente da prática de um crime de responsabilidade pelo PR, toda pessoa pode comunicar o fato formalmente à Casa Legislativa, que poderá, ou não, dar seguimento de acordo com a análise combinada dos arts. 51, I, e 86, CF.

Percebe-se, portanto, que o que a minoria entende ser uma modalidade de ação penal exercida por qualquer do povo na realidade é o reconhecimento de que todos podem denunciar à Câmara dos Deputados a prática de infração político-administrativa (crime de responsabilidade) pelas autoridades federais indicadas.

9.9.4. Ação penal adesiva

Acontece na hipótese em que houver conexão ou continência entre uma ação penal pública e uma ação penal privada. Essa situação implica dupla legitimação ativa na tutela de interesses conexos, quais sejam, do MP e do querelante, embora em ações penais distintas. A unificação das ações é facultativa, funcionando de modo similar ao litisconsórcio ativo facultativo do processo civil.

9.9.5. Ação penal secundária (legitimação secundária)

Acontece quando a lei estabelece um titular ou uma modalidade de ação penal para determinado crime, mas, mediante o surgimento de circunstâncias especiais, prevê, secundariamente, uma nova espécie de ação penal para aquela mesma infração.

Ex: crimes contra a honra são, em regra, de ação privada, mas, no caso de ofensa à honra do Presidente da República, a própria lei estabelece que a ação penal é condicionada à requisição do MJ (art. 145, parágrafo único, CP).

Diz-se legitimação secundária porque há uma alteração ou condicionamento do polo ativo da ação penal. A ação penal pública transforma-se em ação penal privada ou a ação penal pública incondicionada torna-se condicionada.

9.9.6. Ação penal nos crimes contra a honra de funcionário público

A discussão desse tema justifica-se pelo excepcional tratamento conferido ao polo ativo da ação penal.

Quando um funcionário público, em razão do exercício da sua função (*propter officium*), é ofendido em sua honra, a ação penal decorrente do fato é pública condicionada à representação. É o regramento da parte final do parágrafo único, art. 145, CP.

Sucede que o STF, buscando ampliar os mecanismos de defesa da honra do servidor público, construiu entendimento que resulta em legitimidade ativa concorrente. Nesse sentido, diz a Súmula 714: "é concorrente a legitimidade do ofendido, mediante queixa, e do Ministério Público, condicionada à representação do ofendido, para a ação penal nos crimes contra a honra de servidor público em razão do exercício de suas funções".

A opção do servidor ofendido, portanto, é dúplice, cabendo a ele escolher a modalidade de ação que entender mais efetiva.

O que acontece quando o ofendido opta pela representação e o MP manifesta-se pelo arquivamento? Ao contrário do que acontece na ação privada subsidiária, em que o ofendido nada pode fazer, aqui ele pode oferecer a queixa-crime, desde que não tenha decorrido o prazo decadencial.[72] Lembremos que o caso é de **legitimação concorrente** (simultânea) e **não** <u>subsidiária</u> (supletiva), que pressupõe a inércia do MP.

O STF vem entendendo que se o funcionário público ofendido optar pela representação ao MP, haverá preclusão em relação à ação penal privada. Caberá, contudo, a ação penal privada subsidiária da pública se o MP não oferecer denúncia dentro do prazo e não requerer o arquivamento

---

por doença mental ou desenvolvimento mental incompleto ou retardado, era, ao tempo da ação ou da omissão, inteiramente incapaz de entender o caráter ilícito do fato ou de determinar-se de acordo com esse entendimento".

71. Art. 14. "É permitido a qualquer cidadão denunciar o Presidente da República ou Ministro de Estado, por crime de responsabilidade, perante a Câmara dos Deputados."

72. STF, Inq 2134, Tribunal Pleno, *DJ* 02.02.2007 e AgRInq 726/RJ, *DJ* 29.04.1994.

do IP (Inq 3438, 1ª Turma, *DJ* 10.02.2015 e HC 84659/MS, *DJ* 19.08.2005).

9.10. Inicial acusatória

9.10.1. Conceito

Peça inaugural da ação penal, contendo a imputação formulada pelo órgão legitimado para a acusação. Nas ações penais públicas (incondicionada e condicionada), cuja legitimidade ativa pertence ao MP, a peça é denominada denúncia. Nas ações privadas, cuja legitimidade pertence, em regra, à vítima, chama-se queixa-crime ou, simplesmente, queixa.

9.10.2. Requisitos comuns à denúncia e à queixa (art. 41, CPP).

Para que possa ser recebida pelo juiz e para que a defesa possa se realizar adequadamente, a inicial penal precisa observar certos requisitos, a saber:

a) Exposição (descrição) do fato criminoso com todas as suas circunstâncias: narrativa de um acontecimento que se encaixe perfeitamente a um tipo penal (preenchimento de todos os elementos do tipo penal). Deve-se descrever a conduta delitiva, o elemento subjetivo (dolo ou culpa), instrumentos do crime, mal produzido, motivos do crime, bem como qualquer circunstância que influa na caracterização do delito (qualificadoras, majorantes, agravantes etc.).

A ausência ou deficiência da exposição do fato criminoso com todas as suas circunstâncias enseja a rejeição por inépcia da inicial penal – art. 395, I, CPP. Nessa hipótese, a inépcia deve ser arguida até o momento anterior à prolação da sentença (art. 569, CPP).

Finalmente, perceba o leitor que a correta exposição do fato criminoso com todas as suas circunstâncias é de suma importância para direito de defesa do réu. Isto porque uma inicial mal elaborada, lacônica, prejudica inegavelmente o direito de defesa (o réu termina não sabendo ao certo do que está sendo acusado). Não se deve esquecer que, no processo penal, o acusado defende-se não da classificação legal dada ao crime, mas dos fatos a ele imputados. A seguir, analisaremos algumas situações práticas que dizem respeito à relevância da descrição adequada dos fatos na exordial acusatória:

I – Denúncia genérica (imputação genérica)

Há hipóteses em que o concurso de infratores torna difícil a individualização das respectivas condutas, da participação de cada um deles na infração penal. Vimos acima que o réu defende-se dos fatos imputados na peça acusatória, motivo pelo qual a descrição da conduta de cada um deles é essencial para o pleno exercício da defesa, do contraditório. Se a conduta não está delimitada, o acusado não pode formular a sua tese defensiva, contrapondo argumentos que demonstrem comportamento distinto daquele descrito na denúncia/queixa.

Por essa razão, a denúncia formulada de modo genérico não tem sido admitida em nossos tribunais e também pela doutrina.

Há, contudo, duas **exceções** construídas pelos tribunais superiores.

Nos crimes de autoria coletiva, que são os crimes societários e os multitudinários (derivado de multidão), em que uma coletividade de pessoas pratica diversas infrações penais, a pormenorização das condutas no momento da elaboração da denúncia é mais difícil. Exemplo de crime multitudinário: uma multidão de torcedores promove a depredação em estádio de futebol e arredores.

Admite-se uma descrição que permita a individualização da conduta, mas sem os aspectos minuciosos que seriam naturalmente exigidos. Destaque-se que a instrução probatória deverá demonstrar esses aspectos que ficaram de fora da peça inicial. Ver STF, HC 128435, 1ª Turma, *DJ* 16.11.2015 e HC 118891, 1ª Turma, 20.10.2015 e STJ, HC 469631, Dje 17.10.2018.

Quanto aos crimes societários, a questão não é tão pacífica. No STF, por exemplo, há certa divisão entre duas turmas. Vejamos.

Diz a 2ª Turma, no Inq 3644/AC, *DJe* 13.10.2014: "para a aptidão da denúncia por crimes praticados por intermédio de sociedades empresárias, basta a indicação de ser a pessoa física e sócia responsável pela condução da empresa". A turma reconhece que a mera indicação do vínculo societário basta para tornar apta a peça exordial.

Divergindo em parte, a 1ª Turma, no HC 122450/MG, *DJe* 20.11.2014, decidiu que "a denúncia, na hipótese de crime societário, não precisa conter descrição minuciosa e pormenorizada da conduta de cada acusado, sendo suficiente que, demonstrando o vínculo dos indiciados com a sociedade comercial, narre as condutas delituosas de forma a possibilitar o exercício da ampla defesa", vide, também, o HC 128435, 1ª Turma, *DJ* 16.11.2015 e HC 149328/SP, 1ª Turma, *DJe* 25.10.2017 Há, portanto, a necessidade de demonstrar o vínculo com a empresa e descrever a conduta individualizada dos acusados, embora sem pormenorização.

Percebe-se a divergência entre as turmas do STF.

E qual a posição do STJ? A referida Corte mitiga a exigência de descrição pormenorizada da conduta, mas entende que é necessária a demonstração de relação entre o acusado e o delito a ele imputado (AgRg no REsp 1474419/RS, *DJe* 10.06.2015). No entanto, é importante destacar aqui recente entendimento da 6ª Turma do STJ no RHC 71.019/PA, *DJ* 26.08.2016, segundo o qual: "Tem esta Turma entendido que, não sendo o caso de grande pessoa jurídica, onde variados agentes poderiam praticar a conduta criminosa em favor da empresa, mas sim de pessoa jurídica de pequeno porte, onde as decisões são unificadas no gestor e vem o crime da pessoa jurídica em seu favor, pode então admitir-se o nexo causal entre o resultado da conduta constatado pela atividade da empresa e a responsabilidade pessoal, por culpa subjetiva, de seu gestor". No mesmo sentido: RHC 39.936/RS, 6ª Turma, *DJ* 28.06.2016 e REsp 1579096, 6ª Turma, *DJe* 25.09.2017.

II – Denúncia alternativa (imputação alternativa)

Consiste na possibilidade de imputação de uma infração a várias pessoas ou de várias infrações a uma pessoa, sempre de modo alternativo.

Para melhor compreensão, é importante atentar para as espécies através dos exemplos abaixo.

Imputação alternativa subjetiva: acontece quando o órgão de acusação está em dúvida em relação à autoria (se "A" ou se "B" cometeu o crime) e oferece a denúncia/queixa contra um ou outro, alternativamente, acreditando que a instrução processual revelará quem, de fato, o cometeu. Incide, pois, sobre o sujeito ativo da infração penal (autor do fato).

Em síntese, na dúvida sobre o autor do crime, todos são incluídos na expectativa de que a instrução demonstre qual deles é o agente.

Imputação alternativa objetiva: nesse caso, a dúvida da acusação diz respeito à infração penal efetivamente cometida. Ex: se o MP não possuir elementos suficientes para concluir se um objeto foi subtraído com ou sem grave ameaça, oferecerá a denúncia por furto ou por roubo, alternativamente, considerando que a instrução processual certificará se houve violência ou grave ameaça à pessoa.

Do exposto sobre a imputação alternativa, podemos inferir que há clara impossibilidade de exercício da ampla defesa pelo acusado. Em uma hipótese, sequer há indícios consistentes sobre quem é o autor do fato. Na outra, não há ciência exata de qual fato está sendo imputado contra si. Ver STJ, HC 307842, *DJ* 27.11.2014 e REsp 399858/SP, *DJe* 24.03.2003;

b) Qualificação do acusado ou fornecimento de dados que permitam a sua identificação: deve a inicial penal trazer a qualificação do acusado (nome, estado civil, profissão etc.). Essa qualificação deve ser a mais completa possível a fim de se evitar o processo criminal em face de uma pessoa por outra.

Porém, caso não seja possível a obtenção da qualificação do acusado, será, ainda assim, viável o oferecimento da inicial penal, desde que se possa identificar fisicamente o réu. Nessa linha, confira-se o art. 259, CPP: "a impossibilidade de identificação do acusado com o seu verdadeiro nome ou outros qualificativos não retardará a ação penal, quando certa a identidade física. A qualquer tempo, no curso do processo, do julgamento ou da execução da sentença, se for descoberta a sua qualificação, far-se-á a retificação, por termo, nos autos, sem prejuízo da validade dos atos precedentes".

Assim, admite-se que a inicial penal seja oferecida com apenas características físicas marcantes do acusado, como: idade aproximada, altura aproximada, tatuagens, cicatrizes, marcas de nascença, cor de cabelo etc.;

c) Classificação do crime: após expor o fato criminoso com todas as suas circunstâncias, deve a inicial penal tipificar a conduta delituosa.

Lembre-se de que essa classificação dada pelo MP ou querelante não vinculará o juiz, que poderá, aplicando o art. 383, CPP (*emendatio libelli*), reconhecer definição jurídica diversa da narrada na inicial;

d) Rol de testemunhas: a indicação do rol de testemunhas é facultativa na inicial penal. Trata-se, portanto, de requisito facultativo. Porém, caso a acusação não o indique nessa ocasião, haverá a preclusão (*i. e.,* não poderá ser efetuado posteriormente);

Contudo, recente julgado do STJ permitiu que o Ministério Público emendasse a inicial acusatória, desde que antes da formação da relação processual, para incluir o rol de testemunhas, sob o argumento de que este seria um reflexo do princípio da cooperação processual e de que a posterior juntada não traria qualquer prejuízo à defesa (STJ, RHC 37587/SC, DJe 23.02.2016 e Informativo 577, STJ, de 20 de fevereiro a 2 de março de 2016).

e) Pedido de condenação: o pedido de condenação será, preferencialmente, expresso. Contudo, excepcionalmente, pode-se admiti-lo de modo implícito quando a sua dedução for possível a partir da leitura da imputação descrita na peça inicial;

f) Endereçamento: observando as regras de competência, a peça deverá indicar expressamente qual o órgão jurisdicional competente que conhecerá o caso;

g) Nome e assinatura do órgão acusador: ao final da peça, o órgão legitimado para a acusação deve identificar-se e assiná-la, sob pena de inexistência do ato. Entretanto, essa inexistência somente terá efeito se for impossível a identificação do autor no bojo da peça.

Atenção: É jurisprudência pacífica do STJ que "a propositura da ação penal exige tão somente a presença de indícios mínimos de autoria. A certeza, a toda evidência, somente será comprovada ou afastada após a instrução probatória, prevalecendo, na fase de oferecimento da denúncia o princípio do *in dubio pro societate*." (STJ, RHC 93363/SP, Dje 04.06.2018). Quanto à matéria, a 1ª Turma do STF, no julgamento do Inq 4506/DF, também se posicionou no mesmo sentido, ao afirmar que "No momento da denúncia, prevalece o princípio do *in dubio pro societate*." (Informativo 898/STF, de 16 a 20 de abril de 2018).

9.10.3. Requisito específico da queixa-crime (art. 44, CPP)

A queixa precisa vir acompanhada de procuração com poderes especiais. Esses "poderes especiais" (requisitos) consistem: no nome do querelado[73] e na menção do fato criminoso.[74] Tais poderes especiais têm a sua razão de ser, pois servem para "blindar" a pessoa do defensor. É dizer: em caso de denunciação caluniosa, quem responderá pelo crime será o querelante (que outorgou a procuração) e não o advogado.

9.11. Prazo para o oferecimento da denúncia

a) Regra (art. 46): estando o indiciado preso, tem o MP 5 dias para oferecer denúncia; estando solto, 15 dias;

b) Prazos especiais:

I – **Crime eleitoral:** indiciado preso ou solto, 10 dias (art. 357, CE);

II – **Tráfico de drogas:** indiciado preso ou solto, 10 dias (art. 54, III, Lei 11.343/2006);

III – **Abuso de autoridade:** indiciado preso ou solto, 48 horas (art. 13, Lei 4.898/1965);

---

73. O art. 44, CPP, menciona nome do quere*lante*. Porém, a doutrina considera que houve erro de grafia quando da promulgação do CPP. Trata-se do nome do querelado.

74. Os tribunais superiores admitem, inclusive, que a menção ao fato criminoso pode ser resumida à indicação do dispositivo legal (STJ RHC 69.301/MG, 6ª Turma, *DJ* 09.08.2016).

IV – Crimes contra a economia popular: indiciado preso ou solto, 2 dias (art. 10, § 2º, Lei 1.521/1951);

c) Contagem do prazo para o oferecimento da denúncia: o tema não é pacífico, porém prevalece que se trata de prazo processual, devendo ser contado na forma do art. 798, § 1º, CPP; portanto, exclui-se o dia do começo, incluindo-se, porém, o do vencimento;

d) Consequências para o caso de descumprimento do prazo para oferecimento da denúncia:

I – Possibilidade de a vítima ingressar com a ação penal privada subsidiária da pública (art. 29, CPP);

II – Estando preso o indiciado, a prisão passará a ser ilegal, devendo ser imediatamente relaxada pelo juiz (art. 5º, LXV, CF);

III – Possibilidade de responsabilizar o MP por crime de prevaricação, se dolosa a conduta omissiva desse agente público (art. 319, CP).

9.12. Prazo para o oferecimento da queixa-crime

a) Regra: 6 meses (art. 38), contados a partir do conhecimento da autoria. Esse prazo possui natureza decadencial e, portanto, deve ser contado segundo o art. 10, CP, incluindo-se o dia do começo e excluindo-se o dia final. Justamente por se tratar de prazo decadencial, pode findar em feriado ou final de semana, não sendo prorrogado para o primeiro dia útil subsequente, tampouco sujeito a interrupção ou suspensão.

Atenção para os casos de **crime continuado** porque a contagem do prazo é feita isoladamente, considerando a ciência da autoria de cada uma das condutas cometidas.

b) Exemplos de prazo especial de queixa-crime:

I – **Crime de induzimento a erro essencial e ocultação de impedimento ao casamento** (art. 236, parágrafo único, CP): o prazo aqui também é decadencial e de 6 meses. Porém, a sua contagem se inicia com o trânsito em julgado da sentença de anulação do casamento;

II – **Crimes contra a propriedade imaterial que deixarem vestígios** (ex.: art. 184, CP): primeiro, é oportuno lembrar que, no caso de haver o crime contra a propriedade imaterial deixado vestígio, será imprescindível a inicial penal vir acompanhada de laudo pericial, sob pena de rejeição da peça acusatória (art. 525, CPP). Visto isso, vamos ao prazo da queixa.

Nessa espécie de delito, a vítima também conserva os 6 meses para ingressar com a queixa, contados a partir do conhecimento da autoria (até aqui nada de novo).

Porém, uma vez homologado o laudo pericial, terá a vítima apenas 30 dias para ingressar com a queixa, sob pena de decadência. Ex.: suponha-se que o conhecimento da autoria deu-se há 3 meses e o laudo pericial foi homologado na data de hoje. Pois bem, a partir de hoje terá a vítima 30 dias para ingressar com a queixa;

c) Consequência para a perda do prazo do oferecimento de queixa: extinção da punibilidade pela decadência (art. 107, IV, CP).

10. AÇÃO CIVIL *EX DELICTO*

10.1. Noções gerais

A prática de um crime, além de gerar para o Estado o direito de punir o infrator, pode acarretar prejuízo de ordem patrimonial à vítima, fazendo surgir para esta o direito de ser indenizada. Nesse sentido, estabelece o art. 91, I, CP: *são efeitos da condenação: I – tornar certa a obrigação de indenizar o dano causado pelo crime.*

A vítima pode optar por ingressar, desde logo, com a ação civil, assim como pode aguardar a sentença condenatória penal definitiva para então executá-la no cível. No primeiro caso, teremos a ação civil *ex delicto* (em sentido estrito), com natureza de ação de conhecimento, e, no segundo, teremos a execução *ex delicto (em sentido amplo)*. Porém, advirta-se, desde já, que vasto setor da comunidade jurídica não efetua essa divisão, lançando mão da denominação ação civil *ex delicto* em ambos os casos.

Optando pela ação civil *ex delicto* antes do trânsito em julgado, a competência para processar e julgar tal ação será definida de acordo com os arts. 46 a 53 do NCPC.

> Reflexos do Novo Código de Processo Civil
>
> No art. 53, V, está mantida a possibilidade de escolha entre o domicílio da vítima e o local do fato para as ações de reparação de dano sofrido em razão de delito.
>
> Já em relação à execução da sentença penal transitada em julgado, o art. 516, parágrafo único, estatui que a escolha se dará entre o juízo do atual domicílio do executado, pelo juízo do local onde se encontrem os bens sujeitos à execução ou pelo juízo do local onde deva ser executada a obrigação de fazer ou de não fazer.

10.2. Hipóteses que autorizam a propositura da ação civil

Conforme dito, para ingressar em juízo com o pedido de ressarcimento do dano não é necessário o trânsito em julgado da sentença penal condenatória, em que pese o teor do art. 63, CPP. Conforme estabelece o art. 64, CPP: *sem prejuízo do disposto no artigo anterior, a ação para ressarcimento do dano poderá ser proposta no juízo cível, contra o autor do crime e, se for o caso, contra o responsável civil.*

Assim, segundo mencionado, ficam evidenciadas duas hipóteses para a propositura da ação civil *ex delicto*:

I – execução da sentença penal condenatória transitada em julgado (título executivo judicial), que deve ser precedida de liquidação para quantificação da indenização (art. 63, parágrafo único, CPP, e art. 515, VI, NCPC);

II – ação civil indenizatória para reparação do dano (intentada com o processo penal ainda em curso ou, mesmo, durante o IP – *vide* art. 64, parágrafo único, CPP).

A ação *ex delicto* de execução pode ser feita com base no valor mínimo fixado pelo juiz na sentença penal condenatória (art. 387, IV, CPP); ou, também, pode ser feita com base naquele valor mínimo *acrescido do montante apurado em liquidação da sentença penal condenatória.*

Por outro lado, apesar do comando do art. 387, IV, CPP, nem sempre será possível ao juiz penal fixar um *quantum* indenizatório na sentença, dadas a complexidade do caso e as limitações inerentes à competência material do magistrado penal.

A ação civil indenizatória, noutro giro, será proposta como ação de conhecimento, havendo instrução de forma ampla, mas sofre limitação quanto à matéria a ser apreciada, como veremos logo adiante.

10.3. As hipóteses de absolvição do art. 386, CPP, e a ação civil *ex delicto*

Se é correto dizer que a sentença penal condenatória definitiva torna certa a obrigação de indenizar pelo dano causado (art. 91, I, CP), em caso de *absolvição do réu* há certos fundamentos da sentença que irão inviabilizar o pedido de indenização. Analisemos, pois, as hipóteses de absolvição do art. 386, CPP, a fim de descobrir quando caberá ou não a ação civil *ex delicto*.

O juiz absolverá o réu quando (art. 386, CPP):

I – Estiver provada a inexistência do fato (arts. 386, I, e 66): se o fato não existiu no campo penal (que exige uma carga probatória muito maior que a do campo civil), com muito mais razão, também não existiu na seara cível. Este fundamento da sentença absolutória obsta, portanto, a propositura de ação civil *ex delicto*;

II – Não houver prova da existência do fato (art. 386, II): este fundamento da sentença absolutória não fecha as portas do cível. Note-se que a prova não foi suficiente para o campo penal (debilidade probatória), mas poderá sê-lo para o campo civil;

III – Não constituir o fato infração penal (art. 386, III): também não fecha as portas do cível. O ilícito não foi penal, mas poderá ser civil (art. 67, III, CPP);

IV – Estiver provado que o réu não concorreu para a infração penal (art. 386, IV, CPP): fecha as portas do cível. Se restou provado no campo penal que o réu não praticou qualquer conduta lesiva, automaticamente estará excluído do polo passivo de qualquer ação indenizatória;

V – Não existir prova de ter o réu concorrido para a infração penal (art. 386, V, CPP): não fecha as portas do cível, pois a prova da autoria do réu não foi suficiente para o campo penal (debilidade probatória), mas poderá ser suficiente para o campo civil;

VI – Existirem circunstâncias que excluam o crime ou isentem o réu de pena, ou mesmo se houver fundada dúvida sobre a existência dessas circunstâncias (art. 386, VI, CPP)**:** o reconhecimento de excludente de ilicitude (legítima defesa, por exemplo) fecha, em regra, as portas do cível (arts. 188, I, CC, e 65, CPP). Excepcionalmente, porém, será possível a ação civil *ex delicto*, quando ocorrer:

a) Estado de necessidade agressivo, que é aquele que importa em sacrifício de bem pertencente a terceiro inocente. Ex.: buscando fugir de um desafeto, Fulano termina destruindo o veículo de terceiro inocente. Nesse caso, o terceiro inocente poderá acionar civilmente o causador do dano, restando a

este promover ação de regresso contra quem provocou a situação de perigo (arts. 929 e 930, CC);

b) Legítima defesa em que, por erro na execução, atinge-se 3° inocente. Ex.: o indivíduo, defendendo-se de agressão injusta, termina acidentalmente atingindo 3° inocente. Nesse caso, o terceiro inocente poderá acionar civilmente o causador do dano, restando a este promover ação de regresso contra quem provocou a situação de perigo (art. 930, parágrafo único, CC);

c) Legítima defesa putativa ou imaginária, que se configura quando *o agente, por erro, acredita que está sofrendo ou irá sofrer uma agressão e revida, causando dano a outrem* (GRECO, v. I, 2005, p. 384), já que esta, em essência, não constitui legítima defesa autêntica ou real e por esse motivo não exclui a ilicitude da conduta. (STJ, Info. 0314, 3ª Turma, período 19 a 23.03.2007);

VII. Não existir prova suficiente para a condenação: não fecha as portas do cível, pois a prova não foi suficiente para o campo penal (debilidade probatória), mas poderá ser suficiente para o campo civil.

Ademais, também não fecha as portas do cível (art. 67, CPP):

a) o despacho de arquivamento do inquérito ou das peças de informação;

b) a decisão que julgar extinta a punibilidade.

10.4. Legitimidade ativa

Cabe à vítima (se maior e capaz) ou ao seu representante legal (se o ofendido for incapaz) a legitimidade para propor a ação civil *ex delicto*.

Nos casos de morte ou ausência da vítima, os seus herdeiros poderão figurar no polo ativo (art. 63, parte final, CPP).

Sendo vítima pobre, nos termos do art. 68, CPP, esta deve requerer ao MP a execução da sentença penal condenatória ou a propositura de ação civil indenizatória. O MP atuará como substituto processual do ofendido. Entretanto, importante dizer que o STF reconheceu a inconstitucionalidade progressiva do referido dispositivo. Explica-se. A Suprema Corte entendeu que a função de advocacia pública dos interesses individuais das pessoas economicamente hipossuficientes cabe à Defensoria Pública. Sucede que a implementação da Defensoria nos Estados ainda não foi plenamente concluída no Brasil, muito menos interiorizada, motivo pelo qual o MP poderá, temporariamente, figurar como substituto processual nas comarcas onde a Defensoria Pública ainda não tiver sido instalada (STF, **RE 341717 SP, 2ª Turma, *DJ* 05.03.2010 e AI 549750 ED/SP, *DJe* 02.03.2007**). Nesse sentido, o STJ consolidou o entendimento de que o reconhecimento da ilegitimidade do Ministério Público depende da intimação prévia da Defensoria Pública, tendo em vista evitar prejuízos à parte hipossuficiente que vinha sendo assistida pelo órgão ministerial. Isto é, nos locais em que a Defensoria Pública estiver em funcionamento e o Ministério Público ingressar com a ação civil, o magistrado, antes de reconhecer a ilegitimidade do MP, deverá intimar a Defensoria, para que esta se manifeste sobre o interesse de atuar na demanda (Informativo 592/STJ, de 19 de outubro a 8 de novembro de 2016).

10.5. Legitimidade passiva

A ação civil *ex delicto* deve ser proposta contra o autor do crime. Porém, em certos casos, é possível acionar solidariamente o responsável civil.

Exemplo de situação em que o responsável civil poderá ser instado a reparar o dano: imagine-se que Tício, na direção de um automóvel pertencente a Caio, causou o atropelamento de um transeunte. Pois bem, nesse caso, o motorista (Tício) responderá civil e penalmente, enquanto o proprietário do veículo (Caio) poderá ser incluído solidariamente no polo passivo da ação cível.

Entretanto, note-se que a inclusão no polo passivo do responsável civil *somente* acontecerá na ação indenizatória (ação civil *ex delicto* de conhecimento). Isto porque a execução da sentença penal condenatória só poderá ser efetuada contra a pessoa que sofreu a condenação (*i. e.*, contra o autor do crime).

10.6. Suspensão da ação civil *ex delicto*

À luz da concepção de unicidade da jurisdição, o objetivo da suspensão é evitar a proliferação de decisões contraditórias, haja vista a pendência de questão prejudicial na esfera penal. Sendo assim, as hipóteses de suspensão são as seguintes: a) quando a ação civil for proposta antes da ação penal; b) quando as ações civil e penal forem propostas simultaneamente perante os respectivos juízos.

No primeiro caso (quando a ação civil for proposta antes da ação penal), a suspensão poderá ser determinada pelo juiz até que seja proposta a ação penal. Entretanto, nos termos do art. 315, § 1º, NCPC, *"Se a ação penal não for proposta no prazo de 3 (três) meses, contado da intimação do ato de suspensão, cessará o efeito desse, incumbindo ao juiz cível examinar incidentemente a questão prévia"*. Em suma, após suspensa a ação indenizatória, a ação penal deve ser proposta em até 30 dias após a intimação do ato de suspensão. Caso isso não aconteça, o juízo cível decidirá a questão e a ação indenizatória prosseguirá normalmente.

Reflexos do Novo Código de Processo Civil

De acordo com o art. 315, § 1º, o prazo de suspensão da ação cível será majorado dos atuais 30 (trinta) dias para 3 (três) meses.

Na segunda hipótese (ações, civil e penal, propostas simultaneamente perante os respectivos juízos), poderá haver sobrestamento pelo período máximo de 1 ano, consoante expressa previsão do art. 315, § 2º, NCPC: *"Proposta a ação penal, o processo ficará suspenso pelo prazo máximo de 1 (um) ano, ao final do qual aplicar-se-á o disposto na parte final do § 1º."*

Por fim, diga-se que a suspensão da ação civil *ex delicto* é facultativa, apesar de algumas posições em contrário na doutrina. Esse entendimento decorre principalmente da redação do art. 64, parágrafo único, CPP, que diz: *intentada a ação penal, o juiz da ação civil* **poderá** *suspender o curso desta, até o julgamento definitivo daquela.* O verbo "poderá" está empregado no sentido de faculdade do magistrado. Trata-se, como defende Pacelli de Oliveira (2015, p. 186), de poder discricionário conferido ao juiz da esfera cível, que fará a análise da conveniência e oportunidade da suspensão da ação civil. Nessa linha, STJ, REsp 1443634/SC, 3ª Turma, *DJ* 12.05.2014 e REsp 401720, *DJ* 04.08.2003.

10.7. Prazo

O prazo prescricional para ingressar com a ação de execução civil *ex delicto* é de 3 anos (art. 206, § 3º, V, CC), contados a partir do trânsito em julgado da sentença penal condenatória, por força do disposto no art. 200, CC (STJ, AgRg no AREsp 496307/RS, *DJe* 16.06.2014).

Percebe-se, portanto, que a vítima que deseja a reparação civil do dano pode ingressar em juízo simultaneamente ou, em último caso, até 3 anos após o trânsito em julgado da sentença penal condenatória.

10.8. Revisão criminal e ação rescisória

Se houver ação de revisão criminal em trâmite e essa for julgada procedente, o título judicial deixa de existir, pois a sentença condenatória será desconstituída. Isso implica a inexistência de coisa julgada em desfavor do réu na esfera criminal (art. 622, CPP).

Alguns efeitos decorrerão do julgamento da ação de revisão criminal e afetarão a execução:

a) se a execução civil não teve início, não poderá acontecer;

b) se a execução teve início, será extinta por força do novo título judicial;

c) se o pagamento ocorreu, caberá ação de restituição do valor pago.

Se a ação civil foi proposta simultaneamente à ação penal e nessa última houve absolvição com base nas causas que "fecham as portas" da ação civil *ex delicto* (art. 386, I, IV e VI, CPP, com as ressalvas já feitas), caberá a propositura de ação rescisória, nos termos do art. 975, NCPC.

11. JURISDIÇÃO E COMPETÊNCIA

11.1. Noções básicas de jurisdição

Superada a fase de autotutela dos conflitos penais (exceção aqui para alguns casos excepcionais permitidos pela lei como, por exemplo, a legítima defesa), o Estado, *por meio da atividade jurisdicional*, avocou para si a pacificação desses conflitos, substituindo, assim, a vontade das partes.

Pode-se conceituar a jurisdição como o *poder-dever do Estado, exercido precipuamente pelo Judiciário, de aplicar o direito ao caso concreto por meio de um processo.* Ou ainda, jurisdição, do latim, significa *juris dictio* (*dizer o direito*).

11.2. Princípios que norteiam a atividade jurisdicional

11.2.1. Investidura

Significa que a jurisdição só pode ser exercida por magistrado, ou seja, aquele que está investido na função jurisdicional, empossado no cargo de juiz.

11.2.2. Indelegabilidade

Não pode um órgão jurisdicional delegar a sua função a outro, ainda que este também seja um órgão jurisdicional. Tal princípio, contudo, comporta exceções, como no caso de expedição de carta precatória e de carta rogatória e também na hipótese de substituição de um juiz por outro em situação de férias, aposentadoria etc. Examinaremos o tema mais adiante.

11.2.3. Juiz natural

Manifesta-se através de dois incisos do art. 5º, CF: LIII (*ninguém será processado nem sentenciado senão pela autoridade competente*); e XXXVII (*não haverá juízo ou tribunal de exceção*). Significa que *o indivíduo só pode ser privado de seus bens ou liberdade se processado por autoridade judicial imparcial e previamente conhecida por meio de regras objetivas de competência fixadas anteriormente à prática da infração.*

11.2.4. Inafastabilidade ou indeclinabilidade

Está contido no art. 5º, XXXV, CF: *a lei não excluirá da apreciação do Poder Judiciário lesão ou ameaça a direito.* À luz do monopólio da função jurisdicional pelo Poder Judiciário, nem mesmo a lei pode excluir de sua apreciação a lesão ou a ameaça a um direito.

11.2.5. Inevitabilidade ou irrecusabilidade

A jurisdição não está sujeita à vontade das partes, aplica-se necessariamente para a solução do processo penal. É, pois, decorrência da natureza obrigatória da solução jurisdicional para os conflitos na esfera penal.

Lembre-se de que na esfera cível há "equivalentes jurisdicionais" como a mediação e a arbitragem, que serão utilizados a depender da vontade das partes, mas o mesmo não ocorre no âmbito da justiça criminal em que a atividade jurisdicional, como vimos, é irrecusável.

11.2.6. Improrrogabilidade ou aderência

O exercício da função jurisdicional pelo magistrado somente pode ocorrer dentro dos limites que lhe são traçados pela lei, seja na abrangência territorial, seja pela matéria a ser apreciada.

11.2.7. Correlação ou relatividade

Aplicável à sentença, consiste na vedação ao julgamento *extra*, *citra* ou *ultra petita*. Dessa forma, impõe-se a correspondência entre a sentença e o pedido formulado na inicial acusatória.

11.2.8. Devido processo legal

O art. 5º, LIV, CF, prevê: *ninguém será privado da liberdade ou de seus bens sem o devido processo legal.* Significa, em última análise, afirmar a necessidade de um processo prévio, informado pelo contraditório; ampla defesa; juiz natural; motivação das decisões; publicidade; presunção de inocência; direito de audiência; direito de presença do réu; e duração razoável do processo (BADARÓ, 2008, p. 36).

11.3. Características da jurisdição

O exercício da atividade jurisdicional é marcado pelas seguintes características:

11.3.1. Inércia

A atuação inicial dos órgãos jurisdicionais depende de provocação da parte. É totalmente vedado ao juiz dar início à ação penal. A inércia dos órgãos jurisdicionais decorre do princípio *ne procedat judex ex officio* como também do sistema acusatório pretendido pelo Constituinte de 1988 (art. 129, I, CF).

11.3.2. Substitutividade

Com o fim da autotutela, coube ao Estado monopolizar a função de solucionar eventuais conflitos de interesses entre as pessoas. O Estado, por meio da jurisdição, passou, portanto, a *substituir* a vontade das partes.

11.3.3. Atuação do Direito

A atividade jurisdicional tem por objetivo aplicar o direito ao caso concreto, buscando, assim, restabelecer a paz social.

11.3.4. Imutabilidade

Na verdade, a imutabilidade se relaciona ao efeito do provimento final da atividade jurisdicional (*i. e.*, ao efeito da sentença). Significa que, após o trânsito em julgado da sentença, tornar-se-á imutável aquilo que ficou decidido pelo órgão julgador. Entretanto, é preciso estar atento que, no processo penal, somente a sentença absolutória definitiva é imutável (não podendo, portanto, haver a reabertura do caso). A imutabilidade não se aplica às sentenças condenatórias definitivas, uma vez que é possível impugná-las por meio de ação de revisão criminal (*vide* art. 621 e ss., CPP). Estudaremos melhor esse tema quando tratarmos de revisão criminal.

11.4. Competência

11.4.1. Compreendendo o tema

Todos os juízes possuem jurisdição (poder-dever de dizer o direito aplicável ao caso concreto).

Porém, a atividade jurisdicional se tornaria inviável caso todas as ações penais fossem concentradas na pessoa de um só juiz.

É nesse contexto que se insere o instituto da competência – como forma de *racionalizar, de tornar viável a prestação jurisdicional*. Dessa forma, é certo que todos os juízes possuem jurisdição (conforme dissemos anteriormente), porém, é igualmente verdadeiro que esses mesmos juízes só podem dizer o direito objetivo aplicável ao caso concreto dentro dos limites de sua competência. Competência é, pois, *a medida da jurisdição.* Com Karam (2002, p. 16), podemos arrematar dizendo que enquanto abstratamente todos os órgãos do Poder Judiciário são investidos de jurisdição, as regras de competência é que concretamente atribuem a cada um desses órgãos o efetivo exercício da função jurisdicional.

11.4.2. Critérios de fixação da competência

Os critérios de fixação da competência são parâmetros estabelecidos pela CF e pela legislação ordinária que objetivam definir o âmbito de atuação de cada um dos órgãos jurisdicionais (*i. e.*, quem julga o quê). Note-se, desde já, que os critérios abaixo não estão dissociados. Pelo contrário, para se definir o órgão julgador competente, faz-se necessário examinar tais critérios de modo integrado, já que, em diversas situações, um serve para complementar o outro.

A seguir, veremos sucintamente cada um desses critérios (apenas para que o nosso leitor se familiarize com o tema). Mais adiante, esse assunto será estudado com mais vagar.

a) Competência em razão da matéria (*ratione materiae*): este critério de fixação da competência leva em consideração a *natureza* (a matéria) da infração praticada. Ex. 1: a Justiça Eleitoral é competente, *em razão da matéria*, para processar e julgar os crimes eleitorais. Ex. 2: o Tribunal do Júri é competente, *em razão da matéria,* para processar e julgar os crimes dolosos contra a vida (homicídio, *v. g.*);

b) Competência em razão da pessoa (*ratione personae*): este critério de fixação da competência leva em consideração a *relevância do cargo* ocupado por determinadas pessoas para definir qual o órgão competente para o processamento da infração penal. É a chamada *competência por prerrogativa de função* ou, também, *foro privilegiado*. Ex.: nos termos do art. 102, I, "b", CF, o STF tem competência para processar e julgar, nos crimes comuns, os parlamentares federais (deputados federais e senadores). Posto de outra forma: esses parlamentares, em caso de prática de crime comum, possuem foro por prerrogativa de função (ou foro privilegiado) perante o STF;[75]

c) Competência em razão do lugar (*ratione loci*): este critério de fixação da competência leva em consideração os seguintes aspectos: o *local onde ocorreu a consumação* do delito, bem como o *domicílio ou a residência do réu*. Ex.: tendo o crime de furto sido consumado na Comarca de Marília (SP), é lá que deverá ser processado e julgado – e não em Bauru (SP), *v. g.*;

d) Competência funcional: este critério de fixação da competência leva em consideração a *função* que cada um dos vários órgãos jurisdicionais pode vir a exercer num processo. Ex.: nas grandes comarcas, é comum que um juiz fique responsável pela fase de conhecimento do processo e outro pela fase de execução da pena.

A competência funcional, a seu turno, classifica-se em:

I – Competência funcional por fase do processo: implica repartição de competência a mais de um órgão julgador, cada qual atuando em determinada fase do processo. Em regra, um só juiz é que praticará os atos do processo. Porém, há situações em que os atos de um mesmo processo serão praticados por mais de um órgão julgador. Ex. (já dado anteriormente): nas grandes comarcas, é comum que um juiz fique responsável pela fase de conhecimento do processo e outro pela fase de execução da pena (*vide* arts. 65 e 66, LEP);

II – Competência funcional por objeto do juízo: cada órgão jurisdicional pode vir a exercer a competência sobre determinadas questões a serem decididas no processo. Ex.: a sentença no Tribunal do Júri. Na sentença no âmbito do Júri, os jurados são responsáveis pela absolvição ou condenação do acusado e o juiz-presidente é responsável pela aplicação (dosimetria) da pena (em caso de condenação, por óbvio). Há, assim, uma repartição de tarefas para cada órgão jurisdicional que leva em conta determinada questão específica a ser decidida no processo;

III – Competência funcional por grau de jurisdição: nesta modalidade de competência funcional, leva-se em conta a *hierarquia* (o escalonamento) jurisdicional determinada pela lei aos vários órgãos julgadores. Ex.: o TJ é o órgão julgador competente (competência funcional por grau de jurisdição) para conhecer e julgar eventual recurso de apelação interposto pela parte contra a sentença prolatada pela instância *a quo* (*i. e.*, pelo juiz de 1º grau).

11.4.3. Determinação do juízo competente

Atente o leitor que a determinação do juízo competente é tarefa das mais complexas. Conforme visto, são diversos os critérios que devem ser levados em consideração, podendo, inclusive, em certas situações, um preponderar sobre o outro (veremos esse ponto mais adiante).

Porém, ao longo do tempo, a doutrina buscou sistematizar melhor a questão da determinação do juízo competente, trilhando um raciocínio que parte de critérios mais genéricos para critérios mais específicos.

Dessa forma, para saber qual o juízo competente para processar e julgar determinado caso, deve-se, por exemplo, levar em conta:

I – Qual a justiça competente? É crime da competência da Justiça Comum (Federal ou Estadual) ou da Justiça Especial (Militar ou Eleitoral)?;

II – É o acusado possuidor de foro por prerrogativa de função? Ex.: sendo o réu parlamentar federal, deverá ser processado e julgado pelo STF (prerrogativa de função);

III – Não sendo detentor de foro por prerrogativa de função, passa-se ao exame da competência territorial (local em que foi consumado o crime; ou domicílio ou residência do réu);

IV – Existe, no caso em questão, situação de conexão ou continência (que são critérios de modificação de competência, a serem examinados mais adiante)?

V – Por fim, passa-se ao exame da competência de juízo: qual é a vara, câmara ou turma competente? Há, por exemplo, vara especializada com competência para apreciar o caso?

Nas próximas linhas, examinaremos, de forma mais detalhada, os critérios de fixação da competência anteriormente expostos (competência em razão da matéria, por prerrogativa de função etc.).

11.4.4. Competência em razão da matéria (ratione materiae) ou em razão da natureza da infração penal

Conforme visto, este critério de fixação de competência leva em conta a natureza da infração penal praticada. A depender dessa (da matéria em jogo), será competente a

---

75. Conforme o posicionamento atual do STF, vale lembrar que o foro por prerrogativa de função somente se aplicará aos crimes praticados após a diplomação e que tenham relação como exercício do cargo.

Justiça Comum (Federal ou Estadual) ou a Justiça Especial[76] (Militar ou Eleitoral). Assim, temos que:

a) **A Justiça Eleitoral** (JE – arts. 118 a 121, CF, e Lei 4.737/1965) é competente em razão da matéria para julgar os crimes eleitorais. Ex.: calúnia cometida em período de campanha eleitoral será julgada pelo Tribunal Regional Eleitoral;

Em caso de conexão entre crimes da Justiça Comum e crimes eleitorais, caberá à Justiça Eleitoral o julgamento de ambos, sendo também desta Justiça a competência para analisar, caso a caso, a existência de conexão entre os delitos eleitorais e comuns e, não havendo, deve remeter à justiça competente (Informativo 933/STF, de 11 a 15 de março).

b) **A Justiça Militar** (JM – art. 124, CF) é competente *ratione materiae* para julgar os crimes militares definidos no art. 9º, CPM.

A competência da Justiça Militar comporta três exceções: o crime de abuso de autoridade (Lei 4.898/1965), conforme Súmula 172, STJ; o crime de tortura, por ausência de correspondência no Código Penal Militar (STJ, AgRg no CC 102.619/RS, Terceira Seção, *DJ* 30.04.2015, Info. 0436, 3ª Seção, período de 24 a 28.05.2010 e AgRg no AREsp 17.620/DF, 6ª Turma, *DJe* 06.06.2016; (STF, HC 117254, *DJ* 15.10.2014 e AI 769637 AgR-ED-ED/MG, *DJe* 16.10.2013); assim como os crimes dolosos praticados contra a vida de civil não são julgados pela JM Estadual[77] (art. 125, § 4º, CF).

Vale ressaltar, contudo, alteração introduzida pela Lei 12.432/2011, que modificou a redação do parágrafo único do art. 9º, CPM.[78] O referido dispositivo legal, em leitura combinada com o art. 303, CBA (Código Brasileiro de Aeronáutica),[79] introduz situação excepcional de manutenção da competência da Justiça Militar.

Trata-se das hipóteses de invasão irregular do espaço aéreo brasileiro e das medidas adotadas para a sua devida repressão. No caso mais extremo, após advertências e tentativas de pouso forçado, o piloto-militar está autorizado a destruir a aeronave, pois a prioridade é a preservação da segurança e da soberania nacionais.

Desse modo, se da conduta descrita resultar processo criminal em face do militar que efetuou o abate da aeronave, causando a morte dos seus ocupantes, **ainda que civis**, a **competência para processar e julgar será da Justiça Militar**.

Ademais, houve recente alteração na competência da Justiça Militar com a nova Lei 13.491, de 13 de outubro de 2017, que alterou o Código Penal Militar. A lei novel também teve como alvo o art. 9º do CPM, ao modificar o seu inciso II e acrescentar os §§ 1º e 2º. A inovação legislativa ampliou a competência da Justiça Militar ao prever que serão considerados crimes militares, em tempo de paz, *"os crimes previstos neste Código e os previstos na legislação penal, quando praticados"* conforme as alíneas, que não foram objeto de modificação. A redação anterior limitava a competência aos crimes tipificados no CPM. Nesse sentido, a ampliação da competência se torna clara ao vislumbrarmos que além dos crimes previstos no CPM, também estarão à cargo da JM os crimes comuns previstos na legislação penal comum e extravagante que sejam praticados nos moldes das alíneas do inciso II do art. 9º.

A JM encontra-se estruturada nos âmbitos Estadual e Federal:

I – **Justiça Militar Estadual** (art. 125, § 4º, CF): detém competência para processar e julgar os crimes militares praticados por policiais militares e bombeiros.

Por outro lado, a JM estadual não tem competência para julgar civil – mesmo que este cometa crime em concurso com um militar. Nesse sentido, consultar a Súmula 53, STJ.[80]

Ademais, nos termos da Súmula 75, STJ, em caso de crime de promoção ou facilitação da fuga de preso em estabelecimento prisional praticado por militar, a competência será da Justiça Comum Estadual e não da JM;

A competência territorial da Justiça Militar Estadual será a do local onde o policial estadual desempenha suas funções, mesmo que crime tenha se consumado em Estado diverso, conforme se depreende do enunciado da Súmula 78, STJ, nos seguintes termos: *"Compete à Justiça Militar processar e julgar policial de corporação estadual, ainda que o delito tenha sido praticado em outra unidade federativa"*.

II – **Justiça Militar da União**: detém a competência para julgar membros das Forças Armadas (Exército, Marinha e Aeronáutica) – art. 124, CF. A competência da JM da União, abrange inclusive, os crimes dolosos contra a vida praticados pelos militares das Forças Armadas contra civil, desde que praticados no contexto dos incisos I, II e III do art. 9º, § 2º, do CPM, conforme recentes mudanças implementadas pela Lei 13.491/2017. No entanto, caso o crime não se enquadre nas hipóteses previstas nos referidos incisos, a fixação da competência seguirá a regra geral, devendo ser julgado na Justiça Comum (Tribunal do Júri) – art. 9º, § 1º.

---

76. Para o estudo aqui empreendido, considera-se justiça especial aquela que tem competência criminal, mas cuja regulação ocorra por sistema legal próprio, autônomo, nos âmbitos material e processual.

77. Relevante apontar que com a novel Lei n. 13.491/2017, a Justiça Militar da União passou a ter competência para o julgamento de crimes dolosos contra a vida praticados por militar das Forças Armadas contra civil, se executados no contexto de suas funções, conforme especifica o art. 9º §2º do Código Penal Militar.

78. "Os crimes de que trata este artigo quando dolosos contra a vida e cometidos contra civil serão da competência da justiça comum, **salvo quando praticados no contexto de ação militar realizada na forma do art. 303 da Lei 7.565, de 19.12.1986 – Código Brasileiro de Aeronáutica.**"

79. "Art. 303. A aeronave poderá ser detida por autoridades aeronáuticas, fazendárias ou da Polícia Federal, nos seguintes casos: I – se voar no espaço aéreo brasileiro com infração das convenções ou atos internacionais, ou das autorizações para tal fim; II – se, entrando no espaço aéreo brasileiro, desrespeitar a obrigatoriedade de pouso em aeroporto internacional; III – para exame dos certificados e outros documentos indispensáveis; IV – para verificação de sua carga no caso de restrição legal (art. 21) ou de porte proibido de equipamento (parágrafo único do art. 21); V – para averiguação de ilícito. (...) § 2º Esgotados os meios coercitivos legalmente previstos, a aeronave será classificada como hostil, ficando sujeita à medida de destruição, nos casos dos incisos do *caput* deste artigo e após autorização do Presidente da República ou autoridade por ele delegada."

80. "Compete à Justiça Comum Estadual processar e julgar civil acusado de prática de crime contra as instituições militares estaduais".

A JM da União pode, por sua vez, vir a processar e julgar civil quando este vier a praticar infração em concurso com membro das Forças Armadas.

Atenção: O STF editou a Súmula Vinculante 36 com o seguinte teor: *Compete à Justiça Federal comum processar e julgar civil denunciado pelos crimes de falsificação e de uso de documento falso quando se tratar de falsificação da Caderneta de Inscrição e Registro (CIR) ou de Carteira de Habilitação de Amador (CHA), ainda que expedidas pela Marinha do Brasil.*

A Suprema Corte entende que não se trata de crime militar por conta da natureza da atividade de arrais amador, que é civil. Nesse caso, há ofensa a serviço e interesse da União, motivo pelo qual a competência é da Justiça (Comum) Federal;

c) A Justiça (Comum) Estadual tem sua esfera de competência composta de forma residual. É determinada pela exclusão das demais (Justiça Comum Federal; Justiça Especial). Isto é, processa e julga o crime quando não se tratar de competência da Justiça Especial (Militar ou Eleitoral) nem da Justiça Comum Federal. Abarca a maioria das questões penais. Ex.: crime de incitação à discriminação cometido via internet, quando praticado contra pessoas determinadas e que não tenha ultrapassado as fronteiras territoriais brasileiras será julgado pela Justiça Estadual (STF, HC 121283, Info. 744). Outro exemplo diz respeito ao crime de disponibilizar ou adquirir material pornográfico envolvendo crianças ou adolescentes, que será da competência da Justiça Estadual se a troca de informação for privada (Whatsapp, chat de Facebook). Caso a postagem tenha sido em ambiente virtual de livre acesso, a competência será da Justiça Federal (STJ, CC 150564/MG, DJe 02.05.2017 e Info. 603). Em decisão recente, o STF, superando posicionamento fixado pelo STJ, entendeu pela competência da Justiça Estadual para julgar crime cometido por brasileiro no exterior e cuja extradição tenha sido negada. O Supremo, no bojo da decisão, asseverou que o fato de o delito ter sido praticado por brasileiro no exterior, por si só, não atrai a competência da Justiça Federal, devendo se enquadrar em alguma das hipóteses do art. 109, CF (Informativo 936, de 8 a 12 de abril de 2019).

d) A Justiça (Comum) Federal tem sua competência expressamente fixada no art. 109, CF. Costuma-se sustentar que tais dispositivos não são meramente exemplificativos, mas taxativos. Vejamos. Compete à Justiça Federal processar e julgar:

d1) Os crimes políticos (art. 109, IV, primeira parte): a definição de crime político encontra-se na Lei 7.170/1983. É aquele dirigido contra o Estado como unidade orgânica das instituições políticas e sociais, além de atentar contra a soberania nacional e a estrutura política;

d2) As infrações penais praticadas em detrimento de bens, serviços ou interesses da União ou de suas entidades autárquicas e empresas públicas, excluídas as contravenções (art. 109, IV, parte final). Examinemos de forma detalhada o presente tópico.

Primeiro, note-se que a JF julga apenas *os crimes* praticados "em detrimento de bens, serviços ou interesses da União (...)". As contravenções[81] penais foram expressamente

excluídas da competência da JF. Assim, ainda que uma contravenção seja praticada contra um bem da União, não será julgada pela JF, mas pela Justiça Estadual. **Atenção**, todavia, para o HC 127011 AgR, Segunda Turma, *DJ* 21.05.2015 do STF, o qual aduziu que a exploração de peças eletrônicas utilizadas na confecção das máquinas "caça-níqueis", denominadas "noteiros", de procedência estrangeira e introduzidas clandestinamente no território nacional, atraem a competência da Justiça Federal.

Além disso, é oportuno fornecer ao nosso leitor uma noção mais precisa de bens, serviços ou interesses da União:

I – Bens: representam o patrimônio de um ente federal e a sua descrição está positivada no art. 20, I a XI, CF (bens da União);

II – Serviços: consistem na própria atividade do ente federal e sua finalidade. Para melhor compreensão prática, recomendamos a consulta ao informativo do STJ 572, Terceira Seção, 28.10 a 11.11.2015;

III – Interesse: possui conteúdo bastante amplo, podendo ser delimitado como aquilo que está ligado ao ente federal e lhe diz respeito. A título de exemplo, ver STF, HC 93938/SP, *DJe* 23.11.2011, RE 835558/SP, *DJe* 08.08.2017, bem como, os informativos do STJ de 555 e 527.

Em decisão recente, o STJ reconheceu a existência de interesse da União nas ações penais que versem sobre crimes praticados no exterior e que tenham sido transferidos para a jurisdição brasileira, por negativa de extradição, fixando a competência da Justiça Federal para o julgamento destas causas (Informativo 625/STJ, de 1º de junho de 2018).

Ainda, a lei menciona crimes praticados contra bens, serviços ou interesses da *União ou de suas entidades autárquicas e empresas públicas*. Vejamos um significado mais preciso para as expressões: *União, entidades autárquicas e empresas públicas.*

I – União: aqui tratada como a *pessoa jurídica de direito público interno, a Administração Direta;*

II – Autarquias: conceituadas no art. 5º, I, Dec.-lei 200/1967, como "*o serviço autônomo, criado por lei, com personalidade jurídica, patrimônio e receita próprios, para executar atividades típicas da Administração Pública, que requeiram, para seu melhor funcionamento, gestão administrativa e financeira descentralizada*". Ex.: BACEN (Banco Central); INSS; agências reguladoras etc. Neste contexto: (STJ, CC 134.747/MT, Terceira Seção, *DJ* 21.10.2015);

III – Empresas públicas: estão definidas no art. 5º, II, Dec.-lei 200/1967, como a "*entidade dotada de personalidade jurídica de direito privado, com patrimônio próprio e capital exclusivo da União, criado por lei para a exploração de atividade econômica que o Governo seja levado a exercer por força de contingência ou de conveniência administrativa podendo revestir-se de qualquer das formas admitidas em direito*". Ex.: Correios; Caixa Econômica Federal.

Atenção: houve *omissão indevida do texto constitucional* a respeito das *fundações públicas*, definidas no art. 5º, IV, DL 200/1967. Porém, doutrina e jurisprudência construíram entendimento segundo o qual as fundações possuem natureza equiparada à autarquia (STJ, CC 113079/DF, *DJe*

---

81. No que se refere à competência para julgar contravenções, a exceção existe apenas nos casos em que o autor do fato possui prerrogativa de foro, que prevalecerá (STJ, Rp 179/DF, *DJ* 10.06.2002).

11.05.2011). Desse modo, estão contidas entre os entes federais do dispositivo em comento. Logo, um crime contra, por exemplo, um bem de uma fundação pública federal é sim da competência da JF. Imperioso, todavia, observar o quanto enunciado no Info. 513, Terceira Seção, 06.03.2013, de acordo com o qual "segundo o entendimento do STJ, a justiça estadual deve processar e julgar o feito na hipótese de inexistência de interesse jurídico que justifique a presença da União, suas autarquias ou empresas públicas no processo, de acordo com o enunciado da súmula 150 deste Tribunal".

Por fim, ressalte-se que eventual crime praticado contra bens, serviços ou interesses de **sociedade de economia mista** (art. 5º, III, DL 200/1967) não será da competência da JF. A CF não a incluiu no rol de competência da JF. Eventual crime contra uma sociedade de economia mista será da competência da Justiça Estadual (*vide* Súmula 42, STJ). São exemplos de sociedades de economia mista federais o Banco do Brasil e a Petrobrás. Haverá exceção se ficar demonstrado interesse jurídico da União. Nesse caso, a competência será da JF, conforme precedente do STF (RE 614115 AgR/PA, Info. 759);

d3) também são da competência da JF os crimes previstos em tratados ou convenções internacionais, quando, iniciada a execução no país, o resultado tenha ou devesse ter ocorrido no estrangeiro, ou reciprocamente (art. 109, V, CF)[82]

São dois os elementos cruciais (concomitantes) aqui: internacionalidade (início da execução no Brasil ou o resultado tenham ocorrido no exterior) + crime previsto em tratado ou convenção internacional. Ex.: tráfico internacional de drogas (Vide STJ, CC 170464/MS, DJe 16.06.2020). Excluído o caráter internacional, a competência será da Justiça Estadual (Súmula 522, STF; e STJ, CC 171206/SP, DJe 16.06.2020). Idem (*i. e.*, competência da Justiça Estadual) se o crime não estiver previsto em tratado ou convenção internacional;

d4) as causas relativas a direitos humanos (art. 109, V-A, CF)

Esse dispositivo foi acrescentado pela EC 45/2004, criando em nosso ordenamento a possibilidade de federalização dos crimes contra os direitos humanos.

Com efeito, nesses casos, o Procurador-Geral da República, com a finalidade de assegurar o cumprimento de obrigações decorrentes de tratados internacionais de direitos humanos dos quais o Brasil seja parte, poderá suscitar, perante o Superior Tribunal de Justiça, em qualquer fase do inquérito ou processo, incidente de deslocamento de competência (IDC) para a Justiça Federal (art. 109, § 5º, CF).

Aqui, em qualquer fase do procedimento (inquérito ou fase judicial), se o IDC for julgado procedente, deve o processo ser remetido à Justiça Federal e todos os atos refeitos, conforme interpretação dos arts. 564, I, e 573, CPP. Se ocorrer durante o inquérito, as investigações realizadas pela polícia civil serão aproveitadas.

Conforme jurisprudência do STJ, para que exista o deslocamento é preciso comprovar a existência de obstáculos concretos na esfera estadual. Desse modo, "o incidente só será instaurado em casos de grave violação aos direitos humanos, em delitos de natureza coletiva, com grande repercussão, e para os quais a Justiça Estadual esteja, por alguma razão, inepta à melhor apuração dos fatos e à celeridade que o sistema de proteção internacional dos Direitos Humanos exige" (STJ, Info. 453, Terceira Seção, período de 25 a 29.10.2015; CC 107397/DF, Info. 549; e IDC 3/GO, Terceira Seção, *DJ* 02.02.2015;

d5) os crimes contra a organização do trabalho (art. 109, VI, 1ª parte, CF)

Tais delitos estão tipificados nos arts. 197 a 207, CP. Entretanto, para que seja caso de competência da JF, é preciso que a conduta ofenda não apenas a individualidade do trabalhador, mas a própria organização geral do trabalho ou os direitos dos trabalhadores coletivamente considerados. Exs.: atentado contra a liberdade de associação – art. 199, CP; e a omissão de anotação do vínculo empregatício na CTPS (STJ CC 135200/SP, *DJe* 02.02.2015 e CC 131.319/SP, DJ 11.09.2015 CC 154.345/CE, *DJ* 21.09.2017).

d6) os crimes contra o sistema financeiro e contra a ordem econômico-financeira, nos casos determinados pela lei (art. 109, VI, parte final, CF)

Primeiramente, devemos destacar que o sistema financeiro é composto por instituições financeiras, públicas e privadas, bem como por pessoas a estas equiparadas (art. 1º e seu parágrafo único, Lei 7.492/1986).

Note o leitor que, em regra, para que seja hipótese de competência da JF são dois os requisitos estabelecidos pela CF.

É preciso que a conduta afete o sistema financeiro ou a ordem econômica e é necessário também que exista previsão expressa de competência da JF para o caso. Ex.: o art. 26, Lei 7.492/1986 (crimes contra o sistema financeiro) prevê expressamente a competência da JF.

Não é o que ocorre com os crimes contra a ordem econômica, pois as Leis 8.137/1990 e 8.176/1991 não possuem previsão a esse respeito. A regra, portanto, é que serão julgados pela justiça estadual, **exceto** nos casos em que houver ofensa a bens, serviços ou interesse dos entes federais. *Vide* STJ, CC 119.350/PR, Terceira Seção, *DJ* 04.12.2014; HC 76555/SP, *DJe* 22.03.2010; e CC 82961/SP, *DJe* 22.06.2009;

OBS: O STJ possui entendimento consolidado no sentido de que a captação de recursos por meio de "pirâmides financeiras" não configuram atividade financeira e, portanto, são condutas que enquadradas na esfera dos crimes contra a economia popular, sujeitos à competência da Justiça Estadual (CC 170392/SP, DJe 16.06.2020).

d7) compete também à JF processar e julgar o HC e o MS quando relacionados à matéria de sua competência (*art. 109, VII e VIII, CF*)

Para que a competência seja da Justiça Federal, a autoridade coatora deve estar sujeita à jurisdição federal ou a nenhuma outra;

---

82. Note-se que o dispositivo é claro ao mencionar "iniciada a execução do país", excluindo, assim, da competência da Justiça Federal, os crimes em que apenas os atos meramente preparatórios foram executados no Brasil. Nesse sentido, ver o recente julgado do STF no HC 105461/SP, *DJe* de 02.08.2016.

d8) os crimes cometidos a bordo de navios ou aeronaves, ressalvada a competência da Justiça Militar (art. 109, IX, CF)

Desde já, atente-se que caso o crime seja cometido a bordo de navio ou de aeronave militar não será competente a JF, mas a JM.

Navio: embarcação de grande porte e com aptidão a viagens internacionais. Barcos a motor de pequeno porte não se enquadram nesse conceito. Logo, eventuais crimes praticados em barcos de pequeno porte não serão da competência da JF. Ver o julgado do STJ no CC 118.503/PR, *DJe* 28.04.2015.

Aeronave: aparelho manobrável em voo, que possa sustentar-se e circular no espaço aéreo, com autonomia, apto a transportar pessoas ou coisas.

O STJ possui entendimento no sentido de que balões de ar quente tripulado não se enquadram no conceito de "aeronave", de modo que os crimes ocorridos a bordo destes balões deverão julgados pela Justiça Estadual (Informativo 648/STJ, de 7 de junho de 2019).

Atenção: a competência da JF subsiste mesmo que o navio esteja atracado ou a aeronave esteja pousada. Assim, caso o crime seja praticado a bordo, por exemplo, de aeronave *pousada*, permanecerá competente a JF para o processo e julgamento do caso.

Por outro lado, não é demais recordar que a JF *não julga contravenção penal*. Desse modo, eventual contravenção praticada a bordo, por exemplo, de navio, não será da competência da JF, mas da competência da Justiça Estadual.

Ainda sobre os crimes cometidos a bordo de aeronaves e embarcações. Sabemos que a competência será, em regra, da Justiça Federal. Entretanto, em qual Seção Judiciária da JF tramitará a ação penal? Vejamos os casos (arts. 89 e 90, CPP):

I – viagens nacionais: se a viagem iniciar e terminar em território brasileiro, o juízo competente é o do local onde primeiro a aeronave pousar ou o navio atracar, após a ocorrência a infração;

II – viagens internacionais: competente é o juízo do local da chegada ou da partida;

d9) crimes relacionados ao ingresso ou à permanência irregular de estrangeiro (art. 109, X, CF)

O ingresso ou a permanência do estrangeiro, em si, não são tipificados como crime. A competência da JF refere-se aos crimes praticados com o objetivo de assegurar o ingresso ou a permanência do estrangeiro no Brasil. Ex.: falsificação de passaporte ou de visto;

d10) disputa por direitos indígenas (art. 109, XI, CF)

Para que a Justiça Federal seja competente, deve haver ofensa à cultura indígena ou a direitos seus, como as questões relacionadas ao território (STF, RE 419528/PR, *DJ* 09.03.2007 e STJ, HC 208.634/RS, 6ª Turma, *DJ* 23.06.2016).

Importante vislumbrar a abrangência de tais direitos, bem como o que não configura disputa por direitos indígenas, vide, respectivamente, RHC 117097, 2ª Turma, *DJ* 03.02.2014 e RE 844036 AgR, 2ª Turma, *DJ* 04.02.2016. Ademais, cumpre ressaltar o quanto enunciado pelo STJ acerca dos direitos indígenas, vide Info. 0527, Terceira

Seção, do período de 09.10.2013, segundo o qual "compete à Justiça Federal – e não à Justiça Estadual – processar e julgar ação penal referente aos crimes de calúnia e difamação praticados no contexto de disputa pela posição de cacique em comunidade indígena", bem como o Info. 0508, Terceira Seção, de 05 a 12.11.2012, o qual aduziu ser "a competência da Justiça Federal para processar e julgar ações penais de delitos praticados contra indígena somente ocorre quando o processo versa sobre questões ligadas à cultura e aos direitos sobre suas terras".

O crime praticado por/contra silvícola, isoladamente considerado, é da competência da justiça comum estadual (Súmula 140, STJ).

11.4.5. Competência em razão da pessoa (por prerrogativa de função ou foro privilegiado)

Para o legislador, certas pessoas, em razão do cargo ou função que ocupam, devem ser julgadas por uma instância superior (considerada mais isenta de possíveis influências políticas/econômicas). É o que se chama de competência por prerrogativa de função, foro privilegiado ou, ainda, competência em razão da pessoa.

Por outro lado, cessado o cargo/função/mandato, o indivíduo volta a ser processado normalmente pelas instâncias ordinárias. Possui *caráter itinerante* a competência *ratione personae* (dura enquanto durar o cargo/função/mandato). Ex.: imagine-se um crime cometido antes do exercício do cargo e cuja ação penal teve início perante o juiz singular. Quando o réu assumir o cargo que esteja amparado por foro por prerrogativa de função, os autos deverão ser remetidos ao Tribunal competente. Após a cessação do exercício do cargo, se ainda estiver em curso a ação penal, esta será remetida de volta ao juízo singular.

Atenção: Relevante apontar o recente entendimento do STF que aplicou interpretação restritiva às normas constitucionais que tratam do foro por prerrogativa de função. Quanto ao tema, o Supremo consolidou o entendimento de que o "foro privilegiado" somente é aplicável aos crimes praticados após a diplomação e que tenham relação com o exercício das funções[83]. Ademais, ainda fixou o fim da instrução processual como marco definidor da prolongação da competência do Tribunal. Isto é, caso o acusado venha perder o cargo após o fim da instrução, os autos permanecerão no Tribunal, não sendo remetidos para a 1ª instância.[84]

O rol de situações de foro por prerrogativa de função encontra-se principalmente na CF. Porém, é possível, em certos casos, desde que não haja afronta à Lei Maior, a fixação dessa modalidade de competência por meio de Constituição

---

83. O STJ, privilegiando a independência e imparcialidade do órgão julgador, decidiu que será o tribunal competente para julgar desembargador por crime não relacionado às suas funções, quando a remessa dos autos à primeira instância implicar no seu julgamento por juiz de primeiro grau vinculado ao mesmo tribunal do desembargador (Informativo 639/STJ, de 1º de fevereiro de 2019). Ver também STF, Inq 4619 AgR, Dje 06.03.2019

84. Quanto à matéria, relevante a leitura do tópico 4.3.2 Imunidades Parlamentares, b.4 Prerrogativa de Foro.

Estadual[85] (será preciso observar um critério de simetria). Abaixo, examinaremos a competência *ratione personae* dos tribunais brasileiros.

a) Competência *ratione personae* do STF

I – **Nas infrações penais comuns compete ao STF processar e julgar** (art. 102, I, "b", CF): o Presidente; o Vice-Presidente; os membros do Congresso Nacional (deputados e senadores); os Ministros do STF; e o PGR (Procurador-Geral da República);

II – **Nas infrações penais comuns e nos crimes de responsabilidade compete ao STF processar e julgar** (art. 102, I, "c", CF): os membros dos Tribunais Superiores (STJ; TST; TSE; STM); os membros do TCU; os chefes de missão diplomática permanente; os Ministros de Estado; e os Comandantes das Forças Armadas. Note que, no caso destes dois últimos (Ministros de Estado e Comandantes das Forças Armadas), se praticarem crime de responsabilidade em conexão com o do Presidente da República ou com o Vice-Presidente, a competência será do Senado Federal (e não do STF) – *vide* art. 52, I, CF.

Com efeito, frise-se que, certas autoridades, embora não tenham sido mencionadas pelo art. 102, I, "c", CF (examinado anteriormente), terminaram, por força de Lei Federal (Lei 10.683/2003), sendo equiparadas a Ministros de Estado. São elas: o AGU; o Presidente do BACEN; o Chefe da Casa Civil; e o Controlador-Geral da União. Assim, essas autoridades, caso pratiquem infrações penais comuns ou crimes de responsabilidade, *também serão processadas e julgadas pelo STF*.

Noutro giro, destaque-se que crimes de responsabilidade são, na verdade, *infrações político-administrativas cujas penalidades costumam ser a perda do cargo ou a inabilitação temporária para o exercício de cargo ou função (previstos na Lei 1.079/1950)*. Ex.: ato do Presidente da República que atente contra a segurança interna do país;

b) Competência *ratione personae* do STJ

I – **Nos crimes comuns, o STJ tem competência *ratione personae* para processar e julgar** (art. 105, I, "a", CF): os Governadores dos Estados e do Distrito Federal;

II – **Nos crimes comuns e de responsabilidade, o STJ tem competência *ratione personae* para processar e julgar:** os Desembargadores dos TJs e do TJDFT; membros dos TCEs e TCDF; membros dos TRFs, TREs e TRTs; membros dos Conselhos ou TCMs; e os do MPU que oficiem perante os Tribunais (Procuradores Regionais da República, por exemplo);

c) Competência *ratione personae* do TRF

Nos crimes comuns e de responsabilidade, o TRF tem competência *ratione personae* para processar e julgar (art. 108, I, "a", CF): os juízes federais de sua área de jurisdição, incluindo aqueles da Justiça Militar e da Justiça do Trabalho; os membros do Ministério Público da União (inclusive os do MPDFT – conforme STJ, HC 67416/DF, *DJe* 10.09.2007). Neste contexto, firmou o STF o entendimento acerca da competência do TRF da 1ª Região para processar e julgar

habeas corpus conta ato de membro do MPDFT: RE 467.923/DF, *DJ* 04.08.2006.

Há, contudo, exceção expressa quanto aos crimes eleitorais, ou seja, se uma das autoridades apontadas praticar crime eleitoral, a competência será da Justiça Eleitoral (e não do TRF).

No que tange aos crimes militares praticados por essas autoridades, o julgamento será perante o TRF por ausência de ressalva expressa da Constituição Federal;

d) Competência *ratione personae* do TJ

Nos crimes comuns e de responsabilidade, o TJ tem competência *ratione personae* para processar e julgar (art. 96, III, CF): os juízes estaduais e membros do MP dos Estados da sua esfera de jurisdição.

O **Prefeito**, por força do art. 29, X, CF, caso pratique crime comum, também deverá ser julgado pelo TJ. Agora, se praticar crime eleitoral ou federal, a competência passará, respectivamente, ao TRE e TRF (critério de simetria) – consultar Súmula 702, STF, e Súmulas 208 e 209, STJ.

O **Deputado estadual**, em razão do art. 27, § 1º, c/c art. 25, CF, caso pratique crime comum, também deverá ser julgado pelo TJ. Agora, se praticar crime eleitoral ou federal, a competência passará, respectivamente, ao TRE e TRF (critério de simetria).

Atenção: Conforme recente decisão do STF, apenas haverá a prorrogação do foro por prerrogativa de função no caso de reeleição, que ocorre quando o agente, de forma ininterrupta, assume o segundo mandato público. O mesmo não ocorre, entretanto, quando o agente é eleito para novo mandato após ter ficado sem ocupar a função pública (Informativo 940/STF, de 13 a 17 de maio de 2019 e Informativo 649/STJ, de 21 de junho de 2019).

11.4.6. Competência em razão do lugar (ratione loci)

Depois de verificar as regras de competência que levam em conta a natureza da infração e o eventual cargo que o agente ocupa, é momento de examinar a regra de fixação de competência que leva em conta o local em que o crime foi praticado (critério territorial).

a) Lugar da infração (art. 70, CPP)

Em regra, adota-se a **teoria do resultado**, ou seja, o local da consumação do crime será aquele onde a infração deverá ser processada.[86]-[87]

---

85. Súmula Vinculante 45 – A competência constitucional do Tribunal do Júri prevalece sobre o foro por prerrogativa de função estabelecido exclusivamente pela constituição estadual.

86. Atenção: no caso de IMPO, adota-se a teoria da atividade (e não do resultado), *i. e.*, a competência será fixada pelo local da ação ou omissão – *vide* art. 63, Lei 9.099/1995.

87. Atenção: *competência territorial da Justiça Federal*. A regra é a aplicação da teoria do resultado, mas a Justiça Federal não possui capilaridade suficiente, ou seja, ainda não está plenamente interiorizada no país. Sendo assim, a comarca onde ocorreu o resultado não for sede de JF, seguir-se-á o disposto no art. 109, § 3º, parte final, CF, delegando-se a competência à Justiça Comum Estadual, para o processamento da causa em 1º grau, sendo o eventual recurso endereçado ao TRF (art. 109, § 4º, CF). Há, porém, exceção no art. 70, parágrafo único, Lei 11.343/2006 (Lei de Drogas), que determina que os crimes praticados nos Municípios que não sejam sede de vara federal serão processados e julgados na vara federal da circunscrição respectiva (e não na justiça comum estadual).

Nos crimes de homicídio, o STJ tem adotado a teoria da atividade, isto é, a competência será fixada pelo local da ação. O posicionamento da Corte baseia-se na necessidade de facilitar a colheita de provas e esclarecimento dos fatos (STJ, HC 95853/RJ, Dje 04.10.2012 e RHC 53020/RS, *Dje* 16.06.2015).

Tratando-se de tentativa, será competente o local onde o último ato de execução foi praticado.

Por outro lado, se, iniciada a execução no território nacional, a infração se consumar fora dele, a competência será determinada pelo lugar em que tiver sido praticado, no Brasil, o último ato de execução (art. 70, § 1º, CPP). Essa situação que acabamos de descrever é chamada pela doutrina de "crime à distância".

Ademais, quando o último ato de execução for praticado fora do território nacional, será competente o juiz do lugar em que o crime, embora parcialmente, tenha produzido ou devia produzir seu resultado (art. 70, § 2º, CPP). Note o leitor que essa hipótese trata-se de situação inversa à descrita anteriormente (art. 70, § 1º). Aqui, o último ato de execução se deu fora do Brasil, e a consumação, total ou parcial, ocorreu em território nacional.

Porém, em certas situações, pode ser que o local da consumação do crime seja impossível de precisar. Nestes casos, fixa-se a competência por **prevenção**.

Prevenção significa que o primeiro juiz a tomar conhecimento do fato irá se tornar competente (art. 83, CPP). Na prática, significa dizer que o primeiro juiz a receber a denúncia ou queixa será competente para a ação ou, na fase de IP, aquele que apreciar medidas cautelares inerentes ao futuro processo. Vide STJ, RHC 47956/CE, *DJe* 04.09.2014 e CC 87.589/SP, 3ª Seção, *DJ* 24.04.2009. Sobre esse ponto (prevenção do juiz em razão de decisão de recebimento da denúncia ou de apreciação de medidas cautelares), tudo indica que o instituto do juiz das garantias (art. 3-A e seguintes do CPP) irá varrer esse tipo de compreensão. É que, como vimos em tópico próprio sobre o assunto, o instituto buscou vedar o contato do juiz da instrução e julgamento com elementos de investigação (medidas cautelares, inclusive). A competência tanto para o recebimento da denúncia como para apreciar medidas cautelares durante a investigação será do juiz das garantias e não do juiz da instrução. Ademais, o juiz das garantias que vier a receber a denúncia ou apreciar uma medida cautelar não estará prevento para conduzir posterior ação penal. Pelo contrário, de acordo com a nova lei, estará impedido (vide arts. 3º-D e 3º-C, CPP).

Conforme os arts. 70, § 2º, e 71, CPP, fixa-se a competência por prevenção nas seguintes hipóteses:

I – Quando o crime ocorre na divisa entre duas comarcas ou for incerto o limite entre elas;

II – Em caso de crime continuado ou permanente praticado em território de duas ou mais "jurisdições" (comarcas, na verdade – o texto do CPP foi impreciso neste particular).

Consoante LIMA (2015, p. 546), são duas as condições para fixação da competência por prevenção, a saber: **a existência de prévia distribuição** – aduzindo que o art. 83 do CPP deve ser compreendido conjuntamente ao art. 75,

parágrafo único do mesmo diploma, de modo que só se pode cogitar de prevenção de competência quando a decisão que a determina tenha sido precedida de distribuição, posto que não previnem a competência decisões de juízes plantonistas, nem as facultadas, em casos de urgência, a quaisquer dos juízes criminais do foro – e a apresentação da medida ou diligência de caráter cautelar ou contra cautelar encontrado nas hipóteses exemplificativas do parágrafo único do art. 75 do CPP, tais como concessão de fiança, conversão de prisão em flagrante em temporária, decretação de prisão preventiva ou temporária, pedidos de medida assecuratórias dos arts. 125 a 144-A do CPP, bem como pedidos de provas, como expedição de mandado de busca e apreensão (ver STJ – HC: 131937 SP 2009/0052844-8, 5ª Turma, *DJ* 19.04.2012), interceptação telefônica (ver STJ, HC 222.707/ES, 5ª, Turma, *DJ* 12.08.2016 ou quebra de sigilo bancário.

Cumpre observar, todavia, a dicção do enunciado de Súmula 706 do STF, segundo o qual "é relativa a nulidade decorrente da inobservância da competência por prevenção". Este entendimento, inclusive, vem sendo reiterado pelo STF, vide: HC 81.124/RS, 1ª Turma, *DJ* 05.09.2007.

b) Lugar do domicílio ou residência do réu (art. 72, CPP)

Trata-se de um critério subsidiário ao anterior. Não sendo conhecido o lugar da infração, será competente o foro do domicílio ou residência do réu. É oportuno, ainda, recordar os conceitos de domicílio e residência:

I – Domicílio deve ser entendido como o lugar onde a pessoa estabelece a sua residência com ânimo definitivo, ou, subsidiariamente, o local onde a pessoa exerce as suas ocupações habituais, o ponto central dos seus negócios;

II – Residência é aquele lugar onde a pessoa tem a sua morada, mas não há o ânimo definitivo.

Nessa situação (competência em razão do domicílio ou residência do réu), a competência será fixada pela prevenção se:

I – o réu tiver mais de uma residência;

II – não possuir residência certa;

III – for ignorado o seu paradeiro.

Atenção: em caso de ação penal exclusivamente privada, o querelante poderá optar entre propor a ação no local da consumação ou no domicílio do réu (art. 73, CPP);

c) Crimes praticados no exterior (art. 88, CPP)

Sendo o crime praticado no exterior, a competência será fixada de acordo com a última residência em território brasileiro, ou, caso nunca tenha residido aqui, na capital da República.

11.5. Competência absoluta *versus* competência relativa

Embora não haja na lei disposição expressa sobre o tema, a comunidade jurídica costuma dividir as espécies de competência em absoluta e relativa. Dessa distinção, importantes efeitos são extraídos. Vejamos.

a) Competência absoluta

I – A regra de competência absoluta é criada com base no interesse público;

II – É insuscetível de modificação pela vontade das partes ou do órgão julgador;

III – A incompetência absoluta é causa de nulidade absoluta, podendo ser arguida a qualquer tempo (inclusive de ofício pelo juiz), sendo que o prejuízo é presumido nesse caso;

IV – Exemplos de competência absoluta: *ratione personae*, *materiae* e competência funcional;

b) Competência relativa

I – As regras de competência relativa são criadas com base no interesse preponderante das partes;

II – Por ter natureza infraconstitucional, é possível sua flexibilização ou relativização, à luz do exame de determinada relação processual, bem como do interesse das partes. Exemplo disso é o que ocorre nas ações exclusivamente privadas, em que o querelante opta, no momento do oferecimento da queixa, pelo foro do lugar do crime ou o do domicílio/residência do querelado;

III – A incompetência relativa é causa de nulidade relativa. Logo, deve ser arguida pelas partes em momento oportuno (não pode o juiz de ofício fazê-lo), sendo que o prejuízo precisará ser demonstrado. Do contrário, haverá prorrogação[88] (modificação) da competência (*vide* STJ, AgInt no HC 187.760/MS, 6ª Turma, *DJ* 07.06.2016);

IV. Exemplo de competência relativa: competência territorial

11.6. Modificação da competência

É possível que em algumas situações seja necessária a modificação da competência visando à uniformidade dos julgados, à segurança jurídica e à economia processual.

Tais alterações não implicam ofensa ao princípio do juiz natural porque o órgão jurisdicional para o qual é modificada a competência preexiste à infração penal e não foi criado unicamente para julgá-la.

São exemplos de modificação da competência: a conexão, a continência e o instituto do desaforamento no Tribunal do Júri.

11.6.1. Conexão (art. 76, CPP)

É o nexo, o vínculo entre duas ou mais infrações que aconselha a junção dos processos, proporcionando ao julgador uma melhor visão sobre o caso. **A conexão pode ser classificada em:**

a) Conexão intersubjetiva *(art. 76, I, CPP):* ocorre quando duas ou mais infrações interligadas forem praticadas por duas ou mais pessoas. É denominada intersubjetiva justamente pela sua pluralidade de criminosos, sendo subdividida em três modalidades:

a1) *conexão intersubjetiva por simultaneidade:* são "várias infrações, praticadas ao mesmo tempo, por várias pessoas reunidas". Nesse caso, o liame se apresenta pelo fato de terem sido praticadas nas mesmas circunstâncias de tempo e espaço, simultaneamente, mas sem anterior ajuste entre os infratores. Ex.: torcida que, sem prévia combinação, após o rebaixamento do time, destrói o estádio de futebol;

a2) *conexão intersubjetiva concursal:* caracteriza-se quando vários indivíduos, previamente ajustados, praticam diversas infrações, em circunstâncias distintas de tempo e de lugar. Ex.: ataques do PCC à cidade de São Paulo;

a3) *conexão intersubjetiva por reciprocidade:* quando forem cometidas duas ou mais infrações, por diversas pessoas, mas umas contra as outras. O vínculo é caracterizado pela pluralidade de infrações penais praticadas e pela reciprocidade na violação de bens jurídicos. Ex.: confronto agendado por duas ou mais pessoas em que todas acabam sofrendo e provocando lesões corporais reciprocamente;

b) Conexão objetiva (art. 76, II, CPP): ocorre quando uma infração é praticada para facilitar ou ocultar outra, ou para conseguir impunidade ou vantagem. Aqui, há um vínculo relacionado à motivação do crime. Divide-se em:

b1) teleológica: quando uma infração é cometida para facilitar a prática de outra. Ex.: lesão corporal contra o pai de uma criança para sequestrá-la;

b2) consequencial: quando uma infração é cometida para conseguir a ocultação, impunidade ou vantagem de outra já praticada. Ex.: homicídio de testemunha para conseguir a impunidade de outro crime;

c) Conexão probatória ou instrumental (art. 76, III, CPP): ocorre quando a prova de uma infração influi na prova de outra. Ex.: a prova da existência do furto influi na prova da receptação.

11.6.2. Continência

Ocorre quando uma causa está contida na outra, sendo impossível separá-las. Explicando melhor, a continência pode ser compreendida como o vínculo que liga uma pluralidade de infratores a apenas uma infração ou a reunião em decorrência do concurso formal de crimes, em que várias infrações decorrem de uma conduta. **A continência classifica-se em:**

a) Continência por cumulação subjetiva (art. 77, I, CPP): ocorre quando duas ou mais pessoas estão sendo acusadas da mesma infração. Ex.: dois agentes sendo acusados de um roubo a banco;

b) Continência por cumulação objetiva (art. 77, II, CPP): ocorre em todas as modalidades de concurso formal (art. 70, CP), incluindo a *aberratio ictus* **(art. 73, 2ª parte, CP) e** *aberratio criminis* **(art. 74, CP). Ex: motorista dirigindo imprudentemente termina atropelando vários transeuntes.**

11.6.3. Foro prevalente

Caracterizada a conexão ou a continência, impõe-se a definição de qual o foro competente, ou seja, aquele perante o qual haverá a reunião de processos.

As regras de prevalência estão estabelecidas no art. 78, CPP. São elas:

---

88. Pacheco (2009, p. 329) define a prorrogação da competência como: *a modificação na esfera de competência de um órgão jurisdicional, que seria abstratamente incompetente, mas se tornou concretamente competente com referência a determinado processo, em razão de um fato processual modificador.*

a) Concurso entre crime doloso contra a vida e crime de competência da jurisdição comum ou especializada (art. 78, I)

Quando houver ligação entre crime doloso contra a vida e crime de competência da justiça comum a atração ocorrerá em favor do Tribunal do Júri. Em caso de IMPO,[89] prevalecerá a competência do Júri, mas deverá ser aberta a oportunidade da transação penal e a composição civil ao indivíduo (art. 60, *in fine*, Lei 9.099/1995).

Concorrendo crime doloso contra a vida e crime com processamento na justiça especializada (Eleitoral, Militar) impõe-se a separação dos processos. Ex.: homicídio e crime eleitoral. Haverá separação de processos. O Júri julgará o homicídio e a JE o crime eleitoral;

b) No concurso de jurisdições da mesma categoria (art. 78, II)

I – Preponderará a do lugar da infração à qual for cominada a pena mais grave.

Ex.: roubo consumado em São Paulo conexo com receptação cometida em Ribeirão Preto. Atração do foro de São Paulo, pois o roubo tem a pena em abstrato mais grave;

II – Prevalecerá a do lugar em que houver ocorrido o maior número de infrações se as respectivas penas forem de igual gravidade.

Ex.: furto em Belo Horizonte conexo com duas receptações em Governador Valadares. Competência do juízo de Governador Valadares, pois as infrações, isoladamente, possuem a mesma pena em abstrato (1 a 4 anos), mas o número de infrações foi maior em Governador Valadares;

III – Firmar-se-á a competência pela prevenção, nos outros casos.

Ex.: infrações de igual gravidade e quantidade;

c) No concurso de jurisdições de diversas categorias, predominará a de maior graduação (art. 78, III)

Quando acontecer de haver conexão ou continência entre delitos a serem processados em graus distintos, prevalecerá, em regra, a competência daquele de maior graduação. Ex.: Prefeito que comete crime em concurso com pessoa comum. Em regra, ambos serão julgados pelo Tribunal de Justiça em razão da continência por cumulação subjetiva (Súmula 704, STF).

Atenção: O plenário do STF firmou entendimento no sentido de que "o desmembramento de inquéritos ou de ações penais de competência do STF deve ser regra geral, admitida exceção nos casos em que os fatos relevantes estejam de tal forma relacionados que o julgamento em separado possa causar prejuízo relevante à prestação jurisdicional". (STF, Rcl 24138 AgR, 2ª Turma, *DJ* 14.09.2016 e Inq 3515 AgR/SP, Info. 735)

d) No concurso entre a jurisdição comum e a especial, prevalecerá esta (art. 78, IV)

Ex.: quando um crime eleitoral é conexo a crime comum haverá reunião dos processos e a competência para decidir a causa será da Justiça Eleitoral.

Atenção: a competência da Justiça Federal (justiça comum no âmbito da jurisdição penal) exerce o papel de justiça especial quando confrontada com a justiça comum estadual (competência residual). Sendo assim, havendo conexão entre um crime com ação penal perante a justiça estadual e outro na federal, esta última atrairá a competência para o julgamento dos processos (Súmula 122, STJ). Ex.: crime praticado a bordo de aeronave (JF) conexo com crime de competência da justiça estadual. Neste caso, a JF será competente para processar e julgar ambas as infrações. Exerce a JF, conforme dito, o papel de justiça especial diante da justiça estadual.

11.6.4. Separação de processos

Ainda que haja conexão ou continência, é possível que os processos tramitem separadamente.

a) Separação obrigatória (art. 79, CPP)

Impõe-se a separação dos processos nos seguintes casos:

a1) Concurso entre jurisdição comum e militar: por exemplo, crime de roubo conexo com crime militar. Haverá separação – *vide* Súmula 90, STJ;

a2) Concurso entre jurisdição comum e juízo de menores (art. 228, CF, c/c art. 104, Lei 8.069/1990 – ECA): não é possível reunir processos em que respondam um adulto, por infração penal, e um adolescente, por ato infracional. Haverá cisão;

a3) Doença mental superveniente: podemos citar como exemplo a situação em que três réus estão sendo processados e um deles passa a sofrer de insanidade mental. Haverá o desmembramento dos processos e o processo ficará suspenso quanto ao réu insano;

b) Separação facultativa (art. 80, CPP)

Poderá ocorrer nas seguintes hipóteses:

b1) quando as infrações forem praticadas em circunstância de tempo e lugar diferentes: a depender do caso, pode ser conveniente a separação dos processos para uma melhor colheita probatória;

b2) quando houver número excessivo de acusados: o grande número de acusados pode acarretar sério prejuízo à duração do processo, pois deve ser dada a oportunidade às oitivas de todas as testemunhas, à apresentação de provas por todos eles, bem como às suas defesas técnicas e interrogatórios. Assim, o juiz, à luz do caso concreto, poderá proceder à separação dos processos;

b3) quando surgir qualquer outro motivo relevante: a lei aqui não é específica, deixando, portanto, ao prudente arbítrio do juiz a decisão a respeito da separação de processos. De todo o modo, essa decisão deverá ser fundamentada.

11.7. Conflito de competência

Acontece quando dois ou mais juízes ou tribunais consideram-se competentes ou incompetentes para processar e julgar a causa.

Nesse sentido, duas são as possibilidades que veremos a seguir.

---

89. Infração de menor potencial ofensivo – art. 61, Lei 9.099/1995.

11.7.1. Conflito positivo (art. 114, I, primeira parte, CPP)

Ocorre quando dois ou mais órgãos jurisdicionais entendem ser competentes para processar e julgar a causa.

11.7.2. Conflito negativo (art. 114, I, segunda parte, CPP)

Quando dois ou mais órgãos jurisdicionais julgam-se incompetentes para apreciar a causa.

11.7.3. Competência para decidir o conflito

Mais uma vez servimo-nos da CF, onde estão localizadas as competências para dirimir os conflitos nas diversas esferas.

Por opção didática, apresentamos abaixo as hipóteses por tribunal:

a) STF (art. 102, I, "o") – possui competência para decidir os conflitos entre:

I – STJ e quaisquer tribunais. Ex: STJ x TRF;

II – Tribunais superiores. Ex: STJ x TSE;

III – Tribunais superiores e qualquer outro tribunal. Ex: TSE x TJ;

b) STJ (105, I, "d") – decide conflitos entre:

I – Quaisquer tribunais, exceto os superiores. Ex: TRF x TJ;

II – Tribunal e juízes não vinculados. Ex: TRF 1ª Região x juiz federal do TRF 5ª Região;

III – juízes vinculados a tribunais distintos. Ex: juiz federal x juiz estadual;

c) TRF (art. 108, I, "e") – decide conflitos entre juízes federais vinculados ao próprio tribunal;

d) TJ – pelo critério da simetria, compete-lhe julgar conflito de competência entre juízes estaduais a ele vinculados, abrangendo os magistrados da vara comum, dos juizados criminais, das turmas recursais etc. Ver os seguintes julgados a respeito: STF, RE 590409/RJ, *DJe* 29.10.2009; STJ EDcl no AgRg no CC 105796/RJ, *DJ* 30.09.2010.

11.8. Colegiado em primeiro grau de jurisdição (Lei 12.694/2012)

11.8.1. Compreendendo o tema

Quando um juiz singular tiver fundado motivo para temer por sua **integridade física** em virtude da atuação que vem desempenhando em **processo ou investigação** que examine crime(s) praticado(s) por **organização criminosa**, pode aquele magistrado instaurar um colegiado de juízes em primeiro grau a fim de praticar atos jurisdicionais de forma conjunta. A medida (instituição de colegiado em 1º grau) visa, portanto, retirar do juiz singular a responsabilidade exclusiva (despersonalização) por atos jurisdicionais que venha a praticar no curso de perseguição penal de crime(s) praticado(s) por organização criminosa.

A partir de 2020, também será possível que os Tribunais de Justiça e os Tribunais Regionais Federais instalem nas comarcas sede de circunscrição ou seção judiciária, mediante resolução, Varas Criminais Colegiadas com competência para o processo e julgamento de crimes relacionados a organizações criminosas armadas, do crime do art. 288-A, CP (Constituir, organizar, integrar, manter ou custear organização paramilitar, milícia particular, grupo ou esquadrão com a finalidade de praticar qualquer dos crimes previstos neste Código) e suas infrações conexas (art. 1º-A, I, II e III, Lei 12.694/2012).

Vejamos, a seguir, alguns pontos fundamentais sobre o tema.

a) Definição de organização criminosa

A Lei 12.694/2012 conceituou organização criminosa pela primeira vez em nosso ordenamento. Sucede que foi publicada a Lei 12.850/2013, que regula integralmente a definição e aspectos penais e processuais inerentes às organizações criminosas, revogando o dispositivo anterior. Nesse sentido, o art. 1º, § 1º, Lei 12.850/2013 conceitua organização criminosa como "a associação de 4 (quatro) ou mais pessoas estruturalmente ordenada e caracterizada pela divisão de tarefas, ainda que informalmente, com objetivo de obter, direta ou indiretamente, vantagem de qualquer natureza, mediante a prática de infrações penais cujas penas máximas sejam superiores a 4 (quatro) anos, ou que sejam de caráter transnacional".

b) Iniciativa

Conforme visto antes, a iniciativa para a formação do colegiado em 1º grau de jurisdição será do juiz singular, devendo este indicar "os motivos e as circunstâncias que acarretam risco à sua integridade física em decisão fundamentada, da qual será dado conhecimento ao órgão correicional", bem como dos TJ's e TRF's, por meio de resoluções (arts. 1º, § 1º, e 1º-A, Lei 12.694/2012).

c) Condições

c.1) Juiz singular: Existência de processo criminal ou mesmo de investigação a respeito de crime (excluídas as contravenções) imputado à organização criminosa.

Crimes com pena máxima superior a 4 anos. Aqui deverão ser levadas em conta as normas que resultem em redução ou majoração da pena, **excetuadas** as circunstâncias agravantes e as atenuantes.

Existência de razões concretas que apontem para risco à incolumidade física do magistrado. O mero receio não será suficiente para a aplicação da medida.

c.2) Varas Criminais Colegiadas: crimes pertinentes a organizações criminosas armadas; crime do art. 288-A, CP (Constituir, organizar, integrar, manter ou custear organização paramilitar, milícia particular, grupo ou esquadrão com a finalidade de praticar qualquer dos crimes previstos neste Código) e suas infrações conexas

d) Momento

Poderá o colegiado ser formado na fase de investigação (tendo aqui natureza preparatória), ou na fase processual, quando assumirá natureza incidental.

No caso da Vara Criminal Colegiada, por ter caráter de permanência na estrutura do Judiciário, será preexistente ao fato, funcionando de acordo com as regras convencionais de distribuição de processos ou de procedimentos de investigação que tenham como objeto os crimes indicados nesta

Lei, Sendo assim, o magistrado, ao receber da distribuição o processo ou procedimento, deverá declinar da competência, remetendo à Vara Colegiada (§ 2º, art. 1º-A).

e) Indicação do ato (ou atos) a ser praticado

O juiz singular indicará qual ato (ou atos) que deverá ser praticado pelo colegiado. Embora a lei determine que o juiz deva indicar o ato (ou atos) a ser praticado, não há limite de atos aqui, podendo, portanto, o magistrado indicar quantos atos entender necessários.

O rol, de natureza exemplificativa, está indicado no art. 1º, I a VII, da Lei 12.694/2012.

I – decretação de prisão ou de medidas assecuratórias;

II – concessão de liberdade provisória ou revogação de prisão;

III – sentença;

IV – progressão ou regressão de regime de cumprimento de pena;

V – concessão de liberdade condicional;

VI – transferência de preso para estabelecimento prisional de segurança máxima; e

VII – inclusão do preso no regime disciplinar diferenciado.

No caso das Varas Criminais Colegiadas, a competência será para todos os atos jurisdicionais desde a fase de investigação até a execução da pena (§ 1º, art. 1º-A),

f) Composição

O colegiado será formado por 3 (três) juízes de primeiro grau. Um deles necessariamente será o juiz natural da causa, aquele que decidiu pela instituição do colegiado. Os demais serão definidos por sorteio eletrônico dentre todos os juízes de primeiro grau com competência criminal. Caso os juízes sorteados se encontrem em cidades diversas, "a reunião poderá ser feita pela via eletrônica" – art. 1º, § 5º, da Lei 12.694/2012. Estão excluídos da composição do colegiado os magistrados afastados das suas funções, os impedidos e os suspeitos. A citada Lei é silente quanto à composição da Vara Criminal Colegiada. Entendemos que esta será determinada por meio da resolução do tribunal que a instituir.

g) Comunicação

Após a decisão pela formação do órgão colegiado, o juiz deverá comunicar diretamente à corregedoria do tribunal ao qual estiver vinculado para a adoção das providências necessárias ao sorteio, bem como para fins de registro e controle administrativo.

h) Prazo

A sua duração dependerá da decisão que o instituiu, pois a competência do colegiado está limitada ao(s) ato(s) para o(s) qual(is) foi convocado. Havendo convocação para todo o processo, a sua atuação se dará até o exaurimento de todos os atos jurisdicionais de primeiro grau. Caso seja fracionada, a sua duração estará adstrita à prática do ato.

i) Decisões

As decisões deverão ser fundamentadas e assinadas por todos os membros do colegiado, **sem exceção**. As decisões serão tomadas com base na maioria dos votos, mas não

haverá menção à divergência. O objetivo da medida é preservar os juízes com a desconcentração da responsabilidade pela atuação jurisdicional.

j) Sigilo das reuniões

"As reuniões poderão ser sigilosas sempre que houver risco de que a publicidade resulte em prejuízo à eficácia da decisão judicial" – art. 1º, § 4º, da Lei 12.694/2012.

Note-se que, para que seja justificado o sigilo, será necessário demonstrar que a publicidade pode concretamente afetar a eficácia da decisão judicial. Por esse motivo é que devem ser observados alguns requisitos, cumulativos, para a decretação do sigilo, a saber:

I – Decisão fundamentada com indicação da extensão da medida;

II – Indicação do risco de ineficácia da medida, condicionando o seu êxito ao sigilo prévio;

III – Acesso irrestrito do defensor público ou do advogado aos autos, inclusive aos documentos e atas produzidos durante os atos sigilosos.

11.8.2. Críticas

Há severas críticas ao instituto do colegiado em primeiro grau, notadamente em relação a dois aspectos: violação ao princípio do juiz natural; vedação à menção do voto divergente.

Em relação à violação do juiz natural, é possível sustentar a inconstitucionalidade do dispositivo porque a formação do colegiado se dá em momento posterior à prática do fato. Nessa linha de entendimento, estaríamos diante de órgão assemelhado a um tribunal/juiz de exceção. Por outro lado, a inovação trazida pelo novo art. 1º-A (Vara Criminal Colegiada) nos parece uma tentativa de correção, que poderá esvaziar naturalmente o instituto do colegiado de primeiro grau.

Por outro lado, podemos defender a interpretação conforme a Constituição a partir da estrita obediência a regramentos claros e prévios ao fato delituoso, quais sejam: permanência do juiz natural como membro do colegiado; decisão motivada em risco concreto à integridade física do juiz natural; e o sorteio eletrônico de dois juízes de primeiro grau com competência criminal. O STF já se manifestou em sentido parecido na ADI 4414, Info 667 (organização criminosa e vara especializada).

No que tange à vedação de menção a voto divergente, vislumbra-se 3 (três) possibilidades.

A primeira linha de argumentação parte da inconstitucionalidade plena do dispositivo em razão da ausência de publicidade dos fundamentos do voto divergente (art. 93, IX, CF). Importante dizer também que, com base nos fundamentos do voto divergente, o recurso da parte poderia ser melhor estruturado nos casos de condenação. Restaria, em última análise, certa restrição ao direito de recorrer.

O segundo aspecto diz respeito a um temperamento da crítica acima. Seria preservada a identidade do juiz que divergiu, mas o conteúdo do seu voto deveria ser publicizado pelas razões já expostas.

Por fim, uma terceira via segue o entendimento de que não se impõe a divulgação de voto divergente na sentença porque "a divulgação do voto divergente retiraria a eficácia do objetivo da lei que é a de diluir a responsabilidade, atribuindo-a conjuntamente a três membros. (...) o conhecimento do voto divergente não ampliaria para o acusado o seu direito de recorrer, pois não cabem contra as decisões do juízo de primeiro grau embargos de divergência ou de nulidade." (TÁVORA; ALENCAR. 2013. p. 275).

12. QUESTÕES E PROCESSOS INCIDENTES

12.1. Compreendendo o tema

Por vezes, surgem incidentes no curso do processo penal que, embora acessórios, afiguram-se relevantes para o deslinde da causa, devendo ser resolvidos antes da sentença final. Tais incidentes são classificados pelo CPP como: **questões prejudiciais** e **processos incidentes**

12.2. Questões prejudiciais (arts. 92 a 94, CPP)

12.2.1. Conceito

São as questões relacionadas ao direito material, penal ou extrapenal, mas que possuem ligação com o mérito da causa penal, motivo pelo qual se impõe a sua solução antes do julgamento do processo criminal. Ex.: Fulano está sendo processado pelo crime de bigamia e alega em sua defesa, entre outros aspectos, a invalidade do 1º casamento.

Da situação anteriormente indicada, identificamos como questão prejudicial a nulidade do 1º casamento, que tem natureza cível (extrapenal), e como questão prejudicada, ou seja, a que está condicionada à solução da prejudicial, o crime de bigamia. Se o casamento for nulo, não há que se falar em bigamia.

12.2.2. Classificação das questões prejudiciais
a) Quanto à matéria acerca da qual versam

a1) Homogêneas: *quando a questão prejudicial versa sobre matéria do mesmo ramo do Direito da questão principal.* Ex.: furto em relação à receptação, pois esta última pressupõe a procedência criminosa do bem;

a2) Heterogêneas: *quando pertencem a outro ramo do Direito que não o da questão principal.* Ex.: validade do casamento (cível) em relação ao crime de bigamia (penal).

Por sua vez, questões prejudiciais heterogêneas *quanto à necessidade do juiz penal suspender ou não o curso do processo criminal,* subdividem-se em:

I – Heterogêneas obrigatórias (necessárias ou devolutivas absolutas): o processo criminal será obrigatoriamente suspenso pelo juiz penal até que a questão prejudicial seja resolvida pelo juiz cível. Ocorre quando há questão prejudicial sobre o estado civil das pessoas (art. 92, CPP). Ex.: validade do 1º casamento (estado civil) e bigamia.

Atenção: nessa hipótese, não há prazo determinado para a suspensão (provas urgentes poderão ser produzidas, no entanto); sendo que o prazo prescricional ficará suspenso, por força do disposto no art. 116, I, CP;

II – Heterogêneas facultativas (devolutivas relativas): essa espécie está consubstanciada no art. 93, CPP. Nesse caso, embora haja uma questão prejudicial a ser resolvida no cível, o juiz penal não está obrigado a suspender o curso do processo criminal. Caso não o suspenda, o próprio juiz, na sentença, decidirá a prejudicial, que não terá efeito *erga omnes*. Ex.: crime de furto e discussão da propriedade do bem no juízo cível.

Atenção: a questão prejudicial não pode versar sobre o estado das pessoas, pois, se for este o caso, haverá suspensão obrigatória (art. 92, CPP). Para que seja possível a suspensão, é preciso que já haja ação cível em andamento (conforme redação do referido dispositivo).

12.2.3. Considerações sobre o procedimento

Como já visto, seja a questão prejudicial obrigatória ou facultativa, a suspensão do processo criminal poderá ser determinada de ofício pelo juiz ou via requerimento das partes, nos termos do art. 94, CPP, que preconiza: "a suspensão do curso da ação penal, nos casos dos artigos anteriores, será decretada pelo juiz, de ofício ou a requerimento das partes".

Dessa decisão que determina a suspensão do processo criminal cabe recurso em sentido estrito (RESE), cuja previsão consta do art. 581, XVI, CPP. No sentido contrário, ou seja, da decisão que indefere a suspensão, não há previsão de recurso.

É importante dizer, ainda, que uma vez suspenso o processo, e tratando-se de crime de ação penal pública, incumbirá ao Ministério Público promover a ação civil, na função de legitimado extraordinário (art. 92, parágrafo único, CPP, c/c art. 18, NCPC), ou atuar como fiscal da Lei (*custos legis*) para o fim de promover-lhe o rápido andamento, na forma prescrita pelo art. 93, § 3º, CPP c/c art. 178, NCPC.

> **Reflexos do NCPC:**
>
> O novo diploma legal mantém a intervenção do MP nas ações cíveis (arts. 178 e 179), mas amplia a sua esfera de atuação, que atualmente é de fiscal da lei, e passa a ser o de fiscal da ordem jurídica.
>
> Por fim, insta salientar que o prazo prescricional ficará suspenso enquanto a questão prejudicial não for resolvida (art. 116, I, CP).

12.2.4. Distinção entre questões prejudiciais e questões preliminares

Nesse momento, após vislumbrarmos os aspectos inerentes às questões prejudiciais, compete elucidar os traços diferenciais entre estas e as questões preliminares.

Pudemos compreender que as questões prejudiciais estão intimamente relacionadas ao mérito da causa e por tal razão devem ter a sua solução anterior à decisão definitiva.

Já as questões preliminares incidem diretamente sobre o processo e o seu desenvolvimento regular (NUCCI, 2008, p. 322). Não se confundem ou relacionam, portanto, com o mérito. Tal solução pode se dar nos autos da própria ação penal, como ocorre, por exemplo, com a alegação de nulidade formulada nos memoriais/alegações finais orais, ou por meio de processos incidentes, como veremos a seguir, de forma mais detalhada.

12.3. Processos incidentes

Assim como as questões prejudiciais, os processos incidentes também precisam ser resolvidos pelo juiz antes de decidir a causa principal. Enquanto as prejudiciais ligam-se ao mérito da questão principal, os processos incidentes dizem respeito ao processo (à sua regularidade formal), podendo ser solucionados pelo próprio juiz criminal.

12.3.1. Exceções (art. 95, CPP)

Trata-se de meio de defesa indireta, de natureza processual, que versa sobre a ausência das condições da ação ou dos pressupostos processuais. Subdividem-se em **exceções peremptórias**, *aquelas que objetivam a extinção do processo* (ex.: exceção de coisa julgada); e **exceções dilatórias**, *aquelas que objetivam apenas prolongar o curso do processo* (ex.: exceção de incompetência).

As exceções são processadas em apartado e, em regra, não suspendem o curso da ação penal (art. 111, CPP). Examinemos as modalidades de exceções:

a) Exceção de suspeição (arts. 96 a 107, CPP): visa a combater a parcialidade do juiz. Precede às outras exceções, pois, antes de qualquer coisa, é preciso haver um juiz imparcial.

a1) Hipóteses de suspeição do magistrado (art. 254, CPP): considera-se suspeito o juiz quando:

I – for amigo íntimo ou inimigo capital de qualquer das partes;

II – ele, seu cônjuge, ascendente ou descendente, estiver respondendo a processo por fato análogo, sobre cujo caráter criminoso haja controvérsia;

III – ele, seu cônjuge, ou parente, consanguíneo, ou afim, até o terceiro grau, inclusive, sustentar demanda ou responder a processo que tenha de ser julgado por qualquer das partes;

IV – tiver aconselhado qualquer das partes;

V – for credor ou devedor, tutor ou curador, de qualquer das partes;

V – se for sócio, acionista ou administrador de sociedade interessada no processo.

> **Reflexos do Novo Código de Processo Civil**
>
> Art. 145. Suspeição; Para Alencar e Távora (2015, p. 482-483), como o rol das hipóteses de suspeição previstas no CPP é exemplificativo, a única alteração relevante é a necessidade de fundamentação da declaração de suspeição por motivo de foro íntimo.

a2) Aspectos procedimentais da exceção de suspeição

O juiz poderá reconhecer a sua suspeição, de ofício, ou mediante requerimento das partes. Caso o magistrado a reconheça de ofício, remeterá os autos ao seu substituto legal, após intimação das partes.

Se apresentada por meio de exceção, o juiz, reconhecendo a suspeição, sustará a marcha do processo e mandará juntar aos autos a petição do recusante com os documentos que a instruíram, e, por despacho, declarar-se-á suspeito, ordenando a remessa dos autos ao substituto (*vide* arts. 97 e 99, CPP).

Não reconhecendo o juiz a suspeição, mandará autuar em apartado a petição, irá respondê-la em até 3 dias e remeterá os autos, em 24h, ao órgão competente para julgamento da exceção (art. 100, CPP).

Se o tribunal julgar procedente a suspeição, serão declarados nulos todos os atos praticados pelo juiz (art. 101, CPP).

Além da suspeição do magistrado, as partes poderão também arguir a suspeição do membro do MP, do perito, do intérprete, dos demais funcionários da Justiça e dos jurados (arts. 105 e 106, CPP). Nesse sentido, ver STF, AS 89/DF, DJ. 13.09.2017 e Info. 877, de 11 a 15 de setembro de 2017.

Recorde-se que não se pode opor suspeição às autoridades policiais nos atos do inquérito, embora estas devam declarar-se suspeitas quando houver motivo legal.

No que tange ao membro do MP, rememore-se que, de acordo com a Súmula 234, STJ: "a participação de membro do Ministério Público na fase investigatória criminal não acarreta o seu impedimento ou suspeição para o oferecimento da denúncia".

Da decisão que reconhecer a suspeição inexiste recurso. Nesse caso, a doutrina entende que os meios de impugnação cabíveis são o *habeas corpus ou o mandado de segurança;*

b) Exceção de incompetência (arts. 108 e 109, CPP): visa a corrigir a competência do juiz.

Com relação a essa modalidade de exceção, é preciso que as partes estejam atentas à natureza da competência, se absoluta ou relativa, pois, em se tratando desta última (relativa), caso não reconhecida de ofício pelo juiz[90] ou arguida oportunamente pela parte interessada, poderá ocorrer a preclusão. Assim, quando se tratar de incompetência territorial, cuja natureza é relativa, a exceção deve ser oposta no prazo de resposta à acusação, sob pena de convalidação.

Tratando-se de incompetência em razão da matéria, por prerrogativa de função ou funcional, todas de natureza absoluta, poderão ser arguidas a qualquer tempo, inclusive reconhecidas de ofício pelo juiz. Assim, não precisam ser arguidas por meio da exceção em comento.

Caso se trate de exceção de incompetência *relativa*, julgada procedente a exceção, serão anulados os atos decisórios, aproveitando-se os instrutórios.

Caso se trate de exceção de incompetência *absoluta*, julgada procedente a exceção, serão anulados todos os atos (decisórios e instrutórios). O processo será, pois, anulado *ab initio*.

Da decisão que acolhe essa exceção, cabe RESE (art. 581, II, CPP);

c) Exceção de ilegitimidade de parte (art. 110, CPP)

---

90. Há autores que entendem ser possível o reconhecimento *ex officio* da incompetência relativa, desde que o magistrado o faça até a fase de instrução ou do julgamento antecipado do mérito (respectivamente, OLIVEIRA, 2014, p. 302; e TÁVORA, 2014, p. 433).

Abrange tanto a ilegitimidade *ad causam*, que é a titularidade para figurar nos polos ativo e passivo da causa, como a ilegitimidade *ad processum*, que é a capacidade para a prática de atos processuais.

Exemplo de ilegitimidade *ad causam*: MP que oferece denúncia em crime de ação privada. Como se sabe, a titularidade aqui é do ofendido e não do MP.

Exemplo de ilegitimidade *ad processum*: vítima menor que, desejando ingressar com queixa-crime, outorga procuração a advogado para o cumprimento dessa finalidade. A vítima menor não possui legitimidade *ad processum* porque lhe falta capacidade para a prática de atos processuais.

Por se tratar de matéria de ordem pública, a ilegitimidade de parte (*ad causam* ou *ad processum*) pode ser arguida a qualquer momento, pelas partes, ou reconhecida, de ofício, pelo juiz.

Da decisão que acolhe essa exceção, cabe RESE (art. 581, III, CPP).

d) Exceção de litispendência (art. 110, CPP)

Ocorre quando há duas ou mais ações em andamento com a mesma causa de pedir (fato-crime) e o mesmo réu.

Sendo matéria de ordem pública, pode ser arguida a qualquer tempo pelas partes ou reconhecida de ofício, pelo juiz.

Da decisão que acolhe essa exceção, cabe RESE (art. 581, III, CPP);

e) Exceção de coisa julgada (*exceptio rei judicatae* – art. 110, CPP)

Ocorre quando, proposta uma ação penal, já existir outra ação idêntica definitivamente julgada. Decorre da premissa de que ninguém pode ser julgado duas vezes pelo mesmo fato-crime.

Não confundir a exceção de coisa julgada com a exceção de litispendência. Nesta última, as ações idênticas *encontram-se em curso*. Naquela outra, uma das ações idênticas já foi julgada em definitivo.

Destaque-se que o manejo da exceção de coisa julgada refere-se à coisa julgada material (aquela que impede que qualquer outro juízo ou tribunal examine a causa já decidida) e não à coisa julgada formal (aquela que impede que o juízo da causa reexamine a decisão). É que, como cediço, neste último caso (CJ formal), o efeito de imutabilidade ocorre apenas dentro do próprio processo, sendo que, preenchidos os requisitos faltantes, será sim possível a reproposição da ação. Ex.: decisão de impronúncia. Preenchidos os requisitos e desde que não prescrito o crime, será possível apresentar novamente a ação penal.

Da decisão que acolhe essa exceção, cabe RESE (art. 581, III, CPP).

12.3.2. Restituição de coisas apreendidas (arts. 118 a 124, CPP)

Em regra, os objetos apreendidos em decorrência do crime praticado, não sendo ilícitos e não havendo dúvidas quanto àquele que os reclama, serão devolvidos à pessoa pelo delegado ou pelo juiz, por meio de simples pedido de restituição.

Porém, se tais objetos importarem ao processo, não poderão ser restituídos até o trânsito em julgado da sentença (art. 118, CPP). Ex.: o veículo furtado no qual foi encontrada a vítima do homicídio não poderá ser devolvido ao legítimo proprietário enquanto não for periciado.

Há coisas, entretanto, que, mesmo com o trânsito em julgado, não serão restituídas (art. 91, II, CP). Ex.: o instrumento cujo uso é proibido. A arma pertencente ao exército – de uso proibido pelo civil – empregada na prática do crime não retornará ao réu, ainda que ele seja absolvido. A exceção desse confisco se dá em relação ao direito do lesado ou do terceiro de boa-fé, ou seja, se, na mesma situação, a arma proibida pertencia a um colecionador, essa será restituída a ele.

Com efeito, o *incidente de restituição* deverá ser instaurado toda vez que houver dúvida a respeito do direito do reclamante sobre a coisa.

a) Aspectos procedimentais do incidente de restituição de coisas apreendidas

A instauração do incidente será feita pelo juiz, de ofício, ou por meio de provocação do delegado ou do interessado, nos seguintes casos:

I – Dúvida quanto ao direito do reclamante sobre a coisa (art. 120, § 1º, CPP);

II – Quando os bens reclamados tiverem sido apreendidos com terceiro de boa-fé (art. 120, § 2º, CPP). Ex.: vítima do bem furtado e terceiro de boa-fé que estava investido na posse do bem no momento da apreensão. Nesse caso, o reclamante e o terceiro de boa-fé serão chamados para fazer prova do seu direito. Persistindo a dúvida sobre qual o verdadeiro dono do bem, o juiz remeterá as partes para o juízo cível, ordenando o depósito.

Nos pedidos de restituição, o Ministério Público **sempre** deverá ser ouvido (120, § 3º, CPP).

b) Recurso

Conforme o art. 593, II, CPP, cabe apelação da decisão que defere ou indefere a restituição de coisas apreendidas. Esse entendimento decorre da natureza da decisão que resolve o incidente. Como será visto no item sobre decisões judiciais, o ato judicial que soluciona o processo incidente tem natureza de decisão definitiva ou com força de definitiva. Nesse sentido, ver STJ: Info. 0522 e RMS 33274/SP, *DJe* 04.04.2011.

Atenção: No caso do perdimento dos bens determinado por sentença condenatória transitada em julgado, que ocorrerá sem prejuízo do que estabelece o art. 120, CPP, será realizado leilão público e, do valor apurado, será restituída a parte que couber ao lesado ou ao terceiro de boa-fé (art. 133 e § 1º, CPP).

12.3.3. Medidas assecuratórias (arts. 125 a 144-A, CPP)

São aquelas que visam a assegurar, de forma preventiva, a reparação dos danos à vítima e à coletividade em caso de futura sentença penal condenatória. Possuem, portanto, natureza acautelatória. Dividem-se em: sequestro, hipoteca legal, arresto e alienação antecipada.

a) Sequestro: conforme Nucci (2006, p. 324): é *medida assecuratória consistente em reter os bens imóveis e móveis do indiciado ou acusado, ainda que em poder de terceiros, quando adquiridos com o proveito da infração penal.* Ex.: imóvel adquirido pelo réu com valor proveniente do desvio de verba pública.

Examinemos abaixo algumas de suas características mais marcantes:

a1) Requisito para a realização do sequestro: indícios veementes da proveniência ilícita dos bens – art. 126;

a2) Momento: o sequestro poderá ser realizado no curso do processo, da investigação criminal (IP, por exemplo), ou até antes da fase investigativa – art. 127;

a3) Quem determina? O juiz, de ofício, ou a pedido do MP, do delegado, do ofendido ou de seus herdeiros – art. 127. Acrescente-se que o sequestro é medida deferida *inaudita altera pars*, *i. e.*, a constrição do bem se dá independentemente de oitiva da pessoa cujo bem será atingido;

a4) Peça defensiva: realizado o sequestro, admitem-se embargos (peça defensiva) opostos por terceiro (ex.: pessoa que adquiriu o imóvel de boa-fé) ou pelo próprio réu (ex.: o bem foi, na verdade, adquirido de forma lícita) – arts. 129 e 130;

a5) Levantamento do sequestro: significa *a perda da eficácia da medida* (do sequestro). Vejamos as hipóteses. Ocorrerá o levantamento quando (art. 131):

I – a ação penal não for intentada no prazo de 60 dias, contado da data da conclusão da diligência;

II – terceiro, a quem tiverem sido transferidos os bens, prestar caução;

III – ocorrer a absolvição definitiva do réu ou a extinção da punibilidade deste (também definitiva);

IV – os embargos (vistos anteriormente) forem julgados procedentes;

a6) Destinação final do bem em caso de sentença condenatória definitiva: A nova redação introduzida pela Lei n. 13.964/2019 trouxe algumas alterações e maior detalhamento ao procedimento.

Como já mencionado, uma vez determinado o perdimento dos bens em sentença condenatória transitada em julgado, o magistrado, de ofício ou a pedido do interessado ou do MP, determinará a avaliação e a venda dos bens em leilão público (art. 133, PP). Do valor arrecadado nesse leilão, será recolhido ao Fundo Penitenciário Nacional aquilo que não couber ao ofendido (denominado lesado pela nova redação) ou ao terceiro de boa-fé (art. 133, §§ 1º e 2º, CPP).

Em determinadas hipóteses o juiz poderá, ainda, autorizar temporariamente a utilização do bem sequestrado, apreendido ou sujeito a qualquer medida assecuratória pelos órgãos de segurança pública instituídos pelo art. 144, CF, além do sistema prisional, do sistema socioeducativo, da Força Nacional de Segurança Pública e do Instituto Geral de Perícia. Para tanto, será imperiosa a configuração do interesse público na adoção da medida (art. 133-A, CPP).

Assim, os referidos órgãos poderão adaptar e utilizar veículos para patrulhamento, equipamentos diversos para perícia, computadores, etc.

No caso da utilização de veículos, embarcações ou aeronaves, o juiz determinará à autoridade de trânsito ou ao órgão de registro e controle a emissão do certificado provisório de registro e licenciamento em favor do órgão público beneficiado (art. 133, § 3º, CPP).

Trata-se, em nossa visão, de medida positiva que pode garantir a utilização de bens móveis que estariam sujeitos à deterioração, em favor do interesse público. Cumpre, entretanto, aos órgãos/entidades de controle (CNJ, CNMP, Tribunais de Contas, etc.), fiscalizar a aplicação e execução de tais medidas para que sejam evitados eventuais desvios de finalidade, entre outros problemas com repercussão jurídica.

Por fim, é importante ressaltar que, uma vez consumado o perdimento dos bens em sentença condenatória definitiva, "o juiz poderá determinar a transferência definitiva da propriedade ao órgão público beneficiário ao qual foi custodiado o bem. Aqui permanece a ressalva de que o bem pode ir a leilão caso haja necessidade de reparação do ofendido ou de terceiro de boa-fé (art. 133, § 4º, CPP).

b) Hipoteca legal (art. 134, CPP): *recai sobre os bens imóveis de origem lícita do réu*. Visa a assegurar que o réu tenha patrimônio suficiente para ressarcir os danos experimentados pela vítima.

Examinemos abaixo algumas de suas **características mais marcantes:**

b1) Requisitos para a efetivação da hipoteca legal: certeza da infração (leia-se: prova da materialidade do fato imputado) e indícios suficientes de autoria – art. 134;

b2) Momento: sua decretação só é cabível durante o curso do processo, apesar da redação do art. 134, CPP, utilizar a expressão "indiciado" em seu bojo. A redação deste dispositivo é considerada equivocada pela majoritária doutrina;

b3) Quem pode requerê-la? Ofendido, seus herdeiros, ou o MP (quando o ofendido for pobre ou quando houver interesse da Fazenda Pública – sonegação fiscal, por exemplo) – *vide* arts. 134 e 142, CPP. Não pode o juiz decretá-la de ofício;

b4) Da decisão que defere ou indefere hipoteca legal, cabe apelação – art. 593, II, CPP;

b5) Em caso de absolvição definitiva ou de extinção da punibilidade definitiva, a hipoteca será cancelada – art. 141, CPP;

b6) Em caso de condenação definitiva, a vítima poderá executar no cível a hipoteca;

c) Arresto prévio ou preventivo (art. 136, CPP)

c1) Entendendo o tema: o processo de especialização de bens em hipoteca legal (tema visto anteriormente) é um procedimento demorado. Pois bem, "percebendo qualquer dos legitimados para a hipoteca que há possibilidade premente de o réu desfazer-se de seu patrimônio [transferência de bens a 3º, p. ex.], poderá promover, perante o juízo criminal em que tramita o processo penal contra o acusado, o pedido de **arresto preventivo**, demonstrando ao magistrado o *periculum in mora*" (AVENA, 2010, p. 439) (Incluiu-se).

Presentes os pressupostos legais dessa medida cautelar, poderá o juiz penal, de plano, determinar o arresto preventivo dos bens do réu, "medida esta que, inscrita no registro imobiliário, torna insuscetíveis de alienação os bens que constituem o seu objeto" (*op. cit.*, 2010, p. 439);

c2) Revogação do arresto preventivo: se, em 15 dias a partir da efetivação do arresto preventivo, não for promovido o processo de hipoteca legal dos bens constritos, haverá a revogação da medida (art. 136, parte final, CPP);

d) Arresto (arts. 137 a 144, CPP): *é uma medida semelhante à hipoteca legal, recaindo, porém, sobre **bens móveis** lícitos do agente.* Esta medida não deve ser confundida com o arresto preventivo (visto anteriormente). Podem ser objeto de arresto apenas os bens passíveis de penhora. O rol desses bens é residual, ou seja, parte-se da exclusão dos bens impenhoráveis, contidos no art. 649, CPC, e na Lei 8.009/1990. Excluídos os bens impenhoráveis ali enumerados, todos os demais estão sujeitos ao arresto.

Consoante entendimento do STF, para que seja decretada a medida do arresto, não é necessário que o réu esteja adotando atos concretos de desfazimento de bens, embora seja essencial a demonstração da plausibilidade do direito e o perigo da demora (Informativo 933/STF, de 11 a 15 de março de 2019).

Maiores considerações sobre o arresto do art. 137, CPP, são dispensadas, pois, no que diz respeito ao momento processual de requerimento, aos requisitos, à legitimidade para requerer, ao recurso cabível e ao seu levantamento, aplicam-se as mesmas disposições inerentes à hipoteca legal.

e) Alienação antecipada (art. 144-A, CPP): trata-se de medida destinada à preservação do valor de bens, móveis ou imóveis, que estejam sujeitos a depreciação ou deterioração, ou que tenham dificuldade de manutenção. Eis o procedimento a ser adotado nas hipóteses indicadas:

e1) os bens deverão ser vendidos pelo valor fixado na avaliação judicial ou por valor maior. Não alcançado o valor estipulado pela administração judicial, será realizado novo leilão, em até 10 (dez) dias contados da realização do primeiro, podendo os bens ser alienados por valor não inferior a 80% (oitenta por cento) do estipulado na avaliação judicial;

e2) o produto da alienação ficará depositado em conta vinculada ao juízo até a decisão final do processo, procedendo-se à sua conversão em renda para a União, Estado ou Distrito Federal, no caso de condenação, ou, no caso de absolvição, à sua devolução ao acusado;

e3) quando a indisponibilidade recair sobre dinheiro, inclusive moeda estrangeira, títulos, valores mobiliários ou cheques emitidos como ordem de pagamento, o juízo determinará a conversão do numerário apreendido em moeda nacional corrente e o depósito das correspondentes quantias em conta judicial;

e4) no caso da alienação de veículos, embarcações ou aeronaves, o juiz ordenará à autoridade de trânsito ou ao equivalente órgão de registro e controle a expedição de certificado de registro e licenciamento em favor do arrema-

tante, ficando este livre do pagamento de multas, encargos e tributos anteriores, sem prejuízo de execução fiscal em relação ao antigo proprietário;

e5) o valor dos títulos da dívida pública, das ações das sociedades e dos títulos de crédito negociáveis em bolsa será o da cotação oficial do dia, provada por certidão ou publicação no órgão oficial.

12.3.4. Incidente de falsidade documental (arts. 145 a 148, CPP)

Visa a impugnar documento tido como inidôneo. A noção de documento, para efeito do incidente aqui tratado, é bastante ampla. Dessa forma, a gravação de áudio, vídeo etc. é considerada como documento para fins desse incidente.

a) Momento de instauração desse incidente: somente no curso do processo;

b) Quem pode instaurá-lo? Juiz (de ofício ou a pedido do MP, querelante ou acusado). O advogado, neste caso, precisará de procuração com poderes especiais para essa finalidade, visto que a imputação de falsidade de documento acostado aos autos importa, em regra, atribuição de prática delituosa (*vide* art. 146). Assim, o advogado para atuar numa hipótese dessa precisa estar "blindado" pela procuração por poderes especiais. Havendo crime de denunciação caluniosa pelo requerente, será este que responderá pelo crime e não o advogado;

c) Recurso: da decisão que julgar o incidente procedente ou improcedente, cabe RESE (art. 581, XVIII, CPP);

d) A decisão sobre o incidente não faz coisa julgada em posterior processo civil ou criminal –art. 148, CPP. Não haverá vinculação, portanto, de posterior processo civil ou criminal sobre o fato.

12.3.5. Incidente de insanidade mental (arts. 149 a 154, CPP)

Trata-se de incidente que visa a averiguar a higidez mental do réu/indiciado.

a) Momento: qualquer fase do processo ou do inquérito. Se realizado no curso do processo, provocará a suspensão deste. Porém, poderão ser realizadas diligências que possam ser prejudicadas pelo sobrestamento. Ex.: o depoimento de uma testemunha com enfermidade grave (risco de óbito). Anote-se, ainda, que, mesmo suspenso o processo, o prazo prescricional não se suspenderá;

b) Quem pode instaurá-lo? O juiz (de ofício, ou a requerimento do MP, do delegado, do curador[91], do defensor ou do CCADI do acusado);

c) Requisito fundamental: deve haver dúvida razoável sobre a sanidade mental do acusado/indiciado;

d) Necessidade de nomeação de curador uma vez instaurado o incidente;

e) Perícia: no âmbito da perícia de insanidade mental, será fundamental determinar se o réu era, ao tempo do crime, de fato, inimputável (art. 26, CP). Constatada a inimputa-

---

91. Curador é qualquer pessoa maior de 18 anos que esteja na plenitude de suas faculdades mentais.

bilidade, o processo seguirá com a presença do curador, podendo, inclusive, resultar na absolvição imprópria do acusado (aquela que absolve o réu, porém, aplica-lhe medida de segurança).

Por outro lado, se os peritos entenderem que a inimputabilidade se deu depois da prática da infração, o processo continuará suspenso até que o acusado se restabeleça – art. 149, § 2º, CPP. É o que se chama de inimputabilidade superveniente;

f) Prazo: O laudo pericial possui prazo de 45 dias para ser concluído. O prazo poderá ser mais elástico caso o perito demonstre a necessidade de maior tempo para a conclusão do laudo (art. 150, § 1º, CPP);

g) Vinculação do magistrado: no momento da sentença, não ficará o juiz vinculado à conclusão da perícia (art. 182, CPP). Entretanto, considerando que o magistrado não possui a habilitação técnica necessária para atestar a respeito da sanidade mental e capacidade de autodeterminação do réu, o laudo médico-legal será elemento indispensável para a formação da sua convicção (STJ, 1802845/RS, DJe 30.06. 2020);

h) Doença mental no curso da execução penal: aplica-se a substituição prevista no art. 183, LEP, *in verbis: "quando, no curso da execução da pena privativa de liberdade, sobrevier doença mental ou perturbação da saúde mental, o Juiz, de ofício, a requerimento do Ministério Público, da Defensoria Pública ou da autoridade administrativa, poderá determinar a substituição da pena por medida de segurança*[92]*"*.

Por fim, cumpre dizer que não há recurso contra a decisão que instaura ou indefere o incidente de insanidade. Em hipótese de indeferimento absurdo, reconhece a doutrina a possibilidade de impetrar HC ou mesmo de ingressar com correição parcial.

Atenção: STJ, RHC 38499/SP, Info. 537 – "É ilegal a manutenção da prisão de acusado que vem a receber medida de segurança de internação ao final do processo, ainda que se alegue ausência de vagas em estabelecimentos hospitalares adequados à realização do tratamento". Ver ainda STJ, HC 300.976/SP, 6ª Turma, *DJ* 16.03.2015.

Ademais, segundo julgado do STF o "incidente de insanidade mental é prova pericial constituída em favor da defesa. Logo, não é possível determiná-lo compulsoriamente na hipótese em que a defesa se oponha à sua realização." (STF, HC 133078/RJ, DJe 22.09.2016 e Informativo 838, de 5 a 9 de setembro de 2016).

13. PROVA

13.1. Teoria geral da prova

13.1.1. Conceito

A palavra "prova" possui diversos significados, mas trabalharemos com apenas uma dessas acepções, segundo a qual prova é *todo elemento pelo qual se procura demonstrar a veracidade de uma alegação ou de um fato, buscando, com isso, influenciar o convencimento do julgador.*

13.1.2. Cuidado para não confundir

Objetivo da prova, objeto *da* prova e objeto *de* prova. Vejamos.

a) objetivo (finalidade) da prova: a prova visa a convencer (influenciar) o juiz a respeito de determinado fato/argumento;

b) objeto *da* prova: são os fatos, principais ou secundários, que, por serem capazes de gerar dúvida no magistrado, precisam ser demonstrados (provados). Ex.: se o MP imputa a Fulano um homicídio, este fato será objeto *da* prova, *i. e.*, sendo necessária a demonstração (prova) da autoria e da materialidade pela acusação;

c) objeto *de* prova diz respeito ao que é e ao que não é necessário ser demonstrado. Explica-se melhor. Certos fatos não precisam ser provados, não sendo, portanto, objeto *de* prova. Vejamos quais são eles:

I – **fatos notórios:** não precisa ser demonstrado ao juiz que, por exemplo, no dia 25 de dezembro se comemora o Natal;

II – **fatos axiomáticos:** são os considerados evidentes. Ex.: não será preciso fazer exame interno no cadáver quando o falecimento tiver decorrido de decapitação. É que a decapitação é causa (fato axiomático) evidente da morte da pessoa. *Vide* art. 162, CPP;

III – **presunções absolutas:** não precisa ser demonstrado ao juiz que, por exemplo, o menor de 18 é inimputável, pois se trata de presunção legal absoluta (critério biopsicológico adotado pelo legislador);

IV – **fatos inúteis:** não tendo qualquer relevância para o processo, os fatos inúteis também não serão objeto *de* prova. Ex.: a religião da vítima, não tendo qualquer relação com o fato criminoso, não será objeto *de* prova, visto ser considerado fato inútil.

Observação em relação aos fatos incontroversos: fatos incontroversos são aqueles que não foram refutados pelas partes. Ex.: o MP imputa um furto a Fulano e este confessa inteiramente a prática deste crime (fato incontroverso). Porém, note-se que, no Processo Penal, o fato incontroverso também poderá ser posto em xeque pelo magistrado, que pode não admiti-lo como verdadeiro. O juiz, nessa situação, conforme aponta certo setor da doutrina, pode inclusive produzir prova de ofício, na tentativa de desvelar o que, de fato, ocorreu (art. 156, CPP). Assim, nesse particular, o Processo Penal distancia-se do Processo Civil, que, em termos de fatos incontroversos, dispensa, em regra, a necessidade de demonstração (*vide* art. 374, III, NCPC).

13.1.3. Sistemas de apreciação da prova pelo juiz

Dentre outros, a doutrina costuma apontar os seguintes sistemas de apreciação da prova pelo juiz:

a) Sistema da prova legal ou tarifada (certeza moral do legislador): nesse sistema, a lei estipula o valor de cada prova, estabelecendo inclusive hierarquias, engessando o julgador. Resquício deste sistema entre nós: parágrafo único do art. 155, CPP (o estado das pessoas deve ser provado de acordo com a lei civil. Assim, a filiação não pode ser provada por

---

92. Ver STJ, RHC 38499/SP, Info. 537 e HC 130.162/SP, 6ª Turma, *DJ* 15.08.2012.

meio de prova testemunhal). Nesse sistema, era comum a confissão do réu ser considerada a "rainha das provas" (prova máxima da autoria);

b) Sistema da convicção íntima (ou certeza moral do julgador): o julgador decide com base na sua íntima convicção, sendo desnecessária a fundamentação. Vigora entre nós apenas em relação aos jurados no Tribunal Júri. Recorde-se que, no Júri, os 7 jurados (pessoas escolhidas do povo) decidem a sorte do acusado por meio de cédulas ("sim" e "não"), sem a necessidade de emitir qualquer tipo de fundamentação a respeito de sua decisão;

c) Sistema do livre convencimento motivado (ou persuasão racional do juiz): o juiz é livre para julgar. Porém, deve fazê-lo de forma fundamentada – art. 93, IX, CF. É a regra que vigora entre nós. A fundamentação das decisões judiciais é de capital importância, pois permite um *controle da racionalidade* da decisão do juiz pelas partes e pela própria sociedade (LOPES JR., 2010).

Observações: por força do princípio constitucional do contraditório, a apreciação das provas pelo magistrado deve, em regra, recair sobre os elementos produzidos em contraditório judicial (ao longo da instrução criminal). Impossível, portanto, uma condenação amparada exclusivamente em elementos obtidos na fase de investigação preliminar (inquérito policial). Isto porque tais elementos (chamados de "atos de investigação") não foram submetidos ao contraditório, ampla defesa etc. Assim, uma condenação prolatada nesses moldes afrontaria todos esses princípios constitucionais, padecendo, portanto, de nulidade absoluta.

Porém, cabem exceções aqui (ou seja, situações em que o juiz poderá sim pautar uma sentença condenatória em elementos colhidos no âmbito da investigação preliminar). São as chamadas provas cautelares, não repetíveis e antecipadas. Dois exemplos marcantes:

Ex.1: no curso do IP, caso uma testemunha esteja em estado grave de saúde, pode o juiz determinar a produção antecipada de prova (art. 225, CPP), permitindo às "partes"[93] o contraditório antecipado. Nesta situação, o testemunho colhido poderá ser normalmente valorado pelo juiz no momento da sentença, embora a prova tenha sido produzida em sede de IP.

Ex.2: em caso de crime de lesão corporal, deve-se realizar imediatamente o exame de corpo de delito, sob pena dos vestígios do crime desaparecem. Esta prova submete-se ao chamado contraditório diferido (retardado), i. e., apesar de produzida na fase de IP, quando integra o processo, submete-se ao contraditório (diferido) das partes. Também nesta situação a prova poderá ser normalmente valorada pelo juiz na sentença.

Ainda sobre o tema, o STF, em recente julgado, ressaltou que o princípio do livre convencimento motivado faculta ao juiz o indeferimento de provas consideradas irrelevantes, impertinentes ou protelatórias. No entanto, entendeu como constrangimento ilegal o indeferimento de todas as testemunhas de defesa pelo juiz, considerando haver afronta

ao devido processo legal (Informativo 901/STF, de 9 a 11 de maio de 2018).

Sobre tudo o que dissemos aqui, é oportuno o leitor consultar os arts. 155 e 400, § 1º, CPP.

13.1.4. Princípios da prova

a) Princípio da autorresponsabilidade das partes: diz respeito à conduta probatória das partes, que será determinante para o seu êxito ou fracasso ao final do processo. As partes devem suportar os efeitos da sua atividade ou da inatividade probatória;

b) Princípio da audiência contraditória: remete à dialeticidade do processo, à obrigatoriedade da produção da prova sob a égide do contraditório;

c) Princípio da aquisição ou da comunhão da prova: a prova, uma vez produzida, pertence ao processo e não à parte que a produziu. Desse modo, o depoimento da testemunha arrolada pela acusação poderá ser aproveitado pela defesa e vice-versa. Igualmente, se uma das partes resolver desistir de uma prova (ex: depoimento de testemunha arrolada em comum), a outra deverá ser ouvida para saber se tem interesse na dispensa ou na sua oitiva;

d) Princípio da oralidade: consiste na predominância da colheita probatória através da palavra falada. Ex: interrogatório; depoimentos das testemunhas; inquirição de peritos etc.;

e) Princípio da publicidade: os atos, em regra, devem ser públicos. Contudo, há diversas exceções, que serão analisadas pelo juiz, caso a caso, nos termos do art. 792, § 2º, CPP.

13.1.5. Ônus da prova (art. 156, CPP)

Aquele que alega algo tem o ônus de provar o que alegou. Desde logo, rememore-se que, em Processo Penal, o tema "ônus da prova" está intimamente ligado ao princípio do estado de inocência (já estudado anteriormente). É que o referido princípio faz recair sobre a acusação o ônus de provar a culpa *lato sensu* do acusado. Trata-se, inclusive, de comando presente no CPP (*vide* art. 156, primeira parte). Desse modo, não cabe ao réu demonstrar a sua inocência (até porque, para além do estado de inocência, goza do direito de permanecer calado – art. 5º, LXIII, CF), mas sim à acusação comprovar a culpa daquele. Caso a acusação não se desincumba desse ônus, i. e., não logre êxito em provar cabalmente a culpa do réu, deverá ser aplicada a regra pragmática de julgamento do *in dubio pro reo*, absolvendo-se, por conseguinte, o acusado.

Ainda sobre o assunto, note o leitor que *prevalece* na comunidade jurídica o entendimento de que o ônus da prova se *reparte* entre a acusação e a defesa. À primeira (à acusação) incumbe provar a existência do fato e sua respectiva autoria, a tipicidade da conduta, o elemento subjetivo da infração (dolo ou culpa), bem como eventuais agravantes, causas de aumento e/ou qualificadoras alegadas. A defesa, por sua vez, tem o ônus de provar eventuais alegações que faça sobre excludentes de tipicidade, ilicitude e/ou culpabilidade, circunstâncias atenuantes e causas de diminuição da pena.

Por outro lado, embora o ônus da prova incumba primordialmente às partes, permite o CPP que o juiz produza

---

93. Usamos "partes" entre aspas porque, tecnicamente, não há partes ainda, já que estamos em fase de IP.

provas de ofício (algo que é considerado, por vários autores, como ofensivo ao sistema acusatório pretendido pelo constituinte). Em todo o caso, conforme o art. 156, CPP, é facultado ao juiz:

I – ordenar, mesmo antes de iniciada a ação penal, a produção antecipada de provas consideradas urgentes e relevantes, observando a necessidade, adequação e proporcionalidade da medida;

II – determinar, no curso da instrução, ou antes de proferir sentença, a realização de diligências para dirimir dúvida sobre ponto relevante.

Para certo setor da doutrina, a produção probatória judicial deve ser cautelosa e supletiva, sob pena de ofensa ao sistema acusatório (transformando-se o juiz em órgão acusador).

13.1.6. Meios de prova e vedação à prova ilícita

Meio de prova é *tudo aquilo que "possa servir, direta ou indiretamente, à comprovação da verdade que se procura no processo: testemunha, documento, perícia" etc.* (TOURINHO FILHO, 2010, p. 555).

Os meios de prova não têm caráter taxativo no Processo Penal. Vale dizer, as partes poderão se valer não apenas daqueles meios de prova expressamente previstos no CPP (prova testemunhal, documental, perícias etc.), mas de todos os outros ao seu alcance (denominadas *provas inominadas*), desde que não sejam ilícitos.

Apesar de as partes possuírem amplo direito à prova (direito de tentar, por meio de provas, influenciar o convencimento julgador), este direito *não é*, logicamente, ilimitado, sendo vedada a utilização de prova ilícita (ex.: confissão mediante tortura). Diz a CF: *são inadmissíveis, no processo, as provas obtidas por meios ilícitos* (art. 5º, LVI).

É importante dizer que a doutrina construiu classificação considerando que **provas vedadas, proibidas ou inadmissíveis** *são aquelas cuja produção viole a lei ou os princípios inerentes ao direito material ou processual.*[94]

Com base no conceito acima, são estabelecidas como suas **espécies**: a) **prova ilícita**, que, conforme a atual definição do art. 157, *caput*, CPP, *é aquela obtida "em violação a normas constitucionais ou legais"*, ou seja, aquela que *"viola*

regra de direito material, seja constitucional ou legal, no momento da sua obtenção"[95] (ex: confissão obtida sob tortura); e b) **prova ilegítima**, violadora de normas e princípios de direito processual (ex: art. 159, § 1º, CPP).

Destaque-se que a classificação decorre da doutrina, pois a CF e a lei não fazem qualquer distinção, optando unicamente pela denominação "provas ilícitas".

Reconhecida a ilicitude da prova, deverá ser ela desentranhada dos autos por meio de decisão judicial.[96] Preclusa esta decisão, a prova deverá então ser inutilizada, também por meio de decisão judicial (*vide* § 3º do art. 157, CPP). Além disso, a Lei n. 13.964/2019 inseriu o § 5º ao art. 157, estabelecendo que o "juiz que conhecer do conteúdo da prova declarada inadmissível não poderá proferir a sentença ou acórdão". Trata-se de dispositivo que pretende afastar qualquer possibilidade de contaminação do convencimento do magistrado pela prova obtida ou produzida em desconformidade com o sistema legal.

Ainda de acordo com o art. 157, § 1º, CPP, são igualmente consideradas ilícitas as provas que derivem da ilícita (chamadas de *ilícitas por derivação*).[97] Trata-se da adoção da teoria norte-americana *fruits of the poisonous tree* (frutos da árvore envenenada). Ex.: após obter uma confissão mediante tortura (prova ilícita), agentes policiais descobrem o local onde certa quantidade de droga estava escondida e a apreendem observando a lei (prova, em tese, lícita, que, por derivação, acaba se tornando igualmente ilícita).

Note bem que a descoberta do local onde a droga foi encontrada decorreu **diretamente** da confissão obtida ilicitamente. Daí surge a derivação.

No sentido oposto, há teorias destinadas a afastar a ilicitude das provas. Algumas são autônomas e outras buscam mitigar a teoria dos frutos da árvore envenenada.

As que optamos por denominar autônomas são aquelas fundadas na inexistência do nexo de causalidade entre a prova ilícita e a outra prova. Tal exceção nos parece óbvia, pois se inexiste nexo causal não há que se falar em derivação. São absolutamente independentes.

A origem das teorias está no direito estadunidense e algumas delas foram incorporadas de forma explícita ou implícita pelos §§ 1º e 2º, art. 157, CPP.

Analisaremos as duas que são notoriamente acolhidas a seguir.

a) Teoria da fonte independente (*independent source doctrine*)

Segundo teor do § 2º, art. 157, CPP, entende-se por fonte independente *"aquela que por si só, seguindo os trâmites típicos e de praxe, próprios da investigação ou instrução criminal, seria capaz de conduzir ao fato objeto da prova".*

---

94. A 5ª Turma do STJ decidiu que "Sem consentimento do réu ou prévia autorização judicial, é ilícita a prova, colhida de forma coercitiva pela polícia, de conversa travada pelo investigado com terceira pessoa em telefone celular, por meio do recurso "viva-voz", que conduziu ao flagrante do crime de tráfico ilícito de entorpecentes". (STJ, HC 1630097/RJ, DJe 28.04.2017 e Informativo 603). Já o STF, no julgamento do HC 129678/SP, DJe 18.08.2017, entendeu que "A prova obtida mediante interceptação telefônica, quando referente a infração penal diversa da investigada, deve ser considerada lícita se presentes os requisitos constitucionais e legais". Isto é, caso haja autorização judicial para interceptação telefônica do réu para apurar a suposta prática de tráfico de drogas, e no bojo das gravações se descubra que o acusado foi autor de crime diverso, a prova obtida a respeito do novo crime descoberto será lícita (Informativo 869. STF, do período de 12 a 16 de junho de 2017). Ainda quanto ao tema, o STJ entendeu como ilícita a prova obtida por revista pessoal realizada por agentes de segurança privada, uma vez que somente autoridades judiciais, policiais e seus agentes estão autorizados a realizar buscas pessoais e domiciliares (Informativo 651/STJ, de 2 de agosto de 2019).

95. GOMES, Luiz Flávio. *Lei 11.690/2008 e provas ilícitas: conceito e inadmissibilidade*. Disponível em: [http://www.lfg.com.br]. Acesso em: 12.11.2014.

96. As peças processuais que fazem referência à prova declarada ilícita, contudo, não devem ser desentranhadas (Informativo 849/STF, de 28 de novembro a 2 de dezembro de 2016).

97. Ver: STF, ARE 939172/RJ. DJe 10.04.2017.

Com a devida vênia, o conceito nacional não corresponde à sua origem norte-americana (*Bynum v. U.S.*, 1960). Ao contrário, o dispositivo legal utiliza a definição da teoria da descoberta inevitável.

Considera-se fonte independente aquela que não possui ligação causal e cronológica com a prova ilícita já produzida. Em decorrência disso, estará livre de qualquer vício e será aproveitada no processo. A independência reside, pois, na ausência do nexo causal entre as duas provas por e, em regra, dos momentos distintos em que foram colhidas.

Ex.: no crime de roubo, a busca e apreensão do bem subtraído, sem autorização judicial (ilícita e, portanto, inadmissível), não tem o condão de macular os depoimentos de testemunhas que presenciaram o roubo e que foram colhidos **antes ou simultaneamente** à apreensão. Logo, a materialidade e autoria da infração penal podem ser demonstradas mesmo com a desconsideração da busca e apreensão. Quanto ao tema, o STF entendeu que eventual nulidade de prova, em razão da inobservância da prerrogativa de foro, não se estende aos agentes que não se enquadrem nesta condição (Informativo 945/STF, de 24 a 28 de junho de 2019)[98];

b) Teoria da descoberta inevitável (*inevitable discovery exception*)

Aproveita-se a prova derivada da ilícita se esta seria obtida de qualquer maneira, por meio de diligências válidas na investigação, afastando-se o vício. A contaminação foi afastada porque as diligências conduziriam, inevitavelmente, à sua descoberta. A sua vinculação à prova ilícita foi meramente circunstancial.

Ex.: um indivíduo que cometeu homicídio e ocultou o corpo confessa o crime e o local onde deixou o cadáver, mas a confissão foi obtida ilegalmente. Porém, uma busca no local estava em andamento ou estava no planejamento da investigação e foi/seria suficiente para descobrir o corpo, ainda que não houvesse a confissão. A prova, portanto, deve ser admitida.

Atenção: É preciso deixar claro que o local onde está o corpo deve ser plausível para uma operação de busca ou varredura, ou seja, em local sujeito às diligências de praxe. A análise da inevitabilidade da descoberta será feita pelo magistrado à luz do caso concreto, num juízo de proporcionalidade marcado pela ponderação entre os bens jurídicos envolvidos. Ver STF, HC 91867/PA, *DJe* 20.09.2012 e STJ, Info. 0447, 6ª Turma, período de 13 a 17.09.2010 e HC 152.092/RJ, 5ª Turma, *DJ* 28.06.2010.

Finalmente, é preciso dizer que a comunidade jurídica tem amplamente aceito a prova ilícita quando utilizada em *prol do réu*. É que aqui se entende que o *status libertatis* do indivíduo deve suplantar a vedação à prova ilícita.

> **Reflexos do Novo Código de Processo Civil**
>
> **Cooperação jurídica internacional para a produção de prova** (arts. 26 a 41) – É fato que a cooperação internacional já acontece, tendo como base legal tratados plurilaterais e bilaterais. Por meio destes, os Estados signatários comprometem-se a facilitar os trâmites da persecução penal além das fronteiras nacionais.
>
> A relevância do NCPC é introduzir na legislação infraconstitucional matéria que foi recepcionada pelo nosso ordenamento jurídico e que já vinha sendo aplicada no Brasil. Há, nesse sentido, uma regulação ampla da atividade de cooperação, com as hipóteses de cabimento, os limites e procedimentos que serão adotados pelo sistema de justiça brasileiro.
>
> **Prova emprestada** – Os Tribunais Superiores admitem a utilização de prova emprestada no Processo Penal, desde que sejam observados o contraditório e a ampla defesa, ou seja, as partes precisam ter a oportunidade de analisar, manifestar, impugnar e/ou contestar a sua utilização ou o seu conteúdo (STJ HC 155149/RJ, Info. 432; e STF HC 114074/SC, *DJe* 27.05.2013).
>
> O NCPC, em seu art. 372 vem positivar tal possibilidade, que pode ser aplicável subsidiariamente ao processo penal.

13.2. Provas em espécie

Passaremos, agora, a examinar as provas em espécie previstas no CPP, a começar pelo exame de corpo de delito.

13.2.1. *Exame de corpo de delito, cadeia de custódia e das perícias em geral. Noções introdutórias*

Primeiro, anote-se que, segundo Pacelli (2015, p. 426-427), a **prova pericial** é "uma prova técnica, na medida em que pretende certificar a existência de fatos cuja certeza, segundo a lei, somente seria possível a partir de conhecimentos específicos".

A produção da prova pericial deve seguir determinado procedimento desde o momento inicial até o encerramento do seu ciclo. Por esse motivo, entendemos ser mais didático explicar inicialmente como funciona a cadeia de custódia para depois adentrarmos na perícia em si.

13.2.1.1. *Cadeia de custódia*

Na definição trazida por Joseli Pérez Baldasso[99], a cadeia de custódia "é a aplicação de uma série de procedimentos destinados a assegurar a originalidade, a autenticidade e a integridade do vestígio, garantindo assim a idoneidade e transparência na produção da prova técnica" (TOCCHETTO, 2020, p. 4). A definição legal, contida no art. 158-A, diz que "Considera-se cadeia de custódia o conjunto de todos os procedimentos utilizados para manter e documentar a história cronológica do vestígio coletado em locais ou em vítimas de crimes, para rastrear sua posse e manuseio a partir de seu reconhecimento até o descarte."

---

98. Explica-se: caso juiz de 1ª instância venha a autorizar interceptação telefônica de 2 pessoas investigadas e uma delas seja Senador, a prova produzida será nula somente quanto ao parlamentar, uma vez que por este possuir prerrogativa de foro, a medida cautelar deveria ter sido autorizada pelo STF. Quanto ao investigado sem prerrogativa, a prova será válida.

99. TOCCHETTO, Domingos. Balística Forense – Aspectos Técnicos e Jurídicos. 10 ed. Salvador: Juspodivm, 2010.

Os novos dispositivos (arts. 158-A a 158-F, CPP) introduzidos pela Lei n. 13.964/2019 trazem para o CPP a procedimentalização da produção da prova técnica, que deve ser obedecida por todos os sujeitos que tenham contato (§§ 2º, art. 158-A, CPP), direto ou indireto, com o material probatório (TOCCHETTO, 2020, p. 4). Aqui cabe um alerta. A partir desse regramento legal, a inobservância do procedimento pode acarretar a nulidade da prova e, em algum grau, a responsabilização dos agentes que descumpriram as normas (art. 158-C, § 2º, CPP).

A cadeia de custódia tem início logo quando os agentes do Estado chegam ao local do crime ou têm o primeiro contato com o objeto da perícia (art. 158-A, § 1º, CPP). Nesse sentido, inclusive, o § 3º do dispositivo em comento traz para o corpo do CPP o conceito de vestígio, definido como "todo objeto ou material bruto, visível ou latente, constatado ou recolhido, que se relaciona à infração penal".

As etapas da cadeia de custódia são 10 (dez):

a) o **reconhecimento** (art. 158-B, I, CPP) do potencial interesse do objeto ou material bruto para a produção da prova pericial;

b) o **isolamento** (art. 158-B, II, CPP) do ambiente Imediato, mediato, que esteja relacionado aos vestígios e ao local do crime;

c) a **fixação** (art. 158-B, III, CPP), que consiste na "descrição detalhada do vestígio conforme se encontra no local de crime ou no corpo de delito, e a sua posição na área de exames" Ex.: fotografias, filmagens ou croqui. É indispensável a sua descrição no laudo pericial produzido pelo perito responsável pelo atendimento;

d) a **coleta** (art. 158-B, IV, CPP) do vestígio, de modo a preservar as suas características e natureza. A coleta deve ser feita preferencialmente por perito oficial (art. 158-C, *caput*, CPP);

e) o **acondicionamento** (art. 158-B, V, CPP) de cada vestígio coletado, que deve ser feito de modo individualizado (art. 158-D), conforme as características do objeto ou material. Ex.: sangue e ossos coletados não devem ser acondicionados conjuntamente;

f) o **transporte** (art. 158-B, VI, CPP) do vestígio (Ex.: do local da coleta ao laboratório de análises), que deve ser feito de modo a preservar as suas características originais, bem como o controle da sua posse;

g) o **recebimento** (art. 158-B, VII, CPP), que é a transferência da posse do vestígio entre agentes, deve ser devidamente documentado com informações que se refiram ao número do procedimento, unidade de polícia judiciária relacionada, local de origem, identificação de quem transportou e recebeu, entre outros aspectos;

h) o **processamento** (art. 158-B, VIII, CPP), que é o exame pericial em si, a ser realizado por peritos e sua conclusão formalizada pelo laudo pericial;

i) o **armazenamento** (art. 158-B, IX, CPP), ou seja, o ato referente à guarda, sempre nas condições adequadas à preservação, do objeto ou material que foi objeto da análise pericial. A guarda pode ter como finalidade uma contraperícia, o descarte ou novo transporte;

j) por fim, a última fase da cadeia é o **descarte** (art. 158-B, X, CPP), procedimento pelo qual é feita a liberação do vestígio em observância à legislação vigente ou a autorização judicial.

Em termos de estrutura, a Lei estabelece que os Institutos de Criminalística deverão ter uma central de custódia para a guarda e controle dos vestígios, sendo que a gestão estará necessariamente vinculada ao órgão central de perícia criminal oficial (art. 158-E e §§, CPP).

Entretanto, estabelece exceção no parágrafo único do art. 158-F, CPP, nos seguintes termos: "Caso a central de custódia não possua espaço ou condições de armazenar determinado material, deverá a autoridade policial ou judiciária determinar as condições de depósito do referido material em local diverso, mediante requerimento do diretor do órgão central de perícia oficial de natureza criminal". Da forma como está enunciado, não se trata de uma norma de transição. Ao dispor dessa forma, o Legislador possibilita que uma situação que deveria ser excepcional (falta de uma central de custódia adequada) seja a regra. É sabido que o investimento na polícia técnica não está entre as prioridades da segurança pública, então será preciso verificar ao longo do tempo se tal norma tratará, em verdade, da regra, e não da exceção.

13.2.1.2. *Exame de corpo de delito*

Ademais, vale notar que o **exame de corpo de delito** não se confunde com o **corpo de delito.** Enquanto este último significa o *conjunto de elementos sensíveis (rastros) deixados pelo fato criminoso*, aquele (o exame de corpo de delito) é a perícia realizada por especialista no corpo de delito (ou seja, é o exame realizado no conjunto de elementos sensíveis deixados pela prática da infração penal). Ademais, note-se que tal exame (de corpo de delito) só será realizado nos delitos *facti permanentis* (aqueles que deixam resultados perceptíveis) e não nos *facti transeuntis* (que não deixam resultados perceptíveis).

Segundo ponto: não se deve confundir o exame de corpo de delito com as demais perícias. A falta do exame de corpo de delito gera a nulidade do processo. A falta das demais perícias influencia apenas no convencimento do julgador (podendo tornar o conjunto probatório dos autos mais frágil). Isto é assim porque o exame de corpo de delito refere-se à constatação dos vestígios resultantes da conduta do núcleo do tipo penal. Ex.: num homicídio, o exame de corpo de delito (a necropsia) relaciona-se diretamente com os vestígios resultantes da conduta do núcleo do tipo penal (matar alguém – art. 121, CP). Por outro lado, as demais perícias não pertencem ao corpo do delito (vestígios resultantes da conduta do núcleo do tipo penal), tendo apenas o papel de influenciar no convencimento do julgador. Ex.: imagine-se um exame de DNA realizado em determinado indivíduo, visando a estabelecer a autoria do crime. A perícia, neste caso, recai sobre o convencimento do magistrado a respeito da responsabilidade pela prática da infração, não estando relacionada com o núcleo do tipo penal.

Atenção: Quanto à matéria, houve recente inovação legislativa com a publicação de Lei 13.721/2018, que acrescentou o parágrafo único ao artigo 158 do CPP, prevendo a realização prioritária do exame de corpo de delito quando o crime envolver violência doméstica e familiar contra mulher ou violência contra criança, adolescente, idoso ou pessoa com deficiência.

a) Conceito de exame de corpo de delito: é a *perícia realizada por especialista nos elementos sensíveis do crime, podendo ser realizada em qualquer dia/hora (art. 161, CPP);*

b) Base legal: art. 158 e ss., CPP;

c) Obrigatoriedade: a lei prevê a obrigatoriedade do exame de corpo de delito nos casos de crimes que deixam vestígios (delitos *facti permanentis* – aqueles que deixam resultados perceptíveis). Inclusive, a eventual falta do referido exame não poderá ser suprida pela confissão do acusado. Veja:

> **"Art. 158.** Quando a infração deixar vestígios, será indispensável o exame de corpo de delito, direto ou indireto, não podendo supri-lo a confissão do acusado."

Ademais, não sendo realizado o exame (direto ou indireto), o processo será considerado nulo (art. 564, III, *b*, CPP);

d) Observações: I) no âmbito do JECRIM,[100] o exame de corpo de delito pode ser substituído por boletim médico ou prova equivalente (art. 77, § 1º, Lei 9.099/1995); **II)** no âmbito da Lei de Drogas, para que a autoridade possa lavrar o APF,[101] é preciso realizar um laudo (chamado de laudo de constatação ou provisório) que ateste a natureza e a quantidade da droga apreendida (art. 50, § 1º, Lei 11.343/2006). Este laudo será firmado por perito oficial ou, na falta deste, por pessoa idônea. No curso do processo, porém, deverá ser realizado um laudo definitivo sobre a natureza e a quantidade da droga apreendida (§ 2º);[102] **III)** na hipótese de crime contra a propriedade imaterial, estabelece o art. 525, CPP, que, no caso de haver o crime deixado vestígio, a queixa ou a denúncia não será recebida se não for instruída com o exame pericial dos objetos que constituam o corpo de delito; **IV)** conforme certo setor da doutrina, o exame de corpo de delito é o único caso em que o delegado de polícia não poderá negar à vítima a realização da diligência (*vide* arts. 14 e 184, CPP).

e) Modalidades do exame de corpo de delito (exame direto ou indireto):

Em regra, o exame de corpo de delito deve se dar de forma direta, ou seja, deve ser realizado diretamente sobre o corpo de delito (sobre os elementos sensíveis deixados pela prática do crime).

Porém, excepcionalmente, quando não for possível realizar o exame direto (em razão dos vestígios da infração terem desaparecido, por exemplo), será possível a realização do exame de corpo de delito de modo indireto (pautado em outras provas idôneas – testemunhal, documental etc.) – STF, HC 114567, *DJe* 07.11.2012, Info 684 e HC 152.092/RJ, 5ª Turma, *DJ* 28.06.2010. Ex.: imagine-se que o corpo da vítima de homicídio tenha sido ardilosamente retirado da cena do

crime pelo autor da infração. Neste caso, permite a lei que o perito, baseando-se no depoimento de testemunhas, por exemplo, realize o exame de corpo de delito indireto, como forma de atestar a materialidade (existência) do crime (STJ, AgRg no REsp 1556961/RS, 5ª Turma, *DJ* 22.02.2016 e HC 170.507, *DJe* 05.03.2012, Inf. 491). Segue dispositivo sobre o tema:

> **"Art. 167.** Não sendo possível o exame de corpo de delito [**direto**], por haverem desaparecido os vestígios, a prova testemunhal poderá suprir-lhe a falta." (Incluímos).

Comentário: conforme visto, não só a prova testemunhal pode suprir o exame direto, mas outras igualmente idôneas, como a documental, por exemplo[103];

f) Quem realiza o exame de corpo de delito? O exame de corpo de delito e outras perícias serão realizados por **perito oficial, portador de diploma de curso superior** – art. 159, CPP.

E mais: nos termos do § 1º do art. 159, CPP, na falta de perito oficial, o exame será realizado por 2 pessoas idôneas, portadoras de diploma de curso superior preferencialmente na área específica do exame[104].

Tratando-se de perícia complexa que abranja mais de uma área de conhecimento especializado, poder-se-á designar a atuação de mais de um perito oficial, e a parte indicar mais de um assistente técnico (art. 159, § 7º, CPP).

Na Lei de Drogas, em seu art. 50, §§ 1º e 2º, é permitida a elaboração do laudo preliminar ou de constatação por apenas um perito, oficial ou não, sendo que ele não ficará impedido de participar da elaboração do laudo definitivo.

g) Formulação de quesitos e indicação de assistente técnico:

Segundo dispõe o § 3º do art. 159 do CPP, durante o curso da persecução penal, faculta-se ao MP, ao assistente de acusação, à vítima, ao querelante e ao acusado a formulação de quesitos e a indicação de assistente técnico.

A formulação de quesitos tem como destinatário o perito oficial (ou, na falta deste, as duas pessoas portadoras de diploma de curso superior) e visa a acentuar o contraditório em torno dos exames periciais. São perguntas que podem ser elaboradas pelas pessoas indicadas (MP, acusado etc.) ao perito, buscando tornar mais clara a perícia realizada.

Por outro lado, o assistente técnico trata-se de especialista contratado por uma das pessoas indicadas (MP, acusado, vítima etc.), tendo a função de emitir parecer crítico sobre o exame elaborado pelo perito oficial. Atua a partir de sua admissão pelo juiz e após a conclusão do exame e da elaboração de laudo pelo perito oficial (§ 4º).

Consoante dispõe o § 6º do art. 159, "havendo requerimento das partes, o material probatório que serviu de base à perícia será disponibilizado no ambiente do órgão oficial,

---

100. Juizado Especial Criminal – Lei 9.099/1995.

101. Auto de prisão em flagrante.

102. Conforme STF, RHC 110429, *DJ* 06.03.2012, Inf. 657: "a juntada do laudo definitivo após sentença – não ocasiona a nulidade da sentença se demonstrada a materialidade delitiva por outros meios probatórios".

---

103. Ver STF, HC 136964/RS (Info. 967, 17 a 28.02.2020).

104. Ver STF, Súmula 361: "No Processo Penal, é nulo o exame realizado por um só perito, considerando-se impedido o que tiver funcionado, anteriormente, na diligência de apreensão". Note o leitor que o teor da Súmula enseja nulidade relativa e é aplicável aos peritos **não oficiais**.

que manterá sempre sua guarda, e na presença de perito oficial, para exame pelos assistentes, salvo se for impossível a sua conservação".

Ademais, durante a persecução penal, quanto à perícia, é permitido às partes (§ 5º):

I – requerer a oitiva dos peritos para esclarecerem a prova ou para responderem a quesitos, desde que o mandado de intimação e os quesitos ou questões a serem esclarecidas sejam encaminhados com antecedência mínima de 10 dias, podendo apresentar as respostas em laudo complementar;

II – indicar assistentes técnicos que poderão apresentar pareceres em prazo a ser fixado pelo juiz ou ser inquiridos em audiência;

h) Valor de prova do exame de corpo de delito e das perícias em geral:

Tal qual as demais provas, o exame de corpo de delito e as perícias em geral possuem valor probatório relativo. Não vinculam o juiz. Confira-se:

> **"Art. 182.** O juiz não ficará adstrito ao laudo, podendo aceitá-lo ou rejeitá-lo, no todo ou em parte."

13.2.2. Interrogatório do acusado (art. 185 e ss., CPP)

a) Conceito: ato em que o acusado poderá, se quiser, apresentar sua versão dos fatos (exercer a sua autodefesa) perante a autoridade, vigendo plenamente neste momento o direito ao silêncio.

Nota: há quem utilize a palavra "interrogatório" para também designar o ato de oitiva (ouvida) do indiciado pelo delegado de polícia no curso do IP. Fala-se então em interrogatório policial (realizado na fase policial) e interrogatório judicial (em juízo). Neste tópico, examinaremos apenas o judicial (o policial já foi examinado quando tratamos do IP);

b) Natureza: tem prevalecido na doutrina de que se trata de um meio de prova e de defesa. Com Nucci (2006), podemos colocar a questão da seguinte maneira: o interrogatório é, fundamentalmente, um meio de defesa, visto que a CF confere ao réu o direito ao silêncio. Porém, se o réu quiser falar, aquilo que disser, poderá sim ser um meio de prova;

c) Momento: enquanto não houver trânsito em julgado, será possível realizar o interrogatório (bem como repeti-lo) de ofício ou a pedido fundamentado de qualquer das partes (art. 196, CPP). Não pode esse ato ser suprimido arbitrariamente pelo juiz (sob pena de violação à ampla defesa e consequente nulidade do processo);

d) Procedimento do interrogatório:

Primeiro, registre-se que a **presença** do defensor (constituído, dativo ou público) do acusado no ato do interrogatório é **indispensável**, gerando nulidade a sua eventual ausência. A figura do defensor é incontornável nesse momento, pois proporciona a efetivação da ampla defesa do acusado.

É igualmente imprescindível assegurar ao réu o **direito de entrevista prévia** com o seu defensor (i. e., antes de iniciar o interrogatório), possibilitando, assim, que ambos tracem a melhor estratégia defensiva (art. 185, § 5º, CPP).

Ainda, o acusado deve ser alertado do seu **direito constitucional de permanecer calado** (inciso LXIII do art. 5º, CF).

Assim, antes de iniciar o interrogatório, deve o juiz advertir o acusado a respeito desse direito (conferir o art. 186, CPP).[105]

Nota: em sede de "interrogatório" policial (oitiva do indiciado), predomina o entendimento de que a presença do defensor (bem como o direito de entrevista prévia entre este e o indiciado) é **dispensável**. Assim, não necessita o delegado aguardar a chegada do defensor do indiciado para iniciar a ouvida ("interrogatório") deste. Por outro lado, o direito ao silêncio tem aplicação total na oitiva do indiciado. Deve, portanto, a autoridade policial alertá-lo a respeito desse seu direito.

A seguir, vejamos como se dá o interrogatório do réu solto e do réu preso[106];

e) Interrogatório do réu que se encontra em liberdade: nessa situação, o interrogatório será realizado em juízo, ou seja, o réu deverá comparecer perante a autoridade judicial para ser interrogado;

f) Interrogatório do réu que se encontra preso (art. 185, CPP): aqui é preciso ter atenção.

I – Encontrando-se preso o acusado, o interrogatório, em regra, deverá ser realizado no próprio estabelecimento prisional em que estiver o acusado, em sala própria, desde que estejam garantidas a segurança do magistrado, do MP e dos auxiliares, bem como a presença do defensor e a publicidade do ato (§ 1º);

II – Não sendo possível a realização no próprio estabelecimento prisional, o interrogatório será então realizado por videoconferência (§ 2º), i. e., o juiz permanecerá no fórum e o acusado no presídio, empregando-se os meios tecnológicos necessários para assegurar a realização em tempo real do ato e a fidedignidade da imagem e som transmitidos. Esmiuçaremos mais abaixo essa modalidade de interrogatório;

III – Não sendo possível o interrogatório por meio de videoconferência, o preso será então conduzido a juízo (ao fórum) – com escolta policial (§ 7º);

g) Requisitos para a realização do interrogatório por meio de videoconferência

g1) Impossibilidade de o interrogatório ser realizado no presídio;

---

105. O STJ, HC 244.977, *DJ* 25.09.2012, Inf. 505, considerou ilícita a gravação de conversa informal entre policiais e o conduzido quando da lavratura do auto de prisão em flagrante, por não ter havido a prévia comunicação do direito de permanecer em silêncio. Posteriormente, considerou o STJ no Info. 543, 6ª Turma, período de 13.08.2014 que "Em processo que apure a suposta prática de crime sexual contra adolescente absolutamente incapaz, é admissível a utilização de prova extraída de gravação telefônica efetivada a pedido da genitora da vítima, em seu terminal telefônico, mesmo que solicitado auxílio técnico de detetive particular para a captação das conversas". Outrossim, restou consignado no RHC 48.397/RJ, DJ 16.09.2016, que a gravação de diálogo pelo cliente com seu advogado, para defesa de direito próprio, não configura prova ilícita ou violação ao sigilo profissional.

106. STF HC 121953/MG, Info. 750: O rito previsto no art. 400 do CPP – com a redação conferida pela Lei 11.719/2008 – não se aplica à Lei de Drogas, de modo que o interrogatório do réu processado com base na Lei 11.343/2006 deve observar o procedimento nela descrito (arts. 54 a 59).

g2) Necessidade de decisão fundamentada do juiz, de ofício ou a requerimento das partes;

g3) Necessidade de atender a uma das seguintes finalidades:

I – prevenir risco à segurança pública, quando exista fundada suspeita de que o preso integre organização criminosa ou de que, por outra razão, possa fugir durante o deslocamento;

II – viabilizar a participação do réu no referido ato processual, quando haja relevante dificuldade para seu comparecimento em juízo, por enfermidade ou outra circunstância pessoal;

III – impedir a influência do réu no ânimo de testemunha ou da vítima, desde que não seja possível colher o depoimento destas por videoconferência, nos termos do art. 217, CPP;

IV – responder a gravíssima questão de ordem pública.

E mais:

g4) Da decisão que determinar a realização de interrogatório por videoconferência, as partes deverão ser intimadas com 10 (dez) dias de antecedência em relação à sua data de realização;

g5) No interrogatório realizado por videoconferência, o direito de prévia entrevista do réu com o seu defensor será também garantido por meio de acesso a canais telefônicos reservados para comunicação entre o defensor que esteja no presídio e o advogado presente na sala de audiência do Fórum, e entre este e o preso;

g6) A sala reservada no estabelecimento prisional para a realização de atos processuais por sistema de videoconferência será fiscalizada pelos corregedores e pelo juiz de cada causa, como também pelo Ministério Público e pela Ordem dos Advogados do Brasil;

h) Conteúdo do interrogatório

O interrogatório está dividido em duas partes (arts. 186 e 187, CPP):

h1) Interrogatório de qualificação do réu (perguntas sobre a pessoa do acusado): nessa primeira parte do interrogatório, o réu será perguntado sobre a sua residência, meios de vida ou profissão, oportunidades sociais, lugar onde exerce a sua atividade, vida pregressa, notadamente se foi preso ou processado alguma vez e, em caso afirmativo, qual o juízo do processo, se houve suspensão condicional ou condenação, qual a pena imposta, se a cumpriu e outros dados familiares e sociais (art. 187, § 1º).

Para muitos autores, o direito ao silêncio não abrange essa parte do interrogatório (NUCCI, 2006, por exemplo).

Atenção: O STJ sumulou entendimento de que a atribuição de falsa identidade perante autoridade policial é típica, ainda que feita em situação de autodefesa (Súmula 522);

h2) Interrogatório de mérito (perguntas sobre os fatos imputados ao acusado – art. 187, § 2º): nesta parte do interrogatório, o réu será perguntado sobre a acusação que recai sobre si. É comum o juiz iniciar essa etapa formulando a seguinte indagação ao réu: *é verdadeira a imputação que recai sobre si?*

O direito ao silêncio vige plenamente nessa parte do interrogatório. Inclusive, o juiz deverá informá-lo (o direito ao silêncio) ao réu, antes de iniciar o interrogatório de mérito (*vide* art. 186, CPP).

Atenção: segundo a melhor doutrina, o disposto no art. 198, CPP, que diz: "o silêncio do acusado não importará confissão, mas poderá constituir elemento para a formação do convencimento do juiz", não foi recepcionado pela CF por não se alinhar com direito ao silêncio e também está em manifesta contradição com a redação do parágrafo único do art. 186. Vale dizer, sendo o silêncio um direito, não pode haver interpretação jurídica negativa por parte do juiz dessa conduta do réu;

i) Questões finais:

I – **contraditório no momento interrogatório:** diz o art. 188, CPP: "após proceder ao interrogatório, o juiz indagará das partes se restou algum fato para ser esclarecido, formulando as perguntas correspondentes se o entender pertinente e relevante". Incide o contraditório no ato do interrogatório (podem as partes, após as perguntas do juiz, formularem as suas próprias ao acusado).

Essas perguntas[107] das partes devem ser feitas de acordo com o chamado sistema presidencialista, ou seja, as partes devem direcioná-las ao juiz e esse, por sua vez, as fará ao acusado.

No procedimento do júri (art. 474, § 1º, CPP), porém, as perguntas das partes poderão ser efetuadas diretamente ao réu (sem passar pela intermediação do juiz, portanto). Este modelo de perguntas diretas ao réu pelas partes chama-se sistema *cross examination* ou *direct examination.* Note-se, por fim, que no júri, os jurados, caso queiram efetuar perguntas ao réu, devem seguir o sistema presidencialista, ou seja, intermediação das perguntas pelo juiz-presidente, conforme § 2º do art. 474, CPP.

II – **interrogatório de mais de um acusado:** art. 191, CPP. Havendo mais de um acusado, serão interrogados separadamente.

III – **momento do interrogatório:** Os tribunais superiores entendem que o art. 400, CPP, que prevê o interrogatório do réu como último ato da instrução, é aplicável no âmbito do processo penal militar e nos casos de incidência da Lei de Drogas. O mesmo ocorre no âmbito dos processos criminais que tramitam perante o STF e STJ, em que pese não tenha havido alteração no art. 7º da Lei 8.038/1990, lei que rege o procedimento nestes tribunais (Informativo 816/STF, de 29 de fevereiro a 4 de março de 2016, Informativo 918/STF, de 1 a 5 de outubro de 2018 e Informativo 609/STJ, de 13 de setembro de 2017.)

13.2.3. Confissão

A confissão não é a "rainha das provas" no Processo Penal brasileiro. Tem valor relativo. Para que possa levar à condenação do réu, é preciso que esteja em harmonia com as demais provas do processo (art. 197, CPP).

---

107. A doutrina costuma chamar as perguntas das partes ao réu e às testemunhas de "reperguntas".

Ademais, a confissão não tem força para substituir a obrigatoriedade do exame de corpo de delito nos crimes que deixam vestígios (*vide* art. 158, CPP).

O silêncio do réu no processo penal não importa em confissão presumida ou ficta. Não esquecer que o silêncio do réu é um direito, e, sendo um direito, não pode trazer consequência jurídica negativa para o acusado. Não valem as fórmulas: "quem cala consente"; "quem não deve não teme" etc. Por tudo isso, a parte final do art. 198, CPP, deve ser considerada inconstitucional.

a) Características da confissão (*vide* art. 200, CPP):

a1) divisibilidade: a confissão é divisível, *i. e.*, pode o juiz aceitá-la apenas em parte (pode aceitar apenas aquilo que lhe pareça mais verossímil);

a2) retratabilidade: o réu pode se retratar ("arrepender--se") da confissão prestada. Porém, a eventual retratação do réu não impede que o juiz, na sentença, valore livremente (desde que de forma fundamentada) a confissão anteriormente efetuada. O que queremos dizer é que, mesmo que ocorra a retratação da confissão, o juiz, ainda assim, poderá se apoiar na anterior confissão do acusado como modo de formar o seu convencimento sobre o caso;

a3) pessoalidade: apenas o réu pode realizar a confissão, sendo vedada a outorga de poderes ao seu defensor com essa finalidade.

a4) liberdade e espontaneidade: o acusado não pode ser compelido de forma alguma (física, moral ou psíquica) a confessar a prática do fato delituoso. Nesse sentido, vale a leitura do art. 1º, I, Lei 9.455/1997 (Lei de Tortura).

b) Classificação. A confissão pode ser:

b1) explícita: quando o acusado explicitamente confessa a prática do delito;

b2) implícita: quando determinada conduta do acusado puder, de forma inequívoca, ser compreendida como confissão. Ex.: réu que espontaneamente ressarcir a vítima;

b3) simples: quando o réu apenas confessa a prática do crime imputado, sem proceder a qualquer acréscimo ou modificação dos fatos;

b4) complexa: quando confessa a prática de mais de um fato delituoso;

b5) qualificada: quando confessa, porém invoca justificante ou dirimente. Ex.: confessa o crime, porém afirma que praticou o fato em legítima defesa;

b6) judicial: quando realizada em juízo (perante o magistrado);

b7) extrajudicial: quando realizada na delegacia ou perante outra pessoa que não o magistrado.

13.2.4. Perguntas ao ofendido (art. 201, CPP)

Sempre que possível, a vítima deverá ser chamada para ser ouvida no processo como forma de auxiliar a formação do convencimento do magistrado a respeito do caso concreto. O depoimento do ofendido tem valor de prova relativo (é uma prova como outra qualquer).

a) obrigatoriedade de comparecimento: "se, intimado para esse fim, deixar de comparecer sem motivo justo, o ofendido poderá ser conduzido à presença da autoridade" (§ 1º). Vê-se, portanto, que o ofendido pode ser conduzido coercitivamente à presença da autoridade, caso, intimado para depor, não compareça;

b) comunicações necessárias ao ofendido: "o ofendido será comunicado dos atos processuais relativos ao ingresso e à saída do acusado da prisão, à designação de data para audiência e à sentença e respectivos acórdãos que a mantenham ou modifiquem" (§ 2º).

Com efeito, essas "comunicações ao ofendido deverão ser feitas no endereço por ele indicado, admitindo-se, por opção do ofendido, o uso de meio eletrônico" (§ 3º).

É necessário providenciar ao ofendido, antes do início da audiência e durante a sua realização, espaço separado e reservado para aquele, como forma de evitar contato com o seu agressor (§ 4º).

"Se o juiz entender necessário, poderá encaminhar o ofendido para atendimento multidisciplinar, especialmente nas áreas psicossocial, de assistência jurídica e de saúde, a expensas do ofensor ou do Estado" (§ 5º).

Ademais, é dever do juiz adotar "as providências necessárias à preservação da intimidade, vida privada, honra e imagem do ofendido, podendo, inclusive, determinar o segredo de justiça em relação aos dados, depoimentos e outras informações constantes dos autos a seu respeito para evitar sua exposição aos meios de comunicação" (§ 6º).

Outra medida que pode ser adotada para viabilizar a oitiva do ofendido, preservando-lhe os direitos fundamentais, é a coleta do seu depoimento por videoconferência (art. 185, § 8º, CPP).

13.2.5. Prova testemunhal

a) Conceito: *testemunha é pessoa desinteressada que depõe no processo acerca daquilo que sabe sobre o fato;*

b) Características do depoimento da testemunha:

b1) oralidade (art. 204, CPP): o depoimento será prestado oralmente, não sendo permitido à testemunha trazê-lo por escrito. Porém, é possível consultar breves apontamentos.

Exceção à regra da oralidade: o Presidente e o Vice--Presidente da República, os presidentes do Senado Federal, da Câmara dos Deputados e do Supremo Tribunal Federal poderão optar pela prestação de depoimento por escrito, caso em que as perguntas, formuladas pelas partes e deferidas pelo juiz, ser-lhes-ão transmitidas por ofício – art. 221, § 1º, CPP;

b2) objetividade (art. 213, CPP): deve a testemunha responder objetivamente ao que lhe for perguntado;

b3) individualidade: cada testemunha indicada deve ser ouvida individualmente;

b4) incomunicabilidade: as testemunhas não podem se comunicar (art. 210, CPP);

b5) prestação de compromisso: normalmente, a pessoa arrolada para depor no processo deve, antes de iniciar o seu depoimento, prestar o compromisso de dizer a verdade perante o magistrado. O compromisso é, consoante definição legal do art. 203, CPP, a promessa, feita pela testemunha, sob palavra de honra, "de dizer a verdade do que souber e lhe for perguntado".

Certas pessoas, porém, estão dispensadas de prestar o referido compromisso (ex.: o pai do acusado), não sendo tecnicamente consideradas como "testemunha" por certo setor da doutrina. Tais pessoas (que não prestam o compromisso de dizer a verdade) são apelidadas pela doutrina de informantes ou declarantes.

Para esses autores, que fazem a distinção entre "testemunhas" (aquelas pessoas que têm o dever de prestar o compromisso de dizer a verdade) e "informantes" (as pessoas que depõem no processo, mas que, por lei, são dispensadas do referido compromisso), apenas as primeiras (as testemunhas, portanto) é que, em caso de falta com a verdade, responderiam pelo delito de falso testemunho (art. 342, CP):

> "**Art. 342.** Fazer afirmação falsa, ou negar ou calar a verdade, como testemunha, perito, contador, tradutor ou intérprete em processo judicial, ou administrativo, inquérito policial, ou em juízo arbitral:
> Pena – reclusão, de 1 (um) a 3 (três) anos, e multa."

Os informantes (aqueles que, por lei, não possuem o dever de prestar o compromisso de dizer a verdade), exatamente por não terem a obrigação de dizer a verdade, caso faltem com esta, não responderiam, segundo essa doutrina, pelo crime de falso testemunho.

Ressaltamos, porém, que há divisão de posicionamento dos **tribunais superiores.**

Em 2004 o STF não acatava essa distinção (HC 83254/PE, *DJe* **03.09.2004**). Para a Suprema Corte, nesta época, o compromisso do art. 203, CPP, seria mera formalidade, pouco importando se a pessoa prestou ou não o compromisso (*i. e.*, se é informante ou testemunha), pois, caso faltasse com a verdade, responderia sim pelo delito do art. 342, CP. Sustenta essa ideia porque, em suma, entende que o compromisso não é elementar do tipo penal (*i. e.*, a lei não menciona ser necessário o compromisso para configurar o delito em comento). No entanto, nota-se mudança de posicionamento, em virtude do consignado na AP 465, DJ 30.10.2014, no qual restou sedimentado que "o depoimento de informante não pode servir como elemento decisivo para a condenação, notadamente porque não lhes são exigidos o compromisso legal de falar a verdade".

Para o STJ, "o crime disposto no art. 342, CP é de mão própria, só podendo ser cometido por quem possui a qualidade legal de testemunha, a qual não pode ser estendida a simples declarantes ou informantes, cujos depoimentos, que são excepcionais, apenas colhidos quando indispensáveis, devem ser apreciados pelo Juízo conforme o valor que possam merecer". (HC 192659/ES, *DJe* 19.12.2011).

O tema, como se vê, é polêmico. Em se tratando de questão objetiva, sugerimos que o leitor analise o que pede a questão e siga a posição de cada um dos tribunais superiores. Já em caso de questão subjetiva, o mais recomendável é expor as duas correntes acima indicadas;

b6) obrigatoriedade: em regra, todas as pessoas arroladas como testemunha estão **obrigadas a depor** (art. 206, primeira parte, CPP). Porém, há especificidades aqui que precisam ser notadas:

I – Há **pessoas que estão dispensadas de depor** (art. 206, *in fine*, CPP). São elas: ascendente ou descendente, o afim em linha reta, o cônjuge (ainda que separado judicialmente ou divorciado), o companheiro (art. 226, § 3º, CF), o irmão e o pai, a mãe, ou o filho adotivo do acusado. Tais indivíduos só irão depor quando não for possível, por outro modo, obter-se ou integrar-se a prova do fato e de suas circunstâncias. Nesta hipótese, caso venham a depor não prestarão compromisso (serão considerados informantes);[108]

II – **Pessoas impedidas de depor** (art. 207, CPP): certas pessoas, em razão da função, ministério, ofício ou profissão que desempenham, têm o dever de guardar segredo. Exs.: padre, psicólogo, advogado. As pessoas impedidas de depor somente falarão no processo se, desobrigadas pela parte interessada, quiserem dar o seu testemunho;

b7) Perguntas das partes à testemunha: até bem pouco tempo atrás, adotávamos, como regra, o chamado *sistema presidencialista.* Segundo este, as partes deveriam formular perguntas à testemunha *por intermédio do juiz.* Exemplo: no curso da audiência, o MP, desejando inquirir a testemunha, deveria dirigir a sua pergunta ao magistrado. Este, por sua vez, deveria repetir a pergunta à testemunha.

Esse panorama foi sensivelmente modificado com a reforma de 2008 no CPP. Isto porque passamos a adotar, como regra, o sistema *direct* ou *cross examination* (art. 212, primeira parte, CPP). Por esse sistema, as partes passaram a poder perguntar diretamente à testemunha – sem a necessidade, portanto, de intermediação por parte do juiz.[109] Vale ressaltar que o magistrado pode realizar inquirição complementar sobre aqueles pontos que entender obscuros, não esclarecidos.

Em que pesem as alterações, destaque-se que o sistema presidencialista (perguntas à testemunha por intermédio do juiz) não foi entre nós totalmente banido. No rito do júri, desejando os *jurados* efetuar perguntas às testemunhas, deverão fazê-lo através do juiz-presidente, sendo vedada, assim, a indagação direta (art. 473, § 2º, CPP).

Por fim, chamamos a atenção do caro leitor para o posicionamento dos Tribunais Superiores quando da inobservância da ordem de inquirição insculpida no art. 212, CPP. Há o reconhecimento da nulidade relativa, desde que comprovado o prejuízo e requerido tempestivamente. Ver STJ, HC 315.252/MG, 5ª Turma, *DJ* 30.08.2016 e AgRg no AREsp 760.571/MT, 3ª Turma, *DJ* 12.08.2016. STF: HC 109051, 1ª Turma, *DJ* 21.10.2014 e RHC 110623, *DJe* 26.03.2012 e Informativo 885, de 13 a 24 de novembro de 2017;

---

108. Apesar de que, conforme vimos anteriormente, os tribunais superiores consideram o compromisso uma mera formalidade, cuja dispensa não permite que a pessoa falte com a verdade.

109. O desrespeito ao que dispõe o art. 212 do CPP gera nulidade de caráter relativo, necessitando, portanto, da comprovação dos prejuízos para que seja reconhecida a invalidade do ato judicial (STJ, AgRg no REsp 1712039 / RO, Dje 09.05.2018).

c) Condução coercitiva: art. 218, CPP. Se, regularmente intimada, a testemunha deixar de comparecer sem motivo justificado, o juiz poderá requisitar à autoridade policial a sua apresentação ou determinar que seja conduzida por oficial de justiça, que poderá solicitar o auxílio da força pública.

E, ainda, nos termos do art. 219, CPP, "o juiz poderá aplicar à testemunha faltosa a multa prevista no art. 453 [atualmente se trata do art. 442, CPP: 1 (um) a 10 (dez) salários mínimos], sem prejuízo do processo penal por crime de desobediência, e condená-la ao pagamento das custas da diligência". (Incluímos)

d) Número máximo de testemunhas por procedimento[110]

Ordinário e 1ª fase do júri: 8;

Plenário (2ª fase) do júri: 5;

Sumário: 5;

Sumaríssimo: 3;

Drogas: 5.

Observação: não se incluem nesse número as testemunhas referidas (que são aquelas que são mencionadas por outras testemunhas), os informantes e as pessoas que nada sabem (chamadas de testemunhas extranumerárias);

e) Depoimento agendado: algumas pessoas, em razão do cargo que ocupam, podem agendar (local, dia e hora) seu depoimento. Alguns exemplos: membros do MP (art. 18, II, "g", LC 75/1993; e art. 40, I, Lei 8.625/1993), membros do Congresso Nacional, Presidente da República, juízes etc. Recomenda-se a leitura do art. 221, CPP (rol não taxativo);

f) Testemunho de militares: sendo a testemunha um militar, deverá haver requisição ao superior hierárquico;

g) Testemunho de funcionários públicos: além da intimação pessoal do funcionário público é preciso comunicar o fato também ao chefe da repartição;

h) Oitiva de ofício pelo juiz e testemunhas referidas:

Nos termos do art. 209, CPP, o juiz, quando julgar necessário, poderá ouvir outras testemunhas, além das indicadas pelas partes:

> § 1º Se ao juiz parecer conveniente, serão ouvidas as pessoas a que as testemunhas se referirem.
>
> **Nota:** São as denominadas testemunhas referidas.
>
> § 2º Não será computada como testemunha a pessoa que nada souber que interesse à decisão da causa.
>
> **Nota:** São as denominadas testemunhas inócuas.

i) Presença ameaçadora do réu na audiência de oitiva da testemunha: quando a testemunha se sentir intimidada pela presença do réu em audiência, autoriza a lei, nessa situação, a realização de sua oitiva por meio de videoconferência. Sendo impossível o uso dessa tecnologia, deve então o réu ser retirado da sala de audiência enquanto a testemunha depõe (art. 217, CPP);

j) Testemunha que reside fora da comarca: pode a sua oitiva ser realizada por carta precatória ou videoconferência (art. 222, CPP).

Nesse contexto, vale a pena transcrever a Súmula 273, STJ: "intimada a defesa da expedição da carta precatória, torna-se desnecessária intimação da data da audiência no juízo deprecado".

Se a testemunha residir fora do país, a carta rogatória só será expedida se ficar provada a imprescindibilidade de seu depoimento, arcando o requerente com os custos da diligência (art. 222-A, CPP);

l) Testemunha e direito ao silêncio: quando o depoimento da testemunha puder incriminá-la, será possível a invocação do direito ao silêncio por aquela. O direito ao silêncio não incide apenas em relação àquele que está sendo submetido a uma persecução penal, mas a todo o indivíduo *que se encontre numa tal situação em que a sua fala possa vir a prejudicar-lhe penalmente*;

m) Contradita e arguição de defeito: são figuras distintas, apesar de o art. 214, CPP, não deixar isso muito claro. Vejamos primeiro o que diz o dispositivo:

> **"Art. 214.** Antes de iniciado o depoimento, as partes poderão contraditar a testemunha ou arguir circunstâncias ou defeitos, que a tornem suspeita de parcialidade, ou indigna de fé. O juiz fará consignar a contradita ou arguição e a resposta da testemunha, mas só excluirá a testemunha ou não lhe deferirá compromisso nos casos previstos nos arts. 207 e 208."

Em resumo, temos:

Contradita: ocorre em relação às pessoas proibidas de depor e no caso de depoimento que deve ser tomado sem compromisso;

Arguição de defeito: invoca-se quando a testemunha for indigna de fé ou suspeita de parcialidade. Visa a diminuir o "valor" do depoimento: amigo, inimigo etc.[111]

13.2.6. Reconhecimento de pessoas e coisas

Tem por escopo identificar o acusado, o ofendido ou testemunhas, podendo ser determinado no curso da investigação preliminar (pelo delegado) ou do processo (pelo juiz).

Existindo a possibilidade da pessoa que irá realizar o reconhecimento sentir-se intimidada pelo indivíduo a ser reconhecido, deve a autoridade providenciar que este não

---

110. O STF, em recente julgado, entendeu como constrangimento ilegal o indeferimento de todas as testemunhas de defesa pelo juiz, considerando haver afronta ao devido processo legal (Informativo 901/STF, de 9 a 11 de maio de 2018).

111. STF, RHC 122279/RJ, Info. 754: "Ofende o princípio da não autoincriminação denúncia baseada unicamente em confissão feita por pessoa ouvida na condição de testemunha, quando não lhe tenha sido feita a advertência quanto ao direito de permanecer calada". Neste contexto, no Inq. 3983, entendeu o Pleno do STF, em 12.05.2016, que "à luz dos precedentes do Supremo Tribunal, a garantia contra a autoincriminação se estende às testemunhas, no tocante às indagações cujas respostas possam, de alguma forma, causar-lhes prejuízo (cf. HC 79812, Tribunal Pleno, *DJ* 16.02.2001)". Cabe notar que nos autos da AP 611, o STF através da 1ª Turma em 10.12.2014 entendeu, no que tange à vedação à autoincriminação do réu, que "o direito do réu ao silêncio é regra jurídica que goza de presunção de conhecimento por todos, por isso que a ausência de advertência quanto a esta faculdade do réu não gera, por si só, uma nulidade processual a justificar a anulação de um processo penal".

veja aquela (por meio de "espelho mágico", por exemplo). Porém, essa estratégia não poderá ser empregada em juízo (no curso do processo), nem no procedimento do júri, sob pena de ofensa à publicidade e à ampla defesa (art. 226, parágrafo único, CPP).

Conforme o CPP, havendo necessidade, o reconhecimento de pessoa será efetuado da seguinte forma (incisos do art. 226):

I – a pessoa que tiver de fazer o reconhecimento será convidada a descrever a pessoa que deva ser reconhecida;

II – a pessoa, cujo reconhecimento se pretender, será colocada, se possível, ao lado de outras que com ela tiverem qualquer semelhança, convidando-se quem tiver de fazer o reconhecimento a apontá-la;

III – se houver razão para recear que a pessoa chamada para o reconhecimento, por efeito de intimidação ou outra influência, não diga a verdade em face da pessoa que deve ser reconhecida, a autoridade providenciará para que esta não veja aquela;

IV – do ato de reconhecimento lavrar-se-á auto pormenorizado, subscrito pela autoridade, pela pessoa chamada para proceder ao reconhecimento e por duas testemunhas presenciais.

Parágrafo único. O disposto no n. III deste artigo não terá aplicação na fase da instrução criminal ou em plenário de julgamento.

No que tange ao reconhecimento de coisas, o procedimento a ser adotado é, *mutatis mutandis*, o mesmo descrito anteriormente (*vide* art. 227, CPP).

Por fim, pertinente ao reconhecimento de pessoas por meio fotográfico, apesar de não ser um meio de prova vedado pela lei, é preciso atentar que se trata de mecanismo extremamente precário, sujeito a inúmeros equívocos. Deve, portanto, a autoridade proceder com a máxima cautela aqui (ou mesmo evitar esse meio de prova). Ver Informativo 946/ STF, de 1º a 9 de agosto de 2019 e STF, RHC 117980/SP, *DJe* 23.06.2014.

13.2.7. Acareação

Acarear é pôr face a face pessoas que apresentaram depoimentos divergentes nos autos. Pode se dar entre testemunhas, acusados, ofendidos, entre acusado e testemunha, entre acusado e ofendido ou entre testemunha e ofendido (*vide* art. 229, CPP).

Consoante o parágrafo único desse dispositivo, os acareados serão indagados pela autoridade para que expliquem os pontos de divergências, reduzindo-se a termo o ato de acareação.

É possível também a acareação por meio de carta precatória quando as pessoas a serem acareadas estiverem em comarcas distintas (consultar o art. 230, CPP).

13.2.8. Prova documental

a) Conceito: de acordo com o art. 232, CPP, documentos são quaisquer escritos, instrumentos ou papéis, públicos ou particulares.

Atualmente, porém, em termos jurídicos, considera-se documento tudo aquilo capaz de demonstrar determinado fato. Ex.: áudio, vídeo etc. (documento em sentido amplo);

b) Requisitos:

São requisitos da prova documental: a verdade (a constatação do que está contido no documento) e a autenticidade (identificação de quem produziu o documento);

c) Algumas notas importantes sobre a prova documental:

c1) Ressalvadas algumas exceções legais, as partes poderão apresentar documentos em qualquer fase do processo – art. 231, CPP. Segue caso de restrição de apresentação da prova documental: apresentação de documentos em plenário do júri. Confira-se o seguinte dispositivo:

> **"Art. 479.** Durante o julgamento não será permitida a leitura de documento ou a exibição de objeto que não tiver sido juntado aos autos com a antecedência mínima de 3 (três) dias úteis, dando-se ciência à outra parte";

c2) O juiz poderá providenciar a juntada de documento que considerar relevante independentemente de requerimento das partes – art. 234, CPP;

c3) A letra e firma dos documentos particulares serão submetidas a exame pericial, quando contestada a sua autenticidade – art. 235, CPP;

c4) Os documentos em língua estrangeira, sem prejuízo de sua juntada imediata, serão, se necessário, traduzidos por tradutor público, ou, na falta, por pessoa idônea nomeada pela autoridade – art. 236, CPP.

Reflexos do Novo Código de Processo Civil

Os arts. 439 a 441 do novo diploma legal trazem a possibilidade de utilização de documentos eletrônicos como prova. Trata-se da incorporação da tecnologia ao processo. Dada a sua aplicação subsidiária no Processo Penal, é provável que seja incorporada pelo sistema de justiça criminal.

Nesse sentido, vejamos o teor do art. 439: "a utilização de documentos eletrônicos no processo convencional dependerá de sua conversão à forma impressa e da verificação de sua autenticidade".

13.2.9. Indícios

a) Conceito: segundo o art. 239, CPP, *considera-se indício a circunstância conhecida e provada, que, tendo relação com o fato, autorize, por indução, concluir-se a existência de outra ou outras circunstâncias.*

Segundo a doutrina, indício não se confunde com presunção. Esta "*é um conhecimento fundado sobre a ordem normal das coisas e que dura até prova em contrário*" (PIERANGELLI *apud* MIRABETE, 2002, p. 317).

Tanto o indício como a presunção são provas indiretas, ou seja, a representação do fato a provar se faz por meio de uma construção lógica (MIRABETE, 2002, p. 316).

Embora os indícios e presunções possuam, em tese, o mesmo valor que as demais provas é preciso que o julgador os avalie com cautela.

13.2.10. Busca e apreensão

a) Conceito: trata-se não propriamente de um meio de prova (consoante sugere o CPP), mas de um meio de obtenção da prova (BADARÓ, 2008, t. I, p. 271), de natureza acautelatória e coercitiva, consistente no apossamento de objetos ou pessoas;

b) O que pode ser objeto de busca e apreensão? Os objetos sobre os quais podem recair a busca e apreensão encontram-se nos §§ 1º e 2º do art. 240, CPP. Enquanto o § 1º trata da busca domiciliar (realizada em domicílio), o § 2º trata da busca pessoal (realizada na própria pessoa). Analisemos esses parágrafos:

> "**Art. 240**, § 1º: Proceder-se-á à busca domiciliar, quando fundadas razões a autorizarem, para:"

a) prender criminosos.

Nota: salvo nos casos de prisão em flagrante, será necessária prévia ordem judicial para efetuar a busca e apreensão de criminosos. Não pode o delegado, portanto, determiná-la sem prévia ordem de um juiz, salvo se se tratar de flagrante delito;

b) apreender coisas achadas ou obtidas por meios criminosos;

c) apreender instrumentos de falsificação ou de contrafação e objetos falsificados ou contrafeitos;

d) apreender armas e munições, instrumentos utilizados na prática de crime ou destinados a fim delituoso;

e) descobrir objetos necessários à prova de infração ou à defesa do réu;[112]

f) apreender cartas, abertas ou não, destinadas ao acusado ou em seu poder, quando haja suspeita de que o conhecimento do seu conteúdo possa ser útil à elucidação do fato.

Nota: vale notar que, conforme determina o art. 5º, XII, CF, a comunicação por meio de carta é inviolável. A CF, inclusive, não previu exceções aqui (consoante fez no caso de comunicação telefônica). Apesar disso, o STF (MS: 25686 DF j. 14.03.2016 e HC 70814/SP, *DJ* 24.06.1994) e o STJ (HC 203371, *DJe* 17.09.2012, Inf. 496) já decidiram que o sigilo das correspondências não é absoluto, podendo sim, em certos casos, ser violado. Ver também: decisão do STJ sobre a quebra de sigilo de correio eletrônico – HC 315.220/RS, 6ª Turma, *DJ* 09.10.2015. Partindo desses julgados dos tribunais superiores, pensamos que, na falta de disciplina legal sobre o tema, para que se possa violar a correspondência de alguém, são necessários os mesmos requisitos da interceptação telefônica (art. 2º, Lei 9.296/1996), *i. e.*: necessidade de prévia ordem judicial, crime punido com reclusão etc.;

g) apreender pessoas vítimas de crimes;

h) colher qualquer elemento de convicção.

Nota: é oportuno salientar que a busca domiciliar, conforme impõe o art. 5º, XI, CF, deverá ser realizada, como regra, de dia e se houver ***prévio mandado judicial***. Ver exceções relacionadas a crimes permanentes no STF (RE 603616/RO, DJe 10.05.2016). Assim, é inconstitucional o art. 241, CPP, quando afirma que, no caso de o próprio delegado realizar a busca domiciliar, será *desnecessário o mandado judicial*. Confira-se o dispositivo:

> "**Art. 241.** Quando a própria autoridade policial ou judiciária não a realizar pessoalmente, a busca domiciliar deverá ser precedida da expedição de mandado."

Desse modo, mesmo que a busca domiciliar seja realizada pela *própria autoridade policial*, o mandado judicial revela-se **indispensável**. Isto é assim porque o art. 5º, XI, da CF estabelece, de maneira expressa, a necessidade de mandado judicial para ingressar em casa alheia, *sem fazer exceção em relação à autoridade policial. Acrescente-se que a busca realizada no interior de veículo automotor não necessita de prévio mandado judicial, salvo se o veículo for utilizado como moradia (trailer, p. ex.)* – STJ, HC 216437, *DJe* 08.03.2013, Inf. 505.

Atenção: Segundo reiterada jurisprudência do Superior Tribunal de Justiça, por se tratar o tráfico de drogas de delito de natureza permanente, assim compreendido aquele em que a consumação se protrai no tempo, **não se exige a apresentação de mandado de busca e apreensão para o ingresso dos policiais na residência do acusado**, a fim de fazer cessar a atividade criminosa, conforme ressalva prevista no art. 5º, XI, da Constituição Federal (prisão em flagrante), HC 349.248/SP, 5ª Turma, DJ 19.05.2016 e HC 406536/SP, DJe 17.10.2017. Contudo, a 6ª Turma do STJ, em recente julgado, assinalou que "a mera intuição acerca de eventual traficância praticada pelo agente, embora pudesse autorizar abordagem policial em via pública para averiguação, não configura, por si só, justa causa a autorizar o ingresso em seu domicílio, sem o seu consentimento e sem determinação judicial" (STJ, REsp 1574681, *Dje* 30.05.2017). O mesmo posicionamento é adotado pela Corte no caso do crime de posse ilegal de arma de fogo (HC 349109/RS, *DJe* 06.11.2017). O informativo 976, STF, 13.05.20, parece fazer coro a esses entendimentos mais recentes do STJ sobre o tema, acrescentando que uma denúncia anônima não pode, por si só, sem outros elementos que a acompanhem, embasar medida de busca e apreensão de drogas em uma residência. Assim, podemos resumir esses últimos entendimentos jurisprudenciais da seguinte forma: mera intuição ou denúncia anônima não é suficiente para ingressar na residência de uma pessoa (ainda que se suspeite da prática de crime permanente no interior da casa). Do mesmo modo, mera intuição ou denúncia anônima não pode embasar medida de busca e apreensão.

Passemos, agora, ao exame da busca pessoal:

> "**Art. 240, § 2º:** Proceder-se-á à busca pessoal quando houver fundada suspeita de que alguém oculte consigo arma proibida ou algum dos objetos mencionados nas letras *b* a *f* e letra *h* do parágrafo anterior."

---

112. Em caso de busca e apreensão de telefone celular, por determinação judicial, não há óbice para se adentrar ao conteúdo já armazenado no aparelho, porquanto necessário ao deslinde do feito, sendo dispensável nova autorização judicial para análise e utilização dos dados neles armazenados.(STJ, RHC 77232/SC, Dje 16.10.2017). Contudo, no caso de prisão em flagrante, mesmo sendo dispensável determinação judicial para apreensão do telefone celular, o conteúdo armazenado no aparelho está acobertado pelo sigilo telefônico, de modo que a autoridade policial não poderá ter acesso sem autorização judicial (STJ, RHC 67379 /RN, Dje 09.11.2016).

Conforme sublinha Badaró (2008, t. I, p. 274), a busca pessoal importa em restrição à garantia constitucional da intimidade (art. 5º, X, CF), incidindo sobre a pessoa humana, abrangendo o seu corpo, suas vestes (que é um provável meio de ocultação de coisa) e outros objetos que estejam em contato com o corpo da vítima (bolsas, mochilas etc.).

Assim como a busca domiciliar, a pessoal exige ordem prévia de juiz. Excepcionalmente, porém, admite-se a dispensa da ordem judicial no caso de prisão ou quando houver fundada suspeita de que a pessoa esteja na posse de arma proibida ou de objetos ou papéis que constituam corpo de delito, ou quando a medida for determinada no curso de busca domiciliar (art. 244, CPP).

É oportuno ainda frisar que a busca em mulher será feita por outra mulher, se não importar retardamento ou prejuízo da diligência (art. 249, CPP);

c) Momento para proceder à busca e apreensão: dada a urgência da medida, costuma a doutrina afirmar que busca e apreensão podem ocorrer inclusive antes da instauração do IP, durante o curso deste, durante o processo e, até mesmo, na fase de execução da pena;

d) Quem pode determiná-la? Pode ser determinada de ofício pela autoridade ou a requerimento das partes (art. 242, CPP);

e) Mandado de busca: o mandado deverá:

I – indicar, o mais precisamente possível, a casa em que será realizada a diligência e o nome do respectivo proprietário ou morador[113]; ou, no caso de busca pessoal, o nome da pessoa que terá de sofrê-la ou os sinais que a identifiquem;

II – mencionar o motivo e os fins da diligência;

III – ser subscrito pelo escrivão e assinado pela autoridade que o fizer expedir;

f) Emprego de força: em caso de resistência por parte do morador, é permitido o uso da força, podendo-se inclusive arrombar a porta e usar de força contra os demais obstáculos existentes (§§ 2º e 3º do art. 245, CPP). Estando ausente o morador, qualquer vizinho poderá ser intimado para assistir a diligência (§ 4º do art. 245, CPP);

g) Lavratura do auto: finda a diligência, os executores lavrarão auto circunstanciado, assinando-o com duas testemunhas presenciais (§ 7º do art. 245, CPP).

Nota: O STJ possui decisão no sentido de que somente autoridades judiciais, policiais e seus agentes estão autorizados a realizar buscas pessoais e domiciliares. No caso concreto, a Corte considerou como ilícitas as provas colhidas em revista pessoal realizada por agentes de segurança privada, concedendo *habeas corpus* ao condenado (Informativo 651/STJ, de 2 de agosto de 2019).

---

113. É possível que juiz da 1ª instância determine a busca e apreensão nas dependências do Congresso Nacional, desde que o investigado não seja congressista (Informativo 945/STF, de 24 a 28 de junho de 2019). Na decisão, os ministros do Supremo pontuaram que as imunidades parlamentares, ao contrário das imunidades diplomáticas, não se estendem ao local onde os parlamentares exercem suas funções.

13.2.11. Meios de obtenção da prova na Lei do Crime Organizado (Lei 12.850/2013)

Esta Lei consolidou em nosso ordenamento a conceituação de organização criminosa e disciplinou uma série de meios de obtenção da prova.

13.2.11.1. Investigação e obtenção da prova (art. 3º)

No art. 3º estão elencados os meios de obtenção da prova admitidos durante a investigação, mas é importante lembrar que o rol **NÃO** é exaustivo, conforme ressalva feita no próprio *caput*.

a) Captação ambiental (art. 3º, II): conversa pessoal entre os interlocutores, ocorrida em determinado ambiente, que possibilita a um deles a colheita do conteúdo da conversa por determinados meios, tais como gravação de voz, fotografia, filmagem (NUCCI, V. 2, 2014, p. 687). Neste conceito não se incluem as comunicações realizadas por meio de telefone e carta (ver STJ: HC 161.780/PR, 5ª Turma, *DJ* 23.02.2016).

Validade da prova: A *priori*, todos têm o direito de gravar a própria conversa, motivo pelo qual não há que se falar em ilicitude da gravação, vide STF, AI 578858 AgR, 2ª Turma, *DJ* 28.08.2009.

É preciso ressaltar que a prova poderá ser utilizada em duas hipóteses, sob risco de serem reputadas ilícitas. São elas: para provar a inocência do acusado **ou** para provar a investida criminosa de um dos interlocutores (STF, RE 402717, 2ª Turma, *DJ* 13.02.2009 e AI 503617/PR, *DJ* 04.03.2005).

Nucci, por exemplo, defende que se o ambiente for local aberto e público (Ex: parques, praças, restaurantes, bares etc.) não é necessária prévia autorização judicial para que seja feito o registro da conversa por um dos interlocutores. No caso de local privado, porém, (EX: residências, escritórios, quarto de hotel etc.), impõe-se a prévia autorização judicial para que a coleta seja realizada por um dos interlocutores, não incluindo aí as comunicações realizadas por meio de telefone e carta (V.2, 2014, p. 687). Nesse sentido, ver: STF, ARE 1079951/SP, *Dje* 27.10.2017.

b) Interceptação ambiental: trata-se da captação ambiental da conversa feita por um terceiro, seguindo o mesmo regramento acima indicado, ou seja, se a conversa se der em ambiente privado será imprescindível autorização judicial prévia para a colheita do registro (STF, **Inq 2424/RJ, *DJe* 26.03.2010**).

A Lei n. 13.964/2019 introduziu disposições sobre a interceptação ambiental, denominada no texto da lei como captação ambiental. O novo art. 8º-A da Lei 9.296/1996 dispõe que é possível a captação quando "a prova não puder ser feita por outros meios disponíveis e igualmente eficazes; e houver elementos probatórios razoáveis de autoria e participação em infrações criminais cujas penas máximas sejam superiores a 4 (quatro) anos ou em infrações penais conexas" (art. 8º-A, I e II, Lei 9.296/1996). Em resumo, para que seja autorizada a captação, deverá o requerente (autoridade policial ou MP, vide *caput*, art. 8º-A) trazer elementos probatórios consistentes sobre a autoria e a participação da pessoa que será objeto da captação em infrações penais de maior gravidade. Além disso, também é necessário demonstrar que há uma impossibilidade, ou dificuldade extrema, da coleta de provas por outros meios. Além disso, no requerimento deverá ser indicado o local e forma de instalação do dispositivo de captação (art. 8º-A, §1º, Lei 9.9296/1996). Por fim, é importante destacar que a captação terá ciclos quinzenais de funcionamento, sendo que eventuais prorrogações somente ocorrerão por decisão judicial, que levará em consideração, concomitantemente, a sua indispensabilidade e que a atividade criminal seja permanente, habitual ou continuada (§ 3º, art. 8º-A).

c) Acesso a registros de ligações telefônicas e telemáticas, a dados cadastrais de bancos de dados públicos ou privados e a informações eleitorais ou comerciais (art. 3º, IV c/c art. 15)

Delegados e MP podem ter acesso a dados referentes à qualificação pessoal, filiação e domicílio/residência, sem necessitar de autorização judicial.

Desse modo, dados como o nome completo, RG, CPF, nomes dos pais e endereços residencial e comercial são de livre acesso às autoridades acima indicadas.

Os demais dados, a exemplo do conteúdo de e-mails, ligações telefônicas, entre outros, dependem de autorização judicial por estarem na esfera de intimidade do indivíduo.

Por outro lado, o art. 16 da Lei obriga empresas de transporte (aéreo, terrestre e marítimo) a armazenar dados de reservas e registros de viagens pelo prazo de 5 (cinco) anos e conceder acesso aos juízes, delegados e membros do MP, sem necessitar de ordem judicial.

Da mesma forma, o art. 17 faz o mesmo em relação aos registros de ligações de telefonia fixa e móvel. Há, contudo, recusa doutrinária à possibilidade de acesso aos dados sem autorização judicial.

d) Colaboração premiada (art. 4º)

Trata-se de instituto oriundo do direito norte-americano que tem como objetivo transacionar fração da pena a ser imposta a coautor ou partícipe de fato delituoso relacionado à atuação de organizações criminosas em troca de informações essenciais na investigação.

d1) Conceito: *técnica especial de investigação por meio da qual o coautor e/ou partícipe da infração penal, além de confessar seu envolvimento no fato delituoso, fornece voluntariamente aos órgãos responsáveis pela persecução penal informações objetivamente eficazes para a consecução de um dos objetivos previstos em lei, recebendo, em contrapartida, determinado prêmio legal* (LIMA, 2015, p. 760). O conceito legal, inserido no novo art. 3º-A, diz que a colaboração premiada é negócio jurídico processual e meio de obtenção de prova, que pressupõe utilidade e interesse públicos. Aqui temos mais a definição da sua natureza jurídica do que uma conceituação.

d2) Requisitos (art. 4º, I a V)

Em qualquer hipótese, como visto no conceito acima, a colaboração deve ser **voluntária** (não deve sofrer coação

física ou moral)[114] e **efetiva** (deve propiciar resultados, como os previstos a seguir). São eles:

I. identificação dos demais coautores e partícipes da organização criminosa e das infrações penais por eles praticadas (delação premiada ou chamamento de corréu)

Nesta hipótese, além de confessar a própria participação, o colaborador fornece informações efetivas sobre a participação dos demais agentes da organização criminosa, bem como indica as infrações penais cometidas por todos eles.

II. revelação da estrutura hierárquica e da divisão de tarefas da organização criminosa

Nem todos os membros conhecem plenamente a estrutura da organização criminosa, de modo que a eficácia das informações nessa hipótese é mais restrita.

III. Prevenção de infrações penais decorrentes das atividades da organização criminosa

Trata-se de disposição abstrata, cuja eficácia é bastante questionável. A prevenção de crimes futuros dependerá, por exemplo, da desestruturação da organização criminosa.

IV. recuperação total ou parcial do produto ou do proveito das infrações penais praticadas pela organização criminosa

É o retorno das vantagens obtidas pela organização criminosa, com a restituição de bens e valores às vítimas, ao Estado.

V. localização de eventual vítima com a sua integridade física preservada

Diz respeito, em regra, à colaboração quando há extorsão mediante sequestro. Nesse caso, a eficácia da colaboração é evidente.

d3) Prêmio: é a contrapartida dada pelo Estado pela colaboração do acusado. Na atribuição, além da eficácia da colaboração, o juiz considerará a personalidade do colaborador, a natureza, as circunstâncias, a gravidade e a repercussão social do fato delituoso (art. 4º, § 1º).

Espécies (art. 4º, *caput*):

I. Perdão judicial: o juiz decreta a extinção da punibilidade quando a colaboração atingiu o seu máximo grau de eficácia para as investigações. Não há qualquer efeito condenatório.

II. Substituição da pena privativa de liberdade por restritiva de direitos: Há condenação, mas o juiz substitui a pena (art. 43, CP) considerando os efeitos razoáveis da colaboração do réu para as investigações.

III. Redução de até 2/3 da pena: na sentença, o juiz condena o réu, mas pode aplicar redução de acordo com o grau de colaboração do acusado. O teto desta redução é de 2/3 e se aplica quando a colaboração teve efeitos de baixa a

---

114. O juízo da Quinta Vara Federal Criminal na Seção Judiciária do Rio de Janeiro afastou o perdão judicial por entender que a colaboração do agente não teria sido espontânea. A exigência da espontaneidade da colaboração gerou discussão jurisprudencial, decidindo o STF, no julgamento do HC 129877/RJ, DJe 01.08.2017, que os vocábulos "voluntariedade" e "espontaneidade" são sinônimos.

moderada eficácia. Ver: STF, HC 129877/RJ, *Dje* 01.08.2017e Informativo 861 de 10 a 21 de abril de 2017.

IV. Não oferecimento da denúncia (§ 4º, I e II): o Ministério Público poderá deixar de oferecer denúncia se o colaborador não for o líder da organização criminosa E for o primeiro a prestar efetiva colaboração nos termos deste artigo. Os requisitos são concomitantes para a medida.

Trata-se de exceção ao princípio da obrigatoriedade da ação penal, uma vez que ensejará o arquivamento do IP. Renato Brasileiro (2014, p. 744) entende que o fundamento material do arquivamento seja, por analogia, o art. 87, parágrafo único, da Lei 12.529/2011, em que o cumprimento do acordo de colaboração premiada determina a extinção da punibilidade em relação ao colaborador.

d4) Legitimidade e momento procedimental do perdão judicial (art. 4º, § 2º): Caso não tenha sido previsto na proposta inicial de prêmio, o MP pode requerer a concessão do perdão judicial a qualquer tempo. O delegado só pode representar pelo perdão judicial durante o IP.

Na fase de inquérito, a manifestação pode se dar por três meios:

I. O delegado promove a representação, nos autos do IP, com manifestação favorável simultânea do MP, que posteriormente é direcionada ao juiz;

II. O delegado representa, nos autos do IP, com manifestação favorável posterior do MP, para então seguir até o juiz;

III. O MP, mesmo durante o inquérito, requer ao juiz a aplicação do perdão judicial.

d5) Procedimento (arts. 3º-B, 3º-C, 4º §§ 3º a 18)

I. Início das negociações (*caput*, art. 3º-B): Tem como marco o recebimento da proposta de acordo de colaboração. Ao mesmo tempo, tem como efeito a confidencialidade, que veda a divulgação tanto das tratativas iniciais quanto de documentos relacionados à sua formalização. O sigilo só pode ser levantado por decisão judicial. Trata-se de um grande desafio, pois é notório o vazamento de informações sigilosas dos acordos de delação no país.

II. Proposta de colaboração (art. 3º-C, *caput*, e § 4º): É uma peça jurídica que deve conter a descrição adequada dos fatos que serão objeto da colaboração, com todas as suas circunstâncias, além da indicação de provas e outros elementos de corroboração das suas informações. Deverá ser instruída com procuração com poderes específicos para dar início ao procedimento de tratativas da colaboração (a procuração pode ser firmada pessoalmente)

III. Indeferimento sumário (§ 1º): É possível que a proposta de acordo de colaboração premiada seja sumariamente indeferida pelo MP, mas é imprescindível que essa negativa seja devidamente fundamentada e que o interessado em colaborar seja cientificado do indeferimento e suas razões.

IV. Termo de confidencialidade (§ 2º): Caso o MP entenda que deverá prosseguir com as tratativas para o acordo de colaboração, será necessária a assinatura do Termo de Confidencialidade pelas partes (celebrante – MP ou delegado –, o colaborador e seu advogado ou defensor

público com poderes específicos – vide § 5º, art. 3º-B) . Além do efeito óbvio do sigilo, o referido termo vinculará os órgãos envolvidos na negociação.

V. Suspensão do prazo de oferecimento da denúncia (art. 3º-B, § 3º, e art. 4º, § 3º): O prazo para oferecimento de denúncia ou o processo, relativos ao colaborador, poderá ser suspenso por até 6 (seis) meses, prorrogáveis por igual período, até que sejam cumpridas as medidas de colaboração, suspendendo-se o respectivo prazo prescricional.

Por vezes, pode ser necessário aguardar o cumprimento de algumas diligências para confirmar as informações passadas pelo colaborador. Nesse caso, é possível suspender o prazo de oferecimento da denúncia por seis meses, inicialmente, e por igual período caso seja necessário.

Atenção: Nos termos do § 3º, art. 3º-B, não configuram, em regra, hipóteses de suspensão da investigação, o recebimento da proposta de colaboração ou a assinatura do Termo de Confidencialidade. Eventual acordo poderá estabelecer uma impossibilidade de aplicação de medidas cautelares ou assecuratórias penais, a exemplo de sequestro de bens, uso de tornozeleira eletrônica, entre outras.

O prazo prescricional fica suspenso durante o período.

VI. Possibilidade de instrução do acordo (§ 4º): É possível que seja realizada uma instrução com o fim de identificação ou complementação do objeto da colaboração, dos fatos narrados, sua definição jurídica, relevância, utilidade e interesse público. Caso ocorra na fase pré-processual, pela sistemática introduzida pela Lei n. 13.964/2019, deverá tramitar perante o Juiz das Garantias. Com a suspensão da vigência, contudo, estará vinculada ao juízo criminal competente. Caso haja uma negativa de celebração do acordo pelo celebrante (MP ou delegado), as provas e informações trazidas pelo colaborador não poderão ser utilizadas para outras finalidades (§ 6º, art. 3º-B). Trata-se aqui da proteção ao colaborador de boa-fé em face de eventual seletividade por parte do celebrante.

VII. Imparcialidade do juízo (art. 4º, § 6º): O juiz não participará das negociações realizadas entre as partes para a formalização do acordo de colaboração, que ocorrerá entre o delegado de polícia, o investigado e o defensor, com a manifestação do Ministério Público, ou, conforme o caso, entre o Ministério Público e o investigado ou acusado e seu defensor.

O Supremo Tribunal Federal, inclusive, possui entendimento no sentido de que o acordo de delação premiada constitui-se como ato insuscetível de imposição judicial, inexistindo direito líquido e certo a compelir o Ministério Público à celebração do acordo. Assim, a análise da conveniência e oportunidade para celebração do acordo está submetida à discricionariedade do órgão ministerial, não se subordinando ao escrutínio do Estado-juiz (Informativo 942/STF, de 27 a 31 de maio de 2019),

A referida Corte também já havia consolidado o entendimento de que delegado de polícia pode formalizar acordos de colaboração premiada na fase de inquérito policial, respeitadas as prerrogativas do Ministério Público, o qual deverá se manifestar, sem caráter vinculante, previamente à decisão judicial (Informativo 907/STF, de 18 a 22 de junho de 2018).

VIII. Conteúdo do termo de acordo (art. 3º-C, § 3º, e art. 6º): Nos termos dos dispositivos, o termo de acordo deverá conter a narração do colaborador sobre todos os fatos ilícitos para os quais concorreu e que tenham relação direta com os fatos investigados. Além disso, deverão constar o relato da colaboração e seus possíveis resultados; as condições da proposta do Ministério Público ou do delegado de polícia; a declaração de aceitação do colaborador e de seu defensor; as assinaturas do representante do Ministério Público ou do delegado de polícia, do colaborador e de seu defensor; e a especificação das medidas de proteção ao colaborador e à sua família, quando necessário.

IX. Homologação do acordo (art. 4º, § 7º): Uma vez celebrado, o acordo será autuado à parte e distribuído para apreciação do juiz competente, "o respectivo termo, as declarações do colaborador e cópia da investigação". O termo deverá ser encaminhado diretamente ao juiz, devidamente lacrado (art. 7º, § 1º), no prazo de 48 horas, que não é preclusivo. Após o recebimento, deverá o magistrado ouvir sigilosamente o colaborador, na presença do seu defensor. Para que seja homologado o acordo, serão considerados os seguintes aspectos, **simultaneamente**:

a) regularidade e legalidade: se todos os aspectos formais e materiais previstos na Lei foram observados;

b) adequação dos benefícios pactuados ao rol previsto no **caput** e nos §§ 4º e 5º do art. 4º: estabelece, expressamente, a vedação de benefício que viole o "critério de definição do regime inicial de cumprimento de pena do <u>art. 33 do Decreto-Lei n. 2.848, de 7 de dezembro de 1940 (Código Penal)</u>, as regras de cada um dos regimes previstos no Código Penal e na <u>Lei n. 7.210, de 11 de julho de 1984 (Lei de Execução Penal)</u> e os requisitos de progressão de regime não abrangidos pelo § 5º deste artigo". Essa previsão decorre da constatação de que, por meio da celebração dos acordos de colaboração, havia uma subversão dos critérios legais para início do cumprimento da pena ou da progressão de regime prisional. Por meio desses acordos, alguns colaboradores vinham, por exemplo, progredindo do regime fechado para o domiciliar, sem cumprir os requisitos legais. Outros começavam o cumprimento da pena em regime semiaberto, mesmo com a expressa previsão legal de que o regime correto seria o fechado.

c) adequação dos resultados da colaboração aos resultados mínimos exigidos nos incisos I a V do **caput do art. 4º**: além dos aspectos da legalidade e regularidade indicados acima, o juiz deverá analisar se o acordo de colaboração realmente atende aos resultados mínimos, quais sejam: "a identificação dos demais coautores e partícipes da organização criminosa e das infrações penais por eles praticadas; a revelação da estrutura hierárquica e da divisão de tarefas da organização criminosa; a prevenção de infrações penais decorrentes das atividades da organização criminosa; a recuperação total ou parcial do produto ou do proveito das infrações penais praticadas pela organização criminosa; e a localização de eventual vítima com a sua integridade física preservada".

d) voluntariedade da manifestação de vontade: aqui ocorrerá o exame sobre a autonomia da vontade do colaborador, em especial quanto à espontaneidade da colaboração. Em nosso sentir, ao permitir a celebração de acordo por pessoas sujeitas a medidas cautelares, como a prisão preventiva, a Lei falha quanto ao objetivo enunciado. Não é razoável entender que um colaborador preso provisoriamente celebrou o acordo por livre e espontânea vontade.

Observações:

O colaborador deve ser acompanhado por defensor com poderes específicos desde o momento da proposta de colaboração até a homologação do acordo, para que sejam observadas todas as garantias constitucionais e legais inerentes ao regime democrático, a exemplo do direito ao silêncio, da ampla defesa, do contraditório, da vedação à autoincriminação etc.

A eficácia do acordo homologado está condicionada ao cumprimento dos deveres assumidos pelo colaborador (Informativo 870, STF, de 19 a 30 de junho de 2017).

O STF firmou entendimento no sentido de que, após a homologação, o acordo de delação premiada somente poderá ser revisto pelo plenário em caso de descumprimento dos termos pelo colaborador. Contudo, ressaltou que eventual ilegalidade descoberta, mesmo após a homologação, poderá levar à anulação de todo o acordo.

Ainda sobre o assunto, o STF entendeu que no caso de o delatado ser autoridade com prerrogativa de foro, a homologação da colaboração deve ser feita no Tribunal competente, com a participação do Ministério Público respectivo. No caso apreciado pelo STF, o delator trouxe à tona fatos criminosos praticados por Governador, que possui foro especial no STJ, de modo que somente esta Corte seria competente para homologar a colaboração, independentemente de o delator possuir ou não foro por prerrogativa de função (Informativo 895/STF, de 19 a 30 de março de 2018).

X. Rejeição da proposta (§ 8º): Se o juiz recusar a homologação do acordo por entender que este não atende aos requisitos legais, deverá devolvê-lo às partes para as adequações necessárias.

O juiz não participa da negociação em razão da necessidade de assegurar a sua imparcialidade, uma vez que fará o juízo de admissibilidade do acordo. No caso de eventual ajuste no termo, antes da Lei n. 13.964/2019 o juiz poderia fazer apenas limitados ajustes no que concerne à legalidade das disposições, mas não poderia adentrar às minúcias do conteúdo, sob pena de contaminação. Agora, justamente para assegurar que o juiz não tenha o seu convencimento maculado, nenhuma alteração ou ajuste poderá ser feito por ele.

XI. Providências posteriores (§ 9º): Depois de homologado o acordo, o colaborador poderá, sempre acompanhado pelo seu defensor, ser ouvido pelo membro do Ministério Público ou pelo delegado de polícia responsável pelas investigações. Em suma, a colaboração acontecerá, de fato, após a homologação do acordo.

XII. Retratação (§ 10): As partes podem retratar-se da proposta, caso em que as provas autoincriminatórias produzidas pelo colaborador não poderão ser utilizadas exclusivamente em seu desfavor.

Significa dizer que tudo o que foi confessado e indicado pelo colaborador não poderá ser utilizado contra ele no processo, embora possa ser aproveitado em relação aos demais investigados ou corréus.

XII. Da oitiva do colaborador (§ 12): Ainda que beneficiado por perdão judicial ou não denunciado, o colaborador poderá ser ouvido em juízo a requerimento das partes ou por iniciativa da autoridade judicial.

A partir de 2020, sempre que for ouvido, haverá o registro (**obrigatório**) dos atos de colaboração pelos meios ou recursos de gravação magnética, estenotipia, digital ou técnica similar, inclusive audiovisual, destinados a obter maior fidelidade das informações (§ 13).

Nos depoimentos que prestar, o colaborador renunciará, na presença de seu defensor, ao direito ao silêncio e estará sujeito ao compromisso legal de dizer a verdade (§ 14), ou seja, deverá ser esclarecido sobre o direito ao silêncio e a sua incompatibilidade com o acordo de colaboração, assim como deverá prestar juramento em relação à veracidade do seu depoimento.

As provas obtidas com a colaboração premiada poderão ser compartilhadas com outros órgãos e autoridades públicas, desde que haja delimitação dos fatos e respeito aos limites do acordo. O juiz homologador da colaboração é o competente para analisar as pretensões de compartilhamento (Informativo 922/STF, de 29 de outubro a 9 de novembro de 2018). Aqui temos mais uma questão para reflexão e acompanhamento no futuro. Caso o juiz das garantias venha a ter a sua vigência confirmada, será o competente para decidir acerca dos pedidos de compartilhamento de colaboração por ele homologada, mesmo que estejamos diante de processo já em curso?

XIII. Sentença (§ 11): A sentença levará em consideração os termos do acordo homologado e sua eficácia. Vale ressaltar também que o valor probatório das declarações do colaborador é diminuto, para não dizer nulo. É necessária a apresentação de provas e informações que as corroborem. Sendo assim, não poderão ser decretadas, recebidas ou proferidas: medida cautelar (real ou pessoal); denúncia ou queixa-crime; e sentença condenatória com fundamento **apenas** nas declarações de agente colaborador (§ 16).

XIV. Ampla defesa (§ 15): Como já informado anteriormente, em todos os atos de negociação, confirmação e execução da colaboração, o colaborador deverá estar assistido por defensor. Entendemos que a ausência de defensor acarreta nulidade absoluta do termo de colaboração.

Também foram inseridas novas disposições pela Lei n. 13.964/2019, em especial uma proteção ao **réu delatado**, nos seguintes termos: "Em todas as fases do processo, deve-se garantir ao réu delatado a oportunidade de manifestar-se após o decurso do prazo concedido ao réu que o delatou" (art. 4º, § 10-A). Em suma, o réu delatado deve ter a oportunidade de se manifestar após o delator em todas as fases do processo. Entendemos que a sua inobservância é hipótese de nulidade absoluta. Ademais, cf. o informativo STF 978, 27.05.20, o acesso por parte do delatado numa delação deve abranger somente documentos em que o dela-

tado é de fato mencionado (requisito positivo), "excluídos os atos investigativos e diligências que ainda se encontram em andamento e não foram consubstanciados e relatados no inquérito ou na ação penal em trâmite (requisito negativo)".

XV. Colaboração na fase de execução penal (§ 5º): Se a colaboração for posterior à sentença, a pena poderá ser reduzida até a metade ou será admitida a progressão de regime ainda que ausentes os requisitos objetivos.

A exclusão dos requisitos objetivos mitiga o cumprimento de 1/6 da pena, que é aplicado à maioria dos condenados, ou ainda o de 2/5 ou 3/5 da pena, para os condenados por crimes hediondos. Nesse caso, permanece válido o requisito subjetivo, como o bom comportamento carcerário do colaborador.

A amplitude da medida permanece sem a devida consolidação, de modo que os tribunais brevemente serão instados a delimitar a real extensão do benefício na fase de execução penal.

XVI. Descumprimento e rescisão do acordo (art. 4º, §§ 17 e 18): Os novos dispositivos incluem duas possibilidades de desfazimento do acordo de colaboração, que denominou "rescisão", em razão da natureza jurídica explicitada (negócio jurídico processual). São elas: a) omissão dolosa sobre os fatos objeto da colaboração; e b) cessar o envolvimento do colaborador em condutas ilícitas relacionadas ao objeto da colaboração.

Na primeira hipótese é necessário identificar se a lacuna ou omissão sobre os fatos ocorreu por lapso de memória ou mera imprecisão, normalmente quando o objeto da colaboração ocorreu há muito tempo, dificultando uma lembrança precisa e minuciosa, ou também quando há uma complexidade de condutas/fatos que seja factível o esquecimento de alguns detalhes relevantes. Nesses casos, uma complementação da delação será necessária e suficiente para suprir a omissão. Por outro lado, caso seja verificada que a omissão ocorreu de forma consciente e deliberada, aí sim, estaremos diante da hipótese prevista no § 17.

No segundo caso, entendemos que o dispositivo é vago por falar em "pressuposição de cessar o envolvimento em conduta ilícita relacionada ao objeto da colaboração". Entendemos que a certeza acerca do envolvimento em tal conduta ilícita, que deverá ser dolosa, somente pode ocorrer após sentença condenatória definitiva, ou seja, a simples instauração de inquérito ou mesmo o oferecimento de denúncia não devem ter o condão de rescindir o acordo de colaboração. Não há espaço para pressuposições nessa esfera. Mas certamente o dispositivo será objeto de melhor sedimentação no futuro próximo, tanto pela doutrina, quanto pela jurisprudência.

Observação 1: Segundo julgado recente de STF, o descumprimento da colaboração não justifica, por si só, a decretação da prisão preventiva (STF, HC 138207/PR, DJe 26.06.2017, Info. 862 de 24 a 28 de abril de 2017, STF e Info. 609, STJ).

Observação 2: Serão nulas as cláusulas do acordo de colaboração que estipularem renúncia ao direito de impugnação da sua homologação (art. 4º, § 7º-B), ou seja, o direito à impugnação da decisão de homologação do acordo é irrenunciável.

d6) Direitos do colaborador (art. 5º): Novamente entendemos necessário destacar que o colaborador, ao depor, renunciará ao direito ao silêncio e prestará o compromisso de dizer a verdade. A renúncia ao silencia também ocorre porque a informações fornecidas não poderão ser utilizadas contra si, pelo MP ou pelo delegado (art. 4º, § 14). Como forma de estimular a efetiva colaboração dos membros de organizações criminosas, a Lei estabeleceu alguns direitos peculiares.

São eles:

I. usufruir das medidas de proteção previstas na legislação específica;

II. ter nome, qualificação, imagem e demais informações pessoais preservadas;

III. ser conduzido, em juízo, separadamente dos demais coautores e partícipes;

IV. participar das audiências sem contato visual com os outros acusados;

V. não ter sua identidade revelada pelos meios de comunicação, nem ser fotografado ou filmado, sem sua prévia autorização por escrito;

VI. cumprir pena ou prisão cautelar em estabelecimento penal diverso dos demais corréus ou condenados.

e) Ação controlada (art. 8º)

e1) Noção: consiste em retardar a intervenção policial ou administrativa relativa à ação praticada por organização criminosa ou a ela vinculada, bem como nos crimes de lavagem ou ocultação de bens, direitos e valores (art. 8º, § 6º, Lei n. 9.613/1998), desde que mantida sob observação e acompanhamento para que a medida legal se concretize no momento mais eficaz à formação de provas e obtenção de informações. Ver a nossa explicação sobre o flagrante controlado.

e2) Procedimento (§§ 1º a 4º): o retardamento da intervenção policial ou administrativa será previamente comunicado ao juiz competente que, se for o caso, estabelecerá os seus limites e comunicará ao Ministério Público.

A comunicação será sigilosamente distribuída, de forma a não conter informações que possam indicar a operação a ser efetuada. O sigilo é fundamental para o êxito da operação.

Até o encerramento da diligência, o acesso aos autos será restrito ao juiz, ao Ministério Público e ao delegado de polícia, como forma de garantir o êxito das investigações.

Ao término da diligência, elaborar-se-á auto circunstanciado acerca da ação controlada.

e3) Repercussão internacional (art. 9º): caso seja necessário transpor fronteiras, o retardamento da intervenção policial ou administrativa somente poderá ocorrer com a cooperação das autoridades dos países que figurem como provável itinerário ou destino do investigado, de modo a reduzir os riscos de fuga e extravio do produto, objeto, instrumento ou proveito do crime.

No âmbito nacional, é uma sólida hipótese de repercussão interestadual, que pode resultar na atuação da PF pela necessidade de centralização das investigações, dos dados e da repressão uniforme.

f) Infiltração de agentes (art. 10 e ss.)

f1) Conceito: Trata-se de ação autorizada judicialmente, por meio da qual um agente policial disfarçado atua de forma regular, omitindo a sua identidade, como um membro de organização criminosa, se fazendo passar por criminoso, com o objetivo de identificar fontes de provas de crimes graves (NEISTEIN, 2006).

f2) Procedimento (§§ 1º a 5º): A infiltração de agentes de polícia em tarefas de investigação deve ser encaminhada ao juiz por meio de representação do delegado de polícia ou de requerimento do Ministério Público (após prévia manifestação técnica do delegado de polícia).

O requerimento do MP ou a representação do delegado conterão a demonstração da necessidade da medida, o alcance das tarefas dos agentes e, quando possível, os nomes ou apelidos das pessoas investigadas e o local da infiltração (art. 11).

O pedido de infiltração será sigilosamente distribuído, de forma a não conter informações que possam indicar a operação a ser efetivada ou identificar o agente que será infiltrado (art. 12).

Na hipótese de ser encaminhado pelo delegado, o juiz, ao decidir sobre a infiltração (prazo de 24 horas – art. 12, § 1º), deverá ouvir previamente o MP. A decisão terá o seu conteúdo circunstanciado, motivado e sigiloso, estabelecendo, ainda, limites da atuação do agente infiltrado (art. 13).

O STF, em recente julgado, declarou a ilicitude de infiltração policial e determinou o desentranhamento das provas, em razão da ausência de autorização judicial para a realização da medida (Informativo 932/STF, de 25 de fevereiro a 8 de março de 2019).

Será admitida a infiltração se houver indícios de infração penal de que trata o art. 1º|e se a prova não puder ser produzida por outros meios disponíveis.

A infiltração será autorizada pelo prazo de até 6 (seis) meses, sem prejuízo de eventuais renovações, desde que comprovada sua necessidade (art. 10, § 3º). Encerrado o prazo, relatório circunstanciado será apresentado ao juiz competente, que imediatamente cientificará o Ministério Público.

Nada obsta que no curso do inquérito policial, o delegado de polícia poderá determinar aos seus agentes, e o Ministério Público poderá requisitar, a qualquer tempo, relatório da atividade de infiltração (art. 10, § 5º).

Os autos contendo as informações da operação de infiltração acompanharão a denúncia do Ministério Público, quando serão disponibilizados à defesa, assegurando-se a preservação da identidade do agente (art. 12, § 2º). Trata-se de hipótese em que o contraditório é diferido ou postergado.

Havendo indícios seguros de que o agente infiltrado sofre risco iminente, a operação será sustada mediante requisição do Ministério Público ou pelo delegado de polícia, dando-se imediata ciência ao Ministério Público e à autoridade judicial. É imprescindível lembrar que a segurança do agente infiltrado deve estar em primeiro lugar, de modo que diante de sinais de perigo concreto ele deve ser retirado imediatamente da operação (art. 12, § 3º).

Há importante novidade legislativa quanto à matéria, uma vez que a Lei 13.441/2017 alterou o Estatuto da Criança e do Adolescente para prever a infiltração de agentes de polícia na internet com o fim de investigar crimes contra a dignidade sexual de criança e de adolescente. A Lei n. 13.94/2019 também trouxe essa possibilidade para o âmbito das organizações criminosas, conforme veremos a seguir. Por fim, a Lei de lavagem ou ocultação de bens, direitos e valores passou a prever a infiltração de agentes como uma forma de apuração dos delitos nela tipificados (art. 8º, § 6º, Lei n. 9.613/1998).

f3) infiltração virtual de agentes (art. 10-A e ss.): O novo dispositivo estabelece que a ação dos agentes infiltrados virtuais seguirá os requisitos do *caput* do art. 10, e terá como fim a investigação dos crimes previstos na Lei n. 12.850/2013, praticados por organizações criminosas. Para tanto, deverá restar demonstrada a necessidade concreta da infiltração, além da indicação do "alcance das tarefas dos policiais, os nomes ou apelidos das pessoas investigadas e, quando possível, os dados de conexão ou cadastrais que permitam a identificação dessas pessoas". Nesse sentido, o § 1º estabelece o que são considerados dados de conexão e dados cadastrais (recomendamos a leitura).

f3.1) Procedimento (§§ 2º a 7º e arts. 10-B e 10-D): Da mesma forma que na infiltração presencial, o delegado deverá representar ao juiz competente (**Atenção: ver o tópico Juiz das Garantias**) o pedido de infiltração, que será necessariamente remetido ao MP para manifestação (§ 2º).

O juiz poderá deferir a infiltração após a análise de dois aspectos: I – se há indícios de infração penal contida no art. 1º da Lei 12.850/2013; e II – se não há outro meio disponível para a produção das provas (§ 3º). Caso a resposta seja afirmativa para ambos os aspectos, será autorizada a infiltração.

A duração da medida será de até 6 (seis) meses, podendo ser renovada de forma reiterada até o seu limite, que é de 720 (setecentos e vinte dias). É importante enfatizar que qualquer renovação dependerá da demonstração concreta da sua necessidade (§ 4º).

Ao final da infiltração, seja por ter atingido os seus objetivos, seja pelo decurso do prazo, será elaborado um relatório circunstanciado da operação. O relatório e "todos os atos eletrônicos praticados durante a operação, deverão ser registrados, gravados, armazenados e apresentados ao juiz competente, que imediatamente cientificará o Ministério Público" (§ 5º).

É possível que, durante o IP ou durante a operação de infiltração, o delegado determine aos agentes a apresentação do relatório parcial da atividade de infiltração. O MP ou o juiz (**das garantias ou da instrução processual**) podem requisitar o relatório a qualquer tempo (§6º).

O próprio Legislador estabelece que a inobservância das normas contidas no artigo 10-A acarretará a nulidade da prova obtida por meio da infiltração virtual (§ 7º).

O art. 10-B institui o sigilo sobre a operação de infiltração, que caberá ao juiz que deferiu a medida, bem como ao delegado e ao MP. Vale ressaltar que no curso da operação somente essas autoridades deverão ter acesso aos autos da infiltração. (parágrafo único, art. 10-B).

O *caput* do art. 10-D traz uma desnecessária reiteração do § 5º, do art. 10-A, sobre o registro, gravação, armazenamento e encaminhamento dos atos eletrônicos da infiltração juntamente com o relatório circunstanciado. O seu parágrafo único, por outro lado, informa que os referidos atos "serão reunidos em autos apartados e apensados ao processo criminal juntamente com o inquérito policial", devendo ser assegurado o sigilo sobre a identidade do "agente policial infiltrado e a intimidade dos envolvidos."

14. SUJEITOS PROCESSUAIS

14.1. Conceito

São *as pessoas entre as quais se constitui, se desenvolve e se completa a relação jurídico-processual* (MIRABETE, 2001, p. 324). Ou, ainda: *são as diversas pessoas que, direta ou indiretamente, atuam no curso do processo, visando à prática de atos processuais.*

14.2. Sujeitos processuais principais (essenciais)

São aqueles cuja existência é essencial para que se tenha uma relação jurídica processual regularmente instaurada. Compreendem: o juiz, a acusação (MP ou querelante) e o réu.

14.3. Sujeitos processuais secundários (acessórios, colaterais)

São pessoas que, embora não imprescindíveis à formação do processo, nele poderão intervir com o escopo de formular determinada pretensão. Ex.: assistente de acusação.

Examinaremos abaixo alguns dos sujeitos processuais mais importantes.

14.4. Juiz

Conforme dispõe o art. 251, CPP, ao magistrado cabe assegurar a regularidade do processo e a ordem no curso dos atos processuais.

a) Prerrogativas (ou garantias): para que seja efetivo o exercício da atividade jurisdicional, a CF (art. 95) confere ao juiz algumas garantias, quais sejam:

a1) Vitaliciedade: consistente na impossibilidade de perda do cargo, salvo por sentença transitada em julgado. A vitaliciedade, no primeiro grau, só será adquirida após dois anos de exercício, dependendo a perda do cargo, nesse período, de deliberação do tribunal a que o juiz estiver vinculado e, nos demais casos (após os 2 anos de exercício), de sentença judicial transitada em julgado;

a2) Inamovibilidade: consiste na vedação de remoção do juiz, salvo por interesse público, nos termos do art. 93, VIII, CF;

a3) Irredutibilidade de subsídio: consiste na impossibilidade de redução da remuneração do juiz, ressalvado o disposto nos arts. 37, X e XI, 39, § 4º, 150, II, 153, III, e 153, § 2º, I, todos da CF.

Ademais, é fundamental que o juiz seja imparcial, ou seja, neutro em relação às partes e ao objeto do processo. A imparcialidade do juiz é, na verdade, dogma do próprio sistema acusatório pretendido pelo Constituinte de 1988.

Vejamos, agora, os casos de impedimento e suspeição do magistrado;

b) Impedimento: ocorre quando há interesse do juiz no objeto da demanda, afetando a própria jurisdição e provocando a inexistência do processo. Com efeito, são motivos de incapacidade objetiva do juiz. O impedimento deve ser reconhecido de ofício pelo juiz; não o fazendo pode qualquer das partes argui-lo, adotando-se o mesmo rito da suspeição – *vide* art. 112, parte final, CPP. Eis os casos de impedimento (considerados taxativos):

"**Art. 252.** O juiz não poderá exercer jurisdição no processo em que:

I – tiver funcionado seu cônjuge ou parente, consanguíneo ou afim, em linha reta ou colateral até o terceiro grau, inclusive, como defensor ou advogado, órgão do Ministério Público, autoridade policial, auxiliar da justiça ou perito[115];

II – ele próprio houver desempenhado qualquer dessas funções ou servido como testemunha;

III – tiver funcionado como juiz de outra instância, pronunciando-se, de fato ou de direito, sobre a questão;

IV – ele próprio ou seu cônjuge ou parente, consanguíneo ou afim em linha reta ou colateral até o terceiro grau, inclusive, for parte ou diretamente interessado no feito."

Como visto anteriormente, as hipóteses influem direta ou indiretamente no juízo de valor do magistrado sobre a causa em exame, colocando em risco a sua imparcialidade. Influem diretamente quando este já atuou, manifestou-se sobre os fatos anteriormente, ou tem interesse no deslinde da demanda (II, III e IV); indiretamente, quando algum parente ou cônjuge atua ou atuou no feito (I e IV).

No que tange a órgãos julgadores colegiados (Turma Recursal do JECRIM[116]; Câmara; ou Turma), estabelece o art. 253, CPP, que: *não poderão servir no mesmo processo os juízes que forem entre si parentes, consanguíneos ou afins, em linha reta ou colateral até o terceiro grau, inclusive.*

Por fim, o reconhecimento de impedimento pelo juiz, seja ele de ofício ou provocado, depende sempre de fundamentação.

---

115. "A participação de magistrado em julgamento de caso em que seu pai já havia atuado é causa de nulidade absoluta, prevista no art. 252, I, do Código de Processo Penal (CPP)" (Informativo 940/STF, de 13 a 17 de maio de 2019).

116. Juizado Especial Criminal – Lei 9.099/1995.

> **Reflexos do Novo Código de Processo Civil**
>
> No que se refere às hipóteses de impedimento, mesmo sendo taxativo o rol do CPP, alguns autores entendem que as inovações trazidas pelo NCPC podem ser incorporadas ao Processo Penal, considerando a lacuna no CPP. Estão contidas no art. 144, NCPC. São elas: (...) III – quando nele estiver postulando, como **defensor público**, advogado ou membro do Ministério Público, seu cônjuge ou **companheiro**, ou qualquer parente, consanguíneo ou afim, em linha reta ou colateral, até o terceiro grau, inclusive; IV – quando for parte no processo ele próprio, seu cônjuge ou **companheiro**, ou parente, consanguíneo ou afim, em linha reta ou colateral, até o terceiro grau, inclusive; V – quando for sócio ou membro de direção ou de administração de **pessoa jurídica parte no processo**; VI – quando for herdeiro presuntivo, donatário ou empregador de qualquer das partes; VII – em que figure como parte instituição de ensino com a qual tenha relação de emprego ou decorrente de contrato de prestação de serviços; VIII – em que figure como parte cliente do escritório de advocacia de seu cônjuge, companheiro ou parente, consanguíneo ou afim, em linha reta ou colateral, até o terceiro grau, inclusive, mesmo que patrocinado por advogado de outro escritório; IX – quando promover ação contra a parte ou seu advogado.

. Mister destacar que há divergência doutrinária no sentido de estabelecer como requisito do edital a descrição resumida do fato imputado, considerando a necessidade de possibilitar o exercício da ampla defesa.

c) Suspeição: ocorre quando o juiz não tem a necessária imparcialidade para julgar (por interesses ou sentimentos pessoais – *incapacidade subjetiva do juiz*). A imparcialidade é pressuposto de validade do processo. O juiz pode se dar por suspeito de ofício, não o fazendo as partes poderão recusá-lo.

Eis os **casos** de suspeição do juiz (a jurisprudência entende que o rol abaixo não é taxativo):

"**Art. 254.** O juiz dar-se-á por suspeito, e, se não o fizer, poderá ser recusado por qualquer das partes:"

I – se for amigo íntimo ou inimigo capital de qualquer deles;"

O que é ser amigo íntimo para este dispositivo? É a convivência familiar (compadrio, apadrinhamento etc.). Não caracteriza suspeição a amizade superficial, o mero coleguismo, a mera convivência profissional etc.

Aplique-se tudo o que foi dito aqui, *mutatis mutandis*, à inimizade capital.

Ademais, a amizade íntima ou inimizade capital deve ser aferida em relação às partes em sentido material (réu e vítima) e não em relação ao promotor, advogado, que são partes instrumentais. Porém, nada impede que, inclusive em relação às partes instrumentais, o juiz se dê por suspeito por razão de foro íntimo, invocando, por analogia, o art. 145, § 1º, NCPC;

"II – se ele, seu cônjuge, ascendente ou descendente, estiver respondendo a processo por fato análogo, sobre cujo caráter criminoso haja controvérsia;"

Note-se que essa controvérsia se caracteriza ainda que se dê de forma minoritária.

Ademais, há quem defenda que esse dispositivo deva ser aplicado também ao companheiro(a) e não apenas ao cônjuge;

"III – se ele, seu cônjuge, ou parente, consanguíneo, ou afim, até o terceiro grau, inclusive, sustentar demanda ou responder a processo que tenha de ser julgado por qualquer das partes;"

Reconhece-se a suspeição aqui por conta da possível troca de favores que poderia ocorrer nessa situação;

"IV – se tiver aconselhado qualquer das partes;

V – se for credor ou devedor, tutor ou curador, de qualquer das partes;

VI – se for sócio, acionista ou administrador de sociedade interessada no processo."

Por outro lado, ressalte-se que não é possível o reconhecimento da suspeição quando a parte, deliberadamente, injuriar ou provocar situação que enseje a suspeição do magistrado (art. 256, CPP). A lei não pode premiar aquele que age mediante torpeza. Eventuais desentendimentos entre juiz e advogado não conduzem à suspeição, já que essa diz respeito à relação do juiz com as partes do processo e não com o advogado.

Finalmente, confira-se o teor do art. 255, que diz: "o impedimento ou suspeição decorrente de parentesco por afinidade cessará pela dissolução do casamento que lhe tiver dado causa, salvo sobrevindo descendentes; mas, ainda que dissolvido o casamento sem descendentes, não funcionará como juiz o sogro, o padrasto, o cunhado, o genro ou enteado de quem for parte no processo".

Cuidado para não confundir suspeição com impedimento:

Suspeição: vínculo subjetivo do juiz com as partes (ex.: amizade íntima do juiz com o réu) ou com o assunto discutido no processo (ex.: juiz figura como demandante em outro processo em que se discute o mesmo assunto). Em que pese a indicação de que ocorre a preclusão (art. 254, CPP), a doutrina entende que a suspeição do juízo é hipótese de nulidade absoluta e pode ser alegada a qualquer tempo. É motivo de incapacidade subjetiva. Deve ser reconhecida de ofício pelo juiz. Não o fazendo, qualquer das partes pode argui-la. Procedimento: art. 96 e ss., CPP;

Impedimento: fundamenta-se em razões de ordem objetiva (ex.: a advogada do feito é esposa do juiz). Afeta a própria jurisdição. Provoca a inexistência do processo. É motivo de incapacidade objetiva do juiz. Deve ser reconhecido de ofício pelo juiz, não o fazendo pode qualquer das partes argui-lo. Adota-se o mesmo rito da suspeição.

14.5. Ministério Público

De acordo com o art. 127, CF: "o Ministério Público é instituição permanente, essencial à função jurisdicional do Estado, incumbindo-lhe a defesa da ordem jurídica, do regime democrático e dos interesses sociais e individuais indisponíveis". O MP é, assim, responsável pela manutenção do equilíbrio jurídico da sociedade.

a) Natureza da instituição: conforme aponta certa doutrina, o MP integra o Estado, mas não está atrelado a nenhum dos Poderes. É, portanto, instituição *independente e fiscalizadora dos Poderes, desempenhando função essencial à justiça;*

b) Prerrogativas (ou garantias): as mesmas do magistrado, ou seja, vitaliciedade, inamovibilidade e irredutibilidade de subsídio;

c) Papel do MP no processo penal: possui função dúplice. Atua como órgão legitimado para a acusação, sendo o titular exclusivo das ações penais públicas (art. 129, I, CF), mas, acima de tudo, funciona, necessariamente, como fiscal da lei em todos os processos (art. 127, CF).

Em decorrência disso, não está o MP obrigado a oferecer a denúncia ou a pedir a condenação do acusado quando inexistirem elementos legais ou fáticos nos autos. Desse modo, se no momento da *opinio delicti* (elaboração da denúncia) entender o MP que não há fundamento para a ação penal, deverá manifestar-se pelo arquivamento do inquérito ou das peças de informação. Da mesma forma, se, ao final da instrução, verificar que não há motivo para a condenação do acusado, deve pugnar pela sua absolvição. O seu principal compromisso é com a observância da lei, dos valores constitucionais, motivo pelo qual a função de fiscal da lei está, inequivocamente, acima da função acusatória.

d) A atuação do MP na ação penal pública:

Atua como parte formal. Como dito, não é uma parte como outra qualquer, pois atua como fiscal da lei e tem compromisso, em última análise, com a promoção da justiça no processo penal. Não está, assim, adstrito ao pleito condenatório. Pode impetrar HC, MS, pedir a absolvição do acusado, recorrer em prol deste. Note-se que o MP sempre exerce a função de *custos legis*, mesmo quando é autor da ação;

e) A atuação do MP na ação penal privada

e1) Exclusivamente privada/personalíssima

Na ação privada, o MP atua como fiscal da lei. Pode aditar a queixa para, por exemplo, promover correções formais (indicação do procedimento adequado, dia, hora e local do crime etc.).

Dentre as funções que desempenha na ação privada, está a de velar por sua indivisibilidade. Assim, em caso de exclusão indevida de agente(s) pelo querelante, conforme sustenta certo setor da doutrina, não deve o MP aditar a queixa. Deve, no prazo previsto pelo § 2º do art. 46 do CPP, provocar a vítima para que esta promova o aditamento.

Em caso de sentença condenatória proferida contra o querelado, pode o MP, na função de *custos legis*, apelar pedindo a sua absolvição ou, noutro giro, apelar pedindo a exasperação da pena.

Sendo a sentença absolutória, entende-se que o MP não poderá apelar (buscando a condenação, p. ex.). É que vige aqui o princípio da oportunidade;

e2) Subsidiária da pública

2. PROCESSO PENAL

A atuação do MP aqui é bem mais intensa, uma vez que embora essa ação penal seja encabeçada pela vítima, ela (a ação) continua a possuir notória natureza pública. Assim, é possível ao MP (art. 29, CPP):

I – Aditar a queixa para incluir novos fatos e/ou novos agentes (prazo de 3 dias – art. 46, § 2º, CPP);

II – Repudiar a queixa quando esta for, por exemplo, inepta, apresentando denúncia substitutiva;

III – Fornecer elementos de prova;

IV – Interpor recurso;

V – A todo tempo, retomar como parte principal em caso de negligência por parte do querelante.

f) Hipóteses de suspeição e impedimento do MP: tais hipóteses são, *mutatis mutandis,* as mesmas do juiz (consultar a exposição efetuada anteriormente).

Por outro lado, vale recordar a Súmula 234, STJ, que diz: *"a participação de membro do Ministério Público na fase investigatória criminal não acarreta o seu impedimento ou suspeição para o oferecimento da denúncia".* Não faria mesmo sentido restringir a participação do membro ministerial que atuou na fase de investigação, haja vista o papel do MP de titular da ação penal pública. Ademais, lembre-se de que as investigações criminais têm o MP como destinatário imediato;

g) Princípios que informam o MP (princípios institucionais)

g1) Unidade: consiste na integralidade do MP como instituição pública. Isto não provoca qualquer óbice em relação à distribuição das atribuições, já que é preciso fracioná-las para que se obtenha uma atuação mais eficiente de seus membros;

g2) Indivisibilidade: qualquer integrante do mesmo MP pode atuar no feito em curso sem a necessidade de designação específica. Essa atuação ocorre muito em comarcas situadas no interior dos Estados, quando, por exemplo, um promotor está em período de férias e outro, de comarca vizinha, assume temporariamente as suas atribuições. Não lhe será exigido qualquer ato específico de designação para aquele processo. Portanto, seus reflexos se dão predominantemente no âmbito endoprocessual, ou seja, no interior da relação processual;

g3) Independência funcional: O MP, no exercício das suas atribuições respectivas, não está subordinado a qualquer dos Poderes do Estado.

14.6. Querelante (vítima)

É o sujeito ativo da ação penal privada. O querelante atua como legitimado extraordinário, *i. e.*, age em nome próprio, defendendo interesse do Estado (que é o titular do direito de punir).

14.7. Assistente de acusação

É a vítima ou seu representante legal, ou, na falta destes, o CCADI, que se habilita para intervir como auxiliar acusatório do MP na ação penal pública (*vide* art. 268, CPP).

14.7.1. Quem pode habilitar-se como assistente de acusação?

Conforme visto, a vítima. Sendo esta incapaz, seu representante legal. Na falta da vítima (morte ou ausência) e de seu representante, poderão se habilitar como assistente o CCADI.

Por outro lado, frise-se que a lei não admite que o corréu, no mesmo processo, figure como assistente de acusação, haja vista ser também parte (art. 270, CPP).

14.7.2. Quando poderá habilitar-se o assistente?

A partir do recebimento da denúncia até o trânsito em julgado (arts. 268 e 269, CPP). Assim, não cabe o instituto da assistência na fase de IP e na fase de execução penal.

No procedimento do Júri, o assistente deverá requerer sua habilitação até 5 dias antes da data da sessão – art. 430, CPP.

Destaque-se que o assistente receberá a causa no estado em que esta se achar – art. 269, CPP. Isto visa a evitar dilações indevidas do processo (propositura de novas provas em fase inadequada, por exemplo).

Efetuado o pedido de habilitação como assistente, o juiz o remeterá ao MP para a manifestação deste órgão (art. 272, CPP). Após o parecer do MP, o juiz decidirá se admite ou não o requerimento de assistência.

Ainda, diz o art. 273, CPP, que "do despacho que admitir, ou não, o assistente, não caberá recurso, devendo, entretanto, constar dos autos o pedido e a decisão". Apesar do conteúdo deste artigo, tem entendido a doutrina que, em caso de indeferimento arbitrário, é cabível o mandado de segurança.

14.7.3. Faculdades processuais do assistente (o que pode ele fazer no curso do processo?)

Sobre o tema, sublinha o art. 271, CPP (considerado taxativo por certo setor da doutrina): "ao assistente será permitido propor meios de prova, requerer perguntas às testemunhas, aditar o libelo e os articulados, participar do debate oral e arrazoar os recursos interpostos pelo Ministério Público, ou por ele próprio, nos casos dos arts. 584, § 1º, e 598".

Esmiuçando esse dispositivo temos que ao assistente é facultado:

I – Propor meios de prova;

II – Realizar perguntas às testemunhas;

III – Aditar o libelo e os articulados. Este inciso está prejudicado no que tange ao libelo, pois não mais existe esta peça no procedimento do Júri;

IV – Participar de debate oral;

V – Arrazoar recursos interpostos pelo MP. Caso o MP recorra de alguma decisão no curso do processo, poderá o assistente colacionar as suas razões à impugnação ministerial;

VI – O assistente, previamente habilitado ou não, pode interpor (e arrazoar), autonomamente, recurso no caso de inércia recursal do MP nos seguintes casos: decisão de impronúncia (art. 584, § 1º); quando julgada extinta a punibilidade (art. 584, § 1º); e no caso de sentença absolutória (art. 598). Nesse sentido, ver: STF, HC 154076, j. 03.09.2019.

Destaque-se também a Súmula 210 do STF, que diz: "o assistente do Ministério Público pode recorrer, inclusive extraordinariamente, na ação penal, nos casos dos arts. 584, § 1º, e 598 do Código de Processo Penal".

Questão final: há **interesse** do assistente de acusação em interpor recurso de modo exclusivo (sem recurso do MP, portanto) para **agravar** a pena fixada ao réu?

I – Significativa parcela da **doutrina** entende que é **impossível** ao assistente de acusação apelar de modo exclusivo para **majorar** a punição imposta ao réu. Isto porque, sustentam esses autores, a vítima no processo penal brasileiro teria tão somente interesse em obter **reparação civil** dos danos causados pelo delito. Por esta razão, sendo prolatada a sentença penal **condenatória**, constituído, pois, o **título executivo judicial**, **cessaria**, desse ponto em diante, o interesse do ofendido, já que, como cediço, *a quantidade de pena aplicada não repercute na reparação civil*;

II – **De outro lado**, sustentando haver sim **interesse-utilidade**, está também considerável doutrina e a jurisprudência dos tribunais superiores (STJ, HC 99857/SP, DJe 19.10.2009). Para essa segunda corrente, é preciso reconhecer na figura do assistente de acusação mais do que um simples interesse de ser indenizado no campo cível, pois deve ele estar comprometido, também, com a justa aplicação da lei penal.

14.8. Acusado

O réu ocupa o polo passivo da relação processual penal. Por conta de um critério biopsicológico adotado pelo CP e pela CF, só pode ser acusado o maior de 18 anos.

Ainda no que concerne à idade do acusado, é importante destacar que as disposições dos arts. 15, 262 e 564, III, "c", CPP, foram tacitamente revogadas pelo Código Civil de 2002. Com o advento deste Código, estabelecendo a maioridade civil aos 18 anos, as disposições inerentes à nomeação de curador para o réu maior de 18 anos e menor de 21 anos perderam o sentido.

Por outro lado, recorde-se que, nas ações penais privadas, o réu recebe a denominação de querelado.

Ainda, a pessoa jurídica é admitida atualmente como ré nos crimes ambientais, sendo bastante controversa a aplicação da teoria da dupla imputação, segundo a qual a pessoa física que causou o dano deve integrar o polo passivo como corréu.

14.8.1. Direitos do acusado

Por ser a parte mais frágil da relação processual penal, ao acusado são garantidos diversos direitos, buscando-se, assim, dentre outras coisas, assegurar a ampla defesa e evitar abusos por parte do órgão de acusação e do Estado-juiz. Já examinamos grande parte desses direitos ao longo desse livro. Apenas para lembrar, listamos aqui alguns: direito ao silêncio; direito de entrevistar-se previamente com seu defensor antes do interrogatório; direito à defesa técnica; direito de ser considerado presumidamente inocente até o trânsito em julgado de sentença penal condenatória etc.

14.9. Defensor

É aquele que, possuindo capacidade postulatória, patrocina a defesa técnica do acusado.

Vale recordar que a defesa técnica no processo penal é obrigatória, sob pena de nulidade absoluta do processo (art. 261, CPP). Nesse sentido, STF, Súmula 523: "no processo penal, a falta da defesa constitui nulidade absoluta, mas a sua deficiência só o anulará se houver prova de prejuízo para o réu". Isso é assim porque o réu é reconhecidamente sujeito hipossuficiente na relação processual penal, necessitando de amparo técnico para o exercício de sua defesa (direito inalienável e irrevogável).[117]

Rememore-se também que, caso o acusado possua capacidade postulatória, poderá, querendo, exercer o autopatrocínio (autodefender-se), hipótese em que a presença de um defensor técnico poderá ser dispensada.

É oportuno transcrever o teor do art. 265, CPP, que diz: "o defensor não poderá abandonar o processo senão por motivo imperioso, comunicado previamente o juiz, sob pena de multa de 10 (dez) a 100 (cem) salários mínimos, sem prejuízo das demais sanções cabíveis. § 1º A audiência poderá ser adiada se, por motivo justificado, o defensor não puder comparecer. § 2º Incumbe ao defensor provar o impedimento até a abertura da audiência. Não o fazendo, o juiz não determinará o adiamento de ato algum do processo, devendo nomear defensor substituto, ainda que provisoriamente ou só para o efeito do ato".

Por questões didáticas, apresentaremos abaixo as denominações comumente utilizadas para o defensor:

I – Constituído (ou procurador): é o defensor constituído pelo acusado por meio de procuração ou, diretamente, por meio de indicação verbal no momento em que for ouvido pela primeira vez;

II – Defensor público: membro da Defensoria Pública, no contexto aqui trabalhado, atua na defesa dos interesses daqueles que não dispõem de recursos financeiros para arcar com as despesas de um advogado particular. A sua atuação, em regra, independe da constituição por meio de procuração, salvo nas hipóteses dos arts. 39 e 44, CPP.

A Defensoria goza de prerrogativas processuais (arts. 44, 89 e 128, todos da LC 80/1994). Algumas das prerrogativas são: a intimação pessoal de quaisquer atos, em qualquer processo ou grau, jurisdicional ou administrativo; a contagem em dobro dos seus prazos; o livre acesso nos estabelecimentos em que atuam; realização de vista pessoal dos autos; e a comunicação pessoal e reservada com os seus assistidos.

III – Defensor dativo: é o advogado nomeado pelo juiz ante a ausência de defensor constituído pelo réu e/ou de defensor público na comarca;

---

117. O STF, em julgado recente, entendeu pela inexistência de nulidade processual no bojo de processo em que não houve alegações finais por abandono de causa, uma vez que a defesa técnica postulou a impronúncia e o órgão acusador postulou a condenação do réu justamente pelos fatos que constavam na pronúncia (Informativo 902/STF, de 14 a 18 de maio de 2018).

IV – Defensor *ad hoc*: é o advogado designado pelo juiz para atuar na prática de determinado ato do processo. Esta designação decorre da ausência de defensor constituído e/ou de defensor público no momento em que se necessita de um patrono para atuar/acompanhar certo ato.

14.10. Servidores do Poder Judiciário

Também denominados servidores da justiça ou serventuários, são aquelas pessoas investidas em cargo público (funcionários públicos) com atuação no Poder Judiciário. Ex.: escrivão, oficial de justiça, entre outros que integram a estrutura cotidiana de funcionamento do Judiciário.

Com efeito, também estão sujeitos, no que couber, ao regime de suspeição e impedimento (por analogia) inerente aos juízes (art. 274, CPP). Dessa maneira, é possível, por exemplo, o afastamento de escrivão que possua interesse no feito para se evitar eventuais efeitos negativos sobre o andamento do processo.

14.11. Auxiliares do juízo

São aqueles que colaboram com o julgador quando este necessita de conhecimentos especializados em determinada área do saber humano. Ex.: perito e intérprete.

É oportuno destacar que os assistentes técnicos não são considerados auxiliares do juiz, pois possuem vínculo com as partes (art. 159, §§ 3º e 4º, CPP). São, pois, contratados pelas partes para oferecer parecer técnico sobre algum assunto.

14.11.1. *Suspeição e impedimento:*

Aplicam-se as regras de suspeição e impedimento (por analogia) relativas aos juízes ao perito e ao intérprete (arts. 280 e 281, CPP).

15. PRISÃO, MEDIDAS CAUTELARES E LIBERDADE PROVISÓRIA

A Lei 12.403/2011, que alterou o CPP, trouxe uma série de novidades para o universo da prisão provisória (cautelar ou processual) e da liberdade provisória, criando, ainda, diversas medidas cautelares pessoais diversas da prisão. Ao longo deste capítulo, analisaremos as mudanças trazidas pela nova lei.

15.1. Prisão: noções introdutórias

Prisão é a *supressão da liberdade de locomoção do indivíduo*. A doutrina costuma dividir a prisão em: **prisão-pena** (que é aquela que *decorre* de sentença penal condenatória *transitada em julgado*) e **prisão sem pena** (que é a que ocorre *antes* da uma sentença penal definitiva). São **espécies** de **prisão sem pena**: prisão civil e prisão provisória (cautelar ou processual). Examinemos brevemente cada uma delas.

15.1.1. *Prisão civil*

Atualmente, esta modalidade de prisão só existe para o devedor (voluntário e inescusável) de alimentos (art. 5º,

LXVII, CF)[118], pois, com o advento da Súmula vinculante 25 do STF, passou-se a considerar "ilícita a prisão civil do depositário infiel, qualquer que seja a modalidade de depósito". Ademais, vale recordar que o Pacto de São José da Costa Rica, em seu art. 7º, § 7º, já previa: "ninguém deve ser detido por dívida".

15.1.2. *Prisão provisória (cautelar ou processual)*

Consiste no encarceramento cautelar do indivíduo (antes de sentença penal definitiva, portanto). Atualmente, são **espécies** de prisão provisória: *a prisão em flagrante, a prisão temporária e a prisão preventiva*. Note o leitor que *foram revogadas a prisão decorrente de sentença condenatória recorrível (antigo art. 594, CPP) e a prisão decorrente de pronúncia (antigo art. 408, § 1º, CPP)*. Isto porque as Leis 11.689/2008 e 11.719/2008, coroando contundente entendimento da comunidade jurídica, revogaram essas duas modalidades de prisão provisória. Mais adiante, estudaremos de forma mais detalhada as espécies de prisão provisória. Por ora, é importante ficar claro que, conforme determina o novo art. 300, CPP (alterado pela **Lei 12.403/2011**), as pessoas presas provisoriamente ficarão separadas das que já estiverem definitivamente condenadas, nos termos da lei de execução penal. O militar, por sua vez, preso em flagrante delito, após a lavratura dos procedimentos legais, será recolhido a quartel da instituição a que pertencer, onde ficará preso à disposição das autoridades competentes (parágrafo único do art. 300, CPP).

15.2. Prisão decorrente de *ordem judicial*

Inicialmente, convém transcrever o famoso art. 5º, LXI, CF, que diz: "ninguém será preso senão em flagrante delito ou *por ordem escrita e fundamentada de autoridade judiciária competente*, salvo nos casos de transgressão militar ou crime propriamente militar, definidos em lei" (grifo nosso). Com efeito, *salvo* os casos explicitados por esse dispositivo (prisão em flagrante, transgressão militar e crime propriamente militar) – e algumas outras hipóteses que veremos no tópico logo abaixo – *vige no Brasil a regra da necessidade de ordem judicial prévia para a imposição de prisão ao indivíduo*. Exemplos: sentença penal condenatória transitada em julgado, decisão pela preventiva etc.[119]

Pois bem, sendo o caso de prisão decorrente de ordem judicial (preventiva, por exemplo), o magistrado que decretou a prisão deverá expedir o competente mandado prisional.

---

118. Registre-se que recentemente, a 3ª Turma do STJ, em julgamento que não teve seu número divulgado em virtude do segredo de justiça decretado, entendeu que a prisão civil do alimentante só poderá ser aplicada em relação às três últimas parcelas da pensão, devendo o restante da dívida ser cobrado pelos meios ordinários. Disponível em: http://www.stj.jus.br/sites/STJ/default/pt_BR/Comunicação/noticias/Notícias/Terceira-Turma-reconhece-excesso-em-prisão-de-homem-que-deve-quase-R$-200--mil-de-pensão-à-ex-mulher.

119. Reforça essa ideia o novel art. 283, *caput*, do CPP, que, recentemente alterado pela Lei 13 .964 /201 9, diz: "Ninguém poderá ser preso senão em flagrante delito ou por ordem escrita e fundamentada da autoridade judiciária competente, em decorrência de prisão cautelar ou em virtude de condenação criminal transitada em julgado. ".

Segundo o art. 291, CPP, entende-se realizada a prisão por mandado quando "o executor, fazendo-se conhecer do réu, lhe apresente o mandado e o intime a acompanhá-lo". Há, porém, uma série de formalidades ligadas ao *mandado* que, na sequência, serão analisadas.

O art. 285, parágrafo único, CPP, por exemplo, estabelece que o mandado deverá: a) ser lavrado pelo escrivão e assinado pela autoridade (juiz); b) designar a pessoa, que tiver de ser presa, por seu nome, alcunha ou sinais característicos; c) mencionar a infração penal que motivar a prisão; d) declarar o valor da fiança arbitrada, quando afiançável a infração; e e) ser dirigido a quem tiver qualidade para dar-lhe execução.

O art. 286, CPP, por sua vez, diz que "o mandado será passado em duplicata, e o executor entregará ao preso, logo depois da prisão, um dos exemplares com declaração do dia, hora e lugar da diligência. Da entrega deverá o preso passar recibo no outro exemplar; se recusar, não souber ou não puder escrever, o fato será mencionado em declaração, assinada por duas testemunhas".

Ademais, estabelece o art. 288, CPP, que ninguém poderá ser recolhido à prisão sem que o mandado seja exibido ao respectivo diretor do presídio ou carcereiro. Para tanto, o executor deverá entregar ao diretor ou carcereiro uma cópia assinada do mandado ou apresentar a guia expedida pela autoridade competente. De uma forma ou de outra, deverá ser passado recibo (até no próprio exemplar do mandado) com declaração de dia e hora da entrega do preso.

Noutro giro, de acordo com a alteração promovida pela Lei 12.403/2011 no CPP, o juiz, ao expedir o mandado de prisão, deverá providenciar o imediato **registro** desse documento em **banco de dados** mantido pelo Conselho Nacional de Justiça (CNJ) para essa finalidade (novo art. 289-A).

Estabelece o § 1º deste mesmo dispositivo (art. 289-A) que qualquer agente policial poderá efetuar a prisão determinada no mandado de prisão registrado no CNJ, *ainda que fora da competência territorial do juiz que o expediu*.

Mas não é só, pois o § 2º diz que mesmo que o mandado *não esteja registrado* no referido banco de dados do CNJ, *ainda assim será possível a prisão do indivíduo por parte de qualquer agente policial*. Entretanto, neste caso, o agente policial responsável pela prisão do sujeito deverá, primeiro, adotar as precauções necessárias para averiguar a autenticidade do mandado e, segundo, comunicar a prisão ao juiz que a decretou. O magistrado, por sua vez, ao ser comunicado da prisão que decretou, deverá providenciar, em seguida, o registro do mandado no mencionado banco de dados do CNJ.

Efetuada a prisão, esta será "imediatamente comunicada ao juiz do local de cumprimento da medida (leia-se: do local da captura) o qual providenciará a certidão extraída do registro do Conselho Nacional de Justiça e informará ao juízo que a decretou" – § 3º do art. 289-A, CPP.

Finalmente, ocorrida a prisão, o preso será informado de seus direitos, nos termos do inciso LXIII do art. 5º, CF (direito de permanecer calado, sendo-lhe assegurada a assistência da família e de advogado), e, caso o autuado não informe o nome de seu advogado, será comunicado o fato à Defensoria Pública – § 4º do art. 289-A, CPP.

Nessa última hipótese, a ausência de comunicação do flagrante em 24h ensejará a nulidade do flagrante, **exceto:**

a) se na comarca e adjacências **não houver Defensoria Pública**, como se depreende do **STJ, HC 186456/MG,** *DJe* **19.10.2011**: "no caso concreto, o juízo homologou a prisão em flagrante no prazo de 24 horas, nos termos do art. 306, CPP, razão por que não há falar em constrangimento ilegal. A não comunicação à Defensoria Pública se justificou pela ausência da instituição na localidade ou mesmo nas proximidades, denotando-se, assim, a impossibilidade de cumprimento do art. 306, § 1º, CPP". Cabe ressaltar que é assente na jurisprudência do STJ que "o Estado deverá suportar o pagamento dos honorários advocatícios ao defensor dativo nomeado pelo juiz ao réu juridicamente hipossuficiente, nos casos em que não houver Defensoria Pública instalada ou quando for insuficiente para atender à demanda da circunscrição judiciária", vide AREsp 697019 PR 2015/0089106-9, DJ 21.05.2015.

b) se houver a comunicação em prazo razoável, segundo entendimento do **STJ no RHC 25633/SP,** *DJe* **14.09.2009**, a seguir transcrito: "I – Na linha de precedentes desta Corte, não há que se falar em vício formal na lavratura do auto de prisão em flagrante se sua comunicação, mesmo tendo ocorrida a destempo da regra prevista no art. 306, § 1º, do CPP, foi feita em lapso temporal que está dentro dos limites da razoabilidade (precedentes). (...) Preso em 29.08.2008, sua prisão foi notificada à defensoria pública em 02.09.2008. Desse modo, em razão da regularidade da prisão em flagrante, entendo que o atraso na comunicação do órgão de defesa constitui-se em mera irregularidade que não tem o condão de ensejar o relaxamento de sua segregação". Ver também: RHC 27.067/SP, 5ª Turma, *DJ* 12.04.2010.

15.3. Prisão sem prévia ordem judicial

Em casos específicos, o indivíduo poderá ser preso *sem* a ordem prévia de um juiz. São eles:

15.3.1. Prisão em flagrante

Situação em que qualquer pessoa poderá efetuar a prisão do indivíduo sem a necessidade de prévia ordem judicial (*vide* art. 301, CPP). Sobre esta modalidade, aprofundaremos a abordagem mais adiante.

15.3.2. Transgressões militares ou crimes propriamente militares

A prisão aqui será decretada por autoridade militar (competência da Justiça Militar, portanto).

15.3.3. Prisão durante o Estado de Defesa e de Sítio (arts. 136, § 3º, I, e 139, II, CF, respectivamente)

São situações anômalas (guerra, por exemplo) em que autoridades *não judiciárias*, em certos casos, poderão decretar a prisão das pessoas.

15.3.4. Recaptura de réu evadido (art. 684, CPP)

Conforme Mirabete (2006, p. 1.788), qualquer pessoa poderá efetuar a prisão do acusado/condenado que se evadiu da cadeia.[120]

15.3.5. Prisão do réu por crime inafiançável sem a posse prévia de ordem judicial (art. 287, CPP)

Na verdade, nesse caso, os agentes policiais, no momento da captura do indivíduo praticante de crime inafiançável, sabem da existência de prévia ordem judicial expedida, porém, não a possuem no exato instante da prisão. Nessa situação, autoriza a lei que os agentes policiais efetuem a prisão do indivíduo sem a referida ordem judicial, desde que apresentem imediatamente o capturado ao juiz expedidor do mandado para que seja realizada a audiência de custódia (**Atenção**: nova redação do dispositivo introduzida pela Lei n. 13.964/2019).

15.4. Uso de força e de algemas no momento da prisão

Sobre o **emprego de força** no momento da prisão (com ou sem ordem judicial), estabelece o CPP, no art. 284, que "não será permitido o emprego de força, salvo a indispensável no caso de resistência ou de tentativa de fuga do preso". E, mais adiante, no art. 292: "se houver, ainda que por parte de terceiros, resistência à prisão em flagrante ou à determinada por autoridade competente, o executor e as pessoas que o auxiliarem poderão usar dos meios necessários para defender-se ou para vencer a resistência, do que tudo se lavrará auto subscrito também por duas testemunhas".

Nesse sentido, a Lei 13.060/2014 estabelece as diretrizes para o uso da força priorizando os instrumentos de menor potencial ofensivo, que são definidos no art. 4º como "aqueles projetados especificamente para, com baixa probabilidade de causar mortes ou lesões permanentes, conter, debilitar ou incapacitar temporariamente pessoas".

Temos como exemplos desses instrumentos: *tasers*, algemas, gás lacrimogênio, balas de borracha, entre outros. São alternativas ao uso das armas de fogo, que são letais.

As diretrizes de uso desses instrumentos estão contidas no art. 2º, quais sejam: I – legalidade; II – necessidade; e III – razoabilidade e proporcionalidade.

Fica vedado o uso de arma de fogo nas seguintes situações:

I – contra pessoa em fuga que esteja desarmada ou que não represente risco imediato de morte ou de lesão aos agentes de segurança pública ou a terceiros;

II – contra veículo que desrespeite bloqueio policial em via pública, exceto quando o ato represente risco de morte ou lesão aos agentes de segurança pública ou a terceiros.

Por fim, importante destacar que esta Lei necessita de regulamentação pelo Poder Executivo no que tange à classificação e disciplina do uso dos instrumentos não letais (art. 7º).

Em resumo: só se deve empregar a força absolutamente necessária para efetuar a prisão do indivíduo, podendo os eventuais excessos das autoridades caracterizar abuso de autoridade, lesão corporal etc.[121]

Por outro lado, no que tange ao **uso de algemas**, a Súmula vinculante 11, STF, diz que: "só é lícito o uso de algemas em caso de resistência e de fundado receio de fuga ou de perigo à integridade física própria ou alheia, por parte do preso ou de terceiros, justificada a excepcionalidade por escrito, sob pena de responsabilidade disciplinar civil e penal do agente ou da autoridade e de nulidade da prisão ou do ato processual a que se refere, sem prejuízo da responsabilidade civil do Estado".

A utilização de algemas no Tribunal do Júri somente será possível caso seja absolutamente necessária à ordem dos trabalhos, à segurança das testemunhas ou à garantia da integridade física dos presentes, nos termos do § 3º da art. 474 do CPP. Nesse sentido, em julgado recente, a 6ª Turma do STJ anulou júri por conta do uso indevido de algemas (STJ, AgRg no AREsp 1053049/SP, *Dje* 02.08.2017).

Ainda quanto à matéria, importante apontar a introdução do parágrafo único ao art. 292, CPP que veda o uso de algemas em mulheres grávidas durante os atos médico-hospitalares preparatórios para a realização do parto e durante o trabalho de parto, bem como em mulheres durante o período de puerpério imediato.

Acrescente-se o seguinte julgado: STJ, HC 140718, *DJe* 25.10.2012, Inf. 506 – "não há nulidade processual na recusa do juiz em retirar as algemas do acusado durante a audiência de instrução e julgamento, desde que devidamente justificada a negativa" e HC 351.219/SP, 6ª Turma, *DJ* 30.06.2016.

15.5. Prisão e (in)violabilidade do domicílio

Estabelece o art. 5º, XI, CF, que: "a casa é asilo inviolável do indivíduo, ninguém nela podendo penetrar sem consentimento do morador, salvo em caso de flagrante delito ou desastre, ou para prestar socorro, ou, durante o dia, por determinação judicial". Dessa passagem extrai-se que é possível penetrar em casa alheia, sem o consentimento do morador, nas seguintes situações:

15.5.1. Durante o dia

Por meio de flagrante delito; para prestar socorro; em caso de desastre; e através de mandado judicial. A expressão "dia", segundo majoritária doutrina, compreende o período das 06h00 às 18h00.

15.5.2. Durante a noite

Por meio de flagrante delito; para prestar socorro; e em caso de desastre. Impossível, portanto, durante o período noturno, adentrar em casa alheia (seja a do próprio infrator, seja a de terceiros) para dar cumprimento a mandado judicial. Nesse ponto, oportuno transcrever o art. 293, CPP, que

---

120. Há, porém, quem afirme que este dispositivo estaria revogado por conta da revogação tácita de todo o Livro IV do CPP pela Lei de Execução Penal (7.210/1984).

121. Eventuais excessos praticados pelo indivíduo a ser preso poderão caracterizar: resistência (art. 329, CP); desobediência (art. 330, CP); ou mesmo evasão mediante violência contra a pessoa (art. 353, CP).

dispõe: "se o executor do mandado verificar, com segurança, que o réu entrou ou se encontra em alguma casa, o morador será intimado a entregá-lo, à vista da ordem de prisão. Se não for obedecido imediatamente, o executor convocará duas testemunhas e, sendo dia, entrará à força na casa, arrombando as portas, se preciso; sendo noite, o executor, depois da intimação ao morador, se não for atendido, fará guardar todas as saídas, tornando a casa incomunicável, e, logo que amanheça, arrombará as portas e efetuará a prisão. Parágrafo único. O morador que se recusar a entregar o réu oculto em sua casa será levado à presença da autoridade, para que se proceda contra ele como for de direito".[122]

Observações:

A expressão "casa", constante da passagem constitucional citada, possui ampla abrangência. Para o CP (art. 150, § 4º), o termo "casa" compreende: "I – qualquer compartimento habitado; II – aposento ocupado de habitação coletiva; III – compartimento não aberto ao público, onde alguém exerce profissão ou atividade". Para tornar mais claro, seguem alguns exemplos de "casa": estabelecimento comercial (STF, HC 106566, *DJe* 19.03.2015); escritório de contabilidade (STF HC 103325, *DJe* 30.10.2014 e HC 93050/RJ, *DJe* 01.08.2008); quarto de hotel ocupado (STF RHC 90376/RJ, *DJe* 18.05.2007); escritório de advocacia; consultório médico; quarto de pensão (NUCCI, 2006, p. 510). Por outro lado, para o CP, *não se* compreendem na expressão "casa" (art. 150, § 5º): "I – hospedaria, estalagem ou qualquer outra habitação coletiva, enquanto aberta, salvo a restrição do n. II do § 4º (*i. e.*: aposento *ocupado* de habitação coletiva); II – taverna, casa de jogo e outras do mesmo gênero".

A recente jurisprudência dos tribunais superiores vem entendendo que uma denúncia anônima, por si só, não autoriza a entrada da polícia na residência de uma pessoa sem ordem judicial, ainda que a polícia suspeite da prática de crime permanente no interior da residência. Vide informativo 666 STJ, 27.03.20.

15.6. Prisão do indivíduo que se encontra em Comarca diversa da do juiz que expediu a ordem

Nessa situação, a prisão se dará por carta precatória, devendo esta conter o inteiro teor do mandado prisional (art. 289, *caput*, CPP). Havendo *urgência*, o juiz poderá requisitar a prisão por qualquer meio de comunicação (fax, telefone, *e-mail*, telegrama etc.), do qual deverá constar o motivo da prisão, bem como o valor da fiança se arbitrada (*vide* § 1º do art. 289, alterado pela Lei 12.403/2011).[123]

Ademais, o § 2º desse mesmo dispositivo (art. 289) estabelece que "a autoridade a quem se fizer a requisição tomará as precauções necessárias para averiguar a autenticidade da comunicação".

Finalmente, o § 3º sublinha que "o juiz processante deverá providenciar a remoção do preso no prazo máximo de 30 dias, contados da efetivação da medida" (leia-se: da prisão). Ou seja, o preso deverá ser removido para o distrito da culpa (*i. e.*, para o local onde está sendo processado criminalmente).

15.7. Prisão em perseguição

O § 1º do art. 290, CPP, afirma que a perseguição ocorre quando o executor: a) avista o infrator e o persegue sem interrupção, embora depois o perca de vista; e b) sabe, por indícios ou informações fidedignas, que o infrator passou, há pouco tempo, em tal ou qual direção, pelo lugar em que o procure, vai a seu encalço (chama a doutrina esta situação de "encalço fictício").

Pois bem, quando em perseguição (seja por conta de flagrante delito seja por conta de ordem judicial), é perfeitamente possível realizar a prisão do sujeito em território de *outra Comarca* (sendo *desnecessária*, nesse caso, a expedição de carta precatória). Efetuada a captura nessa situação (Comarca diversa), o executor deverá apresentar imediatamente o capturado à *autoridade local* (leia-se: delegado, conforme Nucci, 2006, p. 576). Tratando-se de prisão em flagrante, incumbirá à autoridade do local da captura (delegado) lavrar o *auto* de prisão em flagrante, providenciando-se, posteriormente, a remoção do preso. Em caso de prisão por mandado judicial, capturado o infrator e apresentado à autoridade local (delegado), também deverá ocorrer a posterior remoção do preso para que fique à disposição do juiz que decretou a ordem.

Finalmente, o § 2º do art. 290 afirma que, quando as autoridades locais tiverem fundadas razões para duvidar da legitimidade da pessoa do executor ou da legalidade do mandado judicial apresentado, poderão pôr em custódia o réu, até que fique esclarecida a dúvida.

15.8. Prisão especial

Entendendo o tema: quis o legislador ordinário que determinadas pessoas, por conta do *cargo/função* que exercem, em caso de prisão *provisória* (flagrante, preventiva e temporária), ficassem segregadas em *estabelecimentos distintos* da prisão comum. A isso, convencionou-se chamar de "prisão especial".

A pessoa que faz jus a esse tipo de prisão deverá permanecer encarcerada em local distinto da prisão comum (§ 1º do art. 295, CPP). Inexistindo estabelecimento específico, o preso especial deverá ficar em cela separada dentro de estabelecimento penal comum (§ 2º). De um jeito ou de outro,

---

122. Algumas observações sobre este parágrafo único. O morador que não apresentar o infrator às autoridades, só será responsabilizado criminalmente (art. 348, CP, por exemplo) se: a) se tratar de prisão em flagrante desse último (infrator). É que, nesse caso, conforme a CF, a prisão pode ser realizada em casa alheia, de dia ou de noite, pelas autoridades, sem necessidade de concordância do morador; e b) se tratar de prisão por mandado judicial cumprida durante o dia. Nessa hipótese (durante o dia), como vimos, também é possível penetrar em casa alheia sem o consentimento do morador. Por outro lado, o morador não será responsabilizado se negar a entrada das autoridades para dar cumprimento a mandado judicial *durante a noite*. O morador, neste último caso, está amparado pela CF e, por isso, enquanto durar a noite, não sofrerá qualquer consequência jurídica negativa se negar-se a entregar o infrator.

---

123. Confirma essa ideia, o novo art. 299, CPP, alterado pela Lei 12.403/2011, que diz: "a captura poderá ser requisitada, à vista de mandado judicial, por qualquer meio de comunicação, tomadas pela autoridade, a quem se fizer a requisição, as precauções necessárias para averiguar a autenticidade desta".

"a cela especial poderá consistir em alojamento coletivo, atendidos os requisitos de salubridade do ambiente, pela concorrência dos fatores de aeração, insolação e condicionamento térmico adequados à existência humana" (§ 3º).

Sendo realmente impossível acomodar o preso especial em local apropriado, permite a Lei 5.256/1967 que, ouvido o MP, o juiz submeta o indivíduo à *prisão domiciliar*, oportunidade em que ficará detido em sua própria residência.

Além de ter direito a ficar segregado em local distinto da prisão comum, o preso especial também faz jus a não ser transportado juntamente com os presos comuns (§ 4º).

Mas *quem seriam essas pessoas com direito à prisão especial?* Há uma extensa lista de pessoas no arts. 295 e 296, CPP (cuja leitura recomendamos). Porém, esse rol não é exaustivo, visto que diversos outros indivíduos também gozam do direito à prisão especial. A título de exemplo, temos o defensor público (art. 44, III – DPU; art. 89, III – DPDFT; art. 128, III – DPE, todos da LC 80/1994, bem como os membros do MP e do MPU, respectivamente (art. 40, V, Lei 8.625/1993; art. 18, II, "e", LC 75/93) que, se presos provisoriamente, têm direito a serem recolhidos em sala de Estado Maior,[124] com instalações e comodidades condignas, garantida a sua privacidade, e, na sua falta, prisão domiciliar. Contudo, não terá direito ao recolhimento provisório em sala de Estado Maior o advogado que estiver suspenso dos quadros da OAB (STJ, Info. 591). Ver também o art. 84, § 2º, LEP.

O direito de permanecer preso em sala de Estado Maior é uma prerrogativa aplicável somente à prisão cautelar e não à prisão-pena. (STJ, HC 356158/SP, DJe 06.06.2016 e STF, RHC 155360, Dje 21.06.2018).

Observações finais: a) note o leitor que a prisão especial só tem cabimento enquanto não ocorrer o trânsito em julgado da sentença penal condenatória. Ocorrendo este, deve o preso ser encaminhado ao estabelecimento penal comum, *salvo* se, à época do fato, era funcionário da administração da *justiça criminal*, caso em que, mesmo após a sentença definitiva, deverá permanecer *separado* dos demais presos (art. 84, § 2º, LEP); e b) apesar de apoiada por significativo setor da comunidade jurídica, a prisão especial, segundo pensamos, salvo no caso do art. 84, § 2º, LEP, configura vergonhosa ofensa ao princípio da isonomia (art. 5º, *caput*, CF). Ilustrativamente, recorde-se a prisão especial para "os diplomados em curso superior". O tratamento "especial" (elitista) aqui dispensado pauta-se, na verdade, no padrão social/cultural ao qual pertence o indivíduo (algo absurdo). Assim, somente os que conseguem acesso a um curso superior fazem jus a esse tratamento distinto (leia-se: desigual). Nesse sentido, consultar as afiadas críticas que Nucci (2006, p. 580) faz sobre o tema.

---

124. "'Sala de Estado Maior' deve ser interpretada como sendo uma dependência em estabelecimento castrense, sem grades, com instalações condignas" (STF, Rcl 4713/SC, *DJ* 17.12.2007). **Cabe ressaltar que "O recolhimento da paciente em local não condizente com as características de sala de Estado Maior, previstas no art. 7º, V, da Lei 8.906/1994, está em descompasso com a jurisprudência desta Suprema Corte, que autoriza, à sua falta, a adoção de medida cautelar diversa", vide STF, HC 131555, 2ª Turma, *DJ* 28.03.2016".**

15.9. Prisão em flagrante (arts. 301 a 310, CPP)

15.9.1. Conceito

É a prisão que ocorre no momento em que uma infração penal está sendo cometida ("certeza visual do crime") ou pouco tempo depois de seu cometimento. Nessa modalidade de prisão, vale recordar, *dispensa-se* a necessidade de *ordem judicial* (art. 5º, LXI, CF).

15.9.2. Natureza

É *controversa* a natureza jurídica da prisão em flagrante. *Prevalece*, no entanto, o entendimento de que se trata de *ato complexo* (ato administrativo + ato processual). Explica--se. No ato da *captura*, a prisão em flagrante teria natureza *administrativa*. Por outro lado, no momento da *comunicação* do flagrante ao juiz competente (conforme impõe o art. 5º, LXII, CF), em caso de *manutenção* do ato prisional por parte deste, a prisão em flagrante passaria a ter natureza *processual* (cautelar) (TOURINHO FILHO, 2005, v. 1, p. 711).

15.9.3. Quem pode efetuar a prisão em flagrante (sujeito ativo – art. 301, CPP)?

a) Ocorrendo uma situação de flagrante delito, qualquer pessoa do povo poderá vir a efetuar a prisão do infrator. Veja que se trata de faculdade e não de obrigação. Da mesma forma, os agentes das guardas municipais. Apelida a doutrina essa hipótese de *flagrante facultativo;* e **b)** por outro lado, as autoridades policiais e seus agentes têm o *dever* de prender quem quer que se encontre em flagrante delito (chamado de *flagrante obrigatório ou compulsório).* Conforme acentua certa doutrina, esse dever de prender ocorre inclusive no período de *folga, licença ou férias* **do delegado e dos policiais, militares ou civis.**

15.9.4. Quem pode ser preso em flagrante (sujeito passivo)?

Em regra, todos. Porém, há certas especificidades aqui. Vamos a elas:

a) Presidente da República: não pode ser preso cautelarmente (nem em flagrante). O Presidente goza da mais ampla imunidade prisional em nosso país – só pode ser preso em virtude de sentença penal condenatória transitada em julgado (art. 86, § 3º, CF);

b) Diplomatas estrangeiros (ex.: embaixador): não podem ser presos em flagrante (art. 1º, I, CPP c/c a Convenção de Viena). *Também não podem (por extensão) ser presos em flagrante:* os familiares dos diplomatas, os funcionários de organizações internacionais em atividade (ONU, *v. g.*), os chefes de Estado em visita a território estrangeiro e os representantes de Estado quando em atividade no exterior. Os cônsules, a seu turno, possuem *imunidade restrita. Só não podem ser presos em flagrante se estiverem no exercício de suas funções.* Do contrário, quando em atividade *estranha* às funções, a prisão em flagrante será possível;

c) Senadores, Deputados Federais, Deputados Estaduais, membros do MP e da magistratura: *só podem ser presos em flagrante pela prática de crime inafiançável* (consultar: art. 53,

§ 2º, CF; art. 27, § 1º, CF; art. 40, III, Lei 8.625/1993; e art. 33, II, LC 35/1979). Atenção: os vereadores *podem normalmente ser presos em flagrante (mesmo por crime afiançável);*

d) Defensores Públicos: podem ser presos em flagrante, mas a prisão deverá ser imediatamente comunicada ao Defensor Público-Geral (art. 44, II – DPU; art. 128, II – DPE; art. 89, II – DPDFT; todos contidos na LC 80/1994).

e) Advogados (art. 7º, § 3º, EOAB): aqui, algumas distinções se mostram necessárias:

e1) Advogado que, no exercício da profissão (defendendo algum interesse que lhe foi confiado), pratica crime inafiançável: neste caso, é possível efetuar a prisão em flagrante. Porém, no momento da lavratura do auto de prisão (APF), deverá ser assegurada ao advogado a presença de um representante da OAB;

e2) Advogado que, no exercício da profissão, pratica crime afiançável: não é possível efetuar a prisão em flagrante nesse caso;

e3) Advogado que pratica crime (afiançável ou inafiançável) fora do exercício profissional (ex.: estupro): nesta hipótese, é possível efetuar a prisão do advogado, devendo, entretanto, comunicar-se o fato à seccional da OAB a qual pertença o patrono;

f) Período de eleição: diz o art. 236, Código Eleitoral, "nenhuma autoridade poderá, desde 5 (cinco) dias antes e até 48 (quarenta e oito) horas depois do encerramento da eleição, prender ou deter qualquer eleitor, salvo em flagrante delito ou em virtude de sentença criminal condenatória por crime inafiançável, ou, ainda, por desrespeito a salvo-conduto". Dentre outras coisas, podemos **concluir** dessa norma o seguinte: *durante o período compreendido entre 5 dias antes e 48h depois do encerramento da eleição, a* **prisão em flagrante do eleitor** *só será possível pela prática de crime inafiançável;*

g) Autor de infração de menor potencial ofensivo (IMPO): praticada uma IMPO e lavrado o termo circunstanciado (TC ou TCO) pelo delegado, caso o autor do fato se dirija imediatamente ao juizado ou assuma o compromisso de a ele comparecer, *não será preso em flagrante, nem se exigirá fiança* (art. 69, parágrafo único, JECRIM[125]). Portanto, o autor de uma IMPO só pode ser preso em flagrante se não se dirigir imediatamente ao juizado e nem se comprometer a comparecer posteriormente;

h) Indivíduo surpreendido na posse de drogas para consumo pessoal (art. 28, Lei 11.343/2006): conforme a atual Lei de Drogas, ao sujeito surpreendido nessas circunstâncias *não se imporá a prisão em flagrante,* "devendo o autor do fato ser imediatamente encaminhado ao juízo competente ou, na falta deste, assumir o compromisso de a ele comparecer, lavrando-se termo circunstanciado e providenciando-se as requisições dos exames e perícias necessários" (art. 48, § 2º). Caso haja a recusa por parte do indivíduo de comparecimento (imediato ou posterior), *não se poderá prendê-lo em flagrante* (como no caso anterior – letra "f");

i) Condutor de veículo que presta socorro à vítima (art. 301, CTB): nos casos de acidente de trânsito de que resulte vítima, não se imporá prisão em flagrante, nem se exigirá fiança se o condutor prestar pronto e integral socorro àquela;

j) Menores de 18 anos de idade:

j1) tratando-se de ato infracional (fato descrito como crime ou contravenção na legislação) praticado por criança (menor de 12 anos), *não se imporá a prisão em flagrante, devendo o infante, entretanto, ser apresentado ao Conselho Tutelar ou à Justiça da Infância e Juventude para aplicação da medida de proteção cabível* (consultar: arts. 101, 103, 105 e 136, I, ECA);

j2) Por outro lado, tratando-se de ato infracional praticado por adolescente (aquele que já atingiu 12 anos, porém menor de 18), *é possível a sua apreensão (não se usa a palavra prisão em flagrante), oportunidade em que deverá o menor ser encaminhado à autoridade policial* (art. 172 e ss., ECA).

15.9.5. Modalidades de prisão em flagrante

a) Flagrante próprio, propriamente dito, real ou verdadeiro (incisos I e II do art. 302, CPP): *ocorre quando o agente está cometendo a infração penal ou acaba de cometê-la.* Perceba o leitor que, neste último caso ("acaba de cometê-la"), há uma *relação de imediatidade* entre a prática do delito e a prisão do agente. Ex.: agente que, assim que termina de efetuar o roubo, é surpreendido pela polícia logo na porta da agência bancária;

b) Flagrante impróprio, irreal ou quase flagrante (inc. III): *ocorre quando o agente é perseguido logo após a prática da infração penal em situação que faça presumir ser ele o autor do fato.* Para a doutrina, a expressão **"logo após"** representa um espaço de tempo maior do que a "acaba de cometer" (do inciso anterior). **"Logo após"** *compreende o período necessário para a polícia (ou particular) chegar ao local do crime, colher informações e iniciar a perseguição do agente (vide* art. 290, § 1º, CPP). Ademais, note que a perseguição do agente pela polícia deve ser *ininterrupta* – caso ocorra interrupção, *não mais será possível efetuar a prisão em flagrante.* Outro ponto, *não existe o prazo de 24h* (comumente divulgado pela mídia) para "afastar" o flagrante. Enquanto durar a perseguição do agente (dias, semanas etc.) será possível a prisão em flagrante. Vamos a um exemplo: após o agente roubar o banco e fugir, o gerente da agência, ato contínuo, entra em contato com a polícia, que, após se dirigir ao local, inicia imediatamente a perseguição do indivíduo, culminando na prisão deste;

c) Flagrante presumido, ficto ou assimilado (inciso IV): *ocorre quando o agente é encontrado, logo depois, com instrumentos, armas, objetos ou papéis que façam presumir ser ele autor da infração.* A expressão-chave aqui é: **"encontrado logo depois".** Entende a doutrina que o lapso de tempo nessa situação é *ainda maior* do que o do inciso anterior ("logo após"). Atente o leitor que nessa modalidade de flagrante *não há perseguição.* O agente é, na verdade, encontrado *ocasionalmente* logo depois da prática do delito. Por fim, note-se que não há também um prazo fixo para a expressão "logo depois", devendo ser interpretado como *lapso razoável* (conforme STJ, HC 49898/SE, *DJe* 22.09.2008 e HC 157.017/MG, *DJe* 03.05.2010). Segue um exemplo: após roubar um

---

125. Juizado Especial Criminal – Lei 9.099/1995.

banco e empreender fuga sem ser perseguido, o agente, momentos mais tarde, é abordado por policiais que realizavam rondas costumeiras numa praça. Neste instante, os policiais descobrem em poder do agente grande quantidade de dinheiro, além de carteiras e objetos de outras pessoas, fazendo presumir ser ele o autor da infração. Resultado: flagrante presumido;

d) Flagrante preparado ou provocado:[126] acontece quando o indivíduo é induzido ou instigado pela polícia (ou terceiros) a praticar o crime e, ao cometê-lo, é preso "em flagrante". O elemento-chave aqui é a figura do "**agente provocador**" – que estimula ou induz a prática do crime. Ao mesmo tempo em que se incita o indivíduo a delinquir, são tomadas todas as providências para impedir a consumação do crime. Essa modalidade de prisão, além de ser considerada *ilegal*, configura hipótese de **crime impossível** (Súmula 145, STF). Ex.: policial disfarçado solicita ao indivíduo certa quantidade de droga. Este, que não possuía previamente o entorpecente,[127] ao consegui-lo para o policial é preso em flagrante;[128]

e) Flagrante esperado: *ocorre quando o policial ou o particular, tomando conhecimento da prática de crimes em determinado local, fica a esperar que a conduta delituosa seja cometida para então efetuar a prisão.* Essa modalidade de prisão é *perfeitamente válida.* Exemplo: a polícia recebe a notícia de que determinado funcionário público está exigindo das pessoas quantia em dinheiro indevida para a prática de atos ligados ao seu ofício (art. 316, CP).[129] Os policiais, após se dirigirem ao local, aguardam (*sem interferir*) a prática do crime. Quando este ocorre, efetuam a prisão. Observe o leitor que a polícia *não provoca, não estimula* o agente, mas tão somente *aguarda* a conduta criminosa daquele para então efetuar a prisão em flagrante. Sobre o flagrante esperado, ver STJ: RHC 38.810/MG, *DJ* 18.11.2015;

f) Flagrante prorrogado, postergado, retardado, diferido ou ação controlada: conforme vimos, quando o sujeito ativo da prisão é o delegado ou seus agentes, há o dever de, *imediatamente*, prender em flagrante quem quer que se encontre nessa situação (art. 301, CPP). Ou seja, vislumbrada uma situação de flagrante delito, devem aquelas autoridades atuar *prontamente*. Porém, a lei, em certos casos (**crime organizado, tráfico de drogas e lei de lavagem de capitais**), faculta ao delegado e seus agentes *retardarem* a prisão em flagrante para que possam recolher mais provas e/ou capturar um maior número de infratores. A isso se chama de **flagrante prorrogado**. Na **Lei de Drogas** (art. 53, II, Lei 11.343/2006), esse atuar postergado *depende de autorização judicial e prévia oitiva do MP*. Na **Lei do Crime Organizado** (art. 8º, Lei 12.850/2013), o delegado, para poder proceder à ação controlada, precisará comunicar sigilosa e previamente

a diligência ao juiz, que, se entender necessário, estabelecerá os limites da ação controlada e informará o fato ao MP – §§ 1º e 2º, art. 8º, Lei 12.850/2013. As diligências deverão ser autuadas em separado, com acesso permitido apenas ao juiz, MP e delegado, como forma de assegurar o êxito das investigações – § 3º. Vale ressaltar que o sigilo somente vigorará até o final das diligências. Além disso, a referida lei impõe ao delegado que, ao término da diligência, elabore auto circunstanciado acerca da ação controlada – § 4º. Na **Lei de Lavagem de Capitais** (art. 4º-B da Lei 9.613/1998), também se permite a ação prorrogada da polícia, desde que haja autorização judicial nesse sentido e que o MP seja ouvido.

Exemplo de flagrante prorrogado: a polícia tem informações de que um carregamento de produtos roubados chegará ao porto de Santos. Primeiro chega uma embarcação menor com apenas alguns integrantes da quadrilha. A polícia, no entanto, prefere aguardar o momento em que atracará um navio com os chefes do bando para então efetuar a prisão de todos.

Por fim, *não se deve confundir o flagrante postergado com o esperado.* Neste último, a polícia aguarda a prática de um crime de que tem notícia e age *imediatamente* quando o delito ocorre. No postergado, o crime foi praticado, porém a polícia aguarda o momento mais oportuno para efetuar a prisão (não atua de imediato).

Cabe ressaltar que, consoante o entendimento do STJ no Info. 570, período de 1 a 14.10.2015, "A investigação policial que tem como única finalidade obter informações mais concretas acerca de conduta e de paradeiro de determinado traficante, sem pretensão de identificar outros suspeitos, não configura a **ação controlada** do art. 53, II, da Lei 11.343/2006, sendo dispensável a autorização judicial para a sua realização";

g) Flagrante forjado: *ocorre quando o policial (ou terceiro) cria provas com o objetivo de incriminar uma pessoa inocente.* Ex.: policial que, numa *blitz*, deposita dentro do veículo do indivíduo certa quantidade de droga com a finalidade de prendê-lo "em flagrante". Em situações como essa é comum que o policial (ou particular) exija da pessoa vantagem em dinheiro para poder "livrá-la" do flagrante. Por óbvio, trata-se de prisão ilegal e aquele que assim procede responderá criminalmente por sua conduta. Sobre o flagrante forjado, ver STJ: RHC 38.810/MG, *DJ* 18.11.2015, no qual restou sedimentado que "no flagrante forjado a conduta do agente é criada pela polícia, tratando-se de fato atípico";

h) Flagrante por apresentação: *a apresentação espontânea do agente à polícia não provoca sua prisão em flagrante.* Ex.: há um crime de homicídio sendo investigado pelo delegado, cuja autoria permanece, até então, desconhecida. Certo dia, eis que se apresenta espontaneamente à polícia o autor do delito, confessando em minúcias a prática criminosa. Não é possível efetuar a prisão em flagrante nesse caso, pois a situação descrita não se amolda a nenhuma das figuras previstas no art. 302, CPP. O que poderá ocorrer é a posterior decretação de preventiva por parte do juiz (art. 311, CPP), mas nunca o flagrante;

i) Prisão para averiguação: neste caso, *prende-se a pessoa para averiguar-lhe a vida pregressa.* Não encontra qualquer

---

126. Chamado por alguns, também, de delito putativo por obra do agente provocador, delito de ensaio ou de experiência.

127. Caso o indivíduo já trouxesse consigo a droga, poderia sim ser preso em flagrante, pois estaria praticando um crime permanente (trataremos desse tema mais adiante).

128. Conferir as afiadas críticas que Pacelli (2015, p. 540) efetua a essa modalidade de flagrante.

129. Exemplo comum (e infeliz) que já foi algumas vezes divulgado por emissoras de televisão.

respaldo no art. 302, CPP. Além de ser modalidade de prisão ilegal, configura crime de abuso de autoridade por parte da autoridade que assim procede (art. 3º, "a", Lei 4.898/1965).

15.9.6. A prisão em flagrante em relação a algumas espécies de crime

Em regra, a prisão em flagrante é cabível em relação a qualquer infração penal. Porém, há algumas espécies de delito que necessitam de um exame mais detido de nossa parte. Vejamos.

a) Flagrante em caso de crime permanente: crime permanente é *aquele cuja consumação se alonga no tempo.* Ex.: extorsão mediante sequestro. Enquanto o agente possui a vítima em seu domínio (em cativeiro, por exemplo), a consumação do delito se renova a cada instante, tornando possível a prisão em flagrante a qualquer momento (art. 303, CPP). Por outro lado, note sobre o tema que a recente jurisprudência dos tribunais superiores vem entendendo que uma denúncia anônima, por si só, não autoriza a entrada da polícia na residência de uma pessoa sem ordem judicial, ainda que a polícia suspeite da prática de crime permanente no interior da residência. Vide informativo 666 STJ, 27.03.20.

b) Flagrante em caso de crime habitual: habitual *é o delito que somente se consuma com a prática de reiterados atos por parte do agente, traduzindo, assim, um modo de vida criminoso.* Cada ato, isoladamente considerado, é considerado *atípico.* Ex.: exercício ilegal da medicina (art. 282, CP). *Prevalece* na doutrina que *não é possível a prisão em flagrante em caso de crime habitual,* visto que a autoridade (ou particular) só surpreenderia o agente praticando um ato isolado (atípico, portanto). Entretanto, há posição em sentido contrário, inclusive julgados antigos do STF (RHC 46115/SP, *DJ 26.09.1968*);

c) Flagrante em caso de crime continuado (art. 71, CP): o crime continuado **consiste** *na prática de vários crimes (da mesma espécie e em similar condições) que, por conta de uma ficção jurídica, resulta na aplicação de pena a um só crime acrescida de um sexto a dois terços.* Como são vários os crimes praticados na situação de continuidade delitiva, nada impede a prisão em flagrante em relação a qualquer deles (é o que alguns chamam de **flagrante fracionado**). *Não confundir* com a hipótese de crime habitual em que o ato isolado do agente é atípico. No crime continuado, o "ato isolado" do agente é típico, logo, cabível o flagrante;

d) Flagrante em caso de crime de ação penal privada e pública condicionada à representação: a prisão em flagrante nessas situações é *perfeitamente possível*, porém, a lavratura do respectivo auto (APF) *depende de manifestação da vítima.* Isto é assim porque, como nesses delitos a perseguição penal é totalmente dependente da vontade/autorização da vítima, não faria sentido manter o agente encarcerado sem que houvesse manifestação de vontade do ofendido nesse sentido. Ex: No caso de crime de injúria racial (art. 140, § 3º, CP), crime de ação penal pública condicionada à representação, a captura e condução coercitiva do agente à delegacia serão perfeitamente possíveis, porém, a lavratura do APF *dependerá de autorização* (representação, no caso).

15.9.7. Formalidades ligadas à prisão em flagrante

a) Autoridade policial com atribuição para lavrar o auto de prisão em flagrante (APF): efetuada a captura do agente, deve-se apresentá-lo imediatamente ao delegado *do local onde ocorreu a prisão* (que não necessariamente é o mesmo em que foi praticada a infração), oportunidade em que será lavrado o *APF* (art. 290, CPP). Não havendo autoridade policial no local da captura, deverá o agente ser apresentado à do lugar mais próximo (art. 308, CPP);

b) Formalidades do APF: na ocasião do APF, o delegado deverá ouvir o condutor, colhendo-lhe a assinatura e entregando-lhe cópia do termo e recibo de entrega do preso. Em seguida, deverá ouvir as testemunhas (ao menos duas) que, porventura, tiverem acompanhado o condutor, bem como inquirir o agente sobre a imputação que lhe é feita, colhendo as assinaturas de todos e lavrando, ao final, o APF (art. 304, *caput*, CPP).

Das respostas do conduzido, restando fundada a suspeita de prática de crime, a autoridade mandará recolhê-lo à prisão, exceto no caso de prestar fiança, e prosseguirá nos atos do inquérito ou processo, se para isso for competente; se não o for, enviará os autos à autoridade que o seja (art. 304, § 1º, CPP).[130]

A falta de testemunhas da infração não impedirá o lavratura do APF; mas, nesse caso, com o condutor, deverão assiná-lo pelo menos duas pessoas que hajam testemunhado a apresentação do preso à autoridade (§ 2º).

Quando o conduzido se recusar a assinar, não souber ou não puder fazê-lo, o auto de prisão em flagrante será assinado por duas testemunhas que tenham ouvido sua leitura na presença deste (§ 3º).

Por outro lado, quando o crime for praticado *contra a própria autoridade* (policial ou judicial) *ou na presença desta*, estabelece o art. 307, CPP, que: "constarão do auto a narração deste fato, a voz de prisão, as declarações que fizer o preso e os depoimentos das testemunhas, sendo tudo assinado pela autoridade, pelo preso e pelas testemunhas e remetido imediatamente ao juiz[131] a quem couber tomar conhecimento do fato delituoso, se não o for a autoridade que houver presidido o auto".

Por fim, não é demais lembrar que, em caso de prisão em flagrante de militar, este, após a lavratura dos procedimentos legais, será recolhido a quartel da instituição a que pertencer, onde ficará preso à disposição das autoridades competentes (parágrafo único do art. 300, CPP);

c) Comunicações devidas por ocasião da prisão: efetuada a prisão em flagrante de alguém, impõe-se a *imediata comunicação (no prazo máximo de 24h) ao juiz competente, ao MP, ao defensor do preso (constituído, dativo ou público[132]) e*

---

130. Desde a Lei n. 12.403/2011 não há mais a figura do indivíduo que se "livra solto" contida neste dispositivo.

131. Se o crime tiver sido cometido contra o juiz ou na presença deste, não haverá necessidade de remessa.

132. Defensor constituído é aquele contratado pelo acusado/indiciado. Defensor dativo é aquele que é nomeado ao réu pelo juiz quando o acusado não possui defensor contratado; ou quando o réu é pobre e não há defensoria pública organizada no local para prestar assistência jurídica ao acusado.

à família do preso (ou pessoa por ele indicada) – vide: art. 5º, LXII, CF, e art. 306, *caput*, CPP, com redação alterada pela Lei 12.403/2011.

Essa comunicação da prisão em flagrante às autoridades se dá, normalmente, por meio de remessa do auto de prisão em flagrante (APF). Ou seja, a autoridade policial, após lavrar o APF, deverá encaminhá-lo, em até 24h, ao juiz, MP e defensor público.

Nesse *mesmo prazo (24h)*, caso o preso não possua advogado, será remetida cópia integral de todos os documentos à *Defensoria Pública* e, também, deverá ser entregue ao custodiado, mediante recibo deste, a chamada **nota de culpa** – *que se trata de um documento assinado pela autoridade, contendo o motivo da prisão, o nome do condutor e o das testemunhas* (*vide* art. 306, §§ 1º e 2º, CPP).

De acordo com o art. 310, CPP (alterado pela Lei n. 13 .964 /201 9), o juiz, ao receber o APF, no prazo máximo de até 24 (vinte e quatro) horas após a realização da prisão, deverá promover audiência de custódia com a presença do acusado, seu advogado constituído ou membro da Defensoria Pública e o membro do Ministério Público. Ao final da audiência deverá adotar uma das seguintes medidas, **em decisão fundamentada**:

I – relaxar a prisão ilegal.

Haverá relaxamento da prisão (leia-se: soltura do indivíduo) quando o juiz, pela leitura do APF, perceber que a prisão do indivíduo se deu de modo ilegal (ex.: o juiz, analisando o APF, verifica que, na verdade, houve flagrante provocado, *i. e.*, prisão ilegal). O relaxamento de prisão deve se dar de ofício, independentemente de oitiva do MP (*vide* art. 5º, LXV, CF). Pelo § 4º, art. 310, CPP (inovação da Lei n. 13.964/2019), uma hipótese de ilegalidade da prisão em flagrante é a não realização da audiência de custódia no prazo estabelecido em seu *caput*. Assim, estabelece a norma: "transcorridas 24 (vinte e quatro) horas após o decurso do prazo estabelecido no *caput* deste artigo, a não realização de audiência de custódia sem motivação idônea ensejará também a ilegalidade da prisão, a ser relaxada pela autoridade competente, sem prejuízo da possibilidade de imediata decretação de prisão preventiva. Entendemos que a previsão de imediata prisão preventiva, contida na parte final, aparente contradição com a nova sistemática proposta, que prima pela excepcionalidade da prisão cautelar e busca assegurar um contraditório preliminar por meio da audiência de custódia;

II – converter a prisão em flagrante em preventiva, quando presentes os requisitos constantes do art. 312, CPP, e se revelarem inadequadas ou insuficientes as medidas cautelares diversas da prisão.

Segundo a melhor doutrina, para que a referida conversão em preventiva ocorra, é preciso a existência prévia de um requerimento do MP ou representação do delegado nesse sentido. Ou seja, segundo defendem esses autores, não pode o juiz, de ofício, decretar a preventiva na fase de investigação (necessária, portanto, uma prévia provocação fundamentada). Note-se ainda que, conforme a redação deste inciso II, a prisão preventiva só será cabível quando nenhuma das outras medidas cautelares menos drásticas (ex.: recolhimento

domiciliar no período noturno e nos dias de folga – art. 319, V) se mostrar mais adequada. Isto denota algo já enfatizado algumas vezes ao longo dessa obra (*vide* o tema "princípio do estado de inocência"): o caráter excepcional da preventiva. Com efeito, aqui o legislador, tanto em 2011, quanto em 2019, reforçou ainda mais essa visão, deixando a preventiva para hipóteses-limites (apenas quando realmente necessária). Há que se verificar, contudo, a exceção trazida pelo novo § 2º do art. 310, CPP, que estatui a negativa de liberdade provisória para pessoas reincidentes ou que fizerem parte de organização criminosa armada ou milícia. Nesse sentido, entendemos relevante a transcrição do dispositivo a seguir: "Se o juiz verificar que o agente é reincidente ou que integra organização criminosa armada ou milícia, ou que porta arma de fogo de uso restrito, deverá denegar a liberdade provisória, com ou sem medidas cautelares";

III – conceder liberdade provisória, com ou sem fiança.

Não sendo o caso de relaxamento da prisão em flagrante, nem de decreto da preventiva, o juiz deverá conceder a liberdade provisória (LP), com ou sem fiança, ao preso. Ex.: tendo o indivíduo sido preso em flagrante por furto simples (art. 155, CP – crime afiançável), não sendo o caso de relaxamento de prisão nem de preventiva, deve o juiz conceder-lhe a LP mediante o pagamento de fiança. A concessão de LP pode ser combinada com outras medidas cautelares pessoais diversas da prisão que o juiz entender pertinentes.

Se o juiz verificar, pelo auto de prisão em flagrante, que o agente praticou o fato nas condições constantes dos incisos I a III do *caput* do art. 23, CP [estado de necessidade, legítima defesa ou em estrito cumprimento de dever legal ou no exercício regular de direito], poderá, fundamentadamente, conceder ao acusado liberdade provisória, mediante termo de comparecimento a todos os atos processuais, sob pena de revogação (art. 310, § 1º, CPP).

Nesta situação, de forma similar à anterior, o juiz, ao consultar o APF, verificando que há indicativos de que o agente praticou o fato amparado em uma justificante (legítima defesa, por exemplo), "**deve**" conceder a LP (note que, apesar de o dispositivo falar em "poderá" conceder LP, trata-se, na verdade, de dever do magistrado. Preenchidos os requisitos, deve, portanto, o juiz conceder a LP – não se trata de mera faculdade, conforme se poderia erroneamente pensar). Perceba-se ainda que, no caso em tela, o dispositivo não menciona a necessidade de prestação de fiança. Assim, percebendo o juiz que o fato foi praticado sob o manto de uma justificante, deve conceder LP *independentemente da concessão de fiança* (ou melhor: o sujeito será solto sem pagar fiança, ficando obrigado, porém, a comparecer a todos os atos processuais, sob pena de revogação do benefício).

Observação final: A audiência de custódia foi introduzida originalmente pela Resolução 213/2015 do CNJ que dispõe sobre a audiência de custódia (ou audiência de apresentação), que assegura o direito de toda pessoa presa em flagrante delito, independentemente da motivação ou natureza do ato, ser obrigatoriamente apresentada, em até 24 horas da comunicação do flagrante, à autoridade judicial competente, e ouvida sobre as circunstâncias em que se realizou sua prisão ou apreensão.[133] A partir da Lei n. 13.964/2019, a audiência de custódia passa a ter previsão legal (art. 310 e ss., CPP) e, portanto, maior força normativa.

15.10. Prisão preventiva (arts. 311 a 316, CPP)

15.10.1. Conceito

Conforme tradicional doutrina, a prisão preventiva *é medida cautelar de cerceamento provisório da liberdade ambulatorial do indivíduo que, decretada por magistrado se presentes os requisitos legais, pode ocorrer durante o curso de uma investigação ou processo criminal.*

De acordo com o art. 311, CPP, a preventiva pode ser decretada *de ofício pelo juiz ou mediante requerimento do MP, do querelante, ou ainda, mediante representação*[134] *da autoridade policial* ao magistrado.

Com efeito, observe o leitor que, para não haver afronta ao princípio do estado de inocência (tema já examinado no item 6.2), a preventiva deve ser encarada como *medida excepcional.* É dizer: apenas em situações realmente necessárias essa modalidade de prisão deve ser decretada, visto estar em jogo o encarceramento de um indivíduo *que ainda não foi definitivamente condenado.*

Nesse sentido, o STF, no julgamento do HC 152676/PR, asseverou que a prisão cautelar não pode ser utilizada como instrumento de punição antecipada do réu, devido à sua natureza excepcional. No mesmo julgado, a Corte também ressaltou que a referida medida restritiva de liberdade deve basear-se em fatos concretos e não apenas hipóteses ou conjecturas (Info. 937/STF, de 8 a 19 de abril de 2019).

A Lei n. 12.403/2011 dava força a esse discurso (prisão preventiva como medida de exceção), mas a recente n. Lei n. 13.964/2019 avança ainda mais nesse sentido. Basta consultar alguns de seus artigos para constatar essa afirmação. Vejamos.

Primeiro, vimos anteriormente que o novo art. 310, II, CPP, sublinha que o juiz, quando da comunicação da prisão, só poderá decretar a preventiva caso outra medida cautelar menos drástica (ex.: recolhimento domiciliar no período noturno e nos dias de folga – art. 319, V) não seja mais adequada à espécie. Vê-se que o legislador, seguindo o princípio constitucional do estado de inocência (como não poderia deixar de ser), deixa a prisão preventiva para situações realmente extremas (STJ, HC 219101, *DJe* 08.05.2012, HC

361.751/SP, *DJe* 23.09.2016, bem como o Info. 495, período de 9 a 20.04.2012, no qual assentou que "a prisão preventiva é excepcional e só deve ser decretada a título cautelar e de forma fundamentada em observância ao princípio constitucional da presunção de inocência.

Ademais, a Lei n. 13.964/2019, em mais duas outras passagens, enfatiza o caráter excepcional da preventiva. Confira-se o que dizem os §§ 4º a 6º do art. 282, CPP:

"§ 4º No caso de descumprimento de qualquer das obrigações impostas, o juiz, mediante requerimento do Ministério Público, de seu assistente ou do querelante, poderá substituir a medida, impor outra em cumulação, ou, **em último caso, decretar a prisão preventiva,** nos termos do parágrafo único do art. 312 deste Código. (grifo nosso).

Atenção: O leitor deve atentar para a nova redação do dispositivo, alterado pela Lei n. 13.964/2019. O juiz NÃO poderá mais impor medidas cautelares de ofício.

§ 5º O juiz poderá, de ofício ou a pedido das partes, revogar a medida cautelar ou substituí-la quando verificar a falta de motivo para que subsista, bem como voltar a decretá-la, se sobrevierem razões que a justifiquem.

§ 6º A prisão preventiva somente será determinada **quando não for cabível a sua substituição por outra medida cautelar**, observado o art. 319 deste Código, e o **não cabimento da substituição por outra medida cautelar deverá ser justificado de forma fundamentada nos elementos presentes do caso concreto, de forma individualizada"**(grifos nossos).

Finalmente, analisando-se os incisos I e II do novo art. 282, CPP, também chegamos à mesma conclusão: *a preventiva é medida extrema.* Segue:

"**Art. 282.** As medidas cautelares previstas neste Título [inclua-se aí a preventiva, a proibição de acesso ou frequência a determinados lugares, dentre outras] deverão ser aplicadas observando-se a:

I – **necessidade** para aplicação da lei penal, para a investigação ou a instrução criminal e, nos casos expressamente previstos, para evitar a prática de infrações penais;

II – **adequação** da medida à gravidade do crime, circunstâncias do fato e condições pessoais do indiciado ou acusado." (grifo nosso)

Ou seja, a preventiva, para ser decretada, precisa ser necessária e adequada ao caso concreto. Existindo uma outra medida cautelar, que não a preventiva, que atenda melhor à situação, deve o magistrado optar por aquela, visto ser menos drástica ao acusado. Segue o art. 282, CPP:

"§ 4º No caso de descumprimento de qualquer das obrigações impostas, o juiz, mediante requerimento do Ministério Público, de seu assistente ou do querelante, poderá substituir a medida, impor outra em cumulação, ou, **em último caso, decretar a prisão preventiva,** nos termos do parágrafo único do art. 312 deste Código. (grifo nosso).

Atenção: O leitor deve atentar para a nova redação do dispositivo, alterado pela Lei n. 13.694/2019. O juiz NÃO poderá mais impor medidas cautelares de ofício.

(...)

§ 6º A prisão preventiva somente será determinada **quando não for cabível a sua substituição por outra medida cau-**

---

133. "A alegação de nulidade da prisão em flagrante em razão da não realização de audiência de custódia no prazo legal fica superada com a conversão do flagrante em prisão preventiva, tendo em vista que constitui novo título a justificar a privação da liberdade." (STJ, HC 444.252/MG, Dje 04.09.2018). Ainda sobre o assunto, decidiu o STF que o juiz da audiência de custódia possui competência apenas para analisar a regularidade da prisão, não havendo que se falar em decisão de mérito para efeito de coisa julgada. Nesse sentido, o STF entendeu que a decisão do juiz, na audiência de custódia, determinando o relaxamento da prisão em flagrante por atipicidade da conduta, não faz coisa julgada e não vincula o titular da ação penal, que poderá oferecer a denúncia e esta ser normalmente recebida pelo juiz (Info. 917/STF, de 24 a 28 de setembro de 2018).

134. Representação nesse contexto é sinônimo de pedido, solicitação.

telar, observado o art. 319 deste Código, e o **não cabimento da substituição por outra medida cautelar deverá ser justificado de forma fundamentada nos elementos presentes do caso concreto, de forma individualizada** "(grifos nossos).

Pois bem, feita essa breve exposição, veremos, logo a seguir, que a preventiva possui vários requisitos, divididos comumente pela doutrina em: pressupostos, fundamentos e condições de admissibilidade. Vamos a eles.

15.10.2. Pressupostos (art. 312, parte final, CPP)

Para se decretar a preventiva de alguém, faz-se inicialmente necessária a presença de três pressupostos *concomitantes*: prova da existência do crime, indício suficiente de autoria e perigo gerado pelo estado de liberdade do imputado.

a) Prova da existência do crime (ou *prova da materialidade delitiva*): consiste na *presença de elementos contundentes que demonstrem a existência da infração penal*. Ex.: no caso de um homicídio, o exame de corpo de delito será a prova da existência desse crime;

b) Indício suficiente de autoria: significa a *presença de elementos indiciários da autoria do crime*. Note que a lei não fala em *prova* da autoria, mas em *indício suficiente desta*. Assim, *não é* necessário demonstrar, de forma cabal, a autoria do delito, *bastando* apenas apresentar *elementos indiciários* nesse sentido. Apesar disso, esse indício deve ser sério, idôneo, ou, como diz o CPP, *suficiente – e não* meras conjecturas temerárias. Ex.: testemunhas que viram o agente adentrando na casa da vítima momentos antes dos disparos terem sido efetuados contra esta (indício suficiente de autoria).

c) perigo gerado pelo estado de liberdade do imputado : trata-se de inovação contida na parte final do *caput* do art. 312, CPP. A nova redação trazida pela Lei n. 13.964/2019 estabelece que o magistrado, na decisão que decretar a prisão preventiva deverá demonstrar concretamente o perigo que o imputado oferece em seu estado de liberdade[135] Segundo o informativo 968, STF, de 12.03.20, "a manutenção da prisão preventiva exige a demonstração de fatos concretos e atuais que a justifiquem. A existência desse substrato empírico mínimo, apto a lastrear a medida extrema, deverá ser regularmente apreciado [cf. determina o p. ún. do art. 316, CPP] por meio de decisão fundamentada".

15.10.3. Fundamentos da prisão preventiva (art. 312, primeira parte, CPP)

Neste tópico, examinaremos as *hipóteses que autorizam* essa modalidade de prisão. É importante dizer que **não** houve alteração de hipóteses pela Lei n. 13.964/2019. Essas hipóteses, advirta-se desde logo, são *alternativas* (e não concomitantes). Logo, *basta a presença de apenas uma delas* para que o requisito do *fundamento da prisão preventiva* esteja preenchido. Esses fundamentos formam aquilo que a doutrina costuma chamar de *periculum in mora* ou, mais tecnicamente, *periculum libertatis*.

a) Garantia da ordem pública: este é, sem dúvida, o fundamento mais polêmico da prisão preventiva. Como não há um conceito seguro (legal ou jurisprudencial) de "garantia da ordem pública", cria-se um cenário de instabilidade no país em matéria de liberdade ambulatorial – algo extremamente indesejável.[136] Porém, junto aos *tribunais superiores*, foi-nos possível extrair basicamente dois **significados** para a expressão. Assim, entende-se necessária a preventiva para a *garantia da ordem pública* quando:

a1) Há perigo de reiteração criminosa. Ex.: em caso de tráfico de drogas, já decidiu o STF que, se há elementos de prova que apontam para o agente como sendo um dos principais membros de uma quadrilha, deve ser decretada a preventiva como garantia da ordem pública. É que, consoante a Corte Suprema, permanecendo em liberdade o agente, há risco concreto de que este continue a comandar o esquema criminoso (STF, HC 84658/PE, *DJe* 03.06.2005 e HC 99676, 1ª Turma, *DJ* 14.05.2010). Ademais, o STJ entende que a reincidência do acusado autoriza a decretação da preventiva para evitar a reiteração delitiva (STJ, HC 412452/SP, DJe 28.11.2017);

a2) Em razão da periculosidade do agente, representada pelo *modus operandi violento/audaz + gravidade do crime*. Ex.: sujeito que aborda a vítima à luz do dia com um fuzil e a mantém durante longo período em cativeiro (STJ, HC 125924/CE, *DJe* 29.06.2005 e RHC 60.446/PB, 5ª Turma, *DJ* 06.09.2016, e STF, HC 111810, *DJe* 27.02.2014, HC 140273/PE, *DJe* 20.02.2017 e HC 157969MG, *Dje* 17.09.2018). Vejamos este caso do STF a justificar a prisão preventiva com base em tal fundamento de garantia da ordem pública pela periculosidade do agente: "*In casu*, a periculosidade do recorrente, a justificar sua segregação cautelar, restou cabalmente demonstrada pelo desprezo com a vida humana, visto que executou friamente a vítima já dominada e sem qualquer possibilidade de defesa, RHC 124796 1ª Turma, 23.08.2016".

Observação: em nosso sentir, os significados de garantia da ordem pública encontram-se logicamente associados ao pressuposto do perigo concreto gerado pelo estado de liberdade do agente.

Por outro lado, as Cortes Superiores brasileiras vêm decidindo que *não cabe* invocar "garantia da ordem pública" para fins de preventiva nos seguintes casos: gravidade abstrata do crime; clamor público (repercussão causada pelo crime); credibilidade do Poder Judiciário; e para proteger a integridade física do próprio agente (risco de linchamento, por exemplo).

Acerca da periculosidade do agente como requisito para decretação de prisão preventiva, é válida a leitura do Info. 0585, período de 11 a 30.06.2016, segundo o qual "**A prática de ato infracional durante a adolescência pode servir de fundamento para a decretação de prisão preventiva**, sendo indispensável para tanto que o juiz observe como critérios orientadores: a) a particular gravidade concreta do ato infracional, não bastando mencionar sua equivalência

---

135. https://jus.com.br/artigos/78714/nota-sobre-prisao-preventiva-a-luz-da-lei-do-pacote-anticrime

136. Já publicamos dois trabalhos criticando o conceito "aberto" de "garantia da ordem pública". São eles: **Questões Polêmicas de Processo Penal**, Bauru: Edipro, 2011 (tópico 5.2); e "A prisão preventiva brasileira examinada à luz da filosofia política lockeana: um caso de ilegitimidade do poder estatal". Disponível em: [http://www.bocc.ubi.pt].

a crime abstratamente considerado grave; b) a distância temporal entre o ato infracional e o crime que deu origem ao processo (ou inquérito policial) no qual se deve decidir sobre a decretação da prisão preventiva; e c) a comprovação desse ato infracional anterior, de sorte a não pairar dúvidas sobre o reconhecimento judicial de sua ocorrência";

b) Garantia da ordem econômica: este fundamento padece do mesmo problema do anterior: o conceito *é vago*. Mesmo assim, diz-se que essa hipótese autorizadora da preventiva *visa a coibir ataques vultosos à ordem econômico-financeira nacional*. Os incisos do art. 20 Lei 8.884/1994 costumavam servir de balizas para aferir o abalo à ordem econômica. Eis um exemplo extraído de julgado do STJ (HC 16.3617/PE, *DJe* 17.12.2010): "em se considerando que a atividade delituosa [do agente] ocorria em larga escala, prejudicando a livre concorrência e trazendo considerável prejuízo ao erário", decretou-se a preventiva para garantia da ordem econômica. Não obstante a Lei 8.884/1994 tenha sido quase integralmente revogada pela Lei 12.529/2011, é certo que os incisos do art. 20 do texto anterior foram simplesmente trasladados para o art. 36 da nova legislação, do qual se recomenda a leitura.

O seguinte julgado do STJ demonstra a importância da boa fundamentação de tal requisito: "Quanto à necessidade de se obstar a reiteração delitiva e de garantia da ordem econômica, entendo que o Juízo de primeiro grau utilizou-se de argumentos genéricos, valendo-se da própria materialidade dos delitos imputados na ação penal e dos indícios de autoria, para justificar o decreto de prisão preventiva. "A mera indicação de circunstâncias que já são elementares do crime perseguido, nada se acrescendo de riscos casuísticos ao processo ou à sociedade, não justifica o encarceramento cautelar, e também não serve de fundamento à prisão preventiva a presunção de reiteração criminosa dissociada de suporte fático concreto" (RHC 63.254/RJ, 6ª Turma, *DJ* 19.04.2016);

c) Conveniência da instrução criminal: decreta-se a preventiva com base nesse fundamento *quando o réu está dificultando ou inviabilizando a produção de provas*. Exemplos: acusado que ameaça as testemunhas, suborna o perito, destrói provas etc. Note que, se a preventiva tiver sido decretada com base *apenas* nesse fundamento (conveniência da instrução criminal), quando esta (a instrução probatória) findar (e não existir outro motivo para manter preso o acusado), deve o juiz revogar a prisão, sob pena da custódia tornar-se ilegal (art. 316, CPP);

d) Assegurar a aplicação da lei penal: determina-se a prisão amparada nesse fundamento *quando o juiz tem notícias de que o indivíduo pretende fugir*, pondo em xeque, portanto, o cumprimento de eventual sentença condenatória a ser proferida. Ex.: no curso do processo, chegam ao juiz informações de que o réu, além de ter comprado passagem aérea para o exterior, está realizando a venda de todos os seus bens.

15.10.4. Condições de admissibilidade

Quais crimes/situações admitem a preventiva? Vejamos.

a) Crimes dolosos punidos com pena privativa de liberdade máxima superior a 4 anos (art. 313, I, CPP). Como a lei fala em "**crime doloso**", não cabe preventiva em relação a crime culposo, nem em face de contravenção penal (que não é crime no sentido estrito da palavra). Porém, não basta o crime ser doloso, é preciso que seja punido com pena privativa de liberdade máxima superior a 4 anos (ex.: roubo – art. 157, CP. A pena privativa de liberdade máxima do roubo é superior a 4 anos);

b) Condenado por outro crime doloso, em sentença transitada em julgado, ressalvado o disposto no inciso I do *caput* do art. 64, CP (art. 313, II, CPP). Trata-se aqui de hipótese de reincidência em crime doloso. Nesse caso, existe uma condenação definitiva anterior por crime doloso contra o agente e este, dentro do prazo de 5 anos, após o cumprimento (ou extinção) da pena, comete novo crime doloso. Explica-se com um exemplo: Fulano, em 05.01.2002, é condenado em definitivo por roubo (crime doloso). Em 05.01.2008, a pena termina de ser cumprida. Pois bem, nos próximos 5 anos, contados a partir desta última data (05.01.2008), caso Fulano pratique novo *crime doloso*, poderá vir a ser preso preventivamente se os demais requisitos da preventiva também estiverem presentes;

c) O crime envolver violência doméstica e familiar contra a mulher, criança, adolescente, idoso, enfermo ou pessoa com deficiência, para garantir a execução das medidas protetivas de urgência (art. 313, III, CPP)[137]. Essa condição de admissibilidade da preventiva visa a dar maior efetividade às medidas protetivas previstas sobretudo nos arts. 22 a 24, Lei Maria da Penha (Lei 11.340/2006)[138]. Porém, conforme significativo setor da comunidade jurídica, para se decretar a preventiva nessa situação, além de se constatar o descumprimento da medida protetiva, faz-se necessário que a violência doméstica cometida se trate de crime doloso e que ao menos uma das hipóteses autorizadoras da preventiva esteja presente (garantia da ordem pública, conveniência da instrução criminal etc. – STJ HC 173454/DF, *DJe* 22.11.2010 e HC 355.466/SC, 5ª Turma, *DJ* 22.06.2016. Ex.: praticada lesão corporal dolosa em situação de violência doméstica contra a mulher e aplicada a medida de afastamento do lar ao agente (art. 22, II, Lei 11.340/2006), caso este venha descumprir a medida e, também, a instrução criminal se encontre ameaçada, pode o juiz vir a decretar-lhe a preventiva;

Comentários: é preciso cautela aqui, pois o dispositivo dá a entender que o simples descumprimento de uma medida protetiva ensejaria (automaticamente) a preventiva. Não é essa a melhor interpretação. Pode o magistrado valer-se de força policial, aplicação de multa etc., para dar efetividade às medidas protetivas, sem precisar decretar a preventiva. É preciso que um dos fundamentos estejam presentes.

---

137. "A prática de contravenção penal, no âmbito de violência doméstica, não é motivo idôneo para justificar a prisão preventiva do réu."(Informativo 632/STJ, de 28 de setembro de 2018).

138. No que se refere às medidas protetivas previstas na Lei Maria da Penha, houve recente inovação legislativa com a publicação da Lei 13.641/2018 que tipificou como crime a conduta do agressor que descumpre tais medidas impostas pelo juiz. A Lei 13.827/2019 também alterou o regramento para concessão das medidas protetivas, permitindo que a medida de afastamento do lar seja concedida pelo Delegado de Polícia se o Município não for sede de comarca ou até mesmo pelo próprio policial, caso não haja Delegado no momento. Nesse sentido, ver o novo art. 12-C da Lei n. 11.340/2006.

d) Também será admitida a prisão preventiva quando houver dúvida sobre a identidade civil da pessoa ou quando esta não fornecer elementos suficientes para esclarecê-la, devendo o preso ser colocado imediatamente em liberdade após a identificação, salvo se outra hipótese recomendar a manutenção da medida (art. 313, § 1º, CPP);

Comentários:

Má redação do dispositivo;

Lembrar que a dúvida em relação à identidade civil poderá acarretar na identificação criminal (conforme dispõe o art. 3º da Lei 12.037/2009). Logo, não há que se falar em prisão automática;

A prisão aqui só caberia em situações excepcionais, como, p. ex.: negativa em identificar-se criminalmente.

Seja como for, uma vez identificado deverá ser colocado em liberdade imediatamente.

O dispositivo não faz menção ao delito praticado. Por um critério de proporcionalidade, caberia apenas para crimes DOLOSOS. É preciso cautela aqui.

e) A prisão preventiva também poderá ser decretada em caso de descumprimento de qualquer das obrigações impostas por força de outras medidas cautelares (arts. 319 e art. 282, § 4º, CPP). Ex.: imagine-se que, no curso do processo, o juiz fixa ao acusado a obrigação de recolhimento domiciliar no período noturno e nos dias de folga (art. 319, V). Descumprida injustificadamente esta medida, será possível a decretação da preventiva.

Atenção: A Lei n. 13.964/2019 inseriu o § 2º no art. 313, CPP, que estabelece: Não será admitida a decretação da prisão preventiva com a finalidade de antecipação de cumprimento de pena ou como decorrência imediata de investigação criminal ou da apresentação ou recebimento de denúncia.

15.10.5. *Resumo*

Em suma, para se decretar a preventiva é preciso:

a) Presença *concomitante* dos *pressupostos autorizadores* (*indício suficiente de autoria + prova da materialidade + perigo concreto gerado pelo estado de liberdade do imputado*);

b) Presença de *pelo menos um* dos *fundamentos* (*garantia da ordem pública, da ordem econômica, aplicação da lei penal ou conveniência da instrução criminal*);

c) Que o crime/situação comporte a preventiva. Seguem os casos (*alternativos*):

c1) *crime doloso com pena privativa de liberdade máxima superior a 4 anos;*

c2) *reincidência em crime doloso;*

c3) *o crime envolver violência doméstica e familiar, para garantir a execução das medidas protetivas de urgência;*

c4) *houver dúvida sobre a identidade civil da pessoa ou quando esta não fornecer elementos suficientes para esclarecê-la;*

c5) *descumprimento de qualquer das obrigações impostas por força de outras medidas cautelares.*

OBSERVAÇÕES FINAIS:

I – O juiz não deve decretar a preventiva se perceber que o fato foi praticado sob o amparo de excludente de ilicitude (legítima defesa, por exemplo) – art. 314, CPP. Ao contrário, nessa situação, impõe-se a liberdade provisória (art. 310, § 1º, CPP);

II – O decreto de preventiva, como toda decisão judicial, necessita sempre ser motivado e fundamentado (arts. 315, CPP, e 93, IX, CF);

III – Até o trânsito em julgado, a prisão preventiva poderá ser revogada ou novamente decretada quantas vezes se mostrar necessária (art. 282, § 5º, CPP);

IV – O CPP não estabelece um prazo pelo qual o réu possa permanecer preso preventivamente, mas o novo parágrafo único do art. 316, CPP, estabelece que o órgão judicial que decretar a preventiva deverá "revisar a necessidade de sua manutenção a cada 90 (noventa) dias, mediante decisão fundamentada, de ofício, sob pena de tornar a prisão ilegal". Além disso, o acusado não pode ficar "anos a fio" preso à disposição do Estado. Quando este (o Estado – leia-se: juiz, MP etc.) der causa à lentidão do processo, será possível impetrar HC alegando a ilegalidade da prisão por excesso de prazo na instrução criminal (STJ, HC 173050/PB, *DJe* 21.02.2011 e HC 339934/MT, DJe 20.09.2016 e STF, HC 141583/RN, DJe 02/10/2017 e Info. 878, de 18 a 22 de setembro de 2017);

V – A pós o advento da Lei n. 13.964 /201 9, que altera o § 3º do art. 282, CPP, o juiz, antes de decidir a respeito da prisão preventiva do indivíduo, possibilitará, em homenagem ao princípio do contraditório, que a defesa se manifeste, no prazo de 5 (cinco) dias, sobre o pedido de prisão. A parte final do § 3º, adverte que em situações excepcionais de urgência ou de perigo, a manifestação defensiva poderá ser dispensada desde que "**justificados e fundamentados em decisão que contenha elementos do caso concreto que justifiquem essa medida excepcional**" (grifo nosso).

VI – Sentença condenatória recorrível e preventiva: segundo o atual § 1º do art. 387, CPP, "o juiz decidirá, fundamentadamente, sobre a manutenção ou, se for o caso, a imposição de prisão preventiva ou de outra medida cautelar, sem prejuízo do conhecimento de apelação que vier a ser interposta". Ou seja, podemos extrair a seguinte conclusão: caso o réu tenha permanecido preso ao longo do processo, não existe "manutenção automática de preventiva ou de outra medida cautelar" por ocasião de sentença condenatória recorrível. Será preciso, sempre, fundamentar a eventual manutenção da preventiva ou de outra medida cautelar. Não existindo mais motivo para a prisão (ou para a manutenção de outra medida cautelar), deverá o réu ser conservado em liberdade.

15.11. Prisão temporária (Lei 7.960/1989)[139]

15.11.1. *Conceito*

Trata-se de *prisão cautelar, com prazo de duração determinado, cuja decretação é apenas possível no âmbito do inquérito policial e se presentes os requisitos fixados pela lei.*

---

139. Não confundir a expressão prisão temporária com prisão provisória. Esta última é gênero e é sinônimo de prisão cautelar e processual. A primeira (temporária), ao lado da preventiva e do flagrante, é espécie de prisão provisória.

15.11.2. Características básicas

a) Diferentemente da preventiva, *a temporária não pode ser decretada de ofício pelo juiz*. Sua decretação depende de representação (pedido) da autoridade policial ou de requerimento do MP (art. 2º, Lei 7.960/1989). Quando for caso de representação do delegado, o juiz, antes de decidir, deverá ouvir o MP (§ 1º);

b) A leitura isolada do art. 1º da Lei 7.960/1989 indica que a temporária só seria cabível no curso do *IP. Em geral, essa tem sido, há tempos, a prática do judiciário: reconhecer o cabimento da temporária apenas durante o IP. Porém, em razão da alteração do art. 283, CPP, pela* Lei 12.403/2011 (**Atenção:** a nova redação dada pela Lei n. 13.964/2019 adota a nomenclatura prisão cautelar, que abrange todas as modalidades de prisão provisória, entre elas a temporária), há quem defenda que, desde então, passou a ser possível a decretação da temporária no curso do processo também. Vide: *Távora (201 6, p. 930 -1) e Brasileiro (2016, p. 862-3).*

c) Distintamente da preventiva, *a temporária possui prazo determinado* (art. 2º, Lei 7.960/1989). Em regra, o prazo da prisão temporária é de *5 dias prorrogável por mais 5* (note, portanto, que tal prazo se afina com o previsto no art. 10, CPP). Porém, sendo o *crime hediondo ou equiparado* ("t"ráfico de drogas, "t"ortura e "t"errorismo – vulgo "TTT"), o prazo da temporária será de até 30 dias, prorrogável por mais 30 em caso de extrema e comprovada necessidade (art. 2º, § 4º, Lei 8.072/1990).

15.11.3. Hipóteses de cabimento (incisos do art. 1º da Lei)

Inc. I: "quando imprescindível para as investigações do inquérito policial". A prisão amparada nesta hipótese *não pode ser encarada como uma mera conveniência do Judiciário* em manter o indiciado encarcerado. A temporária não pode, portanto, ser decretada de forma automática pelo juiz. É preciso demonstrar que a liberdade do investigado oferece *risco concreto ao êxito da investigação*. Ex.: indiciado que está destruindo as provas do crime, intimidando testemunhas. Ver STF, HC 105833/SP, *DJe* 22.03.2012 e STJ, HC 333.150/SP, 5ª Turma, *DJ* 26.10.2015, HC 414341/SP, DJe 27.10.2017;

Inc. II: "quando o indicado não tiver residência fixa ou não fornecer elementos necessários ao esclarecimento de sua identidade". *Mutatis mutandis*, idem ao que foi dito no inciso anterior. É preciso que a falta de residência fixa ou a ausência de elementos esclarecedores da identidade configurem um *risco concreto de fuga do indiciado*;

Inc. III: "quando houver fundadas razões, de acordo com qualquer prova admitida na legislação penal, de autoria ou participação do indiciado nos seguintes crimes": homicídio doloso; sequestro ou cárcere privado etc. (*recomenda-se a leitura de todas as alíneas contidas na lei*).

Pergunta: os incisos citados devem ser aplicados alternativa ou concomitantemente? R.: conforme majoritária doutrina, para ser possível a decretação da temporária deve--se combinar os incisos da seguinte forma: I + III ou II + III. Note então que o inciso III deve sempre estar presente, necessitando ser combinado, pelo menos, com o inciso I ou o II. Vamos a um exemplo: agente suspeito da prática

de homicídio (inciso III). Chegam notícias de que ele está destruindo as provas do crime (inciso I). Cabe a temporária nesse caso.

Observações finais: I) a decisão pela temporária deverá ser fundamentada e prolatada dentro do *prazo de 24h*, contadas a partir do recebimento da representação do delegado ou do requerimento do MP (art. 2º, § 2º, Lei 7.960/1989); **II)** o juiz poderá, de ofício, ou a requerimento do MP e do advogado, determinar que o preso lhe seja apresentado, solicitar informações e esclarecimentos da autoridade policial e submeter o detido a exame de corpo de delito (§ 3º); **III)** decretada a temporária, será expedido o respectivo mandado de prisão, em duas vias, uma das quais será entregue ao indiciado e servirá como nota de culpa (§ 4º); **IV)** decorrido o prazo fixado de detenção, o indiciado deverá ser posto imediatamente em liberdade, salvo se já tiver sido decretada sua prisão preventiva (§ 7º); **V)** a manutenção da prisão temporária para além do prazo legal acarreta na responsabilização da autoridade por crime de abuso de autoridade (art. 4º, "i", Lei 4.898/1965); **VI)** o preso provisório deve, obrigatoriamente, permanecer separado dos demais detentos (art. 3º, Lei 7.960/1989).

Em recente julgado, o STJ ressaltou a excepcionalidade da decretação da prisão temporária, afirmando que não se trata de "conveniência ou comodidade da cautela para o bom andamento do inquérito policial, mas de verdadeira necessidade da medida, aferida caso a caso", reputando como ilegal a prisão temporária mantida pelo Tribunal de Justiça do Estado do Ceará (STJ, RHC 77265/CE, *DJe* 02.10.2017).

15.12. Prisão domiciliar (art. 318, CPP)

Prevista anteriormente apenas no âmbito da Lei de Execução Penal (Lei 7.210/1984, art. 117) para condenados definitivos que se encontrassem cumprindo pena em regime aberto e em situações bastante específicas (ex.: condenado acometido de doença grave), a prisão domiciliar, a partir do advento da Lei 12.403/2011, passa a ser admitida expressamente também para os presos provisórios.

Segundo estabelece o art. 317, CPP, a prisão domiciliar consiste no recolhimento do indiciado ou acusado em sua residência, só podendo dela ausentar-se com autorização judicial.

Diz o novo art. 318 que o juiz poderá substituir a prisão preventiva pela domiciliar quando o agente for:

I – maior de 80 (oitenta) anos;

II – extremamente debilitado por motivo de doença grave; [140]

III – imprescindível aos cuidados especiais de pessoa menor de 6 (seis) anos de idade ou com deficiência;

IV – gestante;

---

140. Nesse sentido, com base no art. 318, II do CPP, o STF concedeu a prisão domiciliar humanitária ao réu, "tendo em vista o alto risco de saúde, a grande possibilidade de desenvolver infecções no cárcere e a impossibilidade de tratamento médico adequado na unidade prisional ou em estabelecimento hospitalar" (Informativo 895/STF, de 19 a 30 de março de 2018).

V – mulher com filho de até 12 (doze) anos de idade incompletos;

VI – homem, caso seja o único responsável pelos cuidados do filho de até 12 (doze) anos de idade incompletos.

Nos termos do parágrafo único do dispositivo, para a substituição, o juiz exigirá prova idônea dos requisitos estabelecidos neste artigo.

Ainda sobre o tema prisão domiciliar, notar que, em dezembro de 2018, o CPP passou por uma importante alteração. A Lei n. 13.769/2018, dentre outras coisas, incluiu o art. 318-A, passando a permitir a substituição da prisão preventiva por prisão domiciliar da mulher gestante ou que for mãe ou responsável por crianças ou pessoas com deficiência, desde que aquela: I – não tenha cometido crime com violência ou grave ameaça à pessoa; II – não tenha cometido o crime contra seu filho ou dependente. [141]

A referida inovação legislativa (art. 318-A) transforma em lei parte significativa do entendimento que os tribunais superiores vinham tendo a respeito do tema, a saber. No informativo 891/STF, de 19 a 23 de fevereiro de 2018, o STF havia firmado a tese de que, em regra, estando a mulher grávida, puérperas, ou sendo mãe de criança (mãe de menores de 12 anos) ou de portador de deficiência, a prisão domiciliar deveria ser concedida. No entanto, segundo este mesmo tribunal, a prisão domiciliar não deveria ser aplicada aos crimes: **a)** praticados com violência ou grave ameaça; **b)** praticados contra descendentes; **c)** em casos excepcionais que devem ser fundamentados pelos juízes que denegarem o benefício. O STJ, por sua vez, no informativo 629/STJ, de 17.08.2018, acrescentou uma hipótese em que a concessão da prisão domiciliar também não deve ocorrer: **d)** quando o crime é praticado na própria residência da agente, onde convive com filhos menores de 12 anos.

Ademais, a Lei 13.769/2018 também promoveu a inclusão no CPP do art. 318-B. Este dispositivo estabelece que a substituição da preventiva pela domiciliar (seja a substituição prevista no art. 318, seja a no 318-A) poderá ser efetuada sem prejuízo de aplicação concomitante das medidas alternativas previstas no art. 319, CPP (medidas estas que serão examinadas logo a seguir). Em suma, é possível combinar a prisão domiciliar com medidas alternativas diversas da prisão desde que, é claro, haja compatibilidade entre ambas.

15.13. Medidas cautelares diversas da prisão (arts. 319 e seguintes do CPP)

15.13.1. Entendendo o tema

Atendendo finalmente a contundente reclame de certo setor da doutrina, a Lei 12.403/2011 criou outras medidas cautelares pessoais diversas da prisão.

Alguns autores – Aury Lopes Jr. (2010, v. 2, p. 132 e ss.), sobretudo – criticavam a antiga sistemática estabelecida pelo CPP de 1941 que, em matéria de medida cautelar pessoal,

era considerada bastante "pobre", pois se pautava na clássica dicotomia "prisão cautelar ou liberdade provisória" – não existindo um meio-termo.

Grosso modo, ocorria que, diante de um determinado caso concreto, o juiz se via diante de dois extremos: ou determinava a prisão preventiva do indivíduo ou concedia-lhe a liberdade provisória. Essas duas medidas (preventiva e liberdade provisória), ambas extremas, terminavam, em diversas hipóteses, não se mostrando adequadas a atender as especificidades de uma enorme gama de situações. Isto porque, em diversos casos, tanto a preventiva se revelava uma medida excessivamente rigorosa, como a LP se mostrava demasiadamente branda. Era necessário, pois, serem criadas medidas cautelares que se situassem entre os extremos "prisão X liberdade provisória". E foi o que ocorreu com o advento da Lei 12.403/2011. Vejamos.

15.13.2. Medidas cautelares diversas da prisão (incisos do novo art. 319, CPP)

"I – comparecimento periódico em juízo, no prazo e nas condições fixadas pelo juiz, para informar e justificar atividades;

II – proibição de acesso ou frequência a determinados lugares quando, por circunstâncias relacionadas ao fato, deva o indiciado ou acusado permanecer distante desses locais para evitar o risco de novas infrações;

III – proibição de manter contato com pessoa determinada quando, por circunstâncias relacionadas ao fato, deva o indiciado ou acusado dela permanecer distante;

IV – proibição de ausentar-se da Comarca quando a permanência seja conveniente ou necessária para a investigação ou instrução;"

Comentário: a proibição de o réu se ausentar pode se referir à Comarca (como é o caso deste inciso) ou ao país (conforme prevê o art. 320, CPP). Neste último caso (proibição de ausentar-se do país) sublinha este dispositivo que essa restrição será comunicada pelo juiz às autoridades encarregadas de fiscalizar as saídas do território nacional, intimando-se o indiciado ou acusado para entregar o passaporte no prazo de 24h.

"V – recolhimento domiciliar no período noturno e nos dias de folga quando o investigado ou acusado tenha residência e trabalho fixos;

VI – suspensão do exercício de função pública ou de atividade de natureza econômica ou financeira quando houver justo receio de sua utilização para a prática de infrações penais;

VII – internação provisória do acusado nas hipóteses de crimes praticados com violência ou grave ameaça, quando os peritos concluírem ser inimputável ou semi-imputável (art. 26 do Código Penal) e houver risco de reiteração;"

Comentários: como se sabe, quando no curso do IP ou processo se suspeitar da saúde mental do indivíduo, deve-se proceder ao exame de insanidade mental previsto no art. 149 e ss., CPP. Nesse contexto, o inciso em exame estabelece que, caso o sujeito tenha praticado crime com violência ou grave ameaça e a perícia conclua por sua inimputabilidade ou semi-inimputabilidade, havendo risco de reiteração cri-

---

141. Segundo STJ, é possível a concessão de prisão domiciliar à gestante, mãe ou responsável por criança ou pessoa com deficiência (HC 487.763/SP, Info. 647/STJ, de 24 de maio de 2019).

minosa, poderá o juiz determinar a internação provisória do indivíduo (em hospital de custódia e tratamento psiquiátrico – art. 99, LEP). Algumas anotações a esse inciso são necessárias. Primeiro, o dispositivo fala em "peritos" ("quando os peritos concluírem (...)"). Porém, a expressão deve ser lida no singular. É que, com a reforma de 2008 ocorrida no CPP, passou-se a exigir apenas um perito oficial para a realização de exames periciais (*vide* art. 159, CPP). Outro ponto: o juiz não fica adstrito à conclusão da perícia sobre a saúde mental do indivíduo, conforme parece sugerir o inciso em comento. Recorde-se que o juiz não está, em nenhuma perícia, adstrito à conclusão do *expert* (consultar o art. 182, CPP).

> "VIII – fiança, nas infrações que a admitem, para assegurar o comparecimento a atos do processo, evitar a obstrução do seu andamento ou em caso de resistência injustificada à ordem judicial;
> IX – monitoração eletrônica."

Comentários: trata-se do uso de pulseiras ou tornozeleiras eletrônicas (GPS, por exemplo), visando a monitorar a rotina do acusado/indiciado. O uso desses artefatos para o monitoramento de condenados foi, no âmbito federal, instituído em 2010 por meio da Lei 12.258.

15.13.3. Notas sobre as medidas cautelares diversas da prisão

Cumpre salientar que, conforme dispõe o novo art. 282, § 1º, CPP, as medidas cautelares vistas anteriormente podem ser aplicadas isolada ou cumulativamente, devendo-se levar em conta a necessidade e adequação da medida às especificidades do caso concreto.

Por outro lado, segundo já afirmado anteriormente, as medidas cautelares diversas da prisão são preferíveis à preventiva. Ou seja, esta última, em homenagem ao estado de inocência, deve ficar relegada a situações realmente extremas. Não se tratando de situação que a justifique, deve o magistrado optar pela liberdade provisória combinada ou não com as medidas cautelares diversas da prisão visualizadas no item precedente.

Ainda, as medidas cautelares diversas da prisão "serão decretadas pelo juiz, a requerimento das partes ou, quando no curso da investigação criminal, por representação[142] da autoridade policial ou mediante requerimento do Ministério Público" (art. 282, § 2º, CPP). Com a redação introduzida pela Lei n. 13.964/2019, o juiz não mais poderá decretar de ofício.

Para a decretação de tais medidas, o juiz deverá observar o **contraditório**, permitindo que a defesa se manifeste, no prazo de 5 (cinco) dias, a respeito de eventual pedido formulado pela acusação ou pela autoridade policial. O contraditório aqui mencionado poderá ser **dispensado** em situação concreta de urgência ou de perigo de ineficácia da medida, devendo ser demonstrada concretamente, justificada e fundamentada em decisão do magistrado. Segue o texto da lei sobre o que estamos tratando neste parágrafo: "Ressalvados os casos de urgência ou de perigo de ineficácia da medida, o juiz, ao receber o pedido de medida cautelar, determinará a intimação da parte contrária, para se manifestar no prazo de 5 (cinco) dias, acompanhada de cópia do requerimento e das peças necessárias, permanecendo os autos em juízo, e os casos de urgência ou de perigo deverão ser justificados e fundamentados em decisão que contenha elementos do caso concreto que justifiquem essa medida excepcional. " (art. 282, § 3º, CPP). Ademais, é oportuno conferir as novas redações dos §§ 4º e 5º do art. 282, CPP (alterados pela Lei n. 13.964/2019), que, respectivamente, dizem:

> "§ 4º No caso de descumprimento de qualquer das obrigações impostas, o juiz, mediante requerimento do Ministério Público, de seu assistente ou do querelante, poderá substituir a medida, impor outra em cumulação, ou, em último caso, decretar a prisão preventiva, nos termos do parágrafo único do art. 312 deste Código
> § 5º O juiz poderá, de ofício ou a pedido das partes, revogar a medida cautelar ou substituí-la quando verificar a falta de motivo para que subsista, bem como voltar a decretá-la, se sobrevierem razões que a justifiquem."

Por fim, cumpre salientar que, por força do § 1º do art. 283, CPP, as medidas cautelares citadas não se aplicam à infração a que não for isolada, cumulativa ou alternativamente cominada pena privativa de liberdade.

15.14. Liberdade provisória (LP)

15.14.1. Conceito e noções gerais

Trata-se de *instituto processual que busca colocar em liberdade o indivíduo que aguarda o desdobramento de uma persecução penal (investigação preliminar ou processo) – vide* art. 5º, LXVI, CF.

Primeiramente, deve-se notar que a LP busca colocar o indivíduo em liberdade combatendo uma prisão em flagrante *legal*. Assim, não há como confundi-la com o HC e com o pedido de relaxamento de prisão. Enquanto estas peças (HC e relaxamento) visam, dentre outras coisas,[143] a promover a soltura do sujeito, atacando uma prisão em flagrante *ilegal* (ex.: prisão para averiguação), a LP investe contra uma prisão em flagrante *legal*. Nesse sentido, poderíamos afirmar que o HC e o relaxamento (dentre outras coisas) questionam a *legalidade* de uma prisão, já a LP indaga sobre a *necessidade* de o indivíduo estar preso.

Aprofundando um pouco mais essa questão, note o leitor que *a LP representa um verdadeiro instrumento de efetivação do princípio do estado de inocência*. Explica-se. Vimos anteriormente que este princípio, dentre outras coisas, instituiu entre nós a *regra da liberdade* (*em regra*, o indivíduo deve responder a persecução penal em liberdade, somente sendo encarcerado em situações excepcionais – preventiva, por

---

142. O termo representação aqui é sinônimo de pedido, solicitação, requerimento.

143. Utilizamos a expressão "dentre outras coisas", pois é sabido que o HC não visa apenas a combater uma prisão em flagrante ilegal. Lembre-se, por exemplo, que há o HC preventivo em que o indivíduo não se encontra preso, mas na iminência de sê-lo. O que queremos dizer com isso é que o HC abarca outras situações que não apenas a da prisão em flagrante ilegal.

exemplo). Tendo isso em mente, podemos afirmar então que *a LP é um mecanismo de que dispõe a defesa do réu/indiciado para fazer valer essa regra da liberdade*. Com a LP, em última análise, *questiona-se o juiz a respeito – não da legalidade –, mas da necessidade da prisão do sujeito*. Em suma, é como se o defensor, por meio da LP, estivesse fazendo a seguinte pergunta ao magistrado: *"pois bem, não questiono a legalidade da prisão em flagrante de meu cliente; o que realmente desejo saber é se a prisão dele é de fato necessária?"*

E quando é necessária a prisão de alguém? Já respondemos a essa pergunta. Relembrando: a prisão de alguém se mostra necessária quando presentes os requisitos da preventiva (art. 311 e ss., CPP) – que é a modalidade de prisão escolhida como "pedra de toque" para a demonstração da necessidade (cautelaridade) da custódia de alguém.

Diante desse quadro, é possível afirmar, então, que *LP e preventiva são institutos antagônicos*. Enquanto a concessão da primeira (LP) representa a desnecessidade de o sujeito estar preso, o acolhimento da segunda (preventiva) significa exatamente o contrário: necessidade de segregação (*vide* STJ, HC 33.526/MS, *DJe* 14.06.2004).

Perceba-se, porém, que, consoante a nova sistemática inaugurada pela Lei 12.403/2011(*vide* art. 321, e 319, § 4º, ambos do CPP), mesmo que o juiz reconheça a desnecessidade da preventiva do indivíduo (concedendo-lhe, portanto, a LP), isto não significa que as medidas cautelares diversas da prisão (art. 319, CPP) não possam ser aplicadas concomitantemente à LP. Assim, é possível que o juiz, ao concedê-la, determine, por exemplo, ao réu, concomitantemente, o recolhimento domiciliar no período noturno e nos dias de folga (art. 319, V, CPP).

Em termos de prática penal, quando decretada a preventiva, a peça cabível não será a LP, mas o pedido de revogação de preventiva (formulado ao próprio juiz que a decretou) ou, em certos casos, o HC (ex.: decreto de preventiva não fundamentado).

Com efeito, a LP poderá ser alcançada pelo réu/indiciado *com ou sem* o pagamento (prestação) de fiança à autoridade. Ademais, obtida a LP (com ou sem fiança) o indivíduo terá que se sujeitar a certas obrigações (vínculos), como, por exemplo, a de não se ausentar por mais de 8 dias de sua residência, sem comunicar à autoridade o lugar onde será encontrado.

Doravante, estudaremos a LP, *com e sem fiança*, bem como as eventuais *obrigações* que podem ser impostas ao indivíduo em cada caso.

15.14.2. *LP com fiança*

a) Conceito de fiança: antes de tratarmos propriamente da LP com fiança, cabe a pergunta: *o que é fiança?* R.: trata-se de uma *garantia real ou caução, sempre definitiva,*[144] *cujo objetivo precípuo é assegurar a liberdade do indivíduo,*

_____
144. *Não há mais entre nós a fiança provisória, em que o sujeito, para apressar o procedimento de soltura, oferecia determinado montante (pedra preciosa, por exemplo), que só seria avaliado posteriormente. Hoje, tudo é avaliado antecipadamente, por isso diz o CPP ser definitiva a fiança (art. 330, primeira parte).*

podendo consistir em "depósito de dinheiro, pedras, objetos ou metais preciosos, títulos da dívida pública, federal, estadual ou municipal, ou em hipoteca inscrita em primeiro lugar" (art. 330, CPP);

b) Crimes afiançáveis e inafiançáveis: note que a fiança é um instituto *totalmente atrelado à LP*. Assim, *não sendo o caso de decretação da preventiva*, paga-se a fiança e obtém-se a liberdade do réu/indiciado. Entretanto, ainda que soe óbvia a afirmação, deve-se atentar que *a fiança só tem cabimento se o crime pelo qual responde o acusado for afiançável*. Sendo *inafiançável* o delito, não será, portanto, possível prestar fiança para promover a soltura do acusado. Neste caso (crime inafiançável), conforme veremos mais abaixo, ainda assim será, em tese, possível obter a LP, *mas não por meio de pagamento de fiança*.

Pois bem, mas *o que são crimes afiançáveis?* Dizer apenas que são aqueles que comportam fiança seria insuficiente para os nossos propósitos. Precisamos de uma noção mais precisa. Na verdade, a lei (CPP) não nos diz quando um delito é afiançável, *mas apenas quando ele é inafiançável* (consultar arts. 323 e 324). Assim, concluímos pela *afiançabilidade* de uma infração *a contrario sensu* (por um critério de exclusão ou residual). Exemplo de crime *afiançável*: art. 155, *caput*, do CP. Vejamos abaixo a lista de *crimes inafiançáveis* para que então, *a contrario sensu*, possamos concluir quando a infração é afiançável.

b1) Infrações inafiançáveis no CPP

"**Art. 323.** Não será concedida fiança:

I – nos crimes de racismo;

II – nos crimes de tortura, tráfico ilícito de entorpecentes e drogas afins, terrorismo e nos definidos como crimes hediondos;

III – nos crimes cometidos por grupos armados, civis ou militares, contra a ordem constitucional e o Estado Democrático;"

Comentário: o CPP aqui nada mais fez do que reproduzir o que diz a CF a esse respeito (*vide* art. 5º, XLII, XLIII e XLIV).

Atenção: Acatando o posicionamento já adotado pelo STJ (STJ, AgRg no AREsp 734236/DF, Dje 02.03.2018), a 1ª Turma do Supremo Tribunal Federal, em recente decisão, entendeu pela equiparação dos crimes de racismo e injúria racial, e consequentemente, reconheceu a imprescritibilidade e inafiançabilidade deste último (STF, Embargos de Declaração em AgRg em Rex 983.531, Dje 13.06.2018).

"Art. 324. Não será, igualmente, concedida fiança:

I – aos que, no mesmo processo, tiverem quebrado fiança anteriormente concedida ou infringido, sem motivo justo, qualquer das obrigações a que se referem os arts. 327 e 328 deste Código;"

Comentário: a **"quebra da fiança"** *ocorre quando o afiançado descumpre qualquer das obrigações que lhe foram impostas quando da concessão da fiança* (arts. 327, 328 e 341, CPP – trataremos do assunto de forma mais detalhado a seguir). Ex.: sujeito afiançado que, injustificadamente, não comparece a juízo quando chamado. **Consequências** da quebra injustificada da fiança: *perda de metade do valor cau-cionado para o Fundo Penitenciário Nacional; possibilidade de o juiz impor ao réu alguma(s) (das) medida(s) cautelar(es) do art. 319, ou mesmo de impor a preventiva ao acusado; e impossibilidade de, no mesmo processo, prestar nova fiança* (arts. 343, 346 e 324, I, CPP).

"II – em caso de prisão civil ou militar;"

Comentário: no que tange à prisão por mandado do juiz cível (prisão civil), já vimos que, atualmente, esta modalidade de prisão só existe para o devedor (voluntário e inescusável) de alimentos (art. 5º, LXVII, CF), pois, com o advento da Súmula vinculante 25 do STF, passou-se a considerar: "ilícita a prisão civil do depositário infiel, qualquer que seja a modalidade de depósito". Pois bem, dessa forma, a prisão do alimentante inadimplente é inafiançável.

Do mesmo modo, a prisão militar também é inafiançável.

"III – (revogado);

IV – quando presentes os motivos que autorizam a decretação da prisão preventiva (art. 312)."

Comentário: conforme já mencionado anteriormente, LP e preventiva são institutos antagônicos. Presentes os motivos da preventiva não será possível a LP (com ou sem fiança). O dispositivo mencionado segue essa linha de raciocínio.

b2) Infrações inafiançáveis em lei extravagante:

Crime organizado: a Lei 12.850/2013, que revogou a Lei 9.034/1995, não contém vedação à fiança, motivo pelo qual a antiga disposição não mais subsiste. A questão agora está submetida ao regramento do art. 322, *caput* e seu parágrafo único, CPP.

Lavagem de dinheiro (Lei 9.613/1998): no caso de lavagem, havia previsão no art. 3º, mas o dispositivo foi revogado pela Lei 12.683/2012. Pois bem, estabelecido o que é fiança e quais são os delitos afiançáveis e inafiançáveis, estamos mais preparados para enfrentar algumas questões ligadas à *LP com fiança*. Vamos a elas:

c) Quem pode requerer o arbitramento da fiança (ou quem pode requerer a LP com fiança)? Além de a fiança poder ser concedida de ofício pela autoridade judicial ou policial, interpretando o art. 335, *caput*, CPP, inferimos que *o próprio acusado/indiciado pode requerer o arbitramento da fiança, assim como qualquer pessoa por ele;*

d) Até quando é possível requerer arbitramento de fiança? Desde a prisão em flagrante até o trânsito em julgado (art. 334, CPP);

e) Quem pode arbitrar a fiança? Em regra, o juiz. Porém, autoriza a lei, em determinados casos, que a autoridade policial arbitre a fiança. Vejamos:

I – **Autoridade policial:** poderá esta arbitrar fiança nos casos de infração cuja pena privativa de liberdade máxima não seja superior a 4 anos. Ex.: furto simples (art. 155, CP – pena máxima: 4 anos). Porém, em caso de recusa ou demora por parte da autoridade policial em conceder fiança, "o preso, ou alguém por ele, poderá prestá-la, mediante simples petição, perante o juiz competente, que decidirá em 48h" (art. 335, CPP);

II – **Juiz:** nos casos de infrações penais com pena máxima superior a 4 anos (ex.: roubo – art. 157, CP – pena máxima: 10 anos), a fiança será requerida ao juiz, que decidirá em 48h (parágrafo único do art. 322, CPP);

f) Desnecessidade de prévia oitiva do MP (art. 333, CPP): quando do pedido de arbitramento da fiança (seja para o juiz, seja para o delegado), a lei não exige a *prévia* oitiva do MP, dando-se-lhe vista *apenas após* a decisão;

g) Valor da fiança: os parâmetros para a autoridade fixar o valor da fiança vêm definidos no art. 325, CPP, a saber:

"**Art. 325.** O valor da fiança será fixado pela autoridade que a conceder nos seguintes limites:

I – de 1 (um) a 100 (cem) salários mínimos, quando se tratar de infração cuja pena privativa de liberdade, no grau máximo, não for superior a 4 (quatro) anos;

II – de 10 (dez) a 200 (duzentos) salários mínimos, quando o máximo da pena privativa de liberdade cominada for superior a 4 (quatro) anos.

§ 1º Se assim recomendar a situação econômica do preso, a fiança poderá ser:

I – dispensada, na forma do art. 350 deste Código;

II – reduzida até o máximo de 2/3 (dois terços); ou

III – aumentada em até 1.000 (mil) vezes."

h) Obrigações do afiançado (arts. 327, 328 e 341, CPP): prestada a fiança, o afiançado fica sujeito a algumas obrigações/restrições. São elas:

I – Dever de comparecimento perante a autoridade quando intimado para atos do inquérito e da instrução criminal e para o julgamento;

II – Proibição de mudança de residência, sem prévia permissão da autoridade competente;

III – Proibição de se ausentar por mais de 8 dias de sua residência, sem comunicar à autoridade o lugar onde poderá ser encontrado(a);

IV – Proibição de praticar nova infração penal dolosa;

V – Proibição de deliberadamente praticar ato de obstrução ao andamento do processo;

VI – Proibição de descumprir medida cautelar imposta cumulativamente com a fiança;

VII – Proibição de resistir injustificadamente a ordem judicial.

Descumprida injustificadamente qualquer uma dessas obrigações, ocorrerá a **quebra da fiança**, acarretando a *perda de metade do valor caucionado para o Fundo Penitenciário Nacional; na possibilidade de o juiz impor ao réu alguma(s) (das) medida(s) cautelar(es) do art. 319, CPP, ou mesmo de impor a preventiva ao acusado; e na impossibilidade de, no mesmo processo, prestar nova fiança* (arts. 343, 346 e 324, I, CPP).

i) Cuidado para não confundir

I – **Quebra da fiança:** acabamos de ver do que se trata (descumprimento das obrigações dos arts. 327, 328 e 341, CPP);

II – **Cassação da fiança** (arts. 338 e 339, CPP): ocorre quando *há equívoco na concessão da fiança por parte da auto-*

ridade (ex.: juiz que, de forma equivocada, concede fiança ao praticante de crime hediondo – que é inafiançável). Ou quando *há inovação na classificação do delito*. Ex.: delegado concede fiança por crime de pena máxima de até 4 anos, porém, depois, o MP, na fase da denúncia, entende que o delito é, na verdade, inafiançável. **Consequências:** o valor cassado será integralmente devolvido ao acusado e este, a depender do caso, poderá a vir a ser submetido a alguma(s) (das) medida(s) cautelar(es) do art. 319, CPP, ou até mesmo, se necessário, à prisão preventiva;

III – **Perda da fiança** (arts. 344 e 345, CPP): *ocorre quando o réu é condenado em definitivo à pena privativa de liberdade e empreende fuga.* **Consequência:** *perda definitiva da totalidade do valor pago;*

IV – **Reforço da fiança:** significa que *o montante prestado a título de fiança é insuficiente (inidôneo), necessitando, pois, ser complementado (reforçado).* Diz o art. 340, CPP, que o reforço da fiança será exigido quando: I – a autoridade tomar, por engano, fiança insuficiente; II – houver depreciação material ou perecimento dos bens hipotecados ou caucionados, ou depreciação dos metais ou pedras preciosas; III – for inovada a classificação do delito (explica-se esta última situação: em decorrência de nova classificação, o crime ainda é afiançável, porém, passa a ser mais grave, gerando a necessidade de reforço da fiança). **Consequência da não prestação do reforço:** a fiança será declarada *sem efeito* pelo juiz, oportunidade em que será devolvido integralmente o valor anteriormente prestado, podendo o réu vir a ser preso (parágrafo único do art. 340).

15.14.3. LP sem fiança

A LP pode ser alcançada pelo réu/indiciado não apenas por meio do pagamento de fiança. Desde que não seja caso de preventiva, é possível também alcançar o benefício (a LP) *sem a necessidade de prestar fiança à autoridade.* Trata-se da denominada LP *sem fiança.*

a) LP sem fiança quando o indivíduo for pobre (art. 350, CPP): quando a infração for afiançável, verificando o magistrado que o indivíduo não tem condições econômicas de prestar a fiança, "pode"[145] o juiz conceder a LP, independentemente do pagamento daquela (da fiança). Concedida a medida, ficará o sujeito submetido às *obrigações* dos arts. 327, 328 e 341 CPP (já estudadas anteriormente).

No caso de descumprimento de qualquer das obrigações impostas, o juiz (**Atenção:** a nova redação do §4º, art. 282, CPP, alterado pela Lei n. 13.964/2019, retira a possibilidade do juiz impor de ofício), mediante requerimento do MP, de seu assistente ou do querelante, poderá substituir a LP, poderá, em cumulação, impor medida(s) cautelar(es) diversa(s) da prisão (art. 319, CPP), ou, em último caso, poderá decretar a prisão preventiva (consultar o art. 350, parágrafo único, c/c o art. 282, § 4º, ambos do CPP).

Observação: a *pobreza*, mencionada no art. 350, CPP, é a incapacidade de o indivíduo prestar a fiança sem prejudicar o seu sustento ou o de sua família – e não um eventual estado de indigência (conforme se poderia erroneamente pensar). Para prová-la, conforme Nucci (2006, p. 143), basta a mera declaração do indivíduo, não sendo mais necessário o (antigo) atestado de pobreza fornecido por delegado (art. 32, § 2º, CPP);

b) LP sem fiança do § 1º do art. 310, CPP: se, pela análise do auto de prisão em flagrante (APF), o juiz verificar que o agente praticou o fato nas condições constantes dos incisos I a III do art. 23, CP (estado de necessidade, legítima defesa, em estrito cumprimento de dever legal ou no exercício regular de direito), "poderá"[146], fundamentalmente, conceder ao sujeito liberdade provisória, *independentemente do pagamento de fiança.*

Concedida a LP com base no § 1º do art. 310, CPP, deve o indivíduo assinar termo de comparecimento a todos os atos processuais, sob pena de revogação do benefício.

O dispositivo é coerente, pois não faria mesmo sentido o juiz, após receber a comunicação do flagrante de um fato aparentemente *lícito*, manter o sujeito encarcerado. Isto porque, além de haver probabilidade de absolvição nessa situação, os requisitos da preventiva não se mostram presentes em tais hipóteses. Dessa forma, concede-se a LP *sem fiança*, devendo o sujeito comparecer a todos os atos do processo, sob pena de revogação do benefício.

É importante ainda notar que o dispositivo em análise *não faz distinção entre infração afiançável ou inafiançável.* Desse modo, *aplica-se a fórmula do § 1º do art. 310 tanto aos delitos afiançáveis como aos inafiançáveis.* Ex.: indivíduo é surpreendido em flagrante após praticar homicídio doloso qualificado contra Fulano (crime hediondo, logo inafiançável). Após a lavratura e encaminhamento do APF ao juiz, este nota que há indicativos sérios de que o fato foi cometido em legítima defesa (excludente de ilicitude). Nesta situação, o magistrado deverá conceder LP *sem fiança* (§ 1º, art. 310, CPP), submetendo o sujeito à obrigação de comparecer aos atos do processo.

15.14.4. LP vedada

Há casos em que a lei veda o instituto da LP. Repare que, nessas situações, a proibição recai *não sobre a possibilidade de prestação de fiança* (inafiançabilidade), mas sobre o *próprio instituto da LP*. Assim, *não se deve confundir* inafiançabilidade com vedação à LP. Na inafiançabilidade, o que se obstaculiza é o pagamento de fiança para a obtenção de LP (ex.: crimes hediondos – art. 5º, XLIII, CF). Neste caso (inafiançabilidade), *ainda assim* será, em tese, possível a LP. Já na segunda situação (vedação à LP), veda-se mais do que a fiança, proíbe-se a própria LP. E é disto que trataremos agora.

Diversos autores formulam contundentes críticas à vedação de LP feita *aprioristicamente* pela lei. Motivos: a vedação à LP realizada *a priori* pela lei, além de retirar a oportunidade de o julgador examinar *caso a caso* o cabimento ou não do instituto, *burla o princípio do estado de inocência* – que, não nos esqueçamos, estabelece a regra da liberdade. Segundo dizem esses autores, há burla porque toda vez que a determinação de impossibilidade de LP é

---

145. O verbo "poder" aí, empregado pelo CPP, não significa mera faculdade do juiz. Presentes os requisitos legais, deve o juiz conceder LP.

146. "Deverá", na verdade. Veja a nota logo acima.

efetuada pela lei, cria-se, na realidade, uma modalidade de *manutenção automática da prisão em flagrante*. Explica-se. Basta o indivíduo "dar o azar" de ser preso em flagrante pela prática de crime cuja lei estabeleça vedação à LP – e que os prazos da fase policial e judicial sejam respeitados – para que permaneça encarcerado, *sem fundamentação judicial*, até o deslinde do processo.

É exatamente por conta dessas críticas que diversas das hipóteses de vedação à LP criadas nas últimas duas décadas pelo legislador ordinário têm sido declaradas inválidas pelos tribunais superiores e combatidas pela doutrina. Vejamos os casos:

a) Estatuto do desarmamento (Lei 10.826/2003): o STF (ADIN 3112-1, *DJe* 26.10.2007) declarou a *inconstitucionalidade* do art. 21 desta lei que vedava a LP para os crimes de posse ou porte ilegal de arma de fogo de uso restrito (art. 16), comércio ilegal de arma de fogo (art. 17) e tráfico internacional de arma de fogo (art. 18). **Conclusão:** atualmente, cabe LP para esses delitos. Ver também STJ: RHC 38.323/CE, *DJ* 09.10.2014;

b) Crime organizado: a Lei 12.850/2013, que revogou a Lei 9.034/1995, não mais contém óbice à concessão de LP aos agentes que tenham envolvimento com organização criminosa.

c) Crimes hediondos, tortura e terrorismo: a Lei dos Crimes Hediondos (Lei 8.072/1990) previa em seu art. 2º, II, vedação expressa à LP para os crimes hediondos, a tortura e o terrorismo. *Porém,* atendendo aos reclames da doutrina, em 2007, a *Lei 11.464 retirou a referida proibição.* Apesar disso, o STF, estranhamente, ainda possui decisões que, de modo automático, vedam a LP aos crimes hediondos **(confira-se a íntegra da decisão prolatada em 2013 pelo Pleno: HC 92932/SP,** *DJe* 25.09.2013). O principal argumento que apresentam é que a própria Constituição, ao estabelecer a inafiançabilidade para os crimes hediondos, impede, consequente e automaticamente, a possibilidade de LP para esse tipo de delito. Esse posicionamento do Supremo, conforme facilmente se percebe, é incoerente com as demais orientações do Tribunal sobre o assunto (vide o caso do tráfico de drogas,[147] p. ex.), e, mais que isso, afronta o estado de inocência. Acrescente-se ainda que, pouco tempo depois do julgamento realizado pelo pleno do STF (acima citado), a Primeira Turma da Suprema Corte *concedeu* LP a um crime hediondo (vide STF RHC 118200, *DJe* 12.11.2013 e HC 109236, 14.02.2012). O tema, portanto, como se vê permanece controverso dentro do próprio STF, restando talvez aguardar uma próxima decisão da composição plena daquela Corte sobre o assunto.

d) Drogas (Lei 11.343/2006): o art. 44 da lei veda a LP para os crimes tipificados nos arts. 33, *caput* e § 1º, e 34 a 37 desse mesmo diploma (tráfico, fabrico de instrumentos e associação para o tráfico). **Entretanto,** em 2012, o Pleno do STF (HC 104.339/SP, *DJe* 06.12.2012 e HC 133361, 27.05.2016), declarou a *inconstitucionalidade* do referido art. 44 da Lei de Drogas. Logo, segundo a atual orientação do Supremo sobre o tema, é sim possível a concessão de liberdade provisória para os crimes previstos nos arts. 33, *caput* e § 1º, e 34 a 37, da Lei de Drogas.

16. CITAÇÕES E INTIMAÇÕES

São atos de comunicação processual, destinados à cientificação das partes, testemunhas, entre outros, acerca do teor dos atos processuais já praticados ou mesmo para que certos atos sejam praticados por algum dos sujeitos processuais.

De acordo com a finalidade de cada ato, a doutrina promoveu a classificação dos atos de comunicação processual em algumas espécies: citações, intimações e notificações.

16.1. Citação

Ato de comunicação processual pelo qual se informa ao réu/querelado a existência de uma imputação (ação penal) contra si. Conforme dispõe o art. 363, CPP, a citação completa a formação do processo, *i. e.*, a relação triangular entre as partes e o juiz resta plenamente formada, possibilitando o contraditório e a dialética no processo.

Nesse sentido, ressalte-se ainda que a citação válida é um elemento de validade do processo, pois a ausência de citação acarreta sua nulidade absoluta, enquanto a deficiência do ato implica nulidade relativa.

Porém, a falta ou nulidade da citação será sanada se o réu comparecer espontaneamente antes da consumação do ato (ainda que para apontar a nulidade ou a falta) – art. 570, CPP. Apesar da redação deste dispositivo, há limites aqui, já que não pode ocorrer prejuízo à defesa réu. O STF, p. ex., já anulou uma sentença em que o acusado havia sido citado um dia antes de seu interrogatório. Reconheceu o Supremo, nessa oportunidade, manifesto prejuízo à ampla defesa (STF HC 109611 *DJe* 28.08.2013 e RHC 133945, *DJ* 01.08.2016).

16.1.1. Espécies de citação

a) Citação real: realizada na pessoa do réu, havendo certeza de que este tomou conhecimento da acusação. Modalidades:

a1) Citação real por mandado: cumprida por oficial de justiça dentro do território da Comarca onde o juiz exerce as suas funções. Conforme dispõe o art. 351: "a citação inicial far-se-á por mandado, quando o réu estiver no território sujeito à jurisdição do juiz que a houver ordenado". Se o acusado se encontrar em seu domicílio, pode ser realizada a qualquer dia e hora (salvo, à noite). Se o acusado estiver preso, a citação também será real por mandado (pessoal), sendo que o diretor do estabelecimento prisional será comunicado da futura audiência para a qual o réu for convocado.

O mandado de citação deverá conter todas as informações elencadas no art. 352, CPP (chamados de requisitos intrínsecos do mandado de citação), como: nome do juiz, nome do acusado ou as suas características físicas etc.

Além dos requisitos intrínsecos, há que se observar os requisitos extrínsecos da citação por mandado contidos no art. 357, CPP: leitura do mandado feita pelo oficial de justiça ao acusado; entrega da contrafé (cópia da peça inicial acusatória) etc.

---

147. Ver STF, HC 118533/MS, DJe 19.09.2016. A conduta do § 4º, art. 33, da Lei 11.343/2016 (tráfico de drogas privilegiado) não é crime hediondo.

Note-se que, no processo penal, a citação eletrônica só é admitida para as seguintes modalidades: carta precatória, rogatória ou de ordem (arts. 6º e 7º da Lei 11.419/2006).

a2) Citação real por carta precatória: quando o réu residir em outra Comarca – art. 353, CPP. Nesse caso, o juízo deprecante (do lugar onde tramita o processo) solicita ao juízo deprecado (lugar da residência do réu) que efetue a citação do acusado.

Peculiaridades da citação por precatória:

I – Se no juízo deprecado (aquele que irá cumprir a precatória), verificar-se que o réu se encontra em outra comarca, poderá ser encaminhada a precatória para a nova comarca (precatória itinerante);

II – Havendo urgência, a precatória poderá ser feita por via telegráfica (inclua-se aí o fax também);

a3) Citação real por carta rogatória: quando o réu residir fora do país ou em embaixadas ou consulados (sedes de legações estrangeiras). *Mutatis mutandis,* aplica-se a mesma razão da citação por precatória. No caso de citação por rogatória, haverá suspensão do prazo prescricional – art. 368, CPP. Caso se saiba que o réu se encontra no estrangeiro, mas em local incerto, a citação será por edital (ver abaixo).

a4) Citação real por carta de ordem: segundo Pacelli (2015, p. 617), "por carta de ordem deve-se entender a determinação, por parte de tribunal, superior ou não, de cumprimento de ato ou de diligência processual a serem realizados por órgãos da jurisdição da instância inferior, no curso de procedimento da competência originária daqueles".

Peculiaridades da citação real em relação a algumas pessoas:

I – Se o réu for militar, será citado por intermédio do chefe do respectivo serviço – art. 358, CPP;

II – Se for funcionário público, haverá necessidade de notificar o chefe de sua repartição – art. 359, CPP;

III – Se o réu estiver preso, deverá ser citado pessoalmente, por mandado – art. 360, CPP;

b) Citação ficta ou presumida: não sendo possível a citação real, proceder-se-á a citação ficta. Esta pode ser por edital ou por hora certa.

Razão de ser desse tipo de citação: para que o Estado não fique impossibilitado de exercer o seu *jus puniendi.*

b1) Por edital (art. 361, CPP): pressupõe que o réu tenha conhecimento da ação penal a partir da publicação do edital em veículo de comunicação periódico com circulação local e de sua notícia afixada na sede do juízo (Fórum). Vale frisar, no entanto, o seguinte julgado: STJ, HC 213600, *DJe* 09.10.2012, info 506 – "é nulo o processo a partir da citação na hipótese de citação por edital determinada antes de serem esgotados todos os meios disponíveis para a citação pessoal do réu".

Prazo do edital: 15 dias.

O art. 365, CPP, estatui os requisitos do edital de citação, sendo eles: nome do juiz que determinar a citação, nome do acusado ou seus sinais característicos, a indicação do dispositivo da lei penal infringido (Súmula 366, STF)[148] etc.

Neste contexto, cabe enunciar o entendimento do STJ segundo o qual "Por haver o réu tomado rumo ignorado logo após a prática do crime, **não é nula a citação por edital por suposta ausência de esgotamento dos meios para localização do citand**o, cuja atitude não pode implicar o atraso da prestação jurisdicional e condicionar a jurisdição à prévia procura de dados em empresas e órgãos públicos, sem perspectiva de êxito da diligência", vide RHC 52.924/BA, 6ª Turma, *DJ* 29.08.2016.

Ademais, nunca é demais ressaltar a jurisprudência pacífica do STJ asseverando que "A não localização do paciente, que deu ensejo à sua citação por edital, não se confunde com presunção de fuga", HC 253.621/MG, 6ª Turma, *DJ* 24.08.2016.

Atenção: a citação por edital não é admitida nos Juizados Especiais (art. 66, parágrafo único, Lei 9.099/1995). Caso o réu não seja encontrado para ser citado pessoalmente, haverá a remessa do processo ao juízo comum (adotando-se o rito sumário).

Citado por edital, se o réu não comparecer e nem constituir advogado, será determinada a suspensão do processo e do prazo prescricional, podendo o juiz determinar a produção antecipada das provas consideradas urgentes e, se for o caso, decretar preventiva – art. 366, CPP. Conforme alguns autores, (PACELLI, 2015, p. 623-4; TÁVORA, 2015, p. 987), este dispositivo não se aplica aos crimes de lavagem de dinheiro por força do disposto no art. 2º, § 2º, da Lei 9.613/1998.

Apesar de a lei não mencionar durante quanto tempo pode ficar suspenso o prazo prescricional, o STJ (Súmula 415) e a majoritária doutrina entendem que a suspensão da prescrição nesse caso deverá se dar pela pena máxima em abstrato fixada ao crime (art. 109, CP).

Ademais, ainda com base no art. 366, diz a Súmula 455, STJ: "a decisão que determina a produção antecipada de provas com base no art. 366 do CPP deve ser concretamente fundamentada, não a justificando unicamente o mero decurso do tempo".

Reflexos do Novo Código de Processo Civil

Finalmente, note-se que o art. 256 do NCPC, que trata da citação por edital, será usado de modo subsidiário aos dispositivos do CPP. Recomendamos, portanto, a leitura do referido art. 256.

---

b2) Por hora certa (art. 362, CPP): inovação introduzida na seara processual penal por meio da Lei 11.719/2008, essa modalidade de citação ficta[149] ocorre quando se verificar que o réu, deliberadamente, oculta-se para não ser citado. (STF, RE 635145/RS, DJe 13/09/2017 e Info. 833, de 1º a 5 de agosto de 2016).

---

148. Mister destacar que há divergência doutrinária no sentido de estabelecer como requisito do edital a descrição resumida do fa-to imputado, considerando a necessidade de possibilitar o exercício da ampla defesa.

149. Há quem entenda que a citação por hora certa se trata de modalidade de citação real – e não ficta. O tema não é pacífico, portanto.

Com a entrada do NCPC em vigor, a citação por hora certa passa a seguir o disposto nos arts. 252 e 253 daquele novo diploma, aos quais remetemos o leitor. Dentre outras coisas, notar que, de acordo com o art. 252, NCPC, o número de tentativas para a citação por hora certa passa de três para duas oportunidades.

Além disso, é importante destacar que o § 4º do art. 253 do NCPC, não tem aplicação ao processo penal. Diz esse dispositivo: "O oficial de justiça fará constar do mandado a advertência de que será nomeado curador especial se houver revelia". Na realidade, no âmbito do processo penal, realizada a citação por hora certa, se o réu não comparecer, ser-lhe-á nomeado defensor dativo ou público, conforme o caso – e não curador especial, conforme diz o NCPC.

16.1.2. Revelia (art. 367, CPP)

No processo penal, os efeitos da revelia não guardam relação de similaridade com o âmbito processual civil. A ausência do acusado a qualquer dos atos processuais, sem justificativa, ou a mudança de endereço sem comunicação, têm como efeito a não intimação para os atos processuais seguintes[150]. Assim, não há que se falar em "confissão ficta", por exemplo, para o réu revel em processo penal.

O efeito da revelia apontado (não intimação do réu para os atos processuais futuros), obviamente, não se aplica ao defensor do acusado, pois, como sabemos, a defesa técnica no processo penal é imprescindível. Assim, ainda que o réu seja considerado revel, seu defensor, obrigatoriamente, deverá continuar a patrocinar seus interesses.

Ademais, outro efeito da revelia no processo penal é a quebra da fiança (art. 341, CPP).

Observações: I – ainda que revel, o réu deverá ser intimado da sentença em atenção ao princípio da ampla defesa (art. 392, CPP); II – o réu pode ingressar no processo a qualquer tempo, fazendo cessar os efeitos da revelia, mas sem alterações nos os atos já praticados. Participará do processo conforme o estado em que esse se encontra.

16.2. Intimações e notificações

São atos de comunicação processual dirigidos "às partes ou a qualquer outra pessoa que deva, de alguma forma, intervir na relação processual" (MOREIRA, 2010, p. 246).

Certo setor da doutrina costuma fazer a seguinte distinção:

16.2.1. Intimação

Ciência dada à parte ou outra pessoa de um ato já realizado – ato realizado no passado – ex.: intimação de uma sentença prolatada (passado). Intima-se *de* algo.

16.2.2. Notificação

Ciência dada para que a parte ou outra pessoa pratique um ato no futuro – ex.: notificação de testemunha para depor. Notifica-se *para* algo. O CPP, porém, não atenta para essa diferenciação, utilizando os termos indistintamente. Neste trabalho, portanto, falaremos tão somente em intimação. No caso do Ministério Público e da Defensoria Pública, a intimação deve ser pessoal, ou seja, a comunicação deve ser feita diretamente aos membros dessas instituições (art. 370, § 4º, CPP). Também o advogado dativo (nomeado pelo juiz) será intimado pessoalmente. No entanto, destacamos o seguinte julgado: "A intimação do defensor dativo apenas pela impressa oficial não implica reconhecimento de nulidade caso este tenha optado expressamente por esta modalidade de comunicação dos atos processuais, declinando da prerrogativa de ser intimado pessoalmente" (STJ, HC 311.676-SP, *DJe* 29.04.2015, Informativo 560). **Sobre o tema, ver o importante julgado do STJ: HC 358.943/SP, *DJe* 06.09.2016.**

Em julgado recente, a 5ª Turma do STJ firmou entendimento no sentido de que a nomeação de defensor dativo não pode prescindir da intimação do réu para substituir o patrono inerte. No caso em espécie, o juízo *a quo*, diante da inércia do primeiro patrono constituído pelo réu, determinou a remessa dos autos à Defensoria Pública, não sendo oportunizado ao acusado o direito de nomear novo advogado de sua confiança, o que culminou na anulação da ação penal e desconstituição do trânsito em julgado da condenação (STJ, HC 389899/RO, *DJe* 31.05.2017).

Já o advogado constituído (pelo réu, pelo querelante, pelo querelado ou pelo assistente) será, em regra, intimado por meio de publicação oficial (Diário Oficial), incluindo, sob pena de nulidade, o nome do acusado. Caso não exista órgão de publicação oficial, a intimação deverá ser efetuada diretamente pelo escrivão, por mandado, ou via postal, com comprovante de recebimento, ou por qualquer outro meio considerado idôneo – 370, §§ 1º e 2º, do CPP.

Em hipótese de intimação por meio de carta precatória exige o art. 222, *caput*, CPP, sob pena de nulidade relativa (conforme Súmula 155, STF), que as partes sejam intimadas da expedição do documento, não sendo exigível que se lhes dê ciência da data marcada pelo Juízo deprecado para a realização do ato (vide Súmula 273, STJ).

A Lei 9.099/1995 (art. 67) dispõe que no JECRIM "a intimação poderá ser efetivada através de via postal (com AR ou mediante entrega na recepção, se se tratar de pessoa jurídica ou firma individual), por oficial de justiça (independentemente de mandado ou carta precatória), na própria audiência, ou, ainda, por qualquer outro meio idôneo de comunicação, como, por exemplo, o telefone" (MOREIRA, 2010, p. 265).

O cumprimento dos atos de comunicação processual deve ocorrer em dias úteis, com expediente forense, como se pode depreender, inclusive, do teor da Súmula 310, STF: *"quando a intimação tiver lugar na sexta-feira, ou a publicação com efeito de intimação for feita nesse dia, o prazo judicial terá início na segunda-feira imediata, salvo se não houver expediente, caso em que começará no primeiro dia útil que se seguir".*

A ausência de intimação das partes poderá, a depender do caso, configurar até em nulidade absoluta por cerceamento defesa, por exemplo. Ainda, segundo o STF, HC 114.107, *DJe* 12.12.2012: "necessidade de intimação pessoal do réu é ape-

---

150. Esta última parte, contudo, não se aplica à intimação da sentença, que é obrigatória.

nas da sentença condenatória e não do acórdão proferido em sede de apelação". Ver também a seguinte decisão do STF: "a nulidade do julgamento por ausência de intimação prévia da defesa para ciência da data de confecção do voto-vista dependeria de inequívoca demonstração de concreto prejuízo", HC 92932 ED, Tribunal Pleno, *DJ* 14.04.2016. Cabe ainda ressaltar que nos casos em que o réu vier a ser preso no curso do prazo da intimação por edital da sentença condenatória, esta intimação restará prejudicada, devendo ocorrer pessoalmente. (STJ, RHC 45584/PR, DJe 12/05/2016 e Info. 583).

Ainda quanto ao assunto, importa destacar a recente decisão do STF no sentido de que não haverá nulidade no caso de intimação expedida em nome de advogado falecido, quando o réu possui mais de um advogado constituído e não houve pedido da defesa para que todos os causídicos fossem intimados. O mesmo não ocorreria, entretanto, caso o advogado falecido fosse o único constituído pelo acusado (HC 138097-SP, Info. 921/STF, de 22 a 26 de outubro de 2018).

17. SENTENÇA PENAL

Antes de tratarmos propriamente da sentença, vejamos uma tradicional divisão, apresentada por certo setor da comunidade jurídica, a respeito dos atos jurisdicionais.

Em regra, os atos jurisdicionais podem ser:

17.1. Despachos de mero expediente (ou ordinatórios)

São atos jurisdicionais de mero impulso do processo, sem carga decisória, portanto. Ex.: ato do juiz que designa data para a audiência de instrução e julgamento (art. 400, CPP). Os despachos de mero expediente são irrecorríveis. Porém, quando causarem tumulto ao processo ou forem abusivos, poderão ser atacados por correição parcial. Ex.: despacho do juiz que determina a oitiva das testemunhas indicadas pela defesa *antes* das arroladas pela acusação. Cabe, nesse caso, correição.

17.2. Decisões

Em sentido amplo, a palavra *decisão* significa todo o ato jurisdicional que possui carga decisória, produzindo, portanto, algum tipo de sucumbência. Tais atos destinam-se a solucionar incidentes processuais ou mesmo pôr termo ao processo. Exs.: sentença, decisão que decreta a preventiva etc. Várias decisões, por apresentarem certo grau de carga decisória (maior ou menor, a depender do caso), podem ser desafiadas por recurso. Exs.: a sentença é apelável; a decisão que rejeita a inicial penal é recorrível em sentido estrito etc.

As *decisões*, por sua vez, conforme tradicional classificação da doutrina, dividem-se em:

17.2.1. Decisões interlocutórias simples

"São as que dirimem questões emergentes relativas à regularidade ou marcha do processo, exigindo um pronunciamento decisório sem penetrar no mérito" (MIRABETE, 2001, p. 445). Essas decisões não encerram o processo nem qualquer fase do procedimento. Ex.: decisão que decreta a preventiva.

17.2.2. Decisões interlocutórias mistas

São aquelas que, julgando ou não o mérito, colocam fim ao procedimento ou a uma de suas fases. Dividem-se em:

a) Decisões interlocutórias mistas terminativas: são as que põem fim ao procedimento. Ex.: impronúncia, rejeição da denúncia;

b) Decisões interlocutórias mistas não terminativas: são as que põem fim a apenas uma etapa do procedimento. Ex.: a pronúncia põe termo à primeira fase do procedimento bifásico do Júri.

17.2.3. Decisões definitivas (ou sentenças)

São aquelas que põem fim ao processo, julgando o mérito da causa. Subdividem-se em:

a) Sentença condenatória: é aquela em que o juiz acolhe, ainda que parcialmente, a pretensão punitiva deduzida na inicial penal. Note o leitor que, no processo penal, em razão, dentre outros, do princípio do estado de inocência e do *in dubio pro reo*, o juiz só poderá condenar o acusado se estiver diante de um conjunto probatório (produzido em contraditório judicial) cabal. Impossível, portanto, uma condenação em meros indícios e/ou conjecturas frágeis. Em caso de prova frágil (ou como dizem alguns: em caso de dúvida), o caminho inarredável será a absolvição do réu, aplicando-se a regra pragmática de julgamento do *in dubio pro reo* (LOPES JR., 2010);

b) Sentença absolutórias: ao contrário, é aquela em que o juiz não acolhe a pretensão punitiva deduzida na inicial penal;

c) Decisão terminativa de mérito ou declaratória extintiva da punibilidade: é aquela em que o juiz, apesar de julgar o mérito, não condena e nem absolve o réu. Ex.: decisão que declara extinta a punibilidade do agente em decorrência de prescrição (art. 107, IV, CP).

Dada a importância que as sentenças condenatória e absolutória têm para o processo penal, iremos estudá-las com mais vagar nas próximas linhas. Porém, antes, vejamos os requisitos formais da sentença (comuns à absolutória e à condenatória).

17.3. Requisitos da sentença (art. 381, CPP)

Nota: a falta de qualquer desses requisitos provoca a nulidade absoluta da sentença (por descumprimento de formalidade essencial do ato – art. 564, IV, CPP).

Conforme entendimento do STJ, é válida a sentença proferida de forma oral na audiência e registrada em meio audiovisual, ainda que não haja a sua transcrição. A ausência de degravação completa da sentença penal condenatória não prejudica o contraditório ou a segurança do registro nos autos (HC 462253-SC, Info. 641/STJ, de 1º de março de 2019).

17.3.1. Relatório

Aqui o juiz deverá efetuar uma espécie de resumo dos acontecimentos mais importantes que se deram ao longo do processo. Deverá conter: os nomes das partes, a exposição sucinta da acusação e da defesa e demais ocorrências processuais relevantes.

Nota: no JECRIM[151] (art. 81, § 3º), dispensa-se o relatório.

17.3.2. Fundamentação ou motivação

É requisito geral de todas as decisões judiciais (art. 93, IX, da CF), sob pena de nulidade absoluta. **Como já vimos, o juiz é livre para julgar, porém deve fazê-lo de forma fundamentada (princípio do livre convencimento motivado ou persuasão racional do juiz).** A fundamentação é de suma importância, pois permite um *controle da racionalidade* da decisão do juiz pelas partes e pela própria sociedade (LOPES JR., 2010). A fundamentação permite, p. ex., que as partes verifiquem se o juiz considerou as suas teses e as provas que produziram. O direito à prova não se constitui apenas como direito de produzir prova, mas também como direito à valoração da prova pelo magistrado (GRINOVER *et. al.* 2001, p. 212 e ss.). Conforme o art. 371, CPP: "O juiz apreciará a prova constante dos autos, independentemente do sujeito que a tiver promovido, e indicará na decisão as razões da formação de seu convencimento". Cabe salientar que não se exige fundamentação extensa, prolixa, podendo ser ela sucinta. O que não se admite é a ausência da fundamentação ou fundamentação deficiente. A sentença despida de qualquer fundamentação é chamada de *sentença vazia. Por fim, vale consultar também o art. 489, § 1º, NCPC.*

17.3.3. Dispositivo ou conclusão

É parte da sentença que contém o comando da decisão, o provimento final, de condenação ou de absolvição. Por óbvio, o dispositivo da sentença deve guardar relação com as razões de decidir (com a motivação).

Se condenatória a sentença, deverá a conclusão trazer o tipo penal no qual está incurso o acusado, a dosimetria da pena e o seu regime inicial de cumprimento.

Se absolutória, deverá a conclusão trazer o fundamento legal da absolvição (incisos do art. 386, CPP).

Observação Final: O juiz ao proferir a sentença condenatória nos casos de violência contra a mulher, praticados no âmbito doméstico ou familiar, pode fixar o valor mínimo indenizatório a título de dano moral, desde que haja pedido expresso da acusação ou da parte ofendida, ainda que não especificada a quantia e independentemente de instrução probatória (Informativo 621/STJ, de 6 de abril de 2018).

17.3.4. Autenticação

Consiste na aposição de assinatura do juiz, bem como da indicação do local e data em que a sentença foi proferida. A falta de assinatura torna a sentença inexistente.

Dadas as suas peculiaridades, analisemos a seguir a sentença absolutória (tema, de certa forma, já enfrentado também quando tratamos da ação civil *ex delicto*).

17.4. Sentença absolutória

Conforme dito, é a sentença que não acolhe a pretensão punitiva deduzida na inicial acusatória.

A sentença absolutória pode ser:

Própria: aquela que absolve o réu, importando em reconhecimento de sua plena inocência. É a absolvição por excelência. Ex.: juiz que, na sentença, reconhece que o acusado não participou do crime objeto do processo;

Imprópria: aquela que, apesar de absolver o réu, aplica-lhe medida de segurança, pois reconhece a inimputabilidade do acusado (doença mental) ao tempo do fato – art. 26, CP c/c o art. 386, VI, 2ª parte, e parágrafo único, III, CPP.

Analisemos a seguir os fundamentos da sentença absolutória contidos no art. 386, CPP. O juiz absolverá o réu quando:

I – **estiver provada a inexistência do fato**: aqui o juiz está seguro de que o fato relatado na inicial acusatória não aconteceu. Se o fato não existiu no campo penal (que exige uma carga probatória muito maior que a do campo civil), com muito mais razão também não existiu na seara cível. Este fundamento da sentença absolutória obsta, portanto, a propositura de ação civil *ex delicto*;

II – **não houver prova da existência do fato**: a acusação não logrou êxito em convencer o juiz a respeito da existência do fato-crime. Houve debilidade probatória. Sendo assim, aplica-se a regra pragmática de julgamento do *in dubio pro reo*, absolvendo-se, por conseguinte, o acusado. Este fundamento da sentença absolutória não fecha as portas do cível. Note-se que a prova não foi suficiente para o campo penal, mas poderá sê-lo para o campo civil;

III – **não constituir o fato infração penal**: é o reconhecimento da atipicidade do fato. Também não fecha as portas do cível. O ilícito não foi penal, mas poderá ser civil (art. 67, III, CPP);

IV – **estiver provado que o réu não concorreu para a infração penal**: aqui o juiz está seguro de que o réu não concorreu para a prática da infração penal (negativa da autoria). Fecha as portas do cível. Se restou provado no campo penal que o réu não praticou qualquer conduta lesiva, automaticamente estará excluído do polo passivo de qualquer ação indenizatória;

V – **não existir prova de ter o réu concorrido para a infração penal:** o juiz não está seguro da participação ou não do acusado na empreitada criminosa. A acusação não logrou êxito em convencer o juiz a respeito disso, havendo, portanto, debilidade probatória. Sendo assim, aplica-se a regra pragmática de julgamento do *in dubio pro reo*, absolvendo-se, por conseguinte, o acusado. Este fundamento da sentença absolutória não fecha as portas do cível. Note-se que a prova não foi suficiente para o campo penal, mas poderá sê-lo para o campo civil;

VI – **existirem circunstâncias que excluam o crime ou isentem o réu de pena** (arts. 20, 21, 22, 23, 26 e § 1º do art. 28, todos do Código Penal), ou **mesmo se houver fundada dúvida sobre sua existência:** já tratamos desta hipótese com detalhes quando estudamos a ação civil *ex delicto*. Vale apenas lembrar que o reconhecimento de excludente de ilicitude (legítima defesa, por exemplo) fecha, em regra, as portas do cível (arts. 188, I, CC, e 65, CPP);

VII – **não existir prova suficiente para a condenação**: para que seja imposta uma condenação ao acusado, é preciso

---

151. Juizado Especial Criminal – Lei 9.099/1995.

que o juiz esteja convencido de que o fato existiu, foi típico, que o réu concorreu para essa infração penal e que não existiram, *in casu*, justificantes ou dirimentes. Desse modo, se o conjunto probatório não foi suficiente para gerar um juízo de certeza acerca da condenação, impõe-se a absolvição do acusado. Trata-se, mais uma vez, da aplicação da regra pragmática de julgamento do *in dubio pro reo*.

17.5. Princípio da correlação entre a acusação e a sentença

Segundo Badaró (2008, v. I, p. 309) significa que "deve haver uma identidade entre o objeto da imputação e o da sentença. Ou seja, o acusado deve ser julgado, sendo condenado ou absolvido, pelos fatos que constam da denúncia ou queixa". Dessa forma, descabem julgamentos *citra* (aquém do objeto da imputação), *ultra* (além do objeto da imputação) ou *extra* (diverso do objeto da imputação) *petita*.

Em suma, o princípio da correlação visa a impedir que o réu seja condenado por fato não contido na denúncia ou na queixa. Daí surge um questionamento: que fazer quando, no decorrer da instrução, verificar-se que ocorreu um equívoco na classificação legal (tipificação) do fato descrito; ou quando se vislumbrar que o fato inicialmente descrito não corresponde ao que foi demonstrado ao final da instrução? A resposta passa pelos institutos da *emendatio libelli* e *mutatio libelli*, a seguir examinados.

17.5.1. *Emendatio libelli*

Essa possibilidade está consubstanciada no art. 383, CPP, que diz: "*o juiz, sem modificar a descrição do fato contida na denúncia ou queixa, poderá atribuir-lhe definição jurídica diversa, ainda que, em consequência, tenha de aplicar pena mais grave*".

Após a fase instrutória, ao apreciar o mérito da pretensão punitiva, é possível que o juiz perceba que a definição legal apresentada pela acusação não é adequada aos fatos descritos na inicial acusatória. Diante dessa situação, poderá o juiz, de ofício, proceder à correta capitulação legal dos fatos, retificando a inicial. Trata-se de medida que não interfere na defesa, pois, como diz a tradicional doutrina, o acusado se defende dos fatos descritos e não da definição legal contida na inicial acusatória. Vamos a um exemplo: denúncia narra um furto, mas o promotor, ao classificar a conduta, aponta o art. 157, CP (roubo). Na sentença, poderá o juiz corrigir a classificação legal para o art. 155, CP (furto) (BADARÓ, 2008, v. I, p. 310).

Perceba o leitor que o elemento-chave da *emendatio* é que o fato descrito na inicial penal é o mesmo que chega ao juiz no momento da sentença (o fato permanece inalterado). O que muda, portanto, é o enquadramento legal dado pelo juiz àquele (ao fato).

Assim, o STF, no julgamento do HC 129284/PE, j. 17.10.2017, entendeu ser irrelevante a menção expressa na denúncia de eventuais causas de aumento ou diminuição, desde que haja correlação entre o fato descrito na denúncia e o fato pelo qual foi condenado (Informativo 882, STF, do período de 16 a 20 de outubro de 2017). Dessa forma, o fato de o MP ajuizar ação penal contra o réu pela prática do crime de homicídio fundamentando apenas no art. 121, mas no bojo da descrição dos fatos narrar que o crime foi cometido por grupo de extermínio, não impede que o juiz no momento da sentença reconheça a incidência da causa de aumento prevista no § 6º do art. 121.

Por fim, vale ressaltar que o instituto da *emendatio libelli* pode ocorrer em segundo grau (Informativo 895/STF, de 19 a 30 de março de 2018). Porém, a retificação não pode resultar em pena mais grave se o recurso tiver sido exclusivo da defesa, uma vez que é vedada a *reformatio in pejus*.

17.5.2. *Mutatio libelli* (art. 384, CPP)

Aqui, ao contrário da hipótese anterior, "os fatos objeto do processo são alterados, com o que, normalmente, altera-se também a sua classificação jurídica" (BADARÓ, 2008, v. I, p. 311). Perceba o leitor, portanto, que na *mutatio* temos uma alteração dos fatos objeto do processo (este é o elemento-chave). Ex.: o promotor, na denúncia, narra um furto e, corretamente, rotula o fato no art. 155, CPP. Ocorre que, durante a instrução, surgem provas no sentido de que o arrebatamento dos bens da vítima se deu por meio de violência. Logo, estaríamos diante de um roubo e não de um furto. Perceba que não se trata de um novo fato típico, mas de **elemento ou circunstância** que não estavam presentes originalmente. Eles podem ser entendidos como *as circunstâncias elementares do delito, a prova de qualificadoras, causas de aumento e de diminuição da pena (circunstâncias legais)*.

Em decorrência desse novo cenário, o juiz deverá notificar o MP para que este proceda ao aditamento da denúncia no prazo de 5 dias (art. 384, parte final, CPP). Se o órgão ministerial não promover o aditamento, pode o juiz seguir o procedimento do art. 28, CPP, remetendo ao órgão revisor do MP para manifestação final. É importante dizer ainda que o juiz não poderá, de ofício, realizar a alteração da imputação, já que, agindo assim, estaria atuando como órgão acusador, violando, pois, o sistema acusatório.

Uma vez oferecido o aditamento pelo MP, deve o juiz, em observância ao contraditório e à ampla defesa, permitir que, em 5 dias, o acusado se manifeste.

Admitido o aditamento pelo juiz (com a manifestação defensiva do réu), deverá o juiz abrir novo prazo de 5 dias, para que as partes arrolem até 3 testemunhas. Ato contínuo, o juiz marcará dia e hora para a continuação da audiência de instrução e julgamento, com a inquirição das testemunhas eventualmente indicadas, novo interrogatório do réu, novos debates orais e, ao final, julgamento.

Por fim, frise-se que, nos termos da Súmula 453, STF, não cabe *mutatio libelli* em segundo grau.

17.6. Coisa julgada

17.6.1. *Conceito e espécies*

É o efeito de imutabilidade oriundo de uma decisão judicial sobre a qual não seja mais possível qualquer discussão. Na visão de Tourinho Filho, o seu fundamento político é a necessidade de pacificação social por meio da segurança jurídica relacionada à manutenção das decisões definitivas (2010, p. 843).

Na esfera penal, essa imutabilidade incide sobre as sentenças absolutórias, uma vez que a condenação pode ser revista a qualquer tempo, por meio da ação de revisão criminal (art. 621, CPP).

Quanto à extensão da imutabilidade, a coisa julgada deve ser entendida sob dois aspectos: formal e material. Aqui o magistério de Luiz Flávio Gomes é bastante elucidativo no que tange à sua compreensão prática.

Diz o referido jurista que "há duas espécies de coisa julgada: 1. Coisa julgada formal: impede que o juízo da causa reexamine a sentença [ou decisão]; 2. Coisa julgada material: impede que qualquer outro juízo ou tribunal examine a causa já decidida." (2005, p. 330).

Nessa linha de entendimento, em respeito à coisa julgada, o STJ fixou entendimento de que no caso de duas sentenças condenatórias contra o mesmo condenado, pelos mesmos fatos, deve prevalecer a condenação que primeiro transitou em julgado (RHC 69586-PA, Info. 642/STJ, de 15 de março de 2019).

17.6.2. Limites da coisa julgada

Como visto acima, a coisa julgada impõe limites à atividade de persecução penal. Tais limitações possuem natureza dúplice: objetiva e subjetiva.

a) Limites objetivos: estão previstos no § 2º, art. 110, CPP, *in verbis: "a exceção de coisa julgada somente poderá ser oposta em relação ao fato principal que tiver sido objeto da sentença".* Os limites objetivos são, portanto, as imputações, os fatos principais considerados pelo juiz na sentença.

Desse modo, uma vez absolvido da acusação de roubo do carro da vítima "A", em determinado dia, e sob as condições ali descritas, o acusado não mais poderá ser processado pelos mesmos fatos sob outra qualificação, como furto, por exemplo;

b) Limites subjetivos: incidem sobre o acusado, sujeito passivo da ação penal.

O efeito de imutabilidade da sentença impede que ele seja processado duas vezes pelo mesmo fato, independentemente da natureza da sentença, seja absolutória, condenatória ou terminativa de mérito (ex: sentença de extinção da punibilidade).

18. PROCEDIMENTOS PENAIS

18.1. Conceito

Rito ou procedimento é a sucessão ordenada de atos processuais, dirigidos a um fim último: a sentença.

18.2. Classificação

No processo penal, o procedimento se divide em comum e especial (art. 394, CPP).

a) O procedimento comum compreende:

a1) o procedimento ordinário: aplicável aos crimes cuja pena máxima prevista seja igual ou superior a 4 anos de privação de liberdade;

a2) o procedimento sumário: aplicável aos crimes cuja pena máxima prevista seja inferior a 4 anos de privação de liberdade;

a3) o procedimento sumaríssimo, aplicável às IMPOs[152] (Lei 9.099/1995), ou seja, pena máxima até 2 anos;

No cálculo da pena máxima, devem ser considerados os seguintes pontos: as qualificadoras; os privilégios; as hipóteses de concurso de crimes; as causas de aumento (considerar a de maior aumento da pena) e de diminuição (considerar a de menor redução da pena). Estão excluídas do cálculo as circunstâncias agravantes e atenuantes, considerando a ausência de parâmetros legais a respeito do acréscimo ou de redução da pena (LIMA, 2015, p. 1417-18).

b) Procedimento especial (pode estar previsto dentro ou fora do CPP). Exemplos:

b1) Júri – art. 406 e ss., CPP;

b2) Drogas – Lei 11.343/2006;

b3) Crimes de funcionais (art. 513 e ss.); dentre outros.

É importante notar que, conforme determina o § 4º do art. 394, CPP, os institutos previstos nos arts. 395 a 397, que tratam respectivamente das causas de rejeição da denúncia, da resposta à acusação e da absolvição sumária, aplicam-se, em regra, a todo e qualquer procedimento de 1º grau.

No entanto, é necessário destacar que a absolvição sumária do art. 397, CPP (absolvição sumária antecipada), não se aplica ao procedimento do júri. Motivo: o rito do júri já possui possibilidade de absolvição sumária em momento específico (art. 415 do CPP), sendo, portanto, descabida a aplicação do art. 397 do CPP ao procedimento dos crimes dolosos contra a vida. Nesse sentido: Tourinho Filho (2010, p. 734) e Pacelli de Oliveira (2015, p. 641).

Ressalte-se também que as disposições do procedimento ordinário são aplicadas subsidiariamente aos procedimentos especial, sumário e sumaríssimo – § 5º do art. 394, CPP.

18.3. Etapas do procedimento ordinário (arts. 394 a 405)[153]

a) Oferecimento da inicial penal (indicação de até 8 testemunhas);

b) Recebimento ou rejeição da inicial.

Havendo rejeição cabe RESE (art. 581, I);

c) Citação (em caso de recebimento);

d) Resposta escrita à acusação;

e) Absolvição sumária ou, não sendo o caso desta, designação de audiência;

f) Audiência de instrução e julgamento (audiência una). Atos que compõem esta audiência:

f1) tomada das declarações do ofendido;

f2) oitiva das testemunhas arroladas pela acusação;

f3) oitiva das testemunhas arroladas pela defesa;

---

152. Infração de menor potencial ofensivo – art. 61, Lei 9.099/1995.

153. Note, caro Leitor, que o art. 394-A, introduzido pela Lei 13.285/2016, estabelece que os processos que apurem a prática de crimes hediondos terão prioridade de tramitação em todas as instâncias, ou seja, inclusive no âmbito dos Tribunais Superiores.

f4) esclarecimentos dos peritos (desde requerido pelas partes);

f5) acareações (se for o caso);

f6) reconhecimento de pessoas e coisas (se necessário);

f7) interrogatório do réu;

f8) requerimento de diligências últimas;

f9) alegações finais orais ou apresentação de memoriais;

g) Sentença (a ser proferida na própria audiência una ou posteriormente quando impossível a sua prolação em audiência).

18.3.1. Análise de algumas etapas importantes do procedimento ordinário

a) Hipóteses de rejeição da inicial penal (art. 395, CPP). Significa que o juiz considera inviável a acusação deflagrada por conta de um dos seguintes motivos:

I – **Inépcia:** desatendimento dos requisitos essenciais do art. 41, CPP. Ex.: denúncia lacônica – que não respeita o requisito da exposição do fato criminoso com todas as suas circunstâncias;

II – **Falta de pressuposto processual ou condição para o exercício da ação penal.** Ex.: de falta de pressuposto processual: litispendência (acusação do mesmo réu sobre o mesmo fato). Ex.: de falta de condição da ação: denúncia por fato prescrito (carece o MP de interesse neste caso);

III – **Ausência de justa causa:** é a 4ª condição genérica da ação. Falta de suporte probatório mínimo;

b) Resposta à acusação (arts. 396 e 396-A, CPP)

Uma vez citado, o réu possui 10 dias para apresentar sua primeira defesa no processo.

b1) Conteúdo da resposta: o acusado poderá arguir preliminares e alegar tudo o que interesse à sua defesa, oferecer documentos e justificações, especificar as provas pretendidas e arrolar testemunhas, qualificando-as e requerendo sua intimação, quando necessário.

Pode indicar até 8 testemunhas, sob pena de preclusão.

Obrigatoriedade: Não apresentada a resposta no prazo legal, ou se o acusado, citado, não constituir defensor, o juiz nomeará defensor para oferecê-la, concedendo-lhe vista dos autos por 10 (dez) dias. Note-se que a falta de resposta é causa de nulidade absoluta e, além disso, conforme o art. 265, CPP, o defensor que abandonar a causa sem a ocorrência de motivo imperioso comunicado previamente ao juiz, pode sofrer a aplicação de multa.

c) Possibilidade de absolvição sumária (art. 397, CPP): após a resposta à acusação, pode o juiz absolver sumariamente o réu quando verificar:

I – a existência manifesta de causa excludente da ilicitude do fato.

Ex.: legítima defesa;

II – a existência manifesta de causa excludente da culpabilidade do agente, salvo inimputabilidade.

Ex.: coação moral irresistível.

A ressalva da inimputabilidade nesse dispositivo tem razão de ser, pois lembre-se de que, no caso de reconheci-mento de doença mental, será aplicada ao réu medida de segurança (que não deixa de ser uma pena). Logo, necessário o percurso do devido processo legal até a sentença final, não sendo possível absolvê-lo impropriamente nessa etapa;

III – que o fato narrado evidentemente não constitui crime.

Ex.: atipicidade da conduta;

IV – extinta a punibilidade do agente.

A redação do dispositivo foi infeliz. Tecnicamente, não se trata de absolvição. Ex.: morte do agente. Não se "absolve" o agente, mas declara-se extinta a sua punibilidade.

d) Algumas novidades/questões sobre a audiência una

I – Tentativa de concentração dos atos numa única audiência;

II – Incorporação do princípio da identidade física do juiz ao processo penal (art. 399, § 2º, CPP): o juiz que acompanhar a instrução probatória deverá ser o mesmo a proferir a sentença;

III – A ordem de oitiva das testemunhas respeitará o seguinte: primeiro, serão ouvidas as testemunhas indicadas pela acusação, depois, as pela defesa. Não se aplica esta ordem no caso de expedição de carta precatória;

IV – Perguntas formuladas diretamente às testemunhas pelas partes;

V – Interrogatório ao final da audiência. Conforme a melhor doutrina, o deslocamento do interrogatório para o final da audiência reforçou que, além de meio de prova, esse ato representa, inegavelmente, um meio de defesa;[154]

VI – Alegações finais (debates) orais: primeiro, acusação (20 min. prorrogável por mais 10), e, em seguida, a defesa, por igual tempo.

Existindo 2 ou mais acusados, o tempo das alegações orais será contado separadamente para cada um e, havendo assistente de acusação, ele fará sua sustentação por 10 minutos, logo após o MP, acrescentando-se igual tempo à manifestação da defesa.

O juiz poderá, considerada a complexidade do caso, o número de réus ou a necessidade de realizar diligências imprescindíveis, conceder às partes o prazo de 5 dias, sucessivamente, para a apresentação de memoriais (leia-se alegações finais escritas). Nessa hipótese, terá o magistrado o prazo de 10 dias para prolatar a sentença.

Quanto ao tema alegações finais, importa destacar recente decisão do STF no sentido de que o corréu delatado em acordo de colaboração premiada possui o direito de apresentar alegações finais após os delatores, sob pena de

---

154. Os tribunais superiores entendem que o art. 400 do CPP, que prevê o interrogatório do réu como último ato da instrução, é aplicável no âmbito do processo penal militar e nos casos de incidência da Lei de Drogas (Informativo 816/STF, de 29 de fevereiro a 4 de março de 2016 e Informativo 609/STJ, de 13 de setembro de 2017.). O mesmo ocorre no âmbito dos processos criminais que tramitam perante o STF e STJ, em que pese não tenha havido alteração no art. 7º da Lei n.8.038/1990, lei que rege o procedimento nestes tribunais (AP 1027-DF, Info. 918/STF, de 1º a 5 de outubro de 2018).

indubitável prejuízo à defesa (HC 157627-AgR/PR, Info. 949/STF, de 26 a 30 de agosto de 2019);

VII – Sentença em audiência: passa a ser a regra. Exceções (hipóteses em que a sentença não será prolatada em audiência): causa complexa; número elevado de réus; ou diligências imprescindíveis que impeçam a prolação da sentença em audiência. Nestas situações, não haverá alegações finais orais em audiência (as alegações serão escritas e apresentadas *a posteriori* – memoriais), como também não haverá prolação de sentença em audiência. *Vide* arts. 403 e 404, CPP.

Se os memoriais não forem apresentados pelo MP, será aplicado, por analogia, o art. 28, CPP. Para o querelante, impõe-se a perempção (art. 60, I, CPP);

VIII – Deve ser realizada a audiência una no prazo máximo de 60 dias (contados a partir do recebimento da inicial penal) – art. 400, *caput*, CPP.

18.4. Etapas do procedimento sumário – arts. 531 a 538, CPP

a) Oferecimento da inicial penal;

b) Recebimento ou rejeição da inicial;

c) Citação;

d) Resposta escrita à acusação;

e) Absolvição sumária ou designação de audiência;

f) Audiência de instrução e julgamento: declarações do ofendido; oitiva das testemunhas (acusação e defesa); esclarecimentos dos peritos; acareações; reconhecimento de pessoas e coisas; interrogatório; alegações finais orais; e sentença.

Nota: trata-se de procedimento praticamente igual ao ordinário. Diferenças: a audiência una deve ser realizada em até 30 dias após o recebimento da inicial; limite de testemunhas: 5 (e não 8 como no ordinário).

18.5. Procedimento (comum) sumaríssimo (arts. 77 a 81, Lei 9.099/1995)

Aplicável às IMPOs (infrações penais de menor potencial ofensivo, que são aquelas cuja pena máxima é de até 2 anos – *vide* art. 61, Lei 9.099/1995). Vale lembrar que "no caso de concurso de crimes, a pena considerada para fins de fixação da competência do Juizado Especial Criminal será o resultado da soma, no caso de concurso material, ou a exasperação, na hipótese de concurso formal ou crime continuado, das penas máximas cominadas aos delitos; destarte, se desse somatório resultar um apenamento superior a 02 (dois) anos, fica afastada a competência do Juizado Especial" (STJ HC 143500 / PE, *DJe* 27.06.2011 e Rcl 27.315/SP, 3ª Seção, *DJe* 15.12.2015).

A exceção diz respeito ao art. 94, Lei 10.741/2003 (Estatuto do Idoso), que prevê a aplicação do procedimento para os crimes ali previstos, mesmo com o teto de 4 anos. O **STF** decidiu pela interpretação conforme do referido dispositivo, permitindo unicamente a adoção do procedimento sumaríssimo, mas sem a possibilidade de aplicação dos institutos despenalizadores da Lei 9.099/1995 (**ADI 3096/DF,** *DJe* **03.09.2010**).

Ver o importante precedente do STF: "Interpretação que pretenda equiparar os crimes praticados com violência domés-

tica contra a mulher aos delitos submetidos ao regramento previsto na Lei dos Juizados Especiais, a fim de permitir a conversão da pena, não encontra amparo no art. 41 da Lei 11.340/2006. 3. Ordem denegada". (HC 129446, 2ª Turma, 06.11.2015).

18.5.1 Fases

a) Fase preliminar

I – lavratura do termo circunstanciado (TCO ou TC) e encaminhamento deste termo ao juizado (JECRIM);

II – audiência preliminar: presentes o autor do fato, vítima, respectivos advogados, responsável civil (se for o caso) e o MP, o juiz esclarecerá sobre a possibilidade da **composição civil dos danos** e da **transação penal** (aplicação imediata de pena não privativa de liberdade);

III – Não havendo conciliação na audiência preliminar, será facultado ao titular da ação oferecer inicial penal oral (rol de 3 testemunhas), passando-se à fase propriamente processual da Lei 9.099/1995;

a1) Algumas etapas importantes da fase preliminar:

I – **Composição civil** (art. 74, Lei 9.099/1995): visa a reparar os danos causados ao ofendido. Sendo homologada por sentença (decisão irrecorrível) pelo juiz, terá eficácia de título a ser executado no juízo cível.

i. Crime de ação penal privada: homologado o acordo pelo juiz, haverá renúncia ao direito de ação (queixa), ou seja, extinção da punibilidade. Não homologada a composição, poderá o ofendido ingressar com a queixa oral;

ii. Ação pública condicionada à representação: homologado o acordo, haverá renúncia ao direito de representação (extinção da punibilidade). Não homologada a composição, poderá o ofendido oferecer representação oral. O não oferecimento da representação na audiência preliminar não implica decadência do direito, que poderá ser exercido no prazo previsto em lei (art. 75, parágrafo único, Lei 9.099/1995);

iii. Ação pública incondicionada: a homologação do acordo não impede a propositura de transação e nem de denúncia pelo MP;

II – **Transação penal (art. 76, Lei 9.099/1995):** não sendo caso de arquivamento, o MP examinará a viabilidade de propor imediatamente a aplicação de pena restritiva de direitos ou multa (a ser especificada na proposta). Trata-se de mitigação do princípio da obrigatoriedade. É cabível a transação em relação a crime de ação penal privada. "Nesse caso, a legitimidade para formular a proposta é do ofendido, e o silêncio do querelante não constitui óbice ao prosseguimento da ação penal". STJ, Súmula 536: "A suspensão condicional do processo e a transação penal não se aplicam na hipótese de delitos sujeitos ao rito da Lei Maria da Penha".

III – **Não cabe a proposta pelo MP se ficar comprovado:**

i. ter sido o autor da infração condenado, pela prática de crime, à pena privativa de liberdade, por sentença definitiva.

Não impede se decorridos mais de 5 anos do cumprimento ou extinção da pena (art. 64, I, CP – prazo da reincidência);

ii. ter sido o agente beneficiado anteriormente, no prazo de cinco anos, pela aplicação de pena restritiva ou multa, nos termos deste artigo;

iii. não indicarem os antecedentes, a conduta social e a personalidade do agente, bem como os motivos e as circunstâncias, ser necessária e suficiente a adoção da medida.

IV – A homologação da transação penal:

i. não importará em reincidência, sendo registrada apenas para impedir novamente o mesmo benefício no prazo de cinco anos;

ii. não constará de certidão de antecedentes criminais;

iii. não terá efeitos civis, cabendo aos interessados propor ação cabível no juízo cível;

V – Conforme atual posicionamento do STF, em caso de descumprimento do acordo de transação penal, admite-se o oferecimento de denúncia por parte do MP ou a requisição de instauração do IP. Ver Súmula Vinculante 35: "A homologação da transação penal prevista no artigo 76 da Lei 9.099/1995 não faz coisa julgada material e, descumpridas suas cláusulas, retoma-se a situação anterior, possibilitando-se ao Ministério Público a continuidade da persecução penal mediante oferecimento de denúncia ou requisição de inquérito policial."

VI – Cumprida a transação, estará extinta a punibilidade do autor do fato.

Observação: o acusado não está obrigado a aceitar a proposta de transação penal. Pode rejeitá-la ou formular uma contraproposta. (TÁVORA, 2016, p. 1190);

b) Fase processual (procedimento sumaríssimo) – art. 77 e ss.:

b1) Audiência de instrução e julgamento:

I – Nova tentativa de composição civil e de transação penal (se não tiverem sido tentadas na audiência preliminar);

II – Defesa preliminar oral;

III – Recebimento ou rejeição da inicial;

IV – Oitiva da vítima e das testemunhas de acusação e de defesa;

V – Interrogatório;

VI – Debates orais;

VII – Sentença.

b2) Algumas particularidades da fase processual do sumaríssimo

I – A inicial penal é oral – art. 77, Lei 9.099/1995;

II – Pode-se dispensar o exame de corpo de delito se a materialidade do crime estiver aferida por boletim médico ou prova equivalente – art. 77, § 1º;

III– Não sendo encontrado o autor do fato para ser citado pessoalmente ou sendo complexa a causa, haverá o encaminhamento do processo ao juízo comum (seguindo-se doravante o procedimento sumário) – arts. 66 e 77, § 2º e 3º;

IV – A defesa no sumaríssimo é preliminar (antes do recebimento da ação e não posterior a esta, conforme ocorre no procedimento ordinário em que há a defesa escrita) – art. 81, Lei 9.099/1995;

V – Da rejeição da inicial cabe apelação (prazo 10 dias – art. 82) e não RESE (segundo ocorre nos demais procedimentos penais);

VI – No JECRIM, a sentença dispensa o relatório – art. 81, § 3º.

18.6. Suspensão condicional do processo (art. 89, Lei 9.099/1995)

18.6.1. Conceito

Trata-se de proposta efetuada pelo MP ao autor do fato (quando presentes certos requisitos) que suspende temporariamente o processo ao mesmo tempo em que impõe determinadas condições ao indivíduo (*sursis* processual). Visa a evitar a imposição de pena de prisão (é mais um dos institutos despenalizadores criados pela Lei 9.099/1995). STJ, Súmula 536: "A suspensão condicional do processo e a transação penal não se aplicam na hipótese de delitos sujeitos ao rito da Lei Maria da Penha".

18.6.2. Momento de proposta da suspensão condicional do processo

Oferecimento da denúncia.

18.6.3. Requisitos

a) Pena mínima do crime até 1 ano. Note que a suspensão condicional do processo se aplica não apenas às IMPOs, *mas a todo e qualquer crime que possua pena mínima de até 1 ano;*
b) O autor do fato não pode estar sendo processado, nem pode ter sido condenado por outro crime;[155]
c) A culpabilidade, os antecedentes, a conduta social e personalidade do agente, bem como os motivos e as circunstâncias devem se mostrar adequados à elaboração da proposta.

18.6.4. Duração

Período durante o qual o processo poderá ficar suspenso: de 2 a 4 anos.

18.6.5. Condições

Aceita a proposta pelo acusado e seu defensor, na presença do juiz, este, recebendo a denúncia, suspenderá o processo, submetendo o réu a período de prova, sob as seguintes condições:

I – reparação do dano, salvo impossibilidade de fazê-lo;

II – proibição de frequentar determinados lugares;

III – proibição de ausentar-se da comarca onde reside, sem autorização do juiz;

IV – comparecimento pessoal e obrigatório a juízo, mensalmente, para informar e justificar suas atividades;

V – o juiz poderá especificar outras condições a que fica subordinada a suspensão, desde que adequadas ao fato e à situação pessoal do acusado;

---

155. Nesse sentido, o STF consolidou o entendimento de que a existência de ações penais em curso contra o denunciado impede a concessão do *sursis* processual (Informativo 903/STF, de 21 a 25 de maio de 2018).

VI – a suspensão será revogada se, no curso do prazo, o beneficiário vier a ser processado por outro crime ou não efetuar, sem motivo justificado, a reparação do dano;

VII – a suspensão poderá ser revogada se o acusado vier a ser processado, no curso do prazo, por contravenção, ou descumprir qualquer outra condição imposta.

> Segundo informativo 668 STJ, 24.04.20, "o processamento do réu pela prática da conduta descrita no art. 28 da Lei de Drogas no curso do período de prova deve ser considerado como causa de revogação facultativa da suspensão condicional do processo". Ademais, a revogação da suspensão poderá ocorrer mesmo após o período de prova, desde que o fato (descumprimento das condições ou processado por outro crime ou contravenção) tenha ocorrido durante a sua vigência (informativo 574 STJ).

VIII – expirado o prazo sem revogação, o juiz declarará extinta a punibilidade.

IX – não correrá a prescrição durante o prazo de suspensão do processo;

X – se o acusado não aceitar a proposta, o processo prosseguirá em seus ulteriores termos;

XI – caso o MP não efetue a proposta, pode o juiz, por analogia, aplicar o art. 28, CPP, ao caso – Súmula 696, STF;

XII – o benefício da suspensão do processo não é aplicável em relação às infrações penais cometidas em concurso material, concurso formal ou continuidade delitiva, quando a pena mínima cominada, seja pelo somatório, seja pela incidência da majorante, ultrapassar o limite de 1 ano (Súmula 243, STJ).

18.6.6. Questão final

Veda-se a aplicação dos institutos despenalizadores da Lei 9.099/1995 nos seguintes casos:

I – Lei Maria da Penha (violência doméstica – art. 41, Lei 11.340/2006);

II – crimes militares.

18.7. Procedimento (especial) do júri

18.7.1. Princípios do júri (art. 5º, XXXVIII, CF)

a) Plenitude de defesa: a plenitude de defesa é considerada um *plus* à ampla defesa. Compreende a defesa técnica, a autodefesa e a *defesa metajurídica* (para além do direito). Pode-se, por exemplo, pedir clemência aos jurados para que absolvam o réu (argumento metajurídico).

Note-se ainda que a defesa técnica é fiscalizada pelo juiz-presidente, conforme determina o art. 497, V, CPP. Caso o advogado do réu esteja desempenhando as suas funções de maneira insatisfatória, deve o juiz, em nome da ampla defesa (ou plenitude de defesa), desconstituí-lo, intimando o acusado para que nomeie outro defensor de sua preferência. Não o fazendo, o juiz então nomeará defensor público ao réu;

b) Sigilo das votações: após a instrução em plenário, os jurados serão encaminhados a uma sala secreta para decidirem a sorte do acusado. Neste momento, deverão responder sigilosamente às perguntas formuladas pelo magistrado (quesitos) por meio de cédulas contendo as palavras "sim" ou "não". Assim, tanto o local em que se dá a votação é sigiloso (sala secreta), como também a forma da votação é sigilosa, não podendo o jurado informar o seu voto às demais pessoas e nem se comunicar com os demais jurados sobre o caso que está *sub judice*. Ademais, deve o juiz-presidente evitar a unanimidade da votação. Significa isto que o juiz, no momento da leitura dos votos, ao atingir a maioria (4 votos, uma vez que são 7 jurados), deve interromper a leitura dos demais votos como forma de velar pelo sigilo das votações;

c) Soberania dos veredictos: significa que aquilo que os jurados decidirem não pode ser reformado pelo juiz-presidente e/ou por instância superior[156]. No máximo, será possível a anulação (mas não a reforma) do veredicto, em caso de decisão manifestamente contrária à prova dos autos (art. 593, III, *d*, CPP). Ainda assim, só caberá apelação por este motivo uma única vez;

d) Competência para julgar crimes dolosos contra a vida tentados ou consumados e seus conexos. Ou seja, homicídio doloso, infanticídio, aborto e instigação ao suicídio. Atenção: o júri não é competente para julgar latrocínio,[157] genocídio[158] e tortura, ainda que seguida de morte.

18.7.2. Características

a) Órgão colegiado heterogêneo: composto por um juiz togado (juiz-presidente) e 25 leigos, dos quais 7 serão sorteados para integrar o chamado Conselho de Sentença. Porém, avise-se, desde já, que para que a sessão seja instalada bastam 15 jurados;

b) Horizontal: inexiste hierarquia entre o juiz-presidente e os jurados;

c) Decisão por maioria de votos: não se exige a unanimidade.

Observação: as decisões do Júri são classificadas como decisões subjetivamente complexas porque emanam de órgão colegiado heterogêneo;

d) Rito escalonado (bifásico): possui duas fases:

d1) a 1ª chama-se juízo de admissibilidade, sumário da culpa ou *judicium accusationis*. Nesta fase, muito parecida com o rito ordinário, faz-se um juízo de admissibilidade da acusação. Vai da denúncia à pronúncia;

d2) a 2ª chama-se de juízo de mérito ou *judicium causae*. Esta é a fase mais "famosa" (plenário). Inicia-se com o oferecimento do rol de testemunhas pelas partes e encerra-se com o julgamento pelos jurados.

---

156. Recentes decisões do STF vinham utilizando o princípio da soberania dos veredictos para fundamentar a execução provisória da pena imposta pelo juiz presidente do Tribunal do Júri (HC 140449-RJ, Info. 922/STF, de 29 de outubro a 9 de novembro de 2018). Nesse sentido ver tópico 17.8.6. Entendemos que após o julgamento das ADC's 43, 44 e 54 pelo Plenário, restou afastada do nosso ordenamento a possibilidade de execução provisória da pena. Ver Info. **958/STF, de 28 de outubro a 8 de novembro de 2019.**

157. STF, Súmula 603: "A competência para o processo e julgamento de latrocínio é do juiz singular e não do Tribunal do Júri".

158. O STF consolidou o entendimento de que a competência nesse caso é da Justiça Federal, tendo em vista a natureza do bem jurídico violado. Ver RE 351487/RR, *DJ* 10.11.2006.

18.7.3. Primeira fase do júri (judicium accusationis ou sumário da culpa – arts. 406 a 412, CPP)

a) Oferecimento da inicial penal;

b) Recebimento ou rejeição;

c) Citação (em caso de recebimento);

d) Resposta à acusação;

e) Oitiva da acusação sobre preliminares e documentos apresentados na resposta;

f) Audiência de instrução: oitiva do ofendido (se possível), das testemunhas, esclarecimentos do perito, acareações, reconhecimento de pessoas e coisas, interrogatório do réu, debates orais, decisão (em audiência ou após 10 dias).

18.7.4. Decisões possíveis do juiz após os debates das partes

a) Pronúncia (art. 413, CPP): significa que o juiz entende viável a acusação. Esta merece ser submetida aos juízes naturais da causa (jurados). O juiz funciona aqui como um filtro.

a1) Requisitos (concomitantes): materialidade + indícios suficientes de autoria.

A fundamentação da pronúncia limitar-se-á à indicação da materialidade (existência) do fato e do reconhecimento de indícios suficientes de autoria ou de participação, devendo o juiz declarar o dispositivo legal em que julgar incurso o acusado e especificar as circunstâncias qualificadoras e as causas de aumento de pena – art. 413, § 1º, CPP.

Igual postura deve ter o juiz no que tange às eventuais teses defensivas ventiladas na 1ª fase do júri: não deve aprofundá-las. Não concordando com essas teses, deve apenas refutá-las genericamente.

A questão do excesso de linguagem: a linguagem da pronúncia deve ser sóbria, equilibrada, para não influenciar os jurados. O excesso de linguagem por parte do juiz (ex.: "reconheço categoricamente a prática de crime por parte de Fulano...") ensejará a nulidade da pronúncia.[159]

Pronúncia e crimes conexos: não deve o juiz adentrar no mérito dos eventuais crimes conexos. Pronunciando o réu pelo delito doloso contra a vida, deve o juiz pronunciar também o eventual crime conexo, sem adentrar, porém, no mérito deste (que será decidido pelos jurados). Não pode o juiz pronunciar pelo crime doloso contra a vida e "absolver" o acusado pelo crime conexo;

a2) Natureza dessa decisão: decisão interlocutória mista não terminativa (encerra a fase de um procedimento, sem pôr fim ao processo).

Características:

I – Conforme sublinha majoritária doutrina, vigora na fase de pronúncia o princípio do *in dubio pro societate*. Significa isto que, nesta etapa, em vez do tradicional *in dubio pro reo*, a dúvida quanto à autoria resolve-se em favor da sociedade (acusação). Na verdade, quer dizer esse princípio (*in dubio pro societate*) que, havendo elementos (ainda que indiciários) que apontem para a autoria do réu, deve o juiz submetê-lo ao juiz natural da causa (ao Corpo de Jurados).

Não é necessária prova cabal de autoria nessa fase, mas apenas provas sérias, razoáveis;[160]

Embora seja este o entendimento adotado na grande maioria das decisões dos tribunais pátrios, importante ressaltar recente decisão da 2ª Turma do STF que trouxe ponderações quanto à aplicação do princípio do *in dubio pro societate* na fase de pronúncia. O relator do caso, Min. Gilmar Mendes, teceu algumas críticas ao referido princípio, destacando a ausência de previsão legal e o efeito de desvirtuar as premissas racionais de valoração da prova, além de salientar a previsão constitucional do *in dubio pro reo*, o qual, portanto, deveria ser o princípio aplicado. Desse modo, a Turma firmou o entendimento de que "para a pronúncia, não se exige uma certeza além da dúvida razoável, necessária para a condenação. Contudo, a submissão de um acusado ao julgamento pelo Tribunal do Júri pressupõe a existência de um lastro probatório consistente no sentido da tese acusatória" (ARE 1067392-CE, Info. 935/STF, de 25 a 29 de março de 2019).

II – A pronúncia fixa os limites da imputação em plenário. Preclusa a pronúncia, não poderá a acusação inovar em plenário. Estará a acusação adstrita aos termos definidos na pronúncia;

III – Da pronúncia cabe RESE (art. 581, IV, CPP);

IV – Faz apenas coisa julgada formal (é a denominada preclusão *pro judicato*);

a3) Intimação da pronúncia:

Vejamos o que diz o atual texto do CPP (redação dada pela Lei 11.689/2008):

> **"Art. 420.** A intimação da decisão de pronúncia será feita:
>
> I – pessoalmente ao acusado, ao defensor nomeado e ao Ministério Público;
>
> II – ao defensor constituído, ao querelante e ao assistente do Ministério Público, na forma do disposto no § 1º do art. 370 deste Código.
>
> **Parágrafo único. Será intimado por edital o acusado solto que não for encontrado".** (grifo nosso).

Note que o novel legislador, ao não diferenciar crimes afiançáveis ou inafiançáveis para efeito de intimação da pronúncia (parágrafo único do art. 420 do CPP), permite que, em ambos os casos, seja possível a intimação por edital do réu não encontrado;

a4) Pronúncia e prisão do acusado:

Graças à reforma de 2008, a antiga fórmula do CPP que previa a prisão decorrente de pronúncia como forma autônoma de prisão cautelar não mais existe entre nós.

Atualmente, para o juiz decretar ou manter a prisão do acusado na fase de pronúncia, ele precisará vislumbrar os requisitos autorizadores da preventiva. Confira-se o seguinte dispositivo:

---

159. Ver STJ, REsp 1520955/MT, Dje 13/06/2017.

160. Ver STJ, AgRg no REsp 1730559/RS, Dje 09.04.2019, AgRg no AREsp 1193119/BA, Dje 15.06.2018; STF, ARE 986566 AgR, Dje 30.08.2017.

"Art. 413. (...) § 3° O juiz decidirá, motivadamente, no caso de manutenção, revogação ou substituição da prisão ou medida restritiva de liberdade anteriormente decretada e, tratando-se de acusado solto, sobre a necessidade da decretação da prisão ou imposição de quaisquer das medidas previstas no Título IX do Livro I deste Código".

b) Impronúncia (art. 414, CPP): significa que um dos requisitos (ou ambos) da pronúncia está ausente. Não se trata de absolvição, mas do reconhecimento por parte do juiz da inadmissibilidade da acusação formulada contra réu. Ex.: inexistência de prova suficiente da autoria pelo acusado; apenas meras conjecturas temerárias não são suficientes para pronunciar o réu.

Natureza dessa decisão? Decisão interlocutória mista terminativa (encerra o processo);

b1) Características:

I – Não faz coisa julgada material (art. 414, parágrafo único, CPP): enquanto não ocorrer a extinção da punibilidade, poderá ser formulada nova denúncia se houver prova substancialmente nova;

II – Recurso cabível: apelação (art. 416, CPP).

Atenção: despronúncia é a impronúncia que se alcança por meio de recurso. Ex.: o réu havia sido pronunciado e por conta de RESE da defesa a decisão foi reformada pelo tribunal (impronunciando, assim, o acusado em 2ª instância).

Impronúncia e crime conexo: decidindo o juiz pela impronúncia do réu, não poderá aquele julgar o eventual crime conexo. Deve aguardar o trânsito em julgado da impronúncia para só então remeter o processo referente ao crime conexo ao juiz competente ou julgá-lo se for ele quem detiver a competência;

c) Absolvição sumária (art. 415, CPP): o juiz deve estar seguro ao proferir esta decisão, pois está chamando para si o julgamento de uma causa que, em regra, competiria aos jurados. Trata-se, portanto, de decisão excepcional, pois o juiz retira dos jurados o poder de decidir o caso concreto. Deverá o juiz absolver sumariamente quando (incisos do art. 415):

"I – provada a inexistência do fato;

II – provado não ser o acusado o autor do fato;

III – o fato não constituir infração penal;

IV – demonstrada causa de isenção de pena ou exclusão do crime."

Ex: quando ficar categoricamente provado que o réu praticou o fato amparado por uma excludente de ilicitude.

Atenção: não pode o juiz absolver sumariamente o réu com base na inimputabilidade (doença mental ao tempo do fato – art. 26, CP), salvo se esta (a inimputabilidade) for a única tese defensiva. Recorde-se que o reconhecimento de inimputabilidade implica aplicação de medida de segurança ao réu. Por isso, caso haja tese defensiva subsidiária, é mais benéfico ao réu submetê-lo a Júri popular, pois pode, por exemplo, terminar sendo absolvido (o que é mais vantajoso).

Recurso cabível: apelação (art. 416, CPP);

d) Desclassificação (art. 419, CPP): ocorre quando o juiz entende que não ocorreu crime doloso contra a vida, não sendo, portanto, o Júri o órgão competente para conhecer o caso. Ao proferir essa decisão, não deve o juiz fazer incursão aprofundada no mérito do processo, sob pena de invadir a competência alheia. Deve limitar-se a analisar o fato do crime não ser doloso contra a vida. Desclassificada a infração, deve o juiz remeter o processo ao juiz competente – caso não seja ele próprio o magistrado indicado para o julgamento.

Recurso cabível: RESE (art. 581, II, CPP).

18.7.5 Procedimento da 2ª fase do júri (judicium causae)

a) Intimação das partes para, em 5 dias, indicarem testemunhas (até o limite de 5), apresentarem documentos e requererem diligências – art. 422, CPP;

b) Ordenadas as diligências necessárias para sanar eventuais nulidades no processo ou para esclarecer fatos que interessem ao julgamento da causa, o juiz efetuará o relatório do processo, designando data para a sessão de instrução e julgamento – art. 423, CPP;

c) Em data anterior à da sessão, serão sorteados e convocados 25 jurados dentre os alistados na lista anual – arts. 425 e 432, CPP

d) Para que a sessão de instrução e julgamento possa ser instalada, dos 25 jurados convocados, precisam estar presentes ao menos 15 – art. 463, CPP. Faltando este *quorum* mínimo, haverá sorteio de jurados suplentes e remarcação da data da sessão;

e) Advertência aos jurados sobre impedimentos, incompatibilidades, suspeição e incomunicabilidade – arts. 448, 449 e 466, CPP;

f) Sorteio de 7 jurados para a composição do Conselho de Sentença, podendo efetuar as partes até 3 recusas imotivadas – arts. 467 e 468, CPP

g) Exortação, compromisso e entrega de cópia de peças (decisão de pronúncia e eventuais decisões posteriores) – art. 472, CPP;

h) Instrução em plenário (art. 473, CPP):

h1) oitiva do ofendido (se possível) e das testemunhas. As perguntas às testemunhas serão realizadas de forma direta (sistema *direct examination*). Já os jurados perguntarão às testemunhas através do juiz (sistema presidencialista);

h2) Realização de acareação, reconhecimento de pessoas e coisas, esclarecimentos dos peritos;

h3) Possibilidade de leitura de peças desde que se refiram, exclusivamente, às provas colhidas por carta precatória e às provas cautelares, antecipadas ou não repetíveis. Busca-se com isso evitar a leitura, por exemplo, de peças inúteis;

i) Interrogatório do réu – art. 474. As partes poderão perguntar diretamente e os jurados, por intermédio do juiz. Não se permitirá o uso de algemas no acusado durante o plenário do júri, salvo se a medida for absolutamente necessária.

O Superior Tribunal de Justiça entendeu que "a condução do interrogatório do réu de forma firme e até um tanto rude durante o júri não importa, necessariamente, em quebra da imparcialidade do magistrado e em influência negativa dos jurados." (Informativo 625/STJ, de 1° de junho de 2018).

j) Debates orais – arts. 476 e 477, CPP:

j1) Acusação: 1h30 (2h30, havendo mais de um réu);

j2) Defesa: 1h30 (2h30, havendo mais de um réu);

j3) Réplica da acusação: 1h (2h, havendo mais de um réu);

j4) Tréplica da defesa: 1h (2h, havendo mais de um réu);

j5) Havendo assistente, ele falará após o Ministério Público. Se a ação for privada, o querelante terá a palavra antes do MP;

Nota: o STJ, em recente julgado, decidiu que diante das peculiaridades do Tribunal do Júri, o fato de ter havido sustentação oral em plenário por tempo reduzido não caracteriza, necessariamente, a deficiência da defesa técnica (Informativo 627/STJ, de 29 de junho de 2018).

k) Leitura e explicação dos quesitos em plenário – art. 484.

l) Recolhimento à sala especial para a votação dos quesitos a serem depositados em urna por meio de cédulas contendo "sim" ou "não" – art. 485, CPP;

m) Os quesitos serão formulados na seguinte ordem, indagando sobre:

I – a materialidade do fato;

II – a autoria ou participação;

III – se o acusado deve ser absolvido;

IV – se existe causa de diminuição de pena alegada pela defesa;

V – se existe circunstância qualificadora ou causa de aumento de pena reconhecidas na pronúncia ou em decisões posteriores que julgaram admissível a acusação.

18.7.6. *Algumas observações sobre os quesitos*

I – Constatando o juiz que a maioria foi atingida na resposta de um quesito (4 votos), não deve prosseguir com a leitura dos demais votos (homenagem ao sigilo das votações) – art. 483, §§ 1º e 2º, CPP;

II – Havendo mais de um crime ou mais de um acusado, os quesitos serão formulados em séries distintas – art. 483, § 6º, CPP

III – Se a resposta a qualquer dos quesitos estiver em contradição com outra ou outras já dadas, o presidente, explicando aos jurados em que consiste a contradição, submeterá novamente à votação os quesitos a que se referirem tais respostas. Se, pela resposta dada a um dos quesitos, o presidente verificar que ficam prejudicados os seguintes, assim o declarará, dando por finda a votação – art. 490, CPP

IV – Eventuais agravantes e atenuantes levantadas nos debates pelas partes não serão quesitadas, mas valoradas pelo juiz no momento da sentença – art. 492, I, *b*, CPP;

V – Sentença pelo juiz-presidente seguindo aquilo que tiver sido decidido pelos jurados. A dosimetria da pena é de responsabilidade do juiz, porém, sempre observando aquilo que decidiram os jurados (causas de aumento, qualificadoras etc.) – art. 492, CPP. Em seguida, haverá a lavratura da ata nos moldes do art. 494, CPP.

Atenção: se, durante a votação dos quesitos, os jurados desclassificarem o crime para outro não doloso contra a vida, caberá ao juiz togado proferir sentença em seguida, aplicando-se, quando for o caso (IMPO[161]), os institutos da Lei 9.099/1995 (*vide* art. 492, §§ 1º e 2º, CPP).

Ainda no que se refere ao rito do júri, necessário destacar relevante discussão sobre a possibilidade de execução provisória da condenação imposta pelo Tribunal do Júri após a leitura da sentença.

No âmbito legislativo, a Lei n. 13.964/2019 acrescentou alguns dispositivos sobre o tema no art. 492, entre eles:

a) alínea "e" do inciso I – que em sua parte final estabelece que "no caso de condenação a uma pena igual ou superior a 15 (quinze) anos de reclusão, determinará a execução provisória das penas, com expedição do mandado de prisão";

b) o § 3º – O presidente poderá, excepcionalmente, deixar de autorizar a execução provisória das penas de que trata a alínea *e* do inciso I do **caput** deste artigo, se houver questão substancial cuja resolução pelo tribunal ao qual competir o julgamento possa plausivelmente levar à revisão da condenação.

No âmbito jurisprudencial, havia até novembro de 2019 (anteriormente à nova Lei) uma divergência entre os tribunais superiores acerca da possibilidade de execução provisória da condenação imposta pelo Tribunal do Júri após a leitura da sentença. A 1ª Turma do STF, no julgamento do HC 118.770, em 07.03.2017, entendeu que "A prisão de réu condenado por decisão do Tribunal do Júri, ainda que sujeita a recurso, não viola o princípio constitucional da presunção de inocência ou não -culpabilidade." Em decisões mais recentes, a turma manteve o seu posicionamento, entendendo pela desnecessidade de se aguardar o julgamento de apelação ou qualquer outro recurso para a execução da pena, em razão do princípio da soberania dos veredictos (HC 140449-RJ, Info. 922/STF, de 29 de outubro a 9 de novembro de 2018). Em sentido oposto entenderam a 2ª Turma do STF, a 5ª Turma do STJ e a Presidente do STJ, em decisão monocrática, ao se posicionarem no sentido de que permitir a execução provisória da condenação do júri, independentemente do julgamento da apelação, seria o mesmo que possibilitar a execução provisória em primeiro grau, o que indubitavelmente, contrariaria a tese firmada em 2016[162] e violaria o princípio da presunção de inocência. Nesse sentido, ver: STF, HC 136.223, j. 25.04.2017; STJ, HC 438.088, j. 24.05.2018 e HC 458.249, j. 02.08.2018).

Sucede que o STF, em sessão realizada no dia 07.11.2019, julgou as ADC's 43, 44 e 54 e declarou a constitucionalidade **art. 283, CPP, no ponto em que impõe o trânsito em julgado da condenação para o início do cumprimento da pena (Info. 958/STF, de 28 de outubro a 8 de novembro de 2019; RHC 176357 AgR/RJ, DJe 13.02.2020, STF).** Sendo assim, para que seja executada a pena privativa de liberdade é necessária uma decisão condenatória definitiva, ou seja, impõe-se o trânsito em julgado para que tenha início a execução penal. Por essa razão, nos parece que o disposi-

---

161. Infração de menor potencial ofensivo – art. 61, Lei 9.099/1995.

162. A referida tese foi firmada no bojo do HC 126.292/STF em que se permitiu, por algum tempo, a execução provisória da pena após a condenação em 2ª instância.

tivo em comento deverá, em breve, ser objeto do controle concentrado de constitucionalidade, com perspectiva de reconhecimento da sua inconstitucionalidade.

18.7.7. Desaforamento (art. 427, CPP)

Trata-se de instituto excepcional que pode ocorrer nos processos de competência do júri. *Grosso modo*, consubstancia-se na transferência do julgamento do réu para outra comarca em razão da ocorrência de alguma anormalidade na comarca originariamente competente, que está a dificultar/inviabilizar o julgamento da causa.

Fatos geradores do desaforamento:

a) Interesse de ordem pública.

b) Dúvida sobre a imparcialidade do júri. Sobre o tema, o STJ, no informativo 668, 24.04.20, decidiu que "a mera presunção de parcialidade dos jurados do Tribunal do Júri em razão da divulgação dos fatos e da opinião da mídia é insuficiente para o desaforamento do julgamento para outra comarca".

c) Segurança pessoal do acusado.

d) Excesso de serviço que acarrete atraso no julgamento do réu por 6 meses ou mais, contado a partir da preclusão da pronúncia. Para a contagem do prazo referido neste artigo, não se computará os adiamentos no interesse da defesa.

Momento processual (art. 427, § 4º, CPP): a redação do referido dispositivo estatui os momentos em que não será admitido o desaforamento. Fazendo a leitura inversa, inferimos que pode ser requerido: após o trânsito em julgado da decisão de pronúncia e antes do julgamento em plenário; e/ou após o julgamento, se anulado, apenas em relação a fato ocorrido durante ou após a sua realização, ou seja, nessa última hipótese é preciso, **cumulativamente**, que o julgamento seja anulado e que o fato ensejador do desaforamento tenha ocorrido durante ou após aquela sessão de julgamento.

Quem pode requerer? MP, assistente de acusação, o querelante, o acusado ou mediante representação do juiz.

A quem é dirigido? TJ ou TRF (conforme o caso).

Atenção que a oitiva prévia da defesa é obrigatória para que seja deferido o desaforamento, conforme se depreende do teor da Súmula 712 do STF.

18.7.8. Atribuições do juiz-presidente do Tribunal do Júri.

Vejamos o que diz o art. 497, CPP, a esse respeito:

"**Art. 497.** São atribuições do juiz presidente do Tribunal do Júri, além de outras expressamente referidas neste Código:

I – regular a polícia das sessões e prender os desobedientes;

II – requisitar o auxílio da força pública, que ficará sob sua exclusiva autoridade;

III – dirigir os debates, intervindo em caso de abuso, excesso de linguagem ou mediante requerimento de uma das partes;

IV – resolver as questões incidentes que não dependam de pronunciamento do júri;"

Ex.: decidir sobre eventual exceção de coisa julgada arguida pela parte.

"V – nomear defensor ao acusado, quando considerá-lo indefeso, podendo, neste caso, dissolver o Conselho e designar novo dia para o julgamento, com a nomeação ou a constituição de novo defensor."

No curso do processo penal, o juiz é o grande fiscal da ampla defesa, tendo poderes inclusive para desconstituir o defensor do réu, quando considerar este indefeso (art. 497, V, CPP). Este dispositivo, na visão de Grinover *et. al.* (2001), deve ser aplicado a todo e qualquer procedimento penal (e não apenas ao do júri).

Ademais, relevante apontar o dever do juiz-presidente de alertar os jurados para o fato de que não é possível a comunicação entre eles, tendo em vista assegurar a imparcialidade (art. 466, § 1º, CPP). Nesse sentido, em recente decisão, o STJ anulou júri em que um dos membros do conselho de sentença afirmou a existência de crime durante a fala da acusação, por reconhecer a quebra da incomunicabilidade (Informativo 630/STJ, de 31 de agosto de 2018).

18.7.9. A função do jurado

O serviço do júri é obrigatório.

Caso o jurado, injustificadamente, deixe de comparecer no dia marcado para a sessão ou retire-se antes de ser dispensado, será aplicada multa de 1 a 10 salários-mínimos, a critério do juiz, de acordo com a condição econômica daquele – art. 442, CPP. A eventual recusa ao serviço do júri fundada em convicção religiosa, filosófica ou política importará no dever de prestar serviço alternativo, sob pena de suspensão dos direitos políticos, enquanto não prestar o serviço imposto (art. 438, CPP).

Entende-se por serviço alternativo o exercício de atividades de caráter administrativo, assistencial, filantrópico ou mesmo produtivo, no Poder Judiciário, na Defensoria Pública, no Ministério Público ou em entidade conveniada para esses fins – art. 438, § 1º, CPP.

O juiz fixará o serviço alternativo atendendo aos princípios da proporcionalidade e da razoabilidade – § 2º.

Ademais, conforme estabelece o art. 439, CPP: "o exercício efetivo da função de jurado constituirá serviço público relevante, estabelecerá presunção de idoneidade moral".

Constitui também direito do jurado preferência, em igualdade de condições, nas licitações públicas e no provimento, mediante concurso, de cargo ou função pública, bem como nos casos de promoção funcional ou remoção voluntária – art. 440, CPP.

Por fim, nenhum desconto será feito nos vencimentos ou salário do jurado sorteado que comparecer à sessão do júri – art. 441, CPP.

18.7.10. Requisitos para ser jurado

a) maior de 18 anos;

b) nacionalidade brasileira;

c) notória idoneidade;

d) estar no gozo dos direitos políticos;

e) ser alfabetizado;

f) residir na comarca do julgamento;

g) estar na plenitude de suas faculdades mentais.

18.7.11. Pessoas isentas do serviço do júri (art. 437, CPP)

I – o Presidente da República e os Ministros de Estado;

II – os Governadores e seus respectivos Secretários;

III – os membros do Congresso Nacional, das Assembleias Legislativas e das Câmaras Distrital e Municipais;

IV – os Prefeitos Municipais;

V – os Magistrados e membros do Ministério Público e da Defensoria Pública;

VI – os servidores do Poder Judiciário, do Ministério Público e da Defensoria Pública;

VII – as autoridades e os servidores da polícia e da segurança pública;

VIII – os militares em serviço ativo;

IX – os cidadãos maiores de 70 (setenta) anos que requeiram sua dispensa;

X – aqueles que o requererem, demonstrando justo impedimento.

18.8. Procedimento (especial) dos crimes relacionados às drogas ilícitas

Com o advento da Lei 11.343/2006, houve a diferenciação entre o tratamento conferido aos que portam drogas ilícitas para o consumo próprio (art. 28) e aos que praticam as condutas de tráfico e assemelhadas (arts. 33 a 37).

18.8.1. Porte para consumo próprio

O procedimento está previsto no § 1º, art. 48, nos seguintes termos: "o agente de qualquer das condutas previstas no art. 28 desta Lei, salvo se houver concurso com os crimes previstos nos arts. 33 a 37 desta Lei, será processado e julgado na forma dos arts. 60 e seguintes da Lei 9.099/1995". Verifica-se, portanto, que o rito a adotar é o comum sumaríssimo, comportando alguns temperamentos.

Merece destaque o tratamento dado às hipóteses de transação penal, que ficam adstritas ao rol do art. 28, quais sejam: I – advertência sobre os efeitos das drogas; II – prestação de serviços à comunidade; e III – medida educativa de comparecimento a programa ou curso educativo. Importante dizer que o MP não poderá propor qualquer outra pena restritiva de direitos (TÁVORA; ARAÚJO; FRANÇA, 2013, p. 157).

Quanto à matéria, a 6ª Turma do STJ, por unanimidade, firmou o entendimento de que condenação prévia por porte de droga ilícita para consumo próprio, nos termos do art. 28 da Lei de Drogas, não constitui causa geradora de reincidência (STJ, REsp 1672654/SP, Dje 30.08.2018).

18.8.2. Tráfico e condutas assemelhadas

O MP, após recebidos os autos do IP, poderá oferecer a denúncia em até 10 (dez) dias, pouco importando se o acusado estiver preso ou solto. Uma vez ofertada, o procedimento a seguir obedecerá o seguinte *iter*:

I – juiz determina a notificação do denunciado para que apresente a defesa prévia escrita, obrigatória (art. 55,

§ 3º), tendo o prazo de 10 (dez) dias. A peça consiste em defesa preliminar e exceções (processadas em apartado), incluindo as questões preliminares, todas as razões de defesa que entender pertinentes, bem como a indicação dos meios de prova que pretende produzir. Pode arrolar até 5 (cinco) testemunhas – art. 55, § 1º.

Atenção: Não se fala em citação porque a relação processual não foi formada em razão da ausência do despacho de recebimento da denúncia.

II – Após apresentação da defesa, o juiz decidirá em até 5 (cinco) dias – § 4º. A decisão pode ter um dos seguintes conteúdos: a) recebimento da denúncia; b) rejeição da denúncia; c) determinar diligências.

III – Uma vez recebida a denúncia, deverá ser observado o disposto no art. 394, § 4º, CPP, motivo pelo qual deverá o juiz determinar a citação do réu para que apresente defesa escrita no prazo de 10 (dez) dias – arts. 396 e 396-A. Veja que a despeito do teor do art. 56, Lei 11.343/2006, vem prevalecendo o entendimento de que as disposições do rito ordinário (arts. 395 a 397, CPP) são aplicáveis também aos procedimentos especiais.

IV – Após o recebimento da peça defensiva, abre-se a possibilidade do juiz decidir pela absolvição sumária, nos termos do art. 397, cujas hipóteses foram trabalhadas no item referente ao procedimento comum ordinário.

V – Não vislumbrando hipótese de absolvição sumária, o juiz designará a data da Audiência de Instrução e Julgamento (AIJ). Vale ressaltar que a data da AIJ não poderá ocorrer em lapso superior a 30 (trinta) dias, exceto se houver necessidade de exame de verificação da dependência de drogas, quando o prazo máximo para designação é de 90 (noventa) dias – § 2º, art. 56.

VI – Nos termos do art. 57, a sequência da AIJ será a seguinte: interrogatório do réu, inquirição das testemunhas, debates orais começando pelo MP, seguido do defensor. Aqui prevalece a realização do interrogatório no início da audiência, em contraposição ao que acontece no rito ordinário. Nesse sentido, vide o STF HC 85.155/SP, *DJe* 15.04.2005.

VII – Por fim, encerrados os debates orais, o juiz decidirá em audiência ou em até 10 (dez) dias – art. 58. Aqui a peculiaridade diz respeito à destinação dada aos resíduos de drogas, que é a incineração. Inexistindo controvérsia quanto à natureza e quantidade da substância ou produto, ou mesmo quanto à regularidade do laudo, o juiz fixará uma quantidade mínima para preservação a título de contraprova.

19. NULIDADES

Entendendo o tema: nulidade é uma sanção imposta pelo Estado-juiz ao ato que não cumpriu as formalidades estabelecidas pela lei. Em sentido amplo, pode-se dizer que há um vício no ato praticado. A nulidade pode recair, a depender do caso, sobre um só ato ou sobre todo o processo.

19.1. Tradicional classificação do ato viciado

a) Irregularidade: o defeito aqui é sem maior importância. A desconformidade com o modelo legal é mínima. Não chega a prejudicar as partes. Produz eficácia. Ex.: sentença prolatada fora do prazo estipulado pela lei;

b) Nulidade relativa: o defeito não chega a resultar em patente prejuízo às partes. Há violação de norma infraconstitucional. O interesse é essencialmente privado, da parte. O defeito é sanável. O ato será anulado desde que arguido em momento oportuno pela parte interessada e demonstrado o efetivo prejuízo. Ex.: incompetência territorial. Embora o crime tenha sido consumado em João Pessoa (art. 70, CPP), por um equívoco, está sendo processado em Campina Grande (incompetência territorial); ou no caso de desrespeito ao que dispõe o art. 212 do CPP, que prevê que as partes devem formular as perguntas diretamente às testemunhas (STJ, AgRg no REsp 1712039/RO, Dje 09.05.2018).

c) Nulidade absoluta: o defeito é grave. Há interesse público aqui, uma vez que são violadas garantias decorrentes, direta ou indiretamente, da Constituição Federal. Não depende de provocação das partes, o juiz deve inclusive declará-la de ofício. Não há preclusão (insanável, portanto). O prejuízo é presumido. Ex.: sentença sem fundamentação – violação ao art. 93, IX, CF. Juiz que, sem fundamentar, condena o acusado; ou, ainda, juiz que, sem fundamentar, decreta a preventiva;

d) Inexistência: o vício é gravíssimo (trata-se de um não ato). Deve o ato apenas ser desconsiderado. Ex.: sentença proferida por quem não é juiz = ato inexistente.

19.2. Princípios aplicáveis às nulidades

a) Princípio do prejuízo *(pas de nullité sans grief*[163]*):* Nenhum ato será declarado nulo se da nulidade não resultar prejuízo para a acusação ou para a defesa (art. 563, CPP);

b) Princípio instrumentalidade das formas: o ato será considerado válido se a sua finalidade for atingida. A finalidade vale mais do que a forma. Só se aplica esse princípio à nulidade relativa. A doutrina reconhece no art. 566, CPP, uma expressão desse princípio "não será declarada a nulidade de ato processual que não houver influído na apuração da verdade substancial ou na decisão da causa";

c) Princípio da conservação dos atos processuais: preservação dos atos não decisórios nos casos de incompetência do juízo (art. 567, CPP);[164]

d) Princípio do interesse: nenhuma das partes poderá arguir nulidade a que haja dado causa, ou para a qual tenha concorrido, ou referente à formalidade cuja observância só interesse à parte contrária (art. 565, CPP). A ninguém é dado se beneficiar da própria torpeza. Somente se aplica às nulidades relativas;

e) Princípio da causalidade ou contaminação: a nulidade de um ato, uma vez declarada, causará a dos atos que dele diretamente dependerem (art. 573, § 1º, CPP). Ao pronunciar a nulidade de um ato, o juiz deverá declarar quais outros atos serão afetados (§ 2º). Não basta o ato ser apenas posterior ao ato viciado; é preciso existir nexo causal entre eles.

f) Princípio da convalidação dos atos processuais: permite a convalidação ou ratificação de atos processuais eivados de vícios. Impõe-se a sua expressa previsão legal. Exs: arts. 568 a 570, CPP.

19.3. Momentos para as nulidades serem arguidas

No que tange às nulidades absolutas, em regra, podem ser arguidas a qualquer tempo.

Já as nulidades relativas devem ser arguidas em momento próprio (estabelecido pela lei). Do contrário (*i. e.*, não sendo arguidas em ocasião oportuna), serão convalidadas.

Análise do art. 571, CPP (este dispositivo trata do momento adequado para se arguir uma nulidade). Note-se que este artigo aplica-se, em regra, às nulidades relativas (que são sanáveis) e não às absolutas (que podem ser ventiladas a qualquer tempo). Ademais, adaptamos algumas das hipóteses às recentes reformas do CPP. Vejamos. As nulidades deverão ser arguidas:

I – as da instrução criminal dos processos da competência do júri, dos processos de competência do juiz singular e dos processos especiais, na fase das alegações finais orais;

II – as do procedimento sumário, no prazo de resposta escrita à acusação, ou, se ocorridas após este prazo, logo depois da abertura da audiência de instrução;

III – as ocorridas após a pronúncia, logo depois de anunciado o julgamento e apregoadas as partes;

IV – as ocorridas após a sentença, preliminarmente nas razões de recurso ou logo após anunciado o julgamento do recurso e apregoadas as partes;

V – as do julgamento em plenário, em audiência ou sessão do tribunal, ou logo depois de ocorrerem;

VI – ocorrendo a nulidade durante a audiência ou julgamento de recursos nos tribunais, deverá ser alegada tão logo ocorra.

19.4. Nulidades em espécie. Análise do art. 564, CPP

Este dispositivo não é taxativo. O defeito que ataca o interesse público, mesmo não estando positivado no CPP, é caso de nulidade absoluta.

Nos termos do art. 564, CPP, a nulidade ocorrerá nos seguintes casos:

I – por incompetência, suspeição ou suborno do juiz.

Se for caso de incompetência territorial, a nulidade será relativa. Serão anulados somente os atos decisórios, devendo o processo ser remetido ao juiz competente.

Se for caso de incompetência em razão da matéria ou por prerrogativa de função[165], a nulidade será absoluta, sendo

---

163. Do francês, significa que não há nulidade sem prejuízo.

164. Ver STF, HC 83.006/SP, *DJ* 29.08.2003 e HC 98373/SP, *DJe* 23.04.2010. As decisões reconhecem a possibilidade de ratificação dos atos decisórios mesmo nos casos de incompetência absoluta. Ver também: AI 858175 AgR, *DJ* 13.06.2013.

165. STJ, APn 295/RR, *DJe* 12.02.2015. Ver também a seguinte observação do STJ no AgRg no REsp 1518218/ES, 5ª Turma, *DJ* 26.08.2016) "o fato de o Desembargador-relator ter participado, em primeiro grau, de processo conexo, de cuja relação jurídica não consta o réu, não impede a sua atuação na presente Exceção de Incompetência, pois, conforme o art. 252, III, do CPP, entre as causas taxativamente previstas, só configura impedimento a anterior atuação dos magistrados no mesmo processo. Precedentes".

que todo o processo estará contaminado. Idem para os casos de suspeição ou suborno do juiz.

II – por ilegitimidade das partes

Se for caso de ilegitimidade para a causa (ex.: MP figurando como autor de ação privada), será hipótese de nulidade absoluta.

Se for o caso de defeito na representação da parte (ex.: falta de procuração), a nulidade será relativa (sanável, portanto) – art. 568, CPP;

III – por falta das fórmulas ou dos termos seguintes:

a) a denúncia ou a queixa e a representação e, nos processos de contravenções penais, a portaria ou o auto de prisão em flagrante.

A parte final desta alínea está revogada. A falta de inicial penal ou de representação da vítima (quando exigível), por óbvio, provoca a nulidade absoluta. O defeito da inicial ou da representação, a depender da gravidade, também gerará a nulidade absoluta. Ex.: denúncia que não expõe o fato criminoso com todas as suas circunstâncias;

b) falta do exame do corpo de delito nos crimes que deixam vestígios, ressalvado o disposto no art. 167, CPP.

Os crimes que deixam vestígios exigem a realização de exame de corpo de delito (direto). Porém, a falta do exame direto pode ser sanada, por exemplo, por prova testemunhal (exame indireto). A confissão, porém, não pode suprir a falta do exame direto (art. 158, CPP);

c) falta de nomeação de defensor ao réu presente, que o não tiver, ou ao ausente, e de curador ao menor de 21 anos.

A parte final do dispositivo está revogada pelo atual CC; não existe mais curador para réu/indiciado menor. Recorde-se que menor, para o CPP, é o indivíduo que possui entre 18 e 21 anos. Hoje, completados 18 anos de idade, a pessoa torna-se plenamente capaz para os atos da vida civil, dispensando-se, portanto, a figura do curador preconizada pelo CPP.

A ausência de defensor nas demais situações gera nulidade absoluta (viola a ampla defesa). No caso de a defesa ser deficiente, a nulidade é relativa (Súmula 523, STF).

d) falta da intervenção do MP em todos os termos da ação por ele intentada e nos da intentada pela parte ofendida, quando se tratar de crime de ação pública.

Conforme a doutrina, a falta de notificação do MP na ação pública gera nulidade absoluta. Já a falta de notificação do MP na ação privada subsidiária da pública provoca nulidade relativa;

e) falta ou defeito da citação, do interrogatório do réu, quando presente, e dos prazos concedidos à acusação e à defesa.

Falta ou defeito de citação será, em regra, caso de nulidade absoluta. Porém, tal nulidade poderá, excepcionalmente, ser sanada. Veja o que diz o art. 570, CPP, a esse respeito: "a falta ou a nulidade da citação, da intimação ou notificação estará sanada, desde que o interessado compareça, antes de o ato consumar-se, embora declare que o faz para o único fim de argui-la. O juiz ordenará, todavia, a suspensão ou o adiamento do ato, quando reconhecer que a irregularidade poderá prejudicar direito da parte".

A falta ou o defeito do interrogatório gera nulidade absoluta.

Falta de prazo às partes: dependendo do caso (da importância do ato) poderá ser absoluta (alegações finais orais) ou relativa (quesitos aos peritos);

f) falta da sentença de pronúncia, do libelo e da entrega da respectiva cópia, com o rol de testemunhas, nos processos perante o Tribunal do Júri.

A falta da pronúncia gera nulidade absoluta. A parte final está prejudicada (não existe mais o libelo);

g) falta da intimação do réu para a sessão de julgamento, pelo Tribunal do Júri, quando a lei não permitir o julgamento à revelia.

Deve ser lido de acordo com a reforma de 2008. Intimado o réu solto para a sessão plenária, caso não compareça, o julgamento poderá ser realizado à revelia (independentemente se afiançável ou inafiançável o delito) – art. 457, CPP. Em caso de réu preso, se este não solicitar dispensa, não poderá ser julgado à revelia – §§ 1º e 2º;

h) falta da intimação das testemunhas arroladas no libelo e na contrariedade, nos termos estabelecidos pela lei.

Deve ser lido conforme a reforma. Não há mais libelo. Hoje, trata-se do art. 422, CPP. Gera nulidade absoluta;

i) falta de pelo menos 15 jurados para a constituição do júri.

Configura nulidade absoluta. Acrescente-se, porém, que: "Não enseja nulidade a complementação do número regulamentar mínimo de 15 jurados, por suplentes do mesmo Tribunal do Júri" (STJ 34357 / SP, *DJe* 19.10.2009 e HC 227.169/SP, 5ª Turma, *DJ* 11.02.2015);

j) falta ou defeito no sorteio dos jurados do conselho de sentença em número legal e sua incomunicabilidade.

Configura nulidade absoluta;

k) falta ou defeito na elaboração dos quesitos e nas respectivas respostas.

Configura nulidade absoluta. Súmula 156, STF: "é absoluta a nulidade do julgamento, pelo júri, por falta de quesito obrigatório";

l) falta da acusação ou da defesa, na sessão de julgamento.

Configura nulidade absoluta (Súmula 523, STF). Quanto ao tema, em recente julgado, a 1ª Turma do STF decidiu que "A ausência de defensor, devidamente intimado, à sessão de julgamento não implica, por si só, nulidade processual." (HC 165534-RJ, Info. 950/STF, de 2 a 6 de setembro de 2019);

m) falta da sentença.

Configura nulidade absoluta;

n) falta de recurso de ofício, nos casos em que a lei o tenha estabelecido.

Não se trata propriamente de nulidade absoluta, mas de impedimento do trânsito em julgado da decisão até que ocorra a remessa necessária;

o) falta da intimação das partes quanto às decisões recorríveis.

Configura nulidade absoluta;

p) no Supremo Tribunal Federal e nos Tribunais de Justiça, falta do *quorum* legal para o julgamento.

Configura nulidade absoluta;

IV – por omissão de formalidade que constitua elemento essencial do ato.

Configura nulidade absoluta. Ex.: denúncia lacônica.

V – em decorrência de decisão carente de fundamentação.

Nulidade absoluta. Ex.: decisão que decreta a prisão preventiva indicando como fundamento a garantia da ordem pública de forma genérica, sem a devida correlação ao caso concreto (**Importante: ler nova redação do art. 315, § 2º, CPP**).

20. RECURSOS

20.1. Conceito de recurso

Meio jurídico pelo qual, dentro de uma mesma relação processual, impugna-se uma decisão que ainda não transitou em julgado, objetivando, com isso, o reexame do *decisum*.

Decorrem os recursos do princípio do duplo grau de jurisdição, adotado implicitamente pelo texto da nossa CF e explicitamente pela CADH.[166] Há, contudo, quem entenda que a afirmação do princípio seja fruto de política legislativa que tem inspiração nos ideais (liberdade, igualdade e fraternidade) da Revolução Francesa (TÁVORA, 2016, p. 1087-88).

20.2. Natureza jurídica

Embora exista polêmica sobre o tema no seio da comunidade jurídica, significativo setor da doutrina considera a natureza do recurso como um *desdobramento do direito de ação ou de defesa, i. e., o recurso dá continuidade à relação jurídica iniciada em primeira instância.*

20.3. Princípios que norteiam os recursos

a) **Voluntariedade** (art. 574, *caput*, primeira parte, CPP): os recursos são voluntários, i. e, dependem de manifestação de vontade da parte que queira ver a decisão reformada ou anulada. Inexiste, portanto, obrigatoriedade de recorrer. Cabe ressaltar que o MP, mesmo quando parte autora da ação penal, não está obrigado a recorrer, podendo, portanto, renunciar a este direito sem necessidade de fundamentar a sua renúncia. Perceba-se que o princípio da obrigatoriedade da ação penal não impõe ao MP a necessidade de recorrer. Porém, caso o MP assim o faça (interponha recurso), não poderá mais desistir do recurso interposto (art. 576, CPP), incidindo, aí sim, o princípio da indisponibilidade, que é corolário da obrigatoriedade.

Embora os recursos sejam voluntários, o mesmo art. 574 menciona que, em certos casos, o próprio magistrado deverá interpor "recurso" de sua decisão (é o chamado "recurso de ofício"). A doutrina critica veementemente a manutenção desse instituto em nosso ordenamento jurídico. Trata-se indubitavelmente de figura esdrúxula que merece ser banida do Processo Penal contemporâneo. Entretanto, tal instituto deve ainda ser considerado válido para os concursos públicos, tendo em vista o entendimento sobre o tema do

STF (HC 88589/GO, *DJe* 23.03.2007) e STJ (REsp 767535/PA, *DJe* 01.02.2010), que continua defendendo a constitucionalidade desse expediente. Neste sentido, há recentes decisões do STF e também do STJ concedendo recurso de ofício, vide: "*Habeas corpus* concedido de ofício para declarar extinta a punibilidade do recorrente, em virtude da consumação da prescrição da pretensão punitiva (CP, art. 107, IV)", STF, RHC 129996, 2ª Turma, *DJ* 22.08.2016) e "O Supremo Tribunal Federal, por sua Primeira Turma, e a Terceira Seção deste Superior Tribunal de Justiça, diante da utilização crescente e sucessiva do *habeas corpus*, passaram a restringir a sua admissibilidade quando o ato ilegal for passível de impugnação pela via recursal própria, sem olvidar a possibilidade de concessão da ordem, de ofício, nos casos de flagrante ilegalidade. Esse entendimento objetivou preservar a utilidade e a eficácia do *mandamus*, que é o instrumento constitucional mais importante de proteção à liberdade individual do cidadão ameaçada por ato ilegal ou abuso de poder, garantindo a celeridade que o seu julgamento requer", STJ, HC 361.751/SP, *DJ* 23.09.2016.[167]

Numa tentativa de amenizar a estranha ideia de um juiz recorrer de sua própria decisão, certo setor da doutrina, acompanhado pelos tribunais superiores (*vide* os julgados que acabamos de transcrever), tem compreendido esse instituto não como "recurso" em sentido próprio, mas como uma *remessa obrigatória* (*reexame necessário* ou *duplo grau de jurisdição obrigatório*), sem a qual a decisão prolatada não transita em julgado (Súmula 423, STF).

Conclusão: o "recurso de ofício" continua sendo considerado constitucional para os tribunais superiores, entretanto, é compreendido por esses não como um recurso em sentido próprio, mas como uma condição para o trânsito em julgado da decisão (remessa necessária). O magistrado não precisa fundamentar o ato, mas apenas remeter a decisão ao tribunal após o término do prazo para os recursos voluntários. Ademais, dispensa-se a intimação das partes para oferecer contrarrazões (TÁVORA, 2017, p. 1334).

Seguem alguns os casos em que o juiz deve "recorrer" de sua própria decisão (recurso de ofício):

I – Sentença que concede HC (inc. I do art. 574): note-se que não caberá recurso de ofício quando for o tribunal que conceder o HC. É que o art. 574, I, CPP, menciona apenas "sentença" (1ª instância, portanto) e não "acórdão" (2ª instância);

II – Sentença que absolver desde logo o réu com fundamento na existência de circunstância que exclua o crime ou isente o réu de pena (inc. II do art. 574, CPP): note-se que, para a majoritária doutrina, este dispositivo foi revogado, tendo em vista a inexistência de previsão legal no art. 415, CPP. Porém, o STJ (REsp 767535/PA, *DJe* 01.02.2010 e HC 361.751/SP, 5ª Turma, *DJ* 23.09.2016) continua a entender pelo cabimento do recurso de ofício (mesmo em caso de absolvição sumária), posição esta mais segura para os concursos públicos;

III – Decisão que concede a reabilitação criminal (art. 746, CPP);

---

166. Convenção Americana de Direitos Humanos (Pacto de San José da Costa Rica).

167. Nesse sentido, ver também: STJ, Resp 1744898/RJ, Dje 31.08.2018.

IV – Indeferimento liminar pelo relator, no âmbito de Tribunal, da ação de revisão criminal, quando o pedido não estiver suficientemente instruído (art. 625, § 3º, CPP);

V – Sentença de absolvição e a decisão que arquiva o IP nos crimes contra a economia popular e saúde pública (art. 7º, Lei 1.521/1950);

b) Taxatividade: para se recorrer de uma decisão é preciso que exista previsão expressa na lei a respeito do cabimento de tal recurso. Do contrário, a decisão será irrecorrível. Porém, a taxatividade não afasta a incidência do art. 3º, CPP, que prevê a possibilidade de interpretar as normas processuais penais extensivamente e de dar-lhes aplicação analógica. Ex.: cabe recurso em sentido estrito (RESE) da decisão que não recebe a denúncia (art. 581, I, CPP – taxatividade); mas também cabe o RESE da decisão que não recebe o aditamento à denúncia[168] (interpretação extensiva ao dispositivo);

c) Fungibilidade (permutabilidade ou **conversibilidade dos recursos):** não havendo erro grosseiro ou má-fé na interposição de um recurso (STJ, RCD no AgRg no AREsp 508550/RS, *DJe* 04.08.2014) e sendo atendido o prazo do recurso efetivamente cabível à espécie (STJ AgRg no AREsp 354968/MT, *DJe* 14.05.2014 e AgRg no AREsp 462.475/SP, *DJ* 11.04.2014), poderá o julgador aceitar o recurso equivocado como se fosse o correto (vide art. 579, CPP). Ex: existem algumas situações polêmicas na doutrina acerca do cabimento de RESE ou agravo em execução. Assim, imagine-se que a defesa interpôs o RESE, quando, em verdade, era cabível o agravo. Caso se vislumbre a boa-fé da parte e o prazo do recurso correto tenha sido respeitado, poderá ser aplicado ao caso o princípio da fungibilidade recursal, recebendo-se um recurso por outro. O STJ, em pacífica jurisprudência, vem aplicando o referido princípio ao receber como agravo regimental, os embargos declaratórios opostos contra decisão em *habeas corpus* (STJ, EDcl em HC 407579/SP, *Dje* 24.11.2017).

No contexto do princípio da fungibilidade recursal, importante se faz o conhecimento das novas teses do STJ, dentre elas: "Aplica-se o princípio da fungibilidade à apelação interposta quando cabível o recurso em sentido estrito, desde que demonstrada a ausência de má-fé, de erro grosseiro, bem como a tempestividade do recurso." Precedentes: AgInt no REsp 1532852/MG, *DJe* 22.06.2016; HC 265378/SP, *DJe* 25.05.2016; AgRg no AREsp 644988/PB, *DJe* 29.04.2016; HC 295637/MS, *DJe* 14.08.2014; AgRg no AREsp 71915/SC, *DJe* 23.05.2014; AgRg no AREsp 354968/MT, *DJe* 14.05.2014. (Vide Informativo de Jurisprudência 543);

d) Convolação: criação doutrinária destinada ao aproveitamento de recursos ou meios autônomos de impugnação, materializada por meio de duas situações:

I – Aproveitamento de uma modalidade recursal interposta adequadamente, mas que careça de algum pressuposto (tempestividade, forma, preparo, interesse ou legitimidade). Ex: HC é impetrado perante o TJ, mas a ordem é denegada. Na hipótese, são cabíveis o Recurso

Ordinário Constitucional (ROC – art. 105, II, "a", CF) ou outro HC (art. 105, I, "c", CF), ambos para o STJ. A opção da defesa foi pelo ROC, mas este foi considerado intempestivo pelo STJ, que, no entanto, aproveita a mesma peça recursal e a recebe e conhece como se HC fosse (LIMA, 2015, p. 1619).

II – Aqui a lógica é aproveitar a espécie mais benéfica ao acusado, realizando a conversão para a via mais adequada. Ex: Defesa maneja revisão criminal que visa ao reconhecimento de nulidade absoluta do processo em razão da incompetência absoluta do juízo prolator da sentença. O TJ pode convolar a espécie para um HC, cujo rito é mais célere e, consequentemente, mais benéfico ao réu (LIMA, 2015, p. 1619).

O referido princípio diferencia-se do princípio da fungibilidade porque neste último há a interposição errônea de um recurso, enquanto a aplicação do princípio da convolação pressupõe o acerto na interposição (TÁVORA, 2017, p. 1337).

e) Vedação à *reformatio in pejus* (art. 617, CPP, e Súmula 160, STF): significa que *não pode a situação do réu sofrer qualquer piora na instância* ad quem, *caso apenas ele recorra da decisão judicial* (*i. e.,* sem interposição de recurso por parte da acusação e sem previsão de recurso de ofício para o caso[169]). Da impossibilidade de reforma para pior no caso de recurso exclusivo da defesa, dá-se também o nome de *efeito prodrômico da sentença.* Destaque-se, ainda, que, mesmo que se trate de matéria cognoscível de ofício pelo tribunal *ad quem* – como, por exemplo, uma hipótese de nulidade absoluta – não pode a instância superior reconhecê-la *ex officio* em prejuízo da defesa, caso esta (a defesa) não tenha ventilado a matéria em seu recurso. É que não se permite que o recurso do acusado sirva "de veículo para o reconhecimento de nulidade que prejudique a defesa". É esse o sentido da Súmula 160, STF, que diz: "é nula a decisão do tribunal que acolhe, contra o réu, nulidade não arguida no recurso da acusação, ressalvados os casos de recurso de ofício" (remessa necessária). Vamos às modalidades de *reformatio in pejus*:

I – Direta (ou simplesmente "princípio da vedação à *reformatio in pejus*"). Ex.: se a defesa foi a única a apelar da sentença (não houve, portanto, recurso da acusação; nem o chamado recurso "de ofício") não poderá o tribunal piorar a sua situação;

II – Indireta. Ex.: imagine-se que a defesa foi a única que apelou de uma sentença, conseguindo a anulação (cassação) desta por conta da existência de uma nulidade no referido *decisum.* Neste caso, o Tribunal, ao anular a sentença, irá determinar à instância *a quo* que profira outra. Pois bem, a nova sentença a ser prolatada não poderá ter a pena maior do que a fixada na sentença anulada, sob pena de se configurar em uma reforma para pior *indireta (por via oblíqua)* para o réu. Isto é, num primeiro momento a decisão foi favorável

---

168. Aditar significa acrescer algo. Ex.: no curso do processo o MP descobre que colaborou para o crime outra pessoa além do sujeito denunciado. Deverá, neste caso, o MP promover o aditamento à denúncia (que nada mais é do que uma nova denúncia para, *in casu,* incluir o outro agente).

169. A reavaliação das circunstâncias judiciais em recurso de apelação penal, sem que ocorra aumento de pena, não viola o princípio da proibição da *reformatio in pejus* (HC 126457-PA, Info. 922/STF, de 29 de outubro a 9 de novembro de 2018). Assim, é possível que o tribunal de justiça, em sede de recurso, venha a adicionar ou substituir circunstâncias judiciais previstas na sentença, desde que não implique em agravamento da situação do réu.

ao réu (pois conseguiu a anulação pretendida). Entretanto, num segundo momento, com a prolação da nova sentença, o réu termina sendo prejudicado por ter optado por recorrer (caso não tivesse recorrido, sua situação teria sido melhor). Esta situação (assim como a *reformatio in pejus* direta) é igualmente inaceitável. Veda-se, portanto, no Brasil tanto a *reformatio in pejus* direta como a indireta (vide Súmula 160 do STF e STJ, REsp 1311606/RN, *DJe* 09.06.2014 no AgRg no REsp 1449226/RN, 6ª Turma, *DJ* 03.08.2015).

Ainda sobre a proibição à *reformatio in pejus indireta*, cumpre esclarecer duas questões:

1ª questão: *a proibição da* reformatio in pejus *indireta se aplica também às decisões proferidas pelo Tribunal do Júri?* Explica-se melhor a pergunta. Caso uma decisão do Júri seja anulada pelo Tribunal *ad quem*, em razão dele ter reconhecido que os jurados julgaram de forma manifestamente contrária à prova dos autos (art. 593, III, "d", e § 3º, CPP), pode a decisão do novo corpo de jurados agravar a situação do acusado, ou aqui também se impõe a vedação à *reformatio in pejus* indireta? **Resposta:** há tradicional orientação defendendo que a regra da proibição à *reformatio in pejus* indireta não tem aplicação quando se trata de decisão proferida pelo Tribunal do Júri. Isso porque o princípio constitucional da soberania dos veredictos (art. 5º, XXXVIII, "c", da CF) prepondera nessa hipótese, não podendo a regra da reforma para pior limitar a atuação dos jurados, que são soberanos em suas decisões. Nessa linha: sólida jurisprudência do STJ (HC 19317/SP, *DJe* 19.05.2014) e majoritária doutrina (Grinover, Mirabete, Tourinho Filho, dentre outros).

Por outro lado, conforme assinala essa mesma corrente, somente seria possível falar em vedação à *reformatio in pejus* indireta no âmbito do Júri quando o novo corpo de jurados julgar da mesma forma que o júri anterior (mesmos fatos e circunstâncias). Nessa hipótese específica, o juiz togado, no momento da dosimetria da pena, ficaria atrelado ao máximo de reprimenda estabelecida no julgamento anterior, não podendo, portanto, piorar a situação do acusado. Nessa linha: os autores acima citados; STJ (HC 108333/SP, *DJe* 08.09.2009 e HC 149.025/SP, 6ª Turma, *DJ* 07.08.2015) e STF (HC 73367/MG, *DJe* 29.06.2001).

Porém, necessário ressaltar que, desde 2009, o STF, alterando antiga posição sobre o assunto, passou a entender que o preceito da vedação à *reformatio in pejus* indireta se aplica *in totum* às decisões proferidas pelo Tribunal do Júri e não apenas quando os jurados reconhecerem os mesmos fatos e circunstâncias do julgamento anterior anulado – STF (RE 647302 ED/RS, *DJe* 19.11.2013). Um dos motivos apresentados pela Suprema Corte é que a regra fixada no art. 617, CPP (vedação à *reformatio in pejus*), seja na modalidade direta, seja na indireta, não comporta exceção (nem mesmo em relação ao Júri). Consolidando este entendimento, em dezembro de 2018, a 2ª Turma do STF reafirmou a aplicação do princípio *ne reformatio in pejus* indireta ao tribunal do júri, de modo que caso somente o réu recorra da sentença que o condenou e o tribunal venha a anular tal *decisum*, a nova sentença, sendo condenatória, não poderá ter pena superior à que foi aplicada na primeira (HC 165376-SP, Info. 927/STF, de 10 a 14 de dezembro de 2018). É preciso, pois,

que o leitor fique atento às posições divergentes dos tribunais superiores sobre a temática em tela.

Ademais, em recente julgado, o ministro Edson Fachin, adotando uma interpretação ampliativa do instituto da *reformatio in pejus*, afirmou que o novo júri não poderá agravar a situação do condenado, inclusive no que se refere à fase da execução penal. Desse modo, asseverou que não apenas a pena baliza a condenação do réu, mas também outras circunstâncias como por exemplo, os prazos para progressão de regime, de modo que não seria possível que o novo julgamento reconhecesse a hediondez do crime, sem ter sido reconhecido no julgamento anterior (STF, HC 136768/SP, *DJe* 16.09.2016).

2ª questão: *a proibição da* reformatio in pejus *indireta se aplica no caso de decisão proferida por juiz absolutamente incompetente?* **Resposta:** para significativo setor da doutrina, a proibição da *reformatio in pejus* indireta não se aplica ao caso de decisão prolatada por juiz absolutamente incompetente. Principal motivo alegado: a sentença proferida por juiz absolutamente incompetente ofende, em última análise, o princípio do juiz natural, o que torna esse ato jurídico mais do que nulo, ou seja, inexistente. Assim, tratando-se a sentença prolatada por juiz absolutamente incompetente de ato jurídico inexistente, impossível que esse *decisum* produza qualquer efeito, inclusive o do *ne reformatio in pejus* indireta. *Porém, os tribunais superiores não compartilham dessa visão, pois, para eles, mesmo no caso de reconhecimento de incompetência absoluta, a nova decisão não poderá piorar a situação do réu que recorreu de modo exclusivo.* Nesse sentido: STF (HC 107731 Extn/PE, *DJ* 02.03.2012) e STJ (HC 151581/DF, *DJ* 13.06.2012).

Ainda sobre o tema "vedação à *reformatio in pejus*", destaque-se que prevalece na comunidade jurídica que, em caso de *recurso exclusivo da acusação*, é possível *a melhora* da situação do acusado pelo órgão *ad quem* (chama-se essa figura de *reformatio in mellius*). Isto porque se entende que, acima da vedação à *reformatio in pejus,* está o *status libertatis* do acusado. Dessa forma, conclui a doutrina que a proibição da *reformatio in pejus* (direta ou indireta) incidiria apenas quando se tratasse de recurso exclusivo da defesa (e não da acusação), uma vez que, neste último caso, seria possível sim a melhora da situação do réu de ofício pela instância superior.

Cabe enunciar, todavia, o que não configura "reformatio in pejus" para os tribunais superiores:

a) "...Considerando que incumbe ao Juiz zelar pelo correto cumprimento da pena (art. 66, VI, da Lei 7.210/1984), a Execução Penal submete-se ao impulso oficial, de modo que ajustes de ordem pública associados à efetivação da retribuição penal, como a alteração da data-base para progressão de regime em decorrência de outra condenação, podem ser validamente implementados pelo Juiz da Execução, ainda que sem pedido do Ministério Público, o que não gera preclusão ou implica violação à vedação da *reformatio in pejus*... (HC 130692 AgR,1ª Turma, 07.04.2016)".

b) "Não há que se cogitar da *reformatio in pejus*, pois o Tribunal de Justiça gaúcho, ao negar provimento ao recurso criminal defensivo, não reconheceu, em desfavor do recorrente, circunstância fática não reconhecida em primeiro grau, apenas fazendo sua reclassificação dentre os vetores previstos no art. 59 do Código Penal.. (RHC 119149, 1ª Turma, 06.04.2015)".

c) "A Execução Penal submete-se ao impulso oficial, de modo que ajustes de ordem pública associados à efetivação da retribuição penal, como a alteração da data-base para progressão de regime em decorrência de outra condenação, podem ser validamente implementados pelo Juiz da Execução, ainda que sem pedido do Ministério Público, o que não gera preclusão ou implica violação à vedação da *reformatio in pejus*.. (STF, HC 130692 AgR,1ª Turma, 08.04.2016)".

d) "Não acarretaram *reformatio in pejus* as razões do Tribunal de Justiça [...], que se valeu, para manter a vedação da incidência da causa especial de redução de pena prevista no § 4º do art. 33 da Lei de Drogas e o regime prisional mais gravoso, da prova produzida no processo e de questões judiciais já reconhecidas na sentença condenatória". (STF, HC 130070, 2ª Turma, *DJ* 01.03.2016).

e) "A jurisprudência desta Corte admite a suplementação de fundamentação pelo Tribunal que revisa a dosimetria e o regime de cumprimento de pena, sempre que não haja agravamento da pena do réu, em razão do efeito devolutivo amplo de recurso de apelação, não se configurando, nesses casos, a *reformatio in pejus*." (STJ, AgRg no HC 425361/SC, Dje 14.03.2018).

f) "O Juízo da Execução pode promover a retificação do atestado de pena para constar a reincidência, com todos os consectários daí decorrentes, ainda que não esteja reconhecida expressamente na sentença penal condenatória transitada em julgado". Segundo o STJ, não há que se falar em *reformatio in pejus* nessa situação. Informativo STJ 662, 31.01.20.

g) **Unirrecorribilidade (singularidade ou unicidade):** em regra, cabe apenas um recurso específico para atacar determinada decisão (art. 593, § 4º, CPP). Ex.: a sentença desafia recurso de apelação (art. 593, CPP). Porém, excepcionalmente, uma única decisão poderá desafiar mais de um recurso. Ex.: um mesmo acórdão pode violar, ao mesmo tempo, lei federal e a CF. Logo, atacável, simultaneamente, por recurso especial (REsp) e extraordinário (RE). Nesse sentido: "o princípio da unirrecorribilidade, ressalvadas as hipóteses legais, impede a cumulativa interposição, contra o mesmo *decisum*, de mais de um recurso. O desrespeito ao postulado da singularidade dos recursos torna inviável o conhecimento do segundo recurso, quando interposto contra o mesmo ato decisório, porquanto preclusa a via recursal" (STJ, AgRg no AREsp 189578/RJ, *DJe* 13.12.2013 e AgRg no AREsp 938.572/MG, 6ª Turma, *DJ* 29.08.2016: "Consoante o entendimento desta Corte Superior de Justiça, não se conhece da segunda apelação "em razão do princípio da unirrecorribilidade, também conhecido como da singularidade ou da unicidade, que não admite interposição simultânea de recursos pela mesma parte em face da mesma decisão, situação em que ocorre a preclusão consumativa" (REsp 799.490/RS, rel. Ministro Og Fernandes, Sexta Turma, *DJe* 30.05.2011). Súmula 568/STJ";

h) **Complementariedade:** significa "a *possibilidade de modificação do recurso em razão de modificação superveniente na fundamentação da decisão*" (LOPES JR., 2010, v. II, p. 481)

(destacamos). Ex.: imagine-se que, após a sentença, a defesa apela e a acusação interpõe embargos declaratórios. Havendo mudança na sentença após o julgamento dos embargos, será possível à defesa *complementar* o recurso anteriormente apresentado. Para tanto, o prazo recursal será renovado.

20.4. Pressupostos (condições ou requisitos) recursais

Para se recorrer de uma decisão, faz-se necessário o preenchimento de certos pressupostos (objetivos e subjetivos). A satisfação de tais pressupostos é fundamental para que o órgão julgador, num primeiro momento, considere viável (admita) o recurso, a fim de que, num segundo momento, o mérito possa ser examinado. Antes de examinarmos tais pressupostos, é preciso que duas noções fiquem claras na mente do leitor, a saber:

Juízo de admissibilidade (de conhecimento ou de prelibação recursal): consiste *no exame dos pressupostos recursais* (exs.: *tempestividade, interesse recursal etc.) efetuado pelo órgão julgador competente quando da apresentação de um recurso por uma das partes*. A falta de um desses pressupostos inviabiliza o exame do mérito recursal. Destaque-se que, em regra, o juízo de admissibilidade é realizado tanto no órgão *a quo*, como no *ad quem*;

Juízo de mérito (de provimento ou de delibação recursal): consiste no *exame efetuado pelo órgão julgador competente do mérito do recurso interposto pela parte*. Notemos que, a depender do pedido formulado no recurso, o deferimento (provimento) desse poderá acarretar na reforma (total ou parcial) da decisão atacada ou em sua anulação (cassação). Um recurso só poderá ter o seu pedido provido ou desprovido se tiver previamente sido conhecido.

Finalmente, vamos aos pressupostos recursais objetivos e subjetivos.

20.4.1. Pressupostos objetivos

a) **Cabimento (previsão legal):** é preciso que o recurso possua previsão expressa em lei;

b) **Tempestividade:** é preciso interpor o recurso dentro do prazo previsto pela lei, prazo esse contado a partir da data de intimação da parte (*dies a quo*). Ademais, os prazos recursais são contínuos e peremptórios, não se interrompendo por férias, domingo ou feriado, salvo no caso previsto do § 4º do art. 798, CPP[170], que diz: "não correrão os prazos, se houver impedimento do juiz, força maior, ou obstáculo judicial oposto pela parte contrária". Não se computa no prazo o dia do começo, incluindo-se, porém, o do vencimento. O prazo que terminar em dia não útil será prorrogado para o dia útil imediato. Vale ainda destacar que, "havendo dúvidas acerca da tempestividade do recurso, a solução mais adequada é em benefício do recorrente, admitindo-se o inconformismo interposto, preservando-se, assim, a garantia do duplo grau

---

170. A contagem de prazos no contexto de reclamações cujo ato impugnado tiver sido produzido em processo ou procedimento de natureza penal submete-se ao art. 798, CPP, isto é, os prazos serão contados de forma contínua (Rcl 23045-EDAgR, Informativo 939/STF, de 6 a 10 de maio de 2019).

de jurisdição e a ampla defesa do acusado" (STJ, HC 152687/RS, *DJ* 01.09.2011). Importante o conhecimento do seguinte julgado do STJ, segundo o qual: "1. Esta Corte Superior pacificou entendimento no sentido de que a tempestividade recursal é aferida pelo protocolo da petição na Secretaria do Tribunal de origem, e não pela data da postagem na agência dos Correios, conforme se extrai da Súmula 216/STJ. 2. A partir do julgamento do AgRg no Ag 1.417.361/RS (*DJe* 14.05.2015), Relatora p/ acórdão Ministra Maria Thereza de Assis Moura, a Corte Especial passou a admitir, para fins de verificação da tempestividade recursal, a data do protocolo postal, desde que haja previsão em norma local" (AgRg no AREsp 719.193/MG, 5ª Turma, *DJ* 21.09.2016). No mesmo sentido, ver: STF, HC 143212/SP, DJe 26.06.2017.

Seguem alguns entendimentos sumulares sobre a matéria em exame:

STF, 310: "quando a intimação tiver lugar na sexta-feira, ou a publicação com efeito de intimação for feita nesse dia, o prazo judicial terá início na segunda-feira imediata, salvo se não houver expediente, caso em que começará no primeiro dia útil que se seguir".

STF, 710: "no processo penal, contam-se os prazos da data da intimação, e não da juntada aos autos do mandado ou da carta precatória ou de ordem".

STF, 428: "não fica prejudicada a apelação entregue em cartório no prazo legal, embora despachada tardiamente".

STJ, 216: "a tempestividade de recurso interposto no Superior Tribunal de Justiça é aferida pelo registro no protocolo da Secretaria e não pela data da entrega na agência do correio".

STJ, 579: "não é necessário ratificar o recurso especial interposto na pendência do julgamento dos embargos de declaração quando inalterado o julgamento anterior".

Ademais, cumpre expor a recente tese constante da 66ª Jurisprudência em Tese do STJ, segundo a qual "A apresentação extemporânea das razões não impede o conhecimento do recurso de apelação tempestivamente interposto", oriunda dos seguintes precedentes: HC 281873/RJ, *DJe* 15.04.2016; RMS 25964/PA, *DJe* 15.12.2015; HC 269584/DF, *DJe* 09.12.2015; AgRg no Ag 1084133/PR, *DJe* 27.10.2015; AgRg no AREsp 743421/DF, *DJe* 07.10.2015; HC 220486/SP, *DJe* 31.03.2014. (Vide Informativo de Jurisprudência 261). Ainda quanto ao assunto, também se manifestou o STF: "Não é extemporâneo recurso interposto antes da publicação do acórdão." (Informativo 897/STF, de 9 a 13 de abril de 2018).

E, também, vale transcrever o art. 575, CPP: "não serão prejudicados os recursos que, por erro, falta ou omissão dos funcionários, não tiverem seguimento ou não forem apresentados dentro do prazo";

c) Regularidade formal: *deve-se interpor o recurso conforme a forma estabelecida por lei para que ele possa ser conhecido pelo órgão julgador.* Assim, enquanto alguns recursos devem ser interpostos exclusivamente por petição, outros admitem a interposição por termo nos autos (art. 578, CPP), como no caso de RESE (art. 587, CPP) e apelação (art. 600, CPP);

d) Inexistência de fatos impeditivos e extintivos: para que o recurso possa ser apreciado pelo órgão julgador é preciso ainda que certos fatos impeditivos e extintivos não se façam

presentes. Ex.: caso a parte desista do recurso interposto, teremos um fato extintivo do recurso, logo, sua apreciação restará prejudicada;

d1) Impede a admissibilidade dos recursos: a renúncia ao direito de recorrer, ou seja, a manifestação de vontade, expressa ou tácita, da parte no sentido de que não pretende recorrer da decisão. Ex.: deixar escoar *in albis*[171] o prazo para interpor o recurso.

Nota: com a reforma promovida pela Lei 11.719/2008 no CPP, que, dentre outras coisas, revogou o art. 594, *o não recolhimento do réu à prisão não impede mais a admissibilidade do recurso.* Nesse sentido, consulte-se também a Súmula 347 do STJ.

Ainda sobre o tema, revela-se oportuno transcrever os seguintes entendimentos sumulares:

STF, 705: "a renúncia do réu ao direito de apelação, manifestada sem a assistência do defensor, não impede o conhecimento da apelação por este interposta".

STF, 708: "é nulo o julgamento da apelação se, após a manifestação nos autos da renúncia do único defensor, o réu não foi previamente intimado para constituir outro".

Uma interpretação possível que pode ser extraída dessas duas súmulas é: *deve prevalecer a vontade de recorrer (provenha esta vontade do defensor técnico ou do réu).* Nesse sentido: "havendo discordância sobre a conveniência da interposição de recurso, deve prevalecer a manifestação de vontade quem optar por sua apresentação, quer provenha da defesa técnica ou da autodefesa" (STJ, HC 162071/SP, *DJe* 20.03.2012); e, também, Grinover *et. al.* (2011, p. 108). Porém, há que se ressaltar que esse entendimento não é pacífico, existindo orientação no sentido de que deve prevalecer, em qualquer situação, a vontade do defensor técnico, uma vez que este é quem pode melhor avaliar a vantagem prática no manejo do recurso. Neste contexto, ver a recente tese constante da 66ª Jurisprudência em Tese do STJ, segundo a qual, "Verificada a inércia do advogado constituído para apresentação das razões do apelo criminal, o réu deve ser intimado para nomear novo patrono, antes que se proceda à indicação de defensor para o exercício do contraditório", oriunda dos precedentes: HC 302586/RN, *DJe* 19.05.2016; HC 345873/SP, *DJe* 29.04.2016; HC 301099/AM, *DJe* 07.03.2016; HC 269912/SP, *DJe* 12.11.2015; RHC 25736/MS, *DJe* 03.08.2015; AgRg no HC 179776/ES, *DJe* 02.06.2014. (Vide Informativo de Jurisprudência 506);

d2) Fatos extintivos (obstam a apreciação de recurso já interposto): trata-se da desistência do recurso interposto.

Nota: Com a reforma promovida pela Lei 12.403/2011, que, dentre outras coisas, revogou o art. 595, CPP, a fuga do réu não obsta mais a apreciação do recurso interposto. Não há mais que se falar em deserção provocada pela fuga do réu. Mesmo que o réu fuja, o recurso será conhecido e apreciado pelo órgão julgador competente.

Saliente-se ainda que o instituto da desistência não se aplica ao MP, *i. e.*, não pode este órgão desistir do recurso por ele interposto (art. 576, CPP). Tal imposição decorre do

---

171. Decurso do prazo sem que o interessado se manifeste a respeito.

princípio da indisponibilidade (já estudado) vigente na ação penal pública. Temos assim que: o MP não está obrigado a recorrer (princípio da voluntariedade recursal), porém, se o fizer, não poderá desistir do recurso interposto (princípio da indisponibilidade).

20.4.2. Pressupostos subjetivos

a) Interesse: somente a parte que possuir interesse na reforma/anulação da decisão poderá recorrer – art. 577, parágrafo único, CPP. O interesse decorre da sucumbência (total ou parcial). Assim, por exemplo, caso a parte tenha sido vencedora em todos os pontos sustentados, carecerá, em tese, de interesse recursal na reforma ou cassação da decisão prolatada;

Dissemos "em tese" porque há situações em que, mesmo sem a parte ter sucumbido, há interesse de manejar recurso. Vamos a um exemplo.

Em caso de sentença *absolutória*, há interesse de a *defesa* recorrer da decisão para alterar a sua fundamentação quando a motivação da sentença for daquelas que, embora absolvendo o réu, permita a ação cível contra esse. É o que ocorre quando o juiz absolve o réu por entender *que não existem provas suficientes contra ele* (art. 386, V, CPP). Note-se que as provas podem não ter sido suficientes para uma condenação penal (que exige, por sua própria natureza, um robusto material probatório), entretanto, nada impede que o interessado ingresse com ação cível contra o réu, haja vista que aquelas mesmas provas poderão ser ali suficientes para uma eventual condenação no campo cível. Assim, tendo em vista que esse tipo de absolvição (como é o caso da prevista no art. 386, V, CPP) não "fecha as portas do cível", é possível que o réu, mesmo que não tenha sucumbido, ingresse com recurso para *alterar a fundamentação da decisão que o absolveu*. Nessa linha: "o réu tem direito subjetivo para recorrer da sentença absolutória, com finalidade de modificar o fundamento legal da absolvição, firmada na insuficiência de provas para ver reconhecida a atipicidade do fato ou, então, não constituir sua conduta infração penal. O que justifica esse interesse recursal é o prejuízo que decorre dos efeitos indenizatórios diversos, dos fundamentos citados, na esfera civil, mormente na satisfação do dano *ex delicto*" (TAPR AP 150143 *DJ* 24.05.2001).

Vale ressaltar que a sentença que decreta a extinção da punibilidade pela prescrição da pretensão punitiva tem o condão de apagar **todos** os efeitos condenatórios. No entendimento dos Tribunais Superiores, tal fato enseja a ausência de interesse recursal, mesmo em relação ao manejo da apelação com vistas ao reconhecimento da atipicidade da conduta (STJ, APn 688/RO, *DJe* 04.04.2013 e AgRg no AREsp 638.361/SP, 5ª Turma, *DJ* 25.08.2015).

Noutro giro, algumas observações quanto ao interesse recursal do MP precisam ser feitas:

I – Sendo o MP o autor da ação penal, é possível que, em sede recursal, esse órgão recorra em benefício do acusado – seja requerendo a diminuição de pena, seja a absolvição do réu, seja qualquer outro benefício cabível. É que, por conta do conteúdo do art. 127, CF e do especial papel que o MP desempenha no processo penal, tem esse órgão ampla possibilidade de recorrer em benefício do réu. Tudo o que foi dito aqui se aplica, *in totum*, aos casos de ação penal privada subsidiária da pública (art. 29, CPP). Vale dizer, também nesse tipo de ação o MP detém ampla faculdade de recorrer em favor do réu;

II – No caso de ação penal privada (exclusivamente privada ou personalíssima), é possível ao MP recorrer em benefício do réu (requerendo a sua absolvição, p. ex.). Porém, sendo *absolutória a sentença, não poderá* o MP requerer a condenação do querelado. É que, em razão da natureza da ação penal, entende-se que prevalece o princípio da oportunidade, ficando, portanto, à conveniência do *querelante* decidir pelo recurso para tentar provocar o agravamento da situação do réu.

Por fim, vale acrescentar que, no que tange ao assistente de acusação, segundo orientação consolidada nos tribunais superiores, é-lhe possível, autonomamente, interpor recurso de apelação contra a sentença penal condenatória com o objetivo de exasperar a pena imposta ao réu (STJ, AgRg no REsp 1312044/SP, *DJe* 05/05/2014). Isso porque entende a jurisprudência que o assistente não tem apenas o interesse de obter o título executivo judicial (sentença condenatória) para, posteriormente, executá-lo, mas, também, tem o assistente interesse de ver aplicada ao réu uma pena justa, correta. Sobre o tema, ver também STJ, AgRg no REsp 1533478/RJ, 5ª Turma, *DJ* 26.08.2016: "Na linha do recente posicionamento desta Corte, "não obstante a existência de posicionamentos, no âmbito doutrinário e jurisprudencial, que questionam a própria constitucionalidade da assistência à acusação, o Supremo Tribunal Federal reconhece a higidez do instituto processual, inclusive com amplo alcance, admitindo sua projeção não somente para as hipóteses de mera suplementação da atividade acusatória do órgão ministerial, como pacificamente aceito pelos Tribunais em casos de inércia do *Parquet*, mas também para seguir o assistente da acusação atuando no processo em fase recursal, mesmo em contrariedade à manifestação expressa do Ministério Público quanto à sua conformação com a sentença absolutória (RMS n. 43.227/PE, Quinta Turma, Rel. Min. Gurgel de Faria, *DJe* 07.12.2015)";

b) Legitimidade: o recurso deve ser interposto por quem é parte na relação processual ou, excepcionalmente, por terceiros quando houver autorização legal expressa nesse sentido (ex.: art. 598, CPP). O CPP dispõe que, em regra, são legitimados para interpor recurso: o MP, o querelante, o réu (autonomamente) e o defensor do réu.

É importante perceber que, no processo penal, o réu, de forma autônoma, pode interpor recurso. Essa permissão visa a concretizar o princípio da ampla defesa, possibilitando ao próprio acusado (mesmo que não possua capacidade postulatória, mesmo que não seja advogado) interpor recurso. Porém, conforme entende a jurisprudência, caso o réu não possua capacidade postulatória (*i. e.*, não seja advogado, p. ex.), não poderá, autonomamente, apresentar as razões recursais. Apenas quem possui capacidade postulatória poderá apresentar as razões (STJ, AgRg no HC 179776/ES, *DJe* 02.06.2014).

Ademais, conforme dito antes, não são apenas as pessoas indicadas no art. 577 que poderão interpor recurso.

Isso porque a lei, em situações específicas, faculta também a terceiros essa possibilidade. Nesse sentido, consultar o art. 598, CPP, que diz que a vítima (ou o CCADI[172]), diante de eventual inércia do MP, pode interpor recurso (mesmo que não tenha se habilitado anteriormente como assistente no processo) nos seguintes casos: decisão de impronúncia (art. 584, § 1º); quando julgada extinta a punibilidade (art. 584, § 1º); e no caso de sentença absolutória (art. 598).

Dê-se destaque ainda à Súmula 210, STF, que diz: "o assistente do Ministério Público pode recorrer, inclusive extraordinariamente, na ação penal, nos casos dos arts. 584, § 1º e 598 do CPP". Significa essa súmula que o assistente pode, de forma autônoma, interpor e arrazoar recurso extraordinário naqueles casos em que poderia recorrer autonomamente (indicados acima). Notemos que o teor dessa súmula, conforme aponta a doutrina (AVENA, 2011, p. 1102), aplica-se *in totum* ao recurso especial também.

20.5. Efeitos dos recursos

Os recursos podem ter os seguintes efeitos:

a) **devolutivo:** o recurso *devolve* a matéria recorrida à instância *ad quem,* bem como permite que a instância superior tome contato (e se pronuncie) sobre matéria passível de conhecimento de ofício pelo julgador (ex: falta de citação). Neste último caso, ainda que a matéria possa ser conhecida de ofício, caso prejudique o réu (e a acusação não a tenha abordado em recurso próprio), não poderá a questão ser apreciada pela instância superior. É esse o sentido da Súmula 160, STF: "é nula a decisão do tribunal que acolhe, contra o réu, nulidade não arguida no recurso da acusação, ressalvados os casos de recurso de ofício". Sobre o efeito devolutivo, observar a seguinte tese do STJ na 66ª Edição da Jurisprudência em Teses: "O efeito devolutivo amplo da apelação criminal autoriza o Tribunal de origem a conhecer de matéria não ventilada nas razões recursais, desde que não agrave a situação do condenado", precedentes: AgRg no HC 320398/MT, *DJe* 01.08.2016; AgRg no HC 347301/MG, *DJe* 13.06.2016; RHC 68264/PA, *DJe* 14.06.2016; AgRg no AREsp 804735/SP, *DJe* 30.03.2016; HC 279080/MG, *DJe* 03.02.2016; AgRg no HC 337212/SP, *DJe* 11.12.2015. (Vide Informativo de Jurisprudência 553);

b) **suspensivo:** não são todos os recursos que possuem efeito suspensivo. Este ocorre quando o recurso suspende a produção dos efeitos da decisão impugnada. Ex.: no caso de recurso contra a decisão de pronúncia, o julgamento do processo pelos jurados ficará suspenso até que se decida a respeito do recurso interposto (art. 584, § 2º, CPP). Notemos, ademais, que o recurso contra a sentença absolutória não possui efeito suspensivo. Desse modo, o réu, se preso estiver, deverá ser colocado em liberdade imediatamente, mesmo que, p. ex., a acusação tenha interposto recurso contra a referida absolvição – *vide* art. 596, CPP. Sobre o efeito suspensivo, importante destacar a recente Súmula 604 do STJ: "O mandado de segurança não se presta para atribuir efeito suspensivo a recurso criminal interposto pelo Ministério Público." Ainda

nesta seara, a Lei n. 13.964/2019 excluiu, enquanto regra, o efeito suspensivo da apelação nas condenações do Tribunal do Júri que sejam iguais ou superiores a 15 (quinze) anos. É a disposição expressa contida no § 4º do art. 492, CPP. A partir de agora, a concessão de efeito suspensivo passa a ser medida de exceção, devendo ser requerida via incidente na própria apelação ou em petição em separado (§ 6º, art. 492, CPP). No requerimento, deverá ser demonstrado que a apelação: I – não tem o propósito protelatório; e II – levanta questão substancial que pode resultar na absolvição, na anulação da sentença, em novo julgamento ou na redução da pena para patamar inferior aos 15 anos (§ 5º, art. 492, CPP);

c) **regressivo (ou diferido):** trata-se da possibilidade de o próprio juiz se retratar da decisão que prolatou. No Processo Penal, tal efeito existe no RESE (recurso em sentido estrito – art. 589, CPP), no agravo em execução (art. 197, LEP – que segue o mesmo rito do RESE), na carta testemunhável e no agravo contra despacho denegatório de recurso especial e extraordinário;

d) **extensivo, expansivo, iterativo ou extensão subjetiva do efeito devolutivo:** pode ocorrer em caso de concurso de pessoas. Explica-se. Se um réu interpõe recurso fundado em motivo de caráter não exclusivamente pessoal (ex.: questionando a tipicidade da conduta), sendo provido o recurso, este aproveitará ao corréu que não tenha recorrido (art. 580, CPP).

Examinemos, agora, os **recursos em espécie**.

20.6. Recurso em Sentido Estrito (RESE)

Esse recurso busca atacar decisões interlocutórias que produzam algum tipo de gravame à parte. Conforme sublinha a doutrina, as hipóteses de cabimento de RESE (seja no CPP seja em lei extravagante) são taxativas (trata-se de um número restrito de situações, portanto). Porém, isso não impedirá, em alguns casos, o emprego de interpretação extensiva.

20.6.1. Previsão legal

O RESE tem previsão legal, sobretudo, no CPP (art. 581), porém há também hipóteses esparsas em legislação extravagante (ex.: art. 294, parágrafo único, Lei 9.503/1997 – CTB).

20.6.2. Efeitos

a) **Devolutivo:** o RESE devolve à apreciação do órgão julgador a matéria recorrida. A devolução fica restrita à matéria impugnada (o efeito devolutivo não é amplo, portanto);

b) **Suspensivo:** em regra, o RESE não possui efeito suspensivo. Exceções: RESE contra a decisão que denega a apelação ou que a julga deserta; contra a pronúncia; e contra a decisão que determina a perda ou a quebra da fiança. Nestes casos, há efeito suspensivo. Consulte-se o art. 584, CPP;

c) **Regressivo:** cabe juízo de retratação no RESE (art. 589, CPP): com a resposta do recorrido ou sem ela, o juiz poderá manter ou reformar a decisão. Mantendo, remeterá os autos ao órgão *ad quem*. Reformando a decisão, a parte contrária, que agora ficou prejudicada, poderá pedir a pronta remessa dos autos ao tribunal, desde que dessa nova decisão também caiba RESE.

---

172. CCADI = cônjuge, companheiro, ascendente, descendente ou irmão.

20.6.3. Legitimidade

Em regra, podem interpor RESE o MP, o querelante, o réu e o defensor.

Quanto à vítima, só pode interpor RESE da decisão que declarar extinta a punibilidade do acusado (art. 584, § 1º, CPP).

No caso de decisão que inclui ou exclui o nome de jurado da lista geral, qualquer um do povo poderá interpor RESE (art. 581, XIV, CPP).

Atenção: Parte considerável da doutrina vem entendendo que tal dispositivo foi revogado tacitamente por força da nova redação do art. 426, § 1º, CPP, introduzida pela Lei 11.689/2008, que prevê a impugnação por meio de reclamação feita por qualquer do povo ao juiz presidente até o dia 10 de novembro de cada ano (TÁVORA, 2016, p. 1364; PACELLI, 2015, p. 983). No entanto, na dicção de LIMA (2015, p. 1674-1675), diante das constantes mudanças sofridas pela legislação processual penal nos últimos anos (v.g., Leis 11.689/2008, 11.690/2008, 11.719/2008 e 12.403/2011), não se revela razoável a estagnação das hipóteses de cabimento do RESE, sobretudo levando em consideração que o projeto de lei que versa sobre a mudança do título do CPP que cuida dos recursos ainda não foi aprovado pelo Congresso Nacional. Justifica o autor que isso ocorreria até mesmo para evitar a criação de desequilíbrio entre as partes, violando a paridade de armas, não se podendo admitir que a acusação fique privada de um instrumento para a impugnação de decisões proferidas por juiz de 1ª instância, se a defesa tem sempre a possibilidade de impetrar ordem de *habeas corpus*.

20.6.4. Formalidades e processamento do RESE

Pode ser interposto por meio de petição ou por termo nos autos – art. 578, CPP.

Se realizado por meio de petição (modo mais comum), o RESE deverá ser composto por duas peças:

I – Petição de interposição: endereçada ao próprio órgão prolator da decisão impugnada; com prazo, em regra, de 5 dias (contados a partir da prolação da decisão); essa peça compreende, em síntese, uma demonstração de insatisfação do recorrente diante da decisão impugnada;

II – Razões recursais: dirigidas à instância *ad quem*; com prazo de 2 dias (contados da intimação judicial para essa finalidade); são os fundamentos de fato e de direito do recurso. Note-se que as contrarrazões, se oferecidas pela parte, também devem observar o prazo de 2 dias.

No que tange ao processamento do RESE, em regra, este recurso será processado por instrumento (traslado). Isto significa que o interessado deverá providenciar a fotocópia de algumas peças fundamentais do processo, fazendo a juntada destas quando da interposição do recurso (ou das contrarrazões recursais) – art. 587, CPP.

Em contrapartida, o RESE não subirá por instrumento, mas nos próprios autos do processo, nas hipóteses delineadas pelo art. 583, CPP, a saber:

a) RESE contra decisão que não recebe a denúncia;

b) contra decisão que julga procedente as exceções, salvo a de suspeição;

c) contra a pronúncia;

d) contra a decisão que julga extinta a punibilidade do réu;

e) contra a decisão que concede ou nega o HC; e

f) quando não prejudicar o andamento do processo principal.

20.6.5. Prazos

a) Petição de interposição: 5 dias (art. 586, CPP). **Exceções:**

I – 20 dias (parágrafo único do art. 586) no caso de RESE contra a decisão que inclui ou exclui jurado da lista geral do Tribunal do Júri (**Ver ressalva no item 19.6.3**);

II – 15 dias para a vítima não habilitada como assistente de acusação para interpor RESE contra declaração da extinção da punibilidade em caso de inércia do MP – art. 584, § 1º, c/c o art. 598, CPP.

Acrescente-se que, de acordo com a Lei 9.800/1999, pode-se interpor o recurso via fac-símile ou similar com apresentação dos originais no prazo de 5 dias. Ademais, vale lembrar o conteúdo da Súmula 216, STJ, que diz: "a tempestividade do recurso interposto no STJ é aferida pelo registro no protocolo da Secretaria e não pela data de entrega na agência do correio".

b) Razões recursais: 2 dias (art. 588, CPP).

Nota: após as razões do recorrente será dada vista ao recorrido para apresentar as suas contrarrazões recursais, cujo prazo será também de 2 dias.

20.6.6. Hipóteses de cabimento do art. 581, CPP

O rol do art. 581 é taxativo (o que não impede a interpretação extensiva em alguns casos).

É preciso estar atento a esse art. 581, pois diversos de seus incisos encontram-se prejudicados (em razão do cabimento do agravo em execução – art. 197, LEP – em lugar do RESE) ou mesmo revogados. Examinemos um a um os incisos do art. 581. Cabe RESE da decisão:

I – que não receber a denúncia ou a queixa.

Ex.: caso a inicial penal não seja formulada de acordo com o art. 41, CPP (exposição do fato criminoso, com todas as suas circunstâncias, qualificação do acusado ou esclarecimentos pelos quais se possa identificá-lo etc.), o juiz a rejeitará.[173]

A majoritária comunidade jurídica faz interpretação extensiva desse inciso I, dizendo que cabe também RESE da decisão que não recebe o aditamento à denúncia. Aditar significa acrescentar algo. Ex.: no curso do processo o MP descobre que colaborou para o delito outra pessoa além do sujeito denunciado. Deverá, neste caso, o MP promover o aditamento à denúncia (que nada mais é do que uma nova denúncia para, *in casu*, incluir o outro agente). Pois bem, efetuado o aditamento, caso o juiz rejeite esta peça, caberá

---

173. Há quem diferencie não recebimento de rejeição da inicial. Neste livro, seguiremos a majoritária corrente que usa as expressões não recebimento e rejeição como sinônimas.

RESE com base em interpretação extensiva do inciso I do art. 581, CPP.

Noutro giro, não cabe recurso da decisão que recebe a inicial penal (só da que rejeita). Em caso de recebimento, resta ao réu ingressar com eventual HC. Ex.: denúncia recebida sem suporte probatório mínimo. Cabe HC nesta situação para tentar trancar ("arquivar") a ação penal.

Note-se que, caso a acusação interponha RESE da decisão que rejeitar a denúncia, é necessário intimar a defesa para, querendo, oferecer contrarrazões. Trata-se de homenagem aos princípios da ampla defesa e contraditório. Não é outro o entendimento da Súmula 707, STF: "constitui nulidade a falta de intimação do denunciado para oferecer contrarrazões ao recurso interposto da rejeição da denúncia, não a suprindo a nomeação de defensor dativo".

Finalmente, em se tratando de JECRIM, o recurso cabível da decisão que rejeita inicial penal não é o RESE, mas **a apelação** (*vide* art. 82, Lei 9.099/1995);

II – que concluir pela incompetência do juízo.

Ex.: caso o juiz-presidente do Júri prolate decisão de desclassificação (art. 419, CPP), será cabível o RESE;

III – que julgar procedentes as exceções, salvo a de suspeição.

O inciso refere-se às exceções de litispendência, incompetência, ilegitimidade de parte e coisa julgada. Ressalte-se que as decisões que rejeitam essas exceções são irrecorríveis. É que, no caso de rejeição, o próprio juiz remeterá a exceção ao tribunal – art. 103, § 3º, CPP.

Por outro lado, perceba-se que acolhida a decisão de suspeição pelo próprio juiz excepto, não caberá recurso dessa decisão, daí porque a ressalva que faz a parte final do inciso;

IV – que pronunciar o réu.

Trata-se de caso clássico de cabimento de RESE. A pronúncia (art. 413, CPP) é a decisão que submete o acusado à 2ª fase do júri, julgando admissível a imputação formulada na denúncia pelo MP. Dessa decisão, cabe RESE.

V – que conceder, negar, arbitrar, cassar ou julgar inidônea a fiança, indeferir requerimento de prisão preventiva ou revogá-la, conceder liberdade provisória ou relaxar a prisão em flagrante.

Atenção: da decisão que decreta prisão preventiva, não cabe RESE, mas pedido de revogação da preventiva ou HC (conforme o caso, ex: decisão que decreta a preventiva sem estar fundamentada idoneamente). Da decisão que nega o pedido de relaxamento de prisão, não cabe RESE, mas HC;

VI – (revogado pela Lei 11.689/2008).

Nota: com a reforma promovida pela Lei 11.689/2008, a decisão de impronúncia e a sentença de absolvição sumária não desafiam mais o RESE. Agora, de acordo com o art. 416, CPP, o recurso cabível é o de apelação;

VII – decisão que julgar quebrada a fiança ou perdido o seu valor.

Exemplo de quebra da fiança: acusado afiançado que descumpre as obrigações dos arts. 327, 328 ou 341, CPP. Da decisão que julga quebrada a fiança, cabe RESE.

Exemplo de perda da fiança (arts. 344 e 345, CPP): réu condenado em definitivo à pena privativa de liberdade que empreende fuga. Da decisão que julgar perdida a fiança, cabe RESE;

VIII – decisão que decretar a prescrição ou julgar, por outro modo, extinta a punibilidade.

Ex.: caso o juiz declare nos autos a ocorrência de prescrição, caberá RESE desta decisão;

IX – decisão que indeferir o pedido de reconhecimento da prescrição ou de outra causa extintiva da punibilidade;

X – decisão que conceder ou negar a ordem de *habeas corpus*.

No caso de indeferimento de HC, vale lembrar que nada impede que outro HC possa ser impetrado a superior instância. Na realidade, na praxe forense é muito mais comum, na situação tratada por esse inciso, impetrar novo HC do que interpor RESE;

XI – decisão que conceder, negar ou revogar a suspensão condicional da pena.

Inciso prejudicado. A concessão ou negativa do *sursis* se dá no corpo da sentença (logo, o recurso cabível é a apelação, e não o RESE).

Por outro lado, a eventual revogação do *sursis* se dá no curso da execução da pena, logo, cabível o agravo em execução (art. 197, LEP) e não o RESE. Note-se que o agravo em execução é o recurso cabível contra as decisões proferidas no curso da execução penal pelo Juízo das Execuções Penais;

XII – decisão que conceder, negar ou revogar livramento condicional.

Prejudicado. Trata-se de decisão que se dá no curso da execução da pena. Cabível o agravo em execução (art. 197, LEP) e não o RESE;

XIII – decisão que anular o processo da instrução criminal, no todo ou em parte.

Ex.: juiz que reconhece a ilicitude da prova e a contaminação que esta provocou nas demais provas, anulando o processo. Dessa decisão, cabe RESE;

XIV – decisão que incluir jurado na lista geral ou desta o excluir.

Ver observação no item 19.6.3.

XV – decisão que denegar a apelação ou a julgar deserta.

Denegação = não conhecimento. Significa que a apelação não preencheu todos os pressupostos. Ex.: apelação interposta fora do prazo. Caso o juiz se depare com uma apelação extemporânea, irá denegá-la. Dessa decisão, cabe RESE como forma de tentar forçar a subida do recurso de apelação à instância superior.

Deserção. Ex.: falta de preparo do recurso. No que tange à deserção pela fuga do réu, é preciso notar que, após a reforma de 2008, a evasão do acusado não tem mais o condão de impedir o conhecimento do recurso;

XVI – decisão que ordenar a suspensão do processo, em virtude de questão prejudicial.

Ex.: juiz que determina a suspensão do processo criminal em razão de questão prejudicial no juízo cível (discussão sobre a posse da coisa furtada). Cabe RESE dessa decisão. O STJ, interpretando extensivamente o referido inciso, entendeu pela possibilidade de interposição de RESE em face de decisão que indefere a produção antecipada de provas (EREsp 1630121-RN, Info. 640/STJ, de 15 de fevereiro de 2019).

XVII – decisão que decidir sobre a unificação de penas.

Prejudicado. Trata-se de decisão tomada no curso da execução penal. Cabível o agravo em execução;

XVIII – decisão que decidir o incidente de falsidade documental;

XIX – decisão que decretar medida de segurança, depois de transitar a sentença em julgado;

Prejudicado. Trata-se de decisão que se dá no curso da execução da pena. Cabível o agravo em execução (art. 197, LEP);

XX – decisão que impuser medida de segurança por transgressão de outra.

Prejudicado. Cabe, na verdade, agravo em execução. Ex.: descumprimento do tratamento ambulatorial;

XXI – decisão que mantiver ou substituir a medida de segurança, nos casos do art. 774.

Prejudicado. O art. 774 foi tacitamente revogado. Não existe mais essa hipótese;

XXII – decisão que revogar a medida de segurança.

Prejudicado. Trata-se de decisão que se dá no curso da execução da pena. Cabível o agravo em execução (art. 197, LEP);

XXIII – decisão que deixar de revogar a medida de segurança, nos casos em que a lei admita a revogação.

Prejudicado. Trata-se de decisão que se dá no curso da execução da pena. Cabível o agravo em execução (art. 197, LEP);

XXIV – decisão que converter a multa em detenção ou em prisão simples.

Prejudicado. Desde 1996, é impossível no país a conversão da multa em pena privativa de liberdade (*vide* art. 51, CP). Não pode mais o juiz efetuar tal conversão.

XXV – decisão que negar homologação da proposta de acordo de não persecução penal, prevista no art. 28-A, CPP.

Inovação trazida pela Lei n. 13.964/2019.

Por fim, é imprescindível fazer referência às recentes teses jurisprudenciais do STJ acerca do RESE.

a) "Não cabe mandado de segurança para conferir efeito suspensivo ativo a recurso em sentido estrito interposto contra decisão que concede liberdade provisória ao acusado" Precedentes: HC 352998/RJ, *DJe* 01.06.2016; HC 349502/SP, *DJe* 04.05.2016; HC 315665/SP, *DJe* 15.04.2016; HC 347539/SP, *DJe* 18.04.2016; HC 348486/SP, *DJe* 31.03.2016; HC 341147/SP, *DJe* 02.03.2016. (INFO. 547) e HC 368906/SP, DJe 28/04/2017;

b) "A ausência de contrarrazões ao recurso em sentido estrito interposto contra decisão que rejeita a denúncia

enseja nulidade absoluta do processo desde o julgamento pelo Tribunal de origem" Precedentes: HC 257721/ES, *DJe* 16.12.2014; HC 166003/ SP, *DJe* 15.06.2011; HC 142771/MS, *DJe* 09.08.2010; HC 108652/SC, *DJe* 10.05.2010; HC 118956/SP, *DJe* 08.06.2009;

c) "Aplica-se o princípio da fungibilidade à apelação interposta quando cabível o recurso em sentido estrito, desde que demonstrada a ausência de má-fé, de erro grosseiro, bem como a tempestividade do recurso." Precedentes: AgInt no REsp 1532852/MG, *DJe* 22.06.2016; HC 265378/SP, *DJe* 25.05.2016; AgRg no AREsp 644988/PB, *DJe* 29.04.2016; HC 295637/MS, *DJe* 14.08.2014; AgRg no AREsp 71915/SC, *DJe* 23.05.2014; AgRg no AREsp 354968/MT, *DJe* 14.05.2014. (INFO. 543);

d) "A decisão do juiz singular que encaminha recurso em sentido estrito sem antes proceder ao juízo de retratação é mera irregularidade e não enseja nulidade absoluta". Precedentes: HC 216944/PA, *DJe* 18.12.2012; HC 158833/ RS, *DJe* 29.06.2012; HC 177854/SP, *DJe* 24.02.2012; HC 88094/RJ, *DJe* 15.12.2008; AREsp 762765/BA *DJe* 01.07.2016; AREsp 385049/PE *DJe* 26.02.2016;

e) "Inexiste nulidade no julgamento da apelação ou do recurso em sentido estrito quando o voto de Desembargador impedido não interferir no resultado final". Precedentes: HC 352825/RS, *DJe* 20.05.2016; HC 309770/SP, *DJe* 16.03.2016; HC 284867/GO, *DJe* 02.05.2014; HC 130990/RJ, *DJe* 22.02.2010; REsp 1351484/SC *DJe* 05.08.2015;

f) "O acórdão que julga recurso em sentido estrito deve ser atacado por meio de recurso especial, configurando erro grosseiro a interposição de recurso ordinário em *habeas corpus*". Precedentes: RHC 42394/SP, *DJe* 16.03.2016; AgRg no RHC 37923/SP, *DJe* 12.12.2014; RHC 31733/SP, *DJe* 02.04.2014; AgRg no RHC 17921/PR, *DJe* 24.03.2008; RHC 22345/MA, *DJ* 07.02.2.08;

20.7. Apelação (arts. 593 a 603, CPP)

Trata-se de um dos mais importantes recursos, não apenas por ser um dos mais antigos, mas também por possuir o maior efeito devolutivo de todos (ampla possibilidade de discussão de toda a matéria de fato e de direito). A apelação tanto poderá provocar a reforma da decisão recorrida (caso em que o *decisum* será substituído por outro proferido pela instância *ad quem*), como também poderá provocar a anulação da decisão atacada (caso em que a instância *ad quem* determinará à *a quo* que outra decisão seja prolatada em lugar daquela anulada).

20.7.1. Efeitos

a) **Devolutivo:** a apelação possui o mais amplo efeito devolutivo dos recursos, com possibilidade de discussão de toda a matéria de fato e de direito. Porém, nada impede que o apelante delimite o tema que pretende discutir em segunda instância (é o que se chama de apelação parcial). De um jeito ou de outro, nada impede que o tribunal vá além da matéria impugnada, conhecendo de ofício outros pontos, desde que não prejudiciais à defesa. Reforça esta ideia a Súmula 160, STF, quando diz: "É nula a decisão do tribunal que acolhe, contra o réu, nulidade não arguida no recurso da acusação, ressalvados os casos de recurso de ofício";

b) Suspensivo: aqui é preciso distinguir a apelação da sentença condenatória da apelação da sentença absolutória.

A apelação interposta contra a sentença absolutória não tem efeito suspensivo. Explica-se: caso um réu que se encontre preso durante o curso do processo seja absolvido, deverá ser posto em liberdade automaticamente. Assim, mesmo que o MP interponha apelação contra a absolvição, este recurso *não suspenderá* o efeito da sentença absolutória de pôr o réu imediatamente em liberdade.

No caso de sentença condenatória, o art. 597, CPP, sublinha que há efeito suspensivo. Explica-se: condenado o acusado, caso seja interposta apelação pela defesa contra esta decisão, possuirá tal recurso efeito suspensivo no sentido de obstar os efeitos da condenação: prisão do réu; lançamento de seu nome no rol dos culpados etc. Não estamos querendo dizer com isso que não é possível a prisão do acusado no momento da sentença penal condenatória. Não é isto. É possível a prisão desde que presentes os requisitos da preventiva (prisão cautelar). O que não é possível é a prisão-pena (prisão-punição) enquanto não transitada em julgado a condenação. É por isso que se diz que a apelação suspende os efeitos da condenação;

Atenção: conforme já antecipado na parte geral dos recursos, a Lei n. 13.964/2019 estabeleceu o efeito suspensivo como exceção nas condenações iguais ou superiores a 15 (quinze) anos impostas pelo Tribunal do Júri. Recomendamos a leitura dos §§ 4º a 6º do art. 492, CPP.

c) Efeito iterativo, extensivo ou extensão subjetiva do efeito devolutivo (art. 580, CPP): pode ocorrer em caso de concurso de pessoas. Explica-se: se um réu interpõe recurso fundado em motivo de caráter não exclusivamente pessoal (ex.: questionando a tipicidade da conduta), sendo provido o recurso, este aproveitará ao corréu que não tenha recorrido. Contudo, é necessário pontuar as duas hipóteses que não legitimam a aplicação do dispositivo legal: a) quando o requerente da extensão não participa da mesma relação jurídico-processual daquele que foi beneficiado por decisão judicial da Corte, o que evidencia a sua ilegitimidade; b) quando se invoca extensão de decisão para outros processos que não foram examinados pela Corte, o que denuncia fórmula de transcendência dos motivos determinantes, não admitido pela jurisprudência do STF. (STF, HC 137728 EXTN/PR, DJ. 30.05.2017 e Info. 867, de 29 de maio a 02 de junho de 2017).

20.7.2. Legitimidade

Em regra, podem interpor o recurso de apelação: MP, querelante, réu ou defensor.

Quanto à vítima, habilitada ou não como assistente de acusação, poderá interpor apelação quando o MP permanecer inerte nos seguintes casos: decisão de impronúncia (art. 416 c/c o art. 584, § 1º, CPP); sentença absolutória (art. 598, CPP); e absolvição sumária (seja a do art. 415, CPP – júri; seja a do art. 397, CPP – ritos ordinário e sumário).

20.7.3. Formalidades da apelação

Pode ser interposta por petição ou termo nos autos – art. 578, CPP.

Se interposta por petição (modo mais comum), a apelação deverá vir composta por duas peças:

I – Petição de interposição: endereçada ao próprio órgão prolator da decisão impugnada; com prazo, em regra, de 5 dias; tendo como conteúdo, em suma, a demonstração de insatisfação do recorrente;

II – Razões recursais: dirigidas à instância *ad quem*; com prazo de 8 dias; são os fundamentos de fato e de direito do recurso.

20.7.4. Prazos

a) Petição de interposição: regra: 5 dias (art. 593, CPP). Perceba-se que a tempestividade é aferida da data da interposição da apelação e não de sua juntada pelo cartório – Súmulas, 320 e 428, STF;

a1) Exceções:

I – em caso de inércia do MP, 15 dias para a vítima não habilitada como assistente de acusação para interpor apelação contra: a decisão de impronúncia (art. 416 c/c o art. 584, § 1º, CPP); a sentença absolutória (art. 598, CPP); e a absolvição sumária – seja a do art. 415, CPP, seja a do art. 397, CPP. Confira-se ainda a Súmula 448, STF: "o prazo para o assistente recorrer, supletivamente, começa a correr imediatamente após o transcurso do prazo do Ministério Público";

II – 10 dias para apelar no JECRIM (art. 82, Lei 9.099/1995). Note-se que no JECRIM a petição de interposição e a de razões recursais não possuem prazos distintos, devendo ser apresentadas conjuntamente;

b) Razões recursais: 8 dias (art. 600, CPP).

Nota: após as razões do recorrente será dada vista ao recorrido para apresentar as suas contrarrazões recursais, cujo prazo será também de 8 dias.

20.7.5. Hipóteses de cabimento da apelação

Cabe apelação contra (art. 593, CPP):

I – as sentenças definitivas de condenação – art. 593, I;

II – as sentenças definitivas de absolvição (inclua-se aí a absolvição sumária antecipada do art. 397, CPP, e a absolvição sumária do júri do arts. 415 e 416, CPP) – art. 593, I;

III – as decisões definitivas ou com força de definitiva, quando não couber recurso em sentido estrito. Ex.: da decisão que cancela a hipoteca legal, cabe apelação. Trata-se de hipótese subsidiária de apelação a ser aferida em cada caso concreto – art. 593, II[174];

IV – da decisão de impronúncia – art. 416, CPP;

---

174. Cabe enunciar recente entendimento do STJ, segundo o qual "É possível a interposição de apelação, com fundamento no art. 593, II, do CPP, contra decisão que tenha determinado medida assecuratória prevista no art. 4º, *caput*, da Lei 9.613/1998 (Lei de lavagem de Dinheiro), a despeito da possibilidade de postulação direta ao juiz constritor objetivando a liberação total ou parcial dos bens, direitos ou valores constritos (art. 4º, §§ 2º e 3º, da mesma Lei) (REsp 1.585.781-RS, Rel. Min. Felix Fischer, julgado em 28.06.2016, *DJe* 01.08.2016).

V – no JECRIM, da decisão que rejeita a inicial penal, da sentença absolutória e condenatória e da homologatória da transação penal (art. 82, Lei 9099/1995);

VI – das decisões do Tribunal do Júri, quando (art. 593, III, CPP):

a) ocorrer nulidade posterior à pronúncia.

Ex.: indeferimento arbitrário pelo juiz de produção de prova em plenário;

b) for a sentença do juiz-presidente contrária à lei expressa ou à decisão dos jurados.

Ex.: o juiz-presidente suprime uma qualificadora reconhecida pelos jurados. Neste caso, a instância *ad quem* terá poderes para retificar a sentença do juiz-presidente, aplicando a qualificadora indevidamente suprimida – art. 593, § 1º, CPP;

c) houver erro ou injustiça no tocante à aplicação da pena ou da medida de segurança.

Ex.: juiz-presidente que, na dosimetria da pena, fixa injustificadamente a pena base do réu no seu patamar máximo (= pena injusta). Neste caso, a instância *ad quem também* terá poderes para retificar a sentença do juiz--presidente, aplicando o direito ao caso concreto – art. 593, § 2º, CPP;

d) for a decisão dos jurados manifestamente contrária à prova dos autos.

Para que seja viável a apelação aqui é preciso que a decisão dos jurados tenha se dado de forma totalmente dissociada do conjunto probatório constante dos autos (ver informativo 969, STF, 19.03.20). Não será cabível essa apelação se os jurados tiverem amparado a sua decisão em provas (ainda que frágeis) constantes dos autos. A possibilidade de julgar com base em provas frágeis é um dos pontos mais criticados por certo segmento da doutrina (LOPES JR, p. ex), pois termina-se por aniquilar o princípio do estado de inocência, mais especificamente o *in dubio pro reo*.

Nessa situação, a instância *ad quem* (o tribunal) tem apenas poder para anular (cassar) a decisão do júri, determinando a realização de novo julgamento (por outros jurados). Em homenagem à soberania dos veredictos, não poderá aqui o tribunal reformar a decisão. Pode-se apenas, repita--se, cassá-la e dissolver o conselho de sentença (o corpo de jurados) a fim de que outro júri seja realizado.

Atenção: só se pode apelar com base nesse motivo (decisão dos jurados manifestamente contrária à prova dos autos) uma única vez. Este comando atinge, inclusive, a parte contrária do processo, isto é, se uma parte apelar com base nesse fundamento, não poderá, posteriormente, a parte contrária (que não havia recorrido) apelar embasada no mesmo fundamento (STJ, HC 116913/RJ, *DJe* 07.02.2011). Entretanto, note-se bem, nada impede eventual apelação posterior (por qualquer uma das partes; e quantas vezes necessárias forem) com arrimo nas outras alíneas do art. 593, III (ex: decisão do juiz que desrespeita a decisão dos jurados – alínea "b"). Para ficar mais claro, vamos a um exemplo do que dissemos no início deste parágrafo. Se a decisão dos jurados for anulada pela instância *ad quem* com base no dispositivo em comento e o novo conselho de sentença decidir, mais uma vez, de forma

manifestamente contrária à prova dos autos, não será possível apelar novamente com base nesse artigo (art. 593, III, "d"), nem mesmo se o "novo" recurso for de iniciativa da parte que não recorreu. Repita-se: só se pode invocar o dispositivo em questão uma única vez. Assim, em casos de "duplo julgamento contrário à prova dos autos pelos jurados" restará apenas aguardar o trânsito em julgado para, posteriormente, ingressar com revisão criminal. A situação retratada nesse parágrafo gera duras (e corretas) críticas à instituição do júri que, no Brasil, tornou quase "intocável" a famigerada soberania dos veredictos. Consultar nesse particular: Paulo Rangel (2010) e Lopes Jr. (2010, v. 2). Neste contexto, ver também: STJ, HC 346.919/ES, 6ª Turma, *DJ* 12.05.2016.

Note-se ainda que, segundo estabelece a Súmula 713, STF: "o efeito devolutivo da apelação contra decisões do Júri é adstrito aos fundamentos da sua interposição". Significa isto que, no júri, os fundamentos indicados na petição de interposição delimitam a extensão do recurso, não podendo as razões recursais ampliar, posteriormente, a abrangência da petição de interposição. Ressalva aqui apenas para o caso de matéria cognoscível de ofício favorável ao réu (nulidade absoluta) que, embora não tenha sido apontada pela defesa em sua petição recursal, poderá sim, ser apreciada pela instância *ad quem* – Súmula, 160, STF.

20.7.6. *Observações finais*

Quando cabível a apelação, não poderá ser usado o recurso em sentido estrito, ainda que somente de parte da decisão se pretenda recorrer – art. 593, § 4º, CPP. Ex.: imagine-se que, no corpo da sentença, o juiz decida revogar a prisão preventiva do réu. Caberá aqui apelação e não RESE (art. 581, V, CPP), conforme se poderia pensar.

No julgamento das apelações poderá o tribunal, câmara ou turma proceder a novo interrogatório do acusado, reinquirir testemunhas ou determinar outras diligências.

Também em sede de Apelação o STJ publicou uma série de teses a partir da sua jurisprudência, de modo que recomendamos fortemente ao caro Leitor a leitura atenta, inclusive dos precedentes invocados. Eis as teses:

a) "O efeito devolutivo amplo da apelação criminal autoriza o Tribunal de origem a conhecer de matéria não ventilada nas razões recursais, desde que não agrave a situação do condenado". Precedentes: AgRg no HC 320398/MT, *DJe* 01.08.2016; AgRg no HC 347301/MG, *DJe* 13.06.2016; RHC 68264/PA, *DJe* 14.06.2016; AgRg no AREsp 804735/SP, *DJe* 30.03.2016; HC 279080/MG, *DJe* 03.02.2016; AgRg no HC 337212/SP, *DJe* 11.12.2015. (INFO. 553) e AgInt no AREsp 1.044.869/MS, DJe 25.05.2017;

b) "A apresentação extemporânea das razões não impede o conhecimento do recurso de apelação tempestivamente interposto". Precedentes: HC 281873/RJ, *DJe* 15.04.2016; RMS 25964/PA, *DJe* 15.12.2015; HC 269584/DF, *DJe* 09.12.2015; AgRg no Ag 1084133/PR, *DJe* 27.10.2015; AgRg no AREsp 743421/DF, *DJe* 07.10.2015; HC 220486/SP, *DJe* 31.03.2014. (INFO. 261);

c) "O conhecimento de recurso de apelação do réu independe de sua prisão. (Súmula 347/STJ)" Precedentes: HC 95186/

MG, *DJe* 31.08.2015; HC 320034/MG, *DJe* 21.05.2015; HC 258954/RJ, *DJe* 10.11.2014; HC 199248/ SP, *DJe* 26.08.2014; HC 205341/CE, *DJe* 15.03.2013; HC 131902/SP, *DJe* 01.02.2012;

d) "O efeito devolutivo da apelação contra decisões do Júri é adstrito aos fundamentos da sua interposição. (Súmula 713/STF)". Precedentes: HC 266092/MG, *DJe* 31.05.2016; HC 272094/SC, *DJe* 15.02.2016; HC 179209/RJ, *DJe* 23.11.2015; HC 322960/GO, *DJe* 15.09.2015; HC 193580/RS, *DJe* 03.03.2015; HC 244785/MA, *DJe* 26.03.2014. (INFO. 475);

e) "Aplica-se o princípio da fungibilidade à apelação interposta quando cabível o recurso em sentido estrito, desde que demonstrada a ausência de má-fé, de erro grosseiro, bem como a tempestividade do recurso". Precedentes: AgInt no REsp 1532852/MG, *DJe* 22.06.2016; HC 265378/SP, *DJe* 25.05.2016; AgRg no AREsp 644988/PB, *DJe* 29.04.2016; HC 295637/MS, *DJe* 14.08.2014; AgRg no AREsp 71915/SC, *DJe* 23.05.2014; AgRg no AREsp 354968/MT, *DJe* 14.05.2014. (INFO. 543);

f) "O adiamento do julgamento da apelação para a sessão subsequente não exige nova intimação da defesa" Precedentes: HC 353526/SP, *DJe* 21.06.2016; HC 333382/SP, *DJe* 04.04.2016; HC 319168/SP, *DJe* 08.10.2015; HC 300034/SP, *DJe* 23.02.2015; REsp 1251016/RJ, *DJe* 27.11.2014; HC 203002/SP, *DJe* 24.11.2014;

g) "Inexiste nulidade no julgamento da apelação ou do recurso em sentido estrito quando o voto de Desembargador impedido não interferir no resultado final" Precedentes: HC 352825/RS, *DJe* 20.05.2016; HC 309770/SP, *DJe* 16.03.2016; HC 284867/GO, *DJe* 02.05.2014; HC 130990/RJ, *DJe* 22.02.2010; REsp 1351484/SC *DJe* 05.08.2015;

h) "O julgamento de apelação por órgão fracionário de tribunal composto majoritariamente por juízes convocados não viola o princípio constitucional do juiz natural". Precedentes: HC 324371/RN, *DJe* 27.05.2016; HC 179502/ SP, *DJe* 25.02.2016; HC 165280/SP, *DJe* 03.12.2014; HC 271742/SP, *DJe* 05.09.2014; AgRg no HC 280115/PA, *DJe* 02.09.2014; HC 236784/MA, *DJe* 17.03.2014. (INFO. 476). Ver também Repercussão Geral no STF, Tema 170;

i) "É nulo o julgamento da apelação se, após a manifestação nos autos da renúncia do único defensor, o réu não foi previamente intimado para constituir outro. (Súmula 708/STF)". Precedentes: HC 329263/BA, *DJe* 01.07.2016; HC 100524/PE, *DJe* 06.11.2015; HC 300490/MG, *DJe* 14.09.2015; HC 258339/MG, *DJe* 18.05.2015; HC 207119/SP, *DJe* 22.05.2014; RHC 37159/PA, *DJe* 08.05.2014 e HC 382357/SP, *DJe* 14.06.2017;

j) "A renúncia do réu ao direito de apelação, manifestada sem a assistência do defensor, não impede o conhecimento da apelação por este interposta. (Súmula 705/STF)" Precedentes: RHC 61365/SP, *DJe* 14.03.2016; HC 264249/SP, *DJe* 10.05.2013; HC 183332/SP, *DJe* 28.06.2012; HC 235498/SP, *DJe* 20.06.2012; HC 27582/SP, *DJe* 02.02.2009. (INFO. 99) e RHC 50739/SC, *DJe* 28.03.2017.

20.8. Embargos de declaração

20.8.1. Conceito

Recurso oponível contra a decisão (leia-se: sentenças, acórdãos ou decisões interlocutórias) que apresente ambi-guidade, obscuridade, omissão ou contradição (arts. 382, 619 e 620, CPP). Visa, portanto, a tornar a decisão mais clara, mais precisa[175].

Alguns doutrinadores e operadores do Direito adotam denominações distintas para os embargos de declaração. Assim, aquele previsto no art. 382 é denominado de "embarguinhos", opostos perante o juiz de 1º grau, enquanto aquele estatuído pelo art. 619 é denominado de "embargos de declaração", oposto em face de acórdãos oriundos dos tribunais, câmaras ou turmas.

Reiteramos que se trata de mera divergência de denominação, pois tecnicamente são o mesmo instituto: embargos de declaração.

20.8.2. Interposição

Deve ser efetuada junto ao órgão que prolatou a decisão considerada defeituosa.

20.8.3. Prazo

I – Regra: 2 dias – art. 382, CPP.

II – Exceções: 5 dias – JECRIM (art. 83, Lei 9.099/1995); e ação penal originária no STF (art. 337, § 1º, Regimento Interno). Ver HC 91002 ED/RJ, *DJe* 22.05.2009.

Observações finais:

I – No caso de a decisão apresentar erros materiais (data equivocada, incorreção de grafia do nome da parte etc.), não é necessário à parte interpor de embargos de declaração. Pode o próprio julgador promover, de ofício, a correção; ou mesmo a parte poderá protocolizar uma simples petição nesse sentido;

II – Após o julgamento dos embargos, prevalece o entendimento de que o prazo para os demais recursos será integralmente devolvido às partes. Logo, os embargos *interrompem* o prazo recursal (STJ, AgRg no Ag 876449, *DJ* 22.06.2009 e EDcl nos EDcl no AgRg no AREsp 876.625/MG, *DJ* 12.09.2016). **Importante** destacar que a interrupção ocorre ainda que os embargos sejam considerados protelatórios (STJ, AgRg no REsp 1099875/MG, *DJe* 01.08.2011).

Por outro lado, no JECRIM, ocorre a interrupção do prazo recursal (vide: art. 83, § 2º, Lei 9.099/1995, com redação alterada pelo art. 1.066 do novo CPC).

Ainda no tocante à interrupção, importante destacar os seguintes julgados do STJ: a) Cumpre enunciar, ainda que: "Se a rejeição dos embargos de declaração não foi unânime, de ordinário não podem ser acoimados de protelatórios" (EDcl nos EDcl nos EDcl no REsp 1316694/PR, *DJ* 06.03.2015)"; b) "Posição de embargos declaratórios incabíveis. Não interrupção do prazo para a interposição de agravo. Agravo em recurso especial intempestivo" (AgRg no AREsp 898.781/MS, *DJe* 16.09.2016).

---

175. Súmula 356, STF: "O ponto omisso da decisão, sobre o qual não foram opostos embargos declaratórios, não pode ser objeto de recurso extraordinário, por faltar o requisito do prequestionamento". Significa dizer que o manejo dos embargos pode ocorrer para fins de prequestionamento. Vide LIMA (2015, p. 1722).

20.9. Embargos infringentes e de nulidade (art. 609, parágrafo único, CPP)

Trata-se de *recurso exclusivo da defesa* que, ao atacar a falta de unanimidade dos julgadores de 2ª instância, busca reverter a situação em favor do acusado. Explica-se melhor. Apontando a defesa a existência de divergência entre os julgadores de uma Turma ou Câmara Criminal que decidiu, por exemplo, o recurso de apelação do réu, os embargos em análise buscam reverter o cenário em prol do réu, tentando fazer com que os demais julgadores alterem a sua posição pretérita e passem a seguir o voto vencido (favorável ao acusado).

20.9.1. Requisitos para o cabimento

a) decisão de 2ª instância não unânime e desfavorável ao réu (2 votos a 1, por exemplo);

b) voto vencido de um dos julgadores favorável ao réu;

c) esse recurso só é cabível contra o acórdão que julgar a *apelação*, o *RESE* e, segundo já decidiu o STF (HC 65988/PR, *DJe* 18.08.1989), o *agravo em execução* (art. 197, LEP).

Notas:

Não será cabível esse recurso se a divergência dos julgadores se der apenas no tocante à fundamentação da decisão. Ex.: não cabem os embargos se um julgador divergir dos demais apenas quanto à fundamentação, sendo que a parte dispositiva (a conclusão) do acórdão foi idêntica à dos demais julgadores. Acrescente-se o seguinte informativo do STF: "A divergência estabelecida na fixação da dosimetria da pena não enseja o cabimento de embargos infringentes, haja vista se tratar de mera consequência da condenação. Com base nesse entendimento, o Plenário, por maioria, desproveu agravo regimental em que se arguia a viabilidade dos embargos infringentes na referida hipótese" (informativo 735, *DJe* 13.02.2014).

Os embargos ficam restritos à matéria divergente. Não poderão abranger, portanto, questões unânimes decididas pelos julgadores. Apesar disso, vale destacar o seguinte informativo do STF: há "o efeito translativo dos embargos infringentes, o que [significa] que o órgão julgador está investido do dever de conhecimento, de ofício, das questões de ordem pública, dentre as quais a prescrição penal" (informativo 737, *DJe* 27.2.2014.).

Vale também anotar as seguintes súmulas:

STJ, 207: "é inadmissível recurso especial quando cabíveis embargos infringentes contra o acórdão proferido no tribunal de origem".

STF, 293: "são inadmissíveis embargos infringentes contra decisão em matéria constitucional submetida ao plenário dos tribunais".

STF, 455: "da decisão que se seguir ao julgamento de constitucionalidade pelo Tribunal Pleno, são inadmissíveis embargos infringentes quanto à matéria constitucional".

Outra hipótese de inadmissibilidade de embargos infringentes diz respeito à oposição contra "julgado de Turma ou de Plenário em sede de *habeas corpus*, tendo em vista a falta de previsão regimental" (STF, HC 108.261-EI-AgR/RS, Tribunal Pleno, *DJe* 13.4.2012 e HC 113365 ED-EI-AgR, Tribunal Pleno, *DJ* 06.09.2016).

No entanto, em recente decisão, o Supremo entendeu que cabem embargos infringentes para o Plenário do STF contra decisão condenatória proferida em sede de ação penal de competência originária das Turmas do STF, mesmo diante da falta de previsão regimental. Nessa hipótese, o requisito de cabimento é a existência de 2 (dois) votos minoritários absolutórios em sentido próprio (Informativo 897/STF, de 16 a 20 de abril de 2018).

20.9.2. Espécies

I – os embargos infringentes atacam questão de mérito. Ex.: cabem infringentes contra o acórdão que por 2x1 condenou o réu. O voto vencido foi pela absolvição;

II – os embargos de nulidade buscam o reconhecimento de uma nulidade. Ex.: cabem embargos de nulidade contra o acórdão que não acolheu por 2x1 nulidade relativa à citação do réu. O voto vencido, favorável ao acusado, reconheceu a nulidade da citação.

Observação: nada impede a interposição de embargos infringentes e de nulidade simultaneamente (um só recurso) quando houver questões não unânimes (e favoráveis ao réu) de mérito e de nulidade.

20.9.3. Prazo

Dez dias da publicação do acórdão (art. 609, parágrafo único, CPP). A interposição deve ser feita perante o relator. As razões serão apresentadas ao tribunal simultaneamente à interposição (duas peças, portanto).

20.10. Carta testemunhável (arts. 639 a 646, CPP)

De acordo com o art. 639, CPP, trata-se de recurso residual (só podendo ser usado quando não existir outro recurso específico), cabível contra a decisão que não receber o recurso interposto pela parte ou que lhe obstacularizar o seguimento ao órgão *ad quem*.

20.10.1. Cabimento

I – da decisão que denegar o recurso;

II – da decisão que, embora tenha admitido o recurso, obste o seu seguimento para o órgão *ad quem*.

Interpretando-se sistematicamente o CPP, conclui-se que cabe carta testemunhável da decisão que denega ou obsta seguimento ao *agravo em execução* e ao *RESE*.

Atenção que a denegação da apelação desafia a interposição de RESE – art. 581, XV, CPP (e não de carta testemunhável). Agora se, nesta mesma situação, o RESE também for denegado, aí sim será cabível a carta testemunhável.

Note-se também que a interposição desse recurso é feita ao escrivão e não ao juiz (art. 640, CPP).

A carta testemunhável não possui efeito suspensivo (art. 646, CPP), significando isto, segundo dizem alguns autores (AVENA, 2011, p. 1182, p. ex.), que a interposição deste recurso não impede o prosseguimento do processo ou a eventual execução da sentença condenatória. Essa orientação, porém, é de duvidosa constitucionalidade, haja vista esbarrar no estado de inocência.

Como a carta testemunhável deve seguir o rito do recurso obstaculizado, caso ela (a carta) seja interposta contra a decisão que denegou ou negou seguimento ao agravo em execução ou RESE, haverá a incidência de efeito regressivo, uma vez que estes últimos recursos (agravo em execução e RESE) o possuem.

20.10.2. Prazo da carta testemunhável

O prazo para interposição do recurso é de 48h (art. 640, CPP)

20.11. Agravo em execução (art. 197 da LEP)

Cabível contra as decisões proferidas no curso da execução da pena pelo juízo da Execução Penal que causem algum gravame ao condenado ou ao submetido à medida de segurança.

20.11.1. Cabimento

O agravo em execução não possui cabimento taxativo como o RESE. A lei não enumera, portanto, as hipóteses de cabimento de agravo em execução. **Exemplos mais comuns:** decisão que nega a unificação das penas, a progressão de regime[176], a saída temporária, o livramento condicional etc.

20.11.2. Procedimento

Diante da falta de previsão legal, segue o mesmo rito e formalidades do RESE (vale a pena reler o que escrevemos anteriormente sobre esse recurso). Desse modo, o prazo é de 5 dias para a interposição (vide inclusive a Súmula 700, STF) e de 2 dias para apresentação de razões, admitindo-se, também, o juízo de retratação (efeito regressivo), tal qual sucede no RESE.

20.12. Recurso Ordinário Constitucional (ROC) em matéria criminal

Visa a assegurar o duplo grau de jurisdição a algumas situações específicas. O ROC pode ser manejado ao STJ ou ao STF, conforme o caso.

20.12.1. Cabimento de ROC para o STF – art. 102, II, CF

a) decisão denegatória dos tribunais superiores (STJ, TSE, STM) em única instância de HC ou mandado de segurança (MS) (...).

O dispositivo trata de casos de *competência originária* dos tribunais superiores que deneguem HC ou MS.

Ex.: prefeito julgado pelo TJ impetra HC contra este órgão ao STJ, sendo que esta Corte denega o HC. Cabe ROC neste caso.[177] Incabível o ROC contra as decisões dos tribunais superiores que acolham o HC ou MS.

Nesse sentido, sugerimos a leitura do seguinte trecho de julgado do STF: "Contra a denegação de *habeas corpus* por Tribunal Superior prevê a Constituição Federal remédio jurídico expresso, o recurso ordinário. Diante da dicção do art. 102, II, *a*, da Constituição da República, a impetração de novo *habeas corpus* em caráter substitutivo escamoteia o instituto recursal próprio, em manifesta burla ao preceito constitucional" (HC 128256, *DJ* 20.09.2016).

b) decisões relativas a crimes políticos: correspondem aos crimes previstos pela Lei de Segurança Nacional (Lei 7.170/1983), cuja competência é da JF (art. 109, IV, CF). Tendo em vista que a alínea em comento ("b" do inciso II do art. 102, CF) não menciona a necessidade de a decisão ser tomada em única ou última instância, conclui-se que, em caso de crime político, o 2º grau de jurisdição será sempre do Supremo Tribunal Federal, mediante interposição de ROC (nesse sentido: STF, RC 1468/RJ, *DJe* 16.08.2000).

O STF, a respeito do tema, vem admitindo a possibilidade de impetração de HC substitutivo do ROC (HC 122.268, *DJe* 04.08.2015; HC 112.836, *DJe* 15.08.2013; e HC 116.437, *DJe* 19.06.2013 e HC 130780, *DJ* 22.09.2016).

Ex.: Prefeito está sendo processado pelo TRF por crime político. Do acórdão, caberá ROC ao STF.

20.12.2. Cabimento do ROC para o STJ –art. 105, II, CF

a) Decisão denegatória de HC proferida por TRF ou TJ em única ou última instância.

Ex.: Fulano impetra HC ao TJ para trancar ação penal contra ele ingressada. O TJ denega a ordem. Cabe ROC ao STJ.

Ainda que a hipótese seja de denegação do HC por maioria de votos, continuará cabível o ROC. Descabem os infringentes porque este recurso não ataca acórdão de HC não unânime, mas apenas acórdãos não unânimes de RESE, apelação e agravo em execução.

Note o leitor que a alínea menciona "em única ou última instância", o que significa que tanto pode se tratar de um caso de competência originária do TJ/TRF, como pode se tratar de uma hipótese em que se tenha chegado ao TJ/TRF manejando o HC após se esgotarem as instâncias inferiores;

b) Decisão denegatória de MS proferida por TRF ou TJ em única instância.

Ex.: advogado impetra MS ao TJ contra juiz que o impediu de consultar os autos. Dessa decisão cabe ROC.

Usou a alínea a expressão "única instância", logo se refere a casos de MS de competência originária do TRF/TJ.

20.12.3. O processamento

O ROC é regido, conforme o caso, pelo regimento interno do STF e do STJ e pela Lei 8.038/1990.

A petição de razões deverá acompanhar a de interposição.

---

176. Aqui é importante trazer o recente entendimento do STF, segundo o qual "A Primeira Turma, em conclusão de julgamento e por maioria, reputou prejudicado pedido de "habeas corpus". Mas, concedeu a ordem, de ofício, para que o juízo da execução verificasse a possibilidade do reconhecimento da continuidade delitiva (CP, art. 71), com a consequente aplicação da Lei 12.015/2009, que unificou os delitos de estupro e atentado violento ao pudor — v. Informativo 803" (HC 100612/SP, rel. orig. Min. Marco Aurélio, red. p/ o acórdão Min. Roberto Barroso, 16.08.2016).

177. Cabível também outro HC ao STF.

20.12.4. Prazos

I – 5 dias quando interposto contra a decisão que denegar o HC (ROC ao STF ou ao STJ). Consulte-se a Súmula 319, STF;

II – 5 dias quando interposto contra a decisão que denegar o MS (ROC ao *STF*);

III – 15 dias para a denegação de MS (ROC ao *STJ*).

IV – 3 dias para a decisão que envolva crime político (ROC ao STF) – art. 307, RISTF c/c 563, "a", e 565, CPPM.

20.13. Recurso Especial (REsp) e Extraordinário (RE)

Grosso modo, objetivam assegurar a autoridade na aplicação e interpretação da CF (RE) e das leis federais (REsp).

20.13.1. Noções necessárias

a) o RESP é endereçado ao STJ e, em resumo, visa a levar ao conhecimento desta Corte decisão, em única ou última instância, do TJ/TRF que afronte lei federal (infraconstitucional) ou que tenha dado interpretação diversa da que foi dada por outro tribunal. Note-se que não cabe RESP de decisão de Turma Recursal do JECRIM, pois este órgão julgador não é considerado tribunal – Súmula 203, STJ. Objetiva, portanto, esse recurso, homogeneizar a interpretação da lei federal pátria;

b) o RE visa a levar ao STF o conhecimento de qualquer decisão tomada em única ou última instância que implique em afronta à CF. Visa a garantir a ordem constitucional vigente. Perceba-se que como o texto da CF (art. 102, III) não menciona a expressão "Tribunal", mas apenas "causas decididas em única ou última instância", entende-se que por meio do RE, desde que atendidos aos demais requisitos, pode-se impugnar qualquer acórdão dos Tribunais, bem como decisão tomada por Turma Recursal do JECRIM;

c) ambos possuem fundamentação vinculada, discutem apenas questão de direito (e não matéria de fato ou reexame de prova), possuem o prazo de 15 dias e, para que sejam admitidos, exigem o esgotamento das vias ordinárias (*vide* Súmula 281, STF);

d) há previsão legal de efeito apenas devolutivo para esses recursos (art. 637, CPP). Apesar disso, a sentença condenatória não poderá ser executada sem o trânsito em julgado, devendo a prisão do réu, também nesta fase, ser orientada pelos requisitos da preventiva (conforme informativo 534 do STF);

e) como requisito de admissibilidade ambos exigem o prequestionamento. A questão a ser levada ao STF ou STJ deve ter sido previamente apreciada na decisão impugnada. Cabem, inclusive, embargos de declaração com o objetivo de forçar o prequestionamento da questão nas instâncias inferiores;

f) da decisão que denega (não conhece) o REsp ou o RE, cabe agravo de instrumento (art. 1.003, § 5º, CPC/2015), no prazo de 15 dias corridos para o STF ou STJ, conforme o caso. Necessário destacar que com a publicação do novo regramento processual civil, houve a revogação do art. 28 da Lei 8.038/1990 que previa o prazo de 5 dias para interposição do recurso, impondo, assim, a utilização da regra geral

prevista no CPC. Contudo, no que se refere à contagem do prazo, há norma processual penal estabelecendo a contagem dos prazos de forma contínua, o que a afasta a contagem em dia útil prevista no CPC. (STF, ARE 993407/DF, DJe 05.09.2017 e Info. 845, STF, de 24 a 28 de outubro de 2016).

> **Reflexos do Novo Código de Processo Civil**
>
> O novel art. 1.070 estabelece que "É de 15 (quinze) dias o prazo para a interposição de qualquer agravo, previsto em lei ou em regimento interno de tribunal, contra decisão de relator ou outra decisão unipessoal proferida em tribunal".
>
> Tal redação, combinada com a revogação expressa do art. 28 da Lei 8.038/1990, pelo art. 1.072, IV, NCPC, implicou na modificação do prazo também no Processo Penal, uma vez que a Súmula 699 do STF tem fundamento no dispositivo que foi revogado desde março de 2016.

20.13.2. Cabe RE da decisão proferida em única ou última instância que (art. 102, III, CF)

a) contrariar dispositivo da CF. Abrange também a violação de princípio constitucional. É preciso que a violação a dispositivo/princípio constitucional seja *direta* – não cabe RE por violação reflexa, ou seja, a partir de violação de lei federal se conclui pela violação à CF (*vide* STF, ARE 807273 AgR/SC, *DJe* 27.06.2014). Ex.: viola diretamente a CF o acórdão que, em caso de roubo à empresa pública federal, cuja competência é da JF (art. 109, IV, CF) determina que o caso seja julgado pela Justiça Estadual. Ademais, também é pertinente conhecer, a *contrario sensu*, quando não cabe recurso extraordinário, vide STF, ARE 788019 AgR, *DJ* 29.09.2016: "A discussão acerca do momento de consumação do crime e, consequentemente, da aplicabilidade dos institutos da prescrição e da decadência passa necessariamente pela análise da legislação infraconstitucional pertinente (Código Penal e Código de Processo Penal), assim como por uma nova apreciação dos fatos e do material probatório constante dos autos, procedimentos inviáveis em sede de recurso extraordinário (Súmula 279/STF). Precedente" e ARE 948438 AgR, 23.09.2016: "Ausência de prequestionamento, incidência das súmulas 282 e 356. 5. Suposta violação aos princípios do devido processo legal, do contraditório e da ampla defesa e da presunção de inocência. A ofensa aos dispositivos apontados, caso existente, ocorreria de forma reflexa. Precedentes";

b) declarar a inconstitucionalidade de tratado ou lei federal. Ex.: cabe RE da decisão do TRF que, apreciando apelação do assistente de acusação (art. 268, CPP) e respeitando a reserva de plenário (*vide* art. 97, CF), declara inconstitucional a figura do assistente no Processo Penal (por reconhecer resquício de vingança privada nessa figura processual) e termina por denegar o recurso daquele. Cabe RE nesse caso;

c) julgar válida lei ou ato de governo local contestado em face da CF. Ex: diante de alegação de eventual conflito entre CF e uma lei municipal, o acórdão do TJ opta por esta última, entendendo que não há afronta ao texto constitucional. Cabe RE nessa situação;

d) julgar válida lei local contestada em face de lei federal. Ex: certa lei estadual (que afronta a CF) é reconhecida válida pelo TJ. Desafia RE essa hipótese.

Requisito de admissibilidade próprio do RE: além do prequestionamento, exige-se que o recorrente demonstre a repercussão geral das questões constitucionais discutidas no caso concreto (art. 102, § 3º, CF). Ou seja, é preciso demonstrar que a questão tem potencial para influenciar outros processos.

20.13.3. Cabe REsp da decisão proferida em única ou última instância pelos TRFs ou TJs que (art. 105, III, CF)

a) contrariar tratado ou lei federal, ou negar-lhes vigência. Ex. de cabimento: Condenado por crime funcional praticado em atividade, anteriormente à aposentadoria, que se deu no curso da ação penal, não é possível declarar a perda do cargo e da função pública de servidor inativo, como efeito específico da condenação. A cassação da aposentadoria, com lastro no art. 92, I, alínea "a", do CP, é ilegítima, tendo em vista a falta de previsão legal e a impossibilidade de ampliar essas hipóteses em prejuízo do condenado (STJ, REsp 1416477/SP, *DJe* 26.11.2014).

Vale lembrar que as súmulas dos tribunais superiores não se equiparam às leis para efeito de interposição do REsp. Ver STJ, AgRg no REsp 1246423, *DJe* **26.03.2013;**

b) julgar válido ato de governo local contestado em face de lei federal. Ex: em caso de eventual conflito entre lei federal e ato de governo estadual, o TJ termina por reconhecer a validade deste último. Desafia REsp;

c) der a lei federal interpretação divergente da que lhe haja atribuído outro tribunal. Neste caso, será preciso fazer prova da divergência mediante certidão do julgado, por exemplo.

21. AÇÕES AUTÔNOMAS DE IMPUGNAÇÃO

21.1. Habeas Corpus (HC)

21.1.1. Natureza jurídica

Embora o HC esteja incluído no Título do CPP que trata dos recursos e de, por vezes, parecer-se com um, na realidade, de recurso não se trata. Possui natureza de ação autônoma de impugnação (GRINOVER *et. al.*, 2001, p. 345). Dentre tantos motivos que refutam a natureza de recurso do HC, segue um que consideramos o mais contundente: o recurso pressupõe a existência de um processo. Pois bem, cabe HC inclusive fora do âmbito do processo. Ex.: cabe HC contra ato de particular. Explica-se. Imagine-se que um diretor de hospital não deixe o paciente sair enquanto este não pagar a conta. Cabe HC contra ato do diretor nessa situação, prescindindo-se, portanto, de um processo previamente instaurado – algo impensável no caso de recurso.

Ademais, saliente-se que o HC pode funcionar como *substitutivo* de um recurso específico cabível ao caso. Assim, se cabível um recurso específico e também o HC, o interessado poderá valer-se deste último. Por outro lado, cf. informativo 669, STJ, 08.05.20, o HC, "quando impetrado de forma concomitante com o recurso cabível contra o ato impugnado, será admissível apenas se for destinado à tutela direta da liberdade de locomoção ou se traduzir pedido diverso do objeto do recurso próprio e que reflita mediatamente na liberdade do paciente".

21.1.2. Bem jurídico tutelado pelo HC

O HC visa a combater a *ameaça* ou a *coação ilegal* à liberdade de locomoção (liberdade de ir, vir e ficar) do indivíduo.

Note o leitor, portanto, que, para além daquelas situações "clássicas" de coação ilegal efetiva à liberdade ambulatorial do sujeito (ex.: prisão para averiguação), o HC também tutela hipóteses de ameaça ilegal à liberdade de locomoção do indivíduo. Isto é assim porque a CF/1988 (art. 5º, LXVIII) expandiu significativamente o alcance do HC, permitindo que este remédio protegesse casos de ameaça ilegal à liberdade de locomoção. Compare abaixo o texto do CPP e da CF (este último bem mais amplo).

> **Art. 647, CPP:** "dar-se-á *habeas corpus* sempre que alguém sofrer ou se *achar na iminência* de sofrer violência ou coação ilegal na sua liberdade de ir e vir, salvo nos casos de punição disciplinar." (grifo nosso).

> **Art. 5º, LXVIII, CF:** "conceder-se-á *habeas corpus* sempre que alguém sofrer ou *se achar ameaçado* de sofrer violência ou coação em sua liberdade de locomoção, por ilegalidade ou abuso de poder". (grifo nosso).

Dessa forma, como o HC também se presta a combater ameaças ilegais à liberdade de locomoção, é perfeitamente possível a impetração desse remédio quando o sujeito se encontrar em liberdade. Ex.: réu em liberdade que responde a processo infundado (sem provas) por crime de furto. Cabe HC aqui para "trancar" a ação penal (leia-se: forçar o arquivamento desta). É preciso, portanto, desprender-se da ideia de que o HC só é cabível quando o indivíduo está preso ilegalmente. Falso. O HC é cabível toda vez que alguém estiver sofrendo uma coação ilegal à sua liberdade de locomoção (por óbvio), como, também, quando estiver *ameaçado* de sofrê-la.

Nota: Em recente julgado, o STF passou a reconhecer a possibilidade de impetração de *habeas corpus* coletivo conferindo maior amplitude ao remédio, com vistas a coibir ou prevenir lesões a direitos de grupos vulneráveis. Diante da inexistência de regramento específico, a Corte entendeu que deve ser aplicado, por analogia, o art. 12 da Lei 13.300/2016, que trata dos legitimados para o mandado de injunção coletivo. Desse modo, os legitimados para impetração do *habeas corpus* coletivo, são: o Ministério Público; a Defensoria Pública; o Partido Político com representação no Congresso Nacional; a organização sindical, entidade de classe ou associação legalmente constituída e em funcionamento há pelo menos 1 (um) ano. (STF, HC 143641/SP, Dje 09.10.2018).

O caso concreto que levou ao referido entendimento do Supremo foi o HC coletivo impetrado em favor de todas as mulheres submetidas à prisão cautelar no sistema penitenciário nacional, que ostentem a condição de gestantes, puérperas ou mães de crianças menores de 12 anos de idade[178].

---

178. Nesse sentido, ver tópico 14.12.

21.1.3. Algumas restrições ao cabimento do HC

a) Prevê expressamente a CF que não cabe HC para atacar punição disciplinar militar (art. 142, § 2º, CF). Isto é assim porque os militares estão sujeitos a um tipo de hierarquia específica que recomenda o afastamento do HC para questionar o mérito da punição disciplinar.

Entretanto, não estamos aqui diante de uma regra absoluta. É que se a punição disciplinar apresentar certos vícios (exemplos: inexistência de previsão legal da punição aplicada; ou a autoridade militar que a aplicar for incompetente para tanto), caberá sim questionar a punição aplicada por meio de HC. Assim, conclui-se que é possível questionar, por meio de HC, eventuais *vícios de forma* da punição disciplinar militar (previsão legal e competência, por exemplo), porém, não é cabível questionar o *mérito* dessa punição (se ela é justa ou injusta, *v. g.*). Nesse sentido: STJ, HC 211002/SP, *DJe* 09.12.2011.

Oportuno, por outro lado, transcrever a Súmula 694, STF: "não cabe *habeas corpus* contra a imposição da pena de exclusão de militar ou de perda de patente ou de função pública";

b) Não cabe HC quando não houver, ao menos, ameaça à liberdade de locomoção do indivíduo. Ex.: se o sujeito está sendo processado de forma infundada (sem suporte razoável de provas) por crime apenado *apenas* com multa, não será possível impetrar HC para trancar a ação. Isto porque, desde 1996, não é possível converter a multa em pena privativa de liberdade (prisão) – art. 51, CP. Assim, inexistindo a possibilidade de encarceramento do acusado, perde o sentido a impetração de HC. Consulte-se a Súmula 695 do STF. Nessa mesma linha, não cabe HC para "para questionar a imposição de pena de suspensão do direito de dirigir veículo automotor" (STJ, HC 283.505-SP, *DJe* 21.10.2014, informativo 550 e HC 283.505/SP, 5ª Turma, *DJ* 29.10.2014); e nem mesmo para discutir ação penal que envolva o art. 28 da Lei de Drogas, por não prever pena privativa de liberdade (Informativo 887/STF, de 4 a 8 de dezembro de 2017).

c) Não cabe HC quando o caso demandar exame aprofundado de provas. É preciso lembrar que o HC possui um procedimento bastante simplificado. Não há instrução probatória (oitiva de testemunhas, exame pericial etc.). Em regra, será preciso, no momento da impetração do HC, demonstrar, de plano, a ilegalidade da prisão ou da ameaça de prisão (isto é, apresentar "prova pré-constituída"). Impossível o aprofundamento em material probatório, portanto (ex.: discussões acerca de legítima defesa, estado de necessidade etc.). A via estreita do HC não comporta esse tipo de discussão;

d) Ainda para a Suprema Corte, não se admite o manejo do HC para exame de nulidade cujo tema não foi trazido antes do trânsito em julgado da ação originária e tampouco antes do trânsito em julgado da revisão criminal (STF. RHC 124041/GO, *DJ* 30.08.2016.

e) Nesse contexto, também negou provimento a recurso ordinário em "habeas corpus" a Primeira Turma do STF, no qual se discutia nulidade de apelação, em face da ausência de contrarrazões da defesa e da intimação do defensor para o julgamento (RHC 133121/DF, *DJe* 30.08.2016).

f) Não cabe HC contra decisão monocrática proferida por Ministro do STF (Info. 865, STF, de 15 a 19 de maio de 2017) ou por Ministro do STJ (Info. 868, STF, de 5 a 19 de junho de 2017).

g) Não cabe HC para tutelar o direito à visita em presídio (STF, HC 128057/SP, j. 1º.08.2017 e Info. 871, de 31 de julho a 4 de agosto de 2017).

h) Não cabe HC contra decisão condenatória transitada em julgado (STF, HC 143445 AgR/SP, Dje 19.02.2018 e HC 148631 AgR/PE, Dje 18.12.2017)[179]

Ademais, consoante entendimento do STF, "a superveniência de sentença condenatória que mantém a prisão preventiva prejudica a análise do *habeas corpus* que havia sido impetrado contra o título originário da custódia" (Informativo 897/STF, de 9 a 13 de abril de 2018).

21.1.4. Espécies de HC

a) preventivo: nesta situação, o indivíduo encontra-se na iminência de ser preso ilegalmente. Impetra-se o HC e pede-se aqui um documento chamado de "salvo-conduto" (livre trânsito), que blinda o sujeito contra a ameaça de prisão ilegal – art. 660, § 4º, CPP. Não basta o temor remoto de prisão ilegal. Para que seja cabível o HC preventivo, é preciso uma ameaça concreta (STJ, RHC 47424/PA, *DJe* 01.08.2014 e AgRg no HC 276.586/SP, *DJ* 03.08.2016), segundo o qual, "1. Nos termos do art. 5º, LXVIII, da Constituição Federal, o risco iminente e concreto de sofrer violência ou coação ao direito de ir e vir do indivíduo constitui requisito indispensável à utilização do *writ* preventivo. 2. Na hipótese, diante da falta de demonstração inequívoca de que o agravante está sofrendo, ou na iminência de sofrer, constrangimento ilegal, pois não foi dado cumprimento ao mandado de prisão expedido em seu desfavor e não há elementos concretos que demonstrem o fato de que, caso cumpra a ordem de recolhimento, será colocado em estabelecimento prisional inadequado, a impetração não merece ser deferida". Ex: pessoa suspeita da prática de furto é intimada pelo delegado a, em 5 dias, apresentar-se ao Instituto Criminalística a fim de submeter-se a perícia de confecção de imagens, sob pena de prisão (STJ, HC 179486/GO, *DJ* 27.06.2011). Cabe HC preventivo ao juiz;

b) liberatório ou repressivo: aqui a pessoa encontra-se presa ilegalmente. Impetra-se o HC e requer-se o alvará de soltura – art. 660, § 1º, CPP. Ex: delegado que, fora das situações de flagrante delito, prende o indivíduo para averiguar-lhe a vida pregressa. Cabe HC liberatório ao juiz;

c) suspensivo: nesta hipótese, foi expedido um mandado de prisão (ilegal) contra o sujeito. Impetra-se o HC e pede-se o contramandado de prisão, visando a neutralizar a ordem de prisão anteriormente expedida. Ex: juiz que, sem fundamentar, determina a prisão preventiva do réu. Cabe HC suspensivo ao TJ.

---

179. Apesar de ser este o entendimento majoritário do STF e STJ, em 27.02.2018, a 2ª Turma do Supremo Tribunal Federal entendeu como cabível o manejo de *habeas corpus* em face de decisão judicial transitada em julgado, por ser mais célere e benéfica ao acusado (STF, RHC 146327/RS, Dje 16.03.2018).

Nota: há diversas situações de cabimento de HC que escapam à tradicional classificação exposta acima. Isto é assim porque, como vimos, o texto amplo da CF (art. 5º, LXVIII) permite o cabimento do HC não só para atacar as coações ilegais efetivas ou as ameaças ilegais iminentes, mas, também, para combater casos de ameaças não iminentes em relação às quais se consegue, de plano, antever a possibilidade de uma prisão ilegal. Ex.: sujeito que responde, em liberdade, a processo por crime de furto (que, como se sabe, possui previsão de pena de prisão) perante órgão judicial absolutamente incompetente. Uma situação dessas não se enquadra propriamente em nenhuma das espécies de HC acima indicadas. Apesar disso, o *writ* é cabível, pois a situação se amolda ao texto constitucional. Portanto, em matéria de cabimento de HC, deve o leitor sempre ter em mente o marco fundamental estipulado pela CF – que é mais abrangente que o CPP e que as espécies doutrinárias antes apontadas.

21.1.5. Legitimidade ativa

Qualquer pessoa pode impetrar HC em nome próprio ou em nome de outrem (inclusive sem procuração). Assim, podem impetrar HC: pessoa jurídica; menor; doente mental; estrangeiro; enfim, não há restrições aqui. Note-se que não se exige capacidade postulatória para impetrar HC, não sendo necessário, portanto, fazê-lo por meio de advogado, por exemplo.

21.1.6. Legitimidade passiva

É possível impetrar HC contra ato de autoridade ou mesmo contra ato de particular. Exemplo deste último caso: diretor de hospital que não deixa o paciente sair do ambulatório enquanto este não quitar a conta com o hospital.

21.1.7. Notas sobre o endereçamento

Competência do juiz de 1ª instância: em regra, quando o coator for o delegado, o agente policial ou o particular;

Competência do TJ: em regra, quando coator for o promotor ou o juiz de 1ª instância.

Observação: quando a autoridade coatora for Turma Recursal (JECRIM), a competência para o HC será do TJ. Note-se que a Súmula 690, STF foi cancelada, competindo "ao Tribunal de Justiça julgar *habeas corpus* contra ato de Turma Recursal dos Juizados Especiais do Estado" (STF, HC 90905 AgR / SP, *DJe* 11.05.2007);

Competência da Turma Recursal: quando a autoridade coatora for o juiz do JECRIM;

Competência do TRF: quando a autoridade coatora for juiz federal ou procurador da república (MPF) – art. 108, I, *d*, CF;

Competência do STJ (art. 105, I, *c*, CF): quando o coator ou paciente for Governador, desembargador do TJ, TRF, TRE, TRT, membro do Tribunal de Contas do Estado ou do Município ou membro do MPU que oficie perante tribunais;

Competência do STF (art. 102, I, *d*, CF): quando o paciente for o Presidente da República, o Vice-Presidente, os membros do Congresso Nacional, os membros dos tribunais superiores e do Tribunal de Contas da União ou os chefes de missão diplomática de caráter permanente.

21.1.8. Análise do art. 648, CPP

Note-se que este artigo não é taxativo, mas exemplificativo. Encontram-se nele algumas das situações mais corriqueiras de cabimento de HC, porém, não são em "número fechado". Como já dissemos, a abrangência dada pela CF ao HC extrapola os casos indicados a seguir. De todo o modo, vejamos. A coação considerar-se-á ilegal:

I – quando não houver justa causa.

A justa causa destacada neste inciso possui 2 significados:

1º) falta de justa causa (*i. e.*, falta de fundamentação) para a ordem proferida. Ex.: decisão que, sem fundamentação, decreta a preventiva do réu. Cabe HC contra esta decisão;

2º) justa causa para a existência do processo ou da investigação. Ou seja, não há provas suficientes embasando a investigação ou o processo contra o réu. Ex.: ação penal sem provas mínimas de que o réu foi o autor do crime. Neste caso, será pedido o trancamento (leia-se: arquivamento forçado) da persecução penal por meio do HC;

II – quando alguém estiver preso por mais tempo do que determina a lei.

Ex.: excesso de prazo na prisão em flagrante (art. 10, CPP). Delegado que extrapola o seu prazo de 10 dias para concluir e encaminhar o IP. Cabe HC nesta situação;

III – quando quem ordenar a coação não tiver competência para fazê-lo.

Ex.: juiz federal que decreta a prisão preventiva de um indiciado que praticou um crime da competência da justiça estadual;

IV – quando houver cessado o motivo que autorizou a coação.

Ex.: imagine-se que, no curso do processo, foi decretada a preventiva do réu por conveniência da instrução criminal em razão de o acusado estar destruindo as provas do processo. Finda a instrução criminal, não havendo mais material probatório a ser produzido/destruído, torna-se desnecessária a manutenção do cárcere cautelar. Cabe HC nesta situação, pois o motivo pelo qual foi decretada a prisão não mais existe. Somente será possível a prisão do réu se pautada em outra hipótese autorizadora da preventiva (art. 312, CPP), mas não mais na "conveniência da instrução criminal";

V – quando não for alguém admitido a prestar fiança, nos casos em que a lei a autoriza.

Ex.: imagine-se que, no curso do processo, o juiz indefere arbitrariamente a concessão de fiança que era cabível no caso concreto. Cabe HC nesta situação;

VI – quando o processo for manifestamente nulo.

Ex.: imagine-se que o réu não citado está respondendo a processo por crime de furto. Conclusão: processo manifestamente nulo. Cabe HC para combater esta situação;

VII – quando extinta a punibilidade.

Ex.: imagine-se que o crime praticado pelo acusado já prescreveu. O juiz, ignorando esse fato, determina o seguimento do processo. Cabe HC neste caso.

Sobre o assunto, o STF consolidou o entendimento de que o *habeas corpus* pode ser utilizado para impugnar medidas cautelares de natureza criminal diversas da prisão. Este entendimento se justifica pelo fato de que se as medidas vierem a ser descumpridas, poderão ser convertidas em prisão, havendo, portanto, certo risco à liberdade de locomoção do acusado (Informativo 888/STF, de 11 a 19 de dezembro de 2017).

21.2. Revisão criminal (RC)

21.2.1. Previsão legal

Arts. 621 a 631, CPP.

21.2.2. Finalidades da revisão

Busca restabelecer o estado de dignidade e/ou de liberdade do condenado.

21.2.3. Natureza jurídica

Não se trata de recurso (apesar de assim considerado pelo CPP), mas de ação autônoma de impugnação.

21.2.4. Há revisão em prol da sociedade?

É ação exclusiva do réu. Não é aceita entre nós a revisão em favor da sociedade (*pro societate*). A vedação da revisão *pro societate* encontra respaldo expresso na CADH.[180] Ex.: após a absolvição definitiva do acusado surgem novas provas de sua culpa. Impossível, neste caso, a reabertura do caso.

Porém, é preciso destacar que o STF (HC 104998/SP, *DJe* 09.05.2011) permite a reabertura do caso pela acusação numa hipótese específica: quando a declaração da extinção da punibilidade do réu estiver embasada em certidão de óbito falsa. Ex.: acusado foragido que apresenta certidão de óbito falsa, culminando na declaração de extinção de sua punibilidade pelo juiz. Nesta situação, descoberta a falsidade (ou seja, sabendo-se que o réu, na verdade, está vivo), será, segundo o STF, possível reabrir o caso. Principal motivo dado pela Corte Suprema: não há formação de coisa julgada *em sentido estrito*. Logo, é cabível a reabertura (STJ: REsp 1324760/SP, *DJ* 18.02.2015).

21.2.5. Pressuposto para ingressar com a revisão criminal

Sentença penal condenatória transitada em julgado, não importando a natureza da pena aplicada (pecuniária ou privativa de liberdade), a sua quantidade, se já foi cumprida ou não, ou se é vivo ou morto o sentenciado. Note-se que cabe revisão criminal em prol de pessoa falecida, inclusive. Isto é assim porque, conforme visto, a revisão não visa apenas resgatar o *status libertatis* do sujeito, mas também o seu *status dignitatis*.

---

180. Convenção Americana de Direitos Humanos (Pacto de San José da Costa Rica).

Obs. 1: Cabe RC contra a **sentença absolutória imprópria** transitada em julgado. Lembrando que sentença absolutória imprópria é aquela que absolve o réu, porém, aplica-lhe medida de segurança (reconhecimento de doença mental ao tempo do crime – art. 26, CP). Ex.: pense-se que, após o trânsito em julgado da sentença absolutória imprópria, surgem novas provas demonstrando que não foi o acusado o autor do crime. Cabe RC nesta situação.

Obs. 2: Cabe RC contra **sentença condenatória definitiva do júri.** Sabe-se que no júri vigora o princípio da soberania dos veredictos (aquilo que ficar decidido pelos jurados não pode ser reformado pelo juiz-presidente nem pela instância *ad quem*). Porém, acima desse princípio está a dignidade/liberdade do condenado. Logo, é cabível a revisão criminal mesmo em face de sentença condenatória definitiva oriunda do Júri.

21.2.6. Prazo

Não há prazo determinado para ingressar com a revisão (ver art. 622, *caput*, CPP). Cabe antes, durante ou depois da pena, em favor do vivo ou do morto. É preciso, no entanto, que tenha ocorrido o trânsito em julgado (requisito indispensável: certidão de trânsito em julgado da sentença).

21.2.7. Legitimidade para ingressar com a revisão

I – O próprio condenado (independentemente de advogado);

II – Procurador legalmente habilitado (advogado). Obs.: Há entendimento (Tourinho, Mirabete e Muccio, por exemplo) de que pode ser qualquer pessoa, desde que munida de procuração;

III – C.C.A.D.I. (no caso de morto);

IV – MP – embora o tema seja polêmico, prevalece que é possível (Luiz Flávio Gomes e Muccio, por exemplo).

21.2.8. Hipóteses de cabimento (art. 621, CPP)

A revisão criminal tem fundamentação vinculada. Significa isto que somente se pode ingressar com a revisão em casos específicos previstos na lei. Logo, o art. 621, que trata das hipóteses de cabimento, não configura rol exemplificativo de situações, mas exaustivo. Vejamos. A revisão dos processos findos será admitida:

I – quando a sentença condenatória for contrária ao texto expresso da lei penal ou à evidência dos autos:

a) sentença contrária a texto expresso de lei penal: por "lei penal" entenda-se lei penal e processual penal. É preciso que a sentença tenha sido contrária a texto expresso de lei, pois, no caso de existir interpretação controvertida sobre o dispositivo legal, não cabe a revisão. Ex.: juiz que condena o acusado sem, no entanto, seguir o sistema trifásico para dosar a pena. Cabe RC;

b) sentença contrária à evidência das provas: é a condenação que não se ampara em nenhuma prova e não aqueles casos em que se têm provas favoráveis e contrárias ao réu, optando o juiz por estas últimas. Ex.: inexistindo qualquer prova da autoria do crime por parte do réu, o juiz mesmo assim o condena. Cabe RC;

II – quando a sentença condenatória se fundar em depoimentos, exames ou documentos comprovadamente falsos.

Fundamento da sentença: depoimento, exame ou documento comprovadamente falso. Ex.: condenação amparada em exame pericial falso. E se o julgador tiver condenado com base em outras provas não viciadas? Ainda assim cabe a RC? Aponta a doutrina que não, *i. e.*, caso o juiz tenha condenado com base em outras provas regulares (e não apenas amparado na prova falsa), não caberá RC;

III – quando, após a sentença, descobrirem-se novas provas de inocência do condenado ou de circunstância que determine ou autorize diminuição especial da pena.

a) Novas provas da inocência: Ex.: após a condenação definitiva do réu, vem a juízo pessoa que confessa categoricamente a prática do crime pelo qual o acusado foi condenado. Cabe RC;

b) Atenuante genérica (art. 65, CP) e causas de diminuição (gerais e especiais). Ex.: após condenação definitiva observa-se que o julgador não observou a atenuante referente à menoridade do réu quando da prática do crime. Cabe RC.

E no caso de lei nova mais favorável ao condenado? É necessário ingressar com RC? Não, basta peticionar nesse sentido ao juízo da Execução Penal. *Vide* Súmula 611, STF.

21.2.9. Competência

STF e STJ: julgam suas próprias condenações (em sede de competência originária) e aquelas por eles mantidas. Exemplo desta última situação: imagine-se que um processo, por meio de RE, chegou até a Corte Suprema. Caso, posteriormente, surja nova prova da inocência do réu, a eventual RC deverá ser ingressada no próprio STF, uma vez que este órgão manteve a condenação do acusado;

TRF: julgam suas próprias condenações (competência originária) e a dos juízes federais. Exemplo: desta última situação: juiz federal condenou o réu e não houve recurso desta decisão (trânsito em julgado). Posteriormente, surge prova da inocência do réu. Cabe RC endereçada ao TRF;

TJ: idem.

Atenção: podemos concluir da leitura deste item que o juiz de primeira instância nunca julga RC. Esta é sempre julgada por instância *ad quem* (TJ, TRF, STJ etc., conforme o caso).

Desnecessidade de recolhimento à prisão para ingressar com a RC: Súmula 393, STF: *"para requerer revisão criminal, o condenado não é obrigado a recolher-se à prisão"*;

Possibilidade de reiteração de pedido: art. 622, parágrafo único, CPP: *"não será admissível a reiteração do pedido, salvo se fundado em novas provas".*

21.3. Mandado de Segurança em matéria criminal (MS)

21.3.1. Noções

Em essência, é ação de natureza cível (ação autônoma de impugnação). Utilizada em casos específicos no âmbito penal, funciona como verdadeiro sucedâneo recursal – é o que se chama de caráter residual ou subsidiário do MS.

21.3.2. Natureza

Ação autônoma de impugnação (não é recurso).

21.3.3. Base legal

Art. 5º, LXIX, CF e Lei 12.016/2009 (doravante: LMS).

21.3.4. Necessidade de o impetrante demonstrar que possui direito líquido e certo

Direito líquido e certo é aquele em relação ao qual não há dúvida de sua existência (demonstrável de plano). Prova documental pré-constituída. Descabe dilação probatória no âmbito do MS.

21.3.5. Autoridade coatora no MS

Apenas autoridade pública (descabe contra ato de particular); ou de pessoa investida em função pública.

Em caso de impetração pelo MP, no polo passivo da ação de MS deverá constar não apenas a autoridade coatora, mas também o réu, para que possa contestar. Ex: MS pelo MP quando da soltura "ilegal" do réu. Vide Súmula 701, STF.

21.3.6. Legitimidade ativa (impetrante) para o MS em matéria criminal

MP, querelante, assistente de acusação e réu. Há necessidade de capacidade postulatória.

21.3.7. Restrições ao uso do MS

Conforme a CF, o art. 5º, LMS e jurisprudência não cabe MS nas seguintes situações:

a) Ilegalidades relacionadas à liberdade de locomoção – não cabe MS, mas HC;

b) Para obtenção de informações de caráter pessoal ou retificação dessas informações em banco de dados – não cabe MS, mas *habeas data*;

c) Atos atacáveis por recurso administrativo com efeito suspensivo, independentemente de caução. Note-se que está prejudicada a Súmula 429, STF;

d) Decisão judicial atacável por recurso com efeito suspensivo. *Vide* Súmula 267, STF (que deve ser interpretada nesse sentido) e informativo STJ 667, 07.04.20.

e) Decisão judicial transitada em julgado. *Vide* Súmula 268, STF.

21.3.8. Hipóteses mais comuns de cabimento do MS em matéria criminal

Segundo Moreira (2010, p. 797), normalmente, o MS é mais usado pela acusação, uma vez que diversas afrontas a direitos do réu desafiam o HC. Vamos aos casos mais comuns:

a) Indeferimento arbitrário de habilitação como assistente de acusação – art. 273, CPP;

b) Indeferimento arbitrário de acesso do defensor aos autos do IP. Vide EOAB (art. 7º) e Súmula vinculante 14, STF. Cabe também reclamação ao STF, por violação à referida súmula vinculante;

c) Para trancamento de persecução penal temerária (IP ou processo) quando inexistir a possibilidade de cárcere. Ex:

imagine-se um processo criminal cujo objeto seja uma infração penal punida apenas com multa. Neste caso, cabe MS para trancar a persecução penal. Notemos que descabe o HC neste caso, pois não há possibilidade de segregação à liberdade, já que a infração perseguida é punida apenas a título de multa;

d) Para assegurar a presença do defensor em algum ato do IP.

21.3.9. Renovação do pedido

É possível, desde que a decisão não tenha examinado o mérito e ainda não transcorrido o prazo decadencial – art. 6º, § 6º, LMS. Por outro lado, a decisão denegatória da segurança não impede a propositura de ação de cognição mais ampla – art. 19, LMS.

21.3.10. Recurso contra a decisão de MS

a) Contra a sentença do juiz de 1ª instância que conceder ou negar o MS cabe apelação (cível) – art. 14, LMS.

Observação: da sentença que concede o MS em 1ª instância cabe recurso de ofício – art. 14, § 1º, LMS;

b) Contra o acórdão do TJ/TRF é preciso atentar para cada situação específica:

I – Se denegatória a decisão, caberá ROC para o STJ (art. 105, II, *b*, CF);

II – Se concedida a segurança, caberá, conforme o caso, RESP ao STJ (art. 105, III, CF) ou RE ao STF (art. 102, III, CF);

c) Contra o acórdão dos tribunais superiores (STJ, TSE, TST ou STM, exceto o STF) é preciso também atentar para cada situação específica:

I – Se denegatória a decisão, cabe ROC para o STF (art. 102. II, *a*, CF);

II – Se concessiva, cabe, se for o caso, RE ao STF.

REFERÊNCIAS

ALENCAR, Rosmar Rodrigues; TÁVORA, Nestor. **Curso de direito processual penal.** 11. ed. Salvador: Juspodivm, 2016.

_____. **Curso de direito processual penal.** 11. ed. Salvador: Juspodivm, 2017.

ARAÚJO, Fábio Roque; FRANÇA, Bruno Henrique Principe; TÁVORA, Nestor. **Lei de drogas. Coleção leis especiais para concursos.** 2. ed. Salvador: Juspodivm, 2013.

AVENA, Norberto. **Processo penal esquematizado.** São Paulo: Método, 2010.

BADARÓ, Gustavo Henrique Righi Ivahy. **Direito processual penal.** São Paulo: Campus, 2008, 2009. t. I e II.

BONFIM, Edilson Mougenot. **Curso de processo penal.** 5. ed. São Paulo: Saraiva, 2010.

BRITO, Alexis Couto de. **Execução penal.** 2. ed. São Paulo: RT, 2011.

CHOUKR, Fauzi Hassan. *Código de processo penal. Comentários consolidados e crítica jurisprudencial.* 3. ed. Rio de Janeiro: Lumen Juris, 2009.

CUNHA, Rogério Sanches. **Execução penal para concursos.** 2. ed. Salvador: Juspodivm, 2013.

DUCLERC, Elmir. **Direito processual penal.** Rio de Janeiro: Lumen Juris, 2008.

GOMES, Luiz Flávio. **Direito processual penal.** São Paulo: RT, 2005.

GRECO FILHO, Vicente. **Manual de processo penal.** 8 ed. São Paulo: Saraiva, 2010.

_____. FERNANDES, Antonio Scarance; GOMES FILHO, Antonio. **Recursos no processo penal.** 3. ed. São Paulo: RT, 2002.

_____. GOMES FILHO, Antonio Magalhães; FERNANDES, Antonio Scarance; GOMES, Luiz Flávio. **Juizados especiais criminais.** 4. ed. São Paulo: RT, 2002.

GRINOVER, Ada Pellegrini. **As nulidades no processo penal.** 7. ed. São Paulo: RT, 2001.

JARDIM, Afrânio Silva. **Direito processual penal.** 9. ed. Rio de Janeiro: Forense, 2000.

KARAM, Maria Lúcia. **Competência no processo penal.** 3. ed. São Paulo: RT, 2002.

LIMA, Marcellus Polastri. **Manual de processo penal.** 4. ed. Rio de Janeiro: Lumen Juris, 2009.

LIMA, Renato Brasileiro de. **Manual de processo penal.** 3. ed. Salvador: Juspodivm, 2015.

LOPES JR., Aury. *Direito processual penal e sua conformidade constitucional.* 5. ed. Rio de Janeiro: Lumen Juris, 2010. V. I e II.

MIRABETE, Julio Fabbrini. **Código de processo penal comentado.** 11. ed. São Paulo: Atlas, 2006.

_____. **Processo penal.** 10. ed. São Paulo: Atlas, 2000.

MOREIRA, Rômulo Andrade. **Direito processual penal.** Rio de Janeiro: Forense, 2003.

_____. **Curso temático de direito processual penal.** 2. ed. Curitiba: Juruá, 2010.

NICOLITT, André. **Manual de processo penal.** 2. ed. Rio de Janeiro: Elsevier, 2010.

NUCCI, Guilherme de Souza. **Código de processo penal comentado.** 5. ed. São Paulo: RT, 2006.

_____. **Leis penais e processuais penais comentadas.** 8. ed. Rio de Janeiro: Forense, 2014. v. 1 e 2.

OLIVEIRA, Eugênio Pacelli de. **Curso de processo penal.** 19. ed. São Paulo: Atlas, 2015.

_____. FISCHER, Douglas. *Comentários ao código de processo penal.* 2. ed. Rio de Janeiro: Lumen Juris, 2011.

PACHECO, Denílson Feitoza. **Direito processual penal. Teoria crítica e práxis.** 4. ed. Rio de Janeiro: Impetus, 2006.

_____. _____. 6. ed. Rio de Janeiro: Impetus, 2009.

PEREIRA, Márcio. *Questões polêmicas de processo penal.* Bauru: Edipro, 2011.

RANGEL, Paulo. **Direito processual penal.** 13. ed. Rio de Janeiro: Lumen Juris, 2007.

TOURINHO FILHO, Fernando da Costa. **Código de processo penal comentado.** 9. ed. São Paulo: Saraiva, 2005. v. 1 e 2.

_____. **Manual de processo penal.** 13. ed. São Paulo: Saraiva, 2010.

3. CRIMINOLOGIA

Vivian Calderoni

1. CONCEITO

A Criminologia é uma ciência <u>autônoma</u>, <u>empírica</u> e <u>interdisciplinar</u> que tem por <u>objeto de estudo</u> quatro elementos:

a) O crime;

b) O autor do delito (o criminoso);

c) A vítima; e

d) O controle social.

Vamos compreender cada um dos elementos da definição de "Criminologia":

<u>Autônoma</u>: A Criminologia é uma ciência autônoma e não uma ciência auxiliar ao direito penal, visto que detêm método e objetos de estudo próprios. É uma ciência autônoma que estabelece relações com o direito penal.

<u>Empírica</u>: A Criminologia é uma ciência empírica, portanto, baseada na observação da realidade, na experiência. O criminólogo se dedica ao estudo da realidade e a partir da observação desta e, com base nela, tenta explicá-la.

Vamos a alguns exemplos: a escola chamada de Antropologia Criminal (*vide* item 6.2.1 infra) defendia que o biótipo (os fatores genéticos e fenotípicos) das pessoas indicava se ela era criminosa ou não. Lombroso, seu grande expoente, fazia medições de crânios, de lábios, de nariz etc. para chegar ao 'tipo criminoso'.

Outro exemplo que pode ser dado é o de um estudo estatístico dos crimes mais cometidos em cada região da cidade. Provavelmente, a maior quantidade de furtos está nas áreas mais densas da cidade. Esse é um bom exemplo do uso da estatística pela Criminologia. No presente exemplo, o pesquisador observa a realidade de distribuição regional de crimes e as taxas de cometimento de cada delito por região da cidade para compreender a dinâmica criminal naquela cidade.

<u>Interdisciplinar</u>: A Criminologia é uma ciência interdisciplinar que se utiliza de outras ciências, preservando os métodos próprios de cada uma delas. As ciências mais comumente utilizadas pela Criminologia são a psicologia, a antropologia, a medicina, a sociologia, a estatística e o direito penal.

Vamos a alguns exemplos: Num caso hipotético foi encontrado um cadáver. Presume-se que tenha ocorrido um homicídio. A psicologia pode nos dar ferramentas para entender o porquê do cometimento daquele crime. Será que o autor do delito fez isso por ciúmes e seria um crime passional? Será que foi para ficar com a herança? Será que o criminoso matou aquela pessoa porque está em depressão? Será que esse delinquente é um psicopata, um matador em série?

A sociologia poderia nos ajudar a entender outros fatores. Será que a vida é um valor banalizado nessa sociedade e esse crime é só mais um dentre tantos? Será que esse homicídio é, na verdade, uma consequência cruel do machismo que domina aquela sociedade e a pessoa foi vítima de violência doméstica cometida pelo marido? Será que práticas de delitos como esse são socialmente aceitas?

O direito penal poderia trazer outros elementos para compreensão do crime. Será que o homicídio decorreu de legítima defesa? Será que foi realmente um homicídio ou a conduta se enquadra no crime de lesão corporal seguida de morte? Ou de tortura com resultado morte? Ou de latrocínio? Trata-se de um homicídio simples? Seria qualificado?

A medicina pode ajudar a esclarecer a *causa mortis*. Teria sido envenenamento? Asfixiado? Levado um tiro de arma de fogo?

<u>Objetos</u>: São quatro os objetos de estudo da Criminologia: o crime (também chamado de delito ou ato desviante), o autor do delito (também denominado de delinquente ou autor do ato desviante ou criminoso), a vítima e o controle social (também denominado de instâncias de controle).

2. MÉTODO

O método da Criminologia é empírico e indutivo. O contato com o objeto é direto e interdisciplinar.

<u>Empírico</u>: A Criminologia examina a realidade.

<u>Indutivo</u>: A Criminologia observa a realidade para dela extrair uma teoria. Ou seja, o pesquisador vai até o mundo concreto e de lá retira abstrações e conceituações. A compreensão da realidade se dá a partir da observação. Por isso diz-se que o contato com o objeto de estudo é direto.

<u>Interdisciplinaridade</u>: O método da Criminologia é aquele das ciências que são utilizadas por ela. Por exemplo, a psicologia, a medicina, o direito penal, a sociologia, a estatística e a antropologia.

3. FUNÇÕES

A função da Criminologia é traçar um diagnóstico científico e qualificado sobre seus objetos de estudo (o crime, o criminoso, a vítima e o controle social). O fim básico da Criminologia é informar a academia, a sociedade e os poderes públicos sobre o crime, os criminosos, a vítima e o controle social. O fim último da Criminologia é o controle e a prevenção criminal.

Cabe à Criminologia a compreensão dos fenômenos relacionados ao crime, ao criminoso, à vítima e ao controle social. Sendo assim, ela é importante fonte de informação para se pensar estratégias de prevenção criminal. A Criminologia, por ser uma ciência, traz mais segurança para se pensar e repensar políticas públicas, mas deve-se tomar cuidado, pois a Criminologia não é uma ciência exata e comporta subjetivismos do pesquisador que influenciam suas análises.

4. OBJETO: CRIME, CRIMINOSO, VÍTIMA E CONTROLE SOCIAL

4.1. Crime

Para o direito penal, o crime é uma conduta típica, antijurídica e culpável. Para a Criminologia essa definição é insuficiente, já que compreende o crime como um problema social, um fenômeno comunitário que deve ter incidência aflitiva, incidência massiva, persistência espaço-temporal e inequívoco consenso quanto à efetividade da intervenção penal.

Passaremos a compreender cada um desses elementos em separado.

4.1.1. Incidência aflitiva

De acordo com a Criminologia, para que uma conduta seja considerada crime deve produzir sofrimento. Ou seja, deve causar alguma lesão à vítima ou à comunidade como um todo. Não sendo razoável tipificar criminalmente uma conduta que não produza dor.

No ordenamento jurídico brasileiro, nem sempre isso ocorre. Por exemplo, a Lei 4.888/1965 proíbe a utilização da expressão "couro sintético". Ora, a conduta repreendida (nesse caso, o emprego de uma expressão) não produz qualquer sofrimento.

Já, matar alguém, crime tipificado no art. 121 do CP, produz sofrimento e dor. Ou seja, o crime de homicídio preenche esse requisito da definição.

4.1.2. Incidência massiva

De acordo com a Criminologia, para ser considerada crime a conduta deve ocorrer com alguma regularidade e não apenas isoladamente.

Existe um exemplo, no nosso ordenamento, que não segue essa característica. O crime de molestar cetáceo foi tipificado após uma pessoa colocar um palito de sorvete na narina de uma baleia que tinha encalhado na praia no Rio de Janeiro. A baleia morreu como consequência desse ato. Essa conduta foi criminalizada pela Lei 7.643/1987, porém não tem incidência massiva, não é comum que as pessoas coloquem palitos nas narinas de cetáceos.

Por outro lado, o homicídio tem incidência massiva, ele ocorre com regularidade.

4.1.3. Persistência espaço-temporal

Para a Criminologia, a conduta deve ocorrer em diversos locais e não ser restrita a uma localidade específica e, além disso, deve ser mais do que uma moda, deve continuar a ocorrer em diversos períodos. Ou seja, deve persistir no tempo e no espaço.

4.1.4. Inequívoco consenso quanto à efetividade da intervenção penal

Para a Criminologia, para que uma conduta seja elencada como crime, deve-se ter certeza de que a intervenção penal é a melhor forma, ou, ao menos, combinada com outras, é uma boa forma de se evitar a prática da conduta.

Um bom exemplo é a criminalização do consumo do álcool. O consumo do álcool já foi crime nos EUA, no chamado período da Lei Seca. Deve-se admitir que o consumo de álcool é uma prática com incidência massiva, aflitiva e com persistência espaço-temporal, mas a experiência norte-americana demonstrou que a criminalização não foi eficaz para o combate da conduta.

4.2. Criminoso

Para a Criminologia, o criminoso pode ser analisado sob quatro perspectivas distintas. São elas: biológica, sociológica, jurídica e política. Vamos passar a compreender cada uma delas e, em seguida, passaremos às classificações dos criminosos.

Sérgio Salomão Shecaira entende que todas as quatro concepções que serão abaixo descritas são importantes para a compreensão do criminoso, e que apenas uma visão que some todas elas e aceite que a definição de criminoso é complexa e subjetiva pode ser válida. Pois, os serem humanos são complexos e únicos, diferentes uns dos outros. Em determinado caso, um dos fatores pode exercer maior influência do que em outros. Em suas próprias palavras: "o criminoso é um ser histórico, real, complexo e enigmático (...). Por isso, as diferentes perspectivas [biológica, sociológica, jurídica e política] não se excluem; antes, completam-se e permitem um grande mosaico sobre o qual se assenta o direito penal atual."[1]

4.2.1. Biológica

A perspectiva biológica está estritamente relacionada com a Antropologia Criminal (*vide* item 6 infra) e a Criminologia Clínica. Aqui se entende que os fatores biológicos, genéticos e psicológicos – de constituição da pessoa – são fundamentais para compreender o cometimento de crimes por determinada pessoa. Para a Antropologia Criminal, a criminalidade estava associada fundamentalmente às características fisiológicas. O expoente da Antropologia Criminal é Cesare Lombroso. Para ele, as características fenotípicas e genéticas da pessoa determinavam se seria criminosa ou não, ou seja, a pessoa já nascia com características criminógenas.

4.2.2. Sociológica

A perspectiva sociológica vê o criminoso como fruto do seu meio social. Os fatores sociais podem levar ao cometimento de crimes. Lombroso, que tanto prezava pela descrição biológica dos criminosos também acreditava que os fatores sociológicos poderiam exercer alguma influência, mas em um grau muito pequeno. Outras teorias acreditam que a

---

1. SHECAIRA, Sérgio Salomão. *Criminologia*. São Paulo: Editora Revista dos Tribunais, 2004. p. 49-50.

influência do meio é muito alta, como é o caso da teoria da Associação Diferencial desenvolvida por Sutherland para explicar os crimes de colarinho branco nos EUA, na década de 1930. Muitos utilizam a perspectiva sociológica para associar o cometimento de delitos com o fato de a pessoa ter uma família considerada desestruturada.

O período clássico valorizava sobremaneira o livre-arbítrio, de modo que não considerava que criminosos e não criminosos fossem diferentes, já que todos os seres humanos são dotados de livre-arbítrio (vide item 6.1 infra). As teorias críticas, de cunho marxista, entendem o criminoso como fruto de um sistema econômico e social desigual (vide itens 12 e 13 infra).

4.2.3. Jurídica

A perspectiva jurídica entende que o criminoso é aquele assim definido pela lei penal. Só é criminoso aquele que praticou condutas tipificadas criminalmente. Não existe uma concepção ontológica de crime e, por isso, é criminoso aquele que recebe o rótulo de criminoso pela sociedade, por meio da lei penal. Ou seja, a pessoa que pratica condutas imorais, mas não tipificadas criminalmente não é um criminoso, é uma pessoa imoral, apenas. Por exemplo, uma pessoa que não é fiel a sua esposa, esposo, companheira, companheiro, namorada ou namorado não é um criminoso, apesar de praticar condutas rejeitadas pela sociedade.

4.2.4. Política

A concepção política compreende que o direito penal desempenha disfarçadamente outras funções, voltadas para manter o *status quo* da classe dominante. Essa é uma das explicações da criminalização de movimentos sociais reivindicatórios, como o Movimento Sem Terra – MST.

4.2.5. O homem delinquente: classificação de criminosos

Criminoso habitual: Possui as características criminógenas desde a infância, não é capaz de seguir uma vida sem cometer delitos.

Criminoso impetuoso: Pessoa psiquicamente estruturada que age sem premeditação. Em geral, costuma se arrepender.

Louco criminoso: O cometimento de crimes está associado às suas alterações psíquicas permanentes, sendo comum que confesse o crime. Existem os esquizofrênicos ou paranoicos que agem por obsessão e os oligofrênicos ou epiléticos que atuam por impulso momentâneo e sem justificativa aparente.

Criminoso fronteiriço (louco moral): A pessoa está na linha tênue entre a doença mental e a não presença de doença mental. É o caso dos psicopatas e sociopatas.

Classificação de Hilário Veiga de Carvalho: Considera os fatores etiológicos dos delinquentes, conforme a prevalência de fatores biológicos ou mesológicos. Os cinco tipos de criminoso de acordo com a classificação de Hilário Veiga de Carvalho são: **a) biocriminoso puro:** apresentam apenas fatores biológicos, portanto são passíveis de tratamento psiquiátrico; **b) biocriminoso preponderante (difícil correção**

e reincidência potencial): apresentam alguma anomalia biológica que por si só não é suficiente para desencadear a conduta criminosa, mas são facilmente influenciados por fatores externos; **c) biomesocriminoso (correção possível e reincidência ocasional):** sofrem influência de fatores biológicos e do meio, sendo muito difícil determinar qual fator exerce maior influência para o cometimento de delitos; **d) mesocriminoso preponderante (correção esperada e reincidência excepcional):** apresentam fraqueza de personalidade. Apesar da presença de fatores biológicos, os fatores ambientais se sobressaem; **e) mesocriminoso puro:** são influenciados apenas pelos fatores presentes no meio social, suas atitudes antissociais são definidas por fatores externos.

Classificação de Cesare Lombroso (*vide* item 6.2.1 infra): **a) criminoso nato:** influência biológica, instinto criminoso, degenerado; **b) criminoso louco:** perverso, louco moral, alienado mental; **c) criminoso de ocasião:** predisposição hereditária, hábitos criminosos influenciados por fatores externos. São pseudocriminosos; **d) criminoso por paixão:** exaltados, nervosos, usam a violência para solucionar questões emocionais ou passionais.

Classificação de Rafael Garófalo (*vide* item 6.2.2 infra): **a) criminoso assassino:** delinquentes típicos, egoístas e são movidos pelo impulso; **b) criminoso enérgico ou violento (subtipo: impulsivos ou coléricos):** falta-lhes compaixão e não o senso moral; **c) ladrão ou neurastênico:** falta-lhes probidade e não senso moral.

Garófalo propunha a pena de morte ou expulsão do país aos criminosos natos (instintivos).

Classificação de Enrico Ferri (*vide* item 6.2.3 infra): **a) criminoso nato:** similar ao criminoso nato de Lombroso, degenerado com atrofia do senso moral; **b) criminoso louco:** inclui além dos alienados como na categoria de Lombroso, os fronteiriços ou semiloucos; **c) criminoso ocasional:** comete crimes apenas eventualmente; **d) criminoso habitual:** reincidente, comete crimes de maneira habitual; **d) criminoso passional:** age pelo impulso, se aproxima do louco.

Classificação de Odon Ramos Maranhão: Para Odon Ramos Maranhão "o ato criminoso é a soma de tendências criminais de um indivíduo com sua situação global, dividida pelo acervo de suas resistências".[2] Dentro dessa definição, ele criou uma classificação natural de criminoso: **a) criminoso ocasional:** personalidade normal, poderoso fator desencadeante. O ato criminoso decorre do rompimento transitório dos meios de contenção de impulso; **b) criminoso sintomático:** personalidade com perturbações permanentes ou transitórias, não se nota a presença – ou a presença é mínima – de fatores externos desencadeantes; **c) criminoso caracterológico:** personalidade com defeito em sua formação, presença mínima de fator externo desencadeante.

4.2.6. O homem delinquente: teorias bioantropológicas

Os primeiros estudos biológicos ou bioantropológicos foram realizados por Lombroso. O destaque dado por Lombroso era para a antropometria, ou seja, para o estudo das

---

2. MARANHÃO, Odon Ramos. *Psicologia do crime*. São Paulo: Malheiros, 2008. p. 28.

medidas e proporções do corpo humano. Após Lombroso, se desenvolveram estudos biotipológicos, endocrinológicos e psicopatológicos.

Classificação de Kretschmer sobre tipos de autor: a) leptossômico (propensão ao furto e estelionato): alta estatura, tórax largo, peito fundo, cabeça pequena, pés e mão curtos, cabelo crespo; **b) atléticos (propensão a crimes violentos):** estatura média, tórax largo, musculoso, forte estrutura óssea, rosto uniforme, pés e mãos grandes, cabelos fortes; **c) pícnicos (menor propensão ao crime):** tórax pequeno, fundo, curvado, formas arredondadas e femininas, pescoço curto, cabeça grande e redonda, rosto largo e pés, mãos e cabelos curtos; **d) displásicos (propensão a crimes sexuais):** pessoas com corpo desproporcional, com crescimento anormal.

Essa classificação sofreu muitas críticas por ter fortes tendências discriminatórias e terem sido adotadas pelo nazifascismo para eliminar "raças inferiores".

Classificação de Kurt Schneider de personalidades psicóticas: São personalidades alteradas na afetividade e nos sentimentos. As anomalias são de caráter e não de inteligência.

Todas as classificações acima descritas, em que pesem serem cobradas nos exames, recebem diversas críticas por seu caráter simplificador, reducionista e por vezes preconceituoso e estigmatizante. As escolas criminológicas que serão apresentas mais adiante (itens 6 a 13) discutem o papel e as características dos criminosos de forma mais complexa de modo a não recair em simplismos e preconceitos.

4.3. Vítima

Idade de ouro: Na idade de ouro – período muito extenso, desde os primórdios da civilização até o final da Alta Idade Média – a vítima era o centro da relação penal. Vigorava, neste período, a autotutela. Cabia à vítima o papel de punir o agressor. Em alguns períodos e lugares essa retribuição era baseada em algumas regras e normas da sociedade, como, por exemplo, regras de proporcionalidade. Em outras, a punição já estava estabelecida previamente, mas a vítima era responsável por aplicá-la.

Com a proibição da autotutela pelo Direito Romano, ou seja, com a proibição da vítima fazer *"justiça com as próprias mãos"*, o conflito foi subtraído das mãos da vítima e o Estado passou a substituir às partes, retirando a vítima da relação penal.

Neutralização do poder da vítima: Quando o Estado assume o papel de responsável por impor as penas aos agressores, a vítima perde seu papel de protagonista e passa a ter um papel secundário, apenas de testemunha. Com o fim do sistema inquisitivo e o fortalecimento do sistema acusatório, esse papel fica ainda mais reduzido, quase desaparecendo da relação processual penal. Neste momento, a vítima deixa de ter poder sobre o fato delituoso. Esse poder passa a ser apenas do Estado. A pena passa a ser vista como garantia da ordem coletiva e não vitimária.

Revalorização da importância da vítima (*vide_item 14 infra*): A preocupação com a vítima retorna após a 2ª Guerra

Mundial, com a vitimização do povo judeu (holocausto). A partir deste momento, a vítima recomeça a assumir um papel importante nos processos penais, mas de forma gradual e lenta.

O fundador da Vitimologia é o judeu Benjamin Mendelsohn, professor da Universidade Hebraica de Jerusalém. Nasce a Vitimologia em sua famosa conferência, em Bucareste, em 1947, intitulada: "Um horizonte novo na ciência biopsicossocial: a Vitimologia". Ocorre o 1º Simpósio Internacional de Vitimologia, em 1973, em Jerusalém. (Mais sobre esse contexto no item 14 *infra*.).

O estudo da Vitimologia demonstra a complexidade da análise da vítima como indivíduo e sua inter-relação com o autor do delito.

No Brasil, atualmente, o papel da vítima é ainda bastante reduzido, se restringindo, na maior parte das vezes, à postura de testemunha. Existem alguns exemplos em que a vítima assume papel mais importante, como nos crimes contra a honra. Nesses delitos a legislação brasileira prevê a opção de que o autor do fato se retrate ou peça desculpas para a vítima. Também existe a figura de assistente de acusação, que pode ser desempenhado pela vítima.

A justiça restaurativa, por exemplo, que ainda é muito pouco aplicada no Brasil, mas é mais utilizada em outros países, coloca o agressor e a vítima para conversarem e a torna protagonista do processo. Os Juizados Especiais Criminais, criados pela Lei n. 9.099/95, se inspira no modelo consensuado de política criminal.[3] De acordo com Luiz Flávio Gomes e Antonio García-Pablos de Molina, "a preocupação central não é só a *decisão* (formalista) do caso, senão a busca de *solução* para o conflito. A vítima, finalmente, começa a ser *redescoberta* porque o novo sistema preocupou-se precipuamente com a reparação dos danos. Estão lançadas as bases de um novo paradigma de Justiça criminal: os operadores do direito (juízes, promotores, advogados etc.) passaram a desempenhar um novo *papel*: o de propulsores da conciliação no âmbito penal e tudo sob a inspiração dos princípios da informalidade, oralidade, economia processual e celeridade (arts. 2º e 62, da Lei 9.099/1995)."[4]

4.4. Controle Social

Conceito: conjunto de mecanismos e sanções sociais que pretendem submeter o indivíduo aos modelos e normas comunitários. O controle social é formado por mecanismos para que as pessoas se enquadrem nos padrões sociais.

Para isso, as organizações sociais utilizam o controle social formal e o controle social informal. Nos dizeres de Luiz Flávio Gomes e Antonio García-Pablos de Molina "toda sociedade ou grupo social necessita de uma disciplina que assegure a coerência interna de seus membros, razão pela qual se vê obrigada a criar uma rica gama de mecanismos

---

3. Art. 2º O processo orientar-se-á pelos critérios da oralidade, simplicidade, informalidade, economia processual e celeridade, buscando, sempre que possível, a conciliação ou a transação.

4. GOMES, Luiz Flávio. MOLINA, Antonio García-Pablos de. *Criminologia*. São Paulo: Editora Revista dos Tribunais, 2012 (coleção ciências criminais, v. 5). p. 496-497.

que assegurem a conformidade daqueles com suas normas e pautas de condutas. O controle social é entendido, assim, como o conjunto de instituições, estratégias e sanções sociais que pretendem promover e garantir referido submetimento do indivíduo aos modelos e normas comunitários. Para alcançar a conformidade ou a adaptação do indivíduo aos seus postulados normativos (disciplina social), serve-se a comunidade de duas classes de instâncias ou portadores do controle social: instâncias formais e instâncias informais. (...) Norma, processo e sanção são três componentes fundamentais de qualquer instituição do controle social, ratificando as pautas de conduta que o grupo reclama."[5]

4.4.1. Controle Social Formal

O controle social formal decorre de fontes estatais, sejam elas penais ou não. É o controle realizado pela polícia, ministério público, judiciário, exército, administração penitenciária, entre outros.

A fonte estatal mais evidente é a penal e todo seu aparato punitivo. Mas, políticas públicas também integram o aparato do controle formal. O Estado pode exercer esse controle por meio de implementação de iluminação pública, programas de complementação de renda, espaços de lazer, escola em período integral etc.

4.4.2. Controle Social Informal

O controle social informal decorre de fontes não estatais, de outras instâncias sociais de controle, como a família, a comunidade religiosa, a escola, os clubes e a opinião pública.

Quando as instâncias de controle social informais falham é que as instâncias formais de controle atuam, pois ele é mais eficiente do que o controle social formal.

O controle social informal é mais eficiente do que o formal na prevenção do crime. Essa é uma das explicações para os índices de criminalidade serem maiores em grandes cidades do que nas pequenas: nas cidades pequenas todo mundo se conhece, o que dificulta o cometimento de crime, já que todos os moradores são vigiados pelos demais. Já nas grandes cidades, as pessoas são "anônimas", pois poucos se conhecem, o que reduz a força dos mecanismos de controle social informal.

5. CRIMINOLOGIA *VS.* DIREITO PENAL

Esse item se dedicará a diferenciar a Criminologia do Direito Penal. (*Vide* itens 1, 2 e 3 *supra*).

Método: A Criminologia difere do direito penal em seu método. O método da Criminologia é empírico, indutivo e interdisciplinar. Ou seja, estuda a realidade e, então, extrai conceitos, teorias e generalidades sobre os fenômenos observados. E, além disso, é interdisciplinar, podendo se utilizar, inclusive, do direito penal para suas análises, mas sem se limitar a apenas esse aspecto.

Já o direito penal adota o método lógico-dedutivo e dogmático-jurídico. A conduta é analisada para ser enquadrada em um tipo penal. Como no exemplo do item 1 supra.

Será que aquele cadáver foi vítima de um homicídio, de um latrocínio, de lesão corporal seguida de morte, de tortura com resultado morte ou cometeu suicídio?

O direito penal procura saber qual o enquadramento típico da conduta para aplicar a lei. Uma vez feito o enquadramento típico correto, será seguido todo o processo penal correspondente e o juiz aplicará a pena, de acordo com o estabelecido na legislação criminal.

Objeto de estudo: a Criminologia tem quatro objetos de estudo: o crime, o criminoso, a vítima e o controle social. Já o direito penal tem apenas o crime como objeto de estudo.

Função: A Criminologia pretende conhecer a realidade sob diversos ângulos e perspectivas para transformá-la e reduzir a criminalidade. Já o direito penal tem por função conhecer a conduta para enquadrá-la no tipo penal mais adequado e aplicar as consequências jurídicas previstas em lei: *dê-me os fatos que eu te darei o direito*, essa é a função do direito penal.

De acordo com Shecaira, "se à criminologia interessa saber como é a realidade, para explicá-la e compreender o problema criminal, bem como transformá-la, ao direito penal só lhe preocupa o crime enquanto fato descrito na norma legal, para descobrir sua adequação típica."[6]

Vejamos a tabela síntese que diferencia a Criminologia do direito penal:

	Criminologia	Direito Penal
Método	Empírico, indutivo e interdisciplinar	Lógico-dedutivo e dogmático-jurídico
Objeto de estudo	Crime, Criminoso, Vítima e Controle Social	Crime
Função	Conhecimento para estratégias de redução da criminalidade	Enquadramento típico para aplicação das consequências jurídicas

6. NASCIMENTO DA CRIMINOLOGIA: ESCOLAS CLÁSSICA E POSITIVISTA

Não há consenso entre os teóricos quanto ao nascimento da Criminologia. Para muitos autores se deu com a Escola Clássica, marcada pela publicação de "Dos Delitos e das Penas", de Cesare Beccaria. Para outros, como Shecaira e Luiz Flávio Gomes e Pablos de Molina foi com a Escola Positivista, com a publicação de "O Homem Delinquente", de Cesare Lombroso.

Há, portanto, uma divergência quanto ao verdadeiro nascimento da Criminologia, mas as duas escolas foram, sem dúvidas, fundamentais para o desenvolvimento de todas as demais escolas criminológicas que se seguiram.

As duas escolas – tanto a Clássica, quanto a Positiva – são resultado do caldo de cultura Iluminista, ou seja, de um período em que a razão era muito valorizada. A escola Clássica valoriza o livre-arbítrio, o que tem relação direta

---

5. Idem, p. 126-127.

6. SHECAIRA, Sérgio Salomão. *Criminologia*. São Paulo: Editora Revista dos Tribunais, 2004. p. 38.

com seu contexto histórico de surgimento, o Iluminismo, período das luzes (*vide* item 6.1. *infra*).

A escola Clássica trata da proporcionalidade das penas e de outros elementos bastante ligados à razão. Já a escola Positivista exacerba o culto à razão e o leva ao extremo, adotando a experimentação como método e considerando os resultados científicos encontrados como a única resposta para as perguntas que colocava (*vide* item 6.2. *infra*). Vamos estudar cada uma das escolas separadamente.

6.1. Escola Clássica

<u>Autores</u>: São três os principais expoentes da escola Clássica: Cesare Beccaria, Francesco Carrara e Giovanni Carmignani. O mais conhecido deles é Cesare Beccaria.

<u>Período histórico</u>: Essa escola nasce no período Iluminista, século XVIII. Este momento é marcado pelo culto à razão. Por este motivo se chama Iluminismo, por ser o período das luzes, da razão.

<u>Objeto de estudo</u>: O foco da escola Clássica estava, primordialmente, no estudo do crime e das penas. Beccaria entendia que o homem era racional e dotado de livre-arbítrio, portanto, o que se deveria fazer, era estudar e transformar as leis.

Isto porque a escola Clássica entendia o crime como uma infração à lei, ou seja, como uma contradição com a norma jurídica. O importante era o fato e não o seu autor. Para a escola Clássica, o delito é resultado de um ato livre do seu autor, outros fatores não eram considerados como passíveis de influenciar o cometimento de infrações. O crime é entendido simplesmente como resultado de uma decisão livre de cada indivíduo.

Aqui fica evidente o culto à razão e ao livre-arbítrio, as bases dessa escola.

Essa é a maior crítica que a escola Clássica recebe, pois desconsidera completamente a pessoa do criminoso, não levando em consideração nenhum elemento psicológico e também ignora completamente o meio, como fatores que possam influenciar o cometimento dos delitos. É como se fosse possível conceber o delito como uma abstração formal e jurídica.[7]

---

7. "A contribuição da Escola Clássica pertence mais ao âmbito da Penalogia do que ao criminológico. Sua teoria sobre a criminalidade não busca tanto a identificação dos fatores que a esta determinam (análise etiológica) como a fundamentação, legitimação e delimitação do castigo. Não porque se produz o delito, senão quando, como e por que castigamos o crime. Este enfoque reativo tem uma fácil explicação histórica: A Escola Clássica teve que enfrentar, antes de tudo, o velho regime, o sistema penal caótico, cruel e arbitrário das velhas monarquias absolutas. Não poderia corresponder a ela, ainda, a missão posterior de investigar as causas do crime para combatê-lo. Era mister, primeiro, racionalizar e humanizar o panorama legislativo e o funcionamento de suas instituições, buscando um novo marco, uma nova fundamentação para ele. Como consequência, a Escola Clássica se enfrenta muito tarde com o problema criminal: limita-se a responder ao comportamento delitivo com uma pena justa, proporcionada e útil, mas, não se interessa pela gênese e etiologia daquele nem trata de preveni-lo e antecipar-se ao mesmo." GOMES, Luiz Flávio. MOLINA, Antonio García-Pablos de. *Criminologia*. São Paulo: Editora Revista dos Tribunais, 2012 (coleção ciências criminais, v. 5). p. 176.

<u>Método</u>: O método adotado era dedutivo, abstrato e formal. Por isso é considerada uma escola da fase pré-científica da Criminologia, porque não seguia métodos empíricos.

O método da Criminologia é empírico e o da escola Clássica é o dedutivo (como o do direito penal). A Criminologia científica parte da experiência, da observação da realidade para criar suas explicações para o fenômeno que estuda. Já a escola Clássica, por seguir o método dedutivo, baseia-se no raciocínio lógico, que usa a dedução para se chegar a uma conclusão sobre o objeto de estudo.

<u>"Dos Delitos e das Penas"</u>: A obra mais importante da escola Clássica foi escrita por Beccaria e publicada em 1764. Ela se chama "Dos Delitos e das Penas".

As principais ideias desse livro são:

(a) leis conhecidas pelo povo. Ademais, além de conhecer as leis o homem precisa entendê-las;

(b) a existência de leis simples, que todos entendessem. Já que o homem é dotado de livre-arbítrio, ele precisava entender as leis para poder segui-las;

(c) as leis deveriam ser obedecidas por todos os cidadãos e aqueles que a descumprisse deveriam receber a punição proporcional;

(d) só as leis poderiam fixar as penas, era vedado ao juiz aplicar penas arbitrariamente ou criar punições *ad hoc*;

(e) fim das penas que recaem sobre a família (ex. confisco e difamantes). Beccaria apresenta o princípio da pessoalidade, ou seja, de que a pena não poderá passar da pessoa do condenado;

(f) fim das penas cruéis e capitais. Beccaria foi um grande defensor do fim da tortura, das penas cruéis e da pena de morte. Isso porque ele não considerava essas penas racionais e nem proporcionais;

(g) mais importante do que o rigor das penas é assegurar seu cumprimento. Beccaria acreditava que a certeza da punição tinha grande efeito de prevenção do crime, já que o homem, dotado de racionalidade e livre-arbítrio, optaria por não cometer o crime para não sofrer a punição prevista; e

(h) a pena tem a função de reparar o dano causado pela violação ao contrato social de Rousseau, pela quebra das normas sociais estabelecidas.

Como fica claro do resumo da obra de Beccaria, todas as ideias principais seguem o mesmo raciocínio: defesa da proporcionalidade e da racionalidade.

6.2. Escola Positivista Italiana

A escola Positivista Italiana é considerada por alguns, como Luiz Flávio Gomes e Pablos de Molina, como uma escola da fase científica da Criminologia, já que adotava métodos empíricos bem delimitados. Para outros autores, é incluída na fase pré-científica, pois apesar desse esforço científico, suas falhas metodológicas são tão graves que chegam a ser insanáveis, impossibilitando que essa escola seja considerada como científica.

<u>Autores</u>: Os três expoentes dessa escola são: Cesare Lombroso, Rafaele Garófalo e Enrico Ferri.

<u>Período histórico</u>: Essa escola nasce no período Iluminista, século XVIII. Este momento é marcado pelo culto à

razão. Por isso se chama Iluminismo, por ser o período das luzes, da razão.

Objeto de estudo: O foco dessa escola estava no estudo do criminoso.

Método: Utiliza o método empírico e indutivo, mas com grandes falhas metodológicas.

6.2.1. Antropologia Criminal: Cesare Lombroso

A principal obra de Lombroso se chama "O Homem Delinquente" e foi publicada em 1876. O título da obra já deixa em evidência o objeto de estudo dessa escola, qual seja, o criminoso.

Lombroso desenvolveu a teoria de que as características biológicas são determinantes da delinquência, ou seja, para ele, é possível identificar um criminoso por seus atributos físicos. Esses elementos biológicos e físicos que determinariam a delinquência seriam traços regredidos e primitivos da espécie humana, sendo que estes traços são constatáveis por meio de exames. Essa característica seria gerada por degenerescência da espécie, pela via da transmissão atávica. Assim, traços primitivos reapareceriam em alguns indivíduos, sendo possível constatá-los por meio de exame antropológico, pela fisionomia e por sintomas correlatos.

Deste modo, a função do direito penal seria a contenção do criminoso e sua exclusão da sociedade, propondo-se a recuperação para aqueles passíveis de recuperação, os recuperáveis.

Para chegar a estas conclusões, Lombroso – que também era médico – fez diversos estudos, entre eles, 400 autópsias com delinquentes mortos e seis mil com delinquentes vivos. Também estudou 25 mil presos europeus. Ele mediu os crânios, as faces, as distâncias entre os olhos, os tamanhos de nariz etc. Além disso, Lombroso relaciona esses traços, que ele chama de atávicos, com a epilepsia, por exemplo.

Daí ele conclui que determinadas características estavam presentes nos delinquentes e, portanto, eram determinantes da delinquência. Para ele, bastava a pessoa nascer com determinadas características para delinquir. No extremo, já seria possível saber desde o nascimento que a pessoa seria criminosa.

A sua principal contribuição para a história da Criminologia não foi a sua tipologia de criminosos que ficou bastante famosa, mas sim o método utilizado.

Sua tipologia distinguia seis tipos de criminosos (*vide* item 4.2.5):

(a) nato (atávico);

(b) louco moral (doente);

(c) epiléptico;

(d) louco;

(e) ocasional; e

(f) passional.

Mais adiante, em sua carreira, Lombroso complementa essa tipologia quando realiza estudos sobre a criminalidade feminina – em sua obra "A Mulher Delinquente"- e sobre a criminalidade política – em sua obra "O Crime Político e as Revoluções".

O positivismo de Lombroso se opõe, de modo frontal, à visão de crime e criminosos da escola Clássica. Enquanto, para escola Clássica o crime decorre da decisão, do livre-arbítrio e da racionalidade do homem, para Lombroso decorre essencialmente de seus traços biológicos, sendo que algumas características físicas e fisiológicas da pessoa determinam que ela praticará crimes.

A sua principal falha metodológica é de que ele estudou apenas aquelas pessoas já condenadas pelo cometimento de crimes. Tal escolha do universo a ser pesquisado é carregada de um viés que invalida sua teoria, pois desconsidera a seletividade do sistema de justiça, ou seja, desconsidera que o sistema de justiça seleciona a classe mais pobre para ser condenada, enquanto não pune a classe mais alta – que também comete crimes. A teoria lombrosiana serve para reforçar os estereótipos da justiça penal seletiva e não considera esse elemento-chave de modo crítico na construção teórica. Por ter cometido essa falha metodológica tão grave – a ponto de macular toda a teoria desenvolvida – muitos autores consideram a escola Positivista Italiana como pré-científica.

6.2.2. Psicológica: Rafaele Garófalo

Garófalo escreveu o livro chamado "Criminologia".

Para ele, os criminosos têm um déficit moral e, por isso, cometem crimes. Mas ele distinguiu esse déficit moral da patologia (das doenças). Esse déficit de base orgânica, endógena e de mutação psíquica, transmissível hereditariamente e com conotações atávicas e degenerativas, está associado a características genéticas e biológicas do indivíduo. São mutações psíquicas transmissíveis hereditariamente. O crime está no homem e se revela como degeneração deste.

A principal contribuição de Garófalo para a Criminologia são suas ideias sobre a punição, fins da pena, sua fundamentação, bem como as formas de prevenção e repressão da criminalidade. Suas posições com relação a esses pontos são extremamente duras. Defende a pena de morte, opondo-se ao ideal ressocializador. Para Garófalo, segundo Luiz Flávio Gomes e Pablos de Molina, "do mesmo modo que a natureza elimina a espécie que não se adapta ao meio, também o Estado deve eliminar o delinquente que não se adapta à sociedade e às exigências da convivência."[8]

6.2.3. Sociológica: Enrique Ferri

Ferri escreveu o livro "Sociologia Criminal".

Para ele, o delito resulta de diversos fatores:

(a) os biológicos e os antropológicos, que seriam as características psíquicas e orgânicas dos indivíduos;

(b) os fatores físicos como o clima, temperatura, umidade; e

(c) os fatores sociais, como densidade populacional, religião, família, educação etc.

Ferri trouxe os fatores sociais à escola Positivista.

---

8. GOMES, Luiz Flávio. MOLINA, Antonio García-Pablos de. *Criminologia*. São Paulo: Editora Revista dos Tribunais, 2012 (coleção ciências criminais, v. 5). p. 191.

7. ESCOLA SOCIOLÓGICA DO CONSENSO *VS.* ESCOLA SOCIOLÓGICA DO CONFLITO

É fundamental diferenciar escola sociológica do consenso das escolas sociológicas do conflito, pois as próximas seis escolas que estudaremos se dividem entre essas duas categorias.

As escolas do consenso acreditam que se as instituições e os indivíduos estiverem operando em harmonia, compartilhando as metas sociais e de acordo quanto às regras de convivência, as sociedades terão atingido seu fim.

Ao contrário, as teorias do conflito entendem que a harmonia social só existe em função da imposição pela força, identificam a coerção como elemento central para garantia da coesão social. Para os teóricos filiados às escolas do conflito, a relação entre dominantes e dominados e os conflitos decorrentes dessa relação são inerentes às sociedades.

Sendo assim, as escolas do consenso entendem que as sociedades são compostas por elementos perenes, integrados, funcionais, estáveis. Todos baseados no consenso.

As escolas do conflito, ao contrário, entendem que as sociedades estão em mudanças contínuas e que todos os elementos cooperam para a sua dissolução. As lutas de classes ou de ideologias estão presentes nas sociedades.

As escolas do consenso que veremos a seguir são: escola de Chicago, teoria da Associação Diferencial, teoria da Anomia e teoria da Subcultura Delinquente. As escolas do conflito que estudaremos são: teoria do *Labelling Approach* e teoria Crítica.

A tabela abaixo sintetiza as principais diferenças entre as teorias do consenso e do conflito.

	Consenso (Funcionalistas/ Integracionista)	Conflito
Visão de sociedade	*Os objetivos da sociedade são atingidos quando há o funcionamento perfeito das instituições e os indivíduos estão compartilhando metas sociais e concordando com as regras de convívio.*	*A harmonia social decorre da força e da coerção, por meio da relação entre dominantes e dominados. A pacificação social é decorrente da imposição e da coerção, não é voluntária.*
Postulados	*As sociedades são compostas por elementos perenes, integrados, funcionais, estáveis, baseados no consenso entre os integrantes.*	*As sociedades estão sujeitas a mudanças contínuas, todo elemento coopera para sua dissolução. Está presente a luta de classes ou de ideologias (Marx).*
Principais escolas	*1) Chicago; 2) Associação Diferencial; 3) Anomia; e 4) Subcultura Delinquente*	*1) Labelling Approach; e 2) Crítica*

8. ESCOLA DE CHICAGO (ECOLÓGICA, ARQUITETURA CRIMINAL, DESORGANIZAÇÃO SOCIAL)

A escola de Chicago é umas das escolas sociológicas do consenso. Também é conhecida como escola Ecológica ou Arquitetura Criminal ou ainda Desorganização Criminal.

Autores: William Thomas, Robert Park, Ernest Burgess.

Período histórico: A Escola de Chicago data da primeira metade do século XX, e foi concebida na Universidade de Chicago.

Para compreender as ideias dessa Escola é necessário entender as mudanças ocorridas na cidade: Chicago havia passado por um enorme crescimento populacional. Em 1840, a cidade tinha uma população de 4.470 habitantes, e em 1900 esse número ultrapassou um milhão, e em 1910 a população de Chicago chega a quase dois milhões de habitantes.

Esse crescimento urbano decorreu de ter se tornado um importante entroncamento ferroviário, uma cidade industrial e estar geograficamente localizada em um ponto que permite a exploração do transporte via navegação pelos Grandes Lagos.

Parte da população de Chicago era composta por imigrantes europeus cujos países de origem vivenciavam os conflitos das duas guerras mundiais e imigrantes negros do sul dos Estados Unidos que procuravam trabalho nas indústrias, pois estavam em busca de um lugar com menos preconceito racial. A população negra chegou a ser de 7% na cidade.

A vinda de tantos imigrantes propiciou a formação de guetos de proteção. Esses imigrantes oriundos do mesmo país passaram a morar na mesma região da cidade e manter a sua língua materna como forma de comunicação e a manter seus costumes.

Pensamento ecológico: A cidade não é apenas uma estrutura física e artificial, ela tem sentidos, costumes, tradições, sentimentos próprios. Cada cidade tem sua própria cultura, suas regras, sua organização formal e informal, seus usos e costumes e sua identidade.

O pensamento base dessa escola é de que há uma relação direta entre o espaço urbano, sua conformação e a criminalidade. Não só no que diz respeito à quantidade de crimes cometidos na cidade como um todo, como também a distribuição dos tipos de crimes por região da cidade, a relação entre a forma que determinada região ou bairro se organiza e se estrutura e o tipo e a quantidade de crimes cometidos naquela região. Por isso essa escola também é chamada de arquitetura criminal ou ecológica, por trabalhar com essa relação entre cidade e crime.

Cada cidade tem uma especificidade e funciona de um jeito próprio e singular, mas, além disso, cada região de uma mesma cidade também tem suas próprias características e estas estão diretamente relacionadas com a criminalidade.

A Escola de Chicago dividiu a cidade em cinco zonas:

(a) A primeira zona é chamada de *Loop*. Ela representa a zona industrial e comercial da cidade.

(b) A segunda é a zona de transição entre o *Loop* e a terceira. Por ser uma zona de transição está sujeita a ser engolida pelo crescimento da primeira e a degradação daí decorrente. Por ser uma área ruim para a moradia, em razão do mau cheiro ocasionado pela proximidade das indústrias, por ser barulhenta e mais suja, acaba sendo uma área que concentra as pessoas com menor poder aquisitivo. É uma área com concentração de favelas, bordéis e cortiços.

Em Chicago os imigrantes ficavam mais concentrados nessa área, o que acabou por favorecer a formação de guetos quase impenetráveis, em que se falavam as línguas nativas e seguiam os próprios costumes.

(c) A terceira zona é a região de moradia das pessoas mais pobres e dos imigrantes que conseguiram emprego. São pessoas que saíram da área de decadência – segunda zona – mas moram próximas dos locais de trabalho.

(d) A quarta zona abriga a moradia da classe média.

(e) A quinta zona abriga a moradia da classe mais alta, que se dispõe a gastar tempo para chegar ao trabalho de manhã e voltar para a casa de noite, em nome de morar em uma zona mais limpa e afastada do *Loop*.

A imagem abaixo ilustra a divisão da cidade descrita acima:

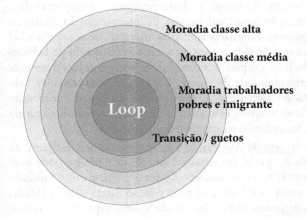

A partir dessa divisão da cidade, os teóricos começaram a estudar a criminalidade em cada área. As estatísticas mostraram que o índice de criminalidade era maior nas áreas mais próximas ao *Loop* e menor nas áreas mais distantes.

É importante destacar que a escola de Chicago não segue um determinismo ecológico. Para essa escola, o fato da pessoa residir em determinada área da cidade é um dos vetores importantes para a compreensão da criminalidade, que deve ser levado em consideração nas análises, mas não é determinante. Ou seja, morar em determinada região não é garantia de que irá cometer delitos ou não.

Na área *dois* a degradação da moradia e da qualidade de vida é muito alta e lá residem pessoas muito diferentes – o que tornava muito difícil a criação de laços de solidariedade social entre elas. De acordo com a escola de Chicago, esses elementos favoreciam a solução de conflitos por meio do cometimento de delitos para os recém-chegados.

Conceitos principais: Do que acabamos de estudar, podemos extrair os dois conceitos principais dessa escola: (i) o conceito de **tendência gradiente** (*gradient tendency*), ou seja, quanto mais afastada do *Loop* menor a tendência a ser uma área com altas taxas de criminalidade; (ii) e o conceito de **desorganização social**. Nas áreas de maior taxa de delinquência encontram-se as piores condições de vida. São as áreas mais desorganizadas socialmente. Por isso, os autores dessa escola falam que a criminalidade urbana está estreitamente relacionada com a desorganização social.

Sendo assim, a degradação das zonas da cidade e a desorganização social são vetores criminógenos que devem ser considerados. O *gradient tendency*, ou tendência gradiente, é exatamente a diluição das taxas de criminalidade em razão da zona da cidade. E a desorganização social é fator criminógeno importante.

A cidade degradada é ocupada por enclaves étnico-sociais que absorvem a cultura criminal por conta da perda de suas raízes.

"Suas teses [da escola de Chicago] consistem em que exista um claro paralelismo entre o processo de criação dos novos centros urbanos e a sua criminalidade, a criminalidade urbana (claramente diferenciada, sob todos os pontos de vista, da que é produzida fora dos núcleos urbanos). A cidade 'produz' delinquência. Dentro da grande cidade pode-se verificar inclusive a existência de zonas ou áreas muito definidas (o *gangland*, as *delinquency areas*), onde aquela [criminalidade] se concentra.

A teoria ecológica explica este efeito criminógeno da grande cidade, valendo-se dos conceitos de desorganização e contágio inerentes aos modernos núcleos urbanos e, sobretudo, invocando o debilitamento do controle social nestes núcleos. A deterioração dos "grupos primários" (família etc.), a modificação 'qualitativa' das relações interpessoais que se tornam superficiais, a alta mobilidade, e residência, a crise dos valores tradicionais e familiares, a superpopulação, a tentadora proximidade às áreas comerciais e industriais onde se acumula riqueza e o citado enfraquecimento do controle social criam um meio desorganizado e criminógeno."[9]

As relações que as pessoas estabelecem com a cidade são fundamentais para a compreensão da criminalidade urbana. As cidades são diferentes entre si e a relação de seus moradores com elas também difere. Essa relação é diferente em cada zona da cidade.

Nas grandes cidades há uma perda de identidade, os indivíduos se transformam em anônimos, já que não são conhecidos e nem conhecem a grande maioria dos demais moradores da cidade. Por muitas vezes não conhecem nem os morados do mesmo prédio ou da mesma rua. Esse anonimato gera uma forma diferente de se relacionar com a cidade e enfraquece o controle social informal. Isso porque a pessoa não se sente pertencente a uma comunidade ou grupo, se sente como um indivíduo singular e autônomo na dinâmica corrida da cidade grande.

As diferentes formas de adaptação das pessoas às cidades têm uma mesma consequência e resultado: a implicação moral e social das pessoas em um permanente processo interativo com a cidade. Nas grandes cidades cria-se um permanente anonimato. "A ruptura das relações anteriores e o enfraquecimento das restrições dos grupos primários, sob a influência do meio urbano, é que são, em grande parte, responsáveis pelo aumento do crime nas grandes cidades."[10]

9. GOMES, Luiz Flávio. MOLINA, Antonio García-Pablos de. *Criminologia*. São Paulo: Editora Revista dos Tribunais, 2012 (coleção ciências criminais, v. 5). p. 300.

10. SHECAIRA, Sérgio Salomão. *Criminologia*. São Paulo: Editora Revista dos Tribunais, 2004. p. 161.

É importante lembrar que a organização da cidade está em constante transformação e as políticas públicas também exercem importante papel na configuração dessa organização ou desorganização. Qualquer organização ecológica está em constante processo de mudança, cujo ritmo depende do dinamismo do progresso cultural e das escolhas políticas.

Prevenção do delito: A escola de Chicago tem o foco na prevenção do delito e no combate à criminalidade. Os autores dessa escola defendem a revitalização das áreas degradadas (desmonte de armazéns, reformas...) transformando essas zonas em mais bonitas, saudáveis, agradáveis de viver e frequentar, bem como o resgate das raízes e senso de solidariedade (por meio de lazer, escotismo, música, atividades culturais, esportivas etc.). Essas atividades permitem que as pessoas compartilhem momentos e criem relações mais próximas e afetivas.

Além disso, propõem que o foco das políticas públicas seja dado às crianças, por meio de desenvolvimento de condições econômicas e sociais, para realmente evitar que recorram à criminalidade quando crescerem. Neste sentido, defendiam que: "A lógica da exclusão passa a ser substituída pela lógica do contexto participativo da inclusão, interrompendo um processo que pode culminar com a marginalidade."[11]

Méritos e Deméritos: A escola de Chicago deixou dois principais legados: passou-se a considerar a organização das cidades como fator criminógeno e, além disso, chamou atenção para o fato de a política pública não deve ser apenas criminal e focada na punição e aplicação da pena de prisão, mas que deve ser essencialmente preventiva, bem como para a constatação de que a organização urbana é uma forma fundamental de prevenção da criminalidade. Neste sentido, políticas públicas de iluminação das vias, planejamento urbano, preservação dos edifícios, criação de áreas públicas de lazer e atividades culturais acessíveis para todos são essenciais para a redução da taxa de criminalidade.

Por outro lado, são três os principais deméritos da escola de Chicago. Os autores tinham uma concepção burguesa e etnocêntrica de organização social, não reconheciam as organizações marginais. Os projetos de moradia popular mais famosos da cidade de São Paulo – Projeto Singapura e CDHU – poderiam ser bons exemplos de revitalização da cidade e de tentativa de melhorar as condições de vida, mas não levam em consideração as necessidades da comunidade, não criam laços de solidariedade entre os moradores e, por isso, tem menos eficácia na redução da taxa de criminalidade decorrente da degradação das condições de vida.

Ademais, a escola de Chicago não questiona a definição de delito. Apenas trabalha com o que já é definido como crime pela lei para realizar os estudos ecológicos.

Por fim, a escola de Chicago não consegue explicar os delitos cometidos fora das áreas delitivas, ou seja, nas áreas mais afastadas do *Loop*, tampouco o não cometimento de delitos nas áreas delitivas. Essa é uma grande crítica – talvez a maior – que essa escola recebe.

9. TEORIA DA ASSOCIAÇÃO DIFERENCIAL

A teoria da Associação Diferencial é uma das escolas sociológicas do consenso.

Autor: Edwin Sutherland.

Período histórico: A teoria da Associação Diferencial surge na década de 1930 nos Estados Unidos, no período pós-quebra da bolsa de Nova Iorque em 1929. Período marcado pelo Welferismo e pelo New Deal, ou seja, um período em que a interferência estatal na economia estava crescendo.

Antes da quebra da bolsa, os Estados Unidos viveram um período de grande crescimento econômico no pós 1ª Guerra Mundial. Porém, com a quebra da bolsa de Nova Iorque, a pobreza interna aumenta. Nesse momento, os Estados Unidos passam por uma mudança de paradigma e o Estado passa a intervir na economia, o que não fazia até então. Roosevelt é eleito presidente e implementa a política do New Deal, ou seja, de intervenção do Estado na economia. É nesse período, inclusive, que é revogada a Lei Seca que proibia o consumo e comercialização de bebidas alcoólicas no país. Esta medida reduziu significativamente a criminalidade de massa. Outras medidas tomadas pelo Estado foram a criação do seguro desemprego, a realização de investimentos brutais em obras públicas de infraestrutura e o fechamento temporário dos bancos.

Teoria da Associação Diferencial: Sutherland parte da ideia de que os princípios da escola de Chicago (vide item 8 supra) não são suficientes para explicar a criminalidade. A escola de Chicago vê uma relação direta entre a cidade, sua organização e a criminalidade, sendo que nas áreas com maior índice de desorganização social a prática delitiva é mais comum. Essas áreas desorganizadas são associadas com as áreas onde habitam a população mais pobre. E é nesse ponto que Sutherland não acha a explicação suficiente e pretende ir além com sua teoria.

A principal ideia da teoria da Associação Diferencial é a de que o crime é uma conduta aprendida, assim como qualquer outra. O aprendizado se dá pela convivência em determinados grupos. Alguns grupos transmitem a seus membros a conduta delinquente. A prática delitiva é mais uma das condutas aprendidas, que a pessoa assimila com o grupo que convive – família, escola, amigos, colegas de trabalho etc. As pessoas aprendem comportamentos pela imitação. As crianças imitam os pais, professores e amigos da escola. Para essa teoria, o crime é mais uma das condutas aprendidas e imitadas.

Ideias-chave: O conceito de organização diferencial e o de aprendizagem dos valores criminais são os principais conceitos dessa teoria. Para a teoria da Associação Diferencial, o homem aprende a conduta desviante e associa-se com referência nela.

Além disso, como em todo processo de aprendizagem, o processo de comunicação é determinante para a prática delitiva. Os valores dominantes do grupo ensinam o delito.

"O crime, conforme este autor, não é hereditário nem se imita ou inventa: não é algo fortuito ou irracional: o crime se aprende. A capacidade ou destreza e a motivação necessárias para o delito se aprendem mediante contato com

---

11. SHECAIRA, Sérgio Salomão. *Criminologia*. São Paulo: Editora Revista dos Tribunais, 2004. p. 179.

valores, atitudes, definições e pautas de condutas criminais no curso de normais processos de comunicação e interação do indivíduo com seus semelhantes."[12]

São cinco as principais bases da teoria da Associação Diferencial:

(a) O comportamento criminal é um comportamento aprendido, assim como os demais comportamentos;

(b) O comportamento criminal é aprendido mediante a interação com outras pessoas em um processo comunicativo. Essa teoria considera a comunicação como um fator-chave para que as práticas delitivas sejam ensinadas e aprendidas;

(c) A maior carga de aprendizagem se dá nas relações sociais mais próximas. A aprendizagem é maior com os núcleos em que a interação é mais próxima, mais significativa para a pessoa. A pessoa aprende mais comportamentos com os pais do que com os professores da escola, mas aprendem mais com os professores do que com as demais pessoas de sua convivência mais distante. O modelo – criminal ou não – é mais convincente para o indivíduo quanto maior for o prestígio que ele atribui à pessoa ou aos grupos cujas definições e exemplos aprende;

(d) O aprendizado inclui a técnica do delito, além da própria justificação do ato. Não apenas se aprende a técnica do cometimento dos delitos nesse processo, mas também as justificativas para cometê-lo;

(e) Surge o delinquente quando as definições favoráveis à violação da lei superam as desfavoráveis, o que vale dizer, quando a pessoa, por seus contatos diferenciais, aprendeu mais modelos criminais que modelos respeitadores das leis. Se o pai na mesa de jantar, por exemplo, conta para a família como foi lucrativo para a empresa a decisão que ele tomou de sonegar impostos naquele ano, isso será captado pelas crianças como uma atitude vantajosa.

Partindo dessa teoria como base, Sutherland estuda sua aplicação concreta. Ele decide estudar um grupo que, até então, não era estudado e nem associado a um grupo criminal: as classes altas. Ele faz uma pesquisa envolvendo as 70 maiores empresas dos Estados Unidos e conclui que apenas uma seguia todas às leis e normas. A partir deste estudo, fica claro então que a criminalidade não se restringe às classes mais pobres e que a associação diferencial (aprendizado delitivo ou aprendizado diferenciado) ocorre em todas as camadas sociais.

Neste momento Sutherland cunha o termo *crime/criminosos de colarinho branco* (*white collar crimes*).

Definição de crime de colarinho branco: Crime de colarinho branco é aquele cometido no âmbito da profissão por pessoa de respeitabilidade e elevado *status* social.

São, portanto, quatro os núcleos centrais da definição de crime de colarinho branco:

(a) é um crime;

(b) cometido por pessoas de respeitabilidade social;

(c) no exercício da sua profissão;

(d) ocorre, em regra, como violação de norma de confiança.

O crime de colarinho branco é aquele cometido por pessoas que gozam de grande aceitação social e são respeitados socialmente. Apenas os crimes cometidos no âmbito profissional destas pessoas estão incluídos nessa definição. Ou seja, excluem-se os crimes cometidos no âmbito da vida privada por essas mesmas pessoas. Por exemplo, se o alto executivo, além de sonegar impostos e praticar outros delitos contra a ordem tributária, financeira e ambiental, ainda comete crimes no âmbito privado, como consumir de drogas, dirigir embriagado, estupro, homicídio ou qualquer outro, estes cometidos no âmbito privado não se enquadram na definição do crime de colarinho branco apenas pelas características do autor do delito. Para se enquadrar na definição de crime de colarinho branco a conduta deve obrigatoriamente, ter sido cometida no âmbito profissional.

Méritos e Deméritos: A teoria da Associação Diferencial teve o grande mérito de chamar atenção para os crimes praticados por pessoas bem-sucedidas e para a forma diferente que o sistema penal trata esses delitos. Colocou em destaque os crimes cometidos pelas classes altas. A partir de então, não se pode mais identificar criminalidade com "anormalidade". Sutherland desconstrói a ideia de que o crime está presente apenas dentre os pobres e marginalizados.

Em síntese, depois da teoria da Associação Diferencial, que chamou atenção para os crimes praticados pelas classes altas e para a diferença no tratamento dado pelo sistema penal a esses crimes e esses autores, não se pode mais identificar a conduta criminosa como uma anormalidade, uma patologia, pois os autores dos crimes de colarinho branco são muito saudáveis, inteligentes e adaptados à sociedade. A teoria segue outro caminho para explicar a criminalidade.

Outra grande contribuição desta teoria é a proteção que temos hoje aos interesses difusos e coletivos, pois foi justamente a teoria da Associação Diferencial que chamou atenção para a criminalidade que feria bens jurídicos indeterminados, difusos e coletivos.

Por outro lado, a teoria da Associação Diferencial desconsidera os fatores psicológicos individuais de cada um, atribuindo a causa dos delitos ao aprendizado das condutas, mas não leva em consideração a autonomia e o livre-arbítrio de cada um em optar por praticar o crime ou não. Não explica porque nas mesmas condições uma pessoa segue o modelo desviante de condutas e outra, não. Sendo assim, desconsidera a autonomia ética e a subjetividade do indivíduo, já que entende que o comportamento desviante se aprende a partir da convivência. Ademais, desconsidera que o crime nem sempre segue padrões racionais e utilitários. Também existem crimes impulsivos, ocasionais, espontâneos, que fogem a qualquer mecanismo de aprendizagem.

Outra crítica que essa teoria recebe trata da questão da associação entre pessoas que cometem delitos. Para os críticos dessa teoria, o fato de pessoas que cometem delitos se associarem não significa que seja essa a causa do comportamento delitivo, mas sim uma consequência lógica, já que um indivíduo procura se relacionar com outros que tenham as mesmas ideias, valores, condutas e atitudes semelhantes às suas. "Parece desmedido o intento de enquadrar todo

---

12. GOMES, Luiz Flávio. MOLINA, Antonio García-Pablos de. *Criminologia*. São Paulo: Editora Revista dos Tribunais, 2012 (coleção ciências criminais, v. 5). p. 318.

comportamento delitivo em um processo social normal de aprendizagem. Pois, sem dúvida, há experiências que não são aprendidas assim como fatores ocultos e inconscientes que influem na conduta."[13]

10. TEORIA DA ANOMIA

A teoria da Anomia é umas das escolas sociológicas do consenso.

Autores: Émile Durkheim e Robert Merton. Com destaque para o sociólogo Émile Durkheim.

Anomia: Anomia significa sem lei, ausência ou desintegração das normas sociais. A anomia para essa teoria pode ocorrer em três situações distintas:

(a) Em uma situação existente de transgressão das normas por quem pratica ilegalidades (delinquente) em um nível muito acentuado. Ou seja, a anomia pode ocorrer quando as taxas de práticas de crimes são tão altas que colocam em xeque a coesão social, pois as práticas de crimes se sobrepõem às *não práticas*;

(b) Na existência de um conflito de normas claras que tornam difícil a adequação do indivíduo aos padrões sociais, vale dizer, que nessa segunda concepção, anomia para Durkheim é a situação em que as normas não são claras, o que torna complicado para o indivíduo saber qual o padrão social a ser seguido; e

(c) Na existência de um movimento contestatório que descortina a inexistência de normas que vinculem as pessoas num contexto social (crise de valores). Essa terceira concepção de anomia se refere a um momento muito intenso de contestação dos valores.

Consciência coletiva: Um dos conceitos-chave para a compreensão da teoria de Durkheim é o de consciência coletiva. Para ele, existe uma consciência coletiva de toda a sociedade. Essa consciência coletiva é responsável pelas regras sociais que vigoram naquela sociedade, ou seja, existe essa consciência comum do que é certo e do que é errado para aquela sociedade determinada.

Por exemplo, existem sociedades que acham certo praticar a circuncisão genital feminina (também chamada de mutilação genital feminina). Na nossa sociedade brasileira isso é errado. Há um senso comum de que isso é errado. Não é preciso ter uma lei dizendo isso – até pode ter –, mas não é necessário. Tem esse senso inconsciente que diz que aqui isso é errado. Por outro lado, a nossa consciência coletiva diz que é certo estudar para concurso. Não está escrito em lugar nenhum, mas nós todos sentimos que isso é certo.

Crime: De acordo com Durkheim, o crime é normal e inerente às sociedades. Só deixa de ser normal quando a existência dos delitos passa a ser prejudicial à existência da estrutura social. Quando o sistema de regras e condutas perde o valor e um novo sistema ainda não se reafirmou (anomia). Na mesma linha de raciocínio, em níveis normais, o crime serve para reforçar os próprios valores da consciência

coletiva (atos, valores, processos partilhados por uma sociedade). E uma conduta só é considerada crime porque fere a consciência coletiva. Nos dizeres do próprio Durkheim, "não o reprovamos porque é crime, é crime porque o reprovamos".

Vale dizer, não há sociedade sem crime, o crime é uma realidade social. Ele só passa a ser um problema quando a prática dos delitos passa a ser prejudicial para a estrutura social, ou seja, quando os valores daquela sociedade e suas regras e condutas perdem o valor, mas ainda não se afirmou uma nova ordem com novos valores. Essa seria uma fase de anomia para Durkheim.

Mas, em níveis normais, o crime serve para reforçar os próprios valores da consciência coletiva, isso porque todos os demais sentem que a conduta criminosa praticada é errada e querem uma punição. Sendo assim, o crime tem a função de reafirmar os valores sociais e não de feri-los. As condutas só são consideradas crimes quando elas ferem a consciência coletiva. As condutas só são crimes, pois ferem os valores partilhados pela sociedade. Condutas que não ferem esse senso coletivo não são consideradas crime.

Normalidade e Funcionalidade: Com base no dito acima, extraímos os dois postulados mais importantes desta teoria: a normalidade e a funcionalidade do crime. Normal porque não teria origem em patologias individuais e nem sociais, e sim no normal funcionamento de toda ordem social. "Apareceria inevitavelmente unido ao desenvolvimento do sistema social e a fenômenos normais da vida cotidiana."[14] E o crime seria funcional, pois não é um fato nocivo para toda a sociedade, "senão todo o contrário, é dizer, funcional, para a estabilidade e a mudança social."[15]

Função da Pena: Nesse sentido, a função da pena é satisfazer a consciência coletiva, ferida pelo ato cometido por um dos membros da comunidade. A sociedade exige reparação e a reparação é a punição, que reestabelece o sentimento de todos que se sentiram feridos. Sua verdadeira função é manter intacta a coesão social, mantendo toda a vitalidade do senso comum. Ou seja, a pena é uma reação a uma violação à consciência coletiva que vem para fortalecer e reestabelecer essa mesma consciência comum.

A noção muito replicada hoje em dia de que a impunidade fomenta a criminalidade ou é a causa da criminalidade é uma atualização do pensamento de Durkheim. De acordo com este, quando há uma situação de prática reiterada de delitos e as feridas causadas à consciência coletiva por esses atos não são fechadas pela punição dos autores dos crimes, tem-se uma quebra na coesão social, pois perdem-se as referências comunitárias normativas que orientam as relações éticas na sociedade.

Como vimos, para Durkheim a punição tem a função de demonstrar qual a norma social vigente e manter a coesão e a solidariedade operando. Quando não há demonstração de

---

13. GOMES, Luiz Flávio. MOLINA, Antonio García-Pablos de. *Criminologia*. São Paulo: Editora Revista dos Tribunais, 2012 (coleção ciências criminais, v. 5). p. 320.

14. GOMES, Luiz Flávio. MOLINA, Antonio García-Pablos de. *Criminologia*. São Paulo: Editora Revista dos Tribunais, 2012 (coleção ciências criminais, v. 5). p. 303.

15. GOMES, Luiz Flávio. MOLINA, Antonio García-Pablos de. *Criminologia*. São Paulo: Editora Revista dos Tribunais, 2012 (coleção ciências criminais, v. 5). p. 303.

qual é a norma social vigente por meio da punição de quem rompe a norma, no extremo, pode-se criar uma situação de anomia, em que se perdem as referências da consciência coletiva de que praticar determinada conduta é errado e aumenta-se a prática dessa conduta.

Em resumo, "a tese de Durkheim significa, em suma, admitir que o delito é um comportamento 'normal' (não patológico), 'ubíquo' (é cometido por pessoas de qualquer estrato social e em qualquer estrato da pirâmide social e em qualquer modelo de sociedade) e derivado não de anomalias do indivíduo nem da própria 'desorganização social', senão das estruturas e fenômenos cotidianos no seio de uma ordem social intacta. (...) Conforme Durkheim, o anormal não é a existência do delito, senão um súbito incremento ou descenso dos números médios ou das taxas de criminalidade, já que – acrescenta o autor – 'uma determinada quantidade de crimes forma parte integrante de toda sociedade sã', e uma sociedade sem condutas irregulares seria uma sociedade pouco desenvolvida, monolítica, imóvel e primitiva."[16]

Robert Merton: Robert Merton aplicou a teoria de Durkheim – exposta acima – à Criminologia. Em 1938 publica a obra "Teoria Social e Estrutura Social".

Para ele, o crime ocorre quando há uma dissociação entre as aspirações culturalmente prescritas e os caminhos socialmente estruturados para realizar tais aspirações. Portanto, o crime ocorre quando há uma divergência entre os valores culturalmente valorizados e as formas de atingir esses valores.

A anomia ocorre quando a sociedade acentua a importância de determinadas metas, sem oferecer à maioria das pessoas a possibilidade de atingi-las, por meios legítimos, ou seja, quando a sociedade acentua sobremaneira a importância de determinadas metas, mas não oferece a oportunidade para as pessoas alcançá-las entra-se em uma situação de anomia.

Período histórico: Para entender o que defende Merton é necessário compreender o contexto em que ele escreve. Ele teoriza a partir da sociedade americana, em que a acumulação de riqueza e o poder são extremamente valorizados, constituindo o *american dream,* o sonho americano de enriquecer. Mas, por outro lado, a sociedade americana não construiu meios para que todos pudessem ter riqueza e poder.

Tipologia de adaptação individual: Nesse contexto, Merton cria cinco categorias de indivíduos que operam nessa sociedade contraditória, em que não há meios suficientes para que a maioria das pessoas que queira alcancem o que é valorizado pela sociedade: riqueza e poder. "Conforme Merton, a tensão entre 'estrutura cultural' e 'estrutura social' força o indivíduo a optar, dentre as vias existentes, por cinco delas: conformidade, inovação, ritualismo, fuga do mundo e rebelião, todas elas, com exceção da primeira, constitutivas de comportamentos desviados ou irregulares."[17]

Vamos agora à tipologia de adaptação individual de Merton:

O primeiro tipo é o **conformista**. Esse tipo recebe esse nome, pois ele está em conformidade, ou seja, de acordo com os objetivos culturais de poder e riqueza e também com os meios para alcançá-los. Esse é o tipo mais comum, ele garante a estabilidade da sociedade. Pois, para ter coesão é necessário que a maioria das pessoas compartilhe dos valores e esteja de acordo com os meios a serem percorridos, que no caso americano seriam o trabalho e a educação.

O segundo tipo é o **ritualista**, que segue os meios para alcançar os desejos sociais, mas não acredita nessas metas. Um exemplo é o tímido funcionário público, ele sabe que não vai ser rico e nem poderoso, mas acredita nos meios e nas normas. Ele renuncia ao objetivo de ser rico e poderoso. Ele tem consciência que não vai alcançar o objetivo, segue as normas sociais, mas não busca alcançar os valores.

O terceiro tipo é o **retraído**. Esse tipo renuncia aos objetivos e aos meios. Ele vira um apático, atua com desinteresse frente a isso. Age como se as normas e os valores sociais não lhe dissessem respeito. Por exemplo, os bêbados, drogados, mendigos, errantes etc.

O quarto tipo é o **criminoso**. Merton o denomina de **inovador**. Isso porque ele está aderido com os valores sociais, mas ele busca meios alternativos e criativos para alcançá-los, utiliza o crime como um meio. Ao invés de se dedicar a trabalhar e estudar, até porque provavelmente não teria chance, ele rouba ou trabalha no tráfico de drogas.

E o quinto tipo é o **rebelde**. Ele discorda dos valores instituídos e busca outras metas e outras normas e valores sociais. Tenta transformar a sociedade, torná-la diferente. Enquadram-se nessa categoria os movimentos sociais que buscam a transformação social, mudança de paradigma, os anarquistas, *punks*...

Em resumo, os cinco tipos são:

1. Conformidade: Conformidade com os objetivos culturais e com os meios institucionalizados para alcançá-las. É o tipo mais comum e mais difundido. Garante a estabilidade da sociedade.

2. Ritualismo: Renuncia aos objetivos valorados por ser incapaz de alcançá-los, mas segue todas as normas sociais.

3. Retraimento: Renuncia aos objetivos culturais e às normas.

4. Inovação: Adere aos valores sociais, mas busca outros meios de alcançá-los, já que não é possível pelas vias institucionalizadas. Segue o caminho do crime para atingir a riqueza e poder.

5. Rebelião: Refuta os valores vigentes e propõem outras metas e formas de atingir.

Para Merton, quando os modos não conformistas (ou seja, ritualista, retraído, inovação e rebelde) superam os conformistas, tem-se uma situação de anomia.

Vamos ver agora uma tabela que ilustra, de modo caricatural, os cinco tipos de adaptação individual:

---

16. GOMES, Luiz Flávio. MOLINA, Antonio García-Pablos de. *Criminologia*. São Paulo: Editora Revista dos Tribunais, 2012 (coleção ciências criminais, v. 5). p. 304.

17. GOMES, Luiz Flávio. MOLINA, Antonio García-Pablos de. *Criminologia*. São Paulo: Editora Revista dos Tribunais, 2012 (coleção ciências criminais, v. 5). p. 305.

	Metas Sociais	Meios de atingir as metas sociais
Conformista	👍	👍
Ritualista	👎	👍
Retraído	👎	👎
Inovador	👍	👎
Rebelde	🧑	🧑

O conformista adere às metas sociais e concorda com os meios para atingi-las. Por isso as duas colunas estão com o fundo branco e com sinal positivo.

O ritualista não adere às metas sociais, desistiu delas, por isso o fundo está cinza e com sinal negativo. Mas, ele segue os meios socialmente aceitos, segue as leis (sinal positivo e fundo branco).

O retraído não adere às metas e nem às normas, por isso está com fundo cinza e com sinal de negativo nas duas colunas.

O inovador está com o fundo branco e com sinal positivo na primeira coluna porque ele adere às metas sociais, mas não utiliza as normas e os meios socialmente aceitos para atingi-las, ele é criativo e inventa outra forma e essa nova forma é o crime (sinal negativo e fundo cinza).

O rebelde seria caracterizado por uma adoção apenas parcial dos fins e dos meios, aliada a uma perspectiva de mudança social estrutural no que concerne à concepção valorativa das metas culturais. Por isso está representado com um fundo de uma cor diferente dos demais e com uma imagem que tem o rosto triste segurando uma máscara feliz. Isso para representar que o rebelde quer a mudança das metas sociais e das formas de atingi-las. É como se estivesse insatisfeito com o presente, mas buscando transformar a realidade para ficar satisfeito no futuro. Ele está em busca da transformação da sociedade.

Méritos e Deméritos: A teoria da Anomia teve o grande mérito de considerar o delito como fenômeno normal das sociedades e não necessariamente ruim. De considerar o criminoso como uma pessoa normal, e não anormal.

Ademais, Merton explica porque as classes desfavorecidas concentram a maior parte dos cometimentos dos crimes: como são excluídos do circuito dos meios institucionalizados para acumular riqueza e, portanto, encontram-se mais distantes da ascensão social, tendem a recorrer com mais frequência à delinquência para realizar os objetivos difundidos pela sociedade de consumo.

Por outro lado, parte do falso pressuposto de que há um consenso coletivo (se baseiam na ideia do contrato social de Rousseau). Não pressupõem a possibilidade de criticar a sociedade competitiva, mas sim a integração do indivíduo a essa sociedade.

Por fim, não explicam porque existe a criminalidade que não tem por objetivo o lucro e o poder e porque a criminalidade cometida pelos ricos não é perseguida na mesma intensidade do que aquela cometida pelos pobres.

11. TEORIA DA SUBCULTURA DELINQUENTE

A teoria da Subcultura Delinquente é umas das escolas sociológicas do consenso.

Autores: Albert K. Cohen (1955): "Delinquent boys: the culture of the gang". Willian F. Whyte (1953): "Street Corner Society. The social structure of an italian slum".

Período histórico: Depois da 2ª Guerra Mundial os Estados Unidos cresceram muito economicamente e a população estava tomada por um sentimento de confiança na democracia e nas instituições. A figura paterna era central nos núcleos familiares, representava a autoridade dentro do lar e era responsável por estabelecer a ordem.

Mas, nos anos 1950, os jovens, especialmente negros, perceberam que não conseguiriam alcançar o ideal americano. Perceberam que se tornar rico era uma realidade para muito poucos. A desilusão tomou conta dos jovens que passaram a contestar todo o modelo, inclusive a figura paterna. Esse período marca a falência do *american dream*.

Os jovens que tinham condições de alcançar o sonho americano de riqueza e os que não tinham eram cobrados da mesma maneira. O choque entre a cultura e a estrutura social, que não fornecia as condições sociais de acesso aos bens para todos, criou uma espécie de desilusão com relação ao sistema de vida americano.

Subcultura Delinquente: Assim, a formação de subculturas criminais representa a reação de algumas minorias altamente desfavorecidas diante da exigência de sobreviver, de orientar-se dentro de uma estrutura social, apesar das limitadíssimas possibilidades legítimas de atuar. Sendo assim, a formação de subculturas criminais passou a ser uma reação de alguns grupos minoritários que não podiam alcançar o sonho americano de riqueza tão propagandeado. As gangues de jovens formam-se como reação à sensação de frustração por conta da impossibilidade de alcançar as metas da sociedade branca, protestante e anglo-saxã, (conhecida pela sigla em inglês W.A.S.P.).

Os valores são adotados por sua forma invertida, como forma de contestação ao ideal da sociedade dominante. Sendo assim, essas *gangs* cultuam a destruição em oposição ao culto à propriedade dos jovens de classe média.

Definição de Subcultura Delinquente: A Subcultura Delinquente é um comportamento de transgressão que é determinado por um subsistema de conhecimento, crenças e atitudes que possibilitam, permitem ou determinam formas particulares de comportamento transgressor em situações específicas.

Subcultura não é uma manifestação delinquencial isolada. A subcultura delinquente tem como característica, justamente, a dimensão coletiva.

Os crimes cometidos pelo grupo, segundo a teoria da Subcultura Delinquente, são cometidos em concordância com as regras e os valores daquele grupo. Por isso, o crime não é um ato isolado e sim de um grupo. As regras que fazem sentido para aquele grupo são diferentes ou contrárias às regras que vigoram no restante da sociedade. Estão em oposição, e isso não é por acaso, é realmente uma forma de contestação.

A Subcultura Delinquente é associada diretamente ao comportamento de jovens que delinquem em grupo. Este grupo tem suas próprias normas, valores, ética e crenças que diferem das normas, valores, ética e crença da sociedade dominante. O crime é cometido, pois está de acordo com aquela *subcultura*, com a subcultura daquele grupo de jovens que contesta a cultura dominante.

Crime: As três principais características do crime para a teoria da Subcultura Delinquente são:

(a) Não utilitarismo da ação, ou seja, a ação não tem utilidade, é um ato de contestação. De acordo com a Subcultura Delinquente, a intenção com esse furto não era o aproveitamento material e sim a contestação do modelo de sociedade que valoriza sobremaneira o *"ter"*. Se estivermos estudando um furto, por exemplo, o objeto furtado não será usado para comprar coisas ou consumo. O furto não foi realizado porque o grupo queria ter aquele bem e não podia comprá-lo, ou para vendê-lo e comprar outras coisas.

(b) Malícia da conduta, ou seja, prazer em ver o outro sofrer. É um sadismo. Se roubarem a bolsa de uma velhinha, por exemplo, é pela graça de ver a velhinha sem rumo e não pelo valor que tem na bolsa.

(c) Negativismo, ou seja, nega o valor dominante, baseia-se em outros valores. A conduta criminosa nega a cultura dominante na sociedade, é baseada nos valores do grupo. Como um grupo de jovens pichadores que escrevem em edifícios e monumentos da cidade. É uma contraposição à ordem majoritária, realizam atos de contestação.

Méritos e Deméritos: A teoria da Subcultura Delinquente teve o grande mérito de marcar uma nova visão sobre a criminalidade. Até então predominava nos Estados Unidos a visão ecológica do crime, baseada nas ideias da escola de Chicago (vide item 8 supra).

Essa escola demonstra que o controle dessa criminalidade, da Subcultura Delinquente, não se pode fazer por meio dos mecanismos tradicionais de combate ao crime. A ideia central dessa forma delituosa, da Subcultura Delinquente, tem particularidades e diferenças com a criminalidade mais comum. Algumas dessas manifestações não se combatem com pura repressão, mas sim com um processo de cooptação, integração dos grupos juvenis, envolvendo-os no mercado de trabalho, ou por meio de uma ação de inteligência da polícia, com delegacias especializadas (por exemplo, para prevenir crimes cometidos pelas *gangs punk*).

Por outro lado, uma crítica que essa teoria recebe é que não fornece um modelo explicativo generalizado da criminalidade, trata apenas de uma criminalidade com características bastante específicas.

12. TEORIA DO *LABELLING APPROACH* (REAÇÃO SOCIAL, ETIQUETAMENTO, ROTULAÇÃO SOCIAL, INTERACIONISMO SIMBÓLICO)

A teoria do *Labelling Approach* é umas das escolas sociológicas do conflito.

Autores: Howard Becker é o principal autor da teoria do *Labelling Approach*. Ele publica, em 1963, o livro "Outsiders: studies in the sociology of deviance". Outros autores são: Kai T. Erikson, Edwin Lemert, Edwin Schur e Erving Goffman.

Período histórico: Os anos 1960 ficaram famosos pelos movimentos inovadores, críticos e criativos. É nesse ambiente cultural que surge a teoria do *Labelling Approach* como uma teoria do conflito, rompendo com a lógica das teorias do consenso. Os anos 1960 marcam um sucessivo período de relações críticas que abrem uma fissura no aparente monolitismo cultural e social americano.

A teoria do *Labelling Approach* é um verdadeiro marco das teorias do conflito: "a ideia de encarar a sociedade como um 'todo' pacífico, sem fissuras interiores, que trabalha ordenadamente para a manutenção da coesão social, é substituída, em face de uma crise de valores, por uma referência que aponta para as relações conflitivas existentes dentro da sociedade e que estavam mascaradas pelo sucesso do Estado do Bem-Estar Social."[18]

Nesse período, os Estados Unidos viviam um período muito interessante e eletrizante. Guerra do Vietnã e toda a revolta da população contra a Guerra.

Os movimentos de contracultura *beatnik* e *hippie* ganham corpo e forma.

A maconha passa a ser um símbolo de rebeldia e resistência contra os valores burgueses dominantes. Thimoty Leary, psicólogo renomado e professor das melhores universidades americanas, populariza o LSD como uma droga expansora de consciência. Ele faz diversos experimentos científicos com o aval das universidades e do governo americano.

É um período muito marcado pelo pacifismo e protestos contra as guerras.

Martin Luther King também se destaca nesse momento, como um ativista em busca da igualdade racial, na luta contra o racismo. Ele era adepto da cultura da não violência e da desobediência civil pacífica. Nesse período, o feminismo também surge como uma crítica à cultura dominante de que a mulher deveria se limitar ao papel estabelecido de *boa mãe*, *boa esposa* e *boa dona de casa*.

Tudo isso estava acontecendo nos Estados Unidos, mas esse chamado fermento de ruptura também estava presente nos outros países. Na América Latina, os movimentos de resistência às ditaduras estavam muito fortes e atuantes. E na França ocorre o movimento que ficou conhecido como Maio de 1968.

Os anos de 1960 foram marcados por muitos acontecimentos, todos de ruptura com o velho modelo de sociedade. E esse caldo de cultura também encontrou expressão na área criminológica, na teoria do *Labelling Approach*: "de braços dados com essa rebeldia, surge um potencial crítico e criativo, um idealismo marcante e abrangente, uma força transformadora como nunca na história da humanidade os jovens haviam experimentado. Essa década é marcada por um culto 'científico' às drogas, pelo psicodelismo do *rock*

---

18. SHECAIRA, Sérgio Salomão. *Criminologia*. São Paulo: Editora Revista dos Tribunais, 2004. p. 271.

and roll, por uma enfática resistência pacifista à Guerra do Vietnã, por uma campanha abrangente pelos direitos civis, pela luta das minorias negras, pelo fim das discriminações sexuais, pelo despertar da consciência estudantil que passa a conhecer seu próprio poder, por transformações existenciais que permitem aos jovens encontrarem seu próprio eu, enfim, por um fermento de ruptura potencializador da sociologia do conflito."[19]

A teoria do *Labelling Approach*, por sua vez, rompe com a Criminologia das escolas do consenso que acreditam em um todo uno e harmônico da sociedade. A teoria do *Labelling Approach* procura uma explicação para o crime em paradigmas diversos daqueles concebidos até então pela Criminologia.

Mudança de Paradigma: A teoria do *Labelling Approach* desloca o problema criminológico do plano da ação para o da reação (dos *bad actors* para os *powerful reactors*), demonstrando que a verdadeira característica comum dos delinquentes é, na realidade, a resposta dada pelas instâncias de controle.

As escolas do conflito (vide item 7 supra) questionam a existência de uma realidade ontológica no delito, passando a entender o delito como uma entidade originalmente jurídica. Esse é o grande salto entre as escolas do consenso e do conflito: as escolas do conflito entendem que há uma decisão política de que condutas serão criminalizadas. Importante destacar, nesse ponto, que as condutas consideradas criminosas mudam ao longo do tempo. Como o adultério que deixou de ser crime por uma transformação social que passou a entendê-lo de uma forma diferente do que antes era entendido. De acordo com Shecaira, o "desvio (...) não é uma propriedade inerente a determinados comportamentos".[20]

Há uma inversão de causa e efeito na concepção que as escolas do consenso têm sobre a relação entre crime e repressão. Não é a lei que surge para reprimir o crime, mas a lei cria o crime e o fenômeno criminal. A teoria do *Labelling Approach* leva a uma inversão fundamental sobre a pergunta central da Criminologia: deixa-se de perguntar por que as pessoas cometem crimes e passa-se a perguntar por que determinados atos e pessoas são criminalizados.

Então, a teoria do *Labelling Approach* trabalha com a ideia de que o foco da Criminologia deve estar na reação social a um desvio, pois a criminalidade só existe por haver condutas definidas pela lei como criminosas. E, segundo a teoria do *Labelling Approach*, a reação das instâncias de controle produz o criminoso.

Daí decorrem as ideias centrais dessa teoria: os conceitos de etiquetamento e de estigmatização. Após ter sido capturada por uma instância de controle social formal, a pessoa passa a ser tratada por todos como criminosa. Ela é estigmatizada dessa forma, passa a ser rotulada. Por essa razão, essa teoria também é conhecida como interacionismo simbólico ou teoria da rotulação social ou da reação social.

Quando os outros começam a ver uma pessoa como perigosa, começam a adotar perante ela uma conduta diferente, que não é adotada perante todos os demais. Para que uma pessoa seja rotulada como criminosa, basta que tenha cometido apenas um ato desviante.

"As questões centrais do pensamento criminológico, a partir desse momento histórico, deixam de referir-se ao crime e ao criminoso, passando a voltar sua base de reflexão ao sistema de controle social e suas consequências, bem como ao papel exercido pela vítima na relação delitual."[21]

A carreira do desvio se constrói a partir da interação com o rótulo (interacionismo simbólico). Muitas instituições destinadas a desencorajar o comportamento desviante operam, na verdade, de modo a perpetuá-lo e a fomentá-lo. "Essas instituições acabam reunindo pessoas que estão à margem da sociedade em grupos segregados, o que dá a eles a oportunidade de ensinar uns aos outros as habilidades e comportamentos da carreira delinquente e, até mesmo, provocar o uso dessas habilidades para reforçar o senso de alienação do resto da sociedade."[22]

Diante de toda essa mudança brusca no cenário criminológico não mais se indaga o porquê do criminoso cometer crimes. E sim, porque é que algumas pessoas são tratadas como criminosas, quais as consequências desse tratamento e qual a fonte de sua legitimidade.

A teoria do *Labelling Approach* entende que a criminalidade não é uma qualidade da conduta humana, mas a "consequência" de um processo em que se atribui tal "qualidade".

Conceitos centrais: A teoria do *Labelling Approach* trabalha com alguns conceitos centrais que vamos passar a estudar agora: desviação primária[23], desviação secundária e *role engulfment* (mergulho no papel desviado).

A desviação primária é anterior ao cometimento do delito, ela está muito associada aos fatos psicológicos do indivíduo e a sua marginalização em função de aspectos sociais, culturais, raciais etc.

Já a desviação secundária tem relação com o cometimento de delitos. Ela acontece em razão da reação social ao desvio. O agente do delito que já passou para a fase de desviação secundária já está com a identidade estruturada em torno da desviação. "É um mecanismo criado, mantido e intensificado pelo estigma."[24]

O *role engulfment* nada mais é do que um mergulho no papel desviado, ou seja, a aceitação total desse papel. A pessoa passa a adotar realmente as posturas de um desviante. O indivíduo passa a se enxergar como desviante e os demais o veem desta mesma forma. À medida que o mergulho no papel de desviado cresce, há uma tendência para que o autor do delito defina-se como os outros o definem.

---

19. SHECAIRA, Sérgio Salomão. *Criminologia*. São Paulo: Editora Revista dos Tribunais, 2004. pp. 273-4.

20. SHECAIRA, Sérgio Salomão. *Criminologia*. São Paulo: Editora Revista dos Tribunais, 2004. p. 294.

21. SHECAIRA, Sérgio Salomão. *Criminologia*. São Paulo: Editora Revista dos Tribunais, 2004. p. 271.

22. SHECAIRA, Sérgio Salomão. *Criminologia*. São Paulo: Editora Revista dos Tribunais, 2004. p. 297.

23. Alguns autores chamam a desviação primária de vulnerabilidade.

24. SHECAIRA, Sérgio Salomão. *Criminologia*. São Paulo: Editora Revista dos Tribunais, 2004. p. 298.

O processo de rotulação, que se mostra bem-sucedido quando a pessoa também passa a se ver como desviante – *role engulfment* – leva à desviação secundária.

Ciclo criminal: Agora, vamos estudar o ciclo criminal, de acordo com a teoria do *Labelling Approach*.

A desviação primária é o efeito psicológico de marginalização causado por fatores sociais e culturais. A pessoa que passa pela desviação primária é marginalizada e sente-se segregada pela sociedade. A sociedade dá uma resposta ritualizada e estigmatizante a essa pessoa marginalizada, o que acarreta em uma redução de oportunidades e no distanciamento social daquela pessoa. Esta começa a seguir uma subcultura delinquente, ou seja, à margem da sociedade e essa subcultura opera em sua autoimagem. Em seguida, as instâncias formais de controle captam essa pessoa e a submete a todo o processo da justiça criminal que tem como símbolo máximo a prisão. Passar pela situação de prisão faz com que seja colocado sobre essa pessoa um grande estigma de criminoso.[25]

Ou seja, a pessoa que já vinha de um processo de desviação primária é selecionada pelo sistema de justiça para ser presa e não aquela outra que também comete crimes, mas não era estigmatizada e não estava à margem da sociedade.

Após a institucionalização a pessoa constrói e segue uma carreia criminal propriamente dita, após passar pelo processo de *role engulfment*. Ela realmente assume o papel de criminoso. E aí temos a desviação secundária, quando a personalidade do indivíduo já está formada para a prática delitiva, para se comportar como delinquente.

Sendo assim, é fundamental destacar que a prisão passa a atuar como elemento de criminalização que gera um processo cíclico para a clientela do sistema penal. "A criminalização primária produz rotulação, que produz criminalizações secundárias (reincidência)".[26]

A desviação secundária leva a outra ideia importante da teoria do *Labelling Approach* que é a de profecia autorrealizável. Como a pessoa recebe o estigma de criminosa e passa a se comportar como tal e a assumir esse papel social, todos têm a expectativa de que ela voltará a delinquir, e de fato ela volta a delinquir, pois assumiu esse papel e não há outro destino possível para ela. Isso porque a reação social a ela não lhe dá oportunidades e também porque ela assumiu esse papel social para si própria.[27]

O esquema abaixo ilustra o modelo explicado acima:

Consequência Política: Agora, vamos passar a estudar a consequência política dessa teoria, ou seja, o que pode ser feito em âmbito político para que esse processo não ocorra, o que o Estado deve fazer para alterar esse cenário.

A primeira medida que poderia ser tomada é a **não divulgação da reação estatal**. Essa não divulgação reduziria o estigma que daí decorre para a pessoa que responde a um processo criminal.

A segunda medida é a **eliminação das marcas do processo**, como a ficha de antecedentes criminais. Tal medida permitiria que a pessoa pudesse se inserir na sociedade sem ter a marca do processo criminal, facilitando o acesso a emprego, por exemplo.

O Estado deveria promover **terapia social emancipadora**, com o objetivo de atuar sobre o ego da pessoa e fazer com que ela não se sinta marginalizada e possa se fortalecer ao invés de ter sua autoimagem destruída e associada à cultura marginal, já que a estigmatização a colocou nesse lugar.

Para atuar no estigma decorrente da institucionalização, o ideal seria que o Estado adotasse **medidas despenalizadoras**, medidas alternativas à prisão e penas alternativas.[28]

E, por fim, que fossem criadas **oportunidades de emprego e de atividades lícitas** para essas pessoas. Assim, seria possível romper com todo esse caminho perverso.

Política dos 4 Ds: A teoria do *Labelling Approach* é bastante conhecida por defender a *política dos 4 Ds*: Des-

---

25. É importante destacar nesse ponto que as instâncias formais de controle são seletivas e discriminatórias, ao contrário das instâncias informais de controle, "primando o *status* sobre o merecimento". SHECAIRA, Sérgio Salomão. *Criminologia*. São Paulo: Editora Revista dos Tribunais, 2004. p. 291.

26. SHECAIRA, Sérgio Salomão. *Criminologia*. São Paulo: Editora Revista dos Tribunais, 2004. p. 301.

27. Nos dizeres de Shecaira, "a *desviação primária* é poligenética e se deve a uma variedade de fatores culturais, sociais, psicológicos e sociológicos. A *desviação secundária* traduz-se numa resposta de adaptação ocasionados pela reação social à *desviação primária*. Surge a teoria do estigma, etiqueta ou rótulo, *status* diferenciado que vai aderir ao autor do crime e com o qual ele interagirá. Toda reação à conduta criminal passa por *cerimônias degradantes*, processos ritualizados a que é submetido o réu e que atinge a autoestima do agente do delito. Quando a reação à conduta criminal é uma pena privativa de liberdade, nasce um processo *institucionalizador* que recolhe o condenado a um local isolado de moradia com rotina diária e administração formal. As consequências disso serão, sempre, a acentuação da *carreira criminal* e a *institucionalização* do condenado, potencializando-se a recidiva. A interação e a autoimagem tendem a polarizar-se em torno do papel desviante, o que cria o *role engulfment*." SHECAIRA, Sérgio Salomão. *Criminologia*. São Paulo: Editora Revista dos Tribunais, 2004. p. 297.

28. No âmbito criminológico, esses conceitos coincidem com a ideia de institucionalização ou prisionização de Donald Clemmer e Erving Goffman. Essa noção compreende que as instituições totais (nas quais o interno trabalha, descansa e se diverte) têm como consequência a "mortificação do eu", em que o interno deixa de ser individualizado e passa a ser um estereótipo, no caso da prisão, de criminoso. As cerimônias degradantes pelas quais passa o interno atuam profundamente na sua identidade e personalidade, sendo muito difícil reverter esse quadro. Cerimônias degradantes "são os processos ritualizados a que se submetem os envolvidos com um processo criminal, em que o indivíduo é condenado e despojado de sua identidade, recebendo outra degradada." SHECAIRA, Sérgio Salomão. *Criminologia*. São Paulo: Editora Revista dos Tribunais, 2004. p. 298.

criminalização, **D**iversão, **D**evido processo legal e **D**esinstitucionalização.

Descriminalização: Como vimos, essa teoria vê que o problema central da criminalidade está no estigma e na reação social. Entende que não existem condutas criminosas por si só, apenas condutas que são definidas politicamente como criminosas. Quanto menos condutas forem definidas como crime, menos estigma de "criminosa" as pessoas receberão. Esse é o primeiro ponto defendido pelo *Labelling Approach*, a descriminalização de condutas.

Diversão: A diversão, que vem do inglês *diversion*, é a proposta de desviar os agentes do delito do sistema estigmatizante de justiça criminal e encaminhá-los para soluções informais e não institucionais dos conflitos.

Devido processo: A garantia do devido processo legal é outra política defendida pela teoria do *Labelling Approach*. As penas devem estar estabelecidas em lei e as sentenças devem ser determinadas, para reduzir a margem discricionária do julgador que não poderia aplicar uma pena mais elevada em função do perfil do acusado.

Desinstitucionalização: E a quarta política defendida pela teoria do *Labelling Approach* é a desinstitucionalização, isto é, a adoção de medidas como o fortalecimento de penas alternativas e a redução da aplicação da pena de prisão. Para esses autores, a prisão deveria ser a pena alternativa e não as medidas não prisionalizadoras deveriam ser assim chamadas. É preciso inverter essa lógica de priorização da prisão, porque ela tem efeitos muito nocivos e irreversíveis.

A teoria do *Labelling Approach* é usada também para fundamentar o direito penal mínimo, que é chamada pelos teóricos de *prudente não intervenção*. Porque a aplicação daquelas medidas poderia reduzir esse processo diagnosticado pela teoria do *Labelling Approach* e que leva à desviação secundária, à reincidência e ao cometimento de novos crimes.

13. TEORIA CRÍTICA (RADICAL, NOVA CRIMINOLOGIA)

A teoria Crítica de Criminologia é umas das escolas sociológicas do conflito.

Autores: Os principais autores são os ingleses Ian Taylor, Paul Walton e Jock Young.

Momento histórico: A teoria crítica surge nos anos de 1970 em diversos países, como Estados Unidos, Inglaterra e Escandinávia, a partir da teoria do *Labelling Approach* (vide item 12 supra), trazendo a sociologia do desvio para o âmbito específico da Criminologia.

George Rusche e Otto Von Kirchheimer, no livro "Punição e Estrutura Social", de 1939, analisam a evolução dos sistemas europeus de penas a partir das evoluções do mercado. Eles concluem que as penas corporais eram adotadas em períodos em que havia excesso de mão de obra e que as penas mais humanas eram adotadas em épocas de escassez de mão de obra. Sendo assim, notam a existência de uma relação direta entre o capitalismo, o direito penal e a aplicação de penas. Para esses autores, o direito penal era uma forma de criação de um *lumpezinato*, que serviria

como exército de mão de obra de reserva, mantendo baixo o valor da mão de obra.

Existem duas grandes vertentes de Criminologia Crítica, com subdivisões internas: abolicionistas e não abolicionistas. Mais adiante iremos estudar três subdivisões: Neorrealismo de Esquerda (item 13.1), Minimalista (item 13.2) e Abolicionista (item 13.3).

Conceitos centrais: A teoria crítica se baseia na teoria marxista e entende o direito penal como uma forma de manutenção da exploração de classe.

Para eles, a definição das condutas que serão consideradas como crime é resultado de disputas políticas. Além disso, entendem que o *criminoso* é uma construção política, e não é um ente biológico ou sociológico.

Os atos definidos como criminosos são escolhidos tendo em vista os interesses da classe dominante, visto que estão no poder. A redefinição dos crimes depende da reflexão crítica da realidade, de modo a enfrentar um sistema legal baseado em poder e privilégios. "Aceitar a definição legal de crime é aceitar a ficção da neutralidade do direito."[29] Seguindo esse mesmo raciocínio, o delito é um fenômeno dependente do modo de produção capitalista e que estimula as forças produtivas.

Por essa razão, consideram o problema criminal como insolúvel dentro da sociedade capitalista. O objetivo dos autores filiados à teoria crítica é reduzir as desigualdades sociais. Para tanto, é necessário alterar o sistema penal (e para os abolicionistas, suprimi-lo), já que ele é reprodutor das desigualdades.

Para os criminólogos críticos, as pessoas das classes mais baixas são rotuladas como criminosas e as da burguesia não. Isso ocorre exatamente em razão do fato da burguesia controlar os meios de produção e isso lhes conferir o poder de confecção e aplicação das leis, já que ocupam as posições de poder do Estado.

Eles entendem que há a universalidade do crime e, ao mesmo tempo, a seletividade da justiça. Vale dizer, percebem que todas as classes sociais praticam crimes, ou seja, que a prática de crimes é universal e não está circunscrita a classes sociais. Mas, por outro lado, a justiça é seletiva, uma vez que seleciona apenas as pessoas das classes mais pobres. A punição e toda atuação do sistema de justiça recai apenas sobre as classes mais pobres. "Desde a obra de Sutherland, de fato um grande visionário pelo que antecipou em relação às teorias dos anos 60 [vide item 9 supra], busca-se a ideia segundo a qual o crime é muito mais disseminado do que sugere o estereótipo do criminoso e o sistema punitivo seleciona amostragens parciais não aleatoriamente."[30] Desse modo, ao invés da polícia suspeitar de certos indivíduos, passou a suspeitar de categorias sociais.[31]

---

29. SHECAIRA, Sérgio Salomão. *Criminologia*. São Paulo: Editora Revista dos Tribunais, 2004. p. 334.

30. SHECAIRA, Sérgio Salomão. *Criminologia*. São Paulo: Editora Revista dos Tribunais, 2004. p. 340.

31. SHECAIRA, Sérgio Salomão. *Criminologia*. São Paulo: Editora Revista dos Tribunais, 2004. p. 341.

Ademais, entendem que o crime estimula as forças produtivas ao gerar uma indústria própria de segurança, como cercas elétricas, carros blindados, empresas de segurança privada, câmeras de vigilância etc.

Para a teoria Radical o problema da criminalidade é insolúvel em um modelo de sociedade capitalista, já que é inerente a ela. Dentro das sociedades capitalistas, o crime é uma construção das classes dominantes para atender aos seus interesses. Como o objetivo da teoria Crítica é a redução das desigualdades sociais, é necessário alterar o direito penal, na medida em que ele apenas amplia as desigualdades ao excluir os mais pobres.

A crítica que essa teoria recebe é justamente não ter estudado a criminalidade nos países socialistas e tratarem apenas dos países de modelo capitalista.

13.1. Neorrealismo de Esquerda

O Neorrealismo de Esquerda acredita que uma das funções do crime é dividir as classes pobres, não deixando com que se organizem para combater o sistema capitalista e a classe dominante. Isso porque apenas as pessoas das classes pobres são selecionadas pelo sistema de justiça penal e apenas algumas pessoas dessas camadas mais humildes da sociedade cometem crimes. Isso faz com que se gere uma cisão dentro da própria classe, fazendo com que as pessoas que a compõem não consigam se ver como pertencentes a uma mesma classe, nas mesmas condições e que devem combater o verdadeiro inimigo que é a exploração capitalista. Assim, o crime gera uma cisão nesta classe, o que é benéfico para as próprias classes dominantes que não são questionadas por uma classe pobre mais numerosa. Portanto, o crime produz uma divisão dentro das classes menos favorecidas e faz com que esqueçam que o inimigo real é a sociedade capitalista.

O Neorrealismo de Esquerda defende que haja menos controle penal das condutas das classes pobres e mais sobre as condutas das classes ricas, ou seja, sugerem uma mudança de enfoque no Código Penal que preveria penas mais severas para os crimes cometidos pelas classes altas e mais leves ou até mesmo a descriminalização daquelas condutas cometidas pelas classes baixas.

Esse é o neopunitivismo, ou seja, redução do controle penal e, ao mesmo tempo, expansão para outras esferas, com a criminalização dos atos que proliferam a exploração, como os crimes de colarinho branco, econômicos e ambientais e, ao mesmo tempo, a minimização da repressão penal sobre as classes exploradas. Dessa forma, se criaria uma nova criminalidade e diminuiria a velha criminalidade de massa.

Além disso, os Neorrealistas de Esquerda trabalham em uma perspectiva de reinserção social dos presos e de prevenção geral positiva da pena. Para esses autores, a prisão deve ser mantida, ainda que somente em circunstâncias extremas, pois algumas pessoas em liberdade seriam perigosas à sociedade. Com isso, em grande medida, acabam relegitimando a ideia do cárcere, pois aceitam que a prisão poderia educar a classe trabalhadora e os setores marginalizados da sociedade.

E, assim como todos os outros ramos da teoria Crítica, acreditam: (i) na universalidade da criminalidade, ou seja, que o crime está presente em todas as camadas sociais e (ii) na seletividade do sistema de justiça penal, ou seja, de que apesar da universalidade da criminalidade, apenas os crimes cometidos pelas classes baixas são punidos. A solução para o crime consiste na transformação revolucionária e na eliminação da exploração do homem pelo homem, ou seja, na superação do modelo capitalista.

13.2. Minimalismo Penal

O Minimalismo Penal aprofunda a teoria do *Labelling Approach* (vide item 12 supra), ao entender que a aplicação da pena pode produzir consequências mais gravosas do que benéficas. A intenção do Minimalismo é a redução do direito penal no curto prazo. Porém, defendem a contração do sistema penal em algumas áreas e aumento em outras. A proposta é que a hierarquia dos bens jurídicos tutelados seja revista. Portanto, essa corrente se chama Minimalismo Penal exatamente por pretender reduzir o direito penal, suprimindo a tutela penal para alguns crimes e expandindo para outras (o que mesmo assim faria com que o direito penal fosse reduzido). Na reavaliação dos bens jurídicos a serem tutelados pelo Direito Penal, elevaria-se a proteção aos bens coletivos em detrimento do patrimônio individual.

Os autores que defendem o minimalismo acreditam que o Direito Penal é um processo de definição, cujo objetivo é mascarar o sofrimento das classes menos favorecidas.

Para esses autores a Política Criminal deve promover transformação social (vide item 15 infra), sendo que só assim poderá ser resolvida a questão criminal. Esses autores buscam uma sociedade baseada na igualdade e na democracia.

"As propostas de política criminal da corrente minimalista poderiam ser sintetizadas em alguns pontos cardeais. O primeiro é transformar radicalmente a sociedade como melhor maneira de combate ao crime. A verdadeira política criminal seria, pois, uma política de radicais transformações sociais e institucionais para o desenvolvimento da igualdade e democracia. Em síntese, adotar-se-ia uma superação das relações sociais de produção capitalista.

O segundo ponto prevê uma contração do sistema penal em certas áreas para expansão de outras. Ao mesmo tempo em que se propõe a descriminalização de certos comportamentos, como delitos contra a moralidade pública, delitos cometidos sem violência ou grave ameaça à pessoa, são defendidas intervenções mais agudas nas áreas em que se trabalha com interesses coletivos, tais como saúde e segurança do trabalho, revendo a hierarquia dos bens jurídicos tutelados pelo Estado. Diferentemente dos neorrealistas [vide item 13.1 supra] minimalistas são céticos relativamente à eficácia do instrumento penal para combater a criminalidade organizada ou para dar resposta aos conflitos cujos autores não são individualizados, mas que correspondem a modalidades, organizações e sistemas complexos de ações.

A terceira proposta dos minimalistas é a defesa de um novo direto penal, em curto prazo, mediante a consagração de certos princípios com os quais seriam assegurados os direitos humanos fundamentais. Tais princípios poderiam ser destinados desde a criminalização primária, bem como poderiam servir para conter a violência das agências de controle. Isto se faria por meio de reconhecimento de um norte minimizador, com base em três postulados: caráter fragmentário do direito penal; intervenção punitiva como *ultima ratio*; reafirmação da natureza acessória do direito penal. O 'programa' de direito penal mínimo deve ser acompanhado de uma ação de mobilização política e cultural que faça das questões criminais uma questão política crucial interpretada à luz dos conflitos que caracterizam a sociedade em geral. Os minimalistas entendem não haver, a curto e médio prazo, condições para a implantação de um programa abolicionista, mas entendem que, com a utilização dos meios de comunicação, poderiam 'asfaltar' o caminho para num futuro distante as metas abolicionistas serem atingidas."[32]

13.3. Abolicionismo Penal

O abolicionismo penal entende o sistema penal como reprodutor das desigualdades e injustiças sociais. E, assim como as demais correntes Críticas, vê o direito penal como uma instância seletiva e elitista. Para tais teóricos, o delito é uma realidade construída e, portanto, os fatos que são considerados crimes decorrem de uma decisão humana modificável. Criticam ao fato da vítima não interessar ao processo penal (vide item 4.3 supra e item 14 infra).

Os abolicionistas veem três principais razões para extinguir o sistema penal:

(a) a sociedade atual já funciona sem sistema penal, uma vez que a diferença entre a quantidade de crimes cometidos e a quantidade de crimes que chegam ao conhecimento das instâncias formais de controle é altíssima (essa diferença entre os crimes cometidos e os crimes denunciados é chamada de cifra negra). Portanto, já vivemos em uma sociedade sem o direito penal;

(b) as normas penais não atingem seus objetivos, ou seja, não inibem a prática de crimes. As normas penais não cumprem as funções esperadas de proteção da vida, propriedade e relações sociais; e

(c) as instituições do sistema de justiça (polícia, Ministério Público, magistratura etc.) não atuam de modo coordenado e articulado, ao contrário, atuam cada uma de acordo com suas regras e burocracias, fazendo com que seja um sistema demasiadamente caro e pouco eficiente.

Para os abolicionistas, o direito penal não é compatível com a justiça social e nem com a diminuição das desigualdades. A persecução penal é seletiva e sempre será. A alteração da lei não altera os rótulos sociais e a construção estereotipada da clientela penal.

Por fim, o abolicionismo entende que a pena é ilegítima e criticam a esquerda punitivista, como o Neorrealismo de Esquerda, que pretende reduzir a tutela penal sobre os crimes cometidos pela classe pobre e ampliá-lo sobre os crimes cometidos pelas classes altas.

Para eles, a pena é ilegítima por diversas razões. A primeira delas é que a lógica de imposição da pena segue um critério vertical. Para os abolicionistas, só se pode falar em imposição de pena quando há um acordo entre as partes, o que não ocorre no sistema penal, e, portanto, para eles, a aplicação da pena nesses moldes não passa de imposição de violência.

Outra razão é que a prisão não reabilita o preso. "Todos os estudos demonstram que o condenado a uma instituição total internaliza os valores do presídio, com efeitos devastadores sobre sua personalidade. O índice de reincidência é sempre muito alto e a capacidade de superação do delito anterior está muito mais ligada aos apoios sociais e familiares que ele tem no presídio do que propriamente em face da 'ação' desencadeada pelo encarceramento."[33]

Outro motivo é que a prisão, por si só, não intimida o cometimento de novos crimes. "O cometimento de cada novo crime está a demonstrar a falibilidade da prisão quanto aos seus efeitos intimidatórios."[34]

"O fato de *conceber o homem como um inimigo de guerra* também é um problema desse sistema de repressão penal, o qual atua como um exército em estado de guerra; o homem é o objetivo a eliminar e muitas vezes é visto como um Estado inimigo. A luta contra a criminalidade está em todas as campanhas eleitorais e é o mote de intervenção de muitos políticos na luta interna contra as atrocidades praticadas pelo homem, sua maldade, perversidade. Diferentemente do sistema militar para a guerra externa, que um dia termina, a guerra interna é permanente, funciona todo o tempo e está voltada para produzir dano. Como se pode desarmar esse sistema? Qualquer investigação empírica constata o número brutal de pessoas recolhidas às prisões ou submetidas a alguma forma de controle."[35]

Essa é uma das graves críticas que o abolicionismo faz à sociedade atual. Ademais, eles criticam a frieza do sistema de justiça. "O sistema penal *se opõe à estrutura geral da sociedade civil*. A criação de uma estrutura burocrática na sociedade moderna, com a profissionalização do sistema persecutório, gerou um mecanismo em que as sanções são impostas por uma autoridade estranha e vertical, no estilo militar. As normas são conhecidas somente pelos operadores do sistema: nem autores e nem vítimas conhecem as regras que orientam o processo. Este mecanismo se opõe à estrutura mais informal da sociedade civil, que muitas vezes facilita encontros cara a cara, os quais podem agilizar a solução dos conflitos entre as partes envolvidas. Os operadores do direito, especialmente os magistrados, pertencem a um mundo diferente ao do processado; condenar para ele é um ato de rotina burocrático, uma ordem escrita sobre um papel que outros funcionários executarão e ele assinará em escassos segundos. Quando o juiz volta sua cabeça para confiar seu expediente ao escrevente, o condenado, que ficou diante dos olhos do juiz por alguns minutos, já estará fora de seu raio de visão e o juiz se ocupará do réu seguinte."[36]

---

32. SHECAIRA, Sérgio Salomão. *Criminologia*. São Paulo: Editora Revista dos Tribunais, 2004. p. 343-344.

33. SHECAIRA, Sérgio Salomão. *Criminologia*. São Paulo: Editora Revista dos Tribunais, 2004. p. 353.

34. Idem, ibidem.

35. Idem, p. 351.

36. Idem, p. 351-352.

Segundo Thomas Mathiesen – importante autor abolicionista que escreveu o livro "A Política da Abolição" em 1974 – a prisão tem cinco funções: A primeira é a depurativa, ou seja, é uma forma da sociedade livrar-se da improdutividade. Os idosos são isolados em casa de repouso, as pessoas com problemas de saúde mental, em hospitais psiquiátricos, os viciados em álcool e outras drogas, em clínicas especializadas e os "ladrões e traficantes são destinados ao cárcere".[37]

A segunda é a redução de impotência. Para a sociedade produtiva, não basta isolar os improdutivos, é necessário que não mais se ouça falar neles.

A terceira é a diversiva. A prisão faz com que a sociedade não preste atenção para o que é mais importante e realmente danoso para ela própria: os crimes contra bens jurídicos difusos e coletivos. Os crimes que realmente levam pessoas à prisão são crimes contra a propriedade privada em pequena escala, e esses delitos têm penas maiores previstas do que crimes que lesam toda a coletividade. Dessa forma, distraem-se as pessoas e elas passam a prestar mais atenção nesses delitos do que naqueles de maior potencial lesivo.

A quarta é a função simbólica. Semelhante à função diversiva, ela tem a especificidade de acrescentar que a pessoa, ao entrar no cárcere, passa por um processo de estigmatização, mas não passa por um processo de desestigmatização ao sair. Desse modo, o símbolo do Estado Penal está sempre presente no rótulo colocado nessas pessoas. "É um método bastante eficiente de fazer continuar delinquente o delinquente; de reduzi-lo à impotência."[38]

E a quinta função é demonstrar a ação, pois o encarceramento é a pena com maior impacto e visibilidade na sociedade. Em tempos anteriores, as penas eram corporais e públicas.

Louk Hulsman, outro importante autor abolicionista holandês, em sua obra "Penas Perdidas", de 1982, afirma que os crimes são situações-problema que não podem ser tratadas como se fossem fruto de um mesmo conflito. O direito penal não resolve o conflito original e cria, isto sim, um novo, consistente na estigmatização da pessoa, enquanto principal função do direito penal.

O autor norueguês abolicionista Nils Christie analisa o ganho econômico advindo da exploração do crime no imaginário popular (segurança privada), em seu livro "Indústria do Controle do Crime", de 1996.

14. VITIMOLOGIA[39]

É necessário analisar a relação entre criminoso e vítima (o que também é chamado de *par penal*) para poder compreender melhor o fato criminal e verificar o dolo e a culpa do agente e a responsabilidade da vítima.

Existem vítimas latentes ou potenciais, ou seja, que podem ser vítimas várias vezes do mesmo crime por conta de uma característica ou conduta sua. Como é o caso de vigias de bancos, pessoa que sempre provoca algum colega etc. Por outro lado, existem as vítimas autênticas que não contribuem nem para a ação criminal e nem interagem com o autor do delito, como a vítima de um batedor de carteira no centro de uma cidade grande, ou uma pessoa que tem seu cartão de crédito clonado.

Por conta de fatores históricos e culturais, o sistema penal sempre focou mais suas energias para o agressor do que para a vítima. A vítima exercia papel bastante importante na justiça no período em que as regras de justiça privada estavam em vigência. Com a criação do Estado moderno, a vítima transformou-se em um sujeito passivo de uma infração a lei do Estado, deixando de ser sujeito de direito. "O crime é visto como 'mero enfrentamento' entre o seu autor e as leis do Estado, esquecendo-se que em sua base há um conflito humano que gera expectativas outras bem distintas e além da mera pretensão punitiva estatal. A vítima é encarada como mero objeto, dela se espera que cumpra seu papel 'testemunhal', com todos inconvenientes e riscos que isso acarreta".[40]

De acordo com Luiz Flávio Gomes e Garcia-Pablos de Molina, "o tradicional menosprezo pela vítima configura uma prova eloquente de quanto a política criminal tradicional praticada pelo Estado tem cunho mais 'vingativo' (retributivo) que reconciliador. Orienta-se para a *decisão*, não para a solução do conflito. É um modelo 'paleorepressivo'. O castigo é o que interessa. Se esse castigo cumpre ou não sua função de prevenção de novos delitos pouco interessa. Se não ressocializa, pouco importa. Se ignora as expectativas reparatórias da vítima, não tem relevância. Se se trata muitas vezes de um castigo perdido, porque deixa de cumprir suas finalidades, não há inconvenientes."[41]

Esse cenário só começa a ser alterado após o 1º Simpósio Internacional de Vitimologia, ocorrido em 1973, em Israel.

A Vitimologia se ocupa de estudar a vítima e a vitimização.

Conceito de vítima: Vítima é aquela pessoa que sofreu ou foi agredida em razão de uma infração penal cometida por outra pessoa.

De acordo com a Declaração dos Princípios Fundamentais de Justiça Relativos às Vítimas da Criminalidade e de Abuso de Poder da ONU de 1985, vítimas são "pessoas que, individual ou coletivamente, tenham sofrido um prejuízo, nomeadamente um atentado à sua integridade física ou mental, um sofrimento de ordem moral, uma perda material, ou um grave atentado aos seus direitos fundamentais, como consequência de atos ou de omissões violadores das leis penais em vigor num Estado membro, incluindo as que proíbem o abuso de poder".

Para a legislação penal brasileira, os termos "vítima", "ofendido" e "lesado" são utilizados como sinônimos.

---

37. Idem, p. 354.

38. Idem, p. 356.

39. Vide item 4.3 supra.

40. GOMES, Luiz Flávio. MOLINA, Antonio García-Pablos de. *Criminologia*. São Paulo: Editora Revista dos Tribunais, 2012 (coleção ciências criminais, v. 5). p. 502.

41. Idem, p. 503.

14.1. Classificação de vítima

Classificação de Benjamim Mendelsohn: Esta classificação considera a participação ou a provocação da vítima e divide-se em três grandes grupos:

a) Vítima inocente. É aquela vítima completamente inocente, que não concorre de forma alguma para o cometimento do delito. Também é chamada de vítima ideal.

b) Vítima provocadora. É aquela que por vontade própria ou sem intenção (impudentemente) colabora com o ânimo criminoso do agente. Dentro desse grupo existem três tipos de vítimas. As vítimas menos culpadas que os criminosos (*ex ignorantia*); as vítimas tão culpadas quanto os criminosos (por exemplo, dupla suicida, aborto consentido e eutanásia) e as vítimas mais culpadas que os criminosos (por exemplo, as vítimas que por provocação dão causa ao delito).

c) Vítima agressora, simuladora ou imaginária. É aquela falsa vítima que, por exemplo, com sua conduta justifica a legítima defesa do agressor. Também são chamadas de vítimas como únicas culpadas.

Classificação de Hans von Hentig: A classificação de Hans von Hertig comporta três grupos:

a) criminoso – vítima – criminoso (sucessivamente). Neste grupo se encontram os criminosos que passam a ser vítima após o estigma do cárcere e do sistema penal. Refere-se àquela pessoa que cometeu um crime, foi presa e depois reincidiu em razão da repulsa social que encontrou fora da cadeia após cumprir sua pena.

b) criminoso – vítima – criminoso (simultaneamente). Este grupo se refere às pessoas que são vítimas e criminosos ao mesmo tempo. Por exemplo, o usuário de drogas que passa a traficar entorpecentes com o objetivo de sustentar o próprio vício.

c) criminoso – vítima (imprevisível). Esse terceiro grupo se refere a casos em que o criminoso se torna vítima de modo inesperado, por exemplo, ao ser linchado, ou, ao contrário, os casos em que vítimas se tornam criminosas.

14.2. Vitimização

No tema de vitimização, tem-se a vitimização primária, a secundária e a terciária:

a) vitimização primária: é provocada pelo cometimento do crime e corresponde aos danos sofridos pelo fato de ter sido vítima daquele crime. Esses danos podem ser de ordem material, psicológica ou física.

b) vitimização secundária, também chamada de sobrevitimização: é decorrente da interação com as instâncias formais de controle social. Essa interação com o sistema de justiça criminal causa um sofrimento adicional à vítima, que deve depor e contar o que houve, revivendo o sofrimento enfrentado no momento do crime, tem que comparecer diversas vezes perante autoridades etc.

c) vitimização terciária: falta de amparo dos órgãos do Estado para com a vítima. Por exemplo, quando uma pessoa vítima de violência sexual necessita de amparos médicos e psicológicos e o Estado não fornece esse serviço. A pessoa também é, por vezes, hostilizada pela comunidade em geral pelo crime que sofreu.

15. CRIMINOLOGIA E POLÍTICA CRIMINAL

A Política Criminal é totalmente distinta da Criminologia e do Direito Penal.

A começar pelo fato de a Política Criminal não ser uma ciência, ao contrário da Criminologia e do Direito Penal (vide itens 1 e 5 supra). A Política Criminal é uma estratégia de ação política orientada pelo saber criminológico, ou seja, é marcada pela escolha e pelo poder. A Política Criminal é uma política pública e está disseminada entre os diversos entes do Estado – poderes legislativo, judiciário e executivo – dos três níveis – municipal, estadual e federal.

A Política Criminal faz a ponte entre a Criminologia e o Direito Penal, uma vez que a Criminologia traz conceitos e teorias sobre o crime, o criminoso, a vítima e o controle social e, por meio da Política Criminal, os agentes do Estado legislam, criando o Direito Penal e aplicam-no nos julgamentos. Contudo, a Política Criminal vai além do Direito Penal. Formas de prevenção de criminalidade baseadas em outras políticas públicas como iluminação das vias, criação de espaços de lazer, investimento em educação e oportunidades de emprego também estão incluídas na Política Criminal do Estado, ou seja, a Política Criminal é mais ampla do que a Política Penal.

De acordo com Shecaira, a Política Criminal "incumbe-se de transformar a experiência criminológica em opções e estratégias concretas assumíveis pelo legislador e pelos poderes públicos. O direito penal deve se encarregar de converter em proposições jurídicas, gerais e obrigatórias o saber criminológico esgrimido pela política criminal. Assim, a diferença entre a política criminal e a criminologia é que aquela implica as estratégias a adotarem-se dentro do Estado no que concerne à criminalidade e a seu controle; já a criminologia converte-se, em face da política criminal, em uma ciência de referência, na base material, no substrato teórico dessa estratégia".[42]

Franz Von Lizst propôs que a ciência penal seria tripartida em direito penal, criminologia e política criminal.

16. PREVENÇÃO DA INFRAÇÃO PENAL (PREVENÇÃO CRIMINAL OU PREVENÇÃO DA INFRAÇÃO DELITIVA)

Prevenção da infração penal é o conjunto de ações que tem por objetivo evitar o cometimento de um delito. A prevenção criminal é composta por duas espécies de ações: aquelas que atuam de forma indireta e aquelas que atuam diretamente.

As medidas indiretas agem sob as causas dos crimes, ou seja, é uma atuação profilática por parte do Estado. Essa atuação deve se dar nas causas próximas ou remotas, específicas ou genéricas. Essas ações devem ter como foco os indivíduos e o meio social.

As medidas diretas se direcionam a infração penal propriamente dita ou em formação.

---

42. SHECAIRA, Sérgio Salomão. *Criminologia*. São Paulo: Editora Revista dos Tribunais, 2004. p. 41.

A prevenção criminal no Estado Democrático de Direito está inserida em todos os eixos do governo e não apenas na pasta de Segurança Pública e de Justiça. No modelo federativo brasileiro, os três níveis devem atuar de modo coordenado para a prevenção criminal: união, estados e municípios.

Não são apenas as ações do direito penal que tem por objetivo a prevenção criminal. Políticas públicas de assistência social, urbanismo, culturais etc., bem como as voltadas a evitar a reincidência – voltadas ao egresso do sistema prisional – também compõem o mosaico da prevenção da infração penal. Em resumo: não apenas a política penal tem o objetivo de reduzir a criminalidade, mas as políticas criminais em sentido lato. (*vide* item 15 supra e 17 *infra*).

16.1. Prevenção primária, secundária e terciária

a) Prevenção primária: atua sobre as raízes dos conflitos sociais. A prevenção primária trata da implementação de políticas públicas sociais nas áreas de educação, emprego, moradia, saúde, qualidade de vida, segurança etc. São políticas preventivas de médio e longo prazo.

b) Prevenção secundária: opera a curto e médio prazo e se orienta seletivamente a determinados setores da sociedade. Alguns exemplos são: programas de prevenção policial, de controle de meios de comunicação, de ordenação urbana etc. "Os programas de prevenção secundária terminam exibindo uma característica marcadamente policial, e não poucas vezes regressiva, desde um ponto de vista social (...)".[43]

c) Prevenção terciária: atua com o fim de evitar a reincidência. São políticas voltadas ao preso e ao egresso. Também é conhecida como tardia, pois ocorre depois do cometimento do delito; parcial, pois recai apenas no condenado; e insuficiente, pois não neutraliza as causas do problema criminal.

As prevenções primária, secundária e terciária complementam-se e são compatíveis, não sendo necessário optar por uma ou outra, ao contrário, o Estado deve atuar nas três frentes.

17. MODELOS DE REAÇÃO AO CRIME

A dignidade humana, no Estado Democrático de Direito, tem condão de limitar o direito de punir do Estado (*jus puniendi*). Além disso, no Estado Democrático de Direito não há a imposição de pena sem a culpa ou dolo do agente. Ademais, os criminosos e o crime são compreendidos como naturais e normais dentro da sociedade e, por isso, a própria sociedade deve encontrar formas de lidar com tal aspecto social.

A teoria da reação social ou os modelos de reação ao crime partem do pressuposto de que uma ação criminal provoca uma reação estatal.

Nesse sentido, são três as espécies de reação estatal:

a) Modelo dissuatório ou do direito penal clássico: É a repressão ao crime por meio da aplicação da punição (apenas aos imputáveis e semi-imputáveis). Neste modelo, a taxa de criminalidade está diretamente associada à potência da ameaça penal, ou seja, do *quantum* de pena estabelecido pelo legislador para aquela conduta. Para Luiz Flávio Gomes e Pablos de Molina "Muitas políticas criminais do nosso tempo (leia-se: políticas penais), de fato, identificam-se com este modelo falacioso e simplificador que manipula o medo do delito, e que trata de ocultar o fracasso da política preventiva (na realidade, repressiva) apelando em vão às 'iras' da lei."[44]

Uma derivação deste modelo dissuatório é o **modelo neoclássico**. Para os teóricos defensores desse modelo, a dissuasão se dá não tanto pelo rigor da pena, mas, sobretudo, pela efetividade do sistema de justiça. Mais do que o *quantum* de punição, é a certeza desta que teria o efeito de prevenir o crime. Para tanto, é necessário investir mais recursos no sistema de justiça, para que ele se torne, assim, mais efetivo.

Contudo, tal modelo recebe severas críticas. Não se pode confundir os conceitos de punição com o de prevenção, como faz esse modelo. De acordo com Luiz Flávio Gomes e Pablos de Molina "É má política criminal que contempla o problema social do delito em termos de mera 'dissuasão', desinteressando-se da imprescindível análise etiológica daquele e de genuínos programas de prevenção (prevenção primária). É péssima a política criminal que esquece que as chaves de uma prevenção eficaz do delito residem não no fortalecimento do controle social 'formal', senão numa melhor sincronização do controle social 'formal' e do 'informal', e na implicação ou compromisso ativo da comunidade.

É imprescindível distinguir a 'política criminal' da 'política penal', se não se quer privar de conteúdo e autonomia o próprio conceito de prevenção, que reclama uma certa política criminal (de base etiológica, positiva, assistencial, social e comunitária), são fórmulas repressivas ou intimidatórias, meramente sintomatológicas, policiais, que não cuidam das raízes do problema criminal e prescindem de toda análise científica do mesmo".[45]

b) Modelo ressocializador: atua na vida do criminoso, não apenas com a aplicação da punição, mas reduzindo a reincidência, por meio da ressocialização. A participação da sociedade é fundamental nesse modelo, pois é necessária sua atuação para que a ressocialização de fato ocorra (reduzindo ou quebrando os estigmas).

Nessa lógica, a preocupação deixa de ser com o funcionamento perfeito do sistema de justiça e com o rigor das penas e passa a ser com a utilidade da pena, inclusive para o próprio infrator.

Segundo Luiz Flávio Gomes e Pablos de Molina, "o modelo ressocializador, em virtude da sua orientação humanista, altera

o centro de gravidade do debate sobre as funções do sistema: do efeito preventivo-dissuasório, passa-se para seu impacto positivo e ressocializador na pessoa do condenado. O homem, pois, e não o sistema, passa a ocupar o centro da reflexão científica: o decisivo, acredita-se, não é castigar implacavelmente o culpado (castigar por castigar é, em

---

43. GOMES, Luiz Flávio. MOLINA, Antonio García-Pablos de. *Criminologia*. São Paulo: Editora Revista dos Tribunais, 2012 (coleção ciências criminais, v. 5). p. 357-358.

44. Idem, p. 360.

45. Idem, p.362-363.

última instância, um dogmatismo ou uma crueldade), senão orientar o cumprimento e a execução do castigo, de maneira tal que possa conferir-lhe alguma utilidade".[46]

Existem inúmeros programas de intervenção. A meta desta intervenção é pedagógica ou terapêutica. A prevenção é atingida de forma indireta. "A meta específica desta intervenção é a pedagógica ou terapêutica, não preventiva (o impacto preventivo, pois, só pode ser produzido de forma mediata, extrínseca)".[47]

Porém, discute-se qual o grau de eficácia que programas nesse sentido podem alcançar em um sistema prisional com péssimas condições de detenção. "Dificilmente se pode desenhar uma intervenção positiva neste sem uma prévia melhora substancial das condições do cumprimento da pena e do regime de execução do castigo".[48]

c) **Modelo restaurador ou integrador** (também conhecido como justiça restaurativa ou justiça reparadora): busca restabelecer, na medida do possível, a situação anterior ao cometimento do crime por meio da reeducação do infrator e da assistência à vítima. Tem o objetivo de reparar o dano causado à vítima e à comunidade. Procura conciliar os interesses de todas as partes relacionadas com o problema criminal.

"Os sistemas e procedimentos de mediação, conciliação e reparação resgatam a dimensão interpessoal do crime, real, histórica e concreta. Propõem uma solução (gestão) participativa desse conflito, flexível e comunicativa, ampliando o círculo de pessoas 'legitimadas' para intervir nela. Tudo por meio de técnicas e procedimentos operacionais, informais (desinstitucionalização), em busca de uma Justiça que resolve o conflito, satisfaz à vítima e à comunidade, pacifica as relações sociais interpessoais e gerais inclusive pacifica e melhora o clima social".[49]

A Justiça Restaurativa pressupõe a autonomia e a capacidade da comunidade de se autorregular, sem a necessidade de um grande aparato formal estatal. "Acredita na capacidade de compromisso e responsabilização do infrator – e da vítima – no processo que a ambos interessa na reparação e reinserção. Propugna, por isso, uma participação ativa de ambos naquele processo em prol da desejada paz e bem-estar comunitários, longe, tanto do papel passivo que lhe confere o modelo de justiça estatal (que lhes retira o poder de intervir na solução do conflito criminal); como de outros enfoques social e juridicamente desestabilizadores, que predicam a retórica da vingança".[50]

---

46. Idem, p.411.

47. Idem, p.403.

48. Idem, p.432.

49. Idem, p.438.

50. Idem, p.445.

4. MEDICINA LEGAL

Rodrigo Santamaria Saber e Eduardo Dompieri

1. INTRODUÇÃO[1]

1.1. Conceito da Medicina Legal

A Medicina Legal, matéria por vezes questionada nos concursos jurídicos, é uma especialidade médica e jurídica que utiliza conhecimentos técnico-científicos da Medicina para o esclarecimento de fatos de interesse da Justiça.

Destaca-se que há certa divergência quanto ao seu próprio conceito.

Pela **corrente restritiva**, a Medicina Legal não seria uma ciência autônoma, enquanto que, pela **corrente extensiva**, ela assim é considerada, pois possuiria objeto e método próprios. Por fim, pela **corrente intermediária**, também conhecida como eclética, seus defensores (Hilário Veiga de Carvalho, Flamínio Fávero, Almeida Júnior, entre outros) consideram que a Medicina Legal não é apenas uma ciência, mas também é uma arte.

1.2. Histórico da Medicina Legal

Atribui-se à *Imhotep* o título de primeiro perito médico-legal, sendo que o Código de Hammurabi é tido como o mais antigo documento que relaciona direito e medicina.

1.3. Classificação da Medicina Legal

Quanto ao aspecto histórico, a Medicina Legal legislativa divide-se em pericial, doutrinária e filosófica (a filosófica relaciona-se a discussões acerca da conexão desta matéria com outros assuntos, como a ética).

No que tange ao aspecto profissional, a Medicina Legal pericial (médico-legista) classifica-se como antropológica (IIRGD – Instituto de Identificação Ricardo Gumbleton Daunt) e criminalística (peritos criminais).

Por fim, pelo aspecto didático, a Medicina Legal subdivide-se em traumatologia, vitimologia, infortunística (que trata das doenças e acidentes do trabalho), sexologia, tanatologia, asfixiologia, antropologia (que cuida dos métodos acerca da identidade e identificação) etc.

1.4. Medicina Legal *vs.* Criminologia *vs.* Criminalística

Medicina legal é uma ciência autônoma. Contudo, por algumas vezes, é considerada como um braço da medicina, que estuda a relação entre o direito e os fenômenos biológicos.

Por seu turno, a criminologia é a ciência que estuda o criminoso e quais as circunstâncias que envolveram a prática delitiva.

A criminalística envolve a análise dos vestígios do crime, a fim de que sejam identificados todos os detalhes do delito.

1.5. Perícias

A perícia médico-legal é aquela realizada por profissional da Medicina, enquanto que os exames realizados por profissionais de outras áreas são tidos como perícia simples.

1.5.1. Classificação das Perícias

Citamos a seguir algumas classificações das perícias:

– **Perícia direta**: aquela feita diretamente na pessoa ou no corpo do objeto;

Perícia indireta: aquela realizada com base em documentos (ex. verificações de prontuários médicos de prontos-socorros).

– **Perícia de retratação**: aquela que busca a comprovação do que fora observado no exame pericial;

– **Perícia interpretativa**: apresenta uma análise dos fatos ocorridos e, ao final, uma conclusão com base em todos os elementos colhidos;

– **Perícia retrospectiva**: realiza um exame dos elementos já ocorridos, passados;

– **Perícia prospectiva**: com base nas análises, o perito apresenta uma projeção do que pode vir a ocorrer.

1.5.2. Peritos Oficiais *vs.* Peritos não Oficiais

Os **peritos oficiais** são aqueles portadores de diploma de curso superior, aprovados em concurso público, e como no ato de sua posse assumem o compromisso com a verdade, estão isentos de a cada exame reassumir esse compromisso. Cabe acrescentar que tais peritos não serão necessariamente profissionais da Medicina. A previsão legal de sua atuação está inserida no art. 159 do Código de Processo Penal. A requisição para sua atuação será apresentada pela autoridade competente, que será encaminhada ao diretor do órgão responsável pela realização da perícia (Ex: Instituto Médico Legal, Instituto de Criminalística etc.).

Enquanto que o **perito não oficial** é aquele que atua na falta do anteriormente mencionado. É conhecido como perito nomeado ou louvado. Para sua atuação também é exigido que o profissional possua diploma de curso superior preferencialmente na área específica, dentre as que tiverem

---

1. Esta doutrina fora feita utilizando-se de esparso material, em destaque as obras de Genival Veloso de França, *Medicina Legal*, 2011, 9ª Edição, Editora Guanabara Koogan; Eduardo Roberto Alcântara Del-Campo, *Medicina Legal I e II*, 7ª Edição, São Paulo, Editora Saraiva, 2012; e Delton Croce e Delton Croce Júnior, *Manual de Medicina Legal*, 8ª Edição, Editora Saraiva, 2012.

habilitação técnica relacionada com a natureza do exame. Com a redação dada ao art. 159, § 1º, do CPP, conferida pela Lei 11.690/2008, exige-se que o exame seja realizado por duas pessoas idôneas. Por fim, há que se ressaltar que os peritos não oficiais deverão prestar o compromisso de bem e fielmente desempenhar o encargo (art. 159, § 2º, do CPP).

1.5.3. Assistentes Técnicos

É facultado às partes contratar profissionais para acompanhá-las e proferir conclusões. Tais profissionais são pessoas de confiança não do juiz, mas, sim, das partes e que são chamadas de assistentes técnicos.

1.5.4. Quesitos

São perguntas feitas para elucidar pontos acerca de algum exame a ser realizado ou já efetuado. Logo, podem anteceder a própria perícia (quesitos originários), ser concomitantes a ela (suplementares) ou posteriores ao exame (complementares).

1.5.5. Prazos

O exame de corpo de delito poderá ser realizado em qualquer dia e horário (art. 161 do CPP), enquanto que o exame necroscópico (ou autópsia) deve aguardar, no mínimo, o transcurso de 6 horas do óbito, salvo se os peritos, pela evidência dos sinais de morte, julgarem que possa ser feita antes daquele prazo, o que declararão no auto (art. 162 do CPP).

Por seu turno, se o primeiro exame de corpo de delito tiver sido incompleto, por determinação da autoridade, poderá ser realizado exame complementar, que terá como parâmetro inicial o auto de corpo de delito a ser suprido ou retificado (art. 168, § 1º, do CPP). No caso de este exame complementar tiver como objetivo a classificação da lesão corporal sofrida por uma vítima, este exame deverá ser realizado depois de passados 30 dias da data do crime (art. 168, § 2º, do diploma processual penal). Se for o caso de avaliação de dependência de drogas, há previsão do prazo de 90 dias (art. 56, § 2º, da Lei de Drogas – Lei 11.343/2006).

1.5.6. Falsa Perícia

No caso de o perito, contador, tradutor ou intérprete em processo judicial, ou administrativo, inquérito policial, ou em juízo arbitral fazer afirmação falsa, esta conduta configurará FALSA PERÍCIA (artigo 342 do Código Penal). A falsa perícia não se configurará no caso de apenas ocorrerem divergências entre as conclusões de dois peritos, hipótese em que se verificará a perícia contraditória, que não configura qualquer tipo de delito.

1.6. Corpo de Delito vs. Exame de Corpo de Delito

Corpo de delito é o conjunto dos vestígios encontrados no local de um crime, nos instrumentos utilizados para sua prática, no objeto ou corpo da vítima, esteja ela viva ou morta, enquanto que **exame de corpo de delito**, como o próprio nome diz, é a análise dos vestígios encontrados e exames laboratoriais realizados.

2. POLÍCIA CIENTÍFICA EM SÃO PAULO

2.1. Composição

No Estado de São Paulo, há o **Instituto Médico Legal (IML)**, onde os médicos legistas e os peritos criminais que fazem as análises toxicológicas atuam. Além dele, há o **Instituto de Criminalística** e o **Instituto de Identificação Ricardo Gumbleton Daunt (IIRGD)**. O IIRGD, dentre outras atribuições, é responsável pelas análises das impressões digitais e expedição das Carteiras de Identidade (RG).

3. DOCUMENTOS MÉDICO-LEGAIS

3.1. Atestados Médicos

Os atestados trazem informações escritas sobre achados de interesse médico e possíveis circunstâncias que lhes deram causa.

Neste grupo são encontrados os atestados clínicos, os atestados para fins previdenciários (destinado à Previdência Social) e os atestados de óbito.

Quanto ao atestado de óbito, destaca-se que a morte pode ser tanto natural como não natural, violenta ou suspeita e, seja qual for o motivo da morte, para que haja o sepultamento, necessária a sua expedição, sendo que o médico que já dava assistência ao recém-falecido é que deve expedi-lo (caso assim não possa ou no caso de a pessoa não ser assistida por nenhum médico, o atestado será emitido pelo Serviço de Verificação de Óbito – SVO. No caso de morte violenta ou suspeita, o exame será realizado por médico legista do IML.

3.2. Notificações Compulsórias

A notificação é uma comunicação compulsória de uma constatação de doença infectocontagiosa ou de violência sofrida pelo paciente que o médico deve dirigir aos órgãos competentes, e, em caso de não comunicação, dependendo da situação fática, o médico poderá incorrer na infração tipificada no art. 269 do CP. Temos como subespécies:

– **notificações de doenças infectocontagiosas**; e

– **notificações de comunicação de acidente de trabalho (CAT)**, feitas por médico do trabalho. Ainda, como subespécies, podemos elencar a comunicação da ocorrência de crime de ação penal pública incondicionada (também destinada ao médico, que, em caso de inobservância pelo médico, configurará contravenção penal e não crime previsto no Código Penal – art. 66, II, do Dec.-lei 3.688/1941); comunicação da ocorrência de morte encefálica (tem como objetivo viabilizar eventual transplante de órgão); comunicação em razão de violência doméstica; comunicação de esterilizações cirúrgicas (sua omissão configurará crime tipificado em legislação especial – art. 16 da Lei 9.263/1996); comunicação de ocorrência de maus-tratos em criança ou adolescente (omissão caracteriza infração administrativa, prevista no Estatuto da Criança e do Adolescente – art. 245 do ECA); também deverão ser comunicadas as ocorrências de maus-tratos em idosos ou tortura.

3.3. Relatórios Médico-Legais e Pareceres Médico-Legais

Os relatórios médico-legais podem ser de duas espécies: a) auto, quando ditado pelo perito diretamente ao escrivão, escrevente ou escriturário na presença da autoridade competente; b) laudo, quando elaborado pelo próprio perito em fase posterior aos exames realizados. No laudo existe uma introdução, um histórico, a descrição dos exames realizados, a discussão sobre as características encontradas. Em seguida, são apresentadas as constatações e conclusões extraídas dos exames. E, por fim, as respostas aos quesitos formulados pela autoridade. Já o atestado traz informações escritas sobre achados de interesse médico e possíveis consequências que lhes deram causa.

Os pareceres são consultas realizadas a profissionais renomados com o intuito de serem utilizados como provas em processo judicial.

4. ANTROPOLOGIA FORENSE

4.1. Conceito

A antropologia forense trata da identidade e identificação.

A identificação é a determinação da identidade de uma pessoa por meio de procedimentos realizados por técnicos com conhecimento específico, enquanto que a identidade é o conjunto de elementos que individualizam o ser humano. Por fim, o reconhecimento é realizado por pessoa que não possui conhecimento técnico.

4.2. Evolução

Historicamente, várias técnicas de identificação foram surgindo, uma delas é a do sistema odontológico de Amoedo, por meio do qual é realizada uma análise da arcada dentária da pessoa. Cabe esclarecer que uma dentição completa é formada por 32 dentes. Outros sistemas de identificação são o sistema dactiloscópico de Vucetich, o sistema da fotografia sinaléptica de Bertillon (identificação por meio de duas fotos, isto é, uma de frente e outra de perfil direito), a biometria, a impressão genética do DNA e o retrato falado.

Todos estes métodos diferem-se, além da forma, pelo nível de imutabilidade, de reprodutibilidade, individualidade, praticabilidade, classificabilidade, universalidade, aceitação (acerca da privacidade ou grau de devassamento da vida privada que é razoável) e segurança.

A figura a seguir mostra uma identificação por meio do sistema de fotografia sinaléptica de Bertillon.

4.3. Raças

Salvatore Ottolenghi, por meio de análise de traços físicos e dos crânios, elaborou uma classificação com base em raças, subdividindo as mesmas em tipo caucásico, mongoloide, indiano, negroide e australoide.

✓ **indiano**: apresenta pele morena, escura, mais avermelhada, íris castanha, cabelos lisos e pretos, com ossos zigomáticos (bochecha) em proeminência;

✓ **australoide**: é aquele que apresenta pele trigueira (morena), cabelos pretos, ondulados, bochecha proeminente, testa (região frontal) estreita, nariz curto etc.;

✓ **caucásico**: indivíduo de pele branca ou trigueira, com íris azuis ou castanhas, cabelos lisos ou crespos, louros ou castanhos, com perfil de face ortognata ou ligeiramente prognata e contorno anterior da cabeça ovoide;

✓ **negroide**: aquele que possui a pele negra, com cabelos crespos, testa mais saliente, íris castanha, com narinas largas e distantes etc.;

✓ **mongólico**: tem pele amarela, cabelos lisos, região frontal mais larga e baixa, face achatada.

4.4. Sexo

Análise acerca do esqueleto das pessoas, com ênfase maior na bacia, já que há uma grande diferença entre a bacia feminina e a masculina. Veja a figura a seguir.

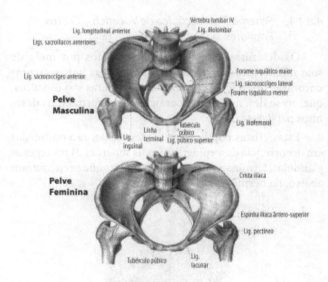

4.5. Idade

Análise também realizada com base no esqueleto das pessoas, pois há diferenciações no tamanho e estado de desenvolvimento dos mesmos de acordo com a idade do corpo examinado (um dos elementos do corpo que, se analisados podem demonstrar a idade da pessoa, é o punho).

4.6. Características Particulares Físicas Naturais

Análise quanto à estatura, peso, pintas, deformações etc.

4.7. Características Particulares Físicas Adquiridas

A análise, neste caso, já se daria através de mutilações sofridas, assim como tatuagens e cicatrizes.

4.8. Biometria

A biometria é utilizada tanto no sistema de verificação como pelo sistema de identificação, ou seja, se há uma pessoa a ser identificada, para a verificação de que ela realmente é quem afirma ser, utiliza-se o primeiro sistema (de verificação), enquanto que a busca para saber de quem se trata, usa-se o sistema de identificação (ambos se utilizam da comparação do tipo um para um).

A biometria, seja pelo sistema de verificação ou identificação, possui inúmeros métodos, como o feito pelas análises das impressões digitais, veias das mãos, das assinaturas, ou da íris da pessoa.

4.8.1. Sistema Datiloscópico de Vucetich

Os desenhos notados nas mãos e pés são formados já a partir do sexto mês de gestação, sendo que são perenes e imutáveis, ou seja, mesmo que ocorra uma queimadura de até 2º grau, não desaparecem (isso porque os desenhos das pontas dos dedos, nas faces palmares e plantares têm origem na própria derme e não na epiderme, mais superficial).

Conforme já mencionado, compete ao IIRGD o trabalho de registro das impressões papilares (digitais, palmares e plantares) no Estado de São Paulo.

4.8.1.1. Sistema Datiloscópico de Vucetich – Cristas Papilares

Os desenhos papilares são observados por meio de suas ondulações. As cristas papilares são as linhas escuras encontras nos dedos, enquanto que as claras são os sulcos, que, ao se desenvolverem paralelamente, formam os desenhos papilares.

Estas cristas papilares, vale mencionar, são onduladas em decorrência de a epiderme (mais superficial) proteger as glândulas, terminais nervosos e vasculares que se encontram abaixo, na derme.

4.8.1.2. Sistema Datiloscópico de Vucetich – Glândulas Sudoríparas

Embora existam glândulas sebáceas na derme, elas não estão presentes nas regiões dos pés e das mãos. Desse modo, não têm importância para a papiloscopia. Ao contrário disso, as glândulas sudoríparas são encontradas em todas estas áreas e, por meio delas, é que se torna possível a análise das impressões papilares, na medida em que suas secreções geram a chamada tinta biológica (em verdade, são os poros que geram tal tinta, pois estes são as aberturas das glândulas sudoríparas).

4.8.1.3. Sistema Datiloscópico de Vucetich – Desenho Papilar vs. Impressão Papilar

Os sulcos e cristas, encontrados na epiderme, assumem inúmeros desenhos, que são chamados de desenho papilar. Caso este desenho papilar esteja presente em alguma superfície, em decorrência da ação das glândulas sudoríparas, teremos a chamada impressão papilar.

4.8.1.4. Sistema Datiloscópico de Vucetich – Formas de Impressão Papilar

A impressão papilar pode ser visível, moldada ou latente. A visível é aquela passível de análise a olho nu, pois algo, como tinta ou sangue, a deixou mais relevante, permitindo-se sua fotografia de forma direta.

Já a impressão moldada é aquela deixada em suporte pastoso, que também permite que sejam fotografadas diretamente (ex. impressão digital em baixo relevo, deixada na camada de tinta fresca de um automóvel). As impressões latentes, por sua vez, são aquelas invisíveis a olho nu, devendo então ser reveladas pelos chamados reveladores especiais.

Interessante é que nem todo suporte permite que uma impressão seja nele deixada, sendo que "marcas de dedos" são aquelas que, embora exista uma "impressão", esta não permite a identificação.

Ressalta-se ainda que o revelador a ser utilizado variará de acordo com a idade da impressão e seu suporte; uma vez revelada a impressão, esta poderá ser fotografada ou levada até o IIRGD, por meio de aplicação de fitas adesivas.

4.8.1.5. Sistema Datiloscópico de Vucetich – Pessoa Viva

Retiram-se as impressões de pessoa viva por meio do uso de tinta e suporte. Esta colheita deve ser iniciada, no Brasil, pelos dedos polegares, de forma individual. Após tal ato, coletam-se as impressões de todos os dedos, de forma conjunta.

4.8.1.6. Sistema Datiloscópico de Vucetich – Pessoa Morta

No caso de um cadáver em decomposição, a impressão digital é colhida por meio da luva cadavérica, isto é, a pele que protege a mão é retirada e posta sobre uma mão artificial, para que as impressões sejam colhidas no final.

Já no caso de o cadáver encontrar-se amolecido, antes da retirada das suas impressões papilares, um líquido deve ser injetado nos dedos para provocar uma rigidez dos mesmos, como, por exemplo, a parafina.

4.8.1.7. Sistema Datiloscópico de Vucetich – Linhas Albodatiloscópicas

Por vezes são encontradas linhas transversais que não acompanham as cristas papilares. Estas linhas transversais, chamadas de linhas albodatisloscópicas, são temporárias, isto é, podem surgir ou desaparecer com o tempo.

4.8.1.8. Sistema Datiloscópico de Vucetich – Deltas

São os pontos de encontro das linhas localizadas nos dedos, formando triângulos ou ângulos. Com base nestes deltas ou em sua ausência é que são classificados os desenhos digitais (OBSERVAÇÃO: assunto bastante questionado em concursos públicos).

Tipo fundamental
Arco (digital sem delta)
Presilha interna (delta à direita)
Presilha externa (delta à esquerda)
Verticilo (dois deltas)

4.8.1.9. Sistema Datiloscópico de Vucetich – Identificação

Para ser feita uma identificação por este sistema, adota-se a tabela:

Tipo fundamental	Polegar	Outros dedos
Arco (digital sem delta)	A	1
Presilha interna (delta à direita)	I	2
Presilha externa (delta à esquerda)	E	3
Verticilo (dois deltas)	V	4

Além disso, caso haja amputação, utiliza-se o número 0 e, se houver algum tipo de dedo defeituoso ou cicatriz relevante, a letra x. Por fim, a identificação dar-se-á inicialmente pela mão direita.

Para lembrar: V E I A – 4 3 2 1

Então vejamos. Uma pessoa que tenha na mão direita, de forma sequencial, um verticilo no polegar, um arco, outro arco, uma presilha externa e, no último dedo, uma presilha interna, e na mão esquerda um arco no polegar, uma presilha interna, presilha externa, um verticilo e um verticilo, sua classificação se daria da seguinte maneira: V – 1.1.3.2. e A – 2.3.4.4.

Outro exemplo. Com base na identificação caracterizada por E – 3.2.4.0. e X – 4.0.1.1., podemos concluir que, na mão direita, a pessoa possui um em seu polegar, uma presilha externa e, sequencialmente, uma presilha externa, uma presilha interna, um verticilo e uma amputação; já na mão esquerda nós encontramos um polegar defeituoso ou com alguma cicatriz relevante, e, de forma sequencial, um verticilo, um dedo amputado, um arco e outro arco.

4.8.1.10. Sistema Datiloscópico de Vucetich – Pontos Característicos

Diante de uma impressão ou fragmento, para o confronto com outras impressões visando à identificação, um número de pontos em comum precis ser encontrado.

No Brasil, exige-se a localização de ao menos 12 pontos para a conclusão de que determinada impressão pertence a certa pessoa. Estes 12 pontos podem ser encontrados diante da análise das chamadas ilhotas, bifurcações, crochês, hastes, anastomoses, encerro, forquilha e outros pontos encontrados nos dedos. Veja nas figuras um exemplo de haste e outro de um ponto.

4.8.1.11. Sistema Datiloscópico de Vucetich – Impressões Plantares

No Brasil, é utilizado para a identificação de recém-nascidos (identificação esta obrigatória, conforme dispositivo constante do Estatuto da Criança e do Adolescente).

4.8.2. Sistema da Poroscopia

Utiliza-se de uma análise dos poros, que são perenes. Fora idealizado por Artur Kolman.

4.8.3. Síndrome de Naegeli

Doença hereditária rara que faz com que a pessoa não possua impressões digitais (cuidado, pois esta pessoa, embora não possua impressões digitais, possuirá impressões plantares).

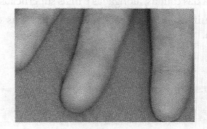

5. TRAUMATOLOGIA FORENSE

5.1. Conceito

É o estudo pelo qual são analisadas as lesões provocadas em um corpo, decorrentes de ação de uma energia. Esta energia pode ser de ordem mecânica, química, física etc. (OBSERVAÇÃO: questões com grande incidência em concursos públicos).

5.2. Energias de Ordem Mecânica

Se a lesão é provocada por ação do instrumento contra a pessoa, estaremos diante de um meio ativo (ex. carro vem na direção de um pedestre). Já na hipótese de a pessoa ir contra o instrumento, ter-se-á um meio passivo (ex. pessoa cai de um prédio e vem a colidir contra o chão). Por fim, no caso de tanto a pessoa como o instrumento moverem-se um em direção ao outro, teríamos um meio misto (ex. uma batida entre dois automóveis).

Estes instrumentos também podem ser classificados quanto à superfície de contato, ou seja, podem ser punctórios (perfurantes), cortantes ou contundentes (o qual promove uma contusão), assim como perfurocortantes, perfurocontundentes ou cortocontundentes (cuidado, pois um mesmo instrumento pode produzir diversos tipos de ferimentos, dependendo de como é usado; logo, uma faca será classificada de acordo com sua ação e não simplesmente como um instrumento perfurocortante).

5.2.1. Instrumento Punctório

O punctório (ou perfurante) atua por meio de pressão sobre um ponto (ex. agulhas), gerando lesões de irrelevante tamanho na superfície da pele, mas de considerável profundidade.

O instrumento perfurante ou punctório atua sempre por pressão sobre um ponto, produzindo ferimentos de diâmetro menor que o próprio instrumento (essa incongruência entre o tamanho do ferimento e o tamanho do instrumento fora explicada através das leis de Filhós e Langer).

5.2.2. Instrumento Cortante

Os instrumentos cortantes atuam por pressão e deslizamento, tanto linearmente como de forma oblíqua sobre a pele ou mesmo órgãos. Provocam lesões incisas (ex. facas).

As lesões incisas têm como características a ausência de uma região de contusão; apresentam margens lisas e regulares, sendo que, na porção média, possui maior profundidade (as extremidades são rasas, gerando as chamadas caudas).

Perceba, portanto, que nas lesões incisas geralmente a extensão do ferimento será maior que a profundidade do mesmo, em decorrência das caudas, alongadas e mais superficiais.

A seguir uma ilustração que demonstra as caudas de uma ferida.

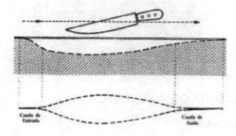

5.2.2.1. Instrumento Cortante – Esgorjamento, Degola e Decapitação

São todas lesões ocorridas na região do pescoço. Esgorjamento é produzido por instrumento cortante (ex: faca, lâmina), podendo, também, se dar por objeto cortocontundente (ex: machado, facão) que ocasiona lesão na parte anterior do pescoço. Enquanto que a degola provoca lesão na parte posterior do pescoço ou nuca e é produzida por instrumento cortante.

A figura a seguir mostra um caso de um esgorjamento.

Para lembrar: **e**sgorjamento – **a**nterior (vogais) / **d**egola – **p**osterior (consoantes)

5.2.3. Instrumento Contundente

A lesão causada por instrumento contundente é aquela provocada por pressão, arrastamento, torção, entre outros, que surgem mais comumente nos acidentes de automóvel, desabamentos, lutas etc. *Tais lesões são chamadas de contusas.*

5.2.3.1. Instrumento Contundente – Escoriações

São lesões contundentes mais leves, gerando os chamados arranhões (áreas da pele desprovidas da camada superficial).

5.2.3.2. Instrumento Contundente – Equimoses

São lesões contundentes que geram o rompimento de vasos sanguíneos, fazendo com que o ferimento apresente uma certa coloração. Essa coloração é bastante relevante para a definição do tempo decorrido desde a ocorrência do ferimento e se houve continuidade dessa lesão ou se foi uma única ocorrência. Cabe ressaltar que, como as equimoses são reações vitais do corpo, elas não são encontradas nos cadáveres em que a agressão é praticada após a morte.

A primeira cor de uma equimose é a vermelha, passando-se ao azul, depois verde e, por fim, ao amarelo.

Para lembrar: V A V A – **v**ermelha, **a**zul, **v**erde e, **a**marelo

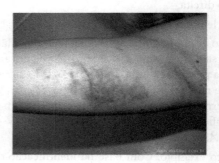

5.2.3.3. Instrumento Contundente – Hematomas

O hematoma, ao contrário da equimose, de acordo com a definição de Delton Croce (*Manual de Medicina legal*, 7ª edição revista, editora Saraiva, pág. 307), "é uma coleção hemática, um *thrombos traumatikos* produzido pelo sangue extravasado de vasos mais calibrosos, não capilares, que descola a pele e afasta a trama dos tecidos formando uma cavidade circunscrita, onde se aninha". Causa elevação na pele e é absorvido de forma mais lenta que a equimose.

5.2.3.4. Instrumento Contundente – Bossas Hemáticas

As bossas hemáticas são observadas nos casos em que surgem hematomas, mas o sangue fica localizado em região que impossibilita sua difusão para um tecido mole, gerando, assim, verdadeira bolsa de sangue.

As bossas hemáticas, os hematomas e as equimoses podem ser classificados como processos hemorrágicos, que se diferenciam pela gravidade (veja que as escoriações não são consideradas como uma espécie de hemorragia).

5.2.4. Instrumento Perfurocortante

As lesões causadas por instrumentos perfurocortantes são denominadas perfuroincisas. Um exemplo de objeto perfurocortante é a faca, que possui uma lâmina com ponta. Caracterizam-se por apresentarem ferimentos mais profundos que o comprimento da lâmina.

5.2.5. Instrumento Perfurocontundente

Perfurocontusas são as lesões causadas por instrumentos perfurocontundentes, que têm como seu exemplo mais comum os projéteis de arma de fogo.

5.2.6. Instrumento Cortocontundente

Lesões cortocontusas, que são as causadas por instrumentos cortocontundentes, tais como facão, machado etc. Os ferimentos por eles causados apresentam zona de contusão, em razão da pressão do instrumento em determinado ponto do corpo (ex. mordida em orelha, que provoca a mutilação de parte da cartilagem; dedos decepados pela ação das pás de um ventilador).

5.3. Energias de Ordem Física

Podem ser provocadas pela variação ou ação de temperaturas, pressão, eletricidade, luz, som (há uma tabela, NR-15, que traz os limites de tolerância para o ruído, sendo que, acima de 160 decibéis, entende-se que a surdez pode ser causada de forma imediata) etc.

5.3.1. Energias de Ordem Física – Lesões pelo Calor

As lesões produzidas pelo calor frio são chamadas de geladuras, enquanto que as lesões decorrentes do calor quente são chamadas de termoses ou queimaduras.

5.3.1.1. Energias de Ordem Física – Lesões pelo Calor – Geladuras

As lesões produzidas pelo frio (geladuras) têm um aspecto anserino e podem evoluir para a isquemia ou até mesmo para a necrose.

Na 1ª Guerra Mundial as geladuras ocorriam muito, em decorrência do frio intenso, e, como geralmente afetavam os membros inferiores dos soldados, por causa da neve, foram chamadas de "pés de trincheira".

É importante frisar que as geladuras são divididas em três graus, isto é, em 1º grau (eritema), 2º grau (flictema) e 3º grau (necrose ou gangrena).

5.3.1.2. Energias de Ordem Física – Lesões pelo Calor – Termonoses

As termonoses são lesões provocadas pelo calor, mas de uma forma indireta, seja em decorrência dos raios solares (insolação), seja em virtude do superaquecimento do corpo pelo aumento do calor ambiente, denominado de intermação (esta é a que ocorre com os mineiros, depois de longo trabalho físico, pesado, em ambiente muito úmido e quente).

5.3.1.3. Energias de Ordem Física – Lesões pelo Calor – Queimaduras

As queimaduras decorrem da incidência direta do calor sobre o corpo, gerando, conforme classificação de Lussena/Hofmann, **queimaduras de 1º grau** (eritema ou chamado de sinal de Christinson); 2º grau (flictema) pode-se afirmar que ocorreu uma **queimadura de 2º grau** quando são observadas as formações de bolhura contendo líquido amarelo; **3º grau** (escaras); e **4º grau** (carbonização, onde o corpo fica numa posição que lembra a de um "boxeador", visto que ele perde volume).

Quanto à extensão das lesões provocadas pelas queimaduras, para se calcular o quanto do corpo fora queimado, adota-se a regra dos noves de Pulaski e Tennison, em que o corpo é dividido em frações correspondentes a 9% (ex. cada perna representa um percentual de 18%, isto é, 9% para a parte da frente, 9% para a parte traseira).

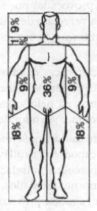

5.3.2. Energias de Ordem Física – Lesões pela Pressão

As lesões podem ser provocadas tanto pelo aumento da pressão (mal das montanhas ou dos aviadores) como pela sua diminuição (doença dos caixões ou mal dos escafandristas, que ocorrem com os mergulhadores que retornam muito rápido à superfície).

5.3.3. Energias de Ordem Física – Lesões pela Eletricidade

Lesão causada por energia de ordem elétrica também é de natureza física, decorrente de eletricidade atmosférica (ex.: raios) ou eletricidade artificial ou industrial, que é aquela transmitida nas redes elétricas, podendo ser de baixa ou alta tensão.

5.3.3.1. Energias de Ordem Física – Lesões pela Eletricidade – Via Natural ou Cósmica

É a lesão causada, por exemplo, pelos raios, sendo que estas possuem aspecto arboriforme (cuja denominação é sinal de Lichtemberg).

Caso esta lesão leve a pessoa à morte, é denominada de fulminação; no caso de apenas provocar lesões corporais, denominar-se-á fulguração (diferenciação esta comumente questionada em provas).

5.3.3.2. Energias de Ordem Física – Lesões pela Eletricidade – Via Artificial

É a lesão causada, por exemplo, pela tomada de uma residência, sendo que, neste caso, serão observadas algumas características diferentes, tais como: coloração amarelo-esbranquiçada, formato circular, elíptico ou em roseta. Às vezes, é inexistente. Além de ser indolor. A esta lesão dá-se o nome de marca elétrica de Jellinek.

A doutrina traz diferenciações quanto à origem da energia. Exemplo: se a eletricidade for utilizada para a execução de um condenado, dar-se-á o nome de eletrocussão, enquanto que, nas demais hipóteses de eletricidade artificial, o nome dado é eletroplessão.

5.4. Energias de Ordem Química

São as causadas por cáusticos ou corrosivos, tóxicos ou venenos (ex. monóxido de carbono, pesticidas). Vale dizer que as queimaduras provocadas por ácidos costumam ser secas e duras. Por sua vez, o ato de causar deformações em uma pessoa com a utilização de um ácido é denominada de vitriolagem.

Quanto às características das lesões provocadas por cianureto de potássio, podemos mencionar a presença de livores violáceos claros na pele, uma rigidez cadavérica precoce e intensa e, por fim, um odor de amêndoas amargas.

Já quanto à morte causada pelo monóxido de carbono (gás incolor, insípido e inodoro), o cadáver fica com uma pele rosada, com rigidez precoce e putrefação tardia (a cianose, encontrada comumente nos asfixiados, não é observada nos cadáveres que tiveram a morte provocada por esse meio).

5.5. Energias de Ordem Físico-Química (Asfixiologia)

As asfixias podem ocorrer por constrição do pescoço (enforcamento, esganadura e estrangulamento), por sufocação (seja de forma direta, como no soterramento ou confinamento, seja de forma indireta, como no caso de compressão do tórax) ou por colocação da vítima em meio gasoso ou líquido (afogamento).

Como características gerais encontradas nos corpos das vítimas de asfixia, podemos mencionar a escuma da boca, assim como o resfriamento tardio do cadáver e a cianose (decorrente do acúmulo de gás carbônico no sangue).

Agora, característica presente na maior parte das asfixias mecânicas é a existência de manchas vermelhas nos pulmões (manchas de Tardieu), enquanto que, nos afogados, encontramos equimoses viscerais (manchas de Paltauf).

5.5.1. Energias de Ordem Físico-Química (Asfixiologia) – Enforcamento

Neste caso, há uma constrição do pescoço por instrumento mecânico tracionado pelo próprio peso do corpo humano. Quando ocorre o enforcamento, o sulco do pescoço, em geral, será oblíquo, descontínuo (pois é interrompido na altura do nó) e desigualmente profundo, assumindo a característica do meio utilizado (se fora usada uma corrente em volta do pescoço, a marca da figura da corrente fica "impressa" no próprio pescoço). No enforcamento, ainda vale dizer que manchas hipostáticas também são encontradas, manchas estas localizadas nas pernas e nas mãos.

Na figura a seguir pode-se observar uma ilustração de uma vítima de enforcamento, sendo possível visualizar o sulco oblíquo e descontínuo no pescoço da vítima.

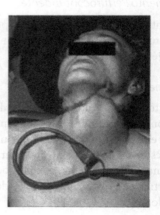

5.5.2. Energias de Ordem Físico-Química (Asfixiologia) – Estrangulamento

O estrangulamento consiste no tracionamento do pescoço da vítima pela utilização de um objeto que permita enlaçá-lo, sendo que a força utilizada para o acionamento deve ser estranha ao próprio corpo do ofendido. O objeto utilizado mais comumente é a corda. A lesão causada no pescoço da vítima de estrangulamento tem sulco contínuo e uniforme.

5.5.3. Energias de Ordem Físico-Química (Asfixiologia) – Esganadura

Na esganadura, a asfixia é provocada pela constrição do pescoço da vítima pelas mãos do agente homicida. Sendo assim, as marcas das suas mãos e unhas substituem o sulco.

A esganadura, portanto, é a modalidade de asfixia que depende da intervenção da força muscular e que não possui sulco.

5.5.4. Energias de Ordem Físico-Química (Asfixiologia) – Sufocação

A sufocação direta é considerada um exemplo de asfixia mecânica pura porque nela ocorre a obstrução das vias respiratórias externas (boca e nariz) ou internas (traqueia, glote), enquanto que na sufocação indireta há a compressão da região torácica, impedindo que a vítima tenha os movimentos respiratórios.

Ocorrerá sufocação por soterramento nos casos em que vítima é submetida a meio sólido ou poeirento, que causará a obstrução das vias respiratórias (ex. alimentos), ou por haver a utilização de meios que impeçam a respiração normal (utilização de meios moles, como travesseiros). O confinamento também é um tipo de sufocação (pessoa mantida em ambiente pequeno e sem entradas de ar).

Por fim, temos também a sufocação indireta, decorrente da compressão torácica. É o caso, por exemplo, de uma criança que é enterrada na areia de uma praia, em pé, mas com a cabeça livre (ela poderá vir a falecer em decorrência da compressão torácica feita pela areia).

5.5.5. Energias de Ordem Físico-Química (Asfixiologia) – Afogamento

O afogamento possui três fases, a saber:
– da resistência;
– da exaustão; e
– da asfixia em si.

Os sinais que evidenciam a ocorrência de um afogamento são: pele anserina (é o eriçamento dos pelos, chamado de sinal de Bernt), cabeça de negro (pois há uma coloração verde-escura), encontro de plâncton nas unhas, maceração da pele, possíveis lesões de arrasto (pois o corpo vai se arrastando no leito do rio ou mar, gerando lesões na cabeça, joelhos, mãos e pés), rigidez cadavérica precoce, presença de líquido no ouvido médio, cogumelo de espuma (aquela espuma que sai da boca da vítima; cuidado, pois o cogumelo de espuma, ao contrário do que muitos pensam, pode aparecer em qualquer morte por asfixia, e não somente no afogamento), e manchas de Paltauf.

A vítima que tem a morte causada por afogamento recebe o nome de afogado azul, ao passo que a pessoa que tem a morte provocada por outro meio, embora o cadáver seja encontrado na água, é chamada de afogado branco ou falso afogado (a característica que diferencia uma vítima da outra é que o afogado branco não possui água nas vias respiratórias).

5.6. Energias de Ordem Bioquímica

Podem ser provocadas tanto por fatores orgânicos como químicos. É o caso das lesões provocadas por intoxicações alimentares ou por inanição (uma pessoa consegue ficar até uma semana somente à base de água).

5.7. Energias de Ordem Mista

As lesões são provocadas por fatores variados. Como exemplo, podemos citar a fadiga, as sevícias (agressões) e as doenças parasitárias.

5.7.1. Energias de Ordem Mista – Síndrome da Criança Maltratada ou Síndrome de Caffey-Kempe ou Síndrome de Silverman

Há casos em que uma criança apresenta mais de uma lesão, sendo que estas, por vezes, podem ter sido provocadas em épocas diversas, concluindo-se, assim, tratar-se de agressões contínuas.

6. PSICOPATOLOGIA FORENSE

6.1. Conceito

A psicopatologia forense aborda as perícias relacionadas aos aspectos atinentes à imputabilidade ou inimputabilidade penal ou à capacidade ou incapacidade no âmbito civil (estas perícias, diferentemente das demais, somente poderão ser realizadas por meio de ordem judicial, não cabendo ao delegado decretá-las).

Busca-se, assim, por meio da psicopatologia, determinar se alguma pessoa consegue entender a realidade dos fatos ou determinar-se de acordo com esse entendimento, sua capacidade, considerando como elementos: sua vontade, inteligência e o grau de seu desenvolvimento mental (completo ou incompleto).

6.2. Capacidade e Imputabilidade

Há diversos fatores que podem limitar a capacidade ou a imputabilidade. Podemos citar, como exemplos, o fator idade: o menor de 18 anos é tido como inimputável na esfera penal ou relativamente incapaz no âmbito cível (se menor de 16 anos, será tido como absolutamente incapaz); e o fator relacionado a transtornos mentais.

6.3. Transtornos Mentais

Diante do exposto acima, se há suspeita de que uma pessoa possa sofrer de um transtorno mental, deverá ser realizada perícia, o que se deve ao fato de que este transtorno poderá modificar ou limitar a responsabilidade do agente.

Desta forma, a pessoa é submetida a um exame, que tem como objetivo identificar a existência ou não de transtorno mental, assim como o seu grau. Para tanto, há uma classificação daqueles sintomas que são considerados, em conjunto, como transtornos mentais. São as classificações trazidas pelo CID-10 e DSM-IV.

6.3.1. Transtornos Mentais – Oligofrênicos

A pessoa que possui desenvolvimento mental incompleto, ou seja, sua idade mental não supera a de um indivíduo com 12 anos de idade, é chamada de oligofrênica.

A oligofrenia possui três espécies, ou seja, uma pessoa oligofrênica poderá ser classificada como idiota (idade mental inferior a 3 anos e QI inferior a 25), imbecil (idade mental entre 3 e 7 anos e QI até 50), ou débil mental (idade mental de 7 a 12 anos e QI até 90). Esta graduação é de extrema importância, pois, dependendo do grau do retardo mental, o indivíduo poderá ser tido como inimputável ou semi-imputável.

6.3.2. Transtornos Mentais – Esquizofrenia

Este transtorno mental faz com que ocorra uma dissociação das faculdades psíquicas, com uma quebra na harmonia entre pensamento, sentimento e ação, não havendo uma relação racional com o mundo externo. A esquizofrenia pode afastar a imputabilidade da pessoa.

6.3.3. Transtornos Mentais – Personalidade Psicopática

O psicopata tem como características a pobreza nas relações afetivas, falta de remorso, vergonha e de senso moral (carência de valor), impulsividade, agressividade, incapacidade de aprender pela experiência e punição e ausência de delírios.

A personalidade psicopática, por sua vez, pode fazer com que a pessoa seja tida como semi-imputável.

6.3.4. Transtornos Mentais – Outros

Existe uma variedade de outros transtornos, tais como: os estados demenciais (ex. doença de Alzheimer), transtornos bipolares, personalidade esquizotípica etc.

6.4. Fatores Psicopatológicos

Além dos fatores biológicos (ex. idade) e dos fatores psiquiátricos (transtornos mentais), fatores psicopatológicos também podem influenciar na capacidade ou imputabilidade do agente. Podemos exemplificar como fatores psicopatológicos os transtornos relacionados ao sono, à embriaguez, toxicomania, transtornos obsessivo-compulsivos (os pródigos, como são chamados os gastadores compulsivos, são considerados, pelo Código Civil, relativamente incapazes), e transtornos relacionados à linguagem (ex. surdos-mudos).

Quanto aos transtornos relacionados ao sono, o sonambulismo pode ser tido como causa para afastar a imputabilidade de alguém, pelo fato de esta pessoa se encontrar em uma situação de semiconsciência. Contudo, a hipnose não é capaz de afastar a responsabilidade penal, pois se entende que a pessoa, mesmo hipnotizada, somente realiza atos semelhantes àqueles de quando se encontra em plena consciência.

7. TOXICOLOGIA FORENSE

7.1. Toxicofilia

A toxicofilia ou toxicomania (hábito de usar drogas de forma regular) tem como elementos a dependência (e, por conseguinte, as crises de abstinência quando não há o uso), a compulsão (necessidade de consumo) e a tolerância (os mesmos efeitos, com o passar do tempo, somente são alcançados com uma dosagem maior da substância).

7.2. Conceito de Drogas – Norma Penal em Branco

Conforme disposição constante da Lei de Drogas (art. 1º da Lei 11.343/2006), consideram-se drogas as substâncias ou produtos capazes de causar dependência, assim especificados em lei ou relacionados em listas atualizadas periodicamente pelo Poder Executivo da União.

7.3. Classificação das Drogas

Os psicotrópicos são classificados em psicolépticos, psicanalépticos, psicodislépticos e pampsicotrópicos (utilizados como anticonvulsionantes).

7.4. Drogas Psicolépticas

As drogas psicolépticas são aquelas que deprimem o sistema nervoso, ou seja, que diminuem as atividades cerebrais, suprimindo sensações de angústia e ansiedade, gerando tranquilidade. Assim sendo, temos, como exemplos de drogas psicolépticas, os barbitúricos (ex. gardenal e anestésicos em geral) e os diazepínicos (ex. diazepam e valium).

7.5. Drogas Psicanalépticas

Já as drogas classificadas como psicanalépticas são aquelas que estimulam o sistema nervoso central, levando à euforia e à sensação de saciedade (perda do apetite). As anfetaminas, a cocaína, o ecstasy, a ketamina, o ópio e seus derivados (ex. morfina e heroína) são exemplos de tais drogas.

7.6. Drogas Psicodislépticas

Por fim, as drogas psicodislépticas são as que provocam alucinações e delírios por gerarem uma dissociação do psiquismo (elas não estimulam nem inibem o sistema nervoso central). São exemplos a maconha (cujo princípio ativo é o 9-gama-transtetrahidrocanabiol ou simplesmente THC, presente na *Cannabis sativa*) e seus derivados (*skunk* e o haxixe), o LSD-25 (ácido lisérgico, substância esta produzida pelo fungo chamado de "esporão de centeio"), a mescalina, os inalantes (ex. lança-perfume), a cafeína, o tabaco e o álcool.

7.6.1. Drogas Psicodislépticas – Álcool

O alcoolismo pode gerar desde uma simples embriaguez até uma psicose alcoólica.

Após a absorção e sua distribuição pelo corpo, o álcool é eliminado por meio de um processo lento, na razão de aproximadamente 0,15g/l/hora, sendo que, enquanto não ocorrer sua eliminação por completo, instrumentos como o etilômetro (bafômetro) podem detectar a sua presença e concentração através da análise do ar pulmonar profundo expirado.

7.6.1.1. Drogas Psicodislépticas – Álcool – Alcoolismo

O alcoolismo pode ser tanto agudo como crônico, sendo que no alcoolismo agudo há a embriaguez normal e a patológica.

Na normal, os sintomas são classificados em três fases:

– do macaco: onde há uma excitação do embriagado. O indivíduo mantém a sua coordenação motora e a atividade mental. Contudo, demonstra uma agitação, uma euforia.

– do leão: o indivíduo apresenta comportamentos antissociais. Esta fase é conhecida como fase da confusão, pois é aquela em que o ébrio apresenta agressividade, sentimento que comumente é causador de acidentes automobilísticos;

– do porco ou comatosa: é a fase superaguda da embriaguez, na qual o indivíduo apresenta sono intenso, não conseguindo se manter em pé, o que pode impossibilitá-lo, inclusive, de dar partida em um veículo.

Já o alcoolismo agudo patológico afeta os descendentes de alcoólatras e tem como sintomas o fato de pequenas quantidades de álcool produzirem grandes efeitos à pessoa.

Finalizando, o alcoolismo crônico é aquele em que há o consumo contínuo e regular de álcool. Neste último caso, podem ocorrer delírios, em que a pessoa tem frequentemente visões de animais (zoopsias). A este delírio alcoólico agudo dá-se o nome de "delirium tremens".

8. TANATOLOGIA

8.1. Conceito

A Tanatologia estuda a morte, sendo que esta, ao contrário do que muitos acreditam, se dá por meio de um processo prolongado (e não único).

Para a constatação do evento morte há alguns métodos, dentre os mais usuais, elencamos aquele que se dá pela análise da circulação (morte circulatória, que ocorre com a parada cardíaca irreversível) e aquela decorrente da morte encefálica (morte cerebral), método utilizado no Brasil para a confirmação do óbito.

Tais técnicas são de extrema importância, haja vista que pode ocorrer a chamada morte aparente, que é aquela em que a pessoa está viva, mas aparenta estar morta, o que se deve à baixa atividade metabólica e circulatória. Por esse motivo, aliás, há norma legal que determina que o sepultamento deve ocorrer somente depois de 24 horas da constatação do óbito, para evitar o sepultamento de pessoa viva (arts. 77 e 78 da Lei 6.015/1976).

Por fim, diz-se que a morte ocorre por meio de um processo prolongado, pois nela inúmeros fenômenos se sucedem no tempo, alguns presentes em todas as mortes (fenômenos abióticos ou avitais), outros somente em alguns casos (fenômenos transformativos).

8.2. Fenômenos Cadavéricos Abióticos Imediatos

Os fenômenos cadavéricos abióticos podem ser imediatos (que, embora não tragam a certeza da morte, são usados pelos médicos para a constatação dela) ou consecutivos.

Quanto aos imediatos, podemos elencar o aspecto do rosto da pessoa, que é alterado em razão da perda do tônus muscular (máscara da morte ou face hipocrática), a prova de fluoresceína de Icard (nesta prova injeta-se fluoresceína na pessoa, sendo que, caso a veia fique com uma coloração amarela, significará que a pessoa não está morta) a inconsciência, e a imobilidade.

8.3. Fenômenos Cadavéricos Abióticos Consecutivos

Como fenômenos consecutivos temos:

– **resfriamento do corpo (algidez cadavérica)**: não é regular, isto é, corpos podem resfriar mais rapidamente do que outros. Em verdade, o que acontece é o equilíbrio da temperatura do corpo com o ambiente em que se encontra; logo, se a temperatura ambiente estiver superior à do corpo, este irá aquecer, e não resfriar.

– **rigidez cadavérica**: a morte provoca um aumento no teor do ácido lático dos músculos (e assim, uma coagu-

lação da miosina). Destaca-se que esta rigidez cadavérica, que se inicia após um período de 3 a 5 horas, é temporária, uma vez que, depois de certo período, o corpo retorna ao estado de flacidez anterior. É possível que a rigidez ocorra de imediato, o que ocorre nos casos em que o corpo fica na posição exata quando da morte (é o chamado espasmo cadavérico ou rigidez estatuária). Por fim, há outros casos em que a rigidez ocorre quando a pessoa ainda está viva, que é verificada nas vítimas da doença denominada tétano, em face da intoxicação por estricnina.

– **hipóstases e os livores**: com a morte, o sangue não mais circula, e, em função da gravidade, se deposita nas partes mais inferiores do corpo, que dependerá da posição do cadáver. A hipóstase é a coloração vermelha púrpura. Enquanto que as manchas com coloração clara, que podem ser observadas na região oposta à da hipóstase, são os chamados livores cadavéricos.

Importante destacar que tanto os livores como as hipóstases, após um período médio de 8 horas, não são alterados mais, mesmo que o corpo tenha sua posição modificada, vez que a coagulação já terá ocorrido.

– **desidratação cadavérica**: caracteriza-se pelo ressecamento da pele do cadáver.

Resumindo: os livores e hipóstases surgem entre duas e três horas após a morte; a rigidez cadavérica, entre a 8ª e 12ª horas.

8.4. Fenômenos Cadavéricos Transformativos Destrutíveis

Os fenômenos cadavéricos transformativos podem ser destrutivos ou conservadores.

Fenômenos transformativos destrutíveis:

– **autólise**: desintegração dos tecidos humanos, uma vez que há uma acidificação no corpo, fazendo com que as células passem a absorver mais água por osmose, inchando até estourar;

– **maceração**: forma de destruição do cadáver ou feto com mais de cinco meses de gestação, em razão da submersão em meio líquido;

– **putrefação**.

8.4.1. Fenômenos Cadavéricos Transformativos Destrutíveis – Putrefação

A putrefação do cadáver inicia-se com a autólise, ainda no intestino grosso, gerando a chamada mancha verde abdominal. Em média, tem início após a 20ª hora da morte. Ela decorre da atuação de germes, sendo que, após atingir o intestino, passa a afetar o restante do organismo.

A putrefação possui 4 fases:

– **fase cromática ou de coloração**: verificada pelo aparecimento da mancha verde abdominal. Contudo, nos afogados, ela se inicia na cabeça e na parte superior do tórax (cabeça de negro);

– **fase gasosa**: se dá em razão da ação dos gases que se formam no interior do cadáver, que tem suas dimensões aumentadas, ocasionando um inchaço do corpo, principalmente na língua e órgãos genitais, além de bolhas (flictemas putrefativos). Há, também, uma alteração na localização do sangue, uma vez que este é empurrado para as regiões periféricas (este fenômeno é denominado circulação póstuma de Brouardel, que se caracteriza por desenhos dos vasos na superfície da pele).

– **fase coliquativa**: ocorre pela ação bacteriana, que causa a decomposição do corpo;

– **fase da esqueletização**: verificada apenas nas partes ósseas do cadáver.

(ATENÇÃO: grande incidência em concursos).

8.5. Fenômenos Cadavéricos Transformativos Conservadores

Os fenômenos transformativos conservadores são os seguintes:

– **corificação**: o corpo não sofre decomposição, por estar guardado em caixão metálico hermeticamente fechado. A pele apresentará um aspecto de couro curtido;

– **mumificação**: dependendo das condições em que os corpos se situam, podem não sofrer a ação das bactérias, o que ocorrerá por conta de uma eventual desidratação rápida;

– **calcificação**: verifica-se em fetos retidos no corpo da mulher, por meio da ação do cálcio;

– **saponificação**: também chamado de adipocera, faz com que o corpo fique com um aspecto de cera ou sabão, em virtude de se encontrar em solos argilosos e úmidos, sem muita aeração.

8.6. Tempo da Morte (Cronotanatodiagnose)

Para se determinar o momento da morte, há inúmeros métodos.

Uma das formas mais utilizadas é aquela que se baseia na atuação dos germes e de outros organismos sobre o cadáver. Isso porque as espécies encontradas nos corpos variam conforme o tempo, ou seja, uma espécie de fungo pode agir somente nos primeiros dias da morte, enquanto que um determinado germe tem atuação somente após alguns meses.

8.7. Comoriência

Se duas pessoas morrerem em decorrência de um mesmo fato, sem que seja possível estabelecer qual morte ocorreu primeiro, entende-se que as mortes se deram de forma simultânea, fenômeno chamado de comoriência.

Agora, se, por meio de uma análise, for possível distinguir os momentos de cada uma das mortes, diz-se que ocorrera o fenômeno da primoriência.

8.8. Necropsia

A necropsia somente poderá ocorrer após 6 horas da constatação do óbito, de acordo com previsão constante do art. 162 do CPP, quando fenômenos abióticos consecutivos se tornam evidentes. Caracteriza-se pela realização de um exame externo para, somente depois disso, passar a um exame interno. Ao final, o corpo deverá ser fechado.

Vale mencionar que, quando a morte não é esclarecida, mesmo após eventual necropsia, a esta dá-se o nome de necropsia branca.

9. BALÍSTICA

9.1. Conceito

A Balística estuda tanto as armas de fogo como sua trajetória e os efeitos causados pelos projéteis.

9.2. Armas

A arma pode ser classificada como de cano de alma lisa ou de cano de alma raiada.

A arma raiada é aquela em que há ressaltos e cavas no interior do cano da arma, dando ao projétil um movimento de rotação, que ajudam a manter a sua trajetória. Essas raias presentes nos projéteis são suas impressões, que auxiliam na identificação da arma utilizada para os disparos.

9.3. Calibre

Nas armas de alma raiada, o calibre corresponde ao diâmetro interno do seu cano. Interessante é que, para que não se perca pressão no momento do disparo, o projétil terá um calibre um pouco maior que o próprio diâmetro do cano da arma. E é exatamente por essa razão que há a impressão das raias do cano no projétil impulsionado.

Nas armas de alma lisa, o calibre não é expressado pelo diâmetro interno do cano, mas, sim, pelo número de esferas de chumbo que é necessário para atingir uma libra de peso. Pode-se afirmar que, em uma arma de alma lisa, seu calibre é inversamente proporcional ao diâmetro interno do cano (quanto maior o diâmetro, menor será o calibre).

Perceba que o calibre, seja na arma de alma lisa quanto na raiada, em nada se relaciona com o tipo de projétil utilizado por determinada arma.

9.4. Trajetória e Alcance do Disparo

A trajetória do projétil tem forma elíptica, em razão da perda da velocidade do mesmo, da resistência do ar e da atuação da gravidade (mesmo em queda livre, o projétil alcança a velocidade de 50m/s, o que possibilita a perfuração da pele humana).

Já quanto a seu alcance, utilizam-se expressões como alcance máximo (distância máxima que um projétil pode alcançar), alcance com precisão, e alcance útil (distância máxima que um projétil pode alcançar, considerando a ação de energia cinética suficiente para deter um homem).

9.5. Ferimentos

Os ferimentos provocados por arma de fogo são chamados de lesões perfurocontusas.

Cabe registrar que, naqueles casos em que o projétil de arma de fogo entra e sai de um corpo, o ferimento de entrada será menor que o de saída, em virtude da elasticidade da pele humana.

Ademais, a lesão de entrada geralmente é circular ou elíptica, apresentando bordos invertidos e invaginados (voltados para o interior do corpo), ao passo que a lesão de saída será inversa, ou seja, geralmente possuirá bordas evertidas e levantadas (indicando, assim, a trajetória do projétil).

9.5.1. Ferimentos – Balins

As armas de alma lisa são municiadas com projéteis múltiplos, chamados de balins, que geram lesões múltiplas, como se fossem produzidas por vários disparos unitários, distribuídas ao redor de um ponto central (quanto mais distantes forem estas lesões, umas das outras, maior será a distância entre a vítima o atirador).

9.5.2. Ferimentos – Câmara de Hoffmann

A câmara de Hoffmann, também chamada de câmara de mina, aparece quando o tiro foi disparado com a arma encostada e, em regiões em que há tábuas ósseas abaixo, os ferimentos de entrada terão bordos evertidos e não mais bordos invertidos, como é a regra.

Externamente, a câmara de mina apresenta aspecto estrelado (quando há um tiro disparado em região óssea, mais de um ferimento de saída pode ser encontrado, pois as fraturas ósseas podem constituir em verdadeiros projéteis secundários).

9.5.3. Ferimentos – Halos ou Orlas

Os halos ou orlas são regiões que circundam o ferimento gerado pelo projétil.

No primeiro círculo, mais próximo ao ferimento, há a chamada orla de escoriação, com exposição da derme. Após este círculo, encontramos um maior, denominado de orla de enxugo, caracterizada por ser escura, em razão de ali permanecerem as impurezas trazidas pelo projétil, como fuligem e restos de pólvora.

Por fim, no último e maior círculo, surge a orla de contusão, correspondente a uma região equimótica.

Note que o primeiro e o terceiro anéis, ou seja, orlas de escoriação e de contusão, não são exclusivos de ferimentos produzidos por projéteis de arma de fogo, enquanto que a orla de enxugo só se verifica nas lesões causadas por meio desses instrumentos.

9.5.4. Ferimentos – Zona de Chamuscamento

A zona de chamuscamento se verifica quando o disparo foi efetuado muito próximo ao corpo (em torno de até 5 centímetros), fazendo com que a pele seja queimada pela chama expelida pela boca do cano da arma de fogo.

9.5.5. Ferimentos – Zona de Esfumaçamento

Agora, caso o disparo se dê numa distância maior (em torno de até 30 centímetros), a pele não será queimada, sendo depositada ao redor do ferimento de entrada a fumaça decorrente do disparo.

9.5.6. Ferimentos – Zona de Tatuagem

Por fim, nos disparos ainda mais distantes (em torno de até 50 centímetros), podem ser encontrados no ferimento grãos de pólvora e partículas metálicas decorrentes da abrasão do projétil, formando a chamada zona de tatuagem.

Interessante é que, enquanto a zona de esfumaçamento pode ser removida com água e sabão, quanto às demais (zona de tatuagem e de chamuscamento) o mesmo não se pode afirmar. É em decorrência disso (da fácil retirada) que a zona de esfumaçamento é denominada também de "falsa tatuagem".

Outra observação importante é a de que estas zonas, em alguns casos, são encontradas somente no interior do corpo da vítima, o que ocorre nos casos em que o disparo foi encostado ao corpo e atinge tecidos moles.

9.5.7. Ferimentos – Sinal de Werkgaertner

O sinal de Werkgaertner é aquele que se verifica pela marca da boca da arma de fogo, assim como da alça da mira sobre a pele, por ter o ferimento sido provocado por disparo encostado.

9.5.8. Ferimentos – Distância do Disparo

Com base na observação das zonas e as orlas encontradas em um ferimento, pode-se determinar a distância do disparo. Contudo, se o disparo for dado a uma distância superior a 50 centímetros, não será possível precisar tal distância. Será possível apenas afirmar que o projétil foi disparado à distância e não à queima roupa.

10. SEXOLOGIA

10.1. Cromossomos

São encontrados 46 cromossomos em cada pessoa, divididos em um par sexual (XY ou XX) e 22 pares autossômicos.

Eventualmente, distorções podem ocorrer em tais cromossomos, sejam nos sexuais ou nos autossômicos. É possível que uma pessoa não possua o par sexual, ou seja, conta com apenas um X. A isso dá-se o nome de Síndrome de Turner, que causa a esterilidade da mulher, que também terá uma baixa estatura.

A distorção do cromossomo sexual também pode ocorrer com o homem, o que fará com que ele apresente uma estatura elevada e voz fina. Os indivíduos dessa distorção são portadores da Síndrome de Klinefelter (ex. 22 pares autossômicos mais XXXXY).

A alteração dos pares autossômicos é chamada de síndrome de Patau, que se caracteriza por um cromossomo extra no par 13; enquanto que a síndrome de Edwards é aquela em que o indivíduo possui uma alteração no cromossomo 18. Por seu turno, a síndrome de Down é caracterizada pela existência de um cromossomo extra no par 21 etc.

10.2. Hermafrodita

É a partir do sexo cromossômico que a gônada embrionária, até então sem diferenciação, passa a se desenvolver, modificando-se em uma gônada masculina ou feminina. Pode ocorrer, porém, um distúrbio neste desenvolvimento, gerando uma gônada não muito definida ou ambas as gônadas, masculinas e femininas, caracterizando, assim, o hermafroditismo.

10.3. Impotência Coeundi vs. Impotência Acopulia vs. Impotência Generandi vs. Impotência Concipiendi

A incapacidade de manter uma relação sexual é chamada de impotência *coeundi* (para o homem) ou impotência *acopulia* (para a mulher), ao passo que a impossibilidade de gerar filhos é chamada de impotência *generandi* (para o homem) ou impotência *concipiendi* (para a mulher). Esta diferenciação é importante, pois a incapacidade para manter relações sexuais pode gerar a anulação de um casamento, mas a incapacidade para gerar filhos, não.

10.4. Transtornos Sexuais – Transexualidade

A transexualidade se observa nos casos em que uma pessoa nasce de um sexo, mas se identifica como sendo do outro. O transexual, vale dizer, não se considera um homossexual (a homossexualidade, vale destacar, não é mais considerada como um transtorno sexual).

10.5. Transtornos Sexuais – Parafilias

Embora a DSM-IV traga, em sua lista, apenas oito perversões, existem muitas outras.

Como exemplos, temos o exibicionismo (a pessoa sente prazer em expor suas partes íntimas), a mixoscopia ou voyeurismo (pessoa sente prazer ao visualizar duas pessoas praticando o ato sexual), o masoquismo, sadismo e o sadomasoquismo (enquanto o sado é aquele que sente prazer ao impor um sofrimento ao parceiro, o masoquista gosta que este sofrimento seja imposto a ele próprio), o fetichismo (prazer, por exemplo, sobre as roupas íntimas do parceiro), riparofilia (prazer por pessoas com péssimo hábito de higiene), zoofilia etc.

10.6. Gravidez e Estado Puerperal

O ciclo menstrual normal da mulher dura 28 dias, sendo que sua ovulação ocorre, geralmente, no 14º dia, e o período fértil dura por volta de 24 horas.

Uma vez fertilizado o óvulo, a gestação durará, normalmente, 40 semanas (ou 280 dias), sendo que o Código Civil entende que o prazo mínimo para a mesma é de 180 dias e o prazo máximo é de 300 dias.

Após o nascimento, num período de 45 dias, entende-se que a mulher encontra-se em estado puerperal, situação passível de produzir sobre ela alguns transtornos psicológicos. É por esse motivo que, nos casos em que a mulher matar seu próprio filho nesse período, não estará configurado o homicídio, mas o delito de infanticídio, previsto no art. 123 do Código Penal, cuja pena é de detenção, de dois a seis anos.

10.7. Estupro

O estupro está inserido no Título VI do Código Penal, que trata dos Crimes contra a Dignidade Sexual, no Capítulo I, Dos Crimes contra a Liberdade Sexual. Cabe esclarecer que, após as alterações trazidas pela Lei 12.015/2009, passou a ser possível que homens também sejam vítimas de estupro.

Para a configuração do crime de estupro não se exige a efetiva conjunção carnal, pois é possível que ele se configure pela prática de qualquer outro ato libidinoso diverso, tais como: sexo anal ou oral etc.

Logo, trata-se de crime que não necessariamente deixa vestígios.

Contudo, uma das formas para verificação de sua ocorrência se dá pela análise do hímen feminino, que possibilitará, em caso de sua ruptura, afirmar se houve a conjunção carnal, o que por si só não é suficiente para afirmar a prática do estupro, haja vista que ele pode se configurar pela prática, mediante violência ou grave ameaça, de outro ato libidinoso.

Por outro lado, a não constatação da ruptura do hímen não implica necessariamente que a examinanda ainda seja virgem, em razão de existirem himens complacentes, que são aqueles que não se rompem com a conjunção carnal.

Nos casos em que a mulher não é mais virgem, outros sinais podem ser analisados para a constatação do estupro, tais como: a existência de outras lesões, de sêmen no local (a alta concentração de fosfatase ácida no interior da vagina indica a presença de líquido espermático, pois ele é um dos componentes do liquido seminal).

10.8. Aborto

O aborto pode ser legal ou ilegal. Atualmente apenas três tipos de aborto são permitidos:

– aborto terapêutico ou necessário: aquele necessário para salvar a vida da gestante;

– aborto sentimental: aquele em que a gravidez decorre de estupro;

– aborto de anencéfalos: cuidado, pois o aborto eugênico, que é aquele realizado em decorrência da má-formação do feto, não é permitido, sendo somente legal o aborto em virtude da anencefalia.

Destaca-se, ainda, que as primeiras duas hipóteses legais de aborto estão previstas em lei, sendo que a última possibilidade é permitida em decorrência do julgamento da ADPF 54.

10.9. Docimasia – Aborto *vs.* Infanticídio

Para a diferenciação de um aborto e de um infanticídio, analisar-se-á se o feto respirou ou não.

A análise pode ser feita de diversas formas. Exemplo: pelo método da docimasia de Breslau, que consiste em um exame gastrointestinal ou por meio da docimasia hidrostática de Galeno, por meio da qual é realizado um exame pulmonar no feto. Este último método é o mais aceito no Brasil e consiste na colocação do feto em um recipiente de água, a fim de observar se o mesmo afunda ou flutua, o que definirá a existência ou inexistência de ar nos pulmões.

10.10. Investigação de Paternidade

Na investigação de paternidade inúmeras provas podem ser usadas. Entretanto, dentre aquelas genéticas, somente as provas mendelianas (sanguíneas ou não sanguíneas) é que ainda possuem valor probatório.

Dentre as não sanguíneas, pode-se mencionar a cor da pele, o daltonismo e anomalias presentes nos dedos, por serem características hereditárias.

Quanto às sanguíneas, temos alguns sistemas bem conhecidos, como o sistema ABO, o RH, o MN, e o HLA, todos estes possibilitando não a confirmação da paternidade, mas a sua exclusão e, por fim, o exame de DNA (ou ADN).

QUESTÕES

1. Direito Penal

Arthur Trigueiros e Eduardo Dompieri

1. CONCEITO, FONTES E PRINCÍPIOS

O sistema penal é composto por órgãos de naturezas jurídicas distintas com funções, dentre outras, de caráter investigativo, repressivo, jurisdicional e prisional. É sabido que os números de letalidade no exercício de tais funções, tanto de civis quanto de agentes do sistema penal têm aumentado nos últimos anos. Por conta dessa informação, será preciso promover uma política pública em âmbito penal que reverbere na diminuição de tal letalidade. (BATISTA, Nilo. Introdução Crítica ao Direito Penal Brasileiro. 11. ed. Rio de Janeiro: Revan, 2007)

(Delegado/ES – 2019 – Instituto Acesso) Identifique a alternativa correta que contenha os princípios que fundamentam o Direito Penal, e que mostrem que sua observância se torna importante para o embasamento da referida política pública.

(A) Mínima letalidade/ letalidade controlada/ tutela civil e tutela penal/ livre iniciativa.

(B) Mínimo proporcional/ reserva do possível/ humanidade/ lesividade.

(C) Legalidade / proporcionalidade / penalidade / legítima defesa.

(D) Intervenção mínima/ legalidade / lesividade / adequação social.

(E) Devido processo legal/ contraditório e ampla defesa/ proximidade de jurisdição / proporcionalidade.

O *princípio da intervenção mínima* abrange os princípios da subsidiariedade e da fragmentariedade. É do princípio da intervenção mínima, ao qual se submete o Direito Penal, que este deve interferir o mínimo possível na vida do indivíduo. Com isso, deve-se, tão somente em último caso, recorrer a este ramo do direito com o fito de solucionar conflitos surgidos em sociedade. Desta feita, se determinadas condutas podem ser contidas por meio de outros mecanismos de controle, deve-se evitar o Direito Penal, reservando-o àqueles comportamentos efetivamente nocivos. Pelo princípio da fragmentariedade, a lei penal constitui, por força do postulado da intervenção mínima, uma pequena parcela (fragmento) do ordenamento jurídico. Isso porque somente se deve lançar mão desse ramo do direito diante da ineficácia ou inexistência de outros instrumentos de controle social menos traumáticos (subsidiariedade). O *princípio da legalidade* ou da *reserva legal*, contido nos arts. 5º, XXXIX, da CF e art. 1º do CP, preconiza que os tipos penais só podem ser criados por lei em sentido formal. É defeso ao legislador, pois, lançar mão de outros expedientes legislativos para veicular matéria penal. O princípio da legalidade desdobra-se nos postulados da reserva legal, da taxatividade e da irretroatividade. A reserva legal impossibilita o uso de analogia como fonte do direito penal; a taxatividade, por sua vez, exige que as leis sejam claras, certas e precisas, a fim de restringir a discricionariedade do aplicador da lei; a irretroatividade impõe que a lei seja atual, isto é, que seja aplicada apenas a fatos ocorridos depois de sua entrada e vigor. Pelo *princípio da ofensividade* ou *lesividade*, o Direito Penal somente poderá intervir diante da existência de lesões efetivas ou potenciais ao bem jurídico tutelado pela norma penal. Dessa forma, se uma conduta for incapaz de gerar uma efetiva lesão (ou perigo de lesão) ao bem tutelado, não há que se falar em crime. Segundo enuncia o princípio da *adequação social*, não se pode reputar criminosa a conduta tolerada pela sociedade, ainda que corresponda a uma descrição típica. É dizer, embora formalmente típica, porque subsumida num tipo penal, carece de tipicidade material, porquanto em sintonia com a realidade social em vigor. **ED**

Gabarito "D".

(Delegado/MG – 2018 – FUMARC) Acerca dos princípios que limitam e informam o Direito Penal, é CORRETO afirmar:

(A) A responsabilidade pela indenização do prejuízo que foi causado pelo crime imputado ao agente não pode ser estendida aos seus herdeiros sem que haja violação do princípio da personalidade da pena.

(B) Conforme o princípio da culpabilidade, a responsabilidade penal é subjetiva, pelo que nenhum resultado penalmente relevante pode ser atribuído a quem não o tenha produzido por dolo ou culpa, elementos finalisticamente localizados na culpabilidade.

(C) O princípio da insignificância funciona como causa de exclusão da culpabilidade, sendo requisitos de sua aplicação para o STF a ofensividade da conduta, a ausência de periculosidade social da ação e a inexpressividade da lesão jurídica.

(D) O princípio da legalidade, do qual decorre a reserva legal, veda o uso dos costumes e da analogia para criar tipos penais incriminadores ou agravar as infrações existentes, embora permita a interpretação analógica da norma penal.

A: incorreta, na medida em que a pena (em qualquer de suas modalidades), por imposição de índole constitucional (art. 5º, XLV), não passará da pessoa do condenado, podendo a obrigação de reparar o dano e a decretação do perdimento de bens alcançar os sucessores, até o limite do valor do patrimônio transferido; **B:** incorreta. Pelo *princípio da culpabilidade* ou da *responsabilidade subjetiva*, ninguém pode ser punido se não houver agido com dolo ou culpa, sendo vedada, portanto, em direito penal, a responsabilidade objetiva. Até aqui a assertiva está correta. O erro está em afirmar que o dolo e a culpa estão abrigados na culpabilidade. Para a teoria finalista, criada por Hans Welzel, toda conduta é comportamento humano, consciente e voluntário, dirigido a uma finalidade. Portanto, o dolo e a culpa, até então sediados na culpabilidade (para a teoria clássica), migraram para a conduta (fato típico, portanto); **C:** incorreta. O *princípio da insignificância* funciona como *causa supralegal de exclusão da tipicidade* (material), atuando como instrumento de interpretação restritiva do tipo penal. Não há repercussão, portanto, no campo na culpabilidade. Nesse sentido: STJ, REsp. 1171091-MG, 5ª T., rel. Min. Arnaldo Esteves Lima, 16.03.10. No mais, segundo entendimento jurisprudencial consagrado, são requisitos necessários ao reconhecimento do princípio da insignificância: mínima ofensividade da conduta; nenhuma periculosidade social da ação; reduzido grau de reprovabilidade do comportamento; e inexpressividade da lesão jurídica provocada (STF, HC 98.152-MG, 2ª T., rel. Min. Celso de Mello, 19.05.2009); **D:** correta. Segundo é consenso na doutrina e na jurisprudência, os usos e costumes não podem servir de fonte para a criação de crimes (e também contravenções) e suas respectivas penas. Pode, no entanto, atuar como instrumento interpretativo. Isso porque, segundo enuncia o princípio da *legalidade, estrita legalidade* ou *reserva legal* (arts. 1º do CP e 5º, XXXIX, da CF), os tipos penais só podem ser concebidos por lei em sentido estrito, ficando afastada, assim, a possibilidade de a lei penal ser criada por outras formas que não a lei em sentido formal. O princípio da legalidade impede a criação de crimes por analogia, visto que eles devem ser veiculados por lei. Contudo, em matéria penal, admite-se o emprego da analogia *in bonam partem*, ou seja, benéfica ao réu, podendo ser aplicada para os tipos penais não incriminadores. É possível o emprego da interpretação analógica em matéria penal, como se dá no crime de estelionato, em que o agente pode cometê-lo mediante artifício, ardil ou *qualquer outra fraude* (fórmula genérica). **ED**

Gabarito "D".

(Delegado/MS – 2017 – FAPEMS) Com relação aos princípios aplicáveis ao Direito Penal, em especial no que se refere ao princípio da adequação social, assinale a alternativa correta.

(A) O Direito Penal deve tutelar bens jurídicos mais relevantes para a vida em sociedade, sem levar em consideração valores exclusivamente morais ou ideológicos.

(B) Só se deve recorrer ao Direito Penal se outros ramos do direito não forem suficientes.

(C) Deve-se analisar se houve uma mínima ofensividade ao bem jurídico tutelado, se houve periculosidade social da ação e se há reprovabilidade relevante no comportamento do agente.

(D) Não há crime se não há lesão ou perigo real de lesão a bem jurídico tutelado pelo Direito Penal.

(E) Apesar de uma conduta subsumir ao modelo legal, não será considerada típica se for historicamente aceita pela sociedade.

A: incorreta. A assertiva se refere ao princípio da intervenção mínima; **B:** incorreta, pois a alternativa diz respeito ao princípio da subsidiariedade; **C:** incorreta, pois a assertiva se refere ao princípio da insignificância, destacando os vetores para seu reconhecimento (mínima ofensividade da conduta, ausência de periculosidade social da ação, reduzido grau de reprovabilidade do comportamento e inexpressividade de lesão jurídica provocada pelo comportamento do agente); **D:**

---

* **AT** questões comentadas por: **Arthur Trigueiros.**
ED questões comentadas por: **Eduardo Dompieri.**

incorreta, pois a alternativa diz respeito ao princípio da lesividade; **E:** correta. De fato, de acordo com o princípio da adequação social, a despeito de determinado comportamento se amoldar ao preceito primário de determinado tipo penal, tal será insuficiente à responsabilização criminal do agente quando a conduta por ele praticada for aceita ordinariamente pela sociedade. Frise-se que no sistema penal brasileiro, um costume não poderá revogar uma lei, sob pena de ofensa ao princípio da legalidade. **AT**

Gabarito "E".

(Delegado/MS – 2017 – FAPEMS) No que diz respeito aos princípios aplicáveis ao Direito Penal, analise os textos a seguir.

A proteção de bens jurídicos não se realiza só mediante o Direito Penal, senão que nessa missão cooperam todo o instrumental do ordenamento jurídico.

ROXIN, Claus. Derecho penal- parte geral. Madrid: Civitas, 1997.1.1, p. 65.

A criminalização de uma conduta só se legitima se constituir meio necessário para a proteção de ataques contra bens jurídicos importantes.

BITENCOURT, Cezar Roberto. Tratada de direito penal: parte geral. 20. ed. São Paulo: Saraiva, 2014, p. 54.

Nesse sentido, é correto afirmar que os textos se referem ao

(A) princípio da intervenção mínima, imputando ao Direito Penal somente fatos que escapem aos meios extrapenais de controle social, em virtude da gravidade da agressão e da importância do bem jurídico para a convivência social.

(B) princípio da insignificância, que reserva ao Direito Penal a aplicação de pena somente aos crimes que produzirem ataques graves a bem jurídicos protegidos por esse Direito, sendo que agir de forma diferente causa afronta à tipicidade material.

(C) princípio da adequação social em que as condutas previstas como ilícitas não necessariamente revelam-se como relevantes para sofrerem a intervenção do Estado, em particular quando se tornarem socialmente permitidas ou toleradas.

(D) princípio da ofensividade, pois somente se justifica a intervenção do Estado para reprimir a infração com aplicação de pena, quando houver dano ou perigo concreto de dano a determinado interesse socialmente relevante e protegido pelo ordenamento jurídico.

(E) princípio da proporcionalidade, em que somente se reserva a intervenção do Estado, quando for estritamente necessária a aplicação de pena em quantidade e qualidade proporcionais à gravidade do dano produzido e a necessária prevenção futura.

A: correta. De fato, de acordo com o princípio da intervenção mínima, o Direito penal somente deve tutelar e punir aqueles fatos que trouxerem maior gravidade aos bens jurídicos e somente quando os demais meios extrapenais de controle social forem insuficientes (subsidiariedade); **B:** incorreta, pois o princípio da insignificância pressupõe inexpressividade de lesão jurídica provocada, além da mínima ofensividade da conduta, ausência de periculosidade social da ação e reduzidíssimo grau de reprovabilidade do comportamento; **C, D** e **E:** incorretas, pois os trechos descritos na questão em nada dizem respeito aos princípios da adequação social, ofensividade e proporcionalidade, mas, sim, à intervenção mínima. **AT**

Gabarito "A".

(Delegado/MT – 2017 – CESPE) De acordo com o entendimento do STF, a aplicação do princípio da insignificância pressupõe a constatação de certos vetores para se caracterizar a atipicidade material do delito. Tais vetores incluem o(a)

(A) reduzidíssimo grau de reprovabilidade do comportamento.

(B) desvalor relevante da conduta e do resultado.

(C) mínima periculosidade social da ação.

(D) relevante ofensividade da conduta do agente.

(E) expressiva lesão jurídica provocada.

De acordo com a jurisprudência já consolidada do STF, os quatro vetores para o reconhecimento e aplicação do princípio da insignificância são: (i) mínima ofensividade da conduta; (ii) ausência de periculosidade social da ação; (iii) reduzidíssimo grau de reprovabilidade do comportamento; e (iv) inexpressividade da lesão jurídica provocada. Assim, vamos às alternativas! **A:** correta. De fato, um dos vetores para a aplicação da insignificância penal é o reduzidíssimo grau de reprovabilidade do comportamento praticado pelo agente; **B:** incorreta, pois o desvalor relevante da conduta e do resultado não se encontram entre aqueles identificados pelo STF para a aplicação do princípio da insignificância; **C:** incorreta, pois um dos vetores para a aplicação da insignificância é a ausência

(e não mínima!) periculosidade social da ação; **D:** incorreta, pois, obviamente, a insignificância penal pressupõe mínima ofensividade da conduta, e não uma relevante ofensividade, tal como consta na assertiva; **E:** incorreta, pois a insignificância exige uma inexpressiva lesão jurídica provocada. **AT**

Gabarito "A".

(Delegado/SP – 2014 – VUNESP) Assinale a alternativa que apresenta o princípio que deve ser atribuído a Claus Roxin, defensor da tese de que a tipicidade penal exige uma ofensa de gravidade aos bens jurídicos protegidos.

(A) Insignificância.

(B) Intervenção mínima.

(C) Fragmentariedade.

(D) Adequação social.

(E) Humanidade.

A: correta. De fato, Claus Roxin, eminente doutrinador alemão, em 1964, abeberando-se nos ensinamentos do Direito Romano, desenvolveu a tese de que a tipicidade penal exige ofensa significativa aos bens jurídicos tutelados pelas normas penais incriminadoras. Em outras palavras, as lesões ínfimas aos referidos bens jurídicos, sem qualquer expressividade, serão materialmente atípicas, adotando-se, aqui, o princípio da insignificância; **B, C, D** e **E:** incorretas, pois, como visto no comentário antecedente, não se atribui a Claus Roxin o princípio da intervenção mínima, fragmentariedade, adequação social e humanidade, mas, sim, o da insignificância.

Gabarito "A".

(Delegado/RO – 2014 – FUNCAB) São princípios que solucionam o conflito aparente de normas penais:

(A) insignificância, consunção, subsidiariedade e alteridade.

(B) insignificância, alteridade, consunção e alternatividade.

(C) especialidade, alteridade, consunção e subsidiariedade.

(D) especialidade, alternatividade, subsidiariedade e insignificância.

(E) especialidade, consunção, subsidiariedade e alternatividade.

A: incorreta, pois o princípio da insignificância atua como causa de exclusão da tipicidade material, nada tendo que ver com conflito aparente de normas, que será solucionado pelos princípios da especialidade, subsidiariedade e consunção. Também não se relaciona com conflito aparente de normas o princípio da alteridade, que expressa que o Direito penal somente atua diante de lesões a bens jurídicos alheios, não protegendo lesões praticadas a bens jurídicos próprios; **B:** incorreta, pois, como visto no comentário antecedente, insignificância e alteridade não têm relação alguma com o conflito aparente de normas. Quanto ao princípio da alternatividade, aplicável para aqueles tipos penais que contemplam dois ou mais verbos (tipos mistos alternativos, crimes de ação múltipla ou de conteúdo variado), a doutrina majoritária aponta que não se trata de mecanismo de solução de um conflito aparente de normas, mas, sim, de um conflito interno na mesma norma. Assim, por exemplo, no crime de tráfico de drogas (art. 33 da Lei 11.343/2006), o agente que *produzir* e *vender* três quilos de cocaína, não responderá por dois crimes, mas, sim, por crime único, em virtude da aplicação da alternatividade; **C:** incorreta, pois o princípio da alteridade, como visto anteriormente, não se relaciona com o conflito aparente de normas; **D:** incorreta, haja vista que alternatividade e insignificância não são mecanismos de resolução de conflito aparente de normas; **E:** correta, de acordo com a banca examinadora. No tocante aos princípios da especialidade, subsidiariedade e consunção, não há dúvida de que são instrumentos de solução de conflito aparente de normas. Contudo, fazemos ressalva no tocante ao princípio da alternatividade. Como afirmado no comentário à alternativa "B", a doutrina majoritária aponta que a alternatividade tem o condão de resolver um "conflito interno de normas" e não um "conflito aparente de normas". Remetemos o leitor aos comentários de referida alternativa.

Gabarito "E".

(Delegado/RJ – 2013 – FUNCAB) De acordo com o Glossário Jurídico do Supremo Tribunal Federal, "o princípio da insignificância tem o sentido de excluir ou de afastar a própria tipicidade penal, ou seja, não considera o ato praticado como um crime, por isso, sua aplicação resulta na absolvição do réu e não apenas na diminuição e substituição da pena ou não sua não aplicação". Sobre o tema princípio da insignificância, assinale a resposta correta.

(A) Buscando sua origem, de acordo com certa vertente doutrinária, no Direito Romano, o princípio da insignificância vem sendo objeto de recorrentes decisões do STF, nas quais são estabelecidos dois parâmetros para sua determinação: reduzidíssimo grau de reprovabilidade do comportamento e inexpressividade da lesão jurídica provocada.

(B) O princípio da insignificância, decorrência do caráter fragmentário do Direito Penal, tem base em uma orientação utilitarista, tem

1. DIREITO PENAL 339

origem controversa, encontrando, na atual jurisprudência do STF, os seguintes requisitos de configuração: a mínima ofensividade da conduta do agente; nenhuma periculosidade social da ação; o reduzidíssimo grau de reprovabilidade do comportamento; e a inexpressividade da lesão jurídica provocada.

(C) Sua atual elaboração deita raízes na doutrina de Claus Roxin e, no Direito Penal brasileiro, consoante jurisprudência atual do STF, se limita à avaliação da inexpressividade da lesão jurídica provocada, ou seja, observa-se se a ofensa ao bem jurídico tutelado é relevante ou banal.

(D) Surgindo como uma consequência lógica do princípio da individualização das penas, a insignificância penal não aceita a periculosidade social da ação como parâmetro, de acordo com o posicionamento atual do STF, em razão da elevada abstração desse conceito, mas apresenta como requisitos: a mínima ofensividade da conduta do agente; o reduzidíssimo grau de reprovabilidade do comportamento; e a inexpressividade da lesão jurídica provocada.

(E) Inserida no princípio da intervenção mínima, embora já mencionada anteriormente por Welzel como uma faceta do princípio da adequação social, a insignificância determina a inexistência do crime quando a conduta praticada apresentar a simultânea presença dos seguintes requisitos, exigidos pela atual jurisprudência do STF: a mínima ofensividade da conduta do agente; nenhuma periculosidade social da ação; o reduzidíssimo grau de reprovabilidade do comportamento; a inexpressividade da lesão jurídica provocada; e a inexistência de um especial fim de agir.

A: incorreta, pois, para o STF (HC 21.523/DF, j. 22.08.2011), o princípio da insignificância, que, de fato, afasta a tipicidade material do fato, exige a conjugação de quatro parâmetros (ou requisitos): mínima ofensividade da conduta do agente, nenhuma periculosidade social da ação, reduzidíssimo grau de reprovabilidade do comportamento e inexpressividade da lesão jurídica provocada; **B:** correta. Realmente, o princípio da insignificância deriva do caráter fragmentário do Direito Penal, que, por ser um ramo "violento" do Direito, capaz de retirar ou reduzir a liberdade do indivíduo, deverá incidir apenas quando todos os demais ramos do Direito forem insuficientes a conferir proteção aos bens jurídicos relevantes. Cuidou o STF de consolidar sua jurisprudência no sentido de que o princípio da insignificância somente poderá ser aplicado se quatro vetores ou requisitos puderem ser constatados diante do caso concreto, a saber (tal como informado no comentário à alternativa anterior): mínima ofensividade da conduta do agente, nenhuma periculosidade social da ação, reduzidíssimo grau de reprovabilidade do comportamento e inexpressividade da lesão jurídica provocada; **C:** incorreta. Primeiramente, é bom que se diga que o princípio da insignificância tem sua origem remota no Direito Romano, que, por meio do brocardo de *minimis non curat praetor*, expressava que ao pretor (juiz) não caberia tratar de questões mínimas (ínfimas). Modernizado por Claus Roxin, eminente doutrinador alemão, em 1964, o princípio em questão passou a ser utilizado em "larga escala", inclusive no Brasil, mas, de acordo com o STF, desde que preenchidos os quatro requisitos mencionados nas alternativas anteriores, não bastando a inexpressividade de lesão ao bem jurídico para sua incidência; **D:** incorreta. Primeiramente, o princípio da insignificância não é corolário da individualização da pena, mas, sim, dos princípios da intervenção mínima (o Direito Penal, por acarretar a privação ou restrição da liberdade do sujeito, deve intervir minimamente na esfera de individualidade do agente), fragmentariedade (o Direito Penal somente deve "entrar em cena" se os demais ramos do Direito forem insuficientes à proteção dos bens jurídicos) e ofensividade (o Direito Penal somente deverá intervir diante de lesões que não se afigurem ínfimas aos bens jurídicos). Demais disso, o STF, para a aplicação do princípio sob enfoque, exige que o comportamento do agente não apresente qualquer periculosidade social, sob pena de o fato ser materialmente típico; **E:** incorreta, pois na atual jurisprudência do STF, não se exige, para a aplicação do princípio da insignificância, que inexista um especial fim de agir do agente em seu comportamento lesivo.

Gabarito "B".

(Delegado/GO – 2009 – UEG) A Constituição Federal expressamente previu no art. 5º, XLV, que "nenhuma pena passará da pessoa do condenado", alçando a *status* constitucional o princípio do *nullum crime sine culpa* (não há crime sem culpa). Nessa perspectiva, afirma-se:

I. Ao vedar toda forma de responsabilidade pessoal por fato de outrem, a Constituição expressou o princípio segundo o qual a aplicação da pena pressupõe a atribuibilidade psicológica de um fato delitivo à vontade contrária ao dever do indivíduo.

II. A culpabilidade deve ser analisada sob três perspectivas, quais sejam, da responsabilidade pessoal, da responsabilidade sub-

jetiva e da função de limitação e garantia do cidadão ao poder punitivo estatal.

III. A teoria psicológica da culpabilidade pauta-se pela ideia de que a culpabilidade não passa de um mero vínculo de caráter psicológico, que une o autor ao fato por ele praticado, sendo que o dolo e a culpa são espécies dessa relação psicológica que tem, por pressuposto, a imputabilidade do agente.

IV. Para a teoria finalista da culpabilidade, dolo e culpa são "corpos estranhos" na culpabilidade, que consistiria na reprovabilidade da conduta ilícita de quem tem capacidade genérica de entender e querer e podia, nas circunstâncias em que o fato ocorreu, conhecer a sua ilicitude, sendo-lhe inexigível comportamento que se ajuste ao direito.

Assinale a alternativa CORRETA:

(A) Somente a alternativa II é verdadeira.

(B) Somente as alternativas II e IV são verdadeiras.

(C) Somente as alternativas I, II, III são verdadeiras.

(D) Somente as alternativas I e III são verdadeiras.

I: correta. Tal assertiva está amparada nos princípios da personalidade (ou intranscendência) e da responsabilidade penal subjetiva; **II:** correta. A culpabilidade pode ser analisada em três sentidos: 1) princípio da culpabilidade como culpa em sentido amplo, vedando-se a responsabilidade objetiva (responsabilidade subjetiva), 2) culpabilidade do agente como pressuposto da pena (responsabilidade pessoal – princípio da intranscendência), 3) culpabilidade como grau de censurabilidade da conduta, o que influi na fixação da pena-base (gravidade em concreto da conduta), aplicando-se o princípio da individualização da pena; **III:** correta. No sistema clássico, a teoria adotada quanto à culpabilidade era a psicológica, composta pelo dolo (normativo) ou culpa (elementos psicológicos), sendo que a imputabilidade era seu pressuposto. Para essa teoria, a culpabilidade era o vínculo psicológico que ligava o autor ao fato por meio do dolo ou culpa; **IV:** incorreta. Para a teoria finalista, o dolo (natural) e a culpa passaram a integrar a conduta, no interior do fato típico (todo comportamento humano, consciente e voluntário, dirigido a um fim). Na culpabilidade adotou-se a teoria pura, composta pelos seguintes elementos normativos: imputabilidade, potencial consciência da ilicitude (que antes estava no interior do dolo) e exigibilidade de conduta diversa.

Gabarito "C".

(Delegado/RJ – 2009 – CEPERJ) Ensina JORGE DE FIGUEIREDO DIAS que "o princípio do Estado de Direito conduz a que a proteção dos direitos, liberdade e garantias seja levada a cabo não apenas através do direito penal, mas também perante o direito penal" (DIAS, Jorge de Figueiredo. *Direito penal: parte geral*. tomo I. Coimbra: Coimbra Editora, 2004. p. 165). Assim, analise as proposições abaixo e, em seguida, assinale a opção correta.

I. O conteúdo essencial do princípio da legalidade se traduz em que não pode haver crime, nem pena que não resultem de uma lei prévia, escrita, estrita e certa.

II. O princípio da legalidade estrita não cobre, segundo a sua função e o seu sentido, toda a matéria penal, mas apenas a que se traduz em fixar, fundamentar ou agravar a responsabilidade do agente.

III. Face ao fundamento, à função e ao sentido do princípio da legalidade, a proibição de analogia vale relativamente a todos os tipos penais, inclusive os permissivos.

IV. A proibição de retroatividade da lei penal funciona apenas a favor do réu, não contra ele.

V. O princípio da aplicação da lei mais favorável vale mesmo relativamente ao que na doutrina se chama de "leis intermediárias"; leis, isto é, que entraram em vigor posteriormente à prática do fato, mas já não vigoravam ao tempo da apreciação deste.

(A) Apenas uma proposição está errada.

(B) Estão corretas apenas as proposições I, IV e V.

(C) Estão corretas apenas as proposições I, II, III e IV.

(D) Todas as proposições estão corretas.

(E) Apenas três da proposições estão corretas.

I: correta, dado que o princípio da legalidade, de índole constitucional (art. 5º, XXXIX, da CF), preleciona que nenhum crime e nenhuma pena poderão ser criados senão pela edição de uma lei prévia, que deverá ser escrita (*nullum crimen sine lege scripta*), estrita (*nullum crimen sine lege stricta*) e certa (*nullum crimen sine lege certa*); **II:** correta, visto que o princípio da legalidade estrita, vale dizer, a edição de lei em sentido estrito (atividade típica do Poder Legislativo), não irá prevalecer em toda a matéria penal, mas, apenas, para a criação dos tipos penais, bem assim a alteração de penas. Prova disso é a existência de normas penais em branco em sentido estrito, que são aquelas cujos complementos derivam de atividade não do Poder Legislativo, mas do Executivo, por exemplo (ex.: a lista das substâncias consideradas entorpecentes, para fins de tipificação dos crimes da Lei 11.343/2006 – Lei de Drogas, vem prevista em ato do Ministério da Saúde – Portaria 344/1998); **III**: incorreta, visto que é pacífico o entendimento de que, em matéria penal, somente é vedada a adoção de analogia em normas penais incriminadoras, visto que tal seria prejudicial ao réu, sem contar que violaria o princípio da legalidade. No entanto, o uso da analogia em normas penais não incriminadoras, tais como nos tipos penais permissivos (causas excludentes da ilicitude), é perfeitamente possível; **IV**: correta, pois a retroatividade, em matéria penal, somente é admissível se puder beneficiar o réu (art. 5º, XL, da CF e art. 2º do CP); **V**: correta, uma vez que o princípio da retroatividade benéfica é admissível em qualquer situação em que sobrevenha ao fato lei mais favorável ao agente.

Gabarito "A".

(Delegado/RJ – 2009 – CEPERJ) Costuma-se afirmar que o direito penal das sociedades contemporâneas é regido por princípios sobre crimes, penas e medidas de segurança, nos níveis de criminalização primária e de criminalização secundária, fundamentais para garantir o indivíduo em face do poder penal do Estado. Analise as proposições abaixo:

I. O princípio da insignificância revela uma hipótese de atipicidade material da conduta.

II. O princípio da lesividade (ou ofensividade) proíbe a incriminação de uma atitude interna.

III. Por força do princípio da lesividade não se pode conceber a existência de qualquer crime sem ofensa ao bem jurídico protegido pela norma penal.

IV. No direito penal democrático só se punem fatos. Ninguém pode ser punido pelo que é, mas apenas pelo que faz.

V. O princípio da coculpabilidade reconhece que o Estado também é responsável pelo cometimento de determinados delitos, praticados por cidadãos que possuem menor âmbito de autodeterminação diante das circunstâncias do caso concreto, principalmente no que se refere às condições sociais e econômicas do agente.

Pode-se afirmar que:

(A) todas as assertivas estão corretas.

(B) somente duas das assertivas estão corretas.

(C) somente duas das assertivas estão erradas.

(D) estão erradas as de número II e III.

(E) somente a de número I está errada.

I: correta. Com efeito, a incidência do *princípio da insignificância* gera a exclusão da tipicidade material da conduta; **II** e **III**: corretas. Pelo *princípio da lesividade* ou *ofensividade*, é inconcebível a incriminação de uma conduta não lesiva ou geradora de ínfima lesão. Ou seja, o legislador só está credenciado a criar tipos penais capazes de causar lesão a bens jurídicos alheios. A atitude interna, que não constitui conduta e integra a fase de cogitação do *iter criminis*, é impunível; **IV**: correta. O *direito penal do autor* consiste na norma que leva em conta o que o agente é. O *direito penal do fato*, ao contrário, preocupa-se com os fatos perpetrados pelo agente. Esta teoria está em harmonia com o sistema constitucional vigente; **V**: correta. São hipóteses nas quais a reprovação é exercida de forma compartilhada sobre o Estado e sobre o autor da infração penal, isso porque, segundo é sustentado, o Estado falhou, deixando de proporcionar a todos igualdade de oportunidades. Por essa razão, alguns tendem ao crime por falta de opção. Há autores que defendem, para esses casos, a aplicação da atenuante contida no art. 66 do Código Penal.

Gabarito "A".

(Delegado/RN – 2009 – CESPE) Cabe ao legislador, na sua propícia função, proteger os mais diferentes tipos de bens jurídicos, cominando as respectivas sanções, de acordo com a importância para a sociedade. Assim, haverá o ilícito administrativo, o civil, o penal etc. Este último é o que interessa ao direito penal, justamente por proteger os bens jurídicos mais importantes (vida, liberdade, patrimônio, liberdade sexual, administração pública etc.). O direito penal

(A) tem natureza fragmentária, ou seja, somente protege os bens jurídicos mais importantes, pois os demais são protegidos pelos outros ramos do direito.

(B) tem natureza minimalista, pois se ocupa, inclusive, dos bens jurídicos de valor irrisório.

(C) tem natureza burguesa, pois se volta, exclusivamente, para a proteção daqueles que gerenciam o poder produtivo e a economia estatal.

(D) é ramo do direito público e privado, pois protege bens que pertencem ao Estado, assim como aqueles de propriedade individualizada.

(E) admite a perquirição estatal por crimes não previstos estritamente em lei, assim como a retroação da *lex gravior*.

A: correta, uma vez que o princípio da fragmentariedade expressa exatamente o fato de o Direito Penal tutelar os bens jurídicos mais relevantes (bens jurídico-penais), ficando a cargo dos outros ramos do direito a tutela dos demais bens jurídicos; **B**: incorreta, pois o Direito Penal, por ser ramo violento, capaz de restringir a liberdade de locomoção do cidadão, somente será chamado a intervir diante de bens jurídicos de valor relevante, não se ocupando das lesões ínfimas ou irrisórias a bens jurídicos (princípio da insignificância ou bagatela); **C**: incorreta, pois o Direito Penal, em teoria, não escolhe essa ou aquela classe social para intervir, devendo incidir diante de fatos típicos contrários ao direito. **D**: incorreta, uma vez que o Direito Penal é, induvidosamente, ramo do direito público, já que a prática de um ilícito penal, ainda que tenha uma vítima imediata, tem sempre o Estado como sujeito passivo constante. **E**: incorreta, pois é princípio basilar do Direito Penal o da legalidade (não há crime sem lei anterior que o defina, nem pena sem prévia cominação legal – art. 5º, XXXIX, CF e art. 1º do CP), bem como o da irretroatividade *in pejus* (a lei penal não retroagirá, salvo para beneficiar o réu – art. 5º, XL, da CF e art. 2º, do CP).

Gabarito "A".

(Delegado/SP – 2011) A lei estrita, desdobramento do princípio da legalidade, veda o emprego

(A) analogia

(B) costumes.

(C) princípios gerais do direito.

(D) equidade

(E) jurisprudência.

Conforme se verá nos comentários a seguir, a questão teve seu enunciado um pouco vago, deixando dúvidas sobre exatamente aquilo que a banca examinadora esperava do candidato. Afinal, são admitidos no Direito Penal, embora com restrições, o emprego da analogia, costumes, princípios gerais de direito, equidade e jurisprudência. De toda forma, vamos lá! Como é sabido e ressabido, em matéria penal, a fonte formal direta ou imediata é a lei, aqui considerada em sentido estrito. Logo, e sob pena de ofensa ao princípio da legalidade (art. 5º, XXXIX, da CF), é vedado o emprego da analogia maléfica ao réu (*in malam partem*). Também, não se pode cogitar de analogia com relação às leis penais incriminadoras. Destaque-se, ainda, que a analogia não é fonte do Direito Penal, mas, sim, forma de integração de lacunas na lei, diversamente dos costumes e princípios gerais do direito, considerados fontes formais indiretas ou mediatas. Aqueles, por óbvio, não podem criar crimes ou majorar penas, sob pena de afronta à legalidade, o mesmo podendo ser dito com relação aos precitados princípios gerais. A equidade diz respeito à aplicação da regra mais justa. Por fim, a jurisprudência, embora não seja fonte, é forma de interpretação do Direito Penal.

Gabarito "A".

(Delegado/SP – 2011) Com relação às fontes do Direito Penal, é correto dizer que as fontes formais são classificadas em

(A) materiais e de cognição.

(B) imediata e substancial

(C) mediata e de produção.

(D) mediata e imediata

(E) exclusivamente de cognição.

Com relação às fontes do Direito Penal, estas são divididas em dois grandes grupos: a) material (ou de produção, ou substanciais) – é o Estado, mais precisamente, a União, a quem compete privativamente legislar sobre Direito Penal (art. 22, I, da CF); b) formais (ou de cognição, ou de revelação) – subdividem-se, por sua vez, em fonte formal direta (ou imediata) e fontes formais indiretas (ou mediatas). Naquele caso, temos a lei, ao passo que nestes últimos casos, temos os costumes, os princípios gerais de direito e os atos administrativos. Logo, correta a alternativa "D", pois, de fato, as fontes formais são classificadas em diretas (imediatas) ou indiretas (mediatas).

Gabarito "D".

2. APLICAÇÃO DA LEI NO TEMPO

"Chamamos de extra-atividade a capacidade que tem a lei penal de se movimentar no tempo regulando fatos ocorridos durante sua vigência, mesmo depois de ter sido revogada, ou de retroagir no tempo, a fim de regular situações ocorridas anteriormente à sua vigência".

(GRECO, Rogério. Curso de Direito Penal: parte geral. vol. 1. 17. ed. Rio de Janeiro: Impetus, 2015, p.159).

1. DIREITO PENAL

Segundo esse autor a extra-atividade é gênero do qual seriam espécies a ultra-atividade e a retroatividade.

(Delegado/ES – 2019 – Instituto Acesso) Leia as afirmativas a seguir e marque a alternativa correta:

(A) A garantia penal positivada na Constituição Federal brasileira (1988) promove a retroatividade da lei penal mais benéfica quando o condenado, por uma conduta típica, apresenta residência fixa, após cometimento do ilícito penal.

(B) A lei penal possui ultra-atividade, nos casos em que, mesmo após sua revogação por lei mais gravosa, continua sendo válida em relação aos efeitos penais mais brandos da lei que era vigente no momento da prática delitiva.

(C) A aplicação da irretroatividade em direito penal funciona como garantia legal do *ius puniendi* que pretende auferir a punição mais gravosa ao condenado.

(D) A ultra-atividade da lei penal funciona como mecanismo de endurecimento da norma penal, ao passo que funciona como técnica de resolução de conflito para aplicação de um direito penal punitivo.

(E) A figura da ultra-atividade da norma penal realiza o objetivo de garantir a condenação do réu pela norma penal vigente na prática da conduta delitiva, com o principal objetivo de promover a segurança jurídica em âmbito penal.

É fato que o direito penal brasileiro norteia-se pela regra segundo a qual é aplicada a lei vigente à época em que se deram os fatos (*tempus regit actum*). A exceção a tal regra fica por conta da *extratividade*, que é o fenômeno pelo qual a lei é aplicada a fatos ocorridos fora do seu período de vigência. No universo do direito penal, a *extratividade* da lei é possível em duas situações: *retroatividade*: que nada mais é do que a incidência de uma lei penal nova e benéfica a um fato ocorrido antes do seu período de vigência, ou seja, ao tempo em que a lei entrou em vigor, o fato já se consumara. Neste caso, dado que a lei nova é mais favorável ao agente, ela projetará seus efeitos para o passado e regerá o fato ocorrido antes do seu período de vigência; *ultratividade*: situação em que o crime foi praticado sob o império de uma lei, posteriormente revogada por outra prejudicial ao agente. Neste caso, subsistem os efeitos da lei anterior, porquanto mais favorável. Perceba, portanto, que a regra é a da irretroatividade da lei penal, é dizer, aplica-se a lei em vigor à época em que os fatos se deram. A exceção fica por conta da hipótese em que a lei nova, que entrou em vigor após o fato consumar-se, é mais benéfica ao agente. Neste caso, ela retroagirá e será aplicada ao fato praticado anteriormente à sua entrada em vigor. ED
Gabarito "B".

Tício, morador do Rio de Janeiro, começou a namorar Gabriela, uma jovem moradora da cidade de São Paulo. Com o passar do tempo e os efeitos da distância, Tício, motivado por ciúmes, resolveu tirar a vida de Gabriela. Pôs-se então a planejar a prática do crime em sua casa, no Rio de Janeiro, tendo adquirido uma faca, instrumento com o qual planejou executar o crime. No dia em que seguiu para São Paulo para encontrar Gabriela, que lhe esperava na rodoviária, Tício combinou com a jovem uma viagem a passeio para o Espírito Santo. Ao ingressarem no ônibus que os levaria de São Paulo para o Espírito Santo, Tício afirmou para Gabriela que iria matá-la. Todavia, dada a calma de Tício, a jovem achou que se tratava de uma brincadeira. Durante o trajeto, Tício, ofereceu a ela uma bebida contendo substância que causava a perda dos sentidos. Após Gabriela beber e dormir, sob efeito da substância, enquanto passavam pela BR-101, no Rio de Janeiro, Tício passou a desferir golpes com a faca no peito da jovem. Quando chegou ao destino, Tício se entregou para polícia, e Gabriela, embora tenha sido socorrida, veio a óbito ao chegar ao Hospital.

(Delegado/ES – 2019 – Instituto Acesso) O crime descrito no texto foi praticado, de acordo com a lei penal, no momento

(A) da ação ou omissão, ainda que outro seja o momento do resultado. Trata-se, portanto, do momento em que Tício desferiu os golpes em Gabriela.

(B) em que o agente se prepara para a promoção da conduta criminosa. Ou seja, trata-se do momento em que Tício planejou e adquiriu as ferramentas necessárias ao cometimento do crime.

(C) em que a autoridade policial toma conhecimento do crime. Ou seja, quando Tício se entregou para a polícia.

(D) em que é alcançada a consumação do crime. Trata-se, portanto, do momento da morte de Gabriela, que ocorreu no hospital.

(E) da ação ou omissão, se este for concomitante ao resultado. Não sendo possível determiná-lo, no presente caso, em razão da separação temporal entre a conduta e o resultado.

A resposta a esta questão deve ser extraída do art. 4º do Código Penal, que adotou, em matéria de tempo do crime, a teoria da atividade (art. 4º, CP), segundo a qual se considera praticado o crime no momento da ação ou da omissão, ainda que outro seja o do resultado. Não se confunde com o lugar do crime (art. 6º, CP), assim considerado o local em que ocorreu a ação ou omissão, bem como aquele em que se produziu ou deveria produzir-se o resultado. Adotou-se, pois, no que concerne ao lugar do crime, a teoria da ubiquidade. ED
Gabarito "A".

(Delegado/PR – 2013 – UEL-COPS) Quanto à eficácia temporal da Lei Penal, relacione a coluna da esquerda com a da direita.

(I). *Novatio legis* incriminadora.	(A) Lei supressiva de incriminação.
(II). *Novatio legis in pejus*.	(B) Aplicável às leis temporais e excepcionais.
(III). *Novatio legis in mellius*	(C) Lei nova incrimina fato anteriormente considerado lícito
(IV). *Abolitio criminis*	(D) Lei nova modifica o regime anterior, agravando a situação do sujeito
(V). Ultra-atividade	(E) Lei nova modifica o regime anterior, beneficiando a situação do sujeito

Assinale a alternativa que contém a associação correta.

(A) I-C, II-D, III-A, IV-E, V-B.
(B) I-C, II-D, III-E, IV-A, V-B.
(C) I-D, II-B, III-A, IV-E, V-C.
(D) I-D, II-C, III-B, IV-A, V-E.
(E) I-D, II-C, III-E, IV-A, V-B.

I: relaciona-se com a assertiva "C" da coluna da esquerda. De fato, entende-se por *novatio legis* incriminadora a edição de nova lei que passa a considerar crime um fato que, até então, não era assim considerado. Vale frisar que se trata de lei irretroativa; **II**: relaciona-se com a assertiva "D" da coluna da esquerda. Trata-se da hipótese em que, já existindo norma incriminadora, a nova lei cria situação mais gravosa para o agente (por exemplo, aumentando-se a pena abstratamente cominada de um crime). Por óbvio, será irretroativa, tendo em vista o art. 5º, XL, da CF (irretroatividade da lei penal prejudicial); **III**: relaciona-se com a assertiva "E" da coluna da esquerda. Trata-se do oposto da *novatio legis in pejus*. Já existindo norma incriminadora, o legislador edita nova lei, mas, desta feita, trazendo situação benéfica ao agente delitivo (por exemplo, reduzindo a pena abstratamente cominada para o crime). Logo, por ser benéfica, terá efeitos retroativos; **IV**: relaciona-se com a assertiva "A" da coluna da esquerda. Aqui, o legislador, ao editar nova lei, deixará de considerar o fato como criminoso (lei supressiva de incriminação). Por se tratar de lei benéfica, terá efeitos retroativos, operando, inclusive, a extinção da punibilidade (art. 107, III, do CP); **V**: relaciona-se com a assertiva "B". Entende-se por ultratividade o fenômeno segundo o qual uma lei, embora revogada, continuará a produzir efeitos. Verifica-se, por expressa disposição legal (art. 3º, do CP), para os casos de leis de vigência temporária (leis excepcionais e leis temporárias). Se o agente praticar o fato sob a égide de referidas leis, mesmo após a autorrevogação, a persecução penal poderá ser iniciada ou prosseguir, sob pena de absoluta ineficácia de referidas espécies de leis penais.
Gabarito "B".

(Delegado/MG – 2012) Em relação à aplicação da Lei Penal é **correto** afirmar que:

(A) Para aplicação da lei penal no tempo e no espaço, o Código Penal Brasileiro adotou, respectivamente, as teorias do resultado e da ubiquidade.

(B) De acordo com o art. 10 do Código Penal, na contagem de prazos penais, não se computará o dia do começo, incluindo-se, porém, o do vencimento.

(C) Pelo princípio da especialidade, o agente que efetua diversos disparos de arma de fogo para o alto, vindo a causar a morte de dois transeuntes, responde pelos crimes de homicídio consumado, em concurso formal impróprio, já que a norma especial afasta a aplicação da norma geral.

(D) Com a *abolitio criminis* procedida pela Lei 11.106/2005, para o crime de rapto, cessaram todos os efeitos penais advindo de eventuais condenações, permanecendo, conduto, os efeitos civis.

A: incorreta. No tocante à aplicação da lei penal no tempo, o CP adotou a teoria da atividade (art. 4º). Quanto ao lugar do crime, adotou a teoria da ubiquidade (art. 6º do CP); **B:** incorreta. O art. 10 do CP preconiza situação diametralmente oposta à contida na assertiva. Na contagem dos prazos de natureza penal, haverá a *inclusão* do dia do começo e a *exclusão* do dia do vencimento; **C:** incorreta. Primeiramente, a redação da alternativa é criticável, pois padece de informações necessárias à sua perfeita compreensão. De qualquer forma, não se vislumbra cabível a aplicação do princípio da especialidade no fato de um agente efetuar disparos de arma de fogo para o alto e matar dois pedestres. Tivesse havido dolo (direto ou eventual) na produção do resultado morte, de fato, o agente deveria responder por duplo homicídio consumado, em concurso formal impróprio, desde que cada um dos crimes resultasse de desígnios autônomos. Com relação aos disparos de arma, estes, em razão do princípio da consunção, restariam absorvidos pelo homicídio (crime-fim e mais grave); **D:** correta. O crime de rapto violento (art. 219 do CP) e rapto consensual (art. 220 do CP) foram expressamente revogados pela Lei 11.106/2005, operando-se a *abolitio criminis*, considerada causa extintiva da punibilidade. Eventuais efeitos penais por condenações por referidos crimes seriam rescindidas em razão da descriminalização dos fatos, permanecendo, porém, os efeitos civis (extrapenais).

Gabarito "D".

(Delegado/PA – 2012 – MSCONCURSOS) No art. 5º da Constituição Federal, respectivamente incisos XXXIX e XL, há a determinação de que "*não há crime sem lei anterior que o defina, nem pena sem prévia cominação legal*" e "*a lei penal não retroagirá, salvo para beneficiar o réu*". É a mais importante garantia do cidadão contra o arbítrio do Estado, pois só a lei poderá estabelecer que condutas serão consideradas criminosas e quais as punições para cada crime. Analise estes princípios constitucionais e assinale a alternativa incorreta:

(A) Um réu com sentença penal transitada em julgado, condenado em 13 (treze) anos, 8 (oito) meses e 23 (vinte e três) dias, tendo cumprido 2 (dois) anos, deverá ser posto em liberdade imediatamente, porque a lei posterior deixou de considerar delito o fato por ele praticado. A lei nova, neste caso, acrescentou causas de exclusão da ilicitude, culpabilidade ou punibilidade do agente. As leis penais só podem retroagir para benefício do réu, atingindo, nesse caso, até mesmo a coisa julgada, o que não viola a Constituição Federal.

(B) Se não há crime sem lei anterior que o defina, ela poderá retroagir para alcançar um fato que, antes dela, não era considerado delito. Não há delito sem tipicidade, ou seja, não há crime sem que a conduta humana se ajuste à figura delituosa definida pela lei. O intérprete deverá ficar atento, porque a lei nova poderá não abolir o crime do sistema jurídico penal, apenas inseri-lo por nova legislação, até mesmo denominando-o de forma diferenciada, não ocorrendo, no caso, *abolitio criminis*.

(C) Não se aplica a lei nova, durante a *vacatio legis*, mesmo se mais benéfica, posto que esta ainda não está em vigor. A *abolitio criminis* elimina todos os efeitos penais, subsistindo, tão somente, os efeitos civis afetos ao fato criminoso. Assim, mesmo que a lei nova não considere crime a conduta do agente que era prevista como ilícita em lei anterior, a vítima, ou sua família, poderá interpor ação de reparação de danos morais e/ou materiais na esfera civil.

(D) Em face do princípio da retroatividade da lei mais benéfica, a *abolitio criminis*, quando a lei deixar considerar como crime certa conduta que antes era considerada como ilicitude penal, alcança o fato em qualquer fase em que ele se encontre. Assim, como definitivamente jurídica, inexistindo processo, o mesmo não pode ser iniciado. Se há ação penal, a mesma deverá ser decididamente arquivada, extinguindo-se a punibilidade. Havendo condenação, a pena não poderá ser executada. Se o condenado já está cumprindo pena, deverá ser expedido o alvará de soltura imediatamente.

(E) Em caso de crime permanente ou habitual, iniciado sob a vigência de uma lei e prolongando sob a de outra, vale esta, ainda que mais desfavorável como, por exemplo, extorsão mediante sequestro, que se prolonga ao perdurar a ofensa ao bem jurídico, enquanto a vítima estiver em poder dos sequestradores. Caso a execução tenha início sob o império de uma lei, prosseguindo sobre o de outra, aplica-se a mais nova, ainda que mais gravosa, pois, como a conduta se prolonga no tempo, a todo o momento renovam-se a ação e a incidência da nova lei. O tempo do crime se dilatará pelo período de permanência. Assim, se o autor, que era menor,

durante a fase de execução do crime vier a atingir a maioridade, responderá segundo o Código Penal e não segundo o Estatuto da Criança e do Adolescente – ECA (Lei n. 8.069/1990).

A: correta. Mesmo que um réu tenha sido irrecorrivelmente condenado, se lei posterior deixar de considerar criminoso o fato por ele praticado, restará extinta sua punibilidade em virtude de *abolitio criminis* (art. 107, III, do CP), devendo cessar, imediatamente, o cumprimento da pena. A retroatividade da lei penal benéfica não encontra óbice na coisa julgada, seja em virtude da redação do art. 2º, parágrafo único, do CP, que admite expressamente a aplicação retroativa da *lex mitior* mesmo após o trânsito em julgado, seja pelo fato de o art. 5º, XL, da CF, não fazer qualquer limitação acerca da retroatividade da lei penal mais favorável; **B:** incorreta. Se sequer existir uma lei em sentido estrito definindo determinado fato como criminoso, obviamente não poderá retroagir para incriminar esse mesmo fato (art. 5º, XXXIX e XL, ambos da CF). Também incorreta a afirmação de que uma nova lei não poderá abolir o crime do sistema jurídico penal. Afinal, a supressão da incriminação por lei posterior está expressa em lei – *abolitio criminis* (art. 107, III, do CP); **C:** correta. De fato, antes da entrada em vigor, a lei não produz efeitos, não podendo, pois, ser aplicada. Imagine se fosse aplicada durante o período de vacância, mas viesse a ser revogada antes de sua entrada em vigor? Insegurança jurídica na certa! No mais, no tocante à *abolitio criminis*, esta extinguirá a punibilidade, cessando o efeito principal da condenação, remanescendo, porém, os civis; **D:** correta. De fato, com a *abolitio criminis*, deverá ser extinta a punibilidade do agente, o que deverá atingir qualquer etapa da persecução penal; **E:** correta. Nos termos da Súmula 711 do STF, nos crimes permanentes ou continuados, a lei penal mais grave será aplicada se sua vigência é anterior à cessação da continuação ou permanência. O mesmo raciocínio se aplica aos crimes habituais, que exigem uma reiteração de atos para a própria tipificação. Com relação ao tempo do crime, se se tratar de crime permanente ou continuado, a mesma *ratio* trazida pela Súmula 711 se aplica: se a conduta inicialmente for perpetrada por um menor de dezoito anos, mas a consumação se prolongar (no caso do crime permanente) ou se novos crimes forem praticados (no caso da continuidade delitiva), e durante a fase executiva do ilícito penal for atingida a maioridade, aplicar-se-á o CP e não o ECA.

Gabarito "B".

3. APLICAÇÃO DA LEI NO ESPAÇO

João Carlos, 30 anos, brasileiro, com residência transitória na Argentina, aproveitando-se da aquisição de material descartado por uma indústria gráfica falida, passou a fabricar moeda brasileira em território argentino. Para garantir a diversidade da moeda falsificada, João imprimia notas de 50 e de 100 reais. Ao entrar em território brasileiro João foi revistado por policiais que encontraram as notas falsificadas em meio a sua bagagem. João foi acusado da prática do crime previsto no artigo 289 do Código Penal.

(Delegado/ES – 2019 – Instituto Acesso) De acordo com as teorias que informam a aplicação da lei penal brasileira no espaço, é correto dizer que, nesse caso, cabe a aplicação

(A) da lei argentina, em atenção à regra da territorialidade, uma vez que o crime fora praticado na Argentina.

(B) incondicionada da lei brasileira, uma vez que o crime cometido atenta contra a fé pública.

(C) condicionada da lei brasileira, pelo fato de a conduta ter sido cometida em território argentino.

(D) condicionada da lei brasileira, já que a conduta integra dois ordenamentos jurídicos.

(E) da lógica da extraterritorialidade, já que o fato ocorreu em território argentino.

Esta questão trata da chamada extraterritorialidade incondicionada. Assim, dentre outras hipóteses, todas definidas no art. 7º, I, do CP, ficam sujeitos à lei brasileira, embora cometidos no estrangeiro, os crimes contra a administração pública, estando o agente a seu serviço (art. 7º, I, "c", do CP), bem como os crimes contra o patrimônio ou a fé pública da União, do Distrito Federal, de Estado, de Território, de Município, de empresa pública, sociedade de economia mista, autarquia ou fundação instituída pelo Poder Público (art. 7º, I, "b", do CP). Nos casos de extraterritorialidade incondicionada, ainda que o agente tenha sido absolvido, ou mesmo condenado no estrangeiro, a lei brasileira será aplicada (art. 7º, § 1º, do CP). Portanto, considerando que João Carlos praticou, na Argentina, crime contra a fé pública da União, consistente em falsificar moeda pública brasileira, será ele processado e julgado, aqui no Brasil, pelo crime definido no art. 289 do CP, aplicando-se, neste caso, o princípio da defesa ou da proteção. **ED**

Gabarito "B".

1. DIREITO PENAL

(Delegado/AP – 2010) Relativamente ao tema da *territorialidade e extraterritorialidade* analise as afirmativas a seguir.

I. Ficam sujeitos à lei brasileira, embora cometidos no estrangeiro os crimes contra a administração pública, por quem está a seu serviço.

II. Ficam sujeitos à lei brasileira, os crimes praticados em aeronaves ou embarcações brasileiras, mercantes ou de propriedade privada, quando em território estrangeiro ainda que julgados no estrangeiro.

III. Ficam sujeitos à lei brasileira, embora cometidos no estrangeiro os crimes contra o patrimônio da União, do Distrito Federal, de Estado, de Território ou de Município quando não sejam julgados no estrangeiro.

Assinale:

(A) se somente a afirmativa I estiver correta.

(B) se somente a afirmativa II estiver correta.

(C) se somente a afirmativa III estiver correta.

(D) se somente as afirmativas II e III estiverem corretas.

(E) se todas as afirmativas estiverem corretas.

I: correta (art. 7º, I, "b", do CP). Trata-se de extraterritorialidade incondicionada, em que se aplica a lei brasileira a crime cometido no estrangeiro, quando atingir o patrimônio ou a fé pública da Administração Pública, por quem está ao seu serviço (princípio da defesa, da proteção ou real); **II**: incorreta (art. 5º, § 1º, do CP). No caso de aeronaves ou embarcações brasileiras, mercantes ou de propriedade privada, somente será aplicada a lei brasileira quando se encontrarem, respectivamente, no espaço aéreo correspondente ou em alto-mar. Será aplicável a lei brasileira, quando em território estrangeiro, caso se trate de embarcações ou aeronaves brasileiras, de natureza pública ou a serviço do governo brasileiro. Ou ainda, no caso de se tratar de aeronave ou embarcação mercante ou de propriedade privada, será aplicada a lei brasileira, se no estrangeiro ainda não foi julgado o crime, sob pena de se violar a soberania do país onde ocorreu o fato (art. 7º, II, "c", do CP), além do preenchimento das condições previstas no art. 7º, § 2º, do CP; **III**: incorreta (art. 7º, I, "b", do CP), pois quando o crime é cometido no estrangeiro contra o patrimônio da União, do Distrito Federal, de Estado, de Território ou de Município, a lei brasileira será aplicada ao caso, independente do implemento de qualquer condição (extraterritorialidade incondicionada).
Gabarito "A".

(Delegado/PR – 2007) Diz o artigo 5º do Código Penal: "Aplica-se a lei brasileira, sem prejuízo de convenções, tratados e regras de direito internacional, ao crime cometido no território nacional". Sobre a lei penal no espaço, considere as seguintes afirmativas:

1. Como regra, são submetidos à lei brasileira os crimes cometidos dentro da área terrestre, do espaço aéreo e das águas fluviais e marítimas.

2. Consideram-se extensão do território nacional as embarcações e aeronaves brasileiras, de natureza pública ou a serviço do governo brasileiro, onde quer que se encontrem.

3. É aplicável a lei brasileira aos crimes praticados à bordo de embarcações estrangeiras de propriedade privada que se encontrem em alto-mar.

4. Ficam sujeitos à lei brasileira, embora cometidos no estrangeiro, os crimes que, por tratado ou convenção, o Brasil se obrigou a reprimir.

Assinale a alternativa correta.

(A) Somente as afirmativas 1 e 2 são verdadeiras.

(B) Somente as afirmativas 1, 2 e 4 são verdadeiras.

(C) Somente as afirmativas 1, 2 e 3 são verdadeiras.

(D) Somente as afirmativas 3 e 4 são verdadeiras.

(E) Somente as afirmativas 2 e 3 são verdadeiras.

1: correta (art. 5º, *caput*, do CP); **2**: correta (art. 5º, § 1º, primeira parte, do CP); **3**: incorreta (art. 5º, § 2º, do CP); **4**: correta (art. 7º, II, "a", do CP).
Gabarito "B".

4. CONCEITO E CLASSIFICAÇÃO DOS CRIMES

(Delegado/RS – 2018 – FUNDATEC) Analise as assertivas a seguir, de acordo com a classificação doutrinária dos crimes:

I. Os crimes formais também podem ser definidos como crimes de resultado cortado.

II. O crime de furto é classificado como crime instantâneo, porém há a possibilidade de um crime de furto ser considerado, eventualmente, crime permanente.

III. O crime de lesão corporal grave em decorrência da incapacidade para as ocupações habituais por mais de 30 dias é classificado, em relação ao momento consumativo, como um crime a prazo.

IV. Pode-se dizer que o crime de tráfico de drogas, previsto no artigo 33, *caput*, da Lei nº 11.343/2006, é um exemplo de crime de perigo abstrato e unissubjetivo.

Quais estão corretas?

(A) Apenas I.

(B) Apenas II.

(C) Apenas III e IV.

(D) Apenas I, II e III.

(E) I, II, III e IV.

I: correta. *Formais* são os crimes em que o resultado, embora previsto no tipo penal, não é imprescindível à consumação do delito. São também chamados, bem por isso, de crimes de resultado cortado ou consumação antecipada. Exemplo sempre lembrado pela doutrina é o crime de *extorsão mediante sequestro* (art. 159 do CP), cujo momento consumativo é atingido com a privação de liberdade da vítima. A obtenção do resgate, resultado previsto no tipo penal, se ocorrer, constituirá mero exaurimento do delito (desdobramento típico). Os crimes, quanto ao momento consumativo, classificam-se ainda em *materiais* e *de mera conduta*. Nestes, a consumação se opera no exato instante em que a conduta é praticada. A lei, neste caso, não faz qualquer menção ao resultado naturalístico. *Materiais*, por sua vez, são os delitos em que o tipo penal, como condição à sua consumação, impõe a realização do resultado naturalístico nele previsto. A não produção do resultado naturalístico configura, nos crimes materiais, desde que haja início de execução, mera *tentativa*; **II**: correta. O crime de furto, na grande maioria das vezes, é instantâneo, já que o seu resultado ocorre em momento certo, instantâneo; entretanto, fala-se em furto permanente na hipótese do art. 155, § 3º, do CP (furto de energia). Neste caso, a consumação se prolonga no tempo por vontade do agente; **III**: correta. Crime a prazo é aquele cuja configuração exige o escoamento de determinado prazo, sob pena de atipicidade. Outro exemplo, além da lesão corporal grave de que resulta incapacidade para as ocupações habituais por mais de 30 dias (art. 129, § 1º, I, CP), é a apropriação de coisa achada (art. 169, II, do CP), em que a consumação somente é alcançada na hipótese de o agente deixar de restituir a coisa achada ao dono ou possuidor legítimo, ou à autoridade competente, depois de escoado o interregno de quinze dias. Antes disso, não há crime; **IV**: correta. Diz-se que o crime de tráfico de drogas (art. 33 da Lei 11.343/2016) é de perigo abstrato na medida em que não depende de efetiva lesão ao bem jurídico tutelado; ademais, é unissubjetivo (ou monossubjetivo) porque pode ser praticado por uma única pessoa, diferente do delito plurissubjetivo (ou de concurso necessário), em que o tipo penal exige um número mínimo de agentes à configuração de delito. São exemplos: rixa, associação criminosa; associação para o tráfico. [ED]
Gabarito "E".

(Delegado/MS – 2017 – FAPEMS) A partir da narrativa a seguir e considerando as classes de crimes omissivos, assinale a alternativa correta.

Artur, após subtrair aparelho celular no interior de um mercado, foi detido por populares que o amarraram em um poste de iluminação. Acabou agredido violentamente por Valdemar, vítima da subtração, que se valeu de uma barra de ferro encontrada na rua. Alice tentou intervir, porém foi ameaçada por Valdemar. Ato contínuo, Alice, verificando a grave situação, correu até um posto da Polícia Militar e relatou o fato ao soldado Pereira, que se recusou a ir até o local no qual estava o periclitante, alegando que a situação deveria ser resolvida unicamente pelos envolvidos. Francisco, segurança particular do mercado, gravou a agressão e postou as imagens em rede social com a seguinte legenda: "Aí mano, em primeira mão: outro pra vala". Artur morreu em decorrência de trauma craniano.

(A) Pereira poderá ser indiciado pela prática de crime omissivo impróprio.

(B) Pereira poderá ser indiciado pela prática de crime omissivo próprio.

(C) Alice poderá ser indiciada pela prática de crime omissivo próprio.

(D) Alice poderá ser indiciada pela prática de crime omissivo impróprio.

(E) Francisco poderá ser indiciado pela prática de crime comissivo por omissão.

A: correta. De fato, a omissão de Pereira, policial militar, é penalmente relevante, eis que, por se tratar de agente cujas atividades são circunscritas à segurança pública, tinha o dever jurídico de agir para impedir o resultado lesivo que vitimou

ARTHUR TRIGUEIROS E EDUARDO DOMPIERI

Artur, morto em razão das agressões perpetradas por Valdemar. Assim, na forma do art. 13, § 2º, "a", do CP, que impõe o dever de agir àquele que tiver por lei obrigação de cuidado, proteção ou vigilância, o soldado Pereira deverá responder pelo homicídio de Artur por omissão. No caso, estamos diante de um crime comissivo por omissão, ou omissivo impróprio; **B**: incorreta. Dada a condição de policial militar de Pereira, sua omissão, na forma do art. 13, § 2º, do CP, é do tipo imprópria; **C**: incorreta. Alice não pode ser responsabilizada, por exemplo, por omissão de socorro (art. 135 do CP), eis que, embora tenha tentado intervir para a cessação das agressões perpetradas por Valdemar contra Artur, foi ameaçada pelo agente, situação que caracteriza o "risco pessoal" de que trata o precitado art. 135; **D** e **E**: incorretas, pois Alice, ainda que tivesse se mantido absolutamente inerte frente às agressões sofridas por Artur, não teria o dever jurídico de agir para impedir o resultado (art. 13, § 2º, do CP), razão por que não praticou crime omissivo impróprio. O mesmo se pode dizer com relação a Francisco, segurança particular do mercado, que, por não ter o dever jurídico de agir para impedir o resultado, não responderá por crime comissivo por omissão (ou omissivo impróprio). **AT**

Gabarito "A".

(Delegado/RO – 2014 – FUNCAB) Em relação à classificação doutrinária de crimes, é correto afirmar que:

(A) crime progressivo é aquele em que o agente deseja produzir um resultado, mas, após consegui-lo, resolve prosseguir na violação do bem jurídico, produzindo um outro crime mais grave.

(B) crime de fato transeunte é aquele que não deixa vestígios.

(C) crime plurilocal é aquele em que a execução do crime se dá em um país e o resultado em outro.

(D) crime falho é o nome dado à tentativa imperfeita.

(E) crime plurissubsistente é aquele que exige pluralidade de sujeitos ativos.

A: incorreta. A definição contida na alternativa diz respeito à progressão criminosa, na qual o agente "substitui o seu dolo", produzindo um resultado mais grave após haver alcançado, anteriormente, resultado menor (crime menos grave). Não se confunde com o crime progressivo, que se dá quando o agente, para produzir um resultado mais grave, necessariamente terá praticado um crime menos grave (chamado de "crime de passagem"). É o caso das lesões corporais (crime menos grave) perpetradas para o alcance da morte da vítima (crime mais grave). Responderá o agente apenas por homicídio, incidindo, na espécie, o princípio da consunção; **B:** correta. Considera-se crime transeunte aquele que não deixa vestígios materiais, em contraposição aos crimes não transeuntes, que, por óbvio, deixam vestígios materiais, exigindo-se, aqui, o exame de corpo de delito (direito ou indireto); **C:** incorreta. Delito plurilocal é assim denominado quando a conduta é perpetrada em um lugar e o resultado se verifica em outro, mas no mesmo país (ex.: a subtração do veículo ocorre em município paulista, mas a efetiva inversão da posse ocorre já em solo mineiro). Não se confunde com delito à distância (ou de espaço máximo), que é aquele cuja ação/omissão ocorre em um país e o resultado se verifica em outro. Aplicar-se-á, nesse caso, o art. 6º do CP; **D:** incorreta. Na classificação da tentativa, diz-se que esta poderá ser perfeita (ou acabada, ou crime falho), quando o agente, mesmo esgotando todos os atos executórios (ou seja, toda a potencialidade ofensiva de que dispunha), não consegue consumar o crime por circunstâncias alheias à sua vontade, ou imperfeita (ou inacabada), quando os atos executórios, ainda não esgotados, forem interrompidos por fatores alheios à vontade do agente; **E:** incorreta. Diz-se plurissubsistente um crime quando sua prática puder decorrer de diversos atos, em contraposição ao crime unissubsistente, praticado mediante um só ato. Não se confunde com o crime plurissubjetivo (ou de concurso necessário), que, para a própria tipificação, exige a concorrência de duas ou mais pessoas (ex.: associação criminosa – art. 288, CP).

Gabarito "B".

(Delegado Federal – 2013 – CESPE) No que se refere à teoria geral do crime, julgue o próximo item.

(1) Segundo a teoria causal, o dolo causalista é conhecido como dolo normativo, pelo fato de existir, nesse dolo, juntamente com os elementos volitivos e cognitivos, considerados psicológicos, elemento de natureza normativa (real ou potencial consciência sobre a ilicitude do fato).

1: correta. De fato, de acordo com a teoria causal, também conhecida como teoria naturalista, clássica, naturalística ou mecanicista, idealizada por Liszt, Beling e Radbruch no início do século XIX, a ação é tida como um comportamento humano voluntário causador de modificação no mundo exterior. Dolo e a culpa estão sediados na culpabilidade, que integra o conceito analítico de crime. Daí dizer-se que, à luz da teoria em comento, o dolo é normativo, vale dizer, a finalidade do agente e a consciência da ilicitude somente serão verificadas quando da avaliação da culpabilidade. O dolo normativo (que, frise-se, tem como elemento integrante a consciência da ilicitude) contrapõe-se ao dolo natural, adotado pela teoria

finalista, não tendo ele qualquer conteúdo valorativo, reservado à culpabilidade. Assim, enquanto que na teoria causalista o dolo está sediado na culpabilidade, na teoria finalista o dolo integra o fato típico.

Gabarito 1C.

(Delegado/AP – 2010) Carlos Cristiano trabalha como salva-vidas no clube municipal de Tartarugalzinho. O clube abre diariamente às 8 horas, e a piscina do clube funciona de terça a domingo, de 9 às 17 horas, com um intervalo de uma hora para o almoço do salva-vidas, sempre entre 12 e 13 horas.

Carlos Cristiano é o único salva-vidas do clube e sabe a responsabilidade de seu trabalho, pois várias crianças utilizam a piscina diariamente e muitas dependem da sua atenção para não morrerem afogadas.

Normalmente, Carlos Cristiano trabalha com atenção e dedicação, mas naquele dia 2 de janeiro estava particularmente cansado, pois dormira muito tarde após as comemorações do réveillon. Assim, ao invés de voltar do almoço na hora, decidiu tirar um cochilo. Acordou às 15 horas, com os gritos dos sócios do clube que tentavam reanimar uma criança que entrara na piscina e fora parar na parte funda. Infelizmente, não foi possível reanimar a criança. Embora houvesse outras pessoas na piscina, ninguém percebera que a criança estava se afogando.

Assinale a alternativa que indique o crime praticado por Carlos Cristiano.

(A) Homicídio culposo.

(B) Nenhum crime.

(C) Omissão de socorro.

(D) Homicídio doloso, na modalidade de ação comissiva por omissão.

(E) Homicídio doloso, na modalidade de ação omissiva.

A: incorreta, uma vez que o salva-vidas não agiu com imprudência, negligência, nem imperícia; **B:** correta. A questão trata do crime omissivo impróprio ou comissivo por omissão, em que o tipo penal prevê uma conduta positiva. Todavia, pela omissão do agente, em razão do descumprimento do dever jurídico de agir, ocorre o resultado naturalístico. O dever jurídico de agir, de acordo com o art. 13, § 2º, do CP, pode decorrer: a) do dever legal, b) da posição de garantidor como, por exemplo, o salva-vidas, que se compromete a evitar o resultado ou c) por ingerência na norma (quando o agente, com sua conduta anterior, cria o risco do resultado). Ainda, pela teoria jurídica ou normativa, são requisitos para a responsabilização penal pelo crime de omissão: o agente poder evitar o resulta e o dever jurídico de evitar esse resultado. Na questão acima, o salva-vidas, muito embora tivesse o dever jurídico de evitar afogamentos na piscina, não pôde evitar, uma vez que não estava presente no local. Isso porque, a imputação da omissão ao agente exige o dever e o poder evitar o resultado. Portanto, o fato é atípico, pela ausência do segundo requisito (poder evitar o resultado); **C:** incorreta, pois a omissão de socorro é um crime omissivo próprio, em que a omissão está prevista no tipo penal. No caso, por se tratar de salva-vidas, ou seria crime omissivo impróprio, diante de sua posição de garante ou o fato seria atípico (como de fato ocorreu). **D:** incorreta, pois não houve uma ação provocadora da omissão. **E:** incorreta, já que não há fato típico.

Gabarito "B".

(Delegado/SC – 2008) Em relação à classificação doutrinária dos crimes, marque V ou F, conforme as afirmações a seguir sejam verdadeiras ou falsas.

( ) Nos chamados "delitos de resultado" o tipo penal prevê um resultado típico, natural ou material vinculado à conduta pelo nexo causal.

( ) "Delitos vagos" são aqueles que têm por sujeito passivo entidades sem personalidade jurídica, como a família, o público ou a sociedade.

( ) O "crime falho" é também denominado "quase crime".

( ) "Crime multitudinário" é o praticado por uma multidão em tumulto, espontaneamente organizada no sentido de um comportamento comum contra pessoas ou coisas.

( ) "Crime transeunte" é o que deixa vestígios; "crime não transeunte" é o que não deixa vestígios.

A sequência correta, de cima para baixo, é:

(A) V – F – V – V – V

(B) V – V – F – V – F

(C) F – V – V – F – V

(D) F – F – V – V – F

1. DIREITO PENAL   345

"Delitos de resultado" são os crimes materiais (também chamados de resultado naturalístico); *"delitos vagos"* de fato são aqueles em que o sujeito passivo é uma entidade destituída de personalidade jurídica; *"crime falho"* (ou tentativa perfeita) é aquele em que o sujeito, mesmo tendo esgotado o processo de execução do crime, não logra consumá-lo. Difere, pois, do *quase crime*, que se dá nas hipóteses de crime impossível (art. 17 do CP); *"crime multitudinário"* é de fato aquele praticado sob influência de multidão; *transeunte* é o crime que não deixa vestígios; não transeunte, ao contrário, é o delito que deixa vestígios.
Gabarito "B".

(Delegado/SP – 2011) O aborto provocado pela gestante é crime

(A) formal.

(B) de mão própria.

(C) de conduta vinculada.

(D) de concurso necessário.

(E) de mera conduta.

A: incorreta, pois o crime de aborto é considerado crime material, ou seja, exige o resultado "morte" do feto ou do produto da concepção; **B:** correta. De fato, considera-se de mão própria o crime de aborto provocado pela gestante (também denominado de autoaborto), previsto no art. 124, primeira parte, do CP. Afinal, o tipo penal enuncia *"provocar aborto em si mesma"*, o que denota a exigência de uma atuação pessoal do agente, intransferível, portanto; **C:** incorreta. Considera-se de conduta vinculada o crime cujos meios executórios estejam previamente definidos na lei. Não é o caso do autoaborto, que pode ser praticado de qualquer forma pela gestante (crime de ação livre), como, por exemplo, pelo emprego de medicamentos abortivos ou introdução mecânica de objeto pontiagudo no canal vaginal, transfixando a placenta e o feto; **D:** incorreta, pois crime de concurso necessário é aquele cujo tipo penal exige a concorrência de duas ou mais pessoas para a empreitada criminosa, tal como se vê, por exemplo, no antigo crime de quadrilha ou bando, cujo *nomen juris*, por força da Lei 12.850/2013, passou a ser associação criminosa (art. 288 do CP); **E:** incorreta, pois, como visto no comentário à alternativa "A", o autoaborto é crime material, exigindo um resultado naturalístico, não sendo classificado, portanto, como de mera conduta (assim considerado o crime que não admite a produção de um resultado naturalístico, bastando o comportamento positivo ou negativo do agente contido no tipo penal).
Gabarito "B".

(Delegado/SP – 2008) O crime de evasão mediante violência contra a pessoa (art. 352 do CP), em que a pena da tentativa é a mesma do crime consumado, sem qualquer redução, recebe em doutrina o *nomem iuris* de

(A) crime de ensaio.

(B) crime de encontro.

(C) crime de empreendimento.

(D) crime bipróprio.

(E) crime de conteúdo variado.

Trata-se de crimes em que o tipo penal equipara a pena da tentativa com a pena do crime consumado.
Gabarito "C".

(Delegado/SP – 2008) Professor que, falando ao telefone, assiste impassível ao afogamento de seu instruendo adolescente, durante sessão prática de natação, comete crime

(A) omissivo impróprio.

(B) omissivo próprio.

(C) omissivo por comissão.

(D) comissivo impróprio.

(E) comissivo próprio.

O professor tinha o dever jurídico, imposto pelo art. 13, § 2º, do CP, de intervir para evitar o afogamento do aluno. Fala-se, aqui, em crime omissivo impróprio (comissivo por omissão), já que o professor, mesmo diante da constatação da situação de perigo (afogamento), omitiu-se e, dessa forma, deu ensejo ao resultado naturalístico. Perceba que esta modalidade de crime omissivo pressupõe, à sua consumação, a produção de resultado naturalístico, o que não ocorre no chamado crime omissivo puro, cuja consumação se dá com a mera abstenção do agente, independente de qualquer resultado. Outra coisa: o tipo penal, na omissão imprópria, descreve uma conduta comissiva, que, diante da ocorrência de uma das hipóteses previstas no art. 13, § 2º, do CP, ensejará a responsabilidade do agente; já na omissão própria o tipo penal contempla uma conduta omissiva.
Gabarito "A".

5. FATO TÍPICO E TIPO PENAL

Mélvio é instrutor de escaladas, membro da Associação Capixaba de Escaladas (ACE). Sua especialidade é escalar picos com alto grau de dificuldade. Em comemoração aos seus 10 (dez) anos como instrutor, resolveu promover uma escalada em Afonso Claudio, cidade do Espírito Santo, na Pedra de Lajinha, que está entre os cinco picos mais altos do Brasil. Montou um grupo nas redes sociais e convocou amigos e escaladores. No dia marcado para a subida, havia previsão de chuva e ventos, que poderiam ocorrer na metade do trajeto. No pé do pico, lugar de início da subida, foi colocada uma placa indicando que não era seguro escalar em função das condições climáticas. Como a escalada era muito longa, ele foi orientado por colegas instrutores que não promovesse a escalada. Três amigos de Mélvio, que não tinham experiência nessa prática esportiva, foram fazer a escalada para prestigiar Mélvio. Um deles, ao ouvir a fala dos demais instrutores, resolveu não subir, mas os outros dois cederam à insistência de Mélvio, que considerava a subida fácil, apesar de longa. Feliz, Mélvio disse que, apesar da chuva e do vento previstos, nada iria derrubá-los na escalada e que tudo estava sob controle, afirmando que muitas vezes tais previsões estavam erradas. Mesmo sabendo que não era 100% seguro fazer a escalada, principalmente para os iniciantes, Mélvio se colocou como responsável por seus amigos, garantindo-se em seus 10 anos de experiência. Não obstante, a previsão se confirmou. Com a chegada do vento e da tempestade, Mélvio não conseguiu dar o suporte prometido para seus amigos, que acabaram sendo arremessados, pelo vento e chuva, para baixo. Com a queda os dois amigos vieram a falecer.

(Delegado/ES – 2019 – Instituto Acesso) Sabendo-se que:

I. restou comprovado que o material de escalada de Mélvio era compatível com os níveis de segurança exigidos para escaladas nas condições acima expostas;

II. o instrutor possuía autonomia e registro para a promover escaladas, com experiência no tipo de subida proposto e reconhecido pela ACE;

III. o percentual de acertos de tais previsões do tempo, para as próximas horas, era de 95% em relação ao local da escalada, como estava exposto na placa;

IV. os amigos de Mélvio que caíram, somente subiram com a garantia de segurança do instrutor; é correto afirmar que Mélvio:

(A) deve responder por homicídio doloso em sua forma direta, devido a sua condição de agente garantidor.

(B) deve responder por homicídio culposo, devido a sua condição de agente garantidor.

(C) não deve responder por homicídio, uma vez que seus amigos aceitaram sua garantia para subir.

(D) não deve responder pela prática de homicídio, uma vez que o mau tempo era alheio a sua vontade.

(E) deve responder por homicídio doloso, considerando o dolo eventual, porque, mesmo sem a intenção de matar, não levou em consideração os avisos dos demais instrutores.

Pelo que do enunciado consta, não há dúvida de que Mélvio estava credenciado a efetuar escaladas e também a atuar como instrutor nesta atividade. Isso está bem claro. Também não há dúvidas de que era do conhecimento de Mélvio que havia previsão de chuvas e ventos, cujo percentual de acertos correspondia a 95 %. Havia inclusive uma placa com advertência nesse sentido. A despeito disso, Mélvio, agindo com excesso de confiança, pois acreditava que, com a sua perícia acumulada ao longo de anos, nada aconteceria, achou por bem realizar a escalada, colocando em situação de risco dois escaladores inexperientes. Dessa forma, subiram e, com a chegada do vento e da tempestade, Mélvio não deu o suporte prometido para seus amigos, que acabaram sendo arremessados, pelo vento e chuva, para baixo, vindo a falecer. Antes de mais nada, deve ficar claro que em momento algum a morte das vítimas foi desejada por Mélvio, razão por que deve-se afastar, de plano, a alternativa "A" (dolo direto). Também não é o caso de imputar-lhe a prática do crime de homicídio a título de dolo eventual. Com efeito, como bem sabemos, no dolo eventual, a postura do agente em relação ao resultado é de indiferença. É verdade que, nesta modalidade de dolo, a sua vontade não é dirigida ao resultado (morte, neste caso), mas, prevendo a possibilidade de ele (resultado) ocorrer, revela-se indiferente e dá sequência à sua empreitada, assumindo o risco de causá-lo. Em outras palavras, ele não o deseja, mas se acontecer, aconteceu. Não foi isso que se deu na narrativa acima.

346 ARTHUR TRIGUEIROS E EDUARDO DOMPIERI

Muito embora Mélvio pudesse ter a previsão do resultado ofensivo, sua postura não foi de indiferença em relação a isso, mas, sim, de excesso de confiança, o que configura a chamada *culpa consciente*. Ele acreditou piamente que, com a sua habilidade e destreza, o resultado não seria implementado. Considerando que Mélvio tinha a responsabilidade de evitar a ocorrência do resultado (morte), tal como estabelece art. 13, § 2°, CP, deverá ele responder por homicídio culposo, visto que atuou na condição de agente garantidor.

Gabarito "B".

(Delegado/PE – 2016 – CESPE) A relação de causalidade, estudada no conceito estratificado de crime, consiste no elo entre a conduta e o resultado típico. Acerca dessa relação, assinale a opção correta.

(A) Para os crimes omissivos impróprios, o estudo do nexo causal é relevante, porquanto o CP adotou a teoria naturalística da omissão, ao equiparar a inação do agente garantidor a uma ação.

(B) A existência de concausa superveniente relativamente independente, quando necessária à produção do resultado naturalístico, não tem o condão de retirar a responsabilização penal da conduta do agente, uma vez que não exclui a imputação pela produção do resultado posterior.

(C) O CP adota, como regra, a teoria da causalidade adequada, dada a afirmação nele constante de que "o resultado, de que depende a existência do crime, somente é imputável a quem lhe deu causa; causa é a ação ou omissão sem a qual o resultado não teria o corrido".

(D) Segundo a teoria da imputação objetiva, cuja finalidade é limitar a responsabilidade penal, o resultado não pode ser atribuído à conduta do agente quando o seu agir decorre da prática de um risco permitido ou de uma conduta que diminua o risco proibido.

(E) O estudo do nexo causal nos crimes de mera conduta é relevante, uma vez que se observa o elo entre a conduta humana propulsora do crime e o resultado naturalístico.

A: incorreta. É fato que o estudo do nexo causal, no contexto da omissão imprópria, é de suma relevância, já que se está a falar de crimes cuja consumação somente é alcançada com a produção do resultado naturalístico (delitos materiais). No entanto, é incorreto afirmar-se que o CP adotou, neste caso, a teoria *naturalística*. É que, nos chamamos crimes omissivos impróprios, a relação de causalidade é *normativa* (e não física), na medida em que o resultado decorrente da omissão somente será imputado ao agente diante da ocorrência de uma das hipóteses previstas no art. 13, § 2°, do CP; **B:** incorreta, já que não reflete o que estabelece o art. 13, § 1°, do CP (superveniência de causa independente); **C:** incorreta, uma vez que a teoria adotada, como regra, pelo CP, em matéria de relação de causalidade, é a chamada *equivalência dos antecedentes causais* (*conditio sine qua non*). É o que se extrai do art. 13, *caput, in fine,* do CP: *Considera-se causa a ação ou omissão sem a qual o resultado não teria ocorrido.* Para se evitar o chamado "regresso ao infinito", é imprescindível a existência de dolo ou culpa por parte do agente em relação ao resultado; se assim não fosse, o vendedor da arma de fogo responderia pelo crime de homicídio com ela praticado, mesmo desconhecendo a intenção homicida do comprador; **D:** correta. Desenvolvida e difundida por Claus Roxin, a partir de 1970, no ensaio *Reflexões sobre a problemática da imputação no direito penal,* a teoria da imputação objetiva, cujo propósito é, de fato, impor restrições à responsabilidade penal, enuncia, em síntese, que a atribuição do resultado ao agente não está a depender tão somente da relação de causalidade. É necessário ir além. Para esta teoria, deve haver a conjugação dos seguintes requisitos: criação ou aumento de um risco proibido; realização do risco no resultado; e resultado dentro do alcance do tipo; **E:** incorreta. Não há relevância alguma no estudo do nexo causal no contexto dos crimes de mera conduta, na medida em que, neste caso, inexiste resultado naturalístico. **ED**

Gabarito "D".

(Delegado/BA – 2013 – CESPE) Acerca da parte geral do direito penal e seus Institutos, julgue os itens seguintes.

(1) Considere que Joana, penalmente imputável, tenha determinado a Francisco, também imputável, que desse uma surra em Maria e que Francisco, por questões pessoais, tenha matado Maria. Nessa situação, Francisco e Joana deverão responder pela prática do delito de homicídio, podendo Joana beneficiar-se de causa de diminuição de pena.

(2) Tanto a conduta do agente que age imprudentemente, por desconhecimento invencível de algum elemento do tipo quanto a conduta do agente que age acreditando estar autorizado a fazê-lo ensejam como consequência a exclusão do dolo e, por conseguinte, a do próprio crime.

(3) As causas ou concausas absolutamente independentes e as causas relativamente independentes constituem limitações ao alcance da teoria da equivalência das condições.

(4) Somente mediante expressa manifestação pode o agente diplomático renunciar à imunidade diplomática, porquanto o instituto constitui causa pessoal de exclusão da pena.

(5) Considere que Marcos, penalmente imputável, subtraia de seu genitor de sessenta e oito anos de idade, um relógio de alto valor. Nessa situação, o autor não pode beneficiar-se da escusa penal absolutória, em razão da idade da vítima.

1: incorreta. A assertiva retrata situação caracterizadora de cooperação dolosamente distinta, prevista no art. 29, § 2°, do CP, que assim dispõe: "Se algum dos concorrentes quis participar de crime menos grave, ser-lhe-á aplicada a pena deste; essa pena será aumentada até metade, na hipótese de ter sido previsível o resultado mais grave". Ora, como é sabido e ressabido, a regra geral acerca do concurso de pessoas é a de que, quem, de qualquer modo, concorre para o crime, por este responderá na medida de sua culpabilidade, nos termos do art. 29, *caput,* do CP, que consagra a teoria unitária ou monista. No caso em tela, um dos agentes (Joana) determinou ao outro (Francisco) que desse uma surra em Maria. Porém, por razões pessoais, o executor material do crime matou a vítima, afastando-se do ajuste inicial de vontades. Assim, de acordo com o já citado art. 29, § 2°, do CP, Joana deverá responder pelo crime menos grave (provavelmente, lesões corporais dolosas), sendo imputado o homicídio apenas a Francisco; **2:** incorreta. A conduta do agente que age imprudentemente (modalidade de culpa), desconhecendo, de forma invencível, elemento constitutivo do tipo, configura *erro de tipo essencial,* que afastará o dolo e a culpa, nos termos do art. 20, § 1°, do CP. Porém, cabe destacar ao candidato que apenas haverá a exclusão do dolo e da culpa se o erro de tipo for invencível, inevitável ou escusável. Todavia, quando o erro é evitável, vencível ou inescusável, o resultado será atribuído ao agente a título de culpa. No caso retratado na assertiva, o agente, embora tenha agido imprudentemente, incidiu em erro de tipo invencível (desconhecimento de elemento do tipo), razão pela qual, como visto, haverá a exclusão do dolo e da culpa. Já a conduta do agente que acredita estar autorizado a praticar determinada conduta típica, quando, em verdade, não está, caracteriza *erro de proibição.* Aqui, o agente pratica conduta penalmente típica, visto que, embora tenha conhecimento da tipicidade de sua conduta, supõe agir de acordo com o direito (por exemplo, acreditando estar agindo amparado por causa excludente da ilicitude). Neste caso, não ficará afastado o dolo (tal como ocorre no erro de tipo essencial), mas, sim, a culpabilidade (falta de potencial consciência da ilicitude). Importante registrar que o mero desconhecimento da lei é inescusável (art. 21, *caput,* do CP). Contudo, se o erro é inevitável, invencível ou escusável, haverá isenção de pena (exclusão da potencial consciência da ilicitude e, portanto, da culpabilidade). Contudo, se o erro é evitável, vencível ou inescusável, a pena será diminuída (art. 21, *caput,* parte final); **3:** correta. De início, importa registrar que, do ponto de vista jurídico-penal, considera-se causa, para fins de reconhecimento do fato típico, toda ação ou omissão sem a qual o resultado não teria ocorrido (art. 13, *caput,* do CP). Aplicável, em matéria de nexo causal ou relação de causalidade, a teoria da equivalência dos antecedentes ou das condições (ou teoria da *conditio sine qua non*). Assim, reafirma-se, causa é tudo o quanto seja decisivo para a ocorrência do resultado (da forma que e como ocorreu). A imputação de um resultado a alguém somente será admissível se houver dado causa a ele. Pois bem. Cuidou a doutrina de dividir as causas em dois grandes grupos: a) causas absolutamente independentes e; b) causas relativamente independentes. No primeiro caso, não se poderá imputar ao agente o resultado se este tiver decorrido de causa absolutamente independente de seu comportamento (ex.: João ministra veneno no café de Joana. Porém, esta morre em razão de um infarto fulminante decorrente de doença cardíaca preexistente). Já se o resultado tiver decorrido, ainda que parcialmente, do comportamento do agente, contra este será possível a imputação. No entanto, importa registrar que se a causa for relativamente independente da conduta do agente, porém, superveniente a esta e por si só houver produzido o resultado, haverá a exclusão da imputação. Aqui, aplicável a teoria da causalidade adequada, consagrada pelo art. 13, § 1°, do CP; **4:** incorreta. As imunidades diplomáticas constituem prerrogativas funcionais, nas palavras de Rogério Sanches Cunha, sendo irrenunciáveis, já que são conferidas em razão do cargo e não da pessoa (*Manual de Direito Penal – Parte Geral.* Salvador: Juspodivm, 2013. p. 125). A Convenção de Viena sobre Relações Diplomáticas, de 1961, incorporada ao nosso ordenamento jurídico pelo Decreto n° 56.435/1965, em seu art. 32, 1 e 2, prescreve, porém, que o Estado de origem do agente diplomático (Estado acreditante) poderá renunciar à imunidade, desde que o faça expressamente; **5:** correta. De fato, nos termos do art. 183, III, do CP, não se beneficia da escusa absolutória prevista no art. 181, II (isenção de pena de crime patrimonial praticado por ascendente ou descendente) o agente que pratica o fato em detrimento de pessoa com idade igual ou superior a 60 (sessenta) anos. Assim, se Marcos furtou o relógio de seu pai idoso (com sessenta e oito anos), não será beneficiado pela escusa absolutória, devendo, portanto, responder pelo crime.

Gabarito 1E, 2E, 3C, 4E, 5C

(Delegado/GO – 2009 – UEG) Sobre a teoria, interpretação e aplicação da norma penal, é CORRETO afirmar:

(A) a interpretação analógica é aquela que abarca os casos análogos, conforme uma fórmula casuística gravada no dispositivo legal, não sendo admitida em direito penal.

(B) as normas penais que definem o injusto culpável e estabelecem as suas consequências jurídicas são passíveis de aplicação analógica.

(C) normas penais em branco impróprias são aquelas em que o complemento se encontra contido em outra lei emanada de outra instância legislativa.

(D) o criminoso na realidade não viola a lei penal, e sim a proposição que lhe prescreve o modelo de sua conduta, que é um preceito não escrito.

A: incorreta, uma vez que a interpretação analógica é permitida no ordenamento jurídico, como, por exemplo, no art. 121, § 2º, I, do CP, em que há uma fórmula casuística (mediante paga ou promessa de recompensa) seguida de uma fórmula genérica (ou outro motivo torpe); **B:** incorreta, pois a analogia no Direito Penal somente é admitida com relação às normas penais não incriminadoras (princípio da reserva legal); **C:** incorreta. A norma penal em branco imprópria (ou homogênea ou um sentido lato) é aquela em que o preceito secundário busca o seu complemento em outra norma da mesma natureza jurídica e proveniente do mesmo órgão que elaborou a norma penal (e não de outra instância legislativa). **D:** correta. A estrutura da lei penal é composta pelo preceito primário e secundário. No preceito primário há uma descrição de uma conduta criminosa que é proibida, ou seja, o agente não deve fazer o que o tipo penal descreve (proibição indireta). Se o fizer, ser-lhe-á imposta a pena prevista no preceito secundário. No caso, por exemplo, do homicídio, o preceito primário é "matar alguém". Quando o agente realiza tal conduta, está violando o comando que está por trás desse preceito, qual seja, não é permitido que uma pessoa mate outra, podendo haver imposição de pena.
Gabarito "D".

(Delegado/MG – 2012) Considerando-se a relação de causalidade, é **incorreto** afirmar que

(A) o Código Penal adota a teoria da equivalência dos antecedentes causais.

(B) a superveniência de causa relativamente independente exclui o crime quando, por si só, produzir o resultado, podendo, entretanto, os fatos anteriores serem imputados a quem os praticou.

(C) o agente que efetua disparo de arma de fogo contra outrem, atingindo-o e, arrependido, leva a vítima para o hospital, vindo esta a falecer, em razão de infecção hospitalar, responde pelo crime de homicídio consumado.

(D) pratica crime comissivo por omissão, o delegado de polícia que, de forma indulgente, deixa de lavrar auto de prisão em flagrante no qual o conduzido é seu vizinho.

A: correta. De fato, como regra, o CP, em seu art. 13, *caput*, adotou a teoria da equivalência dos antecedentes causais (ou teoria da *conditio sine qua non*), sendo considerada *causa* toda ação ou omissão sem a qual o resultado não teria sido produzido; **B:** correta. O art. 13, § 1º, do CP, tratando das causas supervenientes relativamente independentes que, por si sós, produzem o resultado, adotou a teoria da causalidade adequada. Nesse passo, se a causa posterior à conduta do agente houver produzido, por si só, o resultado, sem estar na "linha de desdobramento normal" do curso causal, não poderá haver imputação de referido resultado ao agente. Contudo, este responderá pelos fatos anteriores que houver praticado; **C:** correta. De acordo com a doutrina, a infecção hospitalar encontra-se em uma "linha normal" de desdobramento da conduta inicial perpetrada pelo agente (no caso, disparo de arma de fogo), motivo pelo qual responderá pelo resultado, não se aplicando o disposto no art. 13, § 1º, do CP; **D:** incorreta. Não revela incorrer em omissão imprópria, nos moldes preconizados pelo art. 13, § 2º, do CP, o delegado de polícia que deixa de autuar em flagrante, por indulgência, o seu vizinho. A depender da motivação, a autoridade policial deverá responder pelo crime funcional descrito no art. 319 do CP (prevaricação), que traduz, no próprio tipo penal, conduta omissiva (*retardar ou deixar de praticar, indevidamente, ato de ofício*).
Gabarito "D".

(Delegado/SC – 2008) "Alpha", com intenção de matar, põe veneno na comida de "Beta", seu desafeto. Este, quando já está tomando a refeição envenenada, vem a falecer exclusivamente em consequência de um desabamento do teto. No exemplo dado, é correto afirmar que "Alpha" responderá tão somente por tentativa de homicídio, porquanto:

(A) o desabamento é causa concomitante relativamente independente da conduta de "Alpha", que exclui o nexo causal entre esta e o resultado "morte".

(B) o desabamento é causa superveniente relativamente independente da conduta de "Alpha", que exclui o nexo causal entre esta e o resultado "morte".

(C) o desabamento do teto é causa superveniente absolutamente independente da conduta de "Alpha", que exclui o nexo causal entre esta e o resultado "morte".

(D) o desabamento é causa concomitante absolutamente independente da conduta de "Alpha", que exclui o nexo causal entre esta e o resultado "morte".

É *causa absolutamente independente* porque tem origem diversa da conduta. "Alpha" será responsabilizado tão só pela tentativa porquanto o fator que efetivamente causou a morte de "Beta" foi o desabamento do teto (causa absolutamente independente).
Gabarito "C".

(Delegado/SP – 2008) Policial, ao cumprir regularmente um mandado de prisão, privando a liberdade do condenado, pratica, à luz da teoria da tipicidade conglobante, uma conduta

(A) antinormativa mas não típica legalmente.

(B) tipicamente antijurídica.

(C) atípica legalmente.

(D) penalmente conglobada

(E) não típica penalmente.

De fato, de acordo com a teoria da tipicidade conglobante, desenvolvida pelo ilustre penalista argentino Eugenio Raúl Zaffaroni, a tipicidade penal deve ser avaliada de forma conglobada, isto é, comparada com todo o ordenamento jurídico. Assim, somente haverá tipicidade se a conduta praticada pelo agente revestir-se de antinormatividade, ou seja, se o seu comportamento violar não apenas a descrição do tipo penal, mas, também, violar o ordenamento jurídico como um todo. Destarte, se um policial priva um condenado de sua liberdade ao cumprir legalmente um mandado de prisão, embora, à luz da tipicidade meramente formal, incida na norma penal incriminadora, à luz da teoria da tipicidade conglobante, sequer pratica fato típico, visto que, analisado o ordenamento jurídico de forma conglobada, agiu em estrito cumprimento de dever legal, o que torna sua conduta lícita e, assim, atípica. Apenas para efeitos didáticos, a tipicidade penal pode ser expressa da seguinte forma: tipicidade formal (ou legal) + tipicidade conglobante = tipicidade penal.
Gabarito "E".

6. CRIMES DOLOSOS, CULPOSOS E PRETERDOLOSOS

(Delegado/MG – 2018 – FUMARC) NÃO é um elemento do tipo culposo de crime:

(A) Conduta involuntária.

(B) Inobservância de dever objetivo de cuidado.

(C) Previsibilidade objetiva.

(D) Tipicidade.

São elementos do fato típico culposo: conduta humana *voluntária* (ação/omissão), inobservância do dever de cuidado objetivo (imprudência/negligência/imperícia), previsibilidade objetiva (assim entendida a possibilidade de o homem médio prever o resultado), ausência de previsão (significa que o agente, em regra, não prevê o resultado objetivamente previsível. É a chamada culpa inconsciente; agora, se o agente tiver a previsão do resultado, fala-se, então, em culpa consciente), resultado involuntário, nexo de causalidade e tipicidade. À falta de algum desses requisitos, o fato será atípico.
Gabarito "A".

(Delegado/MS – 2017 – FAPEMS) Analise o caso a seguir.

Com a desclassificação no torneio nacional, o presidente do clube AZ demite o jogador que perdeu o pênalti decisivo. Irresignado com a decisão, o futebolista decide matar o mandatário. Para tanto, aproveitando o dia da assinatura de sua rescisão, acopla bomba no carro do presidente que estava estacionado na sede social do clube. O jogador sabe que o motorista particular do dirigente será fatalmente atingido e tem a consciência que não pode evitar que torcedores ou funcionários da agremiação, próximos ao veículo, venham a falecer com a explosão. Como para ele nada mais importa, a bomba explode e, lamentavelmente, além das mortes dos dois ocupantes do veículo automotor, três torcedores e um funcionário morrem.

A partir da leitura desse caso, é correto afirmar que o indiciamento do jogador pelos crimes de homicídio sucederá

(A) por dolo direto de primeiro grau em relação ao presidente e ao motorista.

(B) por dolo eventual em relação ao motorista; aos torcedores e ao funcionário.

(C) por dolo direto de segundo grau em relação ao presidente e ao motorista.

(D) por dolo eventual apenas em relação aos torcedores.

(E) por dolo direto de segundo grau apenas em relação ao motorista.

Antes de analisarmos cada uma das alternativas, de rigor esclarecermos o seguinte: (i) com relação ao Presidente do clube AZ, o jogador, ao acoplar a bomba em seu veículo, que, efetivamente, explodiu, responderá por homicídio com dolo direto de primeiro grau, eis que havia a direta intenção de matar referida vítima; (ii) com relação ao motorista, também morto em razão da explosão, o jogador responderá por homicídio com dolo direto de segundo grau, também chamado de dolo de consequências necessárias, eis que, a partir do meio escolhido para a morte do Presidente do clube (colocação de uma bomba em seu veículo), os efeitos colaterais daí advindos inevitavelmente gerariam consequências a terceiros, no caso, ao motorista; (iii) com relação aos torcedores e um funcionário do clube, também mortos em razão da explosão, o jogador responderá por homicídio com dolo eventual, eis que, como proposto no enunciado, era sabedor de que terceiros (torcedores e funcionários que estivessem próximos ao carro) poderiam ser atingidos pela explosão, assumindo, portanto, o risco de resultados lesivos a outrem. Estabelecidas essas premissas, analisemos cada uma das alternativas: **A:** incorreta, pois, como relatado, somente haverá dolo direto de primeiro grau com relação ao Presidente do clube, mas não com relação ao motorista; **B:** incorreta. Com relação ao motorista, a explosão da bomba traria como consequência necessária a sua morte, razão por que o agente agiu com dolo direto de segundo grau. Somente com relação a terceiros é que se vislumbra dolo eventual; **C:** incorreta, pois o dolo direto de segundo grau somente se caracterizou com relação ao motorista, já que, com relação ao Presidente do clube, o jogador agiu com dolo direto de primeiro grau; **D:** incorreta. O jogador agiu com dolo eventual em relação aos torcedores e funcionário do clube, atingidos pela explosão; **E:** correta. Somente se caracterizou o dolo direto de segundo grau com relação ao motorista. **AT** _Gabarito "E"._

(Delegado/SP – 2014 – VUNESP) "X" estaciona seu automóvel regularmente em uma via pública com o objetivo de deixar seu filho, "Z", na pré-escola, entretanto, ao descer do veículo para abrir a porta para "Z", não percebe que, durante esse instante, a criança havia soltado o freio de mão, o suficiente para que o veículo se deslocasse e derrubasse um idoso, que vem a falecer em razão do traumatismo craniano causado pela queda. Em tese, "X"

(A) responderá pelo crime de homicídio culposo com pena mais severa do que a estabelecida no Código Penal, nos termos do Código de Trânsito Brasileiro.

(B) responderá pelo crime de homicídio culposo, entretanto, a ele poderá ser aplicado o perdão judicial.

(C) não responde por crime algum, uma vez que não agiu com dolo ou culpa.

(D) responderá pelo crime de homicídio doloso por dolo eventual.

(E) responderá pelo crime de homicídio culposo em razão de sua negligência.

A: incorreta, pois os crimes culposos exigem que o agente, com seu comportamento imprudente, negligente ou imperito, tenha inobservado um dever objetivo de cuidado, daí advindo um resultado ilícito involuntário. No caso relatado, não se enxerga tenha "X" agido com qualquer das modalidades de culpa. De outra borda, ao estacionar regularmente seu veículo em via pública, não seria objetivamente previsível que seu filho, em idade pré-escolar, soltasse o freio de mão. Logo, ausente mais um elemento dos tipos culposos, qual seja, a previsibilidade objetiva do resultado; **B:** incorreta, seja pelo fato de não dever responder "X" por homicídio culposo, pelas razões expostas no comentário antecedente, seja porque o perdão judicial, que é causa extintiva da punibilidade, ser cabível, na espécie, tal como se admite no art. 121, §5º, do CP, se as consequências do crime atingissem o agente de forma tão grave que a aplicação da sanção penal se tornasse desnecessária. No caso relatado na questão, a morte do idoso, pessoa desconhecida de "X", não lhe traria, ao que parece, consequências graves de ordem material ou moral; **C:** correta. De fato, como visto, não tendo "X" agido com dolo ou culpa na causação do resultado morte do idoso, não deverá responder por crime algum; **D:** incorreta. Se não se cogita, no caso sob a análise, sequer de homicídio culposo, incabível a imputação de homicídio doloso a "X", nem mesmo por dolo eventual. Este, nos termos do art. 18, I, do CP, pressupõe que o agente, embora sem querer diretamente a produção do resultado, assuma o risco de produzi-lo. Não se vê

na conduta de "X" tenha agido com dolo eventual ao estacionar regularmente seu veículo, cujo freio de mão foi solto por seu filho menor de idade; **E:** incorreta. A negligência é modalidade de culpa, também conhecida como culpa negativa, que pressupõe que o agente, em virtude de seu comportamento, deixe de agir de determinada forma quando devia fazê-lo. Como dito anteriormente, "X" não foi negligente ao estacionar regularmente seu veículo, tendo o evento decorrido de pura e simples conduta de seu filho menor de idade, conduta esta que, ao menos com base no enunciado, não revela negligência ou qualquer outra espécie de culpa. _Gabarito "C"._

(Delegado/GO – 2009 – UEG) Sobre o dolo, é CORRETO afirmar que

(A) o dolo direto de segundo grau compreende os meios de ação escolhidos para realizar o fim, incluindo os efeitos secundários representados como certos ou necessários, independentemente de serem esses efeitos ou resultados desejados ou indesejados pelo autor.

(B) age com culpa consciente aquele químico que manipula fórmulas para produção de alimentos sem as devidas cautelas relativas à contaminação; no entanto, sabedor do perigo, continua a atuar e acaba, desse modo, causando lesão à saúde dos consumidores.

(C) no dolo de primeiro grau, o agente busca indiretamente a realização do tipo legal.

(D) o Código Penal pátrio, no artigo 18, inciso I, adotou somente a teoria da vontade.

A: correta. "Dolo direto de segundo grau" é o que se refere às consequências secundárias, decorrentes dos meios escolhidos pelo autor para a prática da conduta, ao passo que o "de primeiro grau ou imediato" é aquele que diz respeito ao objetivo principal almejado pelo agente; **B:** incorreta. Na culpa consciente, o agente prevê o resultado, mas espera sinceramente que ele não ocorra, já que acredita que, com a sua habilidade, poderá evitá-lo. Aqui, o químico mostra-se indiferente, pois, sabedor do perigo gerado com a sua atividade, continua a manipular as fórmulas necessárias à produção de alimentos. Sua vontade, é bem verdade, não está voltada para a geração do perigo tampouco para a produção de lesão à saúde dos consumidores, mas a sua postura revela indiferença em relação à ocorrência desse resultado, que lhe é previsível. Está-se, então, diante do chamado "dolo eventual"; **C:** incorreta. Ao contrário, no dolo de primeiro grau, também chamado dolo imediato, o agente visa diretamente à realização do tipo legal. **D:** incorreta. O Código Penal acolheu – art. 18, I – as teorias da vontade (dolo direto) e do assentimento (dolo eventual). _Gabarito "A"._

(Delegado/SP – 2011) Há algum ponto de semelhança entre condutas praticadas com culpa consciente e dolo eventual? Aponte a alternativa correta

(A) Sim. Tanto na culpa consciente quanto no dolo eventual há a aceitação do resultado.

(B) Sim. Tanto na culpa consciente quanto no dolo eventual o agente prevê o resultado.

(C) Não. Não há nenhum ponto de semelhança nas condutas em questão.

(D) Sim. Em ambas o elemento subjetivo da conduta é o dolo.

(E) Não. Pois a aceitação do resultado na culpa consciente é elemento normativo da conduta.

A: incorreta. Na culpa consciente, embora haja previsão do resultado, este não é aceito pelo agente, que acredita, sinceramente, em sua inocorrência; **B:** correta. De fato, culpa consciente e dolo eventual têm um ponto em comum, qual seja, a previsão do resultado. Porém, naquela, não há aceitação do resultado, enquanto que neste, há; **C:** incorreta, pelas razões trazidas no comentário anterior; **D:** incorreta. Obviamente, na culpa consciente, o elemento subjetivo da conduta não é o dolo, mas, é claro, a culpa!; **E:** incorreta, pois, como visto, na culpa consciente o agente não aceita a produção do resultado, mas, sim, o prevê. _Gabarito "B"._

(Delegado/SP – 2008) Imaginando morto seu desafeto que tentara esganar, o agente dá causa à precipitação da vítima do alto de uma montanha. No entanto, os laudos técnico-periciais vêm atestar que a vítima encontrava-se apenas inconsciente por força das manobras asfícticas e que o êxito letal decorrera, na realidade, dos politraumatismos produzidos pela queda livre. Tem-se, nessa situação,

(A) dolo direto de primeiro grau quanto à lesão e dolo direto de segundo grau no tocante ao homicídio.

(B) aberratio ictus (erro na execução).

(C) dolo geral.

(D) lesão corporal dolosa seguida de morte.

(E) erro sobre elemento do tipo incriminador.

O dolo geral também é chamado de "erro sucessivo ou *aberratio causae*". O que ocorre, em verdade, é um equívoco por parte do agente quanto ao meio de execução, à causalidade. O erro, assim, não incide sobre os elementos do tipo. Na hipótese narrada acima o agente responderá normalmente pelo resultado almejado (homicídio consumado). A divergência havida no nexo causal, neste caso, não tem o condão de elidir a responsabilidade do agente; é, pois, irrelevante.
Gabarito "C".

7. ERRO DE TIPO, DE PROIBIÇÃO E DEMAIS ERROS

(Delegado/RS – 2018 – FUNDATEC) Vitalina quer matar o marido Aderbal, envenenado. Coloca veneno no café com leite que acabou de preparar para ele. Enquanto aguardava o marido chegar na cozinha, para tomar a bebida, distraiu-se e não percebeu que a filha Ritinha entrou no local e tomou a bebida, preparada para o pai. Ritinha, socorrida pela mãe, morre a caminho do hospital. Nessa hipótese, considerando o Código Penal e a doutrina, assinale a alternativa correta.

(A) Vitalina deverá responder por homicídio culposo, já que não teve a intenção de matar a filha.

(B) Na hipótese de Vitalina vir a ser condenada, o juiz sentenciante poderá aplicar a ela o perdão judicial.

(C) Vitalina deverá responder por homicídio doloso, restando configurada situação denominada de aberratio ictus por acidente.

(D) Vitalina não responderá por homicídio, em razão de ter havido aberratio ictus.

(E) Vitalina responderá por homicídio doloso, restando configurada situação de aberratio ictus por erro no uso dos meios de execução.

O enunciado retrata típico exemplo de *aberratio ictus* (erro na execução), que, nos termos do art. 73 do CP, impõe ao agente que responda como se tivesse praticado o crime contra aquela vítima inicialmente visada. Dessa forma, Vitalina, que queria matar Aderbal mas acabou por tirar a vida da própria filha, que ingeriu o veneno destinado àquele, será responsabilizada como se tivesse matado o marido (vítima desejada), e não a filha (vítima efetiva).
Gabarito "C".

(Delegado/RJ – 2013 – FUNCAB) Maria é amiga e "cunhada" de Paula, pois namora Carlos, o irmão desta. Maria descobre que está sendo traída por Carlos e conta a Paula. Esta sugere que Maria simule o suicídio para dar uma lição em Carlos. Realizada a encenação, Carlos encontra Maria caída em sua cama, aparentando estar com os pulsos cortados e morta, tendo uma faca ao seu lado. Certo da morte de sua amada, pois a cena fora perfeitamente simulada, com aptidão para enganar qualquer pessoa, Carlos, desesperado, pega a faca supostamente utilizada por Maria e começa a golpear o corpo da namorada, gritando que ela não poderia ter feito aquilo com ele, haja vista amá-la demais e que, portanto, sua vida teria perdido o sentido. Maria, mesmo esfaqueada, não esboça qualquer reação, pois, para dar uma aura de veracidade à farsa, havia ingerido medicamentos que a fizeram dormir profundamente. Em razão dos golpes desferidos por Carlos, Maria acaba efetivamente morrendo. Assim, pode-se afirmar que Carlos:

(A) deve responder pelo crime de homicídio doloso duplamente qualificado, em face de a morte ter ocorrido por motivo torpe e pela impossibilidade de reação da vítima, sendo Paula coautora do mesmo crime, pois o direito penal brasileiro adota a teoria monista mitigada.

(B) deve responder por descumprir um dever de cuidado objetivo, que causou um resultado lesivo, já que há previsão expressa do crime na modalidade culposa, considerando Carlos que estava sob erro de tipo vencível; Paula é partícipe do mesmo crime, pois o direito penal brasileiro adota a teoria monista mitigada.

(C) não pode responder por crime algum, pois não há responsabilidade penal objetiva no direito penal brasileiro.

(D) deve responder pelo crime de vilipêndio a cadáver, haja vista estar em erro sobre o fato, que, pela teoria extremada da culpabilidade, amolda-se ao instituto do erro de proibição.

(E) deve ser indiciado pelo crime de destruição, subtração ou ocultação de cadáver, uma vez que, estando sob erro de tipo vencível, fez o cadáver perder a sua forma original.

O enunciado da questão retrata nítido erro de tipo essencial (art. 20, *caput*, do CP), capaz de afastar o dolo e a culpa, tratando-se, pois, de erro inevitável (ou invencível, ou escusável). Considerando que a falsa cena do suicídio fora perfeitamente simulada, as circunstâncias fáticas foram suficientes para gerar em Carlos uma falsa percepção da realidade. Assim, acreditando que sua namorada já estava morta, desferiu golpes de faca contra ela, fato este causador de sua morte. Ora, se o Direito Penal não admite a responsabilidade objetiva, o agente não deverá responder por crime algum. Não se cogita, portanto, de imputação por homicídio doloso ou culposo, excluindo-se, pois, as alternativas "A" e "B". Também não deverá responder por vilipêndio de cadáver (art. 211 do CP), pois este crime pressupõe a intenção de destruí-lo, o que, no enunciado, não se consegue enxergar ter sido a vontade de Carlos.
Gabarito "C".

(Delegado/RJ – 2013 – FUNCAB) Osvaldo, desejando matar, disparou seu revólver contra Arnaldo, que, em razão do susto, desmaiou. Osvaldo, acreditando piamente que Arnaldo estava morto, colocou-o em uma cova rasa que já havia cavado, enterrando-o, vindo a vítima a efetivamente morrer, em face da asfixia. Assim, Osvaldo praticou:

(A) homicídio qualificado pela asfixia e homicídio culposo, bem como ocultação de cadáver.

(B) homicídio qualificado pela asfixia e ocultação de cadáver.

(C) homicídio simples e ocultação de cadáver.

(D) homicídio culposo.

(E) homicídio simples.

O enunciado retrata situação denominada de erro sobre o nexo causal (*aberratio causae*). Verifica-se quando o agente, após praticar determinado comportamento, e acreditando que sua conduta foi suficiente para consumar o intento criminoso, pratica novo comportamento, este sim o efetivo causador do resultado inicialmente almejado. Assim, Osvaldo, nada obstante, faticamente, tenha matado Arnaldo com emprego de asfixia, visto que este foi enterrado vivo, responderá apenas por homicídio simples. A qualificadora deverá ser afastada em virtude do erro sobre o nexo causal. Caso lhe fosse imputada referida circunstância, estaríamos diante de responsabilidade objetiva, o que, como sabido, é inadmissível. De acordo com o gabarito da banca examinadora, Osvaldo deverá responder apenas por homicídio simples. No tocante à ocultação de cadáver, objetivamente este crime não foi perpetrado pelo agente, visto que, a despeito do erro sobre o nexo causal, não enterrou pessoa morta (cadáver). Logo, não poderá responder pela infração em comento.
Gabarito "E".

(Delegado/RJ – 2013 – FUNCAB) O erro é a falsa representação da realidade ou o falso ou equivocado conhecimento de um objeto. Acerca desse tema, é INCORRETO afirmar que:

(A) quando o erro do agente recai sobre a existência ou sobre os limites de uma causa de justificação, tem-se o erro de proibição.

(B) no erro de tipo essencial escusável há exclusão da tipicidade.

(C) o Código Penal adotou a teoria estrita da culpabilidade acerca do erro incidente sobre as causas de justificação.

(D) o erro acidental atinge os aspectos ou dados secundários do delito.

(E) no erro de proibição inescusável, o agente poderá ter a pena atenuada.

A: correta. De fato, considera-se, majoritariamente, como erro de proibição, o erro que recai sobre a existência ou sobre os limites de uma causa de justificação (causa excludente da ilicitude). Estamos, aqui, a tratar das descriminantes putativas. Apenas para relembrar o candidato, se o erro recair sobre as circunstâncias fáticas de uma causa de justificação, estaremos diante de erro de tipo, que, como sabido, exclui o dolo e a culpa (se invencível). Porém, se o erro, como dito anteriormente, recair sobre a existência ou sobre os limites de causas excludentes da antijuridicidade, estaremos diante de erro de proibição, que excluirá a culpabilidade (se invencível); **B:** correta. O erro de tipo essencial, que é aquele que recai sobre os elementos constitutivos do tipo legal de crime, tem o condão de excluir o dolo (art. 20, *caput*, CP), afastando, também, a culpa, se considerado invencível (ou escusável, ou inevitável); **C:** incorreta, devendo ser assinalada. Conforme amplamente defendido pela doutrina, nosso CP adotou a teoria limitada da culpabilidade, segundo a qual o erro que recai sobre os pressupostos fáticos de uma causa de justificação caracteriza erro de tipo, diversamente da teoria extremada (ou estrita), para a qual se caracteriza um erro de proibição. **D:** correta. Diversamente do erro essencial, que recai, como o nome sugere, sobre dados essenciais da figura típica (elementares), o erro acidental recai sobre aspectos acessórios do tipo, que refletem, apenas, na sanção penal; **E:** correta. Se o erro de proibição (art. 21, CP) for inescusável (ou vencível, ou evitável), o agente não ficará isento de pena, mas esta será reduzida de um sexto a um terço.
Gabarito "C".

350 ARTHUR TRIGUEIROS E EDUARDO DOMPIERI

1. Direito Penal

(Delegado/MG – 2012) Com relação ao erro de tipo e ao erro de proibição, assinale a alternativa **incorreta:**

(A) O erro de tipo permissível inescusável é aquele que recai sobre situação de fato, excluindo a culpabilidade dolosa, mas permitindo a punição do agente a título de culpa.

(B) De acordo com a teoria extremada da culpabilidade, todo e qualquer erro que recaia sobre uma causa de justificação é erro sobre a ilicitude do fato.

(C) O erro, sobre a causa do resultado, afasta o dolo ou a culpa, tendo em vista que recai sobre elemento essencial do fato.

(D) O erro de proibição mandamental é aquele que recai sobre uma norma impositiva e, se inevitável, isenta o agente de pena.

A: correta. O erro de tipo permissível (ou permissivo) é aquele que recai sobre causas excludentes da ilicitude (tipos permissivos). Quando o erro recair sobre as circunstâncias fáticas de uma causa de justificação (ou causa excludente da ilicitude), estaremos diante de modalidade de erro de tipo, que afastará o dolo, mas permitirá a punição do agente pelo crime culposo quando o erro for inescusável (ou vencível, ou evitável), conforme preconiza o art. 20, § 1º, do CP; **B:** correta. Acerca da natureza jurídica das descriminantes putativas, a resposta dependerá da teoria da culpabilidade adotada. Assim, para a teoria normativa pura da culpabilidade (ou extrema, ou estrita), todo erro que recair sobre uma causa de justificação (seja quanto à sua existência, os seus limites ou os seus pressupostos fáticos) será hipótese de erro de proibição (erro sobre a ilicitude do fato). Já para a teoria limitada da culpabilidade, se o erro recair sobre os pressupostos fáticos de uma causa de justificação, restará caracterizado o erro de tipo, ao passo que se o erro recair sobre a existência ou os limites da causa justificante, falaremos em erro de proibição; **C:** incorreta. O erro sobre o nexo causal (*aberratio causae*) é espécie de erro de tipo acidental, que é aquele que recai sobre fatores irrelevantes à configuração típica, não afastando, portanto, o dolo ou a culpa. Apenas o erro de tipo essencial, que é aquele que recai sobre elementos constitutivos do tipo penal, terá o condão de sempre afastar o dolo, remanescendo, porém, a culpa, se se tratar de erro vencível (ou evitável, ou inescusável), conforme art. 20, *caput*, do CP; **D:** correta. Denomina-se de erro de proibição mandamental aquele em que o agente, supondo encontrar-se em situação de perigo a algum bem jurídico, crê estar autorizado a não agir para impedir determinado resultado, ainda que tenha o dever jurídico de agir (art. 13, § 2º, do CP). Nesse caso, o erro recairá sobre um crime omissivo impróprio (ou comissivo por omissão). Se se tratar de erro invencível, o agente ficará isento de pena (art. 21, *caput*, do CP).

Gabarito "C".

(Delegado/MG – 2007) Quanto ao erro em matéria penal todas as alternativas estão corretas, EXCETO:

(A) A finalidade precípua do erro de tipo essencial é a de afastar o dolo da conduta do agente.

(B) Para a teoria extremada ou estrita da culpabilidade o erro que recai sobre uma situação de fato é erro de tipo, enquanto o erro que recai sobre os limites de uma causa de justificação é erro de proibição.

(C) O erro de tipo acidental incide sobre dados irrelevantes da figura típica e não impede a apreciação do caráter criminoso do fato.

(D) O erro mandamental é aquele que recai sobre o mandamento contido nos crimes omissivos próprios ou impróprios.

A: correta, dado que de fato, no erro de tipo essencial, que corresponde à falsa percepção da realidade, pelo agente, quanto a uma elementar do tipo penal, afasta-se, sempre, o dolo, seja o erro vencível ou invencível; **B:** incorreta, visto que, para a teoria extremada da culpabilidade, o erro sobre os pressupostos fáticos de uma causa de justificação (ou causa excludente da ilicitude) configura hipótese de erro de proibição. Já para a teoria limitada da culpabilidade, adotada pela Parte Geral do CP, o erro que recair sobre os pressupostos fáticos de uma causa de justificação é hipótese de erro de tipo permissivo, configurando, pois, uma descriminante putativa por erro de tipo. Já se o erro recair sobre a existência ou sobre os limites de uma causa de justificação, estaremos diante de uma descriminante putativa por erro de proibição; **C:** correta. Realmente, se o erro (falsa percepção da realidade) recair sobre dados secundários da figura típica, a infração penal restará configurada. É o caso do erro sobre o objeto, sobre o nexo causal (*aberratio causae*), na execução (*aberratio ictus*), quanto ao resultado (*aberratio criminis*) e sobre a pessoa (*error in persona*). **D:** correta, pois, de fato, o erro mandamental é verificado nos crimes omissivos próprios ou impróprios, desde que o agente tenha uma falsa percepção da realidade quanto ao mandamento implícito contido na norma penal incriminadora (ex.: na omissão de socorro, prevista no art. 135 do CP, existe um mandamento implícito, qual seja, "preste socorro"), o que configura verdadeiro erro de tipo, ou, no caso da omissão imprópria, no caso de o agente acreditar não ter o dever jurídico de impedir o resultado, fato caracterizador de verdadeiro erro de proibição.

Gabarito "B".

(Delegado/PA – 2012 – MSCONCURSOS) Quanto ao erro do tipo, analise as alternativas e assinale a incorreta:

(A) O erro incriminador essencial escusável está previsto no Código Penal em seu art. 20, *caput*, 1ª parte e § 1º, 1ª parte. Ocorre quando, sobre o elemento constitutivo do tipo legal de crime, exclui o dolo. Há uma discriminante putativa isentando de pena quem, por erro plenamente justificado pelas circunstâncias, supõe situação de fato que, se existisse, tornaria a ação legítima.

(B) O erro incriminador essencial inescusável está previsto no Código Penal, em seu art. 20, *caput*, 2ª parte e § 1º, 2ª parte. Ocorre quando o agente age de forma descuidada. Exclui o dolo, mas, não afasta a culpa. Não há isenção de pena quando o erro deriva de culpa e o fato é punível como crime culposo. Assim, o agente responderá por crime culposo, quando previsto em lei.

(C) Responderá pelo delito aquele que furtar bijuteria, acreditando ser um diamante, uma vez que não haverá o reconhecimento do princípio da insignificância. Tal erro não exclui o crime porque a simples troca de objetos não impede a tipificação do delito e configuração do dolo. No erro de tipo acidental sobre o objeto, o réu não poderá ser beneficiado, pois, de qualquer forma o agente praticou ato ilícito. No exemplo mencionado, responderá perante a justiça, pelo crime descrito no art. 155, *caput*, CP. O sujeito imagina que sua conduta recairá sobre uma determinada coisa, enquanto, na verdade, recai sobre outra, mas sua vontade de furtar prevalece.

(D) O erro de tipo incriminador essencial inescusável não exclui o dolo e, portanto, o agente responderá pelo crime. É aquele que vicia a vontade, mas não a exclui. O *error in persona*, contra o qual o crime é praticado, não isenta de pena. Não se consideram, neste caso, as condições ou qualidades da vítima, senão as da pessoa contra quem o agente queria praticar o crime. Está previsto no artigo 20, § 3º, do Código Penal.

(E) O erro do tipo incriminador acidental está subdividido em *error in objeto*, *error in persona*, *aberratio ictus*, *aberratio criminis* e *aberratio causae*.

A: correta. De fato, o art. 20, *caput*, primeira parte, do CP, trata do erro de tipo essencial, que somente excluirá o dolo e a culpa quando for inevitável (ou invencível, ou escusável). Também trata de erro de tipo permissivo escusável o art. 20, § 1º, primeira parte, do CP (descriminantes putativas); **B:** correta. De fato, o art. 20, *caput*, segunda parte, do CP, trata do erro de tipo essencial inescusável (ou vencível, ou evitável), que somente afastará o dolo, remanescendo, porém, a punição culposa, se prevista em lei. Da mesma forma, o art. 20, § 1º, segunda parte, do CP, trata do erro de tipo permissivo inescusável (ou vencível, ou evitável), que caracteriza a denominada "culpa imprópria". O agente, por culpa, pratica um fato típico não amparado, verdadeiramente, por uma causa excludente da ilicitude, razão pela qual responderá na forma culposa do crime, se prevista em lei; **C:** correta. Pelas razões bem expostas na assertiva, o erro de tipo acidental (no caso, erro sobre o objeto) não afasta a punição pelo fato, não se podendo conceder o benefício do privilégio de que trata o art. 155, § 2º, do CP, nem mesmo se reconheceria a insignificância penal, em razão da subtração de bijuteria, quando queria o agente tratar-se de diamante; **D:** incorreta. Todo erro de tipo incriminador essencial excluirá o dolo, seja vencível (ou inescusável), seja invencível (ou escusável). Remanescerá, porém, a culpa, se o erro pudesse ter sido evitado por maior diligência do agente (art. 20, caput, segunda parte, do CP). No tocante ao *error in persona*, a assertiva está correta; **E:** correta. De fato, o erro de tipo acidental, de acordo com a doutrina, se apresenta sob as seguintes formas: i) *error in objeto* (erro sobre o objeto); ii) *error in persona* (erro sobre a pessoa); iii) *aberratio ictus* (erro na execução); iv) *aberratio criminis* (resultado diverso do pretendido); e v) *aberratio causae* (erro sobre o nexo causal). Registre-se, e frise-se, que são todas modalidades de erro acidental, que recaem sobre circunstâncias ou dados irrelevantes à caracterização típica, permanecendo a incriminação pelo fato.

Gabarito "D".

(Delegado/PI – 2009 – UESPI) Juan, 19 anos, argentino residente em Córdoba/Argentina, recebeu um convite de seu amigo Pedro, brasileiro, residente em Teresina, para passar as férias no Delta do Parnaíba. Juan, entusiasmado com a possibilidade de conhecer o Brasil, aceitou o convite. Porém, Pedro, quando convidou o amigo, solicitou que trouxesse consigo 10 vidros de lança-perfume (cloreto de etila), e Juan, tendo total desconhecimento de que esta substância fosse proibida no Brasil, pois na Argentina tal substância circula livremente, prontamente atendeu ao pedido. Sendo Juan, em tese, apreendido com tal mercadoria, que excludente é possível alegar ao seu favor?

(A) A excludente é o erro de tipo inevitável, que afasta o dolo e a culpa.

(B) A excludente é o erro de tipo evitável, que afasta o dolo, mas permite a punição por culpa.

(C) A excludente é o erro de proibição, que afasta a ilicitude do fato.

(D) A excludente é o erro de proibição, que afasta o potencial conhecimento da ilicitude do fato.

(E) A excludente é o erro na execução, que também é chamado de *aberratius ictus*.

De acordo com o enunciado proposto, Juan incidiu em erro de proibição (erro sobre a ilicitude do fato), que, sendo inevitável, afastará a potencial consciência da ilicitude e, portanto, a culpabilidade (art. 21 do CP). Logo, incorretas as alternativas "A", "B", "C" e "E", visto que as duas primeiras tratam do erro de tipo (art. 20 do CP), inaplicável para a questão em tela, e as duas últimas contêm impropriedades (o erro de proibição inevitável é causa excludente da culpabilidade e não da ilicitude e o erro na execução é espécie de erro de tipo acidental, sem qualquer relação com a proposição em exame).

Gabarito "D".

(Delegado/RJ – 2009 – CEPERJ) Sobre a Teoria do Erro, analise as proposições abaixo e, em seguida, assinale a opção correta.

I. Em situação de erro determinado por terceiro, somente responderá pelo crime este terceiro.

II. Em situação de erro provocado por terceiro, não se pune o provocador que agiu com negligência.

III. Incorre em erro de proibição quem, fundada e concretamente, julga atuar conforme o direito, por supor juridicamente permitida sua atuação.

IV. O cidadão holandês que, em sua primeira visita ao Brasil, desembarca com pequena quantidade de droga ilícita para consumo pessoal, imaginando que tal fosse permitido entre nós, como em seu país de origem, incide em erro de proibição.

V. Erro de tipo consiste na ausência ou na falsa representação da realidade, razão pela qual o agente responderá por crime culposo, se culpa existir (erro evitável) e desde que o tipo penal de que se trate preveja a forma culposa.

(A) Somente uma das proposições está errada.

(B) Somente duas das proposições estão erradas.

(C) Somente as proposições IV e V estão corretas.

(D) Todas as proposições estão corretas.

(E) Somente as proposições I e IV estão erradas.

I: correta (art. 20, § 2º, do CP); **II:** incorreta, pois não faz a lei ressalva quanto à provocação do erro a título de dolo ou culpa (art. 20, § 2º, do CP); **III:** incorreta, visto que o erro de proibição deve ser analisado sob o aspecto da potencial consciência da ilicitude (e não da ausência concreta de conhecimento da ilicitude), sendo necessário que se verifique se do agente, no momento da ação ou omissão, poderia ser exigida a possibilidade de saber que sua conduta violaria o direito (art. 21 do CP); **IV:** correta, uma vez que, pelas condições culturais do holandês, e pela possibilidade de consumo de drogas em seu país, poderia acreditar que sua conduta não ofenderia nosso ordenamento jurídico, sendo viável a tese de erro de proibição (art. 21 do CP); **V:** correta, uma vez que, no erro de tipo, o agente, por falsa percepção da realidade, pratica o crime sem perceber que o comete, motivo pelo qual ficará excluído o dolo, remanescendo a forma culposa, desde que haja expressa previsão legal, caso o erro seja vencível, inescusável ou evitável (art. 20, *caput*, do CP).

Gabarito "B".

(Delegado/SP – 2011) Na *aberratio ictus*

(A) o agente erra a pessoa que pretendia atingir.

(B) o agente erra no uso dos meios de execução.

(C) o agente erra sobre a qualificadora.

(D) o agente erra o objeto que pretendia atingir.

(E) ocorre erro sobre o nexo causal.

A: incorreta. O erro que recai sobre a pessoa que o agente pretendia atingir é denominado de *error in persona* (ou erro sobre a pessoa), cujo tratamento vem previsto no art. 20, § 3º, do CP; **B:** correta. De fato, na *aberratio ictus*, o agente erra no uso dos meios de execução, atingindo pessoa diversa da que pretendia ofender (art. 73 do CP); **C:** incorreta. O erro sobre a qualificadora, como o próprio nome sugere, pressupõe que o agente, por uma falsa percepção da realidade, se equivoca quanto a uma qualificadora do crime. Não haverá exclusão do dolo ou da culpa, mas poderá haver a exclusão da própria qualificadora; **D:** incorreta. O erro sobre o objeto (*error in objecto*) não diz respeito ao erro sobre os meios executórios (*aberratio ictus*), mas, sim, caracteriza-se pela falsa percepção da realidade, pelo agente, que recai sobre o objeto do crime, não interferindo na

---

tipicidade penal; **E:** incorreta. O erro sobre o nexo causal (*aberratio causae*) é o erro do agente no tocante ao meio de execução que determina o resultado por ele desejado. Trata-se, é bom frisar, de erro irrelevante (erro acidental).

Gabarito "B".

8. TENTATIVA, CONSUMAÇÃO, DESISTÊNCIA, ARREPENDIMENTO E CRIME IMPOSSÍVEL

(Delegado/MG – 2018 – FUMARC) Com relação ao *iter criminis*, é CORRETO afirmar:

(A) No crime falho ou na tentativa imperfeita, o processo de execução é integralmente realizado pelo agente e o resultado é atingido.

(B) Não existe desistência voluntária no caso de agente que desiste de prosseguir com os atos de execução por conselho de seu advogado, já que ausente a voluntariedade.

(C) Com relação à tentativa, o Código Penal adota, como regra, a teoria objetiva e aplica ao agente a pena correspondente ao crime consumado, reduzida de um a dois terços, conforme maior ou menor tenha sido a proximidade do resultado almejado.

(D) O arrependimento posterior tem natureza jurídica de causa de exclusão da tipicidade, desde que restituída a coisa ou reparado o dano nos crimes praticados sem violência ou grave ameaça até o recebimento da denúncia ou queixa.

A: incorreta. No crime falho, também chamado tentativa perfeita ou acabada, o agente, mesmo esgotando todos os meios executórios ao seu alcance, não consegue produzir o resultado almejado por circunstâncias alheias à sua vontade. A tentativa imperfeita ou inacabada, por sua vez, é aquela em que o agente dá início à execução do crime, mas não consegue esgotar todos os atos executórios ao seu alcance por circunstâncias alheias à sua vontade. Seja na tentativa perfeita (crime falho), seja na tentativa imperfeita, o resultado almejado pelo agente não é alcançado por circunstâncias alheias à sua vontade. A diferença, reitere-se, é que, no crime falho, o sujeito ativo fez tudo que estava ao seu alcance para atingir o resultado, ao passo que, na tentativa imperfeita, o agente não chegou a esgotar os meios de que dispunha para concretizar o resultado almejado; **B:** incorreta. Mesmo que o agente desista de prosseguir com os atos de execução por conselho de seu advogado, ainda assim restará configurada a desistência voluntária. Isso porque se exige que o ato, na desistência voluntária (e também no arrependimento eficaz), seja voluntário, isto é, livre de qualquer coação; não é necessário que o ato seja espontâneo; **C:** correta. O Código Penal, no que concerne à tentativa, acolheu, como regra, a teoria objetiva (ou realística ou dualista), segundo a qual o autor de crime tentado receberá pena inferior à do autor de crime consumado, nos termos do art. 14, parágrafo único, do CP, que estabelece que, neste caso, a pena será reduzida de um a dois terços, a depender da distância que o agente ficou da consumação; **D:** incorreta, pois o arrependimento posterior é causa obrigatória de diminuição de pena (variável de um a dois terços), incidente na terceira etapa do sistema trifásico de dosimetria da pena.

Gabarito "C".

(Delegado/MS – 2017 – FAPEMS) Toda ação criminosa, advinda de conduta dolosa, é antecedida por uma ideação e resolução criminosa. O sujeito percorre um caminho que vai da concepção da ideia até a consumação. A esse caminho dá-se o nome de *iter criminis*, o qual é composto por fase interna (cogitação) e fases externas ao agente (atos preparatórios, executórios e consumação). Diversas situações podem ocorrer durante o desenvolvimento das ações dirigidas ao fim do crime. Assinale a alternativa que expressa de forma correta uma dessas situações, seja na fase interna ou externa.

(A) Na tentativa o sujeito dá início aos atos executórios da conduta, os quais deixa voluntariamente de praticar em virtude de circunstâncias alheias a sua vontade, recebendo, como consequência, diminuição na pena final aplicada.

(B) O arrependimento posterior ocorre após o término dos atos executórios, porém antes da consumação. Nesse caso, o sujeito responderá pelo crime, mas sua pena será reduzida se reparados os danos causados.

(C) A desistência voluntária caracteriza verdadeira ponte de ouro ao infrator que impede a consumação do crime após o término dos atos executórios, isentando-o de qualquer responsabilidade pelos danos causados.

(D) O crime impossível demanda o início dos atos executórios do crime pelo agente, eximindo-o de responsabilidade penal pelo crime almejado, respondendo, todavia, pelos atos anteriores que forem considerados ilícitos.

(E) Os atos preparatórios do crime não são punidos, mesmo que caracterize em si conduta tipificada, em virtude da teoria finalista da ação que direciona a punição para a finalidade do crime e não para os meios de sua prática.

A: incorreta. Na tentativa, o agente somente não prossegue com seu intento criminoso por circunstâncias alheias à sua vontade (art. 14, II, do CP). Caso houvesse voluntariedade na interrupção dos atos executórios, estaríamos diante de desistência voluntária (art. 15 do CP), situação retratada na assertiva em comento, mas cuja consequência não é a redução da pena, mas, sim, a atipicidade da tentativa do crime inicialmente visado pelo agente, respondendo apenas pelos atos praticados; **B:** incorreta. O arrependimento posterior (art. 16 do CP), como o próprio nome sugere, é posterior à consumação, razão por que o agente responderá pelo crime, mas com sua pena reduzida (de um a dois terços) caso repare integralmente o dano, ou restitua a coisa, até o recebimento da denúncia ou queixa. O que a assertiva em tela retrata, ao menos em seu início, é o instituto do arrependimento eficaz (art. 15 do CP). Neste sim o agente, após esgotados os atos executórios, arrepende-se e pratica comportamento impeditivo da consumação (portanto, após a execução, mas antes da consumação do delito), respondendo apenas pelos atos já praticados; **C:** incorreta. A desistência voluntária (art. 15, primeira figura, do CP) verifica-se antes do esgotamento dos atos executórios, diferentemente do arrependimento eficaz (art. 15, segunda figura, do CP), no qual, após esgotados os atos executórios, o agente pratica comportamento impeditivo da consumação. Em ambos os casos, a consequência será a atipicidade da tentativa do crime inicialmente visado pelo agente, que responderá apenas pelos atos já praticados, não se cogitando de isenção de responsabilidade penal, tal como constou na assertiva; **D:** correta. De fato, no crime impossível, o agente inicia a prática de atos executórios tendentes à consumação de um determinado crime. Contudo, pela ineficácia absoluta do meio, ou pela impropriedade absoluta do objeto, torna-se impossível a consumação do crime (art. 17 do CP), razão por que sequer a tentativa do crime visado pelo agente será punível; **E:** incorreta. Sabe-se que os atos preparatórios são impuníveis, salvo quando, por si sós, configurarem delitos autônomos. É o caso do agente que, pretendendo falsificar cédulas de real, adquire máquina destinada à falsificação de moeda, conduta que, por si só, constitui o crime do art. 291 do CP. **AT**

Gabarito "D".

(Delegado/PE – 2016 – CESPE) Na análise das classificações e dos momentos de consumação, busca-se, por meio da doutrina e da jurisprudência pátria, enquadrar consumação e tentativa nos diversos tipos penais. A esse respeito, assinale a opção correta.

(A) Conforme orientação atual do STJ, é imprescindível para a consumação do crime de furto com a posse de fato da *res furtiva*, ainda que por breve espaço de tempo, a posse mansa, pacífica e desvigiada da coisa, caso em que se deve aplicar a teoria da *ablatio*.

(B) A extorsão é considerada pelo STJ como crime material, pois se consuma no momento da obtenção da vantagem indevida.

(C) O crime de exercício ilegal da medicina, previsto no CP, por ser crime plurissubsistente, admite tentativa, desde que, iniciados os atos executórios, o agente não consiga consumá-lo por circunstâncias alheias a sua vontade.

(D) Por ser crime material, o crime de corrupção de menores consuma-se no momento em que há a efetiva prova da prática do delito e a efetiva participação do inimputável na empreitada criminosa. Assim, se o adolescente possuir condenações transitadas em julgado na vara da infância e da juventude, em decorrência da prática de atos infracionais, o crime de corrupção de menores será impossível, dada a condição de inimputável do corrompido.

(E) Segundo o STJ, configura crime consumado de tráfico de drogas a conduta consistente em negociar, por telefone, a aquisição de entorpecente e disponibilizar veículo para o seu transporte, ainda que o agente não receba a mercadoria, em decorrência de apreensão do material pela polícia, com o auxílio de interceptação telefônica.

A: incorreta. Para o STJ (e também para o STF), o crime de furto (e também o de roubo) se consuma com a posse de fato da *res furtiva*, ainda que por breve espaço de tempo e seguida de perseguição ao agente, sendo dispensável, dessa forma, a posse mansa e pacífica ou desvigiada". Em assim sendo, adotou-se a teoria da *amotio* ou *apprehensio*, e não a teoria da *ablatio*, como constou no enunciado. Nesse sentido: STF, HC 92450-DF, 1ª T., Rel. Min. Ricardo Lewandowski, 16.09.2008; STJ, REsp 1059171-RS, 5ª T., Rel. Min. Felix Fischer, j. 02.12.2008; STJ, REsp 1524450-RJ, 3ª Seção, Rel. Min. Nefi Cordeiro, j. 14.10.2015; **B:** incorreta. O crime de extorsão (art. 158 do CP) é *formal* (e não *material*); isso porque a sua consumação não está condicionada à produção do resultado naturalístico descrito no tipo penal (obtenção de vantagem indevida). A esse respeito, o STJ editou a Súmula 96: "O crime de extorsão consuma-se independentemente da obtenção da vantagem indevida"; **C:** incorreta. Tendo em conta que o crime de exercício ilegal da medicina (art. 282, CP) é considerado habitual, não se admite a forma tentada. Nessa modalidade de crime (habitual), os atos isolados são penalmente irrelevantes. Se, no entanto, vierem a ser praticados de forma reiterada, consumado estará o crime habitual. Não há, pois, meio-termo; **D:** incorreta. Há, tanto na doutrina quanto na jurisprudência, duas correntes quanto ao momento consumativo do crime de corrupção de menores, atualmente previsto no art. 244-B do ECA. Para parte da doutrina e também para o STJ, o crime em questão é *formal*, consumando-se independentemente da efetiva corrupção da vítima. Nesse sentido: "(...) A Terceira Seção do Superior Tribunal de Justiça, ao apreciar o Recurso Especial 1.127.954/DF, representativo de controvérsia, pacificou seu entendimento no sentido de que o crime de corrupção de menores – antes previsto no art. 1º da Lei 2.252/1954, e hoje inscrito no art. 244-B do Estatuto da Criança e do Adolescente – é delito formal, não exigindo, para sua configuração, prova de que o inimputável tenha sido corrompido, bastando que tenha participado da prática delituosa" (AgRg no REsp 1371397/DF, 6ª T., j. 04.06.2013, rel. Min. Assusete Magalhães, *DJe* 17.06.2013). Consolidando tal entendimento, o STJ editou a Súmula 500, a seguir transcrita: "A configuração do crime previsto no art. 244-B do Estatuto da Criança e do Adolescente independe da prova da efetiva corrupção do menor, por se tratar de delito formal". Uma segunda corrente sustenta que o crime do art. 244-B do ECA é *material*, sendo imprescindível, à sua consumação, a ocorrência do resultado naturalístico, isto é, a efetiva corrupção do menor; **E:** correta. Nesse sentido, conferir: "Penal. Processual penal. *Habeas corpus* substitutivo de recurso especial, ordinário ou de revisão criminal. Não cabimento. Arts. 12 e 14 da Lei 6.368/1976. Materialidade constatada. Tráfico sem aquisição de drogas. Modalidade adquirir e transportar. Desclassificação para crime tentado. Revolvimento de prova. Inépcia da denúncia. Arguição após sentença. Impossibilidade. 1. Ressalvada pessoal compreensão diversa, uniformizou o Superior Tribunal de Justiça ser inadequado o *writ* em substituição a recursos especial e ordinário, ou de revisão criminal, admitindo-se, de ofício, a concessão da ordem ante a constatação de ilegalidade flagrante, abuso de poder ou teratologia. 2. A imputação de negociação com aquisição de droga e contribuição material para seu transporte, configura conduta típica, de crime de tráfico consumado, com materialidade constatada pela apreensão do material entorpecente. 3. A revaloração da prova de vinculação do agente com a droga apreendida, notadamente por interceptações telefônicas, alinhadas com provas testemunhais, é descabida na via do *habeas corpus*. 4. A alegação de inépcia da denúncia resta preclusa após a sentença condenatória. Precedentes desta Corte. 5. *Habeas corpus* não conhecido" (STJ, HC 212.528/SC, Rel. Ministro Nefi Cordeiro, Sexta Turma, julgado em 01.09.2015, DJe 23.09.2015). **ED**

Gabarito "E".

(Delegado/DF – 2015 – Fundação Universa) Quanto às fases de realização da infração penal e à tentativa, assinale a alternativa correta.

(A) Os crimes tentados podem ter a mesma pena dos crimes consumados, a depender do grau alcançado no *iter criminis*.

(B) Tentativa abandonada ou qualificada ocorre quando há interrupção do processo executório em razão de o agente não praticar todos os atos de execução do crime por circunstâncias alheias à sua vontade.

(C) No que diz respeito às fases do *iter criminis*, o auxílio à prática de crime, salvo determinação expressa em contrário, não é punível se o crime não chegar a ser, ao menos, tentado.

(D) Os crimes omissivos, sejam próprios ou impróprios, não admitem tentativa.

(E) Tentativa incruenta é aquela em que o agente, arrependendo-se posteriormente, pratica atos para evitar que o crime venha a se consumar.

A: incorreta. Em regra, a pena dos crimes tentados será necessariamente inferior à dos consumados. É o que permite concluir o disposto no art. 14, parágrafo único, do CP. O CP adotou, no que concerne à punição da tentativa, a *teoria objetiva*, segundo a qual a punição do autor do delito tentado é menor que a do autor do crime consumado. Vale registrar, no entanto, a existência de crimes cuja modalidade tentada é apenada de forma idêntica à consumada. Exemplo sempre lembrado pela doutrina é o do art. 352 do CP (evasão mediante violência contra a pessoa). São os chamados *crimes de atentado*; **B:** incorreta. A proposição contém a descrição do instituto da *tentativa* (art. 14, II, do CP). Tentativa *abandonada* ou *qualificada* é gênero do qual são espécies a *desistência voluntária* e o *arrependimento eficaz* (art. 15, CP); **C:** correta, pois reflete o que dispõe o art. 31 do CP; **D:** incorreta, já que somente os crimes omissivos próprios não comportam o *conatus*; **E:** incorreta. A assertiva contempla a descrição do arrependimento eficaz (art. 15, CP), que nenhuma relação tem com a tentativa incruenta (ou branca), assim considerada aquela em que o objeto material não é atingido pela prática criminosa.

Gabarito "C".

1. DIREITO PENAL

(Delegado Federal – 2013 – CESPE) Em relação ao concurso de agentes, à desistência voluntária e ao arrependimento eficaz, bem como à cominação das penas, ao erro do tipo e, ainda, à teoria geral da culpabilidade, julgue os itens subsecutivos.

(1) No arrependimento eficaz, é irrelevante que o agente proceda *virtutis amore* ou *formidine poence*, ou por motivos subalternos, egoísticos, desde que não tenha sido obstado por causas exteriores independentes de sua vontade.

(2) De acordo com a teoria extremada da culpabilidade, o erro sobre os pressupostos fáticos das causas descriminantes consiste em erro de tipo permissivo.

(3) Configura autoria por convicção o fato de uma mãe, por convicção religiosa, não permitir a realização de transfusão de sangue indicada por equipe médica para salvar a vida de sua filha, mesmo ciente da imprescindibilidade desse procedimento.

1: correta. No arrependimento eficaz (art. 15, segunda parte, do CP), o agente, voluntariamente, após praticar todos os atos executórios que estavam ao seu alcance, arrepende-se e pratica novo comportamento, mas, desta feita, impeditivo da consumação. De acordo com a doutrina, bastará a voluntariedade do agente na interrupção de seu intento criminoso, pouco importando as razões que o levaram a tanto. Importante, porém, que o impedimento da consumação do crime decorra da vontade do agente. Caso contrário, estaremos diante de tentativa (art. 14, II, do CP). Nas exatas palavras de Nelson Hungria, em seus *Comentários ao Código Penal Brasileiro*, decerto consultado pela banca examinadora, "não se faz mister que o agente proceda *virtutis amore* ou *formidine poence*, por motivos nobres ou de índole ética (piedade, remorso, despertada repugnância pelo crime) ou por motivos subalternos, egoísticos (covardia, medo, receio de ser eventualmente descoberto, decepção com o escasso proveito que pode auferir): é suficiente que não tenha sido obstado por causas exteriores, independentes de sua vontade". Em outras palavras, pouco importa a motivação interna que levou o agente a se arrepender e impedir a consumação do crime inicialmente executado (pena, por exemplo). Bastará a voluntariedade; **2:** incorreta. De acordo com a teoria extremada (ou estrita) da culpabilidade, o erro do agente que recair sobre os pressupostos de fato de uma causa de justificação (excludente da ilicitude) recebe o mesmo tratamento conferido ao erro de proibição, excluindo, portanto, a culpabilidade (desde que invencível). Já para a teoria limitada da culpabilidade, o erro que recair sobre os pressupostos fáticos de causas de justificação é encarado como erro de tipo permissivo, com exclusão do dolo e da culpa (se invencível), ou apenas do dolo, remanescendo a culpa, se prevista em lei, em caso de erro vencível; **3:** correta. Denomina-se autoria por convicção, nas palavras de Rogério Greco, "as hipóteses em que o agente conhece efetivamente a norma, mas a descumpre por razões de consciência, que pode ser política, religiosa, filosófica etc." (*Código penal comentado*. Rio de Janeiro: Impetus, 2013. p. 97).
Gabarito 1C, 2E, 3C

(Delegado de Polícia/GO – 2013 – UEG) Magrillo, contumaz praticante de crimes contra o patrimônio, decide subtrair uma quantia em dinheiro que supostamente X traria para casa. Para tanto, convida Cabelo de Anjo, seu velho conhecido de empreitadas criminosas. Ao chegar em casa do trabalho, X é ameaçado e, posteriormente, amarrado pelos agentes, que exigem a entrega do dinheiro, mas ao perceberem que não havia nenhum dinheiro com a vítima, a abandonam amarrada aos pés da mesa da cozinha. Nessa hipótese, Magrillo e Cabelo de Anjo praticaram

(A) roubo na forma tentada

(B) crime impossível por absoluta ineficácia do meio

(C) furto na forma tentada

(D) crime impossível por absoluta impropriedade do objeto

A: correta. Inegavelmente, Magrillo e Cabelo de Anjo deram início à execução do crime de roubo. Tanto é que empregaram grave ameaça e até violência física (a vítima X foi amarrada pelos agentes), exigindo, ato contínuo, dinheiro. Contudo, ao perceberem que o ofendido não dispunha de numerário, abandonaram o local e a vítima permaneceu amarrada aos pés da mesa da cozinha. Aqui, vislumbra-se o crime de roubo (art. 157 do CP), em sua forma tentada. Afinal, os agentes somente não subtraíram o dinheiro da vítima por circunstâncias alheias às suas vontades. Se tanto, já que tencionavam subtrair valores de X, houve impropriedade relativa do objeto, o que afasta a configuração do crime impossível (art. 17 do CP); **B:** incorreta. O meio empregado pelos agentes, segundo se extrai do enunciado, não foi absolutamente ineficaz. Afinal, a grave ameaça e a violência foram exercidas contra a vítima, que somente não foi efetivamente roubada por não dispor de dinheiro consigo no momento da empreitada criminosa. Não se enxerga, portanto, crime impossível (art. 17 do CP); **C:** incorreta, pois, no furto (art. 155 do CP), não se emprega grave ameaça ou violência, tal como se viu no enunciado; **D:** incorreta. O fato de os agentes

não haverem encontrado dinheiro com a vítima no momento da empreitada criminosa não induz pensar em crime impossível por impropriedade absoluta do objeto. Como dito no comentário à alternativa "A", se tanto, houve relativa impropriedade do objeto, caracterizando, assim, a tentativa. O fato de a vítima não estar portando o dinheiro constitui circunstância alheia à vontade dos agentes, dando azo à configuração da tentativa (art. 14, II, do CP).
Gabarito "A".

(Delegado Federal – 2013 – CESPE) No item a seguir, é apresentada uma situação hipotética, seguida de uma assertiva a ser julgada com base no direito penal.

(1) Três criminosos interceptaram um carro forte e dominaram os seguranças, reduzindo-lhes por completo qualquer possibilidade de resistência, mediante grave ameaça e emprego de armamento de elevado calibre. O grupo, entretanto, encontrou vazio o cofre do veículo, pois, por erro de estratégia, efetuara a abordagem depois que os valores e documentos já haviam sido deixados na agência bancária. Por fim, os criminosos acabaram fugindo sem nada subtrair. Nessa situação, ante a inexistência de valores no veículo e ante a ausência de subtração de bens, elementos constitutivos dos delitos patrimoniais, ficou descaracterizado o delito de roubo, subsistindo apenas o crime de constrangimento ilegal qualificado pelo concurso de pessoas e emprego de armas.

1: incorreta. O fato de o carro forte já não mais conter valores em razão de já terem sido deixados na agência bancária constitui circunstância alheia à vontade dos agentes, caracterizando-se, pois, a tentativa. Ora, não se pode afastar, pelo menos, a figura tentada do roubo. Afinal, os três criminosos praticaram atos idôneos e inequívocos tendentes à subtração de valores do carro forte, somente não logrando êxito em seus intentos por circunstâncias alheias às suas vontades, consistentes em anterior esvaziamento dos valores e documentos na agência bancária.
Gabarito 1E

(Delegado/BA – 2008 – CEFETBAHIA) Por *iter criminis* compreende-se o conjunto de

(A) atos de execução do delito.

(B) atos preparatórios antecedentes ao delito.

(C) atos de consumação do delito.

(D) fases pelas quais passa o delito.

(E) atos de cogitação.

O *iter criminis*, ou seja, o caminho do crime possui uma fase interna, consistente na cogitação (o planejamento do agente) que é irrelevante, bem como uma fase externa, composta por atos preparatórios, executórios e pela consumação. Assim, o *iter criminis* é o conjunto de todas essas fases, pelas quais passa o delito. O Código Penal pune, em regra, os atos executórios e a consumação do delito. Excepcionalmente, alguns atos preparatórios serão punidos, quando o legislador prever como crime autônomo.
Gabarito "D".

(Delegado/BA – 2008 – CEFETBAHIA) Um homem atira visando matar outro que já estava morto, em razão de ataque cardíaco. Essa situação

(A) configura crime impossível ou de tentativa inidônea.

(B) diz respeito a crime de homicídio tentado.

(C) configura o que se denomina de "crime de ensaio".

(D) é a chamada "tentativa branca".

(E) configura homicídio consumado.

A: correta (art. 17 do CP). Trata-se de crime impossível (ou tentativa inidônea), não se punindo a tentativa, quando, por absoluta ineficácia do meio ou por impropriedade absoluta do objeto, é impossível a consumação do delito. No caso, houve a impropriedade absoluta do objeto material do delito (pessoa sobre a qual recaiu a conduta do agente), uma vez que o homem atirou visando matar outro, que já estava morto, em razão de ataque cardíaco; **B:** incorreta, pois não se pune a tentativa quando restar configurado o crime impossível; **C:** incorreta, haja vista que o crime de ensaio, também denominado de delito de experiência ou delito putativo por obra do agente provocador, caracteriza-se pelo flagrante preparado, quando alguém induz outrem à prática de um crime. É modalidade de crime impossível, mas por obra do agente provocador (Súmula 145 do STF) e não pelos requisitos do art. 17 do CP. **D:** incorreta. O crime impossível não se confunde com a tentativa branca ou incruenta, segundo a qual o objeto material não é atingido pela conduta delitiva; **E:** incorreta, uma vez que no caso era impossível a consumação do crime, diante da ocorrência do crime impossível.
Gabarito "A".

ARTHUR TRIGUEIROS E EDUARDO DOMPIERI

1. Direito Penal

(Delegado/GO – 2009 – UEG) Sobre a reparação do dano no direito penal é CORRETO afirmar que

(A) o arrependimento posterior, previsto no art. 16 do Código Penal, somente tem aplicação aos delitos patrimoniais dolosos.

(B) nos delitos tributários, o parcelamento do débito, após o oferecimento da denúncia, não acarreta consequências na seara punitiva.

(C) tratando-se de peculato culposo, a reparação do dano, se precede à sentença irrecorrível, extingue a punibilidade, se lhe é posterior, não produz qualquer efeito.

(D) a reparação do dano realizada após o recebimento da denúncia ou queixa e antes do julgamento traz reflexos no campo punitivo, vez tratar-se de uma circunstância atenuante genérica.

A: incorreta, pois o arrependimento posterior tem aplicação em qualquer crime que não tenha sido cometido mediante violência ou grave ameaça (art. 16 do CP); **B:** incorreta. *"A Lei 10.684/2003 criou duas espécies de efeitos penais. A primeira delas determina a suspensão da pretensão punitiva estatal nos crimes previstos nos artigos 1º e 2º da Lei 8.137/1990, quando a pessoa jurídica relacionada com o agente dos crimes aludidos, pleitear e ter deferido o parcelamento de seu débito. E a própria Lei não se descuida e adverte aos mais apressados que não fluirá o prazo prescricional durante o período de suspensão da lide penal. A segunda, com a chancela do judiciário, terá o condão de extinguir a punibilidade quando a pessoa jurídica relacionada com o agente infrator, efetuar o pagamento integral dos débitos oriundos de tributos, inclusive os acessórios.* (JÚNIOR, Eudes Quintino de Oliveira. *Extinção da punibilidade nos crimes tributários.* Disponível em: [www.lfg.com.br]. Acesso em: 11.09.2008); **C:** incorreta, porque no crime de peculato culposo, a reparação do dano, se precede à sentença irrecorrível, extingue a punibilidade, se lhe é posterior, reduz de metade a pena imposta (art. 312, § 3º, do CP); **D:** correta (art. 16 do CP). No arrependimento posterior, se reparado o dano ou restituída a coisa até o recebimento da denúncia ou queixa, haverá a redução da pena. Todavia, se a reparação do dano ocorrer após o recebimento da denúncia ou queixa, haverá a incidência da circunstância atenuante genérica (art. 65, III, "b", do CP). Gabarito "D".

(Delegado/SP – 2011) Na tentativa branca ou incruenta

(A) o agente sequer inicia os atos executórios.

(B) o agente impede voluntariamente a consumação do delito.

(C) o agente limpa o local do crime após a consumação.

(D) o corpo da vítima não derrama sangue

(E) o agente não atinge o objeto material do delito.

A: incorreta. Se o agente sequer iniciar os atos executórios, não se poderá falar em tentativa; **B:** incorreta. Se o agente iniciar os atos executórios mas, após esgotá-los, impedir a consumação do delito, será beneficiado pelo arrependimento eficaz (art. 15 do CP), denominado espécie de *tentativa abandonada* ou *qualificada*; **C:** incorreta. Não se denomina de tentativa branca ou incruenta o fato de o agente limpar o local do crime após a consumação. Ao contrário, aqui poderá restar caracterizado o crime de fraude processual (art. 347 do CP); **D:** incorreta, pois a tentativa branca ou incruenta se caracteriza pelo fato de o objeto material do delito (pessoa ou coisa) não ser atingido pela conduta perpetrada pelo agente. Nada obstante, especificamente no caso do homicídio, se o agente não atingir a vítima, de fato não haverá "derramamento de sangue" em razão do objeto material do crime não ter sido lesionado; **E:** correta. Denomina-se de tentativa branca ou incruenta, como visto, a espécie de tentativa em que o agente não consegue, por circunstâncias alheias à sua vontade, atingir o objeto material do crime. Gabarito "E".

(Delegado/SP – 2008) De acordo com a doutrina, ocorre a tentativa imperfeita quando

(A) a vítima não é atingida pelo agente.

(B) o agente pratica todos os atos executórios de que dispunha, mas, por circunstancia alheias à sua vontade, não alcança a consumação.

(C) o agente é impedido de praticar todos os atos executórios de que dispunha.

(D) o agente atinge a vítima, mas, voluntariamente, resolve não prosseguir com os atos executórios.

(E) o agente atinge pessoa diversa daquela que pretendia lesionar.

Na tentativa *imperfeita* ou *inacabada,* o sujeito não esgota o processo de execução possível, não chega a fazer uso de todos os meios de que dispõe. Gabarito "C".

9. ANTIJURIDICIDADE E CAUSAS EXCLUDENTES

(Delegado/ES – 2019 – Instituto Acesso) A legítima defesa e o estado de necessidade possuem similitudes que as os enquadram como excludentes de ilicitude. Não obstante, suas diferenças implicam em modalidades diversas com conceitos distintos. Em relação à comparação da legítima defesa e do estado de necessidade, marque a alternativa correta.

(A) De acordo com o conceito analítico de crime, para a verificação da atipicidade da conduta, a legítima defesa e o estado de necessidade devem ser observados para confirmar se a conduta é ou não típica.

(B) Na legítima defesa, assim como no estado de necessidade, somente é admitido o excesso culposo.

(C) Em relação ao estado de necessidade, diferentemente da legítima defesa, qualquer excesso será punível, já que nos casos em que ocorre a legítima defesa não há punição para eventuais excessos na tutela do bem jurídico do agredido injustamente.

(D) No caso do estado de necessidade, é cabível uma agressão injusta na defesa de bem jurídico menos relevante. Já no caso da legítima defesa, a preservação de bens jurídicos de mesmos valores é promovida pelo uso da força de quem inicia agressão.

(E) A legitima defesa é uma garantia que permite a defesa de interesse legítimo por parte de quem sofre a agressão injusta a um bem jurídico. Não obstante os interesses em conflito no caso de estado de necessidade, todos os interesses são considerados legítimos ao se tratar de oposição de bens jurídicos de mesmo valor.

A: incorreta. A análise da tipicidade da conduta precede ao exame da ilicitude. Sendo o fato típico, na medida em que o comportamento se enquadra em um tipo incriminador, presume-se que também seja ilícito. Em outras palavras, o fato típico, em tese, contraria o ordenamento jurídico. É o chamado caráter indiciário da ilicitude. Esta regra é quebrada na hipótese de o fato típico ser lícito (autorizado pelo direito). Estamos, aqui, a falar das causas de exclusão de ilicitude, entre as quais estão o estado de necessidade e a legítima defesa. A configuração da legítima defesa e do estado de necessidade, portanto, não constitui condição para estabelecer a tipicidade da conduta. Porquanto, sendo típico o fato, passa-se à análise da ilicitude; **B** e **C:** incorretas, na medida em que, por expressa disposição do art. 23, parágrafo único, do CP, o excesso, que será doloso ou culposo, poderá ocorrer em qualquer das causas de exclusão da ilicitude previstas no art. 23 do CP: além da legítima defesa, também o estado de necessidade, o escrito cumprimento de dever legal e o exercício regular de direito; **D:** incorreta. Na legítima defesa, temos uma repulsa a uma agressão injusta; no estado de necessidade, diferentemente, há um conflito entre bens jurídicos; **E:** correta. De fato, a legítima defesa constitui uma garantia que permite a defesa (reação) de interesse legítimo em face de uma agressão injusta a um bem jurídico. No que toca ao estado de necessidade, o Código Penal acolheu, em oposição à *teoria diferenciadora*, a *teoria unitária*, segundo a qual esta excludente de ilicitude estará caracterizada na hipótese de o bem sacrificado ser de valor igual ou inferior ao do bem preservado. Se o bem sacrificado for de valor superior ao do bem preservado, aplica-se a diminuição do art. 24, § 2º, do CP. Para a teoria diferenciadora, o estado de necessidade pode ser *justificante* (o bem sacrificado é de valor inferior ou equivalente ao do bem preservado) ou *exculpante* (o bem sacrificado é de valor superior ao do bem preservado). Neste último caso, o estado de necessidade constitui uma causa supralegal de exclusão da culpabilidade, pela inexigibilidade de conduta diversa. Gabarito "E".

(Delegado/MG – 2018 – FUMARC) Com relação às causas de exclusão da ilicitude, é CORRETO afirmar:

(A) Astrogildo colocou cacos de vidro, visíveis, em cima do muro de sua casa, para evitar a ação de ladrões. Certo dia, uma criança neles se lesionou ao pular o muro da casa de Astrogildo para pegar uma bola que ali havia caído. Nessa situação, ainda que se tratando da defesa de um perigo incerto e ou remoto, a conduta de Astrogildo restaria acobertada por excludente da ilicitude.

(B) No caso de legítima defesa ou estado de necessidade de terceiros, é imprescindível a prévia autorização destes para que a conduta do agente não seja ilícita.

(C) Caio, lutador de boxe, durante uma luta em que seguia as regras desportivas, atinge região vital de Tício, causando-lhe a morte. Ante a gravidade da situação fática, a violência não encontra amparo em nenhuma causa de exclusão da ilicitude, devendo Caio responder pela morte causada.

1. DIREITO PENAL 355

(D) Nos moldes do finalismo penal, pode a inexigibilidade de conduta diversa ser considerada causa supralegal de exclusão de ilicitude.

A: correta. Os cacos de vidro colocados na parte de cima do muro da casa, que se prestam a proteger o patrimônio, constituem o que a doutrina convencionou chamar de *ofendículo*, que nada mais é do que o dispositivo empregado para atuar na proteção da propriedade ou de outros bens jurídicos. Pois bem. Quanto à natureza jurídica deste mecanismo de proteção, destacam-se, na doutrina, dois posicionamentos, a saber: para uns, cuida-se de autêntico *exercício regular de direito*; para outros, trata-se de *legítima defesa preordenada*, levando-se em conta, neste último caso, o momento em que o dispositivo de proteção é acionado. De todo modo, o *ofendículo* há de ser visível (ostensivo) e apenas o suficiente para rechaçar a agressão ao bem jurídico. Conferir, quanto a isso, o magistério de Cleber Masson: (...) *cuida-se de meios defensivos utilizados para a proteção da propriedade e de outros bens jurídicos, tais como a segurança familiar e a inviolabilidade do domicílio. O titular do bem jurídico prepara previamente o meio de defesa, quando o perigo ainda é remoto e incerto, e o seu funcionamento somente se dá em face de uma agressão atual ou iminente* (*Direito Penal Esquematizado* – Parte Geral. 8. ed. São Paulo: Método. p. 450); **B:** incorreta. Tanto na legítima defesa quanto no estado de necessidade de terceiro, o seu exercício não está condicionado à prévia autorização daquele em favor de quem a excludente de ilicitude é concretizada. Seria como se o policial, para reagir a uma tentativa de assalto a um transeunte, precisasse colher a autorização deste antes se opor à agressão em curso ou iminente. Evidente que isso não procede, devendo o policial, no exemplo dado, diante de uma agressão a bem jurídico de terceiro, agir a fim de repeli-la, sem que para tanto necessite contar com a anuência do titular do direito violado; **C:** incorreta. As lesões corporais ou mesmo a morte decorrentes da prática de determinadas atividades esportivas, como o boxe, desde que respeitadas as regras pertinentes a tais atividades, configuram exercício regular de direito, apto a afastar a ilicitude da conduta típica (art. 23, III, parte final, do CP); **D:** incorreta. A inexigibilidade de conduta diversa leva à exclusão da culpabilidade.

Gabarito "A".

(Delegado/BA – 2008 – CEFETBAHIA) Um funcionário saiu em perseguição a um estudante que acabara de cometer um furto. Durante a perseguição, o estudante saca de um revólver e começa a atirar no funcionário que responde à agressão sofrida, vindo a ferir mortalmente o seu agressor. Sobre esse fato, é correto afirmar que o funcionário

(A) se encontrava em pleno exercício regular do direito.

(B) se encontrava no estrito cumprimento do dever legal.

(C) se encontrava agasalhado pelo instituto da legítima defesa.

(D) não se encontrava em nenhuma causa de exclusão de ilicitude.

(E) se encontrava em estado de necessidade.

Trata-se, no caso, do instituto da legítima defesa (art. 25 do CP), cujos requisitos restaram preenchidos, uma vez que o estudante provocou uma agressão injusta e atual ao sacar de um revólver e começar a atirar, ameaçando a integridade física do funcionário, o qual reagiu de forma moderada e com os meios necessários, eficaz para repelir a agressão. Assim, não há que se falar em exercício regular do direito, estrito cumprimento do dever legal, nem de estado de necessidade.

Gabarito "C".

(Delegado/MG – 2008) Considerando o conceito e a evolução dogmática da teoria do crime, é *CORRETO* afirmar

(A) que exercendo a tipicidade, conforme a teoria da *ratio essendi*, função incidiária da ilicitude, pode-se falar em causas justificantes legais, mas não em causas supralegais, por ferirem estas o princípio da legalidade.

(B) que para a teoria diferenciadora, adotada por nosso Código Penal, o estado de necessidade é justificante, afastando a ilicitude do fato típico praticado pelo agente.

(C) que para a teoria social da ação, a ação é concebida como o exercício de uma atividade final dirigida concretamente a fato juridicamente relevante.

(D) que são elementos da culpabilidade normativa pura a imputabilidade, a consciência potencial da ilicitude e a exigibilidade de conduta diversa.

A: incorreta, pois as causas de exclusão da ilicitude não se limitam às hipóteses legais, sendo admissíveis tanto na doutrina como na jurisprudência as causas supralegais de exclusão da ilicitude, como, por exemplo, o consentimento do ofendido; **B:** incorreta, pois o CP não adotou a teoria diferenciadora, mas a unitária, cujo bem jurídico sacrificado pode ser de igual valor ou de valor superior ao bem protegido; **C:** incorreta, porque, para a teoria social da ação, a ação é a conduta humana, consciente e voluntária, dirigida a um fim, que possui relevância social; **D:** correta. De acordo com a teoria normativa pura, os elementos da

culpabilidade são: imputabilidade, potencial consciência da ilicitude e exigibilidade de conduta diversa.

Gabarito "D".

(Delegado/MG – 2007) Quanto às causas de justificação é CORRETO afirmar que

(A) na administração da justiça por parte dos agentes estatais é meio legítimo o uso de armas com o intuito de matar indivíduo que tenta evadir-se de cadeia pública.

(B) o policial ao efetuar prisão em flagrante tem sua conduta justificada pela excludente do exercício regular de direito.

(C) pode ser causa de exclusão da ilicitude o consentimento do ofendido nos delitos em que ele é o único titular do bem juridicamente protegido e pode dele dispor livremente.

(D) a obrigação hierárquica é causa de justificação que exclui a ilicitude da conduta de agente público.

A: incorreta, pois a morte de um indivíduo que tenta evadir-se de cadeia pública afigura-se, *a priori*, exagerada, não se podendo, de pronto, invocar qualquer excludente de ilicitude, salvo a análise do caso concreto; **B:** incorreta, visto que a prisão em flagrante efetuada por policial configura estrito cumprimento de um dever legal, *in casu*, imposto pelo art. 301 do CPP (flagrante obrigatório ou compulsório); **C:** correta. De fato, o consentimento do ofendido vem sendo aceito como causa supralegal de exclusão da ilicitude, desde que o titular do bem jurídico protegido pela norma penal incriminadora seja plenamente capaz para consentir e que se trate de bem jurídico disponível; **D:** incorreta, eis que a obediência hierárquica, desde que se trate de ordem não manifestamente ilegal, exclui a culpabilidade do subordinado, a teor do art. 22 do CP.

Gabarito "C".

(Delegado/MG – 2007) Com relação às causas excludentes de ilicitude é CORRETO afirmar que

(A) não existem causas supralegais de exclusão da ilicitude, uma vez que o art. 23 do Código Penal pode ser entendido como *numerus clausus*.

(B) não se reconhece como hipótese de legítima defesa a circunstância de dois inimigos que, supondo que um vai agredir o outro, sacam suas armas e atiram pensando que estão se defendendo.

(C) são requisitos para configuração do estado de necessidade a existência de situação de perigo atual que ameace direito próprio ou alheio, causado ou não voluntariamente pelo agente que não tem dever legal de afastá-lo.

(D) trata-se de estrito cumprimento de dever legal a realização, pelo agente, de fato típico por força do desempenho de obrigação imposta por lei.

A: incorreta, pois, embora o art. 23 do CP enuncie as principais causas excludentes da ilicitude (estado de necessidade, legítima defesa, estrito cumprimento de dever legal e exercício regular de direito), é certo que não esgota todas as causas de justificação, visto que outras são previstas na Parte Especial do CP (art. 128 do CP, por exemplo). Outrossim, doutrinariamente, admite-se a existência de causas supralegais de exclusão da ilicitude, vale dizer, não previstas expressamente em lei. É o caso do consentimento do ofendido (desde que a vítima seja plenamente capaz e o bem jurídico sacrificado seja disponível); **B:** incorreta, eis que a assertiva trata especificamente da legítima defesa putativa (ou imaginária), consoante art. 20, § 1º, do CP; **C:** incorreta, visto que, para o reconhecimento do estado de necessidade, de rigor que a situação de perigo ao bem jurídico próprio ou alheio não tenha sido causado pela vontade do agente (art. 24 do CP); **D:** correta. Entende-se por estrito cumprimento de dever legal, causa excludente da ilicitude que tem por base a prática de um fato típico praticado por agente que atue no desempenho de uma obrigação imposta por lei. É o caso do policial que realiza a prisão em flagrante de quem assim se encontre (art. 301 do CPP). Trata-se de imposição legal que as autoridades policiais e seus agentes devem cumprir.

Gabarito "D".

(Delegado/PA – 2009 – MOVENS) Em relação às excludentes de ilicitude, assinale a opção correta.

(A) Pode alegar estado de necessidade quem tinha o dever legal de enfrentar o perigo.

(B) Entende-se em legítima defesa quem, usando dos meios necessários, repele agressão, apenas atual, a direito seu; não existindo legítima defesa de terceiros.

(C) O agente, na hipótese de estado de necessidade, responderá pelo excesso doloso ou culposo.

(D) O estrito cumprimento de dever legal e o exercício regular de direito são excludentes de culpabilidade e não de ilicitude.

A: incorreta. Aquele a quem incumbia o dever legal de enfrentar o perigo não pode invocar a excludente do estado de necessidade. É o teor do art. 24, § 1°, do CP; **B:** incorreta. A assertiva está em desconformidade com a redação do art. 25 do CP, que traça os requisitos da legítima defesa; **C:** correta. O excesso punível, que pode ser doloso ou culposo, se aplica a todas as causas de exclusão de ilicitude – art. 23, parágrafo único, do CP. **D:** incorreta. O *estrito cumprimento de dever legal* e o *exercício regular de direito* constituem excludentes de ilicitude – art. 23, III, do CP.
Gabarito "C".

(Delegado/PR – 2007) As causas de exclusão de ilicitude, previstas no artigo 23 do Código Penal, devem ser entendidas como cláusulas de garantia social e individual. Sobre as excludentes, considere as seguintes afirmativas:

1. Atua em legítima defesa quem repele ataque de pessoa inimputável ou de animal descontrolado.
2. Não pode alegar estado de necessidade quem tinha o dever legal de enfrentar o perigo.
3. Considera-se em estado de necessidade quem pratica o fato mediante a existência de perigo atual, involuntário e inevitável.
4. O estrito cumprimento do dever legal pressupõe que o agente atue em conformidade com as disposições jurídico-normativas e não simplesmente morais, religiosas ou sociais.

Assinale a alternativa correta.

(A) Somente as afirmativas 2 e 3 são verdadeiras.
(B) Somente as afirmativas 2, 3 e 4 são verdadeiras.
(C) Somente as afirmativas 2 e 4 são verdadeiras.
(D) Somente as afirmativas 1, 3 e 4 são verdadeiras.
(E) Somente as afirmativas 1, 2 e 3 são verdadeiras.

1: incorreta, pois a legítima defesa tem como pressuposto a existência de uma agressão injusta, sempre oriunda de um comportamento humano. Assim, o ataque de um animal descontrolado pode ser o ponto de partida do estado de necessidade (art. 24 do CP), mas, não, de invocação de legítima defesa (art. 25 do CP); **2:** correta (art. 24, § 1°, do CP); **3:** correta (art. 24, *caput*, do CP); **4:** correta, uma vez que se caracteriza o estrito cumprimento do dever legal, causa excludente da ilicitude (art. 23, III, do CP) quando o agente age nos exatos termos das disposições jurídico-normativas, as quais, obviamente, não compreendem as convicções morais, religiosas ou sociais do agente.
Gabarito "B".

(Delegado/RN – 2009 – CESPE) Assinale a opção correta no que concerne às descriminantes.

(A) O agente que, em legítima defesa, disparar contra seu agressor, mas, por erro, alvejar um terceiro inocente, não responderá por qualquer consequência penal ou civil.
(B) A atuação em estado de necessidade só é possível se ocorrer na defesa de direito próprio, não se admitindo tamanha excludente se a atuação destinar-se a proteger direito alheio.
(C) Na legítima defesa, toda vez que o agente se utilizar de um meio desnecessário, este será também imoderado.
(D) Não é possível a legítima defesa contra estado de necessidade.
(E) Não é possível legítima defesa real contra quem está em legítima defesa putativa.

A: incorreta, pois o agente que, em legítima defesa, dispara contra seu agressor e atinge terceira pessoa, terá agido em legítima defesa com *aberratio ictus* (erro na execução), o que, de fato, excluirá a responsabilidade penal, mas não a civil (STJ, REsp. 152030/DF, Rel. Min. Ruy Rosado de Aguiar, 4ª T., RSTJ 113, p. 290/RT 756); **B:** incorreta, já que o estado de necessidade pode ser próprio, quando a atuação do agente voltar-se à proteção de direito próprio que esteja sendo ameaçado por situação de perigo, ou de terceiro, quando o direito ameaçado pertencer a terceira pessoa (art. 24, *caput*, do CP); **C:** incorreta, visto que o uso de um meio desnecessário, ou seja, inadequado à repulsa da agressão atual ou iminente, não será considerado, necessariamente, imoderado, eis que a imoderação diz respeito à conduta daquele que, após cessar a agressão, ainda prossegue no contra-ataque, dando margem ao excesso (art. 23, parágrafo único, do CP); **D:** correta, dado que a legítima defesa tem como pressuposto a existência de um agressão injusta, o que é incompatível com quem age em estado de necessidade, que atua para salvar-se de perigo atual, fazendo-o amparado pelo ordenamento jurídico; **E:** incorreta, eis que é perfeitamente possível a coexistência de legítima defesa real contra quem age em legítima defesa putativa (ou imaginária). Afinal, neste último caso, objetivamente, o agente age injustamente contra terceiro, acredita ser vítima de uma agressão injusta atual ou iminente. Por esse motivo, poderá invocar legítima defesa real quem for agredido por alguém que atue em legítima defesa putativa.
Gabarito "D".

(Delegado/SC – 2008) Analise as alternativas a seguir e assinale a correta.

(A) São requisitos da legítima defesa: a) existência de um perigo atual, b) perigo que ameace direito próprio ou alheio, c) conhecimento da situação justificante e d) não provocação voluntária da situação de perigo pelo agente.
(B) O Código Penal adotou a teoria diferenciadora para definir a excludente de ilicitude do "estado de necessidade". Assim sendo, se alguém pratica o fato para salvar de perigo atual, que não provocou por sua vontade, nem podia de outro modo evitar, direito próprio ou alheio de valor superior que o sacrificado exclui-se a ilicitude. Entretanto, se os bens em conflito forem equivalentes, ou se o bem preservado for de valor inferior ao sacrificado, não incidirá a excludente.
(C) São elementos da culpabilidade, segundo a Teoria Finalista da Ação: a) imputabilidade, b) potencial consciência da ilicitude e c) exigibilidade de conduta diversa.
(D) O oficial de justiça que executa uma ordem judicial de despejo age no exercício regular de um direito.

A: incorreta. São requisitos da legítima defesa: agressão atual ou iminente; agressão contra direito próprio ou de terceiro; agressão injusta; utilização dos meios necessários para a repulsa; moderação da reação; proporcionalidade na legítima defesa; e vontade de defender-se (requisito subjetivo); **B:** incorreta. Se o bem sacrificado for de valor maior do que o bem preservado, estaremos diante do chamado *estado de necessidade exculpante*, em que ficará excluída a culpabilidade, e não a ilicitude. Se, entretanto, se tratar de bens de valor equivalente ou do sacrifício de um bem de menor valor para preservar outro de maior valor, estaremos diante do chamado *estado de necessidade justificante*, no qual ficará excluída a ilicitude; **C:** correta. De fato, são esses os elementos da culpabilidade, segundo a teoria finalista da ação; **D:** incorreta. Oficial de Justiça que executa uma ordem de despejo age no estrito cumprimento do dever legal.
Gabarito "C".

10. CONCURSO DE PESSOAS

(Delegado/DF – 2015 – Fundação Universa) Assinale a alternativa correta acerca do concurso de pessoas.

(A) De acordo com a teoria pluralística, há um crime para os autores, que realizam a conduta típica emoldurada no ordenamento positivo, e outro crime para os partícipes, que desenvolvem uma atividade secundária.
(B) O ajuste, a determinação ou instigação e o auxílio são puníveis ainda que o crime não tenha sido tentado.
(C) O CP adotou, como regra, a teoria dualística.
(D) Segundo a teoria monista ou unitária, a cada participante corresponde uma conduta própria, um elemento psicológico próprio e um resultado igualmente particular.
(E) São requisitos do concurso de pessoas a pluralidade de participantes e de condutas, a relevância causal de cada conduta, o vínculo subjetivo entre os participantes e a identidade de infração penal.

A: incorreta, já que, para a *teoria pluralista*, a que faz referência a assertiva, cada um dos agentes envolvidos na empreitada deverá responder por delito autônomo. A proposição contempla a definição da *teoria dualística*, segundo a qual há um crime para os autores e outro para os partícipes; há, ainda, a *teoria monista* (unitária ou monística), acolhida, como regra, pelo Código Penal, para a qual, no concurso de pessoas, há um só crime; **B:** incorreta, uma vez que não corresponde ao que estabelece o art. 31 do CP; **C:** incorreta. Conforme acima ponderamos, o CP adotou, como regra, a *teoria monista*; **D:** incorreta, em razão do que acima foi dito; **E:** correta, já que a assertiva contempla os requisitos necessários à existência do concurso de pessoas (art. 29, CP).
Gabarito "E".

(Delegado/DF – 2015 – Fundação Universa) No que se refere à teoria do domínio do fato, é correto afirmar que

(A) a teoria do domínio do fato objetiva oferecer critérios para a diferenciação entre autor e partícipe, sem a pretensão de fixar parâmetros sobre a existência, ou não, de responsabilidade penal.
(B) um agente criminoso que dirija o automóvel essencial e imprescindível para a fuga de um grupo de criminosos que rouba um banco, de acordo com a teoria do domínio do fato, pratica roubo, em coautoria, por domínio da vontade.

(C) a teoria do domínio do fato equivale à teoria objetivo-formal de autoria.

(D) o domínio do fato se manifesta em três diferentes formas: domínio da ação, na modalidade autoria mediata; domínio da vontade, na forma de autoria imediata; e domínio funcional do fato, como coautoria.

(E) a teoria do domínio do fato contribui para a diferenciação entre autor e partícipe no caso de crimes culposos.

A: correta. Sustenta a *teoria do domínio do fato* que *coautor* é, além daquele que realiza o verbo contido no tipo penal, também aquele que, de alguma forma, detém pleno controle da situação. Desse modo, o mandante de um crime, embora não tenha realizado a figura típica, deve ser considerado coautor, como também aquele que o executou. Para a *teoria restritiva*, o mandante seria mero partícipe. O partícipe, segundo esta teoria (domínio do fato), não dispõe do domínio da situação, mas contribui para ele. Note que esta teoria atribui ao coautor um conceito mais amplo do que a teoria restritiva. Como se pode perceber, a teoria do domínio do fato oferece critérios para a diferenciação entre autor e partícipe, sem a pretensão de fixar parâmetros sobre a existência, ou não, de responsabilidade penal; **B:** incorreta, já que o agente, nessas circunstâncias, é considerado, à luz da teoria do domínio do fato, coautor por domínio funcional (e não por domínio da vontade), na medida em que sua atuação é indispensável e essencial à concretização da conduta criminosa. O art. 29, *caput*, do CP adotou a *teoria restritiva* (objetivo-formal). No entanto, vale o registro de que alguns ministros do STF, por ocasião do julgamento da Ação Penal n. 470, mais conhecida como *mensalão*, se filiaram à teoria do domínio do fato; **C:** incorreta, uma vez que, como dito acima, a teoria objetivo-formal, acolhida pelo Código Penal, difere, no que toca à autoria, da teoria do domínio do fato. Isso porque traz um conceito mais restrito de coautor, assim considerado tão somente aquele que concretiza o verbo nuclear do tipo penal; **D:** incorreta. Na verdade, o domínio da vontade se dá no contexto da autoria mediata, ao passo que o domínio da ação se dá no contexto da autoria imediata, e não como constou na assertiva, que inverteu tais conceitos; **E:** incorreta. A teoria do domínio do fato não tem incidência no campo dos crimes culposos, em que o resultado não é desejado pelo agente.
Gabarito "A".

(Delegado/SP – 2014 – VUNESP) Segundo o conceito restritivo, é autor aquele que

(A) tem o domínio do fato.

(B) realiza a conduta típica descrita na lei.

(C) contribui com alguma causa para o resultado.

(D) age dolosamente na prática do crime.

(E) pratica o fato por interposta pessoa que atua sem culpabilidade.

A: incorreta. O conceito restritivo de autor não engloba aquele que tem o domínio do fato, apesar de não incidir no comportamento típico. Apenas para a teoria do domínio do fato é que também poderá ser considerado autor, embora sem executar a conduta prevista no tipo penal, aquele que tiver o domínio finalístico da ação/omissão perpetrada por terceiros; **B:** correta. De acordo com o conceito restritivo, extraído da teoria formal, autor será apenas aquele que realizar, total ou parcialmente, a conduta típica descrita na lei, em contraposição à teoria normativa (ou do domínio do fato), para a qual autor será, também, aquele que tem o controle da ação típica dos demais concorrentes, ainda que não execute o comportamento previsto no tipo penal; **C:** incorreta. Para os adeptos da teoria subjetiva ou subjetivo-causal, não haveria diferenças entre coautor e partícipe, bastando, para tanto, que tenham contribuído para a geração do resultado típico; **D:** incorreta, não havendo qualquer relação entre conceito restritivo de autor e atuação dolosa na prática de um crime. Poderá ser partícipe, por exemplo, aquele que agir com dolo para a prática de um homicídio, induzindo, instigando ou auxiliando o executor material a matar a vítima. Isso não o tornará autor; **E:** incorreta. Aquele que pratica o fato por interposta pessoa, que atua sem culpabilidade, é considerado autor mediato. Somente se adotarmos a teoria normativa é que conseguiremos incluir o autor mediato como "autor" de um crime, visto que este não executa materialmente o crime, mas se vale de terceiro, sem culpabilidade, para o cometimento do crime.
Gabarito "B".

(Delegado/RJ – 2013 – FUNCAB) Alfredo, querendo matar Epaminondas, sobe até o terraço de um prédio portando um rifle de alta precisão, com silencioso e mira telescópica. Sem ser visto, constata a presença de Gildenis, outro atirador, em prédio vizinho, armado com uma escopeta, também preparado para matar a mesma vítima, tendo Alfredo percebido sua intenção. Quando Epaminondas atravessa a rua, ambos começam a atirar, vindo a vítima a morrer em face, unicamente, dos disparos efetuados por Gildenis. Analisando o caso concreto, leia as assertivas a seguir:

I. Há, no caso, autoria colateral incerta.

II. Alfredo e Gildenis devem responder por homicídio consumado, inobstante o disparo fatal ter sido produzido unicamente pela arma de Gildenis.

III. Tanto Alfredo, quanto Gildenis, agiam em concurso de pessoas.

IV. Alfredo é o autor direto e Gildenis o autor mediato.

Agora, assinale a opção que contempla a(s) assertiva(s) verdadeira(s).

(A) Apenas a I.

(B) Apenas a II.

(C) Apenas II e III.

(D) Apenas I e II.

(E) I, II, III e IV.

I: incorreta, pois, na autoria colateral, os agentes devem desconhecer a intenção uns dos outros no tocante ao crime para o qual ambos concorrem. Faltará a eles o liame subjetivo. Porém, no enunciado, ficou claro que Alfredo percebeu a presença do outro atirador no prédio vizinho, concluindo que sua intenção era a de matar Epaminondas. Exclui-se, portanto, a aplicação do instituto denominado "autoria colateral"; **II:** correta. Considerando que os disparos efetuados por Gildenes foram a causa da morte de Epaminondas, não restam dúvidas de que deverá responder por homicídio consumado. Quanto a Alfredo, considerando que este estava ciente da intenção do outro atirador, praticou conduta (disparos contra a vítima) em reforço ao comportamento delitivo alheio, devendo responder pelo resultado; **III:** incorreta. Não se cogita de concurso de pessoas, haja vista que faltava, ao menos no tocante a Gildenis, o liame subjetivo (vínculo psicológico), não tendo aderido à conduta de Alfredo; **IV:** incorreta, não se cogitando de autoria mediata por parte de Gildenis, visto que este, com os disparos, provocou a morte da vítima.
Gabarito "B".

(Delegado/PR – 2013 – UEL-COPS) Sobre o concurso de agentes, atribua V (verdadeiro) ou F (falso) às afirmativas a seguir.

( ) O Código Penal adota a teoria unitária ou monística, equiparando os participantes. No entanto, há hipóteses em que o mesmo Código atribui outro crime para a conduta de terceiro, acatando, nesses casos, a teoria pluralista.

( ) Um dos requisitos para o concurso de agentes é o acordo prévio de vontades (*Pactum sceleris*) sem o qual, cada um responderá por aquilo que efetivamente praticou, ocorrendo a chamada autoria colateral.

( ) Na cooperação dolosa distinta ou desvio subjetivo entre participantes, aplica-se a pena do crime menos grave ao participante que o pretendia, podendo esta ser aumentada até a metade se o resultado era previsível.

( ) O ajuste, a determinação ou a instigação e o auxílio são puníveis mesmo que os atos executórios não tenham sido iniciados.

( ) Autoria incerta é o mesmo que autoria ignorada, ocorrendo quando há incerteza sobre quem, dentre os realizadores dos vários comportamentos, produziu o resultado.

Assinale a alternativa que contém, de cima para baixo, a sequência correta.

(A) V, V, F, V, F.

(B) V, F, V, F, F.

(C) V, F, F, V, F.

(D) F, V, V, F, V.

(E) F, V, F, V, V.

Afirmativa I: verdadeira. De fato, o CP, em seu art. 29, adota a teria unitária, monista ou monística, segundo a qual quem, de qualquer modo, concorrer para um crime, incidirá nas penas a este cominadas, na medida de sua culpabilidade. Portanto, num primeiro momento, equiparam-se, do ponto de vista da imputação de um fato criminoso, todos os "participantes" do evento (autores, coautores e partícipes). No entanto, excepcionalmente, pessoas que concorram para um mesmo fato poderão vir a responder por delitos diversos. A esse fenômeno dá-se o nome de exceção pluralística à teoria monística. É o que se verifica, por exemplo, na conduta da gestante, que consente para que terceiro nela provoque o aborto. Ela – gestante – responderá pela figura típica prevista na parte final do art. 124 do CP, ao passo que o terceiro responderá pelo crime tipificado no art. 126 do CP; **Afirmativa II:** falsa, pois não é requisito para o reconhecimento do concurso de agentes que haja o prévio ajuste ou acordo de vontades entre eles, bastando que haja adesão de vontades ou liame subjetivo, o que poderá ocorrer antes ou durante a execução típica; **Afirmativa III:** verdadeira. De fato, no caso do art. 29, § 2º, do CP (cooperação dolosamente distinta ou desvio subjetivo entre participantes), se um dos agentes quis participar de delito menos grave, responderá pela pena deste, que, porém, poderá ser aumentada até a metade se o resultado mais grave, produzido por outro concorrente, era previsível; **Afirmativa IV:** falsa, pois o ajuste, a determinação ou a instigação e o auxílio não

são puníveis, salvo disposição em contrário, se o crime não chegar, ao menos, a ser tentado (art. 31, CP); **Afirmativa V**: falsa. A autoria incerta verifica-se na hipótese em que diversas pessoas, sem vínculo subjetivo (ou liame psicológico), concorrem para a prática de um mesmo crime (autoria colateral), mas sem que se consiga identificar, precisamente, qual comportamento foi o efetivo causador do resultado. Não se confunde a autoria incerta – que, repita-se, tem ligação íntima com a autoria colateral – com a autoria desconhecida ou ignorada, na qual não se consegue sequer identificar os agentes envolvidos na empreitada criminosa. Observe que na autoria colateral os agentes são identificados, mas não se consegue apurar qual deles foi o responsável pela produção do resultado. Já na autoria desconhecida ou ignorada, como dito anteriormente, os agentes sequer são conhecidos, inviabilizando-se a persecução penal em juízo.
Gabarito "B".

(Delegado de Polícia/GO – 2013 – UEG) Sobre o concurso de pessoas, tem-se o seguinte:

(A) pela teoria do favorecimento da participação, a punibilidade do partícipe depende da culpabilidade do autor.
(B) pelo conceito extensivo, autor é quem executa a ação típica, não havendo diferença entre autoria e participação.
(C) pela cooperação dolosamente distinta, ocorre uma divergência entre o elemento subjetivo do partícipe e a conduta realizada pelo autor.
(D) pela teoria objetivo-formal, autor é causa do delito, enquanto partícipe é condição.

A: incorreta. A punibilidade do partícipe reside no fato de favorecer (contribuir) para que o autor pratique uma conduta socialmente danosa e intolerável do ponto de vista jurídico-penal. Trata-se da Teoria do favorecimento ou da causação, amplamente reconhecida na Alemanha e na Espanha, mas compatível com a teoria da acessoriedade limitada, que predomina no Brasil. Não se confunde com a Teoria da participação na culpabilidade, que fundamenta a punibilidade do partícipe no fato de atuar sobre o autor, contribuindo para que se torne um delinquente culpável. Como se sabe, pela teoria da acessoriedade limitada, que, como foi dito, predomina no Brasil, a punibilidade do partícipe exige, apenas, que contribua (induza, instigue ou auxilie) para que o autor cometa um fato típico e ilícito, pouco importando a culpabilidade, que é característica eminentemente pessoal; **B**: incorreta. Pela teoria extensiva ou conceito extensivo de autor, este será todo aquele que contribuir, de alguma forma, para o resultado, seja executando a ação típica, seja induzindo, instigando ou auxiliando alguém a fazê-lo. Funda-se na teoria da equivalência dos antecedentes, não diferenciando autor de partícipe; **C**: correta. De fato, na cooperação dolosamente distinta (art. 29, § 2º, do CP), há um desvio subjetivo entre os concorrentes da empreitada criminosa. Inicialmente estabelecido o "plano criminoso", um deles o altera, praticando crime mais grave. Nesse caso, aquele que quis participar de crime menos grave, por este responderá; **D**: incorreta. Pela Teoria objetivo-formal, autor é aquele cuja ação esteja em conformidade com a descrição típica do fato, sendo partícipe aquele que, de forma acessória ou secundária (ou seja, sem realizar a descrição típica do fato), contribui com menor relevância (se comparada à conduta do autor) para a empreitada criminosa.
Gabarito "C".

(Delegado/BA – 2008 – CEFETBAHIA) Um ladrão comenta com um amigo que vai assaltar o Banco "Y" na manhã de segunda-feira pedindo que ele guarde segredo. No dia do roubo, ele é preso e diz à polícia que o amigo sabia de tudo.

Diante do narrado, é correto afirmar que o

(A) ladrão responde pelo crime de roubo e o amigo terá a pena diminuída de um a dois terços por participação de menor importância.
(B) amigo é partícipe do roubo, pois tinha ciência do crime a ser praticado.
(C) ladrão é o único autor do crime de roubo.
(D) ladrão é autor e o amigo é coautor.
(E) amigo é autor intelectual do roubo.

A: incorreta, pois o amigo não contribuiu com nenhuma conduta (não houve relevância causal de sua conduta). Portanto, não há que se falar em participação de menor importância, quando a relevância causal é mínima; **B**: incorreta, já que o conhecimento da prática de uma infração penal não torna a pessoa partícipe do delito, diante de sua omissão. Isso porque na conivência o sujeito não está vinculado subjetivamente à conduta do autor do crime, salvo se presente o dever de agir para impedir a produção do resultado (crime omissivo impróprio), o que não ocorreu no caso; **C**: correta, uma vez que no caso em questão estão ausentes os requisitos do concurso de pessoas. Não houve vínculo subjetivo (adesão psicológica para a prática do crime de roubo) e, por conseguinte, não houve relevância causal da conduta. Simplesmente o amigo "guardou segredo" da cogitação de um crime. Tal conduta não influiu para a prática do crime de roubo. O amigo não induziu ou instigou o ladrão (participação moral), nem tampouco o auxiliou materialmente, fornecendo instrumentos para a prática do crime (participação material). Na conivência o sujeito não está vinculado subjetivamente à conduta do autor do crime, não sendo partícipe, salvo se presente o dever de agir para impedir a produção do resultado; **D**: incorreta, pois para ser coautor o amigo deveria ter contribuído para a causação do resultado, mediante a execução do núcleo do tipo penal do crime de roubo; **E**: incorreta, porque não foi o amigo quem planejou mentalmente a prática do crime de roubo.
Gabarito "C".

(Delegado/MG – 2008) Considerando o concurso de pessoas, assinale a afirmativa INCORRETA.

(A) A participação está condicionada à eficácia causal e à consciência de participação em ação comum e, por ser acessória, só é punível se o crime chega a ser ao menos tentado, ressalvadas as disposições expressas em contrário.
(B) Conforme a regra geral, as condições e circunstâncias de caráter pessoal do agente, subjetivas, não se comunicam entre coautores e partícipes, respondendo cada um individualmente, de acordo com elas.
(C) No desvio subjetivo de conduta há verdadeira quebra da teoria monista respondendo os partícipes conforme a intensidade volitiva e atuação no crime praticado pelo autor.
(D) O Código Penal brasileiro prevê expressamente a possibilidade da autoria mediata nos casos de ocorrência de erro determinado por terceiro, coação moral irresistível e obediência hierárquica.

A: correta (art. 31 do CP); **B**: correta (art. 30 do CP); **C**: incorreta, pois não há quebra da teoria monista. No caso da cooperação dolosamente distinta (desvio subjetivo da conduta), aplica-se a teoria unitária, visto que há vínculo subjetivo com relação ao crime menos grave. Inclusive, será aplicada a pena do crime menos grave para aquele que não quis participar do crime mais grave, sendo-lhe, todavia, aplicada a pena aumentada da metade se o resultado era previsível (art. 29, § 2º, do CP); **D**: correta (art. 20, § 3º, do CP e art. 22 do CP).
Gabarito "C".

(Delegado/PI – 2009 – UESPI) Com relação ao tema concurso de pessoas analise as seguintes afirmações.

(1) O Código Penal, no art. 29, adotou a Teoria Monista extremada com relação ao concurso de pessoas.
(2) No concurso de pessoas, autores e partícipes respondem pelo mesmo crime e, consequentemente pela mesma pena em abstrato, porém, no momento da fixação da pena, o partícipe recebe uma causa de diminuição de pena por ter sua culpabilidade diminuída.
(3) São requisitos do concurso de pessoas nos crimes dolosos: a pluralidade de condutas e participantes, a relevância causal de cada conduta, o vínculo subjetivo entre os participantes e a identidade de infração penal.
(4) Mesmo que o autor não realize atos de execução, é possível punir o partícipe.
(5) Na autoria colateral, existe concurso de pessoas devendo todos os autores responder conjuntamente pelo resultado delituoso.

Estão corretas apenas:

(A) 1, 2 e 4
(B) 3, 4 e 5
(C) 2 e 3
(D) 2, 3 e 4
(E) 1 e 5

1: incorreta, pois o CP, em seu art. 29, adotou, simplesmente, a Teoria Monista ou Unitária com relação ao concurso de pessoas, segundo a qual, em regra, quem, de qualquer modo, concorrer para um crime, responderá pelo mesmo ilícito, na medida de sua culpabilidade; **2**: correta, uma vez que, de fato, embora coautores e partícipes respondam, em regra, pela mesma infração penal para a qual hajam concorrido (art. 29 do CP), cada qual será punido na medida de sua culpabilidade. Com relação ao partícipe, desde que tenha havido o que o art. 29, § 1º, do CP, denomina de participação de menor importância, a pena será reduzida de um sexto a um terço; **3**: correta, visto que o concurso de pessoas pressupõe a concorrência dos seguintes requisitos: pluralidade de agentes, unidade de fato, relevância causal de cada conduta e vínculo subjetivo ou liame psicológico entre os concorrentes; **4**: incorreta, pois a conduta do partícipe é acessória à do autor ou coautor, razão pela qual se o crime sequer começar a ser executado, não haverá punibilidade (art. 31 do CP); **5**: incorreta, porque a autoria colateral, de acordo com a doutrina, pressupõe que duas ou mais pessoas concorram para a prática de um mesmo crime, porém sem que uma saiba da intenção ou da própria existência da outra. Em simples palavras, na autoria colateral os agentes

1. DIREITO PENAL — 359

não estão "ligados" pelo liame subjetivo ou vínculo psicológico, motivo pelo qual inexiste concurso de pessoas.

Gabarito "C".

(Delegado/PR – 2007) Sobre o concurso de pessoas, considere as seguintes afirmativas:

1. Quem, de qualquer modo, concorre para o crime, incide nas penas a este cominadas, na medida de sua culpabilidade. Se a participação for de menor importância, a pena pode ser diminuída.
2. O concurso de pessoas pode dar-se por ajuste, instigação, cumplicidade, auxílio material ou moral em qualquer etapa do *iter criminis*.
3. Ocorre a hipótese de autoria bilateral ou transversa quando o sujeito ativo obtém a realização do crime por meio de outra pessoa, que pratica o fato sem culpabilidade.
4. Nada impede o concurso de pessoas nos crimes e contravenções de mão própria ou de mera conduta por instigação ou auxílio.

Assinale a alternativa correta.

(A) Somente as afirmativas 1, 2 e 3 são verdadeiras.
(B) Somente as afirmativas 3 e 4 são verdadeiras.
(C) Somente as afirmativas 1, 2 e 4 são verdadeiras.
(D) Somente as afirmativas 2 e 3 são verdadeiras.
(E) Somente as afirmativas 2 e 4 são verdadeiras.

1: correta (art. 29, *caput*, e § 1º, do CP); **2**: correta, visto que restará configurado o concurso de pessoas se o agente concorrer decisivamente para o desfecho da empreitada criminosa (relevância causal da conduta), contribuindo previamente ou concomitantemente à execução do crime, ou, mesmo, posteriormente à consumação, mas, desde que, tenha havido um prévio ajuste desta concorrência; **3**: incorreta, dado que quando um agente se vale de pessoa sem culpabilidade para o cometimento de uma infração penal, estaremos diante de autoria mediata (ou indireta); **4**: correta, visto que os crimes de mão própria, ou de atuação personalíssima, a despeito de não admitirem a coautoria, podem ser praticados em concurso de pessoas, desde que na modalidade participação (induzimento, instigação ou auxílio). É o caso do crime de autoaborto (art. 124, primeira parte, do CP), que, embora considerado de mão própria (somente a gestante pode praticá-lo), admite participação (ex.: o namorado compra medicamento abortivo à namorada, que o ingere, provocando, assim, o aborto).

Gabarito "C".

11. CULPABILIDADE E CAUSAS EXCLUDENTES

Considere os sete critérios enumerados abaixo:

I.   Clamor público e relevância social;
II. Determinação objetiva com previsão legal;
III. Residência fixa e comprovante de registro de trabalho;
IV. Contexto social do autor e antecedentes criminais;
V.   Critério psicológico;
VI. Fator personalíssimo, psicossocial e natural;
VII. Critério biológico.

(Delegado/ES – 2019 – Instituto Acesso) Marque a alternativa correta que relacione apenas os critérios que devem ser adotados para a avaliação da inimputabilidade e/ou imputabilidade em esfera penal, para aquele que praticar uma conduta prevista no Código Penal.

(A) I, II e III.
(B) I, IV e V.
(C) III, V e VII.
(D) II, IV e VII.
(E) II, V e VII.

O art. 27 do CP, ao tratar da inimputabilidade por menoridade, adotou o chamado critério *biológico*, segundo o qual se levará em conta tão somente o desenvolvimento mental da pessoa (considerado, no caso do menor de 18 anos, incompleto). De se ver que, de outro lado, em matéria de inimputabilidade por doença mental ou por desenvolvimento mental incompleto ou retardado, adotou-se, como regra, o denominado *critério biopsicológico* (art. 26, *caput*, do CP). Neste caso, somente será considerado inimputável aquele que, em virtude de problemas mentais (desenvolvimento mental incompleto ou retardado – fator biológico), for, ao tempo da ação ou omissão, inteiramente incapaz de entender o caráter ilícito do fato ou de determinar-se de acordo com esse entendimento (fator psicológico). Assim, somente será considerada inimputável aquela pessoa que, em razão de *fatores biológicos*, tiver afetada, por completo, sua *capacidade psicológica* (discernimento ou autocontrole). Daí o nome: *critério biopsicológico*, que nada mais é, pois, do que a conjugação dos critérios biológico e psicológico.

Gabarito "E".

(Delegado/MG – 2018 – FUMARC) Com relação à culpabilidade e suas teorias, é INCORRETO afirmar:

(A) A teoria normativa pura, a fim de tipificar uma conduta, desloca a análise do dolo ou da culpa para o fato típico, transformando a culpabilidade em um juízo de reprovação social incidente sobre o fato típico e antijurídico e sobre seu autor.
(B) O Código Penal vigente adota a teoria limitada da culpabilidade, pela qual as descriminantes putativas incidentes sobre a existência ou os limites de uma causa de justificação sempre são consideradas erro de proibição.
(C) São elementos da culpabilidade, tanto para a teoria normativa quanto a limitada, a imputabilidade, a consciência potencial da ilicitude e a exigibilidade de conduta diversa.
(D) Segundo a teoria psicológica idealizada por Von Liszt e Beling, a imputabilidade é pressuposto da culpabilidade, fazendo o dolo e a culpa parte de sua análise. Por sua vez, as teorias normativas, seja a extremada seja a limitada, excluem o dolo e a culpa de sua apreciação.

A: correta. Diferentemente da teoria psicológico-normativa, na qual o dolo e a culpa integram a culpabilidade, a teoria normativa pura (extrema ou estrita), defendida pela escola finalista de Hans Welzel, preconiza que a análise do dolo e da culpa deve se dar no contexto do fato típico, do qual fazem parte. A culpabilidade, para esta teoria, é desprovida de elementos psicológicos (dolo e culpa), transferidos que foram para o fato típico. Como se pode ver, para a teoria normativa pura, por nós acolhida, há um esvaziamento da culpabilidade, da qual foram retirados o dolo e a culpa, que migraram para o fato típico. Com isso, a culpabilidade passa a constituir mero juízo de reprovação sobre o fato e sobre o seu autor; **B**: incorreta. Para a teoria limitada da culpabilidade, as descriminantes putativas podem receber o mesmo tratamento jurídico do erro de tipo (quando o erro recair sobre os pressupostos fáticos de uma causa de justificação) ou do erro de proibição (quando o erro recair sobre a existência ou o alcance de uma causa de justificação); **C**: correta. De fato, tal como afirmado na assertiva, a teoria limitada da culpabilidade é constituída pelos mesmos elementos que compõem a teoria normativa pura, que são: imputabilidade, potencial consciência da ilicitude e exigibilidade de conduta diversa; **D**: correta. Para a teoria psicológica, a imputabilidade é pressuposto da culpabilidade, fazendo parte de sua análise o dolo e a culpa; já para a teoria normativa, o dolo e a culpa deixam de integrar a culpabilidade, migrando para o fato típico, onde devem ser analisados.

Gabarito "B".

(Delegado/SP – 2014 – VUNESP) A tese supralegal de inexigibilidade de conduta diversa, se acolhida judicialmente, importa em exclusão

(A) da imputabilidade.
(B) da pena.
(C) de punibilidade.
(D) do crime.
(E) de culpabilidade.

A inexigibilidade de conduta diversa, de acordo com a doutrina e jurisprudência, é considerada causa supralegal de exclusão da culpabilidade, não merecendo o agente ser censurado por seu comportamento, ou seja, não lhe podendo ser exigida uma conduta diversa da por ele praticada. Embora não haja previsão legal (daí falar-se em causas supralegais de exclusão da culpabilidade), admite-se a adoção da tese em comento, por exemplo, no *estado de necessidade exculpante* (sacrifício de um bem jurídico de maior valor para a preservação de outro, de menor valor, mas em situação na qual do agente não se possa exigir comportamento diverso do realizado) e no *excesso na legítima defesa* (vítima de agressão injusta que prossegue na reação ao agressor, passando a ser desnecessário o contra-ataque).

Gabarito "E".

(Delegado/PR – 2013 – UEL-COPS) Quanto à embriaguez na Legislação Penal Brasileira, considere as afirmativas a seguir.

I.   A embriaguez voluntária ou culposa completa exclui a imputabilidade penal pela conturbação psíquica provocada pelo estado de ebriez.
II. A embriaguez patológica, por exercer um trabalho progressivo de destruição dos poderes psíquicos do agente, poderá isentá-lo de pena ou diminuí-la de um a dois terços.
III. A embriaguez preordenada, além de não excluir a pena do réu, gera o agravamento da mesma.

360 ARTHUR TRIGUEIROS E EDUARDO DOMPIERI

1. Direito Penal

IV. A embriaguez acidental proveniente de caso fortuito ou força maior, quando completa, isenta o réu de pena e, se incompleta, gera diminuição de pena.

Assinale a alternativa correta.

(A) Somente as afirmativas I e II são corretas.
(B) Somente as afirmativas I e IV são corretas.
(C) Somente as afirmativas III e IV são corretas.
(D) Somente as afirmativas I, II e III são corretas.
(E) Somente as afirmativas II, III e IV são corretas.

I: incorreta, pois a embriaguez voluntária ou culposa, decorrente da ingestão de álcool ou de substâncias de efeitos análogos, nos termos do art. 28, II, do CP, não exclui a imputabilidade, incidindo a teoria da *actio libera in causa*, segundo a qual ainda que o agente, no momento da prática do crime, não tenha perfeita capacidade de compreensão de seu comportamento, responderá pelo crime se houver se colocado na situação de embriaguez, e desde que o resultado fosse, ao menos, previsível; II: correta. A denominada "embriaguez patológica", que se constitui em verdadeira doença mental, capaz de retirar, por completo, a capacidade de entendimento ou de autodeterminação da pessoa, poderá caracterizar-se como causa excludente da imputabilidade penal, nos termos do art. 26, *caput*, do CP, gerando a isenção de pena, ou, ainda, se reconhecida a semi-imputabilidade, a redução da pena de um a dois terços (art. 26, parágrafo único, do CP); III: correta. A embriaguez preordenada, que se caracteriza pelo fato de o agente se colocar, propositadamente, na situação de embriaguez, a fim de adquirir "coragem" para a prática do crime, configura circunstância agravante genérica (art. 61, II, "l", do CP); IV: correta. A embriaguez completa involuntária (acidental, decorrente de caso fortuito ou força maior) isentará o agente de pena, nos termos do art. 28, § 1º, do CP, se retirar-lhe, totalmente, a capacidade de entender o caráter ilícito do fato ou de determinar-se de acordo com esse entendimento. Porém, se não retirada a plena capacidade de entendimento ou de autodeterminação, a pena será reduzida de um a dois terços (art. 28, § 2º, do CP).
Gabarito "E".

(Delegado Federal – 2013 – CESPE) Considerando a distinção doutrinária entre culpabilidade de ato e culpabilidade de autor, julgue o seguinte item.

(1) Tratando-se de culpabilidade pelo fato individual, o juízo de culpabilidade se amplia à total personalidade do autor e a seu desenvolvimento.

1: incorreta. O juízo de culpabilidade recai sobre aquilo que o agente fez (culpabilidade do ato) e não por aquilo que ele é (culpabilidade de autor). Assim, o agente é reprovado pelo fato individual, ou seja, por aquilo que fez, e não pela sua conduta de vida ou por sua personalidade.
Gabarito 1E.

(Delegado de Polícia/GO – 2013 – UEG) Em qual sistema penal a culpabilidade é concebida como o vínculo psicológico que une o autor ao fato?

(A) finalista.
(B) neoclássico.
(C) clássico.
(D) funcionalista.

A: incorreta. Para o sistema finalista, aplica-se a teoria normativa pura da culpabilidade, visto que os elementos psicológicos (dolo e culpa) dela migraram para o fato típico (conduta). Assim, a culpabilidade passa a ser um juízo valorativo de reprovabilidade do comportamento típico e ilícito do autor; B: incorreta. O sistema neoclássico do Direito Penal adota a teoria psicológico-normativa da culpabilidade, sendo que o dolo compreende a consciência da ilicitude. Destaque-se que, também para o sistema neoclássico, a culpabilidade continua a ser o vínculo psicológico que une o autor ao fato por ele praticado, mas com a inserção de um novo elemento a ela, qual seja, a exigibilidade de conduta diversa; C: correta. No sistema penal clássico, de fato, a culpabilidade é definida como o vínculo psicológico entre o sujeito e o fato típico e antijurídico por ele praticado. Referido vínculo, é bom destacar, é representado pelo dolo ou pela culpa, que, portanto, integram a culpabilidade. O conceito ora dado decorre da ação da teoria psicológica da culpabilidade, compatível, frise-se, com o sistema clássico; D: incorreta. Para a teoria funcional, encabeçada por Günther Jakobs, "a culpabilidade representa uma falta de fidelidade do sujeito no tocante ao ordenamento jurídico, que deve ser a qualquer custo respeitado. Sua autoridade somente se atinge com a reiterada aplicação da norma penal, necessária para alcançar a finalidade de prevenção geral do Direito Penal" (MASSON, Cleber. *Direito Penal esquematizado – parte geral*. 7. ed. São Paulo: Método, 2013. v. 1, p. 461).
Gabarito "C".

(Delegado/BA – 2008 – CEFETBAHIA) Um jovem pretende roubar transeuntes no centro da cidade, mas não tem coragem suficiente para isso, razão pela qual se embriaga dolosamente, com o intuito de praticar os pretendidos atos criminosos.

Diante dessa situação, a doutrina penal reconhece que

(A) ele não responderá pelos crimes cometidos, ante sua semi--imputabilidade.
(B) a ele se aplica a teoria da *actio libera in causa*.
(C) a sua embriaguez voluntária dolosa é causa de diminuição de pena.
(D) a sua consciência se viu abalada pela embriaguez, respondendo ele parcialmente por seus atos.
(E) ele é inimputável.

A: incorreta, pois a semi-imputabilidade só ocorre quando se tratar de embriaguez incompleta e involuntária (art. 28, § 2º, do CP); B: correta (art. 28, II, do CP). No caso, aplica-se a teoria da *actio libera in causa* (ação livre na causa), segundo a qual o juiz deve analisar a imputabilidade do agente no momento em que se embriagou, antes da conduta delituosa. Assim, se no momento de se embriagar a conduta foi voluntária, o agente deve responder pelo delito. A única embriaguez que exclui a culpabilidade do agente, diante da inimputabilidade, é a completa (fases da excitação, depressão e litargia. Na segunda fase já é completa) e involuntária ou acidental (caso fortuito ou força maior), em que há a supressão total de uma das capacidades mentais (capacidade de entendimento e de autodeterminação), hipótese em que há a isenção da pena (art. 28, § 1º, do CP). Já na embriaguez incompleta e involuntária, que reduz uma das capacidades mentais, há a diminuição da pena (art. 28, § 2º, do CP). Cumpre ainda salientar que, no caso em questão, configurou-se a embriaguez preordenada (voluntária e dolosa), em que a pessoa quer se embriagar, com o fim de cometer o crime almejado. Nesse caso, além de responder pelo delito, haverá a incidência da circunstância agravante genérica, prevista no art. 61, II, "l", do CP; C: incorreta, pois na embriaguez voluntária e dolosa o agente responde pelo crime praticado, sem a redução da pena; D: incorreta, pois no caso a embriaguez não foi involuntária, a única que influi na capacidade mental do agente; E: incorreta, pois somente há inimputabilidade na embriaguez completa e involuntária.
Gabarito "B".

(Delegado/MG – 2008) Quanto à imputabilidade penal, assinale a afirmativa *CORRETA*.

(A) A embriaguez preordenada só agravará a pena quando completa, revelando maior censurabilidade da conduta já que o agente coloca o estado de embriaguez como primeiro momento da execução do crime.
(B) A emoção e a paixão, mesmo quando causarem completa privação dos sentidos e da inteligência, não excluem a culpabilidade, exceto se forem estados emocionais patológicos.
(C) Em todos os casos de inimputabilidade, se aplica a medida de segurança de internação, podendo, entretanto, ser apenas reduzida a pena ou aplicada medida de segurança de tratamento ambulatorial aos casos de semi-imputabilidade.
(D) O critério normativo é exceção no sistema brasileiro que, em regra, trabalha com o critério biológico para aferição da imputabilidade penal.

A: incorreta (art. 61, II, "l", do CP), pois a embriaguez preordenada não precisa ser completa para configurar circunstância agravante genérica; B: correta (art. 28, I, do CP). De fato, a emoção e a paixão não excluem a imputabilidade penal, salvo se patológicas, caso em que se aplicará o art. 26, *caput*, do CP; C: incorreta. É possível que a inimputabilidade resulte de dependência, ou sob o efeito, proveniente de caso fortuito ou força maior, de droga. Nesse caso, o juiz poderá determinar, na sentença, o encaminhamento do réu para tratamento médico adequado (arts. 45, 46, 47, da Lei 11.343/2006). Ainda, a medida de segurança pode ser aplicada mediante internação ou tratamento ambulatorial (art. 97 do CP). D: incorreta. É certo que o critério adotado é o biopsicológico, exigindo a existência de doença mental, além da incapacidade para entender o caráter ilícito do fato ou de determinar-se de acordo com esse entendimento, no momento da conduta. Excepcionalmente, adota-se o critério biológico, no tocante aos menores de 18 anos, em que se presume a inimputabilidade.
Gabarito "B".

(Delegado/MG – 2007) Considerando as teorias acerca da culpabilidade, todas as alternativas estão corretas, EXCETO:

a) Para a teoria normativa, a culpabilidade é constituída pela imputabilidade, exigibilidade de conduta diversa, dolo e culpa.
b) A teoria social da ação, ao pretender que a ação seja entendida como conduta socialmente relevante, deslocou o dolo e a culpa do tipo para a culpabilidade.
c) São elementos da culpabilidade para a concepção finalista a imputabilidade, a potencial consciência sobre a ilicitude do fato e a exigibilidade de conduta diversa.

1. DIREITO PENAL — 361

d) São elementos da culpabilidade para a teoria normativa pura a imputabilidade, a consciência potencial da ilicitude e a exigibilidade de conduta diversa.

A: correta, visto que, de acordo com a teoria normativa ou psicológico-normativa da culpabilidade, esta era constituída pela imputabilidade, exigibilidade de conduta diversa e dolo ou culpa; **B:** incorreta, pois, para a teoria social da ação, criada por Johaness Wessels, a conduta corresponde ao comportamento humano com transcendência social, capaz de interferir na sociedade, produzindo, assim, um resultado socialmente relevante; **C** e **D:** corretas. De fato, para a teoria ou sistema finalista, criado por Hans Welzel, a culpabilidade é formada pela conjugação da imputabilidade, potencial consciência da ilicitude e exigibilidade de conduta diversa, sendo certo que dolo e culpa migraram da culpabilidade para o fato típico (teoria normativa).
Gabarito "B".

(Delegado/PB – 2009 – CESPE) Assinale a opção correta relacionada à imputabilidade penal, considerando um caso em que o laudo de exame médico-legal psiquiátrico não foi capaz de estabelecer o nexo causal entre o distúrbio mental apresentado pelo periciado e o comportamento delituoso.

(A) O diagnóstico de doença mental é suficiente para tornar o agente inimputável.

(B) A doença mental seria atenuante quando considerada a dosimetria da pena, devendo o incriminado cumprir de um sexto a um terço da pena.

(C) Trata-se de caso de aplicação de medidas de segurança.

(D) Deverá ser realizada nova perícia.

(E) O agente deve ser responsabilizado criminalmente.

No que concerne à aferição da imputabilidade do agente, o critério adotado foi o *biopsicológico*, conforme se depreende do art. 26 do CP, que representa uma conjugação dos critérios *biológico* e *psicológico*. Por tal critério, é considerado inimputável aquele que, por força do distúrbio mental de que padece era, no momento da conduta, totalmente incapaz de compreender o caráter ilícito do fato ou de determinar-se de acordo com esse entendimento. À falta de elementos que demonstrem o nexo entre o distúrbio e a conduta criminosa, o agente deverá ser responsabilizado.
Gabarito "E".

(Delegado/PR – 2007) Sobre a imputabilidade penal, considere as seguintes afirmativas:

1. Não excluem a imputabilidade penal a emoção ou a paixão, a embriaguez voluntária ou culposa, pelo álcool ou substância de efeitos análogos.
2. São relativamente inimputáveis os menores com idade compreendida entre 18 e 21 anos, ficando sujeitos às normas estabelecidas na legislação especial.
3. É isento de pena o agente que, por embriaguez completa, proveniente de caso fortuito ou força maior, age amparado na "*actio libera in causa*".
4. É isento de pena o agente que, por desenvolvimento mental incompleto ou retardado, era, ao tempo da ação ou omissão, inteiramente incapaz de entender o caráter ilícito do fato.

Assinale a alternativa correta.

(A) Somente as afirmativas 1, 2 e 3 são verdadeiras.

(B) Somente as afirmativas 2, 3 e 4 são verdadeiras.

(C) Somente as afirmativas 2 e 3 são verdadeiras.

(D) Somente as afirmativas 2 e 4 são verdadeiras.

(E) Somente as afirmativas 1 e 4 são verdadeiras.

1: correta (art. 28, I e II, do CP); **2:** incorreta, visto que o art. 27 do CP considera inimputáveis, sujeitos à legislação especial (ECA), os menores de dezoito anos; **3:** incorreta, pois a teoria da "actio libera in causa" é aplicada exatamente para responsabilizar criminalmente aquela pessoa que se pôs na situação de embriaguez voluntária (dolosa ou culposa). Inexistirá responsabilidade penal caso a embriaguez seja completa e acidental (decorrente de caso fortuito ou força maior), caso em que o agente ficará isento de pena (art. 28, § 1º, do CP); **4:** correta (art. 26, *caput*, do CP).
Gabarito "E".

(Delegado/SP – 2011) São causas de inexigibilidade de conduta diversa:

(A) A inimputabilidade e o estado de necessidade

(B) A legítima defesa e o erro de proibição.

(C) A coação moral irresistível e a obediência hierárquica.

(D) O erro de tipo e o estrito cumprimento do dever legal.

(E) A coação física e o erro de proibição.

A: incorreta. A inimputabilidade é causa de exclusão da imputabilidade penal (arts. 26 e 27 do CP, por exemplo) e o estado de necessidade é causa excludente da ilicitude (arts. 23, I e 24, ambos do CP); **B:** incorreta. A legítima defesa é causa excludente da ilicitude (arts. 23, II, e 25, ambos do CP) e o erro de proibição é causa excludente da culpabilidade por falta de potencial consciência da ilicitude do agente (art. 21 do CP); **C:** correta. De fato, são causas de inexigibilidade de conduta diversa, e, portanto, de exclusão da culpabilidade, a coação moral irresistível e a obediência hierárquica (art. 22 do CP); **D:** incorreta. O erro de tipo poderá ser causa de exclusão da tipicidade, quando invencível, afastando-se o dolo e a culpa (art. 20, *caput*, do CP). Já o estrito cumprimento do dever legal é causa excludente da ilicitude (art. 23, III, do CP); **E:** incorreta. A coação física afasta o próprio fato típico, mais precisamente, a conduta, ao passo que o erro de proibição é causa de exclusão da culpabilidade (falta de potencial consciência da ilicitude do fato pelo agente).
Gabarito "C".

(Delegado/SP – 2008) Determinada construção teórica, ao considerar a existência de pessoas que têm um menor âmbito de autodeterminação – assim tendendo ao crime por carências crônicas de fundo social – prega que a reprovação decorrente da prática de uma infração penal seja dirigida conjuntamente ao Estado e ao agente, se verificada, no caso concreto, tal desigualdade de oportunidade de vida. Trata-se da ideia central da

(A) coculpabilidade.

(B) tipicidade conglobante.

(C) imputação objetiva.

(D) teoria de confiança.

(E) teoria dos elementos negativos do tipo.

São hipóteses nas quais a reprovação é exercida de forma compartilhada sobre o Estado e sobre o autor da infração penal, isso porque, segundo é sustentado, o Estado falhou, deixando de proporcionar a todos igualdade de oportunidades. Por essa razão, alguns tendem ao crime por falta de opção. Há autores que defendem, para esses casos, a aplicação da atenuante contida no art. 66 do Código Penal.
Gabarito "A".

12. PENAS, CONCURSO DE CRIMES E EFEITOS DA CONDENAÇÃO

(Delegado/ES – 2019 – Instituto Acesso) A ideia de punição é assunto base para a construção de um sistema penal democrático. Não é à toa que, no decorrer da história, pesquisadores, juristas, doutrinadores, bem como a jurisprudência, trataram das tentativas de justificação dos fins que se pretende alcançar com a aplicação das penas em âmbito do Direto Penal. Em observância ao Código Penal de 1940, marque a afirmativa correta em relação aos fins atribuídos à pena, no caso brasileiro.

(A) De acordo com a ideia de prevenção geral que foi construída em reação ao caso brasileiro, tal justificativa é a adotada para aplicação da pena no Brasil.

(B) De acordo com o desenvolvimento de bases estatísticas para o direito penal, chegamos ao entendimento de aplicação da teoria utilitarista unificada, que incorpora o modelo da *civil law* e *common law*.

(C) O Código Penal de 1940, em junção com a jurisprudência, adotou como única justificação a retribuição, tendo a pena como fim em si mesma.

(D) O Código Penal de 1940 adotou a teoria mista, unificada ou eclética, que reflete na unificação das ideias de retribuição e prevenção como finalidade para aplicação das penas.

(E) De acordo com a legislação penal, a ressocialização do preso mediante o cumprimento da pena é o único fim determinado legalmente para a pena.

No que toca à finalidade das penas, a doutrina se encarregou de formular três teorias, a saber: teoria *absoluta*, teoria *relativa* e teoria *mista* (eclética ou unificadora). Para a primeira (absoluta), a finalidade primordial da pena consiste em retribuir (compensar) o mal injusto causado pela prática criminosa. Aqui, não há preocupação com a readaptação do agente delitivo ao convívio social. A pena, como se pode perceber, tem conotação de castigo, de vingança. Seus expoentes são Georg Wilhelm Friedrich Hegel e Emmanuel Kant. Já para a teoria relativa, em posição diametralmente oposta à teoria absoluta, a pena deve ser vista como um instrumento destinado a prevenir crimes. Seu objetivo, pois, é

362 ARTHUR TRIGUEIROS E EDUARDO DOMPIERI

1. Direito Penal

futuro. Neste caso, a prevenção opera-se em duas frentes: *prevenção geral*: tem como propósito atingir a generalidade das pessoas; *prevenção especial*: é dirigida ao próprio condenado. Há, por fim, a teoria mista (eclética ou unificadora), cuja finalidade é reunir, a um só tempo, as teorias absoluta e relativa, conjugando justiça e utilidade. Assim, a pena assume tanto o caráter de retribuição pelo mal causado pelo crime quanto o de prevenir a ocorrência de nova infrações penais. Esta última é a teoria adotada pelo art. 59 do CP.

Gabarito "D".

(Delegado/MG – 2018 – FUMARC) Com relação ao concurso de crimes, é CORRETO afirmar:

(A) Não se admite a aplicação da suspensão condicional do processo ao crime continuado.

(B) No caso hipotético em que Gioconda, ao dirigir seu automóvel de maneira imprudente, perde o controle do carro, matando três pessoas e lesionando gravemente outras cinco, deve ser reconhecido o concurso formal próprio de crimes pelo qual lhe será aplicada somente uma pena, a mais grave, aumentada de um sexto até a metade.

(C) No concurso de crimes, a aplicação da pena de multa observa as regras pertinentes à modalidade de concurso que incide no caso concreto.

(D) No concurso formal, aplica-se a mais grave das penas cabíveis ou, se iguais, somente uma delas, mas aumentada, em qualquer caso, de um sexto até a metade, ainda que os crimes concorrentes resultem de desígnios autônomos.

A: incorreta. Nos termos da Súmula 243 do STJ, "o benefício da suspensão condicional do processo não é aplicável em relação às infrações penais cometidas em concurso material, concurso formal ou continuidade delitiva, quando a pena mínima cominada, seja pelo somatório, seja pela incidência da majorante, ultrapassar o limite de 01 ano". No mesmo sentido o STF, que, na Súmula 723, dispõe que "não se admite a suspensão condicional do processo por crime continuado, se a soma da pena mínima da infração mais grave com o aumento mínimo de 1/6 for superior a um ano". Dessa forma, conclui-se que, contrariamente ao que se afirma na assertiva, é admitida a aplicação da suspensão condicional do processo ao crime continuado, desde que nos termos das súmulas acima transcritas; **B:** correta. A hipótese descrita nesta assertiva é configuradora do *concurso formal*, que pressupõe, ao contrário do concurso material, a prática, pelo agente, de uma só ação ou omissão (um só comportamento), nos termos do que dispõe o art. 70 do CP. Com efeito, segundo consta, Gioconda, ao dirigir seu automóvel de maneira imprudente, perdeu o controle do carro (uma só conduta), matando três pessoas e lesionando gravemente outras cinco (vários resultados). Já o *concurso material*, que está previsto no art. 69 do CP, se dá nas hipóteses em que "o agente, mediante mais de uma ação ou omissão, pratica dois ou mais crimes, idênticos ou não". Nesse caso, as penas correspondentes a cada crime são somadas (sistema do *cúmulo material*). Voltando ao concurso formal, este poderá ser *próprio* (perfeito) ou *impróprio* (imperfeito). No primeiro caso (primeira parte do *caput*), temos que o agente, por meio de uma única ação ou omissão (um só comportamento), pratica dois ou mais crimes, idênticos ou não, com *unidade de desígnio (é o caso narrado na assertiva)*; já no *concurso formal impróprio* ou *imperfeito* (segunda parte do *caput*), a situação é diferente. Aqui, a conduta única decorre de desígnios autônomos, vale dizer, o agente, no seu atuar, deseja os resultados produzidos. Como consequência, as penas serão somadas, aplicando-se o critério ou sistema do *cúmulo material*. No concurso formal perfeito, diferentemente, se as penas previstas forem idênticas, aplica-se somente uma; se diferentes, aplica-se a maior, acrescida, em qualquer caso, de um sexto até metade (sistema da exasperação); **C:** incorreta, pois a multa será aplicada distinta e integralmente em caso de concurso de crimes, nos moldes preconizados pelo art. 72 do CP. Em outras palavras, as penas de multa, para cada um dos crimes, serão somadas; **D:** incorreta. No concurso formal, se os crimes concorrentes resultarem de desígnios autônomos, as penas serão somadas, aplicando-se o critério ou sistema do *cúmulo material*.

Gabarito "B".

(Delegado/MG – 2018 – FUMARC) Com relação à substituição das penas privativas de liberdade pelas restritivas de direito, é CORRETO afirmar:

(A) Beltrano, maior, capaz e primário, subtraiu um carneiro da fazenda de um amigo, sendo condenado a dois anos de reclusão. No caso concreto, possuindo todas as circunstâncias judiciais favoráveis e sendo mais benéfico ao réu, deve o juiz conceder a Beltrano a suspensão condicional da pena ao invés da substituição prevista no art. 44 do CP.

(B) Marreco, maior e capaz, ameaçou de morte sua companheira, sendo processado e definitivamente condenado pelo crime de ameaça à pena de seis meses de detenção. Nesse caso, conforme entendimento sumulado pelo STJ, tem o agente direito à substitui-

ção da pena privativa de liberdade por pena restritiva de direitos, desde que não seja a de prestação pecuniária ou a inominada.

(C) Sinfrônio, capaz, possui condenação definitiva pela prática do crime de invasão de dispositivo informático à pena de dois anos de detenção. Decorridos quatro anos do cumprimento integral da pena anterior, foi ele novamente condenado pelo mesmo crime à pena de um ano de detenção. Mesmo sendo o agente reincidente, se socialmente recomendável, conforme previsto no §3º do art. 44 do Código Penal, pode o juiz substituir a pena privativa de liberdade por restritiva de direitos.

(D) Tício, capaz e devidamente habilitado, após ingerir substância entorpecente, assustou-se ao desviar o veículo que dirigia de um buraco na pista, perdendo o controle do automóvel e vindo a causar a morte de uma criança. Pelo resultado praticado, foi condenado por homicídio culposo, com as penas alteradas pela Lei nº 13.546/17, a seis anos de reclusão. Nessa situação, Tício tem direito à substituição da pena privativa de liberdade por pena restritiva de direitos.

A: incorreta. Isso porque somente será aplicável o *sursis* (suspensão condicional da pena) na hipótese de não ter cabimento a substituição da pena privativa de liberdade por restritiva de direitos, dado que, segundo reconhece a doutrina e a jurisprudência, a pena restritiva de direitos é mais favorável ao agente que o *sursis* (art. 77, III, do CP); **B:** incorreta, pois contraria o entendimento consagrado na Súmula 588 do STJ, que veda a substituição da pena privativa de liberdade por restritiva de direitos na hipótese narrada no enunciado; **C:** incorreta, na medida em que a substituição, nos termos do art. 44, § 3º, do CP, somente será implementada se a reincidência não tiver sido operada em virtude da prática do mesmo crime; **D:** correta. É que, sendo o crime culposo, pouco importa a quantidade da pena imposta na sentença (art. 44, I, CP). Cuidado: com o advento da Lei 14.071/2020, publicada em 14/10/2020 e com *vacatio* de 180 dias, foi introduzido o art. 312-B na Lei 9.503/1997 (Código de Trânsito Brasileiro), segundo o qual aos crimes previstos no § 3º do art. 302 e no § 2º do art. 303 deste Código não se aplica o disposto no inciso I do *caput* do art. 44 do Decreto-Lei nº 2.848, de 7 de dezembro de 1940 (Código Penal). Assim, veda-se a substituição da pena privativa de liberdade por restritiva de direitos quando o crime praticado for: homicídio culposo de trânsito qualificado pela embriaguez (art. 302, § 3º, do CTB) e lesão corporal de trânsito qualificada pela embriaguez (art. 303, § 2º, do CTB). Como se pode ver, se considerássemos a alteração legislativa em questão, esta assertiva estaria incorreta.

Gabarito "D".

(Delegado/MG – 2018 – FUMARC) Com relação ao erro no Direito Penal, é CORRETO afirmar:

(A) Quando, por erro no uso dos meios de execução, o agente, ao invés de atingir a pessoa que pretendia ofender, atinge pessoa diversa, responde como se tivesse praticado o crime contra aquela, considerando-se as qualidades da vítima que almejava. No caso de ser também atingida a pessoa que o agente pretendia ofender, aplica-se a regra do concurso formal: estamos diante da figura conhecida como *aberratio criminis*.

(B) O agente que, objetivando determinado resultado, termina atingindo resultado diverso do pretendido, responde pelo resultado diverso do pretendido somente por culpa, se for previsto como delito culposo. Quando o agente alcançar o resultado almejado e também resultado diverso do pretendido, responderá pela regra do concurso formal, restando configurada a aberratio causae.

(C) Mãe que, a fim de cuidar do machucado de seu filho, aplica sobre o ferimento ácido, pensando tratar-se de pomada cicatrizante, age em erro de proibição.

(D) Fazendeiro que, para defender sua propriedade, mata posseiro que a invade, pensando estar nos limites de seu direito, atua em erro de proibição indireto.

A: incorreta. O enunciado retrata hipótese de erro na execução (*aberratio ictus*), em que o agente, tencionando atingir determinada vítima, acaba, por erro na execução, por alvejar outra. Neste caso, o sujeito ativo responderá como se houvesse atingido a pessoa pretendida, levando-se, inclusive, em conta as características dela e não da vítima efetiva (art. 73 do CP). A segunda parte da assertiva refere-se a hipótese de *aberratio ictus* com unidade complexa (ou com duplo resultado), em que deverá ser aplicada a regra do concurso formal próprio, vale dizer, aplicar-se-á a pena do crime mais grave, aumentada de 1/6 (um sexto) até 1/2 (metade), conforme preconiza o art. 74, 2ª parte, do CP. *Aberratio criminis* (resultado diverso do pretendido ou *aberratio delicti*), cuja previsão está no art. 74 do CP, consiste na hipótese em que o agente deseja cometer certo crime e, por erro de execução, acaba por cometer delito diverso. Como se

1. DIREITO PENAL

pode ver, o erro na execução se estabelece entre pessoas (pessoa x pessoa); já o resultado diverso do pretendido envolve a relação crime x crime; **B:** incorreta. A primeira parte da assertiva, que se refere ao fenômeno da *aberratio criminis*, está correta. Com efeito, querendo o agente produzir determinado resultado e, por erro na execução do crime, acaba por gerar resultado diverso, por este último responderá, na forma de culpa, desde que haja previsão nesse sentido (art. 74, 1ª parte, do CP). Clássico exemplo é aquele em que o sujeito ativo lança uma pedra em direção a uma vidraça com o propósito de quebrá-la e, por erro de pontaria, acaba por atingir uma pessoa que passava pelo local e não era alvo do agente, causando-lhe lesões corporais. Neste caso, o sujeito ativo responderá por lesão corporal culposa. A segunda parte da alternativa refere-se ao fenômeno da *aberratio criminis* com unidade complexa ou resultado duplo (art. 74, 2ª parte, do CP). Neste caso, o agente, com a sua conduta, atinge tanto o bem jurídico pretendido quanto aquele não desejado (vidraça e pessoa). Incidirá, neste caso, a regra do concurso formal. A alternativa faz referência à figura da *aberratio causae* (razão de a assertiva estar incorreta), que se verifica quando o agente, imaginando já ter alcançado determinado resultado com um comportamento inicial, vem a praticar nova conduta, esta sim a causa efetiva da consumação. Trata-se de um erro irrelevante para o Direito Penal, porquanto de natureza acidental, devendo o agente ser responsabilizado pelo resultado pretendido de início; **C:** incorreta, já que a mãe que, a fim de cuidar do machucado de seu filho, aplica sobre o ferimento ácido, pensando tratar-se de pomada cicatrizante, incorre em erro de tipo (art. 20, CP), e não em erro de proibição (art. 21, CP); **D:** correta. Por erro de proibição indireto deve-se entender a situação em que o agente, a despeito de ter ciência do caráter ilícito do fato, acredita, equivocadamente, que age amparado por uma causa excludente de antijuridicidade, ou, ainda, age com erro quanto aos limites de uma causa justificante efetivamente existente.
Gabarito "D".

(Delegado/MS – 2017 – FAPEMS) Leia o conceito a seguir.

A pena é a consequência natural imposta pelo Estado, quando alguém pratica uma infração penal.

> GRECO, Rogério. *Curso de direito penal: parte geral (arts. 1º a 120 do Código Penal)*. 14. ed. Niterói: Impetus, 2012, p. 469.

O artigo 32 do Código Penal (CP) estabelece três espécies de penas, a saber: penas privativas de liberdade, restritivas de direito e multa. Conforme o artigo 59 do CP, as penas devem respeitar a necessidade e a suficiência à reprovação e à prevenção do crime. Esse mesmo artigo 59 também estabelece os critérios de fixação dessas penas. A partir dessa concepção, assinale a alternativa correta.

(A) As penas restritivas de direito são consideradas penas autônomas de caráter substitutivo, podendo ser aplicadas para crimes culposos independente da quantidade de pena privativa de liberdade fixada, se presentes os demais requisitos legais.

(B) A pena de multa, aplicada e dosada ao livre arbítrio do julgador, não pode ser substitutiva da pena privativa de liberdade ou substituída por esta no caso de não cumprimento, por ser considerada dívida de valor, constituindo título da dívida pública.

(C) A detração penal é instituto jurídico relacionado com a aplicação da pena, de observação obrigatória na sentença, consistindo na redução de um dia de prisão para cada dia trabalhado durante a prisão cautelar, seja ela preventiva ou temporária.

(D) A pena privativa de liberdade aplicada a crime hediondo praticado com violência ou grave ameaça é suscetível de substituição por restritiva de direito, se fixada em menos de 04 anos de reclusão.

(E) A pena privativa de liberdade – detenção – poderá ser iniciada em regime prisional mais severo, mesmo que inferior a 08 anos, se o julgador entender sua necessidade à reprovação e à prevenção do crime.

A: correta. De fato, as penas restritivas de direitos (PRD's) têm como características a autonomia e a substitutividade. À luz do art. 44, I, do CP, as PRD's sempre substituirão as penas privativas de liberdade, pouco importando o *quantum* fixado, em se tratando de crimes culposos. Chamo a atenção para a alteração promovida pela recente Lei 14.071/2020, publicada em 14/10/2020 e com *vacatio* de 180 dias (posterior, portanto, à elaboração desta questão), que, ao introduzir o art. 312-B na Lei 9.503/1997 (Código de Trânsito Brasileiro), vedou a substituição da pena privativa de liberdade por restritiva de direitos quando o crime praticado for: homicídio culposo de trânsito qualificado pela embriaguez (art. 302, § 3º, do CTB) e lesão corporal de trânsito qualificada pela embriaguez (art. 303, § 2º, do CTB); **B:** incorreta, pois de acordo com os arts. 49 e seguintes do CP, a pena de multa, que segue o sistema bifásico, diga-se de passagem, exige, por parte do julgador, a análise de critérios legalmente estipulados (por exemplo, os dias-multa são fixados entre 10 e 360; cada dia-multa é fixado em um trigésimo do salário mínimo, podendo chegar a cinco vezes o valor do salário mínimo). Assim, não

se pode falar em livre arbítrio do julgador na fixação da multa; **C:** incorreta. A assertiva confunde os institutos da detração (art. 42 do CP) e da remição da pena (arts. 126 a 130 da LEP). Quanto à detração, computam-se, na pena privativa de liberdade e na medida de segurança, o tempo de prisão provisória, no Brasil ou no estrangeiro, o de prisão administrativa e o de internação em qualquer dos estabelecimentos referidos no artigo anterior. Pela remição, haverá o resgate, pelo condenado, de um dia de pena a cada três dias de trabalho e/ou estudo; **D:** incorreta, pois é inadmissível a substituição de pena privativa de liberdade por restritiva de direitos quando o crime for praticado com violência ou grave ameaça; **E:** incorreta. Impossível, pela dicção do art. 33, *caput*, do CP, a fixação de regime inicial fechado para os crimes punidos com detenção, pouco importando a quantidade de pena imposta. Importante anotar que referida espécie de pena privativa de liberdade ensejará a fixação dos regimes iniciais semiaberto ou aberto, sendo cabível o fechado somente a título de regressão. AT
Gabarito "A".

(Delegado/MS – 2017 – FAPEMS) No que diz respeito ao sistema de aplicação da pena, assinale a alternativa correta.

(A) No caso de condenado reincidente em crime doloso, porém com as circunstâncias do artigo 59 do Código Penal inteiramente favoráveis, a pena-base pode ser aplicada no mínimo legal.

(B) A qualificadora da torpeza no crime de homicídio (CP, artigo 121, § 2º, inciso I) determina a majoração do *quantum* de pena privativa de liberdade na terceira fase da dosimetria.

(C) O início do cumprimento de pena privativa por condenação pelo crime de homicídio culposo na direção de veículo automotor (artigo 302 da Lei n. 9.503/1997) sempre será no regime fechado em razão da gravidade da conduta em relação ao bem jurídico protegido penalmente.

(D) Sendo as circunstâncias judiciais favoráveis, admite-se a fixação do regime inicial aberto para o condenado reincidente, quando a pena fixada na sentença é igual ou inferior a quatro anos.

(E) Na sentença condenatória por crime de estelionato (CP, artigo 171, *caput*), a pena aplicada em um ano de prisão pode ser substituída por duas penas restritivas de direitos, desde que presentes os requisitos previstos no artigo 44 do Código Penal.

A: correta. Se as circunstâncias judiciais do art. 59 do CP forem inteiramente favoráveis ao agente, a despeito de ser reincidente (circunstância agravante que influenciará na segunda fase da dosimetria da pena), a pena-base (primeira fase da dosimetria da pena) poderá ser fixada no mínimo legal. Lembre-se, uma vez mais, de que a pena-base levará em conta, exclusivamente, os vetores previstos no art. 59 do CP (culpabilidade, antecedentes, conduta social, personalidade do agente, motivos, circunstâncias e consequências do crime e comportamento da vítima), que, se forem integralmente favoráveis, conduzirão, por óbvio, à fixação da reprimenda no mínimo legal; **B:** incorreta. As qualificadoras, por elevarem as penas a novos patamares, diversos daqueles abstratamente cominados nas figuras simples ou fundamentais dos tipos penais, já incidirão logo na fixação da pena-base (primeira fase da dosimetria da pena), não se confundindo com causas de aumento, incidentes na terceira etapa do sistema trifásico adotado pelo art. 68 do CP; **C:** incorreta. O crime de homicídio culposo previsto no art. 302 do CTB (Lei 9.503/1997) é punido com detenção de dois a quatro anos. Ora, por se tratar de detenção, os regimes iniciais de cumprimento de pena, a teor do que dispõe o art. 33 do CP, poderão ser somente o semiaberto ou o aberto, jamais o fechado; **D:** incorreta. A assertiva retrata, quase que integralmente, o teor da Súmula 269 do STJ, segundo a qual é admissível a adoção do regime prisional semiaberto (e não o aberto, como consta na assertiva!) aos reincidentes condenados a pena igual ou inferior a quatro anos se favoráveis as circunstâncias judiciais; **E:** incorreta. Nos termos do art. 44, § 2º, do CP, na condenação igual ou inferior a um ano, a substituição pode ser feita por multa ou por uma pena restritiva de direitos. Apenas se a condenação for superior a um ano é que a pena privativa de liberdade será substituída, desde que preenchidos os demais requisitos do art. 44 do CP, por uma pena restritiva de direitos e multa ou por duas penas restritivas de direitos. AT
Gabarito "A".

(Delegado/MT – 2017 – CESPE) A respeito de crimes de mesma espécie, nas mesmas condições de tempo, lugar e forma de execução, com vínculo subjetivo entre os eventos, assinale a opção correta considerando a jurisprudência dos tribunais superiores.

(A) A lei penal mais grave aplicar-se-á ao crime continuado ou ao crime permanente, se a sua vigência for posterior à cessação da continuidade delitiva ou da permanência.

(B) Admite-se a continuidade delitiva entre os crimes de roubo e de latrocínio.

(C) A continuidade delitiva pode ser reconhecida quando se tratar de delitos de mesma espécie ocorridos em comarcas limítrofes ou próximas.

(D) Nos crimes dolosos contra vítimas diferentes cometidos com violência ou grave ameaça à pessoa, o aumento da pena pelo crime continuado encontra fundamento na gravidade do delito.

(E) O prazo prescricional será regulado pela pena imposta na sentença, com o acréscimo decorrente da continuidade delitiva.

A: incorreta, pois a assertiva colide com o teor da Súmula 711 do STF, que dispõe que a lei penal mais grave aplicar-se-á ao crime continuado ou ao crime permanente, se a sua vigência for anterior à cessação da continuidade ou da permanência; **B:** incorreta, pois os crimes de roubo e latrocínio, embora sejam do mesmo gênero (crimes contra o patrimônio), não são da mesma espécie, a despeito de estarem inseridos no mesmo tipo penal (art. 157 do CP). Basta ver que o crime de roubo ofende o patrimônio da vítima, ao passo que o latrocínio, além de ofender o patrimônio, atinge a vida do ofendido; **C:** correta. O entendimento jurisprudencial é no sentido de que a continuidade delitiva, para ser reconhecida, exige tríplice semelhança: (i) de tempo (não mais do que trinta dias entre um crime e outro); (ii) lugar (crimes praticados na mesma comarca ou em comarcas contíguas) e (iii) modo de execução (*modos operandi*); **D:** incorreta. Nos crimes dolosos contra vítimas diferentes, cometidos com violência ou grave ameaça à pessoa, o aumento da pena, que poderá ser fixada até o triplo, decorre de preceito expressamente previsto no art. 71, parágrafo único, do CP, que consagra o crime continuado qualificado (ou específico); **E:** incorreto. Na continuidade delitiva, para fins de reconhecimento do prazo prescricional, será desprezado o aumento de pena decorrente da aplicação do concurso de crimes. Confira-se a Súmula 497 do STF: Quando se tratar de crime continuado, a prescrição regula-se pela pena imposta na sentença, não se computando o acréscimo decorrente da continuação. **AT**

Gabarito "C".

(Delegado/BA – 2016.1 – Inaz do Pará) O art. 59 do Código Penal descreve o seguinte: art. 59 – O juiz, atendendo à culpabilidade, aos antecedentes, à conduta social, à personalidade do agente, aos motivos, às circunstâncias e consequências do crime, bem como ao comportamento da vítima, estabelecerá, conforme seja necessário e suficiente para reprovação e prevenção do crime: I – as penas aplicáveis dentre as cominadas; II – a quantidade de pena aplicável, dentro dos limites previstos; III – o regime inicial de cumprimento da pena privativa de liberdade; IV – a substituição da pena privativa da liberdade aplicada, por outra espécie de pena, se cabível.

Com base nas teorias dos fins da pena, assinale a alternativa correta.

(A) O Código Penal se baseou somente na Teoria Retributiva dos fins da pena.

(B) O Código Penal se baseou somente na Teoria Relativa dos fins da pena.

(C) Entende-se que há um sistema duplo quanto aos fins da pena, podendo deduzir tanto a aplicação da Teoria Absoluta quanto a da Prevenção.

(D) O ordenamento penal pátrio não se afilia às teorias da prevenção.

(E) Nenhuma das alternativas anteriores.

No que toca à finalidade das penas, a doutrina se encarregou de formular três teorias, a saber: teoria *absoluta*; teoria *relativa*; e teoria *mista* (eclética ou unificadora). Para a primeira (absoluta), a finalidade primordial da pena consiste em retribuir (compensar) o mal injusto causado pela prática criminosa. Aqui, não há preocupação com a readaptação do agente delitivo ao convívio social. A pena, como se pode perceber, tem conotação de castigo, de vingança. Seus expoentes são Georg Wilhelm Friedrich Hegel e Emmanuel Kant. Já para a teoria relativa, em posição diametralmente oposta à teoria absoluta, a pena deve ser vista como um instrumento destinado a prevenir crimes. Seu objetivo, pois, é futuro. Neste caso, a prevenção opera-se em duas frentes: *prevenção geral*: tem como propósito atingir a generalidade das pessoas; *prevenção especial*: é dirigida ao próprio condenado. Há, por fim, a teoria mista (eclética ou unificadora), cuja finalidade é reunir, a um só tempo, as teorias absoluta e relativa, conjugando justiça e utilidade. Assim, a pena assume tanto o caráter de retribuição pelo mal causado pelo crime quanto o de prevenir a ocorrência de nova infrações penais. Esta última é a teoria adotada pelo art. 59 do CP. Correta, portanto, a assertiva "C", segundo a qual há um sistema duplo quanto aos fins da pena, podendo deduzir tanto a aplicação da teoria absoluta quanto a da prevenção. **ED**

Gabarito "C".

(Delegado/PE – 2016 – CESPE) O ordenamento penal brasileiro adotou a sistemática bipartida de infração penal – crimes e contravenções penais –, cominando suas respectivas penas, por força do princípio da legalidade. Acerca das infrações penais e suas respectivas reprimendas, assinale a opção correta.

(A) O crime de homicídio doloso praticado contra mulher é hediondo e, por conseguinte, o cumprimento da pena privativa de liberdade iniciar-se-á em regime fechado, em decorrência de expressa determinação legal.

(B) No crime de tráfico de entorpecente, é cabível a substituição da pena privativa de liberdade por restritiva de direitos, bem como a fixação de regime aberto, quando preenchidos os requisitos legais.

(C) Constitui crime de dano, previsto no CP, pichar edificação urbana. Nesse caso, a pena privativa de liberdade consiste em detenção de um a seis meses, que pode ser convertida em prestação de serviços à comunidade.

(D) O STJ autoriza a imposição de penas substitutivas como condição especial do regime aberto.

(E) O condenado por contravenção penal, com pena de prisão simples não superior a quinze dias, poderá cumpri-la, a depender de reincidência ou não, em regime fechado, semiaberto ou aberto, estando, em quaisquer dessas modalidades, obrigado a trabalhar.

A: incorreta. Somente será considerado qualificado (e, por conseguinte, hediondo) o homicídio doloso contra mulher quando praticado *por razões da condição de sexo feminino* (art. 121, § 2º, VI, do CP). Esclarece o § 2º-A do mesmo dispositivo que *se considera que há razões de condição de sexo feminino quando o crime envolve: I – violência doméstica e familiar; II – menosprezo ou discriminação à condição de mulher*. Dito de outro modo, o simples fato de o crime de homicídio ser praticado contra mulher não autoriza a considerá-lo qualificado e, por conseguinte, como hediondo; **B:** correta. A substituição da pena privativa de liberdade por restritiva de direitos era vedada, a teor do art. 33, § 4º, da Lei de Drogas, para o crime de tráfico. Sucede que o STF, no julgamento do HC 97.256/RS, declarou, incidentalmente, a inconstitucionalidade dessa vedação. Posteriormente, o Senado Federal, por meio da Resolução 5/2012, suspendeu a execução da expressão "vedada a conversão em penas restritivas de direito", presente no art. 33, § 4º, da Lei 11.343/2006. Portanto, nada impede, atualmente, que o juiz autorize a substituição da pena privativa de liberdade por restritiva de direitos no crime de tráfico bem assim a fixação de regime aberto, desde que preenchidos os requisitos legais; **C:** incorreta, já que se trata da conduta prevista no art. 65 da Lei 9.605/1998 (crimes contra o meio ambiente); **D:** incorreta, pois contraria o entendimento firmado na Súmula 493 do STJ, "É inadmissível a fixação de pena substitutiva (art. 44 do CP) como condição especial ao regime aberto"; **E:** incorreta. Primeiro porque a prisão simples somente poderá ser cumprida em regime semiaberto ou aberto (nunca no regime fechado), conforme estabelece o art. 6º, *caput*, da LCP; segundo porque o trabalho somente será obrigatório se a pena for superior a quinze dias (art. 6º, § 2º, da LCP). **ED**

Gabarito "B".

(Delegado/DF – 2015 – Fundação Universa) Giordano, ao dirigir seu automóvel de maneira negligente, perdeu o controle do carro, matando cinco pessoas e lesionando gravemente outras cinco.

Considerando a situação hipotética apresentada, assinale a alternativa correta.

(A) Giordano agiu em continuidade delitiva, devendo ser-lhe aplicada a pena mais grave, aumentada de um sexto até a metade.

(B) Atualmente, considera-se que tais situações devem ser entendidas como crime único, aplicando-se apenas uma das penas, ou seja, a mais leve.

(C) Giordano praticou crimes em concurso material e responderá pela pena de cada um deles.

(D) Giordano praticou crimes em concurso formal, devendo a pena dos crimes ser somada, visto que, nesse caso, o cúmulo material é mais favorável que a exasperação.

(E) Giordano praticou crimes em concurso formal, devendo ser–lhe aplicada a pena mais grave, aumentada de um sexto até a metade.

O enunciado descreve típica hipótese de concurso formal de crimes. Fica claro que Giordano, mediante uma única ação negligente (agiu, portanto, com culpa), produziu vários resultados por ele não desejados (cinco mortes e cinco lesões corporais). Deverá ser aplicada, à luz do que estabelece o art. 70 do CP, a pena mais grave, aumentada de um sexto até metade (sistema da exasperação).

Gabarito "E".

(Delegado/DF – 2015 – Fundação Universa) Acerca das penas pecuniárias, assinale a alternativa correta.

(A) A pena de multa, após o trânsito em julgado da sentença condenatória, será considerada dívida de valor, aplicando-se-lhe as

1. DIREITO PENAL

normas da legislação relativa à dívida ativa da fazenda pública, inclusive no que concerne às causas interruptivas e suspensivas da prescrição.

(B) Caso sobrevenha doença mental ao condenado, há reflexos em relação à pena privativa de liberdade que lhe tenha sido cominada, mas não à pena de multa aplicada pelo juiz.

(C) É imprescritível a pena de multa, conforme expressa disposição do CP que, por sua vez, é reflexo do princípio constitucional da intranscendência.

(D) Para fins de fixação da pena de multa, a quantidade de dias--multa será fixada pelo juiz conforme as condições financeiras do condenado.

(E) O juiz poderá deixar de aplicar a pena de multa, ainda que prevista como preceito secundário, se observar que o condenado não tem condições de pagá-la.

A: correta, pois em consonância com o disposto no art. 51 do CP. No que concerne à pena de multa, ante recente alteração legislativa, valem alguns esclarecimentos, em especial no que se refere à legitimidade para promover a sua cobrança, tema, até então, objeto de divergência na doutrina e jurisprudência. Até o advento da Lei 9.268/1996, era possível a conversão da pena de multa não adimplida em pena privativa de liberdade. Ou seja, o não pagamento da pena de multa imposta ao condenado poderia ensejar a sua prisão. Com a entrada em vigor desta Lei, modificou-se o procedimento de cobrança da pena de multa, que passou a ser considerada dívida de valor, com incidência das normas relativas à dívida da Fazenda Pública. Com isso, deixou de ser possível – e esse era o objetivo a ser alcançado – a conversão da pena de multa em prisão. A partir de então, surgiu a discussão acerca da atribuição para cobrança da pena de multa: deveria ela se dar na Vara da Fazenda Pública ou na Vara de Execução Penal? A jurisprudência, durante muito tempo, consagrou o entendimento no sentido de que a pena pecuniária, sendo dívida de valor, possui caráter extrapenal e, portanto, a sua execução deve se dar pela Procuradoria da Fazenda Pública. Tal entendimento, até então pacífico, sofreu um revés em 2018, quando o STF, ao julgar a ADI 3150, conferiu nova interpretação ao art. 51 do CP e passou a considerar que a cobrança da multa, que constitui, é importante que se diga, espécie de sanção penal, cabe ao Ministério Público, que o fará perante o juízo da execução penal. Ficou ainda decidido que, caso o MP não promova a cobrança dentro do prazo de noventa dias, aí sim poderá a Procuradoria da Fazenda Pública fazê-lo. A atuação da Fazenda Pública passou a ser, portanto, subsidiária em relação ao MP. Pois bem. A Lei 13.964/2019, ao conferir nova redação ao art. 51 do CP, consolidou o entendimento adotado pelo STF, no sentido de que a execução da pena de multa ocorrerá perante o juiz da execução penal. A cobrança, portanto, cabe ao MP. De se ver que a atribuição subsidiária conferida à Fazenda Pública (pelo STF) não constou da nova redação do art. 51 do CP; **B:** incorreta, uma vez que não reflete o que estabelece o art. 52 do CP; **C:** incorreta, já que a pena de multa se sujeita, sim, à prescrição (art. 114, CP); **D:** incorreta. O valor da multa será alcançado por meio de um *sistema bifásico*. Num primeiro momento, caberá ao juiz, lançando mão do sistema trifásico previsto para as penas privativas de liberdade, fixar a quantidade de multa (dias-multa); feito isso, estabelecerá o valor de cada dia-multa, valendo-se, neste caso, da condição econômica do condenado; **E:** incorreta, uma vez que não há tal possibilidade.

Gabarito "A".

(Delegado/RO – 2014 – FUNCAB) Em relação ao concurso de crimes, é INCORRETO afirmar:

(A) No concurso formal perfeito, aplica-se ao agente a mais grave das penas cabíveis ou, se iguais, somente uma delas, mas aumentada, em qualquer caso, de um sexto até metade.

(B) No concurso material, aplica-se a regra da cumulação das penas.

(C) No concurso formal heterogêneo, uma só ação dá causa a diversos crimes de natureza diversa como, por exemplo, lesão corporal e homicídio.

(D) Não é admitido, no ordenamento jurídico brasileiro, o reconhecimento do crime continuado entre infrações da mesma espécie, praticadas em condições de tempo e de lugar semelhantes, sob o mesmo modo de agir, contra vítimas diferentes, cometidas com violência ou grave ameaça à pessoa.

(E) No concurso formal imperfeito, aplicam-se ao agente as penas cumulativamente.

A: correta. No concurso formal perfeito ou próprio, que pressupõe que o agente aja sob um único desígnio delituoso, aplicar-se-á a pena do crime mais grave, ou, sendo os crimes iguais, apenas uma delas, aumentada, porém, de um sexto até metade (art. 70, *caput*, primeira parte, do CP); **B:** correta. No concurso material, as penas impostas para cada um dos crimes serão somadas, aplicando-se o critério do cúmulo material (art. 69, CP); **C:** correta. Diz-se concurso formal heterogêneo o fato de o agente, mediante uma só ação ou omissão, praticar dois

ou mais crimes diversos, em contraposição ao concurso formal homogêneo, no qual os crimes são idênticos; **D:** incorreta, devendo ser assinalada. Haverá continuidade delitiva, denominada de específica, quando o agente, mediante mais de uma ação ou omissão, praticar dois ou mais crimes da mesma espécie, desde que em circunstâncias de tempo, lugar e modo de execução semelhantes. Caso os crimes praticados sejam dolosos, cometidos mediante grave ameaça ou violência à pessoa, contra vítimas diferentes, será possível ao magistrado aplicar uma só pena (a mais grave, se os crimes forem diversos, ou apenas uma, se idênticos), mas aumentada até o triplo; **E:** correta. Verifica-se o concurso formal imperfeito ou impróprio quando o agente, mediante uma só ação ou omissão, pratica dois ou mais crimes, idênticos ou não, com desígnios autônomos (ou pluralidade de desígnios), caso em que as penas serão aplicadas cumulativamente. Aqui, não incidirá o critério da exasperação (cabível apenas, em caso de concurso formal, quando o agente age com unidade de desígnios), mas, sim, o cúmulo material.

Gabarito "D".

(Delegado de Polícia/GO – 2013 – UEG) O sistema penitenciário que prega o trabalho dos presos nas celas e, posteriormente, a realização de tarefas em pequenos grupos, durante o dia e em silêncio, é característica do sistema

(A) inglês.

(B) auburniano.

(C) filadélfico.

(D) reformatório.

A: incorreta. Pelo sistema inglês (ou progressivo), o cumprimento da pena se dividia em três fases, a saber: 1ª) Isolamento celular diurno e noturno; 2ª) Trabalho em comum sob regra de silêncio e; 3ª) Liberdade condicional; **B:** correta. O sistema auburniano, cuja origem remonta à construção de uma penitenciária na cidade de Auburn, no Estado de New York, nos EUA, preconizava o trabalho coletivo dos presos nas celas, durante o dia, sob absoluto silêncio, com recolhimento solitário no período noturno. No sistema inglês, o isolamento celular ocorria em ambos os períodos (diurno e noturno), diferentemente do auburniano, que, como visto, admitia trabalho coletivo dos presos durante o dia (portanto, sem isolamento celular diurno); **C:** incorreta. O sistema filadélfico, também chamado de pensilvânico (também conhecido como sistema belga ou celular), baseava-se na absoluta "solidão" do sentenciado, que permanecia incomunicável, inclusive com relação aos outros presos. Preconizava-se a disseminação de convicções religiosas, incentivando-se, inclusive, a leitura da bíblia sagrada. A recuperação do condenado, evidentemente, não figurava como prioridade desse sistema; **D:** incorreta. O sistema reformatório, baseado no sistema progressivo, destinava-se aos jovens adultos e aos adolescentes infratores, encontrando grande destaque nos EUA. Assentava-se na ideia de vigilância após o cumprimento da pena, com vistas à reeducação e reinserção social do egresso.

Gabarito "B".

(Delegado Federal – 2013 – CESPE) A respeito da pena pecuniária, julgue o item abaixo.

(1) A multa aplicada cumulativamente com a pena de reclusão pode ser executada em face do espólio, quando o réu vem a óbito no curso da execução da pena, respeitando-se o limite das forças da herança.

1: incorreta. Nada obstante a pena de multa seja dívida de valor, nos termos do art. 51 do CP, é certo que se trata de sanção penal e, portanto, intransmissível aos herdeiros. Afinal, a pena não passará da pessoa do condenado (art. 5º, XLV, da CF/1988), conforme enuncia o princípio da pessoalidade. Eventuais efeitos civis poderão ser estendidos aos sucessores, nos limites da herança. Porém, repita-se, a pena de multa não é efeito civil, mas, sim, penal. Afinal, a multa é uma das espécies de pena (art. 32, III, do CP). No que concerne à pena de multa, ante recente alteração legislativa, valem alguns esclarecimentos, em especial no que se refere à legitimidade para promover a sua cobrança, tema, até então, objeto de divergência na doutrina e jurisprudência. Até o advento da Lei 9.268/1996, era possível a conversão da pena de multa não adimplida em pena privativa de liberdade. Ou seja, o não pagamento da pena de multa imposta ao condenado poderia ensejar a sua prisão. Com a entrada em vigor desta Lei, modificou-se o procedimento de cobrança da pena de multa, que passou a ser considerada dívida de valor, com incidência das normas relativas à dívida da Fazenda Pública. Com isso, deixou de ser possível – e esse era o objetivo a ser alcançado – a conversão da pena de multa em prisão. A partir de então, surgiu a discussão acerca da atribuição para cobrança da pena de multa: deveria ela se dar na Vara da Fazenda Pública ou na Vara de Execução Penal? A jurisprudência, durante muito tempo, consagrou o entendimento no sentido de que a pena pecuniária, sendo dívida de valor, possui caráter extrapenal e, portanto, a sua execução deve se dar pela Procuradoria da Fazenda Pública. Tal entendimento, até então pacífico, sofreu um revés em 2018, quando o STF, ao julgar a ADI 3150, conferiu nova interpretação ao art. 51 do CP e passou a considerar que a cobrança da multa, que constitui, é importante que se diga, espécie de sanção penal, cabe ao Ministério Público,

ARTHUR TRIGUEIROS E EDUARDO DOMPIERI

que o fará perante o juízo da execução penal. Ficou ainda decidido que, caso o MP não promova a cobrança dentro do prazo de noventa dias, aí sim poderá a Procuradoria da Fazenda Pública fazê-lo. A atuação da Fazenda Pública passou a ser, portanto, subsidiária em relação ao MP. Pois bem. A Lei 13.964/2019, ao conferir nova redação ao art. 51 do CP, consolidou o entendimento adotado pelo STF, no sentido de que a execução da pena de multa ocorrerá perante o juiz da execução penal. A cobrança, portanto, cabe ao MP. De se ver que a atribuição subsidiária conferida à Fazenda Pública (pelo STF) não constou da nova redação do art. 51 do CP.

Gabarito 1E

(Delegado Federal – 2013 – CESPE) Em relação aos efeitos da condenação, julgue o item que se segue.

(1) Considere que uma mulher, maior e capaz, chegue a casa, logo após ter sido demitida, e, nervosa, agrida, injustificada e intencionalmente, seu filho de dois anos de idade, causando-lhe lesões corporais de natureza leve. Nessa situação hipotética, caso essa mulher seja condenada pela referida agressão após o devido processo legal, não caberá, como efeito da condenação, a decretação de sua incapacidade para o exercício do poder familiar, nos termos do CP.

1: correta. Os efeitos secundários da condenação criminal, previstos no art. 92, II, do CP, somente incidirão para os crimes dolosos punidos com *reclusão*. Confira-se: "São também efeitos da condenação: (...) II – a incapacidade para o exercício do pátrio poder, tutela ou curatela, nos crimes dolosos, sujeitos à pena de reclusão, cometidos contra filho, tutelado ou curatelado". Na assertiva em tela fica claro que a mulher praticou o crime de lesões corporais de natureza leve, previsto no art. 129, *caput*, do CP, punido com *detenção*, de 3 (três) meses a 1 (um) ano. Logo, não haverá a perda do poder familiar da mãe com relação ao filho agredido.

Gabarito 1C

(Delegado/AP – 2010) Relativamente ao concurso de crimes, assinale a afirmativa incorreta:

(A) O concurso material ocorre quando o agente, mediante mais de uma ação ou omissão, pratica dois ou mais crimes, idênticos ou não.

(B) Na presença de um concurso formal, aplica-se ao agente a mais grave das penas cabíveis ou, se iguais, somente uma delas, mas aumentada, em qualquer caso, de um sexto até metade, salvo se a ação ou omissão é dolosa e os crimes concorrentes resultam de desígnios autônomos (hipótese em que as penas aplicam-se cumulativamente).

(C) Quando se tratar de crime continuado, aplica-se ao agente a pena de um só dos crimes, se idênticas, ou a mais grave, se diversas, aumentada, em qualquer caso, de um sexto a dois terços.

(D) Quando se tratar de crime continuado em que os crimes sejam dolosos, contra vítimas diferentes, cometidos com violência ou grave ameaça à pessoa, o juiz poderá, observados os artigos 70, 71 e 74 do Código Penal, aumentar a pena mais grave até o triplo.

(E) No concurso de crimes, as penas de multa são aplicadas de acordo com as regras aplicáveis às penas privativas de liberdade.

A: correta (art. 69, *caput*, do CP). O concurso material pode ser homogêneo (quando idênticos os crimes) ou heterogêneo (quando diversos os crimes); **B:** correta (art. 70, *caput*, do CP). O concurso formal se caracteriza quando o agente, mediante uma única conduta, pratica dois ou mais crimes. Pode ser homogêneo (quando os crimes são idênticos) ou heterogêneo (quando os crimes são diversos); perfeito (ou próprio, quando o agente não tem desígnios autônomos) ou imperfeito (ou impróprio, quando o agente age com desígnios distintos para cada resultado). Nesse caso, por se tratar de crimes dolosos, aplica-se o sistema do cúmulo material (e não o da exasperação), em que as penas são somadas, como ocorre no concurso material de crimes; **C:** correta (art. 71, *caput*, do CP). O crime continuado pode ser simples ou comum (as penas dos delitos são idênticas) ou qualificado (as penas dos crimes são distintas); **D:** correta (art. 71, parágrafo único, do CP). Trata-se do crime continuado específico, em que os crimes são praticados contra vítimas distintas, mediante violência ou grave ameaça à pessoa. A pena poderá ser aumentada de 1/6 até o triplo, de acordo com o número de crimes praticados; **E:** incorreta, já que o art. 72 do CP diz que no concurso de crimes, as penas de multa são aplicadas distinta e integralmente. Ou seja, adotou-se o sistema do cúmulo material, independente da espécie de concurso de crimes.

Gabarito "E".

(Delegado/MG – 2008) Com relação às penas, assinale a afirmativa *CORRETA*.

(A) A perda de cargo, função pública ou mandato eletivo, quando aplicada pena privativa de liberdade por tempo igual ou superior a um ano, é efeito específico da condenação penal destinado exclusivamente aos crimes funcionais.

(B) A prestação pecuniária não pode ser fixada em valor inferior a um salário mínimo somente se destinando à vítima ou seus dependentes nos casos de comprovado dano material e pode ter o valor pago deduzido do montante de eventual condenação em ação de reparação cível.

(C) A suspensão condicional da pena pode ser concedida ao reincidente em crime doloso apenado com pena de multa isolada ou em substituição à pena privativa de liberdade.

(D) Pode ser substituída a pena privativa de liberdade pela pena restritiva de direito ao crime culposo independentemente do *quantum* de pena aplicado, exceto no concurso com outros crimes culposos e em sendo o agente reincidente.

A: incorreta, pois o CP não restringiu esse efeito da condenação somente aos crimes funcionais (art. 92, I, *a*, do CP), mas em qualquer crime, desde que ocorrido no exercício das funções exercidas pelo agente; **B:** incorreta (art. 45, § 1°, do CP); **C:** correta (art. 77, § 1°, do CP); **D:** incorreta, porque a reincidência em crime culposo não impede a substituição da pena privativa de liberdade por restritiva de direitos (art. 44, I e II, do CP).

Gabarito "C".

(Delegado/MG – 2007) Com relação ao concurso de crimes é CORRETO afirmar que

(A) se, da aplicação da regra do concurso formal, a pena tornar-se superior à que resultaria do cúmulo material, deve-se seguir o critério do concurso material.

(B) na hipótese da *aberratio ictus* com unidade complexa aplica-se a regra do concurso material, pois é este sempre mais benéfico.

(C) o Código Penal adota para o crime continuado a teoria da unidade real, pela qual, os vários delitos constituem um único crime.

(D) no concurso material, quando ao agente tiver sido aplicada a pena privativa de liberdade, não suspensa, por um dos crimes, para os demais será cabível a substituição de que trata o art. 44 do Código Penal.

A: correta (art. 70, parágrafo único, do CP). Aqui, aplica-se o denominado cúmulo material benéfico; **B:** incorreta, pois, no caso de *aberratio ictus* com unidade complexa (ou duplo resultado), hipótese em que o agente, por erro na execução, atinge pessoa diversa da pretendida e, também, a própria vítima visada, responderá de acordo com a regra do concurso formal (art. 73 do CP); **C:** incorreta, visto que o CP, a respeito da continuidade delitiva (art. 71 do CP), adotou a teoria da ficção jurídica, segundo a qual cada uma das condutas perpetradas pelo agente são infrações penais autônomas, mas que, por ficção, serão consideradas um só ilícito penal. Já pela teoria da unidade real, embora o agente pratique diversas condutas que, por si mesmas, configurem crimes autônomos, haveria crime único. **D:** incorreta. Para a substituição de pena privativa de liberdade por restritiva de direitos, observar-se-á, em caso de concurso material, a soma das penas (critério do cúmulo material). Caso o total das penas supere quatro anos, não será admitida a substituição (art. 44 do CP).

Gabarito "A".

(Delegado/SP – 2011) Com relação às penas restritivas de direitos é correto afirmar:

(A) Substituem somente as penas de reclusão.

(B) Substituem pena privativa de liberdade, em caso de crime praticado com grave ameaça.

(C) Não são aplicáveis ao reincidente específico

(D) Substituem qualquer tipo de pena.

(E) Não têm caráter autônomo

A: incorreta. As penas restritivas de direito substituem as penas privativas de liberdade, sejam elas de reclusão, detenção ou prisão simples. Basta ver que o art. 44, *caput*, do CP, não faz distinção entre as espécies de penas privativas de liberdade; **B:** incorreta. Descabe a substituição de pena privativa de liberdade por restritiva de direitos se o crime for praticado com grave ameaça ou violência à pessoa (art. 44, I, do CP); **C:** correta. Importa destacar que a reincidência em crime doloso, em princípio, afasta a possibilidade de substituição de pena privativa de liberdade por restritiva de direitos (art. 44, II, do CP). No entanto, poderá o juiz promover a substituição em tela ao condenado reincidente, desde que a medida seja socialmente recomendável e a reincidência não se tenha operado em virtude

1. DIREITO PENAL

da prática do mesmo crime (leia-se: reincidência específica), nos termos do art. 44, § 3º, do CP; **D:** incorreta. As penas restritivas de direitos substituem as penas privativas de liberdade (art. 44, *caput*, do CP); **E:** incorreta, pois as penas restritivas de direitos são autônomas (art. 44, *caput*, do CP), ou seja, uma vez operada a substituição pela pena privativa de liberdade, não poderá ser com esta cumulada.
Gabarito "C".

13. APLICAÇÃO DA PENA

(Delegado/PE – 2016 – CESPE) Da sentença penal se extraem diversas consequências jurídicas e, quando for condenatória, emergem-se os efeitos penais e extrapenais. Acerca dos efeitos da condenação penal, assinale a opção correta.

(A) A licença de localização e de funcionamento de estabelecimento onde se verifique prática de exploração sexual de pessoa vulnerável, em caso de o proprietário ter sido condenado por esse crime, não será cassada, dada a ausência de previsão legal desse efeito da condenação penal.

(B) A condenação por crime de racismo cometido por proprietário de estabelecimento comercial sujeita o condenado à suspensão do funcionamento de seu estabelecimento, pelo prazo de até três meses, devendo esses efeitos ser motivadamente declarado na sentença penal condenatória.

(C) Segundo o CP, constitui efeito automático da condenação a perda de cargo público, quando aplicada pena privativa de liberdade por tempo igual ou superior a um ano, nos crimes praticados com abuso de poder ou violação de dever para com a administração pública.

(D) A condenação por crime de tortura acarretará a perda do cargo público e a interdição temporária para o seu exercício pelo dobro do prazo da pena aplicada, desde que fundamentada na sentença condenatória, não sendo efeito automático da condenação.

(E) A condenação penal pelo crime de maus-tratos, com pena de detenção de dois meses a um ano ou multa, ocasiona a incapacidade para o exercício do poder familiar, quando cometido pelo pai contra filho, devendo ser motivado na sentença condenatória, por não ser efeito automático.

A: incorreta, tendo em conta o teor do art. 218-B, § 3º, do CP, que estabelece que, na hipótese de punição do gerente, proprietário ou responsável pelo local em que se deu a exploração sexual, é de rigor, como efeito da condenação, a cassação da licença de localização e funcionamento do estabelecimento; **B:** correta, nos termos dos arts. 16 e 18 da Lei 7.716/1989; **C:** incorreta, na medida em que a perda de cargo público, nas circunstâncias indicadas na assertiva (art. 92, I, *a*, do CP), constitui efeito *não* automático da condenação (específico), que, por essa razão, somente pode incidir se o juiz, na sentença condenatória, declará-lo de forma motivada, justificando-o. Quanto a esse tema, cabem alguns esclarecimentos. Os efeitos da condenação contemplados no art. 91 do CP são *automáticos* (genéricos). Significa dizer que é desnecessário o pronunciamento do juiz, a esse respeito, na sentença. Já o art. 92 do CP trata dos efeitos da condenação *não automáticos* (específicos), cujo reconhecimento pressupõe decisão motivada. É este o caso, como já dissemos, da perda de cargo público; **D:** incorreta, uma vez que se trata, sim, de efeito automático da condenação por crime de tortura, sendo prescindível, portanto, que o magistrado, na sentença, expressamente assim declare. Na jurisprudência: "(...) A perda do cargo, função ou emprego público – que configura efeito extrapenal secundário – constitui consequência necessária que resulta, automaticamente, de pleno direito, da condenação penal imposta ao agente público pela prática do crime de tortura (...)" (STF, AI 769637 AgR-ED – MG, 2ª T., rel. Min. Celso de Melo, 25.06.2013); **E:** incorreta, já que a incapacidade para o exercício do poder familiar, nas circunstâncias descritas na alternativa, pressupõe que o crime praticado seja apenado com *reclusão* (art. 92, II, CP). Não é o caso do crime de maus-tratos, cuja pena cominada, na sua forma simples, é de detenção de dois meses a um ano ou multa. Com o advento da Lei 13.715/2018, importante registrar que o efeito da condenação em destaque (incapacidade para o exercício do poder familiar) ocorrerá quando praticados crimes dolosos sujeitos à pena de reclusão cometidos contra outrem igualmente titular do mesmo poder familiar, contra filho, filha ou outro descendente ou contra tutelado ou curatelado. **ED**
Gabarito "B".

(Delegado de Polícia/GO – 2013 – UEG) Em tema de aplicação e execução da pena, verifica-se que

(A) o aumento na segunda fase de aplicação da pena, no crime de roubo circunstanciado, exige fundamentação concreta, não sendo suficiente para a sua exasperação a mera indicação do número de majorantes.

(B) a falta grave não interrompe o prazo para obtenção do livramento condicional.

(C) é inadmissível a fixação de pena substitutiva como condição especial ao regime aberto.

(D) é admissível aplicar, no furto qualificado, pelo concurso de agentes, a majorante do roubo.

A: incorreta. O examinador quis confundir o candidato, tendo em vista a redação da Súmula 443 do STJ, que dispõe que "O aumento na terceira fase de aplicação da pena no crime de roubo circunstanciado exige fundamentação concreta, não sendo suficiente para a sua exasperação a mera indicação do número de majorantes". Perceba que o roubo circunstanciado (ou majorado) é aquele que se enquadra em qualquer das hipóteses do art. 157, § 2º, § 2º-A e § 2º-B, do CP, que retrata causas de aumento de pena, incidentes na *terceira fase* (e não na segunda!) da dosimetria da pena. Lembre-se de que na segunda etapa do sistema trifásico, incidem as circunstâncias atenuantes e agravantes, e não as causas de diminuição e aumento de pena; **B:** correta, nos exatos termos da Súmula 441 do STJ: "A falta grave não interrompe o prazo para obtenção de livramento condicional"; **C:** incorreta, de acordo com a banca examinadora. Porém, nos termos da recente Súmula 493 do STJ, "É inadmissível a fixação de pena substitutiva (art. 44 do CP) como condição especial ao regime aberto"; **D:** incorreta. Nos termos da Súmula 442 do STJ, "É inadmissível aplicar, no furto qualificado, pelo concurso de agentes, a majorante do roubo".
Gabarito "B".

(Delegado de Polícia/GO – 2013 – UEG) Segundo entendimento consolidado do Superior Tribunal de Justiça, em tema de aplicação e execução da pena

(A) admite-se a comutação da pena aos condenados por crimes hediondos, tendo em vista operar-se no caso a substituição da reprimenda por outra mais branda, o que não encontra vedação legal.

(B) em caso de condenação do apenado no curso de execução por fato anterior ao início do cumprimento da reprimenda, a contagem do prazo para concessão de benefícios é interrompida para a realização de novo cálculo com base no somatório das penas restantes a serem cumpridas, cujo marco inicial da contagem do novo prazo é o trânsito em julgado da primeira sentença condenatória.

(C) admite-se a aplicação do benefício da detração penal em processos distintos, desde que o delito pelo qual o sentenciado cumpre pena tenha sido cometido antes da segregação cautelar.

(D) admite-se a concessão de livramento condicional ao estrangeiro que possui decreto de expulsão em seu desfavor, desde que preenchidos os requisitos do art. 83 do Código Penal.

A: incorreta. Admitir-se-á comutação da pena aos condenados por crimes hediondos seria ignorar o art. 2º, I, da Lei 8.072/1990, que veda a concessão de indulto para o caso. Lembre-se de que a comutação da pena é verdadeiro indulto parcial. Nesse sentido, o STJ: "*HABEAS CORPUS*. PENAL E PROCESSUAL PENAL. EXECUÇÃO PENAL. COMUTAÇÃO DE PENAS. INTERPOSIÇÃO DE AGRAVO EM EXECUÇÃO. IMPETRAÇÃO DESTE *MANDAMUS*. VIA INDEVIDAMENTE UTILIZADA EM SUBSTITUIÇÃO A RECURSO ESPECIAL. AUSÊNCIA DE ILEGALIDADE MANIFESTA. NÃO CONHECIMENTO. 1. Mostra-se inadequado e descabido o manejo de *habeas corpus* em substituição ao recurso especial cabível. 2. É imperiosa a necessidade de racionalização do *writ*, a bem de se prestigiar a lógica do sistema recursal, devendo ser observada sua função constitucional, de sanar ilegalidade ou abuso de poder que resulte em coação ou ameaça à liberdade de locomoção. 3. 'O *habeas corpus* é garantia fundamental que não pode ser vulgarizada, sob pena de sua descaracterização como remédio heroico, e seu emprego não pode servir a escamotear o instituto recursal previsto no texto da Constituição' (STF, HC 104.045/RJ). 4. Hipótese em que não há flagrante ilegalidade a ser reconhecida. Não é possível a concessão de indulto e comutação de pena a condenados pela prática de estupro e de atentado violento ao pudor, crime equiparado a hediondo. Inteligência do art. 2º, I, da Lei 8.072/1990 e do Decreto nº 7.420/2010. Enquanto perdurarem as penas relativas aos delitos hediondos ou a eles equiparados, não tem o apenado direito ao benefício de indulto ou comutação de pena. 5. *Habeas corpus* não conhecido." (HC 210065/RS (2011/0138575-8), 6ª Turma, j. 04.12.2012, rel. Min. Maria Thereza de Assis Moura, *DJe* 11.12.2012); **B:** incorreta. O excerto a seguir, extraído de julgamento no STJ, diz respeito à interrupção da data-base para a concessão de benefícios na fase de execução penal, em razão de superveniência de condenação, no curso do cumprimento de pena por outro processo, por fatos praticados antes ou depois do início da execução penal, e não somente por fatos anteriores, como referido na alternativa. Confira-se: "EXECUÇÃO PENAL. *HABEAS CORPUS*. SUPERVENIÊNCIA DE NOVA CONDENAÇÃO.

BENEFÍCIOS PRISIONAIS. INTERRUPÇÃO DA DATA-BASE. REGIME PRISIONAL. REGRESSÃO. TERMO *A QUO*. TRÂNSITO EM JULGADO DO DECRETO CONDENATÓRIO. *WRIT* PARCIALMENTE CONCEDIDO. I. Na hipótese, a irresignação volta-se contra a possibilidade de alteração da data-base e regressão de regime prisional, em razão de sentença condenatória superveniente, circunstância regulada expressamente nos arts. 111, parágrafo único, e 118, da Lei de Execução Penal. II. A jurisprudência desta Corte pacificou seu entendimento no sentido de ser possível a alteração do termo a quo para fins de regressão de regime, na hipótese de superveniência de condenação criminal, *seja por fato anterior ou posterior ao início da execução penal*, devendo ser feito novo cálculo, com base no somatório das penas, mas o novo lapso para a contagem do período aquisitivo é o trânsito em julgado do novo decreto condenatório. III. *Writ* parcialmente concedido, nos termos do voto do Relator." (HC 223993/DF (2011/0264136-9), 5. Turma, j. 17.04.2012, rel. Min. Gilson Dipp, *DJe* 24.04.2012); **C**: correta. De fato, o STJ, com esteio na doutrina, sustenta ser admissível a detração penal (art. 42 do CP) em processos distintos, desde que a data do cometimento do crime de que trata a execução em que se pretende a incidência de referido instituto seja anterior ao período pleiteado. Vejamos: "A Turma denegou a ordem de *habeas corpus*, reafirmando a jurisprudência deste Superior Tribunal de ser inviável a aplicação da detração penal em relação aos crimes cometidos posteriormente à custódia cautelar. No writ, a Defensoria sustentava constrangimento ilegal na decisão de não concessão da detração ao paciente que permaneceu preso cautelarmente em outro feito criminal no período de 27.09.2006 a 07.09.2007 e buscava a detração da pena pela prática de crime perpetrado em 27.11.2007". Precedentes citados do STF: HC 93.979-RS, *DJe* 19.06.2008; do STJ: REsp 650.405-RS, *DJ* 29.08.2005; HC 157.913-RS, *DJe* 18.10.2010, e REsp 1.180.018-RS, *DJe* 04.10.2010, HC 197.112-RS, rel. Min. Og Fernandes, julgado em 19.05.2011." (Informativo 473 do STJ); **D**: incorreta. Tanto STJ, quanto STF, entendem que se mostra inviável a concessão do benefício de livramento condicional ao sentenciado estrangeiro que possui decreto de expulsão deferido (STJ, HC 252627/RJ (2012/0180619-5), 5ª Turma, j. 04.12.2012, rel. Min. Laurita Vaz, *DJe* 11.12.2012).

Gabarito "C".

(Delegado de Polícia/GO – 2013 – UEG) Sobre a fixação da pena, tem-se o seguinte:

(A) a existência de circunstância atenuante pode conduzir à redução da pena abaixo do mínimo legal.

(B) pelo critério trifásico, adotado pelo Código Penal, o juiz, na segunda fase, deverá apreciar as causas de aumento e de diminuição da parte geral e especial.

(C) o estabelecimento do valor de dias-multa independe da condição econômica do condenado.

(D) em caso de reincidência, fixada a pena em patamar inferior a 4 (quatro) anos, o condenado poderá iniciar o cumprimento da pena em regime semiaberto, desde que as circunstâncias judiciais o recomendem.

A: incorreta. Nos termos da Súmula 231 do STJ, a existência de circunstância atenuante (incidente na segunda etapa do sistema trifásico de dosimetria da pena) não pode conduzir à fixação da pena abaixo do mínimo legal; **B**: incorreta. Na segunda fase da dosimetria da pena, o juiz considerará as circunstâncias atenuantes e agravantes, sendo que apenas na terceira etapa é que serão analisadas as causas de diminuição e aumento de pena (art. 68 do CP); **C**: incorreta. A condição econômica do condenado é utilizada como critério para o estabelecimento do valor da multa, consoante se extrai do art. 60 do CP; **D**: correta. Esse é o teor da Súmula 269 do STJ. Confira-se: "É admissível a adoção do regime prisional semiaberto aos reincidentes condenados a pena igual ou inferior a quatro anos se favoráveis as circunstâncias judiciais."

Gabarito "D".

(Delegado/AC – 2008 – CESPE) Julgue os itens a seguir, acerca das espécies, da cominação e da aplicação das penas.

(1) Em caso de condenado a pena privativa de liberdade em regime inicialmente fechado, enquanto o condenado estiver cumprindo a pena privativa de liberdade em regime fechado, não lhe será permitido o seu trabalho externo.

(2) Computa-se, na medida de segurança, o tempo de prisão provisória no estrangeiro.

1: incorreta, pois é admissível o trabalho externo, em serviços ou obras públicas, desde que autorizado pela direção do estabelecimento prisional, dependendo de aptidão, disciplina e responsabilidade, além do cumprimento mínimo de 1/6 da pena (art. 34, § 3º, do CP e arts. 36, *caput* e 37, *caput*, ambos da LEP); **2**: correta (art. 42 do CP).

Gabarito 1E, 2C

(Delegado/MG – 2011) Com relação às penas e sua aplicação, é **correto** afirmar que

(A) conforme a regra geral do Código Penal, o regime inicialmente fechado é cabível sempre que for o réu reincidente em crime doloso.

(B) para fins de detração penal, o tempo de prisão provisória não se computa no do tratamento ambulatorial, por possuir a medida de segurança prazo indeterminável e natureza jurídica diversa da pena.

(C) nos crimes que envolvam violência doméstica, a Lei n. 11.340/2006 veda a substituição da pena privativa de liberdade pela restritiva de direitos de prestação pecuniária ou o pagamento isolado de multa.

(D) apesar de não previsto expressamente pela Lei n. 9.605/1998, a possibilidade de aplicação de pena à pessoa jurídica, condenada por crime ambiental, aplicam-se a elas, subsidiariamente, no que couber, o disposto no art. 44 do Código Penal.

A: incorreta. O regime inicialmente fechado, primeiramente, somente será cabível para os condenados por crimes punidos com reclusão (art. 33, *caput*, do CP). Outrossim, a reincidência, por si só, não gerará a imposição de regime inicialmente fechado, que, como visto, não será admissível, como regra, para os crimes punidos com detenção. Também não faz o CP distinção entre reincidência dolosa ou culposa. Basta ver a redação do art. 33, § 2º, "b" e "c". Portanto, podemos dizer que, como regra, o CP prevê o regime inicialmente fechado aos condenados – reincidentes ou não – punidos com pena privativa de liberdade superior a oito anos (art. 33, § 2º, "a"); **B**: incorreta. O art. 42 do CP dispõe: "*Computam-se, na pena privativa de liberdade e* na medida de segurança, *o tempo de prisão provisória, no Brasil ou no estrangeiro, o de prisão administrativa e o de internação em qualquer dos estabelecimentos referidos no artigo anterior*". Assim, a prisão provisória (leia-se: prisão cautelar ou processual) será levada em conta para o abatimento do *prazo mínimo* de duração da medida de segurança, seja ela fixada sob o regime de internação em hospital de custódia e tratamento psiquiátrico, seja sob o regime de tratamento ambulatorial. O fato de a medida de segurança ser por prazo indeterminável não afasta a detração penal. Afinal, como visto, haverá o abatimento do tempo de prisão processual no prazo mínimo de duração da referida espécie de sanção penal; **C**: correta. De fato, a Lei Maria da Penha (Lei 11.340/2006), em seu art. 17, veda a substituição de pena privativa de liberdade por sanções de índole eminentemente pecuniária. Nesse sentido é a Súmula 588 do STJ: "A prática de crime ou contravenção penal contra a mulher com violência ou grave ameaça no ambiente doméstico impossibilita a substituição da pena privativa de liberdade por restritiva de direitos"; **D**: incorreta, pois o art. 22 da Lei 9.605/1998, por exemplo, trata da aplicação das penas restritivas de direitos às pessoas jurídicas.

Gabarito "C".

14. *SURSIS*, LIVRAMENTO CONDICIONAL, REABILITAÇÃO E MEDIDAS DE SEGURANÇA

(Delegado/PE – 2016 – CESPE) A respeito do livramento condicional, assinale a opção correta.

(A) O benefício do livramento condicional é um direito subjetivo do condenado, a ser concedido pelo juiz na sentença condenatória, desde que o réu preencha os requisitos legais subjetivos e objetivos, no momento da sentença penal condenatória, de modo a substituir a pena privativa de liberdade e restritiva de direitos por liberdade vigiada e condicionada.

(B) Caso o liberado condicionalmente seja condenado irrecorrivelmente por crime praticado durante o gozo do livramento condicional, sendo a nova pena imposta a privativa de liberdade, haverá a revogação obrigatória do livramento condicional e o tempo do período de prova será considerado para fins de desconto na pena.

(C) Em caso de prática de crime durante o período de prova do livramento condicional, o juiz não poderá prorrogar o benefício, devendo declarar extinta a punibilidade quando, ao chegar o fim daquele período fixado, o beneficiário não for julgado em processo a que responde por crime cometido na vigência do livramento.

(D) Entre outros requisitos legais, segundo o CP, em caso de crime doloso cometido com violência ou grave ameaça à pessoa, a concessão do livramento condicional ao condenado ficará também subordinada à constatação de condições pessoais que façam presumir que o liberado não voltará a delinquir.

1. DIREITO PENAL

(E) A prática de falta grave, devidamente apurada em procedimento disciplinar, interrompe o requisito temporal para a concessão do livramento condicional.

A: incorreta, tendo em conta que o livramento condicional somente será concedido no curso da execução da pena privativa de liberdade, haja vista que um de seus requisitos é justamente o fato de o condenado haver cumprido parte da pena que lhe foi imposta na sentença, o que somente será apreciado, sem prejuízo da observância dos demais requisitos legais, pelo juízo da execução; **B:** incorreta. Considerando que o crime pelo qual foi condenado em definitivo o liberado foi praticado durante o gozo do benefício, hipótese contemplada no art. 86, I, do CP, impõe-se, por força dos arts. 88 do CP e 142 da LEP, que o tempo em que esteve solto o liberado não será computado para fins de desconto na pena; **C:** incorreta. Isso porque, no caso narrado nesta alternativa, em que o condenado responde a processo por delito praticado no curso do período de prova do benefício, impõe-se a prorrogação automática desse interregno com o propósito de se verificar se é ou não o caso de revogação obrigatória do benefício (art. 89, CP); **D:** correta, pois retrata o que estabelece o art. 83, parágrafo único, do CP; **E:** incorreta, pois contraria o entendimento sufragado na Súmula 441, do STJ. Atenção: a Lei 13.964/2019, com vigência a partir de 23 de janeiro de 2020 e posterior, portanto, à aplicação desta prova, introduziu novo requisito para a concessão do livramento condicional. Até então, tínhamos que o inciso III do art. 83 do CP continha os seguintes requisitos: comportamento satisfatório no curso da execução da pena; bom desempenho no trabalho atribuído ao reeducando; e aptidão para prover à própria subsistência por meio de trabalho honesto. O que fez a Lei 13.964/2019 foi inserir, neste inciso III, um quarto requisito. Doravante, além de preencher os requisitos contemplados no art. 83 do CP (nos seus cinco incisos), é de rigor que o reeducando, para fazer jus à concessão do livramento, não tenha cometido falta grave nos últimos 12 meses. O inciso III, que passou a abrigar esta modificação, foi fracionado em quatro alíneas ("a", "b", "c" e "d"), cada qual correspondente a um requisito (os três aos quais me referi acima e este novo requisito introduzido pela *novel* lei). **ED**

Gabarito "D".

(Delegado/SP – 2008) A condenação irrecorrível proferida no estrangeiro por prática de crime, para impedir a concessão do *sursis*,

(A) precisa ser homologada pelo Supremo Tribunal Federal ainda que não se trate de execução de julgado.

(B) não precisa ser homologada pelo Supremo Tribunal Federal, a não ser em caso de execução de julgado.

(C) precisa ser homologada pelo Supremo Tribunal Federal em qualquer hipótese, por força da soberania nacional.

(D) precisa ser homologada pelo Supremo Tribunal Federal, desde que haja o *exequatur* do Congresso Nacional.

(E) não precisa ser homologada pelo Supremo Tribunal Federal, em face do silêncio do Código Penal.

A: incorreta, pois a homologação de sentença estrangeira é de competência do Superior Tribunal de Justiça, consoante dispõe o art. 105, I, alínea "i", da CF/1988, incluída pela EC 45/2004 (Reforma do Judiciário), deixando, desde então, de ser competência do Supremo Tribunal Federal (art. 102, I, "h", da CF – revogação da alínea "h" pela EC 45/2004); **B:** correta, porque, de fato, a sentença condenatória irrecorrível proferida no estrangeiro não precisa ser homologada pelo STJ ou STF para que gere a reincidência penal e impossibilite a concessão do *sursis* (art. 77, I, do CP, desde que se trate de reincidência em crime doloso), salvo se se quiser utilizá-la como título executivo, hipótese em que deverá ser homologada perante o STJ (art. 9º, I, do CP e art. 475-N, VI, do CPC); **C:** incorreta (art. 9º do CP); **D:** incorreta (art. 9º do CP); **E:** incorreta (art. 9º do CP).

Gabarito "B".

15. AÇÃO PENAL

(Delegado/AP – 2006 – UFAP) Analise as assertivas e assinale a alternativa correta:

I. O perdão concedido a um dos querelantes aproveitará a todos e o perdão concedido por um dos querelados impede que os outros exerçam o direito de queixa.

II. A extinção da punibilidade só pode ser reconhecida até o momento da prolação da sentença.

III. A sentença absolutória no juízo criminal, por não estar provada a existência do fato, impede a propositura da ação civil decorrente do mesmo fato.

(A) Estão corretas todas as alternativas.

(B) Estão erradas todas as alternativas.

(C) Estão corretas apenas as alternativas II e III.

(D) Está correta apenas a alternativa I.

(E) Está correta apenas a alternativa III.

I: incorreta. O perdão do ofendido, nos crimes de ação penal privada, obsta o prosseguimento da ação. O perdão, se concedido a qualquer dos querelados (e não querelantes), a todos aproveita. Ademais, o perdão concedido por um dos querelantes (e não querelados) não impede que os outros exerçam o direito de queixa (art. 106, II e III); **II:** incorreta, uma vez que a extinção da punibilidade pode ser reconhecida antes, durante ou após a ação penal, mesmo depois do trânsito em julgado da sentença penal condenatória, como ocorre, por exemplo, com a prescrição da pretensão executória; **III:** incorreta. A sentença absolutória no juízo criminal somente impedirá a propositura da ação civil decorrente do mesmo fato quando reconhecer a negativa de autoria (não foi o réu quem cometeu o delito) ou a inexistência material do fato (art. 66 do CPP), bem como a sentença que reconhecer que o agente agiu amparado por uma das excludentes da antijuridicidade (legítima defesa, estado de necessidade, estrito cumprimento do dever legal e exercício regular de direito), nos termos do art. 65 do CP.

Gabarito "B".

(Delegado/MT – 2006) Analise as afirmações a seguir referentes às características dos crimes de ação penal privada.

I. Neles pode ocorrer o perdão do ofendido.

II. Neles não ocorre a perempção.

III. Dependem de requisição do Ministro da Justiça.

IV. Procedem-se mediante queixa.

V. Após a denúncia, a vítima pode renunciar ao direito à ação.

Todas as afirmações corretas estão na alternativa:

(A) I – V

(B) I – IV – V

(C) III – IV

(D) I – IV

I: correta, visto que, de acordo com o art. 105 do CP, admite-se nos crimes de ação penal privada o perdão do ofendido, cuja natureza jurídica, é bom que se diga, é de causa de extinção da punibilidade (art. 107, IV, do CP); **II:** incorreta, uma vez que a perempção é instituto segundo o qual, por inércia ou desídia do querelante, este perderá o direito de prosseguir com a ação penal privada (art. 60 do CPP); **III:** incorreta, eis que a ação penal privada é de iniciativa do ofendido ou de quem tenha qualidade para representá-lo, devendo ser intentada queixa-crime dentro do prazo legal (art. 100, § 2º, do CP e arts. 30 a 33 do CPP); **IV:** correta, já que, de fato, os crimes de ação penal privada somente se procedem mediante queixa (art. 100, § 2º, do CP e arts. 30 a 33, do CPP); **V:** incorreta, e por duas razões: i) primeiramente, não há falar-se em denúncia nos crimes de ação penal privada e; ii) a renúncia é instituto que somente é admissível antes da propositura da queixa-crime (art. 104 do CP).

Gabarito "D".

16. EXTINÇÃO DA PUNIBILIDADE EM GERAL

"A extinção da punibilidade significa o desaparecimento do poder de punir do Estado em relação a fatos definidos como crimes, pela ocorrência de eventos, situações ou acontecimentos determinados na lei como causas de extinção da punibilidade (art. 107, CP)."

(SANTOS, Juarez Cirino dos. Direito Penal Parte Geral. 5ª ed., Florianópolis: Conceito, 2012).

(Delegado/ES – 2019 – Instituto Acesso) Tendo em vista as causas de extinção de punibilidade conhecidas em âmbito de Direito Penal, assinale a alternativa correta com relação ao indulto.

(A) seus efeitos atingem quaisquer crimes previstos no ordenamento jurídico pátrio.

(B) o indulto individual ou graça depende exclusivamente, para sua concessão, de pedido provocado por petição do condenado.

(C) trata-se de benefício concedido exclusivamente pelo Presidente da República por meio de lei delegada.

(D) pode ser delegado pelo Presidente da República aos Ministros de Estado, ao Procurador-Geral da República ou ao Defensor Público-Geral Federal.

(E) é atribuição privativa do Presidente da República, podendo ser delegada, na forma estabelecida na Constituição Federal, aos Ministros de Estado, ao Procurador-Geral da República ou ao Advogado-Geral da União.

A: incorreta. O art. 2º, I, da Lei 8.072/1990 (Crimes Hediondos) veda a concessão do indulto aos autores de crimes hediondos e equiparados. É incorreto, portanto, afirmar-se que os efeitos do indulto alcançam quaisquer crimes previstos no

370 — ARTHUR TRIGUEIROS E EDUARDO DOMPIERI

ordenamento jurídico pátrio; **B**: indulto individual ou graça é a clemência concedida pelo presidente da República a um condenado determinado, específico. Nos termos do art. 188 da LEP, pode ser provocado por petição do próprio condenado, por iniciativa do MP, do Conselho Penitenciário ou da autoridade administrativa; **C**: incorreta, na medida em que o indulto será concedido pelo presidente da República por meio de decreto (art. 84, XII, CF), podendo, entretanto, delegar esta função aos ministros de Estado ou outras autoridades; **D**: incorreta. Embora o indulto seja de competência privativa do presidente da República (art. 84, XII, da CF), é perfeitamente possível que a sua concessão seja delegada a ministros de Estado, procurador-geral da República ou ao advogado-geral da União (art. 84, parágrafo único, da CF). Como se pode ver, o defensor público-geral Federal não foi contemplado; **E**: correta, conforme comentário à assertiva anterior.
Gabarito "E".

(Delegado/PR – 2013 – UEL-COPS) Quanto à anistia, à graça e ao indulto, considere as afirmativas a seguir.

I. A anistia e o indulto são atos privativos do Presidente da República, enquanto a graça é concedida pelo Congresso Nacional.

II. A anistia pode ser recusada pelo destinatário, admitindo inclusive revogação, enquanto a graça e o indulto não podem ser recusados, inadmitindo revogação.

III. A anistia tem natureza objetiva, dirigindo-se aos fatos, enquanto a graça em sentido estrito e o indulto destinam-se a determinados indivíduos, particular ou coletivamente considerados.

IV. A graça e o indulto pressupõem o trânsito em julgado da sentença penal condenatória e não extinguem os seus efeitos penais.

Assinale a alternativa correta.

(A) Somente as afirmativas I e II são corretas.

(B) Somente as afirmativas I e IV são corretas.

(C) Somente as afirmativas III e IV são corretas.

(D) Somente as afirmativas I, II e III são corretas.

(E) Somente as afirmativas II, III e IV são corretas.

I: incorreta, pois a anistia é causa extintiva da punibilidade que depende da edição de lei federal (Congresso Nacional), ao passo que a graça e o indulto são concedidas por ato do Presidente da República; **II**: incorreta, pois a anistia, que é verdadeira renúncia estatal ao poder-dever de punir, uma vez concedida (por lei), não poderá ser revogada (vedação à retroatividade prejudicial). No tocante à graça e indulto, concedidos por ato do Presidente da República (decreto), também entendemos que, por gerarem efeitos benéficos ao agente, não poderão ser revogados. Nada obstante, poderá o indulto ser recusado, tal como se extrai do art. 739 do CPP, que assevera que o condenado poderá recusar a comutação de pena (que é modalidade de indulto parcial); **III**: correta. De fato, a anistia, por ser concedida por lei, que é dotada das características da generalidade, abstração e impessoalidade, tem natureza objetiva, relacionando-se a fatos ("esquecimento" de fatos criminosos pelo Estado). Já a graça e o indulto dirigem-se a pessoas (individualmente, no caso da graça, e coletivamente, no caso do indulto); **IV**: correta. Realmente, graça e indulto pressupõem condenação, diferentemente da anistia, que pode ser concedida antes ou depois da condenação. Além disso, geram, apenas, a extinção do efeito executório da condenação, vale dizer, o cumprimento da pena (efeito penal principal), remanescendo, porém, os demais efeitos penais (secundários) da condenação.
Gabarito "C".

(Delegado de Polícia/GO – 2013 – UEG) Sobre as causas extintivas da punibilidade, tem-se que

(A) a sentença concessiva do perdão judicial é declaratória da extinção da punibilidade, não subsistindo qualquer efeito condenatório.

(B) a renúncia e a desistência são causas de extinção da punibilidade, diferenciando-se apenas quanto ao momento de seu exercício, já que a primeira ocorre depois do ajuizamento da ação penal, enquanto a segunda opera-se antes.

(C) a perempção opera-se quando o autor na ação penal privada subsidiária da pública deixa de promover o andamento do feito por mais de 30 (trinta) dias.

(D) a anistia é ato discricionário do presidente da república que tem por objeto crimes cuja sentença tenha transitado em julgado acarretando a extinção da pena imposta.

A: correta. A despeito de existir controvérsia doutrinária acerca da natureza jurídica da sentença concessiva do perdão judicial, o STJ, de há muito, consolidou tratar-se de sentença declaratória da extinção da punibilidade, consoante dispõe sua Súmula 18; **B**: incorreta. A renúncia é, sim, causa extintiva da punibilidade, possível apenas para os crimes de ação penal privada, podendo ser exercida antes do oferecimento da queixa-crime. Já o perdão do ofendido (e não desistência,

como consta na alternativa!), também considerado causa extintiva da punibilidade apenas para os crimes de ação penal privada, poderá ser exercido após o início da ação, mas desde que antes do trânsito em julgado (art. 106, § 2º, do CP); **C**: incorreta. A perempção, causa extintiva da punibilidade (art. 107, IV, do CP), cujas hipóteses estão retratadas no art. 60 do CPP, é instituto incabível na ação penal privada subsidiária da pública. Explica-se. É que a inércia do querelante em referida espécie de ação penal, cujo pressuposto é a inércia do Ministério Público em promover a ação penal pública no prazo previsto em lei, fará com que o *Parquet* retome a ação como parte principal (art. 29 do CPP). Portanto, a perempção somente é cabível na ação penal exclusivamente privada e na personalíssima; **D**: incorreta. A anistia corresponde à exclusão, por lei editada pelo Congresso Nacional, de um ou mais fatos considerados criminosos. Não se confunde com a graça e o indulto, estes sim atos discricionários do Presidente da República.
Gabarito "A".

(Delegado/PB – 2009 – CESPE) Não leva à extinção da punibilidade do agente

(A) a retroatividade de lei que não mais considera o fato como criminoso.

(B) a prescrição, a decadência ou a perempção.

(C) a renúncia do direito de queixa ou o perdão aceito, nos crimes de ação privada.

(D) o casamento do agente com a vítima, nos crimes contra os costumes.

(E) a retratação do agente, nos casos em que a lei a admite.

A: correta, art. 107, III, do CP; **B**: correta, art. 107, IV, do CP; **C**: correta, art. 107, V, do CP; **D**: incorreta. Com o advento da Lei 11.106/2005, que revogou o art. 107, VII, do CP, dentre outras mudanças implementadas, não mais existe a possibilidade de extinguir-se a punibilidade do agente pelo casamento deste com a vítima, nos crimes contra os costumes, atualmente denominados crimes contra a dignidade sexual; **E**: correta, pois reflete o disposto no art. 107, VI, do CP.
Gabarito "D".

(Delegado/SP – 2011) Com relação ao perdão judicial, aponte a alternativa correta.

(A) Sua aplicabilidade não exige previsão legal, ou seja, pode ser aplicado genericamente

(B) Não extingue o *jus puniendi* estatal

(C) Tem aplicação jurídica antes da prolação da sentença penal condenatória

(D) Tem aplicação jurídica após a prolação da sentença penal condenatória.

(E) Aplica-se exclusivamente nos crimes contra a honra.

A: incorreta, pois o perdão judicial é causa extintiva da punibilidade que exige expressa previsão legal, consoante dispõe o art. 107, IX, do CP; **B**: incorreta, pois o perdão judicial é, sim, causa extintiva da punibilidade (ou seja do *jus puniendi* estatal); **C**: incorreta, pois o perdão judicial será declarado em sentença, daí se operando a extinção da punibilidade; **D**: esta foi a alternativa apontada como correta pela banca examinadora. No entanto, seu teor discrepa do entendimento jurisprudencial dominante, inclusive materializado na Súmula 18 do STJ, segundo a qual, a sentença concessiva do perdão judicial é declaratória de extinção da punibilidade. Repare que a alternativa enuncia que o instituto em comento tem aplicação após a prolação da sentença penal *condenatória*. Em verdade, a sentença concessiva do perdão judicial tem natureza declaratória, razão pela qual a alternativa peca por destoar do posicionamento majoritário; **E**: incorreta, pois o perdão judicial será cabível em todos os casos expressos em lei (art. 107, IX, do CP).
Gabarito "D".

17. PRESCRIÇÃO

(Delegado/PE – 2016 – CESPE) A respeito da prescrição penal, assinale a opção correta.

(A) Caso o tribunal do júri venha a desclassificar o crime para outro que não seja de sua competência, a pronúncia não deverá ser considerada como causa interruptiva da prescrição.

(B) A reincidência penal caracteriza causa interruptiva do prazo da prescrição da pretensão punitiva.

(C) Para crimes praticados sem 2016, a prescrição retroativa deverá ser regulada pela pena aplicada, tendo-se por termo inicial data anterior à da denúncia ou da queixa.

(D) O prazo de prescrição da pretensão executória deverá iniciar-se no dia em que transitar em julgado a sentença condenatória para a acusação, ainda que haja recurso exclusivo da defesa em tramitação contra a sentença condenatória.

(E) No caso de revogação do livramento condicional, a prescrição deverá ser regulada pelo total da pena aplicada na sentença condenatória, não se considerando o tempo de cumprimento parcial da reprimenda antes do deferimento do livramento.

A: incorreta, pois não corresponde ao entendimento firmado na Súmula 191, do STJ: "A pronúncia é causa interruptiva da prescrição, ainda que o Tribunal do Júri venha a desclassificar o crime"; **B:** incorreta, uma vez que é pacífico o entendimento segundo o qual a reincidência somente influi na prescrição da pretensão executória (Súmula 220 do STJ); **C:** incorreta, uma vez que não corresponde ao que estabelece o art. 110, § 1º, do CP, cuja redação foi alterada por força da Lei 12.234/2010; **D:** correta (art. 112, I, do CP); **E:** incorreta, pois não reflete o que dispõe o art. 113 do CP. 🔲 *Gabarito "D".*

(Delegado/SP – 2014 – VUNESP) Em regra geral, a prescrição antes de transitar em julgado a sentença final

(A) é chamada, pela doutrina, de prescrição intercorrente.

(B) é chamada, pela doutrina, de prescrição retroativa.

(C) regula-se pelo mínimo da pena privativa de liberdade cominada ao crime.

(D) regula-se pela pena aplicada na sentença de primeiro grau.

(E) regula-se pelo máximo da pena privativa de liberdade cominada ao crime.

A: incorreta. A prescrição intercorrente (ou superveniente), embora seja espécie de prescrição da pretensão punitiva, anterior ao trânsito em julgado da sentença penal condenatória, não é "sinônimo" da prescrição em geral. Verifica-se a partir da publicação da sentença condenatória, estendendo-se até o trânsito em julgado para as partes; **B:** incorreta. Assim como a prescrição intercorrente, a prescrição retroativa é espécie de prescrição da pretensão punitiva, que se verifica da sentença condenatória recorrível "para trás", não podendo ter por termo inicial data anterior à denúncia ou queixa (art. 110, § 1º, CP); **C:** incorreta. Em regra, a prescrição da pretensão punitiva (anterior ao trânsito em julgado da sentença final) regula-se pelo máximo da pena privativa de liberdade cominada ao crime (art. 109, *caput*, do CP); **D:** incorreta, pois a prescrição da pretensão punitiva, em regra, como dito, regula-se pela pena abstratamente cominada, e não pela pena aplicada; **E:** correta, nos termos do precitado art. 109, *caput*, do CP. *Gabarito "E".*

(Delegado Federal – 2013 – CESPE) Julgue os seguintes itens:

(1) Considere que Jorge, Carlos e Antônio sejam condenados, definitivamente, a uma mesma pena, por terem praticado, em coautoria, o crime de roubo. Nessa situação, incidindo a interrupção da prescrição da pretensão executória da referida pena em relação a Jorge, essa interrupção não produzirá efeitos em relação aos demais coautores.

(2) A detração é considerada para efeito da prescrição da pretensão punitiva, não se estendendo aos cálculos relativos à prescrição da pretensão executória.

(3) Ocorre legítima defesa sucessiva, na hipótese de legítima defesa real contra legítima defesa putativa.

1: correta. Com fundamento no art. 117, § 1º, do CP, as causas interruptivas da prescrição, em caso de concurso de agentes, como regra, produzirão efeitos a todos os autores do crime. Porém, no tocante às causas interruptivas da prescrição da pretensão executória, previstas no já citado art. 117, incisos V (início ou continuação do cumprimento da pena) e VI (reincidência), não haverá comunicabilidade aos demais condenados. Em outras palavras, apenas as causas interruptivas da prescrição da pretensão punitiva (art. 117, I a IV, do CP) produzirão efeitos a todos os agentes, sendo que as causas de interrupção da prescrição executória (art. 117, V e VI, do CP) são "personalíssimas", vale dizer, somente operam efeitos ao próprio condenado que a elas se subsumir. É o caso de Jorge, para o qual, de acordo com a assertiva, incidiu a interrupção da prescrição da pretensão executória. Assim, para Carlos e Antonio nada ocorrerá, sendo certo que apenas para Jorge será interrompida a prescrição executória; **2:** incorreta. Consoante entendimento jurisprudencial, a detração (art. 42 do CP) não influencia no cálculo da prescrição (tanto da pretensão punitiva, quanto da executória). Confira-se: STJ – RECURSO ESPECIAL REsp 1095225 SP 2008/0209631-1 (STJ). Data de publicação: 03/08/2009. Ementa: PENAL. RECURSO ESPECIAL. TEMPO DE PRISÃO EM FLAGRANTE. DETRAÇÃO PARA FINS DE CONTAGEM DA PRESCRIÇÃO DA PRETENSÃO EXECUTÓRIA. IMPOSSIBILIDADE. RECURSO CONHECIDO E PROVIDO. 1. Consoante entendimento do Superior Tribunal de Justiça o período em que o réu permanece preso provisoriamente, em razão de flagrante, serve apenas para desconto da reprimenda a ser cumprida, não se empregando a detração para fins prescricionais. 2. Recurso especial conhecido e provido para restabelecer a execução

penal."; **3:** incorreta. A legítima defesa sucessiva é verificada quando, na legítima defesa real, o agressor original se vê diante de reação excessiva do ofendido, que se torna agressor, podendo aquele invocar a legítima defesa. Assim, o agressor se vê diante de um excesso perpetrado pelo agredido, o que dá azo à denominada legítima defesa sucessiva. Não se fala em referida situação quando estivermos diante da legítima defesa putativa. Esta decorre de uma fantasia, da imaginação do agente, que acredita estar sendo agredido injustamente quando, em verdade, não está. Assim, se "A" age em legítima defesa putativa, agredindo "B", este poderá reagir à injusta agressão, invocando a legítima defesa real. Aqui, não haverá legítima defesa sucessiva, que, como dito, pressupõe excesso perpetrado pela vítima inicial da agressão. *Gabarito 1C, 2E, 3E*

(Delegado/MG – 2007) É correto afirmar sobre a prescrição no direito penal, EXCETO:

(A) A publicação da sentença de pronúncia, o tempo em que o agente cumpre pena no estrangeiro e o prazo de suspensão condicional do processo são causas suspensivas ou impeditivas da prescrição.

(B) A prescrição superveniente ou intercorrente ocorre após o trânsito em julgado para a acusação ou após o improvimento de seu recurso, regulando-se pela pena aplicada.

(C) É termo inicial da prescrição da pretensão executória a data do trânsito em julgado da sentença condenatória para a acusação.

(D) Nos crimes conexos, que sejam objetos do mesmo processo, a interrupção relativa a qualquer deles estende-se aos demais.

A: incorreta (art. 116 do CP). Atenção: a Lei 13.964/2019 alterou diversos dispositivos do Código Penal, entre os quais o art. 116, ao qual foram introduzidas duas novas causas impeditivas da prescrição. Até o advento do Pacote Anticrime, o art. 116 do CP contava com dois incisos, que continham causas impeditivas ou suspensivas da prescrição da pretensão punitiva. O inciso III, acrescido pela Lei Anticrime, estabelece que a prescrição não corre *na pendência de embargos de declaração ou de recursos aos Tribunais Superiores, quando inadmissíveis*. Dessa forma, se os recursos especial, ao STJ, e extraordinário, ao STF, forem considerados inadmissíveis, o recorrente não será beneficiado por eventual prescrição que venha a ocorrer neste período. Este dispositivo, como se pode ver, presta-se a evitar que manobras procrastinatórias levem o processo à prescrição. O inciso IV, por seu turno, também inserido por meio da Lei 13.964/2019, prevê que a prescrição também não correrá *enquanto não cumprido ou não rescindido o acordo de não persecução penal*, introduzido no art. 28-A do CPP pelo Pacote Anticrime. Outra mudança operada pela Lei 13.964/2019 neste dispositivo foi a troca do termo *estrangeiro*, presente no inciso II, por *exterior*; **B:** correta (art. 110, § 1º, do CP); **C:** correta (art. 112, I, do CP); **D:** correta (art. 117, § 1º, do CP). *Gabarito "A".*

(Delegado/SP – 2011) Com relação às causas interruptivas da prescrição da pretensão executória é correto afirmar:

(A) o condenado que foge e depois é capturado tem reiniciada a contagem do prazo prescricional, não se computando o tempo da pena já cumprida.

(B) o condenado que foge e depois é capturado tem reiniciada a contagem do prazo prescricional, o qual será regulado pelo tempo que resta da pena.

(C) início do cumprimento da pena não interrompe o prazo prescricional iniciado no trânsito em julgado da sentença penal condenatória.

(D) Exclusivamente, a continuação do cumprimento da pena é causa interruptiva do prazo prescricional iniciado no trânsito em julgado da sentença penal condenatória.

(E) Não se considera a reincidência.

A: incorreta. A fuga do condenado interrompe o cumprimento de sua pena, motivo pelo qual, uma vez recapturado, será reiniciada a execução penal, tratando-se de causa interruptiva da prescrição da pretensão executória (art. 117, V, do CP). Porém, o § 2º, do precitado dispositivo, dispõe que, interrompida a prescrição, salvo a hipótese do inciso V (início ou continuação do cumprimento da pena), todo o prazo começa a correr, novamente, do dia da interrupção. Em outras palavras, o condenado que foge e depois é recapturado terá reiniciada a contagem do prazo prescricional, mas o tempo de pena cumprido anteriormente será computado nessa nova contagem; **B:** correta, pelas razões trazidas no comentário anterior; **C:** incorreta, pois, como visto, o início do cumprimento da pena, ou sua continuação, é causa interruptiva da prescrição da pretensão executória (art. 117, V, do CP); **D:** incorreta, pois o início ou a continuação do cumprimento da pena interrompem a prescrição da pretensão executória (art. 117, V, do CP); **E:** incorreta, pois a reincidência é causa interruptiva da prescrição da pretensão executória (art. 117, VI, do CP). *Gabarito "B".*

(Delegado/SP – 2011) Considera-se causa interruptiva da prescrição da pretensão executória

(A) a reincidência.
(B) o recebimento da denúncia
(C) o recebimento da queixa
(D) a decisão confirmatória da pronuncia
(E) a publicação da sentença.

A: correta (art. 117, VI, do CP); **B, C, D** e **E:** incorretas, pois são causas interruptivas da prescrição da pretensão punitiva (art. 117, I, III e IV, do CP).
Gabarito "A".

(Delegado/SP – 2008) A prescrição que se baseia na falta de interesse de agir do Estado e cujo escopo é evitar que eventual condenação não tenha função alguma, desprestigiando a Justiça Pública, denomina-se

(A) retroativa.
(B) da pretensão executória.
(C) intercorrente.
(D) antecipada.
(E) da pretensão punitiva.

Prescrição *antecipada* ou *virtual* é aquela baseada na pena que seria, em tese, aplicada ao réu em caso de condenação. Grande parte da jurisprudência rechaça tal modalidade de prescrição, na medida em que implica verdadeiro prejulgamento (o juiz estaria utilizando-se de uma pena ainda não aplicada). Ressalte-se que o STJ, por meio da Súmula 438, não admite a prescrição baseada em pena hipotética.
Gabarito "D".

(Delegado/SP – 1998) Em termos de prescrição, a sentença absolutória, da qual o Ministério Público apela, pleiteando a condenação do réu,

(A) interrompe o prazo da prescrição superveniente.
(B) interrompe o prazo da prescrição retroativa.
(C) não interrompe o prazo da prescrição da pretensão punitiva.
(D) interrompe o prazo da prescrição da pretensão punitiva.

De fato, a prolação de sentença penal absolutória, ainda que haja apelo do Ministério Público, não tem o condão de interromper o prazo prescricional. Afinal, o art. 117, IV, do CP inclui como causa de interrupção da prescrição a sentença penal condenatória recorrível, ou, então, o acórdão confirmatório da condenação em primeiro grau.
Gabarito "C".

18. CRIMES CONTRA A PESSOA

Ana, após realizar exame médico, descobriu estar grávida. Estando convicta de que a gravidez se deu em decorrência da prática de relação sexual extraconjugal que manteve com Pedro, seu colega de faculdade, e temendo por seu matrimônio decidiu por si só que iria praticar um aborto. A jovem comunicou a Pedro que estava grávida e pretendia realizar um aborto em uma clínica clandestina. Pedro, por sua vez, procurou Robson, colega que cursava medicina, e o convenceu a praticar o aborto em Ana. Assim, alguns dias depois de combinar com Pedro, Robson encontrou Ana e realizou o procedimento de aborto.

(Delegado/ES – 2019 – Instituto Acesso) Sobre a questão apresentada, é correto afirmar que a conduta de Ana se amolda ao crime previsto no

(A) art. 124, segunda parte, do Código Penal (consentimento para o aborto). Robson, por sua vez, tem sua conduta subsumida ao crime previsto no art. 126, do Código Penal (aborto provocado por terceiro com consentimento). Já Pedro responderá como partícipe no crime de Robson.
(B) art. 124, segunda parte, do Código Penal (consentimento para o aborto). Robson, por sua vez, tem sua conduta subsumida ao crime previsto no art. 124, segunda parte, do Código Penal. Já Pedro responderá como partícipe no crime de Ana.
(C) art. 125, segunda parte, do Código Penal (consentimento para o aborto). Robson, por sua vez, tem sua conduta subsumida ao crime previsto no art. 124 do Código Penal (aborto provocado por terceiro sem consentimento). Já Pedro responderá como partícipe no crime de Robson.
(D) art. 124, primeira parte, do Código Penal (autoaborto). Robson, por sua vez, tem sua conduta subsumida ao crime previsto no art. 126 do Código Penal (aborto provocado por terceiro com

consentimento). Já Pedro responderá como partícipe no crime de Ana.
(E) art. 126, primeira parte, do Código Penal (autoaborto). Robson, por sua vez, tem sua conduta subsumida ao crime previsto no art. 124 do Código Penal (aborto provocado por terceiro com consentimento). Já Pedro responderá como participe no crime de Ana.

Antes de analisar a conduta de cada agente, é importante que façamos algumas observações sobre as modalidades de aborto previstas no Código Penal. Como bem sabemos, o aborto praticado pela gestante (autoaborto) ou com o consentimento desta será apenado de forma diferente (mais branda) daquele realizado por terceiro. As condutas consistentes em provocar aborto em si mesma e consentir que outro o faça configuram o crime próprio do art. 124 do CP. Por ser próprio (e também de mão própria), por ele somente responderá a gestante. Trata-se da forma menos grave de aborto, já que o legislador estabeleceu a pena de detenção de 1 a 3 anos. Agora, a conduta do terceiro que provoca na gestante a interrupção de sua gravidez pode dar azo a duas tipificações diversas, a depender da existência de consentimento da gestante. Se esta consentir que terceiro nela realize o aborto, este estará incurso no crime do art. 126 do CP, cuja pena cominada é de reclusão de 1 a 4 anos, superior, portanto, à pena prevista para o aborto praticado pela própria gestante ou quando ela consente que outrem o faça. Se o terceiro, de outro lado, realizar o aborto sem o consentimento válido da gestante, será ele responsabilizado pela modalidade mais grave deste crime, prevista no art. 125 do CP, que estabelece a pena de 3 a 10 anos de reclusão. Portanto, é diferente o tratamento que a lei confere ao aborto realizado pela própria gestante ou com o seu consentimento daquele levado a efeito por terceiro, com ou sem o consentimento da gestante. Perceba que, embora o fato seja o mesmo, os agentes envolvidos responderão por crimes diversos, o que representa exceção à *teoria monista*. Dito isso, passemos ao exame da hipótese narrada no enunciado, de forma a estabelecer a responsabilidade de cada agente. Ana, porque consentiu que nela fosse realizado o aborto, deverá responder pelo crime de aborto do art. 124, segunda parte, do CP (consentimento para a prática de aborto); Robson, que promoveu o aborto em Ana com o consentimento desta, será responsabilizado pelo delito do art. 126 do CP; já Pedro, que, a pedido de Ana, procurou Robson e o convenceu a praticar o aborto nesta, deverá responder como partícipe na conduta de Robson (art. 126, CP). Tivesse Pedro se limitado a aconselhar (induzindo ou instigando) Ana a consentir na prática abortiva, responderia ele na qualidade de partícipe do crime de Ana (art. 124, CP). Não é este o caso, já que Pedro, ao contratar Robson, teve atuação estreitamente ligada à conduta deste, que foi quem promoveu a manobra abortiva, devendo responder como partícipe na conduta de Robson (art. 126, CP).
Gabarito "A".

(Delegado/MG – 2018 – FUMARC) De acordo com o Artigo 129 do Código Penal Brasileiro, trata-se de lesão corporal de natureza gravíssima:

(A) Aceleração de parto.
(B) Debilidade permanente de membro, sentido ou função.
(C) Deformidade permanente.
(D) Perigo de vida.

As modalidades de lesão corporal de natureza grave estão contempladas no art. 129, §§ 1º e 2º, do CP. A denominação *lesão corporal gravíssima* foi criada pela doutrina para se referir às hipóteses elencadas no § 2º, que são mais graves, dado o caráter permanente do dano ou mesmo a sua irreparabilidade, do que aquelas contidas no § 1º (chamadas pela doutrina de *lesão corporal grave*). Entre as modalidades de lesão gravíssima está a *deformidade permanente* (inciso IV); as demais (aceleração de parto; debilidade permanente de membro sentido ou função; e perigo de vida) estão contempladas no § 1º (lesão corporal grave).
Gabarito "C".

(Delegado/MS – 2017 – FAPEMS) Segundo Busato (2014), "o homicídio é uma violação do bem jurídico vida como tal considerada a partir do nascimento". E para Hungria (1959), esse crime constitui "a mais chocante violação do senso moral médio da humanidade civilizada".

BUSATO. Paulo César. Direito Penal: parte especial, l.ed. São Paulo: Atlas, 2014, p. 19. HUNGRIA, Nelson. Comentários ao código penal. 4.ed. Rio de Janeiro: Forense, 1959, p. 25.

O Código Penal Brasileiro, em seu artigo 121, apresenta três modalidades de tipos penais de ação homicida, em que os elementos que o compõem podem ou não aparecer conjugados. Acerca das modalidades do crime de homicídio, variantes e caracterização, assinale a alternativa correta.

(A) É caracterizada como homicídio a morte de feto atingido por disparo de arma de fogo, quando ainda no ventre da mãe.
(B) O infanticídio é modalidade do homicídio qualificado pelo resultado, quando a mãe mata o próprio filho logo após o parto, sob a influência do estado puerperal, cuja pena é agravada.

1. DIREITO PENAL

(C) O latrocínio, por se tratar de espécie complexa de homicídio qualificado previsto no artigo 121 do Código Penal, não é julgado pelo Tribunal do Júri por envolver questões patrimoniais.

(D) A eutanásia, ou o homicídio piedoso, é reconhecida como conduta praticada por relevante valor moral, caracterizadora do homicídio privilegiado.

(E) O homicídio pode ser considerado qualificado /privilegiado quando praticado por relevante valor moral motivado por vingança.

A: incorreta. O crime de homicídio tutela a vida humana em sua forma extrauterina, assim considerada a partir do momento em que se inicia o parto. Antes disso, fala-se em vida humana intrauterina, que é protegida pelo crime de aborto. Portanto, a morte de um feto atingido por disparo de arma de fogo quando ainda no ventre da mãe, constitui crime de aborto (arts. 124 a 127, CP); **B:** incorreta. Nada obstante a doutrina afirme que o infanticídio é uma espécie de homicídio *sui generis*, o fato é que o legislador optou por tipificá-lo autonomamente, ou seja, criando um crime próprio (praticado pela mãe contra o próprio filho, durante o parto ou logo após, sob a influência do estado puerperal). Assim, não se pode afirmar que o infanticídio seja modalidade de homicídio qualificado, tendo tratamento específico no art. 123 do CP; **C:** incorreta, pois o latrocínio, que é espécie de roubo qualificado pela morte (art. 157, §3°, II, do CP), não é espécie de homicídio qualificado (crime contra a vida), como constou na assertiva, mas, sim, um crime contra o patrimônio; **D:** correta. De fato, a eutanásia, também conhecida como homicídio piedoso, é o clássico exemplo de homicídio privilegiado (art. 121, §1°, do CP), praticado pelo agente que age impelido por motivo de relevante valor moral (piedade, misericórdia, compaixão). Neste caso, sua pena será reduzida de um sexto a um terço; **E:** incorreta. A figura do homicídio qualificado-privilegiado, também conhecido como homicídio híbrido, somente será admitido quando a qualificadora for objetiva (art. 121, § 2°, III e IV, do CP), relacionada aos meios e modos de execução do crime. É incompatível a coexistência do privilégio com as qualificadoras de natureza subjetiva (art. 121, § 2°, I, II, V, VI e VII, do CP), tal como a vingança, que pode ser considerada motivo torpe. **AT**

Gabarito "D"

(Delegado/RO – 2014 – FUNCAB) Em relação aos crimes contra a vida, dispostos no Código Penal, é correto afirmar:

(A) No crime de induzimento, instigação ou auxílio a suicídio, disposto no artigo 122 do CP, a pena é duplicada se o crime é praticado por motivo egoístico.

(B) O Código Penal prevê o crime de aborto culposo.

(C) Se do induzimento, instigação ou auxílio ao suicídio resulta lesão corporal de natureza grave na vítima, a conduta daquele que induziu, instigou ou auxiliou a vítima a tentar se suicidar é atípica.

(D) Para a configuração da qualificadora do emprego de veneno no homicídio, disposta no artigo 121, § 2°, inciso III, primeira figura, do CP, não se exige que a vítima desconheça a circunstância de estar sendo envenenada.

(E) O crime de infanticídio, descrito no artigo 123 do CP, prevê também como típica a forma culposa desse delito.

A: correta, uma vez que corresponde à redação do art. 122, parágrafo único, I, do CP, em vigor ao tempo em que foi elaborada esta questão. Este comentário, como não poderia deixar de ser, leva em conta a redação do art. 122 anterior ao advento da Lei 13.968/2019, que promoveu profundas alterações no crime de participação em suicídio. A seguir, falaremos sobre tais mudanças. No dia 26 de dezembro de 2019, quando todos estavam atônitos com a publicação do Pacote Anticrime, ocorrida em 24 de dezembro de 2019, surge no Diário Oficial a Lei 13.968, que conferiu nova redação ao art. 122 do CP, ali incluindo, além do delito que já existia (mas em outras bases), também o crime de induzimento, instigação ou auxílio à automutilação. Com isso, passamos a ter o seguinte *nomem juris*: induzimento, instigação ou auxílio a suicídio ou a automutilação. Antes de mais nada, não podemos deixar de registrar uma crítica ao legislador, que inseriu no catálogo *dos crimes contra a vida* delito que deveria ter sido incluído no capítulo *das lesões corporais*. Refiro-me ao induzimento, instigação ou auxílio à automutilação, que, à evidência, não constitui, nem de longe, crime contra a vida. Além da inserção deste novo crime (induzimento, instigação ou auxílio à automutilação), tratou o legislador de alterar o delito contra a vida já existente de *participação em suicídio*, conferindo nova redação ao tipo penal e inserindo qualificadoras e majorantes. Enfim, o art. 122, que até então contava com um parágrafo único, contém, agora, sete parágrafos. A primeira e mais significativa conclusão a que se chega por meio de uma breve leitura do *caput* deste artigo é que o crime do art. 122 do CP, que era, até então, *material*, passa a ser *formal*. Antes, conforme é sabido, o delito de participação em suicídio somente alcançava a consumação com a produção de resultado naturalístico, ora representado pela morte, ora pela lesão corporal de natureza grave. Ou seja, o crime comportava dois momentos consumativos possíveis. A tentativa não era admitida. Doravante, dada a nova redação conferida ao art. 122, *caput*, do CP, a consumação será alcançada com o mero ato de induzir, instigar ou auxiliar a vítima a suicidar-se ou a automutilar-se.

A morte, se ocorrer, configurará a forma qualificada prevista no art. 122, § 2°; se sobrevier, da tentativa de suicídio ou da automutilação, lesão grave ou gravíssima, restará configurada a forma qualificada do art. 122, § 1°. Perceba que a morte e a lesão grave, na redação anterior, constituíam pressuposto à consumação da participação em suicídio; hoje, trata-se de circunstâncias que qualificam o crime de induzimento, instigação ou auxílio a suicídio ou a automutilação. O § 3° do dispositivo em análise estabelece causas de aumento de pena. Reza que a pena será duplicada: se o crime é praticado por motivo egoístico, torpe ou fútil; e se a vítima é menor ou tem diminuída, por qualquer causa, a capacidade de resistência. O § 4°, por sua vez, impõe um aumento de pena de até o dobro se a conduta é realizada por meio da internet ou rede social ou ainda transmitida em tempo real. Se o sujeito ativo for líder ou coordenador de grupo ou de rede virtual, sua pena será aumentada em metade (§ 5). O § 6° trata da hipótese em que o crime do § 1° deste artigo resulta em lesão corporal de natureza gravíssima e é cometido contra menor de 14 anos ou contra vítima que, por enfermidade ou deficiência mental, não tem o necessário discernimento para a prática do ato, ou que, por qualquer outra causa, está impedido de oferecer resistência, caso em que o agente responderá pelo delito do art. 129, § 2°, do CP; agora, se contra essas mesmas vítimas for cometido o crime do art. 122, § 2°, do CP (suicídio consumado ou morte decorrente da automutilação), o crime em que incorrerá o agente será o de homicídio (art. 121, CP). É o que estabelece o art. 122, § 7°, CP; **B:** incorreta, inexistindo a figura culposa do aborto (arts. 124 a 127, CP). Não é demais ressaltar que se a gestante, ou terceiro, culposamente, causarem abortamento, não responderão pelo crime, à míngua de previsão legal expressa; **C:** incorreta. O crime de induzimento, instigação ou auxílio ao suicídio (art. 122, CP) é considerado um crime condicionado, vale dizer, somente estará configurado se da tentativa do suicídio resultar morte ou lesão corporal de natureza grave, nos termos do preceito secundário do referido tipo penal. Será atípica a conduta do agente se, em razão do induzimento, instigação ou auxílio ao suicídio, a vítima sofrer lesão corporal leve ou não sofrer qualquer lesão. Este comentário corresponde à antiga redação do art. 122 do CP. Com a modificação nele operada pela Lei 13.968/2019, houve várias mudanças no crime de participação em suicídio. Vide comentário à alternativa "A"; **D:** incorreta. De acordo com a doutrina, o venefício (homicídio qualificado pelo emprego de veneno – art. 121, § 2°, III, CP) somente se configura se a vítima desconhecer a circunstância de estar sendo envenenada. Assim, por exemplo, se um, agente, com arma em punho, determina à vítima que ingira grande quantidade de veneno de rato, em caso de morte desta, responderá por homicídio doloso, mas, sem a incidência da qualificadora. Se a morte for lenta e causar dor extrema, poderá se caracterizar o meio cruel. Dentro do tema *homicídio qualificado*, é importante que se diga que, bem recentemente, o Congresso Nacional, ao apreciar os vetos impostos pelo Presidente da República ao PL 6.341/2019 (que deu origem à Lei 13.964/2019), rejeitou (derrubou) vários deles (16 dos 24). Um dos vetos rejeitados é o que extraia do projeto de lei o inciso VIII do § 2° do art. 121 do CP, que criava nova figura qualificada do delito de homicídio, a saber: cometido com o emprego de arma de fogo de uso restrito ou proibido. Com a derrubada do veto, os homicídios praticados com arma de fogo de uso restrito ou proibido passam a ser qualificados. Segundo justificativa apresentada pelo Palácio do Planalto para a imposição do veto, *a propositura legislativa, ao prever como qualificadora do crime de homicídio o emprego de arma de fogo de uso restrito ou proibido, sem qualquer ressalva, viola o princípio da proporcionalidade entre o tipo penal descrito e a pena cominada, além de gerar insegurança jurídica, notadamente aos agentes de segurança pública, tendo em vista que esses servidores poderão ser severamente processados ou condenados criminalmente por utilizarem suas armas, que são de uso restrito, no exercício de suas funções para defesa pessoal ou de terceiros ou, ainda, em situações extremas para a garantia da ordem pública, a exemplo de conflito armado contra facções criminosas*; **E:** incorreta. O infanticídio (art. 123, CP) não tem previsão de modalidade culposa, que, se ocorrer, será atípica (art. 18, parágrafo único, do CP – excepcionalidade do crime culposo).

Gabarito "A"

(Delegado/RJ – 2013 – FUNCAB) Certo Juiz de Direito encaminha ofício à Delegacia de Polícia visando à instauração de inquérito policial em desfavor de determinado Advogado, porque o causídico, em uma ação penal de iniciativa privada, havia, em sede de razões de apelação, formulado protestos e críticas contra o Magistrado, alegando que este fundamentara sua sentença em argumentos puramente fantasiosos. Resta comprovado na investigação que os termos usados pelo Advogado foram duros e que tinham aptidão para ofender a honra do Magistrado, embora empregados de forma objetiva e impessoal. Assim, o Advogado:

(A) deve responder por crime de injúria.

(B) deve responder por crime de desacato.

(C) deve responder por crime de difamação.

(D) deve responder por crime de calúnia.

(E) não responde por crime algum.

A: incorreta, pois o crime de injúria (art. 140, CP) pressupõe que o agente atue de molde a querer macular a honra subjetiva da vítima, ofendendo-lhe a dignidade ou o decoro. Demais disso, a ofensa irrogada em juízo, na discussão da causa, pela parte ou por seu procurador, é causa de exclusão do crime, nos termos do art. 142, I, do CP; **B:** incorreta, pois o crime de desacato (art. 331, CP) pressupõe, de acordo com a doutrina, que as ofensas dirigidas ao funcionário público, ocorram presencialmente (frente a frente), enquanto este estiver no exercício de sua função, ou em razão dela. Assim, ofensas por escrito, ainda que dirigidas a funcionário público, não caracterizarão desacato, mas, eventualmente, crime contra a honra; **C:** incorreta, pois a difamação (art. 139, CP) pressupõe que o agente delitivo impute à vítima fato ofensivo à sua reputação. As palavras do advogado no sentido de que o magistrado prolatara a sentença e a fundamentara em argumentos fantasiosos não constituem um "fato", que deve ter um mínimo de determinação no tempo e espaço; **D:** incorreta, pois a calúnia (art. 138, CP) pressupõe que o agente impute falsamente a alguém um fato definido como crime, o que não se enxerga nas palavras do advogado; **E:** correta. Realmente, as palavras irrogadas pelo advogado tiveram relação direta com o exercício da defesa de seu cliente, aplicando-se o precitado art. 142, I, do CP. Demais disso, o art. 7º, § 2º, do Estatuto da OAB (Lei 8.906/1994), prevê ter o advogado imunidade profissional, não sendo puníveis os crimes de injúria e difamação, desde que no exercício de suas atividades. Atenção: o Projeto de Lei 6.341/2019, que deu origem ao pacote anticrime, previa a inclusão de nova causa de aumento de pena aos crimes contra a honra (calúnia, difamação e injúria), na hipótese de eles serem cometidos ou divulgados em redes sociais ou na rede mundial de computadores, o que foi feito por meio da inserção do § 2º ao art. 141 do CP. O texto original estabelecia que a pena, nesta hipótese, seria triplicada. Ao apreciar o PL, o presidente da República vetou o dispositivo. Posteriormente, o Congresso Nacional derrubou esse veto, de forma que o dispositivo (art. 141, § 2º) que, no projeto original, previa que a pena fosse triplicada nos crimes contra a honra praticados ou divulgados em redes sociais ou na rede mundial de computadores, foi reincorporado ao pacote anticrime, nos seguintes termos: *se o crime é cometido ou divulgado em quaisquer modalidades das redes sociais da rede mundial de computadores, aplica-se em triplo a pena.* O presidente da República, ao vetar este dispositivo, ponderou que *a propositura legislativa, ao promover o incremento da pena no triplo quando o crime for cometido ou divulgado em quaisquer modalidades das redes da rede mundial de computadores, viola o princípio da proporcionalidade entre o tipo penal descrito e a pena cominada, notadamente se considerarmos a existência de legislação atual que já tutela suficientemente os interesses protegidos pelo Projeto, ao permitir o agravamento da pena em um terço na hipótese de qualquer dos crimes contra a honra ser cometido por meio que facilite a sua divulgação. Ademais, a substituição da lavratura de termo circunstanciado nesses crimes, em razão da pena máxima ser superior a dois anos, pela necessária abertura de inquérito policial, ensejaria, por conseguinte, superlotação das delegacias, e, com isso, redução do tempo e da força de trabalho para se dedicar ao combate de crimes graves, tais como homicídio e latrocínio.*

Gabarito "E".

(Delegado/RJ – 2013 – FUNCAB) Silmara, Nicanor convence a gestante a abortar, orientando-a a procurar uma clínica clandestina. Durante o procedimento abortivo, praticado pelo médico Horácio, Silmara sofre grave lesão, decorrente da imperícia do profissional, perdendo, pois, sua capacidade reprodutiva. Nesse contexto, considerando que a intervenção cirúrgica não era justificada pelo risco de morte para a gestante ou em virtude de estupro prévio, Silmara, Nicanor e Horácio responderão, respectivamente, pelos crimes de:

(A) consentimento para o aborto (artigo 124, 2ª parte, CP); consentimento para o aborto (artigo 124, 2ª parte, CP); e aborto praticado por terceiro com consentimento, em concurso de crimes com o delito de lesão corporal qualificada (artigo 126 c/c artigo 129, § 2º, III, ambos do CP).

(B) consentimento para o aborto (artigo 124, 2ª parte, CP); aborto provocado por terceiro com consentimento especialmente agravado (artigo 126 c/c artigo 127, ambos do CP); e aborto provocado por terceiro com consentimento especialmente agravado (artigo 126 c/c artigo 127, ambos do CP).

(C) consentimento para o aborto (artigo 124, 2ª parte, CP); consentimento para o aborto (artigo 124, 2ª parte, CP); e aborto provocado por terceiro com consentimento especialmente agravado (artigo 126 c/c artigo 127, ambos do CP).

(D) autoaborto (artigo 124, 1ª parte, CP); aborto praticado por terceiro com consentimento, em concurso de crimes com o delito de lesão corporal qualificada (artigo 126 c/c artigo 129, § 2º, III, ambos do CP); e aborto praticado por terceiro com consentimento, em concurso de crimes com o delito de lesão corporal qualificada (artigo 126 c/c artigo 129, § 2º, III, ambos do CP).

(E) autoaborto (artigo 124, 1ª parte, CP); aborto provocado por terceiro com consentimento especialmente agravado (artigo 126 c/c artigo 127, ambos do CP); e aborto provocado por terceiro com consentimento especialmente agravado (artigo 126 c/c artigo 127, ambos do CP).

No caso relatado no enunciado, imprescindível que façamos a tipificação da conduta de cada um dos envolvidos. Assim, temos que, no tocante à gestante Silmara, o crime a ser imputado é o de aborto consentido (art. 124, 2ª parte, do CP), visto que consentiu que terceiro (Horácio) nela provocasse o aborto. Não se cogita, aqui, de autoaborto (art. 124, 1ª parte, do CP), visto que este pressupõe que a própria gestante provoque, em si, o aborto, praticando as manobras abortivas (fato que inocorreu, já que o abortamento foi executado pelo médico Horácio). Quanto a Nicanor, por haver convencido Silmara a consentir com o aborto, responderá como partícipe do mesmo crime (art. 124, 2ª parte, do CP). Frise-se que o crime em questão, por ser considerado de mão própria, não admite coautoria, mas, apenas, participação. Por fim, quanto ao médico Horácio, que executou o aborto, responderá pelo crime do art. 126, CP (aborto praticado por terceiro com o consentimento da gestante). Ainda, como a gestante sofreu lesões corporais graves, consistentes na perda da função reprodutiva, incidirá, ainda, a circunstância majorante prevista no art. 127 do CP (se em consequência do aborto ou dos meios empregados resultar lesão corporal grave). Não se pode falar em crime "autônomo" de lesões corporais graves (art. 129, § 2º, III, CP), visto que estas, para o aborto, constituem resultado imputado ao agente a título de culpa, gerando majoração da pena.

Gabarito "C".

(Delegado/PR – 2013 – UEL-COPS) Leia o texto a seguir. Paulo, diante de séria discussão com Pedro, dirigiu-se até a sua residência e, visando causar mal injusto contra este, apanhou uma arma de fogo e, de dentro de seu quintal mas em direção à via pública, efetuou vários disparos contra a pessoa de Pedro. Vale ressaltar que Paulo tinha registro de sua arma de fogo e que Pedro foi socorrido por terceiros e não veio a óbito. **Diante do caso exposto, Paulo responderá pelo crime de**

(A) tentativa de homicídio, em concurso material com o crime de disparo de arma de fogo, por força do Art. 69 do Código Penal.

(B) tentativa de homicídio, em concurso formal com o crime de disparo de arma de fogo, por força do Art. 70 do Código Penal.

(C) tentativa de homicídio, não respondendo pelo crime de disparo de arma de fogo, haja vista que este é crime subsidiário.

(D) tentativa de homicídio, em continuidade delitiva com o crime de disparo de arma de fogo, por força do Art. 71 do Código Penal.

(E) disparo de arma de fogo, não respondendo pela tentativa de homicídio, haja vista que o crime definido no Art. 15 da Lei 10.826/2003 tutela a segurança pública.

No caso em questão, fica claro que a intenção de Paulo era a de causar mal injusto contra Pedro, atirando diversas vezes contra a vítima. Logo, evidente o ânimo homicida, gerando, porém, a imputação de homicídio em sua forma tentada, haja vista a não verificação do resultado morte. A dúvida diz respeito aos disparos de arma de fogo, devidamente registrada em nome de Paulo. Nos termos do art. 15 do Estatuto do Desarmamento (Lei 10.826/2003), temos que se considera crime de disparo de arma de fogo a conduta do agente de "disparar arma de fogo ou acionar munição em lugar habitado ou em suas adjacências, em via pública ou em direção a ela, desde que essa conduta não tenha como finalidade a prática de outro crime". Assim, estamos diante de subsidiariedade expressa, vale dizer, o crime de disparo de arma somente se caracteriza quando não for praticado com a finalidade de cometimento de outro crime. Logo, Paulo deverá responder apenas por tentativa de homicídio.

Gabarito "C".

(Delegado de Polícia/GO – 2013 – UEG) Lekão do Cerrado atira de longa distância em Buguelo, com a intenção de testar a eficácia do tiro da pistola que recentemente adquirira. No momento do disparo vislumbra que Buguelo, caso atingido, poderá morrer, tendo em conta o grande poder vulnerante da arma, conforme afiançado pelo vendedor; mesmo assim, aciona o gatilho, vindo o projétil atingir Buguelo que tomba morto na mata. Nessa situação, Lekão do Cerrado pratica um crime de

(A) perigo para a vida ou saúde de outrem

(B) homicídio doloso

(C) homicídio culposo

(D) disparo de arma de fogo

A: incorreta, pois o resultado morte demonstra que não houve mera causação de perigo para a vida ou saúde de outrem (art. 132 do CP), mas, sim, um crime de dano ao bem jurídico; **B:** correta. O enunciado retrata, indiscutivelmente, a prática do crime de homicídio doloso. Afinal, Lekão do Cerrado atirou em direção à vítima

1. DIREITO PENAL

Buguelo, matando-a. O fato de, ao efetuar o disparo, querer testar a eficácia do tiro da pistola, que, segundo o vendedor, tinha grande poder vulnerante, demonstra ter agido com *dolo eventual*, especialmente ao antever que, caso atingida a vítima, esta poderia morrer. Aqui, ficou claro que assumiu o risco de produzir o resultado (art. 18, I, segunda figura, do CP); **C**: incorreta, pois, da narrativa, não se extrai que o resultado morte adveio de imprudência, negligência ou imperícia do atirador, mas, como visto, de dolo eventual; **D**: incorreta. O disparo de arma de fogo (art. 15 da Lei 10.826/2003) é, sem dúvida, crime-meio, constituindo-se em etapa para o cometimento do crime-fim (homicídio doloso).
Gabarito "B".

(Delegado/BA – 2013 – CESPE) Suponha que em naufrágio de embarcação de grande porte, tenha havido tombamento das cabines e demais dependências, antes da evacuação da embarcação e resgate dos passageiros e, em razão desse fato, os sobreviventes tenham sofrido diversos tipos de lesões corporais e centenas tenham morrido por politraumatismo e afogamento. Com base nessa situação hipotética, julgue o item seguinte.

(1) Caso seja comprovada imperícia, negligência ou imprudência da tripulação, esta poderá responder judicialmente pelo crime de homicídio em relação às mortes ocorridas no naufrágio.

1: correta. Muito embora a questão em comento dê margem a discussões, visto que o enunciado é um tanto amplo, pode-se concluir que, se por imprudência, negligência ou imperícia da tripulação da embarcação, cabines e demais dependências tiverem tombado antes da evacuação, causando a morte de passageiros do navio, poderá ser imputado àquele que tiver tido comportamento causador dos resultados lesivos à vida o crime de homicídio culposo.
Gabarito 1C.

(Delegado/GO – 2009 – UEG) Sobre o crime de homicídio, é CORRETO afirmar:

(A) a natureza jurídica da sentença concessiva do perdão judicial, no homicídio culposo, segundo orientação sumulada do Superior Tribunal de Justiça, é condenatória, não subsistindo efeitos secundários.

(B) existe a possibilidade da coexistência entre o homicídio praticado por motivo de relevante valor moral e o homicídio praticado com emprego de veneno.

(C) a conexão teleológica que qualifica o homicídio ocorre quando é praticado para ocultar a prática de outro delito ou para assegurar a impunidade dele.

(D) a futilidade para qualificar o homicídio deve ser apreciada subjetivamente, ou seja, pela opinião do sujeito ativo.

A: incorreta. Segundo orientação esposada na Súmula 18 do STJ, a sentença concessiva do perdão judicial tem natureza *declaratória da extinção da punibilidade*, não subsistindo qualquer efeito condenatório; **B**: correta. Há compatibilidade na medida em que o *emprego de veneno* constitui qualificadora de caráter objetivo; **C**: incorreta. *Teleológica* é a conexão em que o homicídio é praticado com o fim de assegurar a execução de outro crime. Se o homicídio é cometido com o fito de ocultar o cometimento de outro delito ou para assegurar a impunidade dele, está-se então diante da chamada *conexão consequencial*; **D**: incorreta. A futilidade, ao contrário, deve ser apreciada em caráter objetivo.
Gabarito "B".

(Delegado/PB – 2009 – CESPE) Assinale a opção correta com relação ao crime de homicídio.

(A) No homicídio qualificado pela paga ou promessa de recompensa, o STJ entende atualmente que a qualificadora não se comunica ao mandante do crime.

(B) Referente ao motivo torpe, a vingança pode ou não configurar a qualificadora, a depender da causa que a originou.

(C) A ausência de motivo configura motivo fútil, apto a qualificar o crime de homicídio.

(D) Para a configuração da qualificadora relativa ao emprego de veneno, é indiferente o fato de a vítima ingerir a substância à força ou sem saber que o está ingerindo.

(E) A qualificadora relativa ao emprego de tortura foi tacitamente revogada pela lei específica que previu o crime de tortura com resultado morte.

A: incorreta, uma vez que a posição consolidada do STJ é no sentido de que a qualificadora da paga ou promessa de recompensa (art. 121, § 2º, I, do CP) comunica-se ao mandante do crime. Confira-se: "Habeas corpus. *Homicídio mediante paga. Exclusão de qualificadoras. Inviabilidade. Paga ou promessa de*

recompensa. Comunicabilidade. Recurso que impossibilitou a defesa da vítima. Revolvimento do conjunto fático-probatório. Impossibilidade. 1. No homicídio mercenário, a qualificadora da paga ou promessa de recompensa é elementar do tipo qualificado e se estende ao mandante e ao executor. (...)" (HC 99144 / RJ; *Habeas corpus* 2008/0015031-9, Rel. Min. Og Fernandes, *DJe* 09.12.2008); **B**: correta, visto que a vingança pode, ou não, constituir motivo torpe, sendo necessário que se analise o caso concreto para que se possa aferir se o motivo que a originou foi repugnante ou vil (torpe); **C**: incorreta, uma vez que "(...) não se pode confundir, como se pretende, ausência de motivo com futilidade. Assim, se o sujeito pratica o fato sem razão nenhuma, não incide essa qualificadora, à luz do princípio da reserva legal" (STJ, REsp. 769651/SP, Rel. Min. Laurita Vaz, 5ª T., *DJ* 15.05.2006, p. 281). Há quem sustente, contudo, que a ausência de motivo configura a qualificadora do motivo torpe (e não o motivo fútil); **D**: incorreta, pois o venefício (homicídio praticado com o emprego de veneno), de acordo com a doutrina, pressupõe que seja ministrado insidiosamente, vale dizer, sem que a vítima perceba ou tenha conhecimento prévio; **E**: incorreta, pois a qualificadora da tortura (art. 121, § 2º, III, do CP) não se confunde com o crime de tortura qualificado pela morte (v. Lei 9.455/1997), que pressupõe dolo no antecedente (na tortura) e culpa no consequente (na morte), diversamente do que ocorre com o homicídio qualificado pela tortura (o agente emprega a tortura como meio de execução para alcançar a morte da vítima, impondo-lhe um sofrimento ainda maior).
Gabarito "B".

(Delegado/PI – 2009 – UESPI) De acordo com os crimes contra a pessoa, marque a alternativa correta.

(A) É possível, em algumas hipóteses, que o crime de homicídio seja qualificado e privilegiado ao mesmo tempo, e, nessa situação, o homicídio, para a doutrina e jurisprudência majoritárias, será crime hediondo.

(B) João induz e auxilia Maria a suicidar-se, porém esta, ao tentar tirar a própria vida, sofre apenas lesões leves. Nesse caso, João deverá responder por tentativa do crime de induzimento, instigação ou auxílio ao suicídio estabelecido no art. 122 do Código Penal.

(C) No Código Penal brasileiro, o aborto só é punido na modalidade dolosa, não sendo possível, em nenhuma hipótese, punir penalmente o aborto culposo.

(D) João, intencionalmente, lesionou o seu próprio pai, que ficou por vinte e cinco dias impossibilitado de realizar suas ocupações habituais. Nesta situação, João responderá pelo crime de lesão corporal leve, crime de menor potencial ofensivo, tipificado no art. 129, *caput*, do Código Penal.

(E) O crime de ameaça, segundo a Lei 9.099/1995, é de menor potencial ofensivo, pois a sua pena máxima é de 6 (seis) meses, e a ação penal é pública incondicionada.

A: incorreta, pois, majoritariamente, entende-se que o homicídio qualificado-privilegiado (ou homicídio híbrido) não é considerado crime hediondo (STJ, HC 43043/MG; TJRS, Ag 70029895315; TJMG, AC 1.0621); **B**: incorreta. Isso porque o crime de induzimento, instigação ou auxílio ao suicídio, previsto no art. 122, *caput*, CP, era, ao tempo em que foi elaborada esta questão, daqueles que exigia resultado naturalístico específico para a sua consumação (morte ou lesão corporal de natureza grave), conforme constava da redação anterior do preceito secundário do tipo penal. Assim, se a vítima, ainda que induzida pelo agente a suicidar-se, sofresse tão somente lesão corporal de natureza leve, o fato seria atípico. A tentativa deste delito não era admitida. Pois bem. Isso mudou com o advento da Lei 13.968, de 26 de dezembro de 2019, que conferiu nova redação ao art. 122 do CP, ali incluindo, além do delito que já existia (mas em outras bases), também o crime de induzimento, instigação e auxílio à automutilação. Com isso, passamos a ter o seguinte *nomem juris*: induzimento, instigação ou auxílio a suicídio ou a automutilação. Antes de mais nada, não podemos deixar de registrar uma crítica ao legislador, que inseriu no catálogo *dos crimes contra a vida* delito que deveria ter sido incluído no capítulo *das lesões corporais*. Refiro-me ao induzimento, instigação ou auxílio à automutilação, que, à evidência, não constitui, nem de longe, crime contra a vida. Além da inserção deste novo crime (induzimento, instigação ou auxílio à automutilação), tratou o legislador de alterar o delito contra a vida já existente de *participação em suicídio*, conferindo nova redação ao tipo penal e inserindo qualificadoras e majorantes. Enfim, o art. 122, que até então contava com um parágrafo único, contém, agora, sete parágrafos. A primeira e mais significativa conclusão a que se chega por meio de uma breve leitura do *caput* deste artigo é que o crime do art. 122 do CP, que era, até então, *material*, passa a ser *formal*. Antes, conforme é sabido, o delito de participação em suicídio somente alcançava a consumação com a produção de resultado naturalístico, ora representado pela morte, ora pela lesão corporal de natureza grave. Ou seja, o crime comportava dois momentos consumativos possíveis. A tentativa não era admitida. Doravante, dada a nova redação conferida ao art. 122, *caput*, do CP, a consumação será alcançada com o mero ato de induzir, instigar ou auxiliar a vítima a suicidar-se ou a automutilar-se. A morte, se ocorrer, configurará a forma qualificada prevista no art. 122, § 2°; se sobrevier, da tentativa de suicídio ou da automutilação, lesão grave ou gravíssima, restará configurada a forma qualificada do art. 122, § 1°. Perceba que a morte e a lesão grave, na redação anterior, constituíam pressuposto à consumação da participação em suicídio; hoje, trata-se de circunstâncias que qualificam o crime de induzimento, instigação ou auxílio a suicídio ou a automutilação. O § 3° do dispositivo em análise estabelece causas de aumento de pena. Reza que a pena será duplicada: se o crime é praticado por motivo egoístico, torpe ou fútil; e se a vítima é menor ou tem diminuída, por qualquer causa, a capacidade de resistência. O § 4°, por sua vez, impõe um aumento de pena de até o dobro se a conduta é realizada por meio da internet ou rede social ou ainda transmitida em tempo real. Se o sujeito ativo for líder ou coordenador de grupo ou de rede virtual, sua pena será aumentada em metade (§ 5). O § 6° trata da hipótese em que o crime do § 1° deste artigo resulta em lesão corporal de natureza gravíssima e é cometido contra menor de 14 anos ou contra vítima que, por enfermidade ou deficiência mental, não tem o necessário discernimento para a prática do ato, ou que, por qualquer outra causa, está impedido de oferecer resistência, caso em que o agente responderá pelo delito do art. 129, § 2°, do CP; agora, se contra essas mesmas vítimas for cometido o crime do art. 122, § 2°, do CP (suicídio consumado ou morte decorrente da automutilação), o crime em que incorrerá o agente será o de homicídio (art. 121, CP). É o que estabelece o art. 122, § 7°, CP. Questão que por certo suscitará acalorados debates na doutrina e na jurisprudência diz respeito à competência para o julgamento deste crime. Seria o Tribunal do Júri competente para o julgamento tanto da conduta de participação em suicídio quanto a de participação em automutilação? Não há dúvidas que o sujeito que induz, instiga ou presta auxílio a alguém com o fim de que este dê cabo de sua própria vida deve ser julgado pelo Tribunal Popular, como sempre ocorreu. Ou seja, nunca se discutiu a competência do Tribunal do Júri para o julgamento do crime do art. 122 do CP na sua redação original. Sucede que, agora, com a nova redação conferida a este dispositivo e a inclusão de nova conduta desprovida de *animus necandi*, surge a dúvida quanto à competência para o julgamento da participação em automutilação. Aguardemos; **C**: correta, visto que o crime de aborto, em qualquer de suas modalidades (arts. 124 a 127 do CP), sempre será punido a título de dolo (ainda que existam as formas preterdolosas do art. 127 do CP), inexistindo, de fato, aborto culposo; **D**: incorreta (art. 129, § 9°, do CP – violência doméstica); **E**: incorreta, uma vez que o crime de ameaça, descrito no art. 147 do CP, embora seja considerado de menor potencial ofensivo, dada sua pena máxima não superar dois anos, é daqueles que somente se procede mediante representação (ação penal pública condicionada). Dentro do tema *crimes contra a liberdade pessoal*, capítulo no qual está inserido o crime de ameaça, importante que se diga que a recente Lei 14.132/2021 introduziu no art. 147-A o chamado crime de *perseguição*, mundialmente conhecido como *stalking*. O núcleo do tipo, representado pelo verbo *perseguir*, encerra a ideia de uma conduta que revela, por parte do agente, um comportamento obsessivo e insistente dirigido a pessoa determinada. O dispositivo exige que a perseguição se dê de forma reiterada, isto é, constante e habitual; do contrário, não há que se falar na configuração deste delito. Disso se infere que o agente que, numa única oportunidade, aborda a vítima de forma inconveniente não poderá ser responsabilizado, já que, como dito, o tipo penal pressupõe habitualidade na sua execução. É o caso do homem que, inconformado com a rejeição da mulher que conhecera em uma festa, passa a persegui-la de forma insistente e reiterada, quer enviando-lhe mensagens de texto por meio de aplicativos, quer abordando a vítima no trabalho, na sua residência ou em via pública. Trata-se, como se pode ver, de uma intromissão reiterada e indesejada na vida privada da vítima, que se sente acuada e abalada psicologicamente. Também é típico exemplo de *stalking* a conduta do ex-namorado/ex-marido que, diante da recusa da vítima em manter o relacionamento, passa a ameaçá-la de morte, restringir sua liberdade de locomoção, com abordagens indesejadas e inconvenientes, ou, de qualquer outra forma (este crime é de forma livre), perturbar sua esfera de liberdade. Nos dois exemplos acima, colocamos, como sujeito passivo do crime, a mulher. Embora isso seja bem mais comum, certo é que como tal pode figurar tanto esta quanto o homem. Quanto ao sujeito ativo não é diferente: pode ser tanto o homem quanto a mulher (é crime comum). O § 1° do dispositivo contempla causas de aumento de pena, a incidir nas hipóteses em que o crime é praticado: I – contra criança, adolescente ou idoso; II – contra mulher por razões da condição de sexo feminino, nos termos do § 2°-A do art. 121 deste Código; III – mediante concurso de 2 (duas) ou mais pessoas ou com o emprego de arma. Estabelece o § 2° deste art. 147-A que as penas serão aplicadas sem prejuízo das correspondentes à violência. Por fim, registre-se que a ação penal, tal como na ameaça, é pública condicionada à representação da vítima (art. 147-A, § 3°, CP).

Gabarito "C".

(Delegado/PI – 2009 – UESPI) Com relação aos crimes contra a honra, assinale a opção correta.

(A) Segundo o Código Penal, é possível o instituto da exceção da verdade no crime de calúnia e no crime de injúria.

(B) O crime de injúria, segundo o Código Penal, não admite os institutos da retratação e do perdão judicial.

(C) Quando a injúria consiste na utilização de elementos referentes à raça e à cor deve ser afastado o Código Penal e aplicada a lei específica que trata do crime de racismo.

(D) Segundo o Código Penal, quando da injúria real (ou qualificada) resulta lesão corporal, a ação penal passa a ser pública incondicionada.

(E) Não constitui calúnia, difamação ou injúria a ofensa irrogada em juízo, na discussão da causa, pela parte ou por seu procurador.

A: incorreta. O delito de *injúria* (art. 140 do CP) não admite a *exceção da verdade*; a *calúnia* (art. 138 do CP) e a *difamação* (art. 139 do CP), por sua vez, comportam o instituto, previsto, respectivamente, nos arts. 138, § 3°, e 139, parágrafo único, ambos do CP, ressaltando-se que na *difamação* somente é admitida a *exceção de verdade* se o ofendido é funcionário público e a ofensa é relativa ao exercício de suas funções; **B**: incorreta. A *retratação* de fato não é admitida, conforme dispõe o art. 143 do CP; já o *perdão judicial* é admitido (art. 140, § 1°, I e II, do CP); **C**: incorreta. Se a injúria consiste na utilização de elementos relativos à raça, à cor, entre outros, deve incidir o art. 140, § 3°, do CP; **D**: correta, art. 145, *caput*, do CP; **E**: incorreta. A exclusão a que alude o art. 142, I, do CP abrange somente os crimes de injúria e difamação, não alcançando a calúnia. Atenção: o Projeto de Lei 6.341/2019, que deu origem ao pacote anticrime, previa a inclusão de nova causa de aumento de pena aos crimes contra a honra (calúnia, difamação e injúria), na hipótese de eles serem cometidos ou divulgados em redes sociais ou na rede mundial de computadores, o que foi feito por meio da inserção do § 2° ao art. 141 do CP. O texto original estabelecia que a pena, nesta hipótese, seria triplicada. Ao apreciar o PL, o presidente da República vetou o dispositivo. Posteriormente, o Congresso Nacional derrubou esse veto, de forma que o dispositivo (art. 141, § 2°) que, no projeto original, previa que a pena fosse triplicada nos crimes contra a honra praticados ou divulgados em redes sociais ou na rede mundial de computadores, foi reincorporado ao pacote anticrime, nos seguintes termos: *se o crime é cometido ou divulgado em quaisquer modalidades das redes sociais da rede mundial de computadores, aplica-se em triplo a pena*. O presidente da República, ao vetar este dispositivo, ponderou que *a propositura legislativa, ao promover o incremento da pena no triplo quando o crime for cometido ou divulgado em quaisquer modalidades das redes da rede mundial de computadores, viola o princípio da proporcionalidade entre o tipo penal descrito e a pena cominada, notadamente se considerarmos a existência de legislação atual que já tutela suficientemente os interesses protegidos pelo Projeto, ao permitir o agravamento da pena em um terço na hipótese de qualquer dos crimes contra a honra ser cometido por meio que facilite a sua divulgação. Ademais, a substituição da lavratura de termo circunstanciado nesses crimes, em razão da pena máxima ser superior a dois anos, pela necessária abertura de inquérito policial, ensejaria, por conseguinte, superlotação das delegacias, e, com isso, redução do tempo e da força de trabalho para se dedicar ao combate de crimes graves, tais como homicídio e latrocínio.*

Gabarito "D".

(Delegado/RJ – 2009 – CEPERJ) Considerando os delitos contra a pessoa, julgue os itens abaixo.

I. No homicídio preterintencional, o agente responderá por culpa com relação ao resultado morte.

II. Mário e Bruno, pretendendo matar Nilo, mediante o uso de arma de fogo, postaram-se de emboscada, ignorando cada um o comportamento do outro. Ambos atiraram na vítima, que veio a falecer em virtude dos ferimentos ocasionados pelos projéteis disparados pela arma de Bruno. Nessa situação, é correto afirmar que Mário e Bruno são coautores do homicídio perpetrado.

III. O agente que, para livrar um doente, sem possibilidade de cura, de graves sofrimentos físicos e morais, pratica a eutanásia com o consentimento da vítima, deve, em tese, responder por homicídio privilegiado, já que agiu por relevante valor moral, que compreende também os interesses individuais do agente, entre eles a piedade e a compaixão.

IV. Caio e Tício, sob juramento, decidiram morrer na mesma ocasião. Para isso, ambos trancaram-se em um quarto hermeticamente fechado e Caio abriu a torneira de um botijão de gás; todavia, apenas Tício morreu. Nessa situação, Caio deverá responder por participação em suicídio.

V. Um indivíduo, a título de correção, amarrou sua esposa ao pé da cama, deixando-a em um quarto escuro e fétido. Nesse caso, o indivíduo responderá pelo crime de maus-tratos. Estão certos apenas os itens

(A) I e III

(B) I, III e V

1. DIREITO PENAL   377

(C) I, II e V

(D) II e IV

(E) IV e V

I: correta, visto que o homicídio preterintencional é aquele que se caracteriza pela prática de uma lesão corporal seguida de morte (art. 129, § 3º, do CP), considerada crime preterdoloso (dolo na lesão corporal e culpa no resultado morte); **II:** incorreta, uma vez que Mário e Bruno não podem ser considerados coautores do homicídio, na medida em que não existia entre eles um liame subjetivo ou vínculo psicológico, requisito indispensável à configuração do concurso de pessoas. Assim, a assertiva em questão consagra o que doutrinariamente se denomina de autoria colateral (ou coautoria lateral), que, repita-se, não se confunde com qualquer das espécies do concurso de agentes (coautoria e participação). Nesse caso, somente Bruno é considerado autor do homicídio, podendo haver a imputação da forma tentada a Mário, que, frise-se, não é coautor do crime perpetrado pelo outro agente; **III:** correta, uma vez que a eutanásia é o clássico exemplo de homicídio praticado por motivo de relevante valor moral (compaixão, pena, comiseração), circunstância capaz de configurar o homicídio privilegiado (art. 121, § 1º, do CP); **IV:** incorreta, uma vez que no chamado "pacto de morte", aquele que praticar atos executórios capazes de gerar a morte do outro e esta ocorrer, terá praticado homicídio (art. 121 do CP) e não participação em suicídio (art. 122 do CP); **V:** incorreta, pois o crime de maus-tratos, previsto no art. 136 do CP, somente pode ser perpetrado por agente que exerça a guarda, vigilância ou autoridade sobre a vítima, o que, à evidência, não se verifica na relação "marido-mulher". A depender da intensidade do sofrimento da vítima, e da intenção do agente, poderia restar configurado o crime de tortura (Lei 9.455/1997).
Gabarito "A".

(Delegado/SC – 2008) Analise as alternativas a seguir. Todas estão corretas, exceto:

(A) Na tentativa perfeita ou acabada de homicídio o agente esgota o processo de execução desse crime, fazendo tudo o que podia para matar, exaurindo sua capacidade de vulneração da vítima.

(B) O homicídio é delito formal.

(C) O homicídio privilegiado não é considerado crime hediondo.

(D) No homicídio, a vingança por si só não leva necessariamente ao reconhecimento da qualificadora da torpeza.

A: correta. É o chamado *crime falho*; **B:** incorreta. O homicídio é delito material, já que a lei o descreve um resultado (morte) e exige que este ocorra para que o crime atinja sua consumação; **C:** correta. São hediondos, nos termos do art. 1º, I, da Lei 8.072/1990, o homicídio simples, quando praticado em atividade típica de grupos de extermínio, ainda que por um só agente, e o homicídio qualificado; **D:** correta. A doutrina entende que tudo depende do motivo que deu origem à vingança. Se a vingança foi originada por um *motivo torpe*, caracterizada estará a qualificadora.
Gabarito "B".

(Delegado/SC – 2008) Analise as alternativas e assinale a correta.

(A) Tentativa cruenta de homicídio é aquela que causa sofrimento desnecessário à vítima ou revela uma brutalidade incomum, em contraste com o mais elementar sentimento de piedade humana.

(B) O latrocínio (roubo qualificado com resultado morte) é uma modalidade especial de homicídio.

(C) O crime de homicídio não pode ser causado por omissão.

(D) As circunstâncias legais contidas na figura típica do homicídio privilegiado são de natureza subjetiva.

A: incorreta. *Cruenta* é a tentativa em que a vítima é atingida; **B:** incorreta. O latrocínio está capitulado no art. 157, § 3º, II, do CP (roubo qualificado pelo resultado morte), que tem característica a presença de *dolo* na conduta antecedente (subtração) e *dolo* ou *culpa* na subsequente (morte). É crime contra o patrimônio a ser julgado pelo juízo comum; **C:** incorreta. O homicídio comporta as formas comissiva e omissiva. A relevância penal da omissão, em se tratando de crime omissivo impróprio, como é o caso do homicídio, está no art. 13, § 2º, do CP; **D:** correta, art. 121, § 1º, do CP (caso de diminuição de pena).
Gabarito "D".

(Delegado/SP – 2011) Admite exceção da verdade o crime de

(A) calúnia, se o fato é imputado à presidente da república;

(B) injúria, independentemente de qualquer requisito

(C) difamação, se o ofendido é funcionário público e a ofensa é relativa ao exercício de suas funções;

(D) difamação, independentemente de qualquer requisito.

(E) calúnia, independentemente de qualquer requisito.

A: incorreta (art. 138, § 3º, II, do CP), pois não se admite a exceção da verdade se o agente for Presidente da República; **B:** incorreta, pois é inadmissível a exceção da verdade no crime de injúria, que se caracteriza pela ofensa à honra subjetiva

---

da vítima; **C:** correta (art. 139, parágrafo único, do CP), tratando-se da única hipótese em que se admite a exceção da verdade no crime de difamação; **D:** incorreta, pelas razões trazidas na alternativa anterior; **E:** incorreta, pois embora a regra seja a da admissibilidade da exceção da verdade no crime de calúnia, ela não será admitida nas hipóteses do § 3º do precitado art. 138 do CP.
Gabarito "C".

(Delegado/SP – 2011) Tratando-se do crime de lesão corporal previsto no artigo 129, § 1º, inciso II, do CPB (perigo de vida), assinale a alternativa correta

(A) É uma figura típica exclusivamente culposa;

(B) É uma figura típica exclusivamente preterdolosa;

(C) O perigo de vida não deve necessariamente ser "concreto" para incidência da qualificadora;

(D) O exame de corpo de delito (pericial) na vítima é dispensável para a caracterização da qualificadora em questão;

(E) É hipótese que caracteriza a culpa consciente.

A: incorreta, pois a lesão corporal grave da qual resulta perigo de vida (art. 129, § 1º, II, do CP) é figura preterdolosa (há dolo nas lesões corporais e culpa na qualificadora). Portanto, a lesão corporal em comento não é figura típica culposa, mas, em verdade, preterdolosa; **B:** correta, pelas razões trazidas na alternativa anterior. Frise-se que se a intenção do agente fosse, com sua conduta, matar a vítima, estaríamos diante de homicídio (art. 121 do CP), ainda que em sua forma tentada; **C:** incorreta. De acordo com Rogério Sanches, "... *o perigo de vida deve ser presente, real, e não somente opinado, resultado de simples conjecturas*" (*Curso de Direito Penal – Parte Geral*. 4. ed. Ed. JusPODIVM, p. 110). Trata-se, de fato, de crime que exige prova pericial que comprove que as lesões perpetradas pelo agente colocaram a vida da vítima em efetivo risco; **D:** incorreta. Como visto anteriormente, o perigo de vida deve ser concreto e comprovado pericialmente. Tal se extrai da própria leitura do art. 168 do CPP. Além disso, o crime em comento é daquele que deixa vestígios, motivo pelo qual o exame de corpo de delito é indispensável (art. 158 do CPP); **E:** incorreta. Como já discutido, o crime de lesão corporal grave tipificado no art. 129, § 1º, II, do CP, é preterdoloso, e não culposo.
Gabarito "B".

(Delegado/SP – 2008) No crime de rixa em que os agentes cometem condutas contra pessoa, que, por sua vez, comporta-se da mesma maneira e é também sujeito ativo do delito, fala-se doutrinariamente em

(A) crime de condutas paralelas.

(B) crime de condutas convergentes.

(C) crime de condutas contrapostas.

(D) crime de condutas dependentes.

(E) crime de condutas monossubjetivas.

O crime de rixa, capitulado no art. 137 do CP, consiste numa briga tumultuada entre três ou mais pessoas, em que os participantes trocam agressões de forma recíproca e indistinta. Não é possível, por essa razão, definir grupos de agressores. Daí por que a doutrina classifica como crime de condutas contrapostas.
Gabarito "C".

(Delegado/SP – 2008) Sobre os crimes contra a vida previstos no Código Penal brasileiro, está incorreto afirmar que

(A) não pratica conduta típica a gestante que, por imprudência, dá causa à interrupção da gravidez.

(B) não se admite a figura tentada no crime de participação em suicídio.

(C) respondem por infanticídio, não por homicídio, tanto a mãe que, em estado puerperal, presta auxílio, quanto o terceiro que, auxiliado por aquela, pratica atos executórios de homicídio sobre o recém-nascido.

(D) no crime de homicídio doloso, existe perfeita compatibilidade entre as circunstâncias legais do privilégio e as qualificadoras de ordem subjetiva.

A: correta. Não há, no ordenamento jurídico, previsão de aborto culposo; **B:** correta. Não há tentativa do crime de *participação em suicídio* porque só há punição com a ocorrência de morte ou lesões graves, hipóteses em que o crime já é considerado consumado. Se a vítima sofre, em decorrência da tentativa de suicídio, lesões leves, o fato é atípico. Este comentário não levou em conta as alterações promovidas pela Lei 13.968/2019 no crime de participação em suicídio, que era, até então, material e passou a ser, com a modificação legislativa, formal, não mais exigindo, à sua consumação, a ocorrência de morte ou lesão grave. Basta, doravante, que o agente induza, instigue ou auxilie terceiro a suicidar-se; **C:** correta. É consenso na doutrina que, no infanticídio, as condições de *ser mãe* e de *estar sob a influência do estado puerperal*, por força do art. 30 do CP, comunicam-se aos coautores e partícipes, fazendo com que todos respondam pelo crime capitulado no art. 123 do CP; **D:** incorreta. Somente é possível compatibilizar as circunstâncias legais do privilégio, que são de *caráter subjetivo*, com as qualificadoras de *ordem objetiva*. É o chamado *homicídio qualificado-privilegiado*.

Gabarito "D".

19. CRIMES CONTRA O PATRIMÔNIO

(Delegado/RS – 2018 – FUNDATEC) A respeito dos crimes contra o patrimônio, previstos no Código Penal, analise as assertivas a seguir:

I. O silêncio pode ser meio de execução do crime de estelionato, que pode se configurar, portanto, através de uma conduta omissiva.

II. Asdrubal, possuindo fotografias íntimas da ex-namorada Miguelina, chantageia a moça, exigindo dela indevida vantagem econômica, sob pena de divulgar tais fotos em redes sociais. Assim agindo, pratica o crime de extorsão.

III. Não incide aumento de pena previsto para o crime de dano quando o objeto material do crime envolver bens do patrimônio da Caixa Econômica Federal, por ausência de expressa previsão legal, sob pena de analogia in malam partem.

IV. O posicionamento dominante no Supremo Tribunal Federal é pelo não cabimento da continuidade delitiva entre roubo e latrocínio.

Quais estão corretas?

(A) Apenas I.
(B) Apenas II e IV.
(C) Apenas III e IV.
(D) Apenas I, II e IV.
(E) I, II, III e IV.

I: correta. *Qualquer outro meio fraudulento*, a que faz referência o tipo penal do estelionato, inclui todo e qualquer engodo de que pode se valer o agente para ludibriar a vítima e, assim, dela obter vantagem, o que pode ocorrer por meio do silêncio; **II:** correta. Asdrubal cometeu o crime do art. 158 do CP (extorsão). Atenção: no que toca a este tema, é importante o registro de que a Lei 13.718/2018 incluiu no CP o art. 218-C, que se refere ao delito de *divulgação de cena de estupro ou de cena de estupro de vulnerável, de cena de sexo ou de pornografia*. O objetivo do legislador, com a tipificação desta conduta, foi o de coibir um fenômeno que, infelizmente, tem sido cada vez mais comum, que é a violação da intimidade com a exposição sexual não autorizada. Inclui-se, aqui, a chamada *pornografia da vingança*, em que fotografias e vídeos de conteúdo íntimo de alguém (normalmente mulher) são divulgados na internet pelo ex-esposo ou ex-namorado como forma de vingança. A partir daí, o conteúdo é disseminado, nas redes sociais e em grupos de *WhatsApp*, de forma exponencial. O art. 218-C contempla uma causa de aumento de pena, a configurar-se quando o crime é praticado por agente que mantém ou tenha mantido relação íntima de afeto com a vítima ou com o fim de vingança ou humilhação; **III:** incorreta. O art. 163, parágrafo único, do CP trata de hipóteses de qualificadores, e não de causa de aumento de pena. No mais, a CEF foi incluída no rol; **IV:** correta. De fato, tanto o STF quanto o STJ são pela inadmissibilidade da continuidade delitiva entre os crimes de latrocínio e roubo.

Gabarito "D".

(Delegado/RS – 2018 – FUNDATEC) Analise a situação hipotética a seguir:

Crakeison, imputável, sem mais dinheiro para custear o vício em drogas, planejou assaltar transeuntes, em via pública. Pondo em prática seu plano criminoso, abordou as vítimas Suzineide, 21 anos, grávida de 08 meses, e Romualdo, marido dela, assim que saíram de um estabelecimento comercial. Apontando para as vítimas um revólver calibre 38, Crakeison ordenou que Romualdo lhe entregasse um aparelho celular, que levava em uma das mãos. Suzineide, assustada, gritou. Diante disso, Crakeison efetuou um disparo contra Suzineide, atingindo o abdômen da grávida. Em um ato contínuo, Romualdo conseguiu imobilizar o criminoso, retirando a arma de fogo das mãos dele. Imobilizado, Crakeison foi preso em seguida, não logrando êxito, portanto, na subtração do aparelho celular pretendido. Suzineide foi socorrida, porém, em decorrência das lesões sofridas, ela e o bebê morreram antes de chegarem ao hospital da cidade.

Assinale a alternativa que melhor ilustra o enquadramento legal a se r conferido a Crakeison pelo Delegado de Polícia com atribuição para a apreciação do caso, com base no entendimento consolidado pelo Supremo Tribunal Federal.

(A) Latrocínio consumado, agravado pelo fato de ter sido praticado contra mulher grávida.

(B) Latrocínio tentado, agravado pelo fato de ter sido praticado contra mulher grávida.

(C) Latrocínio consumado, majorado pelo emprego de arma e agravado pelo fato de ter sido praticado contra mulher grávida.

(D) Homicídio doloso contra Suzineide, qualificado por motivo torpe, bem como homicídio culposo contra o feto e roubo tentado contra Romualdo, majorado pelo emprego de arma.

(E) Homicídio doloso contra Suzineide, qualificado por motivo torpe, agravado pelo fato de ter sido praticado contra mulher grávida, homicídio doloso contra o feto e roubo majorado por emprego de arma contra Romualdo.

A questão que aqui se coloca é saber se o roubo seguido de morte (latrocínio), no caso narrado acima, se consumara ou não, já que, embora tenha havido morte, a subtração não ocorreu. Em consonância com a jurisprudência do STJ (e também do STF), o crime de latrocínio (art. 157, § 3º, II, do CP) se consuma com a morte da vítima, ainda que o agente não consiga dela subtrair coisa alheia móvel. É o teor da Súmula 610, do STF. No STJ: "(...) 3. O latrocínio (CP, art. 157, § 3º, *in fine*) é crime complexo, formado pela união dos crimes de roubo e homicídio, realizados em conexão consequencial ou teleológica e com *animus necandi*. Estes crimes perdem a autonomia quando compõem o crime complexo de latrocínio, cuja consumação exige a execução da totalidade do tipo. Nesse diapasão, em tese, para haver a consumação do crime complexo, necessitar-se-ia da consumação da subtração e da morte, contudo os bens jurídicos patrimônio e vida não possuem igual valoração, havendo prevalência deste último, conquanto o latrocínio seja classificado como crime patrimonial. Por conseguinte, nos termos da Súmula 610 do STF, o fator determinante para a consumação do latrocínio é a ocorrência do resultado morte, sendo despicienda a efetiva inversão da posse do bem (...)" (HC 226.359/DF, Rel. Min. Ribeiro Dantas, Quinta Turma, j. 02.08.2016, *DJe* 12.08.2016).

Gabarito "A".

(Delegado/RS – 2018 – FUNDATEC) Analise a seguinte situação hipoteticamente descrita:

Ratão e Cara Riscada, foragidos do sistema prisional gaúcho, dirigiram-se a uma pacata cidade no interior do Estado. Lá chegando, por volta das 11 horas, invadiram uma residência, aleatoriamente, e anunciaram o assalto à Mindinha, faxineira, que estava sozinha na casa. Amarraram a vítima, trancando-a em um dos quartos do imóvel. Os dois permaneceram por aproximadamente 45 minutos no local, buscando objetos e valores. Quando já estavam saindo, carregando um cofre, ouviram um barulho, que identificaram como sendo uma sirene de viatura policial. Temendo serem presos, empreenderam fuga, sem nada levar. Assim que percebeu o silêncio na casa, Mindinha tentou se desamarrar, porém, acabou se lesionando gravemente, ao tentar fazer uso de uma faca, para soltar a corda que a prendia. Socorrida a vítima e acionada a Polícia Civil, restou esclarecido que a sirene supostamente ouvida pelos assaltantes era a sineta de encerramento de aula de uma escola situada ao lado da residência. Os autores do crime foram descobertos em seguida, já que não conheciam a cidade e acabaram chamando a atenção dos moradores.

Assinale a alternativa que corresponde à melhor tipificação a ser atribuída a Ratão e Cara Riscada.

(A) Roubo tentado qualificado pela lesão corporal grave sofrida pela vítima.

(B) Roubo tentado qualificado pela lesão corporal grave e majorado pelo concurso de agentes e restrição da liberdade da vítima.

(C) Roubo tentado majorado por concurso de agentes e restrição da liberdade da vítima.

(D) Ambos não responderão pelo crime de roubo, pois ocorreu aquilo que a doutrina compreende como sendo uma desistência voluntária pelos agentes.

(E) De acordo com a doutrina, pode-se dizer que, diante da ocorrência de um obstáculo erroneamente suposto, ambos respondem por tentativa abandonada ou qualificada.

Segundo pensamos, o crime praticado pelos agentes, na hipótese narrada no enunciado, alcançou a consumação, segundo entendimento hoje sedimentado nos tribunais superiores, inclusive com a edição de súmula pelo STJ. Com efeito, em regressão garantista, os tribunais superiores consolidaram o entendimento segundo o qual o crime de roubo se consuma com a mera inversão da posse do bem mediante emprego de violência ou grave ameaça, independente da posse

1. DIREITO PENAL

pacífica e desvigiada da coisa pelo agente. *Vide*, nesse sentido: STF, HC 96.696, Rel. Min. Ricardo Lewandowski. Confirmando esse entendimento, o STJ editou a Súmula 582: "Consuma-se o crime de roubo com a inversão da posse do bem mediante emprego de violência ou grave ameaça, ainda que por breve tempo e em seguida à perseguição imediata ao agente e recuperação da coisa roubada, sendo prescindível a posse mansa e pacífica ou desvigiada". De outro lado, a lesão experimentada por Mindinha, que se cortou ao tentar se desamarrar da corda que lhe foi colocada para imobilizá-la, não pode ser atribuída aos roubadores. É que o roubo qualificado pela lesão corporal grave (art. 157, § 3º, I, do CP) tem como pressuposto o fato de este resultado qualificador resultar da violência empregada. Cuida-se de roubo (a nosso ver consumado) majorado pelo concurso de pessoas e pela restrição da liberdade da vítima (art. 157, § 2º, II e V, do CP). Embora em nada influencie na resolução desta questão, vale a observação de que a Lei 13.964/2019, dentre tantas outras alterações promovidas, inseriu no rol dos crimes hediondos, entre outros delitos, o roubo circunstanciado pela restrição de liberdade da vítima (art. 157, § 2º, V, CP), o roubo circunstanciado pelo emprego de arma de fogo (art. 157, § 2º-A, I) ou pelo emprego de arma de fogo de uso proibido ou restrito (art. 157, § 2º, B) e a modalidade qualificada pelo resultado lesão corporal grave (art. 157, § 3º), lembrando que o roubo qualificado pelo resultado morte (latrocínio) já fazia parte do rol de crimes hediondos.

Gabarito "C".

(Delegado/RS – 2018 – FUNDATEC) Em relação aos crimes contra o patrimônio, assinale a alternativa correta, de acordo com entendimento majoritário na doutrina e jurisprudência dos tribunais superiores.

(A) Tadeuzinho, menor, subtraiu uma bicicleta de alto valor comercial. Após pintá-la, vendeu-a para Espertinhus, contando a respeito da origem ilícita do objeto. Nessa hipótese, não está configurada a receptação, porque o tipo penal exige que a coisa adquirida seja produto de crime anterior e não de ato infracional, como é o caso.

(B) Astolfo, proprietário de um açougue clandestino, adquiriu, para vender em seu estabelecimento comercial, diversos bois abatidos, que deveria saber serem produto de subtração. Carneiro Ticiani, agropecuarista, nesta condição, adquiriu uma carga de gado nelore, que deveria saber ser produto de furto. Este responderá pelo crime de receptação de animal semovente de produção, com pena de reclusão de 02 a 05 anos e multa. Aquele responderá pelo crime de receptação qualificada, com pena de reclusão de 03 a 08 anos e multa.

(C) Ligeirinhus subtraiu a bolsa de Maria Sussa, enquanto ela dormia, em um ônibus interurbano. Assim agindo, praticou o crime de roubo mediante violência imprópria, porque se aproveitou de situação na qual a vítima não possuía qualquer capacidade de resistência.

(D) Folgadus, imputável, subtraiu o talão de cheques de seu pai, 59 anos, preencheu uma cártula, assinou-a e efetuou vultosas compras em estabelecimento comercial. Folgadus não responde, em tese, por nenhum crime, em função da regra de imunidade absoluta, prevista no artigo 181 do Código Penal.

(E) Santina, 60 anos, conheceu Larapius pela internet, passando a manter com ele relacionamento amoroso. Alegando dificuldades financeiras, Larapius pediu que Santina depositasse para ele elevada quantia em dinheiro, para que pudesse ir até ela. Após o depósito, o perfil da rede social foi desativado e Santina descobriu que tinha sido vítima de um scam amoroso. A conduta de Larapius se amolda ao crime de estelionato majorado, por ter sido praticado contra idosa.

A: incorreta. Ainda que o fato anterior seja praticado por um menor (ato infracional), mesmo assim restará configurado o crime de receptação (art. 180, § 4º, CP). O importante é que o ato infracional seja equiparado a crime; se for equiparado a contravenção, não haverá a receptação; **B:** incorreta, na medida em que ambos, à luz do princípio da especialidade, deverão ser responsabilizados pelo cometimento do crime definido no art. 180-A do CP (receptação de animal); **C:** incorreta. Ligeirinhus, que se aproveitou do fato de a vítima estar dormindo para subtrair-lhe a bolsa, deverá responder por crime de furto, e não de roubo com violência imprópria (art. 157, *caput*, *in fine*, CP), que pressupõe que o agente se valha de expediente, que não a violência ou grave ameaça, para vencer a capacidade de resistência da vítima. É o que ocorre, por exemplo, quando o sujeito coloca sonífero na bebida da vítima para subtrair seus pertences enquanto ela está inconsciente. Não foi isso que aconteceu no caso narrado na alternativa. O agente se valeu do fato de a vítima estar dormindo. Nada fez para vencer a sua capacidade de resistência; **D:** incorreta. Isso porque, embora Folgadus tenha cometido crime contra o seu pai, ele não será, por força do art. 181, II, do CP, responsabilizado por tal fato (o fato não é punível). Em outras palavras, o fato, embora típico, antijurídico e culpável, não é punível, dada a existência da escusa absolutória do art. 181, II, do CP; **E:** correta (art. 171, § 4º, do CP).

Gabarito "E".

(Delegado/MG – 2018 – FUMARC) Com relação aos crimes patrimoniais, é CORRETO afirmar:

(A) A Lei nº 13.645/18 introduziu novas modalidades qualificadas ao crime de furto, mas excluiu o uso de armas brancas da figura majorada de roubo.

(B) O agente que, durante a prática do crime de roubo a posto de gasolina, acaba por matar o proprietário do estabelecimento e um cliente que lá se encontrava, fugindo em seguida com o dinheiro do caixa e o carro do cliente, responde por um só crime de latrocínio, crime complexo em que a pluralidade de vítimas serve apenas para fixação da pena.

(C) O roubo próprio se distingue do impróprio porque, enquanto aquele pode ser praticado por qualquer pessoa, o último somente pode ser realizado por determinados agentes, não sendo crime comum.

(D) Segundo entendimento jurisprudencial majoritário, a mera presença de sistema eletrônico de vigilância em estabelecimento comercial torna o crime de furto impossível mediante a absoluta ineficácia do meio.

A: correta, segundo a banca examinadora. Sucede que o número conferido à lei está incorreto. Trata-se, na verdade, da Lei 13.654/2018 (e não 13.645/2018), que, de fato, tal como afirmado, inseriu novas modalidades qualificadas ao crime de furto e excluiu a majorante de emprego de arma branca no roubo, já que passou a fazer referência tão somente a arma *de fogo* como causa de aumento de pena (art. 157, § 2º-A, I, do CP). Posteriormente, a partir do advento da Lei 13.964/2019, foi restaurada a causa de aumento decorrente do emprego de arma branca no cometimento do crime de roubo (art. 157, § 2º, VII, do CP). Pelo equívoco cometido pelo examinador, a questão foi anulada; **B:** incorreta. Segundo o STJ, havendo, no latrocínio, mais de uma morte, é de rigor o reconhecimento do concurso formal impróprio de crimes, ainda que apenas um patrimônio tenha sido lesado. Conferir: "Descabe falar em reconhecimento de crime único de latrocínio. Isso porque as instâncias ordinárias adotaram entendimento em consonância com a jurisprudência prevalente neste Superior Tribunal de Justiça, no sentido de que há concurso formal impróprio na prática de latrocínio quando a conduta do agente tenha por escopo mais de um resultado morte, ainda que a subtração recaia sobre os bens de uma única vítima, na medida em que ficam evidenciados desígnios autônomos, atraindo, portanto, o comando legal disposto no art. 70, segunda parte, do Código Penal. 3. Para infirmar a conclusão da sentença condenatória, no sentido da ausência de unidade de desígnios nos crimes de latrocínio, o que ensejou o reconhecimento do concurso formal impróprio, para infirmar tal conclusão seria necessário revolver o contexto fático-probatório dos autos, o que não se coaduna com a via do habeas corpus" (AgRg no HC 531.133/MS, Rel. Ministro RIBEIRO DANTAS, QUINTA TURMA, julgado em 12/11/2019, DJe 25/11/2019). Já para o STF, se houver mais de uma vítima, com somente um patrimônio lesado, caracterizado estará o concurso formal próprio. Seja como for, é incorreto afirmar que há, na hipótese narrada na alternativa, crime único. Conferir: "Agravo regimental em habeas corpus. Penal. Latrocínio (CP, art. 157, § 3º). Pluralidade de vítimas. Concurso formal impróprio não configurado. Delito praticado com unidade de desígnios. Reconhecimento do concurso formal próprio (CP, art. 70, 1ª parte). Precedentes. Condenação transitada em julgado. Impetração utilizada como sucedâneo de revisão criminal. Possibilidade em hipóteses excepcionais, quando líquidos e incontroversos os fatos postos à apreciação da Corte. Precedente da Segunda Turma. Regimental não provido. 1. O reconhecimento do concurso formal próprio no delito de latrocínio praticado encontra respaldo jurídico na jurisprudência do Supremo Tribunal segundo a qual "o crime de latrocínio é um delito complexo, cuja unidade não se altera em razão da diversidade de vítimas fatais; há um único latrocínio, não obstante constatadas duas mortes; a pluralidade de vítimas não configura a continuidade delitiva, vez que o crime-fim arquitetado foi o de roubo e não o de duplo latrocínio" (HC nº 71.267/ES, Segunda Turma, Relator o Ministro Maurício Corrêa, DJ de 20/4/95). 2. A Segunda Turma (RHC nº 146.327/RS, Relator o Ministro Gilmar Mendes, julgado em 27/2/18) assentou, expressamente, a cognoscibilidade de habeas corpus manejado em face de decisão já transitada em julgado em hipóteses excepcionais, desde que líquidos e incontroversos os fatos postos à apreciação do Supremo Tribunal Federal. 3. Agravo regimental ao qual se nega provimento" (HC 140368 AgR, Relator(a): Min. DIAS TOFFOLI, Segunda Turma, julgado em 07/08/2018, PROCESSO ELETRÔNICO DJe-187 DIVULG 05-09-2018 PUBLIC 06-09-2018); **C:** incorreta. A distinção entre roubo próprio e impróprio não se faz com base na qualidade do sujeito ativo. Roubo *impróprio* é aquele em que o agente, logo em seguida à subtração da coisa, é levado, para assegurar a sua impunidade ou a detenção da *res*, a empregar violência ou grave ameaça (art. 157, § 1º, do CP); o roubo *próprio*, que é a modalidade mais comum desse crime, se dá quando a violência ou grave ameaça é empregada com o fim de retirar os bens da vítima. Em outras palavras, a violência ou a grave ameaça, no roubo próprio, constitui meio para o agente chegar ao seu objetivo, que é o de efetuar a subtração. O roubo impróprio se consuma com o emprego da violência

ou grave ameaça; já o roubo próprio alcança a sua consumação com a inversão da posse do bem mediante violência ou grave ameaça (Súmula 582, STJ); **D:** incorreta. O chamado *furto sob vigilância* pode, em determinadas situações, a depender do caso concreto, caracterizar *crime impossível* pela *ineficácia absoluta do meio* (art. 17 do CP). É o caso, por exemplo, do agente que, desde o momento em que ingressa no supermercado, passa a ser permanentemente vigiado por sistema de câmeras e também por seguranças, que ficam o tempo todo no seu encalço. Não há, neste caso, a menor possibilidade de o crime consumar-se. Isso não quer dizer que a existência, por si só, de sistema de segurança por câmeras e de funcionários elimine a possibilidade de o crime chegar à sua consumação. É perfeitamente plausível que o agente se aproveite de determinado ângulo de monitoramento em que a subtração não é visualizada pelo sistema de câmeras. Dessa forma, a ineficácia do meio deve ser avaliada caso a caso. Nesse sentido: STF, HC 110.975-RS, 1ª T., rel. Min. Cármen Lúcia, 22.05.2012. Consagrando esse entendimento, o STJ editou a Súmula n. 567: "Sistema de vigilância realizado por monitoramento eletrônico ou por existência de segurança no interior de estabelecimento comercial, por si só, não torna impossível a configuração do crime de furto".
Gabarito ANULADA

(Delegado/AP – 2017 – FCC) A respeito dos crimes contra o patrimônio, é correto afirmar:

(A) Somente se procede mediante representação, o furto praticado contra tio ou sobrinho.

(B) Para a consumação do crime de extorsão faz-se necessário o recebimento da vantagem indevida.

(C) É isento de pena quem comete qualquer crime contra o patrimônio contra ascendente maior de 65 anos.

(D) A receptação somente é punível se conhecido o autor do crime que originou a coisa receptada.

(E) No crime de roubo, caso o agente seja primário e tenha sido de pequeno valor a coisa subtraída, o juiz poderá substituir a pena de reclusão pela de detenção, diminuí-la de um a dois terços ou aplicar somente a pena de multa.

A; correta. De fato, o art. 182, III, do CP, dispõe que somente se procede mediante representação o crime contra o patrimônio (dentre os quais se inclui o furto – art. 155, CP) cometido em prejuízo de tio ou sobrinho, com quem o agente coabita (note o leitor que esta informação não foi indicada na assertiva, o que, decerto, foi falha da banca examinadora). Estamos, aqui, diante de imunidade penal relativa; **B:** incorreta. Pacífico o entendimento de que o crime de extorsão (art. 158, CP) é formal, na esteira do que dispõe a Súmula 96 do STJ: "O crime de extorsão consuma-se independentemente da obtenção da vantagem indevida". Assim, estamos diante de crime cuja consumação se verifica no momento em que o agente emprega meios capazes de constranger a vítima a fazer, deixar de fazer ou tolerar que se faça algo, visando, com isso, obter indevida vantagem econômica (elemento subjetivo do tipo). Se referida vantagem vier a ser alcançada pelo agente, o crime estará exaurido, embora consumado anteriormente ao recebimento da indevida vantagem econômica; **C:** incorreta. Nada obstante o art. 181 do CP, que é uma escusa absolutória (imunidade absoluta), preveja a isenção de pena do agente que cometer crimes patrimoniais em detrimento de ascendente ou descendente (inc. II do referido dispositivo legal), é certo que o art. 183 do CP, em seu inc. III, expressamente prevê a inaplicabilidade da imunidade penal se o crime for praticado contra pessoa com idade igual ou superior a 60 (sessenta) anos; **D:** incorreta. Nos exatos termos do art. 180, § 4º, do CP, a receptação é punível ainda que desconhecido ou isento de pena o autor do crime de que proveio a coisa. Será indispensável que tenha ocorrido um crime precedente ao da receptação, mas não se exige a punição por esse fato antecedente, nem mesmo a identificação de seu autor ou a punição deste; **E:** incorreta. A assertiva trata dos requisitos do furto privilegiado (art. 155, § 2º, CP), vale dizer, a primariedade do agente e que a coisa subtraída seja de pequeno valor, figura inaplicável ao delito de roubo por falta de previsão legal. **AT**
Gabarito "A".

(Delegado/MS – 2017 – FAPEMS) O crime de extorsão mediante sequestro, previsto no artigo 159 do Código Penal, é um crime complexo que conjugando bens jurídicos como liberdade e patrimônio igualmente possui a preocupação com a ofensa, a incolumidade pessoal e a própria vida da vítima nas suas formas qualificadas. Diante da hediondez do crime, visando a garantir a liberdade e salvar a vida da vítima, o § 4º do artigo 159 prevê a possibilidade de delação premiada. Nesse sentido, assinale a alternativa correta.

(A) Para desfrutar do benefício da delação premiada, o sujeito não pode ser autor do delito, devendo figurar como mero partícipe.

(B) A delação de que trata o § 4º do artigo 159, do Código Penal pode ser realizada em crime de extorsão mediante sequestro praticado por uma única pessoa.

(C) A delação premiada prevista no artigo 159, § 4º, do Código Pedal, funciona como causa atenuante genérica de pena, com aplicação cogente.

(D) A diminuição de pena para o delator fica a cargo da discricionariedade do julgador, não sendo este obrigado a aplicá-la.

(E) A informação dada em delação deve levar à facilitação da liberdade da vítima sendo desnecessária prisão dos demais envolvidos.

A e B: incorretas. O instituto da delação premiada, aplicável ao delito de extorsão mediante sequestro, tem como premissa que, quando cometido em concurso, um dos concorrentes o denuncie à autoridade, facilitando a libertação do sequestrado (art. 159, § 4º, do CP). Assim, tanto faz se o delator for coautor ou partícipe do crime. Basta que seja um dos concorrentes para a sua prática. Logo, incompatível a delação premiada na extorsão mediante sequestro cometida por um só agente; **C:** incorreta. A delação premiada prevista no art. 159, § 4º, do CP, é causa obrigatória de diminuição de pena (um a dois terços), e não circunstância atenuante genérica, como constou na assertiva; **D:** incorreta. Se a delação facilitar a libertação do sequestrado, a redução da pena é medida cogente, vale dizer, não se inserindo no plano da discricionariedade do julgador. Pode-se dizer que se trata de um direito subjetivo do acusado, desde que preenchidos os requisitos para seu reconhecimento (crime cometido em concurso de agentes; que um dos concorrentes denuncie o crime à autoridade; que, com a delação, seja facilitada a libertação do sequestrado); **E:** correta. De fato, tal como consta no art. 159, § 4º, do CP, a informação dada pelo delator, concorrente da extorsão mediante sequestro, deve ser capaz de facilitar a libertação da vítima sequestrada, não sendo exigida, para a incidência da diminuição da pena do agente, que os demais coautores ou partícipes sejam presos. **AT**
Gabarito "E".

(Delegado/MT – 2017 – CESPE) José entrou em um ônibus de transporte público e, ameaçando os passageiros com uma arma de fogo, subtraiu de diversos deles determinadas quantias em dinheiro.

Nessa situação hipotética, de acordo com a jurisprudência dos tribunais superiores,

(A) a prática do delito contra vítimas diferentes em um mesmo contexto e mediante uma só ação configurou concurso material.

(B) a simples inversão da posse dos bens – dos passageiros para José – não consumou o crime de roubo; para tal, seria necessária a posse mansa e pacífica ou desvigiada dos valores subtraídos por José.

(C) o fato de o delito ter sido praticado em ônibus de transporte público de passageiros será causa de aumento de pena.

(D) se a arma utilizada no crime fosse de brinquedo e, ainda assim, tivesse causado fundado temor nas vítimas, deveria ser aplicada majorante do crime de roubo.

(E) o crime de porte de arma será absorvido pelo crime de roubo, ante os fatos de haver nexo de dependência entre as duas condutas e de os delitos terem sido praticados em um mesmo contexto fático.

A: incorreta, pois, por evidente, a prática de roubo contra vítimas diferentes, em um mesmo contexto fático e mediante uma só ação, jamais poderia configurar concurso material, que, por definição (art. 69 do CP), exige pluralidade de comportamentos (prática de mais de uma ação ou omissão); **B:** incorreta, pois, de acordo com a Súmula 582 do STJ, consuma-se o crime de roubo com a inversão da posse do bem mediante emprego de violência ou grave ameaça, ainda que por breve tempo e em seguida à perseguição imediata ao agente e recuperação da coisa roubada, sendo prescindível a posse mansa e pacífica ou desvigiada; **C:** incorreta, pois inexiste no art. 157 do CP circunstância que influa na pena o fato de o roubo ser cometido em transporte público de passageiros; **D:** incorreta, pois pacífico o entendimento de que o emprego de arma de brinquedo para a prática de roubo não tem o condão de majorá-lo, tanto que cancelada a Súmula 174 do STJ, que disciplinava exatamente isso (emprego de arma de brinquedo majorava a pena do roubo). O temor imposto pelo emprego da arma de brinquedo constitui, apenas, a grave ameaça, caracterizadora, pois, de roubo simples; **E:** correta. Ao caso, aplicar-se-á o princípio da consunção, eis que o porte ilegal de arma de fogo estará dentro da linha de desdobramento causal do comportamento do agente (roubo com emprego de arma), ainda mais quando praticados no mesmo contexto fático. Nesse sentido, STF – Recurso Ordinário em *Habeas Corpus* RHC 123399 RJ. **AT**
Gabarito "E".

(Delegado/BA – 2016.2 – Inaz do Pará) A utilização da escalada para acesso a um local no cometimento de crime contra o patrimônio caracteriza o crime de:

(A) dano material.

1. DIREITO PENAL   381

(B) apropriação indébita.

(C) roubo.

(D) furto qualificado.

(E) não caracteriza crime.

A *escalada*, assim considerada a entrada em determinado local por meio anormal, constitui hipótese de qualificadora do crime de furto (art. 155, § 4º, II, do CP). Exemplo clássico é aquele em que o agente, se valendo de uma escada, ingressa em propriedade alheia para o fim de subtrair bens. **ED**

Gabarito "D".

(Delegado/SP – 2014 – VUNESP) Para subtrair um automóvel, "X", de forma violenta, danificou a sua porta. Nesse caso, "X" deverá responder

(A) pelo crime de roubo, visto que se utilizou de violência para danificar a porta.

(B) apenas pelo crime de furto, em razão do princípio da subsidiarie-dade.

(C) apenas pelo crime de furto, em razão do princípio da consunção.

(D) pelos crimes de furto e de dano.

(E) apenas pelo crime de furto, em razão do princípio da especialidade.

A: incorreta, pois o roubo pressupõe que a violência ou grave ameaça sejam dirigidas à pessoa, e não à coisa subtraída (art. 157, CP); **B:** incorreta. Nada obstante "X" deva responder apenas pelo furto, como se verá mais à frente, não se cogita, no caso narrado no enunciado, de aplicação do princípio da subsidiariedade. O dano causado à porta do bem subtraído não será imputado ao agente como crime "autônomo" (art. 163, CP) não em razão do princípio da subsidiariedade, mas, sim, em razão da consunção; **C:** correta. "X" responderá apenas por furto, não se cogitando da imputação do crime de dano (art. 163, CP) em virtude da aplicação do princípio da consunção. Ainda que dano tenha havido, o fato é que este foi meio de execução do furto. Logo, tratando-se de comportamento destinado, desde o início, ao crime-fim (furto), absorvido estará o crime-meio (dano); **D:** incorreta, haja vista que o dano, como visto no comentário antecedente, foi meio para a subtração do automóvel, ficando, portanto, absorvido (relação *crime-meio* e *crime-fim*); **E:** incorreta. Descabe a aplicação, na espécie, do princípio da especialidade, que somente entra em cena quando se instaurar um conflito aparente de normas que exija a comparação abstrata entre elas. Inexiste relação de especialidade entre os crimes de furto e dano.

Gabarito "C".

(Delegado/RO – 2014 – FUNCAB) De acordo com o Código Penal, a conduta conhecida como "sequestro relâmpago" (em que os agentes abordam a vítima, restringem sua liberdade, e com ela deslocam-se a caixas eletrônicos, com o intuito de fazer saques em dinheiro) enquadra-se no crime de:

(A) roubo.

(B) extorsão mediante sequestro.

(C) constrangimento ilegal.

(D) extorsão.

(E) sequestro.

O "sequestro-relâmpago" consiste em forma qualificada do delito de extorsão (art. 158, § 3º, CP, incluído pela Lei 11.923/2009). Até então, controvertiam doutrina e jurisprudência sobre a adequada tipificação da conduta do agente que restringia a liberdade da vítima como condição necessária para a obtenção da vantagem econômica (no caso, para os saques de quantias em caixas eletrônicos), alguns entendendo que se tratava de roubo majorado pela restrição da liberdade (art. 157, § 2º, V, CP), outros como extorsão mediante sequestro (art. 159, CP), outros, ainda, como roubo em concurso com sequestro (arts. 157 e 148, CP), ou, ainda, somente extorsão (ar. 158, CP).

Gabarito "D".

(Delegado/RJ – 2013 – FUNCAB) Portando ilegalmente, exclusivamente para aquela ação, uma arma de fogo de calibre permitido, Norberto constrange um transeunte e, mediante grave ameaça, subtrai para si os seus pertences. Nesse contexto, afirma-se que:

(A) o autor responde somente pelo crime de roubo, não pelo de porte de arma de fogo, pois a pena do crime patrimonial já engloba a reprovabilidade do delito previsto na lei especial, consequência da unidade fática entre ambos, aplicando-se o princípio da consunção.

(B) há apenas crime de roubo, solucionando-se o caso pelo princípio da especialidade, pois o delito patrimonial, ao estabelecer a grave ameaça como meio executório, insere o porte de arma em sua estrutura típica, acrescido de elementos especializantes.

(C) será o porte de arma absorvido pelo crime de roubo em virtude da substituição do dolo, característica da progressão criminosa, que determina o reconhecimento do conflito aparente de normas.

(D) aplica-se ao caso o princípio da subsidiariedade, pois nas condutas há diferentes graus de lesão à mesma objetividade jurídica, em uma relação de continente e conteúdo.

(E) tutelando bens jurídicos distintos, as normas penais referentes aos crimes de porte de arma de fogo e roubo figurarão em concurso material de delitos, aplicando-se ao caso o sistema do cúmulo material das penas.

A: correta. Considerando que no enunciado ficou claro que o porte ilegal de arma de fogo de uso permitido ocorreu, exclusiva e unicamente, para a ação visada pelo agente, consistente na subtração dos pertences da vítima, o crime a ser imputado é o de roubo majorado pelo emprego de arma (art. 157, § 2º-A, I, do CP). Aplica-se, aqui, o princípio da consunção, não devendo Norberto responder por roubo e porte ilegal de arma em concurso de crimes; **B:** incorreta, pois o crime de roubo não tem como elementar típica o porte ilegal de arma. Este, se tanto, caracteriza causa especial de aumento de pena, que é circunstância modificadora da reprimenda, mas, não, elemento integrante da estrutura típica do crime patrimonial; **C:** incorreta. Inaplicável, no caso relatado no enunciado, a progressão criminosa, que consiste em faceta do princípio da consunção, capaz de resolver o conflito aparente de normas. Na progressão criminosa, o agente "substitui o seu dolo", praticando, inicialmente, um crime menos grave e, ato seguinte, delibera por executar um outro crime, agora mais grave, atentando contra o mesmo bem jurídico. No caso do enunciado, vê-se que Norberto, desde o início, intentava subtrair os pertences da vítima, não se cogitando, portanto, de conflito aparente de normas. Ao contrário, inexiste, aqui, conflito, incidindo, unicamente, a figura do crime de roubo majorado pelo emprego de arma; **D:** incorreta. Não se cogita de aplicação do princípio da subsidiariedade, que é uma das formas de solução do conflito aparente de normas, ao caso descrito no enunciado. Na subsidiariedade, existe uma relação de maior e menor gravidade entre duas leis, uma dita principal (retratando crime de maior gravidade) e outra, subsidiária (incidindo em caso de inaplicabilidade da lei principal, caracterizando crime de menor gravidade). Num roubo com emprego de arma, não se cogita de aplicação do princípio da subsidiariedade, tratando-se de uma única infração penal; **E:** incorreta. Não se pode falar em concurso de crimes, visto que o porte ilegal de arma de fogo, por estar contemplado na majorante do roubo (quando perpetrado com emprego de arma), não poderá gerar imputação "autônoma", sob pena, é claro, de *bis in idem*.

Gabarito "A".

(Delegado/PR – 2013 – UEL-COPS) Sobre o crime de furto descrito no Art. 155 do Código Penal, atribua V (verdadeiro) ou F (falso) às afirmativas a seguir.

( ) Tem por objeto material a coisa alheia móvel, entendendo-se por coisa qualquer substância corpórea, material, ainda que não tangível, suscetível de apreensão e transporte, incluindo os corpos gasosos, os instrumentos e os títulos, quando não forem documentos, as árvores, os navios, as aeronaves, englobando tudo aquilo que pode ser destacado e subtraído.

( ) Tem como sujeito ativo qualquer pessoa, sendo considerado como qualquer pessoa até mesmo o proprietário, desde que o bem esteja na posse de terceiro. Tem como sujeito passivo a pessoa física ou jurídica, titular da posse, incluída a detenção ou a propriedade.

( ) O elemento subjetivo do tipo é o dolo, consistente na vontade de subtrair coisa móvel. No entanto, não é necessário que a vontade abranja o elemento normativo "alheia".

( ) Para tipificação do furto privilegiado, é necessária a presença de dois requisitos cumulados, ou seja, que o criminoso seja primário e que a coisa seja de pequeno valor. Sendo o réu reincidente, mesmo que a coisa seja de pequeno valor, não há a tipificação do furto privilegiado.

( ) Para tipificar a qualificadora "com destruição ou rompimento de obstáculo à coisa", é necessário que a violência empregada seja não só contra o obstáculo, mas contra a coisa também.

Assinale a alternativa que contém, de cima para baixo, a sequência correta.

(A) V, V, F, F, F.

(B) V, F, V, F, F.

(C) V, F, F, V, F.

(D) F, V, V, F, V.

(E) F, V, F, V, V.

Afirmativa I: verdadeira. De fato, o objeto material (pessoa ou coisa sobre a qual recai a conduta criminosa) do crime de furto é "coisa alheia móvel", entendida, pela doutrina, como toda substância corpórea passível de apreensão e de ser transportada de um lugar para outro, inclusive aquelas que a lei civil considera imóveis por equiparação (ex.: navios e aeronaves); **Afirmativa II:** falsa. O sujeito

ativo do furto, de fato, pode ser qualquer pessoa, tratando-se de crime comum. No entanto, não responderá pelo crime em questão o proprietário da coisa se esta estiver na posse de terceiro. Por exemplo, não responde por furto a pessoa que, após emprestar seu veículo ao vizinho, "subtrai" seu próprio veículo. Ainda que a coisa estivesse na posse de terceiro, não se pode cogitar de furto cometido pelo próprio dono! Ainda, discute-se na doutrina se o furto tutela apenas a propriedade e a posse, ou, também, a detenção (esta considerada apenas o "contato físico" da coisa com terceiro, que a detém em nome alheio). Corrente minoritária sustenta que a detenção também é protegida pelo furto. Porém, ficamos com a lição de Rogério Greco: "não há como enxergar tal perda para o mero detentor, não havendo a possibilidade de a detenção da coisa se valer da proteção jurídica" (GRECO, Rogério. **Curso de direito penal**, vol.3-parte especial. Rio de Janeiro: Impetus, 7. ed. 2010, p.11); **Afirmativa III**: falsa. O elemento subjetivo do crime de furto é o dolo, consistente na vontade livre e consciente do agente de subtrair coisa alheia móvel, com ânimo de assenhoreamento definitivo (*animus furandi* ou *animus rem sibi habendi*). Assim, a vontade do agente deve contemplar, por óbvio, as elementares típicas, inclusive o fato de a coisa móvel ser "alheia", ou seja, de terceiro. Prova disso é que a subtração de coisa própria, ainda que se acredite alheia, é fato atípico; **Afirmativa IV**: verdadeira. São condições para o reconhecimento do furto privilegiado (art. 155, § 2º, do CP), que o réu seja primário (ou seja, não reincidente) e que a coisa furtada seja de pequeno valor. Logo, para o réu reincidente, ainda que a coisa seja de pequeno valor, não se cogitará da imputação do crime de furto privilegiado; **Afirmativa V**: falsa. O reconhecimento da qualificadora prevista no art. 155, § 4º, I, do CP exige que o agente dirija sua conduta "destrutiva" (leia-se: rompimento ou destruição) ao obstáculo ao alcance da coisa, e não à própria coisa. Clássico exemplo é o de o agente que arromba a fechadura do veículo para conseguiu subtraí-lo. Não pode a fechadura, que integra a própria coisa (veículo) ser considerada obstáculo. Assim, a violência contra a própria coisa não caracteriza a qualificadora em comento.
Gabarito "C".

(Delegado/PA – 2013 – UEPA) Usando um crachá que o identificava como oficial de justiça, um homem entrou no escritório de uma empresa, supostamente para entregar uma intimação ao proprietário. Enquanto a secretária foi chamar o chefe, o visitante se aproveitou de que ficara só na sala para guardar em sua pasta um notebook e um *tablet*, retirando-se em seguida. Constatando-se posteriormente que o suposto oficial de justiça havia falsificado o crachá, deveria ser indiciado:

(A) apenas por estelionato, ficando a falsificação de documento público absorvida por ser o meio executivo da fraude cometida.

(B) apenas por furto qualificado, porque a despeito de haver fraude na conduta do agente, ele na verdade subtraiu bens da vítima.

(C) apenas por furto qualificado pelo abuso de confiança, porque o cidadão comum tem natural confiança na autoridade pública.

(D) por falsificação de documento público, uso de documento falso e estelionato, em concurso material.

(E) por falsificação de documento público e estelionato, em concurso material.

A: incorreta, pois no estelionato (art. 171, CP), o agente delitivo emprega a fraude como mecanismo para induzir ou manter a vítima em erro, que, nessa condição, entrega-lhe a coisa; **B**: correta. De fato, no enunciado proposto pela questão, o agente, mediante emprego de fraude, consistente em se passar por oficial de justiça, conseguiu, em virtude disso, fazer com que houvesse diminuição da vigilância, pela secretária, dos equipamentos eletrônicos no escritório, aproveitando, então, para subtrair o notebook e o *tablet*. Trata-se de caso típico de furto qualificado mediante fraude (art. 155, § 4º, II, do CP). A falsificação do crachá foi meio indispensável para a prática do furto, ficando, pois, por este absorvido (princípio da consunção); **C**: incorreta, pois, no caso apresentado, não se vislumbra a existência de relação de confiança entre agente delitivo e vítima; **D**: incorreta, pois um "crachá" não é considerado um documento público, vale dizer, emanado de um agente público. Logo, não se cogita da prática de falsificação de documento público. Ainda que se entenda que o "crachá" é um "documento" de identificação, o enunciado não aponta que houve a "falsificação de um crachá verdadeiro", não se conseguindo, pois, afirmar, se a conduta do agente caracteriza uso de documento falso. Por fim, no tocante ao estelionato, explicou-se no comentário à alternativa "A" a razão pela qual este crime não está caracterizado no caso sob exame; **E**: incorreta, invocando-se, para tanto, as razões trazidas no comentário à alternativa "D".
Gabarito "B".

(Delegado/AP – 2010) Relativamente aos *crimes contra o patrimônio*, analise as afirmativas a seguir:

I. No crime de furto, se o criminoso é primário, e a coisa furtada é de pequeno valor, o juiz pode substituir a pena de reclusão pela de detenção.

II. Considera-se qualificado o dano praticado com violência à pessoa ou grave ameaça, com emprego de substância inflamável ou explosiva (se o fato não constitui crime mais grave), contra o patrimônio da União, Estado, Município, empresa concessionária de serviços públicos ou sociedade de economia mista ou ainda por motivo egoístico ou com prejuízo considerável para a vítima.

III. É isento de pena quem comete qualquer dos crimes contra o patrimônio em prejuízo do cônjuge, na constância da sociedade conjugal, desde que não haja emprego de grave ameaça ou violência à pessoa ou que a vítima não seja idosa nos termos da Lei 10.741/2003.

Assinale:

(A) se somente a afirmativa I estiver correta.

(B) se somente a afirmativa II estiver correta.

(C) se somente a afirmativa III estiver correta.

(D) se somente as afirmativas II e III estiverem corretas.

(E) se todas as afirmativas estiverem corretas.

I: correta (art. 155, § 2º, do CP). Trata-se do crime de furto privilegiado, cujos requisitos são: primariedade do agente e o pequeno valor do prejuízo, que é aquele que não ultrapasse, de acordo com a jurisprudência, a importância de um salário mínimo (que não se confunde com o valor insignificante); II: correta (art. 163, parágrafo único, incisos I, II, III e IV, do CP). Frise-se que com o advento da Lei 13.531, de 7 de dezembro de 2017, nova redação foi dada ao inciso III do parágrafo único do art. 163 do CP, considerando qualificado o dano quando praticado contra o patrimônio da União, de Estado, do Distrito Federal, de Município ou de autarquia, fundação pública, empresa pública, sociedade de economia mista ou empresa concessionária de serviços públicos; III: correta (art. 181, inciso I e art. 183, I e III, do CP). A alternativa trata das hipóteses de escusa absolutória, em que o agente, muito embora pratique um fato típico e antijurídico, é isento de pena (imunidade absoluta). Ainda, há casos previstos no art. 183 do CP, em que não incidirão as escusas.
Gabarito "E".

(Delegado/AP – 2010) João e Marcos decidem furtar uma residência. Vigiam o local até que os proprietários deixem a casa. Tentam forçar as janelas e verificam que todas estão bem fechadas, com exceção de uma janela no terceiro andar da casa. Usando sua habilidade, João escala a parede e entra na casa, pedindo a Marcos que fique vigiando e avise se alguém aparecer. Enquanto está pegando os objetos de valor, João escuta um barulho e percebe que a empregada tinha ficado na casa e estava na cozinha bebendo água. João vai até a empregada (uma moça de 35 anos) e decide constrangê-la, mediante grave ameaça, a ter conjunção carnal com ele.

Logo após consumar a conjunção carnal, com a empregada e deixá-la amarrada e amordaçada (mas sem sofrer qualquer outro tipo de lesão corporal), João termina de pegar os objetos de valor e vai ao encontro de Marcos.

Ao contar o que fez a Marcos, este o chama de tarado e diz que nunca teria concordado com o que João fizera, mas que agora uma outra realidade se impunha e era preciso silenciar a testemunha. Marcos retorna à casa e mesmo diante dos apelos de João que tenta segurá-lo, utiliza uma pedra de mármore para quebrar o crânio da empregada. Ambos decidem ali mesmo repartir os bens que pegaram na casa e seguir em direções opostas. Horas depois, ambos são presos com os objetos.

Assinale a alternativa que identifica os crimes que cada um deles praticou.

(A) João: furto qualificado e estupro. Marcos: furto qualificado e homicídio qualificado.

(B) João: furto qualificado, estupro e homicídio simples. Marcos: furto qualificado, estupro e homicídio qualificado.

(C) João: furto simples e estupro. Marcos: furto simples e homicídio qualificado.

(D) João: furto simples, estupro e homicídio qualificado. Marcos: furto qualificado, estupro e homicídio simples.

(E) João: furto qualificado e estupro. Marcos: furto simples e homicídio qualificado.

No caso em questão, João e Marcos, em concurso de pessoas, devem responder por furto qualificado, mediante escalada (art. 155, § 4º, II e IV, do CP), uma vez que para adentrar na residência, João escalou a parede da casa e entrou por uma das janelas, no terceiro andar, que estava aberta, enquanto Marcos ficava

1. DIREITO PENAL
383

1. Direito Penal

vigiando do lado de fora. Assim, João ingressou no local do furto por uma via de acesso anormal, mediante um esforço também anormal, em que pese sua habilidade. No tocante aos crimes de estupro e homicídio qualificado, deve-se analisar a questão da cooperação dolosamente distinta (art. 29, § 2º, do CP), haja vista que ausente o vínculo subjetivo de João com relação ao homicídio qualificado da empregada, tendo pedido a João que não a matasse. De igual modo, não houve a atuação consciente de Marcos no sentido de contribuir para a conduta de João quanto ao delito de estupro, até mesmo porque não sabia que havia alguém no interior da residência.

Gabarito "A".

(Delegado/BA – 2008 – CEFETBAHIA) Empregada doméstica, na ausência de seus patrões, recebe seu namorado que se aproveitando do "vacilo" dela, furta uma cópia da chave do apartamento onde ela trabalha. Dias depois, ele, se aproveitando da ausência de pessoas no apartamento, nele adentra usando a cópia da chave e furta várias joias dos patrões da namorada.

Com base nesse caso, a empregada doméstica

(A) deve ser responsável pelo furto como partícipe.
(B) é coautora no furto.
(C) é a única pessoa responsável pelo furto.
(D) é autora intelectual do furto.
(E) não será responsável pelo furto.

A empregada não será responsável pelo furto. Isso porque não estão presentes os requisitos do concurso de pessoas, que são: pluralidade de agentes, relevância causal das condutas, vínculo subjetivo e unidade de infração penal. No caso, em que pese haver, aparentemente, unidade de infração penal e pluralidade de pessoas, não há vínculo subjetivo, nem relevância causal das condutas. A empregada não sabia que o namorado havia feito uma cópia da chave do apartamento de onde ela trabalha, nem tampouco sabia que iria realizar o furto, ou seja, não houve prévio ajuste quanto ao resultado e também não houve anuência ou adesão à vontade do outro. Não houve nenhuma colaboração da empregada para a conduta do namorado, não podendo ser responsabilizada como partícipe, nem como coautora do furto. De igual modo, a empregada não é autora intelectual do furto, na medida em que não planejou mentalmente o delito. Assim, diante da ausência dos requisitos do concurso de pessoas, conclui-se que a empregada não será responsável pelo furto perpetrado por seu namorado.

Gabarito "E".

(Delegado/GO – 2009 – UEG) [A] vai ao encontro de [B], seu amigo de infância, e expõe a ele sua intenção de praticar um delito de furto de vários aparelhos eletrodomésticos em conhecida loja da capital. Durante a conversa, [A] confessa a [B] que somente não levará adiante sua intenção criminosa em razão de não possuir um local adequado para deixar os bens objeto da subtração. Nesse momento, [B], com a finalidade de ajudar o amigo de infância, oferece-lhe um barracão, cujo espaço físico seria ideal para a guarda dos bens furtados. Após essa promessa, [A] sente-se seguro e confiante para seguir com seu intento e, efetivamente, subtrai os aparelhos eletrodomésticos e os acomoda, até serem vendidos a terceiros, no barracão oferecido por [B]. Qual o crime praticado por [B]?

(A) Furto.
(B) Receptação.
(C) Favorecimento real.
(D) Favorecimento pessoal.

A: correta. O auxílio material do partícipe deve ser efetuado durante os atos preparatórios ou executórios ou, se após a consumação do crime, desde que previamente ajustado. No caso em questão, B responderá pelo crime de furto. Isso porque o auxílio material, consistente em assegurar o proveito do crime, foi ajustado previamente, antes do início da execução do delito, o que configura o concurso de pessoas. Se não tivesse sido ajustado previamente, o auxílio material após a consumação do crime caracterizaria o crime de favorecimento real; **B** e **C:** incorretas. O crime de favorecimento real (art. 349 do CP) pune aquele que presta auxílio ao criminoso, destinado a tornar seguro o proveito do crime, após a sua consumação. A pessoa que assegura o proveito do crime para o criminoso que praticou o furto responderá por favorecimento real e não por receptação. Já na receptação (art. 180 do CP), o receptador recebe o proveito do crime para si ou para terceiro, e não para o furtador. Todavia, o próprio tipo penal do art. 349 esclarece que somente haverá o crime de favorecimento real, se não configurar os casos de coautoria ou participação, bem como se não configurar a receptação. No caso, configurou-se o crime de furto, excluindo-se os demais tipos penais, uma vez que o auxílio material foi previamente ajustado, antes do início dos atos executórios; **D:** incorreta. No favorecimento pessoal (art. 348 do CP), o auxílio é voltado para a pessoa, já no favorecimento real é voltado para a coisa.

Gabarito "A".

(Delegado/GO – 2009 – UEG) Sobre os crimes contra o patrimônio, é CORRETO afirmar:

(A) as escusas absolutórias previstas nos delitos contra o patrimônio constituem causas de isenção de pena e se comunicam no concurso de agentes.
(B) não se admite a figura da delação premiada nos crimes contra o patrimônio.
(C) o furto de uso, que se caracteriza pela subtração da coisa fungível apenas para usufruí-la momentaneamente, é fato atípico, havendo a necessidade que o agente efetue a devolução da coisa.
(D) o possuidor da coisa não pode ser sujeito ativo do crime de furto, uma vez que se encontra na posse da coisa ou exerce algum direito inerente à propriedade.

A: incorreta. De fato, as escusas absolutórias absolutas constituem causas de isenção de pena, que excluem a punibilidade (art. 181 do CP). Todavia, em caso de concurso de agentes, tais causas não se comunicam (art. 183, II, do CP); **B:** incorreta, pois não há vedação legal nesse sentido; **C:** incorreta. O furto de uso tem como requisitos: a) a intenção de usar momentaneamente a coisa, b) que a coisa seja infungível (não consumível) e c) a restituição imediata e integral da coisa. Assim, se a coisa é fungível, não é possível a sua devolução. Logo, o fato é típico, pois houve desfalque patrimonial da vítima; **D:** correta, pois o art. 155, *caput*, do CP diz que o crime de furto se caracteriza pela subtração de coisa alheia, pertencente a pessoa diversa. Assim, pode ser sujeito ativo do crime de furto qualquer pessoa, exceto o dono do bem móvel. Caso o próprio dono subtraia a coisa pensando se tratar de bem alheio, há delito putativo por erro de tipo.

Gabarito "D".

(Delegado/GO – 2009 – UEG) [A], funcionário público, e [B], pessoa dele conhecida, caixa em um famoso banco privado, resolveram subtrair um *notebook* e uma impressora da companhia de abastecimento de água na qual [A] exerce suas funções. [B] sabe que [A] assumiu as funções recentemente na empresa pública. [A], em um feriado, valendo-se da facilidade que o seu cargo lhe proporciona, identifica-se na recepção e diz ao porteiro que havia esquecido sua carteira de motorista, e que ali voltara para buscá-la, pois iria viajar para o interior do estado para aproveitar a folga do feriado, tendo, assim, o seu acesso liberado naquele prédio público. Rapidamente, dirige-se para o local onde o computador portátil e a impressora se encontravam guardados e, abrindo uma janela que dava acesso para a rua, o entrega a [B], que ansiosamente aguardava do lado de fora do mencionado prédio. [A] despede-se do porteiro e vai ao encontro de [B], para que, juntos, transportassem os bens subtraídos. Qual o crime praticado por [A] e por [B]?

(A) [A] e [B] respondem por peculato-furto.
(B) [A] e [B] respondem por furto mediante fraude.
(C) [A] e [B] respondem por furto qualificado por abuso de confiança.
(D) [A] responde por apropriação indébita e [B], por furto qualificado por abuso de confiança.

No caso, os agentes respondem por peculato-furto (art. 312, § 1º, do CP). O funcionário público [A], embora não tendo a posse funcional do bem (peculato impróprio), o subtraiu, em proveito comum, juntamente com pessoa dele conhecida [B], valendo-se da facilidade que lhe proporciona a qualidade de funcionário, identificando-se na recepção e dizendo ao porteiro que havia esquecido a sua carteira de motorista. Após ter o acesso liberado, ingressou no local e subtraiu o computador e a impressora que se encontravam guardados. [B] estava do lado de fora do prédio, que recebeu os bens que lhe foram entregues por uma janela. Desse modo, todas as demais hipóteses foram excluídas, na medida em que se trata de um crime praticado por funcionário público contra a administração em geral. E no caso, ambos responderão pelo crime funcional, uma vez que a qualidade de funcionário público é elementar do crime de peculato-furto, estendendo-se ao particular (art. 30 do CP).

Gabarito "A".

(Delegado/MG – 2012) Com relação aos crimes patrimoniais, é **incorreto** afirmar que

(A) segundo entendimento consolidado pelo STF, o crime de estelionato, quando na modalidade de fraude no pagamento, por meio de cheque, consuma-se no momento e local em que o banco sacado recusa o seu pagamento.
(B) o agente que rouba o veículo da vítima e, sem motivação alguma, a coloca no porta malas, abandonando-a em estrada de município vizinho, responde pelos crimes de roubo e sequestro, em concurso material.

ARTHUR TRIGUEIROS E EDUARDO DOMPIERI

(C) o agente que invade estabelecimento comercial anunciando assalto e acaba por matar o proprietário e um cliente, fugindo em seguida com o dinheiro do caixa e a carteira do cliente, responde por um só crime de latrocínio, crime complexo em que a pluralidade de vítimas serve apenas para fixação da pena.

(D) agente que, após furtar, em concurso de pessoas, preciosa joia em shopping Center, adquire a quota parte, dos demais meliantes, não responde por crime de receptação, tratando-se de *post factum* impunível.

A: correta. De fato, é posição do STF, inclusive com supedâneo na Súmula 521, que o momento consumativo do crime de fraude no pagamento por meio de cheque (art. 171, § 2°, VI, do CP) é o da recusa do sacado em efetuar o pagamento do montante contido na cártula, seja em virtude da insuficiência de fundos, seja em razão de sustação da ordem de pagamento; **B:** correta. A majorante prevista no art. 157, § 2°, V, do CP, somente incidirá quando a restrição da liberdade da vítima for necessária para a subtração de seus bens. Vale frisar que a causa de aumento em tela restará caracterizada ainda que a restrição da liberdade da vítima seja por curto espaço de tempo (TJMG, Ap. 1.0433.06 192391-1/001, 3ª Câmara Criminal, Rel. Des. Antônio Armando dos Anjos, publ. 09.01.2008). Caso seja ela mantida em cárcere privado desnecessariamente, vale dizer, sem que haja qualquer relação direta entre o roubo e a privação de sua liberdade, deverá ser reconhecido o concurso material de crimes (roubo e sequestro); **C:** incorreta. A pluralidade de vítimas mortas no latrocínio e cujos bens tenham sido subtraídos exige o reconhecimento do concurso de crimes (essa é a posição, por exemplo, de Rogério Greco, em seu *Código Penal Comentado*. 2. ed. Ed. Impetus, p. 393); **D:** correta. Não responderá por receptação o agente que houver praticado ou concorrido para a prática do crime antecedente, tratando-se, realmente, de pós-fato impunível, tal como asseverado na alternativa em comento. Ainda, interessante a análise de Rogério Greco sobre a receptação e concurso de pessoas no delito anterior: "*Para que o agente responda criminalmente pela receptação, jamais poderá ter, de alguma forma, concorrido na prática do delito anterior, pois, caso contrário, deverá ser por ele responsabilizado*" (obra citada, p. 512).
Gabarito "C".

(Delegado/MG – 2008) Com relação aos crimes contra o patrimônio, assinale a alternativa *INCORRETA*.

(A) No estelionato mediante emissão de cheque sem fundo, o pagamento do título antes do recebimento da denúncia, segundo orientação do Supremo Tribunal Federal, extingue a punibilidade.

(B) Para que se consume o crime de abuso de incapazes, é necessário apenas que o sujeito passivo pratique ato suscetível de produzir efeito jurídico, em prejuízo próprio ou de terceiro, sendo irrelevante a consumação da lesão efetiva.

(C) Responde o agente por um único latrocínio ainda que de seu roubo resulte a morte de mais de uma vítima, sendo a pluralidade de vítimas circunstância avaliada apenas na dosimetria da pena.

(D) Responde por receptação dolosa o agente que encomenda o furto de determinada obra de arte, pois adquire em proveito próprio coisa que sabe ser produto de crime.

A: correta (Súmula 554 do STF); **B:** correta (art. 173 do CP). Trata-se de crime formal, cujo momento consumativo é o instante em que a vítima pratica o ato, suscetível de produzir efeito jurídico, a que foi induzida, independente da ocorrência do efetivo prejuízo patrimonial próprio ou de terceiro. Basta que a vítima pratique o ato apto a produzir efeitos jurídicos; **C:** correta, pois o latrocínio é crime complexo. Assim, só haverá pluralidade de crimes quando houver pluralidade de patrimônios lesados, independente do número de vítimas, o que será considerado quando da dosimetria da pena; **D:** incorreta, pois no caso narrado, há concurso de pessoas no crime de furto. Somente haverá o crime de receptação por aquele que adquire a coisa, sabendo ser produto de crime, desde que não tenha realizado o crime anterior. Aquele que planeja o furto e, após a subtração, adquire a coisa furtada, responderá por furto, sendo a receptação fato posterior impunível (princípio da consunção).
Gabarito "D".

(Delegado/MG – 2007) Com relação aos crimes contra o patrimônio, indique a alternativa CORRETA:

(A) O crime de extorsão não admite tentativa já que, além de ser crime formal, não exige para sua consumação a obtenção do resultado pretendido pelo agente.

(B) O emitente de um cheque que para não cumprir com seu pagamento subtrai o título do credor e o destrói pratica o crime de supressão de documento.

(C) Agente que falsifica assinatura em cheque alheio, descontado por descuido do banco, comete o delito de estelionato, restando absorvida por este a falsidade.

(D) É crime de estelionato, na modalidade de fraude no pagamento, a conduta do agente de dar cheque em pagamento a dívida de jogo ou a atividade de prostituição.

A: incorreta, visto que, a despeito de o crime de extorsão ser formal, vale dizer, consuma-se independentemente da obtenção da vantagem indevida pelo agente (Súmula 96 do STJ), trata-se de crime plurissubsistente, razão pela qual é admissível a tentativa. Caso a vítima não se submeta ao constrangimento perpetrado pelo extorsionário, estaremos diante de tentativa; **B:** incorreta, pois a conduta não se amolda a qualquer dos verbos descritos no art. 305 do CP; **C:** correta, já que de fato, quando o crime de falso se exaure no estelionato, fica por este absorvido (Súmula 17 do STJ); **D:** incorreta, pois, segundo a jurisprudência do STJ, a emissão de cheque como garantia de dívida não configura o crime previsto no art. 171, § 2°, VI, do CP (STJ, RHC 20600/GO, 6ª T.).
Gabarito "C".

(Delegado/MG – 2007) Considerando as alternativas abaixo, é ERRADO afirmar que:

(A) É admissível a receptação de receptação, exceto se adquirida de terceiro de boa-fé.

(B) O crime de extorsão mediante sequestro consuma-se no momento em que a privação da liberdade da vítima se completa.

(C) O agente que, para roubar o caixa, invade mercearia matando seu proprietário e mais dois empregados, fugindo em seguida com *res* furtiva, responde por um único latrocínio, sendo a pluralidade de vítimas circunstância avaliada na dosimetria da pena.

(D) A apropriação indébita de coisa furtada não é possível ainda que desconheça o agente sua origem.

A: correta, visto que, de fato, é perfeitamente admissível a denominada "receptação de receptação", também conhecida como receptação em cadeia, desde que o agente tenha ciência de que a coisa recebida, adquirida, conduzida, transportada ou ocultada tenha origem em anterior receptação; **B:** correta, pois, conforme amplamente difundido na doutrina e jurisprudência, o delito de extorsão mediante sequestro (art. 159 do CP) consuma-se no exato instante em que a vítima é privada de sua liberdade, independentemente de eventual recebimento de resgate pelo(s) agente(s). Trata-se, é bom que se diga, de crime formal (ou de consumação antecipada); **C:** correta, eis que, se num mesmo contexto fático, o agente, para praticar o roubo, mata duas ou mais pessoas, responderá por um só latrocínio (REsp 15701/SP, Rel. Min. Costa Leite, 6ª T., *DJ* 27.04.1992, p. 5507); **D:** incorreta. Se houver a apropriação, pelo agente, de coisa furtada, tendo ciência da origem, estaremos diante de receptação (art. 180 do CP). Contudo, caso desconheça por completo a origem espúria da coisa, e desde que estivesse na posse (desvigiada, é bom que se ressalte), cabível seria o reconhecimento de apropriação indébita (art. 168 do CP).
Gabarito "D".

(Delegado/PB – 2009 – CESPE) Considera-se famulato o furto

(A) praticado em estado de extrema miserabilidade, para evitar perigo maior decorrente da ausência de alimentação, situação em que há estado de necessidade, não se incluindo no conceito, entretanto, o furto de bens supérfluos.

(B) de gados pertencentes a terceira pessoa, espalhados por currais, com ânimo de assenhoreamento definitivo pelo autor do crime.

(C) praticado pelo empregado, aproveitando-se de tal situação, de bens pertencentes ao empregador.

(D) de energia elétrica.

(E) de bens de uso comum do povo, que possam ter algum valor econômico.

De fato, considera-se famulato o furto perpetrado pelo empregado em detrimento do empregador, o que poderá configurar a qualificadora do abuso de confiança (art. 155, § 4°, II, do CP). Segundo Fragoso, "*há abuso de confiança quando o agente se prevalece de qualidade ou condição pessoal que lhe facilite a prática do furto. De certa forma, já o CP prevê entre as agravantes genéricas esta situação (art. 61, II, letras f e g). É o caso do famulato (furto praticado por empregado), ou de alguém que se valha de relações de amizade ou de uma situação de confiança, para mais facilmente subtrair coisa alheia.*" (FRAGOSO, Heleno Cláudio. *Lições de Direito Penal – Parte Especial*. 8. ed. rev. e atual. por Fernando Fragoso. Rio de Janeiro: Forense, 1986. p. 274).
Gabarito "C".

(Delegado/PB – 2009 – CESPE) Assinale a opção correta com referência aos crimes contra o patrimônio.

(A) No crime de roubo, se a arma não é apreendida e, consequentemente, não pode ser submetida a perícia, o autor do crime responde por roubo simples, pois, tratando-se de crime não

1. DIREITO PENAL — 385

transeunte, a prova testemunhal não supre a ausência da perícia, mesmo que tenha havido disparo da arma de fogo.

(B) A jurisprudência tem aplicado analogicamente o entendimento já consolidado quanto ao crime de furto, para fins de afastar a tipicidade do roubo de uso.

(C) Inexiste concurso material entre os delitos de quadrilha armada e o roubo qualificado pelo emprego de arma, devendo o porte ou a posse da arma de fogo ser considerado uma única vez, sob pena de *bis in idem*.

(D) Ocorre crime de latrocínio se, logo após a subtração da coisa pretendida, por *aberractio ictus*, o agente atinge seu comparsa, querendo matar a vítima.

(E) Se o agente, após subtrair os pertences da vítima com grave ameaça, obriga-a a entregar o cartão do banco e a fornecer a respectiva senha, há concurso formal entre os crimes de extorsão e roubo, pois são crimes da mesma espécie, isto é, contra o patrimônio.

A: incorreta, pois a demonstração de que o roubo foi perpetrado com emprego de arma admite outros meios de prova que não apenas a pericial (STJ, HC 127.661/SP; HC 91.294-SP); **B**: incorreta, uma vez que o crime de roubo é considerado complexo, visto que atinge, a um só tempo, o patrimônio e a integridade corporal ou a liberdade pessoal da vítima (violência ou grave ameaça), razão pela qual não se pode admitir a mesma *ratio* do furto de uso (subtração da *res* e posterior restituição íntegra à vítima); **C**: incorreta, visto que o "antigo" crime de quadrilha ou bando armado (art. 288, parágrafo único, do CP), atualmente denominado de associação armada, é autônomo com relação aos crimes perpetrados pela associação. Assim, se esta praticar diversos crimes de roubo circunstanciado ou majorado pelo emprego de arma, haverá a incidência do concurso material entre a referida associação armada e os roubos majorados pelo emprego de arma (TJSP – Ap. Crim. 197.775-3, 1ª Câm. Crim.); **D**: correta, pois se o agente, durante a execução do crime, por *aberratio ictus* (erro na execução – art. 73 do CP), atinge seu comparsa, responderá como se houvesse atingido a própria vítima, respondendo, portanto, pelo crime de latrocínio; **E**: incorreta, visto que, na linha adotada pelo STJ, configuram-se os crimes de roubo e extorsão, em concurso material, se o agente, após subtrair alguns pertences da vítima, obriga-a a entregar o cartão do banco e fornecer a respectiva senha (HC 102613/SP, Rel. Min. Felix Fischer, 5ª T., *DJe* 06.10.2008). Há entendimento, também do STJ, no sentido de que seria admissível a continuidade delitiva entre ambos os crimes (REsp 1.031.683-SP, Rel. Min. Jane Silva, Desembargadora convocada do TJMG – 06.11.2008).
Gabarito "D".

(Delegado/PI – 2009 – UESPI) Com relação aos crimes contra o patrimônio, indique a alternativa correta.

(A) Para doutrina majoritária, no crime de furto, a causa de aumento de pena do repouso noturno (art. 155, § 1º) não pode ser aplicada nas hipóteses de furto qualificado (art. 155, § 4º).

(B) Na hipótese do empregado subtrair um objeto do seu empregador, restará sempre configurado o furto qualificado pelo abuso de confiança.

(C) No crime de roubo impróprio, o sujeito ativo primeiro ameaça a vítima para depois efetuar a subtração.

(D) Para o Supremo Tribunal Federal, é possível falar em tentativa de latrocínio quando a vítima morre, e o sujeito ativo não consegue subtrair os seus bens.

(E) O crime de roubo e o crime de extorsão são crimes materiais; portanto a consumação só ocorre com a produção do resultado.

A: correta, uma vez que, pela própria disposição topográfica da causa de aumento do repouso noturno (art. 155, § 1º, do CP), esta somente é aplicável ao furto simples (art. 155, *caput*, do CP), não podendo incidir sobre as demais espécies de furto, dispostas abaixo do § 1º; **B**: incorreta, pois o furto qualificado pelo abuso de confiança (art. 155, § 4º, II, do CP) pressupõe a existência de uma relação prévia de lealdade, credibilidade, que, não necessariamente, se verifica na relação empregatícia. Indispensável para o reconhecimento da qualificadora que o empregado dispusesse, em caráter prévio, de uma confiança para a execução de determinada tarefa, para a qual, abusando da confiança, aproveitou-se para subtrair pertences do empregador; **C**: incorreta, visto que o roubo impróprio se caracteriza exatamente pela grave ameaça ou violência serem exercidas após a subtração da *res*, como forma de garantir a impunidade ou a detenção da coisa furtada (art. 157, § 1º, do CP); **D**: incorreta, uma vez que, de acordo com a Súmula 610 do STF, tendo havido morte consumada, ainda que o roubo fique na esfera da tentativa, haverá latrocínio consumado; **E**: incorreta, pois, de fato, o crime de roubo é considerado material (exige-se um resultado naturalístico para que atinja a consumação), o que não se verifica na extorsão, que é considerado crime formal, consoante a Súmula 96 do STJ (o crime de extorsão consuma-se independentemente da obtenção da vantagem indevida).
Gabarito "A".

(Delegado/PR – 2007) Sobre os crimes contra o patrimônio, considere as seguintes afirmativas:

1. Para a configuração do crime de furto é imprescindível a presença do elemento subjetivo diverso do dolo "para si ou para outrem". Nossa lei penal comum não tipifica o furto de uso.
2. O crime de extorsão é crime material, que se consuma com a obtenção da vantagem indevida.
3. Há crime de latrocínio tentado quando o homicídio se consuma, ainda que não realize o agente a subtração de bens da vítima.
4. É isento de pena quem comete apropriação indébita em prejuízo do cônjuge na constância da sociedade conjugal.

Assinale a alternativa correta.

(A) Somente as afirmativas 1, 2 e 3 são verdadeiras.
(B) Somente as afirmativas 1, 3 e 4 são verdadeiras.
(C) Somente as afirmativas 2, 3 e 4 são verdadeiras.
(D) Somente as afirmativas 1 e 4 são verdadeiras.
(E) Somente as afirmativas 2 e 3 são verdadeiras.

1: correta, pois o crime de furto, definido no art. 155 do CP, exige, além do dolo (vontade livre e consciente de subtrair coisa alheia móvel), um especial fim de agir do agente, consistente em assenhorear-se definitivamente da coisa ou subtraí-la para outrem (*... para si ou para outrem...*), sob pena de o fato ser atípico, tal como ocorre no furto de uso, assim considerada a situação em que alguém subtrai coisa alheia móvel com o fim exclusivo de usá-la momentaneamente, restituindo-a íntegra, posteriormente, ao dono; **2**: incorreta, uma vez que o crime de extorsão é considerado formal, inclusive pela jurisprudência (Súmula 96 do STJ – a extorsão consuma-se independentemente da obtenção da vantagem econômica indevida); **3**: incorreta, visto que o crime de latrocínio, consoante Súmula 610 do STF, consuma-se com a morte da vítima, independentemente da efetiva subtração dos bens da vítima; **4**: correta (art. 181, I, do CP – escusa absolutória).
Gabarito "D".

(Delegado/SC – 2008) Analise as alternativas e assinale a correta.

(A) No crime de estelionato dois podem ser os sujeitos passivos: a pessoa induzida ou mantida em erro e terceira pessoa que sofre a lesão patrimonial.

(B) Quem mata o dono da coisa, sem poder consumar a subtração patrimonial que almejava, responde, segundo orientação predominante da jurisprudência, por homicídio simples consumado, em concurso com tentativa de roubo.

(C) Sendo o agente primário e de pequeno valor a coisa roubada, poderá o juiz substituir a pena de reclusão aplicável por detenção, diminuí-la de um a dois terços, ou sujeitar o condenado somente à pena pecuniária.

(D) O crime de furto de coisa comum é de ação penal pública incondicionada.

A: correta. É possível nas hipóteses em que a pessoa enganada é diversa da que experimenta o prejuízo; **B**: incorreta. Segundo entendimento esposado na Súmula 610 do STF, há latrocínio consumado, ainda que a subtração tenha permanecido na esfera da tentativa, visto que a vida humana está acima dos interesses patrimoniais; **C**: incorreta. Tal benesse somente tem incidência aos autores dos crimes de furto, apropriação indébita e estelionato, conforme rezam os arts. 155, § 2º, 170 e 171, § 1º, do CP; **D**: incorreta, art. 156, § 1º, do CP (ação penal pública condicionada a representação).
Gabarito "A".

(Delegado/SC – 2008) "Ariel", com 21 anos de idade, arromba a joalheria de seu pai, "Benoir", com 60 anos de idade, de madrugada, levando bens avaliados em R$ 5.000,00 (cinco mil reais). Preso, após o fato, "Ariel" responderá por:

(A) crime de furto de coisa comum.
(B) crime de furto qualificado pelo rompimento de obstáculo à subtração da coisa.
(C) crime de apropriação indébita.
(D) nenhum crime, pois é isento de pena (imunidade penal absoluta).

Art. 155, § 4º, I, do CP. Não incide a imunidade a que alude o art. 181, II, do CP porquanto o ofendido conta com 60 anos de idade, nos termos do art. 183, III, do CP.
Gabarito "B".

(Delegado/SP – 2011) Com relação ao objeto material do crime de estelionato, é correto afirmar que se configura

(A) somente com o emprego de meio fraudulento

ARTHUR TRIGUEIROS E EDUARDO DOMPIERI

1. Direito Penal

(B) somente com a obtenção da vantagem ilícita, sendo irrelevante a caracterização do prejuízo alheio

(C) somente com a caracterização do prejuízo alheio, sendo irrelevante que a vantagem obtida pelo agente seja ilícita.

(D) exclusivamente com o emprego de artifício, ardil ou qualquer outro meio fraudulento.

(E) obrigatoriamente com a obtenção da vantagem ilícita e o prejuízo alheio.

A pergunta, segundo nos parece, está mal formulada, pois, pelo que se vê da leitura das assertivas, a intenção da banca examinadora foi a de testar os conhecimentos do candidato no que toca ao momento consumativo do estelionato. De qualquer forma, vamos aos comentários! **A**: incorreta, pois o estelionato é crime que pode ser praticado mediante o emprego de artifício, ardil ou qualquer outro meio fraudulento (art. 171, *caput*, do CP); **B**: incorreta, pois o estelionato exige, para sua configuração – e consumação! – que o agente obtenha a vantagem ilícita, daí causando prejuízo alheio. Trata-se de crime material; **C**: incorreta, pois o estelionato pressupõe que o agente, com o emprego de expediente fraudulento, obtenha uma vantagem ilícita, causando prejuízo alheio. Se a vantagem alcançada for lícita, poderemos estar diante de exercício arbitrário das próprias razões (art. 345 do CP); **E**: correta. O estelionato consuma-se com a obtenção da vantagem ilícita e o – consequente – prejuízo alheio. Como dito, é crime material. Embora em nada repercuta na resolução desta questão, reputo importante o registro de que a Lei 13.964/2019, conhecida como "pacote anticrime", ao inserir no art. 171 do CP o § 5º, alterou a natureza da ação penal no crime de estelionato. Com isso, a ação penal, que era, em regra, incondicionada, passa a ser, por força desta alteração legislativa, condicionada à representação do ofendido. Anoto que o referido dispositivo estabelece exceções, em que a ação penal é pública incondicionada. Sugiro a sua leitura.
Gabarito "E".

20. CRIMES CONTRA A DIGNIDADE SEXUAL

A profissional do sexo Gumercinda atende a seus clientes no local onde reside juntamente com seu filho Joaquim de dez anos. O local é bastante exíguo, tendo pouco mais de quinze metros quadrados, onde existem apenas um quarto e um banheiro, ficando a cama onde Joaquim dorme ao lado da cama da mãe. Em uma determinada madrugada, Gumercinda acerta um "programa sexual" com Caio e o leva até sua casa. Durante o ato sexual, Joaquim acorda e presencia tudo, sem que Gumercinda ou Caio percebam que ele está assistindo à cena. No dia seguinte, Joaquim vai para a escola e conta o fato a um amigo, o qual, por sua vez, relata a história para Joana, sua mãe. Esta, abismada com a história, procura a delegacia do bairro e narra os fatos acima descritos.

(Delegado/ES – 2019 – Instituto Acesso) Diante desta situação hipotética, assinale a alternativa correta do ponto de vista legal.

(A) Gumercinda e Caio responderão pelo delito de satisfação de lascívia mediante a presença de criança ou adolescente.

(B) Gumercinda e Caio não cometeram nenhum crime.

(C) Gumercinda e Caio praticaram exploração sexual de criança ou adolescente.

(D) Gumercinda e Caio praticaram crime previsto no Estatuto da Criança e do Adolescente.

(E) Apenas Gumercinda responderá pelo delito de satisfação de lascívia mediante a presença de criança ou adolescente.

O tipo penal que, em princípio, mais se aproximaria da conduta descrita no enunciado é o do art. 218-A do CP (satisfação de lascívia mediante presença de criança ou adolescente). Vejamos. A narrativa contida no enunciado deixa claro que Gumercinda e Caio não sabiam que Joaquim, que até então se encontrava dormindo, assistia ao ato sexual por eles praticado. Como bem sabemos, os crimes em geral contêm um elemento subjetivo, que pode ser representado pelo dolo ou pela culpa, a depender, neste último caso, de haver expressa previsão legal nesse sentido. E no caso do crime capitulado no art. 218-A do CP não é diferente. Aliás, este delito, que não comporta a modalidade culposa, exige o chamado elemento subjetivo específico, consistente na vontade de satisfazer a lascívia própria ou de terceiro, sem o que não há crime por ausência de dolo. A despeito de a conduta de Gumercinda e Caio ser reprovável, já que praticaram ato sexual ao lado de uma criança, ela não constitui crime por ausência de elemento subjetivo do tipo. Também por essa razão devemos afastar a ocorrência do crime do art. 232 do ECA, que consiste em *submeter criança ou adolescente sob sua autoridade, guarda ou vigilância*

a vexame ou a constrangimento. Constitui premissa deste crime a presença de dolo (não há previsão de modalidade culposa), neste caso representando pela intenção do agente de submeter criança ou adolescente sob sua autoridade a situação vexatória ou constrangedora. Como já ficou claro, Gumercinda e Caio não agiram com tal propósito.
Gabarito "B".

(Delegado/RS – 2018 – FUNDATEC) Analise as seguintes situações hipotéticas, e assinale a alternativa correta.

(A) Viriato amordaça Gezilda, para que ela não grite por socorro. Em seguida, pratica conjunção carnal com ela, sem perceber que a vítima está se engasgando devido à mordaça utilizada por ele. Gezilda, que é maior de idade e capaz, morre sufocada. Viriato deverá responder por estupro e homicídio culposo, em concurso material.

(B) Zezão aborda a vítima Vitinha, maior de idade e capaz, em via pública, arrasta-a para um terreno abandonado. Ao perceber que será estuprada, Vitinha entra em luta corporal com Zezão e acaba sendo morta, porque Zezão efetuou um disparo, empregando uma arma de fogo que levava consigo. Em seguida, Zezão realiza atos sexuais com Vitinha. Nessa hipótese, Zezão responderá tão somente pelos crimes de estupro e homicídio qualificado, em concurso material.

(C) Beraldo aborda a vítima Zequinha, 11 anos de idade, em via pública, levando-o para um edifício em construção, oferecendo a ele dinheiro e doces, para que fizesse sexo oral em Beraldo. Após o ato, com medo de ser identificado, Beraldo mata Zequinha com uma pedrada na cabeça. Beraldo deverá responder pelo crime de estupro de vulnerável, qualificado pela morte de Zequinha.

(D) Tibúrcio, imputável, tio de Adalgisa, 09 anos de idade, em uma ocasião em que foi visitar a irmã, mãe da menor, aproveitou-se de um momento em que esteve sozinho com Adalgisa, tirou a roupa da menina, pedindo que fizesse poses sensuais, fotografando-a em tal condição. No mesmo dia, porém, mais tarde, oferecendo a ela doces, fez com que praticasse sexo oral nele. Tibúrcio responderá pela prática de estupro de vulnerável, em concurso material com o crime previsto no artigo 240 do Estatuto da Criança e do Adolescente, ambos os delitos em suas formas majoradas pela condição de ser tio da menor.

(E) Tyrapele, cirurgião plástico, anestesiou a paciente Suzi, 25 anos e, em seguida, praticou ato libidinoso diverso da conjunção carnal com ela, aproveitando-se de que Suzi estava inconsciente e sem condições de oferecer resistência. Nesse caso, praticou o crime denominado violação sexual mediante fraude.

A: incorreta. Pela narrativa, infere-se que a morte da vítima decorreu de culpa por parte do agente, que se excedeu na violência empregada no cometimento do crime sexual. Temos, dessa forma, *dolo* na conduta antecedente (estupro) e *culpa* na consequente (morte), o que configura o chamado delito *preterdoloso*, modalidade prevista no art. 213, § 2º, do CP. É importante que se diga que as qualificadoras relativas à lesão corporal grave e morte constituem figuras preterdolosas, segundo doutrina e jurisprudência majoritárias. Por tudo que foi dito, é incorreto, portanto, afirmar que Viriato deverá responder por estupro e homicídio culposo em concurso formal; deverá, sim, ser responsabilizado por estupro qualificado pela morte (figura preterdolosa); **B**: incorreta. Não há que se falar na prática de crime de estupro, já que, ao tempo em que Zezão realizou atos sexuais contra Vitinha, esta já se encontrava sem vida. Deverá ser responsabilizado, portanto, pelo homicídio doloso (art. 121, CP) e por vilipêndio a cadáver (art. 212, CP); **C**: incorreta. Conforme já dissemos, o crime de estupro de vulnerável qualificado pela morte (art. 217-A, § 4º, CP) é *preterdoloso*, isto é, exige-se que a morte tenha ocorrido a título de culpa; assim, se o agente, após cometer o delito de estupro de vulnerável, vier a matar a vítima (porque quis ou porque assumiu o risco), deverá ser responsabilizado pelo crime sexual em concurso material com o crime contra a vida (homicídio doloso); **D**: correta. Tibúrcio deverá ser responsabilizado pelos crimes dos arts. 240, § 2º, III, do ECA e 217-A do CP, este último com o aumento do art. 226, II, do CP; **E**: incorreta. Tyrapele cometeu o crime definido no art. 217-A, § 1º, *in fine*, do CP (estupro de vulnerável), já que gerou (anestesiou) e se aproveitou do fato de a vítima estar impossibilitada de oferecer resistência para estuprá-la. Perceba que a vulnerabilidade, neste caso, decorre, não da idade nem de enfermidade ou doença mental, mas de situação transitória que impede que a vítima resista à investida do agente. Aqui, pouco importa se o fator impossibilitante da defesa da vítima foi criado pelo agente (como no caso da alternativa) ou causado por ela própria (embriaguez voluntária).
Gabarito "D".

1. DIREITO PENAL 387

(Delegado/AP – 2017 – FCC) Nas infrações contra a dignidade sexual:

I. Induzir ou atrair alguém à prostituição ou outra forma de exploração sexual, facilitá-la, impedir ou dificultar que alguém a abandone é crime punido com detenção.

II. O estupro de vulnerável é descrito como ter conjunção carnal ou praticar outro ato libidinoso com menor de 16 anos.

III. A pena é aumentada de quarta parte se o crime é cometido com o concurso de 2 ou mais pessoas.

IV. A pena é aumentada de metade, se o agente é ascendente, padrasto ou madrasta, tio, irmão, cônjuge, companheiro, tutor, curador, preceptor ou empregador da vítima ou por qualquer outro título tem autoridade sobre ela.

Está correto o que se afirma APENAS em

(A) I e II.
(B) II e III.
(C) I e IV.
(D) III.
(E) III e IV.

I: incorreta. A conduta descrita neste item corresponde ao crime de favorecimento da prostituição ou outra forma de exploração sexual (art. 228 do CP), punido com reclusão de 2 (dois) a 5 (cinco) anos, e multa; **II:** incorreta. Uma das modalidades de estupro de vulnerável (art. 217-A do CP) consiste no fato de o agente ter conjunção carnal ou praticar outro ato libidinoso com menor de 14 (quatorze) anos (e não 16 anos); **III:** correta. De fato, o art. 226, I, do CP, dispõe que os crimes contra a dignidade sexual terão a pena majorada de quarta parte se cometidos com o concurso de 2 (duas) ou mais pessoas; **IV:** correta. Nos termos do art. 226, II, do CP, nos crimes sexuais, a pena será aumentada de metade, se o agente é ascendente, padrasto ou madrasta, tio, irmão, cônjuge, companheiro, tutor, curador, preceptor ou empregador da vítima ou por qualquer outro título tem autoridade sobre ela. Gabarito "E".

(Delegado/MS – 2017 – FAPEMS) A dignidade sexual integra o princípio maior da dignidade da pessoa humana e recebe do Estado proteção especial cujas normas penais e sanções passaram nos últimos tempos por grandes modificações, a fim de se adequarem à nova realidade, que envolve em particular a liberdade sexual das pessoas, garantindo a sua livre manifestação e reprimindo quem de alguma forma lhe cause limitação ou aflição. No que diz respeito aos crimes de estupro e estupro de vulnerável, assinale a alternativa correta.

(A) O ato de manter relações sexuais, mediante violência ou grave ameaça, com pessoa maior de quatorze e menor de dezoito anos de idade caracteriza estupro de vulnerável, em virtude dos efeitos mais gravosos aos adolescentes.

(B) No crime de estupro, exige-se da vítima retidão moral, não caracterizando constrangimento ilegal a prática do ato contra prostituta, ou pessoa que de qualquer modo utilize a relação sexual como modo de vida.

(C) A violência praticada no crime de estupro é uma imposição de ordem física direta, perpetrada contra a vítima. A violência indireta praticada contra terceiro que a vítima queira proteger não caracteriza a tipicidade formal.

(D) No estupro de vulnerável, o consentimento não opera como causa permissiva e sua aferição, seja na forma direta ou por equiparação, é obtida pela conjunção dos critérios biológicos e psicológicos da culpabilidade.

(E) O consentimento da vítima, maior e capaz, obtido por meio de constrangimento praticado em face de grave ameaça perpetrado pelo autor, não afasta a tipicidade formal do crime de estupro.

A: incorreta. A pessoa maior de quatorze e menor de dezoito anos não é considerada vulnerável para fins de caracterização do crime do art. 217-A do CP. Assim não seria se se tratasse de vítima menor de quatorze anos. A conduta contida na assertiva caracteriza estupro qualificado (art. 213, § 1º, do CP); **B:** incorreta. Inexiste, como elementar típica do estupro, o fato de a vítima ter retidão moral, que seria um conceito extremamente vago, diga-se de passagem. Também não se importa a lei com os hábitos sexuais da vítima, ou se se trata de "profissional do sexo" (prostituta). Violarão a dignidade sexual da pessoa os comportamentos descritos nos arts. 213 e 217-A, do CP. Prostituta pode ser vítima de estupro? E a resposta é positiva! Basta que seja constrangida, mediante grave ameaça ou violência, a ter conjunção carnal ou a praticar ou permitir que com ela se pratique outro ato libidinoso. O dissenso da vítima é o ponto fulcral no crime de estupro. Já para o estupro de vulnerável (art. 217-A, CP), sequer o consentimento importa

para a caracterização do crime, a teor do que dispõe a Súmula 593 do STJ: *O crime de estupro de vulnerável configura com a conjunção carnal ou prática de ato libidinoso com menor de 14 anos, sendo irrelevante o eventual consentimento da vítima para a prática do ato, experiência sexual anterior ou existência de relacionamento amoroso com o agente;* **C:** incorreta. O crime de estupro (art. 213 do CP) se caracterizará quando empregada violência ou grave ameaça como meios de execução para que a vítima seja compelida a ter conjunção carnal ou a praticar ou permitir que com ela se pratique outro ato libidinoso. E referidos meios executórios não precisarão atingir, necessariamente, a vítima (violência direta), podendo ser perpetrados contra terceiros (violência indireta). É o que se vê, por exemplo, com a vítima "X", cujo filho tenha sido gravemente ameaçado ou fisicamente agredido como forma de constrangê-la à prática de conjunção carnal com o agente. Embora "X" não tenha sofrido qualquer violência física, terá havido estupro; **D:** incorreta. O consentimento da pessoa vulnerável não integra a estrutura típica do estupro tipificado pelo art. 217-A do CP. Em outras palavras, pouco importará o assentimento da vítima para o ato sexual, que, se considerada vulnerável (art. 217, *caput*, e § 1º, do CP), terá sido sujeito passivo do crime em comento. Essa a *ratio* da Súmula 593 do STJ, já transcrita nos comentários à alternativa B; **E:** correta. Se o consentimento da vítima, embora maior e capaz, tiver sido obtido mediante o emprego de grave ameaça, equivalerá a um não consentimento, e, portanto, caracterizado estará o crime de estupro (art. 213 do CP). Gabarito "E".

(Delegado/RJ – 2013 – FUNCAB) Uma jovem, ao sair da faculdade à noite, é rendida por um homem que a estupra brutalmente, proferindo-lhe várias ameaças. Aproveitando-se de uma distração do bandido e temendo por sua vida, a vítima empreende fuga correndo desesperadamente e, ao atravessar a rua, é atropelada por um veículo que passava pelo local, morrendo imediatamente. Na qualidade de Delegado de Polícia, assinale a alternativa que contempla a correta tipificação da conduta daquele que atacou a jovem.

(A) Estupro.
(B) Estupro qualificado pelo resultado morte.
(C) Homicídio e estupro em concurso formal.
(D) Homicídio e estupro em concurso material.
(E) Homicídio.

A: correta. Deverá o Delegado de Polícia tipificar a conduta do agente, quando da instauração de inquérito, como estupro; **B:** incorreta. O estupro qualificado pelo resultado morte (art. 213, § 2º, CP) somente tem cabimento quando esta advém de culpa. Em outras palavras, a figura em comento é preterdolosa, pressupondo, assim, dolo no tocante ao estupro e culpa no resultado agravador. No caso relatado no enunciado, a morte decorreu de atropelamento, em virtude da fuga da vítima, e não do próprio estupro; **C e D:** incorretas, pois não se deverá imputar ao agente o homicídio. A morte da vítima não pode ser imputada ao estuprador, haja vista que a fuga da vítima, morta por atropelamento ao atravessar a rua, não se encontra na linha de desdobramento causal do fato perpetrado pelo agente. Ainda que se considere, em virtude da teoria da *conditio sine qua non*, que o resultado morte somente ocorreu em razão da conduta inicial do agente, o fato é que a causa da morte – atropelamento – foi superveniente à conduta do agente, aplicando-se o art. 13, § 1º, CP. Assim, incidirá, em verdade, a teoria da causalidade adequada, e não a da *conditio sine qua non*. Logo, no tocante às causas supervenientes relativamente independentes que por si sós produzem o resultado, a imputação do resultado somente será possível se este se encontrar na linha de desdobramento normal e previsível do comportamento do agente. Na espécie, não se pode considerar que um atropelamento esteja na linha normal de desdobramento de um estupro; **E:** incorreta. O fato perpetrado pelo agente foi um estupro, devendo responder por este crime. No tocante ao homicídio, reiteramos os esclarecimentos prestados no comentário às alternativas antecedentes. Gabarito "A".

(Delegado/PI – 2009 – UESPI) João, 19 anos de idade, manteve conjunção carnal com Maria, 13 anos de idade. Em nenhum momento, João empregou violência ou grave ameaça contra Maria, porém fez uso de fraude para persuadi-la a praticar conjunção carnal. Diante desse fato e de acordo com o Código Penal, marque a alternativa correta.

(A) João praticou o crime de estupro presumido, pois praticou relação sexual com menor de 14 anos, não sendo este crime considerado hediondo.

(B) João praticou o crime de estupro presumido, pois praticou relação sexual com menor de 14 anos, sendo este crime considerado hediondo.

(C) João praticou o crime de violação sexual mediante fraude, pois o crime foi praticado sem violência ou grave ameaça à pessoa.

388 ARTHUR TRIGUEIROS E EDUARDO DOMPIERI

1. Direito Penal

(D) João praticou o crime de estupro de vulnerável, que apresenta pena mais grave do que o crime de estupro na sua forma tradicional, e é considerado crime hediondo.

(E) João praticou o crime de estupro de vulnerável, que apresenta a mesma pena do crime estupro na sua forma tradicional, e é considerado crime hediondo.

Art. 217-A do CP. O estupro de vulnerável é crime hediondo, nos termos do art. 1º, VI, da Lei 8.072/1990, que foi alterada pela Lei 12.015/2009, tanto na sua forma simples quanto na qualificada. Importante registrar o teor da Súmula 593 do STJ: *"O crime de estupro de vulnerável configura com a conjunção carnal ou prática de ato libidinoso com menor de 14 anos, sendo irrelevante o eventual consentimento da vítima para a prática do ato, experiência sexual anterior ou existência de relacionamento amoroso com o agente".*

Gabarito "D".

(Delegado/RJ – 2009 – CEPERJ) 1º caso: Abreu, atualmente com 20 anos, conheceu Aline na festa do dia de seu aniversário de 12 anos e, desde então, é seu namorado. Hoje, Aline tem 13 anos, mas se prostitui desde os seus 10 anos de idade sem o conhecimento do seu namorado. Após muita persuasão, no último final de semana, Aline resolveu "ceder" aos encantos de Abreu e fez sexo com ele. 2º caso: Leomar resolve ir a uma boate gay, onde conhece Priscila, um transformista, com quem pretende fazer sexo. Para tanto, Leomar decide colocar uma substância na bebida de Priscila, que desmaia e é levada por ele para o quarto de um cortiço a 200 metros do local. Lá Leomar realiza seu intento e fez sexo anal com Priscila, que, no dia seguinte, ao acordar, decide ir à Delegacia e registrar o fato. Pergunta-se: em cada caso, considerando a descrição típica, algum crime foi cometido? Sendo a resposta positiva, qual delito foi praticado e qual o tipo de ação penal prevista para cada um deles?

(A) 1º caso: Sim, Estupro. Ação Penal Pública Incondicionada; 2º caso: Sim, Posse Sexual Mediante Fraude. Ação Penal Pública Incondicionada.

(B) 1º caso: Não, trata-se de fato atípico; 2º caso: Sim, Estupro. Ação Penal Privada.

(C) 1º caso: Sim, Estupro de Vulnerável. Ação Penal Pública Incondicionada; 2º caso: Sim, Violação Sexual Mediante Fraude. Ação Penal Pública Incondicionada.

(D) 1º caso: Não, trata-se de fato atípico; 2º caso: Sim, Violação Sexual Mediante Fraude. Ação Penal Pública Condicionada à Representação.

(E) 1º caso: Sim, Estupro de Vulnerável. Ação Penal Pública Incondicionada; 2º caso: Sim, Estupro de Vulnerável. Ação Penal Pública Incondicionada.

A, B, C e D: incorretas, visto que o fato de Abreu ter mantido conjunção carnal com Aline, com 13 anos de idade, a despeito de ela haver consentido, configura o crime de estupro de vulnerável (art. 217-A do CP), configurado na espécie pelo só fato de a vítima ser menor de 14 (quatorze) anos. Quanto à conduta de Leomar, igualmente responderá por estupro de vulnerável (art. 217-A), uma vez que se considera vulnerável a pessoa que, dentre outras hipóteses, por qualquer causa não puder oferecer resistência (art. 217-A, § 1º, parte final, do CP). Para ambos os casos, a ação penal será pública incondicionada (art. 225 do CP), não mais havendo a possibilidade de a vítima intentar queixa-crime, o que era considerado a regra antes do advento da Lei 12.015/2009, que deu nova roupagem aos crimes contra a dignidade sexual (anteriormente denominados de crimes contra os costumes). A propósito disso, vale o registro de que, mais recentemente, entrou em vigor a Lei 13.718/2018, que, dentre várias inovações implementadas nos crimes contra a dignidade sexual, mudou, uma vez mais, a natureza da ação penal nesses delitos. Com isso, a ação penal, nos crimes sexuais, passa a ser, em qualquer caso, pública incondicionada. Vale lembrar que, antes do advento desta Lei, a ação era, em regra, pública condicionada, salvo nas situações em que a vítima era vulnerável ou menor de 18 anos. Fazendo um breve histórico, temos o seguinte quadro: a ação penal, nos crimes sexuais, era, em regra, privativa do ofendido, a este cabendo a propositura da ação penal; posteriormente, a partir do advento da Lei 12.015/2009, a ação penal, nesses crimes, deixou de ser privativa do ofendido para ser pública condicionada a representação, em regra; agora, com a entrada em vigor da Lei 13.718/2018, a ação penal, nos crimes contra a dignidade sexual, que antes era pública condicionada, passa a ser pública incondicionada. Com isso, o titular da ação penal, que é o MP, prescinde de manifestação de vontade da vítima para promover a ação penal. Dessa forma, fica sepultado o debate que antes havia acerca da aplicação da Súmula 608, do STF.

Gabarito "E".

21. CRIMES CONTRA A FÉ PÚBLICA

(Delegado/ES – 2019 – Instituto Acesso) No dia 09/07/2017, Henrique foi parado em uma fiscalização da Operação Lei Seca. Após solicitar a Carteira Nacional de Habilitação (CNH) de Henrique, o policial militar que participava da operação suspeitou do documento apresentado. Procedeu então à verificação na base de dados do DETRAN e confirmou a suspeita, não encontrando o número de registro que constava na CNH, embora as demais informações (nome e CPF), a respeito de Henrique, estivessem corretas. Questionado pelo policial, Henrique confessou que havia adquirido o documento com Marcos, seu vizinho, que atuava como despachante, tendo pago R$ 2.000,00 pelo documento. Afirmou ainda que sequer havia feito prova no DETRAN. Acrescente-se que, durante a instrução criminal, ficou comprovado que, de fato, Henrique obteve o documento de Marcos, sendo este o autor da contrafação. Além disso, foi verificado por meio de perícia judicial que, no estado em que se encontra o documento, e em face de sua aparência, pode iludir terceiros como se documento idôneo fosse. Logo, pode-se afirmar que a conduta de Henrique se amolda ao crime de

(A) falsificação de documento público, previsto no caput do art. 297 do Código Penal.

(B) uso de documento falso, previsto no art. 304 do Código Penal.

(C) falsa identidade, previsto no art. 307 do Código Penal.

(D) falsidade ideológica, previsto no caput art. 299 do Código Penal.

(E) falsificação de documento particular, previsto no caput do art. 298 do Código Penal.

Segundo consta, Henrique, ao ser abordado por policial militar em fiscalização da Operação Lei Seca, a este apresentou carteira nacional de habilitação falsa, que adquirira de Marcos, seu vizinho, ao qual pagou, pelo documento falso, a importância de R$ 2.000,00. Pelo enunciado, fica claro que Henrique não foi o autor da falsificação, conduta a ser atribuída ao seu vizinho, Marcos, que deverá, por isso, responder pelo crime do art. 297 do CP (falsificação de documento público). Já Henrique, que, como dito, adquiriu o documento contrafeito e o apresentou ao policial militar por ocasião de operação de fiscalização de trânsito, deverá ser responsabilizado tão somente pelo uso deste documento, conduta prevista no art. 304 do CP: *Fazer uso de qualquer dos papéis falsificados ou alterados a que se referem os arts. 297 a 302. Pena – a cominada à falsificação ou à alteração.* Outrossim, é importante que se diga que nenhuma dúvida deve haver em relação ao dolo de Henrique. O enunciado deixa claro que ele tinha conhecimento de que o documento por ele adquirido era falso. Isso porque é de todos sabido que a obtenção de CNH impõe a observância de uma série de requisitos, dentro de um trâmite que engloba a necessidade de o candidato submeter-se a exames teórico, prático e psicotécnico. Henrique tinha plena ciência, portanto, de que fazia uso de documento falso. Outro ponto que merece destaque é a observação, que consta do enunciado, de que o documento portado por Henrique, *em face de sua aparência, pode iludir terceiros como se documento idôneo fosse.* É que, sendo a falsificação grosseira, incapaz, pois, de ludibriar terceiros, não há que se falar em crime. Não é o caso narrado no enunciado, em que, reitere-se, a CNH tinha aptidão para enganar o homem médio.

Gabarito "B".

(Delegado/RJ – 2013 – FUNCAB) Entre as hipóteses a seguir consignadas, assinale aquela que corresponde a crime de falsidade ideológica (art. 299 do CP).

(A) Rildo, desempregado, tencionando trabalhar como motorista, após obter um espelho de Carteira Nacional de Habilitação não preenchido, embora verdadeiro, nele consigna seus dados pessoais e imprime sua foto, passando-se por pessoa habilitada para conduzir veículo automotor, sem de fato o ser.

(B) Aderbal, de forma fraudulenta, consigna, na Carteira de Trabalho e Previdência Social de um empregado de sua empresa, salário inferior ao efetivamente recebido por ele, visando a reduzir seus gastos para com o INSS.

(C) Magnólia, com intenção de integrar à sua família o filho de outrem, registra a criança em seu nome, como se sua mãe fosse, valendo-se, para tanto, da desatenção do funcionário do Cartório de Registro Civil das Pessoas Naturais, que deixa de exigir documentação pertinente ao ato.

(D) Tibúrcio, funcionário público do instituto responsável por manter atualizados os registros de antecedentes criminais em determinado Estado-Membro, aproveitando-se de sua atribuição funcional, entra com sua senha no sistema informatizado do órgão e inclui, fraudulentamente, na folha de antecedentes de seu vizinho, crime por ele não praticado, em vingança por conta de uma rixa antiga.

(E) A fim de auxiliar uma amiga a contratar financiamento para a aquisição de eletrodomésticos, Alberico, sócio-gerente em uma empresa têxtil, valendo-se de sua posição, assina declaração afirmando que tal pessoa trabalha de forma remunerada naquele estabelecimento empresarial, o que não condiz com a realidade.

A: incorreta. A conduta perpetrada por Rildo caracteriza o crime de falsificação de documento público (art. 297, CP), haja vista que a inserção de seus dados pessoais e fotografia em um espelho de CNH não preenchido constitui, por óbvio, nítida falsidade documental, haja vista que referido documento tem como suas partes integrantes a fotografia e identificação do condutor; **B:** incorreta, amoldando-se a conduta de Aderbal ao art. 297, § 3º, II, do CP, que é um subtipo de falsificação de documento público ("nas mesmas penas incorre quem insere ou faz inserir... II – na Carteira de Trabalho e Previdência Social do empregado ou em documento que deva produzir efeito perante a previdência social, declaração falsa ou diversa da que deveria ter sido escrita"); **C:** incorreta, pois Magnólia, em razão do princípio da especialidade, incorrerá no crime previsto no art. 242 do CP, haja vista ter registrado como seu, filho de outrem; **D:** incorreta. Tibúrcio deverá ser responsabilizado pelo crime de inserção de dados falsos em sistema de informações (art. 313-A, CP); **E:** correta. De fato, Alberico, ao inserir declaração falsa em um documento particular (declaração de emprego), afirmando que sua amiga trabalha, mediante remuneração, na empresa têxtil em que é sócio-gerente, a fim de que ela consiga obter financiamento para aquisição de eletrodomésticos, cometeu o crime de falsidade ideológica (art. 299, CP).

Gabarito "E".

(Delegado/PR – 2013 – UEL-COPS) Assinale a alternativa que apresenta, corretamente, afirmações quanto ao crime de falsidade ideológica tipificado no art. 299 do Código Penal.

(A) Na conduta de fazer inserir, mesmo que o funcionário público tenha conhecimento da inverdade declarada, este não responde pelo crime.

(B) Trata-se de um crime material, estando o crime consumado no momento em que a falsidade produz prejuízo a terceiro.

(C) Promover a inscrição de nascimento inexistente aumenta a pena da sexta parte nos moldes do Parágrafo Único do Art. 299 do Código Penal, por se tratar de assento de registro civil.

(D) No crime de falsidade ideológica de documento público, as condutas de omitir ou inserir demandam a participação de funcionário público na condição de sujeito ativo.

(E) Se o sujeito ativo for funcionário público, a pena é aumentada da sexta parte, mesmo que este não se tenha prevalecido de seu cargo.

A: incorreta. Se o funcionário público responsável pela confecção do documento (ex.: escritura pública) tiver conhecimento da inverdade declarada pelo agente, terá concorrido, diretamente, para a elaboração do documento ideologicamente falso (art. 299, CP), respondendo, portanto, pelo crime; **B:** incorreta. A falsidade ideológica é crime formal (ou de consumação antecipada), consumando-se quando da prática de qualquer das condutas previstas no tipo penal (art. 299, CP), independentemente de qualquer resultado naturalístico (ex.: prejuízo ao Estado ou ao particular); **C:** incorreta. Promover a inscrição de nascimento inexistente, em razão do princípio da especialidade, não caracteriza falsidade ideológica (art. 299, CP), mas, sim, a figura prevista no art. 241 do CP (registro de nascimento inexistente); **D:** correta. Em se tratando de documento público, que é aquele emanado de um agente público, a omissão ou a inserção de declaração falsa ou diversa da que devia constar decorrerão de comportamento do próprio funcionário responsável pela confecção do documento; **E:** incorreta, pois o aumento da pena (art. 299, parágrafo único, CP) dependerá de o agente ser funcionário público e cometer o crime prevalecendo-se do cargo.

Gabarito "D".

22. CRIMES CONTRA A ADMINISTRAÇÃO PÚBLICA

(Delegado/ES – 2019 – Instituto Acesso) A respeito do peculato, assinale a opção correta.

(A) Celecanto é o responsável por organizar um determinado concurso para o provimento de um cargo efetivo na administração pública federal. Omena, seu amigo de longa data, toma conhecimento de que ele está participando da banca examinadora e, em nome de sua antiga amizade, decide pedir a ele que lhe passe as questões que serão objeto da prova na semana seguinte. Celecanto fica bastante ofendido com o pedido e informa que nunca faria isso,

mas que, como Omena era seu amigo de longa data, forneceria a ele uma relação de cinco livros que foram utilizados pelos integrantes da banca do concurso para realizarem a prova e que não constavam expressamente do edital que foi divulgado. Essa atitude de Celecanto configura a prática do delito de fraude em certames de interesse público.

(B) Segundo o STJ, nenhum dos crimes contra a administração pública admite a incidência do princípio da insignificância.

(C) O crime de peculato-apropriação consuma-se a partir do momento em que o funcionário público passa a obter vantagem em relação ao objeto material do delito, ainda que esta não seja necessariamente de caráter econômico, uma vez que o bem jurídico tutelado é a administração pública.

(D) Segundo a jurisprudência do STJ, a conduta de agente público pertencente à administração pública fazendária que procede à prévia correção quanto aos aspectos gramaticais e técnicos das impugnações administrativas feitas pelos administrados perante a administração pública fazendária, comete o delito previsto no art. 3º, III, da Lei 8.137/90.

(E) Na hipótese de peculato culposo, caso o agente repare o dano após a sentença irrecorrível, haverá a redução de metade da pena cominada abstratamente ao referido delito.

A: correta. De fato, Celecanto deverá ser responsabilizado pelo crime de fraude em certame de interesse público (art. 311-A, CP). Vale a observação de que esta alternativa nenhuma relação tem com o delito de peculato, a que faz referência o enunciado; **B:** incorreta. É fato que, para o STJ, o princípio da insignificância é inaplicável aos crimes contra a Administração Pública. Tal entendimento, inclusive, está sedimentado na Súmula 599, do próprio STJ: *o princípio da insignificância é inaplicável aos crimes contra a Administração Pública*. Mas tal regra comporta uma exceção. Refiro-me ao delito de descaminho, em relação ao qual o STJ (e também o STF) entende pela aplicabilidade do mencionado postulado, desde que o tributo sonegado não ultrapasse R$ 20.000,00. Cuidado: a insignificância, embora se aplique ao descaminho, não tem incidência no crime de contrabando. Ademais, é importante que se diga que o STF tem precedentes no sentido de reconhecer a incidência de tal princípio aos crimes contra a Administração Pública; **C:** incorreta. No peculato-apropriação, previsto no art. 312, *caput*, 1ª parte, do CP, a consumação é alcançada no exato instante em que o funcionário público torna seu o objeto material do crime, de que tem a posse ou detenção em razão do cargo. Em outras palavras, a consumação se opera no momento em que o *intraneus* passa a se comportar como dono da coisa; **D:** incorreta. Conferir: "1. A conduta tipificada no art. 3º, III, da Lei n. 8.137/1990 – tipo especial em relação ao delito previsto no art. 321 do Código Penal – pressupõe que o agente, valendo-se da sua condição de funcionário público, patrocine, perante a administração fazendária, interesse alheio em processo administrativo. Pressupõe-se que o agente postule o interesse privado, direta ou indiretamente, utilizando-se da sua condição de funcionário para influenciar os responsáveis pela análise do pleito. 2. No caso, as instâncias ordinárias não noticiam que a recorrente tenha atuado, valendo-se da sua qualidade de funcionária, perante a administração fazendária, para facilitar ou influenciar eventual julgamento favorável ao terceiro. 3. Desse modo, não se pode tomar como típica a conduta da recorrente de proceder à correção, "quanto aos aspectos gramatical, estilístico e técnico", das impugnações administrativas anteriormente confeccionadas pelos causídicos do administrado. Não se pode inferir que o conhecimento técnico a respeito de alguma área profissional seja decorrência exclusiva da ocupação de determinado cargo público. 4. Muito embora a conduta perpetrada pela recorrente possa ser avaliada sob o aspecto ético, tem-se que ela não se justapõe à conduta típica descrita no art. 3º, III, da Lei dos Crimes contra a Ordem Tributária. 5. Recurso especial provido para absolver a recorrente, ante o reconhecimento da atipicidade da sua conduta" (STJ, REsp 1770444/DF, Rel. Ministro ANTONIO SALDANHA PALHEIRO, SEXTA TURMA, julgado em 08/11/2018, DJe 03/12/2018); **E:** incorreta. Se a reparação do dano, no peculato culposo (não se aplica ao doloso!), for anterior ao trânsito em julgado da sentença penal condenatória, o agente fará jus à extinção da punibilidade, na forma estatuída no art. 312, § 3º, primeira parte, do CP; agora, se o funcionário promover a reparação do dano em momento posterior ao trânsito em julgado da sentença, será ele agraciado com a redução de metade da pena que lhe foi imposta na sentença (e não a pena abstratamente cominada ao delito), tal como estabelece o art. 312, § 3º, segunda parte, do CP.

Gabarito "A".

(Delegado/RS – 2018 – FUNDATEC) Em atenção aos crimes praticados contra a Administração Pública, assinale a alternativa correta.

(A) Prefeito Municipal que é flagrado usando, indevidamente, o veículo oficial da prefeitura para passear com familiares, não responde, na esfera criminal, por faltar a sua conduta, o ânimo de assenho-

ARTHUR TRIGUEIROS E EDUARDO DOMPIERI

ramento definitivo, indispensável para a configuração do crime de peculato.

(B) Recente entendimento do Superior Tribunal de Justiça fixou o entendimento de que é aplicável o princípio da insignificância aos crimes contra a Administração Pública, o que muda o entendimento da jurisprudência em relação ao crime de descaminho.

(C) Médico de hospital privado, conveniado ao Sistema Único de Saúde, que constrange filho do paciente a entregar-lhe determinada quantia em dinheiro, sob pena de não realizar cirurgia, não pratica o crime de concussão.

(D) No crime de peculato culposo, previsto no artigo 312, parágrafo 3º do Código Penal, o arrependimento posterior não pode dar causa à extinção da punibilidade do agente.

(E) Não pratica o crime de prevaricação o Delegado de Polícia que, por ocasião da elaboração do relatório final do Inquérito Policial, deixa de indiciar alguém, com base no entendimento de que a conduta praticada e posta sob sua análise é atípica materialmente.

A: incorreta, já que o prefeito será responsabilizado pelo crime de peculato de uso, definido no art. 1º, II, do Decreto-Lei 201/1967; **B:** incorreta, uma vez que não houve mudança de entendimento em relação à inaplicabilidade do princípio da insignificância aos crimes contra a Administração Pública. Segundo a Súmula 599, do STJ: *o princípio da insignificância é inaplicável aos crimes contra a Administração Pública.* É importante que se diga que o STF tem precedentes no sentido de reconhecer a incidência de tal princípio aos crimes contra a Administração Pública. No que concerne ao delito de descaminho, as duas Cortes entendem pela aplicabilidade do mencionado postulado, desde que o tributo sonegado não ultrapasse R$ 20.000,00. Cuidado: a insignificância, embora se aplique ao descaminho, não tem incidência no crime de contrabando; **C:** incorreta. O médico conveniado do SUS é considerado, para os fins penais, funcionário público. Dessa forma, se ele, médico, exigir dinheiro (pagamento indevido) para realizar cirurgia, cometerá o crime de concussão (art. 316 do CP), delito próprio do *intraneus*. Importante: a Lei 13.964/2019, posterior à elaboração desta questão, alterou a pena máxima cominada ao crime de concussão. Com isso, a pena para este delito, que era de 2 a 8 anos de reclusão, e multa, passa para 2 a 12 anos de reclusão, e multa. Corrige-se, dessa forma, a distorção que até então havia entre a pena máxima cominada ao crime de concussão e aquelas previstas para os delitos de corrupção passiva (317, CP) e corrupção ativa (art. 333, CP). Doravante, a pena, para estes três crimes, vai de 2 a 12 anos de reclusão, sem prejuízo da multa. Mesmo porque o crime de concussão denota, no seu cometimento, maior gravidade do que o delito de corrupção passiva. No primeiro caso, o agente exige, que tem o sentido de impor, obrigar, sempre se valendo do cargo que ocupa para intimidar a vítima e, dessa forma, alcançar a colimada vantagem indevida; no caso da corrupção passiva, o *intraneus*, no lugar de exigir, solicita, recebe ou aceita promessa de receber tal vantagem; **D:** incorreta. No peculato culposo, se o agente reparar o dano até a sentença irrecorrível, fará jus à extinção de sua punibilidade, nos termos do art. 312, § 3º, do CP; se a reparação, entretanto, se der após o trânsito em julgado, o agente verá sua pena reduzida de metade; **E:** correta. Se, ao cabo das investigações, a autoridade policial presidente do inquérito policial, mediante análise técnico-jurídica, chegar à conclusão de que o fato é atípico e, por isso, deixar de proceder ao indiciamento do investigado, nenhuma irregularidade terá cometido (art. 2º, § 6º, da Lei 12.830/2013). Vale aqui lembrar que o crime de prevaricação, definido no art. 319 do CP, tem como pressuposto que o agente deixe de agir para satisfazer interesse ou sentimento pessoal.

Gabarito "E".

(Delegado/PE – 2016 – CESPE) O CP, em seu art. 14, assevera que o crime estará consumado quando o fato reunir todos os elementos da definição legal. Para tanto, necessária será a realização de um juízo de subsunção do fato à lei. Acerca do amoldamento dos fatos aos tipos penais, assinale a opção correta.

(A) A conduta de constituir, organizar, integrar, manter ou custear organização paramilitar, milícia particular, grupo ou esquadrão com a finalidade de praticar qualquer dos crimes previstos no CP configura crime contra a paz pública, sendo considerada como crime vago, uma vez que o sujeito passivo é a coletividade.

(B) A doutrina e a jurisprudência são unânimes ao afirmar que configura crime de desacato quando um tenente da polícia militar, no exercício de sua função, ofende verbalmente, em razão da função exercida, um de seus subordinados.

(C) Amolda-se no tipo legal de calúnia, previsto nos crimes contra a honra, a conduta de instaurar investigação policial contra alguém, imputando-lhe crime de que se sabe ser inocente.

(D) Constituem crime de corrupção ativa, praticado por particular contra a administração geral, as condutas de dar, oferecer ou prometer dinheiro ou qualquer outra vantagem a testemunha, perito,

contador, tradutor ou intérprete, para fazer afirmação falsa, negar ou calar a verdade em depoimento, perícia, cálculos, tradução ou interpretação.

(E) A fraude processual será atípica, se a inovação artificiosa do estado de coisa, de pessoa ou de lugar, com o fim de induzir a erro o juiz, ocorrer antes de iniciado o processo penal.

A: correta. A redação da assertiva corresponde ao tipo penal do crime capitulado no art. 288-A, cujo *nomen juris* é *constituição de milícia privada*, dispositivo esse introduzido pela Lei 12.720/2012. De ver-se que se trata, tal como afirmado na alternativa, de crime classificado como vago, na medida em que o sujeito passivo, neste caso a coletividade, é representado por entidade destituída de personalidade jurídica; **B:** incorreta. O crime de desacato está previsto tanto no Código Penal, em seu art. 331, quanto no Código Penal Militar, neste caso nos arts. 298, 299 e 300. Pois bem. A questão é saber se há unanimidade, na doutrina e na jurisprudência, quanto à existência deste crime quando a ofensa é praticada por superior contra subordinado no contexto policial militar. E não há a tal unanimidade. Conferir, quanto a isso, o magistério de Cezar Roberto Bitencourt: "(...) Para nós, é vazia e ultrapassada a discussão sobre a possibilidade de um superior hierárquico poder praticar desacato em relação a funcionário subalterno, ou vice-versa. Ignoram os antigos defensores da orientação contrária que o bem jurídico tutelado não é o funcionário propriamente, mas a função pública e a própria Administração, as quais estão, portanto, acima das sutilezas da hierarquia funcional, que é ocasional e circunstancial. Entendemos ser irrelevante o nível de hierarquia funcional entre sujeitos ativo e passivo para configurar o crime de desacato, fazendo coro, no particular, com Magalhães Noronha, Heleno Fragoso, Regis Prado, entre outros (...)" (*Tratado de Direito Penal*. 10. ed., São Paulo: Ed. Saraiva, 2016. p. 214); **C:** antes de analisarmos a assertiva, cabem, aqui, alguns esclarecimentos. Consiste o crime de *calúnia* em atribuir a alguém fato capitulado como crime. Trata-se de crime contra a honra objetiva (conceito que o sujeito tem diante do grupo no qual está inserido). Esse crime não deve ser confundido com a *denunciação caluniosa*, delito contra a Administração da Justiça previsto no art. 339 do CP, que pressupõe que o agente *dê causa*, provoque a instauração de investigação policial, de processo judicial, de investigação administrativa, inquérito civil ou ação de improbidade administrativa contra alguém (pessoa determinada), atribuindo-lhe crime de que o sabe inocente. A assertiva está, em vista do que acima expusemos, incorreta, já que a conduta ali contida corresponde à descrição típica do crime de denunciação caluniosa (art. 339 do CP), e não do delito de calúnia, este capitulado no art. 138 do CP; **D:** incorreta, uma vez que a redação desta assertiva se enquadra, à perfeição, na descrição típica do crime previsto no art. 343 do CP. Embora tenha certa similitude com o crime de corrupção ativa do art. 333 do CP (crime praticado por particular contra a Administração em geral), este delito do art. 343 do CP é praticado contra a Administração da Justiça; **E:** incorreta. Ainda que o processo não tenha sido iniciado, mesmo assim a conduta descrita constituirá o crime previsto no art. 347 do CP (fraude processual). Ademais, em razão de a inovação se destinar a produzir efeito em processo penal (em curso ou ainda não iniciado), incorrerá o agente na modalidade qualificada deste delito, previsto no parágrafo único do dispositivo em questão.

Gabarito "A".

(Delegado/DF – 2015 – Fundação Universa) Roberto afirmou, falsamente, perante a autoridade policial, que era ele quem conduzia o veículo dirigido por seu filho, que não possuía habilitação, a fim de evitar a instauração de inquérito contra o filho pela prática de lesão corporal culposa na direção de veículo automotor.

Nesse caso hipotético, a conduta de Roberto é

(A) típica, configurando crime de falsidade ideológica.

(B) típica, tendo a jurisprudência admitido, recentemente, em caso idêntico, a tese da autodefesa para excluir o crime.

(C) atípica.

(D) típica, aplicando-se-lhe, como causa excludente de culpabilidade, a inexigibilidade de conduta adversa.

(E) típica, aplicando-se, como causa excludente de culpabilidade, o erro de proibição.

Embora haja julgados que considerem a conduta narrada no enunciado como crime de falsidade ideológica (conferir: STJ, 6ª T., HC 48.060-SP, rel. Min. Nefi Cordeiro, j. 12.02.2015), entendemos que tal comportamento delitivo melhor se amolda ao tipo penal do art. 341 do CP (autoacusação falsa): "Acusar-se, perante a autoridade, de crime inexistente ou *praticado por outrem*" (GN). Foi essa a conduta levada a efeito por Roberto, que assumiu a culpa, perante o delegado de polícia, por crime de lesão corporal culposa de trânsito, cujo responsável foi, na verdade, seu filho, que não possuía habilitação para dirigir veículo automotor. E o fez para elidir a responsabilidade criminal deste, com inegável prejuízo à administração da Justiça, cuja estrutura será movimentada para apurar e, no futuro, processar pessoa sobre a qual não existe responsabilidade pelo delito apurado. Assim sendo, não há, a nosso ver, resposta correta.

Gabarito "Anulada".

1. DIREITO PENAL

(Delegado/SP – 2014 – VUNESP) O crime de peculato

(A) consiste em solicitar ou receber, para si ou para outrem, direta ou indiretamente, vantagem indevida.

(B) é crime contra a administração da justiça.

(C) consiste em dar às verbas ou rendas públicas aplicação diversa da estabelecida em lei.

(D) embora seja crime próprio, admite a participação de agentes que não sejam funcionários públicos.

(E) mediante erro de outrem tem a mesma pena do crime de peculato.

A: incorreta, pois a redação contida na assertiva em comento alude, ainda que incompleta e faltantes alguns elementos típicos, ao crime de corrupção passiva (art. 317, CP); **B:** incorreta, pois o peculato (art. 312, CP) é crime contra a administração pública; **C:** incorreta, pois dar às verbas ou rendas públicas aplicação diversa da estabelecida em lei caracteriza o crime de emprego irregular de verbas ou rendas públicas (art. 315, CP); **D:** correta. Nada obstante o peculato seja crime próprio, exigindo-se, pois, a condição de funcionário público do agente delitivo, admite concurso de pessoas (coautoria ou participação), desde que o terceiro (denominado de *extraneus*) tenha ciência da condição de funcionário do agente, incidindo a regra do art. 30 do CP (condições ou circunstâncias de caráter pessoal somente se comunicam a coautores ou partícipes se elementares do crime); **E:** incorreta. O peculato mediante erro de outrem (art. 313, CP) é punido com reclusão, de 1 a 4 anos, e multa, ao passo que o peculato (art. 312, CP) é punido com reclusão, de 2 a 12 anos, e multa.
Gabarito "D".

(Delegado/SP – 2014 – VUNESP) Levar ao conhecimento da autoridade policial a ocorrência de um crime, por vingança, sabedor de que o suposto fato criminoso jamais ocorreu, supostamente, tipifica o delito de

(A) fraude processual.

(B) exercício arbitrário das próprias razões.

(C) comunicação falsa de crime ou de contravenção.

(D) denunciação caluniosa.

(E) falso testemunho.

A: incorreta, pois a fraude processual (art. 347, CP) pressupõe que o agente inove artificiosamente, na pendência de processo civil ou administrativo, o estado de lugar, de coisa ou de pessoa, com o fim de induzir a erro o juiz ou o perito; **B:** incorreta, haja vista que o exercício arbitrário das próprias razões, previsto no art. 345 do CP, se caracteriza quando o agente faz justiça pelas próprias mãos, para satisfazer pretensão, embora legítima, salvo quando a lei o permite; **C:** correta. Comete o crime do art. 340 do CP aquele que provoca a ação de autoridade, comunicando-lhe a ocorrência de crime ou de contravenção que sabe não se ter verificado; **D:** incorreta. A denunciação caluniosa (art. 339 do CP), diversamente da falsa comunicação de crime ou de contravenção, exige que o agente dê causa à instauração de investigação policial, de processo judicial, instauração de investigação administrativa, inquérito civil ou ação de improbidade administrativa contra alguém, imputando-lhe crime de que o sabe inocente. Assim, para a configuração da denunciação caluniosa, indispensável que o agente já atribua o fato criminoso a pessoa determinada, o que não acontece na comunicação falsa de crime ou contravenção (art. 340, CP); **E:** incorreta, pois quando alguém leva ao conhecimento da autoridade policial a ocorrência de um crime, não está fazendo uma afirmação falsa, negando ou calando a verdade na condição de testemunha (art. 342, CP).
Gabarito "C".

(Delegado/RJ – 2013 – FUNCAB) Mirtes, a fim de se vingar de Anacleto, seu companheiro, que rompera o relacionamento amoroso entre ambos, vai até a Delegacia Especial de Atendimento à Mulher (DEAM) e noticia falsamente crime de violência doméstica, imputando a ele a conduta. Dias depois do início da investigação, arrependida, Mirtes retorna à DEAM, desta feita se desdizendo e confessando a falsidade da imputação.

Nesse contexto, Mirtes:

(A) poderá ser criminalmente responsabilizada por crime de denunciação caluniosa, não sendo extinta sua punibilidade pela retratação, por ausência de previsão legal específica.

(B) poderá ser criminalmente responsabilizada por crime de denunciação caluniosa, não sendo extinta sua punibilidade pela retratação, por se tratar de crime de ação penal pública incondicionada.

(C) por ter se retratado, não poderá ser punida por denunciação caluniosa, mas subsistirá a responsabilidade criminal por calúnia.

(D) por ter se retratado, não poderá ser punida por denunciação caluniosa, mas subsistirá a responsabilidade criminal por falsa comunicação de crime ou contravenção.

(E) não poderá ser punida por crime algum, pois ocorre a extinção de sua punibilidade.

A: correta. Caracteriza denunciação caluniosa (art. 339, CP) o fato de alguém dar causa à instauração de investigação policial, de processo judicial, instauração de investigação administrativa, inquérito civil ou ação de improbidade administrativa contra alguém, imputando-lhe crime de que o sabe inocente. Assim, se Mirtes noticiou falsamente violência doméstica perpetrada por Anacleto, tendo, em razão disso, sido instaurada investigação, deverá responder pela referida denunciação caluniosa, inexistindo, para o caso, a extinção de punibilidade pela retratação, à míngua de previsão legal nesse sentido; **B:** incorreta, visto que a retratação do agente, causa extintiva da punibilidade, independentemente da espécie de ação penal (pública ou privada), bastando que a lei expressamente a preveja, nos moldes do que dispõe o art. 107, VI, do CP; **C:** incorreta. Primeiramente, como visto, a retratação do agente, em razão da falta de previsão legal, não extingue a punibilidade do agente que tenha praticado denunciação caluniosa. Demais disso, não se confunde o crime em questão, que tem por objeto jurídico a administração da justiça, com a calúnia, que é crime contra a honra; **D:** incorreta, seja pelo fato de a retratação do agente não operar a extinção da punibilidade com relação ao crime de denunciação caluniosa, em razão da falta de previsão legal expressa, seja em virtude de não se confundir o crime em tela com o de falsa comunicação de crime ou contravenção (art. 340, CP), visto que este pressupõe, pura e simplesmente, que o agente comunique, falsamente, a ocorrência de um crime ou contravenção, sem, contudo, imputá-lo a pessoa determinada; **E:** incorreta, haja vista que, tal como afirmado nos comentários às alternativas antecedentes, o fato de Mirtes ter se retratado da falsa imputação de violência doméstica a Anacleto não tem o condão de extinguir sua punibilidade. Afinal, como sabido, a retratação somente extingue a punibilidade nos casos em que a lei expressamente autorize (art. 107, VI, CP).
Gabarito "A".

(Delegado de Polícia/GO – 2013 – UEG) João, após cometer um crime de homicídio contra sua esposa, foge da ação policial que busca prendê-lo em flagrante delito. Em meio à fuga, vai até o escritório de seu tio Cícero, que também é advogado, ocasião em que este, ao ser procurado pela polícia indagando sobre o paradeiro do perseguido, diz dele não ter notícias, mas, logo em seguida, empresta um carro e o sítio de recreio que possui no interior para João se esconder. Nesse contexto, a conduta de Cícero é

(A) não é punível em razão do grau de parentesco entre eles.

(B) tipicamente irrelevante, tendo em vista que foi o autor do homicídio quem o procurou.

(C) típica, configurando crime de favorecimento pessoal, previsto no art. 348 do Código Penal.

(D) típica, configurando crime de favorecimento real, previsto no art. 349 do Código Penal.

A situação retratada no enunciado, de início, caracteriza o crime de favorecimento pessoal, previsto no art. 348 do CP. De fato, aquele que auxiliar a subtrair-se à ação de autoridade pública autor de crime, incorre nas penas do referido tipo penal. Ocorre que, a depender do grau de parentesco entre referido autor de crime e aquele que lhe dá guarida, incidirá escusa absolutória. É o que se extrai do art. 348, § 2º, do CP: "Se quem presta o auxílio é ascendente, descendente, cônjuge ou irmão do criminoso, fica isento de pena". No caso relatado no enunciado, Cícero é tio de João (portanto, colateral em terceiro grau). Dado que a isenção de pena somente se admite ao *ascendente*, *descente*, *cônjuge* ou *irmão* do criminoso, o tio responderá por favorecimento pessoal de seu sobrinho, autor de homicídio.
Gabarito "C".

(Delegado de Polícia/GO – 2013 – UEG) O advogado Cícero solicita dinheiro de seu cliente, João, com argumento de que repassará a soma em dinheiro ao juiz de direito da comarca, para que este o absolva da imputação de corrupção ativa praticada anteriormente. Após receber o dinheiro do cliente, o advogado o entrega ao magistrado, que prolata sentença absolutória logo em seguida, reconhecendo a atipicidade da conduta de João. Nesse contexto, verifica-se que

(A) Cícero e João responderão por corrupção ativa, enquanto o juiz responderá por corrupção passiva.

(B) Cícero e João responderão por tráfico de influência, enquanto o juiz responderá por corrupção passiva.

(C) Cícero e João responderão por exploração de prestígio, enquanto o juiz responderá por corrupção ativa.

(D) Cícero responderá por exploração de prestígio, enquanto João responderá por corrupção ativa e o juiz por corrupção passiva.

A: correta. De fato, o advogado Cícero, ao entregar ao magistrado dinheiro, obtido de João, para que prolatasse sentença absolutória em favor deste último, praticou

392 ARTHUR TRIGUEIROS E EDUARDO DOMPIERI

o crime de corrupção ativa (art. 333 do CP). João, por ter ciência de que seu advogado levaria o numerário ao juiz, igualmente incorreu no crime citado; **B**: incorreta. O tráfico de influência (art. 332 do CP) é crime que se configura quando o agente solicitar, exigir, cobrar ou obtiver, para si ou para outrem, vantagem ou promessa de vantagem, *a pretexto de influir em ato praticado por funcionário público no exercício da função.* Veja que nesse crime, o agente, simplesmente, solicita, exige, cobra ou obtém vantagem ou promessa de vantagem, *a pretexto de influir em ato de funcionário público,* o que não se verificou no enunciado. Houve, de fato, entrega da vantagem ao magistrado, razão pela qual se caracterizou o crime de corrupção ativa; **C**: incorreta. A exploração de prestígio (art. 357 do CP), semelhante ao tráfico de influência (art. 332 do CP), caracteriza-se quando o agente *solicitar ou receber dinheiro ou qualquer outra utilidade,* a pretexto de influir em juiz, *jurado, órgão do Ministério Público, funcionário de justiça, perito, tradutor, intérprete ou testemunha.* No enunciado, viu-se que o juiz foi, efetivamente, corrompido, tendo o advogado Cícero lhe entregado dinheiro para prolatar sentença absolutória em favor de João. Daí terem advogado e cliente praticado corrupção ativa (art. 333 do CP), ao passo que o magistrado cometeu corrupção passiva (art. 317 do CP), visto haver recebido vantagem indevida; **D**: incorreta. Cícero e João, como visto anteriormente, praticaram o crime de corrupção ativa (art. 333 do CP), visto que o causídico, após haver solicitado numerário de seu cliente, ofereceu ao magistrado vantagem indevida para que praticasse ato de ofício (prolação de sentença), razão pela qual ambos (advogado e cliente) incidiram no mesmo tipo penal. Quanto ao juiz, de fato, praticou corrupção passiva (art. 317 do CP), tendo em vista ter recebido vantagem indevida.

Gabarito "A".

(Delegado/BA – 2013 – CESPE) Em relação aos crimes contra a administração pública e aos delitos praticados em detrimento da ordem econômica e tributária e em licitações e contratos públicos, julgue os itens abaixo:

(1) Constitui pressuposto material dos crimes de peculato-apropriação e peculato-desvio, em suas formas dolosas, a anterior posse do dinheiro, do valor ou de qualquer outro bem móvel, público ou particular, em razão do cargo ou função.

(2) Considere a seguinte situação hipotética. Pedro e Paulo simularam contrato de gestão com o objetivo de dispensar licitação em situação que não configurava hipótese de dispensa autorizada por lei. Em processo criminal, Pedro foi condenado à pena de dois anos e um mês de detenção e Paulo, à pena de três anos e dois meses de detenção e, apesar de não ter sido comprovada a obtenção de vantagem econômica, ambos foram condenados, ainda, ao pagamento de multa. Nessa situação hipotética, o juiz agiu corretamente ao aplicar a pena pecuniária.

(3) Servidor público alfandegário que, em serviço de fiscalização fronteiriça, permitir a determinado indivíduo penalmente imputável adentrar o território nacional trazendo consigo, sem autorização do órgão competente e sem o devido desembaraço, pistola de calibre **380** de fabricação estrangeira deverá responder pela prática do crime de facilitação de contrabando, com infração do dever funcional excluída a hipótese de aplicação do Estatuto do Desarmamento.

(4) Servidor público que, na qualidade de agente fiscal, exigir vantagem indevida para deixar de emitir auto de infração por débito tributário e de cobrar a consequente multa responderá, independentemente do recebimento da vantagem, pela prática do crime de concussão, previsto na parte especial do Código Penal (CP).

(5) Considere a seguinte situação hipotética. Alfredo, alegando, de forma fraudulenta, a terceiros interessados que, por ter influência sobre determinado funcionário público, poderia acelerar a conclusão de processo administrativo de interesse do grupo, cobrou desse grupo vultosa quantia em dinheiro, da qual metade lhe foi paga adiantamente. Antes da conclusão do processo, entretanto, descobriu-se que Alfredo não tinha qualquer acesso ou influência sobre o referido funcionário. Nessa situação hipotética, a conduta de Alfredo constitui crime de estelionato, já que ele alegou ter prestígio que, na realidade, não possuía.

1: correta. Tanto o peculato-apropriação quanto o peculato-desvio, espécies de peculato próprio (art. 312, *caput*, do CP), têm como pressuposto que o dinheiro, valor ou qualquer outro bem móvel, público ou particular, estejam na posse do agente em razão do cargo. Basta analisar a redação do tipo penal: "Apropriar-se o funcionário público de dinheiro, valor ou qualquer outro bem móvel, público ou particular, de que tem a posse em razão do cargo, ou desviá-lo, em proveito próprio ou alheio"; **2**: incorreta. Nos termos do art. 99 da Lei das Licitações (Lei 8.666/1993), a pena de multa cominada nos arts. 89 a 98, da referida lei, consiste

no pagamento de quantia fixada na sentença e calculada em índices percentuais, *cuja base corresponderá ao valor da vantagem efetivamente obtida ou potencialmente auferível pelo agente.* Assim, agiu incorretamente o juiz que aplicou a pena pecuniária a Pedro e Paulo, visto que não se logrou comprovar tenham obtido vantagem econômica com a fraude que perpetraram para a dispensa ilegal de licitação; **3**: incorreta. Pelo princípio da especialidade, a conduta do agente alfandegário caracteriza tráfico internacional de arma de fogo, subsumindo-se ao art. 18 da Lei 10.826/2003 – Estatuto do Desarmamento ("Importar, exportar, *favorecer a entrada* ou saída do território nacional, a qualquer título, de *arma de fogo,* acessório ou munição, sem autorização da autoridade competente") e não ao art. 318 do CP ("Facilitar, com infração de dever funcional, a prática de contrabando ou descaminho"). Atenção: a pena cominada ao crime do art. 18 do Estatuto do Desarmamento, que era de 4 a 8 anos de reclusão e multa, foi alterada, por força da Lei 13.964/2019, para 8 a 16 anos de reclusão e multa; **4**: incorreta. Pelo princípio da especialidade, a conduta do agente fiscal caracteriza crime funcional contra a ordem tributária, previsto no art. 3°, II, da Lei 8.137/1990 ("exigir, solicitar ou receber, para si ou para outrem, direta ou indiretamente, ainda que fora da função ou antes de iniciar seu exercício, mas em razão dela, vantagem indevida; ou aceitar promessa de tal vantagem, para deixar de lançar ou cobrar tributo ou contribuição social, ou cobrá-los parcialmente"), não incidindo a figura típica geral constante do art. 316, § 1°, do CP (excesso de exação); **5**: incorreta. Nos termos do art. 332 do CP, configura o crime de tráfico de influência o fato de o agente solicitar, exigir, cobrar ou obter, para si ou para outrem, vantagem ou promessa de vantagem, *a pretexto de influir em ato praticado por funcionário público no exercício da função.* Para a caracterização do crime em tela, o agente obtém vantagem ou promessa de vantagem sob a falsa alegação de gozar de influência perante determinado funcionário, quando, em verdade, não exerce prestígio algum. Nas palavras de Rogério Sanches Cunha, "frise-se que, para a configuração do delito, é preciso que a aludida influência seja fraudulenta (simulada), pois se presente e real, outro poderá ser o crime" (*Manual de Direito Penal – Parte Especial.* 6. ed. Salvador: Juspodivm, p. 812).

Gabarito 1C, 2E, 3E, 4E, 5E

(Delegado/AP – 2010) Relativamente ao tema dos *crimes contra a administração pública,* analise as afirmativas a seguir.

I. Considera-se funcionário público, para os efeitos penais, quem, embora transitoriamente exerce cargo, emprego ou função pública, excetuados aqueles que não percebam qualquer tipo de remuneração.

II. Equipara-se a funcionário público quem exerce cargo, emprego ou função em entidade paraestatal, mas não quem trabalha para empresa prestadora de serviço contratada para a execução de atividade típica da Administração Pública.

III. A pena é aumentada da terça parte quando o autor do crime praticado por funcionário público contra a administração em geral for ocupante de cargo em comissão de órgão da administração direta.

Assinale:

(A) se somente a afirmativa I estiver correta.

(B) se somente a afirmativa II estiver correta.

(C) se somente a afirmativa III estiver correta.

(D) se somente as afirmativas II e III estiverem corretas.

(E) se todas as afirmativas estiverem corretas.

I: incorreta (art. 327, *caput*, do CP). O conceito legal de funcionário público inclui tanto aquele que exerce transitoriamente e sem remuneração, cargo, emprego ou função, como aquele que não exerce transitoriamente e recebe remuneração; **II**: incorreta (art. 327, § 1°, do CP). O funcionário público por equiparação é aquele que exerce cargo, empregou ou função em entidade paraestatal, mas como aquele que trabalha para empresa prestadora de serviço contratada ou conveniada para a execução de atividade típica da Administração Pública; **III**: correta (art. 327, § 2°, do CP), muito embora a alternativa esteja incompleta. A pena é aumentada da terça parque quando autor do crime praticado por funcionário público contra a Administração em geral for ocupante de cargo em comissão ou de função de direção ou assessoramento de órgão da Administração Direta e Indireta.

Gabarito "C".

(Delegado/BA – 2008 – CEFETBAHIA) Constitui crime de advocacia administrativa o fato de um

(A) agente público empregar de violência ou grave ameaça para obter vantagem para si ou para outro.

(B) agente público solicitar ou receber vantagem para praticar ato irregular.

(C) funcionário público patrocinar interesse privado, advogando, defendendo, apadrinhando ou pleiteando favorecer um interesse

1. DIREITO PENAL

particular alheio perante a administração pública e valendo-se de sua condição de funcionário.

(D) indivíduo retardar ou deixar de praticar ato de ofício para satisfazer interesse ou sentimento pessoal.

(E) agente público exigir vantagem para praticar ato irregular.

A: incorreta, uma vez que não é elementar do crime de advocacia administrativa o emprego da violência ou grave ameaça; **B:** incorreta, pois tais condutas configuram o crime de corrupção passiva (art. 317 do CP); **C:** correta (art. 321 do CP), pois de acordo com o tipo penal, aquele que patrocinar, direta ou indiretamente, interesse privado perante a administração pública, valendo-se da qualidade de funcionário, pratica o crime de advocacia administrativa (crime praticado por funcionário público contra a administração em geral); **D:** incorreta, porque tal conduta configura o crime de prevaricação (art. 319 do CP); **E:** incorreta, já que tal conduta caracteriza, em tese, o delito de concussão (art. 316 do CP).
Gabarito "C".

(Delegado/BA – 2008 – CEFETBAHIA) O crime de peculato é praticado quando o

(A) funcionário público exige, para si ou para outrem, direta ou indiretamente, ainda em que fora da função, vantagem indevida.

(B) funcionário público se apropria de dinheiro, valor ou qualquer outro bem móvel, público ou particular, de que tem a posse em razão do cargo, ou desviá-lo, em proveito próprio.

(C) funcionário público se apropria de dinheiro ou de qualquer outro bem móvel do particular de que tinha a posse, sem razão do cargo.

(D) indivíduo oferece ou promete vantagem indevida a funcionário público, para determiná-lo a praticar, omitir ou retardar ato de ofício.

(E) funcionário público dá às verbas ou rendas públicas aplicação diversa da estabelecida em lei.

A: incorreta, pois tal conduta configura o crime de concussão (art. 316 do CP); **B:** correta, dado que o funcionário público que se apropriar (peculato – apropriação) de dinheiro, valor ou qualquer outro bem móvel, público ou particular, de que tem posse em razão do cargo, ou desviá-lo (peculato – desvio), em proveito próprio ou alheio, pratica o crime previsto no art. 312 do CP; **C:** incorreta, já que no caso, se o funcionário público se apropriar de dinheiro ou qualquer outro bem móvel do particular de que tinha posse, mas não o fizer em razão do cargo, restará configurado o crime de apropriação indébita (crime contra o patrimônio) e não peculato, cuja elementar "em razão do cargo" torna-se indispensável. O funcionário público deve se utilizar da facilidade decorrente do seu cargo, sendo que se não o fizer o crime não será contra a administração em geral, podendo caracterizar outro delito, como no caso a apropriação indébita, quando se tratar de crime funcional impróprio; **D:** incorreta, porque tal conduta configura o delito de corrupção ativa, previsto no art. 333 do CP; **E:** incorreta, visto que se trata do crime de emprego irregular de verbas ou rendas públicas, previsto no art. 315 do CP.
Gabarito "B".

(Delegado/BA – 2008 – CEFETBAHIA) Em relação ao crime de prevaricação, pode-se afirmar:

(A) Não há, para configuração do delito, a necessidade de satisfazer interesse ou sentimento pessoal.

(B) Exige a lei, para configuração do delito, o dolo específico em satisfazer interesse ou sentimento pessoal.

(C) Basta que o funcionário público retarde ou deixe de praticar indevidamente ato de ofício, ou praticá-lo contra disposição expressa de lei.

(D) Basta que o funcionário público satisfaça interesse alheio.

(E) Basta que o funcionário público exija para si ou para outrem vantagem indevida.

A: incorreta, uma vez que para configurar o delito se exige o elemento subjetivo, consistente em satisfazer interesse ou sentimento pessoal; **B:** correta, pois o delito de prevaricação exige o dolo específico, qual seja, a intenção de satisfazer interesse ou sentimento pessoal, em detrimento do interesse público (art. 319 do CP); **C:** incorreta, já que não basta a configuração das elementares objetivas (retardar ou deixar de praticar indevidamente ato de ofício, ou praticá-lo contra disposição expressa de lei), sendo imprescindível o elemento subjetivo do tipo, qual seja, a finalidade de satisfazer interesse ou sentimento pessoal; **D:** incorreta, visto que deve satisfazer interesse ou sentimento pessoal. No caso de o funcionário público realizar a conduta (deixar de praticar ou retardar ato de ofício) cedendo a pedido ou influência de outrem, configura-se o crime de corrupção passiva privilegiada, previsto no art. 317, § 2º, do CP e não prevaricação; **E:** incorreta, dado que configura, em tese, o crime de concussão (art. 316 do CP).
Gabarito "B".

(Delegado/BA – 2008 – CEFETBAHIA) A alternativa em que são apontados crimes contra a Administração Pública, praticados por funcionário público, é a

(A) Corrupção ativa, contrabando ou descaminho e tráfico de influência.

(B) Concussão, peculato e prevaricação.

(C) Facilitação de contrabando e descaminho, violência arbitrária e usurpação de função pública.

(D) Corrupção passiva, violação de sigilo funcional e desacato.

(E) Estelionato, roubo e peculato.

A: incorreta, pois os crimes de corrupção ativa (art. 333 do CP), contrabando ou descaminho (arts. 334 e 334-A do CP) e tráfico de influência (art. 332 do CP) são praticados por particular contra a administração em geral; **B:** correta. Os crimes de concussão (art. 316 do CP), peculato (art. 312 do CP) e prevaricação (art. 319 do CP) são praticados por funcionário público contra a administração em geral; **C:** incorreta. Em que pese os crimes de violência arbitrária (art. 322 do CP) e de facilitação de contrabando e descaminho (art. 318 do CP) serem praticados por funcionário público, o crime de usurpação de função pública (art. 328 do CP) é praticado por particular contra a administração em geral; **D:** incorreta, uma vez que os crimes de corrupção passiva (art. 317 do CP) e violação de sigilo funcional (art. 325 do CP) são praticados por funcionário público contra a administração em geral. Todavia, o crime de desacato (art. 331) é praticado por particular; **E:** incorreta. Muito embora o crime de peculato seja praticado por funcionário público contra a administração em geral (art. 312 do CP), os crimes de estelionato e roubo são praticados por qualquer pessoa contra o patrimônio.
Gabarito "B".

(Delegado/BA – 2008 – CEFETBAHIA) Um funcionário público concorre culposamente para a apropriação de dinheiro proveniente dos cofres públicos, mas o restitui antes da sentença penal irrecorrível.

Diante de tal fato, esse funcionário terá

(A) extinta a punibilidade.

(B) praticado crime de corrupção, sem diminuição de pena.

(C) reduzida a pena de um a dois terços.

(D) reduzida a pena de metade.

(E) mantida a pena prevista para atos dessa natureza.

Trata-se, no caso, do crime de peculato culposo, em que o funcionário público concorre culposamente para a prática do crime de outrem (art. 312, § 2º, do CP). Os requisitos para o crime de peculato culposo são: conduta culposa do funcionário público; crime de outrem doloso, consumado (se for tentado não há peculato culposo, mas figura atípica), contra o patrimônio e, por fim, nexo causal entre a conduta culposa e o crime de terceiro (funcionário público ou particular), que se aproveitou da facilidade provocada culposamente pelo funcionário público. Não se trata de concurso de agentes, uma vez que não há participação culposa em crime doloso. Portanto, são crimes autônomos, até mesmo porque o funcionário público não tem a consciência de que colaborou para a conduta do terceiro, pois se tivesse tal consciência estaria agindo de forma dolosa e não culposa. Se o agente que praticou o peculato culposo reparar o dano antes da sentença penal irrecorrível, estará extinta a punibilidade. Por sua vez, se for após o trânsito em julgado, a pena será reduzida pela metade (art. 312, § 3º, do CP). Em caso de peculato doloso, o ressarcimento do dano antes do recebimento da denúncia pode caracterizar o arrependimento posterior, reduzindo a pena de um a dois terços (art. 16 do CP). Se após o recebimento da denúncia, mas antes da sentença penal condenatória, caracteriza circunstância atenuante genérica (art. 65, III, "b", do CP) ou a atenuante inominada, se ocorrer em grau de recurso (art. 66 do CP).
Gabarito "A".

(Delegado/MG – 2008) Com relação aos crimes contra a administração Pública, assinale a afirmativa *INCORRETA*.

(A) Configura a concussão a exigência feita por funcionário público para si, de vantagem indevida, não importando que esteja ele afastado da função pública que exerça, desde que dela se valha.

(B) Funcionário público que, mantendo vítima em erro, apropria-se de quantia de dinheiro que lhe foi entregue no exercício de sua função, comete o crime de peculato mediante erro de outrem, inserido no art. 313 do Código Penal.

(C) No crime de peculato culposo, a reparação do dano precedente à sentença irrecorrível é causa de extinção da punibilidade.

(D) Para a configuração do crime de corrupção passiva, não é imprescindível a concomitante ocorrência do delito de corrupção ativa, não sendo o crime necessariamente bilateral.

A: correta (art. 316 do CP); **B:** incorreta, devendo ser assinalada. De acordo com o art. 313 do CP, há peculato mediante erro de outrem quando o funcionário

394 ARTHUR TRIGUEIROS E EDUARDO DOMPIERI

público se apropria de dinheiro ou de qualquer utilidade que, no exercício do cargo, recebeu da vítima por engano. O dolo do agente é o de se apropriar da coisa que recebeu, por engano, da vítima. No caso, o funcionário não recebeu por erro, mas manteve a vítima em erro. Assim, quando o dolo é o de enganar a vítima, mantendo-a em erro, configura-se o delito de estelionato (art. 171 do CP); **C:** correta (art. 312, § 3º, do CP); **D:** correta, pois no caso de o funcionário público solicitar, para si ou para outrem, direta ou indiretamente, ainda que fora da função, ou antes de assumi-la, mas em razão dela, vantagem indevida, não configura corrupção ativa mas somente passiva, sendo atípica a conduta do terceiro que atende à solicitação (art. 317 do CP).

Gabarito "B".

(Delegado/PA – 2009 – MOVENS) A respeito dos crimes contra a administração pública, assinale a opção correta.

(A) Aquele que exige vantagem indevida para si ou para outrem, direta ou indiretamente, ainda que fora da função ou antes de assumi-la, mas em razão dela, comete o delito de corrupção ativa.

(B) No delito de peculato culposo, a reparação do dano, se precede à sentença irrecorrível, extingue a punibilidade; se lhe é posterior, reduz de metade a pena imposta.

(C) Quem solicitar ou receber vantagem indevida para si ou para outrem, direta ou indiretamente, ainda que fora da função ou antes de assumi-la, mas em razão dela, ou aceitar promessa de tal vantagem comete o delito de concussão.

(D) Aquele que retarda ou deixa de praticar, indevidamente, ato de ofício, ou pratica-o contra disposição expressa de lei, para satisfazer interesse ou sentimento pessoal, comete o delito de condescendência criminosa.

A: incorreta, pois a conduta descrita caracteriza a concussão (art. 316 do CP); **B:** correta, art. 312, § 3º, do CP; **C:** incorreta, a alternativa descreveu a corrupção passiva (art. 317 do CP); **D:** incorreta, refere-se ao crime de prevaricação (art. 319 do CP).

Gabarito "B".

(Delegado/PB – 2009 – CESPE) Considerando os crimes contra a administração pública, assinale a opção correta.

(A) São incompossíveis os crimes de corrupção ativa praticados pelo particular e de concussão cometido pela autoridade pública.

(B) Pratica concussão o funcionário que exige, mediante violência, direta ou indiretamente, para si ou para outrem, em razão da função pública, vantagem indevida.

(C) A corrupção é crime de concurso necessário, sendo necessária, para a consumação, a presença do corruptor ativo e do corruptor passivo.

(D) Como a qualidade de funcionário público é circunstância pessoal, não se comunica ao particular que eventualmente participe da prática de crime contra a administração pública. Em tais situações, responde o particular por crime diverso.

(E) Em denúncia de crime de prevaricação, é suficiente que o Ministério Público (MP) afirme que o acusado agiu para a satisfação de interesse pessoal, pois, durante a instrução, pode-se perquirir no que consistiu o mencionado interesse.

A: correta, uma vez que o crime de concussão (art. 316 do CP) se caracteriza pela conduta do agente (funcionário público) de exigir da vítima que lhe entregue uma vantagem indevida, impondo-se a ela um temor decorrente da própria função pública exercida pelo sujeito ativo. Assim, a vítima cede à exigência e entrega a vantagem requisitada, o que, por evidente, não poderá caracterizar o crime de corrupção ativa (art. 333 do CP), visto que este pressupõe uma oferta ou promessa de vantagem indevida a funcionário público, o que resta descaracterizado caso haja a exigência; **B:** incorreta, visto que o crime de concussão (art. 316 do CP), embora tenha como conduta nuclear (verbo do tipo) a exigência, não tem como meios executórios a violência ou a grave ameaça. No crime em questão, o funcionário público, valendo-se de seu cargo, emprego ou função, impõe à vítima um temor fundado na própria atividade, mas sem utilizar violência ou grave ameaça. Caso haja emprego, por exemplo, de violência, o agente irá responder por crime contra o patrimônio (ex.: roubo – art. 157 do CP; extorsão – art. 158 do CP); **C:** incorreta, já que o crime de corrupção, seja ativa, seja passiva, não pressupõe, necessariamente, a existência de um crime bilateral (corrupção passiva de um lado e corrupção ativa de outro). Afinal, se um funcionário público simplesmente solicitar uma vantagem indevida de um particular, já terá cometido corrupção passiva, que é crime formal, ainda que tenha havido a negativa de entrega do quanto solicitado, o que, por evidente, não caracteriza corrupção ativa; **D:** incorreta, pois o fato de um dos agentes ser funcionário público é considerado condição pessoal, que, como elementar

dos crimes contra a administração pública, comunicar-se-á aos coautores ou partícipes, consoante prescreve o art. 30 do CP; **E:** incorreta, uma vez que cabe ao titular da ação penal, ao oferecer a petição inicial acusatória, descrever adequadamente todos os elementos do tipo legal do crime, sob pena de inépcia e consequente rejeição da denúncia ou queixa.

Gabarito "A".

(Delegado/PI – 2009 – UESPI) Sobre os crimes contra a administração da Justiça, assinale a opção correta.

(A) O crime de denunciação caluniosa consiste em imputar a alguém, que se sabe inocente, a prática de crime, pois se a imputação for de prática de contravenção penal restará configurado apenas um crime contra a honra.

(B) O crime de autoacusação falsa constitui-se na conduta de acusar-se perante a autoridade de crime ou contravenção inexistente ou praticado por outrem.

(C) A pessoa que ameaça testemunha, para que esta omita informação no curso de inquérito policial, não pode responder por coação no curso do processo, mas deverá responder por crime de ameaça.

(D) O crime de favorecimento real constitui prestar a criminoso auxílio destinado a tornar seguro o proveito do crime. Este crime é comum, pois, em tese, pode ser praticado por qualquer pessoa, independentemente do grau de parentesco.

(E) Exigir dinheiro a pretexto de influir em ato praticado por funcionário público, no exercício da função, constitui o crime de exploração de prestígio.

A: incorreta, pois se a imputação for de prática de contravenção, a pena é diminuída de metade (art. 339, § 2º, do CP); **B:** incorreta (art. 341 do CP – o tipo penal fala apenas em crime, não se estendendo, pois, à contravenção penal); **C:** incorreta, pois responderá pelo crime de coação no curso do processo (art. 344 do CP); **D:** correta, já que o crime de favorecimento pessoal, descrito no art. 349 do CP, pressupõe que o agente preste auxílio ao criminoso para tornar seguro o proveito do crime, fora dos casos de coautoria ou de receptação; **E:** incorreta. A conduta descrita caracteriza tráfico de influência (arts. 357 e 332 do CP).

Gabarito "D".

(Delegado/PR – 2007) Sobre os crimes praticados por funcionário público contra a administração em geral, considere as seguintes afirmativas:

1. Por se tratar de delito de mera atividade, a concussão se consuma com a simples exigência da vantagem indevida. A obtenção dessa vantagem constitui exaurimento do crime.

2. O peculato é crime próprio no tocante ao sujeito ativo; indispensável a qualificação de funcionário público. É inadmissível o concurso de pessoas estranhas ao serviço público.

3. O tipo descrito no artigo 318 do Código Penal (facilitação de contrabando ou descaminho) admite tentativa quando se tratar de conduta comissiva.

4. Incide no crime previsto no artigo 321 do Código Penal (Advocacia administrativa) o agente que patrocina, direta ou indiretamente, interesse privado perante a administração púbica, valendo-se da qualidade de funcionário público.

Assinale a alternativa correta.

(A) Somente as afirmativas 1, 2 e 3 são verdadeiras.

(B) Somente as afirmativas 1 e 3 são verdadeiras.

(C) Somente as afirmativas 2 e 3 são verdadeiras.

(D) Somente as afirmativas 1, 3 e 4 são verdadeiras.

(E) Somente as afirmativas 2 e 4 são verdadeiras.

1: correta, visto que o crime de concussão (art. 316 do CP) consuma-se no momento em que o funcionário público exige a vantagem indevida, independentemente de conseguir obtê-la, fato este que se constituirá em exaurimento. Doutrinariamente, a despeito de a assertiva afirmar que a concussão é delito de mera atividade, considera-se-o um crime formal; **2:** incorreta, pois, a despeito de o peculato (art. 312 do CP) ser considerado crime próprio, visto exigir a qualidade de funcionário público do sujeito ativo, admite, sim, concurso de pessoas (coautoria ou participação), sendo certo que o particular (*extraneus*) poderá normalmente responder pelo crime funcional, desde que, é certo, conheça a qualidade de funcionário público do outro concorrente (art. 30 do CP); **3:** correta, visto que o crime de facilitação de contrabando ou descaminho (art. 318 do CP) pode ser praticado mediante conduta positiva do funcionário público (ação), ou negativa (omissão), admitindo-se a forma tentada apenas se o crime for perpetrado na forma comissiva; **4:** correta (art. 321 do CP).

Gabarito "D".

1. DIREITO PENAL

(Delegado/SC – 2008) Considere a descrição típica contida no artigo 316, "*caput*", do Código Penal: "Exigir, para si ou para outrem, direta ou indiretamente, ainda que fora da função ou antes de assumi-la, mas em razão dela, vantagem indevida." Sobre o exposto, todas as alternativas estão corretas, exceto:

(A) É pacífico na doutrina que o objeto material do crime de concussão é a vantagem (presente ou futura), não necessariamente de caráter patrimonial.

(B) No crime de concussão o Estado é o sujeito passivo principal e o particular é o sujeito passivo secundário.

(C) Reputa-se consumado o crime de concussão com a mera exigência da vantagem indevida, independentemente da sua obtenção.

(D) No delito de concussão o particular é constrangido a entregar a vantagem indevida, diferente do que ocorre no delito de corrupção ativa, no qual se pressupõe que o particular livremente ofereça ou prometa a vantagem.

A: incorreta, pois há séria divergência doutrinária acerca da espécie de vantagem indevida passível de configurar o crime de concussão. Para parcela da doutrina, a vantagem exigida pelo agente deve ter natureza patrimonial (Damásio de Jesus, Magalhães Noronha, Nelson Hungria). Para outros, visto que a lei não faz qualquer distinção, a vantagem poderia ser de qualquer natureza (Mirabete, Fernando Capez e Rogério Greco); **B:** correta, visto que o sujeito passivo direto ou imediato da concussão é o Estado, diretamente lesado pela conduta imoral do funcionário público, ao passo que o particular (pessoa física ou jurídica diretamente lesada) é o sujeito passivo indireto ou mediato; **C:** correta, já que, de fato, o crime de concussão consuma-se no exato momento em que o funcionário público exige a vantagem indevida, tratando-se de delito formal (STF, HC 74009/MS, 2ª T.). Caso a vantagem seja entregue ao funcionário público, estaremos diante de mero exaurimento do crime; **D:** correta, pois no crime de concussão o sujeito passivo secundário (pessoa física ou jurídica diretamente prejudicada) é compelido a entregar a vantagem ao agente, temendo a própria autoridade emanada do agente (*metus publicae potestatis*), ao passo que na corrupção ativa (art. 333 do CP), o particular, livremente, oferece ou promete ao funcionário público uma vantagem indevida.
Gabarito "A".

(Delegado/SC – 2008) O objeto material do crime de peculato-apropriação pode ser:

(A) dinheiro, valor ou qualquer outro bem móvel, de natureza pública ou privada, de que tem o funcionário público a posse em razão do cargo.

(B) dinheiro, valor ou qualquer outro bem imóvel ou móvel, de natureza pública ou privada, de que tem o funcionário público a posse em razão do cargo.

(C) dinheiro, valor ou qualquer outro bem móvel, sempre de natureza pública, de que tem o funcionário público a posse em razão do cargo.

(D) dinheiro, valor ou qualquer outro bem imóvel ou móvel, sempre de natureza pública, de que tem o funcionário público a posse em razão do cargo.

No peculato apropriação (art. 312, *caput*, do CP), o agente ingressa na posse do bem de forma legítima, como ocorre no crime de apropriação indébita. Num dado momento, opera-se o *assenhoramento*, é dizer, o agente passa a agir como se dono fosse da coisa móvel pública ou particular, invertendo, assim, a natureza da posse.
Gabarito "A".

(Delegado/SP – 2011) Servidor Público concorre culposamente para a apropriação de dinheiro proveniente dos cofres públicos, mas restitui o valor antes da sentença penal irrecorrível na respectiva ação penal desencadeada. Diante de tal fato ocorrerá a

(A) extinção da punibilidade

(B) redução da pena de um terço

(C) redução da pena de um a dois terços.

(D) redução da pena de metade

(E) exclusão da ilicitude

De fato, de acordo com o art. 312, § 3º, do CP, se o funcionário público que concorrer culposamente para o crime de outrem (peculato culposo) reparar o dano antes da sentença irrecorrível, verá extinta sua punibilidade. Caso a reparação fosse posterior ao trânsito em julgado, haveria a redução da pena pela metade. Portanto, vê-se que a reparação do dano no peculato culposo poderá ter dois efeitos distintos: i) extinção da punibilidade (se anterior ao trânsito em julgado); ou ii) causa de diminuição da pena pela metade (se posterior ao trânsito em julgado).
Gabarito "A".

(Delegado/SP – 2008) A conduta de agente que, após ter sido abordado por policiais, abaixa cinicamente as calças em público, chamando-os para revistá-lo em tom jocoso, demonstrando efetivo intuito de menosprezo, pretendendo constrangê-los e ridicularizá-los diante de populares que presenciam o ato, caracteriza o crime de

(A) injúria.

(B) ato obsceno.

(C) resistência.

(D) desobediência.

(E) desacato.

Art. 331 do CP. *Desacatar* significa manifestar desprezo, pouco-caso, desdém pela figura do funcionário público que está no exercício da função ou em razão dela.
Gabarito "E".

(Delegado/SP – 2008) Quem solicita para si vantagem econômica de outrem, a pretexto de influir em ato praticado por funcionário público no exercício da função, pratica o crime de

(A) exploração de prestígio

(B) corrupção ativa

(C) corrupção passiva.

(D) tráfico de influência.

(E) concussão.

Art. 332 do CP – tráfico de influência.
Gabarito "D".

23. OUTROS CRIMES DO CÓDIGO PENAL

(Delegado/RS – 2018 – FUNDATEC) Em relação ao crime de invasão de dispositivo informático, analise as seguintes assertivas, com base na Lei, doutrina e jurisprudência majoritárias:

I. A conduta incriminada pelo artigo 154-A do Código Penal somente permite seu processamento, através de ação penal pública condicionada à representação, em toda e qualquer hipótese, por expressa disposição legal.

II. Aquele que aproveita a ausência momentânea de um colega de trabalho em sua mesa para acessar o computador dele, que ficou ligado e sem nenhum tipo de dispositivo de segurança, tendo acesso a fotos íntimas de tal colega, pratica o crime de invasão de dispositivo informático.

III. O crime é considerado pela doutrina como um crime formal, portanto a simples invasão de computador alheio, desde que o objetivo seja obter, adulterar ou destruir dados ou informações ou instalar vulnerabilidades, para obter vantagem ilícita, já configura o tipo penal, sem a necessidade de que algum prejuízo econômico efetivamente ocorra.

IV. Isolda, namorada de Juca, desconfiada de uma suposta traição, instalou um código malicioso no computador dele, para ter controle remoto da máquina. Com isso, passou a monitorar a navegação de Juca na internet. Ela praticou o crime de invasão de dispositivo informático qualificado.

Quais estão corretas?

(A) Apenas II e IV.

(B) Apenas III e IV.

(C) Apenas I, II e III.

(D) Apenas I, III e IV.

(E) I, II, III e IV.

I: incorreta. Embora o crime do art. 154-A do CP seja de ação penal pública condicionada à representação, tal regra, conforme dispõe o art. 154-B do CP, comporta exceção, em que a ação será pública incondicionada: crime contra a administração pública direta ou indireta de qualquer dos Poderes da União, Estados, Distrito Federal ou Municípios ou contra empresas concessionárias de serviços públicos; **II:** incorreta. Constituem premissas deste crime: i) que a invasão de dispositivo informático se dê por meio de *violação indevida de mecanismo de segurança* (na hipótese narrada nesta assertiva, o agente não se valeu desse expediente, já que isso não foi necessário para a visualização das fotos íntimas contidas no computador); ii) que o agente aja imbuído do propósito *de obter, adulterar ou destruir dados ou informações sem autorização expressa ou tácita do titular do dispositivo ou instalar vulnerabilidade para obter vantagem ilícita*, que constitui o elemento subjetivo do tipo, necessário, portanto, à configuração deste crime. Na hipótese narrada, o agente, aproveitando-se da ausência momentânea de seu colega de trabalho em sua mesa, limitou-se a acessar, no computador dele, fotos íntimas de tal colega; **III**: correta. De fato, cuida-se de delito formal, em que a consumação é alcançada com a mera invasão de dispositivo informático alheio, dispensada, pois, a produção de resultado naturalístico, consistente na obtenção, adulteração ou destruição de dados ou informações ou ainda instalação de vulnerabilidades para obter vantagem ilícita; **IV**: correta: modalidade qualificada prevista no art. 154-A, § 3º, do CP.

Gabarito "B".

(Delegado/MS – 2017 – FAPEMS) Com base no caso, assinale a alternativa correta.

Miriam, mãe de Rodrigo, e José, tutor de João, receberam convocação da Promotoria de Justiça da Infância e da Juventude da respectiva Comarca para comparecem à audiência pública destinada a tratar específico programa para prevenir a evasão escolar. Na carta, havia advertência, em negrito e sublinhado, que a presença seria obrigatória, sob pena de incorrerem pais e/ou responsáveis legais em apuração de responsabilização criminal por abandono intelectual (CP, artigo 246). Miriam não compareceu, pois, no horário da reunião, realizou procedimento cirúrgico de emergência em Maria, colega de escola de Rodrigo. Tampouco José se fez presente, porquanto decidiu acompanhar um jogo do time do colégio de João. Ciente das ausências, o Promotor de Justiça requisitou instauração de investigação para apurar a responsabilidade de ambos.

(A) Miriam e José poderão ser indiciados pelo crime de abandono material.

(B) Apenas Miriam poderá ser indiciada pelo crime de abandono intelectual.

(C) Miriam e José poderão ser indiciados pelo crime de abandono intelectual.

(D) Apenas José poderá ser indiciado pelo crime de abandono intelectual.

(E) Miriam e José não poderão ser indiciados pelo crime de abandono intelectual.

O crime de abandono material vem previsto no art. 244 do CP, que assim dispõe: *Deixar, sem justa causa, de prover a subsistência do cônjuge, ou de filho menor de 18 (dezoito) anos ou inapto para o trabalho, ou de ascendente inválido ou maior de 60 (sessenta) anos, não lhes proporcionando os recursos necessários ou faltando ao pagamento de pensão alimentícia judicialmente acordada, fixada ou majorada; deixar, sem justa causa, de socorrer descendente ou ascendente, gravemente enfermo*. Já o crime de abandono intelectual, tipificado pelo art. 246 do CP, assim prevê: *Deixar, sem justa causa, de prover à instrução primária de filho em idade escolar*. Vamos, pois, à análise das alternativas. **A**: incorreta, eis que o abandono material constitui crime omissivo praticado por aquele que deixar, sem justa causa, de prover a subsistência das pessoas indicadas no precitado art. 244 do CP, em nada se relacionando com o enunciado; **B, C** e **D**: incorretas. Com relação a José, tutor de João, sequer poderia ser sujeito ativo do crime de abandono intelectual (art. 246 do CP), que somente pode ser praticado pelo pai que, sem justa causa, deixar de prover à instrução primária do filho em idade escolar. No tocante a Miriam, esta somente deixou de comparecer à convocação do Ministério Público por ter realizado procedimento cirúrgico de emergência em terceira pessoa, o que, evidentemente, constitui justa causa, afastando-se, pois, o elemento normativo do tipo; **E**: correta. Como visto no comentário às alternativas antecedentes, Miriam e José não poderão ser indiciados pelo crime de abandono intelectual. Este último, por não ostentar a condição de pai e aquela por ter justa causa para ter deixado de comparecer à convocação ministerial. **AT**

Gabarito "E".

(Delegado/SP – 2014 – VUNESP) "X", em um cinema, durante a exibição de um filme que continha cenas de sexo, é flagrado por policiais expondo e manipulando sua genitália. Tal conduta, em tese,

(A) tipifica o crime de mediação para satisfazer a lascívia de outrem.

(B) tipifica o crime de ato obsceno.

(C) tipifica o crime de favorecimento da prostituição.

(D) não tipifica crime algum, em razão da existência de excludente de ilicitude.

(E) não tipifica crime algum, uma vez que "X" estava em local apropriado para a prática desse tipo de conduta.

A: incorreta, pois a mediação para satisfazer a lascívia de outrem (art. 227, CP) pressupõe que o agente induza alguém a satisfazer a lascívia alheia. No caso em tela, a manipulação da própria genitália, por óbvio, destinava-se a satisfazer a própria lascívia; **B**: correta. O ato obsceno (art. 233, CP) se caracteriza pelo fato de o agente praticar um ato obsceno (ex.: exposição e manipulação da genitália) em lugar público, ou aberto ou exposto ao público. Uma sala de cinema, embora

não seja "lugar público" (tais como as ruas, praias, praças etc.), é lugar aberto ou exposto ao público (acessível, ainda que haja controle, a variada gama de pessoas, como teatros, cinemas, parques de diversão etc.); **C**: incorreta, pois o crime previsto no art. 228, CP, pressupõe que o agente induza ou atraia alguém à prostituição, o que se não se vê na conduta perpetrada por "X"; **D**: incorreta, inexistindo qualquer causa excludente da ilicitude na conduta praticada pelo agente. Outrossim, apenas por "amor à técnica", a existência de excludente de ilicitude não afeta a tipicidade, como sugere a redação da alternativa; **E**: incorreta, uma vez que, por óbvio, uma sala de cinema não é o lugar adequado para a exposição e manipulação do órgão genital.

Gabarito "B".

(Delegado Federal – 2013 – CESPE) Com relação aos crimes previstos no CP, julgue os itens que se seguem.

(1) A falsa atribuição de identidade só é caracterizada como delito de falsa identidade se feita oralmente, com o poder de ludibriar; quando formulada por escrito, constitui crime de falsificação de documento público.

(2) Os delitos de inserção de dados falsos e de modificação ou alteração de dados não autorizada em sistema de informações só se configuram se praticados por funcionário público autorizado, com o fim específico de obter vantagem indevida para si ou para outrem, ou para causar dano, sendo as penas aumentadas de um terço até a metade se da modificação ou alteração resultar dano para a administração pública ou para o administrado.

(3) O delito de sequestro e cárcere privado, inserido entre os crimes contra a pessoa, constitui infração penal de ação múltipla, e a circunstância de ter sido praticado contra menor de dezoito anos de idade qualifica o crime.

1: incorreta. O crime de falsa identidade, previsto no art. 307 do CP, pode ser praticado verbalmente ou por escrito, bastando que o agente se atribua ou atribua a terceiro falsa identidade, a fim de obter vantagem, em proveito próprio ou alheio, ou para causar dano a outrem. Como se vê do tipo penal em comento, não bastará que o agente impute a si ou a terceiro falsa identidade, com o poder de ludibriar, exigindo-se um especial fim de agir (elemento subjetivo do injusto), qual seja, o de obter vantagem, em proveito próprio ou alheio, ou de causar dano a outrem. A falsificação de documento público (art. 297 do CP) nada tem que ver com a atribuição de falsa identidade. Evidente, porém, que se o agente altera, por exemplo, uma carteira de identidade, nela inserindo nome diverso, mas com sua fotografia, terá incidido em referido crime; **2**: incorreta. O denominado peculato eletrônico (art. 313-A do CP), de fato, pressupõe que o *funcionário autorizado* insira ou facilite a inserção de dados falsos, ou altere ou exclua, indevidamente, dados corretos nos sistemas informatizados ou bancos de dados da Administração Pública, com o fim de obter vantagem indevida para si ou para outrem ou para causar dano. Já a modificação ou alteração não autorizada de sistema de informações (art. 313-B do CP) não exige que o sujeito ativo seja funcionário autorizado a atuar nos sistemas. O tipo penal não faz qualquer menção a "funcionário autorizado", tal como previsto no art. 313-A; **3**: incorreta. Considera-se crime de ação múltipla (ou tipo misto alternativo ou de conteúdo variado) aquele cujo tipo penal contém duas ou mais ações nucleares (verbos). No caso do art. 148 do CP, há, apenas, a conduta do agente de *privar* alguém de sua liberdade. Portanto, não se vislumbra ser o sequestro um crime de ação múltipla.

Gabarito 1E, 2E, 3E

24. OUTROS TEMAS E TEMAS COMBINADOS DE DIREITO PENAL

(Delegado/ES – 2019 – Instituto Acesso) Marque a alternativa correta do ponto de vista legal.

(A) No crime de estupro, aumenta-se a pena de metade se resultar a gravidez da vítima.

(B) Luiz, delegado de polícia civil, lotado em uma determinada delegacia de polícia, deixou, por indulgência, de responsabilizar o inspetor Amâncio após tomar conhecimento de que este teria praticado uma determinada infração. Nesse contexto, pode-se afirmar que o delegado praticou, em tese, o crime de condescendência criminosa.

(C) No crime de incêndio, aumenta-se a pena em dois terços se o delito for praticado em galeria de mineração.

(D) Aquele que dolosamente retém documento de identidade de terceira pessoa responde pelo delito de supressão de documento.

(E) No crime de Falsa Identidade, o agente não apresenta nenhum documento de identidade para se identificar.

A: incorreta, já que contraria o disposto no art. 234-A, III, do CP, que estabelece um aumento de pena da ordem de metade a dois terços se do crime resulta gravidez; **B:** incorreta. É que, para configuração do crime de condescendência criminosa (art. 320, CP), é de rigor, conforme consta de sua descrição típica, que a infração não apurada seja cometida *no exercício do cargo*, o que não consta da assertiva; **C:** incorreta, já que, nesta hipótese, a pena será aumentada em um terço (e não em dois terços), tal como estabelece o art. 250, § 1º, II, *g*, do CP; **D:** incorreta, na medida em que as condutas alternativas previstas no tipo penal do art. 305 do CP consistem em *destruir* (eliminar), *suprimir* (fazer desaparecer) e *ocultar* (esconder) documento público ou particular, não contemplando, portanto, a conduta de *reter*. Aquele que retiver documento de identidade será responsabilizado pela contravenção penal contida no art. 3º da Lei 5.553/1968; **E:** correta. Isso porque, no crime de falsa identidade, definido no art. 307 do CP, não há que se falar em uso de documento falso. O agente se limita a atribuir a si ou a terceiro identidade que não corresponde à realidade, como, por exemplo, dar nome que não é o seu, mentir sobre sua idade ou sobre seu estado civil, sempre tendo em vista a obtenção de vantagem ou o fim de causar dano a outrem.
Gabarito "E".

(Delegado/RS – 2018 – FUNDATEC) Em relação à teoria geral do crime, assinale a alternativa INCORRETA.

(A) A diferença entre autoria indireta intelectual e autoria indireta mediata é que naquela, há o planejamento pelo autor indireto e a execução do crime por um terceiro. Nesta, o autor se vale de um instrumento, alguém que esteja sob coação moral irresistível, por exemplo, para a prática do crime. Na autoria indireta mediata, não haverá concurso de pessoas.

(B) De acordo com o entendimento que prevalece, atualmente, na doutrina, há a possibilidade de reconhecimento de tentativa no dolo eventual, entretanto, esse mesmo entendimento, majoritário doutrinariamente, não admite o reconhecimento da tentativa naqueles crimes identificados como crimes de ímpeto.

(C) O Código Penal adota a teoria da atividade, no que diz respeito ao tempo do crime. Já com relação ao lugar do crime, o Código Penal adota a teoria da ubiquidade, também chamada de teoria eclética.

(D) De acordo com a doutrina, prevalece o entendimento de que em um crime praticado em concurso de agentes, a aplicação da denominada "ponte de prata", prevista no artigo 16 do Código Penal, quando reconhecida para um, estende-se aos seus comparsas.

(E) O que a doutrina denomina crime oco, nada mais é do que o crime impossível, também conhecido como quase crime, reconhecido pelo artigo 17 do Código Penal.

A: correta. De fato, ao autor indireto intelectual cabe o planejamento da infração penal, sendo a sua execução de responsabilidade de terceiro; já na autoria mediata, temos que o agente (autor mediato) se vale de alguém (autor imediato), que pode ser um inimputável ou alguém que aja sem dolo, para a execução de determinado crime; **B:** incorreta, dado que o denominado crime de ímpeto é perfeitamente compatível com o *conatus*. Devemos entender por crime de ímpeto aquele cometido sem premeditação, repentino, não planejado. Típico exemplo é o homicídio cometido no calor de uma discussão de trânsito; **C:** correta. De fato, no que toca ao tempo do crime, o CP adotou, em seu art. 4º, a teoria da atividade, segundo a qual considera-se praticado o crime no momento da conduta (ação ou omissão), ainda que o resultado tenha se operado em outro momento; no que concerne ao lugar do delito, a teoria adotada foi a da ubiquidade (art. 6º do CP), para a qual lugar do crime será o lugar da ação ou omissão, bem como o lugar em que se verificar o resultado; **D:** correta. Tal como afirmado, o arrependimento posterior, que traduz a chamada ponte de prata, já que suaviza a pena que seria aplicada, comunica-se, no concurso de pessoas, aos agentes que não promoveram a restituição/reparação; **E:** correta (art. 17, CP).
Gabarito "B".

(Delegado/RS – 2018 – FUNDATEC) De acordo com a lei, a doutrina e a jurisprudência dos Tribunais Superiores, analise as situações hipotéticas a seguir:

I. Larapius foi preso em flagrante pela prática de um crime de roubo. Ao ser apresentado na Delegacia de Polícia para ser autuado, atribui-se identidade falsa. Nessa hipótese, de acordo com o entendimento do Superior Tribunal de justiça, estará cometendo o crime de falsa identidade.

II. Isolda, ao chegar no edifício aonde reside, chamou de "Matusalém" o porteiro Agostinho, 72 anos de idade, porque ele demorou para abrir o portão. Isolda praticou o crime de injúria

qualificada, art. 140, parágrafo 3º do Código Penal e agravada pelo fato de ter sido praticada contra idoso.

III. Padarício, visando obter vantagem econômica para si, adulterou a balança de pesagem de produtos de sua padaria. Alguns meses depois, fiscais estiveram no estabelecimento comercial e constataram a fraude. Nesse caso, o Delegado de Polícia deverá indiciar Padarício pelo crime de estelionato.

IV. Na farmácia de Malaquias, durante fiscalização, foi constatado que havia medicamentos em depósito, para venda, de procedência ignorada. Nesse caso, Malaquias poderia ser enquadrado em crime contra a saúde pública, porém de acordo com o Superior Tribunal de Justiça, a pena prevista para esse crime, reclusão de dez a quinze anos e multa, seria desproporcional e, portanto, não poderia ser aplicada.

Quais estão corretas?

(A) Apenas I.

(B) Apenas II.

(C) Apenas I e IV.

(D) Apenas I, II e III.

(E) I, II, III e IV.

I: correta. Parte da doutrina sustenta que não comete o crime do art. 307 do CP o agente que atribui a si falsa identidade com o propósito de escapar de ação policial e, dessa forma, evitar sua prisão. O indivíduo estaria, segundo essa corrente, procurando preservar sua liberdade. Sucede que, atualmente, este posicionamento não mais prevalece. Segundo STF e STJ, aquele que atribui a si identidade falsa com o escopo de furtar-se à responsabilidade criminal deve, sim, responder pelo crime de falsa identidade (art. 307, CP). A propósito, o STJ, consolidando tal entendimento, editou a Súmula 522: "A conduta de atribuir-se falsa identidade perante autoridade policial é típica, ainda que em situação de alegada autodefesa". Também nesse sentido, o STF: "Direito penal. Agravo regimental em recurso extraordinário com agravo. Crime de falsa identidade. Art. 307 do Código Penal. Alegação de autodefesa. Impossibilidade. Tipicidade configurada. 1. O Plenário Virtual do Supremo Tribunal Federal, no julgamento do RE 640.139, Rel. Min. Dias Toffoli, decidiu que o princípio constitucional da autodefesa não alcança aquele que atribui falsa identidade perante autoridade policial com o intuito de ocultar maus antecedentes. Na ocasião, reconheceu-se a existência de repercussão geral da questão constitucional suscitada e, no mérito, reafirmou a jurisprudência dominante sobre a matéria. 2. Agravo regimental a que se nega provimento." (ARE 870572 AgR, 1ª T., Rel. Min. Roberto Barroso, j. 23.06.2015, *DJe* 05.08.2015, publ. 06.08.2015); **II:** incorreta. Isolda, ao chamar o porteiro Agostinho de Matusalém, cometeu a modalidade de injúria qualificada do art. 140, § 3º, do CP, não podendo incidir, sob pena de configurar *bis in idem*, a circunstância agravante do art. 61, II, *h*, do CP; **III:** incorreta. Trata-se de crime contra a economia popular definido no art. 2º, XI, da Lei 1.521/1951; **IV:** correta. De fato, dada a desproporcionalidade entre as condutas descritas no art. 273, § 1º-B, do CP e as penas a elas cominadas, o STJ declarou inconstitucional a pena deste dispositivo legal, passando a adotar a pena do tráfico de drogas em seu lugar (AI no HC 239.363, Corte Especial, rel. Sebastião Reis Júnior, 26.02.2015).
Gabarito "C".

(Delegado/AP – 2017 – FCC) De acordo com os dispositivos da parte geral do Código Penal, é correto afirmar:

(A) Na hipótese de *abolitio criminis* a reincidência permanece como efeito secundário da prática do crime.

(B) O território nacional estende-se a embarcações e aeronaves brasileira de natureza pública, desde que se encontrem no espaço aéreo brasileiro ou em alto-mar.

(C) Crimes à distância são aqueles em que a ação ou omissão ocorre em um país e o resultado, em outro.

(D) O desconhecimento da lei é inescusável. O erro sobre a ilicitude do fato, se evitável, isenta de pena; se inevitável, poderá diminuí-la de um sexto a um terço.

(E) É isento de pena o agente que pratica crime sem violência ou grave ameaça à pessoa, desde que, voluntariamente, repare o dano ou restitua a coisa, até o recebimento da denúncia ou da queixa.

A: incorreta. A *abolitio criminis* é causa extintiva da punibilidade (art. 107, III, do CP) que se caracteriza pela superveniência de lei que deixa de considerar o fato como criminoso. Em outras palavras, haverá a supressão da figura criminosa, que depende de uma dupla revogação (formal – do tipo penal; material – do comportamento criminoso). Uma vez operada a *abolitio criminis*, todos os efeitos penais da condenação desaparecerão (tanto o principal – aplicação da sanção penal, quanto os secundários, tais como a reincidência), remanescendo apenas os de natureza extrapenal (ex.: obrigação de reparação do dano); **B:** incorreta. De acordo com o art. 5º, § 1º, do CP, consideram-se como extensão do território nacional, para fins de aplicação da lei penal brasileira, as embarcações e aeronaves brasileiras, de natureza pública ou a serviço do governo brasileiro onde quer que se encontrem. Apenas as aeronaves e embarcações brasileiras, mercantes ou de propriedade privada, é que serão consideradas extensão do território nacional quando se acharem no espaço aéreo correspondente ou em alto-mar; **C:** correta. Consideram-se crimes à distância, ou de espaço máximo, aqueles que tenham sido praticados em lugares diversos, passando pelo território de dois ou mais países soberanos. O CP, em seu art. 6º, consagrou a teoria da ubiquidade, ou mista, segundo a qual se considera praticado o crime no lugar em que ocorreu a ação ou omissão, no todo ou em parte, bem como onde se produziu ou deveria produzir-se o resultado; **D:** incorreta. De acordo com o art. 21, *caput*, do CP, o erro sobre a ilicitude do fato, se inevitável (ou invencível, ou escusável), isenta de pena; se evitável (ou vencível, ou inescusável), poderá diminui-la de um sexto a um terço. Perceba que o examinador inverteu as consequências do erro de proibição evitável (que é simples causa de diminuição de pena) e inevitável (que é causa de exclusão da culpabilidade); **E:** incorreta. O agente que voluntariamente reparar integralmente o dano, ou restituir a coisa, nos crimes praticados sem violência ou grave ameaça à pessoa, até o recebimento da denúncia ou queixa, será beneficiado com a redução da pena de um a dois terços, nos termos do art. 16 do CP. Trata-se do instituto do arrependimento posterior, que, como dito, é causa obrigatória de diminuição de pena, mas não de sua isenção, tal como constou na assertiva. **AT**

Gabarito "C".

(Delegado/MS – 2017 – FAPEMS) Com relação aos princípios de Direito Penal e à interpretação da lei penal, assinale a alternativa correta.

(A) A interpretação autêntica contextual visa a dirimir a incerteza ou obscuridade da lei anterior.
(B) Não se aplica o princípio da individualização da pena na fase da execução penal.
(C) A interpretação quanto ao resultado busca o significado legal de acordo com o progresso da ciência.
(D) O princípio da proporcionalidade tem apenas o judiciário como destinatário cujas penas impostas ao autor do delito devem ser proporcionais à concreta gravidade.
(E) A interpretação teleológica busca alcançar a finalidade da lei, aquilo que ela se destina a regular.

A: incorreta, pois a interpretação autêntica contextual é aquela que pode ser extraída do próprio texto legal, tal como se vê, por exemplo, na conceituação de funcionário público para efeitos penais (art. 327 do CP); **B:** incorreta. Amplamente difundido por doutrina e jurisprudência que o princípio da individualização da pena espraia seus efeitos em três fases, quais sejam, na da cominação da pena (fase legislativa), na sua fixação (fase judicial) e na etapa de cumprimento (fase administrativa ou execucional); **C:** incorreta. A assertiva trata da denominada interpretação progressiva (ou evolutiva), que é a que busca o significado legal de acordo com o progresso da ciência; **D:** incorreta, pois o princípio da proporcionalidade norteia, além do Poder Judiciário, a quem incumbe a análise da insuficiência protetiva dos bens jurídicos, ou o excesso punitivo, os atos do Poder Legislativo, especialmente, em matéria penal, no que diz respeito à cominação das penas; **E:** correta. De fato, por meio da interpretação teleológica, busca-se alcançar a finalidade da lei. **AT**

Gabarito "E".

(Delegado/MS – 2017 – FAPEMS) Considerando as teses sumuladas pelo Superior Tribunal de Justiça quanto aos crimes contra o patrimônio e contra a propriedade intelectual, assinale a alternativa correta.

(A) Admite-se a adoção do princípio da adequação social para tornar atípica a conduta de expor à venda CDs e DVDs piratas, embora comprovada a materialidade da infração.
(B) À configuração do delito de violação de direito autoral com provação de sua materialidade, é suficiente a perícia realizada por amostragem do produto apreendido, nos aspectos externos do material, sendo dispensável a identificação dos titulares dos direitos violados.
(C) O aumento de pena no crime de roubo circunstanciado não exige fundamentação concreta, sendo suficiente para a exasperação a mera indicação do número de majorantes.
(D) A existência de sistema de vigilância eletrônica no interior de estabelecimento comercial já é suficiente para tornar impossível a consumação do crime de furto.
(E) A consumação do crime de roubo não ocorre só com a inversão da posse, do bem subtraído mediante violência ou grave ameaça, sendo imprescindível a posse mansa e pacífica.

A: incorreta. De acordo com a Súmula 502 do STJ, *presentes a materialidade e a autoria, afigura-se típica, em relação ao crime previsto no art. 184, § 2º, do CP, a conduta de expor à venda CDs e DVDs piratas*. A tolerância, ainda que por parte de autoridades responsáveis pela repressão criminal, tenha sido responsável pela inexistência de persecução penal em caso de pirataria de CDs e DVDs, não foi admitida pelo STJ, que, na prática, cuidou de afastar o princípio da adequação social diante de violação a direitos autorais (art. 184, § 2º, do CP); **B:** correta, nos termos do que dispõe a Súmula 574 do STJ: *Para a configuração do delito de violação de direito autoral e a comprovação de sua materialidade, é suficiente a perícia realizada por amostragem do produto apreendido, nos aspectos externos do material, e é desnecessária a identificação dos titulares dos direitos autorais violados ou daqueles que os representem;* **C:** incorreta, pois a Súmula 443 do STJ preconiza que o aumento na terceira fase de aplicação da pena no crime de roubo circunstanciado exige fundamentação concreta, não sendo suficiente para a sua exasperação a mera indicação do número de majorantes; **D:** incorreta. Dispõe a Súmula 567 do STJ: *Sistema de vigilância realizado por monitoramento eletrônico ou por existência de segurança no interior de estabelecimento comercial, por si só, não torna impossível a configuração do crime de furto;* **E:** incorreta, pois a Súmula 582 do STJ prevê: *Consuma-se o crime de roubo com a inversão da posse do bem mediante emprego de violência ou grave ameaça, ainda que por breve tempo e em seguida à perseguição imediata ao agente e recuperação da coisa roubada, sendo prescindível a posse mansa e pacífica ou desvigiada.* **AT**

Gabarito "B".

(Delegado/PE – 2016 – CESPE) Nos últimos tempos, os tribunais superiores têm sedimentado seus posicionamentos acerca de diversos institutos penais, criando, inclusive, preceitos sumulares. Acerca desse assunto, assinale a opção correta segundo o entendimento do STJ.

(A) É possível a consumação do furto em estabelecimento comercial, ainda que dotado de vigilância realizada por seguranças ou mediante câmara de vídeo em circuito interno.
(B) A conduta de atribuir-se falsa identidade perante autoridade policial é considerada típica apenas em casos de autodefesa.
(C) O tempo máximo de duração da medida de segurança pode ultrapassar o limite de trinta anos, uma vez que não constitui pena perpétua.
(D) No que diz respeito à progressão de regime prisional de condenado por crime hediondo cometido antes ou depois da vigência da Lei 11.464/2007, é necessária a observância, além de outros requisitos, do cumprimento de dois quintos da pena, se primário, e, de três quintos, se reincidente, para a obtenção do benefício.
(E) A incidência da causa de diminuição de pena prevista no tipo penal de tráfico de drogas implica o afastamento da equiparação existente entre o delito de tráfico ilícito de drogas e os crimes hediondos, por constituir novo tipo penal, sendo, portanto, o tráfico privilegiado um tipo penal autônomo, não equiparado a hediondo.

A: correta, pois retrata o entendimento firmado na Súmula 567, do STJ: "Sistema de vigilância realizado por monitoramento eletrônico ou por existência de segurança no interior de estabelecimento comercial, por si só, não torna impossível a configuração do crime de furto". O fato é que o chamado *furto sob vigilância* pode, em determinadas situações, a depender do caso concreto, caracterizar *crime impossível* pela *ineficácia absoluta do meio* (art. 17 do CP). É o caso, por exemplo, do agente que, desde o momento em que ingressa no supermercado, passa a ser permanentemente vigiado por sistema de câmeras e também por seguranças, que ficam o tempo todo no seu encalço. Não há, neste caso, a menor possibilidade de o crime consumar-se. Isso não quer dizer que a existência, por si só, de sistema de segurança por câmeras elimine a possibilidade de o crime chegar à sua consumação. É perfeitamente plausível que o agente se aproveite de determinado ângulo de monitoramento em que a subtração não é visualizada pelo sistema de câmeras. Dessa forma, a ineficácia do meio deve ser avaliada caso a caso; **B:** incorreta, pois não reflete o entendimento sufragado na Súmula 522, do STJ: "A conduta de atribuir-se falsa identidade perante autoridade policial é típica, ainda que em situação de alegada autodefesa"; **C:** incorreta, já que não retrata o entendimento consagrado na Súmula 527, do STJ: "O tempo de duração da medida de segurança não deve ultrapassar o limite máximo da pena abstratamente cominada ao delito praticado"; **D:** incorreta, pois contraria o entendimento firmado na Súmula 471, do STJ: "Os condenados por crimes hediondos ou assemelhados cometidos antes da vigência da Lei 11.464/2007 sujeitam-se ao disposto no art. 112 da Lei 7.210/1984 (Lei de Execução Penal) para a progressão de regime prisional". Importante que se diga que, no que toca à progressão nos crimes hediondos e equiparados, com a edição da Lei 13.769/2018, que alterou a redação do art. 2º, § 2º, da Lei 8.072/1990, a progressão, nesses crimes, se se tratar de mulher grávida, mãe ou responsável por criança ou pessoa com deficiência, obedecerá ao que estabelecem os §§ 3º e 4º do art. 112 da LEP. Em outras palavras, institui-se, no que concerne aos crimes

1. DIREITO PENAL · 399

hediondos e equiparados, regra específica de progressão no caso de o beneficiário encontrar-se em uma das condições acima. Atenção: com a alteração promovida pela Lei 13.964/2019 na redação do art. 112 da LEP (posterior, portanto, à elaboração desta questão), criam-se novos patamares para o reeducando pleitear a progressão de regime de cumprimento de pena, aqui incluído o condenado pela prática de crime hediondo/equiparado, cuja disciplina, até então, estava no art. 2º, § 2º, da Lei 8.072/1990, que estabelecia faixas diferenciadas de cumprimento de pena necessárias à progressão, dispositivo expressamente revogado pela Lei 13.964/2019. Com isso, as novas regras de progressão, inclusive para os autores de crimes hediondos, estão contempladas no novo art. 112 da LEP, que foi substancialmente reformulado pela Lei 13.964/2019, estabelecendo uma nova e ampla tabela de progressão de regime; **E:** incorreta. Segundo entendimento firmado na Súmula 512, do STJ, em vigor ao tempo em que foi elaborada esta questão, "A aplicação da causa de diminuição de pena prevista no art. 33, § 4º, da Lei 11.343/2006 não afasta a hediondez do crime de tráfico de drogas". É importante que se diga que o Plenário do STF, ao julgar o HC 118.533/MS, em 23.06.2016, cuja relatoria foi da Min. Cármen Lúcia, entendeu, em dissonância com o posicionamento adotado pelo STJ, que o crime de tráfico de drogas privilegiado não tem natureza hedionda. Pois bem. Sucede que a Terceira Seção do STJ, na sessão realizada em 23 de novembro de 2016, ao julgar a QO na Pet 11.796-DF, determinou o cancelamento da referida Súmula 512, alinhando-se ao entendimento adotado pelo STF no sentido de que o delito de tráfico privilegiado não pode ser equiparado a crime hediondo. Por sua vez, o art. 112, § 5º, da LEP, incluído pela Lei 13.964/2019, consagrando entendimento jurisprudencial, estabelece que não se considera hediondo ou equiparado o crime de tráfico de drogas previsto no art. 33, § 4º, da Lei 11.343/2006. **ED**

Gabarito "A".

(Delegado/DF – 2015 – Fundação Universa) Com relação aos elementos do conceito analítico de infração penal, ao concurso de crimes, à causalidade no direito penal e à Lei 9.605/1998, que dispõe sobre os crimes contra o meio ambiente, assinale a alternativa correta.

(A) O erro de tipo permissivo afasta a punição pela denominada culpa imprópria.

(B) Nos termos da Lei 9.605/1998, que dispõe sobre os crimes contra o meio ambiente, constitui causa especial de aumento de pena o fato de o agente ter praticado crime ambiental em unidade de conservação ambiental.

(C) Na teoria da imputação objetiva, o resultado será objetivamente imputável ao autor se, uma vez hipoteticamente eliminada a sua conduta, o resultado não se concretizar.

(D) Conforme a doutrina majoritária, o consentimento do ofendido configura causa supralegal de exclusão da culpabilidade.

(E) No concurso formal impróprio, por haver desígnios autônomos, as penas dos crimes em concurso serão cumuladas, ainda que os diferentes resultados tenham sido praticados mediante uma só ação.

A: incorreta. O chamado erro de tipo permissivo (erro quanto aos pressupostos fáticos de uma causa excludente de ilicitude), desde que escusável, pode gerar a isenção de pena; se inescusável, gerará a punição a título de culpa, desde que haja previsão nesse sentido. Esta última hipótese caracteriza a chamada *culpa imprópria*. O agente, por falta de cautela, pratica um fato típico não amparado por uma causa de exclusão da ilicitude; **B:** incorreta. Isso porque a causa de aumento consistente no agente ter praticado o crime ambiental em unidade de conservação ambiental somente tem incidência no crime do art. 29 da Lei 9.605/1998 (§ 4º, V), não se aplicando a todos os crimes definidos nessa lei; **C:** incorreta, já que o que se afirma na assertiva diz respeito à teoria da equivalência dos antecedentes; **D:** incorreta – o *consentimento do ofendido* exclui, conforme o caso, a tipicidade do fato ou a antijuridicidade; **E:** correta. Nos termos do art. 70 do CP, o concurso formal poderá ser *próprio* (perfeito) ou *impróprio* (imperfeito). No primeiro caso (primeira parte do *caput*), temos que o agente, por meio de uma única ação ou omissão (um só comportamento), pratica dois ou mais crimes, idênticos ou não, com *unidade de desígnio*; já no *concurso formal impróprio* ou *imperfeito* (segunda parte do *caput*), a situação é diferente. Aqui, a conduta única decorre de desígnios autônomos, vale dizer, o agente, no seu atuar, deseja os resultados produzidos. É o caso aqui tratado. Como consequência, as penas serão somadas, aplicando-se o critério ou sistema do *cúmulo material*. No concurso formal perfeito, diferentemente, se as penas previstas forem idênticas, aplica-se somente uma; se diferentes, aplica-se a maior, acrescida, em qualquer caso, de um sexto até metade (sistema da exasperação).

Gabarito "E".

(Delegado/DF – 2015 – Fundação Universa) A respeito do erro de execução, do denominado *dolus generalis*, das normas penais em branco e dos crimes previstos na parte especial do CP, assinale a alternativa correta.

(A) A complementação da Lei de Drogas por portaria do Ministério da Saúde configura hipótese da chamada norma penal em branco homogênea heteróloga.

(B) Suponha que "A" coloque sonífero na bebida de "B" a fim de subtrair-lhe os pertences (celular, bolsa, cartão de crédito). Neste caso, ausente a violência ou a grave ameaça, "A" responderá por furto ou estelionato, a depender das circunstâncias concretas e do dolo.

(C) Quanto ao erro de execução, o ordenamento jurídico brasileiro adotou a teoria da equivalência, e não a teoria da concretização.

(D) Suponha que "A" tenha atirado contra "B" com o propósito de matá-lo. "A" acredita ter consumado o crime por meio dos tiros. Em seguida, joga o corpo de "B" em um rio, com a intenção de ocultar o cadáver. Posteriormente, descobre-se que "B" estava vivo quando foi jogado no rio e que morreu por afogamento. Nesta hipótese, conforme a doutrina majoritária, "A" poderá responder, a depender do caso, por homicídio doloso tentado em concurso material com homicídio culposo ou por homicídio doloso tentado em concurso material com ocultação de cadáver. Não se admite que "A" responda por homicídio doloso consumado, porque "A" já não possuía *animus necandi* no momento em que arremessou o corpo de "B" no rio.

(E) Desde que esteja fora do expediente, pratica omissão de socorro o policial que, podendo impedir roubo praticado diante de si, decide permanecer inerte.

A: incorreta. *Norma penal em branco* é aquela cujo preceito primário, porque incompleto, necessita ser integralizado por outra norma, do mesmo nível ou de nível diferente. Na hipótese retratada no enunciado (lei de drogas), está-se a falar da chamada *norma penal em branco heterogênea* (em sentido estrito), na medida em que o seu complemento deve ser extraído de uma norma infralegal (portaria da Anvisa). De outro lado, *norma penal em branco em sentido lato* ou *amplo* (ou homogênea) é aquela em que a norma complementar consiste numa *lei* (mesma fonte legislativa da norma que há de ser complementada). É bom que se diga que a norma penal em branco não fere o postulado da reserva legal (legalidade), visto que o seu complemento pode ser encontrado em outra fonte, de todos conhecida; **B:** incorreta. Cuida-se de *roubo*, uma vez que "A" se valeu de *outro meio* que não a violência ou grave ameaça, consistente no uso de sonífero, para vencer eventual resistência de "B" à subtração de seus bens. É o que estabelece o art. 157, *caput*, parte final, do CP; **C:** correta. Tanto no erro de execução (*aberratio ictus*) quanto no erro quanto à pessoa, adotou-se a teoria da equivalência, segundo a qual devem-se levar em consideração as qualidades da pessoa que o agente queria atingir, e não as da pessoa que o agente efetivamente atingiu. É o que estabelecem os arts. 20, § 3º, do CP (erro quanto à pessoa) e 73, também do CP (erro na execução). Pela teoria da concretização, não acolhida pelo Código Penal, devem ser levadas em conta as qualidades da pessoa que o agente de fato atingiu; **D:** incorreta. A assertiva retrata hipótese de *dolo geral*, que também é chamado de "erro sucessivo" ou "*aberratio causae*". O que ocorre, em verdade, é um equívoco por parte do agente quanto ao meio de execução, à causalidade. O erro, assim, não incide sobre os elementos do tipo. Na hipótese narrada acima o agente responderá normalmente pelo resultado almejado (homicídio consumado). A divergência havida no nexo causal, neste caso, não tem o condão de elidir a responsabilidade do agente; é, pois, irrelevante; **E:** incorreta. O policial, em conformidade com o que reza o art. 13, § 2º, do CP, tinha, por dever de ofício, a obrigação legal de agir para evitar o resultado, ainda que fora do horário de expediente. Assim não o fez. Responderá, dessa forma, por roubo (crime omissivo impróprio).

Gabarito "C".

(Delegado/DF – 2015 – Fundação Universa) Com base na doutrina majoritária, na jurisprudência, no CP e na Lei de Contravenções Penais, assinale a alternativa correta.

(A) É formalmente atípica a conduta consistente em ter, mediante fraude, conjunção carnal com pessoa maior de idade e capaz.

(B) Tanto na teoria psicológica da culpabilidade como na teoria psicológico-normativa da culpabilidade, exige-se atual, real e efetiva consciência da ilicitude.

(C) Conforme o STF, a lesão corporal leve praticada com violência doméstica contra a mulher é crime de ação penal pública condicionada à representação da ofendida.

(D) O criminoso que coloca bomba em avião, a fim de que exploda durante o voo e mate seu desafeto – que se encontra na aeronave –, atua mediante dolo direto em face do desafeto e mediante dolo eventual em face das demais pessoas dentro do avião.

(E) Nos termos da Lei das Contravenções Penais, é punível a tentativa de contravenção.

A: incorreta, uma vez que a conduta descrita na assertiva se amolda ao tipo penal do art. 215 do CP (violação sexual mediante fraude); **B:** correta, mas, segundo pensamos, esta assertiva está incorreta, já que a teoria psicológica da culpabilidade não exige consciência da ilicitude como elemento da culpabilidade; **C:** incorreta, visto que o STF, no julgamento da ADIn 4.424, de 09.02.2012, estabeleceu a natureza incondicionada da ação penal nos crimes de lesão corporal, independentemente de sua extensão, praticados contra mulher no ambiente doméstico, entendimento esse atualmente consagrado na Súmula 542, do STJ; **D:** incorreta. Existem, basicamente, três modalidades de dolo, a saber: dolo direto de primeiro grau; dolo direto de segundo grau; e dolo eventual. *Dolo direto de primeiro grau* (ou imediato) é aquele que se refere ao objetivo principal almejado pelo agente (é o dolo com que agiu o criminoso em relação ao seu desafeto). *Dolo direto de segundo grau* (ou indireto) é o que se refere às consequências secundárias, decorrentes dos meios escolhidos pelo autor para a prática da conduta (é o dolo com que agiu o criminoso em relação às demais pessoas que estavam dentro do avião). Perceba que a morte destas, embora não represente o objetivo do agente, é certa. *Dolo eventual*, por sua vez, ocorre sempre que o agente assume o risco de produzir determinado resultado, que pode ou não ocorrer; **E:** incorreta. A tentativa, no contexto das contravenções penais, não é punível (art. 4º da LCP).
Gabarito "B".

(Delegado/DF – 2015 – Fundação Universa) Acerca da culpabilidade, da tentativa, da culpa imprópria, da irretroatividade da lei penal mais gravosa e da aplicação da lei penal no espaço, assinale a alternativa correta.

(A) O crime de roubo é qualificado se a subtração for de veículo automotor que venha a ser transportado para outro estado ou para o exterior.
(B) Suponha que um chinês, a bordo de um navio privado brasileiro, falsifique dólares norte-americanos enquanto a embarcação navega em águas do domínio público internacional. Nas mesmas circunstâncias de tempo e lugar, um marroquino atira contra um australiano. Consoante o Código Penal brasileiro e os cenários hipotéticos mencionados, aplicar-se-á a lei norte-americana ao crime de falsificação de papel-moeda (em razão do bem jurídico violado) e a lei australiana ao crime de homicídio (em virtude do princípio da nacionalidade passiva).
(C) Consoante a teoria extremada da culpabilidade, configura-se erro de tipo permissivo quando o agente, por erro plenamente justificado pelas circunstâncias, supõe situação de fato que, se existisse, tornaria a ação legítima. Nesta hipótese, admite-se a punição a título de culpa se o fato for punível a título culposo.
(D) Admite-se a forma tentada no crime impropriamente culposo.
(E) Segundo o STF, a lei penal mais grave aplica-se ao crime permanente, mas não ao crime continuado, se a vigência da lei é anterior à cessação da continuidade ou da permanência.

A: incorreta, na medida em que a circunstância descrita na assertiva constitui *causa de aumento de pena*, e não *qualificadora*. Embora seja corriqueiro o emprego da denominação *roubo qualificado* para se referir às hipóteses elencadas no art. 157, § 2º, do CP, cuida-se, na verdade, de causas de aumento de pena (roubo majorado). Vale recordar a diferença entre qualificadora e causa de aumento de pena. A primeira altera a pena cominada no tipo simples, definindo novos patamares. É dizer, aumenta-se a faixa de aplicação da pena. É caso do latrocínio (art. 157, § 3º, II, do CP), em que o legislador estabeleceu, no preceito secundário, novos patamares para a pena cominada (20 a 30 anos). Já o aumento de pena representa um acréscimo, normalmente expresso por meio de fração, à pena cominada ao tipo simples. É, como já dissemos, o caso do roubo majorado, em que o legislador estabeleceu uma fração de um terço a metade a incidir quando presente uma das hipóteses descritas no § 2º do art. 157 do CP; **B:** incorreta, pois não reflete o disposto no art. 5º, § 1º, do CP; **C:** incorreta. Ensina Cleber Masson, ao discorrer sobre as teorias limitada da culpabilidade (acolhida pelo nosso CP) e extrema ou normativa pura, que *a distinção entre tais teorias repousa unicamente no tratamento dispensado às descriminantes putativas. Nas descriminantes putativas, o agente, por erro plenamente justificado pelas circunstâncias, supõe situação fática ou jurídica que, se existisse, tornaria sua ação legítima. De acordo com a teoria normativa pura, as descriminantes putativas sempre caracterizam erro de proibição. Por sua vez, para a teoria limitada, as descriminantes putativas são divididas em dois blocos: (1) de fato, tratadas como erro de tipo (CP, art. 20, § 1º); (2) de direito, disciplinadas como erro de proibição (CP, art. 21)* (Direito Penal Esquematizado – Parte Geral. 8. ed. Editora Método, p. 467); **D:** correta. Como bem sabemos, os crimes culposos não comportam a forma tentada. Isso porque não é concebível que alguém tente atingir determinado resultado que não desejado. Entretanto, a tentativa é admitida, conforme se afirma na alternativa, na

culpa imprópria, por equiparação ou assimilação (art. 20, § 1º, do CP), em que o agente persegue determinado resultado (atua com dolo), mas atua em razão de erro vencível (culpa). É o caso do pai que, supondo ter sua casa invadida por ladrões, atira, de forma açodada, contra o invasor, que, depois vem a saber, é o seu filho. Se houver morte, o pai responderá por tentativa de homicídio culposo; **E:** incorreta, na medida em que, segundo entendimento firmado na Súmula 711 do STF, a lei penal mais grave aplica-se ao crime permanente (e também ao crime continuado), se sua vigência é anterior à cessação da continuidade ou da permanência.
Gabarito "D".

(Delegado/SP – 2014 – VUNESP) Dentre os crimes listados a seguir, aquele que foi revogado do Código Penal é:

(A) curandeirismo.
(B) charlatanismo.
(C) bigamia.
(D) sedução.
(E) simulação de casamento.

A: incorreta (art. 284, CP); **B:** incorreta (art. 283, CP); **C:** incorreta (art. 235, CP); **D:** correta (art. 217, CP, revogado pela Lei 11.106/2005), tendo havido *abolitio criminis*; **E:** incorreta (art. 239, CP).
Gabarito "D".

(Delegado/SP – 2014 – VUNESP) Quantos foram os Códigos Penais vigentes no Brasil?

(A) Três.
(B) Seis.
(C) Dois.
(D) Cinco.
(E) Um.

O Brasil já teve 3 (três) Código Penais, a saber: i) Código Criminal do Império (Lei de 16 de dezembro de 1830); ii) Código Penal dos Estados Unidos do Brasil (Decreto 847, de 11 de outubro de 1890) e; iii) Código Penal de 1940 (Decreto-lei 2.848, de 7 de dezembro de 1940).
Gabarito "A".

(Delegado/RJ – 2013 – FUNCAB) Manoel pediu ao pai, recém-chegado aos 50 anos, que adiantasse a sua legítima, no que não foi atendido, pois este sabia que Manoel se tornara dependente de drogas, logo dilapidaria seu patrimônio com o vício. Insatisfeito e aproveitando-se de uma viagem de seu pai, Manoel convidou Antônio e Joaquim, parceiros na utilização de "maconha", a sacarem do poder de seu pai as joias que herdaria, pois com a venda destas lucraria mais de R$ 1.000.000,00. Madalena, amiga de Joaquim, a seu pedido e sabendo dos propósitos dele, ensinou-o a abrir o cofre onde as joias se encontravam. Manoel, para não ser descoberto, no dia da empreitada foi para o clube, possibilitando ser visto por várias pessoas, o que lhe daria um álibi. Antônio e Joaquim dirigiram-se para a residência do pai de Manoel, local em que o primeiro abriu a porta da casa com uma gazua, o que possibilitou a Joaquim entrar e retirar as joias do cofre. Com medo de ser descoberto, posteriormente, Manoel solicitou ao seu amigo Paulo que guardasse temporariamente as joias. Após duas semanas do ocultamento das joias por Paulo, estas foram transportadas para outro Estado por Pedro, a pedido de José, primo de Manoel, sendo certo que nem Pedro, tampouco José, sabiam que as joias eram produto de crime. Já em outro Estado, as joias foram vendidas para Cláudia, que trabalhava como joalheira em sua residência, por preço vil, tendo esta percebido desde logo a origem ilícita da mercadoria.

Ao tomar conhecimento do desaparecimento das joias, o pai de Manoel dirigiu-se à Delegacia de Polícia e ofereceu *notitia criminis*. Após investigação, restou provada toda empreitada delitiva. Assim:

(A) Manoel, Antônio, Joaquim e Madalena são coautores do crime de furto qualificado por rompimento de obstáculo, abuso de confiança e emprego de chave falsa, enquanto que Paulo, José, Pedro e Cláudia são coautores do crime de receptação.
(B) Antônio e Joaquim, na qualidade de autores, e Madalena, figurando como cúmplice por auxílio, devem ser responsabilizados por crime de furto qualificado. Não se poderá responsabilizar Manoel, José e Pedro. Paulo pode ser condenado por favorecimento real e Cláudia por receptação qualificada.

1. DIREITO PENAL — 401

(C) Paulo poderá ser condenado pelo crime de receptação própria, enquanto Manoel é o autor intelectual do crime de furto, portanto ainda terá sua pena agravada. Antônio e Joaquim são autores diretos do crime de furto, restando unicamente a Madalena a cumplicidade material. José pode ser condenado pelo crime de receptação imprópria, Pedro por receptação própria e Cláudia por receptação simples.

(D) Madalena é cúmplice por auxílio intelectual no crime de furto, enquanto Manoel poderá ser condenado por furto com abuso de confiança, com pena agravada pelo fato do ofendido ser seu genitor. Antônio poderá ser condenado pelo crime de furto com emprego de chave falsa e Joaquim pelo crime de furto com rompimento de obstáculo. Paulo responde pelo crime de favorecimento pessoal. As condutas de José e Pedro são atípicas. Cláudia pode ser condenada pelo crime de receptação culposa.

(E) Cláudia comete crime de receptação qualificada. Pedro praticou conduta atípica e José pode ser condenado por receptação dolosa imprópria. Paulo pode ser condenado por receptação dolosa própria, já Madalena, Antônio e Joaquim são autores do crime de furto qualificado e a conduta de Manoel é atípica.

Por ser Manoel filho da vítima, irá se beneficiar do art. 181, II, do CP (escusa absolutória), não podendo, portanto, ser responsabilizado pela subtração dos pertences de seu pai. No tocante a Antonio e Joaquim, ambos foram autores do crime de furto qualificado pelo rompimento de obstáculo (utilizaram-se de uma gazua para abrirem a porta da casa do ofendido), a eles não se estendendo a escusa absolutória, nos termos do art. 183, II, do CP. Madalena, em virtude de haver ensinado Joaquim a abrir o cofre onde se encontravam as joias furtadas, deverá ser responsabilizada como partícipe (art. 29, CP) pelo furto qualificado, frisando-se que aquele que auxilia a prática do crime é denominado de cúmplice. Paulo, amigo de Manoel, em virtude de haver prestado auxílio a Manoel, guardando as joias produto do crime, deverá responder por favorecimento real (art. 349, CP). Pedro e José, por desconhecerem a origem ilícita das joias, a eles entregues por Paulo, não poderão ser responsabilizados por receptação (art. 180, CP). Por fim, Claudia, em razão de haver adquirido as joias por preço vil, na condição de joalheira, responderá por receptação qualificada (art. 180, § 1º, CP), eis que adquiriu os produtos do crime no exercício de atividade comercial (joalheira).
Gabarito "B".

(Delegado/RJ – 2013 – FUNCAB) Walter, motoboy de uma farmácia, após receber de um cliente um cheque de R$ 20,00, entrega ao estabelecimento a quantia em espécie, mantendo-se na posse do título. Em seguida, o adultera, modificando o valor original para R$ 2.000,00. De posse do documento adulterado, vai até o banco para descontá-lo, mas o gerente, percebendo a fraude, liga para a Delegacia da área, alertando sobre o fato.

Ao perceber a chegada da viatura, Walter deixa apressadamente a instituição financeira, abandonando, no local, o título falsificado. Nesse contexto, é correto afirmar que a conduta de Walter:

(A) configura crime de estelionato, na forma tentada, pois o delito foi interrompido por circunstâncias alheias à sua vontade.

(B) se amolda ao tipo penal da apropriação indébita, na forma tentada, pois o delito foi interrompido por circunstâncias alheias à sua vontade.

(C) é tipificada como crime de furto mediante fraude, na forma tentada, pois o delito foi interrompido por circunstâncias alheias à sua vontade.

(D) caracteriza crime de falsificação de documento público, pois, havendo desistência voluntária, o autor só responde pelos atos até então praticados.

(E) é atípica, pois ocorreu a desistência voluntária e a falsidade existente resta absorvida pela finalidade patrimonial.

A: correta. Considerando que a conduta inicial de Walter (adulteração de documento público por equiparação – cheque) visava à obtenção de vantagem indevida (saque de valor superior àquele originalmente aposto na cártula), temos que a falsidade foi crime-meio, exaurindo-se no crime-fim (estelionato), que, de fato, não passou da esfera da tentativa, haja vista que o agente não conseguiu consumar seu intento por circunstâncias alheias à sua vontade; **B:** incorreta, pois a conduta de Walter, nitidamente, consistiu no emprego de expediente fraudulento (alteração do valor original do cheque emitido por cliente da farmácia para a qual prestava serviços como motoboy), que é elementar típica do crime de estelionato (art. 171, CP), não se confundindo com a apropriação indébita (art. 168, CP), que pressupõe que o agente, após receber a coisa (dinheiro, por exemplo) de

boa-fé, altera seu animus, dela se apropriando e passando a se comportar como *dominus*; **C:** incorreta. O furto mediante fraude (art. 155, § 4º, II, do CP) pressupõe que o agente, em razão da fraude empregada, faça com que a vítima reduza sua vigilância sobre a coisa, aproveitando-se, então, disso, para subtraí-la. No caso relatado no enunciado, nada disso aconteceu. Ao contrário, Walter, após estar na posse de um cheque que lhe foi entregue por cliente da farmácia, alterou o seu valor (expediente fraudulento) e tentou descontá-lo no banco. Trata-se, aqui, de nítida conduta caracterizadora de estelionato, que, na espécie, não se consumou por circunstâncias alheias à vontade do agente (art. 14, II, CP); **D:** incorreta. No enunciado, não se enxerga, em momento algum, a ocorrência de desistência voluntária (art. 15, CP). Tal instituto somente tem aplicação quando o agente, após iniciada a execução do crime, por ato voluntário, dele desiste de prosseguir, respondendo somente pelos atos anteriores. No caso citado no enunciado, Walter somente não consumou o crime inicialmente executado (estelionato) em virtude da chegada da viatura policial. Clara, portanto, a tentativa, haja vista que o crime somente não se consumou por circunstâncias alheias à vontade do agente (desconfiança da falsificação pelo gerente da instituição financeira e chegada da viatura policial); **E:** incorreta. A desistência voluntária não se verificou no caso em testilha pelas razões aduzidas no comentário à alternativa anterior. Ademais disso, ainda que se cogitasse de desistência voluntária, a falsidade anterior não poderia ficar absorvida por um fato atípico, motivo pelo qual Walter, no mínimo, responderia por falsificação de documento público por equiparação (art. 297, *caput* e § 2º, CP).
Gabarito "A".

(Delegado Federal – 2013 – CESPE) No que se refere às causas de exclusão de ilicitude e à prescrição, julgue os seguintes itens.

(1) Considere que João, maior e capaz, após ser agredido fisicamente por um desconhecido, também maior e capaz, comece a bater, moderadamente, na cabeça do agressor com um guarda-chuva e continue desferindo nele vários golpes, mesmo estando o desconhecido desacordado. Nessa situação hipotética, João incorre em excesso intensivo.

(2) Suponha que determinada sentença condenatória, com pena de dez anos de reclusão, imposta ao réu, tenha sido recebida em termo próprio, em cartório, pelo escrivão, em 13.08.2011 e publicada no órgão oficial em 17.08.2011, e que tenha sido o réu intimado, pessoalmente, em 20.08.2011, e a defensoria pública e o MP intimados, pessoalmente, em 19.08.2011. Nessa situação hipotética, a interrupção do curso da prescrição ocorreu em 17.08.2011.

1: incorreta. Nos termos do art. 23, parágrafo único, do CP, dispõe que o agente responderá pelo excesso doloso ou culposo. Cuidou a doutrina de classificar o excesso em *extensivo* e *intensivo*. O primeiro – excesso extensivo – pressupõe que o agente, mesmo após cessado o motivo ensejador, prossiga em seu comportamento reativo, ou seja, continue a agir como se estivesse amparado pela causa de justificação. É, ao que tudo indica, a situação exposta no enunciado. Já no excesso intensivo, que, nas palavras de Zaffaroni e Pierangeli, citados por Rogério Sanches Cunha, sequer é excesso, não se verificam presentes os requisitos da eximente (*Manual de direito penal – Parte Geral.* 2. ed. rev. amp. e atual. Salvador: Juspodivm, 2014. p. 252). Ou seja, o agente age sem que sequer a eximente (ou causa de justificação) esteja presente. Não é o caso narrado na assertiva, pois João foi agredido fisicamente por um desconhecido, daí iniciando seu comportamento lesivo ao agressor. Estava, portanto, em legítima defesa (art. 25 do CP), mas, mesmo após cessada a agressão, estando o agente desacordado, prosseguiu a golpeá-lo, daí resultando o excesso extensivo; **2:** incorreta. Nos termos do art. 117, IV, do CP, é causa interruptiva da prescrição a publicação da sentença ou acórdão condenatório recorríveis. Assim, no caso sob análise, o que interrompeu a prescrição foi a *publicação* da sentença condenatória recorrível, que não se confunde com a pura e simples disponibilização dela na imprensa oficial. Conforme prescreve o art. 389 do CPP, a sentença será publicada em mão do escrivão, que irá juntá-la aos autos. Aqui estará interrompida a prescrição. Na questão, verifica-se que o escrivão a recebeu, em cartório, no dia 13.08.2011, lavrando o termo respectivo. Portanto, aqui ocorreu a publicação do ato decisório e, repita-se, a interrupção da prescrição da pretensão punitiva.
Gabarito 1E, 2E.

(Delegado/AP – 2010) Maurício e Sandoval, sócios da empresa 007 Construções Ltda., decidem participar de uma concorrência pública realizada pela Secretaria de Obras do Estado do Amapá para seleção da empresa encarregada de construir um estádio de futebol com vistas à Copa do Mundo que se realizará no Brasil.

Como a empresa não dispõe dos documentos exigidos pelo edital – especificamente a comprovação de realização de obra semelhante em contratação com o setor público – Maurício e Sandoval falsificam

ARTHUR TRIGUEIROS E EDUARDO DOMPIERI

ART's (anotação de responsabilidade técnica) a fim de simular que já realizaram tais obras. A fraude surte efeito e a 007 construções é efetivamente selecionada dentre as concorrentes. Todavia, a falsificação é descoberta pouco tempo depois.

Assinale a alternativa que indique o crime praticado por Maurício e Sandoval.

(A) Fraude à licitação (art. 93, Lei 8.666/1993).
(B) Falsificação de documento público (art. 297, Código Penal).
(C) Falsidade ideológica (art. 299, Código Penal).
(D) Falsificação de documento particular (art. 298, Código Penal).
(E) Estelionato (art. 171, Código Penal).

A: correta, uma vez que se aplica o princípio da especialidade. No caso, o fato se enquadraria, em tese, também nos delitos de falsificação de documento particular (falsificação de ART's), bem como no crime de estelionato, uma vez que o crime de falso foi o meio utilizado para empregar a fraude e induzir em erro a fiscalização da concorrência pública. Todavia, diante do conflito aparente de normas, a solução será dada pelo critério da especialidade, sendo que a lei especial (lei de licitação) afasta a geral (CP); **B:** incorreta, já que há o tipo penal especial previsto na lei de licitação; **C:** incorreta, até mesmo porque não seria falsidade ideológica, mas material; **D:** incorreta. Acaso não existisse lei especial, seria possível, em tese, configurar o delito de falsificação de documento particular. Cumpre ressaltar que há discussão acerca da absorção ou não pelo delito de estelionato (princípio da consunção); **E:** incorreta. Acaso não existisse lei especial, seria possível, em tese, configurar o delito de estelionato.
Gabarito "A".

(Delegado/MG – 2012) Em relação às Teorias do Delito, assinale a alternativa **incorreta:**

(A) A antinormatividade, de acordo com Zaffaroni, consiste em se averiguar a proibição através da indagação do alcance proibitivo da norma, não considerada de forma isolada, e sim conglobada na ordem normativa.
(B) A culpa imprópria está presente na discriminante putativa, nela, o agente dá causa dolosa ao resultado, mas responde como se tivesse praticado crime culposo, em razão de erro evitável pelas circunstâncias.
(C) No dolo direto, o agente quer efetivamente produzir o resultado, ao praticar a conduta típica, e no dolo indireto, o agente não busca com sua conduta resultado certo e determinado, subdividindo-se em dolo alternativo e eventual.
(D) De acordo com a teoria objetiva-formal, há tentativa, quando o agente, de modo inequívoco, exterioriza sua conduta no sentido de praticar a infração penal.

A: correta. De acordo com a teoria da tipicidade conglobante, criada pelo jurista argentino Eugenio Raúl Zaffaroni, *"todo fato típico se reveste de antinormatividade, pois, muito embora o agente atue em consonância com o que está descrito no tipo incriminador, na verdade contraria a norma, entendida como o conteúdo do tipo legal"* (Cleber Masson *in* Direito Penal Esquematizado – Parte Geral, Ed. Método, 2ª edição, p. 232) Ainda, para que se afirme que a conduta praticada pelo agente é ilícita, não bastará a mera violação da lei penal, mas, também, a ofensa a todo o ordenamento jurídico, que deverá ser analisado de forma "global" (daí o nome *conglobante*); **B:** correta. De fato, nas descriminantes putativas, o agente, por erro plenamente justificado pelas circunstâncias, supõe situação de fato que, se existisse, tornaria sua ação legítima (art. 20, § 1°, do CP). Assim, quando se está, por exemplo, diante de uma legítima defesa putativa, o agente, caso incida em erro inevitável (ou invencível, ou escusável), ficará isento de pena. Porém, caso o erro pudesse ter sido superado por maior diligência do agente, ainda que tenha praticado uma conduta dolosa, responderá na forma culposa (art. 20, § 1°, parte final, do CP). Daí a denominação "culpa imprópria": o agente age dolosamente, mas por se tratar de descriminante putativa por erro vencível (ou inescusável), responderá pelo fato como crime culposo, se previsto em lei; **C:** correta. De fato, diz-se dolo direto, também chamado de determinado, aquele em que o agente dirige sua vontade para a realização de um resultado pretendido. Já o dolo indireto, ou indeterminado, é aquele que se caracteriza pelo fato de a vontade do agente não ser dirigida a um determinado resultado. Divide-se o dolo indireto em *dolo alternativo* (aqui, o agente deseja, indistintamente, a produção de um ou outro resultado) e *dolo eventual* (aqui, o agente, embora não queira diretamente o resultado, assume o risco de produzi-lo); **D:** incorreta. Preconiza a teoria objetivo-formal, ou lógica-formal, que somente haverá ato executório quando o agente iniciar a realização do verbo-núcleo do tipo (ação nuclear). Não bastará, portanto, que o agente exteriorize sua conduta no sentido de pretender praticar a infração ao penal, sendo de rigor, como dito, que dê início à execução do verbo do tipo penal incriminador.
Gabarito "D".

(Delegado/MG – 2012) Considerando o Código Penal e as Teorias do Delito é **incorreto** afirmar que:

(A) Com relação ao tipo doloso, o Código Penal Brasileiro adotou as teorias da vontade e do assentimento e não a da atividade.
(B) A perda de cargo, função pública ou mandato eletivo é efeito genérico da condenação, não necessitando, dessa forma, ser determinada de forma explícita e fundamentada na sentença penal condenatória.
(C) A previsibilidade objetiva é elemento integrante do tipo culposo, podendo a previsibilidade subjetiva ser analisada por ocasião da culpabilidade.
(D) De acordo com a teoria finalista, a ação é o comportamento humano voluntário, dirigido à atividade final lícita ou ilícita.

A: correta. De fato, no art. 18, I, do CP, houve a adoção da teoria da vontade com relação ao dolo direto, e da teoria do assentimento (ou do consentimento) com relação ao dolo eventual; **B:** incorreta. A perda de cargo, função pública ou mandato eletivo é efeito específico da condenação, ou seja, não automático, dependendo de expressa motivação na sentença (art. 92, I e parágrafo único, do CP); **C:** correta. De fato, os tipos culposos exigem os seguintes elementos: i) conduta inicial voluntária; ii) resultado ilícito involuntário; iii) nexo de causalidade; iv) tipicidade; v) previsibilidade objetiva do resultado; e vi) ausência de previsão (apenas na culpa inconsciente). A previsibilidade subjetiva não integra o fato típico culposo, mas será avaliada por ocasião da culpabilidade, mais precisamente por ocasião da análise da potencial consciência da ilicitude; **D:** correta. Para os adeptos da teoria finalista, a conduta é todo comportamento humano, positivo (ação) ou negativo (omissão), consciente e voluntário, dirigido a uma finalidade, seja esta lícita, seja ilícita. Esclarece-se que mesmo nos crimes culposos o comportamento é dirigido a uma finalidade, mas geralmente lícita (ex.: para chegar mais cedo em casa – finalidade lícita –, o condutor do veículo dirigiu muito acima da velocidade, atropelando e matando um pedestre – resultado ilícito involuntário).
Gabarito "B".

(Delegado/MG – 2012) Com relação aos crimes abaixo destacados, é **correto** afirmar que:

(A) é possível a participação de particular no delito de corrupção passiva, já que as circunstâncias de caráter pessoal elementares ao crime se comunicam.
(B) o homicídio praticado com dolo eventual afasta a incidência das circunstâncias qualificadoras, uma vez que o agente não quer diretamente o resultado, apenas assume o risco de produzi-lo.
(C) para a configuração do crime de maus tratos, é necessário submeter a vítima a intenso sofrimento físico ou psíquico, expondo-a a perigo de vida ou de saúde.
(D) caracteriza-se o crime de injúria, ainda que as imputações ofensivas à honra subjetiva da vítima sejam verdadeiras, cabendo exceção da verdade somente se o ofendido for funcionário público e a ofensa relativa ao exercício de suas funções.

A: correta. De fato, a despeito de a corrupção passiva ser crime funcional, vale dizer, que exige a condição de funcionário público (*intraneus*) do sujeito ativo. Será perfeitamente possível que um particular (*extraneus*) concorra para a sua prática e por ele responda, nos termos do art. 30 do CP. Lembre-se que a condição de funcionário público, por ser elementar típica, comunica-se aos coautores ou partícipes (desde que conhecida deles); **B:** incorreta. De acordo com o STJ, no julgamento do HC 58423/DF, são compatíveis, em princípio, o dolo eventual e as qualificadoras do homicídio. Exemplificando, não há problemas de o agente, por motivo fútil, assumir o risco de produzir o resultado morte; **C:** incorreta. Para a caracterização do crime de maus-tratos (art. 136 do CP), bastará que o agente exponha a vida ou a saúde da vítima a perigo. Já se a conduta do sujeito ativo traduzir-se em causação de intenso sofrimento físico ou mental à vítima, poderemos estar diante de modalidade de tortura (art. 1°, II, da Lei 9.455/1997); **D:** incorreta, por ser inadmissível a exceção da verdade no crime de injúria, mas, apenas, nos crimes de calúnia (art. 138, § 3°, do CP) e difamação dirigida a funcionário público, desde que as ofensas sejam relativas ao exercício funcional (art. 139, parágrafo único, do CP).
Gabarito "A".

(Delegado/PA – 2012 – MSCONCURSOS) Assinale a alternativa correta, de acordo com os nos termos previstos na Lei n. 7.209, de 11 de julho de 1984 que alterou dispositivos do Decreto-Lei no 2.848, de 07 de dezembro de 1940 e suas alterações posteriores:

(A) De acordo com o art. 26 do Código Penal, é isento de pena o agente que, por doença mental ou desenvolvimento mental incompleto ou retardado, era, ao tempo da ação ou da omissão,

1. DIREITO PENAL 403

inteiramente capaz de entender o caráter ilícito do fato ou de determinar-se de acordo com esse entendimento.

(B) O art. 119 do Código Penal determina que no caso de concurso de crimes, a extinção da punibilidade incidirá sobre a pena de cada um, isoladamente. O artigo 72 do mesmo diploma legal determina que, neste caso, as penas de multa são aplicadas distinta e parcialmente.

(C) Nos termos do art. 23 do Código Penal, há crime quando o agente pratica o fato em estado de necessidade, em legítima defesa e em estrito cumprimento de dever legal ou no exercício regular de direito.

(D) O art. 29 do Código Penal determina que quem, de qualquer modo, concorre para o crime incide nas penas a este cominadas, na medida de sua culpabilidade. Se a participação for de menor importância, a pena pode ser diminuída de um sexto a um terço. Se algum dos concorrentes quis participar de crime menos grave, ser-lhe-á aplicada a pena deste; essa pena será aumentada até metade, na hipótese de ter sido previsível o resultado mais grave.

(E) O crime impossível está previsto no art. 17 do Código Penal. A lei determina que não se pune a tentativa quando, por ineficácia absoluta do meio ou por absoluta impropriedade do objeto. Assim, é impossível consumar-se o crime, como por exemplo, ministrar remédio abortivo numa mulher que não esteja grávida.

A: incorreta. De acordo com o art. 26, *caput*, do CP, será considerado inimputável o agente que, por doença mental ou desenvolvimento mental incompleto ou retardado era, ao tempo da ação ou omissão, inteiramente *incapaz* de entender o caráter ilícito do fato ou de determinar-se de acordo com esse entendimento; **B:** incorreta no tocante ao art. 72 do CP, que afirma que, no caso de concurso de crimes, as penas de multa serão aplicadas distinta e *integralmente*; **C:** incorreta, pois o art. 23 do CP enuncia que não há crime quando o agente pratica o fato em estado de necessidade (inciso I), legítima defesa (inciso II), estrito cumprimento de dever legal e exercício regular de direito (inciso III); **D:** correta, pois a assertiva contém a exata redação do art. 29, *caput*, do CP, e seus §§ 1° (participação de menor importância) e 2° (cooperação dolosamente distinta); **E:** a assertiva foi considerada incorreta pela banca examinadora. Primeiramente, a redação peca pela qualidade. De outro lado, não se vê erro na afirmação de que ministrar medicamento abortivo numa mulher que não esteja grávida constitua crime impossível (no caso, para o alcance do aborto).
Gabarito "D".

(Delegado/PB – 2009 – CESPE) A respeito de tipicidade, ilicitude e culpabilidade, assinale a opção correta.

(A) A participação, no concurso de pessoas, é considerada hipótese de tipicidade mediata ou indireta.

(B) Elemento subjetivo especial é aquele que depende de uma interpretação jurídica, como ocorria em relação ao conceito de mulher honesta, atualmente não mais previsto na legislação penal.

(C) No caso de legítima defesa de direito de terceiro, é necessária a prévia autorização deste para que a conduta do agente não seja ilícita.

(D) O Código Penal (CP) adota a teoria psicológico-normativa da culpabilidade, para a qual a culpabilidade não é requisito do crime, mas, sim, pressuposto de aplicação da pena.

(E) Se o bem jurídico tutelado pela norma penal for disponível, independentemente da capacidade da vítima, o consentimento do ofendido constitui causa supralegal de exclusão da ilicitude.

A: correta, uma vez que a participação, espécie de concurso de pessoas, caracterizada por uma conduta acessória do agente (partícipe), se enquadra naquilo que a doutrina denomina de tipicidade por subordinação indireta ou mediata, vale dizer, a conduta do agente não se amolda perfeitamente a um tipo penal, sendo necessário que se utilize o art. 29 do CP como norma de extensão típica. Afinal, não existe um tipo penal que prescreva, por exemplo, a participação em um homicídio ("induzir, instigar ou auxiliar terceiro a matar alguém"). Daí a necessidade de o intérprete-aplicador do direito se valer do precitado art. 29 do CP; **B:** incorreta, pois o elemento subjetivo do tipo é aquele que revela uma especial fim de agir do agente, ou, como se diz impropriamente, o "dolo específico", não se confundindo com o elemento normativo do tipo, que é aquele que depende, como narra a própria assertiva, de uma interpretação, de um juízo de valor prévio para que se conclua pela tipicidade penal (ex.: a antiga expressão "mulher honesta", ou, ainda, a expressão "indevidamente", prevista em alguns tipos penais, ou, então, "obsceno", no crime de ato obsceno); **C:** a legítima defesa de terceiro, que se caracteriza pelo fato de alguém defender bem jurídico alheio que está sendo agredido injustamente ou na iminência de sê-lo (art. 25 do CP), dispensa-se o consentimento do terceiro no sentido de autorizar que se atue em sua defesa, especialmente se o bem jurídico injustamente agredido for indisponível (vida, por exemplo); **D:** incorreta, uma vez que o Código Penal,

ao adotar o sistema finalista (ou teoria finalista), voltou-se à denominada teoria normativa pura da culpabilidade, da qual foram retirados o dolo e a culpa, que migraram para o fato típico. Assim, a culpabilidade transforma-se em verdadeiro juízo de reprovabilidade incidente sobre o agente que tenha praticado fato típico e ilícito, tratando-se de um pressuposto de aplicação da pena; **E:** incorreta, já que o consentimento do ofendido poderá configurar uma causa supralegal de exclusão da ilicitude apenas se o bem jurídico tutelado pela norma penal for disponível e se o ofendido for plenamente capaz para consentir (tal não ocorre, por exemplo, no crime de estupro de vulnerável – art. 217-A do CP –, ainda que a vítima, menor de quatorze anos, consinta com a prática do ato libidinoso; haverá estupro mesmo assim).
Gabarito "A".

(Delegado/PB – 2009 – CESPE) Acerca das excludentes de culpabilidade, da imputabilidade e do concurso de pessoas, assinale a opção correta.

(A) Exclui a culpabilidade do crime, por inexigibilidade de conduta diversa, a coação física irresistível ou vis absoluta.

(B) Na prática de crime em obediência hierárquica, se a ordem não for manifestamente ilegal, o subordinado e o superior hierárquico não respondem por crime algum.

(C) Dividem-se os crimes em monossubjetivo e plurissubjetivo, sendo que somente neste último pode ocorrer concurso de pessoas.

(D) A participação de menor importância configura exceção à teoria monista, adotada pelo CP quanto ao concurso de pessoas.

(E) Ocorrendo coação moral resistível, não se afasta a culpabilidade, havendo simplesmente reconhecimento de atenuante genérica.

A: incorreta, uma vez que a coação física irresistível, ou *vis absoluta*, exclui a conduta (que é o comportamento humano, positivo ou negativo, consciente e voluntário, doloso ou culposo, dirigido a uma finalidade), não se confundindo com a coação moral irresistível, ou *vis compulsiva,* que, por afastar a exigibilidade de conduta diversa, é considerada causa excludente da culpabilidade (art. 22 do CP); **B:** incorreta, pois a obediência hierárquica, tal como definida no art. 22 do CP, somente afastará a culpabilidade do agente, isentando-o de pena, se a ordem emanada do superior hierárquico for não manifestamente ilegal, hipótese em que este último responderá pelo crime; **C:** incorreta, já que se consideram crimes monossubjetivos (ou unissubjetivos, ou de concurso eventual) aqueles que podem ser praticados por uma só pessoa, admitindo-se, aqui, o concurso de pessoas, enquanto que os plurissubjetivos (ou de concurso necessário) são aqueles que, para a própria tipicidade penal, exigem a concorrência de duas ou mais pessoas (ex.: associação criminosa – art. 288 do CP), não se falando, aqui, em concurso de agentes, que, repita-se, somente em cabimento nos crimes de concurso eventual (ou monossubjetivos); **D:** incorreta, dado que a participação de menor importância, cabível apenas, à evidência, aos partícipes (art. 29, § 1°, do CP), não configura uma exceção à teoria monista, segundo a qual todos os concorrentes (autores, coautores e partícipes) de um crime responderão por ele. O instituto em questão (participação de menor importância) somente demonstra que, a despeito de todos os concorrentes de um crime responderem pelo mesmo fato, observar-se-á a culpabilidade de cada um deles. Daí a participação de menor importância simplesmente gerar a redução da pena do partícipe que houver concorrido de maneira menos relevante para o sucesso da empreitada criminosa; **E:** correta, pois apenas a coação moral irresistível é capaz de excluir a culpabilidade, consoante prevê o art. 22 do CP. Se a coação moral for resistível, aplicar-se-á a circunstância atenuante genérica prevista no art. 65, III, "c", do CP).
Gabarito "E".

(Delegado/PB – 2009 – CESPE) Quanto aos crimes contra a paz pública e a fé pública, assinale a opção correta.

(A) Com relação ao delito de apologia de crime ou criminoso, previsto no CP, há crime único se o agente, em um mesmo contexto fático, faz apologia de vários crimes ou de vários autores de crimes.

(B) No crime de quadrilha, é necessário que ocorra estabilidade da associação e que haja organização estruturada, com hierarquia entre os membros ou com papéis previamente definidos para cada um.

(C) No crime de quadrilha, se somente um quadrilheiro for identificado, mas houver prova robusta da existência dos demais associados, o crime se perfaz.

(D) Com relação ao crime de moeda falsa, se o falsificador exportar, vender ou introduzir na circulação a moeda, responderá pelos diversos crimes em concurso formal homogêneo.

(E) É atípica a conduta do agente que restitui à circulação, mesmo tendo recebido de boa-fé, papel falsificado pela supressão de sinal indicativo de sua inutilização, da qual tomou posterior conhecimento.

A: incorreta, porque, de acordo com Magalhães Noronha, *"apologia de fato criminoso não é apologia de um ou mais delitos. Pensamos, por conseguinte, que haverá concurso formal ou ideal de crimes se, com a mesma ação, o sujeito ativo faz apologia, isto é, exalta ou elogia mais de um crime cometido"* (*Direito Penal*, vol. 4, p. 88). Há que se ressaltar, a despeito do entendimento da banca examinadora, que há posicionamento doutrinário em sentido contrário (confira--se, por exemplo, Rogério Greco. *Código Penal Comentado*. 4. ed. Ed. Impetus, p. 759); **B:** incorreta, uma vez que, para a configuração do crime de quadrilha ou bando (atualmente denominado Associação criminosa; art. 288 do CP), basta que pelo menos três pessoas se reúnam de forma estável e permanente, com o fim de perpetrarem um número indeterminado de crimes. Não se exige que a associação criminosa tenha um "chefe" ou "líder", ou que seja previamente definida a função de cada um dos seus membros; **C:** correta, eis que "para a configuração do delito de quadrilha não é necessário que todos os integrantes tenham sido identificados. Basta a comprovação de que o bando era integrado por quatro ou mais pessoas" (STJ, HC 52989/AC, Rel. Min. Félix Fischer, 5ª T., *DJ* 01.08.2006, p. 484). Frise-se que à época em que formulada a questão, o crime exigia a presença de, pelo menos, quatro pessoas. Com o advento da Lei 12.850/2013, que deu novo *nomen juris* ao delito (associação criminosa), o tipo penal passou a exigir a presença de três ou mais pessoas; **D:** incorreta, já que o crime de moeda falsa, previsto no art. 289 do CP, em seu § 1º, traz diversas condutas que podem ser perpetradas pelo agente, dentre elas as de exportar, introduzir ou vender moeda falsa, tratando-se, pois, de tipo misto alternativo ou crime de ação múltipla, no qual a prática de mais de um "verbo" pelo sujeito ativo configurará crime único; **E:** incorreta (art. 289, § 2º, do CP).

Gabarito "C".

(Delegado/PI – 2009 – UESPI) Com relação às excludentes da tipicidade, da ilicitude e da culpabilidade, marque, à luz da legislação penal, a opção correta.

(A) O estrito cumprimento do dever legal e a obediência hierárquica são excludentes da ilicitude.

(B) A coação moral irresistível e a legítima defesa são excludentes da culpabilidade.

(C) A embriaguez voluntária e a menoridade penal são excludentes da imputabilidade.

(D) A coação moral irresistível e o erro de proibição são excludentes da culpabilidade.

(E) O princípio da insignificância exclui a ilicitude.

A: incorreta. O estrito cumprimento do dever legal constitui causa excludente da ilicitude (art. 23, III, do CP); a obediência hierárquica, por sua vez, exclui a culpabilidade (art. 22, 2ª parte, do CP); **B:** incorreta. A coação moral irresistível (art. 22, 1ª parte, do CP) exclui a culpabilidade; já a legítima defesa é causa de exclusão da ilicitude (art. 23, II, do CP); **C:** incorreta. A embriaguez voluntária, nos termos do art. 28, II, do CP, não exclui a imputabilidade; os menores de 18 anos são inimputáveis, conforme reza o art. 27 do CP; **D:** correta. O erro de proibição (art. 21, 2ª parte, do CP) e a coação moral irresistível (art. 22, 1ª parte, do CP) constituem de fato excludentes de culpabilidade; **E:** incorreta. O princípio da insignificância constitui causa supralegal de exclusão da tipicidade.

Gabarito "D".

(Delegado/PI – 2009 – UESPI) Analise as afirmações seguintes relativas à parte geral do Direito Penal.

1) A tipicidade formal é a adequação da conduta ao fato descrito na lei como infração penal.

2) O direito brasileiro admite dois tipos de infração: o crime, que é a infração penal que a lei comina pena de reclusão ou de detenção, quer isoladamente, quer alternativa ou cumulativamente com a pena de multa; e a contravenção, que é a infração penal a que a lei comina, isoladamente, pena de detenção ou de multa, ou ambas alternativa ou cumulativamente.

3) Com relação à imputabilidade penal, o Código Penal brasileiro adotou o sistema biopsicológico ou misto para justificar a inimputabilidade penal nos casos de doença mental e de embriaguez involuntária e o sistema psicológico no caso dos menores de 18 anos.

4) Quando uma pessoa reage a um ataque espontâneo de uma cão pit bull, para não ser gravemente lesionada, está reagindo em estado de necessidade.

5) O estado de necessidade putativo é uma excludente da ilicitude.

Estão corretas apenas:

(A) 1 e 3

(B) 1 e 4

(C) 1, 2 e 4

(D) 3, 4 e 5

(E) 1, 2 e 5.

1: correta, visto que se considera tipicidade formal a mera relação de adequação entre o fato praticado pelo agente e a norma penal incriminadora, não se perquirindo se a conduta foi capaz, ou não, de lesionar o bem jurídico tutelado (tipicidade material); **2:** incorreta (art. 1º da Lei de Introdução ao Código Penal – LICP); **3:** incorreta, pois, como regra, o CP adotou o sistema ou critério biopsicológico, segundo o qual, para que se afira a inimputabilidade, necessário que se verifique se o agente, por algum fator biológico, teve retirada, por completo, sua capacidade de entendimento e de autodeterminação. No caso dos menores de dezoito anos, o CP, no art. 27, adotou o sistema ou critério biológico, ou seja, basta ter menos de dezoito anos para ser considerado inimputável; **4:** correta, pois agirá em estado de necessidade (art. 24 do CP) aquela pessoa que reagir a uma situação de perigo, seja esta provocada por uma conduta humana, ou, ainda, por um ato de um irracional (ex.: ataque de animais) ou diante de eventos da natureza (ex.: ciclones, furacões etc.); 5: incorreta, porque o estado de necessidade putativo pode ser considerado uma causa de exclusão do dolo e da culpa, afastando-se, portanto, a própria tipicidade (se o erro for invencível ou escusável e recair sobre os pressupostos fáticos de uma causa de justificação – art. 20, § 1º, do CP) ou, ainda, poderá excluir a culpabilidade (se o erro for invencível ou escusável e recair sobre os limites ou sobre a existência de uma causa de justificação, estaremos diante de um erro de proibição – art. 21 do CP).

Gabarito "B".

(Delegado/RJ – 2009 – CEPERJ) Em cada um dos itens a seguir, é apresentada uma situação hipotética, seguida de uma assertiva a ser julgada. Assinale a opção cuja assertiva esteja incorreta.

(A) Gilson, com *animus necandi*, efetuou quatro tiros em direção a Genilson. No entanto, acertou apenas um deles. Logo em seguida, um policial que passava pelo local levou Genilson ao hospital, salvando-o da morte. Nessa situação, o crime praticado por Gilson foi tentado, sendo correto afirmar que houve adequação típica mediata.

(B) David, com *animus laedendi*, desferiu duas facadas na mão de Gerson, que, em consequência, passou a ter debilidade permanente do membro. Nessa situação, David praticou crime de lesão corporal de natureza grave, classificado como crime instantâneo.

(C) Morgado, funcionário público, cumprindo ordem não manifestamente ilegal de seu superior hierárquico, acabou por praticar crime contra a administração pública. Nessa situação, apenas o superior hierárquico de Morgado será punível.

(D) Quatro indivíduos compunham um grupo de extermínio procurado havia tempo pela polícia. Em certo momento, um dos integrantes do grupo dirigiu-se à polícia e, voluntariamente, forneceu informações e provas que possibilitaram a prisão do grupo. Nessa situação, de acordo com a Lei dos Crimes Hediondos, o associado que denunciar à autoridade o bando ou quadrilha deverá ser denunciado e processado, mas deverá ficar isento de pena, ao ser sentenciado.

(E) Wagner, funcionário público, no período de agosto de 1999 a novembro de 1999, para dissimular a origem, a movimentação, a propriedade e a utilização de valores recebidos em cheques provenientes de concussão, converteu-os em ativos lícitos por meio de depósito em conta-corrente da empresa Acessórios Veiculares Ltda., da qual era sócio-cotista, dando a aparência de que os numerários depositados eram oriundos de atividade normal da empresa, a fim de aplicá-los no mercado financeiro. Nessa situação, Wagner responderá pelo crime de lavagem de dinheiro.

A: correta, pois, se iniciada a execução de um crime de homicídio, a vítima não morrer por circunstâncias alheias à vontade do agente, restará configurada a forma tentada. Ressalte-se que a tipicidade, em caso de tentativa, dá-se de forma mediata (ou indireta), visto que inexiste um tipo penal que se enquadre perfeitamente na conduta de tentar matar alguém, sendo necessária a combinação do tipo penal do crime com o que descreve a tentativa (art. 14, II, do CP); **B:** correta, visto que causar na vítima, em razão de facadas, debilidade permanente de membro, configura o crime de lesão corporal grave (art. 129, § 1º, III, do CP), classificado, doutrinariamente, como um delito instantâneo (consuma-se no exato momento em que o membro tem sua funcionalidade prejudicada *ad aeternum*); **C:** correta, dado que o atendimento, pelo subordinado, de ordem não manifestamente ilegal dada por superior hierárquico da qual resulte a prática de um crime, gerará, para aquele, isenção de pena, respondendo pelo delito o autor da ordem (art. 22, segunda parte, do CP); **D:** incorreta, já que a delação premiada no crime de quadrilha ou bando (atualmente denominado Associação Criminosa, conforme Lei 12.850/2013) previsto no art. 8º da Lei 8.072/1990 não gerará a isenção de

1. DIREITO PENAL

pena do delator, mas, sim, a sua redução em até dois terços (parágrafo único, do referido dispositivo legal); **E**: correta, (art. 1º da Lei 9.613/1998).

Gabarito "D".

(Delegado/RN – 2009 – CESPE) Acerca da sujeição ativa e passiva da infração penal, assinale a opção correta.

(A) Doentes mentais, desde que maiores de dezoito anos de idade, têm capacidade penal ativa.

(B) É possível que os mortos figurem como sujeito passivo em determinados crimes, como, por exemplo, no delito de vilipêndio a cadáver.

(C) No estelionato com fraude para recebimento de seguro, em que o agente se autolesiona no afã de receber prêmio, é possível se concluir que se reúnem, na mesma pessoa, as sujeições ativa e passiva da infração.

(D) No crime de autoaborto, a gestante é, ao mesmo tempo e em razão da mesma conduta, autora do crime e sujeito passivo.

(E) O Estado costuma figurar, constantemente, na sujeição passiva dos crimes, salvo, porém, quando se tratar de delito perquirido por iniciativa exclusiva da vítima, em que não há nenhum interesse estatal, apenas do ofendido.

A: correta, pois o doente mental, desde que maior de dezoito anos, tem a possibilidade de figurar como sujeito ativo de infrações penais. Importante lembrar que se a doença mental retirar completamente a capacidade de entendimento e autodeterminação do agente, ficará isento de pena (art. 26, *caput*, do CP), o que não induz pensar não ter ele capacidade penal ativa; **B**: incorreta, eis que os mortos não têm sequer personalidade jurídica, motivo pelo qual não podem ser vítimas de crimes (ausência de capacidade penal passiva). No entanto, alguns crimes previstos no CP que tratam dos mortos (ex.: calúnia contra os mortos; vilipêndio de cadáver) tutelam, em verdade, a família deles e a necessidade que se deve ter de respeitá-los; **C**: incorreta, visto que, de acordo com a conhecida frase "a autolesão não se pune", decorrente do princípio da alteridade (o Direito Penal somente pode intervir diante de lesões a bens jurídicos de terceiros), é impossível, no crime de fraude para recebimento de seguro (art. 171, § 2º, V, do CP), que o agente delitivo seja a própria vítima. Em verdade, o sujeito passivo do crime em questão é a seguradora, que será lesada caso pague o prêmio ao segurado (estelionatário); **D**: incorreta, porque o crime de autoaborto, definido no art. 124, *caput*, primeira parte, do CP, a vítima é o feto ou o produto da concepção e não a própria gestante. Afinal, trata-se de crime de mão própria, perpetrado pela gestante, razão pela qual não pode ser vítima de sua própria conduta (princípio da alteridade); **E**: incorreta, visto que o Estado figura como sujeito passivo em todo e qualquer ilícito penal, seja de forma direta (ex.: crimes contra a administração pública), seja de forma indireta (todos os demais crimes em que não figure como diretamente lesado). Diz-ser ser o Estado um sujeito passivo constante (ou formal) de toda infração penal.

Gabarito "A".

(Delegado/RN – 2009 – CESPE) Levando em conta as disposições do CP e a interpretação do STF, assinale a opção correta.

(A) Mostra-se pacífico nos tribunais, sobretudo no STF, que é possível, no roubo, a aplicação da causa de aumento de pena do emprego de arma, quando esta não for apreendida nem periciada.

(B) É possível a substituição de pena de réu reincidente (reincidência genérica) que for condenado por crime não violento com pena igual ou inferior a quatro anos, desde que a aludida reincidência não seja oriunda da prática do mesmo crime e a medida seja socialmente recomendável.

(C) Na hipótese chamada de roubo frustrado em que o agente subtraia coisa da vítima, mas seja, logo após, perseguido e preso em flagrante por terceira pessoa, com integral recuperação da res, ocorre crime na modalidade tentada.

(D) Nos crimes contra a administração pública, o CP não prevê nenhum requisito para a progressão de regime vinculado à reparação do dano ou à devolução do produto do ilícito praticado.

(E) Apenas bens públicos são objeto material do crime de peculato, não sendo possível, jamais, que esse crime atinja bens particulares.

A: incorreta, visto que a questão envolvendo a majoração do roubo pelo emprego de arma quando esta não é apreendida ou periciada por muito tempo foi controvertida no STF, havendo posicionamentos absolutamente contrários nas 1ª e 2ª Turmas daquela C. Corte. No entanto, a fim de assegurar-se o princípio da segurança jurídica, o STF, no julgamento do HC 100854/DF, rel. Min. Gilmar Mendes, acabou por pacificar o entendimento segundo o qual é desnecessária a apreensão e perícia da arma de fogo para que se majore a pena do delito de roubo, desde que existam outros meios comprobatórios de que se empregou a arma para a subtração (Informativo STF 605); **B**: correta (art. 44, § 3º, do CP); **C**: incorreta, eis que já se assentou na jurisprudência o entendimento de que o crime de roubo se consuma no momento em que a res é retirada violentamente da vítima, sendo desnecessária a posse tranquila da coisa subtraída ou mesmo que saia da esfera de vigilância da vítima (STJ, REsp 1035115/RS; STJ, HC 88284/ES; STJ, REsp 536082/SP); **D**: incorreta, uma vez que o art. 33, § 4º, do CP, exige, para o caso de crimes perpetrados contra a administração pública, que o condenado repare o dano causado ou devolva o produto do ilícito praticado, com os devidos acréscimos legais, sob pena de não obter a progressão de regime penitenciário; **E**: incorreta, dado que a própria descrição típica do peculato dá conta de que os objetos materiais do crime podem ser dinheiro, valor ou bem móvel público ou particular de que o agente tenha a posse em razão do cargo (art. 312, *caput*, do CP).

Gabarito "B".

(Delegado/SC – 2008) Analise as alternativas e assinale a correta.

(A) Os prazos de natureza penal são improrrogáveis e insuscetíveis de interrupção ou suspensão.

(B) Os prazos do Código Penal são computados incluindo-se o dia do começo. Esta regra, entretanto, não se aplica aos prazos prescricionais ou decadenciais. Estes, por terem natureza processual, são contados conforme o Código de Processo Penal, isto é, excluindo-se o dia do começo.

(C) Na contagem dos prazos de natureza penal deve ser utilizado o calendário comum. O mês é contado de determinado dia à véspera do mesmo dia do mês seguinte. O ano é contado de certo dia até a véspera de dia de idêntico número do mesmo mês do ano seguinte, não importando seja bissexto qualquer deles.

(D) Não são desprezadas, nas penas privativas de liberdade, nem nas restritivas de direito, as frações de dia.

A: incorreta, os prazos penais são improrrogáveis; **B**: incorreta, conforme art. 10 do CP, o dia do começo inclui-se no cômputo do prazo. Os prazos prescricionais e decadenciais são de natureza penal; **C**: correta, art. 10 do CP; **D**: incorreta, art. 11 do CP.

Gabarito "C".

(Delegado/SP – 2011) Assinale a alternativa que contenha o nome de uma elogiada legislação brasileira que, após debates acalorados, manteve a pena de morte dentre as sanções penais e que foi responsável pela criação do sistema de dias-multa.

(A) Código Penal da República (1890).

(B) Código Criminal do Império (1830).

(C) Consolidação das Leis Penais (1932)

(D) Ordenações Filipinas (1603)

(E) Código Penal (1940). V

A, C, D e E: incorretas. O Código Penal da República, elaborado por João Baptista Pereira, foi aprovado e publicado em 1890, tendo sido criado açodadamente, sendo alvo de inúmeras críticas, especialmente por ignorar os avanços trazidos pelo positivismo jurídico. Em razão disso, e diante do enorme número de leis penais extravagantes, em 1932 foi promulgada no Brasil a Consolidação das Leis Penais. O Código Penal de 1940, editado durante o Estado Novo, não manteve a pena de morte dentre as sanções penais existentes. As Ordenações Filipinas, datadas de 1603, editadas sob o reinado de Filipe II, não são de origem brasileira. Outrossim, marcada pelo predomínio da pena de morte, referida legislação teve a marca de ser lembrada pela crueldade das sanções, remontando à fase da vingança pública em matéria penal; **B**: correta. De fato, o Código Criminal do Império, datado de 1830, foi alvo de elogios na parte em que foi erigido sob os fundamentos da justiça e equidade, consagrando, ainda que embrionariamente, o princípio da personalidade ou intranscendência das penas. Porém, e contraditoriamente, permitia as penas de morte, de galés, trabalhos forçados, banimento, degredo e desterro. Referido Código, em seu art. 55, inaugurou o sistema do dia-multa, ficando marcado por essa grande inovação.

Gabarito "B".

(Delegado/TO – 2008 – CESPE) No que se refere aos temas de direito processual penal e direito penal, julgue os itens seguintes.

(1) Perante o Código Penal vigente, são três as espécies de penas: privativas da liberdade, restritivas de direitos e multa.

(2) Um cidadão condenado a pena de reclusão de 15 anos pela prática de um homicídio deve, obrigatoriamente, iniciar o cumprimento da pena em regime fechado, podendo, no entanto, trabalhar fora do estabelecimento prisional, em serviços de natureza privada, durante o período diurno, desde que mediante prévia autorização judicial.

ARTHUR TRIGUEIROS E EDUARDO DOMPIERI

(3) Considere que um indivíduo penalmente responsável pratique três homicídios dolosos em concurso material. Nesse caso, a materialização de mais de um resultado típico implicará punição por todos os delitos, somando-se as penas previamente individualizadas.

(4) Considere a seguinte situação hipotética. Francisco, imputável, realizou uma compra de produtos alimentícios em um supermercado e, desprovido de fundos suficientes no momento da compra, efetuou o pagamento com um cheque de sua titularidade para apresentação futura, quando imaginou poder cobrir o déficit. Apresentado o título ao banco na data acordada, não houve compensação por insuficiente provisão de fundos.

Nessa situação, o entendimento doutrinário e a jurisprudência dominantes é no sentido de que, não tendo havido fraude do emitente, não se configura o crime de emissão de cheques sem fundos (estelionato).

(5) Considere a seguinte situação hipotética. Fernando, Cláudio e Maria, penalmente imputáveis, associaram-se com Geraldo, de 17 anos de idade, com o fim de cometer estelionato. Alugaram um apartamento e adquiriram os equipamentos necessários à prática delituosa, chegando, em conluio, à concretização de um único crime. Nessa situação, o grupo, com exceção do adolescente, responderá apenas pelo crime de estelionato, não se caracterizando o delito de quadrilha ou bando, em face da necessidade de associação de, no mínimo, quatro pessoas para a tipificação desse delito, todas penalmente imputáveis.

(6) Considere a seguinte situação hipotética. Manoel, penalmente responsável, instigou Joaquim à prática de suicídio, emprestando-lhe, ainda, um revólver municiado, com o qual Joaquim disparou contra o próprio peito. Por circunstâncias alheias à vontade de ambos, o armamento apresentou falhas e a munição não foi deflagrada, não tendo resultado qualquer dano à integridade física de Joaquim. Nessa situação, a conduta de Joaquim, por si só, não constitui ilícito penal, mas Manoel responderá por tentativa de participação em suicídio.

1: correta (art. 32, I, II e III, do CP); **2**: incorreta (art. 34, § 3º, do CP); **3**: correta (art. 69 do CP); **4**: correta, visto que, de acordo com doutrina e jurisprudência majoritárias, o crime de fraude no pagamento por meio de cheque (art. 171, § 2º, VI, do CP) exige, para sua configuração, que o agente, no momento da emissão do cheque (título de crédito), saiba que já não existe suficiente provisão de fundos. No entanto, se o cheque é dado como garantia de dívida (ex.: cheque pós-datado), mas o agente, no momento do desconto da cártula, não mantém numerário suficiente em sua conta-corrente, caracteriza-se o crime de estelionato em sua forma fundamental (art. 171, *caput*, do CP); **5**: incorreta, já que o crime de quadrilha ou bando (atualmente denominado Associação Criminosa, conforme Lei 12.850/2013; art. 288 do CP) exige a reunião, de forma estável e permanente, de pelo menos três pessoas, para o fim de cometimento de um número indeterminado de crimes. A lei não exige que as pessoas sejam imputáveis, bastando a reunião de mais de duas. O fato de um dos integrantes ser adolescente (inimputável, portanto), não descaracteriza o crime em questão. Aliás, esse é o entendimento do STJ (RHC 2910/SP); **6**: incorreta. Isso porque o crime de induzimento, instigação ou auxílio ao suicídio, previsto no art. 122, *caput*, CP, era, ao tempo em que foi elaborada esta questão, daqueles que exigia resultado naturalístico específico para a sua consumação (morte ou lesão corporal de natureza grave), conforme constava da redação anterior do preceito secundário do tipo penal. Assim, se a vítima, ainda que instigada e auxiliada pelo agente a suicidar-se, não sofresse qualquer sequela, o fato seria atípico. A tentativa deste delito não era admitida. Pois bem. Isso mudou com o advento da Lei 13.968, de 26 de dezembro de 2019, que conferiu nova redação ao art. 122 do CP, ali incluindo, além do delito que já existia (mas em outras bases), também o crime de induzimento, instigação e auxílio à automutilação. Com isso, passamos a ter o seguinte *nomem juris*: induzimento, instigação ou auxílio a suicídio ou a automutilação. Antes de mais nada, não podemos deixar de registrar uma crítica ao legislador, que inseriu no catálogo *dos crimes contra a vida* delito que deveria ter sido incluído no capítulo *das lesões corporais*. Refiro-me ao induzimento, instigação ou auxílio à automutilação, que, à evidência, não constitui, nem de longe, crime contra a vida. Além da inserção deste novo crime (induzimento, instigação ou auxílio à automutilação), tratou o legislador de alterar o delito contra a vida já existente de *participação em suicídio*, conferindo nova redação ao tipo penal e inserindo qualificadoras e majorantes. Enfim, o art. 122, que até então contava com um parágrafo único, contém, agora, sete parágrafos. A primeira e mais significativa conclusão a que se chega por meio de uma breve leitura do *caput* deste artigo é que o crime do art. 122 do CP, que era, até então, *material*, passa a ser *formal*. Antes, conforme é sabido, o delito de participação em suicídio somente alcançava a consumação com a produção de resultado naturalístico, ora representado pela morte, ora pela lesão corporal de natureza grave. Ou seja, o crime comportava dois momentos

consumativos possíveis. A tentativa não era admitida. Doravante, dada a nova redação conferida ao art. 122, *caput*, do CP, a consumação será alcançada com o mero ato de induzir, instigar ou auxiliar a vítima a suicidar-se ou a automutilar-se. A morte, se ocorrer, configurará a forma qualificada prevista no art. 122, § 2º; se sobrevier, da tentativa de suicídio ou da automutilação, lesão grave ou gravíssima, restará configurada a forma qualificada do art. 122, § 1º. Perceba que a morte e a lesão grave, na redação anterior, constituíam pressuposto à consumação da participação em suicídio; hoje, trata-se de circunstâncias que qualificam o crime de induzimento, instigação ou auxílio a suicídio ou a automutilação. O § 3º do dispositivo em análise estabelece causas de aumento de pena. Reza que a pena será duplicada: se o crime é praticado por motivo egoístico, torpe ou fútil; e se a vítima é menor ou tem diminuída, por qualquer causa, a capacidade de resistência. O § 4º, por sua vez, impõe um aumento de pena de até o dobro se a conduta é realizada por meio da internet ou rede social ou ainda transmitida em tempo real. Se o sujeito ativo for líder ou coordenador de grupo ou de rede virtual, sua pena será aumentada em metade (§ 5). O § 6º trata da hipótese em que o crime do § 1º deste artigo resulta em lesão corporal de natureza gravíssima e é cometido contra menor de 14 anos ou contra vítima que, por enfermidade ou deficiência mental, não tem o necessário discernimento para a prática do ato, ou que, por qualquer outra causa, está impedido de oferecer resistência, caso em que o agente responderá pelo delito do art. 129, § 2º, do CP; agora, se contra essas mesmas vítimas for cometido o crime do art. 122, § 2º, do CP (suicídio consumado ou morte decorrente da automutilação), o crime em que incorrerá o agente será o de homicídio (art. 121, CP). É o que estabelece o art. 122, § 7º, CP.

Gabarito 1C, 2E, 3C, 4C, 5E, 6E

(Delegado/TO – 2008 – CESPE) Acerca dos princípios constitucionais que norteiam o direito penal, da aplicação da lei penal e do concurso de pessoas, julgue os itens seguintes.

(1) Prevê a Constituição Federal que nenhuma pena passará da pessoa do condenado, podendo a obrigação de reparar o dano e a decretação de perdimento de bens ser, nos termos da lei, estendidas aos sucessores e contra eles executadas, até o limite do valor do patrimônio transferido. Referido dispositivo constitucional traduz o princípio da intranscendência.

(2) Considere que um indivíduo seja preso pela prática de determinado crime e, já na fase da execução penal, uma nova lei torne mais branda a pena para aquele delito. Nessa situação, o indivíduo cumprirá a pena imposta na legislação anterior, em face do princípio da irretroatividade da lei penal.

(3) Na hipótese de o agente iniciar a prática de um crime permanente sob a vigência de uma lei, vindo o delito a se prolongar no tempo até a entrada em vigor de nova legislação, aplica-se a última lei, mesmo que seja a mais severa.

(4) Quem, de forma consciente e deliberada, se serve de pessoa inimputável para a prática de uma conduta ilícita é responsável pelo resultado na condição de autor mediato.

(5) Considere a seguinte situação hipotética. Luiz, imputável, aderiu deliberadamente à conduta de Pedro, auxiliando-o no arrombamento de uma porta para a prática de um furto, vindo a adentrar na residência, onde se limitou, apenas, a observar Pedro, durante a subtração dos objetos, mais tarde repartidos entre ambos. Nessa situação, Luiz responderá apenas como partícipe do delito pois atuou em atos diversos dos executórios praticados por Pedro, autor direto.

1: correta, pois o art. 5º, XLV, da CF, que consagra o princípio da intranscendência (ou personalidade das penas), prescreve a regra segundo a qual a pena jamais passará da pessoa do condenado. Contudo, os efeitos civis decorrentes da prática do crime transferem-se aos herdeiros, nos limites da herança; **2**: incorreta, pois, de acordo com o art. 5º, XL, da CF e art. 2º, *caput* e parágrafo único, do CP, a lei penal não retroagirá, salvo para beneficiar o réu. O fato de a sentença penal condenatória ter transitado em julgado não configura óbice à retroatividade da lei penal mais favorável, cabendo ao juízo da execução penal aplicá-la ao condenado; **3**: correta (Súmula 711 do STF); **4**: correta, visto que é considerado autor mediato (ou indireto) de um crime o agente que se vale de pessoa sem responsabilidade penal para o cometimento de um ilícito penal, tal como ocorre no caso de "A" se valer de "B", inimputável por doença mental, a matar "C". "A" responderá por homicídio, sendo autor mediato do crime. "B", por ser inimputável, ficará isento de pena (art. 26, *caput*, do CP); **5**: incorreta, pois no crime de furto qualificado pela destruição ou rompimento de obstáculo (art. 155, § 4º, I, do CP), a prática do arrombamento já configura início de execução, motivo pelo qual Luiz será considerado coautor do delito.

Gabarito 1C, 2E, 3C, 4C, 5E

2. Legislação Penal Especial

*Arthur Trigueiros e Eduardo Dompieri**

1. CRIMES DA LEI DE DROGAS

(Delegado/RS – 2018 – FUNDATEC) Sobre a Lei de Drogas e a jurisprudência dos Tribunais Superiores, analise as assertivas abaixo:

I. Em qualquer fase da persecução criminal relativa aos crimes previstos na Lei de Drogas, é permitida, independente de autorização judicial, a não atuação policial sobre os portadores de drogas, seus precursores químicos ou outros produtos utilizados em sua produção, que se encontrem no território brasileiro, com a finalidade de identificar e responsabilizar maior número de integrantes de operações de tráfico e distribuição, sem prejuízo da ação penal cabível.

II. Conforme orientação do Supremo Tribunal Federal, a entrada forçada em domicílio sem mandado judicial só é lícita, mesmo em período noturno, quando amparada em fundadas razões, devidamente justificadas *a posteriori*, que indiquem que dentro da casa ocorre situação de flagrante delito, sob pena de responsabilidade disciplinar, civil e penal do agente ou da autoridade e de nulidade dos atos praticados.

III. Para efeito da lavratura do auto de prisão em flagrante e estabelecimento da materialidade do delito de tráfico de drogas, é suficiente o laudo de constatação da natureza e quantidade da droga, firmado por perito oficial ou, na falta deste, por dois peritos nomeados.

IV. O inquérito policial será concluído no prazo de 30 (trinta) dias, se o indiciado estiver preso, e de 90 (noventa) dias, quando solto, quando se tratar de investigação baseada na Lei de Drogas.

V. A destruição de drogas apreendidas sem a ocorrência de prisão em flagrante será feita por incineração, no prazo máximo de 30 (trinta) dias contados da data da apreensão, guardando-se amostra necessária à realização do laudo definitivo, aplicando-se, no que couber, o procedimento dos §§ 3º a 5º do Art. 50.

Quais estão corretas?

(A) Apenas I, II e III.
(B) Apenas I, II e IV.
(C) Apenas II, III e V.
(D) Apenas II, IV e V.
(E) Apenas III, IV e V.

I: incorreta. A Lei de Drogas (Lei 11.343/2006), em seu art. 53, *caput* e II, estabelece que a implementação da ação controlada deve ser precedida de autorização judicial e manifestação do MP, estando a assertiva, por essa razão, incorreta. Vale a observação de que o art. 8º, § 1º, da Lei 12.850/2013 (Organização Criminosa), diferentemente da Lei de Drogas, reza que a ação controlada será *comunicada* ao juiz competente, que estabelecerá, conforme o caso, os limites da medida e comunicará o MP. Perceba que, neste último caso, o legislador não impôs a necessidade de o magistrado autorizar o retardamento da intervenção policial; exigiu tão somente a comunicação; **II:** correta. A conferir: "1. O Tema 280 da Repercussão Geral firmou a seguinte tese: A entrada forçada em domicílio sem mandado judicial só é lícita, mesmo em período noturno, quando amparada em fundadas razões, devidamente justificadas *a posteriori*, que indiquem que dentro da casa ocorre situação de flagrante delito, sob pena de responsabilidade disciplinar, civil e penal do agente ou da autoridade, e de nulidade dos atos praticados. 2. O paradigma consigna ser lícita a entrada forçada em domicílio, sem mandado judicial, mesmo em período noturno, desde que existam fundadas razões (justificadas *a posteriori*) que indiquem a ocorrência de flagrante delito. 3. Na espécie, os argumentos utilizados pelo Tribunal demonstram que a entrada forçada revelou-se ilícita, em especial, pela ausência de elementos probatórios mínimos acerca da causa que levou ao ingresso dos policiais no domicílio dos réus, gerando dúvida sobre a legalidade da diligência. Ademais, o ingresso de policiais em residências, mesmo diante de informações anônimas da prática de

delitos, por si só, não se mostra capaz de justificar a entrada forçada sob o pretexto de possível ocorrência de crime" (STF, ARE 1200520 AgR, Relator(a): Min. ALEXANDRE DE MORAES, Primeira Turma, julgado em 18/10/2019, PROCESSO ELETRÔNICO DJe-236 DIVULG 29-10-2019 PUBLIC 30-10-2019); **III:** incorreta, uma vez que a confecção do laudo de constatação é feita por um só perito oficial ou, na falta deste, por pessoa idônea (e não por dois peritos nomeados). É o que estabelece o art. 50, § 1º, da Lei 11.343/2006; **IV:** correta. Com efeito, no crime de tráfico de drogas, o inquérito deverá ser ultimado no prazo de 30 dias, se preso estiver o indiciado; e em 90 dias, no caso de o indiciado encontrar-se solto. De uma forma ou de outra, pode haver duplicação do prazo mediante pedido justificado da autoridade policial. É o teor do art. 51 da Lei 11.343/2006; **V:** correta, ao tempo em que foi aplicada esta prova, já que correspondia à redação do art. 50-A da Lei 11.343/2006, dispositivo alterado por força da Lei 13.840/2019, que dali extraiu o trecho final: "(...) aplicando-se, no que couber, o procedimento dos §§ 3º a 5º do Art. 50". **ED**

Gabarito "D".

(Delegado/RS – 2018 – FUNDATEC) Analise as assertivas a seguir, de acordo com o disposto na Lei 11.343/2006, Lei de Drogas, e em cotejo com o entendimento dos Tribunais Superiores:

I. Para a incidência da majorante de pena, prevista no artigo 40, inciso V da referida Lei, ao crime de tráfico de drogas interestadual, de acordo com entendimento do Superior Tribunal de Justiça, basta que esteja demonstrado, de forma inequívoca, que o traficante tinha intenção de extrapolar as fronteiras de um Estado, mesmo que assim não consiga.

II. A partir de entendimento recente do Supremo Tribunal Federal, pode-se dizer que nem todo o crime de tráfico de drogas pode ser considerado crime equiparado a hediondo.

III. Aquele que oferece droga, eventualmente e sem objetivo de lucro, à pessoa de seu relacionamento, para juntos a consumirem, pratica crime de menor potencial ofensivo.

IV. Aquele que pratica conduta de tráfico de drogas, descrita no caput do artigo 33 da referida Lei, pode ter sua pena reduzida nos mesmos patamares propostos no Código Penal para a minorante da tentativa, desde que seja primário, de bons antecedentes, não se dedique às atividades criminosas nem integre organização criminosa.

Quais estão corretas?

(A) Apenas I.
(B) Apenas II.
(C) Apenas III e IV.
(D) Apenas I, II e III.
(E) I, II, III e IV.

I: correta. É que, segundo entendimento consolidado nos tribunais superiores, é prescindível, para a incidência desta causa de aumento, a transposição das divisas dos Estados, sendo suficiente que fique demonstrado que a droga se destinava a outro Estado da Federação. Nesse sentido, conferir: "(...) Esta Corte possui entendimento jurisprudencial, no sentido de que a incidência da causa de aumento, conforme prevista no art. 40, V, da Lei 11.343/2006, não exige a efetiva transposição da divisa interestadual, sendo suficientes as evidências de que a substância entorpecente tem como destino qualquer ponto além das linhas da respectiva Unidade da Federação (...)" (AGRESP 201103088503, Campos Marques (Desembargador convocado do TJ/PR), STJ, Quinta Turma, DJe 01.07.2013). Consolidando tal entendimento, o STJ editou a Súmula 587: "Para a incidência da majorante prevista no art. 40, V, da Lei 11.343/2006, é desnecessária a efetiva transposição de fronteiras entre estados da Federação, sendo suficiente a demonstração inequívoca da intenção de realizar o tráfico interestadual"; **II:** correta. Segundo dispunha a Súmula 512, do STJ, "A aplicação da causa de diminuição de pena prevista no art. 33, § 4º, da Lei 11.343/2006 não afasta a hediondez do crime de tráfico de drogas". O Plenário do STF, ao julgar o HC 118.533/MS, em 23.06.2016, cuja relatoria foi da Min. Cármen Lúcia, entendeu, em dissonância com o posicionamento então adotado pelo STJ, que o crime de tráfico de drogas privilegiado não tem natureza hedionda. Pois bem. Posteriormente a isso, a Terceira Seção do STJ, na sessão realizada em 23 de novembro de 2016, ao julgar a QO na Pet 11.796-DF, determinou o cancelamento da referida Súmula 512, alinhando-se ao entendimento adotado pelo STF no sentido

---

* **AT** questões comentadas por: **Arthur Trigueiros.**
ED questões comentadas por: **Eduardo Dompieri.**

408 ARTHUR TRIGUEIROS E EDUARDO DOMPIERI

2. Legislação Penal Especial

de que o delito de tráfico privilegiado não pode ser equiparado a crime hediondo. Consagrando tal posicionamento adotado pelos Tribunais Superiores acerca deste tema, a Lei 13.964/2019 incluiu no art. 112 da LEP o § 5º, que assim dispõe: "Não se considera hediondo ou equiparado, para os fins deste artigo, o crime de tráfico de drogas previsto no § 4º do art. 33 da Lei 11.343, de 23 de agosto de 2006"; **III:** correta. De fato, a Lei 11.343/2006, inovando, tratou de maneira diferenciada – e proporcional – as figuras do traficante e do fornecedor eventual de drogas, assim considerado aquele que oferece droga, em caráter eventual, sem intenção de lucro, à pessoa de seu relacionamento, para consumo conjunto (art. 33, § 3º). Trata-se de crime de menor potencial ofensivo (pena de detenção, de seis meses a um ano, além de multa); **IV:** incorreta, já que, em conformidade com o art. 33, § 4º, da Lei 11.343/2006, a redução de pena será da ordem de um sexto a dois terços. No crime tentado, a redução é de um terço a dois terços (art. 14, parágrafo único, do CP). **ED**
<small>Gabarito "D".</small>

(Delegado/MG – 2018 – FUMARC) Considerando exclusivamente o disposto na Lei 11.343/06 acerca do procedimento de destruição de drogas apreendidas no curso de investigações, é CORRETO afirmar:

(A) Nos termos da Lei 11.343/06, a destruição de drogas apreendidas sem a ocorrência de prisão em flagrante será feita por incineração, no prazo máximo de 30 (trinta) dias contados da data da determinação judicial.

(B) Na hipótese de ocorrência de prisão em flagrante, a Lei 11.343/06 estabelece que a destruição das drogas apreendidas será executada pelo delegado de polícia competente, no prazo de 15 (quinze) dias, na presença do Ministério Público e da autoridade sanitária, levando em consideração a necessária determinação judicial para a destruição.

(C) Na hipótese de ocorrência de prisão em flagrante, a Lei 11.343/06 estabelece que a destruição das drogas será executada pelo delegado de polícia competente, no prazo de 15 (quinze) dias, sem necessidade de presença do Ministério Público e da autoridade sanitária, guardando-se amostra necessária à realização do laudo definitivo.

(D) A destruição de drogas apreendidas sem a ocorrência de prisão em flagrante será feita por incineração, no prazo máximo de 15 (quinze) dias, contados da data da apreensão, guardando-se amostra necessária à realização do laudo definitivo.

A: incorreta. Nos termos do art. 50-A da Lei 11.343/2006, cuja redação foi alterada por força da Lei 13.840/2019, o prazo de 30 dias para incineração será contato da apreensão da droga, e não da determinação judicial; **B:** correta, pois em conformidade com o disposto no art. 50, § 4º, da Lei 11.343/2006; **C:** incorreta, uma vez que contraria o disposto no art. 50, § 4º, da Lei 11.343/2006; **D:** incorreta, já que o prazo estabelecido em lei corresponde a 30 dias (art. 50-A da Lei 11.343/2006, cuja redação foi alterada por força da Lei 13.840/2019). **ED**
<small>Gabarito "B".</small>

(Delegado/AP – 2017 – FCC) Sobre o crime de associação para fins de tráfico de drogas,

(A) é necessária a estabilidade do vínculo entre 3 ou mais pessoas.

(B) deverá se verificar, necessariamente, a finalidade de praticar uma série indeterminada de crimes.

(C) nas mesmas penas deste crime incorre quem se associa para a prática reiterada do financiamento de tráfico de drogas.

(D) incidirá na hipótese de concurso formal de crimes, a prática da associação em conjunto com a do tráfico de drogas.

(E) deverão os agentes, para sua configuração, praticar as infrações para as quais se associaram.

A: incorreta, pois o art. 35 da Lei de Drogas (Lei 11.343/2006) tipifica como crime o fato de duas ou mais pessoas associarem-se para o fim de praticar, reiteradamente ou não, tráfico de drogas (arts. 33, *caput* e §1º, e 34, da referida lei); **B:** incorreta, pois o art. 35 da Lei 11.343/2006 pressupõe a estabilidade dos agentes para a prática, reiterada ou não, de crimes de tráfico; **C:** correta, nos exatos termos do art. 35, parágrafo único, da Lei 11.343/2006, que remete ao crime de financiamento para o tráfico (art. 36 da mesma lei); **D:** incorreta. Haverá concurso material de crimes (art. 69 do CP), até porque cada uma das infrações (associação para o tráfico e tráfico de drogas) terá sido praticada mediante mais de uma conduta, e em contextos distintos, não se podendo cogitar de concurso formal (art. 70 do CP); **E:** incorreta. Basta que os agentes tenham o ânimo associativo para o fim da prática de tráfico de drogas, pouco importando, para a configuração do crime tipificado pelo art. 35 da Lei de Drogas, a efetiva prática dos delitos. Estamos diante de crime formal, que se consuma com a formação da associação criminosa. **AT**
<small>Gabarito "C".</small>

(Delegado/MS – 2017 - FAPEMS) Analise o caso a seguir.

Cumprindo mandados judiciais, o Delegado Alcimor efetuou a prisão de Alceu, conhecido como "Nariz" e considerado o líder de uma associação criminosa voltada à prática de tráfico de drogas na região sul do país, e a apreensão de seu primo Daniel, de dezessete anos, em quarto de hotel em que se hospedavam. Ambos, aliás, velhos conhecidos da polícia pela prática de infrações pretéritas. No local, a equipe tática encontrou drogas, dinheiro e celulares. Com autorização judicial, o Delegado Alcimor acessou o conteúdo de conversas, via WhatsApp, alcançando mais nomes e os pontos da prática comercial ilícita. No total, seis pessoas foram presas.

Com respaldo no caso e considerando o entendimento do Superior Tribunal de Justiça quanto ao crime do artigo 35 da Lei n. 11.343/2006, assinale a alternativa correta.

(A) Por vedação expressa na Lei de Drogas, para o presente crime não se admite a incidência de penas alternativas à prisão, não obstante preenchidos os requisitos legais.

(B) A associação para fins de tráfico de drogas é considerada crime hediondo.

(C) A prática criminosa pretendida não precisa ser reiterada, mas a associação não pode ser eventual.

(D) O envolvimento de um menor é indiferente para fins de tipificação delitiva e não influencia no tocante à dosimetria da pena do crime de associação criminosa.

(E) Para a configuração do crime; exige-se efetivamente a prática do tráfico de drogas.

A: incorreta. Nada obstante o art. 44 da Lei 11.343/2006 traga uma série de vedações no tocante a benefícios penais e processuais para os condenados pelos crimes previstos nos arts. 33, *caput* e § 1º, 34 a 37, dentre os quais se identifica a associação para o tráfico (art. 35), é certo que, com a declaração de inconstitucionalidade do predito art. 44, exarada no julgamento do HC 97.256/RS pelo STF, passou-se a admitir a convolação de penas privativas de liberdade por restritivas de direitos, desde que satisfeitos os requisitos legais, sob pena de ofensa à individualização da pena e tripartição de poderes (o Legislativo não pode impedir o Judiciário de analisar, no caso concreto, a possibilidade de substituição de pena de prisão por medidas mais benignas); **B:** incorreta. O entendimento do STJ, e também do STF, é no sentido de que a associação para o tráfico (art. 35 da Lei 11.343/2006) não é considerada crime equiparado a hediondo, seja por não constituir, propriamente, em conduta que se subsuma a tráfico de drogas (este sim considerado equiparado a hediondo!), seja, em razão do critério legal, não consta no rol dos crimes indicados na Lei 8.072/1990 (Lei dos Crimes Hediondos); **C:** correta. O ânimo associativo estável e permanente é essencial para a caracterização da associação para o tráfico, à semelhança de uma associação criminosa (art. 288 do CP), sem o que estaremos diante de mero concurso de agentes. O que não se exige, para a configuração do crime previsto no art. 35 da Lei de Drogas, é a reiteração do tráfico, conforme se extrai da própria redação típica: "Associarem-se duas ou mais pessoas para o fim de praticar, *reiteradamente ou não*, qualquer dos crimes previstos nos arts. 33, *caput* e § 1º, e 34 desta Lei"; **D:** incorreta, pois o envolvimento de criança ou adolescente, além de ser computado para o número legalmente exigido (associarem-se *duas ou mais pessoas*), constitui causa de aumento de pena, nos termos do art. 40, VI, da Lei 11.343/2006; **E:** incorreta. O crime do art. 35 da Lei de Drogas é formal, consumando-se com a constituição da associação criminosa, independentemente da prática dos crimes para as quais tiver sido formada. **AT**
<small>Gabarito "C".</small>

(Delegado/MT – 2017 – CESPE) Com referência aos parâmetros legais da dosimetria da pena para os crimes elencados na Lei n. 11.343/2006 – Lei Antidrogas – e ao entendimento dos tribunais superiores sobre essa matéria, assinale a opção correta.

(A) A personalidade e a conduta social do agente não preponderam sobre outras circunstâncias judiciais da parte geral do CP quando da dosimetria da pena.

(B) A natureza e a quantidade da droga são circunstâncias judiciais previstas na parte geral do CP.

(C) A natureza e a quantidade da droga não preponderam sobre outras circunstâncias judiciais da parte geral do CP quando da dosimetria da pena.

(D) A natureza e a quantidade da droga apreendida não podem ser utilizadas, concomitantemente, na primeira e na terceira fase da dosimetria da pena, sob pena de *bis in idem*.

(E) As circunstâncias judiciais previstas na parte geral do CP podem ser utilizadas para aumentar a pena base, mas a natureza e a

2. LEGISLAÇÃO PENAL ESPECIAL

quantidade da droga não podem ser utilizadas na primeira fase da dosimetria da pena.

Nos termos do art. 42 da Lei 11.343/2006, o juiz, na fixação das penas, considerará, com preponderância sobre o previsto no art. 59 do Código Penal, a natureza e a quantidade da substância ou do produto, a personalidade e a conduta social do agente. Assim, analisemos as alternativas! **A**, **B** e **C**: incorretas. Optou o legislador por prever circunstâncias judiciais específicas para os crimes definidos na Lei de Drogas, preponderando sobre aquelas definidas no art. 59 do CP. Assim, na fixação da pena-base, serão levadas em conta a natureza e quantidade da substância ou produto, bem como a personalidade e a conduta social do agente delitivo; **D**: correta. Se a natureza e a quantidade da droga serão levadas em consideração na primeira fase da dosimetria da pena (circunstâncias judiciais do art. 42 da Lei de Drogas), não poderão ser novamente consideradas como majorantes na terceira fase (incidência das causas de aumento e diminuição de pena), caso em que haveria violação ao *ne bis in idem*; **E**: incorreta. As circunstâncias judiciais do art. 59 do CP, embora possam ser utilizadas supletivamente, não afastarão aquelas previstas no art. 42 da Lei 11.343/2006, dentre elas, a natureza e a quantidade da droga. **AT**

Gabarito "D".

(Delegado/PE – 2016 – CESPE) Se determinada pessoa, maior e capaz, estiver portando certa quantidade de droga para consumo pessoal e for abordada por um agente de polícia, ela

(A) estará sujeita a pena privativa de liberdade, se for reincidente por este mesmo fato.

(B) estará sujeita à pena privativa de liberdade, se for condenada a prestar serviços à comunidade e, injustificadamente, recusar a cumprir a referida medida educativa.

(C) estará sujeita à pena, imprescritível, de comparecimento a programa ou curso educativo.

(D) poderá ser submetida à pena de advertência sobre os efeitos da droga, de prestação de serviço à comunidade ou de medida educativa de comparecimento a programa ou curso educativo.

(E) deverá ser presa em flagrante pela autoridade policial.

A: incorreta. A teor do art. 28 da Lei 11.343/2006, aquele que *adquire, guarda, tem em depósito, transporta* ou *traz consigo*, para consumo pessoal, drogas sem autorização ou em desacordo com determinação legal ou regulamentar será submetido às seguintes penas: advertência sobre os efeitos das drogas; prestação de serviços à comunidade; e medida educativa de comparecimento a programa ou curso educativo. Não será mais aplicável ao usuário (mesmo que reincidente), como se pode ver, a pena de prisão. É importante que se diga que a natureza jurídica do art. 28 da Lei 11.343/2006 gerou, num primeiro momento, polêmica na doutrina, uma vez que, para uns, teria havido descriminalização da conduta ali descrita. O STF, ao enfrentar a questão, decidiu que o comportamento descrito neste art. 28 continua a ser crime, isso porque inserido no Capítulo III da atual Lei de Drogas. Nesse sentido, a 1ª Turma do STF, no julgamento do RE 430.105-9-RJ, considerou que o dispositivo em questão tem natureza de crime, e o usuário é um "tóxico delinquente" (Rel. Min. Sepúlveda Pertence, j. 13.2.2007), entendimento este, até então, compartilhado pelo STJ. Com isso, a condenação pelo cometimento do crime do art. 28 da Lei de Drogas, embora não imponha ao condenado pena de prisão, tem o condão de gerar reincidência. Mais recentemente, a 6ª Turma do STJ, que até então compartilhava do posicionamento do STF e da 5ª Turma do STJ, apontou para uma mudança de entendimento. Para a 6ª Turma, o art. 28 da Lei de Drogas não constitui crime tampouco contravenção. Trata-se de uma infração penal *sui generis*, razão penal qual o seu cometimento não gera futura reincidência. Havia, como se pode ver, divergência entre a 5ª e a 6º Turmas do STJ. Conferir o julgado da 5ª Turma, de acordo com o entendimento até então prevalente: "A conduta prevista no art. 28 da Lei n. 11.343/06 conta para efeitos de reincidência, de acordo com o entendimento desta Quinta Turma no sentido de que, *"revela-se adequada a incidência da agravante da reincidência em razão de condenação anterior por uso de droga, prevista no artigo 28 da Lei n. 11.343/06, pois a jurisprudência desta Corte Superior, acompanhando o entendimento do col. Supremo Tribunal Federal, entende que não houve abolitio criminis com o advento da Lei n. 11.343/06, mas mera "despenalização" da conduta de porte de drogas"* (HC 314594/SP, rel. Min. FELIX FISCHER, QUINTA TURMA, DJe 1/3/2016)" (HC 354.997/SP, j. 28/03/2017. julgado em 21/08/2018, DJe 30/08/2018). Conferir o julgado da 6ª Turma que inaugurou a divergência à qual fizemos referência: "1. À luz do posicionamento firmado pelo Supremo Tribunal Federal na questão de ordem no RE nº 430.105/RJ, julgado em 13/02/2007, de que o porte de droga para consumo próprio, previsto no artigo 28 da Lei nº 11.343/2006, foi apenas despenalizado pela nova Lei de Drogas, mas não descriminalizado, esta Corte Superior vem decidindo que a condenação anterior pelo crime de porte de droga para uso próprio configura reincidência, o que impõe a aplicação da agravante genérica do artigo 61, inciso I, do Código Penal e o afastamento da aplicação da causa especial de diminuição de pena do parágrafo 4º do artigo 33 da Lei nº 11.343/06. 2. Todavia, se a contravenção penal, punível com pena de prisão simples, não configura reincidência, resta inequivocamente

desproporcional a consideração, para fins de reincidência, da posse de droga para consumo próprio, que conquanto seja crime, é punida apenas com "advertência sobre os efeitos das drogas", "prestação de serviços à comunidade" e "medida educativa de comparecimento a programa ou curso educativo", mormente se se considerar que em casos tais não há qualquer possibilidade de conversão em pena privativa de liberdade pelo descumprimento, como no caso das penas substitutivas. 3. Há de se considerar, ainda, que a própria constitucionalidade do artigo 28 da Lei de Drogas, que está cercado de acirrados debates acerca da legitimidade da tutela do direito penal em contraposição às garantias constitucionais da intimidade e da vida privada, está em discussão perante o Supremo Tribunal Federal, que admitiu Repercussão Geral no Recurso Extraordinário nº 635.659 para decidir sobre a tipicidade do porte de droga para consumo pessoal. 4. E, em face dos questionamentos acerca da proporcionalidade do direito penal para o controle do consumo de drogas em prejuízo de outras medidas de natureza extrapenal relacionadas às políticas de redução de danos, eventualmente até mais severas para a contenção do consumo do que aquelas previstas atualmente, o prévio apenamento por porte de droga para consumo próprio, nos termos do artigo 28 da Lei de Drogas, não deve constituir causa geradora de reincidência. 5. Recurso improvido" (REsp 1672654/SP, Rel. Ministra MARIA THEREZA DE ASSIS MOURA, SEXTA TURMA, julgado em 21/08/2018, DJe 30/08/2018). Em seguida, a 5ª Turma aderiu ao entendimento adotado pela 6ª Turma, no sentido de que a condenação pelo cometimento do crime descrito no art. 28 da Lei 11.343/2006 não tem o condão de gerar reincidência. A conferir: "Esta Corte Superior, ao analisar a questão, posicionou-se de forma clara, adequada e suficiente ao concluir que a condenação pelo crime do artigo 28 da Lei n. 11.343/2006 não é apta a gerar os efeitos da reincidência." (EDcl no AgRg nos EDcl no REsp 1774124/SP, Rel. Ministro REYNALDO SOARES DA FONSECA, QUINTA TURMA, julgado em 02/04/2019, DJe 16/04/2019); **B**: incorreta. Pelo descumprimento das medidas restritivas de direitos impostas pelo juiz na sentença, *caberão admoestação verbal* e *multa*, conforme determina o art. 28, § 6º, da Lei de Drogas. Não caberá, neste caso, pena privativa de liberdade; **C**: incorreta, na medida em que somente são imprescritíveis o crime de racismo (Lei 7.716/1989) e a ação de grupos armados, civis e militares, contra a ordem constitucional e o Estado Democrático; **D**: correta, pois reflete o que dispõe o art. 28, I, II e III, da Lei de Drogas; **E**: incorreta, porque em desacordo com o que estabelece o art. 48, § 2º, da Lei 11.343/2006, que veda a prisão em flagrante no contexto do crime do art. 28 da Lei de Drogas. **ED**

Gabarito "D".

(Delegado/DF – 2015 – Fundação Universa) Em relação à Lei 11.343/2006, que dispõe sobre o tráfico ilícito e o uso indevido de substâncias entorpecentes, assinale a alternativa correta.

(A) Na mencionada lei, não se prevê como típica a conduta do sujeito viciado que oferece droga eventualmente, sem intuito de lucro, a um amigo, a fim de juntos a consumirem.

(B) Segundo essa lei, não configura causa de aumento de pena a transnacionalidade do delito de tráfico ilícito de entorpecentes.

(C) A referida lei promoveu a descriminalização do uso indevido de substâncias entorpecentes.

(D) Consoante a referida norma, não é típica a conduta de induzimento ao uso indevido de droga.

(E) De acordo com essa lei, as plantações ilícitas serão imediatamente destruídas pelo delegado de polícia, que recolherá quantidade suficiente para exame pericial.

A: incorreta. Cuida-se de inovação introduzida pela Lei 11.343/2006. É a chamada *cessão gratuita e eventual*, que, a teor do art. 33, § 3º, da Lei de Drogas, traz os seguintes requisitos: eventualidade no oferecimento da droga; ausência de objetivo de lucro; intenção de consumir a droga em conjunto; e oferecimento da droga a pessoa de relacionamento do agente; **B**: incorreta, já que se trata, sim, de causa de aumento de pena prevista no art. 40, I, da Lei 11.343/2006; **C**: incorreta, já que não houve tal descriminalização; **D**: incorreta. Conduta tipificada no art. 33, § 2º, da Lei 11.343/2006; **E**: correta, pois reflete o disposto no art. 32, *caput*, da Lei 11.343/2006.

Gabarito "E".

(Delegado/PA – 2013 – UEPA) A atual Lei de Drogas brasileira (Lei n. 11.343, de 2006) permite que se faça a seguinte afirmação:

(A) policial militar que surpreende jovem fumando um cigarro de maconha pode prendê-lo em flagrante e conduzi-lo a uma delegacia para instauração de inquérito.

(B) indivíduo que fornece gratuitamente cocaína a amigos, com o único objetivo de comemorar seu aniversário, enquadra-se na condição de traficante, respondendo todavia por uma forma mais branda do delito.

(C) na situação de flagrante preparado, em que o policial se faz passar por comprador, a prisão em flagrante é ilegal, porque nenhuma ação ilícita teria sido praticada pelo traficante no contexto.

ARTHUR TRIGUEIROS E EDUARDO DOMPIERI

(D) a associação estável de pessoas, com vistas ao tráfico de drogas, constitui crime à parte, porém não pode ser imputada simultaneamente com o tráfico, para evitar o *bis in idem* (dupla punição pelo mesmo fato).

(E) indivíduo que empresta dinheiro ao irmão traficante, uma única vez, com o objetivo de completar a quantia necessária para comprar certa quantidade de drogas, para revenda, deve responder pelo crime de financiamento do tráfico.

A: incorreta. Segundo estabelece o art. 48, § 2º, da Lei 11.343/2006, não se imporá prisão em flagrante ao autor do crime previsto no art. 28 da mesma lei; conduzido à presença da autoridade policial, será lavrado, contra o agente, termo circunstanciado de ocorrência policial; **B:** correta. A conduta descrita na alternativa se enquadra no tipo penal do art. 33, § 3º, da Lei de Drogas. É a chamada *cessão gratuita e eventual*, que, a teor do art. 33, § 3º, da Lei de Drogas, traz os seguintes requisitos: eventualidade no oferecimento da droga; ausência de objetivo de lucro; intenção de consumir a droga em conjunto; e oferecimento da droga a pessoa de relacionamento do agente; **C:** incorreta. Apesar de a "venda" da substância entorpecente constituir, neste caso, crime impossível (art. 17 do CP e Súmula nº 145, STF), dada a impossibilidade de o crime consumar-se, a conduta consubstanciada em "trazer consigo" já se consumara, sendo lícita, portanto, a prisão em flagrante do agente. Note bem: a prisão em flagrante do suspeito deve se dar pela prática da conduta "trazer consigo", que se consumou independentemente da atuação do policial. Conferir: "HC. TRÁFICO DE ENTORPECENTES. NULIDADE DO FLAGRANTE. AUSÊNCIA DE NOMEAÇÃO DE CURADOR A RÉU MENOR. AUSÊNCIA DE PREJUÍZO. FLAGRANTE PREPARADO. SÚM. Nº 145/STF. INAPLICABILIDADE. INSUFICIÊNCIA DE PROVAS PARA A CONDENAÇÃO. ORDEM DENEGADA. I. Não se reconhece nulidade do auto de prisão em flagrante, decorrente da falta de nomeação de curador a réu menor, se, inobstante não ter havido prejuízo para a defesa – pois o paciente reservou-se ao direito de falar só em juízo – ainda houve a determinação de que a genitora dele assinasse o auto como sua curadora. II. Mesmo configurado o flagrante preparado em relação à venda de entorpecentes a policiais, o mesmo não afetaria a anterior aquisição para entregar a consumo a substância entorpecente ("trazer consigo para comércio"), razão pela qual se tem como descabida a aplicação da Súmula nº 145 do STF, a fim de ver reconhecido o crime impossível. III. O writ se constitui em meio impróprio para a análise de alegações que exijam o reexame do conjunto fático-probatório – como a aduzida insuficiência de provas para a condenação – tendo em vista a incabível dilação que se faria necessária. IV. Ordem denegada" (STJ, HC 9.689-SP, rel. Min. Gilson Dipp, *DJ* 8.11.1999). Consagrando este entendimento, a Lei 13.964/2019 inseriu no art. 33, § 1º, da Lei de Drogas o inciso IV, tipificando a conduta consistente em *vender ou entregar drogas ou matéria-prima, insumo ou produto químico destinado à preparação de drogas, sem autorização ou em desacordo com a determinação legal ou regulamentar, a agente policial disfarçado, quando presentes elementos probatórios razoáveis de conduta criminal preexistente*; **D:** incorreta, na medida em que, sendo o crime do art. 35 da Lei de Drogas (associação para o tráfico) considerado autônomo, nada obsta o reconhecimento de concurso material entre ele e o crime do art. 33 da mesma lei (tráfico de drogas); **E:** incorreta, uma vez que, para a configuração do crime do art. 36 da Lei 11.343/2006, é necessário que o financiamento ou custeio tenha relevância econômica, não podendo ser considerado como tal o eventual empréstimo concedido por um irmão ao outro para a aquisição de substância entorpecente para posterior revenda.
Gabarito "B".

(Delegado/PR – 2013 – UEL-COPS) Com relação à Lei de Drogas, Lei nº 11.343/2006, considere as afirmativas a seguir.

I. No crime de tráfico, o laudo definitivo da substância deve ser anexado antes de se efetuar a remessa do inquérito policial ao juiz competente.

II. No crime de tráfico, a prisão em flagrante deve ser imediatamente informada ao magistrado.

III. No crime de uso de droga, é possível a transação penal.

IV. Nos crimes de drogas, o prazo para conclusão de inquérito policial poderá ser duplicado, desde que haja requerimento do delegado, seja ouvido o Ministério Público e deferido pelo magistrado.

Assinale a alternativa correta.

(A) Somente as afirmativas I e II são corretas.
(B) Somente as afirmativas I e IV são corretas.
(C) Somente as afirmativas III e IV são corretas.
(D) Somente as afirmativas I, II e III são corretas.
(E) Somente as afirmativas II, III e IV são corretas.

I: incorreta. Considerando que a denúncia pode ser oferecida com base tão somente no *laudo de constatação*, com muito mais razão o inquérito policial pode ser concluído e remetido a juízo com o laudo de constatação. O laudo definitivo é necessário na fase de sentença; **II:** correta. Providência prevista no art. 50,

---

caput, da Lei de Drogas; **III**: à parte a discussão sobre a tipicidade da conduta de *usar* drogas, uma vez que não estaria contemplada no tipo penal do art. 28 da Lei 11.343/2006, o instituto da *transação penal*, da Lei 9.099/1995 (art. 76), tem incidência, de fato, no procedimento relativo ao crime do art. 28 da Lei de Drogas; **IV**: correta (art. 51, Lei 11.343/2006).
Gabarito "E".

(Delegado/RJ – 2013 – FUNCAB) Em busca domiciliar judicialmente autorizada, policiais civis encontram, em certo apartamento, escondidos em um fundo falso de armário, dezenas de invólucros contendo cocaína, já embalada para revenda, bem como um grande pacote contendo cocaína compactada, destinada à embalagem em porções menores, material este que pertencia ao ocupante do imóvel, preso em flagrante delito. No mesmo esconderijo estava uma lata de solvente orgânico, popularmente conhecido por *thinner*, destinada exclusivamente à inalação pelo detido (ocupante do imóvel). Com o aprofundamento da investigação, constata-se que o proprietário do imóvel, mesmo ciente de que drogas seriam armazenadas naquele local, alugara o imóvel ao detido, razão pela qual resta também indiciado.

Verifica-se, por fim, que o contato estabelecido entre o ocupante e o proprietário do imóvel decorrera de uma eventualidade, sendo o aluguel firmado por apenas poucas semanas, embora com remuneração acima do valor de mercado. Analisando o caso concreto, assinale a resposta que corretamente tipifica as condutas narradas.

(A) artigos 28 e 33, *caput*, da Lei nº 11.343/2006, no caso do ocupante; e 33, *caput*, da Lei nº 11.343/2006, no caso do proprietário do imóvel.
(B) artigo 33, *caput*, da Lei nº 11.343/2006 para o ocupante do imóvel; e artigo 33, § 1º, III, da mesma lei, para o proprietário.
(C) artigos 28, 33, *caput*, e 35 da Lei nº 11.343/2006, tanto no caso do ocupante, quanto no caso do proprietário do imóvel.
(D) artigos 28, 33, *caput*, e 35, da Lei nº 11.343/2006 para o ocupante do imóvel; e 33, § 1º, III, e 35, da mesma lei, para o proprietário.
(E) artigo 33, *caput*, da Lei nº 11.343/2006, tanto no caso do ocupante, quanto no caso do proprietário do imóvel.

Questão, segundo pensamos, mal elaborada. Primeiro porque o examinador cobra do candidato que conheça o número do artigo que corresponde a cada tipo penal; segundo porque exige que o candidato conheça com profundidade a relação das substâncias elencadas na Portaria 344/1998 da ANVISA (art. 66, Lei 11.343/2006). É isso mesmo. Por mais absurdo que possa parecer, não se deve imputar ao ocupante do imóvel, que ali praticava traficância, o crime do art. 28 da Lei 11.343/2006 porquanto a substância de que fazia uso, por meio de inalação, não tem previsão na Portaria 344/1998 da ANVISA. No mais, não deve restar dúvida de que o crime em que incorreu o locatário de fato é o do art. 33, *caput*, da Lei de Drogas (tráfico de drogas); também fica claro que o locador, porque tinha conhecimento do fim que seria dado ao seu imóvel, deverá ser responsabilizado pelo crime do art. 33, § 1º, III, da Lei 11.343/2006. Deve ser afastada a ocorrência do crime de associação para o tráfico (art. 35) na medida em que tem como pressuposto a existência de um vínculo permanente e estável entre os associados, o que não havia entre locador e locatário (o contato entre eles decorreu de uma eventualidade e a locação teria duração de poucas semanas).
Gabarito "B".

(Delegado/RO – 2014 – FUNCAB) Em relação à Lei nº 11.343/2006 (Lei Antidrogas), no crime de tráfico de drogas, são causas que aumentam a pena do referido delito de um sexto a dois terços, EXCETO:

(A) o agente praticar o crime prevalecendo-se de função pública ou no desempenho de missão de educação, poder familiar, guarda ou vigilância.
(B) quando caracterizado o tráfico entre Estados da Federação ou entre estes e o Distrito Federal.
(C) o agente oferecer droga, eventualmente e sem objetivo de lucro, à pessoa de seu relacionamento, para juntos a consumirem.
(D) o crime tiver sido praticado com violência, grave ameaça, emprego de arma de fogo, ou qualquer processo de intimidação difusa ou coletiva.
(E) a natureza, a procedência da substância ou do produto apreendido e as circunstâncias do fato evidenciarem a transnacionalidade do delito.

A: correta (causa de aumento prevista no art. 40, II, da Lei 11.343/2006); **B:** correta (causa de aumento prevista no art. 40, V, da Lei 11.343/2006); **C:** incorreta. A assertiva descreve a conduta prevista no art. 33, § 3º, da Lei de Drogas, que corresponde a uma modalidade privilegiada de tráfico. É a chamada cessão

2. LEGISLAÇÃO PENAL ESPECIAL 411

gratuita e eventual de drogas. Constitui, portanto, figura típica autônoma, e não causa de aumento de pena. Veja que tal inovação legislativa, prevista no art. 33, § 3º, da atual Lei de Drogas, por razões de política criminal, procurou colocar em diferentes patamares o traficante habitual, que atua com o propósito de lucro, e o eventual, para o qual a pena prevista é de detenção de seis meses a um ano, sem prejuízo da multa e das penas previstas no art. 28 da mesma lei, bem inferior, como se pode ver, à pena cominada para o crime previsto no *caput* do art. 33; **D**: correta (causa de aumento prevista no art. 40, IV, da Lei 11.343/2006); **E**: correta (causa de aumento prevista no art. 40, I, da Lei 11.343/2006).
Gabarito "C".

(Delegado de Polícia/GO – 2013 – UEG) Sobre a Lei de Drogas (Lei nº 11.343/2006), tem-se que

(A) o crime de tráfico de drogas consuma-se quando ocorre a efetiva colocação da substância proibida em circulação, dado tratar-se de crime de perigo concreto.

(B) é possível a fixação de regime prisional diferente do fechado para o início do cumprimento de pena imposta ao condenado por crime hediondo, não alcançando essa possibilidade aos condenados pelos denominados crimes hediondos por equiparação, como tráfico de drogas, diante de expressa vedação legal.

(C) na fixação da pena, a lei de drogas não impõe ao juiz qualquer consideração sobre a natureza e a quantidade da droga, em preponderância sobre a regra do artigo 59 do Código Penal.

(D) para configuração da interestadualidade do tráfico (art. 40, V) é prescindível a efetiva transposição das fronteiras do Estado, bastando, a existência de elementos que sinalizem a destinação da droga para além dos limites estaduais.

A: incorreta. Primeiramente, o tráfico de drogas é, de acordo com a doutrina e jurisprudência, considerado crime de perigo abstrato. No mais, o momento consumativo, embora varie de acordo com a conduta praticada (lembre-se que o art. 33, *caput*, da Lei 11.343/2006, tem dezoito verbos!), não exigirá a efetiva colocação da substância proibida em circulação. Exemplificamos com o tráfico de drogas na modalidade "expor à venda", na qual a substância estupefaciente não será colocada em efetiva circulação, bastando que o agente tencione entregá-la ao consumo de terceiros; **B**: incorreta. A despeito de o regime inicial fechado decorrer de imposição legal (art. 2º, § 1º, da Lei 8.072/1990), o STF, no julgamento do HC 111.840, decidiu pela inconstitucionalidade incidental do referido dispositivo legal, afastando-se a obrigatoriedade do regime extremo aos condenados por crimes hediondos e equiparados (aqui considerados o tráfico de drogas, a tortura e o terrorismo); **C**: incorreta. De acordo com o art. 42 da Lei 11.343/2006, o juiz, na fixação das penas, considerará, com preponderância sobre o previsto no art. 59 do Código Penal, *a natureza e a quantidade da substância ou do produto, a personalidade e a conduta social do agente*; **D**: correta. De fato, a configuração da majorante contida no art. 40, V, da Lei 11.343/2006 (interestadualidade do tráfico), dispensa a efetiva transposição da droga entre Estados. Confira-se o entendimento do STJ: "*HABEAS CORPUS*. CRIME DE TRÁFICO ILÍCITO DE ENTORPECENTES. INCIDÊNCIA DA CAUSA DE AUMENTO PREVISTA NO ART. 40, INCISO V, DA LEI Nº 11.343/2006. PRESCINDÍVEL A EFETIVA TRANSPOSIÇÃO DE FRONTEIRAS. *HABEAS CORPUS* DENEGADO. 1. Segundo reiterados julgados da Quinta Turma desta Corte Superior e do Supremo Tribunal Federal, para a incidência da causa de aumento de pena prevista no art. 40, inciso V, da Lei nº 11.343/2006 é prescindível a efetiva transposição das fronteiras do Estado, sendo suficiente a existência de elementos que evidenciem a destinação final da droga para fora dos limites estaduais. 2. No caso em comento, houve a devida comprovação de que o Acusado pretendia transportar os 764 quilogramas de maconha da cidade de Aral Moreira para Dourados, e, após, seria entregue no Estado do Rio de Janeiro, caracterizando-se a interestadualidade do tráfico ilícito de entorpecentes. 3. *Habeas corpus* denegado." (HC 251223/MS (2012/0168234-0), 5ª Turma, j. 05.03.2013, rel. Min. Laurita Vaz, *DJe* 12.03.2013). Nesse sentido, ainda, a Súmula 587 do STJ: "*Para a incidência da majorante prevista no artigo 40, V, da Lei 11.343/06, é desnecessária a efetiva transposição de fronteiras entre estados da federação, sendo suficiente a demonstração inequívoca da intenção de realizar o tráfico interestadual*".
Gabarito "D".

(Delegado/AP – 2010) Relativamente à Lei de Drogas (Lei 11.343/2006), analise as afirmativas a seguir:

I. Em qualquer fase da persecução criminal relativa aos crimes previstos na Lei de Drogas, é permitida a infiltração por agentes de polícia, em tarefas de investigação, mediante autorização do Ministério Público.

II. O crime de tráfico de drogas (art. 33, da Lei 11.343/2006) é inafiançável, insuscetível de graça, indulto, anistia, liberdade provisória e livramento condicional.

III. Uma vez encerrado o prazo do inquérito, e não havendo diligências necessárias pendentes de realização, a autoridade de polícia judiciária relatará sumariamente as circunstâncias do fato, justificando as razões que a levaram à classificação do delito, indicando a quantidade e natureza da substância ou do produto apreendido, o local e as condições em que se desenvolveu a ação criminosa, as circunstâncias da prisão, a conduta, a qualificação e os antecedentes do agente.

Assinale:

(A) se somente a afirmativa I estiver correta.

(B) se somente a afirmativa II estiver correta.

(C) se somente a afirmativa III estiver correta.

(D) se somente as alternativas II e III estiverem corretas.

(E) se todas as afirmativas estiverem corretas.

I: incorreta, visto que a infiltração de agentes de polícia em tarefas de investigação, nos crimes previstos na Lei de Drogas, não prescinde, conforme é possível se inferir do art. 53, I, da Lei 11.343/2006, de autorização judicial, ouvido, antes, o Ministério Público; **II**: incorreta, visto que o art. 44, parágrafo único, da Lei de Drogas prevê a possibilidade de concessão de livramento condicional ao condenado por crime de tráfico. No mais, o Pleno do STF, em controle difuso, reconheceu a inconstitucionalidade de parte do art. 44 da Lei de Drogas, que proibia a concessão de liberdade provisória nos crimes de tráfico (HC 104.339/SP, Pleno, j. 10.05.2012, rel. Min. Gilmar Mendes, *DJe* 06.12.2012); **III**: correta, pois reflete o disposto no art. 52, I, na Lei 11.343/2006.
Gabarito "C".

(Delegado/MG – 2008) Em relação ao procedimento dos delitos previstos na Lei nº 11.343/2006, assinale a afirmativa INCORRETA.

(A) Para efeito de lavratura do auto de prisão em flagrante delito e demonstração da materialidade delitiva, é suficiente o laudo de constatação da natureza e quantidade da droga firmado por perito oficial ou, na falta deste, por pessoa idônea.

(B) Na hipótese de indiciado preso, o inquérito policial deverá terminar no prazo de 10 dias.

(C) Os prazos para o término do inquérito policial podem ser duplicados pelo juiz, ouvido o Ministério Público, mediante pedido justificado da autoridade de polícia judiciária.

(D) Na hipótese de indiciado solto, o inquérito policial deverá terminar no prazo de 90 dias.

A: correta, conforme o art. 50, § 1º, da Lei de Drogas; **B**: incorreta, pois o prazo estabelecido no art. 51 da Lei de Drogas é de 30 dias em caso de réu preso; **C**: correta. Conforme reza o art. 51, parágrafo único, da Lei de Drogas, o prazo para conclusão do inquérito – relativo a réu preso, que é de 30 dias, e a réu solto, que é de 90 dias – pode ser duplicado pelo juiz, desde que ouvido o MP e mediante pedido justificado da autoridade policial; **D**: correta, de acordo com a redação do art. 51, *caput, in fine*.
Gabarito "B".

(Delegado/SC – 2008) "Juanito Camiñero", paraguaio, trouxe para o Brasil, no interior da porta de seu automóvel, 4 kg de maconha e 1 kg de cocaína. Ele deve ser responsabilizado por crime de _____ e deve ser processado e julgado na Justiça _____. A alternativa correta que completa as lacunas da frase acima é:

(A) tráfico de drogas e contrabando – Estadual

(B) tráfico de drogas e contrabando – Federal

(C) tráfico de drogas – Federal

(D) tráfico de drogas – Estadual

A conduta praticada por "Juanito Camiñero" configura o crime de tráfico de drogas, tipificado no art. 33 da Lei de Drogas, e pelo fato de a droga ter sido levada de um país para o outro, está caracterizada a transnacionalidade, que implica a incidência da causa de aumento prevista no art. 40, I, e a competência é da Justiça Federal.
Gabarito "C".

2. CRIMES DE TRÂNSITO

João, muito feliz com seu noivado com Isabel, marcou um churrasco comemorativo com os familiares de ambos. A comemoração foi marcada para o dia 21/07/2017 e ocorreu na casa de Isabel. O festejo teve início às 12 horas, perdurando até às 22 horas. Por volta das 23 horas, João se despediu da noiva e partiu para casa em seu carro. No caminho de regresso, João – que estava com sua capacidade psicomotora visivelmente alterada, em decorrência de bebida alcoólica que ingeriu durante a comemoração – subiu com seu carro em uma calçada e atropelou Marcos, causando-lhe lesões leves, em diversas partes do corpo. João pediu socorro, ligando para o corpo de bombeiros e a polícia. Com a chegada dos policiais João foi submetido ao teste de dosagem alcoólica no ar expirado (exame de bafômetro), que fez voluntariamente. Constatou-se que a concentração de álcool por litro de seu sangue era superior à quantidade permitida na lei. Marcos, por sua vez, foi atendido e encaminhado para um hospital.

(Delegado/ES – 2019 – Instituto Acesso) Tendo em vista a situação narrada e as regras sobre os crimes de trânsito constantes no Código de Trânsito Brasileiro (CTB - Lei nº 9.503/97), é INCORRETO afirmar que, no presente caso, incide

(A) uma causa especial de aumento de pena conforme determina o § 1º do art. 303 combinado com o art. 302, § 1º, II todos do CTB.

(B) o § 2º do art. 291 do CTB e deverá ser lavrado um termo circunstanciado sobre a ocorrência.

(C) o § 2º do art. 291 do CTB e deverá ser aberto inquérito policial para investigar a infração.

(D) o rol de crimes previstos nos art. 303, *caput*, (lesão corporal culposa na direção de veículo automotor) bem como o previsto no art. 306, *caput*, (condução de veículo automotor com capacidade psicomotora alterada em razão da influência de álcool) ambos do CTB, todos fundamentados pelo art. 69 do Código Penal (CP).

(E) a circunstância prevista no art. 291, § 1º, I do CTB, em razão da lesão corporal culposa decorrente da condução de veículo automotor sob a influência de álcool e se afasta, portanto, a possibilidade da aplicação de benefícios presentes na Lei 9.099/95.

A: correta. Tendo em conta que a vítima do atropelamento foi colhida quando se encontrava sobre a calçada, deverá incidir a causa de aumento prevista no art. 302, § 1º, II, do CTB, conforme impõe o art. 303, § 1º, do CTB; **B:** incorreta (a ser assinalada). É que, por imposição do art. 291, § 2º, do CTB, na hipótese de o agente, neste caso João, cometer o crime de trânsito sob a influência de álcool ou qualquer outra substância psicoativa que determine dependência, os fatos deverão ser apurados por meio de inquérito policial, não sendo o caso, portanto, de lavrar-se termo circunstanciado (art. 291, § 1º, I, CTB); **C:** correta. Tal como afirmado no comentário acima, o fato de o agente cometer o delito sob a influência de álcool ou qualquer outra substância psicoativa que determine dependência obriga a autoridade policial a proceder à instauração de inquérito policial (art. 291, §§ 1º, I, e 2º, da Lei 9.503/1997. A propósito, também se imporá a instauração de inquérito, além da hipótese de embriaguez, quando o condutor estiver: i) participando de "racha"; e ii) transitando em velocidade superior à máxima permitida para o local em 50 km/h; **D:** correta. Na jurisprudência: "A aplicação do princípio da consunção se volta à resolução de um conflito aparente de normas, sempre que a questão não puder ser resolvida pelo princípio da especialidade. Desse modo, sua aplicação pressupõe que, havendo o agente incorrido em duas condutas típicas, uma possa ser entendida como necessária ou meio para a execução da outra. Na prática de dois crimes, para que um deles seja absorvido pelo outro, condenando-se o agente somente pela pena cominada ao delito principal, faz-se necessária a existência de uma conexão entre ambos, ou seja, que um deles haja sido praticado apenas como meio necessário para a prática de outro, mais grave. Os crimes de lesão corporal culposa na direção de veículo automotor e os de embriaguez ao volante tutelam bens jurídicos distintos, de forma que, além de configurarem delitos autônomos, por tutelarem bens jurídicos diversos, também possuem momentos consumativos diferentes, não havendo que se falar, portanto, em absorção. Na espécie, o fato de o paciente haver dirigido veículo automotor, em via pública, com a capacidade psicomotora alterada em razão da influência de álcool, e de haver, posteriormente, se envolvido em acidente de trânsito que veio a causar lesão corporal na vítima, amolda-se à hipótese de concurso material e não de consunção, pois é despicienda a prática do primeiro crime para que ocorra a consumação do segundo, e vice-versa. Agravo regimental não provido" (STJ, AgRg no HC 457.838/SC, Rel. Ministro REYNALDO SOARES DA FONSECA, QUINTA TURMA, julgado em 20/09/2018, DJe 01/10/2018). De ver-se que, se a lesão corporal experimentada por Marcos fosse de natureza grave ou gravíssima, a tipificação se daria no art. 303, § 2º, do CTB, dispositivo introduzido pela Lei 13.546/2017. Como a lesão foi leve, haverá o concurso material entre este delito e o de embriaguez ao volante; **E:** correta. Ao crime de lesão corporal culposa de trânsito (art. 303 do CTB) serão, em princípio, cabíveis a *composição dos danos civis* (art. 74 da Lei 9.099/1995), a *transação penal* (art. 76 da Lei 9.099/1995) e a *representação* como condição de procedibilidade (art. 88 da Lei 9.099/1995), exceto se o agente estiver em uma das condições definidas no art. 291, § 1º, do CTB: i) sob a influência de álcool ou outra substância psicoativa que cause dependência; ii) participando de "racha"; e iii) transitando em velocidade superior à máxima permitida para o local em 50 km/h. Dessa forma e em conclusão, o fato de João haver ingerido bebida alcoólica impede que ele seja agraciado com os benefícios previstos na Lei 9.099/1995, bem como impõe à autoridade policial a instauração de IP. Embora não tenha repercussão na resolução desta questão, é importante o registro de que, com o advento da Lei 14.071/2020, publicada em 14/10/2020 e com vacatio de 180 dias, foi introduzido o art. 312-B na Lei 9.503/1997 (Código de Trânsito Brasileiro), segundo o qual aos crimes previstos no § 3º do art. 302 e no § 2º do art. 303 deste Código não se aplica o disposto no inciso I do caput do art. 44 do Decreto-Lei nº 2.848, de 7 de dezembro de 1940 (Código Penal). Assim, veda-se a substituição da pena privativa de liberdade por restritiva de direitos quando o crime praticado for: homicídio culposo de trânsito qualificado pela embriaguez (art. 302, § 3º, do CTB) e lesão corporal de trânsito qualificada pela embriaguez (art. 303, § 2º, do CTB).

Gabarito "B".

(Delegado/ES – 2019 – Instituto Acesso) Em relação às infrações penais relacionadas ao trânsito, assinale a opção correta.

(A) O fato de dirigir perigosamente automóvel sem ser habilitado, vindo a causar lesão corporal em transeunte, implica o delito de lesão corporal culposa (art. 303 do CTB – Lei 9.503/97), o qual, em regra, é de ação penal pública condicionada a representação do ofendido. Contudo, caso a vítima não ofereça a representação para a deflagração da ação penal por tal delito, poderá o ministério público deflagrar a ação penal em desfavor do agente pelo delito previsto no artigo 309 do CTB – Lei 9.503/97, consoante entendimento do STJ.

(B) O crime de conduzir automóvel sem possuir permissão para dirigir ou habilitação é classificado como sendo de perigo concreto, cuja tipificação exige a prova de geração do perigo de dano, sendo desnecessário que a condução do veículo ocorra em via pública.

(C) A contravenção de falta de habilitação para dirigir veículo ainda se encontra em vigor em relação às embarcações a motor, sendo que sua caracterização também exige a prova da geração de perigo de dano.

(D) A embriaguez ao volante é crime de perigo concreto, sendo necessário ainda para a sua configuração, que tal delito seja perpetrado em via pública.

(E) O fato de o agente descumprir, deliberadamente, a decisão proferida por autoridade administrativa de trânsito, determinando a suspensão para dirigir veículo automotor, não caracteriza, segundo o STJ, o delito previsto no art. 307 do CTB.

A: incorreta. É que se o agente, que não possui CNH (art. 309, CTB), conduz, de forma imprudente ou negligente, seu veículo e, com isso, vem a causar lesão corporal em alguém, deverá ser responsabilizado pelo cometimento do delito previsto no art. 303 do CTB (lesão corporal culposa), com a incidência da causa de aumento do art. 302, § 1º, I, da Lei 9.503/1997, ficando o delito do art. 309 do CTB absorvido. A ação penal, no crime do art. 309 do CTB, é pública incondicionada, ao passo que, no delito do art. 303 do CTB, é, em regra, pública condicionada à representação da vítima. Se esta (vítima) deixar de oferecer representação em relação ao crime de lesão corporal, não poderá o MP ajuizar ação penal em relação ao delito do art. 309 do CTB, que, a despeito de ser de ação penal pública incondicionada, foi absorvido pelo crime de lesão corporal; **B:** incorreta. A primeira parte da assertiva está correta. Com efeito, da simples leitura do preceito primário da norma incriminadora do art. 309 do CTB é possível concluir que a configuração deste delito exige a demonstração de perigo concreto de dano, entendimento este consolidado na Súmula 720, do STF. O erro da alternativa está em afirmar que a condução do veículo, para caracterizar o crime do art. 309 do CTB, não precisa se dar em via pública. Pela só análise da redação típica do art. 309 do CTB, forçoso concluir que este delito somente poderá ocorrer *em via pública*; **C:** incorreta. O art. 32 da LCP foi derrogado pelo art. 309 do CTB, remanescendo tão somente a figura típica que diz respeito às embarcações, sendo esta contravenção penal de perigo abstrato. Como já ponderado acima, o crime do art. 309 do CTB, diferentemente da conduta típica remanescente do art. 32 da LCP, é de perigo concreto, sendo de rigor a demonstração de que o bem foi exposto a risco de dano. Vide Súmula 720, do STF; **D:** incorreta. O crime de embriaguez ao volante, tipificado no art. 306 do CTB, é de perigo abstrato e não precisa ocorrer em via pública; **E:** correta. Conferir: "1. Dada a natureza penal da sanção, somente a decisão lavrada por juízo penal pode ser objeto do descumprimento previsto no tipo do art. 307, caput, do CTB, não estando ali abrangida a hipótese de descumprimento de decisão administrativa, que, por natureza, não tem o efeito de coisa julgada e, por isso, está sujeita à revisão da via judicial (ut, HC 427.472/SP, Rel. Ministra MARIA THEREZA DE ASSIS MOURA, Sexta Turma, DJe 12/12/2018) 2. In casu, o agravado, no momento do acidente, se encontrava com a Carteira Nacional de Habilitação suspensa administrativamente, hipótese que não configura o delito do art. 307 do CTB 3. Agravo regimental desprovido" (STJ, AgRg no REsp 1798124/RS, Rel. Ministro REYNALDO SOARES DA FONSECA, QUINTA TURMA, julgado em 02/04/2019, DJe 16/04/2019).

Gabarito "E".

2. LEGISLAÇÃO PENAL ESPECIAL 413

(Delegado/DF – 2015 – Fundação Universa) Em relação à Lei 9.503/1997, que trata dos crimes de trânsito, assinale a alternativa correta.

(A) De acordo com a referida lei, constitui crime de trânsito punido com detenção a conduta do agente que trafegue em velocidade incompatível com a segurança nas proximidades de escolas, gerando perigo de dano.

(B) Não há, na lei, previsão de pena de reclusão, sendo os crimes previstos puníveis com detenção e(ou) multa.

(C) Não é prevista, entre as penalidades constantes na lei, multa reparatória.

(D) Consoante essa norma, é circunstância que pode agravar a penalidade do crime de trânsito, conforme a apreciação subjetiva do juiz, ter o condutor do veículo cometido a infração sobre faixa de trânsito destinada a pedestre.

(E) Uma das críticas que a doutrina faz ao legislador em relação aos crimes de trânsito se relaciona à ausência de previsão legal de benefício ao condutor do veículo que, após a prática da infração, preste pronto e integral socorro à vítima.

A: correta, já que corresponde à descrição típica do delito previsto no art. 311 da Lei 9.503/1997 (Código de Trânsito Brasileiro); **B:** incorreta. O CTB contempla, sim, crimes cuja pena cominada é de *reclusão*. São exemplos: crimes previstos nos arts. 302, § 3º, 303, § 2º, e 308, §§ 1º e 2º; **C:** incorreta, na medida em que não reflete o disposto no art. 297 do CTB; **D:** incorreta, já que contraria o que estabelece o art. 298, *caput*, do CTB: "São circunstâncias que *sempre* agravam as penalidades dos crimes de trânsito (...)"; **E:** incorreta, uma vez que o art. 301 do CTB assegura que ao condutor de veículo envolvido em acidente de trânsito com vítima não se imporá prisão em flagrante, nem se exigirá fiança, desde que preste pronto e integral socorro à vítima.
Gabarito "A".

(Delegado/RO – 2014 – FUNCAB) Fabiano entregou a direção de seu veículo a Maria, penalmente imputável, mesmo sabendo que ela não possui Carteira Nacional de Habilitação. Já Maria, ao conduzir o veículo em via pública, gerou perigo de dano. Nessa situação hipotética, os dois cometeram crime de trânsito com detenção de:

(A) 1 ano a 2 anos e multa.

(B) 6 meses a 1 ano e multa.

(C) 6 meses a 1 ano ou multa.

(D) 6 meses a 2 anos e multa.

(E) 6 meses a 2 anos ou multa.

Fabiano, que entregou a direção de seu veículo a pessoa sabidamente não habilitada, deverá ser responsabilizado pelo crime do art. 310 da Lei 9.503/1997 (Código de Trânsito Brasileiro); já Maria, que não tem habilitação e, mesmo assim, dirigiu o veículo de Fabiano, gerando perigo de dano, será, sendo pessoa imputável, responsabilizada pelo delito do art. 309 da Lei 9.503/1997 (Código de Trânsito Brasileiro). Para os dois crimes a pena prevista é de detenção de 6 meses a 1 ano ou multa. Vale consignar que o crime praticado por Maria, conforme se deduz do tipo penal, pressupõe a geração de perigo de dano, sem o que a conduta configura mera infração administrativa de trânsito. Nesse sentido, a Súmula n. 720 do STF: "O art. 309 do Código de Trânsito Brasileiro, que reclama decorra do fato perigo de dano, derrogou o art. 32 da Lei das Contravenções Penais no tocante à direção sem habilitação em vias terrestres".
Gabarito "C".

(Delegado/RO – 2014 – FUNCAB) No homicídio culposo cometido na direção de veículo automotor, a pena é aumentada de um terço à metade, se o agente estiver:

(A) na direção de veículo de transporte coletivo de passageiros, quando em serviço.

(B) com a Carteira Nacional de Habilitação incompatível com a da categoria do veículo.

(C) conduzindo veículo com placas falsas.

(D) com a Carteira Nacional de Habilitação suspensa.

(E) utilizando veículo em que tenha sido adulterado equipamento que afete a sua segurança.

A: correta, nos termos do art. 302, § 1º, IV, do CTB; **B:** incorreta, uma vez que não configura causa de aumento de pena prevista no art. 302, § 1º, do CTB; **C:** incorreta, uma vez que não configura causa de aumento de pena prevista no art. 302, § 1º, do CTB; **D:** incorreta, uma vez que não configura causa de aumento de pena prevista no art. 302, § 1º, do CTB; **E:** incorreta, uma vez que não configura causa de aumento prevista no art. 302, § 1º, do CTB.
Gabarito "A".

(Delegado/RO – 2014 – FUNCAB) No dia 02 de abril de 2013, Carlos foi flagrado dirigindo sob a influência de álcool. Em 04 de abril de 2014, ele foi flagrado novamente nessa situação. Nesse caso, será aplicada uma multa agravada em:

(A) 3 vezes o valor previsto

(B) 5 vezes o valor previsto.

(C) 10 vezes o valor previsto.

(D) 20 vezes o valor previsto.

(E) 8 vezes o valor previsto.

Cuida-se da infração administrativa prevista no art. 165, *caput*, do CTB, que manda aplicar a pena de multa correspondente a 10 vezes o valor previsto; o parágrafo único do dispositivo estabelece que, em caso de reincidência no período de 12 meses (não é esse o caso narrado no enunciado), a multa prevista no *caput* será aplicada em dobro (20 vezes).
Gabarito "C".

(Delegado de Polícia/GO – 2013 – UEG) Sobre os crimes de trânsito, previstos no Código de Trânsito Brasileiro, verifica-se o seguinte

(A) a penalidade de multa reparatória não poderá ser superior ao valor do prejuízo demonstrado no processo, e seu eventual pagamento não repercute na esfera cível.

(B) admite-se indistintamente ao crime de lesão corporal culposa praticado na condução de veículo automotor (art. 303) o benefício da transação penal, tendo em vista a pena máxima cominada ser de 2 (dois) anos de detenção.

(C) a suspensão ou a proibição de se obter a permissão ou habilitação para dirigir veículo automotor somente será imposta como penalidade acessória.

(D) para a configuração do delito previsto no art. 310 (permissão ou entrega de veículo automotor à pessoa não habilitada), é exigida a demonstração do perigo concreto de dano.

A: incorreta. A multa reparatória, prevista no art. 297 da Lei 9.503/1997 (CTB), consiste no pagamento, mediante depósito judicial em favor da vítima, ou seus sucessores, de quantia calculada com base no disposto no § 1º do art. 49 do CP, sempre que houver prejuízo material resultante do crime, *não podendo ser superior ao valor do prejuízo demonstrado no processo* (art. 297, § 1º), *descontando-se o valor na indenização civil do dano* (art. 297, § 3º); **B:** incorreta. Ao crime de lesão corporal culposa de trânsito (art. 303 do CTB) será, de fato, cabível a transação penal (art. 76 da Lei 9.099/1995), exceto se o agente estiver em uma das condições definidas no art. 291, § 1º, do CTB: i) sob a influência de álcool ou outra substância psicoativa que cause dependência; ii) participando de "racha"; e iii) transitando em velocidade superior à máxima permitida para o local em 50 km/h; **C:** incorreta. Em consonância com a redação do art. 292 do CTB, em vigor à época em que aplicada esta prova, a suspensão ou a proibição de se obter a permissão ou a habilitação para dirigir veículo automotor pode ser imposta como *penalidade principal, isolada* ou *cumulativamente* com outras penalidades. Posteriormente, a Lei 12.971/2014 alterou o art. 292 do CTB, que passou a contar com a seguinte redação: *a suspensão ou a proibição de se obter a permissão ou a habilitação para dirigir veículo automotor pode ser imposta isolada ou cumulativamente com outras penalidades*; **D:** correta. Pela só análise da redação típica, já se extrai que o crime do art. 310 do CTB é daqueles em que se exige a demonstração do perigo concreto de dano. Confira-se o entendimento do STJ e STF, muito embora exista divergência doutrinária sobre o tema, alguns acreditando que se trate de crime de perigo abstrato: "*Para a configuração do crime previsto no art. 310 do CTB, é exigida a demonstração de perigo concreto de dano*. Segundo a jurisprudência do STJ, o delito descrito no art. 309 do Código de Trânsito Brasileiro (CTB) – conduzir veículo automotor sem habilitação – necessita da existência de perigo concreto para sua configuração. No mesmo sentido segue a posição do STF, que, inclusive, editou a Súmula nº 720 sobre o tema. O mesmo entendimento deve ser aplicado ao delito previsto no art. 310 do CTB – permitir, confiar ou entregar a direção de veículo automotor a pessoa não habilitada. Assim, não basta a simples entrega do veículo a pessoa não habilitada para a caracterização do crime, fazendo-se necessária a demonstração de perigo concreto de dano decorrente de tal conduta. Precedentes citados do STF: HC 84.377-SP, *DJ* 27.08.2004; do STJ: Ag 1.141.187-MG, *DJe* 18.08.2009; REsp 331.104-SP, *DJ* 17.05.2004; HC 28.500-SP, *DJ* 04.09.2006, e HC 150.397-SP, *DJe* 31.05.2010. HC 118.310-RS, rel. Min. Og Fernandes, j. 18.10.2012." Informativo 507 do STJ.
Gabarito "D".

(Delegado/AP – 2010) José da Silva dirigia seu automóvel em velocidade acima da permitida e de forma imprudente. Ao passar por um cruzamento, José não percebe que o sinal estava vermelho e atropela Maria de Souza, que vem a sofrer uma fratura exposta na perna direita e fica mais de 30 dias impossibilitada de desenvolver suas ocupações habituais. A fim de socorrer a vítima, José da Silva para o carro, sai do veículo e retira Maria do meio da via. Contudo, ao ver um grupo de pessoas vociferando e gritando "assassino!", "pega!" e "lincha!", José retorna para seu veículo e se evade do local, sendo parado há alguns metros adiante por uma patrulha de policiais militares que o levam preso em flagrante à Delegacia de Polícia.

Com base no relato acima, analise as afirmativas a seguir:

I. Segundo a Lei 9.503/1997 (Código Nacional de Trânsito), José não poderia ser preso em flagrante porque prestou socorro à vítima e só não permaneceu no local porque corria risco pessoal.

II. José praticou o crime de lesão corporal culposa grave na direção de veículo automotor.

III. José praticou o crime do art. 305, da Lei 9.503/1997 (Afastar-se o condutor do veículo do local do acidente, para fugir à responsabilidade penal ou civil que lhe possa ser atribuída).

Assinale:

(A) se somente a afirmativa I estiver correta.
(B) se somente a afirmativa II estiver correta.
(C) se somente a afirmativa III estiver correta.
(D) se somente as afirmativas I e II estiverem corretas.
(E) se todas as afirmativas estiverem corretas.

I: correta. Embora tenha dado causa ao acidente do qual resultou a lesão corporal culposa na vítima (art. 303 da Lei 9.503/1997 – CTB), a José não poderia ser atribuída a causa de aumento de pena contemplada no art. 302, § 1º, III, do CTB, haja vista que não seria possível, nas circunstâncias, prestar integral socorro sem se colocar em situação de risco pessoal. Assim, não é o caso de se impor ao condutor a prisão em flagrante, nos termos do art. 301 do CTB; **II:** incorreta. A classificação da lesão corporal, no Código Penal, em *leve* (art. 129, *caput*), *grave* (art. 129, § 1º) e *gravíssima* (art. 129, § 2º), corresponde à lesão dolosa; a lesão culposa não comporta essa classificação. Nada obstante, importa registrar que com o advento da Lei 13.546, de 19 de dezembro de 2017, com *vacatio legis* de 120 (cento e vinte) dias, incluiu-se modalidade qualificada de lesão corporal culposa de trânsito, na qual faz-se distinção entre o grau da lesão. Confira-se: § 2º A pena privativa de liberdade é de reclusão de dois a cinco anos, sem prejuízo das outras penas previstas neste artigo, se o agente conduz o veículo com capacidade psicomotora alterada em razão da influência de álcool ou de outra substância psicoativa que determine dependência, e se do crime resultar lesão corporal de natureza grave ou gravíssima; **III:** incorreta. O tipo penal do art. 305 do CTB, cuja constitucionalidade é discutida na doutrina, não pode ser aplicado no caso em questão, já que não havia, por parte do condutor, o propósito de fugir à responsabilidade penal ou civil.
Gabarito "A".

(Delegado/SP – 2011) A penalidade de proibição de se obter a permissão ou a habilitação, para dirigir veículo automotor, prevista no Código de Trânsito Brasileiro, será aplicada nos casos abaixo relacionados, com exceção da seguinte situação:

(A) embriaguez na condução de veículo automotor, em via pública.
(B) participação, na direção de veículo automotor, de corrida, em via pública, que resulte dano potencial à incolumidade pública.
(C) homicídio culposo na direção de veículo automotor.
(D) lesão corporal culposa na direção de veículo automotor.
(E) omissão do condutor do veículo, na ocasião do acidente, de prestar imediato socorro à vítima.

A: correta – penalidade prevista no preceito secundário do tipo penal do art. 306 do CTB; **B:** correta – penalidade prevista no preceito secundário do crime do art. 308 do CTB; **C:** correta – penalidade prevista no preceito secundário do crime do art. 302 do CTB; **D:** correta – penalidade prevista no preceito secundário do crime do art. 303 do CTB; **E:** incorreta – o preceito secundário do crime do art. 304 do CTB contempla tão somente as penas privativas de liberdade e pecuniária, alternativamente.
Gabarito "E".

(Delegado/SP – 2008) O Código de Trânsito Brasileiro (Lei nº 9.503/1997) incrimina a conduta de "trafegar em velocidade incompatível nas proximidades de escolas". Neste caso, a objetividade jurídica protege

(A) a segurança viária na face da concentração de pessoas.
(B) apenas a integridade corporal das pessoas.
(C) a administração da justiça.
(D) a vida e saúde das pessoas.
(E) a incolumidade pública e privada.

Este crime está previsto no art. 311 do CTB e tem como objeto jurídico, de fato, a segurança viária.
Gabarito "E".

3. CRIMES DO ESTATUTO DA CRIANÇA E DO ADOLESCENTE

(Delegado/GO – 2017 – CESPE) Com base no disposto no ECA, assinale a opção correta.

(A) Cabe à autoridade judiciária ou policial competente a aplicação das medidas específicas de proteção relacionadas no ECA, mediante prévia notificação do conselho tutelar.
(B) É cabível a aplicação de medida socioeducativa de internação ao penalmente imputável com idade entre dezoito e vinte e um anos e que era menor à época da prática do ato infracional.
(C) Não há prazo mínimo para o cumprimento da liberdade assistida fixada pelo ECA, sendo o limite fixado de acordo com a gravidade do ato infracional e as circunstâncias de vida do adolescente.
(D) O crime de corrupção de menores se consuma quando o infrator pratica infração penal com o menor ou o induz a praticá-la, sendo imprescindível, para sua configuração, a prova da efetiva corrupção do menor.
(E) O ECA prevê expressamente os prazos de prescrição das medidas socioeducativas.

A: incorreta. De acordo com o art. 136, I, do ECA, caberá ao Conselho Tutelar a aplicação das medidas protetivas indicadas nos incisos I a VII do art. 101. A autoridade policial não poderá aplicar medidas de proteção a crianças e adolescentes; **B:** correta. Perfeitamente possível a aplicação de medidas socioeducativas a adolescentes que tenham cometido ato infracional equiparado a crime ou contravenção. Especificamente no tocante à medida de internação, o art. 121, § 5º, do ECA é textual ao prever a liberação compulsória do agente aos vinte e um anos de idade. Portanto, se o ato infracional houver sido praticado por adolescente (doze anos completos a dezoito anos incompletos), eventual decretação da medida socioeducativa de internação poderá ocorrer quando já atingida a maioridade. A inimputabilidade pela menoridade será aferida no momento da prática do ato infracional, e não quando da aplicação da medida socioeducativa (art. 27 do CP e art. 104, parágrafo único, do ECA); **C:** incorreta, pois o art. 118, § 2º, do ECA, prevê o prazo mínimo de duração de seis meses para a liberdade assistida; **D:** incorreta. De acordo com a Súmula 500 do STJ, "*A configuração do crime previsto no artigo 244-B do Estatuto da Criança e do Adolescente independe da prova da efetiva corrupção do menor, por se tratar de delito formal.*; **E:** incorreta. O ECA não prevê o prazo de prescrição das medidas socioeducativas, regulada, portanto, pelo Código Penal. Esse é o teor da Súmula 338 do STJ: *A prescrição penal é aplicável nas medidas socioeducativas.* AT
Gabarito "B".

(Delegado/SC – 2008) Um Delegado de Polícia, depois de lavrado o termo de apreensão de um adolescente apreendido em situação de flagrante ato infracional (crime de homicídio), de propósito, deixou de fazer imediata comunicação à autoridade judiciária competente e à família do apreendido, como ele lhe pedira. O Delegado praticou:

(A) nenhum crime, pois não tinha obrigação de fazer tais comunicações.
(B) crime comissivo por omissão, previsto no Estatuto da Criança e do Adolescente.
(C) crime omissivo, previsto no Estatuto da Criança e do Adolescente (Lei nº 8.069/1990).
(D) crime de abuso de autoridade, previsto na Lei nº 4.898/1965.

O delegado deverá ser responsabilizado pelo crime capitulado no art. 231 do ECA.
Gabarito "C".

(Delegado/SP – 2011) Assinale a alternativa correta.

(A) ato infracional praticado por criança poderá sujeitá-la a acolhimento institucional.
(B) Os menores de dezoito anos são penalmente imputáveis.
(C) Considera-se ato infracional as condutas descritas pelo Conselho Tutelar.
(D) A criança somente será privada de sua liberdade no caso de flagrante por prática de ato infracional.
(E) A internação do adolescente infrator, antes da sentença, pode ser aplicada por prazo indeterminado.

A: correta, pois é do art. 105 do ECA que as crianças que cometerem ato infracional estarão sujeitas tão somente a *medidas* protetivas, entre as quais o *acolhimento institucional*. Em hipótese alguma, pois, será a elas impingida *medida socioeducativa*, reservada aos adolescentes. Pode-se dizer, portanto, que, em relação às crianças, vige o *sistema da irresponsabilidade*, já que as medidas de proteção

2. LEGISLAÇÃO PENAL ESPECIAL

não têm caráter punitivo. Têm natureza administrativa e podem ser aplicadas pelo Conselho Tutelar. Pode-se afirmar, ainda, que, em relação aos adolescentes, dada a natureza de sanção que têm as medidas socioeducativas, sua responsabilidade pela prática de ato infracional é *especial*, porque disciplinada em *legislação especial*. O *acolhimento institucional* e a *colocação em família substituta*, disciplinados no art. 19, §§ 1º e 2º, do ECA, constituem, a teor do art. 101, VII e VIII, também do ECA, *medida de proteção* cujo propósito reside na retirada da criança ou adolescente de sua família e o seu encaminhamento para uma família acolhedora ou para uma entidade de atendimento (presente situação de risco à criança ou ao adolescente). Não podem, portanto, ser aplicadas como medida socioeducativa, cujas modalidades estão listadas no art. 112 do ECA. Cuidado: à exceção do *acolhimento institucional*, da *inclusão em programa de acolhimento familiar* e da *colocação em família substituta*, as demais medidas de proteção previstas no art. 101 podem ser aplicadas ao adolescente infrator em conjunto ou não com as medidas socioeducativas previstas no art. 112 do ECA. É o que estabelece o art. 112, VII, do ECA; **B:** incorreta, conforme estabelece os arts. 228 da CF e 27 do CP, os menores de 18 anos são *inimputáveis*, sujeitos, por conta disso, às normas da legislação especial (ECA); **C:** incorreta. Considera-se ato infracional *a conduta descrita como crime ou contravenção penal* (art. 103, ECA). Assim, o menor de 18 anos – inimputável – não pratica infração penal, mas, sim, *ato infracional*. Vale dizer, caso uma criança ou um adolescente cometa um fato descrito na lei como crime, estará cometendo um ato infracional. Por serem inimputáveis, não estão sujeitos à responsabilidade penal (não receberão pena como sanção); nada obstante, deverão ser submetidos ou a *medidas de proteção*, se crianças, ou a *medidas socioeducativas*, se adolescentes, podendo, ainda, ser submetidos às duas, no caso dos adolescentes; **D:** incorreta. Somente os adolescentes poderão ser privados de sua liberdade (art. 106, ECA), o que acontecerá nas seguintes hipóteses: flagrante de ato infracional; e por ordem escrita e fundamentada da autoridade judiciária competente (juiz da Infância e da Juventude – art. 146, ECA). Crianças, quando surpreendidas diante da prática de ato infracional, serão encaminhadas ao Conselho Tutelar; **E:** incorreta, em vista do que dispõe o art. 108 da Lei 8.069/1990, a internação provisória não poderá durar mais de *quarenta e cinco dias*, prazo em que o processo deverá ser ultimado (art. 183, ECA). Findo esse interregno, o adolescente deverá ser imediatamente liberado. Há decisões, contudo, que entendem que, a depender da particularidade do caso concreto, é possível estendê-lo, notadamente quando é a defesa que dá causa à dilação. O descumprimento injustificado deste prazo configura o crime do art. 235, ECA.

Gabarito "A".

(Delegado/TO – 2008 – CESPE) De acordo com a legislação especial pertinente, julgue o item seguinte.

(1) Considere que uma autoridade policial de determinado Município, ao transitar em via pública, observou a presença de menores perambulando pela rua, tendo, de pronto, determinado aos seus agentes a apreensão de dois deles para fins de averiguação. Nessa situação, a atitude da autoridade policial está correta por se tratar de adolescentes em situação de risco.

1: incorreta, na medida em que o adolescente somente poderá ser privado de sua liberdade em decorrência de flagrante de ato infracional ou por força de ordem escrita de autoridade judiciária competente (art. 106 da Lei 8.069/1990).

Gabarito 1E

4. ORGANIZAÇÃO CRIMINOSA

(Delegado/RS – 2018 – FUNDATEC) De acordo com o disposto na Lei 12.850/2013, assinale a alternativa correta.

(A) Em todos os atos de negociação, confirmação e execução da colaboração premiada, o colaborador deverá estar assistido por defensor.

(B) Ao colaborador, deverá ser garantida a assistência por defensor nos atos de negociação da colaboração premiada, sendo dispensada a defesa técnica quanto à confirmação e execução da colaboração.

(C) Em todos os atos de negociação, confirmação e execução da colaboração premiada, o colaborador deverá estar assistido por defensor, assegurada a participação do Ministério Público.

(D) O sigilo da investigação poderá ser decretado pela autoridade policial, para garantia da celeridade e da eficácia das diligências investigatórias, assegurando-se ao defensor, no interesse do representado, amplo acesso aos elementos de prova que digam respeito ao exercício do direito de defesa, devidamente precedido de autorização judicial, ressalvados os referentes às diligências em andamento.

(E) Determinado o depoimento do investigado, seu defensor terá assegurada a prévia vista dos autos, exceto quando classificados como sigilosos, no prazo mínimo de 3 (três) dias que antecedem ao ato, podendo ser ampliado, a critério da autoridade responsável pela investigação.

A: correta, pois retrata o teor do art. 4º, § 15, da Lei 12.850/2013; **B:** incorreta, uma vez que não reflete o disposto no art. 4º, § 15, da Lei 12.850/2013; **C:** incorreta, uma vez que não reflete o disposto no art. 4º, § 15, da Lei 12.850/2013; **D:** incorreta, dado que, em consonância com o disposto no art. 23 da Lei 12.850/2013, o sigilo a que se refere a alternativa será decretado pela autoridade judicial (e não policial); **E:** incorreta, pois contraria o disposto no art. 23, parágrafo único, da Lei 12.850/2013.

Gabarito "A".

(Delegado/RS – 2018 – FUNDATEC) Assinale a alternativa correta, conforme disposto na Lei 12.850/2013.

(A) Havendo indícios seguros de que o agente infiltrado sofre risco iminente, será imediatamente substituído e mantida a operação, mediante requisição do Ministério Público ou pelo delegado de polícia, dando-se imediata ciência ao Ministério Público e à autoridade judicial.

(B) As partes podem retratar-se da proposta de colaboração premiada, caso em que as provas autoincriminatórias produzidas pelo colaborador não terão eficácia.

(C) Depois de homologado o acordo, o colaborador poderá, sempre acompanhado pelo seu defensor, ser ouvido pelo membro do Ministério Público ou pelo delegado de polícia responsável pelas investigações.

(D) Considerando a relevância da colaboração prestada, o Ministério Público, a qualquer tempo, e o delegado de polícia, nos autos do inquérito policial, com a manifestação do Ministério Público, poderão requerer ou representar ao juiz pela concessão de perdão judicial ao colaborador, desde que esse benefício tenha sido previsto na proposta inicial, aplicando-se, no que couber, o Art. 28 do Decreto-Lei 3.689/1941 (Código de Processo Penal).

(E) O delegado de polícia e o Ministério Público terão acesso, mediante autorização judicial, apenas aos dados cadastrais do investigado que informem exclusivamente a qualificação pessoal, a filiação e o endereço mantidos pela Justiça Eleitoral, empresas telefônicas, instituições financeiras, provedores de internet e administradoras de cartão de crédito.

A: incorreta. Se o agente infiltrado estiver em situação de perigo, não há por que dar sequência à operação, que deverá, por isso, ser suspensa, mediante requisição do MP ou pelo delegado de polícia, do que será dada ciência ao MP e ao juiz (art. 12, § 3º, da Lei 12.850/2013); **B:** incorreta. Por força do que estabelece o art. 4º, § 10, da Lei 12.850/2013, havendo retratação, o que é perfeitamente possível, as provas até então produzidas somente não poderão ser utilizadas contra os interesses do delator que voltou atrás. Significa dizer que o órgão acusador poderá se valer dessas provas em desfavor dos demais investigados/corréus; **C:** correta, pois retrata o teor do art. 4º, § 9º, da Lei 12.850/2013; **D:** incorreta, uma vez que, neste caso, não é necessário que tal benefício (perdão judicial) esteja previsto na proposta inicial (art. 4º, § 2º, da Lei 12.850/2013); **E:** incorreta, na medida em que o acesso aos dados cadastrais do investigado pelo delegado de polícia e pelo MP independe de autorização judicial, na forma prescrita no art. 15 da Lei 12.850/2013.

Gabarito C.

(Delegado/MG – 2018 – FUMARC) Sobre a ação controlada prevista na Lei 12.850/13, é CORRETO afirmar:

(A) A intervenção policial ou administrativa poderá ser postergada sem que exista prévia comunicação ao juízo competente.

(B) Consiste na imediata intervenção policial ou administrativa relativa à ação praticada no âmbito de organização criminosa ou a esta vinculada.

(C) Mesmo que envolva a transposição de fronteiras, não haverá necessidade de cooperação do país tido como provável destino do investigado.

(D) Poderá ter seus limites definidos pelo juiz competente.

A: incorreta (art. 8º, § 1º, da Lei 12.850/2013); **B:** incorreta, já que, consoante art. 8º, *caput*, da Lei 12.850/2013, a ação controlada consiste no ato de *retardar, adiar* a intervenção policial ou administrativa, que será realizada em momento oportuno; **C:** incorreta, pois não reflete o que dispõe o art. 9º da Lei 12.850/2013; **D:** correta (art. 8º, § 1º, da Lei 12.850/2013).

Gabarito "D".

(Delegado/MG – 2018 – FUMARC) Em matéria de colaboração premiada, prevista na Lei 12.850/13, é CORRETO afirmar:

(A) A ação penal poderá deixar de ser proposta temporariamente contra o colaborador até o cumprimento das medidas de colaboração.

(B) A homologação do acordo de colaboração premiada independe de efetividade das informações repassadas pelo colaborador.

(C) O acordo de colaboração deixa de ser sigiloso assim que oferecida a denúncia.

(D) O Ministério Público não poderá dispor da ação penal caso o colaborador não seja o líder da organização e seja o primeiro a prestar efetiva colaboração.

A: correta, porquanto corresponde ao que estabelece o art. 4º, § 3º, da Lei 12.850/2013; **B:** incorreta, segundo a organizadora. A nosso ver, está correta, pois o ato homologatório do acordo de colaboração premiada não depende da efetividade das informações fornecidas pelo colaborador (art. 4º, § 7º, da Lei 12.850/2013, com redação dada pela Lei 13.964/2019), o que somente será apreciado na sentença (art. 4º, § 11, da Lei 12.850/2013); **C:** incorreta, na medida em que contraria o disposto no art. 7º, § 3º, da Lei 12.850/2013, com redação dada pela Lei 13.964/2019, que estabelece que o sigilo será mantido até o *recebimento* da denúncia (e não até o seu *oferecimento*); **D:** incorreta, pois não reflete o disposto no art. 4º, § 4º, da Lei 12.850/2013, com redação conferida pela Lei 13.964/2019.
Gabarito "A".

(Delegado/PE – 2016 – CESPE) Sebastião, Júlia, Caio e Marcela foram indiciados por, supostamente, terem se organizado para cometer crimes contra o Sistema Financeiro Nacional. No curso do inquérito, Sebastião e Júlia, sucessivamente com intervalo de quinze dias, fizeram acordo de colaboração premiada.

Nessa situação hipotética, no que se refere à colaboração premiada,

(A) nos depoimentos que prestarem, Sebastião e Júlia terão direito ao silêncio e à presença de seus defensores.

(B) o MP poderá não oferecer denúncia contra Sebastião, caso ele não seja o líder da organização criminosa.

(C) o MP poderá não oferecer denúncia contra Júlia, ainda que a delação de Sebastião tenha sido a primeira a prestar efetiva colaboração.

(D) Sebastião e Júlia poderão ter o benefício do perdão judicial, independentemente do fato de as colaborações terem ocorrido depois de sentença judicial.

(E) o prazo para o oferecimento da denúncia em relação aos delatores poderá ser suspenso pelo período, improrrogável, de até seis meses.

A: incorreta, uma vez que contraria o disposto no art. 4º, § 14º, da Lei 12.850/2013 (Organização Criminosa), que estabelece que, *nos depoimentos que prestar, o colaborador renunciará, na presença de seu defensor, ao direito ao silêncio e estará sujeito ao compromisso legal de dizer a verdade*. Afinal, que sentido teria conceder àquele que deseja colaborar o direito de permanecer calado? Ou uma coisa ou outra: ou colabora e fala ou não colabora, neste caso podendo invocar seu direito ao silêncio; **B:** correta, nos termos do art. 4º, § 4º, I, da Lei 12.850/2013; **C:** incorreta, pois contraria o disposto no art. 4º, § 4º, II, da Lei 12.850/2013; **D:** incorreta, já que, neste caso, *a pena poderá ser reduzida até a metade ou será admitida a progressão de regime ainda que ausentes os requisitos legais* (art. 4º, § 5º, da Lei 12.850/2013); **E:** incorreta, já que em desacordo com o art. 4º, § 3º, da Lei 12.850/2013, que permite, neste caso, uma prorrogação por igual período. ED
Gabarito "B".

(Delegado/DF – 2015 – Fundação Universa) Assinale a alternativa correta acerca da Lei 12.850/2013 (crime organizado).

(A) O agente infiltrado não tem direito de usufruir das medidas de proteção a testemunhas.

(B) É punível, no âmbito da infiltração, a prática de crime pelo agente infiltrado no curso da investigação, quando inexigível conduta diversa.

(C) A infiltração de agentes de polícia em tarefas de investigação pode decorrer de representação do delegado de polícia ou de requerimento do Ministério Público e será obrigatoriamente precedida de autorização judicial.

(D) O agente infiltrado que se vê obrigado a praticar crime, sob pena de expor sua verdadeira identidade aos membros da organização criminosa, encontra-se amparado por estado de necessidade

ou excludente de culpabilidade, a depender das circunstâncias, conforme expresso na Lei 12.850/2013.

(E) Considera-se organização criminosa a associação de três ou mais pessoas estruturalmente ordenada e caracterizada pela divisão de tarefas.

A: incorreta, já que não reflete a regra presente no art. 14, II, da Lei 12.850/2013; **B:** incorreta, já que não reflete a regra presente no art. 13, parágrafo único, da Lei 12.850/2013; **C:** correta (art. 10, *caput*, da Lei 12.850/2013); **D:** incorreta. Trata-se de hipótese de *inexigibilidade de conduta diversa*, que leva à exclusão da culpabilidade (art. 13, parágrafo único, da Lei 12.850/2013). Não há que se falar, neste caso, em estado de necessidade, apto a excluir a ilicitude; **E:** incorreta. Por força do que estabelece o art. 1º, § 1º, da Lei 12.850/2013, considera-se organização criminosa a associação de *quatro* (e não de *três*) ou mais pessoas estruturalmente ordenada e caracterizada pela divisão de tarefas.
Gabarito "C".

(Delegado/SP – 2014 – VUNESP) Pertinente à Lei de combate às organizações criminosas, consiste a intervenção administrativa na

(A) forma de ação controlada existente.

(B) escolha do momento mais oportuno à formação de provas.

(C) ação realizada por agentes de polícia, exclusivamente.

(D) observação e acompanhamento da infiltração policial.

(E) infiltração feita por agentes não policiais.

Art. 8º, *caput*, da Lei 12.850/2013: "Consiste a ação controlada em retardar a intervenção policial ou administrativa relativa à ação praticada por organização criminosa ou a ela vinculada (...)".
Gabarito "A".

5. CRIMES HEDIONDOS

(Delegado/ES – 2019 – Instituto Acesso) A Lei 8.072/90 já foi alvo de muitas controvérsias e, por isso, diversas alterações. Da obrigação do regime fechado, como início do cumprimento da pena, a frações diferenciadas na execução penal, a própria criação da Lei e sua contextualização na sociedade brasileira ainda é alvo de críticas. Em relação ao processo penal e às alterações feitas nesta Lei, assinale a seguir a afirmativa correta.

(A) Os prazos processuais podem ser diminuídos quando se tratar de processos que versarem sobre crimes hediondos.

(B) Os prazos processuais podem ser diminuídos, apenas para a defesa, quando se tratar de processos que versarem sobre crimes hediondos.

(C) A Lei 13.285/16 estabeleceu prioridade de tramitação dos processos que versarem sobre crimes hediondos apenas quando envolverem tipos da Lei 11.343/06.

(D) Os prazos processuais podem ser relativizados para uma maior celeridade nos processos que versarem sobre crimes hediondos.

(E) A Lei 13.285/16 estabeleceu a prioridade de tramitação dos processos que versarem sobre crimes hediondos.

A solução desta questão deve ser extraída do art. 394-A do CPP, introduzido pela Lei 13.285/2016, que assim dispõe: *os processos que apurem a prática de crime hediondo terão prioridade de tramitação em todas as instâncias*.
Gabarito "E".

(Delegado/GO – 2017 – CESPE) A respeito de crimes hediondos, assinale a opção correta.

(A) Embora tortura, tráfico de drogas e terrorismo não sejam crimes hediondos, também são insuscetíveis de fiança, anistia, graça e indulto.

(B) Para que se considere o crime de homicídio hediondo, ele deve ser qualificado.

(C) Considera-se hediondo o homicídio praticado em ação típica de grupo de extermínio ou em ação de milícia privada.

(D) O crime de roubo qualificado é tratado pela lei como hediondo.

(E) Aquele que tiver cometido o crime de favorecimento da prostituição ou outra forma de exploração sexual no período entre 2011 e 2015 não responderá pela prática de crime hediondo.

A: correta. De início, cumpre destacar que a tortura, o tráfico de drogas e o terrorismo, embora não sejam crimes hediondos, assim enunciados no rol do art. 1º da Lei 8.072/1990, são considerados equiparados (ou assemelhados) a hediondos, em conformidade com o que se extrai do art. 5º, XLIII, da CF. Ademais, o art. 2º, I e II, da precitada Lei 8.072/1990, expressamente dispõe que os

2. LEGISLAÇÃO PENAL ESPECIAL

crimes hediondos, a tortura, o tráfico de drogas e o terrorismo são insuscetíveis de anistia, graça e indulto, bem como de fiança; **B:** incorreta. Além do homicídio qualificado, que sempre será crime hediondo (art. 1º, I, segunda parte, da Lei 8.072/1990), também o será o homicídio simples, desde que praticado em atividade típica de grupo de extermínio, ainda que por uma só pessoa (art. 1º, I, primeira parte, da Lei 8.072/1990); **C:** incorreta. Embora seja hediondo o homicídio praticado em ação típica de grupo de extermínio (art. 1º, I, primeira parte, da Lei 8.072/1990), quando cometido em ação de milícia privada configurará apenas forma majorada (art. 121, § 6º, do CP); **D:** incorreta. O roubo poderá ser qualificado em duas situações: (i) se da violência resultar lesão corporal grave (art. 157, § 3º, I, do CP); (ii) se resultar morte (art. 157, § 3º, II, do CP). Dessas duas modalidades qualificadas, somente era considerado hediondo, ao tempo em que esta prova foi elaborada, o roubo seguido de morte (latrocínio), nos termos do art. 1º, II, da Lei 8.072/1990. Posteriormente à elaboração desta questão, a Lei 13.964/2019, dentre tantas outras alterações promovidas, inseriu no rol dos crimes hediondos (art. 1º, II, a, b, e c, da Lei 8.072/1990), entre outros delitos, o roubo circunstanciado pela restrição de liberdade da vítima (art. 157, § 2º, V, CP), o roubo circunstanciado pelo emprego de arma de fogo (art. 157, § 2º-A, I) ou pelo emprego de arma de fogo de uso proibido ou restrito (art. 157, § 2º-B) e a modalidade qualificada pelo resultado lesão corporal grave (art. 157, § 3º), lembrando que o roubo qualificado pelo resultado morte (latrocínio) já fazia parte do rol de crimes hediondos, conforme acima observado; **E:** incorreta. Com o advento da Lei 12.978, de 2014, foi inserido ao rol do art. 1º da Lei 8.072/1990 o crime de favorecimento da prostituição ou de outra forma de exploração sexual de criança ou adolescente ou de vulnerável (art. 218-B, caput, e §§ 1º e 2º, do CP). Portanto, a partir de 2014, o crime em comento tornou-se hediondo. **AT**

Gabarito "A".

(Delegado/DF – 2015 – Fundação Universa) A respeito dos crimes hediondos, assinale a alternativa correta com base na legislação de regência.

(A) O crime de epidemia com resultado morte não é considerado hediondo.

(B) Os crimes hediondos são insuscetíveis de anistia, graça e indulto, embora lhes seja admitida fiança.

(C) A pena do condenado por crime hediondo deverá ser cumprida em regime integralmente fechado, apesar de haver precedente jurisprudencial em que se admite o cumprimento da pena em regime inicialmente fechado.

(D) Se o crime hediondo de extorsão mediante sequestro for cometido por quadrilha ou bando, o coautor que denunciá-lo à autoridade, facilitando a libertação do sequestrado, será beneficiado com a redução da pena de um a dois terços.

(E) Entre os crimes hediondos previstos na lei, apenas as condutas consumadas são consideradas hediondas; as tentadas configuram a modalidade simples de crime.

A: incorreta, já que o crime de epidemia com resultado morte, tipificado no art. 267, § 1º, do CP, é considerado, sim, hediondo, nos termos do art. 1º, VII, da Lei 8.072/1990; **B:** incorreta. Além da anistia, da graça e do indulto, não se admite, no contexto dos delitos hediondos, a fiança (art. 2º, I e II, da Lei 8.072/1990); **C:** incorreta. Com o advento da Lei 11.464/2007, que conferiu nova redação ao art. 2º, § 1º, da Lei de Crimes Hediondos, passou-se a admitir que o início de cumprimento de pena, nos crimes hediondos e equiparados, se desse inicialmente no regime fechado (e não integralmente nesse regime prisional), seguindo orientação dada pelo STF. Sucede que o STF, ao julgar o HC 111.840, reconheceu a inconstitucionalidade incidental do referido dispositivo legal, afastando-se a obrigatoriedade do regime inicial fechado aos condenados por crimes hediondos e assemelhados. Temos, assim, que o condenado por crime hediondo ou equiparado, atualmente, pode iniciar o cumprimento da pena que lhe foi imposta em regime diverso do fechado, sempre levando em conta as peculiaridades de cada caso concreto; **D:** correta (art. 159, § 4º, do CP); **E:** incorreta, nos termos do art. 1º, caput, parte final, da Lei 8.072/1990.

Gabarito "D".

(Delegado/AC – 2008 – CESPE) Acerca das leis penais especiais, julgue o item abaixo:

(1) Em caso de crime hediondo, a prisão temporária será cabível, mediante representação da autoridade policial, pelo prazo de 30 dias, prorrogável por igual período em caso de extrema e comprovada necessidade.

1: correta. Em vista do que dispõe o art. 2º, § 4º, da Lei 8.072/1990 (Crimes Hediondos), nos chamados crimes hediondos e também nos delitos a eles equiparados (tráfico de drogas, tortura e terrorismo), a prisão temporária, disciplinada na Lei 7.960/1989, será decretada pelo juiz (sempre), mediante representação da autoridade policial ou a requerimento do MP, pelo prazo de 30 dias, prorrogável por igual período em caso de extrema e comprovada necessidade. O prazo estabelecido pelo legislador de 30 dias corresponde somente a um limite. Nada

impede – e isso tem sido comum no dia a dia forense – que o juiz, em face das peculiaridades do caso concreto, decrete 10, 15 ou 20 dias. Enfim, o prazo que julgar mais adequado.

Gabarito 1C

(Delegado/AP – 2010) De acordo com a Lei 8.072/1990, assinale a alternativa que não apresenta um crime considerado hediondo.

(A) latrocínio (art. 157, § 3º, in fine); extorsão qualificada pela morte (art. 158, § 2º) e envenenamento de água potável ou de substância alimentícia ou medicinal (art. 270).

(B) epidemia com resultado morte (art. 267, § 1º); homicídio qualificado (art. 121, § 2º, I, II, III, IV e V) e extorsão qualificada pela morte (art. 158, § 2º).

(C) latrocínio (art. 157, § 3º, in fine); epidemia com resultado morte (art. 267, § 1º); e homicídio qualificado (art. 121, § 2º, I, II, III, IV e V).

(D) latrocínio (art. 157, § 3º, in fine); falsificação, corrupção, adulteração ou alteração de produto destinado a fins terapêuticos ou medicinais (art. 273, caput e § 1º, § 1º-A e § 1º-B; e homicídio qualificado (art. 121, § 2º, I, II, III, IV e V).

(E) latrocínio (art. 157, § 3º, in fine); epidemia com resultado morte (art. 267, § 1º); falsificação, corrupção, adulteração ou alteração de produto destinado a fins terapêuticos ou medicinais (art. 273, caput e § 1º, § 1º-A e § 1º-B e homicídio qualificado (art. 121, § 2º, I, II, III, IV e V).

O crime de envenenamento de água potável ou de substância alimentícia ou medicinal, previsto no art. 270 do CP, embora já tenha integrado o rol do art. 1º da Lei 8.072/1090, deixou de fazer parte dessa lista com o advento da Lei 8.930/1994. Portanto, não se trata mais de delito hediondo. Já os delitos contidos nas outras alternativas, inclusive os que estão inseridos na própria alternativa "A", exceção feita a este do art. 270 do CP, são hediondos.

Gabarito "A".

(Delegado/TO – 2008 – CESPE) De acordo com a legislação especial pertinente, julgue o item seguinte.

(1) Considere a seguinte situação hipotética. Em 28.07.2007, Maria foi presa e autuada em flagrante delito pela prática de um crime hediondo. Concluído o inquérito policial e remetidos os autos ao Poder Judiciário, foi deferido pelo Juízo pedido de liberdade provisória requerido pela defesa da ré. Nessa situação, procedeu em erro a autoridade judiciária, pois os crimes hediondos são insuscetíveis de liberdade provisória.

1: correta, em se tratando de crime hediondo ou delito a ele equiparado, é vedada, por força do disposto no art. 2º, II, da Lei de Crimes Hediondos, a concessão de fiança. Com a edição da Lei 11.464/2007, que alterou este dispositivo e passou a admitir a liberdade provisória sem fiança (CF, art. 5º, XLIII), o juiz está autorizado a conceder liberdade provisória – sem fiança – nos crimes hediondos, desde que não presentes os requisitos da prisão preventiva – art. 312, CPP.

Gabarito 1C

6. CRIMES CONTRA O SISTEMA FINANCEIRO

(Delegado/AC – 2008 – CESPE) Julgue a seguinte afirmativa:

(1) "A quebra de sigilo bancário poderá ser decretada, quando necessária para apuração de ocorrência unicamente de crime punido com reclusão, em qualquer fase do inquérito ou do processo judicial".

1: incorreta, pois em desconformidade com a redação do art. 1º, § 4º, da Lei Complementar 105/2001.

Gabarito 1E

(Delegado/PB – 2009 – CESPE) Considerando a legislação acerca dos crimes contra o Sistema Financeiro Nacional (SFN), julgue a assertiva:

(1) Os crimes contra o SFN são de competência da Justiça Estadual, desde que não haja comprovação de prejuízo a bens da União.

1: incorreta. Em vista do que dispõe o art. 26 da Lei 7.492/1986, a ação penal, nos crimes tratados nesta lei, será promovida pelo Ministério Público Federal perante a Justiça Federal.

Gabarito 1E

(Delegado/RN – 2009 – CESPE) Paulo e Pedro, ambos funcionários públicos, em coautoria, retardaram, contra disposição expressa de lei, ato de ofício necessário ao regular funcionamento do Sistema Financeiro Nacional. Com base nessa situação hipotética, assinale a opção correta.

ARTHUR TRIGUEIROS E EDUARDO DOMPIERI

(A) Paulo e Pedro praticaram o delito de prevaricação.
(B) Os objetos jurídicos do delito praticado são a credibilidade do sistema financeiro e a proteção ao investidor.
(C) O delito em espécie pode ser punido tanto na forma culposa como na dolosa.
(D) A ação penal, no crime em comento, será promovida pelo MP estadual, perante a Justiça Estadual.

A: incorreta, dado que deve prevalecer, neste caso, o princípio da especialidade, afastando a infração prevista no art. 319 do CP, que exige, ainda, o elemento subjetivo específico que consiste em "satisfazer interesse ou sentimento pessoal". Responderão Paulo e Pedro pelo crime do art. 23 da Lei 7.492/1986; **B:** correta, pois a intenção da Lei 7.492/1986 é assegurar às instituições financeiras, seja pessoa jurídica de direito público ou de direito privado, o sigilo em suas operações e serviços prestados, além da credibilidade; **C:** incorreta, já que a conduta prevista no art. 23 da Lei 7.492/1986 não é punida a título de culpa; **D:** incorreta (art. 26 da Lei 7.492/1986).
Gabarito "B".

7. CRIMES CONTRA A ORDEM TRIBUTÁRIA

(Delegado/GO – 2017 – CESPE) Considere os seguintes atos, praticados com o objetivo de suprimir tributo:

1) Marcelo prestou declaração falsa às autoridades fazendárias;
2) Hélio negou-se a emitir, quando isso era obrigatório, nota fiscal relativa a venda de determinada mercadoria;
3) Joel deixou de fornecer nota fiscal relativa a prestação de serviço efetivamente realizado.

Nessas situações, conforme a Lei n. 8.137/1990 e o entendimento do STF, para que o ato praticado tipifique crime material contra a ordem tributária, será necessário o prévio lançamento definitivo do tributo em relação a

(A) Hélio e Joel.
(B) Marcelo apenas.
(C) Hélio apenas.
(D) Joel apenas.
(E) Hélio, Marcelo e Joel.

A conduta praticada por Marcelo se subsume ao crime tipificado no art. 1º, I, da Lei 8.137/1990, consistente no comportamento de omitir informação ou prestar declaração falsa às autoridades fazendárias, objetivando, com isso, a supressão ou redução de tributo. Já os comportamentos de Hélio e Joel se amoldam ao art. 1º, V, da precitada Lei. De acordo com a Súmula vinculante 24, não se tipifica crime material contra a ordem tributária, previsto no art. 1º, incisos I a IV, da Lei n. 8.137/1990, antes do lançamento definitivo do tributo. Portanto, correta a alternativa B, eis que somente se considera condição de procedibilidade da ação penal o lançamento definitivo do tributo no tocante aos crimes materiais contra a ordem tributária expressos nos incisos I a IV, do art. 1º da Lei 8.137/1990. **AT**
Gabarito "B".

(Delegado/GO – 2009 – UEG) Agente fiscal que solicita de contribuinte vantagem para deixar de lançar contribuição social devida comete

(A) crime de corrupção passiva.
(B) crime contra a ordem tributária.
(C) crime de excesso de exação.
(D) crime de prevaricação.

A alternativa correta é a "B", conforme dispõe o art. 3º, II, da Lei 8.137/1990.
Gabarito "B".

(Delegado/PB – 2009 – CESPE) Considerando a legislação acerca dos crimes contra a ordem tributária, julgue a assertiva:

(1) Nos crimes contra a ordem tributária, a delação premiada não é prevista como causa de redução da pena.

1: incorreta – art. 16, parágrafo único, da Lei 8.137/1990.
Gabarito 1E

8. CRIMES DE DISCRIMINAÇÃO RACIAL

(Delegado/GO – 2017 – CESPE) Uma jovem de vinte e um anos de idade, moradora da região Sudeste, inconformada com o resultado das eleições presidenciais de 2014, proferiu, em redes sociais na Internet, diversas ofensas contra nordestinos. Alertada de que estava cometendo um crime, a jovem apagou as mensagens e desculpou-se, tendo afirmado estar arrependida. Suas mensagens, porém, têm

sido veiculadas por um sítio eletrônico que promove discurso de ódio contra nordestinos.

No que se refere à situação hipotética precedente, assinale a opção correta, com base no disposto na Lei n. 7.716/1989, que define os crimes resultantes de preconceito de raça e cor.

(A) Independentemente de autorização judicial, a autoridade policial poderá determinar a interdição das mensagens ou do sítio eletrônico que as veicula.
(B) Configura-se o concurso de pessoas nessa situação, visto que o material produzido pela jovem foi utilizado por outra pessoa no sítio eletrônico mencionado.
(C) O crime praticado pela jovem não se confunde com o de injúria racial.
(D) Como se arrependeu e apagou as mensagens, a jovem não responderá por nenhum crime.
(E) A conduta da jovem não configura crime tipificado na Lei n. 7.716/1989.

A: incorreta. Nos termos do art. 20, § 3º, da Lei 7.716/1989, somente por determinação judicial será possível a interdição de mensagens ou páginas de informação na rede mundial de computadores que veiculem a prática, o induzimento ou a incitação à discriminação ou preconceito de raça, cor, etnia, religião ou procedência nacional; **B:** incorreta, pois o concurso de pessoas (art. 29 do CP) somente se caracteriza antes ou durante a execução da infração penal, e não após o cometimento dela, tal como consta no enunciado; **C:** correta. De fato, o crime praticado pela jovem, que se subsume à figura prevista no art. 20 da Lei 7.716/1989, não se confunde com a injúria racial (art. 140, § 3º, do CP). No racismo, o dolo do agente é voltado a uma pluralidade ou grupo de pessoas de uma mesma raça, cor, etnia, religião ou procedência nacional. Portanto, ofende-se a uma coletividade de indivíduos, diversamente do que ocorre na injúria racial, que é crime contra a honra de pessoa determinada, valendo-se o agente de elementos referentes a raça, cor, etnia, religião ou origem. Aqui, ofende-se a dignidade ou o decoro de um indivíduo; **D:** incorreta. O fato de a jovem, após seu comportamento discriminatório dirigido aos nordestinos por meio de redes sociais, haver apagado as mensagens não afasta o crime, caracterizado – e consumado – no momento da veiculação de referidas mensagens; **E:** incorreta. A conduta da jovem se amolda ao crime tipificado pelo art. 20 da Lei 7.716/1989. **AT**
Gabarito "C".

(Delegado/PR – 2013 – UEL-COPS) Quantos aos crimes de racismo definidos na Lei nº 7.716/1989, assinale a alternativa correta.

(A) A incitação pública ao racismo constitui delito de incitação ao crime definido no Art. 286 do Código Penal, não havendo na referida Lei disposição sobre tal conduta.
(B) No caso de incitação ou induzimento ao preconceito racial praticado através da rede mundial de computadores, poderá o juiz determinar a interdição da mensagem ou página de informação.
(C) São crimes de ação penal pública condicionada, dependendo de representação da vítima para propositura da ação penal.
(D) A injúria qualificada pelo preconceito racial é crime definido na referida Lei, não se aplicando o crime de injúria definido no Art. 140 do Código Penal.
(E) Não constitui crime definido na referida Lei o empregador que, motivado pelo preconceito racial, não conceder os equipamentos necessários ao empregado em igualdade de condições com os demais trabalhadores.

A: incorreta, uma vez que a conduta descrita na assertiva está contemplada no art. 20, *caput*, da Lei 7.716/1989; **B:** correta. Providência prevista no art. 20, § 3º, III, da Lei 7.716/1989; **C:** incorreta. A ação penal, nos crimes previstos na Lei 7.716/1989, é pública incondicionada; **D:** incorreta, uma vez que o crime de injúria qualificada pelo preconceito racial (injúria racial) está previsto no art. 140, § 3º, do CP, e não na Lei 7.716/1989; **E:** incorreta. Crime previsto no art. 4º, § 1º, I, da Lei 7.716/1989.
Gabarito "B".

9. CONTRAVENÇÕES PENAIS

(Delegado/PE – 2016 – CESPE) O brasileiro nato, maior e capaz, que pratica vias de fato contra outro brasileiro nato

(A) será considerado reincidente, caso tenha sido condenado, em território estrangeiro, por contravenção penal.
(B) poderá ser condenado a penas de reclusão, de detenção e de multa.

(C) responderá por contravenção penal no Brasil, ainda que a conduta tenha sido praticada em território estrangeiro.

(D) responderá por contravenção, na forma tentada, se tiver deixado de praticar o ato por circunstâncias alheias a sua vontade.

(E) responderá por contravenção penal e, nesse caso, a ação penal é pública incondicionada.

A: incorreta, pois não reflete a regra presente no art. 7º do Decreto-lei 3.688/1941 (Lei das Contravenções Penais); **B:** incorreta, já que as penas previstas ao agente que pratica contravenção penal são *prisão simples* e *multa*; **C:** incorreta. À luz do que estabelece o art. 2º do Decreto-lei 3.688/1941 (Lei das Contravenções Penais), a lei brasileira somente incidirá à contravenção praticada em território nacional. Em outras palavras, às contravenções penais não se aplica a *extraterritorialidade*, regra que, como bem sabemos, não se aplica aos crimes, em relação aos tem lugar a *extraterritorialidade* (art. 7º, CP); **D:** incorreta, vez que a tentativa de contravenção, por força do que dispõe o art. 4º da LCP, não é punível; **E:** correta, nos termos do art. 17 da LCP. **ED**

Gabarito "E".

10. CRIMES DE TORTURA

(Delegado/SP – 2003) Nas ações tipificadas pela Lei nº 9.455/1997 (Tortura), a pena será sempre agravada, de um sexto até um terço, dentre outros casos, se o crime for cometido contra

(A) criança, gestante, deficiente e idoso.

(B) criança, gestante, adolescente e idoso.

(C) criança, gestante, deficiente e adolescente.

(D) gestante, adolescente, deficiente e idoso.

Com a entrada em vigor da Lei 10.741/2003, que modificou a redação do art. 1º, § 4º, II, da Lei de Tortura, a pena será majorada na hipótese de o crime ser cometido contra criança, gestante, deficiente, adolescente e maior de 60 anos.

Gabarito "C".

11. ESTATUTO DO IDOSO

(Delegado/PE – 2016 – CESPE) Godofredo tem a obrigação legal de cuidar de determinado idoso, mas o abandonou em um hospital – conduta prevista no art. 98, do Estatuto do Idoso, com pena de detenção de seis meses a três anos e multa. Paulo negou trabalho a um idoso, com a justificativa de que o pretendente ao emprego encontrava-se em idade avançada –conduta enquadrada no art. 100, II, do Estatuto do Idoso, com pena de reclusão de seis meses a um ano e multa.

Nessas situações, as medidas despenalizadoras, previstas na Lei 9.099/1995 (lei dos juizados especiais),

(A) poderão beneficiar ambos os acusados, desde que haja anuência das vítimas.

(B) poderão beneficiar Paulo, com a transação penal, ao passo que Godofredo, com a suspensão condicional do processo.

(C) não poderão beneficiar Godofredo nem Paulo.

(D) poderão beneficiar apenas Godofredo.

(E) poderão beneficiar apenas Paulo.

À parte o embate existente acerca desse tema na doutrina, certo é que os institutos da transação penal e da suspensão condicional do processo, previstos, respectivamente, nos arts. 76 e 89 da Lei 9.099/1995 (Juizados Especiais), têm incidência no contexto dos crimes previstos no Estatuto do Idoso (art. 94) desde que a pena não ultrapasse os limites estabelecidos na Lei 9.099/1995. Sendo assim, está correta a assertiva "B", segundo a qual Paulo será beneficiado com a transação penal, já que a pena máxima cominada ao crime em que incorreu não é superior a dois anos; já Godofredo fará jus à suspensão condicional do processo, na medida em que a pena mínima cominada ao delito em que incorreu não é superior a um ano (art. 89, *caput*, da Lei 9.099/1995). *Vide* ADI 3.096. **ED**

Gabarito "B".

(Delegado/SP – 2014 – VUNESP) Aos crimes previstos na Lei n.º 10.741, de 2003 – Estatuto do Idoso –, aplica-se o procedimento previsto na Lei n.º 9.099, de 26 de setembro de 1995, desde que a pena máxima privativa de liberdade não ultrapasse

(A) 6 (seis) anos.

(B) 8 (oito) anos.

(C) 4 (quatro) anos.

(D) 1 (um) ano.

(E) 2 (dois) anos.

Impõe o art. 94 da Lei 10.741/2003 (Estatuto do Idoso) que, aos crimes ali previstos, adotar-se-á o procedimento da Lei 9.099/1995 (sumaríssimo). Digno de registro é o fato de que o STF, no julgamento da ADIn 3.096-5, de 25.06.2010, fixou entendimento no sentido de que, aos crimes previstos no Estatuto, deve se aplicar tão somente o procedimento sumaríssimo previsto na Lei 9.099/1995, e não os benefícios ali contemplados.

Gabarito "C".

(Delegado/SC – 2008) "Crácio" encontrou o ancião "Mévio", 80 anos de idade e inválido, ferido em consequência de um desabamento, sem condições de socorrer-se por suas próprias forças. Dolosamente, deixou de prestar-lhe assistência, embora fosse possível fazê-lo sem risco pessoal, na expectativa de que outrem o socorresse. Da omissão resultou a morte de "Mévio". "Crácio" responderá por:

(A) responderá pela modalidade prevista no delito especial tipificado no Estatuto do Idoso (Lei nº 10.741/2003), qualificada pelo resultado morte (preterdolo).

(B) crime de omissão de socorro, qualificado pelo resultado morte (preterdolo), previsto no Código Penal.

(C) crime de abandono de incapaz, qualificado pelo resultado morte (preterdolo), previsto no Código Penal.

(D) crime de homicídio culposo, com aumento de pena, pois a vítima era maior de 60 (sessenta) anos.

Se há tipo penal específico que descreve a conduta, com base no princípio da especialidade, aplica-se o art. 97, parágrafo único, da Lei 10.741/2003.

Gabarito "A".

12. LAVAGEM DE DINHEIRO

(Delegado/RS – 2018 – FUNDATEC) A respeito das condutas incriminadas pela Lei 9.613/1998, denominada Lei de Lavagem de Dinheiro, analise as assertivas que seguem:

I. De acordo com o entendimento atual do Supremo Tribunal Federal sobre a matéria, o crime de lavagem de bens, direitos ou valores, praticado na modalidade de ocultação, tem natureza de crime permanente, logo, a prescrição somente começa a contar do dia em que cessar a permanência.

II. O crime de lavagem de bens, direitos ou valores é composto por três fases: a colocação (*placement*), a ocultação (*layering*) e a integração (*integration*), devendo todas estarem configuradas para o enquadramento da conduta na figura criminosa.

III. A pena será aumentada de um a dois terços, quando forem constatadas várias transações financeiras, soma de grandes valores e, além disso, houver prova de que o sujeito integre organização criminosa.

Quais estão corretas?

(A) Apenas I.

(B) Apenas II.

(C) Apenas III.

(D) Apenas I e III.

(E) I, II e III.

I: correta (art. 111, III, CP). Nesse sentido, *vide*: AP 863/SP, rel. Min. Edson Fachin, julgamento em 23.5.2017 (inf. 866); **II:** incorreta. De fato, é bastante comum o fracionamento do processo de lavagem de dinheiro em três momentos. No primeiro, o dinheiro, de forma muitas vezes pulverizada, é introduzido no mercado financeiro, promovendo o distanciamento dos recursos de sua origem; na segunda etapa, os valores são transferidos entre contas com o objetivo de ocultá-los; e, por fim, são introduzidos na economia formal, e, dessa forma, adquirem aparência de legalidade (integração). Não se exige, para que o crime alcance a sua consumação, a ocorrência dessas três etapas. Nesse sentido: "Lavagem de dinheiro: L. 9.613/98: caracterização. O depósito de cheques de terceiro recebidos pelo agente, como produto de concussão, em contas-correntes de pessoas jurídicas, às quais contava ele ter acesso, basta a caracterizar a figura de "lavagem de capitais" mediante ocultação da origem, da localização e da propriedade dos valores respectivos (L. 9.613, art. 1º, *caput*): o tipo não reclama nem êxito definitivo da ocultação, visado pelo agente, nem o vulto e a complexidade dos exemplos de requintada "engenharia financeira" transnacional, com os quais se ocupa a literatura." (STF, RHC 80816, Relator(a): Min. SEPÚLVEDA PERTENCE, Primeira Turma, julgado em 10/04/2001, DJ 18-06-2001 PP-00013 EMENT VOL-02035-02 PP-00249); **III:** incorreta art. 1º, § 4º, da Lei 9.613/1998.

Gabarito "A".

420 ARTHUR TRIGUEIROS E EDUARDO DOMPIERI

2. Legislação Penal Especial

(Delegado/MG – 2018 – FUMARC) Em relação aos aspectos processuais da lei de lavagem de dinheiro (Lei 9.613/98), pode-se afirmar:

(A) A alienação de bens objeto de medidas assecuratórias depende da existência de trânsito em julgado de sentença condenatória.

(B) A competência para o julgamento do delito de lavagem de dinheiro será da justiça federal.

(C) A denúncia deverá ser instruída com indícios suficientes da existência de infração penal antecedente.

(D) A persecução penal em juízo depende da comprovação, mediante sentença condenatória, de infrações penais antecedentes.

A: incorreta, pois contraria o disposto no art. 4º, § 1º, da Lei 9.613/1998; **B:** incorreta, uma vez que a competência para o julgamento do delito de lavagem de dinheiro somente será da Justiça Federal nas hipóteses elencadas no art. 2º, III, da Lei 9.613/1998. Afora isso, a competência será da Justiça Estadual. Na jurisprudência: "A competência para a apreciação das infrações penais de lavagem de capitais somente será da Justiça Federal quando praticadas contra o sistema financeiro e a ordem econômico-financeira, ou em detrimento de bens, serviços ou interesses da União, ou de suas entidades autárquicas ou empresas públicas; ou quando o crime antecedente for de competência da Justiça Federal. *In casu*, não se apura afetação de qualquer interesse da União e o crime antecedente – tráfico de drogas – no caso é da competência estadual" (CC 96.678/MG, Rel. Ministra Maria Thereza de Assis Moura, Terceira Seção, julgado em 11/02/2009, DJe 20/02/2009); **C:** correta, uma vez que reflete o disposto no art. 2º, § 1º, da Lei 9.613/1998; **D:** incorreta. É despicienda, para a tipificação do crime de lavagem de dinheiro, a condenação do agente pelo cometimento da infração penal (crime e contravenção penal) antecedente. Segundo reza o art. 2º, II, da Lei 9.613/1998, "o processo e julgamento dos crimes previstos nesta Lei: II – independem do processo e julgamento das infrações penais antecedentes, ainda que praticados em outro país (...)". Basta, pois, a existência de prova de que a infração penal antecedente ocorreu (materialidade da infração).
Gabarito "C".

(Delegado/RJ – 2013 – FUNCAB) Oto, a fim de dificultar eventual investigação, depositou vários cheques de terceiros, recebidos como produto de concussão da qual participou, em contas-correntes de três empresas de sua propriedade, às quais esperava ter acesso.

Observando o caso concreto, analise as assertivas abaixo:

I. Oto deve responder por favorecimento real e lavagem de capitais.

II. A figura de lavagem de capitais é caracterizada pela ocultação ou dissimulação da origem, da localização, da disposição, da movimentação ou da propriedade dos valores respectivos, provenientes, direta ou indiretamente, de qualquer infração penal.

III. Se reconhecido que Oto praticou o crime de lavagem de capitais, resta excluída sua participação no crime de concussão.

IV. O tipo de lavagem de dinheiro não reclama nem o êxito definitivo da ocultação ou dissimulação, visado pelo agente, nem o vulto e a complexidade dos exemplos de requintada "engenharia financeira" transnacional.

Agora, indique a opção que contempla apenas as assertivas verdadeiras.

(A) I e II.

(B) II e III.

(C) III e IV.

(D) I e III.

(E) II e IV.

I: incorreta. Não pode ser considerado como sujeito ativo do crime de favorecimento real o coautor ou partícipe do crime anterior. É a interpretação que se extrai da leitura do tipo penal do art. 349 do CP; **II:** correta, porque em consonância com o art. 1º da Lei 9.613/1998, cuja redação foi alterada por força da Lei 12.683/2012. Antes disso, exigia-se, para a configuração do delito de lavagem de dinheiro, que o crime antecedente estivesse contemplado nos incisos I a VIII. Atualmente, a lavagem de dinheiro restará caracterizada sempre que o agente ocultar ou dissimular a natureza, origem, localização, disposição, movimentação ou propriedade de bens, direitos ou valores provenientes, direta ou indiretamente, de qualquer *infração penal* (crimes e contravenções); **III:** incorreta, uma vez que o crime de lavagem de dinheiro e aquele que o antecede são autônomos; **IV:** correta. Conferir: "Lavagem de dinheiro: L. 9.613/98: caracterização. O depósito de cheques de terceiro recebidos pelo agente, como produto de concussão, em contas-correntes de pessoas jurídicas, às quais contava ele ter acesso, basta a caracterizar a figura de "lavagem de capitais" mediante ocultação da origem, da localização e da propriedade dos valores respectivos (Lei 9.613/1998, art. 1º,

caput): o tipo não reclama nem êxito definitivo da ocultação, visado pelo agente, nem o vulto e a complexidade dos exemplos de requintada "engenharia financeira" transnacional" (STF, RHC 80.816, rel. Min. Sepúlveda Pertence, *DJ* 18.06.2011).
Gabarito "E".

(Delegado/SP – 2011) Em relação aos crimes de "lavagem" ou ocultação de bens, direitos e valores – Lei nº 9.613/98 é correto afirmar que

(A) se aplicam, como efeitos da condenação, somente os previstos no Código Penal.

(B) não há causas de aumento ou redução de pena.

(C) o COAF poderá requerer aos órgãos da Administração Pública as informações cadastrais bancárias e financeiras de pessoas envolvidas em atividades suspeitas.

(D) não admitem tentativa.

(E) cabe apenas ao COAF determinar a liberação dos bens apreendidos ou sequestrados quando comprovada a licitude de sua origem.

A: incorreta. São aplicáveis, no âmbito dos crimes de lavagem de capitais, tanto os efeitos da condenação previstos no Código Penal quanto aqueles contemplados no art. 7º da Lei 9.613/1998; **B:** incorreta. O art. 1º, §§ 4º e 5º, da Lei 9.613/1998, cuja redação foi alterada pela Lei 12.683/2012, estabelece causas de aumento e diminuição de pena aplicáveis aos crimes definidos nesta Lei; **C:** correta, nos termos do art. 14, § 3º, da Lei 9.613/1998; **D:** incorreta, visto que não reflete o disposto no art. 1º, § 3º, da Lei 9.613/1998; **E:** incorreta – art. 4º, § 2º, da Lei 9.613/1998 (com a redação alterada pela Lei 12.683/2012).
Gabarito "C".

13. LEI MARIA DA PENHA

(Delegado/RS – 2018 – FUNDATEC) De acordo com a Lei Maria da Penha e o entendimento sobre o tema pelos Tribunais Superiores, analise as assertivas que seguem e assinale V, se verdadeiras, ou F, se falsas.

( ) Maria foi agredida com socos por seu namorado, sem que tenham ocorrido lesões corporais, caracterizando vias de fato. Nesse caso, deverá representar contra o agressor para a instauração de inquérito policial.

( ) Mesmo que se trate de namoro duradouro, Maria não poderá receber medidas protetivas previstas na Lei 11.340/2013 em decorrência das agressões sofridas, ainda que medidas cautelares diversas da prisão constantes no Art. 319, do CPP, possam ser deferidas em seu favor.

( ) Quando um irmão agride uma irmã, na morada comum, tendo se valido de sua autoridade para subjugar a vítima, é possível o deferimento de medidas protetivas em favor da agredida.

( ) O delito de estupro contra mulher maior de 18 anos é processado mediante ação penal privada.

( ) O delito de injúria (Art. 140, *caput*, CP) praticado contra mulher no contexto de violência de gênero é processado mediante ação pública incondicionada.

A ordem correta de preenchimento dos parênteses, de cima para baixo, é:

(A) V – F – V – F – V.

(B) V – V – F – F – V.

(C) F – F – V – V – F.

(D) F – V – F – V – F.

(E) F – F – V – F – F.

1ª assertiva: falsa. Trata-se de ação penal pública incondicionada, nos termos do art. 17 da Lei das Contravenções Penais; **2ª assertiva:** falsa. O namoro, mormente quando duradouro, configura relação íntima de afeto, ensejando a aplicação da Lei Maria da Penha (art. 5º, III, Lei 11.340/2006); **3ª assertiva:** verdadeira (art. 5º, II, Lei 11.340/2006); **4ª assertiva:** falsa. A ação penal, nos delitos sexuais, era, em regra, de iniciativa privada. Era o que estabelecia a norma contida no *caput* do art. 225 do Código Penal. As exceções ficavam por conta do § 1º do dispositivo. Com o advento da Lei 12.015/09, que introduziu uma série de modificações nos crimes sexuais, agora chamados *crimes contra a dignidade sexual*, nomenclatura, a nosso ver, mais adequada aos tempos atuais, a ação penal deixou de ser privativa do ofendido para ser pública condicionada à representação, exceção feita às hipóteses em que a vítima era menor de 18 anos ou pessoa vulnerável, caso em que a ação era pública incondicionada (art. 225, parágrafo único, do CP). Era esta a regra em vigor ao tempo em que esta questão foi elaborada. Pois bem. Mais recentemente, entrou em vigor a Lei 13.718/2018, que, dentre várias inovações implementadas nos crimes contra a dignidade sexual, mudou, uma vez mais, a natureza da ação penal nesses delitos. Com isso, a ação penal, nos crimes sexuais, passa a ser pública incondicionada. Vale lembrar que, antes do advento

2. LEGISLAÇÃO PENAL ESPECIAL

desta Lei, a ação era, em regra, pública condicionada, salvo nas situações em que a vítima era vulnerável ou menor de 18 anos. Fazendo um breve histórico, temos o seguinte quadro: a ação penal, nos crimes sexuais, era, em regra, privativa do ofendido, a este cabendo a propositura da ação penal; posteriormente, a partir do advento da Lei 12.015/2009, a ação penal, nesses crimes, deixou de ser privativa do ofendido para ser pública condicionada a representação, em regra; agora, com a entrada em vigor da Lei 13.718/2018, a ação penal, nos crimes contra a dignidade sexual, que antes era pública condicionada, passa a ser pública incondicionada. Com isso, o titular da ação penal, que é o MP, prescinde de manifestação de vontade da vítima para promover a ação penal. Dessa forma, fica sepultado o debate que antes havia acerca da aplicação da Súmula 608, do STF; **5ª assertiva:** falsa. Em decisão tomada no julgamento da ADIn n. 4.424, de 09.02.2012, o STF estabeleceu a natureza incondicionada da ação penal nos crimes de lesão corporal, independente de sua extensão, praticados contra a mulher no ambiente doméstico (Súmula 542, do STJ). Sucede que tal decisão, como se pode notar, é restrita aos crimes de lesão corporal, não se aplicando, pois, ao crime de injúria, cuja iniciativa para a ação penal é privativa da vítima, nos termos do art. 145 do CP.

Gabarito "E".

(Delegado/RS – 2018 – FUNDATEC) Em relação à Lei 11.340/2006, assinale a alternativa INCORRETA.

(A) É direito da mulher em situação de violência doméstica e familiar o atendimento policial e pericial especializado, ininterrupto e prestado por servidores – preferencialmente do sexo feminino – previamente capacitados.

(B) Deverá a autoridade policial remeter, no prazo de 48 (quarenta e oito) horas, expediente apartado ao juiz com o pedido da ofendida, para a concessão de medidas protetivas de urgência.

(C) Será adotado, preferencialmente, o procedimento de coleta de depoimento registrado em meio eletrônico ou magnético, devendo a degravação e a mídia integrar o inquérito.

(D) Será observada, como diretriz, a realização de sucessivas inquirições sobre o mesmo fato nos âmbitos criminal, cível e administrativo, bem como questionamentos sobre a vida privada, desde que em recinto especialmente projetado para esse fim, o qual conterá os equipamentos próprios e adequados à idade da mulher em situação de violência doméstica e familiar ou testemunha e ao tipo e à gravidade da violência sofrida.

(E) Serão admitidos como meios de prova, os laudos ou prontuários médicos fornecidos por hospitais e postos de saúde.

A: correta, pois em conformidade com o disposto no art. 10-A, *caput*, da Lei 11.340/2006, introduzido pela Lei 13.515/2017; **B:** correta, uma vez que reflete o que estabelece o art. 12, III, da Lei 11.340/2006; **C:** correta, na medida em que reflete o que dispõe o art. 10-A, § 2º, III, da Lei 11.340/2006, introduzido pela Lei 13.515/2017; **D:** incorreta (a ser assinalada), dado que contraria o disposto no art. 10-A, § 1º, III, da Lei 11.340/2006; **E:** correta (art. 12, § 3º, da Lei 11.340/2006).

Gabarito "D".

(Delegado/RS – 2018 – FUNDATEC) Assinale a alternativa correta a partir do texto da Lei 11.340/2006, além dos entendimentos que prevalecem na doutrina e na jurisprudência dos Tribunais Superiores.

(A) Mari Orrana, 35 anos, chegou em casa e ficou chocada ao perceber que o seu cônjuge, Crakeison, 32 anos, havia subtraído os eletrodomésticos pertencentes a ela, provavelmente, para entregar a algum traficante. No caso, é possível aplicar-se a regra de imunidade absoluta, prevista no artigo 181, inciso I, do Código Penal.

(B) Maríndia foi vítima da contravenção penal de vias de fato, praticada pelo namorado Lacaio. Nessa hipótese, é possível aplicar penas restritivas de direito ao caso, porque o artigo 44, inciso I, do Código Penal, ao tratar das penas restritivas de direito, disse não serem cabíveis tais penas aos crimes praticados com violência ou grave ameaça à pessoa. Portanto, a proibição não deve ser estendida às contravenções penais, sob pena de analogia *in malam partem*.

(C) O Supremo Tribunal Federal afastou a aplicação do princípio da insignificância às infrações penais praticadas contra a mulher, no âmbito das relações domésticas, limitando-se a fazê-lo sob o aspecto da insignificância própria, mantendo a possibilidade de aplicação da insignificância imprópria a tais casos.

(D) A Lei Maria da Penha elevou à condição de infração penal toda e qualquer forma de violência contra a mulher, no âmbito doméstico ou da família, independentemente de coabitação.

A: correta. Isso porque, embora Crakeison tenha cometido crime de furto contra sua esposa, Mari Orrana, ele não será, por força do art. 181, I, do CP, responsabilizado por tal fato (o fato não é punível). Em outras palavras, o fato, embora típico, antijurídico e culpável, não é punível, dada a existência da escusa absolutória do art. 181, I, do CP; **B:** incorreta, pois contraria o entendimento consagrado na Súmula 588 do STJ, que veda a substituição da pena privativa de liberdade por restritiva de direitos na hipótese narrada no enunciado; **C:** incorreta. Segundo a Súmula 589, do STJ, *É inaplicável o princípio da insignificância nos crimes ou contravenções penais praticados contra a mulher no âmbito das relações domésticas.* Como se pode ver, não se fez distinção entre os princípios da bagatela própria e imprópria, aplicando-se o teor da súmula a essas duas modalidades. Conferir: "O Superior Tribunal de Justiça tem jurisprudência reiterada de que não incide os princípios da insignificância e da bagatela imprópria aos crimes e às contravenções praticados mediante violência ou grave ameaça contra mulher, no âmbito das relações domésticas, dada a relevância penal da conduta. Logo, a reconciliação do casal não implica no reconhecimento da atipicidade material da conduta ou a desnecessidade de pena" (AgRg no REsp 1602827/MS, Rel. Ministro RIBEIRO DANTAS, Quinta Turma, DJe 09/11/2016) 2. Agravo regimental desprovido" (STJ, AgRg no REsp 1743996/MS, Rel. Ministro REYNALDO SOARES DA FONSECA, QUINTA TURMA, julgado em 14/05/2019, DJe 23/05/2019); **D:** incorreta, já que nem toda forma de violência contra a mulher, no âmbito doméstico ou familiar, configura infração penal (art. 7º, Lei 11.340/2006).

Gabarito "A".

(Delegado/PR – 2013 – UEL-COPS) Segundo a Lei nº 11.340/2006, assinale a alternativa correta.

(A) A prisão preventiva do agressor é medida cabível em qualquer fase do inquérito policial ou da instrução processual, desde que requerida pela ofendida ou pelo Ministério Público.

(B) As medidas protetivas de urgência poderão ser requeridas pela autoridade policial, em qualquer momento da investigação.

(C) Após fixadas as medidas protetivas, ainda que sofram alterações, deverão ser mantidas até o julgamento final do processo.

(D) É facultada ao juiz a aplicação de pena pecuniária nos casos de violência doméstica e familiar contra a mulher, quando comprovado prejuízo.

(E) O juiz poderá aplicar de imediato ao agressor a medida protetiva de afastamento do lar e prestação de alimentos provisionais, em conjunto ou separadamente.

A: incorreta, pois não corresponde ao que estabelece o art. 20 da Lei 11.340/2006 (Maria da Penha). Este dispositivo, como se pode ver, é incompatível com a nova regra introduzida no art. 311 do CPP pela Lei 13.964/2019, que veda, em qualquer caso, a decretação da custódia preventiva de ofício pelo juiz. Por certo isso gerará discussão na doutrina e jurisprudência, tendo em conta a consagração do sistema acusatório, conforme art. 3º-A do CPP, introduzido pela Lei 13.964/2019; **B:** incorreta, pois em desacordo com o que dispõe o art. 19, *caput*, da Lei 11.340/2006 (Maria da Penha). Atenção: ao tempo em que formulada esta questão, somente ao juiz era dado aplicar as medidas protetivas de urgência, nos termos do art. 22, *caput*, da Lei 11.340/2006 (Maria da Penha). Tal realidade mudou com o advento da Lei 13.827/2019, que inseriu na Lei 11.340/2006 (Maria da Penha) o art. 12-C, que estabelece que, constatada situação de risco à vida ou à integridade física da mulher, no contexto de violência doméstica e familiar, a autoridade policial promoverá o imediato afastamento do ofensor do lar ou do local em que conve com a ofendida, desde que o município não seja sede de comarca; à falta da autoridade policial, o afastamento poderá ser realizado pelo policial de plantão; **C:** incorreta (art. 19, § 3º, Lei 11.340/2006); **D:** incorreta. Providência não prevista em lei; **E:** correta (art. 22, II e V, da Lei 11.340/2006).

Gabarito "E".

(Delegado/BA – 2013 – CESPE) Após a Segunda Guerra Mundial, com o reconhecimento e a ampliação dos direitos humanos, ocorreram mudanças na sociedade em relação a vários temas, que repercutiram na pós-modernidade, entre os quais se destaca o combate a qualquer forma de discriminação. Considerando esse assunto, julgue o item abaixo.

(1) De acordo com a Lei Maria da Penha, nas ações penais públicas condicionadas à representação da vítima de violência doméstica, admite-se a possibilidade de renúncia da ação pela parte ofendida, em qualquer fase processual, sendo exigida, no entanto, a manifestação do Ministério Público (MP).

1: incorreta. Nos exatos termos do art. 16 da Lei 11.340/2006 (Lei Maria da Penha), "nas ações penais públicas condicionadas à representação da ofendida de que trata esta Lei, só será admitida a renúncia à representação perante o juiz, em audiência especialmente designada com tal finalidade, antes do recebimento da denúncia e ouvido o Ministério Público". Assim, a assertiva em comento contém, de plano, o seguinte erro: não se trata de renúncia da ação pela parte ofendida (mulher vítima de violência doméstica), mas, sim, da representação, que é condição de procedibilidade daquela. Em verdade, do ponto de vista técnico-jurídico, não se deveria falar em "renúncia à representação", mas, sim, "retratação da representação". Nas palavras de Renato Brasileiro de Lima, com as quais concordamos, "houve, pois, uma impropriedade técnica do legislador ao usar a expressão *renúncia* no art. 16 da Lei Maria da Penha, já que se trata, na verdade, de verdadeira representação" (*Legislação criminal especial comentada*. 2. ed. Salvador: Juspodivm, 2014. p. 910). Se se tratasse, de fato, de renúncia, a vítima sequer teria ofertado a representação. Ora, se o art. 16 da lei sob análise fala em designação de audiência para que a ofendida exerça o tal direito de "renúncia", é porque, em verdade, a representação já foi oferecida por ocasião da *notitia criminis*. O segundo equívoco da assertiva se verifica no tocante ao limite temporal-processual máximo para a retratação da representação. O adrede mencionado art. 16 da Lei Maria da Penha é claro ao prescrever que referida manifestação de vontade da vítima deverá acontecer em audiência especialmente designada com tal finalidade, *antes do recebimento da denúncia*, com a oitiva do Ministério Público, e não em "qualquer fase processual", como afirmado na questão.

Gabarito 1E

(Delegado/PA – 2012 – MSCONCURSOS) Toda mulher, independentemente de classe, raça, etnia, orientação sexual, renda, cultura, nível educacional, idade e religião, goza dos direitos fundamentais inerentes à pessoa humana, sendo-lhe asseguradas as oportunidades e facilidades para viver sem violência, preservar sua saúde física e mental e seu aperfeiçoamento moral, intelectual e social. Segundo a Lei Maria da Penha (Lei nº 11.340, de 7 de agosto de 2006), são formas de violência doméstica e familiar contra a mulher, entre outras, a violência moral, que é entendida como qualquer conduta que

(A) ofenda sua integridade ou saúde corporal.

(B) lhe cause dano emocional e diminuição da autoestima ou que lhe prejudique e perturbe o pleno desenvolvimento ou que vise degradar ou controlar suas ações, comportamentos, crenças e decisões, mediante ameaça, constrangimento, humilhação, manipulação, isolamento, vigilância constante, perseguição contumaz, insulto, chantagem, ridicularização, exploração e limitação do direito de ir e vir ou qualquer outro meio que lhe cause prejuízo à saúde psicológica e à autodeterminação.

(C) a constranja a presenciar, a manter ou a participar de relação sexual não desejada, mediante intimidação, ameaça, coação ou uso da força; que a induza a comercializar ou a utilizar, de qualquer modo, a sua sexualidade, que a impeça de usar qualquer método contraceptivo ou que a force ao matrimônio, à gravidez, ao aborto ou à prostituição, mediante coação, chantagem, suborno ou manipulação; ou que limite ou anule o exercício de seus direitos sexuais e reprodutivos.

(D) configure retenção, subtração, destruição parcial ou total de seus objetos, instrumentos de trabalho, documentos pessoais, bens, valores e direitos ou recursos econômicos, incluindo os destinados a satisfazer suas necessidades.

(E) configure calúnia, difamação ou injúria.

Art. 7º, V da Lei 11.340/2006.

Gabarito "E".

14. CRIMES CONTRA O MEIO AMBIENTE

O meio ambiente é protegido pela legislação brasileira através das diferentes responsabilidades atribuídas a cada agente ou instituição voltada para tal fim. Dentre as garantias do cumprimento da Lei estão as sanções penais e administrativas dispostas na Lei 9.605/98. Seguindo a sistemática legal, que encontra na Constituição Federal/CF 88 seu norteador hermenêutico e nos outros diplomas legais ferramentas para a garantia de Direitos, determinadas infrações ambientais, observada suas cominações legais, permitem a aplicação imediata da pena restritiva de direitos ou multa.

(Delegado/ES – 2019 – Instituto Acesso) Segundo a Lei 9.605/98, a aplicação imediata da pena restritiva de direitos ou multa:

(A) é possível com a prévia composição do dano.

(B) não é possível.

(C) não é aplicável porque não existe transação penal ambiental.

(D) é possível com a prévia recomposição do dano.

(E) é possível com a prévia reparação do dano.

A solução desta questão deve ser extraída do art. 27 da Lei 9.605/1998, que assim dispõe: "nos crimes ambientais de menor potencial ofensivo, a proposta de aplicação imediata de pena restritiva de direitos ou multa, prevista no art. 76 da Lei 9.099, de 26 de setembro de 1995, somente poderá ser formulada desde que tenha havido a prévia composição do dano ambiental, de que trata o art. 74 da mesma lei, salvo em caso de comprovada impossibilidade".

Gabarito "A".

(Delegado/AP – 2017 – FCC) De acordo com a Lei no 9.605/98, considere:

I. Poderá ser desconsiderada a pessoa jurídica sempre que sua personalidade for obstáculo ao ressarcimento de prejuízos causados à qualidade do meio ambiente.

II. É circunstância que agrava a pena o fato de o agente ter cometido crime ambiental em domingos ou feriados.

III. O crime de introduzir espécime animal no país, sem parecer técnico oficial favorável e licença expedida por autoridade competente, deve ser apurada e julgada pela justiça comum estadual, já que não há ofensa de bem, serviço ou interesse da União, de suas entidades autárquicas ou empresas públicas.

IV. Para os efeitos da lei ambiental, considera-se pesca todo ato tendente a retirar, extrair, coletar, apanhar, apreender ou capturar espécimes dos grupos dos peixes, crustáceos, moluscos e vegetais hidróbios, suscetíveis ou não de aproveitamento econômico, ressalvadas as espécies ameaçadas de extinção, constantes nas listas oficiais da fauna e da flora.

Está correto o que se afirma em

(A) I e III, apenas.

(B) I e IV, apenas.

(C) I, III e IV, apenas.

(D) II, III e IV, apenas.

(E) I, II, III e IV.

I: correta, nos exatos termos do art. 4º da Lei 9.605/1998; II: correta, conforme preconiza o art. 15, II, "h", da Lei 9.605/1998; III: correta. Esse é o entendimento do STJ. Confira-se (AgRg no REsp 704.209/PA): "1. Em sendo a proteção ao meio ambiente matéria de competência comum da União, dos Estados, do Distrito Federal e dos Municípios, e inexistindo, quanto aos crimes ambientais, dispositivo constitucional ou legal expresso sobre qual a Justiça competente para o seu julgamento, tem-se que, em regra, o processo e o julgamento dos crimes ambientais é de competência da Justiça Comum Estadual. 2. Inexistindo, em princípio, qualquer lesão a bens, serviços ou interesses da União (artigo 109 da CF), afasta-se a competência da Justiça Federal para o processo e o julgamento de crimes cometidos contra o meio ambiente, aí compreendidos os delitos praticados contra a fauna e a flora. (...)"; IV: correta, nos precisos termos do art. 36 da Lei 9.605/1998. AT

Gabarito "E".

(Delegado/PE – 2016 – CESPE) Se uma pessoa física e uma pessoa jurídica cometerem, em conjunto, infrações previstas na Lei 9.605/1998 – que dispõe sobre as sanções penais e administrativas derivadas de condutas e atividades lesivas ao meio ambiente, e dá outras providências,

(A) as atividades da pessoa jurídica poderão ser totalmente suspensas.

(B) a responsabilidade da pessoa física poderá ser excluída, caso ela tenha sido a coautora das infrações.

(C) a pena será agravada, se as infrações tiverem sido cometidas em sábados, domingos ou feriados.

(D) a pena será agravada, se ambas forem reincidentes de crimes de qualquer natureza.

(E) será vedada a suspensão condicional da pena aplicada.

A: correta, pois reflete o disposto no art. 22, I, da Lei 9.605/1998; B: incorreta, já que tal assertiva não encontra respaldo na legislação aplicável à espécie; C: incorreta, já que contraria o disposto no art. 15, II, *h*, da Lei 9.605/1998, que estabelece que a agravante somente incidirá na hipótese de o crime ser cometido aos *domingos ou feriados*; o *sábado*, portanto, não foi contemplado; D: incorreta, na medida em que a pena somente será agravada, em conformidade com o que estabelece o art. 15, I, da Lei 9.605/1998, se a reincidência se der pela prática de crimes ambientais; E: incorreta. Isso porque o art. 16 da Lei 9.605/1998 prevê a possibilidade de concessão da suspensão condicional da pena (*sursis*) nos casos de condenação a pena privativa de liberdade não superior a *três* anos. Cuidado: o Código Penal, em seu art. 77, *caput*, estabelece prazo diferente (*dois* anos). ED

Gabarito "A".

(Delegado/AP – 2017 – FCC) Sobre as penas previstas na Lei n. 9.605/1998, considere:

I. A prestação de serviços à comunidade consiste na atribuição ao condenado de tarefas gratuitas junto a parques e jardins públicos e unidades de conservação, e, no caso de dano da coisa particular, pública ou tombada, na restauração desta, se possível.

II. As penas de interdição temporária de direito são a proibição do condenado contratar com o Poder Público, de receber incentivos fiscais ou quaisquer outros benefícios, bem como de participar de licitações, pelo prazo de 10 anos, no caso de crimes dolosos, e de 5 anos, no de crimes culposos.

III. A prestação pecuniária consiste no pagamento em dinheiro à vítima ou à entidade pública ou privada com fim social, de importância, fixada pelo juiz, não inferior a um salário mínimo nem superior a 360 salários mínimos. O valor pago não poderá ser deduzido do montante de eventual reparação civil a que for condenado o infrator.

IV. O recolhimento domiciliar baseia-se na autodisciplina e senso de responsabilidade do condenado, que deverá, sem vigilância, trabalhar, frequentar curso ou exercer atividade autorizada, permanecendo recolhido nos dias e horários de folga em residência ou em qualquer local destinado a sua moradia habitual, conforme estabelecido na sentença condenatória.

Está correto o que se afirma APENAS em

(A) I e II.
(B) I e IV.
(C) III e IV.
(D) II, III.
(E) I e III.

I: correta, nos exatos termos do art. 9º da Lei 9.605/1998; II: incorreta. Conforme dispõe o art. 10 da Lei 9.605/1998, as penas de interdição temporária de direito são a proibição de o condenado contratar com o Poder Público, de receber incentivos fiscais ou quaisquer outros benefícios, bem como de participar de licitações, pelo prazo de cinco anos, no caso de crimes dolosos, e de três anos, no de crimes culposos; III: incorreta. Confira-se a redação do art. 12 da Lei 9.605/1998: "A prestação pecuniária consiste no pagamento em dinheiro à vítima ou à entidade pública ou privada com fim social, de importância, fixada pelo juiz, não inferior a um salário mínimo nem superior a trezentos e sessenta salários mínimos. O valor pago será deduzido do montante de eventual reparação civil a que for condenado o infrator"; IV: correta, nos estritos termos do art. 13 da Lei 9.605/1998. **AT**
Gabarito "B".

(Delegado/RO – 2014 – FUNCAB) Nos termos da Lei 9.605/1998, a pena de multa será calculada com base:

(A) na situação econômica do infrator e no montante do prejuízo causado, podendo ser aumentada em até três vezes de acordo com o valor da vantagem econômica auferida e a eficácia da medida punitiva.

(B) na vantagem econômica auferida, podendo ser aumentada em até duas vezes de acordo com o montante do prejuízo causado e a situação econômica do infrator.

(C) na situação econômica do infrator, podendo ser aumentada em até três vezes de acordo com o montante do prejuízo causado e a eficácia da medida punitiva.

(D) no montante do prejuízo causado e na vantagem econômica auferida, podendo ser aumentada em até duas vezes de acordo com a situação econômica do infrator e a eficácia da medida punitiva.

(E) no montante do prejuízo causado, podendo ser aumentada em até duas vezes de acordo com o valor da vantagem econômica auferida e a situação econômica do infrator.

Segundo estabelece o art. 6º, III, da Lei 9.605/1998, levar-se-á em conta, na aplicação da pena de multa, a situação econômica do infrator. O art. 18 do mesmo diploma legal, por sua vez, reza que a multa será calculada na forme prevista no Código Penal; revelando-se ineficaz, poderá, mesmo que aplicada no valor máximo, ser aumentada em três vezes, levando-se em conta, para tanto, o valor da vantagem auferida pelo agente.
Gabarito "A".

(Delegado/RO – 2014 – FUNCAB) NÃO incorrerá na mesma pena prescrita para a pesca em período no qual seja proibida ou em lugares interditados por órgão competente quem:

(A) pesca mediante a utilização de explosivos.
(B) pesca quantidades superiores às permitidas.
(C) pesca mediante a utilização de aparelhos e petrechos não permitidos.
(D) pesca espécimes com tamanhos inferiores aos permitidos.
(E) beneficia ou industrializa espécimes provenientes da coleta, apanha e pesca proibidas.

A: correta, uma vez que corresponde à conduta prevista no art. 35, I, da Lei 9.605/1998, cuja pena cominada é de 1 a 5 anos de reclusão, superior à reprimenda estabelecida para as condutas equiparadas à pesca em período proibido ou realizada em lugares interditados por órgão competente (art. 34, parágrafo único, da Lei 9.605/1998), que é de 1 a 3 anos de detenção; B: incorreta, pois se trata da conduta prevista no art. 34, parágrafo único, II, 1ª parte, da Lei 9.605/1998, à qual se aplica a mesma pena do crime descrito no caput: "pescar em período no qual (...)"; C: incorreta, pois se trata da conduta prevista no art. 34, parágrafo único, II, 2ª parte, da Lei 9.605/1998, à qual se aplica a mesma pena do crime descrito no caput: "pescar em período no qual (...)"; D: incorreta, pois se trata da conduta prevista no art. 34, parágrafo único, I, da Lei 9.605/1998, à qual se aplica a mesma pena do crime descrito no caput: "pescar em período no qual (...)"; E: incorreta, pois se trata da conduta prevista no art. 34, parágrafo único, III, da Lei 9.605/1998, à qual se aplica a mesma pena do crime descrito no *caput*: "pescar em período no qual (...)".
Gabarito "A".

(Delegado/PA – 2012 – MSCONCURSOS) A Lei nº 9.605/1998 estabelece sanções para condutas e atividades lesivas ao meio ambiente. De acordo com a referida lei, não é circunstância que atenua a pena:

(A) arrependimento do infrator, manifestado pela espontânea reparação do dano, ou limitação significativa da degradação ambiental causada.

(B) baixo grau de instrução ou escolaridade do agente.

(C) comunicação prévia pelo agente do perigo iminente de degradação ambiental.

(D) erro de pessoa ou circunstância fática não previsível.

(E) colaboração com os agentes encarregados da vigilância e do controle ambiental.

Art. 14 da Lei 9.605/1998.
Gabarito "D".

15. EXECUÇÃO PENAL

(Delegado/RS – 2018 – FUNDATEC) A respeito da execução da pena privativa de liberdade, analise as assertivas a seguir, de acordo com a Lei de Execução Penal, a jurisprudência do Supremo Tribunal Federal e a doutrina majoritária, respectivamente.

I. Em relação ao trabalho do preso, é possível afirmar que o trabalho externo é autorizado aos condenados que cumprem pena no regime fechado, desde que em serviços ou obras públicas, que poderão ser realizados por órgãos da administração direta ou indireta, ou entidades privadas, desde que tomadas as medidas contra fuga e em favor da disciplina, ou seja, com escolta.

II. A necessidade de respeito à integridade física e moral do preso fez com que, atualmente, o entendimento jurisprudencial seja pela impossibilidade do uso de algemas, a menos que haja resistência e fundado receio de fuga ou perigo à integridade física do preso, o que não inclui riscos à integridade física de terceiras pessoas, pois, nesse caso, serão cabíveis outras providências.

III. É possível aplicar-se o regime disciplinar diferenciado ao preso provisório ou ao condenado sob o qual recaiam fundadas suspeitas de envolvimento ou participação, a qualquer título, em organização terrorista.

Quais estão corretas?

(A) Apenas I.
(B) Apenas II.
(C) Apenas III.
(D) Apenas I e III.
(E) I, II e III.

I: correta, pois reflete o disposto no art. 36, *caput*, da LEP; II: incorreta, uma vez que não corresponde ao entendimento firmado por meio da Súmula Vinculante

11; **III**: correta, na medida em que corresponde ao que estabelece o art. 52, § 1º, II, da LEP, cuja redação foi conferida pela Lei 13.964/2019, que, ao instituir o pacote anticrime, modificou substancialmente as regras que regem o regime disciplinar diferenciado, a começar pelo prazo de duração, que era de até 360 dias e passou para até dois anos, sem prejuízo de repetição da sanção diante do cometimento de nova falta grave da mesma espécie. Também por força da Lei 13.964/2019, as visitas, que antes eram semanais, passam a ser quinzenais, de 2 pessoas por vez, que serão realizadas em instalações equipadas para impedir o contato físico e a passagem de objetos, por pessoa da família ou, no caso de terceiro, autorizado pelo juiz, com duração de 2 horas. O art. 52, IV, da LEP, por sua vez, passou a exigir que a saída para o banho de sol seja feita em grupos de até quatro presos, desde que não haja contato com presos do mesmo grupo criminoso. Além dessas, outras modificações foram implementadas no RDD, razão pela qual sugeridos a leitura do art. 52 da LEP na íntegra.

Gabarito "D".

16. TEMAS COMBINADOS E OUTROS TEMAS DA LEGISLAÇÃO EXTRAVAGANTE

(Delegado/ES – 2019 – Instituto Acesso) A Lei 13.245/2016 alterou o art. 7º da Lei 8.906/94 (Estatuto da OAB) que garante ao advogado do investigado, o direito de assistir a seus clientes durante a apuração de infrações, inclusive nos depoimentos e interrogatório, podendo apresentar razões e quesitos. Com efeito, Anderson, advogado de José, impugnou a oitiva de duas testemunhas em fase de inquérito policial, alegando que não recebeu notificação informando do dia e hora da oitiva das referidas testemunhas em sede policial. Diante da temática apresentada, assinale a seguir a alternativa correta.

(A) O sigilo do inquérito policial impede que o advogado tenha acesso aos atos já documentados em inquérito policial.

(B) A Lei 13.245/2016 impôs o dever à autoridade policial de intimar previamente o advogado constituído para os atos de investigação, em homenagem ao contraditório e a ampla defesa.

(C) A Lei 13.245/2016 instituiu a obrigatoriedade do inquérito policial ainda que não haja provas devidamente constituídas.

(D) A Lei 13.245/2016 não impôs um dever à autoridade policial de intimar previamente o advogado constituído para os atos de investigação.

(E) A inquisitorialidade do procedimento investigatório policial é o que impede que o advogado tenha acesso aos atos já documentados em inquérito policial.

A: incorreta. O inquérito policial é, em vista do que estabelece o art. 20 do CPP, sigiloso. Ocorre que, a teor do art. 7º, XIV, da Lei 8.906/1994 (Estatuto da Advocacia), constitui direito do advogado, entre outros: "examinar, em qualquer instituição responsável por conduzir investigação, mesmo sem procuração, autos de flagrante e de investigações de qualquer natureza, findos ou em andamento, ainda que conclusos à autoridade, podendo copiar peças e tomar apontamentos, em meio físico ou digital". Sobre este tema, o STF editou a Súmula Vinculante 14, a seguir transcrita: "É direito do defensor, no interesse do representado, ter acesso amplo aos elementos de prova que, já documentados em procedimento investigatório realizado por órgão com competência de polícia judiciária, digam respeito ao exercício do direito de defesa". Bem por isso, caberá à autoridade policial franquear o acesso do advogado, constituído ou não, aos elementos de informação contidos no auto de prisão em flagrante/inquérito policial, desde que já documentados; **B:** incorreta, uma vez que a Lei 13.245/2016 não estabelece como dever da autoridade policial adotar tal providência; deverá, isto sim, assegurar ao investigado em inquérito policial o exercício da prerrogativa de fazer-se acompanhar de advogado de sua confiança. Não nos esqueçamos que, por se tratar de procedimento administrativo e inquisitivo, não vigoram, nas investigações criminais, conforme doutrina e jurisprudência amplamente majoritárias, o contraditório e ampla defesa. Na jurisprudência: "1. As alterações promovidas pela Lei 13.245/2016 no art. 7º, XXI, do Estatuto da Ordem dos Advogados representam reforço das prerrogativas da defesa técnica no curso do inquérito policial, sem comprometer, de modo algum, o caráter inquisitório da fase investigativa preliminar. 2. Desse modo, a possibilidade de assistência mediante a apresentação de razões e quesitos não se confunde com o direito subjetivo de intimação prévia e tempestiva da defesa técnica acerca do calendário de inquirições a ser definido pela autoridade judicial. 3. Agravo regimental desprovido" (STF, Pet 7612, Relator(a): Min. EDSON FACHIN, Segunda Turma, julgado em 12/03/2019, ACÓRDÃO ELETRÔNICO DJe-037 DIVULG 19-02-2020 PUBLIC 20-02-2020). Atenção: o art. 14-A, recentemente inserido no CPP pela Lei 13.964/2019 (Pacote Anticrime), assegura aos servidores vinculados às instituições elencadas nos arts. 142 (Forças Armadas) e 144 (Segurança Pública) da CF que figurarem como investigados em inquéritos policiais, inquéritos policiais militares e demais procedimentos extrajudiciais, cujo objeto for a investigação de fatos relacionados ao uso da força letal praticados no exercício profissional ou em missões para Garantia da Lei e da Ordem (GLO), o direito de constituir defensor para o fim de acompanhar as investigações. Até aqui, nenhuma novidade. Isso porque, como bem sabemos, é direito de qualquer investigado constituir defensor. O § 1º deste art. 14-A, de forma inédita, estabelece que o servidor, verificada a situação descrita no *caput*, será citado. Isso mesmo: será citado da instauração do procedimento investigatório, podendo constituir defensor no prazo de até 48 horas a contar do recebimento da citação. Melhor seria se o legislador houvesse empregado o termo *notificado* em vez de *citado*. Seja como for, uma vez citado e esgotado o prazo de 48 horas sem nomeação de defensor, a autoridade responsável pela investigação deverá intimar a instituição à qual estava vinculado o investigado à época dos fatos para que indique, no prazo de 48 horas, defensor para a representação do investigado (§ 2º). Mais recentemente, **quando já em vigor as alterações implementadas pelo pacote anticrime, o** Congresso Nacional, ao apreciar os vetos impostos pelo presidente da República ao PL 6341/2019 (que deu origem à Lei 13.964/2019), rejeitou (derrubou) vários deles (na verdade, 16 dos 24 vetos). No que toca ao art. 14-A do CPP, introduzido pelo pacote anticrime, o presidente da República, ao analisá-lo, achou por bem vetar os §§ 3º, 4º e 5º, os quais, em razão da derrubada do veto presidencial pelo parlamento, foram reincorporados ao pacote anticrime. Segundo o § 3º, reintroduzido na Lei 13.964/2019, *havendo necessidade de indicação de defensor nos termos do § 2º deste artigo, a defesa caberá preferencialmente à Defensoria Pública, e, nos locais em que ela não estiver instalada, a União ou a Unidade da Federação correspondente à respectiva competência territorial do procedimento instaurado deverá disponibilizar profissional para acompanhamento e realização de todos os atos relacionados à defesa administrativa do investigado.* Também reincorporado à Lei 13.964/2019, o § 4º assim dispõe: *a indicação do profissional a que se refere o § 3º deste artigo deverá ser precedida de manifestação de que não existe defensor público lotado na área territorial onde tramita o inquérito e com atribuição para nele atuar, hipótese em que poderá ser indicado profissional que não integre os quadros próprios da Administração.* Já o § 5º estabelece que *na hipótese de não atuação da Defensoria Pública, os custos com o patrocínio dos interesses dos investigados nos procedimentos de que trata este artigo correrão por conta do orçamento próprio da instituição a que este esteja vinculado à época da ocorrência dos fatos investigados.* Disso se conclui que, ante a falta de nomeação de defensor pelo investigado (§ 2º), o patrocínio da defesa do servidor da área de segurança pública investigado em razão do uso da força letal praticado no exercício profissional caberá, preferencialmente, à Defensoria Pública; não havendo defensor público no local em que tramita o inquérito, poderá ser constituído um advogado particular, cujos honorários serão suportados pela instituição à qual o agente estava vinculado à época dos fatos. O presidente da República, ao vetar esses dispositivos, ponderou que *a Constituição já prevê a competência da Advocacia-Geral da União e das Procuradorias dos estados e do Distrito Federal para representar judicialmente seus agentes públicos*; **C:** incorreta, na medida em que a Lei 13.245/2016 não instituiu a obrigatoriedade do inquérito policial. Como bem sabemos, o IP não é indispensável ao oferecimento da queixa ou denúncia (art. 12 do CPP); se o titular da ação penal dispuser de elementos suficientes, poderá, diretamente, propô-la; **D:** correta. A Lei 13.245/2016, ao introduzir o inciso XXI ao art. 7º da Lei 8.906/1994 (Estatuto da Advocacia), assegurou aos investigados a prerrogativa de ser assistidos por advogado no decorrer de apurações de infrações penais; **E:** incorreta. A despeito de o IP ser inquisitivo, já que nele não vigoram contraditório e ampla defesa, é certo que ao advogado do investigado é assegurado acesso amplo aos elementos de prova já documentados (Súmula Vinculante 14).

Gabarito "D".

(Delegado/RS – 2018 – FUNDATEC) Considerando a disciplina das leis de Proteção a Vítimas e a Testemunhas, Lavagem de Dinheiro e Organizações Criminosas, assinale a alternativa correta.

(A) Em caso de vítimas ou testemunhas de crimes que estejam coagidas ou expostas a grave ameaça em razão de colaborarem com a investigação ou processo criminal, deverá o delegado de polícia, independente de anuência da pessoa protegida, ou de seu representante legal, providenciar a sua inclusão em programas especiais organizados para a proteção especial a vítimas e a testemunhas.

(B) Para a punição dos crimes previstos na Lei 9.613/1998, exige-se a punibilidade da infração penal antecedente, ainda que desconhecida a sua autoria.

(C) Não constitui direito do agente infiltrado recusar ou fazer cessar a atuação infiltrada conforme disposto na Lei 12.850/2013.

(D) Proceder-se-á à alienação antecipada para preservação do valor dos bens sempre que estiverem sujeitos a qualquer grau de deterioração ou depreciação, ou quando houver dificuldade para sua manutenção, ouvido o proprietário ou possuidor direto do bem objeto da medida assecuratória, nos termos da Lei 9.613/1998.

2. LEGISLAÇÃO PENAL ESPECIAL — 425

(E) Em caso de indiciamento de servidor público, este será afastado, sem prejuízo de remuneração e demais direitos previstos em lei, até que o juiz competente autorize, em decisão fundamentada, o seu retorno, nos termos da Lei 9.613/1998.

A: incorreta, já que, nos termos do art. 2º, § 3º, da Lei 9.807/1999, "o ingresso no programa, as restrições de segurança e demais medidas por ele adotadas terão sempre a anuência da pessoa protegida, ou de seu representante legal"; **B:** incorreta. É despicienda, para a tipificação do crime de lavagem de dinheiro, a punição do agente pelo cometimento da infração penal (crime e contravenção penal) antecedente. Segundo reza o art. 2º, II, da Lei 9.613/1998, "o processo e julgamento dos crimes previstos nesta Lei: II - independem do processo e julgamento das infrações penais antecedentes, ainda que praticados em outro país (...)". Ainda segundo o § 1º do art. 2º: "a denúncia será instruída com indícios suficientes da existência da infração penal antecedente, sendo puníveis os fatos previstos nesta Lei, ainda que desconhecido ou isento de pena o autor, ou extinta a punibilidade da infração penal antecedente". Basta, pois, a existência de prova de que a infração penal antecedente ocorreu (materialidade da infração); **C:** incorreta, pois contraria o teor do art. 14, I, da Lei 12.850/2013, segundo o qual constitui direito do agente recusar ou fazer cessar a atuação infiltrada; **D:** incorreta. A alienação antecipada a que se refere o art. 4º, § 1º, da Lei 9.613/1998 prescinde da anuência do proprietário ou possuidor direto do bem objeto da medida assecuratória, que não precisará, pois, ser ouvido; **E:** correta, pois reflete o disposto no art. 17-D da Lei 9.613/1998.
Gabarito "E".

(Delegado/RS – 2018 – FUNDATEC) Considerando a Lei 12.830/2013 e sua interpretação jurisprudencial, assinale a alternativa correta.

(A) As funções de polícia judiciária e a apuração de infrações penais exercidas pelo delegado de polícia são de natureza técnica, essenciais e exclusivas de Estado.
(B) O indiciamento dar-se-á por ato fundamentado do delegado de polícia, ao final do inquérito policial, com posterior remessa dos autos ao juiz competente.
(C) Conforme jurisprudência do Superior Tribunal de Justiça, o magistrado poderá requisitar o indiciamento do suspeito ao delegado de polícia, desde que presentes indícios de autoria e prova da materialidade delitiva.
(D) O indiciamento, privativo do delegado de polícia, dar-se-á por ato fundamentado, mediante análise técnico-jurídica do fato, que deverá indicar a autoria, materialidade e suas circunstâncias.
(E) O Ministério Público não poderá requerer a devolução do inquérito à autoridade policial, senão para novas diligências e indiciamento, imprescindíveis ao oferecimento da denúncia.

A: incorreta, na medida em que não corresponde ao teor do art. 2º, *caput*, da Lei 12.830/2013; **B:** incorreta, uma vez que, tendo em conta a discricionariedade de que goza a autoridade policial na condução do IP (o legislador não estabeleceu uma sequência rígida de atos a ser observada pelo delegado), o indiciamento, ato privativo da autoridade policial, poderá ocorrer em qualquer fase do IP, não necessariamente ao seu final. Em suma, a escolha do momento mais adequado em que ele deverá ocorrer ficará a critério do delegado; **C:** incorreta. O indiciamento constitui providência privativa da autoridade policial, não cabendo ao promotor ou mesmo ao juiz determinar que o delegado assim proceda. É o que estabelece o art. 2º, § 6º, da Lei 12.830/2013, que contempla regras sobre a investigação criminal conduzida pelo delegado de polícia. Quanto a isso, conferir o magistério de Guilherme de Souza Nucci: "Requisição de indiciamento: cuida-se de procedimento equivocado, pois indiciamento é ato exclusivo da autoridade policial, que forma o seu convencimento sobre a autoria do crime, elegendo, formalmente, o suspeito de sua prática. Assim, não cabe ao promotor ou ao juiz exigir, através de requisição, que alguém seja indiciado pela autoridade policial, porque seria o mesmo que demandar à força que o presidente do inquérito conclua ser aquele o autor do delito (...)" (*Código de Processo Penal Comentado*, 12ª ed., p. 101). Na jurisprudência: "1. É por meio do indiciamento que a autoridade policial aponta determinada pessoa como a autora do ilícito em apuração. 2. Por se tratar de medida ínsita à fase investigatória, por meio da qual o Delegado de Polícia externa o seu convencimento sobre a autoria dos fatos apurados, não se admite que seja requerida ou determinada pelo magistrado, já que tal procedimento obrigaria o presidente do inquérito à conclusão de que determinado indivíduo seria o responsável pela prática criminosa, em nítida violação ao sistema acusatório adotado pelo ordenamento jurídico pátrio. Inteligência do artigo 2º, § 6º, da Lei 12.830/2013. Doutrina. Precedentes do STJ e do STF. 3. Recurso provido para anular a decisão que determinou o indiciamento dos recorrentes" (STJ, RHC 47.984/SP, Rel. Ministro JORGE MUSSI, QUINTA TURMA, julgado em 04/11/2014, DJe 12/11/2014); **D:** correta, pois corresponde à redação do art. 2º, § 6º, da Lei 12.830/2013; **E:** incorreta. É lícito ao MP, caso entenda serem necessárias novas diligências, por considerá-las imprescindíveis ao oferecimento da denúncia, requerer a devolução do inquérito à autoridade policial (art. 16, CPP), sendo-lhe

vedado, no entanto, assim proceder para o fim de que o delegado promova o indiciamento do investigado. *Vide* comentário à assertiva "C".
Gabarito "D".

(Delegado/RS – 2018 – FUNDATEC) A denominada colaboração premiada, amplamente utilizada na atualidade como forma de oposição à criminalidade crescente e cada dia mais organizada, possui previsão em diversas hipóteses no ordenamento jurídico penal brasileiro, sendo correto afirmar-se que:

(A) No crime de extorsão mediante sequestro, se houver delação de um dos coautores do crime, e isso contribuir para o esclarecimento do caso e para a prisão dos criminosos, mesmo que não haja a libertação do sequestrado, por circunstâncias alheias à vontade do delator, este poderá obter uma redução de pena de um a dois terços.
(B) O juiz poderá, a requerimento das partes, conceder o perdão judicial, reduzir em até dois terços a pena privativa de liberdade, ou substituí-la por restritiva de direitos, daquele que tenha colaborado efetiva e voluntariamente com a investigação e com o processo criminal envolvendo organização criminosa, desde que dessa colaboração advenha um ou mais resultados exigidos pela Lei 12.850/2013.
(C) A delação premiada prevista para os crimes contra a ordem tributária, Lei 8.137/1990, consiste em uma atenuante de pena e terá cabimento somente quando o crime for praticado por associação criminosa.
(D) De acordo com a Lei 8.072/1990, Lei dos Crimes Hediondos, o integrante de associação criminosa para a prática de crimes hediondos, tortura, tráfico de entorpecentes e drogas afins ou terrorismo, que denunciá-la à autoridade, possibilitando seu desmantelamento, terá a pena reduzida de um terço.
(E) De acordo com a Lei de Drogas, Lei 11.343/2006, o indiciado ou acusado que colaborar, voluntariamente, com a investigação policial e o processo criminal, mesmo sem auxiliar na identificação de coautores ou partícipes, em caso de condenação, terá a pena reduzida de um terço a dois terços, desde que colabore com a recuperação total ou parcial do produto do crime.

A: incorreta, na medida em que, ante o que estabelece o art. 159, § 4º, do CP, a libertação do sequestrado, na extorsão mediante sequestro, constitui requisito indispensável à obtenção de redução de pena; **B:** correta, pois corresponde ao previsto no art. 4º, *caput*, da Lei 12.850/2013; **C:** incorreta, pois, segundo reza o art. 16, parágrafo único, da Lei 8.137/1990, fará jus à diminuição de pena tanto o agente que integrar quadrilha quanto aquele que figurar como coautor ou ainda partícipe na empreitada criminosa; **D:** incorreta, tendo em conta que, neste caso, a pena será reduzida de um a dois terços, nos termos do que dispõe o art. 8º, parágrafo único, da Lei 8.072/1990; **E:** incorreta, já que, para ser agraciado com a redução de pena contida no art. 41 da Lei 11.343/2006, é de rigor que o agente colabore na identificação de coautores ou partícipes.
Gabarito "B".

(Delegado/RS – 2018 – FUNDATEC) Amâncio planejava matar a companheira Inocência, porque não aceitava a separação do casal proposta por ela, e acreditava estar sendo traído. No dia do crime, esperou Inocência na saída do trabalho e, quando essa apareceu na via pública, fazendo-se acompanhar por Bravus, seu colega, efetuou um disparo de arma de fogo contra ela, com intenção de matá-la, atingindo-a fatalmente. Bravus também acabou sendo atingido, de raspão, pelo disparo, e restou lesionado levemente, em um dos braços. Nessa situação hipotética, analise as seguintes assertivas:

I. Será pertinente o reconhecimento da qualificadora do feminicídio.
II. Em relação à pluralidade de crimes, será reconhecido um concurso formal próprio heterogêneo.
III. Supondo que Amâncio seja condenado por homicídio qualificado e lesão corporal leve, à pena de 12 anos de reclusão para o homicídio e 3 meses de detenção para a lesão corporal, o juiz somará as penas, aplicando a regra do cúmulo material benéfico.
IV. Caso, na mesma situação fática, ao invés de Bravus, Inocência estivesse acompanhada da filha do casal, a pena seria aumentada de 1/3 até a 1/2, por ter sido o crime praticado na presença de descendente.

Quais estão corretas?

(A) Apenas I.
(B) Apenas IV.
(C) Apenas III e IV.
(D) Apenas I, II e III.
(E) I, II, III e IV.

I: correta (art. 121, § 2º, VI, do CP); II: correta. O enunciado retrata típica hipótese de *aberratio ictus* com unidade complexa (ou com duplo resultado), em que deverá ser aplicada a regra do concurso formal próprio, vale dizer, aplicar-se-á a pena do crime mais grave, aumentada de 1/6 (um sexto) até 1/2 (metade), conforme preconiza o art. 74, 2ª parte, do CP; III: correta. Nos termos do art. 70, parágrafo único, do CP, a pena não poderá exceder a que seria cabível pela regra do concurso material. Assim, quando o sistema da exasperação afigurar-se prejudicial ao agente, deverá ser adotado o do cúmulo material, razão por que tal situação é denominada de cúmulo material benéfico; IV: correta, pois reflete o disposto no art. 121, § 7º, III, do CP, com redação dada pela Lei 13.771/2018. **ED**
Gabarito "E".

(Delegado/MG – 2018 – FUMARC) Em relação aos dispositivos legais sobre a remoção de órgãos, tecidos e partes do corpo humano para fins de transplante e tratamento, é CORRETO afirmar:

(A) A retirada *post mortem* de tecidos, órgãos ou partes do corpo humano destinados a transplante ou tratamento deverá ser precedida de diagnóstico de morte encefálica, constatada e registrada por dois médicos não participantes das equipes de remoção e transplante.

(B) A retirada de tecidos, órgãos e partes do corpo de pessoas falecidas para transplantes ou outra finalidade terapêutica não dependerá apenas da autorização do cônjuge ou parente, estando também vinculada aos sistemas de saúde pública e ao delegado de polícia.

(C) No caso de morte sem assistência médica, de óbito em decorrência de causa mal definida ou de outras situações nas quais houver indicação de verificação da causa médica da morte, a remoção de tecidos, órgãos ou partes de cadáver para fins de transplante ou terapêutica somente poderá ser realizada após a autorização do delegado de polícia ou do Ministério Público.

(D) O cadáver de pessoa não identificada não pode se prestar a qualquer doação para transplantes, exceto se autorizado pelo delegado de polícia, promotor ou juiz.

A: correta (art. 3º, *caput*, da Lei 9.434/1997); B: incorreta, uma vez que contraria o disposto no art. 4º da Lei 9.434/1997; C: incorreta, pois não reflete o que estabelece o art. 7º, parágrafo único, da Lei 9.434/1997; D: incorreta (art. 6º da Lei 9.434/1997).
Gabarito "A".

(Delegado/ES – 2019 – Instituto Acesso) A Constituição Federal de 1988 estabeleceu no art. 5º, inciso XII, a inviolabilidade das comunicações telefônicas, salvo nas hipóteses e na forma que a lei estabelecer para fins de investigação criminal ou instrução processual penal. Com relação à Lei 9.296/96, que trata da interceptação telefônica, é INCORRETO afirmar que:

(A) a interceptação não poderá exceder o prazo de quinze dias, todavia, poderá ser renovada uma única vez, por igual tempo, uma vez comprovada a indispensabilidade do meio de prova.

(B) não será admitida a interceptação de comunicações telefônicas quando ocorrer qualquer das seguintes hipóteses: inexistirem indícios razoáveis da autoria ou participação em infração penal; a prova puder ser feita por outros meios disponíveis; o fato investigado constituir infração penal punida, no máximo, com pena de detenção.

(C) a interceptação de comunicações telefônicas, de qualquer natureza, para prova em investigação criminal e em instrução processual penal, observará as disposições da Lei 9.296/96 e dependerá de ordem do juiz competente da ação principal, sob segredo de justiça.

(D) a interceptação das comunicações telefônicas poderá ser determinada pelo juiz, de ofício, ou, ainda, a requerimento da autoridade policial, na investigação criminal, e do representante do Ministério Público, na investigação criminal e na instrução processual penal.

(E) a gravação que não interessar à prova será inutilizada por decisão judicial, durante o inquérito, a instrução processual ou após esta, em virtude de requerimento do Ministério Público ou da parte interessada.

Antes de dar início aos comentários das assertivas, é importante a observação de que, posteriormente à elaboração desta questão, a Lei 13.964/2019 (Pacote Anticrime) inseriu o art. 8º-A na Lei 9.296/1996, e finalmente previu a possibilidade de ser autorizada pelo juiz, para fins de investigação ou instrução criminal, a captação ambiental de sinais eletromagnéticos, ópticos ou acústicos, quando preenchidos determinados requisitos contidos na lei. O art. 10-A, também inserido pela Lei 13.964/2019, estabelece ser crime a conduta consistente em realizar captação ambiental de sinais eletromagnéticos, ópticos ou acústicos para investigação ou instrução criminal sem autorização judicial, quando esta for exigida. O § 1º deste dispositivo dispõe que não há crime se a captação é realizada por um dos interlocutores. Recentemente, já com os dispositivos do pacote anticrime em vigor, o Congresso Nacional, ao analisar os vetos impostos pelo presidente da República à Lei 13.964/2019, achou por bem rejeitar nada menos do que 16 dos 24 vetos. No que concerne à captação ambiental, a derrubada do veto restabeleceu fez restabelecer os §§ 2º e 4º do art. 8º-A da Lei 9.296/1996. Segundo o § 2º, que passará a produzir efeitos a partir da promulgação pelo presidente da República, a instalação do dispositivo de captação ambiental poderá ser realizada, quando necessária, por meio de operação policial disfarçada ou no período noturno, exceto na casa, nos termos do inciso XI do *caput* do art. 5º da Constituição Federal. Nas razões de veto, o chefe do Executivo ponderou que a propositura legislativa, gera insegurança jurídica, haja vista que, ao mesmo tempo em que admite a instalação de dispositivo de captação ambiental, esvazia o dispositivo ao retirar do seu alcance a 'casa', nos termos do inciso XI do art. 5º da Lei Maior. Segundo a doutrina e a jurisprudência do Supremo Tribunal Federal, o conceito de 'casa' deve ser entendido como qualquer compartimento habitado, até mesmo um aposento que não seja aberto ao público, utilizado para moradia, profissão ou atividades, nos termos do art. 150, § 4º, do Código Penal (v. g. HC 82788, Relator: Min. CELSO DE MELLO, Segunda Turma, julgado em 12/04/2005). Além do § 2º deste dispositivo, o Congresso Nacional derrubou o veto imposto pelo PR ao § 4º, que conta com a seguinte redação: A captação ambiental feita por um dos interlocutores sem o prévio conhecimento da autoridade policial ou do Ministério Público poderá ser utilizada, em matéria de defesa, quando demonstrada a integridade da gravação. Tal como o § 2º, este § 4º, ressuscitado com a derrubada do veto, passará a produzir efeitos a partir de sua promulgação. Segundo o presidente da República, o veto se justifica na medida em que a propositura legislativa, ao limitar o uso da prova obtida mediante a captação ambiental apenas pela defesa, contraria o interesse público uma vez que uma prova não deve ser considerada lícita ou ilícita unicamente em razão da parte que beneficiará, sob pena de ofensa ao princípio da lealdade, da boa-fé objetiva e da cooperação entre os sujeitos processuais, além de se representar um retrocesso legislativo no combate ao crime. Ademais, o dispositivo vai de encontro à jurisprudência do Supremo Tribunal Federal, que admite utilização como prova da infração criminal a captação ambiental feita por um dos interlocutores, sem o prévio conhecimento da autoridade policial ou do Ministério Público, quando demonstrada a integridade da gravação (v. g. Inq-QO 2116, Relator: Min. Marco Aurélio, Relator p/ Acórdão: Min. Ayres Britto, publicado em 29/02/2012, Tribunal Pleno). Dito isso, passemos aos comentários das alternativas. A: incorreta (a ser assinalada). À luz do que reza o art. 5º da Lei 9.296/1996, a interceptação não poderá exceder o prazo de 15 dias, interregno esse que comporta prorrogação por igual período, desde que isso se mostre indispensável às investigações. Segundo entendimento consolidado pelos tribunais superiores, as interceptações telefônicas podem, sim, ser prorrogadas sucessivas vezes (e não somente uma, como consta da alternativa), desde que tal providência seja devidamente fundamentada pela autoridade judiciária (art. 5º da Lei 9.296/1996). Conferir: "De acordo com a jurisprudência há muito consolidada deste Tribunal Superior, as autorizações subsequentes de interceptações telefônicas, uma vez evidenciada a necessidade das medidas e a devida motivação, podem ultrapassar o prazo previsto em lei, considerado o tempo necessário e razoável para o fim da persecução penal" (AgRg no REsp 1620209/RS, Rel. Ministra Maria Thereza De Assis Moura, Sexta Turma, julgado em 09.03.2017, DJe 16.03.2017). No STF: "(...) Nesse contexto, considerando o entendimento jurisprudencial e doutrinário acerca da possibilidade de se prorrogar o prazo de autorização para a interceptação telefônica por períodos sucessivos quando a intensidade e a complexidade das condutas delitivas investigadas assim o demandarem, não há que se falar, na espécie, em nulidade da referida escuta e de suas prorrogações, uma vez que autorizada pelo Juízo de piso com a observância das exigências previstas na lei de regência (Lei 9.296/1996, art. 5º) (...)" (STF, 1ª T., RHC 120.111, rel. Min. Dias Toffoli, j. 11.03.2014); B: correta, na medida em que corresponde ao disposto no art. 2º da Lei 9.296/1996; C: correta, pois em conformidade com o que estabelece o art. 1º da Lei 9.296/1996; D: correta, pois reflete o que dispõe o art. 3º da Lei 9.296/1996; E: correta, pois em consonância com o que reza o art. 9º, *caput*, da Lei 9.296/1996.
Gabarito "A".

2. LEGISLAÇÃO PENAL ESPECIAL

A Constituição Federal de 1988 estabeleceu, no art. 5º, inciso LVIII, que o civilmente identificado não será submetido a identificação criminal, salvo nas hipóteses previstas em lei.

Fazem-se a seguir cinco afirmações relativas à Lei 12.037/09, que dispõe sobre a identificação criminal do civilmente identificado.

I. As informações genéticas contidas nos bancos de dados de perfis genéticos poderão revelar traços somáticos ou comportamentais das pessoas, sendo vedada a determinação genética de gênero, consoante as normas constitucionais e internacionais sobre direitos humanos, genoma humano e dados genéticos;

II. Os documentos de identificação militares são equiparados aos documentos de identificação civis, no que concerne às finalidades da Lei 12.037/09;

III. Embora apresentado documento de identificação, poderá ocorrer identificação criminal quando esta for essencial às investigações policiais, segundo despacho da autoridade judiciária competente, que decidirá de ofício ou mediante representação da autoridade policial, do Ministério Público ou da defesa;

IV. Na hipótese de a identificação criminal ser essencial às investigações policiais, a identificação criminal poderá incluir a coleta de material biológico para a obtenção do perfil genético;

V. O rol de documentos que atestam a identificação civil, apresentado no art. 2º do referido diploma normativo, é exemplificativo, sendo possível, portanto, atestá-la por meio de outro documento público que permita a identificação, ainda que não esteja expressamente elencado na lei;

(Delegado/ES – 2019 – Instituto Acesso) Quantas dessas afirmações estão corretas?

(A) Todas estão corretas.

(B) Todas estão erradas.

(C) Todas, exceto a última.

(D) Todas, exceto a primeira.

(E) Todas, exceto a segunda.

I: incorreta, pois contraria a regra disposta no art. 5º-A, § 1º, da Lei 12.037/2009; II: correta, uma vez que reflete o que estabelece o art. 2º, parágrafo único, da Lei 12.037/2009; III: correta (art. 3º, IV, da Lei 12.037/2009); IV: correta, pois em conformidade com o art. 5º, parágrafo único, da Lei 12.037/2009; V: correta. Trata-se, de fato, de rol exemplificativo, tal como se infere do art. 2º, VI, da Lei 12.037/2009. Importante: embora isso em nada repercuta na resolução desta questão, vale a observação de que a Lei 13.964/2019 incluiu na Lei 12.037/2009 os arts. 7º-A e 7º-C. O primeiro dispositivo, com a alteração promovida pela Lei 13.964/2019, passou a contar com dois incisos. Com isso, a exclusão dos perfis genéticos dos bancos de dados ocorrerá em duas situações, a saber: I – no caso de absolvição do acusado; II – no caso de condenação do acusado, mediante requerimento, após decorridos 20 anos do cumprimento da pena. Já o art. 7º-C da Lei 12.037/2009, inserido pela Lei 13.964/2019, cria, no âmbito do Ministério da Justiça e Segurança Pública, o chamado Banco Nacional Multibiométrico e de Impressões Digitais, cujo escopo consiste em armazenar dados de registros biométricos, de impressões digitais e, quando possível, de íris, face e voz, para subsidiar investigações criminais federais, estaduais ou distritais (art. 7º-C, § 2º). Não há a menor dúvida de que a criação deste acervo de registros biométricos e impressões digitais é de suma importância para evitar erros judiciários e também para contribuir na produção de provas. Tanto é que o delegado de polícia e o MP poderão, no curso do inquérito ou da ação penal, requerer ao Poder Judiciário o acesso ao Banco Nacional Multibiométrico e de Impressões Digitais, tal como prevê o art. 7º-C, § 11. Gabarito "D".

(Delegado/MS – 2017 - FAPEMS) Considerando os tipos penais previstos em diversas leis especiais, assinale a alternativa correta.

(A) O condutor que, metros antes da blitz, para evitar multa, trocar de posição com outra pessoa, responderá pela fraude processual de trânsito prevista no artigo 312 da Lei n. 9.503/1997.

(B) O funcionário público que constrange fisicamente o estagiário a praticar contravenção penal poderá ser responsabilizado pelo crime de tortura do artigo 1º da Lei n. 9.455/1997.

(C) A pichação de edifício público não é considerada crime ambiental pela Lei n. 9.605/1998.

(D) No âmbito do tráfico de drogas previsto no artigo 33 da Lei n. 11.343/2006 considera-se causa de aumento de pena o fato de a conduta realizar-se em concurso eventual de pessoas.

(E) A exposição à venda de mercadoria em condições impróprias é considerada crime contra as relações de consumo por meio da Lei n. 8.137/1990, ainda quando praticada culposamente.

A: incorreta. O crime de fraude processual previsto no art. 312 do CTB (Lei 9.503/1997) somente se caracteriza quando o agente inovar artificiosamente, *em caso de acidente automobilístico com vítima*, na pendência do respectivo procedimento policial preparatório, inquérito policial ou processo penal, o estado de lugar, de coisa ou de pessoa, a fim de induzir a erro o agente policial, o perito, ou juiz. Assim, a troca de posição do condutor com outra pessoa, a fim de evitar multa, não configura o crime em comento, caracterizado apenas diante de um cenário de acidente automobilístico; **B:** incorreta. Configura tortura, nos termos do art. 1º, I, "b", da Lei 9.455/1997, a conduta do agente que constranger alguém, mediante violência ou grave ameaça, causando-lhe sofrimento físico ou mental, para provocar ação ou omissão de *natureza criminosa* (não abrange, portanto, as contravenções); **C:** incorreta. De acordo com o art. 65 da Lei 9.605/1998, constitui crime ambiental o fato de o agente pichar ou por outro meio conspurcar edificação ou monumento urbano. Repare que o legislador não fez distinção entre edifício público ou privado, abrangendo, pois, ambos; **D:** incorreta, pois o concurso de agentes não é causa de aumento de pena prevista no rol do art. 40 da Lei 11.343/2006; **E:** correta. Nos termos do art. 7º, IX, da Lei 8.137/1990, constitui crime contra as relações de consumo o fato de o agente vender, ter em depósito para vender ou *expor à venda* ou, de qualquer forma, entregar *matéria-prima ou mercadoria, em condições impróprias ao consumo*. AT Gabarito "E".

(Delegado/GO – 2017 – CESPE) Em relação às disposições expressas nas legislações referentes aos crimes de trânsito, contra o meio ambiente e de lavagem de dinheiro, assinale a opção correta.

(A) Em relação aos delitos ambientais, constitui crime omissivo impróprio a conduta de terceiro que, conhecedor da conduta delituosa de outrem, se abstém de impedir a sua prática.

(B) Para a caracterização do delito de lavagem de dinheiro, a legislação de regência prevê um rol taxativo de crimes antecedentes, geradores de ativos de origem ilícita, sem os quais o crime não subsiste.

(C) A colaboração premiada de que trata a Lei de Lavagem de Dinheiro poderá operar a qualquer momento da persecução penal, até mesmo após o trânsito em julgado da sentença.

(D) É vedada a imposição de multa por infração administrativa ambiental cominada com multa a título de sanção penal pelo mesmo fato motivador, por violação ao princípio do *non bis in idem*.

(E) A prática de homicídio culposo descrita no Código de Trânsito enseja a aplicação da penalidade de suspensão da permissão para dirigir, pelo órgão administrativo competente, mesmo antes do trânsito em julgado de eventual condenação.

A: incorreta. Configurará crime omissivo impróprio não a simples conduta de "terceiro" que, conhecedor da conduta delituosa de outrem, se abstiver de impedir a sua prática, mas sim o diretor, o administrador, o membro de conselho e de órgão técnico, o auditor, o gerente, o preposto ou mandatário de pessoa jurídica, que, sabendo da conduta criminosa de outrem, deixar de impedir a sua prática, quando podia agir para evitá-la (art. 2º da Lei 9.605/1998); **B:** incorreta. Até o advento da Lei 12.683/2012, o art. 1º da Lei 9.613/1998 continha um rol taxativo dos delitos antecedentes à lavagem de dinheiro, que deixou de existir. Portanto, atualmente, a prática de qualquer infração penal (crime ou contravenção) poderá anteceder a ocultação ou a dissimulação de ativos de origem ilícita; **C:** correta, conforme se depreende do art. 1º, § 5º, da Lei 9.613/1998: "A pena poderá ser reduzida de um a dois terços e ser cumprida em regime aberto ou semiaberto, facultando-se ao juiz deixar de aplicá-la ou substituí-la, a qualquer tempo, por pena restritiva de direitos, se o autor, coator ou partícipe colaborar espontaneamente com as autoridades, prestando esclarecimentos que conduzam à apuração das infrações penais, à identificação dos autores, coautores e partícipes, ou à localização dos bens, direitos ou valores objeto do crime"; **D:** incorreta, pois as instâncias penal e administrativa são independentes, nada obstante ambas possam atuar diante de um mesmo fato motivador; **E:** incorreta, pois a suspensão do direito de obter a permissão ou a habilitação para dirigir veículo automotor, no caso do art. 302 do CTB (Lei 9.503/1997), por ter natureza de pena, somente poderá ser executada após o trânsito em julgado. Podemos invocar até mesmo o art. 147 da LEP (Lei 7.210/1984), que, tratando da execução das penas restritivas de direitos, somente a permite após o trânsito em julgado, sendo inadmissível, portanto, a execução provisória. AT Gabarito "C".

(Delegado/PE – 2016 – CESPE) Lucas, delegado de polícia de determinado estado da Federação, em dia de folga, colidiu seu veículo contra outro veículo que estava parado em um sinal de trânsito. Sem motivo justo, o delegado sacou sua arma de fogo e executou um disparo para o alto. Imediatamente, Lucas foi abordado por autoridade policial que estava próxima ao local onde ocorrera o fato.

Nessa situação hipotética, a conduta de Lucas poderá ser enquadrada como

(A) crime inafiançável.

(B) contravenção penal.

(C) crime, com possibilidade de aumento de pena, devido ao fato de ele ser delegado de polícia.

(D) crime insuscetível de liberdade provisória.

(E) atípica, devido ao fato de ele ser delegado de polícia.

Ao efetuar disparo de arma de fogo para o alto, em via pública, sem motivo plausível, Lucas, delegado de polícia, deverá ser responsabilizado pelo crime do art. 15 da Lei 10.826/2003 (Estatuto do Desarmamento), com incidência da causa de aumento prevista no art. 20, I, do mesmo diploma. De ver-se que este crime, a despeito da previsão contida no art. 15, parágrafo único, do Estatuto do Desarmamento, não é inafiançável. Isso porque o STF considerou tal dispositivo inconstitucional (ADI 3.112-DF, Pleno, rel. Min. Ricardo Lewandowski, 02.05.2007). 🆔
Gabarito "C".

(Delegado/PE – 2016 – CESPE) A respeito da legislação penal extravagante brasileira, assinale a opção correta.

(A) Não constitui crime de abuso de autoridade a conduta, consumada ou tentada, de violação de domicílio, fora das hipóteses constitucionais e legais de ingresso em casa alheia, quando praticada por delegado de polícia, uma vez que este está amparado pelo estrito cumprimento do dever legal, como causa legal de exclusão de ilicitude da conduta típica.

(B) O direito penal econômico visa tutelar os bens jurídicos de interesse coletivo e difuso, coibindo condutas que lesem ou que coloquem em risco o regular funcionamento do sistema econômico-financeiro, podendo estabelecer como crime ações contra o meio ambiente sustentável.

(C) Agente absolvido de crime antecedente de tráfico de drogas, em razão de o fato não constituir infração penal, ainda poderá ser punido pelo crime de branqueamento de capitais, uma vez que a absolvição daquele crime precedente pela atipicidade não tem o condão de afastar a tipicidade do crime de lavagem de dinheiro.

(D) Segundo entendimento do STJ, o crime de porte ilegal de arma de fogo é delito de perigo abstrato, considerando-se típica a conduta de porte de arma de fogo completamente inapta a realizar disparos e desmuniciada, ainda que comprovada a inaptidão por laudo pericial.

(E) Para o STF, haverá crime contra a ordem tributária, ainda que esteja pendente de recurso administrativo que discuta o débito tributário em procedimento fazendário específico, haja vista independência dos poderes.

A: incorreta, uma vez que, fora das hipóteses constitucionais e legais de ingresso em domicílio alheio (art. 5º, XI, da CF e art. 150 do CP), a conduta, praticada por delegado de polícia, consistente em violar domicílio alheio configura, sim, o delito de abuso de autoridade, na modalidade prevista no art. 3º, b, da Lei 4.898/1965. Não há que se cogitar, dessa forma, a ocorrência de estrito cumprimento de dever legal; falar-se-ia dessa modalidade de causa de exclusão da ilicitude na hipótese, por exemplo, de prisão em flagrante feita por delegado de polícia ou agentes policiais (neste caso, a lei impõe à autoridade policial e seus agentes que, diante de situação de flagrante, efetue a prisão). Posteriormente à elaboração desta questão, houve a revogação da Lei 4.898/1965. Com isso, a conduta descrita nesta assertiva encontra-se tipificada no art. 22, caput, da Lei 13.869/2019 (nova Lei de Abuso de Autoridade); **B:** correta, pois faz referência, de forma sucinta, ao objeto de proteção das normas de direito penal econômico; **C:** incorreta, uma vez que a configuração do crime de lavagem de dinheiro tem como pressuposto a ocorrência de infração penal antecedente (art. 1º, caput, da Lei 9.613/1998); à evidência, na hipótese de o agente ao qual se imputa o delito de lavagem de dinheiro ser absolvido da prática do crime antecedente, a imputação do delito de lavagem de dinheiro restará, por óbvio, esvaziada. Em outros termos, a ausência da infração penal antecedente afasta a tipicidade do crime de lavagem de dinheiro; **D:** incorreta. Conferir: "1. A Terceira Seção desta Corte pacificou entendimento no sentido de que o tipo penal de posse ou porte ilegal de arma de fogo cuida-se de delito de mera conduta ou de perigo abstrato, sendo irrelevante a demonstração

de seu efetivo caráter ofensivo. 2. Na hipótese, contudo, em que demonstrada por laudo pericial a total ineficácia da arma de fogo (inapta a disparar) e das munições apreendidas (deflagradas e percutidas), deve ser reconhecida a atipicidade da conduta perpetrada, diante da ausência de afetação do bem jurídico incolumidade pública, tratando-se de crime impossível pela ineficácia absoluta do meio. 3. Recurso especial improvido" (REsp 1451397/MG, Rel. Ministra Maria Thereza de Assis Moura, Sexta Turma, julgado em 15.09.2015, DJe 01.10.2015); **E:** incorreta, já que contraria o entendimento consolidado na Súmula Vinculante 24: "Não se tipifica crime material contra a ordem tributária, previsto no art. 1º, I a IV, da Lei 8.137/1990, antes do lançamento definitivo do tributo. 🆔
Gabarito "B".

(Delegado/BA – 2016.2 – Inaz do Pará) A Lei 9.296/1996 versa sobre Transcrição das conversas gravadas. Contudo, precedentes lógicos e legais admitem que os áudios possam ser Degravados. Sendo assim, sobre degravação é possível afirmar:

(A) É uma descrição integral do diálogo.

(B) O analista pode colocar qualquer informação que ache conveniente para investigação em uma degravação.

(C) É um resumo, uma narrativa do diálogo interceptado, é um breve histórico dos acontecimentos e fatos acontecidos. Pode conter partes integrais da conversa e trazer uma análise da conjuntura da operação.

(D) Não é realizada qualquer análise ou contextualização das informações colhidas no áudio.

(E) NRA.

Segundo vem entendendo o STJ, não é necessária a transcrição na íntegra dos diálogos travados entre os interlocutores. Verificar: HC 112.993-ES, 6ª T., rel. Min. Maria Thereza de Assis Moura, 16.03.2010. Também nesse sentido: "Recurso ordinário em *habeas corpus*. Associação para o tráfico. Disponibilização integral das mídias das escutas telefônicas. Alegada ausência de acesso às interceptações telefônicas. Transcrição parcial constante nos autos desde o oferecimento da denúncia. Transcrição integral. Desnecessidade. Constrangimento ilegal. Não ocorrência. Nulidade. Inexistência. Recurso a que se nega provimento. 1. As mídias das interceptações telefônicas foram disponibilizadas, na íntegra, à Defesa, razão pela qual não há falar em nulidade, inexistindo, portanto, constrangimento ilegal a ser sanado. 2. A cópia das transcrições parciais das interceptações telefônicas constantes dos relatórios da autoridade policial foram disponibilizadas à Defesa desde o oferecimento da exordial acusatória. 3. É pacífico o entendimento nos tribunais superiores no sentido de que é prescindível a transcrição integral do conteúdo da quebra do sigilo das comunicações telefônicas, somente sendo necessária, a fim de se assegurar o exercício da garantia constitucional da ampla defesa, a transcrição dos excertos das escutas que serviram de substrato para o oferecimento da denúncia. 4. Recurso ordinário a que se nega provimento" (STJ, RHC 27.997, 6ª T., rel. Min. Maria Thereza de Assis Moura, DJ 19.09.2013). 🆔
Gabarito "C".

(Delegado/BA – 2016.2 – Inaz do Pará) Das afirmativas a seguir, qual não faz parte da Lei 9.296/1996?

(A) "Prescreve que a Interceptação Telefônica, de Informática e Telemática, somente poderão ser utilizadas em casos de Investigação Criminal e em Instrução Processual Penal e dependerá de ordem de um Juiz competente da ação principal e correrá sobre segredo de justiça".

(B) "O Juiz deverá Decidir de forma fundamentada, sob pena de nulidade; prazo limite de 15 dias, podendo ser prorrogado por igual período se comprovada a indispensabilidade do meio de prova".

(C) "Constitui crime realizar interceptação de comunicações telefônicas, de informática ou telemática, ou quebrar segredo da Justiça, sem autorização judicial ou com objetivos não autorizados em lei".

(D) "Não será permitido Interceptação Telefônica quando: a prova puder ser feita por outros meios disponíveis".

(E) "é inviolável o sigilo da correspondência e das comunicações telegráficas, de dados e das comunicações telefônicas, salvo, no último caso, por ordem judicial, nas hipóteses e na forma que a lei estabelecer para fins de investigação criminal ou instrução processual penal".

A: correta (art. 1º, caput, da Lei 9.296/1996); **B:** correta (art. 5º da Lei 9.296/1996); **C:** correta (art. 10 da Lei 9.296/1996, cuja redação foi modificada pela Lei 13.869/2019 – nova Lei de Abuso de Autoridade); **D:** (art. 2º, II, da Lei 9.296/1996); **E:** incorreta (deve ser assinalada), já que se trata de dispositivo contido na Constituição Federal, em seu o art. 5º, XII. Atenção: posteriormente à elaboração desta questão, a Lei 13.964/2019 (Pacote Anticrime) inseriu o art. 8º-A na Lei 9.296/1996, e finalmente previu a possibilidade de ser autorizada pelo juiz, para

2. LEGISLAÇÃO PENAL ESPECIAL

fins de investigação ou instrução criminal, a captação ambiental de sinais eletromagnéticos, ópticos ou acústicos, quando preenchidos determinados requisitos contidos na lei. O art. 10-A, também inserido pela Lei 13.964/2019, estabelece ser crime a conduta consistente em realizar captação ambiental de sinais eletromagnéticos, ópticos ou acústicos para investigação ou instrução criminal sem autorização judicial, quando esta for exigida. O § 1º deste dispositivo dispõe que não há crime se a captação é realizada por um dos interlocutores. Recentemente, já com os dispositivos do pacote anticrime em vigor, o Congresso Nacional, ao analisar os vetos impostos pelo presidente da República à Lei 13.964/2019, achou por bem rejeitar nada menos do que 16 dos 24 vetos. No que concerne à captação ambiental, a derrubada do veto presidencial fez restabelecer os §§ 2º e 4º do art. 8º-A da Lei 9.296/1996. Segundo o § 2º, que passará a produzir efeitos a partir da promulgação pelo presidente da República, a instalação do dispositivo de captação ambiental poderá ser realizada, quando necessária, por meio de operação policial disfarçada ou no período noturno, exceto na casa, nos termos do inciso XI do *caput* do art. 5º da Constituição Federal. Nas razões de veto, o chefe do Executivo ponderou que a propositura legislativa, gera insegurança jurídica, haja vista que, ao mesmo tempo em que admite a instalação de dispositivo de captação ambiental, esvazia o dispositivo ao retirar do seu alcance a 'casa', nos termos do inciso XI do art. 5º da Lei Maior. Segundo a doutrina e a jurisprudência do Supremo Tribunal Federal, o conceito de 'casa' deve ser entendido como qualquer compartimento habitado, até mesmo um aposento que não seja aberto ao público, utilizado para moradia, progressão ou atividades, nos termos do art. 150, § 4º, do Código Penal (v. g. HC 82788, Relator: Min. CELSO DE MELLO, Segunda Turma, julgado em 12/04/2005). Além do § 2º deste dispositivo, o Congresso Nacional derrubou o veto imposto pelo PR ao § 4º, que conta com a seguinte redação: A captação ambiental feita por um dos interlocutores sem o prévio conhecimento da autoridade policial ou do Ministério Público poderá ser utilizada, em matéria de defesa, quando demonstrada a integridade da gravação. Tal como o § 2º, este § 4º, ressuscitado com a derrubada do veto, passará a produzir efeitos a partir de sua promulgação. Segundo o presidente da República, o veto se justifica na medida em que a propositura legislativa, ao limitar o uso da prova obtida mediante a captação ambiental apenas pela defesa, contraria o interesse público uma vez que uma prova não deve ser considerada lícita ou ilícita unicamente em razão da parte que beneficiará, sob pena de ofensa ao princípio da lealdade, da boa-fé objetiva e da cooperação entre os sujeitos processuais, além de se representar um retrocesso legislativo no combate ao crime. Ademais, o dispositivo vai de encontro à jurisprudência do Supremo Tribunal Federal, que admite utilização como prova da infração criminal a captação ambiental feita por um dos interlocutores, sem o prévio conhecimento da autoridade policial ou do Ministério Público, quando demonstrada a integridade da gravação (v. g. Inq-QO 2116, Relator: Min. Marco Aurélio, Relator p/ Acórdão: Min. Ayres Britto, publicado em 29/02/2012, Tribunal Pleno). ED

Gabarito "E".

(Delegado/BA – 2016.2 – Inaz do Pará) No tocante as interceptações telefônicas, telemática e de imagem para prova em investigação criminal, na forma da Lei 9.296/1996 e da Instrução Normativa 01/2013 GDG, pode-se afirmar, excetuando-se.

(A) Precedem de decisão judicial e correrão em autos apartados, não devendo constar nos autos principais, em virtude da exigência legal de sigilo.

(B) Deverá conter a demonstração de que sua realização é necessária à apuração da infração penal investigada.

(C) As interceptações solicitadas pelas unidades da Polícia Civil serão operacionalizadas pelo Departamento de Inteligência da Polícia Civil- DIP.

(D) Deverá constar a qualificação dos investigados ou justificar a impossibilidade de fazê-lo.

(E) Deferida a medida, deverá Autoridade Policial dar ciência ao representante do Ministério Público, juntando aos Autos pelo Escrivão de Polícia, cópia autenticada do respectivo ofício de ciência.

A: correta, uma vez que em conformidade com o disposto nos arts. 1º e 8º da Lei 9.296/1996 e 86 da Instrução Normativa 1, de 17 de abril de 2013, editada pelo Delegado-Geral da Polícia Civil do Estado da Bahia; **B:** correta, pois em conformidade com o disposto nos arts. 4º, *caput*, da Lei 9.296/1996 e 87 da Instrução Normativa 1, de 17 de abril de 2013, editada pelo Delegado-Geral da Polícia Civil do Estado da Bahia; **C:** incorreta, devendo ser assinalada, já que não corresponde ao que estabelece o 88 da Instrução Normativa 1, de 17 de abril de 2013, editada pelo Delegado-Geral da Polícia Civil do Estado da Bahia; **D:** correta, já que em conformidade com o disposto nos arts. 2º, parágrafo único, da Lei 9.296/1996 e 87, II, da Instrução Normativa 1, de 17 de abril de 2013, editada pelo Delegado-Geral da Polícia Civil do Estado da Bahia; **E:** correta, uma vez que em conformidade com o disposto nos arts. 6º da Lei 9.296/1996 e 88.1, IV, da Instrução Normativa 1, de 17 de abril de 2013, editada pelo Delegado-Geral da Polícia Civil do Estado da Bahia. ED

Gabarito "C".

(Delegado/DF – 2015 – Fundação Universa) No que se refere às leis penais especiais, assinale a alternativa correta.

(A) Os crimes definidos na lei de licitações podem sujeitar os seus autores, quando servidores públicos, às sanções penais e à perda do cargo, do emprego, da função ou do mandato eletivo, mas, apenas, se os delitos, de fato, se consumarem.

(B) A prática rotineira de jornais e programas televisivos transmitirem trechos de conversas telefônicas interceptadas por autoridade policial, conduta, que, em regra, atrapalha as investigações policiais, deve-se especialmente ao fato de a lei de regência não ter previsto como crime o ato de realizar interceptação de comunicações telefônicas sem autorização judicial.

(C) Configura contravenção penal a retenção de documento de identificação pessoal, ainda que apresentado por meio de fotocópia autenticada.

(D) A chamada propaganda enganosa, ou seja, a afirmação falsa ou enganosa sobre natureza, característica ou qualidade de produto ou serviço nas relações de consumo, pode gerar indenização por danos morais, mas não constitui infração penal.

(E) O Estatuto do Índio, ao preceituar sobre as disposições penais, trata de diversas situações de crimes praticados contra os índios, mas não dispõe sobre qualquer benesse em caso de crime praticado por índio.

A: incorreta. À luz do que estabelece o art. 83 da Lei 8.666/1993 (Licitações), os crimes ali definidos, ainda que tentados, sujeitam seus autores, quando servidores públicos, às sanções penais e à perda do cargo, do emprego, da função ou do mandato eletivo; **B:** incorreta, uma vez que o art. 10 da Lei 9.296/1996 (cuja redação foi alterada pela Lei 13.869/2019) estabelece ser crime a conduta daquele que realiza interceptação de comunicações telefônicas, de informática ou telemática, ou quebra segredo da Justiça, sem autorização judicial; **C:** correta (contravenção penal prevista no art. 3º da Lei 5.553/1968); **D:** incorreta (crime previsto no art. 66 da Lei 8.078/1990 – Código e Defesa do Consumidor); **E:** incorreta (art. 56 da Lei 6.001/1973 – Estatuto do Índio).

Gabarito "C".

(Delegado/DF – 2015 – Fundação Universa) Acerca dos crimes e das contravenções penais previstos na legislação penal especial, assinale a alternativa correta.

(A) Não há previsão de crimes culposos na lei que dispõe sobre os crimes contra o meio ambiente.

(B) A prescrição dos crimes falimentares rege-se pelas disposições do CP, começando o prazo prescricional a correr do dia da decretação da falência, da concessão da recuperação judicial ou da homologação do plano de recuperação extrajudicial.

(C) A tentativa de contravenção penal é causa de diminuição da pena de um a dois terços.

(D) A obtenção, para uso próprio, de documento particular ideologicamente falso, para fins eleitorais, é punível segundo as disposições do CP, não havendo previsão específica de crime no Código Eleitoral.

(E) O crime de comércio ilegal de arma de fogo, previsto no Estatuto do Desarmamento, é suscetível de liberdade provisória.

A: incorreta. Isso porque a lei que dispõe sobre os crimes contra o meio ambiente (Lei 9.605/1998) contempla vários tipos penais culposos. Exemplos: arts. 38, parágrafo único; 38-A, parágrafo único; 40, § 3º; **B:** correta, pois reflete o que estabelece o art. 182 da Lei 11.101/2005; **C:** incorreta, na medida em que a tentativa de contravenção penal, a teor do art. 4º do Dec.-lei 3.688/1941, não é punível; **D:** incorreta. Trata-se da conduta tipificada no art. 354 da Lei 4.737/1965 (Código Eleitoral); **E:** correta. A previsão contida no art. 21 do Estatuto do Desarmamento (Lei 10.826/2003) no sentido de que descabe liberdade provisória ao autor do crime de comércio ilegal de arma de fogo (art. 17) foi considerada inconstitucional pelo STF, por ocasião do julgamento da ADI 3112-1, por flagrante ofensa ao princípio da presunção da inocência e da obrigatoriedade de fundamentação do decreto de prisão. Dessa forma, o crime de comércio ilegal de arma de fogo, previsto no Estatuto do Desarmamento (art. 17), é suscetível de liberdade provisória, tal como se afirma na alternativa. Atenção: a pena cominada ao crime do art. 17 do Estatuto do Desarmamento, que era de 4 a 8 anos de reclusão, foi alterada pela Lei 13.964/2019, passando para 6 a 12 anos de reclusão.

Gabarito: Anulada.

Delegado/RJ – 2013 – FUNCAB) Constitui crime contra as relações de consumo, EXCETO:

(A) fraudar preços por meio de divisão em partes de bem ou serviço, habitualmente oferecido à venda em conjunto.

(B) formar acordo, convênio, ajuste ou aliança entre ofertantes, visando à fixação artificial de preços ou quantidades vendidas ou produzidas.

(C) deixar de organizar dados fáticos, técnicos e científicos que dão base à publicidade.

(D) favorecer ou preferir, sem justa causa, comprador ou freguês, ressalvados os sistemas de entrega ao consumo por intermédio de distribuidores ou revendedores.

(E) fraudar preços por meio de junção de bens ou serviços, comumente oferecidos à venda em separado.

A: correta, pois corresponde ao crime contra as relações de consumo previsto no art. 7º, IV, *b*, da Lei 8.137/1990; **B:** incorreta, devendo ser assinalada, uma vez que corresponde ao crime contra a ordem econômica (e não contra as relações de consumo) previsto no art. 4º, II, *a*, da Lei 8.137/1990; **C:** correta, pois corresponde ao crime contra as relações de consumo previsto no art. 69 da Lei 8.078/1990 (CDC); **D:** correta, pois corresponde ao crime contra as relações de consumo previsto no art. 7º, I, da Lei 8.137/1990; **E:** correta, pois corresponde ao crime contra as relações de consumo previsto no art. 7º, IV, *c*, da Lei 8.137/1990.

Gabarito "B".

(Delegado/BA – 2013 – CESPE) Considerando o que dispõe a legislação atual acerca de discriminação, julgue o item que se segue.

(1) A violência psicológica, uma das espécies de violência contra a mulher previstas na Lei Maria da Penha, resulta de conduta que cause, entre outros problemas, dano emocional e diminuição da autoestima da vítima.

(2) Pratica crime o empregador que, por motivo de discriminação de raça ou cor, deixar de conceder equipamentos necessários ao empregado, em igualdade de condições com os demais trabalhadores.

1: correta. Nos termos do art. 7º da Lei Maria da Penha (Lei 11.340/2006), que define as cinco espécies de violência doméstica e familiar contra a mulher, encontramos, em seu inciso II, a previsão da violência psicológica, assim entendida como "qualquer conduta que lhe cause *dano emocional e diminuição da autoestima* ou que lhe prejudique e perturbe o pleno desenvolvimento ou que vise degradar ou controlar suas ações, comportamentos, crenças e decisões, mediante ameaça, constrangimento, humilhação, manipulação, isolamento, vigilância constante, perseguição contumaz, insulto, chantagem, ridicularização, exploração e limitação do direito de ir e vir ou qualquer outro meio que lhe cause prejuízo à saúde psicológica e à autodeterminação"; **2:** correta. Constitui crime definido na Lei de Racismo (Lei 7.716/1989) o fato de o agente (empregador), por motivo de discriminação de raça ou de cor ou práticas resultantes do preconceito de descendência ou origem nacional ou étnica, *deixar de conceder os equipamentos necessários ao empregado em igualdade de condições com os demais trabalhadores* (art. 4º, § 1º, I).

Gabarito 1C, 2C

(Delegado/BA – 2013 – CESPE) No que se refere às contravenções penais, aos crimes em espécie e às leis penais extravagantes, julgue os itens a seguir com base na jurisprudência dos tribunais superiores.

(1) O indivíduo penalmente imputável condenado à pena privativa de liberdade de vinte e três anos de reclusão pela prática do crime de extorsão seguido de morte poderá ser beneficiado, no decorrer da execução da pena, pela progressão de regime após o cumprimento de dois quintos da pena, se for réu primário, ou de três quintos, se reincidente.

(2) O dolo direto ou eventual é elemento subjetivo do delito de violação de direito autoral, não havendo previsão para a modalidade culposa desse crime.

(3) Considere que João, por vários meses, tenha captado sinal de televisão a cabo por meio de ligação clandestina e que, em razão dessa ligação, considerável valor econômico tenha deixado de ser transferido à prestadora do serviço. Nessa situação hipotética, considerando-se o entendimento do Superior Tribunal de Justiça a respeito da matéria, João praticou o crime de furto de energia.

(4) A tentativa de contravenção, mesmo que factível, não é punida.

1: correta. Considerando que o crime de extorsão qualificada pela morte, definido no art. 158, § 2º, do CP, é considerado hediondo (art. 1º, III, da lei 8.072/1990),

a progressão de regime somente será autorizada após o agente cumprir dois quintos da pena, se primário, ou três quintos, se reincidente (art. 2º, § 2º, da Lei 8.072/1990, com a redação que lhe foi dada pela Lei 11.464/2007). Atenção: com a alteração promovida pela Lei 13.964/2019 na redação do art. 112 da LEP (posterior, portanto, à elaboração desta questão), criam-se novos patamares para o reeducando pleitear a progressão de regime de cumprimento de pena, aqui incluído o condenado pela prática de crime hediondo/equiparado, cuja disciplina, até então, estava no art. 2º, § 2º, da Lei 8.072/1990, que estabelecia faixas diferenciadas de cumprimento de pena necessárias à progressão, dispositivo expressamente revogado pela Lei 13.964/2019. Com isso, as novas regras de progressão, inclusive para os autores de crimes hediondos, estão contempladas no novo art. 112 da LEP, que foi substancialmente reformulado pela Lei 13.964/2019, estabelecendo uma nova e ampla tabela de progressão de regime. **Registre-se que, mais recentemente, quando já em vigor as alterações implementadas pelo pacote anticrime, o** Congresso Nacional, ao apreciar os vetos impostos pelo presidente da República ao PL 6341/2019 (que deu origem à Lei 13.964/2019), rejeitou (derrubou) vários deles (na verdade, 16 dos 24 vetos). No que toca ao tema bom comportamento como condicionante à progressão de regime, o texto original do projeto de lei previa a inclusão ao art. 112 da LEP do § 7º, segundo o qual o bom comportamento é readquirido após 1 (um) anos da ocorrência do fato, ou antes, após o cumprimento do requisito temporal exigível para a obtenção do direito. Pois bem. Este dispositivo, entre tantos outros, foi objeto de rejeição ao veto imposto pelo PR, de sorte que ele passa a integrar o pacote anticrime. O Palácio do Planalto assim justificou a imposição do veto: a propositura legislativa, ao dispor que o bom comportamento, para fins de progressão de regime, é readquirido após um ano da ocorrência do fato, ou antes, após o cumprimento do requisito temporal exigível para a obtenção do direito, contraria o interesse público, tendo em vista que a concessão da progressão de regime depende da satisfação de requisitos não apenas objetivos, mas, sobretudo de aspectos subjetivos, consistindo este em bom comportamento carcerário, a ser comprovado, a partir da análise de todo o período da execução da pena, pelo diretor do estabelecimento prisional. Assim, eventual pretensão de objetivação do requisito vai de encontro à própria natureza do instituto, já pré-concebida pela Lei 7.210, de 1984, além de poder gerar a percepção de impunidade com relação às faltas e ocasionar, em alguns casos, o cometimento de injustiças em relação à concessão de benesses aos custodiados; **2:** correta. O crime de violação de direito autoral, tipificado pelo art. 184 do CP, é doloso, admitindo-se tanto o dolo direto quanto o eventual. De fato, da leitura de referido tipo penal, não há previsão da modalidade culposa desse crime. Assim, caso um agente pratique violação de direito autoral crendo, por exemplo, que a obra caiu em domínio público (art. 45 da lei 9.610/1998), terá incidido em erro de tipo, que, como sabido, exclui o dolo (art. 20, *caput*, do CP); **3:** correta. De fato, há precedentes do STJ reconhecendo a tipificação do crime de furto de energia elétrica (art. 155, § 3º, do CP) quando o agente capta, clandestinamente, sinal de TV a cabo por ligação não autorizada. Confira-se a ementa do RHC 30847/RJ, 5ª turma, j. 20.08.2013, rel. Min. Jorge Mussi, *DJE* 04.09.2013: "recurso ordinário em *habeas corpus*. Captação irregular de sinal de televisão a cabo. Alegada atipicidade da conduta. Ausência de documentação comprobatória. Necessidade de prova pré-constituída. Equiparação à energia elétrica. Possibilidade. Recurso improvido. 1. Não há na impetração a cópia da denúncia ofertada contra os recorrentes, documentação indispensável para análise da alegada atipicidade da conduta que lhes foi atribuída. 2. O rito do *habeas corpus* pressupõe prova pré-constituída do direito alegado, devendo a parte demonstrar, de maneira inequívoca, por meio de documentos que evidenciem a pretensão aduzida, a existência do aventado constrangimento ilegal suportado pelo paciente. 3. Assim não fosse, tomando-se por base apenas os fatos relatados na inicial do *mandamus* impetrado na origem e no aresto objurgado, não se constata qualquer ilegalidade passível de ser remediada por este sodalício, pois o sinal de TV a cabo pode ser equiparado à energia elétrica para fins de incidência do art. 155, § 3º, do CP. Doutrina. Precedentes. 4. Recurso improvido."; **4:** correta, nos exatos termos do art. 4º da Lei de Contravenções Penais (Decreto-lei 3.688/1941): "não é punível a tentativa de contravenção".

Gabarito 1C, 2C, 3C, 4C

(Delegado Federal – 2013 – CESPE) No que diz respeito aos crimes previstos na legislação penal extravagante, julgue os itens subsequentes.

(1) O crime de lavagem de capitais, delito autônomo em relação aos delitos que o antecedam, não está inserido no rol dos crimes hediondos.

(2) O crime de lavagem de capitais, consoante entendimento consolidado na doutrina e na jurisprudência, divide-se em três etapas independentes: colocação (*placement*), dissimulação (*layering*) e integração (*integration*), não se exigindo, para a consumação do delito, a ocorrência dessas três fases.

(3) Se os crimes funcionais, previstos no art. 3º da Lei nº 8.137/1990, forem praticados por servidor contra a administração tributária, a pena imposta aumentará de um terço até a metade.

(4) Na Lei de Drogas, é prevista como crime a conduta do agente que oferte drogas, eventualmente e sem objetivo de lucro, a pessoa

2. LEGISLAÇÃO PENAL ESPECIAL — 431

do seu relacionamento, para juntos a consumirem, não sendo estabelecida distinção entre a oferta dirigida a pessoa imputável ou inimputável.

1: correta. De fato, a lavagem de dinheiro não é crime que conste no rol daqueles considerados hediondos (art. 1º da Lei 8.072/1990); **2**: correta. Realmente, cuidou a doutrina a cindir a lavagem de dinheiro em três fases ou etapas. A primeira é denominada de colocação, conversão ou *placement*. Verifica-se, por exemplo, quando o agente efetua depósitos bancários, compra de títulos negociáveis e bens. A segunda é denominada de ocultação, dissimulação ou *layering*, tendo por objetivo "quebrar" a cadeia de evidências dos crimes antecedentes. São exemplos de ocultação a movimentação eletrônica de dinheiro, utilização de contas em paraísos fiscais, depósitos em contas fantasmas etc. Por fim, fala--se em integração ou *integration*, etapa em que os ativos (dinheiro e bens) são incorporados ao sistema econômico nacional, dando-se a aparência de licitude a eles; **3**: incorreta. Nos termos do art. 12, II, da Lei 8.137/1990, a pena será aumentada de 1/3 até a 1/2 se os crimes dos arts. 1º, 2º, 4º a 7º forem cometidos por servidor público no exercício de suas funções. À evidência, os crimes do art. 3º, da referida lei, não poderão ter as penas majoradas pelo fato de o agente (sujeito ativo) ser servidor público, haja vista que são exatamente os denominados "crimes funcionais contra a ordem tributária", que pressupõem a condição de funcionário público. Se a pena fosse majorada por essa circunstância (condição especial do sujeito ativo), estaríamos diante de inegável *bis in idem*; **4**: correta (art. 33, § 3º, da Lei 11.343/2006). A situação descrita na assertiva configura o chamado tráfico privilegiado. Não fez o legislador, em referido subtipo penal, qualquer distinção entre a oferta de droga ser direcionada à pessoa imputável ou inimputável.
Gabarito 1C, 2C, 3E, 4C.

(Delegado/PA – 2012 – MSCONCURSOS) A interceptação de comunicações telefônicas, de qualquer natureza, para prova em investigação criminal e em instrução processual penal, observará o disposto na Lei nº 9.296, de 24 de julho de 1996 e dependerá de ordem do juiz competente da ação principal, sob segredo de justiça. Com base nessas informações e pautando-se na referida lei, assinale a alternativa correta:

(A) Realizar interceptação de comunicações telefônicas, de informática ou telemática, ou quebrar segredo da Justiça, sem autorização judicial ou com objetivos não autorizados em lei não é crime.

(B) A interceptação de comunicação telefônica, de qualquer natureza, ocorrerá nos autos principais do inquérito policial ou do processo criminal, preservando-se o sigilo das diligências, gravações e transcrições respectivas.

(C) É admitida a interceptação de comunicações telefônicas quando o fato investigado constituir infração penal punida, no máximo, com pena de detenção.

(D) Excepcionalmente, o juiz poderá admitir que o pedido seja formulado verbalmente, desde que estejam presentes os pressupostos que autorizem a interceptação, caso em que a concessão será condicionada à sua redução a termo.

(E) O juiz, no prazo máximo de quarenta e oito horas, decidirá sobre o pedido de interceptação de comunicação telefônica.

A: incorreta, dado o que estabelece o art. 1º da Lei 9.296/1996; **B**: incorreta, pois não reflete o disposto no art. 8º, *caput*, da Lei 9.296/1996; **C**: incorreta. A teor do art. 2º, III, da Lei 9.296/1996, somente será autorizada a interceptação de comunicações telefônicas na hipótese de o fato objetivo da investigação constituir infração penal punida com reclusão; **D**: correta, pois reflete o disposto no art. 4º, § 1º, da Lei 9.296/1996; **E**: incorreta, pois o art. 4º, § 2º, da Lei 9.296/1996 estabeleceu o prazo de 24 horas.
Gabarito "D".

(Delegado/PA – 2012 – MSCONCURSOS) Pautando-se na Lei nº 12.037, de 1º de outubro de 2009, que dispõe sobre a identificação criminal do civilmente identificado, assinale a alternativa incorreta:

(A) É permitido mencionar a identificação criminal do indiciado em atestados de antecedentes ou em informações não destinadas ao juízo criminal, antes do trânsito em julgado da sentença condenatória.

(B) A identificação civil é atestada, dentre outros documentos, pela carteira de identificação funcional.

(C) Embora apresentado documento de identificação, poderá ocorrer identificação criminal quando o indiciado portar documentos de identidade distintos, com informações conflitantes entre si.

(D) No caso de não oferecimento da denúncia, ou sua rejeição, ou absolvição, é facultado ao indiciado ou ao réu, após o arquiva-

mento definitivo do inquérito, ou trânsito em julgado da sentença, requerer a retirada da identificação fotográfica do inquérito ou processo, desde que apresente provas de sua identificação civil.

(E) Quando houver necessidade de identificação criminal, a autoridade encarregada tomará as providências necessárias para evitar o constrangimento do identificado.

A: incorreta, pois contraria o disposto no art. 6º da Lei 12.037/2009; **B**: correta, visto que reflete o disposto no art. 2º, V, da Lei 12.037/2009; **C**: correta, pois reflete o que estabelece o art. 3º, III, da Lei 12.037/2009; **D**: correta (art. 7º da Lei 12.037/2009); **E**: correta, pois em consonância com o que dispõe o art. 4º da Lei 12.037/2009.
Gabarito "A".

(Delegado/PI – 2009 – UESPI) Marque a afirmação correta que se aplica seja aos crimes hediondos (Lei 8.072/1990), seja ao tráfico ilícito e ao uso indevido de substâncias entorpecentes (Lei 11.343/2006), seja aos crimes de tortura (Lei 9.455/1997).

(A) As penas aplicadas ao usuário de substâncias entorpecentes são: a advertência sobre os efeitos das drogas, a prestação de serviços à comunidade e a medida educativa de comparecimento à programa ou curso educativo. Estas, nos casos de descumprimento injustificado, podem ser convertidas em pena privativa de liberdade.

(B) O crime de associação para o tráfico ilícito de entorpecente é um crime de concurso necessário, devendo ter no mínimo 2 (dois) sujeitos ativos.

(C) Os crimes de tortura, assim como os crimes hediondos, não admitem a anistia, a graça e o indulto.

(D) O roubo qualificado pelo resultado (lesão corporal grave e morte), estabelecido no art. 157, § 3º, é crime hediondo.

(E) Quem, sendo usuário de substância entorpecente, oferece droga, eventualmente e sem objetivo de lucro, a pessoa de seu relacionamento, para juntos a consumirem, pratica o crime de uso de substância entorpecente, com uma causa especial de aumento de pena pelo oferecimento da droga a terceira pessoa.

A: incorreta. Ainda que em caso de descumprimento, as penas impostas ao condenado pelo crime tipificado no art. 28 da Lei nº 11.343/2006 não poderão ser convertidas em penas privativas de liberdade; **B**: correta. O crime de associação para o tráfico, previsto no art. 35 da Lei 11.343/2006, é um crime autônomo que deve ser praticado por, no mínimo, dois agentes; **C**: incorreta. Não há vedação à concessão de indulto para o crime de tortura (art. 5º, XLIII, da CF e art. 1º, § 6º, da Lei 9.455/1997); **D**: incorreta. O crime de latrocínio, previsto no art. 157, § 3º, II, do CP, é que está inserido no rol dos crimes hediondos. Nas hipóteses em que da violência resultar lesão corporal grave, não estará caracterizado crime hediondo. Posteriormente à elaboração desta questão, a Lei 13.964/2019, dentre tantas outras alterações promovidas, inseriu no rol dos crimes hediondos (art. 1º, II, *a, b,* e *c*, da Lei 8.072/1990), entre outros delitos, o roubo circunstanciado pela restrição da liberdade da vítima (art. 157, § 2º, V, CP), o roubo circunstanciado pelo emprego de arma de fogo (art. 157, § 2º-A, I) ou pelo emprego de arma de fogo de uso proibido ou restrito (art. 157, § 2º, B) e a modalidade qualificada pelo resultado lesão corporal grave (art. 157, § 3º), lembrando que o roubo qualificado pelo resultado morte (latrocínio) já fazia parte do rol de crimes hediondos, conforme acima observado; **E**: incorreta. A conduta descrita configura o crime de tráfico eventual de droga, previsto no art. 33, § 3º, da Lei nº 11.343/2006, cuja pena cominada será de detenção de seis meses a um ano, e pagamento de 700 a 1500 dias-multa, sem prejuízo das penas previstas no art. 28 da mesma Lei.
Gabarito "B".

(Delegado/RJ – 2009 – CEPERJ) Relativamente à legislação penal extravagante, assinale a afirmativa incorreta.

(A) Considera-se autoridade, para os efeitos da Lei nº 4.898/1965, o serventuário da justiça.

(B) Constitui crime de tortura constranger alguém com emprego de grave ameaça, causando-lhe sofrimento mental, em razão de discriminação religiosa.

(C) Constitui crime previsto no Estatuto da Criança e do Adolescente submeter à tortura criança ou adolescente sob sua autoridade, guarda ou vigilância.

(D) De acordo com a doutrina, os sistemas de definição dos crimes hediondos são o legal, o misto e o judicial, sendo certo que o ordenamento jurídico brasileiro adotou o sistema legal.

432 ARTHUR TRIGUEIROS E EDUARDO DOMPIERI

(E) A pena do crime de tortura é aumentada se o crime é cometido mediante sequestro.

A: correta. O art. 5º da Lei 4.898/1965 prevê que "considera-se autoridade para efeitos desta lei, quem exerce cargo, emprego ou função pública, de natureza civil, ou militar, ainda que transitoriamente e sem remuneração", hipótese na qual se insere o serventuário da justiça. Com a revogação da Lei 4.898/1965, ocorrida posteriormente à elaboração desta questão, a definição de sujeito ativo do crime de abuso de autoridade passou a ser prevista no art. 2º da Lei 13.869/2019; **B:** correta – art. 1º, I, *c*, da Lei 9.455/1997; **C:** incorreta. O crime está tipificado no art. 1º, com a incidência da causa de aumento prevista no § 4º, II, da Lei de Tortura; **D:** correta. Somente a lei pode indicar, em rol taxativo, quais são os crimes considerados hediondos. Não adotamos, pois, o chamado sistema judicial, e sim o sistema legal, em que cabe à lei, e somente a ela, definir quais crimes são hediondos; **E:** correta – art. 1º, § 4º, III, da Lei 9.455/1997.

Gabarito "C"

3. DIREITO PROCESSUAL PENAL

Eduardo Dompieri

1. FONTES, PRINCÍPIOS GERAIS, EFICÁCIA DA LEI PROCESSUAL PENAL NO TEMPO E NO ESPAÇO

(Delegado/ES – 2019 – Instituto Acesso) A referida classificação do sistema brasileiro como um sistema acusatório, desvinculador dos papéis dos agentes processuais e das funções no processo judicial, mostra-se contraditória quando confrontada com uma série de elementos existentes no processo." (FERREIRA. Marco Aurélio Gonçalves. A Presunção da Inocência e a Construção da Verdade: Contrastes e Confrontos em perspectiva comparada (Brasil e Canadá). EDITORA LUMEN JURIS, Rio de Janeiro, 2013). Leia o caso hipotético descrito a seguir.

O Ministro OMJ, do Supremo Tribunal Federal, rejeitou o pedido da Procuradoria-Geral da República (PGR), de arquivamento do inquérito aberto para apurar ofensas a integrantes do STF e da suspensão dos atos praticados no âmbito dessa investigação, como buscas e apreensões e a censura a sites. Assinale a alternativa INCORRETA quanto a noção de sistema acusatório.

(A) Inquérito administrativo instaurado no âmbito da administração pública.

(B) A determinação de ofício de instauração de inquérito policial pelo juiz.

(C) A Instauração de inquérito policial pelo Delegado de Polícia.

(D) A requisição de instauração de inquérito policial pelo Ministério Público.

(E) Inquérito instaurado por comissões parlamentares.

Das assertivas acima, devemos identificar aquela que, em princípio, representa afronta ao sistema acusatório. Pois bem. Parte da comunidade jurídica se volta contra a possibilidade de o magistrado requisitar a instauração de inquérito policial, prerrogativa essa contida no art. 5º, II, do CPP. Pondera-se que, em face da notícia de crime de ação penal pública, deve o juiz, no lugar de requisitar a instauração de IP ao delegado de polícia, levar o fato ao conhecimento daquele que é o titular da ação penal pública, o Ministério Público, que poderá, a seu juízo, exercer de pronto a ação penal, oferecendo denúncia (se entender que dispõe de elementos suficientes para tanto), requisitar a instauração de inquérito policial ou ainda promover o arquivamento do expediente. Argumenta-se que não é função do Poder Judiciário, em um sistema de perfil acusatório, deflagrar investigação de fato aparentemente criminoso, ainda que o faça por meio de requisição dirigida à autoridade policial. Tal análise cabe ao MP. Conferir a lição de Aury Lopes Jr., ao analisar o art. 5º do CPP: *em sendo o possuidor da informação um órgão jurisdicional, deverá enviar os autos ou papéis diretamente ao Ministério Público (art. 40) para que decida se exerce imediatamente a ação penal, requisite a instauração de IP ou mesmo solicite o arquivamento (art. 28). A Constituição, ao estabelecer a titularidade exclusiva da ação penal de iniciativa pública, esvaziou em parte o conteúdo do artigo em tela. Não cabe ao juiz iniciar o processo ou mesmo o inquérito (ainda que através de requisição) não só porque a ação penal de iniciativa pública é de titularidade exclusiva do MP, mas também porque é um imperativo do sistema acusatório* (*Direito Processual Penal,* 9. ed. São Paulo: Saraiva, 2012. p. 303). Ao tempo em que foi elaborada esta questão, não havia previsão expressa sobre o sistema acusatório no nosso ordenamento jurídico. A opção pelo sistema acusatório foi explicitada quando da inserção do art. 3º-A no Código de Processo Penal pela Lei 13.964/2019 (Pacote Anticrime). Segundo este dispositivo, cuja eficácia está suspensa por decisão liminar do STF, já que faz parte do regramento que compõe o chamado "juiz das garantias" (arts. 3º-A a 3º-F, do CPP), "o processo penal terá estrutura acusatória, vedadas a iniciativa do juiz na fase de investigação e a substituição da atuação probatória do órgão de acusação". Até então, o sistema acusatório, embora amplamente acolhido pela comunidade jurídica, não era contemplado em lei.

Gabarito "B".

(Delegado/RS – 2018 – FUNDATEC) Considerando a disciplina da aplicação de lei processual penal e os tratados e convenções internacionais, assinale a alternativa correta.

(A) A lei processual penal aplica-se desde logo, conformando um complexo de princípios e regras processuais penais próprios, vedada a suplementação pelos princípios gerais de direito.

(B) A superveniência de lei processual penal que modifique determinado procedimento determina a renovação dos atos já praticados.

(C) A lei processual penal não admite interpretação extensiva, ainda que admita aplicação analógica.

(D) Toda pessoa detida ou retida deve ser conduzida, sem demora, à presença de um juiz ou outra autoridade autorizada pela lei a exercer funções judiciais e tem direito a ser julgada dentro de um prazo razoável ou a ser posta em liberdade, sem prejuízo de que prossiga o processo.

(E) Em caso de superveniência de leis processuais penais híbridas, prevalece o aspecto instrumental da norma.

A: incorreta. A lei processual penal será aplicada desde logo (*princípio da aplicação imediata* ou *da imediatidade*), sem prejuízo dos atos realizados sob o império da lei anterior. É o que estabelece o art. 2º do CPP. Até aqui a assertiva está correta. Sua incorreção está em afirmar que a lei processual penal não comporta o suplemento dos princípios gerais de direito (art. 3º, CPP); **B:** incorreta. A superveniência de lei processual penal que modifique determinado procedimento será aplicada desde logo (imediatidade), sem prejuízo dos atos que até então foram praticados. Em outras palavras, os atos anteriores à lei processual nova serão preservados, não havendo, assim, a necessidade de renovação (art. 2º, CPP); **C:** incorreta. A lei processual penal admite tanto a interpretação extensiva quanto a aplicação analógica (art. 3º, CPP); **D:** correta. Embora não contemplada, de forma expressa, na CF/1988, a Convenção Americana sobre Direitos Humanos (Pacto de San José da Costa Rica), incorporada ao ordenamento jurídico brasileiro, em seu art. 7º (5), assim estabelece: "Toda pessoa presa, detida ou retida deve ser conduzida, sem demora, à presença de um juiz ou outra autoridade autorizada por lei a exercer funções judiciais (...)". O Conselho Nacional de Justiça, em parceria com o Tribunal de Justiça de São Paulo e também com o Ministério da Justiça, lançou e implementou o projeto "audiência de custódia", cujo propósito é assegurar ao preso o direito de ser apresentado, de forma rápida, a um juiz de direito, ao qual caberá analisar, entre outros aspectos, a legalidade da prisão em flagrante e também a necessidade de ela ser convertida em prisão preventiva. Para tanto, o CNJ editou a Resolução 213/2015, cujo art. 1º assim estabelece: *Determinar que toda pessoa presa em flagrante delito, independentemente da motivação ou natureza do ato, seja obrigatoriamente apresentada, em até 24 horas da comunicação do flagrante, à autoridade judicial competente, e ouvida sobre as circunstâncias em que se realizou sua prisão ou apreensão.* Mais recentemente, a Lei 13.964/2019, conhecida como Pacote Anticrime, contemplou a audiência de custódia, inserindo-a no art. 310 do CPP. Pela primeira vez, portanto, a audiência de custódia, objeto de tantos debates na comunidade jurídica, tem previsão legal. Como dissemos acima, até então esta matéria estava prevista tão somente na Resolução CNJ 213/2015. Segundo estabelece a nova redação do *caput* do art. 310 do CPP, "após receber o auto de prisão em flagrante, no prazo máximo de 24 (vinte e quatro) horas após a realização da prisão, o juiz deverá promover audiência de custódia com a presença do acusado, seu advogado constituído ou membro da Defensoria Pública e o membro do Ministério Público, e, nessa audiência, o juiz deverá, fundamentadamente: (...)". O § 4º deste dispositivo, também inserido pela Lei 13.964/2019 e cuja eficácia está suspensa por decisão cautelar do STF (ADI 6305), impõe a liberalização da prisão do autuado em flagrante em razão da não realização da audiência de custódia no prazo de 24 horas. Ademais, entendemos que não há que se falar em revogação da Resolução 213/2015 pela novel legislação, dado o maior detalhamento que esta promove em face da nova lei. Posteriormente a isso, o Congresso Nacional, ao apreciar os vetos impostos pelo presidente da República ao PL 6.341/2019 (que deu origem à Lei 13.964/2019), rejeitou (derrubou) vários deles (na verdade, 16 dos 24 vetos). No que toca à audiência de custódia, com a rejeição ao veto imposto pelo PR ao art. 3º-C, § 1º, do CPP (contido no PL 6341/2019), fica vedada a possibilidade de se proceder à audiência de custódia por meio de sistema de videoconferência (ressalvado o período de pandemia). Doravante, pois, as audiências de custódia deverão ser realizadas presencialmente. O art. 3º-B, § 1º, do CPP conta com a seguinte redação (agora restabelecida com a derrubada do veto): *O preso em flagrante ou por força de mandado de prisão provisória será encaminhado à presença do juiz de garantias no prazo de 24 (vinte e quatro) horas, momento em que se realizará audiência com a presença do Ministério Público e da Defensoria Pública ou de advogado constituído, vedado o emprego de videoconferência.* Ponderou o presidente da República, por ocasião de seu veto, que *suprimir a possibilidade da realização da audiência por videoconferência gera insegurança jurídica.* Além disso, segundo também justificou, *o dispositivo pode acarretar em aumento de despesa, notadamente nos casos de juiz em vara única, com apenas um magistrado, seja pela* necessidade de pagamento de diárias e passagens a outros magistrados para a realização de uma única audiência, seja pela necessidade premente de realização de concurso para a contratação de novos magistrados; **E**: incorreta. Em regra, a norma processual penal começa a ser aplicada tão logo entre em vigor, passando a disciplinar os processos em curso, não afetando, como dissemos acima, os atos até ali realizados. Não tem, portanto, ao menos em regra, efeito retroativo. Sucede que há normas processuais penais que possuem natureza mista, híbrida, isto é, são dotadas de natureza processual (instrumental) e material (penal) ao mesmo tempo, como as normas processuais que disciplinam a natureza da ação penal. Nesse caso, deverá prevalecer, em detrimento do regramento estabelecido no art. 2º do CPP, a norma contida no art. 2º, parágrafo único, do Código Penal (art. 5º, XL, da CF). Em se tratando de norma mais favorável ao réu, deverá retroagir em seu benefício; se prejudicial a lei nova, aplica-se a lei já revogada. Conferir: "*In casu*, o constrangimento é flagrante, tendo em vista que, diante de norma processual penal material, a disciplinar aspecto sensivelmente ligado ao *jus puniendi* – natureza da ação penal – pretendeu-se aplicar o primado *tempus regit actum*, art. 2.º do Código de Processo Penal, a quebrantar a garantia inserta no Código Penal, de que a *lex gravior* somente incide para fatos posteriores à sua edição. Como, indevidamente, o *Parquet* ofereceu denúncia, em caso em que cabível queixa, e, transposto o prazo decadencial de seis meses para o ajuizamento desta, tem-se como fulminada a persecução penal. 3. Ordem não conhecida, expedido *habeas corpus* de ofício para trancar a Ação Penal n. 2009.001.245923-5, em trâmite perante a 28.ª Vara Criminal da Comarca da Capital/RJ" (STJ, 6ª T., HC 201001533527, Maria Thereza De Assis Moura, *DJ* de 29.11.2012). Gabarito "D".

(Delegado/MT – 2017 – CESPE) Quando da entrada em vigor da Lei n. 9.099/1995, que dispõe sobre os juizados especiais cíveis e criminais, foi imposta como condição de procedibilidade a representação do ofendido nos casos de lesão corporal leve ou culposa. Nas ações em andamento à época, as vítimas foram notificadas a se manifestar quanto ao prosseguimento ou não dos feitos. Nesse caso, o critério adotado no que se refere às leis processuais no tempo foi o da

(A) interpretação extensiva.

(B) retroatividade.

(C) territorialidade.

(D) extraterritorialidade.

(E) irretroatividade.

Com o advento da Lei 9.099/1995, a ação penal, nos crimes de lesão corporal leve e culposa, que antes era pública incondicionada, passou a ser, por força do art. 88 dessa Lei, pública condicionada à representação do ofendido. Inegável que diversos institutos despenalizadores introduzidos pela Lei 9.099/1995, como a representação nos crimes acima referidos, a transação penal e o *sursis* processual, entre outros, têm nítida repercussão no exercício do *jus puniendi*. São normas de direito processual que alcançam o direito de punir, ou seja, têm conteúdo de direito material. No caso da representação, o seu não oferecimento dentro do prazo estabelecido em lei leva ao reconhecimento da decadência, que por sua vez acarreta a extinção da punibilidade. É por essa razão que o STF já decidiu que, nesses casos, essas normas, que têm natureza mista, devem retroagir para beneficiar o réu. Dica: o mesmo raciocínio deve ser aplicado, em princípio, ao crime de estelionato, cuja ação penal, a partir do advento da Lei 13.964/2019, passou a ser pública condicionada à representação do ofendido (até então, era pública incondicionada). Tal alteração na natureza da ação penal no estelionato foi feita por meio da inserção do § 5º ao art. 171 do CP, promovida pela Lei 13.964/2019. ED Gabarito "B".

(Delegado/PE – 2016 – CESPE) Em consonância com a doutrina majoritária e com o entendimento dos tribunais superiores, assinale a opção correta acerca dos sistemas e princípios do processo penal.

(A) O princípio da obrigatoriedade deverá ser observado tanto na ação penal pública quanto na ação penal privada.

(B) O princípio da verdade real vigora de forma absoluta no processo penal brasileiro.

(C) Na ação penal pública, o princípio da igualdade das armas é mitigado pelo princípio da oficialidade.

(D) O sistema processual acusatório não restringe a ingerência, de ofício, do magistrado antes da fase processual da persecução penal.

(E) No sistema processual inquisitivo, o processo é público; a confissão é elemento suficiente para a condenação; e as funções de acusação e julgamento são atribuídas a pessoas distintas.

A: incorreta. O princípio da *obrigatoriedade*, que tem incidência no contexto da ação penal pública, não se aplica à ação penal privativa do ofendido, que é informada pelo princípio da *oportunidade* (conveniência). Significa que o ofendido

tem a *faculdade*, não a obrigação, de promover a ação. No caso da ação pública, diferentemente, temos que o seu titular, o MP, tem a obrigação (não a faculdade) de ajuizar a ação penal quando preenchidos os requisitos legais (princípio da obrigatoriedade). Ainda dentro do tema "princípio da obrigatoriedade", importante que se diga que, recentemente, foi editada a Lei 13.964/2019, conhecida como Pacote Anticrime, que promoveu diversas inovações nos campos penal e processual penal, sendo uma das mais relevantes o chamado *acordo de não persecução penal*, introduzido no art. 28-A do CPP e que consiste, *grosso modo*, no ajuste obrigacional firmado entre o Ministério Público e o investigado, em que este admite sua responsabilidade pela prática criminosa e aceita se submeter a determinadas condições menos severas do que a pena que porventura ser-lhe-ia aplicada em caso de condenação; **B**: incorreta. A busca pela verdade real, tal como se dá nos demais princípios que informam o processo penal, não tem caráter absoluto. Exemplo disso é que a Constituição Federal e também a legislação penal processual (art. 157, CPP) vedam as provas ilícitas; **C**: correta. De fato, na ação penal pública, o princípio da igualdade das armas é mitigado pelo princípio da oficialidade. Isso porque a acusação litigará valendo-se de uma estrutura que lhe é oferecida pelo Estado, o que não é conferido ao acusado, que atuará se valendo de suas próprias forças; **D**: incorreta, já que o sistema acusatório restringe, sim, a ingerência, de ofício, do magistrado antes da fase processual da persecução penal. A propósito do sistema acusatório, é importante que façamos algumas considerações em face da inserção do art. 3º-A no Código de Processo Penal pela Lei 13.964/2019 (Pacote Anticrime). Segundo este dispositivo, cuja eficácia está suspensa por decisão liminar do STF, já que faz parte do regramento que compõe o chamado "juiz de garantias" (arts. 3º-A a 3º-F, do CPP), "o processo penal terá estrutura acusatória, vedadas a iniciativa do juiz na fase de investigação e a substituição da atuação probatória do órgão de acusação". Até então, o sistema acusatório, embora amplamente acolhido pela comunidade jurídica, já que em perfeita harmonia com a CF/88, não era contemplado em lei. Nessa esteira, com vistas a fortalecer o sistema acusatório, o Pacote Anticrime cria a figura do juiz de garantias (arts. 3º-A a 3º-F, do CPP, com eficácia atualmente suspensa), ao qual cabe promover o controle da legalidade da investigação criminal e salvaguardar os direitos individuais cuja franquia tenha sido reservada ao Poder Judiciário. Também dentro desse mesmo espírito, a Lei 13.964/2019 alterou os arts. 282, § 2º, e 311, ambos do CPP, que agora vedam a atuação de ofício do juiz na decretação de medidas cautelares de natureza pessoal, como a prisão processual, ainda que no curso da ação penal. Perceba que, ao tempo em que elaborada esta questão, podia o juiz agir de ofício na decretação da custódia preventiva, desde que no curso da ação penal. Agora, passa a ser vedado ao magistrado proceder à decretação de medidas cautelares de natureza pessoal, incluída a prisão cautelar, em qualquer fase da persecução penal (investigação e ação penal). Também imbuído do propósito de restringir a ingerência do juiz na fase que antecede a ação penal, a Lei 13.964/2019, entre tantas outras alterações implementadas, conferiu nova redação ao art. 28 do CPP, alterando todo o procedimento de arquivamento do inquérito policial. Doravante, o representante do *parquet* deixa de requerer o arquivamento e passa a, ele mesmo, determiná-lo, sem qualquer interferência do magistrado, cuja atuação, nesta etapa, em homenagem ao sistema acusatório, deixa de existir. No entanto, ao determinar o arquivamento do IP, o membro do MP deverá submeter sua decisão, segundo a nova redação conferida ao art. 28, *caput*, do CPP, à instância revisora dentro do próprio Ministério Público, para fins de homologação. Sem prejuízo disso, caberá ao promotor que determinou o arquivamento comunicar a sua decisão ao investigado, à autoridade policial e à vítima. Esta última, por sua vez, ou quem a represente, poderá, se assim entender, dentro do prazo de 30 dias a contar da comunicação de arquivamento, submeter a matéria à revisão da instância superior do órgão ministerial (art. 28, § 1º, CPP). Por fim, o § 2º deste art. 28, com a redação que lhe deu a Lei 13.964/2019, estabelece que, nas ações relativas a crimes praticados em detrimento da União, Estados e Municípios, a revisão do arquivamento do IP poderá ser provocada pela chefia do órgão a quem couber a sua representação judicial. Este novo art. 28 do CPP, que, como dissemos, alterou todo o procedimento que rege o arquivamento do IP, no entanto, teve suspensa, por força de decisão cautelar proferida pelo STF, a sua eficácia. O ministro Luiz Fux, relator, ponderou, em sua decisão, tomada na ADI 6.305, de 22.01.2020, que, embora se trate de inovação louvável, a sua implementação, no prazo de 30 dias (*vacatio legis*), revela-se inviável, dada a dimensão dos impactos sistêmicos e financeiros que por certo ensejarão a adoção do novo procedimento de arquivamento do inquérito policial. Como se pode ver, a Lei 13.964/2019 não só previu, de forma expressa, o sistema acusatório, que há tempos adotamos, como implementou diversas modificações na lei processual penal com vistas a prestigiá-lo e reforçar a sua eficácia; **E**: incorreta, já que, no sistema inquisitivo, o processo é sigiloso e as funções de acusação e julgamento são atribuídas à mesma pessoa. A publicidade do processo e também o fato de a acusação e julgamento serem atribuídos a pessoas diferentes constituem características do processo acusatório. ED Gabarito "C".

(Delegado/PA – 2013 – UEPA) Sobre a Convenção Americana dos Direitos Humanos (Pacto de São José da Costa Rica), é correto afirmar que:

I. Determina que a pena de morte somente poderá ser aplicada aos crimes mais graves, que não tenham qualquer conotação

3. DIREITO PROCESSUAL PENAL   435

política, ficando vedada a elaboração de leis ampliando o rol de crimes sujeitos a ela, bem como a sua aplicação sobre menores de 18 ou maiores de 70 anos, além de mulheres grávidas.

II. Veda a prática da tortura, exceto nos países que já a aplicam como forma legal de interrogatório ou produção de provas, devendo esses países, no entanto, comprometer-se a eliminá-la progressivamente, respeitado o princípio de autodeterminação.

III. Reforça medidas já contempladas na legislação brasileira, tais como a obrigatória separação entre presos condenados e presos provisórios; a responsabilização de menores infratores através de órgão jurisdicional especializado e com processo mais célere; e a ênfase dada à função ressocializadora da pena.

IV. Reconhece, como garantias judiciais do acusado em processo criminal, o direito à defesa técnica, inclusive por advogado oferecido pelo Estado; o direito de não incriminação e o direito de, em caso de absolvição, não ser novamente processado pelos mesmos fatos.

V. Proíbe expressamente os trabalhos forçados, com rigor maior do que a legislação brasileira, porque impede até mesmo o trabalho obrigatório do preso, parte da disciplina do sistema penitenciário, que violaria a dignidade humana na medida em que sujeita o apenado à perda de benefícios.

A alternativa que contém todas as afirmativas corretas é:

(A) I, II e III

(B) I, III e IV

(C) I, III e V

(D) III e IV

(E) III, IV e V

I: correta (art. 4º, itens "4" e "5", da Convenção Americana dos Direitos Humanos – Pacto de São José da Costa Rica); **II**: incorreta. Nos termos do art. 5º, item "2", da Convenção Americana dos Direitos Humanos, é vedada, sem ressalvas, a prática da tortura; **III**: correta (art. 5º, itens "4", "5" e "6", da Convenção Americana dos Direitos Humanos); **IV**: correta (art. 8º, itens "2", *e e g*, e "4", da Convenção Americana dos Direitos Humanos); **V**: incorreta (art. 6º, item "2", da Convenção Americana dos Direitos Humanos). **ED**

Gabarito "B".

(Delegado/RJ – 2013 – FUNCAB) Marque a resposta correta.

(A) O princípio da identidade física do juiz consiste na dimensão formal do princípio do juiz natural, enquanto a vedação de tribunais de exceção e escolha de juiz traduzem a dimensão substancial do juiz natural.

(B) São incontestáveis, na doutrina e na jurisprudência, o poder de investigação direta do Ministério Público e a prerrogativa legal de tomar assento imediatamente à direita e no mesmo plano do Magistrado, sem que haja, com isso, ofensa ao sistema acusatório ou à paridade de armas.

(C) O STF admite como prova a gravação ambiental de conversas entre particulares, mas não admite a gravação clandestina de conversa informal entre agentes policiais e o indiciado, este último, em razão do direito constitucional ao silêncio.

(D) A Constituição de 1988 consagrou expressamente, no processo penal brasileiro, o princípio da verdade real. Por isso o Juiz poderá, de ofício, produzir prova no curso do processo.

(E) O Delegado de Polícia não pode ordenar buscas domiciliares. Este poder, contudo, foi atribuído, excepcionalmente, às CPIs, que possuem poderes de investigação típicos da autoridade judiciária.

A: incorreta. O princípio da identidade física do juiz (art. 399, § 2º), introduzido no Código de Processo Penal pela Lei 11.719/2008, estabelece que o juiz que presidiu a instrução deverá proferir a sentença; tem como propósito aproximar o juiz do conjunto probatório e facilitar a formação de seu convencimento. Tal regra não tem relação com o princípio do juiz natural, que impõe que ninguém será processado nem sentenciado senão pela autoridade competente (art. 5º, LIII, da CF); **B**: incorreta, dado que a doutrina está longe de ser unânime quando se fala em investigação criminal feita, de forma direta, pelo MP; aqueles que são contra tal possibilidade sustentam que há ofensa ao sistema acusatório e à paridade de armas, e que as funções de investigar, acusar e julgar devem ser atribuídas a órgãos diversos. A jurisprudência, por sua vez, inclina-se no sentido de que o MP, porque os órgãos policiais não detêm, no sistema jurídico brasileiro, o monopólio da atividade investigativa criminal, pode, de forma direta, investigar. Vide: STF, HC 94.173-BA, 2ª T., rel. Min. Celso de Mello, j. 27.10.2009. De toda sorte, curial que se diga que o Plenário do STF, em conclusão de julgamento do

RE 593.727, com repercussão geral, reconheceu, por 7 votos a 4, a atribuição do MP para promover investigações de natureza penal, desde que respeitados os direitos e garantias que assistem a qualquer investigado (j. em 14.05.2015, rel. Min. Celso de Mello). É incorreto afirmar-se, portanto, que, segundo jurisprudência pacificada do STF, o poder de investigação do Ministério Público é amplo e irrestrito. Da mesma forma, também é objeto de divergência doutrinária a prerrogativa conferida ao membro do MP de tomar assento imediatamente à direita e no mesmo plano do magistrado; **C**: correta. É tranquilo o entendimento dos tribunais superiores no sentido de que a gravação ambiental realizada por um dos interlocutores sem o conhecimento do outro pode ser utilizada como prova no processo penal. Agora, quando a gravação clandestina (sem o conhecimento do investigado) se der entre este e policiais, tal prova será considerada ilícita. Conferir: "Habeas corpus: cabimento: prova ilícita. 1. Admissibilidade, em tese, do habeas corpus para impugnar a inserção de provas ilícitas em procedimento penal e postular o seu desentranhamento: sempre que, da imputação, possa advir condenação a pena privativa de liberdade: precedentes do Supremo Tribunal. II. Provas ilícitas: sua inadmissibilidade no processo (CF, art. 5º, LVI): considerações gerais. 2. Da explícita proscrição da prova ilícita, sem distinções quanto ao crime objeto do processo (CF, art. 5º, LVI), resulta a prevalência da garantia nela estabelecida sobre o interesse na busca, a qualquer custo, da verdade real no processo: consequente impertinência de apelar-se ao princípio da proporcionalidade – à luz de teorias estrangeiras inadequadas à ordem constitucional brasileira – para sobrepor, à vedação constitucional da admissão da prova ilícita, considerações sobre a gravidade da infração penal objeto da investigação ou da imputação. III. Gravação clandestina de "conversa informal" do indiciado com policiais. 3. Ilicitude decorrente – quando não da evidência de estar o suspeito, na ocasião, ilegalmente preso ou da falta de prova idônea do seu assentimento à gravação ambiental – de constituir, dita "conversa informal", modalidade de "interrogatório" sub-reptício, o qual – além de realizar-se sem as formalidades legais do interrogatório no inquérito policial (CPP, art. 6º, V) –, se faz sem que o indiciado seja advertido do seu direito ao silêncio. 4. O privilégio contra a autoincriminação – nemo tenetur se detegere –, erigido em garantia fundamental pela Constituição – além da inconstitucionalidade superveniente da parte final do art. 186 CPP – importou compelir o inquiridor, na polícia ou em juízo, ao dever de advertir o interrogado do seu direito ao silêncio: a falta da advertência – e da sua documentação formal – faz ilícita a prova que, contra si mesmo, forneça o indiciado ou acusado no interrogatório formal e, com mais razão, em "conversa informal" gravada, clandestinamente ou não. IV. Escuta gravada da comunicação telefônica com terceiro, que conteria evidência de quadrilha que integrariam: ilicitude, nas circunstâncias, com relação a ambos os interlocutores. 5. A hipótese não configura a gravação da conversa telefônica própria por um dos interlocutores – cujo uso como prova o STF, em dadas circunstâncias, tem julgado lícito – mas, sim, escuta e gravação por terceiro de comunicação telefônica alheia, ainda que com a ciência ou mesmo a cooperação de um dos interlocutores: essa última, dada a intervenção de terceiro, se compreende no âmbito da garantia constitucional do sigilo das comunicações telefônicas e o seu registro só se admitirá como prova, se realizada mediante prévia e regular autorização judicial. 6. A prova obtida mediante a escuta gravada por terceiro de conversa telefônica alheia é patentemente ilícita em relação ao interlocutor insciente da intromissão indevida, não importando o conteúdo do diálogo assim captado. 7. A ilicitude da escuta e gravação não autorizadas de conversa alheia não aproveita, em princípio, ao interlocutor que, ciente, haja aquiescido na operação; aproveita-lhe, no entanto, se, ilegalmente preso na ocasião, o seu aparente assentimento na empreitada policial, ainda que existente, não seria válido. 8. A extensão ao interlocutor ciente da exclusão processual do registro da escuta telefônica clandestina – ainda quando livre o seu assentimento nela – em princípio, parece inevitável, se a participação de ambos os interlocutores no fato probando for incindível ou mesmo necessária à composição do tipo criminal cogitado, qual, na espécie, o de quadrilha. V. Prova ilícita e contaminação de provas derivadas (fruits of the poisonous tree). 9. A imprecisão do pedido genérico de exclusão de provas derivadas daquelas cuja ilicitude se declara e o estágio do procedimento (ainda em curso o inquérito policial) levam, no ponto, ao indeferimento do pedido" (STF, HC 80949, rel. Min. Sepúlveda Pertence). Posteriormente à elaboração desta questão, a Lei 13.964/2019 (Pacote Anticrime), consagrando o entendimento adotado pelos tribunais superiores, inseriu o art. 8º-A na Lei 9.296/1996, e finalmente previu a possibilidade de ser autorizada pelo juiz, para fins de investigação ou instrução criminal, a captação ambiental de sinais eletromagnéticos, ópticos ou acústicos, quando preenchidos determinados requisitos contidos na lei. O art. 10-A, também inserido pela Lei 13.964/2019, estabelece ser crime a conduta consistente em realizar captação ambiental de sinais eletromagnéticos, ópticos ou acústicos para investigação ou instrução criminal sem autorização judicial, quando esta for exigida. O § 1º deste dispositivo dispõe que não há crime se a captação é realizada por um dos interlocutores. Recentemente, já com os dispositivos do pacote anticrime em vigor, o Congresso Nacional, ao analisar os vetos impostos pelo presidente da República à Lei 13.964/2019, achou por bem rejeitar nada menos do que 16 dos 24 vetos. No que concerne à captação ambiental, a derrubada do veto presidencial fez restabelecer os §§ 2º e 4º do art. 8º-A da Lei 9.296/1996. Segundo o § 2º, que passará a produzir efeitos a partir da promulgação pelo presidente da República, *a insta-*

*lação do dispositivo de captação ambiental poderá ser realizada, quando necessária, por meio de operação policial disfarçada ou no período noturno, exceto na casa, nos termos do inciso XI da **caput** do art. 5º da Constituição Federal. Nas razões de veto, o chefe do Executivo ponderou que a propositura legislativa, gera insegurança jurídica, haja vista que, ao mesmo tempo em que admite a instalação de dispositivo de captação ambiental, esvazia o dispositivo ao retirar do seu alcance a 'casa', nos termos do inciso XI do art. 5º da Lei Maior. Segundo a doutrina e a jurisprudência do Supremo Tribunal Federal, o conceito de 'casa' deve ser entendido como qualquer compartimento habitado, até mesmo um aposento que não seja aberto ao público, utilizado para moradia, progressão ou atividades, nos termos do art. 150, § 4º, do Código Penal (v. g. HC 82788, Relator: Min. CELSO DE MELLO, Segunda Turma, julgado em 12/04/2005). Além do § 2º deste dispositivo, o Congresso Nacional derrubou o veto imposto pelo PR ao § 4º, que conta com a seguinte redação: A captação ambiental feita por um dos interlocutores sem o prévio conhecimento da autoridade policial ou do Ministério Público poderá ser utilizada, em matéria de defesa, quando demonstrada a integridade da gravação. Tal como o § 2º, este § 4º, ressuscitado com a derrubada do veto, passará a produzir efeitos a partir de sua promulgação. Segundo o presidente da República, o veto se justifica na medida em que a propositura legislativa, ao limitar o uso da prova obtida mediante a captação ambiental apenas pela defesa, contraria o interesse público uma vez que uma prova não deve ser considerada lícita ou ilícita unicamente em razão da parte que beneficiará, sob pena de ofensa ao princípio da lealdade, da boa-fé objetiva e da cooperação entre os sujeitos processuais, além de se representar um retrocesso legislativo no combate ao crime. Ademais, o dispositivo vai de encontro à jurisprudência do Supremo Tribunal Federal, que admite utilização como prova da infração criminal a captação ambiental feita por um dos interlocutores, sem o prévio conhecimento da autoridade policial ou do Ministério Público, quando demonstrada a integridade da gravação (v. g. Inq-QO 2116, Relator: Min. Marco Aurélio, Relator p/ Acórdão: Min. Ayres Britto, publicado em 29/02/2012, Tribunal Pleno);* **D:** incorreta, uma vez que o princípio da busca da verdade real não está contemplado, de forma expressa, na CF/88; **E:** incorreta. Embora seja fato que a autoridade policial não pode determinar busca e apreensão domiciliar, de igual modo tal poder não foi atribuído às comissões parlamentares de inquérito, somente podendo ser determinada pelo Poder Judiciário. **ED**
Gabarito "C."

(Delegado/SP – 2014 – VUNESP) A respeito do direito ao silêncio do acusado no inquérito policial, é correto afirmar que

(A) não importará em confissão, mas em presunção de culpabilidade.

(B) importará em confissão.

(C) importará em confissão, exceto se o acusado manifestar o direito constitucional de somente falar em juízo.

(D) não importará em confissão, entretanto, poderá constituir elemento para formação do convencimento do juiz em eventual processo penal.

(E) não importará em confissão.

Deve-se aplicar, neste caso, o art. 186, parágrafo único, do CPP, que incide tanto no âmbito do inquérito policial quanto no da instrução processual, que estabelece que "o silencio, que não importará em confissão, não poderá ser interpretado em prejuízo da defesa". **ED**
Gabarito "E".

(Delegado/SP – 2014 – VUNESP) A lei processual penal

(A) tem aplicação imediata, sem prejuízo dos atos realizados sob a vigência de lei anterior.

(B) somente pode ser aplicada a processos iniciados sob sua vigência.

(C) tem aplicação imediata, devendo ser declarados inválidos os atos praticados sob a vigência de lei anterior.

(D) tem aplicação imediata, devendo ser renovados os atos praticados sob a vigência da lei anterior.

(E) é retroativa aos atos praticados sob a vigência de lei anterior.

A lei processual penal será aplicada desde logo (*princípio da aplicação imediata ou da imediatidade*), sem prejuízo dos atos realizados sob o império da lei anterior. É o que estabelece o art. 2º do CPP. A exceção a essa regra fica por conta da lei processual penal dotada de carga material, em que deverá ser aplicado o que estabelece o art. 2º, parágrafo único, do CP. Nesse caso, a exemplo do que se dá com as leis penais, a norma processual nova, se favorável ao réu, deverá retroagir; se prejudicial, aplica-se a lei já revogada (*lex mitior*). **ED**
Gabarito "A".

(Delegado/SP – 2014 – VUNESP) No Direito pátrio, o sistema que vige no processo penal é o

(A) inquisitivo formal.

(B) acusatório formal.

(C) inquisitivo.

(D) inquisitivo unificador.

(E) acusatório.

São características imanentes ao *sistema acusatório*: além de uma nítida separação nas funções de acusar, julgar e defender, o processo é público (ao menos na sua maior parte) e contraditório; ademais, há imparcialidade do órgão julgador, a ampla defesa é assegurada e o processo é predominantemente oral. No *sistema inquisitivo*, diferentemente, as funções de acusar, defender e julgar reúnem-se em uma única pessoa. Além disso, o processo é sigiloso e nele não vige o contraditório. Temos ainda o *sistema misto*, em que há uma fase inicial inquisitiva, ao final da qual tem início uma etapa em que são asseguradas todas as garantias inerentes ao acusatório. Para a maior parte da doutrina, adotamos o sistema acusatório; há, no entanto, doutrinadores que sustentam que o sistema por nós adotado é o misto. Seja como for, fato é que, atualmente, por força das modificações implementadas no Código de Processo Penal pela Lei 13.964/2019, a opção pelo sistema acusatório foi inserida no art. 3º-A, segundo o qual "o processo penal terá estrutura acusatória, vedadas a iniciativa do juiz na fase de investigação e a substituição da atuação probatória do órgão de acusação". Até então, o sistema acusatório, embora amplamente acolhido pela comunidade jurídica, já que em perfeita harmonia com a CF/88, não era contemplado em lei. **ED**
Gabarito "E".

(Delegado/SP – 2014 – VUNESP) São princípios constitucionais explícitos do processo penal:

(A) ampla defesa e intervenção mínima.

(B) presunção de inocência e lesividade.

(C) intervenção mínima e duplo grau de jurisdição.

(D) presunção de inocência e ampla defesa.

(E) lesividade e intervenção mínima.

Os princípios da *ampla defesa* e *presunção de inocência* estão contemplados, respectivamente, no art. 5º, LV e LVII, da CF/88. **ED**
Gabarito "D".

(Delegado/SP – 2014 – VUNESP) Em se tratando de processo penal, assinale a alternativa que apresenta, correta e respectivamente, uma fonte direta e uma fonte indireta.

(A) Costume e lei.

(B) Costume e jurisprudência.

(C) Doutrina e jurisprudência.

(D) Princípios gerais do direito e doutrina.

(E) Lei e costume.

Considera-se fonte direta do direito processual penal as diversas espécies normativas, como a lei ordinária, a emenda à Constituição e a lei complementar. Já o costume, assim como os princípios gerais de direito, é classificado como fonte indireta (mediata). **ED**
Gabarito "E".

(Delegado/BA – 2008 – CEFETBAHIA) Sobre Sistemas Processuais, pode-se afirmar que o

(A) acusatório prega o respeito incondicional ao contraditório, à publicidade, à imparcialidade, à ampla defesa, bem como distribui a órgãos distintos as funções de acusar, defender e julgar.

(B) inquisitivo fixa que o Contraditório deve sempre ser observado, havendo separação de poderes entre a autoridade policial, o juiz e o promotor.

(C) inquisitivo, adotado pelo Brasil, determina que basta o Inquérito Policial para julgar alguns crimes ou contravenções, dispensando-se, nesses casos, o processo penal.

(D) misto, apesar de ser uma fusão dos dois outros, prescreve que, em nenhum momento, as garantias constitucionais sejam observadas, daí porque a doutrina tece severas críticas.

(E) acusatório confere mais poderes e prerrogativas ao Ministério Público do que ao réu, visto como objeto da relação processual.

São características imanentes ao *sistema acusatório*: além de uma nítida separação nas funções de acusar, julgar e defender, o processo é público e contraditório; ademais, há imparcialidade do órgão julgador e a ampla defesa é assegurada. No *sistema inquisitivo*, por seu turno, as funções de acusar, defender e julgar

3. DIREITO PROCESSUAL PENAL

reúnem-se em uma única pessoa. Além disso, o processo é sigiloso e nele não vige o contraditório. No *sistema misto*, por fim, há uma fase inicial inquisitiva, ao final da qual tem início uma etapa em que são asseguradas todas as garantias inerentes ao acusatório. Por força das modificações implementadas no Código de Processo Penal pela Lei 13.964/2019, a opção pelo sistema acusatório foi inserida no art. 3º-A, segundo o qual "o processo penal terá estrutura acusatória, vedadas a iniciativa do juiz na fase de investigação e a substituição da atuação probatória do órgão de acusação". Até então, o sistema acusatório, embora amplamente acolhido pela comunidade jurídica, já que em perfeita harmonia com a CF/88, não era contemplado em lei. **ED**

Gabarito "A".

(Delegado/SP – 2011) Historicamente, o processo penal acusatório distinguia-se do inquisitório porque enquanto o primeiro era

(A) escrito e público, o segundo era oral e sigiloso.

(B) escrito e sigiloso, o segundo era oral e público.

(C) misto (oral e escrito), o segundo era exclusivamente oral.

(D) oral e público, o segundo era escrito e sigiloso.

(E) oral e sigiloso, o segundo era escrito e público.

São características imanentes ao *sistema acusatório*, além do fato de ser oral e público: nítida separação nas funções de acusar, julgar e defender; ademais, há imparcialidade do órgão julgador e a ampla defesa e o contraditório são assegurados. No *sistema inquisitivo*, por seu turno, as funções de acusar, defender e julgar, diferentemente do acusatório, reúnem-se em uma única pessoa. Além disso, o processo é escrito, sigiloso e nele não vige o contraditório. No *sistema misto*, por fim, há uma fase inicial inquisitiva, ao final da qual tem início uma etapa em que são asseguradas todas as garantias inerentes ao acusatório. Por força das modificações implementadas no Código de Processo Penal pela Lei 13.964/2019, a opção pelo sistema acusatório foi inserida no art. 3º-A, segundo o qual "o processo penal terá estrutura acusatória, vedadas a iniciativa do juiz na fase de investigação e a substituição da atuação probatória do órgão de acusação". Até então, o sistema acusatório, embora amplamente acolhido pela comunidade jurídica, já que em perfeita harmonia com a CF/88, não era contemplado em lei. **ED**

Gabarito "D".

(Delegado/SP – 2011) De acordo com o Código de Processo Penal, é correto afirmar que a nova norma processual

(A) valerá após sua publicação, independentemente de prazo de vacância.

(B) valerá após sua entrada em vigor, ainda que o processo não tenha sido concluído.

(C) poderá ser aplicada a processos já encerrados, pois não ex iste direito processual adquirido

(D) vigerá no processo, desde que não crie obrigação ou ônus para a defesa.

(E) valerá para o processo que já tenha sentença transitada em julgado e expedição de carta de guia (ou guia de execução).

Com a sua entrada em vigor, a lei genuinamente processual passa a reger todos os processos em curso (princípio da aplicação imediata), preservando-se os atos praticados sob a égide da lei anterior – art. 2º, CPP. Em outras palavras, será aplicada a lei vigente ao tempo da prática do ato. Em conclusão, a lei processual, cuja eficácia começa com a sua vigência, não retroage. A exceção, como já dissemos em comentários anteriores, fica por conta das chamadas *leis processuais mistas*, as quais, por possuírem conteúdo de direito material, devem obedecer às regras do art. 2º, parágrafo único, do CP. Significa, portanto, que a norma dotada de carga de direito material que se revelar prejudicial ao réu não poderá retroagir. **ED**

Gabarito "B".

(Delegado/SP – 2011) São sistemas que buscam resolver a questão da sucessão de leis processuais no tempo:

(A) o da supremacia do direito de defesa; o das fases do processo; o da sistematização processual

(B) o da complexidade do processo; o do isolamento dos atos processuais; o da garantia dá defesa.

(C) o da unidade processual; o das fases processuais; o do isolamento dos atos processuais.

(D) o da sistematização processual; o do isolamento dos atos processuais; o da economia processual.

(E) o das fases do processo; o da intangibilidade do direito e defesa; o da supremacia dos atos praticados.

Para o *sistema da unidade processual*, o processo deve ser regulado, desde o começo até o julgamento final, pela mesma lei. Com isso, a lei processual nova não poderá incidir nos processos em curso; pelo *sistema das fases processuais*, que considera que o processo é constituído por etapas distintas, deve ser aplicada

a lei em vigor quando do início de cada etapa. Se, no curso de determinada fase, sobrevier lei nova, esta somente terá incidência com a inauguração da próxima etapa; já para o *sistema do isolamento dos atos processuais*, que parte do princípio de que a lei nova é sempre melhor do que a anterior, o ato processual ainda em prática será disciplinado pela lei então em vigor; com a edição da lei nova, os atos subsequentes serão por ela regidos (aplicação imediata). **ED**

Gabarito "C".

(Delegado/SP – 2008) O Código de Processo Penal pátrio, no campo de eficácia da lei penal no espaço, adotou como regra o princípio da

(A) legalidade.

(B) territorialidade relativa.

(C) extraterritorialidade.

(D) territorialidade.

(E) territorialidade condicionada.

Acolhemos, de fato, no que toca à eficácia da lei processual no espaço, o *princípio da territorialidade*, consagrado no art. 1º do CPP. Isso significa que ao crime ocorrido em território nacional será aplicada a lei processual penal brasileira. **ED**

Gabarito "D".

2. INQUÉRITO POLICIAL E OUTRAS FORMAS DE INVESTIGAÇÃO CRIMINAL

(Delegado/ES – 2019 – Instituto Acesso) Gerson está respondendo a procedimento investigatório, conduzido por delegado de Polícia Civil. Em meio a investigação foi decretado sigilo do Inquérito policial para assegurar as investigações. Nessa situação hipotética, marque a alternativa CORRETA.

(A) O advogado somente terá acesso aos autos do inquérito policial se não for decretado o seu sigilo, caso em que terá que aguardar a instauração do processo judicial.

(B) O advogado poderá examinar aos autos do inquérito policial e ainda ter informações sobre os atos de investigação que ainda serão realizados.

(C) Nos crimes hediondos o advogado do indiciado não terá acesso aos autos para assegurar a proteção das investigações.

(D) O advogado poderá examinar aos autos do inquérito policial ainda que tenha sido decretado o seu sigilo.

(E) O sigilo decretado no inquérito policial não impede que os meios de comunicações televisivas tenham acesso, tendo em vista a necessidade de se preservar a ordem pública.

O sigilo, que é imanente ao inquérito policial (art. 20 do CPP), não pode, ao menos em regra, ser oposto ao advogado do investigado. Com efeito, por força do que estabelece o art. 7º, XIV, da Lei 8.906/1994 (Estatuto da Advocacia), constitui direito do advogado, entre outros: "examinar, em qualquer instituição responsável por conduzir investigação, mesmo sem procuração, autos de flagrante e de investigações de qualquer natureza, findos ou em andamento, ainda que conclusos à autoridade, podendo copiar peças e tomar apontamentos, em meio físico ou digital" (redação determinada pela Lei 13.245/2016). Aqui, pouco importa se no curso do IP foi decretado judicialmente o seu sigilo. Sobre este tema, a propósito, o STF editou a Súmula Vinculante 14, a seguir transcrita: "É direito do defensor, no interesse do representado, ter acesso amplo aos elementos de prova que, já documentados em procedimento investigatório realizado por órgão com competência de polícia judiciária, digam respeito ao exercício do direito de defesa". Registre-se, todavia, que determinados procedimentos de investigação, geralmente realizados em autos apartados, como a interceptação telefônica e a infiltração, somente serão acessados pelo patrono do investigado depois de concluídos e inseridos nos autos do inquérito. Ou seja, tais procedimentos permanecerão em sigilo, neste caso absoluto, enquanto não forem encerrados (art. 7º, § 11, da Lei 8.906/1994). Nesse sentido já se manifestou o STJ: "1. Ao inquérito policial não se aplica o princípio do contraditório, porquanto é fase investigativa, preparatória da acusação, destinada a subsidiar a atuação do órgão ministerial na persecução penal. 2. Deve-se conciliar os interesses da investigação com o direito de informação do investigado e, consequentemente, de seu advogado, de ter acesso aos autos, a fim de salvaguardar suas garantias constitucionais. 3. Acolhendo a orientação jurisprudencial do Supremo Tribunal Federal, o Superior Tribunal de Justiça decidiu ser possível o acesso de advogado constituído aos autos de inquérito policial em observância ao direito de informação do indiciado e ao Estatuto da Advocacia, ressalvando os documentos relativos a terceiras pessoas, os procedimentos investigatórios em curso e os que, por sua própria natureza, não dispensam o sigilo, sob pena de ineficácia da diligência investigatória. 4. *Habeas corpus* denegado" (HC 65.303/PR, Rel. Ministro Arnaldo Esteves Lima, Quinta Turma, julgado em 20.05.2008, *DJe* 23.06.2008). **ED**

Gabarito "D".

438 EDUARDO DOMPIERI

"O inquérito policial é um procedimento administrativo, não judicial, e por isso mesmo pode ter caráter explicitamente inquisitorial, isto é, registrar por escrito, com fé pública, emprestada pelo cartório que a delegacia possui, informações obtidas dos envolvidos sem que estes tenham conhecimento das suspeitas contra eles."

(LIMA, Roberto Kant de; MOUZINHO, Glaucia. DILEMAS – Vol.9 – no 3 – SET-DEZ 2016 – pp. 505-529).

(Delegado/ES – 2019 – Instituto Acesso) Assinale, a seguir, a característica INCORRETA quanto ao inquérito policial brasileiro.

(A) não possui contraditório e ampla defesa.
(B) é escrito.
(C) é público.
(D) é dispensável.
(E) é sigiloso.

A: correta. Por se tratar de procedimento administrativo, não vigoram nas investigações criminais, conforme doutrina e jurisprudência amplamente majoritárias, o contraditório e ampla defesa; **B:** correta, pois em conformidade com o disposto no art. 9º do CPP; **C:** incorreta. Não se aplica ao inquérito policial a *publicidade*, imanente ao processo. Cuida-se, isto sim, de procedimento *sigiloso* (art. 20, CPP). De outra forma não poderia ser. É que a publicidade por certo acarretaria prejuízo ao bom andamento do inquérito, cujo propósito é reunir provas acerca da infração penal. É bom lembrar que o sigilo do inquérito não pode ser considerado absoluto, uma vez que não será oponível ao advogado, constituído ou não, do investigado, que terá acesso ao acervo investigatório (art. 7º, XIV, da Lei 8.906/1994 – Estatuto da Advocacia); **D:** correta. Isso porque o inquérito policial, segundo doutrina e jurisprudência unânimes, não constitui fase obrigatória e imprescindível da persecução penal. Pode o membro do MP, pois, dele abrir mão e ajuizar, de forma direta, a ação penal, desde que, é claro, disponha de elementos de informação suficientes ao seu exercício (da ação penal). É o que se infere do art. 12 do CPP; **E:** correta. *Vide* comentário à alternativa "C". **ED**
Gabarito "C".

(Delegado/RS – 2018 – FUNDATEC) Ronaldo é morador de um bairro violento na cidade de Rondinha, dominado pela disputa pelo tráfico de drogas. Dirigiu-se até a Delegacia de Polícia para oferecer detalhes como o nome, endereço e telefone do maior traficante do local. Foram anotadas todas as informações e, ao final, Ronaldo preferiu não revelar a sua identidade por receio de retaliações. Diante disso, é correto afirmar que:

(A) A Constituição Federal prestigia a liberdade de expressão e veda o anonimato, razão pela qual o delegado de polícia deve requerer à autoridade judiciária o arquivamento das informações prestadas, mediante prévia manifestação do Ministério Público.
(B) Trata-se de *notitia criminis* inqualificada, que torna obrigatória a imediata instauração de inquérito policial e a representação por medidas cautelares necessárias à obtenção da materialidade do delito imputado.
(C) Segundo o entendimento mais recente do Supremo Tribunal Federal, as notícias anônimas, por si só, não autorizam o emprego de métodos invasivos de investigação, constituindo fonte de informação e de provas.
(D) Poderá o delegado de polícia representar pela interceptação telefônica, havendo indícios razoáveis da autoria ou participação fornecidos pela notícia anônima.
(E) Segundo o entendimento mais recente do Supremo Tribunal Federal, as notícias anônimas autorizam o deferimento de medida cautelar de busca e apreensão, mas não permitem, de imediato, a autorização de interceptação telefônica, dado o caráter subsidiário desse meio de obtenção de prova.

A denúncia anônima (também chamada de *apócrifa* ou *inqualificada*), segundo tem entendido a jurisprudência, não é apta, por si só, a autorizar a instauração de inquérito policial, dando início à persecução penal. Antes disso, a autoridade policial deverá fazer uma averiguação prévia a fim de verificar a procedência da denúncia apócrifa, para, depois disso, determinar, se for o caso, a instauração de inquérito. Nesse sentido: "(...) *a autoridade policial, ao receber uma denúncia anônima, deve antes realizar diligências preliminares para averiguar se os fatos narrados nessa 'denúncia' são materialmente verdadeiros, para, só então, iniciar as investigações*" (STF, HC 95.244, 1ª T., rel. Min. Dias Toffoli, DJE de 29.04.2010). No mesmo sentido: "*1. Elementos dos autos que evidenciam não ter havido investigação preliminar para corroborar o que exposto em denúncia anônima. O Supremo Tribunal Federal assentou ser possível a deflagração da persecução* penal pela chamada denúncia anônima, desde que esta seja seguida de diligências realizadas para averiguar os fatos nela noticiados antes da instauração do inquérito policial. Precedente. 2. A interceptação telefônica é subsidiária e excepcional, só podendo ser determinada quando não houver outro meio para se apurar os fatos tidos por criminosos, nos termos do art. 2º, inc. II, da Lei n. 9.296/1996. Precedente. 3. Ordem concedida para se declarar a ilicitude das provas produzidas pelas interceptações telefônicas, em razão da ilegalidade das autorizações, e a nulidade das decisões judiciais que as decretaram amparadas apenas na denúncia anônima, sem investigação preliminar" (HC 108147, Relator(a): Min. Cármen Lúcia, Segunda Turma, julgado em 11.12.2012, Processo Eletrônico DJe-022 Divulg 31.01.2013 Public 01.02.2013).*
Gabarito "C".

(Delegado/RS – 2018 – FUNDATEC) De acordo com o Código de Processo Penal, estando em pleno curso o delito de sequestro e cárcere privado, compete à autoridade policial:

(A) Requisitar, de quaisquer órgãos do poder público ou de empresas da iniciativa privada, dados e informações cadastrais da vítima ou de suspeitos.
(B) Requisitar, de quaisquer órgãos do poder público ou de empresas da iniciativa privada, dados, informações cadastrais e a interceptação das comunicações telefônicas da vítima e de suspeitos, que deverá se efetivada no prazo máximo de 24 horas.
(C) Representar judicialmente por mandado de busca e apreensão para legitimar o ingresso no domicílio em que se encontre a vítima, nos termos do Art. 5º, XI da Constituição Federal.
(D) Requisitar, de quaisquer órgãos do poder público, dados e informações cadastrais da vítima ou de suspeitos e, mediante ordem judicial, obtê-los de empresas da iniciativa privada.
(E) Requisitar, de quaisquer empresas da iniciativa privada e, mediante ordem judicial, requerer dados e informações cadastrais da vítima ou de suspeitos perante quaisquer órgãos de poder público.

A solução desta questão deve ser extraída do art. 13-A do CPP, introduzido pela Lei 13.344/2016, que autoriza o membro do MP ou a autoridade policial a requisitar, de quaisquer órgãos do poder público ou de empresas da iniciativa privada, dados e informações cadastrais da vítima ou de suspeitos dos crimes elencados no dispositivo, entre os quais está o sequestro e cárcere privado (art. 148, CP).
Gabarito "A".

(Delegado/RS – 2018 – FUNDATEC) Na madrugada de 25 de outubro de 2017, determinado suspeito, conduzido até a delegacia de polícia para a lavratura do auto de prisão em flagrante pelo cometimento de feminicídio, apresentou carteira de identidade contendo rasura. Diante disso, o delegado de polícia:

(A) Deve conferir credibilidade à qualificação pessoal fornecida pelo autor do crime durante o interrogatório, em complemento aos dados existentes no documento rasurado, considerando que eventual informação inverídica acarretará a imputação pelo crime de falsa identidade.
(B) Determinará a coleta de amostra de sangue do autuado para remessa à perícia e averiguação da identidade, independente de consentimento, resguardada a privacidade na realização do ato.
(C) Dispensará a identificação criminal do suspeito em razão de que a carteira de identidade, ainda que contenha rasuras, é documento idôneo à identificação civil, conforme expressa disposição legal.
(D) Determinará identificação criminal do suspeito, que incluirá o processo datiloscópico e o fotográfico a ser juntado aos autos da comunicação da prisão em flagrante.
(E) Deverá aguardar o prazo de até 24h para que defensor ou familiar do autuado apresente outro documento idôneo de identificação civil, tendo em vista que é assegurada ao preso a assistência da família e de advogado pela Constituição Federal.

Regra geral, o civilmente identificado não será submetido à identificação criminal (art. 5º, LVIII, CF; art. 1º da Lei 12.037/2009). Há situações, no entanto, em que, mesmo tendo sido apresentado documento de identificação, a autoridade poderá proceder à identificação criminal. Estas situações, que constituem exceção, estão elencadas no art. 3º da Lei 12.037/2009, entre as quais está a hipótese em que o documento contém rasura ou indício de falsificação. Neste caso, a autoridade determinará a identificação criminal, aqui incluídos os processos datiloscópico e fotográfico (art. 5º, *caput*, Lei 12.037/2009).
Gabarito "D".

3. DIREITO PROCESSUAL PENAL

(Delegado/MS – 2017 - FAPEMS) Conforme disposição expressa no Código de Processo Penal vigente, o Delegado de Polícia que preside investigação policial sobre o crime previsto no artigo 149-A (Tráfico de Pessoas) do Código Penal-Decreto- Lei n. 2.848/1940, dentre as providências a serem adotadas, poderá

(A) requisitar dados e informações cadastrais da vítima ou dos suspeitos, diretamente de quaisquer órgãos do poder público ou representar junto à autoridade judicial, de empresas de iniciativa privada.

(B) requisitar, após o parecer obrigatório do Ministério Público, de quaisquer órgãos do poder público ou de empresas de iniciativa privada, dados e informações cadastrais da vítima ou dos suspeitos.

(C) requisitar, somente por meio de autorização judicial, de quaisquer órgãos do poder público ou de empresas de iniciativa privada, dados e informações cadastrais da vítima ou dos suspeitos.

(D) requisitar, de quaisquer órgãos do poder público ou de empresas de iniciativa privada, dados e informações cadastrais dos suspeitos, os quais deverão ser concedidos no prazo de 48 horas.

(E) requisitar, de quaisquer órgãos do poder público ou de empresas de iniciativa privada, dados e informações cadastrais da vítima ou dos suspeitos.

A solução desta questão deve ser extraída do art. 13-A do CPP, introduzido pela Lei 13.344/2016, que estabelece que, no curso das investigações para apuração do crime previsto no artigo 149-A (Tráfico de Pessoas) do Código Penal, entre outros, poderão o delegado de polícia e o membro do MP *requisitar, de quaisquer órgãos do poder público ou de empresas de iniciativa privada, dados e informações cadastrais da vítima ou dos suspeitos.* **ED**

Gabarito "E".

(Delegado/MS – 2017 - FAPEMS) Eurípedes, advogado contratado pela família de Haroldo, preso em flagrante, dirige-se até a Delegacia de Polícia para iniciar a defesa de seu cliente. Para tanto, solicita acesso aos autos do inquérito policial instaurado para a apuração do crime, o que é negado pelo escrivão de polícia sob o argumento de que o procedimento é sigiloso. O advogado, inconformado com a negativa, aguarda o atendimento pelo Delegado de Polícia, que

(A) não deve conceder vistas dos autos sem autorização judicial, caso a investigação seja referente à organização criminosa e tenha sido decretado o sigilo pela autoridade judicial competente, para garantia da celeridade e da eficácia das diligências investigatórias.

(B) deve verificar, inicialmente, se há nos autos diligências que não foram realizadas ou que estão em andamento, já que estas somente podem ser acessadas pelo advogado após documentadas e mediante a apresentação de procuração.

(C) deve conceder vistas ao advogado, ainda que este não tenha procuração e haja informações decretadas sigilosas nos autos do inquérito policial, uma vez que o sigilo da investigação não atinge de nenhuma forma o advogado da parte interessada.

(D) concederá, exigindo para tanto a cópia da carteira funcional, amplo acesso dos autos do inquérito policial ao advogado, mesmo havendo informações sigilosas, pois a Constituição Federal em vigor assegura ao preso a ampla defesa e assistência de advogado.

(E) deve confirmar a negativa de vistas dos autos ao advogado, pois o sigilo é uma das características natural do inquérito policial e exige-se a apresentação de requerimento, com procuração; para o acesso por advogado.

A: correta, uma vez que reflete o disposto no art. 23 da Lei 12.850/2013 (Organização Criminosa); B: incorreta, pois, a teor do art. 7º, XIV, da Lei 8.906/1994 (Estatuto da Advocacia), o acesso do advogado aos autos de flagrante e de investigações de qualquer natureza, aqui incluído, por óbvio, o inquérito policial, prescinde de procuração; C e D: incorreta, pois não reflete o disposto no art. 23 da Lei 12.850/2013 (Organização Criminosa); E: incorreta (art. 7º, XIV, da Lei 8.906/1994). **ED**

Gabarito "A".

(Delegado/MS – 2017 - FAPEMS) Sobre as diligências que podem ser realizadas pelo Delegado de Polícia, é correto afirmar que

(A) caso o ofendido ou seu representante legal apresente requerimento para instauração de inquérito policial, a autoridade policial deve atender ao pedido, em observância do princípio da obrigatoriedade.

(B) deparando-se com uma notícia na imprensa que relate um fato delituoso, a autoridade policial deve instaurar inquérito policial

de ofício, elaborando, conforme determina o Código de Processo Penal vigente, um relatório sobre a forma como tomou conhecimento do crime.

(C) conforme disposição expressa no Código de Processo Penal vigente, o Delegado de Polícia não é obrigado a determinar a realização de perícia requerida pelo investigado, ofendido ou seu representante legal, quando não for necessária ao esclarecimento da verdade, ainda que se trate de exame de corpo de delito, pois a investigação é conduzida de forma discricionária.

(D) o inquérito policial é um procedimento discricionário, portanto, cabe ao Delegado de Polícia conduzir as diligências de acordo com as especificidades do caso concreto, não estando obrigado a seguir uma sequência predeterminada de atos.

(E) poderá a autoridade policial determinar em todas as espécies de crimes, atendidos os requisitos legais e suas peculiaridades, a reconstituição do fato delituoso, desde que não contrarie a moralidade ou a ordem pública, com a participação obrigatória do investigado.

A: incorreta. É que a autoridade policial não está obrigada a atender ao requerimento (solicitação, pedido) de abertura de inquérito formulado pelo ofendido ou por seu representante legal (art. 5º, II, segunda parte, do CPP), sendo tal pleito passível, portanto, de indeferimento, decisão contra a qual cabe recurso administrativo ao chefe de polícia (art. 5º, § 2º, do CPP); B: incorreta. A autoridade policial, diante da notícia da prática de fato aparentemente criminoso, tendo atribuição para tanto, procederá a inquérito, baixando a respectiva portaria, que é o seu ato inaugural, não havendo a necessidade de confeccionar relatório a tal respeito (art. 5º, I, do CPP). O relatório somente será produzido ao final das investigações, no qual a autoridade consignará tudo quanto foi apurado (art. 10, § 1º, do CP); C: incorreta, pois não reflete o disposto no art. 184 do CPP; D: correta. De fato, a legislação processual penal não estabelece uma sequência de atos à qual a autoridade policial deve obediência na condução das investigações do inquérito policial, de tal sorte que o delegado determinará a sequência de atos que melhor lhe aprouver, ou seja, aquela que seja mais eficiente do ponto de vista da elucidação dos fatos, que é o verdadeiro objetivo do inquérito policial; E: incorreta. Tendo em conta o fato de que ninguém poderá ser compelido a produzir prova contra si mesmo (princípio do *nemo tenetur se detegere*), a participação do investigado na reprodução simulada dos fatos (art. 7º do CPP) será facultativa. **ED**

Gabarito "D".

(Delegado/MS – 2017 - FAPEMS) Acerca da investigação criminal,

[...] a autoridade policial não é parte no processo penal, não tem interesse que possa deduzir em juízo e a investigação criminal não guarda autonomia, ela existe orientada ao exercício futuro da ação. A constatação de comportamentos do indiciado prejudiciais à investigação deve ser compartilhada entre a autoridade policial e o Ministério Público (ou o querelante, conforme o caso), para que o autor da ação penal ajuíze seu real interesse em ver a prisão decretada.

PRADO, Geraldo. *Medidas cautelares no processo penal: prisões e suas alternativas*. São Paulo: Revista dos Tribunais, 2011, p. 67.

As funções de polícia judiciária e a apuração de infrações penais exercidas pelo delegado de polícia são de natureza jurídica, essenciais e exclusivas de Estado.

BRASIL. Lei n- 12.830. *Dispõe sobre a investigação criminal conduzida pelo delegado de policia. Art. 2$. 2013.*

Isso considerado, assinale a alternativa correta.

(A) O indiciamento, privativo do delegado de polícia, dar-se-á por ato discricionário, mediante análise fática da ocorrência do fato, e deverá indicar a autoria, materialidade e suas circunstâncias.

(B) O inquérito policial em curso poderá ser avocado ou redistribuído por superior hierárquico, independentemente de despacho fundamentado.

(C) A participação de membro do Ministério Público na fase investigatória criminal acarreta o seu impedimento ou suspeição para o oferecimento da denúncia.

(D) Da decisão do delegado de polícia que nega o pedido de abertura de inquérito policial formulado pelo ofendido ou seu representante legal, caberá mandado de segurança.

(E) Durante a investigação criminal, cabe ao delegado de polícia a requisição de perícia, informações, documentos e dados que interessem à apuração dos fatos.

440 EDUARDO DOMPIERI

A: incorreta. Não se trata de ato discricionário, uma vez que, convencida de que há justa causa, outra alternativa não resta à autoridade policial senão proceder ao indiciamento do investigado, o que será feito mediante análise técnico-jurídica do fato, sempre fundamentando a sua decisão (art. 2º, § 6º, da Lei 12.830/2013); **B:** incorreta. A avocação ou redistribuição de inquérito policial por superior hierárquico somente será permitida nos casos previstos em lei (interesse público e quando não observado procedimento previsto em regulamento da corporação que comprometa a eficácia da investigação) e mediante despacho fundamentado (art. 2º, § 4º, da Lei 12.830/2013); **C:** incorreta, pois não reflete o entendimento firmado na Súmula 234, STJ: "A participação de membro do Ministério Público na fase investigatória criminal não acarreta seu impedimento ou suspeição para o oferecimento da denúncia"; **D:** incorreta, na medida em que, do despacho de indeferimento de abertura de inquérito, cabe recurso administrativo para o chefe de Polícia, na forma prevista no art. 5º, § 2º, do CPP; **E:** correta, pois corresponde ao teor do art. 2º, § 2º, da Lei 12.830/2013. ED

Gabarito "E".

(Delegado/MT – 2017 – CESPE) O inquérito policial instaurado por delegado de polícia para investigar determinado crime.

(A) não poderá ser avocado, nem mesmo por superior hierárquico.

(B) poderá ser avocado por superior hierárquico somente no caso de não cumprimento de algum procedimento regulamentar da corporação.

(C) poderá ser redistribuído por superior hierárquico, devido a motivo de interesse público.

(D) poderá ser avocado por superior hierárquico, independentemente de fundamentação em despacho.

(E) não poderá ser redistribuído, nem mesmo por superior hierárquico.

A: incorreta, uma vez que, nas situações referidas no art. 2º, § 4º, da Lei 12.830/2013, o inquérito policial poderá, sim, ser avocado por superior hierárquico; **B:** incorreta, na medida em que o inquérito policial poderá ser avocado por superior hierárquico também na hipótese em que se verificar motivo de interesse público, tal como estabelece o art. 2º, § 4º, da Lei 12.830/2013; **C:** correta. A redistribuição e a avocação de inquérito policial poderão ser motivadas por razões de interesse público e também no caso de não cumprimento de algum procedimento regulamentar da corporação, sempre por despacho fundamentado (art. 2º, § 4º, da Lei 12.830/2013); **D:** incorreta. A avocação ou redistribuição de inquérito somente poderá se dar por meio de despacho fundamentado (art. 2º, § 4º, da Lei 12.830/2013); **E:** incorreta, tendo em conta o que acima foi ponderado. ED

Gabarito "C".

(Delegado/MT – 2017 – CESPE) Se o titular de secretaria de determinado estado da Federação for sequestrado e o caso tiver repercussão interestadual ou internacional que exija repressão uniforme, então a investigação a ser feita pelo DPF

(A) dependerá de autorização do ministro de Estado da Justiça, se o crime tiver motivação política.

(B) dependerá de mandado do ministro de Estado da Justiça, se o crime acontecer por motivação política.

(C) independerá de autorização, se o crime for cometido em razão da função pública exercida ou por motivação política.

(D) dependerá de autorização do ministro de Estado da Justiça, se o crime ocorrer em razão da função pública exercida.

(E) dependerá de mandado do ministro de Estado da Justiça, se o crime se der em razão da função pública exercida.

A solução desta questão deve ser extraída do art. 1º, I, da Lei 10.446/2002, que dispõe a respeito das infrações penais de repercussão interestadual ou internacional que exijam repressão uniforme, na forma do art. 144, § 1º, I, da CF. ED

Gabarito "C".

(Delegado/MT – 2017 – CESPE) Conforme súmula do STF, é direito do advogado do investigado o acesso aos autos do inquérito policial. Nesse sentido, o advogado do investigado

(A) deverá obrigatoriamente participar do interrogatório policial do investigado, sob pena de nulidade absoluta do procedimento.

(B) terá acesso às informações concernentes à representação e decretação, ainda pendentes de conclusão, de medidas cautelares pessoais que digam respeito ao investigado, excluindo-se aquelas que alcancem terceiros eventualmente envolvidos.

(C) terá direito ao pleno conhecimento, sem restrições, de todas as peças e atos da investigação.

(D) deverá ser comunicado previamente de todas as intimações e diligências investigativas que digam respeito ao exercício do direito de defesa no interesse do representado.

(E) terá acesso amplo aos elementos constantes em procedimento investigatório que digam respeito ao indiciado e que já se encontrem documentados nos autos.

O inquérito policial é, em vista do que dispõe o art. 20 do CPP, sigiloso. Ocorre que, a teor do art. 7º, XIV, da Lei 8.906/1994 (Estatuto da Advocacia), constitui direito do advogado, entre outros: "examinar, em qualquer instituição responsável por conduzir investigação, mesmo sem procuração, autos de flagrante e de investigações de qualquer natureza, findos ou em andamento, ainda que conclusos à autoridade, podendo copiar peças e tomar apontamentos, em meio físico ou digital" (redação determinada pela Lei 13.245/2016). Sobre este tema, a propósito, o STF editou a Súmula Vinculante 14, a seguir transcrita: "É direito do defensor, no interesse do representado, ter acesso amplo aos elementos de prova que, já documentados em procedimento investigatório realizado por órgão com competência de polícia judiciária, digam respeito ao exercício do direito de defesa". Também constitui direito do defensor do investigado, nos termos do art. 7º, XXI, da Lei 8.906/1994 (introduzido pela Lei 3.245/2016): "assistir a seus clientes investigados durante a apuração de infrações, sob pena de nulidade absoluta do respectivo interrogatório ou depoimento e, subsequentemente, de todos os elementos investigatórios e probatórios dele decorrentes ou derivados, direta ou indiretamente, podendo, inclusive, no curso da respectiva apuração: a) apresentar razões e quesitos". A presença do advogado do investigado ao interrogatório, como se pode ver, não é obrigatória, mas deverá a autoridade policial oportunizar ao interrogando o direito de ele fazer-se acompanhar de seu patrono. Atenção: o art. 14-A, recentemente inserido no CPP pela Lei 13.964/2019 (Pacote Anticrime), assegura aos servidores vinculados às instituições elencadas nos arts. 142 (Forças Armadas) e 144 (Segurança Pública) da CF que figurarem como investigados em inquéritos policiais, inquéritos policiais militares e demais procedimentos extrajudiciais, cujo objeto for a investigação de fatos relacionados ao uso da força letal praticados no exercício profissional ou em missões para Garantia da Lei e da Ordem (GLO), o direito de constituir defensor para o fim de acompanhar as investigações. Até aqui, nenhuma novidade. Isso porque, como bem sabemos, é direito de qualquer investigado constituir defensor. O § 1º deste art. 14-A, de forma inédita, estabelece que o servidor, verificada a situação descrita no caput, será citado. Isso mesmo: será citado da instauração do procedimento investigatório, podendo constituir defensor no prazo de até 48 horas a contar do recebimento da citação. Melhor seria se o legislador houvesse empregado o termo notificado em vez de citado. Seja como for, uma vez citado e esgotado o prazo de 48 horas sem nomeação de defensor, a autoridade responsável pela investigação deverá intimar a instituição à qual estava vinculado o investigado à época dos fatos para que indique, no prazo de 48 horas, defensor para a representação do investigado (§ 2º). Mais recentemente, **quando já em vigor as alterações implementadas pelo pacote anticrime, o** Congresso Nacional, ao apreciar os vetos impostos pelo presidente da República ao PL 6341/2019 (que deu origem à Lei 13.964/2019), rejeitou (derrubou) vários deles (na verdade, 16 dos 24 vetos). No que toca ao art. 14-A do CPP, introduzido pelo pacote anticrime, o presidente da República, ao analisá-lo, achou por bem vetar os §§ 3º, 4º e 5º, os quais, em razão da derrubada do veto presidencial pelo parlamento, foram reincorporados ao pacote anticrime. Segundo o § 3º, reintroduzido na Lei 13.964/2019, *havendo necessidade de indicação de defensor nos termos do § 2º deste artigo, a defesa caberá preferencialmente à Defensoria Pública, e, nos locais em que ela não estiver instalada, a União ou a Unidade da Federação correspondente à respectiva competência territorial do procedimento instaurado deverá disponibilizar profissional para acompanhamento e realização de todos os atos relacionados à defesa administrativa do investigado.* Também reincorporado à Lei 13.964/2019, o § 4º assim dispõe: *a indicação do profissional a que se refere o § 3º deste artigo deverá ser precedida de manifestação de que não existe defensor público lotado na área territorial onde tramita o inquérito e com atribuição para nele atuar, hipótese em que poderá ser indicado profissional que não integre os quadros próprios da Administração.* Já o § 5º estabelece que na hipótese de não atuação da Defensoria Pública, os custos com o patrocínio dos interesses dos investigados nos procedimentos de que trata este artigo correrão por conta do orçamento próprio da instituição a que este esteja vinculado à época da ocorrência dos fatos investigados. Disso se conclui que, ante a falta de nomeação de defensor pelo investigado (§ 2º), o patrocínio da defesa do servidor da área de segurança pública investigado em razão do uso da força letal praticado no exercício profissional caberá, preferencialmente, à Defensoria Pública; não havendo defensor público no local em que tramita o inquérito, poderá ser constituído um advogado particular, cujos honorários serão suportados pela instituição à qual o agente estava vinculado à época dos fatos. O presidente da República, ao vetar estes dispositivos, ponderou que *a Constituição já prevê a competência da Advocacia-Geral da União e das Procuradorias dos estados e do Distrito Federal para representar judicialmente seus agentes públicos.* ED

Gabarito "E".

(Delegado/MT – 2017 – CESPE) O requerimento de arquivamento do inquérito policial formulado pelo MP

(A) está sujeito, exclusivamente, a controle interno do próprio MP, de ofício ou por provocação do ofendido.

3. DIREITO PROCESSUAL PENAL

(B) não poderá ser indeferido, em respeito aos princípios da independência funcional e do promotor natural.

(C) não está sujeito a controle jurisdicional nos casos de competência originária do STF ou do STJ.

(D) está sujeito a controle jurisdicional, devendo o juiz do feito, no caso de considerar improcedentes as razões invocadas, designar outro membro do MP para o oferecimento da denúncia.

(E) defere ao ofendido, quando acolhido pelo juiz, o direito de ingressar com ação penal subsidiária por via de queixa-crime.

É dado ao juiz discordar do pleito de arquivamento formulado pelo MP. Em casos assim, o magistrado deverá, ante o que estabelece o art. 28 do CPP, fazer a remessa dos autos ao procurador-geral, que é quem tem atribuição para proceder a nova análise do pedido de arquivamento feito pelo membro do *parquet*. A partir daí, pode o procurador-geral, em face da provocação do magistrado, *insistir no pedido de arquivamento do inquérito*, ratificando posicionamento firmado pelo promotor, caso em que o juiz ficará obrigado, por imposição do art. 28 do CPP, a determiná-lo. Se, de outro lado, o procurador-geral entender que é o caso de *oferecimento de denúncia*, poderá ele mesmo fazê-lo ou designar outro promotor para que o faça. Tal incumbência, frise-se, não poderá recair sobre o mesmo promotor, o que implicaria violação à sua livre convicção. A *ação penal privada subsidiária da pública* ou *substitutiva*, a que faz referência a alternativa "E" e que encontra previsão nos arts. 5º, LIX, da CF, 100, § 3º, do CP e 29 do CPP, somente terá lugar na hipótese de inércia, desídia do membro do Ministério Público. É unânime a jurisprudência ao afirmar que pedido de arquivamento de inquérito policial ou mesmo de peças de informação não pode ser interpretado como inércia. Por fim, é correta a afirmação de que o requerimento de arquivamento de inquérito policial, formulado pelo MP, nos casos de competência originária do STF e STJ, não enseja a incidência da regra contida no art. 28 do CPP. Assim, segundo têm entendido a jurisprudência, uma vez requerido o arquivamento dos autos de inquérito pelo procurador-geral da República, por exemplo, o atendimento ao seu pleito se impõe, não sendo o caso, assim, de aplicar o art. 28 do CPP. Cuidado: com o advento da Lei 13.964/2019 (posterior à elaboração desta questão), que alterou o art. 28, *caput*, do CPP, cuja eficácia está suspensa por decisão cautelar do STF, o juiz deixa de atuar no procedimento de arquivamento do IP. Agora, a decisão é do Ministério Público, que, depois de analisar o inquérito e concluir pela inexistência de elementos mínimos a sustentar a acusação, determinará seu arquivamento, submetendo tal decisão à instância superior dentro do próprio MP. **ED**
Gabarito "C".

(Delegado/GO – 2017 – CESPE) O Código de Processo Penal prevê a requisição, às empresas prestadoras de serviço de telecomunicações, de disponibilização imediata de sinais que permitam a localização da vítima ou dos suspeitos de delito em curso, se isso for necessário à prevenção e à repressão de crimes relacionados ao tráfico de pessoas. Essa requisição pode ser realizada pelo

(A) delegado de polícia, independentemente de autorização judicial e por prazo indeterminado.

(B) Ministério Público, independentemente de autorização judicial, por prazo não superior a trinta dias, renovável por uma única vez, podendo incluir o acesso ao conteúdo da comunicação.

(C) delegado de polícia, mediante autorização judicial e por prazo indeterminado, podendo incluir o acesso ao conteúdo da comunicação.

(D) delegado de polícia, mediante autorização judicial, devendo o inquérito policial ser instaurado no prazo máximo de setenta e duas horas do registro da respectiva ocorrência policial.

(E) Ministério Público, independentemente de autorização judicial e por prazo indeterminado.

A solução desta questão deve ser extraída no art. 13-B, *caput* e § 3º, introduzido no CPP pela Lei 13.344/2016. **ED**
Gabarito "D".

(Delegado/BA – 2016.2 – Inaz do Pará) Quando houver comprovação da ofensa ao bem jurídico protegido (ou, se for caso, à materialidade do delito) e prova suficiente da autoria, a indiciação será formalizada pelos seguintes atos, **exceto**:

(A) Despacho fundamentado.

(B) Auto de qualificação e interrogatório.

(C) Laudo pericial adequado ou auto de apreensão que confirme a materialidade do delito, nos crimes que deixem indício.

(D) Elaboração do Boletim Individual e sua juntada aos autos.

(E) Expedição de ofício à Coordenação de Documentação e Estatística Policial – CDEP, comunicando a indiciação e solicitando os antecedentes criminais do indiciado.

Os atos que compõem o indiciamento estão elencados no art. 90 da Instrução Normativa n. 1, de 17 de abril de 2013, editada pelo Delegado-Geral da Polícia Civil do Estado da Bahia, entre os quais não está aquele descrito na assertiva "C", que deve, portanto, ser assinalada. **ED**
Gabarito "C".

(Delegado/BA – 2016.2 – Inaz do Pará) Autoridade policial (Delegado de Polícia Civil), investiga crime no qual existem fundadas razões para se indicar envolvimento de um advogado como membro de uma organização criminosa, que pratica crimes de estelionato. Pedido feito ao Poder Judiciário é deferido e o mandado para se realizar a busca e apreensão em escritório de advocacia é autorizado pelo magistrado.

(A) O delegado deve cumprir o mandado na presença de representante da OAB.

(B) O escritório de advocacia é inviolável, em razão das prerrogativas prevista em Lei, não havendo hipótese que autorize esta violação.

(C) Nem é necessário se pedir autorização judicial, porque não é residência, mas, apenas, um escritório.

(D) Na coleta do material buscado e apreendido, poderá ser utilizado documentos e mídias, na coleta e juntada aos autos do inquérito policial, informações de clientes do advogado, não investigado pela Polícia Judiciária, em razão do princípio da indivisibilidade da prova.

(E) Quando a diligência de busca e apreensão for cumprida, representante da OAB, necessariamente, deverá saber quem é o advogado que irá sofrer a constrição judicial.

A: correta. De fato, o mandado de busca e apreensão em escritório de advocacia deve ser cumprido na presença de representante da OAB, na forma estabelecida no art. 7º, § 6º, da Lei 8.906/1994 (Estatuto da Advocacia): "(...) expedindo mandado de busca e apreensão, específico e pormenorizado, a ser cumprido na presença de representante da OAB (...)"; **B:** incorreta, pois não corresponde ao que estabelece o art. 7º, § 6º, da Lei 8.906/1994 (Estatuto da Advocacia): "Presentes indícios de autoria e materialidade da prática de crime por parte de advogado, a autoridade judiciária competente poderá decretar a quebra da inviolabilidade de que trata o inciso II do *caput* deste artigo, em decisão motivada, expedindo mandado de busca e apreensão (...)"; **C:** incorreta, na medida em que a decretação de busca e apreensão em escritório de advocacia somente pode ser decretada por autoridade judiciária (art. 7º, § 6º, da Lei 8.906/1994); **D:** incorreta (art. 7º, § 6º, da Lei 8.906/1994); **E:** incorreta, já que a lei não prevê tal formalidade. **ED**
Gabarito "A".

(Delegado/BA – 2016.2 – Inaz do Pará) O Delegado de Polícia Civil, titular chefe de uma unidade de bairro em uma cidade do estado da Bahia, recebe uma notícia de possível fato criminoso que indica a prática de exercício irregular da profissão de medicina, que se desenvolve no interior de uma residência, informação levada ao conhecimento da Delegacia de Polícia em questão, através de uma denúncia anônima. Após confirmar a denúncia, através de investigação prévia, o Delegado resolveu requerer junto ao Poder Judiciário um mandado de busca e apreensão, a fim de realizar as providências de Polícia Judiciária cabíveis. O Delegado de Polícia

(A) agiu errado porque deveria sair, de imediato, em razão da urgência da delegacia de polícia e prender o indivíduo, supostamente, criminoso.

(B) apesar da intimidade e privacidade do cidadão ser, em princípio inviolável (art. 5º, X da CF), a existência de objetos, bens, documentos que sejam de natureza criminosa, no interior de residência, justificam pedido por busca e apreensão, por parte da autoridade policial, a fim de fazer prova nos autos da investigação criminal.

(C) o Delegado de Polícia não tem legitimidade processual para requerer mandado de busca e apreensão.

(D) tratando-se de denúncia anônima, o delegado de polícia deveria mandar arquivar o procedimento investigatório.

(E) é caso para consulta ao Ministério Público, porque, apenas o Promotor de Justiça, tem legitimidade processual para requer mandado de busca e apreensão junto ao Poder Judiciário.

A: incorreta. A denúncia anônima, segundo tem entendido a jurisprudência, não é apta, por si só, a autorizar a instauração de inquérito policial e a adoção de medidas como a busca e apreensão. Antes disso, a autoridade policial deverá fazer uma averiguação prévia a fim de verificar a procedência da denúncia apócrifa, para, depois disso, requerer, se for o caso, a busca e apreensão, por exemplo. Nesse sentido: "(...) *a autoridade policial, ao receber uma denúncia anônima, deve antes realizar diligências preliminares para averiguar se os fatos narrados nessa 'denúncia' são materialmente verdadeiros, para, só então, iniciar as investigações*" (STF, HC 95.244, 1ª T., rel. Min. Dias Toffoli, DJE de 29.04.2010); **B:** correta (art. 240, CPP); **C:** incorreta, uma vez que a autoridade policial está, sim, credenciada a requerer mandado de busca e apreensão (art. 242, CPP); **D:** incorreta. A denúncia anônima deve funcionar como ponto de partida para as investigações; depois de confirmada a sua procedência, instaura-se o respectivo inquérito policial; **E:** incorreta. *Vide* comentário à questão "C". [ED]

Gabarito "B".

(Delegado/BA – 2016.2 – Inaz do Pará) As inquirições realizadas no bojo de um inquérito policial ou de um Termo Circunstanciado podem ser realizadas por meio dos seguintes atos:

(A) termo de depoimento, no qual as testemunhas serão compromissadas, observando-se os artigos 203, 206, 207 e 208 do CPP.

(B) através do auto de qualificação e interrogatório, quando se tratar de indiciado.

(C) quando houver necessidade, devidamente justificada, de ouvir novamente qualquer pessoa, a autoridade policial formalizará o ato mediante termo de reinquirição.

(D) por meio do Termo de declarações, quando não for indiciado ou testemunha.

(E) todas as hipóteses anteriores.

A: correta. As informações fornecidas pela testemunha serão colhidas por meio de *termo de depoimento*, mediante assunção de dizer a verdade, na forma estatuída nos arts. 203, 206, 207 e 208 do CPP; **B:** correta. O interrogatório policial, que é a audiência do indiciado perante a autoridade policial, é constituído de duas partes: a *qualificação*, na qual são colhidas informações concernentes ao indiciado (tais como local de residência, vida pregressa, local em que exerce sua atividade, dentre outras informações necessárias à sua individualização), tal como estabelece o art. 187, § 1º, do CPP; e o *interrogatório propriamente dito* (também chamado interrogatório de mérito), onde o indiciado será questionado quanto à veracidade da imputação (art. 187, § 2º, do CPP). Esses dois atos que compõem o interrogatório serão formalizados por meio do *auto de qualificação e interrogatório*; **C:** correta. Sempre que julgar pertinente, o delegado (e também o magistrado) poderá, por exemplo, proceder a novo interrogatório do indiciado (ou réu), prerrogativa prevista no art. 196 do CPP; **D:** correta. De fato, a inquirição do ofendido e da testemunha não sujeita ao compromisso de dizer a verdade será formalizada por meio de *termo de declarações*; **E:** correta (deve ser assinalada). [ED]

Gabarito "E".

(Delegado/BA – 2016.2 – Inaz do Pará) Os autos do Inquérito Policial serão compostos por volumes contendo em média:

(A) 500 (quinhentas) folhas, aceitando-se pequena variação para mais ou para menos, a depender das últimas peças produzidas ou dos últimos documentos juntados, devendo ser lavrados os respectivos termos de encerramento e de abertura.

(B) 200 (duzentas) folhas, aceitando-se pequena variação para mais ou para menos, a depender das últimas peças produzidas ou dos últimos documentos juntados, não sendo necessária a lavratura dos respectivos termos de encerramento e de abertura.

(C) 200 (duzentas) folhas, aceitando-se pequena variação para mais ou para menos, a depender das últimas peças produzidas ou dos últimos documentos juntados, devendo ser lavrados os respectivos termos de encerramento e de abertura.

(D) 500 (quinhentas) folhas, aceitando-se pequena variação para mais ou para menos, a depender das últimas peças produzidas ou dos últimos documentos juntados, não sendo necessária a lavratura dos respectivos termos de encerramento e de abertura.

(E) Nenhuma das alternativas anteriores.

A assertiva considerada correta corresponde à redação do art. 36, *caput*, da Instrução Normativa n. 1, de 17 de abril de 2013, editada pelo Delegado-Geral da Polícia Civil do Estado da Bahia. [ED]

Gabarito "C".

(Delegado/BA – 2016.2 – Inaz do Pará) Ainda de acordo com o que preceitua a Instrução Normativa 01/2013, é *incorreta* a assertiva:

(A) A capa dos autos do inquérito policial com apenso conterá etiqueta com a expressão "INQUÉRITO COM APENSO".

(B) Os autos do inquérito policial ficarão sob a guarda do Escrivão do feito.

(C) Caberá ao Escrivão de Polícia, numerar e rubricar todas as folhas que compõe o Inquérito Policial.

(D) Quando o indiciado estiver preso, será colocada na capa dos autos do inquérito uma etiqueta adesiva com a expressão "INDICIADO PRESO", que será removida tão logo seja ele libertado.

(E) O inquérito policial em que um idoso figure como vítima deverá ser assim identificado, para o fim previsto no inciso I do parágrafo único do art. 3º da Lei 10.741/2003 – Estatuto do Idoso, apondo-se na capa dos autos uma etiqueta contendo a inscrição "ESTATUTO DO IDOSO".

A: correta (art. 19, *caput*, da Instrução Normativa n. 1, de 17 de abril de 2013, editada pelo Delegado-Geral da Polícia Civil do Estado da Bahia); **B:** correta (art. 24 da Instrução Normativa n. 1, de 17 de abril de 2013, editada pelo Delegado-Geral da Polícia Civil do Estado da Bahia); **C:** incorreta (a ser assinalada), já que, ante o que estabelece o art. 9º do CPP e art. 33 da Instrução Normativa n. 1, de 17 de abril de 2013, editada pelo Delegado-Geral da Polícia Civil do Estado da Bahia, caberá ao escrivão de polícia tão somente numerar as folhas do inquérito policial; o ato de rubricá-las é atribuição da autoridade policial; **D:** correta (art. 17 da Instrução Normativa n. 1, de 17 de abril de 2013, editada pelo Delegado-Geral da Polícia Civil do Estado da Bahia); **E:** correta (art. 18 da Instrução Normativa n. 1, de 17 de abril de 2013, editada pelo Delegado-Geral da Polícia Civil do Estado da Bahia). [ED]

Gabarito "C".

(Delegado/BA – 2016.2 – Inaz do Pará) O(a) Delegado(a) de Polícia Civil, e sua equipe, se deslocaram até uma residência onde se deveriam cumprir mandado de busca e apreensão determinado pelo Poder Judiciário. No local, o proprietário da casa se insurgiu contra a equipe de policiais e atirou contra um dos agentes. O que deve o(a) Delegado(a) fazer?

(A) Recuar e informar, de imediato, ao Magistrado.

(B) Atirar contra o autor do disparo e matá-lo, porque se insurgiu contra ação policial.

(C) Tomar as medidas cabíveis para a apuração do crime associado à oposição de execução de ato legal e lavrar o procedimento criminal correspondente.

(D) Trata-se de ato grave que deve ser levado ao conhecimento de superior hierárquico, pois se trata de desobediência funcional.

(E) Trata-se de legítima defesa executada pelo morador da residência e assim deve ser compreendido pelo Delegado(a) de Polícia.

Em princípio, o proprietário da residência onde havia de ser cumprido o mandado de busca e apreensão, porque se opôs, mediante o emprego de violência (atirou contra um dos agentes), à execução dessa ordem, incorreu nas penas do crime de resistência, capitulado no art. 329 do CP, em razão do que deverá ser preso em flagrante e conduzido à presença da autoridade policial com atribuição para lavrar o procedimento criminal correspondente. Por força do que dispõe o § 2º desse dispositivo, o proprietário do imóvel deverá, ainda, responder por eventual lesão experimentada pelo agente contra o qual ele investiu. [ED]

Gabarito "C".

(Delegado/BA – 2016.2 – Inaz do Pará) Quando da conclusão do inquérito policial, deverá a Autoridade efetuar relatório de tudo o que foi apurado, redigindo-o com objetividade, clareza e concisão, devendo constar os seguintes itens, a *exceção* de:

(A) No cabeçalho do relatório do inquérito policial, o número do inquérito e as datas de início e término.

(B) Histórico do fato, discorrendo acerca das diligências realizadas.

(C) Transcrições extensas de termos de inquirições realizados no bojo das apurações.

(D) O nome do indiciado e a indicação da folha onde consta sua qualificação, ainda no cabeçalho.

(E) Mencionar o destino das coisas apreendidas e concluindo sobre a ofensa ao bem jurídico protegido (ou a materialidade, se for o caso) e a autoria do delito.

A: incorreta (item cuja observância é imposta pelo art. 99, I e II, da Instrução Normativa n. 1, de 17 de abril de 2013, editada pelo Delegado-Geral da Polícia Civil do Estado da Bahia); **B:** incorreta (item cuja observância é imposta pelo art. 98 da Instrução Normativa n. 1, de 17 de abril de 2013, editada pelo Delegado-Geral da Polícia Civil do Estado da Bahia); **C:** correta (deve ser assinalada), na medida em que o art. 100 da Instrução Normativa n. 1, de 17 de abril de 2013, editada pelo Delegado-Geral da Polícia Civil do Estado da Bahia, reza que devem ser evitadas transcrições extensas de termos de inquirições realizados no bojo das apurações; **D:** incorreta (item cuja observância é imposta pelo art. 99, III, da Instrução Normativa n. 1, de 17 de abril de 2013, editada pelo Delegado-Geral da

3. DIREITO PROCESSUAL PENAL

Polícia Civil do Estado da Bahia); **E:** incorreta (item cuja observância é imposta pelo art. 98 da Instrução Normativa n. 1, de 17 de abril de 2013, editada pelo Delegado-Geral da Polícia Civil do Estado da Bahia). 🔲
Gabarito "C".

(Delegado/BA – 2016.2 – Inaz do Pará) Segundo o Código de Processo Penal e Legislação específica, o inquérito policial deverá ser remetido à Justiça nos prazos abaixo elencados, com **exceção** de:

(A) no prazo de 10 (dez) dias em se tratando de réu preso.

(B) no prazo de 10 (dez) dias, para indiciado preso ou solto em apurações de crime contra a economia popular.

(C) no prazo de 30 dias, sendo indiciado preso e 90 dias, solto nas apurações relativas a Lei 11.343/2006.

(D) no prazo de 30 (trinta) dias em se tratando de indicado solto, para apuração dos crimes em geral.

(E) no prazo de 10 (dez) dias, quando versar sobre apurações acerca de violência doméstica; em se tratando de indicado solto.

A: correta. O art. 10, *caput*, do CPP estabelece o prazo *geral* de 30 dias para a conclusão do inquérito, quando o indiciado não estiver preso; se preso estiver, o inquérito deve terminar em 10 dias; **B:** correta (art. 10, § 1º, da Lei 1.521/1951); **C:** correta. Com efeito, no crime de tráfico de drogas, o inquérito deverá ser ultimado no prazo de 30 dias, se preso estiver o indiciado; e em 90 dias, no caso de o indiciado encontrar-se solto. De uma forma ou de outra, pode haver duplicação do prazo mediante pedido justificado da autoridade policial. É o teor do art. 51 da Lei 11.343/2006; **D:** correta (*vide* comentário à alternativa "A"); **E:** incorreta, já que a Lei 11.340/2006 (Lei Maria da Penha) não estabeleceu prazo diferenciado para a conclusão de inquérito policial em que se apura crimes relativos a violência doméstica. Atenção: o art. 3º-B, VIII, do CPP, introduzido pela Lei 13.964/2019 e posterior à elaboração desta questão, estabelece ser uma das atribuições do juiz das garantias a prorrogação do prazo do inquérito policial, estando o investigado preso, desde que em face de representação formulada pela autoridade policial. O art. 3º-B, § 2º, do CPP, por sua vez, reza que tal prorrogação do prazo do IP, em que o investigado esteja preso, pode se dar por até 15 dias, uma única vez. Vale lembrar que esses dois dispositivos, porque fazem parte do regramento do juiz das garantias, estão com a sua eficácia suspensa por decisão cautelar do STF. A matéria deve ser apreciada pelo Plenário do Tribunal. 🔲
Gabarito "E".

(Delegado/BA – 2016.2 – Inaz do Pará) De acordo com a Instrução Normativa 01/2013 GDG, a capa de todo Inquérito Policial deverá conter, **exceto**:

(A) o Brasão da Polícia Civil, na forma prevista no Decreto Estadual 26.287/1978, e o cabeçalho com a designação "ESTADO DA BAHIA", "SECRETARIA DA SEGURANÇA PÚBLICA" e "POLÍCIA CIVIL DA BAHIA.

(B) os nomes da autoridade policial e do Escrivão.

(C) os nomes do(s) indiciado(s), se conhecido(s), e da(s) vítima(s), além do respectivo enquadramento penal

(D) a autuação, contendo data e assinatura do Escrivão, devendo, preferencialmente, ser lavrada por meio computadorizado.

(E) o número do inquérito em destaque e a quantidade de folhas que compõem aquele procedimento.

A: incorreta (art. 14, I, da Instrução Normativa n. 1, de 17 de abril de 2013, editada pelo Delegado-Geral da Polícia Civil do Estado da Bahia); **B:** incorreta (art. 14, IV, da Instrução Normativa n. 1, de 17 de abril de 2013, editada pelo Delegado--Geral da Polícia Civil do Estado da Bahia); **C:** incorreta (art. 14, III, da Instrução Normativa n. 1, de 17 de abril de 2013, editada pelo Delegado-Geral da Polícia Civil do Estado da Bahia); **D:** incorreta (art. 14, V, da Instrução Normativa n. 1, de 17 de abril de 2013, editada pelo Delegado-Geral da Polícia Civil do Estado da Bahia); **E:** correta. Embora seja verdadeira a afirmação de que a capa do inquérito deva conter o seu número de identificação (art. 14, II, da Instrução Normativa n. 1, de 17 de abril de 2013, editada pelo Delegado-Geral da Polícia Civil do Estado da Bahia), tal não se dá em relação à quantidade de folhas que o compõem, requisito não contemplado na norma em questão. 🔲
Gabarito "E".

(Delegado/BA – 2016.2 – Inaz do Pará) De acordo com o previsto na Instrução Normativa 01/2013, expedida pelo Gabinete do Delegado Geral da Polícia Civil da Bahia sobre a ordem de missão – OM é correto afirmar.

(A) A ordem de missão – OM é um documento público de natureza administrativa, de uso interno da Polícia Civil, para o cumprimento de missões determinadas aos integrantes das carreiras policiais previstas nos artigos 48 e 49 da LOPC, expedido por autoridade policial competente.

(B) A ordem de missão – OM é um documento sigiloso de natureza policial, de uso interno da Polícia Civil, obrigatório para o cumprimento de missões determinadas aos integrantes das carreiras policiais previstas nos artigos 47 e 48 da LOPC, expedido por autoridade policial competente.

(C) A ordem de missão – OM é um documento sigiloso de natureza policial, expedido por Delegado e Investigador de Polícia, de uso interno da Polícia Civil, obrigatório para o cumprimento de missões determinadas aos integrantes das carreiras policiais previstas nos artigos 47 e 48 da Lei nº 11.370/09 – LOPC.

(D) A ordem de missão – OM vinculada a Processo Administrativo Disciplinar – PAD é chamada de ordem de serviço administrativo – OSA que é um documento de natureza administrativa, expedido por autoridade competente, de uso interno da Polícia Civil, de caráter obrigatório para a realização de missão policial.

(E) A ordem de missão – OM é um documento de natureza administrativa utilizado pelo delegado de Polícia para determinar o cumprimento de missões policiais e atos cartorários determinadas aos integrantes das carreiras policiais previstas nos artigos 48 e 49 da LOPC.

Está correto o que se afirma na assertiva "B", uma vez corresponde à redação do art. 28.1., *caput*, da Instrução Normativa n. 1, de 17 de abril de 2013, editada pelo Delegado-Geral da Polícia Civil do Estado da Bahia. 🔲
Gabarito "B".

(Delegado/BA – 2016.2 – Inaz do Pará) Qual das alternativas abaixo que não se encaixa dentre as características do interrogatório policial?

(A) Normalmente ocorre após a entrevista.

(B) Informalidade.

(C) Tem como alvo o suspeito.

(D) Normalmente ocorre em unidades policiais.

(E) Geralmente é um dos últimos atos da investigação e que envolve uma imputação criminal.

A: correta. O interrogatório propriamente dito, em que a autoridade questiona ao investigado o mérito dos fatos, é feito, tanto na fase policial quanto na judicial, logo em seguida à entrevista, que se presta a colher informações sobre a pessoa do investigado (art. 187, *caput*, do CPP); **B:** incorreta, já que a autoridade policial responsável por conduzir o interrogatório deve obediência a uma série de formalidades; **C:** correta. O interrogatório tem como alvo aquele sobre o qual pesam suspeitas da prática delitiva em apuração; **D:** correta. De fato, o interrogatório policial se dá, em regra, em unidades policiais; **E:** correta. Assim é porque geralmente os indícios quanto à autoria delitiva surgem ao final das investigações. 🔲
Gabarito "B".

(Delegado/DF – 2015 – Fundação Universa) Assinale a alternativa correta em relação ao inquérito policial.

(A) Há, no ordenamento jurídico brasileiro, expressa previsão do inquérito policial *judicialiforme*.

(B) Nos crimes em que a ação pública depender de representação, o inquérito não poderá sem ela ser iniciado.

(C) O inquérito policial, cuja natureza é cautelar, constitui uma das fases processuais.

(D) O inquérito policial é dispensável à propositura da ação penal privada e da ação penal pública condicionada, mas é indispensável à propositura da ação penal pública incondicionada.

(E) Segundo jurisprudência pacificada no STF, o poder de investigação do Ministério Público é amplo e irrestrito.

A: incorreta. A possibilidade de instauração do chamado inquérito judicialiforme foi afastada com a promulgação da CF/1988, cujo inciso I do art. 129 revogou tacitamente o art. 26 do CPP, que previa a possibilidade de iniciar-se a ação penal por meio de portaria da autoridade judiciária ou policial, bem como pela lavratura do auto de prisão em flagrante. Como todos sabemos, a iniciativa para a propositura da ação penal pública cabe ao Ministério Público; **B:** correta, pois corresponde ao que estabelece o art. 5º, § 4º, do CPP; **C:** incorreta. Isso porque o inquérito policial constitui uma fase pré-processual (e não processual); **D:** incorreta, uma vez que o inquérito policial é dispensável seja qual for a modalidade de ação penal (art. 12, CPP); **E:** incorreta. É importante que se diga que a doutrina está longe de ser unânime quando se fala em investigação criminal feita, de forma direta, pelo MP; aqueles que são contra tal possibilidade sustentam que há ofensa ao sistema acusatório e à paridade de armas, e que as funções de investigar, acusar e julgar devem ser atribuídas a órgãos diversos. A jurisprudência, por sua vez, inclina-se no sentido de que o MP, porque os órgãos policiais não detêm, no sistema jurídico brasileiro, o monopólio da atividade investigativa criminal,

444 EDUARDO DOMPIERI

pode, de forma direta, investigar. *Vide*: STF, HC 94.173-BA, 2ª T., rel. Min. Celso de Mello, j. 27.10.2009. De toda sorte, curial que se diga que o Plenário do STF, em conclusão de julgamento do RE 593.727, com repercussão geral, reconheceu, por 7 votos a 4, a atribuição do MP para promover investigações de natureza penal, desde que respeitados os direitos e garantias que assistem a qualquer investigado (j. em 14.05.2015, rel. Min. Celso de Mello). É incorreto afirmar-se, portanto, que, segundo jurisprudência pacificada do STF, o poder de investigação do Ministério Público é amplo e irrestrito. **ED**

Gabarito "B".

(Delegado/DF – 2015 – Fundação Universa) Assinale a alternativa correta a respeito de prova, indiciamento e inquérito policial, com base na legislação, na jurisprudência e na doutrina majoritária.

(A) Conforme a lei, o indiciamento é ato privativo do delegado de polícia ou do órgão do Ministério Público, devendo ocorrer por meio de ato fundamentado, que, mediante análise técnico-jurídica do fato, deverá indicar a autoria, a materialidade e suas circunstâncias.

(B) O relatório de inquérito policial, a ser redigido pela autoridade que o preside, é indispensável para o oferecimento da denúncia ou da queixa-crime pelo titular da ação penal.

(C) As provas ilegítimas são as obtidas por meio de violação de normas de direito material, ao passo que as provas ilícitas são as obtidas por meio de violação de normas de direito processual.

(D) Consoante o Código de Processo Penal (CPP), admitem-se as provas derivadas das ilícitas, desde que não evidenciado o nexo de causalidade entre umas e outras, ou que as derivadas possam ser obtidas por uma fonte independente das primeiras.

(E) No ordenamento jurídico brasileiro, não se adota a denominada teoria da árvore dos frutos envenenados, de modo que a prova derivada da prova ilícita tem existência autônoma e deverá ser apreciada em juízo.

A: incorreta, uma vez que não reflete o teor do art. 2º, § 6º, da Lei 12.830/2013, que estabelece que o indiciamento constitui ato privativo do delegado de polícia, não cabendo ao órgão do MP tomar tal providência. De igual forma, também é vedado ao representante do MP (e também ao magistrado) requisitar à autoridade policial o indiciamento de pessoa investigada. Quanto a isso, conferir o magistério de Guilherme de Souza Nucci: "Requisição de indiciamento: cuida-se de procedimento equivocado, pois indiciamento é ato exclusivo da autoridade policial, que forma o seu convencimento sobre a autoria do crime, elegendo, formalmente, o suspeito de sua prática. Assim, não cabe ao promotor ou ao juiz exigir, através de requisição, que alguém seja indiciado pela autoridade policial, porque seria o mesmo que demandar à força que o presidente do inquérito conclua ser aquele o autor do delito (...)" (*Código de Processo Penal Comentado*, 12ªed., p. 101); **B:** incorreta. Se o inquérito policial é prescindível ao oferecimento da denúncia ou da queixa, a falta do relatório, como o derradeiro ato do inquérito policial, é, com muito mais razão, dispensável. Isso porque o titular da ação penal, seja ela pública ou privativa do ofendido, pode se valer de outras informações para ajuizar a denúncia ou a queixa (art. 12, CPP); **C:** incorreta. Os conceitos estão invertidos. Consideram-se *ilícitas* as provas que violam normas de direito material (substantivo) e *ilegítimas* as obtidas com desrespeito a norma de direito processual (adjetivo). Tanto uma quanto a outra é inadmissível, devendo, por força do disposto no art. 157, *caput*, do CPP, ser desentranhada dos autos. *Vide* art. 5º, LVI, da CF; **D** (correta) e **E** (incorreta): segundo o texto da Constituição, ao tratar das *provas ilícitas*: "são inadmissíveis, no processo, as provas obtidas por meios ilícitos" (art. 5º, LVI). Embora a CF/1988 não faça menção à chamada *prova ilícita por derivação*, o art. 157, § 1º, do CPP se encarregou de fazê-lo. Assim, a prova derivada da ilícita deve ser defenestrada do processo, não podendo, dessa forma, contribuir para a formação da convicção do julgador. Adotou-se, aqui, a *teoria norte-americana dos frutos da árvore envenenada*. Todavia, o CPP, neste mesmo dispositivo, previu duas exceções, a saber: quando não evidenciado o nexo de causalidade entre a prova primária e a secundária; e quando as derivadas (prova secundária) puderem ser obtidas por uma fonte independente das primeiras (prova primária). **ED**

Gabarito "D".

(Delegado/PE – 2016 – CESPE) A respeito do inquérito policial, assinale a opção correta, tendo como referência a doutrina majoritária e o entendimento dos tribunais superiores.

(A) Por substanciar ato próprio da fase inquisitorial da persecução penal, é possível o indiciamento, pela autoridade policial, após o oferecimento da denúncia, mesmo que esta já tenha sido admitida pelo juízo *a quo*.

(B) O acesso aos autos do inquérito policial por advogado do indiciado se estende, sem restrição, a todos os documentos da investigação.

(C) Em consonância com o dispositivo constitucional que trata da vedação ao anonimato, é vedada a instauração de inquérito policial com base unicamente em denúncia anônima, salvo quando constituírem, elas próprias, o corpo de delito.

(D) O arquivamento de inquérito policial mediante promoção do MP por ausência de provas impede a reabertura das investigações: a decisão que homologa o arquivamento faz coisa julgada material.

(E) De acordo com a Lei de Drogas, estando o indiciado preso por crime de tráfico de drogas, o prazo de conclusão do inquérito policial é de noventa dias, prorrogável por igual período desde que imprescindível para as investigações.

A: incorreta. Conferir: "Processual penal. *Habeas corpus*. Crime contra a flora. Lei 9.605/1998. Indiciamento formal posterior ao oferecimento da denúncia. Constrangimento ilegal configurado. Ordem concedida. I. Este Superior Tribunal de Justiça, em reiterados julgados, vem afirmando seu posicionamento no sentido de que caracteriza constrangimento ilegal o formal indiciamento do paciente que já teve contra si oferecida denúncia e até mesmo já foi recebida pelo Juízo *a quo*. II. Uma vez oferecida a exordial acusatória, encontra-se encerrada a fase investigativa e o indiciamento do réu, neste momento, configura-se coação desnecessária e ilegal. III. Ordem concedida, nos termos do voto do Relator" (HC 179.951/SP, Rel. Ministro Gilson Dipp, Quinta Turma, julgado em 10.05.2011, DJe 27.05.2011); **B:** incorreta, pois não reflete o entendimento firmado por meio da Súmula Vinculante 14: "É direito do defensor, no interesse do representado, ter acesso amplo aos elementos de prova que, já documentados em procedimento investigatório realizado por órgão com competência de polícia judiciária, digam respeito ao exercício do direito de defesa". Disso se infere que a autoridade policial poderá negar ao advogado o acesso aos elementos de prova ainda não documentados em procedimento investigatório (art. 7º, § 11, da Lei 8.906/1994); **C:** correta. Nesse sentido: "Habeas corpus" – Recurso ordinário – Motivação "Per relationem" – Legitimidade constitucional – Delação anônima – Admissibilidade – Configuração, no caso, dos requisitos legitimadores de seu acolhimento – Doutrina – Precedentes – Pretendida discussão em torno da alegada insuficiência de elementos probatórios – Impossibilidade na via sumaríssima do "habeas corpus" – Precedentes – Recurso ordinário improvido. Persecução penal e delação anônima – As autoridades públicas não podem iniciar qualquer medida de persecução (penal ou disciplinar), apoiando-se, unicamente, para tal fim, em peças apócrifas ou em escritos anônimos. É por essa razão que o escrito anônimo não autoriza, desde que isoladamente considerado, a imediata instauração de "persecutio criminis". – Nada impede que o Poder Público, provocado por delação anônima ("disque-denúncia", p. ex.), adote medidas informais destinadas a apurar, previamente, em averiguação sumária, "com prudência e discrição", a possível ocorrência de eventual situação de ilicitude penal, desde que o faça com o objetivo de conferir a verossimilhança dos fatos nela denunciados, em ordem a promover, então, em caso positivo, a formal instauração da "persecutio criminis", mantendo-se, assim, completa desvinculação desse procedimento estatal em relação às peças apócrifas (...)" (RHC 117988, Relator(a): Min. Gilmar Mendes, Relator(a) p/ Acórdão: Min. Celso de Mello, Segunda Turma, julgado em 16.12.2014, Processo Eletrônico DJe-037 divulg 25.02.2015 public 26.02.2015); **D:** incorreta, já que, uma vez ordenado o arquivamento do inquérito policial, por falta de base para a denúncia (aqui incluída a *ausência de provas*), nada obsta que a autoridade policial proceda a novas pesquisas, desde que de outras provas tenha conhecimento – art. 18 do CPP. Isso porque a decisão que determina o arquivamento do inquérito policial não gera, em regra, coisa julgada material. Registre-se, no entanto, que as "outras provas" a que faz alusão o art. 18 do CPP devem ser entendidas como *provas substancialmente novas*, ou seja, aquelas que até então não eram de conhecimento das autoridades. Veja, a propósito, o teor da Súmula 524 do STF: "Arquivado o inquérito policial, por despacho do juiz, a requerimento do Promotor de Justiça, não pode a ação penal ser iniciada, sem novas provas". Agora, se o arquivamento do inquérito se der por ausência de tipicidade, a decisão, neste caso, tem efeito preclusivo, é dizer, produz coisa julgada material, impedindo, dessa forma, o desarquivamento do inquérito; **E:** incorreta. De acordo com o art. 51 da Lei de Drogas (11.343/2006), se preso estiver o indiciado, o prazo para conclusão do inquérito policial é de 30 dias (e não de 90 dias). O prazo de 90 dias, segundo o mesmo dispositivo, é para a conclusão do inquérito em que o investigado esteja solto. **ED**

Gabarito "C".

(Delegado/PE – 2016 – CESPE) Com base nos dispositivos da Lei 12.830/2013, que dispõe sobre a investigação criminal conduzida por delegado de polícia, assinale a opção correta.

(A) São de natureza jurídica, essenciais e exclusivas de Estado as funções de polícia judiciária e a apuração de infrações penais pelo delegado de polícia.

(B) A redistribuição ou a avocação de procedimento de investigação criminal poderá ocorrer de forma casuística, desde que determinada por superior hierárquico.

3. DIREITO PROCESSUAL PENAL — 445

(C) A remoção de delegado de polícia de determinada unidade policial somente será motivada se ocorrer de uma circunscrição para outra, não incidindo a exigência de motivação nas remoções de delegados de uma delegacia para outra no âmbito da mesma localidade.

(D) A decisão final sobre a realização ou não de diligências no âmbito do inquérito policial pertence exclusivamente ao delegado de polícia que preside os autos.

(E) A investigação de crimes é atividade exclusiva das polícias civil e federal.

A: correta, pois reflete o que estabelece o art. 2º, *caput*, da Lei 12.830/2013; **B:** incorreta, pois não corresponde ao que prevê o art. 2º, § 4º, da Lei 12.830/2013; **C:** incorreta. A motivação será de rigor em qualquer hipótese (art. 2º, § 5º, da Lei 12.830/2013); **D:** incorreta, na medida em que, embora o delegado de polícia detenha discricionariedade na condução do inquérito policial, determinando as diligências que entender pertinentes, terá de cumprir as requisições do MP e do Juiz. É bom que se diga que tal regra não está contemplada, de forma expressa, na Lei 12.830/2013; **E:** incorreta, já que o inquérito policial constitui tão somente uma das formas de se proceder a investigações criminais (art. 4º, parágrafo único, CPP). Nada impede, por exemplo, que o MP realize investigações de natureza criminal. ED
Gabarito "A".

(Delegado/PA – 2013 – UEPA) Sobre inquérito policial, é correto afirmar que:

(A) a prerrogativa do Ministério Público de oferecer denúncia sem prévia instauração de inquérito implica, logicamente, que ao promotor de justiça é dado presidir o inquérito instaurado a partir de sua própria requisição.

(B) a recusa não fundamentada, por parte do delegado presidente, a diligências requeridas pelo defensor do indiciado implica em nulidade do inquérito, passível de correção por *habeas corpus*.

(C) delegado que tomou conhecimento através de um programa de rádio da existência de um cadáver em via pública pode determinar, por portaria, a instauração de inquérito, independentemente de provocação dos interessados ou de requisição do judiciário ou do Ministério Público.

(D) delegado pode recusar-se a instaurar inquérito requisitado por promotor de justiça, para apuração de crime de ação privada, caso a requisição não se faça acompanhar de requerimento do ofendido.

(E) na cena do crime, o delegado deve apreender todos os objetos úteis à elucidação dos fatos, exceto aqueles que, sendo coisas lícitas, sejam reivindicadas pelos proprietários ou possuidores de boa-fé.

A: cuidando-se de procedimento inquisitivo dispensável ao exercício da ação penal (art. 12, CPP), é lícito ao MP oferecer denúncia sem a prévia instauração de inquérito. Agora, sendo o inquérito policial instaurado a partir de requisição do MP, a sua presidência caberá à autoridade policial (art. 2º, § 1º, Lei 12.830/2013); pode o MP, neste caso, como titular da ação penal pública, acompanhar as investigações realizadas pela Polícia Judiciária; **B:** incorreta. Não há que se falar, aqui, em nulidade do inquérito policial. É que o pleito formulado pelo ofendido no sentido de ver realizada alguma diligência no curso do inquérito policial pode, a critério da autoridade que o preside, ser indeferido, sem necessidade de qualquer fundamentação (art. 14, CPP); **C:** correta. É a chamada *notitia criminis* espontânea ou imediata, em que é a informação chega ao conhecimento da autoridade policial por meio de suas atividades de rotina (jornais e revistas, encontro de cadáver, comunicação da PM, etc.). Inicia-se o inquérito, neste caso, em sendo a ação penal pública incondicionada, por meio de portaria, independentemente de provocação dos interessados ou de requisição do Judiciário ou do Ministério Público; **D:** correta, a nosso ver. Nesta hipótese, a autoridade policial pode recusar-se, dado que o requerimento do ofendido constitui, na ação penal privada, peça indispensável à instauração de inquérito policial (art. 5º, § 5º, do CPP); **E:** incorreta. Devem ser apreendidos todos os objetos que de alguma forma contribuam para a elucidação dos fatos, inclusive os lícitos, que, no transcorrer do inquérito, serão, conforme o caso, restituídos aos proprietários ou possuidores (arts. 6º, II, e 120, *caput*, do CPP). ED
Gabarito Anulada

(Delegado/PR – 2013 – UEL-COPS) Com relação ao inquérito policial, segundo o Código de Processo Penal, assinale a alternativa correta.

(A) A polícia judiciária será exercida pelas autoridades policiais em todo o território nacional, independente de circunscrição, com o fim de apurar as infrações penais e sua autoria.

(B) Na legislação processual penal, é inaplicável a interpretação extensiva e analógica, bem como o suplemento dos princípios gerais do direito.

(C) O inquérito deverá terminar no prazo de trinta dias, se o indiciado tiver sido preso em flagrante, ou estiver preso preventivamente, contado o prazo a partir do dia da prisão.

(D) O Ministério Público não poderá requerer a devolução do inquérito à autoridade policial, senão para novas diligências, imprescindíveis ao oferecimento da denúncia.

(E) O ofendido, ou seu representante legal, poderá requerer qualquer diligência, a qual será realizada obrigatoriamente, considerados os princípios do contraditório e da ampla defesa.

A: incorreta, pois contraria a regra disposta no art. 4º do CPP, segundo a qual a Polícia Judiciária será exercida no território correspondente à sua respectiva circunscrição; **B:** incorreta, uma vez que não reflete o que estabelece o art. 3º do CPP; **C:** incorreta. O art. 10, *caput*, do CPP estabelece o prazo *geral* de 30 dias para conclusão do inquérito, quando o indiciado não estiver preso; se preso estiver (preventivamente ou em flagrante), o inquérito deve terminar em 10 dias. Atenção: o art. 3º-B, VIII, do CPP, introduzido pela Lei 13.964/2019, estabelece ser uma das atribuições do juiz das garantias a prorrogação do prazo do inquérito policial, estando o investigado preso, desde que em face de representação formulada pela autoridade policial. O art. 3º-B, § 2º, do CPP, por sua vez, reza que tal prorrogação do prazo do IP, em que o investigado esteja preso, pode se dar por até 15 dias, uma única vez. Vale lembrar que esses dois dispositivos, porque fazem parte do regramento do juiz das garantias, estão com a sua eficácia suspensa por decisão cautelar do STF. A matéria deve ser apreciada pelo Plenário do Tribunal; **D:** correta. Nos termos do art. 16 do CPP, somente terá lugar a devolução dos autos de inquérito à autoridade policial para diligências imprescindíveis à formação da chamada *opinio delicti*; **E:** incorreta, uma vez que as diligências requeridas pelo ofendido, no curso do inquérito, podem ser indeferidas pela autoridade policial (art. 14, CPP). ED
Gabarito "D".

(Delegado/RJ – 2013 – FUNCAB) Em relação à investigação criminal, é INCORRETO afirmar:

(A) Quando o juiz verificar, nos autos, a existência de crime de ação penal pública, remeterá cópias ao Ministério Público.

(B) O requerimento do ofendido nos delitos de ação de iniciativa privada é classificado como notícia crime qualificada.

(C) Formalmente, o inquérito policial inicia-se com um ato administrativo da autoridade policial, que determina a sua instauração por meio de uma portaria ou de um auto de prisão em flagrante.

(D) Todos os elementos de convicção (meios de prova) produzidos ou obtidos em sede policial através de inquérito policial são valoráveis na sentença, sem a necessidade de serem reproduzidos na fase de instrução criminal.

(E) Apesar de meramente informativos, os atos do inquérito policial servem de base para restringir a liberdade pessoal através das prisões cautelares, e interferir na disponibilidade de bens, com base nas medidas cautelares reais, como por exemplo, o arresto e o sequestro.

A: correta (art. 40, CPP). Ainda que não seja provocado, o juiz ou tribunal que constatar, nos autos que preside, a prática de infração penal de ação penal pública deverá providenciar a extração de cópias e determinar a sua remessa ao MP, que, a partir daí, tomará as providências que julgar cabíveis, podendo oferecer denúncia de pronto ou ainda requisitar, à autoridade policial, instauração de inquérito, o que é mais comum; **B:** correta. *Noticia criminis* qualificada é o mesmo que provocada; **C:** além da portaria (atuação de ofício da autoridade policial) e do auto de prisão em flagrante, o inquérito pode ser deflagrado por meio de requisição do MP ou do juiz (art. 5º, II, 1ª parte, CPP), em razão de requerimento do ofendido (art. 5º, II, 2ª parte, CPP) e também, nos crimes de ação penal pública condicionada, por meio de representação; **D:** incorreta. As provas produzidas no curso do inquérito policial devem ser renovadas, sob o crivo do contraditório, em juízo, sendo vedado ao magistrado formar sua convicção com base exclusiva nos elementos informativos colhidos no curso das investigações (art. 155 do CPP); **E:** correta. Ainda no curso das investigações do inquérito policial, o ordenamento jurídico assegura a possibilidade de o juiz determinar medidas restritivas de liberdade (prisão preventiva e temporária) e também interferir na disponibilidade de bens (arresto e sequestro). ED
Gabarito "D".

(Delegado/RJ – 2013 – FUNCAB) A autoridade policial, ao chegar no local de trabalho como de costume, lê o noticiário dos principais jornais em circulação naquela circunscrição. Dessa forma, tomou conhecimento, através de uma das reportagens, que o indivíduo conhecido como

446 EDUARDO DOMPIERI

"José da Carroça", mais tarde identificado como José de Oliveira, teria praticado um delito de latrocínio. Diante da notícia da ocorrência de tão grave crime, instaurou o regular inquérito policial, passando a investigar o fato. Após reunir inúmeras provas, concluiu que não houve crime. Nesse caso, deverá a autoridade policial:

(A) relatar o inquérito policial, requerendo o seu arquivamento e encaminhando-o ao juízo competente.

(B) determinar o arquivamento dos autos por falta de justa causa para a propositura da ação.

(C) encaminhar os autos ao Ministério Público para que este determine o seu arquivamento.

(D) relatar o inquérito policial, sugerindo ao Ministério Público seu arquivamento, o que será apreciado pelo juiz.

(E) relatar o fato a Chefe de Polícia, solicitando autorização para arquivar os autos por ausência de justa causa para a ação penal.

Encerradas as investigações consideradas suficientes à elucidação dos fatos, a autoridade policial confeccionará minucioso relatório que contemple a descrição de todas as providências adotadas no curso das investigações, remetendo-se a juízo os autos do inquérito, em obediência ao comando do art. 10, § 1º, do CPP. Não cabe ao delegado de polícia, quando da elaboração do relatório, externar sua opinião quanto ao mérito da prova ali reunida; não poderá, pois, segundo pensamos, manifestar-se sobre o encaminhamento que deve ser dado ao inquérito: se deve ser arquivado ou não; se deve o promotor oferecer denúncia ou não; se deve ser reconhecida a excludente de legítima defesa, etc. Tal apreciação deve ser feita tão somente pelo promotor, titular que é da ação penal. Com isso, reputamos incorreto o que se afirma na assertiva "D", considerada pela banca como correta. De toda forma, deve ficar claro que a autoridade policial não pode requerer ou mesmo determinar o arquivamento dos autos de inquérito (art. 17, CPP); o IP será arquivado por determinação do Ministério Público, conforme nova redação conferida ao art. 28, *caput*, do CPP pela Lei 13.964/2019. Gabarito "D".

(Delegado/RJ – 2013 – FUNCAB) Marque a alternativa correta.

(A) Duas teorias disputam a regência do princípio da duração razoável do processo: a "teoria do prazo fixo" e a "teoria do não prazo". Todavia, tal princípio não tem aplicação no inquérito policial.

(B) No inquérito policial, aplica-se o princípio da ampla defesa, do contraditório, da plenitude de defesa e da publicidade, como formas irrenunciáveis de promover um efetivo garantismo penal.

(C) A interceptação telefônica pode ser requerida pela autoridade policial no curso da investigação, regendo-se a matéria pelo princípio da reserva de jurisdição.

(D) À luz da jurisprudência do STF, é possível submeter, coercitivamente, o indicado a exame grafotécnico e perícia para confronto vocal com base no princípio da proporcionalidade e razoabilidade, desde que se esteja apurando crimes hediondos ou de elevada gravidade ou, ainda, praticado com violência.

(E) O princípio da vedação do retrocesso não é reconhecido no ordenamento pátrio, portanto, apesar de anteriormente ter sido possível a concessão de fiança a crimes com pena superior a 04 anos, desde que fosse pena de detenção, com o advento da Lei nº 12.403/11, essa possibilidade inexiste.

A: incorreta, já que o princípio da *duração razoável do processo*, contemplado no art. 5º, LXXVIII, da CF, tem incidência, sim, no âmbito do inquérito policial (procedimento administrativo); **B:** incorreta. O inquérito policial tem caráter *inquisitivo*, o que significa dizer que nele não vigoram *contraditório* e *ampla defesa*, aplicáveis, como garantia de índole constitucional, a partir do início da ação penal. De igual modo, não se aplica, ao inquérito policial, a *publicidade*, imanente ao processo. Cuida-se, isto sim, de procedimento *sigiloso* (art. 20, CPP). De outra forma não poderia ser. É que a publicidade por certo acarretaria prejuízo ao bom andamento do inquérito, cujo propósito é reunir provas acerca da infração penal. É bom lembrar que o sigilo do inquérito não pode ser considerado absoluto, uma vez que não será oponível ao advogado, constituído ou não, do investigado, que terá amplo acesso ao acervo investigatório (art. 7º, XIV, da Lei 8.906/1994 – Estatuto da Advocacia); **C:** correta. A interceptação telefônica será determinada pelo juiz de direito a requerimento da autoridade policial ou do MP (art. 3º da Lei 9.296/1996); **D:** incorreta. Independentemente da gravidade do crime a ser apurado, não se pode submeter pessoa investigada a exame grafotécnico contra a sua vontade. Afinal, ninguém pode ser compelido a produzir prova contra si mesmo (*nemo tenetur se detegere*). Conferir: STJ, HC 200801147691, Laurita Vaz, Quinta Turma, DJE 07.02.2011; **E:** incorreta. Com o advento da Lei de Reforma 12.403/2011, somente são considerados inafiançáveis aqueles delitos assim declarados de forma expressa. É dizer, alterou-se o critério de inafiançabilidade. Hoje, são inafiançáveis os crimes hediondos, o tráfico de drogas, o terrorismo,

a tortura, o racismo, a ação de grupos armados contra o Estado democrático de direito. Os demais são afiançáveis, independentemente da pena cominada e do fato de serem praticados mediante violência ou grave ameaça. É o que estabelece o art. 323 do CPP, que reproduz o teor do art. 5º, XLII, XLIII e XLIV, da CF. Gabarito "C".

(Delegado/RJ – 2013 – FUNCAB) Nos termos do art. 13 e seus incisos, do Código de Processo Penal, à autoridade policial incumbirá ainda outras atividades de Polícia Judiciária, que não a de investigação das infrações penais. Assim, dentre as alternativas abaixo, assinale a única que reproduz essas outras atividades elencadas no dispositivo citado.

(A) (I) fornecer, exclusivamente, aos membros do Ministério Público as informações necessárias à instrução e ao julgamento dos processos; (II) realizar as diligências requisitadas pelo juiz ou pelo Ministério Público; (III) cumprir os mandados de prisão expedidos pelas autoridades judiciárias; e, (IV) representar acerca da prisão preventiva.

(B) (I) fornecer às autoridades judiciárias as informações necessárias à instrução e ao julgamento dos processos; (II) realizar as diligências requisitadas unicamente pelo Ministério Público; (III) cumprir os mandados de prisão expedidos pelas autoridades judiciárias; e, (IV) representar acerca da prisão preventiva.

(C) (I) fornecer às autoridades judiciárias as informações necessárias à instrução e ao julgamento dos processos; (II) realizar as diligências requisitadas pelo juiz ou pelo Ministério Público; (III) cumprir os mandados de prisão expedidos somente nos autos de inquérito policial sob sua presidência; e, (IV) representar acerca da prisão preventiva.

(D) (I) fornecer às autoridades judiciárias as informações necessárias à instrução e ao julgamento dos processos; (II) realizar as diligências requisitadas pelo juiz ou pelo Ministério Público; (III) cumprir os mandados de prisão expedidos pelas autoridades judiciárias; e, (IV) representar acerca da prisão preventiva.

(E) (I) fornecer às autoridades judiciárias as informações necessárias à instrução e ao julgamento dos processos; (II) realizar as diligências requisitadas pelo juiz ou pelo Ministério Público; (III) cumprir os mandados de prisão expedidos pelas autoridades judiciárias; e, (IV) representar ao Ministério Público acerca de requerimento de prisão preventiva.

A: incorreta. O erro reside no item I, em que se afirma que incumbe à *autoridade policial fornecer, exclusivamente, aos membros do Ministério Público* (...). É que tais informações devem ser dirigidas às *autoridades judiciárias* (art. 13, I, do CPP); **B:** incorreta. O erro reside no item II, segundo o qual incumbe à autoridade policial *realizar as diligências requisitadas unicamente pelo Ministério Público* (...). É que, a teor do art. 13, II, do CPP, a autoridade deverá realizar não somente as diligências requisitadas pelo MP, mas também aquelas determinadas pelo juiz; **C:** incorreta. O erro reside no item III, que estabelece que incumbe à autoridade policial *cumprir os mandados de prisão expedidos somente nos autos de inquérito policial sob sua presidência* (...). A autoridade policial dever cumprir os mandados de prisão expedidos pelas autoridades judiciárias, e não só os determinados no bojo do inquérito sob sua presidência (art. 13, III, do CPP); **D:** correta, uma vez que todas as atividades ali descritas estão contempladas no art. 13 do CPP; **E:** incorreta (item IV). A representação formulada pela autoridade policial, no sentido de ser decretada a custódia preventiva, será dirigida à autoridade judiciária, e não ao MP. Gabarito "D".

(Delegado/RO – 2014 – FUNCAB) Na condução do inquérito policial, o Delegado de Polícia, sempre pautando suas ações pela legalidade, também se sujeita ao Princípio da Discricionariedade, que possui como característica possibilitar ao Delegado de Polícia:

(A) a instauração do inquérito mediante critério de conveniência e oportunidade.

(B) a definição do rumo das investigações.

(C) a substituição do inquérito pela possibilidade de lavratura de termo circunstanciado.

(D) a cautela e prudência na condução das diligências de investigação.

(E) o arquivamento do inquérito policial.

A: incorreta. O delegado, por força do *princípio da obrigatoriedade* (legalidade), não dispõe de discricionariedade para decidir quanto à instauração de inquérito policial, a ele cabendo, sempre que tiver conhecimento da ocorrência de crime, assim proceder, determinando a instauração de inquérito; **B:** correta. A discricio-

3. DIREITO PROCESSUAL PENAL

nariedade do delegado de polícia diz respeito ao rumo das investigações, uma vez que a lei não estabeleceu uma sequência a que deve obedecer a condução do inquérito; tomará as providências que melhor lhe aprouver; **C:** incorreta. O delegado não tem discricionariedade para decidir se é o caso de substituir o inquérito pelo termo circunstanciado. Tal deverá se dar nos casos previstos em lei; **D:** não é caso de discricionariedade; **E:** é vedado ao delegado, sob qualquer pretexto, mandar arquivar autos de inquérito (art. 17, CPP). **ED**

Gabarito "B".

(Delegado/SP – 2014 – VUNESP) O minucioso relatório policial que encerra determinado inquérito conclui pela ocorrência do crime de estelionato praticado por "X". O promotor de justiça, entretanto, com base nas descrições contidas no referido documento, denuncia "X" pela prática do crime de furto mediante fraude.

Ao receber a peça acusatória, o magistrado

(A) deverá, em juízo preliminar, modificar a classificação jurídica do crime feita na denúncia, a fim de que fique em consonância com o relatório policial, sob pena de inépcia da denúncia.

(B) poderá, em juízo preliminar, modificar a classificação jurídica do crime feita no relatório policial, a fim de que fique em consonância com a denúncia, sob pena de nulidade da sentença.

(C) poderá devolver os autos ao delegado de polícia responsável, caso entenda que a classificação do crime deva ser retificada.

(D) se não a rejeitar preliminarmente, deverá recebê-la e ordenar a citação do réu "X" para responder à acusação por crime de furto mediante fraude.

(E) deverá devolver os autos ao delegado de polícia responsável pelo relatório, a fim de que seja feita a retificação da classificação do crime, sob pena de inépcia da denúncia.

A classificação jurídica operada pelo delegado no indiciamento do inquérito policial não tem o condão de vincular a *opinio delicti* do titular da ação penal tampouco a classificação jurídica, feita pelo juiz, na sentença (que pode ser diversa daquela feita pelo acusador quando do oferecimento da inicial – art. 383 do CPP). Tanto é assim que, se a autoridade policial, ao cabo das investigações do inquérito, concluir, no seu relatório, que o investigado não praticou crime algum, nada impede que o promotor, ao receber os autos de inquérito, ofereça denúncia. Cuidado: a *emendatio libelli* (art. 383, CPP) somente tem aplicação no âmbito da sentença, em que o juiz, discordando da classificação jurídica feita pelo titular da ação penal na inicial acusatória, altera a imputação e confere aos fatos classificação diversa, desde que esses fatos narrados na inicial não sofram, ao longo da instrução, alteração. Se houver mudança nesse sentido, cuidará o juiz para que os autos sejam encaminhados ao acusador para aditamento da inicial, na forma estatuída no art. 384 do CPP (*mutatio libelli*).**ED**

Gabarito "D".

(Delegado/SP – 2014 – VUNESP) Nos termos do parágrafo terceiro do art. 5.º do CPP: "Qualquer pessoa do povo que tiver conhecimento da existência de infração penal em que caiba ação pública poderá, verbalmente ou por escrito, comunicá-la à autoridade policial, e esta, verificada a procedência das informações, mandará instaurar inquérito policial". Assim, é correto afirmar que

(A) sempre que tomar conhecimento da ocorrência de um crime, a autoridade policial deverá, por portaria, instaurar inquérito policial.

(B) por *delatio criminis* entende-se a autorização formal da vítima para que seja instaurado inquérito policial.

(C) o inquérito policial será instaurado pela autoridade policial apenas nas hipóteses de ação penal pública.

(D) a notícia de um crime, ainda que anônima, pode, por si só, suscitar a instauração de inquérito policial.

(E) é inadmissível o anonimato como causa suficiente para a instauração de inquérito policial na modalidade da *delatio criminis*, entretanto, a autoridade policial poderá investigar os fatos de ofício.

A: nem sempre. A autoridade policial somente procederá a inquérito, de ofício, nos crimes de ação penal pública incondicionada (art. 5º, I, do CPP); **B:** incorreta. *Delatio criminis* é a denúncia, formulada por qualquer pessoa do povo e dirigida à autoridade policial, que dá conta da prática de infração penal. Está prevista no art. 5º, § 3º, do CPP e comporta a forma verbal e a escrita; **C:** incorreta, uma vez que o inquérito policial também será instaurado para apurar a prática de crime de ação penal privada, mas, neste caso, tal providência está condicionada à formulação de requerimento daquele que tem legitimidade para o ajuizamento da ação penal respectiva (art. 5º, § 5º, do CPP); **D:** incorreta. A denúncia anônima, segundo tem entendido a jurisprudência, não é apta, por si só, a autorizar a instauração de inquérito policial. Antes disso, a autoridade policial deverá fazer uma averiguação prévia a fim de verificar a procedência da denúncia apócrifa,

para, depois disso, determinar, se for o caso, a instauração de inquérito. Nesse sentido: Conferir: "(...) *a autoridade policial, ao receber uma denúncia anônima, deve antes realizar diligências preliminares para averiguar se os fatos narrados nessa 'denúncia' são materialmente verdadeiros, para, só então, iniciar as investigações"* (STF, HC 95.244, 1ª T., rel. Min. Dias Toffoli, DJE de 29.04.2010); **E:** correta. *Vide* comentário anterior. **ED**

Gabarito "E".

(Delegado/BA – 2013 – CESPE) Em relação ao inquérito policial, julgue os itens subsequentes, com base no disposto no Código de Processo Penal (CPP) e na doutrina.

(1) Tratando-se de inquéritos policiais instaurados para a apuração de crimes perpetrados por organizações criminosas, é obrigatória a identificação datiloscópica das pessoas investigadas, ainda que tenham apresentado identificação civil.

(2) De acordo com o CPP, entre os procedimentos a serem adotados pela autoridade policial incluem-se a oitiva do ofendido e a comunicação a ele dos atos da investigação policial, em especial, os relativos ao ingresso ou à saída do acusado da prisão, à designação de data para interrogatório e, no caso de indiciamento do acusado, à remessa dos autos à justiça.

(3) A instauração de inquérito policial para apuração de infrações penais, de competência da justiça estadual, imputadas a prefeito municipal condiciona-se à autorização do Tribunal de Justiça, órgão responsável pelo controle dos atos de investigação depois de instaurado o procedimento apuratório.

(4) Os delegados de polícia não podem recusar-se a cumprir requisição de autoridade judiciária ou de membro do MP para instauração de inquérito policial.

1: a assertiva, se levarmos em conta o que estabelece a atual lei de regência (Lei 12.850/2013), está incorreta. Explico. A Lei 9.034/1990, revogada, na íntegra, pela Lei 12.850/2013, hoje em vigor, estabelecia, em seu art. 5º, que a autoridade policial devia proceder à identificação criminal de pessoas envolvidas com ação praticada por organizações criminosas, mesmo que civilmente identificadas. Com a revogação dessa legislação pela Lei 12.850/2013, que, entre outras coisas, contemplou o conceito de organização criminosa (introduzido um pouco antes pela Lei 12.694/2012), deixou-se de impor a obrigatoriedade de identificação criminal do civilmente identificado. É bom que se diga que, atualmente, as hipóteses em que tem lugar a identificação criminal estão contempladas na Lei 12.037/2009. De qualquer forma, a proposição, porque concebida sob a égide da Lei 9.034/1990 (revogada), está correta; 2: incorreta, pois inexiste a obrigação, imposta à autoridade policial, de fazer chegar ao ofendido a informação dos atos da investigação, inclusive da entrada e saída do investigado da prisão. Tal incumbência cabe, isto sim, ao juiz de direito, conforme disposto no art. 201, § 2º, do CPP. Não devemos nos esquecer de que o inquérito policial, por ser, ao menos em regra, sigiloso, não se submete à publicidade inerente ao processo. Está correta, no entanto, a parte da assertiva em que se afirma que incumbe à autoridade policial, entre outras providências, ouvir o ofendido (art. 6º, IV, do CPP); 3: correta. Segundo tem entendido o STF, é necessária, à instauração de inquérito para apurar infração penal praticada por detentor de foro por prerrogativa de função, autorização do tribunal ao qual caberá o julgamento da respectiva ação penal. Conferir: STJ, RHC 8.502, 6ª T., rel. Min. Fernando Gonçalves, 18.05.1999; 4: incorreta. Em regra, não é dado ao delegado de polícia recusar a instauração de inquérito requisitada pelo promotor ou juiz. É o que se infere da regra presente no art. 5º, II, do CPP, em que *requisição* deve ser entendida como *exigência*. Tal regra (em dar cumprimento à requisição) comporta exceção: quando se tratar de exigência manifestamente ilegal. É o caso, por exemplo, de requisição para instaurar inquérito para apurar fato manifestamente atípico. Neste caso, deve a autoridade policial recusar-se a instaurar o inquérito e levar tal fato e os fundamentos da recusa ao conhecimento do membro do MP. **ED**

Gabarito 1C, 2E, 3C, 4E

(Delegado/BA – 2013 – CESPE) João, preso em flagrante pela prática do crime de roubo, foi encaminhado à delegacia de polícia, onde apresentou a carteira nacional de habilitação para identificar-se, visto que não portava sua carteira de identidade. Ainda assim, o delegado determinou que João fosse submetido à perícia dactiloscópica.

Com base nessa situação hipotética, julgue os itens que se seguem à luz do disposto na Lei n.º 12.037/2009.

(1) Nos termos da Lei n.º 12.037/2009, a identificação criminal de João se justifica pelo fato de ele estar sendo indiciado pela prática de crime de roubo.

(2) Ao determinar a identificação criminal de João, o delegado praticou o delito de constrangimento ilegal.

448 EDUARDO DOMPIERI

1: incorreta, na medida em que a Lei 12.037/2009, que atualmente rege a matéria, não exige que se proceda à identificação criminal do acusado pela prática do crime de roubo. Aliás, as hipóteses em que a identificação criminal se impõe dizem respeito ao estado do documento de identificação civil e também à existência de informações conflitantes nesses documentos, e não à natureza do crime, como antes se fazia sob a égide da revogada Lei 10.054/2000, que estabelecia como hipótese para a realização da identificação criminal o fato de ao agente ser atribuída a prática de crime contra o patrimônio mediante violência ou grave ameaça (art. 3º, I). Além do mais, por força do que dispõe o art. 2º, VI, da Lei 12.037/2009, a carteira nacional de habilitação constitui documento hábil a comprovar a identidade; **2**: incorreta, na medida em que o cometimento do crime de constrangimento ilegal (art. 146 do CP) pressupõe o emprego de violência ou grave ameaça, o que não ocorreu no caso narrado no enunciado. ED

Gabarito 1E, 2E

(Delegado Federal – 2013 – CESPE) Em cada um dos itens abaixo, é apresentada uma situação hipotética, seguida de uma assertiva a ser julgada em relação ao inquérito policial e suas peculiaridades, às atribuições da Polícia Federal e ao sistema probatório no processo penal brasileiro.

(1) No curso de inquérito policial presidido por delegado federal, foi deferida a interceptação telefônica dos indiciados, tendo sido a transcrição dos dados em laudo pericial juntada em apenso aos autos do inquérito, sob segredo de justiça. Encaminhado o procedimento policial ao Poder Judiciário, o juiz permitiu o acesso da imprensa ao conteúdo dos dados da interceptação e a sua divulgação, sob o fundamento de interesse público à informação. Nessa situação hipotética, independentemente da autorização judicial de acesso da imprensa aos dados da interceptação telefônica, a divulgação desse conteúdo é ilegal e invalida a prova colhida, uma vez que o procedimento em questão, tanto na fase inquisitorial quanto na judicial, é sigiloso, por expressa regra constitucional.

(2) Um homem penalmente capaz foi preso e autuado em flagrante pela prática de tráfico ilícito de entorpecentes. Ao final do processo-crime, o juiz da causa determinou a juntada do laudo toxicológico definitivo, o que não ocorreu. Nessa situação, de acordo com a jurisprudência do STJ, não poderá o juiz proferir sentença condenatória valendo-se apenas do laudo preliminar da substância entorpecente.

(3) Uma quadrilha efetuou ilegalmente diversas transações bancárias na modalidade de saques e transferências eletrônicas em contas de inúmeros clientes de determinada agência do Banco do Brasil. A instituição financeira ressarciu todos os clientes lesados e arcou integralmente com os prejuízos resultantes das fraudes perpetradas pelo grupo. Nessa situação hipotética, cabe à Polícia Federal a instauração do inquérito policial, porquanto a ela compete, com exclusividade, a apuração de crimes praticados contra bens e serviços da União.

(4) José foi indiciado em inquérito policial por crime de contrabando e, devidamente intimado, compareceu perante a autoridade policial para interrogatório. Ao ser indagado a respeito de seus dados qualificativos para o preenchimento da primeira parte do interrogatório, José arguiu o direito ao silêncio, nada respondendo. Nessa situação hipotética, cabe à autoridade policial alertar José de que a sua recusa em prestar as informações solicitadas acarreta responsabilidade penal, porque a lei é taxativa quanto à obrigatoriedade da qualificação do acusado.

(5) Uma quadrilha, em determinado lapso temporal, realizou, em larga escala, diversos roubos de cargas e valores transportados por empresas privadas em inúmeras operações interestaduais, o que ensejou a atuação da Polícia Federal na coordenação das investigações e a instauração do competente inquérito policial. Nessa situação hipotética, findo o procedimento policial, os autos deverão ser remetidos à justiça estadual, pois a atuação da Polícia Federal não transfere à justiça federal a competência para processar e julgar o crime.

1: incorreta. Conferir a lição de Guilherme de Souza Nucci: "(...) Em outras palavras, o sigilo previsto de maneira genérica para todos os casos de interceptação telefônica no art. 8º da Lei 9.296/1996 não é mais suficiente para contrapor, ao menos diante dos órgãos de imprensa, o segredo acerca da prova colhida (gravação ou transcrição), pois há expressa norma constitucional excetuando o sigilo quando envolver o direito à informação. Porém, fazendo-se uma interpretação sistemática, é viável deduzir que o juiz é o responsável pela ponderação e

harmonização dos princípios constitucionais, confrontando o direito à informação ao interesse público e, também, ao direito à intimidade. Não se pode concluir que toda e qualquer interceptação realizada, necessariamente, produza o resguardo absoluto do segredo, em especial quando o próprio texto constitucional afirma que se deve respeitar a intimidade do interessado no referido sigilo, desde que não prejudique o interesse público à informação. Enfim, parece-nos essencial a coordenação judicial na interpretação desses valores em conflito (...)" (*Leis Penais e Processuais Penais Comentadas*, 6. ed., V. 1, p. 570); **2**: correta. Nesse sentido: "Conquanto para a admissibilidade da acusação seja suficiente o laudo de constatação provisória, exige-se a presença do laudo definitivo para que seja prolatado um édito repressivo contra o denunciado pelo crime de tráfico de entorpecentes" (STJ, HC 196.625/RJ, rel. Ministro Jorge Mussi, Quinta Turma, julgado em 12/03/2013, DJe 26/03/2013); **3**: incorreta, pois contraria o entendimento firmado na Súmula n. 42 do STJ: "Compete à Justiça Comum Estadual processar e julgar as causas cíveis em que é parte sociedade de economia mista e os crimes praticados em seu detrimento"; **4**: correta. Embora se trate de tema polêmico, prevalece hoje o entendimento no sentido de que o direito ao silêncio, consagrado nos arts. 5º, LXIII, da CF e 186 do CPP, não contempla o interrogatório de qualificação, em que o indiciado/acusado fornecerá à autoridade seus dados pessoas identificadores, tal qual o nome, profissão, estado civil etc.; **5**: correta, pois, dado o que estabelece o art. 1º, IV, da Lei 10.446/2002, a investigação, em casos assim, poderá ser realizada pela Polícia Federal; a competência, no entanto, é da Justiça Comum estadual. ED

Gabarito 1E, 2C, 3E, 4C, 5C

(Delegado/AC – 2008 – CESPE) Com relação ao inquérito policial, julgue os itens subsequentes.

(1) Para verificar a possibilidade de a infração ter sido praticada de determinado modo, a autoridade policial poderá proceder à reprodução simulada dos fatos, da qual o indiciado ou suspeito não poderá se negar a participar.

(2) Uma vez ordenado o arquivamento do inquérito policial pela autoridade judiciária, por falta de base para a denúncia, a autoridade policial não poderá proceder a novas pesquisas sem autorização judicial para tanto.

(3) As partes poderão, no curso do inquérito policial, opor exceção de suspeição da autoridade policial, nas mesmas situações previstas no Código de Processo Penal em relação ao juiz.

1: incorreta, pois, de fato, poderá a autoridade policial proceder à *reprodução simulada dos fatos* ou *reconstituição do crime* para verificar a possibilidade de a infração ter sido cometida de determinado modo, da qual o indiciado ou suspeito, todavia, não poderá ser obrigado a participar, na medida em que ninguém é obrigado a produzir prova contra si mesmo (*nemo tenetur se detegere*); **2**: incorreta, visto que, uma vez ordenado o arquivamento do inquérito policial, por falta de base para a denúncia, nada obsta que a autoridade policial proceda a novas pesquisas, desde que de outras provas tenha conhecimento, independente de autorização judicial – art. 18 do CPP; **3**: incorreta, nos termos do art. 107 do CPP.

Gabarito 1E, 2E, 3E

(Delegado/AM) Quanto ao Inquérito Policial, a alternativa correta é:

(A) ciente de que um promotor de justiça praticou uma infração penal, o delegado de polícia poderá investigá-lo normalmente, em inquérito policial, tendo em vista o princípio da igualdade.

(B) compete ao delegado de polícia apurar, em inquérito policial, crimes praticados contra empresas públicas da União.

(C) em geral, os vícios do inquérito policial não anulam o processo penal.

(D) o princípio do contraditório é aplicável ao inquérito policial.

A: incorreta, pois quando, no curso de uma investigação, surgirem indícios de que um membro do Ministério Público praticou uma infração penal, o delegado de polícia deverá encaminhar imediatamente os autos ao procurador-geral de Justiça, a quem cabe continuar nas investigações. É que os promotores de justiça gozam de foro por prerrogativa de função, sendo processados e julgados pelo Tribunal de Justiça respectivo; **B**: incorreta, segundo o art. 144, § 1º, I, da CF; **C**: correta, pois vícios porventura existentes no inquérito não têm o condão de acarretar nulidades processuais; **D**: incorreta. O *princípio do contraditório* não se aplica no inquérito policial, que tem caráter inquisitivo, o que fica evidenciado nos arts. 14 e 107 do CPP.

Gabarito C

(Delegado/AP – 2010) Maria tem seu veículo furtado e comparece à Delegacia de Polícia mais próxima para registrar a ocorrência. O Delegado de Polícia instaura inquérito policial para apuração do fato.

3. DIREITO PROCESSUAL PENAL

Esgotadas todas as diligências que estavam ao seu alcance, a Autoridade Policial não consegue identificar o autor do fato ou recuperar a res furtiva.

Assinale a alternativa que indique a providência que o Delegado deverá tomar.

(A) Relatar o inquérito policial e encaminhar os autos ao Ministério Público para que este promova o arquivamento.

(B) Promover o arquivamento do inquérito policial, podendo a vítima recorrer ao Secretário de Segurança Pública.

(C) Relatar o inquérito policial e encaminhar os autos ao Secretário de Segurança Pública para que este promova o arquivamento.

(D) Manter os autos do inquérito policial com a rotina suspenso, até que surja uma nova prova.

(E) Prosseguir na investigação, pois o arquivamento só é possível quando transcorrer o prazo prescricional.

Esgotadas todas as diligências empreendidas no curso do inquérito, somente restava à autoridade policial elaborar o relatório final e encaminhar os autos ao Ministério Público para que este promova o seu arquivamento (art. 28, *caput*, do CPP, cuja redação foi alterada pela Lei 13.964/2019). Não cabe ao delegado de polícia promover, ele próprio, o arquivamento dos autos de inquérito, conforme reza o art. 17 do CP.
Gabarito "A".

(Delegado/AP – 2010) A respeito do *inquérito policial*, analise as afirmativas a seguir:

I. se o investigado estiver sob prisão cautelar, o prazo para encerramento do inquérito policial é de 10 (dez dias), contado do prazo do dia em que se executar a ordem de prisão. Concluído tal prazo, nada obsta que a autoridade policial requeira sua prorrogação para realização de diligências imprescindíveis. Contudo, acolhido tal requerimento pelo Ministério Público, o juiz deverá relaxar a prisão cautelar, por excesso de prazo.

II. a instauração de inquérito policial para apuração de fatos delituosos decorre da garantia de que ninguém será processado criminalmente sem que tenham sido reunidos previamente elementos probatórios que apontem seu envolvimento na prática criminosa. Assim, não há possibilidade no sistema brasileiro de que seja ajuizada ação penal contra alguém, sem que a denúncia esteja arrimada em inquérito policial.

III. Nos crimes de ação penal pública, quando o ministério público recebe da autoridade policial os autos do inquérito policial já relatado, deve tomar uma das seguintes providências: 1. Oferecer denúncia; 2. Baixar os autos, requisitando à autoridade policial, novas diligências que considerar imprescindíveis à elaboração da denúncia; 3. Promover o arquivamento do inquérito policial, na forma do art. 28 do CPP.

Assinale:

(A) se somente as alternativas I e III estiverem corretas.

(B) se somente as alternativas I e II estiverem corretas.

(C) se somente as alternativas II e III estiverem corretas.

(D) se somente a alternativa III estiver correta.

(E) se todas as alternativas estiverem corretas.

I: correta, ao tempo em que elaborada esta questão, pois não havia a possibilidade de prorrogação do prazo do IP na hipótese de o indiciado permanecer preso (art. 10 do CPP). Sendo assim, se houvesse necessidade de diligências suplementares a serem realizadas fora do prazo de dez dias, era caso de impetração de *habeas corpus*, pois caracterizado estaria o constrangimento ilegal. Isso mudou com o advento da Lei 13.964/2019, que, ao inserir no CPP o art. 3º-B, VIII, previu ser uma das atribuições do juiz das garantias a prorrogação do prazo do inquérito policial, estando o investigado preso, desde que em face de representação formulada pela autoridade policial. O art. 3º-B, § 2º, do CPP, por sua vez, reza que tal prorrogação do prazo do IP, em que o investigado esteja preso, pode se dar por até 15 dias, uma única vez. Vale lembrar que esses dois dispositivos, porque fazem parte do regramento do juiz das garantias, estão com a sua eficácia suspensa por decisão cautelar do STF. A matéria deve ser apreciada pelo Plenário do Tribunal; **II:** incorreta, de fato o inquérito policial não constitui fase imprescindível da persecução criminal, podendo o titular da ação penal, por isso, se dispuser de elementos suficientes a embasar a peça exordial, dele abrir mão (arts. 12, 39, § 5º, e 46, § 1º, do CPP); **III:** correta. Ao receber os autos de inquérito concluídos, ao MP é dado trilhar três caminhos: se houver justa causa, denunciar; se entender que há diligências, não realizadas pela autoridade policial, indispensáveis ao oferecimento da denúncia, requisitará tal providência

ao delegado de polícia, com a devolução dos autos à unidade de Polícia Judiciária; se, por fim, entender que não há elementos suficientes ao ajuizamento da ação penal, promoverá o arquivamento dos autos de inquérito (arts. 16 e 28 do CPP, este último dispositivo com a redação que lhe conferiu a Lei 13.964/2019).
Gabarito "A".

(Delegado/BA – 2008 – CEFETBAHIA) Quanto à instauração do Inquérito Policial, a

(A) autoridade policial, nos crimes de ação penal pública incondicionada, poderá instaurar o Inquérito Policial de ofício.

(B) autoridade policial, nos crimes de ação penal pública condicionada, necessita de requisição ministerial ou do juiz para instaurar o Inquérito Policial.

(C) autoridade policial, nos crimes de ação penal privada, tem a atribuição de instaurar o Inquérito Policial, mesmo sem requerimento da vítima ou de seu representante legal, tendo em vista que a ocorrência de um crime não pode ficar sem investigação.

(D) *delatio criminis* é o meio pelo qual o membro do Ministério Público noticia um crime à autoridade policial.

A: correta, nos termos do art. 5º, I, do CPP; **B:** incorreta, já que a requisição do MP ou do juiz não constitui condição à instauração de inquérito para apurar crime de ação penal pública condicionada; **C:** incorreta. A instauração de inquérito, nos crimes de ação penal privada, depende sempre de requerimento a ser formulado por quem tenha qualidade para ajuizar a ação penal respectiva – art. 5º, § 5º, do CPP; **D:** incorreta. *Delatio criminis* é a denúncia, formulada por qualquer pessoa do povo e dirigida à autoridade policial, que dá conta da prática de infração penal. Está prevista no art. 5º, § 3º, do CPP e comporta a forma verbal e a escrita. ED
Gabarito "A".

(Delegado/BA – 2008 – CEFETBAHIA) Identifique com V as afirmativas verdadeiras e com F as falsas.

(1) O delegado de polícia, em virtude da característica da oficiosidade, possui discricionariedade para instaurar Inquérito Policial em caso de crimes de Ação Penal Pública Incondicionada, caso entenda necessário.

(2) Os inquéritos policiais que envolvam investigação relativa a organizações criminosas são os únicos que têm sigilo absoluto, inclusive com relação a advogados.

(3) São peças iniciais para a instauração de Inquérito Policial a Portaria e o Auto de Prisão em Flagrante.

(4) A investigação preliminar não é exclusiva, embora o Inquérito Policial seja atribuição específica das polícias judiciárias, sendo que tais investigações são chamadas de extrapoliciais.

A alternativa que contém a sequência correta, de cima para baixo, é a

(A) V V V F

(B) V F F V

(C) F V V F

(D) F F V V

(E) F F V F

1: incorreta, pois o princípio da *oficiosidade*, que constitui um desdobramento do da *obrigatoriedade*, estabelece que os procedimentos do inquérito devem ser realizados de ofício pela autoridade que o preside, independente de provocação do ofendido ou de quem quer que seja. O delegado, por força do *princípio da obrigatoriedade* (legalidade), não dispõe de discricionariedade, a ele cabendo, sempre que tiver conhecimento da ocorrência de crime, proceder à instauração de inquérito. No mais, a *oficiosidade* não deve ser confundida com a *oficialidade*. Atribuir ao inquérito esta característica implica dizer que os órgãos encarregados de realizá-lo, elaborá-lo são oficiais, ou seja, é defeso a um particular a elaboração de um inquérito policial, ainda que se trate de ação penal de iniciativa privada; **2:** incorreta, pois inexiste investigação cujo sigilo seja absoluto. *Vide* art. 7º, XIV, da Lei 8.906/1994 (Estatuto da Advocacia) e Súmula Vinculante 14. No contexto da Lei 12.850/2013 (Organização Criminosa), o *caput* do seu art. 23 estabelece que *o sigilo da investigação poderá ser decretado pela autoridade judicial competente, para garantia da celeridade e da eficácia das diligências investigatórias, assegurando-se ao defensor, no interesse do representado, amplo acesso aos elementos de prova que digam respeito ao exercício do direito de defesa, devidamente precedido de autorização judicial, ressalvados os referentes às diligências em andamento*; **3:** correta. Uma das formas de instauração de inquérito policial é de *ofício* (art. 5º, I, do CPP). Assim, sempre que a autoridade policial tiver conhecimento da prática de uma infração penal, deve baixar a chamada *portaria*, que constitui a peça inaugural do inquérito policial. Outra forma de instauração de inquérito é o *auto de prisão em flagrante*. Neste caso, após a lavratura do auto, o inquérito é instaurado; **4:** correta. A presidência do inquérito policial constitui atribuição exclusiva da autoridade policial;

450   EDUARDO DOMPIERI

outras autoridades, entretanto, entre elas o representante do Ministério Público, podem conduzir investigação criminal (inquéritos extrapoliciais). **ED**

Gabarito "D".

(Delegado/BA – 2008 – CEFETBAHIA) Chegou ao conhecimento da autoridade policial, através de um telefonema anônimo, a notícia de que havia um corpo, sem vida, à beira de uma estrada vicinal, próxima à sede do município.

As providências iniciais a serem tomadas pela autoridade policial, na devida ordem cronológica, são as seguintes:

(A) Instaurar Inquérito Policial através de Portaria; registrar a devida Ocorrência Policial; expedir Ordem de Missão Policial para a equipe de agentes realizar diligências a fim de identificar o autor do delito.

(B) Instaurar Inquérito Policial através de Portaria; expedir Guia Pericial de local; realizar o levantamento cadavérico.

(C) Realizar o levantamento cadavérico; registrar a devida Ocorrência Policial; instaurar o Inquérito Policial através de Portaria.

(D) Realizar o levantamento cadavérico; expedir Ordem de Missão Policial; proceder a oitiva da vítima.

(E) Instaurar Inquérito Policial através da Ocorrência Policial lavrada após o fato, como peça inicial e juntando, logo após despacho, a Portaria.

É majoritário o posicionamento segundo o qual a *denúncia apócrifa*, por si só, não autoriza a instauração de inquérito policial. Ao delegado de polícia, em casos assim, deverá, antes de proceder a inquérito, promover diligências com o propósito de verificar se os fatos denunciados anonimamente são verossímeis. Apurada a existência do fato, aí sim, instaura-se o inquérito para estabelecer a autoria do crime. *Vide*, a esse respeito, Informativo STF 387. No caso narrado no enunciado, deverá a autoridade policial, ante a notícia de que foi localizado um cadáver, dirigir-se ao local indicado e, uma vez confirmada a ocorrência de crime, cuidar para que não sejam alterados o estado e conservação das coisas (art. 6º, I, CPP). A partir daí, adotará as demais medidas indicadas no art. 6º, procedendo ao registro dos fatos por meio de boletim de ocorrência e à instauração de IP para apuração. No mais, no que concerne à preservação do local de crime (providência contida no art. 6º, I, do CPP), importante tecer alguns comentários acerca da chamada "cadeia de custódia", inovação introduzida no CPP (arts. 158-A a 158-F) pela Lei 13.964/2019 (Pacote Anticrime), que consiste na sistematização de todos os procedimentos que se prestam a preservar a autenticidade da prova coletada em locais ou em vítimas de crimes. *Grosso modo*, estabelece regras que devem ser seguidas no manejo das provas, desde o primeiro momento desta cadeia, que se dá com o procedimento de preservação do local de crime ou a verificação da existência de vestígio, até o seu descarte. Também estão estabelecidas normas concernentes ao armazenamento de vestígios e a sua preservação. Tal regramento se justifica na medida em que a prova pericial, ao contrário da grande maioria das provas, não é passível de ser reproduzida em juízo sob o crivo do contraditório, de sorte que a sua produção, em regra ainda na fase investigativa, tem caráter definitivo, embora possa, em juízo, ser contrariada (contraditório diferido). **ED**

Gabarito "C".

(Delegado/GO – 2009 – UEG) Sobre o inquérito policial, é CORRETO afirmar que:

(A) a decisão que concorda com o pedido de arquivamento do inquérito policial formulado pelo Ministério Público por atipicidade do fato possui eficácia preclusiva típica de coisa julgada formal; nesse caso, somente podem ser reabertas as investigações a partir do surgimento de elementos probatórios não integrantes do acervo colhido durante o inquérito.

(B) se o juiz se dá por competente e o membro do Ministério Público se manifesta no sentido de que não quer oferecer denúncia por considerá-lo incompetente, ocorre, por parte do Ministério Público, um pedido de arquivamento indireto.

(C) segundo o Código de Processo Penal, se o juiz discordar do pedido de arquivamento do inquérito policial formulado pelo Ministério Público deve enviar os autos ao procurador-geral do respectivo Ministério Público que, entendendo tratar de hipótese de denúncia, deverá designar outro membro para apresentá-la, mas não poderá, sob pena de supressão de instância, oferecê-la diretamente.

(D) segundo a tese do arquivamento implícito, acolhida pelo Supremo Tribunal Federal e pelo Superior Tribunal de Justiça, este ocorre quando o titular da ação penal deixa de pedir o arquivamento do inquérito policial em relação a determinado indiciado, mas justifica em sua peça acusatória os motivos do não oferecimento da denún-

cia contra o imputado e, com base nas justificativas ministeriais, o juiz determina o arquivamento do inquérito policial.

A: incorreta, pois esta decisão possui eficácia preclusiva e produz, por isso, coisa julgada *material*, impedindo o desarquivamento do inquérito. Conferir, a esse respeito, *Informativo STF* 375; **B:** correta. É a hipótese em que o procurador da República, no lugar de oferecer denúncia ou requerer o arquivamento do inquérito, requer ao Juízo Federal que decline sua competência para a Justiça Estadual, já que o membro do MP entende que lhe falta atribuição para o processamento do crime em questão, que é de competência, no seu entender, da Justiça do Estado; **C:** incorreta, pois, nesta hipótese, poderá o chefe do *parquet*, nos termos do art. 28 do CPP, oferecer a denúncia, designar outro membro do MP para fazê-lo ou insistir no pedido de arquivamento; **D:** incorreta, pois a decisão de arquivamento do inquérito há de ser sempre explícita. **ED**

Gabarito "B".

(Delegado/GO – 2009 – UEG) Tripa Seca é investigado por suposta prática de crime de roubo. Com a conclusão do inquérito, o delegado de polícia elabora minucioso relatório, emitindo seu juízo de valor e tecendo considerações acerca da culpabilidade do investigado e ilicitude da conduta, bem como realizando um estudo jurídico sobre o delito investigado, trazendo, inclusive, teses para auxiliar a defesa. Assim:

(A) agiu corretamente a autoridade policial, uma vez que o Ministério Público se vinculará, para o oferecimento da denúncia, às teses desenvolvidas pelo delegado de polícia, porquanto o relatório é inevitavelmente utilizado como alicerce para a elaboração da denúncia.

(B) agiu corretamente a autoridade policial, uma vez que, além de subsidiar o Ministério Público, a polícia deve subsidiar o investigado, indicando elementos probatórios e teses jurídicas que poderão ser utilizados em sua defesa.

(C) não agiu corretamente a autoridade policial, uma vez que o relatório policial deve conter elementos probatórios e teses jurídicas que sirvam de subsídios apenas ao Ministério Público.

(D) não agiu corretamente a autoridade policial, uma vez que o relatório policial precisa conter apenas a narrativa isenta dos fatos apurados, indicando seus pontos cruciais.

Finda a investigação, deve a autoridade policial confeccionar um relatório descrevendo de forma pormenorizada tudo quanto foi apurado no curso do inquérito. Trata-se da derradeira providência a ser tomada pelo delegado de polícia, sendo-lhe vedado fazer qualquer menção ao *mérito* da prova coligida. O relatório a ser elaborado pela autoridade policial está previsto no art. 10, §§ 1º e 2º, do CPP. **ED**

Gabarito "D".

(Delegado/MG – 2012) Sobre o inquérito policial é **INCORRETO** afirmar:

(A) Tem valor probante relativo.

(B) Todas as provas produzidas devem ser repetidas sob contraditório.

(C) Vícios do inquérito não nulificam subsequente ação penal.

(D) O investigado pode requerer diligências.

A: assertiva correta, pois se diz que o inquérito policial tem valor probante relativo porque os elementos de informação nele reunidos não são submetidos ao crivo do contraditório e da ampla defesa; **B:** assertiva incorreta, devendo ser assinalada, uma vez que nem *todas* as provas produzidas no inquérito devem ser repetidas sob o crivo do contraditório. Isso porque o CPP, em seu art. 155, *caput*, estabelece exceções, a saber: provas cautelares, não repetíveis e antecipadas; **C:** correta, pois, de fato, vícios porventura existentes no inquérito não têm o condão de acarretar nulidades processuais; **D:** correta, pois estabelece o art. 14 do CPP que o indiciado poderá requerer à autoridade policial, no curso do inquérito, a realização de qualquer diligência que repute útil ao esclarecimento da verdade. A autoridade, por sua vez, poderá deferir ou não o pedido, sem necessidade de fundamentar sua resposta ao pleito. **ED**

Gabarito "B".

(Delegado/SP – 2011) Assinale a alternativa correta.

(A) Trancamento é o encerramento anômalo do inquérito policial, que ocorre diante da falta de justa causa.

(B) Do despacho que indeferir o requerimento de abertura de inquérito, caberá a interposição de recurso judicial.

(C) Caso exista algum vício formal no decorrer do inquérito policial, é possível a declaração de sua nulidade pelo juiz.

(D) O inquérito policial e o termo circunstanciado são espécies de investigação criminal, disciplinadas no Código de Processo Penal, sendo que a única distinção existente entre elas recai sobre o objeto da apuração.

3. DIREITO PROCESSUAL PENAL

A: correta. O trancamento do inquérito policial, que constitui medida excepcional, é possível em situações em que se verifica a falta de elementos mínimos a configurar o crime atribuído ao investigado. A propósito, o art. 3º-B, IX, do CPP, inserido pela Lei 13.964/2019, estabelece ser uma das atribuições do juiz das garantias o trancamento do IP *quando não houver fundamento razoável para sua instauração ou prosseguimento*; **B:** incorreta. Negado o pedido de instauração de inquérito policial, caberá recurso para o chefe de polícia, em conformidade com o art. 5º, § 2º, do CPP; **C:** incorreta, visto que, sendo o inquérito policial procedimento informativo que se presta à formação da *opinio delicti* do titular da ação penal, os vícios porventura existentes nesta fase da persecução não geram nulidades na ação penal correspondente; **D:** incorreta, dado que o termo circunstanciado se presta ao registro de fato que configure infração penal de menor potencial ofensivo, assim entendidas as contravenções penais e os crimes a que a lei comine pena máxima não superior a 2 (dois) anos, cumulada ou não com multa – art. 61 da Lei 9.099/1995. ED

Gabarito "A".

(Delegado/SP – 2011) A autoridade policial pode requerer a devolução dos autos ao juiz, para a realização de "ulteriores diligências", de acordo com o Código de Processo Penal, quando

(A) o indiciado estiver preso e o fato for de difícil elucidação.

(B) o fato for relevante e o indiciado estiver foragido.

(C) o indiciado estiver solto e o fato não demandar urgência na decisão.

(D) o indiciado estiver preso e a diligência for célere

(E) o fato investigado for de difícil elucidação e o indiciado estiver solto.

Com efeito, se solto estiver o réu e o fato investigado for de difícil elucidação, o prazo fixado no art. 10, "*caput*", do CPP poderá ser prorrogado. Tal medida não terá lugar na hipótese de o investigado encontrar-se preso – art. 10, § 3º, do CPP. Cuidado: na Justiça Federal, ainda que preso o indiciado, o prazo para conclusão do inquérito, que é de quinze dias, poderá ser prorrogado por igual período, conforme dispõe o art. 66 da Lei 5.010/1966. Atenção: o art. 3º-B, VIII, do CPP, introduzido pela Lei 13.964/2019 e posterior à elaboração desta questão, estabelece ser uma das atribuições do juiz das garantias a prorrogação do prazo do inquérito policial, estando o investigado preso, desde que em face de representação formulada pela autoridade policial. O art. 3º-B, § 2º, do CPP, por sua vez, reza que tal prorrogação do prazo do IP, em que o investigado esteja preso, pode se dar por até 15 dias, uma única vez. Vale lembrar que esses dois dispositivos, porque fazem parte do regramento do juiz das garantias, estão com a sua eficácia suspensa por decisão cautelar do STF. A matéria deve ser apreciada pelo Plenário do Tribunal. ED

Gabarito "E".

(Delegado/SP – 2011) Quando, no curso da investigação, houver motivo para duvidar da integridade mental do investigado, a autoridade policial deverá

(A) concluir a investigação e, no relatório, informar tal circunstância, que será apreciada pelo Ministério Público e pelo Magistrado.

(B) Requisitar de ofício, exame de sanidade mental junto ao Instituto Médico Legal.

(C) representar a autoridade judiciária para que o investigado seja submetido a exame médico-legal.

(D) oficiar ao Ministério Público, noticiando o fato e representando pela realização de exame para verificar a sanidade do investigado.

(E) poderá nomear mais de um perito para a realização do exame mental, em virtude de sua complexidade

Se, no curso do inquérito, surgir dúvida quanto à higidez mental do investigado, deverá a autoridade policial representar ao juiz competente para que este determine seja o investigado submetido a perícia médica – art. 149, CPP. ED

Gabarito "C".

(Delegado/SP – 2008) A comunicação que qualquer pessoa do povo faz à Autoridade Policial acerca da ocorrência de infração penal em que caiba ação penal pública incondicionada recebe o nome de

(A) requerimento.

(B) requisição.

(C) representação.

(D) *delatio criminis*.

(E) *notitia criminis* coercitiva.

Delatio criminis é a denúncia, formulada por qualquer pessoa do povo e dirigida à autoridade policial, que dá conta da prática de infração penal. Está prevista no art. 5º, § 3º, do CPP e comporta a forma verbal e a escrita. ED

Gabarito "D".

3. AÇÃO PENAL

Delton é proprietário de uma empresa que presta serviços de limpeza de automóveis para a "Lyss United L.A. Brazil", que vende transportes executivos em todo o território nacional. No dia 20 de abril de 2019, é surpreendido por receber uma notificação de que fora homologado o "plano de recuperação extrajudicial" da Lyss United L.A. Brazil e se vê convicto de que algo está errado. Ao procurar identificar os credores da empresa que, assim como ele, tinham valores a receber, percebeu que havia a obrigação de que, aqueles que moravam na cidade de São Paulo, seriam os primeiros a receberem, o que muito o aborreceu, haja vista estar sediado em Curitiba. Certo de que havia algo errado, logo fora se informar sobre o que poderia ter ocorrido, em especial se algum crime fora cometido. Com a leitura da legislação especial, supôs de que a figura típica do "Favorecimento de Credores" era evidente, e começou a armazenar documentos e trocas de e-mail já pensando em ser testemunha do processo criminal que apuraria tal fato, haja vista o Ministério Público também ter sido notificado no dia 20 de abril. Chega o dia 06 de junho e nenhuma ação penal fora deflagrada, assim como alguns dos credores de São Paulo já haviam começado a receber seus créditos. Com o sentimento de injustiça, Delton procura seus advogados para tentar agir de alguma maneira, visando a responsabilização penal daqueles que supostamente favoreceram outros credores.

(Delegado/ES – 2019 – Instituto Acesso) Sobre as possibilidades de Delton, credor habilitado, é correto afirmar que:

(A) Delton pode ajuizar uma Ação Penal Privada subsidiária da Pública, já que superado o prazo de 15 dias, disposto no art. 187, § 1° da Lei 11.101/05, qualquer credor habilitado está apto para fazê-lo.

(B) Delton pode ajuizar uma Ação Penal Privada, já que a discriminação causada pela obrigação supostamente fraudulenta, para além de gerar atraso no pagamento, causa danos a sua honra.

(C) Delton pode ajuizar uma Ação Penal Privada subsidiária da Pública, já que superado o prazo de 45 dias, disposto no art. 187, § 1° da Lei 11.101/05, qualquer credor habilitado está apto para fazê-lo.

(D) Delton poderá ajuizar uma Ação Penal Privada subsidiária da Pública após a superação do prazo de 120 dias disposto no art. 187, § 1°, já que qualquer credor habilitado ou administrador oficial está apto para fazê-lo.

(E) Delton não pode ajuizar uma Ação Penal Privada subsidiária da Pública, já que apenas o Administrador Judicial é capaz de fazer isto na hipótese da superação do prazo disposto no art. 187, § 1°da Lei 11.101/05.

Por força do que dispõe o art. 184, parágrafo único, da Lei 11.101/2005, "decorrido o prazo a que se refere o art. 187, § 1°, sem que o representante do Ministério Público ofereça denúncia, qualquer credor habilitado ou o administrador judicial poderá oferecer ação penal privada subsidiária da pública, observado o prazo decadencial de 6 (seis) meses". Sendo credor habilitado, Delton está legitimado, ante a inércia do órgão ministerial, a ajuizar ação penal privada subsidiária da pública (art. 29 do CPP), o que deverá ocorrer dentro do prazo decadencial de seis meses, a contar da data em que tem fim o interregno de que dispõe o MP para oferecer a denúncia. Acerca da ação penal privada subsidiária da pública, valem algumas ponderações, já que se trata de tema recorrente em provas de concursos públicos. Pois bem. A *ação penal privada subsidiária da pública*, será intentada pelo ofendido ou seu representante legal (a legitimação, no caso da Lei 11.101/2005, recai sobre o administrador judicial bem como sobre qualquer credor habilitado), somente terá lugar na hipótese de o membro do Ministério Público revelar-se desidioso, omisso, deixando de cumprir o prazo fixado em lei para o ajuizamento da ação penal pública (art. 29 do CPP). É pressuposto, pois, à propositura da ação penal subsidiária da pública que o MP: i) não denuncie; ii) não promova o arquivamento do IP; iii) não requeira a devolução do IP à autoridade policial para a realização de diligências suplementares indispensáveis ao exercício da ação penal. De uma forma geral, um dos pontos mais questionados em provas é a respeito da possibilidade de propositura da queixa subsidiária diante da promoção de arquivamento do inquérito levada a efeito pelo MP. O promotor, ao promover o arquivamento dos autos do IP, age e adota uma das medidas legais postas à sua disposição, não sendo possível, por isso, o ajuizamento da ação penal privada subsidiária, já que não configurada inércia do MP. Na jurisprudência do STJ: "Recurso especial. Direito processual penal. Usurpação de função pública. Violação de sigilo funcional. Prevaricação. Concussão e tortura. Recurso especial fundado na alínea "c" do permissivo constitucional. Dissídio

452 EDUARDO DOMPIERI

jurisprudencial. Não demonstrado e não comprovado. Arquivado o inquérito, a requerimento do ministério público, no prazo legal. Ação penal privada subsidiária da pública. Legitimidade ativa do ofendido. Inocorrência. Recurso parcialmente conhecido e improvido. 1. A divergência jurisprudencial, autorizativa do recurso especial interposto, com fundamento na alínea "c" do inciso III do artigo 105 da Constituição Federal, requisita comprovação e demonstração, esta, em qualquer caso, com a transcrição dos trechos dos acórdãos que configurem o dissídio, mencionando-se as circunstâncias que identifiquem ou assemelhem os casos confrontados, não se oferecendo, como bastante, a simples transcrição de ementas ou votos. 2. Postulado o arquivamento do inquérito policial, não há falar em inércia do Ministério Público e, consequentemente, em ação penal privada subsidiária da pública. Precedentes do STF e do STJ. 3. A regra do artigo 29 do Código de Processo Penal não tem incidência na hipótese do artigo 28 do mesmo diploma legal, relativamente ao Chefe do Ministério Público Federal. 4. Recurso parcialmente conhecido e improvido" (REsp 200200624875, Hamilton Carvalhido, 6ª T., *DJE* 22.04.2008).

Gabarito "A".

Marcio, por intermédio de um advogado, ingressou com uma queixa-crime em face de Arnaldo, uma vez que, pelas redes sociais, Arnaldo imputou a ele, falsamente, um fato definido como crime. No curso do processo, Marcio tomou conhecimento por meio de amigos em comum que Arnaldo teria perdido um filho assassinado em um assalto, fato que o comoveu e em sede de alegações finais, Márcio, por seu advogado, postula a absolvição do réu em relação ao crime contra a honra cometido.

(Delegado/ES – 2019 – Instituto Acesso) Diante desta situação, é correto afirmar que o juiz

(A) poderá, ainda assim, condenar o réu, uma vez que a ação penal, nesta hipótese, é privada, cabendo a ele tal decisão.

(B) deverá, nestas situações, chamar o autor e o réu a fim de que possa promover a reconciliação entre eles.

(C) não terá outra alternativa que não seja reconhecer a extinção da punibilidade de Arnaldo.

(D) poderá condenar ou absolver Arnaldo, independentemente do fato de Márcio ter, em sede de alegações finais, postulado a absolvição do agente.

(E) ficará obrigado a absolver Arnaldo, porquanto Márcio é o titular da ação penal privada, podendo assim desistir dela a qualquer tempo.

Segundo consta do enunciado, Márcio teria sido vítima do crime de calúnia perpetrado por Arnaldo, uma vez que este, por meio de redes sociais, imputou àquele, falsamente, o cometimento de fato definido como crime (art. 138, CP). Trata-se, é importante que se diga, de crime de ação penal privativa do ofendido, nos termos do que dispõe o art. 145, *caput*, do CP, razão pela qual, por força do que estabelece o art. 60, III, do CPP, aplicável às ações de natureza privada, a ausência de pedido de condenação, por parte do querelante, implica o reconhecimento da perempção, que constitui hipótese de extinção da punibilidade (art. 107, IV, do CP), o que deverá ser reconhecido pelo magistrado, que outra alternativa não terá.

Gabarito "C".

(Delegado/MS – 2017 - FAPEMS) De acordo com as disposições legais sobre ação penal, assinale a alternativa correta.

(A) Na ação penal pública condicionada, nada obsta que a retratação da representação seja realizada no inquérito policial, todavia essa manifestação não vincula o Ministério Público em virtude do princípio da indisponibilidade.

(B) A espécie de ação penal nos casos de estupro é sempre pública incondicionada em virtude da gravidade do delito. Dessa forma, a investigação criminal pode ser iniciada sem representação da vítima por meio de portaria ou, se for o caso, auto de prisão em flagrante.

(C) A perempção, uma das causas extintivas da punibilidade, pode ser reconhecida em qualquer momento processual, porém sanada a omissão do querelante, é possível a renovação da ação penal privada.

(D) Nos crimes de ação penal de iniciativa privada, o legislador exige para a instauração de inquérito policial requerimento de quem tenha qualidade para ajuizá-la e apresentação de queixa-crime do ofendido ou de seu representante legal.

(E) O perdão do ofendido, ato bilateral que exige aceitação, pode ser exercido tanto na fase inquisitorial como na judicial. Uma vez oferecido ainda no inquérito policial, cabe ao Delegado de Polícia proceder à homologação e encaminhar ao juiz competente.

A: incorreta. A retratação, desde que ainda não oferecida a denúncia, vincula, sim, o MP, que ficará impedido de ajuizar a ação penal (art. 25, CPP); **B:** incorreta. Ao tempo em que esta questão foi elaborada, a ação penal, no contexto dos crimes contra a dignidade sexual, era, em regra, pública condicionada à representação do ofendido, nos termos do que estabelecia o art. 225, *caput*, do CP, razão por que foi considerada incorreta. Posteriormente a isso, entrou em vigor a Lei 13.718/2018, que, dentre várias inovações implementadas nos crimes contra a dignidade sexual, mudou, uma vez mais, a natureza da ação penal nesses delitos. Com isso, a ação penal, nos crimes sexuais, passa a ser pública incondicionada. Vale lembrar que, antes do advento desta Lei, a ação era, em regra, pública condicionada, salvo nas situações em que a vítima era vulnerável ou menor de 18 anos. Fazendo um breve histórico, temos o seguinte quadro: a ação penal, nos crimes sexuais, era, em regra, privativa do ofendido, a este cabendo a propositura da ação penal; posteriormente, a partir do advento da Lei 12.015/2009, a ação penal, nesses crimes, deixou de ser privativa do ofendido para ser pública condicionada a representação, em regra; agora, com a entrada em vigor da Lei 13.718/2018, a ação penal, nos crimes contra a dignidade sexual, que antes era pública condicionada, passa a ser pública incondicionada. Com isso, o titular da ação penal, que é o MP, prescinde de manifestação de vontade da vítima para promover a ação penal. Dessa forma, fica sepultado o debate que antes havia acerca da aplicação da Súmula 608, do STF; **C:** incorreta. A perempção, que constitui uma sanção impingida ao querelante que se revela desidioso na condução da ação penal privada e cujas hipóteses estão elencadas no art. 60 do CPP, uma vez reconhecida, leva à extinção da punibilidade, não sendo possível, após isso, seja a omissão sanada; **D:** correta. De fato, sendo a ação penal privativa do ofendido, a autoridade policial somente poderá proceder a inquérito diante de requerimento nesse sentido formulado por quem tenha qualidade para ajuizar a ação penal (art. 5º, § 5º, CPP); **E:** incorreta. O perdão do ofendido somente tem lugar após o ajuizamento da ação penal; é inviável, portanto, que tal ocorra no curso do inquérito policial. ED

Gabarito "D".

(Delegado/AP – 2017 – FCC) No instituto da representação,

(A) a renúncia à representação é vedada no âmbito no Juizado de Violência Doméstica e Familiar contra a Mulher.

(B) a autoridade policial tem autonomia para instaurar inquérito policial mesmo na ausência de representação da vítima, nos crimes em que a ação pública dela depender.

(C) a representação tem caráter personalíssimo, de modo que a morte do ofendido implica na imediata extinção da punibilidade do autor do fato criminoso.

(D) o direito de representação poderá ser exercido, pessoalmente ou por procurador com poderes especiais, mediante declaração à autoridade policial.

(E) a retratação da representação pode ser feita a qualquer tempo, dado o caráter disponível do direito envolvido.

A: incorreta. A *representação*, no contexto da Lei Maria da Penha, é, sim, admitida, mas, por força do que estabelece o art. 16 da Lei 11.340/2006, isso somente poderá ocorrer perante o magistrado, em audiência especialmente designada para essa finalidade, o que não é exigido à retração da representação nos crimes em geral (art. 25 do CPP). Além disso, na Lei Maria da Penha, a retratação poderá ser oferecida antes do *recebimento* da denúncia; no caso do art. 25 do CPP, que incide nos crimes em geral, o direito de retratação poderá ser exercido até o *oferecimento* da exordial acusatória; **B:** incorreta, dado que a representação é condição *sine qua non* à instauração do inquérito pelo delegado de Polícia, na forma estatuída no art. 5º, § 4º, do CPP; **C:** incorreta, uma vez que, no caso de o ofendido falecer ou mesmo ser declarado ausente por decisão judicial, o direito de representação poderá ser exercido, na forma disposto no art. 24, § 1º, do CPP, pelo cônjuge, ascendente, descendente ou irmão, nesta ordem; **D:** correta (art. 39, *caput*, do CPP); **E:** incorreta, na medida em que, uma vez oferecida a denúncia, a representação torna-se irretratável (art. 25, CPP). Não pode, portanto, ser oferecida a qualquer tempo. ED

Gabarito "D".

(Delegado/MT – 2017 – CESPE) Assinale a opção correta no que se refere à ação penal.

(A) Aplica-se a perempção como forma extintiva da punibilidade às ações penais exclusivamente privadas e às ações privadas subsidiárias das públicas.

(B) O princípio da indivisibilidade, quando não observado, impõe ao juiz a rejeição da denúncia nas ações penais públicas.

(C) Há legitimidade concorrente do ofendido e do MP para a persecução de crimes contra a honra de funcionário público em razão de suas funções.

(D) Na ação penal privada, todas as manifestações de disponibilidade pelo ofendido serão extensivas a todos os réus e(ou) responsáveis pelo fato delituoso, independentemente de qualquer reserva ou condição apresentada por eles.

(E) Diante de concurso formal entre um delito de ação penal pública e outro de ação penal privada, caberá ao representante do MP oferecer denúncia em relação aos dois crimes.

A: incorreta. Diante da negligência do querelante, poderá o MP, no curso da ação penal privada subsidiária da pública, recobrar, a qualquer momento, a sua titularidade. Não há que se falar, assim, em peremção no âmbito dessa modalidade de ação privada, que, na sua essência, é pública. Terá cabimento a peremção, isto sim, na ação penal privada exclusiva (art. 60, CPP); **B:** incorreta. O *princípio da indivisibilidade* da ação penal privada está consagrado no art. 48 do CPP. Embora não haja disposição expressa de lei, tal postulado, segundo pensamos, é também aplicável à ação penal pública. Não nos parece razoável que o Ministério Público possa escolher contra quem a demanda será promovida. Entretanto, o STF não compartilha desse entendimento. Para a nossa Corte Suprema, a indivisibilidade não tem incidência no âmbito da ação penal pública (somente na ação privada). Sustenta o STF que a divisibilidade da ação penal pública reside no fato de o Ministério Público ter a liberdade de não ofertar a denúncia contra alguns autores de crime contra os quais ainda não haja elementos suficientes; assim que reunidos esses elementos, a denúncia será aditada. Assim, a ação deixa de ser indivisível pelo simples fato de a denúncia comportar aditamento posterior. Com a devida vênia, a indivisibilidade, a nosso ver, consiste na impossibilidade de o membro do Ministério Público escolher contra quem a denúncia será oferecida. Se houver elementos, a ação deverá ser promovida contra todos. Seja como for, na ação penal privada, o oferecimento da queixa-crime contra um ou alguns dos autores do crime, com exclusão dos demais, configura hipótese de violação ao princípio da indivisibilidade, implicando renúncia ao direito de queixa contra todos (art. 49, CPP). É caso, portanto, de rejeição da inicial. Sendo pública a ação penal, a exclusão de determinado acusado não acarreta a rejeição da inicial; **C:** correta. Nos termos do disposto no art. 145, parágrafo único, do CP, se se tratar de crime perpetrado contra a honra de funcionário público em razão de suas funções, a ação penal será pública condicionada à representação do ofendido. Ocorre, no entanto, que o STF, por meio da Súmula 714, firmou entendimento no sentido de que, nesses casos, a legitimidade é concorrente entre o ofendido (mediante queixa) e o Ministério Público (ação pública condicionada à representação do ofendido); **D:** incorreta. A renúncia ao direito de queixa produzirá efeitos (de extinguir a punibilidade) independentemente da concordância do ofensor. Tal não ocorre com o perdão, que, quando exercido por si só, não tem o condão de extinguir a punibilidade. Isso porque a produção de tal efeito (extinguir a punibilidade) condiciona-se à aceitação do ofensor (art. 51 do CPP); **E:** incorreta. É hipótese de ação penal adesiva, em que haverá a formação de litisconsórcio entre o ofendido e o MP. **ED**

Gabarito "C".

(Delegado/PE – 2016 – CESPE) Acerca da ação penal, suas características, espécies e condições, assinale a opção correta.

(A) A peremção incide tanto na ação penal privada exclusiva quanto na ação penal privada subsidiária da ação penal pública.

(B) Os prazos prescricionais e decadenciais incidem de igual forma tanto na ação penal pública condicionada à representação do ofendido quanto na ação penal pública condicionada à representação do ministro da Justiça.

(C) De regra, não há necessidade de a queixa-crime ser proposta por advogado dotado de poderes específicos para tal fim, em homenagem ao princípio do devido processo legal.

(D) Tanto na ação pública condicionada à representação quanto na ação penal privada, se o ofendido tiver menos de vinte e um anos de idade e mais de dezoito anos de idade, o direito de queixa ou de representação poderá ser exercido por ele ou por seu representante legal.

(E) É concorrente a legitimidade do ofendido, mediante queixa, e do MP, condicionada à representação do ofendido, para a ação penal por crime contra a honra de servidor público em razão do exercício de suas funções.

A: incorreta, pois não há se falar em peremção na ação penal privada subsidiária da pública. Isso porque, nos termos do art. 29 do CPP, se o querelante revelar-se desidioso, pode o Ministério Público retomar a titularidade da ação; **B:** incorreta. Diferentemente do que se dá com a representação do ofendido, que deve ser ofertada dentro do prazo decadencial de 6 meses, inexiste prazo decadencial para o oferecimento da requisição do MJ (a lei nada disse a tal respeito). Pode, portanto, ser oferecida a qualquer tempo, desde que ainda não tenha operado a extinção da punibilidade pelo advento da prescrição; **C:** incorreta, em vista do que dispõe o art.

---

44 do CPP; **D:** incorreta. O art. 34 do CPP, que estabelecia que o direito de queixa do menor de 21 anos e maior de 18 podia ser exercido tanto por este quanto por seu representante legal, foi tacitamente revogado pelo art. 5º, *caput*, do Código Civil de 2002, segundo o qual a maioridade plena é alcançada aos 18 anos completos, ocasião em que a pessoa adquire plena capacidade de praticar os atos da vida civil; **E:** correta. Nos termos do disposto no art. 145, parágrafo único, do CP, se se tratar de crime perpetrado contra a honra de funcionário público em razão de suas funções, a ação penal será *pública condicionada à representação do ofendido*. Ocorre, no entanto, que o STF, por meio da Súmula 714, firmou entendimento no sentido de que, nesses casos, a legitimidade é concorrente entre o ofendido (mediante queixa) e o Ministério Público (ação pública condicionada à representação do ofendido). **ED**

Gabarito "E".

(Delegado/RJ – 2013 – FUNCAB) O senhor Rui dos Santos, após ser vítima do delito de roubo perpetrado por Nei da Silva, preso em flagrante delito, ao tomar conhecimento de que o Promotor de Justiça havia perdido o prazo de cinco dias (art. 46, do CPP) para oferecer denúncia, resolve intentar ação privada subsidiária da pública, por meio de queixa-crime. Decorridos alguns dias, incomodado pelo trabalho e pelo desgaste emocional, o querelante resolve desistir da ação. Esta medida acarretará:

(A) a decadência do direito de ação.

(B) a peremção da ação.

(C) a extinção da punibilidade.

(D) a renúncia tácita do querelante.

(E) a retomada da titularidade da ação pelo Ministério Público, que já atuava como assistente litisconsorcial.

Diante da negligência do querelante, poderá o MP, no curso da ação penal privada subsidiária da pública, recobrar, a qualquer momento, a sua titularidade. Não há que se falar, assim, em peremção no âmbito dessa modalidade de ação privada, que, na sua essência, é pública. **ED**

Gabarito "E".

(Delegado/RJ – 2013 – FUNCAB) No que se refere à ação penal, é correto afirmar:

(A) A denúncia ou queixa não será rejeitada quando faltar pressuposto processual.

(B) A ação penal pública condicionada, para ser exercida, depende de requerimento do ofendido.

(C) A ação penal privada rege-se, entre outros, pelo princípio da indisponibilidade.

(D) O princípio da indivisibilidade não se aplica à ação penal pública; aplica-se somente à ação penal privada e à ação penal privada subsidiária da pública.

(E) A justa causa para o exercício da ação penal significa a exigência de um lastro mínimo de prova.

A: incorreta. A falta de pressuposto processual leva, sim, à rejeição da denúncia ou queixa (art. 395, II, do CPP); **B:** incorreta. A ação penal pública condicionada, para ser exercida, depende de *representação* do ofendido ou, conforme o caso, de *requisição* do ministro da Justiça. São as chamadas condições de procedibilidade; o *requerimento* é peça indispensável a autorizar a instauração de inquérito na ação penal privada (art. 5º, § 5º, do CPP); **C:** incorreta, já que o princípio da *indisponibilidade* (art. 42, CPP) é exclusivo da ação penal pública; a *ação penal privada*, ao contrário, é regida pelo *princípio da disponibilidade*, na medida em que pode o seu titular desistir de prosseguir na demanda por ele ajuizada; **D:** o princípio da indivisibilidade está consagrado no art. 48 do CPP. Embora não haja disposição expressa de lei, o *postulado da indivisibilidade* é também aplicável à ação penal pública. No que se refere a esta modalidade de ação, seria inconcebível imaginar que o MP pudesse escolher contra quem iria propor a ação penal. É nesse sentido que incorporamos o postulado da indivisibilidade no âmbito da ação penal pública. Mas o STF não compartilha dessa lógica. Para a nossa Corte Suprema, a indivisibilidade não se aplica à ação penal pública (somente à ação privada). Sustenta o STF que a divisibilidade da ação penal pública reside no fato de o MP ter a liberdade de não ofertar a denúncia contra alguns autores de crime contra os quais ainda não há elementos suficientes e, assim que esses elementos forem reunidos, aditar a denúncia. Assim, a ação deixa de ser indivisível pelo simples fato de a denúncia comportar aditamento posterior (HC 96.700, Rel. Min. Eros Grau, julgamento em 17-3-2009, Segunda Turma, *DJE* de 14-8-2009; no mesmo sentido: HC 93.524, Rel. Min. Cármen Lúcia, julgamento em 19-8-2008, Primeira Turma, *DJE* de 31-10-2008). Com a devida vênia, a indivisibilidade, a nosso ver, consiste na impossibilidade de o membro do MP escolher contra quem a denúncia será oferecida. Se houver elementos, a ação deverá ser promovida contra todos; **E:** correta. Para que o titular da ação penal possa exercê-la em juízo, além da presença das condições da ação, aqui incluídas as genéricas e as específicas, é também necessária a existência de *justa causa*, assim entendido o

EDUARDO DOMPIERI

lastro probatório mínimo quanto à autoria e prova da existência da infração penal (materialidade). É o que estabelece o art. 395, III, do CPP. **ED**

Gabarito "E".

(Delegado/AM) José, um comerciante local, procura a autoridade policial, para comunicar uma calúnia que sofreu. Trata-se de crime de:

(A) ação penal pública condicionada à representação, motivo pelo qual a autoridade policial receberá a comunicação verbal de José como representação e determinará que ela seja reduzida a termo, instaurando o inquérito policial.

(B) ação penal pública incondicionada, que independe de representação, motivo pelo qual a autoridade policial instaurará o devido inquérito policial, independente da vontade do ofendido.

(C) ação penal privada personalíssima, motivo pelo qual a autoridade policial instaurará o inquérito policial se José o Requerer, orientando-o, ainda, a oferecer a queixa-crime ao juízo competente

(D) ação penal privada exclusiva, motivo pelo qual a autoridade policial instaurará o inquérito policial se José o Requerer, orientando-o, ainda, a oferecer a queixa-crime ao juízo competente

A calúnia – art. 138, CP – é crime de ação penal de iniciativa privada, a teor do art. 145, *caput*, do CP. Sendo assim, a autoridade policial somente poderá proceder a inquérito policial se o ofendido requerer a sua instauração. Quanto à queixa-crime, esta deve ser ajuizada dentro do prazo decadencial de seis meses, cujo termo inicial é representado pela data em que o ofendido vem a saber quem é o autor do crime. Se não o fizer, estará extinta a punibilidade do agente pela decadência, na forma do art. 107, IV, do CP. O prazo decadencial deve ser contado nos moldes do art. 10 do CP. **ED**

Gabarito "D".

(Delegado/AM) É aplicável à ação penal privada exclusiva o princípio da:

(A) disponibilidade

(B) obrigatoriedade

(C) transcendência

(D) divisibilidade

Prescreve o *princípio da disponibilidade*, informador da ação penal privada, que o querelante tem a faculdade de desistir da ação penal por ele proposta; o *princípio da obrigatoriedade*, que tem incidência na ação penal pública, estabelece que, uma vez preenchidos os requisitos legais, o Ministério Público está obrigado a propor a ação penal. Dentro do tema "princípio da obrigatoriedade", importante que se diga que, recentemente, foi editada a Lei 13.964/2019, conhecida como Pacote Anticrime, que promoveu diversas inovações nos campos penal e processual penal, sendo uma das mais relevantes o chamado *acordo de não persecução penal*, introduzido no art. 28-A do CPP e que consiste, *grosso modo*, no ajuste obrigacional firmado entre o Ministério Público e o investigado, em que este admite sua responsabilidade pela prática criminosa e aceita se submeter a determinadas condições menos severas do que a pena que porventura ser-lhe-ia aplicada em caso de condenação; o *princípio da intranscendência* – e não transcendência, que tem aplicação tanto na ação penal pública quanto na privada, é aquele segundo o qual a ação penal deve ser proposta exclusivamente em face do autor do delito; por fim, a ação penal é *indivisível* porque o seu titular não pode escolher contra quem ela será proposta. **ED**

Gabarito "A".

(Delegado/AM) Mévio procurou a Delegacia para reclamar que seu rádio foi furtado por seu irmão Tício, maior de idade. Trata-se de crime de:

(A) ação penal pública condicionada à representação, motivo pelo qual a autoridade policial receberá a "reclamação" do Mévio como representação e determinará que ela seja reduzida a termo, instaurando o inquérito policial.

(B) ação penal privada personalíssima, motivo pelo qual a autoridade policial instaurará o inquérito policial se Mévio o requerer, orientando-o, ainda, a oferecer a queixa-crime ao juízo competente.

(C) ação penal privada exclusiva, motivo pelo qual a autoridade policial, instaurará o inquérito policial se Mévio o requerer, orientando-o, ainda, a oferecer a queixa-crime ao juízo competente.

(D) ação penal pública incondicionada, que independe de representação, motivo pelo qual a autoridade policial instaurará o devido inquérito policial, independente da vontade do lesado.

Em conformidade com o que dispõe o art. 182, II, do CP, o irmão que pratica contra o outro crime contra o patrimônio (Título II da Parte Especial do CP) somente será processado se o ofendido manifestar desejo nesse sentido, já que a ação é pública condicionada a representação. Cuidado: estão excluídos os crimes de roubo, extorsão e qualquer outro que envolva na sua prática o emprego de violência ou grave ameaça contra a pessoa, hipótese em que a ação será pública incondicionada, conforme art. 183, I, do CP. **ED**

Gabarito "A".

(Delegado/AM) Maria compareceu à Delegacia, perante a autoridade policial, para comunicar que seu marido praticou conjunção carnal com a filha de ambos, de nove anos de idade. Os três constituem uma família muito pobre. Do ponto de vista jurídico, a autoridade policial poderá:

(A) colher a comunicação de Maria como representação, reduzindo-a a termo e instaurando o devido inquérito policial, por ser tratar de crime de ação penal pública condicionada à representação.

(B) não instaurar inquérito policial, por ser tratar de um problema de família, e apenas encaminhar as partes à vara de família ou da infância e da juventude, conforme o caso concreto.

(C) orientar Maria a fazer o requerimento para instauração de inquérito policial e, oportunamente, a oferecer queixa--crime perante o juiz, por se tratar de ação penal privada.

(D) instaurar o inquérito policial independente de representação ou requerimento de Maria, por ser tratar de crime de ação penal pública incondicionada.

Em vista do novo regramento trazido pela Lei 12.015/2009, o pai praticou contra a filha o crime de *estupro de vulnerável*, capitulado no art. 217-A, *caput*, do CP, cuja ação penal, na forma do art. 225, parágrafo único, do CP, é *pública incondicionada*. Este comentário é anterior à Lei 13.718/2018, que alterou o art. 225 do CP e adotou, nos crimes sexuais, a ação penal pública incondicionada (antes disso, a ação penal, nestes delitos, era, em regra, pública condicionada a representação). Fazendo um breve histórico, temos o seguinte quadro: a ação penal, nos crimes sexuais, era, em regra, privativa do ofendido; a este cabendo a propositura da ação penal; posteriormente, a partir do advento da Lei 12.015/2009, a ação penal, nesses crimes, deixou de ser privativa do ofendido para ser pública condicionada a representação, em regra; agora, com a entrada em vigor da Lei 13.718/2018, a ação penal, nos crimes contra a dignidade sexual, que antes era pública condicionada a representação, passa a ser pública incondicionada. Com isso, o titular da ação penal, que é o MP, prescinde de manifestação de vontade da vítima para promover a ação penal. No caso narrado no enunciado, a ação penal seria, de toda forma, pública incondicionada, quer se considere a legislação anterior, quer se leve em conta a atual. **ED**

Gabarito "D".

(Delegado/AP – 2010) Rosa Margarida é uma conhecida escritora de livros de autoajuda, consolidada no mercado já há mais de 20 anos, com vendas que alcançam vários milhares de reais. Há cerca de dois meses, Rosa Margarida descobriu a existência de um sistema que oferece ao público, mediante fibra ótica, a possibilidade de o usuário realizar a seleção de uma obra sobre a qual recaem seus (de Rosa Margarida) direitos de autor, para recebê-la em um tempo e lugar previamente determinados por quem formula a demanda. O sistema também indica um telefone de contato caso o usuário tenha problemas na execução do sistema.

O marido de Rosa Margarida, Lírio Cravo instala no telefone um identificador de chamadas e descobre o número do autor do sistema que permitia a violação dos direitos autorais de Rosa Maria. De posse dessa informação, Lírio Cravo vai à Delegacia de Polícia registrar a ocorrência de suposta prática do crime previsto no art. 184, § 3º, do Código Penal (violação de direitos autorais). O Delegado instaura inquérito e de fato consegue identificar o autor do crime.

Considerando a narrativa acima, assinale a alternativa correta.

(A) O Delegado agiu corretamente. Encerrado o inquérito policial, deve encaminhá-lo ao Ministério Público para que adote as providências cabíveis.

(B) O Delegado agiu incorretamente. O marido da ofendida não poderia ter obtido o número do telefone do autor das ameaças sem prévia autorização judicial, pois tal informação é sigilosa.

(C) O Delegado agiu incorretamente. A instauração do inquérito nesse caso depende de representação da ofendida, não podendo ser suprida por requerimento de seu marido.

(D) O Delegado agiu incorretamente. A instauração do inquérito policial nesse caso depende de requisição do Ministério Público, pois a interceptação telefônica é imprescindível à apuração dos fatos.

(E) O Delegado agiu corretamente. Encerrado o inquérito policial, deve entregar os autos à vítima, mediante recibo, para que a mesma possa oferecer queixa crime.

3. DIREITO PROCESSUAL PENAL

Nos termos do art. 186, IV, do CP, a ação penal é pública condicionada a representação. **ED**

Gabarito "C".

(Delegado/MG – 2012) Não é condição geral ou especial da ação penal:

(A) O pedido.

(B) A legitimidade das partes.

(C) A entrada do agente no território nacional em caso de extraterritorialidade da lei penal.

(D) A requisição do Ministro da Justiça.

São condições *genéricas* da ação: *possibilidade jurídica do pedido, interesse de agir* e *legitimidade das partes para a causa.* Esses requisitos devem sempre estar presentes para o exercício do direito de ação. Há outros requisitos, no entanto, que devem ser observados em situações específicas. São as chamadas condições específicas de procedibilidade. Alguns exemplos: representação do ofendido; requisição do Ministro da Justiça; e a entrada do agente no território nacional no caso de extraterritorialidade da lei penal. **ED**

Gabarito "A".

(Delegado/MG – 2007) Com relação à ação penal, em caso de crime de induzimento a erro essencial e ocultação de impedimento, previsto no artigo 236 do Código Penal, é CORRETO afirmar:

(A) A ação penal poderá ser intentada pelo cônjuge, descendente, ascendente ou irmão.

(B) Somente no caso de ofendido menor de 18 (dezoito anos), a ação penal poderá ser intentada por curador especial nomeado pelo Juiz.

(C) A ação penal poderá ser intentada, se comparecer mais de uma pessoa com direito de queixa, na seguinte ordem de preferência: cônjuge, ascendente, descendente ou irmão.

(D) A ação penal não poderá ser intentada diante do falecimento do ofendido.

Trata-se da única hipótese em que a ação penal é *privada personalíssima*, já que o art. 240 do CP, que previa o crime de adultério, foi revogado. A titularidade, nesta modalidade de ação, é atribuída exclusivamente ao ofendido. No caso de ele morrer, o exercício da ação não poderá ser conferido a mais ninguém. A ação penal, portanto, não poderá ser intentada pelo cônjuge, descendente, ascendente ou irmão, tampouco pelo representante legal do ofendido. **ED**

Gabarito "D".

(Delegado/PA – 2012 – MSCONCURSOS) Nos crimes de ação pública, esta será promovida por denúncia do Ministério Público, mas dependerá, quando a lei o exigir, de requisição do Ministro da Justiça, ou de representação do ofendido ou de quem tiver qualidade para representá-lo. No que concerne à ação pública, assinale a alternativa correta:

(A) A representação será retratável, depois de oferecida a denúncia.

(B) Se o órgão do Ministério Público, ao invés de apresentar a denúncia, requerer o arquivamento do inquérito policial ou de quaisquer peças de informação, o juiz deverá atender.

(C) Será admitida ação privada nos crimes de ação pública, se esta não for intentada no prazo legal, cabendo ao Ministério Público aditar a queixa, repudiá-la e oferecer denúncia substitutiva, intervir em todos os termos do processo, fornecer elementos de prova, interpor recurso e, a todo tempo, no caso de negligência do querelante, retomar a ação como parte principal.

(D) As fundações, associações ou sociedades legalmente constituídas não poderão exercer a ação penal.

(E) O prazo para oferecimento da denúncia, estando o réu preso, será de 15 dias, contado da data em que o órgão do Ministério Público receber os autos do inquérito policial.

A: incorreta, visto que a *representação* é retratável até o oferecimento da denúncia – arts. 25 do CPP e 102 do CP; **B:** incorreta, uma vez que, se o juiz não concordar com o pleito do MP, e isso é perfeitamente possível, remeterá os autos, na forma estatuída no art. 28 do CPP, ao procurador-geral de Justiça, a quem incumbirá apreciar se a razão está com o promotor ou com o magistrado. Se o chefe do Ministério Público encampar o entendimento do promotor, o juiz então estará obrigado a determinar o arquivamento dos autos de inquérito. Outra opção, neste caso, não lhe resta. Se, de outro lado, o procurador-geral entender que é caso de denúncia, poderá ele mesmo oferecê-la, ou ainda designar outro membro da instituição para fazê-lo, o que é mais comum. Este comentário não levou em conta a modificação operada pela Lei 13.964/2019 no art. 28 do CPP, que retirou do juiz o protagonismo no procedimento de arquivamento do IP. Segundo a nova sistemática adotada, a decisão de arquivamento do inquérito policial cabe ao Ministério Público; **C:** correta, visto que corresponde ao que estabelece o art.

29 do CPP; **D:** incorreta, nos termos do art. 37 do CPP; **E:** incorreta, pois não corresponde ao que estabelece o art. 46 do CPP. **ED**

Gabarito "C".

(Delegado/PI – 2009 – UESPI) David, com apenas 15 anos de idade, foi vítima de crime de ação penal pública condicionada à representação. Nesse caso, pode-se dizer que

(A) a representação deve ser oferecida por seu representante legal, mas apenas na forma escrita, a teor do que prescreve o art. 39 do Código de Processo Penal.

(B) a jurisprudência dominante entende que basta a demonstração inequívoca do interesse na persecução criminal para que se entenda por exercido o direito de representação.

(C) sendo a vítima menor de idade, deverá seu representante legal oferecer queixa, em razão do *strepitus iudicii*, isto é, do escândalo provocado pelo ajuizamento da ação penal.

(D) a representação é retratável até a citação do réu, porque este, a partir de então, passa a ter o direito de obter um pronunciamento judicial sobre a acusação.

(E) o oferecimento de representação é condição necessária ao ajuizamento da ação penal pelo Ministério Público, em nada condicionando a instauração de inquérito policial pelo Delegado de Polícia.

A e **B:** a assertiva "A" está incorreta e a assertiva "B" está correta, pois a representação não exige qualquer formalidade, sendo somente necessário que o ofendido manifeste de forma inequívoca sua vontade em ver processado seu ofensor, podendo ser ofertada por meio de declaração escrita ou oral. Neste caso, será reduzida a termo (art. 39, § 1º, CPP); **C:** incorreta, pois, por se tratar de vítima menor de 18 anos, o direito de representação será exercido por seu representante legal. Queixa é a peça inicial da ação penal privada; na ação penal pública, ainda que condicionada a representação, a peça inicial é a denúncia, a ser ofertada pelo Ministério Público, seu titular; **D:** incorreta, pois a representação é retratável até o momento de o promotor oferecer a denúncia; depois disso, ela se torna irretratável. É o teor do art. 25 do CPP; **E:** incorreta, segundo teor do art. 5º, § 4º, do CPP. **ED**

Gabarito "B".

(Delegado/SP – 2011) – Em qual das hipóteses abaixo ocorre a perempção.

(A) Perdão oferecido pelo ofendido e aceito pelo autor.

(B) Morte do autor do ilícito.

(C) Extinção de pessoa jurídica querelante, desde que não deixe sucessor.

(D) Renúncia ao exercício do direito de queixa que não foi aceita pelo autor.

(E) Perdão oferecido pelo ofendido e recusado pelo autor.

A perempção (art. 107, IV, do CP), instituto exclusivo da ação penal privada, constitui uma sanção aplicada ao querelante que deixa de promover o bom andamento processual, mostrando-se negligente e desidioso. Suas hipóteses estão contidas no art. 60 do CPP. **ED**

Gabarito "C".

(Delegado/SP – 2008) Os princípios da ação penal pública são

(A) obrigatoriedade, indisponibilidade, oficialidade, indivisibilidade e intranscendência.

(B) obrigatoriedade, disponibilidade, oficialidade, indivisibilidade e intranscendência.

(C) oportunidade, disponibilidade, oficialidade, indivisibilidade, e intranscendência.

(D) oportunidade, disponibilidade, iniciativa da parte, indivisibilidade e transcendência.

(E) oportunidade, indisponibilidade, iniciativa a parte, individualidade e intranscendência.

O *princípio da obrigatoriedade* ou *legalidade* prescreve que, uma vez preenchidos os requisitos legais, o MP está obrigado a ajuizar a ação penal pública. Já o *princípio da indisponibilidade*, abrigado no art. 42 do CPP e informador da ação pública, significa que o MP não poderá desistir da ação que haja proposto. A *oficialidade* refere-se aos órgãos incumbidos da persecução penal, que devem ser oficiais. O Ministério Público, por força do *princípio da indivisibilidade*, está obrigado a propor a ação contra todos os autores do crime, não podendo escolher contra quem a demanda irá ser proposta. Por fim, a ação penal será promovida tão somente contra quem praticou o crime (*intranscendência*). **ED**

Gabarito "A".

4. AÇÃO CIVIL

(Delegado/SP – 2003) No tocante à ação civil prevista na legislação adjetiva penal, assinale a assertiva incorreta:

(A) o despacho de arquivamento do inquérito policial impede a propositura da ação civil.

(B) a decisão penal, que reconhece ter sido ato praticado em legítima defesa, faz coisa julgada no cível.

(C) a sentença absolutória, que reconhece a inexistência material do fato, impede a propositura da ação civil.

(D) o juiz da ação civil pode suspender o curso desta, até o julgamento definitivo da ação penal.

A: assertiva incorreta, devendo ser assinalada, já que, a teor do art. 67, I, do CPP, o despacho de arquivamento do inquérito policial não tem o condão de impedir a propositura da ação civil. **B:** proposição correta, nos termos do art. 65 do CPP. **C:** assertiva correta, nos termos do art. 66 do CPP. **D:** assertiva correta, nos termos do art. 64, parágrafo único, do CPP. **ED**

Gabarito "A".

5 JURISDIÇÃO E COMPETÊNCIA; CONEXÃO E CONTINÊNCIA

(Delegado/ES – 2019 – Instituto Acesso) Manoela exerce atividade de delegada de polícia federal em Vitória-ES. Desconfiada da infidelidade de seu noivo decidiu, fora de suas atribuições e de seu expediente de trabalho, realizar interceptação do telefone celular de seu noivo. Nesta situação hipotética marque a opção CORRETA.

(A) A competência será definida pela prevenção, vez que o delito foi praticado por funcionário público federal, mas fora de suas funções.

(B) compete a Justiça Federal processar e julgar o delito de interceptação sem autorização, pois que ofende interesse da União, no caso sistema de telecomunicações.

(C) compete a Justiça Federal processar e julgar o delito de interceptação sem autorização, pois no caso, o delito foi praticado por funcionário público federal.

(D) A competência será sempre da Justiça Estadual, ainda que tenha sido praticado por funcionário público federal no exercício de suas funções.

(E) compete a Justiça Estadual processar e julgar o delito de interceptação sem autorização, pois no caso, o agente federal estava fora de suas funções.

Pela narrativa, fica claro que o crime praticado por Manoela nenhuma pertinência tem com o cargo por ela exercido. Isso porque a interceptação por ela levada a efeito se deu fora de suas atribuições e de seu expediente de trabalho. Não há que se falar, portanto, em prejuízo a bens, serviços ou interesse da União ou de suas entidades autárquicas ou empresas públicas (art. 109, IV, da CF). Haveria interesse da União, a justificar a competência da Justiça Federal, somente se o crime em que incorreu a servidora pública federal fosse praticado em razão da função pública (*propter officium*). Portanto, o caso deverá ser julgado por uma vara criminal da Justiça Estadual. Nesse sentido: *Compete à Justiça Federal processar e julgar crime praticado por funcionário público federal no exercício de suas atribuições funcionais. Conflito de competência conhecido. Competência da Justiça Federal* (CC 20.779/RO, Rel. Min. Vicente Leal, 3ª Seção, j. 16.12.1998, *DJ* 22.02.1999).

Gabarito "E".

Marcelo exerce atividade de camelô na Avenida Central, no Centro, na cidade do Rio de Janeiro, no Estado do Rio de Janeiro, por não aceitar a negociação com agentes de segurança pública, um tipo de "arrego", teve sua mercadoria apreendida visto que comercializava pacotes de cigarro, da marca, "Buenos Tragos", considerada suspeita pelos agentes de segurança. Os cigarros "Buenos Tragos" são oriundos do Paraguai e possuem um preço bem mais abaixo que os nacionais, mas são vendidos de forma clandestina. No entanto, estes cigarros são produtos aprovados pela ANVISA e, portanto, é permitida sua importação e comercializados no Brasil, desde que cumpridas as obrigações legais e tributárias. Vale ressaltar, no entanto, que Marcelo não possuía nota fiscal dos cigarros apreendidos em sua posse. Conduzido a delegacia de Polícia Civil, Marcelo confessou que adquiriu os cigarros de Valentina, uma mulher que também mora em Vitória e fornece mercadorias para os camelôs.

(Delegado/ES – 2019 – Instituto Acesso) Nessa situação hipotética, de acordo com as regras de competência, marque a alternativa CORRETA.

(A) Compete à Justiça Estadual o julgamento dos crimes de contrabando e de descaminho quando apreendido em comércio informal irregular.

(B) Compete à Justiça Federal tanto quanto a Justiça Estadual o julgamento dos crimes de contrabando e de descaminho.

(C) Compete à Justiça Estadual o julgamento dos crimes de contrabando e de descaminho tendo em vista que a apreensão se deu pela Polícia Militar do Estado.

(D) Compete à Justiça Federal o julgamento dos crimes de contrabando e de descaminho, ainda que inexistentes indícios de transnacionalidade na conduta.

(E) Compete a Justiça Estadual, pois não houve transnacionalidade na conduta do agente e uma vez que a mercadoria apreendida já havia sido internalizada e Marcelo não concorreu de qualquer forma, seja direta ou indireta, para a efetiva importação desses cigarros.

Conferir: "1. O presente conflito negativo de competência deve ser conhecido, por se tratar de incidente instaurado entre juízos vinculados a Tribunais distintos, nos termos do art. 105, inciso I, alínea "d" da Constituição Federal - CF. 2. A jurisprudência desta Corte Superior havia se firmado, em 2017, no sentido de exigir inequívoca prova da transnacionalidade da conduta do agente para a configuração do delito de descaminho e contrabando, contudo, recentemente, a Terceira Seção do Superior Tribunal de Justiça - STJ, revendo seu posicionamento acerca do tema, entendeu pela competência da Justiça Federal na hipótese de a mercadoria introduzida ilegalmente no território nacional encontrar-se em depósito para fins comerciais, independentemente da prova da internacionalidade da conduta do agente, haja vista o interesse da União advindo da violação a normas federais que visam proteger a saúde pública, regular a livre concorrência no comércio de produtos nacionais, bem como a arrecadação de impostos federais. 3. Em suma, a Terceira Seção desta Corte Superior restabeleceu o prestígio da Súmula n. 151/STJ que, tradicionalmente, já sinalizava pela competência da Justiça Federal nos delitos de contrabando e descaminho. Precedentes: CC 159.680/MG, Rel. Ministro REYNALDO SOARES DA FONSECA, TERCEIRA SEÇÃO, DJe 20/08/2018 e CC 160.7448/SP, Rel. Ministro SEBASTIÃO REIS JÚNIOR, DJe 4/10/2018. 4. No caso concreto, conforme inquérito policial lavrado para apurar possível ocorrência do delito descrito no art. 334, § 1º, "c" do Código Penal - CP, em 9/8/2012, policiais civis apreenderam 24 maços de cigarros da marca WS, 23 maços de cigarros da marca EIGHT e 2 maços de cigarros da marca PALERMO, todos de procedência estrangeira, em estabelecimento comercial localizado no município de Ribeirão Preto. 5. Nesse contexto, à míngua de documentação comprobatória da regularidade da internação da mercadoria no Brasil, está configurado o interesse da União, conforme Súmula n. 151/STJ, sendo irrelevante a averiguação da internacionalidade da conduta do agente delitivo. 6. Conflito conhecido para declarar a competência do Juízo Federal da 7ª Vara Federal de Ribeirão Preto - SJ/SP, o suscitado" (STJ, CC 167.795/SP, Rel. Ministro JOEL ILAN PACIORNIK, TERCEIRA SEÇÃO, julgado em 23/10/2019, DJe 30/10/2019).

Gabarito "D".

(Delegado/RS – 2018 – FUNDATEC) Acerca do entendimento jurisprudencial dos Tribunais Superiores, assinale a alternativa correta.

(A) A competência para processar e julgar o crime de uso de documento falso é firmada em razão da qualificação do órgão expedidor, não importando a entidade ou órgão ao qual foi apresentado o documento público.

(B) Compete à Justiça Comum Federal processar e julgar crime de estelionato praticado mediante falsificação das guias de recolhimento das contribuições previdenciárias, independente de lesão à autarquia federal.

(C) Só é lícito o uso de algemas em caso de fundado receio de fuga ou de perigo à integridade física própria ou alheia, por parte do preso ou de terceiros, justificada a excepcionalidade por escrito, sob pena de responsabilidade disciplinar, civil e penal do agente ou da autoridade e de nulidade a prisão ou do ato processual a que se refere, sem prejuízo da responsabilidade civil do Estado.

(D) É subsidiária a legitimidade do ofendido, mediante queixa, e do Ministério Público, mediante representação do ofendido, para a ação penal por crime contra a honra de servidor público em razão do exercício de suas funções.

(E) Compete à Justiça Federal processar e julgar os crimes consistentes em disponibilizar ou adquirir material pornográfico envolvendo criança ou adolescente (Arts. 241, 241-A e 241-B do ECA), quando praticados por meio da rede mundial de computadores.

3. DIREITO PROCESSUAL PENAL

A: incorreta. A solução desta assertiva deve ser extraída da Súmula 546, do STJ: "A competência para processar e julgar o crime de uso de documento falso é firmada em razão da entidade ou órgão ao qual foi apresentado o documento público, não importando a qualificação do órgão expedidor". Ou seja, pouco importa, aqui, o fato de o órgão expedidor do documento falso ser estadual ou federal, por exemplo. O critério a ser utilizado para o fim de determinar a Justiça competente é o da entidade ou órgão ao qual o documento foi apresentado; **B:** incorreta, pois contraria o entendimento firmado por meio da Súmula 107, do STJ; **C:** incorreta, pois em desconformidade com a Súmula Vinculante 11; **D:** incorreta. O STF, por meio da Súmula 714, firmou entendimento no sentido de que, nesses casos, a legitimidade é concorrente (e não subsidiária) entre o ofendido (mediante queixa) e o Ministério Público (ação pública condicionada à representação do ofendido); **E:** correta. Conferir: "*O Plenário da Corte, apreciando o tema 393 da repercussão geral, fixou tese nos seguintes termos: "Compete à Justiça Federal processar e julgar os crimes consistentes em disponibilizar ou adquirir material pornográfico envolvendo criança ou adolescente (arts. 241, 241-A e 241-B da Lei nº 8.069/1990) quando praticados por meio da rede mundial de computadores"* (RE 612030 AgR-ED, Relator(a): Min. Dias Toffoli, Segunda Turma, julgado em 28.08.2018, Processo Eletrônico DJe-224 Divulg 19.10.2018 Public 22.10.2018). Gabarito "E".

(Delegado/MT – 2017 – CESPE) A polícia civil instaurou e concluiu o inquérito policial relativo a roubo havido em uma agência franqueada dos Correios. Encaminhados os autos à justiça estadual, o órgão do MP ofereceu denúncia contra os autores, a qual foi recebida pelo juízo competente.

Nessa situação hipotética, conforme o posicionamento dos tribunais superiores acerca dos aspectos processuais que definem a competência para processar e julgar delitos,

(A) por ser o sujeito passivo do delito uma empresa pública federal franqueada, a competência para o processo e o julgamento do crime será da justiça federal.

(B) por se tratar de uma agência franqueada de uma empresa pública, a competência para o processo e o julgamento do crime será da justiça estadual.

(C) a competência para o processo e o julgamento do crime será concorrente, tornando-se prevento o juízo que receber a peça inaugural.

(D) o critério balizador para determinar a competência do juízo será exclusivamente territorial.

(E) a polícia civil e o MP estadual não têm competência para a persecução pré-processual e processual do delito, respectivamente.

A competência, segundo entendimento sedimentado no STJ, é da Justiça Estadual, já que, sendo o roubo praticado contra uma agência franqueada dos Correios, não há que se falar em prejuízo à empresa pública EBCT. Tanto é assim que, se a agência não fosse franqueada, e sim própria, a competência, aí sim, seria da Justiça Federal. Conferir: "Conflito de competência. Formação de quadrilha e roubo cometido contra agência franqueada da EBCT. Inexistência de prejuízo à EBCT. Inexistência de conexão. Competência da justiça estadual. I. Compete à Justiça Estadual o processo e julgamento de possível roubo de bens de agência franqueada da Empresa Brasileira de Correios e Telégrafos, tendo em vista que, nos termos do respectivo contrato de franquia, a franqueada responsabiliza-se por eventuais perdas, danos, roubos, furtos ou destruição de bens cedidos pela franqueadora, não se configurando, portanto, real prejuízo à Empresa Pública. II. Não evidenciado o cometimento de crime contra os bens da EBCT, não há que se falar em conexão de crimes de competência da Justiça Federal e da Justiça Estadual, a justificar o deslocamento da competência para a Justiça Federal. III. Conflito conhecido para declarar competente Juiz de Direito da Vara Criminal de Assu/RN, o Suscitante" (CC 116.386/RN, Rel. Ministro Gilson Dipp, Terceira Seção, julgado em 25/05/2011, DJe 07/06/2011). Gabarito "B".

(Delegado/GO – 2017 – CESPE) Cláudio, maior e capaz, residente e domiciliado em Goiânia – GO, praticou determinado crime, para o qual é prevista ação penal privada, em Anápolis – GO. A vítima do crime, Artur, maior e capaz, é residente e domiciliada em Mineiros – GO.

Nessa situação hipotética, considerando-se o disposto no Código de Processo Penal, o foro competente para processar e julgar eventual ação privada proposta por Artur contra Cláudio será

(A) Anápolis – GO ou Goiânia – GO.

(B) Goiânia – GO ou Mineiros – GO.

(C) Goiânia – GO, exclusivamente.

(D) Anápolis – GO, exclusivamente.

(E) Mineiros – GO, exclusivamente.

Temos que, na ação penal privada, mesmo que conhecido o lugar da infração, que, neste caso, é Anápolis-GO, o querelante (Artur) poderá preferir o foro de domicílio ou da residência do querelado (Cláudio), tal como autoriza o art. 73 do CPP. Dessa forma, a ação, que é privativa do ofendido, poderá ser proposta na cidade de Anápolis-GO, onde os fatos se deram, ou em Goiânia-GO, local em que reside Cláudio. ED Gabarito "A".

(Delegado/GO – 2017 – CESPE) Acerca de jurisdição e competência em matéria criminal, assinale a opção correta.

(A) Segundo entendimento do STJ, é de competência da justiça estadual processar e julgar crime contra funcionário público federal, estando ou não este no exercício da função.

(B) A competência para julgar prefeito municipal por desvio de verba sujeita a prestação de contas perante o órgão federal será dos juízes federais da seção judiciária da localidade em que o prefeito exercer ou tiver exercido o mandato.

(C) A competência para julgar governador de estado que, no exercício do mandato, cometa crime doloso contra a vida será do tribunal do júri da unidade da Federação na qual aquela autoridade tenha sido eleita para o exercício do cargo público.

(D) A competência para processar e julgar crime de roubo que resulte em morte da vítima será do tribunal do júri da localidade em que ocorrer o fato criminoso.

(E) No Estado brasileiro, a jurisdição penal pode ser exercida pelo STF, e em todos os graus de jurisdição das justiças militar e eleitoral, e das justiças comuns estadual e federal, dentro do limite da competência fixada por lei.

A: incorreta, uma vez que não reflete o entendimento firmado na Súmula n. 147 do STJ, que a seguir se transcreve: "Compete à Justiça Federal processar e julgar os crimes praticados contra funcionário público federal, quando relacionados com o exercício da função"; **B:** incorreta. De acordo com a Súmula 702 do STF, "a competência do Tribunal de Justiça para julgar Prefeitos restringe-se aos crimes de competência da Justiça comum estadual; nos demais casos, a competência originária caberá ao respectivo tribunal de segundo grau". Desse modo, se o crime praticado pelo prefeito for federal (como é o caso narrado na assertiva), o julgamento caberá ao TRF da respectiva região; de igual forma, se for eleitoral o delito cometido pelo prefeito, a competência para julgá-lo será do Tribunal Regional Eleitoral do respectivo Estado. Há ainda a Súmula 208, do STJ: "Compete à Justiça Federal processar e julgar prefeito municipal por desvio de verba sujeita à prestação de contas perante órgão federal", que tem aplicação específica neste caso; **C:** incorreta. É que a jurisprudência consolidou o entendimento segundo o qual, na hipótese de ambas as competências (no caso, Júri e prerrogativa de função) estarem contempladas na Constituição Federal, deverá prevalecer a competência em razão da prerrogativa de função. É o que se infere da leitura da Súmula 721, do STF (Súmula Vinculante 45). O governador, dessa forma, será julgado pelo seu juízo natural, que é o STJ (art. 105, I, *a*, da CF). Se considerarmos que o crime praticado pelo governador (doloso contra a vida) nenhuma pertinência tem com o exercício do mandato, o julgamento deve se dar pela primeira instância (tribunal do júri), isso em razão da decisão do STJ, que, tendo por base a decisão do STF na AP 937, decidiu que a restrição do foro deve alcançar governadores e conselheiros dos Tribunais de Contas estaduais (AP 866 e AP 857); **D:** incorreta. A competência para o julgamento do crime de roubo seguido de morte (art. 157, § 3º, II, do CP), que é o latrocínio, é do juízo singular, e não do Tribunal do Júri, ao qual cabe o julgamento dos crimes dolosos contra a vida (que não é o caso do latrocínio, que é delito contra o patrimônio). Vide Súmula 603, do STF. ED Gabarito "E".

(Delegado/BA – 2016.1 – Inaz do Pará) No pertinente à independência entre as instâncias judicial/penal e administrativa/disciplinar é correto afirmar que:

(A) a responsabilidade administrativa será afastada no caso de absolvição criminal que negue a existência do fato.

(B) não existe independência entre as instâncias judicial/penal e administrativa/disciplinar.

(C) caso a instância judicial/penal negue a autoria do fato, tal circunstância não irá repercutir na instância administrativa/disciplinar.

(D) a absolvição por insuficiência de provas na instância judicial/penal afastará a responsabilidade administrativa.

(E) o servidor não poderá responder penal e administrativamente pelo exercício irregular de suas funções.

A: correta, pois em conformidade com o art. 126 da Lei 8.112/1990; **B:** incorreta, pois não reflete o que estabelece o art. 125 da Lei 8.112/1990; **C:** incorreta, pois

458 EDUARDO DOMPIERI

em desconformidade com o art. 126 da Lei 8.112/1990; **D:** incorreta, já que a absolvição por insuficiência de provas na instância penal não tem o condão de afastar a responsabilidade administrativa; **E:** incorreta, pois não reflete o que estabelece o art. 121 da Lei 8.112/1990. [ED]

Gabarito "A".

(Delegado/DF – 2015 – Fundação Universa) No que se refere à competência e a seus corolários, assinale a alternativa correta.

(A) Considere-se que César, Mauro e Lúcio tenham sequestrado Júlia com a finalidade de extorquir a família da vítima. Restringiram a liberdade de Júlia em Brasília-DF e a transportaram, posteriormente, a fim de assegurar o sucesso da empreitada criminosa, para Belo Horizonte-MG. Nesse local, após terem recebido a quantia exigida no sequestro e liberado a vítima, tendo consumado o crime, foram presos preventivamente. Nessa situação, é competente para processar e julgar o crime o juízo criminal de Belo Horizonte-MG, visto que, segundo o CPP, aos crimes permanentes aplica-se a teoria do resultado.

(B) Para fins de fixação de regras de competência, não há, no CPP, diversamente do que ocorre no processo civil, distinção entre conexão e continência.

(C) Considere-se que o promotor que oficia perante determinada vara de juizado especial criminal entenda que Alberto tenha praticado crime de tráfico ilícito de entorpecentes, e não mero uso de substância entorpecente, e que o promotor que oficia perante determinada vara de entorpecentes penais tenha se recusado a oferecer a denúncia dado o seu entendimento de que o delito seria de uso de substância entorpecente, e não de tráfico. Nessa situação, identifica-se conflito negativo de competência, que deverá ser dirimido pelo juiz da vara de entorpecentes.

(D) Suponha-se que Reginaldo, com intenção de matar, tenha desferido três facadas em Rosber, tendo sido a primeira delas em Águas Lindas-GO e a última em Taguatinga-DF. Suponha-se, ainda, que Reginaldo não tenha conseguido atingir o seu intento por razões alheias a sua vontade, tendo sido impedido de consumar o crime pela ação de autoridade policial que o tenha prendido em flagrante e dado imediato socorro à vítima. Nessa situação, consoante a teoria da atividade adotada no CPP, é competente para processar e julgar o crime a vara criminal de Águas Lindas-GO.

(E) Considere-se que Ricardo tenha enviado, por uma agência dos correios localizada no Gama-DF, uma carta-bomba dirigida a um senador da República, que se encontrava na Argentina. Considere-se, ainda, que se tenha, posteriormente, comprovado que a ação criminosa, ocorrida por razões pessoais, tenha provocado a morte da vítima. Nessa situação, a vara do júri do Gama-DF é competente para processar e julgar o feito.

A: incorreta. Em princípio, os agentes praticaram, em concurso de pessoas, o crime do art. 159 do CP (extorsão mediante sequestro), que é considerado delito *permanente*, em que a consumação se protrai no tempo por vontade do agente. É dizer, o crime narrado na assertiva alcançou sua consumação em Brasília-DF e assim permaneceu em Belo Horizonte-BH, já que a restrição de liberdade imposta à vítima ocorreu nas duas cidades, com a sua liberação, após pagamento do resgate, nesta última comarca. O pagamento do valor exigido constitui, dessa forma, mero exaurimento do crime. Em assim sendo, por força do que estabelece o art. 71 do CPP, a competência haverá de ser fixada pela *prevenção* (art. 71 do CPP), ou seja, a ação penal poderá ser proposta em qualquer das comarcas (Brasília-DF e Belo Horizonte-MG); **B:** incorreta, na medida em que o CPP faz, sim, distinção entre *conexão* e *continência*, cujas hipóteses estão elencadas, respectivamente, nos arts. 76 e 77 do CPP. *Grosso modo*, a conexão pressupõe a existência de mais de um crime; já a continência refere-se ao cometimento de crime único; **C:** incorreta. O conflito negativo de atribuições entre promotores de justiça de um mesmo Estado deve ser solucionado pelo procurador-geral de Justiça; se a discórdia se der entre procuradores da República, caberá ao procurador-geral da República dirimir o conflito; **D:** incorreta, já que a competência, neste caso, será determinada em razão do lugar em que se deu o derradeiro ato de execução (art. 70, *caput*, do CPP), que corresponde à comarca de Taguatinga-DF; **E:** correta. O crime em que a conduta (ação ou omissão) é praticada em território nacional, mas o resultado é produzido no estrangeiro é denominado "crime à distância" ou "de espaço máximo". Neste caso, será aplicável a teoria da ubiquidade (ou mista), segundo a qual se considera praticado o crime tanto no lugar em que foi praticada a ação ou omissão, quanto no local em que se verificou ou que poderia ter se verificado o resultado (art. 6º do CP). Nesta modalidade de crime (à distância), a competência para julgá-lo é a do local, no Brasil, em que foi praticado

o último ato executório, ou seja, comarca de Gama-DF, conforme estabelece o art. 70, § 1º, do CPP. [ED]

Gabarito "E".

(Delegado/DF – 2015 – Fundação Universa) Acerca de competência, assinale a alternativa correta.

(A) Consoante o CPP, o tempo de prisão temporária, de prisão administrativa ou de intervenção, no Brasil e no estrangeiro, não será necessariamente computado para fins de determinação do regime inicial de pena privativa de liberdade.

(B) De acordo com o atual entendimento do STF, nos crimes ambientais, para ser admitida a denúncia oferecida contra a pessoa jurídica, é essencial denunciar concomitantemente as pessoas físicas em tese responsáveis.

(C) Suponha-se que Marcelo tenha sido condenado por crime político em primeiro grau. A sentença condenatória foi proferida por juiz federal da seção judiciária do Distrito Federal. Nesse caso, compete ao Tribunal Regional Federal da 1.ª Região julgar o recurso interposto por Marcelo contra a sentença.

(D) Conforme o STF, havendo condenação criminal, não se admite a aplicação retroativa da suspensão condicional do processo.

(E) É de competência da justiça comum estadual o julgamento de contravenções penais, mesmo que conexas com crimes de competência da justiça comum federal de primeiro grau.

A: incorreta, uma vez que não reflete o disposto no art. 387, § 2º, do CPP; **B:** incorreta. Conferir: "(...) O art. 225, § 3º, da Constituição Federal não condiciona a responsabilização penal da pessoa jurídica por crimes ambientais à simultânea persecução penal da pessoa física em tese responsável no âmbito da empresa. A norma constitucional não impõe a necessária dupla imputação. As organizações corporativas complexas da atualidade se caracterizam pela descentralização e distribuição de atribuições e responsabilidades, sendo inerentes, a esta realidade, as dificuldades para imputar o fato ilícito a uma pessoa concreta. Condicionar a aplicação do art. 225, § 3º, da Carta Política a uma concreta imputação também a pessoa física implica indevida restrição da norma constitucional, expressa a intenção do constituinte originário não apenas de ampliar o alcance das sanções penais, mas também de evitar a impunidade pelos crimes ambientais frente às imensas dificuldades de individualização dos responsáveis internamente às corporações, além de reforçar a tutela do bem jurídico ambiental. A identificação dos setores e agentes internos da empresa determinantes da produção do fato ilícito tem relevância e deve ser buscada no caso concreto como forma de esclarecer se esses indivíduos ou órgãos atuaram ou deliberaram no exercício regular de suas atribuições internas à sociedade, e ainda para verificar se a atuação se deu no interesse ou em benefício da entidade coletiva. Tal esclarecimento, relevante para fins de imputar determinado delito à pessoa jurídica, não se confunde, todavia, com subordinar a responsabilização da pessoa jurídica à responsabilização conjunta e cumulativa das pessoas físicas envolvidas. Em não raras oportunidades, as responsabilidades internas pelo fato estarão diluídas ou parcializadas de tal modo que não permitirão a imputação de responsabilidade penal individual (...)" (RE 548181, Relatora Min. Rosa Weber, Primeira Turma, julgado em 06.08.2013, Acórdão Eletrônico DJe-213 Divulg 29.10.2014 Public 30.10.2014); **C:** incorreta. O julgamento, neste caso, por se tratar de crime político, cabe ao STF (art. 102, II, *b*, da CF); **D:** incorreta, uma vez que não corresponde ao decidido na ADI 1.719-DF (Pleno, rel. Min. Joaquim Barbosa, 18.06.2007); **E:** correta, dado que o art. 109, IV, primeira parte, da CF afasta a competência da Justiça Federal para o processamento e julgamento das contravenções penais, mesmo que praticadas em detrimento de bens, serviços ou interesse da União ou de suas entidades autárquicas ou empresas públicas. Nesse sentido a Súmula 38, STJ: "Compete à Justiça Estadual Comum, na vigência da Constituição de 1988, o processo por contravenção penal, ainda que praticada em detrimento de bens, serviços ou interesse da União ou de suas entidades". [ED]

Gabarito "E".

(Delegado/PA – 2013 – UEPA) A jurisdição – função de Estado – se materializa, condiciona e limita pela competência, que define previamente a atuação do órgão jurisdicional a partir de critérios de especialização da justiça, distribuição territorial e divisão de serviço, fundados em normas constitucionais e legais. De acordo com essas normas:

I. A nulidade decorrente de incompetência absoluta pode ser suscitada mesmo após o trânsito em julgado da sentença, condenatória ou absolutória, porque não se pode emprestar legalidade a um ato que violou frontalmente as regras aplicáveis à matéria.

II. A definição de competência segue uma sequência lógica, que começa fixando a competência de justiça para, em seguida, estabelecer o âmbito territorial. Quanto a este, também há uma

3. DIREITO PROCESSUAL PENAL   459

preferência: o lugar da infração prepondera sobre o domicílio ou residência do réu.

III. A conexão processual conduz à prevalência do juízo mais especializado. Por conseguinte, compete à Justiça Militar julgar os crimes comuns praticados em conexão com crimes militares.

IV. A competência absoluta se origina em norma constitucional, de ordem pública e por isso indisponível pelas partes, cuja violação acarreta em nulidade absoluta. Todavia, decisão proferida por juiz absolutamente incompetente reclama novo pronunciamento judicial para sua desconstituição.

V. Órgão jurisdicional de primeiro grau que conheceu de *habeas corpus* contra ato ilegal atribuído a delegado de polícia não se torna prevento para conhecer de ação penal futura, pelos mesmos fatos.

A alternativa que contém todas as afirmativas corretas é:

(A) I, II e IV

(B) I, IV e V

(C) II, III e IV

(D) II, IV e V

(E) III, IV e V

I: incorreta. Conferir: "*HABEAS CORPUS*. SENTENÇA ABSOLUTÓRIA PROFERIDA POR JUIZ ABSOLUTAMENTE INCOMPETENTE. OCORRÊNCIA DE TRÂNSITO EM JULGADO. *NE REFORMATIO IN PEJUS*. ORDEM CONCEDIDA. 1. De acordo com a jurisprudência deste Superior Tribunal de Justiça, a declaração de incompetência absoluta do Juízo se enquadra nas hipóteses de nulidade absoluta do processo. Todavia, a sentença prolatada por juiz absolutamente incompetente, embora nula, após transitar em julgado, pode acarretar o efeito de tornar definitiva a absolvição do acusado, uma vez que, apesar de eivada de nulidade, tem como consequência a proibição da *reformatio in pejus*. 2. O princípio *ne reformatio in pejus*, apesar de não possuir caráter constitucional, faz parte do ordenamento jurídico complementando o rol dos direitos e garantias individuais já previstos na Constituição Federal, cuja interpretação sistemática permite a conclusão de que a Magna Carta impõe a preponderância do direito à liberdade sobre o Juiz natural. Assim, somente se admite que este último – princípio do juiz natural – seja invocado em favor do réu, nunca em seu prejuízo. 3. Sob essa ótica, portanto, ainda que a nulidade seja de ordem absoluta, eventual reapreciação da matéria, não poderá de modo algum ser prejudicial ao paciente, isto é, a sua liberdade. Não se trata de vinculação de uma esfera a outra, mas apenas de limitação principiológica. 4. Ordem concedida para tornar sem efeito a decisão proferida nos autos da ação penal que tramita perante a 1ª Vara Federal da Seção Judiciária da Paraíba" (STJ, HC 146.208-PB, 6ª T., rel. Min. Haroldo Rodrigues (Desembargador Convocado do TJ/CE), j. 04/11/2010); **II**: correta. Para se estabelecer o juízo competente para julgar determinada causa, deve-se, em primeiro lugar, estabelecer a justiça competente: justiça comum ou especial; justiça federal ou estadual; feito isso, deve-se perquirir se o acusado é detentor de foro por prerrogativa de função; não sendo esse o caso, passa-se à chamada competência territorial, em que o lugar da infração prevalece sobre o domicílio do réu. Em outras palavras, o lugar da infração (art. 70, CPP) corresponde, em regra, ao local em que se deu a consumação do crime (teoria do resultado); o critério do domicílio ou residência do réu (art. 72, CPP) será empregado em caráter supletivo, ou seja, somente poderá recorrer-se a tal critério quando não conhecido o local da infração penal; **III**: incorreta, pois contraria a regra disposta no art. 79, I, do CPP. A esse respeito, *vide* a Súmula n. 90 do STJ; **IV**: correta. Nesse sentido: "*Habeas corpus*. Penal e processual penal. Crimes de estelionato e aliciamento de trabalhadores de um local para outro do território nacional (arts. 171 E 207, § 1.º, na forma do art. 29, § 1.º, todos do Código Penal. Sentença condenatória proferida pela justiça federal. Declaração de incompetência absoluta do juízo, nos autos de apelação criminal exclusiva da defesa. Repercussão da decisão anulada no juízo competente. *Reformatio in pejus* indireta. Prescrição da pretensão punitiva. Ocorrência. 1. O Juiz absolutamente incompetente para decidir determinada causa, até que sua incompetência seja declarada, não profere sentença inexistente, mas nula, que depende de pronunciamento judicial para ser desconstituída. E se essa declaração de nulidade foi alcançada por meio de recurso exclusivo da defesa, como no caso dos autos, ou por impetração de *habeas corpus*, não há como o Juiz competente impor ao Réu uma nova sentença mais gravosa do que a anteriormente anulada, sob pena de *reformatio in pejus* indireta. 2. Hipótese em que a Paciente foi condenada, perante a Justiça Federal, com posterior anulação do processo pelo Tribunal Regional Federal da 2.ª Região, em razão da incompetência absoluta do Juízo, sendo novamente denunciada pelos mesmos crimes perante a Justiça Estadual. 3. A prevalecer a sanção imposta na sentença originária, qual seja, de 8 (oito) meses de reclusão e 8 (oito) dias-multa, pelo estelionato, e 8 (oito) meses de detenção e 08 (oito) dias-multa, pelo crime contra a organização do trabalho, o prazo prescricional é de dois anos, a teor do art. 109, inciso VI, do Código Penal, com a redação anterior à Lei n.º 12.234/2010. Nesse cenário, vê-se que entre a data dos fatos (16 de janeiro de 2006; fl. 23) e o recebimento da nova denúncia perante o Juízo de primeiro grau (28 de julho de 2008; fl. 46),

transcorreu o lapso temporal prescricional. 4. Ordem concedida, para declarar a prescrição da pretensão punitiva estatal nos autos em tela, restando extinta a punibilidade da Paciente" (HC 200802793070, Laurita Vaz, STJ – Quinta Turma, DJE DATA:06/12/2010); **V**: correta (não gerará prevenção). ⬛

Gabarito "D".

(Delegado/PR – 2013 – UEL-COPS) Quanto à jurisdição, considere as afirmativas a seguir.

I. A inércia, a substitutividade, a inevitabilidade e a inafastabilidade são princípios ou características fundamentais.

II. É o poder-função de aplicar o Direito a um fato concreto, exercido pelos órgãos públicos com essa atribuição.

III. É exercida por meio dos juízes de direito e tribunais regularmente investidos.

IV. Tendo sua origem na autocomposição, a transação penal escapa ao âmbito da jurisdição.

Assinale a alternativa correta.

(A) Somente as afirmativas I e II são corretas.

(B) Somente as afirmativas I e IV são corretas.

(C) Somente as afirmativas III e IV são corretas.

(D) Somente as afirmativas I, II e III são corretas.

(E) Somente as afirmativas II, III e IV são corretas.

I: correta, na medida em que contempla os princípios que norteiam a atividade jurisdicional; **II**: correta, pois contempla o conceito de jurisdição, que nada mais é do que o poder-dever do Estado de aplicar o direito objetivo ao caso concreto submetido à sua apreciação. Do latim, significa *dizer o direito*; **III**: correta. A jurisdição, como dito, é o poder-dever do Estado, exercido pelo *Poder Judiciário* (juízes de direito e tribunais), de aplicar a lei ao caso concreto; **IV**: incorreta, pois é incorreto dizer que a transação penal (art. 76 da Lei 9.099/1995) foge do âmbito da jurisdição. ⬛

Gabarito "D".

(Delegado/RJ – 2013 – FUNCAB) Na hipótese da ocorrência de crime de exclusiva ação privada, assinale a alternativa correta.

(A) O querelante poderá escolher entre o foro do lugar da infração ou do domicílio do querelado.

(B) A competência regular-se-á, obrigatoriamente, pela prevenção.

(C) Será competente o juiz que primeiro tomar conhecimento do fato.

(D) Caso o querelante não tenha residência certa ou for ignorado seu paradeiro, a competência firmar-se-á pela prevenção.

(E) A competência firmar-se-á, obrigatoriamente, pelo lugar da infração.

De fato, ainda que conhecido o lugar da infração, o querelante, na ação penal privada exclusiva, poderá preferir o foro do domicílio ou da residência do réu – art. 73 do CPP. ⬛

Gabarito "A".

(Delegado/RJ – 2013 – FUNCAB) É INCORRETO afirmar que a competência será determinada pela conexão:

(A) Se, ocorrendo duas ou mais infrações, houverem sido praticadas, ao mesmo tempo, por várias pessoas reunidas (conexão intersubjetiva por simultaneidade).

(B) Quando a prova de uma infração ou de qualquer de suas circunstâncias elementares influir na prova de outra infração (conexão instrumental ou probatória).

(C) Se, ocorrendo duas ou mais infrações, houverem sido umas praticadas para facilitar ou ocultar as outras, ou para conseguir impunidade ou vantagem em relação a qualquer delas (conexão lógica ou teleológica).

(D) Quando duas ou mais pessoas forem acusadas pela mesma infração (conexão por intersubjetividade formal).

(E) Se, por várias pessoas em concurso, embora diverso o tempo e o lugar, ou por várias pessoas, umas contra as outras, forem praticadas duas ou mais infrações (conexão intersubjetiva por concurso).

A: correta (art. 76, I, primeira parte, do CPP). É a chamada conexão intersubjetiva por simultaneidade; **B**: correta (art. 76, III, do CPP). É a chamada conexão instrumental ou probatória; **C**: correta (art. 76, II, do CPP). É a chamada conexão consequencial, lógica ou teleológica; **D**: incorreta, devendo ser assinalada, uma vez que se trata de hipótese de continência (art. 77, I, do CPP), e não de conexão; **E**: correta (art. 76, I, segunda parte, do CPP). É a chamada conexão intersubjetiva por concurso. ⬛

Gabarito "D".

460 EDUARDO DOMPIERI

(Delegado/PR – 2007) Sobre a competência jurisdicional, considere as seguintes afirmativas:

(1) A competência será, de regra, determinada pelo lugar em que se praticou a ação ou omissão, embora possa ser outro o local da produção do resultado.

(2) Não sendo conhecido o lugar da infração, a competência regular--se-á pelo domicílio ou residência do réu.

(3) A conexão e a continência importarão unidade de processo e julgamento, salvo no concurso entre a jurisdição comum e a militar.

(4) No processo por crimes praticados fora do território brasileiro, será competente o juízo da Capital do Estado onde houver por último residido o acusado.

Assinale a alternativa correta.

(A) Somente as afirmativas 2 e 4 são verdadeiras.

(B) Somente as afirmativas 2 e 3 são verdadeiras.

(C) As afirmativas 1, 2, 3 e 4 são verdadeiras.

(D) Somente as afirmativas 1, 3 e 4 são verdadeiras.

(E) Somente as afirmativas 2, 3 e 4 são verdadeiras.

1: incorreta. O CPP adotou, em seu art. 70, *caput*, a *teoria do resultado*, segundo a qual se considera competente para o julgamento da infração penal o foro do local onde se deu a sua consumação; **2:** assertiva em conformidade com o que prescreve o art. 72, *caput*, do CPP; **3:** correta, nos termos do art. 79, I, do CPP; **4:** correta, pois reflete o disposto no art. 88 do CPP. **ED**

Gabarito "E".

6. QUESTÕES E PROCESSOS INCIDENTES

(Delegado/GO – 2017 – CESPE) Com relação a questões e processos incidentes, assinale a opção correta.

(A) Não poderá ser arguida a suspeição dos intérpretes.

(B) Não poderá ser arguida a suspeição dos funcionários da justiça.

(C) Não poderá ser arguida a suspeição do órgão do Ministério Público.

(D) Não poderá ser arguida a suspeição das autoridades policiais nos atos do inquérito.

(E) Não poderá ser arguida a suspeição dos peritos.

A: incorreta. Estabelece o art. 105 do CPP que as partes poderão, sim, arguir a suspeição dos intérpretes; **B:** incorreta. Estabelece o art. 105 do CPP que as partes poderão, sim, arguir a suspeição dos funcionários da Justiça; **C:** incorreta. Estabelece o art. 104 do CPP que as partes poderão, sim, arguir a suspeição do órgão do MP; **D:** correta. Tal como estabelece o art. 107 do CPP, não se poderá opor suspeição às autoridades policiais nos atos do inquérito; **E:** incorreta. Estabelece o art. 105 do CPP que as partes poderão, sim, arguir a suspeição dos peritos. **ED**

Gabarito "D".

(Delegado/PE – 2016 – CESPE) Conforme a legislação em vigor e o posicionamento doutrinário prevalente, assinale a opção correta com relação à competência e às questões e processos incidentes.

(A) Todas as infrações penais, incluindo-se as contravenções que atingirem o patrimônio da União, suas autarquias e empresas públicas, serão da competência da justiça federal.

(B) O processo incidente surge acessoriamente no processo principal, cujo mérito se confunde com o mérito da causa principal, devendo, assim, tal processo – o incidente – ser resolvido concomitantemente ao exame do mérito da ação penal, sob pena de decisões conflitantes.

(C) A restituição de coisas apreendidas no bojo do inquérito policial ainda não concluído poderá ser ordenada pela autoridade policial, quando cabível, desde que seja evidente o direito do reclamante.

(D) Havendo fundada dúvida sobra sanidade mental do indiciado, o delegado de polícia poderá determinar de ofício a realização do competente exame, com o objetivo de aferir a sua imputabilidade.

(E) Tratando-se de foro privativo por prerrogativa de função cuja competência para o conhecimento da causa é atribuída à jurisdição colegiada, esta será determinada pelo lugar da infração.

A: incorreta, dado que o art. 109, IV, primeira parte, da CF afasta a competência da Justiça Federal para o processamento e julgamento das contravenções penais, mesmo que praticadas em detrimento de bens, serviços ou interesse da União ou de suas entidades autárquicas ou empresas públicas, entendimento esse consagrado na Súmula nº 38, STJ: "Compete à Justiça Estadual Comum, na vigência da Constituição de 1988, o processo por contravenção penal, ainda que praticada em detrimento de bens, serviços ou interesse da União ou de suas entidades"; **B:** incorreta. É incorreto afirmar-se que o mérito do processo

incidente se confunde com o do processo principal e que a solução daquele deva necessariamente dar-se de forma concomitante com este; **C:** correta, pois reflete a regra presente no art. 120, *caput*, do CPP; **D:** incorreta. Neste caso, a autoridade policial deverá representar pela realização do exame de integridade mental no investigado, cabendo ao juiz determiná-lo (art. 149, § 1º, do CPP), e não ela própria, a autoridade policial, determinar de ofício a realização do exame; **E:** incorreta. Neste caso, o local em que se deu a infração não tem relevância, já que o julgamento será feito pelo órgão colegiado do local em que o detentor do foro especial exerce suas funções. Se, por exemplo, um promotor de justiça que atua no Estado de São Paulo praticar um estelionato no Estado do Rio de Janeiro, será competente para o julgamento o TJ de São Paulo, mesmo o delito tendo ocorrido fora deste Estado. **ED**

Gabarito "C".

(Delegado/PR – 2013 – UEL-COPS) Acerca do incidente de insanidade no Código de Processo Penal, considere as afirmativas a seguir.

I. É inadmissível o exame de sanidade mental antes de iniciar a ação penal, conforme o § 1º do Art. 149 do Código de Processo Penal.

II. Mesmo que o resultado do exame de insanidade comprove a inimputabilidade do denunciado, o representante do Ministério Público, autor da denúncia, estará impedido de requerer a sua absolvição ou a aplicação de medida de segurança.

III. O juiz nomeará curador ao acusado, quando determinar o exame, ficando suspensa a ação penal já iniciada, salvo quanto às diligências que possam ser prejudicadas pelo adiamento.

IV. Quando houver dúvida sobre a integridade mental do acusado, o juiz ordenará de ofício ou a requerimento do Ministério Público, do defensor, do curador, do ascendente, do descendente, do irmão ou do cônjuge que o acusado seja submetido a exame médico-legal.

Assinale a alternativa correta.

(A) Somente as afirmativas I e II são corretas.

(B) Somente as afirmativas I e IV são corretas.

(C) Somente as afirmativas III e IV são corretas.

(D) Somente as afirmativas I, II e III são corretas.

(E) Somente as afirmativas II, III e IV são corretas.

I: incorreta, pois o exame de insanidade mental poderá ser levado a efeito ainda na fase de inquérito policial, mediante representação formulada pela autoridade policial ao juiz de direito competente – art. 149, § 1º, do CPP; **II:** incorreta, uma vez que, neste caso, o promotor de justiça, que tem independência funcional, poderá, se entender que é o caso, requerer a absolvição ou a aplicação de medida de segurança. Oportuna, quanto a isso, a lição de Guilherme de Souza Nucci: "Denúncia com pedido de absolvição: pode ocorrer. Se o exame de insanidade mental for realizado durante o inquérito policial, comprovando a inimputabilidade do indiciado, quando o representante do Ministério Público oferecer denúncia, já ciente do resultado do referido exame, pode requerer, desde logo, a aplicação de medida de segurança ao denunciado, implicando, pois, em absolvição. Tal situação se dá, porque o insano tem direito ao devido processo legal, justamente pelo fato de a medida de segurança constituir uma espécie de sanção penal, que restringe direitos (...)" (*Código de Processo Penal Comentado*. 12. ed. p. 354); **III:** correta, pois reflete o disposto no art. 149, § 2º, do CPP; **IV:** correta (art. 149, *caput*, do CPP). **ED**

Gabarito "C".

(Delegado/BA – 2013 – CESPE) No que se refere a questões e processos incidentes, julgue os próximos itens.

(1) A autoridade policial que, na fase de investigação criminal, desconfiar da integridade mental do acusado, poderá, sem suspender o andamento do inquérito policial, determinar, de ofício, que o acusado se submeta a exame de sanidade mental, a ser realizado por peritos oficiais.

(2) A restituição de coisas apreendidas em poder do investigado, no âmbito do inquérito policial, pode ser ordenada pela autoridade policial, desde que não haja vedação legal à restituição das coisas e inexista importância à prova da infração ou desde que a restituição não sirva à reparação do dano causado pelo crime e seja induvidoso o direito do reclamante, após oitiva obrigatória do MP.

(3) Se, no curso de uma investigação criminal, a autoridade policial tomar conhecimento de questão prejudicial controversa da qual dependa a existência do crime investigado, a autoridade deverá ordenar a suspensão do procedimento e comunicar o fato ao

3. DIREITO PROCESSUAL PENAL

MP, para que este tome as medidas cabíveis para a solução de controvérsia prejudicial obrigatória.

1: incorreta. A despeito de o exame de sanidade mental poder ser realizado ainda na fase investigatória, tal medida somente poderá ser determinada pelo juiz de direito, mediante representação da autoridade policial, conforme estabelece o art. 149, § 1º, do CPP. Tal providência, aliás, está prevista no art. 3º-B, VIII, do CPP, inserido pela Lei 13.964/2019, como uma das atribuições do juiz das garantias; **2:** correta (art. 120, *caput*, do CPP), embora haja divergência quanto à necessidade de o MP, neste caso, manifestar-se, uma vez que a restituição se deu no âmbito do inquérito policial (art. 120, § 3º, do CPP). Vale observar que, na prática, é no mínimo incomum a autoridade policial submeter tal questão à apreciação do MP. Pela incidência do art. 120, § 3º, do CPP à restituição pela autoridade policial, conferir a lição de Guilherme de Souza Nucci: "Ouvida obrigatória do Ministério Público: sempre que alguém ingressar com pedido de restituição de coisa apreendida, seja duvidosa ou não a propriedade, deve-se colher o parecer do Ministério Público, até porque é importante saber se o objeto é importante ao processo. O titular da ação penal é a parte mais indicada a pronunciar-se a esse respeito. Portanto, havendo inquérito, remete o delegado os autos a juízo, para que seja ouvido o promotor (...)" (*Código de Processo Penal Comentado*. 12. ed. p. 332); **3:** incorreta. A suspensão a que alude o art. 93 do CPP somente tem incidência no âmbito do processo; não se aplica, pois, na fase de investigação policial, sendo vedado ao delegado de polícia, diante da existência de questão prejudicial da qual dependa a existência do crime sob investigação, suspender o inquérito; deve, isto sim, depois de concluí-lo, remetê-lo a juízo. **ED**

Gabarito 1E, 2C, 3E

(Delegado/AM) A alternativa incorreta, relativamente às coisas apreendidas pela autoridade policial, é:

(A) se duvidoso o direito do reclamante sobre a coisa apreendida, o pedido de restituição autuar-se-á em apartado, perante a autoridade policial, que decidirá o incidente, sem prejuízo de o reclamante optar por fazê-lo perante o juiz.

(B) a restituição, quando cabível, poderá ser ordenada pela autoridade policial ou juiz, mediante termo nos autos, desde que não exista dúvida quanto ao direito do reclamante.

(C) o produto do crime não poderá ser restituído, mesmo depois de transitar em julgado a sentença final, salvo se pertencerem ao lesado ou a terceiro de boa-fé.

(D) antes de transitar em julgado a sentença final, as coisas apreendidas não poderão ser restituídas enquanto interessarem ao processo.

A: assertiva incorreta, devendo ser assinalada, pois em desconformidade com o que dispõe o art. 120, § 1º, do CPP; **B:** assertiva correta, pois em conformidade com o que preconiza o art. 120, *caput*, do CPP; **C:** assertiva correta, nos termos do art. 119 do CPP; **D:** assertiva correta, pois reflete o disposto no art. 118 do CPP. **ED**

Gabarito "A".

(Delegado/AP – 2010) Relativamente ao tema medidas assecuratórias, analise as afirmativas a seguir:

I. Caberá o sequestro dos bens imóveis, adquiridos pelo indiciado com os proventos da infração, ainda que já tenham sido transferidos a terceiro.

II. O sequestro será levantado se a ação penal não for intentada no prazo de sessenta dias, contado da data em que ficar concluída a diligência.

III. O juiz poderá ordenar o sequestro ainda antes de oferecida a denúncia ou queixa mediante representação da autoridade policial.

Assinale:

(A) se somente a afirmativa I estiver correta.

(B) se somente a afirmativa II estiver correta.

(C) se somente a afirmativa III estiver correta.

(D) se somente as afirmativas II e III estiverem corretas.

(E) se todas as afirmativas estiverem corretas.

I: proposição correta, nos termos do art. 125 do CPP; **II:** correta, nos termos do art. 131, I, do CPP; **III:** assertiva em conformidade com o art. 127 do CPP. **ED**

Gabarito "E".

(Delegado/AP – 2010) Relativamente ao tema *incidente de insanidade*, analise as afirmativas a seguir:

I. O exame de sanidade mental somente poderá ser ordenado após iniciada a ação penal.

II. O juiz nomeará curador ao acusado, quando determinar o exame, ficando suspensa a ação penal já iniciada, salvo quanto às diligências que possam ser prejudicadas pelo adiamento.

III. Quando houver dúvida sobre a integridade mental do acusado, o juiz ordenará de ofício ou a requerimento do Ministério Público, do defensor, do curador, do ascendente, descendente, irmão ou cônjuge do acusado, seja este submetido a exame médico-legal.

Assinale:

(A) se somente a afirmativa I estiver correta.

(B) se somente a afirmativa II estiver correta.

(C) se somente a afirmativa III estiver correta.

(D) se somente as afirmativas II e III estiverem corretas.

(E) se todas as afirmativas estiverem corretas.

I: incorreta, pois o exame de insanidade mental poderá ser levado a efeito ainda na fase de inquérito policial, mediante representação formulada pela autoridade policial ao juiz de direito competente – art. 149, § 1º, do CPP; **II:** correta, nos termos do art. 149, § 2º, do CPP; **III:** correta, pois está em consonância com o que dispõe o art. 149, *caput*, do CPP. **ED**

Gabarito "D".

(Delegado/GO – 2009 – UEG) Sobre os processos incidentes é CORRETO afirmar:

(A) a mera gravidade do delito já induz à necessidade de instauração de incidente de insanidade mental.

(B) a arguição de falsidade de documento constante nos autos da ação penal poderá ser feita por advogado constituído pelo acusado, independentemente de poderes especiais para tanto.

(C) configura cerceamento de defesa o indeferimento do requerimento de instauração de incidente de insanidade mental do investigado, uma vez que, assim como o exame de corpo de delito, o exame de sanidade mental é de realização obrigatória.

(D) a finalidade do incidente de falsidade documental é unicamente a de constatar a idoneidade do documento como elemento probatório; não é seu objeto a apuração de possível delito de falsidade.

A: incorreta, pois o incidente de insanidade mental destina-se a verificar se se trata de acusado *inimputável* ou *semi-imputável*. Assim, o incidente terá lugar sempre que houver fundadas suspeitas em relação à higidez mental do réu, isto é, se este, ao tempo da conduta, tinha capacidade de compreensão do ilícito ou de determinar-se de acordo com esse entendimento. Tal realidade nenhuma relação tem com a gravidade do delito perpetrado, ou seja, a instauração do incidente não está condicionada à natureza tampouco à gravidade da infração, e sim à existência de elementos de convicção que justifiquem a realização do exame médico-legal; **B:** incorreta. Em vista do que dispõe o art. 146 do CPP, a arguição de falsidade de documento constante nos autos da ação penal somente poderá ser feita por procurador com *poderes especiais* para tanto; **C:** incorreta, pois o incidente de insanidade mental, que não é obrigatório, somente será instaurado quando houver dúvida acerca da integridade mental do acusado – art. 149, *caput*, do CPP; **D:** alternativa correta. Visa-se, com o incidente de falsidade, preservar a formação da prova no processo principal, buscando-se atingir a verdade real. O objetivo, aqui, não é apurar o crime de falso praticado. Apesar disso, em vista do disposto no art. 145, IV, do CPP, uma vez reconhecida a falsidade documental, os autos do incidente devem ser remetidos, juntamente com o documento falsificado, para o Ministério Público. A este caberá oferecer denúncia, se dispuser de elementos suficientes para tanto; ou, se não, requisitar instauração de inquérito com o propósito de reunir elementos para futuro ajuizamento de ação penal. **ED**

Gabarito "D".

(Delegado/MG – 2007) Assinale a opção CORRETA:

(A) O exame de insanidade mental, estando o acusado preso, não durará mais de 45 (quarenta e cinco) dias, salvo se os peritos demonstrarem a necessidade de maior prazo.

(B) A falta do exame complementar não poderá ser suprida pela prova testemunhal, caso tenha por fim precisar a classificação do delito no artigo 129, § 1º, I, do Código Penal.

(C) A Autoridade Policial negará a perícia requerida pela parte, quando não for necessária ao esclarecimento da verdade, ainda que seja o exame de corpo de delito.

(D) O exame de insanidade mental poderá ser ordenado pela Autoridade Policial somente durante a fase do inquérito policial.

A: correta, nos termos do art. 150, § 1º, do CPP; **B:** incorreta, nos termos do art. 168, § 3º, do CPP; **C:** incorreta, nos termos do art. 158 do CPP; **D:** incorreta. A autoridade policial não está credenciada a determinar a realização do exame de insanidade mental; poderá, todavia, representar à autoridade judiciária com vistas à sua realização – art. 149, § 1º, do CPP. **ED**

Gabarito "A".

(Delegado/PA – 2012 – MSCONCURSOS) A respeito da insanidade mental do acusado, assinale a alternativa incorreta:

(A) O juiz nomeará curador ao acusado, quando determinar o exame, ficando suspenso o processo, se já iniciada a ação penal, salvo quanto às diligências que possam ser prejudicadas pelo adiamento.

(B) O exame não poderá ser ordenado na fase do inquérito.

(C) O incidente da insanidade mental processar-se-á em auto apartado, que só depois da apresentação do laudo, será apenso ao processo principal.

(D) Para o efeito do exame, o acusado, se estiver preso, será internado em manicômio judiciário, onde houver, ou, se estiver solto, e o requererem os peritos, em estabelecimento adequado que o juiz designar.

(E) Quando houver dúvida sobre a integridade mental do acusado, o juiz ordenará, de ofício ou a requerimento do Ministério Público, do defensor, do curador, do ascendente, descendente, irmão ou cônjuge do acusado, seja este submetido a exame médico-legal.

A: proposição correta, pois em conformidade com o disposto no art. 149, § 2º, do CPP; **B:** assertiva incorreta, devendo ser assinalada, já que não reflete o disposto no art. 149, § 1º, do CPP, que estabelece que o juiz, diante da representação formulada pela autoridade policial, poderá determinar a realização do exame médico-legal na fase de inquérito; **C:** assertiva correta, visto que reflete o que estabelece o art. 153 do CPP; **D:** assertiva correta, nos termos do art. 150, *caput*, do CPP; **E:** assertiva correta, pois corresponde ao que prescreve o art. 149, *caput*, do CPP. **ED**

Gabarito "B".

(Delegado/PI – 2009 – UESPI) De acordo com o que dispõe o Código de Processo Penal, a medida assecuratória de sequestro:

(A) pode ser determinada provando-se simplesmente a existência de indícios veementes da proveniência ilícita dos bens.

(B) atinge os bens adquiridos pelo indiciado com os proventos da infração, mas não pode ser decretada se esses bens já tiverem sido transferidos para terceiros.

(C) não pode ser determinada antes do oferecimento da denúncia ou da queixa.

(D) será levantada se a ação penal não for intentada no prazo de trinta dias.

(E) pode ser embargada pelo terceiro de boa-fé, a quem houverem os bens sido transferidos a título oneroso, caso em que a decisão poderá ser pronunciada antes mesmo da sentença penal condenatória.

A: correta. Com efeito, é suficiente, para a decretação da medida assecuratória de sequestro, a existência de indícios veementes da proveniência ilícita dos bens, conforme impõe o art. 126 do CPP; **B:** incorreta (art. 125 do CPP); **C:** incorreta. Terá lugar o sequestro, determinado pelo juiz, no curso do processo ou mesmo *antes* de oferecida a denúncia ou queixa – art. 127 do CPP; **D:** incorreta, já que o prazo estabelecido no art. 131, I, do CPP é de *60 dias*; **E:** incorreta (art. 130, parágrafo único, do CPP). **ED**

Gabarito "A".

(Delegado/SP – 2008) Imagine-se a hipótese de o agente subtrair significativa quantidade de dinheiro da vítima e usar parte dele para a compra de um carro. Neste caso, após o regular inquérito policial e a instauração na instancia penal, o veículo deverá ser

(A) objeto de apreensão.

(B) objeto de arresto.

(C) objeto de sequestro.

(D) objeto de gravame.

(E) restituído a vítima da subtração do dinheiro.

Art. 132 do CPP. Só se procederá ao sequestro quando os bens não forem passíveis de busca e apreensão (art. 240 do CPP). Ou seja, o sequestro somente terá incidência quando se tratar de coisas adquiridas com o rendimento gerado pela prática da infração penal. **ED**

Gabarito "C".

(Delegado/SP – 2008) Não se pode opor exceção de suspeição ao

(A) ministério público.

(B) jurado.

(C) perito criminal.

(D) delegado de polícia.

(E) intérprete.

Art. 107 do CPP. Nos termos desse dispositivo, embora não se possa invocar suspeição em relação às autoridades policiais, no curso do inquérito policial, estas devem declarar-se suspeitas sempre que houver motivo legal para tanto. **ED**

Gabarito "D".

7. PRERROGATIVAS DO ACUSADO

(Delegado/AP – 2010) João Batista foi preso em flagrante acusado de tráfico de drogas. Na delegacia, a autoridade policial inicia uma conversa informal com João, que confessa a prática do crime. Todavia, quando o delegado informa que iniciará o seu interrogatório policial, João exige a presença de um advogado dativo ou defensor público (já que não tem recursos para contratar um advogado particular), o que lhe é negado pelo Delegado ao argumento de que não há previsão legal para essa assistência gratuita. João decide permanecer em silêncio.

Contudo, o delegado gravara a confissão de João durante a conversa informal. Oferecida e recebida a denúncia, não havendo testemunhas a serem inquiridas, é designado interrogatório judicial. Minutos antes de iniciar o interrogatório, João pede ao juiz que indique um advogado ou defensor, o que lhe é negado ao argumento de que o interrogatório é ato de autodefesa e não de defesa técnica.

Considerando a narrativa acima, analise as afirmativas a seguir:

I. É válida a gravação da conversa informal mantida pelo delegado com João.

II. João tem direito de exigir a assistência de um advogado dativo ou um defensor público no momento de seu interrogatório judicial, tendo o delegado dado causa à nulidade do interrogatório.

III. Caso o juiz permitisse que João fosse assistido por um defensor público antes de seu interrogatório judicial, João e o defensor público poderiam conversar de forma reservada antes do interrogatório.

Assinale:

(A) se somente a afirmativa II estiver correta.

(B) se somente as afirmativas I e III estiverem corretas.

(C) se somente as afirmativas II e III estiverem corretas.

(D) se somente as afirmativas I e II estiverem corretas.

(E) se todas as afirmativas estiverem corretas.

I: incorreta. A gravação da conversa mantida pela autoridade policial com João Batista, sem as formalidades legais e sem que o conduzido tenha sido advertido quanto ao seu direito constitucional de permanecer silente, configura prova ilícita, visto que obtida de forma sub-reptícia; **II:** correta, pois reflete o disposto nos arts. 185, *caput*, e 261, *caput*, do CPP; **III:** correta, nos termos do art. 185, § 5º, do CPP. **ED**

Gabarito "C".

8. PROVAS

(Delegado/ES – 2019 – Instituto Acesso) Antônio foi preso em flagrante sob a acusação da prática de tráfico de drogas. A polícia apreendeu seu telefone celular. O Delegado abriu o aplicativo *WhatsApp* no celular do suspeito e verificou que, nas conversas de Antônio, as mensagens comprovaram que ele realmente negociava drogas, e assumia a prática de outros crimes graves. As referidas mensagens foram transcritas pelo escrivão e juntadas ao inquérito policial, em forma de certidão. Nessa situação hipotética, de acordo com as regras de admissibilidade das provas no processo penal brasileiro, marque a alternativa CORRETA.

(A) é necessário ordem judicial, tanto para a apreensão de telefone celular, como também para o acesso às mensagens de *WhatsApp*.

(B) tendo em vista que é dispensável ordem judicial para a apreensão de telefone celular, também não é necessária autorização para o acesso as mensagens de *WhatsApp*, visto que se trata de medida implícita à apreensão.

(C) é necessário somente requisição do Ministério Público para o acesso às mensagens de *WhatsApp*.

(D) como se trata de procedimento preliminar investigatório, não é necessário a prévia autorização judicial para que a autoridade policial possa ter acesso ao *WhatsApp* da pessoa que foi presa em flagrante delito.

3. DIREITO PROCESSUAL PENAL

(E) é necessária prévia autorização judicial para que a autoridade policial possa ter acesso ao *WhatsApp* da pessoa que foi presa em flagrante delito.

Segundo têm entendido os Tribunais, somente são considerados como prova lícita os dados e as conversas registrados por meio de mensagem de texto obtidos de aparelho celular apreendido no ato da prisão em flagrante se houver prévia autorização judicial. Nesse sentido: "I – A jurisprudência deste Tribunal Superior firmou-se no sentido de ser ilícita a prova oriunda do acesso aos dados armazenados no aparelho celular, relativos a mensagens de texto, SMS, conversas por meio de aplicativos (WhatsApp), obtidos diretamente pela polícia no momento da prisão em flagrante, sem prévia autorização judicial. II – *In casu*, os policiais civis obtiveram acesso aos dados (mensagens do aplicativo WhatsApp) armazenados no aparelho celular do corréu, no momento da prisão em flagrante, sem autorização judicial, o que torna a prova obtida ilícita, e impõe o seu desentranhamento dos autos, bem como dos demais elementos probatórios dela diretamente derivados (...) Recurso ordinário provido para determinar o desentranhamento dos autos das provas obtidas por meio de acesso indevido aos dados armazenados no aparelho celular, sem autorização judicial, bem como as delas diretamente derivadas, e para conceder a liberdade provisória ao recorrente, salvo se por outro motivo estiver preso, e sem prejuízo da decretação de nova prisão preventiva, desde que fundamentada em indícios de autoria válidos" (STJ, RHC 92.009/RS, Rel. Ministro Felix Fischer, Quinta Turma, julgado em 10.04.2018, DJe 16.04.2018).
Gabarito 'E'.

(Delegado/RS – 2018 – FUNDATEC) No que se refere à disciplina sobre provas, seus meios de obtenção e a jurisprudência dos Tribunais Superiores, assinale a alternativa correta.

(A) A interceptação de comunicação telefônica, de qualquer natureza, ocorrerá nos mesmos autos do inquérito policial ou do processo criminal, preservando-se o sigilo das diligências, gravações e transcrições respectivas.

(B) Considerando a infiltração de agentes policiais em ambiente virtual, antes da conclusão da operação, o acesso aos autos será reservado ao juiz, ao Ministério Público e ao delegado de polícia responsável pela operação, com o objetivo de garantir o sigilo das investigações.

(C) Conforme jurisprudência do Superior Tribunal de Justiça, as comunicações telefônicas do investigado legalmente interceptadas não podem ser utilizadas em desfavor do outro interlocutor quando este seja advogado do investigado.

(D) Segundo a jurisprudência do Superior Tribunal de Justiça, é lícita a gravação de conversa informal entre os policiais e o conduzido ocorrida quando da lavratura do auto de prisão em flagrante, ainda que não cientificado sobre o direito de permanecer em silêncio, tendo em vista que se trata de repartição pública em que não se aplica o direito à privacidade.

(E) A infiltração de agentes policiais em ambiente virtual não poderá exceder o prazo de 90 (noventa) dias, permitida uma renovação pelo mesmo prazo, desde que demonstrada sua efetiva necessidade, a critério da autoridade judicial.

A: incorreta, na medida em que, por expressa disposição do art. 8°, *caput*, da Lei 9.296/1996, a interceptação de comunicação telefônica, de qualquer natureza, ocorrerá em autos *apartados*; **B:** correta, pois reflete o disposto no art. 190-B, parágrafo único, da Lei 8.069/1990 (ECA), dispositivo inserido por meio da Lei 13.441/2017; **C:** incorreta. Conferir: "1. A interceptação telefônica, por óbvio, abrange a participação de quaisquer dos interlocutores. Ilógico e irracional seria admitir que a prova colhida contra o interlocutor que recebeu ou originou chamadas para a linha legalmente interceptada é ilegal. Ora, "[a]o se pensar em interceptação de comunicação telefônica é de sua essência que o seja em face de dois interlocutores". [...] A autorização de interceptação, portanto [...], abrange a participação de qualquer interlocutor no fato que está sendo apurado e não apenas aquela que justificou a providência." (GRECO FILHO, Vicente. Interceptação telefônica: Considerações sobre a Lei 9.296 de 24 de julho de 1996 - São Paulo: Saraiva, 1996, pp. 20/21). 2. Não é porque o Advogado defendia os investigados que sua comunicação com eles foi interceptada, mas tão somente porque era um dos interlocutores. Não há, assim, nenhuma violação ao sigilo profissional. 3. Recurso desprovido" (STJ, RMS 33.677/SP, Rel. Ministra LAURITA VAZ, QUINTA TURMA, julgado em 27/05/2014, DJe 03/06/2014); **D:** incorreta. Conferir: "1. Segundo o art. 5°, LXIII, da Constituição Federal, o preso será informado de seus direitos, entre os quais o de permanecer calado, sendo-lhe assegurada a assistência da família e de advogado. 2. Apesar de ter sido formalmente consignado no auto de prisão em flagrante que o indiciado exerceu o direito de permanecer calado, existe, nos autos da ação penal, gravação realizada entre ele e os policiais que efetuaram sua prisão, momento em que não foi informado da

existência desse direito, assegurado na Constituição Federal. 3. As instâncias ordinárias insistiram na manutenção do elemento de prova nos autos, utilizando, de forma equivocada, precedente do Supremo Tribunal Federal no sentido de que não é considerada ilícita a gravação do diálogo quando um dos interlocutores tem ciência da gravação. 4. Tal entendimento não se coaduna com a situação dos autos, uma vez que - além de a gravação estar sendo utilizada para sustentar uma acusação - no caso do precedente citado estava em ponderação o sigilo das comunicações, enquanto no caso em questão está em discussão o direito constitucional de o acusado permanecer calado, não se autoincriminar ou não produzir prova contra si mesmo. 5. Admitir tal elemento de prova nos autos redundaria em permitir um falso exercício de um direito constitucionalmente assegurado, situação inconcebível em um Estado Democrático de Direito. 6. Ordem concedida para determinar o desentranhamento da mídia que contém a gravação do diálogo ocorrido entre o paciente e os policiais que efetuaram sua prisão da ação penal instaurada contra ele, pelo crime de tráfico de drogas, na Vara Criminal da comarca de Laguna/SC" (STJ, HC 244.977/SC, Rel. Ministro SEBASTIÃO REIS JÚNIOR, SEXTA TURMA, julgado em 25/09/2012, DJe 09/10/2012); **E:** incorreta, pois não reflete o disposto no art. 190-A, III, da Lei 8.069/1990 (ECA), dispositivo inserido por meio da Lei 13.441/2017.
Gabarito 'B'.

(Delegado/RS – 2018 – FUNDATEC) Acerca da disciplina sobre provas e os meios para a sua obtenção, assinale a alternativa correta.

(A) O denominado Depoimento Sem Dano é permitido pela jurisprudência do Superior Tribunal de Justiça nos crimes sexuais cometidos contra a criança e ao adolescente, não havendo nulidade em razão da ausência de advogado do suspeito durante a oitiva da vítima.

(B) A busca em mulher será feita por outra mulher, ainda que importe no retardamento da diligência, desde que não a frustre.

(C) É vedada à testemunha, breve consulta a apontamentos durante o depoimento prestado oralmente.

(D) Segundo a jurisprudência dos Tribunais Superiores, a confissão do suspeito torna desnecessárias outras diligências para a elucidação do caso, desde que o autor tenha indicado os motivos e circunstâncias do fato e se outras pessoas concorreram para a infração.

(E) A acareação será admitida entre acusado e testemunha, entre testemunhas, entre acusado ou testemunha e a pessoa ofendida, entre as pessoas ofendidas, sempre que divergirem, em suas declarações, sobre fatos ou circunstâncias relevantes, vedada a acareação entre acusados.

A: correta. Conferir: "1. Esta Corte tem entendido justificada, nos crimes sexuais contra criança e adolescente, a inquirição da vítima na modalidade do "depoimento sem dano", em respeito à sua condição especial de pessoa em desenvolvimento, procedimento admitido, inclusive, antes da deflagração da persecução penal, mediante prova antecipada (HC 226.179/RS, Rel. Ministro Jorge Mussi, Quinta Turma, julgado em 08.10.2013, DJe 16.10.2013). 2. A oitiva da vítima do crime de estupro de vulnerável (CP, art. 217-A), em audiência de instrução, sem a presença do réu e de seu defensor não inquina de nulidade o ato, por cerceamento ao direito de defesa, se o advogado do acusado aquiesceu àquela forma de inquirição, dela não se insurgindo, nem naquela oportunidade, nem ao oferecer alegações finais. 3. Além da inércia da defesa, que acarreta preclusão de eventual vício processual, não restou demonstrado prejuízo concreto ao réu, incidindo, na espécie, o disposto no art. 563 do Código de Processo Penal, que acolheu o princípio *pas de nullité sans grief*. Precedentes" (RHC 45.589/MT, Rel. Ministro Gurgel De Faria, Quinta Turma, julgado em 24.02.2015, DJe 03.03.2015). Importante que se diga que o art. 12 da Lei 13.431/2017 estabelece regras para o depoimento especial a ser prestado por crianças e adolescentes; **B:** incorreta, já que a busca em mulher somente será feita por outra mulher se isso não implicar retardamento ou prejuízo da diligência (art. 249, CPP); **C:** incorreta. O testemunho somente pode ser dado de forma oral, sendo vedado à testemunha apresentá-lo por escrito (art. 204, CPP); agora, nada impede que a testemunha, no ato de seu depoimento, faça breve consulta a informações contidas em anotações (art. 204, parágrafo único, CPP); **D:** incorreta. Atualmente, não mais se confere à confissão o *status* de rainha das provas, como outrora já foi considerada. Hoje, temos que a confissão, sendo meio de prova com valor equivalente às demais, deve ser valorada em conjunto com os outros elementos probatórios produzidos no processo (art. 197, CPP). Dessa forma, a confissão não elide a necessidade de produção de outras provas; **E:** incorreta. Conforme dispõe o art. 229 do CPP, será admitida a acareação *entre acusados*, entre acusado e testemunha, entre testemunhas, entre acusado ou testemunha e a pessoa ofendida, e entre as pessoas ofendida*s*, sempre que divergirem, em suas declarações, sobre fatos ou circunstâncias relevantes.
Gabarito 'A'.

464 EDUARDO DOMPIERI

3. Direito Processual Penal

(Delegado/RS – 2018 – FUNDATEC) Sobre os elementos informativos colhidos no inquérito policial e as provas em geral, assinale a alternativa correta.

(A) São admissíveis as provas derivadas das ilícitas quando não evidenciado o nexo de causalidade entre umas e outras, ou quando as derivadas puderem ser obtidas por uma fonte independente das primeiras.

(B) Os elementos informativos colhidos no inquérito policial não podem fundamentar decisão sobre decretação de prisão preventiva.

(C) O juiz formará sua convicção pela livre apreciação da prova produzida em contraditório judicial, podendo fundamentar sua decisão exclusivamente nos elementos informativos colhidos na investigação, ressalvadas as provas cautelares, não repetíveis e antecipadas.

(D) Os elementos informativos colhidos da investigação policial não podem fundamentar decisões concessivas de medidas cautelares.

(E) Os elementos informativos colhidos na investigação são protegidos pelo sigilo, sendo vedado o seu conhecimento ao juiz ou membro do Ministério Público antes do oferecimento da denúncia.

A: correta. O art. 5º, LVI, da CF veda, de forma expressa, a utilização, no processo, das provas obtidas por meios ilícitos. No âmbito do processo penal, a Lei 11.690/1998 previu, também de forma expressa, o fato de ser ilícita a prova obtida em violação a normas constitucionais ou legais (art. 157, *caput*, do CPP), reputando inadmissíveis aquelas derivadas das ilícitas, salvo quando não evidenciado o nexo de causalidade entre umas e outras, ou quando as derivadas puderem ser obtidas por uma fonte independente das primárias: **B:** incorreta. A prisão preventiva pode ser decretada tanto no curso da ação penal quanto no decorrer das investigações do inquérito policial. Neste último caso, os elementos de convicção levados ao conhecimento do magistrado que servirão de base para a decretação da custódia preventiva serão necessariamente extraídos do inquérito. De outra forma não poderia ser, já que, nesta fase da persecução, inexiste processo; **C:** incorreta. Isso porque não se admite que as provas coligidas no inquérito policial sirvam, de forma exclusiva, de suporte para fundamentar uma sentença penal condenatória. Em outras palavras, é vedado ao magistrado fundamentar sua decisão exclusivamente nos elementos informativos produzidos na investigação. É o que estabelece o art. 155, *caput*, do CPP; **D:** incorreta. *Vide* comentário à assertiva "B": aplica-se o mesmo fundamento; **E:** incorreta. É fato que as investigações do inquérito policial são sigilosas (art. 20 do CPP), mas, por óbvio, tal sigilo não alcança o juiz tampouco o membro do MP.
Gabarito "A".

(Delegado/MG – 2018 – FUMARC) Acerca da prova da materialidade através de perícia (desconsiderando-se a possibilidade de prova da materialidade por exame de corpo de delito indireto ou prova testemunhal), relativamente aos crimes de furto qualificado pela destruição ou rompimento de obstáculo à subtração da coisa (CP, art. 155, §4º, I), de furto qualificado pela escalada (CP, art. 155, §4º, II), de furto qualificado pelo emprego de explosivo ou artefato análogo que cause perigo comum (CP, art. 155, §4º-A), de incêndio (CP, art. 250), e de explosão simples e privilegiada (CP, art. 251, *caput* e §1º), é INCORRETO afirmar:

(A) A materialidade do crime de furto qualificado pela destruição de obstáculo à subtração da coisa se comprova nas hipóteses em que o laudo pericial, além de descrever os vestígios, indique com que instrumentos, por que meios e em que época presume-se ter sido o fato praticado.

(B) A legislação processual penal não exige a realização de perícia para a comprovação da materialidade do crime de furto qualificado pela escalada.

(C) Para comprovar a materialidade do crime de incêndio, os peritos verificarão a causa e o lugar em que este houver começado, o perigo que dele tiver resultado para a vida ou para o patrimônio alheio, a extensão do dano e o seu valor, bem como as demais circunstâncias que interessarem à elucidação do fato.

(D) Para que incida a circunstância qualificadora prevista no art. 155, §4º-A, do CP (crime de furto qualificado pelo emprego de explosivo ou artefato análogo que cause perigo comum), os peritos devem analisar a natureza e a eficiência dos instrumentos empregados para a prática da infração.

A: correta (art. 171, CPP); **B:** incorreta, pois contraria o disposto nos arts. 158 e 171 do CPP; **C:** correta (art. 173, CPP); **D:** correta. A Lei 13.654/2018 introduziu no CP duas novas modalidades de qualificadora do crime de furto, a saber: quando, para viabilizar a subtração, o agente empregar explosivo ou artefato análogo

que cause perigo comum (art. 155, § 4º-A, CP), sendo esta a hipótese a que faz referência o enunciado; e quando a subtração for de substâncias explosivas ou de acessórios que, conjunta ou isoladamente, possibilitem sua fabricação, montagem ou emprego (art. 155, § 7º, do CP). Desnecessário dizer que tal inovação legislativa teve como espoco viabilizar um combate mais efetivo a essa onda de crimes patrimoniais (furto e roubo) cometidos por meio da explosão de bancos e seus caixas eletrônicos. Não há, no CPP, dispositivo específico que estabelece de que forma deve realizar-se a perícia nos vestígios deste delito (mesmo porque esta qualificadora foi introduzida no CP em 2018). Seja como for, parece evidente que, sendo delito que deixa vestígios, é de rigor a realização de perícia (art. 158, CPP), na qual não podem os peritos deixar de analisar a natureza e a eficiência do material explosivo ou artefato análogo utilizado. No mais, embora nenhuma relação tenha com o tema aqui tratado, vale a observação de que a modalidade qualificada do crime de furto sobre a qual estamos a falar (art. 155, § 4º-A, do CP), com o advento da Lei 13.964/2019, passou a ser considerada hedionda (art. 1º, IX, da Lei 8.072/1990).
Gabarito "B".

(Delegado/AP – 2017 – FCC) O exame de corpo de delito

(A) é dispensável nos crimes que deixam vestígios.

(B) deve ser feito imediatamente para que não se percam os vestígios do crime, o que veda a indicação de assistente técnico pelas partes.

(C) deve ser feito, em regra, pelo menos 2 horas após o óbito.

(D) realiza-se sobre vestígios do corpo humano, havendo regime diverso para o exame sobre objetos e sobre reconhecimento de escritos.

(E) pode ser rejeitado pelo juiz, no todo ou em parte.

A: incorreta. Ao contrário do afirmado, é justamente nos crimes que deixam vestígios, chamados *não transeuntes*, que o exame de corpo de delito se impõe (art. 158, CPP); **B:** incorreta. É fato que o exame de corpo de delito deve ser realizado o quanto antes, assim que o fato chegar ao conhecimento da autoridade policial (art. 6º, VII, do CPP), mas é incorreto afirmar que é vedado às partes indicar assistente técnico (art. 159, § 3º, do CPP); **C:** incorreta, já que o exame necroscópico deve ser realizado pelo menos 6 horas depois do óbito, ressalvada a hipótese em que os peritos, em razão da evidência dos sinais de morte, chegarem à conclusão de que o exame pode ser realizado em prazo menor (art. 162, *caput*, do CPP); **D:** incorreta. O exame de corpo de delito poderá recair sobre o corpo humano, um documento, o instrumento do crime etc.; **E:** correta (art. 182, CPP). ED
Gabarito "E".

(Delegado/MS – 2017 - FAPEMS) A busca e apreensão está prevista no Código de Processo Penal vigente como um meio de prova possível de ser realizada antes e durante a investigação preliminar, no curso da instrução criminal e, ainda, na fase recursal. A esse respeito, assinale a alternativa correta.

(A) A busca pessoal será realizada pela autoridade policial, independentemente de mandado, no caso de prisão, quando houver fundada suspeita de que a pessoa esteja na posse de arma proibida, no decorrer da busca domiciliar nas pessoas que se encontrem no interior da casa.

(B) A autoridade policial, assim que tomar conhecimento da prática da infração penal, deverá colher todas as provas e determinar a imediata busca e apreensão de objetos, o que prescinde de autorização judicial, pois é, um ato administrativo autoexecutável.

(C) Autoridade policial não poderá penetrar no território de jurisdição alheia para o fim de apreensão, quando for no seguimento de pessoa ou coisa, sem antes se apresentar obrigatoriamente e sempre antes da diligência à competente autoridade local.

(D) Dispõe do Código de Processo Penal vigente que a busca pessoal em mulher será sempre realizada por outra mulher, o que se estende às transexuais e às travestis, uma vez reconhecido o direito de se identificarem como do gênero feminino, devendo a autoridade policial observar de maneira fidedigna essa regra.

(E) Não será permitida a apreensão de documento em poder do defensor do acusado pela autoridade policial, mesmo que constituir elemento do corpo de delito, haja vista a probabilidade de servir de prova de tese defensiva.

A: correta (art. 244, CPP); **B:** incorreta. A autoridade policial, assim que informada da prática de fato com aparência de crime, deverá dirigir-se ao local em que estes se deram e, ali estando, adotar as providências elencadas no art. 6º do CPP, entre as quais colher todas as provas que sejam pertinentes para a elucidação dos fatos e apreender os objetos que tiverem relação com eles, o que somente poderá ocorrer após a liberação pelos peritos (art. 6º, II e III, do CPP); **C:** incorreta, uma

3. DIREITO PROCESSUAL PENAL — 465

vez que não reflete o disposto no art. 250, *caput*, do CPP; **D:** incorreta (art. 249, CPP); **E:** incorreta (art. 243, § 2º, CPP). 🔲

Gabarito "A".

(Delegado/MS – 2017 - FAPEMS) Sobre os documentos no processo penal, de acordo com o Código de Processo Penal vigente, assinale a alternativa correta.

(A) Caso o juiz obtenha notícia da existência de documento relativo a ponto relevante da acusação ou da defesa, somente poderá determinar a juntada aos autos mediante requerimento da parte interessada.

(B) Os documentos podem ser apresentados em qualquer fase do processo, salvo em grau de recurso quando os autos estiverem conclusos para julgamento.

(C) Considera-se documento quaisquer escritos, instrumentos ou papéis públicos ou particulares, possuindo o mesmo valor a fotografia atual do documento.

(D) Os documentos originais, juntos a processo findo, quando inexistir motivo relevante que justifique a sua conservação nos autos, poderão, mediante requerimento, e ouvido o Ministério Público, ser entregues à parte que os produziu.

(E) Documentos em língua estrangeira serão necessariamente traduzidos por tradutor oficial ou pessoa idônea nomeada pela autoridade para serem juntados aos autos, exceto quando os sujeitos processuais dominarem o idioma.

A: incorreta, uma vez que, neste caso, tal providência independerá de iniciativa das partes, devendo o juiz determinar a juntada do documento de ofício (art. 234, CPP); **B:** incorreta (art. 231, CPP); **C:** incorreta, já que somente se conferirá o mesmo valor se se tratar de fotografia *autenticada* (art. 232, parágrafo único, CPP); **D:** correta (art. 238, CPP); **E:** incorreta (art. 236, CPP). 🔲

Gabarito "D".

(Delegado/MS – 2017 - FAPEMS) A possibilidade de o juiz condenar ou não o réu com base nos elementos de informação contidos no inquérito policial, sem o crivo no contraditório na fase judicial, é tema de antiga discussão no processo penal brasileiro. Nesse contexto, assinale a alternativa correta.

(A) Apesar de o inquérito policial ser um procedimento administrativo, os elementos informativos não necessitam ser corroborados em juízo, em virtude da oficialidade com que agem as autoridades policiais.

(B) No Tribunal do Júri, vigora o sistema do livre convencimento motivado do julgador, por isso os jurados podem julgar com base em qualquer elemento de informação exposto ou lido em plenário, sem fundamentar a sua decisão.

(C) A condenação do réu deve sempre ser fundamentada em provas colhidas com respeito ao direito do contraditório judicial, ainda que o magistrado utilize elementos informativos na formação de seu convencimento.

(D) Os elementos de informações colhidos no inquérito policial podem fundamentar sentença condenatória, quando não há prova judicial para sustentar a condenação, haja vista o princípio da verdade real.

(E) Com a reforma introduzida em 2008 no Código de Processo Penal, restou definido que o juiz não pode condenar o réu com base nos elementos informativos e provas não repetíveis colhidos na investigação

A: incorreta. Embora o inquérito policial seja conduzido por autoridade oficial, que é o delegado de polícia, é incorreto afirmar que os elementos de informação nele produzidos não devam ser submetidos ao contraditório. Tal como estabelece o art. 155, *caput*, do CPP, o magistrado *formará sua convicção pela livre apreciação da prova produzida em contraditório judicial* (...); **B:** incorreta. Isso porque, no Tribunal do Júri, prevalece o sistema da *íntima convicção*, na medida em que os jurados não podem declarar o voto; **C:** correta. Ao proferir sentença, é dado ao juiz, ao externar a sua convicção, fazê-lo com base nas provas colhidas sob o crivo do contraditório e também em elementos de informação colhidos no inquérito policial; **D:** incorreta. Ainda que inexista prova judicial para sustentar a condenação, não poderá o juiz proferir sentença condenatória com base exclusiva nas informações colhidas no inquérito policial (art. 155, *caput*, do CPP); **E:** incorreta. O art. 155, *caput*, do CPP excepciona as chamadas provas cautelares, não repetíveis e as antecipadas. 🔲

Gabarito "C".

(Delegado/GO – 2017 – CESPE) Suponha que o réu em determinado processo criminal tenha indicado como testemunhas o presidente da República, o presidente do Senado Federal, o prefeito de Goiânia – GO, um desembargador estadual aposentado, um vereador e um militar das Forças Armadas. Nessa situação hipotética, conforme o Código de Processo Penal, poderão optar pela prestação de depoimento por escrito

(A) o presidente do Senado Federal e o desembargador estadual.

(B) o prefeito de Goiânia – GO e o militar das Forças Armadas.

(C) o desembargador estadual e o vereador.

(D) o presidente da República e o presidente do Senado Federal.

(E) o presidente da República e o vereador.

Estabelece o art. 221, § 1º, do CPP que o presidente e o vice-presidente da República e os presidentes do Senado Federal, da Câmara dos Deputados e do Supremo Tribunal Federal têm a prerrogativa, quando ouvidos na condição de testemunha, de ajustar, com o juiz da causa, local, dia e hora para que lhes seja tomado o depoimento. 🔲

Gabarito "D".

(Delegado/BA – 2016.2 – Inaz do Pará) Em situações onde não existam peritos oficiais e que seja urgente a realização da devida perícia, deverá a Autoridade Policial adotar as seguintes providências, excetuando-se:

(A) designar peritos não oficiais que prestarão o compromisso de bem e fielmente desempenhar o encargo.

(B) designar 2 (duas) pessoas idôneas, portadoras de diploma de curso superior preferencialmente na área específica, dentre as que tiverem habilitação técnica relacionada com a natureza do exame.

(C) lavrar o devido Termo designando o perito *ad hoc*, que deverá constar nos Autos do respectivo inquérito policial.

(D) suprir a sua falta, de acordo com os artigos 158 e 167 do CPP, ante a impossibilidade de realização do exame de corpo de delito, por meio de prova testemunhal.

(E) realizar Auto de Inspeção, descrevendo de modo minudente, todo o material que foi objeto da perícia, devendo ser assinado pela Autoridade e por duas testemunhas.

A redação anterior do art. 159 do CPP estabelecia que a perícia fosse realizada por *dois* profissionais. Atualmente, com a modificação implementada na redação do dispositivo pela Lei 11.690/2008, a perícia será levada a efeito por *um* perito oficial portador de diploma de curso superior. À falta deste (é a hipótese descrita no enunciado), determina o § 1º do art. 159 que o exame seja feito por duas pessoas idôneas, detentoras de diploma de curso superior preferencialmente na área específica, dentre aquelas que tiverem habilitação técnica relacionada com a natureza do exame. Nesse caso, deverá o escrivão lavrar o respectivo termo de compromisso dos peritos de bem desempenhar o exame para o qual foram designados. No mais, sempre que a infração deixar vestígios, é indispensável o exame de corpo de delito (exame de verificação da existência do crime); não sendo possível essa verificação, a *prova testemunhal* poderá suprir tal falta; a *confissão*, em hipótese alguma (arts. 158 e 167, CPP). 🔲

Gabarito "E".

(Delegado/DF – 2015 – Fundação Universa) Em relação a provas e ao procedimento de busca e apreensão, assinale a alternativa correta.

(A) Não há necessidade de lavratura de auto, após a diligência de busca e apreensão, em razão da presunção de veracidade e legalidade dos atos administrativos e da presunção de boa-fé da autoridade policial.

(B) A busca em mulher deve ser feita por outra mulher, ainda que isso importe em retardamento da diligência.

(C) É válida a *serendipidade* no procedimento de busca e apreensão, especialmente quando há conexão entre crimes.

(D) Tanto o procedimento de busca e apreensão quanto o de busca pessoal sujeitam-se à reserva de jurisdição, devendo ser precedidos de mandado, mesmo quando realizados pessoalmente pela autoridade policial.

(E) É vedado o arrombamento de porta ao se proceder à busca e apreensão na residência do indiciado, visto que tal ação acarretaria ofensa ao direito humano da moradia.

A: incorreta. A ocorrência de busca e apreensão, por força do que dispõe o art. 245, § 7º, do CPP, será formalizada por meio de um *auto*, no qual constarão, de forma pormenorizada, tudo que se passou no curso da diligência; dele também deverá constar, de forma detalhada, a descrição dos bens apreendidos; **B:** incorreta, pois não corresponde ao que estabelece o art. 249 do CPP: "A busca em mulher será

466 EDUARDO DOMPIERI

3. Direito Processual Penal

feita por outra mulher, se não importar retardamento ou prejuízo da diligência"; **C**: correta. *Serendipidade*, a que faz referência a assertiva, nada mais é do que o *encontro fortuito (ou acidental) de provas*, fenômeno que se dá quando, no curso de determinada investigação (busca e apreensão, interceptação telefônica, por exemplo) de uma infração penal, acaba-se por descobrir a prática de outros delitos, que não eram objeto da investigação original. Em outras palavras e de forma bem simples, é o ato que mira em uma coisa e, inesperadamente, acerta outra. De fato, a jurisprudência, tanto do STF quanto do STJ, confere licitude à prova obtida dessa forma, sobretudo quando há conexão entre os crimes. Conferir: *Não há violação ao princípio da ampla defesa a ausência das decisões que decretaram a quebra de sigilo telefônico em investigação originária, na qual de modo fortuito ou serendipidade se constatou a existência de indícios da prática de crime diverso do que se buscava, servindo os documentos juntados aos autos como mera notitia criminis, em razão da total independência e autonomia das investigações por não haver conexão delitiva. O chamado fenômeno da serendipidade ou o encontro fortuito de provas – que se caracteriza pela descoberta de outros crimes ou sujeitos ativos em investigação com fim diverso – não acarreta qualquer nulidade ao que se sucede no foro competente, desde que remetidos os autos à instância competente tão logo verificados indícios em face da autoridade* (RHC 60.871/MT, Rel. Ministro Nefi Cordeiro, Sexta Turma, julgado em 04.10.2016, *DJe* 17.10.2016); **D**: incorreta, uma vez que a busca pessoal, diferentemente da domiciliar, prescinde de mandado (arts. 241 e 244, do CPP). A reserva de jurisdição, portanto, somente se aplica à busca domiciliar; **E**: incorreta, pois não corresponde ao que estabelece o art. 245, § 2º, do CPP, que autoriza que, em caso de desobediência, se proceda ao arrombamento da porta que dá acesso ao imóvel no qual há de ser efetuada a diligência de busca e apreensão. Gabarito "C".

(Delegado/DF – 2015 – Fundação Universa) À luz da legislação processual penal e da jurisprudência e doutrina majoritária a respeito da matéria, assinale a alternativa correta.

(A) De acordo com o CPP, em regra, o exame de corpo de delito será realizado por ao menos dois peritos oficiais portadores de diploma de curso superior.

(B) Conforme o STF, a perícia sobre a aptidão da arma de fogo para efetuar disparos é necessária para que se configure o crime de roubo circunstanciado por emprego de arma de fogo.

(C) Em se tratando de crime de falsificação de documento público, a falta de perícia, por ter-se recusado o réu a colaborar para a realização de exame grafotécnico, não pode ser suprida por outros meios de prova.

(D) Durante o inquérito policial, as medidas cautelares pessoais poderão ser decretadas pelo juiz mediante representação da autoridade policial, de ofício ou após requerimento do Ministério Público.

(E) Conforme dispositivo expresso no CPP, a prisão preventiva em nenhum caso será decretada se o juiz verificar que o agente praticou o fato por estado de necessidade.

A: incorreta. A redação anterior do art. 159 do CPP estabelecia que a perícia fosse realizada por *duas pessoas idôneas, escolhidas de preferência as que tivessem habilitação técnica*. Atualmente, com a modificação implementada na redação do dispositivo pela Lei 11.690/2008, a perícia será levada a efeito por *um* perito oficial portador de diploma de curso superior. À falta deste, determina o § 1º do art. 159 que o exame seja feito por duas pessoas idôneas, detentoras de diploma de curso superior preferencialmente na área específica, dentre aquelas que tiverem habilitação técnica relacionada com a natureza do exame; **B**: incorreta. A jurisprudência do STF (e também do STJ) aponta pela desnecessidade de apreensão da arma e respectiva perícia para a configuração da majorante prevista no art. 157, § 2º, I, do CP, podendo tal falta ser suprida por outros meios de prova, tais como as declarações do ofendido e depoimentos de testemunhas. Nesse sentido: "*habeas corpus*. Penal. Roubo circunstanciado (emprego de arma branca). Ausência de apreensão e perícia da arma. Dispensabilidade para a caracterização da causa especial de aumento quando provada a sua utilização por outros meios. 1. Esta Corte entende que é dispensável a apreensão da arma ou a realização do exame pericial para a caracterização da causa de aumento prevista no art. 157, § 2º, inciso I, do Código Penal, mormente em se tratando de um estilete, de potencialidade lesiva presumida, quando existem outros elementos probatórios que levam a concluir pela sua efetiva utilização no crime. Precedentes. 2. Ordem denegada" (HC 127.661/SP, Rel. Ministra Laurita Vaz, Quinta Turma, julgado em 14.05.2009, *DJe* 08.06.2009); **C**: incorreta (art. 167, CPP); **D**: incorreta. A exemplo do que se dá no campo da custódia preventiva, é defeso ao juiz determinar medida cautelar de ofício no curso do inquérito policial. Somente poderá fazê-lo (de ofício) depois de iniciada a ação penal (art. 282, § 2º, CPP). Este comentário não levou em conta as alterações implementadas pela Lei 13.964/2019 nos arts. 282, § 2º, do CPP e art. 311 do CPP, que agora vedam a atuação de ofício do juiz na decretação de medidas cautelares de natureza pessoais, como a prisão processual, ainda que no curso da ação penal; **E**: correta, pois reflete o que estabelece o art. 314 do CPP. Gabarito "E".

(Delegado/DF – 2015 – Fundação Universa) A respeito do depoimento de testemunhas, é correto afirmar que

(A) é vedada a retirada do réu da sala de audiências, sob pena de violação aos princípios constitucionais da ampla defesa e do contraditório.

(B) a adoção do sistema acusatório implica a inadmissibilidade da condução coercitiva de testemunha, devendo o caso ser solucionado a partir do sistema de distribuição do ônus da prova.

(C) a ex-esposa do acusado de determinado crime poderá recusar-se a depor, mesmo que já separada judicialmente do réu.

(D) não se deferirá o compromisso de dizer a verdade ao menor de dezoito anos de idade.

(E) são proibidas de depor as pessoas que, em razão de função, ministério, ofício ou profissão, devam guardar segredo, ainda que desobrigadas dessa guarda pela parte interessada.

A: incorreta. Se o magistrado constatar que a presença do réu poderá causar temor à testemunha, deverá, em primeiro lugar, cuidar para que a inquirição seja feita por meio de videoconferência; não sendo isso possível, determinará, aí sim, a retirada do acusado da sala de audiência (art. 217, CPP); **B**: incorreta. Se a testemunha, depois de intimada, deixar de comparecer sem apresentar justificativa, o juiz poderá determinar a sua condução coercitiva (art. 218, CPP). Cabe aqui um parêntese. A despeito da possibilidade de o magistrado determinar a condução coercitiva de testemunha e vítima recalcitrantes, tal não poderá ocorrer, em consonância com recente decisão do STF, em relação a acusados. Explico. Segundo estabelece o art. 260, *caput*, do CPP, incumbe ao juiz, em face do não comparecimento do acusado, devidamente intimado, ao interrogatório, providenciar para que o mesmo seja conduzido coercitivamente à sua presença. Sucede que, ao enfrentar esta questão, o Plenário do STF, em julgamento realizado no dia 14 de junho de 2018, por maioria de votos, declarou que a condução coercitiva de réu/investigado para interrogatório, a que faz referência o art. 260 do CPP, não foi recepcionada pela CF/88. A decisão foi tomada no julgamento das ADPFs 395 e 444, ajuizadas, respectivamente, pelo PT e pela OAB. Segundo a maioria dos ministros, a condução coercitiva representa restrição à liberdade de locomoção e viola a presunção de inocência, sendo, portanto, incompatível com a Constituição Federal. Explica Aury Lopes Jr., ao se referir à condução coercitiva prevista no art. 260 do CPP, que, *além de completamente absurda no nível de evolução democrática alcançado, é substancialmente inconstitucional, por violar as garantias da presunção de inocência e do direito de silêncio* (*Direito Processual Penal*, 9ª ed, p. 1308). Com o advento da Lei 13.869/2019, que revogou a Lei 4.898/1965 (antiga Lei de Abuso de Autoridade), passa a configurar crime de abuso de autoridade a conduta do agente que decreta a condução coercitiva de testemunha ou investigado manifestamente descabida ou sem prévia intimação de comparecimento ao juízo; **C**: correta, pois em consonância com o disposto no art. 206 do CPP; **D**: incorreta, já que o compromisso de dizer a verdade somente não é deferido, no que toca à idade da testemunha, aos menores de 14 anos (art. 208, CPP); assim, se um adolescente de 15 anos, arrolado como testemunha, mentir perante o juiz, cometerá o ato infracional correspondente ao crime de falso testemunho; **E**: incorreta, pois não corresponde ao teor do art. 207 do CPP. Gabarito "C".

(Delegado/PR – 2013 – UEL-COPS) Sobre o tema prova, atribua V (verdadeiro) ou F (falso) às afirmativas a seguir.

( ) O juiz formará sua convicção pela apreciação da prova judicial, estando impedido de fundamentar sua decisão nos elementos informativos colhidos na investigação.

( ) A prova da alegação incumbirá a quem a fizer, sendo vedado ao juiz determiná-la de ofício e antes de iniciada a ação penal.

( ) O laudo pericial será elaborado no prazo máximo de dez dias, podendo ser prorrogado, em casos excepcionais, a requerimento dos peritos.

( ) Quando a infração deixar vestígios, será dispensável o exame de corpo de delito, mediante a confissão do acusado.

( ) O exame de corpo de delito poderá ser feito em qualquer dia e qualquer hora.

Assinale a alternativa que contém, de cima para baixo, a sequência correta.

(A) V, V, F, V, F.

(B) V, F, V, F, V.

(C) F, V, F, V, F.

(D) F, V, F, F, V.

3. DIREITO PROCESSUAL PENAL

(E) F, F, V, F, V.

1ª assertiva: incorreta. Segundo estabelece o art. 155, *caput*, do CPP, é vedado ao juiz fundamentar sua decisão *exclusivamente* nos elementos colhidos na investigação; pode, pois, fundamentá-la nas provas produzidas na fase instrutória, sob o crime do contraditória, e também em elementos colhidos na fase inquisitiva; 2ª assertiva: incorreta, visto que o art. 156, I, do CPP confere ao juiz a prerrogativa de ordenar, de ofício, mesmo antes de iniciada a ação penal, a produção antecipada de provas consideradas urgentes e relevantes, sempre observando a necessidade, adequação e proporcionalidade da medida; 3ª assertiva: correta (art. 160, parágrafo único, CPP); 4ª assertiva: incorreta. O exame de corpo de delito, direto ou indireto, nas infrações que deixam vestígios, é indispensável – art. 158 do CPP. Agora, se estes vestígios, por qualquer razão, se perderem, nosso ordenamento jurídico admite que a prova testemunhal supra essa ausência – art. 167, CPP. A confissão, no entanto, por expressa disposição do art. 158 do CPP, não poderá ser utilizada para esse fim; 5ª assertiva: correta (art. 161, CPP). ED
Gabarito "E".

(Delegado/RJ – 2013 – FUNCAB) Sobre o instituto da prova, leia as assertivas a seguir e marque a alternativa correta.

I. A partir das construções teóricas de Robert Alexy e Ronald Dworkin, eventuais colisões entre direitos fundamentais se resolvem pelo método de ponderação, sendo a dignidade humana o princípio que dá unidade de sentido ao sistema de direitos fundamentais. Por essa razão, apesar do princípio da vedação da prova ilícita, é admissível, excepcionalmente, a prova ilícita *pro reo,* vez que o direito de liberdade prevalece nesta ponderação, pois do contrário, afetar-se-ia a dignidade do acusado.

II. *Nevitable Discovery,* teoria conhecida no Brasil por descoberta inevitável, ou curso hipotético de investigação, foi contemplada no pensamento da Corte Norte-Americana (Nix v. Williams, 1984). Segundo essa diretriz, a prova concretamente obtida por meio ilícito pode ser valorada desde que se conclua, hipoteticamente, que tal prova inevitavelmente seria descoberta por meio lícito. Lança-se mão de um "curso de investigação hipotético".

III. A teoria da descoberta inevitável é aceita pacificamente na doutrina brasileira e estrangeira, não havendo mais quem conteste a sua eficiência em temperar os exageros da teoria dos frutos da árvore envenenada.

IV. A teoria das fontes independentes (*independent Source)* não está positivada no ordenamento jurídico brasileiro, apesar de ser agasalhada na jurisprudência do STF.

Está(ão) correta(s) apenas a(s) assertiva(s):

(A) I.

(B) II.

(C) I e II.

(D) II e III.

(E) IV.

I: correta. De fato, tendo em conta que nenhum direito é absoluto, é perfeitamente defensável que o investigado/acusado, com o propósito de provar a sua inocência, o faça por meio da produção de prova ilícita. Afinal, na ponderação entre o direito à intimidade ou privacidade, por exemplo, e o direito de liberdade, prevaleça este último. Conferir o magistério de Aury Lopes Jr., quando se refere à admissibilidade da prova ilícita a partir da proporcionalidade *pro reo*: "Nesse caso, a prova ilícita poderia ser admitida e valorada apenas quando se revelasse a favor do réu. Trata-se da proporcionalidade *pro reo*, em que a ponderação entre o direito de liberdade de um inocente prevalece sobre um eventual direito sacrificado na obtenção da prova (dessa inocência). Situação típica é aquela em que o réu, injustamente acusado de um delito que não cometeu, viola o direito à intimidade, imagem, inviolabilidade de domicílio, das comunicações etc. de alguém para obter uma prova de sua inocência" (*Direito Processual Penal*, 9. ed. São Paulo: Saraiva, 2012. p. 597); II: correta. Nesse sentido: "*HABEAS CORPUS*. NULIDADES: (1) INÉPCIA DA DENÚNCIA; (2) ILICITUDE DA PROVA PRODUZIDA DURANTE O INQUÉRITO POLICIAL; VIOLAÇÃO DE REGISTROS TELEFÔNICOS DO COR RÉU, EXECUTOR DO CRIME, SEM AUTORIZAÇÃO JUDICIAL; (3) ILICITUDE DA PROVA DAS INTERCEPTAÇÕES TELEFÔNICAS DE CONVERSAS DOS ACUSADOS COM ADVOGADOS, PORQUANTO ESSAS GRAVAÇÕES OFENDERIAM O DISPOSTO NO ART. 7º, II, DA LEI 8.906/96, QUE GARANTE O SIGILO DESSAS CONVERSAS. VÍCIOS NÃO CARACTERIZADOS. ORDEM DENEGADA. 1. Inépcia da denúncia. Improcedência. Preenchimento dos requisitos do art. 41 do CPP. A denúncia narra, de forma pormenorizada, os fatos e as circunstâncias. Pretensas omissões – nomes completos de outras vítimas, relacionadas a fatos que não constituem objeto da imputação — não importam em prejuízo à defesa. 2. Ilicitude

da prova produzida durante o inquérito policial – violação de registros telefônicos de corréu, executor do crime, sem autorização judicial. 2 .1 Suposta ilegalidade decorrente do fato de os policiais, após a prisão em flagrante do corréu, terem realizado a análise dos últimos registros telefônicos dos dois aparelhos celulares apreendidos. Não ocorrência. 2.2 Não se confundem comunicação telefônica e registros telefônicos, que recebem, inclusive, proteção jurídica distinta. Não se pode interpretar a cláusula do artigo 5º, XII, da CF, no sentido de proteção aos dados enquanto registro, depósito registral. A proteção constitucional é da comunicação de dados e não dos dados. 2.3 Art. 6º do CPP: dever da autoridade policial de proceder à coleta do material comprobatório da prática da infração penal. Ao proceder à pesquisa na agenda eletrônica dos aparelhos devidamente apreendidos, meio material indireto de prova, a autoridade policial, cumprindo o seu mister, buscou, unicamente, colher elementos de informação hábeis a esclarecer a autoria e a materialidade do delito (dessa análise logrou encontrar ligações entre o executor do homicídio e o ora paciente). Verificação que permitiu a orientação inicial da linha investigatória a ser adotada, bem como possibilitou concluir que os aparelhos seriam relevantes para a investigação. 2.4 À guisa de mera argumentação, mesmo que se pudesse reputar a prova produzida como ilícita e as demais, ilícitas por derivação, nos termos da teoria dos frutos da árvore venenosa (*fruit of the poisonous tree*), é certo que, ainda assim, melhor sorte não assistiria à defesa. É que, na hipótese, não há que se falar em prova ilícita por derivação. Nos termos da teoria da descoberta inevitável, construída pela Suprema Corte norte-americana no caso Nix x William s (1984), o curso normal das investigações conduziria a elementos investigativos que vinculariam os pacientes ao fato investigado. Bases desse entendimento que parecem ter encontrado guarida no ordenamento jurídico pátrio com o advento da Lei 11.690/2 008, que deu nova redação ao art. 157 do CPP, em especial o seu § 2º. 3. Ilicitude da prova das interceptações telefônicas de conversas dos acusa dos com advogados, ao argumento de que essas gravações ofenderiam o disposto no art. 7º, II, da Lei n. 8.906/96, que garante o sigilo dessas conversas. 3.1 No s termos do art. 7º, II, da Lei 8.906/94, o Estatuto da Advocacia garante ao advogado a inviolabilidade de seu escritório ou local de trabalho, bem como de seus instrumentos de trabalho, de sua correspondência escrita, eletrônica, telefônica e telemática, desde que relativas ao exercício da advocacia. 3.2 Na hipótese, o magistrado de primeiro grau, por reputar necessária a realização da prova, determinou, de forma fundamentada, a interceptação telefônica direcionada às pessoas investigadas, não tendo, em momento algum, ordenado a devassa das linhas telefônicas dos advogados dos pacientes. Mitigação que pode, eventualmente, burlar a proteção jurídica. 3.3 Sucede que, n o curso da execução da medida, os diálogos travados entre o paciente e o advogado do corréu acabaram, de maneira automática, interceptados, aliás, como qualquer outra conversa direcionada ao ramal do paciente. Inexistência, no caso, de relação jurídica cliente-advogado. 3.4 Não cabe aos policiais executores da medida proceder a uma espécie de filtragem das escutas interceptadas. A impossibilidade desse filtro atua, inclusive, como verdadeira garantia ao cidadão, porquanto retira da esfera de arbítrio da polícia escolher o que é ou não conveniente ser interceptado e gravado. Valoração, e eventual exclusão, que cabe ao magistrado a quem a prova é dirigida. 4. Ordem denegada" (STF, HC 91867, GILMAR MENDES); III: é incorreto dizer que a teoria da descoberta inevitável é aceita pacificamente na doutrina brasileira e estrangeira, não havendo mais quem conteste a sua eficiência em temperar os exageros da teoria dos frutos da árvore envenenada. Conferir a lição do consagrado jurista Aury Lopes Jr.: "O art. 157 traz para o CPP alguma disciplina sobre as provas ilícitas. A inovação, que dará muita dor de cabeça para todos, é a pouco clara disposição acerca do nexo causal que define a contaminação e, ainda, a chamada teoria da fonte independente. Como regra, são disposições vagas e imprecisas que recorrem a aberturas perigosas, como "trâmites típicos e de praxe, próprios da investigação ou instrução criminal". O que é isso? Uma porta aberta para legitimar qualquer coisa que sirva à clara intenção de limitar ao máximo a eficácia do princípio da contaminação" (*Direito Processual Penal*, 9. ed. São Paulo: Saraiva, 2012. p. 604); **IV**: incorreta. A teoria das fontes independentes está positivada no art. 157, § 2º, do CPP, que estabelece que não há contaminação quando a prova puder ser obtida por uma fonte independente da ilícita. ED
Gabarito "C".

(Delegado/RJ – 2013 – FUNCAB) A Constituição adotou um processo penal com cariz acusatório. Nesse contexto, a entrega da função de polícia judiciária a órgãos policiais é fundamental para a efetivação de tal sistema, como fez o art. 144 da CRF/1988. Ao lado disso, a presunção de inocência se irradia para o campo probatório. Já o artigo 156 do CPP, dispõe:

A prova da alegação incumbirá a quem a fizer, sendo, porém, facultado ao juiz de ofício I – ordenar, mesmo antes de iniciada a ação penal, a produção antecipada de provas consideradas urgentes e relevantes, observando a necessidade, adequação e proporcionalidade da medida; II – determinar, no curso da instrução, ou antes de proferir sentença, a realização de diligências para dirimir dúvida sobre ponto relevante. Com efeito, marque a resposta INCORRETA.

468 — EDUARDO DOMPIERI

(A) Para parte da doutrina, o inciso I do art. 156 do CPP é inconstitucional por transferir para o juiz as funções típicas do Delegado de Polícia.

(B) Parte da doutrina sustenta que a natureza jurídica da prova é de um direito correlato ao direito de ação e de defesa, sendo atividade própria das partes e não do órgão jurisdicional, portanto, o inciso II do art. 156 do CPP seria inconstitucional.

(C) Em razão da presunção de inocência, o ônus da prova no processo penal é da acusação.

(D) É pacífico que no processo penal brasileiro existe o princípio da verdade real, que está consagrado no art. 156 do CPP, justificando a atividade investigatória e probatória do juiz.

A: correta. É fato que, para parte da doutrina, a prerrogativa atribuída ao juiz pelo art. 156, I, do CPP fere o sistema acusatório. O ideal, segundo alguns sustentam, seria que o magistrado tão somente agisse, na fase inquisitiva, quando provocado pelo MP ou autoridade policial, tal como se dá na decretação da prisão preventiva e temporária, em que é vedado ao juiz decretá-las de ofício; **B:** correta. Tal qual ocorre com o art. 156, I, do CPP, há divergência na doutrina quanto ao poder conferido ao juiz de, no curso da ação penal, determinar a produção de prova com o fito de dirimir dúvida sobre ponto relevante (art. 156, II, CPP). Há quem entenda que tal iniciativa é inconstitucional na medida em que ao juiz não é dado agir sem provocação das partes (*ne procedat judex ex officio*). Para a maioria da comunidade jurídica, no entanto, tal prerrogativa constitui decorrência natural do princípio da busca da verdade real. O propósito do magistrado, assim, não é beneficiar quem quer que seja, mas, sim, atingir a verdade que mais se aproxime da realidade. Dito de outro modo, não deve o juiz conformar-se com a verdade trazida pelas partes; se restar ponto não esclarecido, é imperioso, em homenagem ao postulado da busca da verdade real, que o juiz atue nessa busca incessante; afinal, ao contrário do que se dá no âmbito do processo civil, está aqui em jogo a liberdade do acusado. De toda sorte, tal atividade do juiz deve ser supletiva em relação à das partes; **C:** correta. É fato que o *ônus da prova* deve, conforme estabelece o art. 156 do CPP, ser atribuído às partes, que compartilham, portanto, a incumbência de demonstrar o quanto alegado. Sucede que esta regra deve ser compatibilizada com o princípio da presunção de inocência (art. 5º, LVII, da CF). Em assim sendo, pode-se dizer que o ônus da prova, no que toca à apresentação da imputação em juízo, cabe à acusação. De outro lado, cabe à defesa do acusado demonstrar qualquer circunstância que tenha o condão de refutar a acusação, visto que não pode ser imposta ao autor da ação penal a obrigação de provar fato negativo; **D:** pelo que até aqui expusemos, a assertiva é incorreta. **ED**
Gabarito "D".

(Delegado/RJ – 2013 – FUNCAB) Em matéria de prova, disciplinada pelo Código de Processo Penal, é correto afirmar:

(A) Quando a infração deixar vestígios, o exame de corpo de delito poderá ser dispensado a pedido da parte interessada.

(B) O juiz julga conforme seu livre convencimento e sem obrigação de fundamentar a sua convicção, porém com base na prova existente nos autos.

(C) O silêncio do acusado não importará confissão, e tampouco poderá constituir elemento para a formação do convencimento do juiz.

(D) O maior de quatorze anos e menor de dezoito anos não prestará compromisso como testemunha, quando desacompanhado do responsável legal.

(E) Consideram-se documentos somente os escritos ou papéis, públicos ou particulares.

A: incorreta, uma vez que, se a infração deixar vestígios, é de rigor a realização do exame de corpo de delito (direto ou indireto), nos termos do art. 158 do CPP; é defeso à parte, portanto, pugnar pela não realização do exame; **B:** incorreta, já que adotamos, como regra, o *sistema da persuasão racional* ou *livre convencimento motivado*, em que o magistrado decidirá com base no seu livre convencimento, devendo, todavia, *fundamentar* sua decisão (art. 93, IX, da CF); **C:** correta, pois corresponde à regra presente no art. 186, parágrafo único, do CPP. A propósito, o art. 198 do CPP, na parte em que estabelece que o silêncio do acusado pode constituir elemento para a formação do convencimento do juiz, não foi recepcionado pela Constituição Federal; **D:** incorreta, pois não reflete o que estabelece o art. 208 do CPP; **E:** incorreta, pois não reflete a regra presente no art. 232 do CPP. **ED**
Gabarito "C".

(Delegado/RO – 2014 – FUNCAB) Assinale a alternativa em que se encontra uma característica do sistema acusatório.

(A) O julgador é protagonista na busca pela prova.

(B) As decisões não precisam ser fundamentadas.

(C) A atividade probatória é atribuição natural das partes.

(D) As funções de acusar e de julgar são concentradas em uma pessoa.

(E) As decisões são sempre sigilosas.

São características do *sistema acusatório*: nítida separação nas funções de acusar, julgar e defender, o que torna imprescindível que essas funções sejam desempenhadas por pessoas distintas; o processo é público e contraditório; há imparcialidade do órgão julgador, que detém a gestão da prova (na qualidade de juiz-espectador), e a ampla defesa é assegurada. No *sistema inquisitivo*, que deve ser entendido como a antítese do acusatório, as funções de acusar, defender e julgar reúnem-se em uma única pessoa. É possível, nesse sistema, portanto, que o juiz investigue, acuse e julgue. Além disso, o processo é sigiloso e nele não vige o contraditório. No *sistema misto*, por fim, há uma fase inicial inquisitiva, ao final da qual tem início uma etapa em que são asseguradas todas as garantias inerentes ao acusatório. Embora não haja previsão expressa nesse sentido, acolhemos, segundo doutrina e jurisprudências majoritárias, o sistema acusatório. Alguns doutrinadores, no entanto, sustentam que o sistema adotado é o misto. Ademais, a opção pelo sistema acusatório foi explicitada quando da inserção do art. 3º-A no Código de Processo Penal pela Lei 13.964/2019 (Pacote Anticrime). Segundo este dispositivo, cuja eficácia está suspensa por decisão liminar do STF, já que faz parte do regramento que compõe o chamado "juiz de garantias" (arts. 3º-A a 3º-F, do CPP), "o processo penal terá estrutura acusatória, vedadas a iniciativa do juiz na fase de investigação e a substituição da atuação probatória do órgão de acusação". Até então, o sistema acusatório, embora amplamente acolhido pela comunidade jurídica, não era contemplado em lei. **ED**
Gabarito "C".

(Delegado/RO – 2014 – FUNCAB) No que se refere ao estudo das provas no processo penal, sabe-se que a autoridade judiciária se sujeita ao Princípio da Persuasão Racional (ou do Livre Convencimento Motivado), que tem por característica:

(A) a impossibilidade de vincular o convencimento judicial à atuação das partes, por existir autonomia da autoridade judiciária para buscar as provas.

(B) a possibilidade de a autoridade judiciária se valer de provas ilícitas para a formação do convencimento judicial.

(C) a necessidade de a autoridade judiciária explicitar os motivos de fato e de direito que foram relevantes para a formação do seu convencimento.

(D) a preponderância da prova pericial sobre a prova testemunhai.

(E) a maior valoração que a lei confere à confissão.

A: incorreta, na medida em que o ônus da prova recai sobre as partes; a atuação da autoridade judiciária será sempre supletiva, podendo, portanto, vincular seu convencimento à atuação das partes; **B:** incorreta, já que a prova ilícita não é admitida no âmbito do processo penal acusatório (art. 157, *caput*, do CPP; art. 5º, LVI, da CF); **C:** correta, já que, tendo sido adotado, como regra, o *sistema da persuasão racional* ou *livre convencimento motivado*, o magistrado deverá *fundamentar* sua decisão (art. 93, IX, da CF); **D:** incorreta. Inexiste hierarquia entre provas; **E:** incorreta. Atualmente, não mais se confere à confissão o *status* de rainha das provas, como outrora já foi considerada. Hoje, temos que a confissão, sendo meio de prova com valor equivalente às demais, deve ser valorada em conjunto com os outros elementos probatórios produzidos no processo (art. 197, CPP). **ED**
Gabarito "C".

(Delegado/SP – 2014 – VUNESP) No processo penal, a prova produzida durante o inquérito policial

(A) pode ser utilizada por qualquer das partes, bem como pelo juiz.

(B) tem o mesmo valor que a prova produzida judicialmente.

(C) pode ser utilizada somente pelo juiz.

(D) não tem valor legal.

(E) deverá ser sempre ratificada judicialmente para ter valor legal.

A: correta. As partes e o juiz podem valer-se dos elementos informativos colhidos ao longo das investigações; o que não se admite, por imposição do art. 155, *caput*, do CPP, é que o juiz forme seu convencimento com base exclusiva nos elementos produzidos na investigação; dito de outra forma, o inquérito não pode servir de suporte único para uma condenação; **B:** é incorreto afirmar-se que os elementos informativos colhidos por meio do inquérito policial têm valor idêntico às provas produzidas no curso da instrução, uma vez que estas foram submetidas ao crivo do contraditório; diz-se, bem por isso, que o inquérito tem valor *relativo*; de ver-se, no entanto, que às chamadas provas cautelares, não repetíveis e antecipadas (art. 155, *caput*, parte final, do CPP) pode ser atribuído o mesmo valor das produzidas em juízo; **C:** incorreta, dado que o prova pode ser utilizada também pelas partes (comunhão da prova); **D:** como já dissemos, a prova produzida no inquérito tem valor *relativo*; **E:** incorreta, na medida em que há determinadas provas que prescindem de ratificação: provas cautelares, não repetíveis e antecipadas (art. 155, *caput*, parte final, do CPP). Cuidado: embora não precisem ser renovadas, devem ser submetidas ao contraditório posterior (ou diferido). **ED**
Gabarito "A".

3. DIREITO PROCESSUAL PENAL   469

(Delegado/SP – 2014 – VUNESP) No delito de homicídio, o exame de corpo de delito

(A) é prova pericial fundamental, sem a qual não pode haver o oferecimento da denúncia.

(B) deve, em regra, ser realizado por perito oficial, portador de diploma de curso superior.

(C) é dispensável, no caso de confissão do crime.

(D) é dispensável, caso existam outras provas da prática delituosa.

(E) deve ser realizado por dois peritos médicos pertencentes ao Instituto Médico Legal.

A: incorreta. Quanto a isso, vale conferir o magistério de Guilherme de Souza Nucci: "Recebimento de denúncia sem o exame de corpo de delito: possibilidade. A indispensabilidade do exame diz respeito ao julgamento da ação penal e não ao mero recebimento da denúncia, que pode ocorrer antes da remessa do laudo a juízo. No caso do início da ação penal, devem existir no inquérito provas suficientes para demonstrar a materialidade, ainda que não sejam definitivas, o que somente será alcançado pela apresentação do exame de corpo de delito ou, na sua falta, pela produção das provas em direito admitidas (...)" (*Código de Processo Penal Comentado*. 12. ed. p. 391); **B:** correta. A redação anterior do art. 159 do CPP estabelecia que a perícia fosse realizada por *duas pessoas idôneas, escolhidas de preferência as que tivessem habilitação técnica*. Atualmente, com a modificação implementada na redação do dispositivo pela Lei 11.690/08, a perícia será levada a efeito por *um* perito oficial portador de diploma de curso superior. À falta deste, determina o § 1º do art. 159 que o exame seja feito por duas pessoas idôneas, detentoras de diploma de curso superior preferencialmente na área específica, dentre aquelas que tiverem habilitação técnica relacionada com a natureza do exame; **C:** a confissão, por expressa disposição do art. 158 do CPP, não pode suprir o exame de corpo de delito; **D:** incorreta, dado que o exame de corpo de delito, nas infrações que deixam vestígios, é de rigor, independente de existirem outras provas que demonstrem a ocorrência do crime; **E:** incorreta, tendo em conta o comentário à assertiva "B". ED

Gabarito "B".

(Delegado/BA – 2013 – CESPE) A autoridade policial deve promover as diligências para o devido esclarecimento dos fatos lesivos a algum direito. Essa averiguação deve ser baseada em procedimentos de demonstração, os quais dependem da natureza dos fatos. Com relação a esse assunto, julgue os itens a seguir.

(1) No foro penal, o relatório do médico perito, denominado laudo pericial médico-legal, somente poderá ser solicitado pela autoridade competente até o momento da sentença.

(2) Caso haja contradição entre os depoimentos das testemunhas, as confissões dos acusados e as conclusões técnicas dos peritos, o testemunho das pessoas envolvidas, quando estas estiverem sob juramento, deve prevalecer sobre as conclusões técnicas dos peritos.

(3) Os técnicos especializados encarregados de realizar o exame dos vestígios materiais relacionados ao fato jurídico são denominados peritos; caso sejam remunerados pelo Estado, serão denominados peritos oficiais.

1: incorreta. A realização de exame pericial, cujo resultado é materializado por meio do laudo pericial, pode ser solicitada pela autoridade competente (policial ou judiciária) durante as investigações do inquérito, no curso da ação penal a até depois de prolatada a sentença, já em segundo grau de jurisdição. Imaginemos a hipótese em que, em grau de apelação, surja, por qualquer razão, dúvida quanto à capacidade penal do recorrente, que, no primeiro grau de jurisdição, não restou clara. Neste caso, nada obsta que o relator ou revisor, em obediência ao postulado da busca da verdade real, converta o julgamento em perícia, a fim de se aferir, com exatidão, a capacidade penal do apelante. Tal possibilidade vem consagrada no art. 616 do CPP; **2:** incorreta. O sistema de valoração de provas que adotamos, o da *livre convicção* ou *persuasão racional* (art. 155, CPP), estabelece que o convencimento do juiz não deve subordinar-se a critérios predeterminados de valoração da prova (não há, no processo penal, hierarquia entre provas), nada impedindo, bem por isso, que uma prova oral prevaleça sobre uma prova pericial e vice-versa; **3:** incorreta. A remuneração não serve de critério para diferenciar peritos oficiais de não oficiais. Isso porque não é suficiente, para poder se afirmar que se trata de perito oficial, o recebimento de remuneração, sendo certo que tais profissionais, além disso, devem ser aprovados em concurso público e, ao serem nomeados para o cargo, devem prestar compromisso de bem portar-se no exercício de seu mister. ED

Gabarito 1E, 2E, 3E

(Delegado/BA – 2013 – CESPE) Com relação às provas criminais, julgue os itens que se seguem.

(1) É indispensável o exame pericial, direto ou indireto, nos casos em que a infração penal deixe vestígios, não podendo supri-lo a

confissão do acusado, facultada ao MP, ao assistente de acusação, ao ofendido, ao querelante e ao acusado a indicação de assistente técnico para atuar na etapa processual após sua admissão pelo juiz e a conclusão dos exames e elaboração do laudo pelos peritos oficiais.

(2) Consoante a interpretação doutrinária da legislação penal, as buscas e apreensões são consideradas não só meios de prova, mas também providências acautelatórias da atividade probante (medida cautelar), podendo ser executadas em qualquer fase da persecução penal.

(3) De acordo com o CPP, o interrogatório do investigado, em regra, pode ser realizado em qualquer etapa do inquérito policial, e por intermédio do sistema de videoconferência ou de outro recurso tecnológico de transmissão de sons e imagens em tempo real, desde que o investigado esteja recolhido em unidade da federação distinta daquela em que se realize o procedimento e tal medida seja necessária para prevenir risco à segurança pública, em razão de fundada suspeita de que o preso integre organização criminosa ou possa fugir durante o deslocamento.

1: correta, pois em conformidade com o que estabelecem os arts. 158 e 159, §§ 3º e 4º, do CPP; **2:** correta. Oportuno, aqui, o ensinamento de Guilherme de Souza Nucci, que trata, em separado, dos termos *busca* e *apreensão*: "Natureza jurídica: são medidas de natureza mista. Conforme o caso, a busca pode significar um ato preliminar à apreensão de produto de crime, razão pela qual se destina à devolução à vítima. Pode significar, ainda, um meio de prova, quando a autorização é dada pelo juiz para se proceder a uma perícia em determinado domicílio. A apreensão tem os mesmos ângulos. Pode representar a tomada de um bem para acautelar o direito de indenização da parte ofendida, como pode representar a apreensão da arma do delito para fazer prova. Assim, tanto a busca, quanto a apreensão, podem ser vistos, individualmente, como meios assecuratórios ou como meios de prova, ou ambos" (*Código de Processo Penal Comentado*. 12. ed., p. 555). No mais, a medida de busca e apreensão pode ocorrer em fase anterior à investigação policial (busca pessoal do art. 240, § 2º, do CPP), no curso do inquérito e no decorrer da instrução processual, e também ao logo da execução penal; **3:** incorreta. Primeiro porque o sistema de videoconferência somente será utilizado no interrogatório *judicial* (art. 185, § 2º, do CPP); não será admitido, portanto, no âmbito do interrogatório prestado em inquérito policial. Segundo porque não é condição para a realização do interrogatório (judicial) por meio de videoconferência o fato de o acusado (e não investigado) encontrar-se recolhido em unidade da federação distinta daquela na qual tramita o processo. O art. 185 do CPP não contemplou tal exigência. Está correta, é bom que se diga, a última parte da assertiva, que descreve uma das hipóteses em que é admitido o interrogatório (judicial) por videoconferência (art. 185, § 2º, I, do CPP). Também é correto dizer-se que o interrogatório do investigado pode realizar-se em qualquer fase do inquérito policial (procedimento inquisitivo). ED

Gabarito 1C, 2C, 3E

(Delegado/AM) O reconhecimento de pessoas é um dos meios de prova que, quando bem feito na fase inquisitorial, pode ser de grande valor também na fase processual. Segundo o CPP, em relação a esta afirmação a alternativa incorreta é:

(A) no reconhecimento de objetos, proceder-se-á com as cautelas estabelecidas para o reconhecimento de pessoas, no que for aplicável.

(B) a pessoa que tiver de fazer o reconhecimento não será convidada a descrever a pessoa que deva ser reconhecida, tendo em vista a agilidade da investigação policial.

(C) a pessoa, cujo reconhecimento se pretender, será colocada, se possível, ao lado de outras que com ela tiverem qualquer semelhança, convidando-se quem tiver de fazer o reconhecimento a apontá-la.

(D) se houver razão para recear que a pessoa chamada para o reconhecimento, por efeito de intimação ou outra influência, não diga a verdade em face da pessoa de deve ser reconhecida, a autoridade providenciará para que esta não veja aquela. Isto não terá aplicação na fase da instrução criminal ou em plenário do julgamento.

A: proposição em consonância com o estabelecido no art. 227 do CPP; **B:** assertiva incorreta, devendo ser assinalada. Prescreve o art. 226, I, do CPP que aquele que tiver de fazer o reconhecimento procederá, antes, à descrição da pessoa a ser reconhecida; **C:** assertiva correta, nos termos do art. 226, II, do CPP; **D:** assertiva correta, nos termos do art. 226, III e parágrafo único, do CPP. ED

Gabarito "B".

EDUARDO DOMPIERI

(Delegado/AM) O princípio diretamente relacionado às provas é o da

(A) livre convicção condicionada.

(B) intranscendência.

(C) necessidade.

(D) correlação.

Adotamos, como regra, o *sistema da persuasão racional* ou *livre convencimento motivado* ou *livre convicção condicionada*, em que o magistrado decidirá com base no seu livre convencimento, devendo, todavia, fundamentar sua decisão (art. 93, IX, da CF). O *sistema da íntima convicção* é o que vige no Tribunal do Júri, onde o jurado não precisa justificar o seu voto. Existe ainda o *sistema da prova legal*: o juiz, aqui, fica adstrito ao valor atribuído à prova pelo legislador. ED
Gabarito "A".

(Delegado/AP – 2010) Relativamente ao tema prova, analise as afirmativas a seguir:

I. O juiz que conhecer do conteúdo da prova declarada inadmissível não poderá proferir a sentença ou acórdão.

II. O juiz formará sua convicção pela livre apreciação da prova produzida em contraditório judicial, não podendo fundamentar sua decisão exclusivamente nos elementos informativos colhidos na investigação, ressalvadas as provas cautelares, não repetíveis e antecipadas.

III. A lei autoriza a produção antecipada de provas consideradas urgentes e relevantes, mesmo antes de iniciada a ação penal, observando a necessidade, adequação e proporcionalidade da medida.

Assinale:

(A) se somente a afirmativa I estiver correta.

(B) se somente a afirmativa II estiver correta.

(C) se somente a afirmativa III estiver correta.

(D) se somente as afirmativas II e III estiverem corretas.

(E) se todas as afirmativas estiverem corretas.

I: incorreta, na medida em que a lei processual penal, à época em que esta questão foi elaborada, não impunha essa vedação Posteriormente, a Lei 13.964/2019 promoveu a inclusão do § 5º ao art. 157 do CPP, segundo o qual *o juiz que conhecer do conteúdo da prova declarada inadmissível não poderá proferir a sentença ou acórdão*. Este dispositivo encontra-se com a sua eficácia suspensa por decisão cautelar do STF; II: correta (art. 155, *caput*, do CPP); III: correta (art. 156, I, do CPP). ED
Gabarito "D".

(Delegado/AP – 2010) Relativamente ao tema prova, analise as afirmativas a seguir:

I. Quando a infração deixar vestígios será indispensável o exame de corpo de delito, direto ou indireto, realizado por perito oficial, portador de diploma de curso superior. Na falta de perito oficial, o exame será realizado por duas pessoas idôneas, portadoras de diploma de curso superior preferencialmente na área específica, dentre as que tiverem habilitação técnica relacionada com a natureza do exame. Na falta do exame, poderá supri-lo a confissão do acusado.

II. Serão facultadas ao Ministério Público, ao assistente de acusação, ao ofendido, ao querelante e ao acusado a formulação de quesitos e indicação de assistente técnico, que atuará durante a perícia e antes da conclusão dos exames e elaboração do laudo pelos peritos oficiais.

III. Durante o curso do processo judicial, é permitido às partes, quanto à perícia, requerer a oitiva dos peritos para esclarecerem a prova ou para responderem a quesitos, desde que o mandado de intimação e os quesitos ou questões a serem esclarecidas sejam encaminhados com antecedência mínima de 10 (dez) dias, podendo apresentar as respostas em laudo complementar.

Assinale:

(A) se somente a afirmativa I estiver correta.

(B) se somente a afirmativa II estiver correta.

(C) se somente a afirmativa III estiver correta.

(D) se somente as afirmativas II e III estiverem corretas.

(E) se todas as afirmativas estiverem incorretas.

I: incorreta; sempre que a infração deixar *vestígios*, é de rigor a realização do exame de corpo de delito – direito ou indireto. Em hipótese alguma a *confissão*

---

poderá suprir esse exame, que deixou de ser feito em razão de haverem desaparecido os vestígios do crime – art. 158, CPP. A ausência do exame direto poderá, entretanto, ser suprida, a teor do art. 167 do CPP, pela *prova testemunhal*; II: incorreta. Nos termos do art. 159, § 4º, do CPP, a atuação do assistente técnico terá lugar depois de findo o trabalho do perito oficial. Assim, o trabalho levado a efeito pelo perito oficial não será acompanhado pelo assistente técnico, que, repita-se, somente atuará após o término do trabalho daquele; III: assertiva correta, conforme o que dispõe o art. 159, § 5º, I, do CPP. ED
Gabarito "C".

(Delegado/BA – 2008 – CEFETBAHIA) O delegado de uma cidade, tomando conhecimento de que uma quadrilha de estelionatários se reunia numa determinada pensão, esperou todos saírem e promoveu a busca e a apreensão de documentos e máquinas utilizados nos golpes, acompanhado de dois agentes.

Diante dessa situação, pode-se afirmar que

(A) essa prova é válida tendo em vista que o meio pela qual foi obtida é admitido pelo ordenamento jurídico.

(B) o delegado pode, pessoalmente, realizar a busca e a apreensão dos mediantes.

(C) uma ordem judicial é o único instrumento que pode autorizar a entrada de representantes da Lei no domicílio alheio, mesmo que para realizar busca e apreensão.

(D) o delegado pode realizar a busca e a apreensão pessoal dos membros da quadrilha, adentrando na pensão, porém desacompanhado dos agentes.

(E) a prova deve ser validada pelo juiz em 30 dias, após a oitiva do Ministério Público.

Ressalvadas as hipóteses excepcionais contidas no art. 5º, XI, da CF, a busca e apreensão domiciliar somente pode ser levada a efeito por ordem judicial (art. 245, CPP). Além disso, o termo *domicílio* deve ser entendido de maneira ampla, incluídos o local de habitação (residência), o quarto de hotel e também o de pensão, entre outros. ED
Gabarito "C".

(Delegado/GO – 2009 – UEG) Merendão, sabendo da prática habitual de crimes contra o patrimônio perpetrados por Tripa Seca, bem como de seu costume exibicionista de filmar e fotografar suas peripécias criminosas, adentrou no local de trabalho de Tripa Seca, dali subtraindo diversas fotografias de furtos e roubos. De posse do material incriminador, Merendão passou a exigir de Tripa Seca dinheiro, sob a ameaça de entregar os materiais ao Ministério Público. Recusada a exigência, as fotos foram entregues ao promotor de justiça que, de imediato, requisitou a instauração de inquérito policial. Tripa Seca impetrou, então, *habeas corpus* requerendo o trancamento do inquérito policial. Nesse caso:

(A) a autoridade coatora é o delegado de polícia que instaurou o inquérito policial e, portanto, o magistrado competente para apreciar o pedido de *habeas corpus* é o juiz monocrático.

(B) a autoridade coatora é o promotor de justiça que requisitou o inquérito policial, devendo o *habeas corpus* ser impetrado perante o procurador-geral do respectivo Ministério Público que decidirá se a requisição é ilegal, decisão esta que vinculará os órgãos de persecução.

(C) as fotografias e filmagens são elementos probatórios ilícitos e, consequentemente, inadmissíveis no processo penal.

(D) é facultada à autoridade policial o atendimento da requisição do Ministério Público, podendo, caso entender não cabível a instauração de inquérito policial, simplesmente arquivá-la, cabendo recurso, por parte do promotor de justiça, ao secretário de segurança.

O art. 5º, LVI, da CF veda, de forma expressa, a utilização, no processo, de provas obtidas por meios ilícitos. No âmbito do processo penal, a Lei 11.690/1998 previu, também de forma expressa, a ilicitude da prova obtida em violação a normas constitucionais ou legais (art. 157, *caput*, do CPP), reputando inadmissíveis (art. 157, § 1º) aquelas derivadas das ilícitas, salvo quando não evidenciado o nexo de causalidade entre umas e outras, ou quando as derivadas puderem ser obtidas por uma fonte independente das primeiras. As provas entregues por Merendão ao promotor de justiça são ilícitas, porquanto obtidas por intermédio do cometimento do crime de furto, com violação, pois, de direitos fundamentais. Não podem, portanto, ser utilizadas no inquérito tampouco no processo a ser instaurado. A denúncia a ser oferecida pelo Ministério Público, se calcada nessas provas, não tem validade. Pela mesma razão, Tripa Seca não poderá ser condenado com base nas provas entregues por Merendão ao representante do MP. ED
Gabarito "C".

3. DIREITO PROCESSUAL PENAL — 471

(Delegado/MG – 2012) Sobre a prova pericial é **INCORRETO** afirmar:

(A) O exame de corpo de delito deverá ser assinado por 2 (dois) peritos oficiais, portadores de diploma de curso superior.

(B) O exame de corpo de delito poderá ser realizado qualquer dia e horário, inclusive aos domingos.

(C) A autópsia será realizada, em regra, 6 (seis) horas após o óbito.

(D) Nas perícias de laboratório, os peritos guardarão material suficiente para a eventualidade de nova perícia.

A: assertiva incorreta, devendo ser assinalada. A redação anterior do art. 159 do CPP estabelecia que a perícia fosse realizada por *dois* profissionais. Atualmente, com a modificação operada na redação do dispositivo pela Lei 11.690/2008, a perícia será levada a efeito por *um* perito oficial portador de diploma de curso superior. À falta deste, determina o § 1º do art. 159 que o exame seja feito por duas pessoas idôneas, detentoras de diploma de curso superior preferencialmente na área específica, dentre aquelas que tiverem habilitação técnica relacionada com a natureza do exame; **B:** a proposição está correta, pois em conformidade com o disposto no art. 161 do CPP; **C:** assertiva correta, pois reflete o que estabelece o art. 162 do CPP; **D:** assertiva correta, visto que corresponde ao que estabelece o art. 170 do CPP. ED
Gabarito "A".

(Delegado/PR – 2007) É assegurado ao réu o direito de ser interrogado pelo juiz. A respeito da matéria, considere as seguintes afirmativas:

(1) O réu tem o direito de permanecer calado, mas caso o réu abra mão de sua prerrogativa constitucional do silêncio e responda às questões, deve dizer a verdade naquilo que lhe for perguntado.

(2) O réu, até então revel, que comparecer no decorrer da instrução, espontaneamente ou preso, será interrogado.

(3) A todo tempo o juiz poderá proceder a novo interrogatório, de ofício ou a pedido fundamentado de qualquer das partes.

(4) O interrogatório do acusado preso será feito no estabelecimento prisional em que se encontrar, desde que estejam garantidas a segurança do juiz e auxiliares, a presença do defensor e a publicidade do ato.

Assinale a alternativa correta.

(A) Somente as afirmativas 1 e 4 são verdadeiras.

(B) Somente as afirmativas 2, 3 e 4 são verdadeiras.

(C) Somente as afirmativas 3 e 4 são verdadeiras.

(D) As afirmativas 1, 2, 3 e 4 são verdadeiras.

(E) Somente as afirmativas 2 e 3 são verdadeiras.

1: incorreta. Se o réu, a quem assiste o direito de permanecer calado, decide responder às perguntas formuladas pelo magistrado, nenhuma obrigação tem de dizer a verdade sobre o ocorrido, isto é, pode, em sua defesa, *mentir* bem como *omitir*; **2:** assertiva em consonância com o disposto no art. 185, *caput*, do CPP; **3:** assertiva em consonância com o disposto no art. 196 do CPP; **4:** assertiva em consonância com o disposto no art. 185, § 1º, do CPP. ED
Gabarito "B".

(Delegado/SP – 2011) Quanto aos sistemas de avaliação da prova, o Brasil adota

(A) a livre convicção.

(B) somente a persuasão racional.

(C) a persuasão racional, em regra; e a prova legal, excepcionalmente.

(D) a persuasão racional, a íntima convicção e a prova legal.

(E) a persuasão racional, em regra; e a íntima convicção, excepcionalmente.

Adotamos, como regra, o *sistema da persuasão racional* ou *livre convencimento motivado* ou *livre convicção condicionada*, em que o magistrado decidirá com base no seu livre convencimento, devendo, todavia, fundamentar sua decisão (art. 93, IX, da CF). O *sistema da íntima convicção*, que acolhemos como exceção, é o que vige no Tribunal do Júri, onde o jurado não precisa justificar o seu voto. Embora não tenhamos adotado, mesmo que como exceção, existem no nosso sistema resquícios do chamado *sistema da prova legal*: o juiz, aqui, fica adstrito ao valor atribuído à prova pelo legislador. ED
Gabarito "E".

(Delegado/SP – 2008) Denomina-se testemunha fedatária

(A) aquela que prestou informes fidedignos no processo.

(B) aquela que foi referida por outra testemunha.

(C) aquela que acompanhou a leitura do auto de prisão em flagrante na presença do acusado.

(D) aquela que funcionou como informante sem prestar compromisso de dizer a verdade.

(E) aquela que se encontra protegida por lei.

Testemunha fedatária ou instrumentária é a que atesta a regularidade, a legalidade de um ato (art. 304, §§ 2º e 3º, do CPP). ED
Gabarito "C".

(Delegado/TO – 2008 – CESPE) Acerca da prova no processo penal, julgue os próximos itens.

(1) Considere que em determinada ação penal foi realizada perícia de natureza contábil, nos moldes determinados pela legislação pertinente, o que resultou na elaboração do competente laudo de exame pericial. Na fase decisória, o juiz discordou das conclusões dos peritos e, de forma fundamentada, descartou o laudo pericial ao exarar a sentença. Nessa situação, a sentença é nula, pois o exame pericial vincula o juiz da causa.

(2) Considere a seguinte situação hipotética. João, imputável, agrediu fisicamente Francisco, produzindo-lhe lesões corporais leves. Transcorridos alguns dias após a agressão, Francisco compareceu à repartição policial, onde noticiou o crime. Encaminhado para exame pericial, ficou constatado que não mais existiam lesões. Nessa situação, por terem desaparecido os vestígios, a materialidade do delito poderá ser demonstrada por meio de prova testemunhal.

(3) Não se faz distinção entre corpo de delito e exame de corpo de delito, pois ambos representam o próprio crime em sua materialidade.

(4) Por determinação legal, o exame necroscópico ou cadavérico deve ser realizado pelo menos seis horas após o óbito. Todavia, tal obrigatoriedade é dispensada se houver evidência da morte, como ausência de movimentos respiratórios, desaparecimento do pulso ou enregelamento do corpo.

(5) Dispõe a lei processual penal que os exames de corpo de delito e as outras perícias serão feitos por dois peritos oficiais, o que significa que esses técnicos podem desempenhar suas funções independentemente de nomeação da autoridade policial ou do juiz, uma vez que a investidura em tais cargos advém da lei.

1: incorreta, pois, na forma estabelecida no art. 182 do CPP, o magistrado não está vinculado às conclusões do perito, podendo, assim, acolhê-las ou rejeitá-las, no todo ou em parte, desde que fundamentadamente; **2:** a assertiva está correta, pois, uma vez inviabilizada a realização do exame pericial (direto ou indireto) nas infrações que deixam vestígios (chamados *delitos não transeuntes*), em razão do desaparecimento destes, a prova testemunhal poderá suprir-lhe a falta, na forma estatuída no art. 167 do CPP. Mas atenção: em hipótese alguma a confissão do réu poderá suprir a falta do exame de corpo de delito – art. 158, CPP; **3:** proposição incorreta. *Corpo de delito* corresponde aos vestígios deixados pelo crime, ou seja, é tudo aquilo que comprova a existência material do delito, seus elementos sensíveis; já o *exame de corpo de delito* corresponde à prova pericial levada a cabo nesses vestígios materiais gerados pela prática da infração penal; **4:** assertiva em consonância com o que dispõe o art. 162, *caput*, do CPP; **5:** correta. Em vista do que dispõe a nova redação do art. 159, *caput* e § 1º, do CPP, a perícia será levada a efeito por um perito oficial portador de diploma de curso superior, ou, na falta deste, por duas pessoas idôneas, portadores de diploma de curso superior, preferencialmente na área específica. ED
Gabarito 1E, 2C, 3E, 4C, 5C

9. SUJEITOS PROCESSUAIS

O Código de Processo Penal estabelece em seu art. 260 que "Se o acusado não atender à intimação para o interrogatório, reconhecimento ou qualquer outro ato que, sem ele, não possa ser realizado, a autoridade poderá mandar conduzi-lo à sua presença." Em 2018, ao tratar da condução coercitiva, o STF determinou que a expressão "para o interrogatório", prevista no art. 260 do CPP, não foi recepcionada pela Constituição Federal. Assim, não se pode fazer a condução coercitiva do investigado, ou réu, com o objetivo de submetê-lo ao interrogatório sobre os fatos. Quanto a condução coercitiva de investigados, ou de réus, para interrogatório sobre fatos podemos afirmar que pode ensejar a:

I. a responsabilidade disciplinar, civil e penal do agente ou da autoridade que determinou.

II. a ilicitude das provas obtidas.

III. a responsabilidade civil do Estado.

IV. a Nulidade do ato jurídico.

(Delegado/ES – 2019 – Instituto Acesso) Assinale a alternativa correta:

(A) Todas as afirmativas estão corretas.

(B) I e III estão erradas.

(C) Apenas estão erradas a I e IV.

(D) Todas as afirmativas estão erradas.

(E) Apenas estão corretas a II e IV.

Segundo estabelece o art. 260, *caput*, do CPP, incumbe ao juiz, em face do não comparecimento do acusado, devidamente intimado, ao interrogatório, providenciar para que este seja conduzido coercitivamente à sua presença. Sucede que, ao enfrentar esta questão, o Plenário do STF, em julgamento realizado no dia 14 de junho de 2018, por maioria de votos, declarou que a condução coercitiva de réu/investigado para interrogatório, a que faz referência o art. 260 do CPP, não foi recepcionada pela CF/88. A decisão foi tomada no julgamento das ADPFs 395 e 444, ajuizadas, respectivamente, pelo PT e pela OAB. Segundo a maioria dos ministros, a condução coercitiva representa restrição à liberdade de locomoção e viola a presunção de inocência, sendo, portanto, incompatível com a Constituição Federal. Restou ainda decidido que o agente ou a autoridade que desobedecer à decisão tomada no julgamento dessas ADPFs será responsabilizado nos âmbitos disciplinar, civil e penal, podendo ainda a prova obtida por meio do interrogatório ilegal ser considerada ilícita, sem prejuízo da responsabilidade civil do Estado. Com o advento da Lei 13.869/2019, que revogou a Lei 4.898/1965 (antiga Lei de Abuso de Autoridade), passa a configurar crime de abuso de autoridade a conduta do agente que decreta a condução coercitiva de testemunha ou investigado manifestamente descabida ou sem prévia intimação de comparecimento ao juízo.
Gabarito "A".

(Delegado/PE – 2016 – CESPE) Em consonância com a doutrina majoritária e com o entendimento dos tribunais superiores, assinale a opção correta acerca dos sujeitos do processo e das circunstâncias legais relativas a impedimentos e suspeições.

(A) As disposições relativas ao princípio do juiz natural são analogamente aplicadas ao MP.

(B) No curso do inquérito policial, se for constatado que o delegado de polícia seja inimigo pessoal do investigado, este poderá opor exceção de suspeição, sob pena de preclusão do direito no âmbito de eventual ação penal.

(C) O corréu pode atuar, no mesmo processo, como assistente da acusação do início da ação penal até seu trânsito em julgado, desde que autorizado pelo representante do *parquet*.

(D) Poderá funcionar como perito no processo aquele que tiver opinado anteriormente sobre o objeto da perícia na fase de investigação criminal, em razão da especificidade da prova pericial.

(E) A impossibilidade de identificação do acusado pelo seu verdadeiro nome ou por outros qualificativos que formalmente o individualize impede a propositura da ação penal, mesmo que certa a identidade física do autor da infração penal.

A: correta. A garantia contida no art. 5º, LIII, da CF ("ninguém será processado nem sentenciado senão pela autoridade competente") contempla, como se pode ver, não apenas o princípio do juiz natural, mas também o do promotor natural, que consiste, *grosso modo*, na garantia que todos temos de ser processados por um órgão estatal imparcial, cujas atribuições tenham sido previamente estabelecidas em lei; **B:** incorreta, pois não reflete a regra presente no art. 107 do CPP; **C:** incorreta, pois contraria o disposto no art. 270 do CPP; **D:** incorreta (art. 279, II, do CPP); **E:** incorreta (art. 259, CPP). 🔲
Gabarito "A".

(Delegado/MG – 2008) Sobre as exceções processuais, é CORRETO afirmar que

(A) a exceção de suspeição é classificada pela doutrina como peremptória.

(B) as exceções de coisa julgada e litispendência são consideradas dilatórias.

(C) as exceções de ilegitimidade de parte e incompetência são consideradas dilatórias.

(D) a exceção de ilegitimidade de parte é considerada peremptória.

Consideram-se peremptórias as exceções que, uma vez acolhidas, acarretam a extinção do processo, quais sejam, a de litispendência, ilegitimidade de parte e coisa julgada. Já as exceções de incompetência territorial do juízo e de suspeição são meramente dilatórias, estendendo a marcha processual até que os autos sejam remetidos ao juízo competente ou insuspeito. 🔲
Gabarito "C".

10. CITAÇÃO, INTIMAÇÃO E PRAZOS

(Delegado/MG – 2018 – FUMARC) Sobre citação no processo penal, é CORRETO afirmar:

(A) O processo penal poderá prosseguir, mesmo que o acusado não tenha sido pessoalmente citado.

(B) Sempre será o primeiro ato de comunicação do denunciado no processo penal.

(C) Estando em lugar incerto e não sabido, será citado por hora certa.

(D) Estando o acusado no estrangeiro, será citado por edital.

A: correta. No processo penal, a citação será, em regra, pessoal ou real, o que significa dizer que o denunciado tomará conhecimento pessoal da ação que contra ele foi ajuizada. Esta citação é feita por oficial de Justiça, por meio de mandado. Pode acontecer de o acusado não ser localizado para citação pessoal, quer porque seu paradeiro é desconhecido, quer porque ele se oculta para inviabilizar sua citação. Nessas hipóteses, o CPP estabelece que a citação seja ficta ou presumida. Se o oficial de Justiça verificar, pelas diligências realizadas, que o acusado se oculta para não ser citado, procederá à citação com hora certa (modalidade de citação ficta); se, de outro lado, o réu não for localizado para citação pessoal, será realizada, depois de exauridos todos os recursos para sua localização, a citação por edital, que também constitui hipótese de citação ficta. No caso da citação por hora certa (art. 362, CPP), que, como já dito, constitui modalidade de citação presumida (não pessoal), se o acusado não apresentar sua defesa no prazo de dez dias, ser-lhe-á nomeado defensor dativo para promover a defesa do réu (art. 362, parágrafo único, CPP). Ou seja, o processo seguirá sua marcha normalmente sem que o acusado tenha sido citado pessoalmente. Uma vez realizada a citação por edital (modalidade ficta de comunicação processual), se o acusado não comparecer tampouco constituir defensor, o processo e o prazo prescricional ficarão, em vista da disciplina estabelecida no art. 366 do CPP, suspensos, podendo o juiz determinar a produção das provas consideradas urgentes bem como decretar a prisão preventiva do réu, desde que presentes os requisitos do art. 312 do CPP. Ou seja, mesmo citado por edital, o processo poderá prosseguir, com a produção de provas urgentes ou com a decretação da custódia preventiva; **B:** incorreta. Nem sempre a citação será o primeiro ato de comunicação do denunciado no processo penal. Veja-se o caso da defesa preliminar de que trata o art. 514 do CPP, a ser ofertada no prazo de 15 dias pelo funcionário público denunciado pela prática de crime funcional afiançável. Neste caso, antes de receber a denúncia, o juiz determinará a notificação do acusado para oferecer resposta por escrito, de forma a rebater o teor da denúncia antes de ela ser apreciada pelo magistrado. É a antecipação do contraditório, que, no procedimento comum, será exercido após o recebimento da denúncia, em sede de resposta à acusação; **C:** incorreta. Estando o denunciado em lugar incerto e não sabido, será citado por edital (art. 361, CPP). Na citação por hora certa, o réu não é localizado porque se oculta, e não porque seu paradeiro é desconhecido (art. 362, CPP); **D:** incorreta. Em vista do que estabelece o art. 368 do CPP, estando o acusado no estrangeiro, em local conhecido, será citado por carta *rogatória*, devendo ser suspenso o curso do prazo prescricional até o seu cumprimento.
Gabarito "A".

(Delegado/GO – 2017 – CESPE) Com referência a citação e intimação no processo penal, assinale a opção correta.

(A) A citação do réu preso poderá ser cumprida na pessoa do procurador por ele constituído na fase policial.

(B) As intimações dos defensores públicos nomeados pelo juízo devem ser realizadas mediante publicação nos órgãos incumbidos da publicidade dos atos judiciais da comarca, e não os havendo, pelo escrivão, por mandado ou via postal.

(C) Os prazos para a prática de atos processuais contam-se da data da intimação e não da juntada aos autos do mandado ou da carta precatória ou de ordem.

(D) Em função dos princípios da simplicidade, informalidade e economia processual, é admissível a citação por edital e por hora certa nos procedimentos sumaríssimos perante juizado especial criminal.

(E) No procedimento comum, não se admite a citação ficta.

A: incorreta. Se preso estiver o acusado, sua citação deverá ser feita pessoalmente (art. 360, CPP), com a entrega, pelo oficial de Justiça, do respectivo mandado citatório; **B:** incorreta. A intimação do defensor público, do dativo e do representante do MP será sempre feita *pessoalmente* (art. 370, § 4º, CPP). Realizar-se-á mediante publicação nos órgãos incumbidos da publicidade dos atos judiciais da comarca a intimação do defensor constituído, do advogado do querelante e do assistente (art. 370, § 1º, CPP); **C:** correta, pois em conformidade com o entendimento consolidado na Súmula n. 710, do STF: "No processo penal, contam-se os prazos da data da intimação, e não da juntada aos autos do mandado ou da carta precatória ou de

3. DIREITO PROCESSUAL PENAL

ordem"; **D:** incorreta. O art. 66, parágrafo único, da Lei 9.099/1995 estabelece que, no âmbito do procedimento sumaríssimo, não localizado o acusado para ser citado pessoalmente, as peças serão encaminhadas ao juízo comum para prosseguimento, no qual se procederá, se necessário for, à citação por hora certa ou por edital, dada a incompatibilidade dessas modalidades de citação ficta com a celeridade imanente ao procedimento adotado na Lei 9.099/1995; **E:** incorreta. O procedimento comum, tanto o ordinário quanto o sumário, admite, sim, as modalidades de citação ficta ou presumida, que são a citação por edital (art. 361, CPP) e por hora certa (art. 362, CPP). A propósito, o STF, ao julgar o RE 635.145, reconheceu, em votação unânime, a constitucionalidade da citação por hora certa, rechaçando a tese segundo a qual esta modalidade de citação ficta ofende os postulados da ampla defesa e do contraditório. **ED**
Gabarito "C".

(Delegado/DF – 2015 – Fundação Universa) A respeito da citação no processo penal, assinale a alternativa correta.

(A) Como regra, no processo penal, a citação inicial será feita por carta, com aviso de recebimento.

(B) O CPP não acolhe o instituto da precatória itinerante.

(C) Diversamente do que ocorre no processo civil, não se admite a citação por hora certa no direito processual penal.

(D) Se o acusado, citado por edital, não comparecer nem constituir advogado, ficarão suspensos o processo e o curso do prazo prescricional, podendo o juiz determinar a produção antecipada das provas consideradas urgentes e, se for o caso, decretar a prisão preventiva do réu.

(E) Se o réu, tendo sido citado ou intimado pessoalmente, deixar de comparecer justificadamente a um ato processual, suspender-se-á a ação penal, visto que não se admite o instituto da revelia no processo penal.

A: incorreta. No processo penal, a citação será feita, em regra, por mandado, a ser cumprido por oficial de justiça (art. 351, CPP). A citação pelo correio (por carta), diferentemente do que se dá no processo civil, não é admitida no âmbito do processo penal; **B:** incorreta, já que a precatória itinerante é acolhida, sim, pelo CPP (art. 355, § 1º); **C:** incorreta, uma vez que, segundo dispõe o art. 362 do CPP, diante da ocultação do réu, incumbe ao oficial de Justiça proceder à citação com hora certa. Esta modalidade de citação ficta, antes exclusiva do processo civil, agora também é admitida no âmbito do processo penal, dada a mudança introduzida na redação do dispositivo legal pela Lei 11.719/2008. A propósito, o STF, ao julgar o RE 635.145, reconheceu, em votação unânime, a constitucionalidade da citação por hora certa no processo penal, rechaçando a tese segundo a qual esta modalidade de citação ficta ofende os postulados da ampla defesa e do contraditório; **D:** correta. Se o réu, depois de citado por edital, não comparecer tampouco constituir defensor, o processo e o prazo prescricional ficarão, em vista da disciplina estabelecida no art. 366 do CPP, suspensos, podendo ser decretada, se o caso, sua prisão preventiva bem como determinada a produção antecipada das provas consideradas urgentes; **E:** incorreta (art. 367, CPP). **ED**
Gabarito "D".

(Delegado/SP – 2014 – VUNESP) No processo penal, as intimações

(A) serão sempre pessoais.

(B) do defensor constituído serão feitas pelo órgão incumbido da publicidade.

(C) não são obrigatórias quando se trata do Ministério Público.

(D) são atos que, se desrespeitados, causam nulidade absoluta do processo.

(E) serão pessoais, salvo se o réu estiver preso.

A: incorreta, já que a intimação poderá ser feita pela publicação no órgão incumbido da publicidade dos atos judiciais, (art. 370, § 1º, CPP), bem assim por via postal (art. 370, § 2º, CPP); **B:** correta, porque em conformidade com a regra presente no art. 370, § 1º, CPP; **C:** incorreta, dado que a intimação do MP é obrigatória e far-se-á pessoalmente (art. 370, § 4º, CPP); **D:** incorreta. Trata-se, isto sim, de nulidade relativa (art. 570, CPP); **E:** incorreta. A intimação será feita pessoalmente ao representante do MP, ao defensor público e ao dativo. **ED**
Gabarito "B".

(Delegado/SP – 2014 – VUNESP) Quando o réu estiver fora do território da jurisdição processante,

(A) será citado mediante carta precatória.

(B) será citado por hora certa.

(C) será julgado à revelia.

(D) deverá ser dispensado de comparecer nas audiências, devendo ser interrogado por videoconferência.

(E) deverá solicitar que o processo seja remetido para a comarca de sua residência, a fim de que possa se defender melhor dos fatos que lhe são imputados na denúncia.

Estabelece o art. 353 do CPP que "quando o réu estiver fora do território da jurisdição do juiz processante, será citado mediante carta precatória". **ED**
Gabarito "B".

(Delegado/AP – 2010) Com relação ao tema *citações*, assinale a afirmativa incorreta.

(A) No processo penal o réu que se oculta para não ser citado poderá ser citado por hora certa na forma estabelecida no Código de Processo Civil.

(B) Estando o acusado no estrangeiro, em lugar sabido, a citação far-se-á por carta ou qualquer meio hábil de comunicação.

(C) Se o acusado, citado por edital, não comparecer, nem constituir advogado, ficarão suspensos o processo e o curso do prazo prescricional.

(D) O processo seguirá sem a presença do acusado que, citado ou intimado pessoalmente para qualquer ato, deixar de comparecer sem motivo justificado.

(E) Se o réu estiver preso, será pessoalmente citado.

A: assertiva correta (art. 362, CPP); **B:** assertiva incorreta, devendo ser assinalada (art. 368, CPP); **C:** assertiva correta (art. 366, CPP); **D:** assertiva correta (art. 367, CPP); **E:** assertiva correta (art. 360, CPP). **ED**
Gabarito "B".

11. PRISÃO, MEDIDAS CAUTELARES E LIBERDADE PROVISÓRIA

(Delegado/ES – 2019 – Instituto Acesso) A Lei nº 12.403/2011 inseriu no ordenamento jurídico brasileiro as medidas cautelares diversas da prisão, de forma que a privação da liberdade fosse considerada como medida cautelar excepcional. Assim, assinale qual a alternativa correta a respeito desse instituto.

(A) Na audiência de custódia é obrigatória a presença e oitiva dos agentes policiais responsáveis pela prisão ou pela investigação.

(B) A audiência de custódia ainda não está regulamentada por lei no Brasil. A concretude desse instinto se deu em razão da previsão na Convenção Americana de Direitos Humanos e por ato normativo do CNJ.

(C) A audiência de custódia não é compreendida como um direito humano nos estatutos internacionais.

(D) A audiência de custódia está devidamente regulamentada, na lei 12.850/13, no Brasil.

(E) Para o STJ a alegação de nulidade da prisão em flagrante em razão da não realização de audiência de custódia no prazo legal não fica superada com a conversão do flagrante em prisão preventiva.

Embora não contemplada, de forma expressa, na CF/1988, a Convenção Americana sobre Direitos Humanos (Pacto de San José da Costa Rica), incorporada ao ordenamento jurídico brasileiro, em seu art. 7º (5), assim estabelece: "Toda pessoa presa, detida ou retida deve ser conduzida, sem demora, à presença de um juiz ou outra autoridade autorizada por lei a exercer funções judiciais (...)". O Conselho Nacional de Justiça, em parceria com o Tribunal de Justiça de São Paulo e também com o Ministério da Justiça, lançou e implementou o projeto "audiência de custódia", cujo propósito é assegurar ao preso o direito de ser apresentado, de forma rápida, a um juiz de direito, ao qual caberá analisar, entre outros aspectos, a legalidade da prisão em flagrante e também a necessidade de esta ser convertida em prisão preventiva. Para tanto, o CNJ editou a Resolução 213/2015, cujo art. 1º assim estabelece: *Determinar que toda pessoa presa em flagrante delito, independentemente da motivação ou natureza do ato, seja obrigatoriamente apresentada, em até 24 horas da comunicação do flagrante, à autoridade judicial competente, e ouvida sobre as circunstâncias em que se realizou sua prisão ou apreensão.* Posteriormente à elaboração desta questão, a Lei 13.964/2019, conhecida como Pacote Anticrime, contemplou a audiência de custódia, inserindo-a no art. 310 do CPP. Pela primeira vez, portanto, a audiência de custódia, objeto de tantos debates na comunidade jurídica, tem previsão legal. Como dissemos acima, até então esta matéria estava prevista tão somente na Resolução CNJ 213/2015. Segundo estabelece a nova redação do *caput* do art. 310 do CPP, "após receber o auto de prisão em flagrante, no prazo máximo de 24 (vinte e quatro) horas após a realização da prisão, o juiz deverá promover audiência de custódia com a presença do acusado, seu advogado constituído ou membro da Defensoria Pública e o membro do Ministério Público e, nessa audiência, o juiz deverá, fundamentadamente: (...)". O § 4º deste dispositivo, também inserido pela Lei 13.964/2019 e cuja eficácia está suspensa por decisão cautelar do STF (ADI 6305), impõe a liberalização da prisão do autuado em flagrante em razão da não realização da audiência de custódia no prazo de 24 horas. Posteriormente a isso, o Congresso Nacional, ao apreciar os vetos impostos pelo presidente da República ao PL 6.341/2019 (que deu origem à Lei 13.964/2019), rejeitou (derrubou) vários deles (na verdade, 16 dos 24 vetos). No que toca à audiência de custódia, com a rejeição ao veto imposto pelo PR ao art. 3º-B, § 1º, do CPP (contido no PL 6341/2019), fica vedada a possibilidade de se proceder à audiência de custódia por meio de sistema de videoconferência (ressalvado o período de pandemia). Doravante, pois, as audiências de custódia deverão ser realizadas presencialmente. O art. 3º-B, § 1º, do CPP conta com a seguinte redação (agora restabelecida com a derrubada do veto): *O preso em flagrante ou por força de mandado de prisão provisória será encaminhado à presença do juiz de garantias no prazo de 24 (vinte e quatro) horas, momento em que se realizará audiência com a presença do Ministério Público e da Defensoria Pública ou de advogado constituído, vedado o emprego de videoconferência.* Ponderou o presidente da República, por ocasião de seu veto, que *suprimir a possibilidade da realização da audiência por videoconferência gera insegurança jurídica.* Além disso, segundo também justificou, *o dispositivo pode acarretar em aumento de despesa, notadamente nos casos de juiz em vara única, com apenas um magistrado, seja pela necessidade de pagamento de diárias e passagens a outros magistrados para a realização de uma única audiência, seja pela necessidade premente de realização de concurso para a contratação de novos magistrados.*

Gabarito "B".

(Delegado/RS – 2018 – FUNDATEC) Acerca da disciplina sobre prisão e liberdade, assinale a alternativa correta.

(A) Em até 24 (vinte e quatro) horas após a realização da prisão, será encaminhado ao juiz competente o auto de prisão em flagrante e, caso o autuado não informe o nome de seu advogado, cópia integral para a Defensoria Pública e ao Ministério Público.

(B) Da lavratura do auto de prisão em flagrante deverá constar a informação sobre a existência de filhos, respectivas idades e se possuem alguma deficiência e o nome e o contato de eventual responsável pelos cuidados dos filhos, indicado pela pessoa presa.

(C) Se o réu, sendo perseguido, passar ao território de outro município ou comarca, o executor poderá efetuar-lhe a prisão no lugar onde o alcançar, apresentando-o imediatamente à autoridade do local do início da perseguição para a lavratura do auto de flagrante.

(D) Nos termos da Lei nº 9.099/1995, ao autor do fato que, após a lavratura do termo, for imediatamente encaminhado ao juizado ou assumir o compromisso de a ele comparecer, não se imporá prisão em flagrante, nem se exigirá fiança. Em caso de violência doméstica, o juiz poderá determinar, como medida de cautela, a realização de audiência de conciliação.

(E) Em se tratando de delito de descumprimento de medida protetiva, havendo a prisão em flagrante do suspeito, caberá à autoridade policial o arbitramento de fiança.

A: incorreta. O erro está em afirmar que, na hipótese de o autuado não declinar o nome de seu advogado, a cópia integral do auto de prisão em flagrante deverá ser encaminhada, dentro do prazo de 24 horas, ao MP, quando, na verdade, tal expediente deverá ser remetido à Defensoria Pública (art. 306, § 1º, CPP). Quanto ao MP, por força do que dispõe o art. 306, *caput*, do CPP, ele (e também o juiz) deverá ser imediatamente comunicado da prisão e do local onde se encontre a pessoa detida; **B:** correta, pois em consonância com o art. 304, § 4º, do CPP, inserido por meio da Lei 13.257/2016; **C:** incorreta. Na hipótese de a prisão-captura se dar em local diverso daquele onde foi cometido o delito, o conduzido deverá ser apresentado ao delegado de polícia com circunscrição no local em que se deu a prisão (e não ao do lugar em que teve início a perseguição), que terá atribuição para a lavratura do respectivo auto de prisão em flagrante (art. 290, CPP). Nessa hipótese, a autoridade policial que presidiu o auto de prisão em flagrante cuidará para que, após, os autos sejam enviados à autoridade policial da circunscrição do local em que foi praticado o crime; **D:** incorreta, já que, por força do que dispõe o art. 41 da Lei Maria da Penha, a Lei 9.099/1995, que instituiu os Juizados Especiais, não tem incidência no contexto da violência doméstica; **E:** incorreta. Nos termos do art. 24-A, § 2º, da Lei 11.340/2006 (Maria da Penha), na hipótese de prisão em flagrante pelo cometimento do crime descrito no *caput* desse dispositivo (descumprimento de medida protetiva de urgência), somente ao magistrado é dado conceder fiança.

Gabarito "B".

(Delegado/RS – 2018 – FUNDATEC) João foi atuado em flagrante delito pelo crime de receptação dolosa de animal (Art. 180-A, CP) na Região da Campanha Estado do Rio Grande do Sul. Em sua propriedade, foram encontrados, ocultados, cerca de 300 semoventes subtraídos de determinada fazenda, demonstrando a gravidade em concreto da ação do flagrado. Confessado o delito, João referiu que possuía a finalidade de comercializar o gado em momento posterior. Considerando a prática deste delito e verificadas as condenações anteriores, restou caracterizada, com a nova conduta, a reincidência dolosa de João em delitos da mesma espécie. Além disso, o autuado apresenta extenso rol de maus antecedentes em delitos de receptação. Neste caso, considerando o Código de Processo Penal, deverá o delegado de polícia:

(A) Representar por medida cautelar diversa da prisão, uma vez que o delito foi praticado sem a utilização de violência ou grave ameaça à pessoa.

(B) Representar pela prisão preventiva, demonstrando, fundamentadamente, a insuficiência e a inadequação de outras medidas cautelares diversas da prisão, bem como a presença dos requisitos autorizadores da segregação cautelar.

(C) Arbitrar fiança, de imediato, sob pena de constrangimento ilegal ao autuado.

(D) Representar pela prisão preventiva, ainda que seja suficiente medida cautelar diversa da prisão, tendo em vista estarem presentes os requisitos previstos no art. 312 do Código de Processo Penal.

(E) Após a lavratura do auto de prisão em flagrante, remeter os autos ao Poder Judiciário, independente de representação por prisão preventiva, sendo permitido ao juiz decretá-la de ofício, conforme Art. 311 do Código de Processo Penal.

A pena máxima cominada para o crime em que incorreu João corresponde a *cinco* anos. Assim, preenchido está o requisito contido no art. 313, I, do CPP (crime doloso punido com pena privativa de liberdade máxima superior a *quatro* anos). Deve-se, agora, verificar se está presente algum dos fundamentos da custódia preventiva (art. 312 do CPP). O enunciado não deixa dúvidas de que o autuado vem reiteradamente, ao longo do tempo, praticando crimes da mesma espécie, o que, à evidência, oferece risco à ordem pública, que constitui um dos fundamentos da prisão preventiva. Ademais, o delito pelo qual João foi autuado em flagrante revela-se concretamente grave, dada a significativa quantidade de semoventes ocultados, todos destinados a futura comercialização. Dessa forma, é possível afirmar que a prisão preventiva mostra-se a medida mais adequada à espécie, pois, neste caso, terá a finalidade de fazer cessar a atividade criminosa de José.

Gabarito "B".

(Delegado/RS – 2018 – FUNDATEC) Acerca da prisão, medidas cautelares e liberdade, é correto afirmar que:

(A) É cabível medida cautelar diversa da prisão a crime cuja pena cominada seja de multa.

(B) A prisão temporária será decretada pelo Juiz, de ofício, em face da representação da autoridade policial ou de requerimento do Ministério Público, e terá o prazo de 5 (cinco) dias, prorrogável por igual período em caso de extrema e comprovada necessidade.

(C) Ausentes os requisitos da prisão preventiva, é cabível liberdade provisória para o crime de tráfico de drogas.

(D) É constitucional a expressão "e liberdade provisória", constante do caput do artigo 44 da Lei nº 11.343/2006, conforme entendimento do Supremo Tribunal Federal.

(E) A autoridade policial somente poderá conceder fiança nos casos de infração cuja pena privativa de liberdade máxima seja inferior a 4 (quatro) anos.

A: incorreta, pois não reflete o disposto no art. 283, § 1º, do CPP; **B:** incorreta. A prisão temporária deve ser decretada pelo juiz, após representação da autoridade policial ou de requerimento do MP, não sendo permitida a sua decretação de ofício. Em caso de representação da autoridade policial, o juiz, antes de decidir, deve ouvir o MP e, em qualquer caso, deve decidir fundamentadamente sobre o decreto de prisão temporária dentro do prazo de 24 horas, contadas a partir do recebimento da representação ou do requerimento. É o que estabelece o art. 2º, *caput*, da Lei 7.960/1989; **C:** correta. Nos crimes hediondos e assemelhados, como é o caso do tráfico de drogas, o art. 5º, XLIII, da Constituição Federal veda tão somente a concessão de *fiança.* Com o advento da Lei 11.464/2007, que modificou a redação do art. 2º da Lei de Crimes Hediondos, cuja redação original vedava a concessão de fiança e liberdade provisória, passou a ser possível a sua concessão sem fiança, já que foi extraída do dispositivo (art. 2º, II, da Lei 8.072/1990). Mais recentemente, a Lei 12.403/2011 promoveu uma série de inovações no âmbito da prisão e da liberdade provisória, entre elas alterou a redação do art. 323 do CPP, que passou a prever que os crimes hediondos e os delitos a eles equiparados (tráfico de drogas, tortura e terrorismo) são inafiançáveis. Pois bem, tal prescrição é inquestionável, já que em perfeita harmonia com o texto da

3. DIREITO PROCESSUAL PENAL

CF/1988 (art. 5º, XLIII). A questão que se coloca, todavia, é saber se a liberdade provisória sem fiança pode ser aplicada aos crimes hediondos e assemelhados. A despeito de haver divergências, notadamente na jurisprudência, entendemos, s.m.j., que a CF/88 proibiu tão somente a liberdade provisória com fiança. Se quisesse de fato proibir a liberdade provisória sem fiança, teria por certo feito menção a ela. Não o fez. Logo, a liberdade provisória vedada pelo constituinte nos crimes hediondos e equiparados é somente a com fiança. Correta está a assertiva, portanto; **D**: incorreta, já que o STF já se manifestou a esse respeito, considerando tal expressão inconstitucional (RE 1038925, com repercussão geral); **E**: incorreta. Nos termos do art. 322 do CPP, poderá a autoridade policial conceder fiança nos casos de infração cuja pena máxima cominada não seja superior a 4 anos (se for igual a 4, pode o delegado arbitrar fiança).

Gabarito "C"

(Delegado/RS – 2018 – FUNDATEC) Assinale a alternativa correta.

(A) Segundo jurisprudência dos Tribunais Superiores, não cabe *habeas corpus* em sede de inquérito policial.

(B) A prisão domiciliar poderá ser concedida a homem, caso seja o único responsável pelos cuidados do filho de até 12 (doze) anos de idade incompletos.

(C) O dinheiro ou objetos dados como fiança servirão ao pagamento das custas do processo, ainda que o réu seja absolvido.

(D) É possível o recolhimento domiciliar no período noturno e nos dias de folga, ainda que o investigado ou acusado não tenha residência e trabalho fixos.

(E) Nos crimes de abuso de autoridade, a ação penal será instruída com inquérito policial ou justificação, sem os quais a denúncia será considerada inepta diante da ausência de lastro probatório mínimo.

A: incorreta. É recorrente e amplamente aceito nos tribunais o emprego do HC em sede de inquérito policial. É possível utilizá-lo, por exemplo, para trancar o inquérito, diante de flagrante ausência de justa causa para a sua existência, ou ainda para impedir que o investigado seja submetido a indiciamento que se revele injustificado, entre tantas outras possibilidades. Perceba que, em todos esses casos (de emprego de HC no IP), está em jogo, ainda que de forma indireta, a liberdade de locomoção do indivíduo, o que justifica a impetração deste remédio constitucional. Atenção: o art. 3º-B, XII, do CPP, introduzido pela Lei 13.964/2019, estabelece ser uma das atribuições do juiz das garantias julgar HC antes do oferecimento da denúncia; **B**: correta, já que se refere a uma das hipóteses em que tem lugar a substituição da prisão preventiva pela domiciliar (art. 318, VI, do CPP); **C**: incorreta. Tal destinação somente se verificará na hipótese de o réu ser condenado (art. 336, CPP); **D**: incorreta. Tal medida cautelar somente terá lugar quando o investigado ou acusado tiver residência e trabalho fixos (art. 319, V, CPP); **E**: incorreta, na medida em que a ação penal, nos crimes de abuso de autoridade, será iniciada por denúncia do MP (ação penal pública incondicionada), independentemente de IP ou justificação (art. 12 da Lei 4.898/1965). Atenção: posteriormente à elaboração desta questão, a Lei 4.898/1965 foi revogada pela Lei 13.869/2019.

Gabarito "B"

(Delegado/MG – 2018 – FUMARC) Sobre o regime jurídico da liberdade provisória, é CORRETO afirmar:

(A) A cassação da fiança poderá ocorrer com a inovação da classificação do delito tido, inicialmente, como afiançável.

(B) Não poderá haver reforço da fiança mediante inovação da classificação do delito.

(C) O pagamento da fiança poderá ser dispensado pela autoridade policial, em face da situação econômica do preso.

(D) O quebramento injustificado da fiança importará na perda da totalidade do seu valor.

A: correta, pois em consonância com a regra disposta no art. 339 do CPP; **B**: incorreta, pois não corresponde ao que estabelece o art. 340, III, do CPP; **C**: incorreta, já que somente ao juiz é dado dispensar a fiança (arts. 325, I, e 350, CPP); **D**: incorreta, pois não reflete o disposto no art. 343 do CPP.

Gabarito "A"

(Delegado/AP – 2017 – FCC) Sobre a prisão em flagrante, é correto afirmar que

(A) é ato exclusivo da autoridade policial nos casos de perseguição logo após a prática do delito.

(B) deve o delegado de polícia representar pela prisão preventiva, quando o agente é encontrado, logo depois, com instrumentos ou papéis que façam presumir ser ele autor da infração, dada a impossibilidade de prisão em flagrante.

(C) é vedada pelo Código de Processo Penal, em caso de crime permanente, diante da possibilidade de prisão temporária.

(D) a falta de testemunhas do crime impede a lavratura do auto de prisão em flagrante, devendo a autoridade policial instaurar inquérito policial para apuração do fato.

(E) o auto de prisão em flagrante será encaminhado ao juiz em até 24 horas após a realização da prisão, e, caso não seja indicado o nome de seu advogado pela pessoa presa, cópia integral para a Defensoria Pública.

A: incorreta. A autoridade policial e seus agentes, a teor do que dispõe o art. 301 do CPP, *devem* prender quem quer que se encontre em situação de flagrante. Este é o chamado *flagrante obrigatório*. Agora, qualquer pessoa do povo *poderá* fazer o mesmo, isto é, proceder à prisão em flagrante daquele que se encontre nessa situação. Este é o chamado *flagrante facultativo*. Assim, a prisão (em flagrante, qualquer que seja a sua modalidade) não constitui ato privativo da autoridade policial e de seus agentes; **B**: incorreta. A hipótese narrada no enunciado constitui o chamado flagrante presumido ou ficto, podendo a prisão (em flagrante) realizar-se nessas circunstâncias, sendo prescindível, portanto, que a autoridade policial dirija representação ao juiz de direito nesse sentido (art. 302, IV, do CPP); **C**: incorreta, dado que, nas chamadas infrações permanentes, assim entendidas aquelas cuja consumação se protrai no tempo por vontade do agente, este pode ser preso em flagrante a qualquer momento, enquanto não cessada a permanência (art. 303, CPP); **D**: incorreta. A falta de testemunhas do crime não impede a lavratura do auto de prisão em flagrante, mas, neste caso, a autoridade policial cuidará para que, além do condutor, o auto seja assinado por duas pessoas que hajam presenciado a apresentação do conduzido ao delegado (art. 304, § 2º, CPP); **E**: correta, Depois de efetuada a prisão em flagrante de alguém, incumbe à autoridade policial que presidiu o auto respectivo providenciar, no prazo máximo de 24 horas, o encaminhamento do auto e das demais peças ao juiz de direito competente. Além do magistrado, devem ser comunicados o MP e a família do preso ou outra pessoa que ele indicar. Não é só. Por imposição da Lei 12.403/2012, que alterou o art. 306, § 1º, do CPP, também deve ser comunicada, caso o autuado não informe o nome de seu advogado, a Defensoria Pública, com remessa de cópia integral das peças (todas as oitivas). **ED**

Gabarito "E"

(Delegado/AP – 2017 – FCC) O Código de Processo Penal dispõe que no regime da prisão preventiva

(A) é vedada a decretação da prisão preventiva antes do início do processo criminal.

(B) a decretação da prisão preventiva como garantia da ordem pública requer indício suficiente da existência do crime.

(C) a prisão preventiva decretada por conveniência da instrução criminal ou para assegurar a aplicação da lei penal possuem relação de cautelaridade com o processo penal.

(D) a reincidência é irrelevante para a admissão da prisão preventiva.

(E) a gravidade do delito dispensa a motivação da decisão que decreta a prisão preventiva.

A: incorreta. A prisão preventiva pode ser decretada em qualquer fase da persecução penal, o que inclui a fase investigativa e a instrução criminal, conforme estabelece o art. 311 do CPP, cuja redação foi alterada pela Lei 13.964/2019; **B**: incorreta. Sem prejuízo dos fundamentos da prisão preventiva (garantia da ordem pública, por exemplo), que devem se fazer presentes (ao menos um deles – art. 312, CPP), é de rigor a coexistência de indícios suficientes de autoria e prova da existência do crime (materialidade). Não bastam, portanto, indícios de que o crime ocorreu; **C**: correta. Trata-se de fundamentos da prisão preventiva cujo propósito é conferir proteção ao processo de modo que, dessa forma, se atinja a verdade dos fatos (art. 312, CPP); **D**: incorreta. A reincidência, por si só, não pode servir de fundamento para a decretação da custódia preventiva; no entanto, tal circunstância poderá ser levada em conta pelo juiz quando da decretação dessa medida; **E**: incorreta. Por mais grave que seja o delito, circunstância que sempre deve ser analisada no caso concreto, é de rigor, ainda assim, a motivação da decisão que decreta a custódia preventiva (art. 315, *caput*, CPP). **ED**

Gabarito "C"

(Delegado/AP – 2017 – FCC) A prisão domiciliar no processo penal

(A) deve ser cumprida em Casa de Albergado ou, em sua falta, em outro estabelecimento prisional similar.

(B) pode ser concedida à mulher grávida, desde que comprovada a situação de risco da gestação.

(C) é medida cautelar diversa da prisão que pode beneficiar mulheres de qualquer idade, mas o homem apenas se for idoso.

(D) pode ser concedida à mulher que tenha filho de até 16 anos de idade incompletos.

476 EDUARDO DOMPIERI

(E) é cabível em caso de pessoa presa que esteja extremamente debilitada em razão de doença grave.

A prisão domiciliar, é bom que se diga, não está inserida no âmbito das medidas cautelares diversas da prisão (art. 319, CPP). Cuida-se, isto sim, de prisão preventiva que deverá ser cumprida no domicílio do investigado/acusado (e não em casa do albergado), desde que, é claro, este esteja em uma das situações previstas no art. 318 do CPP (com redação alterada por força da Lei 13.257/2016): maior de 80 anos (seja homem, seja mulher); extremamente debilitado por motivo de doença grave (o que torna correta a assertiva "E"); imprescindível aos cuidados especiais de pessoa menor de 6 anos de idade (e não de 16) ou com deficiência; gestante (em qualquer mês da gravidez e independente de a gestação ser de risco); mulher com filho de até 12 (doze) anos de idade incompletos; homem, caso seja o único responsável pelos cuidados do filho de até 12 (doze) anos de idade incompletos. Atenção: a Lei 13.769/2018 inseriu no CPP o art. 318-A, que prevê a substituição da prisão preventiva por prisão domiciliar da mulher gestante, mãe ou responsável por crianças ou pessoas com deficiência. Além disso, esta mesma Lei disciplina o regime de cumprimento de pena privativa de liberdade de condenadas na mesma situação, com alteração da Lei de Crimes Hediondos e da Lei de Execução Penal. Como bem sabemos, a 2ª turma do STF, ao julgar o HC coletivo 143.641, assegurou a conversão da prisão preventiva em domiciliar a todas as presas provisórias do país que sejam gestantes, puérperas ou mães de crianças e deficientes sob sua guarda. Perceba, dessa forma, que o legislador, ao inserir o art. 318-A do CPP, nada mais fez do que contemplar, no texto legal, o entendimento consolidado no *habeas corpus* coletivo a que fizemos referência. Também em consonância com o que ficou decidido no julgamento do HC, o legislador impôs dois requisitos: que não tenha sido cometido crime com grave ameaça ou violência contra a pessoa; que não tenha sido cometido contra o filho ou dependente. O art. 318-B, também inserido por meio da Lei 13.769/2018, prevê a possibilidade de aplicação concomitante da prisão domiciliar e das medidas alternativas previstas no art. 319 do CPP, na esteira do decidido no HC 143.641. Vale ainda o registro de que, para além da inserção desses dois dispositivos legais no CPP, a Lei 13.769/2018 promoveu alterações na LEP. De ver-se que os arts. 318, 318-A e 318-B tratam da concessão da prisão domiciliar no contexto da prisão preventiva, que constitui modalidade de prisão provisória. Pressupõe-se, aqui, portanto, ausência de condenação definitiva. Após o trânsito em julgado da condenação, a prisão domiciliar passa a ser disciplinada, como não poderia deixar de ser, pela LEP. Neste caso, temos que a Lei 13.769/2018 inseriu no art. 112 da LEP o § 3º, que estabelece fração diferenciada de cumprimento de pena para que a mulher, nas condições a que fizemos referência, possa alcançar o regime mais brando (a fração necessária, que antes era um sexto, passou para um oitavo). Para tanto, a reeducanda deve reunir quatro requisitos cumulativos, além de ter cumprido um oitavo da pena que lhe foi imposta. Também incluído pela Lei 13.769/2018, o § 4º do art. 112 da LEP estabelece que a prática de novo crime doloso ou falta grave acarretará a revogação do benefício. [ED]

Gabarito "E".

(Delegado/AP – 2017 – FCC) O regime da fiança no Código de Processo Penal, dispõe que

(A) o descumprimento de medida cautelar diversa da prisão aplicada cumulativamente com a fiança pode gerar o quebramento da fiança.

(B) é vedada a aplicação da fiança em crimes cometidos com violência ou grave ameaça contra a pessoa.

(C) a situação econômica da pessoa presa é irrelevante para a fixação do valor da fiança, que deve ter relação com a gravidade do crime e os antecedentes criminais.

(D) a fiança será prestada em dinheiro, sendo vedada a prestação por meio de pedras preciosas.

(E) a concessão de fiança é ato exclusivo da autoridade judicial, visto que implica em decisão sobre a liberdade da pessoa.

A: correta (art. 341, III, do CPP); **B:** incorreta. O fato de o crime ser cometido com violência ou grave ameaça contra a pessoa, por si só, não impede a possibilidade de concessão de fiança. Com a modificação a que foi submetido o art. 323 do CPP, operada pela Lei 12.403/2011, somente são inafiançáveis os crimes ali listados e também aqueles contidos em leis especiais, como o art. 31 da Lei 7.492/1986 (Sistema Financeiro); **C:** incorreta, já que não reflete o disposto no art. 350 do CPP, que estabelece que, nos casos em que couber fiança, o juiz, levando em conta a situação econômica do preso, poderá conceder-lhe liberdade provisória, sujeitando-o às obrigações contempladas nos arts. 327 e 328 do CPP; vide, também, art. 325, § 1º, CP; **D:** incorreta, na medida em que, por força do que dispõe o art. 330, *caput*, do CPP, a fiança consistirá em dinheiro, pedras, objetos e metais preciosos, entre outros; **E:** incorreta. Isso porque, além do juiz de direito, é dado à autoridade policial a concessão de fiança, que será arbitrada

nos casos de infração penal cuja pena máxima cominada não seja superior a quatro anos (reclusão ou detenção). É o que estabelece o art. 322 do CPP. [ED]

Gabarito "A".

(Delegado/MS – 2017 - FAPEMS) Dentre as atribuições da autoridade policial, está a análise sobre a concessão ou não de fiança e o respectivo valor nos casos expressos em lei. Dessa forma, consoante às disposições do Código de Processo Penal vigente, assinale a alternativa correta.

(A) A autoridade policial, para determinar o valor da fiança, terá em consideração a natureza da infração, as condições pessoais de fortuna e vida pregressa do acusado e as circunstâncias indicativas de sua culpabilidade.

(B) A autoridade policial somente poderá conceder fiança nos casos de infração cuja pena privativa de liberdade não seja superior a 4 (quatro) anos.

(C) A autoridade policial poderá dispensar a fiança, a depender da situação econômica do réu ou reduzi-la até o máximo de 1/3 (um terço).

(D) Caso a autoridade policial retarde a concessão da fiança, o preso, ou alguém por ele, poderá prestá-la mediante simples petição, perante o juiz competente, que decidirá em 48 (quarenta e oito) horas.

(E) O valor da fiança que será fixado pela autoridade policial será nos limites de 1 (um) a 200 (duzentos) salários-mínimos.

A: incorreta, uma vez que o art. 326 do CPP se refere, como um dos critérios a ser observado pela autoridade na determinação do valor da fiança, a circunstâncias indicativas da *periculosidade* do agente, e não *culpabilidade*, tal como consta da assertiva; **B:** incorreta. Pelo que se observa, a organizadora lançou mão, nesta questão, da famigerada *pegadinha*; nesta alternativa, o texto reproduz a redação do art. 322, *caput*, do CPP, exceção feita à palavra *máxima*, que consta do dispositivo legal e foi omitida na proposição; **C:** incorreta, pois não reflete o disposto no art. 325, § 1º, II, do CPP; **D:** correta, pois corresponde ao que estabelece o art. 335 do CPP; **E:** incorreta (art. 325, I, do CPP). [ED]

Gabarito "D".

(Delegado/MT – 2017 – CESPE) Tendo como referência o entendimento dos tribunais superiores e o posicionamento doutrinário dominante a respeito de prisão, medidas cautelares e liberdade provisória, julgue os seguintes itens.

I. A gravidade em abstrato do crime justifica a prisão preventiva com base na garantia da ordem pública, representando, por si só, fundamento idôneo para a segregação cautelar do réu.

II. As medidas cautelares pessoais são decretadas pelo juiz, de ofício ou a requerimento das partes, no curso da ação penal, ou no curso da investigação criminal, somente por representação da autoridade policial ou a requerimento do MP.

III. Em razão do sistema processual brasileiro, não é possível ao magistrado determinar, de ofício, a prisão preventiva do indiciado na fase de investigação criminal ou pré-processual.

IV. A inafiançabilidade dos crimes hediondos e daqueles que lhes são assemelhados não impede a concessão judicial da liberdade provisória sem fiança.

V. A fiança somente pode ser fixada como contracautela, ou seja, como substituição da prisão em flagrante ou da prisão preventiva anteriormente decretada.

Estão certos apenas os itens

(A) I, II e V.

(B) I, III e IV.

(C) I, IV e V.

(D) II, III e IV.

(E) II, III e V.

I: errado. De fato, a jurisprudência dos tribunais sedimentou entendimento no sentido de que a prisão cautelar exige motivação idônea e concreta, sendo vedado ao juiz se valer de motivação relacionada à gravidade abstrata do crime. Conferir: "*Habeas corpus*. Corrupção passiva e formação de quadrilha. Fraudes em benefícios previdenciários. Condenação. Manutenção da custódia cautelar. Pressupostos do art. 312 do Código de Processo Penal. Demonstração. Gravidade em abstrato in suficiente para justificá-la. Precedentes da Corte. Ordem parcialmente concedida. 1. Segundo a jurisprudência consolidada do Supremo Tribunal Federal, para que o decreto de custódia cautelar seja idôneo, é necessário que o ato judicial constritivo da liberdade traga, fundamentadamente, elementos concretos aptos a justificar tal medida. 2. Está sedimentado na Corte o entendimento de que

a gravidade em abstrato do delito não basta para justificar, por si só, a privação cautelar da liberdade individual do agente. 3. As recentes alterações promovidas pela Lei 12.403/2011 no Código de Processo Penal trouxeram alterações que aditaram uma exceção à regra da prisão. 4. Não mais subsistente a situação fática que ensejou a decretação da prisão preventiva, é o caso de concessão parcial da ordem de *habeas corpus*, para que o Juiz de piso substitua a segregação cautelar pelas medidas cautelares diversas da prisão elencadas no art. 319, incisos I, II III e VI, do Código de Processo Penal". (HC 109709, Dias Toffoli, STF). Em consonância com tal entendimento, a Lei 13.964/2019 inseriu o § 2º ao art. 312 do CPP, que assim dispõe: *a decisão que decretar a prisão preventiva deve ser motivada e fundamentada em receio de perigo e existência concreta de fatos novos ou contemporâneos que justifiquem a aplicação da medida adotada*. Dentro desse mesmo espírito, esta mesma Lei incluiu o § 1º ao art. 315 do CPP, com a seguinte redação: *na motivação da decretação da prisão preventiva ou de qualquer outra cautelar, o juiz deverá indicar concretamente a existência de fatos novos ou contemporâneos que justifiquem a aplicação da medida adotada*. O § 2º deste dispositivo elenca as situações em que se deve considerar a decisão como não fundamentada; **II**: correta, pois corresponde ao que estabelecia a redação do art. 282, § 2º, do CPP em vigor à época em que aplicada esta prova. Esta alternativa e seu respectivo comentário, portanto, não levaram em conta (e nem podiam) as alterações implementadas pela Lei 13.964/2019 nos arts. 282, § 2º, do CPP e art. 311 do CPP, que agora vedam a atuação de ofício do juiz na decretação de medidas cautelares de natureza pessoal, como a prisão processual, ainda que no curso da ação penal; **III**: correta. Com a edição da Lei 12.403/2011, a redação do art. 311 do CPP foi modificada. A prisão preventiva continua a ser decretada em qualquer fase da investigação policial ou do processo penal, mas o juiz, que antes podia determiná-la de ofício também na fase investigatória, somente poderá fazê-lo, a partir de agora, no curso da ação penal. É dizer, para que a custódia preventiva seja decretada no curso da investigação, somente mediante representação da autoridade policial ou a requerimento do Ministério Público. Ao tempo em que esta questão foi elaborada, ao juiz somente era dado decretar de ofício a custódia preventiva no curso da ação penal, conforme dispunha o art. 311 do CPP, com a redação dada pela Lei 12.403/2011. Pois bem. Prestigiando o sistema acusatório, a recente Lei 13.964/2019 (Pacote Anticrime) alterou a redação do art. 311 do CPP, desta vez para vedar a decretação de ofício, pelo juiz, da custódia preventiva, quer na fase investigativa, como antes já ocorria, quer na etapa instrutória, o que até a edição do pacote anticrime era permitido. É dizer, para que a custódia preventiva, atualmente, seja decretada no curso da investigação ou no decorrer da ação penal, somente mediante provocação da autoridade policial, se no curso do inquérito, ou a requerimento do Ministério Público, se no curso da ação penal ou das investigações; **IV**: correta. Nos crimes hediondos e assemelhados, o art. 5º, XLIII da Constituição Federal veda tão somente a concessão de *fiança*. Com o advento da Lei 11.464/2007, que modificou a redação do art. 2º da Lei de Crimes Hediondos, cuja redação original vedava a concessão de fiança e liberdade provisória, passou a ser possível a sua concessão sem fiança, já que foi extraída do dispositivo (art. 2º, II, da Lei 8.072/1990). Após, a Lei 12.403/2011 promoveu uma série de inovações no âmbito da prisão e da liberdade provisória, entre elas alterou a redação do art. 323 do CPP, que passou a prever que os crimes hediondos e os delitos a eles equiparados são *inafiançáveis*. Pois bem, tal prescrição é inquestionável, já que em perfeita harmonia com o texto da CF/1988 (art. 5º, XLIII). A questão que se coloca, todavia, é saber se a liberdade provisória *sem fiança* pode ser aplicada aos crimes hediondos e assemelhados. A despeito de haver divergências, notadamente na jurisprudência, entendemos, s.m.j., que a CF/88 proibiu tão somente a liberdade provisória com fiança. Se quisesse de fato proibir a liberdade provisória sem fiança, teria por certo feito menção a ela. Não o fez. Logo, a liberdade provisória vedada pelo constituinte nos crimes hediondos e equiparados é somente a *com fiança*. Assim entende a 2ª T., do STF: HC 100.185-PA, rel. Min. Gilmar Mendes, *DJ* 6.8.10; STJ, HC 109.451-SP, 6ª T, *DJ* de 11.11.08; **V**: incorreta. Além de ser fixada como sucedâneo da prisão em flagrante ou da prisão preventiva, nada obsta que a custódia preventiva seja decretada como medida cautelar autônoma (art. 319, VIII, do CPP), independente de prisão anterior. ⛌ᴇᴅ
Gabarito "D".

(Delegado/GO – 2017 – CESPE) Com relação à prisão temporária, assinale a opção correta.

(A) A prisão temporária poderá ser decretada pelo juiz de ofício ou mediante representação da autoridade policial ou requerimento do Ministério Público.

(B) Conforme o STJ, a prisão temporária não pode ser mantida após o recebimento da denúncia pelo juiz.

(C) São três os requisitos indispensáveis para a decretação da prisão temporária, conforme a doutrina majoritária: imprescindibilidade para as investigações; existência de indícios de autoria ou participação; e indiciado sem residência fixa ou identificação duvidosa.

(D) É cabível a prisão temporária para a oitiva do indiciado acerca do delito sob apuração, desde que a liberdade seja restituída logo após a ultimação do ato.

(E) A prisão temporária poderá ser decretada tanto no curso da investigação quanto no decorrer da fase instrutória do competente processo criminal.

A: incorreta. A prisão temporária deve ser decretada pelo juiz, após representação da autoridade policial ou de requerimento do MP, não sendo permitida a sua decretação de ofício. Em caso de representação da autoridade policial, o juiz, antes de decidir, deve ouvir o MP e, em qualquer caso, deve decidir fundamentadamente sobre o decreto de prisão temporária dentro do prazo de 24 horas, contadas a partir do recebimento da representação ou do requerimento. É o que estabelece o art. 2º, *caput*, da Lei 7.960/1989; **B:** correta. Justamente pelo fato de a prisão temporária se prestar a viabilizar as investigações do inquérito policial, não há sentido em mantê-la após a conclusão das investigações. Conferir: "Uma vez oferecida e recebida a denúncia, desnecessária a preservação da custódia temporária do paciente, cuja finalidade é resguardar a integridade das investigações criminais. 2. *Habeas corpus* concedido a fim de, confirmando a liminar anteriormente deferida, revogar a custódia temporária do paciente" (HC 158.060/PA, Rel. Ministro Jorge Mussi, Quinta Turma, julgado em 02/09/2010, DJe 20/09/2010); **C:** incorreta. Segundo a melhor doutrina, a decretação da prisão temporária, modalidade de prisão cautelar, está condicionada à existência de fundadas razões de autoria ou participação do indiciado na prática dos crimes listados no art. 1º, III, da Lei 7.960/1989 e também ao fato de ser ela, a prisão temporária, imprescindível para as investigações do inquérito policial. Devem coexistir, portanto, os requisitos previstos nos incisos I e III do art. 1º da Lei 7.960/1989; a coexistência das condições presentes nos incisos II e III também pode dar azo à decretação da custódia temporária. É dizer: o inciso III deve combinar com o inciso I ou com o II. É a posição adotada por Guilherme de Souza Nucci e Maurício Zanoide de Moraes; **D:** incorreta. Hipótese não prevista em lei; **E:** incorreta, na medida em que a prisão temporária, cuja finalidade é conferir eficiência à investigação policial, somente tem lugar no inquérito policial. ⛌ᴇᴅ
Gabarito "B".

(Delegado/GO – 2017 – CESPE) Pedro, Joaquim e Sandra foram presos em flagrante delito. Pedro, por ter ofendido a integridade corporal de Lucas, do que resultou debilidade permanente de um de seus membros; Joaquim, por ter subtraído a bicicleta de Lúcio, de vinte e cinco anos de idade, no período matutino – Lúcio a havia deixado em frente a uma padaria; e Sandra, por ter subtraído o carro de Tomás mediante grave ameaça.

Considerando-se os crimes cometidos pelos presos, a autoridade policial poderá conceder fiança a

(A) Joaquim somente.

(B) Pedro somente.

(C) Pedro, Joaquim e Sandra.

(D) Pedro e Sandra somente.

(E) Joaquim e Sandra somente.

A Lei 12.403/2011 mudou sobremaneira o panorama da fiança. Antes da reforma por ela implementada, a autoridade policial, em vista da revogada redação do art. 322 do CPP, somente estava credenciada a concedê-la nas hipóteses de infração punida com *detenção* ou *prisão simples*. Bem por isso, não podia o delegado de polícia arbitrar fiança nos crimes punidos com *reclusão*, tarefa exclusiva do magistrado. Pela nova redação dada ao art. 322 do CPP, a autoridade policial passou a conceder fiança nos casos de infração cuja pena privativa de liberdade máxima não seja superior a quatro anos, independentemente de ser o crime apenado com reclusão ou detenção (qualidade da pena). Naqueles casos em que a pena máxima superar os quatro anos, somente o magistrado poderá estabelecer a fiança. Dito isso, temos as seguintes situações: no caso de Pedro, o crime que lhe é imputado, lesão corporal de natureza grave (art. 129, § 1º, III, do CP), tem como pena máxima cominada 5 anos de reclusão, o que impede que a autoridade policial fixe fiança em seu favor, já que, como ponderado acima, o delegado somente está credenciado a conceder fiança na infrações penais cuja pena máxima cominada não seja superior a 4 anos; Joaquim, que, segundo consta do enunciado, teria cometido o crime de furto simples (o enunciado não faz referência a nenhuma qualificadora tampouco a causa de aumento de pena), está sujeito a uma pena de 1 a 4 anos de reclusão (art. 155, *caput*, do CP), razão pela qual poderá a autoridade policial, pelas razões que acima expusemos, arbitrar fiança; já em relação a Sandra, que cometeu crime de roubo (art. 157, CP), já que subtraiu, mediante o emprego de grave ameaça, um veículo, pelo fato de a pena máxima cominada corresponder a 10 anos, somente ao juiz é dado conceder-lhe liberdade provisória com fiança. ⛌ᴇᴅ
Gabarito "A".

(Delegado/GO – 2017 – CESPE) No que tange ao procedimento criminal e seus princípios e ao instituto da liberdade provisória, assinale a opção correta.

(A) O descumprimento de medida cautelar imposta ao acusado para não manter contato com pessoa determinada é motivo suficiente

478 EDUARDO DOMPIERI

para o juiz determinar a substituição da medida por prisão preventiva, já que a aplicação de outra medida representaria ofensa ao poder imperativo do Estado além de ser incompatível com o instituto das medidas cautelares.

(B) Concedida ao acusado a liberdade provisória mediante fiança, será inaplicável a sua cumulação com outra medida cautelar tal como a proibição de ausentar-se da comarca ou o monitoramento eletrônico.

(C) Compete ao juiz e não ao delegado a concessão de liberdade provisória, mediante pagamento de fiança, a acusado de crime hediondo ou tráfico ilícito de entorpecente.

(D) Caso, após sentença condenatória, advenha a prescrição da pretensão punitiva e seja declarada extinta a punibilidade por essa razão, os valores recolhidos a título de fiança serão integralmente restituídos àquele que a prestou.

(E) Ofenderá o princípio constitucional da ampla defesa e do contraditório a defesa que, firmada por advogado dativo, se apresentar deficiente e resultar em prejuízo comprovado para o acusado.

A: incorreta. Diante do descumprimento de medida cautelar imposta ao acusado, poderá o juiz, considerando as particularidades do caso concreto, substituir a medida anteriormente imposta, impor outra em cumulação ou, somente em último caso, decretar a prisão preventiva, que, como se pode ver, tem caráter subsidiário (art. 282, § 4º, CPP, cuja redação foi determinada pela Lei 13.964/2019); **B:** incorreta, uma vez que contraria o que estabelece o art. 319, § 4º, do CPP; **C:** incorreta. Os crimes hediondos e os a eles assemelhados (tráfico de drogas, tortura e terrorismo), embora admitam a liberdade provisória, não comportam a concessão de fiança. Ou seja, são, por força do disposto nos arts. 5º, XLIII, da CF e 323, II, do CPP, inafiançáveis, tanto para o delegado de polícia quanto para o juiz de direito; **D:** incorreta (art. 336, parágrafo único, do CPP); **E:** correta, pois reflete o posicionamento firmado na Súmula n. 523 do STF: "No processo penal, a falta de defesa constitui nulidade absoluta, mas a sua deficiência só o anulará se houver prova de prejuízo para o réu". **ED**
Gabarito "E".

(Delegado/GO – 2017 – CESPE) Será cabível a concessão de liberdade provisória ao indivíduo que for preso em flagrante devido ao cometimento do crime de

I. estelionato;
II. latrocínio;
III. estupro de vulnerável.
Assinale a opção correta.

(A) Apenas os itens I e III estão certos.
(B) Apenas os itens II e III estão certos.
(C) Todos os itens estão certos.
(D) Apenas o item I está certo.
(E) Apenas os itens I e II estão certos.

Não há crime em relação ao qual não caiba liberdade provisória. Nos crimes hediondos e assemelhados, como é o caso do latrocínio e do estupro de vulnerável, o art. 5º, XLIII da Constituição Federal veda tão somente a concessão de *fiança*. Com o advento da Lei 11.464/2007, que modificou a redação do art. 2º da Lei de Crimes Hediondos, cuja redação original vedava a concessão de fiança e liberdade provisória, passou a ser possível a sua concessão sem fiança, já que foi extraída do dispositivo (art. 2º, II, da Lei 8.072/1990). Após, a Lei 12.403/2011 promoveu uma série de inovações no âmbito da prisão e da liberdade provisória, entre elas alterou a redação do art. 323 do CPP, que passou a prever que os crimes hediondos e os delitos a eles equiparados são *inafiançáveis*. Pois bem, tal prescrição é inquestionável, já que em perfeita harmonia com o texto da CF/1988 (art. 5º, XLIII). A questão que se coloca, todavia, é saber se a liberdade provisória *sem fiança* pode ser aplicada aos crimes hediondos e assemelhados. A despeito de haver divergências, notadamente na jurisprudência, entendemos, s.m.j., que a CF/88 proibiu tão somente a liberdade provisória com fiança. Se quisesse de fato proibir a liberdade provisória sem fiança, teria por certo feito menção a ela. Não o fez. Logo, a liberdade provisória vedada pelo constituinte nos crimes hediondos e equiparados é somente a *com fiança*. Assim entende a 2ª T., do STF: HC 100.185-PA, rel. Min. Gilmar Mendes, *DJ* 6.8.10; STJ, HC 109.451-SP, 6ª T, *DJ* de 11.11.08. Quanto ao delito de estelionato, que não é hediondo nem assemelhado, é perfeitamente possível a concessão de liberdade provisória com fiança ao agente preso em flagrante por essa razão. **ED**
Gabarito "C".

(Delegado/DF – 2015 – Fundação Universa) Acerca da fiança e da liberdade provisória, assinale a alternativa correta.

(A) A fiança poderá ser dispensada, se assim recomendar a situação econômica do preso, observados os critérios legais.

(B) A liberdade provisória, conforme a atual sistemática do CPP, será concedida sempre com fiança.

(C) A autoridade policial poderá conceder fiança nos casos de infração penal punida com detenção ou prisão simples, independentemente da duração da pena.

(D) Denomina-se quebra da fiança o não pagamento desta no prazo legal.

(E) Em se tratando de prisão civil, é cabível a concessão de fiança pela autoridade policial.

A: correta (art. 350, CPP); **B:** incorreta, já que a liberdade provisória, em consonância com a atual sistemática do CPP, será concedida com ou sem fiança. Como exemplo de liberdade provisória sem fiança podemos citar a hipótese contida no art. 310, § 1º, do CPP (prisão em flagrante do agente que agiu acobertado por uma das causas excludentes de ilicitude); **C:** incorreta. Antes da Lei 12.403/2011, que alterou, entre outros dispositivos, o art. 322 do CPP, o delegado somente estava credenciado a arbitrar fiança nas contravenções e nos crimes apenados com detenção. Atualmente, com a modificação legislativa a que nos referimos, a autoridade policial pode arbitrar fiança em qualquer infração penal cuja pena máxima cominada não seja superior a quatro anos (reclusão ou detenção); **D:** incorreta, já que não se trata de hipótese de quebramento de fiança (art. 341, CPP); **E:** incorreta, já que descabe a concessão de fiança no caso de prisão civil. **ED**
Gabarito "A".

(Delegado/DF – 2015 – Fundação Universa) Com base na legislação processual penal e na jurisprudência e doutrina majoritária relativas à matéria, assinale a alternativa correta.

(A) Da decisão do delegado de polícia que nega pedido de abertura de inquérito policial formulado pelo ofendido ou por seu representante legal, caberá, nos termos do CPP, correição parcial endereçada ao juiz da causa, além de recurso administrativo dirigido ao chefe de polícia.

(B) A lei veda, em virtude do princípio do *ne bis in idem*, a aplicação cumulativa de medidas cautelares diversas da prisão.

(C) Na hipótese de descumprimento de medida cautelar pessoal, o juiz poderá, a requerimento do Ministério Público, de seu assistente ou do querelante, substituir a medida ou impor outra em cumulação, sendo-lhe vedado, porém, tomar essas providências de ofício.

(D) É vedada a persecução penal fundada exclusivamente em notícia-crime apócrifa ou inqualificada.

(E) Em regra, nos crimes de ação penal pública condicionada à representação do ofendido, o inquérito policial somente poderá ser instaurado se o ofendido ou seu representante tiver procedido à representação, devendo esta, ainda, consoante entendimento do STJ, satisfazer formalidades específicas, como ser apresentada ou reiterada, dentro do prazo decadencial, perante a autoridade judicial.

A: incorreta, posto que do despacho de indeferimento de abertura de inquérito cabe recurso administrativo para o chefe de Polícia, na forma prevista no art. 5º, § 2º, do CPP (nesta parte a alternativa está correta). O erro da assertiva está em afirmar que também cabe, nesta hipótese, correição parcial endereçada ao juiz da causa; **B:** incorreta. A teor do que estabelece o art. 282, § 1º, do CPP, as medidas cautelares diversas da prisão poderão ser aplicadas isolada ou cumulativamente; **C:** incorreta, uma vez que, neste caso, o juiz poderá, sim, atuar de ofício, substituindo a medida anteriormente imposta, impondo outra em cumulação ou, em último caso, decretando a prisão preventiva. É o que estabelece o art. 282, § 4º, do CPP. Atenção: a Lei 13.964/2019, posterior à elaboração desta questão, ao alterar a redação do art. 282, § 4º, do CPP, vedou a atuação de ofício do juiz na substituição da medida anteriormente imposta, imposição cumulativa de outra medida bem como na decretação da custódia preventiva; **D:** correta. A denúncia anônima (também chamada de *apócrifa* ou *inqualificada*), segundo tem entendido a jurisprudência, não é apta, por si só, a autorizar a instauração de inquérito policial, dando início à persecução penal. Antes disso, a autoridade policial deverá fazer uma averiguação prévia a fim de verificar a procedência da denúncia apócrifa, para, depois disso, determinar, se for o caso, a instauração de inquérito. Nesse sentido: "(...) *a autoridade policial, ao receber uma denúncia anônima, deve antes realizar diligências preliminares para averiguar se os fatos narrados nessa 'denúncia' são materialmente verdadeiros, para, só então, iniciar as investigações"* (STF, HC 95.244, 1ª T., rel. Min. Dias Toffoli, DJE de 29.04.2010); **E:** incorreta. A primeira parte da assertiva, em que se afirma que, nos crimes de ação penal pública condicionada à representação do ofendido, o inquérito policial somente poderá ser instaurado se o ofendido ou seu representante tiver procedido à representação, está correta, nos termos do art. 5º, § 4º, do CPP. No entanto, conforme entendimento sedimentado na jurisprudência e na doutrina, a representação não depende de forma sacramental, bastando que o ofendido ou seu representante legal se dirija à autoridade (delegado, promotor ou juiz – art.

3. DIREITO PROCESSUAL PENAL

479

39, *caput*, CPP) e manifeste de forma inequívoca seu desejo em ver processado seu ofensor. **ED**

Gabarito "D".

(Delegado/DF – 2015 – Fundação Universa) Com base na legislação, na jurisprudência e na doutrina majoritária, assinale a alternativa correta no que se refere a prova, prisão preventiva, liberdade provisória e excludente de ilicitude.

(A) Não se admite liberdade provisória em crime hediondo.

(B) Dada a adoção do sistema acusatório no processo penal brasileiro, não cabe ao réu o ônus de provar a causa excludente de ilicitude.

(C) De acordo com o CPP, a falta de exame complementar não pode ser suprida por meio de prova testemunhal.

(D) Conforme dispositivo expresso no CPP, não se admite prisão preventiva em crime culposo.

(E) Suponha-se que o juiz decrete a prisão preventiva do investigado, em virtude do descumprimento de outras medidas cautelares pessoais. Nesse caso, prescinde-se de que o crime seja punido com pena privativa de liberdade máxima superior a quatro anos.

A: incorreta. A liberdade provisória pode ser concedida *com* ou *sem fiança*. O que é vedado, no contexto dos crimes hediondos e equiparados, é a concessão da liberdade provisória com *fiança* (art. 2º, II, da Lei 8.072/1990). Por mais estranho que possa parecer, é isso mesmo. Para os crimes hediondos e assemelhados, a concessão da liberdade provisória não admite a fixação de fiança. Afinal, cuida--se de crimes inafiançáveis. Agora, os crimes não hediondos, que, em princípio, são menos graves, comportam a liberdade provisória com fiança. Dessa forma, é incorreto afirmar-se que a liberdade provisória não é admitida nos crimes hediondos; **B:** incorreta. Como bem sabemos, o *ônus da prova* deve, conforme estabelece o art. 156 do CPP, ser atribuído às partes, que compartilham, portanto, a incumbência de demonstrar o quanto alegado. Sucede que esta regra deve ser compatibilizada com o princípio da presunção de inocência (art. 5º, LVII, da CF). Em assim sendo, pode-se dizer que o ônus da prova, no processo penal acusatório, no que toca à apresentação da imputação em juízo, cabe à acusação. De outro lado, cabe à defesa do acusado demonstrar qualquer circunstância que tenha o condão de refutar a acusação (como as causas de exclusão da ilicitude), visto que não pode ser imposta ao autor da ação penal a obrigação de provar fato negativo; **C:** incorreta. Segundo o art. 168, § 3º, do CPP, "a falta de exame complementar poderá ser suprida pela prova testemunhal"; **D:** incorreta. Não há disposição expressa no CPP que vede a decretação da custódia preventiva no âmbito dos delitos culposos. Aliás, há, no CPP, uma hipótese em que, em princípio, é possível a decretação da prisão preventiva em um crime culposo. Refiro-me ao disposto no art. 313, § 1º, cuja redação, diferentemente das condições de admissibilidade contidas nos incisos I e II, não exige que o crime seja doloso. Bem por isso, quando houver dúvida sobre a identidade civil da pessoa ou quando esta não fornecer elementos suficientes para esclarecê-la, poderá ter lugar, em tese, a decretação da prisão preventiva, mesmo que o crime seja culposo. É importante que se diga que se trata de tema sobre o qual não há consenso na doutrina e na jurisprudência. Há autores e julgados que não reconhecem a possibilidade de decretação da custódia preventiva em se tratando de crime culposo; **E:** correta. Prevalece na doutrina o entendimento segundo o qual a decretação da prisão preventiva em virtude do descumprimento de medida cautelar não se sujeita ao limite imposto pelo art. 313, I, do CPP. **ED**

Gabarito "E".

(Delegado/DF – 2015 – Fundação Universa) Considera-se flagrante diferido o(a)

(A) modalidade de flagrante proibida pela legislação processual penal brasileira, em que a autoridade policial, tendo notícia da prática de futura infração, coloca-se estrategicamente de modo a impedir a consumação do crime.

(B) obtido a partir de uma provocação do agente criminoso para controlar a ação delituosa e evitar o crime, com base na política criminal hodierna.

(C) realizado em momento imediatamente após a prática do crime, se o agente for encontrado com instrumentos, armas, objetos ou papéis que façam presumir ser ele o autor da infração.

(D) ação policial de monitoramento e controle das ações criminosas desenvolvidas, transferindo-se o flagrante para momento de maior visibilidade das responsabilidades penais.

(E) lavrado quando o agente é perseguido, logo após o crime, pela autoridade policial, pelo ofendido ou por qualquer pessoa em situação que indique ser ele o autor da infração.

Diferido ou retardado é o flagrante em que a lei confere à autoridade policial, para o fim de tornar mais eficaz a colheita de provas e o fornecimento de informações,

a faculdade de retardar a prisão daqueles que se acham em situação de flagrante. Esta modalidade de flagrante está prevista no art. 53, II, da Lei 11.343/2006 (Drogas) e arts. 3º, III, 8º e 9º da Lei 12.850/2013 (Crime Organizado). Está correta, portanto, a assertiva "D". **ED**

Gabarito "D".

(Delegado/PE – 2016 – CESPE) Considerando a doutrina majoritária e o entendimento dos tribunais superiores, assinale a opção correta a respeito da prisão.

(A) O flagrante diferido que permite à autoridade policial retardar a prisão em flagrante com o objetivo de aguardar o momento mais favorável à obtenção de provas da infração penal prescinde, em qualquer hipótese, de prévia autorização judicial.

(B) Para a admissibilidade de prisão temporária exige-se, cumulati-vamente, a presença dos seguintes requisitos: imprescindibilidade para as investigações, não ter o indiciado residência fixa ou não fornecer dados esclarecedores de sua identidade e existência de indícios de autoria em determinados crimes.

(C) Configura crime impossível o flagrante denominado esperado, que ocorre quando a autoridade policial, detentora de informa-ções sobre futura prática de determinado crime, se estrutura para acompanhar a sua execução, efetuando a prisão no momento da consumação do delito.

(D) Havendo conversão de prisão temporária em prisão preventiva no curso da investigação policial, o prazo para a conclusão das investigações, no âmbito do competente inquérito policial, iniciar--se-á a partir da decretação da prisão preventiva.

(E) Havendo mandado de prisão registrado no Conselho Nacional de Justiça (CNJ), a autoridade policial poderá executar a ordem mediante certificação em cópia do documento, desde que a dili-gência se efetive no território de competência do juiz processante.

A: incorreta. A Lei de Drogas (Lei 11.343/2006), em seu art. 53, *caput* e II, esta-belece que a implementação da ação controlada deve ser precedida de autorização judicial e manifestação do MP. Já o art. 8º, § 1º, da Lei 12.850/2013 (Organização Criminosa) reza que a ação controlada será *comunicada* ao juiz competente, que estabelecerá, conforme o caso, os limites da medida e comunicará o MP. Perceba que, neste último caso, o legislador não impôs a necessidade de o magistrado autorizar o retardamento da intervenção policial; exigiu tão somente a comunica-ção; **B:** incorreta. Segundo a melhor doutrina, a decretação da prisão temporária, modalidade de prisão cautelar, está condicionada à existência de fundadas razões de autoria ou participação do indiciado na prática dos crimes listados no art. 1º, III, da Lei 7.960/1989 e também ao fato de ser ela, a prisão temporária, impres-cindível para as investigações do inquérito policial. Devem coexistir, portanto, os requisitos previstos nos incisos I e III do art. 1º da Lei 7.960/1989; a coexistência das condições presentes nos incisos II e III também pode dar azo à decretação da custódia temporária. É dizer: o inciso III deve combinar com o inciso I ou com o II. É a posição adotada por Guilherme de Souza Nucci e Maurício Zanoide de Moraes; **C:** incorreta. Segundo doutrina e jurisprudência pacíficas, não há ilegalidade no chamado *flagrante esperado*, em que a polícia, uma vez comunicada, aguarda a ocorrência do crime, não exercendo qualquer tipo de controle sobre a ação do agente; inexiste, neste caso, intervenção policial que leve o agente à prática delituosa. É, por isso, ao contrário do que se afirma na assertiva, hipótese viável de prisão em flagrante. Não deve ser confundido com o *flagrante preparado*. Este restará configurado sempre que o agente provocador levar alguém a praticar uma infração penal. Está-se aqui diante de uma modalidade de crime impossível (art. 17 do CP), consubstanciada na Súmula 145 do STF; **D:** correta. Embora se trate de tema em relação ao qual há divergência na doutrina, na hipótese de conversão da prisão temporária em preventiva, o prazo para a conclusão do inquérito, na forma estabelecida no art. 10 do CPP, iniciar-se-á da conversão; **E:** incorreta, pois não reflete a regra presente no art. 289-A, § 1º, do CPP. **ED**

Gabarito "D".

(Delegado/PA – 2013 – UEPA) Dentre as reformas recentes do Código de Processo Penal, uma das mais importantes, se deu através da Lei nº. 12.403, de 2011, que representa um esforço por diminuir o uso excessivo da prisão não decorrente de condenação penal transitada em julgado. De acordo com as novas normas:

I. O Código de Processo Penal deixa claro que a aplicação de medidas cautelares deve ser considerada antes da decretação da prisão, dando especial ênfase à necessidade e à adequa-ção da medida adotada ao caso concreto e às características pessoais do acusado.

II. Em caso de prisão em flagrante, se o juiz verificar a regularidade formal do auto respectivo (oitiva do condutor e das testemunhas e interrogatório do réu, nesta ordem), havendo prova da materialidade delitiva e indícios de autoria, deverá homologar o auto e manter o acusado preso.

III. A prisão preventiva continua possível em qualquer fase da investigação ou da ação penal, sob os mesmos fundamentos (garantia a ordem pública ou econômica, conveniência da instrução criminal ou para assegurar a aplicação da lei penal), ficando vedada, todavia, a sua imposição de ofício pelo juiz, que sempre a decretará atendendo a requerimento do Ministério Público, querelante ou assistente de acusação.

IV. O papel do delegado de polícia foi valorizado, porque agora ele pode conceder fiança, sem deliberação judicial, mesmo para crimes punidos com reclusão, desde que a pena seja limitada a quatro anos.

V. A possibilidade de fiança foi ampliada pela eliminação de previsões discriminatórias (que negavam esse direito aos mendigos e vadios) ou excessivamente subjetivas (porque baseadas em "clamor público"), de modo que o critério para a inafiançabilidade passou a ser a natureza dos delitos, independentemente de quem os tenha praticado ou das reações sociais que despertem.

Após análise das afirmativas acima, assinale a alternativa correta.

(A) Há três assertivas corretas e a II é uma das erradas, porque mesmo se o auto de prisão em flagrante estiver regular, deve o juiz relaxar a prisão, aplicar outra medida cautelar ou conceder liberdade provisória, se não houver motivos concretos para decretar a custódia preventiva.

(B) Há duas assertivas corretas e a III é uma das erradas, porque as mudanças operadas na lei não retiraram do juiz a faculdade de decretar a custódia preventiva de ofício, desde que declarando motivos concretos e que extrapolem a mera prova da materialidade e indícios de autoria delitiva.

(C) Há duas assertivas corretas e a V é uma das erradas, porque continuam inafiançáveis os crimes na hipótese de cabimento da prisão preventiva, o que se faz por critérios relacionados, ao menos alguns deles, à pessoa do acusado.

(D) Há uma única assertiva incorreta, a I, porque as novas medidas cautelares são analisadas mediante critérios diferentes dos pressupostos da prisão e, inclusive, a "ênfase à necessidade e à adequação da medida adotada ao caso concreto e às características pessoais do acusado" diz respeito à prisão e não às cautelares.

(E) Há três assertivas corretas e a IV é uma das erradas, porque a concessão de fiança para crimes punidos com penas de até quatro anos de reclusão continua sendo uma atribuição do juiz.

I: correta. Tendo em conta as mudanças implementadas pela Lei 12.403/2011, que instituiu as *medidas cautelares alternativas à prisão provisória*, esta somente terá lugar diante da impossibilidade de se recorrer às medidas cautelares. Dessa forma, a prisão, como medida excepcional que é, deve também ser vista como instrumento subsidiário, supletivo; **II:** incorreta. O art. 310 do CPP, cuja redação foi alterada pela Lei 12.403/11, impõe ao magistrado, quando do recebimento do auto de prisão em flagrante, o dever de manifestar-se *fundamentadamente* acerca da prisão que lhe é comunicada. Pela *novel* redação do dispositivo, abrem-se para o juiz as seguintes opções: se se tratar de prisão ilegal, deverá o magistrado relaxá-la e determinar a soltura imediata do preso; se a prisão estiver em ordem, deverá o juiz, desde que entenda necessário ao processo, converter a prisão em flagrante em preventiva, sempre levando em conta os requisitos do art. 312 do CPP, não sendo suficiente a prova da existência do crime e indícios de autoria Ressalte-se que, tendo em vista o *postulado da proporcionalidade*, a custódia preventiva somente terá lugar se as medidas cautelares diversas da prisão revelarem-se inadequadas. Disso inferimos que a prisão em flagrante não mais poderá perdurar até o final do processo como modalidade de prisão cautelar. Vedada, pois, a homologação da prisão em flagrante. Se achar que é o caso de manter o investigado preso, deverá, isto sim, converter a prisão em flagrante em preventiva; poderá o juiz, por fim, conceder a liberdade provisória, com ou sem fiança, substituindo, assim, a prisão em flagrante. Atenção: recentemente, a Lei 13.964/2019 alterou o *caput* do art. 310 do CPP, que passa a ter a seguinte redação: "após receber o auto de prisão em flagrante, no prazo máximo de até 24 (vinte e quatro) horas após a realização da prisão, o juiz deverá promover audiência de custódia com a presença do acusado, seu advogado constituído ou membro da Defensoria Pública e o membro do Ministério Público, e, nessa audiência, o juiz deverá, fundamentadamente (...)"; **III:** a incorreção da proposição está em afirmar que é vedado ao juiz decretar de ofício a prisão preventiva. Pela nova conformação jurídica conferida à prisão pela Lei de Reforma 12.403/2011,

o que não mais é admitido é o decreto de ofício no curso do inquérito policial; a partir da instauração da ação penal, poderá o juiz determinar a custódia preventiva de ofício ou a requerimento do MP, do querelante ou do assistente; se no curso do inquérito, somente por representação da autoridade policial ou mediante requerimento do MP (art. 311, CPP). Isso até a edição da Lei 13.964/2019, posterior à elaboração desta questão, que, ao alterar a redação do art. 311 do CPP, eliminou por completo a possibilidade de o juiz decretar a prisão preventiva de ofício (ainda que no curso da ação penal); **IV:** correta. A Lei 12.403/2011 mudou sobremaneira o panorama da fiança. Antes da reforma por ela implementada, a autoridade policial, em vista da revogada redação do art. 322 do CPP, somente estava credenciada a concedê-las nas hipóteses de infração punida com *detenção* ou *prisão simples*. Bem por isso, não podia o delegado de polícia arbitrar fiança nos crimes punidos com *reclusão*, tarefa exclusiva do magistrado. Pela nova redação dada ao art. 322 do CPP, a autoridade policial passou a conceder fiança nos casos de infração cuja pena privativa de liberdade máxima não seja superior a quatro anos, independentemente de ser o crime apenado com reclusão ou detenção (qualidade da pena). Naqueles casos em que a pena máxima superar os quatro anos, somente o magistrado poderá estabelecer a fiança; **V:** correta. Com a modificação a que foi submetido o art. 323 do CPP, operada pela Lei 12.403/2011, somente são inafiançáveis os crimes ali listados e também aqueles contidos em leis especiais, como o art. 31 da Lei 7.492/1986 (Sistema Financeiro). 🔲
Gabarito "A".

(Delegado/PR – 2013 – UEL-COPS) Em relação à prisão temporária, considere as afirmativas a seguir.

I. O prazo da prisão temporária é de cinco dias, sem prorrogação.

II. O despacho que decretar a prisão temporária deverá ser fundamentado.

III. Decorrido o prazo de cinco dias de detenção, o preso deverá ser posto imediatamente em liberdade, salvo se já tiver sido decretada sua prisão preventiva.

IV. A prisão temporária pode ser decretada se for imprescindível para as investigações do inquérito policial.

Assinale a alternativa correta.

(A) Somente as afirmativas I e II são corretas.

(B) Somente as afirmativas I e IV são corretas.

(C) Somente as afirmativas III e IV são corretas.

(D) Somente as afirmativas I, II e III são corretas.

(E) Somente as afirmativas II, III e IV são corretas.

I: incorreta, uma vez que o prazo de cinco dias, estabelecido no art. 2º, *caput*, da Lei 7.960/1989, poderá, sim, ser prorrogado uma única vez e por igual período, desde que comprovada a sua necessidade. Cuidado: se se tratar de crime hediondo ou delito a ele equiparado, o prazo de prisão temporária será de *trinta* dias, prorrogável por mais trinta, também em caso de comprovada e extrema necessidade. É o teor do art. 2º, § 4º, da Lei 8.072/1990 (Crimes Hediondos); **II:** correta. (art. 2º, § 2º, da Lei 7.960/1989); **III:** correta. Segundo estabelece o art. 2º, § 7º, da Lei 7.960/1989, cuja redação foi modificada pela Lei 13.869/2019 (nova Lei de Abuso de Autoridade): *decorrido o prazo contido no mandado de prisão, a autoridade responsável pela custódia deverá, independentemente de nova ordem da autoridade judicial, pôr imediatamente o preso em liberdade, salvo se já tiver sido comunicada da prorrogação da prisão temporária ou da decretação da prisão preventiva*; **IV:** correta (art. 1º, I, da Lei 7.960/1989). 🔲
Gabarito "E".

(Delegado/RJ – 2013 – FUNCAB) O Delegado de Polícia não lavrará o Auto de Prisão Em Flagrante, mas apenas registrará a ocorrência:

(A) nos casos de ação penal pública condicionada à representação, quando, após a prisão captura, a vítima não oferecer a representação.

(B) diante de condutas insignificantes que façam desaparecer a tipicidade material, bem como, após a prisão captura, nos crimes de ação penal privada subsidiária da pública.

(C) nos crimes de ação penal privada quando o requerimento de instauração do inquérito for formulado pelo representante legal do ofendido.

(D) nos crimes de lesão corporal culposa e homicídio culposo no trânsito.

A: correta. Como bem sabemos, a instauração de inquérito policial, nos crimes cuja ação penal seja pública condicionada ou privativa do ofendido, está a depender da manifestação de vontade do ofendido, materializada por meio da representação, no caso da ação pública condicionada, ou por meio de requerimento, sendo a ação de iniciativa privativa da vítima. Assim, forçoso concluir que a lavratura do auto de prisão em flagrante, nesses crimes, porque constitui a peça inaugural do respectivo inquérito policial, não poderá dar-se sem que o ofendido exteriorize sua vontade nesse sentido. Como a alternativa se refere à ação penal pública condicionada, o auto não poderá ser lavrado sem que a vontade do

3. DIREITO PROCESSUAL PENAL

ofendido seja manifestada por meio da representação. Ausente esta, o delegado de polícia se limitará a formalizar o registro dos fatos, o que pode ser feito por meio do boletim de ocorrência. Importante registrar que, embora a falta de representação (ou requerimento, se na ação penal privada) impeça a formalização da prisão por meio do auto, a prisão-captura pode (deve) realizar-se nesses casos (obrigatória, aliás, para autoridade policial e seus agentes). Mesmo porque a lesão ao bem jurídico deve cessar; **B:** incorreta. A análise quanto à tipicidade material da conduta deve ser feita pelo promotor e pelo juiz. A autoridade policial deverá limitar-se a fazer um juízo de tipicidade (formal); no mais, a ação penal subsidiária da pública somente terá lugar ante a desídia do MP, o que somente restará ou não configurado depois de concluídas as investigações e transcorrido o prazo para oferecimento da denúncia. Além do mais, a ação penal subsidiária é, na sua essência, pública; **C:** incorreta, pois, neste caso, estará o delegado de polícia, como salientamos no comentário à proposição "A", autorizado a lavrar o auto de prisão em flagrante; **D:** incorreta. A autoridade policial, neste caso, somente deixará de lavrar o auto de prisão em flagrante na hipótese de o condutor prestar pronto e integral socorro à vítima (art. 301 do CTB). **ED**

Gabarito "A".

(Delegado/RO – 2014 – FUNCAB) A ordem ou o "comando implícito de soltura" é característica peculiar de uma prisão cautelar, no caso, a prisão:

(A) preventiva decorrente de conversão.

(B) em flagrante.

(C) temporária.

(D) preventiva decretada no curso do processo.

(E) domiciliar decretada no curso do processo.

Diz-se que a ordem de prisão temporária contém o chamado "comando implícito de soltura" porquanto, passados os 5 dias de custódia, o investigado deverá ser imediatamente posto em liberdade pela autoridade policial, sem a necessidade de alvará de soltura a ser expedido pelo juiz que decretou a prisão. Evidente que permanecerá custodiado o investigado que contra si for prorrogada a prisão temporária ou mesmo expedido mandado de prisão preventiva. É o que estabelece o art. 2º, § 7º, da Lei 7.960/1989, cuja redação foi alterada pela Lei 13.869/2019 (nova Lei de Abuso de Autoridade). **ED**

Gabarito "C".

(Delegado/RO – 2014 – FUNCAB) Sabe-se que a prisão em flagrante se desdobra em dois momentos sucessivos: em um primeiro momento, ocorre a apreensão física do infrator e; em um momento posterior, a lavratura ou a documentação da prisão no respectivo auto. Dito isso, analise as proposições e assinale a alternativa correta.

(A) Após a lavratura ou a documentação da prisão, o auto de prisão em flagrante deverá ser encaminhado ao juiz competente.

(B) Não cabe apreensão física de Juiz de Direito que pratica infração afiançável.

(C) Não há discussão doutrinária acerca da possibilidade de a autoridade judiciária lavrar o auto de prisão em flagrante, essa possibilidade decorre da lei.

(D) O denominado flagrante facultativo viabiliza que a autoridade policial não lavre ou documente a prisão.

(E) Não cabe apreensão física de pessoa que pratica infração de menor potencial ofensivo.

A: correta. A autoridade policial a quem foi apresentado o conduzido deverá providenciar para que contra ele seja lavrado o auto de prisão em flagrante, com a imediata comunicação de sua prisão ao juiz competente, ao Ministério Público e à família do preso ou a pessoa por ele indicada (a obrigatoriedade de comunicar o MP foi inserida pela Lei 12.403/2011, que alterou a redação do art. 306, *caput*, do CPP). Além disso, por imposição do art. 306, § 1º, do CPP, cuja redação também foi alterada por força da mesma lei, "em até vinte e quatro horas após a realização da prisão, será encaminhado ao juiz competente o auto de prisão em flagrante e, caso o autuado não informe o nome de seu advogado, cópia integral para a Defensoria Pública". Ao final, será entregue ao autuado a *nota de culpa*, da qual constarão o motivo da prisão, o nome do condutor e também o das testemunhas (art. 306, § 2º, CPP); **B:** incorreta. A apreensão física, também chamada de prisão-captura, pode ser feita, sim, contra juiz de direito, ainda que se trate de infração penal inafiançável. Neste último caso, em seguida à lavratura do auto de prisão em flagrante, incumbe à autoridade policial que o presidiu providenciar para que o magistrado seja, de imediato, apresentado ao presidente do Tribunal a que esteja vinculado. É o que determina o art. 33, II, da Lei Complementar n. 35/79; **C:** incorreta. Embora a possibilidade de o juiz de direito presidir auto de prisão em flagrante esteja contemplada no art. 307, CPP ("quando o fato for praticado em presença da autoridade, ou contra esta, no exercício de suas funções"), tal providência, para alguns doutrinadores, não é recomendável; **D:** incorreta, dado que a faculdade de prender em flagrante somente é deferida ao particular (art. 301, CPP); a autoridade policial e seus agentes, a teor do que dispõe o art. 301

do CPP, *devem* prender quem quer que se encontre em situação de flagrante. Este é o chamado *flagrante obrigatório*; **E:** incorreta. Aquele que for surpreendido em situação de flagrante pela prática de infração de menor potencial ofensivo pode, sim, ser preso (prisão-captura) em flagrante. No entanto, ao ser conduzido ao distrito policial e apresentado ao delegado, contra o autor dos fatos não será lavrado auto de prisão em flagrante, salvo se se recusar a ser encaminhado de imediato ao juizado especial ou, não sendo isso possível, assumir o compromisso de ali comparecer assim que convocado. **ED**

Gabarito "A".

(Delegado/SP – 2014 – VUNESP) Em relação ao tema prisão, é correto afirmar que

(A) o emprego de força para a realização da prisão será permitido sempre que a autoridade policial julgar necessário, não existindo restrição legal.

(B) a prisão poderá ser efetuada em qualquer dia e a qualquer hora, respeitadas as restrições relativas à inviolabilidade de domicílio.

(C) a prisão cautelar somente ocorre durante o inquérito policial.

(D) em todas as suas hipóteses, é imprescindível a existência de mandado judicial prévio.

(E) a prisão preventiva somente ocorre durante o processo judicial.

A: incorreta, uma vez que o art. 284 do CPP estabelece que somente se empregará força, na realização da prisão, quando indispensável em razão de resistência ou de tentativa de fuga; **B:** correta, pois reflete a regra disposta no art. 283, § 2º, do CPP; **C:** incorreta. Prisão cautelar (provisória ou processual) é gênero da qual são espécies a custódia *preventiva*, a *temporária* e a *prisão em flagrante*. Como bem sabemos, a prisão temporária somente poderá ocorrer no curso das investigações do inquérito policial (art. 1º, I, da Lei 7.960/1989); a prisão em flagrante, por sua vez, é efetuada em momento anterior à instauração do inquérito e, por óbvio, antes da instauração da ação penal; agora, a prisão preventiva, por força do que dispõe o art. 311 do CPP, poderá ser decretada em qualquer fase da persecução criminal (inquérito e processo); **D:** incorreta. O mandado somente se fará necessário ao cumprimento da prisão temporária e preventiva. A prisão em flagrante, por razões óbvias, não exige, para o seu cumprimento, a expedição de mandado. De outra forma não poderia ser; **E:** incorreta. A prisão preventiva, como já afirmamos, terá lugar tanto na fase inquisitiva quanto na instrução processual. **ED**

Gabarito "B".

(Delegado/SP – 2014 – VUNESP) A fiança

(A) poderá ser prestada em todas as hipóteses de prisão, salvo no caso de prisão em decorrência de pronúncia.

(B) poderá ser prestada em qualquer termo do processo, inclusive após o trânsito em julgado da sentença.

(C) poderá ser prestada em qualquer termo do processo, enquanto não transitar em julgado a sentença condenatória.

(D) somente poderá ser prestada durante o inquérito policial.

(E) poderá ser prestada nas hipóteses de prisão temporária.

A: incorreta, uma vez que as hipóteses de inafiançabilidade estão elencadas no art. 323 do CPP, cuja redação foi determinada pela Lei 12.403/11, a saber: racismo, tortura, tráfico, terrorismo, crimes hediondos e os delitos praticados por grupos armados, civis ou militares, contra a ordem constitucional e o Estado Democrático e também aqueles contidos em leis especiais, tal como o art. 31 da Lei 7.492/1986 (Sistema Financeiro). Assim sendo, a prisão decorrente de pronúncia, que deve obediência aos requisitos do art. 312 do CPP, não constitui critério de inafiançabilidade; **B e C:** a fiança será prestada, a teor do art. 334 do CPP, enquanto não passar em julgado a sentença condenatória; **D:** incorreta. Será prestada tanto na fase de inquérito quanto na instrução processual (enquanto não transitar em julgado); **E:** incorreta. A fiança é incompatível com a prisão temporária. **ED**

Gabarito "C".

(Delegado/BA – 2013 – CESPE) Determinado cidadão, maior, capaz, réu em processo penal sob a acusação de crime de latrocínio na comarca de Catu – BA, tendo sido contra ele expedido mandado de prisão preventiva, devidamente registrado no banco de dados do Conselho Nacional de Justiça, foi abordado por agentes da delegacia de homicídios de Salvador – BA, no curso de investigação policial por outros delitos perpetrados na capital baiana. Após consulta ao sistema informatizado de capturas, e tendo sido o seu nome localizado, foi-lhe dada voz de prisão. Nesse momento, o cidadão empreendeu fuga em um veículo na direção ao interior do estado e, imediatamente perseguido pelos agentes policiais, foi interceptado e preso na Comarca de Feira de Santana – BA.

Com base na situação hipotética apresentada acima, julgue os itens subsequentes.

(1) A decretação da prisão preventiva submete-se aos requisitos fáticos e normativos estabelecidos no CPP, sendo admitida em qualquer fase da persecução criminal, seja de ofício, seja por representação da autoridade policial, a requerimento do MP, do querelante ou do assistente de acusação.

(2) Nessa situação, por força do disposto contido no CPP, deverão os agentes apresentar o cidadão à autoridade policial de Feira de Santana – BA e, nessa ocasião, ele será informado de seus direitos constitucionais. Caso não apresente o nome de seu advogado, a defensoria pública será cientificada da prisão. A autoridade policial, após execução das formalidades legais, comunicará da prisão ao juízo do local de cumprimento da medida, o qual informará ao juízo que a decretou.

1: incorreta. O erro da assertiva reside na parte em que se afirma que a custódia preventiva pode ser decretada de ofício em qualquer fase da persecução penal. Podia, mas não pode mais. É que, com a alteração promovida pela Lei de Reforma 12.403/2011 na redação do art. 311 do CPP, o juiz, que antes podia, de ofício, determinar a prisão preventiva no curso do inquérito, agora somente poderá fazê-lo, nesta fase da persecução, quando provocado pela autoridade policial, mediante representação, ou pelo Ministério Público, por meio de requerimento; portanto, de ofício, a partir da entrada em vigor da lei acima mencionada, somente no decorrer da ação penal. Mais recentemente (posteriormente à elaboração desta questão, portanto), o art. 311 do CPP foi novamente alterado, desta vez pela Lei 13.964/2019, do que resultou a impossibilidade de o juiz agir de ofício na decretação da prisão preventiva (ainda que no decorrer da instrução criminal). Dessa forma, a custódia preventiva, atualmente, somente será decretada (sempre pelo juiz) em face de provocação, seja da autoridade policial, se no curso do IP, seja do MP, do querelante ou do assistente, na ação penal; **2:** correta. Estabelece o art. 290, *caput*, do CPP que, tendo o agente (investigado, indiciado ou acusado), em fuga, passado para o território de outra comarca, aquele que o persegue poderá prendê-lo no local em que o alcançar, apresentando-o, neste caso, à autoridade local, que cuidará da formalização da prisão e a sua comunicação ao juízo do local em que a medida foi cumprida (art. 289-A, § 3º, do CPP), que, por sua vez, informará o juízo que a decretou, a quem caberá providenciar a remoção do preso (art. 289, § 3º, do CPP). No mais, o preso deverá, no ato da prisão, por imposição do art. 289-A, § 4º, do CPP, ser informado de seus direitos, sendo-lhe assegurado, caso não informe o nome de seu advogado, que sua detenção seja comunicada à Defensoria Pública. ED
Gabarito 1E, 2C

(Delegado Federal – 2013 – CESPE) Acerca da custódia cautelar e suas modalidades, dos atos processuais e seus sujeitos, bem como da ação penal, julgue os itens que se seguem.

(1) Em se tratando de ações penais privadas, prevalece, no processo penal, a competência de foro, com preponderância do interesse do queixoso no que diz respeito à distribuição territorial da competência.

(2) Considere que, no curso de inquérito policial em que se apure crime de ação pública incondicionada, quando da primeira remessa dos autos ao Poder Judiciário com solicitação de retorno para novas diligências, a vítima do delito requeira a sua habilitação nos autos como assistente de acusação. Nessa situação, o pedido deve ser negado, visto que a figura do assistente é admitida no processo somente após o recebimento da denúncia e antes do trânsito em julgado da sentença.

(3) Suponha que um agente penalmente capaz pratique um roubo e, perseguido ininterruptamente pela polícia, seja preso em circunscrição diversa da do cometimento do delito. Nessa situação, a autoridade policial competente para a lavratura do auto de prisão em flagrante é a do local de execução do delito, sob pena de nulidade do ato administrativo.

1: incorreta. Ainda que se trate de ação penal privada exclusiva, em que o querelante pode, mesmo sendo conhecido o local da infração, optar por ajuizá-la no foro do domicílio ou residência do réu, não há que se falar em preponderância do interesse do queixoso, já que a regra, no âmbito do processo penal, é que a ação seja ajuizada no foro em que a infração se consumou (art. 70, CPP), o que se mostra mais adequado a uma eficiente produção probatória. Prevalece, pois, o interesse público na busca pela verdade real; **2:** correta. O ingresso do assistente de acusação somente poderá se dar a partir do recebimento da denúncia (arts. 268 e 269, CPP). Antes disso, não há sequer acusação; **3:** incorreta, uma vez que a atribuição para a lavratura do auto de prisão em flagrante, neste caso, recai sobre a autoridade do local em que foi efetivada a prisão, após o que o auto respectivo será remetido, com as demais peças que o acompanham, à autoridade policial do local em que a infração foi praticada (art. 304, § 1º, parte final, do CPP). Ainda que

assim não fosse, o fato de o flagrante ter sido lavrado por outra autoridade que não a do local da prisão tampouco do lugar onde o crime foi cometido não torna nulo o ato administrativo, segundo entendimento pacífico da jurisprudência. ED
Gabarito 1E, 2C, 3E

(Delegado/AP – 2010) Roberto entra em uma agência bancária e efetua o saque de quinhentos reais da conta corrente de terceiro, utilizando um cheque falsificado. De posse do dinheiro, Roberto se retira da agência. Quinze minutos depois, o caixa do banco observa o cheque com mais cuidado e percebe a falsidade. O segurança da agência é acionado e consegue deter Roberto no ponto de ônibus próximo à agência. O segurança revista Roberto e encontra os quinhentos reais em seu bolso. Roberto é conduzido pelo segurança à Delegacia de Polícia mais próxima.

Considerando a narrativa acima, assinale a alternativa correta.

(A) O Delegado de Polícia deve baixar a portaria de instauração do inquérito policial, tomar o depoimento de Roberto, lavrar termo de apreensão do dinheiro que havia sido sacado por ele na agência bancária, e liberá-lo, já que a situação narrada não caracterizou flagrante delito. Encerradas as investigações, deve remeter os autos do inquérito policial ao Ministério Público para que ofereça denúncia.

(B) O Delegado de Polícia a quem Roberto é apresentado deve lavrar o auto de prisão em flagrante, sendo-lhe vedado tomar o depoimento do preso sem que esteja assistido por advogado. Se o autuado não informar o nome de seu advogado, o Delegado deverá solicitar a presença de um defensor público ou nomear um advogado dativo para proceder à oitiva. Após a lavratura do auto, deve comunicar a prisão ao juiz competente e entregar nota de culpa ao preso.

(C) O Delegado de Polícia a quem Roberto é apresentado deve lavrar o auto de prisão em flagrante, comunicar a prisão imediatamente ao juiz competente e à família do preso ou à pessoa por ele indicada, bem como entregar a nota de culpa ao preso. Se o juiz constatar a desnecessidade da decretação de prisão cautelar, deverá conceder liberdade provisória ao preso, com ou sem fiança, independentemente de manifestação do Ministério Público ou da defensoria pública.

(D) O Delegado de Polícia a quem Roberto é apresentado deve lavrar o auto de prisão em flagrante, comunicar a prisão imediatamente ao juiz competente e à família do preso ou à pessoa por ele indicada, devendo ainda remeter, em vinte e quatro horas, o auto de prisão em flagrante acompanhado de todas as oitivas colhidas ao juiz competente e, caso o autuado não informe o nome de seu advogado, cópia integral do auto à Defensoria Pública, e entregar nota de culpa ao preso.

(E) O Delegado de Polícia a quem Roberto é apresentado deve lavrar o auto de prisão em flagrante, comunicar a prisão imediatamente ao juiz competente e à família do preso ou à pessoa por ele indicada, devendo ainda remeter, em vinte e quatro horas, o auto de prisão em flagrante acompanhado de todas as oitivas colhidas ao juiz competente e entregar nota de culpa ao preso. Caberá ao juiz abrir vista dos autos de comunicação de prisão ao Ministério Público e, caso o preso tenha declarado não possuir advogado, à defensoria pública.

Roberto foi preso, logo em seguida à prática delituosa, ainda na posse do numerário auferido. Estamos aqui diante, portanto, do que a doutrina denomina *flagrante ficto* ou *presumido* (art. 302, IV, do CPP). Deverá, pois, a autoridade policial a quem foi apresentado o conduzido providenciar para que contra ele seja lavrado o auto de prisão em flagrante, com a imediata comunicação de sua prisão ao juiz competente, ao Ministério Público e à família do preso ou a pessoa por ele indicada (a obrigatoriedade de comunicar o MP foi inserida pela Lei 12.403/2011, que alterou a redação do art. 306, *caput*, do CPP). Além disso, por imposição do art. 306, § 1º, do CPP, cuja redação também foi alterada por força da mesma lei, "em até vinte e quatro horas após a realização da prisão, será encaminhado ao juiz competente o auto de prisão em flagrante e, caso o autuado não informe o nome de seu advogado, cópia integral para a Defensoria Pública". Ao final, será entregue ao autuado a *nota de culpa*, da qual constarão o motivo da prisão, o nome do condutor e também o das testemunhas (art. 306, § 2º, CPP). Impende consignar que o magistrado, ao tomar conhecimento da prisão em flagrante, se entender que não é o caso de concessão de liberdade provisória, nem de relaxamento da prisão, deverá, necessariamente e de forma fundamentada, converter a prisão em flagrante em prisão preventiva, à luz dos requisitos estampados nos arts. 312

3. DIREITO PROCESSUAL PENAL 483

e 313 do CPP. A prisão em flagrante, destarte, não mais perdurará ao longo do processo. Se necessária ao processo, o juiz deverá justificá-la e convertê-la em preventiva, esta sim modalidade de prisão cautelar, processual. **ED**
Gabarito "D".

(Delegado/BA – 2008 – CEFETBAHIA) No que concerne à prisão preventiva, pode-se afirmar que

(A) um dos requisitos da prisão preventiva é facilitar a investigação da polícia.

(B) a prisão preventiva somente pode ser decretada mediante requerimento do Ministério Público.

(C) a garantia da ordem pública, a conveniência da instrução criminal, assegurar a aplicação da lei e garantia da ordem econômica são hipóteses que autorizam a decretação da prisão preventiva.

(D) a prisão preventiva é cabível para os crimes culposos.

(E) a prisão preventiva, uma vez decretada, não é possível ser revogada.

A: incorreta. Não constitui requisito da prisão preventiva, mas da prisão temporária, que se presta a facilitar, viabilizar investigações acerca de crimes considerados graves (art. 1º, III, da Lei 7.960/1989); **B:** incorreta. Pela disciplina estabelecida no art. 311 do CPP, cuja redação foi modificada por força da Lei 12.403/2011, a prisão preventiva poderá ser decretada nas duas fases que compõem a persecução penal (inquérito e ação penal); todavia, somente poderá ser decretada de ofício pelo juiz no curso da ação penal; durante as investigações, somente a requerimento do MP, do querelante ou do assistente, ou por representação da autoridade policial. Mais recentemente, com a entrada em vigor da Lei, que alterou, entre outros dispositivos do CPP, o art. 311, passou a ser vedado ao juiz decretar de ofício a prisão preventiva, quer no curso do IP, como antes já ocorria, quer no decorrer da instrução criminal; **C:** proposição correta, nos termos do art. 312 do CPP; **D:** incorreta. Em regra, não cabe a prisão preventiva para os crimes culposos – art. 313, CPP; **E:** incorreta (art. 316 do CPP, cuja redação foi alterada por força da Lei 13.964/2019). **ED**
Gabarito "C".

(Delegado/BA – 2008 – CEFETBAHIA) Homem, pedreiro, casado, pai de dois filhos, com carteira assinada, morando no mesmo endereço há mais de 20 anos, foi preso em flagrante delito pelo crime previsto no Art. 155, *caput*, do Código Penal (furto). Levado à presença da autoridade policial, o delegado presidiu a lavratura do auto de prisão em flagrante, entregando-lhe a respectiva nota de culpa e comunicando o fato, imediatamente ao juiz da comarca. Esse homem nunca havia sido preso ou processado antes.

Com base nesse relato, pode-se afirmar que

(A) a lavratura do flagrante, tendo em vista que o infrator é pai de família, primário, e possui emprego definido, poderia deixar de ser presidida pelo delegado.

(B) a nota de culpa poderia deixar de ser entregue, considerando que, para o crime, tal medida é dispensável.

(C) o juiz é o único que poderia conceder a liberdade provisória a esse homem, sob o argumento de que se trata de réu primário, com bons antecedentes, família constituída, emprego determinado e residência fixa.

(D) o promotor de Justiça também poderia conceder a liberdade provisória, uma vez que se trata de réu primário, com bons antecedentes, família constituída, emprego determinado e residência fixa.

(E) o réu deverá aguardar preso até o julgamento da ação penal, por se tratar de crime grave contra o patrimônio.

A: incorreta, já que a lavratura do auto de prisão em flagrante não constitui ato discricionário da autoridade policial, à qual incumbe fazer um juízo de tipicidade, verificar os requisitos legais e proceder à lavratura do auto; **B:** incorreta. Após a lavratura do auto de prisão em flagrante, é de rigor a entrega, dentro do prazo de 24 horas, da nota de culpa – art. 306, § 2º, do CPP, independente da natureza da infração penal em que incorreu o autuado; **C:** ao tempo em que foi elaborada a questão, esta era a assertiva correta. No entanto, de acordo com a nova redação dada ao art. 322, *caput*, do CPP pela Lei 12.403/2011, a autoridade policial está credenciada a conceder fiança nos crimes em que a pena máxima cominada não for superior a quatro anos. É o caso do furto simples (art. 155, *caput*, CP), cuja pena máxima cominada corresponde a quatro anos; **D:** incorreta. O promotor de justiça não está credenciado a conceder liberdade provisória; **E:** incorreta. O furto simples não é considerado crime grave contra o patrimônio, já que, na sua prática, não é empregada violência contra a pessoa tampouco grave ameaça. **ED**
Gabarito "C".

(Delegado/GO – 2009 – UEG) Sobre as prisões é CORRETO afirmar que:

(A) a autoridade policial deve comunicar a prisão em flagrante ao juiz que, caso seja ilegal ou nula, deve, de ofício, conceder a liberdade provisória sob compromisso; caso não cumprido o compromisso, a prisão em flagrante será restabelecida.

(B) a custódia cautelar preventiva não pode ser imposta a autor de prática de infração contravencional.

(C) o clamor público é, por si só, fundamento válido, conforme entende o Supremo Tribunal Federal, para a decretação da prisão preventiva sob a alegação de violação à ordem pública.

(D) por ser medida cautelar própria da fase investigativa, a prisão temporária poderá ser decretada pelo juiz somente mediante representação da autoridade policial, mas, antes de decidir, o magistrado deve, necessariamente, ouvir o Ministério Público.

A: incorreta, uma vez que, diante de uma prisão em flagrante *ilegal*, deve o magistrado, em vista do que dispõem os arts. 5º, LXV, da CF e 310, I, do CPP, relaxá-la incontinenti, independente de compromisso a ser prestado pelo agente; **B:** correta. De fato, não há a menor possibilidade de ser decretada nas contravenções penais – art. 313 do CPP; **C:** incorreta. Isso porque o *clamor público*, por si só, além de não estar inserto no art. 312 do CPP, não é apto a justificar a prisão preventiva; **D:** incorreta. A *custódia temporária* pode, também, ser decretada a requerimento do Ministério Público, conforme prescreve o art. 2º, *caput*, da Lei 7.960/1989. **ED**
Gabarito "B".

(Delegado/MG – 2012) **Não** haverá o quebramento da fiança quando:

(A) Deliberadamente o afiançado praticar ato de obstrução ao andamento do inquérito/processo.

(B) Descumprir medida cautelar imposta cumulativamente com a fiança.

(C) Resistir injustificadamente a ordem judicial.

(D) Deixar de comparecer, por justo motivo, quando regularmente intimado para ato processual.

A: assertiva incorreta, devendo ser assinalada. Isso porque o art. 341, I, do CPP não contemplou o ato de obstrução ao andamento do *inquérito policial*; assim, somente o ato de obstrução ao andamento do *processo* acarretará a quebra da fiança; **B:** assertiva correta, nos termos do art. 341, III, do CPP; **C:** assertiva correta, nos termos do art. 341, IV, do CPP; **D:** assertiva correta, nos termos do art. 341, I, do CPP. **ED**
Gabarito "A".

(Delegado/MG – 2012) Sobre a prisão preventiva é **CORRETO** afirmar:

(A) poderá ser decretada de ofício pelo juiz na fase do inquérito policial.

(B) poderá ser decretada em crime doloso, quando se tratar de reincidente, independente da pena cominada ao delito.

(C) nos casos de violência doméstica poderá ser decretada independentemente da imposição anterior de medida protetiva.

(D) quando houver dúvida sobre a identidade civil da pessoa poderá ser decretada e mantida mesmo após superada a dúvida.

A: antes de a Lei 12.403/2011 modificar a redação do art. 311 do CPP, era possível que o juiz, de ofício, decretasse a prisão preventiva no curso do inquérito. Por força da nova redação conferida a este dispositivo, passou-se a não mais se admitir a decretação de ofício da prisão preventiva durante a fase de investigação; somente no curso da ação penal. Essa era a regra em vigor ao tempo em que elaborada esta questão. Posteriormente, em homenagem ao perfil acusatório do processo penal, a Lei 13.964/2019, alterando a redação do art. 311 do CPP, vedou a decretação da prisão preventiva de ofício pelo juiz, tanto na fase investigativa, o que já era proibido a partir da Lei 12.403/2011, quanto na etapa instrutória; **B:** correta, pois corresponde à nova redação do art. 313, II, do CPP; **C:** incorreta, pois não reflete o disposto no art. 313, III, do CPP; **D:** incorreta, visto que o art. 313, § 1º, do CPP estabelece que a prisão preventiva, neste caso, deverá ser imediatamente revogada após a identificação do investigado. **ED**
Gabarito "B".

(Delegado/PB – 2009 – CESPE) Considerando a lei que regulamenta a prisão temporária, assinale a opção correta.

(A) Pode ser decretada a prisão temporária em qualquer fase do IP ou da ação penal.

(B) A prisão temporária pode ser decretada por intermédio de representação da autoridade policial ou do membro do MP, assim como ser decretada de ofício pelo juiz competente.

(C) O prazo da prisão temporária, que em regra é de 5 dias, prorrogáveis por igual período, é fatal e peremptório, de modo que,

484 EDUARDO DOMPIERI

esgotado, o preso deve ser imediatamente posto em liberdade, não podendo ser a prisão convertida em preventiva.

(D) Quando a prisão temporária for requerida pela autoridade policial, por intermédio de representação, não haverá necessidade de prévia oitiva do MP, devendo o juiz decidir o pedido formulado no prazo máximo de 24 horas.

(E) Não cabe prisão temporária nas contravenções nem em crimes culposos.

A: incorreta. Sendo uma modalidade de prisão cautelar destinada a viabilizar a investigação no inquérito policial, somente no curso deste a prisão temporária poderá ser decretada, sendo, pois, vedado o seu uso na ação penal – art. 1º, I, da Lei 7.960/1989; **B:** incorreta. É defeso ao juiz decretar de ofício a prisão temporária, somente podendo fazê-lo a requerimento do MP ou mediante representação formulada pela autoridade policial – art. 2º, *caput*, da Lei 7.960/1989; **C:** incorreta. É verdade que, uma vez esgotado o prazo da prisão temporária, o investigado deve ser imediatamente colocado em liberdade – art. 2º, § 7º, da Lei 7.960/1989 (cuja redação foi modificada pela Lei 13.869/2019 - nova Lei de Abuso de Autoridade), mas nada obsta que ele permaneça preso porque em seu desfavor foi decretada a prisão preventiva (conversão da temporária em preventiva) ou ainda porque foi prorrogada a sua prisão temporária; **D:** assertiva em desconformidade com o art. 2º, § 1º, da Lei 7.960/1989; **E:** correta. As contravenções penais e os crimes culposos não integram o rol do art. 1º, III, da Lei 7.960/1989. ED
Gabarito "E".

(Delegado/PR – 2007) A Lei 7.960/1989 dispõe sobre a prisão temporária. Sobre esse instituto, considere as seguintes afirmativas:

1. A prisão temporária será decretada pelo juiz, em face da representação da autoridade policial ou de requerimento do Ministério Público ou do ofendido e seu representante legal.

2. O juiz poderá, de ofício, ou a requerimento do Ministério Público e do advogado, determinar que o preso lhe seja apresentado, solicitar informações e esclarecimentos da autoridade policial e submetê-lo a exame de corpo de delito.

3. A prisão temporária terá o prazo de 15 dias, prorrogável por igual período em caso de extrema e comprovada necessidade.

4. A prisão temporária para os crimes hediondos terá o prazo de 30 dias, prorrogável por igual período em caso de extrema e comprovada necessidade.

Assinale a alternativa correta.

(A) As afirmativas 1, 2, 3 e 4 são verdadeiras.
(B) Somente as afirmativas 2, 3 e 4 são verdadeiras.
(C) Somente as afirmativas 1 e 3 são verdadeiras.
(D) Somente as afirmativas 3 e 4 são verdadeiras.
(E) Somente as afirmativas 2 e 4 são verdadeiras.

1: incorreta. A prisão temporária, em vista do que dispõe o art. 2º, *caput*, da Lei 7.960/1989, somente será decretada pelo juiz em face de representação da autoridade policial ou de requerimento do MP. O ofendido não tem legitimidade para requerer a sua decretação; **2:** correta, em vista do disposto no art. 2º, § 3º, da Lei 7.960/1989; **3:** incorreta. Não se tratando de delito hediondo ou de crime a ele equiparado, o prazo de prisão temporária é de *5 dias*, prorrogável por igual período em caso de extrema e comprovada necessidade – art. 2º, *caput*, da Lei 7.960/1989; **4:** assertiva correta. Reza o art. 2º, § 4º, da Lei 8.072/1990 (Lei de Crimes Hediondos) que, se se tratar dessa modalidade de delito ou assemelhado, o prazo de prisão temporária será de até 30 dias, prorrogável por igual período em caso de extrema e comprovada necessidade. ED
Gabarito "E".

(Delegado/SC – 2008) Acerca do "princípio do estado de inocência", é correto afirmar que

(A) a exigência da prisão provisória, para apelar, ofende o "princípio do estado de inocência".

(B) o "princípio do estado de inocência" impede a prisão cautelar do réu.

(C) o "princípio do estado de inocência" obsta que se recolha o réu à prisão antes do trânsito em julgado da sentença condenatória.

(D) o "princípio do estado de inocência" obsta que, na sentença de pronúncia, o juiz determine o lançamento do réu no rol dos culpados.

A: incorreta, pois o art. 594 do CPP foi revogado pela Lei 11.719/2008; **B** e **C:** incorretas, pois a Súmula 9 do STJ estabelece que a prisão provisória não ofende o princípio constitucional do estado de inocência, consagrado no art. 5º, LVII, da CF; **D:** correta, pois o lançamento do nome do réu no rol dos culpados antes do

trânsito em julgado da sentença penal condenatória constitui flagrante violação ao princípio do estado de inocência, contido no art. 5º, LVII, da CF. ED
Gabarito "D".

(Delegado/SC – 2008) Analise as alternativas e assinale a correta.

(A) o Presidente da República, durante o seu mandato, nas infrações penais comuns, não está sujeito a nenhuma modalidade de prisão provisória.

(B) Dentro de vinte e quatro horas depois da lavratura do auto de prisão em flagrante será dada ao preso nota de culpa assinada pela autoridade policial competente, constando o motivo da prisão, o nome do condutor e os das testemunhas.

(C) Em qualquer fase da persecução criminal relativa ao crime de tráfico de drogas será permitido, mediante autorização judicial, o "flagrante protelado".

(D) A "prisão para averiguação" consiste na privação momentânea à liberdade de alguém, fora das hipóteses de flagrante e sem ordem escrita do juiz competente, com a finalidade de investigação. Segundo a lei processual penal brasileira, a autoridade policial pode determiná-la diretamente, pelo prazo de 24 horas, desde que estejam preenchidos os mesmos requisitos para a decretação da prisão preventiva.

A: correta (art. 86, § 3º, da CF); **B:** incorreta (art. 306, § 2º, do CPP). O termo inicial do prazo é a prisão do conduzido; **C:** incorreta (art. 53, II, da Lei 11.343/2006); **D:** incorreta (art. 5º, LXI, da CF; e art. 282 do CPP). ED
Gabarito "A".

(Delegado/SC – 2008) O policial civil "Tício", visando à prisão de "Mévio", conhecido traficante da Capital, se passou por consumidor e dele comprou 10 papelotes de cocaína, provocando a negociação (venda da droga). Quando o traficante retirou a droga e a entregou para o policial, outros dois policiais civis, "Caio" e "Linus", efetuaram a prisão de "Mévio" em flagrante delito. Nesse caso, é correto afirmar que:

(A) a prisão em flagrante do traficante é ilegal, pois a negociação (venda) configura delito putativo por obra do agente provocador, configurando, portanto, crime impossível.

(B) a prisão em flagrante do traficante é lícita e não se dá pela compra e venda simulada, mas sim pelo fato de o traficante, espontaneamente, trazer consigo droga, que é uma modalidade permanente do crime em questão.

(C) a prisão em flagrante do traficante é lícita, mas o policial civil "Tício" deverá também responder por crime de tóxico, pois adquiriu ilicitamente substância entorpecente.

(D) a prisão em flagrante do traficante é ilícita, pois os agentes induziram a prática criminosa, devendo os policiais civis "Tício", "Caio" e "Linus" responder por crime de abuso de autoridade.

A jurisprudência firmou entendimento no sentido de que, nos crimes constituídos por vários núcleos (tipo misto alternativo ou plurinuclear), como é o caso do delito de tráfico de drogas, a despeito de o ato de vender entorpecente constituir modalidade de *crime impossível* (crime de ensaio), nos moldes da Súmula 145 do STF, as condutas (núcleos) anteriores, preexistentes, como *manter em depósito*, porque já vinham sendo consumadas (trata-se de modalidade permanente), configuram crimes viáveis, já que, neste caso, inexiste induzimento ou instigação. Consagrando este entendimento, a Lei 13.964/2019 inseriu no art. 33, § 1º, da Lei de Drogas o inciso IV, tipificando a conduta consistente em *vender ou entregar drogas ou matéria-prima, insumo ou produto químico destinado à preparação de drogas, sem autorização ou em desacordo com a determinação legal ou regulamentar, a agente policial disfarçado, quando presentes elementos probatórios razoáveis de conduta criminal preexistente.* ED
Gabarito "B".

(Delegado/SP – 2011) Assinale a alternativa correta relacionada às medidas cautelares diversas da prisão.

(A) As medidas cautelares somente podem ser impostas pelo juiz, que não poderá aplicá-las de ofício, sob pena de quebrar a sua imparcialidade

(B) A monitoração eletrônica não é prevista como medida cautelar.

(C) A fiança é uma medida cautelar que pode ser imposta pela autoridade policial, se o limite máximo da pena privativa de liberdade não ultrapassar 4 anos.

(D) Admite-se fiança em caso de prisão militar.

(E) As circunstâncias indicativas da periculosidade do acusado não constituem parâmetro legal para a determinação do valor da fiança.

A: incorreta. Tem legitimidade para decretar as medidas cautelares diversas da prisão o juiz criminal, que somente poderá agir de ofício no curso da ação penal – art. 282, § 2º, do CPP; durante o inquérito, somente será decretada diante da representação da autoridade policial ou mediante requerimento do MP. Esta assertiva e seu respectivo comentário não levaram em conta (nem poderiam) as alterações implementadas pela Lei 13.964/2019 nos arts. 282, § 2º, do CPP e art. 311 do CPP, que agora vedam a atuação de ofício do juiz na decretação de medidas cautelares de natureza pessoal, como a prisão processual, ainda que no curso da ação penal; **B:** incorreta, visto que a monitoração eletrônica foi incluída no rol das medidas cautelares diversas da prisão – art. 319, IX, do CPP; **C:** correta, uma vez que reflete o disposto no art. 322 do CPP, que teve a sua redação alterada pela Lei 12.403/11; **D:** incorreta, não cabe, nos termos do art. 324, II, do CPP; **E:** incorreta, já que esta circunstância está prevista, como parâmetro para a fixação do valor da fiança, no art. 326 do CPP. ED
Gabarito "C".

(Delegado/SP – 2008) Dentre os requisitos legais para decretação da prisão preventiva do indiciado não se encontram

(A) a materialidade delitiva e o indício de autoria.

(B) a garantia de ordem pública e a conveniência da instrução penal.

(C) a conveniência da instrução penal e a garantia de ordem econômica.

(D) a garantia de aplicação da lei penal e a conveniência da instrução penal.

(E) a perpetração de crime hediondo e a proteção estatal do réu.

A prisão preventiva será decretada, tanto no curso das investigações quanto no da instrução processual, *como garantia da ordem pública, da ordem econômica, por conveniência da instrução criminal ou para assegurar a aplicação da lei penal, quando houver prova da existência do crime e indício suficiente de autoria e de perigo gerado pelo estado de liberdade do imputado* (art. 312, *caput*, do CPP, cuja redação foi alterada pela Lei 13.964/2019). São os chamados pressupostos da custódia preventiva. Além disso, deve estar presente uma das condições de admissibilidade para a sua decretação, assim entendidas as situações/crimes em que tem lugar esta modalidade de prisão processual. Segundo estabelece o art. 313 do CPP, caberá a prisão preventiva: (i) nos crimes dolosos com pena privativa de liberdade máxima superior a 4 anos (inciso I); (ii) no caso de condenado por outro crime doloso, em sentença transitada em julgado, ressalvado o disposto no inciso I do *caput* do art. 64, CP (inciso II); (iii) quando o crime envolver violência doméstica e familiar contra a mulher, criança, adolescente, idoso, enfermo ou pessoa com deficiência, para assegurar a execução das medidas protetivas de urgência (inciso III). O cometimento de crime hediondo ou assemelhado, por si só, não pode constituir motivo bastante para decretação da prisão preventiva. A proteção ao réu, da mesma forma, não autoriza seu encarceramento, visto que compete a ele se cercar dos cuidados necessários para se proteger. ED
Gabarito "E".

(Delegado/SP – 2008) Quando o beneficiário não cumpre as condições que lhe foram impostas para gozar da liberdade provisória mediante fiança, fala-se em

(A) quebramento da fiança.

(B) cassação da fiança.

(C) reforço da fiança.

(D) inidoneidade da fiança.

(E) perdimento da fiança.

Em face da nova redação conferida ao art. 341 do CPP pela Lei 12.403/2011, fala-se em *quebramento* sempre que o réu, devidamente intimado, deixa de comparecer para ato do processo sem motivo justo; quando deliberadamente pratica ato de obstrução ao andamento do processo; quando descumpre medida cautelar imposta cumulativamente com fiança; quando resiste injustificadamente a ordem judicial; e quando pratica nova infração penal dolosa. ED
Gabarito "A".

12. PROCESSO E PROCEDIMENTOS

(Delegado/MS – 2017 - FAPEMS) Assinale a alternativa correta, acerca do procedimento penal.

(A) O não comparecimento do ofendido à audiência, tendo sido regularmente notificado para tanto, configura preclusão quando se tratar de crime de iniciativa privada, devendo o processo ser extinto.

(B) Se o acusado, citado por edital, não comparecer, nem constituir advogado, ficarão suspensos o processo e o curso do prazo prescricional, sendo consequência lógica a proibição de se realizar qualquer medida processual.

(C) Constituem regras do rito sumaríssimo previstas na Lei n. 9.099/1995 a possibilidade de oferecimento de denúncia oral a desnecessidade de relatório na sentença e impossibilidade de oposição de embargos de declaração.

(D) O processo criminal ou inquérito em que figure indiciado, acusado, vítima ou réu colaboradores, terá prioridade na tramitação e, além disso, o juiz, após a citação, tomará antecipadamente o depoimento das pessoas incluídas nos programas de proteção, salvo impossibilidade justificada de fazê-lo.

(E) É possível o juiz absolver sumariamente o réu quando verificar a existência manifesta de qualquer causa excludente da culpabilidade, decisão que faz coisa julgada formal e material.

A: incorreta. Cuida-se de hipótese de *perempção* (art. 60, III, do CPP), e não de *preclusão*; **B:** incorreta. Se o réu, depois de citado por edital, não comparecer tampouco constituir defensor, o processo e o prazo prescricional ficarão, por imposição da regra estampada no art. 366 do CPP, *suspensos*. Poderá o juiz, neste caso, determinar a produção antecipada das provas que repute urgentes e, presentes os requisitos do art. 312 do CPP, decretar a prisão preventiva. *Vide*, a esse respeito, Súmulas n. 415 e 455 do STJ; **C:** incorreta. É verdade que, dentre as regras que disciplinam o procedimento sumaríssimo, voltado ao processamento e julgamento das infrações penais de menor potencial ofensivo, estão a possibilidade de a denúncia ser oferecida de forma oral (art. 77, *caput*, da Lei 9.099/1995) e a prescindibilidade do relatório na sentença (art. 81, § 3º, da Lei 9.099/1995). Entretanto, é incorreto afirmar que o procedimento sumaríssimo não contempla a possibilidade de oposição de embargos de declaração, haja vista que tal recurso está previsto, de forma expressa, no art. 83 da Lei 9.099/1995, com a redação que lhe conferiu a Lei 13.105/2015; **D:** correta (art. 19-A da Lei 9.807/1999); **E:** incorreta, uma vez que contraria o disposto no art. 397, II, do CPP. ED
Gabarito "D".

(Delegado/MS – 2017 - FAPEMS) Leia o trecho a seguir.

"[...] não é propriamente a qualidade de funcionário público que caracteriza o crime funcional, mas o fato de que é praticado por quem se acha no exercício de função pública, seja esta permanente ou temporária, remunerada ou gratuita, exercida profissionalmente ou não, efetiva ou interinamente, ou *per accidens* [...]".

HUNGRIA, Nelson. Comentários ao Código Penal. 12. ed. Rio de Janeiro: Forense, 1991.

Acerca do processo e julgamento dos crimes praticados por funcionário público, assinale a alternativa correta.

(A) Estando a denúncia ou a queixa em devida forma, o juiz mandará autuá-la e ordenará a notificação do acusado, para responder por escrito, no prazo de dez dias.

(B) O juiz deverá rejeitar a denúncia, em despacho genérico, se estiver convencido, após a resposta do acusado ou de seu defensor, da inexistência do crime ou da improcedência da ação.

(C) Caso o acusado esteja fora da jurisdição do juiz do processo, a resposta preliminar poderá ser apresentada por defensor nomeado, no prazo de dez dias.

(D) Se não for conhecida a residência do acusado ser-lhe-á nomeado defensor, a quem caberá apresentar a resposta preliminar, no prazo de dez dias.

(E) A lei processual penal antecipa o contraditório, pois, antes de inaugurada ação penal, permite a apresentação da defesa preliminar.

A: incorreta, uma vez que o prazo de que dispõe o denunciado para oferecer a defesa preliminar corresponde a 15 dias (e não a 10), tal como estabelece o art. 514, *caput*, do CPP; **B:** incorreta. Se o juiz reconhecer, pela resposta do acusado, a inexistência do crime a ele imputado ou a improcedência da ação, deverá, por despacho *fundamentado*, rejeitar a denúncia ou queixa (art. 516 do CPP); **C:** incorreta. Na hipótese de o acusado residir em comarca diversa daquela em que tramita o processo, deverá o magistrado nomear-lhe defensor, que apresentará a defesa preliminar no prazo de 15 dias (e não 10), a teor do art. 514, parágrafo único, do CPP; **D:** incorreta. Também na hipótese de a residência do acusado não ser conhecida, ser-lhe-á nomeado defensor, que apresentará sua defesa preliminar no prazo de 15 dias (art. 514, parágrafo único, do CPP); **E:** correta. De fato, a defesa preliminar de que trata o art. 514 do CPP confere ao funcionário público denunciado pela prática de crime funcional afiançável a oportunidade de rebater o teor da denúncia antes de ela ser apreciada pelo magistrado. É a antecipação do contraditório, que, no procedimento comum, será exercido após o recebimento da denúncia, em sede de resposta à acusação. ED
Gabarito "E".

486 EDUARDO DOMPIERI

(Delegado/DF – 2015 – Fundação Universa) Assinale a alternativa correta acerca do procedimento penal.

(A) O princípio da identidade física do juiz não se aplica ao processo penal.

(B) As provas devem ser produzidas em uma só audiência, podendo o juiz indeferir as consideradas irrelevantes, impertinentes ou protelatórias.

(C) No procedimento ordinário, após o oferecimento da denúncia, o juiz, recebendo-a, mandará desde logo designar dia e hora para o interrogatório do réu.

(D) A absolvição sumária é instituto exclusivo do rito do júri popular.

(E) O princípio da identidade física do juiz aplica-se ao processo penal por construção jurisprudencial, não sendo previsto no CPP.

A: incorreta. A Lei 11.719/2008 introduziu no art. 399 do CPP o § 2º, conferindo-lhe a seguinte redação: "O juiz que presidiu a instrução deverá proferir a sentença". O *princípio da identidade física do juiz*, antes exclusivo do processo civil, agora será também aplicável ao processo penal; **B:** correta (art. 411, § 2º, do CPP); **C:** incorreta. Consoante disciplina do art. 396, *caput*, do CPP, o juiz, recebendo a denúncia, determinará a citação do réu para responder à acusação, por escrito, no prazo de 10 dias; só depois disso, desde que não seja caso de absolvição sumária, o juiz designará dia e hora para a audiência, na qual se procederá, ao final, ao interrogatório do réu; **D:** incorreta. A absolvição sumária poderá ocorrer tanto no procedimento especial do Júri quanto no comum ordinário e sumário (art. 397, CPP); **E:** incorreta. *Vide* comentário à assertiva "A". [ED]
Gabarito "B".

(Delegado/PR – 2013 – UEL-COPS) A respeito do procedimento comum, atribua V (verdadeira) ou F (falso) às afirmativas a seguir.

( ) Será ordinário quando tiver por objeto crime cuja sansão máxima cominada for inferior a quatro anos de pena privativa de liberdade.

( ) Será sumário quando tiver por objeto crime cuja sansão máxima cominada seja igual ou superior a quatro anos.

( ) Aplica-se a todos os processos, salvo disposições em contrário do Código de Processo Penal ou de lei especial.

( ) Aplicam-se as disposições do procedimento ordinário subsidiariamente aos procedimentos especial, sumário e sumaríssimo.

Assinale a alternativa que contém, de cima para baixo, a sequência correta.

(A) V, F, V, F, F.

(B) V, F, F, V, V.

(C) F, V, V, F, V.

(D) F, V, F, V, F.

(E) F, F, V, F, V.

1ª assertiva: verdadeira. De fato, o rito sumaríssimo terá incidência nas infrações penais de menor potencial ofensivo, assim considerados os crimes cuja pena máxima não seja superior a dois anos bem como as contravenções penais, na forma estatuída no art. 394, § 1º, III, CPP; **2ª assertiva:** falsa. O rito ordinário será eleito sempre que se tratar de crime cuja sanção máxima cominada for igual ou superior a quatro anos de pena privativa de liberdade (art. 394, § 1º, I, CPP); **3ª assertiva:** falsa. O rito sumário será adotado quando se tratar de crime cuja sanção máxima seja inferior a quatro anos e superior a dois (art. 394, § 1º, II, CPP); **4ª assertiva:** verdadeira (art. 394, § 2º, do CPP); **5ª assertiva:** verdadeira (art. 394, § 5º, do CPP).[ED]
Gabarito "B".

(Delegado/RJ – 2013 – FUNCAB) Marque a opção correta.

(A) Compete ao Juizado Especial Criminal julgar as infrações penais cuja pena máxima, privativa de liberdade, não seja superior a 02 anos. Assim, o crime de ameaça do marido contra a esposa, cuja pena é de 01 a 06 meses de detenção ou multa, é de sua competência, não podendo, contudo, ser fixada pena de cesta básica.

(B) O crime de tráfico transnacional é o que se submete ao princípio da dupla incriminação, e a competência para seu julgamento é da Justiça Federal, conforme regência válida da Lei de Drogas.

(C) No rito ordinário, poderão ser inquiridas 08 (oito) testemunhas da acusação e 08 (oito) da defesa. Já no rito sumário, poderão ser inquiridas 03 (três) testemunhas pela acusação e igual número pela defesa.

(D) O registro dos depoimentos dos indiciados, investigados, ofendidos e das testemunhas não pode ser feito por meio audiovisual.

(E) Relativamente ao rito para apuração do crime de tráfico de entorpecente, a remessa do inquérito policial far-se-á sem prejuízo das

diligências complementares. Porém, o resultado destas deverá ser encaminhado ao juízo competente até 03 (três) dias antes da audiência de instrução e julgamento.

A: incorreta. A primeira parte da proposição está correta, uma vez que reflete a regra disposta no art. 61 da Lei 9.099/1995, que estabelece que estão sob a égide do Juizado Especial Criminal as contravenções penais e os crimes cuja pena *máxima* cominada não seja superior a dois anos, cumulada ou não com multa. Incorreta, no entanto, está a segunda parte da assertiva, em que se afirma que ao crime de ameaça praticado pelo marido contra a esposa se aplica a Lei 9.099/1995. Não se aplica, segundo o art. 41 da Lei 11.340/2006 (Maria da Penha); **B:** é certo que o crime de tráfico transnacional (internacional) será julgado pela Justiça Federal, conforme estabelece o art. 70 da Lei 11.343/2006; mas não é verdade que tal infração penal se submete ao princípio da dupla incriminação (necessidade de o fato ser considerado crime no Estado ao qual é formulado pedido de extradição); **C:** é correto dizer-se que, no rito comum ordinário, poderão ser inquiridas até 8 testemunhas de acusação e 8 de defesa (art. 401, *caput*, do CPP); está incorreto, no entanto, se afirmar que, no procedimento comum sumário, poderão ser inquiridas 3 testemunhas de acusação e 3 de defesa. Segundo estabelece o art. 532 do CPP, nesta modalidade de procedimento comum, poderão ser arroladas até 5 testemunhas pela acusação e 5 pela defesa; **D:** incorreta, pois contraria o disposto no art. 405, § 1º, do CPP; **E:** correta (art. 52, parágrafo único, da Lei 11.343/2006). [ED]
Gabarito "E".

(Delegado/RO – 2014 – FUNCAB) O procedimento ordinário expressamente previsto no Código de Processo Penal possui características que o diferenciam do procedimento especial previsto para os crimes dolosos contra a vida. Dito isso, analise as proposições e assinale a alternativa que se adéqua ao procedimento ordinário.

(A) Não há previsão legal para o recebimento da denúncia após a citação e apresentação da resposta escrita.

(B) É cabível o julgamento antecipado da lide.

(C) Podem ser arroladas até cinco testemunhas pelo autor da ação para cada imputação formulada.

(D) Não é aplicável o Princípio da Identidade Física do juiz.

(E) O Ministério Público deve ser intimado após a apresentação da resposta escrita.

A: incorreta, segundo a organizadora, mas correta a nosso ver. No procedimento *ordinário*, o juiz, depois de oferecida a denúncia ou queixa, receberá a peça acusatória e, ato contínuo, mandará citar o réu, que, assim que tomar conhecimento da ação contra ele ajuizada, disporá do prazo de dez dias para apresentar resposta escrita (art. 396, CPP). O recebimento da denúncia ou queixa, como se pode ver, antecede a citação e o oferecimento da resposta escrita. Discutia-se se o art. 399 do CPP, com a redação que lhe deu a Lei 11.719/2008, estabelecia um segundo recebimento da denúncia. Hoje é pacífico o entendimento segundo o qual a denúncia é recebida uma única vez (art. 396, CPP); **B:** correta. A Lei 11.719/2008, que alterou a redação do art. 397 do CPP, introduziu a chamada *absolvição sumária*, que corresponde, em princípio, a um julgamento antecipado da lide; **C:** incorreta. Reza o art. 401 do CPP que as partes, no procedimento ordinário, podem arrolar até *oito* (e não *cinco*) testemunhas cada uma; **D:** incorreta. Aplica-se, sim, no âmbito do procedimento ordinário, o princípio da *identidade física do juiz*, conforme estabelece o art. 399, § 2º, do CPP, introduzido pela Lei 11.719/2008; até então, este princípio era exclusivo do processo civil; **E:** incorreta. O MP deverá ser intimado, isto sim, da audiência de instrução e julgamento (art. 399, *caput*, do CPP). [ED]
Gabarito "B".

(Delegado Federal – 2013 – CESPE) A respeito dos processos em espécie, julgue o seguinte item.

(1) Nos casos de crimes afiançáveis de responsabilidade do funcionário público, a legislação processual antecipa o contraditório antes de inaugurada a ação penal, com a apresentação da defesa preliminar.

1: correta. Cuida-se do contraditório instaurado por meio da impugnação ofertada pelo funcionário antes do recebimento da denúncia. É a chamada *defesa preliminar*, prevista no art. 514 do CPP, que somente terá incidência nos crimes funcionais afiançáveis (não se estende ao particular que, na qualidade de coautor ou partícipe, toma parte no crime). Importante que se diga que, com a edição da Súmula n.º 330 do STJ, esta defesa que antecede o recebimento da denúncia deixou de ser necessária na ação penal alicerçada em inquérito policial. Dessa forma, a formalidade imposta pelo art. 514 do CPP somente se fará necessária, segundo o STJ, quando a denúncia se basear em outras peças de informação que não o inquérito policial. De se notar, todavia, que o STF, de forma diversa, proferiu vários julgados no sentido de que a defesa preliminar, ainda que a ação penal seja calcada em inquérito policial, se faz necessária. [ED]
Gabarito 1C

3. DIREITO PROCESSUAL PENAL — 487

(Delegado/AM) Quanto aos procedimentos dos crimes de responsabilidade dos funcionários públicos, a alternativa incorreta é

(A) antes do juiz receber a denúncia ou queixa, ordenará a notificação do acusado, para responder por escrito dentro do prazo de quinze dias

(B) aplica-se ao crime de lesão corporal de natureza grave, cuja pena é de reclusão de um a cinco anos, se praticado por funcionário público.

(C) recebida a denúncia ou a queixa, será o acusado citado, prosseguindo-se no procedimento comum ordinário

(D) aplica-se ao crime de peculato, cuja pena é de reclusão de dois a doze anos, e multa

A: assertiva correta (art. 514, CPP); **B:** assertiva incorreta, devendo ser assinalada, pois o procedimento previsto nos arts. 513 a 518 do CPP somente é aplicável aos crimes praticados por funcionário público contra a administração em geral, que são os crimes funcionais típicos, previstos nos artigos 312 a 326, CP, denominados "crimes de responsabilidade"; **C:** assertiva correta (art. 517, CPP); **D:** assertiva correta, pois o crime de peculato (art. 312, CP) é crime funcional típico, aplicando-se o procedimento especial em questão. **ED**
Gabarito "B".

(Delegado/BA – 2008 – CEFETBAHIA) Com relação à nova Lei de Drogas, é incorreto o que se afirma em

(A) O auto de prisão em flagrante não poderá ser lavrado, nos termos da nova Lei de Drogas, ainda que o usuário de drogas não se comprometa a comparecer em juízo.

(B) A realização de transação penal é possível no crime previsto no Art. 28, da Lei de Drogas (usuário de drogas).

(C) A prisão em flagrante, nos crimes de tráfico, deve ser imediatamente informada ao magistrado.

(D) O laudo definitivo da substância, no crime de tráfico, antes de efetuar a remessa do IP ao juiz competente, deve ser anexado.

(E) A prorrogação de prazo para conclusão de Inquérito Policial, nos crimes da nova Lei de Drogas, é cabível, desde que haja requerimento do delegado, seja ouvido o Ministério Público e deferido pelo magistrado.

A: assertiva correta (art. 48, § 2º, da Lei n. 11.343/2006); **B:** assertiva correta (art. 48, §§ 1º e 5º, da Lei n. 11.343/2006); **C:** assertiva correta (art. 50, da Lei n. 11.343/2006); **D:** assertiva incorreta, devendo ser assinalada, pois, segundo o art. 50, § 1º, da Lei n. 11.343/2006, basta para a lavratura do auto de prisão em flagrante o laudo de constatação da natureza e quantidade da droga, exigindo-se o laudo definitivo tão somente para a sentença penal condenatória; **E:** assertiva correta (art. 51, parágrafo único, da Lei n. 11.343/2006). **ED**
Gabarito "D".

(Delegado/PA – 2012 – MSCONCURSOS) Nos procedimentos ordinário e sumário, oferecida a denúncia ou queixa, o juiz, se não a rejeitar liminarmente, recebê-la-á e ordenará a citação do acusado para responder à acusação, por escrito, no prazo de 10 (dez) dias. Após recebida a resposta, o juiz deverá absolver sumariamente o acusado quando verificar:

I. extinta a punibilidade do agente.

II. a existência manifesta de causa excludente da ilicitude do fato.

III. que o fato narrado evidentemente não constitui crime.

IV. a existência manifesta de causa excludente da culpabilidade do agente.

Diante dessas informações, assinale a alternativa correta:

(A) Somente as assertivas I e III estão incorretas.

(B) Somente as assertivas II e III estão incorretas.

(C) Somente a assertiva IV está incorreta.

(D) Somente a assertiva I está incorreta.

(E) Todas as assertivas estão incorretas.

I: correta (art. 397, IV, do CPP); **II:** correta (art. 397, V, do CPP); **III:** correta (art. 397, III, do CPP); **IV:** incorreta, pois o art. 397, II, do CPP exclui a *inimputabilidade*. **ED**
Gabarito "C".

(Delegado/PB – 2009 – CESPE) No que concerne ao processo comum, assinale a opção correta.

(A) A falta de justa causa para o exercício da ação penal, considerada por muitos doutrinadores como a quarta condição da ação, não é hábil a ensejar a rejeição da denúncia por parte do juiz. Isso porque, sendo o MP o titular da ação penal pública, não é dado

ao magistrado analisar a viabilidade da denúncia sob o aspecto da justa causa, nesse momento processual.

(B) Nos crimes de ação penal pública incondicionada, após o oferecimento da denúncia, o juiz a recebe e ordena a citação do acusado para ser interrogado, no prazo máximo de dez dias, em se tratando de réu preso.

(C) A absolvição sumária é instituto exclusivo do procedimento do júri, cabendo nas hipóteses de existência manifesta de causa excludente da ilicitude do fato ou da culpabilidade ou punibilidade do agente.

(D) Finda a instrução, as partes têm o prazo de 24 horas para requererem diligências que reputem imprescindíveis ao deslinde da causa.

(E) Vigora no processo penal o princípio da identidade física do juiz, segundo o qual o juiz que presidiu a instrução deve proferir a sentença.

A: incorreta. A teor do art. 395, III, do CPP, a falta de justa causa constitui motivo bastante a ensejar a rejeição da inicial; **B** e **C:** incorretas. Prescreve o art. 396 do CPP que o juiz, ao receber a inicial, determinará a citação do acusado para que responda dentro no prazo de 10 dias. Logo após esta fase da *resposta escrita*, dada a modificação introduzida pela Lei 11.719/2008, passou a ser possível a *absolvição sumária*, desde que presente alguma das hipóteses do art. 397 do CPP. Não sendo este o caso, designará o juiz audiência, e determinará a intimação do MP, do acusado, de seu defensor e, sendo o caso, do querelante e do assistente de acusação, nos termos do art. 399. Nesta audiência, em face do novo panorama estabelecido, realizar-se-á toda a instrução, e, ao final, depois da ouvida do ofendido e da tomada do depoimento das testemunhas, será interrogado o acusado; **D:** incorreta, já que o art. 402 do CPP não faz alusão a prazo; **E:** correta. A Lei 11.719/2008 introduziu no art. 399 do CPP o § 2º, conferindo-lhe a seguinte redação: "O juiz que presidiu a instrução deverá proferir a sentença". O princípio da identidade física do juiz, antes exclusivo do processo civil, doravante será também aplicável ao processo penal. **ED**
Gabarito "E".

(Delegado/PI – 2009 – UESPI) De acordo com Código de Processo Penal, aplicar-se-á o procedimento sumário quando tiver por objeto crime cuja sanção máxima:

(A) seja a pena de detenção.

(B) seja pena superior a dois anos e inferior a quatro anos de detenção.

(C) seja pena inferior a dois anos de reclusão.

(D) seja inferior a quatro anos de pena privativa de liberdade.

(E) seja aquela correspondente às infrações de menor potencial ofensivo.

O critério utilizado para se identificar o rito processual a ser adotado é a *pena máxima* cominada ao crime, conforme estabelece o art. 394 do CPP. O *rito ordinário* terá lugar sempre que se tratar de crime cuja sanção máxima cominada for igual ou superior a quatro anos de pena privativa de liberdade (art. 394, § 1º, I, CPP). O *rito sumário*, por sua vez, será adotado quando se tratar de crime cuja sanção máxima seja inferior a quatro anos e superior a dois (art. 394, § 1º, II, CPP). Já o *rito sumaríssimo* terá incidência nas infrações penais de menor potencial ofensivo (crimes cuja pena máxima não seja superior a dois anos bem como as contravenções penais), na forma estatuída no art. 394, § 1º, III, CPP. **ED**
Gabarito "D".

(Delegado/PR – 2007) Sobre a instrução criminal do processo comum, considere as seguintes afirmativas:

1. O juiz, ao receber a queixa ou denúncia, designará dia e hora para o interrogatório, ordenando a citação do réu e a notificação do Ministério Público, e, se for o caso, do querelante ou do assistente.

2. As partes poderão oferecer documentos em qualquer fase do processo.

3. Caso as testemunhas de defesa não sejam encontradas e o acusado, devidamente intimado, não indicar outras em substituição, prosseguir-se-á nos demais termos do processo.

4. Em todos os termos da ação penal pública ou privada poderá intervir, como assistente do Ministério Público, o ofendido ou seu representante legal.

Assinale a alternativa correta.

(A) As afirmativas 1, 2, 3 e 4 são verdadeiras.

(B) Somente as afirmativas 1 e 2 são verdadeiras.

(C) Somente as afirmativas 1, 2 e 3 são verdadeiras.

(D) Somente as afirmativas 2, 3 e 4 são verdadeiras.

(E) Somente a afirmativa 1 é verdadeira.

1: correta, ao tempo em que a questão foi elaborada. No entanto, com o advento da Lei n. 11.719/2008, o juiz receberá a queixa ou denúncia e ordenará a citação

488 EDUARDO DOMPIERI

do acusado para responder à acusação, por escrito, no prazo de 10 dias (art. 396, CPP); **2:** correta, pois em regra a produção da prova documental pode ocorrer em qualquer fase do processo. Todavia, há restrição no procedimento do Júri, já que a parte que queira deverá providenciar a juntada de documentos novos aos autos com antecedência de três dias antes do Plenário de julgamento, dando-se ciência à parte contrária (art. 479, CPP); **3:** correta. Quando da elaboração da questão, o art. 405, CPP, em sua redação original, previa a possibilidade de substituição da testemunha que não fosse encontrada. Todavia, com o advento da Lei n. 11.719/2008, tal previsão não mais subsiste. Em razão dessa revogação, questiona-se se ainda é possível ou não a substituição. A solução encontrada, por parte da doutrina, é a aplicação, por analogia, do art. 461, § 2°, CPP, que estabelece no procedimento do Júri que mesmo não sendo encontrada a testemunha, a audiência será realizada. Daí se concluir pela não possibilidade de substituição da testemunha não encontrada; **4:** incorreta, pois o art. 268, CPP admite a habilitação do assistente somente nas ações penais públicas e não nas privadas. [ED]
Gabarito "C".

(Delegado/SP – 2011) A oitiva do perito em audiência criminal é

(A) vedada, uma vez que não há norma que expressamente disponha a respeito do tema.

(B) vedada, não se aplicando por apologia a norma permissiva constante do Código de Processo Civi1.

(C) permitida por emprego analógico de regra inserta no Código de Processo Civil.

(D) permitida, porém as indagações devem ser previamente enviadas ao perito que sempre as responderá em audiência, sob o contraditório

(E) Permitida, porém, ele poderá responder em laudo complementar as questões que lhe devem ser previamente formuladas.

Art. 159, § 5°, I, do CPP. [ED]
Gabarito "E".

13. PROCESSO DE COMPETÊNCIA DO JÚRI

(Delegado/MG – 2012) Sobre o tribunal do júri é **INCORRETO** afirmar:

(A) Nas comarcas de mais de 100.000 (cem mil) habitantes serão alistados de 300 (trezentos) a 700 (setecentos) jurados.

(B) Se o interesse da ordem pública reclamar o juiz poderá, logo após o interrogatório do acusado, determinar o desaforamento do julgamento.

(C) O serviço de jurado é obrigatório e somente compreenderá maiores de 18 anos.

(D) Os jurados poderão formular perguntas às testemunhas por intermédio do juiz-presidente.

A: assertiva correta, nos termos do art. 425 do CPP; **B:** assertiva incorreta, devendo ser assinalada; a competência para determinar o desaforamento é sempre do Tribunal, que o fará mediante representação do juiz presidente, ou atendendo a requerimento formulado pelo MP, pelo assistente, pelo querelante ou mesmo pelo acusado – art. 427, *caput*, do CPP; **C:** assertiva correta, pois reflete do disposto no art. 436, *caput*, do CPP; **D:** assertiva correta. As perguntas dos jurados ao ofendido, às testemunhas e ao acusado somente poderão ser feitas por intermédio do juiz presidente (art. 473, § 2°, e art. 474, § 2°, ambos do CPP). Como se pode notar, o legislador manteve, neste caso, o sistema presidencialista. [ED]
Gabarito "B".

(Delegado/PA – 2012 – MSCONCURSOS) Concluídos os debates, o Conselho de Sentença será questionado sobre matéria de fato e se o acusado deve ser absolvido. Os quesitos serão redigidos em proposições afirmativas, simples e distintas, de modo que cada um deles possa ser respondido com suficiente clareza e necessária precisão. Na sua elaboração, o presidente levará em conta os termos da pronúncia ou das decisões posteriores que julgaram admissível a acusação, do interrogatório e das alegações das partes. O Conselho de Sentença será indagado sobre:

I. a materialidade do fato.

II. a autoria ou participação.

III. se existe causa de diminuição de pena alegada pela defesa.

IV. se existe circunstância qualificadora ou causa de aumento de pena reconhecidas na pronúncia ou em decisões posteriores que julgaram admissível a acusação.

Diante dessas informações, assinale a alternativa correta:

(A) Somente as assertivas I e II estão corretas.

(B) Somente as assertivas III e IV estão corretas.

(C) Somente as assertivas I, II e V estão corretas.

(D) Somente as assertivas II, IV e V estão corretas.

(E) Todas as assertivas estão corretas.

I: correta, pois em consonância com o disposto no art. 483, I, do CPP; **II:** correta, visto que reflete o que estabelece o art. 483, II, do CPP; **III:** correta, pois em conformidade com o disposto no art. 483, IV, do CPP; **IV:** correta, eis que corresponde ao que prescreve o art. 483, V, do CPP. [ED]
Gabarito "E".

(Delegado/PB – 2009 – CESPE) Acerca do procedimento relativo aos processos da competência do tribunal do júri, assinale a opção correta.

(A) Após o trânsito em julgado da sentença de pronúncia, é dada vista dos autos ao órgão do MP, pelo prazo de cinco dias, para oferecimento do libelo crime acusatório.

(B) A intimação da sentença de pronúncia, em caso de crime inafiançável, é necessariamente pessoal, não prosseguindo o processo até que o réu seja intimado da sentença de pronúncia, caso em que ocorre a chamada crise de instância.

(C) Ainda que preclusa a decisão de pronúncia, havendo circunstância superveniente que altere a classificação do crime, o juiz deve ordenar a remessa dos autos ao MP.

(D) O desaforamento ocorre necessariamente para a comarca mais próxima, onde inexistem os motivos ensejadores do pedido.

(E) O julgamento é adiado pelo não comparecimento de acusado solto, ainda que regularmente intimado e sem que tenha dado justificativa.

A: incorreta, pois, com a Lei n. 11.689/2008, preclusa a decisão de pronúncia, os autos serão encaminhados ao juiz presidente do Tribunal do Júri, o qual determinará a intimação do órgão do Ministério Público (ou do querelante) e do defensor, para, no prazo de cinco dias, apresentação do rol de testemunhas, juntada de documentos e/ou requerimento de diligências (art. 422, CPP); **B:** incorreta, pois, com o advento da Lei n. 11.689/2008, é possível a intimação por edital do acusado solto que não for encontrado, nos termos do art. 420, parágrafo único, CPP; **C:** correta (art. 421, § 1°, CPP); **D:** incorreta, pois o desaforamento ocorre preferencialmente (e não necessariamente) para a comarca mais próxima (art. 427, CPP); **E:** incorreta, pois o julgamento não será adiado (art. 457, CPP). [ED]
Gabarito "C".

(Delegado/SC – 2008) O veredicto do Tribunal do Júri enquadrou o réu "Antares" como incurso no art. 121, § 2°, inciso II, do Código Penal (homicídio qualificado pelo motivo fútil). Para chegar a esta conclusão, os jurados fizeram a avaliação da prova pelo sistema:

(A) do livre arbítrio do juiz.

(B) do livre convencimento ou da persuasão racional do juiz.

(C) da identidade física do juiz com o réu.

(D) da íntima convicção ou da certeza moral do juiz.

Nas decisões proferidas pelo Júri, não há obrigatoriedade de fundamentação. Não há critérios norteadores para formar a convicção do jurado. Ele vota de acordo com a sua consciência e não declara a sua decisão. Esse sistema constitui exceção entre nós, visto que adotamos, como regra, o sistema da *persuasão racional*, em que o juiz dispõe de liberdade para formar a sua convicção, mas deve sempre fundamentar sua decisão. [ED]
Gabarito "D".

(Delegado/SP – 2011) Quanto ao procedimento do júri, é correto afirmar que

(A) a competência material prevista na Constituição Federal de 1988 não pode ser ampliada pelo legislador ordinário.

(B) o libelo-crime acusatório e o desaforamento foram excluídos em recente reforma realizada no procedimento

(C) a pronúncia é uma decisão interlocutória mista não terminativa e pode ser impugnada mediante interposição de recurso em sentido estrito, no prazo de 5 dias.

(D) caso haja prova da inexistência do fato, o juiz deverá impronunciar o acusado, cabendo nesta hipótese a interposição de recurso de apelação, no prazo de 5 dias.

(E) não há prazo expressamente previsto em lei para o encerramento da primeira fase do procedimento do júri.

A: incorreta, uma vez que a competência traçada no art. 5°, XXXVIII, da CF é *mínima*, porquanto pode, por meio de lei ordinária, ser ampliada. Cuidado: por se tratar de garantia fundamental, não pode ser afastada a competência do Tribunal Popular para o julgamento dos crimes contemplados no dispositivo constitucional. Nem por emenda à Constituição, pois se trata de cláusula pétrea; **B:** incorreta. O

3. DIREITO PROCESSUAL PENAL

libelo-crime acusatório, com a reforma implementada pela Lei 11.689/2008, foi extinto, o que não ocorreu com o *desaforamento*, atualmente previsto nos arts. 427 e 428 do CPP; **C:** assertiva correta. De fato, a pronúncia tem como natureza jurídica *decisão interlocutória mista não terminativa*, contra a qual cabe *recurso em sentido estrito* – art. 581, IV, do CPP. Cuidado: a decisão de *impronúncia*, com a reforma operada pela Lei 11.689/2008, passou a desafiar *recurso de apelação* (antes comportava recurso em sentido estrito) – art. 416 do CPP; **D:** incorreta. Se houver prova da inexistência do fato, deverá o juiz absolver sumariamente o acusado – art. 415, I, do CPP. Contra essa decisão caberá recurso de apelação (art. 416 do CPP); **E:** incorreta. O art. 412 do CPP estabelece o prazo de 90 dias para o encerramento da primeira fase do procedimento do júri (formação da culpa). **ED**

Gabarito "C".

14. JUIZADOS ESPECIAIS

(Delegado/MS – 2017 - FAPEMS) Considerando o artigo 60, da Lei n. 9.099/1995, que dispõe:

O Juizado Especial Criminal, provido por juízes togados ou togados e leigos, tem competência para a conciliação, o julgamento e a execução das infrações penais de menor potencial ofensivo, respeitadas as regras de conexão e continência.

Assinale a alternativa correta no que concerne ao procedimento dos Juizados Especiais Criminais.

(A) Os conciliadores são auxiliares da Justiça, recrutados entre bacharéis em Direito, excluídos os que exerçam funções na administração da Justiça Criminal.

(B) Ao autor do fato que, após a lavratura do termo circunstanciado de ocorrência, for imediatamente encaminhado ao juizado ou assumir o compromisso de a ele comparecer, não se imporá prisão em flagrante, mas a autoridade policial poderá exigir-lhe fiança.

(C) Nos crimes de ação penal pública incondicionada, não sendo caso de arquivamento, o Ministério Público deverá propor a aplicação imediata de pena restritiva de direitos ou multa, a ser especificada na proposta de transação penal.

(D) Na reunião de processos, perante o juízo comum ou o tribunal do júri, decorrentes da aplicação das regras de conexão e continência, dispensar-se-ão os institutos da transação penal e da composição dos danos civis.

(E) No caso de concurso material de crimes, a pena considerada para fins de fixação da competência do Juizado Especial Criminal será o resultado da soma das penas máximas cominadas aos delitos.

A: incorreta, uma vez que o art. 7º da Lei 9.099/1995 não contempla a restrição apontada na assertiva; **B:** incorreta, tendo em vista que, neste caso, além de o autor do fato não ser submetido a prisão em flagrante, não lhe será imposta fiança, tal como estabelece o art. 69, parágrafo único, da Lei 9.099/1995; **C:** incorreta, tendo em conta que não corresponde à redação do art. 76, *caput*, da Lei 9.099/1995, segundo o qual o MP *poderá* (e não *deverá*) formular proposta de transação penal; **D:** incorreta, pois não reflete a regra presente no art. 60, parágrafo único, da Lei 9.099/1995; **E:** correta. De fato, no concurso material de crimes, o critério a ser empregado para se estabelecer se a competência para o julgamento é do Juizado Especial Criminal é a somatória das penas correspondentes a cada delito, de tal sorte que, se se chegar, pela somatória, a uma pena superior a dois anos, restará afastada a competência do Juizado. Na jurisprudência do STJ: "Pacificou-se a jurisprudência desta Corte no sentido de que, no concurso de infrações de menor potencial ofensivo, a pena considerada para fins de fixação da competência do Juizado Especial Criminal será o resultado da soma, no caso de concurso material, ou da exasperação, na hipótese de concurso formal ou crime continuado, das penas máximas cominadas aos delitos. Se desse somatório resultar um apenamento superior a 02 (dois) anos, fica afastada a competência do Juizado Especial. Precedentes" (Rcl 27.315/SP, Rel. Ministro Reynaldo Soares da Fonseca, Terceira Seção, julgado em 09/12/2015, DJe 15/12/2015). **ED**

Gabarito "E".

(Delegado/MS – 2017 - FAPEMS) Leia o caso a seguir.

Na Avenida Afonso Pena, localizada em Campo Grande-MS, Ulisses atropelou Ramon logo após sair de um bar. Submetido à exame pericial, constatou-se a influência de álcool. Metros depois, na mesma via de trânsito, Arnaldo perdeu o controle de seu veículo, atropelando Marcel. Testemunhas afirmaram que outro veículo não identificado disputava um racha com Arnaldo. Devido aos acidentes, Ramon e Marcel sofreram pequenas lesões corporais. Encaminhados à Delegacia, a autoridade de plantão, de ofício, instaurou os inquéritos, cumprindo as diligências necessárias. Ao final, relatou que os condutores agiram com culpa, indiciando-os pelo crime de lesão corporal culposa de trânsito, cuja pena privativa de liberdade é detenção, de 6 meses a 2 anos (artigo 303 da Lei n. 9.503/1997).

Com base no caso proposto, assinale a alternativa correta.

(A) Recebendo os inquéritos, o Promotor de Justiça avaliará a possibilidade de ofertar transação penal aos infratores, salvo se os envolvidos alcançarem a composição dos danos civis.

(B) A instauração dos inquéritos policiais dependia de representação dos ofendidos, pois o crime de lesão corporal culposa é de ação penal pública condicionada.

(C) Nenhuma medida preliminar à instauração dos inquéritos policiais fazia-se necessária, pois, em ambos os casos, trata-se de crime de ação penal pública incondicionada.

(D) A instauração dos inquéritos policiais dependia de requerimento das vítimas, pois o crime de lesão corporal culposa é de ação penal privada.

(E) Tratando-se de infrações de menor potencial ofensivo, o Delegado não deveria ter instaurado os inquéritos policiais, senão lavrado os respectivos termos circunstanciados.

A: incorreta. Em regra, a transação penal tem incidência no crime de lesão corporal culposa de trânsito, definido no art. 303 da Lei 9.503/1997, mas os casos narrados no enunciado constituem exceção. No caso de Ulisses, não terá lugar a transação penal (art. 76, Lei 9.099/1995) porque o crime de lesão corporal, que em regra comporta tal instituto, foi praticado sob a influência de álcool. Tal exceção está contemplada no art. 291, § 1º, I, da Lei 9.503/1997. Tal vedação também se aplica ao crime de lesão corporal do qual foi vítima Marcel, mas, neste caso, em razão de o delito haver sido praticado quando Arnaldo participava de racha (competição automobilística não autorizada), nos termos do art. 291, § 1º, II, da Lei 9.503/1997; **B:** incorreta. A exemplo da transação penal, também a representação (art. 88, Lei 9.099/1995) tem incidência no crime de lesão corporal culposa de trânsito, mas tal não se aplica às hipóteses acima narradas, tendo em conta as mesmas razões: crime praticado sob a influência de álcool e quando da participação em racha; **C:** correta. De fato, como acima foi ponderado, a autoridade policial prescinde de qualquer manifestação de vontade do ofendido para proceder à instauração de inquérito policial; **D:** incorreta, já que a ação penal, nos dois casos, é pública incondicionada; **E:** incorreta. A despeito de a pena máxima cominada ao crime de lesão corporal de trânsito corresponder a *dois* anos (dentro, portanto, do limite estabelecido no art. 61 da Lei 9.099/1995 para definição dos crimes de menor potencial ofensivo), o art. 291, § 2º, da Lei 9.503/1997 estabelece que, nas hipóteses de o condutor praticar o crime sob a influência de álcool ou quando da participação em racha, os fatos serão apurados por meio de inquérito policial, e não por termo circunstanciado. É importante que se diga que, dada a inclusão do § 2º no art. 303 do CTB, promovida pela Lei 13.546/2017, se o condutor estiver sob a influência de álcool ou de outra substância que determine dependência e do fato resultar lesão corporal de natureza grave ou gravíssima, a pena será de reclusão de 2 a 5 anos, sem prejuízo de outras sanções. Quanto ao homicídio culposo na direção de veículo automotor, estando o condutor sob a influência de álcool ou de outra substância que determine dependência, a pena passa a ser, também por força da Lei 13.546/2017, de 5 a 8 anos de reclusão, além de outras sanções previstas. **ED**

Gabarito "C".

(Delegado/PR – 2013 – UEL-COPS) No que diz respeito aos Juizados Especiais Criminais, conforme a Lei nº 9.099/1995, assinale a alternativa correta.

(A) A proposta de transação penal é admissível, mesmo que o agente tenha sido beneficiado com outra proposta em menos de cinco anos.

(B) A proposta de transação penal é admissível, mesmo que o indivíduo tenha sido beneficiado anteriormente, no prazo de cinco anos, pela aplicação de pena restritiva ou multa.

(C) A suspensão condicional da pena é instituto previsto na Lei nº 9.099/1995 e é proposta sem proibições, reparações ou obrigações perante o juízo.

(D) Caso uma pessoa seja surpreendida praticando uma infração penal de menor potencial ofensivo, será presa em flagrante e recolhida à prisão.

(E) Não encontrado o acusado para ser citado, o juiz encaminhará as peças existentes ao juízo comum.

A e B: incorretas (art. 76, § 2º, II, e § 4º, da Lei 9.099/1995); **C:** incorreta, dado que a suspensão condicional da *pena* (*sursis*) tem sua previsão no art. 77 e seguintes do CP, que estabelecem os requisitos para a sua concessão e as obrigações a que fica sujeito o beneficiário. A Lei 9.099/1995 traz, isto sim, a previsão da

490 EDUARDO DOMPIERI

suspensão condicional do *processo* (*sursis* processual), e não da *pena* (art. 89), cuja incidência, é bom que se diga, não é restrita às infrações penais de menor potencial ofensivo. Aplica-se às infrações penais em que a pena mínima cominada for igual ou inferior a um ano; **D:** incorreta. Uma vez surpreendido pela prática de infração penal de menor potencial ofensivo, o autor dos fatos será conduzido à presença da autoridade policial e, após a confecção do termo circunstanciado, será liberado, desde que não se recuse a encaminhar-se ao juizado ou, não sendo isso possível, assuma o compromisso de fazê-lo quando convocado (art. 69, parágrafo único, da Lei 9.099/1995); se assim não fizer, será contra ele lavrado auto de prisão em flagrante; **E:** correta (art. 66, parágrafo único, da Lei 9.099/1995). ED
Gabarito "E".

(Delegado/PR – 2013 – UEL-COPS) Em relação ao procedimento previsto na Lei dos Juizados Especiais Criminais, assinale a alternativa correta.

(A) A composição dos danos civis, nos casos de ação penal pública condicionada ou privada, acarreta renúncia ao direito de representação ou queixa.

(B) No caso de aceitação da proposta de transação penal, o juiz aplicará a multa, importando em reincidência caso o infrator venha a delinquir novamente.

(C) O não oferecimento da representação durante a realização da audiência preliminar implica em decadência imediata do direito de representação.

(D) O número máximo de testemunhas a serem ouvidas em audiência, tanto para a acusação quanto para a defesa, será de cinco para cada crime imputado ao réu.

(E) Uma vez oferecida a denúncia ou queixa, o juiz a receberá, determinando, no mesmo despacho, a citação do réu e a sua intimação a comparecer na audiência de instrução e julgamento.

A: correta (art. 74, parágrafo único, da Lei 9.099/1995); **B:** incorreta (art. 76, § 4º, Lei 9.099/1995); **C:** incorreta (art. 75, parágrafo único, da Lei 9.099/1995); **D:** incorreta (art. 34, *caput*, da Lei 9.099/1995); **E:** incorreta (art. 78 da Lei 9.099/1995). ED
Gabarito "A".

(Delegado/RJ – 2013 – FUNCAB) Em matéria de procedimento dos Juizados Especiais Criminais, é correto afirmar:

(A) Se a complexidade ou as circunstâncias do caso não permitirem a formulação da denúncia, o Ministério Público poderá diretamente suprir a investigação e oferecer a denúncia.

(B) Poderá ser dispensado o exame de corpo de delito quando a materialidade do crime estiver aferida por boletim médico ou prova equivalente.

(C) O inquérito policial deverá estar concluído, em caso de indiciado solto, em 30 dias.

(D) O inquérito policial será iniciado pelo termo circunstanciado.

(E) O auto de prisão em flagrante será encaminhado ao Juizado juntamente com a comunicação da prisão.

A: incorreta (art. 77, § 2º, da Lei 9.099/1995); **B:** correta (art. 77, § 1º, da Lei 9.099/1995); **C:** incorreta, na medida em que, no âmbito do juizado especial criminal, a formalização da ocorrência será feita por meio de *termo circunstanciado*, que será, de imediato, encaminhado ao juizado, dispensado o inquérito policial (art. 69, *caput*, e 77, § 1º, da Lei 9.099/1995); **D:** incorreta. O *termo circunstanciado* vale por si só; depois de lavrado, será encaminhado ao juizado, sem a necessidade de instaurar-se inquérito policial; **E:** incorreta. Regra geral, não se lavra auto de prisão em flagrante pela prática de infração penal de menor potencial ofensivo; tal providência somente terá lugar na hipótese de o autor dos fatos recusar-se a comparecer ao juizado ou, não sendo isso possível, firmar compromisso de fazê-lo assim que convocado (art. 69, parágrafo único, da Lei 9.099/1995). ED
Gabarito "B".

(Delegado/AM) Mévio foi preso em flagrante pela prática de crime comum de lesões corporais, de natureza leve, e apresentando à autoridade policial, juntamente com a vítima machucada e testemunhas. Em relação ao caso, é correto afirmar-se que

(A) a autoridade policial que tomar conhecimento da ocorrência lavrará termo circunstanciado e o encaminhará imediatamente ao Juizado, com o autor do fato e a vítima, sem necessidade de requisição de exame de corpo de delito, de lavratura do auto de prisão em flagrante e de expedição de nota de culpa.

(B) após a lavratura do termo, se o Mévio for imediatamente encaminhado ao Juizado ou assumir o compromisso de ele comparecer, não se "imporá" (manterá) a prisão em flagrante, nem a fiança na

Delegacia, bastando o pagamento de fiança a ser feito no Juizado Especial Criminal, na audiência preliminar.

(C) tratando-se de prisão em flagrante e, portanto, em regra, no caso, a autoridade policial deverá lavrar o auto de prisão em flagrante, ouvindo o condutor, agente do fato, vítima e testemunhas, expedir nota de culpa, apreender o instrumento do crime, requisitar a realização de exame de corpo de delito e, enfim, tomar todas as demais providências cabíveis para as prisões em flagrante em geral.

(D) no Juizado Especial Criminal, poderá haver "composição dos danos civis", que, se for homologada, acarretará a renúncia ao direito de representação. Não havendo conciliação, a vítima ainda poderá fazer representação verbal, devidamente reduzida a termo, e, após oferecida a representação, poderá ocorrer a proposta de aplicação imediata de pena não privativa de liberdade, que ocorre antes do oferecimento da denúncia, podendo, portanto, haver cumprimento de pena sem denúncia o MP e sem sentença condenatória propriamente dita.

A: incorreta, pois a autoridade policial deverá providenciar as requisições dos exames periciais necessários (art. 69, da Lei 9.099/1995); **B:** incorreta, já que, na audiência preliminar, o autor do fato terá a possibilidade de aceitação de proposta de aplicação imediata de pena não privativa de liberdade (art. 72, da Lei. 9.099/1995), o que não se relaciona com o instituto da fiança; **C:** incorreta, pois a autoridade policial não elaborará o auto de prisão em flagrante, mas termo circunstanciado de ocorrência (art. 69, da Lei.9.099/1995). No caso, há que se distinguir a prisão-captura da prisão-lavratura. O autor dos fatos será conduzido coercitivamente à Delegacia de Polícia, caso esteja em flagrante delito, fazendo-se cessar a atividade delituosa. Todavia, não será lavrado o auto de prisão em flagrante; **D:** correta (arts. 72 e 74, parágrafo único, da Lei 9.099/1995). ED
Gabarito "D".

(Delegado/BA – 2008 – CEFETBAHIA) Sobre a Lei nº. 9.099/1995, pode-se afirmar:

(A) Caso um indivíduo seja surpreendido praticando uma infração penal de menor potencial ofensivo, será preso em flagrante e recolhido à prisão.

(B) Um indivíduo conduzido à delegacia por infração de menor potencial ofensivo, praticado contra a sua esposa, dentro de sua residência, poderá, como medida acautelatória, ter decretado o seu afastamento do lar.

(C) A suspensão condicional da pena é instituto despenalizante previsto na Lei nº. 9.099/95.

(D) A proposta de transação penal é admissível, mesmo que o agente tenha sido beneficiado anteriormente, no prazo de cinco anos, pela aplicação de pena restritiva ou multa.

(E) A proposta de transação penal é admissível, mesmo que o agente tenha sido beneficiado com outra proposta em menos de cinco anos.

A: incorreta, pois o art. 69, parágrafo único, da Lei 9099/1995 veda a prisão em flagrante do autor do fato; **B:** correta (art. 69, parágrafo único, da Lei 9.099/1995); **C:** incorreta, pois a Lei 9.099/1995 prevê a suspensão condicional do processo e não da pena, que é instituto previsto no Código Penal, segundo o qual a pena imposta ao acusado será suspensa, mediante o cumprimento de certas condições; **D** e **E:** incorretas, já que se trata de uma das hipóteses em que não se admitirá a proposta de transação penal, prevista no art. 76, § 2º, II, da Lei 9.099/1995. ED
Gabarito "B".

(Delegado/MG – 2012) Para determinação da competência, no âmbito do juizado especial criminal, adota-se:

(A) a teoria do resultado.

(B) a teoria da ubiquidade.

(C) a teoria da atividade.

(D) a teoria da informalidade

Em conformidade com o disposto no art. 63 da Lei 9.099/1995, *a competência do Juizado será determinada pelo lugar em que foi praticada a infração penal.* Cuidado: não há consenso na doutrina a respeito da teoria (atividade, resultado ou mista) que teria sido acolhida em relação à fixação da competência no âmbito do Juizado Especial. Tudo porque o legislador se valeu, para estabelecer a competência, do termo *praticada*, cujo significado não se sabe se faz referência à *ação* ou *omissão* (teoria da atividade) ou ao *resultado* (teoria do resultado), ou ainda aos dois (teoria mista ou da ubiquidade). ED
Gabarito "C".

3. DIREITO PROCESSUAL PENAL 491

(Delegado/PB – 2009 – CESPE) Julgue os itens a seguir, relativos aos juizados especiais criminais.

I. Preenchidos os requisitos legais, o MP pode propor a aplicação imediata de penas restritivas de direitos ou multas, sendo vedado ao juiz, em qualquer caso, alterar a proposta formulada.

II. Acolhendo a proposta do MP aceita pelo autor da infração, o juiz deve aplicar a pena restritiva de direitos ou multa, por sentença irrecorrível.

III. Ao autor do fato que, após a lavratura do termo circunstanciado, for imediatamente encaminhado ao juizado ou assumir o compromisso de a ele comparecer, não se impõe prisão em flagrante, devendo a autoridade policial, desde já, fixar o valor da fiança.

IV. A suspensão condicional do processo, cabível nos crimes em que a pena mínima cominada for igual ou inferior a um ano, será revogada se, no curso do prazo, o beneficiário for definitivamente condenado por outro crime.

V. Conforme expressa previsão legal, não efetuado o pagamento de multa, deve ser feita a conversão em pena privativa da liberdade, ou restritiva de direitos.

A quantidade de itens certos é igual a

(A) 1.

(B) 2.

(C) 3.

(D) 4.

(E) 5.

I: incorreta, pois, na hipótese de a pena de multa ser a única aplicável, o juiz poderá reduzi-la até a metade (art. 76, § 1º, da Lei 9.099/1995); **II:** incorreta, já que da sentença que acolhe a proposta do MP aceita pelo autor da infração caberá o recurso de apelação (art. 76, §§ 4º e 5º, da Lei 9.099/1995); **III:** incorreta, porque a autoridade policial não lavrará auto de prisão em flagrante, nem exigirá fiança (art. 69, parágrafo único, da Lei 9.099/1995); **IV:** incorreta, pois a revogação do benefício ocorrerá se o beneficiário vier a ser processado por outro crime (e não definitivamente condenado) ou não efetuar, sem motivo justificado, a reparação do dano (art. 89, § 3º, da Lei 9.099/1995); **V:** correta (art. 85, da Lei 9.099/1995). Entretanto, há posição jurisprudencial em sentido contrário, que entende que a conversão da pena de multa em privativa da liberdade ou restritiva de direitos ofende o princípio do devido processo legal, por não se tratar de sentença condenatória, mas homologatória. No caso, se descumprido o acordo, caberá ao Ministério Público requerer a instauração de inquérito policial ou oferecer denúncia (2ª Turma do STF, HC 79.572/GO, em 29/02/2000 – Inf. n. 180). **ED**
Gabarito "A".

(Delegado/PI – 2009 – UESPI) Considerando a temática dos Juizados Especiais Criminais, assinale a alternativa correta.

(A) A competência do Juizado será determinada pelo lugar em que foi praticada a infração penal.

(B) Consideram-se infrações penais de menor potencial ofensivo as contravenções penais e os crimes a que a lei comine pena mínima não superior a 2 (dois) anos, cumulada ou não com multa.

(C) Nos crimes em que a pena mínima cominada for igual ou inferior a um ano, o Ministério Público, ao oferecer a denúncia, poderá propor a suspensão do processo, por um a quatro anos, desde que o acusado não esteja sendo processado ou não tenha sido condenado por outro crime, presentes os demais requisitos que autorizariam a suspensão condicional da pena (art. 77 do Código Penal).

(D) A composição civil, estabelecida nos arts. 74 e 75 da Lei, é uma causa de extinção da punibilidade nos crimes de menor potencial ofensivo, quando a ação for pública incondicionada.

(E) A proposta de Transação Penal (art. 76) deve ser feita pelo Juiz na presença do Ministério Público.

A: correta (art. 63 da Lei 9.099/95); **B:** incorreta. Estão sob a égide do Juizado Especial Criminal as contravenções penais e os crimes cuja pena *máxima* cominada não seja superior a dois anos, cumulada ou não com multa, conforme dispõe o art. 61 da Lei 9.099/1995; **C:** incorreta. O período de suspensão do *sursis* processual, por força do que dispõe o art. 89, *caput*, da Lei 9.099/1995, variará entre dois e quatro anos, e não entre um e quatro; **D:** incorreta. A composição civil em crime de ação penal pública incondicionada não obsta, no âmbito penal, a sequência do procedimento; **E:** incorreta. A proposta de transação penal é de iniciativa exclusiva do membro do Ministério Público – art. 76, *caput*, da Lei 9.099/1995. **ED**
Gabarito "A".

(Delegado/PR – 2007) Sobre o Juizado Especial Criminal (Lei 9.099/1995) e seus institutos, considere as seguintes afirmativas:

(1) O benefício da suspensão condicional do processo não é aplicável em relação às infrações penais cometidas em concurso material ou formal, quando a pena mínima cominada, seja pela somatória, seja pela incidência da majorante, ultrapassar o limite de um ano.

(2) O Juizado Especial Criminal tem competência para conciliação, julgamento e execução das infrações penais de menor potencial ofensivo, consideradas como tais aquelas cuja pena máxima não exceda a 2 anos.

(3) A competência do juizado será determinada pelo lugar do domicílio do autor ou do réu.

(4) Os atos processuais serão públicos e poderão se realizar em horário noturno e em qualquer dia da semana.

Assinale a alternativa correta.

(A) Somente as afirmativas 1, 2 e 4 são verdadeiras.

(B) Somente as afirmativas 2, 3 e 4 são verdadeiras.

(C) Somente as afirmativas 1, 3 e 4 são verdadeiras.

(D) Somente as afirmativas 1 e 3 são verdadeiras.

(E) Somente as afirmativas 1, 2 e 3 são verdadeiras.

1: correta. De fato, para a análise do cabimento da transação penal, bem como da suspensão condicional do processo, deve-se levar em conta o cúmulo material, no caso do concurso material de crimes, ou a exasperação da pena, no caso do concurso formal (Súmula n. 243, STJ); **2:** correta (arts. 73, 77 e 84, da Lei 9.099/1995); **3:** incorreta, pois a competência do juizado será determinada pelo lugar em que foi praticada a infração penal (art. 63 da Lei 9.099/1995). Cuidado: não há consenso na doutrina a respeito da teoria (atividade, resultado ou mista) que teria sido acolhida em relação à fixação da competência no âmbito do Juizado Especial. Tudo porque o legislador se valeu, para estabelecer a competência, do termo *praticada*, cujo significado não se sabe se faz referência à *ação* ou *omissão* (teoria da atividade) ou ao *resultado* (teoria do resultado), ou ainda aos dois (teoria mista ou da ubiquidade); **4:** correta (art. 12 da Lei 9.099/1995). **ED**
Gabarito "A".

(Delegado/SC – 2008) Analise as alternativas e assinale a correta.

(A) A autoridade policial que tomar conhecimento da ocorrência de infração penal de menor potencial ofensivo determinará, mediante portaria, a abertura de inquérito policial, que deverá ser concluído em, no máximo, trinta dias.

(B) Nos crimes de menor potencial ofensivo, sujeitos ao procedimento da Lei n. 9.099/95, a competência do Juizado Especial Criminal será determinada pelo lugar em que a infração se consumou (lugar do resultado) e não pelo lugar da ação ou omissão.

(C) Nos crimes em que a pena mínima cominada for igual ou inferior a 2 (dois) anos, abrangidos ou não pela Lei dos Juizados Especiais Criminais, o Ministério Público, ao oferecer denúncia, poderá propor a suspensão do processo por 2 a 4 anos, desde que o acusado não esteja sendo processado ou não tenha sido condenado por outro crime, presentes os demais requisitos que autorizariam a suspensão condicional da pena.

(D) Quando houver conexão ou continência entre uma infração de menor potencial ofensivo e outra do juízo comum ou do júri, a força atrativa, para a reunião dos processos, será do juízo comum (estadual ou federal) ou do tribunal do júri (estadual ou federal).

A: incorreta (art. 69, *caput*, da Lei 9.099/95); **B:** incorreta (art. 63 da Lei 9.099/1995); **C:** incorreta (art. 89, *caput*, da Lei 9.099/1995); **D:** correta (art. 60 da Lei 9.099/1995). **ED**
Gabarito "D".

(Delegado/SP – 2008) De acordo com a Lei do Juizado Especial Criminal (Lei nº. 9.099/1995), quando o réu encontrar-se em local incerto e não sabido.

(A) far-se-á a sua citação por edital.

(B) fica cessada a competência do Juizado Especial Criminal, e o processo segue para o juízo comum.

(C) extingue-se o processo, não podendo ter prosseguimento no Juízo comum.

(D) suspende-se processo até a localização do réu, suspendendo-se, assim, o prazo de prescrição.

(E) prossegue-se o processo, desde que decretada a revelia do réu.

EDUARDO DOMPIERI

No procedimento sumaríssimo, voltado ao processamento e julgamento das infrações penais de menor potencial ofensivo, na hipótese de o autor não ser encontrado para citação pessoal, o juiz encaminhará as peças ao juízo comum para adoção do procedimento previsto em lei – art. 66, parágrafo único, da Lei 9.099/1995. [ED]

Gabarito "B".

15. SENTENÇA, PRECLUSÃO E COISA JULGADA

(Delegado/DF – 2015 – Fundação Universa) Com relação à sentença no processo penal, é correto afirmar que

(A) o réu não poderá apelar sem que tenha sido recolhido à prisão em caso de sentença penal condenatória em que tenha sido decretada sua prisão preventiva, sob pena de deserção.

(B) o juiz, ao prolatar sentença penal condenatória, poderá, segundo entendimento do STJ, fixar valor mínimo para a reparação dos danos causados pela infração, considerando os prejuízos sofridos pelo ofendido, desde que haja pedido expresso e formal nesse sentido.

(C) ocorre a *mutatio libelli* quando o juiz, sem modificar a descrição do fato contida na denúncia ou na queixa, atribuir-lhe definição jurídica diversa.

(D) é vedado ao juiz, em caso de ação penal pública, proferir sentença penal condenatória, caso o Ministério Público tenha requerido a absolvição do réu em face do princípio da correlação ou congruência.

(E) o juiz que entender, por ocasião da prolação da sentença, que não há prova suficiente para a condenação, deverá converter o feito em diligência para que o inquérito policial seja retomado.

A: incorreta. O art. 594 do CPP, que condicionava o conhecimento do recurso de apelação ao recolhimento do condenado ao cárcere, foi revogado pela Lei 11.719/2008 (Súmula 347, STJ: "O conhecimento de recurso de apelação do réu independe de sua prisão"). Hodiernamente, a decretação ou manutenção da prisão cautelar (provisória ou processual), assim entendida aquela que antecede a condenação definitiva, deve sempre estar condicionada à demonstração de sua imperiosa necessidade. Bem por isso, deve o magistrado, e somente ele (jurisdicionalidade das cautelares), apontar as razões, no seu entender, que a tornam indispensável (art. 312 do CPP). Colocado de outra forma, a prisão provisória ou cautelar somente se justifica dentro do ordenamento jurídico quando necessária ao processo. Deve ser vista, portanto, como um instrumento do processo a ser utilizado em situações excepcionais. É por essa razão que a prisão decorrente de sentença penal condenatória recorrível deixou de constituir modalidade de prisão cautelar. Era uma prisão automática, já que, com a prolação da sentença condenatória, o réu era recolhido ao cárcere (independente de a prisão ser necessária). Nesse contexto, o acusado era considerado presumidamente culpado. Com as modificações introduzidas pela Lei 11.719/2008 e também em razão da atuação dos tribunais, esta modalidade de prisão cautelar deixou de existir, consagrando, assim, o postulado da presunção de inocência. Em vista dessa nova realidade, se o acusado permanecer preso durante toda a instrução, a manutenção dessa prisão somente terá lugar se indispensável for ao processo, pouco importando se, uma vez condenado em definitivo, permanecerá ou não preso. A prisão desnecessária decretada ou mantida antes de a sentença passar em julgado constitui antecipação da pena que porventura seria aplicada em caso de condenação, o que representa patente violação ao princípio da presunção de inocência, postulado esse de índole constitucional – art. 5º, LVII. De se ver ainda que, tendo em conta as mudanças implementadas pela Lei 12.403/2011, que instituiu as medidas cautelares alternativas à prisão provisória, esta somente terá lugar diante da impossibilidade de se recorrer às medidas cautelares. Dessa forma, a prisão, como medida excepcional que é, deve também ser vista como instrumento subsidiário, supletivo. Pois bem. Essa tônica (de somente dar-se início ao cumprimento da pena depois do trânsito em julgado da sentença penal condenatória) sofreu um revés. Explico. O STF, em julgamento histórico realizado em 17 de fevereiro de 2016, mudou, à revelia de grande parte da comunidade jurídica, seu entendimento acerca da possibilidade de prisão antes do trânsito em julgado da sentença penal condenatória. A Corte, ao julgar o HC n. 126.292, passou a admitir a execução da pena após decisão condenatória proferida em segunda instância. Com isso, passou a ser desnecessário, para dar início ao cumprimento da pena, aguardar o trânsito em julgado da decisão condenatória. Flexibilizou-se, pois, o postulado da presunção de inocência. Naquela ocasião, votaram pela mudança de paradigma sete ministros, enquanto quatro mantiveram o entendimento até então prevalente. Cuidava-se, é bem verdade, de uma decisão tomada em processo subjetivo, sem eficácia vinculante, portanto. Tal decisão, conquanto tomada em processo subjetivo, passou a ser vista como uma mudança de entendimento acerca de tema que há vários anos havia se sedimentado. Mais recentemente, nossa Suprema Corte foi chamada a se manifestar, em ações declaratórias de constitucionalidade impetradas pelo Conselho Federal da OAB

e pelo Partido Ecológico Nacional, sobre a constitucionalidade do art. 283 do CPP. Existia a expectativa de que algum ou alguns dos ministros mudassem o posicionamento adotado no julgamento realizado em fevereiro de 2016. Afinal, a decisão, agora, teria uma repercussão muito maior, na medida em que tomada em ADC. Pois bem. Depois de muita especulação e grande expectativa, o STF, em julgamento realizado em 5 de outubro do mesmo ano, desta vez por maioria mais apertada (6 a 5), já que houve mudança de posicionamento do ministro Dias Toffoli, indeferiu as medidas cautelares pleiteadas nessas ADCs (43 e 44), mantendo, assim, o posicionamento que autoriza a prisão depois de decisão condenatória confirmada em segunda instância. O julgamento do mérito dessas ações permaneceu pendente até 7 de novembro de 2019, quando, finalmente, depois de muita expectativa, o STF, em novo julgamento histórico, referente às ADCs 43,44 e 54, mudou o entendimento adotado em 2016, até então em vigor, que permitia a execução (provisória) da pena de prisão após condenação em segunda instância. Reconheceu-se a constitucionalidade do art. 283 do CPP, com a redação que lhe foi dada pela Lei 12.403/2011. Por 6 x 5, ficou decidido que é vedada a execução provisória da pena. Cumprimento de pena, a partir de agora, portanto, somente quando esgotados todos os recursos. Atualmente, essa discussão acerca da possibilidade de prisão em segunda instância, que suscitou debates tão acalorados, chegando, inclusive, a ganhar as ruas, saiu do STF, onde até então se encontrava, e passou para o Parlamento. Hoje se discute qual o melhor caminho para inserir, no nosso ordenamento jurídico, a prisão após condenação em segunda instância. Aguardemos; **B:** correta. Conferir: "Penal e processo penal. Agravo regimental no agravo em recurso especial. Ofensa ao art. 387, IV, do CPP. Fixação do *quantum* mínimo para reparação de danos à vítima. Necessidade de pedido formal do *Parquet* ou do ofendido. Acórdão em conformidade com a jurisprudência desta Corte. Súmula 83/STJ. Agravo regimental a que se nega provimento. 1 – Este Tribunal sufragou o entendimento de que deve haver pedido expresso e formal, feito pelo *parquet* ou pelo ofendido, para que seja fixado na sentença o valor mínimo de reparação dos danos causados à vítima, a fim de que seja oportunizado ao réu o contraditório e sob pena de violação ao princípio da ampla defesa. 2 – Agravo regimental a que se nega provimento" (AgRg no AREsp 389.234/DF, Rel. Ministra Maria Thereza de Assis Moura, Sexta Turma, julgado em 08.10.2013, *DJe* 17.10.2013); **C:** incorreta. É hipótese de *emendatio libelli* (art. 383 do CPP), em que o fato, tal como se afirma na assertiva, permanece inalterado, sem prejuízo, por isso mesmo, para a defesa. A mudança, aqui, incide na classificação da conduta, levada a efeito pela acusação, no ato da propositura da ação, e retificada pelo juiz, de ofício, no momento da sentença, sendo desnecessário, em vista disso, ouvir a esse respeito o defensor. Na *mutatio libelli*, diferentemente, a prova colhida na instrução aponta para uma nova definição jurídica do fato, diversa daquela contida na inicial. Com o advento da Lei 11.719/2008, que modificou a redação do art. 384 do CPP, se o magistrado entender cabível nova definição jurídica do fato em consequência de prova de elementar ou circunstância não contida na inicial, o aditamento pelo Ministério Público passa a ser obrigatório, ainda que a nova capitul ação jurídica implique aplicação de pena igual ou menos grave. No panorama anterior, a participação do Ministério Público não era necessária, ou seja, bastava que o processo baixasse para manifestação da defesa e oitiva de testemunhas; **D:** incorreta, já que não reflete o disposto no art. 385 do CPP, que permite ao juiz proferir sentença condenatória ainda que o MP tenha pugnado pela absolvição; **E:** incorreta. Neste caso, é de rigor a absolvição (art. 386, VII, do CPP). [ED]

Gabarito "B".

(Delegado Federal – 1998 – CESPE) O Ministério Público denunciou Mandrake e Coperfield por crime de furto qualificado pelo concurso de agentes e pela escalada. Encerrada a instrução criminal, o juiz recebeu os autos para sentenciar. Com base nessas informações, julgue os itens a seguir.

(1) O juiz não poderá condenar os réus, se o Ministério Público, em suas alegações finais, tiver requerido a absolvição de ambos os acusados.

(2) O juiz proferirá decisão terminativa, sem enfrentar o mérito da causa, se lhe restarem dúvidas quanto à autoria do crime.

(3) O juiz poderá desclassificar a conduta para furto simples sem previamente ouvir, a esse respeito, o Ministério Público.

(4) A sentença não será nula, se o juiz aplicar pena mais grave, sem prévia manifestação da defesa, na hipótese de *emendatio libelli*.

(5) Tanto o Ministério Público quanto o Defensor Público do Estado que patrocinou a defesa do acusado serão intimados pessoalmente da sentença.

1: incorreta, porque o pedido absolutório formulado pelo Ministério Público não vincula o magistrado, que poderá condenar o réu, bem como reconhecer agravantes, ainda que nenhuma tenha sido alegada (art. 385, CPP); **2:** incorreta, eis que, havendo dúvidas quanto à autoria definitiva, o juiz proferirá sentença definitiva, enfrentando o mérito e, via de consequência, decretando a absolvição (art. 386, CPP). A sentença terminativa é aquela em que o juiz põe fim ao processo sem enfrentar o mérito (ex.: sentença declaratória da prescrição); **3:** correta.

3. DIREITO PROCESSUAL PENAL — 493

Se o magistrado entender que a imputação (furto qualificado pelo concurso de pessoas e escalada) não restou demonstrada, poderá, sem qualquer problema, desclassificar o crime (furto qualificado) para sua forma básica (furto simples); **4:** correta, visto que, em caso de *emendatio libelli* (art. 383, CPP), haverá mera correção da acusação (tipificação incorreta da infração penal na denúncia ou queixa) pelo juiz, inexistindo qualquer nulidade caso aplique pena mais grave do que a cominada à conduta incorretamente tipificada na petição inicial acusatória; **5:** correta (art. 370, § 4º, CPP). ED

Gabarito 1E, 2E, 3C, 4C, 5C

(Delegado/PB – 2009 – CESPE) Com base no CPP, assinale a opção correta acerca da sentença penal.

(A) Da sentença obscura, ambígua, contraditória ou omissa caberão embargos de declaração, no prazo de cinco dias, a serem interpostos perante o tribunal competente.

(B) O juiz, sem modificar a descrição do fato contida na denúncia ou queixa, pode atribuir-lhe definição jurídica diversa, ainda que, em consequência, tenha de aplicar pena mais grave.

(C) Encerrada a instrução probatória, se entender cabível nova definição jurídica do fato, em consequência de prova existente nos autos de elemento ou circunstância da infração penal não contida na acusação, o juiz deve baixar os autos, para que o MP a adite no prazo de três dias.

(D) Caso o MP promova o aditamento da denúncia ou queixa, por força de *mutatio libelli*, o juiz é obrigado a receber o aditamento, pois o MP é o titular da ação penal pública.

(E) Nos crimes de ação pública, o juiz pode proferir sentença condenatória, ainda que o MP tenha pedido a absolvição, mas não pode reconhecer agravantes que não tenham sido alegadas na denúncia, em face do princípio da congruência.

A: incorreta, visto que, em caso de sentença que apresente omissão, contradição, obscuridade ou ambiguidade, poderão ser opostos embargos de declaração, no prazo de 2 (dois) dias, cabendo ao juiz prolator da decisão apreciá-los, e não o Tribunal (art. 382, CPP); **B:** correta. Trata-se da aplicação do instituto da *emendatio libelli*, cabendo ao juiz, ao verificar que a capitulação jurídica do fato descrito na denúncia ou queixa está equivocada (tipificação incorreta), atribuir definição jurídica diversa (tipificação correta), ainda que tenha de aplicar pena mais severa (art. 383, CPP); **C:** incorreta, eis que, no presente caso, será necessária a aplicação do instituto da *mutatio libelli*, cabendo ao Ministério Público aditar a denúncia no prazo de 5 (cinco) dias (art. 384, *caput*, CPP); **D:** incorreta (art. 384, § 5º, CPP); **E:** incorreta (art. 385, CPP). ED

Gabarito "B".

(Delegado/RN – 2009 – CESPE) Assinale a opção correta com relação à sentença.

(A) O crime de abuso de autoridade é de competência da justiça militar, federal ou estadual, conforme o agente seja, respectivamente, integrante das Forças Armadas, ou da polícia militar ou do corpo de bombeiros militares dos estados.

(B) Sentença absolutória imprópria é aquela que condena o réu, impondo-lhe uma sanção a mais, qual seja, a medida de segurança.

(C) No rito do júri, o *judicium causae* fica limitado, fática e juridicamente, à denúncia ou queixa.

(D) A justiça militar estadual só julga réus militares. Por isso, o civil que praticar um crime contra as instituições militares estaduais será processado na justiça comum estadual, não na justiça militar.

(E) No caso de *mutatio libelli*, o MP só aditará a denúncia se a mutação implicar tipificação mais grave.

A: incorreta (Súmula 172, STJ); **B:** incorreta, eis que a sentença absolutória imprópria é, de fato, absolutória (e não condenatória, como afirmado na alternativa). Contudo, é denominada de "imprópria" pelo fato de o juiz impor ao réu uma medida de segurança, haja vista o reconhecimento da inimputabilidade; **C:** incorreta, pois é a decisão de pronúncia (e não a denúncia ou queixa) que limita o *judicium causae* (ou juízo da causa), que corresponde à segunda fase do rito escalonado do júri. Assim, caberá ao Ministério Público fazer sua sustentação oral (debates orais) nos limites da pronúncia (art. 476, *caput*, CPP), não podendo ir além dela, sob pena de nulidade; **D:** correta (Súmula 53, STJ); **E:** incorreta. O aditamento da denúncia, em caso de *mutatio libelli*, sempre ocorrerá independentemente de a modificação implicar tipificação mais ou menos grave (art. 384, CPP). ED

Gabarito "D".

(Delegado/SP – 2008) Se a denúncia é oferecida por dano qualificado e o juiz, na sentença, entende que o fato praticado constitui dano simples, deverá

(A) condenar desde logo o réu pelo delito menos grave.

(B) absolver o acusado em razão do constrangimento ilegal.

(C) declarar a nulidade *ab initio* do procedimento por ilegitimidade ativa e decretar a extinção da punibilidade do fato, se já operada a decadência.

(D) condenar o réu nos termos de denúncia, pois o juiz fica adstrito à qualificação jurídica do fato nela contida.

(E) mandar renovar a citação do réu, independentemente de qualquer outra formalidade, para responder pelo delito de menor gravidade, aproveitados os atos processuais já praticados.

De fato, a ação penal no dano simples (art. 163, *caput*, CP) é privada, consoante determina o art. 167 do CP. Assim, tendo havido oferecimento de denúncia pelo Ministério Público, em razão de se ter considerado o dano em sua forma qualificada (exceto o inciso IV, do parágrafo único, do art. 163 do CP, que é considerado de ação penal privada – art. 167, CP) e, ao final, considerando o juiz ter havido o cometimento de dano simples, cuja ação penal, repita-se, é de iniciativa privada, não poderá condenar ou mesmo absolver o réu, visto haver inegável ilegitimidade ativa *ad causam*. Em simples palavras, não cabe ao Ministério Público promover a ação no caso em tela, razão pela qual seria de rigor a declaração de nulidade *ab initio* (desde o início). Caso o magistrado verificasse ter havido a decadência, caberia decretá-la de ofício, consoante art. 61, CPP. ED

Gabarito "C".

16. NULIDADES

(Delegado/MS – 2017 - FAPEMS) Considere que

[...] há na nulidade duplo significado: um indicando o motivo que torna o ato imperfeito, outro que deriva da imperfeição jurídica do ato ou sua inviabilidade jurídica. A nulidade portanto, é, sob um aspecto, vício, sob outro, sanção.

MIRABETE, Júlio Fabbrini. Código de Processo Penal Interpretado. 9. ed.
São Paulo: Saraiva, 2015, p. 629.

Sobre as nulidades no processo penal, assinale a alternativa correta.

(A) A ausência de intimação do acusado e do seu defensor acerca da data da audiência realizada no juízo deprecado gera nulidade, mesmo que tenha havido intimação da expedição da carta precatória.

(B) É absoluta a nulidade decorrente da inobservância da competência penal por prevenção.

(C) A nulidade por falta de intimação do denunciado para oferecer contrarrazões ao recurso interposto da rejeição da denúncia pode ser suprida com a nomeação de defensor dativo.

(D) A nulidade por ilegitimidade do representante é insanável.

(E) Alegações genéricas de nulidade processual, desprovidas de demonstração da existência de prejuízo à parte, não podem dar ensejo à invalidação da ação penal.

A: incorreta, pois não corresponde ao entendimento firmado na Súmula 273, do STJ; **B:** incorreta, uma vez que não reflete o entendimento sufragado na Súmula 706, do STF; **C:** incorreta, pois em desconformidade com o entendimento firmado por meio da Súmula 707, do STF; **D:** incorreta, pois não reflete o disposto no art. 568 do CPP; **E:** correta. O art. 563 do CPP enuncia o *princípio do prejuízo* (*pas de nullité sans grief*), *segundo o qual*, em se tratando de *nulidade relativa*, em que o prejuízo não é presumido, é necessário, para se decretar a nulidade do ato, verificar se o mesmo gerou efeitos prejudiciais. ED

Gabarito "E".

(Delegado/RO – 2014 – FUNCAB) No estudo das nulidades, a doutrina converge no sentido de reconhecer a aplicabilidade do princípio da instrumentalidade das formas, a viabilizar o não reconhecimento da nulidade pelo juízo quando, em uma análise prévia, verifica a incidência de medidas sanatórias (ou de convalidação), possibilitando a preservação do ato viciado (praticado em desconformidade com o modelo legal) como válido.

Qual é a medida sanatória que supre a irregularidade da citação?

(A) O suprimento

(B) O comparecimento

(C) A ratificação

(D) A preclusão

494 EDUARDO DOMPIERI

(E) A retificação

Art. 570 do CPP: "A falta ou a nulidade da citação, da intimação ou notificação estará sanada, desde que o interessado compareça, antes de o ato consumar-se, embora declare que o faz (...)" ED
Gabarito "B".

(Delegado/SP – 2011) princípio segundo o qual somente será declarada a nulidade se houver influenciado na apuração da verdade ou na decisão da causa é chamado de

(A) consequencialidade.
(B) instrumentalidade das formas.
(C) interesse.
(D) prejuízo.
(E) suprimento.

Se a prática do ato processual em desconformidade com as formalidades legais não acarretar prejuízo, não será declarada a sua nulidade – art. 566 do CPP. ED
Gabarito "B".

17. RECURSOS

(Delegado/AP – 2017 – FCC) Sobre os recursos no processo penal, é correto afirmar:

(A) Por falta de capacidade postulatória, é vedada a interposição de recurso pelo réu.
(B) Em caso de indeferimento de representação por prisão preventiva feita por autoridade policial, o Delegado de Polícia poderá interpor recurso em sentido estrito.
(C) É cabível protesto por novo júri em caso de condenação superior a 20 anos.
(D) Os embargos infringentes e de nulidade são exclusivos da defesa.
(E) O regime de celeridade e informalidade do Juizado Especial Criminal é compatível com a impossibilidade de embargos de declaração nos casos submetidos à sua jurisdição.

A: incorreta, pois não reflete o disposto no art. 577, *caput*, do CPP; **B:** incorreta. Uma vez não acolhida a representação, formulada pela autoridade policial, para decretação da prisão preventiva, nada há a ser feito pelo delegado, que carece de legitimidade para se insurgir contra a decisão judicial, com a interposição de recurso em sentido estrito; **C:** incorreta. Os arts. 607 e 608 do CPP, que disciplinavam o *protesto por novo júri*, foram revogados pela Lei 11.689/2008, de tal sorte que tal recurso não mais está previsto no nosso ordenamento jurídico; **D:** correta. De fato, os embargos infringentes e de nulidade são recursos exclusivos da *defesa* que serão opostos quando a decisão desfavorável ao réu, em segunda instância, não for unânime (decisão plurânime) – art. 609, parágrafo único, CPP; **E:** incorreta, já que os embargos de declaração são admitidos, sim, no procedimento sumaríssimo do Juizado Especial Criminal (art. 83, Lei 9.099/1995, cuja redação foi alterada por força da Lei 13.105/2015). ED
Gabarito "D".

(Delegado/RO – 2014 – FUNCAB) Com base nas ponderações doutrinárias acerca da teoria geral dos recursos, aponte a alternativa que prevê as características fundamentais dos recursos

(A) Alguns recursos criam uma nova relação processual, outros não, mas sempre têm por objeto a impugnação de um ato judicial.
(B) Todo recurso é voluntário, prolonga a mesma relação processual e impugna decisão judicial.
(C) O recurso pode ser voluntário ou obrigatório, prolonga a mesma relação processual e impugna decisão judicial.
(D) O recurso pode ser voluntário ou obrigatório, cria uma nova relação processual e impugna decisão judicial.
(E) Todo recurso é obrigatório, cria uma nova relação processual e impugna decisão judicial.

A *voluntariedade* é a característica fundamental dos recursos. Significa que as partes somente recorrerão se quiserem, se assim desejarem. Não estão, enfim, obrigadas a recorrer, ainda que a defesa seja patrocinada por defensor público. Casos há em que a lei impõe ao juiz a obrigação de "recorrer" de sua própria decisão (recurso de ofício, necessário ou anômalo), providência que, na sua essência, muito pouco tem de "recurso", pois se trata, na verdade, como dito, de obrigação imposta ao juiz, e não às partes. Tal providência a ser tomada pelo juiz não retira esta característica fundamental dos recursos, que é a *voluntariedade* (art. 574 do CPP). Pode-se dizer, portanto, que todo recurso é voluntário; se não é voluntário, recurso não é. ED
Gabarito "B".

(Delegado/SP – 2014 – VUNESP) Cabe recurso de ofício da sentença

(A) que conceder *habeas corpus*.
(B) que absolver o réu por inexistência do crime.
(C) de pronúncia.
(D) de absolvição sumária.
(E) que denegar *habeas corpus*.

Pela disciplina estabelecida no art. 574, I, do CPP, o assim chamado, de forma inapropriada, *recurso* de ofício, que nada mais é do que a obrigação imposta ao magistrado de submeter sua decisão a novo exame por instância superior, deverá ser interposto da sentença que conceder *habeas corpus*. ED
Gabarito "A".

(Delegado/SP – 2014 – VUNESP) Dentre os recursos a seguir, aquele em que não é possível a desistência é:

(A) apelação.
(B) em qualquer recurso interposto pelo Defensor Público.
(C) protesto por novo júri.
(D) em qualquer recurso interposto pelo Ministério Público.
(E) recurso em sentido estrito.

À luz do *princípio da indisponibilidade*, é defeso ao Ministério Público desistir da ação penal proposta (CPP, art. 42) e do recurso interposto (CPP, art. 576). Cuidado: não se quer com isso dizer que o membro do MP é obrigado a recorrer, mas, uma vez interposto o recurso, é-lhe vedado dele desistir. ED
Gabarito "D".

(Delegado/MG – 2012) Sobre recursos no processo penal é **INCORRETO** afirmar:

(A) O recurso de agravo, previsto no art. 197 da LEP, tem efeito regressivo.
(B) A apelação no juizado especial tem prazo de 10 dias.
(C) No juizado especial a parte recorrente pode protestar por apresentar as razões de apelação perante a turma recursal.
(D) O prazo dos embargos de declaração no juizado especial é de 5 (cinco) dias.

A: assertiva correta. É cabível, no âmbito do agravo em execução, recurso previsto no art. 197 da LEP, o juízo de retratação (efeito regressivo), visto que a este recurso são aplicadas as regras que disciplinam o recurso em sentido estrito, em relação ao qual é admitido, por expressa previsão do art. 589 do CPP, o efeito regressivo; **B:** assertiva correta, nos termos do art. 82, § 1º, da Lei 9.099/1995; **C:** assertiva incorreta, devendo ser assinalada, pois não reflete o disposto no art. 82, § 1º, da Lei 9.099/1995; **D:** assertiva correta, pois em consonância com o que estabelece o art. 83, § 1º, da Lei 9.099/1995. ED
Gabarito "C".

(Delegado/MG – 2008) Sobre recursos no processo penal, assinale a afirmativa *CORRETA*.

(A) Da decisão do juiz que decide sobre unificação de penas caberá recurso em sentido estrito.
(B) Da decisão do juiz do juizado especial criminal que não recebe a denúncia oferecida pelo Ministério Público caberá recurso em sentido estrito.
(C) Ao não conceder ordem de *habeas corpus* impetrado em favor de acusado preso, por maioria de votos, caberá embargos infringentes.
(D) O prazo de interposição do recurso de apelação pelo assistente do ministério público, ainda não habilitado no processo até a sentença absolutória, é de 15 dias após esgotado o prazo recursal do titular da ação penal.

A: incorreta. A decisão que decide sobre unificação de penas é tomada pelo juiz das execuções criminais (art. 66, III, "a", da LEP – Lei 7.210/1984), motivo pelo qual caberá a interposição de agravo em execução (art. 197, LEP). O art. 581, XVII, do CPP, que diz caber recurso em sentido estrito da decisão que decidir sobre a unificação de penas, foi tacitamente revogado pela LEP; **B:** incorreta. Da decisão, no juizado especial criminal, que rejeite a denúncia ou queixa caberá a interposição de recurso de apelação (art. 82, Lei 9.099/1995); **C:** incorreta. A decisão do Tribunal que denega ordem de *habeas corpus* desafia, conforme arts. 102, II, "a" e 105, II, "a", ambos da CF, recurso ordinário, respectivamente, ao STF ou STJ. Os embargos infringentes (art. 609, parágrafo único, CPP) somente são admissíveis das decisões não unânimes proferidas em grau de julgamento de apelação, recurso em sentido estrito e agravo em execução; **D:** correta (art. 598, CPP). ED
Gabarito "D".

3. DIREITO PROCESSUAL PENAL

18. *HABEAS CORPUS*, MANDADO DE SEGURANÇA E REVISÃO CRIMINAL

(Delegado/PA – 2009 – MOVENS) Em relação ao *habeas corpus*, assinale a opção correta.

(A) Será concedido sempre que alguém sofrer ou se achar ameaçado de sofrer violência ou coação em sua liberdade de locomoção, por ilegalidade ou abuso de poder.

(B) Não será concedido em favor de quem já se encontra preso.

(C) Não será concedido em favor de quem já foi condenado por sentença transitada em julgado.

(D) Não será concedido a pessoa estrangeira em passagem pelo Brasil.

A: correta, nos termos dos arts. 5º, LXVIII, da CF e art. 647 do CPP; **B:** incorreta. Os arts. 5º, LXVIII, da CF e 647 do CPP contemplam duas espécies de *habeas corpus*: *repressivo*, destinado a afastar o constrangimento já efetivado, isto é, devolver a liberdade a alguém que já teve esse direito suprimido; e o *preventivo*, que visa a afastar uma ameaça de violência ou coação à liberdade de locomoção; **C:** incorreta, já que a lei não faz essa exigência; **D:** incorreta. O *habeas corpus* pode, sim, ser concedido a paciente estrangeiro em passagem pelo Brasil. *ED*
Gabarito "A".

(Delegado/SP – 2008) Se o *habeas Corpus* for concedido em virtude de nulidade do processo, este será

(A) arquivado.

(B) julgado extinto.

(C) encerrado.

(D) renovado.

(E) suspenso.

De fato, concedido *habeas corpus* impetrado em face de processo manifestamente nulo (art. 648, VI, CPP), a consequência natural será a renovação (leia-se: refazimento) dos atos processuais inválidos. *ED*
Gabarito "D".

19. EXECUÇÃO PENAL

(Delegado/MS – 2017 - FAPEMS) Conforme a Lei n. 7.210, de 11 de julho de 1984, que institui a Lei de Execução Penal, e entendimento dos Tribunais Superiores, a respeito da execução penal, é correto afirmar que

(A) de acordo com o entendimento sumulado do Superior Tribunal de Justiça, a falta grave interrompe o prazo para a obtenção de livramento condicional.

(B) a remição é instituto que se aplica a presos em regime fechado ou semiaberto, não havendo autorização legal para ser concedida aos condenados em regime aberto.

(C) nas duas espécies de autorizações de saída, previstas na Lei de Execução Penal vigente, é medida obrigatória a vigilância direta do preso, podendo o juiz determinar a fiscalização por meio de monitoramento eletrônico.

(D) o regime disciplinar diferenciado, conforme previsão na Lei de Execução Penal vigente, será aplicado por prévio e fundamentado despacho do juiz competente, e dependerá de requerimento circunstanciado elaborado pelo diretor do estabelecimento prisional, delegado de polícia ou Ministério Público.

(E) a pena unificada para atender ao limite de trinta anos de cumprimento, determinado pelo artigo 75 do Código Penal vigente, não é considerada para a concessão do livramento condicional ou regime mais favorável de execução.

A: incorreta, pois não corresponde ao entendimento firmado na Súmula n. 441 do STJ, *in verbis*: "A falta grave não interrompe o prazo para obtenção de livramento condicional". Atenção: a Lei 13.964/2019, com vigência a partir de 23 de janeiro de 2020 e posterior, portanto, à aplicação desta prova, introduziu novo requisito para a concessão do livramento condicional. Até então, tínhamos que o inciso III do art. 83 do CP continha os seguintes requisitos: comportamento satisfatório no curso da execução da pena; bom desempenho no trabalho atribuído ao reeducando; e aptidão para prover à própria subsistência por meio de trabalho honesto. O que fez a Lei 13.964/2019 foi inserir, neste inciso III, um quarto requisito. Doravante, além de preencher os requisitos contemplados no art. 83 do CP (nos seus cinco incisos), é de rigor que o reeducando, para fazer jus à concessão do livramento, não tenha cometido falta grave nos últimos 12 meses. O inciso III, que passou a abrigar esta modificação, foi fracionado em quatro alíneas ("a", "b", "c" e "d"), cada qual correspondente a um requisito (os três aos quais me referi acima e este novo requisito introduzido pela *novel* lei); **B:** incorreta. É que a remição pelo

trabalho somente é possível nos regimes fechado e semiaberto (art. 126, *caput*, do LEP); no regime aberto, somente poderá o condenado obter a remição pelo estudo, tal como autorizado pelo art. 126, § 6º, da LEP; **C:** incorreta. A autorização de saída comporta duas espécies, a saber: *permissão de saída* e *saída temporária*. A *permissão de saída*, a ser concedida, pelo diretor do estabelecimento prisional, aos condenados que cumprem pena nos regimes fechado e semiaberto, e também aos presos provisórios (art. 120, *caput*, LEP), pressupõe que o preso esteja sob escolta permanente (art. 120, LEP); já a *saída temporária*, que será concedida ao condenado que se encontra em cumprimento de pena no regime *semiaberto* (art. 122, *caput*, da LEP) e somente mediante autorização do juízo da execução, ouvidos o MP e a administração penitenciária (art. 123, *caput*, da LEP), prescinde de escolta, podendo o juiz, neste caso, determinar a utilização de equipamento de monitoração eletrônica; **D:** incorreta. O delegado de polícia e o membro do MP não têm legitimidade para formular requerimento de inclusão de preso em regime disciplinar diferenciado. Ao MP cabe tão somente emitir parecer a esse respeito, sempre que houver requerimento formulado pelo diretor do estabelecimento prisional nesse sentido (art. 54, §§ 1º e 2º, da LEP); **E:** correta, na medida em que reflete o entendimento sedimentado na Súmula 715, do STF. Cuidado: com a alteração promovida pela Lei 13.964/2019 na redação do art. 75 do CP (*caput* e § 1º), o tempo máximo de cumprimento da pena privativa de liberdade, que era de 30 anos, passou a ser de 40 anos, o que é compreensível em face do aumento da expectativa de vida verificado nas últimas décadas. Duas observações devem ser feitas. A primeira é que tal alteração em nada muda a vigência da Súmula 715 do STF, segundo a qual o limite contido no art. 75 do CP, que passou a ser de 40 anos, não se presta ao cálculo para obtenção da progressão de regime prisional. O parâmetro a ser empregado é a pena fixada na sentença. A segunda observação refere-se à medida de segurança. Como bem sabemos, o STF, à luz da regra de que são vedadas penas de caráter perpétuo, adotou o posicionamento no sentido de que o prazo máximo de duração da medida de segurança corresponde a 30 anos, em analogia ao art. 75 do CP. Com isso, forçoso concluir que este prazo máximo de cumprimento da medida de segurança, com a modificação operada na redação do art. 75 do CP, passe para 40 anos. Já o STJ, cujo entendimento acerca deste tema difere do adotado pelo STF, entende que o tempo máximo de cumprimento de medida de segurança não pode ultrapassar o limite máximo da pena abstratamente cominada ao delito (Súmula 527). Neste caso, a alteração promovida no art. 75 do CP não trará qualquer repercussão. Ademais, importante o registro de que tal modificação constitui hipótese de *novatio legis in pejus*, razão pela qual somente terá incidência aos crimes cometidos a partir de 23 de janeiro de 2020, quando a Lei 13.964/2019 entrou em vigor. *ED*
Gabarito "E".

(Delegado/MS – 2017 - FAPEMS) Considerando as teses sumuladas pelo Supremo Tribunal Federal atinentes às regras de fixação e progressão de regime de execução da pena, assinale a alternativa correta.

(A) Não impede a progressão de regime de execução de pena, fixada em sentença não transitada em julgado, o fato de o réu se encontrar em prisão especial.

(B) A pena unificada para atender ao limite de trinta anos de cumprimento é considerada para a concessão de regime mais favorável de execução penal.

(C) A opinião do julgador sobre a gravidade em abstrato do crime constitui motivação idônea para a imposição de regime mais severo do que o permitido segundo a pena aplicada.

(D) A imposição do regime de cumprimento mais severo do que a pena aplicada permitir não exige motivação idônea por parte do magistrado.

(E) Não se admite a progressão de regime de cumprimento de pena antes do trânsito em julgado da sentença condenatória.

A: correta, pois em conformidade com o entendimento estabelecido na Súmula 717, do STF; **B:** incorreta, pois em desconformidade com o entendimento estabelecido na Súmula 715, do STF. Cuidado: com a alteração promovida pela Lei 13.964/2019 na redação do art. 75 do CP (*caput* e § 1º), o tempo máximo de cumprimento da pena privativa de liberdade, que era de 30 anos, passou a ser de 40 anos, o que é compreensível em face do aumento da expectativa de vida verificado nas últimas décadas. Duas observações devem ser feitas. A primeira é que tal alteração em nada muda a vigência da Súmula 715 do STF, segundo a qual o limite contido no art. 75 do CP, que passou a ser de 40 anos, não se presta ao cálculo para obtenção da progressão de regime prisional. O parâmetro a ser empregado é a pena fixada na sentença. A segunda observação refere-se à medida de segurança. Como bem sabemos, o STF, à luz da regra de que são vedadas penas de caráter perpétuo, adotou o posicionamento no sentido de que o prazo máximo de duração da medida de segurança corresponde a 30 anos, em analogia ao art. 75 do CP. Com isso, forçoso concluir que este prazo máximo de cumprimento da medida de segurança, com a modificação operada na redação do art. 75 do CP, passe para 40 anos. Já o STJ, cujo entendimento acerca deste tema difere do adotado pelo STF, entende que o tempo máximo de cumprimento de medida de segurança não pode ultrapassar o limite máximo da pena abstratamente cominada ao delito (Súmula 527). Neste caso, a alteração promovida no art. 75 do CP não trará qualquer repercussão. Ademais, importante o registro de que tal modificação constitui hipótese de *novatio legis in pejus*, razão pela qual somente terá incidência aos crimes cometidos a partir de 23 de janeiro de 2020, quando a Lei 13.964/2019 entra e vigor; **C:** incorreta, pois em desconformidade com o entendimento estabelecido na Súmula 718, do STF; **D:** incorreta, pois em desconformidade com o entendimento estabelecido na Súmula 719, do STF; **E:** incorreta, pois em desconformidade com o entendimento estabelecido na Súmula 716, do STF. ED

Gabarito "A".

(Delegado/DF – 2015 – Fundação Universa) Quanto à execução penal, assinale a alternativa correta.

(A) Não se admite a regressão de regime *per saltum*.

(B) Admite-se a progressão de regime *per saltum*.

(C) Se João for condenado a duzentos anos de prisão, poderá, em virtude do princípio da individualização da pena, progredir após cumprir um sexto de trinta anos, desde que os crimes não sejam hediondos e João tenha bom comportamento.

(D) Conforme o STJ, não se admite que condenado à medida de segurança cumpra tal medida por mais tempo do que a pena máxima cominada ao crime, independentemente de ter, ou não, cessado a periculosidade.

(E) Só será obrigado a cumprir três quintos da pena para progredir de regime o condenado por crime hediondo que seja reincidente específico.

A: incorreta, uma vez que, diferentemente do que se dá com a *progressão*, é perfeitamente possível, na *regressão*, que o condenado, diante das hipóteses elencadas no art. 118 da LEP, vá do regime aberto diretamente ao fechado, sem a necessidade de passar pelo semiaberto. Com efeito, é claro o art. 118, *caput*, da LEP ao estabelecer que pode o condenado ser transferido "para qualquer dos regimes mais rigorosos (...)"; **B:** incorreta, na medida em que não se admite a chamada *progressão per saltum*. É esse o entendimento sedimentado na Súmula 491, STJ; **C:** incorreta, pois, apesar do o art. 75, *caput*, do CP estabelecer que o tempo de cumprimento das penas privativas de liberdade não pode ser superior a trinta anos, tal interregno refere-se, na verdade, ao efetivo cumprimento delas, e não à sua aplicação. Dessa forma, o limite de 30 anos não será levado em consideração para o fim de calcular os benefícios como o livramento condicional e a progressão de regime. Tal entendimento consta da Súmula 715 do STF: "A pena unificada para atender ao limite de trinta anos de cumprimento, determinado pelo art. 75 do Código Penal, não é considerada para a concessão de outros benefícios, como o livramento condicional ou o regime mais favorável de execução". Com o advento da Lei 13.964/2019 (posterior à elaboração desta questão), que alterou a redação do art. 75 do CP, o tempo máximo de cumprimento da pena privativa de liberdade, que era de 30 anos, passou a ser de 40 anos; **D:** correta. De fato, para o STJ, que editou, a esse respeito, a Súmula 527, o tempo de duração da medida de segurança não deve ultrapassar o limite máximo da pena abstratamente cominada ao delito praticado; **E:** incorreta, já que não é necessário, para que a progressão se dê após o cumprimento de três quintos da pena imposta, no contexto dos crimes hediondos e equiparados, que o agente seja reincidente *específico*, bastando a *reincidência*, conforme expressamente previsto no art. 2º, § 2º, da Lei 8.072/1990 (Crimes Hediondos). Atenção: com a alteração promovida pela Lei 13.964/2019 na redação do art. 112 da LEP (posterior, portanto, à elaboração desta questão), criam-se novos patamares para o reeducando pleitear a progressão de regime de cumprimento de pena, aqui incluído o condenado pela prática de crime hediondo/equiparado, cuja disciplina, até então, estava no art. 2º, § 2º, da Lei 8.072/1990, que estabelecia faixas diferenciadas de cumprimento de pena necessárias à progressão, dispositivo expressamente revogado pela Lei 13.964/2019. Com isso, as novas regras de progressão, inclusive para os autores de crimes hediondos, estão contempladas no novo art. 112 da LEP, que foi substancialmente reformulado pela Lei 13.964/2019, estabelecendo uma nova e ampla tabela de progressão de regime. ED

Gabarito "D".

(Delegado/PA – 2013 – UEPA) De acordo com a Lei de Execução Penal é correto afirmar que:

(A) indivíduo que tenha sido condenado, em processos distintos, a duas penas privativas de liberdade em regime inicial semiaberto, pode iniciar a execução em regime fechado, se o somatório das penas importar em valor incompatível com esse regime.

(B) a inclusão do apenado no regime aberto depende da comprovação de que o mesmo já está trabalhando, porque deve comprovar a capacidade prévia de sustentar-se por meios lícitos.

(C) a regressão de regime pode ser imposta ao apenado que, no curso da execução, seja condenado, por sentença transitada em julgado,

pela prática de crime doloso ou, nos termos do regulamento da casa penal, da prática de falta grave.

(D) o regime disciplinar diferenciado pode ser imposto tanto ao condenado quanto ao preso provisório, tendo como fundamento a prática de qualquer crime doloso, porque todos os crimes dolosos constituem faltas graves.

(E) razões de segurança ou disciplinares autorizam o diretor do estabelecimento penal a suspender ou restringir certos direitos do preso, dentre eles o de receber visitas íntimas, mas não pode ser suspenso o direito às visitas normais dos familiares, porque essa é uma condição básica de ressocialização.

A: incorreta (art. 111, *caput*, da LEP); **B:** incorreta (art. 114, I, da LEP); **C:** correta (art. 118, I, da LEP); **D:** incorreta (art. 52, *caput*, da LEP). A Lei 13.964/2019 alterou o art. 52 da LEP e modificou substancialmente as regras que regem o regime disciplinar diferenciado, a começar pelo prazo de duração, que era de até 360 dias e passou para até dois anos, sem prejuízo de repetição da sanção diante do cometimento de nova falta grave da mesma espécie (art. 52, I, LEP). A redação original do art. 52, III, da LEP permitia o recebimento de visitas semanais de duas pessoas, sem contar as crianças, com duração de duas horas. Doravante, dada a alteração legislativa promovida neste dispositivo pela Lei 13.964/2019, as visitas, que antes eram semanais, passam a ser quinzenais. Se o interessado for alguém sem vínculo familiar, a visita dependerá de autorização judicial. Segundo o § 6º deste art. 52, a visita será gravada e fiscalizada por agente penitenciário, mediante autorização judicial. Nos termos do art. 52, IV, da LEP, também alterado pela Lei 13.964/2019, a saída para o banho de sol será feita em grupos de até quatro presos, desde que não haja contato com presos do mesmo grupo criminoso. No mais, o RDD continua a valer tanto para os presos condenados quanto para os provisórios (art. 52, "caput", da LEP); **E:** incorreta (art. 41, X e parágrafo único, LEP). ED

Gabarito "C".

(Delegado/AC – 2008 – CESPE) A respeito de suspensão condicional da pena e livramento condicional, julgue o item seguinte.

(1) Haverá revogação obrigatória do livramento condicional se o liberado for irrecorrivelmente condenado, por crime ou contravenção, qualquer que seja a pena cominada.

A revogação obrigatória do livramento condicional se dá nos casos em que o sentenciado for condenado a pena privativa de liberdade, em sentença irrecorrível pela prática de crime, e não de contravenção (art. 86 do CP). ED

Gabarito 1E.

(Delegado/MG – 2008) Quanto à competência do Conselho Penitenciário, é CORRETO afirmar que

(A) o Conselho Penitenciário tem que emitir parecer em pedidos de progressão de regime do semiaberto para o aberto e indulto.

(B) o Conselho Penitenciário tem que emitir parecer em pedidos de progressão de regime do fechado para o semiaberto e comutação de pena.

(C) o Conselho Penitenciário tem que emitir parecer em pedidos de indulto e comutação de pena.

(D) o Conselho Penitenciário tem que emitir parecer em pedidos de livramento condicional e progressão de regime do fechado para o semiaberto.

As incumbências do Conselho Penitenciário estão descritas no art. 70 da LEP. ED

Gabarito "C".

(Delegado/RN – 2009 – CESPE) De acordo com a Lei de Execução Penal, assinale a opção correta.

(A) O trabalho externo é inadmissível para os presos em regime fechado, tendo em vista o alto grau de periculosidade dos condenados.

(B) A prestação de trabalho externo, a ser autorizada pela direção do estabelecimento penal, dependerá de aptidão, disciplina e responsabilidade, além do cumprimento mínimo de dois terços da pena.

(C) Se o preso for punido por falta média, será revogada a autorização de trabalho externo.

(D) Se o preso praticar fato definido como crime, revogar-se á a autorização de trabalho externo.

(E) Para o preso provisório, o trabalho é obrigatório e só poderá ser executado no interior do estabelecimento.

3. DIREITO PROCESSUAL PENAL

A: incorreta. É admissível que o recolhido em regime fechado desempenhe trabalhos externos em serviço ou obras públicas, desde que tomadas cautelas para evitar a fuga (art. 36, LEP); **B:** incorreta. Para que seja autorizada a realização de trabalhos externos é exigível que o sentenciado tenha cumprido no mínimo 1/6 de sua pena; **C** e **D:** a alternativa C está incorreta e a D está correta. A autorização para realização de trabalho externo será revogada nos casos em que o sentenciado praticar fato definido como crime, for punido por falta grave, ou tiver comportamento contrário aos requisitos estabelecidos neste artigo (art. 37, parágrafo único, LEP); **E:** incorreta. Ao preso provisório o trabalho não é obrigatório (art. 31, parágrafo único). 🆔
Gabarito "D".

(Delegado/SC – 2008) Acerca das execuções penais, assinale a alternativa correta.

(A) Excesso ou desvio de execução ocorre quando, durante a execução da pena, algum ato for praticado além dos limites fixados na sentença, em normas legais ou regulamentos.

(B) Compete à Justiça Federal a execução das penas impostas a sentenciados pela própria Justiça Federal, quando recolhidos a estabelecimentos sujeitos à administração estadual.

(C) A pena unificada para atender ao limite de trinta anos de cumprimento, determinado pelo art. 75 do Código Penal, é considerada para a concessão de outros benefícios ao preso, como livramento condicional ou regime mais favorável de execução.

(D) Não se admite a progressão de regime de cumprimento de pena ou a aplicação imediata de regime menos severo nela determinada antes do trânsito em julgado da sentença condenatória.

A: correta (art. 185 da LEP); **B:** incorreta. Em tais situações a competência é da justiça estadual (Súmula 192 do STJ); **C:** incorreta, pois não reflete o entendimento firmado na Súmula 715 do STF (atualmente, por força da modificação operada no art. 75 do CP pela Lei 13.964/2019, o limite máximo de cumprimento de pena privativa de liberdade, que era de 30 anos, passou a ser de 40); **D:** incorreta, pois não corresponde ao disposto no art. 2º, parágrafo único, da LEP e na Súmula 716 do STF. 🆔
Gabarito "A".

(Delegado/SP – 2008) Dentre as sanções disciplinares da Lei de Execução Penal, o preso não se sujeita à (ao)

(A) advertência.

(B) repreensão.

(C) suspensão de direitos.

(D) proibição de remição da pena.

(E) isolamento celular.

As sanções disciplinares estão elencadas no art. 53 da LEP. 🆔
Gabarito "D".

(Delegado/SP – 2008) Nos termos da lei de Execução Penal, não constitui órgão da execução penal

(A) o Ministério Público.

(B) o Juízo da Execução.

(C) o Patronato.

(D) o Conselho da Comunidade.

(E) Delegacia de Polícia.

Os órgãos da execução penal estão relacionados no art. 61 da LEP. 🆔
Gabarito "E".

20. LEGISLAÇÃO EXTRAVAGANTE

O Legislador brasileiro adotou, a partir de 2013, o termo "Organizações Criminosas" para tratar o tema, tão falado na mídia e na sociedade, das atividades reconhecidas como "Crime Organizado". Por ensejar, para alguns, uma maior complexidade de aplicação de recursos e pessoas, de uma logística própria, que passaria despercebida ou pelo menos dificultaria os meios cotidianos de investigação e apuração de responsabilidades, a Lei 12.850/13, para além de trazer a definição objetiva de "Organização Criminosa", traz também regras específicas para o procedimento. Uma delas, disposta no Capítulo III, se dá no âmbito da "Investigação e dos Meios de Obtenção de Prova".

(Delegado/ES – 2019 – Instituto Acesso) Sobre estes, assinale a alternativa correta:

(A) Em nenhuma fase da persecução penal será afastado os sigilos financeiro, bancário e fiscal.

(B) Em qualquer fase da persecução penal, será permitido, sem prejuízo de outros, já previstos em lei, a colaboração premiada como meio de obtenção de prova.

(C) Apenas após o recebimento da denúncia, será permitido, sem prejuízo de outros já previstos em lei, a colaboração premiada como meio de obtenção de prova.

(D) Apenas após o recebimento da denúncia, será permitido, sem prejuízo de outros já previstos em lei, a prisão preventiva como meio de obtenção de prova.

(E) Em qualquer fase da persecução penal, será permitido, sem prejuízo de outros já previstos em lei, a prisão preventiva como meio de obtenção de prova.

A: incorreta, uma vez que o afastamento dos sigilos financeiro, bancário e fiscal constitui meio de obtenção de prova que pode ser levado a efeito em qualquer fase da persecução penal, tal como estabelece o art. 3º, VI, da Lei 12.850/2013; **B:** correta, pois reflete o disposto no art. 3º, I, da Lei 12.850/2013; **C:** incorreta. A colaboração premiada, como meio de obtenção de prova, poderá ocorrer em qualquer fase da persecução penal (investigação e ação penal); **D** e **E:** incorretas. A prisão preventiva não pode ser decretada como meio de obtenção de prova. Será, sim, decretada, tanto no curso das investigações quando no da instrução processual, *como garantia da ordem pública, da ordem econômica, por conveniência da instrução criminal ou para assegurar a aplicação da lei penal, quando houver prova da existência do crime e indício suficiente de autoria e de perigo gerado pelo estado de liberdade do imputado* (art. 312, *caput*, do CPP, cuja redação foi alterada pela Lei 13.964/2019).
Gabarito "B".

(Delegado/ES – 2019 – Instituto Acesso) João Pedro foi abordado por policiais militares que faziam ronda próximo a uma Universidade particular. Ao perceberem a atitude suspeita de João, os policiais resolveram proceder a revista pessoal e identificaram que João portava um cigarro de maconha para consumo pessoal. Nessa situação hipotética, a expressão "não se imporá prisão em flagrante", descrita no art. 48 da lei 11.343/06, significa que é vedado a autoridade policial:

(A) Efetuar a condução coercitiva até a delegacia de polícia.

(B) Efetuar a lavratura do auto de prisão em flagrante.

(C) Lavrar o termo circunstanciado.

(D) Apreender o objeto de crime.

(E) Realizar a captura do agente.

O agente surpreendido na posse de um cigarro de maconha para consumo pessoal deverá ser conduzido (prisão-captura) à presença da autoridade policial, a qual caberá deliberar se o fato levado ao seu conhecimento configura consumo (art. 28) ou tráfico (art. 33). Se o delegado de polícia concluir pelo cometimento do crime do art. 28 da Lei 11.343/2006, deverá providenciar a lavratura de termo circunstanciado, nos moldes do que estabelece o art. 48, § 2º, da Lei de Drogas, após o que o autor dos fatos será encaminhado ao juízo competente ou, na sua falta, assumir o compromisso de a ele comparecer. É vedado à autoridade policial, como se pode ver, efetuar a lavratura do auto de prisão em flagrante.
Gabarito "B".

(Delegado/ES – 2019 – Instituto Acesso) A resolução do TSE nº 23.396/2013 diz que "a ação penal eleitoral observará os procedimentos previstos no Código Eleitoral, com a aplicação obrigatória dos artigos 395, 396, 396-A, 397 e 400 e do Código de Processo Penal, com redação dada pela Lei nº 11.971, de 2008. Após esta fase, aplicar-se-ão os artigos 359 e seguintes do Código Eleitoral".

Em que pese toda a discussão jurisprudencial acerca do art. 359 da Lei 4.737/65, o rito eleitoral é diferenciado do resto do Direito, haja vista todas as peculiaridades próprias do ramo, em especial pelo objetivo final quanto à lisura do processo eleitoral. Prazos próprios, contagem que ignora finais de semana e feriados, uma legislação altamente fluída, haja vista o poder dos tribunais em regularem a atividade, não só por seus entendimentos em julgados, mas principalmente pelas resoluções editadas pelo Tribunal Superior Eleitoral(TSE) e pelos Tribunais Regionais Eleitorais (TRE's).

No Processo Penal forma é garantia, e dentro do rito da ação penal eleitoral, é correto afirmar que das decisões finais de condenação ou

498 EDUARDO DOMPIERI

absolvição cabe recurso para o Tribunal Regional, a ser interposto no prazo de:

(A) 15 (quinze) dias.

(B) 5 (cinco) dias.

(C) 20 (vinte) dias.

(D) 3 (três) dias.

(E) 10 (dez) dias.

A solução desta questão deve ser extraída do art. 362 do Código Eleitoral, que assim dispõe: *das decisões finais de condenação ou absolvição cabe recurso para o Tribunal Regional, a ser interposto no prazo de 10 (dez) dias.*

Gabarito "E".

Hans Staden é um famoso colecionador e vendedor de artigos raros de antiguidade, em especial obras de arte da região Bávara da Alemanha. Para comemorar suas recentes aquisições, fez uma exposição na cidade de seus avós, uns dos primeiros colonos alemães no Brasil, Sontag Martins, na serra capixaba. Lá pode vender algumas dessas obras, todavia, em especial pelo clima de festividades, não deu seguimento ao seu procedimento de venda com o devido cadastramento dos compradores e demais detalhes próprios das obrigações e responsabilidades dispostas no art. 10 da Lei 9.613/98.

Ao passar dos dias, ainda com sua consciência pesada por não cumprir o procedimento padrão, pensa em viajar pela Europa e evitar o desdobramento de qualquer Ação Penal que se inicie, pois crê que "se não for achado, qualquer processo ficará suspenso aguardando minha volta".

(Delegado/ES – 2019 – Instituto Acesso) Nessa situação hipotética, sobre a disciplina imposta pela Lei 9.613/98 e as garantias processuais, está correto afirmar que caso Hans Staden não comparecesse ou não constituísse advogado:

(A) seria citado por edital e o feito seria continuado até o julgamento, sendo um defensor dativo nomeado para a defesa técnica.

(B) tal motivo, de acordo com a Lei 9.613/98, seria o suficiente para a sua condução coercitiva.

(C) seria citado por edital e o feito seria suspenso assim como o curso do prazo prescricional.

(D) tal motivo, de acordo com a Lei 9.613/98, seria o suficiente para a decretação de sua prisão preventiva.

(E) tal motivo, de acordo com a Lei 9.613/98, seria o suficiente para a decretação de sua prisão temporária.

A: correta. Embora a redação do art. 2º, § 2º, da Lei 9.613/1998 tenha sido modificada por força da Lei 12.683/2012, permanece a impossibilidade de aplicar-se, aos crimes de lavagem de dinheiro, o art. 366 do CPP, devendo o processo, por isso, seguir a sua marcha com a nomeação de defensor dativo, ao qual incumbirá a promoção da defesa técnica; **B:** incorreta. Segundo estabelece o art. 260, *caput*, do CPP, incumbe ao juiz, em face do não comparecimento do acusado, devidamente intimado, ao interrogatório, providenciar para que este seja conduzido coercitivamente à sua presença. Sucede que, ao enfrentar esta questão, o Plenário do STF, em julgamento realizado no dia 14 de junho de 2018, por maioria de votos, declarou que a condução coercitiva de réu/investigado para interrogatório, a que faz referência o art. 260 do CPP, não foi recepcionada pela CF/88. A decisão foi tomada no julgamento das ADPFs 395 e 444, ajuizadas, respectivamente, pelo PT e pela OAB. Segundo a maioria dos ministros, a condução coercitiva representa restrição à liberdade de locomoção e viola a presunção de inocência, sendo, portanto, incompatível com a Constituição Federal. Explica Aury Lopes Jr., ao se referir à condução coercitiva prevista no art. 260 do CPP, que, *além de completamente absurda no nível de evolução democrática alcançado, é substancialmente inconstitucional, por violar as garantias da presunção de inocência e do direito de silêncio* (*Direito Processual Penal*, 9ª ed, p. 1308). Com o advento da Lei 13.869/2019, que revogou a Lei 4.898/1965 (antiga Lei de Abuso de Autoridade), passa a configurar crime de abuso de autoridade a conduta do agente que decreta a condução coercitiva de testemunha ou investigado manifestamente descabida ou sem prévia intimação de comparecimento ao juízo; **C:** incorreta (vide comentário à assertiva "A"); **D:** incorreta, já que para decretar a prisão preventiva é necessário que se faça presente um dos fundamentos do art. 312 do CPP; **E:** incorreta. Não cabe, nos crimes de lavagem de capitais, a decretação da prisão temporária (art. 1º, III, da Lei 7.960/1989).

Gabarito "A".

(Delegado/MT – 2017 – CESPE) Acerca dos procedimentos e pressupostos legais da interceptação telefônica, assinale a opção correta.

(A) É possível a interceptação telefônica em investigação criminal destinada a apuração de delito de ameaça ocorrido em âmbito doméstico e abrangido pela Lei Maria da Penha.

(B) Pode o juiz, excepcionalmente, admitir o pedido de interceptação telefônica feito pela autoridade policial de forma verbal, condicionada a sua concessão à redução do pedido a termo.

(C) No curso das investigações e no decorrer da instrução criminal, a interceptação telefônica poderá ser determinada de ofício pelo juiz.

(D) Decisão judicial que indefira pedido de interceptação telefônica formulado por autoridade policial será irrecorrível; aquela decisão que indeferir requerimento formulado pelo MP poderá ser impugnada por recurso em sentido estrito.

(E) A interceptação telefônica inicialmente realizada sem autorização judicial poderá, mediante consentimento dos interlocutores, ser validada posteriormente pelo juiz da causa.

A: incorreta, na medida em que o crime de ameaça prevê pena de *detenção*, e o art. 2º, III, da Lei 9.296/1996 somente admite a interceptação telefônica se o fato constituir infração penal punida com *reclusão*; **B:** correta, pois reflete a regra disposta no art. 4º, § 1º, da Lei 9.296/1996; **C:** incorreta. Em razão da adoção do sistema acusatório, o juiz somente poderá determinar, de ofício, a interceptação telefônica no curso da ação penal; durante as investigações do inquérito, somente por meio de representação da autoridade policial ou a requerimento do MP (art. 3º da Lei 9.296/1996); **D:** incorreta: hipótese não prevista no art. 581 do CPP, que estabelece em que casos pode ser manejado o recurso em sentido estrito; **E:** incorreta. Ainda que haja a posterior anuência dos interlocutores, mesmo assim a interceptação sem autorização judicial será considerada prova ilícita. Nesse sentido: "Na hipótese, embora as gravações tenham sido implementadas pelo esposo da cliente do paciente com a intenção de provar a sua inocência, é certo que não obteve a indispensável prévia autorização judicial, razão pela qual se tem como configurada a interceptação de comunicação telefônica ilegal. 4. O fato da esposa do autor das interceptações - que era uma interlocutora dos diálogos gravados de forma clandestina - ter consentido posteriormente com a divulgação dos seus conteúdos não tem o condão de legitimar o ato, pois no momento da gravação não tinha ciência do artifício que foi implementado pelo seu marido, não se podendo afirmar, portanto, que, caso soubesse, manteria tais conversas com o seu advogado pelo telefone interceptado. 5. Aplicação da norma contida no artigo 157, *caput*, do Código de Processo Penal, com a redação que lhe foi dada pela Lei n. 11.690/08. 6. *Habeas corpus* não conhecido. Ordem concedida de ofício para declarar a nulidade das escutas telefônicas realizadas em detrimento do paciente, determinando-se o seu desentranhamento dos autos" (HC 161.053/SP, Rel. Ministro Jorge Mussi, Quinta Turma, julgado em 27/11/2012, DJe 03/12/2012). ED

Gabarito "B".

(Delegado/GO – 2017 – CESPE) Vantuir e Lúcio cometeram, em momentos distintos e sem associação, crimes previstos na Lei de Drogas (Lei n. 11.343/2006). No momento da ação, Vantuir, em razão de dependência química e de estar sob influência de entorpecentes, era inteiramente incapaz de entender o caráter ilícito do fato. Lúcio, ao agir, estava sob efeito de droga, proveniente de caso fortuito, sendo também incapaz de entender o caráter ilícito do fato.

Nessas situações hipotéticas, qualquer que tenha sido a infração penal praticada,

(A) Vantuir terá direito à redução de pena de um a dois terços e Lúcio será isento de pena.

(B) somente Vantuir será isento de pena.

(C) Lúcio e Vantuir serão isentos de pena.

(D) somente Lúcio terá direito à redução de pena de um a dois terços.

(E) Lúcio e Vantuir terão direito à redução de pena de um a dois terços.

A solução desta questão deve ser extraída do art. 45, *caput*, da Lei 11.343/2006, a seguir transcrito: "É isento de pena o agente que, em razão da dependência, ou sob o efeito, proveniente de caso fortuito ou força maior, de droga, era, ao tempo da ação ou da omissão, qualquer que tenha sido a infração penal praticada, inteiramente incapaz de entender o caráter ilícito do fato ou de determinar-se de acordo com esse entendimento". ED

Gabarito "C".

(Delegado/GO – 2017 – CESPE) Júlio, durante discussão familiar com sua mulher no local onde ambos residem, sem justo motivo, agrediu-a, causando-lhe lesão corporal leve.

3. DIREITO PROCESSUAL PENAL — 499

Nessa situação hipotética, conforme a Lei n. 11.340/2006 e o entendimento do STJ,

(A) a ofendida poderá renunciar à representação, desde que o faça perante o juiz.

(B) a ação penal proposta pelo Ministério Público será pública incondicionada.

(C) a autoridade policial, independentemente de haver necessidade, deverá acompanhar a vítima para assegurar a retirada de seus pertences do domicílio familiar.

(D) Júlio poderá ser beneficiado com a suspensão condicional do processo, se presentes todos os requisitos que autorizam o referido ato.

(E) Júlio poderá receber proposta de transação penal do Ministério Público, se houver anuência da vítima.

A: incorreta. Não há que se falar em representação, já que a ação penal, neste caso, é pública incondicionada; **B:** correta. O STF, no julgamento da ADIn n. 4.424, de 09.02.2012, estabeleceu a natureza *incondicionada* da ação penal nos crimes de lesão corporal, independente de sua extensão, praticados contra a mulher no ambiente doméstico. Tal entendimento encontra-se consagrado na Súmula 542, do STJ; **C:** incorreta, uma vez que tal providência somente será adotada se se revelar necessária (art. 11, IV, da Lei 11.340/2006); **D e E:** incorretas, dado que o art. 41 da Lei Maria da Penha, cuja constitucionalidade foi reconhecida pelo STF (ADC 19, de 09.02.2012), veda a aplicação, no âmbito dos crimes praticados com violência doméstica e familiar contra a mulher, das medidas despenalizadoras contempladas na Lei 9.099/1995, entre as quais a suspensão condicional do processo e a transação penal. Consolidando tal entendimento, editou-se a Súmula 536 do STJ: "A suspensão condicional do processo e a transação penal não se aplicam na hipótese de delitos sujeitos ao rito da Lei Maria da Penha". **ED**
Gabarito "B".

(Delegado/GO – 2017 – CESPE) O líder de determinada organização criminosa foi preso e, no curso do inquérito policial, se prontificou a contribuir para coleta de provas mediante a prestação de colaboração com o objetivo de, oportunamente, ser premiado por tal conduta.

Nessa situação hipotética, conforme a Lei n. 12.850/2013, que dispõe sobre o instituto da colaboração premiada,

(A) o Ministério Público poderá deixar de oferecer denúncia contra o colaborador.

(B) o prazo para o oferecimento de denúncia contra o colaborador poderá ser suspenso pelo prazo máximo de seis meses.

(C) o delegado de polícia, nos autos do inquérito policial e com a manifestação do Ministério Público, poderá requerer ao juiz a concessão de perdão judicial.

(D) será obrigatória a participação de um juiz nas negociações entre as partes para a formalização de acordo de colaboração.

(E) será vedado ao juiz recusar a homologação da proposta de colaboração.

A proposição considerada como correta ("C"), pela banca, está, na verdade, errada, tal como reconhecido pela organizadora. Analisemos cada alternativa. **A:** incorreta, na medida em que somente seria dado ao MP deixar de ofertar denúncia em face do colaborador se este não for líder da organização criminosa (art. 4º, § 4º, I, da Lei 12.850/2013). Segundo consta do enunciado, o candidato a colaborador é o líder da organização criminosa da qual faz parte; **B:** incorreta, já que o interregno de suspensão, que é de 6 meses, poderá ser prorrogado por igual período. É o que estabelece o art. 4º, § 3º, da Lei 12.850/2013; **C:** incorreta. Isso porque é vedado, ante o que estabelece o art. 4º, § 4º, I, da Lei 12.850/2013, a concessão de perdão judicial ao líder da organização criminosa; **D:** incorreta. É vedada a participação do magistrado nas negociações realizadas entre as partes para a formalização do acordo (art. 4º, § 6º, da Lei 12.850/2013), cabendo-lhe tão somente analisar o acordo sob a ótica formal, homologando-o, se o caso (art. 4º, § 7º, da Lei 12.850/2013, com redação alterada pela Lei 13.964/2019); **E:** incorreta. Se não estiverem preenchidos os requisitos formais do acordo (regularidade, legalidade e voluntariedade), poderá o juiz recusar a sua homologação (art. 4º, § 8º, da Lei 12.850/2013, com redação alterada pela Lei 13.964/2019). **ED**
Gabarito: Anulada

(Delegado/BA – 2016.2 – Inaz do Pará) É correto afirmar sobre Interceptação Telefônica:

(A) É a conduta de um terceiro, estranho à conversa, que se intromete e capta a conversação dos interlocutores, sem o conhecimento de qualquer deles.

(B) Ocorre quando um terceiro, com o conhecimento de um dos interlocutores, intercepta a conversa alheia.

(C) Legalmente é possível fazer uma Interceptação Telefônica sem autorização Judicial.

(D) Interceptação Telefônica e Escuta Telefônica é a mesma coisa.

(E) NRA.

A interceptação das comunicações telefônicas dependerá sempre de ordem do juiz competente, na forma estabelecida no art. 1º, *caput*, da Lei 9.296/1996. Por *interceptação telefônica* deve-se entender o ato consistente em intrometer-se, imiscuir-se em conversa alheia. Pressupõe, portanto, que um terceiro, que não faça parte do diálogo, "invada" conversa alheia e capte o seu conteúdo, sem que os interlocutores disso tenham conhecimento. A interceptação não deve ser confundida com a escuta, que é a captação da conversa feita por terceira pessoa, mas com o conhecimento de um dos interlocutores. Já a gravação telefônica é aquela realizada por um dos interlocutores sem o conhecimento do outro. A Lei 9.296/1996 disciplina tão somente a interceptação telefônica. Quanto a esse tema, o julgado a seguir transcrito é esclarecedor: "Direito processual penal. Interceptação telefônica sem autorização judicial. Vício insanável. Não é válida a interceptação telefônica realizada sem prévia autorização judicial, ainda que haja posterior consentimento de um dos interlocutores para ser tratada como escuta telefônica e utilizada como prova em processo penal. A interceptação telefônica é a captação de conversa feita por um terceiro, sem o conhecimento dos interlocutores, que depende de ordem judicial, nos termos do inciso XII do artigo 5º da CF, regulamentado pela Lei 9.296/1996. A ausência de autorização judicial para captação da conversa macula a validade do material como prova para processo penal. A escuta telefônica é a captação de conversa feita por um terceiro, com o conhecimento de apenas um dos interlocutores. A gravação telefônica é feita por um dos interlocutores do diálogo, sem o consentimento ou a ciência do outro. A escuta e a gravação telefônicas, por não constituírem interceptação telefônica em sentido estrito, não estão sujeitas à Lei 9.296/1996, podendo ser utilizadas, a depender do caso concreto, como prova no processo. O fato de um dos interlocutores dos diálogos gravados de forma clandestina ter consentido posteriormente com a divulgação dos seus conteúdos não tem o condão de legitimar o ato, pois no momento da gravação não tinha ciência do artifício que foi implementado pelo responsável pela interceptação, não se podendo afirmar, portanto, que, caso soubesse, manteria tais conversas pelo telefone interceptado. Não existindo prévia autorização judicial, tampouco configurada a hipótese de gravação de comunicação telefônica, já que nenhum dos interlocutores tinha ciência de tal artifício no momento dos diálogos interceptados, se faz imperiosa a declaração de nulidade da prova, para que não surta efeitos na ação penal." (STJ, HC 161.053-SP, rel. Min. Jorge Mussi, j. 27.11.2012). **ED**
Gabarito: "A".

(Delegado/DF – 2015 – Fundação Universa) Gustavo constrangeu, mediante grave ameaça, um colega de trabalho a agir de maneira vexatória.

Com base nessa situação hipotética e na Lei 9.099/1995, que dispõe sobre os juizados especiais criminais, assinale a alternativa correta.

(A) Se Gustavo descumprir transação penal, o Ministério Público estará autorizado a denunciá-lo, independentemente de representação da vítima.

(B) O crime de constrangimento ilegal, praticado por Gustavo, não se submete à lei dos juizados especiais criminais por não ser considerado de menor potencial ofensivo.

(C) A autoridade policial que tomar conhecimento da ocorrência poderá optar entre lavrar termo circunstanciado ou instaurar o competente inquérito policial.

(D) Caso Gustavo, após o procedimento adotado pela autoridade policial, seja imediatamente encaminhado ao juizado ou assuma o compromisso de a este comparecer, a ele não se imporá prisão em flagrante, mas a autoridade policial poderá exigir-lhe fiança.

(E) Se Gustavo, após o procedimento adotado pela autoridade policial, for imediatamente encaminhado ao juizado ou assumir o compromisso de a este comparecer, a ele será imposta prisão em flagrante.

A: correta. A conduta de Gustavo se amolda, em princípio, à descrição típica do crime de constrangimento ilegal, capitulado no art. 146 do CP, já que, valendo-se de ameaça, constrangeu seu colega de trabalho a agir de maneira vexatória. Por se tratar de infração penal de menor potencial ofensivo (a pena máxima cominada é de 1 ano), sujeita, portanto, ao procedimento sumaríssimo previsto na Lei 9.099/1995 (Juizados Especiais) e cuja ação penal é pública incondicionada, uma vez descumprida a transação penal, o MP estará credenciado a oferecer denúncia, prescindindo, para tanto, de representação do ofendido (arts. 76 e 77 da Lei 9.099/1995). Oportuno o registro de que não há consenso na doutrina nem na jurisprudência quanto às consequências do não cumprimento da transação penal. Há quem entenda que o seu descumprimento não pode levar ao oferecimento da denúncia. O Pleno do STF decidiu que, neste caso, cabe, sim, o oferecimento de denúncia (RE 602.072 QO-RG, rel. Min. Cezar Peluso, 19.11.2009), entendimento consagrado por meio

500 EDUARDO DOMPIERI

da Súmula Vinculante 35; **B:** incorreta. Trata-se, sim, como já afirmado acima, de infração penal de menor potencial ofensivo (art. 61, Lei 9.099/1995); **C:** incorreta. Por se tratar de infração penal de menor potencial ofensivo, incumbe ao delegado de polícia que tomar conhecimento da ocorrência proceder à lavratura de termo circunstanciado, que será encaminhado ao Juizado (art. 69 da Lei 9.099/1995). A instauração de inquérito policial, neste caso, é, em tese, vedada. Tal somente será possível se a complexidade do fato impuser a necessidade de apuração mais acurada; ou ainda diante da não localização do autor ou da vítima; enfim, quando se fizer necessária a colheita de outras provas. Não se trata, portanto, de mera faculdade da autoridade policial; **D:** incorreta. Nesta hipótese, não terão lugar tanto a prisão em flagrante quanto a imposição de fiança (art. 69, parágrafo único, Lei 9.099/1995); **E:** incorreta. *Vide* comentário à alternativa "D". **ED**

Gabarito "A".

(Delegado/DF – 2015 – Fundação Universa) A respeito do tráfico ilícito de drogas e do uso indevido de substância entorpecente, assinale a alternativa correta à luz da lei que rege a matéria.

(A) A lavratura do auto de prisão em flagrante do autor de crime de tráfico e o estabelecimento da materialidade do delito prescindem de laudo de constatação da natureza e da quantidade da droga.

(B) É cabível a prisão em flagrante do usuário de substância entorpecente, havendo, ou não, concurso de crime com o delito de tráfico ilícito de entorpecentes.

(C) É vedado à autoridade policial, ao encerrar inquérito relativo a crime de tráfico, indicar a quantidade e a natureza da substância ou do produto apreendido.

(D) O inquérito policial relativo ao crime de tráfico de substância entorpecente será concluído no prazo de trinta dias se o indiciado estiver preso e, no de noventa dias, se estiver solto.

(E) A destruição das drogas apreendidas somente poderá ser executada pelo juiz de direito ou pela pessoa indicada pelo respectivo tribunal, vedando-se tal conduta ao delegado de polícia.

A: incorreta, pois não reflete a regra presente no art. 50, § 1º, da Lei 11.343/2006; **B:** incorreta, pois em desacordo com o que estabelece o art. 48, § 2º, da Lei 11.343/2006; **C:** incorreta, pois não reflete o disposto no art. 52, I, da Lei 11.343/2006; **D:** correta, pois em conformidade com a regra contida no art. 51 da Lei 11.343/2006; **E:** incorreta (art. 50, § 4º, da Lei 11.343/2006, acrescentado pela Lei 12.961/2014). **ED**

Gabarito "D".

(Delegado/DF – 2015 – Fundação Universa) À luz da legislação especial de direito processual penal, assinale a alternativa correta.

(A) A lei que dispõe sobre os crimes hediondos não prevê a possibilidade de aplicação da delação premiada, embora a jurisprudência dos tribunais superiores venha admitindo tal possibilidade.

(B) Não se admite, em relação às infrações penais previstas no Código de Defesa do Consumidor, a concessão de fiança pela autoridade policial que preside o respectivo inquérito.

(C) Tratando-se de infrações penais de repercussão interestadual ou internacional que exijam repressão uniforme, poderá o departamento de polícia federal do Ministério da Justiça, com prejuízo da responsabilidade dos órgãos de segurança pública, em especial das polícias militares e civis dos estados, proceder à investigação das infrações penais arroladas taxativamente pelo legislador.

(D) À imputação da prática de ato infracional a adolescente não se aplica o princípio do devido processo legal, pertinente ao processo penal comum relacionado à pratica de infração penal – crime ou contravenção.

(E) No processo por crime conhecido como "lavagem de dinheiro", não se aplica o disposto no art. 366 do CPP, devendo o acusado que não comparecer nem constituir advogado ser citado por edital, prosseguindo o feito, até o julgamento, com a nomeação de defensor dativo.

A: incorreta (art. 8º, parágrafo único, da Lei 8.072/1990); **B:** incorreta (art. 79 da Lei 8.078/1990); **C:** incorreta, já que não corresponde ao que estabelece o art. 1º, *caput*, da Lei 10.446/2002: "(...) poderá o Departamento de Polícia Federal do Ministério da Justiça, *sem* prejuízo da responsabilidade..." (GN); **D:** incorreta, já que as garantias do processo penal têm incidência, sim, no âmbito do processo de apuração de ato infracional atribuído a adolescente; **E:** assertiva correta. Embora a redação do art. 2º, § 2º, da Lei 9.613/1998 tenha sido modificada por força da Lei 12.683/2012, permanece a impossibilidade de aplicar-se, aos crimes de lavagem de dinheiro, o art. 366 do CPP, devendo o processo, por isso, seguir a sua marcha com a nomeação de defensor dativo. **ED**

Gabarito "E".

(Delegado/BA – 2013 – CESPE) Um delegado de polícia, tendo recebido denúncia anônima de que Mílton estaria abusando sexualmente de sua própria filha, requereu, antes mesmo de colher provas acerca da informação recebida, a juiz da vara criminal competente a interceptação das comunicações telefônicas de Mílton pelo prazo de quinze dias, sucessivamente prorrogado durante os quarenta e cinco dias de investigação.

Kátia, ex-mulher de Mílton, contratou o advogado Caio para acompanhar o inquérito policial instaurado. Mílton, então, ainda no curso da investigação, resolveu interceptar, diretamente e sem o conhecimento de Caio e Kátia, as ligações telefônicas entre eles, tendo tomado conhecimento, devido às interceptações, de que o advogado cometeria o crime de tráfico de influência. Em razão disso, Mílton procurou Kátia e solicitou que ela concordasse com a divulgação do conteúdo das gravações telefônicas, ao que Kátia anuiu expressamente. Mílton, então, apresentou ao delegado o conteúdo das gravações, que foram utilizadas para subsidiar ação penal iniciada pelo MP contra Caio, pela prática do crime de tráfico de influência.

Com base nessa situação hipotética, julgue os itens seguintes, a respeito das interceptações telefônicas.

(1) O fato de Kátia – que era interlocutora dos diálogos gravados – ter consentido posteriormente com a divulgação do conteúdo das gravações não legitima o ato nem justifica sua utilização como prova.

(2) O delegado de polícia não poderia ter determinado a instauração de inquérito policial exclusivamente com base na denúncia anônima recebida.

(3) A interceptação telefônica solicitada pelo delegado de polícia e autorizada judicialmente é nula, haja vista ter sido sucessivamente prorrogada pelo magistrado por prazo superior a trinta dias, o que contraria a previsão legal de que o prazo da interceptação telefônica não pode exceder quinze dias, renovável uma vez por igual período.

(4) A interceptação telefônica realizada por Mílton é ilegal, porquanto desprovida da necessária autorização judicial.

1: correta. Com efeito, o fato de Kátia, interlocutora da conversa interceptada por Mílton, aquiescer na divulgação dos diálogos gravados é irrelevante. De uma forma ou de outra, a interceptação promovida por Mílton não poderá ser utilizada como prova no processo em que Caio, também interlocutor, é acusado pela prática do crime de tráfico de influência. De ser ver, ainda, que, com a sua conduta, Mílton incorreu nas penas do crime previsto no art. 10 da Lei 9.296/1996 (com redação alterada pela Lei 13.869/2019). Conferir a seguinte ementa, na qual o examinar, ao que parece, se baseou para a elaboração desta assertiva: "(...) TRÁFICO DE INFLUÊNCIA (ARTIGO 332 DO CÓDIGO PENAL). GRAVAÇÃO DE CONVERSA TELEFÔNICA ENTRE O PACIENTE, ADVOGADO, E SUA CLIENTE EFETUADA POR TERCEIRO. AUSÊNCIA DE PRÉVIA AUTORIZAÇÃO JUDICIAL. SIGILO VIOLADO. ILICITUDE DA PROVA. CONSTRANGIMENTO ILEGAL CARACTERIZADO. 1. A interceptação telefônica é a captação de conversa feita por um terceiro, sem o conhecimento dos interlocutores, que depende de ordem judicial, nos termos do inciso XII do artigo 5º da Constituição Federal. 2. A escuta é a captação de conversa telefônica feita por um terceiro, com o conhecimento de apenas um dos interlocutores, ao passo que a gravação telefônica é feita por um dos interlocutores do diálogo, sem o consentimento ou a ciência do outro. 3. Na hipótese, embora as gravações tenham sido implementadas pelo esposo da cliente do paciente com a intenção de provar a sua inocência, é certo que não obteve a indispensável prévia autorização judicial, razão pela qual se tem como configurada a interceptação de comunicação telefônica ilegal. 4. O fato da esposa do autor das interceptações – que era uma interlocutora dos diálogos gravados de forma clandestina – ter consentido posteriormente com a divulgação dos seus conteúdos não tem o condão de legitimar o ato, pois no momento da gravação não tinha ciência do artifício que foi implementado pelo seu marido, não se podendo afirmar, portanto, que, caso soubesse, manteria tais conversas com o seu advogado pelo telefone interceptado." (HC 161053/SP, Quinta Turma, rel. Min. Jorge Mussi, j. 27/11/2012, DJe 03/12/2012); **2:** correta. A jurisprudência dos tribunais superiores firmou entendimento no sentido de que somente é possível a instauração de procedimento investigativo com base em denúncia anônima se esta vier acompanhada de outros elementos. É correto afirmar-se, portanto, que é vedado à autoridade policial proceder a inquérito com base somente em denúncia anônima. Deverá o delegado, em casos assim, antes de instaurar inquérito, fazer um levantamento da informação que a ele chegou, a fim de verificar a sua procedência. Nesse sentido: "*A autoridade policial, ao receber uma denúncia anônima, deve antes realizar diligências preliminares para averiguar se os fatos narrados nessa 'denúncia' são materialmente verdadeiros, para, só então, iniciar as investigações*" (HC 95.244, 1ª T., rel. Min. Dias Toffoli, DJE 29.04.2010); **3:** incorreta. Não poderá a interceptação ser considerada nula

3. DIREITO PROCESSUAL PENAL

501

somente pelo fato de ter sido prorrogada por mais de uma oportunidade. É que a jurisprudência sedimentou entendimento no sentido de que o prazo de quinze dias poderá ser prorrogado quantas vezes for necessário para a apuração do fato sob investigação. Conferir: "INTERCEPTAÇÃO TELEFÔNICA. DURAÇÃO. Nos autos, devido à complexidade da organização criminosa, com muitos agentes envolvidos, demonstra-se, em princípio, a necessidade dos diversos pedidos para prorrogação das interceptações telefônicas. Tal fato, segundo o Min. Relator, não caracteriza nulidade, uma vez que não consta da Lei n. 9.296/1996 que a autorização para interceptação telefônica possa ser prorrogada uma única vez; o que exige a lei é a demonstração da sua necessidade. De igual modo, assevera que a duração da interceptação telefônica deve ser proporcional à investigação efetuada. No caso dos autos, o prolongamento das escutas ficou inteiramente justificado porquanto necessário à investigação. Com esse entendimento, a Turma ao prosseguir o julgamento, denegou a ordem, pois não há o alegado constrangimento ilegal descrito na inicial. Precedentes citados: HC 13.274-RS, DJ 4/9/2000, e HC 110.644-RJ, DJe 18/5/2009. HC 133.037-GO, Rel. Min. Celso Limongi (Desembargador convocado do TJ-SP), julgado em 2/3/2010. (Inform. STJ 425)"; **4**: correta, pois em conformidade com a disciplina estabelecida no art. 3º da Lei 9.296/1996, que confere ao magistrado – e somente a ele – a atribuição para determinar a interceptação de comunicação telefônica, o que poderá ser dar de ofício ou ainda a requerimento do MP ou mediante representação da autoridade policial. **ED**

Gabarito 1C, 2C, 3E, 4C

(Delegado/BA – 2013 – CESPE) Determinado policial militar efetuou a prisão em flagrante de Luciano e o conduziu à delegacia de polícia. Lá, com o objetivo de fazer Luciano confessar a prática dos atos que ensejaram sua prisão, o policial responsável por seu interrogatório cobriu sua cabeça com um saco plástico e amarrou-o no seu pescoço, asfixiando-o. Como Luciano não confessou, o policial deixou-o trancado na sala de interrogatório durante várias horas, pendurado de cabeça para baixo, no escuro, período em que lhe dizia que, se ele não confessasse, seria morto. O delegado de polícia, ciente do que ocorria na sala de interrogatório, manteve-se inerte. Em depoimento posterior, Luciano afirmou que a conduta do policial lhe provocara intenso sofrimento físico e mental.

Considerando a situação hipotética acima e o disposto na Lei Federal n.º 9.455/1997, julgue os itens subsequentes.

(1) O delegado não pode ser considerado coautor ou partícipe da conduta do policial, pois o crime de tortura somente pode ser praticado de forma comissiva.

(2) Para a comprovação da materialidade da conduta do policial, é imprescindível a realização de exame de corpo de delito que confirme as agressões sofridas por Luciano.

1: incorreta. É inconteste que a conduta do policial responsável pelo interrogatório de Luciano se enquadra no art. 1º, I, a, da Lei 9.455/1997 (Lei de Tortura), uma vez que constrangeu a vítima, fazendo uso de violência e grave ameaça que lhe causaram sofrimento físico e mental, com o propósito de obter confissão do crime a ele imputado e pelo qual foi preso em flagrante. Dito isso, resta analisar a conduta do delegado de polícia, que, ciente de tudo que se passava com Luciano, nada fez. Pela sua conduta omissiva, deverá ser responsabilizado como incurso nas penas do art. 1º, § 2º, da Lei 9.455/1997, que pune (de forma mais branda, é verdade) o agente que, tendo o dever de intervir, nada faz para evitar a prática de tortura; **2**: incorreta. É fato que, sendo a tortura física e havendo vestígios da sua ocorrência, é de rigor o exame de corpo de delito, nos termos do art. 158 do CPP. Agora, se se tratar de tortura psicológica, que, em regra, não produz vestígios, não há por que proceder-se a exame de corpo de delito, sendo a prova da materialidade produzida por outros meios (testemunha, por exemplo). No caso narrado no enunciado, a comprovação da existência do crime não está condicionada à realização de exame de corpo de delito, tendo em vista que a Luciano foi impingido, além de sofrimento físico, também sofrimento psicológico, o que, por si só, já configura o crime em questão. De mais a mais, nem sempre o sofrimento físico deixa vestígios. **ED**

Gabarito 1E, 2E

(Delegado Federal – 2013 – CESPE) Julgue os itens seguintes com base na Lei n.º 11.343/2006.

(1) A autoridade de polícia judiciária deve comunicar ao juiz competente a prisão em flagrante no prazo improrrogável de cinco dias, remetendo-lhe cópia do auto lavrado, do qual será dada vista ao MP em até vinte e quatro horas.

(2) Conforme entendimento pacificado do STJ, a eventual ilegalidade da prisão cautelar por excesso de prazo para conclusão da instrução criminal deve ser analisada à luz do princípio da razoabilidade, sendo permitida ao juízo, em hipóteses excepcionais, a extrapolação dos prazos previstos na lei processual penal.

(3) O crime de tráfico de drogas é inafiançável e o acusado desse crime, insuscetível de *sursis*, graça, indulto ou anistia, não podendo as penas a que eventualmente seja condenado ser convertidas em penas restritivas de direitos.

(4) É legal a manutenção da custódia cautelar sob o único fundamento da vedação da liberdade provisória a acusados de delito de tráfico de drogas, consoante a jurisprudência STF.

1: incorreta. Isso porque o art. 50, *caput*, da Lei 11.343/2006, de forma idêntica ao art. 306 do CPP, estabelece que a prisão em flagrante será comunicada de imediato ao juiz competente, com o encaminhamento do respectivo auto; **2**: correta. Nessa esteira, conferir: "RECURSO ORDINÁRIO EM *HABEAS CORPUS*. PROCESSUAL PENAL. CRIMES DE FORMAÇÃO DA QUADRILHA ARMADA E COMÉRCIO ILEGAL DE ARMA DE FOGO. PRISÃO PREVENTIVA. GARANTIA DA ORDEM PÚBLICA. NECESSIDADE DE INTERRUPÇÃO DA ATIVIDADE CRIMINOSA. FUNDAMENTAÇÃO SUFICIENTE. EXCESSO DE PRAZO PARA A FORMAÇÃO DA CULPA. INOCORRÊNCIA. FEITO COMPLEXO (23 ACUSADOS). CONDIÇÕES PESSOAIS FAVORÁVEIS. IRRELEVÂNCIA. RECURSO DESPROVIDO. 1. Interceptações telefônicas, judicialmente autorizadas, indicaram a existência de uma organização criminosa responsável pela prática de diversos crimes, dentre eles, tráfico ilícito de drogas, homicídios, crimes contra o patrimônio, tráfico de armas de fogo e munições e formação de quadrilha. Em tese, o Recorrente faria parte desse grupo e comercializava ilegalmente armas e munições com a quadrilha. Tais circunstâncias evidenciam a pertinência da manutenção da constrição cautelar em foco, como forma de garantir a ordem pública, dado que necessária a interrupção das atividades criminosas, em parte, fomentadas pelos armamentos fornecidos pelo Custodiado. 2. Perfeitamente aplicável, na espécie, o entendimento de que "[a] necessidade de se interromper ou diminuir a atuação de integrantes de organização criminosa enquadra-se no conceito de garantia da ordem pública, constituindo fundamentação cautelar idônea e suficiente para a prisão preventiva" (STF – HC 95.024/SP, 1.ª Turma, Rel. Min. CÁRMEN LÚCIA, DJe de 20/02/2009). 3. Os prazos indicados para a conclusão da instrução criminal servem apenas como parâmetro geral, pois variam conforme as peculiaridades de cada processo, razão pela qual a jurisprudência os tem mitigado, à luz do Princípio da Razoabilidade. A complexidade da causa em apreço (com 23 denunciados) e a necessidade de investigações de fatos ocorridos em duas Comarcas (Vitória de Santo Antão e Olinda) autorizam um certo prolongamento da instrução criminal. 4. As condições pessoais favoráveis, tais como primariedade, bons antecedentes, ocupação lícita e residência fixa, não têm o condão de, por si sós, desconstituir a custódia antecipada, caso estejam presentes outros requisitos de ordem objetiva e subjetiva que autorizem a decretação da medida extrema" (RHC 201301681245, Laurita Vaz, Quinta Turma, DJE DE 23.08.2013); **3**: incorreta. A substituição da pena privativa de liberdade por restritiva de direitos era vedada, a teor do art. 33, § 4º, da Lei de Drogas, para o crime de tráfico. Sucede que o STF, no julgamento do HC 97.256/RS, declarou, incidentalmente, a inconstitucionalidade dessa vedação. Posteriormente, o Senado Federal, por meio da Resolução nº 5/2012, suspendeu a execução da expressão "vedada a conversão em penas restritivas de direito", presente no art. 33, § 4º, da Lei 11.343/2006. Portanto, nada impede, atualmente, que o juiz autorize a substituição da pena privativa de liberdade por restritiva de direitos no crime de tráfico. De resto, a alternativa está correta, pois corresponde ao que estabelece o art. 44, *caput*, da Lei 11.343/2006; **4**: incorreta. O Pleno do STF, em controle difuso, reconheceu a inconstitucionalidade da parte do art. 44 da Lei de Drogas que proibia a concessão de liberdade provisória nos crimes de tráfico (HC 104.339/SP, Pleno, rel. Min. Gilmar Mendes, 10.05.2012). **ED**

Gabarito 1E, 2C, 3E, 4E

(Delegado Federal – 2013 – CESPE) No que se refere aos crimes de lavagem de dinheiro, julgue os itens subsecutivos com base no direito processual penal.

(1) Compete à justiça federal processar e julgar os acusados da prática de crimes de lavagem de dinheiro, uma vez que a repressão a esses crimes é imposta por tratado internacional.

(2) A simples existência de indícios da prática de um dos crimes que antecedem o delito de lavagem de dinheiro, conforme previsão legal, autoriza a instauração de inquérito policial para apurar a ocorrência do referido delito, não sendo necessária a prévia punição dos acusados do ilícito antecedente.

(3) Conforme a jurisprudência do STJ, não impede o prosseguimento da apuração de cometimento do crime de lavagem de dinheiro a extinção da punibilidade dos delitos antecedentes.

1: incorreta. A competência para o processamento e julgamento dos crimes de lavagem de dinheiro será da Justiça Federal nas hipóteses estabelecidas no art. 2º, III, da Lei de Lavagem de Capitais; nos demais casos, a competência será da Justiça Estadual; **2** e **3**: corretas, pois refletem o disposto no art. 2º, § 1º, da Lei 9.613/1998, cuja redação foi modificada pela Lei n. 12.683/2012. **ED**

Gabarito 1E, 2C, 3C

502 EDUARDO DOMPIERI

Fábio, delegado, tendo recebido denúncia anônima na qual seus subordinados eram acusados de participar de esquema criminoso relacionado ao tráfico ilícito de substâncias entorpecentes, instaurou, de imediato, inquérito policial e requereu a interceptação das comunicações telefônicas dos envolvidos, que, devidamente autorizada pela justiça estadual, foi executada pela polícia militar.

No decorrer das investigações, conduzidas a partir da interceptação das comunicações telefônicas, verificou-se que os indiciados contavam com a ajuda de integrantes das Forças Armadas para praticar os delitos, utilizando aviões da Aeronáutica para o envio da substância entorpecente para o exterior.

O inquérito passou a tramitar na justiça federal, que prorrogou, por diversas vezes, o período de interceptação. Com a denúncia na justiça federal, as informações colhidas na intercepção foram reproduzidas em CD-ROM, tendo sido apenas as conversas diretamente relacionadas aos fatos investigados transcritas nos autos.

(Delegado Federal – 2013 – CESPE) Acerca dessa situação hipotética e do procedimento relativo às interceptações telefônicas, julgue os itens de 1 a 4.

(1) Ao instaurar imediatamente inquérito policial e requerer as interceptações telefônicas para averiguar as acusações contra seus comandados, o delegado em questão agiu corretamente, em obediência ao princípio da moralidade administrativa.

(2) Apesar de a lei prever o prazo máximo de quinze dias para a interceptação telefônica, renovável por mais quinze, não há qualquer restrição ao número de prorrogações, desde que haja decisão fundamentando a dilatação do período.

(3) Segundo o entendimento do STF, é permitido, em caráter excepcional, à polícia militar, mediante autorização judicial e sob supervisão do MP, executar interceptações telefônicas, sobretudo quando houver suspeita de envolvimento de autoridades policiais civis nos delitos investigados, não sendo a execução dessa medida exclusiva da autoridade policial, visto que são autorizados, por lei, o emprego de serviços e a atuação de técnicos das concessionárias de serviços públicos de telefonia nas interceptações.

(4) Autorizadas por juízo absolutamente incompetente, as interceptações telefônicas conduzidas pela autoridade policial são ilegais, por violação ao princípio constitucional do devido processo legal.

1: incorreta, visto que o art. 2°, II, da Lei 9.296/1996 estabelece que somente se recorrerá à quebra de sigilo telefônico quando a prova não puder ser obtida por outros meios disponíveis. Em outras palavras, deveria o delegado, antes de formular pedido para a decretação da quebra de sigilo telefônico, promover investigações a fim de estabelecer materialidade e autoria do crime em questão, para, somente depois, se se concluísse que a prova não poderia ser produzida de outra forma, realizar a interceptação telefônica; **2:** correta. De fato, a jurisprudência sedimentou entendimento no sentido de que o prazo de quinze dias poderá ser prorrogado quantas vezes for necessário para a apuração do fato sob investigação. Conferir: STF, HC 83.515-RS, Pleno, rel. Min. Nelson Jobim, *DJ* 04.03.2005; **3:** correta (STF, HC 96.986-MG, 2ª T., rel. Min. Gilmar Mendes, 10.05.2012); **4:** incorreta. Segundo o STJ, "A declinação da competência não tem o condão de invalidar a interceptação telefônica autorizada por Juízo que inicialmente se acreditava ser competente" (HC 128.006, 5ª T., rel. Min. Napoleão Nunes Maia Filho, *DJe* de 12.04.2010). ED
Gabarito 1E; 2C; 3C; 4E

(Delegado/AC – 2008 – CESPE) Considerando o programa especial de proteção a vítimas e testemunhas ameaçadas e a legislação correlata e julgue os itens que se seguem.

(1) A solicitação para ingresso no programa mencionado não pode ser feita diretamente pela autoridade policial que conduz a investigação criminal, a qual deverá formular representação ao Ministério Público, que tem legitimidade para tanto.

(2) Em caso de urgência e considerando a procedência, a gravidade e a iminência da coação ou ameaça, a vítima ou testemunha poderá ser colocada provisoriamente sob a custódia de órgão policial, pelo órgão executor, no aguardo de decisão do conselho deliberativo, comunicando-se imediatamente o fato aos membros deste e ao Ministério Público.

1: incorreta. Prescreve o art. 5° da Lei 9.807/1999 que a solicitação que visa ao ingresso em programa de proteção a vítima e testemunha poderá

ser encaminhado ao órgão executor pelo interessado, pelo representante do MP, pela *autoridade policial* que conduz a investigação, pelo juiz competente e também por órgãos públicos e entidades com atribuições de defesa dos direitos humanos; **2:** alternativa em consonância com o que dispõe o art. 5°, § 3°, da Lei 9.807/1999. ED
Gabarito 1E; 2C

(Delegado/BA – 2008 – CEFETBAHIA) Um rapaz foi descoberto fumando um cigarro de maconha. Ao ser revistado por agentes policiais, encontraram em seu bolso um isqueiro, papel para confeccionar cigarro e mais dois gramas da droga. Conduzido à presença da autoridade competente, o delegado não lavrou o auto de prisão em flagrante.

Com base nesse caso, a autoridade policial deveria

(A) lavrar efetivamente o auto de prisão em flagrante e comunicar à autoridade judicial, após entregar a nota de culpa.

(B) lavrar o auto de prisão em flagrante, por se tratar de crime hediondo, não necessitando comunicá-lo ao juiz, mas somente à Defensoria Pública.

(C) lavrar o Termo Circunstanciado e, se o rapaz se comprometesse a comparecer ao Juizado Especial Criminal, liberá-lo de imediato.

(D) lavrar o Termo Circunstanciado e liberá-lo logo em seguida, ainda que ele não se comprometesse a comparecer ao Juizado Especial Criminal.

(E) liberar o rapaz de imediato, porém representar pela decretação da prisão preventiva.

Em vista da disciplina estabelecida no art. 48, § 2°, da Lei de Drogas – 11.343/2006, não se imporá prisão em flagrante ao agente que praticar as condutas previstas no art. 28 desta lei. ED
Gabarito "D".

(Delegado/MG – 2008) Sobre a Lei 9.296/1996, que dispõe sobre a interceptação de comunicações telefônicas, é CORRETO afirmar

(A) que poderá ser decretada a quebra do sigilo telefônico quando a prova da autoria ou materialidade do delito puder ser feita por outro meio de prova.

(B) que o delito investigado deve ser punido com pena de detenção.

(C) que, decretada a interceptação telefônica, a autoridade policial não necessita dar ciência dos procedimentos realizados ao Ministério Público.

(D) que a interceptação telefônica não poderá ser decretada por período superior a 15 dias, admitida a prorrogação do prazo.

A: incorreta. Constitui pressuposto para a quebra do sigilo telefônico autorizada pelo juiz o fato de a prova não puder ser feita por outros meios disponíveis; quer-se com isso dizer que somente se deve recorrer a ela como exceção, de forma supletiva, na forma estatuída no art. 2°, II, da Lei 9.296/1996; **B:** incorreta. Outro pressuposto contido no art. 2° da Lei 9.296/1996 é que o fato investigado constitua infração apenada com reclusão; **C:** incorreta, pois não corresponde ao disposto no art. 6°, *caput*, da Lei 9.296/1996; **D:** correta, nos termos do art. 5° da Lei 9.296/1996. ED
Gabarito "D".

(Delegado/PB – 2009 – CESPE) Acerca do tráfico ilícito e do uso indevido de substâncias entorpecentes, com base na legislação respectiva, assinale a opção correta.

(A) No caso de porte de substância entorpecente para uso próprio, não se impõe prisão em flagrante, devendo o autor de fato ser imediatamente encaminhado ao juízo competente ou, na falta deste, assumir o compromisso de a ele comparecer.

(B) Para a lavratura do auto de prisão em flagrante, é suficiente o laudo de constatação da natureza e quantidade da droga, o qual será necessariamente firmado por perito oficial.

(C) O IP relativo a indiciado preso deve ser concluído no prazo de 30 dias, não havendo possibilidade de prorrogação do prazo. A autoridade policial pode, todavia, realizar diligências complementares e remetê-las posteriormente ao juízo competente.

(D) Findo o prazo para conclusão do inquérito, a autoridade policial remete os autos ao juízo competente, relatando sumariamente as circunstâncias do fato, sendo-lhe vedado justificar as razões que a levaram à classificação do delito.

A: correta (art. 48, § 2°, da Lei 11.343/2006); **B:** incorreta. Nos termos do art. 50, § 1°, da Lei 11.343/2006, na falta de perito oficial, o laudo de constatação

3. DIREITO PROCESSUAL PENAL

poderá ser firmado por pessoa idônea. Nesse ponto reside o erro da assertiva; **C:** incorreta. Reza o art. 51, parágrafo único, da Lei de Drogas que o prazo para conclusão do inquérito relativo a réu preso, que é de 30 dias, pode ser duplicado pelo juiz, desde que ouvido o MP e mediante pedido justificado da autoridade policial; **D:** incorreta. A autoridade policial, ao remeter os autos de inquérito policial ao juízo, já findos, deverá relatar de forma sumária as circunstâncias em que os fatos se deram, bem assim justificar as razões que a levaram à classificação do delito, entre outras providências listadas no art. 52 da Lei 11.343/2006. **ED**

Gabarito "A".

(Delegado/PB – 2009 – CESPE) Assinale a opção correta com base na legislação sobre interceptação telefônica.

(A) A interceptação das comunicações telefônicas pode ser determinada pelo juiz, a requerimento da autoridade policial, na investigação criminal ou na instrução processual penal.

(B) O pedido de interceptação das comunicações telefônicas deve ser feito necessariamente por escrito.

(C) Não se admite interceptação das comunicações telefônicas quando o fato investigado constituir infração penal punida, no máximo, com pena de detenção.

(D) Somente após o trânsito em julgado da sentença penal pode a gravação ser inutilizada, mediante decisão judicial, ainda que não interesse à prova.

(E) Ainda que a diligência possibilite a gravação da comunicação interceptada, é dispensada a transcrição da gravação.

A: incorreta (art. 3°, I, da Lei 9.296/96); **B:** incorreta (art. 4°, § 1°, da Lei 9.296/1996); **C:** correta (art. 2°, III, da Lei 9.296/1996); **D:** incorreta (art. 9° da Lei 9.296/1996); **E:** incorreta (art. 6°, § 1°, da Lei 9.296/1996). **ED**

Gabarito "C".

(Delegado/RN – 2009 – CESPE) A prática do crime de lavagem de dinheiro é atribuída ao agente que dissimula a natureza e a origem de bens, direitos ou valores provenientes, direta ou indiretamente, de determinados crimes. Esses crimes não abrangem

(A) o terrorismo.

(B) a extorsão mediante sequestro.

(C) o crime contra a administração pública, incluindo a exigência direta ou indireta, para si ou para outrem, de qualquer vantagem, como condição ou preço para a prática ou a omissão de atos administrativos.

(D) os crimes contra a ordem tributária.

(E) o tráfico ilícito de substâncias entorpecentes ou drogas afins.

Ao tempo em que esta questão foi elaborada, a proposição correta de fato era a "D", visto que os crimes a que ela faz referência não estavam contemplados no rol do art. 1° da Lei 9.613/1998. Sucede que esse dispositivo teve sua redação alterada por força da Lei 12.683/2012. Com isso, não mais se exige, à configuração do crime de lavagem de dinheiro, que a operação financeira esteja vinculada a determinados crimes, listados em rol taxativo, como até então ocorria. **ED**

Gabarito "D".

(Delegado/SP – 2008) Com respeito à Lei de interceptação Telefônica (Lei 9.296/1996), assinale a alternativa incorreta.

(A) No caso de a diligência possibilitar a gravação comunicação interceptada, será determinada a sua transcrição.

(B) Para proceder à escuta, a autoridade policial poderá requisitar serviços técnicos especializados de concessionária de serviço público.

(C) A gravação que não interessa à prova deverá ser guardada por noventa dias e depois inutilizada por ordem judicial.

(D) O juiz de direito poderá determinar interceptação telefônica *ex officio*.

(E) O juiz de direito pode, excepcionalmente, admitir que o pedido de interceptação telefônica seja feito verbalmente.

A: assertiva correta (art. 6°, § 1°, da Lei 9.296/96); **B:** assertiva correta (art. 7° da Lei 9.296/1996); **C:** assertiva incorreta, devendo ser assinalada (art. 9° da Lei 9.296/1996); **D:** assertiva correta (art. 3°, *caput*, da Lei 9.296/1996); **E:** assertiva correta (art. 4°, § 1°, da Lei 9.296/1996). **ED**

Gabarito "C".

21. TEMAS COMBINADOS E OUTROS TEMAS

(Delegado/DF – 2015 – Fundação Universa) Com base na legislação, na jurisprudência e na doutrina majoritária, assinale a alternativa correta acerca do inquérito policial, da prisão temporária e da participação do Ministério Público na investigação criminal.

(A) O inquérito policial é um procedimento administrativo, prevalecendo, na doutrina, o entendimento de que se devem observar todas as garantias ínsitas ao contraditório e à ampla defesa durante o inquérito policial, o que concede ao investigado, por exemplo, o direito à dialeticidade processual e à produção de provas.

(B) Conforme o STJ, a participação de um membro do Ministério Público na fase de investigação criminal não acarreta o seu impedimento ou a sua suspeição para o oferecimento da denúncia.

(C) Em casos teratológicos, o STF e o STJ têm admitido que a autoridade policial que preside o procedimento administrativo promova o arquivamento do inquérito policial perante o juiz.

(D) O descumprimento do prazo previsto em lei para concluir o inquérito policial justifica, *ipso facto*, o relaxamento da prisão por excesso de prazo.

(E) Após recente inovação legislativa, o prazo da prisão temporária foi unificado, independentemente de o crime ser hediondo ou a ele equiparado.

A: incorreta. É fato que o inquérito policial constitui um procedimento *administrativo*. Até aqui a alternativa está correta. Mas é incorreto afirmar-se que prevalece o entendimento de que nele, inquérito, vigoram as garantias do contraditório e ampla defesa. Com efeito, embora se trate de tema em relação ao qual haja divergência na doutrina, é certo que prevalece o entendimento segundo o qual, por se tratar de procedimento *inquisitivo*, as garantias acima referidas não se aplicam no inquérito policial; **B:** correta, pois corresponde ao entendimento firmado na Súmula 234, STJ: "A participação de membro do Ministério Público na fase investigatória criminal não acarreta seu impedimento ou suspeição para o oferecimento da denúncia"; **C:** incorreta. Em nenhuma hipótese a autoridade policial poderá determinar o arquivamento dos autos de inquérito policial – art. 17 do CPP; **D:** incorreta. Conferir, quanto a esse tema, o magistério de Guilherme de Souza Nucci: "(...) Logo, caso a autoridade policial remeta o inquérito no 11° dia ao fórum, mas, em compensação, o promotor denuncie no 12° dia, encontra-se um ganho de 3 dias, não se justificando, pois, constrangimento ilegal (...)" (*Código de Processo Penal Comentado*, 12ª ed., p. 109). Na jurisprudência, verificar: STJ, HC 6.741-PB, 5ª T., rel. Min. Flaquer Scartezzini, 19.03.1998; **E:** incorreta, já que não houve nenhuma alteração nesse sentido. Se hediondo ou equiparado, o prazo de prisão temporária continua a ser de até *trinta* dias, prorrogável por mais trinta, em caso de comprovada e extrema necessidade. É o teor do art. 2°, § 4°, da Lei 8.072/1990 (Crimes Hediondos); agora, se se tratar de crime elencado no art. 1°, III, da Lei 7.960/1989 que não seja hediondo tampouco equiparado, o prazo de prisão temporária obedecerá ao que estabelece o art. 2°, *caput*, da mesma lei: *cinco* dias prorrogável por mais cinco, em caso de comprovada e extrema necessidade. Não houve, portanto, a unificação dos prazos, tal como se afirma na alternativa. **ED**

Gabarito "B".

(Delegado/PE – 2016 – CESPE) Acerca das alterações processuais assinaladas pela Lei 12.403/2011, do instituto da fiança, do procedimento no âmbito dos juizados especiais criminais e das normas processuais pertinentes à citação e intimação, assinale a opção correta.

(A) Se o acusado, citado por edital, não comparecer nem constituir advogado, será decretada a revelia e o processo prosseguirá com a nomeação de defensor dativo.

(B) Em homenagem ao princípio da ampla defesa, será sempre pessoal a intimação do defensor dativo ou constituído pelo acusado.

(C) O arbitramento de fiança, tanto na esfera policial quanto na concedida pelo competente juízo, independe de prévia manifestação do representante do MP.

(D) Nos procedimentos previstos na Lei 9.099/1995, em se tratando de ação penal pública condicionada à representação e não havendo conciliação na audiência preliminar, caso o ofendido se manifeste pelo não oferecimento de representação, o processo será julgado extinto de imediato, operando-se a decadência do direito de ação.

(E) No caso de prisão em flagrante, a autoridade policial somente poderá conceder fiança se a infração penal for punida com detenção e prisão simples; nas demais situações, a fiança deverá ser requerida ao competente juízo.

A: incorreta. Na hipótese de o réu não ser encontrado, deverá o juiz determinar a sua citação por edital, depois de esgotados os meios disponíveis para a sua localização. Se o réu, depois de citado por edital, não comparecer tampouco constituir defensor, o processo e o prazo prescricional ficarão, em vista da disciplina estabelecida no art. 366 do CPP, suspensos (não há que se falar em revelia tampouco continuidade do processo, portanto), podendo ser decretada, se o caso, sua prisão preventiva bem como determinada a produção antecipada das provas consideradas urgentes. No que toca ao tema *suspensão condicional do processo* (*sursis* processual), valem alguns esclarecimentos. A produção da prova considerada urgente deverá se dar em conformidade com o entendimento firmado na Súmula 455 do STJ: "A decisão que determina a produção antecipada de provas com base no art. 366 do CPP deve ser concretamente fundamentada, não a justificando unicamente o mero decurso do tempo". No que toca à prisão preventiva, a sua decretação, no âmbito do art. 366 do CPP, somente poderá se dar diante da presença dos requisitos do art. 312 do CPP, sendo vedada, portanto, a decretação automática da custódia. O mesmo há de ser aplicado à produção antecipada de provas, que está condicionada à demonstração de sua necessidade, não bastando, a autorizá-la, o mero decurso do tempo; **B:** incorreta, dado que a intimação do defensor constituído far-se-á por publicação no órgão incumbido da publicidade dos atos judiciais da comarca, tudo em conformidade com o prescrito no art. 370, § 1º, do CPP; já a do defensor nomeado e também do Ministério Público será *pessoal*, conforme imposição do art. 370, § 4º, do CPP; **C:** correta (art. 333, CPP); **D:** incorreta (art. 75, parágrafo único, da Lei 9.099/1995); **E:** incorreta. A Lei 12.403/2011 mudou sobremaneira o panorama da fiança. Antes da reforma por ela implementada, a autoridade policial, em vista da revogada redação do art. 322 do CPP, somente estava credenciada a concedê-la nas hipóteses de infração punida com *detenção* ou *prisão simples*. Bem por isso, não podia o delegado de polícia arbitrar fiança nos crimes punidos com *reclusão*, tarefa exclusiva do magistrado. Pela nova redação dada ao art. 322 do CPP, a autoridade policial passou a conceder fiança nos casos de infração cuja pena privativa de liberdade máxima não seja superior a quatro anos, independentemente de ser o crime apenado com reclusão ou detenção (qualidade da pena). Naqueles casos em que a pena máxima superar os quatro anos, somente o magistrado poderá estabelecer a fiança. **ED**

Gabarito "C".

(Delegado/PE – 2016 – CESPE) Assinale a opção correta acerca do processo penal e formas de procedimento, aplicação da lei processual no tempo, disposições constitucionais aplicáveis ao direito processual penal e ação civil *ex delicto*, conforme a legislação em vigor e o posicionamento doutrinário e jurisprudencial prevalentes.

(A) No momento da prolação da sentença condenatória, não cabe ao juízo penal fixar valores para fins de reparação dos danos causados pela infração, porquanto tal atribuição é matéria de exclusiva apreciação do juízo cível.

(B) Sendo o interrogatório um dos principais meios de defesa, que expressa o princípio do contraditório e da ampla defesa, é imperioso, de regra, que o réu seja interrogado ao início da audiência de instrução e julgamento.

(C) É cabível a absolvição sumária do réu em processo comum caso o juiz reconheça, após a audiência preliminar, a existência de doença mental do acusado que, comprovada por prova pericial, o torne inimputável.

(D) Lei processual nova de conteúdo material, também denominada híbrida ou mista, deverá ser aplicada de acordo com os princípios de temporalidade da lei penal, e não como princípio do efeito imediato, consagrado no direito processual penal pátrio.

(E) Nos crimes comuns e nos casos de prisão em flagrante, deverá a autoridade policial garantir a assistência de advogado quando do interrogatório do indiciado, devendo nomear defensor dativo caso o indiciado não indique profissional de sua confiança.

A: incorreta, pois contraria o que dispõem os arts. 63, parágrafo único, e 387, IV, ambos do CPP; **B:** incorreta. Embora haja divergência na doutrina, é fato que o interrogatório constitui, fundamentalmente, meio de *defesa*. Nesse sentido, o STF: "Em sede de persecução penal, o interrogatório judicial – notadamente após o advento da Lei 10.792/2003 – qualifica-se como ato de defesa do réu, que, além de não ser obrigado a responder a qualquer indagação feita pelo magistrado processante, também não pode sofrer qualquer restrição em sua esfera jurídica em virtude do exercício, sempre legítimo, dessa especial prerrogativa (...)" (HC

94.601-CE, 2ª T., rel. Min. Celso de Mello, 11.09.2009). Nesse mesmo sentido o ensinamento de Guilherme de Souza Nucci: "(...) Note-se que o interrogatório é, fundamentalmente, um meio de defesa, pois a Constituição assegura ao réu o direito ao silêncio. Logo, a primeira alternativa que se avizinha ao acusado é calar-se, daí não advindo consequência alguma. Defende-se apenas. Entretanto, caso opte por falar, abrindo mão do direito ao silêncio, seja lá o que disser, constitui meio de prova inequívoco, pois o magistrado poderá levar em consideração suas declarações para condená-lo ou absolvê-lo" (*Código de Processo Penal Comentado*, 12ª ed., p. 428). No que toca ao momento do interrogatório, é incorreto afirmar-se que ele deva ocorrer logo no início da instrução. Bem ao contrário, em vista do que dispõe o art. 400 do CPP, com a redação que lhe deu a Lei 11.719/2008, o interrogatório, à luz dos princípios da ampla defesa e do contraditório, passou a constitui o derradeiro ato processual; **C:** incorreta (art. 397, II, do CPP); **D:** correta. De fato, a lei processual penal será aplicada desde logo (*princípio da aplicação imediata* ou *da imediatidade*), sem prejuízo dos atos realizados sob o império da lei anterior. É o que estabelece o art. 2º do CPP. A exceção a essa regra fica por conta da lei processual penal dotada de carga material (híbrida ou mista), em que deverá ser aplicado o que estabelece o art. 2º, parágrafo único, do CP. Nesse caso, a exemplo do que se dá com as leis penais, a norma processual nova, se favorável ao réu, deverá retroagir; se prejudicial, aplica-se a lei já revogada (*lex mitior*); **E:** incorreta. Não cabe à autoridade policial nomear defensor ao interrogando que não indicar profissional de sua confiança. **ED**

Gabarito "D".

(Delegado/PA – 2009 – MOVENS) Em relação às prisões e à prova, assinale a opção correta.

(A) A autoridade judicial, por estar submetida ao princípio da inércia, não terá iniciativa probatória. No processo penal, as perícias deverão ser realizadas por dois peritos oficiais.

(B) Na hipótese de crime de ação penal privada, o ofendido, ou seu representante legal, decairá do direito de queixa ou de representação, se não o exercer dentro do prazo de seis meses, contado do dia da ocorrência do delito.

(C) Em nenhum caso a prisão preventiva será decretada se o juiz verificar, pelas provas constantes dos autos, que o agente praticou o fato em estado de necessidade, em legítima defesa, em estrito cumprimento do dever legal ou no exercício regular de direito.

(D) Após assaltarem uma farmácia no centro de Belém-PA, dois homens fugiram em direção a Cuiabá-MT. Policiais civis do Estado do Pará que passavam próximo ao local saíram em perseguição, mas só efetuaram a prisão dos assaltantes na capital de Mato Grosso. Nessa situação, a prisão é ilegal, uma vez que os referidos policiais deveriam ter acionado as autoridades policiais locais, pois não têm autorização legal para atuar em outra unidade da Federação.

A: incorreta. Nada impede que o juiz, com fulcro no art. 156, II, do CPP, com o propósito de esclarecer dúvida acerca de ponto relevante, determine, em caráter supletivo, diligências com o objetivo de se atingir a verdade real. De outro lado, as perícias, no processo penal, deverão ser realizadas "por perito oficial"; na falta deste, será feita por duas pessoas idôneas – art. 159, *caput* e § 1º, do CPP; **B:** incorreta, pois não reflete o disposto no art. 38 do CPP; **C:** correta, pois em conformidade com o art. 314 do CPP; **D:** incorreta, uma vez que não corresponde ao que estabelece o art. 290 do CPP. **ED**

Gabarito "C".

(Delegado/PA – 2009 – MOVENS) Quanto ao processo comum, às testemunhas e ao arquivamento de inquérito policial, assinale a opção correta.

(A) Apenas o delegado de polícia poderá mandar arquivar os autos de inquérito policial, sendo vedado tal ato ao juiz.

(B) O depoimento da testemunha será prestado oralmente, sendo permitido trazê-lo por escrito.

(C) O procedimento comum sumário será adotado quando tiver por objeto crime cuja sanção máxima cominada for inferior a 6 anos de pena privativa de liberdade.

(D) Será observado o procedimento comum ordinário quando tiver por objeto crime cuja sanção máxima cominada for igual ou superior a quatro anos de pena privativa de liberdade.

A: incorreta. Ao contrário, é vedado ao delegado de polícia determinar o arquivamento dos autos de inquérito policial, somente podendo fazê-lo o Ministério Público – arts. 17,18 e 28 do CPP; **B:** incorreta (art. 204 do CPP); **C:** incorreta (art. 394, § 1º, II, do CPP); **D:** correta (art. 394, § 1º, I, do CPP). **ED**

Gabarito "D".

4. Direito Constitucional

Bruna Vieira e Luciana Russo*

1. TEORIA DA CONSTITUIÇÃO

1.1. Poder constituinte

(Delegado/PE – 2016 – CESPE) Acerca do poder de reforma e de revisão constitucionais e dos limites ao poder constituinte derivado, assinale a opção correta.

(A) Além dos limites explícitos presentes no texto constitucional, o poder de reformada CF possui limites implícitos; assim, por exemplo, as normas que dispõem sobre o processo de tramitação e votação das propostas de emenda não podem ser suprimidas, embora inexista disposição expressa a esse respeito.

(B) Emendas à CF somente podem ser apresentadas por proposta de um terço, no mínimo, dos membros do Congresso Nacional.

(C) Emenda e revisão constitucionais são espécies do gênero reforma constitucional, não havendo, nesse sentido, à luz da CF, traços diferenciadores entre uma e outra.

(D) Não se insere no âmbito das atribuições do presidente da República sancionar as emendas à CF, mas apenas promulgá-las e encaminhá-las à publicação.

(E) Se uma proposta de emenda à CF for considerada prejudicada por vício de natureza formal, ela poderá ser reapresentada após o interstício mínimo de dez sessões legislativas e ser apreciada em dois turnos de discussão e votação.

A: correta. De fato existem no texto constitucional limites explícitos e implícitos. Os primeiros vêm previstos no art. 60 da CF e se dividem em: materiais (cláusulas pétreas – art. 60, § 4º, I ao IV, da CF), formais (regras sobre o processo rígido de alteração da Constituição – art. 60, § § 2º, 3º e 5º, da CF) e circunstanciais (não possibilidade de alteração da Constituição na vigência de estado de sítio, estado de defesa e intervenção federal – art. 60, § 1º, da CF). Por outro lado, os **limites implícitos** decorrem do próprio sistema e um exemplo seria justamente o determinado pela impossibilidade de se fazer uma emenda constitucional que altere a forma rígida de se fazer emenda. Se isso fosse possível, a Constituição poderia, por meio de emenda, perder a sua supremacia e, dessa maneira, não haveria mais o controle de constitucionalidade. Enfim, os limites implícitos também protegem o texto constitucional; **B: incorreta.** Determina o art. 60, I, II e III, da CF que a Constituição poderá ser emendada mediante proposta: I – de **um terço, no mínimo, dos membros da Câmara dos Deputados ou do Senado Federal**; II – do Presidente da República e III – de mais da metade das Assembleias Legislativas das unidades da Federação, manifestando-se, cada uma delas, pela maioria relativa de seus membros; **C: incorreta.** Ao contrário do mencionado, há diferenças entre emenda e revisão. A **emenda** pode ser feita, desde que observadas as regras rígidas previstas no art. 60 da CF, por exemplo, aprovação por 3/5 dos membros, nas duas Casas do Congresso Nacional e em 2 turnos de votação. A **revisão**, por outro lado, só pode ser feita uma única vez, após cinco anos da promulgação da Constituição, em sessão unicameral e pelo voto da maioria absoluta dos membros do Congresso Nacional. Seis emendas constitucionais de revisão foram fruto disso (1 a 6/1994). Hoje não há mais possibilidade de utilização desse instituto. Vejam que, no poder de revisão, não se exigiu o processo solene das emendas constitucionais. Por fim, vale lembrar que o poder derivado se divide em: decorrente (poder dos estados de se auto regulamentarem por meio das suas próprias Constituições – art. 25, *caput*, da CF), reformador (poder de alterar a Constituição por meio das emendas constitucionais – art. 60 da CF) e revisor (poder de fazer a revisão constitucional – art. 3º do ADCT); **D: incorreta.** O Presidente da República não sanciona ou veta, nem promulga as emendas constitucionais. De acordo com o art. 60, § 3º, da CF, as emenda contorcionais serão **promulgada pelas Mesas da Câmara dos Deputados e do Senado Federal**, com o respectivo número de ordem; **E: incorreta.** Determina o art. 60, § 5º, da CF, que a matéria constante de proposta de emenda rejeitada ou havida por prejudicada não pode ser objeto de nova proposta na mesma sessão legislativa. BV

Gabarito "A".

(Delegado/DF – 2015 – Fundação Universa) A respeito do poder constituinte, assinale a alternativa correta.

(A) De acordo com a CF, a transformação do Estado brasileiro em um Estado unitário não violaria as limitações materiais ao poder de emenda.

(B) Suponha-se que emenda à CF tenha sido rejeitada em 5/3/2015. Nesse caso, é possível que a mesma matéria seja objeto de nova proposta de emenda à CF ainda no ano de 2015.

(C) O poder constituinte originário pode ser material ou formal. O poder constituinte originário é responsável por eleger os valores ou ideais fundamentais que serão positivados em normas jurídicas pelo poder constituinte formal.

(D) De acordo com o abade Emmanuel Joseph Sieyés, que teorizou acerca da doutrina do poder constituinte no período da Revolução Francesa, o poder constituinte originário não seria limitado nem mesmo pelo direito natural.

(E) A CF pode ser emendada mediante proposta de mais da metade das assembleias legislativas das unidades da federação, manifestando-se, cada uma delas, pela maioria absoluta de seus membros.

A: incorreta. Ao contrário, a transformação do Estado brasileiro em um Estado unitário, aquele em que as capacidades legislativa, política e administrativa se concentram nas mãos de um único centro, de um único governo, **viola limites materiais** (cláusulas pétreas – art. 60, § 4º, I, da CF), em especial, **a forma federativa de Estado**; **B: incorreta.** A matéria constante de proposta de emenda rejeitada ou havida por prejudicada **não pode ser objeto de nova proposta na mesma sessão legislativa.** É o que determino art. 60, § 5º, da CF; **C: correta.** Segundo Pedro Lenza, em Direito Constitucional Esquematizado, 19ª Edição, 2015, p. 226, Saraiva, "A doutrina ainda fala em poder constituinte formal e material. **Formal:** é o ato de criação propriamente dito e que atribui a 'roupagem' com *status* constitucional a um 'complexo normativo'. **Material:** é o lado substancial do poder constituinte originário que, por sua vez, será o responsável pela 'roupagem' constitucional. O material diz o que é constitucional; o formal materializa e sedimenta como constituição. O material precede o formal, estando ambos interligados. Assim, para Jorge Miranda, o poder constituinte formal confere '...estabilidade e garantia de permanência e de supremacia hierárquica ou sistemática ao princípio normativo inerente à Constituição material. Confere estabilidade, visto que só a Constituição formal coloca o poder constituinte material (ou o resultado de sua ação) ao abrigo das vicissitudes da legislação e da prática cotidiana do Estado pelas forças políticas' (Jorge Miranda, Manual de direito constitucional, 5 ed., t. II, p. 91-92.); **D: incorreta.** O abade Emmanuel Joseph Sieyès era jusnaturalista, sendo assim, sustentava que o direito natural limitaria o poder constituinte originário; **E: incorreta.** Determina o art. 60, I, II e III, da CF que a Constituição poderá ser emendada mediante proposta: I – de um terço, no mínimo, dos membros da Câmara dos Deputados ou do Senado Federal; II – do Presidente da República e III – de mais da metade das Assembleias Legislativas das unidades da Federação, manifestando-se, cada uma delas, pela maioria **relativa** de seus membros. BV

Gabarito "C".

(Delegado Federal – 2013 – CESPE) No que se refere à CF e ao poder constituinte originário, julgue os itens subsequentes.

(1) A CF contempla hipótese configuradora do denominado fenômeno da recepção material das normas constitucionais, que consiste na possibilidade de a norma de uma constituição anterior ser recepcionada pela nova constituição, com *status* de norma constitucional.

(2) No sentido sociológico, a CF reflete a somatória dos fatores reais do poder em uma sociedade.

1: correto. A doutrina aponta como exemplo de recepção material das normas constitucionais o art. 34, *caput* e § 1º, do ADCT (Ato das Disposições Constitucionais Transitórias). Tal dispositivo assegura que regras previstas na Constituição anterior continuem vigendo, com *status* de norma constitucional, durante determinado período específico. Vale lembrar, conforme ensina Pedro Lenza, em **Direito Constitucional Esquematizado**. 17. ed. Saraiva, p. 218 e 219, "que referidas normas são recebidas por prazo certo, em razão de seu caráter precário, características marcantes no fenômeno da recepção material das normas

---

*   BV questões comentadas por: **Bruna Vieira.**
    LR questões comentadas por: **Luciana Russo.**

constitucionais. Além disso, o mesmo autor afirma que "há de se observar que pela própria teoria do poder constituinte originário, que rompe por completo com a antiga ordem jurídica, instaurando uma nova, um novo Estado, o fenômeno da recepção material só será admitido se houver expressa manifestação da nova Constituição; caso contrário, as normas da Constituição anterior serão revogadas"; **2**: correto. A concepção sociológica, defendida por Ferdinand Lassalle, determina que a Constituição somente terá valia se efetivamente expressar a realidade social e o poder que a comanda. Os fatores reais de poder são identificados, no nosso país, por exemplo, nos movimentos dos sem-terra, nas corporações militares e outras forças que delimitam o conteúdo da Constituição. **BV**

Gabarito 1C, 2C

(Delegado/SP – 2014 – VUNESP) A Constituição poderá ser emendada mediante proposta

(A) de governador da Unidade da Federação.

(B) de mais da metade das Câmaras Municipais, manifestando-se, cada uma delas, pela maioria relativa de seus membros.

(C) do Presidente da República, mediante representação popular, manifestada por apoio de partido político sem representação no Congresso Nacional.

(D) de dois terços, no mínimo, dos membros da Câmara dos Deputados ou do Senado Federal.

(E) de mais da metade das Assembleias Legislativas das unidades da Federação, manifestando-se, cada uma delas, pela maioria relativa de seus membros.

A: incorreta. Os legitimados à propositura de projeto de emenda constitucional vêm previstos no art. 60, I, II e II, da CF o qual determina que a Constituição possa ser emendada mediante proposta: I – de um terço, no mínimo, dos membros da Câmara dos Deputados ou do Senado Federal; II – do Presidente da República e III – de mais da metade das Assembleias Legislativas das unidades da Federação, manifestando-se, cada uma delas, pela maioria relativa de seus membros; **B**: incorreta. As Câmaras Municipais não constam do rol do art. 60, I a III, da CF, de modo que não podem propor projeto de emenda constitucional; **C**: incorreta. O Presidente da República não precisa de representação popular para dar início a um projeto de emenda constitucional; **D**: incorreta. A Constituição menciona um terço e não dois, como mencionado na alternativa; **E**: correta. É o que determina o art. 60, III, da CF. **BV**

Gabarito 'E'.

(Delegado/RO – 2014 – FUNCAB) Acerca do tema "poder constituinte e reforma constitucional", marque a alternativa correta.

(A) Poder constituinte é o poder que o governo tem de vetar as leis inconstitucionais.

(B) O poder constituinte reformador manifestado por meio de emendas tem por características ser inicial, autônomo e ilimitado.

(C) O poder constituinte reformador manifestado por meio de emendas pode ser iniciado por meio das mesas das assembleias legislativas.

(D) A Constituição não poderá ser emendada na vigência de intervenção federal, de estado de defesa ou de estado de sítio.

(E) Compete ao Presidente da República vetar emendas constitucionais que contrariem o interesse público.

A: incorreta. O poder constituinte pode ser conceituado como o **poder de estabelecer um novo ordenamento jurídico**, por meio da criação de uma nova constituição ou pela modificação das regras existentes; **B**: incorreta. As características trazidas pela alternativa dizem respeito ao poder constituinte originário. O **reformador**, ao contrário do mencionado, é **secundário, condicionado, limitado e não detém autonomia**; **C**: incorreta. Os legitimados à propositura de projeto de emenda constitucional vêm previstos no art. 60, I, II e II, da CF o qual determina que a Constituição possa ser emendada mediante proposta: I – de um terço, no mínimo, dos membros da Câmara dos Deputados ou do Senado Federal; II – do Presidente da República e III – de **mais da metade das Assembleias Legislativas das unidades da Federação**, manifestando-se, cada uma delas, pela maioria relativa de seus membros; **D**: correta. São os chamados **limites circunstanciais**, previstos no art. 60, § 1º, da CF; **E**: incorreta. Não há sanção ou veto de projeto de emenda constitucional. Isso só existe no âmbito das leis. **BV**

Gabarito 'D'.

(Delegado/PR – 2013 – UEL-COPS) Considerando os limites de reforma da Constituição Brasileira (CF) de 1988, assinale a alternativa correta.

(A) É inaceitável alterar a CF para readequar a forma federativa do Estado brasileiro.

(B) É inaceitável alterar a CF para readequar a separação dos Poderes do Estado brasileiro.

(C) Quanto ao procedimento de reforma, existe limitação formal, inexistindo limitação material.

(D) A CF não pôde sofrer emenda constitucional por cinco anos, contados de sua promulgação, em razão de limitação temporal.

(E) É inaceitável alterar a CF para restringir direitos fundamentais individuais.

A e B: incorretas. O que o art. 60, § 4º, I e III, da CF proíbe é a deliberação de proposta de emenda **tendente a abolir** a forma federativa de Estado e a separação dos Poderes, além de outros. Sendo assim, a readequação, que não leve à supressão, é possível; **C**: incorreta. Há limites materiais, são as chamadas cláusulas pétreas e vêm previstas no art. 60, § 4º, I a IV, da CF; **D**: incorreta. A limitação temporal corresponde a determinação de um período específico em que a Constituição não poderia ser alterada. Sendo assim, não há exemplo de limitação temporal prevista na CF/88. Vale lembrar que o art. 3º do ADCT trouxe a possibilidade da feitura de uma revisão constitucional, que teve de ser realizada após cinco anos da data da promulgação da Constituição, em sessão unicameral e pelo voto da maioria absoluta dos membros do Congresso Nacional. Essa revisão não é tida como exemplo de limitação temporal, pois durante esse período a Constituição poderia ter sido alterada por meio do processo legislativo das emendas constitucionais. **E**: correta. O art. 60, § 4º, IV, da CF determina que não possa ser sequer objeto de deliberação a proposta de emenda que tenda a abolir direitos e garantias individuais. **BV**

Gabarito 'E'.

1.2. Teoria geral da constituição e princípios fundamentais

"Para alguns espíritos, ou ingênuos em relação aos fatores reais que influem efetivamente nos governos chamados democráticos, os interessados em transformar os meios em fins, idealizando-os para o efeito de assegurar, pela reverência pública, a sua continuação, a democracia não se define pelos valores ou pelos fins, mas pelos meios, pelos processos, pela máquina, pela técnica ou pelos diversos expedientes mediante os quais os políticos fabricam a opinião ou elaboram os substitutos legais da vontade do povo ou da Nação.

Ora, a máquina democrática não tem nenhuma relação com o ideal democrático. A máquina democrática pode produzir e tem, efetivamente, produzido exatamente o contrário da democracia ou do ideal democrático. Dadas as condições de um país, quanto mais se avoluma e aperfeiçoa a máquina democrática, tanto mais o Governo se distancia do povo e mais remoto da realidade se torna o ideal democrático.

Não haverá ninguém de boa-fé que dê como democrático um regime pelo simples fato de haver sido montada, segundo todas as regras, a máquina destinada a registrar a vontade popular. Seja, porém, qual for a técnica ou a engenharia de um governo, este será realmente democrático se os valores que inspiram a sua ação decorrem do ideal democrático."

(CAMPOS, Francisco. O Estado Nacional. Editora Senado Federal, 2001)

(Delegado/ES – 2019 – Instituto Acesso) Tendo como referência o texto acima citado, podemos afirmar que, o modelo de constitucionalismo defendido pelo autor, mais se aproxima do constitucionalismo

(A) substancial.

(B) aberto aos intérpretes da constituição.

(C) procedimental.

(D) liberal.

(E) como integridade.

O modelo de constitucionalismo defendido pelo autor mais se aproxima do constitucionalismo substancial. Vale lembrar que o tema foi objeto de questionamento também na segunda fase do mesmo concurso e o padrão de resposta distinguiu a teoria procedimental da substancial, dispondo o seguinte: "As **teorias procedimentais** sustentam o papel autocontido da constituição, que deve se limitar a definir as regras do jogo político, assegurando com isso a sua natureza democrática. Isso não quer dizer que não possa haver inclusão de determinados direitos, mas apenas que são pressupostos para o funcionamento da democracia. Inversamente ao sustentado pelo procedimentalismo, o **substancialismo** propõe a adoção de decisões substantivas pelas constituições, sobretudo no que concerne aos direitos fundamentais. Importante destacar que a previsão de direitos fundamentais na constituição vale também para aqueles que não estão diretamente ligados ao funcionamento da democracia. Nesse sentido, o neoconstitucionalismo e a teoria da constituição dirigente se situam no campo substancialista, por conceberem papéis ambiciosos para a constituição. As disputas entre substancialistas e procedimentalistas se manifestam também no

4. DIREITO CONSTITUCIONAL — 507

debate sobre o **papel da jurisdição constitucional.** Os substancialistas advogam um **papel mais ativo para a jurisdição constitucional**, mesmo em casos que não envolvam os pressupostos para a democracia. Como decorrência dessa postura podemos citar o ativismo judicial brasileiro. Já os procedimentalistas defendem um **papel mais modesto para a jurisdição constitucional, sustentando que ela deve adotar uma postura de autocontenção".** BV

Gabarito "A".

(Delegado/DF – 2015 – Fundação Universa) Acerca da teoria geral das constituições, assinale a alternativa correta.

(A) Hans Kelsen concebe dois planos distintos do direito: o jurídico-positivo, que são as normas positivadas; e o lógico-jurídico, situado no plano lógico, como norma fundamental hipotética pressuposta, criando-se uma verticalidade hierárquica de normas.

(B) Para Hans Kelsen, as normas jurídicas podem ser classificadas como normas materialmente constitucionais e normas formalmente constitucionais. Para o referido autor, mesmo as leis ordinárias, caso tratem de matéria constitucional, são definidas como normas materialmente constitucionais.

(C) De acordo com o sentido político de Carl Schmitt, a constituição é o somatório dos fatores reais do poder dentro de uma sociedade. Isso significa que a constituição somente se legitima quando representa o efetivo poder social.

(D) De acordo com o sentido sociológico de Ferdinand Lassale, a constituição não se confunde com as leis constitucionais. A constituição, como decisão política fundamental, irá cuidar apenas de determinadas matérias estruturantes do Estado, como órgãos do Estado, e dos direitos e das garantias fundamentais, entre outros.

(E) De acordo com o sentido político-sociológico de Hans Kelsen, a constituição está alocada no mundo do "dever ser", e não no mundo do "ser". É considerada a norma pura ou fundamental, fruto da racionalidade do homem, e não das leis naturais.

A: correta. Hans Kelsen obteve reconhecimento mundial com a elaboração da obra "Teoria Pura do Direito", doutrina que propugna o conteúdo puro do direito, sem interferências de cunhos sociológico, político, valorativo ou econômico. A Constituição, conforme Kelsen, apresenta o aspecto lógico-jurídico, segundo o qual é a 'norma fundamental hipotética', ou seja, traz um comando que impõe obediência obrigatória e é tida como o verdadeiro sentido de justiça, e o aspecto jurídico-positivo, em que a Constituição é a norma positiva superior em que as demais regras jurídicas encontram os seus fundamentos de validade. Sua modificação deve observar um procedimento específico e solene; **B:** incorreta. Quem faz essa classificação é Carl Schmitt. Tal autor defendeu o conceito de que a Constituição é a decisão política fundamental de um povo, visando sempre a dois focos estruturais básicos – organização do Estado e efetiva proteção dos direitos fundamentais. Para ele há divisão clara entre Constituição (normas materialmente constitucionais) e lei constitucional. Na primeira, encontraríamos as matérias constitucionais, ou seja, organização do Estado e garantia dos direitos fundamentais (normas formalmente constitucionais), sempre com o objetivo de limitar a atuação do poder. Já as leis constitucionais seriam aqueles assuntos tratados na Constituição, mas que materialmente não teriam natureza de norma constitucional. Na verdade, esses assuntos nem deveriam constar da Constituição. Na nossa atual Carta Magna, visualizamos um exemplo no art. 242, § 2º, que determina que o Colégio Pedro II, localizado na cidade do Rio de Janeiro, será mantido na órbita federal. Esse dispositivo é uma norma apenas formalmente constitucional, pois está dentro da Constituição, mas não trata de matéria tipicamente constitucional. As leis constitucionais, para Schmitt, como a mencionada no exemplo dado acima, formam o que se denomina Constituição formal, ou seja, apenas são consideradas normas constitucionais pelo fato de estarem alocadas na Constituição, por terem forma de Constituição. Para o mencionado autor, mesmo as leis ordinárias, que disponham sobre matéria constitucional, são definidas como normas materialmente constitucionais; **C:** incorreta. Ferdinand Lassale foi quem defendeu a concepção sociológica de constituição, mencionada na alternativa. Sustentava esse autor que "os problemas constitucionais não são problemas de Direito, mas do poder; a verdadeira Constituição de um país somente tem por base os fatores reais e efetivos do poder que naquele país vigem e as constituições escritas não têm valor nem são duráveis a não ser que exprimam fielmente os fatores do poder que imperam na realidade social" (A essência da Constituição, p. 40). Além disso, mencionava que "de nada serve o que se escreve numa folha de papel se não se ajusta à realidade, aos fatores reais de poder"; **D:** incorreta. Como mencionado, Carl Schmitt foi quem defendeu tal posicionamento. É a denominada concepção política de constituição; **E:** incorreta. Não é sentido político-sociológico, mas sentidos jurídico-positivo e lógico-jurídico de Hans Kelsen. De fato, segundo tais sentidos a constituição está alocada no mundo do "dever ser", e não no mundo do "ser". É considerada a norma pura ou fundamental, fruto da racionalidade do homem, e não das leis naturais. BV

Gabarito "A".

(Delegado/DF – 2015 – Fundação Universa) Com relação à classificação das constituições, é correto afirmar que

(A) a constituição dirigente visa garantir os direitos fundamentais de primeira geração ou dimensão.

(B) a constituição-garantia anuncia um ideal a ser concretizado pelo Estado e pela sociedade, caracterizando-se por conter normas programáticas.

(C) constituições outorgadas são aquelas que, embora confeccionadas sem a participação popular, para entrarem em vigor, são submetidas à ratificação posterior do povo por meio de referendo.

(D) as constituições podem ser ortodoxas, quando reunirem uma só ideologia, como a Constituição Soviética de 1977, ou ecléticas, quando conciliarem várias ideologias em seu texto, como a Constituição Brasileira de 1988.

(E) as constituições semirrígidas são aquelas que podem ser modificadas por meio de emendas ou de revisão constitucional.

A: incorreta. As constituições dirigentes são marcadas pelas normas programáticas, ou seja, as que trazem em seu corpo programas a serem, necessariamente, concretizados pelos governantes e órgãos estatais. Ainda que tais programas não tenham sido implementados, essas regras são dotadas de eficácia mínima, pois impedem, por exemplo, que sejam editadas leis contrárias aos comandos da Lei Maior; **B:** incorreta. As constituições-garantia são as que limitam o poder do Estado, assegurando os direitos fundamentais de primeira geração; **C:** incorreta. As constituições outorgadas (ou cartas constitucionais) são aquelas elaboradas e impostas por uma pessoa ou por um grupo sem a participação do povo. Não são submetidas à posterior ratificação; **D:** correta. Pedro Lenza, em Direito Constitucional Esquematizado, 19ª Edição, 2015, Saraiva, ensina que "no tocante à **dogmática**, Pinto Ferreira, valendo-se do critério ideológico e lembrando as lições **Paulino Jacques**, identifica tanto a Constituição **ortodoxa** como a **eclética**. **Ortodoxa** é aquela formada por uma só ideologia, por exemplo, a soviética de 1977, hoje extinta e as diversas Constituições da China marxista. Eclética seria aquela formada por ideologias conciliatórias, como a brasileira de 1988 ou a da Índia de 1949; **E:** incorreta. As constituições semirrígidas são aquelas que possuem uma parte rígida e outra flexível. A parte rígida será alterável por um processo mais dificultoso que o das demais normas jurídicas e a parte flexível, alterável pelo mesmo processo de elaboração e modificação das leis. No Brasil, a única Constituição que tivemos classificada como semirrígida foi a de 1824. O artigo 5º desta Constituição fundamentava seu caráter semirrígido. BV

Gabarito "D".

(Delegado/PR – 2013 – UEL-COPS) Sobre a classificação das constituições, relacione a coluna da esquerda com a da direita.

(I) Em sentido político.

(A) A constituição de um país é, em essência, a soma dos fatores reais do poder que regem esse país, sendo esta a constituição real e efetiva, não passando a constituição escrita de uma "folha de papel".

(II) Em sentido jurídico.

(B) A constituição é considerada norma pura, puro dever-ser, é o conjunto de normas que regula a criação de outras normas.

(III) Em sentido sociológico.

(C) A constituição é considerada como decisão política fundamental, decisão concreta de conjunto sobre o modo e forma de existência da unidade política.

Assinale a alternativa que contém a associação correta.

(A) I-A, II-C, III-B.

(B) I-B, II-A, III-C.

(C) I-B, II-C, III-A.

(D) I-C, II-A, III-B.

(E) I-C, II-B, III-A.

I: em **sentido político**, a constituição é considerada como decisão política fundamental, decisão concreta de conjunto sobre o modo e forma de existência da unidade política. De fato Carl Schmitt defendeu o conceito de que a Constituição é a decisão política fundamental de um povo, visando sempre dois focos estruturais básicos – organização do Estado e efetiva proteção dos direitos fundamentais. Para esse autor há divisão clara entre Constituição e lei constitucional. Na primeira, encontraríamos as matérias constitucionais, ou seja, organização do Estado e garantia dos direitos fundamentais, sempre com o objetivo de limitar a atuação do poder. Já as leis constitucionais seriam aqueles assuntos tratados na Constituição, mas que materialmente não teriam natureza de norma constitucional. Na verdade, esses assuntos nem deveriam constar da Constituição. A Constituição Federal de 1988, em seu artigo 1º, trata da organização do Estado, enquanto o artigo 5º dispõe sobre os direitos fundamentais. Se terminasse aqui, já seria suficiente para Schmitt denominá-la como uma verdadeira Constituição; **II**: em **sentido jurídico**, a constituição é considerada norma pura, puro dever-ser, é o conjunto de normas que regula a criação de outras normas. Hans Kelsen representava o ordenamento jurídico por meio de uma pirâmide, na qual a Constituição se encontrava no ápice e abaixo estavam todos os demais atos normativos. As leis ordinárias, complementares, delegadas e também as medidas provisórias, por terem como fundamento imediato de validade a Constituição, ficavam no segundo degrau da pirâmide. Já os regulamentos, portarias, decretos, entre outros, por se fundamentarem primeiro na lei e depois na Constituição, localizavam-se no terceiro degrau da pirâmide. Portanto, juridicamente, a Constituição localiza-se no mais elevado degrau da pirâmide e é exatamente em decorrência disso que é fundamentada sua normatividade. Tal autor obteve reconhecimento mundial com a elaboração da obra "Teoria Pura do Direito", doutrina que propugna o conteúdo puro do direito, sem interferências de cunhos sociológico, político, valorativo ou econômico. A Constituição, conforme Kelsen, apresenta o aspecto lógico-jurídico, segundo o qual é a 'norma fundamental hipotética', ou seja, traz um comando que impõe obediência obrigatória e é tida como o verdadeiro sentido de justiça, e o aspecto jurídico-positivo, em que a Constituição é a norma positiva superior em que as demais regras jurídicas encontram os seus fundamentos de validade. Sua modificação deve observar um procedimento específico e solene; **III**: em **sentido sociológico**, a constituição de um país é, em essência, a soma dos fatores reais do poder que regem esse país, sendo esta a constituição real e efetiva, não passando a constituição escrita de uma "folha de papel". Essa concepção sociológica, defendida por Ferdinand Lassalle, sustentava que "os problemas constitucionais não eram problemas de Direito, mas do poder; a verdadeira Constituição de um país somente poderia ter por base os fatores reais e efetivos do poder que naquele país vigessem e as constituições escritas não teriam valor nem seriam duráveis a não ser que exprimissem fielmente os fatores do poder que imperam na realidade social" (A essência da Constituição, p. 40). **BV**

Gabarito "E".

(Delegado/RJ – 2013 – FUNCAB) Quanto aos Princípios Fundamentais da República Federativa do Brasil, elencados na Constituição Federal, é correto afirmar como fundamento e objetivo, respectivamente:

(A) pluralismo político e promoção do bem de todos.

(B) independência nacional e construção de uma sociedade livre, justa e solidária.

(C) defesa da paz e igualdade entre os Estados.

(D) soberania da União e garantia do desenvolvimento nacional.

(E) livre-iniciativa e eliminação das desigualdades sociais e econômicas.

A: correta. O art. 1º da CF, após definir o Pacto Federativo, traz os **fundamentos** da República Federativa do Brasil, quais sejam: I – a soberania; II – a cidadania; III – a dignidade da pessoa humana; IV – os valores sociais do trabalho e da livre-iniciativa; V – **o pluralismo político**. Já o art. 3º contempla os objetivos fundamentais da República Federativa do Brasil e são os seguintes: I – construir uma sociedade livre, justa e solidária; II – garantir o desenvolvimento nacional; III – erradicar a pobreza e a marginalização e reduzir as desigualdades sociais e regionais; IV – **promover o bem de todos**, sem preconceitos de origem, raça, sexo, cor, idade e quaisquer outras formas de discriminação; **B:** incorreta. A independência nacional é considerada um dos princípios que rege o Brasil nas suas relações internacionais. Está prevista no art. 4º, I, da CF. A construção de uma sociedade livre, justa e solidária é um dos objetivos fundamentais, conforme previsto no art. 3º, I, da CF; **C:** incorreta. A defesa da paz e a igualdade entre os Estados, trazidos pelo art. 4º, V e VI, da CF, são considerados princípios que regem o Brasil nas suas relações internacionais; **D:** incorreta. A soberania é fundamento da República Federativa do Brasil, conforme determina o art. 1º, I, da CF. Os entes federados, União, Estados-Membros, Distrito Federal e Municípios, detêm autonomia e estão no mesmo patamar hierárquico. Já a garantia do desenvolvimento nacional, de acordo com o art. 3º, II, da CF, é tida como objetivo fundamental da República Federativa do Brasil; **E:** incorreta. A livre-iniciativa vem prevista no art. 1º, IV, da CF e é considerada fundamento da República Federativa do Brasil. Além disso, a redução (e não eliminação) das desigualdades sociais e regionais constitui objetivo fundamental da República Federativa do Brasil. **BV**

Gabarito "A".

(Delegado/MG – 2012) São fundamentos essenciais da República Federativa do Brasil:

(A) independência nacional, prevalência dos direitos humanos, autodeterminação dos povos, integração econômica e cultural.

(B) concessão de asilo político, repúdio ao terrorismo e ao racismo, eleições diretas, não intervenção do Estado.

(C) soberania nacional, cidadania, dignidade da pessoa humana, valores sociais do trabalho, livre-iniciativa, pluralismo político.

(D) liberdade de exercício de qualquer ofício ou profissão, inviolabilidade do sigilo de correspondência e das comunicações telegráficas e telefônicas, liberdade de associação para fins lícitos, direito de propriedade, desde que atendidas suas funções sociais.

A: incorreta. De acordo com o art. 4º da CF/1988, a independência nacional (inciso I), a prevalência dos direitos humanos (inciso II), a autodeterminação dos povos (inciso III) e a integração política econômica, política, social e cultural dos povos da América Latina (parágrafo único) são **princípios** que **regem o Brasil nas suas relações internacionais**; **B:** incorreta. A concessão de asilo político, o repúdio ao terrorismo e ao racismo e a não intervenção do Estado **também são princípios que norteiam a República Federativa do Brasil nas relações internacionais** (art. 4º, IV, VIII e X, da CF/1988). A eleição direta é um instrumento da democracia garantido constitucionalmente ao cidadão. Só há uma exceção: na hipótese de dupla vacância nos cargos da Presidência e Vice-Presidência da República, nos dois últimos anos do período presidencial (art. 81, § 1º, da CF/1988). Neste caso, a nova eleição será indireta, ou seja, feita pelo próprio Congresso Nacional; **C:** correta. De fato, a soberania nacional, a cidadania, a dignidade da pessoa humana, os valores sociais do trabalho, a livre-iniciativa e o pluralismo político, são considerados **fundamentos** da República Federativa do Brasil (art. 1º, I a IV, da CF/1988); **D:** incorreta. A alternativa traz **direitos e deveres** individuais previstos no art. 5º da CF/1988: liberdade de exercício de qualquer ofício ou profissão (inciso XIII), inviolabilidade do sigilo de correspondência e das comunicações telegráficas e telefônicas (inciso XII), liberdade de associação para fins lícitos (inciso XVII), direito de propriedade, desde que atendidas suas funções sociais (incisos XXII e XXIII). **BV**

Gabarito "C".

(Delegado/MG – 2012) A Constituição é um conjunto sistemático e orgânico de normas que visam concretizar os valores que correspondem a cada tipo de estrutura social. Assim sendo, em sentido material, pode-se conceituar um texto constitucional como

(A) um ato unilateral do Estado, cuja fonte tem origem na sua estrutura organizacional, no seu sistema e na sua forma de governo.

(B) um conjunto normativo, que visa regular os poderes do Estado, incluindo sua formação, sua titularidade, seus meios de aquisição e seu exercício.

(C) um texto produzido exclusivamente por determinadas fontes constitucionais, tendo por base preceitos legais, que lhe são anteriores.

(D) um conjunto de princípios que expressam concepções decorrentes de valores morais, sociais, culturais e históricos, que asseguram os direitos dos cidadãos e condicionam o exercício do poder.

A: incorreta. O sentido material tem a ver com o conteúdo e, portanto, não pode a Constituição ser conceituada como ato unilateral do Estado; **B:** incorreta. Mais uma vez que a alternativa apresenta informações relativas ao aspecto formal da CF e não ao material; **C:** incorreta. O texto não precisa ser elaborado exclusivamente por fontes específicas e, além disso, o poder constituinte originário que, é aquele que elabora o novo texto constitucional, não está vinculado a preceitos legais anteriores. Por fim, a alternativa "C", ao focar no texto e em sua produção, novamente prioriza a Constituição em seu sentido formal; **D:** correta. De acordo com José Afonso da Silva, "A Constituição é algo que tem, como forma, um complexo de normas (escritas ou costumeiras), como **conteúdo**, a conduta humana **motivada pelas relações sociais (econômicas, políticas, religiosas etc.)**, como **fim, a realização dos valores que apontam para o existir da comunidade**, e, finalmente, como causa criadora e recriadora, o poder que emana do povo" (*Curso de Direito Constitucional Positivo*, 35ª ed., p. 39). Assim, a alternativa "D" é que mais se aproxima do sentido material do Constituição, pois dispõe sobre valores e direitos dos cidadãos, além de mencionar que o Poder Público deve agir de modo a não violar tais preceitos. **BV**

Gabarito "D".

(Delegado/PA – 2012 – MSCONCURSOS) Analise as proposições abaixo:

I. Constituição, em sentido sociológico, conforme concepção de Ferdinand Lassale, é a soma dos fatores reais de poder que regem um determinado Estado.

II. Em sentido político, Constituição é a decisão política fundamental, considerando-se a teoria de Hans Kelsen.

III. Segundo a concepção de Hans Kelsen, a Constituição, no sentido jurídico-positivo, significa a norma hipotética fundamental.

IV. Os elementos orgânicos da Constituição dispõem sobre a estruturação e organização do Estado e do Poder.

É correto o que se afirma somente em:

(A) I, II e III.

4. DIREITO CONSTITUCIONAL — 509

(B) I, III e IV.

(C) II e III.

(D) I e IV.

(E) IV.

I: correta. De fato, **Ferdinand Lassalle** sustentava que "os problemas constitucionais não eram problemas de Direito, mas do poder. A verdadeira Constituição de um país somente tem por base os **fatores reais e efetivos do poder** que naquele país vigem e as constituições escritas não têm valor nem são duráveis a não ser que exprimam fielmente os fatores do poder que imperam na realidade social" (*A essência da Constituição*, p. 40); **II:** incorreta. Ao contrário do mencionado, a concepção política foi trazida por **Carl Schmitt**, segundo a qual, a Constituição é a **decisão política fundamental** de um povo, visando sempre dois focos estruturais básicos – organização do Estado e efetiva proteção dos direitos fundamentais; **III:** incorreta. **Hans Kelsen** representava o ordenamento jurídico por meio de uma pirâmide, na qual a Constituição se encontrava no mais elevado degrau e, em decorrência disso, fundamentava-se a sua normatividade. Tal autor obteve reconhecimento mundial com a elaboração da obra "Teoria Pura do Direito", doutrina que propugna o conteúdo puro do direito, sem interferências de cunhos sociológico, político, valorativo ou econômico. A Constituição, conforme Kelsen, apresenta o aspecto **lógico-jurídico**, segundo o qual é a '**norma fundamental hipotética**', ou seja, traz um comando que impõe obediência obrigatória e é tida como o verdadeiro sentido de justiça, e o aspecto **jurídico-positivo**, em que a Constituição é a **norma positiva superior em que as demais regras jurídicas encontram os seus fundamentos de validade.** Sua modificação deve observar um procedimento específico e solene; **IV:** correta. De fato, os elementos orgânicos contemplam as normas estruturais da Constituição. Englobam as normas de organização do Estado, organização do poder, o orçamento público e a tributação, as forças armadas e a segurança pública. BV

Gabarito "D".

(Delegado/MG – 2012) O asilo político consiste no acolhimento de estrangeiro por parte de um Estado que não o seu, em virtude de perseguição política por ele sofrida e praticada por seu próprio país ou por terceiro. Assim sendo, é **INCORRETO** afirmar que

(A) as causas motivadoras da perseguição, em regra, são por dissidência política, livre manifestação de pensamento ou crimes relacionados com a segurança do Estado.

(B) o indivíduo não esteja envolvido em casos que configurem delitos praticados no âmbito do direito penal comum.

(C) o asilo político se constitui como ato de soberania estatal, de competência exclusiva do Congresso Nacional, passível de controle de legalidade pelo Supremo Tribunal Federal.

(D) a concessão de asilo político não é obrigatória para qualquer Estado, devendo as contingências políticas determinarem, caso a caso, as decisões do governo.

A e B: corretas (não devendo ser assinaladas, pois a questão busca a incorreta). "O asilo consiste no acolhimento de estrangeiro por parte de um Estado que não o seu, em virtude de perseguição praticada por seu próprio país ou por terceiro. É instrumento de proteção internacional individual. As causas motivadoras da perseguição, ensejadoras da concessão do asilo, em regra são: **dissidência política, livre manifestação de pensamento ou, ainda, crimes relacionados com a segurança do Estado, que não configurem crimes no direito penal comum**" (fonte: site do Ministério da Justiça); **C:** incorreta, devendo ser assinalada. A concessão do asilo "é ato de soberania estatal, de **competência do Presidente da República**, e, uma vez concedido, o Ministério da Justiça lavrará termo no qual serão fixados o prazo de estada do asilado no Brasil e os deveres que lhe imponham o direito internacional e a legislação interna vigente" (fonte: site do Ministério da Justiça); **D:** correta. De fato, a concessão do asilo não é obrigatória para qualquer Estado, pois configura ato de soberania estatal. BV

Gabarito "C".

(Delegado/SP – 2011) A Assembleia Nacional constituinte instituiu, de acordo com o "Preâmbulo" da Constituição Federal, um Estado Democrático destinado a assegurar

(A) a promoção da integração ao mercado de trabalho

(B) a assistência social e a descentralização político-administrativa

(C) a liberdade, o bem-estar, o desenvolvimento e a segurança.

(D) que a fauna e a flora tenham sua função ecológica ampliada.

(E) que o casamento religioso tenha efeito civil, independentemente de lei.

A: incorreta. A promoção da integração ao mercado de trabalho está prevista no capítulo que trata da assistência social (art. 203, III, da CF/1988) e não no preâmbulo; **B:** incorreta. A assistência social e a descentralização político-administrativa também são tratadas em dispositivo diverso do preâmbulo (art. 204, I, da CF/1988); **C:** correta. De fato, o preâmbulo traz, dentre os seus comandos

principiológicos, a premissa de assegurar o exercício dos direitos sociais e individuais, **a liberdade, a segurança, o bem-estar, o desenvolvimento,** a igualdade e a justiça como valores supremos de uma sociedade fraterna, pluralista e sem preconceitos; **D:** incorreta. A proteção à função ecológica da fauna e da flora é tratada no capítulo destinado ao meio ambiente (art. 225, § 1º, VII, da CF/1988); **E:** incorreta. A Constituição determina que o casamento religioso tenha efeito civil, **nos termos da lei** (art. 226, § 2º, da CF/1988). BV

Gabarito "C".

(Delegado/GO – 2009 – UEG) Na literalidade do texto constitucional, constitui fundamento da República Federativa do Brasil

(A) o pluralismo político.

(B) a independência nacional.

(C) a construção do desenvolvimento nacional.

(D) a independência e harmonia entre os poderes da União.

A: correta. De fato, o **pluralismo político** é **fundamento** da República Federativa do Brasil, conforme dispõe o art. 1º, V, da CF/1988; **B:** incorreta. A **independência nacional** está prevista no art. 4º da CF/1988 e é considerada **princípio** que rege o Brasil nas suas relações internacionais; **C:** incorreta. A **construção do desenvolvimento nacional** não é um fundamento e sim um **objetivo** da República Federativa do Brasil (art. 3º, I, da CF/1988); **D:** incorreta. A independência e harmonia entre os poderes da União consagra o princípio da **separação dos poderes,** e está prevista no art. 2º da CF/1988, não no art. 1º que é o que trata dos fundamentos. BV

Gabarito "A".

(Delegado/PI – 2009 – UESPI) Analisadas, em caráter simultâneo, as Constituições da República Federativa do Brasil, de 1988, e a dos Estados Unidos da América, de 1787, é possível enquadrar as referidas normas fundamentais, respectivamente e nesta ordem, nas seguintes classificações:

(A) escrita e não escrita.

(B) sintética e analítica.

(C) outorgada e promulgada.

(D) rígida e sintética.

(E) histórica e dogmática.

As Constituições podem ser classificadas de diversas maneiras pela doutrina. As classificações mencionadas nas alternativas são as seguintes: quanto à forma (escritas ou não escritas); quanto à extensão (sintético-concisas ou prolixo-analíticas); quanto à estabilidade ou mutabilidade (rígidas, semirrígidas, flexíveis ou ainda, para parte da doutrina, super-rígidas); quanto ao modo de elaboração (dogmáticas ou históricas). A Constituição Federal de 1988 é classificada quanto à estabilidade como rígida. A Constituição dos Estados Unidos da América, quanto à extensão é considerada sintética ou concisa, pois possui apenas sete artigos. BV

Gabarito "D".

(Delegado/RJ – 2009 – CEPERJ) Diz-se que a Constituição Brasileira de 1988 é rígida, por quê?

(A) **Porque** não admite a ocorrência do fenômeno da mutação constitucional.

(B) **Porque** classifica como inafiançáveis os crimes de racismo e tortura, entre outros.

(C) Porque prevê, para sua reforma, a adoção de procedimento mais complexo, em tese, do que o adotado para a modificação das leis.

(D) Porque estabelece penalidades severas para os crimes de responsabilidade.

(E) Porque foi promulgada por Assembleia Nacional Constituinte convocada na forma de Emenda à Constituição anterior.

A: incorreta. O fenômeno da mutação constitucional tem relação com mudanças informais que podem ocorrer numa constituição. É uma modificação não no texto formal, mas apenas na interpretação. Tal instituto jurídico nada tem a ver com o fato da constituição brasileira ser considerada como rígida; **B:** incorreta, pois o fato da constituição classificar, em seu art. 5º, XLII e XLIII, tais crimes como inafiançáveis, não tem relação com a rigidez constitucional; **C:** correta. De fato, é o processo solene, dificultoso e mais complexo que o adotado para a modificação das leis que faz com que uma constituição seja classificada, quanto ao seu processo de alteração, como rígida; **D:** incorreta. A rigidez constitucional não tem relação com penalidades aplicáveis àqueles que praticam crimes de responsabilidade; **E:** incorreta; o fato de a constituição ter sido fruto de uma Assembleia Nacional Constituinte faz com que ela seja classificada, quanto à origem, como promulgada, popular ou democrática, ou seja, isso também não tem relação com a rigidez constitucional. BV

Gabarito "C".

(Delegado/RN – 2009 – CESPE) Acerca dos sentidos, dos elementos e das classificações atribuídos pela doutrina às constituições, assinale a opção correta.

(A) O elemento de estabilização constitucional é consagrado nas normas destinadas a assegurar a solução de conflitos constitucionais, a defesa da Constituição, do Estado e das instituições democráticas.

(B) O elemento socioideológico é assim denominado porque limita a ação dos poderes estatais e dá a tônica do estado de direito, consubstanciando o elenco dos direitos e garantais fundamentais.

(C) Quanto à forma, diz-se formal a constituição cujo texto é composto por normas materialmente constitucionais e disposições diversas que não tenham relação direta com a organização do Estado.

(D) Segundo o sentido sociológico da constituição, na concepção de Ferdinand Lassalle, o texto constitucional equivale à norma positiva suprema, que regula a criação de outras normas.

(E) Segundo o sentido político da constituição, na concepção de Carl Schmitt, o texto constitucional equivale à soma dos fatores reais de poder, não passando de uma folha de papel.

A: correta. De fato, os elementos de estabilização constitucional visam à superação dos conflitos constitucionais, ao resguardo da estabilidade constitucional, à preservação da supremacia da Constituição, à proteção do Estado e das instituições democráticas e à defesa da Constituição. Citamos como exemplo as normas que tratam da intervenção federal, estadual (artigos 34 a 36 da CF/1988), as normas que tratam dos estados de sítio e de defesa e as demais integrantes do título V da CF/1988, com exceção dos capítulos II e III (porque eles integram os elementos orgânicos), as normas que tratam do controle de constitucionalidade e, ainda, as que cuidam do processo de emendas à Constituição; **B:** incorreta. Os elementos socioideológicos são aqueles que definem ou demonstram a ideologia adotada pelo texto constitucional. As normas que os integram são as que tratam dos direitos sociais, as que compõem a ordem econômica e financeira e a ordem social, e podem ser são encontradas no capítulo II do título II e nos títulos VII e VIII da CF/1988; **C:** incorreta. A Constituição formal leva em conta não o conteúdo da norma, mas a forma como a regra foi introduzida no sistema jurídico constitucional. Se a norma passou por um processo de incorporação mais complexo e solene que o procedimento de incorporação das leis, mesmo que não tenha conteúdo de direito constitucional, será tida como norma constitucional. O Brasil adota o que chamamos de constituição formal, por exemplo, no art. 242, § 2º, da CF/1988 que estabelece que o Colégio Pedro II, localizado na cidade do Rio de Janeiro, será mantido na órbita federal. Esse dispositivo, muito embora não trate de matéria constitucional, é uma norma que está dentro da CF/1988, ou seja, é formalmente constitucional. O fato de estar alocada na constituição escrita dá a ela a força de norma constitucional. Dessa maneira, é regida pelo princípio da supremacia e só pode ser alterada pelo processo legislativo das emendas constitucionais (art. 60 da CF/1988). Além disso, a Constituição Federal determina que o grau máximo de eficácia das normas decorre da forma e não da matéria da norma que pertence à Constituição. Isso significa dizer que o que importa, realmente, é se a norma está ou não inserida no texto da Constituição, porque, se tiver conteúdo constitucional, mas não estiver contemplada no texto, certamente terá menos eficácia que as normas que estão lá inseridas; **D:** incorreta. O sentido sociológico da constituição, na concepção de Ferdinand Lassalle, tem a ver com elementos relacionados ao poder. Desse modo, somente terá valia a Constituição se efetivamente expressar a realidade social e o poder que a comanda. De nada adianta a existência de uma norma positiva suprema, que regula a criação de outras normas, se esse conteúdo não puder ser relacionado e adaptado aos elementos efetivos do poder; **E:** incorreta. O conceito trazido na alternativa diz respeito ao sentido dado por Ferdinand Lassalle e não por Carl Schmitt. Em oposição a Lassalle, Carl Schmitt sempre defendeu o conceito de que a Constituição é a decisão política fundamental de um povo, visando sempre dois focos estruturais básicos – organização do Estado e efetiva proteção dos Direitos fundamentais. Para esse autor há divisão clara entre Constituição e lei constitucional. Na primeira, encontraríamos as matérias constitucionais, ou seja, organização do Estado e garantia dos Direitos fundamentais, sempre com o objetivo de limitar a atuação do poder. Já as leis constitucionais seriam aqueles assuntos tratados na Constituição, mas que materialmente não tinham natureza de norma constitucional. A Constituição Federal de 1988, em seu artigo 1º, trata da organização do Estado, enquanto o artigo 5º dispõe sobre os Direitos fundamentais. Se terminasse aqui, já seria suficiente para Schmitt denominá-la como uma verdadeira Constituição. BV

Gabarito "A".

1.3. Hermenêutica e eficácia das normas constitucionais

"A interpretação jurídico-científica não pode fazer outra coisa senão estabelecer as possíveis significações de uma norma jurídica. Como conhecimento do seu objeto, ela não pode tomar qualquer decisão entre as possibilidades por si mesma reveladas, mas tem de deixar tal decisão ao órgão que, segundo a ordem jurídica, é competente para aplicar o Direito. Um advogado que, no interesse de seu constituinte, propõe ao tribunal apenas uma das várias interpretações possíveis da norma jurídica a aplicar a certo caso, e um escritor que, num comentário, elege a interpretação determinada, dentre as várias interpretações possíveis, como a única 'acertada', não realizam uma função jurídico-científica mas uma função jurídico-política (de política jurídica). Eles procuram exercer influência sobre a criação do Direito."

(Delegado/ES – 2019 – Instituto Acesso) Esta concepção de hermenêutica, extremamente influente no século XX, é extraída do(a):

(A) Escola da Exegese, de Savigny.

(B) Neo-Constitucionalismo, de Ronald Dworkin.

(C) Positivismo jurídico, de Hans Kelsen.

(D) Teoria dos Sistemas, de Niklas Luhmann.

(E) Pós-Positivismo, de Robert Alexy.

"Segundo a visão de Hans Kelsen, a validade de uma norma jurídica positivada é completamente independente de sua aceitação pelo sistema de valores sociais vigentes em uma comunidade, tampouco guarda relação com a ordem moral, pelo que não existiria a obrigatoriedade de o Direito coadunar-se aos ditames desta (moral). A ciência do Direito não tem a função de promover a legitimação do ordenamento jurídico com base nos valores sociais existentes, devendo unicamente conhece-lo e descrevê-lo de forma genérica, hipotética e abstrata. Esta era a essência de sua teoria pura do direito: desvincular a ciência jurídica de valores morais, políticos ou filosóficos". (Vicente Paulo e Marcelo Alexandrinho, Direito Constitucional Descomplicado, 18ª Ed., 2019, p. 7). BV

Gabarito "C".

(Delegado/MS – 2017 - FAPEMS) Sobre a interpretação das normas constitucionais, um dos temas que há vários anos permanece em discussão é o da diferença entre regras e princípios, indo desde a proposta de Ronald Dworkin em 1967, passando pela ponderação de valores proposta por Robert Alexy na década de 1980, e alcançando as práticas judiciais atuais no Brasil. Consoante aos autores NEY JR. e ABBOUD (2017),

[...] de forma concomitante com o crescimento da importância da Constituição, a consolidação de sua força normativa e a criação da jurisdição constitucional especializada (após a 2- Guerra Mundial), consagrou-se, principalmente, pela revalorização dos princípios constitucionais [...].

NERY JR, Nelson; ABBOUD, Georges. Direito Constitucional Brasileiro: Curso Completo. São Paulo: RT, 2017, p. 124.

Diante disso, afirma-se que

(A) o Supremo Tribunal Federal tem adotado a máxima da proporcionalidade, ainda que não rigorosamente, para a solução de colisão de princípios (por exemplo, voto do Ministro Luís Roberto Barroso no Habeas Corpus 126.292 de 17/02/2016).

(B) a ponderação de valores não tem sido adotada pelo Poder Judiciário brasileiro.

(C) não há diferença entre regras e princípios.

(D) princípios são aplicáveis à maneira do "ou-tudo-ou-nada"

(E) o positivismo jurídico aceita a distinção entre regras e princípios.

Correta a alternativa **A**, consoante o próprio precedente citado. O Judiciário tem sim adotado a ponderação de valores, logo errada a **B**. A doutrina atual aponta diferenças entra as regras e princípios. As regras são Comandos objetivos, expressando uma proibição ou uma permissão, são descritivas de comportamentos, na modalidade "tudo ou nada", ocorrendo o fato deve incidir. Já os princípios expressam decisões políticas fundamentais, valores, fins públicos, apontam para estados ideais a serem buscados, são normas finalísticas, indicam uma direção, valor ou fim, mas numa ordem pluralista a Constituição abriga princípios que apontam em direções diversas e a prevalência de um sobre o outro é determinada à luz do caso concreto por ponderação. Assim, erradas as alternativas C e **D**. Para os positivistas as normas são apenas as regras – errada a alternativa E. LR

Gabarito "A".

4. DIREITO CONSTITUCIONAL

(Delegado/MS – 2017 - FAPEMS) Considere o seguinte texto.

Eis os métodos clássicos, tradicionais ou ortodoxos, pelos quais as constituições têm sido interpretadas ao longo do tempo: o método gramatical observa a pontuação, a etimologia e a colocação das palavras; o método lógico procura a coerência e a harmonia das normas em si, ou em conjunto; o método histórico investiga os fatores que resultaram no trabalho de elaboração normativa; o método sistemático examina o contexto constitucional; o método teleológico busca os fins da norma constitucional; o método popular realiza-se pelo plebiscito, referendum, recall, iniciativa e veto populares; o método doutrinário equivale à doutrina dos juristas; e o método evolutivo propicia mutação constitucional.

BULOS, Uadi Lammego. Curso de direito constitucional. 4. ed. São Paulo: Saraiva, 2009, p. 358.

Além desses métodos clássicos de interpretação jurídica, a atual hermenêutica descreve, estuda e aplica princípios interpretativos, especificamente voltados à interpretação da Constituição. Sobre os princípios da hermenêutica constitucional, assinale a alternativa correta.

(A) O Princípio da Conformidade Funcional impede que o intérprete subverta o esquema organizatório-funcional estabelecido pela Constituição.

(B) De acordo com o Princípio do Efeito Integrador, as normas constitucionais devem ser vistas como preceitos integrados em um sistema unitário de regras e princípios, de modo que a Constituição só pode ser compreendida e interpretada se entendida como unidade.

(C) De acordo com o Princípio da Convivência das Liberdades Públicas, o aplicador da Constituição, ao construir soluções para os problemas jurídico-constitucionais, dever preferir os critérios ou pontos de vista que favoreçam a integração social e a unidade política.

(D) O Princípio da Unidade da Constituição determina que nenhum direito é absoluto, pois todos encontram limites em outros direitos consagrados pela própria Constituição.

(E) O Princípio da Presunção da Constitucionalidade das Leis impede a declaração de inconstitucionalidade dos atos normativos.

Perfeita a alternativa **A** nos termos da doutrina de Jose Gomes Canotilho. As demais estão erradas – vejamos. O princípio da Unidade da Constituição estabelece que a Constituição deve ser interpretada como um sistema, um conjunto coeso de normas que devem ser interpretadas de modo a evitar contradições, já que todas as normas constitucionais são dotadas da mesma natureza e grau hierárquico (deve ser considerada como um todo e não isoladamente) e conforme o princípio do Efeito Integrador deve-se sempre privilegiar os critérios que favoreçam a integração político-social e o reforço da unidade política (ambos tratados por Canotilho). Assim a alternativa B traz o princípio da unidade, por isso está errada. A alternativa **C** refere-se ao princípio do efeito integrador, logo está errada. A alternativa **D**, também errada, tem mais relação com o estudo dos direitos fundamentais, mas em termos de princípios de interpretação estaria mais relacionada com o princípio da concordância prática ou harmonização e não com o da unidade. Errada a alternativa **E**, pois, quanto à presunção de constitucionalidade esta é relativa, razão pela qual possível o controle de sua constitucionalidade. LR

Gabarito "A".

(Delegado/MT – 2017 – CESPE) O método de interpretação da Constituição que, por considerá-la um sistema aberto de regras e princípios, propõe que se deva encontrar a solução mais razoável para determinado caso jurídico partindo-se da situação concreta para a norma, é denominado método

(A) hermenêutico clássico.

(B) científico-espiritual.

(C) tópico-problemático.

(D) normativo-estruturante.

(E) hermenêutico concretizador.

De acordo com o método de interpretação da Constituição tópico-problemático a solução de um caso deve sempre partir da situação concreta para a norma, por isso ele é tópico (topos/lugar – parte do caso concreto) – problemático (discute o problema, para depois buscar a norma). Sendo assim, correta a alternativa C. LR

Gabarito "C".

(Delegado/RJ – 2013 – FUNCAB) Com base nas lições de Canotilho, os princípios de interpretação constitucional foram desenvolvidos a partir do método hermenêutico-concretizador e se tornaram referên-

cia obrigatória da teoria da interpretação constitucional. Segundo a Doutrina, há um princípio que tem por finalidade impedir que o intérprete-concretizador da Constituição modifique aquele sistema de repartição e divisão das funções constitucionais, para evitar que a interpretação constitucional chegue a resultados que perturbem o esquema organizatório-funcional nela estabelecido, como é o caso da separação dos poderes. A definição exposta corresponde ao Princípio:

(A) da Justeza ou da Conformidade Funcional.

(B) da Máxima Efetividade.

(C) da Harmonização.

(D) da Força Normativa da Constituição.

(E) do Efeito Integrador.

A: correta. O **princípio da justeza**, conformidade funcional ou da correção funcional, de fato está relacionado com o sistema organizacional da Constituição. Desse modo, aqueles que interpretam a Constituição devem se atentar fielmente às regras sobre separação dos poderes e repartição constitucional de competências; **B:** incorreta. O **princípio da máxima efetividade**, técnica de interpretação constitucional também conhecida como eficiência ou interpretação efetiva, dispõe que as normas constitucionais devem ser interpretadas privilegiando sua maior eficiência. Por exemplo, quando se estiver diante de duas ou mais interpretações possíveis em relação a algum direito fundamental, deve-se optar por aquela que reflete a maior eficácia do dispositivo; **C:** incorreta. O **princípio da harmonização** ou concordância prática determina que as normas constitucionais devam ser conciliadas para que possam coexistir sem que uma tenha de ser privilegiada em detrimento de outra. Tal princípio tem relação com o da unidade da constituição e com o princípio da igualdade, pois o todo é que deve ser analisado e de forma harmônica, evitando-se, ao máximo, a anulação de um direito por conta de outro. Vejam que a análise interpretativa deve ser feita a priori para que seja evitado esse sacrifício de um em detrimento de outro. A concordância prática reforça a ideia de inexistência de hierarquia entre os princípios constitucionais; **D:** incorreta. O **princípio da força normativa da constituição** reforça o entendimento de que a interpretação constitucional deve priorizar a atualidade normativa do texto, fortalecendo tanto sua eficácia como sua permanência; **E:** incorreta. O **princípio do efeito integrador** ou eficácia integradora nos ensina que a análise dos conflitos jurídico-constitucionais deve se dar à luz dos critérios que beneficiam a integração política e social. A eficácia integradora reforça o princípio da unidade da Constituição. BV

Gabarito "A".

2. CONTROLE DE CONSTITUCIONALIDADE

2.1. Controle de constitucionalidade em geral

(Delegado/ES – 2019 – Instituto Acesso) A Constituição Federal de 1988 estabelece as autoridades que são competentes para propor a ação direta de inconstitucionalidade (ADI) e a ação declaratória de constitucionalidade (ADC). Marque a alternativa que enumera apenas as autoridades que NÃO podem propor ADI e ADC.

(A) Partidos políticos com representação no Congresso Nacional.

(B) Mesa de Assembleia Legislativa ou da Câmara Legislativa do Distrito Federal.

(C) Presidente da República e Governador de Estado ou do Distrito Federal.

(D) Deputado Federal; Senador e Ministro de Estado.

(E) Procurador Geral da República; Conselho Federal da Ordem dos Advogados e entidade de classe de âmbito nacional.

A: correto. Determina o inciso VIII do art. 103 da CF, o partido político com representação no Congresso Nacional pode propor a ação direta de inconstitucionalidade e a ação declaratória de constitucionalidade/ **B:** correto. De acordo com o inciso IV do art. 103 da CF, a Mesa de Assembleia Legislativa ou da Câmara Legislativa do Distrito Federal pode propor tais ações; **C:** correta. Conforme os incisos I e V do art. 103 da CF, o Presidente da República e o Governador de Estado ou do Distrito Federal podem propor tais ações. **D:** incorreta, devendo ser assinalada, haja vista que não existe tal hipótese no Texto Constitucional; **E:** correto. O inciso VI do art. 103 da CF determina que o Procurador-Geral da República pode propor a ação direta de inconstitucionalidade e a ação declaratória de constitucionalidade. Vale lembrar que a Arguição de Descumprimento de Preceito Fundamental – ADPF também pode ser proposta pelos legitimados do mencionado art. 103 da CF. BV

Gabarito "D".

(Delegado/MS – 2017 – FAPEMS) Leia o seguinte excerto.

A prematura intervenção do Judiciário em domínio jurídico e político de formação dos atos normativos em curso no Parlamento, além de universalizar um sistema de controle preventivo não admitido pela Constituição, subtrairia dos outros Poderes da República, sem justificação plausível, a prerrogativa constitucional que detém de debater e aperfeiçoar os projetos, inclusive para sanar seus eventuais vícios de inconstitucionalidade.

> BRASIL. Supremo Tribunal Federal. Mandado de Segurança 32.033-DF. Relator: Ministro Gilmar Mendes, 2013;

O controle de constitucionalidade preventivo pode dar-se durante o processo legislativo por meio do veto por inconstitucionalidade, também denominado

(A) veto jurídico, e pela impetração de mandado de segurança, por parlamentar, voltado a preservar o decoro parlamentar.

(B) veto jurídico, e pela impetração de mandado de segurança, por partido político, voltado a preservar o decoro parlamentar.

(C) veto jurídico, e pela impetração de mandado de segurança, pelo Procurador-Geral da República, voltado a preservar o devido processo legislativo.

(D) veto político, é pela impetração de mandado de segurança, por parlamentar, voltado a preservar o devido processo legislativo.

(E) veto jurídico, e pela impetração de mandado de segurança, por parlamentar, voltado a preservar o devido processo legislativo.

O veto por inconstitucionalidade é denominado pela doutrina de veto jurídico. A jurisprudência do STF tem admitido de modo excepcional interferir durante o processo legislativo, apenas quando houver a impetração de mandado de segurança, exclusivamente por parlamentar (deputado federal ou senador), voltado a preservar o devido processo legislativo. Trata-se, em verdade, de um controle repressivo do ato ofensivo ao devido processo legislativo, mas com reflexo preventivo, pois impede o prosseguimento da aprovação de norma que estaria eivada de vício de inconstitucionalidade. Assim, a única correta é a alternativa E. **LR**
Gabarito "E".

(Delegado/MS – 2017 - FAPEMS) Sobre o controle de constitucionalidade exercido pelo Supremo Tribunal Federal, afirma-se que o Supremo tem recorrido a diversas técnicas de decisão chamadas de sentenças intermediárias. A expressão sentença intermediária "compreende uma diversidade de tipologia de decisões utilizadas pelos Tribunais Constitucionais e/ou Cortes Constitucionais em sede de controle de constitucionalidade, com o objetivo de relativizar o padrão binário do direito (constitucionalidade/inconstitucionalidade)".

> FERNANDES, Bernardo. Curso de Direito Constitucional. 9a. ed. Salvador: Juspodivm. 2017, p. 1.578.

Sobre tais técnicas, verifica-se que

(A) a modulação temporal foi amplamente utilizada no julgamento das Ações Diretas de Inconstitucionalidade 4.357 e 4.425 (25/3/2015), referentes ao sistema de precatórios da Emenda Constitucional n. 62 de 2009.

(B) a "declaração de inconstitucionalidade sem pronúncia de nulidade" é equivalente ao "apelo ao Legislador".

(C) o Supremo Tribunal Federal faz uma distinção rigorosa entre as sentenças interpretativas de "interpretação conforme a Constituição" e "declaração de inconstitucionalidade sem redução de texto".

(D) o Supremo Tribunal Federal rejeita a utilização de sentenças transitivas.

(E) as sentenças aditivas produzem os mesmos efeitos das sentenças substitutivas.

Está perfeita a alternativa **A**. A modulação está disciplinada no artigo 27, da Lei 9.868/1999 e foi amplamente utilizada nas decisões referidas. Errada a **B**. Vejamos, a declaração de inconstitucionalidade sem pronúncia de nulidade não se confunde com o apelo ao Legislador. Na primeira há uma declaração de inconstitucionalidade, mas por razões de segurança jurídica não é proclamada a nulidade – nesse sentido a ADI 2240. Há assim um caráter mandamental para que o legislador supra a situação inconstitucional. Já o apelo ao legislador é uma sentença de rejeição da inconstitucionalidade, com conteúdo preventivo (Vide "Apelo ao legislador na Corte Constitucional Federal Alemã – Gilmar Ferreira Mendes – Revista Trimestral de Direito Público – 10. Errada a alternativa **C**. Não há uma distinção rigorosa entre as sentenças interpretativas de "interpretação conforme a Constituição" e "declaração de inconstitucionalidade sem redução de texto", disciplinadas na lei 9.868/1999, seja no STF seja na doutrina. Errada a alternativa **D**. O STF adota sentenças transitivas, que são espécies das sentenças intermediárias ou manipulativas (ou seja, que não ficam na decisão binária: constitucional ou inconstitucional). Conforme José Adércio Leite Sampaio (in https://

denisevargas.jusbrasil.com.br/artigos/121936165/as-decisoes-manipulativas-ou--intermedias-na-jurisdicao-constitucional – acesso em 30/11/2017) as transitivas podem ser divididas em: b1) sentença transitiva sem efeito ablativo: a declaração de inconstitucionalidade não se faz acompanhar da extirpação da norma do ordenamento jurídico, se houve possibilidade de se criar uma situação jurídica insuportável ou de grave perigoso orçamentário. b2) sentença transitiva com efeito ablativo. Nesse caso, a decisão que declara a inconstitucionalidade com possibilidade extirpar a norma ou seus efeitos do ordenamento jurídico, mas efetuando a modulação temporal dos efeitos da decisão. b3) sentença transitiva apelativa. Trata-se de declarar a constitucionalidade da norma, mas assentando um apelo ao legislador para que adote providências necessárias destinadas que a situação venha a se adequar, com a mudança de fatos, aos parâmetros constitucionais. b4) sentença transitiva de aviso. Nesse tipo de decisão há um prenúncio de uma mudança de orientação jurisprudencial que não será aplicado ao caso em análise. Errada a alternativa **E**. Conforme o mesmo autor (José Adércio Leite Sampaio): as sentenças normativas podem ser: a1) sentença normativa aditiva. Nestas, há um alargamento da abrangência do texto legal em virtude da criação de uma regra pela própria decisão. a2) sentença normativa aditiva de princípios. O tribunal adiciona um princípio deixando a criação da regra pelo legislador. a3) sentença normativa substitutiva. O tribunal declara a inconstitucionalidade de uma norma na parte em que contém uma prescrição em vez de outra ou profere uma decisão que implica em substituição de uma disciplina contida no preceito constitucional. **LR**
Gabarito "A".

(Delegado/MS – 2017 – FAPEMS) Leia o excerto a seguir.

É interessante que a doutrina convencional que trabalha o controle de constitucionalidade sempre se preocupou com o estudo dos sistemas de controle (se jurisdicional ou político, por exemplo), com os critérios (se difuso ou concentrado) ou mesmo se o controle é concreto ou abstrato ou se pela via incidental ou principal. [...] Entretanto, muito pouco se estuda sobre o processo de deliberação nos Tribunais (Cortes) Constitucionais. Talvez, esse seja o estudo mais importante da atualidade sobre o controle de constitucionalidade.

> FERNANDES, Bernardo Gonçalves, Curso de Direito Constitucional, p. 1713, Ed. Juspodivm, 9° Edição, 2017.

Nesses termos, sobre a moderna Jurisdição Constitucional, sua jurisprudência e inovações, assinale a alternativa correta.

(A) A atual prática do STF apresenta uma deliberação pública que adota o modelo de decisão intitulado de *per curiam*. Esse modelo se caracteriza pela produção de um agregado das posições individuais de cada membro do colegiado, cujos votos são expostos "em série" em um texto composto. Cada um dos ministros apresenta seu voto até se ter um somatório e chegar a um resultado final.

(B) No âmbito do controle difuso-concreto de constitucionalidade brasileiro, tem-se que a inconstitucionalidade da norma objeto do caso concreto não pode ser reconhecida de ofício pelo magistrado.

(C) A jurisprudência do STF na ação direta de inconstitucionalidade tem admitido a legitimidade ativa de associação que representa apenas fração ou parcela da categoria profissional, quando o ato impugnado repercute sobre a esfera jurídica de toda uma classe.

(D) As sentenças de aviso são sentenças intermediárias que sinalizam uma mudança na jurisprudência para o futuro, embora tal mudança não venha a surtir efeitos para o caso *sub judice*.

(E) Segundo o STF, não é cabível o ajuizamento de embargos de declaração para fins de modulação dos efeitos de decisão proferida em Ação Direta de inconstitucionalidade.

Errada a alternativa **A**. "As práticas de deliberação das Cortes Constitucionais variam conforme os distintos desenhos institucionais que cada sistema pode assumir e que estão primordialmente relacionados, entre outros fatores, (1) ao ambiente institucional onde ocorrem as deliberações, que podem ser fechados ou secretos, por um lado, e abertos ou públicos, por outro; e à (2) apresentação institucional dos resultados da deliberação, as quais podem ocorrer em texto único, conforme o modelo de decisão *per curiam*, ou por meio de texto composto, que corresponde ao modelo de decisão *seriatim*. A atual prática do STF conforma um modelo bastante peculiar de deliberação aberta ou pública que adota o modelo de decisão *seriatim*." Observatório Constitucional – "É preciso repensar a deliberação no Supremo Tribunal Federal" André Rufino do Vale. In: https://www.conjur.com.br/2014-fev-01/observatorio-constitucional-preciso-repensar--deliberacao-stf#_ftnref2_4182 – acesso em 01/12/2017. Errada a alternativa **B**. No âmbito do controle difuso-concreto de constitucionalidade brasileiro admite-se que a inconstitucionalidade da norma seja reconhecida de ofício pelo magistrado. Errada a alternativa **C**. O Supremo Tribunal Federal não tem admitido a legitimidade ativa de associação que representa apenas fração ou parcela da categoria

4. DIREITO CONSTITUCIONAL

profissional, quando o ato impugnado repercute sobre a esfera jurídica de toda uma classe (Ver ADI 5448). Correta a alternativa **D**. As sentenças transitivas de aviso são sentenças intermediárias que sinalizam uma mudança na jurisprudência para o futuro, mas não irá surtir efeitos no caso em análise. Errada a alternativa **E**. É cabível a oposição de embargos de declaração para fins de modulação dos efeitos de decisão proferida em ação direta de inconstitucionalidade, ficando seu acolhimento condicionado, entretanto, à existência de pedido formulado nesse sentido na petição inicial. (ADI 2791 ED/PR, rel. orig. Min. Gilmar Mendes, rel. p/ o acórdão Min. Menezes Direito, 22.4.2009.) **LR**

Gabarito "D".

(Delegado/MT – 2017 – CESPE) Uma proposta de emenda constitucional tramita em uma das casas do Congresso Nacional, mas determinados atos do seu processo de tramitação estão incompatíveis com as disposições constitucionais que disciplinam o processo legislativo.

Nessa situação hipotética, segundo o entendimento do STF, terá legitimidade para impetrar mandado de segurança a fim de coibir os referidos atos

(A) partido político.

(B) governador de qualquer estado da Federação, desde que este seja afetado pela matéria da referida emenda.

(C) o Conselho Federal da OAB.

(D) o procurador-geral da República.

(E) parlamentar federal.

Conforme entendimento do STF "Os membros do Congresso Nacional têm legitimidade ativa para impetrar mandado de segurança com o objetivo de ver observado o devido processo legislativo constitucional." (MS-24041/DF). Logo, correta a alternativa E. **LR**

Gabarito "E".

(Delegado/PE – 2016 – CESPE) Com relação ao controle de constitucionalidade, assinale a opção correta.

(A) Como atos *interna corporis*, as decisões normativas dos tribunais, estejam elas sob a forma de resoluções administrativas ou de portarias, não são passíveis do controle de constitucionalidade concentrado.

(B) Se o governador de um estado da Federação ajuizar ADI contra lei editada por outro estado, a ação não deverá ser conhecida pelo STF, pois governadores de estado somente dispõem de competência para ajuizar ações contra leis e atos normativos federais e de seu próprio estado.

(C) A ADPF pode ser proposta pelos mesmos legitimados ativos da ADI genérica e da ADC, além do juiz singular quando, na dúvida sobre a constitucionalidade de uma lei, este suscita o incidente de arguição de inconstitucionalidade perante o STF.

(D) Se a câmara de vereadores de um município entender que o prefeito local pratica atos que lesam princípios ou direitos fundamentais, ela poderá propor uma ADPF junto ao STF visando reprimir e fazer cessar as condutas da autoridade municipal.

(E) São legitimados universais para propor ADI, não se sujeitando ao exame da pertinência temática, o Presidente da República, as mesas da Câmara dos Deputados e do Senado Federal, o procurador-geral da República, partido político com representação no Congresso Nacional e o Conselho Federal da OAB.

A: incorreta. O STF, ADI 4.108/MG, 'tem admitido o controle concentrado de constitucionalidade de preceitos oriundos da atividade administrativa dos tribunais, desde que presente, de forma inequívoca, o caráter normativo e autônomo do ato impugnado'". Vicente Paulo e Marcelo Alexandrino, em Direito Constitucional Descomplicado, 14ª Edição, 2015, p. 850, ensinam que "Pode, ainda, ser objeto de ação direta de inconstitucionalidade perante o STF os seguintes atos normativos: resoluções e decisões administrativas dos tribunais do Poder Judiciário"; **B:** incorreta. O governador é legitimado ativo para propor as ações do controle concentrado (ADI, ADC e ADPF), conforme determina o art. 103, V, da CF. O único detalhe é que ele precisa demonstrar pertinência temática, ou seja, o conteúdo do ato deve ser pertinente aos interesses do Estado que o Governador representa, sob pena de carência da ação (falta de interesse de agir); **C:** incorreta. O juiz singular não é legitimado para propor tal ação. Apenas o rol de legitimados previsto no art. 103 da CF pode propor as ações do controle concentrado. São os seguintes: I – o Presidente da República; II – a Mesa do Senado Federal; III – a Mesa da Câmara dos Deputados; IV – a Mesa de Assembleia Legislativa ou da Câmara Legislativa do Distrito Federal; V – o Governador de Estado ou do Distrito Federal; VI – o Procurador-Geral da República; VII – o Conselho Federal da Ordem dos Advogados do Brasil; VIII – partido político com representação no Congresso Nacional; IX – confederação sindical ou entidade de classe de âmbito nacional.

Legitimidade. Vale lembrar que segundo o STF, os previstos nos incisos IV, V e IX do art. 103 da CF precisam demonstrar pertinência temática; **D:** incorreta. A Câmara de Vereadores não é legitimada ativa à propositura do ADPF. Como mencionado, apenas o rol do art. 103 da CF detém legitimidade; **E:** correta. O art. 103 da CF traz os legitimados e o STF os classifica em universais ou neutros e especiais, temáticos ou interessados. Os primeiros podem impugnar quaisquer normas, os segundos são aqueles que precisam demonstrar pertinência temática ao ingressar com essas ações, ou seja, o conteúdo do ato deve ser pertinente aos interesses do legitimado, sob pena de carência da ação. O Supremo já definiu que pertinência temática significa que a ação proposta pelo ente tem de estar de acordo com sua finalidade institucional. Devem vir acompanhadas de tal requisito as ações propostas pelos seguintes legitimados: a Mesa de Assembleia Legislativa ou da Câmara Legislativa do Distrito Federal (inciso IV); o Governador de Estado ou do Distrito Federal (inciso V); e confederação sindical ou entidade de classe de âmbito nacional (inciso IX). Por exclusão, os demais entes são considerados legitimados universais, ou seja, não precisam demonstrar a existência de pertinência temática, quais sejam: o Presidente da República, a Mesa do Senado Federal, a Mesa da Câmara dos Deputados, o Procurador-Geral da República, o partido político com representação no Congresso Nacional e o Conselho Federal da Ordem dos Advogados do Brasil. **BV**

Gabarito "E".

(Delegado/DF – 2015 – Fundação Universa) No que se refere ao controle de constitucionalidade das leis, assinale a alternativa correta.

(A) O princípio processual da adstrição ou da congruência, segundo o qual o juiz está adstrito ao pedido da parte, aplica-se ao sistema de controle concentrado de constitucionalidade, razão pela qual não pode ser analisada a constitucionalidade de um dispositivo que não fora impugnado na inicial.

(B) De acordo com o princípio da indivisibilidade das leis adotado no Brasil, a declaração de inconstitucionalidade referir-se-á ao dispositivo legal como um todo, não sendo possível declarar a inconstitucionalidade de apenas uma palavra, sob pena de transformar o STF em legislador positivo.

(C) O conceito de bloco de constitucionalidade, que é o conjunto de regras e princípios constitucionais que servem de parâmetro para o controle dos atos normativos, abrange apenas as regras e os princípios explícitos no texto constitucional.

(D) Suponha-se que um tratado internacional de direitos humanos tenha sido aprovado pelo Congresso Nacional por meio do rito legislativo aplicável, em geral, aos tratados internacionais. Nesse caso, esse tratado é equivalente a uma emenda à CF.

(E) Não é todo silêncio legislativo que autoriza a declaração de inconstitucionalidade por omissão. Essa omissão inconstitucional verificar-se-á com o descumprimento de um mandamento constitucional que obrigue o legislador ordinário a atuar positivamente, criando uma norma legal.

A: incorreta. De acordo com o STF (ADI 1923), é possível que seja declarada a inconstitucionalidade de dispositivos que, muito embora não tenham sido objeto de impugnação, estão relacionados com as normas declaradas inconstitucionais. Os preceitos não impugnados e que encontrem fundamento de validade na norma tida como inconstitucional serão, **"por arrastamento"**, "por reverberação normativa", "por atração" ou "por inconstitucionalidade consequente de preceitos não impugnados", declarados inconstitucionais. É o que ocorre, por exemplo, com um regulamento de uma lei que teve sua aplicação afastada do ordenamento jurídico, após ser declarada inconstitucional pelo STF. **B:** incorreta. Determina o **princípio da parcelaridade** que o Supremo, ao analisar uma norma que esteja sendo impugnada por razões de inconstitucionalidade, pode declarar inconstitucional todo o seu conteúdo **ou apenas parte dele**. Exemplo: o Supremo, ao analisar a constitucionalidade do artigo 7º, § 2º, do Estatuto da Ordem dos Advogados do Brasil, declarou inconstitucional apenas a expressão "desacato". Desse modo, pelo princípio da parcelaridade, o Supremo não fica adstrito ao texto de uma lei inteira ou um artigo, um inciso, um parágrafo ou uma alínea – pode entender que é inconstitucional apenas uma palavra, por exemplo; **C:** incorreta. O **bloco de constitucionalidade** é um instituto que tem por finalidade ampliar o padrão de controle de constitucionalidade. Tudo que é tido como conteúdo constitucional, até mesmo princípios e regras implícitas, integram o denominado bloco de constitucionalidade. Tal assunto possibilita a expansão dos preceitos constitucionais como liberdades públicas, direitos e garantias. Em sentido amplo, o bloco abrange princípios, normas, além de direitos humanos reconhecidos em tratados e convenções internacionais incorporados no ordenamento jurídico. De acordo com o Supremo, "a definição do significado de bloco de constitucionalidade – independentemente da abrangência material que se lhe reconheça – reveste-se de fundamental importância no processo de fiscalização normativa abstrata, pois a exata qualificação conceitual dessa categoria jurídica projeta-se como fator determinante do caráter constitucional, ou não, dos atos estatais contestados em face da Carta Política. – A superveniente alteração/supressão das normas, valores e princípios que se subsumem à noção conceitual de bloco de constitucionalidade, por importar em descaracterização do parâmetro constitucional de confronto, faz instaurar, em sede de controle abstrato, situação configuradora de prejudicialidade da ação direta, legitimando, desse modo – ainda que mediante decisão monocrática do Relator da causa (RTJ 139/67) – a extinção anômala do processo de fiscalização concentrada de constitucionalidade" (Informativo 295); **D:** incorreta. De acordo com o § 3º do art. 5º da CF, os tratados e convenções internacionais sobre direitos humanos **que forem aprovados, em cada Casa do Congresso Nacional, em dois turnos, por três quintos dos votos dos respectivos membros**, serão equivalentes às emendas constitucionais; **E:** correta. De fato não é qualquer silêncio normativo que autoriza a declaração de inconstitucionalidade por omissão. Vicente Paulo e Marcelo Alexandrino, em Direito Constitucional Descomplicado, 14ª Edição, p. 898, ensinam que "...as hipóteses de ajuizamento desta ação (ADO) não decorrem de toda e qualquer espécie de omissão do Poder Público, mas sim daquelas omissões relacionadas com as normas constitucionais de caráter mandatório, em que a sua plena aplicabilidade está condicionada à ulterior edição dos atos requeridos pela Constituição".**BV**

Gabarito "E".

(Delegado Federal – 2013 – CESPE) Considerando o controle de constitucionalidade no ordenamento jurídico pátrio, julgue os itens subsecutivos.

(1) Na ação direta de inconstitucionalidade ajuizada perante o STF, apesar de lhe ser aplicável o princípio da congruência ou da adstrição ao pedido, admite-se a declaração de inconstitucionalidade de uma norma que não tenha sido objeto do pedido, na hipótese configuradora da denominada inconstitucionalidade por arrastamento.

(2) De acordo com entendimento do STF, no controle difuso de constitucionalidade, os tribunais não podem aplicar a denominada interpretação conforme a CF sem a observância da cláusula de reserva de plenário.

1: correto. De acordo com o STF (ADI 1923), é possível que seja declarada a inconstitucionalidade de dispositivos que, muito embora não tenham sido objeto de impugnação, estão relacionados com as normas declaradas inconstitucionais. Os preceitos não impugnados e que encontrem fundamento de validade na norma tida como inconstitucional serão, "por arrastamento", "por reverberação normativa", "por atração" ou "por inconstitucionalidade consequente de preceitos não impugnados", declarados inconstitucionais. É o que ocorre, por exemplo, com um regulamento de uma lei que teve sua aplicação afastada do ordenamento jurídico, após ser declarada inconstitucional pelo STF; **2:** errado. O STF entende de forma diversa: "Controle incidente de inconstitucionalidade: reserva de plenário (CF, art. 97). 'Interpretação que restringe a aplicação de uma norma a alguns casos, mantendo-a com relação a outros, não se identifica com a declaração de inconstitucionalidade da norma que é a que se refere o art. 97 da Constituição.' (cf. RE 184.093, Moreira Alves, DJ 5-9-1997)" (RE 460.971, Rel. Min. Sepúlveda Pertence, julgamento em 13-2-2007, Primeira Turma, DJ de 30-3-2007.) Vale lembrar que a interpretação conforme a Constituição é um mecanismo de interpretação utilizado pelo Supremo que tem por finalidade "salvar" a norma, não a declarando inconstitucional e consequentemente banindo-a do ordenamento jurídico brasileiro. Tem por fundamento o princípio da conservação ou da preservação das normas. Nesse caso, o Supremo fixa uma interpretação que deve ser seguida. Em vez de declarar a norma inconstitucional, determina que a lei é constitucional desde que interpretada de tal maneira. Há apenas uma interpretação possível para aquela norma, que é a fixada por ele quando da análise de sua constitucionalidade.**BV**

Gabarito 1C, 2E

(Delegado/SP – 2014 – VUNESP) Pode(m) propor a ação direta de inconstitucionalidade e a ação declaratória de constitucionalidade perante o Supremo Tribunal Federal:

(A) partido político sem representação no Congresso Nacional.
(B) os Conselhos Federais de órgãos de classe profissional.
(C) confederação sindical ou entidade de classe de âmbito regional.
(D) a Mesa da Câmara dos Deputados.
(E) o Procurador-Geral de Justiça.

A: incorreta. Para que o partido político proponha as ações do controle concentrado (ADI – Ação Direta de Inconstitucionalidade, ADC – Ação Declaratória de Constitucionalidade e a ADPF – Arguição de Descumprimento de Preceito Fundamental) ele deve **ter representação no Congresso Nacional**. É o que determina o art. 103, VIII, da CF; **B:** incorreta. Apenas o **Conselho Federal da OAB** é que é legitimado. O fundamento está no art. 103, VII, da CF; **C:** incorreta. **A entidade de classe precisa ter âmbito nacional**, conforme determina o art. 103, IX, da CF; **D:** correta. É o que dispõe o art. 103, III, da CF; **E:** incorreta. O art. 103, VI, da CF dá legitimidade ao **Procurador-Geral da República**.**BV**

Gabarito "D".

(Delegado/PA – 2012 – MSCONCURSOS) Assinale a alternativa correta, considerando-se os sistemas de controle de constitucionalidade:

(A) No Brasil, o controle de constitucionalidade se realiza na forma do sistema político, sendo este exercido pelo Supremo Tribunal Federal.
(B) Segundo o sistema norte-americano de controle de constitucionalidade, a lei declarada inconstitucional é anulável, uma vez que a Suprema Corte se mostra adepta da Teoria da Anulabilidade.
(C) Inadmite-se no ordenamento jurídico brasileiro a modulação dos efeitos da declaração de inconstitucionalidade, uma vez que o controle de constitucionalidade pátrio observa a Teoria da Nulidade.
(D) Somente por unanimidade de seus membros ou dos membros do respectivo órgão especial poderão os tribunais declarar a inconstitucionalidade de lei ou ato normativo do Poder Público.
(E) As decisões definitivas de mérito, proferidas pelo Supremo Tribunal Federal, nas ações diretas de inconstitucionalidade e nas ações declaratórias de constitucionalidade produzirão eficácia contra todos e efeito vinculante, relativamente aos demais órgãos do Poder Judiciário e à administração pública direta e indireta, nas esferas federal, estadual e municipal.

A: incorreta. O sistema político de controle de constitucionalidade não é realizado pelo Judiciário, mas por órgãos de natureza política que possuem a função específica de assegurar o texto constitucional. No ordenamento jurídico brasileiro tanto o Poder Legislativo (por meio da Comissão de Constituição de Justiça) quanto o Executivo (por meio do veto jurídico) desempenham esse tipo de controle. Normalmente o fazem de forma preventiva, ou seja, verificam a constitucionalidade do projeto de lei, durante o seu processo legislativo; **B:** incorreta. Ao contrário do mencionado, o sistema norte-americano de controle de constitucionalidade adota a teoria da nulidade, segundo a qual o vício de inconstitucionalidade atinge o ato normativo desde a sua origem. Desse modo, a natureza da decisão pela inconstitucionalidade é declaratória. A teoria da anulabilidade tem a ver com o sistema austríaco. Por meio dela, o órgão responsável pelo controle de constitucionalidade funciona como legislador negativo, de modo que a sua decisão possui o mesmo grau de abstração e de generalidade das leis produzidas pelo Poder Legislativo. Sendo assim, a lei incompatível é considerada válida até a manifestação da Corte Constitucional; **C:** incorreta. Embora o sistema observe a teoria da nulidade, é possível a modulação dos efeitos da decisão, conforme o art. 27 da Lei 9.868/99; **D:** incorreta. De acordo com o art. 97 da CF/1988 não há necessidade de unanimidade e sim do voto da maioria absoluta de seus membros ou dos membros do respectivo órgão especial para que os tribunais declarem a inconstitucionalidade de lei ou ato normativo do Poder Público; **E:** correta (art. 102, § 2º, da CF/1988).**BV**

Gabarito "E".

(Delegado/MG – 2012) O "bloco de constitucionalidade" se constitui a partir de

(A) princípios, normas escritas e não escritas, fundamentos relativos à organização do Estado, direitos sociais e econômicos, direitos humanos reconhecidos em tratados e convenções internacionais dos quais o país seja signatário.
(B) normas escritas, emendas constitucionais de lastro formal, direitos fundamentais consagrados pela Constituição, de reconhecimento e aplicação internos.
(C) princípios não escritos, unidade, solidez, valoração de normas constitucionais que podem ser desmembradas para melhor efetivação dos direitos consagrados.
(D) conteúdo específico das normas constitucionais e infraconstitucionais, estabilidade, dinamicidade, dirigismo, garantismo, além de todas as normas constitucionais de caráter programático.

O bloco de constitucionalidade é um instituto que tem por finalidade ampliar o padrão de controle de constitucionalidade. Tudo o que é tido como conteúdo constitucional, até mesmo princípios e regras implícitas, integram o denominado bloco de constitucionalidade. Tal assunto possibilita a expansão dos preceitos constitucionais como liberdades públicas, direitos e garantias Em sentido amplo, o bloco abrange princípios, normas, além de direitos humanos reconhecidos em tratados e convenções internacionais incorporados no ordenamento jurídico. De acordo com o Supremo, "A definição do significado de bloco de constitucionalidade – independentemente da abrangência material que se lhe reconheça – reveste-se de fundamental importância no processo de fiscalização normativa abstrata, pois a exata qualificação conceitual dessa categoria jurídica projeta-se como fator determinante do caráter constitucional, ou não, dos atos estatais contestados em face da Carta Política. A superveniente alteração/supressão das normas, valores e princípios que se subsumem à noção conceitual de bloco de constitucionalidade, por importar em descaracterização do parâmetro constitucional de confronto, faz

4. DIREITO CONSTITUCIONAL

515

instaurar, em sede de controle abstrato, situação configuradora de prejudicialidade da ação direta, legitimando, desse modo – ainda que mediante decisão monocrática do Relator da causa (RTJ 139/67) – a extinção anômala do processo de fiscalização concentrada de constitucionalidade" (Informativo 295). **BV**

Gabarito "A".

(Delegado/AP – 2010) Relativamente ao controle de constitucionalidade, assinale a afirmativa correta.

(A) As decisões definitivas de mérito, proferidas pelo Supremo Tribunal Federal, nas ações diretas de inconstitucionalidade e nas ações declaratórias de constitucionalidade produzirão eficácia contra todos e efeito vinculante, relativamente aos demais órgãos do Poder Judiciário, mas não à administração pública direta e indireta, nas esferas federal, estadual e municipal.

(B) Podem propor a ação direta de inconstitucionalidade e a ação declaratória de constitucionalidade, dentre outros, Governador de Estado, o Procurador-Geral da República, o Conselho Federal da Ordem dos Advogados do Brasil, dois terços dos membros do Senado Federal ou da Câmara dos Deputados.

(C) A súmula vinculante terá por objetivo a validade, a interpretação e a eficácia de normas determinadas, acerca das quais haja controvérsia atual entre órgãos judiciários ou entre esses e a administração pública que acarrete grave insegurança jurídica e relevante multiplicação de processos sobre questão idêntica.

(D) A matéria constante de proposta de súmula vinculante rejeitada ou havida por prejudicada não pode ser objeto de nova proposta enquanto não for modificada a composição do Supremo Tribunal Federal.

(E) Compete ao Supremo Tribunal Federal processar e julgar, originariamente, a ação direta de inconstitucionalidade e a ação declaratória de constitucionalidade de lei ou ato normativo federal, estadual ou municipal em face da Constituição Federal ou das Constituições Estaduais.

A: incorreta. A Administração Pública também é atingida por tais decisões (art. 28, parágrafo único, da Lei nº 9.868/99); **B:** incorreta. Não são dois terços dos membros do Senado Federal ou da Câmara dos Deputados que podem propor ação direta de inconstitucionalidade e ação declaratória de constitucionalidade, mas sim a Mesa do Senado Federal ou da Câmara de Deputados (art. 103, I e II, da CF/1988); **C:** correta. De fato, é exatamente o que dispõe o § 1º do art. 103-A da CF/1988; **D:** incorreta, pois não há essa proibição; **E:** incorreta. Pode ser objeto de ação direta de inconstitucionalidade lei ou ato normativo federal ou estadual. Lei municipal que viole a CF não é objeto possível de ação direta de inconstitucionalidade no STF. Em relação à ação declaratória de constitucionalidade o objeto é ainda mais restrito, ou seja, só lei ou ato normativo federal (art. 102, I, "a", da CF/1988). **BV**

Gabarito "C".

(Delegado/GO – 2009 – UEG) No controle de constitucionalidade,

(A) a decisão exarada pelo Supremo Tribunal Federal nas decisões definitivas de mérito que possui eficácia contra todos e efeito vinculante, relativamente aos demais órgãos judiciários e à administração pública, é a adotada nos recursos extraordinários.

(B) quando o Supremo Tribunal Federal apreciar, em tese, a inconstitucionalidade de lei ou de ato normativo, citará, previamente, o Advogado-Geral da União, que defenderá o ato ou texto normativo.

(C) a decisão exarada pelo Supremo Tribunal Federal nas decisões definitivas de mérito possui eficácia contra todos e efeito vinculante em todos os processos de sua competência.

(D) o Procurador-Geral da República poderá ser ouvido nas ações de inconstitucionalidade e em todos os processos de competência do Supremo Tribunal Federal.

A e C: incorretas. As decisões definitivas de mérito que possuem eficácia contra todos e efeito vinculante, relativamente aos demais órgãos judiciários e à administração pública são as dadas em sede de controle abstrato (ou concentrado) de constitucionalidade, por exemplo, numa ação direta de inconstitucionalidade (art. 102, § 2º, da CF/1988). A decisão final no recurso extraordinário, mecanismo de controle difuso de constitucionalidade, não é dotada de efeito vinculante e *erga omnes*. Como a decisão se dá num caso concreto, os efeitos são, em regra, *inter partes*. Há possibilidade de modulação desses efeitos, pelo Senado Federal, por meio da suspensão da execução da lei (art. 52, X, da CF/1988); **B:** correta. De fato, o art. 103, § 3º, da CF/1988 determina a citação do AGU para a defesa do ato; **D:** incorreta. O art. 103, § 1º, da CF/1988 dispõe que o PGR deverá e não "poderá" ser ouvido. **BV**

Gabarito "B".

(Delegado/RJ – 2009 – CEPERJ) De acordo com a jurisprudência recente do Supremo Tribunal Federal:

(A) o julgamento da ação direta de inconstitucionalidade é precedido de exame da repercussão geral da questão constitucional de fundo.

(B) admite-se a reclamação para o controle concentrado de constitucionalidade de lei idêntica a outra já declarada inconstitucional pelo STF em ação direta de inconstitucionalidade.

(C) o Governador do Estado está dispensado da demonstração de pertinência temática para o ajuizamento de ação direta de inconstitucionalidade.

(D) a decisão no mandado de injunção possui efeitos idênticos aos da decisão proferida em sede de ação direta de inconstitucionalidade por omissão.

(E) é cabível a ação declaratória de constitucionalidade de leis estaduais, em razão do caráter dúplice da decisão em controle abstrato de constitucionalidade das leis.

A: incorreta. O instituto da repercussão geral não é pressuposto da ação direta inconstitucionalidade, mas sim requisito de admissibilidade para a interposição de recurso extraordinário. É o que se extrai do art. 102, § 3º, da CF/1988; **B:** correta. O STF, ao analisar a Reclamação 4.219, "entendeu que o que produz eficácia contra todos e efeito vinculante, nos termos do disposto no § 2º do art. 102 da CF/1988, é a interpretação conferida pelo Supremo à Constituição, além do seu juízo de constitucionalidade sobre determinado texto normativo infraconstitucional, estando, portanto, todos, sem distinção, compulsoriamente afetados pelas consequências normativas das decisões definitivas de mérito proferidas pelo STF nas ações diretas de inconstitucionalidade e nas ações declaratórias de constitucionalidade. Ressaltou que a decisão dotada de eficácia contra todos e efeito vinculante não se confunde com a súmula vinculante, haja vista operarem em situações diferentes: esta, que é texto normativo, no controle difuso; aquela, que constitui norma de decisão, no concentrado. Dessa forma, concluiu que a decisão de mérito na ADI ou na ADC não pode ser concebida como mero precedente vinculante da interpretação de texto infraconstitucional, asseverando que as decisões do Supremo afirmam o que efetivamente diz a própria Constituição e que essa afirmação, em cada ADI ou ADC, é que produz eficácia contra todos e efeito vinculante"; **C:** incorreta. O governador de Estado deve demonstrar pertinência temática, quando do ajuizamento das ações do controle concentrado, pois é considerado legitimado especial ou interessado. Desse modo, o objeto da ação direta, por ele proposta, tem de ter relação com os interesses de seu Estado; **D:** incorreta. Embora haja divergência sobre a matéria, o entendimento atual do STF é o de que a decisão proferida nos autos do mandado de injunção poderá, desde logo, estabelecer a regra do caso concreto, afastando as consequências da inércia do legislador (MI 670/ES, MI 708/DF e MI 712/PA). V. Informativo STF 485/2007; **E:** incorreta. Apenas de lei federal pode ser objeto de ação declaratória de constitucionalidade (art. 102, I, "a", da CF/1988). **BV**

Gabarito "B".

2.2. Controle difuso de constitucionalidade

(Delegado/DF – 2015 – Fundação Universa) A respeito do sistema brasileiro de controle de constitucionalidade, assinale a alternativa correta.

(A) Suponha-se que um órgão fracionário de um tribunal regional federal entenda que uma lei, que se aplica ao caso, é inconstitucional e que, portanto, não deve ser aplicada no caso concreto. Nesse caso, o tribunal regional federal deverá atentar para a cláusula de reserva de plenário.

(B) No âmbito do controle difuso de constitucionalidade, somente as leis federais podem ser objeto de decisão em julgamento do STF.

(C) De acordo com o STF, no que se refere ao controle concentrado, a constituição brasileira adotou a tese da inconstitucionalidade superveniente, ou seja, será inconstitucional a norma inferior incompatível com a nova regra constitucional.

(D) O sistema de controle difuso brasileiro adotou a teoria da nulidade, isto é, a declaração de inconstitucionalidade terá eficácia *ex tunc*, não se permitindo a modulação dos efeitos.

(E) No controle constitucional difuso, há a possibilidade de participação do Senado Federal, que pode, por meio de decreto legislativo, suspender, no todo ou em parte, a lei declarada formalmente inconstitucional por decisão definitiva do STF.

A: correta. O assunto inconstitucionalidade é tão importante que não pode ser decidido pelos órgãos fracionários dos tribunais, mas pelo plenário. O art. 97 da CF trata da denominada cláusula de reserva de plenário o qual determina o artigo que somente pelo voto da maioria absoluta de seus membros ou dos membros do respectivo órgão especial poderão os tribunais declarar a inconstitucionalidade de lei ou ato normativo do Poder Público. Vale lembrar que existe também a súmula vinculante 10 (STF) também trata do assunto mencionando que a decisão de órgão fracionário de tribunal que, embora não declare expressamente a inconstitucionalidade de lei ou ato normativo do Poder Público, afasta sua incidência, no todo ou em parte, viola a cláusula de reserva de plenário; **B: incorreta. Qualquer lei ou ato normativo pode ser objeto dessa forma de controle.** O controle difuso é aquele realizado por qualquer juiz ou tribunal num caso concreto. Os magistrados, quando do julgamento de processos, podem fazer esse controle. É também denominado de controle incidental, pois a declaração de inconstitucionalidade se dá não de forma principal, mas incidentalmente, no processo. O pedido principal não é a declaração de inconstitucionalidade, mas um provimento jurisdicional num caso concreto, que depende da apreciação da constitucionalidade do ato normativo; **C:** incorreta. O **Supremo não adota a teoria da inconstitucionalidade superveniente.** As normas editadas antes da vigência da CF/1988 que não se mostrem de acordo com o texto não são recepcionadas ou meramente "revogadas". Nesse caso, utilizam-se as regras relativas ao direito intertemporal, em especial as atinentes ao fenômeno da recepção; **D:** incorreta. **É possível a modulação dos efeitos.** Dispõe o art. 52, X, da CF que compete privativamente ao Senado Federal suspender a execução, no todo ou em parte, de lei declarada inconstitucional por decisão definitiva do Supremo Tribunal Federal. Assim, pode o Supremo, no controle difuso, após o trânsito em julgado da decisão, comunicar ao Senado os termos de sua deliberação para que ele, se desejar, edite uma resolução determinando a suspensão da execução da norma declarada inconstitucional a partir desse momento. Fazendo isso, os efeitos, que antes eram *inter partes* e *ex tunc*, passarão a ser *erga omnes*, ou seja, a lei ficará suspensa para todas as pessoas; e *ex nunc* ou *pro futuro*, isto é, terá efeitos a partir do momento da expedição da resolução; **E:** incorreta. Como mencionado, o Senado pode suspender a execução da norma declarada inconstitucional pelo STF, mas fará isso por **resolução.** BV

Gabarito "A".

2.3. Ação direta de inconstitucionalidade

(Delegado/MG – 2018 – FUMARC) Segundo precedentes do Supremo Tribunal Federal, a comprovação da relação de pertinência temática em ação direta de inconstitucionalidade e ação declaratória de constitucionalidade NÃO é exigida para

(A) o Conselho Federal das Ordem dos Advogados do Brasil.
(B) Mesa de Assembleia Legislativa ou da Câmara Legislativa do Distrito Federal.
(C) entidades de classe de âmbito nacional.
(D) confederações sindicais.

De acordo com o STF, os legitimados que precisam demonstrar a existência de pertinência temática para proporem as ações do controle concentrado de constitucionalidade (ADI, ADC e ADPF) são os previstos nos incisos III, IV e IX, do art. 103 da CF, ou seja: III - a Mesa da Câmara dos Deputados, IV a Mesa de Assembleia Legislativa ou da Câmara Legislativa do Distrito Federal e IX a confederação sindical ou entidade de classe de âmbito nacional. O Conselho Federal da Ordem dos Advogados do Brasil é considerado pelo STF como legitimado universal e não precisa, portanto, demonstrar a pertinência temática (que seria o vínculo entre a norma objeto de impugnação e os fins protegidos pelo legitimado). BV

Gabarito "A".

(Delegado/AP – 2017 – FCC) De acordo com o sistema brasileiro de controle de constitucionalidade de leis e atos normativos,

(A) lei federal que condiciona a criação de associações à prévia autorização da Administração pública, editada anteriormente à Constituição Federal, é com ela incompatível, podendo ser objeto de ação direta de inconstitucionalidade.
(B) tratado internacional proibindo a prisão civil por dívida, que for aprovado em cada Casa do Congresso Nacional, em dois turnos, por três quintos dos votos dos respectivos membros, não tem hierarquia equivalente às emendas constitucionais, ingressando no ordenamento jurídico como norma infraconstitucional, mas supralegal, podendo ser objeto de controle abstrato de constitucionalidade.
(C) lei federal que determine o uso de algemas em todos os réus presos que compareçam a audiências judiciais é inconstitucional, podendo ser objeto de reclamação constitucional por violar súmula vinculante editada pelo STF.
(D) o ajuizamento de ação direta de inconstitucionalidade em face de lei estadual, perante o Tribunal de Justiça do Estado, não impede que a mesma lei seja impugnada perante o Supremo Tribunal Federal, mediante a proposição de ação direta de inconstitucionalidade.

(E) acórdão do Tribunal de Justiça do Estado que julgue, por maioria simples de seus membros, improcedente ação direta de inconstitucionalidade contra ato normativo estadual, resulta na declaração de inconstitucionalidade da norma, com efeitos vinculantes e contra todos.

A alternativa **A** está errada, pois não cabe ADI em face de norma anterior à Constituição, por não ser admitida a tese da inconstitucionalidade superveniente, assim a norma é tida por não recepcionada, havendo sua revogação tácita/hierárquica. Caberia, em caso de controvérsia e lesão a preceito fundamental, ADPF (artigo 102, § 1º, CF c.c. Lei 9.882/1999). Também errada a B, pois conforme artigo 5º, § 3º, CF "Os tratados e convenções internacionais sobre direitos humanos que forem aprovados, em cada Casa do Congresso Nacional, em dois turnos, por três quintos dos votos dos respectivos membros, serão equivalentes às emendas constitucionais". Errada, do mesmo modo, a alternativa **C**, pois a Súmula Vinculante não vincula a função legislativa, conforme artigo 103-A, CF "O Supremo Tribunal Federal poderá, de ofício ou por provocação, mediante decisão de dois terços dos seus membros, após reiteradas decisões sobre matéria constitucional, aprovar súmula que, a partir de sua publicação na imprensa oficial, terá efeito vinculante em relação aos demais órgãos do Poder Judiciário e à administração pública direta e indireta, nas esferas federal, estadual e municipal". Logo, não cabe a reclamação perante o STF (prevista no mesmo artigo, § 3º), que seria possível se um ato administrativo ou decisão judicial contrariasse a súmula vinculante. Correta a alternativa **D**, pois além da ADI no STF (artigo 102, inciso I, "a", CF), quando a lei estadual ofender a Constituição Federal, também é cabível a representação de inconstitucionalidade da lei estadual que seja contrária à Constituição Estadual no Tribunal de Justiça (artigo 125, § 2º, CF). A alternativa **E** está errada por dois motivos – 1) porque o quórum é de maioria absoluta (artigo 97, CF); 2) porque quando a ADI é julgada improcedente ocorre a declaração de constitucionalidade. LR

Gabarito "D".

(Delegado/RO – 2014 – FUNCAB) Considerando os temas "jurisdição constitucional" e "ação direta de inconstitucionalidade", é correto afirmar que:

(A) o STF tem entendido que, na ação direta de inconstitucionalidade, não é admitida a figura do *amicus curiae*.
(B) os municípios figuram no rol de entidades legitimadas para a propositura de ação direta de inconstitucionalidade perante o STF.
(C) em se tratando de ação direta de inconstitucionalidade, já se firmou, no STF, o entendimento de que ação dessa natureza está sujeita à desistência.
(D) a súmula, porque não apresenta as características de ato normativo, não está sujeita à jurisdição constitucional concentrada.
(E) o ajuizamento da ação direta de inconstitucionalidade está sujeito à observância de prazo prescricional.

A: incorreta. A **figura do** *amicus curiae* (amigo da corte) **é admitida** na ação direta de inconstitucionalidade, conforme determina o art. 7º, § 2º, da Lei 9.868/1999. Segundo o mencionado dispositivo, o relator, considerando a relevância da matéria e a representatividade dos postulantes, poderá, por despacho irrecorrível, admitir, observado o prazo fixado no parágrafo anterior, a manifestação de outros órgãos ou entidades; **B:** incorreta. Os **municípios não figuram no rol de entidades legitimadas** para a propositura de ação direta de inconstitucionalidade. De acordo com o art. 103 da CF, podem propor a ação direta de inconstitucionalidade e a ação declaratória de constitucionalidade: I – o Presidente da República; II – a Mesa do Senado Federal; III – a Mesa da Câmara dos Deputados; IV a Mesa de Assembleia Legislativa ou da Câmara Legislativa do Distrito Federal; V o Governador de Estado ou do Distrito Federal; VI – o Procurador-Geral da República; VII – o Conselho Federal da Ordem dos Advogados do Brasil; VIII – partido político com representação no Congresso Nacional e IX – confederação sindical ou entidade de classe de âmbito nacional; **C:** incorreta. Conforme determina o art. 5º da Lei 9.868/1999, proposta a ação direta, **não se admitirá desistência;** **D:** correta. No julgamento da ADI 594-DF, o STF definiu que "a **súmula**, porque não apresenta as características do ato normativo, **não está sujeita à jurisdição constitucional concentrada**"; **E:** incorreta. **Não há prazo** para o ajuizamento da ação direta de inconstitucionalidade. BV

Gabarito "D".

(Delegado/PR – 2013 – UEL-COPS) Leia o texto a seguir.

Medida judicial cabível para declarar a inconstitucionalidade de lei ou ato normativo federal ou estadual, editados posteriormente à promulgação da Constituição Federal e que ainda estejam em vigor. É espécie de fiscalização objetiva, tratando-se de controle abstrato de constitucionalidade.

Esse texto faz referência a uma medida judicial utilizada para realização de controle de constitucionalidade, pois se trata de

4. DIREITO CONSTITUCIONAL

(A) ação declaratória de constitucionalidade.

(B) ação declaratória de inconstitucionalidade por omissão.

(C) ação direta de inconstitucionalidade.

(D) arguição de descumprimento de preceito fundamental.

(E) controle difuso.

A: incorreta. A ação declaratória de constitucionalidade visa declarar a constitucionalidade de lei ou ato normativo de **natureza federal**; **B:** incorreta. Não há previsão no ordenamento jurídico brasileiro de ação declaratória de inconstitucionalidade por omissão, apenas de ação **direta** de inconstitucionalidade por omissão; **C:** correta. De fato, a ação direta de inconstitucionalidade é a medida judicial cabível para declarar a inconstitucionalidade de lei ou ato normativo federal ou estadual, editados posteriormente à promulgação da Constituição Federal e que ainda estejam em vigor. É espécie de fiscalização objetiva, tratando-se de controle abstrato de constitucionalidade; **D:** incorreta. A arguição de descumprimento de preceito fundamental, de acordo com o art. 1º, *caput* e parágrafo único, I, da Lei 9.882/1999, tem por objeto evitar ou reparar lesão a preceito fundamental, resultante de ato do Poder Público, além de ter cabimento quando for relevante o fundamento da controvérsia constitucional sobre lei ou ato normativo federal, estadual ou municipal, incluídos os anteriores à Constituição; **E:** incorreta. O controle difuso é aquele realizado por qualquer juiz ou tribunal num caso concreto. Os magistrados, quando do julgamento de processos, podem fazer esse controle. É também denominado de controle incidental, pois a declaração de inconstitucionalidade se dá não de forma principal, mas incidentalmente, no processo. O pedido principal não é a declaração de inconstitucionalidade, mas um provimento jurisdicional num caso concreto, que depende da apreciação da constitucionalidade do ato normativo. Gabarito "C".

(Delegado/PI – 2009 – UESPI) Admite-se, excepcionalmente, a modulação dos efeitos da declaração de constitucionalidade ou de inconstitucionalidade de lei ou de ato normativo, nos termos do artigo 27 da Lei nº 9.868/99:

(A) para, mediante maioria simples dos membros do Supremo Tribunal Federal, atribuir eficácia *ex nunc* à decisão colegiada, em vista de razões de segurança jurídica.

(B) para, mediante maioria absoluta de três quintos dos membros do Supremo Tribunal Federal, atribuir eficácia *ex nunc* à decisão colegiada, em vista de excepcional interesse social.

(C) para, mediante maioria absoluta de três quintos dos membros do Supremo Tribunal Federal, atribuir eficácia *ex tunc* à decisão colegiada, em vista de excepcional interesse social.

(D) para, mediante maioria de dois terços dos membros do Supremo Tribunal Federal, atribuir eficácia *ex nunc* à decisão colegiada, em vista de excepcional interesse social.

(E) para, mediante maioria de dois terços dos membros do Supremo Tribunal Federal, atribuir eficácia *ex nunc* à decisão colegiada, em vista da viabilização de políticas públicas.

Conforme determinação prevista no art. 27 da Lei 9.868/1999, o STF, ao declarar a inconstitucionalidade de lei ou ato normativo, e tendo em vista razões de segurança jurídica ou de excepcional interesse social, pode, **por maioria de dois terços de seus membros**, restringir os efeitos daquela declaração ou decidir que ela só tenha eficácia a partir de seu trânsito em julgado (*ex nunc*) ou de outro momento que venha a ser fixado. É o que a doutrina denomina de modulação dos efeitos da decisão. Vale lembrar que o STF aplica também esse instituto, analogicamente, ao controle difuso de constitucionalidade. Gabarito "D".

2.4. Ação declaratória de constitucionalidade

(Delegado/MG – 2007) Sobre a ação declaratória de constitucionalidade é correto afirmar que:

(A) Não é legitimada a propô-la, no Supremo Tribunal Federal, a Assembleia Legislativa.

(B) Pode ser proposta imediatamente após a promulgação da lei.

(C) Produz, em suas decisões definitivas de mérito, eficácia contra todos e efeito vinculante tal qual a ação direta de inconstitucionalidade.

(D) Só pode ser julgada no mérito após oitiva do Advogado-Geral da União.

A: incorreta. A ação declaratória de constitucionalidade pode ser proposta pelos legitimados previstos no art. 103 da CF/1988. Tal atribuição, de acordo com o inciso IV do dispositivo mencionado, é deferida à Mesa da **Assembleia Legislativa** do Distrito Federal; **B:** incorreta. As leis são dotadas de presunção

de constitucionalidade, portanto, para que essa presunção seja questionada por meio de ação declaratória de constitucionalidade, o art. 14, III, da Lei 9.868/1999, determina que exista uma **controvérsia judicial relevante** sobre a aplicação da disposição objeto da ação declaratória. Assim, não há possibilidade de se propor a ação imediatamente após a promulgação da lei; **C:** correta. De fato, as decisões definitivas de mérito, em sede de ação declaratória de constitucionalidade, produzem eficácia contra todos e efeito vinculante em relação aos demais órgãos do judiciário e a administração pública direta e indireta, nas esferas federal, estadual e municipal (art. 28, parágrafo único, da Lei 9.868/99); **D:** incorreta. Como não há ato impugnado, pois como o que se busca nessa ação é a confirmação da constitucionalidade da norma, **não** há sentido em determinar a **oitiva do Advogado-Geral da União.** Gabarito "C".

(Delegado/RJ – 2009 – CEPERJ) Assinale a alternativa correta.

(A) A legitimidade do Presidente da República para propositura de Ação Direta de Inconstitucionalidade deve obedecer à pertinência temática.

(B) Os partidos políticos têm legitimidade para propor Ação Direta de Inconstitucionalidade em relação a quaisquer matérias, devendo, entretanto, obedecer ao requisito da pertinência temática.

(C) A Confederação sindical ou entidade de classe de âmbito nacional somente possui legitimidade para propor Ação Declaratória de Constitucionalidade.

(D) A legitimidade do Procurador-Geral da República para a propositura de Ação Declaratória de Constitucionalidade é universal.

(E) A Mesa da Assembleia legislativa ou da Câmara Legislativa do Distrito Federal não possui legitimidade para propor Ação Direta de Inconstitucionalidade e Ação Declaratória de Constitucionalidade.

A: incorreta. O Presidente da República é um legitimado universal ou neutro, ou seja, não precisa demonstrar pertinência temática quando do ajuizamento de ação direta de inconstitucionalidade (art. 103, I, da CF/1988); **B:** incorreta. O partido políticos com representação no Congresso Nacional, como o Presidente, é um legitimado universal, ou seja, não precisa demonstrar pertinência temática quando do ajuizamento de ação direta de inconstitucionalidade (art. 103, VIII, da CF/1988); **C:** incorreta. A Confederação sindical ou entidade de classe de âmbito nacional, desde que demonstrem pertinência temática, pois são consideradas legitimadas interessadas ou especiais, podem entrar com ação direta de inconstitucionalidade, ação declaratória de constitucionalidade e com arguição de descumprimento de preceito fundamental (art. 103, IX, da CF/1988 e art. 2º, I, da Lei 9.882/1999); **D:** correta. De fato, o Procurador-Geral da República é tido como legitimado universal (art. 103, VI, da CF/1988); **E:** incorreta, a Mesa da Assembleia legislativa ou da Câmara Legislativa do Distrito Federal possuem legitimidade para propor as ações do controle concentrado, desde que demonstrem pertinência temática (art. 103, IV, da CF/1988). Gabarito "D".

2.5. Arguição de Descumprimento de Preceito Fundamental

(Delegado/GO – 2017 – CESPE) Tendo em vista que a petição inicial de arguição de descumprimento de preceito fundamental (ADPF) dirigida ao STF deverá conter, entre outros requisitos, a indicação do ato questionado, assinale a opção correta acerca do cabimento dessa ação constitucional.

(A) Não cabe ADPF sobre atos normativos já revogados.

(B) Cabe ADPF sobre decisão judicial transitada em julgado.

(C) Se uma norma pré-constitucional já fosse inconstitucional no regime constitucional anterior e existisse um precedente do STF que reconhecesse essa inconstitucionalidade, caberia ADPF contra essa norma pré-constitucional.

(D) Não cabe ADPF sobre ato normativo municipal.

(E) Cabe ADPF sobre ato de efeitos concretos como decisões judiciais.

A alternativa **A** está errada. Isso porque a ADPF cabe em face de normas anteriores à Constituição justamente para verificação de sua recepção ou não. Caso seja considerada não recepcionada é porque revogada tacitamente. Nesse sentido a decisão do STF na ADPF 33 "(...) Revogação da lei ou ato normativo não impede o exame da matéria em sede de ADPF, porque o que se postula nessa ação é a declaração de ilegitimidade ou de não recepção da norma pela ordem constitucional superveniente." Errada a alternativa **B**. Nesse sentido o decidido pelo STF na ADPF 243 – AgR/PB "A arguição de descumprimento de preceito fundamental não é meio apto à desconstrução de decisões judiciais transitadas em julgado". Errada a alternativa **C**, pois se uma norma pré-constitucional já fosse inconstitucional no regime constitucional anterior e existisse um precedente do

518 — BRUNA VIEIRA E LUCIANA RUSSO

STF que reconhecesse essa inconstitucionalidade nesse caso não caberia ADPF, mas reclamação (STF – ADPF 53). Errada a alternativa **D**. A Lei 9.882/1999 dispõe que a arguição terá por objeto evitar ou reparar lesão a preceito fundamental, resultante de ato do Poder Público e caberá também quando for relevante o fundamento da controvérsia constitucional sobre lei ou ato normativo federal, estadual ou municipal, incluídos os anteriores à Constituição. Veja, por exemplo a ADPF 273/MT. Logo, cabe sim em face de norma municipal. Correta a alternativa **E**, conforme precedente do STF (ADPF 101 "Ementa: Arguição de Descumprimento de Preceito Fundamental: Adequação. Observância do princípio da subsidiariedade. (...) decisões judiciais com conteúdo indeterminado no tempo: proibição de novos efeitos a partir do julgamento." **LR**

Gabarito "E".

(Delegado/RJ – 2013 – FUNCAB) Acerca do instrumento hábil para realizar o controle de constitucionalidade de lei ou ato normativo municipal em face do texto federal, assinale a alternativa correta.

(A) Arguição de descumprimento de preceito fundamental, incluindo nesse raciocínio, a hipótese do veto imotivado.

(B) Arguição de descumprimento de preceito fundamental, incluindo nesse raciocínio, os atos legislativos em fase de formação.

(C) Fiscalização difusa, exercida, no caso concreto, por qualquer juiz ou tribunal.

(D) Fiscalização difusa exercida no caso concreto, pelo Tribunal de Justiça ou pelo Tribunal de Justiça Militar dos Estados, nesta última hipótese, nos casos em que houver.

(E) Arguição de descumprimento de preceito fundamental, pela fiscalização difusa exercida no caso concreto, pelo Tribunal de Justiça e pela ação direta de controle de constitucionalidade, nos casos em que a lei ou ato normativo municipal se referirem a ato que tenha repercussão geral.

A: incorreta. O veto necessariamente deve ser motivado. De acordo com o art. 66, § 1º, da CF, se o Presidente da República considerar o **projeto**, no todo ou em parte, **inconstitucional (veto jurídico) ou contrário ao interesse público (veto político)**, vetá-lo-á total ou parcialmente, no prazo de quinze dias úteis, contados da data do recebimento, e comunicará, dentro de quarenta e oito horas, ao Presidente do Senado Federal os **motivos do veto**; **B:** incorreta. A arguição de descumprimento de preceito fundamental é exemplo de **controle posterior**, ou seja, controle realizado depois do processo legislativo ter sido concluído. Desse modo, a verificação não é feita sobre o projeto de lei (controle prévio ou preventivo), mas sobre a própria lei ou ato normativo; **C:** correta. Na análise de um caso concreto (via difusa) é possível o controle de constitucionalidade de lei ou ato normativo municipal em face do texto federal; **D:** incorreta. A o controle de constitucionalidade pela via difusa poder ser realizado por qualquer juiz ou tribunal; **E:** incorreta. A ação direta de inconstitucionalidade, quando o padrão utilizado é a CF, só pode ter por objeto lei ou ato normativo de natureza federal, estadual ou distrital, desde que sido criado no exercício da competência estadual. **BV**

Gabarito "C".

3. DIREITOS FUNDAMENTAIS

3.1. Teoria geral dos direitos fundamentais

(Delegado/GO – 2017 – CESPE) Com relação aos tratados e convenções internacionais, assinale a opção correta à luz do direito constitucional brasileiro e da jurisprudência do Supremo Tribunal Federal (STF).

(A) Segundo o entendimento do STF, respaldado na teoria da supralegalidade, a ratificação do Pacto de São José da Costa Rica revogou o inciso LXVII do art. 5º da CF, que prevê a prisão do depositário infiel.

(B) O sistema constitucional brasileiro adotou, para efeito da executoriedade doméstica de um tratado internacional, a teoria dualista extremada, pois exige a edição de lei formal distinta para tal executoriedade.

(C) O Pacto de São José da Costa Rica influenciou diretamente a edição da súmula vinculante proferida pelo STF, a qual veda a prisão do depositário infiel.

(D) A Convenção de Palermo tem como objetivo a cooperação para a prevenção e o combate ao crime de feminicídio no âmbito das nações participantes.

(E) Elaborada pelas Nações Unidas, a Convenção de Mérida, que trata da cooperação internacional contra a corrupção, ainda não foi ratificada pelo Brasil.

A alternativa **A** está errada. Isso porque o entendimento do STF é no sentido de que os tratados internacionais de direitos humanos, incorporados antes da Emenda

Constitucional 45/2004, têm eficácia supralegal, o que tem a seguinte consequência – são infraconstitucionais (ou seja, estão abaixo da CF), mas supralegais (acimas das normas infraconstitucionais, com eficácia paralisante destas). Errada a alternativa **B**. No sistema constitucional brasileiro não há exigência de edição de lei para efeito de incorporação do ato internacional ao direito interno (visão dualista extremada). Para a executoriedade doméstica dos tratados internacionais exige-se a aprovação do Congresso Nacional e a promulgação executiva do texto convencional (visão dualista moderada). Nesse sentido ver a decisão do STF na Carta Rogatória – CR 8279 / AT – Argentina. Correta a alternativa **C**. O Pacto de São José da Costa Rica só admite a prisão civil do devedor de alimentos, sendo, portanto, vedada a prisão do depositário infiel. Por considerar o STF que esse Tratado é hierarquicamente supralegal, a consequência é a sua eficácia paralisante da legislação infraconstitucional que regula a prisão do depositário infiel (admitida pela Constituição Federal de 1988). Errada a alternativa **D**. A Convenção de Palermo é a Convenção das Nações Unidas contra o Crime Organizado Transnacional, incorporada em nosso ordenamento jurídico pelo Decreto 5.015/2004. Errada a alternativa **E**. A Convenção de Mérida, Convenção das Nações Unidas contra a Corrupção, adotada pela Assembleia-Geral das Nações Unidas em 31 de outubro de 2003 foi assinada pelo Brasil em 9 de dezembro de 2003. Sua incorporação ao ordenamento jurídico pátrio se deu pelo Decreto 5.687/2006. **LR**

Gabarito "C".

(Delegado/RJ – 2013 – FUNCAB) Assinale, dentre as opções abaixo, aquela que indica uma característica INCORRETA dos direitos e garantias tidos como fundamentais previstos na

Constituição da República:

(A) Históricos.

(B) Cumuláveis ou concorrentes.

(C) Inalienáveis.

(D) Absolutos.

(E) Irrenunciáveis.

A: correta. A **historicidade** é uma das características dos direitos fundamentais e significa que a formação dos direitos fundamentais se dá no decorrer da história. A origem desses direitos tem por base movimentos como o constitucionalismo. Sua evolução concreta é demonstrada ao longo do tempo. As conhecidas gerações ou dimensões dos direitos fundamentais se fundamentam especificamente nessa característica; **B:** correta. **Cumulatividade ou concorrência** dos direitos fundamentais significa que esses direitos não se excluem, na verdade se somam. Para o exercício de um, não é necessário que outro seja eliminado. Como o próprio nome da característica indica, esses direitos são cumuláveis, podem ser exercidos de forma simultânea; **C:** correta. Os direitos fundamentais são **inalienáveis**, ou seja, não podem ser vendidos; **D:** incorreta, devendo ser assinalada. **Não há direito absoluto**. Ao contrário do mencionado na alternativa, os direitos fundamentais possuem a característica da **limitabilidade ou caráter relativo** que significa que ainda que sejam considerados fundamentais, não são direitos absolutos. Na crise advinda do confronto entre dois ou mais direitos fundamentais, ambos terão de ceder. Às vezes será necessário fazer prevalecer um em detrimento do outro naquela situação específica. Um exemplo é o choque entre a liberdade de informação e o direito à vida privada. Até que momento a imprensa, a informação jornalística, deve ser prestigiada em detrimento da vida privada? O STF terá de se valer da ponderação de valores. Somente após análise do caso concreto é possível fazer apontamentos mencionando o que deve prevalecer; **E:** correta. A característica da **irrenunciabilidade** significa que ninguém pode recusar, abrir mão de um direito fundamental. O exercício desses direitos pode não ser efetivado por aquele que não o deseja, mas, ainda que não colocados em prática, pertencem ao seu titular. O Estado é o garantidor. **BV**

Gabarito "D".

3.2. Direitos e deveres individuais e coletivos

3.2.1. Direitos e deveres em espécie

(Delegado/AP – 2017 – FCC) De acordo com o regime constitucional de proteção dos direitos fundamentais,

(A) o direito à inviolabilidade de domicílio abrange a casa em que o indivíduo mantém residência, mas não impede que a autoridade policial ingresse em estabelecimento profissional de acesso privativo, contra a vontade de seu proprietário, sendo desnecessária ordem judicial nesse caso.

(B) o sigilo bancário e o sigilo fiscal não podem ser afastados por ato de comissões parlamentares de inquérito, mas apenas por atos praticados por autoridades judiciais.

(C) as comissões parlamentares de inquérito podem determinar a interceptação telefônica de conversas mantidas entre pessoas por elas investigadas, desde que seja demonstrada a existência concreta de causa provável que legitime a medida excepcional,

4. DIREITO CONSTITUCIONAL

justificando a necessidade de sua efetivação, sem prejuízo de ulterior controle jurisdicional.

(D) é constitucional lei que autorize as autoridades e os agentes fiscais tributários examinar documentos, livros e registros de instituições financeiras, quando houver processo administrativo instaurado ou procedimento fiscal em curso, se tais exames forem considerados indispensáveis pela autoridade administrativa competente.

(E) a omissão do dever de informar o preso, no momento oportuno, do direito de ficar calado, gera mera irregularidade, não se impondo a decretação de nulidade e a desconsideração das informações incriminatórias dele obtidas.

De acordo com o entendimento doutrinário e jurisprudencial dominante a expressão "casa" prevista no artigo 5º, inciso XI, CF abrange todo compartimento habitado – a casa em que o indivíduo mantém residência, a parte não aberta ao público dos estabelecimentos comerciais, os escritórios profissionais e até um quarto de hotel que esteja hospedado. Por essa razão incorreta a alternativa **A**. Entende o STF que a CPI pode quebrar alguns sigilos, desde que por ato motivado e quando tal prova for imprescindível – são eles o sigilo fiscal, o bancário, o financeiro e o telefônico (acesso aos dados das ligações telefônicas), logo errada a alternativa **B**. Já o sigilo das comunicações telefônicas, disciplinado no artigo 5º, inciso XII, CF está vinculado a uma cláusula de reserva jurisdicional – ou seja – a interceptação telefônica só pode ser determinada por uma autoridade judicial. Ademais, só pode ser determinada nas hipóteses e na forma que a lei estabelecer para fins de investigação criminal ou instrução processual penal. Sendo a CPI uma investigação parlamentar nem mesmo com ordem judicial poderia ser determinada a interceptação para atender a um pedido da CPI. A única forma de utilização pela CPI de uma interceptação telefônica seria como prova emprestada, após ter sido produzida num processo criminal, nos termos da lei e por ordem judicial. Assim, errada a alternativa **C**. A letra **D** está correta – quanto a isso houve apreciação pelo STF nas ADI's 2390, 2386, 2397 e 2859. Errada a alternativa **E**, pois conforme entendimento do STF (HC 78708, Relator(a): Min. Sepúlveda Pertence) "O direito à informação da faculdade de manter-se silente ganhou dignidade constitucional, porque instrumento insubstituível da eficácia real da vetusta garantia contra a autoincriminação que a persistência planetária dos abusos policiais não deixa perder atualidade. II. Em princípio, ao invés de constituir desprezível irregularidade, a omissão do dever de informação ao preso dos seus direitos, no momento adequado, gera efetivamente a nulidade e impõe a desconsideração de todas as informações incriminatórias dele anteriormente obtidas, assim como das provas delas derivadas". **LR**

Gabarito "D".

(Delegado/MS – 2017 – FAPEMS) Com base na jurisprudência do Supremo Tribunal Federal sobre direitos e garantias fundamentais, assinale a alternativa correta.

(A) O fato de o réu estar sendo processado por outros crimes e respondendo a outros inquéritos policiais é suficiente para justificar a manutenção da constrição cautelar.

(B) A entrada forçada em domicílio sem mandado judicial só é lícita, mesmo em período noturno, quando amparada em fundadas razões, devidamente justificadas a posteriori, que indiquem que dentro da casa ocorre situação de flagrante delito.

(C) É nulo o inquérito policial instaurado a partir da prisão em flagrante dos acusados, quando a autoridade policial tenha tomado conhecimento prévio dos fatos por meio de denúncia anônima.

(D) Ante o princípio constitucional da não culpabilidade, existência de inquéritos policiais ou de ações penais sem trânsito em julgado pode ser considerada como maus antecedentes criminais para fins de dosimetria da pena.

(E) A constatação de situação de flagrância, posterior ao ingresso, justifica a entrada forçada em domicílio sem determinação judicial, sendo desnecessário o controle judicial posterior à execução da medida.

A alternativa **A** está errada. Nesse sentido a decisão proferida no HC 100.091, rel. min. Celso de Mello, DJE 186, de 01.10.2009 "o fato de o réu estar sendo processado por outros crimes e respondendo a outros inquéritos policiais não é suficiente para justificar a manutenção da constrição cautelar". No mesmo sentido, Min. Gilmar Mendes em Medida Cautelar no *Habeas Corpus* 95324 MC / Es – Espírito Santo: "Como afirmei no julgamento do HC 86.186 (DJ 17.8.2007), do qual fui relator, o simples fato de o réu estar sendo processado por outros crimes e respondendo a outros inquéritos policiais não é suficiente para justificar a manutenção da prisão cautelar, sob pena de violação do princípio constitucional da não culpabilidade (CF, art. 5º, LVII)." Correta a alternativa B, pois conforme artigo 5º, inciso XI é possível o ingresso na casa a qualquer hora se houver flagrante. A alternativa C está errada. O Ministro do STF Dias Toffoli

ressaltou o entendimento já firmado em jurisprudência da Corte de que "não é nulo o inquérito policial instaurado a partir da prisão em flagrante dos acusados, ainda que a autoridade policial tenha tomado conhecimento prévio dos fatos por meio de denúncia anônima". (Habeas Corpus 108892). A alternativa D está errada. "A existência de inquéritos policiais ou de ações penais sem trânsito em julgado não podem ser considerados como maus antecedentes para fins de dosimetria da pena". Essa foi a tese firmada pelo Plenário do Supremo Tribunal Federal no julgamento do Recurso Extraordinário 591054, com repercussão geral reconhecida. A alternativa E está errada. Como referido no RE 603616, Relator Ministro Gilmar Mendes, "A entrada forçada em domicílio, sem uma justificativa prévia conforme o direito, é arbitrária. Não será a constatação de situação de flagrância, posterior ao ingresso, que justificará a medida. Os agentes estatais devem demonstrar que havia elementos mínimos a caracterizar fundadas razões (justa causa) para a medida." **LR**

Gabarito "B".

(Delegado/PE – 2016 – CESPE) Acerca dos direitos e garantias fundamentais previstos na CF, assinale a opção correta.

(A) Em obediência ao princípio da igualdade, o STF reconhece que há uma impossibilidade absoluta e genérica de se estabelecer diferencial de idade para o acesso a cargos públicos.

(B) Conforme o texto constitucional, o civilmente identificado somente será submetido à identificação criminal se a autoridade policial, a seu critério, julgar que ela é essencial à investigação policial.

(C) São destinatários dos direitos sociais, em seu conjunto, os trabalhadores, urbanos ou rurais, com vínculo empregatício, os trabalhadores avulsos, os trabalhadores domésticos e os servidores públicos genericamente considerados.

(D) Embora a CF vede a cassação de direitos políticos, ela prevê casos em que estes poderão ser suspensos ou até mesmo perdidos.

(E) Os direitos e garantias fundamentais têm aplicação imediata, razão porque nenhum dos direitos individuais elencados na CF necessita de lei para se tornar plenamente exequível.

A: incorreta. Não há essa impossibilidade absoluta e genérica de se estabelecer diferencial de idade para o acesso a cargos públicos. Dispõe o art. 7º, XXX, da CF que são direitos dos trabalhadores urbanos e rurais, além de outros que visem à melhoria de sua condição social, **a proibição de diferença de salários**, de exercício de funções e de critério de admissão **por motivo de** sexo, **idade**, cor ou estado civil. Ocorre que a Súmula 683 do STF determina que **o limite de idade** para a inscrição em concurso público só **se legitima** em face do art. 7º, XXX, da Constituição, **quando possa ser justificado pela natureza das atribuições do cargo** a ser preenchido; **B:** incorreta. De acordo com o art.5º, LVIII, da CF, o civilmente identificado não será submetido a identificação criminal, salvo nas hipóteses previstas em lei. A Lei 12.037/2009 - Lei de identificação criminal, em seu art.3º, I a VI, traz situações em que embora apresentado documento de identificação, poderá ocorrer identificação criminal, por exemplo, I – o documento apresentar rasura ou tiver indício de falsificação; II – o documento apresentado for insuficiente para identificar cabalmente o indiciado; III – o indiciado portar documentos de identidade distintos, com informações conflitantes entre si; IV – a identificação criminal for essencial às investigações policiais, segundo despacho da autoridade judiciária competente, que decidirá de ofício ou mediante representação da autoridade policial, do Ministério Público ou da defesa; V – constar de registros policiais o uso de outros nomes ou diferentes qualificações; VI – o estado de conservação ou a distância temporal ou da localidade da expedição do documento apresentado impossibilite a completa identificação dos caracteres essenciais. Sendo assim, não é a autoridade policial, a seu critério, que vai julgar se a identificação criminal é ou não essencial à investigação policial; **C:** incorreta. O rol de destinatários dos direitos sociais é mais amplo que o mencionado na alternativa; **D:** correta. Determina o art. 15 da CF que é proibida a cassação de direitos políticos, cuja perda ou suspensão só se dará nos casos de: I – cancelamento da naturalização por sentença transitada em julgado; II – incapacidade civil absoluta; III – condenação criminal transitada em julgado, enquanto durarem seus efeitos; IV – recusa de cumprir obrigação a todos imposta ou prestação alternativa, nos termos do art. 5º, VIII; V – improbidade administrativa, nos termos do art. 37, § 4º; **E:** incorreta. Ao contrário do mencionado, os direitos previstos em normas de eficácia limitada precisam de lei para se tornarem plenamente exequíveis. Além disso, os direitos previstos em normas de eficácia contida podem ter seus efeitos restringidos por lei. **BV**

Gabarito "D".

(Delegado/DF – 2015 – Fundação Universa) No que diz respeito aos direitos e às garantias fundamentais, assinale a alternativa correta à luz da interpretação dada pelo STF.

(A) O advogado tem direito, no interesse de seu cliente, a ter acesso aos elementos de prova que, já documentados em procedimento investigatório realizado pela polícia, digam respeito ao exercício do direito de defesa.

520 BRUNA VIEIRA E LUCIANA RUSSO

(B) Não é inconstitucional a exigência de depósito ou arrolamento de bens para admissibilidade de recurso administrativo.

(C) As associações podem ser dissolvidas, por meio de ato administrativo, quando se verificar a prática de atos ilegais.

(D) Os sindicatos e as associações representam os seus filiados como substituto processual na defesa de interesses e direitos coletivos ou individuais homogêneos, desde que haja prévia autorização dos sindicalizados e associados.

(E) As propriedades rurais não serão objeto de penhora para pagamento de débitos decorrentes de sua atividade produtiva.

A: correta. É o que determina a Súmula Vinculante 14 (STF): "É direito do defensor, no interesse do representado, ter acesso amplo aos elementos de prova que, já documentados em procedimento investigatório realizado por órgão com competência de polícia judiciária, digam respeito ao exercício do direito de defesa"; **B:** incorreta. A Súmula Vinculante 21 (STF) determina que a exigência de depósito ou arrolamento prévios de dinheiro ou bens para admissibilidade de recurso administrativo **é inconstitucional; C:** incorreta. De acordo com o art. 5°, XIX, da CF, as associações só poderão ser **compulsoriamente dissolvidas** ou ter suas atividades suspensas **por decisão judicial,** exigindo-se, no primeiro caso, o **trânsito em julgado; D:** incorreta. Na substituição processual não há necessidade de autorização; **E:** incorreta. Dispõe o art. 5°, XXVI, da CF que a pequena propriedade rural, assim definida em lei, **desde que trabalhada pela família,** não será objeto de penhora para pagamento de débitos decorrentes de sua atividade produtiva, dispondo a lei sobre os meios de financiar o seu desenvolvimento. BV

Gabarito "A".

(Delegado/DF – 2015 – Fundação Universa) No que se refere a direitos e garantias fundamentais, assinale a alternativa correta com base na interpretação dada pelo STF.

(A) O cargo de ministro das Relações Exteriores é privativo de brasileiro nato.

(B) Suponha-se que Carlos, brasileiro nato, resida há muitos anos no estrangeiro e precise adquirir a nacionalidade estrangeira como condição de permanência naquele território. Nesse caso, se ele obtiver a referida nacionalidade, perderá a nacionalidade brasileira.

(C) Suponha-se que Pedro seja brasileiro nato e também possua outra nacionalidade originária de um país X (dupla nacionalidade). Nesse caso, Pedro poderá ser extraditado se praticar algum crime no país X.

(D) Suponha-se que Antônio tenha nascido no estrangeiro, sendo filho de pai brasileiro e mãe estrangeira. Nesse caso, Antônio poderá optar, em qualquer tempo, depois de atingir dezoito anos de idade, pela nacionalidade brasileira originária, desde que venha residir no Brasil.

(E) Suponha-se que Afonso tenha nascido em Portugal e pretenda se naturalizar brasileiro. Nesse caso, a CF autoriza a opção, mas exige a residência por quinze anos ininterruptos e a ausência de condenação penal.

A: incorreta. O cargo de ministro das Relações Exteriores **não é privativo de brasileiro nato.** O § 3° do art. 12 da CF trata de tais cargos de modo que são privativos de brasileiro nato os seguintes: I – de Presidente e Vice-Presidente da República; II – de Presidente da Câmara dos Deputados; III – de Presidente do Senado Federal; IV – de Ministro do Supremo Tribunal Federal; V – da carreira diplomática; VI – de oficial das Forças Armadas e VII – de Ministro de Estado da Defesa; **B:** incorreta. **Carlos não perderá a nacionalidade brasileira,** pois a hipótese de aquisição de nova nacionalidade vem prevista no art. 12, § 4°, II, *b*, da CF, o qual excepciona a regra relacionada à perda da nacionalidade brasileira. De acordo com o mencionado dispositivo, quando houver imposição de naturalização, pela norma estrangeira, ao brasileiro residente em estado estrangeiro, como condição para permanência em seu território ou **para o exercício de direitos civis,** ele manterá a brasileira; **C:** incorreta. O **brasileiro nato não pode ser extraditado.** Determina o art. 5°, LI, da CF que nenhum brasileiro será extraditado, salvo o naturalizado, em caso de crime comum, praticado antes da naturalização, ou de comprovado envolvimento em tráfico ilícito de entorpecentes e drogas afins, na forma da lei; **D:** correta. É o que determina o art. 12, I, *c*, parte final, da CF; **E:** incorreta. De acordo com § 1° do art. 12 da CF, aos portugueses com residência permanente no País, se houver reciprocidade em favor de brasileiros, serão atribuídos os direitos inerentes ao brasileiro, salvo os casos previstos nesta Constituição. Além disso, a naturalização brasileira para estrangeiros que vieram de países que falam a língua portuguesa, por exemplo o Afonso, vem prevista no art. 12, II, da CF, o qual determina apenas a residência no Brasil por um ano ininterrupto e idoneidade moral. BV

Gabarito "D".

(Delegado/BA – 2013 – CESPE) Em relação aos direitos e deveres fundamentais expressos na Constituição Federal de 1988 (CF), julgue os itens subsecutivos.

(1) A conversa telefônica gravada por um dos interlocutores não é considerada interceptação telefônica.

(2) O brasileiro nato que cometer crime no exterior, quaisquer que sejam as circunstâncias e a natureza do delito, não pode ser extraditado pelo Brasil a pedido de governo estrangeiro.

(3) Caso determinado deputado estadual perca seu mandato eletivo por infidelidade partidária, o deputado que assumir o mandato em seu lugar deve, necessariamente, ser do partido político pelo qual o primeiro tenha sido eleito.

(4) A proteção do direito à vida tem como consequência a proibição da pena de morte em qualquer situação, da prática de tortura e da eutanásia.

1: correta. É o posicionamento acolhido pelo STF, vejamos: "**A gravação de conversa telefônica feita por um dos interlocutores, sem conhecimento do outro,** quando ausente causa legal de sigilo ou de reserva da conversação **não é considerada prova ilícita**" (AI 578.858-AgR, Rel. Min. Ellen Gracie, julgamento em 4-8-2009, Segunda Turma, DJE de 28-8-2009.) No mesmo sentido: RE 630.944-AgR, Rel. Min. Ayres Britto, julgamento em 25-10-2011, Segunda Turma, DJE de 19-12-2011. **2:** correto. De acordo com o art. 5°, LI, da CF, nenhum brasileiro será extraditado, salvo o naturalizado, em caso de crime comum, praticado antes da naturalização, ou de comprovado envolvimento em tráfico ilícito de entorpecentes e drogas afins, na forma da lei. Sendo assim, o brasileiro nato não pode ser extraditado em hipótese alguma e o naturalizado apenas nas situações mencionadas; **3:** errado. Por conta da existência de coligações partidárias, é possível que o deputado que assumir o cargo, no lugar daquele que perdeu o mandato eletivo por infidelidade partidária, seja de outro partido político. Portanto, o novo deputado não será, necessariamente, do partido político do antigo; **4:** errado. Há uma hipótese de pena de morte prevista na CF que se dá no caso de guerra declarada, conforme determina o art. 5°, XLVII, "a", da CF. BV

Gabarito 1C, 2C, 3E, 4E

(Delegado Federal – 2013 – CESPE) No que diz respeito aos direitos fundamentais, julgue os itens que se seguem.

(1) Segundo o STF, caso o interessado alegue que a sentença condenatória tenha sido prolatada exclusivamente com fundamento em prova emprestada, é possível a arguição de nulidade dessa decisão em sede de *habeas corpus.*

(2) O exercício do direito de associação e a incidência da tutela constitucional relativa à liberdade de associação estão condicionados à prévia existência de associação dotada de personalidade jurídica.

1: errado. A Corte Maior entende de modo diverso, vejamos: "PROCESSUAL PENAL. *HABEAS CORPUS.* LATROCÍNIO. SENTENÇA CONDENATÓRIA. NULIDADE. AUSÊNCIA. PROVA EMPRESTADA. VIOLAÇÃO AO CONTRADITÓRIO E À AMPLA DEFESA. INOCORRÊNCIA. REEXAME DE FATOS E PROVAS. *HABEAS CORPUS* UTILIZADO COMO SUCEDÂNEO DE REVISÃO CRIMINAL. IMPOSSIBILIDADE. ORDEM DENEGADA. I – **O exame da alegação de nulidade da sentença condenatória – ao argumento de que seria baseada somente em prova emprestada – é inviável na estreita via do *habeas corpus,** que não admite revolvimento do contexto fático-probatório. II – Ainda que assim não fosse, o acórdão atacado assentou estar o édito condenatório fundado em declarações de corréus, colhidos em juízo, e não apenas em prova emprestada, o que afasta a alegada nulidade. III – O habeas corpus, em que pese configurar remédio constitucional de largo espectro, não pode ser empregado como sucedâneo de revisão criminal. Precedentes. IV – Ordem denegada (STF – HC: 95019 SP, Relator: Min. RICARDO LEWANDOWSKI, Primeira Turma, Data de Publicação: DJe-191 DIVULG 08-10-2009 PUBLIC 09-10-2009 EMENT VOL-02377-02 PP-00320); **2:** errado. De acordo com o art. 5°, XVII, da CF é **plena a liberdade de associação** para fins lícitos, vedada a de caráter paramilitar. Além disso, o inciso XVIII do mesmo dispositivo determina que a **criação de associações** e, na forma da lei, a de cooperativas **independem de autorização,** sendo vedada a interferência estatal em seu funcionamento. Desse modo, não há exigência constitucional no sentido de que a associação dependeria de personalidade jurídica para o seu exercício e para a incidência da tutela constitucional. BV

Gabarito 1E, 2E

(Delegado/SP – 2014 – VUNESP) Quanto às garantias constitucionais e à privação da liberdade, assinale a alternativa correta.

(A) Conceder-se-á *habeas corpus* sempre que a lei admitir a liberdade provisória.

4. DIREITO CONSTITUCIONAL — 521

(B) O preso será informado de seus direitos, dentre os quais o de permanecer calado, sendo-lhe assegurada a remoção para estabelecimento perto de sua família.

(C) O preso tem direito à identificação dos responsáveis por sua prisão ou por seu interrogatório policial, exceto nos crimes inafiançáveis.

(D) A prisão de qualquer pessoa e o local onde se encontre serão comunicados no primeiro dia útil ao juiz competente e à família do preso ou à pessoa por ele indicada.

(E) Ninguém será levado à prisão ou nela mantido quando a lei admitir a liberdade provisória, com ou sem fiança.

A: incorreta. De acordo com o art. 5º, LXVIII, da CF, o *habeas corpus* deve ser concedido sempre que alguém sofrer ou se achar ameaçado de sofrer violência ou coação em sua liberdade de locomoção, por ilegalidade ou abuso de poder; **B:** incorreta. Conforme determina o art. 5º, LXIII, da CF, o preso será informado de seus direitos, entre os quais o de permanecer calado, sendo-lhe assegurada a assistência da família e de advogado; **C:** incorreta. O art. 5º, LXIV, da CF determina que o preso tem direito à identificação dos responsáveis por sua prisão ou por seu interrogatório policial. Tal regra não condiciona a identificação dos responsáveis ao fato do crime ser considerado inafiançável; **E:** correta. É o que determina o art. 5º, LXVI, da CF. BV

Gabarito "E".

(Delegado/RO – 2014 – FUNCAB) Com relação ao tema "direitos individuais e coletivos" na Constituição Federal de 1988, assinale a alternativa correta:

(A) É ilícita a prisão civil de depositário infiel, qualquer que seja a modalidade do depósito.

(B) A Constituição prevê que a votação no júri se dê por votação pública.

(C) Ao júri é assegurado a competência para julgamento de todos os crimes contra a vida.

(D) Não haverá juízo ou tribunal de exceção, salvo em tempo de guerra.

(E) O exercício de qualquer trabalho depende de autorização da repartição competente.

A: correta. De acordo com o enunciado da Súmula Vinculante nº 25 (STF), é ilícita a prisão civil de depositário infiel, qualquer que seja a modalidade do depósito; **B:** incorreta. Conforme determina o art. 5º, XXXVIII, da CF, é reconhecida a instituição do júri, com a organização que lhe der a lei, assegurados: a) a plenitude de defesa; b) **o sigilo das votações**; c) a soberania dos veredictos e d) a competência para o julgamento dos crimes dolosos contra a vida; **C:** incorreta. Conforme mencionado, ao júri é assegurado a competência para julgamento dos crimes dolosos contra a vida; **D:** incorreta. O art. 5º, XXXVII, da CF determina que não haja juízo ou tribunal de exceção. Não há ressalvas que admitam a criação de tais juízos ou tribunais; **E:** incorreta. Ao contrário, de acordo com o art. 5º, XIII, da CF, é livre o exercício de qualquer trabalho, ofício ou profissão, atendidas as qualificações profissionais que a lei estabelecer. BV

Gabarito "A".

(Delegado/PA – 2013 – UEPA) Dos Direitos e Garantias Fundamentais na Constituição de 1988, assinale a alternativa correta.

(A) Ninguém será obrigado a fazer alguma coisa, mesmo que tal conduta esteja prevista em lei.

(B) A expressão da atividade intelectual, artística e científica será livre, após o licenciamento e a aprovação da censura ética, na forma da lei.

(C) A tortura será admitida, desde que para a promoção da segurança da sociedade e do Estado.

(D) É livre o exercício de qualquer trabalho, ofício ou profissão, desde que atendidas as qualificações estabelecidas na forma da lei.

(E) É livre a manifestação do pensamento, ainda que sob anonimato.

A: incorreta. De acordo com o art. 5º, II, da CF, ninguém será obrigado a fazer ou deixar de fazer alguma coisa **senão em virtude de lei**; **B:** incorreta. Ao contrário, conforme determina o art. 5º, IX, da CF, é **livre a expressão da atividade intelectual**, artística, científica e de comunicação, **independentemente de censura** ou licença; **C:** incorreta. Conforme determina o art. 5º, III, da CF, **ninguém será submetido a tortura** nem a tratamento desumano ou degradante; **D:** correta. É o que determina o art. 5º, XIII, da CF; **E:** incorreta. De acordo com o art. 5º, IV, da CF, é livre a manifestação do pensamento, sendo **vedado o anonimato**. BV

Gabarito "D".

(Delegado/PA – 2013 – UEPA) A respeito do direito de propriedade na Constituição de 1988, é correto afirmar que:

(A) não consta do rol dos direitos e garantias fundamentais.

(B) o procedimento para desapropriação por necessidade ou utilidade pública, ou por interesse social, mediante justa e prévia indenização em dinheiro, ressalvados os casos previstos no texto constitucional, será estabelecido por lei.

(C) a pequena propriedade rural, ainda que trabalhada pela família, poderá ser objeto de penhora somente para o pagamento de débitos decorrentes de sua atividade produtiva.

(D) em que pese o seu reconhecimento pela legislação infraconstitucional, o direito de herança não consta do rol dos direitos e garantias fundamentais.

(E) aos autores pertence o direito exclusivo de utilização, publicação ou reprodução de suas obras, o qual não poderá ser transmitido aos herdeiros, em virtude de sua função social.

A: incorreta. De acordo com o art. 5º, XXII, da CF, é **garantido o direito de propriedade**; **B:** correta. Conforme determina o art. 5º, XXIV, da CF, a **lei estabelecerá** o procedimento para desapropriação por necessidade ou utilidade pública, ou por interesse social, mediante justa e prévia indenização em dinheiro, ressalvados os casos previstos nesta Constituição; **C:** incorreta. De acordo com o art. 5º, XXVI, da CF, a pequena propriedade rural, assim definida em lei, desde que trabalhada pela família, **não será objeto de penhora** para pagamento de débitos decorrentes de sua atividade produtiva, dispondo a lei sobre os meios de financiar o seu desenvolvimento; **D:** incorreta. O art. 5º, XXX, da CF **garante o direito de herança**; **E:** incorreta. Conforme determina o art. 5º, XXVII, da CF, aos autores pertence o direito exclusivo de utilização, publicação ou reprodução de suas obras, **transmissível aos herdeiros** pelo tempo que a lei fixar. BV

Gabarito "B".

(Delegado/PR – 2013 – UEL-COPS) Sobre as diferenças entre os direitos e as garantias de direitos fundamentais, considere as afirmativas a seguir.

I. A vedação de tratamento desumano ou degradante é garantia do direito à vida e também do direito à integridade física.

II. A casa protegida como asilo inviolável, nos termos do Art. 5º da Constituição Federal, é garantia do direito à intimidade.

III. A liberdade de manifestação de pensamento é garantia do direito de resposta proporcional ao agravo, além da indenização por dano material, moral ou à imagem.

IV. A inviolabilidade da honra do indivíduo é garantia do direito à indenização por dano material ou moral decorrente de sua violação.

Assinale a alternativa correta.

(A) Somente as afirmativas I e II são corretas.

(B) Somente as afirmativas I e IV são corretas.

(C) Somente as afirmativas III e IV são corretas.

(D) Somente as afirmativas I, II e III são corretas.

(E) Somente as afirmativas II, III e IV são corretas.

I: correta. De acordo com o art. 5º, III, da CF, ninguém será submetido a tortura nem a tratamento desumano ou degradante. Tais proteções, de fato, são garantias do direito à vida e à integridade física; **II:** correta. A proteção da casa como asilo inviolável do indivíduo, ninguém nela podendo penetrar sem consentimento do morador, salvo em caso de flagrante delito ou desastre, ou para prestar socorro, ou, durante o dia, por determinação judicial, é tida como garantia do direito à intimidade, a qual também é inviolável, conforme determina o art. 5º, X, da CF; **III:** incorreta. Ao contrário, o direito de resposta, proporcional ao agravo, além da indenização por dano material, moral ou à imagem, conforme determina o art. 5º, V, da CF é o que garante a livre manifestação de pensamento, prevista no art. 5º, IV, da CF; **IV:** incorreta. Do mesmo modo que o item anterior, a resposta correta é contrária ao mencionado. O direito à indenização por dano material ou moral decorrente de sua violação, previsto no art. 5º, X, da CF, é que garante e protege a inviolabilidade da intimidade, da vida privada, da honra e da imagem das pessoas. BV

Gabarito "A".

(Delegado/RJ – 2013 – FUNCAB) O art. 5º da Constituição Federal de 1988 enuncia a maior parte dos direitos fundamentais de primeira geração albergados em nosso ordenamento constitucional. Tomando por base as decisões recentes do Supremo Tribunal Federal, é INCORRETO afirmar:

(A) Só é lícito o uso de algemas em caso de resistência e de fundado receio de fuga ou de perigo à integridade física própria ou alheia, por parte do preso ou de terceiros, justificada a excepcionalidade por escrito, sob pena de responsabilidade disciplinar, civil e penal do agente ou da autoridade e de nulidade da prisão ou do ato processual a que se refere, sem prejuízo da responsabilidade civil do Estado.

(B) É ilícita a prisão civil do depositário infiel, qualquer que seja a modalidade de depósito.

(C) É direito do defensor, no interesse do representado, ter acesso amplo aos elementos de prova que, já documentados em procedimento investigatório realizado por órgão com competência de polícia judiciária, digam respeito ao exercício do direito de defesa.

(D) Não cabe *habeas corpus* quando já extinta a pena privativa de liberdade.

(E) A prisão do depositário judicial pode ser decretada no próprio processo em que se constitui o encargo, independentemente da propositura de ação de depósito.

A: correta, conforme determina a Súmula Vinculante nº 11 do STF; **B:** correta, de acordo com a Súmula Vinculante nº 25 do STF; **C:** correta, conforme determina a Súmula Vinculante nº 14 do STF; **D:** correta, de acordo com o enunciado da Súmula 695 do STF; **E:** incorreta, devendo ser assinalada. Esse entendimento, previsto na Súmula 619 do STF, já foi superado. A súmula encontra-se revogada. **BV**
Gabarito "E".

(Delegado/RJ – 2013 – FUNCAB) Acerca dos direitos individuais e coletivos, é correto afirmar o seguinte:

(A) A propriedade particular não poderá ser usada por autoridade competente, mesmo no caso de iminente perigo público.

(B) A prática do racismo constitui crime inafiançável, imprescritível, sujeito à pena de detenção, nos termos da lei.

(C) O brasileiro naturalizado não poderá ser extraditado pela prática de crime comum antes da naturalização, ou de comprovado envolvimento em tráfico ilícito de entorpecentes e drogas afins, na forma da lei.

(D) O sigilo da fonte será resguardado, quando necessário ao exercício profissional e assegurado a todos o acesso à informação.

(E) O sigilo das informações imprescindíveis à segurança da sociedade e do Estado não excepciona o direito do indivíduo de receber dos órgãos públicos informações de interesse particular, ou de interesse coletivo ou geral, devendo ser prestadas no prazo da lei, sob pena de responsabilidade.

A: incorreta. De acordo com o art. 5º, XXV, da CF, no caso de iminente perigo público, a autoridade competente **poderá usar de propriedade particular**, assegurada ao proprietário indenização ulterior, se houver dano; **B:** incorreta. O art. 5º, XLII, da CF determina que a prática do racismo constitui crime inafiançável e imprescritível, **sujeito à pena de reclusão**, nos termos da lei; **C:** incorreta. Conforme determina o art. 5º, LI, da CF, nenhum brasileiro será extraditado, salvo o **naturalizado, em caso de crime comum,** praticado **antes da naturalização,** ou de **comprovado envolvimento em tráfico ilícito de entorpecentes** e drogas afins, na forma da lei; **D:** correta. Conforme determina o art. 5º, XIV, da CF, é assegurado a todos o acesso à informação e resguardado o sigilo da fonte, quando necessário ao exercício profissional; **E:** incorreta. De acordo com o art. 5º, XXXIII, da CF, todos têm direito a receber dos órgãos públicos informações de seu interesse particular, ou de interesse coletivo ou geral, que serão prestadas no prazo da lei, sob pena de responsabilidade, **ressalvadas aquelas cujo sigilo seja imprescindível à segurança da sociedade e do Estado. BV**
Gabarito "D".

(Delegado/MG – 2012) Com base no "caput" do art. 5º da Constituição Federal, pode-se indicar como desdobramentos do direito à vida, **respectivamente:**

(A) a liberdade de associação, de reunião, de crença religiosa, de expressão, de pensamento.

(B) o direito de herança, de propriedade, de sucessão de bens de estrangeiros situados no País.

(C) o direito do contraditório, da ampla defesa, de petição, do juiz natural.

(D) o direito à integridade física e moral, a proibição da pena de morte e das penas cruéis, a proibição da venda de órgãos.

A: incorreta. A CF garante a plena liberdade de associação para fins lícitos (art. 5º, XVII, da CF/1988) e o direito de reunião (art. 5º, XVI, da CF/1988), mas tais direito não têm relação direta com a proteção à vida. A crença religiosa livre é decorrência do Estado leigo ou laico, aquele que não professa religião oficial. Também são garantidas constitucionalmente, embora não como desdobramentos do direito à vida, as liberdades de expressão (art. 5º, IX, da CF/1988) e de manifestação de pensamento (art. 5º, IV, da CF/1988), de modo que são vedadas censuras ideológicas, políticas ou artísticas; **B:** incorreta. Os direitos mencionados estão

relacionados ao patrimônio e não ao direito à vida; **C:** incorreta. Os princípios trazidos, em especial, contraditório, ampla defesa e juiz natural, têm natureza processual e são desmembramentos do devido processo legal; **D:** correta. O direito à integridade física e moral (art. 5º, XLIX, da CF/1988), a vedação da pena de morte como regra (art. 5º, XLVII, "a", da CF/1988), a proibição da aplicação de penas cruéis (art. 5º, XLVII, "e", da CF/1988) e a não possibilidade de venda de órgãos, decorre diretamente do direito à vida, previsto no *caput* do art. 5º da CF/1988. **BV**
Gabarito "D".

(Delegado/SP – 2011) A idade e o sexo do apenado serão considerados

(A) no momento da extradição do naturalizado.

(B) impedimentos para a execução de trabalhos.

(C) impedimentos para a pena de morte, nos caso de guerra declarada.

(D) por ocasião do cumprimento da pena.

(E) determinantes na celeridade processual.

A: incorreta. Não há exigência da verificação da idade e sexo do apenado no momento de sua extradição; **B:** incorreta; **C:** incorreta. A pena de morte é, em regra, vedada. Em caso de guerra declarada a Constituição a admite (art. 5º, XLVII, "a", da CF/1988) e, nesta hipótese, a idade e o sexo não são considerados; **D:** correta. De acordo com o art. 5º, XLVIII, da CF/1988, a pena deve ser **cumprida** em estabelecimentos distintos, **de acordo** com a natureza do delito, **a idade e o sexo do apenado**; **E:** incorreta. Não há relação entre a celeridade processual e a idade e o sexo do apenado. **BV**
Gabarito "D".

(Delegado/AP – 2010) Relativamente aos "Direitos e Garantias Fundamentais" assinale a afirmativa incorreta.

(A) É livre a locomoção no território nacional em tempo de paz, podendo qualquer pessoa, nos termos da lei, nele entrar, permanecer ou dele sair com seus bens.

(B) É assegurado a todos o acesso à informação e resguardado o sigilo da fonte, quando necessário ao exercício profissional.

(C) é livre a expressão da atividade intelectual, artística, científica e de comunicação, independentemente de censura ou licença.

(D) É livre a criação de associações e a de cooperativas, na forma da lei, sujeitas à prévia autorização estatal, sendo porém vedada a interferência estatal em seu funcionamento.

(E) as associações só poderão ser compulsoriamente dissolvidas ou ter suas atividades suspensas por decisão judicial, exigindo-se, no primeiro caso, o trânsito em julgado.

A: correta (art. 5º, XV, da CF/1988). **B:** correta (art. 5º, XIV, da CF/1988); **C:** correta (art. 5º, IX, da CF/1988); **D:** incorreta (devendo esta ser assinalada), pois a criação de associações não depende de autorização (art. 5º, XVIII, da CF/1988); **E:** correta (art. 5º, XIX, da CF/1988). **BV**
Gabarito "D".

3.2.2. Remédios constitucionais

(Delegado/MS – 2017 - FAPEMS) O *habeas corpus* é uma ação constitucional de grande importância na história jurídico-constitucional do Brasil. Sob a vigência da Constituição de 1891, por exemplo, segundo MENDES e BRANCO (2017),

[...] a formulação ampla do texto constitucional deu ensejo a uma interpretação que permitia o uso do *habeas corpus* para anular até mesmo ato administrativo que determinara o cancelamento de matrícula de aluno em escola pública, para garantir a realização de comícios eleitorais, o exercício da profissão, dentre outras possibilidades.

MENDES, Gilmar; BRANCO, Paulo. Curso de Direito Constitucional. 12a. ed. São Paulo: Saraiva, 2017, p. 431

Hoje, o Supremo Tribunal Federal detém importante papel na definição do seu cabimento. Assim, afirma-se que

(A) o Supremo Tribunal Federal não admite *habeas corpus* para questionamento de razoável duração do processo.

(B) é cabível mesmo que não haja, nem por via reflexa, constrangimento à liberdade de locomoção.

(C) cabe *habeas corpus* contra a aplicação de pena de multa.

(D) segundo o Supremo Tribunal Federal, cabe *habeas corpus* contra pena pecuniária passível de conversão em privativa de liberdade.

(E) segundo a Súmula 691 do Supremo Tribunal Federal, aplicada rigorosamente pela Corte, o *habeas corpus* não é cabível contra decisão de relator em tribunal superior que indefere a liminar.

4. DIREITO CONSTITUCIONAL

Errada a alternativa **A**, pois o STF admite sim – HC-136435. O *habeas corpus* só pode ser usado quando haja algum risco ainda que potencial à liberdade de locomoção. Mas se não houver esse risco é inadmissível, por isso erradas as alternativas **B** e **C**. Correta a **D**, pois se há possibilidade de conversão em privativa de liberdade há risco à liberdade de locomoção. Na página do STF é possível observar na publicação "Aplicação das Súmulas no STF" decisões de "Hipóteses excepcionais de afastamento da Súmula 691". Logo, errada a alternativa E. **LR**

Gabarito "D".

(Delegado/MT – 2017 – CESPE) Com referência ao *habeas corpus* e ao mandado de segurança, julgue os itens seguintes, de acordo com o entendimento do STF.

I. Não caberá habeas corpus nem contra decisão que condene a multa nem em processo penal em curso no qual a pena pecuniária seja a única imposta ao infrator.

II. O *habeas corpus* é o remédio processual adequado para garantir a proteção do direito de visita a menor cuja guarda se encontre sob disputa judicial.

III. Nos casos em que a pena privativa de liberdade já estiver extinta, não será possível ajuizar ação de habeas corpus.

IV. O mandado de segurança impetrado por entidade de classe não terá legitimidade se a pretensão nele veiculada interessar a apenas parte dos membros da categoria profissional representada por essa entidade.

Estão certos apenas os itens

(A) I e II.

(B) I e III.

(C) II e IV.

(D) I, III e IV.

(E) II, III e IV.

O item **I** reproduz a súmula 693 do STF "Não cabe *habeas corpus* contra decisão condenatória a pena de multa, ou relativo a processo em curso por infração penal a que a pena pecuniária seja a única cominada", logo – correto. O item **II** contraria a decisão proferida pela STF no HC 99369 AgR/DF "*Habeas corpus*. Não cabimento. Remédio constitucional destinado à tutela da liberdade de locomoção (liberdade de ir, vir e ficar). Agravo regimental não provido. *Habeas corpus* não é remédio processual adequado para tutela do direito de visita de menor cuja guarda se disputa judicialmente". Assim está errado. O item **III** está conforme a Súmula no 695 do STF "Não cabe *habeas corpus* quando já extinta a pena privativa de liberdade". Portanto correto. O item **IV** contraria o artigo 21 da Lei 12.016/2009 "O mandado de segurança coletivo pode ser impetrado por partido político com representação no Congresso Nacional, na defesa de seus interesses legítimos relativos a seus integrantes ou à finalidade partidária, ou por organização sindical, entidade de classe ou associação legalmente constituída e em funcionamento há, pelo menos, 1 (um) ano, em defesa de direitos líquidos e certos da totalidade, ou de parte, dos seus membros ou associados, na forma dos seus estatutos e desde que pertinentes às suas finalidades, dispensada, para tanto, autorização especial. Há ainda a Súmula 630 do STF "A entidade de classe tem legitimação para o mandado de segurança ainda quando a pretensão veiculada interesse apenas a uma parte da respectiva categoria". Assim está errado. Logo, a alternativa correta é a **B**, pois estão corretos os itens I e III. **LR**

Gabarito "B".

(Delegado/GO – 2017 – CESPE) Considerando a jurisprudência do STF, assinale a opção correta com relação aos remédios do direito constitucional.

(A) É cabível *habeas corpus* contra decisão monocrática de ministro de tribunal.

(B) Em *habeas corpus* é inadmissível a alegação do princípio da insignificância no caso de delito de lesão corporal cometido em âmbito de violência doméstica contra a mulher.

(C) No mandado de segurança coletivo, o fato de haver o envolvimento de direito apenas de certa parte do quadro social afasta a legitimação da associação.

(D) O prazo para impetração do mandado de segurança é de cento e vinte dias, a contar da data em que o interessado tiver conhecimento oficial do ato a ser impugnado, havendo decadência se o mandado tiver sido protocolado a tempo perante juízo incompetente.

(E) O *habeas corpus* é o instrumento adequado para pleitear trancamento de processo de *impeachment*.

Errada a alternativa **A**, pois conforme decidido pelo STF no *Habeas Corpus* 105959/DF: "Impetração contra Ato de Ministro Relator do Supremo Tribunal Federal. Descabimento. Não Conhecimento. 1. Não cabe pedido de *habeas corpus* originário para o Tribunal Pleno contra ato de ministro ou outro órgão fracionário da Corte. 2. *Writ* não conhecido." Atenção, contudo, pois com a mudança da composição do STF esse entendimento pode ser alterado. Correta a alternativa **B**. Nesse sentido a Súmula 589 do STJ: É inaplicável o princípio da insignificância nos crimes ou contravenções penais praticados contra a mulher no âmbito das relações domésticas. No mesmo sentido a decisão do STF no RHC 133043 / MS "*Habeas Corpus*. Constitucional. Lesão corporal. Violência doméstica. Pretensão de aplicação do princípio da insignificância: Impossibilidade. Ordem denegada". Errada a alternativa **C**. Nesse sentido o artigo 21 da Lei 12.016/2009 "O mandado de segurança coletivo pode ser impetrado por partido político com representação no Congresso Nacional, na defesa de seus interesses legítimos relativos a seus integrantes ou à finalidade partidária, ou por organização sindical, entidade de classe ou associação legalmente constituída e em funcionamento há, pelo menos, 1 (um) ano, em defesa de direitos líquidos e certos da totalidade, ou de parte, dos seus membros ou associados, na forma dos seus estatutos e desde que pertinentes às suas finalidades, dispensada, para tanto, autorização especial. Há ainda a Súmula 630 do STF "A entidade de classe tem legitimação para o mandado de segurança ainda quando a pretensão veiculada interesse apenas a uma parte da respectiva categoria". Errada a alternativa **D**, pois conforme decidido pelo STF no AG. REG. em Mandado de Segurança 26.792 – Paraná "Impetração em juízo incompetente dentro do prazo decadencial de 120 dias. Não ocorrência da consumação da decadência. Agravo não provido". Também errada a alternativa **E**. Nesse sentido o decidido pelo STF no HC 136067 "Inviável uso de *habeas corpus* para trancar processo de *impeachment*". Isso porque não há previsão de pena privativa de liberdade. **LR**

Gabarito "B".

(Delegado/PR – 2013 – UEL-COPS) Sobre mandado de segurança, considere as afirmativas a seguir.

I. A Mesa da Casa Legislativa tem legitimidade para ajuizar mandado de segurança relacionado à sua área de atuação funcional e em defesa de suas atribuições institucionais.

II. O mandado de segurança pode ser proposto por pessoa física ou jurídica, nacional ou estrangeira.

III. O mandado de segurança deve ser impetrado em até cento e vinte dias, contados do ato que caracteriza justo receio de que o direito líquido e certo seja violado.

IV. Cabe mandado de segurança contra atos de gestão comercial praticados pelos administradores de empresa pública e de sociedade de economia mista.

Assinale a alternativa correta.

(A) Somente as afirmativas I e II são corretas.

(B) Somente as afirmativas I e IV são corretas.

(C) Somente as afirmativas III e IV são corretas.

(D) Somente as afirmativas I, II e III são corretas.

(E) Somente as afirmativas II, III e IV são corretas.

I: correta. De fato, a Mesa da Casa Legislativa tem legitimidade para ajuizar mandado de segurança relacionado à sua área de atuação funcional e em defesa de suas atribuições institucionais. "Mesa do Congresso Nacional. Substituição do Presidente. Mandado de segurança. Legitimidade ativa de membro da Câmara dos Deputados em face da garantia do devido processo legislativo" (MS 24.041, Rel. Min. Nelson Jobim, julgamento em 29-8-2001, Plenário, DJ de 11-4-2003.) **II**: correta. De acordo com o art. 1º da Lei 12.016/2009 (Mandado de Segurança), conceder-se-á mandado de segurança para proteger direito líquido e certo, não amparado por *habeas corpus* ou *habeas data*, sempre que, ilegalmente ou com abuso de poder, **qualquer pessoa física ou jurídica sofrer violação ou houver justo receio de sofrê-la por parte de autoridade,** seja de que categoria for e sejam quais forem as funções que exerça. Além disso, a Corte Maior entende ser cabível a impetração de mandado de segurança por estrangeiro. Vejamos: "Ao estrangeiro, residente no exterior, também é assegurado o direito de impetrar mandado de segurança, como decorre da interpretação sistemática dos arts. 153, *caput*, da Emenda Constitucional de 1969 e do 5º, LXIX, da Constituição atual. Recurso extraordinário não conhecido" (RE 215.267, Rel. Min. Ellen Gracie, julgamento em 24-4-2001, Primeira Turma, DJ de 25-5-2001.); **III**: incorreta. Conforme determina o art. 23 da Lei 12.016/2009 (Mandado de Segurança), o direito de requerer mandado de segurança extinguir-se-á decorridos 120 (cento e vinte) dias, **contados da ciência, pelo interessado, do ato impugnado. IV**: incorreta. De acordo com o art. 1º, § 2º, da Lei 12.016/09 (Mandado de Segurança), **não cabe mandado de segurança contra os atos de gestão comercial praticados pelos administradores de empresas públicas, de sociedade de economia mista** e de concessionárias de serviço público. **BV**

Gabarito "A".

524 BRUNA VIEIRA E LUCIANA RUSSO

(Delegado/RJ – 2013 – FUNCAB) A jurisprudência do Supremo Tribunal Federal fixou entendimentos sobre o mandado de segurança. Com base nessas orientações, é correto afirmar:

(A) É constitucional a lei que fixa prazo prescricional para impetração de mandado de segurança.

(B) Controvérsia sobre matéria de direito impede concessão de mandado de segurança.

(C) A concessão de mandado de segurança produz efeitos patrimoniais em relação a período pretérito, os quais somente devem ser reclamados pela via judicial própria.

(D) Praticado o ato por autoridade, no exercício de competência delegada, contra ela cabe o mandado de segurança ou a medida judicial.

(E) É cabível mandado de segurança contra decisão judicial com trânsito em julgado.

A: incorreta. Conforme dispõe a súmula 632 do STF, é constitucional a lei que fixa o prazo de **decadência** para a impetração do mandado de segurança; **B:** incorreta. De acordo com a súmula 625 do STF, a controvérsia sobre matéria de direito **não impede** concessão de mandado de segurança; **C:** incorreta. Determina a súmula 271 do STF que a concessão de mandado de segurança **não produz** efeitos patrimoniais, em relação a período pretérito, os quais devem ser reclamados administrativamente ou pela via judicial própria; **D:** correta. É o que determina o enunciado da súmula 510 do STF; **E:** incorreta. Conforme dispõe o art. 5º, III, da Lei 12.016/2009 (Lei do Mandado do Segurança), **não se concederá** mandado de segurança quando se tratar de decisão judicial transitada em julgado. *BV*
Gabarito "D".

(Delegado/RJ – 2009 – CEPERJ) Assinale a alternativa correta.

(A) O *habeas data* destina-se a assegurar o conhecimento de quaisquer informações relativas à pessoa do impetrante, exclusivamente constantes de registros ou bancos de dados de entidades governamentais, bem como para retificação de dados, quando não se prefira fazê-la por processo sigiloso, judicial ou administrativo.

(B) Somente o brasileiro nato é parte legítima para propor ação popular.

(C) Qualquer partido político possui legitimidade para propor mandado de segurança coletivo.

(D) O mandado de injunção será concedido sempre que a falta de norma regulamentadora torne inviável o exercício dos direitos e liberdades constitucionais e das prerrogativas inerentes à nacionalidade, à soberania e à cidadania.

(E) São gratuitas as ações de *habeas data*, *habeas corpus* e mandado de segurança e, na forma da lei, os atos necessários ao exercício da cidadania.

A: incorreta. O *habeas data*, conforme se observa do art. 5º, LXIX, da CF também se destinada a assegurar o conhecimento de dados do impetrante constantes de bancos de dados de caráter público. Nos termos do art. 1º da Lei n.º 9.507/1997 são definidos como de caráter público "todo registro ou banco de dados contendo informações que sejam ou que possam ser transmitidas a terceiros ou que não sejam do uso privativo do órgão ou entidade produtora ou depositária das informações"; **B:** incorreta. Qualquer cidadão, nato ou naturalizado, detém legitimidade para propor ação popular, conforme garantia prevista no art. 5º, LXXIII, da CF/1988. Trata-se, portanto, de ação pública de legitimidade ampla; **C:** incorreta, uma vez que apenas partidos políticos com representação no Congresso Nacional podem propor mandado de segurança coletivo (art. 5º, LXX, "a", da CF/1988); **D:** correta, por força do disposto no art. 5º, LXXI, da CF/1988; **E:** incorreta, uma vez que a Constituição garante gratuidade aos remédios constitucionais judiciais do *habeas corpus* e do *habeas data*. A ação de mandado de segurança não é gratuita sendo cobradas custas judiciais. O que não há no mandado de segurança é a condenação em honorários em desfavor da parte que sucumbe (art. 25 da Lei n.º 12.016/2009). *BV*
Gabarito "D".

(Delegado/RJ – 2009 – CEPERJ) O remédio constitucional adequado para postular judicialmente a emissão de certidão de antecedentes criminais é:

(A) a ação popular.

(B) o *habeas corpus*.

(C) o mandado de injunção.

(D) o *habeas data*.

(E) o mandado de segurança.

A emissão de certidão de antecedentes criminais não se vincula diretamente ao direito à liberdade de locomoção de forma que na hipótese de resistência pela

administração pública à sua emissão, não cabe ao prejudicado a impetração da ação de *habeas corpus*, mas sim de mandado de segurança (Art. 5º, LXIX, da CF/1988). Na jurisprudência, cabe destacar a seguinte decisão, em que se deixa evidenciada a inexistência de correlação direta da certidão com o direito de locomoção: "RECURSO EM *HABEAS CORPUS* – EXPEDIÇÃO EQUIVOCADA DE CERTIDÃO POSITIVA DE ANTECEDENTES CRIMINAIS – CORREÇÃO DO ERRO PELO JUÍZO E CARTÓRIO – AUSÊNCIA DE CONSTRANGIMENTO ILEGAL. – Inexiste ameaça concreta ao direito de locomoção (ir e vir) em equívoco cometido pelo cartório que forneceu certidão positiva de antecedentes criminais inexistentes. Por outro lado, conforme salientado pelo v. acórdão guerreado, tal circunstância já se encontra sendo solucionada pelo Juízo e cartório responsável. – Recurso desprovido" (RHC 200101145082, JORGE SCARTEZZINI, STJ – QUINTA TURMA, 26/08/2002). *BV*
Gabarito "E".

3.3. Nacionalidade

(Delegado/MG – 2018 – FUMARC) NÃO constitui cargo privativo de brasileiro nato:

(A) Ministro de Estado da Defesa.

(B) Oficial das Forças Armadas.

(C) Presidente da Câmara dos Deputados.

(D) Senador da República.

De acordo com o art. 12, §3º da CF, são privativos de brasileiro nato os seguintes cargos: I - de Presidente e Vice-Presidente da República; II - de Presidente da Câmara dos Deputados; III - de Presidente do Senado Federal; IV - de Ministro do Supremo Tribunal Federal; V - da carreira diplomática; VI - de oficial das Forças Armadas. VII - de Ministro de Estado da Defesa. Apenas para presidir o Senado Federal que a CF exige que o sujeito seja brasileiro nato. *BV*
Gabarito "D".

(Delegado/MT – 2017 – CESPE) O boliviano Juan e a argentina Margarita são casados e residiram, por alguns anos, em território brasileiro. Durante esse período, nasceu, em território nacional, Pablo, o filho deles.

Nessa situação hipotética, de acordo com a CF, Pablo será considerado brasileiro

(A) naturalizado, não podendo vir a ser ministro de Estado da Justiça.

(B) nato e poderá vir a ser ministro de Estado da Defesa.

(C) nato, mas não poderá vir a ser presidente do Senado Federal.

(D) naturalizado, não podendo vir a ser presidente da Câmara dos Deputados.

(E) naturalizado e poderá vir a ocupar cargo da carreira diplomática.

De acordo com o artigo 12, inciso I, alínea "a" da CF/1998, são brasileiros natos os nascidos na República Federativa do Brasil, ainda que de pais estrangeiros, desde que estes não estejam a serviço de seu país. No caso descrito Pablo nasceu no Brasil, e mesmo sendo filho de estrangeiros será brasileiro nato, pois nenhum de seus pais estrangeiros estava a serviço de seu país. Por essa razão ele pode exercer os cargos privativos de brasileiro nato (artigo 12, § 3º, CF), dentre os quais o de Ministro de Estado da Defesa. Por ser brasileiro nato estão erradas as alternativas **A, D** e **E**. A alternativa **C** está errada pois como brasileiro nato pode sim ser Presidente do Senado (artigo 12, § 3º, CF). Correta a alternativa **B**, pois sendo nato pode ser Ministro de Estado da Defesa. *LR*
Gabarito "B".

(Delegado/SP – 2014 – VUNESP) É privativo de brasileiro nato o cargo de

(A) Ministro do Supremo Tribunal Federal.

(B) Senador.

(C) Juiz de Direito.

(D) Delegado de Polícia.

(E) Deputado Federal.

A: correta. De acordo com o art. 12, § 3º, da CF, são privativos de brasileiro nato os cargos: I – de Presidente e Vice-Presidente da República; II – de Presidente da Câmara dos Deputados; III – de Presidente do Senado Federal; IV – de **Ministro do Supremo Tribunal Federal**; V – da carreira diplomática; VI – de oficial das Forças Armadas e VII – de Ministro de Estado da Defesa; **B:** incorreta. Apenas o Presidente do Senado é que precisa ser brasileiro nato; **C:** incorreta. Os juízes de direito não precisam ser brasileiros natos; **D:** incorreta. Os delegados de polícia também não precisam ser brasileiros natos; **E:** incorreta. Por fim, a CF também não exige que cargos de deputados federais sejam ocupados por brasileiros natos. *BV*
Gabarito "A".

(Delegado/AP – 2010) Assinale o cargo que não é privativo de brasileiro nato.

(A) Carreira diplomática.

(B) Ministro de Estado da Defesa.

(C) Ministro do Superior Tribunal de Justiça.

(D) Presidente da Câmara dos Deputados.

(E) Oficial das Forças Armadas.

Os cargos privativos de brasileiro nato estão previstos no art. 12, § 3º e 89, VII, ambos da CF/1988. Dentre tais dispositivos não há menção ao de Ministro do Superior Tribunal de Justiça. **BV**

Gabarito "C".

3.4. Direitos políticos

(Delegado/DF – 2015 – Fundação Universa) Acerca dos direitos e dos partidos políticos, assinale a alternativa correta.

(A) Suponha-se que Guilherme esteja preso, aguardando o julgamento de seu recurso de apelação. Nesse caso, Guilherme não poderá votar, por faltar-lhe, por causa de sua prisão cautelar, o pleno exercício dos direitos políticos.

(B) É assegurada aos partidos políticos autonomia para definir a sua estrutura interna, a sua organização e o seu funcionamento, podendo receber doações de pessoas físicas e jurídicas, nacionais ou estrangeiras.

(C) Suponha-se que Maria tenha 18 anos de idade completos e não saiba escrever o seu próprio nome, sendo considerada como analfabeta. Nesse caso, o alistamento eleitoral de Maria é obrigatório.

(D) A CF exige, como idade mínima para exercer os cargos de senador e de deputado federal, que o candidato tenha, pelo menos, 21 anos de idade.

(E) Suponha-se que Joana, deputada federal, seja casada com Pedro, atual governador do estado X. Nesse caso, nas próximas eleições, quando Pedro e Joana concorrerem às respectivas reeleições, Joana não ficará inelegível.

A: incorreta. Apenas a condenação criminal transitada em julgado, enquanto durarem seus efeitos, é que faria com que Guilherme não pudesse votar, conforme determina o art. 15, III, da CF; **B:** incorreta. Ao contrário do mencionado, os partidos não podem receber doações estrangeiras, conforme determina o art. 17, II, da CF e nem de pessoas jurídicas (o art. 81 da Lei 9.504/1997, que previa as doações feitas por pessoas jurídicas, foi revogado pela Lei 13.165/2015); **C:** incorreta. Para os analfabetos, o alistamento eleitoral e o voto são facultativos. É o que dispõe o art. 14, § 1º, II, *a*, da CF; **D:** incorreta. Para concorrer ao cargo de Senador, a idade mínima é de 35 anos. De acordo com § 3º do art. 14 da CF, as condições de elegibilidade são I – a nacionalidade brasileira; II – o pleno exercício dos direitos políticos; III – o alistamento eleitoral; IV – o domicílio eleitoral na circunscrição; V – a filiação partidária; VI – a idade mínima de: *a)* **trinta e cinco anos para** Presidente e Vice-Presidente da República e **Senador**; *b)* trinta anos para Governador e Vice-Governador de Estado e do Distrito Federal; *c)* **vinte e um anos para Deputado Federal, Deputado Estadual ou Distrital,** Prefeito, Vice-Prefeito e juiz de paz; *d)* dezoito anos para Vereador; **E:** correta. O § 7º do art. 14 da CF, ao tratar da inelegibilidade reflexa, ensina que são inelegíveis, no território de jurisdição do titular, o cônjuge e os parentes consanguíneos ou afins, até o segundo grau ou por adoção, do Presidente da República, de Governador de Estado ou Território, do Distrito Federal, de Prefeito ou de quem os haja substituído dentro dos seis meses anteriores ao pleito, **salvo se já titular de mandato eletivo e candidato à reeleição. BV**

Gabarito "E".

4. ORGANIZAÇÃO DO ESTADO

4.1. Organização político-administrativa

(Delegado/MG – 2018 – FUMARC) A competência para a explorar diretamente, ou mediante concessão, os serviços locais de gás canalizado é dos

(A) estados-membros e dos municípios.

(B) estados-membros, do distrito federal e dos municípios.

(C) estados-membros.

(D) municípios.

De acordo com o art. 25, §2º, da CF, **cabe aos Estados explorar diretamente, ou mediante concessão, os serviços locais de gás canalizado,** na forma da lei, vedada a edição de medida provisória para a sua regulamentação. **BV**

Gabarito "C".

(Delegado/MS – 2017 – FAPEMS) Sobre a organização do Estado e o Federalismo, assinale a alternativa correta.

(A) A definição dos crimes de responsabilidade e o estabelecimento das respectivas normas de processo e julgamento são da competência legislativa concorrente da União, Estados e Distrito Federal. Portanto, é possível legislação estadual sobre crime de responsabilidade.

(B) Segundo o STF é inconstitucional lei estadual que disponha sobre bloqueadores de sinal de celular em presídio, pois tal legislação invade a competência da União para legislar sobre telecomunicações.

(C) Segundo o STF, é competente o Município para fixar o horário de funcionamento de estabelecimento comercial, em virtude disso não ofende o princípio da livre concorrência lei municipal que impede a instalação de estabelecimentos comerciais do mesmo ramo em determinada área.

(D) A repartição vertical de competências é a técnica na qual dois ou mais entes vão atuar conjunta ou concorrentemente para uma mesma matéria (tema). A repartição vertical surge na Constituição Alemã de Weimar de 1919. No Brasil, aparece pela primeira vez na Constituição da República de 1988.

(E) Compete à União, aos Estados e ao Distrito Federal legislar concorrentemente sobre custas forenses, registros públicos, educação, cultura, ciência e tecnologia, bem como sobre organização, garantias, direitos e deveres das polícias civis.

Errada a alternativa **A**. A competência para legislar sobre direito penal é privativa da União, conforme artigo 22, inciso I, CF. Correta a alternativa **B**. Conforme decidido pelo STF "lei estadual que disponha sobre bloqueadores de sinal de celular em presídio invade a competência da União para legislar sobre telecomunicações. Com base nesse entendimento, em apreciação conjunta e por maioria, o STF declarou a inconstitucionalidade da Lei 3.153/2005 do Estado do Mato Grosso do Sul e da Lei 15.829/2012 do Estado de Santa Catarina. ADI 3835/MS, rel. Min. Marco Aurélio, 3.8.2016. (ADI-3835); ADI 5356/MS, rel. orig. Min. Edson Fachin, red. p/ o acórdão Min. Marco Aurélio, 3.8.2016. (ADI-5356); ADI 5253 /BA, rel. Min. Dias Toffoli, 3.8.2016. (ADI-5253); ADI 5327/PR, rel. Min Dias Toffoli, 3.8.2016. (ADI-5327); ADI 4861/SC, rel. Min. Gilmar Mendes, 3.8.2016. (ADI-4861). Errada a alternativa **C**. Nesse sentido as Súmulas vinculantes 38 "É competente o Município para fixar o horário de funcionamento de estabelecimento comercial." e 49 "Ofende o princípio da livre concorrência lei municipal que impede a instalação de estabelecimentos comerciais do mesmo ramo em determinada área". Errada a alternativa **D**. A repartição vertical, que advém do federalismo cooperativo, aparece pela primeira vez no Brasil na Constituição de 1934 (e existe na atual Constituição). Errada a alternativa **E**. Compete à União, aos Estados e ao Distrito Federal legislar concorrentemente sobre custas forenses, educação, cultura, ciência e tecnologia, bem como sobre organização, garantias, direitos e deveres das polícias civis (artigo 24, CF). Mas legislar sobre registros públicos é competência privativa da União, conforme artigo 22, inciso XXV, CF. **LR**

Gabarito "B".

(Delegado/MT – 2017 – CESPE) De acordo com o entendimento dos tribunais superiores, lei municipal que impedir a instalação de mais de um estabelecimento comercial do mesmo ramo em determinada área do município será considerada

(A) inconstitucional, por ofender o princípio da livre concorrência.

(B) inconstitucional, por ofender o princípio da busca do pleno emprego.

(C) constitucional, por versar sobre assunto de interesse exclusivamente local.

(D) constitucional, por não ofender o princípio da defesa do consumidor.

(E) inconstitucional, por ofender o princípio da propriedade privada.

Dispõe a Súmula Vinculante 49 que "Ofende o princípio da livre concorrência lei municipal que impede a instalação de estabelecimentos comerciais do mesmo ramo em determinada área." Logo correta a alternativa A, pois tal lei seria inconstitucional por violar o princípio da livre concorrência. **LR**

Gabarito "A".

(Delegado/MT – 2017 – CESPE) Aprovada pela assembleia legislativa de um estado da Federação, determinada lei conferiu aos delegados de polícia desse estado a prerrogativa de ajustar com o juiz ou a autoridade competente a data, a hora e o local em que estes serão ouvidos como testemunha ou ofendido em processos e inquéritos.

Nessa situação hipotética, a lei é

(A) constitucional, pois, apesar de tratar de matéria de competência privativa da União, o estado legislou sobre procedimentos de âmbito estadual.

(B) constitucional, pois trata de matéria de competência comum da União, dos estados, do DF e dos municípios.

(C) constitucional, pois trata de matéria de competência concorrente da União, dos estados e do DF.

(D) inconstitucional, pois o estado legislou sobre direito processual, que é matéria de competência privativa da União.

(E) inconstitucional, pois o estado legislou sobre normas gerais de matéria de competência concorrente da União, dos estados e do DF.

O Supremo Tribunal Federal, na ADI 3896, por unanimidade, declarou a inconstitucionalidade de lei do estado de Sergipe, que conferiu a delegado de polícia a prerrogativa de "ser ouvido, como testemunha ou ofendido, em qualquer processo ou inquérito, em dia, hora e local previamente ajustados com o juiz ou autoridade competente". O fundamento foi de que o dispositivo impugnado afronta o artigo 22, inciso I, da Constituição Federal (CF), que atribui exclusivamente à União a competência para legislar em matéria de direito processual. Sendo assim, a lei é inconstitucional, pois o estado legislou sobre direito processual, que é matéria de competência privativa da União – alternativa D. LR

Gabarito "D".

(Delegado/GO – 2017 – CESPE) A respeito dos estados-membros da Federação brasileira, assinale a opção correta.

(A) Denomina-se cisão o processo em que dois ou mais estados se unem geograficamente, formando um terceiro e novo estado, distinto dos estados anteriores, que perdem a personalidade originária.

(B) Para o STF, a consulta a ser feita em caso de desmembramento de estado-membro deve envolver a população de todo o estado-membro e não só a do território a ser desmembrado.

(C) A CF dá ao estado-membro competência para instituir regiões metropolitanas e microrregiões, mas não aglomerações urbanas: a competência de instituição destas é dos municípios.

(D) Conforme a CF, a incorporação, a subdivisão, o desmembramento ou a formação de novos estados dependerá de referendo. Assim, o referendo é condição prévia, essencial ou prejudicial à fase seguinte: a propositura de lei complementar.

(E) Segundo o STF, os mecanismos de freios e contrapesos previstos em constituição estadual não precisam guardar estreita similaridade com aqueles previstos na CF.

A alternativa A está errada. Isso porque a cisão é a subdivisão de um estado em dois novos, com o desaparecimento da personalidade do estado original. Correta a alternativa B. Conforme decidido pelo STF na ADI 2650/DF "A expressão "população diretamente interessada" constante do § 3º do artigo 18 da Constituição ("Os Estados podem incorporar-se entre si, subdividir-se ou desmembrar-se para se anexarem a outros, ou formarem novos Estados ou Territórios Federais, mediante aprovação da população diretamente interessada, através de plebiscito, e do Congresso Nacional, por lei complementar") deve ser entendida como a população tanto da área desmembranda do Estado-membro como a da área remanescente". Errada a alternativa C. Nos termos do artigo 25, § 3º, CF "Os Estados poderão, mediante lei complementar, instituir regiões metropolitanas, aglomerações urbanas e microrregiões, constituídas por agrupamento de municípios limítrofes, para integrar a organização, o planejamento e a execução de funções públicas de interesse comum". A alternativa D está errada. Como citado na alternativa A, é por plebiscito a consulta popular e não por referendo. Errada a alternativa E. Nesse sentido a decisão do STF proferida na ADI 1905/MC: "Separação e independência dos Poderes: freios e contrapesos: parâmetros federais impostos ao Estado-membro. Os mecanismos de controle recíproco entre os Poderes, os "freios e contrapesos" admissíveis na estruturação das unidades federadas, sobre constituírem matéria constitucional local, só se legitimam na medida em que guardem estreita similaridade com os previstos na Constituição da República: precedentes". LR

Gabarito "B".

(Delegado/GO – 2017 – CESPE) A respeito da administração pública, assinale a opção correta de acordo com a CF.

(A) Desde a promulgação da CF, não houve, até o presente, inovação a respeito dos princípios constitucionais da administração pública por meio de emenda constitucional.

(B) A previsão constitucional de que a investidura em cargo ou emprego público depende de aprovação prévia em concurso

público decorre exclusivamente do princípio da razoabilidade administrativa.

(C) Em oposição ao que diz o texto constitucional, o STF já se posicionou contrário à cobrança de contribuição previdenciária dos servidores públicos aposentados e pensionistas.

(D) Caso um deputado estadual nomeie sua tia materna como assessora de seu gabinete, não haverá violação à súmula vinculante que trata do nepotismo, pois esta veda a nomeação de colaterais de até o segundo grau.

(E) Segundo o STF, candidato aprovado em concurso público dentro do número de vagas previsto no edital e dentro do prazo de validade do certame terá direito subjetivo à nomeação.

A alternativa A está errada. O artigo 37, CF em sua redação original não tinha o princípio da eficiência, acrescentado pelo EC 19/1998, mas apenas os princípios da legalidade, impessoalidade, moralidade, publicidade. Errada a alternativa B. A previsão constitucional de que a investidura em cargo ou emprego público depende de aprovação prévia em concurso público é por si um princípio e também assegura os princípios da impessoalidade, da publicidade, da moralidade e da eficiência. Errada a alternativa C. O STF na ADI 3.105 entendeu que "Não viola as garantias e direitos fundamentais a exigência de contribuição previdenciária dos pensionistas e aposentados porque a medida apoia-se no princípio da solidariedade e no princípio de equilíbrio financeiro e atuarial do sistema previdenciário. (...) a extensão da contribuição previdenciária é uma imposição de natureza tributária e, portanto, deve ser analisada à luz dos princípios constitucionais relativos aos tributos. Assim, não se pode opor-lhe a garantia constitucional do direito adquirido para eximir-se do pagamento, pois não há norma no ordenamento jurídico brasileiro que imunize, de forma absoluta, os proventos de tributação, nem mesmo o princípio da irredutibilidade de vencimentos". A alternativa D está errada, pois conforme a súmula vinculante 13 "a nomeação de cônjuge, companheiro ou parente em linha reta, colateral ou por afinidade, até o terceiro grau, inclusive, da autoridade nomeante ou do servidor da mesma pessoa jurídica investido em cargo de direção, chefia ou assessoramento, para o exercício de cargo em comissão ou de confiança ou, ainda, de função gratificada na administração pública direta e indireta em qualquer dos poderes da União, dos Estados, do Distrito Federal e dos Municípios, compreendido o ajuste mediante designações recíprocas, viola a Constituição Federal." Tia é parente de terceiro grau, logo ao caso se aplica a SV 13 pois as hipóteses de nepotismo alcançam o terceiro grau. Correta a alternativa E. Conforme decidido pelo STF no RE 598.099, com repercussão geral, "Direito Administrativo. Concurso Público. 2. Direito líquido e certo à nomeação do candidato aprovado entre as vagas previstas no edital de concurso público. 3. Oposição ao poder discricionário da Administração Pública. 4. Alegação de violação dos arts. 5º, inciso LXIX e 37, caput e inciso IV, da Constituição Federal. 5. Repercussão Geral reconhecida." LR

Gabarito "E".

(Delegado/SP – 2014 – VUNESP) Compete privativamente à União legislar sobre

(A) produção e consumo.

(B) assistência jurídica e defensoria pública.

(C) trânsito e transporte.

(D) direito tributário, financeiro, penitenciário, econômico e urbanístico.

(E) educação, cultura, ensino e desporto.

A: incorreta. De acordo com o art. 24, V, da CF, compete à União, aos Estados e ao Distrito Federal legislar concorrentemente sobre produção e consumo; B: incorreta. Conforme determina o art. 24, XIII, da CF, a legislação sobre assistência jurídica e defensoria é da competência concorrente entre a União, aos Estados e ao Distrito Federal; C: correta. De fato, a competência para legislar sobre trânsito e transporte é privativa da União, conforme dispõe o art. 22, XI, da CF; D: incorreta. Tais assuntos, de acordo com o art. 24, I, da CF são da competência concorrente entre a União, aos Estados e ao Distrito Federal; E: incorreta. Por fim, a legislação sobre educação, cultura, ensino e desporto, conforme determina o art. 24, IX, da CF, também é da competência dos entes federados, de forma concorrente. BV

Gabarito "C".

(Delegado/PR – 2013 – UEL-COPS) Tendo em vista a repartição de competências entre os membros da federação brasileira, assinale a alternativa que apresenta, corretamente, a competência necessária para legislar sobre: produção e consumo; florestas, caça, pesca, fauna e conservação da natureza; proteção à infância e à juventude.

(A) Comum autorizada à União, aos Estados, ao Distrito Federal e aos Municípios.

(B) Concorrente autorizada à União, aos Estados e ao Distrito Federal.

(C) Suplementar autorizada à União, aos Estados e ao Distrito Federal.

(D) Exclusiva da União.

(E) Privativa da União.

4. DIREITO CONSTITUCIONAL — 527

De acordo com o art. 24, V, VI e XV, da CF a competência para legislar sobre tais assuntos é concorrente entre a União, os Estados e o Distrito Federal. **BV**

Gabarito "B".

(Delegado/PR – 2013 – UEL-COPS) Com relação ao texto da Constituição Brasileira (CF) de 1988, atribua V (verdadeiro) ou F (falso) às afirmativas a seguir.

I. A CF não poderá ser emendada na vigência de intervenção federal, de estado de defesa ou de estado de sítio.

II. O decreto de intervenção é ato do chefe do Poder Executivo e deverá especificar a amplitude, o prazo e as condições de execução da intervenção e, se couber, nomeará o interventor.

III. Sempre que houver intervenção federal caberá o afastamento do governador do Estado-Membro da federação que sofre a intervenção, para a devida correção dos abusos cometidos.

IV. Entre as medidas coercitivas a vigorarem durante o estado de defesa encontram-se restrições ao direito de sigilo de correspondência e ao direito de sigilo de comunicação telegráfica e telefônica.

V. A declaração de estado de guerra ou a resposta à agressão armada estrangeira permite a suspensão dos direitos fundamentais individuais, para a boa condução da defesa do Estado brasileiro.

Assinale a alternativa que contém, de cima para baixo, a sequência correta.

(A) V, V, F, V, F.
(B) V, F, F, V, V.
(C) V, F, F, F, V.
(D) F, V, V, F, F.
(E) F, F, V, F, V.

I: verdadeira. De acordo com o art. 60, § 1º, da CF, a Constituição não poderá ser emendada na vigência de intervenção federal, de estado de defesa ou de estado de sítio; **II:** verdadeira. Conforme determina o art. 36, § 1º, da CF, o decreto de intervenção, que especificará a amplitude, o prazo e as condições de execução e que, se couber, nomeará o interventor, será submetido à apreciação do Congresso Nacional ou da Assembleia Legislativa do Estado, no prazo de vinte e quatro horas; **III:** falsa. A intervenção que não gera, necessariamente, o afastamento do Chefe do Executivo Estadual. De acordo com o art. 36, § 1º, o decreto de intervenção, que especificará a amplitude, o prazo e as condições de execução e que, **se couber, nomeará o interventor**, será submetido à apreciação do Congresso Nacional ou da Assembleia Legislativa do Estado, no prazo de vinte e quatro horas; **IV:** verdadeira. Conforme determina o art. 136, § 1º, da CF, o decreto que instituir o estado de defesa determinará o tempo de sua duração, especificará as áreas a serem abrangidas e indicará, nos termos e limites da lei, as medidas coercitivas a vigorarem, dentre as seguintes: I – restrições aos direitos de: a) reunião, ainda que exercida no seio das associações; b) **sigilo de correspondência**; c) **sigilo de comunicação telegráfica e telefônica**; **V:** falsa. A declaração de estado de guerra ou resposta à agressão armada estrangeira não permite a decretação do estado de sítio, de acordo com o que dispõe o art. 137, II, da CF. Ocorre que apenas o estado de sítio devidamente decretado é que pode ensejar medidas como: I – obrigação de permanência em localidade determinada; II – detenção em edifício não destinado a acusados ou condenados por crimes comuns; III – restrições relativas à inviolabilidade da correspondência, ao sigilo das comunicações, à prestação de informações e à liberdade de imprensa, radiodifusão e televisão, na forma da lei; IV – suspensão da liberdade de reunião; V – busca e apreensão em domicílio; VI – intervenção nas empresas de serviços públicos e VII – requisição de bens, conforme determina o art. 139 da CF. **BV**

Gabarito "A".

(Delegado/RJ – 2013 – FUNCAB) De acordo com a distribuição das competências legislativas entre os entes da Federação, prevista na Constituição da República, é correto afirmar:

(A) A União tem competência privativa para legislar sobre proteção à infância e à juventude.

(B) A União pode delegar aos Estados, por meio de Lei Ordinária, assuntos de sua competência legislativa privativa.

(C) A União, os Estados e o Distrito Federal possuem competência concorrente para legislar sobre sistema de consórcios e sorteios.

(D) A competência para legislar sobre a organização, garantias, direitos e deveres das polícias civis é privativa dos Estados e do Distrito Federal.

(E) Compete à União legislar privativamente sobre trânsito e transporte.

A: incorreta. A **proteção à infância e à juventude** é tema a ser legislado **concorrentemente** pela União, Estados e ao Distrito Federal, conforme determina o art. 24, XV, da CF; **B:** incorreta. A delegação deve ser feita por meio de **lei complementar**. De acordo com o art. 22, parágrafo único, da CF, lei complementar poderá autorizar os Estados a legislar sobre questões específicas das matérias relacionadas neste artigo, ou seja, os assuntos da competência privativa da União; **C:** incorreta. A legislação sobre os sistemas de **consórcios e sorteios** é da competência **privativa da União**, conforme determina o art. 22, XX, da CF; **D:** incorreta. De acordo com o art. 24, XVI, da CF, a **organização, garantias, direitos e deveres das polícias civis** são da competência **concorrente entre a União**, os Estados e o Distrito Federal; **E:** correta. É o que determina o art. 22, XI, da CF. **BV**

Gabarito "E".

(Delegado/SP – 2011) Atualmente as contas dos Municípios ficarão à disposição de qualquer contribuinte para exame e apreciação por

(A) 15 dias.
(B) 90 dias
(C) 30 dias
(D) 60 dias
(E) 100 dias

De acordo com o art. 31, § 3º, da CF/1988, as **contas** dos Municípios ficarão, durante **sessenta dias**, anualmente, **à disposição** de qualquer contribuinte, **para exame e apreciação**, o qual poderá questionar-lhes a legitimidade, nos termos da lei. **BV**

Gabarito "D".

(Delegado/AP – 2010) Relativamente à organização do Estado, assinale a afirmativa incorreta.

(A) A organização político-administrativa da República Federativa do Brasil compreende a União, os Estados, o Distrito Federal e os Municípios, todos autônomos, nos termos desta Constituição.

(B) A autonomia federativa assegura aos Estados, ao Distrito Federal e aos Municípios estabelecer cultos religiosos ou igrejas, subvencioná-los, autorizar ou proibir seu funcionamento, na forma da lei.

(C) É vedado à União, aos Estados, ao Distrito Federal e aos Municípios criar distinções entre brasileiros ou preferências entre si.

(D) Os Estados podem incorporar-se entre si, subdividir-se ou desmembrar-se para se anexarem a outros, ou formarem novos Estados ou Territórios Federais, mediante aprovação da população diretamente interessada, através de plebiscito, e do Congresso Nacional, por lei complementar.

(E) A criação, a incorporação, a fusão e o desmembramento de Municípios, far-se-ão por lei estadual, dentro do período determinado por Lei Complementar Federal, e dependerão de consulta prévia, mediante plebiscito, às populações dos Municípios envolvidos, após divulgação dos Estudos de Viabilidade Municipal, apresentados e publicados na forma da lei.

A: correta, conforme dispõe o art. 18, "caput", da CF/1988. É importante destacar que alguns doutrinadores, como José Afonso da Silva, sustentam que nada obstante os Municípios façam parte da organização político-administrativa e quanto a isso não há dúvida, já que a Constituição expressamente os inclui, não podem ser considerados entes federativos, ou seja, não integrariam o sistema federativo; **B:** incorreta (devendo ser assinalada), tendo em vista o art. 19, I, da CF/1988. A República Federativa do Brasil é considerada um Estado leigo ou laico, ou seja, não guarda vínculo específico com qualquer doutrina religiosa; **C:** correta, em razão da previsão contida no art. 19, III, da CF/1988; **D:** correta (art. 18, § 3º, da CF/1988); **E:** correta (art. 18, § 4º, da CF/1988). **BV**

Gabarito "B".

4.2. Intervenção

(Delegado/SP – 2011) Para assegurar a forma republicana e o regime democrático

(A) a União decretará estado de emergência nos Estados e no Distrito Federal.

(B) o Supremo Tribunal Federal deixará de intervir nos Estados e no Distrito Federal.

(C) a União intervirá nos Estados e no Distrito Federal.

(D) o Poder Judiciário intervirá nos Municípios.

(E) Congresso Nacional intervirá nas Assembleias dos Estados.

A: incorreta. O estado de defesa, também conhecido como "estado de emergência", visa preservar ou prontamente restabelecer, em locais restritos e

528   BRUNA VIEIRA E LUCIANA RUSSO

determinados, a ordem pública ou a paz social ameaçadas por grave e iminente instabilidade institucional ou atingidas por calamidades de grandes proporções na natureza (art. 136, *caput*, da CF/1988); **B:** incorreta. Não cabe ao STF intervir ou não nos Estados e no Distrito Federal; **C:** correta. De fato, uma das hipóteses excepcionais de intervenção da União nos Estados e no DF é para assegurar a forma republicana, o sistema representativo e o regime democrático (art. 34, VII, "a", da CF/1988); **D:** incorreta. Não há possibilidade de intervenção do Judiciário nos Municípios. O que pode ocorrer, excepcionalmente, é a intervenção do Estado em seus Municípios ou da União em Municípios localizados em território federal (se forem criados), nas hipóteses previstas no art. 35 da CF/1988; **E:** incorreta. Essa intervenção também não encontra respaldo constitucional, haja vista que os entes federados são autônomos e independentes. **BV**

Gabarito "C".

(Delegado/RJ – 2009 – CEPERJ) Qual das situações abaixo não constitui causa de intervenção da União nos Estados ou no Distrito Federal:

(A) Manter a integridade nacional.

(B) Repelir invasão estrangeira ou de uma unidade da Federação em outras.

(C) Garantir o livre exercício de qualquer dos Poderes nas unidades da Federação.

(D) Prover a execução de lei federal, ordem ou decisão judicial.

(E) Violar as regras do sistema financeiro nacional.

Dentre as causas mencionadas, apenas a violação as regras do sistema financeiro nacional não constitui hipótese de intervenção da União nos Estados ou no Distrito Federal (art. 34, *caput* e incisos, da CF/1988). **BV**

Gabarito "E".

4.3. Administração Pública

(Delegado/SP – 2014 – VUNESP) Os atos de improbidade administrativa importarão, nos termos da Constituição Federal, dentre outros,

(A) a prisão provisória, sem direito à fiança.

(B) a indisponibilidade dos bens.

(C) a impossibilidade de deixar o país.

(D) a suspensão dos direitos civis.

(E) o pagamento de multa ao Fundo de Proteção Social.

De acordo com o art. 37, § 4°, da CF, os atos de improbidade administrativa importarão a suspensão dos direitos políticos, a perda da função pública, a **indisponibilidade dos bens** e o ressarcimento ao erário, na forma e gradação previstas em lei, sem prejuízo da ação penal cabível. **BV**

Gabarito "B".

(Delegado/SP – 2011) No exercício de mandato eletivo, que exija seu afastamento, o servidor público terá

(A) seu tempo de serviço contado para todos os efeitos legais, exceto para promoção por merecimento.

(B) seu tempo de serviço contado para todos os efeitos legais, exceto para a aposentadoria.

(C) interrompida sua contagem de tempo de serviço público e se sujeitará a regime previdenciário diferenciado.

(D) interrompida sua contagem de tempo no serviço público.

(E) interrompida sua contagem de tempo, resguardadas as promoções por antiguidade

De acordo com o art. 38, IV, da CF/1988, em qualquer caso que **exija o afastamento para o exercício de mandato eletivo**, o tempo de serviço do servidor público **será contado** para todos os efeitos legais, **exceto para promoção por merecimento**. **BV**

Gabarito "A".

(Delegado/GO – 2009 – UEG) Sobre a organização administrativa:

(A) a investidura em cargo ou emprego público depende de aprovação prévia em concurso público, ressalvadas as nomeações para cargo em comissão declarado em lei de livre nomeação e exoneração.

(B) as funções de confiança e os cargos em comissão, ambos exercidos exclusivamente por servidores de carreira, destinam-se apenas às atribuições de direção e chefia.

(C) o direito de greve será exercido conforme previsão em lei complementar.

(D) é vedado ao servidor público civil o direito à livre associação sindical.

A: correta, conforme dispõe o art. 37, II, da CF/1988. O concurso público viabiliza investidura por provimento originário, que se efetiva por meio da nomeação. As formas de provimento em cargos públicos expressamente enumeradas na Lei n.° 8.112/90 são: nomeação, promoção, readaptação, reversão, aproveitamento, reintegração e recondução; **B:** falso. Os cargos em comissão são preenchidos por servidores de carreira nos casos, condições e percentuais mínimos previstos em lei (art. 37, V, da CF/1988). Apenas as funções de confiança é que devem ser preenchidas por servidores ocupantes de cargo efetivo; **C:** falso, tendo em vista que a exigência constitucional, a partir da EC n.° 19/1998 é apenas de lei específica (ordinária) não de lei complementar (art. 37, VII, da CF/1988); **D:** falso; o direito à livre associação sindical, assegurado aos trabalhadores em geral (art. 8° da CF/1988), também possui como destinatários os servidores públicos civis (art. 37, VI, da CF/1988). **BV**

Gabarito "A".

(Delegado/GO – 2009 – UEG) É aplicável às empresas públicas e às sociedades de economia mista e suas subsidiárias que explorem atividade econômica de produção ou comercialização de bens ou de prestação de serviços o seguinte preceito:

(A) função privada, feita a fiscalização pelo conselho fiscal respectivo.

(B) licitação e contratação de obras, serviços, compras e alienações, observados os princípios da administração pública.

(C) possibilidade de acumular o emprego público com cargo público ou outro emprego, sem as restrições típicas da administração pública direta e indireta.

(D) sujeição a regime jurídico diferenciado do das empresas privadas, no tocante aos direitos e às obrigações civis, comerciais, trabalhistas e tributárias.

A: falsa. As empresas públicas e sociedades de economia mista, dotadas de personalidade jurídica de direito privado, integram a administração pública indireta. A Constituição Federal, em seu art. 173, § 1°, I, dispõe que a lei estabelecerá o estatuto jurídico de tais entidades e disporá sobre diversas matérias a elas inerentes, dentre as quais figura sua função social e sua fiscalização pelo Estado e pela sociedade. **B:** verdadeira, por constituir matéria versada no inciso III, § 1°, art. 173, da CF/1988. **C:** falsa, tendo em vista que a vedação de acumulação de empregos e cargos públicos se estende a toda a administração pública (direta e indireta) (art. 37, XVII, da CF/1988). **D:** falso, em face do disposto no art. 173, § 1°, II, da CF/1988. Vale ressaltar que algumas decisões recentes do Supremo Tribunal Federal tem estendido a imunidade tributária recíproca consagrada no art. 150, VI, "a", da CF/1988, às empresas públicas e sociedades de economia mista prestadoras de serviços públicos. A propósito cabe destacar a decisão proferida no RE 407.099/RS. Foi reconhecida repercussão geral da matéria no RE 601.392 RG/PR. **BV**

Gabarito "B".

5. ORGANIZAÇÃO DOS PODERES

(Delegado/GO – 2017 – CESPE) Assinale a opção correta a respeito da organização dos poderes e do sistema de freios e contrapesos no direito constitucional pátrio.

(A) Adotada por diversos países, entre eles o Brasil, a ideia de tripartição dos poderes do Estado em segmentos distintos e autônomos entre si – Legislativo, Executivo e Judiciário – foi concebida por Aristóteles.

(B) A atividade legislativa e a de julgar o presidente da República nos crimes de responsabilidade são funções típicas do Poder Legislativo.

(C) Constitui exemplo de mecanismo de freios e contrapesos a possibilidade de rejeição, pelo Congresso Nacional, de medida provisória editada pelo presidente da República.

(D) As expressões poder, função e órgão são sinônimas.

(E) A CF adotou o princípio da indelegabilidade de atribuições de forma absoluta, inexistindo qualquer exceção a essa regra.

Errada a alternativa **A**. Embora Aristóteles tenha vislumbrado o exercício de três funções distintas, a de fazer normas gerais, a de aplicá-las e a de solucionar conflitos quanto sua aplicação, a ideia de tripartição dos poderes do Estado em segmentos distintos e autônomos entre si é de Montesquieu. A alternativa **B** está errada. A atividade legislativa é uma função típica do Poder Legislativo, as a de julgar o presidente da República nos crimes de responsabilidade é atípica (por ser função jurisdicional, típica do Poder Judiciário). Correta a alternativa **C**. Trata-se realmente de um exemplo do mecanismo de freios e contrapesos. Trata-se dos controles recíprocos entre os Poderes e a necessidade de atuação conjunta para a prática de determinados atos. Errada a alternativa **D**. Poder, função e órgão não são expressões sinônimas. O Poder do Estado em verdade é um só, o poder soberano que pertence ao povo e que o exerce diretamente e por seus

4. DIREITO CONSTITUCIONAL

representantes. Ocorre que para evitar a concentração do poder do Estado nas mãos de uma única pessoa, foram criadas estruturas de Poder, cada qual com uma função típica que a identifica, sem prejuízo do exercício da função do outro Poder, de modo atípico, sempre conforme previsto na Constituição. Cada Poder tem seus órgãos próprios para o exercício das suas funções, exercendo assim as competências que lhes foram atribuídas constitucionalmente. A alternativa **E** está errada. A CF não adotou o princípio da indelegabilidade de atribuições de forma absoluta. Isso porque o próprio constituinte previu hipóteses em que um Poder exerce a função que seria típica do outro, de modo atípico. **LR**

Gabarito "C".

5.1. Poder Legislativo

5.1.1. Organização e competências do Senado, da Câmara dos Deputados e do Congresso Nacional

(Delegado/MG – 2018 – FUMARC) É da competência exclusiva do Congresso Nacional, que independe da sanção do Presidente da República:

(A) concessão de anistia.

(B) criação e extinção de Ministérios e órgãos da Administração Pública.

(C) fixação do subsídio do Presidente e do Vice-Presidente da República e dos Ministros de Estado.

(D) fixação do subsídio dos Ministros do Supremo Tribunal Federal.

A: incorreta. Determina o art. 48, VIII, da CF que cabe ao Congresso Nacional, <u>com **a sanção do Presidente da República**</u>, não exigida esta para o especificado nos arts. 49, 51 e 52, dispor sobre todas as matérias de competência da União, especialmente sobre a **concessão de anistia; B:** incorreta. De acordo com o art. 48, XI, da CF, cabe ao Congresso Nacional, <u>com **a sanção do Presidente da República**</u>, não exigida esta para o especificado nos arts. 49, 51 e 52, dispor sobre todas as matérias de competência da União, especialmente sobre a **criação e extinção de Ministérios e órgãos da administração pública; C:** correta. Determina o art.49, VIII, da CF que é da competência exclusiva do Congresso Nacional a fixação dos subsídios do Presidente e do Vice-Presidente da República e dos Ministros de Estado, observado o que dispõem os arts. 37, XI, 39, § 4°, 150, II, 153, III, e 153, § 2°, I; **D:** incorreta. Conforme dispõe o art. 48, XV, da CF, **cabe ao Congresso Nacional, com a sanção do Presidente da República**, não exigida esta para o especificado nos arts. 49, 51 e 52, dispor sobre todas as matérias de competência da União, especialmente sobre a **fixação do subsídio dos Ministros do Supremo Tribunal Federal**, observado o que dispõem os arts. 39, § 4°; 150, II; 153, III; e 153, § 2°, I. **BV**

Gabarito "C".

(Delegado/MS – 2017 – FAPEMS) Sobre o Poder Legislativo, assinale a alternativa correta.

(A) O STF entende ser constitucional a legislação Federal e Estadual que dispõe sobre a prioridade nos procedimentos e providências posteriores a aprovação de relatório de Comissão Parlamentar de Inquérito Federal ou Estadual.

(B) Segundo o STF, Deputado ou Senador quando assume o cargo de Ministro de Estado não carrega o bônus das imunidades parlamentares, mas carrega o ônus de poder perder o mandato por quebra de decoro parlamentar, ainda que tenha praticado atos apenas enquanto Ministro de Estado.

(C) Segundo o STF, a garantia da imunidade material se estende ao congressista, quando, na condição de candidato a qualquer cargo eletivo, vem a ofender, moralmente, a honra de terceira pessoa, inclusive a de outros candidatos, em pronunciamento motivado por finalidade exclusivamente eleitoral, que não guarda nenhuma relação com o exercício das funções congressistas.

(D) Os poderes investigatórios das CPIs compreendem a possibilidade direta de quebra de sigilo bancário, fiscal e de dados, a oitiva de testemunhas, a possibilidade de interceptação telefônica, bem como a realização de perícias necessárias a dilação probatória, sendo vedada a busca e apreensão domiciliar que deve ser obtida através de determinação judicial.

(E) Em discurso na tribuna da Câmara dos Deputados, um deputado federal afirmou que determinado empresário ofereceu vantagem indevida a servidor público, a fim de ser beneficiado em licitação pública. Nessa situação, com o término do mandato, o parlamentar, caso não seja reeleito, poderá ser responsabilizado penalmente em razão do seu discurso.

Errada a alternativa **A**. Por unanimidade, o Plenário do Supremo Tribunal Federal (STF) ao julgar a ADI 3041 declarou a inconstitucionalidade de artigos de Lei gaúcha, que dispõe sobre a prioridade dos procedimentos a serem adotados pelo Ministério Público do Rio Grande do Sul, Tribunal de Contas estadual e por outros órgãos a respeito das conclusões das Comissões Parlamentares de Inquérito (CPI). Correta a alternativa **B**. Nesse sentido o voto do Ministro Celso de Mello na Med. Caut. em Mandado de Segurança 25.579-0 – Distrito Federal – "O Supremo Tribunal Federal, (...), firmou orientação no sentido de que o congressista, quando licenciado para exercer cargo no âmbito do Poder Executivo, perde, temporariamente, durante o período de afastamento do Poder Legislativo, a garantia constitucional da imunidade parlamentar material e formal (...) o fato de os Deputados ou Senadores estarem licenciados não os exonera da necessária observância dos deveres constitucionais (tanto os de caráter ético quanto os de natureza jurídica) inerentes ao próprio estatuto constitucional dos congressistas, que representa um complexo de normas disciplinadoras do regime jurídico a que estão submetidos os membros do Poder Legislativo, nele compreendidas (...) as incompatibilidades negociais (ou contratuais), funcionais, políticas e profissionais definidas no art. 54 da Constituição. Examinada a questão sob tal perspectiva, torna-se lícito reconhecer a possibilidade de perda do mandato legislativo, se e quando o parlamentar, embora exercendo cargo de Ministro de Estado, vier a incidir nas situações de incompatibilidade (CF, art. 54) e naquelas referidas no art. 55 da Lei Fundamental..." Errada a alternativa **C**. "A garantia constitucional da imunidade parlamentar em sentido material (CF, art. 53, *caput*) – destinada a viabilizar a prática independente, pelo membro do Congresso Nacional, do mandato legislativo de que é titular – não se estende ao congressista, quando, na condição de candidato a qualquer cargo eletivo, vem a ofender, moralmente, a honra de terceira pessoa, inclusive a de outros candidatos, em pronunciamento motivado por finalidade exclusivamente eleitoral, que não guarda qualquer conexão com o exercício das funções congressuais." [STF – Inq 1.400 QO, rel. min. Celso de Mello, j. 4-12-2002, P, DJ de 10-10-2003.] = ARE 674.093, rel. min. Gilmar Mendes, decisão monocrática, j. 20-3-2012, DJE de 26-3-2012. Errada a alternativa **D**. Tudo que se afirma está correto com exceção da possibilidade de determinar a interceptação telefônica. Entende o STF que a CPI pode ouvir testemunhas, quebrar alguns sigilos, desde que por ato motivado e quando tal prova for imprescindível – são eles o sigilo fiscal, o bancário, o financeiro e o telefônico (acesso aos dados das ligações telefônicas). Já o sigilo das comunicações telefônicas, disciplinado no artigo 5°, inciso XII, CF está vinculado a uma cláusula de reserva jurisdicional – ou seja – a interceptação telefônica só pode ser determinada por uma autoridade judicial. Ademais, só pode ser determinada nas hipóteses e na forma que a lei estabelecer para fins de investigação criminal ou instrução processual penal. Sendo a CPI uma investigação parlamentar nem mesmo com ordem judicial poderia ser determinada a interceptação para atender a um pedido da CPI. A única forma de utilização pela CPI de uma interceptação telefônica seria como prova emprestada, após ter sido produzida num processo criminal, nos termos da lei e por ordem judicial. Errada a alternativa **E**. A imunidade material significa que pelas opiniões palavras e votos expressos, enquanto a pessoa ocupava o cargo parlamentar, não haverá responsabilização penal ou civil. Trata-se de uma imunidade eterna, ou seja, o parlamentar não responderá por aquilo nestas esferas, podendo apenas sofrer sanção política com a perda do cargo por falta de decoro parlamentar. **LR**

Gabarito "B".

(Delegado/RJ – 2013 – FUNCAB) Acerca da organização do Poder Legislativo, é correto o que se afirma em:

(A) Os Deputados e Senadores não serão obrigados a testemunhar sobre informações recebidas ou prestadas em razão do exercício do mandato, nem sobre as pessoas que lhes confiaram ou deles receberam informações.

(B) Compete exclusivamente ao Congresso Nacional autorizar, por dois terços dos seus membros, a instauração de processo contra o Presidente e o Vice-Presidente da República e os Ministros de Estado.

(C) Compete privativamente à Câmara dos Deputados sustar os atos normativos do Poder Executivo que exorbitem do poder regulamentar ou dos limites de delegação legislativa.

(D) Compete privativamente ao Senado Federal apreciar os atos de concessão e renovação de concessão de emissoras de rádio e televisão.

(E) As imunidades de Deputados ou Senadores subsistirão durante o estado de sítio, só podendo ser suspensas mediante o voto da maioria absoluta dos membros da Casa respectiva, nos casos de atos praticados fora do recinto do Congresso Nacional, que sejam incompatíveis com a execução da medida.

A: correta. De acordo com o art. 53, § 6°, da CF, os Deputados e Senadores não serão obrigados a testemunhar sobre informações recebidas ou prestadas em razão do exercício do mandato, nem sobre as pessoas que lhes confiaram ou deles receberam informações; **B:** incorreta. A autorização é dada pela Câmara dos Deputados. Conforme determina o art. 86, *caput*, da CF, admitida a acusação contra o Presidente da República, **por dois terços da Câmara dos Deputados**, será ele submetido a julgamento perante o Supremo Tribunal Federal, nas infrações penais comuns, ou perante o Senado Federal, nos crimes de responsabilidade; **C:** incorreta. De acordo com o art. 49, V, da CF, a **competência** para sustar os atos normativos do Poder Executivo que exorbitem do poder regulamentar ou dos limites de delegação legislativa é **exclusiva do Congresso Nacional; D:** incorreta. A apreciação dos atos de concessão e renovação de concessão de emissoras de rádio e televisão também é da **competência exclusiva do Congresso Nacional,** conforme determina o art. 49, XII, da CF; **E:** incorreta. Conforme determina o art. 53, § 8º, da CF, as imunidades de Deputados ou Senadores subsistirão durante o estado de sítio, só podendo ser suspensas **mediante o voto de dois terços dos membros da Casa respectiva,** nos casos de atos praticados fora do recinto do Congresso Nacional, que sejam incompatíveis com a execução da medida. **BV**

Gabarito "A".

(Delegado/RJ – 2013 – FUNCAB) Acerca das Reuniões ou Sessões do Poder Legislativo, qual das hipóteses abaixo NÃO possui previsão constitucional?

(A) Sessão Extraordinária.

(B) Sessão Ordinária.

(C) Sessão Conjunta.

(D) Sessão Preparatória.

(E) Sessão Interventiva.

A: incorreta. Conforme determina o art. 57, § 7º, da CF, na **sessão legislativa extraordinária**, o Congresso Nacional somente deliberará sobre a matéria para a qual foi convocado, ressalvada a hipótese do § 8º do mesmo artigo, vedado o pagamento de parcela indenizatória, em razão da convocação. O § 8º do mesmo dispositivo determina que havendo medidas provisórias em vigor na data de convocação extraordinária do Congresso Nacional, serão elas automaticamente incluídas na pauta da convocação; **B:** incorreta. O art. 58, § 4º, da CF determina que durante o recesso, haverá uma Comissão representativa do Congresso Nacional, eleita por suas Casas na última **sessão ordinária** do período legislativo, com atribuições definidas no regimento comum, cuja composição reproduzirá, quanto possível, a proporcionalidade da representação partidária; **C:** incorreta. Conforme determina o art. 57, § 3º, da CF, além de outros casos previstos nesta Constituição, a Câmara dos Deputados e o Senado Federal reunir-se-ão em **sessão conjunta** para: I – inaugurar a sessão legislativa; II – elaborar o regimento comum e regular a criação de serviços comuns às duas Casas; III – receber o compromisso do Presidente e do Vice-Presidente da República e IV – conhecer do veto e sobre ele deliberar; **D:** incorreta. De acordo com o art. 57, § 4º, da CF, cada uma das Casas reunir-se-á em **sessões preparatórias**, a partir de 1º de fevereiro, no primeiro ano da legislatura, para a posse de seus membros e eleição das respectivas Mesas, para mandato de 2 (dois) anos, vedada a recondução para o mesmo cargo na eleição imediatamente subsequente; **E:** correta. Não há previsão constitucional sobre sessão interventiva. **BV**

Gabarito "E".

(Delegado/AP – 2010) Relativamente ao Poder Legislativo, assinale a afirmativa incorreta.

(A) A Câmara dos Deputados compõe-se de representantes do povo, eleitos, pelo sistema proporcional, em cada Estado, em cada Território e no Distrito Federal e o Senado Federal compõe-se de representantes dos Estados e do Distrito Federal, eleitos segundo o princípio majoritário.

(B) As deliberações de cada Casa do Congresso Nacional e de suas Comissões, salvo disposição constitucional em contrário, serão tomadas por maioria dos votos, presente qualquer quantidade de seus membros.

(C) Aprovar o estado de defesa e a intervenção federal, autorizar o estado de sítio, ou suspender qualquer uma dessas medidas são, dentre outras coisas, da competência exclusiva do Congresso Nacional.

(D) Os Deputados e Senadores são invioláveis, civil e penalmente, por quaisquer de suas opiniões, palavras e votos.

(E) As comissões parlamentares de inquérito, que terão poderes de investigação próprios das autoridades judiciais, além de outros previstos nos regimentos das respectivas Casas, serão criadas pela Câmara dos Deputados e pelo Senado Federal, em conjunto ou separadamente, mediante requerimento de um terço de seus membros, para a apuração de fato determinado e por prazo certo, sendo suas conclusões, se for o caso, encaminhadas ao Ministério Público, para que promova a responsabilidade civil ou criminal dos infratores.

A: correta (art. 45 e 46, ambos da CF/1988); **B:** incorreta, devendo ser assinalada (art. 47 da CF/1988); **C:** correta (art. 49, IV, da CF/1988); **D:** correta (art. 53 da CF/1988); **E:** correta (art. 58, § 3º, da CF/1988). **BV**

Gabarito "B".

(Delegado/PI – 2009 – UESPI) Não se enquadra entre as competências exclusivas do Congresso Nacional

(A) aprovar o estado de defesa.

(B) resolver definitivamente sobre tratados internacionais que acarretem compromissos gravosos ao patrimônio nacional.

(C) mudar temporariamente a sede do Legislativo.

(D) apreciar os atos de concessão e de renovação de emissoras de rádio.

(E) conceder indulto natalino.

Cabe ao Presidente da República conceder indulto e comutar penas com audiência, se necessário, dos órgãos instituídos em lei. (art. 84, XII, da CF/1988). **BV**

Gabarito "E".

5.1.2. Prerrogativas e imunidades parlamentares

(Delegado/MT – 2017 – CESPE) De acordo com o entendimento dos tribunais superiores, a condenação criminal de um parlamentar federal em sua sentença transitada em julgado resultará na

(A) perda de seus direitos políticos, cabendo à casa legislativa a decisão acerca da manutenção de seu mandato legislativo.

(B) suspensão de seus direitos políticos, mas a perda de seu mandato legislativo dependerá de decisão da Câmara dos Deputados.

(C) suspensão de seus direitos políticos, com a consequente perda automática de seu mandato.

(D) cassação de seus direitos políticos, o que levará também à perda automática de seu mandato legislativo.

(E) perda de seus direitos políticos, o que acarretará a perda automática de seu mandato legislativo.

A condenação criminal transitada em julgado, enquanto durarem seus efeitos é uma hipótese de suspensão dos direitos políticos prevista no artigo 15, CF, o qual veda expressamente a cassação de direitos políticos. Por essa razão estão erradas as alternativas **A**, **D** e **E**. Nos termos do artigo 55, inciso VI, CF, "Perderá o mandato o Deputado ou Senador: (...) VI – que sofrer condenação criminal em sentença transitada em julgado." Dispõe o § 2º deste artigo 55 que "Nos casos dos incisos I, II e VI, a perda do mandato será decidida pela Câmara dos Deputados ou pelo Senado Federal, por maioria absoluta, mediante provocação da respectiva Mesa ou de partido político representado no Congresso Nacional, assegurada ampla defesa.". Embora o STF tenha num determinado momento entendido que a condenação criminal levaria à perda do mandato por declaração da mesa, depois voltou ao seu entendimento original, no sentido de seguir o que está expresso na Constituição Federal. Logo, não sendo a perda automática, errada a alternativa **C**. Correta a **B**, pois a condenação criminal de um parlamentar federal em sua sentença transitada em julgado resultará na suspensão de seus direitos políticos, mas a perda de seu mandato legislativo dependerá de decisão da Câmara dos Deputados. **LR**

Gabarito "B".

(Delegado/AP – 2017 – FCC) Prefeito e Vereador de determinado Município participaram de congresso nacional sobre reforma política realizado em Município vizinho, no qual manifestaram opiniões divergentes a respeito da conveniência da reeleição para o cargo de Prefeito, ocasião em que se ofenderam mutuamente em público. Se a conduta moralmente ofensiva praticada por eles caracterizar crime comum,

(A) poderá ser responsabilizado penalmente o Prefeito, cabendo ao Tribunal de Justiça processá-lo e julgá-lo, sendo que o Vereador não poderá ser responsabilizado penalmente, por gozar de imunidade parlamentar.

(B) poderá ser responsabilizado penalmente o Prefeito, cabendo ao Tribunal de Justiça processá-lo e julgá-lo durante vigência do mandato, sendo que o Vereador também poderá ser responsabilizado penalmente, uma vez que vereadores, diferentemente de deputados federais, senadores e deputados estaduais, não gozam de imunidade.

(C) poderá ser responsabilizado penalmente o Prefeito, cabendo ao Tribunal de Justiça processá-lo e julgá-lo durante vigência do mandato, sendo que o Vereador também poderá ser responsabilizado penalmente, uma vez que Vereadores não gozam de imunidade parlamentar fora da circunscrição do Município.

4. DIREITO CONSTITUCIONAL — 531

(D) poderá ser responsabilizado penalmente o Prefeito apenas após o término do mandato, sendo competente para processá-lo e julgá-lo o órgão judiciário estadual previsto na Constituição do Estado, que não necessariamente deve ser o Tribunal de Justiça, podendo o Vereador também ser responsabilizado penalmente, uma vez que vereadores não gozam de imunidade parlamentar fora da circunscrição do Município.

(E) poderão ser responsabilizados penalmente o Prefeito e o Vereador apenas após o término dos respectivos mandatos, sendo possível, todavia, a responsabilização política de ambos durante o exercício dos mandatos eletivos.

A única correta é a alternativa **C**, conforme estabelecido no artigo 29, incisos VIII e X, CF: "Art. 29. O Município reger-se-á por lei orgânica, votada em dois turnos, com o interstício mínimo de dez dias, e aprovada por dois terços dos membros da Câmara Municipal, que a promulgará, atendidos os princípios estabelecidos nesta Constituição, na Constituição do respectivo Estado e os seguintes preceitos: VIII – inviolabilidade dos Vereadores por suas opiniões, palavras e votos no exercício do mandato e na circunscrição do Município; (...) X – julgamento do Prefeito perante o Tribunal de Justiça". Ao Prefeito, além do foro por prerrogativa de função não é conferida qualquer outra imunidade, razão pela qual poderá ser responsabilizado penalmente. Quanto aos vereadores possuem a imunidade material (não respondem por suas opiniões, palavras e votos no exercício do mandato), mas apenas na circunscrição do Município. **LR**
Gabarito "C".

(Delegado/DF – 2015 – Fundação Universa) Em relação ao Poder Legislativo, assinale a alternativa correta.

(A) Suponha-se que Carlos tenha sido eleito como deputado federal, mas ainda não tenha tomado posse, sendo-lhe apenas concedida a respectiva diplomação pela Justiça Eleitoral. Nesse caso, a denúncia contra ele ainda poderá ser recebida pela Justiça de primeiro grau, sendo que, apenas depois da posse, a ação deverá ser encaminhada ao STF.

(B) Suponha-se que Paulo seja deputado federal e tenha sido arrolado como testemunha em um inquérito policial. Nesse caso, Paulo será obrigado a testemunhar, mesmo a respeito de informações recebidas em razão do exercício do mandato.

(C) As comissões da Câmara dos Deputados ou do Senado Federal podem convocar ministro de Estado ou quaisquer titulares de órgãos diretamente ligados à presidência da República para prestarem, pessoalmente, informações a respeito de assunto previamente determinado, sob pena de crime de responsabilidade a ausência sem justificativa adequada.

(D) Compete privativamente ao Senado Federal processar e julgar os crimes de responsabilidade praticados pelos seus próprios membros, pelo presidente da República e por seus ministros, bem como os praticados pelos ministros do STF, pelos membros do Conselho Nacional de Justiça, do Conselho Nacional do Ministério Público, pelo procurador-geral da República, e pelo advogado--geral da União.

(E) Suponha-se que um senador da República tenha sido flagrado, pela polícia, cometendo crime inafiançável. Nesse caso, a autoridade policial deverá liberar o senador, pois não se permite a prisão em flagrante nesta hipótese.

A: incorreta. De acordo com o art. 53, § 1º, da CF, os Deputados e Senadores, **desde a expedição do diploma** (ato do Tribunal Superior Eleitoral que valida a candidatura e autoriza a posse), serão submetidos a julgamento perante o Supremo Tribunal Federal; **B:** incorreta. Determina o art. 53, 6º, da CF que os Deputados e Senadores **não serão obrigados a testemunhar sobre informações recebidas ou prestadas em razão do exercício do mandato**, nem sobre as pessoas que lhes confiaram ou deles receberam informações; **C:** correta. É o que determina o art. 50 da CF. O dispositivo citado determina que a Câmara dos Deputados e o Senado Federal, ou qualquer de suas Comissões, poderão convocar Ministro de Estado ou quaisquer titulares de órgãos diretamente subordinados à Presidência da República para prestarem, pessoalmente, informações sobre assunto previamente determinado, **importando crime de responsabilidade a ausência sem justificação adequada**; **D:** incorreta. Os membros do Congresso Nacional não estão sujeitos aos crimes de responsabilidade. De acordo com o art. 102, I, "c", compete ao Supremo Tribunal Federal, precipuamente, a guarda da Constituição, cabendo-lhe processar e julgar, originariamente, nas infrações penais comuns e **nos crimes de responsabilidade, os Ministros de Estado e os Comandantes da Marinha, do Exército e da Aeronáutica, ressalvado o disposto no art. 52, I, os membros dos Tribunais Superiores, os do Tribunal de Contas da União e os chefes de missão diplomática de caráter permanente**; **E:** incorreta. De acordo com o art. 53, § 2º, da CF, desde a expedição do diploma, os membros do Congresso Nacional (Deputados Federais e **Senadores**) **não poderão ser presos, salvo em flagrante de crime inafiançável**. Nesse caso, os autos serão remetidos dentro de vinte e quatro horas à Casa respectiva, para que, pelo voto da maioria de seus membros, resolva sobre a prisão. **BV**
Gabarito "C".

(Delegado/SP – 2014 – VUNESP) A respeito de ações penais contra Deputados e Senadores, assinale a alternativa correta.

(A) No caso de sustação da ação criminal, não há suspensão da prescrição, que permanecerá em curso.

(B) Somente após a posse serão submetidos a julgamento perante o Supremo Tribunal Federal.

(C) Recebendo, o Supremo Tribunal Federal dará ciência à Casa respectiva, que poderá sustar o andamento da ação.

(D) As imunidades de Deputados ou Senadores não subsistirão durante o estado de sítio ou de guerra.

(E) Desde a expedição do Diploma, não poderão ser presos, exceto pela prática de crime inafiançável.

A: incorreta. De acordo com o art. 53, § 5º, da CF, a **sustação do processo suspende a prescrição**, enquanto durar o mandato; **B:** incorreta. Conforme determina o art. 53, § 1º, da CF, os Deputados e Senadores, **desde a expedição do diploma**, serão submetidos a julgamento perante o Supremo Tribunal Federal; **C:** correta. É o que determina o art. 53, § 3º, da CF; **D:** incorreta. Conforme determina o art. 53, § 8º, da CF, as imunidades de Deputados ou Senadores **subsistirão durante o estado de sítio**, só podendo ser suspensas mediante o voto de dois terços dos membros da Casa respectiva, nos casos de atos praticados fora do recinto do Congresso Nacional, que sejam incompatíveis com a execução da medida; **E:** incorreta. De acordo com o art. 53, § 2º, da CF, desde a expedição do diploma, os membros do Congresso Nacional não poderão ser presos, **salvo em flagrante de crime inafiançável**. Nesse caso, os autos serão remetidos dentro de vinte e quatro horas à Casa respectiva, para que, pelo voto da maioria de seus membros, resolva sobre a prisão. **BV**
Gabarito "C".

(Delegado/RO – 2014 – FUNCAB) Considerando o tema "imunidades e incompatibilidades parlamentares", assinale a alternativa correta.

(A) Segundo a Constituição Federal, aos membros do Poder Legislativo municipal não são asseguradas imunidades formais nem materiais.

(B) Segundo a Constituição de 1988, há necessidade de prévio pedido de licença da Casa Legislativa para se processar parlamentar federal no STJ.

(C) Os crimes de opinião praticados por congressistas, no exercício formal de suas funções, somente poderão ser submetidos ao Poder Judiciário, após o fim do mandato do parlamentar.

(D) As imunidades de deputados e senadores não subsistirão durante estado de sítio ou estado de defesa.

(E) Desde a expedição do diploma, os membros do Congresso Nacional não poderão ser presos, salvo em flagrante de crime inafiançável.

A: incorreta. Os **vereadores** não possuem imunidade formal, ou seja, as que dizem respeito à prisão e ao processo penal, mas **detém imunidades materiais**. Sendo assim, os membros do legislativo municipal são invioláveis civil e penalmente, por quaisquer palavras, opiniões e votos que proferirem no curso de seu mandato. Vale lembrar que essa prerrogativa restringe-se à circunscrição do Município, conforme dispõe o inciso VIII do art. 29 da CF. Esse entendimento é, também, o adotado pela Suprema Corte: "a proteção constitucional inscrita no art. 29, VIII, da Carta Política estende-se – observados os limites da circunscrição territorial do Município – aos atos dos Vereadores praticados *ratione officii*, qualquer que tenha sido o local de sua manifestação (dentro ou fora do recinto da Câmara Municipal)" (HC 74.201/MG, Rel. Celso de Melo, RTJ, 169/969); **B:** incorreta. A CF não contempla essa regra; **C:** incorreta. De acordo com o art. 53, *caput*, da CF, os parlamentares (Deputados e Senadores) são **invioláveis**, civil e penalmente, **por quaisquer de suas opiniões**, palavras e votos. **D:** incorreta. Conforme determina o art. 53, § 8º, da CF, as imunidades de Deputados ou Senadores **subsistirão durante o estado de sítio**, só podendo ser suspensas mediante o voto de dois terços dos membros da Casa respectiva, nos casos de atos praticados fora do recinto do Congresso Nacional, que sejam incompatíveis com a execução da medida; **E:** correta. De acordo com o art. 53, § 2º, da CF, desde a expedição do diploma, os membros do Congresso Nacional **não poderão ser presos, salvo em flagrante de crime inafiançável**. Nesse caso, os autos serão remetidos dentro de vinte e quatro horas à Casa respectiva, para que, pelo voto da maioria de seus membros, resolva sobre a prisão. **BV**
Gabarito "E".

532 BRUNA VIEIRA E LUCIANA RUSSO

(Delegado/BA – 2013 – CESPE) A respeito do Poder Legislativo, julgue o próximo item.

(1) Aos suplentes de senadores e deputados federais são garantidas as mesmas prerrogativas dos titulares, ainda que aqueles não estejam em exercício.

1: errado. De acordo com o STF, os suplentes não possuem as mesmas prerrogativas dos titulares, se não estiverem em exercício. Vejamos: "Suplente de Deputado/Senador – Prerrogativa de Foro – Inexistência (Transcrições) Inq 2639/SP* RELATOR: MIN. CELSO DE MELLO "SUPLENTE DE DEPUTADO FEDERAL. DIREITOS INERENTES À SUPLÊNCIA. **INEXTENSIBILIDADE, AO MERO SUPLENTE DE MEMBRO DO CONGRESSO NACIONAL, DAS PRERROGATIVAS CONSTITUCIONAIS PERTINENTES AO TITULAR DO MANDATO PARLAMENTAR.** PRERROGATIVA DE FORO, PERANTE O SUPREMO TRIBUNAL FEDERAL, NAS INFRAÇÕES PENAIS. INAPLICABILIDADE AO SUPLENTE DE DEPUTADO FEDERAL/SENADOR DA REPÚBLICA. Reconhecimento, no caso, da falta de competência penal originária do Supremo Tribunal Federal, por se tratar de mero suplente de congressista. Remessa dos autos ao ministério público de primeira instância" (informativo 489 do STF). [BV]
Gabarito 1E

(Delegado/PR – 2013 – UEL-COPS) Sobre deputados e senadores, assinale a alternativa correta.

(A) Eles têm foro privilegiado e devem ser julgados, por crime comum, perante o Superior Tribunal de Justiça.

(B) Para serem processados criminalmente, é preciso prévia licença da Casa a que pertencem.

(C) Eles estão desonerados do dever de testemunhar em juízo, somente sendo obrigados a responder em juízo quando convocados na condição de réu.

(D) Podem ser presos, desde que em flagrante de crime inafiançável.

(E) Perderão o mandato depois de transitada em julgado a sentença judicial condenatória por quebra de decoro parlamentar.

A: incorreta. Conforme determina o art. 53, § 1º, da CF, os Deputados e Senadores, desde a expedição do diploma, serão submetidos a julgamento perante o **Supremo Tribunal Federal**. Vale lembrar que a regra vale para os Deputados Federais, os Estaduais são julgados pelo Tribunal de Justiça do respectivo Estado; **B:** incorreta. **Não há necessidade de licença** da Casa para que os deputados e senadores sejam processados. O que pode ocorrer, conforme determina o § 3º do art. 53 da CF, é sustação do andamento da ação. Segundo o mencionado dispositivo, recebida a denúncia contra o Senador ou Deputado, por crime ocorrido após a diplomação, o Supremo Tribunal Federal dará ciência à Casa respectiva, que, por iniciativa de partido político nela representado e pelo voto da maioria de seus membros, poderá, até a decisão final, sustar o andamento da ação; **C:** incorreta. De acordo com o art. 53, § 6º, da CF, os parlamentares não serão obrigados a testemunhar **sobre informações recebidas ou prestadas em razão do exercício do mandato nem sobre as pessoas que lhes confiaram ou deles receberam informações; D:** correta. De acordo com o art. 53, § 2º, da CF, desde a expedição do diploma, os membros do Congresso Nacional não poderão ser presos, **salvo em flagrante de crime inafiançável**. Nesse caso, os autos serão remetidos dentro de vinte e quatro horas à Casa respectiva, para que, pelo voto da maioria de seus membros, resolva sobre a prisão; **E:** incorreta. O art. 55 da CF enumera seis hipóteses de perda do mandato do parlamentar. Dentre essas situações, a doutrina distingue os casos de cassação e extinção do mandato. A cassação diz respeito à perda do mandato em virtude do parlamentar ter cometido falta funcional; já a extinção relaciona-se com a ocorrência de ato ou fato que torne automaticamente inexistente o mandato, como por exemplo, renúncia, morte, ausência injustificada etc. Nos casos de cassação (violação das proibições estabelecidas no art. 54 da CF, **falta de decoro parlamentar e condenação criminal transitada em julgado** – art. 55, I, II e VI), **a perda do mandato será decidida pela Câmara dos Deputados ou pelo Senado Federal, por maioria absoluta, mediante provocação da respectiva Mesa ou de partido político representado no Congresso Nacional** (art. 55, § 2º, da CF). Vale lembrar que a EC nº 76, de 28 de novembro de 2013, alterou o § 2º do art. 55 e o § 4º do art. 66 da Constituição Federal, para abolir a votação secreta nos casos de perda de mandato de Deputado ou Senador e de apreciação de veto. [BV]
Gabarito "D"

5.1.3. Comissões Parlamentares de Inquérito – CPI

(Delegado/PE – 2016 – CESPE) No que se refere a CPI, assinale a opção correta.

(A) CPI proposta por cinquenta por cento dos membros da Câmara dos Deputados e do Senado Federal não poderá ser instalada, visto que, conforme exige o texto constitucional, são necessários dois terços dos membros do Congresso Nacional para tanto.

(B) As CPIs, no exercício de suas funções, dispõem de poderes de investigação próprios das autoridades judiciais, tais como os de busca domiciliar, interceptação telefônica e decretação de prisão.

(C) A CF só admite CPIs que funcionem separadamente na Câmara dos Deputados ou no Senado Federal.

(D) Não poderá ser criada CPI que versar sobre tema genérico e indefinido, dada a exigência constitucional de que esse tipo de comissão deva visar à apuração de fato determinado.

(E) As conclusões de determinada CPI deverão ser encaminhadas ao TCU para que este promova a responsabilidade civil ou administrativa dos que forem indicados como infratores.

A: incorreta. O texto constitucional exige que a CPI seja instalada mediante requerimento de um terço dos membros (não cinquenta por cento). Determina o art. 58, § 3º, da CF que as comissões parlamentares de inquérito, que terão poderes de investigação próprios das autoridades judiciais, além de outros previstos nos regimentos das respectivas Casas, **serão criadas pela Câmara dos Deputados e pelo Senado Federal, em conjunto ou separadamente, mediante requerimento de um terço de seus membros**, para a apuração de fato determinado e por prazo certo, sendo suas conclusões, se for o caso, encaminhadas ao Ministério Público, para que promova a responsabilidade civil ou criminal dos infratores; **B:** incorreta. As CPIs têm poderes típicos as autoridades judiciais, com algumas **exceções**. Há assuntos que estão acobertados pela cláusula de reserva jurisdicional, ou seja, dependem de ordem judicial. Dentre tais proibições, em especial as medidas restritivas de direito, encontra-se as mencionadas na alternativa como decretação de prisão (só em flagrante é que a CPI pode decretar a prisão), interceptação telefônica – art. 5º, XII, da CF – (apenas a quebra do sigilo dos dados telefônicos, ou seja acesso às contas, é que a CPI pode determinar) e busca domiciliar (art. 5, XI, da CF); **C:** incorreta. As CPIs podem ser criadas pelas Casas do Congresso Nacional, em conjunto (CPI mista) ou separadamente, além de também poderem ser criadas nas esferas estadual e municipal; **D:** correta. A CPI não pode ser criada, por exemplo, para investigar, genericamente, a corrupção ocorrida no Brasil. O fato investigado tem que ser determinado, aquele em que é possível verificar seus requisitos essenciais; **E:** incorreta. As conclusões deverão ser **encaminhadas ao Ministério Público**. Vale lembrar que a CPI não promove responsabilidades. Ao final das apurações, ela encaminha seus relatórios conclusivos ao Ministério Público para que este órgão, se entender pertinente, promova a responsabilização civil ou criminal dos investigados. [BV]
Gabarito "D".

(Delegado/RJ – 2013 – FUNCAB) O art. 58, § 3º, da Constituição Federal de 1988 consagrou, no Poder Legislativo, as Comissões Parlamentares de Inquérito. No que se refere ao poder investigatório da Comissão, é correto afirmar:

(A) Pode ouvir testemunhas, inclusive com a possibilidade de condução coercitiva.

(B) Não pode quebrar o sigilo bancário, fiscal e de dados de pessoa que esteja sendo investigada.

(C) Pode determinar quaisquer buscas e apreensões imprescindíveis à elucidação do objeto da investigação, desde que fundamente sua decisão.

(D) Pode determinar a aplicação de medidas cautelares, tais como indisponibilidade de bens, arrestos e sequestros, na hipótese de fundado receio de remessa para o exterior dos bens, públicos ou privados, adquiridos pela organização criminosa investigada.

(E) No interesse da investigação, possuem competência para decretar todas as espécies de prisões cautelares, desde que haja prejuízo para a garantia da ordem pública, conveniência da instrução criminal e aplicação da lei penal.

A: correta. De fato a Comissão Parlamentar de Inquérito – CPI **pode convocar testemunhas**, investigados e autoridades para prestarem esclarecimentos, mesmo que de forma coercitiva. Aliás, o art. 50 da CF determina que os Ministros de Estado ou quaisquer titulares de órgãos diretamente subordinados à Presidência da República devem comparecer para prestarem informações, quando convocados, sob pena de responderem por crime de responsabilidade, na hipótese de ausência injustificada; **B:** incorreta. Ao contrário do mencionado, a **CPI pode determinar a quebra do sigilo fiscal**, bancário, financeiro e telefônico (nessa última hipótese ocorrerá apenas a quebra em relação aos dados telefônicos, ou seja, as contas telefônicas). É imprescindível, segundo o Supremo, que o ato seja devidamente fundamentado e que haja efetiva necessidade para a da adoção da medida; **C:** incorreta. **A CPI não pode determinar e efetivar a busca domiciliar**, pois depende de ordem judicial, conforme dispõe o inciso XI do art. 5º da CF; **D:** incorreta. De acordo com Alexandre de Moraes, em **Direito Constitucional**, 28. ed., 2012, Editora Atlas, p. 448, "não poderão as Comissões Parlamentares de inquérito determinar a aplicação de medidas cautelares, tais como indisponibilidade de bens, arrestos, sequestro, hipoteca judiciária, proibição de

4. DIREITO CONSTITUCIONAL

ausentar-se da comarca ou país"; **E:** incorreta. **A CPI não pode decretar a prisão**, ressalvadas as hipóteses de flagrante delito, conforme inciso LXI da art. 5º da CF, pois nesses casos não só a CPI, mas qualquer um do povo pode prender. Dispõe o art. 301 do Código de Processo Penal que qualquer pessoa do povo poderá e as autoridades policiais e seus agentes deverão prender quem quer que seja encontrado em flagrante delito. BV

Gabarito "A".

5.2 Processo legislativo

(Delegado/AP – 2017 – FCC) O Presidente da República encaminhou à Câmara dos Deputados projeto de lei fixando o quadro de cargos da Polícia Federal e a respectiva remuneração. A proposta, todavia, foi aprovada com emenda parlamentar que aumentou o número de cargos previsto inicialmente. Descontente com a redação final do projeto, o Presidente da República deixou de sancioná-lo, restituindo-o ao Poder Legislativo. Considerando as disposições da Constituição Federal,

I. a emenda parlamentar foi validamente proposta e aprovada, uma vez que versou sobre a mesma matéria do projeto de lei encaminhado pelo Presidente, titular de iniciativa privativa de leis que criem cargos públicos de policiais federais e que disponham sobre sua remuneração.

II. ao deixar de ser expressamente sancionado pelo Presidente da República, o projeto de lei será tacitamente sancionado decorridos 15 dias úteis.

III. havendo sanção tácita, descabe o ato de promulgação da lei pelo Chefe do Poder Executivo, devendo a lei ser promulgada pelo Presidente do Senado em 48 horas, sendo que se este não o fizer em igual prazo, caberá ao Vice-Presidente do Senado fazê-lo.

Está correto o que se afirma em

(A) I, II e III.

(B) II, apenas.

(C) I e III, apenas.

(D) I, apenas.

(E) II e III, apenas.

A afirmação **I** está incorreta, pois embora o tema seja pertinente, a criação de cargos aumenta despesa – o que é vedado nos termos do artigo 63, I, CF. Como destacado na ADI 3942, "a iniciativa legislativa reservada não impede que o projeto de lei encaminhado ao parlamento seja objeto de emendas pois, caso isso ocorresse, o legislativo perderia, na prática, a capacidade de legislar. Mas ressaltou que a possibilidade de alterações não é ilimitada, pois há a proibição constitucional em relação ao aumento de despesa e também a exigência de que a emenda parlamentar tenha pertinência com o projeto apresentado". A **II** está correta, pois se o presidente não sanciona expressamente ocorre a sanção tácita, conforme artigo 66, § 3º, CF. Errada a **III**, como se observa no artigo 66, § 7º, CF "Se a lei não for promulgada dentro de quarenta e oito horas pelo Presidente da República, nos casos dos § 3º e § 5º, o Presidente do Senado a promulgará, e, se este não o fizer em igual prazo, caberá ao Vice-Presidente do Senado fazê-lo". Assim a alternativa correta é a B. LR

Gabarito "B".

(Delegado/PE – 2016 – CESPE) Assinale a opção correta acerca do processo legiferante e das garantias e atribuições do Poder Legislativo.

(A) A criação de ministérios depende de lei, mas a criação de outros órgãos da administração pública pode se dar mediante decreto do chefe do Poder Executivo.

(B) Se um projeto de lei for rejeitado no Congresso Nacional, outro projeto do mesmo teor só poderá ser reapresentado, na mesma sessão legislativa, mediante proposta da maioria absoluta dos membros da Câmara dos Deputados ou do Senado Federal.

(C) Uma medida provisória somente poderá ser reeditada no mesmo ano legislativo se tiver perdido sua eficácia por decurso de prazo, mas não se tiver sido rejeitada.

(D) Somente após a posse, deputados e senadores passam a gozar do foro por prerrogativa de função, quando deverão ser submetidos a julgamento perante o STF.

(E) Os deputados e os senadores gozam de imunidades absolutas, que não podem ser suspensas nem mesmo em hipóteses como a de decretação do estado de defesa ou do estado de sítio.

A: incorreta. De acordo com o art. 48, XI, da CF, é competência do Congresso Nacional, com a sanção do Presidente da República, dispor sobre todas as matérias de competência da União, especialmente sobre criação e extinção de Ministérios e órgãos da administração pública. Sendo assim, **a criação de órgãos da administração pública também depende de lei**; **B:** correta. É o que determina o art. 67 da CF. Menciona tal dispositivo a matéria constante de projeto de lei rejeitado somente poderá constituir objeto de novo projeto, na mesma sessão legislativa, mediante proposta da maioria absoluta dos membros de qualquer das Casas do Congresso Nacional; **C:** incorreta. Conforme determina o art. 62, § 10, da CF, é **proibida a reedição**, na mesma sessão legislativa, **de medida provisória que tenha sido rejeitada** ou que tenha perdido sua eficácia por decurso de prazo; **D:** incorreta. De acordo com o art. 53, § 1º, CF, os Deputados e Senadores, **desde a expedição do diploma** (ato do Tribunal Superior Eleitoral que valida a candidatura e autoriza a posse), serão submetidos a julgamento perante o Supremo Tribunal Federal; **E:** incorreta. As imunidades não são absolutas. Determina o art. 53, § 8º, da CF que as imunidades de Deputados ou Senadores subsistirão durante o estado de sítio, **só podendo ser suspensas mediante o voto de dois terços dos membros** da Casa respectiva, nos casos de atos praticados fora do recinto do Congresso Nacional, que sejam incompatíveis com a execução da medida. BV

Gabarito "B".

(Delegado Federal – 2013 – CESPE) Em relação ao processo legislativo e ao sistema de governo adotado no Brasil, julgue o seguinte item.

(1) A iniciativa das leis ordinárias cabe a qualquer membro ou comissão da Câmara dos Deputados, do Senado Federal ou do Congresso Nacional, bem como ao presidente da República, ao STF, aos tribunais superiores, ao procurador-geral da República e aos cidadãos. No que tange às leis complementares, a CF não autoriza a iniciativa popular de lei.

1: errado. A parte final do item é que está incorreta. De acordo com o art. 61 da CF, a iniciativa **das leis complementares e ordinárias** cabe a qualquer membro ou Comissão da Câmara dos Deputados, do Senado Federal ou do Congresso Nacional, ao Presidente da República, ao Supremo Tribunal Federal, aos Tribunais Superiores, ao Procurador-Geral da República e aos cidadãos, na forma e nos casos previstos nesta Constituição. O § 2º do mencionado dispositivo autoriza a **iniciativa popular** que pode ser exercida pela apresentação à Câmara dos Deputados de projeto de lei subscrito por, no mínimo, um por cento do eleitorado nacional, distribuído pelo menos por cinco Estados, com não menos de três décimos por cento dos eleitores de cada um deles. A iniciativa popular é cabível tanto em projetos de lei ordinária como em projetos de lei complementar. Um exemplo de lei complementar que adveio de um projeto de iniciativa popular é a LC nº 135, de 2010, conhecida como lei da ficha limpa. BV

Gabarito 1E

(Delegado/RO – 2014 – FUNCAB) Tendo em vista o tema "medida provisória", a alternativa correta é:

(A) Medida provisória pode dispor sobre matéria reservada à lei complementar.

(B) Medida provisória não pode instituir crime ou fixar pena.

(C) Medida provisória pode disciplinar sobre matéria referente a processo penal.

(D) As medidas provisórias terão sua votação iniciada no Senado Federal.

(E) Não é possível a abertura de crédito extraordinário por meio de medida provisória.

A: incorreta. De acordo com o art. 62, § 1º, III, da CF, é **vedada** a edição de medidas provisórias sobre matéria reservada à lei complementar; **B:** correta. De fato, como é proibida a edição de medida provisória que trate de **direito penal**, conforme o art. 62, § 1º, I, "b", da CF, tal instrumento não pode ser utilizado para instituir crime ou fixar pena. Além disso, o art. 5º, XXXIX, da CF determina a não possibilidade de crime sem **lei** anterior que o defina, nem pena sem prévia cominação legal; **C:** incorreta. Ao contrário, medida provisória não pode tratar de matéria referente a processo penal. É o que determina o art. 62, § 1º, I, "b", da CF; **D:** incorreta. Conforme determina o art. 62, § 8º, da CF, as medidas provisórias terão sua votação **iniciada na Câmara dos Deputados**; **E:** incorreta. De acordo com o art. 62, § 1º, I, "d", da CF, é proibida a edição de medida provisória sobre planos plurianuais, diretrizes orçamentárias, orçamento e créditos adicionais e suplementares, **ressalvado o previsto no art. 167, § 3º**. O citado dispositivo determina que a **abertura de crédito extraordinário somente será admitida para atender a despesas imprevisíveis e urgentes**, como s decorrentes de guerra, comoção interna ou calamidade pública, observado o disposto no art. 62. Portanto, de forma excepcional, é possível a abertura de crédito extraordinário por meio de medida provisória. BV

Gabarito "B".

(Delegado/RJ – 2013 – FUNCAB) Dentre as espécies normativas mencionadas nas opções abaixo, aponte a que admite a figura da iniciativa popular.

(A) Leis Delegadas.
(B) Medidas Provisórias.
(C) Resoluções.
(D) Leis Complementares.
(E) Decretos Legislativos.

A: incorreta. As **leis delegadas** são elaboradas pelo Presidente da República, quando ele exerce, atipicamente, a função legislativa. Segundo o art. 68 da CF, para que o Presidente elabore essa lei deve solicitar a delegação ao Congresso Nacional. O ato que formaliza a autorização dada pelo Legislativo é uma resolução que deve especificar o conteúdo e os termos de seu exercício. Não há iniciativa popular de lei delegada; **B:** incorreta. A possibilidade de edição de **medidas provisórias** pelo Chefe do Executivo vem prevista no art. 62 da CF. Desse modo, havendo relevância e urgência, o Presidente da República poderá adotar medidas provisórias, com força de lei, devendo submetê-las imediatamente ao Congresso Nacional. Essa espécie legislativa não comporta iniciativa popular; **C:** incorreta. A **resolução** tem por finalidade normatizar as matérias de competência privativa da Câmara de Deputados (art. 51 da CF), do Senado Federal (art. 52 da CF) e, ainda, algumas atribuições do Congresso Nacional, por exemplo, a delegação ao Presidente da República para que ele edite lei delegada (art. 68, § 2º, da CF). Quem promulga uma resolução é a Mesa da Casa Legislativa responsável por sua edição. As resoluções não estão sujeitas a deliberação executiva (sanção ou veto presidencial). Essa espécie legislativa também não comporta iniciativa popular; **D:** correta. De fato, as **leis complementares admitem a figura da iniciativa popular**. O art. 61 da CF trata das leis ordinárias e complementares e em seu § 2º determina que a iniciativa popular pode ser exercida pela apresentação à Câmara dos Deputados de projeto de lei subscrito por, no mínimo, um por cento do eleitorado nacional, distribuído pelo menos por cinco Estados, com não menos de três décimos por cento dos eleitores de cada um deles. **BV**
Gabarito "D".

(Delegado/PI – 2009 – UESPI) Será objeto de deliberação legislativa a proposta de Emenda Constitucional tendente a

(1) reformar a estrutura dos Ministérios.
(2) reformar os critérios de seleção e de provimento dos servidores públicos civis.
(3) modificar as diretrizes gerais para a elaboração do orçamento público.
(4) estabelecer novas regras para o processo eleitoral e para o funcionamento dos partidos políticos, com vigência apenas para o pleito eleitoral seguinte.
(5) modificar a estrutura federativa do Estado brasileiro

Estão corretas apenas:

(A) 2, 3, 4 e 5
(B) 1, 2, 3 e 4
(C) 2, 3 e 4
(D) 1, 2, 3 e 5
(E) 1 e 5

Apenas a matéria do item 5 faz parte do rol do artigo 60, § 4º, da CF/1988. **BV**
Gabarito "B".

(Delegado/GO – 2009 – UEG) É vedada do objeto de emenda constitucional a seguinte matéria:

(A) regime jurídico do servidor público.
(B) nova limitação ao poder de tributar.
(C) acréscimo ao rol de direitos individuais.
(D) o voto direto, secreto, universal e periódico.

As matérias que expressamente o Constituinte de 1988 veda que sejam objeto de emendas constitucionais tendentes a aboli-las constam do artigo 60, § 4º, da CF/1988, dentre as quais inexiste referência àquelas dispostas nos itens A e B. O item C, por seu turno, está incorreto, tendo em vista que a vedação quanto aos direitos e garantias individuais restringe-se aos casos em que a EC tenda a aboli-los, nada impedindo que o constituinte derivado acrescente-os. Exemplo de acréscimo a direito individual se deu com a EC n.º 45/2004, que acresceu o inciso LXXVIII ao artigo 5º do Texto Constitucional, incluindo a razoável duração do processo e os meios que garantam a celeridade de sua tramitação como direito individual. **BV**
Gabarito "D".

5.3. Poder Executivo

(Delegado/ES – 2019 – Instituto Acesso) A Constituição da República Federativa do Brasil define as condutas consideradas como crime de responsabilidade se praticadas pelo Presidente da República no âmbito das suas funções. Em relação aos crimes de responsabilidade cometidos pelo Presidente da República, NÃO é correto afirmar que

(A) o Presidente da República, na vigência de seu mandato, não pode ser responsabilizado por atos estranhos ao exercício de suas funções.
(B) é crime de responsabilidade o ato do Presidente da República que atente contra a Constituição Federal e, especialmente, contra o exercício dos direitos políticos, individuais e sociais.
(C) Ao Senado compete decidir se deve receber ou não a denúncia cujo prosseguimento foi autorizado pela Câmara.
(D) Não há direito à defesa prévia antes da avaliação da denúncia pelo Presidente da Câmara.
(E) o Presidente ficará suspenso de suas funções nos crimes de responsabilidade, após a instauração do processo pela Câmara dos Deputados.

A: correto. De acordo com o art. 86, § 4º, CF, de fato, o Presidente da República, na vigência de seu mandato, não pode ser responsabilizado por atos estranhos ao exercício de suas funções; **B:** correto. Determina o art. 85, III, CF, os atos do Presidente da República que atentem contra a Constituição Federal e, especialmente, contra o exercício dos direitos políticos, individuais e sociais, dentre outros, são considerados crime de responsabilidade; **C:** correto. De acordo com o art. 52, I, CF, compete privativamente ao Senado Federal: processar e julgar o Presidente e o Vice-Presidente da República nos crimes de responsabilidade. O art. 86, *caput*, CF determina também que admitida a acusação contra o Presidente da República, por dois terços da Câmara dos Deputados, será ele submetido a julgamento perante o Senado Federal, nos crimes de responsabilidade; **D:** correto. Vide MS 33920 MC / DF - DISTRITO FEDERAL. MEDIDA CAUTELAR EM MANDADO DE SEGURANÇA Relator(a): Min. CELSO DE MELLO. Julgamento: 03/12/2015. **E:** incorreto, devendo ser assinalado. Determina o art. 86, § 1º, II, CF que o Presidente ficará suspenso de suas funções: (…) nos crimes de responsabilidade, após a **instauração do processo pelo Senado Federal. BV**
Gabarito "E".

(Delegado/DF – 2015 – Fundação Universa) Acerca do Poder Executivo, assinale a alternativa correta.

(A) Uma vez instaurado o processo por crime de responsabilidade, o presidente da República poderá continuar, caso haja vontade da maioria absoluta do Senado Federal, a exercer as suas funções.
(B) O presidente da República poderá ser preso em flagrante por crime comum inafiançável, devendo o flagrante ser encaminhado, em 48 horas, ao STF.
(C) Em caso de impedimento ou vacância do presidente e do vice-presidente da República, a ordem de sucessão para ocupar o cargo de presidente da República será a seguinte: presidente do Senado, presidente da Câmara dos Deputados e presidente do STF.
(D) O presidente da República poderá delegar sua competência privativa de conceder indulto e comutar penas.
(E) Suponha-se que o presidente da República tenha cometido crime comum durante o seu mandato. Nesse caso, ele deverá ser processado e julgado pelo Senado Federal.

A: incorreta. A suspensão das funções presidenciais é mandamento constitucional, não ato discricionário do Senado Federal. De acordo com o art. 86, § 1º, II, o Presidente ficará suspenso de suas funções, nos crimes de responsabilidade, após a instauração do processo pelo Senado Federal; **B:** incorreta. Determina o art. 86, § 3º, da CF que enquanto não sobrevier sentença condenatória, nas infrações comuns, o Presidente da República não estará sujeito a prisão. Sendo assim, o Presidente não poderá ter restrita sua liberdade por nenhuma das modalidades de prisão cautelar, ou seja, não poderá ser preso em flagrante, preventiva ou provisoriamente, mesmo que presentes os requisitos para a decretação de tais custódias; **C:** incorreta. Dispõe o art. 80: Em caso de impedimento do Presidente e do Vice-Presidente, ou vacância dos respectivos cargos, serão sucessivamente chamados ao exercício da Presidência o **Presidente da Câmara dos Deputados, o do Senado Federal e o do Supremo Tribunal Federal**; **D:** correta. O parágrafo único do art. 84 da CF, de fato, autoriza que o Presidente da República delegue algumas atribuições, por exemplo, a mencionada no inciso XII (conceder indulto e comutar penas); **E:** incorreta. Quem julga o Presidente da República por crime comum é o Supremo Tribunal Federal. É o que determina o art. 102, I, *b*, da CF. **BV**
Gabarito "D".

4. DIREITO CONSTITUCIONAL

(Delegado/SP – 2011) Fortalecer e ampliar a atuação das corregedorias administrativas do Poder Executivo, notadamente da Polícia Civil e Polícia Militar, do Ministério Público e do Poder Judiciário.

(A) é uma das ações previstas no Programa Estadual de Direitos Humanos para garantia do acesso à justiça.

(B) pode ser entendida como política de Segurança Pública, se fizer parte de prévio acordo de cooperação técnica.

(C) é princípio constitucional e um dos fundamentos da República Federativa do Brasil.

(D) são valores sociais do trabalho e da livre-iniciativa que fortalecem a cidadania.

(E) são objetivos fundamentais da República Federativa do Brasil.

A: correta. De acordo com o Decreto Nº 42.209, de 15 de setembro de 1997, (Programa Estadual de Direitos Humanos), uma das ações previstas para garantir o acesso à justiça é o fortalecimento e ampliação da atuação desses órgãos (Proposta de ações – III Direitos Civis e Políticos – item 1.5); **B:** incorreta. De acordo com o art. 144 da CF/1988, a segurança pública, dever do Estado, direito e responsabilidade de todos, é exercida para a preservação da ordem pública e da incolumidade das pessoas e do patrimônio, através dos seguintes órgãos: I – polícia federal, II – polícia rodoviária federal, III – polícia ferroviária federal, IV – polícias civis, V – polícias militares e corpos de bombeiros militares; **C:** incorreta. Os **fundamentos** da República Federativa do Brasil estão previstos no art. 1º da CF/1988 e são os seguintes: I – a soberania, II – a cidadania, III – a dignidade da pessoa humana, IV – os valores sociais do trabalho e da livre-iniciativa e V – o pluralismo político; **D:** incorreta. Conforme mencionado, tais valores são considerados fundamentos da República Federativa do Brasil; **E:** incorreta. Os **objetivos fundamentais**, conforme o art. 3º da CF/1988, são: I – construir uma sociedade livre, justa e solidária, II – garantir o desenvolvimento nacional, III – erradicar a pobreza e a marginalização e reduzir as desigualdades sociais e regionais e IV – promover o bem de todos, sem preconceitos de origem, raça, sexo, cor, idade e quaisquer outras formas de discriminação. **BV**
Gabarito "A".

(Delegado/AP – 2010) Assinale a afirmativa incorreta.

(A) Em caso de impedimento do Presidente e do Vice-Presidente, ou vacância dos respectivos cargos, serão sucessivamente chamados ao exercício da Presidência o Presidente do Senado Federal, o da Câmara dos Deputados, e o do Supremo Tribunal Federal.

(B) Vagando os cargos de Presidente e Vice-Presidente da República, far-se-á eleição noventa dias depois de aberta a última vaga.

(C) O mandato do Presidente da República é de quatro anos e terá início em primeiro de janeiro do ano seguinte ao da sua eleição.

(D) O Presidente e o Vice-Presidente da República não poderão, sem licença do Congresso Nacional, ausentar-se do País por período superior a quinze dias, sob pena de perda do cargo.

(E) O Presidente e o Vice-Presidente da República tomarão posse em sessão do Congresso Nacional, prestando o compromisso de manter, defender e cumprir a Constituição, observar as leis, promover o bem geral do povo brasileiro, sustentar a união, a integridade e a independência do Brasil.

A: incorreta (devendo ser assinalada). Primeiro é chamado o Presidente da Câmara que representa o povo detentor do poder, depois o Presidente do Senado que representa os Estados e, por fim, o Presidente do Supremo Tribunal Federal (art. 80 da CF/1988). Vale lembrar que essas pessoas só ocupam o cargo provisoriamente. Desse modo, havendo vacância tanto no cargo de Presidente quanto no de Vice-Presidente (por exemplo, morte dos dois ou condenação de ambos em processo de *impeachment*), novas eleições terão de ser feitas. Se a dupla vacância se der nos dois primeiros anos do mandato, será feita uma eleição direta dentro de 90 (noventa) dias. Caso a dupla vacância ocorra nos dois últimos anos do mandato, a eleição será indireta (o Congresso Nacional é quem elegerá o novo Presidente e o Vice) e dentro de 30 (trinta) dias; **B:** correta (art. 81 da CF/1988); **C:** correta (art. 82 da CF/1988); **D:** correta (art. 83 da CF/1988); **E:** correta (art. 78 da CF/1988). **BV**
Gabarito "A".

(Delegado/PB – 2009 – CESPE) Quanto ao Poder Executivo, assinale a opção correta.

(A) No sistema de governo presidencialista, o chefe de governo é também o chefe de Estado.

(B) Quando o presidente da República celebra um tratado internacional, o faz como chefe de governo.

(C) O presidente da República responde por crimes comuns e de responsabilidade perante o Senado Federal, depois de autorizado o seu julgamento pela Câmara dos Deputados.

(D) Algumas competências privativas do presidente da República podem ser delegadas aos ministros de estado. Entre elas está a de presidir o Conselho da República e o Conselho de Defesa quando não estiver presente na sessão.

(E) O presidente da República não pratica crime de responsabilidade quando descumpre uma decisão judicial que entende ser inconstitucional ou contrária ao interesse público.

A: correta. De fato, quando o sistema de governo adotado é o presidencialismo, o Presidente da República cumula duas funções: chefe de Estado (representa o país externamente) e chefe de governo (administra o país internamente). É o que ocorre no Brasil; **B:** incorreta, tal atribuição é feita com base na chefia de Estado; **C:** incorreta, pois nas infrações penais comuns o Presidente da República é submetido a julgamento perante o Supremo Tribunal Federal (art. 86, "caput", da CF/1988). Tanto pela prática de crime de responsabilidade como pela prática de crime comum é necessária a autorização da Câmara de Deputados para que o Presidente seja processado. É o que se denomina de juízo de admissibilidade da Câmara; **D:** incorreta (art. 84, XVIII e parágrafo único, da CF/1988); **E:** incorreta (art. 85, VII, da CF/1988). **BV**
Gabarito "A".

5.4. Poder Judiciário

(Delegado/MT – 2017 – CESPE) No estado de Mato Grosso, Pedro cometeu crime contra a economia popular; Lucas cometeu crime de caráter transnacional contra animal silvestre ameaçado de extinção; e Raí, um agricultor, cometeu crime comum contra índio, no interior de reserva indígena, motivado por disputa sobre direitos indígenas.

Nessa situação hipotética, a justiça comum estadual será competente para processar e julgar

(A) somente Pedro e Raí.

(B) somente Lucas e Raí.

(C) Pedro, Lucas e Raí.

(D) somente Pedro.

(E) somente Pedro e Lucas.

De acordo com a Súmula 498 do STF "Compete à Justiça dos Estados, em ambas as instâncias, o processo e o julgamento dos crimes contra a economia popular". Dessa forma está errada a alternativa **B**. O Plenário do Supremo Tribunal Federal decidiu que compete à Justiça Federal processar e julgar crime ambiental de caráter transnacional que envolva animais silvestres, ameaçados de extinção, espécimes exóticas, ou protegidos por compromissos internacionais assumidos pelo Brasil (Recurso Extraordinário 835558). Assim também erradas as alternativas **C** e **E**. Nos termos do art. 109, inciso XI, CF, aos juízes federais compete processar e julgar a disputa sobre direitos indígenas, errada, portanto, a alternativa **A**.
Correta por consequência a alternativa D. **LR**
Gabarito "D".

(Delegado/MT – 2017 – CESPE) Em determinado estado da Federação, um juiz de direito estadual, um promotor de justiça estadual e um procurador do estado cometeram, em momentos distintos, crimes comuns dolosos contra a vida. Não há conexão entre esses crimes. Sabe-se que a Constituição do referido estado prevê que crimes comuns praticados por essas autoridades sejam processados e julgados pelo respectivo tribunal de justiça.

Nessa situação hipotética, segundo o entendimento do STF, será do tribunal do júri a competência para processar e julgar somente o

(A) promotor de justiça.

(B) juiz de direito.

(C) procurador do estado e o promotor de justiça.

(D) promotor de justiça e o juiz de direito.

(E) procurador do estado.

Nos termos da Súmula Vinculante 45 "a competência constitucional do Tribunal do Júri prevalece sobre o foro por prerrogativa de função estabelecido exclusivamente pela Constituição Estadual". Há foro por prerrogativa de função previsto na Constituição Federal para juízes e promotores (Art. 96. Compete privativamente: (...) III – aos Tribunais de Justiça julgar os juízes estaduais e do Distrito Federal e Territórios, bem como os membros do Ministério Público, nos crimes comuns e de responsabilidade, ressalvada a competência da Justiça Eleitoral"). Logo, na situação hipotética, o TJ seria competente para julgar o juiz e o promotor, mas o procurador de estado seria submetido a julgamento pelo Tribunal do Júri. Portanto, correta a alternativa **E**. **LR**
Gabarito "E".

4. Direito Constitucional

(Delegado/DF – 2015 – Fundação Universa) A respeito do Poder Judiciário e da política judiciária nacional de tratamento adequado dos conflitos de interesse no âmbito do Poder Judiciário, assinale a alternativa correta.

(A) Não cabe recurso extraordinário a acórdão proferido pelo STJ nos processos de homologação de sentenças estrangeiras.

(B) Para atender aos juízos, aos juizados ou às varas com competência nas áreas cível, fazendária, previdenciária, de família e penal, os tribunais deverão criar os centros judiciários de solução de conflitos e cidadania para realizarem sessões e audiências de conciliação e mediação.

(C) Suponha-se que um silvícola tenha cometido crime de homicídio contra outro silvícola, por motivos de ciúmes, dentro de uma reserva indígena. Nesse caso, conforme entendimento do STF, a competência para julgar esse crime será da justiça estadual.

(D) O Conselho Nacional de Justiça compõe-se de quinze membros com mandato de dois anos, sendo vedada a recondução.

(E) O procurador-geral da República pode, desde que após a conclusão do inquérito policial, havendo graves violações aos direitos humanos, requerer que ação penal tramite perante a justiça federal.

A: incorreta. Segundo o STF, RE-598770, "a homologação de sentença estrangeira e admissibilidade. (...) Na sequência, a Corte não vislumbrou matéria constitucional a ser apreciada pelo STF. **Salientou a possibilidade de controle das decisões homologatórias de sentenças estrangeiras proferidas pelo STJ.** Registrou, no entanto, a necessidade de rigor no exame da alegação de afronta à Constituição nessas hipóteses (CF, art. 102, II, *a*), sob pena de criação de nova instância revisional. (...)"; **B:** incorreta. A **alternativa traz redação antiga** do artigo art. 8º da Resolução 125/10 do CNJ. A redação atual, dada pela Emenda 2, de 08.03.16, determina que os tribunais deverão criar os Centros Judiciários de Solução de Conflitos e Cidadania (Centros ou Cejuscs), unidades do Poder Judiciário, preferencialmente, responsáveis pela realização ou gestão das sessões e audiências de conciliação e mediação que estejam a cargo de conciliadores e mediadores, bem como pelo atendimento e orientação ao cidadão; **C:** correta. O STF, no 419528-PR, já definiu que o crime praticado por silvícolas, contra outro índio, no interior de reserva indígena, é da competência da **Justiça Comum** (estadual). Mencionou ainda que "a competência penal da Justiça Federal, objeto do alcance do disposto no art. 109, XI, da Constituição da República, só se desata quando a acusação seja de genocídio, ou quando, na ocasião ou motivação de outro delito de que seja índio o agente ou a vítima, tenha havido disputa sobre direitos indígenas, não bastando seja aquele imputado a silvícola, nem que este lhe seja vítima e, tampouco, que haja sido praticado dentro de reserva indígena"; **D:** incorreta. É **admitida uma recondução**, conforme determina o *caput* do art. 103-B da CF; **E:** incorreta. Determina o § 5º do art. 109 da CF que nas hipóteses de grave violação de direitos humanos, o Procurador-Geral da República, com a finalidade de assegurar o cumprimento de obrigações decorrentes de tratados internacionais de direitos humanos dos quais o Brasil seja parte, poderá suscitar, perante o Superior Tribunal de Justiça, **em qualquer fase do inquérito** ou processo, incidente de deslocamento de competência para a Justiça Federal. **BV**
Gabarito "C".

(Delegado Federal – 2013 – CESPE) Com base nas disposições da CF acerca das competências dos juízes federais, julgue o item a seguir.

(1) Aos juízes federais compete processar e julgar, entre outros crimes, os que atentem contra a organização do trabalho e os de ingresso ou permanência irregular de estrangeiro no território nacional, bem como as disputas sobre direitos indígenas.

1: correto. De acordo com o art. Art. 109, VI, da CF, aos juízes federais compete o processo e julgamento dos **crimes contra a organização do trabalho** e, nos casos determinados por lei, contra o sistema financeiro e a ordem econômico-financeira. Além disso, os incisos X e XI do mesmo dispositivo determina que também é da competência dos juízes federais o processo e julgamento **dos crimes de ingresso ou permanência irregular de estrangeiro**, a execução de carta rogatória, após o *exequatur*, e de sentença estrangeira, após a homologação, as causas referentes à nacionalidade, inclusive a respectiva opção, e à naturalização e a **disputa sobre direitos indígenas**. **BV**
Gabarito 1C

(Delegado/PA – 2013 – UEPA) Com relação ao Poder Judiciário, é correto afirmar que:

(A) o juiz titular somente residirá na respectiva comarca se assim determinar o tribunal.

(B) todas as decisões de seus órgãos serão fundamentadas, sob pena de nulidade, e todos os julgamentos serão acompanhados somente pelas partes e seus advogados, para preservar o direito à intimidade do interessado.

(C) a atividade jurisdicional será ininterrupta, exceto nos períodos de férias coletivas nos juízos e tribunais.

(D) as decisões administrativas serão motivadas em sessão pública, sendo as disciplinares tomadas pelo voto da maioria simples dos presentes.

(E) um quinto dos lugares dos Tribunais Regionais Federais, dos Tribunais dos Estados, e do Distrito Federal e Territórios será composto de membros do Ministério Público, com mais de dez anos de carreira, e de advogados de notório saber jurídico e de reputação ilibada, com mais de dez anos de efetiva atividade profissional.

A: incorreta. A regra é justamente o contrário do mencionado na alternativa. Conforme determina o art. 93, VII, da CF, o **juiz titular residirá na respectiva comarca**, salvo autorização do tribunal; **B:** incorreta. De acordo com o art. 93, IX, da CF, todos os **julgamentos dos órgãos do Poder Judiciário serão públicos**, e fundamentadas todas as decisões, sob pena de nulidade, podendo a lei limitar a presença, em determinados atos, às próprias partes e a seus advogados, ou somente a estes, em casos nos quais a preservação do direito à intimidade do interessado no sigilo não prejudique o interesse público à informação; **C:** incorreta. Conforme determina o art. 93, XII, da CF, a atividade jurisdicional será ininterrupta, sendo **vedado férias coletivas** nos juízos e tribunais de segundo grau, funcionando, nos dias em que não houver expediente forense normal, juízes em plantão permanente; **D:** incorreta. De acordo com o art. 93, X, da CF, as decisões administrativas dos tribunais serão motivadas e em sessão pública, sendo as disciplinares tomadas pelo **voto da maioria absoluta** de seus membros; **E:** correta. A regra do quinto constitucional vem prevista no art. 94 da CF. **BV**
Gabarito "E".

(Delegado/RJ – 2013 – FUNCAB) No que se refere às garantias do Poder Judiciário, com destaque à vitaliciedade conectada à noção de independência, marque a alternativa correta.

(A) Diz-se garantia de independência dos órgãos judiciários porque, com a vitaliciedade, ocorre a estabilidade perpétua do magistrado.

(B) Diz-se garantia de independência dos órgãos judiciários porque, com a vitaliciedade, os magistrados só perdem o cargo havendo sentença judicial transitada em julgado.

(C) Diz-se garantia de independência dos órgãos judiciários porque a vitaliciedade se adquire tão logo ocorra o exercício do cargo.

(D) Diz-se garantia de independência dos órgãos judiciários porque a vitaliciedade só se aplica ao juiz de carreira, não se estendendo aos advogados que integram a carreira da magistratura pela regra do quinto constitucional.

(E) Diz-se garantia de independência dos órgãos judiciários porque, com a vitaliciedade, o magistrado só perde o cargo quando ocorre decisão da mais Alta Corte do País.

A: incorreta. A vitaliciedade, prevista no art. 95, I, da CF, garante aos magistrados a manutenção no cargo, cuja perda somente se dá por sentença judicial transitada em julgado. Essa garantia é adquirida após dois anos do estágio probatório, em relação aos que foram aprovados em concurso público, ou no momento da posse, na hipótese daqueles que ingressaram pela regra do quinto constitucional ou foram nomeados para atuar nos Tribunais Superiores; **B:** correta. Como mencionado, a garantia da vitaliciedade traz independência aos magistrados, de modo que eles magistrados só podem perder em razão de sentença judicial transitada em julgado; **C:** incorreta. A regra é que a vitaliciedade é adquirida após dois anos do estágio probatório, em relação aos que foram aprovados em concurso público, ou no momento da posse, na hipótese daqueles que ingressaram pela regra do quinto constitucional ou foram nomeados para atuar nos Tribunais Superiores; **D:** incorreta. Os advogados que ingressam na carreira por meio da regra do quinto constitucional também usufruem a garantia da vitaliciedade; **E:** incorreta. O que a Constituição exige é o trânsito em julgado da sentença. **BV**
Gabarito "B".

(Delegado/RJ – 2013 – FUNCAB) Sobre o Princípio da Motivação das decisões judiciais, assinale a alternativa correta.

(A) Trata-se de uma garantia contra possíveis excessos do Estado-Juiz.

(B) Trata-se de uma prerrogativa do cidadão com base no princípio constitucional do contraditório.

(C) Trata-se de uma prerrogativa do cidadão, correlacionada com a garantia do *habeas corpus*.

4. DIREITO CONSTITUCIONAL   537

(D) Trata-se de uma garantia contra possíveis excessos do Estado-Juiz, vinculada tão somente às decisões judiciais e administrativas dos Tribunais que ocorram em sessão pública.

(E) Trata-se tanto de uma prerrogativa do cidadão com base no princípio constitucional do contraditório como uma garantia contra possíveis excessos do Estado-Juiz, vinculada tão somente às decisões administrativas dos Tribunais.

A: correta. De fato, a motivação das decisões corresponde a uma garantia contra possíveis excessos do Estado-Juiz. De acordo com o art. 93, IX, da CF, todos os julgamentos dos órgãos do Poder Judiciário serão públicos, e **fundamentadas todas as decisões**, sob pena de nulidade, podendo a lei limitar a presença, em determinados atos, às próprias partes e a seus advogados, ou somente a estes, em casos nos quais a preservação do direito à intimidade do interessado no sigilo não prejudique o interesse público à informação; **B:** incorreta. O princípio constitucional do **contraditório**, previsto no art. 5º, LV, da CF, determina que aos litigantes, em processo judicial ou administrativo, e aos acusados em geral, sejam assegurados o contraditório e a ampla defesa, com os meios e recursos a ela inerentes; **C:** incorreta. Conforme determina o art. 5º, LXVIII, da CF, conceder-se-á **"habeas-corpus"** sempre que alguém sofrer ou se achar ameaçado de sofrer violência ou coação em sua **liberdade de locomoção**, por ilegalidade ou abuso de poder; **D:** incorreta. A motivação das decisões não está vinculada tão somente às decisões judiciais e administrativas dos Tribunais que ocorram em sessão pública; **E:** incorreta. Conforme mencionado, a garantia é ampla. BV
Gabarito "A".

(Delegado/SP – 2011) Compete ao Supremo Tribunal Federal processar todos os efeitos legais, exceto para promoção por merecimento.

(A) os casos de crime contra a Administração Pública ou de abuso de autoridade

(B) os processos disciplinares de juízes julgados há menos de um ano.

(C) o litígio entre Estado estrangeiro e a União, o Estado e o Distrito Federal

(D) os Governadores dos Estados e do Distrito Federal, nos crimes comuns.

(E) os mandados de segurança contra ato de Ministro de Estado.

A: incorreta. Compete ao Conselho Nacional de Justiça (CNJ) representar ao Ministério Público, no caso de crime contra a administração pública ou de abuso de autoridade (art. 103-B, § 4º, IV, da CF/1988); **B:** incorreta. Rever os processos disciplinares de juízes e membros de tribunais julgados há menos de um ano também é da competência do CNJ (art. 103-B, § 4º, V, da CF/1988); **C:** correta. Cabe ao STF o processo e julgamento do litígio entre Estado estrangeiro e a União, o Estado e o Distrito Federal (art. 102, I, "e", da CF/1988); **D:** incorreta. Quem julga os Governadores dos Estados e do DF, nos crimes comuns, é o Superior Tribunal de Justiça – STJ (art. 105, I, "a", da CF/1988); **E:** incorreta. Nesse caso a competência também é do STJ (art. 105, I, "b", da CF/1988). BV
Gabarito "C".

(Delegado/AM) O ente público que tem competência para processar e julgar os conflitos de atribuições entre autoridades judiciárias de um Estado e administrativas de outro é o

(A) Senado Federal

(B) Tribunal Regional do Trabalho

(C) Supremo Tribunal Federal

(D) Superior Tribunal de Justiça

A competência nesta hipótese é do STJ, conforme no art. 105, I, "g", da CF/1988. BV
Gabarito "D".

(Delegado/AM) Os juízes federais têm competência para processar e julgar o seguinte fato jurídico:

(A) crime contra a organização do trabalho.

(B) sucessão de pessoa física sem herdeiro.

(C) cobrança judicial de impostos estaduais.

(D) falência de sociedade de economia mista.

A: correta. Os juízes federais, órgãos da Justiça Federal (art. 106, II, da CF/1988), são competentes para processar e julgar os crimes contra a organização do trabalho, por força do que dispõe o art. 109, VI, da CF/1988; **B:** incorreta. A sucessão de pessoa física sem herdeiro é processada e julgada pela Justiça Estadual por não envolver qualquer dos entes mencionados no art. 109, I, da CF/1988 (competência *rationae personae*), nem tampouco as matérias versadas nos incisos II a XI do mesmo artigo (competência material); **C:** incorreta, pelas mesmas razões do item anterior; **D:** incorreta, pelas mesmas razões dos itens precedentes, cabendo

ressaltar que o inciso I, do art. 109, da Constituição afasta expressamente as falências do âmbito de competência material dos juízes federais. BV
Gabarito "A".

(Delegado/AP – 2010) Relativamente às "vedações e garantias dos juízes" assinale a afirmativa incorreta.

(A) Os juízes gozam da garantia da inamovibilidade, salvo por motivo de interesse público, na forma da Constituição.

(B) Aos juízes é vedado exercer a advocacia no juízo ou tribunal do qual se afastou, antes de decorridos cinco anos do afastamento do cargo por aposentadoria ou exoneração.

(C) Aos juízes é vedado exercer, ainda que em disponibilidade, outro cargo ou função, salvo uma de magistério.

(D) Os juízes gozam da garantia da vitaliciedade. A vitaliciedade no primeiro grau só será adquirida após dois anos de exercício.

(E) Aos juízes é vedado dedicar-se à atividade político-partidária.

A: correta, uma vez que a garantia da inamovibilidade é expressamente ressalvada pela Constituição nos casos de interesse público devendo, nessa hipótese, fundar-se a remoção em decisão por voto da maioria absoluta do respectivo tribunal ou do Conselho Nacional de Justiça, assegurada ampla defesa. Destaque-se que as demais garantias dos magistrados estão enumeradas no art. 95 da CF/1988. Além disso, é necessária atenção em relação ao quórum exigido para a remoção do juiz, na medida em que até o advento da EC n.º 45/2004, a Constituição exigia voto de apenas dois terços do respectivo Tribunal; **B:** incorreta (devendo esta ser assinalada), tendo em vista que o prazo de vedação para o exercício da advocacia pelos magistrados no juízo ou tribunal a que estiveram vinculados é de três anos; **C:** correta (art. 95, parágrafo único, I, da CF/1988); **D:** correta (art. 95, I, da CF/1988); **E:** correta, tendo em vista a vedação contida no art. 95, parágrafo único, inciso III, da CF/1988, cabendo destacar que a Constituição, nessa hipótese, não prescreve vedação após o afastamento do cargo, como o fez com relação ao exercício da advocacia no mesmo tribunal ou juízo a que esteve vinculado. BV
Gabarito "B".

(Delegado/AP – 2010) Com relação ao tema *Poder Judiciário* analise as afirmativas a seguir:

I.   Compete à Justiça Militar estadual processar e julgar os militares dos Estados, nos crimes militares definidos em lei e as ações judiciais contra atos disciplinares militares, ressalvada a competência do júri quando a vítima for civil.

II. A competência dos tribunais estaduais será definida na Constituição Federal, sendo apenas a lei de organização judiciária de iniciativa do Tribunal de Justiça.

III. O Tribunal de Justiça não poderá constituir câmaras regionais, devendo funcionar de forma centralizada, a fim de assegurar igualdade de acesso do jurisdicionado à justiça em todas as fases do processo.

Assinale:

(A) se somente a afirmativa I estiver correta.

(B) se somente a afirmativa II estiver correta.

(C) se somente a afirmativa III estiver correta.

(D) se somente as afirmativas I e II estiverem corretas.

(E) se todas as afirmativas estiverem corretas.

I: correta, tendo em vista o disposto no art. 125, § 4º, da CF/1988; **II:** incorreta, tendo em vista que a definição das competências dos tribunais estaduais tem sede própria nas Constituições Estaduais, conforme determinação do art. 125, § 1º, da CF/1988; **III:** incorreta, tendo em vista a autorização expressa conferida pelo art. 125, § 6º, da CF/1988. BV
Gabarito "A".

(Delegado/AP – 2010) Compete ao Supremo Tribunal Federal, precipuamente, a guarda da Constituição, não lhe cabendo processar e julgar, originariamente,

(A) a ação direta de inconstitucionalidade de lei ou ato normativo federal.

(B) o Presidente da República, nas infrações penais comuns.

(C) o litígio entre Estado estrangeiro ou organismo internacional e a União, o Estado, o Distrito Federal ou o Território.

(D) a extradição solicitada por Estado estrangeiro.

(E) a homologação de sentenças estrangeiras e a concessão de *exequatur* às cartas rogatórias.

Dentre as alternativas, a única que não trata de matéria de competência do Supremo Tribunal Federal é a "E", pois cabe ao Superior Tribunal de Justiça o *exequatur* às cartas rogatórias e a homologação às sentenças estrangeiras (art. 105, I, "i", CF/1988). As competências descritas nos demais itens são dadas ao STF e estão previstas no art. 102, inciso I, alíneas "a", "b", "e" e "g", da CF/1988. **BV**

Gabarito "E".

(Delegado/GO – 2009 – UEG) Com relação à competência judicial para processar e julgar autoridades estaduais, é CORRETO afirmar:

(A) o Tribunal de Justiça é competente para julgar os juízes estaduais e os membros do Ministério Público estadual, nos crimes comuns e de responsabilidade, ressalvada a competência da Justiça Eleitoral.

(B) o Supremo Tribunal Federal é competente para processar e julgar, originariamente, nas infrações penais comuns, o Governador do Estado.

(C) o Superior Tribunal de Justiça é competente para processar e julgar, originariamente, nos crimes comuns e de responsabilidade, o Governador do Estado, os Desembargadores, os Conselheiros dos Tribunais de Contas do Estado, o Presidente da Assembleia Legislativa e o Procurador-Geral de Justiça.

(D) o Superior Tribunal de Justiça é competente para processar e julgar, originariamente, os membros do Ministério Público do Estado que oficiem perante Tribunais.

A: correta, conforme previsto no art. 96, III, da CF/1988; **B:** incorreta. A competência descrita no item é dada ao Superior Tribunal de Justiça (art. 105, I, "a", da CF/1988); **C:** incorreta. A competência do STJ, quanto aos Governadores do Estado, não alcança os crimes de responsabilidades (art. 105, I, "a", da CF/1988). **D:** incorreta, por ser competência dos Tribunais de Justiça, na forma do disposto no art. 96, III, da CF/1988. **BV**

Gabarito "A".

(Delegado/PI – 2009 – UESPI) Segundo as normas estabelecidas na Constituição Federal, o órgão jurisdicional competente para apreciar conflito negativo de competência entre Juizado Especial Federal e Juízo Federal comum, ambos da Seção Judiciária do Estado do Piauí, é:

(A) a Turma Recursal dos Juizados Especiais Federais.

(B) o Tribunal Regional Federal da 1ª Região.

(C) o Superior Tribunal de Justiça.

(D) o Supremo Tribunal Federal.

(E) o Conselho Nacional de Justiça.

O órgão jurisdicional competente é o Tribunal Regional Federal da 1ª Região, conforme competência prevista no art. 108, I, "e", da CF/1988. **BV**

Gabarito "B".

(Delegado/RN – 2009 – CESPE) Em relação ao STF, assinale a opção correta.

(A) Seus ministros serão nomeados pelo presidente da República, depois de aprovada a escolha pela maioria simples dos senadores.

(B) É sua competência conceder medida cautelar para dar efeito suspensivo a recurso extraordinário que ainda não foi objeto de juízo de admissibilidade na origem.

(C) Compete ao STF acolher originariamente o mandado de segurança contra atos de outros tribunais.

(D) É cabível, originariamente, a reclamação para a preservação de sua competência, mesmo que o ato atacado já tenha transitado em julgado.

(E) Segundo a CF, compete ao STF julgar, em recurso ordinário, o denominado crime político.

A: incorreta. A aprovação dos nomes dos Ministros escolhidos pelo Presidente da República é do Senado Federal, que deverá se pronunciar por sua maioria absoluta (art. 101, parágrafo único, da CF/1988); **B:** incorreta. Inexistindo juízo de admissibilidade na origem, ou seja, sendo negado seguimento ao recurso caberá à parte inconformada manejar o recurso cabível (art. 544 do CPC). Não admitido o recurso extraordinário ou o recurso especial caberá agravo nos próprios autos, no prazo de 10 (dez) dias; **C:** incorreta. A competência originária do STF, em mandado de segurança, se refere aos atos do Presidente da República, das Mesas da Câmara dos Deputados e do Senado Federal, do Tribunal de Contas da União, do Procurador-Geral da República e do próprio Supremo Tribunal Federal (art. 102, I, "d", da CF/1988); **D:** incorreta. Transitada em julgado, o meio processual próprio é a ação rescisória; **E:** correta, face ao contido no art. 102, II, "b", da CF/1988. **BV**

Gabarito "E".

(Delegado/MG – 2012) O Conselho Nacional de Justiça (CNJ), criado através da EC 45/2004, é presidido pelo Presidente do Supremo Tribunal Federal (STF) que, por sua vez, possui as seguintes atribuições:

(A) receber e conhecer dos conflitos de competência entre o Superior Tribunal de Justiça e quaisquer tribunais, entre os Tribunais Superiores, ou entre estes e qualquer outro tribunal.

(B) receber as reclamações e denúncias, de qualquer interessado, relativas aos magistrados e aos serviços judiciários, além de proceder às inspeções e correições em geral.

(C) receber e conhecer dos conflitos de atribuições entre autoridades administrativas e judiciárias da União, ou entre autoridades judiciárias de um Estado e administrativas de outro ou do Distrito Federal.

(D) receber e conhecer dos conflitos de competência entre quaisquer tribunais, bem como entre tribunais e juízes a ele não vinculados.

A: incorreta. Os conflitos de competência entre o STJ e quaisquer tribunais, entre os Tribunais Superiores, ou entre estes e qualquer outro tribunal são julgados pelo STF (art. 102, I, "o", da CF/1988); **B:** correta. Cabe ao CNJ, pelo seu Ministro-Corregedor, as atribuições de receber as reclamações e denúncias, de qualquer interessado, relativas aos magistrados e aos serviços judiciários e a de proceder às inspeções e correições em geral (art. 103-B, § 5º, I e II, da CF/1988); **C:** incorreta. Tais conflitos são processados e julgados originariamente pelo STJ (art. 105, I, "g", da CF/1988); **D:** incorreta. Os conflitos de competência entre quaisquer tribunais e entre tribunais e juízes a ele não vinculados também são julgados pelo STJ (art. 105, I, "d", da CF/1988). **BV**

Gabarito "B".

5.5. Funções essenciais à justiça

A Constituição define dentre as funções essenciais à justiça a existência do Ministério Público, da Advocacia Pública, da Advocacia e da Defensoria Pública.

Seguem-se cinco afirmações sobre os órgãos citados:

I. É vedado a seus membros receber, salvo em casos excepcionais, honorários, percentagens ou custas processuais;

II. O Advogado Geral da União representa a União na execução da dívida ativa de natureza tributária;

III. O advogado é dispensável à administração da justiça, sendo inviolável por seus atos e manifestações no exercício da profissão, mesmo que fora dos limites da lei;

IV. A defesa dos direitos individuais e coletivos, de forma integral e gratuita, aos necessitados, em todos os graus e apenas no âmbito judicial, incumbe à Defensoria Pública;

V. A destituição do Procurador-Geral da República, por iniciativa do Presidente da República, deverá ser precedida de autorização da maioria absoluta do Senado Federal.

(Delegado/ES – 2019 – Instituto Acesso) Marque a alternativa que contém a(s) afirmativa(s) correta(s) com relação aos órgãos citados do enunciado.

(A) Quatro delas: II, III, IV e V.

(B) Quatro delas: I, II, III e IV.

(C) Apenas a V.

(D) Apenas a III.

(E) Apenas a II.

I: incorreta. Determina o art. 128, § 5º, II, "a", CF que é **vedado** aos membros do Ministério Público o recebimento, a qualquer título e sob qualquer pretexto, de honorários, percentagens ou custas processuais; **II:** incorreta. De acordo com o art. 131, § 3º, CF, na execução da dívida ativa de natureza tributária, a representação da União cabe à **Procuradoria-Geral da Fazenda Nacional**, observado o disposto em lei; **III:** incorreta. Conforme dispõe o art. 133, *caput*, CF, o advogado é **indispensável** à administração da justiça, sendo inviolável por seus atos e manifestações no exercício da profissão, nos limites da lei. **IV:** incorreta. De acordo com o art. 134, *caput*, CF, a Defensoria Pública é instituição permanente, essencial à função jurisdicional do Estado, incumbindo-lhe, como expressão e instrumento do regime democrático, fundamentalmente, a orientação jurídica, a promoção dos direitos humanos e a defesa, em todos os graus, **judicial e extrajudicial**, dos direitos individuais e coletivos, de forma integral e gratuita, aos necessitados, na forma do inciso LXXIV do art. 5º desta Constituição Federal; **V:** correta. Determina o art. 128, § 2º, CF que A destituição do Procurador-Geral da República, por iniciativa do Presidente da República, deverá ser precedida de autorização da maioria absoluta do Senado Federal. **BV**

Gabarito "C".

4. DIREITO CONSTITUCIONAL

539

(Delegado/GO – 2017 – CESPE) No modelo de funcionamento da justiça montado no Brasil, entendeu-se ser indispensável a existência de determinadas funções essenciais à justiça. Nesse sentido, a CF considera como funções essenciais à justiça

(A) o Poder Judiciário, o Ministério Público, a defensoria pública, a advocacia e as polícias civil e militar.

(B) o Ministério Público, a defensoria pública, a advocacia pública, a advocacia e as polícias civil e militar.

(C) o Poder Judiciário e o Ministério Público.

(D) o Ministério Público, a defensoria pública, a advocacia pública e a advocacia.

(E) o Poder Judiciário, o Ministério Público e a defensoria pública.

As funções essenciais à justiça estão disciplinadas na Constituição Federal no Capítulo IV do Título IV – Da Organização dos Poderes. Sendo Seção I – Do Ministério Público, Seção II – Da Advocacia Pública, Seção III – Da Advocacia e Seção IV – Da Defensoria Pública. O Poder judiciário é um dos Poderes e não uma função essencial. As polícias fazem parte da Segurança Pública (artigo 144, CF). Desse modo correta a alternativa D. **LR**
Gabarito "D".

(Delegado/PA – 2013 – UEPA) Assinale a alternativa correta acerca do regramento constitucional das funções essenciais à justiça.

(A) O Chefe do Poder Executivo elaborará a proposta orçamentária do Ministério Público dentro dos limites estabelecidos na lei de diretrizes orçamentárias.

(B) O Ministério Público da União tem por chefe o Procurador-Geral da República, livremente nomeado pelo Presidente da República, o qual poderá destituí-lo a qualquer tempo, *ad nutum.*

(C) Os membros do Ministério Público poderão exercer a advocacia, desde que não optem pelo regime de exclusividade no momento do ingresso na carreira, sendo-lhes vedado litigar contra a unidade federada a que se vinculam.

(D) Os Procuradores dos Estados e do Distrito Federal, organizados em carreira, na qual o ingresso dependerá de concurso público de provas e títulos, com a participação da Ordem dos Advogados do Brasil em todas as suas fases, exercerão a representação judicial e a consultoria jurídica das respectivas unidades federadas.

(E) Aos Procuradores dos Estados e do Distrito Federal é assegurada estabilidade após dois anos de efetivo exercício, mediante avaliação de desempenho perante os órgãos próprios, após relatório circunstanciado das corregedorias.

A: incorreta. Conforme determina o art. 127, § 3º, da CF, **o Ministério Público elaborará sua proposta orçamentária** dentro dos limites estabelecidos na lei de diretrizes orçamentárias; **B:** incorreta. De acordo com o art. 128, § 1º, da CF, o Ministério Público da União tem por chefe o Procurador-Geral da República, nomeado pelo Presidente da República **dentre integrantes da carreira,** maiores de trinta e cinco anos, após a aprovação de seu nome pela maioria absoluta dos membros do Senado Federal, para mandato de dois anos, permitida a recondução; **C:** incorreta. O art. 128, § 5º, II, "b", da CF **veda o exercício da advocacia** por membros do Ministério Público; **D:** correta. É o que determina o *caput* do art. 132 da CF; **E:** incorreta. Conforme determina o art. 132, parágrafo único, da CF, aos Procuradores dos Estados e do Distrito Federal é assegurada estabilidade **após três anos** de efetivo exercício, mediante avaliação de desempenho perante os órgãos próprios, após relatório circunstanciado das corregedorias. **BV**
Gabarito "D".

(Delegado/GO – 2009 – UEG) Sobre as funções essenciais à Justiça, é CORRETO afirmar que

(A) o advogado é indispensável à administração da Justiça, sendo inviolável por seus atos e manifestações, no exercício da profissão e fora dela, nos termos da lei.

(B) é função institucional do Ministério Público a requisição de diligências investigatórias e da instauração de inquérito policial.

(C) o acesso às carreiras da Advocacia Pública é feito mediante concurso público de provas ou de provas e títulos.

(D) o controle externo da atividade policial é atribuição da Defensoria Pública, nos termos de lei.

A: incorreta. Conforme dispõe o art. 133 da CF/1988, somente no exercício da profissão e nos limites da lei é que o advogado é inviolável por seus atos e manifestações; **B:** correta. De fato, essa é uma das funções institucionais do MP (art. 129, VIII, da CF/1988); **C:** incorreta. O parágrafo 2º do art. 131 da CF/1988

exige o concurso de **provas e títulos; D:** incorreta. O controle externo da atividade policial é função do Ministério Público (art. 129, VII, da CF/1988). **BV**
Gabarito "B".

5.5.1. *Ministério público*

(Delegado/GO – 2017 – CESPE) À luz da CF, assinale a opção correta a respeito do Ministério Público.

(A) Segundo a CF, são princípios institucionais aplicáveis ao Ministério Público: a unidade, a indivisibilidade, a independência funcional e a inamovibilidade.

(B) Foi com a CF que a atividade do Ministério Público adquiriu o *status* de função essencial à justiça.

(C) O STF, ao tratar das competências e prerrogativas do Ministério Público, estabeleceu o entendimento de que membro desse órgão pode presidir inquérito policial.

(D) A CF descreve as carreiras abrangidas pelo Ministério Público e, entre elas, elenca a do Ministério Público Eleitoral.

(E) A exigência constitucional de que o chefe do Ministério Público da União, procurador-geral da República, pertença à carreira significa que ele, para o exercício do cargo, pode pertencer tanto ao Ministério Público Federal quanto ao estadual.

A alternativa **A** está errada, pois a inamovibilidade não é um princípio institucional do Ministério Público e sim uma das garantias conferidas a seus membros. Ver artigos 127 e 128, § 5º, inciso I, alínea "b", CF. Correta a alternativa **B**, pois antes da atual Constituição o Ministério Público era ligado ao Poder Executivo. A alternativa **C** está errada. Conforme já decidido pelo STF "Na esteira de precedentes desta Corte, malgrado seja defeso ao Ministério Público presidir o inquérito policial propriamente dito, não lhe é vedado, como titular da ação penal, proceder investigações" (RE 449206). Errada a alternativa **D**. Nos termos do artigo 128, CF "O Ministério Público abrange: I – o Ministério Público da União, que compreende: a) o Ministério Público Federal; b) o Ministério Público do Trabalho; c) o Ministério Público Militar; d) o Ministério Público do Distrito Federal e Territórios; II – os Ministérios Públicos dos Estados." Logo, não está elencado o Ministério Público Eleitoral. A alternativa E está errada. Ele deve pertencer à carreira do Ministério Público da União, ou seja, pode ser do Ministério Público Federal; do Ministério Público do Trabalho; do Ministério Público Militar; ou do Ministério Público do Distrito Federal e Territórios. **LR**
Gabarito "B".

(Delegado/PR – 2013 – UEL-COPS) Sobre o Ministério Público, assinale a alternativa correta.

(A) Ao Ministério Público Federal incumbe a defesa da ordem jurídica, do regime democrático, dos interesses sociais e dos individuais indisponíveis, além da defesa dos interesses da União em juízo.

(B) O Ministério Público abrange o Ministério Público da União, que abrange o Ministério Público Federal, o Ministério Público do Trabalho, o Ministério Público Militar, o Ministério Público do Distrito Federal e dos Territórios; e o Ministério Público dos Estados, abrange o Ministério Público Estadual e o Ministério Público Eleitoral.

(C) Analisando a Constituição Federal, constata-se que são princípios institucionais do Ministério Público a unidade, a indivisibilidade e a independência funcional.

(D) Pela garantia de vitaliciedade, adquirida após três anos de exercício, o membro do Ministério Público poderá perder o cargo por sentença judicial transitada em julgado.

(E) Dentro da organização dos Poderes do Estado brasileiro, o Ministério Público é instituição subordinada ao Poder Executivo.

A: incorreta. O art. 127 da CF determina que o **Ministério Público** é instituição permanente, essencial à função jurisdicional do Estado, incumbindo-lhe a **defesa da ordem jurídica, do regime democrático e dos interesses sociais e individuais indisponíveis.** Já o art. 131 da CF determina que a **Advocacia-Geral da União** é a instituição que, diretamente ou através de órgão vinculado, **representa a União, judicial** e extrajudicialmente, cabendo-lhe, nos termos da lei complementar que dispuser sobre sua organização e funcionamento, as atividades de consultoria e assessoramento jurídico do Poder Executivo. Sendo assim, a última parte da alternativa está incorreta; **B:** incorreta. De acordo com o art. 128. Da CF, **o Ministério Público abrange: I – o Ministério Público da União,** que compreende: a) o Ministério Público Federal; b) o Ministério Público do Trabalho; c) o Ministério Público Militar; d) o Ministério Público do Distrito Federal e Territórios **e II – os Ministérios Públicos dos Estados; C:** correta. O § 1º do art. 127 da CF determina traz exatamente os princípios institucionais do Ministério Público, quais sejam,

BRUNA VIEIRA E LUCIANA RUSSO

a **unidade, a indivisibilidade e a independência funcional**; **D**: incorreta. A vitaliciedade é adquirida após **dois anos de exercício**, conforme dispõe o art. 128, § 5º, I, "a", da CF; **E**: incorreta. O Ministério Público possui independência funcional e não está subordinado ao Poder Executivo. **BV**

Gabarito "C".

6. DEFESA DO ESTADO

A segurança pública é dever do Estado, devendo ser exercida para a preservação da ordem pública e da incolumidade das pessoas e do patrimônio, através das polícias federal, rodoviária federal, ferroviária federal, civis, militares e corpos de bombeiros militares.

(Delegado/ES – 2019 – Instituto Acesso) É INCORRETO afirmar que

(A) a segurança viária compreende a educação, engenharia e fiscalização de trânsito, além de outras atividades previstas em lei, que assegurem ao cidadão o direito à mobilidade urbana eficiente.

(B) às polícias militares cabem a polícia ostensiva e a preservação da ordem pública.

(C) as polícias militares e corpos de bombeiros militares, forças auxiliares e reserva do Exército subordinam-se, juntamente com as polícias civis, aos Governadores dos Estados, do Distrito Federal e dos Territórios.

(D) a polícia ferroviária federal se destina ao patrulhamento ostensivo das ferrovias federais.

(E) cabe às polícias civis apurar infrações penais contra a ordem política e social cuja prática tenha repercussão interestadual ou internacional e exija repressão uniforme.

A: correto. Determina o art. 144, § 10, I, da CF que a segurança viária, exercida para a preservação da ordem pública e da incolumidade das pessoas e do seu patrimônio nas vias públicas compreende a educação, engenharia e fiscalização de trânsito, além de outras atividades previstas em lei, que assegurem ao cidadão o direito à mobilidade urbana eficiente; **B**: correto. De acordo com a primeira parte do art. 144, § 5º, CF, às polícias militares cabem a polícia ostensiva e a preservação da ordem pública. Vale informar que a EC 104 de 4 de dezembro de 2019 acrescentou a letra "A" a este parágrafo (art. 144, § 5º-A, CF) para determinar que às polícias penais, vinculadas ao órgão administrador do sistema penal da unidade federativa a que pertencem, cabe a segurança dos estabelecimentos penais; **C**: correto. Determina o art. 144, § 6º, CF que as polícias militares e os corpos de bombeiros militares, forças auxiliares e reserva do Exército subordinam-se, juntamente com as polícias civis e as polícias penais estaduais e distrital, aos Governadores dos Estados, do Distrito Federal e dos Territórios; **D**: correto. De acordo com o art. 144, § 3º, CF, a polícia ferroviária federal, órgão permanente, organizado e mantido pela União e estruturado em carreira, destina-se, na forma da lei, ao patrulhamento ostensivo das ferrovias federais; **E**: incorreta, devendo ser assinalada. Determina o art. 144, § 1º, I, CF que a **polícia federal**, instituída por lei como órgão permanente, organizado e mantido pela União e estruturado em carreira, destina-se a: I - apurar infrações penais contra a ordem política e social ou em detrimento de bens, serviços e interesses da União ou de suas entidades autárquicas e empresas públicas, assim como outras infrações cuja prática tenha repercussão interestadual ou internacional e exija repressão uniforme, segundo se dispuser em lei. **BV**

Gabarito "E".

(Delegado/RS – 2018 – FUNDATEC) Considerando os ditames da Constituição Estadual do Rio Grande do Sul, assinale a alternativa correta.

I. À Polícia Civil, dirigida pelo Chefe de Polícia, delegado de carreira da mais elevada classe, de livre escolha, nomeação e exoneração pelo Governador do Estado, incumbem as funções de polícia judiciária e a apuração das infrações penais.

II. A organização, garantias, direitos e deveres do pessoal da Polícia Civil serão definidos em lei ordinária e terão por princípios a hierarquia e a disciplina.

III. Portaria da Secretaria de Segurança Pública disciplinará a organização e o funcionamento dos órgãos responsáveis pela segurança pública, de maneira a assegurar-lhes a eficiência das atividades.

IV. Além das funções previstas na Constituição Federal e nas leis, incumbe ainda ao Ministério Público, nos termos de sua lei complementar, exercer o controle interno da atividade policial.

Quais estão INCORRETAS?

(A) Apenas I.

(B) Apenas III.

(C) Apenas II e IV.

(D) Apenas I, II e III.

(E) I, II, III e IV.

I: incorreta. Determina o art. 133, *caput*, da Constituição do Estado do Rio Grande do Sul que à Polícia Civil, dirigida pelo Chefe de Polícia, delegado de carreira da mais elevada classe, de livre escolha, nomeação e exoneração pelo Governador do Estado, incumbem, **ressalvada a competência da União**, as funções de polícia judiciária e a apuração das infrações penais, **exceto as militares**; **II**: incorreta. De acordo com ao art. 134, *caput*, da Constituição do Estado do Rio Grande do Sul, a organização, garantias, direitos e deveres do pessoal da Polícia Civil serão definidos em **lei complementar** e terão por princípios a hierarquia e a disciplina; **III**: incorreta. Determina o art. 125, *caput*, da Constituição do Estado do Rio Grande do Sul que **a lei** disciplinará a organização e o funcionamento dos órgãos responsáveis pela segurança pública, de maneira a assegurar-lhes a eficiência das atividades; **IV**: incorreta. De acordo com o art. 111, IV, da Constituição do Estado do Rio Grande do Sul, além das funções previstas na Constituição Federal e nas leis, incumbe ainda ao Ministério Público, nos termos de sua lei complementar, exercer o controle **externo** da atividade policial. **BV**

Gabarito "E".

(Delegado/AP – 2017 – FCC) Ao disciplinar a Defesa do Estado e das Instituições Democráticas, a Constituição Federal prescreve que

(A) o estado de sítio e o estado de defesa podem ser decretados pelo Presidente da República, desde que previamente autorizados pelo Congresso Nacional, por maioria absoluta dos membros de cada Casa Legislativa.

(B) o estado de sítio pode ser decretado para preservar ou prontamente restabelecer, em locais restritos e determinados, a ordem pública ou a paz social ameaçadas por grave e iminente instabilidade institucional ou atingidas por calamidades de grandes proporções na natureza.

(C) o decreto que instituir o estado de defesa deve, dentre outros requisitos, especificar as medidas coercitivas que vigorarão no período de sua vigência, dentre as quais são admissíveis restrições aos direitos de sigilo de correspondência, de sigilo de comunicação telegráfica e telefônica e de reunião.

(D) o estado de sítio é uma limitação circunstancial ao poder constituinte reformador, uma vez que a Constituição Federal não pode ser emendada durante sua vigência, ao contrário do estado de defesa, que não impede a aprovação de emendas constitucionais no período.

(E) o decreto que instituir o estado de sítio deve indicar as garantias constitucionais que ficarão suspensas no período de sua vigência, sendo vedado, contudo, o estabelecimento de restrições relativas à liberdade de imprensa, radiodifusão e televisão.

Errada a alternativa **A**, pois o Estado de Defesa é desde logo decretado pelo Presidente da República e posteriormente analisado pelo Congresso Nacional, sendo que apenas a decretação do Estado de Sítio é que depende de autorização (artigos 136 e 137, CF). O descrito na alternativa **B** está errado pois diz respeito ao Estado de Defesa (artigo136, CF). Perfeita a alternativa **C** que reproduz o artigo 136, § 1º, CF. Ambos os Estados são limites circunstanciais ao poder constituinte reformador (artigo 60, § 1º, CF), logo errada a alternativa **D**. Também a alternativa **E** está errada, pois conforme artigos 138 e 139, CF são possíveis restrições relativas à liberdade de imprensa, radiodifusão e televisão, na forma da lei. **LR**

Gabarito "C".

(Delegado/MS – 2017 – FAPEMS) Sobre a segurança pública, à luz da Constituição da República em vigor e dos entendimentos do Supremo Tribunal Federal (STF), assinale a alternativa correta.

(A) No entendimento atual do STF, é constitucional a exigência de dispositivo de Constituição Estadual que exija que o Superintendente da Polícia Civil seja um delegado de polícia integrante da classe final da carreira.

(B) Conforme já pronunciou o STF, é dever do Estado manter em seus presídios os padrões mínimos de humanidade previstos no ordenamento jurídico, sendo de sua responsabilidade, nos termos do artigo 37, § 6º, da Constituição da República, a obrigação de ressarcir os danos, inclusive morais, comprovadamente causados aos detentos em decorrência da falta ou insuficiência das condições legais de encarceramento.

(C) O Distrito Federal tem por peculiaridade que a sua polícia civil e sua polícia militar sejam organizadas e mantidas pela União, nos

4. DIREITO CONSTITUCIONAL 541

termos da Constituição da República, e não sejam subordinadas ao Governador do Distrito Federal.

(D) O Estado-membro responsável pela unidade prisional é que deverá pagar a indenização por danos morais ao preso se os padrões mínimos de humanidade previstos no ordenamento jurídico forem descumpridos. Esse pagamento, conforme o STF, pode se dar em pecúnia ou por meio de remição da pena.

(E) O exercício do direito de greve, sob qualquer forma ou modalidade, é vedado aos policiais civis, embora possa ser permitido de forma lícita em situações excepcionais a outros servidores públicos que atuem diretamente na área de segurança pública.

Errada a alternativa **A**. Conforme decidido pelo STF na ADI 3.077 Sergipe "Ausência de vício formal de iniciativa quando a emenda da Constituição estadual adequar critérios de escolha do chefe da Política Civil aos parâmetros fixados no art. 144, § 4º, da Constituição da República. Impõe-se, na espécie, interpretação conforme para circunscrever a escolha do Governador do Estado a delegados ou delegadas integrantes da carreira policial, independente do estágio de sua progressão funcional." Correta a alternativa **B**. O Plenário do STF aprovou a seguinte tese, para fim de repercussão geral, "Considerando que é dever do Estado, imposto pelo sistema normativo, manter em seus presídios os padrões mínimos de humanidade previstos no ordenamento jurídico, é de sua responsabilidade, nos termos do artigo 37, parágrafo 6º, da Constituição, a obrigação de ressarcir os danos, inclusive morais, comprovadamente causados aos detentos em decorrência da falta ou insuficiência das condições legais de encarceramento". (Recurso Extraordinário 580252). Errada a alternativa **C**. Vide Lei 6.450/1977, art. 1º, com redação dada pela Lei 12.086, de 2009). "A Política Militar do Distrito Federal, instituição permanente, fundamentada nos princípios da hierarquia e disciplina, essencial à segurança pública do Distrito Federal e ainda força auxiliar e reserva do Exército nos casos de convocação ou mobilização, organizada e mantida pela União nos termos do inciso XIV do art. 21 e dos §§ 5º e 6º do art. 144 da Constituição Federal, subordinada ao Governador do Distrito Federal, destina-se à polícia ostensiva e à preservação da ordem pública no Distrito Federal." Errada a alternativa **D**. Na referida decisão proferida pelo STF no Recurso Extraordinário 580252 "houve diferentes posições entre os ministros quanto à reparação a ser adotada, ficando majoritária a indenização em dinheiro e parcela única. A proposta feita pelo ministro Luís Roberto Barroso de substituição da indenização em dinheiro pela remição da pena, com redução dos dias de prisão proporcionalmente ao tempo em situação degradante foi seguida pelos ministros Luiz Fux e Celso de Mello, mas minoritária. Errada a alternativa **E**. Por maioria de votos, o Plenário do Supremo Tribunal Federal reafirmou entendimento no sentido de que é inconstitucional o exercício do direito de greve por parte de policiais civis e demais servidores públicos que atuem diretamente na área de segurança pública (Recurso Extraordinário com Agravo (ARE) 654432, com repercussão geral reconhecida). **LR**

Gabarito "B".

(Delegado/DF – 2015 – Fundação Universa) Com relação à defesa do Estado e das instituições democráticas, é correto afirmar que

(A) a polícia federal se destina a apurar quaisquer infrações que tenham repercussão interestadual ou internacional.

(B) a polícia civil pode ser dirigida por qualquer servidor integrante com carreira de delegado, agente, perito ou escrivão.

(C) compete à polícia federal apurar infrações penais cometidas contra a União, suas fundações, autarquias, empresas públicas e sociedades de economia mista.

(D) a CF prevê a polícia federal, a polícia rodoviária federal, a polícia ferroviária federal e a polícia aeroportuária federal como órgãos permanentes, estruturados em carreira, organizados e mantidos pela União.

(E) a polícia civil do Distrito Federal, a polícia militar do Distrito Federal e o corpo de bombeiros militar do Distrito Federal são organizados e mantidos pela União, mas estão subordinados ao governador do Distrito Federal.

A: incorreta. Não é qualquer infração. Determina o art. 144, § 1º, I, da CF que a polícia federal, instituída por lei como órgão permanente, organizado e mantido pela União e estruturado em carreira, destina-se a apurar infrações penais contra a ordem política e social ou em detrimento de bens, serviços e interesses da União ou de suas entidades autárquicas e empresas públicas, assim como outras infrações cuja prática tenha repercussão interestadual ou internacional e exija repressão uniforme, segundo se dispuser em lei; **B**: incorreta. De acordo com o art. 144, § 4º, da CF, as polícias civis são **dirigidas por delegados de polícia de carreira**; **C**: incorreta. As sociedades de economia mista não fazem parte do rol mencionado no art. 144, § 1º, I, da CF. Esse dispositivo determina que a polícia federal, instituída por lei como órgão permanente, organizado e mantido pela União e estruturado em carreira, destina-se a apurar infrações penais contra a ordem política e social ou em detrimento de bens, serviços e interesses da União ou de suas entidades autárquicas e empresas públicas, assim como outras infrações cuja prática tenha repercussão interestadual ou internacional e exija repressão uniforme, segundo se dispuser em lei; **D**: incorreta. Não há essa previsão genérica do texto constitucional; **E**: correta. De fato é da competência da União, conforme determina o art. 21, XIV, da CF, organizar e manter a polícia civil, a polícia militar e o corpo de bombeiros militar do Distrito Federal, bem como prestar assistência financeira ao Distrito Federal para a execução de serviços públicos, por meio de fundo próprio. Mas tais órgãos estão subordinados ao governador do Distrito Federal. **BV**

Gabarito "E".

(Delegado/PE – 2016 – CESPE) A respeito das atribuições constitucionais da polícia judiciária e da organização político-administrativa do Estado Federal brasileiro, assinale a opção correta.

(A) Todos os anos, as contas dos municípios devem ficar, durante sessenta dias, à disposição de qualquer contribuinte, para exame e apreciação, o qual poderá questionar a legitimidade dessas contas, nos termos da lei.

(B) O DF, como ente federativo *sui generis*, possui as competências legislativas reservadas aos estados, mas não aos municípios; entretanto, no que se refere ao aspecto tributário, ele possui as mesmas competências que os estados e municípios dispõem.

(C) As polícias civis, dirigidas por delegados de polícia de carreira, exercem as funções de polícia judiciária e de apuração de infrações penais, sejam elas civis ou militares.

(D) Dirigidas por delegados de polícia, as polícias civis subordinam--se aos governadores dos respectivos estados, com exceção da polícia civil do DF, que é organizada e mantida pela União.

(E) Os territórios não são entes federativos; assim, na hipótese de vir a ser criado um território federal, ele não disporá de representação na Câmara dos Deputados nem no Senado Federal.

A: correta. É o que determina o art. 31, § 3º, da CF. Tal dispositivo informa que as contas dos Municípios ficarão, durante sessenta dias, anualmente, à disposição de qualquer contribuinte, para exame e apreciação, o qual poderá questionar-lhes a legitimidade, nos termos da lei; **B**: incorreta. Ao contrário do mencionado, o DF detém competências legislativas estaduais e municipais. O § 1º do art. 32 da CF indica que ao Distrito Federal são atribuídas as competências legislativas reservadas aos Estados e Municípios; **C**: incorreta. O § 4º do art. 144 da CF determina que às polícias civis, dirigidas por delegados de polícia de carreira, incumbem, ressalvada a competência da União, as funções de polícia judiciária e a apuração de infrações penais, **exceto as militares**; **D**: incorreta. De acordo com o art. 144, § 6º, da CF, as polícias militares e corpos de bombeiros militares, forças auxiliares e reserva do Exército, subordinam-se, juntamente com as polícias civis, aos Governadores dos Estados, do Distrito Federal e **dos Territórios**. É da competência da União, conforme determina o art. 21, XIV, da CF, organizar e manter a polícia civil, a polícia militar e o corpo de bombeiros militar do Distrito Federal, bem como prestar assistência financeira ao Distrito Federal para a execução de serviços públicos, por meio de fundo próprio. Mas tais órgãos estão subordinados ao governador do Distrito Federal; **E**: incorreta. Dispõe o art. 45, § 2º, da CF que cada Território elegerá **quatro Deputados**. **BV**

Gabarito "A".

(Delegado/SP – 2014 – VUNESP) Nos termos da Constituição Federal, os Municípios poderão constituir guardas municipais destinadas

(A) à execução de atividades de defesa civil.

(B) ao patrulhamento ostensivo das vias públicas municipais.

(C) às funções de polícia judiciária e à apuração de infrações penais.

(D) à proteção de seus bens, serviços e instalações.

(E) ao policiamento ostensivo e à preservação da ordem pública.

A: incorreta. De acordo com o art. 144, § 5º, da CF, às polícias militares cabem a polícia ostensiva e a preservação da ordem pública; aos **corpos de bombeiros militares**, além das atribuições definidas em lei, **incumbe a execução de atividades de defesa civil**; **B**: incorreta. As guardas municipais não têm a finalidade de promover o patrulhamento ostensivo das vias municipais. **C**: incorreta. O art. 144, § 4º, da CF determina que às **polícias civis**, dirigidas por delegados de polícia de carreira, incumbem, ressalvada a competência da União, **as funções de polícia judiciária e a apuração de infrações penais**, exceto as militares; **D**: correta. Conforme determina o art. 144, § 8º, da CF, os Municípios poderão constituir **guardas municipais** destinadas à **proteção de seus bens, serviços e instalações**, conforme dispuser a lei; **E**: incorreta. De acordo com o art. 144, § 5º, da CF, às **polícias militares** cabem a **polícia ostensiva e a preservação da ordem pública**. **BV**

Gabarito "D".

(Delegado Federal – 2013 – CESPE) Acerca das atribuições da Polícia Federal, julgue os itens a seguir.

(1) A Polícia Federal dispõe de competência para proceder à investigação de infrações penais cuja prática tenha repercussão interestadual ou internacional, exigindo-se repressão uniforme.

(2) De acordo com a norma constitucional, cabe exclusivamente à Polícia Federal prevenir e reprimir o tráfico ilícito de entorpecentes e drogas afins, portanto a atuação da polícia militar de determinado estado da Federação no flagrante e apreensão de drogas implica a ilicitude da prova e a nulidade do auto de prisão.

1: correto. É o que determina o art. 144, § 1º, I, da CF, o qual determina que a polícia federal, instituída por lei como órgão permanente, organizado e mantido pela União e estruturado em carreira, destina-se a apurar infrações penais contra a ordem política e social ou em detrimento de bens, serviços e interesses da União ou de suas entidades autárquicas e empresas públicas, assim como outras infrações cuja prática tenha repercussão interestadual ou internacional e exija repressão uniforme, segundo se dispuser em lei; **2:** errado. A competência não é exclusiva. De acordo com o art. 144, § 1º, II, da CF, a polícia federal destina-se a prevenir e reprimir o tráfico ilícito de entorpecentes e drogas afins, o contrabando e o descaminho, **sem prejuízo** da ação fazendária e **de outros órgãos públicos nas respectivas áreas de competência.** BV
Gabarito 1C, 2E

(Delegado/RJ – 2013 – FUNCAB) De acordo com as normas constitucionais que disciplinam o estado de defesa, é correto afirmar:

(A) O Presidente da República, ouvidos o Conselho da República e o Conselho de Defesa Nacional, solicitará ao Congresso Nacional autorização para a decretação do estado de defesa, expondo os motivos determinantes do pedido, devendo o Congresso Nacional decidir por maioria absoluta.

(B) O tempo de duração do estado de defesa não será superior a trinta dias, podendo ser prorrogado tantas vezes, por igual período, se persistirem as razões que justifiquem a sua decretação.

(C) A restrição ao direito de reunião, ainda que exercida no seio das associações, encontra-se entre as medidas coercitivas a serem indicadas no decreto que institui o estado de defesa, nos termos e limites da lei.

(D) Na vigência do estado de defesa, não há vedação quanto à incomunicabilidade do preso.

(E) Enquanto perdurar o estado de defesa, a prisão ou detenção de qualquer pessoa, sem a autorização do Poder Judiciário, poderá ser superior a dez dias, até o limite de trinta dias.

A: incorreta. Não há necessidade de autorização do Congresso Nacional para que o Presidente da República decrete o estado de defesa. De acordo com o art. Art. 136 da CF, o **Presidente da República pode**, ouvidos o Conselho da República e o Conselho de Defesa Nacional, **decretar estado de defesa** para preservar ou prontamente restabelecer, em locais restritos e determinados, a ordem pública ou a paz social ameaçadas por grave e iminente instabilidade institucional ou atingidas por calamidades de grandes proporções na natureza. O § 4º do mesmo dispositivo informa que **decretado o estado de defesa** ou sua prorrogação, **o Presidente da República, dentro de vinte e quatro horas, submeterá o ato com a respectiva justificação ao Congresso Nacional**, que decidirá por maioria absoluta; **B:** incorreta. Conforme determina o art. 136, § 2º, da CF, o tempo de duração do estado de defesa não será superior a trinta dias, **podendo ser prorrogado uma vez**, por igual período, se persistirem as razões que justificaram a sua decretação; **C:** correta. O § 1º do mencionado art. 136 indica que o decreto que instituir o estado de defesa determinará o tempo de sua duração, especificará as áreas a serem abrangidas e indicará, nos termos e limites da lei, as medidas coercitivas a vigorarem, dentre as seguintes: I – restrições aos direitos de: a) **reunião, ainda que exercida no seio das associações**; b) sigilo de correspondência; c) sigilo de comunicação telegráfica e telefônica; **D:** incorreta. **É vedada a incomunicabilidade do preso**, conforme determina o art. 136, § 3º, IV, da CF; **E:** incorreta. A **prisão** ou detenção de qualquer pessoa **não poderá ser superior a dez dias**, salvo quando autorizada pelo Poder Judiciário, conforme determina o art. 136, § 3º, III, da CF. BV
Gabarito "C".

(Delegado/MG – 2012) Quanto aos sistemas estabelecidos pela Constituição Federal de 1988, para enfrentar os períodos de crise política nos quais a ordem constitucional se vê ameaçada, estão previstos:

(A) o estado de defesa, o estado de sítio, a intervenção federal e o uso excepcional das forças armadas.

(B) a suspensão da Constituição, a lei marcial, o estado de defesa, o estado de sítio e a suspensão do *habeas corpus.*

(C) a supressão dos direitos fundamentais, entre eles, a inviolabilidade de domicílio e de correspondência.

(D) a vedação quanto à impetração do mandado de segurança, do mandado de injunção, do *habeas corpus* e do *habeas data.*

A: correta. De fato, o estado de defesa (art. 136 da CF/1988), o estado de sítio (art. 137 da CF/1988), a intervenção federal (art. 34 da CF/1988) e o uso excepcional das forças armadas (art. 142 da CF/1988) são mecanismos a serem utilizados nos momentos em que o país não está em situação de normalidade, mas passando por um verdadeiro estado de exceção ou crise; **B:** incorreta. A Constituição não é suspensa nos momentos de crise institucional. Também não é aplicada lei marcial, pois nesta hipótese as autoridades militares assumiriam o poder, após comunicação formal; **C:** incorreta. Não há supressão de direitos fundamentais, apenas restrições temporárias; **D:** incorreta. Não há previsão constitucional nesse sentido. BV
Gabarito "A".

(Delegado/AP – 2010) Com relação ao tema "Defesa do Estado e das instituições democráticas: estado de defesa e estado de sítio" analise as afirmativas a seguir:

I. O estado de defesa poderá ser decretado para preservar ou prontamente restabelecer, em locais restritos e determinados, a ordem pública ou a paz social ameaçadas por grave e iminente instabilidade institucional, declaração de estado de guerra ou resposta a agressão armada estrangeira.

II. O estado de sítio poderá ser decretado em casos de comoção grave de repercussão nacional, ou quando o país for atingido por calamidades naturais de grandes proporções.

III. Enquanto durar o estado de sítio poderão ser impostas restrições à difusão de pronunciamentos de parlamentares efetuados em suas Casas Legislativas, independentemente de licença da respectiva Mesa.

Assinale:

(A) se somente as afirmativas II e III estiverem corretas.

(B) se somente as afirmativas I e III estiverem corretas.

(C) se somente as afirmativas I e II estiverem corretas.

(D) se somente a afirmativa III estiver correta.

(E) se nenhuma afirmativa estiver correta.

I: incorreta, a parte final da alternativa não reflete o disposto no art. 136, "caput", da CF/1988; **II:** incorreta, a parte final da alternativa é hipótese de para a decretação de estado de defesa e não de estado de sítio (art. 136, "caput", e art. 137, I, II e III, ambos da CF/1988); **III:** incorreta, pois a alternativa não está de acordo com o que dispõe o parágrafo único do art. 139 da CF/1988. BV
Gabarito "E".

(Delegado/AP – 2010) Com relação ao tema "Segurança Pública" analise as afirmativas a seguir:

I. Os municípios poderão constituir guardas municipais destinadas à proteção de seus bens, serviços e instalações, conforme dispuser a lei.

II. Às polícias civis, dirigidas por delegados de polícia de carreira, incumbem, ressalvada a competência da União, as funções de polícia judiciária e a apuração de infrações penais, exceto as militares.

III. A polícia federal, instituída por lei como órgão permanente, organizado e mantido pela União e estruturado em carreira, destina-se a prevenir e reprimir o tráfico ilícito de entorpecentes e drogas afins, o contrabando e o descaminho, sem prejuízo da ação fazendária e de outros órgãos públicos nas respectivas áreas de competência.

Assinale:

(A) se somente a afirmativa I estiver correta.

(B) se somente a afirmativa II estiver correta.

(C) se somente a afirmativa III estiver correta.

(D) se somente as afirmativas I e II estiverem corretas.

(E) se todas as afirmativas estiverem corretas.

I: correta (art. 144, § 8º, da CF/1988); **II:** correta (art. 144, § 4º, da CF/1988); **III:** correta (art. 144, § 1º, II, da CF/1988). BV
Gabarito "E".

4. DIREITO CONSTITUCIONAL — 543

(Delegado/GO – 2009 – UEG) São atribuições da Polícia Federal:

(A) apurar infrações penais contra a ordem pública e social ou em detrimento de bens, serviços e interesses da União ou de suas entidades autárquicas e empresas públicas, assim como outras infrações cuja prática tenha repercussão regional ou interestadual e exija repressão uniforme, segundo se dispuser em lei.

(B) prevenir e reprimir o tráfico ilícito de entorpecentes e drogas afins, o contrabando e o descaminho, sem prejuízo da ação fazendária e de outros órgãos públicos nas respectivas áreas de competência.

(C) exercer, concorrentemente com as polícias civis e militares, as funções de polícia judiciária da União.

(D) exercer as funções de polícia marítima, fluvial, aeroportuária e de fronteiras.

A: incorreta, pois o art. 144, § 1º, I, da CF/1988 menciona que a repercussão deve ter caráter interestadual ou internacional; **B:** correta (art. 144, § 1º, II, da CF/1988); **C:** incorreta, pois a Constituição determina exclusividade e não concorrência (art. 144, § 1º, IV, da CF/1988); **D:** incorreta, pois no art. 144, § 1º, III, da CF/1988 não há menção a função de polícia fluvial. BV
Gabarito "B".

(Delegado/GO – 2009 – UEG) Sobre a vigência do estado de defesa é CORRETO afirmar que

(A) é permitida a incomunicabilidade do preso.

(B) a prisão ou detenção de qualquer pessoa não poderá ser superior a quinze dias, salvo quando autorizada pelo Poder Judiciário.

(C) a comunicação da prisão será acompanhada de declaração, pela autoridade, do estado físico e mental do detido no momento de sua autuação.

(D) a prisão por crime contra o Estado, determinada pelo executor da medida, será por este comunicada imediatamente ao juiz competente, que a relaxará, se não for legal, facultado ao preso requerer exame de corpo de delito à autoridade judiciária.

A: incorreta, pois é vedada tal incomunicabilidade (art. 136, § 3º, IV, da CF/1988); **B:** incorreta, pois o prazo é de 10 dias e não 15 (art. 136, § 3º, III, da CF/1988); **C:** correta, é o que dispõe o art. 136, § 3º, II, da CF/1988; **D:** incorreta, porque é facultado ao preso requerer exame de corpo de delito à autoridade policial e não à autoridade judicial (art. 136, §3º, I, da CF/1988). BV
Gabarito "C".

(Delegado/PI – 2009 – UESPI) Considerando as normas constitucionais que regulam a função e o cargo de Delegado de Polícia assinale a alternativa incorreta.

(A) A Carta Magna especifica que a função de direção da Polícia Civil só pode ser exercida por delegados de polícia de carreira.

(B) É inconstitucional atribuir aos suplentes de delegados de polícia funções privativas de delegados de polícia de carreira.

(C) As funções administrativas de direção da Polícia Civil são cargos em comissão, de livre nomeação, podendo ser preenchidos por pessoas de confiança do gestor público, ainda que estranhas à carreira de delegado.

(D) É inconstitucional o estabelecimento, pelas Constituições Estaduais, de prerrogativa de foro para os delegados de polícia, em virtude de incompatibilidade entre esta e a efetividade de outras regras constitucionais, principalmente, a que trata do controle externo da atividade policial exercido pelo Ministério Público;

(E) É constitucional a autorização legislativa ao Secretário Estadual de Segurança Pública para a edição de normas regulamentadoras do funcionamento da instituição, ainda que o cargo não seja ocupado por delegado de carreira.

A e B: corretas (art. 144, § 4º, da CF/1988); **C:** incorreta (art. 144, § 4º, da CF/1988); **D:** correta (art. 129, VII, da CF/1988); **E:** correta (art. 144, § 7º, da CF/1988). BV
Gabarito "C".

(Delegado/RJ – 2009 – CEPERJ) Com relação ao atual texto expresso da Constituição da República, analise as seguintes proposições:

I. É permitida na disciplina excepcional do estado de sítio a decretação de restrições relativas à liberdade de imprensa, radiodifusão e televisão, na forma da lei.

II. É exclusivamente do Presidente da República o poder de decretar os estados de defesa e de sítio, sendo que somente

nesta última hipótese (decretação do estado de sítio) é que precisará de autorização prévia do Congresso Nacional.

III. Em nenhuma hipótese o estado de sítio poderá ser decretado por mais de trinta dias, nem prorrogado, de cada vez, por prazo superior.

IV. Durante a vigência do estado de defesa não se admite prisão determinada por outra autoridade que não seja a judicial.

V. Somente no estado de sítio ocorre a vedação à incomunicabilidade do preso.

Assinale a alternativa que corresponde à relação completa de proposições corretas:

(A) I e II.

(B) II e IV.

(C) II, III e IV.

(D) IV e V.

(E) II, III e V.

I: correta (art. 139, III, da CF/1988); **II:** correta (art. 136, "caput", e 137, "caput", ambos da CF/1988); **III:** incorreta, pode sim haver a prorrogação (art. 138, § 1º, da CF/1988); **IV:** incorreta, pois a prisão pode ser decretada pelo executor da medida (art. 136, § 3º, I, da CF/1988); V: incorreta, já que é proibida a incomunicabilidade do preso (art. 136, § 3º, IV, da CF/1988). BV
Gabarito "A".

7. TRIBUTAÇÃO E ORÇAMENTO

(Delegado/GO – 2009 – UEG) Constitui limitação constitucional ao poder de tributar:

(A) utilizar tributo sem efeito de confisco.

(B) instituir tributos sobre patrimônio, renda ou serviços, uns dos outros.

(C) cobrar tributos em relação a fatos geradores ocorridos após o início da vigência da lei que os houver instituído ou aumentado.

(D) instituir tratamento desigual entre contribuintes que se encontrem em situação equivalente, proibida qualquer distinção em razão de ocupação profissional ou função por eles exercida, independentemente da denominação jurídica dos rendimentos, títulos ou direitos.

A: incorreta. As competências tributárias impositivas não podem ser exercidas com finalidade confiscatória (art. 150, IV, da CF/1988), tendo em vista, inclusive, o direito de propriedade constitucionalmente assegurado. Com a ausência de tal finalidade, inexiste igualmente limitação ao poder de tributar; **B:** incorreta. A imunidade recíproca prevista no art. 150, VI, "a", da CF/1988 alcança apenas os impostos não se estendendo às demais espécies tributárias (taxas, contribuições de melhoria, contribuições especiais, empréstimos compulsórios); **C:** incorreta. Há vedação constitucional à cobrança de tributos em relação a fatos geradores ocorridos **antes** do início da vigência da lei que os houver instituído ou aumentado (art. 150, III, "a", da CF/1988), denominada pela doutrina de princípio da irretroatividade; **D:** correta, em face do disposto no art. 150, II, da CF/1988. BV
Gabarito "D".

8. ORDEM ECONÔMICA E FINANCEIRA

(Delegado/PE – 2016 – CESPE) Considerando os dispositivos constitucionais relativos ao STN e à ordem econômica e financeira, assinale a opção correta.

(A) Como entidades integrantes da administração pública indireta, as empresas públicas e as sociedades de economia mista gozam de privilégios fiscais não extensivos às empresas do setor privado.

(B) Em razão do princípio da anterioridade tributária, a cobrança de tributo não pode ser feita no mesmo exercício financeiro em que fora publicada a norma impositiva tributária.

(C) De acordo com a CF, é vedado à administração tributária, visando aferir a capacidade econômica do contribuinte, identificar, independentemente de ordem judicial, o patrimônio, os rendimentos e as atividades econômicas do contribuinte.

(D) Embora a CF vede a retenção ou qualquer outra restrição à entrega e ao emprego dos recursos atribuídos aos estados, ao DF e aos municípios, neles compreendidos adicionais e acréscimos relativos a impostos, a União e os estados podem condicionar a entrega de recursos.

(E) A CF, ao diferenciar empresas brasileiras de capital nacional de empresas estrangeiras, concede àquelas proteção, benefícios e tratamento preferencial.

A: incorreta. De acordo com o art. 173, § 2º, da CF, as empresas públicas e as sociedades de economia mista **não poderão gozar** de privilégios fiscais não extensivos às do setor privado; **B:** incorreta. Há exceções. Determina o art. 150, III, *b*, da CF que sem prejuízo de outras garantias asseguradas ao contribuinte, é vedado à União, aos Estados, ao Distrito Federal e aos Municípios cobrar tributos no mesmo exercício financeiro em que haja sido publicada a lei que os instituiu ou aumentou. Ocorre que o § 1º do mesmo artigo informa que a vedação do inciso III, *b*, **não se aplica aos tributos** previstos nos arts. 148, I, 153, I, II, IV e V; e 154, II; **C:** incorreta. O princípio da capacidade contributiva, previsto no art. § 1º do art. 145 da CF, determina que, sempre que possível, os impostos terão caráter pessoal e **serão graduados segundo a capacidade econômica do contribuinte**, facultado à administração tributária, especialmente para conferir efetividade a esses objetivos, identificar, respeitados os direitos individuais e nos termos da lei, o patrimônio, os rendimentos e as atividades econômicas do contribuinte; **D:** correta. É o que determina o art. 160, parágrafo único, da CF; **E:** incorreta. Não há esse tratamento diferenciado previsto no texto constitucional. **BV**
Gabarito "D".

9. ORDEM SOCIAL

(Delegado/MG – 2018 – FUMARC) Para assegurar a garantia do direito social à saúde, a Constituição da República de 1988 criou um Sistema Único de Saúde integrado por uma rede pública regionalizada e hierarquizada, descentralizado, com direção única em cada esfera de governo, que deve oferecer atendimento de qualidade a toda a população e priorizar as atividades preventivas, sem que haja prejuízo dos serviços assistenciais. Ao Sistema Único de Saúde compete, segundo o que dispõe a CF no Art. 200, além de outras atribuições, nos termos da lei:

I. executar as ações de vigilância sanitária e epidemiológica, bem como as de saúde do trabalhador.

II. participar do controle e da fiscalização da produção, do transporte, da guarda e da utilização de substâncias e produtos psicoativos, tóxicos e radioativos.

III. promover a habilitação e a reabilitação das pessoas portadoras de deficiência e a promoção de sua integração à vida comunitária.

IV. fiscalizar e inspecionar alimentos, compreendido o controle de seu teor nutricional, bem como bebidas e águas para consumo humano.

Estão CORRETAS as assertivas:

(A) I, II e III, apenas.

(B) I, II e IV, apenas.

(C) I, II, III e IV.

(D) I, III e IV, apenas.

I: correta. Determina o art. 200, II, da CF que ao sistema único de saúde compete, além de outras atribuições, nos termos da lei: executar as ações de vigilância sanitária e epidemiológica, bem como as de saúde do trabalhador; **II:** correta. De acordo com o art. 200, VII, da CF, ao sistema único de saúde compete, além de outras atribuições, nos termos da lei: participar do controle e fiscalização da produção, transporte, guarda e utilização de substâncias e produtos psicoativos, tóxicos e radioativos; **III:** incorreta. Conforme dispõe o art. 203, IV, da CF, **a assistência social** será prestada a quem dela necessitar, independentemente de contribuição à seguridade social, e tem por objetivos a habilitação e reabilitação das pessoas portadoras de deficiência e a promoção de sua integração à vida comunitária; **IV:** correta. De acordo com o art. 200, VI, da CF, ao sistema único de saúde compete, além de outras atribuições, nos termos da lei: fiscalizar e inspecionar alimentos, compreendido o controle de seu teor nutricional, bem como bebidas e águas para consumo humano. **BV**
Gabarito "B".

(Delegado/ES – 2019 – Instituto Acesso) Com relação ao disposto na Constituição Federal de 1988 sobre o direito constitucional dos índios, está INCORRETA a seguinte afirmação:

(A) As Terras Indígenas são inalienáveis e indisponíveis, e o direito sobre elas é imprescritível.

(B) Legislar sobre populações indígenas é assunto de competência privativa da União.

(C) Serão asseguradas às comunidades indígenas a utilização de suas línguas maternas e processos próprios de aprendizagem.

(D) Processar e julgar a disputa sobre direitos indígenas é competência dos juízes estaduais, onde ocorre o conflito.

(E) É vedado remover os índios de suas terras, salvo casos excepcionais e temporários.

A: correta. De acordo com art. 231, § 4º, da CF, as terras tradicionalmente ocupadas pelos índios são inalienáveis e indisponíveis, e os direitos sobre elas, imprescritíveis; **B:** correta. Conforme prevê a CF/1988, art. 22, XIV, da CF, a competência para legislar sobre as populações indígenas, de fato, é privativa da União; **C:** correta. A segunda parte do § 2º do art. 210 da CF determina que são assegurados às comunidades indígenas a utilização de suas línguas maternas e os processos próprios de aprendizagem; **D:** incorreta, devendo ser assinalada. Dispõe o art. 109, XI, da CF, que a competência para processar e julgar a disputa sobre direitos indígenas é dos **juízes federais**; **E:** correta. De acordo com art. 231, § 5º, da CF, é vedada a remoção dos grupos indígenas de suas terras, salvo, "ad referendum" do Congresso Nacional, em caso de catástrofe ou epidemia que ponha em risco sua população, ou no interesse da soberania do País, após deliberação do Congresso Nacional, garantido, em qualquer hipótese, o retorno imediato logo que cesse o risco. **BV**
Gabarito "D".

(Delegado/ES – 2019 – Instituto Acesso) A Constituição da República Federativa do Brasil destinou um capítulo específico à proteção das comunidades indígenas, sendo INCORRETO afirmar que

(A) as terras tradicionalmente ocupadas pelos índios destinam-se a sua posse permanente, cabendo-lhes o usufruto exclusivo das riquezas do solo, dos rios e dos lagos nelas existentes.

(B) são reconhecidos aos índios sua organização social, costumes, línguas, crenças e tradições, e os direitos originários sobre as terras que tradicionalmente ocupam.

(C) as terras tradicionalmente ocupadas são inalienáveis e indisponíveis, e os direitos sobre elas, imprescritíveis.

(D) é vedada a remoção dos grupos indígenas de suas terras, salvo, "*ad referendum*" do Congresso Nacional, em caso de catástrofe ou epidemia que ponha em risco sua população, ou no interesse da soberania do País, após deliberação do Congresso Nacional, garantido, em qualquer hipótese, o retorno imediato logo que cesse o risco.

(E) os índios, suas comunidades e organizações são representados pelo Ministério Público, com exclusividade, para ingressar em juízo em defesa de seus direitos e interesses.

A: correto. Determina o art. 231, § 1º, CF que são terras tradicionalmente ocupadas pelos índios as por eles habitadas em caráter permanente, as utilizadas para suas atividades produtivas, as imprescindíveis à preservação dos recursos ambientais necessários a seu bem-estar e as necessárias a sua reprodução física e cultural, segundo seus usos, costumes e tradições; **B:** correto. De acordo com art. 231, *caput*, CF são reconhecidos aos índios sua organização social, costumes, línguas, crenças e tradições, e os direitos originários sobre as terras que tradicionalmente ocupam, competindo à União demarcá-las, proteger e fazer respeitar todos os seus bens; **C:** correto. Determina o ar. 231, § 4º, CF que as terras de que trata este artigo (tradicionalmente ocupadas pelos índios) são inalienáveis e indisponíveis, e os direitos sobre elas, imprescritíveis"; **D:** correta. De acordo com o art. 231, § 5º, CF é vedada a remoção dos grupos indígenas de suas terras, salvo, *ad referendum* do Congresso Nacional, em caso de catástrofe ou epidemia que ponha em risco sua população, ou no interesse da soberania do País, após deliberação do Congresso Nacional, garantido, em qualquer hipótese, o retorno imediato logo que cesse o risco. **E:** incorreta, devendo ser assinalada. Determina o art. 232, *caput*, que os índios, suas comunidades e organizações são partes **legítimas para ingressar em juízo em defesa de seus direitos e interesses, intervindo o Ministério Público em todos os atos do processo. BV**
Gabarito "E".

(Delegado/DF – 2015 – Fundação Universa) No que diz respeito à ordem social, é correto afirmar que

(A) a CF assegura expressamente às crianças, aos adolescentes e aos jovens a garantia de pleno e formal conhecimento da atribuição de ato infracional, a igualdade na relação processual e a defesa técnica por profissional habilitado, segundo lei específica.

(B) os índios merecem toda a proteção do Estado e da sociedade, devendo ser representados, na defesa dos seus direitos e em juízo, não por suas próprias comunidades, mas sim por meio de fundação especialmente criada para cuidar dos seus interesses.

(C) a seguridade social será financiada por toda a sociedade, de forma direta e indireta, mediante recursos da União, dos estados, do Distrito Federal e dos municípios, bem como por meio de contribuições das empresas e dos trabalhadores, incluindo-se os aposentados pelo regime geral de previdência.

(D) o ensino religioso é disciplina obrigatória no ensino fundamental, não podendo o Estado impor uma religião específica diante dos princípios da liberdade de consciência e de crença.

(E) as pessoas jurídicas não estão sujeitas a sanções penais, mas sim seus dirigentes, quando praticarem condutas e atividades consideradas lesivas ao meio ambiente, sem prejuízo do dever de reparar o dano.

A: correta. De acordo com o art. 227, § 3º, IV, da CF, o direito a proteção especial abrangerá, dentre outros aspectos, a garantia de pleno e formal conhecimento da atribuição de ato infracional, igualdade na relação processual e defesa técnica por profissional habilitado, segundo dispuser a legislação tutelar específica; **B:** incorreta. Determina o *caput* do art. 232 da CF que os índios, suas comunidades e organizações **são partes legítimas para ingressar em juízo** em defesa de seus direitos e interesses, intervindo o Ministério Público em todos os atos do processo; **C:** incorreta. O art. 195 da CF informa que a seguridade social será financiada por toda a sociedade, de forma direta e indireta, nos termos da lei, mediante recursos provenientes da União, dos Estados, do Distrito Federal e dos Municípios, e das seguintes contribuições sociais: I – do empregador, da empresa e da entidade a ela equiparada na forma da lei, incidentes sobre: *a)* a folha de salários e demais rendimentos do trabalho pagos ou creditados, a qualquer título, à pessoa física que lhe preste serviço, mesmo sem vínculo empregatício; *b)* a receita ou o faturamento; *c)* o lucro; II – do trabalhador e dos demais segurados da previdência social, não incidindo contribuição sobre aposentadoria e pensão concedida pelo regime geral de previdência social de que trata o art. 201; III – sobre a receita de concursos de prognósticos e IV – do importador de bens ou serviços do exterior, ou de quem a lei a ele equiparar; **D:** incorreta. De acordo com o § 1º do art. 210 da CF, o ensino religioso, **de matrícula facultativa**, constituirá disciplina dos horários normais das escolas públicas de ensino fundamental; **E:** incorreta. Determina o art. 37, § 6º, da CF, as pessoas jurídicas de direito público e as de direito privado prestadoras de serviços públicos **responderão pelos danos** que seus agentes, nessa qualidade, causarem a terceiros, assegurado o direito de regresso contra o responsável nos casos de dolo ou culpa. BV

Gabarito "A".

(Delegado Federal – 2013 – CESPE) Considerando o disposto na CF acerca na ordem social, julgue os itens subsequentes.

(1) A floresta amazônica brasileira, assim como a mata atlântica, é considerada bem da União, devendo sua utilização ocorrer na forma da lei, em condições que assegurem a preservação do meio ambiente, inclusive no que concerne ao uso dos recursos naturais.

(2) As terras tradicionalmente ocupadas pelos índios, incluídas no domínio constitucional da União Federal, são inalienáveis, indisponíveis e insuscetíveis de prescrição aquisitiva.

1: errado. De acordo com o art. 225, § 4º, da CF, a **Floresta Amazônica brasileira,** a **Mata Atlântica,** a Serra do Mar, o Pantanal Mato-Grossense e a Zona Costeira **são patrimônio nacional,** e sua utilização far-se-á, na forma da lei, dentro de condições que assegurem a preservação do meio ambiente, inclusive quanto ao uso dos recursos naturais; **2:** correto. É o que determina o art. 231, § 4º, da CF. BV

Gabarito 1E, 2C

(Delegado/AP – 2010) Relativamente à ordem social, assinale a afirmativa incorreta.

(A) A assistência à saúde pode ser exercida pela iniciativa privada, desde que previamente autorizado seu funcionamento pelo Ministério da Saúde e submetidas às regras de concessão pública contidas na Constituição.

(B) A seguridade social compreende um conjunto integrado de ações de iniciativa dos Poderes Públicos e da sociedade, destinadas a assegurar os direitos relativos à saúde, à previdência e à assistência social.

(C) A ordem social tem como base o primado do trabalho, e como objetivo o bem-estar e a justiça sociais.

(D) A seguridade social será financiada por toda a sociedade, de forma direta e indireta, nos termos da lei, mediante recursos provenientes dos orçamentos da União, dos Estados, do Distrito Federal e dos Municípios, além de contribuições sociais determinadas na Constituição.

(E) A saúde é direito de todos e dever do Estado, garantido mediante políticas sociais e econômicas que visem à redução do risco de

doença e de outros agravos e ao acesso universal e igualitário às ações e serviços para sua promoção, proteção e recuperação.

A: incorreta, devendo ser assinalada. De acordo com o art. 199, § 1º, da CF/1988, as instituições privadas, que queiram prestar serviços de saúde, poderão fazê--lo de forma complementar, segundo diretrizes do sistema único de saúde, mediante contrato de direito público ou convênio, tendo preferência as entidades filantrópicas e as sem fins lucrativos; **B:** correta (art. 194, "caput", da CF/1988); **C:** correta (art. 193 da CF/1988); **D:** correta (art. 195 da CF/1988); **E:** correta (art. 196 da CF/1988). BV

Gabarito "A".

10. TEMAS COMBINADOS

(Delegado/AP – 2017 – FCC) Lei municipal atribuiu à Guarda Municipal as funções de Polícia Judiciária e a apuração de infrações penais, com exceção das militares e daquelas sujeitas à competência da União. Contra a referida lei foi ajuizada ação direta de inconstitucionalidade perante o Tribunal de Justiça do Estado, que foi julgada procedente, por maioria absoluta dos membros do Tribunal, sob o fundamento de que a Constituição Federal atribui à polícia civil dos Estados as funções disciplinadas na lei municipal. Nessa situação, a lei municipal

I. não poderia ter sido declarada inconstitucional com fundamento em norma da Constituição Federal, uma vez que ao Tribunal de Justiça compete exercer o controle de constitucionalidade apenas em face da Constituição do Estado.

II. não poderia ter sido declarada inconstitucional, uma vez que não foi atingido o quórum de 2/3 dos membros do Tribunal, quórum esse também exigido para a aprovação de súmulas vinculantes pelo Supremo Tribunal Federal.

III. é incompatível com a Constituição Federal por violar competência atribuída à polícia civil do Estado. Está correto o que se afirma em

(A) I, II e III.

(B) I e III, apenas.

(C) II e III, apenas.

(D) III, apenas.

(E) I, apenas.

Numa leitura rápida a assertiva **I** parece correta. Nesse sentido a seguinte decisão do Supremo Tribunal Federal: "Tendo em conta que o controle concentrado de constitucionalidade no âmbito dos Estados-membros tem como parâmetro a Constituição Estadual, nos termos do § 2º do art. 125 da CF ("Cabe aos Estados a instituição de representação de inconstitucionalidade de leis ou atos normativos estaduais ou municipais em face da Constituição Estadual, vedada a atribuição da legitimação para agir a um único órgão"), o Tribunal julgou procedente o pedido formulado em reclamação ajuizada contra relator do Tribunal de Justiça do Estado de Sergipe que conhecera de ação direta de inconstitucionalidade contra lei do Município de Aracaju em face da CF. Caracterizada, assim, a usurpação da competência do STF para o controle abstrato de constitucionalidade perante a CF, o Tribunal determinou a extinção do processo sem julgamento de mérito cassando a liminar nela concedida – porquanto não se admite a ação direta contra normas municipais em face da Constituição Federal (...)" Rcl 595-SE, rel. Min. Sydney Sanches, 28.8.2002.(RCL-595). Mas apenas numa análise apressada. Isso porque o examinador não associa a assertiva com o enunciado. De fato, o TJ não poderia analisar a lei municipal à luz da Constituição Federal no controle CONCENTRADO de constitucionalidade, ou seja, no julgamento da ação direta de inconstitucionalidade. Mas não é isso que está escrito, mas que "a lei municipal não poderia ter sido declarada inconstitucional com fundamento em norma da Constituição Federal, uma vez que ao Tribunal de Justiça compete exercer o controle de constitucionalidade apenas em face da Constituição do Estado." – ora, no controle DIFUSO, num caso concreto, o TJ poderia sim exercer o controle de constitucionalidade em face da Constituição Federal, ou seja, não é APENAS da Estadual. Por isso essa afirmação **I** não está correta. A assertiva **II** está equivocada, pois o quórum para a declaração de inconstitucionalidade no controle concentrado pelo STF é de maioria absoluta (artigo 23, da Lei 9.868/1999 "Efetuado o julgamento, proclamar-se-á a constitucionalidade ou a inconstitucionalidade da disposição ou da norma impugnada se num ou noutro sentido se tiverem manifestado pelo menos seis Ministros, quer se trate de ação direta de inconstitucionalidade ou de ação declaratória de constitucionalidade" – seis Ministros correspondem à maioria absoluta dos onze Ministros. Por fim a última afirmação está perfeita, conforme prevê o artigo 144, § 4º, CF "Às polícias civis, dirigidas por delegados de polícia de carreira, incumbem, ressalvada a competência da União, as funções de polícia judiciária e a apuração de infrações penais, exceto as militares". LR

Gabarito "D".

(Delegado/AP – 2017 – FCC) A Constituição de determinado Estado, ao dispor sobre prerrogativas do Governador, dispõe que

– a Assembleia Legislativa é o órgão competente para processar e julgar o Governador pela prática de crimes de responsabilidade, que deverão ser definidos em lei estadual.

– lei estadual disciplinará as normas de processo e julgamento do Governador por prática de crime de responsabilidade.

– o Tribunal do Júri é competente para julgar o Governador nos crimes dolosos contra a vida.

À luz da Constituição Federal e da jurisprudência do Supremo Tribunal Federal, a Constituição Estadual mencionada CONTRARIA a Constituição Federal ao atribuir

I. à lei estadual a definição dos crimes de responsabilidade do Governador.

II. à lei estadual a definição das normas de processo e julgamento do Governador por prática de crime de responsabilidade.

III. ao Tribunal do Júri a competência para julgar o Governador pela prática de crimes dolosos contra a vida.

Está correto o que se afirma em

(A) I, II e III.
(B) III, apenas.
(C) II e III, apenas.
(D) I e II, apenas.
(E) I e III, apenas.

Todas estão corretas, pois realmente, à luz da Constituição Federal e da jurisprudência do Supremo Tribunal Federal, a Constituição Estadual mencionada contraria a Constituição Federal. Quanto aos itens **I** e **II** destaca-se o artigo 22, inciso I, da CF ("Compete privativamente à União legislar sobre: I – direito (...) penal, processual"). No mesmo sentido a jurisprudência do STF – ver ADI 4.791 e Súmula 722 STF ("São da competência legislativa da União a definição dos crimes de responsabilidade e o estabelecimento das respectivas normas de processo e julgamento"). Quanto ao item **III**, a competência para processar e julgar originariamente os Governadores dos Estados e do Distrito Federal é do Superior Tribunal de Justiça – artigo 105, inciso I, alínea "a", CF. **LR**
Gabarito "A".

(Delegado/RJ – 2013 – FUNCAB) No que se refere às três funções do Estado, quando o Executivo, através do Presidente da República, adota medida provisória com força de lei; o Judiciário elabora seu regimento interno; o Legislativo julga o Presidente da República nos crimes de responsabilidade e, ainda, o Legislativo pratica atos de fiscalização financeira do Executivo, é correto afirmar:

(A) Ocorrem respectivamente: função atípica do Executivo de natureza legislativa, função atípica do Judiciário de natureza executiva, função atípica do Legislativo de natureza jurisdicional e, por último, função típica do Legislativo.

(B) Ocorrem respectivamente: função atípica do Executivo de natureza jurisdicional, função atípica do Judiciário de natureza legislativa, função típica do Legislativo e, por último, função atípica do Legislativo de natureza executiva.

(C) Ocorrem respectivamente: função atípica do Executivo de natureza legislativa, função atípica do Judiciário de natureza legislativa, função atípica do Legislativo de natureza jurisdicional e, por último, função típica do Legislativo.

(D) Ocorrem respectivamente: função típica do Executivo, função típica do Judiciário, função atípica do Legislativo de natureza executiva e, por último, função atípica do Legislativo de natureza executiva.

(E) Ocorrem respectivamente: função atípica do Executivo de natureza jurisdicional, função atípica do Judiciário de natureza executiva, função atípica do Legislativo de natureza jurisdicional e, por último, função atípica do Legislativo de natureza executiva.

A: incorreta. O Judiciário, ao elaborar o seu regimento interno, está exercendo função legislativa, de forma atípica; **B:** incorreta. O Presidente da República, ao adotar medida provisória, está exercendo função atípica de natureza legislativa; **C:** correta. **O Presidente da República ao adotar medida provisória com força de lei exerce função atípica de natureza legislativa**. Quando o **Judiciário elabora seu regimento interno exerce função atípica de natureza legislativa**. O **Legislativo, ao julgar o Presidente da República** nos crimes de responsabilidade, **exerce função atípica de natureza jurisdicional** e, ainda, o **Legislativo, quando pratica atos de fiscalização financeira do Executivo, exerce função típica**; **D:** incorreta. Editar medida provisória, ou seja, legislar, não é função típica do Executivo. Além disso, o Judiciário, ao elaborar o seu regimento interno, também não está exercendo função típica. O Judiciário, ao elaborar o seu regimento interno, está exercendo função legislativa, de forma atípica. A prática, pelo Legislativo, de atos de fiscalização financeira do Executivo, é exercício de uma de suas funções típicas; **E:** incorreta. Como mencionado, nesse caso o Executivo exerce função atípica de natureza legislativa. A natureza da função atípica exercida pelo Judiciário nessa hipótese é legislativa. Por fim, a prática, pelo Legislativo, de atos de fiscalização financeira do Executivo, é exercício de uma de suas funções típicas. **BV**
Gabarito "C".

5. DIREITOS HUMANOS

Renan Flumian

1. TEORIA, GERAÇÕES, CARACTERÍSTICAS E CLASSIFICAÇÃO DOS DIREITOS HUMANOS

(Delegado/MG – 2018 – FUMARC) A formação do Estado Moderno está intimamente relacionada à intolerância religiosa, cultural, à negação da diversidade fora de determinados padrões e de determinados limites. Como a proteção dos direitos humanos está diretamente relacionada à atuação do poder dos Estados na ordem interna ou internacional, podemos concluir que:

I. Ao lado do ideário iluminista da formação política do Estado, o discurso judaico-cristão criou o pano de fundo para controlar as esferas da vida das pessoas no campo jurídico.

II. A uniformização de valores, normalmente estandardizados, como a democracia representativa, a ética e a moral, irá refletir nos fundamentos do direito moderno.

III. O sistema jurídico e político europeu é o modelo civilizatório ideal e universal, visto ter surgido da falência do sistema feudal, que era descentralizado, multiético e multilinguístico.

IV. O mundo uniforme e global de hoje insere-se no contexto de afirmação do Estado nacional que está condicionado, em sua existência, à intolerância com o diferente.

Estão CORRETAS apenas as assertivas:

(A) I, II e III.

(B) I, II e IV.

(C) I, III e IV.

(D) II, III e IV.

As assertivas I, II e IV estão corretas acerca da formação do Estado Moderno, portanto a assertiva **B** deve ser assinalada.

Gabarito "B".

(Delegado/BA – 2016.1 – Inaz do Pará) Segundo, *Dalmo de Abreu Dallari no seu texto PESSOA, SOCIEDADE E HUMANOS DIREITOS,* para que tenhamos uma sociedade organizada e com justiça social esta precisa que os benefícios e encargos sejam repartidos igualmente entre todos. Quando o autor refere-se a isso ele afirma que:

Disponível em: <http://www.dhnet.org.br/educar/redeedh/bib/dallari2.htm>.
Acesso em: 18 janeiro 2016

(A) todos procurem conhecer seus Direitos exigindo que sejam respeitados, bem como conhecer seus Deveres e suas responsabilidades sociais.

(B) é importante somente conhecer os nossos Direitos.

(C) na nossa sociedade só temos Deveres.

(D) conhecer os nossos Direitos e Deveres não é importante.

(E) devemos, sobretudo, assumir as nossas responsabilidades sociais.

A única alternativa que traz conteúdo que dialoga com a ideia disposta no texto em questão é a "A". Sendo que benefícios podem ser traduzidos por direitos, e encargos por deveres e responsabilidades.

Gabarito "A".

(Delegado/SP – 2011) Quando, no final do século XVIII, foram declarados os direitos fundamentais, eram encarados essencialmente como

(A) interesses coletivos não individualizáveis.

(B) proliferação dos direitos naturais e objetivos.

(C) expressões da liberdade humana em face do Poder.

(D) objetivos políticos efetivamente protegidos.

(E) vulgarização e trivialização dos direitos naturais.

Os direitos humanos são compostos de princípios e regras – positivadas ou costumeiras – que têm como função proteger a dignidade da pessoa humana. Dignidade se traduz na situação de mínimo gozo garantido dos direitos pessoais, civis, políticos, judiciais, de subsistência, econômicos, sociais e culturais. Ou ainda de forma mais analítica nas palavras Ingo Wolfgang Sarlet: "Temos por dignidade da pessoa humana a qualidade intrínseca e distintiva de

cada ser humano que o faz merecedor do mesmo respeito e consideração por parte do Estado e da comunidade, implicando, neste sentido, um complexo de direitos e deveres fundamentais que assegurem a pessoa tanto contra todo e qualquer ato de cunho degradante e desumano, como venham a lhe garantir as condições existenciais mínimas para uma vida saudável, além de propiciar e promover sua participação ativa corresponsável nos destinos da própria existência e da vida em comunhão dos demais seres humanos.[1]" Podem-se apontar a democracia ateniense (501-338 a.C.) e a República romana (509-27 a.C.) como os primeiros grandes exemplos, na história política da humanidade, de respeito aos direitos humanos, no sentido de limitar o poder público em prol dos governados.[2] A democracia ateniense era balizada pela preeminência das leis e pela participação direta dos cidadãos na Assembleia. Dessa maneira, o poder dos governantes foi limitado por sua subordinação ao mandamento legal e pelo controle popular. O papel do povo era marcante, pois este elegia os governantes e decidia, em assembleia e de forma direta, os assuntos mais importantes. Ademais, o povo tinha competência para julgar os governantes e os autores dos principais crimes. É dito que pela primeira vez na história o povo governou a si mesmo.[3] *Já a República romana limitou o poder político por meio da instituição de um sistema de controles recíprocos entre os órgãos políticos. Além desses dois exemplos, é possível apontar no desenvolver da história outro acontecimento de grande importância para a consolidação dos direitos humanos. Trata-se da Magna Carta de 1215, conhecida por limitar o poder dos monarcas ingleses, impedindo assim o exercício do poder absoluto. Seguindo tal exercício[4],* as liberdades pessoais foram garantidas de forma mais geral e abstrata (em comparação com a Magna Carta de 1215) pelo *Habeas Corpus Act* de 1679 e pelo *Bill of Rights* de 1689. Por fim, cabe uma pequena distinção entre direitos humanos e direitos fundamentais. A doutrina atual, principalmente a alemã, considera os direitos fundamentais[5] os valores éticos sobre os quais se constrói determinado sistema jurídico nacional, ao passo que os direitos humanos existem mesmo sem o reconhecimento da ordem jurídica interna de um país, pois possuem vigência universal. Mas, na maioria das vezes, os direitos humanos são reconhecidos internamente pelos sistemas jurídicos nacionais, situação que os torna também direitos fundamentais, ou seja, os direitos humanos previstos na Constituição de um país são denominados direitos fundamentais.

Gabarito "C".

---

1. *Dignidade da pessoa humana e direitos fundamentais.* Porto Alegre: Livraria do Advogado, 2001. p. 60.

2. "A clássica concepção de matriz liberal-burguesa dos direitos fundamentais informa que tais direitos constituem, em primeiro plano, direitos de defesa do indivíduo contra ingerências do Estado em sua liberdade pessoal e propriedade. Essa definição de direitos fundamentais – apesar de ser pacífico na doutrina o reconhecimento de diversas outras – ainda continua ocupando lugar de destaque na aplicação dos direitos fundamentais. Essa ideia, sobretudo, objetiva a limitação do poder estatal a fim de assegurar ao indivíduo uma esfera de liberdade. Para tanto, outorga ao indivíduo um direito subjetivo que lhe permite evitar interferências indevidas no âmbito de proteção do direito fundamental ou mesmo a eliminação de agressões que esteja sofrendo em sua esfera de autonomia pessoal" (MENDES, Gilmar Ferreira. *Curso de Direito Constitucional.* 6. ed. São Paulo: Saraiva, 2011. p. 673).

3. É muito conhecida a definição da democracia ateniense como "o governo do povo, pelo povo e para o povo".

4. Nesses primeiros exemplos fica nítida a eficácia vertical dos direitos humanos, ou seja, oponíveis contra o Estado. Todavia, deve-se apontar que os direitos humanos são oponíveis também entre os particulares, nas relações privadas, que caracterizam a eficácia horizontal dos direitos humanos.

5. "Os direitos fundamentais são, a um só tempo, direitos subjetivos e elementos fundamentais da ordem constitucional objetiva. Enquanto direitos subjetivos, os direitos fundamentais outorgam aos seus titulares a possibilidade de impor os seus interesses em face de órgãos obrigados. Na sua dimensão como elemento fundamental da ordem constitucional objetiva, os direitos fundamentais – tanto aqueles que não asseguram, primariamente, um direito subjetivo quanto aqueles outros, concebidos como garantias individuais – formam a base do ordenamento jurídico de um Estado de Direito democrático" (MENDES, Gilmar Ferreira. *Op. cit.* p. 671).

(Delegado/BA – 2008 – CEFETBAHIA) "Cidadania, portanto, engloba mais que direitos humanos, porque, além de incluir os direitos que a todos são atribuídos (em virtude da sua condição humana), abrange, ainda, os direitos políticos. Correto, por seguinte, falar-se numa dimensão política, numa dimensão civil e numa dimensão social da cidadania".

(Prof. J. J. Calmon de Passos)

Ao alargar a compreensão da cidadania para as três dimensões suprarreferidas, o prof. Calmon de Passos

(A) inova, ao focar somente o caráter educacional da cidadania plena na Grécia.

(B) contribui, doutrinariamente, para que a noção da cidadania ultrapasse a clássica concepção que a restringia tão somente ao exercício dos direitos políticos.

(C) restringe o entendimento da cidadania ao exercício dos direitos de primeira geração – especialmente quanto à igualdade.

(D) promove reflexão crítica em torno dos interditos proibitivos à construção de uma sociedade respeitosa para com as nuanças de sexo, gênero, raça e idade.

(E) contradiz a noção fundamental de extensão da cidadania a todos sem distinção – mulheres especialmente.

A: incorreta. O Prof. Calmon de Passos não está tecendo considerações sobre a cidadania na Grécia. Ademais, o professor está focando num caráter amplo (político, civil e social) da cidadania e não limitado (educacional); **B:** correta. As considerações do professor contribuem para a tomada de conscientização no sentido de que o exercício substancial da cidadania depende do gozo de direitos civis, políticos e sociais; **C:** incorreta, pois não restringe e sim amplia; **D:** incorreta, pois as considerações do professor promovem a reflexão crítica em torno do exercício pleno da cidadania por todos os cidadãos; **E:** incorreta. Muito pelo contrário, pois além de corroborar com a noção fundamental de extensão da cidadania a todos sem distinção, defende o pleno exercício da cidadania, o qual será atingido pela comunhão de direitos civis, políticos e sociais. Gabarito "B".

(Delegado/BA – 2006 – CONSULPLAN) Tomando-se por base o constitucionalismo, a doutrina dos Direitos Humanos exerce, em relação ao Estado, uma função:

(A) Integrativa.

(B) Limitadora.

(C) Orientadora.

(D) Doutrinária.

(E) N.R.A.

A grande função dos direitos humanos é coibir os abusos cometidos pelos Estados em relação às suas populações. A Declaração de Direitos Americana de 1776 foi a primeira "declaração de direitos em sentido moderno", porque suas regras funcionaram como um sistema de limitação de poderes, ou seja, os direitos conferidos aos cidadãos limitavam o poder estatal. Tanto é assim, que o recente processo de internacionalização dos direitos humanos é fruto do pós-guerra e da ressaca moral da humanidade ocasionada pelo excesso de violações de direitos humanos perpetradas pelo nazifascismo. Gabarito "B".

(Delegado/BA – 2006 – CONSULPLAN) O ser humano pode ser compelido, "como último recurso, à rebelião contra a tirania e a opressão". Para respaldar essa assertiva filosoficamente, a doutrina dos Direitos Humanos encontra lastro no (a):

(A) Correcionalismo.

(B) Marxismo.

(C) Jusnaturalismo.

(D) Teoria moralista.

(E) N.R.A

A: incorreta. A Escola Penal Correcionalista tem como principal característica a busca da correção do delinquente como fim único da pena. **B:** incorreta. O Marxismo é o conjunto de ideias filosóficas, econômicas, políticas e sociais elaboradas primariamente por Karl Marx e Friedrich Engels. Tem por base a concepção materialista e dialética da História, e, assim, interpreta a vida social conforme a dinâmica da base produtiva das sociedades e das lutas de classes daí consequentes. **C:** correta. O Jusnaturalismo (ou Direito Natural no seu viés tradicional) é uma teoria que define o conteúdo do direito como estabelecido pela natureza (como ordem superior, universal, imutável e inderrogável) e, portanto, válido em qualquer lugar. Ou seja, o direito natural é prévio a qualquer construção humana, seja de ordem política, religiosa etc. Assim, deverá ser sempre respeitado e o direito positivo para ter validade não poderá com ele contrastar. E os direitos humanos são adstritos à condição humana, logo, fazem parte do direito

natural, o que os fazem transcender às criações culturais no sentido *lato* (religião, tradição, organização política etc.). **D:** incorreta. A Teoria Moralista defende que a fundamentação dos direitos humanos encontra-se na própria experiência e consciência de um determinado povo. **E:** incorreta, pois a assertiva "C" é correta. Gabarito "C".

(Delegado/BA – 2006 – CONSULPLAN) O *Habeas corpus* vincula-se diretamente à:

(A) "Primeira geração" dos D. H.

(B) "Segunda geração" dos D. H.

(C) "Terceira geração" dos D. H.

(D) "Quarta geração" dos D. H.

(E) N.R. A

A: correta. A primeira geração dos direitos humanos trata dos direitos civis e políticos. A titularidade desses direitos é atribuída ao indivíduo, destarte, conhecidos são como direitos individuais. O seu fundamento é a ideia de liberdade. E o *habeas corpus* é utilizado sempre que alguém sofrer ou se achar ameaçado de sofrer violência ou coação em sua liberdade de locomoção, por ilegalidade ou abuso de poder (art. 5º, LXVIII, da CF). **B:** incorreta. A segunda geração dos direitos humanos trata dos direitos sociais, culturais e econômicos. A titularidade destes direitos é atribuída à coletividade, destarte, conhecido como direitos coletivos. O seu fundamento é a ideia de igualdade. **C:** incorreta. A terceira geração trata dos direitos à paz, ao desenvolvimento, ao meio ambiente, à propriedade do patrimônio cultural. A titularidade destes direitos é atribuída à humanidade e são classificados doutrinariamente como difusos. O seu fundamento é a ideia de fraternidade. **D:** incorreta. Existem posicionamentos doutrinários que pouco se assemelham na tentativa de categorizar quais seriam os direitos componentes da quarta e da quinta gerações. Por exemplo, a Ministra Eliana Calmon defende que a quarta geração seria composta de direitos referentes à manipulação do patrimônio genético, como os alimentos transgênicos, fertilização *in vitro* com escolha do sexo e clonagem. Já para o professor Paulo Bonavides todos os direitos relacionados à globalização econômica fariam parte da quarta geração, enquanto que o direito à paz seria de quinta. Outros, como Alberto Nogueira que relaciona a quarta geração com os direitos à uma tributação justa, e Ricardo Lorenzetti, Ministro da Suprema Corte Argentina, que define a quarta geração como sendo aquela do "direito a ser diferente", isto é, a tutela de todos os tipos de diversidade – sexual, étnica etc. Além de José Alcebíades de Oliveira Júnior[6], que faz coro com Eliana Calmon em relação à quarta geração e assinala que a quinta é ligada ao direito cibernético. Percebe-se que resta impossível categorizar cabalmente quais os direitos componentes da quarta e da quinta gerações, mas o importante é apontar possíveis interpretações e sublinhar a natureza dinâmica dos direitos humanos, os quais sempre estarão em construção. Para bem lembrar, a Declaração Universal dos Direitos do Homem elevou o homem à condição de sujeito de direito internacional, assim, é possível colocar o Estado como réu, perante instâncias internacionais, caso algum direito do ser humano seja ceifado ou impossibilitado de gozo. A título conclusivo, pode-se afirmar que toda regra, convencional ou não, que promova ou proteja a dignidade da pessoa humana se refere a "direitos humanos". Portanto, as cinco gerações trazem exemplos de direitos humanos que foram confeccionados em conformidade com a in/evolução da vida humana. A constante criação de "novos" direitos humanos torna impossível sua tipificação fechada, portanto, é necessária uma tipificação aberta para permitir a inserção de novos conceitos protetores da dignidade humana na medida em que aparecerem. **E:** incorreta, pois a assertiva "A" é correta. Gabarito "A".

(Delegado/BA – 2006 – CONSULPLAN) Não se pode chamar a doutrina dos direitos humanos em favor de quem os violou devido à:

(A) Relatividade dos D. H.

(B) Falta de coerção dos D. H.

(C) Indivisibilidade dos D. H.

(D) Falta de coação dos D. H.

(E) N.R. A.

A: incorreta. Esta assertiva foi indicada como correta, todavia não concordamos. Isto porque os direitos humanos são adstritos à condição humana, assim, o único requisito para deles gozar é ser pessoa humana. Do contrário, permitir-se-ia a pena de morte e outros tratamentos degradantes para os criminosos, pois estes violaram direitos humanos de outras pessoas e, ato contínuo, não possuem mais direito à proteção de sua dignidade. Portanto, todo indivíduo, por sua condição de pessoa humana, tem direitos humanos que devem ser tutelados pelo Estado em qualquer situação. **B:** incorreta. A coercibilidade ou não dos direitos humanos não tem ligação com a possibilidade (não existente, como vimos no comentário referente à assertiva "A") dos violadores de direitos humanos perderem o direito de ter sua dignidade tutelada. Ademais, a possibilidade de coerção dos direitos

---

6. JUNIOR, José Alcebíades de Oliveira. *Teoria Jurídica e novos direitos*. Rio de Janeiro: Lumen Juris, 2000. p. 85/86.

5. DIREITOS HUMANOS

549

humanos é determinada por cada sistema protetivo. Por exemplo, o sistema nacional de proteção dos direitos humanos é coercitivo, como também o é o sistema americano de proteção dos direitos americanos (aqui a coerção é exercida pela Corte Interamericana dos Direitos Humanos). Importante apontar que a Declaração Universal dos Direitos do Homem não tem força legal, mas sim material e acima de tudo inderrogável por fazer parte do *jus cogens*. **C:** incorreta. A indivisibilidade dos direitos humanos não tem ligação com a possibilidade (não existente, como vimos no comentário referente à assertiva "A") dos violadores de direitos humanos perderem o direito de ter sua dignidade tutelada. A característica da indivisibilidade que os direitos humanos sustentam refere-se ao fato de que todos os direitos humanos se retroalimentam e se complementam e assim, infrutífero buscar a proteção de apenas uma parcela deles. **D:** incorreta. A falta ou não de coação dos direitos humanos também não tem ligação com a possibilidade (não existente, conforme a assertiva "A") dos violadores de direitos humanos perderem o direito de ter sua dignidade tutelada. **E:** correta. Essa assertiva deve ser assinalada, pois todas as outras estão incorretas.
Gabarito "E".

(Delegado/MG – 2008) Encontramos na doutrina dos Direitos Humanos a afirmação de que, para compreender a evolução dos direitos individuais no contexto da evolução constitucional, é preciso retomar alguns aspectos da evolução dos tipos de Estado. Analise as seguintes afirmativas e assinale a que NÃO corrobora o enunciado acima.

(A) A primeira fase do Estado Liberal caracteriza-se pela vitória da proposta econômica liberal, aparecendo teoricamente os direitos individuais como grupo de direitos que se fundamentam na propriedade privada, principalmente na propriedade privada dos meios de produção.

(B) As mudanças sociais ocorridas no início do século XX visavam armar os indivíduos de meios de resistência contra o Estado. Desse modo, a proteção dos direitos e liberdades fundamentais torna-se o núcleo essencial do sistema político da democracia constitucional.

(C) As constituições socialistas consagraram uma economia socialista, garantindo a propriedade coletiva e estatal e abolindo a propriedade privada dos meios de produção, dando uma clara ênfase aos direitos econômicos e sociais e uma proposital limitação aos direitos individuais.

(D) A implementação efetiva dos direitos sociais e econômicos em boa parte da Europa Ocidental no pós-guerra, como saúde e educação públicas, trouxe consigo o germe da nova fase democrática do Estado Social e da superação da visão liberal dos grupos de direitos fundamentais.

A: correta. Interessante sobre tais direitos é a verificação de que a sua defesa foi feita, sobretudo pelos EUA. Estes defendiam a perspectiva liberal dos direitos humanos, os quais foram consagrados no Pacto Internacional de Direitos Civis e Políticos. **B:** incorreta. As mudanças sociais, ocorridas no início do século XX, não tinham como principal finalidade dotar os indivíduos de meios de resistência contra o Estado. Ademais, as democracias constitucionais tornaram-se realidade como forma de governo somente no pós-guerra. **C:** correta. O socialismo refere-se à teoria de organização econômica que advoga a propriedade pública ou coletiva, a administração pública dos meios de produção e distribuição de bens para construir uma sociedade caracterizada pela igualdade de oportunidades para todos os indivíduos. O socialismo moderno surgiu no final do século XVIII tendo origem na classe intelectual e nos movimentos políticos da classe trabalhadora que criticavam os efeitos da industrialização e da sociedade calcada na propriedade privada. Importante apontar o papel da URSS, pois esta defendia a perspectiva social dos direitos humanos, os quais foram consagrados no Pacto Internacional de Direitos Econômicos, Sociais e Culturais. **D:** correta. A formatação de estados sociais (*welfare state*) na Europa ocidental do pós-guerra tem como grande finalidade a implementação dos direitos econômicos, sociais e culturais de suas populações que muito sofreu com os conflitos mundiais e tinham pouca esperança para o futuro.
Gabarito "B".

(Delegado/MG – 2007) A ideologia liberal demonstra-se individualista, baseada na busca dos interesses individuais. Como decorrência da ideologia liberal, todos os Direitos Humanos relacionados abaixo são classificados como direitos individuais, EXCETO:

(A) a liberdade de consciência e de crença.

(B) a proteção à maternidade e à infância.

(C) direito à propriedade privada.

(D) a liberdade de comércio e de indústria.

A: correta, pois, trata-se de um exemplo de direito individual. **B:** incorreta, porque trata-se de um exemplo de direito social e cultural. **C:** correta, pois é um exemplo de direito individual. **D:** correta, porque é um exemplo de direito individual.
Gabarito "B".

(Delegado/MG – 2006) A passagem do Estado Liberal para o Estado Social tem significado importante na evolução dos direitos humanos. Referente a esse momento histórico é correto afirmar, EXCETO:

(A) O Estado Liberal típico não faz em suas Constituições referência à ordem econômica.

(B) As Constituições anteriores à Primeira Guerra Mundial já consagravam em seus textos direitos sociais.

(C) No Estado Social os direitos fundamentais se ampliam ainda consagrando em seus textos direitos sociais.

(D) O Estado Liberal traduzia o pensamento econômico do Liberalismo Clássico, o *laissez-faire*, *laissez-passer*.

(E) O individualismo dos séculos XVII e XVIII conduz os homens a um capitalismo desumano e escravizador.

A: correta. O estado liberal típico deixa que a ordem econômica seja totalmente "regulada" pelo mercado. **B:** incorreta. A consagração dos direitos sociais nas constituições é fenômeno que toma forma após a Primeira Guerra Mundial. De grande destaque neste processo são a Constituição Mexicana de 1917 e a Constituição de Weimar de 1919. **C:** correta. É exatamente esta consequência para os textos constitucionais. Ou seja, o estado social ou *welfare state* amplia os direitos fundamentais, com especial realce nos de índole social, econômica e cultural. **D:** correta. O liberalismo clássico, aplicado pelo estado liberal, é uma forma de liberalismo que defende as liberdades individuais, igualdade perante a lei, limitação constitucional do governo, direito de propriedade, proteção das liberdades civis e restrições fiscais ao governo etc. Sua formulação tem por base textos de John Locke, Adam Smith, David Ricardo, Voltaire, Montesquieu e outros. Em outras palavras, é a fusão do liberalismo econômico com liberalismo político do final do século XVIII e século XIX. O "núcleo normativo" do liberalismo clássico é a ideia que economia seria guiada por uma ordem espontânea ou mão invisível que beneficiaria toda a sociedade. **E:** correta. A total desregulação que marcou os séculos XVII e XVIII, impulsionada pela Revolução Industrial inglesa, teve por desfecho um capitalismo desumano e escravizador.
Gabarito "B".

(Delegado/SP – 2008) A teoria que fundamenta e situa os direitos humanos em uma ordem suprema, universal, imutável e livre dos influxos humanos, denomina-se

(A) moralista.

(B) jusnaturalista.

(C) positivista.

(D) fundamentalista.

(E) realista.

A: incorreta. A Teoria Moralista defende que a fundamentação dos direitos humanos encontra-se na própria experiência e consciência de um determinado povo. **B:** correta. O Jusnaturalismo (ou Direito Natural na sua acepção tradicional) é uma teoria que define o conteúdo do direito como estabelecido pela natureza (como ordem superior, universal, imutável e inderrogável) e, portanto, válido em qualquer lugar. Ou seja, o direito natural é prévio a qualquer construção humana, seja de ordem política, religiosa etc. Assim, deverá ser sempre respeitado e o direito positivo para ter validade não poderá com ele contrastar. E os direitos humanos são adstritos à condição humana, logo, fazem parte do direito natural, o que os fazem transcender às criações culturais no sentido *lato* (religião, tradição, organização política etc.). **C:** incorreta. O positivismo jurídico é a doutrina do direito que considera direito somente aquilo que é posto pelo Estado. **D:** incorreta. Tem-se certa dificuldade em bem delimitar a teoria fundamentalista (pela sua abrangência de aplicação), mas sabe-se que esta teoria não fundamenta os direitos humanos. **E:** incorreta. O Realismo Jurídico é uma corrente do pensamento jusfilosófico que defende que o direito é tirado da experiência social, ou seja, para os realistas o direito é fato social.
Gabarito "B".

2. SISTEMA GLOBAL DE PROTEÇÃO GERAL DOS DIREITOS HUMANOS

(Delegado/ES – 2019 – Instituto Acesso) O artigo 15 da Declaração Universal dos Direitos Humanos (DUDH) prevê que todo ser humano tem direito a uma nacionalidade e que ninguém será arbitrariamente privado de sua nacionalidade, nem do direito de mudar de nacionalidade. Não obstante, há em variados países populações que etnicamente são autoproclamadas "ciganas". Estas se distinguem por não possuírem uma nacionalidade, embora reclamem tratamento digno diante de

550 RENAN FLUMIAN

arbitrariedades a que podem ser sujeitas, como a que ocorreu, por exemplo, na França, por ocasião do mandato do presidente Sarkozy. O direito a essa identidade pode ser representado, em termos de suas garantias, considerando o que se prescreve no âmbito da Declaração Universal dos Direitos do Homem. Assinale a alternativa correta que estabelece a relação descrita no enunciado com os direitos abrangidos na DUDH.

(A) Ninguém será sujeito a interferências em sua vida privada, em sua família, em seu lar ou em sua correspondência, nem a ataques à sua honra e reputação. Todo ser humano tem direito à proteção legal contra tais interferências ou ataques, salvo quando submetido a um julgamento justo.

(B) Todo ser humano tem capacidade para gozar dos direitos e das liberdades estabelecidos nesta Declaração, sem distinção de qualquer espécie, seja de raça, cor, sexo, idioma, religião, opinião política ou de outra natureza, origem nacional ou social, posição econômica, nascimento ou qualquer outra condição.

(C) Todo ser humano tem direito à liberdade de movimento e residência dentro das fronteiras de cada Estado. Todo ser humano tem o direito de deixar qualquer país, inclusive o próprio, e a este regressar.

(D) Todos os indivíduos têm direito ao reconhecimento, em todos os lugares, da sua personalidade formal jurídica.

(E) Todos os seres humanos nascem livres e iguais em dignidade e direitos. São dotados de razão e consciência e devem agir em relação uns aos outros com espírito de fraternidade, liberdade e igualdade.

O art. 2° da DUDH assim estatui: "Todos os seres humanos podem invocar os direitos e as liberdades proclamados na presente Declaração, sem distinção alguma, nomeadamente de raça, de cor, de sexo, de língua, de religião, de opinião política ou outra, de origem nacional ou social, de fortuna, de nascimento ou de qualquer outra situação. Além disso, não será feita nenhuma distinção fundada no estatuto político, jurídico ou internacional do país ou do território da naturalidade da pessoa, seja esse país ou território independente, sob tutela, autônomo ou sujeito a alguma limitação de soberania". Portanto, a assertiva correta é a B.
Gabarito "B".

(Delegado/MG – 2018 – FUMARC) A Declaração Universal dos Direitos Humanos, retomando os ideais da Revolução Francesa, representou a manifestação histórica de que se formara, enfim, em âmbito universal, o reconhecimento dos valores supremos da igualdade, da liberdade e da fraternidade. Em decorrência disso, os direitos fundamentais expressos na Constituição Federal de 1988:

(A) como na Declaração Universal dos Direitos Humanos, esses direitos fundamentais são considerados uma recomendação sem força vinculante, uma etapa preliminar para ulterior implementação na medida em que a sociedade se desenvolver.

(B) não consideram as diferenças humanas como fonte de valores positivos a serem protegidos e estimulados, pois, ao criar dispositivos afirmativos legais, as diferenças passam a ser tratadas como deficiências.

(C) obrigam que o princípio da solidariedade seja interpretado com a base dos direitos econômicos e sociais, que são exigências elementares de proteção às classes ou aos grupos sociais mais fracos ou necessitados.

(D) tratam a liberdade como um princípio político e não individual, pois o reconhecimento de liberdades individuais em sociedades complexas esconde a dominação oligárquica dos mais ricos.

O vetor para interpretar os direitos econômicos e sociais deve ser o do princípio da solidariedade, que gera a exigência de proteção às classes ou aos grupos sociais mais fracos ou necessitados. A Revolução Francesa[7] é apontada como o marco inicial da civilização europeia contemporânea, pois os conceitos atuais de nação, cidadania, radicalismo, igualdade e democracia surgiram depois desse processo histórico. Influenciada diretamente pela Revolução Francesa e pela

---

7. "A verdade, contudo, é que foi a Revolução Francesa – e não a americana ou a inglesa – que se tornou o grande divisor histórico, o marco do advento do Estado liberal. Foi a Declaração dos Direitos do Homem e do Cidadão, de 1789, com seu caráter universal, que divulgou a nova ideologia, fundada na Constituição, na separação dos Poderes e nos direitos individuais" (BARROSO, Luís Roberto. *Curso de Direito Constitucional Contemporâneo*. São Paulo: Saraiva, 2009. p. 76).

Revolução Americana de 1776, a Declaração dos Direitos do Homem e do Cidadão foi adotada pela Assembleia Constituinte da França em 1789. Pela primeira vez tem-se uma declaração generalizante, isto é, com o propósito de fazer referência não só aos seus cidadãos, mas a toda a humanidade, por isso a menção aos direitos do *homem* também. A Declaração teve por base os conceitos de *liberdade, igualdade, fraternidade, propriedade, legalidade* e *garantias individuais* (síntese do pensamento iluminista liberal e burguês), mas seu ponto central era a supressão dos privilégios especiais ("acabar com as desigualdades"), outrora garantidos para os estamentos do clero e da nobreza.
Gabarito "C".

(Delegado/SP – 2014 – VUNESP) Segundo o que dispõe a Declaração Universal dos Direitos Humanos da ONU, toda pessoa, vítima de perseguição, tem o direito de procurar e de gozar asilo em outros países. No entanto, esse direito não pode ser invocado, entre outros, em caso de perseguição

(A) de militante político que tenha se evadido clandestinamente de seu país de origem.

(B) de pessoa que claramente tenha se rebelado contra o regime de governo de seu país.

(C) por razões de ordem política.

(D) por motivos religiosos.

(E) legitimamente motivada por crimes de direito comum.

Conforme o disposto pela redação do artigo XV, pontos 1 e 2, da Declaração Universal, a única assertiva correta é a "E".
Gabarito "E".

(Delegado/MG – 2012) A concepção universal dos direitos humanos, demarcada pela Declaração Universal dos Direitos Humanos, sofreu e sofre fortes resistências dos adeptos do movimento do relativismo cultural. Retoma-se dessa forma o velho dilema sobre o alcance das normas de direitos humanos.

Associe abaixo as características intrínsecas a essas concepções:

I. Concepção universalista.

II. Concepção relativista.

( ) Flexibiliza as noções de soberania nacional e jurisdição doméstica, ao consagrar um parâmetro internacional mínimo, relativo à proteção dos direitos humanos aos quais os Estados devem se conformar.

( ) A noção de direito está estritamente relacionada ao sistema político, econômico, cultural, social e moral vigente em determinada sociedade.

( ) Cada cultura tem seu próprio discurso acerca dos direitos fundamentais, que está relacionado às específicas circunstâncias culturais e históricas de cada sociedade.

( ) O pluralismo cultural impede a formação de uma moral universal, tornando-se necessário que se respeitem as diferenças culturais apresentadas em cada sociedade.

Marque a opção correta, na ordem de cima para baixo.

(A) (I) (II) (II) (I).
(B) (II) (I) (I) (I).
(C) (I) (II) (II) (II).
(D) (I) (II) (I) (II).

(I): descreve uma característica da concepção universalista dos direitos humanos; (II): descreve uma característica da concepção relativista dos direitos humanos; (II): descreve uma característica da concepção relativista dos direitos humanos; (II): descreve uma característica da concepção relativista dos direitos humanos.
Gabarito "C".

(Delegado/MG – 2012) A Declaração Universal dos Direitos Humanos pode ser caracterizada, primeiramente por sua amplitude, compreendendo um conjunto de direitos e faculdades, sem as quais um ser humano não pode desenvolver sua personalidade física, moral e intelectual. Em segundo lugar, pela universalidade, aplicável a todas as pessoas de todos os países, raças, religiões e sexos, seja qual for o regime político dos territórios nos quais incide. Assinale abaixo a assertiva que é **contrária** ao enunciado acima:

(A) Como uma plataforma comum de ação, a Declaração foi adotada em 10 de dezembro de 1948, pela aprovação de 48 Estados, com 8 abstenções.

5. DIREITOS HUMANOS 551

(B) Objetiva delinear uma ordem pública mundial fundada no respeito à dignidade da pessoa humana, para orientar o desenvolvimento de uma raça humana superior.

(C) Introduz a indivisibilidade dos direitos humanos, ao conjugar o catálogo dos direitos civis e políticos, com o dos direitos econômicos, sociais e culturais.

(D) Teve imediatamente, após a sua adoção, grande repercussão moral ao despertar nos povos a consciência de que o conjunto da comunidade humana se interessava pelo seu destino.

A: incorreta, pois a assertiva está em conformidade com o enunciado. A Declaração Universal dos Direitos Humanos foi aprovada pela Resolução 217 A (III) da Assembleia Geral da ONU, em 10 de dezembro de 1948, por 48 votos a zero e 8 abstenções[8]. Em conjunto com os dois Pactos Internacionais – sobre Direitos Civis e Políticos e sobre Direitos Econômicos, Sociais e Culturais –, constitui a denominada Carta Internacional de Direitos Humanos ou *International Bill of Rights*. A Declaração é fruto de um consenso sobre valores de cunho universal a serem seguidos pelos Estados e do reconhecimento do indivíduo como sujeito direto do direito internacional. É importante esclarecer que a Declaração é um exemplo de soft law, *já que não supõe mecanismos constritivos para a implementação dos direitos previstos*. Em contrapartida, quando um documento legal prevê mecanismos constritivos para a implementação de seus direitos, estamos diante de um exemplo de *hard law*. Revisitando o direito a ter direitos de Hannah Arendt, segundo a Declaração, a condição de pessoa humana é requisito único e exclusivo para ser titular de direitos[9]. Com isso corrobora-se o caráter universal dos direitos humanos, isto é, todo indivíduo é cidadão do mundo e, dessa forma, detentor de direitos que salvaguardam sua dignidade[10]. Em seu bojo encontram-se direitos civis e políticos (artigos 3º a 21) e direitos econômicos, sociais e culturais (artigos 22 a 28), o que reforça as características da indivisibilidade e interdependência dos direitos humanos. É importante apontar que a Declaração Universal dos Direitos Humanos não tem força legal[11] (funcionaria como uma *recomendação*), mas sim material e acima de tudo inderrogável por fazer parte do *jus cogens*. Entretanto, pode-se até advogar que a Declaração, por ter definido o conteúdo dos direitos humanos insculpidos na Carta das Nações Unidas, tem força legal vinculante, visto que os Estados-membros da ONU se comprometeram a promover e proteger os direitos humanos; **B:** correta, pois a assertiva é totalmente contrária ao enunciado. Dispensa maiores considerações; **C:** incorreta, pois a assertiva está em conformidade com o enunciado. Reler o comentário

---

8. Os países que se abstiveram foram Arábia Saudita, África do Sul, URSS, Ucrânia, Bielorrússia, Polônia, Iugoslávia e Tchecoslováquia.

9. De maneira sintética, os direitos previstos na Declaração Universal dos Direitos Humanos são: igualdade, vida, não escravidão, não tortura, não discriminação, personalidade jurídica, não detenção/prisão/exílio arbitrário, judiciário independente e imparcial, presunção de inocência, anterioridade penal, intimidade, honra, liberdade, nacionalidade, igualdade no casamento, propriedade, liberdade de pensamento/consciência/religião, liberdade de opinião/expressão, liberdade de reunião/associação pacífica, voto, segurança social, trabalho, igualdade de remuneração, repouso/lazer, saúde/bem-estar, instrução etc.

10. "O advento do Direito Internacional dos Direitos Humanos [DIDH], em 1945, possibilitou o surgimento de uma nova forma de cidadania. Desde então, a condição jurídica do sistema internacional ao ser humano passou a independer do seu vínculo de nacionalidade com um Estado específico, tendo como requisito único e fundamental o fato do nascimento. Essa nova cidadania pode ser definida como cidadania mundial ou cosmopolita, diferenciando-se da cidadania do Estado-Nação. A cidadania cosmopolita é um dos principais limites para a atuação do poder soberano, pois dá garantia da proteção internacional na falta da proteção do Estado Nacional. Nesse sentido, a relação da soberania com o DIDH é uma relação limitadora" (ALMEIDA, Guilherme Assis de. Mediação, proteção local dos direitos humanos e prevenção de violência. *Revista Brasileira de Segurança Pública*, ano 1, ed. 2, p. 137-138, 2007).

11. "Do ponto de vista estritamente formal, a Declaração Universal dos Direitos Humanos é, consequentemente, parte do assim denominado *soft law*, 'direito suave', nem vinculante, mas nem por isso desprezível nas relações internacionais. Sua violação, em tese, não deveria implicar a responsabilidade internacional do Estado, mas, por outro, sujeitaria o recalcitrante a sanções de ordem moral, desorganizadas. Estas têm sua autoridade na própria dimensão política da declaração, como documento acolhido pela quase unanimidade dos Estados então representados na Assembleia Geral e, depois, invocado em constituições domésticas de inúmeros países e em diversos documentos de conferências internacionais" (ARAGÃO, Eugênio José Guilherme. A Declaração Universal dos Direitos Humanos: mera declaração de propósitos ou norma vinculante de direito internacional? *Revista Eletrônica do Ministério Público Federal*, ano 1, n. 1, p. 6, 2009).

---

sobre a assertiva A; **D:** incorreta, pois a assertiva está em conformidade com o enunciado e, de fato, houve a citada repercussão moral.

Gabarito "B".

(Delegado/MG – 2012) A verdadeira consolidação do Direito Internacional dos Direitos Humanos surge em meados do século XX, em decorrência da Segunda Guerra Mundial, por isso o moderno Direito Internacional dos Direitos Humanos é um fenômeno do pós-guerra. Dentre as proposições abaixo, assinale a que **não** corrobora com o enunciado acima:

(A) O desenvolvimento do Direito Internacional dos Direitos Humanos pode ser atribuído às monstruosas violações de direitos humanos da era Hitler e, após, à crença de que somente uma guerra poderia pôr fim a essas violações no âmbito internacional para garantir internamente em cada Estado nacional a dignidade da pessoa humana.

(B) A internacionalização dos direitos humanos constitui um movimento extremamente recente da história, surgido a partir do pós-guerra, como proposta às atrocidades e aos horrores cometidos durante o nazismo. Se a Segunda Guerra significou a ruptura com os direitos humanos, o pós-guerra deveria significar sua reconstrução.

(C) No momento em que os seres humanos se tornam supérfluos e descartáveis, no momento em que vigia lógica de destruição, em que cruelmente se abole o valor da pessoa humana, torna-se necessária a reconstrução dos direitos humanos como paradigma ético capaz de restaurar a lógica do razoável.

(D) A barbárie do totalitarismo significou a ruptura do paradigma dos direitos humanos, por meio da negação do valor da pessoa humana, como valor fonte do direito. Essa ruptura fez emergir a necessidade da reconstrução dos direitos humanos como referencial e paradigma ético que aproxime o direito da moral.

A: incorreta. Abalados pelas barbáries deflagradas nas duas Grandes Guerras e desejosos de construir um mundo sobre novos alicerces ideológicos, os dirigentes das nações que emergiram como potências no período pós-guerra, lideradas por URSS e EUA, estabeleceram na Conferência de Yalta, na Ucrânia, em 1945, as bases de uma futura "paz". Para isso definiram as áreas de influência das potências e acertaram a criação de uma organização multilateral que promovesse negociações sobre conflitos internacionais, com o objetivo de evitar guerras, construir a paz e a democracia, além de fortalecer os direitos humanos. Teve aí sua origem a ONU, uma organização internacional que tem por objetivo facilitar a cooperação em matéria de direito e segurança internacionais, desenvolvimento econômico, progresso social, direitos humanos e a realização da paz mundial. Por isso, diz-se que é uma organização internacional de vocação universal. Sua lei básica é a Carta das Nações Unidas, elaborada em São Francisco de 25 de abril a 26 de junho de 1945. Essa Carta tem como anexo o Estatuto da Corte Internacional de Justiça. Uma das preocupações da ONU é a proteção dos direitos humanos mediante a cooperação internacional. A Carta das Nações Unidas é o exemplo mais emblemático do processo de internacionalização dos direitos humanos ocorridos no pós-guerra. Aliás, é importante lembrar que esse processo recente de internacionalização dos direitos humanos é fruto da ressaca moral (que permitiu uma reflexão geral sobre os perigosos rumos tomados pelo homem) da humanidade ocasionada pelo excesso de violações perpetradas pelo nazifascismo. Cabe sublinhar que os propósitos da ONU são: *a)* manter a paz e a segurança internacionais; *b)* desenvolver relações amistosas entre as nações; *c)* realizar a cooperação internacional para resolver os problemas mundiais de caráter econômico, social, cultural e humanitário, promovendo o respeito aos direitos humanos e às liberdades fundamentais; e *d)* ser um centro destinado a harmonizar a ação dos povos para a consecução desses objetivos comuns. E os princípios são: *a)* da igualdade soberana de todos os seus membros; *b)* da boa-fé no cumprimento dos compromissos da Carta; *c)* da solução de controvérsias por meios pacíficos; *d)* da proibição de recorrer à ameaça ou ao emprego da força contra outros Estados; *e)* da assistência às Nações Unidas; *f)* da não intervenção em assuntos essencialmente nacionais. Por todo o dito, percebe-se que o direito internacional dos direitos humanos é totalmente contrário ao uso da violência, notadamente do uso de guerra para garantir a "proteção dos direitos humanos"; **B:** correta (reler o comentário sobre a assertiva anterior); C e **D:** corretas. "A ética dos direitos humanos decorre diretamente do princípio da dignidade da pessoa humana. A justiça não pode ser pensada isoladamente, sem o princípio da dignidade humana, assim como o poder não pode ser exercido *apesar* da dignidade humana. Em verdade, todos os demais princípios e valores que orientam a criação dos direitos nacional e internacional curvam-se ante esta identidade comum ou este *minimum* dos povos (...) Foram necessárias diversas violações, diversas experiências de indignidade, diversas práticas de exploração da condição humana para que a própria noção de dignidade surgisse um pouco mais clara aos olhos

552 RENAN FLUMIAN

do pensamento contemporâneo (...) Enfim, em poucas palavras, parece a ideia de personalidade recuperar seu sentido pleno, preenchendo o oco das experiências céticas e materialistas do tecnologismo do século XX e invadindo as diversas linhas de pensamento ocupadas com os desvarios da história contemporânea."[12]

(Delegado/MG – 2012) A criação das Nações Unidas, com suas agências especializadas, demarca o surgimento de uma nova ordem internacional, inclusive a proteção internacional dos direitos humanos. Associe abaixo cada órgão enumerado da ONU à sua competência:

Órgão

I.   Assembleia Geral.

II. Corte Internacional de Justiça.

III. Conselho Econômico e Social.

IV. Conselho de Tutela.

Competência

(a) Fomentar o processo de descolonização e autodeterminação dos povos, a fim de que pudessem alcançar, por meio de desenvolvimento progressivo, governo próprio.

(b) Promover a cooperação em questões econômicas, sociais e culturais e fazer recomendações destinadas a promover o respeito e a observância dos direitos humanos.

(c) Discutir e fazer recomendações relativas a qualquer matéria objeto da Carta das Nações Unidas.

(d) Decidir acerca das questões contenciosas e consultivas, todavia somente nas questões em que os Estados são partes perante ela.

Marque a correta relação:

(A) I (c); II (d); III (b); IV (a).

(B) I (a); II (d); III (b); IV (c).

(C) I (c); II (d); III (a); IV (b).

(D) I (d); II (c); III (b); IV (a).

A: correta. A ONU é uma organização internacional que tem por objetivo facilitar a cooperação em matéria de Direito Internacional, segurança internacional, desenvolvimento econômico, progresso social, direitos humanos e a realização da paz mundial. Por isso, diz-se que é uma organização internacional de vocação universal. Sua lei básica é a Carta das Nações Unidas, elaborada em São Francisco, de 25 de abril a 26 de junho de 1945. A Carta tem como anexo o Estatuto da Corte Internacional de Justiça. Conforme se depreende do conceito, os propósitos da ONU são: *a)* manter a paz e a segurança internacionais; *b)* desenvolver relações amistosas entre as nações; *c)* realizar a cooperação internacional para resolver os problemas mundiais de caráter econômico, social, cultural e humanitário, promovendo o respeito aos direitos humanos e às liberdades fundamentais; e *d)* ser um centro destinado a harmonizar a ação dos povos para a consecução desses objetivos comuns. E os princípios são: *a)* da igualdade soberana de todos os seus membros; *b)* da boa-fé no cumprimento dos compromissos da Carta; *c)* da solução de controvérsias por meios pacíficos; *d)* da proibição de recorrer à ameaça ou ao emprego da força contra outros Estados; *e)* da assistência às Nações Unidas; *f)* da não intervenção em assuntos essencialmente nacionais. A ONU reúne quase a totalidade dos Estados existentes. Entre estes, existem os membros originários e os eleitos. Estes últimos são admitidos pela Assembleia Geral mediante recomendação do Conselho de Segurança. E só podem ser admitidos os Estados "amantes da paz" que aceitarem as obrigações impostas pela Carta e forem aceitos como capazes de cumprir tais obrigações. Os membros podem ser suspensos quando o Conselho de Segurança instalar uma ação preventiva ou coercitiva contra eles, como também expulsos quando violarem insistentemente os princípios da Carta. A expulsão é processada pela Assembleia Geral mediante recomendação do Conselho de Segurança. I – **c:** a Assembleia Geral é composta de todos os membros da ONU, cabendo a cada Estado-membro apenas um voto. Ela reúne-se em sessões ordinárias, uma vez por ano, e em sessões extraordinárias sempre que preciso for. As decisões da Assembleia Geral são tomadas pela maioria simples dos membros presentes e votantes. Mas pode-se definir que o quórum será de dois terços quando tratar de questões consideradas importantes. Entre algumas de suas funções, podemos citar: *a)* aprovação do orçamento; *b)* eleição dos membros não permanentes do Conselho de Segurança e dos membros do Conselho Econômico e Social; *c)* nomeação do secretário-geral das Nações Unidas; e *d)* eleição, em conjunto com o Conselho de Segurança, dos juízes da Corte Internacional de Justiça; II – **d:** a Corte é o principal órgão judicial da ONU, substituindo a Corte Permanente de Justiça Internacional (CPJI) de 1922, que foi a primeira Corte internacional com jurisdição universal. A Corte funciona com base em seu estatuto e pelas chamadas *Regras da Corte* – espécie de código de processo. A competência da Corte é ampla. Em

relação à *ratione materiae*, a Corte pode analisar todas as questões levadas até ela, como também todos os assuntos previstos na Carta da ONU ou em tratados e convenções em vigor (artigo 36, ponto 1, do Estatuto da CIJ). Já a competência *ratione personae* é mais limitada, pois a Corte só pode receber postulações de Estados, sejam ou não membros da ONU (artigo 34, ponto 1, do Estatuto da CIJ). O artigo 36, ponto 2, do Estatuto da CIJ assim dispõe sobre a cláusula facultativa de jurisdição obrigatória: "Os Estados-partes no presente Estatuto poderão, em qualquer momento, declarar que reconhecem como obrigatória *ipso facto* e sem acordo especial, em relação a qualquer outro Estado que aceite a mesma obrigação, a jurisdição da Corte em todas as controvérsias de ordem jurídicas que tenham por objeto: a) a interpretação de um tratado; b) qualquer questão de Direito Internacional; c) a existência de qualquer fato que, se verificado, constituiria violação de um compromisso internacional; e d) a natureza ou a extensão da reparação devida pela ruptura de um compromisso internacional". A declaração de reconhecimento da jurisdição da Corte pode ser feita pura e simplesmente ou sob condição de reciprocidade, ou ainda por prazo determinado (artigo 36, ponto 3, do Estatuto da CIJ). Lembrando que a CIJ resolve qualquer dúvida que surgir sobre sua jurisdição (artigo 36, ponto 6, do Estatuto da CIJ). Portanto, a título conclusivo, "a Corte Internacional de Justiça não tem competência automática sobre os Estados, e estes só poderão ser obrigados à submissão da Corte se: estiver previsto em tratado de submissão de um conflito à CIJ; decisão voluntária das partes envolvidas por meio de um compromisso; aceitação de jurisdição da CIJ em processo proposto por outro Estado; declaração de submissão pela cláusula facultativa de jurisdição obrigatória."[13]. Por fim, cabe lembrar que a cláusula facultativa de jurisdição obrigatória foi elaborada pelo diplomata brasileiro Raul Fernandes. O artigo 96 da Carta da ONU prevê uma função consultiva para a Corte. Assim, qualquer organização internacional intergovernamental – especialmente os órgãos das Nações Unidas – pode requerer parecer consultivo à Corte. Percebe-se que os Estados membros não podem solicitar, diretamente, parecer consultivo à CIJ. Tal função permite à Corte ser um órgão produtor de doutrina internacional. As decisões da Corte com base em sua competência contenciosa possuem caráter obrigatório (artigo 59 do Estatuto da CIJ) e cada membro das Nações Unidas compromete-se a conformar-se com a decisão da Corte em qualquer caso em que for parte (artigo 94, ponto 1, da Carta da ONU). Cabe dizer que se uma das partes em determinado caso deixar de cumprir as obrigações que lhe incumbem em virtude de sentença proferida pela Corte, a outra terá direito de recorrer ao Conselho de Segurança, que poderá, se julgar necessário, fazer recomendações ou decidir sobre medidas a serem tomadas para o cumprimento da sentença (artigo 94, ponto 2, da Carta da ONU). Já os pareceres consultivos não possuem caráter vinculativo. Importante apontar, também, que a sentença da Corte é definitiva e inapelável, todavia, em caso de controvérsia quanto ao seu sentido e alcance e desde que solicitado por qualquer das partes, a Corte a interpretará (artigo 60 do Estatuto da CIJ). Por sua vez, o pedido de revisão da sentença só pode ser feito em razão de fato novo suscetível de exercer influência determinante e que, na ocasião de ser proferida a sentença, era desconhecido da Corte e também da parte que solicita a revisão, contanto que tal desconhecimento não tenha sido devido à negligência (artigo 61, ponto 1, do Estatuto da CIJ). A Corte é composta de 15 juízes eleitos de três em três anos por um período de nove anos e com a possibilidade de reeleição. Mas não é possível que seja eleito mais de um juiz da mesma nacionalidade. Em relação às qualificações necessárias para ser eleito, cabe reproduzirmos o artigo 2º do Estatuto: "a Corte será composta de um corpo de juízes independentes, eleitos sem atenção à sua nacionalidade, entre pessoas que gozem de alta consideração moral e possuam as condições exigidas em seus respectivos países para o desempenho das mais altas funções judiciárias, ou que sejam jurisconsultos de reconhecida competência em direito internacional". Por fim, o artigo 31, ponto 1, do Estatuto da CIJ dispõe que "os juízes da mesma nacionalidade de qualquer das partes conservam o direito de funcionar numa questão julgada pela Corte" e o ponto 3 do referido artigo prossegue: "se a Corte não incluir entre os seus membros nenhum juiz de nacionalidade das partes, cada uma destas poderá proceder à escolha de um juiz". Assim, perante um caso prático, o Estado envolvido que não tenha juiz da mesma nacionalidade na Corte poderá indicar um juiz de sua nacionalidade para participar do julgamento; III – **b:** o Conselho Econômico e Social é composto de 54 membros das Nações Unidas, eleitos para um período de três anos; a reeleição é permitida. Por último, a deliberação toma corpo pela maioria dos membros presentes e votantes. Algumas de suas funções são: *a)* realizar estudos e apresentar relatórios sobre assuntos internacionais de caráter econômico, social, cultural, educacional etc.; *b)* confeccionar recomendações à Assembleia Geral, aos membros das Nações Unidas e às entidades especializadas interessadas; *c)* promover a cultura de respeito e implementar os direitos humanos; e *d)* convocar conferências sobre os assuntos de seu interesse; IV – a: o Conselho de Tutela foi criado para controlar o exercício da tutela sobre territórios não autônomos. Esse Conselho sucedeu à Comissão de Mandatos da SDN. Após a independência de Palau (último território sob tutela), em 1º de novembro de 1994, sua atividade foi suspensa, embora continue a existir formalmente.

---

12. BITTAR, Eduardo. *Curso de* ética jurídica. São Paulo: Saraiva, 2013. p. 135-136.

13. PORTELA, Paulo Henrique Gonçalves. *Direito Internacional Público e Privado.* 2.ed. Salvador: Juspodivm, 2010. p. 476-477.

5. DIREITOS HUMANOS — 553

(Delegado/BA – 2006 – CONSULPLAN) Fatos históricos que prenunciaram a dogmática dos Direitos Humanos:

(A) A Declaração da Virgínia (E.U.A.).
(B) O Concílio de Trento.
(C) O armistício da 2ª Grande Guerra.
(D) As alternativas A e C estão corretas.
(E) N.R.A.

O marco recente dos direitos humanos foi sem dúvida a Declaração Universal dos Direitos Humanos de 1948. Com importância neste processo pode-se também citar a Declaração de Direitos Francesa, impulsionada pela Revolução Francesa de 1789, e a Declaração de Direitos Americana (Declaração de Direitos do Bom Povo da Virgínia), ambas do século XVIII. A Declaração de Direitos Americana de 1776 foi a primeira declaração de direitos em sentido moderno, pois suas regras funcionam como um sistema de limitação de poderes, ou seja, os direitos conferidos aos cidadãos limitavam o poder estatal. Ademais, demonstram preocupação com a estruturação de um governo democrático, e a Declaração dos Direitos do Homem e do Cidadão que a Assembleia Constituinte da França adotou em 1789, influenciada diretamente pela Revolução Francesa, teve por base os conceitos de liberdade, igualdade, fraternidade, propriedade, legalidade e garantias individuais. Importante apontar que esses direitos foram ampliados porventura da Declaração dos Direitos do Homem e do Cidadão levada a cabo pela Convenção nacional em 1793. A ONU e a Declaração Universal dos Direitos Humanos criam um verdadeiro sistema de proteção global da dignidade humana. É importante ter em mente que este processo recente de re-internacionalização dos direitos humanos é fruto do pós Segunda Guerra Mundial e da ressaca moral da humanidade ocasionada pelo excesso de violações de direitos humanos perpetradas pelo nazifascismo. Por sua vez, o Concílio de Trento, realizado de 1545 a 1563, foi o 19º concílio ecumênico. Foi convocado pelo Papa Paulo III para assegurar a unidade da fé e a disciplina eclesiástica, no contexto da Reforma da Igreja Católica e a reação à divisão então vivida na Europa devido à Reforma Protestante, razão pela qual é denominado como Concílio da Contrarreforma. *Gabarito "D".*

(Delegado/BA – 2006 – CONSULPLAN) Um marco fundamental para a doutrina dos Direitos Humanos:

(A) Revolução Comercial.
(B) Revolução Francesa.
(C) Revolução Industrial.
(D) Revolução Cultural.
(E) N.R.A

A: incorreta. A Revolução Comercial foi um período de grande expansão econômica da Europa, movido pelo colonialismo e mercantilismo que durou aproximadamente do século XVI ao século XVIII. Este desenvolvimento comercial, com raízes no século XV, resultou em transformações profundas na economia europeia. A moeda tornou-se fator primordial da riqueza e as transações comerciais foram monetarizadas. A produção e a troca deixaram de ter caráter de subsistência, visando atender aos mercados das cidades. Com a Revolução Comercial o eixo comercial do Mediterrâneo foi transferido para o Atlântico, rompendo o monopólio das cidades italianas no comércio com o Oriente e iniciando o mercantilismo. **B:** correta. O marco recente dos direitos humanos foi sem dúvida a Declaração Universal dos Direitos Humanos de 1948. Com importância neste processo pode-se também citar a Declaração de Direitos Francesa, impulsionada pela Revolução Francesa de 1789, e a Declaração de Direitos Americana (Declaração de Direitos do Bom Povo da Virgínia), ambas do século XVIII. A Declaração de Direitos Americana de 1776 foi a primeira declaração de direitos em sentido moderno, pois suas regras funcionam como um sistema de limitação de poderes, ou seja, os direitos conferidos aos cidadãos limitavam o poder estatal. Ademais, demonstram preocupação com a estruturação de um governo democrático. A Declaração dos Direitos do Homem e do Cidadão que a Assembleia Constituinte da França adotou em 1789, influenciada diretamente pela Revolução Francesa, teve por base os conceitos de *liberdade, igualdade, fraternidade, propriedade, legalidade e garantias individuais*. Importante apontar que estes direitos foram ampliados porventura da Declaração dos Direitos do Homem e do Cidadão levada a cabo pela Convenção nacional em 1793. **C:** incorreta. A Revolução Industrial consistiu em um conjunto de mudanças tecnológicas com profundo impacto no processo produtivo em nível econômico e social. Iniciada na Inglaterra em meados do século XVIII expandiu-se pelo mundo a partir do século XIX. Ao longo do processo a era da agricultura foi superada, a máquina foi superando o trabalho humano, uma nova relação entre capital e trabalho se impôs, novas relações entre nações se estabeleceram e surgiu o fenômeno da cultura de massa, entre outros eventos. **D:** incorreta. O termo Revolução Cultural não foi bem explicitado pelo formulador da questão. Todavia, por guardar certas pertinências com as revoluções traçadas nas outras assertivas, passemos a tecer considerações pontuais sobre a Revolução Cultural Chinesa. A Grande Revolução Cultural Proletária (conhecida como Revolução Cultural Chinesa) foi uma profunda campanha político-ideológica levada a cabo a partir de 1966 na República Popular da China, pelo então líder do Partido Comunista Chinês, Mao Tsé-Tung. O objetivo da campanha político-ideológica era neutralizar a crescente oposição que lhe faziam alguns setores menos radicais do partido, em decorrência do fracasso do plano econômico Grande Salto Adiante (1958-1960), cujos efeitos acarretaram a morte de milhões de pessoas devido à fome generalizada. **E:** incorreta, pois a assertiva "B" é correta. *Gabarito "B".*

(Delegado/BA – 2006 – CONSULPLAN) Órgão máximo de deliberação mundial acerca dos Direitos Humanos:

(A) OEA
(B) ONG
(C) OLP
(D) ONU
(E) N.R.A

A: incorreta. A Organização dos Estados Americanos (OEA) é uma organização internacional que tem por objetivo garantir a paz e a segurança do continente americano. Por isso, diz-se que é uma organização internacional de vocação regional. É considerada como organismo regional das Nações Unidas e seu principal instrumento protetivo é a Convenção Americana de Direitos Humanos de 1969 ou Pacto de San José da Costa Rica, a qual instituiu a Comissão Interamericana de Direitos Humanos e a Corte Interamericana. **B:** incorreta, pois a ONG é um acrônimo usado para as organizações não governamentais (sem fins lucrativos), que atuam no terceiro setor da sociedade civil. Essas organizações, de finalidade pública, atuam em diversas áreas, tais como: meio ambiente, combate à pobreza, assistência social, saúde, educação, reciclagem, desenvolvimento sustentável, entre outras. **C:** incorreta. A Organização para a Libertação da Palestina (OLP) é uma organização política e paramilitar reconhecida pela Liga Árabe como a única representante legítima do povo palestino. **D:** correta. A Organização das Nações Unidas (ONU) é uma organização internacional que tem por objetivo facilitar a cooperação em matéria de direito internacional, segurança internacional, desenvolvimento econômico, progresso social, direitos humanos e a realização da paz mundial. Por isso, diz-se que é uma organização internacional de vocação universal. A sua lei básica é a Carta das Nações Unidas, assinada em São Francisco no dia 26 de junho de 1945, tendo como anexo o Estatuto da Corte Internacional de Justiça; **E:** incorreta, pois a assertiva "D" é correta. *Gabarito "D".*

(Delegado/MG – 2008) O Direito Internacional dos Direitos Humanos resultou de um processo histórico de gradual formação, consolidação, expansão e aperfeiçoamento da proteção internacional dos direitos humanos. É um direito de proteção dotado de especificidade própria. Com relação a esse processo histórico, assinale a afirmativa *INCORRETA*.

(A) A aceitação universal da tese da indivisibilidade dos direitos humanos eliminou a disparidade entre os métodos de implementação internacional dos direitos civis e políticos e dos direitos econômicos, sociais e culturais, deixando de ser negligenciados estes últimos.

(B) A gradual passagem da fase legislativa de elaboração dos primeiros instrumentos internacionais de direitos humanos, à fase de implementação de tais instrumentos, pode ser considerada como resultado da primeira Conferência Mundial de Direitos Humanos, ocorrida em Teerã no ano de 1968.

(C) Uma das grandes conquistas da proteção internacional dos direitos humanos é, sem dúvida, o acesso dos indivíduos às instâncias internacionais de proteção e o reconhecimento de sua capacidade processual internacional em casos de violações dos direitos humanos.

(D) Graças aos esforços dos órgãos internacionais de supervisão nos planos global e regional, logrou-se salvar muitas vidas, reparar muitos danos denunciados e comprovados, bem como adotar programas educativos e outras medidas positivas por parte dos governos.

A: incorreta, pois os direitos econômicos, sociais e culturais ainda hoje sofrem resistência para sua ideal implementação em vários países. **B:** correta. A Conferência Internacional de Direitos Humanos realizada em Teerã ocorreu entre os dias 22 de abril e 13 de maio de 1968, teve por finalidade examinar os progressos alcançados nos vinte anos transcorridos desde a aprovação da Declaração Universal de Direitos Humanos e preparar um programa para o futuro; uma das declarações solenes da Convenção foi no sentido de que os Estados devem reafirmar seu firme propósito de aplicar de modo efetivo os princípios consagrados na Carta das Nações Unidas e em outros instrumentos internacionais em relação com os direitos humanos e as liberdades fundamentais. **C:** correta. Imprescindível apontar o papel do Tribunal de Nuremberg, pois com a instalação deste tribunal

5. Direitos Humanos

ad hoc ficou demonstrada a necessária flexibilização da noção de soberania para bem proteger os direitos humanos e, por outro lado, ficou comprovado o reconhecimento de direitos do indivíduo pelo direito internacional. E num momento mais recente, a Corte Europeia de Direitos Humanos tornou-se competente para receber petições individuais, esta possibilidade tem contribuído em muito para o evolver do sistema protetivo europeu, pois democratiza o seu manejo e aumenta a capilaridade de seu monitoramento. Importante apontar também a possibilidade de envio de petições individuais para algumas comissões que compõem o sistema global de proteção específica dos direitos humanos (ex.: Convenção sobre os Direitos das Pessoas com Deficiência). **D:** correta. Os sistemas protetivos global, regional e nacional interagem-se e complementam-se para melhor proteger o indivíduo dos abusos perpetrados contra sua dignidade humana.
Gabarito "A".

3. SISTEMA GLOBAL DE PROTEÇÃO ESPECÍFICA DOS DIREITOS HUMANOS

(Delegado/RS – 2018 – FUNDATEC) A Convenção contra a Tortura e Outros Tratamentos ou Penas Cruéis, Desumanos ou Degradantes:

(A) Abrange, no conceito de tortura, as sanções legítimas.

(B) Entende que seu conceito de tortura não pode ser ampliado pela legislação nacional.

(C) Não exclui qualquer jurisdição criminal exercida de acordo com o direito interno.

(D) Assevera que os membros do Comitê Contra a Tortura não podem ser reeleitos.

(E) Torna opcional a informação sobre a tortura para membros da polícia civil.

Com base no art. 1º da Convenção, a tortura é crime próprio, pois as dores ou os sofrimentos são infligidos por um funcionário público ou outra pessoa no exercício de funções públicas, ou por sua instigação, ou com seu consentimento ou aquiescência. É importante também notar que a definição dada pela Convenção não restringe qualquer instrumento internacional ou legislação nacional que contenham ou possam conter dispositivos de alcance mais amplo – art. 1º, *in fine*, da Convenção. Portanto, a assertiva **C** é a correta.
Gabarito "C".

(Delegado/MS – 2017 - FAPEMS) Em 2015, as Nações Unidas concluíram a atualização das Regras Mínimas para o Tratamento de Presos, criadas em 1955. Apelidado de "Regras de Mandela", o conjunto dessa atualização traz como uma de suas principais inovações que

(A) são vedadas as penas de isolamento e de redução de alimentação, a menos que o médico tenha examinado o recluso e certificado, por escrito, que ele está apto para as suportar.

(B) é vedada a utilização de instrumentos de coerção física em mulheres que estejam em trabalho de parto, durante o parto e imediatamente após o nascimento do bebê.

(C) será sempre dada ao preventivo oportunidade para trabalhar, mas não lhe será exigido trabalhar. Se optar por trabalhar, será remunerado.

(D) nenhum recluso pode ser punido sem ter sido informado da infração de que é acusado e sem que lhe seja dada uma oportunidade adequada para apresentar a sua defesa.

(E) salvo circunstâncias especiais os agentes que assegurem serviços que os ponham em contato direto com os reclusos não devem estar armados.

Das inovações de maior destaque que tivemos em 2015, quando a ONU concluiu a atualização das Regras Mínimas para o Tratamento de Presos, tem-se a proibição de uso de instrumentos de coerção física (ex.: uso de algemas) em mulheres que estejam em trabalho de parto, durante o parto e imediatamente após o nascimento do bebê. Ou seja, buscou garantir o tratamento digno às gestantes.
Gabarito "B".

(Delegado/MS – 2017 - FAPEMS) O Decreto n. 40, de 15 de fevereiro de 1991, promulgou a Convenção Contra a Tortura e Outros Tratamentos ou Penas Cruéis, Desumanos e Degradantes, passando a ser executada e cumprida tão inteiramente como nela se contém, conforme dispõe o artigo 1º desse decreto. Segundo essa Convenção,

(A) será excluída qualquer jurisdição criminal exercida de acordo com o direito interno.

(B) nenhum Estado-Parte procederá à expulsão, à devolução ou à extradição de uma pessoa para outro Estado quando não houver razões substanciais para crer que a mesma corre perigo de ali ser submetida a tortura.

(C) nenhum Estado-Parte procederá à expulsão, à devolução ou à extradição de uma pessoa para outro Estado quando houver razões substanciais para crer que a mesma corre perigo de ali ser submetida à tortura.

(D) cada Estado-Parte assegurará que todos os atos de tortura sejam considerados crimes segundo a sua legislação penal, o mesmo se aplicando à tentativa de tortura, não se estendendo às hipóteses de participação na tortura.

(E) a pessoa processada por crime de tortura não poderá receber tratamento justo em todas as fases do processo.

A Convenção, adotada pela ONU por meio da Resolução 39/46 da Assembleia Geral em 28.09.1984 e promulgada no Brasil em 15.02.1991 pelo Decreto 40, tem por fundamento a obrigação que incumbe os Estados – em virtude da Carta das Nações Unidas, em particular do art. 55, *c* – de promover o respeito universal e a observância dos direitos humanos e das liberdades fundamentais. E a única assertiva correta conforme essa Convenção é a C (art. 3º, ponto 1, da Convenção).
Gabarito "C".

(Delegado/SP – 2014 – VUNESP) Assinale a alternativa que está expressamente de acordo com as Regras Mínimas das Nações Unidas para o Tratamento dos Presos.

(A) Os presos doentes que necessitem de tratamento especializado deverão ter toda a assistência médica, psicológica, psiquiátrica ou odontológica adequada dentro do próprio estabelecimento prisional, que deverá adequar suas instalações para esse fim.

(B) Cada estabelecimento prisional terá uma biblioteca para o uso de todas as categorias de presos, devidamente provida com livros de recreio e de instrução, e os presos serão estimulados a utilizá-la.

(C) Serão absolutamente proibidos, como punições por faltas disciplinares, os castigos corporais, a detenção em cela escura, e todas as penas cruéis, desumanas ou degradantes, a menos que um médico possa declarar que o preso tenha condições de suportá-la.

(D) O preso que não trabalhar ao ar livre deverá ter, pelo menos, quatro horas por dia para fazer exercícios físicos apropriados ao ar livre, sem prejuízo do horário de banhos de sol.

(E) Será exigido que todos os presos mantenham-se limpos; para este fim, todos os presos deverão adquirir e trazer consigo seus próprios artigos de higiene necessários à sua saúde e limpeza.

A: incorreta. O artigo 22, ponto 2, das Regras Mínimas das Nações Unidas para o Tratamento dos Presos assim dispõe: "Os reclusos doentes que necessitem de cuidados especializados deverão ser transferidos para estabelecimentos especializados ou para hospitais civis. Caso o estabelecimento penitenciário disponha de instalações hospitalares, estas deverão ter o equipamento, o material e os produtos farmacêuticos adequados para o cuidado e tratamento médico dos reclusos doentes; o pessoal deverá ter uma formação profissional apropriada"; **B:** correta (artigo 40 das Regras Mínimas das Nações Unidas para o Tratamento dos Presos); **C:** incorreta, porque não existe a possibilidade de um médico ratificar a aplicação de tais medidas (artigo 31 das Regras Mínimas das Nações Unidas para o Tratamento dos Presos); **D:** incorreta. "Todos os reclusos que não efectuem trabalho no exterior deverão ter pelo menos uma hora diária de exercício adequado ao ar livre quando as condições climatéricas o permitam" (artigo 21, ponto 1, das Regras Mínimas das Nações Unidas para o Tratamento dos Presos); **E:** incorreta. "Deverá ser exigido a todos os reclusos que se mantenham limpos e, para este fim, ser-lhes-ão fornecidos água e os artigos de higiene necessários à saúde e limpeza" (artigo 15 das Regras Mínimas das Nações Unidas para o Tratamento dos Presos).
Gabarito "B".

(Delegado/SP – 2014 – VUNESP) Assinale a alternativa que está de acordo com o contido no Protocolo das Nações Unidas contra o Crime Organizado Transnacional Relativo à Prevenção, Repressão e Punição do Tráfico de Pessoas, em Especial Mulheres e Crianças.

(A) As controvérsias entre dois Estados, com respeito à aplicação do Protocolo, não resolvidas por negociação, serão submetidas ao Tribunal Penal Internacional.

(B) Um dos objetivos do Protocolo é prevenir e combater o tráfico de pessoas, em especial de mulheres e crianças, fornecendo-lhes asilo político.

(C) Cada Estado assegurará que o seu sistema jurídico ofereça às vítimas de tráfico de pessoas a possibilidade de obterem indenização pelos danos sofridos.

5. DIREITOS HUMANOS

(D) Para efeitos do Protocolo, o termo "criança" significa qualquer pessoa com idade inferior a vinte e um anos.

(E) Cada Estado terá em consideração a aplicação de medidas que permitam a recuperação física, psicológica e social das vítimas de tráfico de pessoas, incluindo, se for o caso, o fornecimento de um salário-mínimo mensal de ajuda de custo.

A: incorreta, porque as controvérsias não resolvidas por negociação serão submetidas à arbitragem (artigo 15, ponto 2, do referido Protocolo); **B**: incorreta, pois a assertiva não traz um dos objetivos do Protocolo. Segundo o artigo 2° do Protocolo, os objetivos são: a) prevenir e combater o tráfico de pessoas, prestando uma atenção especial às mulheres e às crianças; b) Proteger e ajudar as vítimas desse tráfico, respeitando plenamente os seus direitos humanos; e c) Promover a cooperação entre os Estados Partes de forma a atingir esses objetivos; **C**: correta. O artigo 6°, ponto 2, do referido Protocolo assim dispõe: "Cada Estado Parte assegurará que o seu sistema jurídico ou administrativo contenha medidas que forneçam às vítimas de tráfico de pessoas, quando necessário: a) informação sobre procedimentos judiciais e administrativos aplicáveis; b) assistência para permitir que as suas opiniões e preocupações sejam apresentadas e tomadas em conta em fases adequadas do processo penal instaurado contra os autores das infrações, sem prejuízo dos direitos da defesa". A possibilidade de obter indenização pelos danos sofridos está englobada nos direitos de defesa; **D**: incorreta. O termo "criança" significa qualquer pessoa com idade inferior a dezoito anos (artigo 3°, *d*, da Convenção Americana); **E**: incorreta. "Cada Estado Parte terá em consideração a aplicação de medidas que permitam a recuperação física, psicológica e social das vítimas de tráfico de pessoas, incluindo, se for caso disso, em cooperação com organizações não governamentais, outras organizações competentes e outros elementos de sociedade civil e, em especial, o fornecimento de: a) alojamento adequado; b) aconselhamento e informação, especialmente quanto aos direitos que a lei lhes reconhece, numa língua que compreendam; c) assistência médica, psicológica e material; e d) oportunidades de emprego, educação e formação (artigo 6°, ponto 3, da Convenção Americana).
Gabarito "C".

(Delegado/SP – 2014 – VUNESP) Segundo o Estatuto de Roma, a competência do Tribunal Penal Internacional restringir-se-á aos crimes mais graves, que afetam a comunidade internacional no seu conjunto.

Nos termos do referido Estatuto, portanto, o Tribunal terá competência para julgar, entre outros, os seguintes crimes:

(A) hediondos e crimes de terrorismo.

(B) de guerra e crimes de tráfico ilícito de entorpecentes e drogas afins.

(C) infanticídio e crimes contra a humanidade.

(D) de agressão e crimes contra a ordem constitucional e o Estado Democrático.

(E) genocídio e crimes de guerra

Com a criação do TPI, tem-se um tribunal permanente para julgar **indivíduos** acusados da prática de crimes de genocídio, de crimes de guerra, de crimes de agressão e de crimes contra a humanidade.
Gabarito "E".

(Delegado/SP – 2011) A Convenção sobre a Eliminação de Todas as Formas de Discriminação contra a Mulher estabelece que os Estados-partes se comprometem a

(A) fomentar qualquer concepção estereotipada dos papéis masculino e feminino em todos os níveis.

(B) derrogar todas as disposições penais nacionais que constituam discriminação contra as mulheres.

(C) conceder bolsas e acesso aos programas de educação supletiva em maior número para compensar as desigualdades passadas.

(D) desencorajar a educação mista, privilegiando os programas de alfabetização funcional para as mulheres.

(E) proibir a demissão por motivo de gravidez, permanecendo aquelas motivadas pelo estado civil.

A Convenção, adotada pela ONU em 18 de dezembro de 1979 e promulgada no Brasil em 13 de setembro de 2002 pelo Decreto n° 4.377[14], tem por fundamento a consciência de que a discriminação contra a mulher viola os princípios da igualdade de direitos e do respeito da dignidade humana, dificulta a participação da mulher, nas mesmas condições que o homem, na vida política, social, econômica e cultural de seu país, constitui um obstáculo ao aumento do bem-estar da sociedade e da família e dificulta o pleno desenvolvimento das potencialidades da mulher para prestar serviço a seu país e à humanidade. Os Estados-partes têm a

obrigação de progressivamente eliminar a discriminação e promover a igualdade de gênero. Assim, consoante visto na Convenção Internacional sobre a Eliminação de Todas as Formas de Discriminação Racial, os Estados, além de proibirem a discriminação, podem adotar medidas promocionais temporárias para acelerar o processo de obtenção do ideal de igualdade de gênero. Para monitorar o cumprimento pelos Estados-partes das obrigações constantes na Convenção, foi criado o Comitê sobre a Eliminação da Discriminação contra a Mulher, responsável por receber os relatórios confeccionados pelos Estados-partes. As petições individuais e a possibilidade de realizar investigações *in loco* só foram possibilitadas, como mecanismos de controle e fiscalização (controle de convencionalidade internacional), com a adoção do Protocolo Facultativo à Convenção Internacional sobre a Eliminação de Todas as Formas de Discriminação contra a Mulher. A decisão do Comitê não tem força vinculante, mas será publicada no relatório anual, o qual é encaminhado à Assembleia Geral da ONU. E enquanto ações específicas para combater a discriminação contra a mulher, a única assertiva correta é a B pois reproduz a redação do art. 2°, *g*, da Convenção em análise.
Gabarito "B".

(Delegado/SP – 2011) As regras mínimas das Nações Unidas para o tratamento dos presos não incluem

(A) o respeito às crenças religiosas e aos preceitos morais do grupo a que pertença o preso.

(B) que todos são dotados de razão e consciência e devem agir com espírito de fraternidade.

(C) as razões da prisão de qualquer pessoa e a autoridade competente que a ordenou.

(D) a separação entre pessoas presas preventivamente e presos condenados.

(E) que os presos jovens deverão ser mantidos separados dos presos adultos.

A única assertiva que não cuida corretamente das regras mínimas das Nações Unidas para o tratamento de presos é a B. A assertiva A reflete a redação do art. 6°, ponto 2; a assertiva C reproduz a redação do art. 7°, ponto 1, *b*; a assertiva D reproduz a redação do art. 8°, *b*; **E**: correta, de acordo com a redação do art. 8°, *d*.
Gabarito "B".

(Delegado/SP – 2011) As penas que poderão ser fixadas pelo Tribunal Penal Internacional (Estatuto de Roma, 1998) são

(A) expatriação, prisão até 30 anos ou perpétua e perda dos produtos, bens e haveres provenientes do crime.

(B) prisão, no mínimo de 3 anos e, no máximo, perpétua, multa, ou perda de produtos e bens provenientes do crime, ainda que de forma indireta.

(C) advertência, prisão, de 3 anos a 30 anos e a perda dos produtos, bens e haveres provenientes do crime.

(D) prisão até 30 anos ou perpétua, multa e perda dos produtos, bens e haveres provenientes do crime.

(E) expatriação, prisão de 3 a 30 anos ou perpétua e perda dos produtos, bens e haveres decorrentes do crime.

O Tribunal Penal Internacional (TPI) foi constituído na Conferência de Roma, em 17 de julho de 1998, na qual se aprovou o Estatuto de Roma (tratado que não admite a apresentação de reservas), que só entrou em vigor internacionalmente em 1° de julho de 2002 e passou a vigorar, para o Brasil, em 1° de setembro de 2002. A partir de então, tem-se um tribunal permanente para julgar *indivíduos*[15] acusados da prática de crimes de genocídio, de crimes de guerra, de crimes de agressão e de crimes contra a humanidade. Deve-se apontar que *indivíduos* diz respeito a quaisquer indivíduos, independentemente de exercerem funções governamentais ou cargos públicos (artigo 27 do Estatuto de Roma), desde que, à data da alegada prática do crime, tenham completado 18 anos de idade. Cabe destacar que nenhuma pessoa será considerada criminalmente responsável por uma conduta anterior à entrada em vigor do Estatuto de Roma – é a chamada irretroatividade *ratione personae*. O TPI é orientado pelos princípios da legalidade e da anterioridade penal, o que é bem delineado pela redação do artigo 5°, ponto 2, do Estatuto de Roma. A criação do TPI corrobora a ideia de responsabilidade internacional do indivíduo, consoante o que se iniciou com os Tribunais *Ad Hoc* de Nurembergue e de Tóquio, e depois de Ruanda e da Iugoslávia. O Tribunal é uma entidade independente da ONU e tem sede em Haia, nos Países Baixos. Ademais, tem personalidade jurídica de direito internacional e é formado pela

---

14.   Que também revoga o Decreto n° 89.460, de 20 de março de 1984.

15.   Percebe-se que aqui, ao contrário da responsabilidade internacional tradicional, a responsabilidade pelo ato internacional ilícito é imputada exclusivamente ao indivíduo. Além dos crimes tipificados no Estatuto de Roma, podemos citar o tráfico de drogas e de escravos e a pirataria como outros exemplos de atos ilícitos internacionais imputados exclusivamente ao indivíduo.

Presidência, Seção de Instrução, Seção de Julgamento em Primeira Instância, Seção de Recursos, Procuradoria e Secretaria. A grande característica do Tribunal é sua *complementaridade*, isto é, a jurisdição do TPI somente será exercida caso a Seção de Instrução verificar que existem provas suficientes para o acusado ser levado a julgamento e concluir que algum sistema jurídico nacional tenha sido incapaz ou não tenha demonstrado interesse em julgar o caso. Esse último requisito pode ser verificado quando ocorrer demora injustificada no procedimento, falta de independência do Poder Judiciário e até falta de capacidade para realizar a justiça penal. Em outras palavras, a jurisdição do TPI tem caráter excepcional, isto é, os Estados têm primazia para investigar os crimes previstos no Estatuto de Roma. Cabe também destacar, consoante o que dispõe o artigo 29 do Estatuto de Roma, que os crimes da competência do TPI não prescrevem. A acusação, referente à prática de algum dos crimes tipificados no artigo 5º do Estatuto de Roma, pode ser levada até o conhecimento do TPI, que tem jurisdição para julgar os crimes cometidos nos territórios dos Estados-partes ou dos Estados que reconheçam sua competência, por meio de algum Estado-parte, pelo Conselho de Segurança (nos termos do Capítulo VII da Carta da ONU) ou pelo procurador-geral do TPI. Se a acusação for devidamente processada e aceita pela Câmara Preliminar, o TPI poderá julgar o caso. *E, caso condene o indiciado culpado, a pena imposta terá de respeitar o limite máximo de 30 anos. Todavia, caso o crime seja de extrema gravidade, poderá ser aplicada a pena de prisão perpétua. Concomitantemente, poderá ser aplicada a pena de multa e de confisco, caso restar comprovado que o culpado adquiriu bens de forma ilícita (artigo 77 do Estatuto de Roma).* Além de sanções de natureza penal, o TPI pode determinar a reparação às vítimas de crimes e respectivos familiares, principalmente por meio da restituição, da indenização ou da reabilitação. Ainda, o Tribunal poderá, de ofício ou por requerimento, em circunstâncias excepcionais, determinar a extensão e o nível dos danos, da perda ou do prejuízo causados às vítimas ou aos titulares do direito à reparação, com a indicação dos princípios nos quais fundamentou sua decisão (artigo 75 do Estatuto de Roma). Por fim, a grande inovação do Estatuto foi a criação do instituto da *entrega* ou *surrender*, ou seja, a entrega de um Estado para o TPI (plano vertical), a pedido deste, de indivíduo que deva cumprir pena por prática de algum dos crimes tipificados no artigo 5º do Estatuto de Roma. A título comparativo, a extradição é a entrega de um Estado para outro Estado (plano horizontal), a pedido deste, de indivíduo que em seu território deva responder a processo penal ou cumprir pena por prática de crime de certa gravidade. A grande finalidade do instituto da *entrega* é driblar o princípio da não extradição de nacionais e, logicamente, garantir o julgamento do acusado, pois o TPI não julga indivíduos à revelia. Assim, criou-se tal figura para permitir que o Estado entregue indivíduo que seja nacional seu ao TPI. Em outras palavras, a *entrega* nada mais é do que o cumprimento de ordem emanada do Tribunal Penal Internacional. A legitimidade dessa autoridade reside no fato de o Tribunal realizar os anseios de justiça de toda a comunidade internacional, julgando e condenando autores de crimes nefastos para a humanidade. Assim, o Estado, como signatário do Estatuto de Roma, deve cooperar e entregar seu nacional para ser julgado pelo TPI. A título comparativo, a *entrega* é de interesse de toda a comunidade internacional, ao passo que a *extradição* é de interesse do país requerente. O Brasil, com fundamento no artigo 5º, LI e § 4º, da CF, permite a entrega de nacional seu ao TPI, mas proíbe a extradição de nacional seu ao Estado requerente. Lembrando, com base no inciso, LI supracitado, que existe uma exceção ao princípio da não extradição de nacionais no Brasil: trata-se do caso de brasileiro naturalizado que tiver comprovado envolvimento em tráfico ilícito de entorpecentes e drogas afins. Como curiosidade, cabe lembrar que os EUA não reconhecem a jurisdição do TPI.

Gabarito "D".

4. SISTEMA AMERICANO DE PROTEÇÃO DOS DIREITOS HUMANOS

(Delegado/ES – 2019 – Instituto Acesso) A Comissão Interamericana de Direitos Humanos (CIDH) fez uma visita *in loco* ao Brasil, entre 5 e 12 de novembro de 2018, em função de convite formulado pelo Estado brasileiro realizado em 29 de novembro de 2017. O objetivo foi o de observar a situação dos direitos humanos no país. Entre os itens constantes de seu relatório, a CIDH apontou para "o grave contexto de violações aos direitos humanos das mulheres negras e da juventude pobre da periferia. São os pobres e os afrodescendentes aqueles que seguem sendo desproporcionalmente as principais vítimas de violações aos direitos humanos no Brasil. Estes são mortos às dezenas e milhares, sem investigação, julgamento, punição ou reparação adequados". Os termos exarados encontram-se de acordo com as atribuições da CIDH, que

(A) expede "Pareceres", em caráter consultivo, à Corte Interamericana, sobre aspectos de interpretação da Convenção Americana, podendo inclusive sugerir providências para solução dos problemas observados.

(B) pode solicitar que a Corte Interamericana requeira "medidas provisionais" dos Governos em casos urgentes de grave perigo às pessoas, ainda que o caso não tenha sido submetido à Corte.

(C) faz recomendações aos Estados-membros da OEA acerca da adoção de medidas para corrigir as práticas de violações e adotar medidas de promoção e garantia dos direitos humanos.

(D) zela pelo cumprimento geral dos direitos humanos nos Estados-membros, publica as informações especiais sobre a situação em um estado específico e as envia à Assembleia Geral da OEA para as sanções cabíveis,

(E) realiza visitas *in loco* aos países, ao receber petições individuais que alegam violações dos direitos humanos, segundo o disposto nos artigos 44 a 51 da Convenção Americana sobre Direitos Humanos, com o intuito de aprofundar a observação geral da situação, e/ou para investigar uma situação particular.

A única assertiva correta acerca das atribuições da CIDH é a **B**. A Comissão, por iniciativa própria (*ex officio*) ou depois de receber uma denúncia, poderá entrar em contato com o Estado denunciado para que este adote, com urgência, medidas cautelares de natureza individual ou coletiva antes da análise do mérito da denúncia, desde que verificado risco de dano irreparável à vítima ou às vítimas. Dentro dessa ótica, poderá também solicitar que a Corte ordene que o Estado denunciado adote medidas provisórias mesmo antes da análise do mérito do caso, desde que o caráter de urgência e de gravidade as justifiquem para poder impedir a ocorrência de danos irreparáveis às pessoas. As medidas cautelares (solicitadas pela Comissão e aplicadas por Estados) e as provisórias (ordenadas pela Corte, mediante solicitação da Comissão, e aplicadas por Estados) possuem o mesmo efeito prático.

Gabarito "B".

(Delegado/MS – 2017 - FAPEMS) Na seara dos tratados e das convenções internacionais sobre direitos humanos incorporados pelo ordenamento jurídico brasileiro, destaca-se a Convenção Americana de Direitos Humanos. Também conhecida como Pacto de San José da Costa Rica, tal Convenção foi adotada em 22 de novembro de 1969, durante a Conferência Especializada Interamericana sobre Direitos Humanos. Sobre ela, é correto afirmar que

(A) em seu bojo, dentre os direitos protegidos, destaca a proteção à família, embora se omita sobre o direito da criança.

(B) no âmbito regional trata-se do documento mais importante do sistema interamericano, excluindo a subordinação ao sistema global de proteção dos direitos humanos.

(C) estabelece como competentes para conhecerem os assuntos relacionados com o cumprimento dos compromissos assumidos pelos Estados-Partes a Comissão Interamericana de Direitos Humanos e a Corte Interamericana de Direitos Humanos.

(D) embora assinada em 1969, foi ratificada pelo Brasil apenas em 1988, possivelmente em razão da resistência do regime militar em acolher os compromissos nela estipulados.

(E) reitera princípios consagrados na Carta da Organização dos Estados Americanos, na Declaração Americana dos Direitos e Deveres do Homem e no Estatuto de Roma.

A: incorreta, pois a Convenção trata dos direitos da criança no seu artigo 19; **B:** incorreta, pois não exclui a subordinação ao sistema global de proteção dos direitos humanos. Muito pelo contrário, os sistemas protetivos global, regional e nacional interagem e complementam-se para melhor proteger o indivíduo dos abusos perpetrados contra sua dignidade humana. Esse exercício foi denominado, por Erik Jaime,[16] de o *diálogo das fontes*,[17] ou seja, os diversos sistemas de proteção (fontes heterogêneas) são coordenados para garantir a maior tutela possível da dignidade da pessoa humana – dessa forma, o sistema com maiores possibilidades de garantir a proteção no caso específico será o eleito, podendo até haver uma aplicação conjunta dos sistemas, desde que apropriada. A Constituição brasileira traz previsão expressa da "cláusula de diálogo ou dialógica" no seu art. 4º, II; **C:** correta (art. 33 da Convenção); **D:** incorreta. Em 22.11.1969, na Conferência de San José da Costa Rica, foi adotada a Convenção Americana de Direitos Humanos[18] (também conhecida como Pacto de San José da Costa

16. *Identité culturelle et integration: le droit international privé postmoderne.* Séries Recueil des Cours de l'Académie de Droit International de la Haye 251, 1995.

17. O citado diálogo também é previsto expressamente no art. 29, *b*, da Convenção Americana de Direitos Humanos.

18. É de suma importância sublinhar que a Convenção Americana de Direitos Humanos é autoaplicável. Tal definição provém do Parecer Consultivo 7/1986 da Corte Interamericana de Direitos Humanos.

5. DIREITOS HUMANOS

Rica), a qual só entrou em vigor internacional em 18.07.1978 (quando atingiu as 11 ratificações necessárias) e é o principal instrumento protetivo do sistema americano. No Brasil, a Convenção passou a ter vigência por meio do Decreto 678, de 06.11.1992; **E:** incorreta, pois o Estatuto de Roma foi adotado em 1988, ou seja, muito depois da adoção da Convenção Americana de Direitos Humanos.

Gabarito "C".

(Delegado/MT – 2017 – CESPE) Considere as seguintes disposições.

I. Todo indivíduo tem direito à liberdade e à segurança pessoais.

II. As finalidades essenciais das penas privativas da liberdade incluem a compensação, a retribuição, a reforma e a readaptação social dos condenados.

III. Todas as pessoas têm o direito de associar-se livremente com fins ideológicos, religiosos, políticos, econômicos, trabalhistas, sociais, culturais e desportivos.

IV. É proibida a expulsão coletiva de estrangeiros.

Decorrem da Convenção Americana sobre Direitos Humanos (Pacto de São José e Decreto n. 678/1992) apenas as disposições contidas nos itens

(A) I e II.

(B) II e III.

(C) III e IV.

(D) I, II e IV.

(E) I, III e IV.

I: correta (art. 7º, ponto 1, da Convenção Americana); **II:** incorreta, pois segundo o art. 5º, ponto 6, da Convenção Americana, as penas privativas da liberdade devem ter por finalidade essencial a reforma e a readaptação social dos condenados. Isto é, a compensação e a retribuição não são finalidades essenciais das penas privativas de liberdade; **III:** correta (art. 16, ponto 1, da Convenção Americana); **IV:** correta (art. 22, ponto 9, da Convenção Americana).

Gabarito "E".

(Delegado/MG – 2012) O sistema internacional de proteção dos direitos humanos pode apresentar diferentes âmbitos de aplicação, daí poder se falar de sistemas global e regional. O instrumento de maior importância no sistema interamericano é a Convenção Americana de Direitos Humanos, também denominada Pacto de San José da Costa Rica que

(A) foi assinada em San José, Costa Rica, em 1969, tendo como Estados membros todos os países das Américas do Norte, Central e do Sul, que queiram participar.

(B) substancialmente reconhece e assegura um catálogo de direitos civis, políticos, econômicos, sociais e culturais, garantindo-lhes a plena realização.

(C) exige dos governantes dos Estados signatários estritamente obrigações de natureza negativas, como por exemplo o dever de não torturar um indivíduo.

(D) em face dos direitos constantes no texto, cada Estado-parte deve respeitar e assegurar o livre e pleno exercício desses direitos e liberdades, sem qualquer discriminação.

A: incorreta. O sistema protetivo americano foi instalado em 1948 pela Carta da Organização dos Estados Americanos, que, por sua vez, foi adotada na 9ª Conferência Internacional Americana, que se reuniu em Bogotá, na Colômbia. Na mesma Conferência, foi adotada a Declaração Americana dos Direitos e Deveres do Homem, que foi o primeiro acordo internacional sobre direitos humanos, antecipando a Declaração Universal dos Direitos Humanos, escrita seis meses depois. O sistema protetivo americano não contava com mecanismo constritivo de proteção dos direitos humanos, mas apenas com uma declaração (*soft law*) de que os Estados membros deveriam proteger os direitos humanos. Em 22 de novembro de 1969, na Conferência de San José da Costa Rica, foi adotada a Convenção Americana de Direitos Humanos[19] (Pacto de San José da Costa Rica), a qual só entrou em vigor internacional em 18 de julho de 1978 (quando atingiu

---

Assim, uma vez internalizada, estará apta a irradiar seus efeitos diretamente na ordem interna do país-parte, isto é, não necessitará de lei que regulamente sua incidência nos países que aderiram a seus mandamentos.

19. É de suma importância sublinhar que a Convenção Interamericana de Direitos Humanos é autoaplicável. Tal definição provém do Parecer Consultivo 07/1986 da Corte Interamericana de Direitos Humanos. Assim, uma vez internalizada, estará apta a irradiar seus efeitos diretamente na ordem interna do país-parte, isto é, não necessitará de lei que regulamente sua incidência nos países que aderiram a seus mandamentos.

---

as 11 ratificações necessárias) e é o principal instrumento protetivo do sistema americano. No Brasil, a Convenção passou a ter vigência por meio do Decreto. nº 678 de 6 de novembro de 1992. Cabe destacar que o artigo 2º desse decreto dispõe sobre a declaração interpretativa do governo brasileiro: "O Governo do Brasil entende que os arts. 43 e 48, *d*, não incluem o direito automático de visitas e inspeções *in loco* da Comissão Interamericana de Direitos Humanos, as quais dependerão da anuência expressa do Estado". Tal declaração interpretativa funciona como uma ressalva que limita os poderes da Comissão Interamericana de Direitos Humanos.[20] Como órgãos de fiscalização e julgamento (controle de convencionalidade internacional) do sistema americano de proteção dos direitos humanos, a Convenção instituiu a Comissão e a Corte Interamericana de Direitos Humanos, dotando-o, dessa maneira, de mecanismos constritivos de proteção dos direitos humanos (*hard law*). *Na Convenção só é permitida a participação dos países-membros da OEA* (na época da assinatura da Convenção, Cuba estava suspensa da OEA e logicamente não pôde escolher participar); **B:** incorreta. Ao longo da Convenção é possível identificar inúmeros direitos civis e políticos (ditos de primeira geração), nos moldes do Pacto Internacional de Direitos Civis e Políticos. A única menção aos direitos econômicos, sociais e culturais é encontrada no artigo 26 do Pacto de San José, que se limita a determinar que os Estados se engajem em progressivamente implementar tais direitos (em sua dimensão negativa e positiva), ditos de segunda geração. Tal escolha (de só regular os direitos políticos e civis) foi direcionada para obter a adesão dos EUA. Essa situação modificou-se com a adoção, na Conferência Interamericana de San Salvador, em 17 de novembro de 1988, do Protocolo Adicional à Convenção, conhecido como Protocolo de San Salvador. A partir de então, tem-se uma enumeração dos direitos econômicos, sociais e culturais que os países americanos – membros da OEA – obrigaram-se a implementar progressivamente. Lembrando-se sempre da tripla obrigação dos Estados para com todos os direitos humanos: proteger, respeitar e realizar[21]; **C:** incorreta, pois os Estados-membros assumem obrigações de caráter positivo e negativo, sempre observando a tripla obrigação para com todos os direitos humanos: proteger (*to protect*), respeitar (*to respect*) e realizar (*to fulfill*); **D:** correta, pois reflete a redação do art. 1º, ponto 1, da Convenção Americana sobre Direitos Humanos.

Gabarito "D".

5. SISTEMA AMERICANO DE PROTEÇÃO ESPECÍFICA DOS DIREITOS HUMANOS

(Delegado/SP – 2011) De acordo com a Convenção Interamericana para Prevenir e Punir a Tortura (1985), podem ser sujeitos ativos do crime de tortura

(A) apenas funcionários ou empregados públicos, ou particulares desde que instigados pelos dois primeiros.

---

20. Todavia, deve-se apontar, como uma das consequências do princípio *pro homine*, que a interpretação das limitações de direitos estabelecidos nos tratados internacionais de direitos humanos deve ser restritiva – tudo para impedir ao máximo a diminuição da proteção da pessoa humana. Aliás, nesse sentido é o Parecer Consultivo 02, de 24 de setembro de 1982, da Corte Interamericana de Direitos Humanos.

21. Para ilustrar, segue um trecho da importante sentença da Corte Interamericana de Direitos Humanos exarada no caso Velásquez Rodríguez, ocasião em que foi explicitada a obrigação de os Estados-partes garantirem o livre e o pleno exercício dos direitos reconhecidos na Convenção Americana de Direitos Humanos: "Esta obrigação implica o dever dos Estados-partes de organizar todo o aparato governamental e, em geral, todas as estruturas por meio das quais se manifesta o exercício do poder público, de maneira que sejam capazes de assegurar juridicamente o livre e pleno exercício dos direitos humanos. Como consequência dessa obrigação, os *Estados devem prevenir, investigar e sancionar toda violação dos direitos reconhecidos pela Convenção* e procurar, ademais, o restabelecimento, se possível, do direito violado e também a reparação dos danos produzidos pela violação dos direitos humanos" (tradução minha). O caso analisado trata de um estudante universitário de Honduras – Velásquez Rodríguez – que foi detido por autoridades policiais hondurenhas, sendo, posteriormente, vítima de tortura até ser tido como desaparecido. Em sentença de 29 de julho de 1988, a Corte Interamericana de Direitos Humanos declarou, por unanimidade, que Honduras violou, em prejuízo de Velásquez Rodríguez, o direito à liberdade pessoal (artigo 7º da Convenção), o direito à integridade pessoal (artigo 5º da Convenção) e o direito à vida (artigo 4º da Convenção), todos em conexão com o artigo 1º, ponto 1, da Convenção. A Corte declarou ainda, também por unanimidade, que Honduras deveria pagar uma justa indenização compensadora para os familiares da vítima, mas não fixou os parâmetros para o pagamento, apenas ressalvou que, se a Comissão Interamericana de Direitos Humanos e Honduras não chegassem a um acordo, a Corte seria responsável por estabelecer a forma e a quantia da indenização.

(B) apenas funcionários ou empregados públicos, ainda que em período de estágio probatório ou equivalente.

(C) qualquer pessoa, desde que tenha a intenção de impor grave sofrimento físico ou mental.

(D) exclusivamente empregados ou funcionários públicos, agindo em razão do ofício ou função.

(E) qualquer pessoa, desde que seja penalmente responsável nos termos da lei do Estado-parte.

A Convenção, adotada em 9 de dezembro de 1985, em Cartagena, na Colômbia, e promulgada no Brasil em 9 de dezembro de 1989 pelo Decreto nº 98.386, tem por fundamento a consciência de que todo ato de tortura ou outros tratamentos ou penas cruéis, desumanos ou degradantes constituem uma ofensa à dignidade humana. Os Estados-partes têm obrigação de proibir a tortura, esta não podendo ser praticada nem mesmo em circunstâncias excepcionais. Por tortura entende--se todo ato pelo qual são infligidos intencionalmente a uma pessoa penas ou sofrimentos físicos ou mentais, com fins de investigação criminal, como meio de intimidação, como castigo pessoal, como medida preventiva, como pena ou com qualquer outro fim. Entende-se também como tortura a aplicação em uma pessoa de métodos tendentes a anular a personalidade da vítima ou a diminuir sua capacidade física ou mental, embora não causem dor física ou angústia psíquica (artigo 2º da Convenção). E consoante ao artigo 3º, *a* e *b*, da Convenção, apenas os funcionários ou empregados públicos, ou ainda os particulares, desde que instigados pelos dois primeiros, podem ser sujeitos ativos do crime de tortura. É muito importante a ressalva do artigo 4º: "O fato de haver agido por ordens superiores não eximirá da responsabilidade penal correspondente". Igualmente ao previsto na Convenção da ONU contra a Tortura e outros Tratamentos ou Penas Cruéis, Desumanos ou Degradantes, os Estados-partes se obrigam a punir os torturadores, independentemente do país em que a tortura tenha sido realizada e da nacionalidade do torturador. Percebe-se que a Convenção Interamericana também estabeleceu jurisdição compulsória e universal para julgar os acusados de tortura. A compulsoriedade da jurisdição determina que os Estados-partes devem punir os torturadores, independentemente do local onde o crime foi cometido e da nacionalidade do torturador e da vítima. E a universalidade da jurisdição determina que os Estados-partes processem ou extraditem o suspeito da prática de tortura, independentemente da existência de tratado prévio de extradição. Para monitorar o cumprimento das obrigações constantes na Convenção, a Comissão Interamericana de Direitos Humanos recebe relatórios confeccionados pelos Estados-partes, os quais auxiliam a confecção do relatório anual da Comissão.
Gabarito "A".

6. DIREITOS HUMANOS NO BRASIL

No Brasil, na tentativa de combater e prevenir atos de tortura, o Estado brasileiro aprovou leis, assinou tratados internacionais e instituiu diversas políticas públicas ao longo das últimas décadas.

Considere as seguintes referências:

I. Constituição da República Federativa do Brasil (1988): art. 5, Inciso III – ninguém será submetido a tortura nem a tratamento desumano ou degradante.

II. Adesão à Convenção Contra Tortura das Nações Unidas (1989).

III. Ratificação da Convenção Interamericana para Prevenir e Punir a Tortura (1989).

IV. Assinatura do Protocolo Adicional à Convenção Contra Tortura das Nações Unidas (2007).

V. Lei 9.140, de 4 de dezembro de 1995 – reconhece como mortas as pessoas desparecidas durante a Ditadura Militar (1964-1985) e concede indenização às vítimas ou familiares das vítimas.

VI. Lei 9.455, de 7 de abril de 1997- tipifica o crime de tortura.

(Delegado/ES – 2019 – Instituto Acesso) É correto dizer que são pertinentes

(A) todas, exceto I, III e VI

(B) todas, exceto I, V e VI.

(C) todas as referências.

(D) todas, exceto II, IV e V.

(E) todas, exceto II, III e IV.

Todas as referências listadas nas assertivas são exemplos de medidas que buscam combater e prevenir atos de tortura, portanto a assertiva **C** deve ser assinalada.
Gabarito "C".

(Delegado/RS – 2018 – FUNDATEC) A Constituição Federal de 1988, no que tange aos direitos humanos, estabelece que:

(A) Seu rol resta limitado àquele previsto no texto constitucional.

(B) Eles, os direitos humanos, são prevalentes, nas relações internacionais da República Federativa do Brasil.

(C) Existe a necessidade imperiosa da internalização dos direitos humanos previstos em tratados antes de sua aplicação em território brasileiro.

(D) A dignidade da pessoa humana é um dos objetivos fundamentais da República Federativa do Brasil.

(E) Delimita a proteção de tais direitos a indivíduos, excluindo a coletividade.

A única assertiva correta é a **B** (art. 4º, II, da CF).
Gabarito "B".

(Delegado/RS – 2018 – FUNDATEC) De acordo com a Portaria Interministerial nº 4.226/2010, o uso da força pelos agentes da segurança pública:

(A) Torna rotineiro o uso de arma de fogo contra pessoa em procedimentos de abordagem.

(B) Reforça, em período bienal, a renovação da habilitação para uso de armas de fogo em serviço.

(C) Faz com que o uso de arma de fogo seja legítimo na hipótese de veículo que ultrapasse bloqueio sem a existência de perigo de morte ou de lesão grave aos agentes públicos ou terceiros.

(D) Percebe como prática inaceitável o disparo de advertência.

(E) Possibilita ao agente o uso de um único instrumento de menor potencial ofensivo, além da arma de fogo.

A assertiva correta é a **D**, conforme item 6 do Anexo I da Portaria Interministerial n. 4.226/2010, intitulado Diretrizes sobre o Uso da Força e Armas de Fogo pelos Agentes de Segurança Pública.
Gabarito "D".

(Delegado/MG – 2018 – FUMARC) A Constituição da República de 1988 cuidou expressamente dos direitos humanos, enumerando-os no Título que trata dos direitos e garantias fundamentais. Existem, entretanto, outros direitos humanos não enumerados no texto, mas cuja proteção a própria Constituição assegura, PORQUE:

(A) decorrem do regime e dos princípios adotados pela própria Constituição.

(B) o Brasil se submete à jurisdição de Tribunal Penal Internacional.

(C) são criados pelo Poder Judiciário, após o trânsito em julgado das decisões.

(D) surgem de necessidades que não foram previstas pelo legislador constituinte.

A assertiva correta conforme o enunciado é a **A**. O art. 5º, § 2º, da CF assim dispõe: "Os direitos e garantias expressos nesta Constituição não excluem outros decorrentes do regime e dos princípios por ela adotados, ou dos tratados internacionais em que a República Federativa do Brasil seja parte."
Gabarito "A".

(Delegado/MS – 2017 - FAPEMS) Com a promulgação da Emenda Constitucional n. 45/2004, os tratados internacionais sobre direitos humanos são equivalentes às emendas constitucionais quando

(A) aprovados, em cada Casa do Congresso Nacional, em dois turnos, por dois terços dos votos dos respectivos membros.

(B) aprovados, em cada Casa do Congresso Nacional, em turno único, por três quintos dos votos dos respectivos membros.

(C) aprovados, na Câmara dos Deputados, em dois turnos, por dois terços dos votos dos respectivos membros.

(D) aprovados, no Senado Federal, em dois turnos, por dois terços dos votos dos respectivos membros.

(E) aprovados, em cada Casa do Congresso Nacional, em dois turnos, por três quintos dos votos dos respectivos membros.

Com a edição da EC n. 45, os tratados de direitos humanos que forem aprovados, em cada Casa do Congresso Nacional, em dois turnos, por três quintos dos votos dos respectivos membros, serão equivalentes às emendas constitucionais[22] – conforme o que determina o art. 5º, § 3º, da CF. Ou seja, tais tratados terão hierarquia constitucional quando aprovados por maioria qualificada no Congresso Nacional (regime especial de incorporação) e forem ratificados e posteriormente publicados pelo presidente da República.
Gabarito "E".

22. Mas não possuirão *status* de norma constitucional originária. Ou seja, é obra do Poder Constituinte Derivado Reformador e não do Poder Constituinte Originário.

5. DIREITOS HUMANOS

(Delegado/MS – 2017 - FAPEMS) Sobre a eficácia dos direitos fundamentais, analise as afirmativas a seguir.

I. A eficácia vertical dos direitos fundamentais foi desenvolvida para proteger os particulares contra o arbítrio do Estado, de modo a dedicar direitos em favor das pessoas privadas, limitando os poderes estatais.

II. A eficácia horizontal trata da aplicação dos direitos fundamentais entre os particulares, tendo na constitucionalização do direito privado a sua gênese.

III. A eficácia diagonal trata da aplicação dos direitos fundamentais entre os particulares nas hipóteses em que se configuram desigualdades fáticas.

Está correto o que se afirma em

(A) III, apenas.

(B) I e III, apenas.

(C) II e III, apenas.

(D) I e II, apenas.

(E) I, II e III.

I: correta, pois a eficácia vertical dos direitos humanos está direcionada a limitar os poderes estatais, isto é, diz respeito a direitos que são oponíveis contra o Estado; **II:** correta. Os direitos humanos são oponíveis também entre os particulares, nas relações privadas, caracterizando a chamada eficácia horizontal dos direitos humanos. E essa eficácia horizontal é alcunhada, no alemão, de *Drittwirkung*; **III:** correta, pois trata-se da incidência de direitos fundamentais em relações privadas desiguais, geralmente tomando corpo onde se tem poder econômico de um lado e vulnerabilidade de outro, de ordem jurídica ou econômica. Esse conceito foi bastante trabalhado pelo professor chileno Sérgio Gamonal e já está sendo utilizado na prática pela Justiça do Trabalho (TRT-1 - RO: 7524420125010342 RJ, Relator: Bruno Losada Albuquerque Lopes, Data de Julgamento: 09/09/2013, Sétima Turma).

Gabarito "E".

(Delegado/BA – 2016.1 – Inaz do Pará) O Sistema Nacional de Direitos Humanos -SNDH – é implementado em todo o País levando em conta as diversidades e as estruturas constitutivas da realidade que caracterizam o Brasil. Distingue-se dos sistemas internacionais – é interno e complementar a eles – e trabalha na perspectiva unitária de proteção e procura cooperação estreita com os Sistemas Regional (OEA) e Global (ONU). Na sua dimensão constitutiva congrega instrumentos, mecanismos, órgãos e ações. Podemos definir tais instrumentos e órgãos como sendo:

I. os recursos (meios) legais, políticos, sociais, administrativos e outros que constituem bases materiais para que a atuação do SNDH gere resultados significativos na defesa dos direitos humanos.

II. os processos e os fluxos do SNDH capazes de gerar possibilidades de acesso e de resolução das políticas.

III. os espaços convergentes nos quais se desempenha papéis e funções específicas, especiais e complementares. No SNDH, é o lugar da participação dos agentes responsáveis, incluindo os encarregados da aplicação da lei.

IV. as propostas, políticas e programas operados pelos órgãos do SNDH utilizando os instrumentos e mobilizando os mecanismos.

Estão corretas, respectivamente, as alternativas:

(A) I e II

(B) II e IV

(C) I e III

(D) III e IV

(E) I e IV

Cada Estado estabelece suas próprias regras disciplinadoras dos direitos humanos ("direitos fundamentais") e executa sua própria política de proteção e efetivação dos direitos humanos – paradigma da proteção nacional dos direitos humanos. Todavia, o que se percebe cada vez mais é a mitigação da soberania dos Estados em função da característica de universalidade dos direitos humanos. Isto é, a comunidade internacional fiscaliza a situação dos direitos humanos em cada país e opina sobre o assunto, podendo até sancionar em determinadas situações – paradigma da proteção compartilhada (sistemas nacional e internacional) dos direitos humanos. O SNDH utiliza recursos legais, políticos, sociais, administrativos etc. para lograr a efetiva proteção dos direitos humanos (alternativa I), e para isso precisa de agentes responsáveis para executar tais comandos, incluindo aqui os encarregados da aplicação da lei (alternativa III). As assertivas II e IV estão incorretas por não definir corretamente instrumentos e órgãos do SNDH.

Gabarito "C".

(Delegado/BA – 2016.1 – Inaz do Pará) A homofobia é caracterizada como a postura ou o sentimento de ódio injustificado, medo irracional ou aversão acentuada à homossexualidade (por extensão, aos homossexuais), desencadeando uma série de violências das mais variadas ordens: simbólica, moral, física, dentre outras. As condenações públicas, perseguições e assassinatos de homossexuais no país estão associados:

(A) a baixa representatividade política de grupos organizados que defendem os direitos de cidadania dos homossexuais.

(B) a falência da democracia no país, que torna impeditiva a divulgação de estatísticas relacionadas à violência contra homossexuais.

(C) a Constituição de 1988, que não previu a proibição de discriminação quanto à orientação sexual das pessoas.

(D) a um passado histórico marcado pela demonização do corpo e por formas recorrentes de tabus e intolerância.

(E) a não previsão na maior parte dos diplomas legais, tanto no plano internacional quanto no nacional.

A: imprecisa. Por mais que tenhamos cada vez mais políticos eleitos que abertamente defendem a bandeira de defesa dos direitos de cidadania dos homossexuais, ainda constituem uma parcela menor entre os políticos eleitos. Porém, existe um considerável grupo de políticos que se posicionam a favor dessa bandeira mesmo essa não sendo sua principal. Pelo lado sociedade civil, percebe-se uma maior influência de grupos organizados que defendem os direitos homossexuais; **B:** incorreta, pois não existe a citada proibição. O grupo gay da Bahia, por exemplo, prepara relatório sobre o tema todos os anos; **C:** incorreta (arts. 5º, I, XLI, e 7º, XXX, ambos da CF); **D:** correta, pois traz uma explicação histórica para o problema da intolerância e violência relacionados com a homofobia; **E:** incorreta. Reler o comentário sobre a assertiva "C". No mais, no plano internacional existem normas similares que exigem a implementação dos princípios da igualdade e não discriminação.

Gabarito "D".

(Delegado/BA – 2016.1 – Inaz do Pará) Uma das lutas mais injustas, que se têm assistido ao longo dos séculos, é a que reflete a complexa teia de preconceito e de discriminação com relação às mulheres. Desde os meados dos anos 1960, as mulheres ingressaram de modo mais destacado no mercado de trabalho. Após décadas desse fato, pode-se afirmar que:

(A) depois das cotas femininas dos partidos políticos, houve um equilíbrio de gênero na indicação de líderes, pois as mulheres passaram a candidatar-se a cargos eletivos em todo mundo.

(B) mesmo quando possuem a mesma escolaridade que os homens, recebem salários mais baixos e não chegam, na mesma proporção que eles, a postos de comando em empresas.

(C) apesar do aumento da participação feminina no mercado de trabalho, ela é o menor segmento informal, como evidencia a carência de empregadas domésticas nos grandes centros urbanos.

(D) ainda que elas tenham se tornado mais independentes, falta-lhes experiência em cargos de gestão, em função dos afazeres domésticos que predominam em seu cotidiano.

(E) depois da queda das taxas de natalidade, elas passaram a ser estimuladas a abandonar suas atividades profissionais para aumentar o crescimento populacional.

A: incorreta. As cotas referidas não foram adotadas massivamente e ainda hoje percebe-se que a participação da mulher na política é muito menor do que a do homem, mesmo em países cuja população é constituída por maioria de mulheres, como é o caso do Brasil; **B:** correta, pois retrata a realidade de inúmeras sociedades, incluindo a do Brasil; **C:** incorreta, pois não retrata corretamente a realidade; **D** e **E:** incorretas. Alternativas totalmente esdrúxulas.

Gabarito "B".

(Delegado/BA – 2016.1 – Inaz do Pará)

"Pela natureza dizer que todos nascem iguais significa que ninguém nasce valendo mais que o outro, devendo ser indiferente às características físicas ou condição social, quando se trata de acesso à oportunidade, porém a sociedade trata a pessoa humana, desde o começo de sua existência, como se fosse diferente, dando muito mais oportunidades a uns que a outros."

Disponível em: <http://www.dhnet.org.br/educar/redeedh/bib/dallari2.htm>.
Acesso em: 18 janeiro 2016

Após esta constatação, o autor do texto acima cita alguns exemplos de meios de negação da igualdade. São eles:

560 RENAN FLUMIAN

(A) condição socioeconômica e orientação sexual.

(B) cor e procedência nacional.

(C) gênero, nacionalidade e deficiência física.

(D) todas as assertivas acima correspondem a exemplos citados no texto de meios de negação da igualdade.

(E) nenhumas das assertivas acima correspondem a exemplos citados no texto de meios de negação da igualdade.

As alternativas "A", "B" e "C" tratam de exemplos de meios de negação de igualdade. Desta forma, a alternativa "D" deve ser assinalada.
Gabarito "D".

(Delegado/SP – 2014 – VUNESP) No direito brasileiro, considerando os tratados internacionais de direitos humanos, bem como o entendimento atual do Supremo Tribunal Federal, é correto afirmar, a respeito da prisão civil, que

(A) são admitidas apenas duas possibilidades de prisão civil: a do depositário infiel e a do devedor de pensão alimentícia.

(B) é ilícita a prisão do depositário infiel, qualquer que seja a modalidade do depósito.

(C) foram abolidas todas e quaisquer hipóteses legais de prisão civil.

(D) é ilícita a prisão do devedor de pensão alimentícia, sendo admitida apenas a prisão do depositário infiel.

(E) se admite, atualmente, no direito pátrio, a prisão civil somente em âmbito federal, desde que haja decisão judicial transitada em julgado.

A: incorreta, porque a prisão civil do depositário infiel não é mais admitida; **B**: correta (Súmula Vinculante nº 25, STF); **C**: incorreta, pois a prisão civil do devedor de pensão alimentícia segue sendo possível; **D** e **E**: incorretas. Reler os comentários anteriores.
Gabarito "B".

(Delegado/PR – 2013 – UEL-COPS) Sobre os direitos fundamentais, assinale a alternativa correta.

(A) São brasileiros natos os nascidos no estrangeiro de pai ou de mãe brasileira, desde que sejam registrados em repartição brasileira competente ou optem, em qualquer tempo, pela nacionalidade brasileira; sendo menor, deve ser acompanhado por seu representante legal.

(B) Os denominados direitos fundamentais individuais são aqueles que reconhecem autonomia aos particulares, garantindo a iniciativa e a independência aos indivíduos diante dos demais membros da sociedade política e do próprio Estado.

(C) Ninguém será preso senão em flagrante delito ou por ordem escrita e fundamentada de autoridade judiciária competente, salvo nos casos de transgressão militar ou crime propriamente militar, definidos em lei, ou no caso de ordem escrita e fundamentada de Comissão Parlamentar de Inquérito.

(D) A nacionalidade pode ser cancelada por sentença transitada em julgado, em virtude de atividade nociva ao interesse nacional, podendo ser reestabelecida pelo juiz de direito responsável pela condenação, depois da execução da pena imposta na sentença condenatória.

(E) Todo o tratado internacional sobre os direitos humanos que for aprovado pelo Congresso Nacional será equivalente à emenda constitucional.

A: incorreta. São brasileiros natos os nascidos no estrangeiro, de pai ou mãe brasileiros, desvinculados do serviço público, desde que sejam registrados em repartição brasileira competente ou venham a residir no território nacional e optem, a qualquer tempo, depois de atingida a maioridade, pela nacionalidade brasileira (artigo 12, I, *c*, da CF); **B**: correta, pois traz definição, de grande consenso, dos direitos fundamentais individuais; **C**: incorreta. Ninguém será preso senão em flagrante delito ou por ordem escrita e fundamentada de autoridade judiciária competente, salvo nos casos de transgressão militar ou crime propriamente militar, definidos em lei (artigo 5º, LXI, da CF); **D**: incorreta. O brasileiro naturalizado poderá ter sua nacionalidade cancelada, por sentença judicial, pelo exercício de atividade contrária ao interesse nacional. Nesse caso, só é possível readquirir a nacionalidade brasileira por meio de ação rescisória, cabível somente quando a sentença judicial já estiver transitada em julgado (artigo 12, § 4º, I, da CF); **E**: incorreta. Com a edição da EC nº 45, os tratados de direitos humanos que forem aprovados, em cada Casa do Congresso Nacional, em dois turnos, por três quintos dos votos dos respectivos membros, serão equivalentes às emendas

constitucionais[23] – conforme o que determina o artigo 5º, § 3º, da CF. Ou seja, tais tratados terão hierarquia constitucional quando aprovados por maioria qualificada no Congresso Nacional (regime especial de incorporação) e forem ratificados e posteriormente publicados pelo presidente da República.
Gabarito "B".

(Delegado/MG – 2012) A Constituição brasileira de 1988 simboliza o marco jurídico da transição democrática e da institucionalização dos direitos humanos no Brasil. O texto de 1988 empresta aos direitos e garantias ênfase extraordinária, destacando-se como documento mais avançado, abrangente e pormenorizado sobre a matéria na história do País.

Leia e analise as assertivas abaixo:

I. Ao romper com a sistemática das Constituições anteriores, a Constituição de 1988, ineditamente, consagra o primado do respeito aos direitos humanos, abrindo a ordem jurídica interna ao sistema de proteção internacional desses direitos.

II. As relevantes transformações internas, decorrentes do processo de democratização, permitiram que os direitos humanos se convertessem em tema fundamental na agenda internacional do País, a partir de então.

III. No plano das relações internacionais, tem-se de observar que não houve inovações na Constituição de 1988, pois a mesma reproduz ainda, no texto, a antiga preocupação vivida no Império com a dependência nacional e a não intervenção.

Marque a opção correta:

(A) apenas as assertivas I e III estão corretas.

(B) Somente a assertiva III está incorreta.

(C) apenas as assertivas II e III estão corretas.

(D) as assertivas I, II e III estão corretas.

I: correta. Fruto da redemocratização, a Constituição Federal de 1988 torna a dignidade da pessoa humana um dos fundamentos da República Federativa do Brasil (art. 1º, III, da CF). Outros fundamentos que reforçam o *status* dos direitos humanos no Brasil são a cidadania, os valores sociais do trabalho e o pluralismo político (respectivamente art. 1º, II, IV e V, da CF). Ponto relevante é a determinação de que as normas definidoras dos direitos e garantias fundamentais têm aplicação imediata (art. 5º, § 1º, da CF). Isto é, o juiz pode aplicar diretamente os direitos fundamentais, sem necessidade de qualquer lei que os regulamente. Tal regra tem por base o *princípio da força normativa da Constituição*, idealizado por Konrad Hesse, e "a ideia de que os direitos individuais devem ter eficácia imediata ressalta a vinculação direta dos órgãos estatais a esses direitos e o seu dever de guardar-lhes estrita observância".[24] O § 2º é enfático: "Os direitos e garantias expressos nesta Constituição não excluem outros decorrentes do regime e dos princípios por ela adotados, ou dos tratados internacionais em que a República Federativa do Brasil seja parte". *Tal estipulação possibilita a ampliação progressiva dos direitos fundamentais, pois o Brasil poderá aumentar seu catálogo de direitos à medida que internaliza tratados internacionais de direitos humanos.*[25] Assim, a comunhão dos §§ 1º e 2º permite-nos concluir que um tratado de direitos humanos internalizado pelo Brasil faz parte de seu bloco de constitucionalidade[26] e, assim, pode ser aplicado direta e imediatamente pelo juiz. Lembrando que o bloco de constitucionalidade é composto de todas as normas do ordenamento jurídico que possuem *status* constitucional[27]; **II**: correta. Um dos fatores que sacramenta a nuclearidade dos direitos humanos no Brasil é o que dispõe o art. 4º, II, da CF. Ou seja, as relações internacionais do Brasil serão regidas, entre outros, pelo *princípio da prevalência dos direitos humanos*. Outros incisos do art. 4º da CF que corroboram a dita nuclearidade dos direitos humanos são: *a)* repúdio ao terrorismo e ao racismo (inc. VIII); *b)* cooperação

23. Mas não possuirão *status* de norma constitucional originária. Ou seja, é obra do Poder Constituinte Derivado Reformador e não do Poder Constituinte Originário.

24. MENDES. *Op. cit.*, p. 671.

25. No mesmo sentido: "Trata-se de evidente cláusula de abertura do rol de direitos fundamentais, a permitir a inclusão de outros direitos e garantias àqueles já previstos na Lei Maior, desde que consoantes com os princípios constitucionais". WEIS, Carlos. *Estudo sobre a obrigatoriedade de apresentação imediata da pessoa presa ao juiz: comparativo entre as previsões dos tratados de direitos humanos e do projeto de Código de Processo Penal*. Defensoria Pública do Estado de São Paulo, 2011, p. 7.

26. O termo bloco de constitucionalidade já foi citado, pelo STF, nas ADIn 595 e 514, de relatoria do min. Celso de Mello, mas nunca foi aplicado no Brasil.

27. De forma geral e conforme o art. 5º, § 2º, da CF, o bloco de constitucionalidade é formado pelo texto constitucional, pelos princípios dele decorrentes e pelos tratados internacionais de direitos humanos.

5. DIREITOS HUMANOS   561

entre os povos para o progresso da humanidade (inc. IX); e *c)* concessão de asilo político (inc. X); **III:** incorreta, pois, segundo o art. 4º da CF, a República Federativa do Brasil rege-se, nas suas relações internacionais, pelos seguintes princípios: *I – independência nacional;* II – prevalência dos direitos humanos; III – autodeterminação dos povos; IV – não intervenção; V – igualdade entre os Estados; VI – defesa da paz; VII – solução pacífica dos conflitos; VIII – repúdio ao terrorismo e ao racismo; IX – cooperação entre os povos para o progresso da humanidade; e X – concessão de asilo político.

Gabarito "B".

(Delegado/MG – 2012) A Constituição da República de 1988 alargou significativamente o campo dos direitos e garantias fundamentais, por isso é um marco jurídico da transição ao regime democrático no Brasil. Nesse processo de transição, é acentuada, na Constituição, a preocupação em assegurar os valores da dignidade e do bem-estar da pessoa humana, como imperativo de justiça social. **Não** corrobora com o contexto acima, o seguinte entendimento ou argumento:

(A) Os objetivos fundamentais do Estado brasileiro visam à concretiza- ção da democracia econômica, social e cultural, a fim de efetivar, na prática, a dignidade da pessoa humana.

(B) Os direitos fundamentais, que têm como núcleo a dignidade da pessoa humana, são elementos básicos para a realização do princípio democrático, tendo em vista que exercem uma função democratizadora.

(C) A Constituição traz a previsão expressa do valor da dignidade da pessoa humana como imperativo da justiça social, mas que deve ceder frente à necessidade de se preservar a ordem democrática.

(D) O valor da dignidade da pessoa humana impõe-se como núcleo básico e informador do todo o ordenamento jurídico como critério e parâmetro que orienta a compreensão do sistema constitucional.

A: incorreta, pois a assertiva corrobora com o contexto exteriorizado na questão. O art. 3º da Constituição lista os objetivos fundamentais da República Federativa do Brasil: I – construir uma sociedade livre, justa e solidária; II – garantir o desenvolvimento nacional; III – erradicar a pobreza e a marginalização e reduzir as desigualdades sociais e regionais; IV – promover o bem de todos, sem preconcei- tos de origem, raça, sexo, cor, idade e quaisquer outras formas de discriminação; **B:** incorreta, pois a assertiva corrobora com o contexto exteriorizado na questão. Quanto mais forem implementados os direitos humanos, maior será a condição cultural de um povo (resultado da efetivação dos direitos civis, sociais e políticos), o que permitirá o exercício do princípio democrático na sua máxima potência; **C:** correta, pois a assertiva contraria o contexto exteriorizado na questão. Não existe o citado sopesamento realizado pelo legislador e tendente à beneficiar a ordem democrática em detrimento do valor da dignidade da pessoa humana, até porque a regra é que não há respeito aos direitos humanos sem democracia, mas a democracia por si só não garante o respeito à dignidade da pessoa humana. Cabe ponderar que a dignidade da pessoa humana é o fundamento nuclear da República Federativa do Brasil (art. 1º, III, da CF); **D:** incorreta, pois a assertiva corrobora com o contexto exteriorizado na questão. Reler os comentários anteriores. Ade- mais, é mister asseverar que é regra básica da hermenêutica jurídica aquela que determina que a aplicação da lei deverá levar em conta os valores constitucionais que irradiam sobre todo o ordenamento jurídico. E os direitos humanos ocupam lugar central na Constituição Federal, desarte, toda interpretação e aplicação de alguma norma do ordenamento jurídico brasileiro devem ser balizadas pela dignidade da pessoa humana. Assim, a interpretação que violar a dignidade da pessoa humana não é válida, ou melhor, é inconstitucional.

Gabarito "C".

(Delegado/MG – 2012) Os direitos e garantias, enumerados na Consti- tuição, não excluem outros decorrentes do regime e dos princípios por ela adotados, ou dos tratados internacionais em que a República Federativa do Brasil seja parte. Leia e analise as assertivas abaixo:

I. A Constituição atribuiu aos direitos internacionais uma natu- reza especial e diferenciada, qual seja, a natureza de norma constitucional.

II. Os direitos enunciados nos tratados de direitos humanos, de que o Brasil é parte, integram o elenco dos direitos constitu- cionalmente consagrados.

III. A interpretação sistemática do texto constitucional exige que a dignidade da pessoa seja o parâmetro orientador para a compreensão do fenômeno constitucional.

Marque a opção correta:

(A) apenas as assertivas I e II estão corretas.

(B) as assertivas I, II e III estão incorretas.

(C) as assertivas I, II e III estão corretas.

(D) apenas as assertivas II e III estão corretas.

I: incorreta. Depois de internalizado, o tratado é equiparado hierarquicamente à norma infraconstitucional. Assim, as normas infraconstitucionais preexistentes ao tratado serão derrogadas quando com ele colidirem. Em relação a quaisquer leis posteriores que venham a colidir com o tratado, o tema já foi decidido pelo STF na ADI-MC 1.480/DF, momento em que o STF exarou entendimento de que os tratados internacionais, em geral, ingressam no sistema jurídico brasileiro com força de lei ordinária federal e, portanto, podem ser revogados por lei posterior e de mesma natureza que com ele colidir, ainda que isso gere responsabilidade no plano internacional. Esse posicionamento do STF é, contudo, altamente criticável, pois a Convenção de Viena sobre Direitos dos Tratados está em vigor no Brasil, e o seu artigo 27 assim dispõe: "Uma parte não pode invocar as disposições de seu direito interno para justificar o inadimplemento de um tratado". Tal dúvida não existe em matéria tributária, já que o art. 98 do CTN adotou a prevalência do tratado sobre o direito interno, determinando que a legislação tributária posterior ao tratado lhe deve obediência. Tal previsão, apesar de anterior, está em consonância com a nova ordem jurídica nacional (modificada com a internalização da Convenção de Viena sobre Direitos dos Tratados); **II:** correta. Com a edição da EC nº 45, os tratados de direitos humanos que forem aprovados por quórum qualificado, ou seja, em cada Casa do Congresso Nacional, em dois turnos, por três quintos dos votos dos respectivos membros, serão equivalentes às emendas constitucionais – consoante o que determina o art. 5º, § 3º, da CF. Assim, tais tratados terão hierarquia constitucional. Muito se discutiu em relação à hierarquia dos tratados de direitos humanos que foram internalizados anteriormente à edição da EC nº 45. Mas, em 3 de dezembro de 2008, o Ministro Gilmar Mendes, no RE 466.343/SP, defendeu a tese da supralegalidade de tais tratados, ou seja, sua superioridade em relação às normas infraconstitucionais e sua inferioridade em relação às normas constitucionais. O voto do Ministro Gilmar Mendes foi acompanhado pela maioria. Todavia, tal assunto desperta calorosas discussões. Tomemos como exemplo o fato de que, no mesmo Recurso Extraordinário em que foi exarada a tese da supralegalidade, o Ministro Celso de Mello defendeu o caráter constitucional dos tratados de direitos humanos independentemente do quórum de aprovação. Apesar de a tese da supralegalidade ser um avanço na jurisprudência brasileira, deve-se apontar que uma leitura mais acurada da Constituição Federal já permitiria afirmar que os tratados de direitos humanos internalizados sem o procedimento especial teriam *status* constitucional – isso porque o § 2º do art. da 5º CF inclui os direitos humanos provenientes de tratados entre os seus direitos protegidos, ampliando o seu bloco de constitucionalidade. É importante lembrar que o bloco de constitucio- nalidade é composto por todas as normas do ordenamento jurídico que possuem *status* constitucional; **III:** correta. Fruto da redemocratização, a Constituição Federal de 1988 torna a dignidade da pessoa humana um dos fundamentos da República Federativa do Brasil (art. 1º, III, da CF). Outros fundamentos que reforçam o *status* dos direitos humanos no Brasil são a cidadania, os valores sociais do trabalho e o pluralismo político (respectivamente art. 1º, II, IV e V, da CF). Um dos objetivos fundamentais do Brasil, segundo a Constituição Federal, é a promoção do bem de todos, sem preconceitos de origem, raça, sexo, cor, idade e quaisquer outras formas de discriminação (art. 3º, IV). Outro objetivo que posiciona nuclearmente os direitos humanos no Brasil é o que determina a erradicação da pobreza e da marginalização e a redução das desigualdades sociais e regionais (art. 3º, III). E, ainda, o Brasil tem por objetivo a construção de uma sociedade livre, justa, solidária (art. 3º, I) e desenvolvida economicamente (art. 3º, II). O outro fator que sacramenta a nuclearidade dos direitos humanos no Brasil é o que dispõe o art. 4º, II, da CF. Ou seja, as relações internacionais do Brasil serão regidas, entre outros, pelo *princípio da prevalência dos direitos humanos*. Outros incisos do art. 4º da CF que corroboram a dita nuclearidade dos direitos humanos são: *a)* repúdio ao terrorismo e ao racismo (inc. VIII); *b)* cooperação entre os povos para o progresso da humanidade (inc. IX); e *c)* concessão de asilo político (inc. X). Ora, além de os direitos humanos fundamentarem a existência da República brasileira, são vetores para o estabelecimento da política nacional e externa. Ademais, podem-se considerar os direitos humanos até como limitadores do poder constituinte originário: "É fora de dúvida que o Poder Constituinte é um fato político, uma força material e social, que não está subordinado ao Direito positivo preexistente. Não se trata, porém, de um poder ilimitado ou incondicionado. Pelo contrário, seu exercício e sua obra são pautados tanto pela realidade fática como pelo Direito, âmbito no qual a dogmática pós-positivista situa os valores civilizatórios, os direitos humanos e a justiça."[28] Outro ponto de destaque é a inclusão dos direitos da pessoa humana na lista dos princípios sensíveis da Constituição (art. 34, VII, *b,* da CF), os quais autorizam, diante de suas violações, a medida extrema da intervenção.[29] Isso significa que se um Estado federado incidir em grave violação dos direitos humanos e nada fizer

---

28.   BARROSO, Luís Roberto. *Curso de direito constitucional contemporâneo.* São Paulo: Saraiva, 2009. p. 110.

29.   "A intervenção federal pelo inciso VII do artigo 34 busca resguardar a observância dos chamados princípios constitucionais sensíveis. Esses princípios visam assegurar uma unidade de princípios organizativos tidos como indispensáveis para a identidade jurídica da federação, não obstante a autonomia dos Estados-membros para se auto-orga- nizarem" (MENDES. *Op. cit.,* p. 835).

562 RENAN FLUMIAN

para mudar essa situação lamentável, a União intervirá[30] nessa unidade federada para restabelecer o respeito integral dos direitos da pessoa humana. O STF já se pronunciou sobre um pedido de intervenção federal que teve por base a grave violação dos direitos da pessoa humana (art. 34, VII, *b*, da CF). Foi a IF 114-5/MT, ocasião em que o STF sublinhou que a gravidade do fato por si só (violação dos direitos da pessoa humana) não é motivo suficiente para intervenção federal. É necessária a cabal demonstração de que o Estado não pode dar uma resposta efetiva ao fato grave ocorrido, ou seja, somente será possível a intervenção federal nesses casos se o Estado não possuir uma estrutura mínima que lhe permita responder ao fato danoso – na maioria dos casos, estrutura para movimentar efetivamente a persecução penal.[31] Cabe também mencionar a obrigação, preponderantemente atribuída ao Legislativo brasileiro, que o inc. XLI do art. 5º da CF criou: "a lei punirá qualquer discriminação atentatória dos direitos e liberdades fundamentais". Para corroborar a importância de tudo o que foi dito, é mister asseverar que é regra básica da hermenêutica jurídica aquela que determina que a aplicação da lei deverá levar em conta os valores constitucionais que irradiam sobre todo o ordenamento jurídico. Vimos que os direitos humanos ocupam lugar central na CF (logo, direitos fundamentais), destarte, toda interpretação e aplicação de alguma norma do ordenamento jurídico brasileiro devem ser balizadas pela dignidade da pessoa humana. Assim, a interpretação que violar a dignidade da pessoa humana não é válida, ou melhor, é inconstitucional.

Gabarito "D".

(Delegado/BA – 2008 – CEFETBAHIA) Identifique com V as afirmativas verdadeiras e com F, as falsas.

( ) A violação da integridade física é maneira eficaz para combater ação criminosa em qualquer circunstância.

( ) Sem a vida assegurada, não há como exercer a dignidade humana e todos os direitos dela decorrentes.

( ) O direito de ir, vir e permanecer possui como instrumento de proteção, o Mandado de Injunção.

( ) O sistema democrático, no Brasil, foi plenamente estabelecido durante a ditadura militar.

( ) A Revolução Francesa, com seus ideais de Igualdade, Liberdade e Fraternidade, é um marco na construção dos Direitos Humanos.

A alternativa que contém a sequência correta, de cima para baixo, é a

(A) F F F V V

(B) V V F F V

---

30. O STF entende que a intervenção é medida extrema e, para ser decretada, precisa observar a proporcionalidade (IF 2.915/SP, rel. Min. Marco Aurélio).

31. Cabe aqui transcrever a ementa da IF 114-5/MT, rel. Min. Néri da Silveira: "Intervenção Federal. 2. Representação do Procurador-Geral da República pleiteando intervenção federal no Estado de Mato Grosso, para assegurar a observância dos 'direitos da pessoa humana', em face de fato criminoso praticado com extrema crueldade a indicar a inexistência de 'condição mínima', no Estado, 'para assegurar o respeito ao primordial direito da pessoa humana, que é o direito à vida'. Fato ocorrido em Matupá, localidade distante cerca de 700 km de Cuiabá. 3. Constituição, arts. 34, VII, letra 'b', e 36, III. 4. Representação que merece conhecida, por seu fundamento: alegação de inobservância pelo Estado-membro do princípio constitucional sensível previsto no art. 34, VII, alínea 'b', da Constituição de 1988, quanto aos 'direitos da pessoa humana'. Legitimidade ativa do Procurador-Geral da República (Constituição, art. 36, III). 5. Hipótese em que estão em causa 'direitos da pessoa humana', em sua compreensão mais ampla, revelando-se impotentes as autoridades policiais locais para manter a segurança de três presos que acabaram subtraídos de sua proteção, por populares revoltados pelo crime que lhes era imputado, sendo mortos com requintes de crueldade. 6. Intervenção Federal e restrição à autonomia do Estado-membro. Princípio federativo. Excepcionalidade da medida interventiva. 7. No caso concreto, o Estado de Mato Grosso, segundo as informações, está procedendo à apuração do crime. Instaurou-se, de imediato, inquérito policial, cujos autos foram encaminhados à autoridade judiciária estadual competente que os devolveu, a pedido do Delegado de Polícia, para o prosseguimento das diligências e averiguações. 8. Embora a extrema gravidade dos fatos e o repúdio que sempre merecem atos de violência e crueldade, não se trata, porém, de situação concreta que, por si só, possa configurar causa bastante a decretar-se intervenção federal no Estado, tendo em conta, também, as providências já adotadas pelas autoridades locais para a apuração do ilícito. 9. Hipótese em que não é, por igual, de determinar-se intervenha a Polícia Federal, na apuração dos fatos, em substituição à Polícia Civil de Mato Grosso. Autonomia do Estado-membro na organização dos serviços de justiça e segurança, de sua competência (Constituição, arts. 25, § 1º; 125 e 144, § 4º). 10. Representação conhecida mas julgada improcedente".

(C) F V F F V

(D) V V V V F

(E) F F F V F

1: falso. A atividade repressiva situa-se como necessária para fins de segurança pública. Todavia uma política pública eficaz é aquela que identifica os problemas sociais – na maioria das vezes os motivadores das ações criminosas – e trabalha em longo prazo para melhorar os índices sociais e, destarte, formatar uma sociedade mais justa e igualitária; **2:** verdade. O direito à vida é o núcleo essencial dos direitos humanos; **3:** falso. O direito de ir, vir e permanecer possui como instrumento de proteção o *habeas corpus* (art. 5º, LXVIII, da CF). O mandado de injunção é utilizado sempre que a falta de norma regulamentadora torne inviável o exercício dos direitos e liberdades constitucionais e das prerrogativas inerentes à nacionalidade, à soberania e à cidadania (art. 5º, LXXI, da CF); **4:** falso. O sistema democrático só foi restabelecido plenamente no Brasil após a transição (lenta, gradual e controlada) da ditadura militar para a democracia; **5:** verdade. O marco recente dos direitos humanos foi sem dúvida a Declaração Universal dos Direitos Humanos de 1948. Com importância neste processo pode-se também citar a Declaração de Direitos Francesa, impulsionada pela Revolução Francesa de 1789, e a Declaração de Direitos Americana (Declaração de Direitos do Bom Povo da Virgínia), ambas do século XVIII. A Declaração de Direitos Americana de 1776 foi a primeira declaração de direitos em sentido moderno, pois suas regras funcionam como um sistema de limitação de poderes, ou seja, os direitos conferidos aos cidadãos limitavam o poder estatal. Ademais, demonstram preocupação com a estruturação de um governo democrático. E a Declaração dos Direitos do Homem e do Cidadão que a Assembleia Constituinte da França adotou em 1789, influenciada diretamente pela Revolução Francesa, teve por base os conceitos de *liberdade, igualdade, fraternidade, propriedade, legalidade e garantias individuais*. Importante apontar que estes direitos foram ampliados ocasião da Declaração dos Direitos do Homem e do Cidadão levada a cabo pela Convenção nacional em 1793.

Gabarito "C".

(Delegado/MG – 2008) Embora seja um direito que tem a sua manifestação externa coletiva, a liberdade de reunião protege principalmente a liberdade individual. Nos termos da Constituição da República de 1988, a proteção do direito de reunião assegura

(A) que a autoridade designe locais para a realização de reuniões, desde que o local seja aberto ao público e a autoridade tome as providências necessárias para a proteção das pessoas.

(B) que se entenda por reunião toda forma de manifestação pública com os mais variados fins, desde que seja estática, que permaneça em apenas um lugar, não podendo se movimentar, o que caracterizaria a passeata.

(C) que não haja restrição à reunião pública, pois, como direito individual fundamental, é meio de manifestação do pensamento e da liberdade de expressão, inclusive para a divulgação de teses ilegais.

(D) que o Estado só pode intervir nesse direito quando a reunião deixar de ser pacífica ou, na doutrina dos direitos individuais, quando o direito de uma ou várias pessoas for violado pelo exercício impróprio daquela liberdade.

O art. 5º, XVI, da CF assim dispõe: "todos podem reunir-se pacificamente, sem armas, em locais abertos ao público, independentemente de autorização, desde que não frustrem outra reunião anteriormente convocada para o mesmo local, sendo apenas exigido prévio aviso à autoridade competente".

Gabarito "D".

(Delegado/MG – 2007) Como corolário do respeito aos Direitos Humanos o legislador brasileiro inscreveu entre os direitos e garantias fundamentais expressos na Constituição os seguintes princípios da legislação penal, EXCETO:

(A) Nenhuma pena passará da pessoa do condenado mesmo que a obrigação de reparar o dano possa ser estendida aos sucessores, nos termos da lei.

(B) Às presidiárias serão asseguradas condições para que possam permanecer com seus filhos.

(C) Não haverá penas de caráter perpétuo, de banimento, de trabalhos forçados e cruéis.

(D) É assegurado aos presos o respeito à integridade física e moral.

A: correta. Tal regra encontra-se insculpida no art. 5º, XLV, da CF. **B:** incorreta. Tal regra não se encontra insculpida entre os direitos e garantias fundamentais expressos na Constituição. **C:** correta. Tal regra encontra-se insculpida no art. 5º, XLVII, da CF. **D:** correta. Tal regra encontra-se insculpida no art. 5º, XLIX, da CF.

Gabarito "B".

5. DIREITOS HUMANOS 563

(Delegado/MG – 2007) Referente ao direito à nacionalidade é CORRETO afirmar:

(A) O direito à nacionalidade não é reconhecido como um direito humano, conquanto não seja objeto de tratados internacionais.

(B) Em caso de banimento o brasileiro nato poderá perder a nacionalidade brasileira.

(C) Aos estrangeiros são reconhecidos os direitos políticos, inclusive o direito de votar e ser votado nas eleições.

(D) Salvo nos casos previstos na Constituição, a lei não poderá estabelecer distinção entre brasileiros natos e naturalizados.

A: incorreta. O artigo 15 da Declaração Universal dos Direitos do Homem determina que nenhum Estado pode arbitrariamente retirar do indivíduo a sua nacionalidade ou seu direito de mudar de nacionalidade. E o artigo 20 da Convenção Americana sobre Direitos Humanos, celebrada em San José da Costa Rica, dispõe que toda pessoa tem direito à nacionalidade do Estado, em cujo território houver nascido, caso não tenha direito a outra. Pela redação destes dois diplomas fica claro que o ordenamento internacional combate a apatridia. **B:** incorreta. Um direito do indivíduo, que é consequência da condição de nacional, é a proibição do banimento. Assim, nenhum Estado pode expulsar nacional seu, com destino a território estrangeiro ou a espaço de uso comum. **C:** incorreta. Aos estrangeiros não são reconhecidos os direitos políticos, logo os estrangeiros não podem votar e serem votados nas eleições. **D:** correta, pois é o que dispõe o art. 12, § 2º, da CF.
Gabarito "D".

(Delegado/MG – 2006) Os Direitos Humanos entendidos como sinônimos de Direitos Fundamentais inscritos na Constituição da República correspondem, EXCETO:

(A) Direitos individuais, relativos à liberdade, igualdade, propriedade, segurança e vida.

(B) Direitos individuais fundamentais, relativos exclusivamente à vida e dignidade da pessoa humana.

(C) Direitos sociais, relativos a educação, trabalho, lazer, seguridade social entre outros.

(D) Direitos econômicos, relativos ao pleno emprego, meio ambiente e consumidor.

(E) Direitos políticos, relativos às formas de realização da soberania popular.

A: correta. Tais direitos individuais encontram-se previstos na Constituição Federal. **B:** incorreta. O elenco de direitos individuais fundamentais é mais extenso que o descrito na assertiva, isto é, não se resume à vida e à dignidade da pessoa humana. **C:** correta. Tais direitos sociais encontram-se previstos na Constituição Federal. **D:** correta. Tais direitos econômicos encontram-se previstos na Constituição Federal. **E:** correta. Tais direitos políticos encontram-se previstos na Constituição Federal. Por fim, cabe fazer uma pequena distinção entre direitos humanos e direitos fundamentais. A doutrina atual, principalmente a alemã, considera os direitos fundamentais[32] os valores éticos sobre os quais se constrói determinado sistema jurídico nacional, ao passo que os direitos humanos existem mesmo sem o reconhecimento da ordem jurídica interna de um país, pois possuem vigência universal. Mas, na maioria das vezes, os direitos humanos são reconhecidos internamente pelos sistemas jurídicos nacionais, situação que os torna também direitos fundamentais, ou seja, os direitos humanos previstos na Constituição de um país são denominados direitos fundamentais.
Gabarito "B".

(Delegado/MG – 2006) De acordo com a Constituição da República, as normas definidoras dos direitos e garantias fundamentais.

(A) são normas programáticas.

(B) Têm validade após regulamentação em lei.

(C) Decorrem dos tratados internacionais

(D) Excluem outros princípios por ela adotados.

(E) Têm aplicação imediata.

As normas definidoras dos direitos e garantias fundamentais têm aplicação imediata (art. 5, § 1º, da CF). Ou seja, o juiz pode aplicar diretamente os direitos

---

32. "Os direitos fundamentais são, a um só tempo, direitos subjetivos e elementos fundamentais da ordem constitucional objetiva. Enquanto direitos subjetivos, os direitos fundamentais outorgam aos seus titulares a possibilidade de impor os seus interesses em face de órgãos obrigados. Na sua dimensão como elemento fundamental da ordem constitucional objetiva, os direitos fundamentais – tanto aqueles que não asseguram, primariamente, um direito subjetivo quanto aqueles outros, concebidos como garantias individuais – formam a base do ordenamento jurídico de um Estado de Direito democrático" (MENDES, Gilmar Ferreira. *Op. cit.* p. 671).

---

fundamentais, sem a necessidade de qualquer lei que os regulamente. Tal regra tem por base o *princípio da força normativa da constituição* idealizado por Konrad Hesse.
Gabarito "E".

(Delegado/MG – 2006) A casa é asilo inviolável do indivíduo. Para a garantia desse Direito Fundamental a Constituição da República assegura:

(A) Ninguém pode nela penetrar sem o consentimento do morador em hipótese alguma.

(B) A casa pode ser violada por determinação judicial, mesmo durante a noite.

(C) Em caso de flagrante delito ou desastre, a casa perde a inviolabilidade.

(D) Para prestar socorro ao morador, tão somente, a Constituição permite entrar no domicílio à noite.

(E) Para prestar socorro, perde a casa a inviolabilidade somente durante o dia.

A: incorreta, pois segundo o art. 5º, XI, da CF, a casa poderá ser violada em caso de flagrante delito ou desastre, ou para prestar socorro, ou, durante o dia, por determinação judicial. **B:** incorreta, pois segundo o art. 5º, XI, da CF, a casa somente poderá ser violada por determinação judicial durante o dia. **C:** correta (art. 5º, XI, da CF). **D:** incorreta, pois segundo o art. 5º, XI, da CF, o socorro ao morador pode ser prestado à qualquer tempo, sem risco de configurar violação ao domicílio. **E:** incorreta, pois segundo o art. 5º, XI, da CF, o socorro ao morador pode ser prestado à qualquer tempo, sem risco de configurar violação ao domicílio.
Gabarito "C".

(Delegado/SP – 2008) A principal característica dos interesses transindividuais é

(A) a ausência de conflitos com outros interesses.

(B) a indivisibilidade de seu objeto.

(C) a possibilidade de fragmentação.

(D) a indisponibilidade.

(E) a não necessidade de garantia judicial.

Os interesses transindividuais ou metaindividuais, segundo os define o Código de Defesa de Consumidor (art. 81 da Lei 8.078/1990), são: a) interesses ou direitos difusos, assim entendidos, para efeitos do Código de Defesa do Consumidor, os transindividuais, de natureza indivisível, de que sejam titulares pessoas indeterminadas e ligadas por circunstâncias de fato (inc. I), b) interesses ou direitos coletivos, assim entendidos, para efeitos do Código de Defesa do Consumidor, os transindividuais, de natureza indivisível, de que seja titular grupo, categoria ou classe de pessoas ligadas entre si ou com a parte contrária por uma relação jurídica base (inc. II), c) interesses ou direitos individuais homogêneos assim entendidos os decorrentes de origem comum (inc. III). Tendo por base tais considerações sobre os interesses transindividuais, passemos a comentar as assertivas. **A:** incorreta. Pois os interesses transindividuais podem gerar conflitos com outros interesses, pois, tome de exemplo, o interesse de uma categoria profissional, ora este interesse pode conflitar com o interesse patronal. **B:** correta. Conforme apontado nas considerações sobre os interesses transindividuais, a indivisibilidade de seu objeto é a principal característica dos interesses transindividuais. Isto é lógico porque todos têm direito, não sendo possível uma divisão do objeto dos interesses transindividuais. **C:** incorreta. A principal característica dos interesses transindividuais é a indivisibilidade de seu objeto, portanto, não é possível a sua fragmentação. **D:** incorreta. Pode-se defender que os interesses transindividuais podem ser disponíveis em determinadas situações. **E:** incorreta. A garantia judicial é fundamental para a efetivação de todos os direitos, pois de nada adianta ter direitos reconhecidos se estes não podem nem ao menos serem pleiteados (Esta questão não está bem formulada e, assim, força algumas colocações que poderiam ser refutadas mediante uma análise mais acurada do assunto.)
Gabarito "B".

6.1. Estatuto da igualdade racial

(Delegado/RS – 2018 – FUNDATEC) O Estatuto da Igualdade Racial abarca questões tais como o livre exercício dos cultos religiosos de matriz africana. Nesse sentido, pode-se afirmar que:

(A) O combate à intolerância com as religiões de matrizes africanas exclui de seu âmbito de proteção os mananciais a elas vinculados.

(B) A pena privativa de liberdade impede a assistência religiosa aos praticantes das religiões de matriz africana que se encontram no cumprimento de tal pena.

(C) A celebração de reuniões relacionadas à religiosidade e a fundação e manutenção, por iniciativa privada, inclusive em lugares não reservados para tais fins.

(D) É assegurada a possibilidade de criação de instituições beneficentes privadas ligadas às convicções religiosas derivadas dos cultos de matrizes africanas.

(E) Os representantes das religiões de matrizes africanas possuem assento paritário em relação às demais religiões em conselhos públicos.

A única assertiva correta é a **D** (art. 24, II, do Estatuto da Igualdade Racial).
Gabarito "D".

(Delegado/BA – 2016.1 – Inaz do Pará) O princípio jurídico da promoção da igualdade (ação afirmativa), reafirmado pelo Estatuto da Igualdade Racial, significa que em todas as áreas de política pública o Estado deve preocupar-se em garantir que a população negra tenha as mesmas oportunidades e o mesmo tratamento. Esse princípio se traduz em:

(A) que no acesso ao trabalho, à escola, à moradia, a órgãos públicos ou privados não se admite tratamento diferente em função da cor ou raça.

(B) que ao adentrar no transporte público, prédios residenciais ou comerciais, bancos, hospitais, presídios, internet, comércio, restaurantes dentre outros não se admitem tratamento diferente em função da cor ou raça.

(C) que promover a igualdade significa que o Estado deve agir preventivamente, positivamente, adotando todas as medidas para que a igualdade jurídica se traduza em igualdade na prática; igualdade de oportunidades e de tratamento.

(D) todas as ações descritas nas afirmativas acima, traduzem o princípio da igualdade reafirmado pelo Estatuto da Igualdade Racial na prática e não apenas no papel.

(E) Nenhuma das afirmativas acima traduzem o princípio da igualdade reafirmado pelo Estatuto da Igualdade Racial.

A alternativa correta "D" porque indica que o disposto nas assertivas "A", "B" e "C" são exemplos concretos do princípio da promoção da igualdade. O art. 4º do Estatuto da Igualdade Racial mostra o leque de ações que devem ser implementadas para garantir que a população negra tenha as mesmas oportunidades e o mesmo tratamento.
Gabarito "D".

7. COMBINADAS E OUTROS TEMAS DE DIREITOS HUMANOS

(Delegado/ES – 2019 – Instituto Acesso) Um Tratado é um acordo entre os Estados Nacionais. É prerrogativa da soberania de cada Estado Nação poder pactuar seguindo os ditames de direito internacional para sua ratificação, adesão ou sucessão. Um Estado pode, ao ratificar um tratado, formular reservas a ele, indicando que, embora consinta em se comprometer com a maior parte das disposições, não concorda em se comprometer com certas disposições. No entanto, uma reserva não pode derrotar o objeto e o propósito do tratado. Tratados internacionais têm diferentes designações, como pactos, cartas, protocolos, convenções e acordos. Podemos afirmar que

(A) é necessário, para que os Estados ratifiquem os tratados, que eles se comprometam sempre com as suas disposições, ainda que gradativamente, que sejam superiores à legislação interna, excetuando-se aquelas de status constitucional.

(B) um Tratado é legalmente vinculativo para os Estados que tenham consentido em se comprometer com suas disposições.

(C) um Tratado pode ser do tipo "por sucessão", que acontece em virtude de uma disposição específica do tratado ou de uma declaração, considerando o caráter autoexecutável da maioria dos tratados.

(D) um Tratado só pode ser ratificado por um Estado que o tenha assinado anteriormente – durante o período no qual ele esteve aberto às assinaturas quando da sua elaboração.

(E) após a ratificação de um tratado específico, em nível internacional, o instrumento de ratificação deve ser formalmente transmitido ao depositário, que vem a ser os Estados Unidos, enquanto sede da ONU.

A única assertiva correta acerca dos "tratados" é a **B**. Tratado é todo acordo formal concluído entre pessoas jurídicas do Direito Internacional Público que tenha por escopo a produção de efeitos jurídicos. Ou consoante o art. 2, ponto 1, *a*, da Convenção de Viena sobre Direito dos Tratados, tratado é um acordo internacional concluído por escrito entre Estados e regido pelo Direito Internacional, quer conste de um instrumento único, quer de dois ou mais instrumentos conexos, qualquer que seja sua denominação específica. No mais, um tratado só obriga as partes pactuantes (art. 35 da Convenção de Viena sobre Tratados). Tal princípio decorre da soberania dos Estados e da autonomia da vontade.
Gabarito "B".

(Delegado/BA – 2016.1 – Inaz do Pará) Quando uma pessoa é impedida direta ou disfarçadamente de se hospedar num hotel, de permanecer num restaurante, de frequentar um clube ou sair em determinado bloco de carnaval por causa de sua cor, está-se cometendo:

(A) Discriminação.

(B) A pessoa está sendo vítima de preconceito racial.

(C) A letra A e B estão corretas.

(D) Este é um direito dos proprietários dos estabelecimentos citados no exemplo acima.

(E) Nenhuma das alternativas acima.

As situações descritas no enunciado configuram tanto discriminação como preconceito racial. Portanto, a alternativa que deve ser assinalada é "C". Ler a Lei 7.716/1989 que disciplina os crimes resultantes de preconceito de raça e de cor, com suas posteriores alterações patrocinadas pelas leis 9.459/1997 e 12.288/2010.
Gabarito "C".

(Delegado/SP – 2014 – VUNESP) Considerando a distinção conceitual entre grupos vulneráveis e minorias, assinale a alternativa que identifica, correta e respectivamente, no Estado Brasileiro, um componente de grupo vulnerável e outro de uma minoria.

(A) População de rua e índios.

(B) Adolescentes e mulheres.

(C) Ciganos e praticantes do candomblé.

(D) Crianças e pessoas com deficiência física ou sofrimento mental.

(E) Homossexuais e idosos.

Antes de responder a questão, cabe diferenciarmos minoria e grupo vulnerável. Para conceituar minoria, usaremos uma definição bem conhecida alcunhada por Francesco Caportorti: "um grupo numericamente inferior em relação ao restante da população do Estado, sem exercer posição dominante, cuja os membros – sendo nacionais do Estado – possuem características éticas, religiosas ou linguísticas que os diferem do restante da população e apresentam um senso de solidariedade dirigido para preservar sua cultura, tradições, religião ou língua.[33]" Em contrapartida, um grupo vulnerável, também composto de parcela inferior na população, é formado por pessoas em razão de um contexto fático (geralmente de caráter provisório) e não por possuírem identidade própria.
A: correta, porque a população de rua é exemplo de grupo vulnerável, enquanto os índios compõem uma minoria; **B**: incorreta. Adolescentes e mulheres são exemplos de grupo vulnerável; **C**: incorreta. Ciganos e praticantes de candomblé são exemplos de minoria; **D**: incorreta, porque a assertiva traz dois exemplos de grupo vulnerável; **E**: incorreta. Idosos formam um grupo vulnerável.
Gabarito "A".

(Delegado/SP – 2014 – VUNESP) Considerando a sua evolução histórica, bem como o sistema internacional de proteção dos direitos humanos, assinale a alternativa correta.

(A) No sistema processual de proteção dos direitos humanos, as pessoas físicas são titulares de direitos perante os órgãos de supervisão internacional, mas carecem de capacidade processual nesse sistema.

(B) No campo dos direitos humanos, desde a Declaração Universal de 1948, verifica-se a coexistência de diversos instrumentos de proteção estabelecendo regras de efeitos e conteúdo essencialmente formais.

(C) A resolução de conflitos nos casos concretos de violações de direitos humanos é tema de interesse exclusivamente nacional dos Estados.

(D) Os tratados podem agir como normas de direito interno, desde que ratificados e incorporados, podendo influenciar a alteração, ou criação, de regulamentação nacional específica.

---

33. Study on the Rights of Persons belonging to Ethnic, Religious, and Linguistic Minorities. United Nations Pubns, 1991.

5. DIREITOS HUMANOS 565

(E) A partir de 1950, depois de estabelecida uma unidade conceitual dos direitos humanos, sua proteção internacional viu-se em acentuado declínio.

A: incorreta, pois o ser humano é sujeito de direito internacional e tem sim capacidade processual no sistema internacional de proteção dos direitos humanos. Um exemplo é a possibilidade de o indivíduo enviar petições para a Corte Europeia de Direitos Humanos (sistema regional de proteção dos direitos humanos); **B**: incorreta, pois o que se percebe é a coexistência de diversos instrumentos de proteção com conteúdo essencialmente material. Tanto é que o Prof. Norberto Bobbio destacou, em conhecida frase, que o "maior problema dos direitos humanos hoje não é mais o de fundamenta-los, mas sim de protegê-los". Se o examinador usou o termo 'formais' para dizer respeito às garantias, de fato, mostra uma situação totalmente contrária àquela desenhada pelo pensador italiano; **C**: incorreta. Toda a comunidade internacional tem interesse na resolução de conflitos, isso ficou claro com a Declaração Universal dos Direitos Humanos e a posterior constituição do sistema internacional de proteção dos direitos humanos (formado pelo global e pelos regionais). Existe um certo consenso sobre a existência de direitos humanos e o sistema internacional funciona para supervisionar o respeito à tais direitos em todos os países. O indivíduo ostenta direitos pelo simples fato de ser humano, e não por ser nacional de país X ou Z;

D: correta. Uma vez incorporados, os tratados internacionais fazer parte do ordenamento jurídico pátrio, como qualquer outra lei. De um modo geral e depois de internalizado, o tratado é equiparado hierarquicamente à norma ordinária infraconstitucional[34-35]. Assim, as normas infraconstitucionais preexistentes ao tratado serão derrogadas quando com ele colidirem (critério cronológico) ou quando forem gerais e os tratados forem especiais (critério da especialidade). Percebe-se que por se tratar de normas de mesma hierarquia (o tratado e a lei interna), em caso de conflito deve-se utilizar os critérios de solução de antinomias aparentes. Por outro lado, é muito defendida a tese que confere prevalência ao tratado sobre a lei interna (especialmente com supedâneo no art. 27 da Convenção de Viena sobre Direitos dos Tratados), apesar de o tema não ser pacífico, em matéria tributária adotou-se expressamente a prevalência do tratado sobre o direito interno (art. 98 do Código Tributário Nacional – CTN), determinando que a legislação tributária posterior ao tratado lhe deve obediência. Por sua vez, em relação especificamente aos tratados de direitos humanos, a posição atual do STF defende que tais documentos internacionais são superiores às normas infraconstitucionais e inferiores às normas constitucionais (tese da supralegalidade). Portanto, todo tratado de direitos humanos que for internalizado sem observar o procedimento estabelecido no artigo 5º, § 3º, da CF, tem *status* de norma supralegal; **E**: incorreta. Muito difícil defender a citada unidade conceitual apontada na assertiva. E pelo contrário, a proteção internacional dos direitos humanos se intensificou e não entrou em declínio.

„Gabarito "D".

---

34. Conforme a ADI-MC 1.480/DF.
35. Os tratados e as convenções de direitos humanos não poderão ter *status* de lei complementar pela simples escolha do rito adotado para sua incorporação no direito brasileiro, isso porque a Constituição explicitamente elencou quais matérias devem ser exclusivamente tratadas por via de Lei Complementar.

6. DIREITO ADMINISTRATIVO

Wander Garcia, Flávia Barros e Rodrigo Bordalo*

1. PRINCÍPIOS ADMINISTRATIVOS E REGIME JURÍDICO ADMINISTRATIVO

(Delegado/MG – 2018 – FUMARC) Sobre os princípios da Administração Pública, é CORRETO afirmar que:

(A) a efetivação de pagamento de precatório em desobediência à ordem cronológica traduz violação ao princípio da impessoalidade, à luz do qual é vedada a atuação administrativa dissociada da moral, dos princípios éticos, da boa-fé e da lealdade.

(B) em consonância com o princípio da legalidade, estatuído no artigo 37, caput, da CR/88, a Administração Pública pode fazer tudo o que a lei não proíbe.

(C) não são oponíveis às Sociedades de Economia Mista, haja vista que essas sociedades são regidas pelo regime de direito privado.

(D) o princípio da supremacia do interesse público não se radica em dispositivo específico da CR/88, ainda que inúmeros aludam ou impliquem manifestações concretas dele.

Alternativa **A** incorreta (a vedação à atuação administrativa dissociada da moral, dos princípios éticos, da boa-fé e da lealdade, traduz o princípio da moralidade, e não o da impessoalidade); alternativa **B** incorreta (de acordo com o princípio da legalidade, a Administração Pública somente pode fazer o que lei permite; ou seja, se a lei não proíbe, a Administração não pode fazer); alternativa **C** incorreta (nos termos do art. 37, "caput", CF, os princípios da Administração pública aplicam-se à Administração Indireta, no âmbito da qual se inserem as sociedades de economia mista); alternativa **D** correta (a supremacia do interesse público representa princípio constitucional implícito). **RB**
Gabarito "D".

(Delegado/RS – 2018 – FUNDATEC) Acerca da formação histórica do Direito Administrativo, analise as seguintes assertivas:

I. O Direito Administrativo tem origem na Idade Média, período histórico em que a vontade do monarca passa a se subordinar à lei.

II. O direito francês se notabiliza como a principal influência na formação do Direito Administrativo brasileiro, de onde importamos institutos importantes como o conceito de serviço público, a teoria dos atos administrativos, da responsabilidade civil do estado e da submissão da Administração Pública ao princípio da legalidade.

III. Devido à organização do Estado brasileiro, composto por diferentes entes políticos dotados de competências legislativas próprias para disciplinar suas atividades administrativas, a codificação do Direito Administrativo em âmbito nacional se torna inviável.

Quais estão corretas?

(A) Apenas I.

(B) Apenas III.

(C) Apenas I e II.

(D) Apenas II e III.

(E) I, II e III.

Item **I** incorreto (o Direito Administrativo tem origem no Estado de Direito); item II correto (de fato, o direito francês influenciou de modo marcante o Direito Administrativo brasileiro); item III correto (a instituição de um Código de Direito Administrativo esbarra na competência legislativa própria das entidades políticas para disciplinar as respectivas atividades administrativas). **RB**
Gabarito "D".

---

* **WG** questões comentadas por: **Wander Garcia.**
FMB questões comentadas por: **Flávia Barros.**
RB questões comentadas por Rodrigo Bordalo

(Delegado/RS – 2018 – FUNDATEC) Sobre os princípios da Administração Pública, analise as seguintes assertivas:

I. A prisão em flagrante delito de um indivíduo, sob o enfoque de não depender de prévia manifestação do poder judiciário, é uma manifestação concreta do princípio da autotutela administrativa.

II. O uso moderado e progressivo da força, modulador da ação policial, encontra fundamento no princípio da proporcionalidade, que tem por objetivo evitar que a atividade coercitiva do Estado seja exercida em intensidade superior à estritamente necessária para restabelecer a ordem e a segurança pública.

III. No âmbito administrativo, o acesso à informação, por se tratar de um direito público subjetivo de envergadura constitucional, derivado do princípio da publicidade e da transparência, não comporta sigilo como exceção.

IV. A utilização, por parte do servidor público, para fins privados, de um bem regularmente apreendido no âmbito de uma investigação criminal caracteriza violação ao princípio da impessoalidade, sob o enfoque da finalidade, impondo o enquadramento de tal conduta em ato de improbidade administrativa.

Quais estão corretas?

(A) Apenas I.

(B) Apenas I e II.

(C) Apenas II e IV.

(D) Apenas III e IV.

(E) Apenas II, III e IV.

Item **I** incorreto (o contexto descrito não detém relação com o princípio da autotutela administrativa, segundo o qual a Administração pode anular e revogar seus próprios atos); item **II** correto (toda a atividade estatal, sobretudo a policial, deve obediência ao princípio da proporcionalidade); item **III** incorreto (embora represente um princípio constitucional expresso, a publicidade detém caráter relativo, de modo que o sigilo é admitido no ordenamento jurídico brasileiro, nos termos do art. 5º, XXXIII e LX, da CF, bem como do art. 3º, I, da Lei 12.527/2011); item **IV** correto (caracteriza improbidade administrativa a utilização, para fins pessoais, de bens de propriedade ou à disposição das entidades públicas). **RB**
Gabarito "C".

A administração pública, no Brasil, é regida por uma série de princípios. Tendo em vista a natureza jurídica destes princípios, leia as afirmativas a seguir.

I. Legalidade, publicidade, impessoalidade, moralidade e eficiência são classificadas, pela doutrina, como princípios expressos da administração pública por possuírem previsão normativa inserta no texto da Constituição da República Federativa do Brasil de 1988 com aplicação direta ao campo do direito administrativo.

II. O princípio da eficiência da administração se aplica ao servidor, para efeito de sua aptidão ao cargo, durante o estágio probatório e ao logo do exercício de sua vida funcional.

III. Campanhas ou informes de órgãos públicos que apresentem slogans de promoção pessoal do agente público violam diretamente o princípio constitucional da moralidade administrativa.

IV. A supremacia do interesse público é considerada, pela doutrina, como um princípio implícito da administração pública

V. Um princípio é considerado implícito ao direito administrativo em razão de este ser aplicável ao campo da administração pública, ainda que tal princípio seja próprio a um outro campo do direito.

(Delegado/ES – 2019 – Instituto Acesso) Marque a alternativa correta:

(A) Todas as afirmativas estão corretas, à exceção da III.

(B) Todas as afirmativas estão corretas, à exceção da I.

(C) Todas as afirmativas estão corretas, à exceção da V.

(D) Todas as afirmativas estão corretas, à exceção da IV.

(E) Todas as afirmativas estão corretas, à exceção da II.

O item **I** está correto (os princípios expressos da Administração Pública são aqueles previstos no art. 37, "caput", da CF); o item **II** está correto (o princípio da eficiência abrange todo o vínculo do servidor público); o item **III** está errado (o princípio diretamente violado é o da impessoalidade, a qual, entre outros sentidos, veda que na publicidade oficial sejam veiculados nomes, símbolos ou imagens que caracterizam promoção pessoal do agente público); item **IV** correto (a supremacia do interesse público constitui princípio implícito); item **V** correto (delimitação dos contornos do princípio implícito). RB

Gabarito "A".

(Delegado/MS – 2017 – FAPEMS) Acerca do Princípio da Publicidade e da Lei de Acesso à Informação (Lei n. 12.527/2011), assinale a alternativa correta.

(A) Somente a pessoa diretamente interessada poderá apresentar pedido de acesso às informações por qualquer meio legítimo, sendo que os órgãos e as entidades do poder público devem viabilizar alternativa de encaminhamento de pedidos de acesso por meio de seus sítios oficiais na internet.

(B) aso a informação solicitada esteja disponível ao público em formato impresso, eletrônico ou em qualquer outro meio de acesso universal, serão informados ao requerente, por escrito, o lugar e a forma pela qual se poderá consultar, obter ou reproduzir a referida informação, procedimento esse que desonerará o órgão ou a entidade pública da obrigação de seu fornecimento direto, ficando a cargo exclusivo do interessado, em quaisquer circunstâncias, prover meios para obter as informações solicitadas.

(C) O serviço de busca e fornecimento da informação é gratuito, salvo nas hipóteses de reprodução de documentos pelo órgão ou pela entidade pública consultada, situação em que poderá ser cobrado exclusivamente o valor necessário ao ressarcimento do custo dos serviços e dos materiais utilizados.

(D) É dever do Estado garantir o direito de acesso à informação, que será franqueada, mediante procedimentos objetivos e ágeis, de forma transparente, clara e em linguagem de fácil compreensão, sendo legítima a negativa, ainda que não fundamentada, quando a informação for classificada como total ou parcialmente sigilosa.

(E) É legítima a publicação, inclusive em sítio eletrônico mantido pela Administração Pública, dos nomes de seus servidores e do valor dos correspondentes aos vencimentos, sendo vedadas informações referentes a vantagens pecuniárias.

A: incorreta. Lei 12.527/2011, art. 10. Qualquer interessado poderá apresentar pedido de acesso a informações aos órgãos e entidades referidos no art. 1º desta Lei, por qualquer meio legítimo, devendo o pedido conter a identificação do requerente e a especificação da informação requerida. **B:** incorreta. Lei 12.527/2011, art. 10, § 6º: Caso a informação solicitada esteja disponível ao público em formato impresso, eletrônico ou em qualquer outro meio de acesso universal, serão informados ao requerente, por escrito, o lugar e a forma pela qual se poderá consultar, obter ou reproduzir a referida informação, procedimento esse que desonerará o órgão ou entidade pública da obrigação de seu fornecimento direto, salvo se o requerente declarar não dispor de meios para realizar por si mesmo tais procedimentos. **C:** correta. Lei 12.527/2011, art. 12. O serviço de busca e fornecimento da informação é gratuito, salvo nas hipóteses de reprodução de documentos pelo órgão ou entidade pública consultada, situação em que poderá ser cobrado exclusivamente o valor necessário ao ressarcimento do custo dos serviços e dos materiais utilizados. **D:** incorreta. Lei 12.527/2011, art. 25. É dever do Estado controlar o acesso e a divulgação de informações sigilosas produzidas por seus órgãos e entidades, assegurando a sua proteção. **E:** incorreta. Não são vedadas as informações relativas a vantagens pecuniárias. FMB

Gabarito "C".

(Delegado/MS – 2017 – FAPEMS) De acordo com o texto a seguir o direito público tem como objetivo primordial o atendimento ao bem-estar coletivo.

[...] em primeiro lugar, as normas de direito público, embora protejam reflexamente o interesse individual, têm o objetivo primordial de atender ao interesse público, ao bem-estar coletivo. Além disso, pode-se dizer que o direito público somente começou a se desenvolver quando, depois de superados o primado do Direito Civil (que durou muitos séculos) e o individualismo que tomou conta dos vários setores da ciência, inclusive a do Direito, substituiu-se a ideia do homem como fim único do direito (própria do individualismo) pelo princípio que

hoje serve de fundamento para todo o direito público e que vincula a Administração em todas as suas decisões [...].

DI PIETRO, Maria Sylvia Zaretla. Direito Administrativo. 30.ed. São Paulo: Atlas, 2017, p 96.

Diante disso, as "pedras de toque" do regime jurídico-administrativo são

(A) a supremacia do interesse público sobre o interesse privado e a impessoalidade do interesse público.

(B) a supremacia do interesse público sobre o interesse privado e a indisponibilidade do interesse público.

(C) a indisponibilidade do interesse público e o princípio da legalidade.

(D) a supremacia da ordem pública e o princípio da legalidade.

(E) a supremacia do interesse público e o interesse privado e o princípio da legalidade.

A expressão foi criada por Celso Antonio Bandeira de Melo, para falar dos princípios básicos, mais importantes do Direito administrativo, dos quais todos os demais princípios decorrem, quais sejam: Princípio da supremacia do interesse público e Princípio da indisponibilidade do interesse público. FMB

Gabarito "B".

(Delegado/MT – 2017 – CESPE) Em março de 2017, o governo de determinado estado da Federação declarou nulo ato que, de boa-fé, havia concedido vantagem pecuniária indevida aos ocupantes de determinado cargo a partir de janeiro de 2011.

Nessa situação hipotética,

(A) o ato de anulação do ato que havia concedido vantagem pecuniária ofendeu diretamente o princípio da proporcionalidade.

(B) o ato de anulação foi legal, pois atendeu a todos os preceitos legais e jurisprudenciais sobre a extinção dos atos administrativos.

(C) o correto seria a revogação do ato, e não a sua anulação.

(D) a declaração de nulidade do ato é nula de pleno direito, pois ocorreu a decadência do direito.

(E) o princípio da autotutela da administração pública protege o ato de anulação determinado pelo governo.

O ato já foi atingido pela previsão legal inserta na Lei 9.784/1999, art. 54, haja vista ter sido concedido em 2011. Art. 54. O direito da Administração de anular os atos administrativos de que decorram efeitos favoráveis para os destinatários decai em cinco anos, contados da data em que foram praticados, salvo comprovada má-fé. FMB

Gabarito "D".

(Delegado/PE – 2016 – CESPE) Considerando os princípios e fundamentos teóricos do direito administrativo, assinale a opção correta.

(A) As empresas públicas e as sociedades de economia mista, se constituídas como pessoa jurídica de direito privado, não integram a administração indireta.

(B) Desconcentração é a distribuição de competências de uma pessoa física ou jurídica para outra, ao passo que descentralização é a distribuição de competências dentro de uma mesma pessoa jurídica, em razão da sua organização hierárquica.

(C) Em decorrência do princípio da legalidade, é lícito que o poder público faça tudo o que não estiver expressamente proibido pela lei.

(D) A administração pública, em sentido estrito e subjetivo, compreende as pessoas jurídicas, os órgãos e os agentes públicos que exerçam função administrativa.

(E) No Brasil, por não existir o modelo da dualidade de jurisdição do sistema francês, o ingresso de ação judicial no Poder Judiciário para questionar ato do poder público é condicionado ao prévio exaurimento da instância administrativa.

A: incorreta; primeiro porque elas sempre são pessoas jurídicas de direito privado, não havendo outra opção; segundo porque integram a administração indireta; **B:** incorreta, pois houve inversão das definições; ou seja, deu-se o nome de desconcentração ao que é descentralização e vice-versa; **C:** incorreta, pois esse sentido do princípio da legalidade só se aplica ao particular; ao poder público o princípio da legalidade impõe que este faça apenas o que a lei permitir; **D:** correta, pois esse sentido (subjetivo = sujeito) foca nas pessoas, aí incluída as pessoas jurídicas (e, por tabela, seus órgãos) e os agentes públicos; **E:** incorreta, pois o princípio constitucional da universalidade da jurisdição não condiciona o ingresso de ação judicial ao prévio exaurimento da instância administrativa (art. 5º, XXXV, da CF). WG

Gabarito "D".

6. DIREITO ADMINISTRATIVO

(Delegado/PR – 2013 – UEL-COPS) É possível encontrar posições jurídicas que entendem ser indissociáveis os princípios da razoabilidade e da proporcionalidade. Entretanto, também há a compreensão que os distingue, afirmando que a razoabilidade está sedimentada na criação norte-americana do devido processo legal substantivo e que a proporcionalidade é extraída da jurisprudência alemã, que dissociou o conceito em três subelementos constitutivos. Assinale a alternativa que apresenta, corretamente, esses três subelementos.

(A) Adequação – necessidade – proporcionalidade em sentido estrito.

(B) Adequação – ponderação – razoabilidade em sentido estrito.

(C) Efetividade – ponderação – razoabilidade em sentido amplo.

(D) Efetividade – necessidade – proporcionalidade em sentido estrito.

(E) Ponderação – necessidade – razoabilidade em sentido estrito.

A alternativa "A" está correta, pois, quanto ao princípio da proporcionalidade, o STF, no julgamento do RE 466.343-1, especificou que esse princípio, quando aplicado na restrição a direitos fundamentais, deve levar em conta os seguintes critérios: a) adequação: eficácia do meio escolhido; b) necessidade: uso do meio menos restritivo ou gravoso para atingir a finalidade, face ao indivíduo paciente; c) proporcionalidade em sentido estrito: ponderação entre os benefícios alcançados com o ato e os danos por ele causados. Quanto à ordem correta de aplicação do princípio, é a seguinte: primeiro analisa-se, de fato, se há colisão de direitos fundamentais; depois descreve-se o conflito identificando os pontos relevantes do caso e, por fim, faz-se o exame, sucessivo, da adequação, da necessidade e da proporcionalidade em sentido estrito. **WG**
Gabarito "A".

(Delegado/RJ – 2013 – FUNCAB) No que se refere aos princípios que orientam a atividade administrativa, assinale a alternativa correta.

(A) Ao contrário do princípio da legalidade que é um princípio-fim, os princípios da publicidade e da impessoalidade são princípios-meio.

(B) São alguns dos princípios constitucionais explícitos: eficiência, impessoalidade, proporcionalidade, legalidade e moralidade.

(C) O princípio da razoabilidade incide sobre o exercício das funções públicas, exceto sobre a função legislativa.

(D) O Poder Executivo, no exercício de sua atividade típica, não se sujeita ao princípio da segurança jurídica que predomina na atividade jurisdicional, razão que leva a moderna doutrina administrativista a defender a inexistência de coisa julgada administrativa.

(E) Assim como ocorre na esfera judicial, que certos atos podem ter sua publicidade restrita em virtude da preservação da intimidade das partes, alguns atos administrativos também poderão ter sua publicidade restrita com amparo em dispositivo da Constituição Federal.

A: incorreta, pois o princípio da legalidade é um princípio-meio, diferentemente do princípio da dignidade da pessoa humana (por exemplo), que é um princípio-fim; **B:** incorreta, pois a proporcionalidade não é um princípio constitucional expresso; **C:** incorreta, pois o princípio da razoabilidade, apesar de ser um típico princípio administrativo, também incide sobre as atividades legislativa e jurisdicional, como imperativo básico daquele que gere coisa pública, que não pode, havendo discricionariedade, agir de forma desproporcional; **D:** incorreta, pois o princípio da segurança jurídica também incide sobre a atividade administrativa (art. 2°, *caput*, da Lei 9.784/1999); **E:** correta (art. 5°, LX, da CF). **WG**
Gabarito "E".

(Delegado/SP – 2014 – VUNESP) Desde antigas eras do Direito, já vingava o brocardo segundo o qual "nem tudo o que é legal é honesto" (*non omne quod licet honestum est*). Aludido pensamento vem a tomar relevo no âmbito do Direito Administrativo principalmente quando se começa a discutir o problema do exame jurisdicional do desvio de poder. Essa temática serve, portanto, de lastro para o desenvolvimento do princípio constitucional administrativo

(A) explícito da moralidade administrativa.

(B) explícito da legalidade.

(C) implícito da supremacia do interesse público sobre o privado.

(D) implícito da finalidade administrativa.

(E) implícito da motivação administrativa.

De fato, "nem tudo que é legal é honesto" ou "nem tudo que é legal é moral". Dessa forma, o princípio da legalidade não é suficiente para prevenir condutas que possam violar o interesse público. Por isso, a CF/1988 estabelece como princípio da Administração Pública o da moralidade administrativa. Um exemplo de aplicação desse princípio foi a edição da Súmula Vinculante STF n. 13, que, mesmo que não haja lei proibindo a contratação de parente para cargos em comissão, proíbe o nepotismo na Administração Pública, com fundamento no princípio da moralidade administrativa. **WG**
Gabarito "A".

(Delegado/SP – 2014 – VUNESP) O conceito de Direito Administrativo é peculiar e sintetiza-se no conjunto harmônico de princípios jurídicos que regem os órgãos, os agentes e as atividades públicas tendentes a realizar concreta, direta e imediatamente os fins desejados pelo Estado. A par disso, é fonte primária do Direito Administrativo

(A) a jurisprudência.

(B) os costumes.

(C) os princípios gerais de direito.

(D) a lei, em sentido amplo.

(E) a doutrina.

Dentre as fontes citadas, apenas a lei é fonte primária do Direito. As demais decorrem todas da lei, como é fácil perceber em relação à doutrina e a jurisprudência, lembrando que os costumes e os princípios gerais de direito só podem ser utilizados em caso de lacuna da lei, ou seja, não têm aplicação primária. **WG**
Gabarito "D".

(Delegado/MG – 2012) Em relação à interação do direito administrativo, com os demais ramos de direito, analise as afirmativas a seguir:

I. O direito administrativo é que dá mobilidade ao direito constitucional.

II. O direito administrativo tem vínculo com o direito processual civil e penal.

III. As normas de arrecadação de tributos podem ser tidas como de direito administrativo.

IV. A teoria civilista dos atos e negócios jurídicos têm aplicação supletiva aos atos e contratos administrativos.

Marque a alternativa correta.

(A) apenas as afirmativas I, II e III estão corretas.

(B) apenas as afirmativas II e IV estão corretas.

(C) apenas as afirmativas I e II estão corretas.

(D) as afirmativas I, II, III e IV estão corretas.

I: correta, pois o direito constitucional, na sua essência, traz princípios e diretrizes mais perenes; vide, por exemplo, a longevidade da Constituição Americana; o direito administrativo, por dizer respeito ao aspecto prático do Estado (ou seja, à execução das leis) é muito mais dinâmico, buscando sempre novas tecnologias; exemplos disso são a criação de organizações sociais e OSCIPs, bem como das parcerias público-privadas; **II:** correta; exemplo de relação com o processo civil é o processo administrativo; exemplo de relação com o direito penal é o processo disciplinar; **III:** correta, pois tais normas têm natureza administrativa, seguindo princípios próprios do direito administrativo; **IV:** correta, pois os atos e contratos administrativos têm disciplina própria, decorrente do regime jurídico de direito administrativo, que afasta o regime de direito privado; porém, supletivamente, ou seja, quando se estiver diante de ausência de diretriz pública sobre o ato ou contrato administrativos, aplicam-se as disposições de direito privado; aliás, em matéria de contrato administrativo, há disposição específica nesse sentido (art. 54, *caput*, da Lei 8.666/1993). **WG**
Gabarito "D".

(Delegado/MG – 2012) Dentre as assertivas abaixo, é CORRETO afirmar que

(A) o Estado é pessoa jurídica e a expressão de sua vontade pode ser entendida como a decisão do membro de cúpula de cada Poder Pertinente, ou seja, do agente político.

(B) os agentes públicos são mandatários do Estado.

(C) o órgão público, ainda que desprovido de personalidade jurídica, pode atuar em Juízo, na defesa dos seus interesses, em caráter excepcional, desde que exista expressa previsão legal.

(D) a vontade do órgão de representação plúrima ou colegiado deve emanar da unanimidade ou da maioria das vontades dos agentes que o integram, mesmo em se tratando de ato de rotina administrativa.

A: incorreta, pois, pela Teoria do Órgão, quando um agente pratica um ato, este é imputado diretamente ao Estado e não ao agente político; **B:** incorreta, pois a relação entre os agentes públicos e o Estado não é de *mandato* (próprio do direito privado), nem de *representação* (próprio dos incapazes), mas de *presentação*, já que o Estado se faz presente por meio de seus agentes; **C:** correta; exemplo disso é o próprio Ministério Público (que é órgão público) ou a Defensoria Pública (que também é órgão) ou as Mesas das Casas Legislativas (órgãos também), que podem atuar em juízo na defesa de seus interesses; **D:** incorreta, pois no caso de atos de rotina é possível que se atribua a uma secretaria ou ao presidente do colegiado a sua prática; vale salientar que até mesmo atos mais relevantes do que meros atos de rotina podem ser objeto de delegação para a presidência do órgão colegiado (art. 12, parágrafo único, da Lei 9.784/1999). **WG**

Gabarito "C".

(Delegado/PI – 2009 – UESPI) Dentre os princípios da Administração Pública, a autotutela caracteriza-se por:

(A) impedir que o Poder Judiciário reveja os atos praticados pela Administração Pública.

(B) permitir que a Administração Pública reveja seus próprios atos, revogando-os por motivo de interesse público (oportunidade e conveniência), assim como anulando os atos inquinados pela ilicitude.

(C) permitir que o Poder Judiciário revogue os atos praticados pela Administração Pública.

(D) permitir que o Poder Judiciário anule os atos praticados pela Administração Pública.

(E) impor aos administrados as decisões administrativas.

A: incorreta, pois, pela autotutela, a Administração não precisa recorrer ao Judiciário para rever os seus atos, mas nada impede que alguém busque o Judiciário e peça a anulação de um ato administrativo; **B:** correta (art. 53 da Lei 9.784/1999); **C:** incorreta, pois o Judiciário não pode revogar os atos da Administração, a não ser que se trate de atos de sua própria administração; **D:** incorreta, pois o princípio da *autotutela*, como o próprio nome diz, possibilita que a própria Administração tutele os seus atos, independentemente da atuação do Judiciário; portanto, o princípio que permite ao Judiciário anular os atos da Administração é outro, no caso, o princípio do *controle jurisdicional dos atos administrativos*; **E:** incorreta, pois, como se viu, o princípio da *autotutela* tem outro sentido; o que permite tal imposição é o atributo do ato administrativo denominado *imperatividade*. **WG**

Gabarito "B".

(Delegado/SC – 2008) Assinale a alternativa correta quanto aos princípios administrativos.

(A) Segundo o princípio da finalidade, é ilícito conjugar a pretensão do particular com o interesse coletivo nos contratos públicos.

(B) A duração do processo judicial ou administrativo que não se revelar razoável afronta o princípio constitucional da eficiência.

(C) Violar o princípio da moralidade administrativa não configura ilicitude passível de invalidação do ato.

(D) Segundo o princípio da publicidade, não se admite o sigilo na esfera administrativa, nem mesmo sob a alegação de segurança da sociedade.

A: incorreta, pois o princípio da finalidade estabelece que os atos administrativos devem atender à finalidade da lei que, muitas vezes, importará na conjugação da pretensão do particular com o interesse coletivo; **B:** correta, nos termos dos arts. 5.º, LXXVIII, e 37, *caput*, da CF; **C:** incorreta, pois é possível até ingressar com ação popular para a invalidação de ato que viole a moralidade administrativa (art. 5.º, LXXIII, da CF); **D:** incorreta, pois na esfera administrativa o sigilo é admitido quando imprescindível à segurança da sociedade e do Estado (art. 5.º, XXXIII, da CF). **WG**

Gabarito "B".

(Delegado/SP – 2008) A administração Pública enfeixa em suas mãos o enorme poder de editar atos e de fazê-los cumprir pela coletividade, daí aflorar a ideia de que representa a soma dos interesses particulares. Nesse contexto, o princípio subjacente é o da

(A) isonomia entre os administrados.

(B) moralidade administrativa.

(C) prevalência de interesse público.

(D) eficiência administrativa.

(E) razoabilidade administrativa.

A afirmativa, ao dizer que a administração atua em favor da *coletividade*, está se referindo ao princípio da prevalência do interesse público. **WG**

Gabarito "C".

(Delegado/SP – 2008) É princípio comezinho de direito público que as despesas previstas devem ser liquidadas no pertinente contrato, antecedido, em regra, de licitação. Atualmente a imprensa veiculou notícias sobre o uso indevido de cartões de crédito corporativos por agentes políticos em supermercados, *free shops*, restaurantes, a até para saques em dinheiro em caixas eletrônicos. Cuida-se de evidente desrespeito ao princípio da

(A) tutela.

(B) continuidade.

(C) impessoalidade.

(D) transparência.

(E) proporcionalidade.

O único princípio que guarda relação com o caso narrado é o da impessoalidade. De fato, o uso indevido de cartões de crédito corporativo fere o dever de impessoalidade, pois importa em favorecimento indevido do agente público. Há, também, violação aos princípios da legalidade e da moralidade, que não se encontravam em qualquer das alternativas. **WG**

Gabarito "C".

(Delegado/TO – 2008 – CESPE) A administração pública é orientada por princípios de índole constitucional, cuja observância proporciona aos administrados a sensação de respeito à coisa pública. A respeito desse tema, julgue os itens que se seguem.

(1) O princípio da vinculação política ao bem comum é, entre os princípios constitucionais que norteiam a administração pública, o mais importante.

(2) Em toda atividade desenvolvida pelos agentes públicos, o princípio da legalidade é o que precede todos os demais.

1: incorreta, pois a Constituição não estabelece esse princípio para a Administração Pública (art. 37, *caput*, da CF); **2:** correta, pois de nada adianta agir, por exemplo, obedecendo à eficiência, se não se está obedecendo à lei. **WG**

Gabarito 1E, 2C

2. PODERES ADMINISTRATIVOS

Para resolver as questões deste item, vale citar as definições de cada poder administrativo apresentadas por Hely Lopes Meirelles, definições estas muito utilizadas em concursos públicos. Confira:

a) poder vinculado – "é aquele que o Direito Positivo – a lei – confere à Administração Pública para a prática de ato de sua competência, determinando os elementos e requisitos necessários à sua formalização"; **b) poder discricionário** – "é o que o Direito concede à Administração, de modo explícito, para a prática de atos administrativos com liberdade na escolha de sua conveniência, oportunidade e conteúdo"; **c) poder hierárquico** – "é o de que dispõe o Executivo para distribuir e escalonar as funções de seus órgãos, ordenar e rever a atuação de seus agentes, estabelecendo a relação de subordinação entre os servidores do seu quadro de pessoal"; **d) poder disciplinar** – "é a faculdade de punir internamente as infrações funcionais dos servidores e demais pessoas sujeitas à disciplina dos órgãos e serviços da Administração"; **e) poder regulamentar** – "é a faculdade de que dispõem os Chefes de Executivo (Presidente da República, Governadores e Prefeitos) de explicar a lei para sua correta execução, ou de expedir decretos autônomos sobre matéria de sua competência ainda não disciplinada por lei"; **f) poder de polícia** – "é a faculdade de que dispõe a Administração Pública para condicionar e restringir o uso e gozo de bens, atividades e direitos individuais, em benefício da coletividade ou do próprio Estado".

(*Direito Administrativo Brasileiro*, 26ª ed., São Paulo: Malheiros, p. 109 a 123)

2.1. Poderes vinculado e discricionário

(Delegado/RN – 2009 – CESPE) Assinale a opção correta em relação aos poderes administrativos e à organização administrativa.

(A) O poder vinculado significa que a lei deixou propositadamente certa faixa de opção para o exercício da vontade psicológica do agente, limitado entretanto a escolha dos meios e da oportunidade para a concretização do ato administrativo.

(B) O poder discricionário é conferido à administração de forma expressa e explícita, com a norma legal já trazendo em si própria a determinação dos elementos e requisitos para a prática dos respectivos atos.

(C) O poder disciplinar consiste em distribuir e escalonar as funções, ordenar e rever as atuações e estabelecer as relações de subordinação entre os órgãos, inclusive seus agentes.

(D) Pela desconcentração rompe-se uma unidade personalizada e não há vínculo hierárquico entre a administração central e a pessoa estatal descentralizada. Assim, a segunda não é subordinada à primeira.

6. DIREITO ADMINISTRATIVO — 571

(E) A descentralização pressupõe pessoas jurídicas diversas: a que originalmente tem ou teria titulação sobre certa atividade e aquela a que foi atribuído o desempenho da atividade em causa.

A: incorreta, pois no poder vinculado não há margem de liberdade, já que a lei estabelece, objetivamente, cada requisito para a prática do ato; trata-se, neste caso, da definição do poder discricionário; **B:** incorreta, pois essa definição é de poder vinculado; **C:** incorreta, pois essa definição é de poder hierárquico; o poder disciplinar é correlato ao poder hierárquico, mas ambos não se confundem uma vez que no poder disciplinar a Administração controla o desempenho das funções executivas e a conduta dos seus agentes, responsabilizando-os pelas eventuais faltas cometidas; **D:** incorreta, pois a desconcentração é a distribuição de competência de órgão para órgão, e não de pessoa jurídica para outra "pessoa estatal descentralizada" e a alternativa "D" refere-se ao conceito de descentralização; **E:** correta, pois a descentralização, de fato, é a distribuição de competência de uma pessoa jurídica para outra pessoa jurídica, vide, por exemplo, o art. 37, XIX e XX, da CF. **WG** Gabarito "E".

2.2. Poder hierárquico

(Delegado/MS – 2017 – FAPEMS) Quanto aos poderes da Administração Pública, assinale a alternativa correta.

(A) O Poder Hierárquico é pressuposto do Poder Disciplinar.
(B) O Poder Hierárquico pode ser exercido pela regulamentação de prática de ato em razão de interesse público concernente à segurança.
(C) O Poder Disciplinar pode ser exercido por meio do disciplinamento de liberdade.
(D) O Poder de Polícia pode ser exercido por meio da expedição de decretos autônomos.
(E) A possibilidade de delegar e avocar atribuições decorre do Poder Disciplinar.

Sendo o poder hierárquico o responsável por escalonar e distribuir as funções dos órgãos e ordenar e rever a atuação dos agentes, acaba por conseguinte se tornando pressuposto do poder disciplinar que é o poder pelo qual pode punir as infrações funcionais dos agentes públicos como também se dirige a outras pessoas que mantêm relação jurídica com a Administração. **FMB** Gabarito "A".

(Delegado/AC – 2008 – CESPE) Julgue o item subsequente.

(1) Considere que a Constituição da República determina que as polícias civis sejam dirigidas por delegados de polícia de carreira. Essa determinação confere aos delegados poder hierárquico e poder disciplinar sobre os servidores da polícia civil que lhes são subordinados.

1: incorreta, pois, no caso, é possível dizer que os delegados têm poder hierárquico, mas não quer dizer que têm poder disciplinar, pois um poder é independente do outro; o poder disciplinar é o poder de aplicar sanções pelo cometimento de infração disciplinar; normalmente, esse poder é conferido a mais de uma autoridade, sendo que a demissão, boa parte das vezes, é prerrogativa exclusiva do Chefe do Executivo. **WG** Gabarito 1E

2.3. Poder regulamentar

(Delegado/GO – 2017 – CESPE)

De acordo com a legislação e a doutrina pertinentes, o poder de polícia administrativa

(A) pode manifestar-se com a edição de atos normativos como decretos do chefe do Poder Executivo para a fiel regulamentação de leis.
(B) é poder de natureza vinculada, uma vez que o administrador não pode valorar a oportunidade e conveniência de sua prática, estabelecer o motivo e escolher seu conteúdo.
(C) pode ser exercido por órgão que também exerça o poder de polícia judiciária.
(D) é de natureza preventiva, não se prestando o seu exercício, portanto, à esfera repressiva.
(E) é poder administrativo que consiste na possibilidade de a administração aplicar punições a agentes públicos que cometam infrações funcionais.

A: incorreta. Trata-se do poder regulamentar. **B:** incorreta. O artigo 78 do Código Tributário Nacional traz uma definição legal do poder de polícia: "considera-se

poder de polícia a atividade da administração pública que, limitando ou disciplinando direito, interesse ou liberdade, regula a prática de ato ou abstenção de fato, em razão de interesse público concernente à segurança, à higiene, à ordem, aos costumes, à disciplina da produção e do mercado, ao exercício de atividades econômicas dependentes de concessão ou autorização do poder público, à tranquilidade pública ou ao respeito à propriedade e aos direitos individuais ou coletivos". Note-se que o mencionado artigo define o poder de polícia como atividade da administração pública; contudo, em atenta leitura ao parágrafo único que se segue vemos que o poder de polícia também é considerado regular quando executado por "órgão competente nos limites da lei aplicável, com observância do processo legal e, tratando-se de atividade que a lei tenha como discricionária, sem abuso ou desvio de poder". **C:** correta. O poder de polícia, na forma da Lei, deve ser exercido por toda a Administração Publica. **D:** incorreta. O poder de polícia e exercida tanto de forma preventiva quanto repressiva. **E:** incorreta. A assertiva define o poder disciplinar. **FMB** Gabarito "C".

(Delegado/AM) A natureza regulamentar da Administração Pública é:

(A) primária
(B) originária
(C) secundária
(D) subsidiária

O poder regulamentar é de natureza *secundária*, pois o regulamento não pode, como regra, inovar *originariamente* na ordem jurídica, devendo apenas explicar a lei, ou seja, agir de modo secundário, para a fiel execução da lei. **WG** Gabarito "C".

(Delegado/SP – 2008) Os atos normativos do Presidente da República que exorbitem do poder regulamentar ou dos limites de delegação legislativa podem ser sustados mediante

(A) resolução do Congresso Nacional.
(B) resolução do Senado Federal.
(C) decreto legislativo do Senado Federal.
(D) decreto legislativo do Congresso Nacional.
(E) decreto autônomo do STF.

Art. 49, V, da CF. **WG** Gabarito "D".

(Delegado/SP – 1999) A competência do Governador do Estado para expedir decretos é

(A) delegável.
(B) forma de criar direitos e obrigações.
(C) poder vinculado e limitado.
(D) poder normativo pleno.

A: incorreta, pois o poder regulamentar é indelegável; **B:** incorreta, pois o poder regulamentar não pode, como regra, inovar na ordem jurídica; no Brasil, os decretos são de *execução de lei*, e não *autônomos de lei*; de qualquer forma, vale a pena lembrar que há alguns casos de decreto autônomo de lei (art. 84, VI, da CF); **C:** correta, pois a competência para um ato é sempre vinculada, ou seja, somente o Governador tem competência; além disso, a competência regulamentar é limitada, pois não pode inovar na ordem jurídica; **D:** incorreta, pois não há poder normativo pleno, vez que o decreto regulamentar não pode inovar na ordem jurídica, como já explicado. **WG** Gabarito "C".

2.4. Poder de polícia

(Delegado/ES – 2019 – Instituto Acesso) Sobre o poder de polícia, assinale a alternativa cujos conceitos estão relacionados de forma correta.

(A) A discricionariedade e a autoexecutoriedade fazem parte da Administração Pública como um todo, exceto no que tange ao Poder de Polícia.
(B) A Administração Pública Direta detém o poder de polícia delegado, por sua vez originado pela Constituinte, e ambos são caracterizados pela coercibilidade.
(C) O poder de polícia não é caracterizado pela coercibilidade.
(D) A Administração Pública Direta detém o poder de polícia originário e a Administração Pública Indireta detém o poder de polícia delegado.
(E) O poder de polícia é exercido única e exclusivamente por aqueles que assim o detém, isto é, polícias militares, judiciárias e demais guardas e vigias relacionados à Administração Pública Direta.

São atributos do poder de polícia: a discricionariedade, a coercibilidade e a autoexecutoriedade (alternativas A e C incorretas). O seu exercício cabe originariamente à Administração Pública Direta (poder de polícia originário). Se exercido pela Administração Indireta, utiliza-se a expressão poder de polícia delegado (correta a alternativa D; incorreta a alternativa B). Além disso, a atuação da polícia administrativa é feita por diversos órgãos da Administração, e não exclusivamente por polícias militares (que atuam notadamente no setor do policiamento ostensivo), polícias judiciárias (cuja função precípua é a atividade investigativa de delitos penais) e demais guardas ou vigias (alternativa E incorreta). **RB**
Gabarito "D".

"O Direito Administrativo, como é entendido e praticado entre nós, rege efetivamente não só os atos do Executivo, mas também os do Legislativo e os do Judiciário, praticados como atividade paralela e instrumental das que lhe são específicas e predominantes, isto é, a de legislação e a de jurisdição. O conceito de Direito Administrativo Brasileiro, para nós, sintetiza-se no conjunto harmônico de princípios jurídicos que regem os órgãos, os agentes e as atividades públicas tendentes a realizar concreta, direta e imediatamente os fins desejados pelo Estado."

(MEIRELLES, Hely Lopes. O Direito Administrativo Brasileiro. 29ª ed., São Paulo: Malheiros Editora, 2004.)

(Delegado/ES – 2019 – Instituto Acesso) Assinale a alternativa INCORRETA:

(A) Autorização, permissão e concessão são formas de o Estado autorizar, permitir e conceder aos particulares a exploração de bens e serviços públicos.

(B) A legalidade administrativa é diferente da legalidade civil, uma vez que aquela dita o limite da atuação do administrador público, conforme imposto pela lei e esta permite ao particular aquilo que a lei não proíbe.

(C) O poder de polícia decorre da capacidade administrativa e concede também a prerrogativa de função legislativa para a positivação de tipos penais em âmbito de direito penal aos agentes de estado que possuem esse poder.

(D) O princípio da supremacia do interesse público, não desconsidera os interesses particulares/individuais, não obstante informa ao agente administrativo que o interesse público prevalece sobre interesses privados.

(E) São princípios de direito administrativo a moralidade administrativa, a supremacia do interesse público, a motivação, a publicidade e transparência, a proporcionalidade e razoabilidade administrativas.

A incorreção está na alternativa C. Poder de polícia pode ser definido como a limitação da liberdade e da propriedade dos particulares, em prol do interesse coletivo. A doutrina costuma diferenciar dois sentidos da noção: poder de polícia em sentido estrito, que abrange a atuação da Administração Pública; e o poder de polícia em sentido amplo, que congrega a atribuição do Executivo (função administrativa) e do Legislativo (função legislativa). Neste último caso, não se trata da positivação de tipos penais (âmbito penal), pois o poder de polícia integra esfera própria e independente de atuação. Assim, embora determinado fato (exemplo: dirigir um veículo em estado de embriaguez) possa caracterizar crime (tipificado na seara penal), cabível o seu regramento na esfera administrativa (poder de polícia de trânsito). **RB**
Gabarito "C".

(Delegado/GO – 2017 – CESPE) A respeito dos poderes e deveres da administração, assinale a opção correta, considerando o disposto na CF.

(A) A lei não pode criar instrumentos de fiscalização das finanças públicas, pois tais instrumentos são taxativamente listados na CF.

(B) A eficiência, um dever administrativo, não guarda relação com a realização de supervisão ministerial dos atos praticados por unidades da administração indireta.

(C) O abuso de poder consiste em conduta ilegítima do agente público, caracterizada pela atuação fora dos objetivos explícitos ou implícitos estabelecidos pela lei.

(D) A capacidade de inovar a ordem jurídica e criar obrigações caracteriza o poder regulamentar da administração.

(E) As consequências da condenação pela prática de ato de improbidade administrativa incluem a perda dos direitos políticos e a suspensão da função pública.

A: incorreta. CF, art. 163. Lei complementar disporá sobre: I – finanças públicas; V – fiscalização financeira da administração pública direta e indireta; B: incorreta.

Os princípios da Administração Publica deverão estar presentes em todos os seus atos. **C:** correta. Abuso de poder e gênero do qual são espécies: excesso de poder, desvio de poder e de finalidade. **D:** incorreta. O poder regulamentar apenas regulamenta normas já existentes, não inova a ordem jurídica. **E:** incorreta. O que se perde é a função publico, sendo os direitos políticos suspensos. **FMB**
Gabarito "C".

(Delegado/PE – 2016 – CESPE) A fiscalização ambiental de determinado estado da Federação verificou que a água utilizada para o consumo dos hóspedes de um hotel era captada de poços artesianos. Como o hotel não tinha a outorga do poder público para extração de água de aquífero subterrâneo, os fiscais lavraram o auto de infração e informaram ao gerente do hotel que lacrariam os poços artesianos, conforme a previsão da legislação estadual. O gerente resistiu à ação dos fiscais, razão pela qual policiais militares compareceram ao local e, diante do impasse, o gerente, acompanhado do advogado do hotel, e os fiscais foram conduzidos à delegacia local. O advogado alegou que os fiscais teriam agido com abuso de autoridade, uma vez que o poder público estadual não teria competência para fiscalizar poços artesianos, e requereu ao delegado de plantão a imediata liberação do gerente e o registro, em boletim de ocorrência, do abuso de poder por parte dos fiscais. A partir dessa situação hipotética, assinale a opção correta, considerando as regras e princípios do direito administrativo.

(A) Agentes de fiscalização não possuem poder de polícia, que é exclusivo dos órgãos de segurança pública. Por essa razão, os fiscais não poderiam entrar no hotel, propriedade privada, sem o acompanhamento dos policiais militares.

(B) A fiscalização estadual agiu corretamente ao aplicar o auto de infração: o hotel não poderia fazer uso de poço artesiano sem a outorga do poder público estadual. Contudo, os fiscais somente poderiam lacrar os poços se dispusessem de ordem judicial, razão pela qual ficou evidente o abuso de poder.

(C) As águas subterrâneas e em depósito são bens públicos da União, razão pela qual a fiscalização estadual não teria competência para atuar no presentecaso.

(D) Os estados membros da Federação possuem domínio das águas subterrâneas e poder de polícia para precaver e prevenir danos ao meio ambiente. Assim, a fiscalização estadual não só tinha o poder, mas também, o dever de autuar.

(E) Não é necessária a outorgado ente público para o simples uso de poço artesiano. Logo, a conduta dos fiscais foi intempestiva e abusiva.

A: incorreta, pois o poder de polícia relacionado à fiscalização de ilícitos administrativos e ambientais é, na verdade, atividade típica de agentes de fiscalização, e não é atividade típica de órgãos de segurança pública, que se direcionam para evitar e investigar outro tipo de ilícito, no caso o ilícito penal; **B:** incorreta, pois a possibilidade de a Administração, por si só, fazer executar suas ordens é comum e basta ler previsão legal na situação de urgência que impossibilite buscar o Judiciário, que a fiscalização poderá impor materialmente o cumprimento da lei que estiver sendo violada; **C:** incorreta, pois as águas superficiais ou subterrâneas incluem-se entre os bens dos Estados (art. 26, I, da CF); **D:** correta, pois o domínio das águas subterrâneas pelos Estados está previsto no art. 26, I, da CF, e a competência para precaver e prevenir danos ambientais está prevista no art. 23, VI, da CF; **E:** incorreta, pois qualquer uso de recursos hídricos superficiais ou subterrâneos de depende de prévia autorização ou licença do órgão público estadual, por se tratar de um bem público pertencente ao Estado (art. 26, I, da CF). **WG**
Gabarito "D".

(Delegado/PR – 2013 – UEL-COPS) Acerca da denominação do poder de polícia que incide sobre bens, direitos e atividades, assinale a alternativa correta.

(A) Polícia Administrativa.
(B) Polícia Investigativa.
(C) Polícia Militar.
(D) Polícia Judiciária.
(E) Polícia Civil.

A: correta, pois a polícia administrativa recai sobre bens, direitos e atividades; B a E: incorretas, pois tais polícias são exercidas em relação às pessoas. **WG**
Gabarito "A".

(Delegado/RJ – 2013 – FUNCAB) Sobre o poder de polícia, é correto afirmar:

(A) Por ter natureza eminentemente sancionatória, deve sempre ser exercido nos estritos limites da lei.

6. DIREITO ADMINISTRATIVO — 573

(B) Embora não seja a regra, admite-se sua delegação a particulares, incluindo as atividades materiais acessórias e conexas, bem ainda a coerção e a imposição de sanções.

(C) Excepcionalmente, se presente interesse público relevante, as medidas de poder de polícia podem gerar efeitos retroativos e infirmar os efeitos produzidos por atos praticados anteriormente.

(D) Orienta-se a prevenir lesão a direitos e a valores tutelados juridicamente, possuindo cunho eminentemente preventivo.

(E) Desenvolve-se por meio de quatro categorias de providências: a regulamentação (edição de normas gerais), a emissão de decisões particulares, a coerção fática propriamente dita e o sancionamento a *posterior*.

A: incorreta, pois o poder de polícia é, antes de tudo, preventivo, incidindo sanções apenas quando a prevenção não evitar a violação das normas que buscam condicionar os interesses individuais ao interesse público; **B:** incorreta, pois o poder de polícia em sua inteireza só pode ser exercido por autoridade pública, podendo os particulares contribuir apenas com atividades meramente materiais, como a operação de radares eletrônicos (simples fiscalização, sem aplicação de sanção) e também em atividades de consentimento; **C:** incorreta, pois nem mesmo a lei pode retroagir para restringir direitos, quanto mais um ato de polícia administrativa; **D:** correta, pois o poder de polícia é, antes de tudo, preventivo, incidindo sanções apenas quando a prevenção não evitar a violação das normas que buscam condicionar os interesses individuais ao interesse público; **E:** incorreta, pois o poder de polícia se desenvolve em quatro providências, quais sejam, a edição de **lei**, a atividade de **consentimento** (que consiste em verificar se o particular que desempenha determinada atividade ou direito satisfaz os requisitos em lei para tanto; por exemplo, tem-se o caso das autoescolas, que são particulares credenciados para exames que verificam alguns dos requisitos para receber habilitação para dirigir), a **fiscalização** e a aplicação de **sanção**. WG
Gabarito "D".

(Delegado/SP – 2014 – VUNESP) Ao exercício do poder de polícia são inerentes certas atividades que podem ser sumariamente divididas em quatro grupos: I – legislação; II – consentimento; III – fiscalização; e IV – sanção. Nessa ordem de ideias, é correto afirmar que o particular

(A) pode exercer apenas as atividades de consentimento e de sanção, por não serem típicas de Estado.

(B) somente pode exercer, por delegação, a atividade de fiscalização, por não ser típica de Estado.

(C) pode exercer, por delegação, as atividades de consentimento e fiscalização, por não serem típicas de Estado.

(D) pode exercer, por delegação, quaisquer das atividades inerentes ao poder de polícia, pois não se traduzem em funções típicas de Estado.

(E) pode exercer, por delegação, o direito de impor, por exemplo, uma multa por infração de trânsito e cobrá-la, inclusive, judicialmente.

A: incorreta, pois a atividade de sanção é típica de Estado; **B:** incorreta, pois o particular também pode exercer a atividade de consentimento, que consiste em verificar se o particular que desempenha determinada atividade ou direito satisfaz os requisitos em lei para tanto; por exemplo, tem-se o caso das autoescolas, que são particulares credenciados para exames que verificam alguns dos requisitos para receber habilitação para dirigir; **C:** correta, pois as atividades de consentimento e de fiscalização (sem sanção) podem ser realizadas pelo particular; **D:** incorreta, pois a edição de leis e a aplicação de sanções são atividades típicas de Estado; **E:** incorreta, pois a aplicação de sanções é atividade típica de Estado. WG
Gabarito "C".

(Delegado/MG – 2012) No que se refere aos Poderes Administrativos, assinale a alternativa **INCORRETA**:

(A) O ato administrativo submete-se ao controle judicial por força do princípio da moralidade.

(B) O poder regulamentar típico permite complementar a lei e é de caráter derivado.

(C) Autoexecutoriedade e coercibilidade são atributos do poder de polícia.

(D) Os atos de polícia que avultam o princípio da proporcionalidade revelam-se ilegais, sendo, portanto, passíveis de anulação pelo Poder Judiciário.

A: incorreta (devendo ser assinalada); o ato administrativo submete-se ao controle judicial por força dos princípios da legalidade (art. 37, *caput*, da CF) e da inafastabilidade do controle jurisdicional (art. 5.º, XXXV, da CF); **B:** correta, pois o poder regulamentar típico admite apenas a expedição de regulamentos de execução de lei, ou seja, de regulamentos que complementam a lei, não criando direitos

ou deveres originários, daí seu caráter derivado; **C:** correta, pois a doutrina, de fato, aponta esses dois atributos como próprios do poder de polícia; **D:** correta, pois o desrespeito à proporcionalidade (pressuposto de validade denominado "causa") torna o ato ilegal, passível, portanto, de anulação pelo Judiciário. WG
Gabarito "A".

(Delegado/MG – 2008) Com referência à Polícia Judiciária, é *INCORRETO* afirmar que

(A) tem a seu cargo a apuração das infrações penais, as investigações criminais e o auxílio à Justiça, no campo da aplicação da lei, além de registros e fiscalização de natureza regulamentar.

(B) a execução da Polícia Judiciária cabe aos Delegados de Polícia, segundo o que for ditado pela conveniência e a oportunidade na realização de ato de sua atribuição, em todo o Estado.

(C) a Polícia Judiciária compreende triagem e custódia de suspeitos de infrações penais.

(D) os Delegados de Polícia e seus auxiliares deverão comparecer ao local do crime para as diligências necessárias à apuração e identificação dos autores.

Todas as alternativas trazem informação correta acerca da polícia judiciária, salvo a alternativa "B", que está incorreta, pois os delegados não podem agir sempre segundo a conveniência e oportunidade, já que nem todas as competências dos delegados são discricionárias. WG
Gabarito "B".

(Delegado/MG – 2008) Sobre o poder de polícia no campo do direito administrativo, é *INCORRETO* afirmar que

(A) é exercido mediante prerrogativas e sujeições.

(B) limita o direito do cidadão ao bem-estar coletivo.

(C) concretiza o princípio da predominância do interesse público.

(D) se caracteriza pelo cumprimento de atos administrativos editados para regramento da conduta do cidadão.

A: correta, pois há prerrogativas (presunção de legitimidade, autoexecutoriedade e exigibilidade) e sujeições (respeito à legalidade, à probidade etc.); **B:** correta, pois o poder de polícia tem por função justamente limitar os direitos das pessoas, de modo a conformá-los às exigências dos interesses coletivos; por exemplo, quando uma lei determina que não se pode fumar em estabelecimentos fechados, esta lei está justamente limitando o direito das pessoas em prol do interesse coletivo, traduzindo-se em típico exemplo de poder de polícia; os fiscais administrativos, quando estiverem fiscalizando o cumprimento dessa lei, estarão exercendo o poder de polícia em sentido estrito, também chamado de polícia administrativa; **C:** correta, pois a ideia do poder de polícia é justamente promover e garantir a predominância do interesse público sobre o interesse privado; **D:** incorreta (devendo ser assinalada); o poder de polícia em sentido amplo é criado pela lei (exemplo: lei que proíbe o fumo em estabelecimentos fechados) e não por atos administrativos; os atos administrativos serão praticados por ocasião das providências fiscalizatórias, e não para criar originariamente as regras de conduta do cidadão. WG
Gabarito "D".

(Delegado/PI – 2009 – UESPI) Acerca do poder de polícia, assinale a alternativa correta.

(A) A desproporcionalidade no exercício do poder de polícia torna o ato de polícia administrativo ilegítimo, em virtude do desvio de finalidade.

(B) Como decorrência do atributo da imperatividade, a Administração Pública pode impor coercitivamente, as medidas próprias do poder de polícia.

(C) A interdição de estabelecimento pela vigilância sanitária, em decorrência de irregularidades detectadas em inspeção, configura exercício do poder de polícia.

(D) Como regra geral, o poder de polícia é vinculado.

(E) A administração indireta não pode exercer poder de polícia.

A: incorreta, pois, no caso, temos como violado o requisito de validade "causa" (pertinência entre o conteúdo do ato e a finalidade a ser alcançada) e não o requisito de validade "finalidade"; esse tema é desenvolvido pelo doutrinador Celso Antônio Bandeira de Mello (*Curso de Direito Administrativo*, Malheiros); **B:** incorreta, pois a imperatividade é a possibilidade de impor obrigações a terceiros independentemente de sua concordância, ao passo que a coercibilidade é um plus, consistindo na possibilidade de usar a força para que o particular atenda a determinação do Poder Público; **C:** correta, pois o poder de polícia tem em mira justamente controlar, no plano administrativo, atividades nocivas aos interesses públicos, atuando repressiva e preventivamente; **D:** incorreta, pois a lei é que estabelecerá, caso a caso, se determinada limitação administrativa à liberdade

574 WANDER GARCIA, FLÁVIA BARROS E RODRIGO BORDALO

e à propriedade das pessoas ensejará atuação fiscalizatória discricionária ou vinculada; **E**: incorreta, pois não há limitação alguma nesse sentido; de qualquer forma, o poder de polícia deve ser exercido por autoridade pública, de modo que somente pessoas de direito público (autarquias, fundações públicas, agências reguladoras e associações públicas) devem exercer o poder de polícia, não sendo adequado que pessoas jurídicas de direito privado estatais, como as empresas estatais, o façam. WG

Gabarito "C".

2.5. Poderes combinados

(Delegado/MG – 2018 – FUMARC) Correlacione as duas colunas, vinculando cada situa-ção ao respectivo poder administrativo.

A sequência numérica CORRETA, de cima para baixo, é:

(A) 1, 2, 4, 3
(B) 3, 1, 4, 2
(C) 3, 4, 1, 2
(D) 4, 3, 2, 1

A revogação de ato administrativo, por envolver o exercício de um juízo de conveniência e oportunidade, está relacionada ao poder discricionário. A in-terdição de estabelecimento comercial pela vigilância sanitária detém relação como poder de polícia, em sua vertente repressiva. Por sua vez, a aplicação de penalidade administrativa a servidor constitui manifestação do poder dis-ciplinar. Por fim, a edição de decretos assume liame com o poder regulamen-tar, já que associado à expedição de atos normativos pela Chefia do Executi-vo. Nesse sentido, a sequência correta é 3, 4, 1, 2. RB

Gabarito "C".

(Delegado/PE – 2016 – CESPE) Acerca dos poderes e deveres da administração pública, assinale a opção correta.

(A) A autoexecutoriedade é considerada exemplo de abuso de poder: o agente público poderá impor medidas coativas a terceiros somente se autorizado pelo Poder Judiciário.
(B) À administração pública cabe o poder disciplinar para apurar infrações e aplicar penalidades a pessoas sujeitas à disciplina administrativa, mesmo que não sejam servidores públicos.
(C) Poder vinculado é a prerrogativa do poder público para escolher aspectos do ato administrativo com base em critérios de conveniência e oportunidade; não é um poder autônomo, devendo estar associado ao exercício de outro poder.
(D) Faz parte do poder regulamentar estabelecer uma relação de coordenação e subordinação entre os vários órgãos, incluindo o poder de delegar e avocar atribuições.
(E) O dever de prestar contas aos tribunais de contas é específico dos servidores públicos; não é aplicável a dirigente de entidade privada que receba recursos públicos por convênio.

A: incorreta, pois esse é um atributo comum dos atos administrativos e, havendo permissão legal ou situação de urgência em que não se possa aguardar a apreciação pelo Judiciário, esse atributo pode ser aplicado pela Administração; **B**: correta, pois na definição de poder disciplinar está não só a aplicação de penalidades para servidores públicos típicos, como também para outros tipos de agentes públicos, como os tabeliães e registradores; **C**: incorreta, pois a definição em tela está associada ao *poder discricionário* e não ao *poder vinculado*; **D**: incorreta, pois a definição em tela está associada ao *poder hierárquico* e não ao *poder regulamentar*; **E**: incorreta, pois qualquer particular que gerencie recursos públicos por meio de instrumento dessa natureza (que se chamava *convênio* e cujo nome agora é *termo de colaboração* ou *termo de fomento*) tem o dever de prestar contas (art. 70, parágrafo único, da CF). WG

Gabarito "B".

(Delegado/DF – 2015 – Fundação Universa) Acerca dos poderes da administração pública, assinale a alternativa correta.

(A) No julgamento de revisão de processo administrativo em que foi aplicada sanção administrativa, o exercício do poder disciplinar é restringido pela Lei 9.784/1999, pois não se admite o agravamento da sanção.
(B) A possibilidade de a administração aplicar multas pelo descumprimento total ou parcial dos contratos administrativos não decorre do seu poder disciplinar, visto que envolve terceiros, não integrantes da administração.
(C) As decisões do TCU submetem-se ao controle hierárquico do Congresso Nacional.

(C) Suponha-se que uma instrução normativa da Secretaria do Tesouro Nacional viole a lei. Nesse caso, não é possível a utilização de decreto legislativo, pelo Congresso Nacional, para suspender a norma regulamentar exorbitante do poder regulamentar, uma vez que esta norma não é um decreto editado pelo chefe do Poder Executivo.
(D) O poder de polícia pode ser remunerado por meio de taxa, tanto pelo seu efetivo exercício, quanto pela potencialidade colocada à disposição do contribuinte.

A: correta (art. 65, parágrafo único, da Lei 9.784/1999); **B**: incorreta, pois na definição de poder disciplinar ("a faculdade de punir internamente as infrações funcionais dos servidores e demais pessoas sujeitas à disciplina dos órgãos e serviços da Administração") tem-se, na segunda parte, situação que se enquadra no afirmado na presente alternativa; **C**: incorreta, pois não se trata de controle hierárquico, já que os ministros ou conselheiros dos tribunais de contas têm, no que couber, garantias e prerrogativas próprias de autoridades judiciais (art. 73, § 3º, da CF), não se podendo falar em subordinação hierárquica em relação ao Legislativo, ainda que este exerça o controle sobre certas decisões dos tribunais de contas, como as que dizem respeito à aprovação de contas do Executivo; **D**: incorreta, pois o art. 49, V, da CF incide sobre outros atos normativos do Executivo, como é o caso de instrução normativa (AC 1.033 AgR-QO, rel. min. Celso de Mello, j. 25.05.2006, P, DJ de 16.06.2006.); **E**: incorreta, pois a Constituição exige o efetivo exercício do poder de polícia para que se cobre taxa; não se deve confundir essa situação com o serviço público, pois nesse caso sim é que é possível cobrar pelo uso efetivo ou potencial do serviço público (art. 145, II, da CF). WG

Gabarito "A".

(Delegado/PR – 2007) Sobre os poderes administrativos, numere a coluna da direita de acordo com a da esquerda.

( ) Conjunto de atribuições concedidas à Administração Pública para disciplinar e restringir os direitos e liberdades individuais em benefício da coletividade ou do próprio Estado, em busca da preservação da ordem pública.
( ) Apuração e punição das faltas funcionais dos servidores públicos.
( ) Normas expedidas pelo Chefe do Poder Executivo que visam tornar efetivo o cumprimento da lei.
( ) Instrumento para garantia da atuação coordenada da Administração e que consiste na subordinação e coordenação nas relações entre os órgãos e entre os servidores administrativos.
1. Poder disciplinar
2. Poder de polícia
3. Poder hierárquico
4. Poder regulamentar
Assinale a alternativa que apresenta a sequência correta da coluna da direita, de cima para baixo.

(A) 1 – 2 – 3 – 4.
(B) 4 – 3 – 2 – 1.
(C) 1 – 2 – 4 – 3.
(D) 1 – 3 – 4 – 2.
(E) 2 – 1 – 4 – 3.

Basta conferir as definições dadas no início deste item, para verificar que as correspondências corretas estão na alternativa "E". WG

Gabarito "E".

(Delegado/RJ – 2009 – CEPERJ) No que diz respeito aos poderes administrativos, considere as proposições abaixo, e assinale a alternativa correta:

I. A disciplina funcional resulta do sistema hierárquico. Com efeito, se aos agentes superiores é dado o poder de fiscalizar as atividades dos de nível inferior, deflui daí o efeito de poderem eles exigir que a conduta destes seja adequada aos mandamentos legais, sob pena de, se tal não ocorrer, serem os infratores sujeitos às respectivas infrações.
II. Poder regulamentar é a prerrogativa conferida à Administração Pública de editar atos gerais para complementar as leis e permitir a sua efetiva aplicação.
III. A faculdade conferida ao administrador de extrapolar os limites legais ou agir em desacordo com o ordenamento jurídico decorre do poder de polícia.
IV. Pelo atributo da coercibilidade, o poder de polícia é sempre executado de forma imediata com vistas a atender o interesse do Administrador Público, sem dependência de ordem judicial.

(A) Estão corretas as proposições I, II e III.

(B) Estão incorretas as proposições I, III e IV.

(C) Estão incorretas as proposições III e IV.

(D) Estão corretas as proposições II e III.

(E) Estão incorretas as proposições I e II.

I: correta, pois está de acordo com o conceito de poder hierárquico, trazido no início deste item; **II:** correta, pois está de acordo com o conceito de poder regulamentar, trazido no início deste item; **III:** incorreta, pois o administrador não pode extrapolar os limites legais, nem agir em desacordo com o ordenamento jurídico; **IV:** incorreta, pois a coercibilidade é definida por Hely Lopes Meirelles como a possibilidade de a Administração usar a força para fazer cumprir suas determinações. WG

Gabarito "C".

(Delegado/SC – 2008) Com relação aos poderes administrativos, correlacione as colunas a seguir.

(1) Poder vinculado
(2) Poder hierárquico
(3) Poder de polícia
(4) Poder regulamentar
(5) Poder disciplinar
(6) Poder discricionário

( ) É o mecanismo de que dispõe a Administração Pública para conter abusos do direito individual.

( ) É a faculdade de que dispõem os chefes do Executivo, em todas as esferas, de explicar a lei para sua correta execução.

( ) Confere ao administrador liberdade na escolha da conveniência, oportunidade e conteúdo do ato.

( ) Impõe ao agente público a restrição rigorosa aos preceitos legais, sem qualquer liberdade de ação.

( ) Tem por objetivo ordenar, controlar, coordenar e corrigir as atividades administrativas no âmbito interno da Administração Pública.

( ) É a faculdade punitiva interna da Administração e só abrange as infrações relacionadas com o serviço.

A sequência correta, de cima para baixo, é:

(A) 2 – 5 – 6 – 1 – 4 – 3
(B) 6 – 5 – 2 – 1 – 3 – 4
(C) 1 – 4 – 2 – 6 – 5 – 3
(D) 3 – 4 – 6 – 1 – 2 – 5

A alternativa "D" é a correta, pois faz a relação adequada entre os *poderes* e os respectivos *conceitos*. WG

Gabarito "D".

3. ATO ADMINISTRATIVO

3.1. Conceitos, existência, validade e eficácia

(Delegado/RS – 2018 – FUNDATEC) Acerca dos temas "atos administrativos" e "poderes administrativos', assinale a alternativa INCORRETA:

(A) Porque submetidos ao regime jurídico de direito público, os atos administrativos não podem ser praticados por pessoas que não integram a Administração Pública em sentido formal ou subjetivo.

(B) Embora se distingam quanto ao grau de liberdade conferido pela lei ao administrador para a prática de determinado ato administrativo, tanto o poder vinculado como o poder discricionário estão sujeitos ao controle jurisdicional.

(C) A exigência de prévia autorização judicial para a quebra da inviolabilidade da comunicação telefônica constitui exemplo de exceção ao atributo da autoexecutoriedade do ato administrativo.

(D) Nos processos perante o Tribunal de Contas da União, asseguram-se o contraditório e a ampla defesa quando da decisão puder resultar anulação ou revogação de ato administrativo que beneficie o interessado, excetuada a apreciação da legalidade do ato de concessão inicial de aposentadoria, reforma ou pensão.

(E) A prerrogativa de aplicar sanções pelo descumprimento de determinadas normas administrativas, presente no poder de polícia administrativa, inexiste no poder de polícia judiciária, uma vez que o campo de atuação desta última diz respeito à apuração de infrações penais e à execução de medidas que garantam a efetividade da atividade jurisdicional.

Alternativa A está incorreta. O ato administrativo é a declaração expedida pelo Estado, ou por quem o represente. Nesse sentido, admite-se que pessoas não integrantes da Administração Pública, mas que façam as vezes do Estado, emitam tais atos. Cite-se o exemplo de uma concessionária de serviço público (empresa privada, portanto) que tome medidas visando à desapropriação de um bem relacionado ao serviço concedido; os atos expedidos nesse contexto são considerados atos administrativos. As demais alternativas estão corretas. RB

Gabarito "A".

(Delegado/MT – 2017 – CESPE) A administração pública de determinado município brasileiro constatou o funcionamento irregular de um estabelecimento que comercializava refeições. Nessa hipótese,

I. se houver tentativa do proprietário para impedir o fechamento do estabelecimento, a administração poderá utilizar-se da força pública, independentemente de decisão liminar.

II. a administração, com a utilização de seus próprios meios, poderá impedir o funcionamento do estabelecimento.

III. a administração estará impedida de utilizar o critério da discricionariedade para impedir o funcionamento do estabelecimento.

IV. a administração deverá utilizar a polícia judiciária para executar o ato de impedir o funcionamento do estabelecimento.

Estão certos apenas os itens

(A) I e II.
(B) I e III.
(C) III e IV.
(D) I, II e IV.
(E) II, III e IV.

I: correta. Trata-se de manifestação do poder de polícia, não podendo o administrado se opor a decisão imposta. **II:** correta. O exercício do poder de polícia goza de auto executoriedade. **III:** incorreta. Dentro dos limites legais o ato será realizado pela Administração Pública. **IV:** incorreta. O ato e auto executório e prescinde de autorização judicial. FMB

Gabarito "A".

(Delegado/PR – 2013 – UEL-COPS) Um ato administrativo que completa todo o seu ciclo de formação, contendo seus elementos essenciais e existindo como entidade jurídica, mas que não preencha todas as exigências legais, é denominado como ato

(A) válido.
(B) eficaz.
(C) perfeito.
(D) transitório.
(E) efetivo.

No, caso, cumprido o ciclo de formação, tem-se cumprido o plano da existência, de modo que se diz que o ato é *perfeito*. Isso não quer dizer que o ato é válido. No caso, mesmo que perfeito (= existente) o ato é inválido, por não preencher as exigências legais. WG

Gabarito "C".

(Delegado/GO – 2009 – UEG) Sobre os aspectos do tema da aptidão do ato administrativo para produzir o resultado para o qual foi editado, é CORRETO afirmar:

(A) eficácia diz respeito ao atendimento a todas as exigências legais, para que seus efeitos sejam reconhecidos na ordem jurídica.

(B) ato perfeito não é aquele que se amolda ao ordenamento jurídico, mas o ato administrativo que reúne todas as fases de formação.

(C) motivação do ato administrativo é a presença das circunstâncias de fato e de direito que autorizam a edição do ato administrativo.

(D) suspensa a eficácia, o ato administrativo perde a vigência.

A: incorreta, pois o plano que diz respeito ao atendimento de todas as exigências legais é o plano da *validade*, e não o plano da *eficácia*; **B:** correta, pois a perfeição diz respeito ao plano da *existência* do ato administrativo, ou seja, ato perfeito é o que cumpriu o ciclo necessário à sua *formação*; **C:** incorreta, pois *motivação* é a *explicação* das circunstâncias de fato e de direito que autorizam a prática do ato, diferente do *motivo*, que é o *próprio fundamento* de fato e de direito que autoriza a prática do ato; portanto, uma coisa é a explicação (motivação) e outra coisa é a existência ou não dos fatos utilizados para a motivação; **D:** incorreta, pois suspensa a eficácia, o ato perde o vigor; a *vigência* tem a ver com a *existência* do ato, ao passo que o *vigor* tem a ver com a *eficácia* do ato. WG

Gabarito "B".

WANDER GARCIA, FLÁVIA BARROS E RODRIGO BORDALO

(Delegado/MG – 2008) O Estado funciona editando atos administrativos para atender os interesses públicos. Analise as seguintes características do ato administrativo em face da função do órgão que a exerce e assinale a alternativa *INCORRETA*.

(A) É parte integrante na relação jurídica que decide.

(B) Aplica a lei à situação específica.

(C) É geral e abstrato.

(D) É sujeito a controle jurisdicional.

O ato administrativo tem as características descritas nas alternativas mencionadas, salvo a de que "é geral e abstrato", pois, em regra, os atos administrativos são individuais e concretos. **WG**

Gabarito "C".

(Delegado/PR – 2007) O ato administrativo válido e eficaz é aquele que:

(A) está disponível para a produção de seus efeitos típicos e concluiu seu ciclo de formação.

(B) encontra-se plenamente ajustado às exigências legais e está disponível para produzir seus efeitos próprios.

(C) apesar de ter concluído seu ciclo de formação, não está disponível para a produção de seus efeitos típicos.

(D) apesar de estar ou não conformado com as exigências normativas, encontra-se produzindo os efeitos a ele inerentes.

(E) apesar de não ter concluído seu ciclo de formação, encontra-se produzindo os efeitos típicos.

A: incorreta, pois a alternativa define o ato eficaz e o ato perfeito, respectivamente; **B:** correta, pois a alternativa define o ato válido e o ato eficaz, respectivamente; **C:** incorreta, pois a alternativa define o ato imperfeito e o ato ineficaz, respectivamente; **D:** incorreta, pois a alternativa define o ato inválido e o ato eficaz, respectivamente; **E:** incorreta, pois a alternativa define o ato imperfeito e o ato eficaz, respectivamente. **WG**

Gabarito "B".

3.2. Requisitos do ato administrativo (elementos)

Para resolver as questões sobre os requisitos e atributos do ato administrativo, vale a pena trazer alguns elementos doutrinários. Confira:

Requisitos do ato administrativo (são requisitos para que o ato seja válido)

– Competência: *é a atribuição legal de cargos, órgãos e entidades.* São vícios de competência os seguintes: a1) usurpação de função: alguém se faz passar por agente público sem o ser, ocasião em que o ato será inexistente; a2) excesso de poder: alguém que é agente público acaba por exceder os limites de sua competência (exemplo: fiscal do sossego que multa um bar que visita por falta de higiene); o excesso de poder torna nulo ato, salvo em caso de incompetência relativa, em que o ato é considerado anulável; a3) função de fato: exercida por agente que está irregularmente investido em cargo público, apesar de a situação ter aparência de legalidade; nesse caso, os atos praticados serão considerados válidos, se houver boa-fé.

– Objeto: *é o conteúdo do ato, aquilo que o ato dispõe, decide, enuncia, opina ou modifica na ordem jurídica.* O objeto deve ser lícito, possível e determinável, sob pena de nulidade. Exemplo: o objeto de um alvará para construir é a *licença*.

– Forma: *são as formalidades necessárias para a seriedade do ato.* A seriedade do ato impõe a) respeito à forma propriamente dita; b) motivação.

– Motivo: *fundamento de fato e de direito que autoriza a expedição do ato.* Exemplo: o motivo da interdição de estabelecimento consiste no fato de este não ter licença (motivo de fato) e de a lei proibir o funcionamento sem licença (motivo de direito). Pela *Teoria dos Motivos Determinantes, o motivo invocado para a prática do ato condiciona sua validade.* Provando-se que o motivo é inexistente, falso ou mal qualificado, o ato será considerado nulo.

– Finalidade: *é o bem jurídico objetivado pelo ato.* Exemplo: proteger a paz pública, a salubridade, a ordem pública. Cada ato administrativo tem uma finalidade. **Desvio de poder (ou de finalidade)**: *ocorre quando um agente exerce uma competência que possuía, mas para alcançar finalidade diversa daquela para a qual foi criada.* Não confunda o *excesso de poder* (vício de sujeito) com o *desvio de poder* (vício de finalidade), espécies do *gênero abuso de autoridade*.

(Delegado/ES – 2019 – Instituto Acesso) Em relação ao tema das nulidades dos atos administrativos, a doutrina majoritária no Brasil consolidou o entendimento decorrente da teoria dos motivos determinantes. À luz desta teoria, marque a alternativa INCORRETA.

(A) Na exoneração de cargos de livre nomeação não é necessária, para a validade do ato, a enunciação dos motivos de fato pelo administrador.

(B) Os elementos do ato administrativo são: a competência, a forma, a finalidade, o objeto e a motivação.

(C) A exoneração ad nutum não necessita de explicitação do motivo para sua validade; todavia, se o administrador, por faculdade, declarar o motivo, esse fato passará a ser determinante para a configuração lícita do ato administrativo exoneratório.

(D) A existência real de um motivo de fato alegado para a realização de ato administrativo vincula o administrador, sendo um pressuposto de validade deste mesmo ato.

(E) Se um ato administrativo é realizado com motivo de fato inexistente, mesmo que exista motivação, ele é considerado ilícito com base na teoria dos motivos determinantes.

Os elementos (ou requisitos) do ato administrativo são: competência, forma, finalidade, objeto e motivo. É importante destacar que motivo não se confunde com motivação, razão pela qual a alternativa B está incorreta. Motivo é o pressuposto fático e jurídico que serve de fundamento à expedição do ato. A motivação, por sua vez, é a necessidade de exposição por escrito do motivo. No que se refere a tal requisito, aplica-se a teoria dos motivos determinantes, pela qual os motivos invocados para a prática de um ato administrativo condicionam a sua validade; assim, se o motivo for falso ou inexistente, o ato apresenta vício. Saliente-se que as alternativas A, C, D e E estão corretas. **RB**

Gabarito "B".

(Delegado/RJ – 2013 – FUNCAB) Com relação à competência administrativa, é correto afirmar que:

(A) a competência de um órgão não se transfere a outro órgão por acordo entre as partes.

(B) o ato de delegação retira a competência da autoridade delegante.

(C) o fenômeno da avocação dar-se-á quando o agente hierarquicamente inferior praticar ato da competência da autoridade de maior hierarquia.

(D) a delegação de competência prescinde de norma expressa autorizadora.

(E) a incompetência se transmuda em competência de acordo com a característica da improrrogabilidade.

A: correta, pois a competência só pode ser delegada pelo próprio órgão detentor dela e mesmo assim respeitados os limites e formalidades legais previstos nos arts. 11 a 14 da Lei 9.784/1999; **B:** incorreta, pois a competência é irrenunciável e a delegação se dá apenas sobre parte da competência da autoridade e sempre de forma temporária (arts. 11, 12, *caput*, e 14, § 1º, da Lei 9.784/1999); **C:** incorreta, pois é o contrário, ou seja, o agente superior chama temporariamente para si a competência atribuída a órgão hierarquicamente inferior (art. 15 da Lei 9.784/1999); **D:** incorreta, pois é necessário sim norma expressa autorizadora, por conta do princípio da legalidade, lembrando que na esfera federal a autorização da delegação está prevista nos arts. 12 a 14 da Lei 9.784/1999; **E:** incorreta, pois, havendo prorrogação de competência, tem-se causa de modificação desta e não de incompetência que vira competência. **WG**

Gabarito "A".

(Delegado/RJ – 2013 – FUNCAB) Os poderes administrativos encerram as prerrogativas de direito público outorgadas aos agentes do Estado. Sobre o tema, analise as afirmativas a seguir e assinale a alternativa correta.

I. Nem toda omissão administrativa se qualifica como ilegal.

II. Agindo com abuso de poder, a invalidação da conduta abusiva pode dar-se por mandado de segurança.

III. O desvio de poder é modalidade de abuso em que o agente atua fora dos limites de sua competência.

IV. No excesso de poder, o agente atua dentro dos limites de sua competência.

Estão corretas apenas as afirmativas:

(A) I e II.

(B) III e IV.

(C) I, II e III.

(D) I e IV.

(E) I e III.

I: correta, pois só vai ser ilegal se a lei determinar uma atitude comissiva da Administração; **II:** correta, pois cabe mandado de segurança em caso de ilegalidade ou *abuso de poder* (art. 5º, LXIX, da CF); **III:** incorreta, pois o *desvio de poder* é um vício no requisito *finalidade* (e não na *competência*); o *excesso de poder* é que é um vício na *competência*; **IV:** incorreta, pois no excesso de poder o agente público atua além dos limites de sua competência. WG
Gabarito "A".

(Delegado/RJ – 2013 – FUNCAB) Sobre os atos administrativos, assinale a alternativa correta.

(A) Um fato administrativo pode se consumar sem o suporte de um ato administrativo.

(B) São elementos do ato administrativo: competência, finalidade, forma, modo e objeto.

(C) Ao contrário do motivo, que pode ser dispensado em determinados atos administrativos, a motivação deverá estar sempre presente.

(D) A característica da imperatividade significa que o ato administrativo tão logo praticado, pode imediatamente ser executado.

(E) A anulação do ato administrativo, em regra, opera efeitos *ex nunc*.

A: correta, pois os fatos administrativos (como uma cirurgia praticada por um médico servidor público em um hospital público ou um café servido por garçom servidor público) independem de um ato administrativo para se consumar; **B:** incorreta, pois são elementos (ou requisitos) do ato administrativo a *competência*, o *objetivo*, o *motivo*, a *forma* e a *finalidade*; o *modo* não é um elemento do ato administrativo; **C:** incorreta, pois há casos em que a lei dispensa a motivação, como no caso da nomeação de alguém para cargo em comissão, que é livre; **D:** incorreta, pois tal consequência decorre do atributo da executoriedade; **E:** incorreta, pois a anulação tem efeito *ex tunc*, ou seja, retroage. WG
Gabarito "A".

(Delegado/RO – 2014 – FUNCAB) Marque a opção correta no tocante à delegação dos atos administrativos.

(A) Retira a competência da autoridade delegante.

(B) A autoridade delegante somente perde a competência temporariamente.

(C) Não retira a competência da autoridade delegante.

(D) A autoridade delegada atuará nas funções delegadas, podendo, inclusive, aumentar as suas atribuições para dar maior eficácia ao ato.

(E) A autoridade delegante pode delegar sem especificar quais as funções a serem exercidas, devendo estas serem presumíveis.

A: incorreta, pois a competência é irrenunciável e a delegação só transfere parte da competência (arts. 11 e 12, *caput*, da Lei 9.784/1999); **B:** incorreta, pois a competência continua de titularidade da autoridade delegante, não sendo adequado dizer que se "perde" a competência, ainda que temporariamente; **C:** correta, lembrando que a competência é irrenunciável (art. 11 da Lei 9.784/1999); **D:** incorreta, pois o ato de delegação especificará as matérias e poderes transferidos, bem como os limites da atuação do delegado (art. 14, § 1º, da Lei 9.784/1999), de modo que o delegado deve se ater a esses limites, sob pena de configuração de vício de excesso de poder; **E:** incorreta, pois o ato de delegação especificará as matérias e poderes transferidos (art. 14, § 1º, da Lei 9.784/1999). WG
Gabarito "C".

(Delegado/PR – 2007) O ato administrativo praticado por autoridade competente com excesso de poder:

(A) é anulável.

(B) se consumado pode ser convalidado.

(C) é nulo.

(D) produz efeitos até ser anulado.

(E) pode ser validado quando fundamentado no poder discricionário.

O *excesso de poder* (vício no requisito competência) gera a nulidade do ato administrativo. WG
Gabarito "C".

(Delegado/RJ – 2009 – CEPERJ) Em relação aos elementos constitutivos do ato administrativo, é correto afirmar que:

(A) o vício de competência não admite qualquer tipo de sanatória.

(B) os atos administrativos sempre podem ser praticados livremente, desde que a lei não exija determinada forma como sendo essencial.

(C) o elemento motivo também é chamado de motivação.

(D) a competência é o elemento do ato administrativo em que pode ser encontrada maior discricionariedade para a Administração Pública.

(E) o elemento motivo corresponde às razões de fato e de direito que servem de fundamento para o ato administrativo.

A: incorreta, pois tal vício pode ser sanado, por exemplo, com a ratificação, em caso de incompetência relativa; **B:** incorreta, pois, como regra, os atos administrativos são solenes, impondo forma escrita, diferentemente do que ocorre no direito privado, em que a regra é a liberdade das formas; **C:** incorreta, pois o *motivo* é o fundamento de fato e de direito que justifica a prática do ato, ao passo que a *motivação* é a demonstração de que o ato foi corretamente praticado; o motivo é um dos *requisitos* do ato administrativo, ao passo que a motivação é um dos elementos do *requisito forma*; **D:** incorreta, pois nunca haverá discricionariedade no requisito competência, pois a lei sempre estabelece quem é o agente competente; **E:** correta, pois traz a definição adequada de *motivo*. WG
Gabarito "E".

(Delegado/RN – 2009 – CESPE) A respeito dos atos administrativos, assinale a opção correta.

(A) Segundo a doutrina majoritária, sujeito, motivo, finalidade, causa e forma são pressupostos de existência do ato administrativo; objeto e pertinência do ato, pressupostos de validade.

(B) São elementos do ato administrativo o conteúdo (ou objeto) e a forma (ou formalização), os dois de índole obrigatória, sendo certo que a forma é o revestimento exterior do ato.

(C) Motivo ou móvel são expressões sinônimas, significando a realidade objetiva e externa do agente que corresponde àquilo que suscita a vontade da administração pública.

(D) São atributos do ato administrativo: a presunção de legitimidade, a imperatividade, a exigibilidade e a executoriedade, sendo este último a qualidade pela qual os atos administrativos se impõem a terceiros, independentemente de sua concordância.

(E) Os efeitos atípicos dos atos administrativos subdividem-se em prodrômicos e reflexos. Os primeiros existem enquanto perdura a situação de pendência do ato; os segundos atingem terceiros não objetivados pelo ato.

A: incorreta, pois houve uma inversão e algumas imprecisões nas descrições feitas, que utilizam como fundamento a doutrina de Celso Antônio Bandeira de Mello; são pressupostos de existência do ato o *conteúdo*, a *pertinência à função administrativa* e a *forma*, ao passo que são pressupostos de validade o *sujeito* (que deve ser competente, capaz e não impedido), o *motivo*, a *finalidade*, os *requisitos procedimentais*, a *causa* e a *formalização*; **B:** incorreta, pois são elementos o conteúdo, a pertinência à função administrativa e a forma; **C:** incorreta, pois *motivo* é o fundamento de fato que autoriza a pratica do ato, ao passo que *móvel* é a intenção do agente; **D:** incorreta, pois o último atributo é denominado autoexecutoriedade; não bastasse, a definição dada para autoexecutoriedade é, na verdade, a definição de imperatividade; **E:** correta, pois traz a definição exata dos efeitos atípicos dos atos administrativos. WG
Gabarito "E".

(Delegado/SC – 2008) Sobre o uso e abuso do poder, todas as alternativas estão corretas, exceto a:

(A) O excesso de poder torna o ato nulo.

(B) Nas atividades discricionárias, o administrador público fica sujeito às prescrições legais referentes à competência, finalidade e forma, só agindo com liberdade quanto à conveniência e oportunidade do ato.

(C) O uso normal do poder é a atuação segundo as normas legais, a moral, a finalidade do ato e as exigências do interesse público.

(D) O desvio de finalidade se verifica quando a autoridade atua fora dos limites de sua competência.

As alternativas "A" a "C" estão corretas. A alternativa "D" está incorreta, pois o desvio de finalidade se verifica quando uma categoria de ato administrativo é utilizada com finalidade diversa daquela para o qual o ato existe; o caso narrado na referida alternativa ("a autoridade atua fora dos limites de sua competência") diz respeito ao chamado *excesso de poder*. WG
Gabarito "D".

3.3. Atributos do ato administrativo

Para resolver as questões sobre os requisitos e atributos do ato administrativo, vale a pena trazer alguns elementos doutrinários. Confira:

Atributos do ato administrativo (são as qualidades, as prerrogativas dos atos)

– Presunção de legitimidade *é a qualidade do ato pela qual este se presume verdadeiro e legal até prova em contrário.* Exemplo: uma

578 — WANDER GARCIA, FLÁVIA BARROS E RODRIGO BORDALO

multa aplicada pelo Fisco presume-se verdadeira quanto aos fatos narrados para a sua aplicação e se presume legal quanto ao *direito aplicado*, a pessoa tida como infratora e o valor aplicado.

– Imperatividade *é a qualidade do ato pela qual este pode se impor a terceiros, independentemente de sua concordância.* Exemplo: uma notificação da fiscalização municipal para que alguém limpe um terreno ainda não objeto de construção, que esteja cheio de mato.

– Exigibilidade *é a qualidade do ato pela qual, imposta a obrigação, esta pode ser exigida mediante coação indireta.* Exemplo: no exemplo anterior, não sendo atendida a notificação, cabe a aplicação de uma multa pela fiscalização, sendo a multa uma forma de *coação indireta*.

– Autoexecutoriedade *é a qualidade pela qual, imposta e exigida a obrigação, está pode ser implementada mediante coação direta, ou seja, mediante o uso da coação material, da força, independentemente de apreciação jurisdicional.* Exemplo: no exemplo anterior, já tendo sido aplicada a multa, mais uma vez sem êxito, pode a fiscalização municipal ingressar à força no terreno particular, fazer a limpeza e mandar a conta, o que se traduz numa *coação direta*. A autoexecutoriedade não é a regra. Ela existe quando a lei expressamente autorizar ou quando não houver tempo hábil para requerer a apreciação jurisdicional.

Obs. 1: a expressão "autoexecutoriedade" também é usada no sentido da qualidade do ato que enseja sua imediata e direta execução pela própria Administração, independentemente de ordem judicial, reservando-se a expressão "coercibilidade" para designar a possibilidade de usar a força para a concretização do ato, conforme lição de Hely Lopes Meirelles.

Obs. 2: repare que esses atributos não existem normalmente no direito privado; um particular não pode, unilateralmente, valer-se desses atributos; há exceções em que o particular tem algum desses poderes, mas essas exceções, por serem exceções, confirmam a regra de que os atos administrativos se diferenciam dos atos privados pela ausência nestes, como regra, dos atributos acima mencionados.

(Delegado/ES – 2019 – Instituto Acesso) Sobre os Atos Administrativos e a Presunção de Legitimidade, é correto afirmar que a Presunção de Legitimidade

(A) não se aplica aos atos do Poder Legislativo, devendo estes ser subsumidos à comissão especial antes de sua concretização, devido aos inúmeros episódios de corrupção.

(B) não se aplica a todos os atos administrativos, apenas aos dos chefes de poderes e seus assessores.

(C) é um dos princípios que rege os atos administrativos.

(D) é uma diretriz arcaica do período ditatorial militar do Brasil, extirpada por completo com a Constituição de 1988.

(E) é universal, exceto para ações das polícias militares, civil e federal, que necessitam de aprovação dos respectivos órgãos corregedores.

A presunção de legitimidade significa que os atos administrativos são considerados como tendo sido expedidos em conformidade com a lei. Presume-se, portanto, que esses atos são legais. Trata-se de atributo que se aplica a todos os atos administrativos, inclusive aqueles emanados do Poder Legislativo (alternativas A e B incorretas). Isso se deve em razão da incidência do princípio da legalidade. Com base nisso é que se afirma que a presunção de legitimidade constitui verdadeiro princípio que rege os atos administrativos (alternativa C correta). A presunção assume caráter universal, o que inclui as ações das polícias militares, civil e federal (alternativa E incorreta). Nota-se, assim, que não se trata de diretriz arcaica do período ditatorial (alternativa D incorreta). **RB**
Gabarito "C".

(Delegado/PR – 2013 – UEL-COPS) A presunção de legitimidade e veracidade dos atos administrativos é tida como um de seus

(A) atributos.

(B) efeitos.

(C) elementos.

(D) requisitos de eficácia.

(E) requisitos de validade.

São *atributos* (ou *qualidades* ou *prerrogativas*) do ato administrativo a *presunção de legitimidade*, a imperatividade, a exigibilidade, a executoriedade e a tipicidade.

Portanto, está correta a alternativa que assegura ser a presunção de legitimidade um atributo do ato administrativo. **WG**
Gabarito "A".

3.4. Classificação e espécies de ato administrativo

No âmbito de direito administrativo, a legislação prevê a possibilidade de o Poder Público conceder, autorizar e/ou permitir o exercício de atividades pelo particular. Os itens seguintes se referem à autorização e à concessão administrativa.

I.   Pode ser revogada a qualquer momento;

II. Garante maior segurança jurídica ao particular que a recebe;

III. Está garantida pelo equilíbrio econômico financeiro do contrato; IV

IV. Decorre de menor interesse público;

V.   Tem natureza precária;

VI. Está sujeita a indenização se encerrada antes do período contratado;

(Delegado/ES – 2019 – Instituto Acesso) Assinale a alternativa correta:

(A) Está sujeita a indenização se encerrada antes do período contratado; As afirmações I, II e VI tratam da concessão administrativa e as demais da autorização administrativa;

(B) As afirmações I, II e VI se referem à autorização administrativa enquanto as demais se referem à concessão administrativa;

(C) Todas as afirmações tratam da autorização administrativa;

(D) As afirmações I, IV e V se referem à autorização administrativa;

(E) Todas as afirmações tratam da concessão administrativa;

A autorização apresenta natureza precária (Item V), podendo ser revogada a qualquer momento (item I). Ademais, decorre de menor interesse público, na medida em que o interesse preponderante é o do particular beneficiário (item IV). Já a concessão, que detém a natureza de contrato administrativo, garante maior segurança jurídica ao particular que a recebe (item II). Por conta disso, além de restar garantido o equilíbrio econômico-financeiro (item III), assegura indenização ao concessionário se encerrada antes do período contratado (item VI). Em suma: os itens I, IV e V referem-se à autorização administrativa; já os itens II, III e VI dizem respeito à concessão. **RB**
Gabarito "D".

(Delegado/PE – 2016 – CESPE) Acerca dos atos do poder público, assinale a opção correta.

(A) A convalidação implica o refazimento de ato, de modo válido. Em se tratando de atos nulos, os efeitos da convalidação serão retroativos; para atos anuláveis ou inexistentes tais efeitos não poderão retroagir.

(B) A teoria dos motivos determinantes não se aplica aos atos vinculados, mesmo que o gestor tenha adotado como fundamento um fato inexistente.

(C) Atos complexos resultam da manifestação de um único órgão colegiado, em que a vontade de seus membros é heterogênea. Nesse caso, não há identidade de conteúdo nem de fins.

(D) Atos gerais de caráter normativo não são passíveis de revogação, eles podem ser somente anulados.

(E) Atos compostos resultam da manifestação de dois ou mais órgãos, quando a vontade de um é instrumental em relação a do outro. Nesse caso, praticam-se dois atos: um principal e outro acessório.

A: incorreta, pois a convalidação atinge atos anuláveis (e não os nulos e os inexistentes) e é sempre retroativa; **B:** incorreta, pois caso o gestor tenha adotado como fundamento um fato inexistente tem-se a aplicação da teoria em questão, já que a existência do motivo invocado condiciona a validade do ato; **C:** incorreta, pois quando um ato é praticado por apenas um órgão, ainda que colegiado, tem-se o chamado ato simples; **D:** incorreta, pois nada impede a anulação; um exemplo é uma portaria normativa ou um regulamento que venha a ser revogado pela autoridade competente; é algo normal, do dia a dia da Administração; **E:** correta, pois nesse caso se tem o ato composto; já o ato complexo é aquele que decorrem de dois ou mais órgãos, mas que formam um ato apenas, não havendo, então, um ato principal e outro ato acessório. **WG**
Gabarito "E".

(Delegado/BA – 2013 – CESPE) Julgue o seguinte item.

(1) A venda de bens de produção no mercado por sociedade de economia mista caracteriza a prática de ato administrativo.

6. DIREITO ADMINISTRATIVO

1: incorreta, pois a venda de bens de produção diz respeito à exploração de atividade econômica, não se tratando, assim, de ato administrativo. **WG**
Gabarito 1E

(Delegado/AP – 2010) Os atos administrativos, quanto à intervenção da vontade administrativa, podem ser classificados como atos:

(A) simples.

(B) perfeitos.

(C) consumados.

(D) constitutivos.

(E) gerais.

Quanto à intervenção ou formação da vontade, os atos podem ser simples, complexos e compostos. **WG**
Gabarito "A".

(Delegado/SP – 2011) De acordo com a Lei 10.177/1998, que regula os atos e procedimentos administrativos no âmbito da Administração Pública do Estado de São Paulo, o Delegado de Polícia pode baixar

(A) Resolução Substitutiva.

(B) Resolução

(C) Deliberação

(D) Decreto Interno

(E) Portaria.

De acordo com o art. 12, II, "a" da Lei estadual 10.177/1998, de São Paulo, são atos administrativos de competência comum "a todas as autoridades, até o nível de Diretor de Serviço; às *autoridades policiais*; aos dirigentes das entidades descentralizadas, bem como, quando estabelecido em norma legal específica, a outras autoridades administrativas, a *Portaria*" (g.n). **WG**
Gabarito "E".

3.5. Discricionariedade e vinculação

(Delegado/RJ – 2013 – FUNCAB) Em matéria de discricionariedade administrativa, é correto afirmar:

(A) Há discricionariedade quando a norma restringe a autonomia de escolhas da autoridade administrativa.

(B) A intensidade da vinculação e da discricionariedade é variável, havendo graus diversos de autonomia, que variam caso a caso.

(C) Em atenção à Separação de Poderes e à legitimidade democrática dos representantes eleitos, o mérito da escolha administrativa feita no exercício da discricionariedade não está sujeito a controle jurisdicional.

(D) O exercício da discricionariedade consiste na aplicação concreta da lei através da atividade interpretativa do aplicador.

(E) A omissão legislativa também é fonte da discricionariedade, tanto quanto a criação intencional, pela norma, da margem de autonomia para o aplicador.

A: incorreta, pois há discricionariedade quando a norma dá margem de liberdade para a autoridade administrativa; **B:** correta, valendo salientar que é a lei que vai estabelecer o grau de discricionariedade ou a vinculação da competência administrativa; **C:** incorreta, pois o mérito está sujeito a controle jurisdicional, desde que esse controle se limite a avaliar a legalidade do ato, bem como sua razoabilidade e moralidade; **D:** incorreta, pois consiste na aplicação concreta da lei por meio da escolha do comportamento a ser tomado pela Administração nos limites trazidos na lei; **E:** incorreta, pois a omissão legislativa não autoriza o administrador a se valer da discricionariedade, pois este só deve agir nos limites do que dispuser a lei, não podendo agir sob o pretexto de ter recebido uma competência discricionária por uma omissão legislativa. **WG**
Gabarito "B".

3.6. Extinção do ato administrativo

A Lei 9.784, de 29 de janeiro de 1999, trata de vários aspectos relacionados às nulidades, aos vícios dos atos administrativos, além de disposições procedimentais.

(Delegado/ES – 2019 – Instituto Acesso) Leia as afirmativas a seguir e, de acordo com este diploma legal, marque a opção INCORRETA:

(A) O agente público responsável por um ato administrativo eivado de vício de legalidade tem o dever de anulá-lo, havendo, ainda, a faculdade de revogação deste ato, respeitando-se os direitos adquiridos, por razões de conveniência e oportunidade.

(B) Decai em 5 anos o direito da administração de anular atos que sejam favoráveis aos seus destinatários, sendo que este prazo decadencial, na hipótese de efeitos patrimoniais contínuos, contar-se-á da percepção do primeiro pagamento.

(C) A convalidação de decisão administrativa com defeitos sanáveis é um dever condicionado à não ocorrência de lesão ao interesse público e prejuízo a terceiros.

(D) Aplicam-se aos processos administrativos os princípios constitucionais da ampla defesa e do contraditório.

(E) Mesmo na hipótese de reexame necessário, o ato administrativo decisório deve ser motivado, indicando-se os fatos e fundamentos jurídicos que lhe dão sustentação.

Alternativa A correta (art. 53 da Lei 9.784/1999); alternativa B correta (art. 54, "caput" e § 1º, Lei 9.784/1999); alternativa C incorreta, nos termos da literalidade do art. 55 do mesmo diploma, segundo o qual os atos que apresentarem defeitos sanáveis, e caso não acarretarem lesão ao interesse público nem prejuízo a terceiros, poderão ser convalidados pela Administração (não se trata, portanto, de um dever); alternativa D correta (art. 2º da Lei 9.784/1999); alternativa E correta (art. 50, VI, Lei 9.784/1999). **RB**
Gabarito "C".

(Delegado/SP – 2014 – VUNESP) O ato administrativo

(A) pode ser revogado com fundamento em razões de conveniência e oportunidade, desde que observados os efeitos *ex tunc* dessa extinção do ato.

(B) tem na presunção de legitimidade a autorização para imediata execução e permanece em vigor até prova em contrário.

(C) é revogável pelo Poder Judiciário que é apto a fazer o controle de legalidade, sem ingressar em seu mérito administrativo.

(D) de Secretário de Segurança Pública que determina remoção *ex officio* do Delegado de Polícia, sem motivação, não se sujeita ao controle de juridicidade por conter alta carga de discricionariedade em seu teor.

(E) tem como requisitos a presunção de legitimidade, a autoexecutoriedade, a imperatividade e a exigibilidade.

A: incorreta, pois a revogação tem efeito "ex nunc", ou seja, não retroage; **B:** correta, pois a presunção de legitimidade de fato autoriza a imediata execução do ato e se trata de uma presunção relativa, ou seja, que admite prova em contrário; **C:** incorreta, pois o ato administrativo de uma administração não pode ser revogado pelo Judiciário, que pode apenas anular atos dessa outra administração; **D:** incorreta, pois a motivação é obrigatória no caso e sua não realização enseja a anulação do ato; **E:** incorreta, pois esses são os *atributos* do ato administrativo; os *requisitos* deste são a competência, o objeto, a forma, o motivo e a finalidade. **WG**
Gabarito "B".

(Delegado Federal – 2013 – CESPE) Julgue o seguinte item.

(1) Quando um ministério pratica ato administrativo de competência de outro, fica configurado vício de incompetência em razão da matéria, que pode ser convalidado por meio da ratificação.

1: incorreta; a convalidação será chamada de ratificação nas hipóteses em que há vício de incompetência, mas não poderá ser feita nos casos em que a competência for outorgada com exclusividade ou em razão de matéria. **WG**
Gabarito 1E

(Delegado/AM) O aspecto mais relevante do controle judicial dos atos administrativos é:

(A) legalidade do ato

(B) valoração da conduta

(C) qualificação do agente

(D) recolhimento de custas

O Judiciário tem competência para verificar a legalidade do ato administrativo em sentido amplo, o que inclui a verificação da legalidade em sentido estrito, da razoabilidade e da moralidade. **WG**
Gabarito "A".

(Delegado/MG – 2012) Sobre a extinção dos atos administrativos, é **INCORRETO** afirmar que

(A) a anulação promovida pela própria Administração decorre do exercício de sua prerrogativa de autotutela.

(B) a revogação é forma de extinção do ato administrativo válido, de caráter vinculado ou discricionário.

580 WANDER GARCIA, FLÁVIA BARROS E RODRIGO BORDALO

(C) a validade ou não do ato de revogação é passível de exame pelo Poder Judiciário.

(D) incabível a revogação dos atos cujos efeitos produzidos já restaram consolidados.

A: correto (art. 53 da Lei 9.784/1999); **B:** incorreto (devendo ser assinalada), a revogação, fundada na inconveniência ou na inoportunidade na manutenção do ato, só incide sobre atos discricionários já que, nos atos vinculados, não há campo para avaliações de mérito, tratando-se de ato em que a lei define tudo de modo claro e objetivo; **C:** correto, pois é possível que, no caso concreto, a revogação tenha ferido a lei; um exemplo é a revogação promovida por alguém que não tenha competência para tanto; **D:** correto, pois os atos em questão, denominados *atos exauridos*, de fato são irrevogáveis. **WG**

Gabarito "B".

(Delegado/PI – 2009 – UESPI) Em relação aos atos administrativos, assinale a opção correta.

(A) Motivo é a situação fática ou a situação jurídica que autoriza ou impõe ao agente público a prática de ato administrativo.

(B) A revogação opera efeitos "ex tunc"; portanto, caso o ato administrativo seja revogado, são considerados inválidos os efeitos por ele produzidos a partir do momento de sua realização.

(C) Compete ao Poder Judiciário, mediante decisão fundamentada, revogar atos praticados pela Administração Pública.

(D) Ato administrativo discricionário é aquele em que o poder de agir da Administração é completamente livre, até mesmo quanto à competência para a prática do ato.

(E) Como decorrência do princípio da legalidade, os atos administrativos não admitem convalidação.

A: correta, pois traz adequado conceito de motivo; **B:** incorreta, pois a revogação não retroage, ou seja, tem efeitos "ex nunc"; **C:** incorreta, pois o Judiciário não pode revogar atos administrativos; **D:** incorreta, pois discricionariedade não é "completa liberdade", mas "margem de liberdade"; **E:** incorreta, pois a convalidação é admitida expressamente pela lei (art. 55 da Lei 9.784/1999). **WG**

Gabarito "A".

(Delegado/SC – 2008) Complete as lacunas na frase a seguir e assinale a alternativa correta. A _____ é a supressão de um ato administrativo legítimo e eficaz realizado pelo(a) _____. O ato ilegal ou ilegítimo ensejará a _____.

(A) revogação – Administração Pública – anulação

(B) anulação – Judiciário – revogação

(C) revogação – Judiciário – anulação

(D) anulação – Administração Pública – revogação

De fato, atos *legais* são passíveis de *revogação*, se *inconvenientes*. E esta só pode ser feita pela Administração. Quanto aos atos *ilegais*, são passíveis de *anulação*. **WG**

Gabarito "A".

4. ORGANIZAÇÃO DA ADMINISTRAÇÃO PÚBLICA

4.1. Conceitos básicos em matéria de organização administrativa

Segue um resumo sobre a parte introdutória do tema Organização da Administração Pública:

O objetivo deste tópico é efetuar uma série de distinções, de grande valia para o estudo sistematizado do tema. A primeira delas tratará da relação entre pessoa jurídica e órgãos estatais.

Pessoas jurídicas estatais *são entidades integrantes da estrutura do Estado e dotadas de personalidade jurídica,* ou seja, de aptidão genérica para contrair direitos e obrigações.

Órgãos públicos *são centros de competência integrantes das pessoas estatais instituídos para o desempenho das funções públicas por meio de agentes públicos.* São, portanto, parte do corpo (pessoa jurídica). Cada órgão é investido de determinada competência, dividida entre seus cargos. Apesar de não terem personalidade jurídica têm prerrogativas funcionais, o que admite até que interponham mandado de segurança, quando violadas. Tal capacidade processual, todavia, só têm os órgãos independentes e os autônomos. Todo ato de um órgão é imputado diretamente à pessoa jurídica da qual é integrante, assim como todo ato de agente público é imputado diretamente ao

órgão à qual pertence (trata-se da chamada "Teoria do Órgão", que se contrapõe à Teoria da Representação ou do Mandato, conforme se verá no capítulo seguinte). Deve-se ressaltar, todavia, que a representação legal da entidade é atribuição de determinados agentes, como o Chefe do Poder Executivo e os Procuradores. Confiram-se algumas classificações dos órgãos públicos, segundo o magistério de Hely Lopes Meirelles:

Quanto à **posição**, podem ser órgãos *independentes* (originários da Constituição e representativos dos Poderes do Estado: Legislativo, Executivo de Judiciário – aqui estão todas as corporações legislativas, chefias de executivo e tribunais, e juízos singulares); *autônomos* (estão na cúpula da Administração, logo abaixo dos órgãos independentes, tendo autonomia administrativa, financeira e técnica, segundo as diretrizes dos órgãos a eles *superiores* – cá estão os Ministérios, as Secretarias Estaduais e Municipais, a AGU etc.), *superiores* (detêm poder de direção quanto aos assuntos de sua competência, mas sem autonomia administrativa e financeira – exemplos: gabinetes, procuradorias judiciais, departamentos, divisões etc.) e *subalternos* (são os que se acham na base da hierarquia entre órgãos, tendo reduzido poder decisório, com atribuições de mera execução – exemplo: portarias, seções de expediente).

Quanto à **estrutura**, podem ser *simples* ou *unitários* (constituídos por um só centro de competência) e *compostos* (reúnem outros órgãos menores com atividades-fim idênticas ou atividades auxiliares – exemplo: Ministério da Saúde).

Quanto à **atuação funcional**, podem ser *singulares* ou *unipessoais* (atuam por um único agente – exemplo: Presidência da República) e *colegiados* ou *pluripessoais* (atuam por manifestação conjunta da vontade de seus membros – exemplos: corporações legislativas, tribunais e comissões).

Outra distinção relevante para o estudo da estrutura da Administração Pública é a que se faz entre desconcentração e descentralização. Confira-se.

Desconcentração *é a distribuição interna de atividades administrativas, de competências.* Ocorre de órgão para órgão da entidade. Exemplo: competência no âmbito da Prefeitura, que poderia estar totalmente concentrada no órgão Prefeito Municipal, mas que é distribuída internamente aos Secretários de Saúde, Educação etc.

Descentralização *é a distribuição externa de atividades administrativas, que passam a ser exercidas por pessoa ou pessoas distintas do Estado.* Dá-se de pessoa jurídica para pessoa jurídica como técnica de especialização. Exemplo: criação de autarquia para titularizar e executar um dado serviço público, antes de titularidade do ente político que a criou.

Na descentralização **por serviço** a lei atribui ou autoriza que outra pessoa detenha a *titularidade* e a execução do serviço. Depende de lei. Fala-se também em *outorga* do serviço.

Na descentralização **por colaboração** o contrato ou ato unilateral atribui a outra pessoa a *execução* do serviço. Aqui o particular pode colaborar, recebendo a execução do serviço, e não a titularidade. Fala-se também em *delegação* do serviço e o caráter é transitório.

É importante também saber a seguinte distinção.

Administração direta *compreende os órgãos integrados no âmbito direto das pessoas políticas (União, Estados, Distrito Federal e Municípios).*

Administração indireta *compreende as pessoas jurídicas criadas pelo Estado para titularizar e exercer atividades públicas (autarquias e fundações públicas) e para agir na atividade econômica quando necessário (empresas públicas e sociedades de economia mista).*

Outra classificação relevante para o estudo do tema em questão é a que segue.

As **pessoas jurídicas de direito público** *são os entes políticos e as pessoas jurídicas criadas por estes para exercerem típica atividade administrativa, o que impõe tenham, de um lado, prerrogativas de direito público, e, de outro, restrições de direito público, próprias de quem gere coisa pública.* Além dos entes políticos (União, Estados, Distrito Federal e Municípios), são pessoas jurídicas de direito público as *autarquias, fundações públicas, agências reguladoras* e *associações públicas* (consórcios públicos de direito público).

As **pessoas jurídicas de direito privado estatais** *são aquelas criadas pelos entes políticos para exercer atividade econômica, devendo ter os mesmos direitos e restrições das demais pessoas jurídica privadas, em que pese terem algumas restrições adicionais, pelo fato de terem sido criadas pelo Estado.* São pessoas jurídicas de direito privado estatais as *empresas públicas*, as *sociedades de economia mista*, as *fundações privadas criadas pelo Estado* e os *consórcios públicos de direito privado*.

Também é necessário conhecer a seguinte distinção.

Hierarquia *consiste no poder que um órgão superior tem sobre outro inferior, que lhe confere, dentre outras prerrogativas, uma ampla possibilidade de fiscalização dos atos do órgão subordinado.*

Controle (tutela ou supervisão ministerial) *consiste no poder de fiscalização que a pessoa jurídica política tem sobre a pessoa jurídica que criou, que lhe confere tão somente a possibilidade de submeter a segunda ao cumprimento de seus objetivos globais, nos termos do que dispuser a lei.* Exemplo: a União não pode anular um ato administrativo de concessão de aposentadoria por parte do INSS (autarquia por ela criada), por não haver hierarquia; mas pode impedir que o INSS passe a comercializar títulos de capitalização, por exemplo, por haver nítido desvio dos objetivos globais para os quais fora criada a autarquia. Aqui não se fala em subordinação, mas em vinculação administrativa.

Por fim, há entidades que, apesar de **não fazerem** parte da Administração Pública Direta e Indireta, colaboram com a Administração Pública e são estudadas no Direito Administrativo. Tais entidades são denominadas *entes de cooperação* ou *entidades paraestatais*. São entidades que não têm fins lucrativos e que colaboram com o Estado em atividades não exclusivas deste. São exemplos de paraestatais as seguintes: a) *entidades do Sistema S* (SESI, SENAI, SENAC etc. – ligadas a categorias profissionais, cobram contribuições parafiscais para o custeio de suas atividades); b) *organizações sociais* (celebram contrato de gestão com a Administração); c) *organizações da sociedade civil de interesse público – OSCIPs* (celebram termo de parceria com a Administração).

(Delegado/PR – 2013 – UEL-COPS) No direito administrativo brasileiro, autarquia designa uma espécie de descentralização por serviços. Assinale a alternativa que apresenta, corretamente, uma característica das autarquias.

(A) Criação por meio de registro do seu estatuto.

(B) Generalização de suas atividades.

(C) Limitação à capacidade de autoadministração.

(D) Personalidade jurídica de direito privado.

(E) Sujeição ao controle de tutela.

A: incorreta, pois a criação de uma autarquia se dá diretamente por meio de lei (art. 37, XIX, da CF); **B:** incorreta, pois a ideia é de especialização, de maneira que as autarquias atuam em atividades especiais e não genéricas; por exemplo, o Banco Central atua especificamente quanto ao sistema financeiro; o INSS, por sua vez, especificamente em relação à previdência pública; **C:** incorreta, pois há capacidade de autoadministração e também de atuar na atividade pública para a qual a autarquia foi criada; **D:** incorreta, pois a autarquia é uma pessoa jurídica de direito público; **E:** correta, pois os entes da administração indireta (como a autarquia) não estão sujeitos ao instituto da *subordinação hierárquica*, mas sim ao instituto do *controle ou tutela* (ou *supervisão ministerial*). **WG**
Gabarito "E".

(Delegado/RJ – 2013 – FUNCAB) Tratando da organização administrativa, é INCORRETO afirmar:

(A) A expressão "descentralização social" costuma ser utilizada para designar as parcerias formalizadas pelo Estado com fundação privada ou associação civil com o objetivo de criar condições favoráveis para a execução, com alcance de metas socialmente adequadas, de atividades de relevância coletiva que podem ser cometidas a tais unidades sociais personalizadas por credenciamentos ou reconhecimentos.

(B) As Organizações Sociais (OS) e as Organizações da Sociedade Civil de Interesse Público (OSCIP) são exemplos da retomada,

pelo Estado, de atividades administrativas cuja execução havia sido transferida para a iniciativa privada por ocasião do advento do chamado Estado Liberal.

(C) De acordo com a doutrina predominante e com a jurisprudência do Supremo Tribunal Federal (STF), a definição do regime jurídico aplicável a cada entidade administrativa não decorre exclusivamente da natureza da entidade, mas principalmente da atividade por ela desenvolvida.

(D) Por serem unidades despersonalizadas, os órgãos públicos não possuem capacidade para figurar como parte nos contratos administrativos típicos, muito embora, na prática, frequentemente assim ocorra.

(E) Excepcionalmente, doutrina e jurisprudência reconhecem capacidade processual a alguns órgãos públicos, para defesa em juízo de suas prerrogativas institucionais.

A: assertiva correta; trata-se de "descentralização", pois as atividades são cometidas a pessoas jurídicas diversas do parceiro público, e "social", por dizerem respeito a ações de interesse social; **B:** assertiva incorreta, devendo ser assinalada; o Estado, quando faz parceria com OS ou OSCIP, não chama para si atividades (muito menos atividades administrativas), mas sim acerta com entidades que estas prestem dados serviços de utilidade pública ou social; **C:** assertiva correta; por exemplo, temos o caso dos Correios, que, apesar de serem empresas públicas, em que se deveria aplicar o regime de direito privado, por praticarem atividade em situação de monopólio, tem um regime com uma série de garantias de direito público; **D:** assertiva correta, pois somente as pessoas jurídicas têm personalidade jurídica e, portanto, capacidade para fazer parte de uma relação jurídica; **E:** assertiva correta, como se dá no caso do mandado de segurança, que é ajuizado em face da autoridade coatora e não da pessoa jurídica da qual faz parte. **WG**
Gabarito "B".

(Delegado/SP – 2014 – VUNESP) A Administração Pública, em sentido

(A) objetivo, material ou funcional, designa os entes que exercem a atividade administrativa.

(B) amplo, objetivamente considerada, compreende a função política e a função administrativa.

(C) estrito, subjetivamente considerada, compreende tanto os órgãos governamentais, supremos, constitucionais, como também os órgãos administrativos, subordinados e dependentes, aos quais incumbe executar os planos governamentais.

(D) estrito, objetivamente considerada, compreende a função política e a função administrativa.

(E) subjetivo, formal ou orgânico, compreende a própria função administrativa que incumbe, predominantemente, ao Poder Executivo.

A: incorreta, pois os entes que exercem a atividade administrativa dizem respeito à Administração em sentido subjetivo (e não objetivo); **B:** correta, pois traz o exato sentido da Administração Pública em sentido amplo; **C:** incorreta, pois a Administração em sentido estrito compreende apenas a função administrativa, excluindo assim decisões políticas, próprias de órgãos supremos e constitucionais; **D:** incorreta, pois a Administração Pública em sentido estrito compreende apenas a função administrativa; **E:** incorreta, pois a Administração Pública em sentido subjetivo diz respeito aos entes e órgãos administrativos e não à função administrativa. **WG**
Gabarito "B".

(Delegado/SP – 2014 – VUNESP) Quando o Poder Público, conservando para si a titularidade do serviço público, transfere sua execução à pessoa jurídica de direito privado, previamente existente, ocorre o que se denomina descentralização

(A) autárquica.

(B) por colaboração.

(C) hierárquica.

(D) por subordinação.

(E) heterotópica.

A descentralização é a distribuição externa de atividades administrativas, que passam a ser exercidas por pessoa ou pessoas distintas do Estado. Dá-se de pessoa jurídica para pessoa jurídica como técnica de especialização. Ex.: criação de autarquia para titularizar e executar um dado serviço público, antes de titularidade do ente político que a criou. A descentralização pode ser de duas espécies: a) na descentralização por serviço, a lei atribui ou autoriza que outra pessoa detenha a titularidade e a execução do serviço; repare que é necessária lei; aqui, fala-se em outorga do serviço; b) na descentralização por colaboração, o contrato ou ato unilateral atribui a outra pessoa a execução do serviço; repare que a delegação aqui se dá por contrato, não sendo necessária lei; o particular colabora,

582 — WANDER GARCIA, FLÁVIA BARROS E RODRIGO BORDALO

recebendo a execução do serviço e não a titularidade deste, que permanece com o Poder Público; aqui, fala-se também em delegação do serviço e o caráter é transitório. O enunciado narra um caso em que a transferência da execução do serviço mantém a titularidade do serviço com o Poder Público, o que caracteriza a descentralização por colaboração. **WG**

Gabarito "B".

(Delegado/RO – 2014 – FUNCAB) A legitimidade passiva nas ações judiciais em razão de atos praticados por agentes públicos que prestam serviços públicos, se fundamenta na titularidade do dano provocado a terceiros em razão de suas atividades. Com isso, tal legitimidade se refere:

(A) ao órgão que é a unidade de concentração da atividade desempenhada pelo agente público.

(B) ao agente público que diretamente atendeu o administrado em sua demanda.

(C) à procuradoria jurídica do órgão, tendo em vista ser ela a representação judicial do ente político a que pertence o agente público.

(D) à pessoa jurídica de direito público ou de direito privado que presta serviço público a que pertence o órgão.

(E) somente à pessoa jurídica de direito público integrante da Administração Pública indireta, mesmo tendo sido praticado o ato por uma autarquia, considerando a subordinação que existe entre Administração Pública direta e indireta.

A: incorreta, pois o órgão, em regra, não tem capacidade para estar em juízo, mas sim o ente público ao qual pertence o órgão; ou seja, uma ação indenizatória deve ser ajuizada em face, por exemplo, do Estado-membro e não do órgão delegacia de polícia, caso um dano seja causado por ato praticado no âmbito de uma delegacia; **B:** incorreta, pois, pela Teoria do Órgão, os atos praticados pelos agentes públicos são imputados diretamente ao ente público respectivo, devendo a demanda decorrente de um ato praticado por um agente público ser ajuizada diretamente em face do Estado e não do agente; **C:** incorreta, pois a procuradoria jurídica é um órgão e este, em regra, não tem capacidade para estar em juízo, mas sim o ente público ao qual pertence o órgão; **D:** correta, pois somente a pessoa jurídica tem, como regra, capacidade de estar em juízo; exceção se dá em relação ao mandado de segurança, que é ajuizado em face da própria autoridade coatora; **E:** incorreta, pois a ação deve ser promovida diretamente em face da pessoa jurídica que tiver causado danos a terceiros, seja ela um ente político, seja ela integrante da administração indireta (autarquia ou não), seja ela uma pessoa jurídica não integrante da administração indireta, mas que preste serviço público, como uma empresa de telefonia concessionária desse serviço. **WG**

Gabarito "D".

(Delegado/BA – 2013 – CESPE) Julgue o seguinte item.

(1) A criação de nova secretaria por governador de estado caracteriza exemplo de descentralização.

1: incorreta, pois a descentralização importa na transferência de atribuições para outras pessoas jurídicas, o que não aconteceu no caso, pois houve transferência de atribuições dentro de um mesmo órgão, caracterizando, assim, a desconcentração. **WG**

Gabarito 1E

(Delegado/AC – 2008 – CESPE) Julgue o item subsequente.

(1) Uma empresa pública do Acre integra a administração pública estadual, mas não integra o governo estadual.

1: correta, pois o governo diz respeito mais ao elemento dinâmico que rege, em determinado momento, a Administração Direta, ao passo que uma empresa pública está contida no âmbito da Administração Indireta, e, apesar de dever atuar de modo harmônico com as políticas públicas, segue, boa parte das vezes, a lógica econômica da iniciativa privada, mormente se se tratar de uma sociedade de economia mista, em que há sócios privados do negócio. **WG**

Gabarito 1C

(Delegado/AC – 2008 – CESPE) Julgue o item subsequente.

(1) Considere que uma lei estadual do Acre institua, com caráter de autarquia, o Instituto Academia de Polícia Civil, com o objetivo de oferecer formação e aperfeiçoamento aos servidores ligados à polícia civil do Acre. Nessa situação, a criação do instituto representaria um processo de descentralização administrativa, visto que implicaria a criação de uma entidade da administração estadual indireta.

1: correta, pois a criação de uma pessoa jurídica estatal por outra pessoa jurídica estatal encerra o instituto da *descentralização*. **WG**

Gabarito 1C

(Delegado/AM) O conceito, em Direito Administrativo, referente à Federação, em que além da pessoa jurídica central existem outras internas que compõem o sistema político, tem o nome de:

(A) pluralismo

(B) polimorfismo

(C) pluripartidarismo

(D) pluripersonalismo

Trata-se de pluripersonalismo, já que se tem pluralidade de pessoas jurídicas. **WG**

Gabarito "D".

(Delegado/AM) A trilogia fundamental que dá perfil da Administração Pública é composta de:

(A) órgãos, agentes e funções

(B) chefias, funções e delegações

(C) responsabilidades, chefias e órgãos

(D) agentes, delegações e responsabilidades

De fato, a trilogia fundamental passa pela existência de agentes, órgãos e funções públicos. Esses elementos fazem com que a Administração atue. **WG**

Gabarito "A".

(Delegado/AP – 2010) A transferência da execução de serviço público comum à pessoa jurídica de direito privado já existente, mediante contrato administrativo, conservando o Poder Público a titularidade do serviço, é caso de:

(A) desconcentração administrativa por outorga.

(B) desconcentração funcional por colaboração.

(C) descentralização administrativa por delegação legal.

(D) descentralização administrativa por colaboração.

(E) concentração funcional por delegação negocial.

Trata-se de *descentralização*, pois a transferência da execução de serviço se dá de pessoa jurídica para pessoa jurídica, do tipo *por colaboração*, pois não há transferência da titularidade do serviço. Caso houvesse transferência da titularidade do serviço teríamos descentralização *por serviço*. **WG**

Gabarito "D".

(Delegado/GO – 2009 – UEG) Pela inadequação do modelo tradicional da centralização administrativa, houve a extinção total ou parcial do monopólio estatal de alguns serviços públicos e de outras atividades. Com a transferência total ou parcial da execução ao setor privado surgiram as agências reguladoras. Sobre esse tema, é CORRETO afirmar:

(A) podem as agências reguladoras definir políticas públicas e executá-las nos diversos setores regulados.

(B) a definição da política tarifária, os mecanismos de revisão e os respectivos parâmetros são de competência das agências reguladoras.

(C) a independência quanto à atividade de regulação é relativizada, ainda que tenha como característica a inexistência de subordinação hierárquica face ao poder central.

(D) as agências reguladoras têm natureza de autarquias especiais e integram a administração federal direta; os diretores são nomeados pelo Presidente da República.

A: incorreta, pois quem *define* as políticas públicas é o ente político que cria a agência reguladora; **B:** incorreta, pois a lei traz a definição da política tarifária, competindo às agências reguladoras executá-la; **C:** correta, pois mesmo havendo maior autonomia das agências reguladoras em relação às autarquias tradicionais, tal autonomia não é sinônimo de independência, pois as agências devem se conformar às políticas estatais, não podendo se sobrepor à lei, e também estão sujeitas ao controle ou tutela, que não se confunde com hierarquia, mas que faz com que as agências sejam controladas para que não se desviem de suas finalidades; **D:** incorreta, pois as agências integram a administração *indireta*. **WG**

Gabarito "C".

(Delegado/PB – 2009 – CESPE) Acerca do regime jurídico dos órgãos e das entidades que compõem a administração pública direta e indireta, assinale a opção correta.

(A) Caso uma empresa pública federal impetre mandado de segurança contra ato do juiz de direito do Estado da Paraíba, conforme entendimento do STJ, caberá ao respectivo tribunal regional federal julgar o referido mandado de segurança.

(B) Considere a seguinte situação hipotética. O município de João Pessoa pretende receber o Imposto Sobre Serviços (ISS) da Infraero,

6. DIREITO ADMINISTRATIVO 583

empresa pública federal que presta serviço público aeroportuário em regime de monopólio, em face dos serviços prestados, sobre os quais não incide ICMS. Nessa situação, a pretensão do município deve ser atendida, já que a imunidade recíproca não atinge as empresas públicas, mas apenas a administração direta da União, dos Estados, do Distrito Federal e dos Municípios, bem como as suas autarquias e fundações públicas.

(C) Os órgãos subalternos, conforme entendimento do STF, têm capacidade para a propositura de mandado de segurança para a defesa de suas atribuições.

(D) A OAB, conforme entendimento do STF, é uma autarquia pública em regime especial e se submete ao controle do TCU.

(E) Os conselhos de profissões regulamentadas, como o CREA e o CRM, são pessoas jurídicas de direito privado.

A: correta, pois a empresa pública federal tem foro na Justiça Federal, de modo que o tribunal competente é o tribunal regional federal; **B:** incorreta, pois tanto os Correios, como a Infraero, por terem monopólio, têm direito à imunidade recíproca; **C:** incorreta, pois somente os órgãos públicos independentes têm essa prerrogativa; **D:** incorreta, pois a decisão proferida pelo STF em ADIN 3.026-4/DF anota que a OAB não é uma autarquia especial e não integra a Administração Indireta como outro tipo de pessoa jurídica, de modo que não se sujeita ao controle estatal. Por outro lado, o STF reconhece que a OAB presta, sim, um serviço público. Na prática isso significa que a OAB, de um lado, não é obrigada a fazer concursos públicos, licitações e a se submeter à fiscalização do TCU e ao regime estatutário dos agentes públicos, podendo contratar pelo regime celetista. De outro, por ser um serviço público, a OAB pode fiscalizar os advogados e também tem direito a vantagens tributárias. Na ementa do acórdão, o STF deixa claro que a OAB não é integrante da Administração Indireta, tratando-se de uma figura ímpar no País, no caso, um Serviço Público Independente. O acórdão também conclui que a OAB não pode ser comparada às demais entidades de fiscalização profissional, pois não está voltada exclusivamente a finalidades corporativas, possuindo finalidade institucional; **E:** incorreta, pois tais pessoas, por exercerem fiscalização, não são puramente privadas, tendo natureza *sui generis*. **WG**
Gabarito "A".

(Delegado/PI – 2009 – UESPI) Em relação à organização administrativa, pode-se afirmar que:

(A) no âmbito estadual, a criação de uma secretaria constitui exemplo de descentralização administrativa.

(B) somente por lei específica poderá ser criada autarquia e autorizada a instituição de empresa pública, de sociedade de economia mista e de fundação.

(C) é exemplo de desconcentração a criação de uma agência reguladora.

(D) as organizações sociais integram a Administração Pública descentralizada.

(E) as autarquias e as fundações públicas não podem ser qualificadas como agências executivas.

A: incorreta, pois o caso narrado é de *desconcentração*, e não de *descentralização*, pois se trata de distribuição interna de competência (já que uma secretaria é um *órgão* interno de um ente), e não de distribuição externa de competências; **B:** correta (art. 37, XIX, da CF); **C:** incorreta, pois a criação de uma agência reguladora é uma distribuição externa de competência (ou seja, é a distribuição de competência de uma pessoa jurídica para outra pessoa jurídica), de modo que se trata de *descentralização*, e não de *desconcentração*; **D:** incorreta, pois as organizações sociais são entidades privadas não criadas pelo Estado, de modo que não fazem parte da Administração Pública, apesar de colaborarem com esta; **E:** incorreta, pois são justamente as autarquias e as fundações públicas que podem ser qualificadas como agências executivas (art. 51 da Lei 9.649/1998). **WG**
Gabarito "B".

(Delegado/SC – 2008) Analise as alternativas a seguir. Todas estão corretas, exceto a:

(A) O ato do agente administrativo, enquanto atua nessa condição, é imputado diretamente ao Estado.

(B) Quanto à atuação funcional ou composição, os órgãos da Administração Pública podem ser divididos em simples e colegiais, conforme suas decisões sejam tomadas individualmente por seus agentes ou por um conjunto de agentes que os integram.

(C) Os órgãos independentes, originários da Constituição Federal e representativos dos Poderes de Estado – Legislativo, Judiciário e Executivo –, não possuem subordinação hierárquica ou funcional nem se sujeitam a nenhum tipo de controle de um Poder pelo outro.

(D) São agentes públicos os chefes do Executivo em qualquer esfera, bem como os senadores, deputados e vereadores, os ocupantes de cargos e empregos públicos e os concessionários e permissionários de serviço público.

A alternativa "C" está incorreta, pois há um sistema de freios e contrapesos entre os Poderes. Por exemplo, o Poder Legislativo faz o controle das contas do Poder Executivo, com o auxílio do Tribunal de Contas. E o Poder Judiciário controla a legalidade dos atos de todos os Poderes. As demais alternativas estão corretas. **WG**
Gabarito "C".

(Delegado/SP – 1999) As administrações regionais da Prefeitura Municipal de São Paulo caracterizam serviço público

(A) regionalizado.

(B) desconcentrado.

(C) descentralizado.

(D) delegado.

Trata-se de desconcentração, pois há distribuição de competência interna, ou seja, de órgão para órgão da Administração Direta. **WG**
Gabarito "B".

(Delegado/TO – 2008 – CESPE) Para atingir os altos objetivos que justificam sua existência, o Estado tem de se organizar de forma sistêmica e coordenada. Dessa forma, diversas são as suas projeções, com elementos diferenciadores entre si, visando sempre ao bem comum. Acerca da administração pública e dos órgãos que a compõem, julgue os itens seguintes.

(1) Considerando a divisão da administração pública federal em direta e indireta, é correto afirmar que os Correios fazem parte da administração direta, por se tratar de empresa pública, sob controle exclusivo da União.

(2) Embora não integrem a administração indireta, os chamados serviços sociais autônomos prestam relevantes serviços à sociedade brasileira. Entre eles podem ser citados o SESI, o SENAC, o SEBRAE e a OAB.

(3) As instituições públicas de crédito, a exemplo do Banco do Brasil e da Caixa Econômica Federal, fazem parte da administração indireta, por serem todas sociedades de economia mista.

(4) A Polícia Federal, dada sua importância estratégica para a segurança do Estado, tem natureza especial, e seu diretor-geral subordina-se hierarquicamente apenas ao presidente da República.

1: incorreta, pois os Correios fazem parte da Administração Indireta; **2:** incorreta, pois a OAB não é considerada serviço social autônomo; **3:** incorreta, pois o Banco Central é uma autarquia e sua finalidade é de regulamentação e fiscalização do sistema financeiro, bem como de controle da moeda, não se tratando de mera instituição pública de crédito; **4:** incorreta, pois o diretor-geral subordina-se ao Ministro da Justiça. **WG**
Gabarito 1E, 2E, 3E, 4E

(Delegado/RS – 2018 – FUNDATEC) Levando-se em consideração a Lei 10.994/1997, que dispõe sobre a organização Básica da Polícia Civil, analise as assertivas abaixo, assinalando V, se verdadeiras, ou F, se falsas.

( ) São órgãos de direção superior da Polícia Civil o Chefe de Polícia, o Subchefe de Polícia e a Corregedoria-Geral de Polícia.

( ) Não se admite a avocação de inquérito policial pelo Chefe de Polícia.

( ) O Conselho Superior de Polícia poderá determinar, fundamentadamente, o afastamento de servidor da Polícia Civil, sem perda dos seus vencimentos, por ocasião da instauração do processo administrativo-disciplinar até a sua conclusão, diante de transgressão que, por sua natureza e configuração, o incompatibilize para a função pública, quando necessário à salvaguarda do decoro policial ou do interesse público.

( ) A competência investigativa especializada do Departamento Estadual de Investigações Criminais exclui a atuação de outros órgãos da Polícia Civil.

A ordem correta de preenchimento dos parênteses, de cima para baixo, é:

(A) V – V – V – V.

(B) F – F – F – F.

(C) F – F – V – V.

WANDER GARCIA, FLÁVIA BARROS E RODRIGO BORDALO

(D) V – F – V – F.
(E) V – V – F – F.

A questão trata da organização da Polícia Civil do Estado do Rio Grande do Sul, disciplinada pela Lei estadual 10.994/1997. A primeira assertiva é verdadeira (V), de acordo com o art. 9º da Lei 10.994/1997 (Organização Básica da Polícia Civil). A segunda assertiva é falsa (F), pois o Chefe de Polícia pode avocar, excepcional-mente e com fundamento, inquéritos policiais, para exame e redistribuição (art. 10, III, Lei 10.994/1997). A terceira afirmação é verdadeira (V), ex vi do art. 16, IV, do mesmo diploma. Por fim, a quarta assertiva é falsa (F), pois a competência investigativa do Departamento Estadual de Investigações Criminais (DEIC) não exclui a atuação de outros órgãos da Polícia Civil. **RB**

Gabarito "D".

4.2. Administração indireta – pessoas jurídicas de direito público

(Delegado/AP – 2017 – FCC) Uma autarquia municipal criada para prestação de serviços de abastecimento de água

(A) deve obrigatoriamente ter sido instituída por lei e recebido a titula-ridade do serviço público em questão, o que autoriza a celebração de contrato de concessão à iniciativa privada ou a contratação de consórcio público para delegação da execução do referido serviço.

(B) integra a estrutura da Administração pública indireta municipal e portanto não se submete a todas as normas que regem a administração pública direta, sendo permitido a flexibilização do regime publicista para fins de viabilizar a aplicação do princípio da eficiência.

(C) submete-se ao regime jurídico de direito privado caso venha a celebrar contrato de concessão de serviço público com a Admi-nistração pública municipal, ficando suspensa, durante a vigência da avença, a incidência das normas de direito público, a fim de preservar a igualdade na concorrência.

(D) pode ser criada por decreto, mas a delegação da prestação do serviço público prescinde de prévio ato normativo, podendo a autarquia celebrar licitação para contratação de concessão de serviço público ou prestar o serviço diretamente.

(E) possui personalidade jurídica de direito público, mas quando pres-tadora de serviço público, seu regime jurídico equipara-se ao das empresas públicas e sociedades de economia mista.

DL 200/1967, art. 5º Para os fins desta lei, considera-se: I – Autarquia – o serviço autônomo, criado por lei, com personalidade jurídica, patrimônio e receita próprios, para executar atividades típicas da Administração Pública, que requeiram, para seu melhor funcionamento, gestão administrativa e financeira descentralizada. **FMB**

Gabarito "A".

Delegado/MS – 2017 – FAPEMS) Leia o texto a seguir.

O direito administrativo constitui uma seção, qualificada por seu conteúdo, da ordem jurídica total, aquela seção que se refere à administração, que regula a administração. Se introduzirmos nesta acepção brevíssima do conceito de direito administrativo o conceito de administração, o que significa como função de determinados órgãos, o direito administrativo se apresenta como aquela fração da ordem jurídica que deve ser aplicada por órgãos administrativos, isto é, órgãos executivos com competência para fixar instruções ou dever de obedecê-las. Se transpusermos a definição do orgânico ao funcional, poder-se-á definir o direito administrativo como conjunto de normas jurídicas que regulam aquela atividade executiva condicionável pelas instruções, ou – aceitando, por certo, que toda a atividade executiva está composta de funções jurídicas –, o conjunto de normas jurídicas que regulam aquelas funções jurídicas determináveis mediante as instruções.

MERKL. Adolf. Teoria general dei derecho administrativo. Granada: Corna-res, 2004 apud ALMEIDA, Fernando Dias Menezes de. Conceito de direito administrativo. Tomo Direito Administrativo e Constitucional. (PUC-SP), 1. ed., p. 13, 2017

Quanto à administração pública indireta, assinale a alternativa correta.

(A) As fundações públicas de direito privado devem ser criadas por lei específica.

(B) As fundações públicas de direito público devem ser criadas por lei específica.

(C) A imunidade tributária recíproca não se estende às fundações.

(D) As sociedades de economia podem revestir-se de qualquer das formas admitidas em direito.

(E) As empresas públicas só podem explorar diretamente atividade econômica, se tal exploração for necessária à segurança nacional ou relevante para o interesse coletivo, na forma de lei comple-mentar.

Art 37 CF, XIX – somente por lei específica poderá ser criada autarquia e auto-rizada a instituição de empresa pública, de sociedade de economia mista e de fundação, cabendo à lei complementar, neste último caso, definir as áreas de sua atuação. **FMB**

Gabarito "B".

(Delegado/RO – 2014 – FUNCAB) Quanto às Agências Reguladoras, pode--se afirmar que:

(A) seus dirigentes têm forma de escolha diferenciada, mitigando o controle político realizado pelo ente federativo que as criou.

(B) são formas de descentralização contratual.

(C) essas entidades possuem dependência técnica para o desempe-nho de suas atividades.

(D) o recurso interposto por seus administrados é o hierárquico impró-prio.

(E) seus atos administrativos normativos são insindicáveis por ter seu fundamento de validade na lei que as criou.

A: correta, pois os dirigentes são indicados pelo Chefe do Executivo, mas devem ser aprovados pelo Senado, se a agência for federal, ou pelo Legislativo local, se a agência for estadual ou municipal; **B:** incorreta, pois são formas de descentra-lização legal, pois a própria lei cria a agência reguladora e passa a competência para esta; **C:** incorreta, pois essas entidades têm autonomia técnica, que deve ser respeitada pelo ente que as tiver criado; **D:** incorreta, pois o recurso hierárquico impróprio é julgado por ente externo, que não é o que acontece com as agências, que têm autonomia e, portanto, não estão sujeitas recurso contra seus atos a ser apreciado pelo ente político que as tiver criado; **E:** incorreta, pois os atos admi-nistrativos normativos das agências, caso estejam em desacordo com a lei que os fundamenta, podem ser objeto ação judicial com vistas à sua invalidação. **WG**

Gabarito "A".

(Delegado/PI – 2009 – UESPI) É certo que as autarquias:

(A) são pessoas jurídicas de direito privado, sujeitas ao controle finalístico de sua administração, pelo ente instituidor.

(B) são pessoas jurídicas de direito público, de natureza meramente administrativa, com personalidade jurídica e patrimônio próprio.

(C) integram a administração direta da União, não estando sujeitas ao controle hierárquico do ente que as criou.

(D) têm por finalidade a exploração de atividade econômica por força de contingência ou de conveniência administrativa, com subordi-nação hierárquica ao órgão da administração indireta que a criou.

(E) são constituídas sob a forma de sociedade anônima e sob o con-trole majoritário da União ou de outra entidade da administração direta ou indireta federal.

A: incorreta, pois são pessoas jurídicas de direito público; **B:** correta, pois traz as características da autarquia; **C:** incorreta, pois as autarquias integram a administração *indireta*; **D:** incorreta, pois a finalidade da autarquia é exercer atividade típica de Estado (fiscalização, por exemplo) e não explorar atividade econômica; ademais, entre o ente político e a autarquia há *controle ou tutela*, e não *hierarquia;* E: incorreta, pois as autarquias são pessoas de direito público, portanto, não têm estrutura própria de pessoas de direito privado, como é a estrutura de empresa. **WG**

Gabarito "B".

(Delegado/PI – 2009 – UESPI) A Agência Nacional de Vigilância Sanitária (ANVISA), a Agência Nacional de Telecomunicações (ANATEL) e a Agência Nacional do Petróleo, Gás Natural e Biocombustíveis (ANP) são:

(A) fundações públicas.

(B) empresas públicas.

(C) sociedades de economia mista.

(D) órgãos da administração direta.

(E) autarquias especiais.

Tais agências são consideradas *autarquias especiais*, pois têm todas as carac-terísticas do regime jurídico *autárquico*, mais algumas características *especiais* (exemplo: dirigentes têm mandato fixo). **WG**

Gabarito "E".

6. DIREITO ADMINISTRATIVO

(Delegado/SP – 2011) Sobre as autarquias, e incorreto afirmar:

(A) Possuem personalidade jurídica pública

(B) São criadas por lei.

(C) Têm como privilégio o processo especial de execução

(D) Possuem capacidade política.

(E) Sujeitam-se a controle administrativo.

A: correto, pois as autarquias são criadas para exercer atividade típica de Estado, daí porque são pessoas jurídicas de direito público; **B:** correto, devendo ser criadas mediante lei específica (art. 37, XIX, da CF); **C:** correto, pois, por serem pessoas jurídicas de direito público têm as vantagens processuais próprias da Fazenda Pública; **D:** incorreto (devendo ser assinalada), pois as autarquias são pessoas de direito público da Administração Indireta, não se confundindo com as pessoas políticas que as criam (União, Estados, Distrito Federal e Municípios); estas, sim, possuem capacidade política, cujos limites estão fixados na Constituição Federal; **E:** correto, pois as autarquias estão sujeitas ao *controle* (*tutela* ou *supervisão ministerial*) por parte das pessoas jurídicas que as tiverem criado. WG
Gabarito "D".

4.3. Administração indireta – pessoas jurídicas de direito privado estatais

(Delegado/MG – 2018 – FUMARC) A Lei n. 13.303/2016, em seu artigo 3º, traz o seguinte conceito: "entidade dotada de personalidade jurídica de direito privado, com criação autorizada por lei e com patrimônio próprio, cujo capital social é integralmente detido pela União, pelos Estados, pelo Distrito Federal ou pelos Municípios".

A entidade da administração indireta conceituada é uma:

(A) Autarquia.

(B) Empresa pública.

(C) Fundação pública.

(D) Sociedade de economia mista.

As empresas estatais são regidas pela Lei 13.303/2016 e abrangem duas categorias: as empresas públicas e as sociedades de economia mista, ambas integrantes da Administração indireta. As empresas estatais são pessoas jurídicas de direito privado, com criação autorizada por lei. Uma das diferenças entre empresas públicas e sociedades de economia mista é que as primeiras são constituídas por capital integralmente público, enquanto as segundas são formadas por capital misto (público e privado). Nesse sentido, o art. 3º da Lei 13.303/2016 traça a seguinte definição, in verbis: "Empresa pública é a entidade dotada de personalidade jurídica de direito privado, com criação autorizada por lei e com patrimônio próprio, cujo capital social é integralmente detido pela União, pelos Estados, pelo Distrito Federal ou pelos Municípios." RB
Gabarito "B".

(Delegado/RS – 2018 – FUNDATEC) Em relação à organização da Administração Pública, assinale a alternativa correta.

(A) O processo de desconcentração administrativa tem por consequência a criação de entidades dotadas de personalidade jurídica própria, distinta do ente político criador.

(B) Às entidades que integram a administração indireta podem ser atribuídas, nos termos da lei que as institui, as mesmas competências cometidas ao ente político criador.

(C) A teoria do órgão não reconhece a responsabilidade do Estado em relação aos atos praticados pelos denominados "funcionários de fato", assim considerados os que foram irregularmente investidos em cargos, empregos ou funções públicas.

(D) As autarquias podem desempenhar atividades típicas de estado e, excepcionalmente, explorar atividade econômica.

(E) As empresas públicas e sociedades de economia mista, ainda que explorem atividade econômica de prestação de serviços, sujeitam-se ao regime jurídico próprio das empresas privadas, inclusive quanto aos direitos e obrigações civis, comerciais, trabalhistas e tributárias.

Alternativa A incorreta (o processo de desconcentração administrativa tem por consequência a divisão interna orgânica de uma entidade administrativa); alternativa B incorreta (as entidades da administração indireta não podem assumir as mesmas atribuições do ente político criador, pois a sua instituição relaciona-se com a especialização funcional); alternativa C incorreta (os atos praticados pelos "funcionários de fato" acarretam a responsabilidade estatal, pois, em virtude da teoria do órgão, a atuação dos agentes públicos é atribuída ao Estado); item D incorreta (as autarquias somente podem desempenhar atividades típicas de

estado, restando-lhes vedada a exploração de atividade econômica); item E correta (art. 173, § 1º, II, CF). RB
Gabarito "E".

(Delegado/MS – 2017 – FAPEMS) Conforme jurisprudência dos Tribunais Superiores, acerca da Administração Direta e Indireta e das entidades em colaboração com o Estado, é correto afirmar que

(A) a Empresa Brasileira de Correios e Telégrafos (ECT) goza de imunidade tributária recíproca mesmo quando realiza o transporte de bens e mercadorias em concorrência com a iniciativa privada.

(B) o Tribunal de Justiça não detém legitimidade autônoma para impetrar mandado de segurança contra ato do Governador do Estado em defesa de sua autonomia institucional.

(C) não é aplicável o regime dos precatórios às sociedades de economia mista prestadoras de serviço público próprio do Estado, ainda que de natureza não concorrencial.

(D) as entidades paraestatais gozam dos privilégios processuais concedidos à Fazenda Pública.

(E) os serviços sociais autônomos estão sujeitos à observância da regra de concurso público para contratação de seu pessoal.

Por maioria, o Plenário do Supremo Tribunal Federal julgou procedente a Ação Cível Originária (ACO) 879, ajuizada pela Empresa Brasileira de Correios e Telégrafos (ECT) contra a cobrança do imposto sobre a propriedade de veículos automotores (IPVA) no Estado da Paraíba. A decisão reafirma a jurisprudência da Corte sobre a matéria, objeto do Recurso Extraordinário 601392, com repercussão geral reconhecida, no qual se reconheceu a imunidade tributária recíproca sobre todos os serviços dos Correios. A ECT alegava que, na condição de empresa pública à qual foi delegada a prestação de serviços públicos, não explora atividade econômica, cabendo a aplicação do princípio da imunidade recíproca (artigo 150, inciso VI, alínea a, da Constituição Federal). Por desempenhar atividades típicas da União, não tem por objeto o lucro e, portanto, não está sujeita ao IPVA. FMB
Gabarito "A".

(Delegado/DF – 2015 – Fundação Universa) Em relação à organização administrativa, é correto afirmar que

(A) a aplicação do regime jurídico próprio das empresas privadas às estatais (sociedade de economia mista e empresas públicas) que exploram atividade econômica não afasta a observância dos princípios da administração pública.

(B) a remuneração dos dirigentes das empresas públicas e das sociedades de economia mista será fixada em lei.

(C) a criação, por lei, de uma autarquia é exemplo de desconcentração do serviço público.

(D) se aplica às empresas estatais que exploram atividade econômica o prazo prescricional previsto no Decreto 20.910/1932.

(E) é inconstitucional norma que isente os Correios, empresa pública federal, do pagamento de impostos, pois, como ele explora atividade econômica, deve ter as mesmas regras impostas aos concorrentes.

A: correta, pois a Constituição determina a aplicação desses princípios também às entidades da administração indireta, o que inclui as empresas estatais (art. 37, *caput*, da CF); **B:** incorreta, pois essa regra só se aplica para servidores públicos e demais agentes públicos que recebem subsídio (art. 37, X, da CF), não se aplicando àqueles que atuam em estatais; **C:** incorreta, pois a criação de pessoas jurídicas para a distribuição externa de competências ou atribuições tem o nome de *descentralização*; a *desconcentração* é a distribuição interna (= dentro de uma mesma pessoa jurídica) de competências ou atribuições; **D:** incorreta, pois essa lei só se aplica às pessoas jurídicas de direito público; **E:** incorreta, pois o STF reconhece que há imunidade tributária recíproca quanto a empresas estatais que têm monopólio sobre certo serviço público, como os Correios e a Infraero; vide STF, RE 601.392. WG
Gabarito "A".

(Delegado Federal – 2013 – CESPE) Julgue o item que se segue, relativo à administração indireta e aos serviços sociais autônomos.

(1) A sociedade de economia mista é pessoa jurídica de direito privado que pode tanto executar atividade econômica própria da iniciativa privada quanto prestar serviço público.

1: correta, pois há relevante interesse público na criação de empresa estatal para prestar serviço público (art. 173, *caput*, da CF/1988) e também poderá haver tal relevante interesse público (ou imperativo de segurança nacional) para criar empresa estatal para a exploração de atividade econômica (art. 173, § 1º, da CF/1988). WG
Gabarito 1C

(Delegado/SP – 2011) Sobre as características comuns às empresas públicas e sociedades de economia mista, é correto afirmar:

(A) Podem ser estruturadas sob a forma de sociedade anônima.

(B) Possuem personalidade jurídica de direito público.

(C) Possuem objetivo determinado por lei, mas podem atender a finalidade diversa, verificado o interesse público.

(D) Somente a lei pode criá-las ou extingui-las.

(E) São constituídas exclusivamente por capital público.

A: incorreta, pois as empresas públicas podem ter qualquer forma societária; **B:** incorreta, pois as duas têm personalidade de direito privado; **C:** incorreta, pois a lei não pode deixar de ser observada; **D:** correta (art. 37, XIX, da CF), valendo salientar que a lei vai autorizar a criação dessas entidades, que, em seguida, deverão ter seus atos constitutivos arquivados no registro público competente para que tenha início a sua personalidade; **E:** incorreta, pois as sociedades de economia mista têm necessariamente capital público e capital privado. WG
Gabarito "D".

4.4. Terceiro Setor

(Delegado/DF – 2015 – Fundação Universa) No que diz respeito à organização da administração pública e das entidades paraestatais, assinale a alternativa correta.

(A) A CF assegura aos serviços sociais autônomos autonomia administrativa, não estando sujeitos ao controle do tribunal de contas.

(B) Diante do recebimento de dinheiro público, os serviços sociais autônomos estão submetidos às regras de concurso público para contratação de seus funcionários, os quais serão regidos pela consolidação das leis trabalhistas (CLT).

(C) As organizações sociais qualificadas no âmbito da União podem ser contratadas com dispensa de licitação para execução de contrato de gestão firmado com a União.

(D) Suponha-se que João seja responsável pela fiscalização de contrato de gestão firmado com certa organização social. Nesse caso, ao tomar conhecimento de qualquer irregularidade na utilização de recursos públicos pela fiscalizada, João deverá dar ciência do fato ao TCU, sob pena de multa, mas não de responsabilidade solidária.

(E) Uma instituição religiosa, desde que seja sem fins lucrativos e que tenha por objeto social as atividades descritas na referida lei, pode ser qualificada como organização da sociedade civil de interesse público.

A: incorreta, pois tais entidades estão sujeitas ao controle do tribunal de contas (art. 70, parágrafo único, da CF); **B:** incorreta, pois tais entidades não estão diretamente submetidas à obrigatoriedade de realização de concurso público e licitação (STF, RE 789.874/DF, j. 17.09.2014), o que não exclui o dever de agirem de forma proba, devendo criar processos seletivos e de contratações que estejam de acordo com os princípios da impessoalidade, da moralidade e da eficiência, já que tais entidades manejam recursos públicos; **C:** correta (art. 24, XXIV, da Lei 8.666/1993); **D:** incorreta, pois o art. 9º da Lei 9.637/1998 estabelece que a responsabilidade no caso é solidária; **E:** incorreta, pois as entidades religiosas não podem ser qualificadas como OSCIPs (art. 2º, III, da Lei 9.790/1999). WG
Gabarito "C".

(Delegado/BA – 2013 – CESPE) Julgue o seguinte item.

(1) Entidades paraestatais são pessoas jurídicas privadas que colaboram com o Estado no desempenho de atividades não lucrativas, mas não integram a estrutura da administração pública.

1: correta, valendo citar como exemplos dessas entidades de cooperação as entidades do Sistema "S" (SESI, SENAI etc.), as organizações sociais e as OSCIPs. WG
Gabarito 1C.

(Delegado/GO – 2009 – UEG) Quanto às organizações da sociedade civil de interesse público – OSCIP, é CORRETO afirmar:

(A) a OSCIP exerce atividade de natureza privada.

(B) a OSCIP recebe ou pode receber delegação para gestão de serviço público.

(C) a OSCIP é criada por lei para desempenhar serviços sociais não exclusivos do Estado.

(D) o Estado incentiva e fiscaliza os serviços desempenhados pela OSCIP, sendo indispensável o termo de convênio para prever as obrigações.

A: correta, tratando-se de atividade privada de utilidade pública; **B:** incorreta, pois a atividade exercida é, conforme já explicado, de natureza privada, apesar de ser de utilidade pública; **C:** incorreta, pois tais entidades não são criadas pelo Estado; **D:** incorreta, pois o ajuste entre o Estado e a OSCIP tem o nome de "termo de parceria" (art. 9.º da Lei 9.790/1999). WG
Gabarito "A".

5. SERVIDORES PÚBLICOS

5.1. Espécies de agentes públicos

Com relação aos agentes públicos em geral e seu regime jurídico, leia as afirmativas a seguir.

I. Senadores da República não são agentes públicos, mas caracterizam-se como agentes políticos.

I. Agentes públicos podem estar submetidos ao regime jurídico estatutário ou ao regime jurídico celetista.

III. A atuação como jurado é caracterizada pela ação do particular que colabora com o poder público.

IV. O servidor público só pode ser demitido após a instauração de processo administrativo disciplinar, diferentemente do empregado público, para o qual não se aplica a regra celetista de demissão sem justa causa.

V. Empregado público, por definição, é todo agente público que trabalha em uma Empresa Estatal.

(Delegado/ES – 2019 – Instituto Acesso) Estão corretas apenas as afirmativas:

(A) II, IV e V.

(B) III, IV e V.

(C) I, II e III.

(D) I, III, V.

(E) II, III e IV.

Item I incorreto (Senadores da República são agentes públicos, na categoria de agentes políticos); item II correto (servidores estatutários e celetistas são espécies de agentes públicos); item III correto (uma outra categoria de agentes públicos são os particulares em colaboração com o Estado, a exemplo dos jurados e dos mesários eleitorais); item IV correto (a demissão do servidor está condicionada à instauração de processo administrativo disciplinar; já o empregado público, embora submetido à CLT, não pode ser demitido sem justa causa); item V incorreto (empregado público é todo agente público submetido ao regime celetista). RB
Gabarito "E".

(Delegado/MG – 2012) No tocante aos agentes públicos, é **incorreto** afirmar que

(A) para ser agente público, é mister o vínculo com o Estado, mesmo que não efetivo, mas perene, mediante contrato bilateral e remuneração.

(B) os agentes de fato podem ser necessários ou putativos.

(C) os agentes putativos desempenham atividade administrativa, mas não têm investidura no cargo.

(D) os agentes necessários apenas se assemelham, mas não são agentes de direito.

A: incorreta (devendo ser assinalada), pois o conceito de agente público é muito amplo e alcança pessoas que não estão contidas na assertiva, tais como os *servidores estatutários* (que não têm contrato bilateral, por serem regidos por uma lei, por um estatuto), os *detentores de mandato eletivo* (que têm vínculo temporário e não perene) e os agentes honoríficos (que não recebem remuneração, como os jurados do Tribunal do Júri e mesários eleitorais); **B:** correta; há dois tipos de *agentes de fato*, os *necessários* (aqueles que exercem função pública em situações emergenciais, como é o caso de alguém que realize uma prisão em flagrante – art. 301 do CPP) e os *putativos* (aqueles que se passam por agente público sem ter sido investidos para tanto); **C:** correta, pois tais pessoas, como se viu, não foram investidos em cargo público; **D:** correta, pois os agentes necessários se assemelham aos agentes de direito, pois atuam de forma lícita, ou seja, de conformidade com o Direito; porém, não são agentes de direito, pois a sua atuação é excepcional, decorrente de uma situação de urgência. WG
Gabarito "A".

6. DIREITO ADMINISTRATIVO 587

5.2. Espécies de vínculos (cargo, emprego e função)

(Delegado/AP – 2017 – FCC) O acesso a cargos públicos de caráter efetivo depende, como é sabido, de concurso público, nos termos da Constituição Federal. É compatível com a exigência constitucional de concurso público e com os princípios que regem a Administração pública

(A) a previsão, no edital do certame, conforme a natureza do cargo, da realização de investigação social sobre os candidatos após as fases de avaliação de conhecimento, para demonstrar sua lisura e conduta moral proba para o desempenho das atribuições exigidas.

(B) a previsão, no edital do certame, de requisitos isonômicos e objetivos e, além da realização de provas, o exame de títulos, sendo outras exigências e condições violadoras dos princípios da igualdade e da razoabilidade.

(C) o estabelecimento de requisitos de habilitação que permitam ao administrador escolher os candidatos que pareçam mais comprometidos com o cargo almejado.

(D) a exigência de prova de aptidão física prévia às fases de conhecimento, a fim de selecionar os candidatos que terão condições de desempenhar as atribuições exigidas para o cargo.

(E) a possibilidade de prorrogação da validade do concurso público por prazo de 3 anos, como observância ao princípio da isonomia que estabelece o mesmo prazo para o estágio probatório dos servidores aprovados.

Trata-se de ato que deverá ser devidamente motivado e compor o edital de concurso, sendo certo que a análise deve levar em conta o princípio constitucional da presunção da inocência. Lei 9.784/1999, art. 50. Os atos administrativos deverão ser motivados, com indicação dos fatos e dos fundamentos jurídicos, quando: III – decidam processos administrativos de concurso ou seleção pública. **FMB**
Gabarito "A".

(Delegado/GO – 2009 – UEG) Acerca da contratação por tempo determinado para atender à necessidade temporária de excepcional interesse público, é CORRETO afirmar:

(A) o contratado temporariamente não ocupa cargo durante o prazo da contratação.

(B) a relação do contratado temporariamente com a Administração Pública é de emprego público.

(C) a contratação temporária pelos Estados e Municípios, obrigatoriamente, deve ser regida pela Consolidação das Leis do Trabalho (CLT).

(D) a Lei Federal que estabelece os casos de excepcional interesse público, que justificam a contratação temporária na administração federal, é o suporte legal para Estados e Municípios contratarem temporariamente.

A: correta, tratando-se de uma função pública; B: incorreta, pois se trata de função pública; C: incorreta, pois a lei local estabelecerá o regime jurídico a ser aplicado ao caso; D: incorreta, pois cada ente estabelecerá lei para reger o pessoal contratado nessas circunstâncias. **WG**
Gabarito "A".

(Delegado/GO – 2009 – UEG) Sobre o teor da Súmula Vinculante n. 13, que proíbe a contratação de parentes na Administração Pública, é CORRETO afirmar:

(A) a vedação à nomeação de parentes não alcança a administração indireta.

(B) a vedação oriunda da súmula dirige-se exclusivamente aos parentes da autoridade nomeante.

(C) resta vedada a nomeação de cônjuge, companheiro ou parente em linha reta, colateral ou por afinidade, até o 3.º grau, inclusive.

(D) na literalidade da Súmula Vinculante n. 13 restou previsto regramento quanto à nomeação pelos agentes políticos de seus parentes.

A: incorreta, pois abrange a Administração Direta e Indireta de todos os Poderes; B: incorreta, pois a vedação se dirige não só aos parentes da autoridade nomeante, como também aos parentes de alguém que já detenha cargo em comissão ou de confiança, ou função gratificada na Administração; C: correta, nos termos do teor da Súmula Vinculante nº 13 do STF; D: incorreta, pois a súmula é genérica, não fazendo referência expressa à nomeação pelos agentes públicos de seus parentes. **WG**
Gabarito "C".

(Delegado/MG – 2018 – FUMARC) De acordo com a Lei Complementar 123/2013 (Lei Orgânica da PCMG), é INCORRETO afirmar:

(A) Cargo de provimento efetivo é unidade de ocupação funcional do quadro de pessoal, privativa de servidor público aprovado em concurso, com criação, remuneração e quantitativo definidos em lei ordinária, e, ainda, com atribuições, responsabilidades, direitos e deveres de natureza estatutária estabelecidos em Lei Complementar.

(B) Carreira é o conjunto de cargos de provimento efetivo agrupados segundo sua natureza e complexidade e estruturados em níveis e graus, escalonados em função do grau de responsabilidade e das atribuições da carreira.

(C) Grau é a posição do servidor no escalonamento vertical dentro da mesma carreira, contendo cargos escalonados, com os mesmos requisitos de capacitação e mesmas natureza, complexidade, atribuições e responsabilidades.

(D) Quadro de pessoal é o conjunto de cargos de provimento efetivo e de provimento em comissão de órgão ou de entidade.

A Lei complementar 123/2013 (Lei Orgânica da Polícia Civil de Minas Gerais) estabelece uma série de definições no art. 78. As alternativas A, B e D reproduzem as definições legais contempladas nos incisos II (cargo de provimento efetivo), I (carreira) e III (quadro de pessoal). A incorreção encontra-se na alternativa C. Isso porque, nos termos do inciso V, "grau" constitui "a posição do servidor no escalonamento horizontal no mesmo nível de determinada carreira." **RB**
Gabarito "C".

5.3. Provimento

(Delegado/GO – 2017 – CESPE) Após o término de estágio probatório, a administração reprovou servidor público e editou ato de exoneração, no qual declarou que esta se dera por inassiduidade. Posteriormente, o servidor demonstrou que nunca havia faltado ao serviço ou se atrasado para nele chegar.

Nessa situação hipotética, o ato administrativo de exoneração é

(A) nulo por ausência de finalidade.
(B) anulável por ausência de objeto.
(C) anulável por ausência de forma.
(D) anulável por ausência de motivação.
(E) nulo por ausência de motivo.

Para José dos Santos Carvalho Filho, *Exemplo esclarecedor, no que toca à previsão legal da motivação, foi dado pela recente Lei n. 9.784, de 29/1/1999, reguladora do processo administrativo na esfera federal. Segundo o art. 50 dessa lei, exigem motivação, com a indicação dos fatos e dos fundamentos, vários tipos de atos administrativos, como os que negam, limitam ou afetam direitos ou interesses; impõe ou agravam deveres, encargos ou sanções; decidem processos administrativos de concurso ou seleção pública; decidem recursos administrativos etc. Deve-se ainda considerar que a motivação deve ser coerente e verdadeira, sob pena de anulação do ato e de seus efeitos.* **FMB**
Gabarito "E".

(Delegado/BA – 2013 – CESPE) Julgue o seguinte item.

(1) Para que ocorra provimento de vagas em qualquer cargo público, é necessária a prévia aprovação em concurso público.

1: incorreta, pois o provimento em cargo público em comissão não requer concurso público (art. 37, II, da CF/1988). **WG**
Gabarito 1E.

(Delegado/SP – 2011) Constituem formas de provimento derivado de cargo público, à luz da Constituição Federal,

(A) a readmissão e a promoção.
(B) a readmissão e a reversão *ex officio*.
(C) a reintegração e a transposição.
(D) o aproveitamento e a transposição.
(E) a reintegração e o aproveitamento.

Provimento derivado é aquele que se dá após a nomeação, que é o provimento originário. Há diversas espécies de provimento derivado, mas as previstas na Constituição são a *reintegração* (art. 41, § 2.º, da CF) e o *aproveitamento* (art. 41, § 3º, da CF). **WG**
Gabarito "E".

5.4. Vacância

(Delegado/PE – 2016 – CESPE) Assinale a opção correta a respeito de servidor público, agente público, empregado público e das normas do regime estatutário e legislação correlata.

(A) O processo administrativo disciplinar somente pode ser instaurado por autoridade detentora de poder de polícia.

(B) Nomeação, promoção e ascensão funcional são formas válidas de provimento de cargo público.

(C) Empregado público é o agente estatal, integrante da administração indireta, que se submete ao regime estatutário.

(D) A vacância de cargo público pode decorrer da exoneração de ofício de servidor, quando não satisfeitas as condições do estágio probatório.

(E) Para os efeitos de configuração de ato de improbidade administrativa, não se considera agente público o empregado de empresa incorporada ao patrimônio público municipal que não seja servidor público.

A: incorreta, pois o processo administrativo disciplinar deve ser instaurado pela autoridade detentora de competência legal para tanto, não se podendo confundir o *poder de polícia* com o *poder disciplinar*; **B:** incorreta, pois a ascensão funcional não é uma forma de provimento de cargo público; **C:** incorreta, pois o empregado público se submete ao regime celetista e não ao regime estatutário; vale informar também que há empregados públicos também na administração direta; **D:** correta (arts. 33, I, e 34, parágrafo único, I, da Lei 8.112/1990); **E:** incorreta, pois a Lei de Improbidade considera agente público o empregado mencionado (art. 1º, *caput*, c/c art. 2º, ambos da Lei 8.429/1992). WG
Gabarito "D".

5.5. Acessibilidade e concurso público

(Delegado/AC – 2008 – CESPE – adaptada) Considere que a Secretaria de Estado da Gestão Administrativa (SGA) do Acre tenha publicado edital tornando pública a realização de um concurso público voltado ao provimento de 25 cargos efetivos de administrador na administração estadual, determinando que a validade do concurso fosse de dois anos, prorrogável por igual período. Considere, ainda, que o concurso tenha sido realizado e tenham sido aprovados 50 candidatos. Acerca dessa situação, julgue os itens a seguir.

(1) A SGA integra a administração direta do estado do Acre.

(2) Os 25 primeiros classificados no concurso têm direito subjetivo a serem nomeados durante o prazo de dois anos, contados da homologação do resultado do certame.

(3) Ato administrativo que venha a determinar a prorrogação da validade do referido concurso configurará exercício de poder administrativo vinculado, uma vez que a possibilidade de prorrogação foi prevista no próprio edital.

1: correta, pois é um órgão pertencente a um ente político; **2:** correta, pois o STF e o STJ passaram a entender que os aprovados em concursos públicos têm direito subjetivo à nomeação, no limite das vagas previstas no edital; o STF explica que, no caso, fica invertido o ônus da prova, ou seja, a Administração só não terá o dever de nomear o servidor se ela provar que aconteceu fato novo que torna absolutamente inconveniente a nomeação dos servidores aprovados no limite das vagas previstas no edital; **3:** errada, pois a prorrogação ou não da validade do concurso é considerada ato discricionário da Administração, que deverá praticá-lo segundo critérios de conveniência e oportunidade. WG
Gabarito 1C, 2C, 3E

5.6. Estágio probatório e estabilidade

(Delegado/MG – 2018 – FUMARC) Sobre as hipóteses de perda do cargo do servidor estável previstas no artigo 41, § 1º da CR/88, a INCORRETA:

(A) Excesso de despesa com pessoal.

(B) Procedimento de avaliação periódica de desempenho, na forma de lei complementar, assegurada ampla defesa.

(C) Processo administrativo em que lhe seja assegurada ampla defesa.

(D) Sentença judicial transitada em julgado.

O servidor estável somente perderá o cargo nas situações previstas na Constituição. O art. 41, § 1º, CF, prevê as seguintes hipóteses: em virtude de sentença

judicial transitada em julgado (alternativa D); mediante processo administrativo em que lhe seja assegurada ampla defesa (alternativa C); mediante procedimento de avaliação periódica de desempenho, na forma de lei complementar, assegurada ampla defesa (alternativa B). Outra hipótese está prevista no art. 169, § 4º, CF: exoneração para redução de despesas com pessoal (alternativa A). RB
Gabarito "A".

Leia as afirmativas a seguir, à luz da Constituição da República Federativa do Brasil e da legislação infraconstitucional aplicável, no que se refere à temática do exercício do cargo de servidor no âmbito da Administração Pública.

I. - Extinto o cargo ou declarada sua desnecessidade, o servidor estável ocupante deste cargo ficará em disponibilidade, sendo sustada a remuneração que percebia, restituindo-se a remuneração na hipótese de reaproveitamento do servidor em outro cargo.

II. - A contratação temporária feita por ente da Administração é matéria que depende de estipulação legal e está condicionada à necessidade e ao interesse público.

III. - Servidor estável que passou a ocupar o cargo de outro servidor demitido e que voltou ao mesmo cargo por força de decisão judicial reintegratória, se estável, deverá ser reconduzido ao cargo de origem ou posto em disponibilidade.

IV. - A avaliação periódica é uma das formas pelas quais o servidor pode perder o cargo, em conformidade com lei complementar, sendo assegurado, no procedimento de avaliação, o direito a ampla defesa.

V. - Servidor da administração direta, autárquica ou fundacional que for investido no cargo de Prefeito poderá optar pela sua remuneração.

(Delegado/ES – 2019 – Instituto Acesso) Marque a alternativa correta:

(A) Todas as afirmativas estão corretas, à exceção da IV.

(B) Todas as afirmativas estão corretas, à exceção da III.

(C) Todas as afirmativas estão corretas, à exceção da I.

(D) Todas as afirmativas estão corretas, à exceção da II.

(E) Todas as afirmativas estão corretas, à exceção da V.

Item I incorreto (extinto o cargo ou declarada sua desnecessidade, o servidor estável ficará em disponibilidade, com remuneração proporcional ao tempo de serviço, conforme prevê o art. 41, § 3º, CF); item II correto (art. 37, IX, CF); item III correto (art. 41, § 2º, CF); item IV correto (art. 41, § 1º, III, CF); item V correto (art. 38, II, CF). RB
Gabarito "C".

(Delegado/MS – 2017 – FAPEMS) A Lei n. 8.429/1992, que dispõe sobre as sanções aplicáveis aos agentes públicos nos casos de enriquecimento ilícito no exercício de mandato, cargo, emprego ou função na administração pública direta, indireta ou fundacional, apregoa, mais especificamente, no artigo 2º, que: "Reputa-se agente público, para os efeitos desta lei, todo aquele que exerce, ainda que transitoriamente ou sem remuneração, por eleição, nomeação, designação, contratação ou qualquer outra forma de investidura ou vínculo, mandato, cargo, emprego ou função nas entidades mencionadas no artigo 1º". Destarte, quanto aos agentes públicos, assinale a alternativa correta.

(A) O servidor público efetivo adquirirá estabilidade após três após de efetivo exercício, independentemente de aprovação em avaliação de desempenho.

(B) O candidato aprovado em concurso público para provimento de cargo efetivo, preterido na ordem de nomeação, tem direito subjetivo à nomeação.

(C) Os cargos públicos são acessíveis aos brasileiros e aos estrangeiros, na forma da lei complementar.

(D) Delegados de Polícia são agentes políticos.

(E) As funções de confiança destinam-se apenas às atribuições de direção e chefia.

A: incorreta. Depende de aprovação na avaliação de desempenho. **B:** correta. STF, – Súmula 15 Dentro do prazo de validade do concurso, o candidato aprovado tem direito à nomeação, quando o cargo for preenchido sem observância da classificação. **C:** incorreta. Lei 8.112/1990, art. 5º São requisitos básicos para investidura em cargo público: I – a nacionalidade brasileira. **D:** incorreto. São agentes públicos. **E:** incorreta. Faltou as de assessoramento. CF, art. 37, V, "as funções de confiança, exercidas exclusivamente por servidores ocupantes de cargo efetivo, e os cargos em comissão, a serem preenchidos por servidores de carreira nos casos, condições e percentuais mínimos previstos em lei, destinam-se apenas às atribuições de direção, chefia e assessoramento". **FMB**

Gabarito "B".

(Delegado/RJ – 2013 – FUNCAB) No que diz respeito à aquisição da estabilidade do servidor público, assinale a alternativa correta.

(A) É exigido o requisito temporal de dois anos de efetivo exercício.
(B) Pode ser estendida aos titulares de cargo em comissão de livre nomeação e exoneração.
(C) Guarda correlação com o cargo e não com o serviço público.
(D) A avaliação negativa, pela Administração, do desempenho do servidor, pode excluí-lo do serviço público sem o ato de exoneração.
(E) O servidor que não satisfizer as condições do estágio probatório deverá ser exonerado, observadas as formalidades legais.

A: incorreta, pois são exigidos *três* anos de efetivo exercício (art. 41, *caput*, da CF); **B:** incorreta, pois, quanto aos ocupantes de cargos, somente se aplica aos titulares de cargo *efetivo* (art. 41, *caput*, da CF); **C:** incorreta, pois a estabilidade não é um fim em si mesmo, tendo por finalidade garantir maior isenção no exercício do cargo, de modo possibilitar melhor isenção no exercício do serviço público; **D:** incorreta, pois a avaliação negativa, somada ao preenchimento dos demais requisitos legais, impõe justamente a *exoneração*, e não a *demissão*, pois esta tem caráter punitivo e decorre da prática de ato infracional; **E:** correta (art. 20, § 2º, da Lei 8.112/1990). **WG**

Gabarito "E".

(Delegado/BA – 2013 – CESPE) Julgue o seguinte item.

(1) Considere que um servidor público federal estável, submetido a estágio probatório para ocupar outro cargo público após aprovação em concurso público, desista de exercer a nova função. Nessa situação, o referido servidor terá o direito de ser reconduzido ao cargo ocupado anteriormente no serviço público.

1: correta, pois os tribunais vêm interpretando ampliativamente o disposto no art. 29 da Lei 8.112/1990, com base no princípio da isonomia, para permitir a recondução não só do que não foi aprovado no estágio probatório de novo cargo, como também daquele que foi bem no estágio probatório do novo cargo e deseja ser reconduzido ao cargo de origem (STF, MS 24.271-0/DF, Pleno, j. 28.08.2002, rel. Min. Carlos Velloso, *DJ* 20.09.2002; e STJ, REsp 817.061/RJ, 5ª Turma, j. 29.05.2008, rel. Min. Arnaldo Esteves Lima, *DJe* 04.08.2008). **WG**

Gabarito 1C

5.7. Responsabilidade do servidor

(Delegado/MG – 2018 – FUMARC) Um servidor público estadual, no exercício do seu cargo, conduzia um veículo oficial em velocidade superior à permitida na via e atropela na via um pedestre que vem a falecer no local. A partir da narrativa, é CORRETO afirmar:

(A) A sentença condenatória no âmbito penal somente gerará efeitos na esfera administrativa se imposta pena privativa de liberdade.
(B) Eventual absolvição no âmbito penal por insuficiência de provas não autoriza a condenação do servidor nas esferas cível e administrativa.
(C) O Estado responderá subjetivamente na esfera cível pelos danos resultantes do evento.
(D) O servidor responderá pelo ato lesivo nas esferas cível, penal e administrativa.

Alternativa A incorreta (inexiste, para fins de repercussão da sentença penal condenatória na esfera administrativa, a necessidade de imposição de pena privativa de liberdade; assim, a condenação penal, independentemente da pena imposta, repercute na esfera disciplinar, por reconhecer a autoria e a materialidade do fato); alternativa B incorreta (a sentença de absolvição penal somente repercute nas esferas administrativa e cível, impedindo a respectiva responsabilização, nas hipóteses de negativa de autoria e inexistência do fato; assim, no caso de absolvição por insuficiência de provas, cabível a condenação do servidor nas esferas cível e administrativa); alternativa C incorreta (a responsabilidade civil do Estado é objetiva, nos termos do art. 37, § 6º, CF); alternativa D correta (o regime da responsabilização do servidor é ampla, abrangendo as esferas cível, penal e administrativa). **RB**

Gabarito "D".

(Delegado/MT – 2017 – CESPE) Um delegado de polícia, ao tentar evitar ato de violência contra um idoso, disparou, contra o ofensor, vários tiros com revólver de propriedade da polícia. Por erro de mira, o delegado causou a morte de um transeunte.

Nessa situação hipotética, a responsabilidade civil do Estado

(A) dependerá da prova de culpa *in eligendo*.
(B) dependerá de o delegado estar, no momento da ocorrência, de serviço.
(C) dependerá da prova de ter havido excesso por parte do delegado.
(D) existirá se ficar provado o nexo de causalidade entre o dano e a ação.
(E) será excluída se o idoso tiver dado causa ao crime.

Art. 37, § 6º As pessoas jurídicas de direito público e as de direito privado prestadoras de serviços públicos responderão pelos danos que seus agentes, nessa qualidade, causarem a terceiros, assegurado o direito de regresso contra o responsável nos casos de dolo ou culpa. **FMB**

Gabarito "D".

(Delegado/PR – 2013 – UEL-COPS) Um servidor público, sob determinadas circunstâncias, pode ser absolvido da denúncia de um crime contra a administração pública. Com relação às circunstâncias em que necessariamente haverá a absolvição também no âmbito administrativo, considere as afirmativas a seguir.

I. Ausência de provas.
II. Negativa de culpabilidade.
III. Negativa da autoria.
IV. Negativa do fato.
Assinale a alternativa correta.

(A) Somente as afirmativas I e II são corretas.
(B) Somente as afirmativas I e IV são corretas.
(C) Somente as afirmativas III e IV são corretas.
(D) Somente as afirmativas I, II e III são corretas.
(E) Somente as afirmativas II, III e IV são corretas.

Somente as alternativas III e IV estão corretas, já que apenas as absolvições criminais por inexistência material do *fato* ou por negativa de *autoria* é que ensejam a repercussão na esfera administrativa (art. 126 da Lei 8.112/1990). **WG**

Gabarito "C".

(Delegado/MG – 2008) No tocante à responsabilidade dos servidores públicos, é *INCORRETO* afirmar que

(A) é independente nas áreas civil, administrativa e penal.
(B) será reconhecida se ocorrer situação de dano, independentemente de a administração ter ou não o fato regulamentado em sua legislação estatutária.
(C) a responsabilização civil ocorrerá quando o servidor causar dano à administração ou a terceiro, via conduta dolosa ou culposa.
(D) a responsabilização penal decorre de conduta punível, submetida ao Poder Judiciário.

A: correta; na esfera federal, tal previsão está contida nos arts. 121 e 125 da Lei 8.112/1990; **B:** incorreta (devendo ser assinalada), pois a responsabilidade administrativa só existe quando a lei tipificar a conduta como sendo apta a configurar uma infração disciplinar; não há responsabilidade sem prévia cominação legal; **C:** correta, pois a responsabilidade civil do servidor depende de culpa ou dolo (art. 37, § 6.º, parte final, da CF; no plano federal, tal disposição se encontra no art. 122 da Lei 8.112/1990); **D:** correta, pois a responsabilização penal depende não só de prévia cominação legal (conduta punível), como também depende de processo e julgamento perante o Poder Judiciário. **WG**

Gabarito "B".

(Delegado/PI – 2009 – UESPI) Em relação ao servidor público, assinale a afirmação correta.

(A) A responsabilidade civil, tanto do servidor como do Estado, é objetiva.
(B) Extinto o cargo, ou declarada sua desnecessidade, o servidor estável ficará em disponibilidade, com remuneração integral, até o seu aproveitamento em outro cargo.
(C) A absolvição na esfera penal, por negativa de autoria ou do fato, constitui causa impeditiva da responsabilização civil do servidor público, em ação regressiva da Administração Pública.
(D) A readaptação é a forma de provimento que implica no retorno do servidor ao cargo que ocupava, haja vista sua inabilitação em estágio probatório ou pela reintegração de outro servidor ao cargo do qual teve que se afastar.
(E) O estrangeiro, na forma da lei, não pode ocupar cargo público.

A: incorreta, pois o servidor só responde civilmente se agir com culpa ou dolo (art. 37, § 6.º, parte final, da CF); **B:** incorreta, pois, colocado em disponibilidade, o servidor receberá proventos proporcionais ao tempo de serviço (art. 41, §

590 WANDER GARCIA, FLÁVIA BARROS E RODRIGO BORDALO

3.º, da CF); **C:** correta; na esfera federal, tal previsão se encontra no art. 126 da Lei 8.112/1990; **D:** incorreta, pois o provimento em questão tem o nome de recondução, que, na esfera federal, está prevista no art. 29 da Lei 8.112/1990; **E:** incorreta, pois o art. 37, I, da CF admite que estrangeiro ocupe cargo público, na forma da lei. WG

Gabarito "C".

(Delegado/SP – 2011) A responsabilidade civil do policial decorre

(A) da prática de dano por erro determinado por terceiro.

(B) da prática de ofensas verbais ou físicas contra servidores ou particulares.

(C) apenas da prática de crime funcional de que resulte prejuízo para a Fazenda Pública.

(D) de omissão antijurídica cometida em obediência a ordem superior.

(E) de procedimento doloso ou culposo que importe prejuízo à Fazenda Pública ou a terceiros.

De acordo com o art. 66 da Lei Complementar do Estado de São Paulo 207/1979 (a Lei Orgânica da Polícia do Estado de São Paulo), "a responsabilidade civil decorre de procedimento doloso ou culposo, que importe prejuízo à Fazenda Pública ou a terceiros". WG

Gabarito "E".

(Delegado/RS – 2018 – FUNDATEC) Levando-se em consideração o regime jurídico aplicável aos servidores da Polícia Civil, assinale a alternativa INCORRETA.

(A) As normas previstas no Estatuto dos Servidores Públicos Civis do Estado do Rio Grande do Sul, inclusive as relacionadas aos direitos e deveres, aplicam-se aos servidores da Polícia Civil, em tudo o que não contrariar o Estatuto dos Servidores da Polícia Civil.

(B) Ao Chefe de Polícia compete a aplicação de todas as penas previstas no Estatuto dos Servidores da Polícia Civil, exceto as de demissão, demissão a bem do serviço público e cassação de aposentadoria ou disponibilidade.

(C) O processo administrativo-disciplinar será instaurado para apurar responsabilidade do servidor, sempre que a imputação, verificada por meio de sindicância ou inquérito policial, possa importar na aplicação das penas de suspensão, demissão, demissão a bem do serviço público e cassação de aposentadoria ou disponibilidade.

(D) A emissão do relatório pela autoridade processante constitui causa interruptiva da prescrição.

(E) O policial civil só poderá ser conduzido por policial civil e, tratando-se de delegado de polícia, a condução será feita por outro delegado de polícia.

A questão trata do regime aplicável aos servidores da Polícia Civil do Estado do Rio Grande do Sul, disciplinado pela Lei estadual 7.366/1980. A incorreção encontra-se na alternativa C. Nos termos do art. 101 da Lei 7.366/1980 (Estatuto dos Servidores da Polícia Civil do Estado do Rio Grande do Sul), o processo administrativo-disciplinar será instaurado para apurar responsabilidade de servidor, sempre que a imputação, verificada por meio de sindicância ou inquérito, possa importar na aplicação das penas de demissão, demissão a bem do serviço público e cassação de aposentadoria ou disponibilidade. Diante deste preceito, verificam-se dois erros na alternativa C: 1º) a indevida referência a "inquérito policial"; 2º) a errônea menção à pena de "suspensão". As demais alternativas estão corretas. RB

Gabarito "C".

5.8. Direitos, vantagens e sistema remuneratório

(Delegado/SC – 2008) Em relação ao servidor público, assinale a alternativa correta.

(A) Os ocupantes de cargos, funções e empregos públicos de todos os níveis de Administração e de todos os Poderes, aí abrangidos todos os agentes políticos, estão sujeitos a limite máximo de remuneração, de subsídio de proventos de aposentadoria, pensões ou outra espécie remuneratória percebidos cumulativamente ou não. O teto alcança as percepções cumulativas, ou seja, os casos em que o agente acumula cargos, funções ou empregos públicos. Em nível federal, o teto para todos os agentes públicos corresponde ao subsídio de Ministro do Supremo Tribunal Federal.

(B) A Constituição Federal, art. 37, incs. XVI e XVII, estabelece a regra de proibição de exercício simultâneo de cargos, funções e empregos públicos. Esse preceito abrange agentes da Admi-

nistração direta e das autarquias e fundações, não se aplicando aos agentes públicos das empresas públicas e das sociedades de economia mista.

(C) O regime estatutário é aquele em que os direitos e deveres do servidor estão contidos basicamente num Estatuto, que não pode ser alterado no decorrer da vida funcional do servidor, salvo se com sua anuência.

(D) Nos Estados, o agente tem como limite de remuneração o subsídio mensal do Governador. Para os agentes do Poder Legislativo estadual, o limite situa-se no subsídio dos Desembargadores Estaduais.

A: correta (art. 37, XI, da CF); **B:** incorreta (art. 37, XVII, da CF); **C:** incorreta, pois o regime estatutário, diferente do regime contratual, permite modificação unilateral de suas regras por parte do Poder Público, de modo a fazer frente às necessidades impostas pelo interesse público; **D:** incorreta (art. 37, XI, da CF). WG

Gabarito "A".

5.9. Infração disciplinar e processo administrativo

(Delegado/GO – 2017 – CESPE) Com base no disposto na Lei n. 9.784/1999, assinale a opção correta, considerando o entendimento dos tribunais superiores e da doutrina sobre o processo administrativo.

(A) Os processos de prestação de contas são exemplo de processos administrativos de outorga, cuja finalidade é autorizar o exercício de determinado direito individual.

(B) O Supremo Tribunal Federal entende que não é necessária a observância do devido processo legal para a anulação de ato administrativo que tenha repercutido no campo dos interesses individuais.

(C) Por ser a ampla defesa um princípio do processo administrativo, a administração não poderá definir a maneira como se realizará seu exercício, definindo, por exemplo, o local de vista aos autos.

(D) A competência processante de órgão da administração pode ser delegada, em parte, a outro órgão, ainda que não subordinado hierarquicamente ao órgão delegante, desde que haja conveniência, razão e inexista impedimento legal.

(E) Conforme o Supremo Tribunal Federal, é obrigatória a representação por advogado para o exercício do direito à recorribilidade de decisão proferida em processo administrativo.

A: incorreta. Os processos de prestação de contas são típicos processos administrativo de expediente. Os processos de outorga visam a concessão de direitos perante a administração. **B:** incorreta. O devido processo legal e condição a qualquer ato administrativo. **C:** incorreta. Lei 9.784/1999, art. 22. Os atos do processo administrativo não dependem de forma determinada senão quando a lei expressamente a exigir. Art. 25. Os atos do processo devem realizar-se preferencialmente na sede do órgão, cientificando-se o interessado se outro for o local de realização. **D:** correta. Lei 9.784/1999, art. 12. Um órgão administrativo e seu titular poderão, se não houver impedimento legal, delegar parte da sua competência a outros órgãos ou titulares, ainda que estes não lhe sejam hierarquicamente subordinados, quando for conveniente, em razão de circunstâncias de índole técnica, social, econômica, jurídica ou territorial. **E:** incorreta. STF, – Súmula Vinculante 5: – A falta de defesa técnica por advogado no processo administrativo disciplinar não ofende a Constituição. FMB

Gabarito "D".

(Delegado/GO – 2017 – CESPE) No que se refere ao processo administrativo disciplinar (PAD), assinale a opção correta.

(A) A CF recepcionou o instituto da verdade sabida, viabilizando a sua aplicação no PAD.

(B) O Supremo Tribunal Federal entende ser ilegal a instauração de sindicância para apurar a ocorrência de irregularidade no serviço público a partir de delação anônima.

(C) Conforme o Supremo Tribunal Federal, militar, ainda que reformado, submete-se à hierarquia e à disciplina, estando, consequentemente, sujeito à pena disciplinar.

(D) Os princípios da ampla defesa e do contraditório no PAD não são absolutos, podendo haver indeferimento de pedidos impertinentes ou protelatórios.

(E) Uma sindicância preparatória só pode servir de subsídio para uma sindicância contraditória, mas não para um PAD.

A: incorreta. A constituição federal, art. 5º, LVII, conceitua o princípio da presunção da inocência na esfera penal, que e acompanhado na esfera administrativa.

6. DIREITO ADMINISTRATIVO 591

Lei 9.784/1999, art. 2º A Administração Pública obedecerá, dentre outros, aos princípios da legalidade, finalidade, motivação, razoabilidade, proporcionalidade, moralidade, ampla defesa, contraditório, segurança jurídica, interesse público e eficiência. **B**: incorreta. HC 97197 – STF – As autoridades públicas não podem iniciar qualquer medida de persecução (penal ou disciplinar), apoiando-se, unicamente, para tal fim, em peças apócrifas ou em escritos anônimos. É por essa razão que o escrito anônimo não autoriza, desde que isoladamente considerado, a imediata instauração de "persecutio criminis". – Peças apócrifas não podem ser formalmente incorporadas a procedimentos instaurados pelo Estado, salvo quando forem produzidas pelo acusado ou, ainda, quando constituírem, elas próprias, o corpo de delito (como sucede com bilhetes de resgate no crime de extorsão mediante sequestro, ou como ocorre com cartas que evidenciem a prática de crimes contra a honra, ou que corporifiquem o delito de ameaça ou que materializem o "crimen falsi", p. ex.). – **Nada impede, contudo, que o Poder Público, provocado por delação anônima ("disque-denúncia", p. ex.), adote medidas informais destinadas a apurar, previamente, em averiguação sumária, "com prudência e discrição", a possível ocorrência de eventual situação de ilicitude** penal, desde que o faça com o objetivo de conferir a verossimilhança dos fatos nela denunciados, em ordem a promover, então, em caso positivo, a formal instauração da "persecutio criminis", mantendo-se, assim, completa desvinculação desse procedimento estatal em relação às peças apócrifas. **C**: incorreta. Em que pese o militar reformado estar sujeito a hierarquia e disciplina este não se submete as penas disciplinares. Súmula 56 STF – Militar reformado não está sujeito à pena disciplinar. **D**: incorreta. Os princípios da ampla defesa e do contraditório são absolutos e o indeferimento de pedidos protelatórios ou impertinentes não os fere. Lei 9.784/1999 – Art. 38, § 2º Somente poderão ser recusadas, mediante decisão fundamentada, as provas propostas pelos interessados quando sejam ilícitas, impertinentes, desnecessárias ou protelatórias. **E**: incorreta. A sindicância pode em qualquer dos casos dar origem ao PAD, sem, no entanto, ser suficiente para sua decisão. **FMB**

Gabarito Anulada

(Delegado/SP – 2014 – VUNESP) Sócrates, antigo servidor de uma autarquia, sofreu um processo administrativo disciplinar cujo resultado, ao final, lhe custou a perda do próprio cargo público. Durante o processo, foi possível ao servidor informar o julgador dos fatos, manifestar-se sobre as evidências trazidas contra si e, inclusive, ter consideradas suas manifestações nos autos. A despeito disso, alegou o servidor que, no trâmite do processo, não foi assistido por advogado regularmente constituído para a defesa. Em tais condições, a falta de defesa técnica por advogado no processo administrativo disciplinar, por si só,

(A) importa nulidade do processo administrativo disciplinar por constituir flagrante cerceamento de defesa.

(B) não importa nulidade de processo administrativo disciplinar, desde que seus atos sejam reaproveitados em novo procedimento, desta vez assistido o acusado por defensor dativo.

(C) importa nulidade da decisão por violar o princípio da ampla defesa assegurado a todos litigantes em processo judicial ou administrativo pelo art. 5º, inciso LV, da Constituição Federal.

(D) importa nulidade do processo administrativo disciplinar, pois a Lei Estadual do Processo Administrativo (Lei 10.177/1998) prevê a essencialidade do defensor habilitado para o cumprimento do devido processo legal.

(E) não ofende a constituição, ainda mais no presente caso em que a parte reconhecidamente se defendeu nos autos.

Segundo a Súmula Vinculante STF n. 5, a falta de defesa técnica por advogado no processo disciplinar, por si só, ofende o contraditório e a ampla defesa; ou seja, a falta de advogado gera a presunção de desrespeito a esse princípio, se forem preservados os três elementos dessa garantia, que são os seguintes: "a) o direito de manifestação (que obriga o órgão julgador a informar à parte contrária dos atos praticados no processo e sobre os elementos dele constantes); b) o direito de informação sobre o objeto do processo (que assegura ao defendente a possibilidade de se manifestar oralmente ou por escrito sobre os elementos fáticos e jurídicos contidos no processo); e c) o direito de ver os seus argumentos contemplados pelo órgão julgador (que exige do julgador capacidade de apreensão e isenção de ânimo para contemplar as razões apresentadas)" (STF, RE 434.059/DF). Assim, a alternativa "E" está correta. **WG**

Gabarito "E".

(Delegado/SP – 2014 – VUNESP) De acordo com o Estatuto dos Funcionários Públicos Civis do Estado de São Paulo (Lei 10.261/1968), será aplicada a pena de demissão, a bem do serviço público, ao funcionário que

(A) for ineficiente no serviço.

(B) receber presentes de qualquer espécie, por intermédio de outrem, em razão de suas funções.

(C) abandonar o cargo por mais de 30 dias consecutivos.

(D) se ausentar do serviço, sem causa justificável, por mais de 45 dias, interpoladamente, em 01 ano.

(E) aplicar indevidamente dinheiros ou recursos públicos.

A: incorreta, pois esse caso é de demissão simples (art. 256, III); **B**: correta (art. 257, VII); **C**: incorreta, pois esse caso é de demissão simples (art. 256, I e p. 1º); **D**: incorreta, pois esse caso é de demissão simples (art. 256, V); **E**: incorreta, pois esse caso é de demissão simples (art. 256, IV). **WG**

Gabarito "B".

(Delegado/SP – 2011) Policial civil requer aposentadoria visando elidir eventual penalidade de demissão em processo administrativo a que responde

(A) poderá ser punido mesmo aposentado.

(B) o pedido de aposentadoria será indeferido enquanto não julgado o processo administrativo.

(C) só se eximirá de penalidade caso a aposentadoria se der por invalidez.

(D) não poderá ser alcançado por penalidade demissória se registrar mais de 25 anos de trabalho de natureza estritamente policial.

(E) não poderá ser demitido após 65 anos de idade.

De acordo com o art. 67, VII, da Lei Complementar do Estado de São Paulo 207/1979, uma das penas disciplinares é justamente a "cassação de aposentadoria". Ademais, o art. 77, I, da lei mencionada dispõe que será aplicada a pena de cassação de aposentadoria se ficar provado que o inativo praticou, quando em atividade, falta para a qual é cominada a pena de demissão ou de demissão a bem do serviço público. Assim, a alternativa "A" está correta, não havendo disposição na lei acerca das informações trazidas nas demais alternativas. **WG**

Gabarito "A".

(Delegado/SP – 2011) Assinale a alternativa onde ambas as autoridades apontadas possuem competência para aplicar pena disciplinar a Delegado de Polícia

(A) o Governador do Estado e os Delegados de Polícia Corregedores Auxiliares

(B) o Governador do Estado e o Delegado de Polícia Corregedor Geral da Polícia Civil.

(C) o Secretário da Segurança Pública e o Delegado de Polícia Corregedor Geral da Polícia Civil

(D) o Secretário da Segurança Pública e o Delegado Geral de Polícia.

(E) o Delegado Geral de Polícia e o Delegado de Polícia Corregedor Geral da Polícia Civil.

Segundo o art. 70, § 2.º, da Lei Complementar do Estado de São Paulo 207/1979, com nova redação determinada pela Lei Complementar do Estado de São Paulo 922/2002, apenas o Governador, o Secretário da Segurança Pública e o Delegado Geral de Polícia podem aplicar pena a delegado de polícia, sendo que as penalidades de demissão, demissão a bem de serviço público e cassação de aposentadoria ou disponibilidade são de competência exclusiva do Governador do Estado. Como o enunciado da questão tratou genericamente das penas cabíveis aos delegados, a alternativa "D" é a única que traz autoridades competentes para tanto. **WG**

Gabarito "D".

(Delegado/SP – 2011) Aos termos da Lei Orgânica da Polícia, não será declarada a nulidade de nenhum ato processual que

(A) que não tenha sido verificada em sede de processo administrativo disciplinar.

(B) não tenha sido suscitada pela defesa.

(C) tenha sido adotado por analogia do Código de Processo Penal.

(D) não houver influído na apuração da verdade substancial ou diretamente na decisão do processo ou sindicância.

(E) que não tenha sido suscitada Dela defesa ou pela acusação.

De acordo com o art. 116 da Lei Complementar do Estado de São Paulo 207/1979, com as alterações dadas pela Lei Complementar do Estado de São Paulo 922/2002, "não será declarada a nulidade de nenhum ato processual que não houver influído na apuração da verdade substancial ou diretamente na decisão do processo ou sindicância". **WG**

Gabarito "D".

(Delegado/SP – 2008) Não são formas de extinção da punibilidade previstas na lei Complementar 207/1979

(A) prescrição e decadência.

592 — WANDER GARCIA, FLÁVIA BARROS E RODRIGO BORDALO

(B) anistia administrativa e prescrição.

(C) morte do agente e prescrição.

(D) prescrição e retroatividade de lei destipificadora.

(E) prescrição e a perempção.

Os arts. 80 e 81 da Lei Complementar 207/1979, do Estado de São Paulo, com as alterações dadas pela Lei Complementar do Estado de São Paulo 922/2002, não elencam a decadência com forma de extinção da punibilidade. **WG**

Gabarito "A".

6. IMPROBIDADE ADMINISTRATIVA

(Delegado/AP – 2017 – FCC) Um servidor público foi processado por ato de improbidade por ter se locupletado ilicitamente em razão do exercício do cargo de diretor de empresa estatal. Durante o processo restou demonstrada a culpa do servidor, tendo a ação sido julgada procedente.

Não obstante, pouco tempo depois da condenação judicial definitiva, o servidor veio a falecer. No que diz respeito ao impacto desse fato na ação de improbidade e no ressarcimento dos cofres públicos,

(A) deverá ser extinta, em razão da extinção da punibilidade decorrente do falecimento do autor, cuja condenação é personalíssima.

(B) a responsabilidade pelo ressarcimento aos cofres públicos persiste para os herdeiros do servidor público, respeitado o limite da herança.

(C) a ação prossegue regularmente, tendo em vista que já havia sentença condenatória contra o servidor, substituindo-o por outro representante da estatal para representa-lo judicialmente.

(D) a ação pode prosseguir até o trânsito em julgado, não sendo possível, no entanto, transmitir aos herdeiros nenhuma responsabilidade decorrente de atos do antecessor, dada a natureza personalíssima.

(E) no caso de se tratar de ato de improbidade doloso, a responsabilidade pela devolução dos valores correspondentes ao enriquecimento ilícito passa aos herdeiros, enquanto que em se tratando de ato de improbidade sob a modalidade culposa, inexiste previsão legal para tanto.

Lei 8.429/1992, art. 8º O sucessor daquele que causar lesão ao patrimônio público ou se enriquecer ilicitamente está sujeito às cominações desta lei até o limite do valor da herança. **FMB**

Gabarito "B".

(Delegado/MS – 2017 – FAPEMS) Leia o texto a seguir.

[...] a improbidade não está superposta à moralidade, tratando-se de um conceito mais amplo que abarca não só componentes morais com também os demais princípios regentes da atividade estatal, o que não deixa de estar em harmonia com suas raízes etimológicas. Justifica-se, pois, sob a epígrafe do agente público de boa qualidade somente podem estar aqueles que atuem em harmonia com as normas a que estão sujeitos, o que alcança as regras e os princípios.

GARCIA, Emerson; ALVES, Rogério Pacheco. Improbidade Administrativa. 6. ed. Rio de Janeiro: Lumen Júris, 2011, p. 125.

Acerca das sanções pela prática de ato de improbidade administrativa, segundo a lei vigente, é correto afirmar que

(A) as ações voltadas ao ressarcimento do erário por danos decorrentes de atos de improbidade administrativa prescrevem em cinco anos após o término do exercício de mandato, de cargo em comissão ou de função de confiança.

(B) a prática de ato de improbidade administrativa decorrente de concessão ou aplicação indevida de benefício financeiro ou tributário é punida, também, com multa civil de até três vezes o valor do benefício financeiro ou tributário concedido.

(C) a prática de ato de improbidade administrativa que importe enriquecimento ilícito é punida, também, com a proibição de contratar com o Poder Público ou receber benefícios ou incentivos fiscais ou creditícios, direta ou indiretamente, ainda que por intermédio de pessoa jurídica da qual seja sócio majoritário, pelo prazo de cinco anos.

(D) os prefeitos municipais não se submetem à Lei de Improbidade Administrativa, mas, sim, ao Decreto-Lei n. 201/1967.

(E) a prática de ato de improbidade administrativa que causem prejuízos ao erário é punida, também, com a proibição de contratar

com o Poder Público ou receber benefícios ou incentivos fiscais ou creditícios, direta ou indiretamente, ainda que por intermédio de pessoa jurídica da qual seja sócio majoritário, pelo prazo de dez anos.

A: incorreta. A prescrição prevista na LIA, não trata das ações de ressarcimento ao erário. **B**: Correta. Lei 8.429/1992, art. 12, IV – na hipótese prevista no art. 10-A, perda da função pública, suspensão dos direitos políticos de 5 (cinco) a 8 (oito) anos e multa civil de até 3 (três) vezes o valor do benefício financeiro ou tributário concedido. **C**: incorreta. São dez anos. Lei 8.429/1992, art. 12, I – na hipótese do art. 9º, perda dos bens ou valores acrescidos ilicitamente ao patrimônio, ressarcimento integral do dano, quando houver, perda da função pública, suspensão dos direitos políticos de oito a dez anos, pagamento de multa civil de até três vezes o valor do acréscimo patrimonial e proibição de contratar com o Poder Público ou receber benefícios ou incentivos fiscais ou creditícios, direta ou indiretamente, ainda que por intermédio de pessoa jurídica da qual seja sócio majoritário, pelo prazo de dez anos. **D**: incorreta. Lei 8.429/1992, art. 1º Os atos de improbidade praticados por qualquer agente público, servidor ou não, contra a administração direta, indireta ou fundacional de qualquer dos Poderes da União, dos Estados, do Distrito Federal, dos Municípios, de Território, de empresa incorporada ao patrimônio público ou de entidade para cuja criação ou custeio o erário haja concorrido ou concorra com mais de cinquenta por cento do patrimônio ou da receita anual, serão punidos na forma desta lei. **E**: Correta. Lei 8.429/1992, art. 12, I – na hipótese do art. 9º, perda dos bens ou valores acrescidos ilicitamente ao patrimônio, ressarcimento integral do dano, quando houver, perda da função pública, suspensão dos direitos políticos de oito a dez anos, pagamento de multa civil de até três vezes o valor do acréscimo patrimonial e proibição de contratar com o Poder Público ou receber benefícios ou incentivos fiscais ou creditícios, direta ou indiretamente, ainda que por intermédio de pessoa jurídica da qual seja sócio majoritário, pelo prazo de dez anos. **FMB**

Gabarito "Anulada".

(Delegado/MT – 2017 – CESPE) De acordo com o entendimento do STJ, no curso da ação de improbidade administrativa, a decretação da indisponibilidade de bens do réu dependerá da

(A) constatação da inexistência de meios de prestação de caução.

(B) presença de fortes indícios da prática do ato imputado.

(C) prova de dilapidação do patrimônio.

(D) presença do *periculum in mora* concreto.

(E) prova da impossibilidade de recuperação do patrimônio público.

Ministro Mauro Campbell Marques, em trechos de seu voto: "as medidas cautelares, em regra, como tutelas emergenciais, exigem, para a sua concessão, o cumprimento de dois requisitos: o *fumus boni juris* (plausibilidade do direito alegado) e o *periculum in mora* (fundado receio de que a outra parte, antes do julgamento da lide, cause ao seu direito lesão grave ou de difícil reparação). (...) No entanto, no caso da medida cautelar de indisponibilidade, prevista no art. 7º da LIA, não se vislumbra uma típica tutela de urgência, como descrito acima, mas sim uma tutela de evidência, uma vez que o *periculum in mora* não é oriundo da intenção do agente dilapidar seu patrimônio, e sim da gravidade dos fatos e do montante do prejuízo causado ao erário, o que atinge toda a coletividade. O próprio legislador dispensa a demonstração do perigo de dano, em vista da redação imperativa da Constituição Federal (art. 37, § 4º) e da própria Lei de Improbidade (art. 7º).(...)O *periculum in mora*, em verdade, milita em favor da sociedade, representada pelo requerente da medida de bloqueio de bens, porquanto esta Corte Superior já apontou pelo entendimento segundo o qual, em casos de indisponibilidade patrimonial por imputação de conduta ímproba lesiva ao erário, esse requisito é implícito ao comando normativo do art. 7º da Lei n. 8.429/1992. (...)". **FMB**

Gabarito "B".

(Delegado/GO – 2017 – CESPE) Se uma pessoa, maior e capaz, representar contra um delegado de polícia por ato de improbidade sabendo que ele é inocente, a sua conduta poderá ser considerada, conforme o disposto na Lei n.º 8.429/1992,

(A) crime, estando essa pessoa sujeita a detenção e multa.

(B) ilícito administrativo, por atipicidade penal da conduta.

(C) contravenção penal.

(D) crime, estando essa pessoa sujeita apenas a multa.

(E) crime, estando essa pessoa sujeita a reclusão e multa.

Trata-se do ilícito penal de denunciação caluniosa. Artigo 339 CP: *"Dar causa à instauração de investigação policial, de processo judicial, instauração de investigação administrativa, inquérito civil ou ação de improbidade administrativa contra alguém, imputando-lhe crime de que o sabe inocente:" Pena: Reclusão, de 2 a 8 anos, e multa.* **FMB**

Gabarito "A".

6. DIREITO ADMINISTRATIVO — 593

(Delegado/GO – 2017 – CESPE)

Em relação à improbidade administrativa, assinale a opção correta.

(A) A ação de improbidade administrativa apresenta prazo de proposição decenal, qualquer que seja a tipicidade do ilícito praticado pelo agente público.

(B) Se servidor público estável for condenado em ação de improbidade administrativa por uso de maquinário da administração em seu sítio particular, poderá ser-lhe aplicada pena de suspensão dos direitos políticos por período de cinco a oito anos.

(C) O particular que praticar ato que enseje desvio de verbas públicas, sozinho ou em conluio com agente público, responderá, nos termos da Lei de Improbidade Administrativa, desde que tenha obtido alguma vantagem pessoal.

(D) Enriquecimento ilícito configura ato de improbidade administrativa se o autor auferir vantagem patrimonial indevida em razão do cargo, mandato, função, emprego ou atividade, mesmo que de forma culposa.

(E) Caso um servidor público federal estável, de forma deliberada, sem justificativa e reiterada, deixar de praticar ato de ofício, poderá ser-lhe aplicada multa civil de até cem vezes o valor da sua remuneração, conforme a gravidade do fato.

A: incorreta. Lei 8.429/1992, art. 23, – I – até cinco anos após o término do exercício de mandato, de cargo em comissão ou de função de confiança; II – dentro do prazo prescricional previsto em lei específica para faltas disciplinares puníveis com demissão a bem do serviço público, nos casos de exercício de cargo efetivo ou emprego. III – até cinco anos da data da apresentação à administração pública da prestação de contas final pelas entidades referidas no parágrafo único do art. 1º desta Lei. **B:** incorreta. Trata-se da hipótese prevista no Art. 9º, inciso IV, da Lei 8.492/1992. art. 12, da mesma Lei, indica como penas – I – na hipótese do art. 9º, perda dos bens ou valores acrescidos ilicitamente ao patrimônio, ressarcimento integral do dano, quando houver, perda da função pública, suspensão dos direitos políticos **de oito a dez anos**, pagamento de multa civil de até três vezes o valor do acréscimo patrimonial e proibição de contratar com o Poder Público ou receber benefícios ou incentivos fiscais ou creditícios, direta ou indiretamente, ainda que por intermédio de pessoa jurídica da qual seja sócio majoritário, pelo prazo de dez anos; **C:** incorreta. Lei 8.492/1992, art. 3º As disposições desta lei são aplicáveis, no que couber, àquele que, mesmo não sendo agente público, induza ou concorra para a prática do ato de improbidade ou dele se beneficie sob qualquer forma direta ou indireta. **D:** incorreta. Não admite a forma culposa. Art. 9º Constitui ato de improbidade administrativa importando enriquecimento ilícito auferir qualquer tipo de vantagem patrimonial indevida em razão do exercício de cargo, mandato, função, emprego ou atividade nas entidades mencionadas no art. 1º desta lei. **E:** correta. Lei 8.492/1992, art. 11. Constitui ato de improbidade administrativa que atenta contra os princípios da administração pública qualquer ação ou omissão que viole os deveres de honestidade, imparcialidade, legalidade, e lealdade às instituições, e notadamente: II – retardar ou deixar de praticar, indevidamente, ato de ofício. Tendo como penas – Art. 12, da mesma Lei – III – na hipótese do art. 11, ressarcimento integral do dano, se houver, perda da função pública, suspensão dos direitos políticos de três a cinco anos, pagamento de multa civil de até cem vezes o valor da remuneração percebida pelo agente e proibição de contratar com o Poder Público ou receber benefícios ou incentivos fiscais ou creditícios, direta ou indiretamente, ainda que por intermédio de pessoa jurídica da qual seja sócio majoritário, pelo prazo de três anos. **FMB**

Gabarito "E".

(Delegado/RJ – 2013 – FUNCAB) Levando em conta a jurisprudência atualmente predominante do Superior Tribunal de Justiça sobre a improbidade administrativa, é correto afirmar:

(A) Em nenhuma hipótese, a configuração da improbidade administrativa exige a ocorrência de dolo por parte do acusado.

(B) Às pessoas jurídicas não se pode atribuir a prática de ato de improbidade, ante à necessidade de se comprovar a suposta má-fé do acusado.

(C) É imprescindível a presença, no polo passivo da ação de improbidade, dos sócios da pessoa jurídica beneficiada ilicitamente.

(D) A decretação cautelar da indisponibilidade dos bens não exige prévia demonstração de risco de dano irreparável, uma vez que o *periculum in mora*, nas ações de improbidade, é presumido.

(E) A configuração da improbidade administrativa pressupõe a ocorrência de dano ao Erário.

A: incorreta, pois a configuração da improbidade, em regra, exige a ocorrência do dolo. Só o ato de improbidade que causa prejuízo ao erário é que pode, além da forma dolosa, ser praticado a título de culpa no sentido estrito; **B:** incorreta,

pois pessoa jurídica também fica sujeita às sanções por ato de improbidade administrativa. Conforme destacou a Segunda Turma do STJ, no julgamento do REsp 1.038.762/RJ (DJe de 31/08/2009), "o sujeito particular submetido à lei que tutela a probidade administrativa, por sua vez, pode ser pessoa física ou jurídica. Com relação a esta última somente se afiguram incompatíveis as sanções de perda da função pública e suspensão dos direitos políticos"; **C:** incorreta, pois não é imprescindível a presença dos sócios. Assim já decidiu a 1ª Turma do STJ: "considerando que as pessoas jurídicas podem ser beneficiadas e condenadas por atos ímprobos, é de se concluir que, de forma correlata, podem figurar no polo passivo de uma demanda de improbidade, ainda que desacompanhada de seus sócios" (REsp 970393 / CE); **D:** correta, pois no caso das medidas de indisponibilidade ou de sequestro de bens, por ato de improbidade administrativa, o *periculum in mora* é presumido: "ADMINISTRATIVO E PROCESSUAL CIVIL. AÇÃO CIVIL PÚBLICA. IMPROBIDADE ADMINISTRATIVA. LIMINAR. INDISPONIBILIDADE DE BENS. PERICULUM IN MORA PRESUMIDO. A concessão da medida de indisponibilidade não está condicionada à comprovação de que os réus estejam dilapidando seu patrimônio, ou na iminência de fazê-lo, tendo em vista que o periculum in mora está implícito no comando legal. Assim deve ser a interpretação da lei, porque a dilapidação é ato instantâneo que impede a atuação eficaz e acautelatória do Poder Judiciário. Precedentes: Edcl no REsp 1.211.986/MT, Rel. Ministro Herman Benjamin, Segunda Turma, DJe 9/6/2011; REsp 1.244.028/RS, Rel. Ministro Mauro Campbell Marques, Segunda Turma, DJe 2/9/2011; Edcl no REsp 1.205.119/MT, Rel. Ministro Mauro Campbell Marques, Segunda Turma, Dje 8.2.2011; REsp 1.190.846/PI, Rel. Ministro Castro Meira, Segunda Turma, DJe 10/2/2011; REsp 967.841/PA, Rel. Ministro Mauro Campbell Marques, Segunda Turma, DJe 8/10/2010; REsp 1.203.133/MT, Rel. Ministro Castro Meira, Segunda Turma, DJe 28/10/2010; REsp 1.199.329/MT, Rel. Ministro Mauro Campbell Marques, Segunda Turma, Dje 8.10.2010; REsp 1.177.290/MT, Rel. Ministro Herman Benjamin, Segunda Turma, DJe 1º/7/2010; REsp 1.177.128/MT, Rel. Ministro Herman Benjamin, Segunda Turma, Dje 16.9.2010; REsp 1.135.548/PR, Rel. Ministra Eliana Calmon, Segunda Turma, DJe 22/6/2010; REsp 1.134.638/MT, Relator Ministra Eliana Calmon, Segunda Turma, Dje 23.11.2009; REsp 1.098.824/SC, Rel. Ministra Eliana Calmon, Segunda Turma, DJe 4/8/2009"; **E:** incorreta, pois o art. 21, I, da Lei 8.429/1992 determina o contrário. **WG**

Gabarito "D".

(Delegado/SP – 2014 – VUNESP) De acordo com a Lei 8.429/1992, a ação de improbidade, em caso de enriquecimento ilícito,

(A) seguirá o rito ordinário e será proposta pelo Ministério Público ou pela pessoa jurídica interessada.

(B) deve ser proposta no prazo de 45 dias da efetivação da medida cautelar de sequestro.

(C) deve ser proposta no prazo de 60 dias da efetivação da medida cautelar de sequestro.

(D) seguirá o rito sumário e será proposta exclusivamente pelo Ministério Público.

(E) seguirá o rito ordinário e será proposta exclusivamente pelo Ministério Público.

A: correta, pois a ação deve ser proposta pelo MP ou pela pessoa jurídica de direito público interessada (art. 17 da Lei 8.429/1992) e, de acordo com o citado dispositivo legal, seguirá, de fato, o rito ordinário; **B:** incorreta, pois o prazo, no caso, é de 30 dias (art. 17 da Lei 8.429/1992); **C:** incorreta, conforme item anterior; **D:** incorreta, pois o rito é o ordinário e a competência não é exclusiva do MP; **E:** incorreta, pois a competência para a propositura da ação não é exclusiva do MP. **WG**

Gabarito "A".

(Delegado/PA – 2013 – UEPA) Assinale a alternativa correta sobre atos de improbidade administrativa.

(A) O agente público que exerce função em entidade fundacional da União, com qualquer forma de vínculo, mesmo que transitoriamente e sem remuneração, está sujeito à pena de suspensão dos direitos políticos de cinco a oito anos, se cometer ato de improbidade administrativa que atente contra os princípios da administração pública.

(B) A aplicação das sanções previstas para o ato de improbidade administrativa que causa lesão ao erário depende da rejeição das contas pelo órgão de controle interno ou pelo Tribunal ou Conselho de Contas.

(C) O agente público que exerce função em sociedade de economia mista, mesmo que transitoriamente e sem remuneração, e pratica ato de improbidade administrativa que importe em enriquecimento ilícito, está sujeito às penas de suspensão dos direitos políticos de oito a dez anos, pagamento de multa civil de até três vezes o valor do acréscimo patrimonial e proibição de contratar com o Poder Público ou receber benefícios ou incentivos fiscais ou creditícios, direta ou indiretamente, ainda que por intermédio de pessoa jurídica da qual seja sócio majoritário, pelo prazo de dez anos.

(D) O agente público que pratica ato de improbidade administrativa que importe em lesão ao erário está sujeito às penas de suspensão dos direitos políticos de cinco a oito anos, pagamento de multa civil de até duas vezes o valor do dano e proibição de contratar com o Poder Público ou receber benefícios ou incentivos fiscais ou creditícios, direta ou indiretamente, ainda que por intermédio de pessoa jurídica da qual seja sócio majoritário, pelo prazo de cinco anos, somente se não houver sido aplicada sanção penal prevista em lei específica, em prestígio ao princípio *ne bis in idem*.

(E) Estão sujeitos às penalidades da lei os atos de improbidade praticados contra o patrimônio de entidade que receba subvenção, benefício ou incentivo, fiscal ou creditício, de órgão público, bem como daquelas entidades para cuja criação ou custeio o erário haja concorrido ou concorra com menos de cinquenta por cento do patrimônio ou da receita anual, não se limitando, nestes casos, a sanção patrimonial à repercussão do ilícito sobre a contribuição dos cofres públicos, em virtude da natureza repressiva e preventiva da sanção.

A: incorreta, pois a suspensão dos direitos políticos, no caso, é de três a cinco anos, conforme o art. 12, III, da Lei n. 8.429/1992; **B:** incorreta, pois, nos termos do art. 21, II, da Lei n. 8.429/1992, a aplicação das sanções independe da aprovação ou rejeição das contas pelo órgão de controle interno ou pelo Tribunal ou Conselho de Contas.; **C:** correta, pois é o que se depreende da LIA, especialmente do art. 12, I, da Lei 8.429/1992; **D:** incorreta, pois a aplicação da sanção penal não é imprescindível. Há independência entre as esferas cível e penal; **E:** incorreta, pois, nos termos do art. 1º, parágrafo único, da Lei 8.429/1992, limita-se, nestes casos, a sanção patrimonial à repercussão do ilícito sobre a contribuição dos cofres públicos. [WG]
Gabarito "C".

(Delegado/BA – 2013 – CESPE) De acordo com a Lei de Improbidade Administrativa, julgue o seguinte item.

(1) Um agente público que, agindo de forma culposa, gere lesão ao patrimônio público, estará obrigado a ressarcir integralmente o dano causado.

1: correta (art. 5º da Lei 8.429/1992). [WG]
Gabarito 1C

(Delegado Federal – 2013 – CESPE) Um servidor público federal dispensou licitação fora das hipóteses previstas em lei, o que motivou o MP a ajuizar ação de improbidade administrativa, imputando ao servidor a conduta prevista no art. 10, inc. VIII, da Lei 8.429/1993, segundo o qual constitui ato de improbidade administrativa qualquer ação ou omissão, dolosa ou culposa, que enseje perda patrimonial, desvio, apropriação, malbaratamento ou dilapidação dos bens públicos, notadamente o ato que frustrar a licitude de processo licitatório ou dispensá-lo indevidamente.

Com base nessa situação hipotética, julgue os itens que se seguem.

(1) Caso o MP também ajuíze ação penal contra o servidor, pelo mesmo fato, a ação de improbidade ficará sobrestada até a prolação da sentença penal a fim de se evitar *bis in idem*.

(2) Na hipótese de sentença condenatória, o juiz poderá, de acordo com a gravidade do fato, aplicar ao servidor pena de multa e deixar de aplicar-lhe a suspensão de direitos políticos, ambas previstas em lei.

(3) Caso o MP não tivesse ajuizado a referida ação, qualquer cidadão poderia ter ajuizado ação de improbidade subsidiária.

1: incorreta, pois a responsabilização por improbidade é independente da responsabilização na esfera penal (art. 12, *caput*, da Lei 8.429/1992); **2:** correta, pois, de acordo com o art. 12, *caput*, da Lei 8.429/1992, as sanções de improbidade podem ser aplicadas isolada ou cumulativamente; **3:** incorreta, pois somente o Ministério Público e a pessoa jurídica lesada têm legitimidade para o ajuizamento de ação por improbidade (art. 17, *caput*, da Lei 8.429/1992). [WG]
Gabarito 1E; 2C; 3E

(Delegado/AP – 2010) Tem legitimidade para representar à autoridade administrativa competente para que seja instaurada investigação destinada a apurar a prática de ato de improbidade:

(A) somente o Ministério Público.

(B) somente o controle externo ou corregedoria do órgão.

(C) somente o controle interno do órgão, em caráter sigiloso.

(D) somente o Ministério Público, Tribunal ou Conselho de Contas.

(E) qualquer pessoa que deseje ver apurada a prática de ato de improbidade.

Art. 14, *caput*, da Lei 8.429/1992. [WG]
Gabarito "E".

(Delegado/GO – 2009 – UEG) Diante do comando da Lei 8.429/1992, que dispõe sobre as condutas que configuram a improbidade administrativa e as sanções aplicáveis, é CORRETO afirmar:

(A) face ao princípio de proporcionalidade, as sanções de perda da função pública, a suspensão dos direitos políticos, a proibição de contratar com o Poder Público ou receber benefícios ou incentivos fiscais ou creditícios e o pagamento de multa civil poderão ser aplicadas de forma isolada.

(B) estão excluídos da responsabilização aqueles que não possuem vínculo efetivo ou em comissão com a Administração Pública, diante da definição de agente público para fim de incidência da Lei de Improbidade Administrativa.

(C) a pessoa jurídica beneficiada pelo ato de improbidade não pode ser responsabilizada pelas sanções previstas, apenas a(s) pessoa(s) que por ela respondem.

(D) a aplicação das sanções previstas na Lei 8.429/1992 aos gestores públicos está condicionada à rejeição das contas pelo Tribunal de Contas.

A: correta, nos termos da jurisprudência do STJ (REsp 626.204/RS, julgado em 07.08.2007, rel. Min. Denise Arruda, *DJ* 06.09.2007); **B:** incorreta, pois a definição de agente público inclui aqueles que têm vínculo de *mandato, emprego público* e outros (art. 2º da Lei 8.429/1992); **C:** incorreta (art. 3º da Lei 8.429/1992); **D:** incorreta (art. 21, II, da Lei 8.429/1992). [WG]
Gabarito "A".

(Delegado/RJ – 2009 – CEPERJ) Marque a opção em que se inclui norma incompatível com o sistema da Lei 8.429, de 2 de junho de 1992, que dispõe sobre as sanções aplicáveis às condutas de improbidade administrativa.

(A) A responsabilidade patrimonial daquele que causar lesão ao patrimônio público ou se enriquecer ilicitamente limitar-se ao valor da herança.

(B) Na fixação das penas previstas, o juiz levará em conta a extensão do dano causado, assim como o proveito patrimonial obtido pelo agente.

(C) As ações destinadas a levar a efeito as sanções previstas na Lei podem ser propostas no prazo de até cinco anos após o término do exercício do mandato, de cargo em comissão ou de função de confiança, ou dentro do prazo prescricional previsto em lei específica para faltas disciplinares puníveis com demissão a bem do serviço público, nos casos de exercício de cargo efetivo ou emprego.

(D) A aplicação das sanções previstas depende da efetiva ocorrência de dano ao patrimônio público, mas independe da aprovação ou rejeição das contas pelo órgão de controle interno ou pelo Tribunal ou Conselho de Contas.

(E) O agente público que sofra investigação por improbidade pode ser afastado do exercício do cargo, emprego ou função, sem prejuízo da remuneração, caso a medida se mostre necessária à instrução processual.

A: compatível (art. 8º da Lei 8.429/1992); **B:** compatível (art. 12, parágrafo único, da Lei 8.429/1992); **C:** compatível (art. 23 da Lei 8.429/1992); **D:** incompatível (art. 21, I, da Lei 8.429/1992); **E:** compatível (art. 20, parágrafo único, da Lei 8.429/1992). [WG]
Gabarito "D".

(Delegado/SC – 2008) Analise as alternativas a seguir. Todas estão corretas, exceto a:

(A) O Presidente da República é passível de processo por crime de responsabilidade, por atos que atentem contra a probidade na Administração.

(B) Negar publicidade a atos oficiais e frustrar a licitude de concurso público não caracterizam crimes de improbidade administrativa,

6. DIREITO ADMINISTRATIVO   595

pois a conduta não lesa o erário público e não importa em enriquecimento ilícito ou proveito próprio ou de terceiro.

(C) A Lei 8.429/1992 caracteriza como de improbidade administrativa os atos que importam em enriquecimento ilícito e que acarretam prejuízo ao erário. Os agentes públicos em geral estão sujeitos a penas, tais como a perda da função pública, a indisponibilidade dos bens e o ressarcimento ao erário, na forma e gradação indicadas pela lei.

(D) A Lei 8.429/1992 inseriu, nos casos de improbidade administrativa, condutas que não implicam necessariamente locupletamento de caráter financeiro ou material, como por exemplo, retardar ou deixar de praticar indevidamente ato de ofício.

A: correta (art. 85, V, da CF); **B:** incorreta (arts. 11, IV e V, da Lei 8.429/1992); **C:** correta (arts. 9.º, 10 e 12 da Lei 8.429/1992); **D:** correta (art. 11, II, da Lei 8.429/1992). WG

Gabarito "B".

7. INTERVENÇÃO NA PROPRIEDADE E NO DOMÍNIO ECONÔMICO

7.1. Desapropriação

(Delegado/MS – 2017 – FAPEMS) Acerca do instituto Desapropriação, uma das formas de aquisição de bens pelo Poder Público, assinale a alternativa correta.

(A) A propriedade produtiva poderá ser objeto de desapropriação para fins de reforma agrária.

(B) É possível a desistência da desapropriação pela Administração Pública, a qualquer tempo, mesmo após o trânsito em julgado, desde que ainda não tenha havido o pagamento integral do preço e o imóvel possa ser devolvido sem alteração substancial que impeça que seja utilizado como antes.

(C) Onde forem localizadas culturas ilegais de plantas psicotrópicas ou a exploração de trabalho escravo na forma da lei será expropriado e destinado à reforma agrária e a programas de habitação popular, sem qualquer indenização ao proprietário e sem prejuízo de outras sanções previstas em lei, cuja expropriação irá recair, apenas, sobre a parcela do imóvel em que tenha ocorrido o cultivo ilegal ou a utilização de trabalho escravo.

(D) A União, os Estados, o Distrito Federal e os Municípios poderão desapropriar, por interesse social, para fins de reforma agrária, o imóvel rural que não esteja cumprindo sua função social, mediante prévia e justa indenização em títulos da dívida agrária, com cláusula de preservação do valor real, resgatáveis no prazo de até vinte anos a partir do segundo ano de sua emissão, e cuja utilização será definida em lei, porém, as benfeitorias úteis e necessárias serão indenizadas em dinheiro.

(E) Na ação de desapropriação por utilidade pública, a citação do proprietário do imóvel desapropriado não dispensa a do respectivo cônjuge.

A: incorreta. Lei 8.629/1993, art. 2º A propriedade rural que não cumprir a função social prevista no art. 9º é passível de desapropriação, nos termos desta lei, respeitados os dispositivos constitucionais. **B:** correta. Sendo a desistência da desapropriação direito do expropriante, o ônus da prova da existência de fato impeditivo do seu exercício (impossibilidade de restauração do imóvel ao estado anterior) é do expropriado. Acórdão recorrido que não estabeleceu a existência de prova da impossibilidade da devolução do imóvel às suas condições originais. Não incidência da súmula 7/STJ. **C:** incorreta. CF, art. 243. As propriedades rurais e urbanas de qualquer região do País onde forem localizadas culturas ilegais de plantas psicotrópicas ou a exploração de trabalho escravo serão expropriadas e destinadas à reforma agrária e a programas de habitação popular, sem qualquer indenização ao proprietário e sem prejuízo de outras sanções previstas em lei, observado, no que couber, o disposto no art. 5º. **D:** incorreta. Somente compete a União. Lei 8.629/1993, art. 2º, § 1º Compete à União desapropriar por interesse social, para fins de reforma agrária, o imóvel rural que não esteja cumprindo sua função social. Art. 5º A desapropriação por interesse social, aplicável ao imóvel rural que não cumpra sua função social, importa prévia e justa indenização em títulos da dívida agrária. § 1º As benfeitorias úteis e necessárias serão indenizadas em dinheiro. **E:** incorreta. Decreto 3365/1941, Art. 16. A citação far-se-á por mandado na pessoa do proprietário dos bens; a do marido dispensa a dá mulher; a de um sócio, ou administrador, a dos demais, quando o bem pertencer a sociedade; a do administrador da coisa no caso de condomínio, exceto o de edifício de apartamento constituindo cada um propriedade autonôma, a dos demais condôminos e a do inventariante, e, se não houver, a do cônjuge, herdeiro, ou legatário, detentor da herança, a dos demais interessados, quando o bem pertencer a espólio FMB

Gabarito "B".

7.2. Servidão administrativa

(Delegado/RS – 2018 – FUNDATEC) A propriedade é um direito fundamental, mas, como qualquer outro direito, não é absoluto, estando sujeita a determinadas limitações de ordem legal, que encontram fundamento e justificativa no princípio da supremacia do interesse público sobre o privado. Sobre o tema, assinale a alternativa correta.

(A) Salvo se instituída por lei, as servidões administrativas não são autoexecutáveis, dependendo a sua instituição de acordo ou decisão judicial.

(B) A justificativa da requisição administrativa reside no interesse público consistente em apoiar a realização de obras e serviços.

(C) O bem privado objeto de tombamento se torna inalienável de acordo com o ordenamento jurídico brasileiro.

(D) As limitações administrativas impostas pelo Poder Público à propriedade privada não constituem manifestações do poder de polícia administrativo.

(E) A retrocessão é admitida nos casos de desapropriação em que se configurar a tredestinação lícita do bem expropriado.

Alternativa A correta (a implementação de servidão administrativa depende, como regra, de acordo ou decisão judicial); alternativa B incorreta (a justificativa da requisição administrativa é o perigo público iminente); alternativa C incorreta (o bem privado objeto de tombado pode ser alienado pelo proprietário); alternativa D incorreta (as limitações administrativas constituem manifestação do poder de polícia administrativo, que consiste na restrição de bens privados à luz do interesse público); alternativa E incorreta (a retrocessão decorre da tredestinação ilícita, que consiste na utilização do bem expropriado em uma finalidade não publica). RB

Gabarito "A".

(Delegado/GO – 2009 – UEG) Acerca do instituto da servidão administrativa, é CORRETO afirmar:

(A) a servidão administrativa impõe ao proprietário do imóvel um gravame de caráter temporário, que é característica típica desse instituto.

(B) a servidão administrativa poderá concretizar-se por acordo entre o Poder Público e o proprietário.

(C) a servidão administrativa opera transferência de posse do bem ao Poder Público.

(D) nas situações em que a servidão administrativa decorre diretamente de lei, não é possível indenização.

A: incorreta, pois a servidão é um gravame duradouro, diferentemente da requisição administrativa e da ocupação temporária, que trazem gravames passageiros; **B:** correta, pois a servidão deve ser instituída da mesma forma como se dá na desapropriação para a aquisição de um bem (art. 40 do Dec.-lei 3.365/1941), que admite o acordo extrajudicial como forma de aquisição da coisa; **C:** incorreta, pois a servidão confere um *direito real* sobre a coisa, que tem valor jurídico maior do que o mero *direito de posse*; **D:** incorreta, pois desde que o fato atinja pessoa determinada e gere prejuízo, caberá indenização, pouco importando se se trata de servidão instituída por lei ou por ato administrativo. WG

Gabarito "B".

7.3. Requisição administrativa

(Delegado/GO – 2017 – CESPE) Um policial andava pela rua quando presenciou um assalto. Ao ver o assaltante fugir, o policial parou um carro, identificou-se ao motorista, entrou no carro e pediu que ele perseguisse o criminoso.

Nessa situação, conforme a CF e a doutrina pertinente, tem-se um exemplo típico da modalidade de intervenção do Estado na propriedade privada denominada

(A) limitação administrativa, cabendo indenização ao proprietário, se houver dano ao bem deste.

(B) requisição administrativa, cabendo indenização ao proprietário, se houver dano ao bem deste.

(C) desapropriação, não cabendo indenização ao proprietário, independentemente de dano ao bem deste.

596 WANDER GARCIA, FLÁVIA BARROS E RODRIGO BORDALO

(D) servidão administrativa, não cabendo indenização ao proprietário, independentemente de dano ao bem deste.

(E) ocupação temporária, não cabendo indenização ao proprietário, mesmo que haja dano ao bem deste.

Para o Prof. Hely Lopes, requisição é a utilização coativa de bens ou serviços particulares pelo Poder Público por ato de execução imediata e direta da autoridade requisitante e indenização ulterior, para atendimento de necessidades coletivas urgentes e transitórias. No mesmo sentido CF, art. 5°, XXV – No caso de iminente perigo público, a autoridade competente poderá usar de propriedade particular, assegurada ao proprietário indenização ulterior, se houver dano. **FMB**

Gabarito "B".

(Delegado/RJ – 2013 – FUNCAB) Quanto à disciplina das requisições e demais modalidades de intervenção do Estado na propriedade, assinale a alternativa correta.

(A) O objeto das requisições abrange somente os bens móveis e os serviços particulares, excluindo-se os bens imóveis, cuja intervenção se dará na forma de ocupação temporária.

(B) A requisição é direito pessoal, ao contrário da servidão, que é direito real, e tem como pressuposto constitucional o perigo público iminente.

(C) A requisição, quando causar diminuição patrimonial do particular, estará sujeita à prévia indenização nos termos da Constituição Federal.

(D) Segundo a legislação aplicável, a requisição tem o prazo máximo de 30 dias, prorrogáveis por igual período em caso de justificada necessidade.

(E) Não podem os entes federativos instituir servidões administrativas sobre os imóveis, uns dos outros.

A: incorreta, pois a requisição administrativa também pode recair sobre imóveis, não havendo limitação a apenas móveis e serviços no art. 5°, XXV, da CF; **B:** correta, pois a requisição se dá em caso de perigo público iminente (art. 5°, XXV, da CF) e é direito pessoal, ao passo que servidão é direito real e está prevista no art. 40 do Dec.-lei 3.365/1941; **C:** incorreta, pois a Constituição Federal prevê indenização ulterior no caso; **D:** incorreta, pois não há essa previsão nas leis que regulam a requisição de bens, tais como a Lei Delegada 4/1962, o Dec.-lei 2/1966 e o Dec.-lei 4.812/1942; **E:** incorreta, pois é possível desde que obedecidas as regras da lei de desapropriação (arts. 2°, § 2°, e 40 do Dec.-lei 3.365/41). **WG**

Gabarito "B".

7.4. Tombamento

(Delegado/ES – 2019 – Instituto Acesso) No ordenamento jurídico brasileiro, existem circunstâncias que limitam o exercício do direito de propriedade. Nessa perspectiva, em conformidade com o que prescreve o Decreto-Lei 25, de 30 de novembro de 1937, que organiza a proteção do patrimônio histórico e artístico nacional, é correto afirmar que:

(A) o valor etnográfico é fundamento previsto expressamente em regra Constitucional que instituiu no ordenamento jurídico brasileiro o Tombamento.

(B) é lícito à União efetuar tombamento de bem municipal, sendo vedado ao município tombar bem dos Estados.

(C) o tombamento definitivo de bens imóveis de particulares, para ser considerado definitivo e ter plenos efeitos perante terceiros, deverá ser transcrito em registro imobiliário e devidamente averbado.

(D) a competência para legislar sobre tombamento é concorrente entre a União, Estados e Territórios, sendo de competência suplementar dos municípios.

(E) o Tombamento, conforme prescreve o art. 216 da Constituição da República Federativa do Brasil de 1988, é uma medida que visa a proteção de bens públicos imóveis em geral.

O tombamento constitui mecanismo de tutela do patrimônio cultural, previsto na Constituição Federal (art. 216) e disciplinado pelo Decreto-Lei 25/1937. A competência para legislar sobre tombamento é concorrente entre União, Estados e Distrito Federal, não estando incluídos os Territórios (alternativa D incorreta). O tombamento incide sobre bens móveis ou imóveis, públicos ou privados (alternativa E incorreta). Em relação ao tombamento de bens públicos, o Município pode tombar bens dos Estados, de modo que não se aplica a regra da "hierarquia federativa", típica nas desapropriações (alternativa B incorreta). O valor etnográfico não está previsto expressamente na Constituição Federal, mas sim no Decreto-Lei 25/1937 (art. 1°). Por fim, o tombamento definitivo de bens imóveis privados somente irradiará efeitos perante terceiros após averbação no registro imobiliário, nos termos do art. 13 do Decreto-Lei 25/1937 (alternativa C correta). **RB**

Gabarito "C".

7.5. Limitação administrativa

(Delegado/MT – 2017 – CESPE) Enquanto uma rodovia municipal era reformada, o município responsável utilizou, como meio de apoio à execução das obras, parte de um terreno de particular.

Nessa hipótese, houve o que se denomina

(A) servidão administrativa.

(B) limitação administrativa.

(C) intervenção administrativa supressiva.

(D) ocupação temporária.

(E) requisição administrativa.

Trata-se de ocupação temporária, haja vista ter sido utilizado o espaço apenas como apoio e nesse sentido: Hely Lopes (*apud* Alexandrino, 2013, p. 1013) conceitua: "ocupação temporária ou provisória é a utilidade transitória, remunerada ou gratuita, de bens particulares pelo Poder Público, para a execução de obras, serviços ou atividades públicas ou de interesse público". **FMB**

Gabarito "D".

8. BENS PÚBLICOS

8.1. Conceito e classificação dos bens públicos

(Delegado/MS – 2017 – FAPEMS) O artigo 98, do Código Civil em vigor, dispõe que "são públicos os bens do domínio nacional pertencentes às pessoas jurídicas de direito público interno; todos os outros são particulares, seja qual for a pessoa a que pertencerem". No que se refere a bens públicos, assinale a alternativa correta

(A) Os bens dominicais são disponíveis.

(B) Os bens de uso especial do povo encontram-se à disposição da coletividade, desnecessária a autorização para seu uso.

(C) Os bens públicos podem ser adquiridos por usucapião.

(D) A permissão de uso de bem público é ato bilateral, discricionário e precário.

(E) Os bens públicos podem ser hipotecados.

A: correta. Código Civil – Lei 10.406/2001, art. 101. Os bens públicos dominicais podem ser alienados, observadas as exigências da lei. **B:** incorreta. Código Civil – Lei 10.406/2001, art. 99. São bens públicos: I – os de uso comum do povo, tais como rios, mares, estradas, ruas e praças; II – os de uso especial, tais como edifícios ou terrenos destinados a serviço ou estabelecimento da administração federal, estadual, territorial ou municipal, inclusive os de suas autarquias; inexistindo bens de uso especial do povo. **C:** incorreta. Código Civil – Lei 10.406/2001, art. 102. Os bens públicos não estão sujeitos a usucapião. **D:** incorreta. Código Civil – Lei 10.406/2001, art. 103. O uso comum dos bens públicos pode ser gratuito ou retribuído, conforme for estabelecido legalmente pela entidade a cuja administração pertencerem. **E:** incorreta. Código Civil – Lei 10.406/2001, art. 100. Os bens públicos de uso comum do povo e os de uso especial são inalienáveis, enquanto conservarem a sua qualificação, na forma que a lei determinar. **FMB**

Gabarito "A".

(Delegado/MT – 2017 – CESPE) O prédio onde funciona a delegacia de polícia de determinado município é de propriedade do respectivo estado da Federação.

Nessa situação hipotética,

(A) a desafetação do prédio resultará em sua reversão para bem de uso comum.

(B) se for abandonado, o prédio poderá ser objeto de usucapião, desde que *pro misero*.

(C) o prédio poderá ser adquirido por terceiros.

(D) o prédio poderá ser objeto de hipoteca legal.

(E) o prédio está na categoria de bem dominical.

A: incorreta. Não se permite desafetação de bem de uso especial. **B:** incorreta. Não se admite em nenhum caso o usucapião. STF, Súmula 340: Desde a vigência do Código Civil, os bens dominicais, como os demais bens públicos, não podem ser adquiridos por usucapião. **C:** correta. Se o bem se tonar dominical pode ser alienado, ou seja, se perder a destinação original. **D:** incorreta. Por ser bem de origem publica, não poderá sofrer hipoteca. **E:** incorreta. Trata-se de bem de uso especial. **FMB**

Gabarito "C".

8.2. Bens públicos em espécie

(Delegado/DF – 2015 – Fundação Universa) Com relação aos bens públicos, é correto afirmar que

(A) as terras devolutas pertencem, em regra, à União.
(B) os bens públicos são impenhoráveis, inalienáveis, imprescritíveis e indisponíveis.
(C) as terras tradicionalmente ocupadas pelos índios são bens públicos de uso especial.
(D) a autorização de bem público para fins particulares se concretiza por meio de contrato administrativo após processo de licitação.
(E) o aforamento é uma forma de aquisição do domínio eminente do bem público por particular na qual há o pagamento de um laudêmio ou foro, sendo dispensada a licitação.

A: incorreta, pois as terras devolutas (terras vazias, sem proprietário ou não afetadas a nada, representando bem disponível estatal – art. 5º do Decreto-lei 9.760/1946) são originalmente da União apenas quando voltadas à preservação ambiental e à defesa de fronteiras, fortificações e vias federais de comunicação, tudo na forma do que for definido em lei (art. 20, II, da CF);as terras devolutas são dos Estados quando não forem da União e dos Municípios quando atribuídas por aqueles às edilidades; **B:** incorreta, pois nem todos os bens públicos são inalienáveis; os bens de uso especial e de uso comum do povo são, mas os bens dominicais não (arts. 100 e 101 do CC); **C:** correta, pois tais terras têm uso especial determinado pelo § 2º do art. 231 da CF; **D:** incorreta, pois a *autorização* de bem público, diferentemente da *permissão* e da *concessão* de bem público, não requer licitação prévia; ela também é considerada um ato unilateral da Administração e não um contrato; **E:** incorreta, pois no aforamento (ou enfiteuse) o particular adquire apenas o domínio útil e não o domínio eminente do imóvel. WG
Gabarito "C".

9. RESPONSABILIDADE DO ESTADO

(Delegado/ES – 2019 – Instituto Acesso) Sobre os elementos jurídicos da responsabilidade civil do Estado, assinale a afirmação INCORRETA:

(A) É cabível ação de regresso manejada pela Pessoa Jurídica de Direito Público, na hipótese de esta ser condenada a ressarcir um particular, em razão de conduta culposa de agente gerador de dano a terceiro.
(B) Os elementos comuns da responsabilidade civil objetiva e subjetiva são a ação do Estado, o nexo causal e o dano.
(C) Culpa é elemento subjetivo a ser verificado em ação de indenização quando se tratar de responsabilidade subjetiva.
(D) Na ação de reparação de danos, que tem por objeto a conduta comissiva de um agente do Estado, é preciso que se comprove, além do nexo causal e dano, o elemento volitivo do agente do Estado.
(E) Aplica-se a responsabilidade civil subjetiva do Estado na hipótese de dano físico em particular que estava sob a custódia de um agente policial, e quando a alegação de dano físico decorreu de conduta omissiva do referido policial.

A responsabilidade do Estado baseia-se, como regra, na teoria objetiva, que afasta o elemento volitivo do agente público. É o que se extrai da Constituição Federal, em seu art. 37, § 6º. Nesse sentido, a obrigação estatal de indenizar prescinde da comprovação de dolo ou culpa (elemento subjetivo). Os elementos da responsabilidade civil do Estado são: ação estatal, nexo de causalidade e dano indenizável. RB
Gabarito "D".

(Delegado/RS – 2018 – FUNDATEC) Uma equipe da Delegacia de Polícia de Roubos e Extorsões do Departamento Estadual de Investigações Criminais da Polícia Civil do Estado do Rio Grande do Sul, a bordo de uma viatura oficial devidamente caracterizada, na rodovia BR 290, no sentido capital-litoral, realiza perseguição a um veículo tripulado por criminosos que, instantes antes, praticaram um assalto a uma agência bancária, com emprego de explosivos. Ao longo da perseguição, os policiais se veem obrigados a não parar na praça de pedágio, rompendo a respectiva cancela, de propriedade de empresa concessionária de serviço público, como única forma de não perderem os criminosos de vista. Graças a essa atitude, a equipe se manteve no encalço dos criminosos, logrando êxito em prendê-los em flagrante. Relacionando o caso acima com a responsabilidade extracontratual do Estado, analise as seguintes assertivas:

I. O Estado responderá objetivamente pelo prejuízo causado à empresa concessionária de serviço público.
II. A equipe de policiais civis não poderá ser responsabilizada em ação regressiva, porque não agiu com dolo ou culpa, mas no estrito cumprimento do dever legal.
III. A jurisprudência do Supremo Tribunal Federal adota, como regra geral, a teoria do risco administrativo para fundamentar a responsabilidade objetiva extracontratual do Estado.

Quais estão corretas?

(A) Apenas I.
(B) Apenas II.
(C) Apenas I e II.
(D) Apenas I e III.
(E) I, II e III.

Nos termos do art. 37, § 6º, da CF, o Estado responde objetivamente pelos danos que seus agentes, nessa qualidade, causarem a terceiros. Nesse sentido, dispensável a comprovação de dolo ou culpa. De acordo com o entendimento do STF, aplica-se, como regra, a teoria do risco administrativo, que admite excludentes de responsabilidade estatal, como o caso fortuito ou força maior. Em relação à hipótese apresentada pela questão (dano causado a empresa concessionária por policiais que estavam perseguindo criminosos), o Estado responderá objetivamente pelas lesões causadas. Verifica-se que a equipe de policiais civis não agiu com dolo ou culpa, mas no estrito cumprimento do dever legal, o que afasta a sua responsabilidade via ação regressiva. Em suma, todos os itens da questão (I, II e III) estão corretos. RB
Gabarito "E".

(Delegado/MG – 2018 – FUMARC) Sobre a responsabilidade do Estado por atos legislativos, NÃO está correto o que se afirma em:

(A) Sua aplicação não é admitida com relação às leis de efeitos concretos constitucionais.
(B) É aplicável aos casos de omissão no dever de legislar e regulamentar.
(C) É admitida com relação às leis declaradas inconstitucionais.
(D) É aceita nos casos de atos normativos do Poder Executivo e de entes administrativos com função normativa, mesmo em caso de vícios de inconstitucionalidade ou de ilegalidade.

Como regra, verifica-se a irresponsabilidade do Estado pelos atos expedidos no exercício da função legislativa. Apesar disso, em algumas hipóteses é admitida a responsabilização, com aplicação da teoria objetiva: 1ª) danos sofridos pelo particular em virtude de uma lei declarada inconstitucional; 2ª) lesão a particular causada por uma lei de efeito concreto (constitucional ou não). Neste caso, a lei equivale materialmente a um ato administrativo. Diante disso, verifica-se que a alternativa A veicula uma afirmação incorreta. Nas demais alternativas, as assertivas estão corretas. RB
Gabarito "A".

(Delegado/AP – 2017 – FCC) Uma determinada viatura oficial estadual, enquanto em diligência, chocou-se contra o muro de uma escola municipal, derrubando- o parcialmente, bem como o poste de transmissão de energia existente na calçada, que estava em péssimo estado de conservação, assim como os transformadores e demais equipamentos lá instalados. Foram apurados danos materiais de grande monta, não só em razão da necessidade de reconstrução do muro, mas também porque foi constatado que muitos aparelhos elétricos e eletrônicos deixaram de funcionar a partir de então, tais como geladeiras, computadores e copiadoras. Relevante apurar, para solucionar a responsabilidade do ente estatal,

(A) se o condutor da viatura empregou toda a diligência e prudência necessárias para afastar negligência, bem como se estava devidamente capacitado para o desempenho de suas funções, a fim de verificar eventual ocorrência de imperícia.
(B) a origem dos recursos que possibilitaram a aquisição dos materiais elétricos e eletrônicos, para comprovar se o Município efetivamente sofreu prejuízos qualificáveis como indenizáveis para fins de configuração de responsabilidade civil.
(C) apenas o valor dos danos materiais constatados, tendo em vista que se trata de responsabilidade objetiva, modalidade que, para sua configuração, dispensa qualquer outro requisito.
(D) o nexo de causalidade entre a colisão causada pela viatura estadual e os danos emergentes sofridos, para demonstrar que decorreram do acidente e não de outras causas e viabilizar a

598 WANDER GARCIA, FLÁVIA BARROS E RODRIGO BORDALO

apuração correta da indenização, prescindindo, no entanto, de prova de culpa do condutor.

(E) a propriedade do imóvel onde funcionava a escola, tendo em vista que caso se trate de bem público estadual cedido à municipalidade para implantação da escola, descabe qualquer indenização, seja pelo muro, seja pelos danos nos aparelhos elétricos, uma vez que o funcionamento da própria unidade depende do ente estadual.

Trata-se da aplicação da Teoria do Risco Administrativo, segundo Maria Sylvia Zanella Di Pietro, para que seja efetivamente caracterizada a responsabilidade do Estado prevista constitucionalmente no art. 37, § 6º há de se exigir a ocorrência dos elementos: *1. Que se trate de pessoa jurídica de direito público ou de direito privado prestadora de serviços públicos; (...), 2. Que essas entidades prestem serviços públicos, o que exclui as entidades da administração indireta que executem atividade econômica de natureza privada; (...)3. Que haja um dano causado a terceiro em decorrência da prestação se serviço público; (...) 4. Que o dano causado por agente das aludidas pessoas jurídicas, o que abrange todas as categorias, de agentes políticos, administrativos ou particulares em colaboração com a Administração, sem interessar o título sob o qual prestam o serviço;5. Que o agente, ao causar o dano, aja nessa qualidade; (...)" (destaques no original).* FMB
Gabarito "D".

(Delegado/DF – 2015 – Fundação Universa) Em relação à responsabilidade civil extracontratual do Estado, assinale a alternativa correta.

(A) Suponha-se que uma empresa contratada pela União para fazer uma obra pública tenha, por culpa exclusiva dela, causado dano a um particular. Nesse caso, a responsabilidade será da União e da referida empresa, solidariamente, pelo dano causado pela empresa.

(B) Conforme entendimento recente do STJ, o prazo prescricional do particular para ingressar com ação de indenização por danos causados pelo Estado é de três anos.

(C) A teoria da culpa do serviço ou da culpa da administração não se aplica no direito brasileiro, mesmo nos casos de omissão.

(D) Ação com fundamento na responsabilidade civil objetiva do Estado pode ser proposta tanto contra o Estado quanto contra o agente público que causou o dano.

(E) A CF prevê indenização em favor do condenado por erro judiciário.

A: incorreta, pois a responsabilidade estatal no caso é subsidiária; **B:** incorreta, pois o STJ está pacificado no sentido de que o prazo no caso em tela é de 5 anos (AgRg nos EAREsp 53471 / RS, relator Ministro Humberto Martins, 1ª Seção, j. 27.02.2013); **C:** incorreta, pois em caso de omissão a responsabilidade estatal é verifica observando-se a teoria em tela; **D:** incorreta, pois a ação só pode ser promovida em face do Estado, podendo este, em seguida, acionar o servidor que tiver causado o dano mediante conduta dolosa ou culposa (STF, RE 327.904, rel. Min. Carlos Brito, j. em 15.08.2006); **E:** correta (art. 5º, LXXV, da CF). WG
Gabarito "E".

(Delegado/PR – 2013 – UEL-COPS) Quanto à responsabilidade extracontratual do Estado, assinale a alternativa que apresenta, corretamente, caso em que existe uma atenuante de responsabilidade do Estado.

(A) Caso fortuito.

(B) Culpa concorrente da vítima.

(C) Culpa exclusiva de terceiros.

(D) Dolo eventual.

(E) Força maior.

A, C e E: incorretas, pois o caso fortuito, a culpa exclusiva de terceiro e a força maior *excluem* (e não *atenuam*) a responsabilidade estatal; **B:** correta, pois a culpa *concorrente* da vítima *atenua* a responsabilidade estatal; **D:** incorreta, pois o dolo eventual não exclui, nem atenua a responsabilidade, mas confirma a responsabilidade de quem assim agiu. WG
Gabarito "B".

(Delegado/MG – 2012) Sobre a Responsabilidade Civil do Estado é **correto** afirmar, **exceto**:

(A) As pessoas jurídicas de direito público respondem pelos danos que seus agentes, no exercício de suas funções, causarem a terceiros.

(B) Cabível ao Estado ajuizar ação de regresso em face do agente causador do dano, desde que tenha agido dolosamente, mostrando-se inviável à pretensão se a conduta foi meramente culposa.

(C) O princípio da repartição dos encargos também constitui fundamento da responsabilidade objetiva do Estado.

(D) As pessoas jurídicas de direito privado que prestam serviços delegados serão responsáveis pelos atos seus ou de seus prepostos, desde que haja vínculo jurídico de direito público entre o Estado e o delegatário.

A: correta (art. 37, § 6º, da CF); **B:** incorreta (devendo ser assinalada), pois não é correto afirmar que só se pode acionar regressivamente o agente público em caso de *dolo* por parte deste; o art. 37, § 6.º, da CF também admite que o Estado acione o agente público em caso de *mera conduta culposa em sentido estrito*; **C:** correta, pois, com efeito, o Estado ao administrar age em favor de todos nós, sendo justo que, em caso de dano causado a alguém por parte daquele, a responsabilidade seja praticamente automática, de modo que existe uma repartição de encargos para cada um de nós, que, como contribuintes, financiamos os gastos estatais, inclusive os gastos com indenizações; **D:** correta, pois as pessoas de direito privado prestadoras de serviço público (delegatárias de serviço público) respondem dessa forma por conta do disposto no art. 37, § 6º, da CF. WG
Gabarito "B".

(Delegado/MG – 2007) Na realização de uma obra pública pelo Município (sem auxílio de terceiros), o teto de uma casa particular é destruído pelo uso indevido do maquinário utilizado pelo Poder Público. O proprietário do imóvel, em consequência dos prejuízos, ajuíza ação de indenização contra o Município. Com relação à hipótese, é incorreto afirmar que:

(A) o Município poderá ser condenado, em face da responsabilidade objetiva que se lhe impõe.

(B) a comprovação da culpa concorrente do proprietário acarretará a não condenação do Município.

(C) o Município, uma vez condenado, poderá cobrar o valor da indenização do agente responsável, se este tiver agido com culpa ou dolo.

(D) na hipótese de o Município contratar empresa para realizar obra, a responsabilidade principal recairia sobre a referida contratada, se constatado que a lesão decorre de imperícia.

A: correta, pois a responsabilidade do Estado é objetiva (art. 37, § 6º, da CF); **B:** incorreta (devendo ser assinalada), pois somente a culpa exclusiva do proprietário é capaz de causar a não condenação do Município; **C:** correta, nos termos da parte final do § 6º do art. 37 da CF; **D:** correta; no entanto, o Município também pode ser responsabilizado, por se tratar de uma obra patrocinada por este. WG
Gabarito "B".

(Delegado/PI – 2009 – UESPI) A responsabilidade civil da pessoa jurídica, concessionária de serviço público, relativa aos danos causados aos usuários dos serviços por ela prestados:

(A) é excluída, se a prestação do serviço concedido for fiscalizada pelo poder concedente.

(B) é integral, se a prestação do serviço concedido não for fiscalizada pelo poder concedente.

(C) é integral, mesmo se a prestação do serviço concedido for fiscalizada pelo poder concedente.

(D) é atenuada, se a prestação do serviço concedido for fiscalizada pelo poder concedente.

(E) a pessoa jurídica concessionária de serviços não tem responsabilidade civil quanto aos danos causados aos usuários, haja vista que o poder concedente continua com a titularidade do serviço público concedido.

A: incorreta, pois a ausência de fiscalização pelo poder concedente não afasta a responsabilidade objetiva das concessionárias de serviço público, que está prevista na Constituição Federal (art. 37, § 6.º, da CF); **B:** incorreta, pois a responsabilidade das concessionárias é integral, com fiscalização ou não pelo poder concedente; **C:** correta, nos termos dos comentários feitos para as alternativas anteriores; **D:** incorreta, pois a responsabilidade é integral, conforme se viu; **E:** incorreta, nos termos do art. 37, § 6.º, da CF, pelo qual as pessoas jurídicas prestadoras de serviço público respondem objetivamente. WG
Gabarito "C".

10. LICITAÇÕES E CONTRATOS

10.1. Licitação

10.1.1. Princípios e conceitos básicos

(Delegado/BA – 2016.1 – Inaz do Pará) A licitação destina-se a garantir a observância do princípio constitucional da isonomia e a selecionar a proposta mais vantajosa para a Administração e será processada e julgada em estrita conformidade com os princípios básicos da legalidade, da impessoalidade, da moralidade, da igualdade, da publi-

6. DIREITO ADMINISTRATIVO — 599

cidade, da eficiência, da probidade administrativa, da vinculação ao instrumento convocatório, do julgamento objetivo e dos que lhe são correlatos. Em relação aos princípios, assinale a alternativa correta:

(A) De acordo com o princípio da Vinculação ao Instrumento Convocatório, o administrador deve observar critérios objetivos para o julgamento das propostas.

(B) Segundo o princípio da Adjudicação Compulsória, o objeto da licitação deverá ser entregue em favor do licitante vencedor que atender todas as exigências do Edital.

(C) O princípio da Ampla Competitividade visa promover à participação, dando condições ao menor número de licitantes possível.

(D) O princípio da Isonomia é condição dispensável da existência de competição.

(E) Apenas a Administração Pública fica adstrita ao edital, segundo o princípio da Vinculação ao Instrumento Convocatório.

A: incorreta, pois o *princípio da vinculação ao instrumento convocatório* dispõe que se deve obedecer na licitação e no contrato o disposto no edital da licitação; já o princípio de que impõe observância à objetividade na apreciação das propostas tem o nome de *princípio do julgamento objetivo*; **B:** correta, nos termos do arts. 38, VII, e 43, VI, ambos da Lei 8.666/1993; **C:** incorreta, pois a ideia é dar condições ao *maior* número (e não ao *menor* número) de licitantes possível; **D:** incorreta, pois esse princípio é essencial para que haja verdadeira competitividade e está expresso no art. 3º, *caput*, da Lei 8.666/1993; **E:** incorreta, pois a vinculação ao instrumento convocatório se dá em relação aos licitantes também. WG
Gabarito "B".

(Delegado/BA – 2016.1 – Inaz do Pará) Sobre Licitações, *não é correto* afirmar que:

(A) Licitação é o procedimento administrativo composto de atos sequenciais, ordenados e interdependentes, mediante os quais a Administração Pública seleciona a proposta mais vantajosa para o contrato de seu interesse, devendo ser conduzida em estrita conformidade com a lei, com os princípios constitucionais e aqueles que lhes são correlatos.

(B) As contratações de obras e serviços, inclusive os de publicidade, compras, alienações, concessões e locações, bem como a outorga de permissões pela Administração Pública Estadual, serão obrigatoriamente precedidas de licitação, ressalvados unicamente os casos previstos em lei.

(C) É vedado aos agentes públicos admitir, prever, incluir ou tolerar, nos atos de convocação, cláusulas ou condições que comprometam, restrinjam ou frustrem o caráter competitivo da licitação e estabeleçam preferências ou distinções em razão da naturalidade, da sede ou domicílio dos licitantes, ou de qualquer outra circunstância impertinente ou irrelevante para o objeto específico do contrato.

(D) O procedimento da licitação será iniciado com a publicação do aviso de licitação e disponibilização do edital.

(E) Os membros da comissão de licitação responderão solidariamente por todos os atos praticados pela mesma, salvo se houver posição individual divergente, que deverá ser devidamente fundamentada e registrada na ata da reunião na qual tiver sido tomada a decisão.

A: assertiva correta, pois traz correta definição de licitação; **B:** assertiva correta (art. 37, XXI, da CF); **C:** assertiva correta (art. 3º, § 1º, da Lei 8.666/1993); **D:** assertiva incorreta, devendo ser assinalada; de acordo com o art. 38, *caput*, da Lei 8.666/1993, "procedimento da licitação será iniciado com a abertura de processo administrativo, devidamente autuado, protocolado e numerado, contendo a autorização respectiva, a indicação sucinta de seu objeto e do recurso próprio para a despesa, e ao qual serão juntados oportunamente"; a providência transcrita na alternativa diz respeito ao início da fase externa da licitação, e não da fase interna; **E:** assertiva correta (art. 51, § 3º, da Lei 8.666/1993). WG
Gabarito "D".

(Delegado/PA – 2013 – UEPA) Sobre a Lei de Licitações, assinale a alternativa correta.

(A) A licitação não será sigilosa, sendo públicos e acessíveis ao público todos os atos de seu procedimento, durante todas as fases, sem exceção, em virtude do princípio da transparência e da necessidade de controle social.

(B) É dispensável a licitação nos casos de emergência ou de calamidade pública, quando caracterizada urgência de atendimento de

situação que possa ocasionar prejuízo ou comprometer a segurança de pessoas, obras, serviços, equipamentos e outros bens, públicos ou particulares, e somente para os bens necessários ao atendimento da situação emergencial ou calamitosa e para as parcelas de obras e serviços que possam ser concluídas no prazo máximo de 180 (cento e oitenta) dias consecutivos e ininterruptos, contados da ocorrência da emergência ou calamidade, sendo a prorrogação dos respectivos contratos permitida desde que persista a situação de calamidade.

(C) Não poderá participar, direta ou indiretamente, da licitação ou da execução de obra ou serviço e do fornecimento de bens a eles necessários, o autor do projeto, básico ou executivo, mesmo que atue como consultor ou técnico, nas funções de fiscalização, supervisão ou gerenciamento, exclusivamente a serviço da Administração interessada.

(D) A declaração de nulidade do contrato administrativo opera retroativamente impedindo os efeitos jurídicos que ele, ordinariamente, deveria produzir, além de desconstituir os já produzidos e exonera a Administração do dever de indenizar o contratado pelo que este houver executado até a data em que ela for declarada, em qualquer caso.

(E) Nos processos de licitação, poderá ser estabelecida margem de preferência para produtos manufaturados e para serviços nacionais que atendam a normas técnicas brasileiras. No caso de produtos manufaturados e serviços nacionais resultantes de desenvolvimento e inovação tecnológica realizados no País, poderá ser estabelecida margem de preferência adicional. As margens serão definidas pelo Poder Executivo federal, não podendo a soma delas ultrapassar o montante de 25% (vinte e cinco por cento) sobre o preço dos produtos manufaturados e serviços estrangeiros.

A: incorreta; a afirmativa erra no ponto em que diz que não há exceção ao princípio da publicidade, pois a Lei 8.666/1993 dispõe que há uma exceção, que é sigilo do conteúdo das propostas dos licitantes, até a abertura dos respectivos envelopes (art. 3º, § 3º); **B:** incorreta, pois é vedada a prorrogação do contrato de emergência (art. 24, IV, da Lei 8.666/1993); **C:** incorreta, pois, por exceção, "é permitida a participação do autor do projeto ou da empresa (...), na licitação de obra ou serviço, ou na execução, como consultor ou técnico, nas funções de fiscalização, supervisão ou gerenciamento, exclusivamente a serviço da Administração interessada"; repare que somente nas funções mencionadas, sempre a serviço da Administração, é que o autor do projeto poderá participar do contrato respectivo; **D:** incorreta, pois a Administração tem, sim, o dever de indenizar o contratado pelo que este houver executado até a data em que a nulidade tiver sido declarada (art. 59, parágrafo único, da Lei 8.666/1993); vale lembrar que esse dever só não existirá caso o contratado tiver agido de má-fé, tendo sido o causador da nulidade **E:** correta (art. 3º, §§ 5º, 7º e 8º, da Lei 8.666/1993). WG
Gabarito "E".

(Delegado/SC – 2008) Analise as alternativas a seguir e assinale a correta.

(A) Na licitação, ainda que não causem dano à Administração e aos licitantes, será anulado o procedimento licitatório por irregularidades formais na documentação ou na proposta, em virtude do princípio do procedimento formal.

(B) O contrato administrativo de fornecimento é sujeito à obrigatoriedade de procedimento licitatório prévio.

(C) O princípio licitatório da publicidade impõe que o julgamento das propostas seja um ato público.

(D) A licitação poderá ser dispensada a critério de conveniência e oportunidade do Administrador, independentemente de hipótese legal para tanto.

A: incorreta, pois a Lei 8.666/1993 não faz referência ao princípio do procedimento formal; por outro lado, a Lei 9.784/1999, que se aplica subsidiariamente (vide o seu art. 69), tem como princípio a adoção de formas simples, suficientes para dar segurança jurídica, o que revela conexão com o princípio da liberdade das formas; assim, problemas formais que não alterem o conteúdo da proposta e que estejam de acordo com a boa-fé e com o desenvolvimento normal dos trabalhos da licitação, podem ser regularizados, não sendo o caso de anular o procedimento licitatório; **B:** correta, pois como todo contrato administrativo, a regra é ter que se fazer licitação; **C:** incorreta (art. 3.º, § 3.º, da Lei 8.666/1993); **D:** incorreta, pois a contratação direta, ou seja, sem licitação, deve estar prevista na *lei* (art. 37, XXI, da CF). WG
Gabarito "B".

10.1.2. Contratação direta

(Delegado/PE – 2016 – CESPE) Com base nas regras e princípios relativos à licitação pública e aos contratos administrativos, assinale a opção correta.

(A) É inexigível a licitação para aquisição de materiais, equipamentos, ou gêneros de determinada marca, quando essa só possa ser fornecida por representante comercial exclusivo.

(B) Na contratação direta de serviço de engenharia por dispensa ou inexigibilidade de licitação, se o valor da contratação for inferior a R$ 150.000,00, o instrumento de contrato não será obrigatório.

(C) De acordo com a Lei 10.520/2002 (modalidade de licitação denominada pregão, para aquisição de bens e serviços comuns), se a licitação for feita na modalidade de pregão, será obrigatória a exigência de garantia de proposta para a aquisição de serviços comuns.

(D) Admite-se a participação de bolsas de mercadorias para o apoio técnico e operacional ao pregão, desde que sejam constituídas na forma de cooperativas.

(E) É dispensável a licitação para a contratação de instituição que promoverá a recuperação social de presos. Para esse fim, o poder público pode contratar pessoa jurídica com ou sem fim lucrativo, desde que a instituição seja de inquestionável reputação ético-profissional.

A: incorreta, pois o caso só seria de inexigibilidade caso não houvesse "preferência de marca" (art. 25, I, da Lei 8.666/1993); **B:** correta; o instrumento de contrato só é obrigatório nas dispensas e inexigibilidades que se encaixariam em casos de tomada de preços e concorrência (art. 62, *caput*, da Lei 8.666/1993); no caso em tela temos uma dispensa ou inexigibilidade que se enquadra num caso de convite, pois esta modalidade é usada para a contratação de serviços de engenharia de até R$ 150.000,00 (art. 23, I, "a", da Lei 8.666/1993); **C:** incorreta, pois na modalidade pregão é vedada a exigência de garantia de proposta (art. 5°, I, da Lei 10.520/2002); **D:** incorreta, pois nesse caso não se exige que tais bolsas sejam constituídas na forma de cooperativa, mas sim que estejam organizadas na forma de "sociedades civis sem fins lucrativos e com a participação plural de corretoras que operem sistemas eletrônicos unificados de pregões" (art. 2°, §§ 2° e 3°, da Lei 10.520/2002); **E:** incorreta, pois é necessário que a instituição não tenha fins lucrativos (art. 24, XIII, da Lei 8.666/1993). WG

Gabarito "B".

(Delegado/RO – 2014 – FUNCAB) Sobre licitações e contratos administrativos, é correto afirmar:

(A) O princípio da inalienabilidade que afeta os bens públicos é relativo, na medida que a alienação de bens imóveis da Administração Pública deve ser precedida de licitação em qualquer de suas modalidades.

(B) Salvo quando necessária a modificação do valor contratual em decorrência de acréscimo ou diminuição quantitativa de seu objeto, em havendo alteração unilateral do contrato que aumente os encargos do contratado, a Administração deverá restabelecer, por aditamento, o equilíbrio econômico-financeiro inicial.

(C) É dispensável a licitação quando houver inviabilidade de competição, sendo necessária a justificação da situação, mediante processo de dispensa em que se deve fazer presente, dentre outros elementos, a justificativa do preço.

(D) É dispensada a licitação para a alienação de bens móveis da Administração Pública quando se tratar de permuta entre órgãos ou entidades da administração.

(E) Nos termos do art. 65, da Lei 8.666/1993, a Administração pode alterar unilateralmente os contratos administrativos, desde que não haja modificação no projeto e nas especificações técnicas contratadas, caso em que se faz necessária nova licitação.

A: incorreta, pois há casos de licitação dispensada para a alienação de imóveis (art. 17, I, da Lei 8.666/1993); **B:** incorreta, pois a alternativa não poderia conter o "salvo quando necessária (...) de seu objetivo", já que nesse caso também prevalece a regra que determina o restabelecimento do equilíbrio contratual (art. 65, § 6°, da Lei 8.666/1993); **C:** incorreta, pois quando houver "inviabilidade de competição", o caso é de *inexigibilidade* de licitação (art. 25, *caput*, da Lei 8.666/1993), e não de *dispensa* de licitação; **D:** correta (art. 17, II, "b", da Lei 8.666/93); **E:** incorreta, pois a Administração pode alterar unilateralmente os contratos inclusive quando "houver modificação do projeto ou das especifica-

ções, para melhor adequação técnica aos seus objetivos" (art. 65, I, "a", da Lei 8.666/1993). WG

Gabarito "D".

(Delegado/SP – 2014 – VUNESP) Uma determinada empresa estatal veio a alienar imóvel público desafetado a entidade de serviço social autônomo e, para tanto, se valeu de hipótese legal de licitação dispensada prevista no art. 17, I, "e", da Lei 8.666/93 (venda a outro órgão ou entidade da administração pública, de qualquer esfera de governo). Partindo-se de tais pressupostos, é correto afirmar que essa venda é

(A) ilegal, pois a negociação não fora precedida por licitação na modalidade de leilão.

(B) ilegal, pois a negociação não fora precedida por licitação na modalidade tomada de preços.

(C) legal, porque os serviços sociais autônomos integram a Administração Pública indireta, fazendo jus à dispensa de licitação.

(D) ilegal, porque a hipótese de dispensa de licitação não se faz presente no caso.

(E) legal, porque havendo desafetação do patrimônio público, era permitido à estatal vendê-lo diretamente à entidade integrante do sistema "S" que presta serviço de interesse público.

A e B: incorretas, pois a regra é a utilização de concorrência (e não leilão) para a alienação de imóveis (art. 23, § 3°, da Lei 8.666/1993); **C e E:** incorretas, pois os serviços sociais autônomos não fazem parte da Administração Pública Indireta, tratando-se de pessoas jurídicas de direito privado não estatais, não incidindo a hipótese de dispensa de licitação mencionada; **D:** correta, pois como os serviços sociais autônomos não fazem parte da Administração Pública Indireta, tratando-se de pessoas jurídicas de direito privado não estatais, não incide a dispensa em questão. WG

Gabarito "D".

(Delegado/GO – 2009 – UEG) A Lei 8.666/93, que instituiu normas para licitação e contratos da Administração Pública, prevê regras acerca da contratação direta. Sobre esse tema, é CORRETO afirmar:

(A) tratando-se de autorização legal para contratar de forma direta, o administrador não está obrigado a justificar a razão da escolha daquele que será contratado.

(B) o administrador público, se quiser, poderá realizar processo licitatório tanto na licitação dispensável quanto na licitação dispensada.

(C) é possível contratação direta se ocorrer a situação denominada licitação deserta.

(D) é possível contratação direta no caso de ocorrência da chamada licitação fracassada.

A: incorreta, pois a contratação sem licitação depende do cumprimento dos requisitos previstos no art. 26, parágrafo único, da Lei 8.666/1993, que inclui o dever de justificar a razão da escolha daquele que será contratado; **B:** incorreta, pois a doutrina entende que na licitação dispensável (art. 24 da Lei 8.666/1993) o administrador tem discricionariedade para escolher se contrata com ou sem licitação, ao contrário do que ocorre na licitação dispensada (art. 17 da Lei 8.666/1993), em que o administrador, querendo contratar, é obrigado a fazê-lo sem licitação; aproveitando o ensejo, vale lembrar que, no que se refere à inexigibilidade, a doutrina entende que também não há discricionariedade para o administrador, pois, configurada uma situação prevista no art. 25 da Lei 8.666/1993, o administrador, querendo contratar, é obrigado a fazê-lo sem licitação, tendo em vista a inviabilidade de competição; **C:** correta, pois é dispensável a licitação "quando não acudirem interessados à licitação anterior e esta, justificadamente, não puder ser repetida sem prejuízo para a Administração, mantidas, neste caso, todas as condições preestabelecidas" (art. 24, V, da Lei 8.666/1993); **D:** incorreta, pois, no caso de licitação fracassada (em que apareceram interessados, mas todos foram desclassificados) a solução é outra, qual seja, "a administração poderá fixar aos licitantes o prazo de oito dias úteis para a apresentação de nova documentação ou de outras propostas escoimadas das causas referidas neste artigo, facultada, no caso de convite, a redução deste prazo para três dias úteis" (art. 48, § 3.°, da Lei 8.666/1993). WG

Gabarito "C".

(Delegado/SP – 1999) Quando não acudirem interessado à licitação anterior e esta, justificadamente, não puder ser repetida sem prejuízo para a Administração, mantidas, neste caso, todas as condições preestabelecidas, fala-se em licitação

(A) deserta.

(B) fracassada.

(C) imprópria.

(D) reservada.

A: correta, valendo ressaltar que tal situação enseja dispensa de licitação (art. 24, V, da Lei 8.666/1993); **B:** incorreta, pois licitação fracassada é aquela em que apareceram interessados, mas todos foram inabilitados ou desclassificados; **C** e **D:** incorretas, pois não existem essas formas de licitação. WG
Gabarito "A".

10.1.3. Modalidades de licitação

(Delegado/BA – 2016.1 – Inaz do Pará) Sobre as modalidades e tipos de licitação, é correto afirmar que:

(A) Concorrência é a modalidade de licitação que se faz pelo chamamento universal de quaisquer interessados que comprovem possuir os requisitos mínimos de qualificação exigidos no edital para execução do seu objeto.

(B) Convite é a modalidade de licitação entre interessados do ramo pertinente ao seu objeto, cadastrados ou não, escolhidos e convidados em número máximo de 03 (três) pela unidade administrativa.

(C) Tomada de preços é a modalidade de licitação destinada a aquisição de bens e serviços comuns, qualquer que seja o valor estimado da contratação.

(D) É facultado ao agente público realizar licitações simultâneas ou sucessivas que ensejem a mudança da modalidade licitatória pertinente.

(E) O pregão presencial é a modalidade de licitação em que a disputa é feita por meio da utilização de recursos de tecnologia da informação.

A: correta (art. 22, § 1º, da Lei 8.666/1993); **B:** incorreta, porque o convite deve ser feito para no *mínimo* três pessoas e não para no *máximo* três convidados (art. 22, § 3º, da Lei 8.666/1993); **C:** incorreta, pois essa regra diz respeito ao pregão (art. 1º, *caput*, da Lei 10.520/2002) e não tomada de preços, que, de um lado, não restringe seu objeto a bens e serviços comuns, mas, de outro lado, traz limitações em seu valor (art. 23, I, "b", e II, "b", da Lei 8.666/1993); **D:** incorreta, pois isso seria fraude à lei, sendo coibido também por regras como a do § 5º do art. 23 da Lei 8.666/1993; **E:** incorreta, pois nesse caso tem-se o chamado *pregão eletrônico.* WG
Gabarito "A".

(Delegado/RJ – 2013 – FUNCAB) Tem início a fase externa do pregão presencial com a convocação dos interessados e deverá observar, entre outras, a seguinte regra:

(A) A convocação dos interessados deverá ser efetuada por meio de intimação por via postal.

(B) Não havendo pelo menos três ofertas com preços até 10% superiores à oferta de valor mais baixo, deverá ser o objeto do pregão adjudicado ao licitante com o menor lance.

(C) O prazo fixado para a apresentação das propostas, contado a partir da publicação do aviso, não será inferior a 8 dias úteis.

(D) O acolhimento de recurso importará a invalidação do certame.

(E) Se o licitante vencedor, convocado dentro do prazo de validade da sua proposta, não celebrar o contrato no prazo, será excluído do certame, devendo reabrir-se o prazo para apresentação de propostas, por parte dos demais licitantes.

A: incorreta, pois a convocação se dará por meio de publicação de aviso em diário oficial ou, não existindo, em jornal de circulação local, e facultativamente, por meios eletrônicos e conforme o vulto da licitação, em jornal de grande circulação, nos termos de regulamento (art. 4º, I, da Lei 10.520/2002); **B:** incorreta, pois, nesse caso, passa-se à fase de lances verbais com os licitantes que tiverem as três melhores ofertas, mesmo que as propostas acima do primeiro classificado sejam superiores em 10% à proposta deste (art. 4º, IX, da Lei 10.520/02); **C:** correta (art. 4º, V, da Lei 10.520/2002); **D:** incorreta, pois o acolhimento do recurso simplesmente corrigirá o que foi pedido pelo recorrente, o que não significa que se invalidará todo o certame; **E:** incorreta, pois, nesse caso, o pregoeiro examinará as ofertas subsequentes e a qualificação dos licitantes, na ordem de classificação, e assim sucessivamente, até a apuração de uma que atende ao edital, sendo o respectivo licitante declarado vencedor (art. 4º, XVI, da Lei 10.520/2002). WG
Gabarito "C".

(Delegado Federal – 2013 – CESPE) Julgue o seguinte item.

(1) O pregão, modalidade de licitação para aquisição de bens e serviços comuns, independentemente do valor estimado da contratação, aplica-se tanto aos órgãos da administração direta quanto às entidades integrantes da administração indireta, inclusive aos fundos especiais.

1: correta, nos termos da conjugação do art. 9º da Lei 10.520/2002 com o art. 1º, parágrafo único, da Lei 8.666/1993. WG
Gabarito 1C.

(Delegado/AP – 2010) Após a devida publicação do aviso contendo o resumo do edital de uma licitação na modalidade concorrência, do tipo técnica e preço, o administrador público estadual poderá realizar o certame, de acordo com a Lei Federal 8.666/1993, no prazo de:

(A) 8 (oito) dias úteis.

(B) 10 (dez) dias.

(C) 15 (quinze) dias.

(D) 30 (trinta) dias.

(E) 60 (sessenta) dias.

Segundo o art. 21, § 2.º, I, *b*, da Lei 8.666/1993, o *prazo mínimo* entre a publicação do aviso e o recebimento da proposta é de 45 dias. Sendo assim, apenas o prazo previsto na alternativa "E" atende ao mínimo de 45 dias estabelecido na lei. WG
Gabarito "E".

(Delegado/SP – 2011) Ampla publicidade e universalidade são características ínsitas à seguinte modalidade de licitação:

(A) Convite

(B) Concorrência

(C) Tomada de Preços

(D) Leilão

(E) Concurso

Trata-se da concorrência, pois, nesta, por envolver contratações relevantes (exemplo: concessões) e de valor alto, reclama maior publicidade, bem como acesso ao maior número de interessados, sendo que o princípio da universalidade quer dizer que não é necessário o interessado estar previamente cadastrado para participar de uma concorrência, diferentemente do que acontece com a tomada de preços. Nesta, a habilitação é prévia, restringindo a participação de quem não está previamente cadastrado. Naquela, a habilitação é preliminar, permitindo que qualquer pessoa participe do certame (universalidade), com análise, no início deste, das condições de habilitação. WG
Gabarito "B".

10.1.4. Fases da licitação

(Delegado/GO – 2017 – CESPE) Determinado órgão público pretende dar publicidade a um instrumento convocatório com objetivo de comprar armas de fogo do tipo pistola, de calibre 380, usualmente vendidas no mercado brasileiro. O valor orçado da aquisição dos produtos é de R$ 700.000.

Nessa situação, a compra poderá ser efetuada mediante licitação na modalidade

(A) tomada de preço do tipo técnica e preço.

(B) concorrência do tipo melhor técnica.

(C) concorrência do tipo técnica e preço.

(D) pregão do tipo menor preço.

(E) tomada de preços do tipo menor preço.

Lei 10.520/2002, art. 1º Para aquisição de bens e serviços comuns, poderá ser adotada a licitação na modalidade de pregão, que será regida por esta Lei. Parágrafo único. Consideram-se bens e serviços comuns, para os fins e efeitos deste artigo, aqueles cujos padrões de desempenho e qualidade possam ser objetivamente definidos pelo edital, por meio de especificações usuais no mercado. FMB
Gabarito "D".

10.1.5. Tipos de licitação

(Delegado/MT – 2017 – CESPE) Configura hipótese de inexigibilidade de licitação a

(A) prestação de serviço de natureza singular para a divulgação de campanha educacional dirigida à população.

(B) aquisição de serviço de informática prestado por empresa pública que tenha sido criada para esse fim específico.

(C) aquisição de gêneros perecíveis, enquanto durar o processo licitatório correspondente, desde que realizada com base no preço do dia.

(D) aquisição de armamento de determinada marca, desde que justificada a escolha por motivos de segurança pública.

(E) contratação, por intermédio de empresário exclusivo, de cantor consagrado pela crítica especializada.

Lei 8.666/1993, art. 25. É inexigível a licitação quando houver inviabilidade de competição, em especial: III – para contratação de profissional de qualquer setor artístico, diretamente ou através de empresário exclusivo, desde que consagrado pela crítica especializada ou pela opinião pública. FMB
Gabarito "E".

(Delegado/RJ – 2009 – CEPERJ) Os tipos de licitação melhor técnica e técnica e preço devem ser utilizados quando:

(A) O valor da contratação for superior a R$ 600.000,00 (seiscentos mil reais).

(B) Os serviços apresentarem natureza predominantemente intelectual.

(C) A licitação for internacional.

(D) For adotada a modalidade tomada de preços.

(E) Houver comprometimento da segurança nacional.

Art. 46 da Lei 8.666/1993. WG
Gabarito "B".

10.1.6. Sanções administrativas

(Delegado/ES – 2019 – Instituto Acesso) Conforme prescrições constantes na Lei 8.666, de 21 de junho de 1993, ao contratado pela Administração Pública que não executa, de maneira total ou parcial, aquilo que fora acordado, pode vir a ter como sanção

(A) a exclusão de qualquer participação em licitação e impedimento de contratar com a Administração pelos próximos 5 (cinco) anos.

(B) a declaração de inidoneidade para licitar ou contratar com a Administração Pública, enquanto perdurarem os motivos determinantes da punição, ou até que seja promovida a reabilitação perante a própria autoridade que aplicou a penalidade, que será concedida sempre que o contratado ressarcir a Administração pelos prejuízos resultantes e após decorrido o prazo da sanção aplicada.

(C) a suspensão temporária de participação em licitação e impedimento de contratar com a Administração, por prazo não superior a 5 (cinco) anos.

(D) a declaração de inidoneidade para licitar ou contratar com a Administração Pública pelo prazo de 5 (cinco) anos ou até que seja promovida a reabilitação perante a própria autoridade que aplicou a penalidade, que será concedida sempre que o contratado ressarcir a Administração pelos prejuízos resultantes e após decorrido o prazo da sanção aplicada.

(E) a suspensão temporária de participação em licitação e impedimento de contratar com a Administração, por prazo não superior a 3 (três) anos.

A inexecução total ou parcial do contrato acarreta a aplicação de sanções pela Administração. As penas aplicáveis estão previstas no art. 87 da Lei 8.666/1993. São elas: (i) advertência; (ii) multa; (iii) suspensão temporária de participação em licitação e impedimento de contratar com a Administração, por prazo não superior a 2 (dois) anos (incorretas as alternativas A, C e D, que indicam prazos diversos); (iv) declaração de inidoneidade para licitar ou contratar com a Administração Pública, enquanto perdurarem os motivos determinantes da punição, ou até que seja promovida a reabilitação perante a própria autoridade que aplicou a penalidade. A reabilitação representa o ressarcimento à Administração pelos prejuízos resultantes, podendo ser requerida após 2 (dois) anos da aplicação da sanção. RB
Gabarito "B".

(Delegado/SP – 1999) A declaração de inidoneidade imposta a um licitante pelo Secretário da Segurança Pública do Estado de São Paulo produz efeitos em relação aos órgãos

(A) estaduais, apenas.

(B) estaduais e municipais, apenas.

(C) federais, estaduais, distritais e municipais.

(D) públicos em geral, exceto os autárquicos e paraestatais.

Os efeitos atingem toda a Administração Pública (art. 87, IV, da Lei 8.666/1993), que, por definição (art. 6.º, XI, da Lei 8.666/1993), abrange a administração da União, dos Estados, do Distrito Federal e dos Municípios. WG
Gabarito "C".

10.2. Contrato administrativo

10.2.1. Cláusulas exorbitantes e temas gerais

(Delegado/RS – 2018 – FUNDATEC) A respeito do regime jurídico das licitações e contratos administrativos, analise as seguintes assertivas:

I. Em homenagem ao princípio da supremacia do interesse público sobre o privado, vetor dos contratos administrativos, as cláusulas econômico-financeiras e monetárias poderão ser alteradas independentemente de prévia concordância do contratado.

II. Os contratos administrativos se distinguem dos contratos privados celebrados pela Administração Pública pelo fato de assegurarem a esta certos poderes ou prerrogativas que a colocam em posição de superioridade diante do particular contratado, a fim de que o interesse público seja preservado.

III. A existência de certo bem, de natureza singular, cuja aquisição se apresenta como a única capaz de satisfazer de maneira plena determinada necessidade ou utilidade pública da Administração, justifica a contratação direta mediante dispensa de licitação.

Quais estão corretas?

(A) Apenas I.

(B) Apenas II.

(C) Apenas I e II.

(D) Apenas I e III.

(E) Apenas II e III.

O item I está incorreto (a prerrogativa de alteração unilateral dos contratos administrativos apresenta limites, não podendo incidir diretamente sobre as cláusulas econômico-financeiras, mas sim sobre as cláusulas regulamentares ou de serviço, ou seja, aquelas que versam sobre o objeto do contrato ou forma de sua execução); item II correto (a característica dos contratos administrativos é a possibilidade de manuseio de poderes ou prerrogativas); item III incorreto (a singularidade do bem justifica a contratação direta mediante inexigibilidade, e não dispensa; trata-se de hipótese prevista no art. 25, I, da Lei 8.666/1993). RB
Gabarito "B".

(Delegado/RJ – 2013 – FUNCAB) Considere as seguintes afirmações acerca da disciplina dos contratos administrativos.

I. A principal distinção entre os contratos e os convênios administrativos reside no fato de que os convênios se caracterizam pela comunhão de interesses dos convenentes, enquanto os contratos se caracterizam pela contraposição dos interesses do contratante e do contratado.

II. São características dos contratos administrativos, dentre outras, a instabilidade, o desequilíbrio, a comutatividade e o formalismo.

III. Tanto as cláusulas regulamentares (de serviço), quanto as cláusulas econômicas (financeiras) dos contratos administrativos podem ser alteradas unilateralmente pela Administração Pública, desde que respeitados os limites estabelecidos pela Lei 8.666/1993.

IV. De acordo com o entendimento adotado pelo Tribunal de Contas da União (TCU), os limites percentualmente estabelecidos na Lei 8.666/1993 para a alteração unilateral dos contratos administrativos aplicam-se apenas às alterações quantitativas, estando as alterações qualitativas limitadas apenas pela impossibilidade de descaracterização do objeto contratual.

A análise do conteúdo de tais afirmações evidencia que:

(A) Estão corretas as afirmativas II, III e IV e incorreta a afirmativa I.

(B) Estão corretas as afirmativas I, II e III, e incorreta a afirmativa IV.

(C) Estão corretas as afirmativas I e IV, e incorretas as afirmativas II e III.

(D) Estão corretas as afirmativas II e IV, e incorretas as afirmativas I e III.

(E) Estão corretas as afirmativas I e II, e incorretas as afirmativas III e IV.

I: correta; não se deve confundir convênio com contrato administrativo; neste há obrigações recíprocas (um quer uma coisa ou serviço e o outro quer uma remuneração em dinheiro), ao passo que naquele há interesses comuns (os convenentes

6. DIREITO ADMINISTRATIVO

querem desenvolver um projeto comum, dividindo tarefas), estabelecendo-se uma parceria para unir esforços no cumprimento desse interesse comum; no primeiro, não há fim lucrativo, ao passo que no segundo há; no convênio, como não há reciprocidade de obrigações, cabe denúncia unilateral por qualquer dos partícipes, na forma prevista no ajuste; **II**: correta; a instabilidade decorre do fato de que a Administração pode rescindi-los, unilateralmente (art. 58, II, da Lei 8.666/1993); o desequilíbrio decorre das cláusulas exorbitantes existentes em favor da Administração (art. 58), que, assim, está em posição de suprema-cia; a comutatividade decorre do fato de que há equilíbrio nas prestações (não nas prerrogativas, mas nas prestações de cada um), sendo que esse equilíbrio econômico-financeiro deve ser mantido até o final do contrato (art. 58, §§ 1° e 2°, da Lei 8.666/1993); e o formalismo decorre das rigorosas regras de formali-zação do contrato administrativo, a começar pela regra geral que dispõe que este deve ser escrito (art. 60, parágrafo único, da Lei 8.666/1993); **III**: incorreta, pois essa regra vale para as cláusulas regulamentares (art. 58, I, da Lei 8.666/1993), mas não vale para as cláusulas econômicas (art. 58, § 1°, da Lei 8.666/93); **IV**: incorreta, pois o TCU entende que não só as alterações unilaterais quantitativas, como também as qualitativas devem respeitar os limites preestabelecidos nos §§ 1° e 2° do art. 65 da Lei 8.666/93 (Decisão TCU n. 215/99, Plenário). **WG**
Gabarito "E".

(Delegado/SP – 2014 – VUNESP) Poder Público firma com entidades públicas ou privadas uma associação visando ao atingimento de interesses comuns, caracterizado o ajuste de vontades por (i) interesses não conflitantes; (ii) mútua colaboração entre os partícipes do acordo; (iii) pagamentos voltados integralmente para a consecução do objetivo expresso no instrumento e não como remuneração. Trata-se de

(A) concessão.
(B) consórcio.
(C) consórcio público.
(D) convênio.
(E) parceria público-privada.

Trata-se do conceito de convênio com entidade assistencial, que agora tem regulamentação nova (Lei 13.019/2014), que aboliu o termo convênio para essa relação, que passa a ter o nome de termo de colaboração ou termo de fomento, sendo que a expressão convênio só poderá ser usada agora para acertos entre entes políticos. **WG**
Gabarito "D".

10.2.2. Alterações contratuais

(Delegado/AP – 2017 – FCC) Realizada a contratação de obras de constru-ção de um viaduto pela Administração municipal, regida pela Lei n. 8.666/1993, adveio, no curso da execução do contrato, a necessidade da contratada executar alguns serviços e utilizar técnicas que não estavam originalmente descritos, em decorrência de intercorrências que surgiram quando do início das perfurações. Alega a contratada que faria jus ao recebimento de correspondente remuneração pelo acréscimo de serviços e despesas, em relação ao que a contratante

(A) deve discordar, tendo em vista que as alterações ocorridas estão inseridas no risco do contrato, cuja repartição foi obrigatoriamente prevista na matriz que integrou o instrumento original.
(B) deve discordar no caso de conseguir demonstrar que o valor do reajuste contratual será suficiente para cobrir as novas despesas, afastando a caracterização de prejuízo por parte da contratada.
(C) pode concordar com o aditamento contratual para majoração quantitativa do contrato, em razão do acréscimo do valor, limitado ao percentual de 50%, parâmetro incidente para os casos de consenso entre as partes.
(D) deve concordar com o reequilíbrio econômico-financeiro do con-trato, limitado a 25% de acréscimo do valor original do contrato, percentual que incide sobre qualquer majoração contratual em desfavor do poder público.
(E) pode concordar com o estabelecimento de ressarcimento corres-pondente, diante da imprevisibilidade, caso fique conclusivamente comprovada a ocorrência de desequilíbrio econômico-financeiro em razão dos serviços executados.

Lei 8.666/1993, art. 65. Os contratos regidos por esta Lei poderão ser alterados, com as devidas justificativas, nos seguintes casos: II – por acordo das partes: d) para restabelecer a relação que as partes pactuaram inicialmente entre os encargos do contratado e a retribuição da administração para a justa remuneração da obra, serviço ou fornecimento, objetivando a manutenção do equilíbrio econômico-financeiro inicial do contrato, na hipótese de sobrevirem fatos imprevisíveis, ou previsíveis porém de consequências incalculáveis, retardadores ou impeditivos da execução do ajustado, ou, ainda, em caso de força maior, caso fortuito ou fato do príncipe, configurando álea econômica extraordinária e extracontratual. **FMB**
Gabarito "E".

10.2.3. Execução do contrato

(Delegado/MT – 2017 – CESPE) O delegado de polícia de determinado município

solicitou o aditamento do valor, a ampliação do objeto e a prorrogação de contrato administrativo regulado pela Lei de Licitações e Contratos que tem por objeto a prestação de serviços educacionais a serem executados de forma contínua: curso de língua inglesa ministrado aos policiais lotados na sua delegacia.

Nessa situação hipotética,

(A) a possibilidade de prorrogação do contrato administrativo depen-derá de seu tempo de vigência.
(B) se a vigência do contrato estiver encerrada, a sua prorrogação, nos termos requeridos pelo delegado de polícia, será considerada um novo contrato.
(C) se ficar comprovada a economicidade, a ampliação do objeto poderá incluir outras línguas estrangeiras.
(D) ficará dispensada a análise de condições mais vantajosas do ponto de vista econômico, por já ter sido feita essa análise na etapa da licitação.
(E) se o aditamento do valor ultrapassar o limite legal, o contrato de prestação de serviços será considerado um novo contrato.

Lei 8.666/1993, art. 57, II – à prestação de serviços a serem executados de forma contínua, que poderão ter a sua duração prorrogada por iguais e suces-sivos períodos com vistas à obtenção de preços e condições mais vantajosas para a administração, limitada a sessenta meses; § 1° Os prazos de início de etapas de execução, de conclusão e de entrega admitem prorrogação, mantidas as demais cláusulas do contrato e assegurada a manutenção de seu equilíbrio econômico-financeiro, desde que ocorra algum dos seguintes motivos, devida-mente autuados em processo: I – alteração do projeto ou especificações, pela Administração. **FMB**
Gabarito "A".

(Delegado/SP – 2014 – VUNESP) A respeito do contrato administrativo, é correto afirmar que

(A) uma vez executado, seu objeto será recebido pela Administração em duas etapas, sendo uma provisória e outra definitiva.
(B) cabe à Administração fiscalizar eventual inadimplência do contra-tado com referência a eventuais encargos trabalhistas, fiscais e comerciais, sob pena de ter transferido a si o aludido passivo com consequências na regularização e uso das obras e edificações, inclusive perante o Registro de Imóveis.
(C) a Administração pública responde subsidiariamente com o con-tratado pelos encargos previdenciários resultantes da execução do contrato.
(D) a Administração não poderá rejeitar parcialmente determinada obra, serviço ou fornecimento executados em desacordo com o contrato.
(E) a lei veda à Administração que mantenha o contrato com empresa cuja concordata for decretada.

A: correta (art. 73, I, "a" e "b", e II, "a" e "b", da Lei 8.666/1993); **B:** incorreta, pois, segundo o art. 70 da Lei 8.666/1993, "o contratado é responsável pelos danos causados diretamente à Administração ou a terceiros, decorrentes de sua culpa ou dolo na execução do contrato, *não excluindo ou reduzindo* essa responsabilidade a fiscalização ou o acompanhamento pelo órgão interessado" (g.n.); ademais, segundo o art. 71, § 1°, também da Lei 8.666/1993, "a inadimplência do contratado, com referência aos encargos trabalhistas, fiscais e comerciais não transfere à Administração Pública a responsabilidade por seu pagamento, nem poderá onerar o objeto do contrato ou restringir a regularização e o uso das obras e edificações, inclusive perante o Registro de Imóveis"; **C:** incorreta, pois, no caso de encargos previdenciários resultantes da execução do contrato, a administração pública responde solidariamente com o contratado (art. 71, § 1°, da Lei 8.666/1993); **D:** incorreta, pois o art. 76 da Lei 8.666/1993 admite que a Administração rejeite no todo ou em parte obra, serviço ou fornecimento executado em desacordo com o contrato; **E:** incorreta, pois o art. 80, § 2°, da Lei 8.666/1993 admite que a Admi-nistração, no caso de concordata do contratado, mantenha o contrato ou assuma o controle de determinadas atividades de serviços essenciais. **WG**
Gabarito "A".

WANDER GARCIA, FLÁVIA BARROS E RODRIGO BORDALO

(Delegado/RJ – 2013 – FUNCAB) Acerca dos contratos administrativos, assinale a alternativa INCORRETA.

(A) As Constituições Estaduais não podem condicionar a celebração de contratos da Administração à prévia autorização do Poder Legislativo, quando a Constituição Federal não o fizer.

(B) Em razão do regime jurídico de direito público que regula os contratos administrativos, a Administração desfrutará de posição de supremacia em relação ao particular contratado.

(C) Enquanto no contrato administrativo os interesses dos contratantes são opostos e diversos, no convênio administrativo, os interesses são paralelos e comuns, tendo como elemento fundamental a cooperação e não o lucro.

(D) A Administração é subsidiariamente responsável pelos encargos trabalhistas da contratada quando esta for inadimplente, contudo, não poderá haver oneração do objeto do contrato.

(E) A Administração pode obrigar o contratado a aceitar, nas mesmas condições, acréscimos ou supressões em obras, serviços ou compras até 25% do valor originário do contrato, ou até 50% de acréscimo, no caso de reforma de edifício ou equipamento.

A: assertiva correta, pois está de acordo com o princípio da independência e separação dos poderes; **B:** assertiva correta; essa posição de supremacia da Administração pode ser depreendida do art. 58 da Lei 8.666/1993, que estabelece cláusulas exorbitantes em seu favor; **C:** assertiva correta; não se deve confundir convênio com contrato administrativo. Neste há obrigações recíprocas (um quer uma coisa ou serviço e o outro quer uma remuneração em dinheiro), ao passo que naquele há interesses comuns (os convenentes querem desenvolver um projeto comum, dividindo tarefas), estabelecendo-se uma parceria para unir esforços no cumprimento desse interesse comum. No primeiro, não há fim lucrativo, ao passo que no segundo há. No convênio, como não há reciprocidade de obrigações, cabe denúncia unilateral por qualquer dos partícipes, na forma prevista no ajuste; **D:** assertiva incorreta, devendo ser assinalada; a inadimplência do contratado não transfere à Administração a responsabilidade por débitos trabalhistas (art. 71, § 1º, da Lei 8.666/1993) **E:** assertiva correta (art. 65, § 1º, da Lei 8.666/1993). [WG]
Gabarito "D".

10.2.4. Extinção do contrato

(Delegado Federal – 2013 – CESPE) Julgue o seguinte item.

(1) Considere que uma empresa vencedora de certame licitatório subcontrate, com terceiro, o objeto do contrato firmado com a administração pública, apesar de não haver previsão expressa para tanto no edital ou no contrato. Nessa situação, caso o contrato seja prestado dentro do prazo estipulado e com estrita observância aos critérios de qualidade impostos contratualmente, não poderá a administração rescindir o contrato unilateralmente, visto que não se configura hipótese de prejuízo ou descumprimento de cláusulas contratuais.

1: incorreta, pois a subcontratação total ou parcial do objeto contratado constitui motivo para rescisão do contrato (art. 78, VI, da Lei 8.666/1993). [WG]
Gabarito 1E

(Delegado/AP – 2010) A Administração Pública, diante de uma rescisão de contrato administrativo, por culpa do contratado, retém os créditos decorrentes do contrato até os limites dos prejuízos causados. Nessa situação, a retenção dos créditos é de natureza:

(A) satisfativa.

(B) coercitiva.

(C) acautelatória.

(D) restituitória.

(E) judicial.

Art. 80, IV, da Lei 8.666/1993. Trata-se, pois, de providência acautelatória, uma vez que a ideia é garantir recursos para o ressarcimento dos prejuízos causados. [WG]
Gabarito "C".

(Delegado/PB – 2009 – CESPE) O Estado da Paraíba firmou contrato de prestação de serviços continuados de limpeza com determinada pessoa jurídica, no valor de R$ 10.000.000,00 por ano. Ao longo do cumprimento desse contrato, verificou-se que a contratada não estaria recolhendo as contribuições sociais incidentes sobre a folha de salários, motivo pelo qual foi-lhe negada a certidão negativa de débitos previdenciários. Além disso, o estado da Paraíba houve por bem aumentar o número de pessoas para prestar os serviços de limpeza, o que ensejou uma majoração de R$ 2.400.000,00 por ano. Quanto à Lei 8.666/1993, e considerando o texto hipotético apresentado, assinale a opção correta.

(A) Esse contrato pode ser prorrogado por iguais e sucessivos períodos com vistas à obtenção de preços e condições mais vantajosas para a administração, limitado a sessenta meses. No entanto, esse prazo máximo poderá ainda ser ultrapassado em até doze meses, desde que em caráter excepcional, devidamente justificado e mediante autorização da autoridade superior.

(B) A exigência de regularidade fiscal deve ser observada no momento da contratação, mas a eventual ausência da certidão negativa de débito ao longo do contrato, conforme entendimento do STJ, autoriza apenas a retenção das parcelas devidas pela administração.

(C) A contratada não está obrigada a cumprir esse contrato, em face da sua alteração unilateral.

(D) Mesmo considerando que a contratada seja uma organização social e que o contrato de prestação de serviço seja decorrente do contrato de gestão, é necessário que tenha havido, previamente ao contrato, licitação.

(E) De acordo com o valor do contrato, as modalidades de licitação cabíveis à espécie são a concorrência ou a tomada de preço.

A: correta (art. 57, II e § 4.º, da Lei 8.666/1993); **B:** incorreta, pois a eventual ausência de certidão negativa *ao longo do contrato* não autoriza a retenção do pagamento, por não haver previsão legal nesse sentido. O STJ entende que a retenção, então, é indevida, sem prejuízo de se instaurar processo administrativo para a rescisão do contrato, por descumprimento de cláusula contratual por parte do contratado; **C:** incorreta, pois a alteração contratual está dentro do limite de 25% para os acréscimos quantitativos no valor do contrato (art. 65, § 1.º, da Lei 8.666/1993); **D:** incorreta, pois o caso transcrito enseja *dispensa* de licitação (art. 24, XXIV, da Lei 8.666/1993); **E:** incorreta, pois para a aquisição de *serviços comuns* (serviços com especificações no mercado), como é o caso do de limpeza, cabe também o pregão, seja qual for o valor do contrato, nos termos do art. 1.º da Lei 10.520/2002. [WG]
Gabarito "A".

11. SERVIÇO PÚBLICO, CONCESSÃO E PPP

11.1. Serviço público

(Delegado/MS – 2017 – FAPEMS) À luz da legislação em vigor e da jurisprudência dos tribunais superiores, acerca do serviço público e dos contratos administrativos, assinale a alternativa correta.

(A) Aplica-se aos contratos administrativos o instituto da *exceptio non adimpjeti contractus* tal qual aplicável no Direito Civil.

(B) Diante de situação motivada por razões de ordem técnica, ainda que não emergencial, é possível a interrupção do serviço público, dispensado, neste caso, o prévio aviso.

(C) A divulgação da suspensão no fornecimento de serviço de energia elétrica por meio de emissoras de rádio, dias antes da interrupção, satisfaz a exigência de aviso prévio.

(D) O exercício do direito de greve exercido por policiais civis é hipótese cabível de descontinuidade da execução de serviço público por eles executado.

(E) Reversão é o instituto por meio do qual a Administração Pública poderá por fim a uma delegação de serviço público por ela transferido a outrem, por razões de interesse público.

A: incorreta. Não se aplica, uma vez que a própria Lei 8.666/1993, art. 78, XV, prevê a impossibilidade de descumprimento do contrato, até 90 dias de inadimplência pela Administração Publica, ainda que o prazo de pagamento contratual seja inferior. **B:** incorreta. Fere o princípio da continuidade do serviço público, também conhecido como princípio da permanência. **C:** correta. Lei 8.987/1995, art. 6º Toda concessão ou permissão pressupõe a prestação de serviço adequado ao pleno atendimento dos usuários, conforme estabelecido nesta Lei, nas normas pertinentes e no respectivo contrato. § 3º Não se caracteriza como descontinuidade do serviço a sua interrupção em situação de emergência ou após prévio aviso, quando: I – motivada por razões de ordem técnica ou de segurança das instalações; e, II – por inadimplemento do usuário, considerado o interesse da coletividade. e ainda Informativo 598 do STJ, que aduz: "É válida a interrupção do serviço público por razões de ordem técnica se houve prévio aviso por meio da rádio"**D:** incorreta. O atual entendimento da Suprema Corte garante, de um lado, a efetividade do direito de greve dos servidores estatutários, e, de outro lado, a continuidade dos serviços públicos por meio da aplicação analógica do art. 11 da Lei nº 7.783/1989, que exige a prestação dos serviços indispensáveis

6. DIREITO ADMINISTRATIVO

ao atendimento das necessidades inadiáveis da comunidade durante a greve. **E:** incorreta.A assertiva definiu a emcampação, sendo a Reversão e uma das formas previstas de provimento em cargo público. Lei 8.112/1990, art. 8º. **FMB**
Gabarito "C".

(Delegado/AP – 2017 – FCC) Em uma área de expansão urbana determinado Município está providenciando a instalação de equipamentos públicos, a fim de que o crescimento populacional se dê de forma ordenada e sustentável. Durante a construção de uma unidade escolar, apurou-se que não seria possível executar a solução de esgoto originalmente idealizada, que contempla um emissário de esgoto, mostrando-se necessária a identificação de outra alternativa pela Administração pública. Dentre as possíveis, pode o Município em questão

(A) promover, demonstrada a viabilidade técnica, a instalação de emissário de esgoto para ligação com o sistema já existente, utilizando-se, para tanto, da instituição de uma servidão administrativa.

(B) realizar uma licitação específica para elaboração e execução de projeto de instalação do emissário de esgoto, independentemente do valor, dado seu caráter emergencial.

(C) lançar mão da requisição administrativa, para imediata imissão na posse do terreno necessário para implementação das obras, diferindo-se a indenização devida.

(D) desapropriar judicialmente a faixa de terreno necessária à implementação do emissário de esgoto, tendo em vista que o ajuizamento da ação já autoriza a imissão na posse do terreno objeto da demanda.

(E) instituir uma servidão de passagem, sob o regime do código civil, tendo em vista que dispensa a anuência do dono do terreno e de prévia indenização, apurando-se o valor devido após a instalação do equipamento, que indicará o nível de restrição ao uso da propriedade.

Trata-se de exemplo típico de utilização de servidão administrativa e nesse sentido Maria Sylvia Zanella di Pietro conceitua servidão administrativa como sendo "o direito real de gozo, de natureza pública, instituído sobre imóvel de propriedade alheia, com base em lei, por entidade pública ou por seus delegados, em face de um serviço público ou de um bem afetado a fim de utilidade pública". **FMB**
Gabarito "A".

(Delegado/RN – 2009 – CESPE) Acerca dos serviços públicos que devem ser prestados pelo Estado e das normas que regem as licitações, assinale a opção correta.

(A) Quanto ao objeto, os serviços públicos serão administrativos, executados pelo Estado para atender necessidades coletivas de ordem econômica, e industriais, que se destinam a atender as próprias necessidades da administração.

(B) Quanto à exclusividade da titularidade, os serviços públicos serão *uti universi*, de utilização coletiva e imensurável, e *uti singuli*, de utilização particular e mensurável.

(C) Se a administração pública deixar de efetuar os pagamentos devidos por mais de noventa dias, pode o particular contratado, licitamente, suspender a execução do contrato, com fundamento na cláusula *exceptio non adimpleti contractus*.

(D) Quanto à utilização, os serviços públicos serão privativos, prestados em regime de monopólio pelo Estado, e não privativos, prestados pelo Estado ou por entidade particular.

(E) É dispensável a licitação quando houver inviabilidade de competição, especialmente para a aquisição de materiais, equipamentos ou gêneros que só possam ser fornecidos por representante comercial exclusivo.

A: incorreta, pois houve inversão das definições de serviços administrativos e serviços industriais; **B:** incorreta, pois a classificação dos serviços nas espécies mencionadas tem como critério a situação dos destinatários do serviço, e não dos titulares deste; **C:** correta (art. 78, XV, da Lei 8.666/1993); **D:** incorreta, pois é quanto à essencialidade que os serviços são divididos nas espécies mencionadas; **E:** incorreta, pois esse caso é inexigibilidade de licitação (art. 25, I, da Lei 8.666/1993), e não de dispensa de licitação. **WG**
Gabarito "C".

(Delegado/PA – 2009 – MOVENS) Considerando que os serviços públicos são classificados de acordo com os critérios de essencialidade, adequação, finalidade e destinatários, assinale a opção que apresenta o serviço correspondente à atividade policial civil.

(A) Administrativo.

(B) De utilidade pública.

(C) Impróprio do Estado.

(D) *Uti universi*.

A: incorreta; nessa questão iremos usar a classificação de Hely Lopes Meirelles, que foi a usada para a idealização do problema; quanto à *finalidade*, os serviços públicos podem ser *administrativos* ou *industriais*; os serviços administrativos são os executados para atender a necessidades internas da administração ou para preparar outros que serão prestados ao público (exemplo: imprensa oficial), ao passo que os serviços industriais são os que produzem renda para quem os presta, mediante pagamento de tarifa ou preço público; assim, o serviço atinente à atividade policial não se encaixa nessa classificação; **B:** incorreta; quanto à *essencialidade*, os serviços podem ser *serviços públicos* ou *serviços de utilidade pública*; os serviços públicos propriamente ditos são os que, por sua essencialidade, são considerados privativos do Poder Público, de modo que a atividade policial civil se encaixa nele; já os serviços de utilidade pública são os que, dada a sua *conveniência* (e não sua *essencialidade*) para os membros da coletividade, podem ser prestados pela Administração ou por terceiros, mediante concessão ou permissão de serviço público (exemplo: transporte coletivo), de modo que a atividade policial não se encaixa nos serviços de utilidade pública, pois não pode ser objeto de concessão ou permissão; **C:** incorreta; pois os serviços *próprios do Estado* equivalem aos *serviços públicos propriamente* ditos e os serviços *impróprios do Estado* equivalem aos *serviços de utilidade pública*, de maneira que a atividade policial civil não é um serviço impróprio do Estado, mas um serviço próprio deste; **D:** correta; quanto aos *destinatários* os serviços podem ser *uti universi* ou *uti singuli*; os serviços *uti universi* são aqueles gerais, com usuários indeterminados (exemplo: atividade policial), ao passo que os serviços *uti singuli* são os individuais, com usuários determinados e divisibilidade (exemplo: fornecimento de água, energia elétrica e telefonia), o que permite a cobrança de contraprestação do usuário do serviço, por taxa ou preço público, a depender da compulsoriedade ou não do serviço. **WG**
Gabarito "D".

11.2. Concessão de serviço público

(Delegado/AP – 2017 – FCC) Uma autarquia municipal criada para prestação de serviços de abastecimento de água

(A) deve obrigatoriamente ter sido instituída por lei e recebido a titularidade do serviço público em questão, o que autoriza a celebração de contrato de concessão à iniciativa privada ou a contratação de consórcio público para delegação da execução do referido serviço.

(B) integra a estrutura da Administração pública indireta municipal e portanto não se submete a todas as normas que regem a administração pública direta, sendo permitido a flexibilização do regime publicista para fins de viabilizar a aplicação do princípio da eficiência.

(C) submete-se ao regime jurídico de direito privado caso venha a celebrar contrato de concessão de serviço público com a Administração pública municipal, ficando suspensa, durante a vigência da avença, a incidência das normas de direito público, a fim de preservar a igualdade na concorrência.

(D) pode ser criada por decreto, mas a delegação da prestação do serviço público prescinde de prévio ato normativo, podendo a autarquia celebrar licitação para contratação de concessão de serviço público ou prestar o serviço diretamente.

(E) possui personalidade jurídica de direito público, mas quando prestadora de serviço público, seu regime jurídico equipara-se ao das empresas públicas e sociedades de economia mista.

DL 200/1967, art. 5º Para os fins desta lei, considera-se: I – Autarquia – o serviço autônomo, criado por lei, com personalidade jurídica, patrimônio e receita próprios, para executar atividades típicas da Administração Pública, que requeiram, para seu melhor funcionamento, gestão administrativa e financeira descentralizada. **FMB**
Gabarito "A".

(Delegado/PE – 2016 – CESPE) Tendo como referência a legislação aplicável ao regime de concessão e permissão de serviços públicos e às parcerias público-privadas, assinale a opção correta.

(A) De acordo com a Lei 8.987/1995, as permissões de serviço público feitas mediante licitação não podem ser formalizadas por contrato de adesão.

(B) Em relação à parceria público-privada, entende-se por concessão administrativa o contrato de prestação de serviços de que a

WANDER GARCIA, FLÁVIA BARROS E RODRIGO BORDALO

administração pública seja a usuária direta ou indireta, ainda que envolva execução de obra ou fornecimento e instalação de bens.

(C) As agências reguladoras não podem promover licitações que tenham por objeto a concessão de serviço público do objeto por ela regulado.

(D) É vedada a celebração de contrato de parceria público-privada cujo período de prestação do serviço seja superior a cinco anos.

(E) Por meio da concessão, o poder público delega a prestação de serviço público a concessionário que demonstre capacidade para seu desempenho, sendo esse serviço realizado por conta e risco do poder concedente.

A: incorreta, pois a Lei 8.987/1995 utiliza expressamente a expressão "contrato de adesão" para esse caso (art. 18, XVI); **B:** correta (art. 2º, § 2º, da Lei 11.079/2004); **C:** incorreta, pois essa é uma das principais competências das agências reguladoras, como no exemplo da ANATEL (arts. 19, VI, e 88 da Lei 9.472/1997); **D:** incorreta; é justamente o contrário; uma parceria público-privada só poderá existir se envolver prestação de serviço igual ou superior a cinco anos (art. 2º, § 4º, II, da Lei 11.079/2004); **E:** incorreta, pois o serviço é realizado por conta e risco do concessionário (pessoa jurídica ou consórcio de empresas) e não do poder concedente (art. 2º, II, da Lei 8.987/1995). WG
Gabarito "B".

(Delegado/DF – 2015 – Fundação Universa) Acerca dos serviços públicos, assinale a alternativa correta.

(A) Nos contratos de concessão, é vedada a subcontratação.

(B) Em que pese a CF prever a competência de cada ente federado, restou autorizada também a formação de consórcios públicos ou convênios de cooperação para gestão associada de serviços públicos.

(C) Diante do princípio da continuidade do serviço público, é proibida a interrupção do fornecimento de serviços públicos aos administrados.

(D) A descentralização do serviço público pode ser feita por meio de outorga ou por meio de delegação. Na delegação, transfere-se não apenas a execução, mas também a titularidade do serviço, razão pela qual deve ser feita por meio de lei.

(E) Todos os contratos de concessão devem ser precedidos de licitação, podendo o administrador escolher qualquer das modalidades de licitação previstas na Lei 8.666/1993.

A: incorreta, pois a lei admite a subcontratação, inclusive na modalidade subconcessão, obedecido aos termos legais (art. 26 da Lei 8.987/1995); **B:** correta (art. 241 da CF); **C:** incorreta, pois a interrupção é admitida em caso de emergência e, obedecido os requisitos legais, por motivo técnico e por inadimplência do usuário (art. 6º, § 3º, da Lei 8.987/1995); **D:** incorreta, pois é na outorga (ou "por serviço") que se transfere a titularidade, e não por delegação ("por colaboração"), pois nesta só se transfere a execução do serviço; **E:** incorreta, pois o administrador deve se valer da modalidade concorrência (art. 2º, II, da Lei 8.987/1995). WG
Gabarito "B".

(Delegado/PR – 2013 – UEL-COPS) Sobre a concessão de serviço público, naquilo que a distingue da permissão, assinale a alternativa correta.

(A) É feita à pessoa jurídica ou consórcio de empresa.

(B) Admite outras modalidades de licitação, além da concorrência.

(C) Tem natureza contratual a título precário.

(D) Retira-se dela a característica de contrato de adesão.

(E) Pode ser realizada mediante ato unilateral da administração.

A: correta (art. 2º, II, da Lei 8.987/1995); já as permissões de serviço público são feitas em favor de pessoa física ou jurídica (art. 2º, IV, da Lei 8.987/1995); **B:** incorreta, pois é caso de concorrência (art. 2º, II, da Lei 8.987/1995); já as permissões de serviço público admitem outra modalidade licitatória (art. 2º, IV, da Lei 8.987/1995); **C:** incorreta, pois a natureza precária é típica da permissão de serviço público (art. 2º, IV, da Lei 8.987/1995); **D:** incorreta, pois as duas têm característica de contrato de adesão; **E:** incorreta, pois a concessão tem natureza contratual (bilateral), não se tratando de ato unilateral. WG
Gabarito "A".

(Delegado/AP – 2010) Com relação aos contratos de concessão de serviços públicos, analise as afirmativas a seguir:

I. Em havendo alteração unilateral do contrato que afete o seu inicial equilíbrio econômico-financeiro, o poder concedente deverá restabelecê-lo, concomitantemente à alteração.

II. A tarifa não será subordinada à legislação específica anterior e, somente nos casos expressamente previstos em lei, sua

cobrança poderá ser condicionada à existência de serviço público alternativo e gratuito para o usuário.

III. A criação, alteração ou extinção de quaisquer tributos ou encargos legais, inclusive os impostos sobre a renda, após a data da assinatura do contrato, implicará a revisão da tarifa, para mais ou para menos, conforme o caso.

IV. O poder concedente não poderá prever, em favor da concessionária, no edital de licitação, a possibilidade de outras fontes provenientes de receitas alternativas, complementares, acessórias ou de projetos associados, a fim de favorecer a modicidade das tarifas para os usuários.

Assinale:

(A) se somente as afirmativas I e IV estiverem corretas.

(B) se somente as afirmativas I e II estiverem corretas.

(C) se somente as afirmativas II e IV estiverem corretas.

(D) se somente as afirmativas II e III estiverem corretas.

(E) se somente as afirmativas III e IV estiverem corretas.

I: correta (art. 9.º, § 4.º, da Lei 8.987/1995); II: correta (art. 9.º, § 1.º, da Lei 8.987/1995); III: incorreta, pois essa regra não vale para alterações no imposto sobre a renda (art. 9.º, § 3.º, da Lei 8.987/1995); IV: incorreta, pois é possível, sim, essa previsão (art. 11 da Lei 8.987/1995). WG
Gabarito "B".

(Delegado/PB – 2009 – CESPE) Uma concessionária de energia elétrica, pessoa jurídica de direito privado, houve por bem terceirizar o serviço de corte do fornecimento de tal serviço. Marcos, empregado dessa empresa terceirizada, ao efetuar a suspensão dos serviços de energia elétrica em favor de Maria, acabou por agredi-la, já que essa alegava que a conta já havia sido paga. Em relação a essa situação hipotética, assinale a opção correta.

(A) A lei geral de concessão não autoriza a suspensão do fornecimento de energia elétrica, pelo inadimplemento por parte do usuário, já que o acesso ao serviço de energia elétrica decorre da própria dignidade da pessoa humana, que deve prevalecer sobre os interesses econômicos da concessionária.

(B) Eventual ação de indenização por danos materiais e morais deverá ser proposta contra a concessionária, já que essa se responsabiliza pelos atos dos seus prepostos, não sendo possível alegar-se culpa exclusiva de terceiro.

(C) O prazo prescricional da ação de reparação de danos, na espécie, será de cinco anos, na forma do Código Civil, já que inexiste prazo prescricional específico para as concessionárias de serviço público.

(D) Cabe mandado de segurança contra ato dos diretores da concessionária de serviço público, com vistas a restabelecer o serviço de energia elétrica, o qual deverá ser impetrado na justiça estadual.

(E) A competência para julgar eventual ação de indenização proposta contra a concessionária de serviço público será da justiça federal, já que se trata de uma delegação de serviço público federal.

A: incorreta, pois a interrupção é possível, sim (art. 6.º, § 3.º, II, da Lei 8.987/1995), salvo em relação à prestação de serviços essenciais, como hospitais e creches; **B:** correta (art. 25 da Lei 8.987/1995); **C:** incorreta, pois há prazo específico em relação às empresas concessionárias, também de 5 anos, mas previsto em lei específica (art. 1.º-C da Lei 9.494/1997); **D:** incorreta, pois não é cabível mandado de segurança no caso; **E:** incorreta, salvo se a concessionária for uma empresa pública federal (art. 109, I, da CF). WG
Gabarito "B".

(Delegado/PB – 2009 – CESPE) A declaração de caducidade nos contratos de concessão de serviço público não é autorizada quando

(A) o serviço estiver sendo prestado de forma inadequada ou deficiente, tendo por base as normas, critérios, indicadores e parâmetros definidores da qualidade do serviço.

(B) a concessionária descumprir cláusulas contratuais ou disposições legais ou regulamentares concernentes à concessão.

(C) a concessionária perder as condições econômicas, técnicas ou operacionais para manter a adequada prestação do serviço concedido.

(D) a concessionária for condenada em sentença transitada em julgado por sonegação de tributos, inclusive contribuições sociais.

(E) o poder público retomar o serviço durante o prazo da concessão, por motivo de interesse público, mediante lei autorizativa específica e após prévio pagamento da indenização devida.

6. DIREITO ADMINISTRATIVO

A a D: corretas (art. 38, § 1.º, I, II, IV e VII, respectivamente, da Lei 8.987/1995), valendo salientar que a caducidade é a extinção da concessão por *culpa* do particular, ou seja, por inexecução total ou parcial do contrato; **E:** incorreta, pois a retomada do serviço durante o prazo de concessão denomina-se *encampação* ou *resgate*; se o tema fosse *ato administrativo*, e não *concessão de serviço público*, o nome da extinção do ato seria *revogação*, e não *encampação*; a encampação está prevista no art. 37 da Lei 8.987/1995, e depende de interesse público devidamente motivado, lei autorizativa específica e prévio pagamento de indenização. **WG**
Gabarito "E".

(Delegado/PB – 2009 – CESPE) Ainda no que concerne ao serviço público, assinale a opção correta.

(A) O dispositivo constitucional que preceitua caber ao poder público, na forma da lei, diretamente ou sob o regime de concessão ou permissão, sempre mediante licitação, a prestação de serviços públicos, demonstra que o Brasil adotou uma concepção subjetiva de serviço público.

(B) A permissão de serviço público é definida pela lei geral de concessões como a delegação, a título precário, mediante licitação, da prestação de serviços públicos, feita pelo poder concedente à pessoa física ou jurídica que demonstre capacidade para seu desempenho, por sua conta e risco.

(C) No procedimento de licitação para contratação de serviços públicos, obrigatoriamente a primeira fase será a de habilitação e a segunda, de julgamento da proposta que melhor se classificar, conforme as condições estabelecidas no edital, não sendo possível a inversão dessas fases.

(D) No contrato de concessão, é obrigatória cláusula que preveja o foro de eleição, não sendo possível, diante do interesse público envolvido, prever-se o emprego de mecanismos privados para a resolução de disputas decorrentes do contrato ou a ele relacionadas, inclusive a arbitragem.

(E) No contrato de concessão patrocinada, no âmbito das parcerias público-privadas, os riscos do negócio jurídico decorrentes de caso fortuito ou força maior serão suportados exclusivamente pelo parceiro privado.

A: incorreta, pois o serviço público não é conceituado a partir do sujeito que o presta, mas sim em função do serviço em si, da sua importância para a sociedade; tanto isso é verdade que o serviço público pode ser prestado tanto pelo Poder Público, como por um particular, mediante concessão ou permissão; **B:** correta (art. 2.º, IV, da Lei 8.987/1995); **C:** incorreta, pois não há procedimento de licitação para a *contratação de serviços públicos*, mas sim procedimento de licitação para *outorgar concessão de serviços públicos*, procedimento esse que observará o rito da concorrência (art. 2.º, II, da Lei 8.987/1995); de qualquer forma, é bom lembrar que, mesmo adotando-se o rito da concorrência, a Lei 8.987/1995, atualmente, admite a inversão de fases no procedimento, primeiro fazendo-se o julgamento das propostas e a classificação, para depois passar para a fase de habilitação; **D:** incorreta, pois cabe arbitragem (art. 23-A da Lei 8.987/1995); **E:** incorreta, pois os riscos serão repartidos (art. 5.º, III, da Lei 11.079/2004). **WG**
Gabarito "B".

11.3. Parceria público-privada (PPP)

(Delegado/SP – 2014 – VUNESP) O prefeito de determinada cidade elabora projeto de celebração de uma parceria público-privada, que tem (i) valor de contrato equivalente a quinze milhões de reais; por um (ii) prazo de cinco anos; tendo por (iii) objeto único da prestação a execução de obra pública. De acordo com a Lei de Parceria Público-Privada (Lei 11.079/2004), o projeto

(A) pode ser levado adiante, desde que seja aumentado o prazo de prestação para seis anos, estando corretos os demais parâmetros.

(B) pode ser levado adiante, desde que o objeto único desse contrato possa ser modificado para "fornecimento de mão de obra", pois os demais parâmetros estão corretos para o tipo de contratação almejada.

(C) não pode vingar, pois o valor do contrato não atinge ao mínimo permitido, e a finalidade "execução de obra pública" também é vedada para esse tipo de contratação.

(D) não pode vingar, pois a despeito de as demais condições dele estarem adequadas, o valor da obra é inferior ao mínimo estabelecido na Lei para esse tipo de contratação.

(E) pode ser levado adiante, pois todas as condições se encontram dentro dos parâmetros legais de observação obrigatória para esse tipo de contratação.

A: incorreta, pois a PPP não pode ser inferior a 5 anos, mas se a parceria for igual ou superior a 5 anos haverá cumprimento do requisito trazido no art. 2º, § 4º, II, da Lei 11.079/2004; **B:** incorreta, pois é vedada a celebração de PPP para parcerias de valor inferior a R$ 10 milhões (art. 2º, § 4º, I, da Lei 11.079/2004, alterado pela Lei 13.529/2017), lembrando que também não incide o regime da PPP na parceria que tenha como objeto único o fornecimento de mão de obra, o fornecimento e instalação de equipamentos ou a execução de obra pública (art. 2º, § 4º, III, da Lei 11.079/04); **C:** correta (art. 2º, § 4º, I e III, da Lei 11.079/2004); **D e E:** incorretas, pois, como se viu, há problema também no valor da parceria e no seu objeto. **WG**
Gabarito "C".

(Delegado/GO – 2009 – UEG) A Lei n. 11.079/2004 instituiu o denominado contrato de parceria público-privada. Sobre esse tema, é CORRETO afirmar:

(A) é dispensável a licitação no contrato de parceria público-privada.

(B) a modalidade de licitação que deve preceder o contrato de parceria é a concorrência.

(C) todos os riscos da execução do objeto contratado correm por conta do parceiro privado.

(D) o Poder Público está impedido de realizar contraprestação pecuniária na modalidade concessão patrocinada.

A: incorreta (art. 10 da Lei 11.079/2004); **B:** correta (art. 10, *caput*, da Lei 11.079/2004); **C:** incorreta, pois há "repartição de riscos entre as partes" (art. 5.º, III, da Lei 11.079/2004); **D:** incorreta, pois na concessão patrocinada (diferentemente da *concessão comum ou tradicional*), além da cobrança de tarifas dos usuários, há também contraprestação pecuniária do parceiro público ao parceiro privado (art. 2.º, § 1.º, da Lei 11.079/2004). **WG**
Gabarito "B".

12. CONTROLE DA ADMINISTRAÇÃO

(Delegado/MG – 2018 – FUMARC) Sobre o controle administrativo da Administração Pública, NÃO é correto afirmar:

(A) É um controle de legalidade e de mérito.

(B) Pode ocorrer por iniciativa da própria administração, mas não pode ser deflagrado mediante provocação dos administrados.

(C) Quanto à natureza do órgão controlador, se divide em legislativo, judicial e administrativo.

(D) Tem por finalidade confirmar, alterar ou corrigir condutas internas, segundo aspectos de legalidade ou de conveniência para a Administração.

Alternativa A correta (o controle administrativo da Administração, que representa um mecanismo de controle interno, pode ser um controle de legalidade ou de mérito); alternativa B incorreta (o controle administrativo da Administração pode ocorrer de duas formas: por iniciativa do próprio Poder Público; e mediante provação dos administrados); alternativa C correta (no âmbito do tema geral do controle da Administração, os órgãos controladores se dividem em legislativo, judicial e administrativo); alternativa D correta (considerando o comentário da alternativa A, a finalidade do controle administrativo da Administração é a de confirmar, alterar ou corrigir as condutas internas, segundo dois aspectos: de legalidade ou de conveniência-mérito). **RB**
Gabarito "B".

(Delegado/MG – 2018 – FUMARC) João, candidato ao cargo de Delegado de Polícia do Estado de Minas Gerais, inconformado com sua reprovação no certame, impetrou ação mandamental argumentando a existência de ilegalidade decorrente da formulação de questões com base em legislação não prevista no edital. Sobre o caso, NÃO é correto afirmar:

(A) A adequação das questões da prova ao programa do edital de concurso público constitui tema de legalidade, suscetível, portanto, de controle pelo Poder Judiciário.

(B) A banca examinadora é que possui legitimidade para figurar como autoridade coatora.

(C) A petição inicial será indeferida, com fundamento no artigo 10 da Lei n. 12.016/2009, caso a impetração ocorra após 120 dias da ciência do ato impugnado.

(D) É vedado ao Poder Judiciário adentrar aos critérios adotados pela banca examinadora do concurso.

As alternativas A, B e C estão corretas. A incorreção encontra-se na alternativa D. Embora o STF adote a tese, tomada em sede de repercussão geral, de que os critérios adotados por banca examinadora de um concurso não podem ser revistos pelo Poder Judiciário, o controle de legalidade (ou de juridicidade) é admitido. Nesse sentido, no âmbito do RE 632.853/CE (Pleno, Rel. Min. Gilmar Mendes, DJe 26/06/2015), o STF definiu que "é permitido ao Judiciário juízo de compatibilidade do conteúdo das questões dos concurso com o previsto no edital do certame.". Ora, foi exatamente esta a desconformidade alegada por João, candidato ao cargo de Delegado de Polícia de Minas Gerais: existência de ilegalidade decorrente da formulação de questões com base em legislação não prevista no edital. Nesta hipótese, é possível o controle pelo Poder Judiciário. **RB**

Gabarito "D".

(Delegado/RS – 2018 – FUNDATEC) Levando em consideração os temas "Controle da Administração Pública" e "Responsabilidade Fiscal", assinale a alternativa correta.

(A) O exercício do controle interno pela administração pública não inclui a revogação de atos administrativos.

(B) A jurisprudência contemporânea acerca do controle de legalidade tem admitido, por parte do Poder Judiciário, a invalidação de atos administrativos discricionários em decorrência da falta de conformação deles com os princípios da administração pública, em especial, os da razoabilidade e da proporcionalidade.

(C) O controle desempenhado pela Administração Direta sobre as entidades que integram a Administração Indireta é uma manifestação da autotutela administrativa.

(D) Os Tribunais de Contas, no exercício do controle externo, têm competência para julgar as contas dos Chefes do Poder Executivo.

(E) Nos termos da Lei de Responsabilidade Fiscal (LC 101/2000), é nulo de pleno direito o ato de que resulte aumento da despesa com pessoal expedido nos noventa dias anteriores ao final do mandato do titular do respectivo Poder.

Alternativa A incorreta (a revogação dos atos administrativas está incluída no exercício do controle interno); alternativa B correta (a possibilidade de controle dos atos discricionários com base em princípios representa a recente tendência jurisprudencial sobre o controle judicial da Administração); alternativa C incorreta (o controle entre Administração Direta e Indireta é uma manifestação da tutela administrativa, e não da autotutela); alternativa D incorreta (o Tribunal de Contas somente aprecia as contas da Chefia do Executivo, mediante parecer prévio, de modo que o julgamento é feito pelo Congresso Nacional, nos termos do art. 71, I c/c. art. 49, IX); alternativa E incorreta (é nulo de pleno direito o ato de que resulte aumento da despesa com pessoal expedido nos cento e oitenta dias anteriores ao final do manda-to do titular do respectivo Poder, nos termos do art. 21, parágrafo único, da LC 101/2000). **RB**

Gabarito "B".

(Delegado/ES – 2019 – Instituto Acesso) Quanto à responsabilidade fiscal dos agentes públicos, assinale a alternativa correta.

(A) O Tribunal de Contas da União verificará o cumprimento dos limites e condições relativos à realização de operações de crédito de cada ente da Federação, inclusive das empresas por eles controladas, direta ou indiretamen-te.

(B) A criação, expansão ou aperfeiçoamento de ação governamental que acarrete aumento da despesa, não necessita de estimativa do impacto orçamentário-financeiro no exercício em que deva entrar em vigor.

(C) Equipara-se a operações de crédito e está permitida a assunção de obrigação, sem autorização orçamentária, com fornecedores para pagamento a posteriori de bens e serviços.

(D) É nulo de pleno direito o ato que provoque aumento da despesa com pessoal e não atenda o limite legal de comprometimento aplicado às despesas com pessoal inativo.

(E) o Relatório Resumido da Execução Orçamentária não é um instrumento de transparência da gestão fiscal.

A questão explora o regime da responsabilidade fiscal, disciplinado pela Lei Complementar 101/2000. A alternativa A está incorreta, pois é o Ministério da Fazenda que verifica o cumprimento dos limites e condições relativos à realização de operações de crédito de cada ente da Federação (art. 32). Incorreta a alternativa B, pois a norma exige, para a criação, expansão ou aperfeiçoamento de ação governamental que acarrete aumento da despesa, estimativa do impacto orçamentário-financeiro no exercício em que deva entrar em vigor e nos dois subsequentes (art. 16, I). A alternativa C apresenta incorreção, pois a assunção de obrigação, sem autorização orçamentária, com fornecedores para pagamento a posteriori de bens e serviços, embora se equipare a operações de crédito, é

vedada pela lei (art. 37, IV). Já a alternativa D está correta (art. 21, II). Por fim, incor-reta a alternativa E, pois o Relatório Resumido da Execução Orça-mentária é um dos instrumentos de transparência da gestão fiscal (art. 48). **RB**

Gabarito "D".

(Delegado/AP – 2017 – FCC) O controle exercido pelo Poder Judiciário sobre a Administração pública pode incidir sobre atos e contratos de diversas naturezas. Quando o objeto do controle exercido é um contrato de parceria público-privada, deverá analisar se

(A) o objeto do contrato é aderente à legislação que rege às parcerias público privadas, que somente admite a conjugação de obras e serviços quando se tratar da modalidade patrocinada.

(B) o prazo do contrato não excede o limite de 25 anos, o mesmo previsto para as concessões comuns, a fim de não ofender o princípio de quebra da isonomia e violação da licitação, inclusive para inclusão de novos serviços e violação do princípio licitatório.

(C) houve estimativa de previsão de recursos orçamentário-financeiros para toda a vigência contratual e a efetiva demonstração de existência de recursos para os dois exercícios seguintes à celebração da avença.

(D) a tarifa estabelecida pela contratada, independentemente da modalidade do contrato, observou o princípio da modicidade e se há contraprestação a ser paga pelo Poder Público e sua respectiva garantia.

(E) o início do pagamento da contraprestação está condicionado à disponibilização do serviço pelo parceiro privado, admitindo-se a previsão da possibilidade de fracionamento proporcional à parcela de serviço prestada.

Lei 11.079/2004, art. 7º A contraprestação da Administração Pública será obrigatoriamente precedida da disponibilização do serviço objeto do contrato de parceria público-privada. § 1º É facultado à administração pública, nos termos do contrato, efetuar o pagamento da contraprestação relativa a parcela fruível do serviço objeto do contrato de parceria público-privada. **FMB**

Gabarito "E".

(Delegado/MT – 2017 – CESPE) A fiscalização exercida pelo TCU na prestação de contas de convênio celebrado entre a União e determinado município, com o objetivo de apoiar projeto de educação sexual voltada para

o adolescente, insere-se no âmbito do controle

(A) provocado.
(B) meritório.
(C) subordinado.
(D) prévio.
(E) vinculado.

Trata-se de ato vinculado. CF, art. 71. O controle externo, a cargo do Congresso Nacional, será exercido com o auxílio do Tribunal de Contas da União, ao qual compete: II – julgar as contas dos administradores e demais responsáveis por dinheiros, bens e valores públicos da administração direta e indireta, incluídas as fundações e sociedades instituídas e mantidas pelo Poder Público federal, e as contas daqueles que derem causa a perda, extravio ou outra irregularidade de que resulte prejuízo ao erário público. **FMB**

Gabarito "E".

(Delegado/PR – 2013 – UEL-COPS) A administração pública direta e indireta recebe o controle externo, relacionado à fiscalização contábil, financeira, orçamentária e patrimonial. Assinale a alternativa que apresenta, corretamente, o órgão que exerce esse controle.

(A) Poder Executivo com o auxílio do Poder Judiciário.
(B) Poder Legislativo com o auxílio do Tribunal de Contas.
(C) Poder Legislativo com o auxílio do Poder Judiciário.
(D) Poder Judiciário com o auxílio do Tribunal de Justiça.
(E) Poder Judiciário com o auxílio do Tribunal de Contas.

O controle externo da administração pública é feito pelo Legislativo com o auxílio dos Tribunais de Contas, nos termos do art. 71, *caput*, da CF. **WG**

Gabarito "B".

(Delegado Federal – 2013 – CESPE) Julgue o seguinte item.

(1) O controle prévio dos atos administrativos é de competência exclusiva da própria administração pública, ao passo que o controle dos atos administrativos após sua entrada em vigor é exercido pelos Poderes Legislativo e Judiciário.

6. DIREITO ADMINISTRATIVO

1: incorreta, pois o Poder Judiciário também pode fazer o controle prévio de ato administrativo, já que nenhuma lesão ou *ameaça* de lesão a direito pode ser subtraída da apreciação do Poder Judiciário (art. 5º, XXXV, da CF/1988). **WG**
Gabarito 1E

(Delegado/GO – 2009 – UEG) Acerca das atribuições dos tribunais de contas como órgãos de auxílio ao Poder Legislativo na função fiscalizadora da Administração Pública, é CORRETO afirmar:

(A) o parecer prévio emitido pelos tribunais de contas vincula o Poder Legislativo quando do julgamento das contas.

(B) pela natureza das atribuições dos tribunais de contas, eles não podem impedir a execução de ato administrativo da administração direta e indireta.

(C) apreciar a legalidade dos atos de admissão de pessoal, na administração direta e indireta, bem como a das concessões de aposentadorias, reformas e pensões; excetuam-se dessa apreciação as nomeações para cargo de provimento em comissão.

(D) apreciar as contas prestadas anualmente pelo chefe do Executivo, mediante elaboração de parecer prévio, que deverá ser emitido em oitenta dias a contar de seu recebimento.

A: incorreta, pois o parecer prévio emitido pelos Tribunais de Contas pode deixar de prevalecer, nos Municípios, por decisão de dois terços dos membros da Câmara Municipal (art. 31, § 2.º, da CF); **B:** incorreta, pois há casos em que isso é possível (art. 71, X, da CF); **C:** correta (art. 71, III, da CF); **D:** incorreta, pois o prazo é de 60 dias (art. 71, I, da CF). **WG**
Gabarito "C".

(Delegado/RJ – 2009 – CEPERJ) Os Tribunais de Contas:

(A) Integram o Poder Judiciário.

(B) São órgãos auxiliares do Poder Legislativo.

(C) Podem ser criados nas capitais de Estados que deles não dispõem.

(D) Revestem-se de natureza autárquica.

(E) Atuam diretamente no controle financeiro interno da Administração Pública.

Art. 71 da CF. **WG**
Gabarito "B".

(Delegado/PA – 2012 – MSCONCURSOS) No tocante ao controle da Administração Pública, podemos afirmar que

(A) o controle administrativo não é exercido pelos Poderes Judiciário e Legislativo, pois deriva do poder de autotutela do Poder Executivo para analisar aspectos de legalidade e mérito de seus próprios atos administrativos.

(B) o controle legislativo ou parlamentar é interno e será realizado pelo Poder Legislativo sobre a atuação administrativa dos poderes Executivo e Judiciário.

(C) o controle administrativo poderá ser provocado pelo administrado por meio do direito de petição.

(D) o controle judicial poderá ser realizado de ofício ou por provocação dos órgãos do Poder Judiciário.

(E) o controle judicial é preventivo e busca verificar a legalidade ou legitimidade dos atos administrativos praticados pelos Poderes Executivo, Legislativo e Judiciário.

A: incorreta, pois o controle administrativo é exercido na administração pública de cada um dos poderes; **B:** incorreta, pois o controle legislativo é um controle externo; **C:** correta, pois o controle administrativo atua de ofício, bem como pelo direito de petição e pelos recursos em geral; **D:** incorreta, pois o controle judicial depende de provocação, não atuando, como regra, de ofício, em virtude do princípio da inércia jurisdicional; **E:** incorreta, pois o controle judicial pode ser preventivo ou repressivo, a depender do momento em que é exercido. **WG**
Gabarito "C".

(Delegado/SC – 2008) Assinale a alternativa correta quanto ao controle da Administração Pública pelo Judiciário.

(A) A ação popular é o meio constitucional posto à disposição de organização sindical ou entidade de classe para obter a anulação de atos administrativos lesivos aos direitos de seus membros ou associados ou ao patrimônio público, à moralidade administrativa e ao meio ambiente natural ou cultural.

(B) O Judiciário examina a legalidade, a oportunidade e a conveniência de um ato administrativo para aferir sua conformação com a lei e com os princípios gerais do Direito, preservando direitos individuais ou públicos.

(C) Os atos normativos, enquanto regras gerais e abstratas, não atingem direitos individuais e são inatacáveis por ações ordinárias ou por mandado de segurança.

(D) Todo ato administrativo que não for praticado em observância aos princípios da legalidade, moralidade, finalidade, eficiência e publicidade pode ser revogado pelo Judiciário, cabendo ainda a reparação pelos danos causados pelo Poder Público.

A: incorreta, pois o legitimado para a ação popular é o cidadão (art. 5.º, LXXIII, da CF); **B:** incorreta, pois o Judiciário só analisa a legalidade, a razoabilidade e a moralidade do ato administrativo, e não a conveniência e oportunidade dele; **C:** correta, pois, de fato, os atos normativos não atingem especialmente pessoas, podendo ser atacado apenas por ações próprias (ações de inconstitucionalidade); **D:** incorreta, pois a violação dos princípios citados possibilita a anulação e não a revogação do ato administrativo. **WG**
Gabarito "C".

(Delegado/SP – 2008) No estudo das espécies de controle de Administração Pública, quanto ao momento de sua realização, a liquidação de despesa para pagamento oportuno é exemplo de

(A) controle concomitante.

(B) controle preventivo.

(C) controle subsequente.

(D) controle sucessivo.

(E) controle finalístico.

Trata-se de controle preventivo, pois a liquidação consiste em verificar se o serviço ou o bem adquirido foram efetivamente prestados ou entregues, como providência prévia ao efetivo pagamento. **WG**
Gabarito "B".

13. PROCESSO ADMINISTRATIVO

(Delegado/ES – 2019 – Instituto Acesso) A Lei 9.784, de 29 de janeiro de 1999, que trata dos processos administrativos, estabelece regras específicas de procedimento a serem adotadas quando da apuração de eventual infração cometida por servidor público. Em vista das disposições deste Diploma Legal, é correto afirmar que:

(A) os requisitos e as restrições para o acesso às informações privilegiadas por parte de ocupante de cargo ou emprego da administração direta e indireta deverão ser estabelecidos em lei em sentido material.

(B) os atos do processo devem realizar-se exclusivamente na sede do órgão responsável pelo seu processamento.

(C) as pessoas que não iniciaram o processo administrativo também são partes legitimadas, desde que estas tenham seus interesses afetados pela decisão a ser adotada no processo.

(D) prazos prescricionais aplicam-se aos processos administrativos contra servidores, inclusive na hipótese de ação de ressarcimento em vista de lesão ao erário público.

(E) o órgão instrutor, quando não for o competente para exarar decisão final, convolará o relatório feito em decisão final escrita.

Alternativa A incorreta (o regime do acesso à informação encontra-se previsto na Lei 12.527/2011); alternativa B incorreta (de acordo com o art. 25 da Lei 9.784/1999, os atos do processo devem realizar-se preferencialmente na sede do órgão, cientificando-se o interessado se outro for o local de realização); alternativa C correta (art. 9º, II, Lei 9.784/1999); alternativa D incorreta (a Lei 9.784/1999 não dispõe sobre prazos prescricionais); alternativa E incorreta (conforme o art. 47 da Lei 9.784/1999, o órgão instrutor, quando não for competente para emitir decisão final, elaborará relatório indicando o pedido inicial, o conteúdo das fases do procedimento e formulará proposta de decisão). **RB**
Gabarito "C".

(Delegado/ES – 2019 – Instituto Acesso) Sobre os prazos referentes ao processo administrativo regido pela Lei 9.784, de 29 de janeiro de 1999, assinale a alternativa INCORRETA:

(A) Os prazos começam a correr a partir da data da cientificação oficial, mas, para efeito de contagem, exclui-se o dia da cientificação do ato.

(B) Se o prazo for de um mês e o dia de início da contagem começar no dia 31 janeiro de 2019, o dia do vencimento será o dia 28 de fevereiro de 2019.

(C) Inclui-se, para efeito de contagem de prazos, o dia do vencimento.

(D) A contagem dos prazos começa na data da cientificação oficial, incluindo-se o dia do vencimento.

(E) Ocorrendo motivo de força maior comprovado, pode-se efetuar a suspensão dos prazos.

A disciplina referente aos prazos está prevista no Capítulo XVI da Lei 9.784/1999, em seus arts. 66 e 67. Os prazos começam a correr a partir da data da cientificação oficial, excluindo-se da contagem o dia do começo e incluindo-se o o do vencimento (corretas as alternativas A e C; incorreta a alternativa D). Os prazos fixados em meses (ou anos) contam-se de data a data (exemplo: se o prazo for de um mês e o dia de início da contagem começar no dia 15 janeiro, o dia do vencimento será o dia 15 de fevereiro). Além disso, se no mês do vencimento não houver o dia equivalente àquele do início do prazo, tem-se como termo final o último dia do mês (correta a alternativa B). Como regra, os prazos processuais não se suspendem, salvo por motivo de força maior devidamente comprovado (alternativa E correta). **RB**

Gabarito "D".

(Delegado/PE – 2016 – CESPE) A permissão da empresa Alfa, permissionária de serviços públicos de transporte coletivo de passageiros, conforme contrato de delegação firmado com o governo estadual, foi unilateralmente revogada pelo poder público, por motivos de oportunidade e conveniência. A empresa interpôs pedido de reconsideração junto ao Departamento de Regulação de Transporte Coletivo, órgão da Secretaria Estadual de Transportes, responsável pelos contratos de permissão de transporte coletivo. O pedido foi indeferido por Caio, diretor do referido departamento, que alegou a existência de interesse público na revogação. Diante desse indeferimento, a empresa interpôs recurso administrativo. Caio manteve a decisão anterior e encaminhou o recurso ao secretário de transportes, autoridade hierarquicamente superior. Semanas após, Caio foi nomeado secretário estadual de transportes e, nessa qualidade, conheceu do recurso administrativo e negou-lhe provimento, mantendo a decisão recorrida. Com referência a essa situação hipotética, assinale a opção correta.

(A) O fato de Caio não ter reconsiderado a sua decisão não equivale a julgamento de recurso. Assim, houve uma única decisão administrativa em sede de recurso administrativo, sendo irrelevante que a autoridade julgadora tenha emitido uma decisão anterior sobre a questão.

(B) O recurso administrativo deveria ter sido apreciado por autoridade hierarquicamente superior e diferente daquela que decidira anteriormente o pedido de reconsideração. Como Caio estava impedido de julgar o recurso administrativo, há de se concluir que a decisão do recurso foi nula.

(C) No caso em tela, haveria a suspeição de Caio, razão pela qual ele não poderia julgar o recurso administrativo. Dessa forma, Caio deveria anular a decisão sobre o recurso e delegar a algum subordinado seu a competência para o julgamento.

(D) A permissão de serviço público é feita a título precário e, por esse motivo, a empresa permissionária não tem direito a recorrer administrativamente do ato administrativo que revogou a sua permissão.

(E) Em razão do princípio da intranscendência subjetiva, é juridicamente possível que uma mesma pessoa decida sobre o pedido de reconsideração e o recurso administrativo, uma vez que, legalmente, eles foram decididos por autoridades administrativas distintas.

A: incorreta, pois a autoridade julgadora inicial não pode julgar o recurso, pois a lei determina que o recurso seja julgado sempre a uma autoridade diversa e superior à autoridade julgadora inicial, regra que não pode ser ignorada mesmo que a autoridade julgadora inicial tenha sido promovida (art. 56, § 3º, da Lei 9.784/1999); **B:** correta (art. 56, § 3º, da Lei 9.784/1999); **C:** incorreta, pois não poderia participar do julgamento do recurso em função do disposto no art. 56, § 3º, da Lei 9.784/1999; **D:** incorreta; primeiro porque a permissão concedida em situação que reclama grandes investimentos do permissionário não é um permissão qualquer (precária) e sim uma permissão qualificada, que tem regime jurídico mais rigoroso, aproximado de uma concessão; segundo que recorrer é um direito de qualquer um prejudicado diretamente pela decisão, sendo incorreto dizer que alguém nessas condições não tem direito de recorrer; **E:** incorreta, pois o princípio da intranscendência não tem relação alguma com essa questão, mas sim com o fato de que a punição a alguém não pode ser estendida a outra pessoa que não tenha cometido o ilícito. **WG**

Gabarito "B".

(Delegado/DF – 2015 – Fundação Universa) Com base na Lei 9.784/1999, que trata do processo administrativo no âmbito da União, assinale a alternativa correta.

(A) O princípio da vedação da *reformatio in pejus* não se aplica ao recurso administrativo previsto na Lei 9.784/1999.

(B) Diante do princípio do dispositivo e da imparcialidade, o ônus da prova incumbe a quem alega, sendo permitido à administração juntar, de ofício, aos autos do processo documentos indicados pelo interessado.

(C) Diante do princípio da asserção, o processo administrativo somente pode ser iniciado pela parte interessada, não podendo o servidor orientar o interessado quanto ao suprimento de eventuais falhas, sob pena de infração disciplinar.

(D) São legitimados como interessados no processo administrativo as pessoas jurídicas ou associações, legalmente constituídas há pelo menos um ano, na defesa de interesses difusos.

(E) Suponha-se que a lei determine que certa autoridade tem competência para regulamentar uma norma legal com caráter normativo. Nesse caso, essa competência poderá ser delegada.

A: correta; aplica-se somente ao pedido de revisão administrativa de aplicação de sanção (art. 65, parágrafo único, da Lei 9.784/1999), e não aos recursos administrativos em geral, que admite o agravamento da situação do recorrente desde que este seja notificado para que formule suas alegações antes da decisão (art. 64, parágrafo único, da Lei 9.784/1999); **B:** incorreta, pois a impulsão de ofício pela Administração independe de pedido ou de indicação pelo interessado, situação que mitigou em muito o princípio do dispositivo, pelo qual a particular é que tem o ônus de trazer elementos de prova ao processo (arts. 2º, XII, e 29, *caput*, da Lei 9.784/1999; **C:** incorreta, pois o processo administrativo pode ser instaurado a pedido do interessado e também de ofício (art. 5º da Lei 9.784/1999); além disso, o servidor pode orientar o interessado quanto ao suprimento de eventuais falhas (art. 6º, parágrafo único, da Lei 9.784/1999); **D:** incorreta, pois não se exige que a associação esteja constituída há pelo menos um ano para que atue em processos administrativos no caso (art. 9º, IV, da Lei 9.784/1999); **E:** incorreta, pois não é possível delegação de competência para expedir atos normativos (art. 13, I, da Lei 9.784/1999). **WG**

Gabarito "A".

(Delegado/SP – 2014 – VUNESP) De acordo com a Lei Estadual do Processo Administrativo (Lei 10.177/1998), uma vez requerida a expedição de certidão de autos de procedimento em poder da Administração, a autoridade competente deverá apreciar o requerimento em 05 dias

(A) corridos e determinará a expedição em prazo não inferior a 05 dias úteis.

(B) corridos e determinará a expedição em prazo não superior a 05 dias corridos.

(C) úteis e determinará a expedição em prazo não inferior a 05 dias úteis.

(D) corridos e determinará a expedição em prazo não inferior a 05 dias corridos.

(E) úteis e determinará a expedição em prazo não superior a 05 dias úteis.

Segundo o art. 74 da Lei 10.177/1998, o requerimento será apreciado pela autoridade competente em 5 dias úteis, que determinará a expedição da certidão em prazo não superior a 5 dias úteis. **WG**

Gabarito "E".

(Delegado Federal – 2013 – CESPE) Julgue o seguinte item.

(1) De acordo com a Lei 9.784/1999, que regula o processo administrativo no âmbito da administração pública federal, um órgão administrativo e seu titular poderão, se não houver impedimento legal e quando conveniente, em razão de circunstâncias de índole técnica, social, econômica, jurídica ou territorial, delegar parte da sua competência a outros órgãos, ainda que estes não lhe sejam hierarquicamente subordinados.

1: correta (art. 12, *caput*, da Lei 9.784/1999). **WG**

Gabarito 1C

(Delegado/RJ – 2009 – CEPERJ) Recurso hierárquico impróprio é aquele que:

(A) é interposto contra decisão de dirigente de entidade da Administração Indireta para autoridade à qual está vinculada na Administração Direta.

6. DIREITO ADMINISTRATIVO · 611

(B) a avocação do processo administrativo é feita pela chefia do órgão administrativo.

(C) o pedido de revisão das decisões proferidas em processos disciplinares é encaminhado para a própria autoridade sancionadora.

(D) é uma espécie de recurso dirigido à autoridade superior de outro ente federativo.

(E) tem o pedido de reconsideração apresentado a qualquer autoridade de uma estrutura administrativa.

O *recurso hierárquico próprio* é aquele dirigido à autoridade superior do mesmo órgão da inferior (exemplo: recurso dirigido a um Secretário da Saúde contra decisão de uma comissão de licitação da secretaria), ao passo que o *recurso hierárquico impróprio* é aquele dirigido à autoridade externa à pessoa jurídica prolatora da decisão recorrida (exemplo: recurso dirigido a um Ministro de Estado contra uma decisão tomada por dirigente de uma autarquia). WG

Gabarito "A".

(Delegado/SP – 2008) A oposição expressa a atos da Administração que afetem direitos ou interesses legítimos do administrador recebe o *nomen iuris* de

(A) reclamação.

(B) representação.

(C) recurso *ex officio*.

(D) revisão.

(E) protesto.

Vide arts. 55 e ss. da Lei Complementar 207/1979, do Estado de São Paulo, com as alterações dadas pela Lei Complementar do Estado de São Paulo 922/2002. WG

Gabarito "A".

14. LEI DE ACESSO À INFORMAÇÃO

(Delegado/SP – 2014 – VUNESP) A respeito da Lei de Acesso à Informação (Lei 12.527/2011), é correto afirmar que

(A) nos municípios em que não se exige a veiculação pela internet, as informações referentes à execução orçamentária e financeira devem ser disponibilizadas à população e renovadas, ao menos semestralmente.

(B) nas cidades com mais de 10 mil habitantes, os órgãos e entidades públicas devem promover pela internet o acesso a informações de interesse coletivo por eles produzidas ou custodiadas.

(C) qualquer interessado pode requerer informações aos órgãos e entidades públicas, assegurado, independentemente de justificação, o anonimato do requerente.

(D) o prazo máximo de restrição de acesso à informação considerada "ultrassecreta" não pode ultrapassar a 01 (um) ano.

(E) somente o Presidente da República pode classificar uma informação como sendo "ultrassecreta".

A: incorreta, pois, nesses casos, é obrigatória a divulgação das respectivas informações em tempo real (art. 8º, § 4º); **B:** correta (art. 8º, § 4º); **C:** incorreta, pois a lei exige identificação do requerente (art. 10, *caput*), mas não é possível exigir motivação do interessado quando este buscar informações de interesse público (art. 10, § 3º); **D:** incorreta, pois o prazo nesse caso é de 25 anos (art. 24, § 1º, I); **E:** incorreta, pois outras autoridades, como Vice-Presidente da República, Ministros de Estado também podem classificar uma informação como sendo "ultrassecreta" (art. 27, I). WG

Gabarito "B".

7. DIREITO TRIBUTÁRIO

Robinson Barreirinhas

1. TRIBUTOS – DEFINIÇÃO E ESPÉCIES

(Delegado/GO – 2017 – CESPE) O estado de Goiás instituiu, por lei ordinária, um departamento de fiscalização de postos de gasolina com objetivo de aferir permanentemente as condições de segurança e vigilância de tais locais, estabelecendo um licenciamento especial e anual para o funcionamento de tais estabelecimentos e instituindo uma taxa anual de R$ 1.000 a ser paga pelos empresários, relacionada a tal atividade estatal.

A respeito dessa situação hipotética, assinale a opção correta.

(A) A instituição do departamento de fiscalização de postos de gasolina como órgão competente com funcionamento regular é suficiente para caracterizar o exercício efetivo do poder de polícia.

(B) É desnecessária, para justificar a cobrança de taxa, a criação de órgão específico para o desempenho das atividades de fiscalização de postos de gasolina, por se tratar de competências inerentes às autoridades de segurança pública.

(C) Para observar o princípio da capacidade contributiva, a taxa deveria ter correspondência com o valor venal do imóvel a ser fiscalizado, sendo inconstitucional a cobrança de valor fixo por estabelecimento.

(D) A taxa em questão é inconstitucional, já que a segurança pública é um dever do Estado, constituindo um serviço indivisível, a ser mantido apenas por impostos, o que torna incabível a cobrança de taxa.

(E) Por ter caráter contraprestacional, a taxa só será devida caso o departamento de fiscalização de postos de gasolina faça visitas periódicas aos estabelecimentos, certificando-se do cumprimento das normas de segurança e vigilância de tais locais, de acordo com a legislação.

A: correta, sendo que o STF considera suficiente para comprovação do efetivo exercício do poder de polícia e, portanto, validade da taxa correspondente, a existência de órgão e estrutura competente para a fiscalização – RE 588.322/RO. Note que a Súmula 157/STJ foi cancelada; **B:** incorreta, pois, embora seja possível em determinadas hipóteses, não compete especificamente às autoridades de segurança pública a fiscalização de estabelecimentos empresariais, no que se às suas condições de segurança, aos riscos de acidentes. É importante destacar, entretanto, que o STF entende que "a existência do órgão administrativo não é condição para o reconhecimento da constitucionalidade da cobrança da taxa de localização e fiscalização, mas constitui um dos elementos admitidos para se inferir o efetivo exercício do poder de polícia, exigido constitucionalmente" – RE 588.322/RO; **C:** incorreta, pois a cobrança de taxa pelo exercício do poder de polícia a valores fixos é admitida pelo STF – ver RE 685.213 AgR/RS; **D:** incorreta, conforme comentários anteriores, já que não se trata de segurança pública em sentido estrito; **E:** incorreta, conforme comentário à primeira alternativa, bastando a existência de órgão e estrutura competente para a fiscalização, para se comprovar o efetivo exercício do poder de polícia e, portanto, a validade da taxa. RB
Gabarito "A".

(Delegado/DF – 2015 – Fundação Universa) Em relação às espécies tributárias previstas no ordenamento jurídico brasileiro, assinale a alternativa correta.

(A) O Distrito Federal, por ter a competência tributária dos estados e municípios, pode instituir taxa pelo serviço de iluminação pública e cobrá-la dos contribuintes beneficiados, tomando, por base de cálculo, o valor do consumo de energia elétrica dos domicílios.

(B) A contribuição de melhoria pode ser instituída em razão de obra pública e da consequente valorização imobiliária, tendo por limite total a despesa com a realização da obra e, por limite individual, o acréscimo de valor ao imóvel do contribuinte beneficiado.

(C) Os impostos são tributos vinculados a uma contraprestação específica do ente tributante em relação ao contribuinte, como, por exemplo, a obrigatoriedade de boa manutenção das estradas de rodagem pelo poder público em decorrência do pagamento do imposto sobre a propriedade de veículos automotores (IPVA) pelo contribuinte.

(D) Fatos geradores das taxas são a prestação de serviço público e o poder de polícia, sendo necessário, no primeiro caso, que o serviço público seja indivisível, prestado ao contribuinte ou posto à sua disposição.

(E) Poderá o Distrito Federal instituir taxa de segurança pública, pois um dos fatos geradores das taxas é o poder de polícia.

A: incorreta, pois o serviço público de iluminação pública não é divisível (é *uti universi*, não *uti singuli*), de modo que não pode ser remunerado por taxa, mas sim por contribuição específica prevista no art. 149-A da CF – ver Súmula Vinculante 41/STF; **B:** correta, nos termos do art. 145, III, da CF e art. 81 do CTN; **C:** incorreta, pois a definição do imposto é exatamente oposta, sendo o tributo cujo fato gerador não é vinculado a qualquer atividade estatal específica, relativa ao contribuinte – art. 16 do CTN; **D:** incorreta, pois o serviço a ser taxado deve ser divisível e específico (*uti singuli*) – art. 145, II, da CF e art. 77 do CTN; **E:** incorreta, pois a segurança pública não é um serviço específico (engloba diversas atividades coordenadas) ou divisível (é inviável determinar quanto desse serviço é fruído individualmente por cada cidadão), de modo que não pode ser remunerado por taxa.
Gabarito "B".

(Delegado/RO – 2014 – FUNCAB) O tributo cuja obrigação tem por fato gerador uma situação independente de qualquer atividade estatal específica, relativa ao contribuinte, denomina-se:

(A) taxa.

(B) contribuição de melhoria.

(C) imposto.

(D) preço público.

(E) tarifa.

A descrição refere-se aos impostos, nos termos do art. 16 do CTN, razão pela qual a alternativa "C" é a correta.
Gabarito "C".

2. PRINCÍPIOS

(Delegado/GO – 2017 – CESPE) Sabendo que, por disposição constitucional expressa, em regra, os princípios tributários e as limitações ao poder de tributar não se aplicam de forma idêntica a todas as espécies tributárias, assinale a opção correta a respeito da aplicação desses institutos.

(A) Apenas aos impostos estaduais aplica-se o princípio que proíbe o estabelecimento de diferença tributária entre bens e serviços de qualquer natureza em razão de sua procedência ou seu destino.

(B) A aplicação do princípio da não vinculação de receita a despesa específica é limitada aos impostos.

(C) Em regra, o princípio da anterioridade do exercício aplica-se da mesma forma aos impostos e às contribuições sociais da seguridade social.

(D) O princípio da capacidade contributiva aplica-se sempre e necessariamente aos impostos.

(E) O princípio da anterioridade do exercício atinge, de forma ampla, as hipóteses de empréstimos compulsórios previstas no texto constitucional.

A: incorreta, pois essa vedação aplica-se a todos os tributos (não apenas a impostos) estaduais e municipais (não apenas estaduais) – art. 152 da CF; **B:** correta, nos termos do art. 167, IV, CF, lembrando que o dispositivo traz exceções à vedação de vinculação da receita dos impostos; **C:** incorreta, pois, diferentemente da generalidade dos tributos, as contribuições sociais sujeitam-se apenas à anterioridade nonagesimal, não à anual – art. 195, § 6º, da CF; **D:** incorreta, considerando que a gradação conforme a capacidade econômica a que se refere o art. 145, § 1º, da CF é por muitos interpretada como diretriz da capacidade contributiva e, mais especificamente, possibilidade de progressividade

614 ROBINSON BARREIRINHAS

de alíquotas (variação das alíquotas conforme a base de cálculo). Assim, não é possível dizer que essa diretriz se aplica sempre e necessariamente aos impostos, já que o STF já afastou a progressividade em relação a alguns deles (ITBI e IPTU antes da EC 29/2000); **E**: incorreta, pois a anterioridade anual não se aplica aos empréstimos compulsórios instituídos para tender a despesas extraordinárias – art. 148, I, c/c art. 150, § 1°, da CF. **RB**

Gabarito "B".

(Delegado/GO – 2017 – CESPE) Instrução normativa expedida em dezembro de 2015 pelo secretário de Fazenda do Estado de Goiás estabeleceu que, para ter acesso ao sistema de informática de emissão de nota fiscal, relativa ao ICMS, o contribuinte deve estar em dia com suas obrigações tributárias estaduais. Em janeiro de 2016, a empresa Alfa Ltda., com pagamento de tributos em atraso, requereu acesso ao sistema e teve o seu pedido indeferido.

Nessa situação hipotética,

(A) ainda que a emissão de notas fiscais seja obrigação acessória, o princípio da legalidade estrita, vigente no direito tributário, impõe que tais deveres sejam previstos por lei ordinária, sendo inválida a restrição estabelecida por instrução normativa.

(B) o ICMS é tributo sujeito à anterioridade nonagesimal, de modo que, embora válida a instrução normativa, o indeferimento é ato insubsistente, por ter aplicado a instrução normativa antes do prazo constitucional.

(C) a interdição de emissão de notas fiscais é meio indireto de cobrança do tributo, já que inibe a continuidade da atividade profissional do contribuinte, o que torna a instrução normativa em questão inválida.

(D) o ICMS não é tributo sujeito à anterioridade nonagesimal, de modo que o indeferimento é válido.

(E) a emissão de notas fiscais é obrigação acessória, podendo ser regulada por ato infralegal, sendo válida a restrição estabelecida.

A: incorreta, pois o CTN prevê a necessidade de legislação tributária (o que não se restringe a leis) para a instituição de obrigações acessórias – arts. 96, 113, § 2° e 115 do CTN. Entretanto, há bastante discussão doutrinária e jurisprudencial a respeito – ver ACO 1.098 AgR-TA/MG-STF, RMS 20.587/MG-STJ e REsp 838.143/PR-STJ; **B**: incorreta, pois a anterioridade refere-se à instituição ou à majoração de tributos (obrigação principal), apenas – art. 150, III, *b* e *c*, da CF; **C**: correta, sendo essa a jurisprudência do STF, que veda inclusive a exigência de fiança ou outra garantia como pressuposto para emissão de notas fiscais – ver RE 565.048/RS-repercussão geral; **D**: incorreta, conforme comentário à alternativa "B"; **E**: incorreta, conforme comentário à alternativa "C". **RB**

Gabarito "C".

(Delegado/DF – 2015 – Fundação Universa) No que se refere ao princípio tributário da anterioridade anual e nonagesimal, assinale a alternativa correta.

(A) Os municípios e o Distrito Federal, ao fixarem a base de cálculo do IPTU, devem respeitar o princípio da anterioridade nonagesimal.

(B) O princípio da anterioridade anual não incide sobre o imposto sobre produtos industrializados (IPI), isto é, em caso de majoração do tributo, este poderá ser cobrado no mesmo exercício financeiro da publicação da lei que o majorou, desde que respeitado o princípio da anterioridade nonagesimal.

(C) Em se tratando de instituição ou majoração dos tributos sobre o comércio exterior, do imposto sobre importação de produtos estrangeiros e do imposto sobre exportação para o exterior de produtos nacionais ou nacionalizados, deve-se observar o princípio da anterioridade anual, isto é, tais tributos só poderão ser cobrados no exercício financeiro seguinte ao da publicação da lei que os instituiu ou aumentou.

(D) Caso haja majoração da alíquota do imposto de renda (IR), é vedado à União cobrar o tributo com a nova alíquota antes de decorridos noventa dias da publicação da lei que o majorou.

(E) Aplica-se a anterioridade nonagesimal à fixação da base de cálculo do IPVA pelo Distrito Federal.

A: incorreta, pois a fixação da base de cálculo do IPTU não se submete à anterioridade nonagesimal, apenas à anterioridade anual – art. 150, § 1°, *in fine*, da CF; **B**: correta, pois o IPI é realmente exceção ao princípio da anterioridade anual – art. 150, § 1°, da CF; **C**: incorreta, pois o II e o IE são exceções à anterioridade anual e também à anterioridade nonagesimal – art. 150, § 1°, da CF; **D**: incorreta, pois o IR é exceção à anterioridade nonagesimal, embora sujeite-se à anterioridade anual; **E**: incorreta, pois a fixação da base de cálculo do IPVA, como a do IPTU,

não se submete à anterioridade nonagesimal, apenas à anterioridade anual – art. 150, § 1°, *in fine*, da CF.

Gabarito "B".

(Delegado/PA – 2013 – UEPA) Assinale a alternativa correta acerca das limitações constitucionais ao poder de tributar.

(A) É vedado à União, aos Estados, ao Distrito Federal e aos Municípios instituir quaisquer tributos sobre templos de qualquer culto.

(B) As bases de cálculo ou as alíquotas dos impostos de competência da União deverão ser aumentadas exclusivamente por Decreto do Presidente da República.

(C) As alíquotas do ICMS sobre a comercialização de combustíveis e lubrificantes poderão ser reduzidas e restabelecidas sem observância da regra da anterioridade de exercício.

(D) A instituição de contribuições de seguridade social submete-se à regra da anterioridade de exercício, mas está excluída da aplicação da regra da anterioridade nonagesimal.

(E) À fixação da base de cálculo do IPVA e do IPTU, não se aplica a exigência da anterioridade nonagesimal nem a exigência da anterioridade do exercício.

A: incorreta, pois a imunidade dos templos restringe-se a impostos, não afastando as demais espécies tributárias – art. 150, VI, *b*, da CF; **B**: incorreta, pois base de cálculo e alíquota devem ser fixados e alterados por lei, em regra – art. 97, IV, do CTN; **C**: correta, pois é exceção à anterioridade prevista no art. 155, § 4°, IV, *c*, da CF; **D**: incorreta, pois é o oposto, submetendo-se à anterioridade nonagesimal, mas não à anual – art. 195, § 6°, da CF; **E**: incorreta, pois não se aplica apenas a anterioridade nonagesimal. A anterioridade anual ou de exercício deve ser observada – art. 150, § 1°, da CF.

Gabarito "C".

3. COMPETÊNCIA E IMUNIDADE

(Delegado/DF – 2015 – Fundação Universa) Em relação aos tributos da União, dos estados, do Distrito Federal e dos municípios, assinale a alternativa correta.

(A) Dada a competência residual atribuída à União, esta poderá instituir, mediante lei complementar, impostos não previstos na CF, desde que sejam não cumulativos e não tenham fato gerador ou base de cálculo dos impostos previstos na CF.

(B) O Distrito Federal e os estados têm competência para instituir o ITCMD, devendo, contudo, respeitar, no que tange à alíquota máxima a ser praticada, o que for fixado pelo Congresso Nacional.

(C) Caso fosse criado, no Brasil, o Território Federal, seria de competência da União a instituição dos impostos estaduais e municipais nesse Território, independentemente de nele existirem municípios.

(D) Os estados e o Distrito Federal têm competência tributária para instituir o ICMS, o IPVA, o imposto sobre transmissão *causa mortis* e doação (ITCMD) e o imposto sobre serviços (ISS).

(E) O imposto de renda, de competência da União, deve ser informado pelos critérios da universalidade, da pessoalidade e da não cumulatividade.

A: correta, descrevendo adequadamente a competência residual da União – art. 154, I, da CF; **B**: incorreta, pois as alíquotas máximas do ITCMD são fixadas pelo Senado Federal, não pelo Congresso Nacional – art. 155, § 1°, IV, da CF; **C**: incorreta, pois, caso o Território fosse dividido em Municípios, a cada um deles competiria instituir e cobrar seus impostos (não à União) – art. 147 da CF; **D**: incorreta, pois o ISS é tributo da competência municipal, todos os outros são efetivamente da competência estadual – art. 156, III, da CF. Lembre-se que o Distrito Federal acumula as competências estaduais e municipais – art. 147, *in fine*, da CF; **E**: incorreta, pois os princípios específicos que informam o IR são a universalidade (incide sobre todas as rendas), generalidade (sobre todas as pessoas) e progressividade (alíquotas maiores conforme maiores forem as bases de cálculo) – art. 153, § 2°, I, da CF.

Gabarito "A".

(Delegado/PE – 2016 – CESPE) Considerando-se que uma autarquia federal estabelecida em determinado município receba pagamentos de tarifas pelos serviços prestados a seus usuários, é correto afirmar, em respeito às imunidades recíprocas, que essa autarquia

(A) deverá contribuir somente sobre os tributos relativos ao patrimônio.

(B) está isenta apenas dos tributos federais e municipais.

(C) está isenta apenas do pagamento do IPTU.

7. DIREITO TRIBUTÁRIO — 615

(D) está isenta de qualquer tributo, seja ele federal, estadual ou municipal.

(E) deverá contribuir sobre tributos relativos ao patrimônio, renda e serviços.

A: incorreta, pois as autarquias são imunes aos impostos federais, estaduais e municipais (imunidade recíproca), no que se refere ao patrimônio, à renda e aos serviços, vinculados a suas finalidades essenciais ou às delas decorrentes – art. 150, § 2º, da CF; **B, C e D:** incorretas, pois se trata de imunidade, não isenção, e de impostos, não de qualquer tributo – art. 150, § 2º, da CF; **E:** incorreta. Em princípio, não há imunidade recíproca das autarquias no caso de contraprestação ou pagamento de preços ou tarifas pelo usuário (art. 150, § 3º, da CF), razão pela qual poder-se-ia defender que a alternativa "E" seria correta. Entretanto, o STF fixou entendimento de que as autarquias que prestam serviço público remunerado por tarifa estão abrangidas pela imunidade recíproca – ver RE 741938 AgR/MG. Por essa razão, não há alternativa correta e a questão foi anulada.
Gabarito: Anulada

4. LEGISLAÇÃO TRIBUTÁRIA

(Delegado/PA – 2012 – MSCONCURSOS) De acordo com o preceito do Código Tributário Nacional, não são normas complementares das leis, dos tratados e das convenções internacionais e dos decretos:

(A) Os atos normativos expedidos pelas autoridades administrativas.

(B) As decisões dos órgãos singulares ou coletivos de jurisdição administrativa, a que a lei atribua eficácia normativa.

(C) Princípios Gerais de Direito e equivalentes.

(D) As práticas reiteradamente observadas pelas autoridades administrativas.

(E) Os convênios que entre si celebrem a União, os Estados, o Distrito Federal e os Municípios.

Nos termos do art. 100 do CTN, são normas complementares das leis, dos tratados e das convenções internacionais e dos decretos: (i) os atos normativos expedidos pelas autoridades administrativas; (ii) as decisões dos órgãos singulares ou coletivos de jurisdição administrativa, a que a lei atribua eficácia normativa; (iii) as práticas reiteradamente observadas pelas autoridades administrativas; (iv) os convênios que entre si celebrem a União, os Estados, o Distrito Federal e os Municípios. Perceba, portanto, que a alternativa "C" é a única que não indica norma complementar.
Gabarito "C".

5. VIGÊNCIA, APLICAÇÃO INTERPRETAÇÃO E INTEGRAÇÃO DA LEGISLAÇÃO TRIBUTÁRIA

(Delegado/DF – 2015 – Fundação Universa) Com base no disposto no Código Tributário Nacional (CTN) acerca das normas gerais de direito tributário, assinale a alternativa correta.

(A) A interpretação da lei tributária que defina infrações ou estabeleça penalidades deve proteger, em caso de dúvida quanto à capitulação legal do fato, o interesse da coletividade, de forma mais favorável ao fisco.

(B) A lei tributária não poderá retroagir ou ser aplicada a ato pretérito que ainda não tenha sido definitivamente julgado, mesmo que o cometimento desse ato não seja mais definido como infração.

(C) Os atos normativos expedidos pelas autoridades administrativas entram em vigor na data da sua publicação, salvo disposição em contrário.

(D) A outorga de isenção, a suspensão ou exclusão do crédito tributário e a dispensa do cumprimento de obrigações tributárias acessórias devem ser interpretadas sistematicamente e, sempre que possível, de forma extensiva.

(E) As decisões dos órgãos singulares ou coletivos no âmbito da jurisdição administrativa entrarão em vigor quarenta e cinco dias após a data da sua publicação quando a lei atribuir a elas eficácia normativa.

A: incorreta, pois, nesse caso de dúvida, a interpretação deve ser a mais favorável ao acusado – art. 112 do CTN; **B:** incorreta, pois a norma mais benéfica ao infrator retroage (*lex mitior*), nos termos do art. 106 do CTN; **C:** correta, nos termos do art. 103, I, do CTN; **D:** incorreta, pois as normas que fixam benefícios fiscais devem ser interpretadas estritamente ou, na terminologia do CTN, literalmente – art. 111 do Código Tributário; **E:** incorreta, pois o prazo previsto no art. 103, II, do CTN é de 30 (trinta) dias após a publicações dessas decisões.
Gabarito "C".

(Delegado/RO – 2014 – FUNCAB) Assinale a alternativa correta.

(A) O emprego da analogia poderá resultar na exigência de tributo não previsto em lei.

(B) Os princípios gerais de direito privado utilizam-se para pesquisa da definição, do conteúdo e do alcance de seus institutos, conceitos e formas, mas não para definição dos respectivos efeitos tributários.

(C) A lei tributária que define infrações, ou lhe comina penalidades, interpreta-se de maneira mais desfavorável ao acusado, em caso de dúvida quanto à autoria, imputabilidade, ou punibilidade.

(D) O emprego da equidade poderá resultar na dispensa do pagamento de tributo devido.

(E) Interpreta-se extensivamente a legislação tributária que disponha sobre suspensão ou exclusão do crédito tributário.

A: incorreta, pois isso é expressamente vedado pelo art. 108, § 1º, do CTN; **B:** correta, nos termos do art. 109 do CTN; **C:** incorreta, pois a interpretação é a mais favorável ao acusado – art. 112 do CTN; **D:** incorreta, pois isso é expressamente vedado pelo art. 108, § 2º, do CTN; **E:** incorreta, pois, nos termos, do art. 111 do CTN, a interpretação deve ser literal nesse caso.
Gabarito "B".

(Delegado Federal – 2004 – CESPE) Acerca de legislação tributária, julgue o item seguinte.

(1) A hierarquia entre as leis federais, estaduais e municipais independe da matéria veiculada, revogando, a primeira, as demais.

1: Incorreta, porque não há hierarquia entre leis federais, estaduais e municipais. Cada uma dessas leis deve ser produzida para veicular as normas relativas às matérias da competência de cada indivíduo tributante. Por essa razão, não há como lei federal, estadual ou municipal revogar lei produzida por outro ente político.
Gabarito 1E.

6. OBRIGAÇÃO, FATO GERADOR, CRÉDITO, LANÇAMENTO

(Delegado/PE – 2016 – CESPE) Considerando que lançamento é o procedimento pelo qual a autoridade administrativa constitui o crédito tributário, assinale a opção correta.

(A) A revisão do lançamento só poderá ser iniciada enquanto não tiver sido extinto o direito da fazenda pública.

(B) O ato de lançamento é corretamente classificado como um ato discricionário.

(C) Os erros contidos na declaração do sujeito passivo não poderão ser retificados de ofício pela autoridade administrativa responsável.

(D) Após a regular notificação do sujeito passivo, o lançamento não poderá ser alterado.

(E) Salvo disposição legal em contrário, o lançamento realizado em moeda estrangeira terá a sua conversão para moeda nacional com base no câmbio do dia do pagamento do tributo.

A: correta, nos termos do art. 149, parágrafo único, do CTN; **B:** incorreta, pois o lançamento é ato vinculado, sob pena de responsabilidade funcional, ou seja, não há avaliação de conveniência ou oportunidade por parte da autoridade competente – art. 142, parágrafo único, do CTN; **C:** incorreta, pois os erros contidos na declaração e apuráveis pelo seu exame serão retificados de ofício pela autoridade administrativa a que competir a revisão daquela – art. 147, § 2º, do CTN; **D:** incorreta, pois o lançamento pode ser alterado após a notificação do sujeito passivo nos casos de (i) impugnação do sujeito passivo, (ii) recurso de ofício e (iii) iniciativa de ofício da autoridade administrativa, nos casos previstos no art. 149 do CTN – art. 145 do CTN; **E:** incorreta, pois o câmbio a ser adotado para a conversão é aquele do dia da ocorrência do fato gerador da obrigação tributária – art. 143 do CTN.
Gabarito "A".

(Delegado Federal – 2002 – CESPE) Agentes públicos da Secretaria da Receita Federal (SRF) e do INSS realizaram operação conjunta de fiscalização nas Viações Aéreas Matrix S.A. (VAM), com o objetivo de apurar sua situação fiscal e previdenciária. Durante a fiscalização, os agentes públicos não apenas descobriram uma série de irregularidades previdenciárias e fiscais, mas também identificaram que a situação econômico financeira da VAM era precária, estando a empresa à beira da falência. Com relação à situação hipotética apresentada acima, julgue o item a seguir.

(1) Caso as informações prestadas pela VAM acerca da remuneração paga aos empregados não coincidam com a realidade efetiva-

mente constatada pelos fiscais, o INSS poderá lançar, de ofício, a importância que reputar devida, cabendo à VAM o ônus da prova em contrário.

1: correta, porque é uma hipótese que permite o lançamento ou revisão de ofício pelo fisco – art. 148, V e VI, do CTN. Note-se, entretanto, que a presunção de liquidez e certeza do crédito surge com a inscrição em dívida ativa – art. 204 do CTN. Gabarito 1C

7. SUJEIÇÃO PASSIVA E CAPACIDADE TRIBUTÁRIA PASSIVA

(Delegado/GO – 2017 – CESPE) São responsáveis pelos créditos tributários relativos a obrigação de terceiros, quando não for possível exigir-lhes o cumprimento da obrigação principal, independentemente de terem agido com excesso de poderes ou em desacordo com a lei, estatuto ou contrato social,

(A) os empregados.

(B) os diretores de pessoa jurídica.

(C) os representantes legais de pessoas jurídicas de direito privado.

(D) os administradores de bens de terceiros.

(E) os mandatários.

A, B, C e E: incorretas, pois essas pessoas somente serão responsáveis pelos créditos relativos a obrigações de terceiros nos casos de atos praticados com excesso de poderes ou infração de lei, contrato social ou estatutos, conforme art. 135 do CTN; **D:** correta, sendo a única alternativa que indica caso de responsabilidade do art. 134 do CTN, em que não se exige excesso de poderes ou infração de lei, contrato social ou estatutos como pressuposto. **RB**
Gabarito "D".

(Delegado/GO – 2017 – CESPE) Ricardo, com quinze anos de idade, traficou entorpecentes por três meses, obtendo uma renda de R$ 20.000. Informado pela autoridade competente, um auditor da Receita Federal do Brasil efetuou lançamento contra o menor.

Tendo como referência essa situação hipotética, assinale a opção correta.

(A) O tráfico de entorpecente é ato ilícito, sendo responsáveis pelos prejuízos dele decorrentes, nos termos da lei civil, os pais de Ricardo, que deverão recolher o tributo a título de sanção cível.

(B) A capacidade tributária independe da capacidade civil, de modo que é correto o lançamento contra o menor que, no caso, percebeu remuneração que pode ser considerada renda.

(C) O tráfico de entorpecente é atividade que gera proveito econômico, o que justifica torná-lo fato gerador de tributo, não podendo, no entanto, Ricardo, por ser incapaz, sofrer lançamento, devendo a renda percebida ser imputada aos seus pais.

(D) O tráfico de entorpecente, por ser crime, não pode ser objeto de tributação, pois o pagamento de imposto em tal hipótese significaria que o Estado estaria chancelando uma atividade ilícita, sendo, portanto, insubsistente o lançamento.

(E) Ricardo, por ser incapaz, não pode sofrer lançamento, não constituindo renda eventuais ganhos econômicos que ele venha a ter.

A: incorreta, pois, embora possa haver responsabilidade dos pais pelo recolhimento do tributo, nos termos do art. 134, I, do CTN, isso não tem relação alguma com eventual responsabilidade por prejuízos causados pelo menor, decorrendo estritamente da legislação tributária; **B:** correta, nos termos dos arts. 118, I, e 126, I, do CTN; **C:** incorreta, pois a capacidade tributária passiva independe da capacidade civil da pessoa natural – art. 126, I, do CTN; **D:** incorreta, pois o que se está tributando é a renda auferida, não sendo relevante para a tributação, em princípio, a forma como essa renda foi auferida – princípio do *non olet* – art. 118, I, do CTN – ver HC 77.530/RS-STF; **E:** incorreta, conforme comentários anteriores. **RB**
Gabarito "B".

(Delegado/PE – 2016 – CESPE) A respeito de responsabilidade tributária, assinale a opção correta.

(A) Nem mesmo as pessoas que possuem interesse comum na situação que constitui o fato gerador da obrigação principal serão solidariamente obrigadas.

(B) Um dos efeitos da solidariedade tributária é que a interrupção da prescrição, a favor ou contra um dos obrigados, favorece ou prejudica os demais.

(C) As pessoas que são solidariamente obrigadas por expressa determinação legal devem respeitar o benefício de ordem.

(D) O pagamento efetuado por um dos obrigados não aproveita os demais.

(E) O responsável tributário, também denominado sujeito passivo indireto, corresponde àquele que, apesar de não ser o contribuinte, possui obrigação decorrente de convenção entre as partes.

A: incorreta, pois há solidariedade dessas pessoas, nos termos do art. 124, I, do CTN; **B:** correta, conforme o art. 125, III, do CTN; **C:** incorreta, pois a solidariedade tributária não comporta benefício de ordem – art. 124, parágrafo único, do CTN; **D:** incorreta, pois um dos efeitos da solidariedade tributária é exatamente que o pagamento efetuado por um dos obrigados aproveita aos demais – art. 125, I, do CTN; **E:** incorreta, pois a responsabilidade tributária decorre sempre da lei, jamais de convenção entre as partes – arts. 121, parágrafo único, II, e 123 do CTN. Gabarito "B".

(Delegado/DF – 2015 – Fundação Universa) Em relação à obrigação tributária, assinale a alternativa correta.

(A) É pessoalmente responsável o tabelião pelos tributos devidos em relação aos atos praticados por ele no exercício de sua função.

(B) O sucessor responde solidariamente pelo crédito tributário decorrente de tributo devido pelo *de cujus*.

(C) Se o locador e o locatário de determinado imóvel convencionarem contratualmente que a responsabilidade pelo pagamento do imposto predial e territorial urbano (IPTU) ficará a cargo do locatário, tal convenção particular poderá ser oposta à fazenda pública caso se pretenda posteriormente cobrar o referido imposto do locador do imóvel.

(D) Diz-se responsável o sujeito passivo da obrigação tributária principal quando este tenha relação pessoal e direta com a situação que constitua o respectivo fato gerador.

(E) Sujeito ativo da obrigação tributária é a pessoa jurídica de direito público titular da competência para exigir o cumprimento da obrigação.

A: incorreta, pois, na terminologia adotada pelo CTN, não há responsabilidade pessoal do tabelião nesses casos, exceto se ocorrer excesso de poderes ou infração de lei, contrato social ou estatutos – art. 135, I, do CTN; **B:** incorreta, pois a responsabilidade é, nesse caso, pessoal do sucessor, conforme a terminologia do CTN – art. 131, II, do Código; **C:** incorreta, pois a sujeição passiva decorre exclusivamente da lei, de modo que a convenção entre particulares não pode ser oposta à fazenda pública – art. 123 do CTN; **D:** incorreta, pois a alternativa descreve o contribuinte, não o responsável tributário – art. 121, parágrafo único, I, do CTN; **E:** correta – art. 119 do CTN. Interessante notar que, apesar da literalidade desse dispositivo do CTN, há autores que admitem que pessoas de direito privado (inclusive pessoas naturais) ocupem o polo ativo da obrigação tributária, caso dos tabeliães. Gabarito "E".

8. SUSPENSÃO, EXTINÇÃO E EXCLUSÃO DO CRÉDITO

(Delegado/PE – 2016 – CESPE) De acordo com as disposições do CTN, é causa de extinção da exigibilidade do crédito tributário

(A) a consignação em pagamento.

(B) as reclamações e os recursos, nos termos das leis reguladoras do processo tributário administrativo.

(C) a concessão de medida liminar ou de tutela antecipada, em outras espécies de ação judicial.

(D) o parcelamento.

(E) a concessão de medida liminar em mandado de segurança.

A: correta – art. 156, VIII, do CTN; **B, C, D e E:** incorretas, pois reclamações e recursos, liminares, tutelas antecipadas e parcelamento são modalidades de suspensão do crédito tributário, não de extinção – art. 151 do CTN. Esse tipo de questão, que exige conhecimento decorado das modalidades de suspensão, extinção e exclusão do crédito tributário, é extremamente comum, de modo que o candidato deve memorizá-las. Gabarito "A".

(Delegado/PE – 2016 – CESPE) No que diz respeito aos institutos da prescrição e da decadência, assinale a opção correta.

(A) A prescrição e a decadência estão previstas no CTN como formas de exclusão do crédito tributário.

(B) O direito de ação para a cobrança do crédito tributário decai em cinco anos, contados da data da sua constituição definitiva.

(C) O protesto judicial é uma forma de interrupção da prescrição.

(D) O direito de a fazenda pública constituir o crédito tributário prescreve após cinco anos, contados do primeiro dia do exercício seguinte àquele em que o lançamento poderia ter sido efetuado.

(E) As normas gerais sobre prescrição e decadência na matéria tributária devem ser estabelecidas por meio de lei ordinária.

A: incorreta, pois prescrição e decadência são modalidades de extinção do crédito tributário, nos termos do art. 156 do CTN; **B**: incorreta, pois o prazo para a cobrança é prescricional, e não decadencial – art. 174 do CTN; **C**: correta, nos termos do art. 174, parágrafo único, II, do CTN; **D**: incorreta, pois o prazo para constituir o crédito tributário é decadencial, não prescricional – art. 173 do CTN; **E**: incorreta, pois essas normas gerais devem ser veiculadas por lei complementar federal – art. 146, III, *b*, da CF.
Gabarito "C".

(Delegado/RO – 2014 – FUNCAB) Suspende a exigibilidade do crédito tributário:

(A) a anistia.

(B) a isenção.

(C) a prescrição.

(D) a remissão.

(E) o parcelamento.

A, **B**, **C** e **D**: incorretas, pois são modalidades de exclusão (a anistia e a isenção – art. 175 do CTN) e extinção do crédito (a prescrição e a remissão – art. 156, V e VI, do CTN); **E**: correta, pois o parcelamento é modalidade de suspensão do crédito – art. 151 do CTN.
Gabarito "E".

(Delegado/RO – 2014 – FUNCAB) Constitui modalidade de extinção do crédito tributário:

(A) a anistia.

(B) a moratória.

(C) o parcelamento.

(D) a isenção.

(E) a transação.

A, **B**, **C** e **D**: incorretas, pois são casos de exclusão (a anistia e a isenção) e suspensão do crédito (a moratória e o parcelamento); **E**: correta, pois é caso de extinção, nos termos do art. 156, III, do CTN.
Gabarito "E".

9. IMPOSTOS E CONTRIBUIÇÕES EM ESPÉCIE

(Delegado/DF – 2015 – Fundação Universa) Considerando o sistema tributário nacional e os tributos da União, dos estados, dos municípios e do Distrito Federal, assinale a alternativa correta.

(A) O imposto sobre operações de crédito, câmbio e seguro, ou operações relativas a títulos ou valores mobiliários (IOF) também incide sobre o ouro e, nesse caso, sendo este definido em lei como ativo financeiro ou instrumento cambial, estará sujeito à incidência do imposto na operação de destino.

(B) A instituição do IPTU pelo Distrito Federal poderá contemplar a progressividade em razão do valor do imóvel, mas as alíquotas não poderão variar de acordo com a localização do imóvel.

(C) O IPI deve ser seletivo em razão da essencialidade do produto que recebe o gravame tributário.

(D) A União tem competência para instituir o imposto sobre a propriedade territorial rural (ITR) e, conforme a Emenda Constitucional 42/2003, essa competência tributária poderá ser delegada ao município, que instituirá, fiscalizará e cobrará o ITR, desde que isso não resulte na redução do imposto ou em qualquer outra forma de renúncia fiscal.

(E) Eventual instituição do imposto sobre grandes fortunas, de competência da União, poderá ser feita por intermédio de lei ordinária aprovada pelo Senado e pela Câmara dos Deputados.

A: incorreta, pois o ouro como ativo financeiro sujeita-se ao IOF na operação de origem, não de destino – art. 153, § 5º, da CF; **B**: incorreta, pois as alíquotas do IPTU podem também variar conforme a localização do imóvel – art. 156, § 1º, II, da CF; **C**: correta, pois, de fato, o IPI deve ter alíquotas seletivas conforme a essencialidade do produto, ou seja, produtos não essenciais (cigarro, por exemplo) devem ter alíquotas maiores, e produtos essenciais (caso dos alimentos) devem ter alíquotas menores – art. 153, § 3º, I, da CF; **D**: incorreta, pois

a competência tributária, ou seja, para legislar sobre os tributos, é indelegável. O art. 153, § 4º, III, da CF prevê apenas a fiscalização e cobrança do ITR pelos Municípios, nos termos que especifica; **E**: incorreta, pois o IGF deve ser instituído por lei complementar federal – art. 153, VII, da CF.
Gabarito "C".

(Delegado/PA – 2013 – UEPA) Acerca do ICMS, é correto afirmar que:

(A) incide sobre a prestação de serviços de transporte internacional, interestadual e intermunicipal.

(B) incide sobre a entrada de bem ou mercadoria importados do exterior, por pessoa física ou jurídica, ainda que não seja contribuinte habitual do imposto.

(C) resolução da Câmara dos Deputados, de iniciativa do Presidente da República ou de um terço dos Deputados, aprovada pela maioria absoluta de seus membros, estabelecerá as alíquotas aplicáveis às operações e prestações, intermunicipais, interestaduais e de exportação.

(D) nas operações interestaduais, quando destinada a mercadoria ao consumidor final, aplica-se a alíquota interestadual.

(E) em virtude da não cumulatividade, ainda que a aquisição de determinada mercadoria não sofra a incidência do imposto ou seja isenta, ela continua a gerar crédito para o contribuinte compensar com o montante devido nas operações ou prestações seguintes.

A: incorreta, pois o ICMS não incide sobre transporte internacional – art. 155, II, da CF; **B**: correta, nos termos do art. 155, § 2º, IX, *a*, da CF; **C**: incorreta, pois o Senado detém essa competência – art. 155, § 2º, IV, da CF (exceto em relação a alíquotas intermunicipais, o que não existe); **D**: era incorreta, mas houve alteração constitucional. A partir da Emenda Constitucional 87/2015 todas as operações interestaduais, inclusive para destinatário não contribuinte do ICMS, sujeitam-se à alíquota interestadual. Antes disso, somente a operação destinada a contribuinte sujeitava-se à alíquota interestadual menor. Entretanto, é muito importante saber que essa modificação trazida pela EC 87/2015, em relação às vendas para não contribuintes localizados em outros Estados (ou DF), será gradual, conforme o art. 99 do ADCT, ficando concluída apenas em 2019; **E**: incorreta, pois não há crédito para compensar com o imposto devido nas operações subsequentes, nesse caso – art. 155, § 2º, II, *a*, da CF.
Gabarito "B".

(Delegado/PA – 2012 – MSCONCURSOS) De acordo com o Código Tributário Nacional, não é contribuinte do imposto [IPI]:

(A) O importador ou quem a lei a ele equiparar.

(B) O industrial ou quem a lei a ele equiparar.

(C) O comerciante de produtos sujeitos ao imposto, que os forneça aos contribuintes definidos no inciso II do art. 51 do CTN.

(D) O arrematante de produtos apreendidos ou abandonados, levados a leilão.

(E) O fazendeiro-parceiro na produção pecuária.

Nos termos do art. 51 do CTN, são contribuintes do IPI: (i) o importador ou quem a lei a ele equiparar; (ii) o industrial ou quem a lei a ele equiparar; (iii) o comerciante de produtos sujeitos ao IPI, que os forneça aos contribuintes definidos no inciso II desse artigo (industrial ou equiparado); (iv) o arrematante de produtos apreendidos ou abandonados, levados a leilão. Por essa razão, a alternativa que não indica contribuinte do IPI é a "E".
Gabarito "E".

(Delegado/RN – 2009 – CESPE) Acerca do imposto de transmissão *causa mortis* e doação, de quaisquer bens ou direitos, assinale a opção incorreta.

(A) É vedada a atualização de seu valor por índice de correção estadual.

(B) Deve ser calculado sobre o valor dos bens na data da avaliação.

(C) Não incide sobre os honorários do advogado contratado pelo inventariante.

(D) Não é exigível antes da homologação do cálculo do valor devido.

(E) É legítima sua incidência no inventário por morte presumida.

A: incorreta, já que se admite a atualização por índice de correção estadual – ver RE 97.459/RJ. **B**: correta, conforme a Súmula 113 do STF. **C**: correta, pois se a contratação do advogado pelo inventariante foi homologada pelo juiz, não incide o ITCMD sobre os honorários correspondentes – ver RE 63.082/SP. **D**: correta, conforme a Súmula 114 do STF. **E**: correta, nos termos da Súmula 331 do STF.
Gabarito "A".

10. CRIMES

(Delegado/GO – 2017 – CESPE) Se resultar em supressão ou redução de tributo, configurará crime contra a ordem tributária a conduta consistente em

(A) utilizar programa de processamento de dados que disponibilize ao sujeito passivo informação diversa daquela fornecida à fazenda pública.

(B) negar-se a fornecer nota fiscal relativa a venda de mercadoria ou a venda de serviço.

(C) exigir para si porcentagem sobre a parcela dedutível de imposto como incentivo fiscal.

(D) aplicar incentivo fiscal em desacordo com o estatuído.

(E) deixar de pagar benefício a segurado quando valores já tiverem sido reembolsados à empresa pela previdência social.

A, C e D: corretas, embora haja dubiedade. Não é necessária a supressão ou redução de tributo para a configuração de crime, nesses casos, conforme art. 2°, V, III e IV, respectivamente, da Lei 8.137/1990. Mas, se houver supressão ou redução do tributo, não se afastam os crimes previstos nesses dispositivos, evidentemente. As assertivas estariam claramente incorretas se houvesse a palavra "apenas" no início delas; **B:** incorreta, pois a tipificação só ocorre se essa emissão de nota for obrigatória, nos termos da legislação tributária – art. 1°, V, da Lei 8.137/1990; **E:** incorreta. A configuração de crime previsto no art. 168-A, § 1°, III, do CP não implica redução ou supressão de tributo, mas simplesmente falta de pagamento de valores ao segurado. RB
Gabarito Anulada

(Delegado Federal – 2004 – CESPE) A fiscalização tributária apreendeu em estabelecimento farmacêutico controle paralelo de vendas de três anos anteriores à fiscalização, sem emissão de notas fiscais, de cápsulas para emagrecimento compostas de substância capaz de causar dependência psíquica e acionou imediatamente a polícia, que efetuou a prisão em flagrante do sócio-gerente por tráfego de entorpecente, já que tal substância estava estocada em prateleira, vindo a ser proferida sentença condenatória com trânsito em julgado. Com base na situação hipotética acima, julgue os itens a seguir.

(1) O proprietário do estabelecimento cometeu, em tese, crime contra a ordem tributária.

(2) A responsabilidade penal tributária e a tributária penal não se confundem, apesar de ambas adotarem a responsabilidade subjetiva.

1: correta, conforme o art. 1°, I, II e V, da Lei 8.137/1990; **2:** incorreta, porque a responsabilidade por infração da legislação tributária (responsabilidade tributária penal) não depende da intenção do agente ou do responsável ou da efetividade, natureza e extensão dos efeitos do ato, o que leva muitos autores a classificá-la como objetiva – art. 136 do CTN.
Gabarito 1C, 2E

(Delegado/DF – 2004) Quanto aos crimes contra a ordem tributária, é INCORRETO afirmar que:

(A) constitui crime suprimir ou reduzir tributo, ou contribuição social e qualquer acessório, mediante a conduta de omitir informação, ou prestar declaração falsa às autoridades fazendárias;

(B) extingue-se a punibilidade quando o agente promover o pagamento do tributo ou contribuição social, inclusive acessórios;

(C) se cometidos em quadrilha ou coautoria, o coautor ou partícipe que através de confissão espontânea revelar à autoridade policial ou judicial toda a trama delituosa terá a sua pena reduzida de um a dois terços;

(D) são de ação penal pública;

(E) a remição abrange exclusivamente as infrações cometidas anteriormente à vigência da lei que a concede, não se aplicando às infrações resultantes de conluio.

A: correta, conforme o art. 1°, I, da Lei 8.137/1990. **B:** correta, conforme o art. 9° da Lei 10.684/2003; **C:** correta, conforme o art. 16, parágrafo único, da Lei 8.137/1990. **D:** correta, nos termos do art. 15 da Lei 8.137/1990. **E:** incorreta, já que inexiste essa previsão legal.
Gabarito "E".

(Delegado/ES – 2006 – CESPE) Com relação ao direito tributário, julgue o item subsequente.

(1) Considere a seguinte situação hipotética. Davi, ao efetuar a compra de alguns livros, solicitou ao vendedor a respectiva nota fiscal. O vendedor, contudo, não a forneceu, sob o argumento de que o gerente da loja não o havia autorizado a emitir notas fiscais. Nessa situação, a omissão constitui simples infração administrativa.

1: Incorreta, visto que negar ou deixar de fornecer, quando obrigatório, nota fiscal ou documento equivalente, relativa à venda de mercadoria ou prestação de serviço, efetivamente realizada, ou fornecê-la em desacordo com a legislação é crime contra a ordem tributária previsto no art. 1°, V, da Lei 8.137/1990.
Gabarito 1E

11. OUTRAS MATÉRIAS E COMBINADAS

(Delegado/PE – 2016 – CESPE) A respeito da execução fiscal, assinale a opção correta.

(A) É admissível, nos embargos à execução fiscal, compensar os valores do imposto de renda retidos indevidamente na fonte com os valores restituídos apurados na declaração anual.

(B) A penhora não poderá recair, em nenhuma hipótese, sobre estabelecimento comercial, industrial ou agrícola.

(C) A dívida ativa regularmente inscrita goza de presunção absoluta de certeza e liquidez.

(D) A produção de provas pela fazenda pública depende de requerimento na petição inicial.

(E) Os embargos do devedor na fase de execução fiscal prescindem de garantia à execução.

A: correta, pois a proibição de alegação de compensação como matéria de defesa nos embargos à execução fiscal (art. 16, § 3°, da Lei 6.830/1980) não se aplica aos casos em que essa compensação ocorreu antes do ajuizamento da execução, na forma admitida por lei do próprio ente tributante, conforme jurisprudência pacífica do STJ – ver REsp 1.008.343/SP-repetitivo; **B:** incorreta, pois a penhora pode recair excepcionalmente sobre estabelecimento comercial, industrial ou agrícola, bem como em plantações ou edifícios em construção – art. 11, § 1°, da Lei 6.830/1980; **C:** incorreta, pois a presunção é relativa, podendo ser ilidida por prova inequívoca, a cargo do sujeito passivo ou do terceiro a que aproveite – art. 204, parágrafo único, do CTN; **D:** incorreta, pois a produção de provas pela Fazenda Pública independe de requerimento na petição inicial – art. 6°, § 3°, da Lei 6.830/1980; **E:** incorreta, pois a garantia da execução fiscal é imprescindível para a apresentação de embargos pelo devedor, nos termos do art. 16, § 1°, do CTN, que não foi afastado pelo atual CPC, conforme jurisprudência pacífica do STJ – ver REsp 1.272.827/PE-repetitivo.
Gabarito "A".

(Delegado/PE – 2016 – CESPE) Tendo como referência o disposto no CTN, assinale a opção correta.

(A) A capacidade tributária passiva é plena e independe da capacidade civil.

(B) Não haverá incidência tributária sobre atividades ilícitas.

(C) A obrigação tributária principal nasce com o lançamento do fato gerador.

(D) Fato gerador corresponde ao momento abstrato previsto em lei que habilita o início da relação jurídico-tributária.

(E) A denominação do tributo e a destinação legal do produto de sua arrecadação são essenciais para qualificá-lo.

A: correta – art. 126 do CTN; **B:** incorreta, pois a licitude das atividades são, em princípio, irrelevantes para a incidência tributária (princípio do *non olet*) – art. 118 do CTN; **C:** incorreta, pois, nos termos do CTN, a obrigação tributária surge imediatamente com a ocorrência do fato gerador – art. 113, § 1°, do CTN. É o crédito tributário que surge apenas com o lançamento tributário – art. 142 do CTN; **D:** discutível. Há diversas linhas doutrinárias que utilizam expressões distintas para se referir a duas realidades: (i) a previsão geral e abstrata do fato gerador, sua descrição feita pela lei (= hipótese de incidência, fato gerador em abstrato etc.) e (ii) a efetiva ocorrência do evento previsto na lei, que faz surgir a obrigação tributária (= fato jurídico tributário, fato gerador em concreto etc.). Note que a alternativa "D" se refere à previsão abstrata. Embora boa parte da doutrina utilize a expressão "fato gerador" exclusivamente para se referir à efetiva ocorrência do evento na vida real (por esse entendimento, a alternativa "D" seria incorreta), o CTN a utiliza nos dois sentidos. Por exemplo, o art. 114 do CTN se refere a "fato gerador" como o evento que ocorre na vida real (fato gerador em concreto) e que corresponde à descrição legal. Já no art. 4°, como outro exemplo, o CTN utiliza a expressão "fato gerador" para se referir à descrição legal, ou seja, à previsão geral e abstrata do evento que faz surgir a relação jurídica obrigacional tributária (entendimento pelo qual a alternativa "D" seria correta); **E:** incorreta, pois a denominação e a destinação legal do produto da arrecadação são irrelevantes para qualificar a natureza jurídica específica do tributo – art. 4° do CTN.
Gabarito "A".

7. DIREITO TRIBUTÁRIO — 619

(Delegado/DF – 2015 – Fundação Universa) Em relação ao crédito tributário, assinale a alternativa correta.

(A) Tanto a isenção quanto a anistia inserem-se entre os casos de exclusão do crédito tributário, dispensando-se, em caso de exclusão do crédito tributário por tais meios, o cumprimento das obrigações acessórias dependentes da obrigação principal cujo crédito seja excluído ou dela consequente.

(B) A anistia e a isenção, ambas formas de exclusão do crédito tributário, distinguem-se pela seguinte razão: a primeira dispensa o pagamento do tributo devido; a segunda, o pagamento da multa.

(C) Pode o legislador estabelecer, por intermédio de lei ordinária, normas gerais em matéria de legislação tributária no que diz respeito à obrigação, ao lançamento, ao crédito, à prescrição e à decadência tributários.

(D) Consoante a doutrina, os tributos classificam-se, quanto à repercussão econômica do ônus tributário, em diretos e indiretos. Dada essa classificação, só terá direito a restituição, pelo pagamento indevido de tributo indireto, o contribuinte de direito que comprovar que assumiu o referido encargo ou, tendo-o transferido a terceiro, tiver dele a autorização expressa para a restituição.

(E) O crédito tributário, constituído pelo lançamento, é realizado, de forma privativa, pela autoridade administrativa e decorre sempre da obrigação acessória, tendo a mesma natureza desta.

A: incorreta, pois a exclusão do crédito tributário não dispensa o cumprimento das obrigações acessórias dependentes da obrigação principal cujo crédito seja excluído, ou dela consequente – art. 175, parágrafo único, do CTN; **B:** incorreta, pois é a anistia que se restringe às infrações e, portanto, às penalidades pecuniárias – art. 180 do CTN; **C:** incorreta, pois as normas gerais em matéria tributária devem ser veiculadas por lei complementar federal – art. 146, III, da CF; **D:** correta, conforme a doutrina e o art. 166 do CTN; **E:** incorreta, pois o lançamento refere-se, em geral, à constituição do crédito atinente à obrigação tributária principal, embora o descumprimento de obrigação acessória possa levar à constituição do crédito atinente à penalidade pecuniária correspondente. É importante lembrar que, apesar de o art. 142 do CTN referir-se à privatividade da autoridade administrativa para constituir o crédito, é pacífico o entendimento jurisprudencial no sentido de que determinados atos do contribuinte têm essa atribuição (por exemplo, o tributo lançado por homologação que foi declarado e não pago pelo contribuinte).
Gabarito "D".

(Delegado/RO – 2014 – FUNCAB) Assinale a alternativa correta.

(A) A legislação tributária não pode conceder desconto pela antecipação do pagamento.

(B) O parcelamento será concedido na forma e condição estabelecidas em decreto.

(C) A imposição de penalidade ilide o pagamento integral do crédito tributário.

(D) Quando a legislação tributária não dispuser a respeito, o pagamento será efetuado na repartição competente do domicílio do sujeito passivo.

(E) É permitida a compensação mediante o aproveitamento de tributo, objeto de contestação judicial pelo sujeito passivo, antes do trânsito em julgado da respectiva decisão judicial.

A: incorreta, pois isso é possível, conforme o art. 160, parágrafo único, do CTN; **B:** incorreta, pois o parcelamento é concedido por lei específica – art. 155-A do CTN; **C:** incorreta, pois a penalidade não afasta a exigência do tributo – art. 157 do CTN; **D:** correta, nos termos do art. 159 do CTN; **E:** incorreta, pois isso é vedado nos termos do art. 170-A do CTN.
Gabarito "D".

(Delegado/RN – 2009 – CESPE) Em relação ao Sistema Tributário Nacional e à jurisprudência do STF, assinale a opção correta.

(A) O ordenamento jurídico brasileiro admite a instituição de taxa para o custeio de serviços prestados por órgãos de segurança pública, na medida em que tal atividade, por ser essencial, pode ser financiada por qualquer espécie de tributo existente.

(B) As taxas cobradas em razão exclusivamente dos serviços públicos de coleta, remoção e tratamento ou destinação de lixo ou resíduos provenientes de imóveis são constitucionais, no entanto é inconstitucional a cobrança de valores tidos como taxa em razão de serviços de conservação e limpeza de logradouros e bens públicos.

(C) O STF firmou orientação no sentido de que as custas judiciais e os emolumentos concernentes aos serviços notariais e registrais não possuem natureza tributária, uma vez que não se enquadram em nenhuma das espécies tributárias previstas na CF.

(D) As normas relativas à prescrição e à decadência tributárias têm natureza de normas específicas de direito tributário, cuja disciplina é reservada a lei ordinária, sendo certo que as contribuições previdenciárias prescrevem em dez anos, contados da data da sua constituição definitiva.

(E) Os cemitérios que consubstanciam extensões de entidades de cunho religioso não estão abrangidos pela imunidade tributária prevista na CF, uma vez que as normas que tratam de renúncia fiscal devem ser interpretadas restritivamente.

A: incorreta, porque os serviços de segurança pública são prestados indistinta e genericamente a toda a coletividade (*uti universi*), ou seja, não se pode identificar quanto cada cidadão se utiliza deles (não é *uti singuli*, não são serviços específicos e divisíveis), de modo que não dão ensejo à cobrança de taxa. **B:** correta, conforme a Súmula Vinculante 19/STF. **C:** incorreta, porque o entendimento jurisprudencial é de que as custas e os emolumentos têm natureza tributária (são taxas). **D:** incorreta, pois a decadência e a prescrição são matérias reservadas à lei complementar federal – art. 146, III, ***b***, da CF e Súmula Vinculante 8/STF. **E:** incorreta, já que conforme entendimento do STF, os cemitérios que consubstanciam extensões de entidades de cunho religioso estão abrangidos pela imunidade dos templos – art. 150 VI, ***b***, da CF, ver RE 578.562/BA.
Gabarito "B".

(Delegado/RN – 2009 – CESPE) Acerca da repartição das receitas tributárias, assinale a opção correta.

(A) O repasse da quota constitucionalmente devida aos municípios a título de ICMS pode sujeitar-se à condição prevista em programa de benefício fiscal de âmbito estadual.

(B) Pertencem aos municípios 50% do produto da arrecadação do ICMS do estado.

(C) Pertence aos municípios o produto da arrecadação do imposto da União sobre renda e proventos de qualquer natureza, incidente na fonte, sobre rendimentos pagos, a qualquer título, por eles, suas autarquias e pelas fundações que instituírem e mantiverem.

(D) Pertencem aos estados 50% do produto da arrecadação dos impostos que a União instituir com base no exercício de sua competência residual que lhe é atribuída pela CF.

(E) A União entregará do produto da arrecadação dos impostos sobre renda e proventos de qualquer natureza 22,5% ao Fundo de Participação dos Estados e do Distrito Federal.

A: incorreta, pois não se pode condicionar a transferência de receitas tributárias constitucionalmente previstas, salvo as exceções indicadas no próprio texto constitucional – art. 160 da CF. **B:** incorreta, já que os Municípios têm direito a 25% da receita do ICMS – art. 158, IV, da CF. **C:** correta, nos termos do art. 158, I, da CF. **D:** incorreta, dado que os Estados e o DF têm direito a 20% da arrecadação de eventual imposto da competência residual – art. 157, II, da CF. **E:** incorreta, pois a União entregará 21,5% da receita do IR ao Fundo de Participação dos Estados e do DF e 22,5% ao Fundo de Participação dos Municípios – art. 159, I, da CF. Atenção: a partir da EC 84/2014, o percentual do IPI e do IR a ser repassado pela União na forma do art. 159, I, da CF, foi majorado de 48% para 49%.
Gabarito "C".

8. Direito Civil

André Barros, Gabriela Rodrigues, Gustavo Nicolau e Wander Garcia*

1. LEI DE INTRODUÇÃO ÀS NORMAS DO DIREITO BRASILEIRO

A atual Lei de Introdução às Normas do Direito Brasileiro (Decreto-lei 4.657, de 4 de setembro de 1942 e suas alterações), antiga "Lei de Introdução ao Código Civil, é composta de regras que incidem no campo da atuação dos agentes públicos, bem como estabelece regras gerais de interpretação.

(Delegado/ES – 2019 – Instituto Acesso) Tendo em vista as disposições deste Diploma Legal, assinale a seguir a alternativa correta:

(A) Nas decisões emanadas das esferas administrativas, judicial e controladora, valores abstratos podem ser utilizados desde que, em tais decisões, sejam consideradas as consequências práticas de sua utilização no caso concreto.

(B) Uma lei federal revogada por outra lei federal posterior tem sua vigência restaurada caso a lei revogadora posterior perca sua vigência, como também tem sua eficácia jurídica restabelecida para casos concretos para os quais era aplicada,

(C) A lei do país em que a pessoa natural é domiciliada, seja ela brasileira nata ou naturalizada após processo regular com decisão transitada em julgado, determina as regras especificas sobre responsabilidade civil a serem aplicadas num caso concreto.

(D) Na hipótese de lacuna legal, que consiste em não haver uma hipótese normativa especifica e expressa a ser aplicada para um determinado caso concreto, o Juiz decidirá utilizando a ponderação, a analogia, os costumes e os princípios gerais do direito.

(E) O agente público, em nível Federal, Estadual ou Municipal, no uso de suas atribuições estabelecidas em regime jurídico próprio, responderá pessoalmente por suas decisões ou opiniões técnicas em caso de Imprudência, negligência, imperícia ou erro grosseiro.

A: correta, nos termos do art. 20, *caput* da LINDB; B: incorreta, pois salvo disposição em contrário, a lei revogada não se restaura por ter a lei revogadora perdido a vigência (art. 2°, §3° da LINDB); C: incorreta, pois a lei do país em que a pessoa natural é domiciliada determina as regras sobre o começo e o fim da personalidade, o nome, a capacidade e os direitos de família (art. 7° da LINDB). Quanto a responsabilidade civil, quando se tratar de responsabilidade civil extracontratual aplica-se a lei de onde ela se constituir (art. 9°, caput da LINDB) e se for contratual aplica-se a lei do lugar onde residir o proponente (art. 9°, §2° da LINDB); D: incorreta, pois quando a lei for omissa, o juiz decidirá o caso de acordo com a analogia, os costumes e os princípios gerais de direito (art. 4° da LINDB). A Lei não usa o termo ponderação; E: incorreta, pois o agente público responderá pessoalmente por suas decisões ou opiniões técnicas em caso de dolo ou erro grosseiro apenas (art. 28 da LINDB). **GR**
Gabarito "A".

(Delegado/GO – 2017 – CESPE) A Lei n. XX/XXXX, composta por quinze artigos, elaborada pelo Congresso Nacional, foi sancionada, promulgada e publicada.

A respeito dessa situação, assinale a opção correta, de acordo com a Lei de Introdução às Normas do Direito Brasileiro.

(A) Se algum dos artigos da lei sofrer alteração antes de ela entrar em vigor, será contado um novo período de vacância para o dispositivo alterado.

(B) Caso essa lei tenha revogado dispositivo da legislação anterior, automaticamente ocorrerá o efeito repristinatório se nela não houver disposição em contrário.

(C) A lei irá revogar a legislação anterior caso estabeleça disposições gerais sobre assunto tratado nessa legislação.

(D) Não havendo referência ao período de vacância, a nova lei entra em vigor imediatamente, sendo eventuais correções em seu texto consideradas nova lei.

(E) Não havendo referência ao período de vacância, a lei entrará em vigor, em todo o território nacional, três meses após sua publicação.

A: correta, pois de pleno acordo com o disposto no art. 1°, § 3° da Lei de Introdução as Normas do Direito Brasileiro; **B:** incorreta, pois a repristinação é admitida, desde que expressa na última lei da cadeia revocatória. Vale lembrar que a revogação é a volta da vigência de uma lei revogada, em virtude da revogação da lei que a revogou (Lei de Introdução, art. 2°, § 3°); **C:** incorreta, pois nesse caso não há revogação da lei anterior (Lei de Introdução, art. 2°, § 2°); **D:** incorreta, pois na omissão da lei, a vacância é de quarenta e cinco dias (Lei de Introdução, art. 1°). Vale a ressalva, todavia, de que é rara a hipótese de omissão da lei quanto à vacância; **E:** incorreta, pois tal prazo de três meses aplica-se apenas aos casos de lei brasileira com aplicação no exterior (ex: lei que regulamenta procedimentos nas embaixadas (Lei de Introdução, art. 1°, § 1°). **GN**
Gabarito "A".

(Delegado/SP – 2014 – VUNESP) Assinale a alternativa correta, de acordo com as disposições da Lei de Introdução às Normas do Direito Brasileiro (Decreto-Lei 4.657/1942).

(A) A lei nova revoga a lei antiga, quando com esta incompatível, ainda que não haja expressa declaração de revogação.

(B) As correções a texto de lei já em vigor não implicam em lei nova.

(C) A repristinação é regra no direito brasileiro, admitindo-se disposição legal que afaste sua incidência.

(D) Entende-se por ato jurídico perfeito a decisão judicial da qual não caiba mais recurso.

(E) O Brasil não adota, em regra, o instituto da *vacatio legis*, salvo no estrangeiro, quando admitida a obrigatoriedade da lei brasileira.

A: correta, pois a incompatibilidade da lei posterior com a anterior revoga esta, através da revogação tácita (Lei de Introdução, art. 2°, § 1°); **B:** incorreta, pois tais correções são consideradas lei nova (Lei de Introdução, art. 1°, § 4°); **C:** incorreta, pois a repristinação só ocorre quando expressamente determinado pela última lei da cadeia revogatória (Lei de Introdução, art. 2° § 3°); **D:** incorreta, pois a assertiva traz a definição legal de coisa julgada e não de ato jurídico perfeito (Lei de Introdução, art. 6°, § 3°); **E:** incorreta, pois tal instituto tem expressa previsão no art. 1° da Lei de Introdução.
Gabarito "A".

(Delegado de Polícia/GO – 2013 – UEG) Segundo o artigo 3° da Lei de Introdução às normas de Direito Brasileiro – LINDB, "*ninguém se escusa de cumprir a lei, alegando que não a conhece*". Diante do exposto, verifica-se que:

(A) se Paulo casa com Ana, sem saber que Ana é sua irmã, o erro em questão é de fato, assim Paulo tem motivos para pleitear a nulidade do contrato de casamento.

(B) no ordenamento jurídico brasileiro é cabível escusa de cumprimento da lei, alegando não conhecê-la, em casos de erro de fato (*error facti*).

(C) o Princípio da Obrigatoriedade, artigo 3° da LINDB, perde seu caráter absoluto, admitindo temperamentos, em hipóteses nas quais a lei, expressamente, possibilite o erro de direito ou erro de conteúdo legal (*error iuris*).

(D) o erro substancial existe no ordenamento jurídico pátrio como causa de invalidade ou nulidade de um negócio jurídico, sendo ele qualquer, pois refere-se ao conteúdo de norma jurídica.

A: incorreta, pois na hipótese não se está buscando escusar do cumprimento da lei e também porque não é pacífico o entendimento segundo o qual o casamento é contrato; **B:** incorreta, pois não existe tal previsão no ordenamento; **C:** correta, pois existe previsão legal no art. 8° do Decreto-lei 3.688/1941 (a chamada Lei de Contravenções Penais), segundo o qual "*No caso de ignorância ou de errada*

---

*   **AB**   questões comentadas por: **André Barros.**
      GN   questões comentadas por: **Gustavo Nicolau.**
      WG   questões comentadas por: **Wander Garcia.**
      GR   questões comentadas por **Gabriela Rodrigues**
      André Barros e **Gustavo Nicolau** comentaram as demais questões.

ANDRÉ BARROS, GABRIELA RODRIGUES, GUSTAVO NICOLAU E WANDER GARCIA

compreensão da lei, quando escusáveis, a pena pode deixar de ser aplicada"; **D:** incorreta, pois a possibilidade de se anular um contrato tendo em vista a incorreta compreensão da lei somente se verifica quando o erro, sendo de direito, for o motivo único ou principal do negócio jurídico (art. 139, III, do CC).

Gabarito "C".

(Delegado de Polícia/GO – 2013 – UEG) Supondo-se que a Lei "W", de vigência considerada temporária pelo ordenamento jurídico, revoga, de forma expressa, a Lei "X" e que, devido a mudanças de comportamentos socioeconômicos, a lei revogadora vem a perder sua vigência, tem-se que:

(A) a lei revogada fica impossibilitada de ser restaurada por ter a lei revogadora perdido a vigência, pois ao ordenamento jurídico pátrio é incabível o princípio da caducidade.

(B) as correções promovidas no texto da Lei "W", ainda em vigor, consideram-se lei nova.

(C) de acordo com o estudo da Lei de Introdução às Normas de Direito Brasileiro, a Lei revogada "X" é imediatamente restaurada, como uma resposta aos anseios socioeconômicos da evolução e porque não se pode ficar sem lei.

(D) de acordo com a Lei de Introdução às Normas de Direito Brasileiro, a Lei destinada à vigência temporária possuirá vigor até que outra a revogue.

A: incorreta. A restauração da lei revogada por conta da revogação da lei revogadora configura repristinação, fenômeno que – no Brasil – só ocorre se a última lei expressamente determinar (art. 2º, § 3º, da LINDB); **B:** correta, pois "*as correções a texto de lei já em vigor consideram-se lei nova*" (art. 1º, § 4º, da LINDB); **C:** incorreta, pois a repristinação só ocorre de forma expressa. Assim, a revogação da lei revogadora – por si só – gerará uma lacuna da lei no que se refere àquele assunto; **D:** incorreta, pois a lei temporária é exceção ao princípio da continuidade (art. 2º, LINDB).

Gabarito "B".

(Delegado/PA – 2012 – MSCONCURSOS) Em relação à Lei de Introdução às normas do Direito Brasileiro, analise os itens abaixo e assinale a alternativa correta.

I. Contém normas de sobredireito aplicáveis a todos os ramos do direito, prevalecendo sobre aquilo que a legislação específica dispuser de forma diferente.

II. Excepcionalmente, a lei começa a vigorar em todo o país quarenta e cinco dias depois de oficialmente publicada.

III. A lei posterior revoga a anterior quando expressamente o declare, quando seja com ela incompatível ou quando regule inteiramente a matéria de que tratava a lei anterior.

IV. O efeito repristinatório só ocorre quando houver previsão expressa na lei nova.

V. Para que a sentença proferida no estrangeiro seja executada no Brasil, além de outros requisitos previstos em lei, é necessário que tenha sido homologada pelo Supremo Tribunal Federal.

(A) Apenas os itens I, II e IV estão corretas.

(B) Apenas os itens II e III estão corretas.

(C) Apenas os itens III e IV estão corretas.

(D) Apenas os itens I, II e V estão corretas.

(E) Apenas os itens III e V estão corretas.

I: incorreta, a Lei de Introdução às Normas do Direito Brasileiro (Decreto-Lei 4.657/1942) é considerada uma norma de sobredireito ou superdireito, por ter como objetivo a regulamentação de outras leis (é lei regulando lei). A sua aplicabilidade a outras leis é a regra, mas deverá ser afastada se houver determinação neste sentido. Portanto, não prevalece sobre outras leis; **II:** incorreta, a assertiva inverte o que é regra e o que é exceção. Em regra, lei começa a vigorar em nosso país 45 dias depois de publicada (art. 1º, *caput*, LINDB). A exceção é quando o legislador determina a vigência imediata ou o cumprimento de um prazo especial de *vacatio legis*; **III:** correta, a assertiva se refere às espécies de revogação: expressa e tácita (art. 2º, § 1º da LINDB); **IV:** correta, a repristinação da lei não é proibida no direito brasileiro, mas em regra não ocorre. Consoante dispõe o artigo 2º, § 3º da LINDB, "salvo disposição em contrário, a lei revogada não se restaura por ter a lei revogadora perdido a vigência". Assim, para que ocorra a repristinação de uma lei revogada deverá existir dispositivo expresso em lei; **V:** incorreta, atualmente as sentenças estrangeiras devem ser homologadas pelo Superior Tribunal de Justiça, por força do disposto no artigo 105, I, i da Constituição Federal, incluída pela Emenda Constitucional nº 45, de 2004. Tal dispositivo revogou tacitamente o artigo 15, e, da LINDB que previa a competência do Supremo Tribunal Federal.

Gabarito "C".

2. PARTE GERAL

2.1. Pessoas naturais

(Delegado/ES – 2019 – Instituto Acesso) João, maior, natural de Vila Velha, casado com Marina sob o regime de comunhão total de bens, exerce a profissão de gerente em empresa comercial. No exercício de sua profissão, João atua nas cidades de Cariacica, Fundão e Guarapari. Peçanha, subordinado de João, pretende ajuizar ação de indenização civil em face deste, sob a alegação de ter sofrido dano moral ocorrido no âmbito de suas atividades na empresa comercial. Nesta circunstância específica de interesse de Peçanha, para efeito de determinação do Domicílio de João, de acordo com o Código Civil, é correto afirmar que:

(A) Em razão da atividade concernente à profissão, Cariacica, Fundão e Guarapari podem ser considerados domicílio de João.

(B) Aplica-se o critério do lugar em que João tem ânimo definitivo de ficar, que seria, em tese, a casa em que mora com sua esposa Marina.

(C) Aplica-se a regra de fixação do domicílio de João a qualquer um dos locais em que ele tenha residência.

(D) Considera-se o domicílio civil de João apenas a sede da empresa comercial em que atua como gerente.

(E) Por conta de seu casamento sob o regime de comunhão universal, aplica-se a regra da residência conjugal.

A: correta, pois prevê a Lei que quanto às relações concernentes à profissão considera-se domicílio o lugar onde esta é exercida. Se a pessoa exercitar profissão em lugares diversos, cada um deles constituirá domicílio para as relações que lhe corresponderem (art. 72, parágrafo único). Logo, qualquer das três cidades pode ser considerada o seu domicílio; **B:** incorreta, pois neste caso é possível que se aplique o critério do domicílio profissional previsto no art. 72 CC; **C:** incorreta, pois essa regra aplica-se apenas quando a pessoa tem várias residências e a questão não menciona isso. O que a questão menciona é que ele exerce sua atividade comercial em várias cidades, logo o que se aplica é o domicílio profissional (art. 72 CC); **D:** incorreta, pois conforme art. 72, parágrafo único CC, se a pessoa exercitar profissão em lugares diversos, cada um deles constituirá domicílio para as relações que lhe corresponderem. Portanto, não é apenas a sede que é considerada domicílio; **E:** incorreta, pois o regime de bens não tem nenhuma relação com as regras de domicílio. O que se leva em consideração aqui é a questão profissional, por isso se aplica o art. 72, parágrafo único CC. GR

Gabarito "A".

(Delegado/RS – 2018 – FUNDATEC) Pela leitura dos enunciados normativos do Código Civil brasileiro, assinale a alternativa INCORRETA.

(A) Com exceção dos casos previstos em lei, o exercício dos direitos de personalidade não pode sofrer, voluntariamente, limitações, observada a característica da irrenunciabilidade de tais direitos.

(B) Além da possibilidade legal de realização de transplantes e exceto por determinação médica, é defeso o ato de disposição sobre o próprio corpo quando importar diminuição permanente da integridade física, ou contrariar os bons costumes.

(C) Não se pode usar o nome de outrem em propaganda comercial sem a devida autorização.

(D) Salvo se necessária à manutenção da ordem pública, a utilização da imagem de uma pessoa falecida poderá ser proibida, exclusivamente a requerimento de seus ascendentes ou descendentes, se se destinar a fins comerciais.

(E) A intimidade da pessoa natural é inviolável, e o juiz adotará as providências para fazer cessar ato contrário a esta norma.

A: correta (art. 11 CC), não devendo ser assinalada; **B:** correta (art. 13 *caput* e parágrafo único), não devendo ser assinalada; **C:** correta (art. 18 CC), não devendo ser assinalada; **D:** incorreta, devendo ser assinalada, pois o cônjuge também tem legitimidade para requerer a proteção (art. 20 parágrafo único CC); **E:** correta (art. 21 CC), não devendo ser assinalada . GR

Gabarito "D".

(Delegado/RS – 2018 – FUNDATEC) Tratando-se do domicílio, conforme tipificado no Código Civil brasileiro, analise as seguintes assertivas:

I. Se a pessoa jurídica possuir diversos estabelecimentos em lugares diferentes, será considerado domicílio aquele fixado por último, independentemente do local em que praticado o ato jurídico em análise.

8. DIREITO CIVIL

II. Corresponde ao de seu domicílio, o lugar onde for encontrada a pessoa natural que não tenha residência habitual.

III. Nos contratos escritos, poderão os contratantes especificar domicílio onde se exercitem e cumpram os direitos e obrigações deles resultantes.

IV. A prova da intenção de alteração de domicílio corresponde ao que declarar a pessoa a seu cônjuge, descendente ou ascendente, se outra coisa não houver sido dita quando da própria mudança, com as circunstâncias que a acompanharem.

Quais estão corretas?

(A) Apenas I e IV.

(B) Apenas II e III.

(C) Apenas III e IV.

(D) Apenas I, II e III.

(E) Apenas I, II e IV.

I: incorreta, pois tendo a pessoa jurídica diversos estabelecimentos em lugares diferentes, cada um deles será considerado domicílio para os atos nele praticados (art. 75, §1º CC); **II:** correta (art. 73 CC); **III:** correta (art. 78 CC); **IV:** incorreta, pois a prova da intenção resultará do que declarar a pessoa às *municipalidades* (e não ao cônjuge, descendente ou ascendente) dos lugares, que deixa, e para onde vai, ou, se tais declarações não fizer, da própria mudança, com as circunstâncias que a acompanharem (art. 74 parágrafo único CC). Logo, a alternativa correta é a letra B. GR

Gabarito "B".

(Delegado/MG – 2018 – FUMARC) Amanda tem 15 anos de idade. Mateus, por deficiência mental, não tem o necessário discernimento para a prática pessoal dos atos da vida civil. Tício é excepcional, sem desenvolvimento mental completo.

De acordo com o Código Civil e o Estatuto da Pessoa com Deficiência, considera(m)-se absolutamente incapaz(es) de exercer, pessoalmente, os atos da vida civil:

(A) Amanda e Mateus.

(B) Amanda.

(C) Mateus e Tício.

(D) Mateus.

A: incorreta, pois a ausência de discernimento por deficiência mental gera incapacidade relativa (art. 4º, III CC). Logo, Mateus é relativamente incapaz; **B:** correta, pois a única hipótese de absolutamente incapaz no CC é a de menores de 16 anos (art. 3º CC); **C:** incorreta, pois Mateus e Tício são relativamente incapazes, nos termos do art. 4º, III CC; **D:** incorreta, pois Mateus é relativamente incapaz, conforme art. 4º, III CC. GR

Gabarito "B".

(Delegado/MG – 2018 – FUMARC) Considere as seguintes afirmativas a respeito do domicílio da pessoa natural:

I. Tem como regra geral o lugar onde a pessoa estabelece a sua residência com ânimo definitivo.

II. Considera-se também como domicílio da pessoa natural, quanto às relações concernentes à profissão, o lugar onde esta é exercida.

III. Se houver exercício da profissão em lugares diversos, o local da contratação constituirá domicílio para as relações que lhe corresponderem.

IV. Muda-se o domicílio, transferindo a residência, com a intenção manifesta de o mudar. A prova da intenção resultará do que declarar a pessoa às municipalidades dos lugares, que deixa, e para onde vai, ou, se tais declarações não fizer, da própria mudança, com as circunstâncias que a acompanharem.

Estão CORRETAS apenas as afirmativas:

(A) I, II e III.

(B) I, II e IV.

(C) I, III e IV.

(D) II, III e IV.

I: correta (art. 70 CC); **II:** correta (art. 72 *caput* CC); **III:** incorreta, pois se a pessoa exercitar profissão em lugares diversos, cada um deles constituirá domicílio para as relações que lhe corresponderem (art. 72, parágrafo único CC). O local da contratação não é relevante; **IV:** correta (art. 74CC). GR

Gabarito "B".

(Delegado/GO – 2017 – CESPE) No que concerne à pessoa natural, à pessoa jurídica e ao domicílio, assinale a opção correta.

(A) Sendo o domicílio o local em que a pessoa permanece com ânimo definitivo ou o decorrente de imposição normativa, como ocorre com os militares, o domicílio contratual é incompatível com a ordem jurídica brasileira.

(B) Conforme a teoria natalista, o nascituro é pessoa humana titular de direitos, de modo que mesmo o natimorto possui proteção no que concerne aos direitos da personalidade.

(C) De acordo com o Código Civil, deve ser considerado absolutamente incapaz aquele que, por enfermidade ou deficiência mental, não possuir discernimento para a prática de seus atos.

(D) A ocorrência de grave e injusta ofensa à dignidade da pessoa humana configura o dano moral, sendo desnecessária a comprovação de dor e sofrimento para o recebimento de indenização por esse tipo de dano.

(E) Na hipótese de desaparecimento do corpo de pessoa em situação de grave risco de morte, como, por exemplo, no caso de desastre marítimo, o reconhecimento do óbito depende de prévia declaração de ausência.

A: incorreta, pois o Código autoriza que "os contratantes especificar domicílio onde se exercitem e cumpram os direitos e obrigações deles resultantes" (CC, art. 78); **B:** incorreta, pois a teoria natalista sustenta que a personalidade tem início com o nascimento e não com a concepção, conforme a teoria concepcionista; **C:** incorreta, pois apenas o menor de dezesseis anos é absolutamente incapaz (CC, art. 3º); **D:** correta, pois o STJ tem entendimento no sentido de que: "Dispensa-se a comprovação de dor e sofrimento, sempre que demonstrada a ocorrência de ofensa injusta à dignidade da pessoa humana" (REsp 1337961/RJ, Rel. Ministra Nancy Andrighi, Terceira Turma, julgado em 03/04/2014, DJe 03/06/2014); **E:** incorreta, pois nos casos de ser "extremamente provável a morte de quem estava em perigo de vida"; o Código Civil dispensa a prévia declaração de ausência (CC, art. 7º). GN

Gabarito "D".

(Delegado/MS – 2017 - FAPEMS) No que se refere à pessoa natural, é correto afirmar que

(A) o incapaz responde pelos prejuízos que causar, se as pessoas por ele responsáveis não tiverem obrigação de fazê-lo ou não dispuserem de meios suficientes. Não obstante a regra da responsabilidade solidária entre os pais, emanada do inciso I, do artigo 932 do Código Civil, o Superior Tribunal de Justiça já decidiu que a mãe que, à época do acidente provocado por seu filho menor de idade, residia permanentemente em local distinto daquele no qual morava o menor – sobre quem apenas o pai exercia autoridade de fato –, não pode ser responsabilizada pela reparação civil advinda do ato ilícito, mesmo considerando que ela não deixou de deter o poder familiar sobre o filho.

(B) o artigo 2º do Código Civil disciplina a tutela jurídica do nascituro. Por consenso da doutrina jurídica, citado dispositivo legal, é perfeitamente aplicável ao embrião.

(C) são absolutamente incapazes de exercerem pessoalmente os atos da vida civil aqueles que, por causa transitória ou permanente, não puderem exprimir sua vontade. Nessa hipótese legal, a incapacidade opera-se automaticamente, sendo desnecessário o processo de interdição.

(D) o Código Civil estabelece que a pessoa com deficiência não poderá testemunhar, salvo se assegurados todos os recursos de tecnologia assistiva.

(E) o nascituro não tem direito a compensação por danos morais decorrentes da morte de seu genitor vítima de acidente de trabalho. Aliás, esse entendimento adotado pelo Superior Tribunal de Justiça coincide com a teoria natalista, adotada pelo Código Civil e pelo ministro relator da ADI n. 3.510/DF [Lei da Biossegurança].

A: Correta. A terceira turma do STJ decidiu no sentido de que a mãe que vive em cidade diversa do filho menor de idade e que, portanto, não possui uma autoridade de fato cotidiana, não pode ser responsabilizada pelos atos deste. REsp 1.232.011-SC, Rel. Min. João Otávio de Noronha, julgado em 17/12/2015; **B:** incorreta, pois o nascituro é o ser concebido que se encontra no ventre materno. O embrião ostenta disciplina jurídica própria, especialmente no art. 1.597 do Código Civil; **C:** incorreta, pois tais pessoas são relativamente incapazes (CC, art. 4º, III); **D:** incorreta, pois o art. 228, § 2º, do Código Civil dispõe que: "A pessoa com deficiência poderá testemunhar em igualdade de condições com as demais

624 ANDRÉ BARROS, GABRIELA RODRIGUES, GUSTAVO NICOLAU E WANDER GARCIA

pessoas, sendo-lhe assegurados todos os recursos de tecnologia assistiva"; **E:** incorreta, pois o STJ entendeu que há indenização nesse caso (REsp 931.556/RS, Rel. Ministra Nancy Andrighi, Terceira Turma, julgado em 17/06/2008, DJe 05/08/2008). A teoria natalista apenas sustenta que a personalidade tem início com o nascimento, não se excluindo eventuais direitos ao nascituro. Por fim, a ADI 3.510 – julgada improcedente – visava a declaração de inconstitucionalidade da Lei 11.105, de 24 de março de 2005, a qual dispõe sobre a utilização de células-troncos embrionárias obtidas de embriões humanos decorrentes de fertilização *in vitro* visando pesquisas e terapias. **GN**

Gabarito "A".

(Delegado/PE – 2016 – CESPE) Com base nas disposições do Código Civil, assinale a opção correta a respeito da capacidade civil.

(A) Os pródigos, outrora considerados relativamente incapazes, não possuem restrições à capacidade civil, de acordo com a atual redação do código em questão.

(B) Indivíduo que, por deficiência mental, tenha o discernimento reduzido é considerado relativamente incapaz.

(C) O indivíduo que não consegue exprimir sua vontade é considerado absolutamente incapaz.

(D) Indivíduos que, por enfermidade ou deficiência mental, não tiverem o necessário discernimento para a prática dos atos da vida civil são considerados absolutamente incapazes.

(E) Somente os menores de dezesseis anos de idade são considerados absolutamente incapazes pela lei civil.

A: incorreta, pois os pródigos são considerados relativamente incapazes (art. 4º, IV, do CC); **B:** incorreta, pois o Estatuto da Pessoa com Deficiência (Lei 13.146/2015) retirou essa hipótese de incapacidade relativa do art. 4º do CC; **C:** incorreta, pois o Estatuto da Pessoa com Deficiência (Lei 13.146/2015) retirou essa hipótese de incapacidade absoluta do art. 3º do CC; **D:** incorreta, pois o Estatuto da Pessoa com Deficiência (Lei 13.146/2015) retirou essa hipótese de incapacidade absoluta do art. 3º do CC; **E:** correta (art. 3º do CC, com a nova redação deste com o advento do Estatuto da Pessoa com Deficiência (Lei 13.146/2015). **WG**

Gabarito "E".

(Delegado/DF – 2015 – Fundação Universa) No que diz respeito ao regime jurídico da pessoa natural, da pessoa jurídica, dos direitos de personalidade e a temas correlatos, assinale a alternativa correta conforme disposto no Código Civil e na jurisprudência do STJ.

(A) Caso uma pessoa jurídica condenada a indenizar dano moral reconhecido em decisão judicial não efetue o pagamento da quantia arbitrada pelo juiz, os efeitos de certas e determinadas relações de obrigações serão, automaticamente, estendidos aos bens particulares de seus administradores ou sócios.

(B) Pessoas jurídicas não gozam de proteção quanto aos direitos de personalidade.

(C) Muito embora o nome, nele compreendidos o prenome e o sobrenome, goze de proteção legal contra seu emprego em publicações que o exponha ao desprezo público, ainda quando não haja intenção difamatória, não existe, no ordenamento jurídico brasileiro, previsão legal expressa de extensão dessa proteção ao pseudônimo adotado para atividades lícitas.

(D) Pessoas públicas e notórias não deixam, só por isso, de ter o resguardo de direitos da personalidade.

(E) A proibição da utilização ou da exposição da imagem de uma pessoa, sem autorização prévia, restringe-se aos casos de destinação comercial da publicação.

A: incorreta, pois a desconsideração da personalidade jurídica depende, em matéria regida pelo Direito Civil, do preenchimento dos requisitos legais previstos no art. 50 do CC; **B:** incorreta, pois gozam dessa proteção no que couber (art. 52 do CC); **C:** incorreta, pois existe tal proteção (art. 19 do CC); **D:** correta, pois esse direito é um direito de qualquer pessoa natural; o que acontece é que, em certos casos, a pessoa pública pode diminuir voluntariamente a sua esfera personalíssima (por exemplo, quando um cantor está se apresentando em uma praça pública), hipótese em a proteção à sua imagem, desde que não se explore comercialmente a sua imagem sem sua autorização, recebe um contorno um pouco diferente da proteção da sua mesma imagem em situação diversa (trocando de roupa, por exemplo), como quando está no interior de sua casa num momento absolutamente privado; no primeiro caso publicar imagens da pessoa em seu show certamente é algo lícito, ao passo que no segundo caso (a publicação da imagem de uma pessoa pública trocando de roupa em sua casa) certamente se tem algo ilícito; **E:** incorreta, pois tal proteção também se dá em situações em que se está expondo indevidamente a intimidade e a vida privada da pessoa, por exemplo.

Gabarito "D".

(Delegado/PR – 2013 – UEL-COPS) Acerca da capacidade civil das Pessoas Naturais, como previsto na Lei Civil, assinale a alternativa correta.

(A) A emancipação por concessão do pai, da pessoa menor de 18 anos e maior de 16, pode ocorrer desde que seja em decorrência de sentença judicial, caso em que se dispensa a oitiva da mãe.

(B) A emancipação por concessão do pai, faz cessar a menoridade, o que pode ocorrer mediante a lavratura de escritura pública, independentemente de homologação judicial.

(C) A emancipação da pessoa menor de 18 anos e maior de 16, que decorrente de orfandade foi posta sob tutela, dar-se-á mediante sentença judicial, com a necessária manifestação do tutor.

(D) A mulher solteira, viúva ou divorciada, que deixou de conviver com o pai de seu filho menor, poderá promover sua emancipação, desde que este esteja registrado em nome dos dois, mediante instrumento público a ser homologado judicialmente.

(E) Quem tem ao menos 16 anos e se mantém por economia própria, em decorrência de relação de emprego, pode requerer judicialmente sua emancipação, com a prova de sua alegação.

A: incorreta, pois a emancipação voluntária concedida pelos pais independe de autorização do MP ou de homologação do juiz (CC, art. 5º, parágrafo único, I); **B:** incorreta, pois a emancipação traz capacidade e não maioridade, a qual só se adquire aos dezoito anos (CC, art. 5º). Mesmo emancipado (e, portanto, capaz) o sujeito continua com dezesseis anos e não pode, inclusive, praticar atos aos quais a lei exigiu idade, como conduzir veículo automotor, comprar bebidas alcoólicas, etc.; **C:** correta, pois para os casos de menor sob tutela, a lei exige a sentença judicial a fim de que a emancipação produz seus efeitos (CC, art. 5º, parágrafo único, I); **D:** incorreta, pois a mãe poderá – na falta do pai – conceder sozinha a emancipação voluntária, sem necessidade de homologação do juiz (CC, art. 5º, parágrafo único, I); **E:** incorreta, pois tal pedido só poderá ser feito com dezesseis anos (CC, art. 5º, parágrafo único, V).

Gabarito "C".

(Delegado/RJ – 2013 – FUNCAB) No que tange à disciplina dos direitos da personalidade no Código Civil, assinale a alternativa INCORRETA.

(A) Salvo por exigência médica, é defeso o ato de disposição do próprio corpo, quando importar diminuição permanente da integridade física, ou contrariar os bons costumes.

(B) Pode a pessoa ser constrangida a submeter-se, com risco de vida, a tratamento médico ou à intervenção cirúrgica.

(C) O nome da pessoa não pode ser empregado por outrem em publicações ou representações que a exponham ao desprezo público, ainda quando não haja intenção difamatória.

(D) Salvo se autorizadas, ou se necessárias à administração da justiça ou à manutenção da ordem pública, a divulgação de escritos, a transmissão da palavra, ou a publicação, a exposição ou a utilização da imagem de uma pessoa poderão ser proibidas, a seu requerimento e sem prejuízo da indenização que couber, se lhe atingirem a honra, a boa fama ou a respeitabilidade, ou se se destinarem a fins comerciais.

(E) A vida privada da pessoa natural é inviolável, e o juiz, a requerimento do interessado, adotará as providências necessárias para impedir ou fazer cessar ato contrário a esta norma.

A: correta, pois a assertiva reproduz regra estabelecida pelo art. 13 do CC; **B:** incorreta, devendo ser assinalada, pois: "Ninguém pode ser constrangido a submeter-se, com risco de vida, a tratamento médico ou a intervenção cirúrgica" (CC, art. 15); **C, D, E:** corretas, pois as assertivas reproduzem o disposto respectivamente nos arts. 17, 20 e 21 do Código Civil.

Gabarito "B".

(Delegado de Polícia/GO – 2013 – UEG) O Código Civil apresentou inovações acerca do estudo do domicílio da pessoa natural. Diante do exposto, verifica-se que

(A) o domicílio dos representados é aquele fixado pela vontade do representante legal, regulado em prol do exercício da autonomia privada, não sendo necessariamente o mesmo do representante legal.

(B) a concepção de domicílio relaciona-se com conceitos pertinentes ao conceito de residência e ao conceito de moradia, sendo este conceito de moradia próprio do direito subjetivo, constituído pelo estabelecimento da pessoa.

(C) o domicílio é o local físico, podendo ser mais de um, ou podendo ser alterado, e tal conceito, previsto no Código Civil, é também

8. DIREITO CIVIL

aplicável no caso do servidor público correlacionado com o domicílio necessário.

(D) é domicílio de uma pessoa que não tenha residência física o local em que ela for encontrada, ou seja, o lugar de sua habitação ou moradia.

A: incorreta, pois o domicílio do incapaz é o do seu representante (art. 76, parágrafo único, do CC); **B:** incorreta, pois o domicílio apresenta um importante elemento subjetivo, que é a intenção de permanecer. O domicílio é o lugar de onde a pessoa sai com intenção de retornar. É a residência com ânimo definitivo (art. 70 do CC); **C:** incorreta, pois domicílio é a soma do elemento objetivo residência com o elemento subjetivo de permanência e estabilidade; **D:** correta, pois de pleno acordo com o art. 73 do CC. Nesse sentido, interessante julgado do Tribunal de Justiça de São Paulo: "Citação de empresa circense. Não se confundem as personalidades jurídicas da empresa com as dos seus sócios individualmente. Correto o ajuizamento da ação e a citação do circo no lugar onde foi encontrado, independentemente de seu sócio responsável ser domiciliado em outro lugar" (ext. 1º TACIV-SP, 7ª Câm., Ag 652.776-4, rel. Juiz Carlos Renato, julgado em 06.02.1996).
Gabarito "D".

(Delegado/AL – 2012 – CESPE) Com base no que dispões a Lei de Introdução às Normas do Direito Brasileiro (LINDB) e Direito Civil, julgue o item subsecutivo.

(1) A personalidade civil começa com o nascimento com vida, mas os direitos do nascituro estão sujeitos a uma condição resolutiva, ou seja, são direitos eventuais; esse conceito refere-se à teoria da personalidade condicional.

1: incorreta, o artigo 2º do Código Civil adotou a teoria natalista quanto ao momento do início da personalidade jurídica dos seres humanos. Quanto ao nascituro, seus direitos ficam sujeitos a uma condição suspensiva.
Gabarito 1E

2.2. Pessoas jurídicas

(Delegado/DF – 2015 – Fundação Universa) No que diz respeito ao domicílio das pessoas naturais e jurídicas, assinale a alternativa correta.

(A) A pessoa jurídica tem domicílio no lugar onde funcionarem as respectivas diretorias e administrações, ou em domicílio especial especificado no seu estatuto ou em atos constitutivos, não havendo autorização legal para que a pessoa jurídica tenha mais de um domicílio.

(B) É nula a cláusula contratual de especificação de domicílio nas situações em que os contratantes especificam onde devem ser exercidos e cumpridos direitos e obrigações resultantes do próprio contrato.

(C) Tem o preso domicílio necessário na localidade onde cumprir a sentença penal.

(D) O domicílio da pessoa natural, mesmo no que se refere às relações concernentes à profissão, é o lugar onde ela estabelece a sua residência com ânimo definitivo.

(E) Somente se prova a intenção manifesta de mudar, para fins de modificação do domicílio, pela própria mudança, com as circunstâncias que a acompanharem.

A: incorreta, pois "tendo a pessoa jurídica diversos estabelecimentos em lugares diferentes, cada um deles será considerado domicílio para os atos nele praticados" (art. 75, § 1º, do CC); **B:** incorreta, pois "nos contratos escritos, poderão os contratantes especificar domicílio onde se exercitem e cumpram os direitos e obrigações deles resultantes" (art. 78 do CC); **C:** correta (art. 76, *caput* e parágrafo único, do CC); **D:** incorreta, pois "é também domicílio da pessoa natural, quanto às relações concernentes à profissão, o lugar onde esta é exercida" (art. 72, *caput*, do CC); **E:** incorreta, pois a prova da intenção também resultará "do que declarar a pessoa às municipalidades dos lugares, que deixa, e para onde vai" (art. 74, parágrafo único, do CC).
Gabarito "C".

(Delegado/PR – 2013 – UEL-COPS) Com relação ao que dispõe o Código Civil acerca das Pessoas Jurídicas, considere as afirmativas a seguir.

I. São pessoas jurídicas de direito privado as associações, as sociedades, as fundações, as organizações religiosas, os partidos políticos e as empresas individuais de responsabilidade limitada.

II. A exclusão do associado só é admissível se for verificada uma justa causa, assim reconhecida em procedimento que assegure

direito de defesa e de recurso, nos termos previstos em seu estatuto.

III. As associações são constituídas mediante ato formal e por escritura pública pela união de pessoas que se organizem para fins não econômicos. O ato constitutivo determina aos associados direitos e obrigações recíprocas.

IV. A criação de uma fundação depende de um conjunto de fatores, a saber: união de pessoas sem fins lucrativos, existência de patrimônio que dê suporte para suas ações e um instrumento particular, subscrito e elaborado pelo advogado.

Assinale a alternativa correta.

(A) Somente as afirmativas I e II são corretas.

(B) Somente as afirmativas I e IV são corretas.

(C) Somente as afirmativas III e IV são corretas.

(D) Somente as afirmativas I, II e III são corretas.

(E) Somente as afirmativas II, III e IV são corretas.

I: correta, pois a assertiva reproduz com fidelidade o rol de pessoas jurídicas de Direito Privado estabelecido pelo art. 44 do CC; **II:** correta, pois tal procedimento com ampla defesa é previsto no art. 57 do Código Civil; **III:** incorreta, pois não há, entre associados, direitos e obrigações recíprocos (CC, art. 53, parágrafo único); **IV:** incorreta, pois a fundação é uma reunião de bens e não uma reunião de pessoas (CC, art. 62).
Gabarito "A".

2.3. Bens

(Delegado/RS – 2018 – FUNDATEC) Conforme disciplina normativa do Código Civil brasileiro, NÃO são bens públicos:

(A) Os dominicais, ainda que alienáveis.

(B) Os de uso especial destinados a autarquias.

(C) Os terrenos destinados a serviços da administração territorial ou municipal.

(D) Os bens sujeitos a usucapião.

(E) Os dominicais, quando objeto de direito pessoal de entidades de direito público.

A: incorreta, pois os bens dominicais ainda que alienáveis são bens públicos (art. 99, III e 101 CC); **B:** incorreta, pois os bens de uso especial destinados a autarquias são bens públicos nos termos do art. 99, II CC; **C:** incorreta, pois os terrenos destinados a serviços da administração territorial ou municipal são bens públicos, nos termos do art. 99, II CC; **D:** correta (art. 102 CC); **E:** incorreta, pois os bens dominicais, quando objeto de direito pessoal de entidades de direito público são considerados bens públicos conforme art. 99, III CC. GR
Gabarito "D".

(Delegado/MG – 2018 – FUMARC) De acordo com o disposto no Código Civil a respeito dos bens, é CORRETO afirmar:

(A) A lei não pode determinar a indivisibilidade do bem, pois esta característica decorre da natureza da coisa ou da vontade das partes.

(B) A regra de que o acessório segue o principal tem inúmeros efeitos, entre eles, a presunção absoluta de que o proprietário da coisa principal também seja o dono do acessório.

(C) Para os efeitos legais, considera-se bem imóvel o direito à sucessão aberta.

(D) Pertenças são obras feitas na coisa ou despesas que se teve com ela, com o fim de conservá-la, melhorá-la ou embelezá-la.

A: incorreta, pois os bens naturalmente divisíveis podem tornar-se indivisíveis por determinação da lei ou por vontade das partes (art. 88 CC); **B:** incorreta, pois a presunção é relativa. Existe um princípio geral do Direito Civil que reza que o bem acessório segue o principal, salvo disposição especial em contrário – princípio da gravitação jurídica. De acordo com Flávio Tartuce: " Tal regra estava prevista no art. 59 do CC/16 e apesar de não reproduzida no Código Civil de 2002 continua tendo aplicação direta, como princípio geral do Direito Civil brasileiro, retirado de forma presumida da análise de vários dispositivos da atual codificação. Com um desses comandos, pode ser aplicado o art. 92 do Código, que em sua parte final enuncia que o bem acessório é "aquele cuja existência supõe a do principal". (TARTUCE, Flávio, Manual de Direito Civil – vol. Único, 7ª ed, Método, p. 207). Logo, não dá dizer que sempre o acessório segue o principal e portanto não dá para afirmar que sempre o proprietário da coisa principal também será o da coisa acessória; **C:** correta (art. 80, II CC); **D:** incorreta, pois são pertenças os bens que, não constituindo partes integrantes, se destinam, de modo duradouro, ao uso, ao serviço ou ao aformoseamento de outro (art. 93 CC). GR
Gabarito "C".

8. Direito Civil

625

(Delegado/SP – 2014 – VUNESP) Com relação aos bens públicos, é correto afirmar que

(A) os de uso especial e os dominicais são inalienáveis, inadmitindo desafetação.

(B) podem ser de uso gratuito ou retribuído, conforme disposição legal.

(C) os rios, mares, ruas e praças constituem bens de uso especial.

(D) os de uso especial são aqueles bens públicos revestidos de estrutura de direito privado.

(E) apenas os dominicais estão sujeitos à usucapião.

A: incorreta, pois os bens dominicais (ou dominiais) fazem parte do acervo patrimonial do Estado, podendo ser alienados de acordo com as regras do Direito Administrativo; **B:** correta, pois o "uso comum dos bens públicos pode ser gratuito ou retribuído, conforme for estabelecido legalmente pela entidade a cuja administração pertencerem" (CC, art. 103); **C:** incorreta, pois tais bens são claramente exemplos de bens de uso comum do povo (CC, art. 99, I); **D:** incorreta, pois tal estrutura não é característica dos bens de uso especial; **E:** incorretas, pois nenhum bem público está sujeito à usucapião (CC, art. 102 e CF, arts. 183 § 3º e 191 parágrafo único).
Gabarito "B".

(Delegado/PR – 2013 – UEL-COPS) Sobre as diferentes classes de bens previstas no Código Civil, considere as afirmativas a seguir.

I. São bens imóveis os direitos reais sobre imóveis, as ações que os asseguram, a sucessão aberta e os materiais provisoriamente separados de um prédio, para nele se reempregarem.

II. Constitui universalidade de fato a pluralidade de bens singulares que, pertinentes à mesma pessoa, tenham destinação unitária. Esses bens podem ser objeto de relações jurídicas próprias.

III. O uso comum dos bens públicos pode ser gratuito ou mediante retribuição, conforme for estabelecido legalmente pela entidade a cuja administração pertencerem.

IV. Os bens públicos dominicais são insuscetíveis de cessão, doação, constituição de garantia e alienação.

Por serem essenciais ao serviço público, seu uso por particular deve ser temporário e mediante remuneração.

Assinale a alternativa correta.

(A) Somente as afirmativas I e II são corretas.

(B) Somente as afirmativas I e IV são corretas.

(C) Somente as afirmativas III e IV são corretas.

(D) Somente as afirmativas I, II e III são corretas.

(E) Somente as afirmativas II, III e IV são corretas.

I: correta, pois a assertiva indica bens que estão enumerados como imóveis pelo CC (arts. 80 e 81); **II:** correta, pois de pleno acordo com a regra estabelecida pelo art. 90 do CC; **III:** correta, pois de pleno acordo com a regra do art. 103 do CC; **IV:** incorreta, pois os bens dominicais (ou dominiais) fazem parte do acervo patrimonial do Estado, podendo ser alienados de acordo com as regras do Direito Administrativo.
Gabarito "D".

(Delegado de Polícia/GO – 2013 – UEG) Na parte geral do Código Civil, em relação ao estudo dos bens, tem-se que:

(A) sabe-se que a indivisibilidade convencional é aplicada aos condôminos, sendo possível a estes responderem pelo quinhão de cada um, é ilícito o cabimento legal de cláusula pontuando acerca da indivisibilidade da coisa comum por prazo não maior de cinco anos, suscetível de prorrogação ulterior.

(B) bens infungíveis são aqueles denominados bens personalizados ou individualizados, sendo considerados pela lei e pela doutrina também como bens imóveis, observando que, no caso do estudo dos bens complexos infungíveis, são considerados, também, os bens móveis como bens que não podem ser substituídos.

(C) o Código Civil trata de várias modalidades de bens, sendo que, nas classificações quanto à fungibilidade e consuntibilidade, essas se confundem, pois o critério adotado por nosso ordenamento jurídico leva em conta o estudo da consuntibilidade física ou de fato.

(D) bens coletivos, assim como os bens compostos, são aqueles constituídos por várias coisas singulares, consideradas em conjunto e formando um todo individualizado, podendo decorrer de uma união fática ou jurídica.

A: incorreta, pois é lícita a cláusula que determina a indivisibilidade da coisa comum por prazo não maior do que cinco anos, suscetível de prorrogação (art.

1.320, § 1º, do CC); **B:** correta, pois os bens imóveis são sempre infungíveis, ao passo que os móveis são infungíveis quando não puderem ser substituídos por outros da mesma espécie, qualidade e quantidade (art. 85, CC); **C:** incorreta. Não há confusão nos critérios de fungibilidade e consuntibilidade. Aquele diz respeito a coisas que não se substituem, ao passo que este trata de bens que – uma vez utilizados – se destroem, como é o caso de gêneros alimentícios; **D:** incorreta, os conceitos de bens coletivos e de bens compostos não se confundem. A assertiva define os bens coletivos e não os compostos.
Gabarito "B".

(Delegado/AL – 2012 – CESPE) Com relação às pessoas naturais, às pessoas jurídicas e aos bens, julgue o item a seguir.

(1) O princípio da gravitação jurídica é o princípio norteador dos bens reciprocamente considerados.

1: certo, o princípio da gravitação jurídica, também conhecido como princípio da acessoriedade, é a regra pela qual o bem acessório segue a sorte do bem principal (art. 92 do CC).
Gabarito 1C.

(Delegado/AL – 2012 – CESPE) No tocante aos bens públicos, julgue o próximos item.

(1) Os bens públicos, seja qual for a sua destinação, são insuscetíveis de aquisição por meio de usucapião.

1: correta, pois todos os bens públicos são insuscetíveis de aquisição pela usucapião, não importando se são de uso especial, de uso comum do povo ou dominicais (art. 102 do CC).
Gabarito 1C.

2.4. Fatos jurídicos

(Delegado/RS – 2018 – FUNDATEC) Quanto à prova dos fatos jurídicos, analise as seguintes assertivas:

I. A confissão é irrevogável, mas pode ser anulada se decorreu de erro de fato ou de coação.

II. A escritura pública, lavrada em notas de tabelião, é documento dotado de fé pública, fazendo prova plena, desde que observado o cumprimento das exigências legais e fiscais inerentes à legitimidade do ato.

III. O instrumento particular, quando assinado por quem esteja na livre administração de seus bens, faz prova e opera seus efeitos, a respeito de terceiros, independentemente de qualquer registro público.

IV. As declarações constantes de documentos assinados se presumem verdadeiras em relação aos signatários apenas se confirmadas, no mesmo documento, por duas testemunhas.

Quais estão INCORRETAS?

(A) Apenas I e IV.

(B) Apenas III e IV.

(C) Apenas I, II e III.

(D) Apenas I, II e IV.

(E) Apenas II, III e IV.

I: correta (art. 214 CC); **II:** correta (art. 215 CC); **III:** incorreta, pois os seus efeitos, bem como os da cessão, não se operam, a respeito de terceiros, antes de registrado no registro público (art. 211, *caput* CC); **IV:** incorreta, pois as declarações constantes de documentos assinados presumem-se verdadeiras em relação aos signatários independentemente de confirmação no mesmo documento, por duas testemunhas (art. 219 *caput* CC). Logo a alternativa correta é a letra B. **GR**
Gabarito "B".

(Delegado/GO – 2017 – CESPE) Um oficial do corpo de bombeiros arrombou a porta de determinada residência para ingressar no imóvel vizinho e salvar uma criança que corria grave perigo em razão de um incêndio.

A respeito dessa situação hipotética e conforme a doutrina dominante e o Código Civil, assinale a opção correta.

(A) O oficial tem o dever de indenizar o proprietário do imóvel danificado, devendo o valor da indenização ser mitigado em razão da presença de culpa concorrente.

(B) O ato praticado pelo oficial é ilícito porque causou prejuízo ao dono do imóvel, inexistindo, entretanto, o dever de indenizar, dada a ausência de nexo causal.

8. DIREITO CIVIL — 627

(C) Não se aplica ao referido oficial a regra do Código Civil segundo a qual o agente que atua para remover perigo iminente pode ser chamado a indenizar terceiro inocente.

(D) Conforme disposição do Código Civil, o oficial teria o dever de indenizar o dono do imóvel no valor integral dos prejuízos existentes, tendo direito de regresso contra o responsável pelo incêndio.

(E) Não se pode falar em responsabilidade civil nesse caso, pois, na hipótese de estado de necessidade, o agente causador do dano nunca terá o dever de indenizar.

A questão envolve a situação denominada estado de necessidade. Nessa hipótese, alguém causa um dano material a fim de remover um perigo iminente, conforme previsto pelo Código Civil, art. 188, II. Além disso, a situação acaba englobando também o inciso I do mesmo art. 188, que prevê o ato praticado no *exercício regular de um direito reconhecido*. Não haveria o menor sentido de o ordenamento exigir um comportamento do agente público (ex: um bombeiro que tem o dever de salvar criança) e posteriormente cobrá-lo uma indenização. A única possibilidade que se vislumbra é a de se buscar a indenização em virtude da pessoa culpada pelo incêndio, nos termos do art. 930 do Código Civil. **GN**

Gabarito "C".

(Delegado/PE – 2016 – CESPE) Assinale a opção correta a respeito dos defeitos dos negócios jurídicos.

(A) Na lesão, os valores vigentes no momento da celebração do negócio jurídico deverão servir como parâmetro para se aferir a proporcionalidade das prestações.

(B) Os negócios jurídicos eivados pelo dolo são nulos.

(C) A coação exercida por terceiro estranho ao negócio jurídico torna-o nulo.

(D) Age em estado de perigo o indivíduo que toma parte de um negócio jurídico sob premente necessidade ou por inexperiência, assumindo obrigação manifestamente desproporcional ao valor da prestação oposta ferindo o caráter sinalagmático do contrato.

(E) Se em um negócio jurídico, ambas as partes agem com dolo, ainda assim podem invocar o dolo da outra parte para pleitear a anulação da avença.

A: correta (art. 157, § 1º, do CC); **B:** incorreta, pois são anuláveis (art. 171, II, do CC); **C:** incorreta, pois a coação torna o negócio anulável (art. 171, II, do CC), sendo que o instituto abarca a coação exercida por terceiro estranho (art. 154 do CC); **D:** incorreta, pois definição é de *lesão* (art. 157 do CC) e não de *estado de perigo* (art. 156 do CC); **E:** incorreta, pois nesse caso, de dolo recíproco, nenhuma das partes pode alegá-lo para fins de anular o negócio ou mesmo para reclamar indenização (art. 150 do CC). **WG**

Gabarito "A".

(Delegado/RO – 2014 – FUNCAB) No tocante à invalidade do negócio jurídico, é correto afirmar:

(A) Nos negócios jurídicos praticados com coação, o prazo de decadência para pleitear a anulação é de dois anos, contado do dia em que ela cessou.

(B) Nos negócios jurídicos quando os instrumentos particulares forem antedatados ou pós-datados, não haverá simulação, mas, serão considerados nulos.

(C) Nos negócios jurídicos, quando a lei dispuser que determinado ato é anulável, sem estabelecer prazo para pleitear-se a anulação, será este de quatro anos, a contar da data da conclusão do ato.

(D) Nos negócios jurídicos praticados por incapazes, o prazo de decadência para pleitear a anulação é de quatro anos, contado do dia em que cessou a incapacidade.

(E) O negócio jurídico em que for preterida alguma solenidade que a lei considere essencial para a sua validade é considerado anulável.

A: incorreta. O prazo para anular negócio eivado de qualquer um dos vícios do consentimento é de quatro anos. A única diferença está no termo inicial deste prazo. Quando a hipótese é de coação moral, o prazo se inicia com o fim da ameaça e nas demais hipóteses o prazo inicia no dia da conclusão do negócio (CC, art. 178); **B:** incorreta, pois os instrumentos particulares antedatados ou pós-datados são exemplos legais de simulação (CC, art. 167 § 1º, III); **C:** incorreta, pois para esses casos o prazo será de dois anos (CC, art. 179). Um bom exemplo é a previsão de anulabilidade da venda de ascendente a descendente sem autorização dos demais (CC, art. 496) que – por falta de indicação de prazo decadencial – submete-se ao referido prazo bienal; **D:** correta, pois o art. 178, III prevê essa hipótese de anulação de atos praticados por incapazes, estabelecendo o prazo decadencial de quatro anos, cujo termo inicial é o dia no qual cessar a

incapacidade; **E:** incorreta, pois o não atendimento de solenidade essencial produz nulidade absoluta do negócio jurídico (CC, art. 166, V).

Gabarito "D".

(Delegado/PR – 2013 – UEL-COPS) Setúbal Mourinho de Oliveira, imigrante recém-chegado ao Brasil, pretendia adquirir um bem imóvel para instalar sua indústria e comércio de produtos alimentícios. Consultou diversos jornais até que encontrou Aristides, que lhe ofereceu uma casa em um certo bairro da cidade. Setúbal lhe afirmou que pretendia a aquisição de um bem imóvel para instalar sua empresa, e o negócio se concluiu dias depois. Setúbal não pôde se instalar como pretendia, pois a Prefeitura do Município esclareceu que naquela zona residencial isso não era possível.

Acerca das consequências desse negócio jurídico, assinale a alternativa correta.

(A) O negócio é passível de anulação por restar configurada a lesão.

(B) O negócio é anulável porque está presente o erro quanto ao objeto principal.

(C) O negócio é passível de anulação por restar configurada a omissão dolosa.

(D) O negócio não é anulável pois se trata de condição específica do contrato.

(E) O negócio deve subsistir pois não se evidencia qualquer espécie de vício.

A: incorreta, pois a hipótese não se encaixa na previsão de lesão, que exige negócio desproporcional causado por inexperiência ou premente necessidade (CC, art. 157); **B:** incorreta, pois o comprador foi levado ao engano pela omissão do vendedor, o que afasta a hipótese do Erro, no qual o sujeito se engana sozinho; **C:** correta. A hipótese mencionada no enunciado demonstra que o vendedor não informou ao comprador um dado absolutamente essencial para a conclusão do negócio jurídico pretendido. Tendo em vista que o comprador tinha a clara intenção de ali instalar uma indústria, o negócio certamente não se teria realizado caso ele soubesse que a zona ali era exclusivamente residencial. Essa omissão do vendedor configura o chamado *dolo negativo* ou *dolo por omissão*, com previsão no art. 147 do CC, o que torna o negócio anulável. Vale destacar que a matéria encontra relação direta com o dever anexo de informação, decorrente do princípio da boa-fé objetiva (CC, art. 422); **D:** incorreta, pois o negócio é anulável (CC, art. 171); **E:** incorreta, pois verificou-se o vício do dolo negativo, anteriormente descrito (CC, art. 147).

Gabarito "C".

(Delegado/SP – 2014 – VUNESP) No estado de perigo, considerado como defeito do negócio jurídico, é correto afirmar que

(A) para sua configuração, é imprescindível o conhecimento do risco de grave dano por ambas as partes.

(B) somente pode ser alegado quando o risco de grave dano for da própria pessoa que assumiu a obrigação.

(C) é causa de nulidade do negócio jurídico, exigindo declaração judicial neste sentido.

(D) gera a possibilidade de revisão judicial, com finalidade de tornar a obrigação proporcional, mas não é causa de anulação ou nulidade do negócio.

(E) consiste na assunção de obrigação manifestamente desproporcional à obrigação da outra parte, por inexperiência.

A: correta, pois o art. 156 do Código Civil foi expresso ao exigir que – o risco de grave dano que ameaçava uma das partes – fosse de conhecimento da outra parte. Assim, o conhecimento do risco é requisito indispensável no estado de perigo; **B:** incorreta, pois o risco de grave dano pode também estar ameaçando pessoa pertencente à família da pessoa que assume a obrigação. Exemplo: o pai aceita assinar contrato extremamente oneroso visando possibilitar a internação do seu filho em hospital; **C** e **D:** incorretas, pois a hipótese é de anulabilidade, como ocorre com todos os vícios do consentimento (CC, art. 171); **E:** incorreta, pois a hipótese de prática de negócio desproporcional por inexperiência é prevista apenas no vício da lesão (CC, art. 157).

Gabarito "A".

(Delegado/PR – 2013 – UEL-COPS) A respeito dos fatos e atos jurídicos, como previstos no Código Civil, assinale a alternativa correta.

(A) Tratando-se de atos jurídicos eivados de vício insanável, como erro, dolo, fraude contra credores, estado de perigo ou lesão, o prazo para se intentar ação anulatória é de dois anos, contado a partir da celebração do negócio.

628 ANDRÉ BARROS, GABRIELA RODRIGUES, GUSTAVO NICOLAU E WANDER GARCIA

(B) A condição é considerada como a cláusula que, derivando exclusivamente da vontade de uma das partes, determina que o efeito do negócio jurídico fica subordinado a um evento futuro e incerto.

(C) Em se tratando de erro, este não prejudica a validade do negócio jurídico quando a pessoa, a quem a manifestação de vontade se dirige, se oferecer para executá-la na conformidade da vontade real do manifestante.

(D) Para que se considere a coação como defeito do negócio, levam-se em conta o sexo, a idade e a desproporção de altura e peso entre coator e coagido. O simples temor reverencial também é considerado atividade coatora.

(E) É anulável o negócio jurídico que aparentemente confere ou transmite direitos a pessoas diversas daquelas às quais realmente se transmitem, ou que contiverem declaração, confissão, condição ou cláusula não verdadeira.

A: incorreta, pois o prazo para anular negócio eivado de qualquer um dos vícios do consentimento é de quatro anos. A única diferença está no termo inicial deste prazo. Quando a hipótese é de coação moral, o prazo se inicia com o fim da ameaça e nas demais hipóteses o prazo inicia no dia da conclusão do negócio (CC, art. 178); **B:** incorreta, pois a condição deve decorrer da vontade de ambas as partes e não de apenas uma das partes (CC, art. 121); **C:** correta. Em virtude do princípio da conservação dos negócios jurídicos, a lei determina que o negócio não será anulado caso a outra parte aceite executar o negócio de acordo com a vontade real da vítima que se enganou (CC, art. 144); **D:** incorreta, pois *"desproporção de altura e peso entre coator e coagido"* não é critério para avaliar a gravidade da ameaça (CC, art. 152). Ademais, o simples temor reverencial, que é o exagerado respeito que uma pessoa tem em relação à outra, não é motivo suficiente para anular o negócio jurídico (CC, art. 153); **E:** incorreta, pois as hipóteses ali descritas são exemplos legais de simulação, o que causa a nulidade absoluta do negócio (CC, art. 167 § 1º, I e II).
Gabarito "C".

(Delegado de Polícia/GO – 2013 – UEG) De acordo com o estudo do negócio jurídico e o Direito Civil atual, tem-se que:

(A) a regra presente no Código Civil quanto à aplicação das normas no tempo é de que, quanto à validade dos negócios jurídicos, a estes deve ser aplicada a norma atual, ou seja, do momento da sua constituição ou celebração.

(B) a validade do negócio jurídico requer o agente capaz, o objeto lícito, possível, determinado e determinável e a forma correlata ao princípio da autonomia da vontade das partes, dispensando prescrição legal.

(C) de acordo com o Código Civil, a vis compulsiva é um vício do consentimento que pode ser conceituada como a perda total da capacidade de manifestação de vontade do sujeito, provocando a nulidade absoluta do negócio jurídico.

(D) são elementos acidentais do negócio jurídico a condição, o termo e o encargo; no caso das classificações das condições quanto à sua licitude, as ilícitas são aquelas que contrariam a lei, gerando anulabilidade do negócio jurídico.

A: correta. A regra estabelecida no art. 2.035 do CC estipula que – para fins de apreciação da validade do negócio jurídico – deve-se aplicar a lei da época da celebração do negócio jurídico; **B:** incorreta, pois a forma utilizada para o negócio jurídico deve ser a prevista em lei; **C:** incorreta, pois a vis compulsiva (ou coação moral) é um vício do consentimento que gera a anulabilidade do negócio (art. 171, II, do CC). Ela não elimina a capacidade de manifestação de vontade do sujeito, apenas vicia o surgimento desta vontade, ao retirar-lhe a liberdade; a coação física (vis absoluta) é que elimina a capacidade de manifestação de vontade do sujeito; **D:** incorreta, pois referida condição ilícita torna nulo o negócio sob o qual recai (art. 166, II, do CC).
Gabarito "A".

2.5. Prescrição e decadência

(Delegado/MG – 2018 – FUMARC) Sobre a prescrição e a decadência, é CORRETO afirmar:

(A) A interrupção da prescrição é comum, aproveitando, em qualquer caso, a todos os credores ainda que somente um a tenha promovido.

(B) A prescrição está ligada às ações constitutivas e desconstitutivas; já a decadência está relacionada às ações condenatórias.

(C) As ações declaratórias, por serem direitos pessoais, estão sujeitas ao prazo prescricional de 5 anos.

(D) Se a decadência for convencional, a parte a quem aproveita pode alegá-la em qualquer grau de jurisdição, mas o juiz não pode suprir a alegação.

A: incorreta, pois em regra a interrupção da prescrição por um credor não aproveita aos outros (art. 204, *caput,* 1ª parte CC). Excepcionalmente aproveitará aos outros apenas se os credores forem solidários (art. 204, §1º CC); **B:** incorreta, pois neste ponto, o referencial clássico é o texto de Agnelo Amorim Filho, que enfrenta a matéria concluindo, em síntese: (a) sujeitam-se à prescrição os direitos prestacionais, dos quais decorrem ações condenatórias; (b) sujeitam-se à decadência os direitos formativos com prazo para exercício previsto em lei, dos quais decorrem ações constitutivas; (c) são perpétuas as ações declaratórias e os direitos potestativos sem prazo para exercício previsto em lei (AMORIM FILHO, Agnelo. Critério científico para distinguir a prescrição da decadência e para identificar as ações imprescritíveis. Revista dos Tribunais, vol. 300. São Paulo: RT, out. 1961); **C:** incorreta, pois as ações declaratórias não se sujeitam ao prazo prescricional. Essa ação simplesmente visa buscar reconhecimento jurídico de uma situação que já existe. Sujeitam-se ao prazo prescricional apenas as situações em que há violação de direito (art. 189 CC) e, portanto, buscam uma condenação para que o dano seja reparado; **D:** correta (art. 211 CC). **GR**
Gabarito "D".

(Delegado/PE – 2016 – CESPE) Acerca de prescrição e decadência no direito civil, assinale a opção correta.

(A) A prescrição não pode ser arguida em grau recursal.

(B) Desde que haja consenso entre os envolvidos, é possível a renúncia prévia da decadência determinada por lei.

(C) A prescrição não corre na pendência de condição suspensiva.

(D) Ao celebrarem negócio jurídico, as partes, em livre manifestação de vontade, podem alterar a prescrição prevista em lei.

(E) É válida a renúncia da prescrição, desde que determinada expressamente antes da sua consumação.

A: incorreta, pois a prescrição, de acordo com o art. 193 do CC, pode ser alegada em qualquer grau de jurisdição, pela parte a quem aproveita; **B:** incorreta, pois a decadência legal não pode ser objeto de renúncia e se o houver renúncia esta será considerada nula (art. 209 do CC); **C:** correta (art. 199, I, do CC); **D:** incorreta, pois os prazos de prescrição não podem ser alterados por acordo entre as partes (art. 192 do CC); **E:** incorreta, pois a renúncia da prescrição só é possível depois de esta ter se consumado (art. 191 do CC). **WG**
Gabarito "C".

3. OBRIGAÇÕES

(Delegado/MG – 2018 – FUMARC) Nas obrigações negativas, o devedor é considerado inadimplente:

(A) a partir da sua citação.

(B) a partir da sua constituição em mora pelo credor.

(C) a partir do ajuizamento da ação pelo credor.

(D) desde o dia em que executou o ato de que se devia abster.

A: incorreta, pois a citação não é necessária para que o devedor seja considerado inadimplente nas obrigações negativas (art. 390 CC); **B:** incorreta, pois nas obrigações negativas o credor não precisa constituir em mora o devedor para ele ser considerado inadimplente (art. 390 CC). A constituição em mora pelo credor apenas se dá em obrigações positivas e líquidas quando não possuírem termo, caso em que a mora se constitui mediante interpelação judicial ou extrajudicial (art. 397 CC).; **C:** incorreta, pois nas obrigações negativas o ajuizamento da ação pelo credor é dispensável para constituir o devedor como inadimplente (art. 390 CC); **D:** correta (art. 390 CC). **GR**
Gabarito "D".

(Delegado/MG – 2018 – FUMARC) Considere as seguintes afirmativas a respeito do direito das obrigações:

I. O credor de coisa certa não pode ser obrigado a receber outra, ainda que mais valiosa.

II. Não incorre na obrigação de indenizar perdas e danos o devedor que recusar a prestação a ele só imposta, ou só por ele exequível.

III. Na obrigação de dar coisa incerta, antes da escolha, não poderá o devedor alegar perda ou deterioração da coisa, ainda que por força maior ou caso fortuito.

IV. Quando a obrigação é indivisível, os devedores são solidários, de sorte que a remissão de um aproveita a todos, extinguindo a dívida.

Estão CORRETAS apenas as afirmativas:

8. DIREITO CIVIL — 629

(A) I e III.

(B) I e IV.

(C) I, II e IV.

(D) II e III.

I: correta (art. 313 CC); II: incorreta, pois incorre na obrigação de indenizar perdas e danos o devedor que recusar a prestação a ele só imposta, ou só por ele exequível (art. 247 CC); III correta (art. 246 CC); IV: incorreta, pois a solidariedade não se presume. Decorre da lei ou da vontade das partes (art. 265 CC). A indivisibilidade da obrigação não a torna necessariamente solidária. Nos termos do art. 262 *caput* CC, se um dos credores remitir a dívida, a obrigação não ficará extinta para com os outros; mas estes só a poderão exigir, descontada a quota do credor remitente. Logo, a alternativa correta é a letra A. **GR**

Gabarito "A".

(Delegado/RJ – 2013 – FUNCAB) É modalidade de extinção direta de dívida pecuniária:

(A) pagamento.

(B) dação em pagamento.

(C) confusão.

(D) compensação.

(E) novação.

A: correta, pois o pagamento é a forma direta de se extinguir uma obrigação. Através dele, o devedor oferece ao credor exatamente o que havia sido combinado. Assim, por exemplo, uma obrigação em dinheiro é quitada mediante a entrega do valor ajustado; **B:** incorreta, a dação em pagamento não é forma direta de adimplemento, pois através dela, o devedor oferece coisa diversa da que havia sido combinada e o credor a aceita em extinção da dívida (CC, art. 356); **C:** incorreta, a confusão igualmente não é forma direta de adimplemento, pois ela ocorre quando reúnem-se numa só pessoa, as qualidades de credor e devedor da mesma obrigação (CC, art. 381); **D:** incorreta, a compensação ocorre quando duas pessoas são reciprocamente credoras uma da outra, extinguindo-se as obrigações ainda que parcialmente (até o valor da menor) (CC, art. 368); **E:** incorreta, pois na novação, extingue-se uma obrigação, com a intenção de se criar uma nova obrigação.

Gabarito "A".

(Delegado de Polícia/GO – 2013 – UEG) Em se tratando do Direito das Obrigações, parte especial do Código Civil, tem-se que:

(A) a possibilidade jurídica e a ilicitude do objeto prestacional se confundem, como se verifica em caso de abuso do direito que fere a ilicitude do objeto jurídico da relação obrigacional, caracterizando a sua impossibilidade jurídica.

(B) no estudo da obrigação de dar coisa certa revela-se o princípio da gravitação jurídica, pelo qual a obrigação de dar a coisa certa dispensa os seus acessórios.

(C) havendo perda do objeto da prestação, antes da tradição, caso em que a inutilização da coisa deu-se por circunstâncias alheias à diligência do devedor, a solução será a resolução contratual pela falta superveniente do objeto, sem ônus para a parte alienante.

(D) sobre a teoria do risco proveito, sendo culpado o devedor obrigacional, cabe unicamente ao credor exigir o equivalente com pagamento de juros e correções monetárias pertinentes.

A: incorreta, pois não existe confusão, nem correlação entre os institutos; **B:** incorreta, pois o princípio da gravitação jurídica estipula que o bem acessório segue o principal; **C:** correta, pois a perda da coisa certa sem culpa de quem a deve extingue a obrigação (art. 238, CC); **D:** incorreta, pois a teoria do risco proveito é a que fundamenta a responsabilidade objetiva para as atividades de risco (art. 927, parágrafo único, do CC), não se avaliando a culpa do causador do dano.

Gabarito "C".

(Delegado de Polícia/GO – 2013 – UEG) João e Maria firmaram contrato de compra e venda, nos moldes do Código Civil. Ficou estipulado, em uma das cláusulas do referido contrato, que João pagará a dívida perante Maria, mediante a entrega de R$ 400.000,00 ou um apartamento devidamente cientificado nesse valor. Assim, tem-se que:

(A) se todas as prestações estipuladas em contrato vierem a se tornar impossíveis, mesmo com culpa do devedor, extinguir-se-á a obrigação.

(B) a categoria das obrigações plurais ou compostas é formada pelas obrigações cumulativas, facultativas e alternativas, no caso do exemplo acima, tem-se um exemplo típico da modalidade das obrigações facultativas.

(C) de acordo com o exemplo acima, sendo este uma obrigação alternativa, de acordo com o ordenamento civil atual, em se tratando da escolha do objeto, esta cabe ao credor, Maria, ou ao sujeito ativo da prestação, se outra coisa não se estipulou.

(D) cabe a João promover a escolha, se outra coisa não se estipulou, restando irrevogável quando a individuação do objeto chega ao conhecimento de Maria, salvo se no contrato celebrado exista cláusula de arrependimento.

A: incorreta, pois "se, por culpa do devedor, não se puder cumprir nenhuma das prestações, não competindo ao credor a escolha, ficará aquele obrigado a pagar o valor da que por último se impossibilitou, mais as perdas e danos que o caso determinar" (art. 254, CC); **B:** incorreta, pois a hipótese mencionada é tipicamente de obrigação alternativa, na qual existe uma pluralidade de objetos e o devedor se desonera entregando uma delas. Na obrigação facultativa existe um objeto na obrigação, mas – no momento de seu cumprimento – abre-se uma faculdade ao devedor de se desonerar da obrigação de outro modo; **C:** incorreta, pois na obrigação alternativa a escolha – em regra – cabe ao devedor (art. 252, *caput*, do CC); **D:** correta, pois a escolha será de João, se outra coisa não se estipulou.

Gabarito "D".

(Delegado de Polícia/GO – 2013 – UEG) No que concerne ao estudo do adimplemento, são várias as situações de extinção das obrigações que não são precedidas pelo pagamento ordinário. Diante do exposto, tem-se que:

(A) no caso de o devedor ser simultaneamente devedor e credor, aplicar-se-á a modalidade de extinção das prestações por novação tanto objetiva como subjetiva, de acordo com a vontade e eticidade das partes envolvidas.

(B) no caso da consignação em pagamento de dívida em dinheiro, é facultativo ao *solvens* respeitar os requisitos objetivos e subjetivos previamente ajustados para o pagamento, sendo bastante o depósito efetivo para elidir sua mora.

(C) sub-rogação do pagamento é prevista no ordenamento jurídico civil nos casos de o devedor possuir duas ou mais obrigações para com um mesmo credor, e posteriormente paga uma quantia insuficiente para liquidação da dívida.

(D) considera-se pagamento a consignação que pode ser conceituada como o meio judicial ou extrajudicial adotado pelo devedor ou terceiro para libertar-se da obrigação depositando o valor devido nos casos e formas legais.

A: incorreta. Na hipótese de uma pessoa cumular as qualidades jurídicas de credor e devedor de uma mesma obrigação, configura-se o instituto da confusão (art. 381, CC) e não da novação; **B:** incorreta, pois o depósito precisa ser realizado junto com a notificação ao credor. Caso este não a aceite, o devedor promoverá ação de consignação, a qual – julgada procedente – afastará a mora do devedor com efeitos *ex tunc*; **C:** incorreta, pois a assertiva refere-se à imputação (art. 352, CC) e não à sub-rogação; **D:** correta, pois a assertiva define com precisão a hipótese de consignação em pagamento.

Gabarito "D".

(Delegado de Polícia/GO – 2013 – UEG) Obrigações não executadas geram inadimplemento, ou seja, a falta da prestação devida ocasiona uma crise na relação obrigacional, sendo necessária a intervenção do ordenamento jurídico, que neste sentido, dispõe o seguinte:

(A) o Código Civil, acerca do estudo da responsabilidade civil por danos morais, obedece à matéria consoante aos estudos do direito da personalidade no campo do direito da dignidade humana, segundo disposto no artigo 1º, inciso III da CF, sem acrescentar diferenças em relação à culpa ou não do agente inadimplente.

(B) é cabível prisão por dívida, nos moldes do artigo 5º, inciso LXVII, da Constituição Federal, sendo que o sistema infraconstitucional fica mitigado em relação ao disposto neste sentido, assim como os tratados internacionais de direitos humanos que são absorvidos como lei ordinária, de acordo com a corrente monista, pela qual o direito brasileiro fez opção.

(C) a legislação pátria responde ao inadimplemento viabilizando o dever de indenizar, sendo a reparação completa por envolver todo o prejuízo experimentado pelo lesado, por isso a indenização dos danos é admitida em lei, pois funciona como uma compensação em prol de quem sofreu danos emergentes e lucros cessantes.

(D) os juros estão incluídos no estudo dos frutos civis, como rendimento de capital subdividindo-se em moratórios e compensatórios. No caso de inadimplemento com ou sem culpa, os juros compensatórios traduzem uma indenização para o inadimplemento no cumprimento da obrigação de restituir pelo devedor, sendo uma verdadeira sanção.

A: incorreta. A grave violação a direito da personalidade acarreta danos morais à vítima. Porém, mesmo nesses casos, a aferição da culpa do agente causador do dano é regra em nosso sistema, conforme demonstra a própria definição do ato ilícito, estabelecida no art. 186 do CC, cuja consequência vem prevista no art. 927 do mesmo diploma legal. Ficam ressalvadas, apenas, as previsões específicas da lei sobre responsabilidade objetiva e a hipótese de o agente causador do dano exercer atividade que implique riscos excessivos para a sociedade; **B:** incorreta, pois os tratados internacionais de direitos humanos aprovados com quórum de emenda constitucional ingressam no sistema com força de norma constitucional. Ademais, o Brasil não adota o sistema monista para aprovação e ingresso de tratados internacionais em nosso sistema, mas sim o dualismo moderado, com participação do Executivo e do Legislativo; **C:** correta, pois o termo indenizar tem origem na expressão "tornar sem dano", que remete à ideia de que a vítima do ato ilícito deve receber reparação cabal a fim de – dentro do possível – voltar ao estado anterior ao ato ilícito. Cabe apenas uma ressalva quanto ao dano moral, o qual não é possível *indenizar*, no sentido estrito da palavra, mas sim atenuar, compensar, mitigar o sofrimento da alma verificado em decorrência da violação de direito da personalidade; **D:** incorreta, pois a mora do devedor só se configura com sua culpa (art. 396, CC) e os juros daí decorrentes não são os compensatórios, mas sim os moratórios.
Gabarito "C".

(Delegado/MG – 2012) Considerando-se as obrigações de dar coisa certa, é **INCORRETO** afirmar que

(A) se a coisa perder, sem culpa do devedor, antes da tradição, ou pendente condição suspensiva, fica resolvida a obrigação, suportando o proprietário o prejuízo.

(B) se a coisa se perder, por culpa do devedor, responderá este pelo equivalente, mais perdas e danos.

(C) se a coisa se deteriorar, sem culpa do devedor, poderá o credor, a seu critério, resolver a obrigação, ou aceitar a coisa, abatido de seu preço o valor que perdeu.

(D) se a coisa se deteriorar, por culpa do devedor, poderá o credor exigir o equivalente, ou aceitar a coisa no estado em que se acha, sem no entanto, tem direito a reclamar, em um ou em outro caso, indenização por perdas e danos.

A: correta, a obrigação de dar coisa certa é aquela em que o devedor se compromete a entregar ao credor um **bem determinado**, isto é, um bem que está totalmente individualizado (exemplo: um automóvel gol, ano 2012, placa XXX-0000). Nesta espécie de obrigação, se o bem individualizado se perder sem culpa do devedor (ex: roubo), antes da entrega (tradição) ou pendente condição suspensiva, a obrigação será extinta (resolvida) sem direito indenização pelas perdas e danos (art. 234 do CC). O devedor do bem (proprietário) suportará o prejuízo em razão da regra *res perit domino* (a coisa perece para o dono) e, por esta, razão deverá devolver valores eventualmente antecipados; **B:** correta, se na obrigação de dar coisa certa o objeto se perder por culpa do devedor (ex: o devedor incendiou o próprio automóvel) o credor será indenizado pelo valor equivalente ao bem, acrescido das perdas e danos (art. 234 do CC). Ao contrário da hipótese anterior, o devedor não deverá devolver o valor pago, mas sim o valor atual do bem (denominado *equivalente*), que pode ter se valorizado após a celebração do contrato; **C:** correta, se coisa certa se deteriorar (for parcialmente destruída) não sendo o devedor culpado, poderá o credor resolver a obrigação, ou aceitar a coisa, abatido de seu preço o valor que perdeu (art. 235 do CC); **D:** incorreta: sendo culpado o devedor, poderá o credor exigir o equivalente, ou aceitar a coisa no estado em que se acha, **com direito a reclamar**, em um ou em outro caso, indenização das perdas e danos (art. 236 do CC).
Gabarito "D".

(Delegado/PA – 2012 – MSCONCURSOS) O pagamento significa cumprimento ou adimplemento de qualquer espécie de obrigação, podendo ser direto ou indireto, constituindo meio normal de extinção da obrigação. Assim, analise os itens abaixo marcando V(verdadeiro) ou F(falso) e assinale a alternativa que apresenta a sequência correta, de cima para baixo.

( ) Se se der em pagamento coisa fungível, não se poderá mais reclamar do credor que, de boa-fé, a recebeu e consumiu, ainda que o solvente não tivesse o direito de aliená-la.

( ) É requisito essencial de validade que o pagamento seja feito ao credor ou a quem de direito o represente, sob pena de só valer depois de por ele ratificado, ou tanto quanto reverter em seu proveito, ou propiciar o direito à repetição.

( ) O objeto do pagamento é a prestação, não podendo o credor receber prestação diversa da que lhe é devida, ainda que mais valiosa.

( ) Por não ser o pagamento presumível, o devedor que paga tem direito a quitação regular, e pode reter ou consignar o pagamento, enquanto não lhe seja dada.

( ) A quitação, que sempre poderá ser dada por instrumento particular, designará o valor e a espécie da dívida quitada, o nome do devedor, ou quem por este pagou, o tempo e o lugar do pagamento, com a assinatura do credor, ou do seu representante, haja vista que, sem tais requisitos, será inválida, mesmo que de seus termos ou das circunstâncias resultar haver sido paga a dívida.

(A) V; F; V; V; F.

(B) V; V; F; V; F.

(C) F; V; V; F; F.

(D) V; V; F; V; V.

(E) F; F; F; V; V.

I: verdadeiro, conforme o artigo 307, parágrafo único, "Se se der em pagamento coisa fungível, não se poderá mais reclamar do credor que, de boa-fé, a recebeu e consumiu, ainda que o solvente não tivesse o direito de aliená-la"; **II:** verdadeiro, está de acordo com o disposto no artigo 308 do Código Civil; **III:** falso, o credor não pode ser *forçado* a receber prestação diversa, ainda que mais valiosa (art. 313 do CC), mas nada impede que *aceite*, operando-se a dação em pagamento (art. 356 do CC); **IV:** verdadeiro, o devedor que paga tem direito a quitação regular, e pode reter o pagamento, enquanto não lhe seja dada (art. 319 do CC); **V:** falso, a primeira parte da assertiva está correta conforme dispõe o artigo 320, *caput*, do Código Civil. Entretanto, a segunda parte está incorreta, pois ainda que a quitação não apresente os requisitos elencados será considerada válida, se de seus termos ou das circunstâncias resultar haver sido paga a dívida (parágrafo único do artigo 320, CC).
Gabarito "B".

4. CONTRATOS

(Delegado de Polícia/GO – 2013 – UEG) Considerando-se a Teoria da Representação e da manifestação da vontade, o Código Civil dispõe que:

(A) os poderes de representação conferem-se por Lei, de acordo com o que dispõe nosso ordenamento civil, Parte Geral e Parte Especial, direito contratual.

(B) a Teoria geral da representação é própria da parte especial do Código Civil, no que concerne ao estudo dos Negócios Jurídicos.

(C) o mandado em causa própria, ou mandado *in rem propriam*, é lícito desde que o mandante outorgue poderes para o mandatário, constando a autorização para que o último realize o negócio jurídico consigo mesmo.

(D) o estudo do autocontrato envolve a teoria da representação de forma viciada, ou seja, é considerado nulo o negócio jurídico em que o representante, no seu interesse ou por conta de outrem, celebrar consigo mesmo.

A: incorreta, pois os poderes de representação conferem-se por lei ou pelo interessado (art. 115, CC); **B:** incorreta, pois no que se refere à representação, a parte especial do Código Civil apenas disciplina o contrato de mandato, cabendo a regulamentação geral do assunto à Parte Geral (arts. 115 até 120, CC); **C:** correta, pois o mandato com cláusula "em causa própria" possibilita ao mandatário celebrar negócios com terceiros ou consigo próprio (art. 685, CC); **D:** incorreta, pois nem sempre o autocontrato é nulo, podendo se apresentar de forma válida e eficaz, conforme disposto no art. 685 do CC.
Gabarito "C".

(Delegado/PA – 2013 – UEPA) Sobre os contratos, assinale a alternativa correta.

(A) A teoria contratual adotada pelo Código Civil de 2002 é caracterizada pela diminuição da autonomia da vontade, com a consagração de princípios de ordem pública, a exemplo da função social do contrato, não sendo lícito as partes a estipulação de contratos atípicos não previstos na referida codificação.

(B) A existência de cláusulas ambíguas ou contraditórias em contratos de adesão impõe a adoção da interpretação coerente com os objetivos e premissas da contratação, ainda que desfavorável ao aderente.

(C) A parte lesada pelo inadimplemento pode pedir a resolução do contrato, se não preferir exigir-lhe o cumprimento, cabendo, em qualquer dos casos, indenização por perdas e danos.

(D) Desde que sua pretensão esteja de acordo com a função social do contrato, um contratante poderá exigir o adimplemento da obrigação do outro, ainda que não tenha honrado sua contraprestação correspondente.

(E) A constatação da existência de onerosidade excessiva impõe a resolução do contrato, ainda que o réu aceite modificar equitativamente o contrato.

A: incorreta, pois é permitido às partes celebrar contratos atípicos, ou seja, contratos que não apresentam regulamentação ou previsão legal específica, mas que foram criados pelas partes, a partir da utilização de sua autonomia contratual (CC, art. 425); **B:** incorreta, pois diante de tais cláusulas a lei determina que se adote "*a interpretação mais favorável ao aderente*" (CC, art. 423); **C:** correta, pois a assertiva reproduz o disposto no art. 475 do Código Civil; **D:** incorreta, pois "*nenhum dos contratantes, antes de cumprida a sua obrigação, pode exigir o implemento da do outro*" (CC, art. 476); **E:** incorreta, pois nesse caso "*a resolução poderá ser evitada, oferecendo-se o réu a modificar equitativamente as condições do contrato*" (CC, art. 479). A regra tem clara inspiração no princípio da conservação do negócio jurídico, o qual determina que seja evitada – sempre que possível – a anulação ou resolução dos contratos.
Gabarito "C".

(Delegado/RJ – 2013 – FUNCAB) Em 11 de janeiro de 2010, Caio celebrou contrato de seguro de vida com a Seguradora Boa Passagem S.A. Em 2 de fevereiro de 2012, Caio, desgostoso da vida, lança-se do alto de um edifício e vem a falecer.

Sua mulher, Isabela, beneficiária do seguro, procura a Seguradora, que afirma que não pagará o seguro porque o contrato continha cláusula excluindo o pagamento em caso de suicídio. À luz da disciplina do seguro de vida no Código Civil, é correto afirmar:

(A) Isabela não tem direito ao recebimento do seguro porque prevalece, neste particular, a autonomia das partes.

(B) Isabela não tem direito ao recebimento do seguro porque o pagamento do seguro de vida não é devido em casos de morte voluntária (suicídio).

(C) Isabela não tem direito ao pagamento do seguro porque o suicídio ocorreu nos primeiros três anos de vigência do contrato.

(D) Isabela tem direito ao recebimento do seguro porque a cláusula que afasta o pagamento do seguro de vida em caso de suicídio é nula, ressalvada a hipótese de suicídio ocorrido nos primeiros dois anos de vigência inicial do contrato, ou da sua recondução depois de suspenso.

(E) Isabela tem direito ao recebimento do seguro porque a cláusula que afasta o pagamento do seguro de vida em caso de suicídio é anulável, desde que o beneficiário proponha ação anulatória até dois anos após a data do suicídio.

O Código Civil de 2002 inovou no tratamento do recebimento de seguro de vida na hipótese de suicídio do segurado. Com efeito, o art. 798 dispõe que "o beneficiário não terá direito ao capital segurado quando o segurado se suicida nos primeiros dois anos de vigência inicial de contrato". Além disso, o parágrafo único estipula que "é nula a cláusula contratual que exclui o pagamento do capital por suicídio do segurado". Logo, Isabela tem direito ao recebimento do seguro.
Gabarito "D".

5. RESPONSABILIDADE CIVIL

(Delegado/RS – 2018 – FUNDATEC) Sobre ilicitude e responsabilidade civil, assinale a alternativa correta.

(A) Para a caracterização do ato ilícito previsto no Art. 187 do Código Civil brasileiro, é necessária a aferição de culpa e dano do autor do fato.

(B) Haverá obrigação de reparar o dano, independentemente de culpa, quando a atividade desenvolvida implicar, por sua natureza, risco para os direitos de outrem.

(C) Só é considerado ilícito o ato que, exercido em manifesto excesso aos limites impostos pelo seu fim econômico ou social, causar efetivo dano a alguém.

(D) Constitui hipótese de ilicitude civil, em qualquer circunstância, a conduta de lesionar a pessoa a fim de remover perigo iminente.

(E) O dano exclusivamente moral, provocado por omissão voluntária, em caso de prática de ato negligente, não conduz à caracterização de um ilícito civil.

A: incorreta. O art. 187 CC trata do abuso de direito. O aspecto subjetivo, isto é, a necessidade de comprovar culpa será determinada por quem praticou o ato e em que circunstâncias. Ex: se ao ato for praticado no contexto do art. 927, parágrafo

único CC ou pelos sujeitos do art. 932 não será necessário comprovar culpa no abuso de direito; B: correta (art. 927, parágrafo único CC); C: incorreta, pois não apenas este caso é considerado ato ilícito. Na verdade qualquer um que, por ação ou omissão voluntária, negligência ou imprudência, violar direito e causar dano a outrem, ainda que exclusivamente moral, comete ato ilícito (art. 186 CC); D: incorreta, pois quando as circunstâncias o tornarem absolutamente necessário, não excedendo os limites do indispensável para a remoção do perigo, a conduta de lesionar a pessoa não será considerada ato ilícito (art. 188, parágrafo único CC); E: incorreta, pois esta situação configura ato ilícito nos termos do art. 186 CC.
Gabarito "B".

(Delegado/MS – 2017 - FAPEMS) Sobre a responsabilidade civil, assinale a alternativa correta.

(A) A teoria da perda de uma chance pode ser utilizada como critério para a apuração de responsabilidade civil ocasionada por erro médico, na hipótese em que o erro tenha reduzido possibilidades concretas e reais de cura de paciente que venha a falecer em razão da doença tratada de maneira inadequada.

(B) Mesmo em situações normais, a instituição financeira pode ser responsabilizada por assalto sofrido por sua correntista em via pública, isto é, fora das dependências de sua agência bancária, após retirada, na agência, de valores em espécie. Estaria caracterizada uma falha na prestação de serviços, devido ao risco da atividade desenvolvida [artigo 927, parágrafo único, do Código Civil].

(C) Há entendimento sumulado do Superior Tribunal de Justiça no sentido de vedar a cumulação das indenizações por dano estético e dano moral.

(D) Para o Superior Tribunal de Justiça, a responsabilidade civil do Estado, nos casos de morte de pessoas custodiadas, é subjetiva, ficando caracterizada se provada a omissão estatal.

(E) De acordo com o Supremo Tribunal Federal, considerando que é dever do Estado, imposto pelo sistema normativo, manter em seus presídios os padrões mínimos de humanidade previstos no ordenamento jurídico, é de sua responsabilidade, nos termos do artigo 37, parágrafo 6º, da Constituição vigente, a obrigação de ressarcir os danos, inclusive morais, comprovadamente causados aos detentos em decorrência da falta ou insuficiência das condições legais de encarceramento. Nesse recente julgamento, prevaleceu a tese de que a indenização não deve ser em dinheiro, mas em dias remidos.

A: correta, pois a perda de uma chance envolve a ideia de se subtrair da vítima não um valor exato ou um dano certo, mas uma possibilidade de êxito, uma probabilidade de ganho futuro. Segundo o STJ é exatamente isso o que ocorre quando um erro médico reduz possibilidade futura e concreta de cura (AgInt no AREsp 140.251/MS, Rel. Ministra Maria Isabel Gallotti, Quarta Turma, julgado em 03/08/2017, DJe 08/08/2017); **B:** incorreta, pois o STJ entende que – nesse tipo de situação – a responsabilidade é do Estado e não da instituição financeira. A ideia é que "*O risco inerente à atividade exercida pela instituição financeira não a torna responsável pelo assalto sofrido pela autora, fora das suas dependências*" (REsp 1284962/MG, Rel. Ministra Nancy Andrighi, Terceira Turma, julgado em 11/12/2012, DJe 04/02/2013); **C:** incorreta, pois a assertiva é oposta ao texto da Súmula n. 387 do STJ, segundo a qual: "*É lícita a cumulação das indenizações de dano estético e dano moral*"; **D:** incorreta, pois o STJ se posiciona no sentido de que: "*A responsabilidade civil do Estado nos casos de morte de pessoas custodiadas é objetiva*" (REsp 1054443/MT, Rel. Ministro Castro Meira, Segunda Turma, julgado em 04/08/2009, DJe 31/08/2009); **E:** incorreta. A assertiva refere-se ao RE 580252, julgado em 16 de fevereiro de 2017, no qual se estabeleceu a tese mencionada, com a ressalva de que a indenização seria em dinheiro (no caso, o Estado deveria pagar R$ 2.000 ao autor da ação). RE 580252, Relator: Min. Teori Zavascki, Relator para o acórdão: Min. Gilmar Mendes, Tribunal Pleno, julgado em 16/02/2017, Acórdão Eletrônico DJe-204 Divulg 08-09-2017 Public 11-09-2017).
Gabarito "A".

(Delegado/PE – 2016 – CESPE) João, menor impúbere, de sete anos de idade, jogou voluntariamente um carrinho de brinquedo do alto do 14.º andar do prédio onde mora com a mãe Joana. Ao cair, o carrinho danificou o veículo de Arthur, que estava estacionado em local apropriado. Tendo como referência essa situação hipotética, assinale a opção correta, considerando as disposições vigentes a respeito de responsabilidade civil no Código Civil.

(A) O dever de reparar o dano provocado por João não alcança Joana, já que não há como provar sua culpa em relação à atitude do filho.

(B) Embora a responsabilidade de Joana seja objetiva, seu patrimônio somente será atingido se João não tiver patrimônio próprio ou se este for insuficiente para reparar o prejuízo causado a Arthur.

(C) Caso seja provada a culpa de João, a mãe, Joana, responderá objetivamente pelos danos causados pelo filho.

(D) A responsabilidade civil de João é objetiva.

(E) A mãe de João tem responsabilidade subjetiva em relação ao dano causado no veículo de Arthur.

A: incorreta, pois nesse caso se tem a chamada responsabilidade por fato de terceiro, que é objetiva em relação ao terceiro que se enquadrar nas hipóteses legais, sendo que os pais respondem pelos filhos menores que estiverem em sua companhia (arts. 932, I, e 933, ambos do CC); **B:** incorreta, pois a mãe responde diretamente pelo ato do filho, nos termos dos arts. 932, I, e 933, ambos do CC; **C:** correta (art. 933 do CC); **D:** incorreta, pois a responsabilidade objetiva só existe no caso em relação à mãe, seja pelo disposto no art. 933 do CC (c/c o art. 932, I, do CC), seja pelo disposto no art. 938 do CC; **E:** incorreta, pois a responsabilidade da mãe é objetiva tanto pelo disposto no art. 933 do CC (c/c o art. 932, I, do CC), seja pelo disposto no art. 938 do CC. **WG**

Gabarito "C".

(Delegado/PA – 2013 – UEPA) Sobre o regime de responsabilidade civil e a obrigação de indenizar, assinale a alternativa correta.

(A) O Código Civil de 2002 provocou modificações substanciais no regime de responsabilidade civil próprio do ordenamento jurídico brasileiro, tendo adotado como regra geral a apuração de responsabilidade de modo objetivo, vale dizer, independentemente de culpa.

(B) A indenização deve ser medida pela extensão do dano, de modo que havendo excessiva desproporção entre a gravidade da culpa e os prejuízos sofridos pela vítima, poderá o juiz reduzir, equitativamente, a indenização.

(C) O dono ou detentor do animal deve ressarcir todos os danos por eles causados, ainda que haja comprovação da existência de culpa da vítima ou motivo de força maior.

(D) A indenização por injúria, difamação ou calúnia somente poderá ser arbitrada caso o ofendido demonstre o prejuízo efetivamente sofrido.

(E) O incapaz não responde pelos prejuízos que causar, de modo que a indenização restará frustrada caso os seus responsáveis não disponham meios suficientes de fazê-lo.

A: incorreta. Como regra geral, a responsabilidade civil no Brasil é subjetiva. As hipóteses de responsabilidade objetiva resumem-se aos casos especificados em lei e às hipóteses de atividade de risco exercidas pelo autor do dano (CC, art. 927 parágrafo único); **B:** correta, pois o art. 944, parágrafo único, do Código Civil possibilita ao juiz reduzir equitativamente a indenização quando houver excessiva desproporção entre a gravidade da culpa e o dano; **C:** incorreta, pois a culpa da vítima ou a força maior excluem a responsabilidade do dono do animal (CC, art. 936); **D:** incorreta, pois "*se o ofendido não puder provar prejuízo material, caberá ao juiz fixar, equitativamente, o valor da indenização, na conformidade das circunstâncias do caso*"; **E:** incorreta, pois o Código Civil permite – em caráter excepcional – a responsabilização direta do incapaz, quando as pessoas por ele responsáveis não dispuserem de meios suficiente ou não tiverem a obrigação de fazê-lo (CC, art. 928).

Gabarito "B".

(Delegado/ES – 2011 – CESPE) No item que se segue, relativo às pessoas e suas responsabilidades por danos causados a outrem, é apresentada uma situação hipotética, seguida de uma assertiva a ser julgada.

(1) O carro de Rafael, que estava trancado e estacionado em frente a sua casa, foi furtado por Pedro. Nessa situação, se Pedro causar lesão a alguém na condução do veículo, Rafael também poderá ser responsabilizado por ter a guarda jurídica do bem.

1: errada, consoante entendimento doutrinário e jurisprudencial o roubo do automóvel caracteriza caso fortuito / força maior e, portanto, não gera o dever de indenizar. Diversamente, em caso de empréstimo, o comodante poderá ser responsabilidade pelo acidente causado pelo comodatário.

Gabarito 1E

6. COISAS

(Delegado/MG – 2018 – FUMARC) A respeito da posse, é CORRETO afirmar:

(A) A posse de boa-fé só perde esse caráter quando do trânsito em julgado da sentença proferida em ação possessória.

(B) É assegurado ao possuidor de boa-fé o direito à indenização pelas benfeitorias necessárias e úteis. Quanto às voluptuárias, estas, se não forem pagas, poderão ser levantadas, desde que não prejudiquem a coisa.

(C) Obsta à manutenção ou à reintegração da posse a alegação de propriedade, ou de outro direito sobre a coisa.

(D) Sendo possuidor todo aquele que tem de fato o exercício, pleno ou não, de algum dos poderes inerentes à propriedade, não é possível adquirir posse mediante representação.

A: incorreta, pois a posse de boa-fé só perde este caráter no caso e desde o momento em que as circunstâncias façam presumir que o possuidor não ignora que possui indevidamente (art. 1.202 CC). Logo, não é necessário sequer ação judicial para o caráter da posse mudar; **B:** correta (art. 1.219 CC); **C:** incorreta, pois não obsta à manutenção ou reintegração na posse a alegação de propriedade, ou de outro direito sobre a coisa (art. 1.210, § 2º CC); **D:** incorreta, pois é possível adquirir a posse por representação (art. 1.205, I CC). **GR**

Gabarito "B".

(Delegado/GO – 2017 – CESPE) Em cada uma das opções seguintes, é apresentada uma situação hipotética, seguida de uma assertiva a ser julgada, a respeito de posse, propriedade e direitos reais sobre coisa alheia. Assinale a opção que apresenta assertiva correta conforme a legislação e a doutrina pertinentes.

(A) Durante o prazo de vigência de contrato de locação de imóvel urbano, o locatário viajou e, ao retornar, percebeu que o imóvel havia sido invadido pelo próprio proprietário. Nesse caso, o locatário não pode defender sua posse, uma vez que o possuidor direto não tem proteção possessória em face do indireto.

(B) Determinado indivíduo realizou, de boa-fé, construção em terreno que pertencia a seu vizinho. O valor da construção excede consideravelmente o valor do terreno. Nessa situação, não havendo acordo, o indivíduo que realizou a construção adquirirá a propriedade do solo mediante pagamento da indenização fixada pelo juiz.

(C) Caio realizou a doação de um bem para Fernando. No contrato celebrado entre ambos, consta cláusula que determina que o bem doado volte para o patrimônio do doador se ele sobreviver ao donatário. Nessa situação, a cláusula é nula, pois o direito brasileiro não admite a denominada propriedade resolúvel.

(D) Roberto possui direito real de superfície de bem imóvel e deseja hipotecar esse direito pelo prazo de vigência do direito real. Nesse caso, a estipulação de direito real de garantia é ilegal porque a hipoteca somente pode ser constituída pelo proprietário do bem.

(E) Determinado empregador cedeu bem imóvel de sua propriedade a seu empregado, em razão de relação de confiança decorrente de contrato de trabalho. Nesse caso, ainda que desfeito o vínculo trabalhista, é juridicamente impossível a conversão da detenção do empregado em posse.

A: incorreta, pois o desmembramento da posse em direta e indireta (CC, art. 1.197) permite que o possuidor direto proteja sua posse em relação ao indireto e vice-versa. Ademais, permite também que ambos protejam a posse em relação a terceiros; **B:** correta, pois a assertiva reproduz o disposto no parágrafo único do art. 1.255 do Código Civil; **C:** incorreta, pois a chamada "cláusula de reversão" é expressamente permitida pela lei no art. 547 do Código Civil; **D:** incorreta, pois a propriedade superficiária pode ser dada em hipoteca (CC, art. 1.473, X); **E:** incorreta, pois a detenção pode ser convertida em posse, nos termos do art. 1.208. **GN**

Gabarito "B".

(Delegado/MS – 2017 - FAPEMS) Sobre a posse e a propriedade, sua classificação, formas de aquisição, efeitos e perda, assinale a alternativa a correta.

(A) De acordo com a jurisprudência do Superior Tribunal de Justiça, a ocupação indevida de bem público não gera posse, mas mera detenção. Essa mesma jurisprudência estabelece que o Estado está obrigado a indenizar eventuais acessões e suportar o direito de retenção pelas benfeitorias eventualmente realizadas.

(B) O fâmulo da posse não pode fazer uso dos interditos possessórios, mas nada impede que ele utilize o desforço imediato para proteger o bem daquele que recebe ordens.

(C) O proprietário pode ser privado da coisa, no caso de requisição por perigo público iminente. Tal privação enseja indenização ulterior, independentemente da existência de dano.

8. DIREITO CIVIL   633

(D) A usucapião especial urbana (*pro misero*) estará caracterizada somente se a área urbana construída corresponder a do terreno, ou seja, a duzentos e cinquenta metros quadrados.

(E) De acordo com os civilistas, o direito de propriedade deve ser exercido em consonância com as suas finalidades econômicas e sociais e de modo que sejam preservados a flora, a fauna, as belezas naturais, o equilíbrio ecológico e o patrimônio histórico e artístico, bem como evitada a poluição do ar e das águas. A posse, de sua feita, é um poder de fato sobre a coisa cuja configuração não exige o elemento "função social".

A: incorreta, pois o STJ já firmou entendimento no sentido de que "configurada a ocupação indevida de bem público, não há falar em posse, mas em mera detenção, de natureza precária, o que afasta o direito à indenização por benfeitorias" (STJ, REsp 1.310.458/DF, Rel. Ministro Herman Benjamin, Segunda Turma, DJe de 09/05/2013); **B:** correta, pois a ideia do fâmulo (caseiro, por exemplo) é justamente a de proteger a posse do bem em benefício do verdadeiro proprietário, ou mesmo possuidor). Ele não tem legitimidade ativa para propor as ações possessórias, mas pode se valer do desforço imediato; **C:** incorreta, pois tal instituto só gera indenização em caso de ocorrência de dano (CF, art. 5°, XXV); **D:** incorreta, pois o art. 1.240 do Código Civil não exige que a construção tenha o referido tamanho; **E:** incorreta, pois tem posse aquele "*que tem de fato o exercício, pleno ou não, dos poderes inerentes à propriedade*" (CC, art. 1.196). O possuidor é aquele que age como dono. Não haveria qualquer sentido de se exigir do proprietário a adequada utilização social do bem e não fazer o mesmo com o possuidor. **GN**
Gabarito "B".

(Delegado/PE – 2016 – CESPE) O direito real, que se notabiliza por autorizar que seu titular retire de coisa alheia os frutos e as utilidades que dela advierem, denomina-se

(A) usufruto.

(B) uso.

(C) habitação.

(D) propriedade.

(E) servidão.

A: correta (art. 1.390, parte final, do CC); **B:** incorreta, pois no uso só se admite o uso da coisa e a percepção de frutos limitada às exigências das necessidades do usuário e de sua família (art. 1.412, *caput*, do CC), diferentemente do usufruto que permite fruição sem esse tipo de limite; **C:** incorreta, pois na habitação só se admite o direito de habitar a coisa, não podendo haver fruição desta (art. 1.414 do CC); **D:** incorreta, pois na propriedade o direito não é sobre "coisa alheia", mas sim sobre "coisa própria", admitindo-se não só a fruição da coisa, mas também a sua alienação e a sua reivindicação; **E:** incorreta, pois esta é um direito real (art. 1.378 do CC) que proporciona uma utilidade de um prédio (serviente) em favor de outro (dominante), não havendo que se falar em retirada de frutos típica de usufruto. **WG**
Gabarito "A".

(Delegado/DF – 2015 – Fundação Universa) Mateus, proprietário de uma casa situada no Lago Sul, Brasília-DF, resolveu, por motivos religiosos, abandonar seu imóvel residencial em junho de 2010. Renata e Luís, casados entre si, agindo de má-fé e sabedores de que Mateus viajara para o estrangeiro, sem data de retorno, passaram a viver na casa, tendo, inclusive, construído uma vistosa piscina no espaçoso quintal da residência. Em junho de 2011, em decorrência de uma forte tempestade de granizo, todo o teto da casa foi destruído, o que motivou, em julho do mesmo ano, a saída do casal invasor. Desde então, o imóvel está abandonado e desocupado, bem como nunca mais foram pagos quaisquer tributos a ele relacionados. Em relação a essa situação hipotética, assinale a alternativa correta.

(A) No momento em que passaram a habitar o imóvel, Renata e Luís não poderiam, em nenhuma hipótese, exercer sobre o bem atos possessórios individualmente.

(B) O direito brasileiro não admite o desdobramento sucessivo da posse, nesse caso.

(C) Renata e Luís responderiam pela deterioração da casa, caso demandados por Mateus à época de ocupação da residência, ainda que conseguissem provar a inevitabilidade do dano, isto é, que a destruição do telhado teria ocorrido mesmo se o imóvel estivesse na posse de Mateus, em razão da tempestade de granizo.

(D) Caso houvessem sido oportunamente demandados em ação possessória, a Renata e Luís socorreria o direito de ressarcimento pela piscina construída no imóvel.

(E) Na hipótese de o imóvel haver sido arrecadado como bem vago em agosto de 2011, a propriedade desse imóvel, transcorrido o

prazo legal, poderá ser transmitida ao Distrito Federal, observado o devido processo legal, em que seja assegurado ao interessado demonstrar a não cessação da posse.

A: incorreta, pois efetivamente eles exerceram posse no imóvel e, em que pese ser uma posse injusta em relação à de Mateus, é uma situação de posse que pode ser protegida em relação a terceiros; **B:** incorreta, pois o art. 1.197 do CC admite o desdobramento sucessivo da posse; **C:** incorreta, pois se eles conseguissem demonstrar que o dano era inevitável, não responderiam (art. 1.218 do CC); **D:** incorreta, pois eles são possuidores de má-fé e esse tipo de posse não dá ensejo a indenização por esse tipo de benfeitoria, que é voluptuária (art. 1.220 do CC); **E:** correta (art. 1.276 do CC).
Gabarito "E".

(Delegado/RJ – 2013 – FUNCAB) No tocante à posse no Código Civil, é correto afirmar:

(A) O possuidor de boa-fé responde pela perda ou deterioração da coisa, a que não der causa.

(B) O possuidor turbado, ou esbulhado, poderá manter-se ou restituir-se por sua própria força, contanto que o faça logo; os atos de defesa ou de desforço, podem ir além do indispensável à manutenção ou restituição da posse.

(C) Se duas ou mais pessoas possuírem coisa indivisa, poderá cada uma exercer sobre ela atos possessórios, excluindo os dos outros compossuidores.

(D) A posse direta, de pessoa que tem a coisa em seu poder, temporariamente, em virtude de direito pessoal, ou real, não anula a indireta, de quem aquela foi havida, podendo o possuidor direto defender a sua posse contra o indireto.

(E) Não induzem posse os atos de mera permissão ou tolerância assim como não autorizam a sua aquisição os atos violentos, ou clandestinos, mesmo depois de cessar a violência ou a clandestinidade.

A: incorreta, pois o possuidor de boa-fé não tem tal responsabilidade (CC, art. 1.217); **B:** incorreta, pois no exercício da autotutela, o possuidor não poderá ir além do indispensável à manutenção ou restituição da posse (CC, art. 1.210 § 1°); **C:** incorreta, pois a assertiva trata do instituto da composse, disposto no art. 1.199 do CC. Nessa hipótese, cada uma das pessoas exerce atos possessórios, desde que não exclua os atos dos demais compossuidores; **D:** correta, pois a posse direta (do locatário, do usufrutuário, do comodatário) não anula, nem mitiga a posse indireta do possuidor indireto (locador, nu-proprietário, comodante). A essência desse desdobramento da posse é justamente preservar tanto a posse direta, quanto a indireta, concedendo efeitos possessórios para ambos; **E:** incorreta, pois após a cessação da violência ou da clandestinidade está autorizada a aquisição da posse (CC, art. 1.208).
Gabarito "D".

(Delegado/PR – 2013 – UEL-COPS) A respeito do Direito das Coisas, como previsto no Código Civil, assinale a alternativa correta.

(A) A árvore está com o tronco na linha divisória de dois imóveis particulares, por isso pertence em comum aos donos dos prédios confinantes. Caso caiam frutos dessa árvore, estes devem ser repartidos por igual entre os proprietários.

(B) A convenção que constitui o condomínio edilício deve ser subscrita pelos titulares de, no mínimo, três terços das frações ideais. Para oposição contra terceiros, deverá ser registrada no Cartório de Títulos e Documentos.

(C) Os condomínios edilícios devem ser instituídos por ato entre vivos e registrados em Serventia competente para Títulos e Documentos que tenha competência para aquele quadrante da área do Município.

(D) Para que sejam realizadas obras necessárias no condomínio edilício, exige-se ao menos o voto de um terço dos condôminos; para as voluptuárias e para as úteis, dois terços dos votantes.

(E) O condômino que, por seu comportamento antissocial, reiteradamente gera incompatibilidade de convivência com os demais, pode ser compelido a pagar multa correspondente ao décuplo do valor das despesas condominiais.

A: incorreta, pois "*os frutos caídos de árvore do terreno vizinho pertencem ao dono do solo onde caíram*" (CC, art. 1.284); **B:** incorreta, pois tal convenção deve ser subscrita pelos titulares de, no mínimo, dois terços das frações ideais (CC, art. 1.333); **C:** incorreta, pois o condomínio edilício deve ser registrado no Cartório de Registro de Imóveis (CC, art. 1.332); **D:** incorreta, pois as obras necessárias "podem ser realizadas, independentemente de autorização, pelo síndico, ou, em caso de omissão ou impedimento deste, por qualquer condômino" (CC, art. 1.341 § 1º); **E:** correta, pois de acordo com a norma estabelecida pelo art. 1.337 parágrafo único, do CC.

Gabarito "E".

(Delegado/PA – 2013 – UEPA) Sobre a posse, analise as proposições abaixo e assinale a alternativa correta.

(A) Para o alcance do prazo de usucapião, o possuidor de boa-fé não poderá acrescentar a sua posse a dos seus antecessores, ainda que sejam contínuas e pacíficas.

(B) A realização de obras ou serviços de caráter produtivo constitui fator para a redução do prazo para aquisição da propriedade mediante usucapião, a partir de posse ininterrupta de imóvel urbano pelo prazo de cinco anos, independentemente da existência de justo título ou do tamanho do imóvel correspondente.

(C) Considera-se detentor aquele que, achando-se em relação de dependência para com outro, conserva a posse em nome deste e em cumprimento de ordens ou instruções suas, sendo impossível a conversão da detenção em posse.

(D) Ao possuidor de má-fé serão ressarcidas somente as benfeitorias necessárias, não lhe assistindo o direito de retenção pela importância destas, nem o de levantar as voluptuárias.

(E) A perda da posse para quem presenciou o esbulho somente ocorre quando ao tentar recuperar a coisa, sofre reação violenta do invasor.

A: incorreta, pois ao sucessor singular é facultado unir sua posse à do antecessor (CC, art. 1.207); **B:** incorreta, pois para fins de usucapião ordinário urbano com posse trabalho, a lei limita o tamanho da área a duzentos e cinquenta metros quadrados (CC, art. 1.240); **C:** incorreta. A primeira parte da afirmação está correta, pois trata do fâmulo da posse, ou seja, aquela pessoa que acha-se em relação de dependência para com outro e "*conserva a posse em nome deste e em cumprimento de ordens ou instruções suas*" (CC, art. 1.198). O erro da assertiva encontra-se na segunda parte, pois a detenção transforma-se em posse a partir do momento em que cessa a violência ou a clandestinidade (CC, art. 1.208); **D:** correta, pois a assertiva encontra pleno respaldo no art. 1.220 do CC; **E:** incorreta, pois tal reação violenta não é critério da lei para que se configure a perda da posse.

Gabarito "D".

(Delegado de Polícia/GO – 2013 – UEG) Em relação à qualificação da posse, o Código Civil Brasileiro dispõe o seguinte:

(A) é caso de usucapião especial aquele assegurado tanto pelo Código Civil vigente, como pela Constituição Federal de 1988, e existe com a finalidade de extinguir os latifúndios em favor de colonos fixados na terra, ensejando uma forma democrática de reforma agrária.

(B) o justo título gera presunção de boa-fé que repugna ao direito, ou seja, mesmo sendo adquirida a posse mediante turbação, ou mediante esbulho.

(C) em se tratando de composse, apenas o possuidor majoritário pode utilizar os interditos possessórios contra terceiros que venham a perturbar a composse.

(D) a modalidade de usucapião que independe de boa-fé ou justo título ocorre tanto para móveis como para imóveis em prazos legais estabelecidos, sendo conhecida pela lei e pela doutrina como usucapião ordinário ou legal.

A: correta, pois a assertiva refere-se à usucapião especial, que confere titularidade àquele que – não sendo proprietário de imóvel rural ou urbano – possua como sua, por cinco anos ininterruptos, sem oposição, área de terra em zona rural não superior a cinquenta hectares, tornando-a produtiva por seu trabalho ou de sua família, tendo nela sua moradia (art. 1.239, CC; e art. 191, CF); **B:** incorreta, pois o justo título não repugna ao Direito, ao contrário, é visto como indício de boa-fé subjetiva do possuidor; **C:** incorreta, pois qualquer possuidor poderá manejar os interditos em defesa da posse; **D:** incorreta, pois a assertiva traz a definição de usucapião extraordinária.

Gabarito "A".

(Delegado/RJ – 2013 – FUNCAB) A propósito do direito de vizinhança no Código Civil, é INCORRETO afirmar:

(A) O proprietário ou o possuidor de um prédio tem o direito de fazer cessar as interferências prejudiciais à segurança, ao sossego e à saúde dos que o habitam, provocadas pela utilização de propriedade vizinha.

(B) Proíbem-se as interferências considerando-se a natureza da utilização, a localização do prédio, atendidas as normas que distribuem as edificações em zonas, e os limites ordinários de tolerância dos moradores da vizinhança.

(C) O proprietário ou o possuidor tem direito a exigir do dono do prédio vizinho a demolição, ou a reparação deste, quando ameace ruína, bem como lhe preste caução pelo dano iminente.

(D) O proprietário ou o possuidor de um prédio, em que alguém tenha direito de fazer obras, pode, no caso de dano iminente, exigir do autor delas as necessárias garantias contra o prejuízo eventual.

(E) Quando decisão judicial determinar sejam toleradas as interferências, não poderá o vizinho exigir a sua redução, ou eliminação, quando estas se tornarem possíveis.

A e B: corretas, pois tais direitos encontram respaldo no art. 1.277 e seu parágrafo único; **C e D:** correta, pois as assertivas reproduzem as regras constantes dos arts. 1.280 e 1.281 do CC; **E:** incorreta, devendo ser assinalada, pois ainda que a decisão judicial tenha assim determinado, poderá o vizinho exigir a sua redução, ou eliminação, quando estas se tornarem possíveis (CC, art. 1.279).

Gabarito "E".

(Delegado/MG – 2012) As seguintes afirmativas concernentes às cláusulas especiais à compra e venda, previstas no Código Civil de 2002, estão corretas, **EXCETO**:

(A) a retrovenda é a cláusula pela qual o vendedor se reserva o direito de readquirir a coisa do comprador, no prazo máximo de 3 anos, restituindo-lhe o preço mais as despesas, sendo que esta cláusula só tem valor se o objeto do contrato for imóvel.

(B) a preempção ou preferência é a cláusula pela qual o comprador se compromete a oferecer a coisa ao vendedor, se algum dia se decidir a vendê-la. Podem as partes fixar prazo máximo de 180 dias para bens móveis e 2 anos para bens imóveis.

(C) a venda sujeita à prova entende-se realizada sob condição suspensiva, ainda que a coisa lhe tenha sido entregue; e não se reputará perfeita, enquanto o adquirente não manifestar seu agrado.

(D) reserva de domínio é a cláusula que garante ao vendedor a propriedade de coisa móvel já entregue ao comprador até o pagamento total do preço, a forma da cláusula será sempre escrita.

A: correta, retrovenda é uma cláusula especial (pacto adjeto) da compra e venda através da qual o vendedor de um bem imóvel se reserva o direito de reavê-lo, dentro de certo prazo (o máximo que pode ser estipulado é o prazo de 03 anos), restituindo o preço recebido e reembolsando as despesas do comprador (arts. 504 e 505 do CC); **B:** correta, a cláusula de preempção, ou preferência, impõe ao comprador a obrigação de oferecer ao vendedor a coisa que aquele vai vender, ou dar em pagamento, para que este use de seu direito de prelação na compra, tanto por tanto. Esta cláusula pode ser estipulada pelo prazo máximo de 2 anos (imóveis) ou 180 dias (móveis); **C:** incorreta, a venda a contento (*ad gustum*) e a venda sujeita a prova se distinguem pelo fato de que na primeira o comprador ainda não conhece o bem que irá adquirir e na segunda o comprador já conhece o bem, mas deseja provar a coisa para confirmar suas qualidades. A banca considerou a alternativa C incorreta, pois a redação do artigo 509 reproduzida na questão se refere expressamente à venda a contento. Entretanto, **não concordamos com o gabarito**, pois a redação do dispositivo é aplicável às duas hipóteses: a venda a contento e a sujeita a prova presumem-se realizadas sob condição suspensiva e não se aperfeiçoam enquanto o comprador não se declarar satisfeito; **D:** correta, a cláusula de venda com reserva de domínio (*pactum reservati dominii*) permite que o vendedor retenha o domínio da coisa (direito de propriedade) até que o vendedor pague integralmente o preço combinado (art. 521 e 522 do CC).

Gabarito "C".

(Delegado/MG – 2012) A Lei 12.424, de 16 de junho de 2011, inseriu no Código Civil, em seu artigo 1.240-A e seu parágrafo 1º, uma nova modalidade de usucapião em nosso ordenamento jurídico, o usucapião familiar. Sobre esta modalidade de usucapião, é **INCORRETO** afirmar que

(A) permite que um dos ex-cônjuges ou até mesmo ex-companheiros, oponham contra o outro o direito de usucapir a parte que não lhe pertence, possibilitando neste caso o usucapião entre condôminos.

(B) tem como requisito o exercícios de posse direta por 2 anos ininterruptos, sem oposição e com exclusividade, sobre imóvel urbano de até 250m² ou rural de até 50 hectares.

(C) a parte que propõe a ação de usucapião não pode ser proprietária de outro imóvel urbano ou rural, sendo que o direito de usucapir nesta modalidade não será reconhecido ao mesmo possuidor mais de uma vez.

(D) tem como o requisito o abandono do lar por um dos coproprietários.

8. DIREITO CIVIL 635

A: correta, a usucapião familiar incluída pela Lei 12.424/2001 no artigo 1.240-A do Código Civil pode ser requerida tanto por quem está casado como também vivendo em união estável, pois o escopo da norma é a proteção da família; **B:** incorreta, o legislador permitiu o exercício desta modalidade de usucapião apenas em caso de imóvel urbano, pois a medida é fruto da legislação que dispõe sobre o Programa Minha Casa, Minha Vida e a regularização fundiária de assentamentos localizados em áreas urbanas (Lei 12.424/2011). Esta é a posição mais segura para concursos, mas devemos alertar que já há quem entenda que a norma possa ser aplicada por analogia a imóveis rurais; **C:** correta, por se tratar de espécie de usucapião especial urbana, o legislador manteve entre seus requisitos a exigência de que a parte requerente não pode ser proprietária de outro imóvel e que o direito à usucapião familiar só pode ser exercido uma única vez (Art. 1.240-A, *caput* e parágrafo primeiro, CC); **D:** correta, só haverá direito à usucapião familiar se houver o abandono do lar (art. 1.240-A, *caput*, CC).
Gabarito "B".

(Delegado/MG – 2012) As seguintes afirmativas concernentes aos Direitos Reais de Garantia estão corretas, **EXCETO**:

(A) podem ser apontadas como características de penhor, da anticrese e da hipoteca: o poder de sequela, o direito de preferência, a excussão e a divisibilidade da garantia.

(B) na constituição do penhor, anticrese ou hipoteca é expressamente vedada à imposição de cláusula comissória no bojo do contrato.

(C) os contratos de penhor, anticrese ou hipoteca declararão sob pena de não terem eficácia o valor do crédito, sua estimação, ou valor máximo; o prazo fixado para pagamento; a taxa de juros, se houver; e o bem dado em garantia com suas especificações.

(D) salvo cláusula expressa, o terceiro que prestar garantia real por dívida alheia não fica obrigado a substituí-la, ou reforçá-la, quando, sem culpa sua, se perca, deteriore, ou desvalorize.

A: incorreta, pois o penhor, a hipoteca e a anticrese possuem como características comuns apenas o poder de sequela e a indivisibilidade. A excussão, possibilidade de promover a venda do bem, e o direito de preferência são características exclusivas da hipoteca e da anticrese; **B:** correta, cláusula comissória é aquela autoriza ao credor ficar com o bem dado como garantia, caso a dívida não seja paga. De acordo com o artigo 1.428 do CC é nula a cláusula que autoriza o credor pignoratício, anticrético ou hipotecário a ficar com o objeto da garantia, se a dívida não for paga no vencimento; **C:** correta, a alternativa reproduz os requisitos exigidos pelo artigo 1.424 do CC; **D:** correta, pois em regra o terceiro garantidor da dívida de outrem não tem obrigação de substituir ou reforçar a garantia real caso esta se perca, deteriore ou desvalorize sem culpa sua (art. 1.427 do CC).
Gabarito "A".

7. FAMÍLIA

(Delegado/MG – 2018 – FUMARC) Considere as seguintes afirmativas a respeito do direito de família:

I. A diversidade de sexos entre os companheiros não é requisito essencial para a configuração da união estável.

II. A pessoa casada, mas separada de fato, pode constituir união estável.

III. De acordo com jurisprudência pacificada no âmbito do Superior Tribunal de Justiça, na união estável, na ausência de contrato de convivência, a partilha de bens exige prova do esforço comum.

IV. A pessoa divorciada, enquanto não houver sido homologada ou decidida a partilha de bens do casal, não pode constituir união estável.

Estão CORRETAS apenas as afirmativas:

(A) I e II.

(B) I, II e III.

(C) I, II e IV.

(D) II e IV.

I: correta, nos termos da ADI 4.277/DF. Colaciona-se parte da ementa: "INTER-PRETAÇÃO DO ART. 1.723 DO CÓDIGO CIVIL EM CONFORMIDADE COM A CONSTITUIÇÃO FEDERAL (TÉCNICA DA "INTERPRETAÇÃO CONFORME"). RECONHECIMENTO DA UNIÃO HOMOAFETIVA COMO FAMÍLIA. PROCEDÊNCIA DAS AÇÕES. Ante a possibilidade de interpretação em sentido preconceituoso ou discriminatório do art. 1.723 do Código Civil, não resolúvel à luz dele próprio, faz--se necessária a utilização da técnica de "interpretação conforme à Constituição". Isso para excluir do dispositivo em causa qualquer significado que impeça o reconhecimento da união contínua, pública e duradoura entre pessoas do mesmo sexo como família. Reconhecimento que é de ser feito segundo as mesmas regras e com as mesmas consequências da união estável heteroafetiva". Logo, é possível

haver união estável entre pessoas do mesmo sexo; **II:** correta (art. 1.723, §1º CC); **III:** incorreta, pois neste caso a partilha de bens não exige prova do esforço comum. Na ausência do contrato de convivência aplica-se supletivamente o regime da comunhão parcial de bens. Vide decisão do STJ: "RECURSO ESPECIAL. DIREITO DE FAMÍLIA. AÇÃO DE RECONHECIMENTO E DISSOLUÇÃO DE UNIÃO ESTÁVEL. AUSÊNCIA DE CONTRATO DE CONVIVÊNCIA. APLICAÇÃO SUPLETIVA DO REGIME DA COMUNHÃO PARCIAL DE BENS . PARTILHA. IMÓVEL ADQUI-RIDO PELO CASAL. DOAÇÃO ENTRE OS COMPANHEIROS. BEM EXCLUÍDO DO MONTE PARTILHÁVEL. INTELIGÊNCIA DO ART. 1.659, I, DO CC/2002. RECURSO ESPECIAL NÃO PROVIDO. 1. Diante da inexistência de contrato de convivência entre os companheiros, aplica-se à união estável, com relação aos efeitos patrimoniais, o regime da comunhão parcial de bens (CC/2002, art. 1.725).2. Salvo expressa disposição de lei, não é vedada a doação entre os conviventes, ainda que o bem integre o patrimônio comum do casal (aquestos), desde que não implique a redução do patrimônio do doador ao ponto de comprometer sua subsistência, tampouco possua caráter inoficioso, contrariando interesses de herdeiros necessários, conforme os arts. 548 e 549 do CC/2002.3. O bem recebido individualmente por companheiro, através de doação pura e simples, ainda que o doador seja o outro companheiro, deve ser excluído do monte partilhável da união estável regida pelo estatuto supletivo, nos termos do art. 1.659, I, do CC/2002. 4. Recurso especial não provido"(REsp 1.171.488/RS, Rel. Ministro RAUL ARAÚJO, QUARTA TURMA, julgado em 4/4/2017, DJe 11/5/2017-grifou-se); **IV:** incorreta, pois a falta de partilha não impede que se configure a união estável de pessoa divorciada. O art. 1.581 CC prevê que o divórcio pode ser concedido sem que haja prévia partilha de bens. Logo, estando já divorciadas a união estável pode ocorrer normalmente (art. 1.723, §1º CC). 🖼
Gabarito "A".

(Delegado/RO – 2014 – FUNCAB) Acerca da tutela, é correto o que se afirma em:

(A) Não pode ser instituída por testamento.

(B) A tutela, uma vez feita pelos pais conjuntamente, não necessita de chancela judicial.

(C) É negócio jurídico unilateral e deve obedecer a forma especial, sob pena de nulidade.

(D) É vedado que seja feita por meio de codicilo.

(E) É proibido ao tutor adotar o seu pupilo.

A: incorreta, pois "*a nomeação deve constar de testamento ou de qualquer outro documento autêntico*" (CC, art. 1.729, parágrafo único); **B:** incorreta, pois ainda assim será preciso a homologação judicial; **C:** correta, pois a lei exige forma, permitindo o uso do "*testamento ou outro documento autêntico*" (CC, art. 1.730); **D:** incorreta, pois o codicilo pode ser considerado outro documento autêntico; **E:** incorreta, pois o tutor poderá adotar o pupilo, após "*prestar contas de sua administração*" (ECA, art. 44).
Gabarito "C".

(Delegado/RO – 2014 – FUNCAB) Quanto ao Poder familiar, é correto afirmar:

(A) É irrenunciável, personalíssimo, intransferível e imprescritível.

(B) É irrenunciável, público, transferível e imprescritível.

(C) É renunciável, personalíssimo, transferível e prescritível.

(D) É renunciável, público, intransferível e prescritível.

(E) É renunciável, público, intransferível e imprescritível.

O Poder Familiar é atualmente analisado sob o enfoque de um "poder-dever", que se confere aos pais, a fim de dirigir a criação e educação dos filhos menores. Tal prerrogativa apresenta as características mencionadas na alternativa A, sendo irrenunciável, personalíssimo, intransferível e imprescritível.
Gabarito "A".

(Delegado de Polícia/GO – 2013 – UEG) De acordo com o Direito Civil, parte especial, família, e em conformidade com a Constituição Federal, o poder familiar existe de forma legal, sendo que, de acordo com o exercício do poder familiar:

(A) compete aos pais, quanto à pessoa dos filhos menores, repre-sentá-los, até aos 18 anos, nos atos da vida civil.

(B) suspende-se igualmente o exercício do poder familiar ao pai ou à mãe condenados por sentença irrecorrível, em virtude de crime cuja pena exceda a dois anos de prisão.

(C) divergindo os pais quanto ao exercício do poder familiar, é cabível, de acordo com o princípio da isonomia e da equidade, a diferen-ciação entre pais, não podendo recorrer ao juiz o pai, ou a mãe inadimplente em suas obrigações parentais.

(D) cabe ao juiz, requerendo algum parente, ou o Ministério Público, adotar a extinção do poder familiar em casos de abuso de auto-ridade ou de pai ou de mãe, que faltaram com os deveres a eles inerentes ou arruinaram os bens dos filhos.

8. Direito Civil

636 ANDRÉ BARROS, GABRIELA RODRIGUES, GUSTAVO NICOLAU E WANDER GARCIA

A: incorreta, pois a partir dos dezesseis anos os pais apenas assistem os filhos nos atos da vida civil, uma vez que são relativamente incapazes de exercer certos atos da vida civil (art. 4º, I, do CC); **B:** correta, pois de pleno acordo com o art. 1.637, parágrafo único, do CC; **C:** incorreta, pois contrária ao disposto no art. 1.631, parágrafo único, do CC, que dispõe: "*Divergindo os pais quanto ao exercício do poder familiar, é assegurado a qualquer deles recorrer ao juiz para solução do desacordo*"; **D:** incorreta, pois para tais hipóteses o art. 1.637 do CC prevê a suspensão do poder familiar e não a extinção.
Gabarito "B".

(Delegado de Polícia/GO – 2013 – UEG) Na doutrina civilista atual, respeitando-se o estudo dos princípios constitucionais, tem-se que:

(A) em se tratando da prestação de alimentos, é estabelecido em Lei ser esta própria de pais e extensiva a terceiros, desde que interessados e membros lícitos da sociedade: tutores ou curadores, de acordo com o princípio da autonomia da vontade e da eticidade contratual, mediante sentença transitada em julgado.

(B) compete aos pais, e na falta de um deles ao outro, com exclusividade, representar os seus filhos menores de 18 anos, tanto em fatos jurídicos cíveis como em atos de responsabilidade penal, como responsáveis legais.

(C) o pai e a mãe, enquanto de boa-fé e no exercício do poder familiar, são considerados usufrutuários dos bens dos filhos.

(D) se o parente que deve alimentos não estiver em condições de suportar totalmente o encargo, serão chamados os terceiros interessados, desprezando-se questões familiares, e a concorrência de graus imediatos, em prol da celeridade e da economia processual, são indicados os terceiros interessados no menor.

A: incorreta, pois a obrigação de prestar alimentos é restrita aos parentes, cônjuges ou companheiros (art. 1.694, CC); **B:** incorreta, pois não há representação em atos de responsabilidade penal e – mesmo no âmbito cível – a partir dos dezesseis anos existe mera assistência e não representação (art. 4º, I, do CC); **C:** correta, pois o direito real de usufruto sobre os bens do filho menor é concedido pelo art. 1.689 do CC; **D:** incorreta, pois o direito à prestação de alimentos é recíproco entre pais e filhos, extensivo a todos os ascendentes e – na falta dos ascendentes – cabe a obrigação aos descendentes e irmãos (arts. 1.696 e 1.697, CC).
Gabarito "C".

(Delegado/RJ – 2013 – FUNCAB) De acordo com o Código Civil, na união estável, salvo contrato escrito entre os companheiros, aplica-se às relações patrimoniais, no que couber, o regime:

(A) da participação final nos aquestos.

(B) da comunhão universal.

(C) da comunhão parcial de bens.

(D) da separação de bens.

(E) dotal.

Não havendo contrato escrito entre as partes, o regime de bens que será adotado para a união estável é o da comunhão parcial, conforme determinado pelo art. 1.725 do CC.
Gabarito "C".

(Delegado/MG – 2012) São características da obrigação alimentar:

(A) direito personalíssimo, invariabilidade e reciprocidade.

(B) alternatividade das prestações, irrenunciabilidade e repetibilidade.

(C) alternatividade das prestações, variabilidade e transmissibilidade sucessória *sui generis* da prestação.

(D) divisibilidade, imprescritibilidade e intransmissibilidade sucessória *sui generis* da prestação.

A: incorreta, pois embora a obrigação alimentar tenha como características a reciprocidade (art. 1.694 do CC) e a natureza personalíssima, não se pode afirmar que é invariável. De acordo com o artigo 1.699 do Código Civil, "se, fixados os alimentos, sobrevier mudança na situação financeira de quem os supre, ou na de quem os recebe, poderá o interessado reclamar ao juiz, conforme as circunstâncias, exoneração, redução ou majoração do encargo". **B:** incorreta, a obrigação alimentar possui como características a alternatividade das prestações (os alimentos devem ser pagos em regra em dinheiro, mas também pode ser pagos *in natura*) e a irrenunciabilidade (art. 1.707 do CC), mas não a repetibilidade (os alimentos não podem ser cobrados de volta quando constatado posteriormente que não eram devidos); **C:** correta, a obrigação alimentar é alternativa, variável e transmissível em razão da morte (art. 1.700); **D:** incorreta, a obrigação alimentar é divisível entre os parentes (arts. 1.696 e 1.697) e imprescritível (a obrigação alimentar não prescreve, embora prescreva a pretensão de executar alimentos vencidos e não pagos – art. 206, § 2º, CC). A alternativa está incorreta em razão

da última característica apontada: a obrigação alimentar é transmissível em razão da morte (art. 1.700 do CC).
Gabarito "C".

8. SUCESSÕES

(Delegado/MG – 2018 – FUMARC) Frederico, com 72 anos de idade, viúvo e sem herdeiros necessários, em março de 2016 procurou um tabelionato de notas na cidade de Belo Horizonte/MG e fez um testamento público, determinando que todos os seus bens deveriam ser transmitidos à Santa Casa de Belo Horizonte. Em dezembro de 2016, Frederico, que possuía apenas um parente vivo, o seu tio Aristóteles, resolveu adotar Pedro, de 10 anos de idade, vindo a falecer um ano após. Sobre a sucessão de Frederico, é CORRETO afirmar:

(A) A herança de Frederico será dividida igualmente entre Pedro, Santa Casa de Belo Horizonte e Aristóteles.

(B) Pedro terá direito à legítima, cabendo à Santa Casa a parte disponível.

(C) Todo o patrimônio de Frederico caberá a Pedro.

(D) Todo o patrimônio de Frederico caberá à Santa Casa de Belo Horizonte, por força do testamento.

A: incorreta, pois trata-se de caso de rompimento de testamento (art. 1.973 CC). Como sobreveio um descendente sucessível, pela linha sucessória ele deterá todo patrimônio. Logo, a Santa Casa de Belo Horizonte e o tio Aristóteles não terão direito a herança; **B:** incorreta, pois quando se fala em rompimento do testamento ele se torna nulo, logo todas as suas disposições são revogadas (art. 1.973 CC). Para que a Santa Casa recebesse alguma coisa, Frederico deveria ter feito um novo testamento direcionando a parte disponível a ela; **C:** correta, pois com o rompimento do testamento pela presença de descendente sucessível que sobreveio ao testador que não o tinha quando testou (art. 1.973 CC) será aplicada a regra geral de sucessão do art. 1.829 CC, onde os parentes mais próximos excluem os mais remotos. Ademais, por ser herdeiro necessário, tem direito a legítima (art. 1.846 CC). Como Frederico nada dispôs sobre a parte disponível, logo ela também irá para Pedro; **D:** incorreta, pois a presença de descendente sucessível rompe o testamento, isto é, ele se torna nulo (art. 1.973 CC). Logo, as disposições sobre a Santa Casa de Belo Horizonte deixam de ser válidas. **GR**
Gabarito "C".

(Delegado/MG – 2018 – FUMARC) Considere as seguintes afirmativas a respeito do direito das sucessões:

I. Ninguém pode suceder, representando herdeiro renunciante. Se, porém, ele for o único legítimo da sua classe, ou se todos os outros da mesma classe renunciarem à herança, poderão os filhos vir à sucessão, por direito próprio, e por cabeça.

II. Fideicomisso é meio pelo qual o testador pode instituir como fideicomissário os não concebidos ao tempo de sua morte. Assim, é possível instituir fideicomisso em que contemplem, sucessivamente, determinada pessoa, seu filho e seu neto.

III. O testador pode estabelecer cláusula de inalienabilidade sobre os bens da parte legítima, desde que exponha uma justa causa para tanto.

IV. É lícito o testamento conjuntivo recíproco entre marido e mulher, quando o regime de bens do casamento for da comunhão universal.

Estão CORRETAS apenas as afirmativas:

(A) I, II e III.

(B) I e II.

(C) I e III.

(D) II e IV.

I: correta (art. 1.811 CC); **II:** incorreta, pois são nulos os fideicomissos além do segundo grau (art. 1.959 CC). Será instituído o fiduciário e fideicomissário que ainda não nasceu. Não é possível fixar nada para o descendente do fideicomissário; **III:** correta (art. 1.848 *caput* CC); **IV:** incorreta, pois é proibido em qualquer hipótese o testamento conjuntivo, seja simultâneo, recíproco ou correspectivo (art. 1.863 CC). Logo, a alternativa correta é a letra C. **GR**
Gabarito "C".

(Delegado/RO – 2014 – FUNCAB) Sobre a legitimidade sucessória, marque a opção correta.

(A) O testador poderá deixar uma dotação de bens para a instituição de uma fundação de direito público, nesse caso, ter-se-á uma sucessão testamentária.

8. DIREITO CIVIL — 637

(B) Têm capacidade sucessória as pessoas existentes ao tempo da abertura do inventário.

(C) Numa sucessão legítima pode suceder uma pessoa jurídica.

(D) Terão legitimidade para suceder os filhos de pessoas indicadas pelo testador, desde que vivas estas ao abrir-se a sucessão.

(E) O nascituro tem legitimidade para suceder desde que ocorra o implemento da condição resolutiva, ou seja, nascer com vida.

A: incorreta, pois nesse caso ter-se-á uma fundação privada (CC, art. 1.799, III); **B:** incorreta, pois não apenas as pessoas já nascidas, mas também as já concebidas terão o referido direito (CC, art. 1.798); **C:** incorreta, pois a pessoa jurídica pode ser chamada a suceder numa sucessão testamentária (CC, art. 1.799, II); **D:** correta, pois a alternativa trata da hipótese da sucessão em favor da prole eventual, pela qual o testador indica para herdar filhos ainda não nascidos, nem concebidos de determinadas pessoas. Estas pessoas (os pais da prole eventual, portanto) devem estar vivas ao tempo da abertura da sucessão; **E:** incorreta, pois nesse caso a condição é suspensiva, pois o direito fica suspenso até que ocorra o evento futuro e incerto do nascimento.
Gabarito "D".

(Delegado/RO – 2014 – FUNCAB) Sobre o instituto da "Indignidade", é correto afirmar:

(A) Declarada a indignidade, o quinhão hereditário do herdeiro legítimo excluído será destinado aos seus descendentes, que sucederão por direito próprio.

(B) Ciente o autor da herança do ato de indignidade praticado pelo herdeiro, poderá perdoá-lo, expressamente, em testamento ou ato autêntico, sendo que a sua inércia caracterizará perdão tácito.

(C) O quinhão hereditário do herdeiro testamentário, excluído da sucessão por indignidade, será repassado aos substitutos indicados na cédula testamentária.

(D) A ação ordinária de indignidade somente poderá ser ajuizada após o óbito do autor da herança, e dentro do prazo de dois anos, contados da abertura da sucessão.

(E) O ofendido pelo ato de indignidade será o autor da herança, seu cônjuge, companheiro, ascendente ou descendente.

A: incorreta. Quando uma pessoa é declarada indigna, mas ela tem descendentes (que já eram nascidos ou concebidos no momento do falecimento do *de cujus*), esses terão direito de representação, herdando por estirpe e não por cabeça (CC, art. 1.816); **B:** incorreta, pois o silêncio não significa perdão tácito (CC, art. 1.818); **C:** correta, pois a substituição testamentária prevista pelo testador se dará caso o herdeiro não queira ou não possa herdar, aí incluída a hipótese de indignidade (CC, art. 1.947); **D:** incorreta, pois o prazo decadencial para ajuizamento da referida ação é de quatro anos (CC, art. 1.815 parágrafo único); **E:** incorreta, pois apenas numa das hipóteses (CC, art. 1.816, I) é que a lei indica que o ofendido pela indignidade pode também ser cônjuge, companheiro, ascendente ou descendente do *de cujus*.
Gabarito "C".

(Delegado/MG – 2012) As seguintes afirmativas concernentes ao Direito de Sucessão estão corretas, **EXCETO**:

(A) aberta a sucessão, ou seja, com a morte, a posse e a propriedade dos bens do falecido são imediatamente transmitidas aos herdeiros legítimos e testamentários, com exceção do legatário que somente assume a posse com a partilha.

(B) não se pode aceitar ou renunciar a herança em parte, contudo, quem renuncia à herança, não está impedido de aceitar o legado.

(C) a cessão dos direitos hereditários pode ser total ou parcial, gratuita ou onerosa, cabendo sempre aos coerdeiros o exercício do direito de preferência na cota hereditária do cedente.

(D) na sucessão testamentária, diferentemente da sucessão legítima, não existe a previsão para o direito de representação, todavia, poderá o testador consignar cláusula de substituição com o intuito de estabelecer os efeitos da representação.

A: correta, pelo princípio da *saisine* a propriedade e a posse indireta da herança são transmitidas automaticamente aos herdeiros no exato instante da morte. Por sua vez, o legatário, só receberá a posse no momento da partilha; **B:** correta, nos termos do artigo 1.808, § 2º do Código Civil, o 1º o herdeiro, a quem se testarem legados, pode aceitá-los, renunciando a herança; ou, aceitando-a, repudiá-los; **C:** incorreta, o direito à sucessão aberta, bem como o quinhão de que disponha o cordeiro, pode ser objeto de cessão total ou parcial, gratuita ou onerosa, mas sempre por escritura pública. Entretanto, o direito de preferência só pode ser exercido em caso de cessão onerosa segundo entendimento doutrinário (vide artigo 1.794 do CC); **D:** correta, o direito de representação somente existe na sucessão legítima (arts. 1.851 a 1.856 do CC), mas é possível a instituição de cláusula de substituição na sucessão testamentária para produção de efeitos semelhantes (art. 1.947 a 1.960 do CC).
Gabarito "C".

(Delegado/MG – 2012) Moisés, falecido em 2010, era casado com Yara, sob regime da comunhão parcial de bens. Durante o casamento, os cônjuges não adquiriram bens. O casal teve 2 filhos, Ênio e Laylla. Ênio teve 3 filhos (A, B e C) e faleceu em 2005. Laylla teve 2 filhos (D e E) e renunciou a herança de seu pai Moises. O patrimônio deixado por Moises foi totalmente adquirido antes do casamento. Assinale a alternativa que indica de forma **CORRETA** como deverá ser distribuída a herança deixada por Moisés:

(A) 1/3 para cada um dos 3 filhos de Ênio de forma igualitária.

(B) 1/5 para cada um dos netos do falecido de forma igualitária.

(C) 1/4 para Yara, por concorrência e o restante distribuído de forma igualitária entre os 5 netos do falecido.

(D) 1/6 para cada um dos netos do falecido de forma igualitária e 1/6 para Yara, por concorrência.

A situação narrada no enunciado é regulada pelo Capítulo que trata da sucessão legítima no Código Civil. Seguindo a ordem de vocação hereditária prevista no artigo 1.829, I, do CC, YARA (cônjuge do falecido) irá concorrer com os descendentes, pois era casada com MOISES pelo regime da comunhão parcial de bens e todos os bens deixados pelo falecido eram particulares (YARA não é meeira, mas é herdeira de todos os bens particulares). Quantos aos descendentes a herança deveria ser deferida aos filhos (descendentes de 1º grau), mas como ENIO era pré-morto e LAYLLA renunciou a herança deve ser aplicada a regra prevista no artigo 1.811, encaminhando-se aos netos (descendentes de 2º grau) a herança. Se fossemos dividir em partes iguais a herança entre todos os netos (A, B, C, D e E) e a esposa do falecido (YARA), teríamos 1/6 da herança para cada um. Entretanto, como YARA é ascendente (avó) de todos os descendentes com quem irá concorrer (netos), sua quota parte não pode ser inferior a 1/4 da herança, nos termos do artigo 1.832 do CC. Assim, YARA deve receber a sua quota mínima reservada por lei (1/4 – 25%) e os netos devem dividir igualitariamente o restante (3/4 – 75%), totalizando 3/20 – 15% para cada neto.
Gabarito "C".

9. DIREITO PROCESSUAL CIVIL

Luiz Dellore

1. JURISDIÇÃO E COMPETÊNCIA

(Delegado/DF – 2015 – Fundação Universa) Assinale a alternativa correta acerca da jurisdição e de sua natureza, seus princípios e suas características.

(A) A jurisdição, atividade de poder decorrente da soberania, é una, mas seu exercício é fragmentado pela distribuição de competências a diversos órgãos judiciais. O ordenamento brasileiro admite, assim, a justaposição de competências, mas não de diferentes jurisdições.

(B) A atividade jurisdicional submete as demais funções estatais ao seu controle. A jurisdição mesma, porém, é controlada, via de regra, pela própria jurisdição, apenas admitindo-se excepcionalmente o seu controle externo pela administração e pelo Legislativo.

(C) A realização do direito objetivo é traço caracterizador da jurisdição, suficientemente apto a distingui-la das demais atividades estatais.

(D) A jurisdição é atividade criativa, visto que o julgador pensa até o final o que foi pensado antes pelo legislador, cabendo ao juiz-intérprete produzir a norma jurídica individualizada por meio de processo hermenêutico e linguístico que, a rigor, não conhece limites.

(E) O juiz natural é princípio jurisdicional que visa a resguardar a imparcialidade e que pode ser desmembrado em tripla significação: no plano da fonte, cabe à lei instituir o juiz e fixar-lhe a competência; no plano temporal, juiz e competência devem preexistir ao tempo do caso concreto objeto do processo a ser submetido à apreciação; e no plano da competência, a lei, anterior, deve prever taxativamente a competência, excluindo juízos *ad hoc* ou de exceção.

A: incorreta. Jurisdição é poder, ao passo que competência é a parcela ou medida da jurisdição. Todo juiz tem jurisdição, mas nem todo tem jurisdição para julgar todas as causas – ou seja, nem todo juiz tem *competência* para julgar determinada causa. Sendo assim, não há competência para vários juízos, mas apenas e em casos específicos, competente concorrente. **B:** incorreta. A Constituição Federal estabelece em seu artigo 2º que o Legislativo, o Executivo e o Judiciário serão harmônicos e independentes entre si. Mas a última palavra é dada pela jurisdição (basta verificar que, em relação a um caso concreto, em tese é o STF quem proferirá a última decisão a respeito do tema – ou seja, um órgão do Judiciário). **C:** incorreta. A jurisdição possui como traço caracterizador a realização do direito *subjetivo*, o qual depende de seus titulares, para querendo provocar a jurisdição. **D:** incorreta. O juiz não poderá inovar e criar, mas sim aplicar a lei à luz do caso concreto. **E:** correta. A Constituição Federal em seu artigo 5º, XXXVII, estabelece que não haverá tribunal de exceção, desta forma, a lei anteriormente ao fato estabelecerá a competência do juiz, sendo que, em último grau, o objetivo desse princípio é garantir a imparcialidade do juiz.

Gabarito "E".

(Delegado/DF – 2015 – Fundação Universa) Abel e Bruno celebraram contrato cujo objeto consistia em bem imóvel localizado em Taguatinga-DF e no qual se estabeleceu Brasília-DF como foro de eleição. No entendimento de Abel, proprietário do imóvel, o contrato previa comodato gratuito por tempo determinado. No entendimento de Bruno, diversamente, o contrato previa doação do bem imóvel. Diante dessa controvérsia, Bruno, visando ao reconhecimento da doação, ajuizou ação declaratória com pedido de manutenção de posse, no foro de Brasília-DF, tendo sido Abel validamente citado em maio de 2014. Abel, de sua vez, visando ao reconhecimento do comodato, ajuizou, no foro de Taguatinga-DF, ação de pretensão declaratória com pedido de reintegração de posse, tendo sido Bruno validamente citado em agosto de 2014. Nenhuma das ações foi, até o momento, sentenciada.

A partir dessa situação hipotética, assinale a alternativa correta.

(A) Há conexão a impor a reunião das duas ações perante o juízo prevento.

(B) Em se tratando de competência absoluta, a eleição do foro é ineficaz. Reconhecida a incompetência do foro de Brasília-DF,

a ação de Bruno deverá ser remetida ao foro de Taguatinga-DF, onde deverá ser reunida à ação de Abel, em razão da conexão.

(C) Cuidando a hipótese de controvérsia sobre a propriedade do bem imóvel, a competência territorial do foro da situação da coisa é relativa, podendo haver prorrogação da competência na ação ajuizada por Bruno.

(D) Os foros de Brasília-DF e de Taguatinga-DF são competentes, respectivamente, para as ações ajuizadas por Bruno e Abel.

(E) Há conexão a impor a reunião das duas ações e, sendo a conexão matéria de ordem pública, é possível que a reunião ocorra mesmo após o julgamento de uma das ações.

Conforme disposição do art. 47 do CPC, a competência será do foro de situação do imóvel, não ações fundadas em direito real. A competência territorial, em regra, é relativa, e pode ser alterada. Mas o § 1º do art. 47 dispõe que "O autor pode optar pelo foro de domicílio do réu ou pelo foro de eleição se o litígio não recair sobre direito de propriedade, vizinhança, servidão, divisão e demarcação de terras e de nunciação de obra nova". Assim, nesse caso, a doutrina afirma ser essa hipótese de competência funcional, portanto absoluta. Sendo assim, no caso o foro de eleição não pode ser aceito. Portanto, deverá haver a reunião das duas demandas, por força de conexão.

Gabarito "B".

(Delegado Federal – 2013 – CESPE) A respeito de competência, julgue os itens subsecutivos.

(1) No que se refere ao processamento e ao julgamento de guarda e alimentos de menor de idade residente no Brasil, a competência será concorrente entre a jurisdição brasileira e a estrangeira se o pai do menor, réu no processo, residir em outro país.

(2) Em regra, a competência da justiça federal decorre da identidade das partes envolvidas na relação processual, de modo que a natureza da lide pode não ser fator determinante para a fixação da competência.

1: correta, por se tratar de situação em que se admite a competência internacional concorrente (CPC, art. 21, II – obrigação deve ser cumprida no Brasil); **2:** correta, pois o principal critério para fixação da competência da Justiça Federal é a participação de ente federal (CF, art. 109, I).

Gabarito 1C, 2C.

2. FORMAÇÃO, SUSPENSÃO E EXTINÇÃO DO PROCESSO

(Delegado/PB – 2009 – CESPE) Extingue-se o processo com apreciação do mérito quando

(A) o juiz verificar, desde logo, a prescrição ou a decadência.

(B) o autor desistir da ação.

(C) não concorrer qualquer das condições da ação.

(D) ocorrer a morte do procurador e não houver a nomeação de outro em seu lugar.

(E) o juiz acolher a alegação de coisa julgada.

Alternativa A correta (art. 487, II, do CPC). As hipóteses de extinção do processo com resolução do mérito encontram-se dispostas no rol do art. 487 do Código.

Gabarito "A".

3. TUTELA PROVISÓRIA

(Delegado/DF – 2015 – Fundação Universa) Priscila possui crédito vencido contra Marcela. Depois de reiteradas cobranças extrajudiciais, Priscila informou a Marcela que iria ajuizar ação de cobrança visando ao pagamento de seu crédito. Marcela, então, iniciou a prática de sucessivos atos de dilapidação patrimonial, tendo doado bens para frustrar futura execução de eventual sentença condenatória que viesse a ser proferida na ação de Priscila, ainda pendente de ajuizamento.

Nessa situação hipotética, o instituto jurídico mais apto a tutelar o interesse de Priscila de garantir a utilidade de sua futura ação de cobrança é o(a)

(A) cautelar inominada preparatória, dada a falta de cautelar em espécie apta a resguardar o interesse de Priscila.

(B) pedido incidental de providência cautelar, formulado na ação de cobrança, com vistas ao sequestro de todos os bens de Marcela.

(C) pedido liminar de antecipação dos efeitos da tutela satisfativa, formulado na ação de cobrança.

(D) cautelar preparatória de arresto de bens suficientes ao adimplemento do crédito.

(E) pedido incidental de providência cautelar, formulado na ação de cobrança, com vistas ao arrolamento de bens de Marcela.

A: incorreta, pois para essa situação o art. 301 do CPC/2015 prevê o arresto de natureza cautelar – e, no CPC/2015, não se se trata mais de "cautelar inominada preparatória", mas de "tutela de urgência cautelar antecedente". **B:** incorreta, tendo em vista que o sequestro se dá em face de um bem específico, sendo o arresto utilizado para se buscar a constrição de qualquer bem do devedor (distinção entre arresto e sequestro prevista no sistema anterior, sem repetição do CPC/2015 – mas aplicável por força da interpretação histórica). **C:** incorreta. É necessária a preservação do patrimônio do devedor (cautelar), e não a satisfação, desde logo. **D:** correta no CPC/1973, em que havia cautelar preparatória. No atual Código, o art. 301 do CPC/2015 prevê a tutela de urgência com natureza cautelar de arresto para assegurar a preservação dos bens para satisfação do crédito. **E:** incorreta. A hipótese é de arresto, não de arrolamento de bens.
Gabarito "D" no CPC/1973, sem resposta no CPC/2015

(Delegado/DF – 2015 – Fundação Universa) Assinale a alternativa correta no que diz respeito à tutela cautelar e à antecipação da tutela.

(A) Não se admite concessão de tutela antecipada em grau recursal.

(B) A decisão interlocutória que concede liminarmente a tutela antecipada acarreta preclusão *proiudicato*, isto é, o juízo não mais poderá revogar ou modificar a decisão.

(C) A tutela cautelar é definitiva porque se funda em cognição exauriente, mas possui eficácia temporária limitada à preservação a que se propõe.

(D) Não há tutela antecipada satisfativa dissociada do necessário requisito da urgência.

(E) Os requisitos para o deferimento da tutela cautelar são normalmente mais rigorosos que os exigidos para o deferimento da tutela antecipada.

A: incorreta. A tutela antecipada incidental pode ser requerida e deferida a qualquer momento – inclusive no âmbito recursal (CPC/2015, art. 294, parágrafo único). **B:** incorreta. A decisão que concede tutela de urgência poderá ser revista, reformada ou invalidada a qualquer momento pelo magistrado (CPC/2015, art. 304, §3º). **C:** correta no CPC/1973, pois o processo cautelar era autônomo. No CPC/2015, a cautelar é formulada no âmbito do processo de conhecimento ou execução. **D:** incorreta no CPC/1973. No âmbito do CPC/2015, a tutela antecipada sempre depende de urgência; o que não depende de urgência é a tutela de evidência (CPC/2015, art. 311). **E:** incorreta no CPC/1973. No âmbito do CPC/2015 os requisitos são os mesmos (art. 300 – probabilidade do direito e o perigo de dano ou o risco ao resultado útil do processo).
Gabarito "C" no CPC/1973, sem resposta no CPC/2015.

(Delegado Federal – 2013 – CESPE) Julgue o item a seguir, relativo às tutelas de urgência.

(1) A antecipação dos efeitos da tutela, por ser medida voltada ao procedimento comum, não se apresenta viável em ações sob procedimento especial.

1: incorreta, pois não há vedação à concessão de antecipação de tutela nos procedimentos especiais (aos quais se aplicam subsidiariamente as regras do procedimento comum – CPC, art. 318, parágrafo único). Ademais, a tutela provisória (gênero do qual a tutela de urgência é espécie) está inserida na parte geral do Código, portanto se aplica a todos os processos e procedimentos
Gabarito 1E

4. TEMAS COMBINADOS DE PARTE GERAL E PROCESSO DE CONHECIMENTO

(Delegado/DF – 2015 – Fundação Universa) A respeito dos métodos alternativos de solução de conflitos, assinale a alternativa correta.

(A) A sentença arbitral não admite controle judicial sobre sua validade.

(B) Ao convencionar a arbitragem, as partes renunciam, em definitivo, ao direito de acesso à justiça.

(C) A cláusula compromissória de arbitragem é a convenção por meio da qual as partes estatuem, prévia e abstratamente, que eventuais controvérsias oriundas de certo negócio jurídico sejam dirimidas pelo juízo arbitral.

(D) A autocomposição, por sua rara ocorrência, tem cada vez mais perdido prestígio no ordenamento jurídico brasileiro como método eficaz de solução de conflitos.

(E) A mediação pressupõe a intervenção de um terceiro imparcial e equidistante, sendo, pois, espécie heterocompositiva.

A: incorreta. A sentença arbitral poderá ter sua validade contestada em Juízo, conforme o art. 33 da Lei 9.307/1996. **B:** incorreta. As partes poderão recorrer ao Judiciário inclusive em relação a aspectos do procedimento arbitral (vide alternativa "A"). Além disso, a parte executiva sempre acontece em juízo. **C:** correta. A Lei 9.307/1996 dispõe em seu art. 4º que será a arbitragem será instituída mediante cláusula compromissória. **D:** incorreta. A autocomposição vem se tornando cada vez mais frequente no Judiciário brasileiro, inclusive com a audiência de conciliação e mediação inserida do CPC/2015 (art. 334). **E:** incorreta. A mediação é espécie de autocomposição, vez que o mediador será imparcial, e auxiliará as partes a chegarem a um acordo.
Gabarito "C".

(Delegado/PA – 2013 – UEPA) Leia as proposições abaixo e assinale a alternativa correta.

(A) Nas cobranças ao condômino de quantias devidas ao condomínio, observa-se-á o procedimento sumário, desde que o montante do débito não ultrapasse o valor equivalente a 60 (sessenta) salários mínimos.

(B) No procedimento sumário, não sendo obtida a conciliação na primeira audiência, o Réu terá o prazo de quinze dias para a apresentação de defesa, sendo após os autos conclusos ao Juiz para decisão da causa.

(C) No procedimento ordinário, a contestação e a reconvenção serão oferecidas simultaneamente, mediante peça única, sendo a exceção processada em apenso aos autos principais.

(D) A cumulação de vários pedidos, num único processo, contra o mesmo réu, somente será admitida caso entre eles exista conexão.

(E) Da decisão que indeferir a petição inicial, sob o procedimento ordinário, caberá recurso de apelação, facultado ao juiz, no prazo de 48 (quarenta e oito) horas, reformar sua decisão.

A e B: incorretas, pois o rito sumário desaparece no CPC/2015; assim, agora se fala em procedimento comum ou especial, não mais se falando em ordinário ou sumário (CPC, art. 318); **C:** correta, considerando o procedimento comum. No CPC/2015, há simplificação em relação à reconvenção, que deixa de existir como peça autônoma, passando a ser elaborada na própria contestação (CPC, art. 343); **D:** incorreta, pois é possível cumular mesmo que não haja conexão, por expressa previsão legal (CPC/2015, art. 327); **E:** incorreta, é uma das hipóteses em que o juiz pode reconsiderar sua sentença (CPC/2015, art. 331), mas incorreto o prazo, pois é de 5 dias.
Gabarito "C".

5. RECURSOS

(Delegado/PA – 2013 – UEPA) Sobre os recursos no sistema próprio do Direito Processual Civil brasileiro, assinale a alternativa correta.

(A) A concessão de antecipação de tutela no corpo da sentença, impõe que eventual recurso de apelação, por ausência de disposição legal, seja integralmente recebido em seu efeito devolutivo e suspensivo.

(B) A reforma processual promovida em 2005 alterou o regime de impugnação das decisões interlocutórias, estabelecendo, como regra geral, a interposição de recurso de agravo de instrumento manejado diretamente na Corte competente.

(C) A interposição de agravo retido conduz automaticamente à apreciação da matéria pelo Tribunal de Justiça como preliminar, por ocasião do julgamento da apelação, independentemente de reiteração posterior da parte interessada.

(D) A decisão do relator que converte o agravo de instrumento em retido é passível de reforma imediata, mediante a interposição de recurso de agravo interno, no prazo de 05 (cinco) dias, nos termos do art. 557, § 1º, do CPC.

9. DIREITO PROCESSUAL CIVIL

(E) Cabe ao agravante, no prazo de 03 (três) dias, comunicar ao Juízo singular a interposição do recurso de agravo de instrumento, juntando cópia da petição recursal, seu comprovante de interposição e a relação de documentos apresentados, sendo o descumprimento desse ônus processual razão para o não conhecimento do recurso, desde que a questão seja arguida e provada pela parte agravada.

A: incorreta. Inicialmente, de se observar que o CPC/2015 reuniu o regramento referente à **tutela de urgência** (esta dúvida em duas subespécies: *tutela de urgência cautelar* e *tutela de urgência antecipada*) e **tutela de evidência** sob a denominação **tutela provisória**. Em caso de sentença que concede tutela provisória, a decisão passa a produzir efeitos imediatamente –ou seja, a apelação é recebida apenas no efeito devolutivo (CPC/2015, art. 1.012, §1º, V); **B:** incorreta. No CPC/2015, há o agravo de instrumento para um rol taxativo (art. 1.015 – tendo o STJ apontado que se trata de uma "taxatividade mitigada"); ou, então, recorre-se da interlocutória na própria sentença (CPC/2015, art. 1.009, § 1º), não mais existindo preclusão logo após a prolação da decisão; **C:** incorreta, pois a hipótese de conversão do agravo de instrumento em agravo retido deixa de existir no CPC/2015, pois o agravo retido deixou de existir; **D:** incorreta, vide justificativa anterior; **E:** correta, prevalecendo essa hipótese apenas nos casos de autos físicos (CPC/2015, art. 1.018, *caput* e §§ 2º 3º).
Gabarito "E".

(Delegado/PA – 2013 – UEPA) Leia as proposições abaixo e assinale a alternativa correta.

(A) Quando manifestamente protelatórios os embargos, o juiz ou o tribunal, declarando que o são, condenará o embargante a pagar ao embargado multa não excedente de 1% (um por cento) sobre o valor da causa. Na reiteração de embargos protelatórios, a multa é elevada a até 10% (dez por cento), ficando condicionada a interposição de qualquer outro recurso ao depósito do valor respectivo.

(B) O conhecimento de recurso especial pelo Superior Tribunal de Justiça exige o exaurimento das instâncias ordinárias, de modo que tendo sido confirmada a sentença recorrida, por maioria de votos, impõe-se a prévia interposição de embargos infringentes.

(C) Havendo a concessão da segurança, caberá ao Superior Tribunal de Justiça o julgamento de recuso ordinário em sede de mandado de segurança decidido em única instância pelos Tribunais Regionais Federais, ou pelos Tribunais dos Estados e do Distrito Federal e Territórios.

(D) A inexistência de repercussão geral, a partir de questões relevantes do ponto de vista econômico, político, social ou jurídico, que ultrapassem os interesses subjetivos da causa, acarreta o não conhecimento do Recurso Extraordinário pelo Supremo Tribunal Federal, sendo irrecorrível a decisão monocrática do Ministro Relator que não reconhecê-la, nos termos do art. 543-A do CPC. (correspondente ao art. 1.035 do CPC/2015)

(E) Não admitido o recurso extraordinário ou recurso especial, caberá a interposição de recurso de agravo de instrumento, mediante a juntada dos documentos obrigatórios definidos em lei, bem como do recolhimento das custas processuais e despesas postais.

A: incorreta (CPC/2015, art. 1.026, §§ 2º e 3º). O atual Código prevê percentual de até 2% do valor atualizado da causa, com majoração para até 10%, em caso de reiteração; **B:** incorreta, pois apesar de a afirmação de necessário de esgotamento de instância ser verdadeira, os embargos infringentes deixam de existir como recurso, de modo que a hipótese passar a ser prevista como técnica de julgamento estendido (CPC/2015, art. 942); **C:** incorreta, pois só cabe recurso ordinário em caso de denegação (e não concessão) de segurança (CPC/2015, art. 1.027, II, "a"); **D:** incorreta, pois a decisão quanto à repercussão geral tem de ser colegiada e não monocrática (CF, art. 102, § 3º); **E:** incorreta, não se tratando de agravo de instrumento. O agravo em REsp ou RE (e não o agravo de instrumento) somente será cabível quando não se tratar de questões afetas a recurso repetitivo (CPC/2015, art. 1.042). E, no caso de não admissão de REsp e RE, serão cabíveis dois agravos: AREsp e ARE (CPC/2015, art. 1.030)
(no CPC/1973 a alternativa "A" era a correta).
Sem alternativa correta no CPC/2015

6. PROCEDIMENTOS ESPECIAIS

(Delegado/DF – 2015 – Fundação Universa) Com relação à ação civil pública (ACP), assinale a alternativa correta de acordo com a legislação de regência e a jurisprudência do STF.

(A) Julgado procedente o pedido deduzido em ACP ajuizada pelo Ministério Público, o órgão ministerial fará jus a honorários sucumbenciais devidos pelo réu.

(B) Embora não possa servir de sucedâneo de ação direta de inconstitucionalidade, a ACP admite controle difuso caso a matéria constitucional seja prejudicial ao pedido principal.

(C) Como espécie de tutela coletiva de direitos metaindividuais, a ACP é via cabível para a defesa de direitos coletivos, mas não para a defesa de direitos individuais homogêneos.

(D) Por ser instituto a viabilizar amplo acesso à justiça, a ACP admite ajuizamento por qualquer associação.

(E) O trânsito em julgado de sentença que julga improcedente pedido formulado em ACP ajuizada em defesa de consumidores inviabiliza a propositura futura de ações individuais que invoquem idêntico pedido.

A: incorreta. A Constituição Federal em seu artigo 128, § 5º, II, "a", veda o recebimento de honorários a qualquer título. **B:** correta. A ACP não é o procedimento correto para questionar constitucionalidade de lei, porém se para análise do pedido for necessária a análise da legislação que viole a constituição, será feito de modo meramente incidental, para se decidir o pedido (como é típico no controle difuso de constitucionalidade). **C:** incorreta. O artigo 81, parágrafo único, III, do CDC, dispõe que haverá defesa coletiva de direitos individuais homogêneos, portanto é cabível ACP. **D:** incorreta. Para ter legitimidade para propositura da ACP a associação deverá ser devidamente registrada com a finalidade de proteção a determinados direitos e estar constituída há pelo menos 1 ano, conforme prevê o art. 5º, V, alíneas *a* e *b* da Lei 7.347/1985. **E:** incorreta. O art. 103, I, do CDC prevê a possibilidade de novo ajuizamento pelo consumidor quando a ACP for julgada improcedente por ausência de provas.
Gabarito "B".

(Delegado/DF – 2015 – Fundação Universa) A respeito da jurisdição constitucional das liberdades e de seus principais mecanismos, assinale a alternativa correta.

(A) Os danos morais e patrimoniais causados à honra e à dignidade de grupos raciais, étnicos ou religiosos podem ser objeto de responsabilização por meio de ação civil pública.

(B) De acordo com a jurisprudência do STF, é cabível, em *habeas corpus* contra prisão civil de devedor inescusável de prestação alimentícia, rediscussão acerca do binômio necessidade-possibilidade.

(C) Admite-se mandado de segurança contra decisão judicial teratológica de que caiba recurso.

(D) Há perda superveniente de legitimidade a impor a extinção do mandado de segurança coletivo impetrado por partido político quando a agremiação, ao longo do processo, deixar de ter representação no Congresso Nacional.

(E) Pessoa jurídica constituída sob a forma de associação, por ser integrada por cidadãos, detém legitimidade para o ajuizamento, em nome próprio, de ação popular.

A: correta. A ação civil pública para responsabilização em face de tais atos encontra-se disciplinada no artigo 1º, VII, da Lei 7.347/1985. **B:** incorreta. A jurisprudência do STF não admite impetração de *habeas corpus* para discutir o binômio necessidade de possibilidade. O HC é cabível apenas em hipóteses de ilegalidade ou abuso no decreto da prisão, conforme art. 5º, LXVIII, da CF. **C:** incorreta. De acordo com a Súmula 267 do STF não cabe Mandado de Segurança quando da decisão couber recurso. **D:** incorreta. A legitimidade do partido político é verificada no momento da impetração do Mandado de Segurança Coletivo, portanto, a perda superveniente de representação no Congresso Nacional não implica na extinção do MS, conforme jurisprudência do STF em ADI 2159 AgR/DF. **E:** incorreta. A Lei 4.717/1965 em seu artigo 1º dispõe que qualquer *cidadão* é parte legítima, desta forma, não poderá uma pessoa jurídica ingressar em juízo com uma ação popular. A legitimidade é apenas dos cidadãos.
Gabarito "A".

(Delegado Federal – 2013 – CESPE) No que se refere ao *habeas data* e ao *habeas corpus*, julgue os itens seguintes.

(1) De acordo com o STJ, o *habeas data* é instrumento idôneo para a obtenção de acesso aos critérios utilizados em correção de prova discursiva aplicada em concursos públicos.

(2) O *habeas corpus* constitui a via adequada para o devedor de pensão alimentícia pedir o afastamento de sua prisão, alegando incapacidade de arcar com o pagamento dos valores executados.

1: incorreta, pois o STJ decidiu exatamente o contrário, pelo não cabimento de *habeas data* em relação a critérios de concurso (AgRg no HD 127/DF, *DJ* 14.08.2006); **2:** incorreta, porque nesse caso de incapacidade de pagamento, há necessidade de instrução probatória, o que é inviável de se apurar no âmbito do HC, conforme jurisprudência do STJ.
Gabarito 1E, 2E

10. DIREITO EMPRESARIAL

Robinson Barreirinhas e Henrique Subi*

1. TEORIA GERAL, EMPRESÁRIOS, PRINCÍPIOS

(Delegado/PE – 2016 – CESPE) A respeito de estabelecimento empresarial, aviamento e clientela, assinale a opção correta.

(A) Estabelecimento empresarial corresponde a um complexo de bens corpóreos organizados ao exercício de determinada empresa.

(B) O estabelecimento empresarial não é suscetível de avaliação econômica e, por consequência, não pode ser alienado.

(C) Aviamento refere-se à aptidão que determinado estabelecimento empresarial possui para gerar lucros.

(D) De acordo com a doutrina, aviamento e clientela são sinônimos.

(E) Na legislação vigente, não há mecanismos de proteção legal à clientela.

A: incorreta. O estabelecimento é composto tanto de bens corpóreos quanto de bens incorpóreos (ponto comercial, título do estabelecimento, clientela etc.); **B:** incorreta. O estabelecimento possui valor econômico próprio e pode ser objeto de negócio jurídico específico (art. 1.143 do Código Civil); **C:** correta. Este é o conceito de aviamento tradicionalmente adotado pela doutrina; **D:** incorreta. O conceito de aviamento foi corretamente exposto na letra "C". Clientela, por sua vez, é outro ativo intangível do estabelecimento, o conjunto de clientes que potencialmente adquirem os produtos e serviços do empresário; **E:** incorreta. A proteção à clientela é a razão jurídica da criminalização dos atos de concorrência desleal (art. 195 da Lei 9.279/1996). HS

Gabarito "C".

(Delegado Federal – 2013 – CESPE) Julgue o seguinte item.

(1) Apesar de os gregos e os fenícios serem historicamente associados a atividades de compra e troca, o surgimento do direito comercial de forma organizada corresponde à ascensão da classe burguesa na Idade Média. À medida que artesãos e comerciantes europeus se reuniam em corporações de ofícios, surgiam normas destinadas a disciplinar os usos e costumes comerciais da época.

1: correta. Realmente, as primeiras normas voltadas à regulamentação do comércio datam da criação e expansão dos mercados na Idade Média. HS/RB

Gabarito 1C

(Delegado/PA – 2013 – UEPA) Sobre o Direito de Empresa, regulado pelo artigo 966 e seguintes do Código Civil, assinale a alternativa correta.

(A) Na forma da lei, empresário é aquele que exerce qualquer atividade ou profissão, economicamente organizada, para a produção ou circulação de bens e serviços.

(B) Podem exercer a atividade de empresário os que estiverem em pleno gozo de sua capacidade civil e não forem legalmente impedidos, assim, os incapazes por razão superveniente, são proibidos de continuar a empresa antes exercida por eles, mesmo que com a assistência ou representação legal.

(C) A sociedade empresária adquire a personalidade jurídica com a sua constituição, a partir da assinatura de seus atos constitutivos pelos respectivos sócios.

(D) Salvo as exceções expressas em lei, considera em empresária a sociedade que tem por objeto o exercício de atividade própria de empresário sujeito a registro.

(E) A sociedade pressupõe a existência de atividade continuada, sendo vedada a sua criação restrita a um ou mais negócios determinados.

A: incorreta. A atividade empresarial é aquela que tem por objeto a produção ou circulação de bens ou serviços, excluídos aqueles de natureza intelectual (artística, científica ou literária), desde que não constituam elemento de empresa (art. 966 do CC); **B:** incorreta. O incapaz não pode começar nova empresa, mas está autorizado a continuar aquela já existente devidamente representado ou assistido (art. 974 do CC); **C:** incorreta. A personalidade jurídica da sociedade empresária começa com o registro de seus atos constitutivos no Registro Público de Empresas Mercantis, a cargo da Junta Comercial (art. 985 do CC); **D:** correta, nos termos do art. 982, *caput*, do CC; **E:** incorreta. É totalmente lícita a criação de sociedade para negócios determinados, em nome do princípio da liberdade de contratar (art. 981, parágrafo único, do CC). HS/RB

Gabarito "D".

2. SOCIEDADES

(Delegado/GO – 2017 – CESPE) Depende do consentimento de todos os sócios ou acionistas – salvo em caso de previsão no ato constitutivo, hipótese em que o dissidente poderá retirar-se da sociedade – a operação societária denominada

(A) incorporação.

(B) fusão.

(C) cisão.

(D) liquidação.

(E) transformação.

Dentre as operações societárias, a única que obrigatoriamente se dá pela unanimidade dos sócios, salvo se prevista no contrato social ou estatuto, é a transformação (art. 1.114 do CC). HS

Gabarito "E".

(Delegado/GO – 2017 – CESPE) Assinale a opção correta no que se refere ao direito societário.

(A) Compete ao poder público municipal do local da sede autorizar o funcionamento de sociedades cujo funcionamento dependa de autorização do Poder Executivo.

(B) É nulo todo o contrato social de sociedade limitada que contenha cláusula que exclua qualquer sócio da participação nos lucros e nas perdas.

(C) A sociedade em comum e a sociedade de fato ou irregular são não personificadas, conforme classificação do Código Civil.

(D) O sócio remisso pode ser excluído da sociedade pelos demais, caso em que se deve ser-lhe devolvido, com os abatimentos cabíveis, o montante com o qual tenha contribuído para o capital social.

(E) Os tipos societários previstos no Código Civil são exemplificativos, podendo as sociedades organizar-se de formas distintas das expressamente listadas.

A: incorreta. A competência é do Poder Executivo federal (art. 1.123, parágrafo único, do CC); **B:** incorreta. Apenas a cláusula que assim determinar será nula, mantendo-se íntegro do restante do documento (art. 1.008 do CC); **C:** incorreta. Sociedade em comum, sociedade de fato e sociedade irregular são termos sinônimos. A alternativa está incorreta porque apenas o primeiro termo é adotado pelo Código Civil (art. 986 e seguintes do CC), que também elenca a sociedade em conta de participação como sociedade não personificada; **D:** correta, nos termos do art. 1.058 do CC; **E:** incorreta. Trata-se de rol taxativo (art. 983 do CC). HS

Gabarito "D".

(Delegado/PE – 2016 – CESPE) Assinale a opção que apresenta, respectivamente, as espécies societárias que somente podem ser consideradas, a primeira, como sociedade empresária e, a segunda, como sociedade simples, em razão de expressa imposição legal.

(A) sociedade comandita por ações / sociedade comandita simples

(B) sociedade anônima / sociedade cooperativa

(C) sociedades estatais / associações

(D) sociedade anônima / sociedade limitada

(E) sociedade em nome coletivo / sociedade limitada

Nos termos do art. 982, parágrafo único, do Código Civil, independentemente de seu objeto social, considera-se empresária a sociedade anônima e simples a cooperativa. HS

Gabarito "B".

---

*   **HS** questões comentadas por: **Henrique Subi.**
     RB questões comentadas por: **Robinson Barreirinhas.**

(Delegado/PE – 2016 – CESPE) Considerando a legislação em vigor a respeito da responsabilidade dos sócios nos diversos tipos societários, assinale a opção correta.

(A) Nas sociedades cooperativas, o contrato social deverá prever, necessariamente, a responsabilidade ilimitada aos sócios.

(B) O acionista responde ilimitadamente com o próprio patrimônio no que se refere às obrigações assumidas pela sociedade anônima.

(C) Nas sociedades anônimas, os acionistas respondem solidariamente pela integralização do capital social.

(D) Nas sociedades limitadas, os sócios respondem solidariamente pela integralização do capital social.

(E) Na sociedade comandita por ações, todos os sócios respondem ilimitadamente pelos débitos societários.

A: incorreta. O contrato da sociedade cooperativa é livre para dispor sobre a responsabilidade dos sócios 1.095 do Código Civil); **B:** incorreta. A responsabilidade do acionista é limitada ao valor de suas ações (art. 1º da Lei 6.404/1976); **C:** incorreta. Na sociedade anônima, o acionista responde unicamente pela integralização de suas ações, não podendo ser alcançado pelo inadimplemento de outros sócios (art. 1º da LSA); **D:** correta, nos termos do art. 1.052 do Código Civil; **E:** incorreta. Na comandita por ações, apenas os diretores e gerentes têm responsabilidade ilimitada pelas obrigações sociais (art. 282 da LSA). **HS**
Gabarito "D".

(Delegado/DF – 2015 – Fundação Universa) No que diz respeito às sociedades, assinale a alternativa correta de acordo com a legislação que rege a matéria e a jurisprudência do STJ.

(A) A sociedade subsidiária integral não é permitida no ordenamento jurídico brasileiro, pois a pluralidade de sócios é pressuposto da existência de qualquer sociedade.

(B) O nascimento da empresa pública ou da sociedade de economia mista ocorre com a publicação da lei autorizativa, dispensando-se, para tanto, que o poder público promova o registro dos respectivos atos constitutivos nos registros competentes.

(C) Para que uma sociedade seja considerada nacional, é necessário que pelo menos um de seus sócios seja brasileiro, nato ou naturalizado.

(D) A vedação legal que proíbe cônjuges de contratarem sociedade entre si, quando casados sob o regime da comunhão universal ou separação obrigatória de bens, não se aplica à hipótese de contratação de sociedade simples.

(E) Não é necessária outorga conjugal, qualquer que seja o regime de bens do casamento, para que o empresário casado possa alienar os imóveis que integram o patrimônio da empresa, ou, mesmo, gravá-los de ônus real.

A: incorreta. A sociedade subsidiária integral, aquela na qual o único sócio é uma sociedade anônima nacional, é exceção à regra da pluralidade de sócios e está expressamente autorizada pelo art. 251 da LSA; **B:** incorreta. Por serem pessoas jurídicas de direito privado, sua personalidade jurídica decorre do registro dos atos constitutivos (art. 45 do Código Civil). A lei apenas autoriza sua criação; **C:** incorreta. Sociedade nacional é aquela organizada conforme a lei brasileira e que tenha no país a sede de sua administração (art. 1.126 do Código Civil); **D:** incorreta. A vedação da sociedade entre cônjuges vale também para as sociedades simples (STJ, REsp 1058165/RS, DJ 14.04.2009); **E:** correta. Se os bens integram o patrimônio da empresa, e não do empresário, é dispensada a outorga conjugal (art. 978 do Código Civil). **HS/RB**
Gabarito "E".

(Delegado/DF – 2015 – Fundação Universa) No que concerne à empresa individual de responsabilidade limitada (EIRELI), assinale a alternativa correta com base na legislação de regência, na doutrina e na jurisprudência acerca da matéria.

(A) Inexiste previsão normativa do capital social mínimo que deve ser integralizado para os fins de constituição da EIRELI.

(B) A remuneração decorrente de cessão de direitos patrimoniais de autor ou de imagem, nome, marca ou voz de que seja detentor o titular da pessoa jurídica, vinculados à atividade profissional, não poderá ser atribuída a EIRELI constituída para a prestação de serviços de qualquer natureza.

(C) Conforme a doutrina majoritária, a empresa individual de responsabilidade limitada somente poderá ser constituída por pessoa natural.

(D) Não se aplicam à EIRELI as hipóteses de desconsideração da personalidade jurídica.

(E) Não há proibição legal para que a pessoa natural constitua mais de uma empresa individual de responsabilidade individual.

A: incorreta. O capital social mínimo da EIRELI é de 100 salários mínimos (art. 980-A, *caput,* do Código Civil); **B:** incorreta. É possível a atribuição dessas remunerações à EIRELI (art. 980-A, § 5º, do Código Civil); **C:** correta segundo o gabarito oficial. A alternativa é extremamente polêmica ao afirmar que se trata de doutrina majoritária. Não é. A doutrina é absolutamente dividida sobre a possibilidade de pessoa jurídica constituir EIRELI, não obstante, na prática, as Juntas Comerciais realmente vêm negando registro nessa hipótese por determinação do Departamento de Registro de Empresas e Integração. De toda forma, a nosso ver, tal discussão não cabe, ainda, em questões de múltipla escolha, tendo em vista que o debate ainda está aberto na doutrina e na jurisprudência; **D:** incorreta. As hipóteses de desconsideração são aplicáveis à EIRELI, nos termos e limites do art. 980-A, §§ 6º e 7º, do Código Civil; **E:** incorreta. A pessoa natural somente pode ser titular de uma EIRELI por expressa limitação imposta pelo art. 980-A, § 2º. do Código Civil. **HS/RB**
Gabarito "C".

(Delegado Federal – 2013 – CESPE) Julgue o seguinte item.

(1) Uma sociedade estrangeira não pode funcionar no Brasil sem autorização do governo do estado onde será instalada e sem certidão de nada consta emitida pela Polícia Federal, por meio de sua superintendência local.

1: incorreta. Compete ao Governo Federal autorizar o funcionamento de sociedade estrangeira no país (arts. 1.134 e seguintes do CC). **HS/RB**
Gabarito 1E.

(Delegado/PA – 2012 – MSCONCURSOS) A Lei 6.404/1976 que dispõe sobre as Sociedades por Ações, estabelece que os certificados das ações serão escritos em vernáculo e conterão as seguintes declarações, com exceção a da apresentada na alternativa:

(A) O valor do capital social, a data do ato que o tiver fixado, o número de ações em que se divide e o valor nominal das ações, ou a declaração de que não têm valor nominal.

(B) O número de ações ordinárias e preferenciais das diversas classes, se houver as vantagens ou preferências conferidas a cada classe e as limitações ou restrições a que as ações estiverem sujeitas.

(C) O número de ordem do certificado e da ação, e a espécie e classe a que pertence.

(D) denominação da companhia, sua sede e prazo de duração.

(E) Os deveres conferidos às partes beneficiárias, se houver.

O art. 24 da Lei das Sociedades por Ações – LSA (Lei 6.404/1976) dispõe que os certificados das ações serão escritos em vernáculo e conterão as seguintes declarações: (i) denominação da companhia, sua sede e prazo de duração; (ii) o valor do capital social, a data do ato que o tiver fixado, o número de ações em que se divide e o valor nominal das ações, ou a declaração de que não têm valor nominal; (iii) nas companhias com capital autorizado, o limite da autorização, em número de ações ou valor do capital social; (iv) o número de ações ordinárias e preferenciais das diversas classes, se houver, as vantagens ou preferências conferidas a cada classe e as limitações ou restrições a que as ações estiverem sujeitas; (v) o número de ordem do certificado e da ação, e a espécie e classe a que pertence; (vi) os direitos conferidos às partes beneficiárias, se houver; (vii) a época e o lugar da reunião da assembleia-geral ordinária; (viii) a data da constituição da companhia e do arquivamento e publicação de seus atos constitutivos; (ix) o nome do acionista; (x) o débito do acionista e a época e o lugar de seu pagamento, se a ação não estiver integralizada; (xi) a data da emissão do certificado e as assinaturas de dois diretores, ou do agente emissor de certificados. Perceba, portanto, a que a alternativa "E" é a única que não indica declaração que necessariamente deve constar dos certificados de ações. **HS/RB**
Gabarito 1E.

3. TÍTULOS DE CRÉDITO

(Delegado/PE – 2016 – CESPE) Com referência às disposições do Código Civil acerca de endosso e aval, assinale a opção correta.

(A) É válido o aval parcial de títulos de crédito.

(B) O Código Civil veda o aval parcial e, por se tratar de norma posterior, revogou o dispositivo da Lei Uniforme de Genebra que permite o aval parcial em notas promissórias.

(C) O Código Civil veda tanto o aval parcial quanto o endosso parcial.

10. DIREITO EMPRESARIAL — 645

(D) Dado o princípio da autonomia, caso o avalista pague o título, não haverá possibilidade de ação de regresso contra os demais coobrigados.

(E) É válido o endosso parcial de títulos de crédito.

A: incorreta. Para os títulos de crédito atípicos, regidos pelo Código Civil, é vedado o aval parcial (art. 897, parágrafo único, do Código Civil); **B:** incorreta. O Código Civil é norma subsidiária para os títulos de crédito típicos, aqueles previstos em leis especiais. Logo, não tem o condão de derrogar a Lei Uniforme de Genebra – é a lei especial que revoga a lei geral, não o contrário; **C:** correta, nos termos dos arts. 897, parágrafo único (aval), e 912, parágrafo único (endosso), do Código Civil; **D:** incorreta. O avalista sub-roga-se nos direitos daquele por quem pagou, portanto está autorizado a exigir a quantia em ação de regresso contra aqueles que lhe sejam anteriores na cadeia de endossos (art. 899, § 1º, do Código Civil); **E:** incorreta. O endosso parcial é nulo (art. 912, parágrafo único, do Código Civil). **HS**

Gabarito "C".

(Delegado/DF – 2015 – Fundação Universa) O Mercado Economia Ltda. recebeu, como pagamento pela compra de computadores e câmeras de segurança, cheque emitido, em 1.º.03.2015, pela cliente Padaria da Esquina Ltda. Mediante regular endosso, a Sociedade Factoring Ltda. recebeu do Mercado Boa Compra Ltda. o cheque e, apresentando-o para pagamento trinta dias após a data de emissão, a endossatária foi comunicada pela instituição financeira sacada a respeito da inexistência de fundos disponíveis em conta da sacadora para honrar o pagamento.

Em relação a essa situação hipotética e à temática nela tratada, assinale a alternativa correta com base na legislação de regência e doutrina de referência acerca da matéria.

(A) O cheque representa título de crédito classificado como abstrato ou não causal, pois sua emissão não se condiciona a nenhuma causa preestabelecida em lei.

(B) Na hipótese de a Sociedade Factoring Ltda. perder o prazo para o ajuizamento de ação executiva para a cobrança do título, não lhe restará a possibilidade de ajuizamento de ação de enriquecimento contra quem se locupletou indevidamente com o não pagamento do cheque, na forma da Lei.

(C) Caso a Padaria da Esquina Ltda. não apresente relevante razão de direito para justificar o inadimplemento e a Sociedade Factoring Ltda. tenha promovido o regular protesto cambial do título, poderá ser decretada a falência daquela caso o cheque veicule ordem de pagamento superior a vinte salários mínimos à data do pedido de falência.

(D) Considerando-se que o cheque tenha sido apresentado para pagamento na mesma praça onde tenha sido emitido, o termo inicial do prazo prescricional para ajuizamento de execução do título ocorreu em 1.º.05.2015.

(E) Não se admite protesto em razão do não pagamento de cheque, diversamente do que ocorre em relação às certidões de dívida ativa da União, dos estados, do Distrito Federal, dos municípios e das respectivas autarquias e fundações públicas.

A: correta. Título de crédito não causal é aquele que pode ser emitido em qualquer hipótese para representar um direito patrimonial, do qual cheque é exemplo; **B:** incorreta. A ação de locupletamento ilícito prescreve em 02 anos contados do fim do prazo de prescrição da ação cambial (execução do título extrajudicial); **C:** incorreta. O valor mínimo para embasar o pedido de falência em caso de impontualidade injustificada é de 40 salários mínimos (art. 94, I, da Lei 11.101/2005); **D:** incorreta. Cheques apresentados a pagamento na mesma praça têm prazo de apresentação de 30 dias (art. 33 da Lei 7.357/1985), portanto, o início do prazo prescricional da ação cambial foi 1º.04.2015; **E:** incorreta. O cheque é título de crédito protestável, nos termos do art. 48 da Lei 7.357/1985. **HS/RB**

Gabarito "A".

(Delegado Federal – 2013 – CESPE) Julgue o seguinte item.

(1) O denominado cheque pré-datado, apesar de usual no comércio brasileiro, não está previsto na legislação, segundo a qual o cheque é uma ordem de pagamento à vista, estando a instituição bancária obrigada a pagá-lo no ato de sua apresentação, de modo que a instituição não pode ser responsabilizada pelo pagamento imediato de cheques datados com lembrete de desconto para data futura.

1: correta. O cheque pré-datado é uma criação consuetudinária e, por força do art. 32 da Lei 7.357/1985, se apresentado para pagamento, o banco irá descontá-lo. Naturalmente, não pode a instituição financeira ser responsabilizada civilmente por eventuais danos, porque está cumprindo uma obrigação legal. Não se olvide, por outro lado, que o STJ reconhece a força desse costume comercial e atribui responsabilidade civil àquele que, aceitando receber um cheque pré-datado, leva-o ao banco para pagamento antes da data combinada (Súmula 370 do STJ: Caracteriza dano moral a apresentação antecipada de cheque pré-datado). **HS/RB**

Gabarito 1C.

(Delegado/PA – 2013 – UEPA) Acerca dos títulos de crédito, assinale a alternativa correta.

(A) Os títulos de crédito podem ser garantidos mediante aval cuja validade está condicionada à existência de assinatura do avalista somente na frente do título.

(B) Os títulos ao portador, emitidos na forma da lei, somente podem ser transferidos mediante endosso formalizado pelo credor primitivo.

(C) A invalidade do título de crédito, por ausência de determinado requisito legal, irradia efeitos à relação jurídica que lhe deu origem, maculando o negócio que justificou sua emissão.

(D) O devedor, como matéria de defesa, pode opor exceção fundada em relações pessoais com o emitente ou com os portadores anteriores do título.

(E) O credor de obrigação lastreada em título de crédito não é obrigado a receber o pagamento antes da data de vencimento constante da cártula.

A: incorreta. O aval pode ser dado no verso do título, desde que esteja assim identificado (art. 898 do CC); **B:** incorreta. O título ao portador circula mediante simples tradição (art. 904 do CC); **C:** incorreta. O negócio jurídico original permanece íntegro por força do princípio da abstração dos títulos de crédito e do disposto no art. 888 do CC; **D:** incorreta. Em regra, o direito cambiário refuta a oposição de exceções pessoais em face a terceiros de boa-fé; **E:** correta, nos termos do art. 902 do CC. **HS/RB**

Gabarito "E".

4. OUTRAS MATÉRIAS E COMBINADAS

(Delegado/GO – 2017 – CESPE) Durante a instrução de determinado processo judicial, foi comprovada falsificação da escrituração em um dos livros comerciais de uma sociedade limitada, em decorrência da criação do chamado "caixa dois". A sentença proferida condenou pelo crime apenas o sócio com poderes de gerência.

A respeito dessa situação hipotética, assinale a opção correta.

(A) A conduta praticada pelo sócio constitui crime falimentar.

(B) Na situação, configura-se crime de falsificação de documento público.

(C) Sendo o diário e o livro de registro de atas de assembleia livros obrigatórios da sociedade citada, a referida falsificação pode ter ocorrido em qualquer um deles.

(D) Em decorrência da condenação criminal, o sócio-gerente deverá ser excluído definitivamente da sociedade.

(E) O nome do condenado não pode ser excluído da firma social, que deve conter o nome de todos os sócios, seguido da palavra "limitada".

A: incorreta. A conduta não se encontra entre as figuras típicas da Lei 11.101/2005; **B:** correta, nos termos do art. 297, § 2º, do Código Penal; **C:** incorreta. Não se faz "caixa dois" pelo livro de registro de atas de assembleia, porque, como o nome sugere, ele se presta unicamente a consolidar as atas das deliberações dos sócios; **D:** incorreta. Não há qualquer obrigação legal nesse sentido. Somente não pode ser administrador de sociedade (art. 1.011, § 1º, do CC), mas poderá ser sócio; **E:** incorreta. Não há qualquer óbice à exclusão do nome da firma social, a qual, é bom lembrar, pode ser composta somente pelo nome de um ou alguns dos sócios, seguido da partícula "& Cia.". **HS**

Gabarito "B".

11. FILOSOFIA E ÉTICA

Renan Flumian

(Delegado/MT – 2017 – CESPE) Em dezembro de 2014, o prefeito de determinado município brasileiro recebeu do proprietário de um supermercado local, a título de presente de Natal, uma caixa de garrafas de champanhe francês, cujo valor total ultrapassava os R$ 20 mil. No entanto, no início do ano seguinte, o empresário, fazendo menção ao regalo, solicitou que o prefeito intercedesse em seu favor em disputa judicial cujo objeto era um terreno público no qual havia construído um galpão para a armazenagem de produtos.

Nessa situação hipotética, do ponto de vista ético, a atitude do prefeito em aceitar o presente

(A) foi condenável: o prefeito, ao receber o presente, comprometeu a lisura e a transparência, fundamentais aos atos da administração pública.

(B) só seria condenável se o prefeito intercedesse judicialmente em favor do empresário e a decisão judicial fosse benéfica ao interessado: o simples recebimento de presentes não é crime típico.

(C) não foi condenável: o Estado, ao enaltecer a confiança entre os membros da sociedade, considera a lealdade entre eles um valor superior e um fim moral.

(D) não foi condenável: mesmo aceitando o presente do empresário, o prefeito tem como compromisso atender às solicitações da comunidade em geral, desde que elas não sejam públicas.

(E) só seria condenável se o prefeito aceitasse interceder pelo empresário na disputa judicial: o recebimento de presentes e valores, por si só, não é crime típico.

A atitude do prefeito foi condenável, portanto, a assertiva a ser assinalada é "A". A lisura e transparência da administração pública foram comprometidas.
Gabarito "A".

(Delegado/MT – 2017 – CESPE) Um delegado de polícia descobriu uma quadrilha de tráfico internacional de pessoas cujos elementos perpetravam, comumente, ações cruéis, inclusive contra mulheres e crianças. Preso, o líder da associação criminosa recusou-se a declarar o paradeiro das pessoas sequestradas e escravizadas. Na ocasião, o delegado usou força física contra o criminoso, a fim de obter as informações necessárias para resgatar as vítimas.

Com referência a essa situação hipotética, analise as asserções a seguir.

I. De acordo com preceitos do campo ético, o delegado agiu equivocadamente, pois a sua ação para com o criminoso não obedeceu ao princípio da moralidade.

II. O agir moral, segundo princípios da ética moderna, traduz uma máxima que deve ser necessariamente universalizável.

A respeito dessas asserções, assinale a opção correta.

(A) As asserções I e II são proposições verdadeiras, e a II é uma justificativa da I.

(B) As asserções I e II são proposições verdadeiras, mas a II não é uma justificativa da I.

(C) A asserção I é uma proposição verdadeira, e a II é uma proposição falsa.

(D) A asserção I é uma proposição falsa, e a II é uma proposição verdadeira.

(E) As asserções I e II são proposições falsas.

A assertiva correta é "A" porque as duas proposições são verdadeiras e a II é uma justificativa da I. A ação do delegado é equivocada do ponto de vista dos preceitos do campo ético e isso porque o agir moral deve ser necessariamente universalizável. Uma ação correta por si só é que deve ser realizada por todos.
Gabarito "A".

(Delegado/MT – 2017 – CESPE) José, taxista, passa por dificuldades financeiras. Seu pai, doente, requer tratamento que a família não pode custear. Certo dia, tendo constatado que a mala esquecida por um passageiro em seu táxi estava repleta de dinheiro, José vislumbrou a possibilidade de ficar com o dinheiro e utilizá-lo no tratamento de seu pai. Após muito refletir, José chegou à conclusão de que o correto seria devolver o dinheiro a seu proprietário e levou a mala com o dinheiro à delegacia de polícia.

Nessa situação hipotética, a atitude de José de devolver o dinheiro

(A) remete à noção de justiça distributiva proposta por Aristóteles: a recompensa a cada indivíduo deve ser proporcional aos seus próprios méritos.

(B) refuta o valor da ação política proposta por Arendt: os atos individuais, coordenados aos dos outros membros da sociedade, têm potencial de transformação social.

(C) alinha-se ao pensamento kelseniano: o plano do dever ser é de natureza normativa e, nele, direito e moral se confundem.

(D) corrobora a assertiva hobbesiana: toda ação humana voluntária é determinada pelas emoções, que incluem o egoísmo como destaque.

(E) atende ao imperativo categórico kantiano: as escolhas que guiam as ações humanas devem seguir princípios universalizáveis.

Tal ação virtuosa está relacionada com o cumprimento do imperativo categórico kantiano. Categóricos são os imperativos que prescrevem uma ação boa por si mesma, por exemplo: "Você não deve mentir", e chamam-se assim porque são declarados por meio de um juízo categórico. Hipotéticos são aqueles que prescrevem uma ação boa para alcançar um certo fim, por exemplo: "Se você quer evitar ser condenado por falsidade, você não deve mentir", e chamam-se assim porque são declarados por meio de um juízo hipotético. O imperativo categórico é o superior critério do ético em geral, portanto, do direito e da moral. Em ambos aparece o imperativo categórico como critério de validade das máximas: por exemplo, nem no direito, nem na moral é concebível que alguém descumpra o contrato (*pacta sunt servanda*).
Gabarito "E".

(Delegado/MT – 2017 – CESPE) A definição filosófica de ato moral como um ato, sobretudo, de moderação, isto é, uma justa medida entre dois extremos, está relacionada ao pensamento ético de

(A) Aristóteles, pois ele afirma que a virtude é uma qualidade que se exprime na escolha do meio-termo entre a falta e o excesso.

(B) Platão, visto que, para ele, a virtude não é algo que possa ser ensinado, tampouco algo inato, mas, sim, um dom divino.

(C) Kant, já que, para ele, agir moralmente significa exercer a autonomia inerente ao homem, por meio do exercício da razão.

(D) Nietzsche, pois ele propõe que a moralidade e a equidade são meios inadequados para alcançar a felicidade.

(E) Foucault, já que, para ele, os números são os princípios de todas as coisas e estabelecem, assim, a medida da moralidade.

A mediania ou medida relativa que caracteriza a virtude é o justo meio, entendido como equilíbrio ou moderação entre dois extremos (excesso e escassez). A justiça (vontade racional) é o cálculo moderador que encontra o justo meio entre dois extremos. A ética aparece, assim, como a ciência da moderação e do equilíbrio, isto é, da prudência ou *phronesis*. Hybris é, conforme especificado pelos antigos, a falta de medida, a origem do vício por excesso ou por escassez. Em outras palavras, pode-se dizer que em Aristóteles, a justiça corresponde ao controle da *hybris*, tanto no excesso quanto na escassez. Coragem (virtude), por exemplo, é o justo meio entre a temeridade (excesso) e a covardia (escassez); amor (virtude) é o justo meio entre a possessão (excesso) e a indiferença (escassez); e assim em relação a todas as virtudes. Nesse sentido, a noção aristotélica de justiça tem algo a ver com a antiga noção de *diké*.
Gabarito "A".

(Delegado/MT – 2017 – CESPE) Um episódio ocorrido na Copa do Mundo de futebol de 2014 causou espanto na sociedade brasileira. Os torcedores japoneses, após uma partida de sua seleção, coletaram e ensacaram o lixo por eles produzido na arquibancada durante o jogo.

Considerando-se os fundamentos sociais da ética, a atitude dos torcedores japoneses acima descrita

(A) reflete o entendimento acerca da condição humana conforme o qual o homem se reconhece como indivíduo autônomo e livre, que não necessita da sociedade.

(B) remete ao modelo grego de comunidade política, segundo o qual o bem alcançado pela coletividade afeta positivamente todos os indivíduos.

(C) comprova a falibilidade da vontade geral, noção proposta por Rousseau para descrever a soma das vontades particulares com vistas ao interesse comum.

(D) corrobora, simbolicamente, o pensamento de Nietzsche ao questionar a moral tradicional, baseada na compaixão e no igualitarismo.

(E) ratifica os pressupostos hobbesianos, segundo os quais os interesses de determinados indivíduos se sobrepõem aos interesses coletivos.

A única assertiva correta em relação ao belo exemplo dos torcedores japoneses durante a Copa do Mundo de 2014, realizada no Brasil' é a "B", pois, sem dúvida, tal atitude remete ao modelo grego de comunidade política, onde o bem alcançado pela coletividade afeta positivamente todos os indivíduos. Na Grécia antiga, política era a arte de fazer o bem.

Gabarito "B".

(Delegado/MT – 2017 – CESPE) Pesquisas mostram que, no Brasil, ocorre, em média, um linchamento a cada dia; calcula-se que, nos últimos sessenta anos, um milhão de brasileiros participaram de atos dessa natureza. Sob a perspectiva da ética, é correto afirmar que a prática do linchamento

(A) deve ser superada mediante o estabelecimento, pelo poder político, de retribuição equivalente ao ato.

(B) deve ser tema de discussão de caráter educacional, com vistas à compreensão coletiva acerca de condutas sociais inadequadas.

(C) é legitimada pela teoria contratualista do século XVII, que considera o impulso de vingança inerente ao ser humano.

(D) é um ato eticamente aceitável: recorre-se a ele para atingir um fim legítimo, isto é, a reparação de injustiças.

(E) é juridicamente legitimada, por ser um costume arraigado na cultura brasileira desde o período colonial.

A única assertiva correta acerca dessa prática tenebrosa que é o linchamento é a "B". O tema deve ser tratado de forma educacional para que as pessoas desenvolvam uma compreensão coletiva acerca de condutas sociais inadequadas.

Gabarito "B".

12. Direito Ambiental e Criminologia

Alice Satin, Roberta Densa e Vivian Calderoni*

1. AMBIENTAL
Alice Satin e Roberta Densa

(Delegado/GO – 2017 – CESPE) No que concerne à Constituição Federal de 1988 (CF) e ao meio ambiente, assinale a opção correta.

(A) Entende-se a previsão constitucional de um meio ambiente ecologicamente equilibrado tanto como um direito fundamental quanto como um princípio jurídico fundamental que orienta a aplicação das regras legais.

(B) O princípio da livre-iniciativa impede que o poder público fiscalize entidades dedicadas à pesquisa e à manipulação de material genético.

(C) O estudo prévio de impacto ambiental será dispensado nos casos de obras públicas potencialmente causadoras de significativa degradação ambiental quando elas forem declaradas de utilidade pública ou de interesse social.

(D) Os espaços territoriais especialmente protegidos, definidos e criados por lei ambiental, poderão ser suprimidos por meio de decreto do chefe do Poder Executivo municipal para permitir a moradia de população de baixa renda em área urbana.

(E) A competência para proteger o meio ambiente e combater a poluição em todas as suas formas é concorrente entre a União, os estados, o Distrito Federal (DF) e os municípios, de modo que a ação administrativa do órgão ambiental da União prevalece sobre a ação dos demais entes federativos.

A: correta. O direito ao meio ambiente ecologicamente equilibrado, previsto no art. 225 da Constituição Federal é um direito fundamental e um princípio que deve ser observado para a interpretação de toda a legislação ambiental. **B:** incorreta. O art. 170 da Constituição Federal estabelece que a livre-iniciativa é fundamento da ordem econômica, devendo ser exercida com a observância, dentre outros princípios, a defesa do meio ambiente. **C:** incorreta. O estudo prévio de impacto ambiental somente poderá será dispensado nos casos em que não houver obras potencialmente causadoras de significativa degradação ambiental. **D:** incorreta. Conforme art. 225, § 1º, inciso III, os espaços territoriais e seus componentes especialmente protegidos, somente poderão ser alterados ou suprimidos através de lei. **E:** incorreta. A competência para proteger o meio ambiente é comum, de modo que todos os entes federados têm competência material para combater a poluição em todas as formas. **RD**

Gabarito "A".

(Delegado/GO – 2017 – CESPE) A respeito da legislação que trata da proteção das florestas e das unidades de conservação, assinale a opção correta.

(A) O imóvel rural pode tornar-se reserva particular do patrimônio natural a partir do interesse do proprietário, mediante edição de lei municipal e após a concordância do órgão ambiental local.

(B) Desde que haja autorização pelo órgão ambiental estadual, admite-se a exploração econômica mediante o manejo sustentável dos recursos naturais do imóvel rural ou urbano localizado em área de preservação permanente.

(C) Com vistas à regularização ambiental, a reserva legal do imóvel rural localizado na Amazônia Legal poderá ser reduzida para até 50% da propriedade mediante autorização do órgão ambiental estadual, se o proprietário demonstrar a sustentabilidade do seu projeto de uso alternativo do solo.

(D) Devem constar no Cadastro Ambiental Rural a identificação do proprietário ou possuidor do imóvel e a comprovação da propriedade ou posse, apesar de o cadastramento não constituir título de reconhecimento de posse ou propriedade.

(E) O Sistema Nacional de Unidades de Conservação da Natureza classifica essas unidades em três grupos ou categorias, com características e objetivos específicos: as unidades de proteção integral, as unidades de uso sustentável e as unidades de preservação permanente.

A: incorreta. A Reserva Particular do Patrimônio Natural é área privada que deve ser gravada a partir do interesse do proprietário, com o objetivo de conservar a diversidade biológica. Para tanto, não há necessidade de lei para a sua constituição, devendo contar de termo de compromisso assinado perante o órgão ambiental, que verificará a existência de interesse público, e será averbado à margem da inscrição no Registro Público de Imóveis (veja artigo 21, § 1º, da Lei 9.985/2000). **B:** incorreta. Nas Áreas de Preservação Permanente, reguladas pelo Código Florestal (Lei 12.651/2012), a vegetação deve ser mantida pelo proprietário, o que não impede a sua exploração econômica, desde que não descaracterize a cobertura vegetal nativa existente ne prejudique a função ambiental (art. 3º, X, do Código Florestal). Nesses casos, é possível, por exemplo, que o proprietário faça uso da APP para a atividade de apicultura sem necessidade de autorização pelo órgão ambiental estadual. **C:** incorreta. Na forma do art. 13, inciso I, do Código Florestal, quando indicado pelo Zoneamento Ecológico-Econômico – ZEE estadual, o poder público federal poderá reduzir, exclusivamente para fins de regularização, mediante recomposição, regeneração ou compensação da Reserva Legal de imóveis com área rural consolidada, situados em área de floresta localizada na Amazônia Legal, para até 50% (cinquenta por cento) da propriedade, excluídas as áreas prioritárias para conservação da biodiversidade e dos recursos hídricos e os corredores ecológicos. **D:** correta. Conforme art. 29, § 1º, da Lei 12.651/2012. **E:** incorreta. As unidades de conservação são divididas em apenas dois grupos: Unidades de Proteção Integral e Unidades de Uso Sustentável. **RD**

Gabarito "D".

(Delegado/GO – 2017 – CESPE) Uma mineradora está respondendo por supostamente ter causado poluição capaz de gerar danos à saúde dos moradores de área próxima ao local de suas atividades. Alguns sócios com poderes de gerência foram apontados como corresponsáveis na esfera criminal. Foram impostas duas multas administrativas elevadas, uma por ente estadual e outra por ente federal, com base na mesma conduta. Na motivação, foi invocado o alto poder econômico da empresa como fator para gradação das multas. Alguns moradores já ajuizaram ações cíveis de reparação de danos.

Com relação a essa situação hipotética, assinale a opção correta à luz da legislação pertinente e das posições doutrinárias majoritariamente aceitas.

(A) A situação econômica do infrator não poderia ser levada em consideração para estabelecer o valor das multas impostas.

(B) Ainda que tenha inexistido dolo na geração da poluição, poderá haver responsabilização criminal no caso.

(C) Ainda que seja a mesma hipótese de incidência, as duas multas administrativas — federal e estadual — deverão ser pagas.

(D) Como as esferas de responsabilização por infração ambiental são independentes entre si, inexiste situação em que a decisão criminal repercutirá nas demais e vice-versa.

(E) Se a pessoa jurídica for condenada criminalmente, ficará excluída a responsabilidade criminal dos seus sócios-gerentes

A: incorreta. Conforme art. 6º da Lei 9.605/1998, para a imposição e gradação de sanções penais e administrativas, devem ser levadas em consideração: a) a gravidade do fato, tendo em vista os motivos da infração e suas consequências para a saúde pública e meio ambiente; b) os antecedentes do infrator quanto ao cumprimento da legislação de interesse ambiental; e c) a situação econômica do infrator. **B:** correta. Na esfera penal, há previsão de crimes dolosos e culposos em toda a legislação, de forma que a modalidade culposa é admitida nos crimes ambientais. **C:** incorreta. O pagamento de multa imposta pelos Estados, Municípios, Distrito Federal ou territórios substitui multa federal na mesma hipótese de incidência (Art. 76 da Lei 9.605/1998). **D:** incorreta. Independentemente da sentença absolutória criminal, a ação civil poderá ser proposta quando não tiver sido, categoricamente, reconhecida a inexistência material do fato (art. 66 do CPP).

---

*   **AL** questões comentadas por: **Alice Satin.**
   RD questões comentadas por: **Roberta Densa.**
   VC questões comentadas por: **Vivian Calderoni.**

Veja também o art. 79 da Lei 9.605/98 sobre a aplicação subsidiária do Código de Processo Penal e do Código Penal aos crimes ambientais. **E:** incorreta. A responsabilidade das pessoas jurídicas não exclui a responsabilidade das pessoas físicas autoras, coautoras ou partícipes do mesmo fato (art. 3º da Lei 9.605/1998). RD

Gabarito "B".

(Delegado/GO – 2017 – CESPE) Foi constatado que um fazendeiro estava impedindo a regeneração natural de florestas em área de preservação permanente na sua propriedade rural, por pretender manter a área como pasto.

Nessa situação hipotética, conforme a legislação pertinente,

(A) a autoridade ambiental que constatou a infração deve promover sua apuração imediata, sob pena de corresponsabilização.

(B) a conduta configura infração administrativa, mas não configura crime.

(C) a responsabilização será objetiva em todas as esferas cabíveis.

(D) caberá à autoridade policial que constatou a conduta lavrar o auto de infração ambiental e instaurar processo administrativo.

(E) inexiste hipótese de reparação civil, haja vista que a terra da propriedade rural pertence ao próprio infrator.

A: correta. A autoridade ambiental que tiver conhecimento de infração ambiental é obrigada a promover a sua apuração imediata, mediante processo administrativo, sob pena de corresponsabilização (art. 70, § 3º, da Lei 9.605/1998). **B:** incorreta, no caso em estudo, a conduta configura crime do art. 48 da Lei 9.605/1998. **C:** incorreta. A responsabilidade penal depende da prova da culpa ou dolo. Apenas a responsabilidade civil é objetiva. **D:** incorreta. São autoridades competentes para lavrar auto de infração ambiental e instaurar processo administrativo os funcionários de órgãos ambientais integrantes do SISNAMA, designados para as atividades de fiscalização, bem como os agentes das Capitanias dos Portos (art. 70 da Lei 9.605/1998). **E:** incorreta. As condutas consideradas lesivas ao meio ambiente sujeitarão os infratores a sanções penais, administrativas e civil (reparação de dano), tudo conforme art. 225, § 3º, da Constituição Federal. RD

Gabarito "A".

(Delegado/PE – 2016 – CESPE) O órgão consultivo e deliberativo responsável pelo SISNAMA e pelo SNUC é o

(A) Ministério do Meio Ambiente.

(B) Conselho Nacional do Meio Ambiente.

(C) Instituto Chico Mendes.

(D) IBAMA.

(E) Conselho de Governo.

Conforme art. 6 º, II, da Política Nacional do Meio Ambiente, Lei 6.938/1981 o órgão consultivo e deliberativo responsável pelo Sistema Nacional do Meio Ambiente – SISNAMA será o Conselho Nacional do Meio Ambiente – CONAMA. Assim também, a lei que institui o Sistema Nacional de Unidades de Conservação da Natureza – SNUC, Lei 9.985/2000 em seu art. 6º I, indica o CONAMA como órgão consultivo e deliberativo, logo, a letra "B" é a alternativa correta. AS

Gabarito "B".

(Delegado/PE – 2016 – CESPE) Determinada sociedade empresária pretende realizar, no mar territorial que banha o município de Recife – PE, atividade potencialmente causadora de significativa degradação ambiental.

Nessa situação, de acordo com a Lei Complementar 140/2011, o licenciamento ambiental dessa atividade será promovido pelo(a)

(A) município de Recife ou, caso ele não possua órgão ambiental capacitado para promover esse licenciamento, pelo estado de Pernambuco.

(B) União.

(C) município de Recife.

(D) estado de Pernambuco.

(E) estado de Pernambuco ou, caso ele não possua conselho de meio ambiente, pela União.

A: incorreta, já que a competência para promover licenciamento ambiental no mar territorial é exclusiva da União; **B:** correta, conforme art. 7º, XIV, alínea 'b' da Lei Complementar 140/2011: "São ações administrativas da União: XIV – promover o licenciamento ambiental de empreendimentos e atividades: b) localizados ou desenvolvidos no mar territorial, na plataforma continental ou na zona econômica exclusiva"; **C:** incorreta, pois não compete ao município realizar licenciamento ambiental em mar territorial; **D:** incorreta, pois trata-se de área cuja competência para realização de licenciamento ambiental é exclusiva da união; **E:** incorreta, já que nem estado nem município são competentes para realizar licenciamento

ambiental em mar territorial, que acrescente-se, é bem da União, conforme artigo 20, VI, da CF/1988. AS

Gabarito "B".

(Delegado/PE – 2016 – CESPE) Conforme previsto na CF, é necessária a realização de estudo prévio de impacto ambiental antes da implantação de empreendimentos e de atividades consideradas efetiva ou potencialmente causadoras de degradação ambiental, que constitui exigência que atende ao princípio do(a)

(A) prevenção.

(B) poluidor-pagador.

(C) proibição do retrocesso ambiental.

(D) participação comunitária.

(E) usuário-pagador.

A: correta, já que o estudo prévio de impacto ambiental previsto no art. 225, § 1º, IV, da Constituição Federal, reflete o princípio da prevenção na medida que busca conhecer os possíveis impactos de determinada atividade poluidora para que se possa preveni-los, compensá-los ou mitigá-los; **B:** incorreta, pois o princípio do poluidor-pagador tem por fim internalizar os custos ambientais do processo produtivo, cuja cobrança somente poderá ser feita sobre o que tenha respaldo em lei. Nas palavras de Édis Milaré: "Trata-se do princípio poluidor-pagador (polui, paga os danos), e não pagador poluidor (pagou, então pode poluir)." (**Direito do Ambiente**. Revista dos Tribunais, 2013. p. 268); **C:** incorreta, já que o princípio do não retrocesso está ligado ao direito adquirido à proteção ambiental e tem por fim impedir que novas normas sejam mais tolerantes com a degradação do meio ambiente; **D:** incorreta, já que a participação comunitária não está diretamente ligada à realização de estudo prévio de impacto ambiental; **E:** incorreta, que o princípio do usuário-pagador tem por objetivo cobrar pelo uso de recursos ambientais, de modo a promover o uso racional dos recursos naturais. AS

Gabarito "A".

(Delegado/PE – 2016 – CESPE) A concessão florestal, prevista na Lei 11.284/2006, é

(A) uma delegação, a pessoas físicas ou jurídicas, do direito de praticar manejo florestal sustentável.

(B) um instrumento da Política Nacional do Meio Ambiente.

(C) uma delegação onerosa que dispensa licitação.

(D) vedada a pessoas jurídicas de pequeno porte.

(E) uma delegação gratuita formalizada mediante contrato.

A: incorreta, pois a Lei 11.284/2006 prevê a concessão para manejo sustentável apenas para pessoa jurídica, conforme art. 3º: "VII – concessão florestal: delegação onerosa, feita pelo poder concedente, do direito de praticar manejo florestal sustentável para exploração de produtos e serviços numa unidade de manejo, mediante licitação, à pessoa jurídica, em consórcio ou não, que atenda às exigências do respectivo edital de licitação e demonstre capacidade para seu desempenho, por sua conta e risco e por prazo determinado"; **B:** correta, pois a Política Nacional do Meio Ambiente – Lei 6.938/1981 prevê em seu art. 9º quais os instrumentos de proteção ambiental, entre os quais: "XIII – instrumentos econômicos, como concessão florestal, servidão ambiental, seguro ambiental e outros"; **C:** incorreta, por força do art. 3º VII, da Lei 11.284/2006; **D:** incorreta já que a legislação não faz distinção entre o tamanho da pessoa jurídica; **E:** incorreta já que a delegação é necessariamente onerosa. AS

Gabarito "B".

(Delegado/PE – 2016 – CESPE) A responsabilidade civil por grave acidente ambiental ocorrido em uma região de determinado estado da Federação será

(A) subjetiva, informada pela teoria do risco proveito.

(B) objetiva, informada pela teoria do risco criado.

(C) objetiva, informada pela teoria do risco integral.

(D) subjetiva, informada pela teoria do risco criado.

(E) subjetiva, informada pela teoria do risco integral.

No ordenamento jurídico brasileiro, responsabilidade ambiental será sempre objetiva por forma do § 3º do art. 225 da CF, bem como no § 1º do art. 14 da Lei 6.938/1981 e ainda no art. 3º da Lei 9.605/1998. Após divergências na jurisprudência, por fim o STJ firmou posicionamento REsp 1.114.398 – PR (2009/0067989-1): "**Inviabilidade de alegação de culpa exclusiva de terceiro, ante a responsabilidade objetiva.** – A alegação de culpa exclusiva de terceiro pelo acidente em causa, como excludente de responsabilidade, deve ser afastada, ante a incidência da teoria do risco integral e da responsabilidade objetiva ínsita ao dano ambiental (art. 225, 3º, da CF e do art. 14, 1º, da Lei 6.938/1981), responsabilizando o degradador em decorrência do princípio do poluidor-pagador". Portanto a única alternativa correta é a letra 'C'. AS

Gabarito "C".

12. DIREITO AMBIENTAL E CRIMINOLOGIA

(Delegado/DF – 2015 – Fundação Universa) Acerca dos princípios de direito ambiental, assinale a alternativa correta.

(A) O princípio da prevenção é aplicável ao risco conhecido, ou seja, aquele que já ocorreu anteriormente ou cuja identificação é possível por meio de pesquisas e informações ambientais.

(B) O princípio da participação comunitária possui aplicabilidade apenas na esfera administrativa, impondo a participação popular na formulação das políticas públicas ambientais desenvolvidas pelos órgãos governamentais.

(C) O princípio do desenvolvimento sustentável não tem caráter constitucional, mas encontra assento em normas infraconstitucionais que tratam da ocupação racional dos espaços públicos.

(D) O princípio do poluidor-pagador impõe ao empreendedor a responsabilidade subjetiva, ou seja, o dever de arcar com os prejuízos que sua atividade cause ao meio ambiente na medida de seu envolvimento direto com o dano.

(E) O princípio da precaução refere-se à necessidade de o poder público agir de forma a evitar os riscos que são de conhecimento geral, adotando medidas de antecipação por meio de instrumentos como o estudo e o relatório de impacto ambiental (EIA/RIMA).

A: correta, tendo sua base constitucional no art. 225, *caput* e § 1º, II a VII, da CF o princípio da prevenção aplica-se sempre que se tem **certeza** do dano ambiental, de tal modo a evitar que o dano seja causado, impondo licenciamentos, estudos de impacto ambiental, reformulações de projeto, sanções administrativas etc.; **B:** incorreta, já que este princípio não está restrito à esfera administrativa. O princípio da participação comunitária foi consagrado pelo Princípio 10 da Declaração do Rio (ECO 92) na atuação conjunta do Poder Público e da sociedade, com vistas à melhor proteção das questões ambientais. **C:** incorreta, o texto constitucional traz em seu artigo 225 a base do princípio da sustentabilidade que assim diz: "Art. 225. Todos têm direito ao meio ambiente ecologicamente equilibrado, bem de uso comum do povo e essencial à sadia qualidade de vida, impondo-se ao Poder Público e à coletividade o dever de defendê-lo e preservá-lo para as presentes e futuras gerações" **D:** incorreta, já que no Direito Brasileiro a responsabilidade civil ambiental é sempre objetiva, conforme determina os art. 225, § 3º, da CF e o art. 14, § 1º da Lei 6.938/1981. Neste sentido do STJ decidiu no AgRg no REsp 1.286.142/SC, *DJe* 28.02.2013: "A jurisprudência deste Sodalício orienta no sentido de que, em se tratando de dano ambiental, a responsabilidade é objetiva. Dispensa-se portanto a comprovação de culpa, entretanto há de se constatar o nexo causal entre a ação ou omissão e o dano causado, para configurar a responsabilidade."; **D:** incorreta, já que o princípio da precaução se funda na incerteza científica da ameaça de danos de determinada atividade ou empreendimento (princípio 15 da Declaração Eco/1992), conforme os ensinamentos de Édis Milaré: "a invocação do princípio da precaução é uma decisão a ser tomada quando a informação científica é insuficiente, inconclusiva ou incerta e haja indicações de que os possíveis efeitos sobre o ambiente, saúde das pessoas ou dos animais ou a proteção vegetal possam ser potencialmente perigosos e incompatíveis com o nível de proteção escolhido." (**Direito do Ambiente**. Revista dos Tribunais, 2013. p. 264). **AS** *Gabarito "A".*

(Delegado/DF – 2015 – Fundação Universa) Com relação à área de preservação permanente e à reserva legal previstas no Código Florestal, é correto afirmar que

(A) a configuração, como área de preservação permanente, de área coberta com florestas ou outras formas de vegetação somente ocorrerá por meio de lei em sentido formal.

(B) a intervenção ou a supressão de vegetação nativa em área de preservação permanente somente poderá ocorrer nas hipóteses de utilidade pública, de interesse social ou de baixo impacto ambiental, conforme previstas no Código Florestal.

(C) área de preservação permanente é, por definição, a área localizada no interior de uma propriedade ou posse rural, coberta por vegetação nativa, com a função ambiental de preservar os recursos hídricos, a estabilidade geológica e a biodiversidade, além de facilitar o fluxo gênico da fauna e da flora.

(D) o uso econômico da reserva legal é permitido, desde que sem propósito comercial.

(E) o Código Florestal prevê, sem exceções, que todos os imóveis rurais do país devem manter área com cobertura de vegetação nativa, a título de reserva legal.

A: incorreta, já que é possível a criação de APP por meio de decreto, conforme autoriza o Art 6º do Código Florestal – Lei 12.651/2012, "Art. 6º Consideram-se, ainda, de preservação permanente, quando declaradas de interesse social por

ato do Chefe do Poder Executivo, as áreas cobertas com florestas ou outras formas de vegetação destinadas a uma ou mais das seguintes finalidades(...)"; **B:** correta, conforme a literalidade do art. 8º do Código Florestal; **C:** incorreta, já que a cobertura de vegetação nativa não é essencial para a caracterização de área de preservação permanente, conforme descreve art. 3º, II do Código Florestal: "II - Área de Preservação Permanente - APP: área protegida, coberta ou não por vegetação nativa, com a função ambiental de preservar os recursos hídricos, a paisagem, a estabilidade geológica e a biodiversidade, facilitar o fluxo gênico de fauna e flora, proteger o solo e assegurar o bem-estar das populações humanas"; **D:** incorreta, já que o art. 20 autoriza o manejo sustentável em área de reserva legal também com propósito comercial: "Art. 20. No manejo sustentável da vegetação florestal da Reserva Legal, serão adotadas práticas de exploração seletiva nas modalidades de manejo sustentável sem propósito comercial para consumo na propriedade e manejo sustentável para exploração florestal com propósito comercial"; **E:** incorreta, já que o art. 12, §§ 6º, 7º e 8º trazem exceções à manutenção de reserva legal. **AS** *Gabarito "B".*

(Delegado/DF – 2015 – Fundação Universa) No que se refere ao poder de polícia ambiental, aos crimes e às infrações administrativas contra o meio ambiente, assinale a alternativa correta conforme disposto na Lei 9.605/1998.

(A) A multa diária pode ser convertida em serviços de preservação, melhoria e recuperação da qualidade do meio ambiente, mas a multa simples, não.

(B) Na aplicação e gradação da penalidade, a autoridade competente observará, entre outros aspectos, os antecedentes do infrator quanto ao cumprimento da legislação de interesse ambiental, assim como a sua situação econômica, no caso de multa.

(C) Apenas os funcionários dos órgãos ambientais integrantes do Sisnama designados para as atividades de fiscalização dispõem de competência para a lavratura do auto de infração e para a instauração de processo administrativo.

(D) Os produtos, inclusive madeiras, subprodutos e instrumentos, utilizados na prática da infração ambiental não podem ser destruídos ou inutilizados, mas devem, sim, ser doados a instituições científicas, culturais ou educacionais.

(E) Embora a legislação não admita que qualquer pessoa possa, constatando infração ambiental, dirigir representação às autoridades competentes, os cidadãos podem fazer comunicado ao Ministério Público para que seja apurado o cometimento de infração penal.

A: incorreta, conforme determinado pelo Art. 72, § 4º, da Lei 9.605/1998: "Art. 72, § 4º A multa simples pode ser convertida em serviços de preservação, melhoria e recuperação da qualidade do meio ambiente"; **B:** correta, por força do art. 6º da Lei 9.605/1998; **C:** incorreta, tal qual esclarece o art. 70, § 1º, da Lei 9.605/1998: "são autoridades competentes para lavrar auto de infração ambiental e instaurar processo administrativo os funcionários de órgãos ambientais integrantes do Sistema Nacional de Meio Ambiente – SISNAMA, designados para as atividades de fiscalização, bem como os agentes das Capitanias dos Portos, do Ministério da Marinha"; **D:** incorreta, já que o art. 25, §5º da Lei 9.605/1998 determina que os instrumentos utilizados na prática da infração serão vendidos, garantida a sua descaracterização por meio da reciclagem; **E:** incorreta, pois o art. 70, § 2º, Lei 9.605/1998 impõe que qualquer pessoa, constatando infração ambiental, poderá dirigir representação às autoridades relacionadas no parágrafo anterior, para efeito do exercício do seu poder de polícia. **AS** *Gabarito "B".*

(Delegado/DF – 2015 – Fundação Universa) A respeito do licenciamento ambiental, é correto afirmar que

(A) o licenciamento ambiental, como um dos instrumentos da política nacional do meio ambiente, consiste em procedimento administrativo decorrente do poder de polícia ambiental, destinado a licenciar atividades ou empreendimentos utilizadores de recursos ambientais, efetiva ou potencialmente poluidores ou capazes, sob qualquer forma, de causar degradação ambiental.

(B) compete exclusivamente à União, no âmbito das ações administrativas, promover e orientar a educação ambiental, em todos os níveis de ensino, e a conscientização pública para a proteção do meio ambiente.

(C) o licenciamento ambiental em áreas de proteção ambiental seguirá o critério do ente federativo instituidor da unidade de conservação.

(D) se considera atuação supletiva a ação do ente da federação que vise a auxiliar no desempenho das atribuições decorrentes das competências comuns quando solicitado pelo ente federativo originariamente detentor das atribuições definidas em lei.

12. Direito Ambiental e Criminologia

(E) compete à União desempenhar as ações administrativas municipais até a criação de órgão ambiental capacitado ou conselho de meio ambiente no município.

A: correta, conforme descrito pelo art. 2º, I, da Lei Complementar 140/2011: "I – licenciamento ambiental: o procedimento administrativo destinado a licenciar atividades ou empreendimentos utilizadores de recursos ambientais, efetiva ou potencialmente poluidores ou capazes, sob qualquer forma, de causar degradação ambiental; **B:** incorreta, já que a competência legislativa em matéria de educação ambiental não é exclusiva da União tal qual determinam os arts. 9º, XI, 7º, XI, 8º, XI, LC 140/2011; **C:** incorreta, conforme parágrafo único do art. 12 da Lei Complementar 140/2011; **D:** incorreta, conforme esclarece art. 2º, II e III da Lei Complementar 140/2011: "II – atuação supletiva: ação do ente da Federação que se substitui ao ente federativo originariamente detentor das atribuições, nas hipóteses definidas nesta Lei Complementar; III – atuação subsidiária: ação do ente da Federação que visa a auxiliar no desempenho das atribuições decorrentes das competências comuns, quando solicitado pelo ente federativo originariamente detentor das atribuições definidas nesta Lei Complementar"; **E:** incorreta, por força do art. 15, II, da Lei Complementar 140/2011: "II – inexistindo órgão ambiental capacitado ou conselho de meio ambiente no Município, o Estado deve desempenhar as ações administrativas municipais até a sua criação". **AS**

Gabarito "A".

(Delegado/DF – 2015 – Fundação Universa) Relativamente aos instrumentos da política nacional de meio ambiente e ao Sisnama, assinale a alternativa correta.

(A) Compete ao instituto brasileiro de meio ambiente (Ibama) estabelecer, privativamente, normas e padrões nacionais de controle da poluição por veículos automotores, aeronaves e embarcações, mediante audiência dos ministérios competentes.

(B) Não apenas os pedidos de licenciamento ambiental, mas também sua renovação e a respectiva concessão serão publicados no jornal oficial, bem como em periódico regional ou local de grande circulação, ou em meio eletrônico de comunicação mantido pelo órgão ambiental competente.

(C) As ações de licenciamento relacionadas ao controle ambiental são de competência exclusiva dos órgãos integrantes do Sisnama, mas as ações relativas a concessões e permissões relacionadas à flora e à fauna podem ser executadas por entidades e órgãos governamentais que, mesmo não estando inseridos no Sisnama, desenvolvem atividades relacionadas ao poder de polícia.

(D) O conselho nacional do meio ambiente é o órgão superior do Sisnama, ao qual compete assessorar o presidente da República na formulação da política nacional e nas diretrizes governamentais para o meio ambiente e os recursos ambientais.

(E) A comissão técnica nacional de biossegurança, órgão integrante do Sisnama, tem como finalidade prestar apoio técnico-consultivo e assessoramento ao governo federal na implementação da política relativa aos organismos geneticamente modificados.

A: incorreta, por força do art. 8º VI, da Política Nacional do Meio Ambiente: "compete ao Conama estabelecer, privativamente, normas e padrões nacionais de controle da poluição por veículos automotores, aeronaves e embarcações, mediante audiência dos Ministérios competentes"; **B:** correta, conforme descrito pelo art. 10. § 1º: "os pedidos de licenciamento, sua renovação e a respectiva concessão serão publicados no jornal oficial, bem como em periódico regional ou local de grande circulação, ou em meio eletrônico de comunicação mantido pelo órgão ambiental competente"; **C:** incorreta, pois o art. 17-L da Lei 6.938/1981 determina que "as ações de licenciamento, registro, autorizações, concessões e permissões relacionadas à fauna, à flora, e ao controle ambiental são de competência exclusiva dos órgãos integrantes do Sistema Nacional do Meio Ambiente."; **D:** incorreta, vide art. 6º, I e II, da Lei 6938/1981; **E:** incorreta, Lei 11.105/2005 que criou a Comissão Técnica Nacional de Biossegurança não a constituiu como integrada ao SISNAMA. **AS**

Gabarito "B".

2. CRIMINOLOGIA
Vivian Calderoni

(Delegado/ES – 2019 – Instituto Acesso) No Estado Democrático de Direito a prevenção criminal é integrante da agenda federativa passando por vários setores do Poder Público, não se restringindo à Segurança Pública e ao Judiciário. Com relação à prevenção criminal, assinale a afirmativa correta:

(A) A prevenção primária se orienta aos grupos que ostentam maior risco de protagonizar o problema criminal, se relacionando com a política legislativa penal e com a ação policial.

(B) A prevenção secundária corresponde a estratégias de política cultural, econômica e social, atuando, por exemplo, na garantia da educação, saúde, trabalho e bem-estar social.

(C) A prevenção terciária se orienta aos grupos que ostentam maior risco de protagonizar o problema criminal, se relacionando com a política legislativa penal e com a ação policial.

(D) A prevenção secundária tem como destinatário o condenado, se orientando a evitar a reincidência da população presa por meio de programas reabilitadores e ressocializadores.

(E) A prevenção primária corresponde a estratégias de política cultural, econômica e social, atuando, por exemplo, na garantia da educação, saúde, trabalho e bem-estar social.

A: Incorreta. A prevenção primária corresponde a implementação de políticas públicas sociais nas áreas de educação, emprego, moradia, saúde, qualidade de vida, segurança etc. São políticas preventivas de médio e longo prazo. **B:** Incorreta. A prevenção secundária opera a curto e médio prazo e se orienta seletivamente a determinados setores da sociedade. **C:** Incorreta. A prevenção terciária atua com o fim de evitar a reincidência. São políticas voltadas ao preso e ao egresso. **D:** Incorreta. As medidas voltadas para evitar a reincidência fazem parte da prevenção terciária. **E.** Correta. A prevenção da infração penal é o conjunto de ações que têm por objetivo evitar o cometimento de um delito. A prevenção criminal é composta por duas espécies de ações: aquelas que atuam de forma indireta e aquelas que atuam diretamente. As medidas indiretas agem sob as causas dos crimes, ou seja, é uma atuação profilática por parte do Estado.

Gabarito "E".

(Delegado/ES – 2019 – Instituto Acesso) A dor causada à vítima, ao ter que reviver a cena do crime, ao ter que declarar ao juiz o sentimento de humilhação experimentado, quando os advogados do acusado culpam a vítima, argumentando que foi ela própria que, com sua conduta, provocou o delito. Os traumas que podem ser causados pelo exame médico-forense, pelo interrogatório policial ou pelo reencontro com o agressor em juízo, e outros, são exemplos da chamada vitimização.

(A) indireta.
(B) secundária.
(C) primária.
(D) terciária.
(E) direta.

A: Incorreta. O termo "vitimização indireta" não é usualmente utilizado na classificação de vitimização, mas poderia se enquadrar na definição de vitimização terciária. **B:** Correta. A vitimização secundária, também chamada de sobrevitimização é decorrente da interação com as instâncias formais de controle social. Essa interação com o sistema de justiça criminal causa um sofrimento adicional à vítima, que deve depor e contar o que houve, revivendo o sofrimento vivido no momento do crime, tem que comparecer diversas vezes perante autoridades etc. **C:** Incorreta. A vitimização primária é aquela decorrente do próprio crime. **D:** incorreta. A vitimização terciária decorre da falta de amparo provido pelo Estado para as vítimas de crimes. **E:** incorreta. O termo "vitimização direta" não é usualmente utilizado na classificação de vitimização, mas poderia se enquadrar na definição de vitimização primária, já que corresponde diretamente aos danos causados pelo delito

Gabarito "B".

(Delegado/ES – 2019 – Instituto Acesso) Na atualidade se observa uma generalização do sentimento coletivo de insegurança nos cidadãos, caracterizado tanto pelo temor de tornarem-se vítimas, como pela preocupação, ou estado de ânimo coletivo, com o problema do delito. Considere as afirmativas e marque a única correta.

(A) O incremento dos índices de criminalidade registrada (tese do volume constante do delito) mantém correspondência com as demonstrações das pesquisas de vitimização já que seus dados procedem das mesmas repartições do sistema legal.

(B) A população reclusa oferece uma amostra confiável e representativa da população criminal real, já que os agentes do controle social se orientam pelo critério objetivo do fato cometido e limitam-se a detectar o infrator, qualquer que seja este.

(C) O fenômeno do medo ao delito não enseja investigações empíricas na Criminologia por tratar-se de uma consequência trivial da criminalidade diretamente proporcional ao risco objetivo.

12. DIREITO AMBIENTAL E CRIMINOLOGIA — 653

(D) O medo do delito pode condicionar negativamente o conteúdo da política criminal imprimindo nesta um viés de rigor punitivo, contrário, portanto, ao marco político-constitucional do nosso sistema legal.

(E) As pesquisas de vitimização constituem uma insubstituível fonte de informação sobre a criminalidade real, já que seus dados procedem das repartições do sistema legal sendo condicionantes das estatísticas oficiais.

A: Incorreta. Essa correspondência não é real, já que os índices de subnotificação criminal são altos. **B:** Incorreta. A população prisional não é uma amostra confiável da população que cometeu delitos, uma vez que o sistema de justiça criminal opera com base na seletividade penal e tem como alvos preferenciais do sistema a população negra, jovem e pobre e o cometimento de delitos não está adstrito a esse grupo populacional. **C:** Incorreta. O medo do delito pode, sim, ser objeto de pesquisas no âmbito da Criminologia, sendo um campo rico de investigações que podem orientar a realidade. **D:** Correta. O populismo penal que norteia grande parte da produção legislativa nacional está justamente amparado no medo real que a população sente de ser vítima de crimes. Esse medo também influencia a orientação das políticas públicas do âmbito do poder executivo que passa a investir mais em policiamento ostensivo, por exemplo, e não investigativo. **E:** Incorreta. A subnotificação criminal, a chamada cifra negra, é muito alta e, portanto, essa não é uma fonte suficiente para a formulação das políticas públicas em ambiente de prevenção ao delito.
Gabarito "D".

(Delegado/ES – 2019 – Instituto Acesso) A Criminologia Crítica contempla uma concepção conflitual da sociedade e do Direito. Logo, para a criminologia crítica, o conflito social.

(A) se produz entre as pautas normativas dos diversos grupos sociais, cujas valorações são discrepantes.

(B) é funcional porque assegura a mudança social e contribui para a integração e conservação da ordem e do sistema.

(C) é um conflito de classe sendo que o sistema legal é um mero instrumento da classe dominante para oprimir a classe trabalhadora.

(D) representa a própria estrutura e dinâmica da mudança social, sendo o crime produto normal das tensões sociais.

(E) expressa uma realidade patológica inerente a ordem social.

A: incorreta. Para a criminologia crítica, as pautas normativas se produzem pelo grupo dominante, que está no poder, que é a classe alta, burguesa. **B:** incorreta. A criminologia crítica é uma teoria do conflito. As teorias do consenso que entendem que os objetivos da sociedade são atingidos quando há o funcionamento perfeito das instituições e os indivíduos estão compartilhando metas sociais e concordando com as regras de convívio. Para a teoria crítica, de base marxista, o conflito social só pode ser transformador se vier associado à luta de classes. As sociedades estão sujeitas a mudanças contínuas, sendo que todo elemento coopera para sua dissolução **C:** Correta. Para a criminologia crítica a sociedade só mantém harmonia social em razão da força e da coerção. Sendo que o sistema legal, em especial o criminal, tem o condão de imposição da força pela classe dominante. **D:** Incorreta. Para a teoria da anomia, que tem como base o pensamento de Durkheim, o crime é normal e inerente às sociedades. Só deixa de ser normal quando a existência dos delitos passa a ser prejudicial à existência da estrutura social. **E:** Incorreta. Para a criminologia crítica o conflito social não é uma realidade patológica e sim natural em uma sociedade que se baseia na opressão de muitos por poucos.
Gabarito "C".

(Delegado/ES – 2019 – Instituto Acesso) Leia o texto a seguir e responda ao que é solicitado.

"Os irmãos Batista, controladores da JBS, tiveram vantagem indevida de quase R$73 milhões com a venda de ações da companhia antes da divulgação do acordo de delação premiada que veio a público em 17/05/2017, conforme as conclusões do inquérito da Comissão de Valores Mobiliários (CVM). O caso analisa eventual uso de informação privilegiada e manipulação de mercado por Joesley e Wesley Batista, e quebra do dever de lealdade, abuso de poder e manipulação de preços pela FB Participações".

(Jornal Valor Econômico, 13/08/2018):

Com relação à criminalidade denominada de colarinho branco, pode-se afirmar que a teoria da associação diferencial.

(A) sustenta como causa da criminalidade de colarinho branco a proposição de que o criminoso de hoje era a criança problemática de ontem.

(B) entende que o delito é derivado de anomalias no indivíduo podendo ocorrer em qualquer classe social.

(C) sustenta que o crime está concentrado na classe baixa, sendo associado estatisticamente com a pobreza.

(D) sustenta que a aprendizagem dos valores criminais pode acontecer em qualquer cultura ou classe social.

(E) enfatiza os fatores sociopáticos e psicopáticos como origem do crime da criminalidade de colarinho branco.

A: Incorreta. A teoria da associação diferencial aborda o desenvolvimento infantil para incluir o comportamento criminoso dentre os comportamentos que a criança aprende por imitação e exposição, mas não traz nenhuma afirmação sobre "criança problemática". **B:** Incorreta. De fato, a teoria da associação diferencial comprova que o crime pode ocorrer em qualquer classe social, rompendo com um estereótipo de que o crime era exclusivo ou majoritário nas classes pobres, porém não trata a questão criminal como anomalia. **C:** Incorreta. É justamente o oposto que essa teoria apresenta. Ela quebra com essa correlação entre classe baixa e criminalidade ao apresentar uma pesquisa com as 70 maiores empresas dos Estados Unidos e concluir que apenas uma seguia todas às leis e normas, o que demonstrou que a prática de crimes estava presente também nas classes mais altas de empresários americanos. **D:** Correta. Sutherland demonstra que a criminalidade não se restringe às classes mais pobres e que a associação diferencial (ou o aprendizado delitivo, ou o aprendizado diferenciado) ocorre em todas as camadas sociais. O aprendizado inclui a técnica do delito, além da própria justificação do ato. **E:** Incorreta. Essa teoria compreende o comportamento criminal como um comportamento aprendido, assim como os demais comportamentos e é aprendido mediante a interação com outras pessoas em um processo comunicativo.
Gabarito "D".

(Delegado/ES – 2019 – Instituto Acesso) Uma informação confiável e contrastada sobre a criminalidade real que existe em uma sociedade é imprescindível, tanto para formular um diagnóstico científico, como para desenhar os oportunos programas de prevenção. Assinale a alternativa correta:

(A) A criminalidade real corresponde à totalidade de delitos perpetrados pelos delinquentes. A criminalidade revelada corresponde à quantidade de delitos que chegou ao conhecimento do Estado. A cifra negra corresponde à ausência de registro de práticas antissociais do poder político e econômico.

(B) A criminalidade real corresponde à quantidade de delitos que chegou ao conhecimento do Estado. A criminalidade revelada corresponde à totalidade de delitos perpetrados pelos delinquentes. A cifra negra corresponde à ausência de registro de práticas antissociais do poder político e econômico.

(C) A criminalidade real corresponde à quantidade de delitos que chegou ao conhecimento do Estado. A criminalidade revelada corresponde à totalidade de delitos perpetrados pelos delinquentes. A cifra negra corresponde à quantidade de delitos não comunicados ou não elucidados dos crimes de rua.

(D) A criminalidade real corresponde à quantidade de delitos que chegou ao conhecimento do Estado. A criminalidade revelada corresponde à totalidade de delitos perpetrados pelos delinquentes. A cifra negra corresponde à violência policial, cujos índices não são levados ao conhecimento das corregedorias.

(E) A criminalidade real corresponde à totalidade de delitos perpetrados pelos delinquentes. A criminalidade revelada corresponde à quantidade de delitos que chegou ao conhecimento do Estado. A cifra negra corresponde à quantidade de delitos não comunicados ou não elucidados dos crimes de rua.

A criminalidade real corresponde a quantidade de crimes de fato cometidos. A criminalidade revelada é aquela que chegou ao conhecimento dos órgãos oficiais de controle, ou seja, o Estado. A cifra negra é a diferença entre a criminalidade real e a revelada, ou seja, corresponde a quantidade de crimes cometidos e não comunicados – ou não elucidados. Portanto, a alternativa correta é a E.
Gabarito "E".

(Delegado/ES – 2019 – Instituto Acesso) O estudo da pessoa do infrator teve seu protagonismo durante a fase positivista na evolução histórica da Criminologia. Assinale, dentre as afirmativas abaixo, a que descreve corretamente como a criminologia tradicional o examina.

(A) A criminologia tradicional examina a pessoa do infrator como uma realidade biopsicopatológica, considerando o determinismo biológico e social.

(B) A criminologia tradicional examina a pessoa do infrator como um incapaz de dirigir por si mesmo sua vida, cabendo ao Estado tutelá-lo.

(C) A criminologia tradicional examina a pessoa do infrator como uma unidade biopsicossocial, considerando suas interdependências sociais.

(D) A criminologia tradicional examina a pessoa do infrator como um sujeito determinado pelas estruturas econômicas excludentes, sendo uma vítima do sistema capitalista.

(E) A criminologia tradicional examina a pessoa do infrator como alguém que fez mau uso da sua liberdade embora devesse respeitar a lei.

A: Correta. Cesare Lombroso, principal expoente da Antropologia Criminal ou positivismo criminal, desenvolveu a teoria de que as características biológicas são determinantes da delinquência, ou seja, para ele, é possível identificar um criminoso por seus atributos físicos. Esses elementos biológicos e físicos que determinariam a delinquência seriam traços regredidos e primitivos da espécie humana. Rafaele Garoffalo contribuiu adicionando aspectos psicológicos aos biológicos como determinantes pra o cometimento de crimes. Por fim, Enrico Ferri inclui os fatores sociológicos no determinismo da escola Positivista. **B:** Incorreta. A teoria positivista da criminologia entende que a função da pena a ser aplicada pelo Estado é, principalmente, de isolar os criminosos do convívio social. **C:** Incorreta. Os fatos sociais são considerados por Enrico Ferri na escola positivista como também determinantes para o cometimento de delitos, contudo não complexifica essa análise ao considerar suas interrelações. O estudo positivista da criminologia é centrado no indivíduo. **D:** Incorreta. A criminologia tradicional não faz correlação entre criminosos e a estrutura social e, menos ainda, tem uma visão marxista sobre o cometimento de delitos, centrando sua análise sobre o indivíduo em sua dimensão biológica primordialmente. **E:** Incorreta. A criminologia tradicional não considera o livre-arbítrio, trata de características determinantes para o cometimento do crime.

Gabarito "A".

"A vítima do delito experimentou um secular e deliberado abandono. Desfrutou do máximo protagonismo [...] durante a época da justiça privada, sendo depois drasticamente "neutralizada" pelo sistema legal moderno [...]" (MOLINA, Antonio Garcia-Pablos de; GOMES, Luiz Flávio, 2008, p. 73). A Vitimologia impulsionou um processo de revisão científica do papel da vítima no fenômeno delitivo.

(Delegado/ES – 2019 – Instituto Acesso) Leia as afirmativas a seguir e assinale a alternativa INCORRETA sobre o tema.

(A) A vitimologia ocupa-se, sobretudo, do estudo sobre os riscos de vitimização, dos danos que sofrem as vítimas como consequência do delito assim como da posterior intervenção do sistema legal, dentre outros temas.

(B) A criminologia tradicional desconsiderou o estudo da vítima por considerá-la mero objeto neutro e passivo, tendo polarizado em torno do delinquente as investigações sobre o delito, sua etiologia e prevenção.

(C) Os pioneiros da vitimologia compartilhavam uma análise etiológica e interacionista, sendo que suas tipologias ponderavam sobre o maior ou menor grau de contribuição da vítima para sua própria vitimização.

(D) A Psicologia Social destacou-se como marco referencial teórico às investigações vitimológicas, fornecendo modelos teóricos adequados à interpretação e explicação dos dados.

(E) O redescobrimento da vítima e os estudos científicos decorrentes se deram a partir da 1ª (Primeira) Guerra Mundial em atendimento daqueles que sofreram com os efeitos dos conflitos e combates.

A: Verdadeiro. A vitimologia, de fato, se dedica ao estudo dos riscos de vitimização, dos danos e consequências da vitimização e também da forma como o sistema de justiça opera. **B:** Verdadeiro. Com a proibição da autotutela pelo Direito Romano, ou seja, com a proibição da vítima fazer "*justiça com as próprias mãos*", o conflito foi subtraído das mãos da vítima e o Estado passou a substituir às partes, retirando a vítima da relação penal. Quando o Estado assume o papel de impositor das penas aos agressores, a vítima perde seu papel de protagonista e passa a ter um papel muito secundário, apenas de testemunha. Com o fim do sistema inquisitivo e o fortalecimento do sistema acusatório, esse papel fica ainda mais reduzidos, quase desaparecendo da relação processual penal. Neste momento, a vítima deixa de ter poder sobre o fato delituoso. Esse poder passa a ser apenas do Estado. A pena passa a ser vista como garantia da ordem coletiva e não vitimária. **C:** Verdadeiro. Tanto a classificação de Benjamim Mendelsohn, quanto de Hans von Hentig consideram a participação ou a provocação da vítima nos delitos. **D:** Verdadeiro. A Vitimologia, bem como a Criminologia, bebem da psicologia para

o seu desenvolvimento. No caso da Vitimologia ela utilizou-se de conteúdos da psicologia social. **E:** Falso A preocupação com a vítima retorna após a 2ª Guerra Mundial, com a vitimização do povo judeu (holocausto). A partir deste momento, a vítima recomeça a retomar um papel importante nos processos penais, mas de forma gradual e lenta. O fundador da Vitimologia é o judeu Benjamin Mendelsohn, professor da Universidade Hebraica de Jerusalém. Nasce a Vitimologia em sua famosa conferência, em Bucareste, em 1947, intitulada: "Um horizonte novo na ciência biopsicossocial: a Vitimologia". Ocorre o 1º Simpósio Internacional de Vitimologia, em 1973, em Jerusalém.

Gabarito "E".

Os modelos sociológicos contribuíram decisivamente para um conhecimento realista do problema criminal demonstrando a pluralidade de fatores que com ele interagem.

(Delegado/ES – 2019 – Instituto Acesso) Leia as afirmativas a seguir, e marque a alternativa INCORRETA:

(A) As teorias conflituais partem da premissa de que o conflito expressa uma realidade patológica da sociedade sendo nocivo para ela na medida em que afeta o seu desenvolvimento e estabilidade.

(B) As teorias ecológicas partem da premissa de que a cidade produz delinquência, valendo-se dos conceitos de desorganização e contágio social inerentes aos modernos núcleos urbanos.

(C) As teorias subculturais sustentam a existência de uma sociedade pluralista com diversos sistemas de valores divergentes em torno dos quais se organizam outros tantos grupos desviados.

(D) As teorias estrutural-funcionalistas consideram a normalidade e a funcionalidade do crime na ordem social, menosprezando o componente biopsicopatológico no diagnóstico do problema criminal.

(E) As teorias de aprendizagem social sustentam que o comportamento delituoso se aprende do mesmo modo que o indivíduo aprende também outras atividades lícitas em sua interação com pessoas e grupos.

A: Falsa. As escolas do consenso acreditam que se as instituições e os indivíduos estiverem operando em harmonia, compartilhando as metas sociais e de acordo quanto às regras de convivência, as sociedades terão atingido seu fim. Ao contrário, as teorias do conflito entendem que a harmonia social só existe em função da imposição pela força, identificam a coerção como elemento central para garantia da coesão social. Para os teóricos filiados às escolas do conflito, são inerentes às sociedades a relação entre dominantes e dominados e os conflitos decorrentes dessa relação. **B:** Verdadeira. O pensamento base dessa escola é de que há uma relação direta entre o espaço urbano, sua conformação e a criminalidade. Não só em termos de quantidade de crimes cometidos na cidade como um todo, como também da distribuição dos tipos de crimes por região da cidade, a relação entre a forma que determinada região ou bairro se organiza e se estrutura e o tipo e a quantidade de crimes cometidos naquela região. Por isso essa escola também é chamada de arquitetura criminal ou ecológica, por trabalhar com essa relação entre cidade e crime. Cada cidade tem uma especificidade e funciona de um jeito próprio e singular, mas, além disso, cada região de uma mesma cidade também tem suas próprias características e estas estão diretamente relacionadas com a criminalidade. **C:** Verdadeira. A compreensão da existência de subsistemas de valores e crenças é a base da teoria da subcultura delinquente, que entende que o crime como um comportamento de transgressão que é determinado por um subsistema de conhecimento, crenças e atitudes que possibilitam, permitem ou determinam formas particulares de comportamento transgressor em situações específicas. **D:** Verdadeira. As teorias estrutural-funcionalista entendem o crime como inerente a ordem social e, portanto, normal. **E:** Verdadeira. A principal ideia da teoria da Associação Diferencial é a de que o crime é uma conduta aprendida, assim como qualquer outra. O aprendizado se dá pela convivência em determinados grupos. Alguns grupos transmitem a seus membros a conduta delinquente. A prática delitiva é mais uma das condutas aprendidas, que a pessoa assimila com o grupo que convive – a família, na escola, grupo de amigos, colegas de trabalho etc. As pessoas aprendem comportamentos pela imitação. As crianças imitam os pais, professores e amigos da escola. Para essa teoria, o crime é mais uma das condutas aprendidas, imitadas.

Gabarito "A".

A Criminologia adquiriu autonomia e *status* de ciência quando o positivismo generalizou o emprego de seu método.

(Delegado/ES – 2019 – Instituto Acesso) Nesse sentido, é correto afirmar que a criminologia é uma ciência.

(A) do "dever ser"; logo, utiliza-se do método abstrato, formal e dedutivo, baseado em deduções lógicas e da opinião tradicional.

12. DIREITO AMBIENTAL E CRIMINOLOGIA

(B) empírica e teorética; logo, utiliza-se do método indutivo e empírico, baseado em deduções lógicas e opinativas tradicionais.

(C) do "ser"; logo, serve-se do método indutivo e empírico, baseado na análise e observação da realidade.

(D) do "dever ser"; logo, utiliza-se do método indutivo e empírico, baseado na análise e observação da realidade.

(E) do "ser"; logo, serve-se do método abstrato, formal e dedutivo, baseado em deduções lógicas e da opinião tradicional.

A Criminologia é uma ciência autônoma, empírica (baseada na observação da realidade) e interdisciplinar (se utiliza de outras ciências, preservando os métodos próprios de cada uma delas) que tem por objeto de estudo quatro elementos: o crime, criminosos, controle social e a vítima. O método da Criminologia é empírico e indutivo. O contato com o objeto é direto e interdisciplinar. Empírico, pois a Criminologia examina a realidade. Indutivo, pois a compreensão da realidade se dá a partir da observação. Interdisciplinaridade, pois o método da Criminologia é aquele das ciências que são utilizadas por ela. Por exemplo, a psicologia, a medicina, o direito penal, a sociologia, a estatística, a antropologia etc.
Gabarito "C".

O pensamento criminológico moderno, de viés macrossociológico, é influenciado pela visão de cunho funcionalista (denominada teoria da integração, mais conhecida por teorias do consenso) e de cunho argumentativo (denominada por teorias do conflito).

(Delegado/ES – 2019 – Instituto Acesso) É correto afirmar que:

(A) São exemplos de teorias do consenso a Escola de Chicago, a teoria de associação diferencial, a teoria da subcultura do delinquente e a teoria do etiquetamento.

(B) São exemplos de teorias do conflito a teoria de associação diferencial a teoria da anomia, a teoria do etiquetamento e a teoria crítica ou radical.

(C) São exemplos de teorias do consenso a Escola de Chicago, a teoria de associação diferencial, a teoria da anomia e a teoria da subcultura do delinquente.

(D) São exemplos da teoria do consenso a teoria de associação diferencial, a teoria da anomia, a teoria do etiquetamento e a teoria crítica ou radical.

(E) São exemplos da teoria do conflito a Escola de Chicago, a teoria de associação diferencial, a teoria da anomia e a teoria da subcultura do delinquente.

As principais escolas do consenso são: escola de Chicago, teoria da Associação Diferencial, teoria da Anomia e teoria da Subcultura Delinquente. As principais escolas do conflito são: teoria do *Labelling Approach* ou etiquetamento e teoria Crítica ou radical.
Gabarito "C".

A moderna criminologia se dedica, também, ao estudo do controle social do delito, tendo este objeto representado um giro metodológico de grande importância.

(Delegado/ES – 2019 – Instituto Acesso) Assinale a alternativa correta:

(A) a família, a escola, a opinião pública, por exemplo, são instituições encarregadas de exercer o controle social primário.

(B) a polícia, o Judiciário, a administração penitenciária, por exemplo, são instituições encarregadas de exercer o controle social informal.

(C) a polícia, o Judiciário, a administração penitenciária, por exemplo, são instituições encarregadas de exercer o controle social formal.

(D) a família, a escola, a opinião pública, por exemplo, são instituições encarregadas de exercer o controle social terciário.

(E) a família, a escola, a opinião pública, por exemplo, são instituições encarregadas de exercer o controle social secundário.

Controle social é o conjunto de mecanismos e sanções sociais que pretendem submeter o indivíduo aos modelos e normas comunitários. O controle social é composto por mecanismos para que as pessoas se enquadrem nos padrões sociais. Para isso, as organizações sociais utilizam o controle social formal e o controle social informal. A criminologia trabalha com as noções de controle social formal e informal. O controle social formal são as instituições do Estado e as informais aquelas comunitárias. São exemplos de controle social formal a polícia, o Judiciário, a administração penitenciária e de controle social informal a família, a escola, a opinião pública.
Gabarito "C".

Constitui um dos objetivos metodológicos da teoria do *Labelling Approach* (Teoria do Etiquetamento Social) o estudo detalhado da atuação do controle social na configuração da criminalidade.

(Delegado/ES – 2019 – Instituto Acesso) Assinale a alternativa correta:

(A) Para o *labelling approach*, o controle social penal possui um caráter seletivo e discriminatório gerando a criminalidade.

(B) O *labelling approach* é uma teoria da criminalidade que se aproxima do paradigma etiológico convencional para explicar a distribuição seletiva do fenômeno criminal.

(C) Para o *labelling approach*, um sistemático e progressivo endurecimento do controle social penal viabilizaria o alcance de uma prevenção eficaz do crime.

(D) O *labelling approach*, como explicação interacionista do fato delitivo, destaca o problema hermenêutico da interpretação da norma penal.

(E) O *labelling approach* surge nos EUA nos anos 80, admitindo a normalidade do fenômeno delitivo e do delinquente.

A: Correta. A teoria do *labelling approach* é a primeira teoria a considerar a seletividade penal e seus efeitos criminógenos. A teoria também é conhecida como teoria da reação social ou do etiquetamento, justamente por analisar os impactos da reação social – notadamente do sistema de justiça criminal – e por concluir que ocorre uma rotulação social de determinadas pessoas como criminosas e essa rotulação é um fator criminógeno. Não é a lei que surge para reprimir o crime, mas a lei cria o crime e o fenômeno criminal. A teoria do *Labelling Approach* leva a uma inversão fundamental sobre a pergunta central da Criminologia: deixa-se de perguntar por que as pessoas cometem crimes e passa-se a perguntar por que determinados atos e pessoas são criminalizados. A carreira do desvio se constrói a partir da interação com o rótulo (interacionismo simbólico). Muitas instituições destinadas a desencorajar o comportamento desviante operam, na verdade, de modo a perpetuá-lo e a fomentá-lo. **B:** Incorreta. A seletividade penal de que trata a teoria do *labelling approach* é de perfil e não ecológica, como a da escola de Chicago. O *labelling approach* entende a seletividade da justiça criminal a partir de fatores sociais e não orientados pela organização urbana. **C:** Incorreta. Após ter sido capturada por uma instância de controle social formal, a pessoa passa a ser tratada por todos como criminosa. Ela é estigmatizada dessa forma, passa a ser rotulada. Por essa razão, essa teoria também é conhecida como interacionismo simbólico ou teoria da rotulação social ou da reação social. O *labelling approach* entende que essa relação tem efeitos justamente criminógenos e de reincidência. **D:** Incorreta. O centro da análise não está na questão da hermenêutica do direito e sim na prática do aparato estatal, seja na produção normativa, seja na aplicação e sua relação com as pessoas selecionadas. **E:** Incorreta. O *labelling approach* surge nos EUA nos anos 1960 e se dedica ao estudo da reação social ao crime.
Gabarito "A".

(Delegado/RS – 2018 – FUNDATEC) A partir da Modernidade, constituíram-se os movimentos e as escolas criminológicas que se concentraram no estudo da criminalidade e da criminalização dos comportamentos, levando em consideração a causa dos delitos. Fatores como a biotipologia humana e o meio ambiente são associados à prática dos delitos. Todavia, pode-se afirmar que uma teoria, em especial, rompe com esse padrão e não recai na análise causal do delito, mas, sim, na análise dos processos de criminalização e do funcionamento das agências de punitividade. Tal teoria é a:

(A) Do etiquetamento.

(B) Positivista do "homem delinquente".

(C) Sociológica do desvio.

(D) Evolucionista da espécie.

(E) Social da ação.

A: Correta. A teoria do etiquetamento - também chamada de *labelling approach*, interacionismo simbólico ou da reação social – é responsável por uma mudança sensível na criminologia, justamente por deslocar o foco de atenção dos *bad actors* para os *powerful actors*. **B:** Incorreta. O estudo positivista é aquele realizado especialmente por Cesare Lombroso que faz um estudo biológico do criminoso. **C:** Incorreta. As escolas sociológicas da criminologia são muitas e cada uma delas concentra suas análises em um aspecto. **D:** Incorreta. Noções evolucionistas são associadas ao determinismo criminal e ao estudo do chamado delinquente. **E:** Incorreta. "social da ação" não é uma escola criminológica.
Gabarito "A".

(Delegado/RS – 2018 – FUNDATEC) A Criminologia é definida tradicionalmente como a ciência que estuda de forma empírica o delito, o delinquente, a vítima e os mecanismos de controle social. Os autores que fundaram a Criminologia (Positivista) são:

(A) Cesare Lombroso, Enrico Ferri e Raffaele Garofalo.
(B) Franz Von Liszt, Edmund Mezger e Marquês de Beccaria.
(C) Marquês de Beccaria, Cesare Lombroso e Michel Foucault.
(D) Cesare Lombroso, Enrico Ferri e Michel Foucault.
(E) Enrico Ferri, Michel Foucault e Nina Rodrigues.

Lombroso, Ferri e Garofolo são os autores referência da criminologia positivista, ou antropologia criminal. Lombroso estudou a biotipologia humana e a associou ao determinismo criminal. Ferri adicionou os aspectos psicológicos e Garofolo sociais. Liszt é expoente da Teoria Finalista do Direito Penal. Edmund Mezger foi um estudioso da dogmática penal e no âmbito da criminologia traçou teorias que correlacionavam a propensão criminal dos judeus em um período marcado pelo nazismo na Alemanha. Marquês de Beccaria (Cesare Beccaria) é o principal autor da criminologia clássica. Para a escola Clássica, o crime é entendido simplesmente como resultado de uma decisão livre de cada indivíduo.
Gabarito "A".

(Delegado/RS – 2018 – FUNDATEC) A afirmação criminológica "(...) o desvio não é uma qualidade do ato cometido pela pessoa, senão uma consequência da aplicação que os outros fazem das regras e sanções para um 'ofensor'" tem por função indagar:
(A) Quem é definido por desviante?
(B) Quem é o criminoso?
(C) Por que o criminoso comete crime?
(D) Quem é a vítima do criminoso?
(E) Quando o desvio irá acontecer?

A compreensão de que não existe uma natureza ontológica do desvio ou do crime e sim uma definição política das condutas que devem ser consideradas como tal e quais as sanções que devem ser aplicadas para cada uma delas é uma leitura questionadora que tem início com as teorias criminológicas do conflito. A afirmação do enunciado está justamente negando as características ontológicas do crime ("não é uma qualidade do ato cometido") e afirma que é consequência da reação social ("senão uma consequência da aplicação que os outros fazem das regras e sanções").
Gabarito "A".

(Delegado/RS – 2018 – FUNDATEC) – A representação artística a seguir aborda uma mesma temática (vício) sob duas perspectivas: tradicional e contemporânea. Dessa observação, resta evidenciado um novo padrão de comportamento humano, despertado pelo advento da tecnologia. Em suma, a imagem comunica uma crítica sobre a sociedade e o modo de vida atuais.

No mesmo sentido, é a criminologia _____, como derivação da criminologia _____, que insere novos temas, ícones e símbolos criminais na interpretação do processo de seleção de condutas humanas como típicas e suas formas de resposta ao delito.
Assinale a alternativa que preenche, correta e respectivamente, as lacunas do trecho acima.
(A) cultural – crítica
(B) cibernética – positiva
(C) crítica – cultural
(D) positivista – crítica
(E) científica – positivista

A criminologia crítica – ou radical – é a escola que passa a criticar a forma como as condutas são definidas como crime. Desde quem define essas condutas (parlamentares membros da classe dominante) até quem aplica tais leis. A criminologia crítica entende que a seleção das condutas a serem criminalizadas são aquelas praticadas pelas classes pobres e não pela classe dominante que está no poder definindo os atos criminosos. A criminologia cultural – como derivada desta – segue nessa mesma toada, contudo observando também os impactos culturais de cada grupo na formulação e aplicação da legislação penal. Jock Young é um dos expoentes da teoria crítica e é também autor de "Cultural Criminology" (1995).
Gabarito "A".

(Delegado/RS – 2018 – FUNDATEC) Observe os seguintes casos e responda ao comando da questão:
• Amanda, adolescente negra, vive com medo e deixou de adicionar amigos em seu perfil nas redes sociais. Mesmo assim, sofre agressões de outras jovens que enviam mensagens adjetivando-a como "nojenta, nerd e lésbica".
• Pedro, 20 anos, transgênero, teve uma foto sua publicada sem autorização na internet. A imagem resultou em uma montagem depreciativa do seu corpo e acabou "viralizando" na rede. Muitas pessoas postaram mensagens dizendo que se fosse com elas, se matariam. Sob influência da grande repercussão e das mensagens enviadas até por desconhecidos, Pedro praticou suicídio. O ato foi transmitido ao vivo pelas redes sociais e, também, noticiado por outros veículos de mídia.

Uma investigação desses acontecimentos orientada pelos saberes criminológicos contemporâneos, levaria em consideração:
I. Os padrões da heteronormatividade e da cultura homofóbica.
II. As maneiras como as pessoas transgêneros são tratadas pelo sistema de justiça criminal.
III. As diferentes ordens normativas que influenciam a vida das pessoas.
IV. O contexto global, a política e as relações de poder sobre todas as pessoas.
V. A construção dos homens como violentos e das mulheres como vítimas.
Quais estão corretas?
(A) As assertivas I, II, III, IV e V, posto que se referem às criminologias *queer* e feminista.
(B) Apenas as assertivas I, II e III, porque as demais não são temáticas criminológicas.
(C) Apenas as assertivas IV e V, porque as outras não são válidas na criminologia.
(D) Nenhuma das assertivas, já que nenhuma se relaciona com a criminologia.
(E) Apenas a assertiva III, porque a ordem normativa se relaciona com o direito penal.

Os elementos elencados em todas as assertivas são corretos e fazem parte do escopo de análises e estudo da criminologia, em especial da criminologia *queer* e feminista. Como as estruturas sociais e de poder se relacionam com a prática de crimes e também as consequências desses crimes para as vítimas? Como elas são impactadas e reagem ao serem vítimas de determinadas condutas que não afetariam da mesma maneira outras vítimas? Os componentes socioculturais e identitários são elementos considerados com centralidade.
Gabarito "A".

(Delegado/MG – 2018 – FUMARC) "Cabe definir a Criminologia como ciência empírica e interdisciplinar, que se ocupa do estudo do crime, da pessoa do infrator, da vítima e do controle social do comportamento delitivo, e que trata de subministrar uma informação válida, contrastada, sobre a gênese, dinâmica e variáveis principais do crime – contemplado este como problema individual e como problema social –, assim como sobre os programas de prevenção eficaz do mesmo e técnicas de intervenção positiva no homem delinquente e nos diversos modelos ou sistemas de resposta ao delito".

Esta apresentação ao conceito de Criminologia apresenta, desde logo, algumas das características fundamentais do seu método (empirismo e interdisciplinaridade), antecipando o objeto (análise do delito, do delinquente, da vítima e do controle social) e suas funções (explicar e prevenir o crime e intervir na pessoa do infrator e avaliar os diferentes modelos de resposta ao crime).
MOLINA, Antônio G.P.; GOMES, Luiz F.; Criminologia; 6. ed. reform., atual. e ampl. São Paulo: Revista dos Tribunais. p. 32.

Sobre o método, o objeto e as funções da criminologia, considera-se:

12. DIREITO AMBIENTAL E CRIMINOLOGIA 657

I. A luta das escolas (positivismo *versus* classicismo) pode ser traduzida como um enfrentamento entre adeptos de métodos distintos; de um lado, os partidários do método abstrato, formal e dedutivo (os clássicos) e, de outro, os que propugnavam o método empírico e indutivo (os positivistas).

II. Uma das características que mais se destaca na moderna Criminologia é a progressiva ampliação e problematização do seu objeto.

III. A criminologia, como ciência, não pode trazer um saber absoluto e definitivo sobre o problema criminal, senão um saber relativo, limitado, provisional a respeito dele, pois, com o tempo e o progresso, as teorias se superam.

Estão CORRETAS as assertivas indicadas em:

(A) I e II, apenas.

(B) I e III, apenas.

(C) I, II e III.

(D) II e III, apenas.

Todas as assertivas são corretas. A primeira assertiva trata dos diferentes métodos utilizados pelas duas primeiras escolas criminológicas. A escola positivista da antropologia criminal adotava um método empírico de estudo da pessoa criminosa, a partir, especialmente, da biologia. Já a escola clássica, inserida no pensamento iluminista de culto à razão, entende que os seres humanos são dotados de livre-arbítrio e suas condutas – criminais ou não – são escolhas dos indivíduos. A segunda assertiva também é verdadeira. A criminologia, assim como outras ciências, está sempre em expansão no que diz respeito aos objetos e métodos. Na terceira, há uma característica comum às ciências em geral em que cada nova pesquisa adiciona elementos na leitura e na compreensão sobre o fenômeno estudado. Gabarito "C".

(Delegado/MG – 2018 – FUMARC) Sobre o sistema penal e a reprodução da realidade social, segundo Alessandro Baratta, é CORRETO afirmar:

(A) A cada sucessiva recomendação do menor às instâncias oficiais de assistência e de controle social corresponde uma diminuição das chances desse menor ser selecionado para uma "carreira criminosa".

(B) A homogeneidade do sistema escolar e do sistema penal corresponde ao fato de que realizam, essencialmente, a mesma função de reprodução das relações sociais e de manutenção da estrutura vertical da sociedade.

(C) A teoria das carreiras desviantes, segundo a qual o recrutamento dos "criminosos" se dá nas zonas sociais mais débeis, não é confirmada quando se analisa a população carcerária.

(D) O suficiente conhecimento e a capacidade de penetração no mundo do acusado por parte do juiz e das partes no processo criminal são favoráveis aos indivíduos provenientes dos estratos econômicos inferiores da população.

A: Incorreta. O contato com as instâncias formais de controle não reduz as chances de que a pessoa cometerá crimes, ao contrário. Para os idéologos das teorias críticas da criminologia, os impactos da relação com as instâncias oficiais de controle são, em geral, negativos e perversos. **B:** Correta. O sistema escolar e penal – tais como estruturados atualmente – têm semelhanças especialmente no que diz respeito a manutenção de privilégios e de dominação vertical de um grupo sobre o outro. **C:** Incorreta. A população carcerária brasileira é formada majoritariamente por negros, jovens e pobres com baixa escolaridade (dados do INFOPEN). **D:** Incorreta. Os operadores do direito estão longe de conhecerem a realidade vivida pelos estratos econômicos inferiores da população. Em geral, os julgamentos são realizados tendo por base o sistema de valores e condições econômicas sociais vivencias pelos operadores do direito e não por esse grupo que compõe a massa dos réus no Brasil. Gabarito "B".

(Delegado/MG – 2018 – FUMARC) "A criminologia contemporânea, dos anos 30 em diante, se caracteriza pela tendência a superar as teorias patológicas da criminalidade, ou seja, as teorias baseadas sobre as características biológicas e psicológicas que diferenciariam os sujeitos 'criminosos' dos indivíduos 'normais', e sobre a negação do livre-arbítrio, mediante um rígido determinismo. Essas teorias eram próprias da criminologia positivista que, inspirada na filosofia e na psicologia do positivismo naturalista, predominou entre o final do século passado e princípios deste."

BARATTA, Alessandro. Criminologia Crítica e Crítica do Direito Penal. Introdução à sociologia do Direito Penal. 3. ed. Rio de Janeiro: Revan: Instituto Carioca de Criminologia. p. 29. (Coleção Pensamento Criminológico)

Numere as seguintes assertivas de acordo com a ideia de criminologia que representam, utilizando (1) para a criminologia positivista e (2) para a escola liberal clássica do direito penal.

( ) Assumia uma concepção patológica da criminalidade.

( ) Considerava a criminalidade como um dado pré-constituído às definições legais de certos comportamentos e certos sujeitos.

( ) Não considerava o delinquente como um ser humano diferente dos outros.

( ) Objetivava uma política criminal baseada em princípios como os da humanidade, legalidade e utilidade.

( ) Pretendia modificar o delinquente.

A sequência que expressa a associação CORRETA, de cima para baixo, é:

(A) 1, 1, 2, 2, 1.

(B) 1, 2, 1, 2, 2.

(C) 2, 2, 1, 1, 1.

(D) 2, 1, 2, 2, 2.

Criminologia positivista:
A criminologia positivista entendia o crime como algo patológico e anormal, ou seja, praticado por pessoas com características específicas que o diferenciasse da "normalidade" do restante da população. Sendo assim, as características determinantes para o ingresso na vida criminal eram próprias da pessoa e independiam da formulação política legal. Esta escola não problematizava a formulação de política criminal e considerava que existiam criminosos natos. Assim, entendia que se algumas características fossem alteradas, os criminosos poderiam deixar de sê-lo e propunha, portanto, tratamento para os que considerava "recuperáveis". Sendo assim, as assertivas 1, 2 e 5 dizem respeito a essa escola. Criminologia clássica: A criminologia clássica partia dos ideais iluministas e considerava o livre-arbítrio como central em seus estudos. Sendo assim, como todos têm livre-arbítrio e a prática de delitos era considerada como fruto de uma decisão livre das pessoas, não traçavam diferença entre os "criminosos" e "não criminosos". Como uma escola inserida no culto à razão e ideais iluministas, estava calcada na humanização, princípio da legalidade e utilidade das penas. Isto porque a escola Clássica entendia o crime como uma infração à lei, ou seja, como uma contradição com a norma jurídica. O importante era o fato e não o seu autor. Beccaria foi um grande defensor da humanização das penas – fim da tortura, da pena de morte e das penas que passavam da pessoa do condenado -, da proporcionalidade das penas – já que sua teoria segue um modelo racional da prática de delitos e de suas punições. Sendo assim, as assertivas 3 e 4 dizem respeito a essa escola. Gabarito "A".

(Delegado/MG – 2018 – FUMARC) Sobre a relação entre o preso e a sociedade, segundo Alessandro Baratta, é CORRETO afirmar:

(A) A reinserção do preso na sociedade, após o cumprimento da pena, é assegurada a partir do momento em que, no cárcere, o preso absorve um conjunto de valores e modelos de comportamento desejados socialmente.

(B) É necessário primeiro modificar os excluídos, para que eles possam voltar ao convívio social na sociedade que está apta a acolhê-los.

(C) O cárcere não reflete as características negativas da sociedade, em razão do isolamento a que são submetidos os presos.

(D) São relações sociais baseadas no egoísmo e na violência ilegal, no interior das quais os indivíduos socialmente mais débeis são constrangidos a papéis de submissão e de exploração.

A: Incorreta. Alessandro Baratta defende a ideia de reintegração social como uma via de mão dupla em que a sociedade e os presos devem se abrir para a aceitação mútua. A imposição de valores as pessoas presas, na esperança de que não voltem a delinquir é rechaçada pelo autor que entende que é necessário perseguir a emancipação ética do indivíduo e que não existem "valores certos e errados" que devam ser ensinados e impostos a população prisional. **B:** Incorreta. Na mesma linha da alternativa anterior, Baratta acredita que é necessário que ocorra uma modificação total da sociedade e não apenas daqueles que estão presos. Por isso, diz que a reintegração social é uma via de mão dupla e que o cárcere deve se abrir pra sociedade e a sociedade para o cárcere. **C:** Incorreta. As características negativas da sociedade, para Baratta, estão presentes em todo o tecido social, não apenas nas prisões. **D:** Correta. A criminalização e a criminalidade seguem o mesmo padrão – em geral – do que a exploração do trabalho, sendo que essa exploração e submissão do outro se reflete também nas práticas criminais. Gabarito "D".

(Delegado/MG – 2018 – FUMARC) "Por debaixo do problema da legitimidade do sistema de valores recebido pelo sistema penal como critério de orientação para o comportamento socialmente adequado e, por-

12. Direito Ambiental e Criminologia

tanto, de discriminação entre conformidade e desvio, aparece como determinante o problema da definição do delito, com as implicações político-sociais que revela, quando este problema não seja tomado por dado, mas venha tematizado como centro de uma teoria da criminalidade. Foi isto o que aconteceu com as teorias da 'reação social', ou *labeling approach*, hoje no centro da discussão no âmbito da sociologia criminal."

BARATTA, Alessandro. Criminologia Crítica e Crítica do Direito Penal. Introdução à sociologia do Direito Penal. 3. ed. Rio de Janeiro: Revan: Instituto Carioca de Criminologia. p. 86. (Coleção Pensamento Criminológico)

Com base no excerto acima, referente ao paradigma do *labeling approach*, analise as asserções a seguir:

I. O *labeling approach* tem se ocupado em analisar, especialmente, as reações das instâncias oficiais de controle social, ou seja, tem estudado o efeito estigmatizante da atividade da polícia, dos órgãos de acusação pública e dos juízes.

PORQUE

II. Não se pode compreender a criminalidade se não se estuda a ação do sistema penal, pois o *status* social de delinquente pressupõe o efeito da atividade das instâncias oficiais de controle social da delinquência.

Está CORRETO o que se afirma em:

(A) I e II são proposições falsas.
(B) I e II são proposições verdadeiras e II é uma justificativa correta da I.
(C) I é uma proposição falsa e II é uma proposição verdadeira.
(D) I é uma proposição verdadeira e II é uma proposição falsa.

A teoria do *labelling approach* centra sua análise nas reações das instâncias oficiais de controle penal e no interacionismo simbólico e nas consequências dessa reação. Entende que esses órgãos operam efeitos estigmatizantes e criam e reforçam papéis de "delinquente". Para essa corrente, não é possível compreender o fenômeno criminal sem compreender a interrelação com as instâncias de controle formais e seus impactos, sendo que é a partir e na interação com essas instituições que o *status* de "delinquente" é fixado e tem como consequência a conformação do ciclo criminal. A desviação primária é anterior ao cometimento do delito, ela está muito associada aos fatos psicológicos do indivíduo e a sua marginalização em função de aspectos sociais, culturais, raciais etc. A desviação secundária acontece por conta da reação social ao desvio. O agente do delito que já passou para a fase de desviação secundária já está com a identidade estruturada em torno da desviação. Com a institucionalização a pessoa constrói e segue uma carreia criminal propriamente dita, após passar pelo processo de *role engulfment*. Ela realmente assume o papel de criminoso. A desviação secundária leva a outra ideia importante da teoria do *Labelling Approach* que é a de profecia autorrealizável. Como a pessoa recebe o estigma de criminosa e passa a se comportar como tal e a assumir esse papel social, todos têm a expectativa de que ela voltará a delinquir, e de fato ela volta a delinquir, pois assumiu esse papel e não há outro destino possível para ela. Isso porque a reação social a ela não lhe dá oportunidades e também porque ela assumiu esse papel social para si própria.
Gabarito "B".

(Delegado/MS – 2017 - FAPEMS) Dentro da criminologia, tem-se a vertente da vitimologia, que estuda de forma ampla os aspectos da vítima na criminalidade, e é dividida em primária, segundária e terciária. Da análise dessa divisão, pode-se afirmar que a vitimização terciária ocorre, quando

(A) a vítima tem três ou mais antecedentes.
(B) a vítima é parente em terceiro grau do ofensor.
(C) um terceiro participa da ação criminosa.
(D) a vítima é abandonada pelo estado e estigmatizada pela sociedade.
(E) duas ou mais pessoas cometem o crime.

A: incorreta. A vitimologia não se dedica a analisar os antecedentes da vítima. B: incorreta. A relação de parentesco entre vítima e ofensor não é elemento para a classificação entre vitimização primária, secundária e terciária. C: incorreta. A vitimização terciária não se detém sobre as especificidades do delito cometido. D: correta. A vitimização terciária é justamente àquela decorrente da falta de amparo dos órgãos do Estado para com a vítima. E: incorreta. A vitimização não se debruça sobre as condições do crime.
Gabarito "D".

(Delegado/MS – 2017 - FAPEMS) A atividade policial dentre suas finalidades deve prevenir e reprimir o crime. Em particular, à polícia judiciária cabe investigar, com o fim de esclarecer fatos delitivos que causaram danos a bens jurídicos relevantes tutelados pelo direito penal. A criminologia dada a sua interdisciplinaridade constitui ciência de suma importância na atividade policial por socorrer-se de outras ciências para compreender a prática delitiva, o infrator e a vítima, possuindo métodos de investigação que visam a atender sua finalidade. Diante do exposto, assinale a alternativa correta sobre a criminologia como ciência e seus métodos.

(A) Como ciência dedutiva; a criminologia se vale de métodos científicos, humanos e sociais, abstratos, próprios do Direito Penal.
(B) A criminologia, ciência lógica e normativa, busca determinar o homem delinquente utilizando para isso métodos físicos, psicológicos e sociológicos.
(C) A criminologia é baseada principalmente em métodos físicos, individuais e coletivos, advindos das demais ciências jurídico-penais, caracterizando-a como dogmática.
(D) Os métodos experimental e lógico auxiliam a investigação da criminologia, integrando várias áreas, dada sua natureza de ciência disciplinar.
(E) Os métodos biológico e sociológico são utilizados pela criminologia, que, por meio do empirismo e da experimentação, estuda a motivação criminosa do sujeito.

A: incorreta. A criminologia não é uma ciência dedutiva, e sim empírica. Esse é um dos elementos que a diferencia do direito penal, seu método. B: incorreta. A criminologia não é uma ciência normativa. Além disso, não busca determinar o homem delinquente, e sim, compreendê-lo. Por sua natureza interdisciplinar, utiliza-se de outras ciências para compreender seus objetos de estudo, o que pode incluir questões físicas, psicológicas e sociológicas. C: incorreta. A criminologia não é uma ciência dogmática, ao contrário, é empírica. Ademais, ela é autônoma ao direito. D: incorreta. A criminologia é uma ciência interdisciplinar, não disciplinar. E: correta. A criminologia utiliza elementos biológicos, sociológico e outros (caráter interdisciplinar) para a compreensão da motivação criminosa, dentre outras. Trata-se de uma ciência interdisciplinar e empírica – que se utiliza da experimentação.
Gabarito "E".

(Delegado/MS – 2017 - FAPEMS) Tendo como premissa o estudo da Teoria Criminológica da Anomia, analise o problema a seguir.

O senhor X, 55 anos, bancário desempregado, encontrou, como forma de subsistência própria e da família, trabalho na contravenção (apontador do jogo do bicho em frente à rodoviária da cidade). Por lá permaneceu vários meses, sempre assustado com a presença da polícia, mas como nunca sofreu qualquer repreensão, inclusive tendo alguns agentes como clientes dentre outras autoridades da cidade, continuou sua labuta diária. Y, delegado de polícia, recém-chegado à cidade, ao perceber a prática contravencional, a despeito da tolerância de seus colegas, prende X em flagrante. No entanto, apenas algumas horas após sua soltura, X retornou ao antigo ponto continuando a receber apostas diárias de centenas de pessoas da comunidade.

Assinale a alternativa correta correspondente a esse caso.

(A) A teoria da anomia advém do funcionalismo penal, que defende a pertinência da norma enquanto reconhecida pela sociedade como necessária para a solução dos conflitos sociais, tendo sido arbitrária a conduta do delegado.
(B) A anomia, no contexto do problema, dá-se pelo enfraquecimento da norma, que já não influencia o comportamento social de reprovação da conduta, quando a sociedade passa a aceitá-la como normal.
(C) A atitude dos demais policiais caracteriza o poder de discricionariedade legítimo do agente de segurança pública, diante da anomia social caracterizada da norma que perde vigência pela ausência de funcionalidade.
(D) A atitude do delegado expressa a representação da teoria da anomia, em que a norma não perde sua força de coerção social, pois, somente revogada por outra norma, independente do comportamento do infrator.

12. DIREITO AMBIENTAL E CRIMINOLOGIA — **659**

(E) A teoria da anomia não tem aplicação no caso em análise, pois sob o aspecto criminológico é necessário que estejam presentes no estudo do fenômeno o delinquente, a vítima e a sociedade.

A: incorreta. A teoria da anomia entende que uma conduta é criminalizada quando fere o senso coletivo da sociedade. A conduta do delegado não foi arbitrária, uma vez que estava fazendo cumprir a norma. Isso é importante para que não se entre em um estado de anomia – caos – descrito por Durkheim. **B:** correta. Para a teoria da anomia, quando não há demonstração de qual é a norma social vigente por meio da punição, no extremo, pode-se criar uma situação de anomia, em que se perdem as referências da consciência coletiva de que praticar determinada conduta não é aceito pela sociedade. **C:** incorreta. Mesmo para a teoria da anomia, até que uma norma seja derrogada, ela deve continuar a ser aplicada pelo agente de segurança pública. **D:** incorreta. A teoria da anomia entende que a norma perde seu valor social mesmo sem ter sido expressamente derrogada no ordenamento jurídico. **E:** incorreta. A criminologia tem quatro objetos de estudo (crime, criminoso, vítima e controle social), mas isso não significa que as teorias precisem se dedicar a todos eles simultaneamente.

Gabarito "B".

(Delegado/GO – 2017 – CESPE) A respeito do conceito e das funções da criminologia, assinale a opção correta.

(A) A criminologia tem como objetivo estudar os delinquentes, a fim de estabelecer os melhores passos para sua ressocialização. A política criminal, ao contrário, tem funções mais relacionadas à prevenção do crime.

(B) A finalidade da criminologia em face do direito penal é de promover a eliminação do crime.

(C) A determinação da etimologia do crime é uma das finalidades da criminologia.

(D) A criminologia é a ciência que, entre outros aspectos, estuda as causas e as concausas da criminalidade e da periculosidade preparatória da criminalidade.

(E) A criminologia é orientada pela política criminal na prevenção especial e direta dos crimes socialmente relevantes, mediante intervenção nas manifestações e nos efeitos graves desses crimes para determinados indivíduos e famílias

A: Incorreta. Um dos objetos da criminologia é o delinquente, com o objetivo de compreensão. Não necessariamente com o objetivo de buscar sua ressocialização. Tanto é verdade que algumas teorias defendem pena de morte. A Política criminal tem por objetivo prevenir a criminalidade, mas uma das formas de prevenção pode se dar pelo caminho da ressocialização. **B:** Incorreta. A criminologia tem por objetivo conhecer e compreender seus objetos de estudo – que inclui o crime. Não necessariamente o pensamento está voltado para a eliminação da criminalidade, como o caso da teoria da anomia que entende o crime como um fenômeno social natural e até mesmo positivo. **C:** Incorreta. A criminologia tem por finalidade conhecer e estudar as origens e causas do crime, porém não de determinar, o que seria impossível. **D:** Correta. A criminologia estuda, de fato, os elementos apresentados na assertiva. Ademais, a assertiva traz a expressão "entre outros aspectos", ou seja, deixa em aberto para englobar os demais objetos e visões de estudo da criminologia. **E:** Incorreta. A criminologia orienta a política criminal, e não o contrário. A política criminal é uma estratégia de ação política orientada pelo saber criminológico. A política criminal faz a ponte entre a criminologia e o direito penal, uma vez que a criminologia traz conceitos e teorias sobre o crime, o criminoso, a vítima e o controle social e, por meio da política criminal, os agentes do Estado legislam, criando o direito penal e aplicam-no. Contudo, a política criminal é mais ampla do que o direito penal.

Gabarito "D".

(Delegado/GO – 2017 – CESPE) Considerando que, para a criminologia, o delito é um grave problema social, que deve ser enfrentado por meio de medidas preventivas, assinale a opção correta acerca da prevenção do delito sob o aspecto criminológico.

(A) A transferência da administração das escolas públicas para organizações sociais sem fins lucrativos, com a finalidade de melhorar o ensino público do Estado, é uma das formas de prevenção terciária do delito.

(B) O aumento do desemprego no Brasil incrementa o risco das atividades delitivas, uma vez que o trabalho, como prevenção secundária do crime, é um elemento dissuasório, que opera no processo motivacional do infrator.

(C) A prevenção primária do delito é a menos eficaz no combate à criminalidade, uma vez que opera, etiologicamente, sobre pessoas determinadas por meio de medidas dissuasórias e a curto prazo, dispensando prestações sociais.

(D) Em caso de a Força Nacional de Segurança Pública apoiar e supervisionar as atividades policiais de investigação de determinado estado, devido ao grande número de homicídios não solucionados na capital do referido estado, essa iniciativa consistirá diretamente na prevenção terciária do delito.

(E) A prevenção terciária do crime consiste no conjunto de ações reabilitadoras e dissuasórias atuantes sobre o apenado encarcerado, na tentativa de se evitar a reincidência

A: incorreta. Atuar sob as causas dos conflitos sociais por meio de implementação de políticas públicas sociais – como o caso da educação – é parte da prevenção primária. **B:** incorreta. O aumento das taxas de emprego (redução do desemprego) está associado a políticas de prevenção primária. **C:** incorreta. A prevenção primária diz respeito a implementação de políticas públicas sociais – são ações de médio e longo prazo. **D:** incorreta. A ação da Força Nacional de Segurança como apoio a atividade policial estadual é uma ação de prevenção secundária. **E:** correta. A prevenção terciária atua com o fim de evitar a reincidência, através de políticas voltadas ao preso e ao egresso. Também é conhecida como tardia, pois ocorre depois do cometimento do delito; parcial, pois recai apenas no condenado; e insuficiente, pois não neutraliza as causas do problema criminal.

Gabarito "E".

(Delegado/GO – 2017 – CESPE) Em busca do melhor sistema de enfrentamento à criminalidade, a criminologia estuda os diversos modelos de reação ao delito. A respeito desses modelos, assinale a opção correta.

(A) De acordo com o modelo clássico de reação ao crime, os envolvidos devem resolver o conflito entre si, ainda que haja necessidade de inobservância das regras técnicas estatais de resolução da criminalidade, flexibilizando-se leis para se chegar ao consenso.

(B) Conforme o modelo ressocializador de reação ao delito, a existência de leis que recrudescem o sistema penal faz que se previna a reincidência, uma vez que o infrator racional irá sopesar o castigo com o eventual proveito obtido.

(C) Para a criminologia, as medidas despenalizadoras, com o viés reparador à vítima, condizem com o modelo integrador de reação ao delito, de modo a inserir os interessados como protagonistas na solução do conflito.

(D) A fim de facilitar o retorno do infrator à sociedade, por meio de instrumentos de reabilitação aptos a retirar o caráter aflitivo da pena, o modelo dissuasório de reação ao crime propõe uma inserção positiva do apenado no seio social.

(E) O modelo integrador de reação ao delito visa prevenir a criminalidade, conferindo especial relevância ao *ius puniendi* estatal, ao justo, rápido e necessário castigo ao criminoso, como forma de intimidação e prevenção do crime na sociedade.

A: Incorreta. O modelo clássico de reação ao crime trata da repressão ao crime por meio da aplicação da punição para os imputáveis e semi-imputáveis. **B:** Incorreta. O modelo ressocializador atua na vida do criminoso, não apenas com a aplicação da punição, mas reduzindo a reincidência, por meio da ressocialização. O modelo descrito na assertiva é o dissuasório (ou clássico). **C:** Correta. O modelo reparador busca restabelecer, na medida do possível, a situação anterior ao cometimento do crime por meio da reeducação do infrator e da assistência à vítima. Tem o objetivo de reparar o dano causado à vítima e à comunidade. Procura conciliar os interesses de todas as partes relacionadas com o problema criminal. **D:** Incorreta. O modelo dissuasório está associado ao rigor das penas e a sua efetiva aplicação. O modelo descrito na assertiva é o integrador. **E:** Incorreta. O modelo integrador tem por objetivo atuar na redução da reincidência. O modelo descrito na assertiva é o dissuasório (clássico e neoclássico).

Gabarito "C".

12. Direito Ambiental e Criminologia

13. Língua Portuguesa

*Magally Dato e Henrique Subi**

1. INTERPRETAÇÃO DE TEXTO

Os pilares da sustentabilidade: os desafios ambientais do século XXI para a iniciativa privada

```
01  Entre os pilares para o desenvolvimento sustentável – aquele capaz de garantir as
02  necessidades da geração atual sem comprometer a futura – está a preservação e manutenção do
03  meio ambiente. Nos últimos tempos, tem sido uma das pautas mais discutidas por líderes políticos
04  e empresariais de todo o mundo, principalmente por conta dos impactos das mudanças climáticas.
05  Mesmo o Brasil, um país rico em recursos naturais, já sente as consequências dos eventos
06  extremos, como a seca que persiste no Nordeste e deixa muitas famílias sem acesso à água,
07  recurso essencial para a manutenção da vida. Por isso, pensar em formatos mais eficientes de
08  uso é uma atitude urgente e que deve permear as organizações, os governos e a própria
09  sociedade.
10  Em 2015, o Brasil entrou para o grupo das 197 nações signatárias do Acordo de Paris, que
11  determinou metas para manter o aquecimento global bem abaixo de 2°C até 2030.
12  Ana Carolina Avzaradel Szklo, Gerente Sênior de Projetos e Assessora Técnica do CEBDS
13  (Conselho Empresarial Brasileiro para o Desenvolvimento Sustentável), acredita que esses
14  eventos climáticos extremos ___ contribuído para que as empresas incorporem a sustentabilidade
15  em suas agendas. As atitudes para reverter esse quadro preocupante devem ser trabalhadas em
16  conjunto, porque o setor privado apresenta um papel tão importante quanto o governo para a
17  efetivação das ações.
18  Neste contexto, é importante que a sustentabilidade faça parte da organização como um
19  todo, principalmente, da mais alta ........ decisória. Investimentos em inovação para tornar
20  processos mais eficientes podem contribuir com uma série de oportunidades para as
21  organizações.
22  Uma das tendências que estão sendo trabalhadas internacionalmente e sobre o que o ___
23  CEBDS promovido debates com o setor privado é a precificação do carbono. A medida
24  defende a cobrança pela emissão do CO2, o que faz com que as empresas tenham um maior
25  controle sobre os seus processos. Além disso, impulsiona uma economia mais limpa e que
26  consequentemente pode frear o aquecimento global.
27  Para consolidar uma economia com baixa emissão de carbono, é necessário pensar em
28  toda a cadeia de produção da economia, desde a .............. da matéria-prima, o transporte, a
29  produção e até o descarte. Trabalhando com esses rejeitos, evita-se que os materiais acabem em
30  aterros e lixões – locais em que a decomposição emite gases responsáveis pelo efeito estufa,
31  como o metano e o gás carbônico. Com a reciclagem, os resíduos viram matéria-prima
32  novamente, o que evita a .............. e colabora para o uso racional de recursos naturais.
33  Com a ideia de eliminar o lixo, a empresa precisa investir bastante para reciclar materiais
34  não convencionais como esponjas de limpeza, cosméticos, tubos de pasta de dente, lápis e
35  canetas. Por não terem fluxos regulares de reciclagem, fazer o processo com esses rejeitos sai
36  bem mais caro. "Esses materiais são considerados 'não recicláveis', pois o custo para reciclá-los
37  é superior ao valor obtido com a matéria-prima resultante do processo. Percebemos, portanto,
38  que não existe efetivamente nada que não possa ser reciclado. O que existem são resíduos que
39  valem a pena do ponto de vista financeiro, e outros não, justamente por serem complexos",
40  explica Pirrongelli da TerraCycle.
41  O programa de coleta da TerraCycle engaja consumidores e produtores em seu processo.
42  Não são apenas os produtos de difícil reciclabilidade que preocupam ambientalistas, governos e
43  empresas ao redor do mundo. Mesmo materiais que já _ processos consolidados, como o
44  plástico, acabam em lixões e aterros, onde demoram anos para se decompor.
45  Relatórios divulgados no início deste ano pela Ellen MacArthur Foundation mostram que cerca de
46  oito bilhões de toneladas de plástico são descartados nos mares por ano – quantidade equivalente
47  a um caminhão de lixo por minuto. A organização calculou que, se esse ritmo continuar, haverá
48  mais plástico do que peixe nos oceanos em 2050.
49  Por isso, a maior procura por produtos biodegradáveis sinaliza a crescente preocupação
50  do setor privado em relação ao meio ambiente. Nesse aspecto, a tecnologia é um aspecto
51  fundamental para a sustentabilidade.
52  Soluções como o plástico hidrossolúvel __ sido cada vez mais procuradas como um meio
53  de evitar o problema do descarte irresponsável. O material é novidade no Brasil e na América
54  Latina e consiste em um plástico que se dissolve na água em apenas alguns segundos. Há
55  também, nesse mesmo viés, bobinas, saquinhos hidrossolúveis sob medida, entretelas, entre
56  outros. Essa solução, de acordo com um empresário do setor, ....... diversas vantagens ao
57  comprador, como: redução de custos em transporte e armazenagem, devido à concentração de
58  produto na embalagem hidrossolúvel; diminuição no uso e descarte do plástico convencional, que
```

---

* **MD** questões comentadas por: **Magally Dato.**
   HS questões comentadas por: **Henrique Subi.**

59 pode gerar créditos de carbono e também ...... segurança na aplicação e no manuseio de
60 substâncias químicas que podem ser nocivas para o ser humano. As empresas podem contribuir
61 para um desenvolvimento sustentável valorizando produtos que __ um apelo sustentável,
62 criando uma cultura organizacional voltada para essas questões e investindo em desenvolvimento
63 de novas alternativas. É importante também que a organização, além de realizar esses processos,
64 valorize que os mesmos sejam adotados por toda cadeia produtiva, envolvendo desde seus
65 fornecedores até seus clientes.

(Fonte: Amcham Brasil, 26 de maio 2017 – http://economia.estadao.com.br/blogs – Texto adaptado)

(Delegado/RS – 2018 – FUNDATEC) Todos os aspectos a seguir listados vêm ao encontro da busca pela sustentabilidade no âmbito das empresas, conforme o texto, EXCETO:

(A) Preservação do meio ambiente.
(B) Manutenção do aquecimento global.
(C) Incorporação da sustentabilidade no contexto das organizações.
(D) Promover um processo econômico que prime pela baixa emissão de carbono.
(E) Uso de produtos biodegradáveis.

Todas as alternativas traduzem ideias estampadas no texto como soluções de sustentabilidade utilizadas pelas empresas, com exceção da letra "B", que deve ser assinada. Com efeito, a **manutenção** do aquecimento global não é uma medida de sustentabilidade, por óbvio. Deveria constar da alternativa a "**redução** do aquecimento global". **HS**
Gabarito "B".

Crônicas contemporâneas

O gênero da crônica, entendida como um texto curto de periódico, que se aplica sobre um acontecimento pessoal, um fato do dia, uma lembrança, um lance narrativo, uma reflexão, tem movido escritores e leitores desde os primeiros periódicos. No pequeno espaço de uma crônica pode caber muito, a depender do cronista. Se ele se chamar Rubem Braga, pode caber tudo: esse mestre maior dotou a crônica de uma altura tal que pôde dedicar-se exclusivamente a ele ocupando um lugar entre os nossos maiores escritores, de qualquer gênero.

Jovens cronistas de hoje, com colunas nos grandes jornais, vêm demonstrando muita garra, equilibrando-se entre as miudezas quase inconfessáveis do cotidiano pessoal, às quais se apegam sem pudor, e a uma espécie de investigação crítica que pretende ver nelas algo de grandioso. É como se na padaria da esquina pudesse de repente representar-se uma cena de Hamlet ou de alguma tragédia grega; é como se, no banheiro do apartamento, o espelhinho do armário pudesse revelar a imagem-síntese dos brasileiros. Talvez esteja nesse difícil equilíbrio um sinal dos tempos modernos, quando, como numa crônica, impõe-se combinar a condição mais pessoal de cada um com a responsabilidade de uma consciência coletivista, que a todos nos convoca.

(Diógenes da Cruz, *inédito*)

(Delegado/AP – 2017 – FCC) Os jovens cronistas de hoje, referidos no segundo parágrafo,

(A) distinguem-se dos cronistas antigos pelo fato de não considerarem os incidentes domésticos como assunto digno de uma crônica.
(B) devem a Rubem Braga a orientação para se dedicarem exclusivamente ao gênero da crônica, uma vez que querem tratar de grandes temas universais.
(C) preferem confinar na estreiteza do cotidiano seu espaço de inspiração, em crônicas em que exercitam uma linguagem de alto teor político.
(D) buscam combinar seu interesse pela realidade pessoal e imediata com o voo mais alto de uma crônica de maior alcance crítico.
(E) Exploram a possibilidade de reduzir os temas mais grandiosos à dimensão risível de um cotidiano onde eles não possam ter lugar.

(interpretação) A: incorreta. Os escritores mais jovens também se inspiram no cotidiano, como demonstram as passagens que falam da padaria ou do espelho do banheiro; **B:** incorreta. A menção a Rubem Braga serve apenas de ilustração, para demonstrar a importância do gênero textual, mas não liga o famoso escritor à inspiração dos mais jovens; **C:** incorreta. Não há alto teor político nas crônicas. O que o autor comenta é que os escritores mais jovens tentam equilibrar narrativas cotidianas com textos um pouco mais críticos; **D:** correta. Esta é a ideia central

exposta no segundo parágrafo do texto; **E:** incorreta. Aqui também há exagero na proposta da alternativa. O autor fala em equilíbrio entre esses aspectos, sem que um suplante o outro. **HS**
Gabarito "D".

Máquinas monstruosas

À medida que foram surgindo, muitas máquinas despertaram terror nos homens. Multiplicando a força dos órgãos humanos, elas acentuavam-lhes a potência, de modo que a engrenagem oculta que as fazia funcionar resultava lesiva para o corpo: feria-se quem descuidasse das próprias mãos. Mas aterrorizavam sobretudo porque atuavam como se fossem coisas vivas: era impossível não ver como viventes os grandes braços dos moinhos de vento, os dentes das rodas dos relógios, os dois olhos ardentes da locomotiva à noite. As máquinas pareciam, portanto, quase humanas, e é nesse "quase" que residia a sua monstruosidade.

(Adaptado de: ECO, Umberto (org.) **História da beleza**. Trad. Eliane Aguiar. Rio de Janeiro: Record, 2014, p. 382)

(Delegado/AP – 2017 – FCC) Ao surgirem na História humana, as máquinas já chegaram a despertar terror nas pessoas pelo fato de

(A) substituírem os membros humanos, demonstrando que fôramos despojados de partes dos nossos corpos.
(B) funcionarem como simulacros dos órgãos humanos, aparentando ter vida própria e assemelhada à dos nossos corpos.
(C) ostentarem grande hostilidade ao desempenhar funções que eram quase incompreensíveis para a maioria das pessoas.
(D) se tornarem monstruosas graças à eficácia e à velocidade com que desempenhavam as funções para as quais foram planejadas.
(E) imprimirem aos nossos sentidos e sensações um tipo de bloqueio que lhes era inteiramente desconhecido até então.

(interpretação de texto) Segundo o autor, a monstruosidade das máquinas, e consequentemente o terror que causavam nas pessoas, decorria de sua aparência e mobilidade quase humanas, criando imagens assustadoras daquilo que podiam fazer com maior força e resistência. **HS**
Gabarito "B".

Texto CB1A1AAA

A diferença básica entre as polícias civil e militar é a essência de suas atividades, pois assim desenhou o constituinte original: a Constituição da República Federativa do Brasil de 1988 (CF), em seu art. 144, atribui à polícia federal e às polícias civis dos estados as funções de polícia judiciária — de natureza essencialmente investigatória, com vistas à colheita de provas e, assim, à viabilização do transcorrer da ação penal — e a apuração de infrações penais.

Enquanto a polícia civil descobre, apura, colhe provas de crimes, propiciando a existência do processo criminal e a eventual condenação do delinquente, a polícia militar, fardada, faz o patrulhamento ostensivo, isto é, visível, claro e perceptível pelas ruas. Atua de modo preventivo-repressivo, mas não é seu mister a investigação de crimes. Da mesma forma, não cabe ao delegado de polícia de carreira e a seus agentes sair pelas ruas ostensivamente em patrulhamento. A própria comunidade identifica na farda a polícia repressiva; quando ocorre um crime, em regra, esta é a primeira a ser chamada. Depois, havendo prisão em flagrante, por exemplo, atinge-se a fase de persecução penal, e ocorre o ingresso da polícia civil, cuja identificação não se dá necessariamente pelos trajes usados.

Guilherme de Souza Nucci. Direitos humanos *versus* segurança pública. Rio de Janeiro: Forense, 2016, p. 43 (com adaptações)

13. LÍNGUA PORTUGUESA — 663

(Delegado/GO – 2017 – CESPE) Infere-se das informações do texto CB1A-1AAA que

(A) o uso de fardamento pela polícia militar é o que a diferencia da polícia civil, que prescinde dos trajes corporativos.

(B) a essência da atividade do delegado de polícia civil reside no controle, na prevenção e na repressão de infrações penais.

(C) ao delegado de polícia cabem a condução da investigação criminal e a apuração de infrações penais.

(D) a tarefa precípua dos delegados de polícia civil e de seus agentes é o patrulhamento ostensivo nas ruas.

(E) a função de polícia judiciária concretiza-se no policiamento ostensivo, preventivo e repressivo.

(Interpretação) A: incorreta. A diferença entre os dois corpos de policiamento é a competência que lhes é atribuída pela Constituição. Os trajes são uma circunstância, uma característica para facilitar a identificação pela população; **B:** incorreta. Tais atribuições são da polícia militar. Ao delegado incumbe investigar e colher provas e indícios de materialidade e autoria das infrações penais; **C:** correta. Esta é a ideia central exposta no primeiro parágrafo do texto; **D:** incorreta. Tal competência é da polícia militar; **E:** incorreta. Também aqui se apresentam funções da polícia militar. HS

Gabarito "C".

2. COORDENAÇÃO E SUBORDINAÇÃO

O QUANTO INFLUI A FORTUNA NAS COISAS HUMANAS E COMO REAGIR A ELAS

Não ignoro que muitos foram e que tantos ainda são da opinião de que as coisas que sucedem no mundo veem-se de tal forma governadas pela fortuna e por Deus que os homens, com a sua sabedoria, não poderiam retificá-las e que nem sequer haveria meio de remediá-las. Baseados nisso, eles depreendem que, para defini-las, menos valeria esforçar-se em demasia que se entregar ao regimento da sorte. Tal opinião recebeu um

5 grande crédito nestes nossos tempos em razão das grandes transformações que vimos e que ainda vemos, a a cada dia, superar todas as humanas conjeturas. Meditando-o, eu mesmo, algumas vezes, senti-me parcialmente inclinado a aceitar esse juízo.

No entanto, visto que não é nulo nosso livre-arbítrio, creio poder ser verdadeira a arbitragem da fortuna sobre a metade das nossas ações, mas que ela tenha-nos deixado o governo da outra metade, ou cerca disso.

10 E eu a comparo a um destes rios torrentosos que, em sua fúria, inundam os plainos, assolam as árvores e as construções, arrastam porções do terreno de uma ribeira à outra: todos, então, fogem ao seu irromper, nenhum homem resiste ao seu ímpeto, cada qual incapaz de opor-lhe um único obstáculo. E, em que pese a assim serem [esses rios], aos homens não é vedada, em tempos de calmaria, a possibilidade de obrar preventivamente diques e barragens, de sorte que, em advindo uma nova cheia, as suas águas escoem por um

15 canal ou que o seu ímpeto não seja nem tão incontrolável, nem tão avassalador.

De um modo análogo intervém a fortuna, a qual manifesta seu poder onde não há forças organizadas que lhe resistam; ela, que volve o seu furor aos locais onde sabe que não foram construídos nem diques nem barragens para refreá-la. [...] Espero ter dito o bastante sobre a oposição que se pode fazer à fortuna de um modo geral.

20 Adstringindo-me ao que há de particular em um príncipe, digo que hoje vemo-lo prosperar e amanhã cair em desgraça sem que demos tento de uma só mudança em sua natural forma de ser e de proceder, o que, creio eu, decorre principalmente da ideia de que um príncipe que se arrima tão somente na fortuna sucumbe ao variar desta. Creio igualmente que é feliz aquele que coaduna o seu modo de operar com as condições da sua época, e que, de um modo símile, é desditoso aquele cujo procedimento com estas conflita.

25 Reparamos que os homens, em relação àquelas coisas que os conduzem aos fins que cada um persegue – isto é, às glórias e às riquezas – procedem diversamente: um, com circunspecção; o outro, com impetuosidade; um, valendo-se da violência; o outro, da habilidade; um, com paciência; o outro, com o seu contrário; e cada qual, com esses vários modos de portar-se, podendo atingir o seu intento. Notamos também, de dois homens cautos, que um realiza o seu propósito e o outro não, e, paralelamente, que dois homens

30 alcançam o mesmo êxito atuando de maneiras diferentes; um, sendo ponderado; o outro sendo veemente – o que não é consequência senão das condições das diferentes épocas, que se conformam ou não às suas formas de agir. O resultado disso, já o referi: dois que se conduzem diversamente logram o mesmo resultado e dois outros, agindo de forma idêntica, um atingirá o seu objetivo e o outro não.

A isso subordina-se igualmente o caráter cambiante do sucesso: se um [homem, príncipe...] pautar as

35 suas ações pela prudência e pela paciência, e se os tempos e as circunstâncias correrem de um modo compatível com a sua conduta, ele será venturoso. Se os tempos e as circunstâncias, porém, mudarem, ele cairá em ruína não alterando o seu comportamento. É raro encontrarmos um homem tão sensato que saiba acomodar-se a essa realidade, seja por incapacidade de apartar-se daquilo a que a sua natureza o inclina, seja porque, havendo sempre prosperado ao seguir por uma determinada trilha, não pode persuadir-se a desviar-se

40 dela. O homem circunspecto, ao chegar a hora de fazer-se impetuoso, retrai-se, inepto; donde a sua completa decadência. Afizesse-se ele ao seu tempo e à sua realidade e permaneceria inalterada a sua sorte (*fortuna*).

Concluo que, sendo a sorte (*fortuna*) inconstante e os homens obstinados em suas formas de agir, estes serão felizes pelo tempo em que com ela convergirem e desditosos quando dela divergirem. E considero o seguinte: que mais vale ser impetuoso que circunspecto, pois que a fortuna [...] deixa-se melhor dominar por

45 quem assim procede do que pelos que se portam com frialdade. Por esse motivo, ela é sempre amiga dos jovens: estes são menos judiciosos, mais aguerridos e mais audazes ao comandá-la.

MAQUIAVEL, Nicolau. *O príncipe*. Trad. Antônio Caruccio-Caporale. Porto Alegre: L&PM, 2008. pp. 120-124. (Adaptado).

(Delegado/GO – 2009 – UEG) Leia os períodos abaixo:

(1) "Se os tempos e as circunstâncias, porém, mudarem, ele cairá em ruína não alterando o seu comportamento." (linhas 36-37)

(2) "Sendo a sorte (*fortuna*) a inconstante e os homens obstinados em suas formas de agir, estes serão felizes pelo tempo em que com ela convergirem e desditosos quando dela divergirem." (linhas 42-43)

As formas verbais de gerúndio em (1) e (2) estabelecem, respectivamente, relações de

(A) causa e condição.
(B) condição e causa.
(C) concomitância e concessão.
(D) concessão e concomitância.

Em "ele cairá em ruína não alterando o seu comportamento", temos uma oração subordinada adverbial condicional reduzida de gerúndio, pois "ele cairá em ruína, caso não altere o seu comportamento". Já no trecho "Sendo a sorte *(fortuna)* a inconstante [...], estes serão felizes" temos uma oração subordinada adverbial causal reduzida de gerúndio, a subordinada "a sorte é inconstante" é o motivo da felicidade destes homens: "estes [os homens] serão felizes porque a sorte é inconstante". MD
Gabarito "B".

(Delegado/GO – 2009 – UEG) No trecho, "ela (a fortuna) é sempre amiga dos jovens: estes são menos judiciosos, mais aguerridos e mais audazes ao comandá-la" (linhas 45-46), os dois-pontos podem ser substituídos sem prejuízo de sentido por

(A) 'já que'.
(B) 'portanto'.
(C) 'contudo'.
(D) 'ainda que'.

Entre as orações "ela é sempre amiga dos jovens" e "estes são menos judiciosos" há relação de causalidade. Desse modo, é possível o uso de uma conjunção adverbial causal: "ela é sempre amiga dos jovens já que estes são menos judiciosos". MD
Gabarito "A".

(Delegado/GO – 2009 – UEG) No trecho "é raro encontrarmos um homem **tão** sensato **que** saiba acomodar-se a essa realidade", as palavras em destaque indicam, respectivamente,

(A) intensificação e causa.
(B) intensificação e consequência.
(C) comparação e consequência.
(D) comparação e causa.

A conjunção adverbial **tão... que** é consecutiva. Indica a consequência "que saiba acomodar-se a essa realidade" da ação expressa na oração principal "é raro encontrarmos um homem tão sensato". MD
Gabarito "B".

3. ANÁLISE SINTÁTICA

Os pilares da sustentabilidade: os desafios ambientais do século XXI para a iniciativa privada

01 Entre os pilares para o desenvolvimento sustentável – aquele capaz de garantir as
02 necessidades da geração atual sem comprometer a futura – está a preservação e manutenção do
03 meio ambiente. Nos últimos tempos, tem sido uma das pautas mais discutidas por líderes políticos
04 e empresariais de todo o mundo, principalmente por conta dos impactos das mudanças climáticas.
05 Mesmo o Brasil, um país rico em recursos naturais, já sente as consequências dos eventos
06 extremos, como a seca que persiste no Nordeste e deixa muitas famílias sem acesso à água,
07 recurso essencial para a manutenção da vida. Por isso, pensar em formatos mais eficientes de
08 uso é uma atitude urgente e que deve permear as organizações, os governos e a própria
09 sociedade.
10 Em 2015, o Brasil entrou para o grupo das 197 nações signatárias do Acordo de Paris, que
11 determinou metas para manter o aquecimento global bem abaixo de 2°C até 2030.
12 Ana Carolina Avzaradel Szklo, Gerente Sênior de Projetos e Assessora Técnica do CEBDS
13 (Conselho Empresarial Brasileiro para o Desenvolvimento Sustentável), acredita que esses
14 eventos climáticos extremos ____ contribuído para que as empresas incorporem a sustentabilidade
15 em suas agendas. As atitudes para reverter esse quadro preocupante devem ser trabalhadas em
16 conjunto, porque o setor privado apresenta um papel tão importante quanto o governo para a
17 efetivação das ações.
18 Neste contexto, é importante que a sustentabilidade faça parte da organização como um
19 todo, principalmente, da mais alta .... decisória. Investimentos em inovação para tornar
20 processos mais eficientes podem contribuir com uma série de oportunidades para as
21 organizações.
22 Uma das tendências que estão sendo trabalhadas internacionalmente e sobre o que o ____
23 CEBDS promovido debates com o setor privado é a precificação do carbono. A medida
24 defende a cobrança pela emissão do CO2, o que faz com que as empresas tenham um maior
25 controle sobre os seus processos. Além disso, impulsiona uma economia mais limpa e que
26 consequentemente pode frear o aquecimento global.
27 Para consolidar uma economia com baixa emissão de carbono, é necessário pensar em
28 toda a cadeia de produção da economia, desde a .... da matéria-prima, o transporte, a
29 produção e até o descarte. Trabalhando com esses rejeitos, evita-se que os materiais acabem em
30 aterros e lixões – locais em que a decomposição emite gases responsáveis pelo efeito estufa,
31 como o metano e o gás carbônico. Com a reciclagem, os resíduos viram matéria-prima
32 novamente, o que evita a .... e colabora para o uso racional de recursos naturais.
33 Com a ideia de eliminar o lixo, a empresa precisa investir bastante para reciclar materiais
34 não convencionais como esponjas de limpeza, cosméticos, tubos de pasta de dente, lápis e
35 canetas. Por não terem fluxos regulares de reciclagem, fazer o processo com esses rejeitos sai
36 bem mais caro. "Esses materiais são considerados 'não recicláveis', pois o custo para reciclá-los
37 é superior ao valor obtido com a matéria-prima resultante do processo. Percebemos, portanto,
38 que não existe efetivamente nada que não possa ser reciclado. O que existem são resíduos que
39 valem a pena do ponto de vista financeiro, e outros não, justamente por serem complexos",
40 explica Pirrongelli da TerraCycle.
41 O programa de coleta da TerraCycle engaja consumidores e produtores em seu processo.
42 Não são apenas os produtos de difícil reciclabilidade que preocupam ambientalistas, governos e
43 empresas ao redor do mundo. Mesmo materiais que já _ processos consolidados, como o

13. LÍNGUA PORTUGUESA

44 plástico, acabam em lixões e aterros, onde demoram anos para se decompor.
45 Relatórios divulgados no início deste ano pela Ellen MacArthur Foundation mostram que cerca de
46 oito bilhões de toneladas de plástico são descartados nos mares por ano – quantidade equivalente
47 a um caminhão de lixo por minuto. A organização calculou que, se esse ritmo continuar, haverá
48 mais plástico do que peixe nos oceanos em 2050.
49 Por isso, a maior procura por produtos biodegradáveis sinaliza a crescente preocupação
50 do setor privado em relação ao meio ambiente. Nesse aspecto, a tecnologia é um aspecto
51 fundamental para a sustentabilidade.
52 Soluções como o plástico hidrossolúvel __ sido cada vez mais procuradas como um meio
53 de evitar o problema do descarte irresponsável. O material é novidade no Brasil e na América
54 Latina e consiste em um plástico que se dissolve na água em apenas alguns segundos. Há
55 também, nesse mesmo viés, bobinas, saquinhos hidrossolúveis sob medida, entretelas, entre
56 outros. Essa solução, de acordo com um empresário do setor, ... diversas vantagens ao
57 comprador, como: redução de custos em transporte e armazenagem, devido à concentração de
58 produto na embalagem hidrossolúvel; diminuição no uso e descarte do plástico convencional, que
59 pode gerar créditos de carbono e também ...... segurança na aplicação e no manuseio de
60 substâncias químicas que podem ser nocivas para o ser humano. As empresas podem contribuir
61 para um desenvolvimento sustentável valorizando produtos que __ um apelo sustentável,
62 criando uma cultura organizacional voltada para essas questões e investindo em desenvolvimento
63 de novas alternativas. É importante também que a organização, além de realizar esses processos,
64 valorize que os mesmos sejam adotados por toda cadeia produtiva, envolvendo desde seus
65 fornecedores até seus clientes.

(Fonte: Amcham Brasil, 26 de maio 2017 – http://economia.estadao.com.br/blogs – Texto adaptado)

(Delegado/RS – 2018 – FUNDATEC) Sobre termos que constituem frases do texto, é correto dizer que:

(A) Na linha 05, "um país rico em recursos naturais" é um aposto.
(B) Na linha 06, "no Nordeste" funciona como objeto indireto.
(C) Na linha 10, "que" é uma conjunção integrante.
(D) Nas linhas 18 e 19, "que a sustentabilidade faça parte da organização como um todo" funciona como predicativo.
(E) Na linha 36, "mais" funciona como adjunto adnominal.

A: correta. É aposto que explica o termo "Brasil"; **B:** incorreta. A expressão exerce função de adjunto adverbial de lugar; **C:** incorreta. É pronome relativo que retoma "Acordo de Paris"; **D:** incorreta. Sua função é de complemento nominal; **E:** incorreta. "Mais" é adjunto adverbial de intensidade. **HS**
Gabarito "A".

(Delegado/RS – 2018 – FUNDATEC) Na frase: "evita-se que os materiais acabem em aterros e lixões" (l. 29-30), o "se" funciona como:

(A) Pronome reflexivo.
(B) Partícula apassivadora.
(C) Índice de indeterminação do sujeito.

(D) Conjunção integrante.
(E) Conjunção adverbial condicional.

No trecho destacado, "se" é partícula apassivadora, porque serve para formar a voz passiva sintética do verbo "evitar". **HS**
Gabarito "B".

(Delegado/AP – 2010 – FGV) Assinale a alternativa em que o termo sublinhado tenha **função adjetiva**.

(A) Característica da nação.
(B) Ameaça de colapso.
(C) Deterioração de valores.
(D) Instituição da escravidão.
(E) Uso de violência.

A: correta. A expressão "da nação" é adjunto adnominal do substantivo **característica** e tem função adjetiva "característica nacional"; B, C, e D: incorretas. As expressões "de colapso", "de valores" e "da escravidão" são complementos nominais. E: incorreta. O verbo **usar** no sentido de "empregar" é transitivo indireto. A expressão "de violência" é objeto indireto. **MD**
Gabarito "A".

4. PONTUAÇÃO

Os pilares da sustentabilidade: os desafios ambientais do século XXI para a iniciativa privada

01 Entre os pilares para o desenvolvimento sustentável – aquele capaz de garantir as
02 necessidades da geração atual sem comprometer a futura – está a preservação e manutenção do
03 meio ambiente. Nos últimos tempos, tem sido uma das pautas mais discutidas por líderes políticos
04 e empresariais de todo o mundo, principalmente por conta dos impactos das mudanças climáticas.
05 Mesmo o Brasil, um país rico em recursos naturais, já sente as consequências desses eventos
06 extremos, como a seca que persiste no Nordeste e deixa muitas famílias sem acesso à água,
07 recurso essencial para a manutenção da vida. Por isso, pensar em formatos mais eficientes de
08 uso é uma atitude urgente e que deve permear as organizações, os governos e a própria
09 sociedade.
10 Em 2015, o Brasil entrou para o grupo das 197 nações signatárias do Acordo de Paris, que
11 determinou metas para manter o aquecimento global bem abaixo de 2°C até 2030.
12 Ana Carolina Avzaradel Szklo, Gerente Sênior de Projetos e Assessora Técnica do CEBDS
13 (Conselho Empresarial Brasileiro para o Desenvolvimento Sustentável), acredita que esses
14 eventos climáticos extremos ____ contribuído para que as empresas incorporem a sustentabilidade
15 em suas agendas. As atitudes para reverter esse quadro preocupante devem ser trabalhadas em
16 conjunto, porque o setor privado apresenta um papel tão importante quanto o governo para a
17 efetivação das ações.
18 Neste contexto, é importante que a sustentabilidade faça parte da organização como um
19 todo, principalmente, da mais alta .... decisória. Investimentos em inovação para tornar
20 processos mais eficientes podem contribuir com uma série de oportunidades para as

21 organizações.
22 Uma das tendências que estão sendo trabalhadas internacionalmente e sobre o que o ____
23 CEBDS promovido debates com o setor privado é a precificação do carbono. A medida
24 defende a cobrança pela emissão do CO2, o que faz com que as empresas tenham um maior
25 controle sobre os seus processos. Além disso, impulsiona uma economia mais limpa e que
26 consequentemente pode frear o aquecimento global.
27 Para consolidar uma economia com baixa emissão de carbono, é necessário pensar em
28 toda a cadeia de produção da economia, desde a .... da matéria-prima, o transporte, a
29 produção e até o descarte. Trabalhando com esses rejeitos, evita-se que os materiais acabem em
30 aterros e lixões – locais em que a decomposição emite gases responsáveis pelo efeito estufa,
31 como o metano e o gás carbônico. Com a reciclagem, os resíduos viram matéria-prima
32 novamente, o que evita a .... e colabora para o uso racional de recursos naturais.
33 Com a ideia de eliminar o lixo, a empresa precisa investir bastante para reciclar materiais
34 não convencionais como esponjas de limpeza, cosméticos, tubos de pasta de dente, lápis e
35 canetas. Por não terem fluxos regulares de reciclagem, fazer o processo com esses rejeitos sai
36 bem mais caro. "Esses materiais são considerados 'não recicláveis', pois o custo para reciclá-los
37 é superior ao valor obtido com a matéria-prima resultante do processo. Percebemos, portanto,
38 que não existe efetivamente nada que não possa ser reciclado. O que existem são resíduos que
39 valem a pena do ponto de vista financeiro, e outros não, justamente por serem complexos",
40 explica Pirrongelli da TerraCycle.
41 O programa de coleta da TerraCycle engaja consumidores e produtores em seu processo.
42 Não são apenas os produtos de difícil reciclabilidade que preocupam ambientalistas, governos e
43 empresas ao redor do mundo. Mesmo materiais que já _ processos consolidados, como o
44 plástico, acabam em lixões e aterros, onde demoram anos para se decompor.
45 Relatórios divulgados no início deste ano pela Ellen MacArthur Foundation mostram que cerca de
46 oito bilhões de toneladas de plástico são descartados nos mares por ano – quantidade equivalente
47 a um caminhão de lixo por minuto. A organização calculou que, se esse ritmo continuar, haverá
48 mais plástico do que peixe nos oceanos em 2050.
49 Por isso, a maior procura por produtos biodegradáveis sinaliza a crescente preocupação
50 do setor privado em relação ao meio ambiente. Nesse aspecto, a tecnologia é um aspecto
51 fundamental para a sustentabilidade.
52 Soluções como o plástico hidrossolúvel __ sido cada vez mais procuradas como um meio
53 de evitar o problema do descarte irresponsável. O material é novidade no Brasil e na América
54 Latina e consiste em um plástico que se dissolve na água em apenas alguns segundos. Há
55 também, nesse mesmo viés, bobinas, saquinhos hidrossolúveis sob medida, entretelas, entre
56 outros. Essa solução, de acordo com um empresário do setor, ... diversas vantagens ao
57 comprador, como: redução de custos em transporte e armazenagem, devido à concentração de
58 produto na embalagem hidrossolúvel; diminuição no uso e descarte do plástico convencional, que
59 pode gerar créditos de carbono e também ...... segurança na aplicação e no manuseio de
60 substâncias químicas que podem ser nocivas para o ser humano. As empresas podem contribuir
61 para um desenvolvimento sustentável valorizando produtos que __ um apelo sustentável,
62 criando uma cultura organizacional voltada para essas questões e investindo em desenvolvimento
63 de novas alternativas. É importante também que a organização, além de realizar esses processos,
64 valorize que os mesmos sejam adotados por toda cadeia produtiva, envolvendo desde seus
65 fornecedores até seus clientes.

(Fonte: Amcham Brasil, 26 de maio 2017 – http://economia.estadao.com.br/blogs – Texto adaptado)

(Delegado/RS – 2018 – FUNDATEC) Observe o período compreendido entre as linhas 36 e 40 e analise as afirmações que são feitas, assinalando V, se verdadeiro, ou F, se falso.

( ) As aspas são usadas para marcar uma citação textual, no caso, palavras de Pirrongelli.

( ) As aspas simples, linha 36, assinalam uma expressão utilizada em sentido conotativo.

( ) O uso do conector portanto (l. 37) introduz uma conclusão ao que estava sendo dito.

A ordem correta de preenchimento dos parênteses, de cima para baixo, é:

(A) V – V – V.
(B) V – F – F.
(C) F – F – V.
(D) F – V – F.
(E) V – F – V.

I: verdadeiro. Este é um dos usos mais comuns das aspas; **II:** falsa. As aspas simples indicam uma citação dentro da citação; **III:** verdadeira. "Portanto" é conjunção conclusiva. HS
Gabarito "E".

(Delegado/AP – 2010 – FGV) Quanto ao emprego dos sinais de pontuação, assinale a frase **incorreta**.

(A) Embora seja difícil aceitar uma derrota, o conceito de democracia implica reconhecer que o desejo da maioria deve ser respeitado.

(B) É preciso não esquecer um fato: a justiça social deve ser perseguida, apesar de existir desigualdade de forças políticas e econômicas entre os atores sociais.

(C) Propomo-nos, apesar da paixão envolvida no assunto, a trazer ao foco do debate o tema da ética, que é e será sempre o centro de nossas preocupações.

(D) O jeitinho e a cordialidade, traços definidores do caráter brasileiro, segundo alguns, precisam ser redefinidos à luz do processo histórico que constituiu a brasilidade.

(E) Mais complexas ainda, são as reflexões acerca das relações sociais baseadas na trocas de favores: sejam eles legalmente concebidos ou desviantes da norma geral.

A alternativa incorreta é a **E**. A oração não está na ordem direta (sujeito, verbo e predicado). Desse modo, as frases intercaladas deveriam estar separadas por vírgula, e não por dois-pontos: "As reflexões acerca das relações sociais baseadas nas trocas de favor sejam elas legalmente concebidas ou desviantes, da norma geral, são mais complexas ainda" ou "Mais complexas ainda, são as reflexões

13. LÍNGUA PORTUGUESA

acerca das relações sociais baseadas na trocas de favores, sejam elas legalmente concebidas ou desviantes da norma geral". Note que a questão não pede que procuremos erro quanto à concordância nominal, porém a expressão "legalmente concebidos ou desviantes" refere-se às trocas de favores e deve concordar com o substantivo "trocas", e não com o complemento nominal "favores". **MD**

Gabarito "E".

5. USO DA CRASE

(Delegado/AP – 2010 – FGV) O acento indicativo de crase foi **corretamente** empregado apenas em:

(A) o cidadão não atende à apelos sem fundamento.

(B) no artigo, o autor citou à necessária reforma do Estado.

(C) convencemos à todos da necessidade de um pacto social.

(D) o debatedor não se rendeu àqueles discursos demagógicos.

(E) os governantes dispuseram-se à colaborar.

A crase ocorre quando há a contração da preposição **a** e do artigo **a** ou o "a" do pronome demonstrativo aquele(s), aquela(as). A: incorreta: "o cidadão não atende aos (preposição + artigo masculino) apelos"; B: incorreta: "no artigo, o autor citou **a** (artigo. O verbo **citar** é transitivo direto e não há preposição); C: incorreta: "convencemos a (preposição) todos da necessidade"; D: correta: "o debatedor não se rendeu àqueles (o verbo render é transitivo indireto e exige a preposição **a**. O pronome demonstrativo **aqueles** pode se ligar à preposição, ocorrendo a crase) discursos demagógicos"; E: incorreta: "os governantes dispuseram-se a (preposição. Não ocorre a crase diante de verbo) colaborar. **MD**

Gabarito "D".

6. PRONOME E COLOCAÇÃO PRONOMINAL

Os pilares da sustentabilidade: os desafios ambientais do século XXI para a iniciativa privada

01 Entre os pilares para o desenvolvimento sustentável – aquele capaz de garantir as
02 necessidades da geração atual sem comprometer a futura – está a preservação e manutenção do
03 meio ambiente. Nos últimos tempos, tem sido uma das pautas mais discutidas por líderes políticos
04 e empresariais de todo o mundo, principalmente por conta dos impactos das mudanças climáticas.
05 Mesmo o Brasil, um país rico em recursos naturais, já sente as consequências dos eventos
06 extremos, como a seca que persiste no Nordeste e deixa muitas famílias sem acesso à água,
07 recurso essencial para a manutenção da vida. Por isso, pensar em formatos mais eficientes de
08 uso é uma atitude urgente e que deve permear as organizações, os governos e a própria
09 sociedade.
10 Em 2015, o Brasil entrou para o grupo das 197 nações signatárias do Acordo de Paris, que
11 determinou metas para manter o aquecimento global bem abaixo de 2°C até 2030.
12 Ana Carolina Avzaradel Szklo, Gerente Sênior de Projetos e Assessora Técnica do CEBDS
13 (Conselho Empresarial Brasileiro para o Desenvolvimento Sustentável), acredita que esses
14 eventos climáticos extremos ____ contribuído para que as empresas incorporem a sustentabilidade
15 em suas agendas. As atitudes para reverter esse quadro preocupante devem ser trabalhadas em
16 conjunto, porque o setor privado apresenta um papel tão importante quanto o governo para a
17 efetivação das ações.
18 Neste contexto, é importante que a sustentabilidade faça parte da organização como um
19 todo, principalmente, da mais alta .... decisória. Investimentos em inovação para tornar
20 processos mais eficientes podem contribuir com uma série de oportunidades para as
21 organizações.
22 Uma das tendências que estão sendo trabalhadas internacionalmente e sobre o que o ____
23 CEBDS promovido debates com o setor privado é a precificação do carbono. A medida
24 defende a cobrança pela emissão do CO2, o que faz com que as empresas tenham um maior
25 controle sobre os seus processos. Além disso, impulsiona uma economia mais limpa e que
26 consequentemente pode frear o aquecimento global.
27 Para consolidar uma economia com baixa emissão de carbono, é necessário pensar em
28 toda a cadeia de produção da economia, desde a .... da matéria-prima, o transporte, a
29 produção e até o descarte. Trabalhando com esses rejeitos, evita-se que os materiais acabem em
30 aterros e lixões – locais em que a decomposição emite gases responsáveis pelo efeito estufa,
31 como o metano e o gás carbônico. Com a reciclagem, os resíduos viram matéria-prima
32 novamente, o que evita a .... e colabora para o uso racional de recursos naturais.
33 Com a ideia de eliminar o lixo, a empresa precisa investir bastante para reciclar materiais
34 não convencionais como esponjas de limpeza, cosméticos, tubos de pasta de dente, lápis e
35 canetas. Por não terem fluxos regulares de reciclagem, fazer o processo com esses rejeitos sai
36 bem mais caro. "Esses materiais são considerados 'não recicláveis', pois o custo para reciclá-los
37 é superior ao valor obtido com a matéria-prima resultante do processo. Percebemos, portanto,
38 que não existe efetivamente nada que não possa ser reciclado. O que existem são resíduos que
39 valem a pena do ponto de vista financeiro, e outros não, justamente por serem complexos",
40 explica Pirrongelli da TerraCycle.
41 O programa de coleta da TerraCycle engaja consumidores e produtores em seu processo.
42 Não são apenas os produtos de difícil reciclabilidade que preocupam ambientalistas, governos e
43 empresas ao redor do mundo. Mesmo materiais que já _ processos consolidados, como o
44 plástico, acabam em lixões e aterros, onde demoram anos para se decompor.
45 Relatórios divulgados no início deste ano pela Ellen MacArthur Foundation mostram que cerca de
46 oito bilhões de toneladas de plástico são descartados nos mares por ano – quantidade equivalente
47 a um caminhão de lixo por minuto. A organização calculou que, se esse ritmo continuar, haverá
48 mais plástico do que peixe nos oceanos em 2050.
49 Por isso, a maior procura por produtos biodegradáveis sinaliza a crescente preocupação
50 do setor privado em relação ao meio ambiente. Nesse aspecto, a tecnologia é um aspecto
51 fundamental para a sustentabilidade.
52 Soluções como o plástico hidrossolúvel _ sido cada vez mais procuradas como um meio
53 de evitar o problema do descarte irresponsável. O material é novidade no Brasil e na América
54 Latina e consiste em um plástico que se dissolve na água em apenas alguns segundos. Há
55 também, nesse mesmo viés, bobinas, saquinhos hidrossolúveis sob medida, entretelas, entre

56 outros. Essa solução, de acordo com um empresário do setor, ... diversas vantagens ao
57 comprador, como: redução de custos em transporte e armazenagem, devido à concentração de
58 produto na embalagem hidrossolúvel; diminuição no uso e descarte do plástico convencional, que
59 pode gerar créditos de carbono e também ...... segurança na aplicação e no manuseio de
60 substâncias químicas que podem ser nocivas para o ser humano. As empresas podem contribuir
61 para um desenvolvimento sustentável valorizando produtos que __ um apelo sustentável,
62 criando uma cultura organizacional voltada para essas questões e investindo em desenvolvimento
63 de novas alternativas. É importante também que a organização, além de realizar esses processos,
64 valorize que os mesmos sejam adotados por toda cadeia produtiva, envolvendo desde seus
65 fornecedores até seus clientes.

(Fonte: Amcham Brasil, 26 de maio 2017 – http://economia.estadao.com.br/blogs – Texto adaptado)

(Delegado/RS – 2018 – FUNDATEC) Sobre o pronome relativo no trecho "que determinou metas para manter o aquecimento global bem abaixo de 2°C até 2030". (l. 10-11), considere as afirmativas a seguir:

I. O pronome retoma o antecedente "o Brasil" (l. 10).
II. "O qual" poderia substituí-lo corretamente, considerando que o núcleo do referente é um substantivo masculino singular.
III. O pronome poderia ser precedido de uma preposição devido à regência do verbo "determinou".

Quais estão corretas?

(A) Apenas I.
(B) Apenas II.
(C) Apenas III.
(D) Apenas I e II.
(E) Apenas II e III.

I: incorreta. O pronome "que" retoma "Acordo de Paris"; II: correta. A locução pronominal "o qual" realmente atenderia ao padrão culto da língua; III: incorreta. O verbo "determinar" não rege preposição. **HS**
Gabarito "B".

(Delegado/MS – 2017 - FAPEMS) De acordo com os padrões da língua portuguesa, assinale a alternativa correta.

(A) A frase: "Ela lhe ama" está correta visto que "amar" se classifica como verbo transitivo direto, pois quem ama, ama alguém.
(B) Em: "Sou **te** fiel", o pronome oblíquo átono desempenha função sintática de complemento nominal por complementar o sentido de adjetivos, advérbios ou substantivos abstratos, além de constituir emprego de ênclise.
(C) No exemplo: "**Demos a ele** todas as oportunidades", o termo em destaque pode ser substituído por "**Demo lhes** todas as oportunidades", tendo em vista o emprego do pronome oblíquo como complemento do verbo.
(D) Em: "Não **me** incomodo com esse tipo de barulho", temos um clássico emprego de mesóclise.
(E) Na frase: "Alunos, aquietem-**se**! ", o termo destacado exemplifica o uso de próclise.

(pronomes) A: incorreta. O pronome "lhe" tem função de objeto indireto. O correto seria "ela o ama"; **B:** correta. O uso e a colocação pronominal estão de acordo com a norma padrão; **C:** incorreta. O pronome oblíquo está correto, mas ele deveria estar no singular: "a ele" = "lhe"; **D:** incorreta. Trata-se de próclise, o pronome colocado antes do verbo; **E:** incorreta. Quando o pronome vai ao final do verbo, ligado por hífen, chama-se ênclise. **HS**
Gabarito "B".

(Delegado/PA – 2012 – MSConcursos) Leia, a seguir, o texto "Punir o culpado pega mal", de Ferreira Gullar, para responder à próxima questão.

Estar, hoje, a mais alta corte de Justiça do país, julgando um processo que envolve algumas importantes figuras do mundo político nacional é um fato de enorme significação para o país.

É verdade que esse processo estava há sete anos esperando julgamento e que muitas tentativas foram feitas para inviabilizá-lo. Até o último momento, no dia mesmo em que teve início o julgamento, tentou-se uma manobra que o suspendia, desmembrando-o em dezenas de processos sujeitos a recursos e protelações que inviabilizariam qualquer punição dos réus.

Mas a proposta foi rechaçada e, assim, o julgamento prossegue. Se os culpados serão efetivamente punidos, não se pode garantir,

uma vez que os mais famosos e sagazes advogados do país foram contratados para defendê-los. Além disso, como se sabe, punição, no Brasil, é coisa rara, especialmente quando se trata de gente importante.

E é sobre isso que gostaria de falar, porque, como é do conhecimento geral, poucos são os criminosos condenados e, quando o são, nem sempre a pena corresponde à gravidade do crime cometido. Sei que estou generalizando, mas sei também que, ao fazê-lo, expresso o sentimento de grande parte da sociedade, que se sente acuada, assustada e, de modo geral, não confia na Justiça. Nem na polícia.

Agora mesmo, uma pesquisa feita pelo Datafolha deixou isso evidente. Embora 73% dos entrevistados achem que os réus do mensalão devem ser condenados, apenas 11% acreditam que eles sejam mandados para a cadeia.

E é natural que pensem assim, uma vez que a criminalidade cresce a cada dia e parece fugir do controle dos órgãos encarregados de detê-la e combatê-la.

Outro dia, um delegado de polícia veio a público manifestar sua revolta em face das decisões judiciais que mandam soltar criminosos, poucas horas depois de terem sido presos em flagrante, assaltando residências e ameaçando a vida dos cidadãos. Parece que uma boa parte dos juízes pensa como um deles que, interpelado por tratar criminosos com benevolência, respondeu que "a sociedade não tem que se vingar dos acusados".

Entendo o delegado. Mas pior que alguns juízes é a própria lei. Inventaram que marmanjos de 16, 17 anos de idade, que assaltam e matam, não sabem o que fazem. Lembro-me de um deles que, após praticar seu oitavo homicídio, ouviu de um repórter: "Ano que vem você completa 18 anos, vai deixar de ser de menor". E ele respondeu: "Pois é, tenho que aproveitar o tempo que me resta".

Todo mundo sabe que os chefes de gangues usam menores para eliminar seus rivais. São internados em casas de recuperação que não recuperam ninguém e donde fogem ou recebem permissão para se ressocializar junto à família. Saem e não voltam. Meses, anos depois, são presos de novo porque assaltaram ou mataram alguém. E começa tudo de novo.

Mas isso não vale só para os menores de idade. Criminosos adultos, reincidentes no crime, condenados que sejam, logo desfrutam do direito à prisão semiaberta, que lhes permite só dormir no presídio.

Há algumas semanas, descobriu-se que dezenas desses presos, da penitenciária de Bangu, no Rio, traziam drogas para vender na penitenciária. E tudo articulado com o uso de telefones celulares, de que dispõem à vontade, inclusive para chantagear cidadãos forjando falsos sequestros. Com frequência, ao prender assaltantes, a polícia constata que se trata de criminosos que cumpriam pena e que, graças ao direito de visitar a família no Dia das Mães, das tias ou das avós, saem e retornam, não à prisão, mas à prática do crime.

Esses fatos se repetem a cada dia, com o conhecimento de todo mundo, especialmente dos responsáveis pela aplicação da Justiça, mas nada é feito para evitá-los ou sequer reduzi-los.

A impressão que se tem é que tomou conta do sistema judiciário uma visão equivocada, segundo a qual o crime é provocado pela desigualdade social e, sendo assim, o criminoso, em vez de culpado, é vítima. Puni-lo seria cometer uma dupla injustiça.

13. LÍNGUA PORTUGUESA   669

O que essa teoria não explica é por que, havendo no Brasil cerca de 50 milhões de pobres, não há sequer 1 milhão de bandidos. Isso sem falar naqueles que de pobres não têm nada, moram em mansões de luxo e mandam no país.

Ferreira Gullar é cronista, crítico de arte e poeta. Escreve aos domingos na versão impressa de "Ilustrada".

Disponível em: <http://www1.folha.uol.com.br/colunas/ferreiragullar/1139044-punir-o-culpado-pega-mal.shtml>. Acesso em: 19 ago. 2012

(Delegado/PA – 2012 – MSConcursos) Observe o uso do termo destacado nos trechos: "E é sobre isso que gostaria de falar (...) Agora mesmo, uma pesquisa feita pelo Datafolha deixou isso evidente." Analise as informações a seguir a respeito de tais termos:

I. Os termos destacados são classificados como pronomes indefinidos.

II. Os termos destacados são classificados como pronomes demonstrativos de segunda pessoa.

III. O uso de pronomes dificulta o entendimento do texto, pois se perde seu referente.

IV. Ambos pronomes referem-se à impunidade no Brasil.

V. O primeiro "isso" refere-se aos advogados famosos que vão defender as pessoas importantes. Já o segundo refere-se a: "sentimento de grande parte da sociedade, que se sente acuada, assustada e, de modo geral, não confia na Justiça".

Estão corretas as proposições em:

(A) I e IV, apenas.

(B) II e IV, apenas.

(C) I, III e IV, apenas.

(D) I e V, apenas.

(E) II e V, apenas.

I: incorreta, o pronome **isso** é demonstrativo e não indefinido; II: correta, o pronome *isso* é demonstrativo; III e V: incorretos; IV: correta. Sobre esses itens, veja o seguinte comentário: o referente não é perdido. O pronome é anafórico, isto é, retoma uma referência anteriormente utilizada. Em "é sobre isso que gostaria de falar", o pronome retoma a ideia **"punição**, no Brasil, é coisa rara, especialmente quando se trata de gente importante." (2º parágrafo). Em "pesquisa [...] deixou isso evidente", o pronome retoma "sociedade [...], de modo geral, não confia na Justiça. Nem na polícia." HS

Gabarito "B".

7. SEMÂNTICA

Os pilares da sustentabilidade: os desafios ambientais do século XXI para a iniciativa privada

01 Entre os pilares para o desenvolvimento sustentável – aquele capaz de garantir as
02 necessidades da geração atual sem comprometer a futura – está a preservação e manutenção do
03 meio ambiente. Nos últimos tempos, tem sido uma das pautas mais discutidas por líderes políticos
04 e empresariais de todo o mundo, principalmente por conta dos impactos das mudanças climáticas.
05 Mesmo o Brasil, um país rico em recursos naturais, já sente as consequências dos eventos
06 extremos, como a seca que persiste no Nordeste e deixa muitas famílias sem acesso à água,
07 recurso essencial para a manutenção da vida. Por isso, pensar em formatos mais eficientes de
08 uso é uma atitude urgente e que deve permear as organizações, os governos e a própria
09 sociedade.
10 Em 2015, o Brasil entrou para o grupo das 197 nações signatárias do Acordo de Paris, que
11 determinou metas para manter o aquecimento global bem abaixo de 2°C até 2030.
12 Ana Carolina Avzaradel Szklo, Gerente Sênior de Projetos e Assessora Técnica do CEBDS
13 (Conselho Empresarial Brasileiro para o Desenvolvimento Sustentável), acredita que esses
14 eventos climáticos extremos ___ contribuído para que as empresas incorporem a sustentabilidade
15 em suas agendas. As atitudes para reverter esse quadro preocupante devem ser trabalhadas em
16 conjunto, porque o setor privado apresenta um papel tão importante quanto o governo para a
17 efetivação das ações.
18 Neste contexto, é importante que a sustentabilidade faça parte da organização como um
19 todo, principalmente, da mais alta .... decisória. Investimentos em inovação para tornar
20 processos mais eficientes podem contribuir com uma série de oportunidades para as
21 organizações.
22 Uma das tendências que estão sendo trabalhadas internacionalmente e sobre o que o ____
23 CEBDS promovido debates com o setor privado é a precificação do carbono. A medida
24 defende a cobrança pela emissão do CO2, o que faz com que as empresas tenham um maior
25 controle sobre os seus processos. Além disso, impulsiona uma economia mais limpa e que
26 consequentemente pode frear o aquecimento global.
27 Para consolidar uma economia com baixa emissão de carbono, é necessário pensar em
28 toda a cadeia de produção da economia, desde a .... da matéria-prima, o transporte, a
29 produção e até o descarte. Trabalhando com esses rejeitos, evita-se que os materiais acabem em
30 aterros e lixões – locais em que a decomposição emite gases responsáveis pelo efeito estufa,
31 como o metano e o gás carbônico. Com a reciclagem, os resíduos viram matéria-prima
32 novamente, o que evita a .... e colabora para o uso racional de recursos naturais.
33 Com a ideia de eliminar o lixo, a empresa precisa investir bastante para reciclar materiais
34 não convencionais como esponjas de limpeza, cosméticos, tubos de pasta de dente, lápis e
35 canetas. Por não terem fluxos regulares de reciclagem, fazer o processo com esses rejeitos sai
36 bem mais caro. "Esses materiais são considerados 'não recicláveis', pois o custo para reciclá-los
37 é superior ao valor obtido com a matéria-prima resultante do processo. Percebemos, portanto,
38 que não existe efetivamente nada que não possa ser reciclado. O que existem são resíduos que
39 valem a pena do ponto de vista financeiro, e outros não, justamente por serem complexos",
40 explica Pirrongelli da TerraCycle.
41 O programa de coleta da TerraCycle engaja consumidores e produtores em seu processo.
42 Não são apenas os produtos de difícil reciclabilidade que preocupam ambientalistas, governos e
43 empresas ao redor do mundo. Mesmo materiais que já _ processos consolidados, como o
44 plástico, acabam em lixões e aterros, onde demoram anos para se decompor.
45 Relatórios divulgados no início deste ano pela Ellen MacArthur Foundation mostram que cerca de
46 oito bilhões de toneladas de plástico são descartados nos mares por ano – quantidade equivalente

670 MAGALLY DATO E HENRIQUE SUBI

47 a um caminhão de lixo por minuto. A organização calculou que, se esse ritmo continuar, haverá
48 mais plástico do que peixe nos oceanos em 2050.
49 Por isso, a maior procura por produtos biodegradáveis sinaliza a crescente preocupação
50 do setor privado em relação ao meio ambiente. Nesse aspecto, a tecnologia é um aspecto
51 fundamental para a sustentabilidade.
52 Soluções como o plástico hidrossolúvel __ sido cada vez mais procuradas como um meio
53 de evitar o problema do descarte irresponsável. O material é novidade no Brasil e na América
54 Latina e consiste em um plástico que se dissolve na água em apenas alguns segundos. Há
55 também, nesse mesmo viés, bobinas, saquinhos hidrossolúveis sob medida, entretelas, entre
56 outros. Essa solução, de acordo com um empresário do setor, ... diversas vantagens ao
57 comprador, como: redução de custos em transporte e armazenagem, devido à concentração de
58 produto na embalagem hidrossolúvel; diminuição no uso e descarte do plástico convencional, que
59 pode gerar créditos de carbono e também ...... segurança na aplicação e no manuseio de
60 substâncias químicas que podem ser nocivas para o ser humano. As empresas podem contribuir
61 para um desenvolvimento sustentável valorizando produtos que __ um apelo sustentável,
62 criando uma cultura organizacional voltada para essas questões e investindo em desenvolvimento
63 de novas alternativas. É importante também que a organização, além de realizar esses processos,
64 valorize que os mesmos sejam adotados por toda cadeia produtiva, envolvendo desde seus
65 fornecedores até seus clientes.

(Fonte: Amcham Brasil, 26 de maio 2017 – http://economia.estadao.com.br/blogs – Texto adaptado)

(Delegado/RS – 2018 – FUNDATEC) Considerando-se o sentido que têm no texto, todos os vocábulos a seguir podem ser utilizados em lugar de permear (l. 08), EXCETO:

(A) Penetrar.
(B) Atravessar.
(C) Transpassar.
(D) Trespassar.
(E) Constituir.

Todas as alternativas trazem sinônimos de "permear", com exceção da letra "E", que deve ser assinalada. "Constituir" é sinônimo de "formar", "compor". **HS**

Gabarito "E".

Crônicas contemporâneas

O gênero da crônica, entendida como um texto curto de periódico, que se aplica sobre um acontecimento pessoal, um fato do dia, uma lembrança, um lance narrativo, uma reflexão, tem movido escritores e leitores desde os primeiros periódicos. No pequeno espaço de uma crônica pode caber muito, a depender do cronista. Se ele se chamar Rubem Braga, pode caber tudo: esse mestre maior dotou a crônica de uma altura tal que pôde dedicar-se exclusivamente a ele ocupando um lugar entre os nossos maiores escritores, de qualquer gênero.

Jovens cronistas de hoje, com colunas nos grandes jornais, vêm demonstrando muita garra, equilibrando-se entre as miudezas quase inconfessáveis do cotidiano pessoal, às quais se apegam sem pudor, e a uma espécie de investigação crítica que pretende ver nelas algo de grandioso. É como se na padaria da esquina pudesse de repente representar-se uma cena de Hamlet ou de alguma tragédia grega; é como se, no banheiro do apartamento, o espelhinho do armário pudesse revelar a imagem-síntese dos brasileiros. Talvez esteja nesse difícil equilíbrio um sinal dos tempos modernos, quando, como numa crônica, impõe-se combinar a condição mais pessoal de cada um com a responsabilidade de uma consciência coletivista, que a todos nos convoca.

(Diógenes da Cruz, *inédito*)

(Delegado/AP – 2017 – FCC) Considerando-se o contexto, traduz-se adequadamente o sentido de um segmento do texto em:

(A) dotou a crônica de uma altura tal (1º parágrafo) // elevou o gênero a um patamar tão alto
(B) pôde dedicar-se exclusivamente (1º parágrafo) // fez tudo por merecer exclusividade
(C) miudezas quase inconfessáveis (2º parágrafo) // peripécias praticamente ocultas

(D) às quais se apegam sem pudor (2º parágrafo) // das quais pouca vergonha assimilam
(E) impõe-se combinar (2º parágrafo) // torna-se compulsório negociar

(semântica) A: correta. Os termos são sinônimos perfeitos; **B:** incorreta. "Exclusivamente" é o que se faz de modo exclusivo, que não é sinônimo de "merecer exclusividade"; **C:** incorreta. "Miudezas" são detalhes, pequenos fatos do cotidiano. Não é sinônimo de "peripécias" – que são traquinagens, brincadeiras; **D:** incorreta. "Apegar" – unir, abraçar – não é sinônimo de "assimilar" – entender, compreender; **E:** incorreta. Nesta passagem, "combinar" não pode ser tomada como sinônimo de "negociar". Significa, na verdade, "comparar", "aproximar". **HS**

Gabarito "A".

A princípio, segundo a concepção doutrinariamente aceita em relação à prova ilícita, a prova produzida a partir da infiltração do agente seria ilícita, porque incide sobre direitos fundamentais. É evidente que essa conclusão é demasiadamente formalista e inflexível, na medida em que desconsidera as características da sociedade atual, pós-industrial, a qual tem como um dos principais efeitos o fenômeno da criminalidade organizada. Não foi sem razão que o legislador introduziu a figura do agente infiltrado na Lei do Crime Organizado, justamente por partir do pressuposto que, em certos casos, é indispensável socorrer-se de recursos extraordinários de investigação, os quais, por sua vez, são mais restritivos a direitos fundamentais. A questão reside exatamente em definir os limites dessa restrição, a fim de evitar o esvaziamento dos direitos fundamentais a pretexto da necessidade de se salvaguardar a eficiência na persecução.

JESUS, Damásio de; BECHARA, Fábio Ramazzini. *Agente infiltrado: reflexos penais e processuais. São Paulo: Complexo Jurídico Damásio de Jesus, mar. 2005. Disponível em:<www.damasio.com.br/novo/html/frame_artigos.htm>. Acesso em 27jul. 2017*

(Delegado/MS – 2017 - FAPEMS) Os vocábulos **prerrogativas**, **étimo**, **convizinhas**, **pecúnia** poderiam ser substituídos, respectivamente, sem causar prejuízo semântico no texto, por:

(A) analogias - hermenêutica - adjacentes - acervo.
(B) direitos - adágio - propínquas - moeda.
(C) apanágios - etimologia - díspar - moeda.
(D) encargos - origem - análogos - aliciação.
(E) garantias - origem - semelhantes - dinheiro.

(semântica) "Prerrogativas" é sinônimo de "garantias", "direitos"; "étimo" é sinônimo de "origem", "derivação"; "convizinhas" é sinônimo de "semelhantes", "parecidas", "análogas"; e "pecúnia" é sinônimo de "dinheiro", "moeda". **HS**

Gabarito "E".

13. LÍNGUA PORTUGUESA — 671

Texto CG1A1BBB

1 Segundo o parágrafo único do art. 1º da Constituição
da República Federativa do Brasil, "Todo o poder emana do
povo, que o exerce por meio de representantes eleitos ou
4 diretamente, nos termos desta Constituição." Em virtude desse
comando, afirma-se que o poder dos juízes emana do povo
e em seu nome é exercido. A forma de sua investidura é
7 legitimada pela compatibilidade com as regras do Estado de
direito e eles são, assim, autênticos agentes do poder popular,
que o Estado polariza e exerce. Na Itália, isso é constantemente
10 lembrado, porque toda sentença é dedicada (intestata) ao povo
italiano, em nome do qual é pronunciada.

Cândido Rangel Dinamarco. A instrumentalidade do processo. São Paulo: Revista dos Tribunais, 1987, p. 195 (com adaptações).

(Delegado/MT – 2017 – CESPE) No texto CG1A1BBB, o vocábulo 'emana' (R.2) foi empregado com o sentido de

(A) trata.
(B) provém.
(C) manifesta.
(D) pertence.
(E) cabe.

(semântica) "Emanar" é sinônimo de "provir", "nascer", "proceder", "derivar". **HS**

Gabarito "B".

8. REDAÇÃO

Os pilares da sustentabilidade: os desafios ambientais do século XXI para a iniciativa privada

01 Entre os pilares para o desenvolvimento sustentável – aquele capaz de garantir as
02 necessidades da geração atual sem comprometer a futura – está a preservação e manutenção do
03 meio ambiente. Nos últimos tempos, tem sido uma das pautas mais discutidas por líderes políticos
04 e empresariais de todo o mundo, principalmente por conta dos impactos das mudanças climáticas.
05 Mesmo o Brasil, um país rico em recursos naturais, já sente as consequências dos eventos
06 extremos, como a seca que persiste no Nordeste e deixa muitas famílias sem acesso à água,
07 recurso essencial para a manutenção da vida. Por isso, pensar em formatos mais eficientes de
08 uso é uma atitude urgente e que deve permear as organizações, os governos e a própria
09 sociedade.
10 Em 2015, o Brasil entrou para o grupo das 197 nações signatárias do Acordo de Paris, que
11 determinou metas para manter o aquecimento global bem abaixo de 2°C até 2030.
12 Ana Carolina Avzaradel Szklo, Gerente Sênior de Projetos e Assessora Técnica do CEBDS
13 (Conselho Empresarial Brasileiro para o Desenvolvimento Sustentável), acredita que esses
14 eventos climáticos extremos ____ contribuído para que as empresas incorporem a sustentabilidade
15 em suas agendas. As atitudes para reverter esse quadro preocupante devem ser trabalhadas em
16 conjunto, porque o setor privado apresenta um papel tão importante quanto o governo para a
17 efetivação das ações.
18 Neste contexto, é importante que a sustentabilidade faça parte da organização como um
19 todo, principalmente, da mais alta .... decisória. Investimentos em inovação para tornar
20 processos mais eficientes podem contribuir com uma série de oportunidades para as
21 organizações.
22 Uma das tendências que estão sendo trabalhadas internacionalmente e sobre o que o ____
23 CEBDS promovido debates com o setor privado é a precificação do carbono. A medida
24 defende a cobrança pela emissão do CO2, o que faz com que as empresas tenham um maior
25 controle sobre os seus processos. Além disso, impulsiona uma economia mais limpa e que
26 consequentemente pode frear o aquecimento global.
27 Para consolidar uma economia com baixa emissão de carbono, é necessário pensar em
28 toda a cadeia de produção da economia, desde a .... da matéria-prima, o transporte, a
29 produção e até o descarte. Trabalhando com esses rejeitos, evita-se que os materiais acabem em
30 aterros e lixões – locais em que a decomposição emite gases responsáveis pelo efeito estufa,
31 como o metano e o gás carbônico. Com a reciclagem, os resíduos viram matéria-prima
32 novamente, o que evita a .... e colabora para o uso racional de recursos naturais.
33 Com a ideia de eliminar o lixo, a empresa precisa investir bastante para reciclar materiais
34 não convencionais como esponjas de limpeza, cosméticos, tubos de pasta de dente, lápis e
35 canetas. Por não terem fluxos regulares de reciclagem, fazer o processo com esses rejeitos sai
36 bem mais caro. "Esses materiais são considerados 'não recicláveis', pois o custo para reciclá-los
37 é superior ao valor obtido com a matéria-prima resultante do processo. Percebemos, portanto,
38 nada que não existe efetivamente nada que não possa ser reciclado. O que existem são resíduos que
39 valem a pena do ponto de vista financeiro, e outros não, justamente por serem complexos",
40 explica Pirrongelli da TerraCycle.
41 O programa de coleta da TerraCycle engaja consumidores e produtores em seu processo.
42 Não são apenas os produtos de difícil reciclabilidade que preocupam ambientalistas, governos e
43 empresas ao redor do mundo. Mesmo materiais que já _ processos consolidados, como o

672 MAGALLY DATO E HENRIQUE SUBI

44 plástico, acabam em lixões e aterros, onde demoram anos para se decompor.
45 Relatórios divulgados no início deste ano pela Ellen MacArthur Foundation mostram que cerca de
46 oito bilhões de toneladas de plástico são descartados nos mares por ano – quantidade equivalente
47 a um caminhão de lixo por minuto. A organização calculou que, se esse ritmo continuar, haverá
48 mais plástico do que peixe nos oceanos em 2050.
49 Por isso, a maior procura por produtos biodegradáveis sinaliza a crescente preocupação
50 do setor privado em relação ao meio ambiente. Nesse aspecto, a tecnologia é um aspecto
51 fundamental para a sustentabilidade.
52 Soluções como o plástico hidrossolúvel __ sido cada vez mais procuradas como um meio
53 de evitar o problema do descarte irresponsável. O material é novidade no Brasil e na América
54 Latina e consiste em um plástico que se dissolve na água em apenas alguns segundos. Há
55 também, nesse mesmo viés, bobinas, saquinhos hidrossolúveis sob medida, entretelas, entre
56 outros. Essa solução, de acordo com um empresário do setor, ... diversas vantagens ao
57 comprador, como: redução de custos em transporte e armazenagem, devido à concentração de
58 produto na embalagem hidrossolúvel; diminuição no uso e descarte do plástico convencional, que
59 pode gerar créditos de carbono e também ...... segurança na aplicação e no manuseio de
60 substâncias químicas que podem ser nocivas para o ser humano. As empresas podem contribuir
61 para um desenvolvimento sustentável valorizando produtos que __ um apelo sustentável,
62 criando uma cultura organizacional voltada para essas questões e investindo em desenvolvimento
63 de novas alternativas. É importante também que a organização, além de realizar esses processos,
64 valorize que os mesmos sejam adotados por toda cadeia produtiva, envolvendo desde seus
65 fornecedores até seus clientes.

(Fonte: Amcham Brasil, 26 de maio 2017 – http://economia.estadao.com.br/blogs – Texto adaptado)

(Delegado/RS – 2018 – FUNDATEC) Considere as seguintes propostas de supressão, inserção e troca de vocábulos no texto:

I. Supressão do advérbio "mais" (l. 03).
II. Inserção do pronome "eles" imediatamente antes de "serem" (l. 39).
III. Substituição de "hidrossolúvel" (l. 52) "por solúvel em hidrogênio".

Quais NÃO provocam alteração nos respectivos contextos?

(A) Apenas I.
(B) Apenas II.
(C) Apenas III.
(D) Apenas I e II.
(E) Apenas II e III.

I: incorreta, há alteração de sentido, porque a intensidade trazida pelo advérbio "mais" é relevante para o argumento. Uma coisa é ser uma "pauta discutida", outra é ser uma das "pautas mais discutidas"; **II:** correta, não há alteração, pois "eles" é justamente sujeito oculto do verbo "serem"; **III:** incorreta, há alteração, porque "hidrossolúvel" é sinônimo de "solúvel em água", não de "solúvel em hidrogênio". **HS**
Gabarito "B".

(Delegado/RS – 2018 – FUNDATEC) Analise as seguintes afirmações a respeito da frase 'Além disso, impulsiona uma economia mais limpa e que consequentemente pode frear o aquecimento global.' retirada do texto:

I. O vocábulo "também" poderia ser inserido imediatamente após "Além disso", sem provocar alteração de sentido.
II. A expressão "Além disso" acrescenta uma informação àquilo que foi dito anteriormente no parágrafo.
III. "ainda" poderia ser inserido imediatamente após "Além disso", sem provocar qualquer alteração ao sentido original.

Quais estão corretas?

(A) Apenas I.
(B) Apenas II.
(C) Apenas I e II.
(D) Apenas II e III.
(E) I, II e III.

I: correta, mas é importante fazer a ressalva que, ainda que não opere uma alteração de sentido, haveria vício de redação, uma vez que "também" e "além disso" têm exatamente o mesmo valor de adição; **II:** correta. A expressão exerce função de conjunção aditiva; **III:** correta, valendo a mesma observação constante do comentário à assertiva "I". **HS**
Gabarito "E".

Crônicas contemporâneas

O gênero da crônica, entendida como um texto curto de periódico, que se aplica sobre um acontecimento pessoal, um fato do dia, uma lembrança, um lance narrativo, uma reflexão, tem movido escritores e leitores desde os primeiros periódicos. No pequeno espaço de uma crônica pode caber muito, a depender do cronista. Se ele se chamar Rubem Braga, pode caber tudo: esse mestre maior dotou a crônica de uma altura tal que pôde dedicar-se exclusivamente a ele ocupando um lugar entre os nossos maiores escritores, de qualquer gênero.

Jovens cronistas de hoje, com colunas nos grandes jornais, vêm demonstrando muita garra, equilibrando-se entre as miudezas quase inconfessáveis do cotidiano pessoal, às quais se apegam sem pudor, e a uma espécie de investigação crítica que pretende ver nelas algo de grandioso. É como se na padaria da esquina pudesse de repente representar-se uma cena de Hamlet ou de alguma tragédia grega; é como se, no banheiro do apartamento, o espelhinho do armário pudesse revelar a imagem-síntese dos brasileiros. Talvez esteja nesse difícil equilíbrio um sinal dos tempos modernos, quando, como numa crônica, impõe-se combinar a condição mais pessoal de cada um com a responsabilidade de uma consciência coletivista, que a todos nos convoca.

(Diógenes da Cruz, *inédito*)

(Delegado/AP – 2017 – FCC) Está clara e correta a redação deste livre comentário sobre o texto:

(A) Ao frequentarem os periódicos, através de colunas regulares, a crônica sempre esteve no agrado do público, onde o gosto é agraciado pela linguagem informal.
(B) Detectam-se, naquele texto, profundas diferenças entre as crônicas de Rubem Braga, um mestre no gênero, e aquelas assinadas pelos jovens escritores de hoje.
(C) É comum que nas crônicas da contemporaniedade, os temas mais corriqueiros, busquem ganhar altura e importância, segundo requerem os jovens cronistas.
(D) Não há porquê um cronista contemporâneo deixar de se referir à mitos clássicos, embora as crônicas sejam consideradas de acordo com um gênero menor.
(E) Um dos desafios de nosso tempo aos cronistas jovens, está na dificuldade de se conciliar o interesse extritamente individual com o interesse coletivista.

(redação) A: incorreta. Para atender à norma-padrão, deveria ser assim reescrito: "Por frequentar os periódicos, por meio de colunas regulares, a crônica sempre esteve no agrado do público, cujo gosto é agraciado pela linguagem formal"; **B:** correta. A redação está conforme o padrão culto da linguagem; **C:** incorreta. Para atender à norma-padrão, deveria ser assim reescrito: "É comum que, nas crônicas da contemporaneidade, os temas mais corriqueiros busquem ganhar altura e importância, conforme propõem os jovens cronistas"; **D:** incorreta. Para atender à norma-padrão, deveria ser assim reescrito: "Não há por que um cronista contemporâneo deixar de se referir a mitos clássicos, embora as crônicas sejam consideradas um gênero menor."; **E:** incorreta. Para atender à norma-padrão, deveria ser assim reescrito: "Um dos desafios do nosso tempo aos cronistas jovens está na dificuldade de se conciliar o interesse estritamente individual com o interesse coletivo". HS

Gabarito "B".

Texto CG1A1CCC

1   A injustiça, Senhores, desanima o trabalho, a
    honestidade, o bem; cresta em flor os espíritos dos moços,
    semeia no coração das gerações que vêm nascendo a semente
4   da podridão, habitua os homens a não acreditar senão na
    estrela, na fortuna, no acaso, na loteria da sorte; promove a
    desonestidade, a venalidade, a relaxação; insufla a cortesania,
7   a baixeza, sob todas as suas formas.
    De tanto ver triunfar as nulidades, de tanto ver
    prosperar a desonra, de tanto ver crescer a injustiça, de tanto
10 ver agigantarem-se os poderes nas mãos dos maus, o homem
    chega a desanimar da virtude, a rir-se da honra, a ter vergonha
    de ser honesto.
13 E, nessa destruição geral das nossas instituições, a
    maior de todas as ruínas, Senhores, é a ruína da justiça,
    corroborada pela ação dos homens públicos. E, nesse
16 esboroamento da justiça, a mais grave de todas as ruínas é a
    falta de penalidade aos criminosos confessos, é a falta de
    punição quando ocorre um crime de autoria incontroversa, mas
19 ninguém tem coragem de apontá-la à opinião pública, de modo
    que a justiça possa exercer a sua ação saneadora e benfazeja.

Rui Barbosa. Obras completas de Rui Barbosa. Vol. XLI. 1914. Internet: <www.casaruibarbosa.gov.br> (com adaptações).

(Delegado/MT – 2017 – CESPE) No que se refere ao gênero textual, o texto CG1A1CCC classifica-se como

(A) resenha.
(B) discurso.
(C) verbete.
(D) notícia.
(E) relato histórico.

(redação) Trata-se de uma das obras mais famosas de Rui Barbosa, chamada "Discursos Parlamentares". Boa parte da produção do célebre advogado se deu na forma de discursos que proferiu nos mais variados locais e para numerosos públicos. O texto se caracteriza pelo diálogo constante entre o autor e o leitor, como se este estivesse realmente ouvindo o discurso ao vivo. HS

Gabarito "B".

(Delegado/MT – 2017 – CESPE) No último parágrafo do texto CG1A1CCC, a forma pronominal "la", em "apontá-la" (R.19), retoma

(A) "a ruína da justiça" (R.14).
(B) "autoria incontroversa" (R.18).
(C) "ação dos homens públicos" (R.15).
(D) "falta de punição" (R. 17 e 18).
(E) "a mais grave de todas as ruínas" (R.16).

(coesão) O pronome foi usado como elemento de coesão para retomar "autoria incontroversa". HS

Gabarito "B".

Texto CB1A1AAA

A diferença básica entre as polícias civil e militar é a essência de suas atividades, pois assim desenhou o constituinte original: a Constituição da República Federativa do Brasil de 1988 (CF), em seu art. 144, atribui à polícia federal e às polícias civis dos estados as funções de polícia judiciária — de natureza essencialmente investigatória, com vistas à colheita de provas e, assim, à viabilização do transcorrer da ação penal — e a apuração de infrações penais.

Enquanto a polícia civil descobre, apura, colhe provas de crimes, propiciando a existência do processo criminal e a eventual condenação do delinquente, a polícia militar, fardada, faz o patrulhamento ostensivo, isto é, visível, claro e perceptível pelas ruas. Atua de modo preventivo-repressivo, mas não é seu mister a investigação de crimes. Da mesma forma, não cabe ao delegado de polícia de carreira e a seus agentes sair pelas ruas ostensivamente em patrulhamento. A própria comunidade identifica na farda a polícia repressiva; quando ocorre um crime, em regra, esta é a primeira a ser chamada. Depois, havendo prisão em flagrante, por exemplo, atinge-se a fase de persecução penal, e ocorre o ingresso da polícia civil, cuja identificação não se dá necessariamente pelos trajes usados.

Guilherme de Souza Nucci. Direitos humanos versus segurança pública. Rio de Janeiro: Forense, 2016, p. 43 (com adaptações)

(Delegado/GO – 2017 – CESPE) O texto CB1A1AAA é predominantemente:

(A) injuntivo.
(B) narrativo.
(C) dissertativo.
(D) exortativo.
(E) descritivo.

(redação) Trata-se de um texto dissertativo, no qual o autor procura apresentar sua opinião sobre o assunto, estruturando-a a partir dos argumentos que dispõe para demonstrar a validade de sua posição. HS

Gabarito "C".

9. CONCORDÂNCIA VERBAL E NOMINAL

Os pilares da sustentabilidade: os desafios ambientais do século XXI para a iniciativa privada

01 Entre os pilares para o desenvolvimento sustentável – aquele capaz de garantir as
02 necessidades da geração atual sem comprometer a futura – está a preservação e manutenção do
03 meio ambiente. Nos últimos tempos, tem sido uma das pautas mais discutidas por líderes políticos
04 e empresariais de todo o mundo, principalmente por conta dos impactos das mudanças climáticas.
05 Mesmo o Brasil, um país rico em recursos naturais, já sente as consequências dos eventos
06 extremos, como a seca que persiste no Nordeste e deixa muitas famílias sem acesso à água,
07 recurso essencial para a manutenção da vida. Por isso, pensar em formatos mais eficientes de
08 uso é uma atitude urgente e que deve permear as organizações, os governos e a própria
09 sociedade.
10 Em 2015, o Brasil entrou para o grupo das 197 nações signatárias do Acordo de Paris, que
11 determinou metas para manter o aquecimento global bem abaixo de 2°C até 2030.
12 Ana Carolina Avzaradel Szklo, Gerente Sênior de Projetos e Assessora Técnica do CEBDS
13 (Conselho Empresarial Brasileiro para o Desenvolvimento Sustentável), acredita que esses
14 eventos climáticos extremos ___ contribuído para que as empresas incorporem a sustentabilidade
15 em suas agendas. As atitudes para reverter esse quadro preocupante devem ser trabalhadas em
16 conjunto, porque o setor privado apresenta um papel tão importante quanto o governo para a
17 efetivação das ações.
18 Neste contexto, é importante que a sustentabilidade faça parte da organização como um
19 todo, principalmente, da mais alta .... decisória. Investimentos em inovação para tornar
20 processos mais eficientes podem contribuir com uma série de oportunidades para as
21 organizações.

22 Uma das tendências que estão sendo trabalhadas internacionalmente e sobre o que o ____
23 CEBDS promovido debates com o setor privado é a precificação do carbono. A medida
24 defende a cobrança pela emissão do CO2, o que faz com que as empresas tenham um maior
25 controle sobre os seus processos. Além disso, impulsiona uma economia mais limpa e que
26 consequentemente pode frear o aquecimento global.
27 Para consolidar uma economia com baixa emissão de carbono, é necessário pensar em
28 toda a cadeia de produção da economia, desde a .... da matéria-prima, o transporte, a
29 produção e até o descarte. Trabalhando com esses rejeitos, evita-se que os materiais acabem em
30 aterros e lixões – locais em que a decomposição emite gases responsáveis pelo efeito estufa,
31 como o metano e o gás carbônico. Com a reciclagem, os resíduos viram matéria-prima
32 novamente, o que evita a .... e colabora para o uso racional de recursos naturais.
33 Com a ideia de eliminar o lixo, a empresa precisa investir bastante para reciclar materiais
34 não convencionais como esponjas de limpeza, cosméticos, tubos de pasta de dente, lápis e
35 canetas. Por não terem fluxos regulares de reciclagem, fazer o processo com esses rejeitos sai
36 bem mais caro. "Esses materiais são considerados 'não recicláveis', pois o custo para reciclá-los
37 é superior ao valor obtido com a matéria-prima resultante do processo. Percebemos, portanto,
38 que não existe efetivamente nada que não possa ser reciclado. O que existem são resíduos que
39 valem a pena do ponto de vista financeiro, e outros não, justamente por serem complexos",
40 explica Pirrongelli da TerraCycle.
41 O programa de coleta da TerraCycle engaja consumidores e produtores em seu processo.
42 Não são apenas os produtos de difícil reciclabilidade que preocupam ambientalistas, governos e
43 empresas ao redor do mundo. Mesmo materiais que já _ processos consolidados, como o
44 plástico, acabam em lixões e aterros, onde demoram anos para se decompor.
45 Relatórios divulgados no início deste ano pela Ellen MacArthur Foundation mostram que cerca de
46 oito bilhões de toneladas de plástico são descartados nos mares por ano – quantidade equivalente
47 a um caminhão de lixo por minuto. A organização calculou que, se esse ritmo continuar, haverá
48 mais plástico do que peixe nos oceanos em 2050.
49 Por isso, a maior procura por produtos biodegradáveis sinaliza a crescente preocupação
50 do setor privado em relação ao meio ambiente. Nesse aspecto, a tecnologia é um aspecto
51 fundamental para a sustentabilidade.
52 Soluções como o plástico hidrossolúvel __ sido cada vez mais procuradas como um meio
53 de evitar o problema do descarte irresponsável. O material é novidade no Brasil e na América
54 Latina e consiste em um plástico que se dissolve na água em apenas alguns segundos. Há
55 também, nesse mesmo viés, bobinas, saquinhos hidrossolúveis sob medida, entretelas, entre
56 outros. Essa solução, de acordo com um empresário do setor, ... diversas vantagens ao
57 comprador, como: redução de custos em transporte e armazenagem, devido à concentração de
58 produto na embalagem hidrossolúvel; diminuição no uso e descarte do plástico convencional, que
59 pode gerar créditos de carbono e também ...... segurança na aplicação e no manuseio de
60 substâncias químicas que podem ser nocivas para o ser humano. As empresas podem contribuir
61 para um desenvolvimento sustentável valorizando produtos que __ um apelo sustentável,
62 criando uma cultura organizacional voltada para essas questões e investindo em desenvolvimento
63 de novas alternativas. É importante também que a organização, além de realizar esses processos,
64 valorize que os mesmos sejam adotados por toda cadeia produtiva, envolvendo desde seus
65 fornecedores até seus clientes.

(Fonte: Amcham Brasil, 26 de maio 2017 – http://economia.estadao.com.br/blogs – Texto adaptado)

(Delegado/RS – 2018 – FUNDATEC) Em relação ao vocábulo signatárias (l. 10), é correto dizer que:

I. Poderia ser substituído, sem causar incorreção ao contexto, por aqueles que subscrevem.
II. Trata-se de um adjetivo flexionado no feminino plural em virtude do gênero e do número do substantivo que acompanha.
III. Não pode ser considerado cognato do vocábulo significado.
Quais estão INCORRETAS?

(A) Apenas I.
(B) Apenas II.
(C) Apenas III.
(D) Apenas I e II.
(E) Apenas II e III.

I: incorreta. "Signatárias" está no feminino, então a substituição deveria ser por "aquelas que subscrevem"; II: correta. O adjetivo concorda com "nações"; III: correta. Cognatos são palavras com a mesma origem etimológica, o que não ocorre com "signatário" e "significado". Esta vem do latim *significatus,* "dar a entender por sinais"; aquela, do francês *signataire,* "aquele que assina". **HS**
Gabarito "A".

(Delegado/AP – 2017 – FCC) As normas de concordância e a adequada articulação entre tempos e modos verbais estão plenamente observadas na frase:

(A) É comum que se assinale numa crônica os aspectos do cotidiano que o escritor resolvesse analisar e interpretar, apesar das dificuldades que encerram tal desafio.
(B) Se às crônicas de Rubem Braga viessem a faltar sua marca autoral inconfundível, elas terão deixado de constituir textos clássicos desse gênero.
(C) Caso um dia venham a surgir, simultaneamente, talentos à altura de um Rubem Braga, esse gênero terá alcançado uma relevância jamais vista.
(D) Não seria fácil, de fato, que venha a se equilibrar, na cabeça de um jovem cronista de hoje, os valores de sua experiência pessoal com os de sua comunidade.
(E) Tanto uma padaria como um banheiro poderiam oferecer matéria para uma boa crônica, desde que não falte ao cronista recursos de grande imaginação.

(concordância) A: incorreta. O verbo pronominal "assinalar-se" deveria estar no plural para concordar com "aspectos"; **B:** incorreta. O verbo "vir" deveria estar no singular para concordar com "marca". O verbo "ter", no segundo período, deveria estar conjugado no futuro do pretérito do indicativo ("teriam"), para manter a correlação com o tempo verbal anterior; **C:** correta. Todos os verbos atendem à norma padrão em conjugação e concordância; **D:** incorreta. O verbo "vir" deveria estar no plural, para concordar com "valores", e conjugado no pretérito imperfeito do subjuntivo, para manter a correlação com as demais formas verbais do período ("viessem"); **E:** incorreta. O verbo "faltar" deveria estar no plural para concordar com "recursos". **HS**
Gabarito "C".

13. LÍNGUA PORTUGUESA — 675

10. CONJUNÇÃO

Leia o texto a seguir.

Aníbal Bruno ao sustentar que inexiste, propriamente, um direito penal subjetivo, **pois** "o que se manifesta no exercício da Justiça penal é esse poder soberano do Estado, um poder jurídico que se faz efetivo pela lei penal, **para que** o Estado cumpra a sua função originária, que é asseguraras condições de existência e continuidade da organização social.

Disponível em: https://direitomluniverso.files.wordpress.com/2016/06/cc3b3digo-penal-comentado-guilherme-nucci-ed-forense-14c2aaedic3a-7c3a3o-2014.pdf. Acesso em: 23 jul. 2017. (Adaptado).

(Delegado/MS – 2017 - FAPEMS) Nas orações em que aparecem no texto, os elementos "**pois**" e "**para que**" expressam, respectivamente, as ideias de

(A) explicação e comparação.

(B) conclusão e finalidade.

(C) causa e consequência.

(D) causa e finalidade.

(E) explicação e concessão.

(conjunção) "Pois" tem função causal, introduz a causa, a razão de "inexistir um direito penal subjetivo". Já "para que" exprime a ideia de finalidade – o objetivo de se fazer efetivo o poder pela lei penal. HS

Gabarito "D".

Texto CG1A1AAA

1   A valorização do direito à vida digna preserva as duas faces do homem: a do indivíduo e a do ser político; a do ser em si e a do ser com o outro. O homem é inteiro em sua dimensão

4   plural e faz-se único em sua condição social. Igual em sua humanidade, o homem desiguala-se, singulariza-se em sua individualidade. O direito é o instrumento da fraternização

7   racional e rigorosa.
  O direito à vida é a substância em torno da qual todos os direitos se conjugam, se desdobram, se somam para que o

10   sistema fique mais e mais próximo da ideia concretizável de justiça social.
  Mais valeria que a vida atravessasse as páginas da Lei

13   Maior a se traduzir em palavras que fossem apenas a revelação da justiça. Quando os descaminhos não conduzirem a isso, competirá ao homem transformar a lei na vida mais digna para

16   que a convivência política seja mais fecunda e humana.

Cármen Lúcia Antunes Rocha. Comentário ao artigo 3.º. In: 50 anos da Declaração Universal dos Direitos Humanos 1948-1998: conquistas e desafios. Brasília: OAB, Comissão Nacional de Direitos Humanos, 1998, p. 50-1 (com adaptações).

(Delegado/MT – 2017 – CESPE) Sem prejuízo para a coerência e para a correção gramatical do texto CG1A1AAA, a conjunção "Quando" (R.14) poderia ser substituída por

(A) Se.

(B) Caso.

(C) À medida que.

(D) Mesmo se.

(E) Apesar de.

(conjunção) "Quando", nesse caso, é conjunção condicional. Pode ser substituída sem alteração de sentido por "se", "salvo se". É importante notar que "caso" também é conjunção condicional, contudo o enunciado pede uma substituta que não altere a correção gramatical do texto. Para inserirmos a conjunção "caso", o verbo passaria a ser conjugado no presente do subjuntivo ("conduzam"). Por isso que a letra "A" é a resposta correta. HS

Gabarito "A".

11. REGÊNCIA

(Delegado/MS – 2017 - FAPEMS)

Assinale a opção que completa correta e respectivamente a sequência de lacunas neste texto.

PROJETO QUER LIBERAR ANIMAIS EM HOSPITAIS DE SP PARA VISITAR PACIENTES.

Um projeto de lei que tramita na Câmara Municipal de São Paulo propõe ____ liberação de animais de estimação em hospitais públicos para visitar pacientes internados. Uma das justificativas é o benefício da relação entre homens e bichos ___, cientificamente.

Autor da proposta, o vereador Rinaldi Digílio (PRB) argumenta que____ visita do animal é uma forma de levar "carinho e alegria" ao paciente internado.

"Conforme ___ psicóloga Karina Schutz, especialista em terapia cognitivo-comportamental e diretora da Pet Terapeuta, tratamentos que utilizam animais na recuperação de pacientes já _____ sendo aplicados em diversos países, contabilizando resultados de sucesso", defendeu vereador.

Segundo Digílio, na Inglaterra, onde Karina estudou por três anos e meio, foi possível comprovar "que o estímulo dos pets em ambientes hospitalares, por exemplo, ajuda não somente o paciente, mas toda ___ equipe que convive com o animal".

O texto determina regras para a liberação dos bichos, como vacinação em dia e laudo veterinário atestando a boa condição. Além disso, os animais deverão estar em recipiente ou caixa____. "No caso de cães e gatos, devem estar em guias presas por coleiras e se necessário de enforcador e focinheiras", explicou o parlamentar. Também está previsto no projeto que os hospitais devem estabelecer normas e procedimentos próprios para organizar o tempo e o local de permanência dos animais durante___visita. O local de encontro do paciente com o pet ficará a critério do médico e da administração do hospital, que determinarão____regras.

"A presença do animal se dará mediante ___ solicitação e autorização do médico responsável pelo paciente. ___ visita dos animais terá que ser agendada previamente na administração do hospital", determina o projeto de lei. O texto ainda será discutido por quatro comissões da Câmara: Constituição e Justiça; Administração Pública; Saúde, Promoção Social e Trabalho; e Finanças e Orçamento.

DIÓGENES, Juliana. Estadão. Disponível em: https://noticias.uol.com.br/ultimasnotidas/agencia-estado/2017/07/17/projeto-quer-liberar-animais-em--hospitais-de-sp-para-visitar-pacientes.htm?cmpid=copiaecola. Acesso em: 17 jul. 2017.

(A) a, comprovados, a, a, vem, a, adequada, a, às, a, à

(B) a, comprovado, a, a, vêm, a, adequada, a, as, a, A

(C) A, comprovados, a, à, vêem, a, adequada, a, às, a, A

(D) à, comprovado, a, a, vem, a, adequada, a, as, a, a

(E) A, comprovado, a, a, vem, à, adequadas, a, as, a, à

(regência) Na primeira lacuna temos "a", minúsculo, sem acento grave, porque o verbo "propor" é transitivo direto (não rege preposição). Na segunda lacuna temos "comprovado", para concordar com "benefício". Na terceira lacuna temos "a", sem acento grave, porque se trata de artigo definido feminino singular apenas. Na quarta lacuna temos "a", sem acento grave, pela mesma razão. Na quinta lacuna temos "vêm", do verbo "vir", para concordar com "tratamentos" (lembre-se que o verbo "vir", na terceira pessoa do singular do presente do indicativo se escreve sem acento – "ele vem" – enquanto que, no plural, leva acento circunflexo – "eles vêm"). Na sexta lacuna temos "a", sem acento grave, mais uma vez por se tratar de artigo. Na sétima lacuna temos "adequada", por concordância atrativa com "caixa". Na oitava lacuna temos "a", outro artigo feminino; depois "as", pois o verbo "determinar" é transitivo direto; segue-se "a", artigo definido (note que "mediante" é preposição, logo não haveria razão para ter outra preposição logo depois). Terminando, temos "A", maiúsculo, por ser início de período. HS

Gabarito "B".

13. Língua Portuguesa

14. INFORMÁTICA

Helder Satin

1. SISTEMAS OPERACIONAIS

(Delegado/PR – 2013 – UEL-COPS) A montagem e a desmontagem de dispositivos no sistema operacional Linux utilizam arquivos presentes em que diretório?

(A) /bin
(B) /usr
(C) /boot
(D) /dev
(E) /tmp

A: Errada, no diretório /bin armazena os executáveis de programas de uso do administrador e de outros usuários. **B**: Errada, o diretório /usr armazena a maioria dos programas dos usuários. **C**: Errada, o diretório /boot armazena o *kernel* e arquivos usados durante a inicialização do sistema. **D**: Correta, no diretório /dev estão os ponteiros para os dispositivos de hardware do computador local. **E**: Errada, o diretório /tmp armazena arquivos temporários de uso do sistema.
Gabarito "D".

(Delegado/PR – 2013 – UEL-COPS) Deseja-se criar um link simbólico do arquivo vim, o qual deverá ser chamado de vi.

Assinale a alternativa que criará, corretamente, tal link simbólico.

(A) cp -s vi vim
(B) ln -s vim vi
(C) ln -s vi vim
(D) cp vim vi
(E) cp vi vim

A: Errada, o comando cp é utilizado para copiar arquivos. **B**: Correta, o comando ln –s cria um link simbólico de um arquivo sendo primeiro explicitado o nome do arquivo atual seguido do nome do link. **C**: Errada, após o parâmetro –s deve estar o nome do arquivo existente seguido pelo nome que será dado ao link, neste caso eles estão invertidos. **D**: Errada, para que o comando é utilizado para copiar arquivos. **E**: Errada, o comando cp é utilizado para copiar arquivos.
Gabarito "B".

(Delegado/PR – 2013 – UEL-COPS) Sobre os comandos do sistema operacional Linux, atribua V (verdadeiro) ou F (falso) às afirmativas a seguir.

( ) ls lista o conteúdo de um diretório.
( ) tar é utilizado para descompactar arquivos.
( ) top é utilizado para mudar a prioridade de processos.
( ) kill é utilizado para enviar sinais a processos.
( ) bg é utilizado para suspender a execução de um processo.

Assinale a alternativa que contém, de cima para baixo, a sequência correta.

(A) V, V, F, V, F.
(B) V, F, V, V, F.
(C) V, F, F, V, V.
(D) F, F, V, F, V.
(E) F, V, V, F, V.

O comando ls lista o conteúdo de um diretório, o comando tar é usando para descompactar ou compactar arquivos, o comando top é usando para exibir as tarefas do sistema, o comando kill é usado para matar processos em andamento e o comando bg faz com que processos parados continuem rodando em segundo plano, portanto a ordem correta seria V, V, F, V, F e assim apenas a alternativa A está correta.
Gabarito "A".

(Delegado/PR – 2013 – UEL-COPS) A placa de rede de um computador executando Linux estava apresentando um comportamento estranho. De modo a tentar resolver o problema, digitou-se no console a seguinte sequência de comandos:

```
ifconfig eth0 down
ifconfig eth0 up
```

Em relação ao procedimento realizado, assinale a alternativa correta.

(A) O primeiro comando diminuiu a velocidade do dispositivo de rede.
(B) O primeiro comando reiniciou o *driver* de rede.
(C) O segundo comando atuou na primeira interface Ethernet.
(D) O segundo comando aumentou o *throughput* do dispositivo de rede.
(E) O segundo comando testou o dispositivo de rede.

O primeiro comando faz com que a primeira interface de rede seja desativada e o segundo comando ativa a primeira interface de rede, portanto apenas a alternativa C está correta.
Gabarito "C".

(Delegado/SP – 2014 – VUNESP) Considerando o MS-Windows 7, na sua configuração padrão, assinale a alternativa que contém a sequência correta a partir do botão Iniciar da área de trabalho, que permite acessar a janela de diálogo com as opções de ativar ou desativar o Firewall do Windows, conforme mostra a figura.

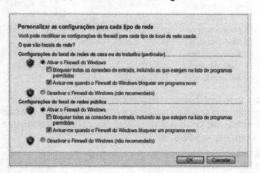

(A) Painel de Controle, Segurança do Windows, Configuração do Firewall do Windows e usar a opção "Ativar ou Desativar o Firewall do Windows".
(B) Painel de Controle, Sistema e Segurança, Configuração do Firewall e usar a opção "Ativar ou Desativar o Firewall do Windows".
(C) Painel de Controle, Sistema e Segurança, Firewall do Windows e usar a opção "Ativar ou Desativar o Firewall do Windows".
(D) Computador, Segurança do Windows, Firewall do Windows e usar a opção "Ativar ou Desativar o Firewall do Windows".
(E) Computador, Sistema e Segurança, Firewall do Windows e usar a opção "Ativar ou Desativar o Firewall do Windows".

Praticamente todas as opções de configuração do Windows estão concentradas no Painel de Controle, portanto este é o menu a ser acessado primeiro. No Windows 7 o Painel de Controle possui seus itens agrupados por grupos, para as opções de Firewall devemos escolher o grupo Sistema e Segurança, onde se encontra o item Firewall do Windows. Uma vez neste item temos a opção de Ativar ou Desativar o Firewall do Windows, portanto apenas a alternativa C está correta.
Gabarito "C".

(Delegado/SP – 2011) A denominada licença GPL (já traduzida pra o português: Licença Pública Geral)

(A) garante as liberdades de execução, estudo, redistribuição e aperfeiçoamento de programas assim licenciados, permitindo a todos o conhecimento do aprimoramento e acesso ao código fonte
(B) representa a possibilidade da Administração Pública em utilizar gratuitamente de certos softwares em face da supremacia do interesse público.
(C) representa a viabilidade do público em geral aproveitar o software em qualquer sentido porem preservando a propriedade intelectual do desenvolvedor.
(D) garante ao desenvolvedor os direitos autorais em qualquer país do mundo. Jk
(E) assegura apenas a distribuição gratuita de programas. X

HELDER SATIN

A licença do tipo GPL é uma designação de software livre, que indica que este pode ser executado para qualquer propósito, pode-se estudar seu código fonte bem como modificá-lo, distribuí-lo com ou sem modificações desde que a licença GPL seja usada, portanto apenas a alternativa A está correta.
Gabarito "A".

(Delegado/SP – 2011) Constituem sistemas operacionais de código aberto

(A) Free Solaris, MAC OS, Open BSD
(B) DOS, Linux e Windows.
(C) Linux, Mac OS, Windows e OS 2.
(D) Linux, Open BSD e Free Solaris.
(E) Windows, Mac OS, Open BSD

A: Errada, o MAC OS não é um sistema operacional de código aberto. **B:** Errada, o Windows não é um sistema operacional de código aberto. **C:** Errada, o Windows não é um sistema operacional de código aberto. **D:** Correta, todos os sistemas operacionais apresentados possuem seu código aberto. **E:** Errada, o Windows e o MAC OS não são sistemas operacionais de código aberto.
Gabarito "D".

(Delegado/AP – 2017 – FCC) Um computador com o Windows 10, em português, possui uma pasta E:\PolCivil-AP contendo os arquivos abaixo

Nome	Data	Tipo	Tamanho
Apresentação	14/01/2016 16:59	Apresentação ...	127 KB
Crimes digitais	11/08/2015 07:35	Arquivo PDF	4.603 KB
Criminalidade AP	23/09/2015 22:02	Planilha do Mi...	4.263 KB
Material de apoio	21/11/2014 21:53	Arquivo PDF	5.065 KB
Operações especiais	30/10/2016 15:01	Arquivo MP4	287.544 KB
Regimento interno	30/10/2016 16:04	Arquivo MP4	405.344 KB
Treinamento arma...	21/11/2016 01:47	Arquivo MP4	618.522 KB
Treinamento legisl...	21/11/2016 01:03	Arquivo MP4	1.079.441 KB

Este Computador > DADOS (E:) > PolCivil-AP

Um Delegado tentou copiar esta pasta para um dispositivo de armazenamento, mas recebeu uma mensagem informando que não havia espaço suficiente. Um dos dispositivos que podem receber esta pasta é o que tem espaço livre de

(A) 999 MB.
(B) 16 MB.
(C) 4 GB.
(D) 1800000 KB.
(E) 2 GB.

Na imagem em questão podemos visualizar o conteúdo da pasta referida no enunciado sendo apresentada no modo de exibição "Detalhes" que exibe a coluna "Tamanho" informando o tamanho de cada arquivo presente na pasta. Sabendo que cada 1000KB equivale a 1MB e que 1000MB equivalem a 1GB, podemos somar os tamanhos e chegar ao valor total de 2.404.909KB, ou 2.404MB ou ainda 2.4GB. Portanto, um dispositivo que poderá receber o conteúdo desta pasta é aquele que possui 4GB de espaço livre, assim, apenas a alternativa C está correta. **HS**
Gabarito "C".

2. HARDWARE

(Delegado/PA – 2013 – UEPA) Leia as afirmativas sobre sistemas de armazenamento e assinale a alternativa correta.

I. O disco rígido é um equipamento confiável e de grande capacidade para armazenamento de dados, podendo chegar a até 4 TB em discos domésticos. Contudo, sua conexão ao computador só pode ser realizada através de uma interface IDE, o que torna o acesso as informações lento.

II. As SSDs (Solid State Drive) são mídias de armazenamento que se conectam ao computador através de uma interface SATA. Possuem um desempenho superior aos discos rígidos tradicionais e são bem mais velozes.

III. Discos híbridos são dispositivos que unem a velocidade de uma unidade SSD, armazenando os arquivos mais frequentemente usados e garantindo o acesso rápido a eles e um HD tradicional que armazena o restante dos dados.

A alternativa que contém todas as afirmativas corretas é:

(A) I, II e III
(B) I e II
(C) II e III

(D) I e III
(E) II

Apenas a afirmativa I está incorreta, os discos rígidos podem ser conectados através de interfaces do tipo SATA e mesmo USB, portanto apenas a alternativa C está correta.
Gabarito "C".

(Delegado/PA – 2012 – MSCONCURSOS) Analise as seguintes afirmações com relação a alocação de arquivos e assinale a alternativa correta:

I. Na alocação contígua, é necessário desfragmentação periódica.
II. Na alocação encadeada, o tamanho dos arquivos pode ser alterado facilmente.
III. Na alocação indexada, não há fragmentação externa.
IV. Na alocação encadeada e indexada, todo o disco pode ser utilizado.

(A) Apenas as afirmativas I, II e IV são verdadeiras.
(B) Todas as afirmativas são verdadeiras.
(C) Apenas a afirmativa II é falsa.
(D) Apenas as afirmativas I e III são verdadeiras.
(E) Apenas as afirmativas II e III são falsas.

Todas as afirmativas estão corretas, portanto apenas a alternativa B está correta.
Gabarito "B".

3. REDE E INTERNET

(Delegado/SP – 2014 – VUNESP) Na montagem de uma rede local, para interligar um grupo de 4 computadores, é utilizado cabeamento estruturado padrão CAT-5. O elemento de rede usado para interligar esses computadores chama-se comutador, e o cabo usado para interligar o computador com o comutador chama-se "cabo fim a fim". O conector usado na montagem desse cabo é

(A) TI-578.
(B) RX-45.
(C) RJ-45.
(D) BSI-8.
(E) ATC-32.

A: Errada, não existe conector de redes de computador com a nomenclatura TI-578. **B:** Errada, não existe conector de redes de computador com a nomenclatura RX-45. **C:** Correta, os conectores do tipo RJ-45 são usados em cabos de rede do tipo Ethernet classificação CAT-5. **D:** Errada, não existe conector de redes de computador com a nomenclatura BSI-8. **E:** Errada, não existe conector de redes de computador com a nomenclatura ATC-32.
Gabarito "C".

(Delegado/PA – 2013 – UEPA) Sobre a Intranet, analise as afirmativas abaixo e assinale a alternativa correta.

I. A Intranet é uma rede local, que utiliza o mesmo protocolo de comunicação da Internet. É uma rede totalmente segura, que não permite invasão e nem vírus.
II. O protocolo utilizado em uma Intranet para troca de mensagens é o FTP.
III. Em uma Intranet o conjunto de páginas web, nela publicado, pode ser acessado através de um navegador de Internet padrão.

A alternativa que contém todas as afirmativas corretas é:

(A) I
(B) I e III
(C) II
(D) II e III
(E) III

As afirmativas I e II estão incorretas, como é baseada nos mesmos princípios de rede a Intranet sofre com os mesmos tipos de ameaça que qualquer outro tipo de rede e não é imune a invasões e vírus; o protocolo FTP é usado para a troca de arquivos, para a troca de mensagens são utilizados, mais comumente, os protocolos IMAP, SMTP e POP, portanto apenas a alternativa E está correta.
Gabarito "E".

(Delegado/RO – 2014 – FUNCAB) Assinale a alternativa que aponta uma tecnologia associada ao uso da internet.

(A) USB
(B) Sistema operacional

14. Informática

(C) Alta disponibilidade
(D) Cookie
(E) DVD

A: Errada, USB é um conector universal usado para ligar diversos tipos de dispositivos ao computador. **B:** Errada, o Sistema operacional é o conjunto de softwares que faz a interface entre o usuário e computador. **C:** Errada, Alta disponibilidade é uma característica conferida a sistemas que dificilmente se tornam indisponíveis. **D:** Correta, os Cookies são arquivos salvos no computador por páginas da Internet e armazenam informações da navegação e preferências do usuário. **E:** Errada, DVD é uma tecnologia de gravação de dados em disco com grande capacidade de armazenamento (em geral 4.7GB).
Gabarito "D".

(Delegado/SP – 2014 – VUNESP) Assinale a alternativa que contém o endereço de uma página da internet cujo acesso está utilizando técnica de criptografia.

(A) http://www.sp.senac.br:8080
(B) https:\\www.globo.com/secur.php
(C) http://www.yahoo.com.br
(D) https://www.google.com.br
(E) http://gmail.com/portal1.html

Para que uma página de internet utilize técnicas de criptografia na transmissão dos dados entre o servidor e o computador é necessário utilizar o protocolo HTTPS. Seu uso fica caracterizado por URLs que se iniciam por https://, portanto apenas a alternativa D está correta.
Gabarito "D".

(Delegado/SP – 2011) DHCP e TCP/IP constituem, respectivamente,

(A) protocolo de serviço de controle de transmissão e protocolo de IPs dinâmicos.
(B) protocolos de distribuição e controle
(C) protocolo de controle de transmissão por IP e serviço de concessão.
(D) protocolos de entrada e saída de dados.
(E) protocolo de serviço com concessão de IPs dinâmicos e protocolo de controle de transmissão por IP.

O protocolo DHCP tem como função a designação de endereços IP de forma automática e o TCP/IP é o conjunto de protocolos nos quais se baseiam as comunicações em rede, portanto apenas a alternativa E está correta.
Gabarito "E".

(Delegado/SP – 2011) A razão de se configurar um número específico de proxy no navegador da internet

(A) permite bloquear acesso de crianças a sites inadequados.
(B) impede a contaminação por vírus e malwares em geral.
(C) objetiva um determinado acesso especifico na rede
(D) é condição essencial para se navegar na internet por qualquer provedor
(E) funciona como endereço favorito para posterior acesso.

O servidor proxy é um tipo de servidor intermediário que atende requisições de navegação e as repassa ao servidor responsável, ele não faz verificações de malware ou outras pragas virtuais e não é requisito essencial para navegação, embora possa impedir o acesso a algum serviço isso não é um requisito para sua existência ou sua principal funcionalidade. Portanto apenas a alternativa C está correta.
Gabarito "C".

(Delegado/AP – 2017 – FCC) Considere o caso hipotético a seguir:

Foi descoberta uma nova vulnerabilidade no navegador Chrome e a Google disponibilizou um patch de emergência para solucionar o problema. Enquanto usava o computador no trabalho usando o Chrome, um profissional pesquisou na Internet informações sobre a vulnerabilidade para verificar se estava protegido. Foi direcionado para o site gumblar.cn que oferecia informações sobre a vulnerabilidade e a opção de obter o patch, cujo download poderia ser feito automaticamente em seu computador. O profissional leu as informações, mas clicou na opção "Não", para rejeitar o download. Porém, tempos depois, descobriu que naquele momento em que lia as informações do site e negava o download havia sido instalado secretamente um programa de registro do uso do teclado em seu computador, que passou a gravar tudo o que ele digitava, desde senhas de acesso a e-mails, acesso a contas bancárias etc. Seu e-mail passou a ser

utilizado para operações criminosas e os valores de sua conta bancária foram roubados.

O problema teria sido evitado se o profissional tivesse

(A) percebido que o nome do site não era padrão, ou seja, não iniciava por http://www, pois sites maliciosos não adotam nomes padronizados.
(B) clicado em "Sim", aceito o download e passado o antivírus no suposto patch baixado antes de instalá-lo.
(C) utilizado outro navegador, que não fosse o Chrome, para acessar o site e obter informações.
(D) um antivírus instalado no computador, pois todos os antivírus detectam automaticamente os sites maliciosos.
(E) obtido informações e realizado o download do patch diretamente no site da Google, fabricante do Chrome.

A: Errada, todo site sempre possui em seu endereço o protocolo sendo utilizado para navegação (http:// ou https://) mesmo que o navegador não exiba este complemento na barra de endereços, além disso o www compreende um subdomínio dentro do domínio do site, e este pode estar omitido sem nenhum prejuízo para a segurança da navegação do usuário. **B:** Errada, o download e instalação de pacotes de correção nunca devem ser feitos de sites de terceiros, deve-se buscar sempre a fonte oficial de atualização do programa em questão, que pode ser através do site oficial ou em muitos casos como o do Chrome, através do próprio software. **C:** Correta, sabendo que o navegador possuía uma falha de segurança, o mais prudente teria sido utilizar outro navegador para buscar informações sobre a falha, uma vez que usuários em busca dessa informação têm a tendência de estar utilizando o software em questão e assim podem ser atraídos para armadilhas como a apresentada no enunciado. **D:** Errada, nem todo software antivírus possui ferramentas de análise da navegação do usuário, muitas vezes ficando limitados a busca de arquivos no disco rígido. **E:** Errada, as atualizações de segurança e patches do Chrome são feitas através do próprio navegador de forma automática, sendo indicado ao usuário a presença de uma atualização através de alterações de cor do ícone ⋮ presente no canto superior direito do navegador. **HS**
Gabarito "C".

4. CORREIO ELETRÔNICO

(Delegado/PA – 2013 – UEPA) Em um serviço de correio eletrônico, os protocolos para envio e recebimento de mensagens são respectivamente:

(A) DHCP e POP3
(B) SMTP e POP3
(C) SMTP e DNS
(D) POP3 e DHCP
(E) POP3 e SMTP

A: Errada, o protocolo DHCP é usado para a atribuição automática de endereços de IP em uma rede. **B:** Correta, o protocolo SMTP é responsável pelo envio de mensagens eletrônicas e o protocolo POP3 pelo recebimento destas. **C:** Errada, o protocolo DNS é usado para a conversão de nomes de domínios para seus respectivos endereços IP. **D:** Errada, o protocolo POP3 é responsável pelo recebimento de mensagens e o protocolo DHCP é usado para a atribuição automática de endereços de IP em uma rede. **E:** Errada, embora ambos sejam protocolos de troca de mensagens a ordem das funções dos protocolos está invertida.
Gabarito "B".

(Delegado/RO – 2014 – FUNCAB) Sobre recursos e conceitos disponíveis nos principais aplicativos de Correio Eletrônico disponíveis no Mercado, é correto afirmar que:

(A) o antivírus instalado em seu computador impedirá a abertura de arquivos contaminados por vírus.
(B) não é permitido enviar mais de um arquivo em anexo.
(C) as opções de formatação de fonte no conteúdo da mensagem são permitidas para mensagens em formato HTML.
(D) não é permitido enviar mensagens para endereços que estejam na caixa "com cópia" e "com cópia oculta", simultaneamente.
(E) é mandatório que o endereço eletrônico do destinatário esteja armazenado no arquivo em anexo.

A: Errada, os antivírus sempre alertam o usuário quanto a possibilidade de risco ao abrir certos arquivos, porém fica a cargo do usuário continuar com a ação ou não. **B:** Errada, é possível adicionar mais de um arquivo anexo à uma mensagem, o único limite que pode existir é com relação ao tamanho total dos arquivos anexados. **C:** Correta, para que uma mensagem possa ser formatada com alterações na fonte é necessário que seu conteúdo seja do tipo HTML, do contrário a mensagem conterá apenas textos simples sem formatação. **D:** Errada, um mesmo endereço pode estar simultaneamente nos campos de Cópia e Cópia Oculta sem que isso afete o envio da mensagem. **E**: Errada, os arquivos em anexo não precisam ter qualquer relação com o endereço eletrônico dos destinatários.

Gabarito "C".

(Delegado/PA – 2012 – MSCONCURSOS) Analise as seguintes proposições sobre correio eletrônico e assinale a alternativa correta:

I. É possível enviar e receber mensagens de forma síncrona.
II. É necessário um programa de correio eletrônico para ler, escrever e organizar os e-mails.
III. Webmail é um servidor de correio eletrônico.
IV. Spam é uma mensagem de correio eletrônico com fins publicitários, indesejada e não solicitada.

(A) Somente as proposições I e II são falsas.
(B) Somente as proposições I e III são falsas.
(C) Somente as proposições II e IV são falsas.
(D) Somente as proposições I, II e III são falsas.
(E) Somente as proposições II, III e IV são falsas.

Apenas a afirmativa IV está correta, as mensagens de correio eletrônico são enviadas de forma assíncrona (não é necessário que remetente e destinatário estejam conectados simultaneamente), é possível utilizar todos os recursos de correio eletrônico através de webmails, que é um sistema de acesso a um servidor de correio eletrônico e não o servidor em si. Portanto apenas a alternativa D está correta.

Gabarito "D".

5. OFFICE-EXCEL

(Delegado/PA – 2013 – UEPA) Ao analisar a planilha abaixo elaborada no MSExcel 2010. Na Célula D13 deve aparecer:

	A	B	C	D	E	F
1	Funcionário	E-mail	Setor	Ramal		
2	Ana	ana@gmail.com	RH	323		
3	Helio	helioneves@hotmail.com	Informática	244		
4	Joana	joana@desert.med.br	Dep Financeiro	210		
5	Leandro	leandro21@uol.com.br	Dep Financeiro	210		
6	Luisa	luisa@yahoo.com	Auditoria Interna	245		
7	Maria	marioao@gmail.com	RH	323		
8	Paulo	paulo_lopes@uepa.br	Engenharia	332		
9	Roberval	rober@hotmail.com	RH	323		
10	Sula	sula@gmail.com	Informática	244		
11						
12						
13	Digite o nome do Funcionário:		PAULO	=PROCV(C13;$A$2:$D$10;3;0)		
14						

(A) paulo_lopes@uepa.br, Engenharia, 332
(B) paulo_lopes@uepa.br
(C) Engenharia
(D) 332
(E) #N/A

A função PROCV (valor_procurado; matriz_tabela; índice_coluna) procura um valor na primeira coluna à esquerda de uma tabela e retorna um valor na mesma linha da coluna especificada, portanto a fórmula =PROCV(C13;$A$2:$D$10;3;0) procura o valor correspondente à célula C13 (Paulo) na matriz que vai de A2 até D10 e retorna o valor da terceira coluna da linha encontrada, como o valor procurado se encontra na linha 8, o retorno será o conteúdo da coluna C8 que é Engenharia, assim apenas a alternativa C está correta.

Gabarito "C".

(Delegado/SP – 2014 – VUNESP) Em uma planilha do MS-Excel 2010, a partir da sua configuração padrão, que controla o banco de horas extras de um Delegado de Polícia, conforme é apresentada na figura a seguir, a coluna A contém o mês de referência, a coluna B contém a data em que foram feitas as horas extras, e a coluna C contém o número de horas extras.

	A	B	C
1	Mês de Referência	Data	Horas Extras
2	nov/13	04/11/2013	2
3	nov/13	05/11/2013	1
4	nov/13	07/11/2013	3
5	nov/13	12/11/2013	2
6	nov/13	15/11/2013	1
7	nov/13	22/11/2013	2
8	nov/13	27/11/2013	3
9		Total de Horas	14

Horas Extras do mês de nov/2013 é

(A) =SOMA(C2:C8)
(B) =CONT.SE(C2:C8)
(C) =CONT.SE(C2:C8)
(D) =SOMASE(C2;C8;"nov/2013)
(E) =SOMA(C2;C8)

A: Correta, a função =SOMA(C2:C8) soma os valores das células entre C2 e C8, que neste caso correspondem as horas das datas entre 04 de Novembro até 27 de Novembro. **B**: Errada, a função =CONT.SE conta o número de células não vazias em um determinado intervalo. **C**: Errada, a função =CONT.SE conta o número de células não vazias em um determinado intervalo. **D**: Errada, a forma correta de escrita da função SOMASE neste caso seria =SOMASE(A2:A8;"nov/13";C2:C8) onde A2:A8 corresponde ao intervalo onde devemos procurar um critério, nov/12 é o critério para a soma e C2:C8 a coluna de onde os valores devem ser somados. **E**: Errada, para que o intervalo de C2 até C8 seja somado o separador usado na função deve ser o dois pontos e não ponto e vírgula.

Gabarito "A".

(Delegado/PA – 2012 – MSCONCURSOS) Tem-se três planilhas em um arquivo Excel: cliente (código, nome), produto (código, descrição, preço unitário) e pedido (código do cliente, nome do cliente, código do produto, descrição do produto, quantidade e preço total). Qual função deve ser aplicada na planilha pedido, a fim de que, ao digitar o código do produto, tenha-se automaticamente as informações de descrição e preço unitário registrados na planilha produto?

(A) Função SE
(B) Função PROCV
(C) Função CORRESP
(D) Função ESCOLHER
(E) Função BDEXTRAIR

A: Errada, a função SE avalia uma condição lógica e toma comportamentos diferentes dependendo do resultado da condição. **B**: Correta, a função PROCV procura um valor na primeira coluna à esquerda de uma tabela e retorna um valor na mesma linha de uma coluna especificada. **C**: Errada, a função CORRESP apenas retorna a posição relativa de um item em uma matriz que corresponda a um valor específico em uma ordem específica. **D**: Errada, a função ESCOLHER apenas escolhe um valor a partir de uma lista de valores, com base em um número de índice. **E**: Errada, a função BDEXTRAIR apenas extrai de um banco de dados um único registro que corresponda a condições especificadas.

Gabarito "B".

6. OFFICE-WORD

(Delegado/SP – 2014 – VUNESP) A figura a seguir foi extraída do MS-Word 2010, a partir da sua configuração padrão, e apresenta o grupo Ilustrações.

A guia que contém essa opção é

(A) Arquivo.
(B) Página Inicial.
(C) *Layout* da Página.
(D) Referências.
(E) Inserir.

A: Errada, na guia Arquivo estão apenas opções relacionadas ao documento atual como Salvar, Salvar Como, Novo Arquivo e Imprimir. **B**: Errada, na guia Página inicial se encontram as opções de formatação de texto mais comuns como configurações de Fonte, Parágrafo, Estilo e opções da Área de Transferência. **C**: Errada, na guia Layout da Página estão as opções de tema, plano de fundo, espaçamento de parágrafo, organização de imagens e configurações de página. **D**: Errada, na guia Referências encontramos opções relacionadas a Legendas, Índices, Notas de Rodapé, Sumário e Citações. **E**: Correta, as opções de inserção de Imagem, Clip-Art, Formas, SmartArt, Gráfico e Instantâneo (imagem feita a partir do conteúdo sendo exibido na tela do computador) se encontram na guia Inserir.
Gabarito "E".

(Delegado/AP – 2017 – FCC) Um servidor da Polícia Civil abriu um documento digitado no Microsoft Word 2013, em português, contendo o bloco de texto abaixo, referente à posição de alguns estados com relação aos homicídios por arma de fogo nos anos de 2000 e 2014.

UF – 2000 – 2014

Rio de Janeiro – 1º – 15º

Alagoas – 9º – 1º

Amapá – 23º – 17º

Pará – 24º – 9º

Após selecionar o bloco de texto e executar uma operação, os dados foram exibidos na forma de tabela.

UF	2000	2014
Rio de Janeiro	1º	15º
Alagoas	9º	1º
Amapá	23º	17º
Pará	24º	9º

Para gerar a tabela, o servidor, após selecionar o texto, clicou na ferramenta

(A) Criar tabela da guia Página Inicial e clicou no botão OK.
(B) Converter em tabela do grupo Tabela da guia Página Inicial e clicou no botão OK.
(C) Tabela da guia Inserir, selecionou a opção Converter Texto em tabela e clicou no botão OK.
(D) Gerar tabela da guia Exibição, selecionou a opção Tabela do Excel e clicou no botão OK.
(E) Converter texto em tabela da guia Ferramentas e clicou no botão OK.

No MS Word 2013 (e outras versões a partir da versão 2007), as opções relacionadas a inserção e manipulação de tabelas se encontram na guia Inserir, no grupo Tabelas. No Item Tabela é possível inserir uma tabela do tamanho desejado além de "Desenhar Tabela", "Inserir do Excel" (que permite inserir uma tabela do Excel no documento Word) e também "Converter Texto em Tabela" que transforma um texto pré-formatado em uma tabela. Portanto, apenas a alternativa C está correta. HS
Gabarito "C".

7. BROFFICCE

(Delegado/SP – 2011) Assinale a alternativa incorreta.

(A) O Calc possibilita a edição de fórmulas.
(B) arquivos de extensão .odt são conversíveis para .xls.
(C) O Base viabiliza a edição de banco de dados.
(D) arquivos de texto de extensão odt editado pelo Broffice ou Open Office não abrem no Windows pois foram elaborados em Linux.
(E) O write, da suíte Libreoffice ou Broffice, possui botão nativo na barra de tarefas que permite a conversão de texto era PDF.

A: Errada, a afirmativa está correta. **B**: Errada, a afirmativa está correta. **C**: Errada, a afirmativa está correta. **D**: Correta, esta é a afirmativa incorreta, o sistema operacional não influencia na execução do programa desde que haja uma versão do software para este sistema e o BrOffice é um software multiplataforma. **E**: Errada, a afirmativa está correta.
Gabarito "D".

(Delegado/AP – 2017 – FCC) A planilha a seguir foi digitada no LibreOffice Calc 5.3 e no Microsoft Excel 2013, ambos em português, e mostra os homicídios por armas de fogo em algumas regiões do Brasil de 2009 a 2014.

	A	B	C	D	E	F	G	H
1	Homicídios por arma de fogo							
2	UF/REGIÃO	2009	2010	2011	2012	2013	2014	Média
3	Acre	61	63	50	85	97	116	78,66667
4	Amapá	69	103	80	117	99	142	101,6667
5	Amazonas	572	635	879	855	692	756	731,5
6	Pará	2.038	2.502	2.077	2.138	2.254	2.319	2221,333

(http://www.mapadaviolencia.org.br/pdf2016/Mapa2016_armas_web.pdf)

Na célula H3, foi digitada uma fórmula para calcular a média aritmética dos valores do intervalo de células de B3 a G3. A fórmula utilizada foi

(A) =MÉDIA(B3:G3)tanto no LibreOffice Calc 5.3 quanto no Microsoft Excel 2013.
(B) =AVG(B3:G3) no LibreOffice Calc 5.3 e =MÉDIA(B3:G3) no Microsoft Excel 2013.
(C) =AVG(B3:G3) tanto no LibreOffice Calc 5.3 quanto no Microsoft Excel 2013.
(D) =MEDIA(B3:G3) no LibreOffice Calc 5.3 e =AVERAGE(B3:G3) no Microsoft Excel 2013.
(E) =MED(B3:G3)tanto no LibreOffice Calc 5.3 quanto no Microsoft Excel 2013.

Em ambos os softwares, a fórmula usada para realizar o cálculo de média aritmética é a =MÉDIA(intervalo), que recebe um intervalo ou conjuntos de células para que seja feita o cálculo. Considerando que os intervalos são separados por dois pontos e conjuntos de células por ponto e vírgula e que o intervalo a ser somado vai da célula B3 até a célula G3, a fórmula correta seria =MÉDIA(B3:G3), portanto, apenas a alternativa A está correta. HS
Gabarito "A".

8. SEGURANÇA

(Delegado/PA – 2012 – MSCONCURSOS) O backup _____ copia somente os arquivos novos e alterados, gerando um arquivo que irá acumular todas as atualizações desde o último backup. Qual alternativa apresenta a palavra que preenche corretamente a lacuna?

(A) Total.

(B) Incremental.

(C) Diferencial.

(D) De cópia.

(E) Diário.

A: Errada, no backup total todos os arquivos são salvos, independentemente de terem sidos alterados ou não. **B:** Errada, o backup incremental copia todos os arquivos criados e alterados desde o último backup normal ou incremental e os marca como arquivos copiados, sendo necessários todas as cópias incrementais em caso de recuperação. **C:** Correta, no backup diferencial apenas arquivos alterados ou novos são salvos e não há marcação de arquivos como arquivos já copiados, a diferença para o incremental é que em caso de recuperação apenas o primeiro backup normal e o último diferencial são necessários. **D:** Errada, no backup de cópia todos os arquivos selecionados são copiados, mas não há marcação de arquivos como arquivos que passaram por backup. **E:** Errada, o backup diário consiste do backup completo do banco a ser realizado diariamente.

Gabarito C.

ANOTAÇÕES